MODERN
ENGELSK-SVENSK
ORDBOK

Under redaktion av

BROR DANIELSSON

professor

BOKFÖRLAGET PRISMA STOCKHOLM

Omslag av Jan Bohman
© 1964, 1965, 1974 Bokförlaget Prisma, Stockholm, och
Het Spectrum, Utrecht/Antwerpen
Åttonde, omarbetade upplagan
Mellanformat
Första tryckningen oktober 1979
Andra tryckningen juni 1980
Tredje tryckningen november 1981
Fjärde tryckningen april 1984

ISBN 91-518-1296-7 (mellanformat)
ISBN 91-518-0795-5 (större format)
Printed and bound in Great Britain by
Richard Clay (The Chaucer Press) Ltd,
Bungay, Suffolk, 1984

FÖRLAGETS FÖRORD

Denna ordbok bygger på det holländska förlaget Het Spectrums engelsk-holländska ordbok av F. J. J. van Baars och J. G. J. A. van der Schoot, 9:e upplagan, Utrecht/Antwerpen 1963. Helt naturligt har dock den svenska bearbetningen blivit synnerligen genomgripande, och ordboken är därför i stor utsträckning att betrakta som ett självständigt svenskt arbete.

Den svenska bearbetningen har utförts under ledning av professor *Bror Danielsson.* Arbetet har uppdelats på följande sätt:

A t. o. m. E *universitetslektor Mats Bergström*

F t. o. m. M *universitetslektor Rolf Ferm*

N t. o. m. sizzle *universitetslektor Hans Jalling*

skate t. o. m. Z *lektor Nils G. Andersson*

Redaktionssekreterare har varit *fil. mag. Eva Gomer.*

Förlagets och medarbetarnas främsta strävan har varit att åstadkomma en praktiskt användbar, innehållsrik och modern engelsk-(amerikansk-)svensk ordbok, som avspeglar den snabba utvecklingen i den tekniska, sociala och merkantila terminologin under de senaste decennierna.

I *andra upplagan* har åtskilliga nya uppslagsord införts, de flesta efter påpekanden av universitetslektor *Bo Seltén,* dels i hans recension av ordboken i tidskriften Moderna Språk (nr 3, september 1965), dels i det omfattande material som legat till grund för denna recension och som han haft älskvärdheten att låta förlaget ta del av.

Åttonde upplagan är grundligt omarbetad och moderniserad. Bland annat har uppslagsorden satts med en kraftig groteskstil, varigenom lättläsetheten ökats avsevärt. Ljudskriften är moderniserad och ansluter sig helt till det internationella fonetiska systemet (accenten står nu *före den betonade stavelsen*). Många nya uppslagsord har införts och smärre onöjaktigheter har rättats. Bearbetningen och moderniseringen har utförts av *Pamela Björnberg, Vivien Lindeberg, Mona Nygren* och *Sture Sundell.*

BOKFÖRLAGET PRISMA

ANVISNINGAR

Allmänt

De engelska uppslagsorden återges i sträng bokstavsordning, alltså t.ex. *coalheaver, coalition, coal-master*. Uppgifter om ordklass o.d. ges endast där tveksamhet kan råda. I de talrika fall där ett ord har flera betydelser har huvudprincipen varit att ange den viktigaste (vanligaste) betydelsen först och de övriga betydelserna i ordning efter fallande frekvens. Några utvecklingshistoriska hänsyn har alltså i regel inte tagits, utan huvudvikten har lagts vid ordbokens praktiska användbarhet. Moderna tekniska termer liksom sporttermer, medicinska och militära termer har införts i stor utsträckning. Deras karaktär av facktermer anges med *tekn.*, *sport.*, *med.*, *mil.* etc. (se förkortningslistan på nästa sida). Rent amerikanska ord och uttryck (markerade med *A.*) har också beretts ett avsevärt utrymme. Redaktionen har vidare försökt redovisa de viktigaste och vanligaste slangorden. Stor återhållsamhet har dock iakttagits i fråga om sådana ord som kan beräknas få kort livslängd.

Använda tecken

Om ett ord har flera betydelser anges olika ordklasser med hjälp av romerska siffror, klart åtskilda betydelser inom varje ordklass anges med arabiska siffror, mindre betydelseskillnader med semikolon. Inom varje ordklass är exemplen samlade sist.

- betecknar det första helt utskrivna uppslagsordet i artikeln eller med | avskild del av ett ord, t.ex. **thrill, -ing** (= **thrill, thrilling**), **aboli|sh, -tion** (= **abolish, abolition**)

~ betecknar hela det närmast föregående uppslagsordet, t.ex. **crack,** ~ *a joke* (*crack a joke*).

| står efter den del av ett uppslagsord som återkommer i ett eller flera följande uppslagsord.

-- anger att den följande orddelen skall avskiljas med bindestreck. Observera alltså skillnaden mellan **card|-index, --table** (= **card-index, card-table**) och **care|taker, -worn** (= **caretaker, careworn**).

() används dels för kompletterande förklaringar, t.ex. **cloth** klot (i bokband), dels för alternativa ord och fraser, t.ex. *concern o. s.* bekymra (befatta, bry) sig.

[] används dels kring uttalsbeteckningarna, dels för att ange ord eller del av ord som kan utelämnas, t.ex. *endorse a [driver's] licence,* **jam** [trafik]stockning.

Stavning

Bortsett från rena undantagsfall har brittisk stavning iakttagits i hela ordboken. De viktigaste skillnaderna mellan brittisk och amerikansk praxis framgår av nedanstående uppställning:

Brittisk engelska	Amerikanska	
travelling, waggon	traveling, wagon	Dubbelskriven konsonant motsvaras ibland av enkel.
colour, neighbour	color, neighbor	Ändelsen -our motsvaras av -or.
metre, theatre	meter, theater	-re i ordslut motsvaras oftast av -er.
cheque, plough, catalogue, programme	check, plow, catalog, program	Bokstavsföljder som betecknar ett enda ljud förenklas.
defence	defense	-ce i ordslut motsvaras ibland av -se

Förkortningar

A. amerikansk
a adjektiv
abstr. abstrakt
adv adverb
anat. anatomi
angl. anglikanska kyrkan
a p. a person (någon)
a p.'s a person's (någons)
ark. arkitektur
arkeol. arkeologi
astr. astronomi
a th. a thing (något)
attr attribut[ivt]
Austr. Australien
austr. australisk

BE. brittisk engelska
bet. betydelse[r]
bibl. bibliskt uttryck
biol. biologi
bokf. bokföring
boktr. boktryckarkonst
bot. botanik
boxn. boxning
byggn. byggnadskonst

ca cirka
Cambr. Cambridge

demonstr demonstrativ[t]
determ determinativ[t]
dial. dialektal[t]

e. d. eller dylik[t]
el. eller
eg. egentligen
elektr. electricitet
eng. engelsk
etc. etcetera, och så vidare
ev. eventuell[t]
ex. exempelvis

fackspr. fackspråk
fam. familjärt
f.d. före detta
fem femininum
fig. figurlig betydelse
film. filmväsen
filos. filosofi
fisk. fisketerm
flyg. flygterm
fonet. fonetik
fotb. fotboll
foto. fotografisk term
fr. fransk
fyrv. fyrverkeriterm
fys. fysik
fysiol. fysiologi
fäktn. fäktning
följ. följande
föraktl. föraktligt
förk. förkortning

geol. geologi
geom. geometri

gram. grammatik
gruv. gruvterm
gymn. gymnastik

hand. handelsterm
hebr. hebreiska
her. heraldiskt
hist. historia

ibl. ibland
imperf imperfektum
Ind. [Främre] Indien
ind. indisk[a]
instr. instrument
interj interjektion
Irl. Irland
iron. ironisk[t]
isht i synnerhet
i st.f. i stället för
it. italiensk

jakt. jaktterm
jud. judisk
jur. juridik
järnv. järnvägsterm

kat. katolsk
kem. kemi
kines. kinesisk
koll. kollektivt
komp komparativ
konj konjunktion
kons. konsonant
konst. konstterm
kortsp. kortspel
kvinnl. kvinnlig
kyrk. kyrklig

lat. latin
litt. litterär stil

mat. matematik
med. medicin
meteor. meteorologi
mil. militärterm
min. mineralogi
motsv. motsvarande
mus. musik
måln. målning

ngn någon
ngns någons
ngt något

o. och
o. d. och dylikt
opers. opersonligt

o. s. oneself
osv. och så vidare
Oxf. Oxford

parl. parlamentarisk term
patol. patologi
perf part perfekt particip
pers. person
pl pluralis
poet. poetiskt
pol. politik
pop. populär[t]
poss possessiv
pred predikativ[t]
pref prefix
prep preposition
pres part presens particip
prot. protestantisk
pron pronomen

radio. radioteknik
rel relativ
relig. religion
resp. respektive
ridn. ridning
rom. romersk

s substantiv
S.Afr. Sydafrika
S.Am. Sydamerika
sg singularis
självst. självständig[t]
sjö. sjöterm
Sk. Skottland
skol. skolspråk
skämts. skämtsamt
sl. slang
smeks. smeksamt
sms. sammansättningar
sp. spansk
spec. speciell[t]
spelt. spelterm
sport. sportterm
-spr. -språk (i barnspr. etc.)
språkv. språkvetenskap
s.th. something (något)
superl superlativ
särsk. särskild

t. till
talspr. talspråk
teat. teater
tekn. teknisk term
telef. telefon
telegr. telegrafväsen
tidn. tidningsspråk
typ. typografisk term

IX

ung. ungefär	*veter.* veterinärterm
univ. universitet	*V.Ind.* Västindien
urspr. ursprungligen	*vulg.* vulgärt
uttr. uttryckande	
	zool. zoologi
v verb	
vanl. vanligen	*åld.* ålderdomligt
vap. vapenteknisk term	
vard. vardagligt	*ä.* äldre
vetensk. vetenskaplig term	*äv.* även

Engelska och amerikanska **förkortningar** *återfinns på s. 377ff.*

De oregelbundna **verben** *med böjningar återges i bokstavsordning på s. 391ff.*

Uttalsbeteckningar

Uttalet anges enligt Jones: An English Pronouncing Dictionary, 13:e upplagan, London 1969, varvid följande ljudskrift används:

ɑ: i *father* ['fɑːðə]	ŋ i *song* [sɔŋ]
æ i *man* [mæn]	əu i *so* [səu]
ai i *time* [taim]	ɔ: i *sport* [spɔːt]
au i *house* [haus]	ɔ i *not* [nɔt]
ʌ i *cup* [kʌp]	ʃ i *fish* [fiʃ]
e i *bed* [bed]	θ i *thing* [θiŋ]
ɛə i *fair* [fɛə]	ð i *the* [ðə]
ei i *day* [dei]	u: i *shoe* [ʃuː]
ə: i *service* ['səːvis]	u i *good* [gud]
ə i *flatter* ['flætə]	uə i *poor* [puə]
i: i *three* [θriː]	w i *way* [wei]
i i *it* [it]	z i *zero* ['ziərou]
j i *you* [juː]	ʒ i *measure* ['meʒə]

~ över vokalen betecknar nasalering, t.ex. *aide-de-camp* ['eiddekɑ̃ːŋ].
: betecknar lång vokal.
' före stavelse anger att stavelsen är betonad, t.ex. *brother* ['brʌðə].
, före stavelse betecknar biaccent, t.ex. *imagination* [i,mædʒi'neiʃn].

Suffix

Av utrymmesskäl har en del avledningar uteslutits. Till ledning för bildandet av motsvarande svenska avledningar lämnas här uppgift om de vanligaste engelska suffixen med anvisningar om översättningen.

-able, -ible   -bar, -lig, som kan ..., t.ex. *drinkable* drickbar, *edible* ätlig, ätbar, *valuable* som kan värderas.

-ation, -ion, -ition   -ande, -[n]ing, -[a]n, -ation, -else, t.ex. *application* anbringande, *classification* klassificering, *estimation* uppskattning, *competition* tävlan, *emancipation* emancipation, *apparition* uppenbarelse

X

-ed   försedd med, som karakteriseras av, t.ex. *beaded* försedd med pärlor

-er   -are, -ande, t.ex. *falsifier* förfalskare, *traveller* resande

-ic[al]   -isk, t.ex. *geologic[al]* geologisk

-ing   -ande, -ende, -else, -eri, -an, -[n]ing, t.ex. *burning* brännande, *dying* döende, *thanksgiving* tacksägelse, *squandering* slöseri, *beginning* början, *diving* dykning

-[i]ty   -itet, -het, t.ex. *electricity* elektricitet, *amiability* vänlighet

-ment   -an, -ande, -ende, -else, -ing, -nad, t.ex. *encouragement* uppmuntran, *accomplishment* utförande, *statement* påstående, *commitment* förpliktelse, *adjustment* reglering, *adornment* prydnad

-ness   -het, t.ex. *idleness* sysslolöshet

-or   -are, t.ex. *imitator* efterapare

-y   -ig, t.ex. *rainy* regnig

A

A, a [ei] (bokstaven, noten, tonen) a; *he knows the case from A to Z* han är grundligt insatt i fallet; *A flat* ass (*mus.*); *A sharp* aiss (*mus.*); *A 1* första klass fartyg i Lloyds register; förstklassig, prima

a framför vokalljud **an** [vanl. ə, ən, starkt betonat ei, æn] en, ett; *a man* en man; *an old man* en gubbe; *a unit* en enhet; *twice an hour* två gånger i timmen; *all of an age* alla i samma ålder

aback [ə'bæk] bakåt; *taken* ~ förvånad

abacus ['æbəkəs] kulram

abaft [ə'bɑ:ft] akterut, akterom; ~ *the beam* akter om tvärs

abalone [æbə'ləuni] *A.* haliotissnäcka

abandon [ə'bændən] överlämna; överge; ~ *o. s. to* överlämna (hänge) sig åt **-ed** [-d] **1** utsvävande **2** nödställd **-ment** [-mənt] övergivenhet

abase [ə'beis] sänka, förnedra **-ment** [-mənt] förnedring, förödmjukelse

abash [ə'bæʃ] bringa ur fattningen, förvirra

abate [ə'beit] minska, dämpa; mojna **-ment** [-mənt] minskning; avdrag, rabatt

abattoir ['æbətwɑ:] slakthus

abb|ess ['æbis] abbedissa **-ey** [-i] abbotkloster **-ot** [-ət] abbot

abbrevi|ate [ə'bri:vieit] förkorta **-ation** [ə,bri:-vi'eiʃ(ə)n] förkortning

abdicat|e ['æbdikeit] avsäga sig, abdikera **-ion** [,æbdi'keiʃ(ə)n] avsägelse, abdikation

abdom|en ['æbdəmen, *med. vanl.* æb'dəumen] buk; abdomen **-inal** [æb'dəminl] buk-; abdominal

abduct [æb'dʌkt] bortföra, enlevera **-ion** [-kʃ(ə)n] bortförande **-or** [-ə] kvinnorövare

abeam [ə'bi:m] *sjö.* tvärs

abed [ə'bed] *adv* till sängs

aberration [,æbə'reiʃ(ə)n] **1** villfarelse, avvikelse **2** abnormitet

abet [ə'bet] uppvigla, understödja, underblåsa **-ment** [-mənt] uppvigling etc., *se abet* **-ter**, **-tor** [-ə] uppviglare, tillskyndare

abeyance [ə'bei(i)əns] *s, be in* ~ vila, ligga nere, få anstå

abhor [əb'hɔ:] avsky **-rence** [-'hɔr(ə)ns] avsky, fasa **-rent** [-'hɔr(ə)nt] motbjudande

abid|ance [ə'baid(ə)ns] avvaktan **-e** dröja; förbli; vistas; bida; underkasta sig; ~ *by* stå fast vid, hålla sig till **-ing** [-iŋ] bestående

ability [ə'biliti] **1** förmåga, skicklighet **2** *pl* talanger, anlag; begåvning; *a man of great* ~ en mycket begåvad man; ~ *to learn* läraktighet, inlärningsförmåga; *musical* ~ musikalisk begåvning

abject ['æbdʒekt] eländig, avsigkommen; feg, krypande **-ion** [æb'dʒekʃ(ə)n] förnedring, elände

abjur|ation [,æbdʒu'reiʃ(ə)n] avsvärjande, **-else -e** [æb'dʒuə] avsvärja [sig]

ablaze [ə'bleiz] i brand, glödande (*with* av)

able [eibl] i stånd att; duglig, skicklig, duktig;

~ *seaman* matros av 2:a graden; *to be* ~ *to* kunna **-bodied** ['eibl'bɔdid] fältduglig; stark, arbetsför

ablution [ə'blu:ʃ(ə)n] *vanl.* ~*s* (*pl*) tvättning, tvagning

ably ['eibli] *adv* skickligt

abnegat|e ['æbnigeit] avsäga sig, förneka; avstå [från] **-ion** [,æbni'geiʃ(ə)n] avsägelse, förnekande

abnormal [æb'nɔ:m(ə)l] avvikande, oregelbunden, abnorm **-ity** [,æbnɔ:'mæliti] avvikelse, oregelbundenhet, abnormitet

aboard [ə'bɔ:d] ombord [på]; längs efter

abode [ə'bəud] **I** *s* boning, hem; hemvist **II** *v imperf* o. *perf part* av *abide*

aboli|sh [ə'bɔliʃ] avskaffa **-tion** [,æbə(u)'li-ʃ(ə)n] avskaffande **-tionist** [,æbə(u)'liʃənist] förkämpe för negerslaveriets upphävande

A-bomb ['ei,bɔm] atombomb

abomin|able [ə'bɔminəbl] avskyvärd; *the* ~ *snowman* snömannen **-ate** [-eit] avsky **-ation** [ə,bɔmi'neiʃ(ə)n] avsky; styggelse

aborigin|al [,æbə'ridʒənl] **I** *a* ursprunglig, urfolklig **II** *s* urinvånare **-es** [,æbə'ridʒini:z] *pl* urinvånare

abort [ə'bɔ:t] **1** få missfall **2** förkrympa **3** misslyckas **-ion** [-ɔ:ʃ(ə)n] **1** missfall; abort **2** förkrympning **3** misslyckande **-ive** [-iv] **1** förkrympt, ofullgången **2** misslyckad

abound [ə'baund] finnas i överflöd; ~ *in* ha i överflöd, överflöda av; ~ *with* vimla av

about [ə'baut] **I** *prep* **1** *rum* runt omkring; omkring i [på]; i närheten av; på, med, hos, vid, över [sig]; *he was standing* ~ *the door* han stod vid (i närheten av) dörren **2** *tid, mått* omkring, inemot, ungefär; ~ *3 o'clock* omkr. klockan 3 om, angående, i fråga om; *quarrels* ~ *money* gräl om pengar **II** *adv* **1** runt omkring; i omkrets, här o. där, hit o. dit; om; *is the manager anywhere* ~? finns direktören någonstans i närheten?; *move things* ~ flytta saker hit o. dit; ~ *turn!* helt om! **2** ungefär; ~ *finished* nästan klart **3** *framtid* just; *I am* ~ *to tell you* jag skall just tala om det för dig; *bring* ~ åstadkomma; *come* ~ hända; *what are you* ~? vad har du för dig?

above [ə'bʌv] **I** *prep* över, ovanför **II** *adv* ovanför, där ovan, upptill **III** *a* o. *s* ovanstående; ~ *all* framför allt **--board** öppen, ärlig

abra|de [ə'breid] avskava **-sion** [-ʒ(ə)n] avskavning; skavsår

abreast [ə'brest] i bredd; i höjd med; jämsides; *keep* ~ *of* (*with*) hålla jämna steg med

abridge [ə'bridʒ] förkorta, avkorta **-ment** [-mənt] förkortning; sammandrag

abroad [ə'brɔ:d] **1** utomlands **2** ut, ute, utomhus, bortrest; *from* ~ utifrån, från utlandet; *he was all* ~ han tappade fattningen

abrogat|e ['æbrə(u)geit] avskaffa; upphäva **-ion** [,æbrə(u)'geiʃ(ə)n] avskaffande

abrupt [ə'brʌpt] **1** tvär, brådstörtad **2** osammanhängande, oförmedlad **3** tvär, brant

abscess ['æbsis] böld, bulnad, abscess

abscond [əb'skɔnd] avvika, hålla sig undan

absen|ce ['æbs(ə)ns] **1** frånvaro **2** brist (*of* på); ~ *without leave* olovlig frånvaro **-t I** *a* ['æbs(ə)nt] frånvarande **II** *v* [æb'sent] ~ *o.s.* avlägsna sig, hålla sig borta **-tee** [,æbs(ə)n'ti:] *s* frånvarande **-t-minded** ['æbs(ə)nt'maindid] tankspridd

absolut|e ['æbs(ə)lu:t] absolut, fullkomlig, oinskränkt; ~ *ceiling* topphöjd (under normala flygbetingelser); ~ *pitch* absolut gehör; ~ *zero* absoluta nollpunkten **-ion** [,æbsə'lu:-ʃ(ə)n] **1** frikännande **2** förlåtelse, avlösning
absolve [əb'zɔlv] frikänna; lösa, frita *(from, of* från)
absorb [əb'sɔ:b] absorbera; helt uppta; införliva; ~*ed in thought* försjunken i tankar **-ent** [-ənt] uppsugande; uppsugare **-ing** [-iŋ] allt uppslukande
absorption [əb'sɔ:pʃ(ə)n] uppsugning; försjunkenhet, uppgående
abstain [əb'stein] avstå, avhålla sig *(from* från) **-er** [-ə] *s, total* ~ helnykterist
abstemious [æb'sti:mjəs] återhållsam
abstention [əb'stenʃ(ə)n] återhållsamhet, avhållsamhet
abstinen|ce ['æbstinəns] **-cy** [-i] avhållsamhet, nykterhet; fastande **-t** avhållsam, återhållsam, måttlig, nykter
abstract I ['æbstrækt] **1** *a* abstrakt; teoretisk **2** *s* abstrakt begrepp; sammandrag, sammanfattning; utdrag **II** *v* [æb'strækt] **1** abstrahera; avskilja, avsöndra **2** sammandra, sammanfatta **-ed** [æb'stræktid] tankspridd **-ion** [æb-'strækʃ(ə)n] **1** avsöndring **2** abstraktion **3** tankspriddhet
abstruse [æb'stru:s] svårfattlig, dunkel, abstrus **-ness** [-nis] svårfattlighet
absurd [əb'sɔ:d] absurd, orimlig, befängd; löjlig **-ity** [-iti] orimlighet, det löjliga (i ngt)
abundan|ce [ə'bʌndəns] överflöd **-t** ymnig, riklig; rik *(in* på)
abus|e I *s* [ə'bju:s] **1** missbruk; missförhållande **2** ovett, smädelse **II** *v* [ə'bju:z] **1** missbruka **2** okväda, skymfa **-ive** [ə'bju:siv] **1** missbrukande **2** ovettig
abut [ə'bʌt] *v,* ~ *on* gränsa (stöta) intill **-ment** [-mənt] **1** sidostöd; *byggn.* stöd; slutstycke; brofäste **2** stödjepunkt
abysmal [ə'bizm(ə)l] bottenlös
abyss [ə'bis] avgrund **-al** [-(ə)l] *a,* ~ *fauna* djuphavsfauna
Abyssinia [,æbi'sinjə] Abessinien **-n** abessinier; abessinsk
academ|ic [,ækə'demik] akademisk; teoretisk **-y** [ə'kædəmi] akademi
accede [æk'si:d] **1** tillträda *(to)* **2** ansluta sig till *(to);* ~ *to the throne* komma på tronen
accelerat|e [ək'seləreit] accelerera, öka hastigheten **-ion** [ək,selə'reiʃ(ə)n] påskyndande; tilltagande hastighet, acceleration **-or** [-ə] gaspedal; accelerator
accent I *s* ['æks(ə)nt] **1** accent, tryck, betoning **2** tonhöjd **3** tonfall; uttal, brytning **II** *v* [æk'sent] betona, accentuera **-uate** [æk'senttjueit] *se accent II* **-uation** [æk,sentju'eiʃ(ə)n] betoning
accept [ək'sept] anta, ta emot; acceptera **-able** [-əbl] antaglig, godtagbar; välkommen **-ance** [-(ə)ns] **1** gynnsamt mottagande **2** *hand.* accept, växelacceptering; *without* ~ *of persons* utan anseende till person **-ation** [,æksep'teiʃ(ə)n] vedertagen betydelse
access ['ækses] **1** tillträde *(to* till) **2** utbrott; ~ *of rage* tvolsamt utbrott; ~ *road* tillfartsväg **-ary** [ək'sesəri] *se* **-ory** **-ible** [ək'sesəbl] tillgänglig **-ion** [æk'seʃ(ə)n] **1** tillträde, tronbestigning **2** anslutning **3** tillskott, tillökning **-ory** [ək'sesəri] **I** *s* medhjälpare, medbrottsling **II** *a*

åtföljande; medbrottslig; ~ *defenses* konstgjorda hinder **-ories** [ək'sesəriz] tillbehör, accessoarer
accident ['æksid(ə)nt] **1** tillfällighet **2** olyckshändelse; *by* ~ av en händelse **-al** [,æksi'dentl] **1** tillfällig **2** oväsentlig; ~ *cover* tillfälligt skydd; ~ *engagement* renkonterstrid
acclaim [ə'kleim] **I** *v* tilljubla, hylla **II** *s* acklamation
acclamation [,æklə'meiʃ(ə)n] acklamation
acclivity [ə'kliviti] uppförsbacke, stigning
accomodat|e [ə'kɔmədeit] **1** anpassa; inställa **2** försona **3** härbärgera, inkvartera **4** utrusta, förse **-ing** [-iŋ] tillmötesgående **-ion** [ə,kɔmə'deiʃ(ə)n] ackommodation[sförmåga], förläggning **-ion-ladder** fallrepstrappa
accompan|iment [ə'kʌmpənimənt] ackompanjemang **-ist** ackompanjatör **-y** [ə'kʌmp(ə)ni] **1** beledsaga **2** åtfölja, följa med **3** ackompanjera
accomplice [ə'kɔmplis] medbrottsling
accomplish [ə'kɔmpliʃ] **1** utföra **2** fullborda; göra fulländad; ~ *a mission* utföra en uppgift **-ed** [-t] fulländad; fint bildad **-ment** [-mənt] **1** utförande **2** prestation **3** *pl* talanger
accord [ə'kɔ:d] **I** *v* **1** bevilja **2** stämma överens; vara ense **II** *s, of one's own* ~ självmant **-ance** [-(ə)ns] överensstämmelse **-ing** [-iŋ] *adv,* ~ *to* enligt; ~ *as* i den mån som **-ingly** [-iŋli] **1** i enlighet därmed **2** således
accordion [ə'kɔ:djən] dragspel
accost [ə'kɔst] **I** *v* tilltala **II** *s* tilltal, hälsning
account [ə'kaunt] **I** *v* **1** betrakta (anse) såsom **2** uppskatta; ~ *for* a redovisa **b** förklara **II** *s* **1** räknande, beräkning **2** räkning, konto; räkenskaper **3** redovisning **4** värdering **5** berättelse, redogörelse; *do (keep)* ~*s* föra räkenskaper; ~*s receivable* fordringar; *render* ~ lämna redovisning; *by all* ~*s* efter allt vad man hör; *take into* ~ ta med i beräkningen; *of no* ~ utan betydelse; *on* ~ *of* på grund av; *on my* ~ för min skull; *on no* ~ på inga villkor; *on one's own* ~ för egen räkning; *call to* ~ ställa till räkenskap; *turn to* ~ dra nytta av **-able** [-əbl] **1** ansvarig **2** förklarlig **-ancy** [-ənsi] bokföring **-ant** [-ənt] räkenskapsförare; bokförare; kamrer; *chartered* ~ auktoriserad revisor
accoutre [ə'ku:tə] *v,* ~*d* utrustad, utstyrd **-ments** [-mənts] *pl* utstyrsel, utrustning; stass
accredit [ə'kredit] ge trovärdighet (anseende) åt; ackreditera, godkänna, auktorisera; ~ *a p. with s.th.* tillskriva ngn ngt
accret|e [æ'kri:t] växa ihop; dra till sig **-ion** [-i:ʃ(ə)n] **1** tillväxt **2** hopväxning
accrue [ə'kru:] **1** tillväxa, uppstå (isht om ränta) **2** tillkomma, tillfalla *(to)*
accumulat|e [ə'kju:mjuleit] hopa [sig], hopsamla; ~*d leave* intjänad ledighet **-ion** [ə,kju:mju'leiʃ(ə)n] hopande; hop, samling **-ive** [-ətiv] ständigt växande; hopad **-or** [-ə] ngn (ngt) som samlar; *fys.* ackumulator, batteri
accur|acy ['ækjurəsi] noggrannhet, precision **-ate** [-it] **1** noggrann, punktlig **2** riktig, exakt
accursed [ə'kɔ:sid] förbannad; avskyvärd
accus|able [ə'kju:zəbl] tadelvärd **-al** [-(ə)l] **-ation** [,ækju(:)'zeiʃ(ə)n] anklagelse **-atory** [-ət(ə)ri] anklagande **-e** [-z] anklaga; klandra; *the* ~*d* den anklagade
accustom [ə'kʌstəm] vänja *(to* vid); *be* ~*ed to* vara van vid

ace [eis] **1** äss (kort); etta (tärning) **2** överdängare

acerbity [ə'sə:biti] surhet, bitterhet; fränhet

acet|ic [ə'si:tik] *a*, ~ *acid* ättiksyra **-one** [ˈæsitəun] aceton **-ylene** [ə'setili:n] acetylen

ache [eik] **I** *s* värk **II** *v*, ~ *for* längta efter

achiev|able [ə'tʃi:vəbl] utförbar **-e** [-v] utföra; åstadkomma **-ement** [-mənt] prestation, bedrift

acid [ˈæsid] **I** *a* sur, bitter; ~ *drops* syrliga karameller **II** *s* syra; ~ *test* prövosten **-ity** [ə'siditi] **1** surhet **2** magsyra **-ulous** [ə'sidjuləs] syrlig; *fig*. skarp, bitande

ack-ack [ˈækˈæk] *a* o. *s* luftvärns-[kanon, eld, förband]

acknowledge [əkˈnɔlidʒ] **1** erkänna **2** erkänna mottagandet av **-ment** [-mənt] **1** erkännande **2** kvitto **3** erkänsla, tacksägelse

acme [ˈækmi] höjdpunkt

acne [ˈækni] acne, "finnar i ansiktet"

acock [ə'kɔk] på sned

acolyte [ˈækə(u)lait] **1** kyrkotjänare; medhjälpare **2** novis

acorn [ˈeikɔ:n] ekollon

acoustic [ə'ku:stik] **-al** [-(ə)l] akustisk, ljud-; ~ *detecting apparatus* lyssnarapparat **-s** *pl* akustik, läran om ljudet

acquaint [ə'kweint] **1** ~ *o.s. with* göra sig bekant med; *be* ~*ed with* vara bekant med **2** underrätta **-ance** [-(ə)ns] **1** bekantskap **2** umgängeskrets; *make the* ~ *of, make* ~ *with* göra bekantskap med

acquiesce [ˌækwi'es] samtycka (*in* till) **-nce** [-ns] eftergivenhet, samtycke **-nt** eftergiven, medgörlig; samtyckande

acquire [ə'kwaiə] förvärva **-ments** [-mənts] förvärvade färdigheter

acquisi|tion [ˌækwi'ziʃ(ə)n] förvärvande; förvärv **-tive** [ə'kwizitiv] förvärvslysten

acquit [ə'kwit] frita, frikänna; ~ *o.s.* of fullgöra, skilja sig från (uppgift) **-tal** [-l] **1** frikännande **2** fullgörande **-tance** [-(ə)ns] betalning; befrielse

acre [ˈeikə] **1** (ytmått) *4 840 square yards* (40,5 ar) **2** åker, fält **-age** [-ridʒ] areal

acrid [ˈækrid] bitter; bitande **-ity** [æ'kriditi] bitterhet, fränhet

acrimon|ious [ˌækri'məunjəs] bitter, skarp **-y** [ˈækriməni] bitterhet, skärpa

acrobat [ˈækrəbæt] lindansare, akrobat **-ics** [ˌækrə(u)'bætiks] *pl* akrobatik

acropolis [ə'krɔpəlis] högborg, Akropolis

across [ə'krɔs] **I** *adv* **1** i kors **2** på tvären; [tvärs] över **3** över, på andra sidan **II** *prep* **1** tvärs över, över, på, genom **2** över, på andra sidan [av]; *run* (*come*) ~ stöta (råka) på **--the-board** gällande alla

act [ækt] **I** *s* **1** handling, gärning **2** parlamentsbeslut, lag **3** aktstycke, urkund **4** *teat*. akt; *catch in the* ~ ta på bar gärning; ~ *of God* oförutsebart naturfenomen **II** *v* **1** utföra **2** uppföra; uppträda, *teat*. spela; ~ [*up*]*on* handla på grundval av; ~ *up to* handla i enlighet med **-ing** [-iŋ] **I** *a* verkställande; tillförordnad; tjänsteförrättande **II** *s* *teat*. [spel]sätt

action [ˈækʃ(ə)n] **1** handling, verksamhet **2** strid **3** process, laga åtgärder; *killed in* ~ stupad i strid; ~ *stations* klart skepp (högsta stridsberedskap för fartyg); *go into* ~ inlåta sig i strid; *put out of* ~ försätta ur stridbart skick; *readiness for* ~ stridsberedskap; *bring an* ~ *against* väcka åtal mot

activ|ate [ˈæktiveit] göra aktiv, aktivera; påskynda; uppsätta (förband); armera **-e** [-v] verksam, aktiv **-ity** [ækˈtiviti] verksamhet; energi

act|or [ˈæktə] skådespelare **-ress** [-ris] skådespelerska

actual [ˈæktʃuəl] faktisk, verklig **-ity** [ˌæktʃuˈæliti] faktum, verklighet **-ities** [ˌæktʃuˈælitiz] faktiska förhållanden **-ize** [-aiz] omsätta i handling, förverkliga; göra levande

actuary [ˈæktjuəri] försäkringsstatistiker

actuat|e [ˈæktjueit] sätta i rörelse; påverka, utlösa **-ing** [-iŋ] *a*, ~ *gear* avfyringsinrättning **-ion** [ˌæktjuˈeiʃ(ə)n] igångsättande; *fig*. drivkraft

acuity [ə'kju(:)iti] skärpa

acumen [ə'kju:men] skarpsinnighet

acute [ə'kju:t] **1** skarpsinnig **2** skarp, spetsig, uddig **3** akut

ad [æd] = *advertisement* annons

adage [ˈædidʒ] ordspråk, tänkespråk

Adam [ˈædəm] Adam

adamant [ˈædəmənt] orubblig **-ine** [ˌædə-ˈmæntain] diamanthård; orubblig

adapt [ə'dæpt] **1** anpassa **2** bearbeta, omstuva **-ability** [əˌdæptə'biliti] anpassningsförmåga; användbarhet **-able** [-əbl] anpassbar; användbar, lämplig **-ation** [ˌædæp'teiʃ(ə)n] **1** anpassning **2** bearbetning

add [æd] lägga till; addera; ~ *to* öka, bidra till; ~ *up to* tillsammans utgöra, betyda; *it doesn't* ~ *up* det är orimligt

adder [ˈædə] huggorm

addict [ˈædikt] **I** *v* [ə'dikt] ~ *o.s. to* ägna (hänge) sig åt **II** *s* [ˈædikt] slav (under narkotika) **-ion** [ə'dikʃ(ə)n] begivenhet, böjelse (*to* på, för)

addition [ə'diʃ(ə)n] tillökning, tillägg; addition; *in* ~ *to* förutom, jämte **-al** [ə'diʃənl] extra, ytterligare

addle [ˈædl] **1** röra ihop, förvirra **2** ruttna, bli skämd (om ägg)

address [ə'dres] **I** *v* **1** tilltala; vända sig till **2** adressera; ~ *o.s. to* vända sig till, ta itu med **II** *s* **1** adress **2** (offentligt) tal **3** umgängessätt, uppträdande; *pay one's* ~*es to* göra sin kur **-ee** [ˌædre'si:] adressat

adduce [ə'dju:s] anföra, andraga

adenoids [ˈædinɔidz] adenoida vegetationer, polyper bakom näsan

adept [ˈædept] **I** *a* fulländad; erfaren, skicklig **II** *s* kännare, expert

adequa|cy [ˈædikwəsi] proportion, motsvarighet, lämplighet **-te** [-wit] avpassad, lämplig; tillräcklig; giltig; *be* ~ *to* gå i land med

adhere [əd'hiə] **1** klibba, sitta fast (*to* vid) **2** hålla fast (*to* vid) **-nce** [-r(ə)ns] **1** vidhängande **2** fasthållande; tillgivenhet **3** anslutning **-nt** [-r(ə)nt] **I** *s* anhängare **II** *a* fastsittande, förbunden (*to* vid)

adhes|ion [əd'hi:ʒ(ə)n] **1** fastsittande **2** anslutning (*to*) **3** vidhäftningsförmåga, adhesion **-ive** [-siv] *a* vidhäftande; ~ [*tape*] plåster

adieu [ə'dju:] farväl, avsked

adipose [ˈædipəus] fet; ~ *tissue* fettvävnad

adit [ˈædit] tillträde; vågrät gruvingång

adjacent [ə'dʒeis(ə)nt] angränsande

adjectiv|al [ˌædʒek'taiv(ə)l] adjektivisk **-e** [ˈædʒiktiv] adjektiv

adjoin [ə'dʒɔin] gränsa (stöta) intill

adjourn [ə'dʒə:n] ajournera; uppskjuta

adjudge [ə'dʒʌdʒ] [till]döma

adjudicat|e [ə'dʒu:dikeit] döma; sitta till doms

-ion [ə͵dʒu:di'keiʃ(ə)n] tilldömande; dom
adjunct ['ædʒʌŋ(k)t] I *s* 1 ngt bifogat; bihang
2 medhjälpare 3 *gram.* bestämning II *a* biträdande
adjur|ation [͵ædʒuə'reiʃ(ə)n] 1 besvärjelse 2 bön **-e** [ə'dʒuə] besvärja
adjust [ə'dʒʌst] ordna, rätta till; justera; ställa in **-ment** [-(t)mənt] reglering
adjutant ['ædʒut(ə)nt] adjutant
ad-lib ['ædlib] *A.* improvisera
ad lib. ['æd'lib] efter behag
ad-man ['ædmæn] annons-, publicitetsman
administer [əd'ministə] 1 förvalta 2 skipa (rättvisa) 3 ge, erbjuda; *med.* ge [in] 4 förestava (ed)
administrat|ion [əd͵minis'treiʃ(ə)n] 1 handhavande, förvaltning 2 styrelse, förvaltning (av ett land); *A. äv.* ministär 3 skipande 4 användning (av medicin) 5 förestavande (av ed) **-ive** [əd'ministrətiv] förvaltande, förvaltnings- **-or** [əd'ministreitə] 1 förvaltare, föreståndare 2 administratör
admirable ['ædm(ə)rəbl] beundransvärd
admiral ['ædm(ə)r(ə)l] amiral **-ty** [-ti] 1 amiralsvärdighet 2 *the A ~* amiralitetet; *First Lord of the A ~* sjöminister
admir|ation [͵ædmə'reiʃ(ə)n] beundran **-e** [əd'maiə] beundra; prisa **-er** [əd'maiərə] beundrare
admiss|ible [əd'misəbl] tillåtlig, antaglig **-ion** [-'miʃ(ə)n] 1 medgivande, erkännande 2 tillträde; inträde; *~ fee* inträdesavgift
admit [əd'mit] 1 släppa in 2 rymma 3 medge; *~ of* tillåta **-tance** [-t(ə)ns] tillträde
admix [əd'miks] tillsätta **-ture** [-tʃə] blandning; tillsats
admon|ish [əd'mɔniʃ] 1 förmana, tillrättavisa 2 varsko, påminna (*of* om) **-ition** [͵ædmə(u)-'niʃ(ə)n] förmaning; tillrättavisning; varning **-itory** [-t(ə)ri] varnande
ado [ə'du:] besvär; väsen, bråk; *much ~ about nothing* mycket väsen för ingenting
adobe [ə'dəubi] soltorkat tegel
adolescen|ce [͵ædə(u)'lesns] period mellan pubertetens början och mogen ålder, ungdomsåren **-t** I *a* mognande; tonårig II *s* tonåring
adopt [ə'dɔpt] 1 adoptera 2 an-, uppta; införa **-ion** [-pʃ(ə)n] 1 adoptering 2 an-, upptagande; val
ador|able [ə'dɔ:rəbl] förtjusande **-ation** [͵ædɔ:-'reiʃ(ə)n] tillbedjan **-e** [ə'dɔ:] tillbedja, avguda
adorn [ə'dɔ:n] pryda **-ment** [-mənt] 1 prydnad 2 försköning
adrenal [ə'dri:nl] *~ gland* binjure
adrift [ə'drift] på drift, vind för våg
adroit [ə'drɔit] skicklig, händig
adulat|e ['ædjuleit] smickra **-ion** [͵ædju'leiʃ(ə)n] smicker, kryperi
adult ['ædʌlt] I *a* fullvuxen II *s* vuxen
adulter|ate [ə'dʌltəreit] förorena; förfalska, utspäda **-ation** [ə͵dʌltə'reiʃ(ə)n] förorening; förfalskning, utspädning **-ator** [-eitə] förfalskare **-er** [-ə] äktenskapsbrytare **-ous** [ə-'dʌlt(ə)rəs] innebärande äktenskapsbrott **-y** [-i] äktenskapsbrott
advance [əd'vɑ:ns] I *v* flytta fram; upphöja; förskottera; göra framsteg; *mil.* avancera, rycka fram; *~d ideas* avancerade (radikala) idéer II *s, in ~* före; på förhand **-ment** [-mənt] 1 befordran 2 framåtskridande 3 förskott

advantage [əd'vɑ:ntidʒ] 1 företräde; överlägsenhet 2 förmån, fördel; *take ~ of, turn to ~* utnyttja **-ous** [͵ædvən'teidʒəs] fördelaktig
advent ['ædvənt] advent; ankomst **-itious** [͵ædven'tiʃəs] tillfällig
adventur|e [əd'ventʃə] äventyr; spekulation, risk **-er** [-(ə)rə] äventyrare; spekulant **-ous** [-(ə)rəs] äventyrslysten, dristig
adverb ['ædvə:b] adverb **-ial** [əd'və:bjəl] adverbiell
advers|ary ['ædvəs(ə)ri] motståndare **-ative** [əd'və:sətiv] *gram.* adversativ **-e** [-ə:s] fientlig; skadlig **-ity** [əd'və:siti] motgång
advert [əd'və:t] 1 ägna uppmärksamhet åt 2 göra antydan (*to* om)
advertise ['ædvətaiz] annonsera **-ment** [əd-'və:tismənt] annons; reklam
advice [əd'vais] 1 råd 2 *hand.* meddelande
advis|able [əd'vaizəbl] rådlig **-e** [-z] [till]råda; underrätta; överlägga **-edly** [-idli] överlagt **-er, -or** [-ə] *A.* rådgivare **-ory** [-(ə)ri] rådgivande
advoc|acy ['ædvəkəsi] försvar **-ate** I *s* [-it] försvarare, förkämpe; *Sk.* advokat II *v* [-eit] försvara; förorda
adz[e] [ædz] skarvyxa
aegis ['i:dʒis] skydd
aeon ['i:ən] evighet
aerate ['e(i)əreit] 1 lufta 2 tillsätta kolsyra; *~d water* kolsyrat vatten
aerial ['ɛəriəl] I *a* 1 gasformig 2 befintlig (rörande sig) i luften II *s* antenn
aerie ['ɛəri] rovfågelsnäste; kull
aero|drome ['ɛərədrəum] flygplats **-nautics** [͵ɛərə'nɔ:tiks] flygteknik **-plane** [-plein] flygplan **-statics** [͵ɛərə(u)'stætiks] *pl* aerostatik
aesthet|e ['i:sθi:t] estet **-ic[al]** ['i:s'θetik, -(ə)l] estetisk **-ics** [i:s'θetiks] *pl* estetik
afar [ə'fɑ:] fjärran
affab|ility [͵æfə'biliti] vänlighet, artighet **-le** ['æfəbl] vänlig, älskvärd
affair [ə'fɛə] 1 affär; angelägenhet, sak 2 kärleksförhållande
affect [ə'fekt] 1 *med.* drabba 2 inverka på, påverka 3 låtsa, låtsas vara **-ation** [͵æfek-'teiʃ(ə)n] tillgjordhet **-ed** [-id] 1 tillgjord 2 påverkad, angripen **-ion** [-kʃ(ə)n] 1 tillgivenhet 2 sinnesrörelse **-ionate** [-kʃnit] tillgiven; *Yours ~ly* Din tillgivne
affiance [ə'faiəns] I *s* trolovning; tillit II *v, his (her) ~d* hans (hennes) trolovade
affidavit [͵æfi'deivit] edlig skriftlig försäkran
affiliat|e I *v* [ə'filieit] uppta till medlem II *s* [ə'filiit] *A.* filial **-ed** [ə'filieitid] ansluten; *~ company* dotterbolag
affinity [ə'finiti] släktskap
affirm [ə'fə:m] försäkra; fastställa **-ation** [͵æfə:'meiʃ(ə)n] försäkran; påstående **-ative** [-ətiv] *a, reply in the ~* svara jakande
affix I *v* [ə'fiks] fästa; tillägga II *s* ['æfiks] *språkv.* affix
afflict [ə'flikt] plåga, hemsöka **-ion** [-kʃ(ə)n] 1 bedrövelse; lidande 2 hemsökelse; olycka
affluen|ce ['æfluəns] överflöd; rikedom **-t** I *a* överflödande II *s* biflod
afflux ['æflʌks] tillflöde, tillströmning
afford [ə'fɔ:d] 1 ha råd 2 erbjuda
afforest [æ'fɔrist] plantera med skog
affranchise [ə'fræn(t)ʃaiz] befria (från förpliktelse)
affray [ə'frei] slagsmål, tumult
affront [ə'frʌnt] I *v* förolämpa; trotsa II *s* skymf, förolämpning

Afghan ['æfgæn] *s* o. *a* afghan[sk] **-istan** [æf'gænistæn] Afghanistan
afield [ə'fi:ld] på fältet, i fält, bort[a]; *far ~* långt bort[a]
afire [ə'faiə] i brand
aflame [ə'fleim] i låga
afloat [ə'fləut] **1** flytande **2** ombord **3** översvämmad **4** i full gång **5** på drift; *set ~* sätta i gång; *a rumour is ~* det går ett rykte
afoot [ə'fut] *adv, what is ~?* vad är i görningen?
afraid [ə'freid] **1** rädd (*of* för) **2** orolig (*for* för); *I'm ~ not* tyvärr inte
afore-mentioned [ə'fɔ:menʃ(ə)nd] tidigare nämnd
afresh [ə'freʃ] ånyo
Africa ['æfrikə] Afrika **-n** *s* o. *a* afrikan[sk]
aft [ɑ:ft] akter ut (*riktning*)
after ['ɑ:ftə] **I** *prep* efter, bakom; enligt; *~ all* när allt kommer omkring **II** *adv* efter, efteråt, senare **III** *a* aktre, aktra, akter- **IV** *konj* sedan, efter det att; *what is he ~?* vad vill han? **-burner** efterbrännkammare **-effect** efterverkningar **-math** [-mæθ] följder, efterverkningar **-noon** eftermiddag **-thought** idé (förklaring) i efterhand; efterklokhet **-wards** [-wədz] efteråt
again [ə'gen] igen, ånyo; vidare, å andra sidan; *every now and ~* då och då; *time and ~* gång på gång **-st** mot, emot
agape [ə'geip] med vidöppen mun
agar ['eigə, 'ægə] agar-agar
agate ['ægət] agat
agaze [ə'geiz] stirrande
age [eidʒ] **I** *s* ålder; ålderdom; tid, tidevarv; *be (come) of ~* vara (bli) myndig; *under ~* omyndig; *the computer ~* dataåldern; *the A~ of Enlightenment* upplysningstiden **II** *v* åldras; *an ~d* ['eidʒid] *man* en ålderstigen man; *a boy ~d* [eidʒd] *five* en femårig pojke
agen|cy ['eidʒ(ə)nsi] **1** agentur, byrå **2** förmedling, medverkan **-t** agent, ombud; verkningsmedel; makt
agglomerat|e [ə'glɔməreit] gyttra ihop; hopa sig **-ion** [ə,glɔmə'reiʃ(ə)n] hopgyttring, anhopning, konglomerat
agglutinate [ə'glu:tineit] limma ihop; *språkv.* sammanfoga ord
aggrandize [ə'grændaiz] förstora, upphöja; överdriva **-ment** [-dizmənt] förstoring, upphöjning; överdrift
aggravat|e ['ægrəveit] försvåra, förvärra; reta, förarga **-ing** [-iŋ] försvårande; retsam, förarglig, **-ion** [,ægrə'veiʃ(ə)n] försvårande; förtret, förargelse
aggregat|e *v* ['ægrigeit] hopa, sammangyttra; hopa sig **II** ['ægrigit] **1** *s* summa; samling, hop; *in the ~* totalt **2** *a* förenad, sammanlagd **-ion** [,ægri'geiʃ(ə)n] hopande, samling
aggress|ion [ə'greʃ(ə)n] anfall, angrepp **-ive** [ə'gresiv] stridslysten, aggressiv **-or** [ə'gresə] angripare
aggrieve [ə'gri:v] *v* plåga, smärta
aghast [ə'gɑ:st] förskräckt, bestört
agil|e ['ædʒail] vig, snabb **-ity** [ə'dʒiliti] vighet, snabbhet
agitat|e ['ædʒiteit] röra, uppröra; agitera **-ion** [,ædʒi'teiʃ(ə)n] **1** rörelse, skakning **2** oro, jäsning **3** agitation **-or** [-ə] agitator, orostiftare
aglow [ə'gləu] glödande (*with* av)
ago [ə'gəu] *ten years ~* för tio år sedan; *it was long ~* det var länge sedan

agog [ə'gɔg] i rörelse; ivrig, förväntansfull
agon|ize ['ægənaiz] pina; lida kval **-y** [-i] själskval; (döds)ångest
agrarian [ə'grɛəriən] **I** *a* som rör jordegendom, jord-, agrar-; *an ~ society* ett jordbrukssamhälle **II** *s* jordreformivrare; agrar
agree [ə'gri:] samtycka; vara ense; komma överens; *this food doesn't ~ with me* jag tål inte den här maten; *~d!* avtalat!, topp!
agricultur|al [,ægri'kʌltʃ(ə)r(ə)l] jordbrukande, jordbruks- **-e** ['ægrikʌltʃə] jordbruk
agronom|ist [ə'grɔnəmist] agronom **-y** [-i] lanthushållning
aground [ə'graund] på grund
ague ['eigju:] frossa
ah [ɑ:] ah!, o!, ack!
ahead [ə'hed] före, för ut, för över, framåt; *go ~!* sätt igång!, fortsätt!
ahoy [ə'hɔi] ohoj!
aid [eid] **I** *v* hjälpa, bistå **II** *s* **1** hjälp, bistånd **2** medhjälpare **-e-de-camp** ['eiddə'kɑ̃:(ŋ)] adjutant
ail [eil] plåga, besvära **-eron** ['eilərɔn] *flyg.* balansklaff, skevroder **-ment** [-mənt] sjukdom
aim [eim] **I** *v* måtta, sikta; sträva (*at* efter) **II** *s* sikte; mål, avsikt **-less** [-lis] utan mål
ain't [eint] *vard., am not, are not, is not, has not, have not*
air [ɛə] **I** *s* **1** luft; flyg- **2** melodi **3** utseende, min; *put on ~s* spela förnäm, ta sig ton; *on the ~* i radio (TV); *~ strike* flyganfall, luftangrepp; *~ strip* tillfälligt flygfält **II** *v* vädra, lufta; lysa med, briljera med **-base** flygbas **-borne** *a*, luftburen; *~ troops* (*A.*) fallskärmstrupper **-burst** luftkrevad **-conditioning** luftkonditionering **-craft** flygmaskin[er]; *~ carrier* hangarfartyg **--cushion** luftkudde; *~ vehicle* svävarfarkost, mefa **--defence** luftvärns-; *~ missile* luftvärnsrobot **-drop** luftlandsättning **-dropped** luftlandsatt **-field** flygfält **-force** flygvapen **-hostess** flygvärdinna **--intake** luftintag **-less** [-lis] **1** vindlös **2** kvav **-lift** luftbro, flygtransport **-lifted** transporterad med flyg **-man** flygare **--minded** flygsinnad **-observation** flygspaning **-plane** flygplan **-port** flyghamn, flygplats **--raid** flyganfall; *~ warning* flyglarm **-tight** lufttät **--to-air missile** jaktrobot **--to-surface missile** attackrobot **-worthy** flygduglig **-y** [-ri] luftig; obekymrad
aisle [ail] sidoskepp (i kyrka); gång
aitch [eitʃ] (bokstaven) h
ajar [ə'dʒɑ:] **1** på glänt **2** i strid, ur lag
akimbo [ə'kimbəu] med händerna i sidan
akin [ə'kin] släkt, besläktad (*to* med)
Alabama [,ælə'bæmə] delstat i USA
alacrity [ə'lækriti] beredvillighet; hurtighet
alarm [ə'lɑ:m] **I** *s* **1** larm[signal] **2** bestörtning, oro; *~ clock* väckarklocka **II** *v* **1** alarmera **2** oroa
alas [ə'læs] ack, tyvärr
Alaska [ə'læskə] delstat i USA
alb [ælb] alba, mässkjorta
Albania [æl'beinjə] Albanien **-n** *s* o. *a* alban[sk]
albeit [ɔ:l'bi:it] *poet.* ehuru
albino [æl'bi:nəu] albino
album ['ælbəm] album
album|en ['ælbjumin] äggvita **-inous** [æl-'bju:minəs] äggvitehaltig **-inuria** [,ælbjumi-'njuəriə] *med.* äggvita
alchem|ist ['ælkimist] alkemist **-y** [-i] alkemi

alcohol ['ælkəhɔl] alkohol **-ic** [,ælkə'hɔlik] **I** *a* alkoholhaltig **II** *s* alkoholist **-ism** alkoholism
alcove ['ælkəuv] **1** alkov **2** lövsal
alder ['ɔːldə] al
alderman ['ɔːldəmən] ålderman, rådman
ale [eil] öl
alert [ə'ləːt] **I** *a* vaken, beredd; pigg, livlig **II** *s* [flyg]larm; *on the* ~ på vakt, på spänn
alfalfa [æl'fælfə] *bot.* (slags) lucern
alg|a ['ælgə] (*pl* *-ae* [-dʒiː]) alg, tång
algebra ['ældʒibrə] algebra **-ic[al]** [,ældʒi'breiik, -(ə)l] algebraisk
Algeria [æl'dʒiəriə] Algeriet
alias ['eiliæs] **I** *adv* även kallad, alias **II** *s* antaget namn
alibi ['ælibai] alibi; *sl.* ursäkt
alien ['eiljən] **I** *a* **1** utländsk; främmande (*to* för) **2** oförenlig (*to* med) **3** skiljande sig (*from* från) **II** *s* ej naturaliserad utlänning, främling **-ate** [-eit] göra främmande **-ation** [,eiljə'nei-ʃ(ə)n] alienation; fjärmande, isolering; *jur.* överlåtelse, avyttrande
alight [ə'lait] **I** *v* stiga av (ner, ur); falla ner, landa **II** *a* upptänd, i eld; upplyst
align [ə'lain] göra rak, ställa upp i rät linje **-ment** [-mənt] placering i linje; uppställning
alike [ə'laik] lik; på samma sätt
aliment ['ælimənt] näring, föda; understöd **-ary** [,æli'mentəri] *a*, ~ *canal* matsmältningskanal
alimony ['ælimɒni] underhåll
alive [ə'laiv] i livet, levande; *be* ~ *to* vara medveten om; *be* ~ *with* myllra av; *look* ~! skynda på!
alkali ['ælkəlai] alkali **-ne** [-n] alkalisk
all [ɔːl] **I** *s* allt, allting, alla; det hela, helhet; *after* ~ när allt kommer omkring; *I wonder if he'll come at* ~ jag undrar om han över huvud taget kommer; *not at* ~ för all del; inte alls; *when* ~ *is said and done* när allt kommer omkring **II** *a* all, allt, alla; hela, hel o. hållen; *of* ~ *things* framför allt **III** *adv* alldeles, helt o. hållet; ~ *but crazy* nästan tokig; ~ *out* för fullt; *that's him* ~ *over* det är likt honom; ~ *right!* nåväl!, för all del!; ~ *right* kry, oskadd, i ordning; ~ *the more* så mycket mera; *it's* ~ *the same to me* det är mig likgiltigt; ~ *told* tillsammans
Allah ['ælə] Allah
allay [ə'lei] stilla, lugna; minska, mildra
all-clear ['ɔːl,kliə] *the* ~ signalen faran över
alleg|ation [,æli'geiʃ(ə)n] anklagelse; påstående **-e** [ə'ledʒ] **1** påstå **2** andraga, anföra
allegiance [ə'liːdʒ(ə)ns] trohet; länsplikt
allerg|ic [ə'ləːdʒik] allergisk **-y** ['ælədʒi] allergi
alleviat|e [ə'liːvieit] lätta, lindra **-ion** [ə,liːvi-'eiʃ(ə)n] lättnad, lindring
alley ['æli] **1** gränd, prång **2** allé **3** kägel-, bowlingbana; *blind* ~ återvändsgränd
alli|ance [ə'laiəns] förbund, allians **-ed** [ə'laid, *attr* 'ælaid] allierad, förbunden
alligator ['æligeitə] alligator
all-important ['ɔːlim,pɔːt(ə)nt] ytterst viktig
allocat|e ['æləu(u)keit] **1** tilldela **2** lokalisera **-ion** [,æləu(u)'keiʃ(ə)n] **1** tilldelning **2** lokalisering **3** avsättning
allot [ə'lɒt] fördela, tilldela **-ment** [-mənt] **1** fördelning **2** andel **3** [jord]lott
allow [ə'lau] tillåta, godkänna; erkänna; *A.* anse, mena; ~ *for* räkna med, ta hänsyn till; ~ *of* erkänna, tillåta **-able** [-əbl] tillåten; av-

dragsgill **-ance** [-əns] **1** underhåll **2** ranson, tilldelning **3** rabatt, gottgörelse **4** avdrag (i deklaration); *make* ~ *for* ta hänsyn till, överse med
alloy I *s* ['ælɔi, *fig.* ə'lɔi] halt; legering, blandning; *without* ~ (*fig.*) oblandad, äkta **II** *v* [ə'lɔi] blanda, legera
allude [ə'luːd] hänsyfta, anspela (*to* på)
allure [ə'ljuə] locka, tjusa **-ment** [-mənt] **1** lockelse **2** lockbete **3** tjusning, behag
allus|ion [ə'luːʒ(ə)n] anspelning **-ive** [-siv] anspelande
alluvial [ə'luːvjəl] alluvial, uppslammad
ally I *v* [ə'lai] förena, alliera (*to, with* med) **II** *s* ['ælai] bundsförvant, allierad
almanac ['ɔːlmənæk] almanack, kalender
almighty [ɔːl'maiti] allsmäktig
almond ['ɑːmənd] mandel
almoner ['ɑːmənə] sjukhuskurator; *åld.* allmoseutdelare
almost ['ɔːlməust] nästan
alms [ɑːmz] *pl* allmosa, -or **--house** fattighus
aloft [ə'lɒft] högt upp; uppåt
alone [ə'ləun] ensam; endast; *let him* ~ låt honom vara ifred; *let* ~ *the danger* för att inte nämna faran
along [ə'lɒŋ] **I** *prep* längs **II** *adv, come* ~! kom nu!; ~ *with* tillsammans med; *all* ~ hela tiden **-side** [ə'lɒŋ'said] långsides, längs; vid sidan av
aloof [ə'luːf] reserverad; på avstånd
aloud [ə'laud] med hög röst, högt
alpaca [æl'pækə] **1** *zool.* alpacka **2** alpacka (tyg)
alpenstock ['ælpinstɔk] alpstav
alphabet ['ælfəbit] alfabet **-ic[al]** [,ælfə'betik, -(ə)l] alfabetisk **-ize** [-aiz] alfabetisera
Alps [ælps] *the* ~ Alperna
already [ɔːl'redi] redan
Alsa|ce ['ælsæs] Elsass **-tia** [æl'seiʃjə] Elsass **-tian** [æl'seiʃjən] **I** *a* elsassisk **II** *s* schäfer
also ['ɔːlsəu] också, likaså
altar ['ɔːltə] altare
alter ['ɔːltə] [för]ändra[s] **-ation** [,ɔːltə'rei-ʃ(ə)n] förändring
altercat|e ['ɔːltəːkeit] gräla **-ion** [,ɔːltə'keiʃ(ə)n] gräl, häftig dispyt, ordväxling
alternat|e I *v* [ɔːltəːneit] alternera, växla om **II** *a* [ɔːltəːnit] omväxlande, alternerande **-ing** [-iŋ] *a,* ~ *current* växelström **-ive** [ɔːl'təː-nətiv] **1** *s* alternativ, annan möjlighet **II** *a* annan, medgivande två möjligheter **-or** ['ɔːltə-neitə] växelströmsgenerator, omformare
although [ɔːl'ðəu] ehuru, fastän
alti|meter ['æltimiːtə] höjdmätare **-tude** [-tjuːd] höjd
alto ['æltəu] alt
altogether [,ɔːltə'geðə] helt o. hållet, alldeles; sammanlagt; *in the* ~ i bara mässingen
altru|ism ['æltruiz(ə)m] oegennytta, altruism **-istic** [,æltru'istik] altruistisk
alum ['æləm] alun **-inium** [,ælju'minjəm] aluminium **-inum** [ə'luːminəm] *A.* aluminium
alumn|a [ə'lʌmnə] (*pl* *-ae* [-iː] alumn, f.d. kvinnlig elev **-us** [-əs] (*pl* *-i* [-ai]) alumn, f.d. elev
always ['ɔːlweiz] alltid
am [æm, əm, m] (jag) är
amalgam [ə'mælgəm] blandning; amalgam **-ate** [-eit] sammansmälta, förena **-ation** [ə,mælgə'meiʃ(ə)n] blandning, förening, sammanslagning
amass [ə'mæs] hopa; samla åt sig själv

amateur ['æmətə(:)] **1** amatör **2** dilettant **3** älskare (av ngt) **-ish** [,æmə'tə:riʃ] amatörmässig; dilettantisk

amatory ['æmətəri] kärleks-, öm, förälskad

amaz|e [ə'meiz] göra häpen **-ement** [-mənt] häpnad **-ing** häpnadsväckande

ambassador [æm'bæsədə] ambassadör

amber ['æmbə] **I** s bärnsten **II** a av bärnsten; ambrafärgad

ambigu|ity [,æmbi'gju(:)iti] dubbel-, tvetydighet **-ous** [æm'bigjuəs] tvetydig, dunkel; oviss

ambit ['æmbit] område, omfång

ambit|ion [æm'biʃ(ə)n] ärelystnad; mål (för ärelystnad) **-ious** [-əs] **1** ärelysten **2** anspråksfull

amble ['æmbl] **I** s passgång **II** v gå i passgång; spatsera

ambulance ['æmbjuləns] ambulans

ambulator ['æmbjuleitə] **1** vandrare **2** vägmätare **-y** [-lət(ə)ri] **I** a kringvandrande **II** s klostergång

am|buscade [,æmbəs'keid] **I** s bakhåll **II** v ligga i bakhåll **-bush** ['æmbuʃ] **I** s bakhåll **II** v ligga i bakhåll

ameba [ə'mi:bə] se amoeba

ameliorate [ə'mi:ljəreit] förbättra; bli bättre

amen ['ɑ:'men] amen

amen|ability [ə,mi:nə'biliti] **1** ansvarighet (to inför) **2** mottaglighet, tillgänglighet (to för); foglighet **-able** [ə'mi:nəbl] **1** ansvarig **2** mottaglig; foglig, medgörlig **-ity** [ə'mi:niti] **1** behaglighet; bekvämlighet **2** amenities behag, förtjänster

amend [ə'mend] **I** v rätta; ändra; förbättra **II** s, make ~s ge upprättelse, gottgöra **-ment** [ə'men(d)mənt] rättelse; tillägg, ändring[ar]

America [ə'merikə] Amerika **-n** s o. a amerikan[sk] **-nize** [-naiz] amerikanisera

amethyst ['æmiθist] ametist

amiab|ility [,eimjə'biliti] vänlighet, älskvärdhet **-le** ['eimjəbl] vänlig; älskvärd

amicab|ility [,æmikə'biliti] vänskaplighet **-le** ['æmikəbl] vänlig, vänskaplig

amid[st] [ə'mid(st)] mitt i; [mitt] under

amidships [ə'midʃips] mid-, mittskepps

amiss [ə'mis] på tok, fel

amity ['æmiti] vänskapligt förhållande

ammo ['æməu] BE. o. A. sl. ammunition

ammonia [ə'məunjə] ammoniak

ammunition [,æmju'niʃ(ə)n] ammunition

amnesia [æm'ni:zjə] minnesförlust

amnesty ['æmnisti] **I** s amnesti; tillgift **II** v bevilja amnesti åt

amoeb|a [ə'mi:bə] (pl -ae [-i:], -as [-əz]) amöba

amok [ə'mɔk] adv, run ~ löpa amok

among[st] [ə'mʌŋ(st)] [i]bland; ~ themselves sinsemellan

amorous ['æmərəs] älskande; förälskad, kärleks-

amorphous [ə'mɔ:fəs] amorf, formlös

amount [ə'maunt] **I** s belopp, summa; mängd **II** v, ~ to uppgå (belöpa sig) till; innebära; it ~s to the same thing det går på ett ut

ampere ['æmpεə] elektr. ampere

amphibi|an [æm'fibiən] **I** a amfibisk **II** s amfibie[flygplan] **-ous** [-əs] amfibisk; dubbel-

amphitheatre ['æmfi,θiətə] amfiteater

ampl|e ['æmpl] vidsträckt, rymlig; ymnig; utförlig **-ification** [,æmplifi'keiʃ(ə)n] **1** utvidgning **2** radio. förstärkning **-ifier** ['æmplifaiə] förstärkare **-ify** ['æmplifai] **1** utvidga; utföra i detalj **2** radio. förstärka **-itude** ['æmplitju:d] vidd, omfång; rikhet

ampoule ['æmpu:l] ampull

amputat|e ['æmpjuteit] amputera, avskära **-ion** [,æmpju'teiʃ(ə)n] amputering

amulet ['æmjulit] amulett

amuse [ə'mju:z] underhålla, roa **-ment** [-mənt] nöje, förlustelse

an [ən] (framför vokalljud, jfr a) en, ett

anaconda [,ænə'kɔndə] zool. anakonda

anaem|ia [ə'ni:mjə] blodbrist **-ic** [-mik] anemisk, blodfattig

anaesth|esia [,ænis'θi:zjə] bedövning **-etic** [-'θetik] **I** a bedövande **II** s bedövningsmedel **-etist** [æ'ni:sθitist] narkosläkare **-etize** [æ'nis-θitaiz] bedöva

anal ['ein(ə)l] a, ~ fin analfena

analges|ia[,ænæl'dʒi:zjə] med. okänslighet **-ic** smärtlindrande läkemedel

analog|ical [,ænə'lɔdʒik(ə)l] analogisk **-ous** [ə'næləgəs] analog, likartad (to med) **-ue** ['ænəlɔg] motsvarighet **-y** [ə'nælədʒi] analogi, motsvarighet

analy|se ['ænəlaiz] analysera; undersöka **-sis** [ə'næləsis] (pl -ses [-si:z]) analys; undersökning **-st** [-ist] analytiker, kemist **-tical** [,ænə'litik-(ə)l] analytisk **-ze** se analyse

anarchy ['ænəki] anarki

anathema [ə'næθimə] bannlysning, förbannelse; avskydd varelse

anatom|ical [,ænə'tɔmik(ə)l] anatomisk **-ist** [ə'nætəmist] anatom **-ize** [ə'nætəmaiz] dissekera; analysera **-y** [ə'nætəmi] **1** anatomi **2** analys

ancest|or ['ænsistə] stamfader **-ral** [æn-'sestr(ə)l] fäderne-, fäderneärvd **-ry** [-tri] börd, anor, förfäder

anchor ['æŋkə] **I** s ankare **II** v ankra; förankra **-age** [-ridʒ] ankarplats; fäste

anchorite ['æŋkərait] eremit; anakoret

anchovy ['æntʃəvi] ansjovis

ancient ['einʃ(ə)nt] **I** a forn, forntida; [ur-] gammal **II** s, the ~s antikens folk

and [ən(d), ænd] och

andiron ['ændaiən] (flyttbar) järnbock (i öppen eldstad)

anecdote ['ænikdəut] anekdot

anemometer [,æni'mɔmitə] vindmätare

anemone [ə'neməni] [vit]sippa

anew [ə'nju:] ånyo

angel ['ein(d)ʒ(ə)l] ängel **-ic** [æn'dʒelik] änglalik

anger ['æŋgə] **I** s vrede **II** v reta, förarga

angina [æn'dʒainə] halsfluss; angina pectoris

angle ['æŋgl] **I** s vinkel, hörn; synvinkel; at right ~s i rät vinkel; ~ of elevation elevation, höjdvinkel **II** v meta, fiska **-r** [-ə] metare **-worm** metmask

Anglo|phile ['æŋglə(u)fail] engelskvänlig person **--Saxon** ['æŋgləu'sæks(ə)n] **I** a anglosaxisk; engelsk[talande] **II** s **1** anglosaxare **2** anglosaxiska [språket]

Angola [æŋ'gəulə] Angola

angora [æŋ'gɔ:rə] **1** angora[tyg, -ull] **2** A ~ ['æŋgərə] åld. Ankara

angry ['æŋgri] ond, arg (at, about över; with på); ond, inflammerad (om sår)

angst [a:ŋkst] ångest

anguish ['æŋgwiʃ] smärta, vånda, kval

angular ['æŋgjulə] vinkel-, kantig

animadver|sion [,ænimæd'və:ʃ(ə)n] anmärkning, kritik **-t** kritisera

animal ['ænim(ə)l] **I** s djur **II** a, ~ spirits livsandar; levnadslust **-ity** [,æni'mæliti] animalisk natur; djuriskhet; djurvärlden

animat|e I v ['ænimeit] **1** ge liv åt **2** liva, väcka **3** påverka **II** a ['ænimit] levande; livlig; ~ *nature* allt levande **-ion** [,æni'meiʃ(ə)n] **1** livlighet; upplivande; liv **2** *film.* animation, -ering (av tecknad film)

animosity [,æni'mɔsiti] fientlighet, ovilja

animus ['æniməs] **1** sinne, anda **2** hätsk stämning

anise ['ænis] anis

ankle ['æŋkl] fotled, ankel **-t** [-it] **1** socka **2** fotring, "armband" (kring vristen)

annal|ist ['ænəlist] krönikeskrivare **-s** ['ænlz] annaler

annex I v [ə'neks] tillägga; förknippa; införliva **II** s ['æneks] tillägg; tillbyggnad, flygel **-ation** [,ænek'seiʃ(ə)n] **1** tillägg **2** införlivning, annektering

annihilat|e [ə'naiəleit] tillintetgöra **-ion** [ə,naiə'leiʃ(ə)n] tillintetgörelse, förstöring

anniversary [,æni'və:s(ə)ri] årlig åminnelsedag, årsdag; *wedding* ~ bröllopsdag

Anno Domini ['ænə(u)'dɔminai] (*förk.* A.D.) år ... efter Kristi födelse; *my trouble is* ~~ (*vard.*) felet med mig är att jag är för gammal

announce [ə'nauns] tillkännagiva **-ment** [-mənt] tillkännagivande; anmälan; annons **-r** [-ə] *radio.* hallåman

annoy [ə'nɔi] förarga; besvära, oroa **-ance** [-əns] **1** oroande **2** förargelse, obehag **-ing** [-iŋ] retsam; plågsam

annu|al ['ænjuəl] **I** a årlig **II** s **1** årsbok **2** ettårig växt **-ity** [ə'nju(:)iti] årligt underhåll; livränta

annul [ə'nʌl] tillintetgöra; upphäva, annullera

annul|ar ['ænjulə] ringformig **-et** [-it] liten ring

annulment [ə'nʌlmənt] tillintetgörelse; upphävande

annunciat|e [ə'nʌnʃieit] bebåda **-ion** [ə,nʌnsi'eiʃ(ə)n] s, A ~ Day Marie Bebådelsedag

anode ['ænəud] anod

anodyne ['ænə(u)dain] smärtstillande [medel]

anoint [ə'nɔint] smörja, inviga, helga

anomal|ous [ə'nɔmələs] oregelbunden, abnorm **-y** [-i] avvikelse; missförhållande

anon [ə'nɔn] genast; på nytt

anonymous [ə'nɔniməs] anonym

another [ə'nʌðə] **1** en annan **2** ännu en

answer ['ɑ:nsə] **I** v svara (*to* på); ~ *the door* gå o. öppna dörren; ~ *for* ansvara för; ~ *back* svara (käbbla) emot; ~ *to a description* motsvara beskrivningen **II** s svar **-able** ['ɑ:ns(ə)rəbl] ansvarig

ant [ænt] myra

antagon|ism [æn'tægəniz(ə)m] motstånd, fiendskap **-ist** motståndare, antagonist **-istic** [æn,tægə'nistik] som gör motstånd; fientlig[t stämd] (*to* mot) **-ize** [-aiz] **1** sätta sig emot **2** motverka; neutralisera **3** uppegga

antarctic [ænt'ɑ:ktik] **I** a sydlig, sydpols-; A ~ *Circle* Södra polcirkeln **II** s, *the* A ~ Antarktis **A-a** [-ə] antarktiska fastlandet

ante- ['ænti] för-; före-

anteceden|ce [,ænti'si:d(ə)ns] förutgående; företräde **-t I** a föregående **II** s något föregående; *pl* föregående liv, antecedentia

antedate ['ænti'deit] antedatera; föregå

antelope ['æntiləup] antilop

antenn|a [æn'tenə] (*pl* -ae [-i:]) **1** spröt **2** A. antenn

antepenultimate ['æntipi'nʌltimit] a o. s tredje från slutet; antepenultima

anterior [æn'tiəriə] föregående; ~ *to* äldre än, före

anteroom ['æntirum] förrum; väntrum

anthem ['ænθəm] hymn; *national* ~ nationalsång, kungssång

anther ['ænθə] ståndarknapp

anthology [æn'θɔlədʒi] antologi

anthracite ['ænθrəsait] antracit

anthropology [,ænθrə'pɔlədʒi] antropologi; *äv.* etnografi

anti- ['ænti] mot-, anti-

anti|-aircraft ['ænti'ɛə-krɑ:ft] a, ~ *gun* luftvärnskanon **-biotic** [-bai'ɔtik] **I** s antibiotikum **II** a antibiotisk

anticipat|e [æn'tisipeit] förekomma, föregripa; se fram emot; använda på förhand; förutse **-ion** [æn,tisi'peiʃ(ə)n] förskott; föregripande; aning, förväntan **-ive** [-iv] **-ory** [-(ə)ri] förutseende; föregripande; förväntansfull

anti-clockwise ['ænti'klɔkwaiz] a o. adv motsols

antics ['æntiks] *pl* krumsprång, upptåg

anti|dote ['æntidəut] motgift **--freeze** kylarvätska **--gas** [-g'æs] a, ~ *defence* gasskydd

antimony ['æntiməni] antimon

antipathy [æn'tipəθi] motvilja, avsky, antipati

antipod|al [æn'tipədl] antipodisk, rakt motsatt **-es** [-di:z] *pl* antipoder; rak motsats

antiqu|arian [,ænti'kwɛəriən] **I** a antikvarisk, som rör forntiden **II** s fornforskare, antikvarie **-ated** ['æntikweitid] föråldrad **-e** [æn'ti:k] antik; gammaldags **-ity** [æn'tikwiti] **1** ålderdomlighet **2** forntid **3** *pl* fornlämningar

anti-Semite [,ænti'si:mait] antisemit

antiseptic [,ænti'septik] a o. s antiseptisk[t medel]

anti-tank ['ænti'tæŋk] pansarvärns-; ~ *missile* pansarvärnsrobot

antithesis [æn'tiθisis] antites, motsats

antitoxin ['ænti'tɔksin] antitoxin, skyddsämne

antler ['æntlə] horn (på hjortdjur); gren på hjorthorn

ant-lion ['ænt,laiən] myrlejon

antonym ['æntə(u)nim] motsats

Antwerp ['æntwə:p] Antwerpen

anvil ['ænvil] städ

anxi|ety [æŋ'zaiəti] ängslan, bekymmer; önskan **-ous** ['æŋ(k)ʃəs] ängslig (*about* för); ivrig, angelägen (*for* efter; *to* [om] att [få])

any ['eni] någon, något; *at* ~ *rate, in* ~ *case* i alla händelser, i varje fall **-body** [-,bɔdi] någon [alls]; vem som helst **-how** på något sätt, hur som helst; i varje fall, alltnog; på en höft **-one** någon (alls); vem som helst **-thing** något (alls); vad som helst; ~ *but* allt annat än; *not for* ~ inte för allt i världen **-way** i varje fall, dock **-where** var som helst; någonstädes

Anzac ['ænzæk] soldat tillhörande trupper från Australien o./el. Nya Zeeland

aorta [ei'ɔ:tə] aorta, stor[a] pulsåder[n]

apace [ə'peis] fort, snabbt

apart [ə'pɑ:t] åt sidan; för sig själv, oberoende; isär; *joking* ~ skämt åsido; ~ *from* bortsett från, frånsett; *know* ~ veta skillnaden mellan; *live* ~ leva åtskils **-heid** [-heit] apartheid, rasåtskillnad (i S. Afr.)

apartment [ə'pɑ:tmənt] rum; A. våning, ~ *house* hyreshus; ~ *hotel* möblerade rum

apath|etic [,æpə'θetik] apatisk, likgiltig **-y** ['æpəθi] apati, likgiltighet; slöhet

ape [eip] **I** *s* (svanslös) apa **II** *v* efterapa
Apennines ['æpinainz] *the* ~ Apenninerna
aperture ['æpətjuə] öppning
apex ['eipeks] spets, topp
aphid ['eifid] bladlus
apiary ['eipjəri] bikupa
apiece [ə'pi:s] per styck, per man
aplomb [ə'plɔm] självsäkerhet
apocalypse [ə'pɔkəlips] apokalyps; *the A~*
Uppenbarelseboken
apocrypha [ə'pɔkrifə] apokryfiska böcker **-l**
oäkta, förfalskad; tvivelaktig
apolitical [,eipə'litik(ə)l] icke-politisk
apolog|etic [ə,pɔlə'dʒetik] ursäktande **-ist**
[ə'pɔlədʒist] apologet **-ize** [ə'pɔlədʒaiz] be om
ursäkt **-y** [ə'pɔlədʒi] ursäkt
apople|ctic [,æpə(u)'plektik] slag-, med anlag
för slag; ~ *fit* slaganfall **-xy** ['æpə(u)pleksi]
slag
apost|asy [ə'pɔstəsi] avfall (från ståndpunkt)
-ate [-it] avfälli[n]g **-atize** [-ətaiz] bli av-
fälling
apost|le [ə'pɔsl] apostel **-olate** [-stə(u)lit]
apostlaämbete, ledarskap **-olic[al]** [,æpəs'tɔ-
lik, -(ə)l] apostolisk; påvlig
apostrophe [ə'pɔstrəfi] apostrof; hänvändelse,
apostrofering
apothecary [ə'pɔθikəri] *åld.* apotekare
apotheosis [ə,pɔθi'əusis] **1** apoteos, förgud-
ning, förhärligande **2** kanonisering **3** himmels-
färd
appal [ə'pɔ:l] förskräcka **-ling** [-iŋ] skräm-
mande
Appalachian [,æpə'leitʃjən] *a*, ~ *Mountains*
Appalacherna
apparatus [,æpə'reitəs] apparat, verktyg,
maskineri; anordning
apparel [ə'pær(ə)l] dräkt, kläder
appar|ent [ə'pær(ə)nt] synbar; ögonskenlig;
uppenbar, tydlig **-ition** [,æpə'riʃ(ə)n] upp-
trädande; syn, uppenbarelse
appeal [ə'pi:l] **I** *v* **1** vädja; ~ *against* överklaga;
~ *to the country* utlysa nya val **2** åberopa,
vädja (*to* till) **3** anropa, bönfalla **4** tilltala,
falla i smaken (*to*) **II** *s* **1** vädjan **2** besvär,
överklagande **3** lockelse, attraktion; *Court of
A~* appellationsdomstol
appear [ə'piə] **1** bli synlig; komma fram **2** vara
tydlig; framgå **3** synas, tyckas **4** (om bok)
komma ut **-ance** [-r(ə)ns] sätt att te sig, ut-
seende; sken; *to all ~s* så vitt man kan se
appease [ə'pi:z] lugna, stilla, försona **-ment**
[-mənt] lugnande, stillande, blidkande
appellation [,æpə'leiʃ(ə)n] benämning
append [ə'pend] fästa, bifoga **-age** [-idʒ] bi-
hang **-ectomy** [,æpən'dektəmi] blindtarms-
operation **-icitis** [ə,pendi'saitis] blindtarms-
inflammation **-ix** (*pl* ~*ices* [-isi:z]) bihang,
bilaga; blindtarm
apperception [,æpə(:)'sepʃ(ə)n] självmedve-
tande; uppfattning
appertain [,æpə'tein] tillhöra, tillkomma (*to*)
appeti|te ['æpitait] matlust, aptit; begär (*for*
efter) **-zer** [-zə] aperitif **-zing** [-ziŋ] aptit-
retande
applau|d [ə'plɔ:d] applådera **-se** [-ɔ:z] applåd
apple ['æpl] äpple; ~ *sauce* se äppelmos **b** *A*.
strunt[prat] **--dumpling** äppelmunk **--jack**
A. ciderlikör **--pie** äppelpaj; ~ *order* utmärkt
ordning
appliance [ə'plaiəns] anordning, hjälpmedel,
apparat; användning

applic|ability [,æplikə'biliti] användbarhet
-able ['æplikəbl] användbar; tillämplig **-ant**
['æplikənt] sökande **-ation** [,æpli'keiʃ(ə)n]
anbringande; användande; tillämpning; an-
modan, hänvändelse **-ator** ['æplikeitə] påstry-
kare
apply [ə'plai] **1** söka **2** tillämpas; vara till-
lämplig (*to* på) **3** använda (*to* åt, till, på, om)
4 ~ *oneself* to slå sig på, vinnlägga sig om
5 anbringa; *applied art* konsthantverk; ~ *for
a job* söka ett arbete
appoint [ə'pɔint] bestämma; utnämna **-ment**
[-mənt] **1** avtal; avtalat möte **2** utnämning,
anställning
apportion [ə'pɔ:ʃ(ə)n] fördela **-ment** [-mənt].
fördelning, skifte
apposite ['æpə(u)zit] väl vald, riktig
apposition [,æpə(u)'ziʃ(ə)n] apposition
apprais|al [ə'preiz(ə)l] värdering, uppskatt-
ning **-e** [-z] värdera; taxera, uppskatta **-er**
[-ə] värderingsman, taxeringsman
appreci|able [ə'pri:ʃəbl] märkbar **-ate** [-ʃieit]
uppskatta; inse; vara tacksam för **-ation**
[ə,pri:ʃi'eiʃ(ə)n] **1** värdering; omdöme; gransk-
ning **2** uppfattning; uppskattning **3** värdesteg-
ring **-ative** [-ʃjətiv] uppskattande
apprehen|d [,æpri'hend] **1** begripa **2** befara,
frukta **3** gripa **-sible** [-səbl] begriplig **-sion**
[-ʃ(ə)n] **1** ond aning, farhåga **2** förmåga att
fatta **3** häktning **-sive** [-siv] ängslig, orolig
apprentice [ə'prentis] **I** *s* lärling **II** *v* sätta i
lära (*to* hos) **-ship** [-tiʃip] lärotid, lärlingskap
apprise [ə'praiz] underrätta (*of* om)
approach [ə'prəutʃ] **I** *v* nalkas **II** *s* närmande,
nalkande; tillfart[sväg]; grepp, metod att an-
gripa problem etc. **-able** [-əbl] tillgänglig
approbation [,æprə(u)'beiʃ(ə)n] gillande
appropriat|e **I** *v* [ə'prəuprieit] tillägna sig;
anslå, bevilja **II** *a* [ə'prəupriit] ändamålsenlig,
lämplig **-ion** [ə,prəupri'eiʃ(ə)n] **1** tillvällande
2 bevillning, anslag **3** avsättning
approv|al [ə'pru:v(ə)l] bifall; *on* ~ till påseende
-e [-v] (= ~ *of*) godkänna **-ed** [-d] beprövad;
erkänd; ~ *school* ungdomsvårdsskola
approximat|e **I** *a* [ə'prɔks(i)mit] ungefärlig
II *v* [ə'prɔksimeit] närma; närma sig **-ely**
[ə'prɔks(i)mitli] cirka, ungefär **-ation** [ə,prɔk-
si'meiʃ(ə)n] *mat.* överslagsberäkning
appurtenance [ə'pə:tinəns] tillhörighet; till-
behör
apricot ['eiprikɔt] aprikos
April ['eipr(ə)l] april
apron ['eipr(ə)n] **1** förkläde **2** avantscen **3** fot-
sack **--string** förklädesband; *be tied to some-
one's* ~*s* gå i ngns ledband
apropos ['æprəpəu] passande; ~ *of* på tal om
apt [æpt] **1** lämplig **2** benägen, böjd **3** skicklig
-itude ['æptitju:d] anlag, fallenhet
aqua|-lung ['ækwəlʌŋ] syrgasapparat för
sportdykare **--plane** surfingbräda **-rium**
[ə'kwεəriəm] akvarium
Aquarius [ə'kwεəriəs] Vattumannen (i djur-
kretsen)
aquatic [ə'kwætik] som lever i vatten, vatten-;
~*s, pl* = *sports* vattensport
aque|duct ['ækwidʌkt] akvedukt, vattenled-
ning **-ous** ['eikwiəs] vattenaktig, vatten,
frambragt av vatten
aquiline ['ækwilain] örnlik; ~ *nose* örnnäsa
Arab ['ærəb] **I** *s* arab; arabisk häst **II** *a* arabisk
-ia [ə'reibjə] Arabien **-ian** [ə'reibjən] *s* o. *a*
arab[isk]; ~ *Nights* Tusen o. en natt **-ic** [-ik]

I *a* arabisk **II** *s* arabiska [språket]; ~ *numerals* arabiska siffror

arable ['ærəbl] odlings-, brukningsbar

Araby ['ærəbi] *poet.* Arabien

arbit|er ['ɑːbitə] skiljedomare **-rage 1** [,ɑːbi-'trɑːʒ] arbitrage **2** [-tridʒ] skiljedom **-rary** [-rəri] godtycklig **-rate** [-reit] avgöra genom skiljedom, medla **-ration** [,ɑːbi'treiʃ(ə)n] skiljedom, medling

arbor ['ɑːbɔː]; i bet. 2 o. 3 'ɑːbə] **1** träd **2** axel **3** *A.* berså

arbour ['ɑːbə] berså

arbutus [ɑː'bjuːtəs] "smultronträd", mjölonbuske

arc [ɑːk] [cirkel]båge; ~ *light* bågljus **-ade** [ɑː'keid] rad av valvbågar, arkad

arch [ɑːtʃ] **I** *s* båge, valv **II** *v* välva [sig] **III** *a* skälmsk

archaeolog|ical [,ɑːkiə'lɔdʒik(ə)l] arkeologisk **-ist** [-'ɔlədʒist] arkeolog **-y** [-'ɔlədʒi] arkeologi

archa|ic [ɑː'keiik] ålderdomlig, föråldrad **-ism** ['ɑːkeiiz(ə)m] föråldrat uttryck (ord) **arch|angel** ['ɑːk,ein(d)ʒ(ə)l] ärkeängel **-bishop** ['ɑːtʃ'biʃəp] ärkebiskop **-deacon** ['ɑːtʃ-'diːk(ə)n] ärkediakon **-diocese** ['ɑːtʃ'daiəsis] ärkestift **-duke** ['ɑːtʃ'djuːk] ärkehertig

archer ['ɑːtʃə] bågskytt **-y** [-ri] bågskytte

archetype ['ɑːkitaip] urtyp, förebild

archipelago [,ɑːki'peligəu] arkipelag, skärgård; örikt hav

architect ['ɑːkitekt] arkitekt **-ural** [,ɑːki-'tektʃ(ə)r(ə)l] arkitektonisk **-ure** [-ʃə] arkitektur

archiv|es ['ɑːkaivz] arkiv **-ist** ['ɑːkivist] arkivarie

archway ['ɑːtʃwei] valvport, -gång

arctic ['ɑːktik] arktisk, nordlig; *the A* ~ [*Ocean*] Norra ishavet; *the A* ~ *Circle* Norra polcirkeln

ard|ent ['ɑːd(ə)nt] brännande; ivrig, nitisk; ~ *spirits* spirituosa **-our** ['ɑːdə] **1** hetta, brand **2** iver, nit

arduous ['ɑːdjuəs] **1** brant **2** mödosam

are [ɑː] (du, vi, ni, de) är

area ['ɛəriə] yta, areal, trakt; område; förgård (mellan trottoar o. hus)

arena [ə'riːnə] arena

Argentin|a [,ɑːdʒ(ə)n'tiːnə] Argentina **-e** ['ɑːdʒ(ə)ntain] **I** *s* **1** *the* ~ Argentina **2** argentinare **II** *a* argentinsk

argosy ['ɑːgəsi] *poet.* stort handelsfartyg

argu|able ['ɑːgjuəbl] diskutabel **-e** ['ɑːgjuː] argumentera, diskutera; bevisa **-ment** [-mənt] argument; diskussion; huvudinnehåll (i bok etc.) **-mentation** [,ɑːgjumen'teiʃ(ə)n] bevisföring **-mentative** [,ɑːgju'mentətiv] **1** bevisande **2** debattlysten

aria ['ɑːriə] melodi; aria

arid ['ærid] torr, ofruktbar; tråkig **-ity** [æ'riditi] torrhet, torka

Aries ['ɛəriːz] Väduren (i djurkretsen)

aright [ə'rait] rätt, riktigt

arise [ə'raiz] uppstå, -komma; härröra; *åld.* stå upp **-n** [ə'rizn] *perf part* av *arise*

aristocra|cy [,æris'tɔkrəsi] aristokrati **-t** ['æristəkræt] aristokrat **-tic** [-tə'krætik] aristokratisk

arithmetic [ə'riθmətik] räkning, räknekonst

Arizona [,æri'zəunə] delstat i USA

ark [ɑːk] ark; *A* ~ *of the Covenant* förbundsark

Arkansas ['ɑːkənsɔː] delstat i USA

arm [ɑːm] **I** *s* **1** arm; ärm; karm; gren **2** makt, myndighet **3** ~*s* vapen; *coat of* ~*s* vapen[sköld]; ~*s race* kapprustning; *with open* ~*s* med öppna armar; *at* ~'*s length* på avstånd **II** *v* [be]väpna, utrusta; ~*ed, äv.* bestyckad **arma|da** [ɑː'mɑːdə] armada **-dillo** [,ɑːmə-'diləu] *zool.* bälta

armament ['ɑːməmənt] krigsmakt; rustning; bestyckning

arm|chair ['ɑːm'tʃɛə] länstol **-ful** famn, fång **-istice** ['ɑːmistis] vapenstillestånd; *A* ~ *Day* "Vapenstilleståndsdagen" (11 nov.)

armorial [ɑː'mɔːriəl] *a*, ~ *bearings* vapen, sköldmärke

armour ['ɑːmə] **I** *s* [vapen]rustning; pansar; armering; ~ *plate* pansarplåt **II** *v*, ~*ed car* pansarbil; ~*ed division* pansardivision **--clad** pansrad **-y** [-ri] vapenförråd, arsenal; *A.* vapenfabrik

armpit ['ɑːmpit] armhåla

army ['ɑːmi] här, armé; *the A* ~ *Service Corps* trängen

aroma [ə'rəumə] arom, doft **-tic** [,ærə(u)-'mætik] aromatisk, välluktande

arose [ə'rəuz] *imperf* av *arise*

around [ə'raund] [runt] omkring; *A.* hit o. dit, på måfå; ~ *the clock* hela dygnet

arouse [ə'rauz] [upp]väcka

arraign [ə'rein] ställa inför rätta; anklaga; klandra **-ment** [-mənt] ställande inför rätta; stämning; anklagelse

arrange [ə'rein(d)ʒ] ordna; planera; göra upp, bilägga; *mus.* arrangera **-ment** [-mənt] **1** ordnande **2** [an]ordning; uppställning **3** åtgärd **4** uppgörelse

arrant ['ær(ə)nt] durkdriven, ärke-, äkta

array [ə'rei] **I** *v* **1** ställa upp, ordna **2** klä, utstyra **II** *s* **1** slagordning; uppbåd; samling **2** ståt, stass

arrear [ə'riə] *s*, *be in* ~*s* vara på efterkälken; *in* ~ *of* bakom, efter **-ages** [-ridʒiz] resterande skulder

arrest [ə'rest] **I** *v* **1** hejda, stoppa **2** gripa, arrestera **3** fängsla, fånga (uppmärksamheten) **II** *s* arrestering

arriv|al [ə'raiv(ə)l] ankomst; anländ person (sak) **-e** [-v] anlända, [an]komma (*at*, *in* till); inträffa

arrogan|ce ['ærə(u)gəns] förmätenhet, dryghet **-t** förmäten; övermodig; inbilsk

arrow ['ærəu] pil **--head** pilspets

arse [ɑːs] rumpa

arsenal ['ɑːsinl] tyghus, arsenal

arsenic [ɑː'snik] arsenik

arson ['ɑːsn] mordbrand

1 art [ɑːt] *åld., thou* ~ du är

2 art [ɑːt] konst; förslagenhet; färdighet; *the fine* ~*s* de sköna konsterna; *Bachelor (Master) of A* ~*s, ung.* filosofie magister (licentiat); ~ *director* art director, konstnärlig ledare vid reklambyrå etc.

arter|ial [ɑː'tiəriəl] hörande till pulsådror[na]; ~ *road* huvudstråk, -gata **-io-sclerosis** [-riəu-skliə'rousis] *med.* arterioskleros, åderförkalkning **-y** [-təri] pulsåder

artesian [ɑː'tizjən] *a*, ~ *well* artesisk brunn

artful ['ɑːtf(u)l] slug, listig

arthritis [ɑː'θraitis] artrit, ledinflammation; *rheumatoid* ~ ledgångsreumatism

artichoke ['ɑːtitʃəuk] kronärtskocka; *Jerusalem* ~ jordärtskocka

article ['ɑːtikl] **I** *s* **1** *gram.* artikel **2** sak, vara

11

3 tidningsartikel: *the thirty-nine* ~*s* engelska kyrkans trosbekännelse **II** *v* **1** såtta i lära (*to* hos) **2** anklaga

articulat|e **I** *v* [ɑːˈtikjuleit] **1** artikulera, uttala **2** leda **II** *a* [ɑːˈtikjulit] tydlig, artikulerad **-ion** [ɑː͵tikjuˈleiʃ(ə)n] **1** artikulation; tal **2** led, ledgång

artific|e [ˈɑːtifis] påhitt, konstgrepp **-ial** [͵ɑːtiˈfiʃ(ə)l] artificiell, konstgjord; konstlad; ~ *insemination* konstbefruktning, ~ *pacemaker* batterihjärta

artiller|ist [ɑːˈtilərist] artillerist **-y** [-i] artilleri

art|isan [͵ɑːtiˈzæn] hantverkare **-ist** [ˈɑːtist] artist, konstnär **-iste** [ɑːˈtiːst] artist, scenisk konstnär (sångare, dansös etc.) **-less** [͵ɑːtlis] **1** oskicklig; klumpig **2** okonstlad; naiv

arum [ˈɛərəm] *a*, ~ *lily* vit lilja

as [æz, əz] [lik]som; så; medan; eftersom; allt eftersom; ~ *big* ~ lika stor som; ~ *for* (*to*) vad beträffar; ~ *if* (*though*) som om; ~ *per* enligt; ~ *soon* ~ så snart som; *such* ~ sådan som, *pl* de som; ~ *yet* ännu [så länge]; ~ *against* mot; *old* ~ *I am* hur gammal jag än må vara

asbestos [æzˈbestɔs] asbest

ascend [əˈsend] **1** [be]stiga **2** gå tillbaka (i tid) **-ancy** [-ənsi] överlägsenhet, makt **-ant** [-ənt] **1** uppstigande **2** överlägsen **-ency** *se ascendancy* **-ent** *se ascendant*

ascen|sion [əˈsenʃ(ə)n] uppstigande; *the A* ~ Kristi himmelsfärd; *A* ~ *Day* Kristi Himmelsfärdsdag **-t** bestigning; uppstigning; stigning

ascertain [͵æsəˈtein] förvissa sig om; fastställa **-able** [-əbl] möjlig att utröna

ascetic [əˈsetik] **I** *a* asketisk **II** *s* asket **-ism** [-tisiz(ə)m] askes

ascri|be [əsˈkraib] tillskriva (*to someone* ngn) **-ption** [əsˈkripʃ(ə)n] tillskrivande, -räknande

asdic [ˈæzdik] hydrofon

asexual [æˈseksjuəl] könlös

1 ash [æʃ] ask[träd]

2 ash [æʃ] (*vanl. pl* -*es* [-iz]) aska

ashamed [əˈʃeimd] skamsen, blyg; *be* ~ skämmas (blygas) (*of* över, för; *for* å ngns vägnar)

1 ashen [ˈæʃn] av asktrå, ask-

2 ashen [ˈæʃn] liknande aska, askgrå

ashore [əˈʃɔː] i land, på land

ash-tray [ˈæʃtrei] askkopp

Asia [ˈeiʃə] Asien; ~ *Minor* Mindre Asien **-n** [ˈeiʃ(ə)n] *s* o. *a*, *A.* asiat[isk] **-tic** [͵eiʃiˈætik] *s* o. *a* asiat[isk]

aside [əˈsaid] **I** *adv* avsides, åt sidan, åsido **II** *s, teat.* avsides replik

asinine [ˈæsinain] åsneaktig; enfaldig

ask [ɑːsk] fråga, begära, be; inbjuda; ~ *a question* ställa en fråga; ~ *too much* kräva för mycket

askan|ce [əsˈkæns] **-t** *adv. look* ~ *at a person* snegla misstänksamt på ngn

askew [əsˈkjuː] skev[t]

aslant [əˈslɑːnt] på sned

asleep [əˈsliːp] sovande; *be* ~ sova; *my leg is* ~ mitt ben har domnat

asp [æsp] **1** egyptisk giftorm **2** asp[träd]

asparagus [əsˈpærəgəs] sparris

aspect [ˈæspekt] utseende; utsikt; synpunkt

aspen [ˈæspən] skälvande

asperity [æsˈperiti] strävhet, stränghet, kärvhet

asperse [əsˈpəːs] nedstänka; förtala

asphalt [ˈæsfælt] **I** *s* asfalt **II** *v* asfaltera

asphyxi|a [æsˈfiksiə] kvävning **-ate** [-eit] kväva

aspir|ant [əsˈpaiərənt] **I** *a* som eftersträvar **II** *s* aspirant, kandidat **-ate** **I** *v* [ˈæspəreit] aspirera **II** *s* [ˈæsp(ə)rit] aspirerat ljud **-ation** [͵æspəˈreiʃ(ə)n] **1** strävan, längtan **2** andning; *gram.* aspiration **-e** [əsˈpaiə] längta, sträva

aspirin [ˈæsp(ə)rin] aspirin

ass [æs] åsna

assail [əˈseil] angripa, bestorma **-ant** [-ənt] angripare

assassin [əˈsæsin] [lönn]mördare **-ate** [-eit] [lönn]mörda **-ation** [ə͵sæsiˈneiʃ(ə)n] [lönn]mord

assault [əˈsɔːlt] **I** *v* anfalla, överfalla **II** *s* **1** [fientligt] anfall, angrepp **2** stormning **3** överväld

assay [əˈsei] **I** *v* pröva, analysera **II** *s* analys, prövning

assembl|age [əˈsemblidʒ] **1** hopsättning, montering **2** [för]samling **-e** [-bl] **1** sätta ihop, montera **2** [för]samla **-y** [-i] **1** församling, sammankomst **2** hopsättning, montering; ~ *bay* monteringshall; ~ *hall* samlingslokal **-y-line** löpande band, monteringsband

assent [əˈsent] **I** *v* samtycka; instämma (*to* i) **II** *s* samtycke, bifall

assert [əˈsəːt] påstå, hävda **-ion** [əˈsəːʃ(ə)n] påstående; förfäktande **-ive** [-iv] bestämd, uttrycklig; påstridig

assess [əˈses] fastställa; taxera, uppskatta **-able** [-əbl] taxeringsbar **-ment** [-mənt] taxering; uttaxerad summa **-or** [-ə] **1** taxeringsman **2** bisittare

asset [ˈæset] **1** fördel, tillgång; ägodel **2** *pl* tillgångar; ~*s and liabilities* tillgångar o. skulder

assidu|ity [͵æsiˈdju(ː)iti] **1** flit **2** *pl* ständig uppmärksamhet, efterhängsenhet **-ous** [əˈsidjuəs] trägen, ihärdig

assign [əˈsain] tilldela; utse, bestämma **-ation** [͵æsigˈneiʃ(ə)n] **1** tilldelning; överlåtelse **2** kärleksmöte **-ee** [͵æsiˈniː] fullmäktig **-ment** [-mənt] uppdrag; *A.* utnämning

assimilat|e [əˈsimileit] uppta[s]; göra (bli) lika; jämföra **-ion** [ə͵simiˈleiʃ(ə)n] assimilering; likhet

assist [əˈsist] bistå **-ance** [-(ə)ns] biträde; hjälp **-ant** [-(ə)nt] **I** *a* biträdande **II** *s* medhjälpare, assistent

assize [əˈsaiz] **1** fastställt normalpris **2** *pl* domstol

associ|able [əˈsəuʃjəbl] förenlig (i tanken) **-ate** **I** *v* [əˈsəuʃieit] förena, ansluta [sig]; associera; umgås **II** *s* [əˈsəuʃiit] **1** *a* förbunden, associerad **2** *s* delägare; kollega; bundsförvant **-ation** [ə͵səusiˈeiʃ(ə)n] *s* **1** förenande; sammanslutning **2** förening, förbund, samfund; ~ *of ideas* idéassociation; ~ *football* (förk. *soccer*) fotboll

assort [əˈsɔːt] ordna, sortera; överensstämma **-ed** [-id] *a*, av olika slag **-ment** [-mənt] sort, sortering; urval; *äv.* samling av olika slag

assuage [əˈsweidʒ] lindra, lugna **-ment** [-mənt] lindring, mildring

assum|e [əˈsjuːm] **1** anta, anlägga (min etc.) **2** låtsa; lägga sig till med **3** ta för givet, anta **-ption** [əˈsʌm(p)ʃ(ə)n] **1** himmelsfärd **2** övertagande; bemäktigande **3** förmätenhet **4** antagande; förutsättning; *A* ~ Marias himmelsfärd

assur|ance [əˈʃuər(ə)ns] försäkran, försäkran; säkerhet; självförtroende, -säkerhet **-e** [əˈʃuə] försäkra, förvissa; trygga **-edly** [-ridli] säkert, bestämt

aster ['æstə] *bot.* aster

astern [əs'tə:n] akter ut; *go* ~ backa

asteroid ['æstərɔid] **I** *s* asteroid **II** *a* stjärnlik

asthma ['æsmə] astma

astir [ə'stə:] i rörelse

astonish [əs'tɔniʃ] förvåna; ~*ed at* förvånad över **-ment** [-mənt] förvåning

astound [əs'taund] slå med häpnad, högeligen förvåna

astray [əs'trei] vilse, på avvägar

astride [əs'traid] gränsle

astringent [əs'trin(d)ʒ(ə)nt] **I** *a* sträng, kärv **II** *s* sammandragande medel

astrolog|er [əs'trɔlədʒə] astrolog **-ic[al]** [,æstrə'lɔdʒik, -(ə)l] astrologisk **-y** [-i] astrologi

astronaut ['æstrənɔ:t] astronaut, rymdfarare

astronom|er [əs'trɔnəmə] astronom **-ic[al]** [,æstrə'nɔmik, -(ə)l] astronomisk **-y** [-i] astronomi

astute [əs'tju:t] slug, skarpsinnig **-ness** [-nis] slughet, skarpsinnighet

asunder [ə'sʌndə] isär

asylum [ə'sailəm] **1** asyl, fristad **2** *lunatic* ~ hospital

at [æt, ət] vid, på, i, hos, till, med, åt; *what is she* ~? vad håller hon på med?; ~ *that* dessutom, till på köpet

ate [et] *imperf av eat*

atheist ['eiθiist] ateist

Athens ['æθinz] Aten

athirst [ə'θə:st] *litt.* törstig; ivrig

athlet|e ['æθli:t] idrottsman; atlet; ~*'s foot* fotsvamp **-ic** [æθ'letik] **1** idrotts-; atletisk **2** stark **-ics** [æθ'letiks] *pl* allmän idrott; idrottsövningar

athwart [ə'θwɔ:t] tvärs för; galet **-ships** tvärskepps

Atlantic [ət'læntik] *the* ~ Atlanten

atlas ['ætləs] **1** atlas, kartbok **2** atlas, översta halskotan

atmospher|e ['ætməsfiə] atmosfär; stämning, miljö **-ic[al]** [,ætməs'ferik, -(ə)l] atmosfärisk **-ics** [,ætməs'feriks] atmosfäriska störningar

atoll ['ætɔl] atoll, korallö

atom ['ætəm] atom; smula; ~ *bomb* atombomb **-ic** [ə'tɔmik] *a,* ~ *pile* kärnreaktor; ~ *power* atomkraft; ~ *reactor* atomreaktor; ~ *submarine* atomubåt **-ize** ['ætə(u)maiz] söndersmula, finfördela **-izer** ['ætə(u)maizə] sprayflaska, -spruta, rafräschissör

atomy ['ætəmi] skelett

atone [ə'təun] [för]sona, gottgöra **-ment** [-mənt] försoning, gottgörelse; *Day of A*~ Yom Kippur (jud. fasta), försoningsdagen

atop [ə'tɔp] överst, i toppen

atroci|ous [ə'trəuʃəs] avskyvärt grym, ohygglig; fasansfull; hemsk **-ty** [ə'trɔsiti] **1** skändlighet; illdåd **2** grovt fel, groda

attaboy ['ætəbɔi] *A.* heja!, bravo!

attach [ə'tætʃ] **1** fästa **2** höra till; *be* ~*ed to* vara fäst[ad] vid, tillgiven; ~ *importance to s.th.* tillmäta ngt betydelse

attaché [ə'tæʃei] attaché **--case** [-ʃikeis] dokumentportfölj

attachment [ə'tætʃmənt] **1** vidfästning **2** tillgivenhet

attack [ə'tæk] **I** *v* anfalla **II** *s* anfall

attain [ə'tein] [upp]nå; förvärva **-able** [-əbl] uppnåelig, åtkomlig **-der** [-də] *jur.* ''vanfrejdsdom'' (i England förr straffpåföljd vid dödsdom för högmålsbrott); *jfr attaint* **-ment**

[-mənt] ngt förvärvat; *vanl. pl* insikter, talanger; *standard of* ~*s* kunskapsnivå

attaint [ə'teint] besmitta; besudla, vanära, döma till ''förlust av liv, gods o. ära''; *jfr attainder*

attar ['ætə] rosenolja

attempt [ə'tem(p)t] **I** *v* försöka **II** *s* försök

attend [ə'tend] bevista; ledsaga; vara närvarande; uppvakta; sköta, behandla; ~ *to* ge akt på, se till **-ance** [-əns] **1** närvaro **2** uppvaktning, tillsyn **-ant** [-ənt] **I** *a* närvarande; beledsagande **II** *s* **I** tjänare, följeslagare **2** besökare, deltagare

attent|ion [ə'tenʃ(ə)n] uppmärksamhet; artighet; *pay* ~ *to* ägna uppmärksamhet åt; ~*!* giv akt! **-ive** [-tiv] uppmärksam; omsorgsfull; artig **attenuat|e** [ə'tenjueit] göra smal, förtunna; försvaga **-ion** [ə,tenju'eiʃ(ə)n] förtunning; försvagning

attest [ə'test] intyga, bevittna; låta gå ed **-ation** [,ætes'teiʃ(ə)n] bekräftelse; vittnesbörd; intyg

attic ['ætik] vindsrum

attire [ə'taiə] **I** *v* klä, utstyra **II** *s* klädsel, dräkt

attitude ['ætitju:d] hållning, inställning

attorney [ə'tə:ni] **1** befullmäktigat ombud **2** *A.* advokat **3** fullmakt; *A*~ *General* kronjurist, *ung.* justitiekansler; *A.* justitieminister, (i delstaterna) *ung.* statsadvokat; *district* ~ allmän åklagare (*A.*)

attract [ə'trækt] dra till sig **-ion** [-kʃ(ə)n] dragningskraft, lockelse **-ive** [-iv] tilldragande, lockande

attribut|e **I** *v* [ə'tribju(:)t] tillägga, tillskriva **II** *s* ['ætribju:t] egenskap, kännetecken; symbol **-ive** [ə'tribjutiv] *gram.* attributiv

attrition [ə'triʃ(ə)n] nötning, skavning; *war of* ~ utmattningskrig

attune [ə'tju:n] stämma, anpassa (*to* till, efter, med)

auburn ['ɔ:bən] rödbrun, kastanjebrun

auction ['ɔ:kʃ(ə)n] auktion **-eer** [,ɔ:kʃə'niə] auktionsförrättare

audac|ious [ɔ:'deiʃəs] djärv, dumdristig; fräck **-ity** [ɔ:'dæsiti] djärvhet; fräckhet

aud|ible ['ɔ:dəbl] hörbar **-ience** ['ɔ:djəns] **1** åhörare, auditorium, publik **2** audiens **-io-visual** ['ɔ:diəu'vizjuəl] *a,* ~ *aids* audivisuella hjälpmedel

audit ['ɔ:dit] **I** *v* granska, revidera (räkenskaper) **II** *s* granskning, revision **-ion** [ɔ:'diʃ(ə)n] **1** hörande **2** prov för teateraspiranter **-or** [-ə] **1** åhörare **2** revisor **-orium** [,ɔ:di'tɔ:riəm] hörsal **-ory** ['ɔ:dit(ə)ri] **I** *a* hörsel- **II** *s* auditorium

auger ['ɔ:gə] navare, borr

aught [ɔ:t] något [alls]; vad som helst

augment [ɔ:g'ment] [för]öka; ökas **-ation** [,ɔ:gmen'teiʃ(ə)n] tillökning, tillskott, förhöjning

augur ['ɔ:gə] **I** *v* spå, [före]båda **II** *s* teckentydare **-y** [ə'gjuri] spådom; järtecken

August ['ɔ:gəst] augusti

august [ɔ:'gʌst] upphöjd, majestätisk

auk [ɔ:k] *zool.* alka

aunt [ɑ:nt] moster, faster; tant

aura ['ɔ:rə] atmosfär, aura

auricular [ɔ:'rikjulə] hörande till örat; öronformig

aurora [ɔ:'rɔ:rə] morgonrodnad; ~ *borealis* [,bɔ:ri'eilis] norrsken auspic|es ['ɔ:spisiz] *pl* hägn, beskydd **-ious** [ɔ:s'piʃəs] lyckobådande

auster|e [ɔs'tiə] kärv, sträv; hård, sträng; torftig **-ity** [ɔs'teriti] **1** stränghet; strävhet **2** självdisciplin; enkelhet

Australia [ɔs'treiljə] Australien

Austria ['ɔstriə] Österrike

authentic [ɔ:'θentik] autentisk, äkta; pålitlig **-ate** [-eit] bevisa äktheten av **-ity** [,ɔ:θen'tisiti] trovärdighet, äkthet

author ['ɔ:θə] författare; upphovsman **-ess** [-ris] författarinna **-itative** [ɔ:'θɔritətiv] auktoritativ; befallande, myndig **-ity** [ɔ:'θɔriti] auktoritet; myndighet **-ize** [-raiz] auktorisera; bemyndiga

autobiography [,ɔ:tə(u)bai'ɔgrəfi] självbiografi

autocra|cy [ɔ:'tɔkrəsi] envälde **-t** ['ɔ:tə(u)kræt] självhärskare

autocycle ['ɔ:təsaikl] moped

autodidact [,ɔ:tə(u)'daidækt] autodidakt, självlärd person

autograph ['ɔ:təgrɑ:f] namnteckning; författares eget manuskript

automat ['ɔ:təmæt] *A.* automat **-ic[al]** [,ɔ:tə-'mætik,-(ə)l] automatisk **-ion** [,ɔ:tə'meiʃ(ə)n] automation **-ization** [ɔ:,təmətai'zeiʃ(ə)n] automatisering **-on** [ɔ:'tɔmət(ə)n] automat

automobile ['ɔ:təmə(u)bi:l] [automo]bil

autonom|ous [ɔ:'tɔnəmɔs] självstyrande **-y** [-i] autonomi, självstyrelse

autopilot ['ɔ:tə'pailət] styrautomat, autopilot

autopsy ['ɔ:təpsi] obduktion

autumn ['ɔ:təm] höst **-al** [ɔ:'tʌmnəl] höst-, höstlig

auxiliary [ɔ:g'ziljəri] **I** *s* hjälpare; *vanl. pl* hjälptrupper **II** *a* hjälpande, hjälp-; ~ *machinery* hjälpmaskiner

avail [ə'veil] **I** *v* tjäna till, gagna **II** *s* nytta, gagn; ~*s*, *pl* vinst (*A.*) **-able** [-əbl] tillgänglig, användbar; giltig

avalanche ['ævəlɑ:nʃ] lavin, snöskred

avaric|e ['ævəris] girighet **-ious** [,ævə'riʃəs] girig

avenge [ə'ven(d)ʒ] hämnas, ta hämnd för **-r** [-ə] hämnare

avenue ['ævinju:] **1** allé **2** *A.* bred gata **3** *fig.* väg

aver [ə'və:] bestämt förklara; bestyrka

average ['æv(ə)ridʒ] **I** *v* **1** beräkna medeltalet **2** i medeltal uppgå till **II** *s* **1** medeltal **2** haveri; *general* ~ gemensamt haveri **III** *a* genomsnitts-

avers|e [ə'və:s] obenägen, avog (*to, from* för, mot) **-ion** [ə'və:ʃ(ə)n] motvilja

avert [ə'və:t] vända bort; avvända

avia|ry ['eivjəri] fågelhus **-tion** [,eivi'eiʃ(ə)n] flygning **-tor** ['eivieitə] flygare

avid ['ævid] lysten, glupsk (*of, for* efter, på) **-ity** [ə'viditi] glupskhet; [vinnings]lystnad

avocado [,ævə(u)'kɑ:dəu] *A.* avokadopäron

avocation [,ævə(u)'keiʃən] **1** hobby; bisysslor **2** levnadskall

avoid [ə'vɔid] undvika **-able** [-əbl] undviklig **-ance** [-(ə)ns] undvikande

avoirdupois [,ævədə'pɔiz] det eng. handelsviktsystemet; *A.* vikt, tyngd

avouch [ə'vautʃ] intyga; försäkra

avow [ə'vau] erkänna; kännas vid **-al** [-əl] bekännelse, erkännande

await [ə'weit] invänta, vänta

awake [ə'weik] **I** *v* vakna; väcka **II** *a* vaken **-n**

[-(ə)n] = *awake I* **-ning** [-niŋ] **I** *s* uppvaknande **II** *a* väckande, vaknande (*äv. fig.*)

award [ə'wɔ:d] **I** *v* tillerkänna; döma **II** *s* tillerkänt pris; dom

aware [ə'wɛə] *a, be* ~ *of* vara medveten om

away [ə'wei] bort; borta; *from* ~ *back* långt tillbaka (*A.*); *talk* ~ prata på

aw|e [ɔ:] **I** *s* respektfylld fruktan **II** *v* inge fruktan (respekt) **-ful** fruktansvärd; väldig, hemsk **-fully 1** ['ɔ:fuli] fruktansvärt **2** ['ɔ:fli] *vard.* väldigt, hemskt

awhile [ə'wail] en stund

awkward ['ɔ:kwəd] tafatt; brydsam, pinsam

awl [ɔ:l] syl

awning ['ɔ:niŋ] soltält, markis

awoke [ə'wəuk] *imperf* o. *perf part* av *awake*

awry [ə'rai] på sned; på tok

ax[e] [æks] (*pl axes* [-iz]) yxa; *he has an* ~ *to grind* han gör det i eget intresse

axis ['æksis] (*pl axes* [-i:z]) *mat., fys.* etc. axel; *the A*~ axelmakterna

axle ['æksl] [hjul]axel

ay[e] [ai] ja, ja-röst; *the* ~*s have it* frågan är med ja besvarad **2** [ei] alltid

azalea [ə'zeiljə] *bot.* azalea

azimuth ['æziməθ] azimut, sidvinkel

Aztec ['æztek] *s* o. *a* aztek[-]

azure ['æʒə] himmelsblå

B

B, b [bi:] (bokstaven) b; (noten, tonen) h; *B flat* b (*mus.*)

baa [bɑ:] **I** *s* bräkande **II** *v* bräka

babble ['bæbl] **I** *v* babbla; sorla **II 1** joller; pladder **2** sorl **-r** [-ə] pratmakare

babe [beib] spenabarn, barnunge

babel ['beib(ə)l] förbistring, villervalla; larmande hop

baboon [bə'bu:n] babian

baby ['beibi] [späd]barn, barnunge **-grand** liten flygel **--sitter** barnvakt

bachelor ['bætʃ(ə)lə] **1** ungkarl **2** *univ.* kandidat; *B*~ *of Arts* (*of Science*) *ung.* filosofie kandidat; *B*~ *of Medicine* medicine kandidat; *B*~ *of Law* juris kandidat; *B*~ *of Divinity* teologie kandidat

bacill|us [bə'siləs] (*pl -i* [-ai]) bacill

back [bæk] **I** *s* rygg; baksida **2** *sport.* back; *at the* ~ *of* bakom; *turn one's* ~ *upon someone* vända ryggen till ngn **II** *adv* bakåt; tillbaka; *as far* ~ *as 1850* redan 1850; ~ *and forth* fram o. tillbaka **III** *v* **1** understödja **2** endossera **3** hålla [vad] på **4** röra sig bakåt, backa; ~ *down* (*A.*) ta tillbaka (ett påstående); ~ *out* dra sig tillbaka **-ache** ont i ryggen **--bencher** mindre betydande parlamentsledamot **-bite** baktala **-bone 1** ryggrad **2** mod, beslutsamhet **-fire** ['bæk'faiə] *tekn.* baktändning **-gammon** [bæk'gæmən] triktrak, brädspel **-ground** bakgrund **-hand** I *a* bakåtlutad (skrift) **II** *s* backhand (i tennis o. d.) **-ing** [-iŋ] stöd, hjälp **-lash** motreaktion **-list** förlags tidigare utgivning i lager, backlist **-log** samling; *order* ~ orderstock **-most** bakerst **-number** gammalmodig person **-side** ['bæk'said] bak, bakdel **-slide** ['bæk'slaid] återfalla, avfalla **-stage** bakom kulisserna **-stairs** ['bæk'stɛəz] baktrappa **-stroke** ryggsim **-ward** [-wəd] bakvänd; motsträvig; efterbliven **-wards** [-wədz] bakåt, baklänges **-wash** svallvåg **-water** ['bæk-ˌwɔːtə] bakvatten, dödvatten; *he lives in a spiritual ~ han* har ingen andlig kontakt med yttervärlden **-woods** avlägsna skogstrakter, obygd **-yard** ['bæk'jɑːd] bakgård

bacon ['beik(ə)n] bacon, saltat o. rökt sidfläsk; *bring home the ~* vara framgångsrik; *save one's ~* rädda sitt skinn

bacteri|a [bæk'tiəriə] bakterie **-ology** [-ˌtiəri-'ɔlədʒi] bakteriologi

bad [bæd] dålig, oduglig; ond; fördärvad; *~ cheque* ogiltig check; *~ cold* svår förkylning; *~ debt* oindrivbar fordran; *he is a ~ egg (lot)* han är oduglig; *~ language* svordomar, grovt språk; *~ luck* otur; *he is in a ~ way* det står dåligt till med honom; *go to the ~* förfalla, spåra ur; *he is £ 10 to the ~* han har en brist på 10 pund; *want ~ly* vara i stort behov av

baddy ['bædi] bov (i pjäs el. film)

bade [bæd] *imperf av bid 1,* 2 o. *3*

badge [bædʒ] märke, [polis]bricka

badger ['bædʒə] **I** *s* grävling **II** *v* ansätta

badminton ['bædmintən] badminton

bad-tempered ['bæd'tempəd] retlig, misslynt

baffl|e ['bæfl] gäcka; trotsa; *it ~s me* det är mig en gåta **-ing** [-iŋ] gäckande

bag [bæg] **I** *s* 1 väska; säck, påse 2 fångst; *he is a ~ of bones* han är ett magert skrälle; *let the cat out of the ~* (oavsiktligt) avslöja en hemlighet; *a mixed ~* en brokig samling (ting el. personer); *old ~* kärring **II** *v* 1 fånga, skjuta 2 knycka 3 svälla, pösa; *~s I ...! pax för ...!*

baggage ['bægidʒ] **1** bagage; tross **2** jänta, slyna

bag|gy ['bægi] *a, ~ trousers* opressade, påsiga byxor **-man** provryttare **-pipe** säckpipa **-smasher** *A.* stadsbud

bail [beil] **I** *s* borgen; *go ~ for* gå i borgen för **II** *v* 1 *~ out* få ut från fängelse mot borgen 2 ösa (båt); *~ out* hoppa med fallskärm

bail|ey ['beili] ringmur; slottsgård; *Old B~* domstol i London **-iff 1** *hist.* fogde 2 utmätningsman 3 förvaltare

bairn [bɛən] *Sk.* barn

bait [beit] **I** *s* agn, bete **II** *v* 1 agna, sätta bete på 2 fodra (hästar); beta 3 reta; hetsa

baize [beiz] boj (tyg)

bake [beik] baka; bränna (om solen)

bakelite ['beikəlait] bakelit

bak|er ['beikə] bagare; *~'s dozen* tretton **-ery** [-ri] bageri **-ing-powder** ['beikiŋˌpaudə] bakpulver

balance ['bæləns] **I** *s* 1 våg[skål] 2 jämvikt 3 bokslut, saldo; återstod; *hold the ~* ha avgörandet i sin hand; *his life hung in the ~* hans liv hängde på en tråd; *~ in hand* kassabehållning; *~ of trade* handelsbalans **II** *v* 1 [av]väga 2 bringa i jämvikt 3 utjämna 4 balansera; *~ the books* göra bokslut; *a well ~d person* en sansad person **-sheet** balansräkning

balcony ['bælkəni] balkong

bald [bɔːld] **1** skallig; naken 2 enkel, torftig; *~ eagle* vithuvad örn

balderdash ['bɔːldədæʃ] gallimatias, smörja

bald-headed ['bɔːld'hedid] skallig

bale [beil] **I** *s* bal, packe **II** *v, se bail* [*out*]

baleen [bə'liːn] valfiskben

baleful ['beilf(u)l] olycksbringande, ond

balk [bɔːk] **I** *s* 1 balk 2 oplöjd jordremsa 3 hinder **II** *v* 1 hindra, gäcka 2 (om häst) vägra 3 undvika, sky

Balkans [bɔː'lkənz] *the ~* Balkan

balky ['bɔːki] motspänstig, envis (om häst)

ball [bɔːl] **1** boll, klot, kula; *~s (vulg.)* testiklar 2 bal, dans; *have s.b. on the ~* ha makten över någon; *the ~ of the foot (hand)* den tjocka delen av foten (handen) vid stortåns resp. tummens bas; *keep the ~ rolling* hålla målron vid makt; *~ and socket joint* kulled; *have a ~ (sl.)* roa sig enormt; *be on the ~* vara effektiv

ballad ['bæləd] visa; ballad

ballast ['bæləst] barlast, ballast

ball-bearings ['bɔːl'bɛəriŋz] kullager

ballet ['bælei] balett; *~ dancer* ballerina

ballistic ['bə'listik] ballistisk; *~ missile* ballistisk robot **-s** skjutlära, ballistik

balloon [bə'luːn] **I** *s* ballong **II** *v* stiga upp i ballong; blåsa upp, utvidga

ballot ['bælət] **I** *s* 1 valsedel 2 sluten omröstning **3** *parl.* lottdragning **II** *v* 1 rösta (slutet) 2 dra lott **--box** valurna

ball|-pen ['bɔːlpen] **--point pen** kul[spets]penna **-room** balsal

ballyhoo [bæli'huː] *sl.* (vilseledande) reklamjippo; väsen, ståhej

balm [bɑːm] balsam; lindring **-y** [-i] 1 balsamisk; lindrande 2 svagsint, fnoskig

baloney [bə'ləuni] *sl.* strunt[prat]

balsa ['bɔːlsə] 1 balsaträd 2 balsaflotte

balsam ['bɔːlsəm] balsam

balust|ers ['bæləstəz] *pl* trappräcke **-rade** [ˌbæləs'treid] balustrad

bamboo [bæm'buː] bambu

bamboozle [bæm'buːzl] lura

ban [bæn] **I** *s* 1 bann[lysning] 2 förbud; *put a ~ upon* bannlysa, förbjuda **II** *v* bannlysa, förbjuda

banal [bə'nɑːl] banal **-ity** [bə'næliti] banalitet

banana [bə'nɑːnə] banan

band [bænd] **I** *s* 1 band, bindel 2 rand 3 skara, följe 4 musikkår, -kapell; *~s, pl* präst-, advokatkrage **II** *v* 1 sätta band på 2 *~ o.s.* förena sig

bandage ['bændidʒ] **I** *s* bandage, förband **II** *v* förbinda

bandbox ['bæn(d)bɔks] hattask, kartong; *look as if one came out of a ~* se prydlig ut

bandit ['bændit] bandit **-ry** [-ri] banditväsen

bandmaster ['bæn(d)ˌmɑːstə] kapellmästare

bandol|eer, -ier [ˌbændə(u)'liə] axelrem

bandstand ['bændstænd] musikestrad

bandy ['bændi] **I** *v* 1 kasta (slå) fram o. tillbaka 2 [ut]växla; *~ words* gräla **II** *a* (om ben) krokig **--legged** [-legd] hjulbent

bane [bein] fördärv, undergång; *rat's-~* råttgift

bang [bæŋ] **I** *v* 1 banka, slå 2 smälla **II** *s* smäll, knall 2 [hår]lugg **-er** [-ə] grov lögn

bangle ['bæŋgl] armring, fotledsring

banish ['bæniʃ] 1 [lands]förvisa 2 slå ur tankarna **-ment** [-mənt] förvisning

banister[s] ['bænistə(z)] trappräcke

banjo ['bændʒəu] banjo

bank [bæŋk] **I** *s* 1 strand[sluttning] 2 vall, driva, (dikes)ren 3 sand-, molnbank 4 bank[inrättning] **II** *v* 1 dämma, hopa sig 2 ha (sätta in) pengar på bank 3 skeva **-book**

bok **-er** [-ə] bankir, bankdirektör **--holiday** ['bæŋk'hɔlədi] bankfridag **-ing** [-iŋ] bankväsen **-note** sedel **-rate** diskonto **-rupt** ['bæŋkrʌpt] bankrutt **-ruptcy** [-rəp(t)si] konkurs

banner ['bænə] baner, fana; ~ *headline* jätterubrik

banns [bænz] lysning (till äktenskap); *ask the* ~ ta ut lysning; *publish (put up) the* ~ lysa till äktenskap; *forbid the* ~ inlägga äktenskapsjäv

banquet ['bæŋkwit] **I** *s* bankett, kalas **II** *v* kalasa, festa

bantam ['bæntəm] **1** dvärghöns **2** liten argsint karl **--weight** bantamvikt[are]

banter ['bæntə] **I** *s* skämt, drift **II** *v* retas [med]

bapt|ism ['bæptiz(ə)m] dop **-ismal** [bæp'tizm(ə)l] *a*, ~ *register* doplängd **-ist 1** baptist **2** döpare **-ize** [bæp'taiz] döpa

bar [bɑ:] **I** *s* **1** stång, spak; ~ *of chocolate* chokladkaka **2** *mus.* takt[streck] **3** bom; tullbom **4** sandbank, -rev **5** hinder **6** skrank, domstol; *be called to the* ~ bli utnämnd t. *barrister* **7** disk, bar, krog[lokal]; ~*s* galler **II** *v* tillbomma, instänga, spärra

barb [bɑ:b] hulling; ~*ed wire* taggtråd

barbar|ian [bɑ:'beəriən] *s* o. *a* barbar[isk] **-ic** [-'bærik] **-ous** ['bɑ:b(ə)rəs] barbarisk

barbecue ['bɑ:bikju:] **1** helstekt oxe (svin etc.) **2** stor tillställning (utomhus) **3** utomhusgrill

barber ['bɑ:bə] barberare

bare [bɛə] **I** *a* bar, naken, kal; tom **II** *v* blotta, avtäcka **-back** barbacka **-faced** [-feist] oförställd, oblyg **--foot** barfota **--headed** barhuvad **-ly** [-li] nätt o. jämnt **-ness** [-nis] **1** nakenhet **2** torftighet

bargain ['bɑ:gin] *s* **1** överenskommelse om att köpa eller sälja ngt; köp, affär **2** fynd, kap, billigt köp; *into the* ~ på köpet; *make the best of a bad* ~ hålla god min i elakt spel; ~ *price* realisationspris; ~ *sale* realisation **II** *v* köpslå, ackordera; göra upp; ~ *for* vänta sig

barg|e [bɑ:dʒ] **I** *s* **1** pråm **2** chefsslup **3** husbåt **II** *v* rusa, törna (*into* mot, på); *he is always* *-ing in* han stör (avbryter) alltid

bar-iron ['bɑ:raiən] stångjärn

baritone ['bæritəun] baryton

bark [bɑ:k] **I** *s* **1** bark **2** bark[skepp] **3** skall **II** *v* **1** barka, garva **2** skrapa skinnet av **3** skälla

barley ['bɑ:li] korn **--broth** starkt öl

barm [bɑ:m] skum; jäst **-y** [-i] **1** skummande **2** tokig

barn [bɑ:n] lada; *A.* ladugård, stall

barnacle ['bɑ:nəkl] **1** långhals (mussla) **2** prutgås **3** *fig. om pers.* igel, kardborre

barn|owl ['bɑ:naul] tornuggla **-stormer** kringresande skådespelare **-yard** log-, stallgård

barometer [bə'rɔmitə] barometer

baron ['bær(ə)n] **1** baron, friherre **2** ~ *of beef* helt ländstycke (av oxe) **-age** ['bærənidʒ] **1** samtliga baroner **2** adelskalender **-ess** ['bærənis] baronessa **-et** ['bærənit] baronet **-ial** [bə'rəunjəl] friherrlig

barque [bɑ:k] bark[skepp]

barrack ['bærək] **I** *s vanl. pl* kasern **II** *v* **1** förlägga i kasern **2** bua, skräna (at spelare i fotboll etc.)

barrage ['bærɑ:ʒ] spärreld; ~ *balloon* spärrballong

barrel ['bær(ə)l] **1** fat, tunna **2** cylinder **3** bösspipa, lopp **4** bläckbehållare i reservoarpenna **-organ** positiv **-vault** tunnvalv

barren ['bær(ə)n] ofruktsam; torr, torftig; gagnlös

barricade [ˌbæri'keid] barrikad

barrier ['bæriə] barriär; bom; skrank; hinder

barring ['bɑ:riŋ] utom, med uteslutande av

barrister ['bæristə] advokat (som är berättigad att uppträda inför domstol)

barrow ['bærəu] **1** [grav]kummel **2** skottkärra, dragkärra

bar-tender ['bɑ:tendə] uppassare, bartender

barter ['bɑ:tə] **I** *v* idka byteshandel **II** *s* byteshandel **-er** [-rə] byteshandlare, schackrare

base [beis] **I** *s* **1** bas (i olika bet.); grundval; stödjepunkt **2** *sport.* start-, mållinje **II** *v* basera **III** *a* låg, simpel, usel; ~ *metals* oädla metaller **-ball** baseboll **-less** grundlös, ogrundad **--line** bakersta linjen (i tennis, badminton etc.) **-ment** [-mənt] källarvåning

bash [bæʃ] klå upp, slå

bashful ['bæʃf(u)l] blyg, försagd

basic ['beisik] **1** grund-; fundamental **2** basisk

basin ['beisn] **1** skål, fat **2** bäcken, sänka **3** bassäng **4** flodområde

bas|is ['beisis] (*pl -es* [-i:z]) bas[is], grundval; förutsättning

bask [bɑ:sk] sola (värma, gassa) sig

basket ['bɑ:skit] korg; *pick of the* ~ det finaste av alltsammans **-ball** korgboll

1 bass [bæs] [havs]abborre

2 bass [beis] bas (om röst o. instrument)

bassoon [bə'su:n] fagott

bass-viol ['beisvaiəl] viola da gamba

bast [bæst] bast

bastard ['bæstəd] **I** *s* bastard; utomäktenskapligt barn **II** *a* oäkta

baste [beist] **1** tråckla ihop **2** späda, ösa (stek) **3** piska, klå

bat [bæt] **I** *s* **1** fladdermus **2** slagträ **3** *A.* fest; *as blind as a* ~ stenblind; *have* ~*s in the belfry* ha tomtar på loftet; *off one's own* ~ på egen hand **II** *v* slå (med bollträ), vara inne **batch** [bætʃ] **1** hop, omgång, parti **2** bak, sats **bate** [beit] nedslå, [för]minska; *with* ~*d breath* i andlös spänning

bath [bɑ:θ] **I** *s* **1** bad; badkar **2** ~*s, pl* badhus, -anstalt **II** *v* bada (småbarn, sjuka etc.) **-chair** ['bɑ:θ'tʃeə] rullstol

bath|e [beið] **1** bada **2** badda **-ing-costume** baddräkt **-ing-drawers** badbyxor **-ing-machine** badhytt (på hjul) **-ing-suit** baddräkt **-ing-trunks** badbyxor

bat-horse ['bæthɔ:s] packhäst

bath-robe ['bɑ:θrəub] *A.* badkappa **-room** badrum **-tub** badkar

bathyscaph ['bæθiskæf] batyskop

batman ['bætmən] kalfaktor, uppassare

baton ['bæt(ə)n] **1** kommandostav **2** battong **3** taktpinne

batsman ['bætsmən] *sport.* slagman

battalion [bə'tæljən] bataljon

1 batten ['bætn] **I** *s* golvplank; batten **II** *v*, ~ *down the hatches* skalka luckorna

2 batten ['bætn] **1** bli fet **2** göda sig, leva gott

batter ['bætə] **I** *s* **1** slagman (i kricket el. baseboll) **2** smet **II** *v* **1** slå (med upprepade slag); slå in (ut) (dörr etc.); bulta, hamra **2** buckla, ramponera **-ing-ram** ['bæt(ə)riŋræm] murbräcka **-y** [-ri] **1** batteri **2** *jur.* misshandel **3** *mus.* slagverk, batteri

battle ['bætl] **I** *s* strid, drabbning, slag; ~ *royal* häftigt gräl **II** *v* kämpa --**array** slagordning --**ax[e]** stridsyxa --**cruiser** ['bætl,kru:zə] slagkryssare --**field** slagfält -**ment** [-mənt] bröstvärn; tinnar

batty ['bæti] tokig

bauble ['bɔ:bl] grannlåt, struntsak; leksak

baulk *se* **balk**

bauxite ['bɔ:ksait] bauxit

bawd [bɔ:d] kopplerska -**y** [-i] otuktig, osedlig

bawl [bɔ:l] vråla, skråla

bay [bei] **I** *s* **1** vik, bukt **2** nisch **3** ståndskall **4** lagerträd **5** fux; *at* ~ hårt ansatt, i knipa; *keep at* ~ hålla i schack; *factory* ~ verkstadshall; *sick* ~ sjukhytt **II** *v* skälla **III** *a* rödbrun, fuxfärgad

bayonet ['be(i)ənit] bajonett

bayou ['baiu] *A.* sumpigt utlopp

bay-window ['bei'windəu] burspråk, utbyggt fönster

bazaar [bə'zɑ:] basar

bazooka [bə'zu:kə] raketgevär

be [bi:] **1** vara **2** bli **3** stå, ligga; *how are you?* hur står det till?; *how is it that ...?* hur kommer det sig att ...?; *it was a long time before* det dröjde länge innan; *he was about to leave* han stod i begrepp att ge sig av; *don't* ~ *long!* stanna inte länge borta!; *the bride to* ~ den blivande bruden; *the powers that* ~ de styrande makterna; *he was to send it* (det var uppgjort, bestämt att) han skulle skicka den

beach [bi:tʃ] **I** *s* strand **II** *v* sätta på land, dra upp (båt) -**comber** ['bi:tʃ,kaumə] **1** inrullande havsvåg **2** strandgodssökare --**head** brohuvud

beacon ['bi:k(ə)n] **I** *s* [fyr]båk, fyrtorn, trafikljus; *Belisha* ~ trafikmärke vid övergångsställe **II** *v* lysa; signalera

bead [bi:d] **I** *s* **1** pärla **2** droppe, pärla (av svett etc.) **3** radbandskula; *tell one's* ~*s* läsa sina böner **II** *v* förse med pärlor --**frame** kulram

beadle ['bi:dl] pedell; kyrkvaktare --**dom** [-d(ə)m] dum formalism

beagle ['bi:gl] **1** liten eng. stövare **2** spårhund

beak [bi:k] **1** näbb; *sl.* näsa **2** freds-, polisdomare **3** ramm

beaker ['bi:kə] stor bägare

beam [bi:m] **I** *s* **1** bjälke **2** [däcks]balk **3** fartygs största bredd (mitten) **4** [ljus]stråle **5** radiosignal; *abaft (before) the* ~ akter (för) om tvärs; *ship on her* ~ *ends* fartyg i nöd **II** *v* **1** stråla **2** se med välvilja (*at, upon someone* på ngn) -**y** [-i] strålande

bean [bi:n] böna; *full of* ~*s* livad, i hög stämning -**bag** *A.* påse med bönor (leksak) --**feast**, -**o** ['bi:nəu] årligt kalas; hippa -**stalk** ['bi:n-stɔ:k] bönstjälk

1 bear [bɛə] **I** *s* **1** björn **2** *börs.* baissespekulant **II** *v* spekulera i prisfall

2 bear [bɛə] **1** fördra, uthärda **2** frambringa, föda; bära, uppbära; ~ *a hand* hjälpa; ~ *o.s.* *well* uppföra sig väl; *he brought his influence to* ~ han använde sitt inflytande; ~ *in mind* komma ihåg; ~ *down* [*up*]*on* styra [ner] mot, kasta sig över; ~ *out* bekräfta; ~ *to* (*towards*) segla, stäva (åt visst håll); ~ [*up*]*on* ha betydelse för; ~ *up* hålla modet uppe; ~ *with* ha fördrag med -**able** [-rəbl] som kan uthärdas, dräglig

bear-garden ['bɛə,gɑ:dn] *fig.* slagfält

beard [biəd] **I** *s* skägg **II** *v* trotsa

bear|er ['bɛərə] **1** bärare; *äv.* tjänare (t. ex.

i Ind.) **2** överbringare **3** innehavare **4** stöd, underlag -**ing** [-iŋ] **1** hållning, uppförande **2** betydelse, sammanhang -**ings** [-iŋz] **1** *tekn.* lager **2** riktning, orientering; bäring; *have lost one's* ~ inte veta var man är; *find one's* ~ orientera sig

beast [bi:st] **1** djur, best **2** nöt[kreatur] **3** odjur, rå karl -**ly** ['bi:s(t)li] **1** djurisk **2** avskyvärd; ~ *weather* hundväder

beat [bi:t] **I** *v* (*äv. imperf*) **1** slå **2** vispa **3** klappa; *this* ~*s me* det fattar jag inte; ~ *one's brain* rådbråka hjärnan; ~ *time* slå takten; ~ *about the bush* gå som katten kring het gröt; ~ *down the price* pruta ner priset; ~ *up* a vispa upp b driva upp, trumma ihop c klå upp; *the* ~ *generation* bohemisk o. nihilistisk efterkrigsungdom i USA; *äv.* litterär riktning; *dead* ~ dödstrött **II** *s* **1** slag **2** *mus.* takt, taktslag **3** pass, område -**en** [-n] **1** slagen **2** besegrad; utmattad; *the* ~ *track* de gamla hjulspåren -**er** [-ə] drevkarl -**ing** [-iŋ] stryk, smörj; slag; *take a* ~ få stryk, lida nederlag; *the* ~ *of the heart* hjärtats slag -**nik** företrädare för *the beat generation*

beatitude [bi(:)'ætitju:d] salighet

beau [bəu] (*pl* ~*x* [-z]) **1** sprätt **2** älskare, beundrare

beaut|eous ['bju:tjəs] *poet.* skön -**iful** [-təf(u)l] vacker -**ify** [-ifai] försköna -**y** [-i] skönhet -**y-spot** musch; vacker plats

beaver ['bi:və] **1** bäver; bäverskinn **2** visir **3** *sl.* person med helskägg

becalm [bi'kɑ:m] *v, be* ~*ed* råka ut för stiltje

became [bi'keim] *imperf* av *become*

because [bi'kɔz] därför att, emedan; ~ *of* på grund av

beck [bek] vink, nick; *be at a p.'s* ~ *and call* [vara redo att] lyda ngns minsta vink -**on** ['bek(ə)n] göra tecken, vinka (*to* åt)

becom|e [bi'kʌm] (*äv. perf part*) **1** bli **2** passa -**ing** [-iŋ] passande, klädsam

bed [bed] **1** säng, bädd **2** [trädgårds]säng, rabatt **3** flodbädd **4** underlag; *separation from* ~ *and board* skilsmässa till säng o. säte; *take to one's* ~ lägga sig sjuk; *make the* ~ bädda sängen; *go to* ~ *with s.b.* (*sl.*) ligga med ngn

bedaub [bi'dɔ:b] söla ner

bedazzle [bi'dæzl] blända

bed|-bug ['bedbʌg] vägglus --**clothes** sängkläder -**ding** ['bediŋ] **1** sängkläder **2** strö; underlag

bedevil [bi'devl] **1** förhäxa **2** gå illa åt **3** pina -**ment** [-mənt] **1** besatthet **2** sattyg **3** bekymmer **4** oreda

bedlam ['bedləm] **1** mentalsjukhus **2** tumult

Bedouin ['beduin] beduin; *b*~ (*vard.*) zigenare

bed-pan ['bedpæn] bäcken

bedraggle [bi'drægl] smutsa ner

bed|ridden ['bed,ridn] sängliggande --**rock** ['bed'rɔk] berggrund --**room** sängkammare, sovrum --**side manner** (läkares) lugnande sätt gentemot patienter --**spread** sängöverkast --**stead** säng -**tick** bolstervar -**time** lägg-, sängdags

bee [bi:] *s* bi; *have a* ~ *in one's bonnet* ha en fix idé

beech [bi:tʃ] bok[träd]

beef [bi:f] **1** oxkött **2** styrka -**eater** ['bi:f,i:tə] *pop.* benämning på drottningens (kungens) livvakt o. på vakt i Towern -**steak** ['bi:f-'steik] biff, biffstek --**tea** ['bi:f'ti:] buljong -**y** [-i] muskulös, kraftig

bee|-hive ['biːhaiv] bikupa **--line** s, make a ~ for ta närmaste vägen till
been [biːn, bin] perf part av be
beer [biə] öl; small ~ svagdricka; sl. betydelselös; underhuggare
beeswax ['biːzwæks] **I** s [bon]vax **II** v bona
beet [biːt] bot. beta
beetle ['biːtl] **I** s **1** skalbagge **2** träklubba **II** v **1** rusa, kila **2** bulta (med träklubba) **-head** träskalle
beetroot ['biːtruːt] rödbeta
be|fall [biˈfɔːl] hända, ske **-fallen** perf part av befall **-fell** imperf av befall
befit [biˈfit] passa
befog [biˈfɔg] insvepa i dimma; förvirra
before [biˈfɔː] **I** prep o. adv framför, före; ~ the beam för om tvärs **II** konj innan, förrän; ~ long inom kort **-hand** på förhand
befriend [biˈfrend] gynna, hjälpa
beg [beg] tigga, be; ~ a p. off be om befrielse (lov) för ngn; I ~ your pardon a förlåt b hur sa?; ~ the question a svara undvikande b anta vad som skall bevisas; I ~ to inform you jag får härmed meddela
began [biˈgæn] imperf av begin
beget [biˈget] **1** avla, föda **2** förorsaka
beggar ['begə] **I** s **1** tiggare **2** kanalje, gynnare **II** v, his ignorance ~s description hans okunnighet trotsar all beskrivning
begging ['begiŋ] tiggeri
begin [biˈgin] börja; to ~ with först [o. främst], till en början ̠-ner [-ə] nybörjare **-ning** [-iŋ] början
begone [biˈgɔn] försvinn!, gå din väg!
begonia [biˈgəunjə] bot. begonia
begrudge [biˈgrʌdʒ] vara missnöjd med, missunna
beguile [biˈgail] bedra, lura; locka; ~ the time fördriva tiden
begum ['beigəm] Ind. islamisk prinsessa (förnäm dam)
begun [biˈgʌn] perf part av begin
behalf [biˈhaːf] s, on (in) someone's ~ i ngns ställe, [p]å ngns vägnar; act on ~ of vara ombud för
behav|e [biˈheiv] uppföra sig; bete sig **-iour** [-jə] **1** uppförande; beteende **2** förhållande, sätt att arbeta; be put on one's good (best) ~ sättas på prov **-ioural** [-jər(ə)l] a, ~ science beteendevetenskap
behead [biˈhed] halshugga
beheld [biˈheld] imperf o. perf part av behold
behind [biˈhaind] **I** prep o. adv bakom; efter **II** s bak[del] **-hand** [-hænd] adv, get ~ komma på efterkälken
behold [biˈhəuld] skåda, se **-en** [-(ə)n] tack skyldig **-er** [-ə] åskådare
being ['biːiŋ] **1** tillvaro, existens **2** väsen; varelse; come into ~ uppstå; for the time ~ för närvarande; The Supreme B~ Gud
belabour [biˈleibə] klå upp, prygla
belated [biˈleitid] **1** överraskad av mörkret **2** försenad
belay [biˈlei] belägga, göra fast **-ing-pin** [-iŋ-] koffernagel
belch [beltʃ] **I** v rapa **II** s rapning
beleaguer [biˈliːgə] belägra
belfry ['belfri] klocktorn, -stapel
Belgi|an ['beldʒ(ə)n] **I** s belgier **II** a belgisk **-um** [-əm] Belgien
belie [biˈlai] beljuga; motsäga
belief [biˈliːf] tro, övertygelse

believe [biˈliːv] tro, tänka; make ~ låtsas **-r** [-ə] troende
belittle [biˈlitl] förringa, nedsätta
bell [bel] **I** s [ring]klocka; answer the ~ gå o. öppna dörren **II** v, ~ the cat åta sig ett farligt uppdrag
belle [bel] skönhet; the ~ of the ball balens drottning
bell-hop ['belhɔp] A. hotellpojke
bellicose ['belikəus] stridslysten
belligerent [biˈlidʒər(ə)nt] **I** a krigförande; aggressiv **II** s krigförande [makt]
bellow ['beləu] **I** s böl, vrål **II** v böla; ryta
bellows ['beləuz] s pl, a pair of ~ [blås]bälg
bell-pull ['belpul] klocksträng **--push** ringledningsknapp
belly ['beli] **I** s buk, mage **II** v bukta sig, svälla **--ache** [-ˌeik] **I** s magont **II** v, sl. klaga
belong [biˈlɔŋ] **1** ~ to tillhöra; tillkomma **2** höra hit (dit); vara medlem; he does not quite ~ han hör egentligen inte hit **-ings** [-iŋz] tillhörigheter
beloved [biˈlʌvd, som attr o. s äv. -vid] **I** a älskad **II** s [ngns] älskade
below [biˈləu] nedanför, under; go ~ gå under däck; ~ me under min värdighet
belt [belt] **I** s **1** bälte, skärp, livrem **2** drivrem **3** område, zon; hit below the ~ slåss mot reglerna **II** v **1** omgjorda, förse med bälte etc. **2** prygla **3** sl. springa fort
belvedere ['belvidiə] utsiktstorn
bemire [biˈmaiə] nedsöla
bemoan [biˈməun] jämra sig över, begråta
bemuse [biˈmjuːz] förvirra, omtöckna
bench [ben(t)ʃ] bänk; säte **2** rätt, domstol **3** hyvelbänk, arbetsbänk; the B~ and the Bar domare o. advokater; be raised to the B~ bli utnämnd till domare
bend [bend] **I** s **1** böjning, bukt; kurva **2** sjö. knop, stek **3** her. balk; go round the ~ bli tokig **II** v böja [sig]; vända, styra; he is bent on mastering Spanish han har bestämt sig för att lära sig spanska
beneath [biˈniːθ] nedanför, under; ~ contempt inte ens värd förakt
benediction [ˌbeniˈdikʃ(ə)n] välsignelse; tacksägelse[bön]
benefactor ['benifæktə] välgörare
benefic|e ['benifis] beneficium, inkomst av kyrkojord **-ent** [biˈnefis(ə)nt] välgörande **-ial** [ˌbeniˈfiʃ(ə)l] välgörande, hälsosam **-iary** [ˌbeniˈfiʃəri] **1** pastoratsinnehavare **2** understödstagare **3** arvinge
benefit ['benifit] **I** s fördel, förmån; bidrag; give someone the ~ of the doubt i tveksamt fall hellre fria än fälla ngn **II** v ha (dra) nytta (from av); gagna, göra gott **--performance** recettföreställning **--society** försäkringskassa
benevolen|ce [biˈnevələns] välvilja, godhet **-t** välvillig; välgörenhets-
Bengal [beŋˈgɔːl] **I** s Bengalen **II** a bengalisk
benighted [biˈnaitid] **1** överraskad av natten **2** fig. levande i mörkret, okunnig
benign [biˈnain] **1** välvillig **2** gynnsam **3** godartad (om sjukdom) **-ant** [-ˈnignənt] vänlig; gynnsam, välgörande **-ity** [-ˈnigniti] välvilja, godhet
bent [bent] **I** v imperf o. perf part av bend **II** s böjelse; anlag, inriktning; be ~ [up]on vara inriktad på, besluten för
benumb [biˈnʌm] göra stel (känslolös); fig. isa, förlama

benzene ['benzi:n] bensol
benzine ['benzi:n] (renad) bensin
bequeath [bi'kwi:ð] testamentera, efterlämna
bequest [bi'kwest] legat
berate [bi'reit] *litt.* o. *A.* läxa upp, ge ovett
bereave [bi'ri:v] beröva; *fig.* plundra; lämna ensam **-ment** [-mənt] smärtsam förlust; dödsfall
bereft [bi'reft] *imperf* o. *perf part* av *bereave*
beret ['berei] basker[mössa]
Berlin [bə:'lin] Berlin; ~ *gloves* trådvantar
Bermuda [bə(:)'mju:də] Bermuda
berry ['beri] **I** *s* **1** bär **2** rom[korn] (av hummer) **3** *A. sl.* dollar **II** *v* **1** (om buske) få bär **2** plocka bär
berth [bə:θ] **I** *s* **1** sovplats, koj **2** ankarplats **3** anställning; *give a wide* ~ *to* hålla sig på avstånd från, undvika **II** *v* **1** förtöja **2** skaffa sovplats (-vagn, -hytt)
beseech [bi'si:tʃ] bönfalla
beseeming [bi'si:miŋ] passande
beset [bi'set] **1** besätta, belägra **2** ansätta, anfäkta **-ting** [-iŋ] *a,* ~ *sin* skötesynd
beside [bi'said] bredvid; på sidan om; ~ *o.s.* utom sig; *this is* ~ *the point* det hör inte hit **-s** [-z] dessutom; utom
besiege [bi'si:dʒ] belägra; bestorma
besmirch [bi'smə:tʃ] fläcka ner; besudla
besom ['bi:zəm] viska, kvast
besot [bi'sɔt] dåra; förfäa; berusa
besought [bi'sɔ:t] *imperf* o. *perf part* av *beseech*
bespatter [bi'spætə] nedstänka; överösa
be|speak [bi'spi:k] **1** beställa; utbedja sig **2** vittna om, utvisa **-spoke** *imperf* av *bespeak* **-spoken** *perf part* av *bespeak*
besprinkle [bi'spriŋkl] bestänka
best [best] **I** *a* o. *adv* bäst; *hope for the* ~ hoppas på det bästa; *it is all for the* ~ det är bäst som sker; *make the* ~ *of it* dra största möjliga fördel av [ngt]; göra så gott man kan; *at* ~ i bästa fall; *to the* ~ *of my ability* så gott jag kan; *he can shoot with the* ~ han är en skicklig jägare; *Sunday* ~ söndagskostym; ~ *man* brudgums marskalk **II** *v* överlista, kugga
bestial ['bestjəl] bestialisk
bestir [bi'stə:] *v,* ~ *o.s.* börja röra på sig; skynda sig
bestow [bi'stəu] **1** ~ [*up*]*on* skänka, tilldela **2** placera **-al** [-əl] tilldelande, gåva
bestride [bi'straid] sitta (sätta sig, ställa sig, stå) gränsle över
best-seller ['best'selə] boksuccé
bet [bet] **I** *s* vad[hållning]; *make a* ~ slå vad **II** *v* (äv. *imperf* o. *perf part*) hålla (slå) vad [om]; *you* ~! var lugn för det!
be|think [bi'θiŋk] ~ [*o.s. (of)*] besinna (betänka) sig **-thought** *imperf* o. *perf part* av *bethink*
betide [bi'taid] hända, vederfaras; *woe* ~ *him* ve honom!
betimes [bi'taimz] tidigt; i god tid
betray [bi'trei] förråda; förleda **-al** [-e(i)əl] förräderi; avslöjande
betroth [bi'trəuð] trolova **-al** [-(ə)l] trolovning **-ed** [-ðd] trolovad
better ['betə] **I** *a* o. *adv* bättre; *the* ~ *part* största delen; *all the* ~ så mycket bättre; *for* ~ *for worse* i med- o. motgång, i nöd o. lust; *change for the* ~ ändras till det bättre; *think* ~ *of it* tänka närmare på saken; *get the* ~ *of* få övertaget över, besegra; *go one* ~ bjuda över; ~ *off* rikare; *he had* ~ *leave* det är bäst

att han ger sig av **II** *v* förbättra; överträffa; ~ *o.s.* skaffa sig bättre plats **-ment** [-mənt] förbättring, reform **-s** personer som är ngn överlägsen
between [bi'twi:n] mellan; *few and far* ~ tunnsådd; ~ *whiles* emellanåt
betwixt [bi'twikst] *prep* o. *adv,* ~ *and between* mitt emellan
bevel ['bev(ə)l] **I** *s* snedslipad kant; smygvinkel **II** *v* snedslipa; slutta
beverage ['bevɐridʒ] dryck
bevy ['bevi] flock, hop
bewail [bi'weil] klaga, sörja [över]
beware [bi'wɛə] akta sig (*of* för); ~ *of pickpockets* varning för ficktjuvar
bewilder [bi'wildə] förvilla, -brylla **-ment** [-mənt] förvirring; virrvarr
bewitch [bi'witʃ] förhäxa **-ment** [-mənt] förhäxning, förtrollning
beyond [bi'jɔnd] **I** *prep* o. *adv* bortom, på andra sidan om; [ut]över, längre [än till]; *it is* ~ *me* det avgår mitt förstånd **II** *s, the* ~ det okända, livet efter detta; *back of* ~ långt fjärran
biannual [bai'ænjuəl] två gånger om året
bias ['baiəs] **I** *s* **1** sned sida (riktning, bana); avvikning **2** partiskhet, fördom; benägenhet; *cut on the* ~ snedskuren (om tyg) **II** *v* göra partisk; inge förkärlek; påverka; *he is* ~[*s*]*ed* han har en förutfattad mening, han är partisk
bib [bib] **I** *s* haklapp; bröstlapp (på förkläde) **II** *v* supa, pimpla **-ber** [-ə] suput
Bibl|e ['baibl] bibel **-ical** ['biblik(ə)l] biblisk
bibliograph|er [,bibli'ɔgrəfə] bibliograf **-y** [-i] bibliografi
bibulous ['bibjuləs] begiven på sprit
bicameral [bai'kæm(ə)rəl] tvåkammar-
bicarbonate [bai'kɑ:bənit] *s,* ~ [*of soda*] bikarbonat
bicker ['bikə] **1** träta, munhuggas **2** brusa, smattra **-ing** [-riŋ] smågräl
bicycl|e ['baisikl] cykel **-ist** cyklist
bid [bid] **I** *v* **1** bjuda (ett pris vid försäljning av ngt) **2** *A.* inge anbud **3** befalla, bjuda **4** *imperf* o. *perf part* t. *bid 1* o. *2*; ~ *welcome* hälsa välkommen; *it* ~*s fair to be a fine day* det ser ut att bli en vacker dag **II** *s* **1** bud **2** anbud; *no* ~ pass (*kortsp.*) **-den** [-n] *perf part* av *bid 3* **-der** [-ə] spekulant **-ding** [-iŋ] *s, do someone's* ~ lyda ngn
bide [baid] *v,* ~ *one's time* bida sin tid
biennial [bai'eniəl] **1** tvåårig, tvåårs **2** inträffande vartannat år
bier [biə] likbår
biff [bif] **I** *s* slag **II** *v* slå [till]
bifurcate ['baifə:keit] dela [sig] i två delar, klyva sig
big [big] stor; vuxen; viktig; ~ *with child* i grossess; *talk* ~ skryta; *grow too* ~ *for one's breeches* bli högfärdig; ~ *noise* (*shot*) storpamp; ~ *top* cirkus[tält]
bigamy ['bigəmi] tvegifte, bigami
bight [bait] **1** bukt (på tågända) **2** vik, bukt
bigness ['bignis] storlek etc., *se big*
bigot ['bigət] fanatiker **-ry** [-ri] fanatism, bigotteri; trångsynthet
bigwig ['bigwig] storgubbe, pamp
bike [baik] *förk.* av *bicycle*
bikini [bi'ki:ni] bikini[baddräkt]
bilateral [bai'læt(ə)r(ə)l] tvåsidig; ömsesidig
bilberry ['bilb(ə)ri] blåbär
bile [bail] galla **--stone** gallsten

bilge [bildʒ] **1** slag (i skeppsskrov) **2** buk (på tunna) **3** smörja, nonsens **--water** [-,wɔːtə] slagvatten
bilingual [bai'liŋgw(ə)l] tvåspråkig
bilious ['biljəs] **1** gallsjuk **2** argsint
bilk [bilk] undandra sig betalning av; lura; smita ifrån
bill [bil] **I** s **1** trädgårdskniv, -skära **2** näbb **3** räkning **4** anslag, affisch **5** lagförslag **6** A. sedel **7** växel **8** förteckning, lista; intyg; ~ of fare matsedel **II** v affischera, täcka med plakat **-board** annonstavla **--broker** växelmäklare
billet ['bilit] **I** s **1** inkvartering **2** vedträ **II** v inkvartera (on, at hos, i)
bill-hook ['bilhuk] trädgårdsskära
billiard|cue ['biljədkju:] biljardkö **-s** [-z] pl biljard[spel]
billion ['biljən] **1** biljon **2** A. miljard
billow ['biləu] **I** s våg, bölja **II** v bölja, svalla
bill|-poster ['bil,pəustə] **-sticker** affischör
billy ['bili] A. sl. klubba, batong **-cock** plommonstop **--goat** getabock
bi-monthly ['bai'mʌnθli] (som inträffar) två gånger i månaden (varannan månad)
bin [bin] **1** låda **2** vinfack
binary ['bainəri] dubbel-
bind [baind] **1** binda [fast, ihop, in] **2** förplikta, ålägga **3** stadfästa **4** omgjorda, -sluta; ~ over to appear ålägga att inställa sig (jur.); he is bound to come han måste komma **-er** [-ə] **1** [bok]-bindare **2** sädesbindare **-ing** [-iŋ] [bok]band
bine [bain] ranka, reva
binge [bindʒ] supgille, hippa
binnacle ['binəkl] nakterhus
binoculars [bi'nɔkjuləz] fält-, teaterkikare
biocide ['baiəsaid] biocid
biograph|er [bai'ɔgrəfə] biograf, levnadstecknare **-ic[al]** [,baiə(u)'græfik, -(ə)l] biografisk **-y** [-i] biografi, levnadsteckning
biolog|ic[al] [,baiə(u)'lɔdʒik, -(ə)l] biologisk **-ist** [bai'ɔlədʒist] biolog **-y** [bai'ɔlədʒi] biologi
bipartite [bai'pɑːtait] tvådelad, tvekluven; bestående av två motsvariga delar
biped ['baiped] tvåfotat djur
biplane ['baiplein] tvådäckare, biplan
birch [bəːtʃ] **I** s **1** björk **2** [björk]ris **II** v risa, piska **--bark** näver **-en** ['bəːtʃ(ə)n] björk-
bird [bəːd] **I** s **1** fågel **2** kurre, typ; karl; sl. tjej, brud; a queer ~ en lustig kurre; ~ of passage flyttfågel; ~ of prey rovfågel; ~s of a feather flock together lika barn leka bäst; a ~ in the hand is worth two in the bush en fågel i handen är bättre än tio i skogen; the early ~ catches the worm morgonstund har guld i mun; kill two ~s with one stone slå två flugor i en smäll; ~ watcher ornitolog **II** v leta fågelbon **--fancier** [-,fænsiə] fågelälskare **--sanctuary** fågelreservat **-'s eye** ['bəːdzai] **1** teärenpris **2** (slags) tobak; ~ view of London London i fågelperspektiv **-'s-nest** fågelbo
biretta [bi'retə] barett
Biro ['baiərəu] kul[spets]penna
birth [bəːθ] **1** födelse **2** börd, härkomst **3** ursprung, uppkomst; by ~ till börden; ~ certificate dopattest **-day** födelsedag; ~ honours (BE.) utnämningar till knight, peer etc. på drottningens födelsedag **--mark** födelsemärke **-place** födelseort **--rate** födelsetal **-right** förstfödslorätt
biscuit ['biskit] **I** s kex, skorpa **2** A. mjuk, osockrad bulle **II** a ljusbrun

bisect [bai'sekt] dela i två delar
bishop ['biʃəp] **1** biskop **2** schack. löpare **-ric** [-rik] biskopsämbete, -stift
bismuth ['bizməθ] vismut
bison [baisn] **1** bisonoxe **2** = buffalo 1
bistre ['bistə] a o. s ljust smutsbrun [färg]
bit [bit] **I** s **1** hyveljärn **2** borr, borrjärn **3** bett (på betsel) **4** bit, smula, dugg **5** litet mynt **6** databeh. bit, binär siffra; wait a ~ vänta litet; do one's ~ dra sitt strå till stacken; not a ~ of it inte ett dugg, visst inte; take the ~ between the teeth bli istadig **II** v **1** betsla; kuva, tygla **2** imperf av bite
bitch [bitʃ] **1** hynda, tik; räv-, varghona **2** slinka; obehaglig kvinna
bit|e [bait] **I** v **1** bita; (om hjul etc.) gripa **2** nappa; ~ one's lips bita sig i läppen **II** s **1** bett; napp **2** smakbit, matbit **3** tag, grepp **-er** [-ə] s, the ~ bit[ten] den som gräver en grop åt andra faller själv däri **-ing** [-iŋ] **1** skarp (om smak) **2** sarkastisk, hånfull **3** stickande, skarp, bitter; ~ wind bitande vind
bitt [bit] sjö. pollare (på däck)
bitten ['bitn] perf part av bite
bitter ['bitə] **I** a bitter, besk; skarp **II** s (ljust) öl
bittern ['bitə(:)n] rördrom
bitterness ['bitənis] bitterhet
bitterroot ['bitəru:t] A. lewisia (rediviva)
bitum|en ['bitjumin] asfalt **-inous** [bi'tju:-minəs] bituminös
bivalve ['baivælv] tvåskalig (mussla)
bivouac ['bivuæk] s o. v bivack[era]
bizarre [bi'zɑː] bisarr
blab [blæb] **I** v pladdra **II** s pratmakare
black [blæk] **I** a **1** svart, mörk **2** dyster, sorglig **3** ond; beat ~ and blue slå gul o. blå; ~ art svartkonst; ~ eye blått öga; B~ Friar svartbroder, dominikan; ~ Maria fångvagnen; the ~ market svarta börsen **II** s **1** svart färg, sot; svärta **2** svart[a kläder] **III** v svärta; blanka; ~ out utplåna; mörklägga **-amoor** ['blækəmuə] svarting, morian **-ball** ge ngn svart kula, rösta ut (emot); utesluta **-beetle** ['blæk'biːtl] kackerlacka **-berry** [-b(ə)ri] björnbär **-bird** koltrast **-board** svart tavla **-en** ['blæk(ə)n] nedsvärta **-guard** ['blægɑːd] skurk, skojare **-head** pormask **-ing** [-iŋ] blanksvärta **-jack** A. batong **-lead** ['blæk'led] blyerts **-leg** **1** strejkbrytare **2** A. falskspelare **-mail** **I** s utpressning **II** v pressa pengar av **--out** **1** mörkläggning **2** medvetslöshet **--pudding** blodkorv **-smith** smed **-thorn** slån
bladder ['blædə] **1** blåsa, isht urinblåsa **2** skrävlare
blade [bleid] **1** blad, grässtrå **2** kniv-, är-, propellerblad etc. **3** karl, kurre
blain [blein] blemma, böld
blame [bleim] **I** s klander, skuld **II** v klandra, förebrå; you are to ~ det är ditt fel **-less**[-lis] oskyldig **-worthy** [-,wəːði] klandervärd
blanch [blɑːn(t)ʃ] bleka; blekna; ~ almonds skålla mandel
bland [blænd] blid, förbindlig; ironisk
blandish ['blændiʃ] fint smickra **-ment** [-mənt] smicker; lockelse[r]
blank [blæŋk] **I** a **1** ren, blank, tom **2** händelse-, innehålls-, uttryckslös **3** snopen, förbluffad; ~ [cartridge] lös patron; ~ verse blankvers **II** s **1** nit (i lotteri) **2** tomrum, lucka **3** blankett **4** tankstreck **5** löst skott; my mind was a ~ jag kunde inte tänka
blanket ['blæŋkit] **I** s **1** filt **2** wet ~ kalldusch;

fig. glädjeförstörare **II** *v* täcka med filt[ar]; nedtysta
blare [bleə] **I** *v* ljuda som en trumpet, smattra, skrälla **II** *s* trumpetsmatter
blarney ['blɑːni] smicker
blasphemy ['blæsfimi] hädelse
blast [blɑːst] **I** *s* stark vindstöt, pust **2** explosion; sprängsats **3** [trumpet]stöt; [bil]signal **4** bläster; *in full* ~ i full gång **II** *v* **1** förtorka, härja, förinta, förstöra **2** spränga **3** blästra; ~*ing in progress!* sprängning pågår! **-ed** [id] fördömd **--furnace** ['blɑːst'fɔːnis] masugn
blatant ['bleit(ə)nt] skränig, skrikig
blaze [bleiz] **I** *s* **1** stark eld **2** starkt [ljus]sken **3** våldsamt utbrott **4** bläs **5** bläckning (på träd); *what the* ~*s!* vad tusan! **II** *v* **1** flamma, låga **2** vara upplyst; lysa **3** förkunna **4** bläcka (träd); ~ *up* slå ut i låga; brusa upp; ~ *a (the) trail* bana väg **-r** [-ə] **1** sportkavaj **2** grov lögn
blazon ['bleizn] **I** *s* vapensköld; blasonering **II** *v, her.* beskriva (måla) [vapen]; smycka, ge glans åt; utbasunera
bleach [bliːtʃ] bleka; blekas, blekna **-ers** [-əz] *A.* åskådarplats utan tak **-ingpowder** ['bliːtʃiŋ̩paudə] klorkalk
bleak [bliːk] kal; kulen; dyster
blear [bliə] **I** *a* **1** (om ögon) sur, matt, skum **II** *v* göra sur[ögd] (skum[ögd]); fördunkla **-y-eyed** ['bliəriaid] sur-, skumögd
bleat [bliːt] **I** *v* bräka **II** *s* bräkande
bleb [bleb] liten bubbla
bled [bled] *imperf* o. *perf part* av *bleed*
bleed [bliːd] blöda; åderlåta; punga ut; pungslå; ~ *at the nose* ha näsblod; ~ *to death* förblöda; ~ *white* pungslå **-er** [-ə] blödare
blemish ['blemiʃ] **I** *v* vanställa, fläcka **II** *s* fläck, fel, brist
blench [blen(t)ʃ] rygga tillbaka
blend [blend] **I** *v* blanda [sig] **II** *s* blandning
bless [bles] välsignas; ~ *o.s.* a göra korstecken **b** prisa sig lycklig; ~ *me (my soul)!* bevare mig väl! **-ed** [-id] **1** välsignad; lycklig; helig **2** förbaskad; *every* ~ *day* var eviga dag -ing [-iŋ] välsignelse; nåd; *ask a* ~ be bordsbön
blether ['bleðə] **I** *s* munväder **II** *v* pladdra
blew [bluː] *imperf* av *blow*
blight [blait] **I** *s* **1** mjöldagg, rost **2** fördärv, olyckligt inflytande **II** *v* skada, fördärva; gäcka **-er** [-ə] rackare, skojare
blim[e]y ['blaimi] kors [för tusan]!
blimp [blimp] styrbar ballong, litet luftskepp
blind [blaind] **I** *a* **1** blind **2** osynlig; ~ *of an eye* blind på ett öga; ~ *alley* återvändsgränd; ~ *bargain* grisen i säcken; ~ *date* träff med okänd person ~ *drunk* berusad; ~ *letter* brev med otydlig (ofullständig) adress; ~ *tiger* lönnkrog *(A.)* **II** *v* **1** förblinda, blända; dölja **2** köra som en galning **III** *s* **1** rullgardin **2** skygglapp **3** svepskäl; *Venetian* ~*s* persienner **-fold** ['blain(d)fəuld] **I** *v* binda för ögonen på **II** *a* med förbundna ögon **-man's-buff** ['blain(d)mænz'bʌf] blindbock **--worm** ormslå, kopparorm
blink [bliŋk] **I** *v* **1** blinka **2** blunda för; ~ *at the facts* blunda för fakta **II** *s* **1** blink **2** isblink **-ers** [-əz] **1** skygglappar **2** (slags) glasögon **-ing** [-iŋ] förbaskad
bliss [blis] lycksalighet, sällhet **-ful** [-f(u)l] lycksalig, säll, lycklig
blister ['blistə] **I** *s* blåsa, blemma **II** *v* få blåsor **-ing** [-t(ə)riŋ] *a,* ~ *criticism* svidande kritik
blithe [blaið] munter

blitz [blits] blixtanfall; *the* ~ *(BE.)* blitzen (under andra världskriget)
blizzard ['blizəd] häftig snöstorm
bloat|ed ['bləutid] uppsvälld, pussig **-er** [-ə] lätt saltad rökt sill
blob [blɔb] droppe, klick
bloc [blɔk] *pol.* block[bildning]
block [blɔk] **I** *s* **1** stock; kloss; [klipp]block **2** stort hus, byggnadskomplex **3** *A.* [hus]kvarter **4** stupstock **5** hinder, stockning **6** [hiss]block **7** kliché **8** perukstock **II** *v* spärra, blockera; hindra; ~ *a ball* stoppa en boll; ~ *a blow* avvärja ett slag; ~ *out (in)* skissera, göra utkast till **-ade** ['keid] **I** *s* blockad **II** *v* blockera, stänga för **-ade-runner** blockadbrytare **--head** tjockskalle
bloke [bləuk] karl
blond[e] [blɔnd] **I** *a* blond **II** *s* blondin
blood [blʌd] **I** *s* **1** blod **2** sav **3** temperament; *a young* ~ en sprätt, snobb; *his* ~ *is up* det kokar i honom; ~ *bank* blodbank **II** *v* åderlåta **--and-thunder-novel** sensationsroman **-cattle** stamboksdjur **-curdling** [-ˌkɔːdliŋ] fasaväckande **-ed** [-id] fullblods- **-donor** blodgivare **-feud** släktfejd **--horse** fullblodshäst **-hound** blodhund **-less** [-lis] **1** oblodig **2** mycket blek **--poisoning** [-ˌpɔiznin] blodförgiftning **-shed** blodsutgjutelse **-shot** blodsprängd **-sucker** [-ˌsʌkə] blodigel, blodsugare **-thirsty** [-ˌθɔːsti] blodtörstig **-vessel** [-ˌvesl] blodkärl **-y** [-i] **1** blodig **2** bloddrypande, mordisk **3** förbannad, djävla
bloom [bluːm] **I** *s* **1** blomma **2** blomstring **3** fägring, friskhet **4** fjun **II** *v* blomma; blomstra **-er** [-ə] misstag **-ers** [-əz] (vida) dambyxor **-ing** [-iŋ] **1** blommande **2** fager, frisk **3** fjunig **4** *sl.* sabla, jäkla
blossom ['blɔsəm] **I** *s* blomma; blomning **II** *v* blomma, slå ut i blom
blot [blɔt] **I** *s* plump, fläck **II** *v* **1** bläcka ner; fläcka **2** torka med läskpapper; ~ *out* utplåna
blotch [blɔtʃ] **I** *s* **1** blemma **2** klick, pladaska **II** *v* fläcka, kladda
blott|er ['blɔtə] läskblock **-ing-pad** [-iŋˌpæd] läskblock **-ing-paper** [-iŋˌpeipə] läskpapper
blouse [blauz] blus; jacka
blow [bləu] **I** *s* **1** slag **2** flåsa **3** spränga i luften **4** skvallra, förråda **5** *sl.* sticka iväg; *he was* ~*n* han var andfådd; *a full* ~*n rose* en fullt utslagen ros; ~ *the bellows* dra bälgen; trampa orgeln; ~ *a kiss* kasta en slängkyss; ~ *one's nose* snyta sig; *I'll be* ~*ed if* förbaske mig om; ~ *abroad* basuneras ut; *the fuse blew [out]* säkringen gick; ~ *out one's brains* skjuta sig för pannan; ~ *up* spränga i luften; *fig.* stormskälla, få vredesutbrott **II** *s* **1** slag, stöt **2** slag, olycka **3** blomning; *without a* ~ utan strid; *come to* ~*s* råka i slagsmål **-ball** maskros i frö **-er** [-ə] **1** blåsare **2** bläster **3** skrävlare **--fly** spyfluga **-lamp** blåslampa **-n** *perf part* av *blow* **--out** ['bləu'aut] **1** spräckning **2** kalas, skrovmål **-pipe** blåsrör **--torch** blåslampa
blowz|ed [blauzd] **-y** [-i] **1** rödbrusig **2** rufsig, osnygg
blubber ['blʌbə] **I** *v* snyfta fram, lipa **II** *s* **1** gråt **2** valspeck, tran **III** *a* tjock, utstående (*om* läppar)
bludgeon ['blʌdʒ(ə)n] **I** *s* kort käpp, påk (som är tyngre i ena änden) **II** *v* slå ner, klubba till
blue [bluː] **I** *a* blå; *feel* ~ känna sig svårmodig; ~ *funk* byxångest; *once in a* ~ *moon* mycket

sällan; *B*~ *Peter* avseglingssignalflagg; *the* ~ *ribbon* a blå bandet (nykterhetsmärke) b Strumpebandsorden[s band]; *men in* ~ poliser; sjömän **II** *s* **1** blått, blå färg **2** blåelse **3** luft **4** hav; *like a boot from the* ~ som en blixt från klar himmel; *dark* ~*s* o. *light* ~*s* representanter för resp. Oxford o. Cambridge vid idrottstävlingar; *old* ~ f.d. sådan idrottsman; *the B*~*s* Royal Horseguards; ~*s* (fr. *blue devils*) a melankoli b *urspr.* amerikansk negersång, *senare* jazzdans; blues **III** *v* **1** göra blå, blåna **2** slösa bort (pengar) **-bell** blåklocka **-berry** [-,beri] *A.* blåbär **-bird** blåfågel **-bonnet 1** blåklint **2** blålupin **3** sk. mössa **--book** blå bok **-bottle** [-,bɔtl] **1** spyfluga **2** blåklint **--chip** högt värderad aktie **--collar** ~ *worker* industriarbetare, kollektivanställd **-ing** *se bluing* **-jacket** [-,dʒækit] blåjacka, örlogsmatros **-jay** blåskrika **--pencil** redigera; censurera **--print** blåkopia **-stocking** [-,stɔkiŋ] blåstrumpa **--throat** blåhake
bluff [blʌf] **I** *a* **1** tvär[brant] **2** tvär, burdus **3** rättfram **II** *v* bluffa, lura **III** *s* **1** brant udde, klippa **2** *kortsp.* bluff; *call someone's* ~ avslöja ngns bluff
bluing ['bluːiŋ] blåelse
bluish ['blu(ː)iʃ] blåaktig
blunder [blʌndə] **I** *s* misstag, blunder **II** *v* göra en blunder; drumla; ~ *upon (into)* av ren tur stöta (ramla) på **-buss** [-bʌs] **1** muskedunder **2** klumpig person **-head** drummel
blunt [blʌnt] **I** *a* **1** slö, trubbig **2** burdus, rättfram **II** *s* **1** kort synål **2** *sl.* kontanter **III** *v* göra slö, avtrubba
blur [bləː] **I** *s* **1** fläck **2** suddighet, otydliga konturer **II** *v* **1** göra suddig **2** bläcka (smeta) ner; sudda ut; befläcka
blurb [bləːb] reklamtext (på bokomslag)
blurt [bləːt] *v*, ~ *out* låta undfalla sig; plötsligt o. obetänksamt slunga ut
blush [blʌʃ] **I** *v* rodna; blygas **II** *s* **1** rodnad **2** rosenskimmer; *at [the] first* ~ vid första påseende
bluster ['blʌstə] **I** *v* **1** brusa, storma **2** gorma o. svära; skrävla **II** *s* skrän, skrävel; raseri, larm **-er** [-rə] skränfock
bo [bəu] *interj* bu!; *he can't say* ~ *to a goose* han vågar knappast öppna munnen
boar [bɔː] [far]galt; *wild* ~ vildsvin
board [bɔːd] **I** *s* **1** bräda **2** [anslags]tavla **3** kost **4** styrelse; nämnd; departement **5** [skepps]bord **6** kartong, papp; *above* ~ öppet o. ärligt; *on* ~ ombord; *go by the* ~ gå över bord (om mast o.d.); ~ *and lodging* kost o. logi; ~ *of directors* styrelse, direktion; *B*~ *of Trade* a handelsdepartement b *A.* handelskammare; *the* ~*s* tiljan, teatern; *in* ~*s* kartonnerad; *diving* ~ trampolin **II** *v* **1** brädfodra **2** halla mat åt **3** vara inackorderad **4** gå ombord på **5** lägga till längsides; äntra **-er** [-ə] **1** inackordering **2** elev vid internatskola **-inghouse** pensionat **-ing-school** internatskola **--school** folkskola (före 1902)
boast [bəust] **I** *s* **1** skryt **2** stolthet **II** *v* **1** skryta **2** kunna stata med (uppvisa) **-ful** [-f(u)l] skrytsam
boat [bəut] **I** *s* **1** bat **2** såsskål; *in the same* ~ vara i samma belägenhet (båt); *take to the* ~*s* ga i livbåtarna **II** *v* **1** fara i båt **2** forsla i båt **-age** [-idʒ] batfrakt **-ing** [-iŋ] rodd, batfärd **-swain** [bəusn] båtsman; (på örlogsfartyg) flaggunderofficer

bob [bɔb] **I** *s* **1** ngt som dinglar, tyngd **2** stubbsvans **3** hårknut **4** *fam.* shilling **5** knyck, knix **II** *v* **1** hoppa, guppa; knixa **2** klippa (hår), bobba **3** smälla [till] **4** slänga, knycka på; stoppa, sticka; ~ *for* nafsa efter **-bed hair** [bɔbd heə] polkahår **-bery** [-əri] tumult
bobbin ['bɔbin] [knyppel]pinne; spole, rulle **--lace** knypplad spets
bobby ['bɔbi] *BE.* poliskonstapel; ~ *pin (A.)* hårklämma
bob|-sled ['bɔbsled] **-sleigh** kälke, bobb **-tail** stubbsvans
bode [bəud] [före]båda; varsla **-ful** [-f(u)l] olycksbådande
bodice ['bɔdis] klänningsliv; blusliv
bodi|less ['bɔdilis] okroppslig **-ly** [-li] kroppslig[en]; livs levande; med hull o. har; *in* ~ *fear* livrädd
bodkin ['bɔdkin] trädnål; syl; liten dolk
body ['bɔdi] **I** *s* **1** kropp; lik **2** person **3** bål **4** karosseri **5** huvuddel **6** hop, skara **7** korporation, samfund **8** styrka, fyllighet (om vin); *dead* ~ lik; ~ *politic* stat[skropp]; *in a* ~ alla tillsammans; *keep* ~ *and soul together* uppehålla livet **II** *v*, ~ *forth* utforma, förkroppsliga; symbolisera **-cloth** hästtäcke **-colour** täckfärg **-guard** livvakt
bog [bɔg] kärr, träsk **--berry** [-b(ə)ri] tranbär
bogey ['bəugi] *golf.* bogey
boggle ['bɔgl] **1** studsa, haja till **2** tveka, krångla **3** krumbukta **4** fumla
bogie ['bəugi] boggi **--car** boggivagn
bogtrotter ['bɔg,trɔtə] **1** irländare **2** luffare
bogus ['bəugəs] fingerad, falsk
bogy ['bəugi] **1** den onde **2** spöke **3** buse
Bohemia [bə(u)'hiːmjə] Böhmen **-n I** *s* böhmare; bohem **II** *a* bömisk; bohem-
boil [bɔil] **I** *s* **1** kokning, kokpunkt **2** spikböld **II** *v* koka (*with* av) (*äv. fig.*); ~ *down* koka ihop; *fig.* reducera[s]; ~*ed shirt* stärkskjorta **-er** [-ə] [ång]panna; ~ *room* pannrum **-ing-point** kokpunkt
boisterous ['bɔist(ə)rəs] **1** stormig **2** bullersam
bold [bəuld] **1** djärv, dristig **2** framfusig, fräck **3** markerad, starkt framträdande; *make [so]* ~ *[as] to* ta sig friheten att **-face** *a*, ~ *type* halvfet stil **--faced** [-feist] **1** fräck **2** (tryckt) med halvfet stil
bole [bəul] trädstam
bolero 1 [bə'lɛərəu] bolero (spansk dans) **2** ['bɔlərəu] bolero (slags jacka)
Bolivia [bə'liviə] Bolivia
boll [bəul] frögömme
bollard ['bɔləd] pollare
boloney [bə'ləuni] *A. sl.* struntprat; humbug
bolster ['bəulstə] **I** *s* **1** lang kudde; underkudde; dyna **2** underlag **II** *v* **1** stödja **2** stoppa upp
bolt [bəult] **I** *s* **1** bult, nagel, spik **2** regel, låskolv **3** trubbig, kort pil **4** askvigg **5** rusning, rymning; *make a* ~ *for it* ta till schappen **II** *v* **1** regla, lasa **2** svälja hastigt, sluka **3** rusa i väg, skena, smita **III** *adv*, ~ *upright* kapprak
bolus ['bəuləs] stort piller
bomb [bɔm] **I** *s* bomb **II** *v* bomba, bombardera **-ard** [-'baːd] bombardera **-ardment** [-'baːdmənt] bombardemang **-ed** *sl.* berusad
bombast ['bɔmbæst] svulst[ighet]
bomb|er ['bɔmə] **1** bombplan **2** bombfällare **--proof** bombsäker; ~ *shelter* skyddsrum **--shell** granat; *fell like a* ~ slog ner som en bomb

bona fide ['bəunə'faidi] i god tro, äkta
bonanza [bə(u)'nænzə] **I** s **1** fig. guldgruva,
lyckträff **2** rik malmåder **II** a rikt givande
bonbon ['bɔnbɔn] konfekt
bond [bɔnd] **I** s **1** skuldsedel **2** obligation
3 överenskommelse **4** band **5** tullnederlag **II** v
1 binda ihop **2** upplägga på tullnederlag
3 belasta med obligationsskuld **-age** [-idʒ]
slaveri **--holder** [-,həuldə] obligationsinne-
havare **-[s]man** ['bɔndmən, 'bɔn(d)zmən] liv-
egen
bone [bəun] **I** s ben, knota; a ~ to pick en
gås oplockad; he was frozen to the ~ han
var genomfrusen; ~ of contention tvistefrö;
~s a skelett **b** tärningar **c** kastanjetter; make
no ~s about (of) inte tveka, inte ha några
betänkligheter; a bag of ~s skinn o. ben **II** a
av ben **III** v **1** bena **2** knycka **-head** dumbom
bonfire ['bɔn,faiə] lusteld, bål
bonnet ['bɔnit] **1** knyt-, kapotthatt; skotsk
mössa **2** motorhuv (på bil) **3** bulvan; bond-
fångare
bonnie ['bɔni] **-y** [-i] **1** täck, söt, blomstrande
2 god, bra
bonus ['bəunəs] extrabetalning, gratifikation,
bonus
bony ['bəuni] benig; knotig
boo [bu:] **I** v råma; skräna, ropa fy (åt talare),
bua **II** s o. interj fy, pytt, bu
boob [bu:b] idiot, drummel
booby ['bu:bi] tölp, åsna **-ish** [-iʃ] tölpaktig
--prize jumbo-, tröstpris **--trap 1** (elakt)
skämt, trick **2** försåt, minförsåt
book [buk] **I** s **1** bok **2** libretto **3** spelt. sex
stick, bok; the B~ Bibeln; bring to ~ ställa
till ansvar; it suits my ~s det passar mina
planer; I am not in his good ~s jag är inte
väl anskriven hos honom; without ~ a utan-
till **b** utan auktoritet; by the ~ enligt reglerna;
on the ~s inskriven som medlem; close the
~s göra bokslut **II** v **1** notera, anteckna **2** i
förväg köpa (beställa) biljett, plats etc. **3** enga-
gera, inbjuda; ~ed up upptagen **-case** bok-
hylla **-ends** bokstöd **-ie** ['buki] se bookmaker
-ing-office ['bukiŋ,ɔfis] biljettkontor, -lucka
-ish [-iʃ] litterär, begiven på läsning **--keeper**
[-,ki:pə] bokförare **--learning** [-,lə:niŋ] bok-
vett **-maker** [-,meikə] bookmaker, vadhåll-
ningsagent **--mark[er]** bokmärke **-seller**
[-,selə] bokhandlare **-stall** bokstånd, tidnings-
kiosk **-store** A. boklåda, -handel **-worm**
bokmal
boom [bu:m] **I** s **1** sjö. bom, spira **2** hausse,
högkonjunktur **3** dån, klang **II** v **1** dåna,
dundra **2** häftigt stiga (om priser) **3** göra
reklam för, puffa för
boomerang ['bu:məræŋ] bumerang
boon [bu:n] **I** s välgärning, förmån; välsignelse
II a, ~ companion glad broder
boor [buə] luns, tölp **-ish** [-riʃ] bondsk, tölp-
aktig
boost [bu:st] **I** v **1** hjälpa fram; höja **2** upp-
reklamera, puffa för **II** s **1** uppsving **2** reklam,
propaganda **-er** [-ə] tändhatt; startraket (t. ex.
för robot)
boot [bu:t] **I** s **1** känga, pjäxa; stövel **2**
bagagerum; ~s hotellvaktmästare; skoputsare;
the ~ is on the other leg det är alldeles tvärtom;
get the ~ få sparken; to ~ till på köpet,
dessutom **II** v sparka **-black** skoputsare **-ee**
['bu:ti:] **1** låg damkänga **2** barnsocka
booth [bu:ð] tält, stånd, bod; [telefon]hytt

boot|lace ['bu:tleis] skorem, kängsnöre **-leg-
ger** [-,legə] A. spritsmugglare **--tree** sko-
block
booty ['bu:ti] byte, rov
booz|e [bu:z] **I** v supa **II** s sprit; fylla; sup-
kalas **-y** [-i] supig, berusad
bo-peep [bəu'pi:p] titt-ut
boracic [bə'ræsik] a, ~ acid borsyra
border ['bɔ:də] **I** s **1** kant, rand **2** gräns[land];
the B~ gränsområdet mellan England o.
Skottland **II** v **1** kanta, infatta **2** gränsa (on
till)
bore [bɔ:] **I** v **1** borra, intränga **2** tråka ut
3 imperf av 2 bear **II** s **1** borrhål **2** kaliber;
lopp; cylinderdiameter **3** tråkmåns **4** flodvåg
-dom ['bɔ:dəm] tråkighet **-r** [-rə] borrare
-some [-səm] tråkig
boric ['bɔ:rik] a, ~ acid borsyra
boring ['bɔ:riŋ] tråkig
born [bɔ:n] född; lowly ~ av låg börd; well ~
av hög börd
borne [bɔ:n] perf part av 2 bear
boron ['bɔ:rɔn] kem. bor
borough ['bʌrə] köping; stad; stadsvalkrets;
distrikt (i New York City); rotten ~ korrum-
perad valkrets
borrow ['bɔrəu] låna (ngt av ngn)
borstal ['bɔ:stl] s, BE., ~ (B~) institution ung-
domsvårdsskola
bosh [bɔʃ] strunt
bosom ['buzəm] bröst, barm, famn; sköte
boss [bɔs] **I** s **1** bas, förman, chef **2** A. ledare
(för valrörelse), partichef, boss **3** knopp,
buckla **II** v leda, kommendera **-ed** [-t] i
drivet arbete (metall) **-y** [-i] myndig, dikta-
torisk
bosun ['bəusn] åld. = boatswain
bot [bɔt] häststyngslarv
botan|ic[al] [bə'tænik, -(ə)l] botanisk **-ist**
['bɔtənist] botaniker **-ize** ['bɔtənaiz] botani-
sera **-y** ['bɔtəni] botanik
botch [bɔtʃ] **I** s fuskverk, klåperi **II** v fuska
bort; laga illa, lappa **-er** [-ə] klåpare; lapp-
skräddare
botfly ['bɔtflai] häststyng
both [bəuθ] båda; ~ of them båda två; ~ ...
and såväl ... som
b'other ['bʌðə] **I** v **1** plåga, besvära **2** vara be-
svärlig, bråka **3** göra sig besvär, oroa sig; ~!
tusan också! **II** s plåga, besvär, bråk **-some**
[-səm] besvärlig
bott se bot
bottle ['bɔtl] **I** s **1** flaska, butelj **2** åld. knippa,
bunt, stack (hö, halm) **II** v buteljera; ~ up
one's anger undertrycka sin vrede **-holder**
boxn. sekond; medhjälpare **--neck 1** flask-
hals **2** smal passage **--nosed** [-nəuzd] med
"fyllkran" (uppsvälld näsa) **--washer** [-,wɔʃə]
faktotum, underhuggare
bottom ['bɔtəm] **I** s **1** botten **2** ända, stjärt
3 sits; nedre ändan **4** bas **5** fartyg; the ~ of a hill
foten av en kulle; at the ~ of the page längst
ner på sidan; touch ~ nå botten; at ~ i grund
o. botten; be at the ~ of s.th. stå bakom ngt;
get to the ~ of s.th. komma till klarhet i ngt
II a **1** lägst, sist **2** grund-; his ~ dollar (A. sl.)
hans sista öre **III** v **1** sätta botten i **2** stödja
3 bottna **-less** [-lis] bottenlös; outgrundlig
-most nederst, lägst
bough [bau] stor trädgren
bought [bɔ:t] imperf o. perf part av buy
boulder ['bəuldə] **1** rull-, kullersten **2** stor sten

boulevard ['bu:lva:] bulevard
boulter ['bəultə] långrev
bounc|e [bauns] **I** *v* **1** studsa, hoppa **2** rusa ut (in) **3** skryta; *the check ~d* checken saknade täckning **II** *s* **1** duns, stöt **2** studs, studsning **3** skryt **-er** [-ə] **1** hejare, baddare **2** fräck lögn **3** skrävlare **-ing** [-iŋ] stor, grov, stöddig
bound [baund] **I** *s* **1** skutt, språng **2** gräns, skranka; *out of ~s* förbjuden mark **II** *v* **1** studsa, skutta, hoppa; sätta av **2** *imperf* o. *perf part* av *bind* **3** gränsa till; *Canada ~s the United States* Kanada gränsar till Förenta staterna **III** *a* **1** destinerad, på väg; segelklar **2** förpliktigad, bunden; *you are ~ to be tired* du måste vara trött; *you are ~ to obey* du måste lyda; *homeward ~* på hemgående **-ary** ['baund(ə)ri] gräns[linje] **-er** [-ə] skrävlare, knöl, bracka **-less** [-lis] obegränsad
bount|eous ['bauntiəs] **-iful** [-if(u)l] **1** frikostig **2** riklig; *Lady Bountiful* välgörarinna **-y** [-i] **1** frikostighet **2** gåva **3** premie
bouquet [bu(:)'kei] **1** bukett **2** bouquet (vin)
bourbon ['bɔ:bən] am. visky
bourgeois ['buəʒwa:] borgerlig, medelklass-
bourn [buən] bäck
bout [baut] **1** varv, tur, omgång **2** dryckeslag **3** dust **4** anfall; *this ~* denna gång
bovine ['bəuvain] oxlik, ox-; slö, dum
1 bow [bəu] **I** *s* **1** rundning, båge **2** pilbåge **3** stråke **4** sadelbom **5** rosett, knut; *draw the long ~* överdriva **II** *v* spela med stråke på
2 bow [bau] **I** *v* **1** böja **2** nicka **3** buga sig; *~ in (out)* under bugningar visa in (följa ut); *I have a ~ing acquaintance with him* jag känner honom flyktigt **II** *s* **1** bugning **2** bog, för; *make one's ~* buga sig, dra sig tillbaka; *down at the ~s* med fören djupt i vattnet
bowels ['bauəlz] **1** inälvor **2** innandöme, inre; *the ~ of earth* jordens inre
1 bower ['bauə] bogankare
2 bower ['bauə] **1** lövsal **2** gemak, boning
bowie-knife ['bəuinaif] bowiekniv, jaktkniv
bowl [bəul] **I** *s* **1** skål **2** piphuvud **3** boll, klot **4** skedblad **5** skålformat stadion; *~s* spel med träklot, kägelspel **II** *v* **1** rulla (längs marken) **2** *kricket.* kasta; *the news ~ed him over* nyheten gjorde honom konfys (mållös)
bow-legged ['bəulegd] hjulbent
bowl|er ['bəulə] **1** kastare **2** kubb, 'plommonstop' **-ing** [-iŋ] bowling, kägelspel **-ing-alley** [-,æli] kägel-, bowlingbana
bowman ['bəumən] bågskytt
bow|-oar ['bauɔ:] förande närmast fören, etta **-sprit** ['bausprit] bogspröt
bow|string ['bəustriŋ] bågsträng **-tie** ['bəu'tai] fluga, rosett **--window** ['bəu'windəu] utbyggt fönster, burspråk
box [bɔks] **I** *s* **1** låda, dosa, ask **2** loge **3** kuskbock **4** avbalkning **5** [jakt]koja; [vakt]kur **6** slag med handen **7** buxbom **8** *sport.* plint **II** *v* **1** boxa[s] **2** stänga i låda; *~ up* packa in; *~ someone's ears* ge ngn en örfil **-er** [-ə] boxare **-ing** [-iŋ] boxning **B-ing-day** annandag jul **-ing-glove** boxhandske **--office** [-,ɔfis] *teat.* biljettkontor **--room** skrubb
boy [bɔi] **1** pojke **2** manlig betjänt (i kolonierna); *~ scout* scout
boycott ['bɔikɔt] **I** *v* bojkotta **II** *s* bojkott
boy|hood ['bɔihud] pojkår **-ish** [-iʃ] gosseaktig
bozo ['bəuzəu] *A. sl.* karl, kille
bra [bra:] *förk.* för *brassière*, behå

brac|e [breis] **I** *s* **1** spänne, band; krampa, stöd **2** stag, sträva **3** *sjö.* brass **4** par, koppel; *~ and bit* borrsväng; *~s* hängslen **II** *v* **1** binda om, spänna, stärka **2** stödja **3** *sjö.* brassa; *~ o.s. [up]* samla sig, bereda sig **-elet** ['breislit] armband **-ing** [-iŋ] *a*, *~ air* stärkande luft
bracken ['bræk(ə)n] bräken, ormbunke
bracket ['brækit] **I** *s* **1** kragsten **2** stöd; konsolhylla **3** väggfast gasarm **4** klammer **5** kategori, klass (särsk. av inkomsttagare); *between ~s* inom parentes **II** *v* **1** sätta inom parentes **2** jämställa, sammanföra **3** *mil.* skjuta in sig
brackish ['brækiʃ] saltaktig, bräckt
bract [brækt] *bot.* hög-, skärmblad
brad [bræd] trossbottenspik; stift
bradawl ['brædɔ:l] syl
bradbury ['brædb(ə)ri] *sl.* enpundssedel
brag [bræg] **I** *s* skryt **II** *v* skryta **-gart** [-ət] **I** *s* skrävlare **II** *a* skrytsam, skrävlande
braid [breid] **I** *s* **1** fläta **2** kantband, träns **II** *v* **1** fläta **2** kanta
Braille, b- [breil] blindskrift
brain [brein] **1** *s* hjärna, (*vanl. pl*) förstånd; *~ wave* snilleblixt; *have s.th. on the ~* vurma för ngt; *turn someone's ~* förvrida huvudet på ngn; *beat one's ~* bry sin hjärna **II** *v* slå in skallen på **--child** originell idé **--fever** [-,fi:və] hjärnhinneinflammation **--pan** huvudskål **-wash[ing]** hjärntvätt **-y** [-i] begåvad
braise [breiz] steka, bräsera
brake [breik] **I** *s* broms **2** busksnår **3** ormbunke **II** *v* bromsa **-sman** bromsare
bramble ['bræmbl] taggig buske; björnbärsbuske
bran [bræn] kli, sådor
branch [bra:n(t)ʃ] **I** *s* **1** gren, kvist **2** förgrening **3** filial **II** *v* förgrena [sig]
brand [brænd] **I** *s* **1** brand, fackla **2** [bränn]-märke **3** [varu]sort, märke **II** *v* brännmärka; *~ed upon one's memory* outplånligt inristat i ens minne; *~ed goods* märkesvaror **-ish** [-iʃ] svinga, svänga (vapen) **--new** ['bræn(d)'nju:] splitter ny
brandy ['brændi] konjak
brash [bræʃ] **I** *s* stenskärva, -or **2** sura uppstötningar **II** *a* tanklös, förhastad
brass [bra:s] **1** mässing; brons **2** *sl.* pengar **3** fräckhet **4** *A. sl.* höga militärer; *get down to ~ tacks* komma till saken; *~ band* mässingsorkester; *~ hat* (*sl.*) hög officer; *the ~* mässingsinstrumenten, bleckblåsarna
brassard ['bræsa:d] armbindel
brassie ['bra:si] golfklubba (för långa slag)
brassière ['bræsiə] bysthållare
brassy ['bra:si] **1** mässings- **2** fräck; vulgär
brat [bræt] [barn]unge
bravado [brə'va:dəu] falsk tapperhet
brave [breiv] **I** *a* modig, tapper **II** *s* indiankrigare **III** *v* trotsa, tappert möta **-ry** [-(ə)ri] **1** tapperhet **2** grannlåt
brawl [brɔ:l] **I** *s* träta, larm **II** *v* träta, larma
brawn [brɔ:n] **1** muskel[styrka] **2** sylta; salt fläsk **-y** [-i] muskulös
bray [brei] **I** *v* **1** skria (om åsna) **2** smattra (om trumpet) **3** krossa (i mortel) **II** *s* **1** skri, skriande **2** skräll
braze [breiz] **1** mässingsbeslå **2** löda ihop **-n** **I** *a* **1** av malm (mässing, koppar) **2** fräck, skamlös **II** *v*, *~ it out* fräckt gå på med, fram, härda i
brazier ['breizjə] **1** kopparslagare **2** glödpanna, fyrfat

Brazil [brə'zil] Brasilien **-ian** [-jən] *s* o. *a* brasilian[sk] **--nut** [brə'zil'nʌt] paranöt
breach [bri:tʃ] **I** *s* **1** brytande, brytning; brott **2** brottsjö **3** rämna, bräsch; ~ *of faith (promise)* löftesbrott; brutet äktenskapslöfte **II** *v* göra bräsch i
bread [bred] **1** bröd **2** föda, uppehälle; ~ *and butter* smörgås[ar]; *know on which side one's* ~ *is buttered* vara om sig; *make* (*earn*) *one's* ~ tjäna sitt uppehälle; *his* ~ *is buttered on both sides* han har det väl förspänt **--and-butter- -letter** tackbrev **--basket** [-ˌbɑ:skit] **1** brödkorg **2** *sl.* mage **--crumb** inkråm (i bröd); ~*s* rivebröd, brödsmulor **--line** kö för gratis mat
breadth [bredθ] bredd, vidd
bread-winner ['bredˌwinə] familjeförsörjare
break [breik] **I** *v* **1** bryta [sönder], brista, gå sönder **2** bryta av (lös) **3** spränga (bank) **4** tämja **5** överträda **6** förändra **7** slå (rekord); ~ *the news* meddela en nyhet; ~ *the law* överträda lagen; ~ *a horse to the rein* rida (köra) in en häst; *the quarry broke cover*[*t*] villebrådet lämnade sitt gömställe; ~ *surface* flyta upp; *his voice began to* ~ han kom i målbrottet; ~ *free* lösgöra sig; ~ *down* **a** nedbryta, krossa **b** falla ihop; gå sönder; bryta samman; ~ *in* **a** träna, färdigställa **b** bryta sig in **c** röka (köra etc.) in; ~ *in on* **a** avbryta **b** störa; ~ *into* **a** bryta sig in i **b** plötsligt börja; *the horse broke into a gallop* hästen föll i galopp; ~ *off* avbryta [sig]; ~ *out* **a** bryta sig ut **b** få utslag; *he broke out with measles* han fick mässlingsutslag **c** plötsligt börja; ~ *up* **a** avbryta **b** skingras, skiljas; *the meeting broke up* mötet upplöstes **II** *s* **1** brytning, brott **2** förändring **3** paus, rast **4** chans **5** *biljard.* serie **6** *kricket.* riktningsändring; ~ *of day* dagens inbrott; *without a* ~ oavbrutet; *he never got a* ~ han fick aldrig en chans **-able** [-əbl] bräcklig, som kan krossas **-down 1** sammanbrott, misslyckande **2** motorstopp, maskinskada **3** uppdelning; analys **-er** [-ə] brottsjö, bränning **-fast** ['brekfəst] **I** *s* frukost **II** *v* äta frukost **-neck** *a* halsbrytande **-out** utbrytning **-through** ['breik'θru:] inbrytning, genombrott **--water** vågbrytare
bream [bri:m] braxen
breast [brest] **I** *s* bröst; barm; *make a clean* ~ *of it* lätta sitt samvete **II** *v* gå rätt uppför (emot); bjuda spetsen; [trotsigt] möta **--feed** amma **--stroke** [-ˌstrəuk] bröstsim **--summer** ['bresəmə] tvärbjälke **-work** bröstvärn
breath [breθ] andedräkt, anda, andning; *keep your* ~ *to cool your porridge* prata inte i vädret; *take away a p.'s* ~ göra ngn andlös; *hold* (*catch*) *one's* ~ hålla andan; *take* ~ hämta andan; *out of* ~ andfådd; *below one's* ~ viskande; *a* ~ *of air* en nypa luft
breath|e [bri:ð] **1** andas, hämta andan **2** susa, fläkta **3** viska; *don't* ~ *a word* håll det hemligt **-ed** [breθt] tonlös **-ing-space** ['bri:ðiŋspeis] andrum
breathless ['breθlis] **1** andfådd **2** livlös **3** utan en fläkt
bred [bred] *imperf* o. *perf part.* av *breed*
breech [bri:tʃ] bakdel; bakstycke (på kanon etc.); ~ *mechanism* bakladdningsmekanism **-es** ['britʃiz] knäbyxor; *riding* ~ ridbyxor
breed [bri:d] **I** *v* **1** [fram]föda **2** uppamma **3** [upp]fostra, utbilda **4** få ungar, föröka sig **5** uppstå; ~ *bad blood* väcka ont blod; *bred*

in the bone nedärvd **II** *s* ras, släkte **-er** [-ə] **1** uppfödare **2** avelsdjur; ~ *reactor* bridreaktor **-ing** [-iŋ] **1** uppfödande **2** häckning **3** god uppfostran
breez|e [bri:z] **1** bris **2** gräl **3** kolstybb **4** *zool.* broms, styng **-y** [-i] luftig; munter
Bren [bren] ~ *gun* kg (kulsprutegevär)
brethren ['breðrin] med-, tros-, ämbetsbröder
brevet ['brevit] *s*, ~ *rank* titulär grad (t.ex. major med kaptens lön)
brevi|ary ['bri:vjəri] breviarium **-ty** ['breviti] korthet
brew [bru:] **I** *v* brygga; tillaga, koka ihop; *a storm is* ~*ing* det drar ihop sig till storm **II** *s* brygd **-ery** ['bruəri] bryggeri
briar ['braiə] *se brier*
bribe [braib] *s* o. *v* muta **-ry** ['braibəri] bestickning
brick [brik] **I** *s* **1** tegel[sten] **2** stycke, bit **3** hedersprick; *drop a* ~ trampa i klaveret **II** *v*, ~ *up* mura igen **-layer** [-ˌle(i)ə] murare **--maker** [-ˌmeikə] tegelslagare, -brännare **--red** [-ˌred] tegelröd, -färgad **-work** murverk **--works, --yard** tegelbruk
bridal ['braidl] **I** *a* brud-; bröllops- **II** *s* bröllop
bride [braid] brud **-groom** brudgum **-smaid** ['braidzmeid] brudtärna **-sman** ['braidzmən] brudgums marskalk **-well** ['braidw(ə)l] tukthus
bridge [bridʒ] **I** *s* **1** bro, brygga **2** kommandobrygga **3** näsrygg **4** fiolstall **5** *kortsp.* bridge **II** *v* slå bro över **-head** brohuvud
bridle ['braidl] **I** *s* betsel; tygel **II** *v* **1** betsla; tygla **2** sätta näsan i vädret **--path, --road** ridväg
brief [bri:f] **I** *s* **1** påvlig skrivelse **2** dossier, sammandrag; *take a* ~ stå sig ett mål (*jur.*) **II** *a* kort[fattad]; *in* ~ kort sagt **III** *v* informera **--case** portfölj **-less** [-lis] *a*, ~ *barrister* advokat utan klienter
brier ['braiə] **1** törnbuske; nyponbuske **2** pipa; *sweet* ~ lukttörne **-pipe** pipa
brig [brig] brigg
brigad|e [bri'geid] brigad; kår **-ier** [ˌbrigə'diə] BE. brigadgeneral; ~ *general* brigadgeneral (*A.*)
brigand ['brigənd] stråtrövare
bright [brait] **1** klar, ljus **2** glad, lycklig **3** pigg, begåvad **-en** ['braitn] **1** upplysa **2** uppmuntra
brillian|ce ['briljəns] **1** glans **2** talang[fullhet] **-t** strålande; briljant, lysande **-tine** [ˌbriljən-'ti:n] briljantin
brim [brim] **I** *s* **1** brädd, kant, rand **2** brätte **II** *v* vara bräddad; ~ *over* flöda över **--ful** ['brim'ful] bräddfull, rågad
brimstone ['brimstən] svavel
brindle[d] ['brindl(d)] brokig; brungulspräcklig
brine [brain] saltlake, salt vatten
bring [briŋ] **1** komma med, ha med sig **2** frambringa, förorsaka, förmå **3** framlägga, dra fram; ~ *home to* övertyga; ~ *into play* sätta igång; ~ *to mind* påminna; dra sig till minnes; ~ *influence to bear* utöva inflytande; ~ *about* förorsaka; ~ *down the house* väcka stormande applåder; ~ *forward an amount* transportera en summa (*bokf.*); ~ *forth* frambringa; förorsaka; *he will* ~ *it off* han kommer att lyckas (klara det); ~ *on* förorsaka; ~ *out* uttrycka; visa; utge; ~ *round* **a** medföra **b** väcka till sans **c** övertala; ~ *to* väcka till

sans; ~ *up a child* uppfostra ett barn; ~ *up the rear* bilda eftertrupp
brink [briŋk] rand, kant
briny ['braini] **I** *a* salt **II** *s sl.* havet
brisk [brisk] **I** *a* **1** livlig **2** uppiggande **II** *v*, ~ *up* uppliva; påskynda
brisket ['briskit] *s* bringa (på djur)
bristle ['brisl] **I** *s* [svin]borst; *set up one's* ~*s* resa borst **II** *v* stå på ända; morska upp sig; ~ *with* vara tätt besatt (full) med
Brit|ain ['britn] Britannien; *Great* ~ Storbritannien **-ish** [-iʃ] brittisk; *the* ~ engelsmännen
brittle ['britl] spröd, bräcklig
broach [brəutʃ] **I** *s* **1** stekspett **2** tornspira **3** skärborr; syl **II** *v* **1** slå upp (tunna), tappa **2** framkasta, föra på tal
broad [brɔ:d] **I** *a* **1** bred, vid, utsträckt **2** allmän **3** bred, dialektal; *B*~ *Church* bred, tolerant riktning inom eng. kyrkan; *in* ~ *daylight* på ljusa dagen; ~ *hint* tydlig vink; ~ *jest* grovkornigt skämt; *in* ~ *outline* i stora drag **II** *s* slinka, fnask **-cast I** *a* **1** bredsådd, handsådd **2** [ut]sänd (i radio) **II** *v* **1** så för hand **2** [ut]sända (i radio); radiera **III** *s* radioutsändning **-cloth** tl ny kläde **-en** ['brɔ:dn] göra (bli) bred **--gauge** bred spårvidd **--minded** ['brɔ:d'maindid] vidsynt **-sheet** stort ark; plakat; löpsedel **-side 1** [fartygs]sida **2** bredsida, glatt lag **3** skarp muntlig kritik, fördömande ordalag **-sword** huggsabel
brocade [brə(u)'keid] brokad
brochure ['brəuʃjuə] broschyr
broccoli ['brɔkəli] broccoli, sparriskål
brock [brɔk] grävsvin
brogue [brəug] **1** grov sko, sportsko; *fishing* ~*s* sjöstövlar **2** *särsk. irl.* landsmål, dialekt
broil [brɔil] **I** *s* **1** larm, oväsen **2** halstrat kött **II** *v* halstra[s], steka[s]; ~*ing day* stekhet dag **-er** [-ə] **1** bråkmakare **2** halster **3** *A.* broiler, kyckling lämplig att grilla
broke [brəuk] **I** *a* ruinerad, pank **II** *v*, *imperf av break* **-n** [-(ə)n] bruten; ~ *meat* köttrester; ~ *money* småpengar **-n-hearted** ['brəuk(ə)n-'ha:tid] nedbruten av sorg **-n-winded** ['brəuk(ə)n'windid] sprängd (om häst)
broker ['brəukə] **1** mäklare **2** utmätningsman **-age** [-ridʒ] **1** mäkleri **2** mäklararvode **-ing** [-riŋ] mäklaraffärer
brom|ic ['brəumik] brom- **-ide** [-aid] bromid **-ine** [-mi:n] brom
bronchi ['brɔŋkai] **-a** [-kiə] bronker **-tis** [brɔŋ'kaitis] luftrörskatarr, bronkit
bronze [brɔnz] **I** *s* **1** brons **2** bronsfärg **3** konstverk i brons **II** *v* bronsera; göra (bli) brun
brooch [brəutʃ] brosch
brood [bru:d] **I** *s* **1** kull **2** avföda **II** *v* **1** ligga på ägg, ruva **2** grubbla, ruva (*on, over* på) **--mare** fölsto **-y** [-i] grubblande
brook [bruk] **I** *v* tåla **II** *s* bäck
broom I *s* **1** [bru:m] ginst **2** [brum] kvast **II** *v* [brum] sopa **-stick** ['brumstik] kvastskaft
broth [brɔθ] [kött]spad, köttsoppa
brothel ['brɔθl] bordell
brother ['brʌðə] bror **-hood** broderskap, samfund **--in-law** ['brʌð(ə)rinlɔ:] svåger
brougham ['bru(:)əm] täckt enspännare, kupé
brought [brɔ:t] *imperf* o. *perf part av bring*
brow [brau] **1** ögonbryn **2** panna **3** utsprång,

kant; krön **4** landgång; *knit one's* ~*s* rynka pannan **-beat** skrämma, spela översittare mot
brown [braun] **I** *a* brun; ~ *paper* omslagspapper; *do* ~ lura; ~ *study* grubbel **II** *s* **1** brun färg **2** kopparmynt **III** *v* bli (göra) brun **-ie** [-i] **1** tomte **2** blåvinge (flickscout) **-ing** [-in] pistol **-stone** mörkbrun sandsten
browse [brauz] **I** *s* **1** löv, skott **2** betande **II** *v* **1** [av]beta **2** skumma, bläddra (i böcker etc.)
bruise [bru:z] **I** *s* blåmärke **II** *v* **1** slå gul o. blå **2** sönderkrossa
brunch [brʌn(t)ʃ] frukost-lunch
brunet[te] [bru:'net] brunett
brunt [brʌnt] (anfalls) värsta tyngd, våldsamhet; *bear the* ~ ta stöten, ta emot det värsta
brush [brʌʃ] **I** *s* **1** borste, kvast, pensel **2** rävsvans **3** nappatag **4** snär[skog]; *give me a* ~ borsta av mig **II** *v* **1** borsta; rengöra; *he* ~*ed past me* han snuddade vid mig; ~ *aside* slå bort, avvisa; ~ *up* friska upp **-wood** småskog
brusque [brusk] brysk, tvär
Brussels ['brʌslz] Bryssel; ~ *sprouts* brysselkål
brut|al ['bru:tl] brutal, grov, rå **-ality** [bru:-'tæliti] råhet, brutalitet **-alize** [-əlaiz] förr_aa, förfäa **-e** [bru:t] **I** *a* **1** (om djur) oskälig **2** (om människor) djurisk, låg **3** (om saker) själlös, rå; ~ *force* rå styrka
bubble ['bʌbl] **I** *s* **1** bubbla[nde] **2** humbug, svindel **II** *v* bubbla, sjuda; sprudla **--and--squeak** ['bʌblən'skwi:k] potatis och kål stekt tillsammans
bubonic [bju(:)'bɔnik] *a*, ~ *plague* böldpest
buccaneer [,bʌkə'niə] sjörövare
Bucharest [,bju:kə'rest] Bukarest
buck [bʌk] **I** *s* **1** bock, hanne (av dovhjort, antilop, hare, kanin) **2** sprätt **3** *A.* dollar **4** *sport.* bock; *old* ~*!* gamle gosse!; *pass the* ~ *to* flytta över ansvaret på **II** *v* (om häst) skjuta rygg o. sparka bakut, hoppa; ~ *up* pigga (gaska) upp [sig]
bucket ['bʌkit] **I** *s* **1** pyts, spann, hink **2** mudderhiss, mudderskopa **3** pumpkolv; *kick the* ~ kola av, dö **--shop** jobbarbörs
buck|ish ['bʌkiʃ] sprättig **--jumper** [-,dʒʌmpə] istadig häst
buckle ['bʌkl] **I** *s* spänne **II** *v* **1** spänna, knäppa **2** böja, buckla till **3** kröka sig, bagna; ~ *down to* lägga manken till; ~ *under* ge vika **-r** [-ə] **1** (liten, rund) sköld **2** skydd
buck|ram ['bʌkrəm] **I** *s* styv kanfas **2** stelhet **3** skenbar styrka **II** *a* **1** uppstyltad **2** skenbart stark **-shee** [-ʃi:] *mil. sl.* extra ranson[er] dricks; *attr* gratis- **--shot** grova hagel **-skin** läder av hjort **-wheat** bovete
bud [bʌd] **I** *s* knopp; *nip in the* ~ kväva i sin linda **II** *v* knoppas, slå ut, börja växa
Buddh|a ['budə] Buddha **-ism** [-iz(ə)m] buddism
budding ['bʌdiŋ] i knopp; gryende, spirande
buddy ['bʌdi] *A.* bror, kamrat **--seat** dubbel motorcykelsadel
budge [bʌdʒ] röra sig ur fläcken
budget ['bʌdʒit] **I** *s* riksstat, budget **II** *v* göra upp en budget **-ary** [-əri] budget[s]-, budgetär, statsfinansiell
buff [bʌf] **I** *s* **1** mattgul färg **2** mattgult läder, sämskskinn; *in* ~ spritt naken **II** *a* matt-, brungul **III** *v* polera med sämskskinn

buffalo-burn

buffalo ['bʌfələu] **1** buffel; bisonoxe **2** amfibietank

buffer ['bʌfə] buffert; *old* ~ gammal stofil

1 buffet ['bʌfit] **I** *s* **1** knuff, knytnävsslag **2** skänk (möbel) **II** *v* **1** slå, knuffa **2** brottas med (vågor)

2 buffet ['bufei] byffé; serveringsdisk

buffoon [bə'fuːn] **I** *s* gycklare, pajas **II** *v* spela pajas **-ery** [-əri] gyckel, upptåg

bug [bʌg] **1** vägglus **2** *A.* insekt; skalbagge; bakterie **3** *ofta pl. A.* defekt, konstruktionsfel; svårighet; *big* ~ (*sl.*) pamp **-aboo** ['bʌgəbuː] **-bear** buse, spöke

bugger ['bʌgə] **1** sodomit, homosexuell **2** *vulg.* karl, lymmel, sate **-y** [-ri] **1** *jur.* [aktivt] homosexuellt beteende **2** sodomi

buggy ['bʌgi] lätt enspännare

bughouse ['bʌghaus] *A. sl.* sinnessjukhus

bugle ['bjuːgl] **I** *s* signalhorn; jakthorn **II** *v* blåsa (i horn) **--call** ['bjuːglˈkɔːl] hornsignal **-r** [-ə] hornblåsare

build [bild] **I** *v* bygga, uppföra; anlägga (väg) **II** *s* [kropps]byggnad, struktur **-er** [-ə] byggmästare **-ing** [-iŋ] byggnad **--up** *vard.* överdriven reklam, överdrivet beröm

built [bilt] *imperf* o. *perf part* av *build*

bulb [bʌlb] **1** [blom]lök; kula, boll **2** [*electric*] ~ glödlampa **-ous** ['bʌlbəs] **1** lök- **2** lökformig, svullen; ~ *plants* lökväxter

bulbul ['bulbul] persisk näktergal; *fig.* skald; poet

Bulgaria [bʌlˈgɛəriə] Bulgarien **-n** *s* o. *a* bulgar[isk]

bulge [bʌldʒ] **I** *s* utbuktning, rundning **II** *v* bukta (svälla) ut, stå ut

bulk [bʌlk] **I** *s* **1** volym, omfång, storlek, massa **2** det mesta, största delen **3** skeppslast **II** *v*, ~ *large* vara (te sig) stor (betydelsefull); ~ *up* svälla ut, stiga **--carrier** ['bʌlkˈkæriə] bulklastare, bulklastfartyg **-head** (vattentätt) skott **-y** [-i] skrymmande

bull [bul] **I** *s* **1** tjur **2** hanne (av elefant, val etc.) **3** haussespekulant **4** påvlig bulla **5** *A.* polis **6** [*Irish*] ~ orimlighet; ~ *in a china shop* taktlös individ **II** *v* spekulera i hausse

bullace ['bulis] krikon

bull|calf ['bulˈkɑːf] **1** tjurkalv **2** dumbom **-dog 1** bulldogg **2** ihärdig person **3** *fam.* pistol, pipa **-dozer** [ˌdəuzə] schaktmaskin, stor traktor

bullet ['bulit] gevärs-, revolverkula **--headed** [-ˌhedid] med runt huvud

bulletin ['bulitin] bulletin

bull|fight ['bulfait] tjurfäktning **-finch** domherre **-frog** bölgroda **--head 1** simpa **2** dumhuvud **--headed** [-ˌhedid] **1** bredhövdad **2** dum **3** envis

bullion ['buljən] omyntat guld (silver)

bullock ['bulək] ung tjur; oxe

bull's eye ['bulzai] **1** (skottavlas) prick **2** *sjö.* fönsterventil **3** runt fönster, oxöga; ~ *!* mitt i prick!

bully ['buli] **I** *s* **1** översittare; (feg) tyrann **2** lejd bandit **II** *v* tyrannisera; spela översittare mot **III** *a* o. *interj* fin[t], bra **-beef** konserverat oxkött

bulrush ['bulrʌʃ] säv

bulwark ['bulwək] **1** bålverk, vall **2** vågbrytare **3** ~*s, pl* brädgång, reling

bum [bʌm] **I** *s* **1** bakdel **2** *A.* luffare **II** *a, A.* usel **III** *v, A.* luffa omkring; parasitera

bumble|bee ['bʌmblbiː] humla **-dom** [-dəm] byråkrati

bum-boat ['bʌmbəut] proviantbåt

bumf [bʌmf] **1** toalettpapper **2** papper

bump [bʌmp] **I** *v* **1** stöta, knuffa, dunsa **2** skumpa, hoppa; ~ *off* mörda (*A.*) **II** *s* **1** törn, stöt, duns **2** bula, knöl **3** luftgrop **-er** [-ə] **1** stötfångare (på bil) **2** breddad bägare **-kin** ['bʌm(p)kin] bondlurk **-tious** ['bʌm(p)ʃəs] dryg, viktig **-y** [-i] ojämn, gropig

bun [bʌn] **1** [korint]bulle **2** hårknut

bunch [bʌn(t)ʃ] **I** *s* **1** klase; bukett, knippa **2** hop, samling, hög **II** *v* **1** göra till en knippa etc. **2** fastna ihop **-y** [-i] **1** knölig **2** klasliknande

buncombe ['bʌŋkəm] *se bunkum*

bundle ['bʌndl] **I** *s* bunt, knyte, bylte; *a* ~ *of nerves* ett nervknippe **II** *v* **1** bunta ihop **2** fösa, köra; *he was* ~*d off to* han blev ivägskickad till

bung [bʌŋ] **I** *s* propp, tapp **II** *v* täppa igen; *sl.* kasta, hyva

bungalow ['bʌŋgələu] bungalow, lätt byggt envåningshus

bung-hole ['bʌŋhəul] tapphål, sprund

bungle ['bʌŋgl] **I** *v* [för]fuska; misslyckas **II** *s* fuskverk **-r** [-ə] klåpare

bunion ['bʌnjən] öm knöl (på foten)

bunk [bʌŋk] **I** *s* **1** koj, brits **2** *A.* = *bunkum* **II** *v* **1** gå till kojs **2** smita = *do a* ~

bunker ['bʌŋkə] **I** *s* **1** kolbox **2** *golf.* grop i marken **3** *mil.* bunker **II** *v* ta in kol, bunkra

bunkum ['bʌŋkəm] prat, humbug

bunny ['bʌni] (barnnamn på) kanin

bunt [bʌnt] buk (på segel) **-ing** [-iŋ] flaggväv; flaggor

buoy [bɔi] **I** *s* boj; flottör **II** *v* pricka ut med bojar; ~ *up* **a** hålla flott (uppe) **b** inge mod, uppmuntra **-ancy** [-ənsi] **1** flytförmåga **2** (sinnets) spänstighet **-ant** [-ənt] **1** flytande **2** bärande **3** spänstig; livlig

bur [bəː] kardborre (*äv. fig.*)

burble ['bəːbl] klucka, porla, gurgla; babbla

burden ['bəːdn] **I** *s* **1** börda, last **2** pålaga **3** (fartygs) dräktighet **4** omkväde **5** huvudtema; *beast of* ~ lastdjur **II** *v* belasta, betunga **-some** [-səm] betungande

burdock ['bəːdɔk] kardborre

bureau ['bjuərəu] **1** skrivpulpet **2** kontor; ämbetsverk, byrå **3** *A.* byrå (möbel) **-cracy** [bju(ə)'rɔkrəsi] byråkrati **-crat** ['bjuərə(u)kræt] byråkrat

burg [bəːg] *A.* [små]stad

burgee ['bəːdʒi] liten vimpel

burgeon ['bəːdʒ(ə)n] **I** *s* knopp **II** *v* knoppas

burgess ['bəːdʒis] borgare

burgl|ar ['bəːglə] inbrottstjuv **-ary** [-əri] inbrott **-e** ['bəːgl] föröva inbrott [i]

burial ['beriəl] begravning **--ground** begravningsplats **--service** [-ˌsəːvis] jordfästning

burin ['bjuərin] gravstickel

burke [bəːk] strypa; nedtysta

burl [bəːl] knut, noppa **-ed** [-d] noppig

burlap ['bəːlæp] grovt säckduk

burlesque [bəː'lesk] **I** *a* burlesk **II** *s* burlesk pjäs, parodi **III** *v* parodiera

burly ['bəːli] stor o. kraftig, bastant

Burma ['bəːmə] Burma

burn [bəːn] **I** *v* **1** [för]bränna **2** brinna [upp], lysa, glöda **3** brännas; ~ *one's boats* bränna sina skepp; *she was* ~*ing to tell us* hon brann av längtan att berätta det för oss; *my ears* ~ mina öron hettar; ~ *down* brinna ned; ~ *up* **a** bränna upp **b** flamma upp **II** *s* brännskada

-ing [-iŋ] brännande, brinnande, glödande; *it is a ~ shame* det är en evig skam **-ing-glass** brännglas
burnish ['bɔːniʃ] polera; skina
burnouse [bəˈnuːz] burnus
burnout ['bənaut] förbränningstid (för raketbränsle)
burnt [bɔːnt] *imperf* o. *perf part* av *burn*
burp [bɔːp] *sl.* rapa (om baby)
burr [bɔː] **I** *s* **1** kant, gjutsöm (på metall) **2** brynsten **3** skorrning **4** *se bur* **II** *v* skorra
burro ['bʌrəu] *A.* packåsna
burrow ['bʌrəu] **I** *s* hål, lya **II** *v* gräva ett hål; gräva sig ner
bursar ['bɔːsə] skattmästare (vid univ.)
burst [bɔːst] **I** *v* (äv. *imperf* o. *perf part*) **1** brista, spricka; slå ut **2** bryta ut **3** spränga, spräcka; *be ~ing with envy* hålla på att spricka av avund; *~ up* göra konkurs; *he ~ in* han störtade in; *his sides ~ with laughter* han skrattade så han kunde gå åt **II** *s* **1** bristning **2** explosion, salva; krevad, brisad **3** utbrott
bury ['beri] **1** begrava **2** gömma, dölja
bus [bʌs] **I** *s* **1** buss **2** *sl.* kärra (flygplan, bil) **II** *v* åka buss
busby ['bʌzbi] björnskinnsmössa
bush [buʃ] **1** buske, busksnår **2** djungel **3** hårbuske **4** [hjul]bössa; bussning; *good wine needs no ~* en god sak talar för sig själv; *beat about the ~* gå som katten kring het gröt
bushel ['buʃl] skäppa; *hide one's light under a ~* sätta sitt ljus under en skäppa
bush|man ['buʃmən] buschman **--ranger** [-ˌreindʒə] strätrövare **-y** [-i] buskrik; yvig
business ['biznis] **1** uppgift; ärende **2** angelägenhet, sak **3** affär[er] **4** affär[sföretag] **5** sysselsättning, yrke; *it's none of your ~* det angår er inte; *he means ~* han menar allvar; *you have no ~ to ask him* du har inte rätt att fråga honom; *send a p. about his ~* avfärda ngn; *on ~* i affärer **--hours** kontorstid **--like** affärsmässig **-man** affärsman
busk [bʌsk] planschett (i snörliv)
busker ['bʌskə] gatumusikant
bust [bʌst] **I** *s* **1** byst **2** bröst, barm; *go on the ~ festa*, rumla **II** *v* bli (göra) bankrutt **III** *a* pank
bustle ['bʌsl] **I** *v* **1** gno, flänga **2** jaga, jäkta **II** *s* brådska, fläng
busy ['bizi] **I** *a* **1** sysselsatt, upptagen **2** rastlös **3** bråd, livlig; *he is ~ writing* han håller på att skriva **II** *v*, *~ o.s.* sysselsätta sig **III** *s* detektiv **--body** [-ˌbɔdi] beskäftig människa **-ness** ['bizinis] **1** sysselsatthet **2** beskäftighet
but [bʌt] **1** men, utan **2** utom, mer än **3** som icke **4** blott; *he was all ~ run over* han blev nästan överkörd; *it never rains ~ it pours* en olycka kommer sällan ensam; *~ for you* om inte du vore (hade varit); *I cannot ~* jag kan inte annat än
butane ['bjuːtein] butan
butcher ['butʃə] **I** *s* slaktare **II** *v* slakta **-y** [-ri] slakteri
butler ['bʌtlə] förste betjänt, hovmästare
butt [bʌt] **I** *s* **1** fat **2** tjockända, handtag; [gevärs]kolv **3** *A.* cigarrstump, fimp **4** skottvall, -tavla; driftkucku; *~s* skjutbana **II** *v* stöta; *~ against* möta, stöta intill; *~ in* blanda (lägga) sig i [ngt]
butte [bjuːt] *A.* kulle
butter ['bʌtə] **I** *s* **1** smör **2** äckligt smicker; *she looks as if ~ would not melt in her mouth* hon

ser mjäkig ut; *lay on the ~* smickra **II** *v* breda smör på; *~ up* smickra **--boat** såsskål **-cup** smörblomma **--fingers** [-ˌfiŋɡəz] släpphänt person **-fly** fjäril **-milk** kärnmjölk **-scotch** (slags) knäck **-y** [-ri] *I a* smörliknande, smörig **II** *s* handkammare
buttock ['bʌtək] skinka, länd; *~s* bakdel
button ['bʌtn] **I** *s* **1** knapp **2** knopp **3** dörrhandtag; *~s* pickolo **II** *v*, *~ [up]* knäppa ihop (till, igen) **-hole I** *s* [blomma i] knapphål **II** *v* **1** förse med knapphål **2** uppehålla med prat **-hook** [sko-, handsk]knäppare
buttress ['bʌtris] strävpelare, stöd
butty ['bʌti] **1** förman **2** kamrat
buxom ['bʌksəm] **1** mullig, trind **2** fryntlig
buy [bai] köpa; *~ off* friköpa; köpa sig fri från; *~ over* muta **-er** [-ə] köpare; *~'s market* köparens marknad
buzz [bʌz] **I** *v* surra; sorla, mumla; *~ about* flyga omkring **II** *s* surr; sorl; prat, rykte
buzzard ['bʌzəd] vråk
buzzer ['bʌzə] **1** en som surrar **2** ångvissla **3** summer **4** ringklocka
by [bai] **1** vid, hos **2** på **3** längs; genom **4** med **5** av **6** till; tills; *~ the river* vid floden; *I must be home ~ six* jag måste vara hemma senast klockan sex; *~ air* med flyg; *~ birth* till börden; *~ name* till namnet; *~ now* vid det här laget; *~ my watch* enligt min klocka; *~ heart* utantill; *not ~ far* inte på långt när; *I knew him ~ his voice* jag kände igen honom på rösten; *~ the ~*, *~ the way* i förbigående [sagt], förresten, *fig.* inom parentes; *~ and ~* snart; en annan gång; *~ and large* i stort sett; *one ~ one* en o. en; *she is younger ~ a year* hon är ett år yngre; *the years went ~* åren gick
bye [bai]**1** bisak **2** *sport.* extramatch, -nummer **3** *kricket.* poäng
by|-election ['baiiˌlekʃ(ə)n] fyllnadsval **-gone** förgången; *let ~s be ~s* låt det skedda vara glömt **--law** (lokal) förordning **-pass I** *s* förbifartsled, sidoväg **II** *v* gå (leda) förbi **--product** [-ˌprɔdʌkt] biprodukt
byre ['baiə] fähus, ladugård
by|stander ['baiˌstændə] åskådare **--street** bakgata **-way** biväg; avväg **-word 1** ordspråk **2** öknamn; *his name is a ~ for laziness* han är ökänd för sin lättja, hans lättja är en visa

C

C, c [siː] (bokstaven, noten, tonen) c; *C flat* cess (*mus.*); *C sharp* ciss (*mus.*)
cab [kæb] **I** *s* **1** droska, taxi **2** (lokpersonals) hytt **3** lathund **II** *v*, *~ [it]* **1** åka (ta) droska **2** knycka
cabal [kəˈbæl] **I** *s* intrig; klick; *the C~* kabalen (under Karl II) **II** *v* smida ränker, intrigera **-ler** [-ə] ränksmidare
cabbage ['kæbidʒ] kål
cabby ['kæbi] droskkusk, chaufför
caber ['keibə] stör, stäng; *toss the ~* störta stång

cabin ['kæbin] **1** hytt, kajuta **2** stuga, koja
cabinet ['kæbinit] **1** skåp **2** kabinett, ministär;
~ *minister* statsråd **--council** [-,kaunsl] kabinettssammanträde **--maker** [-,meikə] möbel-,
finsnickare
cable ['keibl] **I** *s* **1** kabel **2** ankarkätting **3**
kabellängd **4** telegram **II** *v* telegrafera
cabman ['kæbmən] *se cabby*
caboodle [kə'bu:dl] *s*, *A.*, *the whole* ~ hela
klabbet
caboose [kə'bu:s] **1** kabyss **2** *A. järnv.* finka
cab|-rank ['kæbræŋk] **--stand** droskstation
ca'canny [kɔː'kæni] maskning, obstruktion
cacao [kə'kɑːəu] kakaoträd, -böna
cache [kæʃ] **I** *s* gömställe; gömd proviant **II**
v gömma, gräva ner
cachet ['kæʃei] **1** [äkthets]stämpel, prägel **2**
kapsyl
cachinnat|e ['kækineit] gapskratta **-ion** [,kæki'neiʃ(ə)n] gapskratt
cacique [kæ'siːk] indianhövding
cackle ['kækl] **I** *v* kackla, pladdra **II** *s* kackel,
kacklande; pladder
cacophony [kæ'kɔfəni] missljud, kakofoni
cactus ['kæktəs] kaktus
cad [kæd] ouppfostrad person; knodd, bracka,
knöl, lymmel
cadaver [kə'deivə] lik, kadaver **-ous** [kə-
'dæv(ə)rəs] lik-; likblek
caddie ['kædi] *golf.* caddie, klubbpojke
caddis ['kædis] nattsländelarv
caddish ['kædiʃ] simpel, lymmelaktig
caddy ['kædi] **1** teburk **2** *se caddie*
caden|ce ['keid(ə)ns] **1** tonfall **2** kadens **3**
rytm **-za** [kə'denzə] *mus.* kadens
cadet [kə'det] **1** yngre son **2** kadett
cadge [kædʒ] tigga [sig till] **-r** [-ə] tiggare
cadmium ['kædmiəm] kadmium
cadre ['kɑːdə] kader
caduc|ous [kə'djuːkəs] av-, bortfallande **-ity**
[-u:siti] förgänglighet
caecum ['siːkəm] blindtarm
café ['kæfei] kafé
cafeteria [,kæfi'tiəriə] självservering
caffeine ['kæfiːn] koffein
cage [keidʒ] **I** *s* **1** bur **2** *gruv.* uppfordringskorg, hiss **II** *v* sätta i bur
cagey ['keidʒi] *A.* slug, försiktig
cahoot [kə'huːt] *s*, *be in* ~[*s*] *with* vara i maskopi med
caiman *se cayman*
Cain [kein] Kain; *raise* ~ ställa till bråk
cairn [kɛən] **1** stenkummel **2** terrier
caisson **1** [kə'suːn] brokista, kassun **2** ['keis(ə)n] ammunitionsvagn
cajole [kə'dʒəul] smickra; förmå, locka
cak|e [keik] **I** *s* **1** tårta, kaka **2** kakformig sak,
bit **3** *Sk.* havrebröd; ~*s and ale* goddagar;
you cannot eat your ~ *and have it* uppäten
kaka får man inte tillbaka; *it's a piece of* ~
(*sl.*) saken är biff; *take the* ~ (*sl.*) ta priset **II**
v baka ihop sig **-y** [-i] kakformig; klabbig
calabash ['kæləbæʃ] kalebass[pumpa]
calaboose [kælə'bu:s] *A.* fängelse
calamit|ous [kə'læmitəs] katastrofal **-y** [-i]
katastrof, olycka
calash [kə'læʃ] **1** kalesch **2** huva, kråka
calcar|eous, -ious [kæl'kɛəriəs] kalk, kalkartad
calci|fication [,kælsifi'keiʃ(ə)n] förkalkning
-fy ['kælsifai] förkalka[s] **-ne** ['kælsain]
kalcinera[s] **-ium** ['kælsiəm] kalcium

calcula|ble ['kælkjuləbl] beräknelig **-te** [-eit]
1 beräkna, räkna ut; räkna (*upon* på) **2** *A.*
förmoda; ämna **-tion** [,kælkju'leiʃ(ə)n] [be-,
ut]räkning; ~ *of ranges* avståndsberäkning
-tor [-eitə] **1** [be]räknare **2** räknetabell **3** räknemaskin
calcul|ous ['kælkjuləs] *med.* sten-; lidande av
sten **-us** [-əs] (*pl -i* [-ai]) **1** *med.* sten, grus **2**
kalkyl; *differential* ~ differentialkalkyl
caldron ['kɔːldr(ə)n] *se cauldron*
calendar ['kælində] **I** *s* **1** almanacka, kalender
2 register, förteckning **II** *v* **1** [in]registrera
2 ordna o. katalogisera
calender ['kælində] **I** *s* mangel; satineringsmaskin **II** *v* mangla; satinera, glätta
calends ['kælindz] *s*, *on the Greek* ~ aldrig
calf [kɑːf] **1** kalv **2** kalvläder, -skinn **3** vad
(kroppsdel) **--bound** ['kɑːf'baund] bunden i
kalvskinn **--love** ungdomsförälskelse
calib|re ['kælibə] kaliber **-rate** [-reit] kalibrera; avväga
calico ['kælikəu] kaliko; kattun
calif ['kælif] (*äv. caliph*) kalif
California [,kæli'fɔːnjə] delstat i USA
calk [kɔːk] **1** kalkera **2** *sjö.* dikta, driva
call [kɔːl] **I** *v* **1** kalla [för], benämna **2** ropa på
(till sig, hit, dit, fram) **3** *kortsp.* bjuda **4** göra
visit, komma på besök **5** telefonera **6** väcka
7 angöra, anlöpa; ~ *a halt* kommendera
halt; ~ *at* besöka; ~ *attention to* dra uppmärksamheten till; ~ *back* a ropa tillbaka b
återta; ~ *down* a nedkalla b *A.* skälla ut;
~ *for* komma efter [ngn]; avhämta, efterfråga; ~ *forth* locka fram, uppbjuda; ~ *in*
kalla in; uppsäga (till betalning); ~ *in the*
doctor skicka efter doktorn; ~ *in question*
sätta i fråga; ~ *into being* kalla till liv, skapa;
~ *a p. names* skälla ut ngn; ~ *off* inställa,
återkalla; bryta (förlovning); ~ *on* besöka;
~ *out* inkalla, uppbåda b utropa; ~ *over*
ropa upp; ~ *to account* ställa till ansvar; ~ *to*
the bar utnämna till advokat; ~ *to witness* ta
till vittne; ~ *up* a uppkalla b återkalla (i minnet) c ringa upp d väcka e *mil.* inkalla; ~
upon = ~ *on* **II** *s* **1** rop **2** lockton **3** anrop;
signal; telefonsamtal **4** upprop **5** kallelse, maning **6** krav, anspråk **7** (kort) besök **8** *kortsp.*
bud; *take the* ~ svara i telefon; *you had no* ~
to interfere du hade ingen anledning att lägga
dig i det; *he was within* ~ han var inom hörhåll; *pay a* ~ göra visit; *on* (*at*) ~ vid anfordran **--bird** lockfågel **--box** telefonhytt
--boy *teat.* sufflörbud **2** skeppspojke
--down tillrättavisning **-er** [-ə] besökande;
en som telefonerar **--girl** [-,gɑːl] prostituerad
som kontaktas per telefon
calligraphy [kə'ligrəfi] skönskrift, kalligrafi
calling ['kɔːliŋ] yrke, kall
call|-loan ['kɔːlləun] **-money** [-,mʌni] dagslån **-note** lockton **--office** [-,ɔfis] telefonstation
call|osity [kæ'lɔsiti] **1** förhårdnad, valk **2** förhärdelse, känslolöshet **-ous** ['kæləs] **1** valkig,
hård **2** förhårdad, okänslig
call-over ['kɔːləuvə] upprop
callow ['kæləu] **1** ofjädrad **2** oerfaren, grön
callus ['kæləs] förhårdnad, valk
calm [kɑːm] **I** *a* lugn, stilla **II** *s* **1** lugn **2** vindstilla **III** *v* lugna; ~ *down* stillna
calor|ic [kə'lɔrik] värme **-ic-engine** [kə'lɔrik-
'en(d)ʒin] varmluftmaskin **-ie** ['kæləri] kalori
calotte [kə'lɔt] kalott

calumn|iate [kə'lʌmnieit] förtala **-iation** [kə͵lʌmni'eiʃ(ə)n], **-y** ['kæləmni] förtal
Calvary ['kælvəri] **1** Golgata **2** kalvarieberg
calve [kɑ:v] kalva **-s** [-z] *pl av calf*
calx [kælks] metall-, mineralaska
caly|x ['keiliks] (*pl* **-ces** [-lisi:z]) blomfoder
cam [kæm] [excenter]kam
camber ['kæmbə] **I** *s* välvning, buktning **II** *v* göra krum, [lätt] svänga [uppåt]
cambium ['kæmbiəm] kambium
Cambodia [kæm'bəudjə] Kambodja
cambric ['keimbrik] **1** batist **2** näsdukar
came [keim] *imperf av* come
camel ['kæm(ə)l] kamel **--driver** [-͵draivə], **-eer** [͵kæmi'liə] kameldrivare
camelopard ['kæmiləpɑ:d] giraff
camelry ['kæm(ə)lri] kamelrytteri
cameo ['kæmiəu] kamé
camera ['kæm(ə)rə] **1** kamera **2** domares rum; *in* ~ bakom lyckta dörrar
camion ['kæmjən] lastbil
camisole ['kæmisəul] korsettskyddare, blusskyddare
camomile ['kæmə(u)mail] kamomill
camouflage ['kæmuflɑ:ʒ] **I** *s* kamouflage **II** *v* dölja genom kamouflage, kamouflera
camp [kæmp] **I** *s* **1** läger; lägerliv **2** tält-, friluftsliv **3** ideologisk gruppering **II** *v* **1** slå läger **2** kampera
campaign [kæm'pein] **I** *s* fälttåg; kampanj **II** *v* delta i en kampanj **-er** [-ə] veteran
campanile [͵kæmpə'ni:li] klockstapel
camp|-bed ['kæmp'bed] tält-, turistsäng **--chair** fällstol **--follower** [-͵fɔləuə] marketentare, lös person som följer med här
camphor ['kæmfə] kamfer **-ball** [-͵bɔ:l] malmedel
camp|-meeting ['kæmp͵mi:tiŋ] (religiöst) friluftsmöte, tältmöte **--stool** fällstol
campus ['kæmpəs] *A.* område för skola (college el. univ.); gård
camshaft ['kæmʃɑ:ft] kamaxel
1 can [kæn] **I** *s* **1** kanna; burk; dunk **2** fängelse **3** WC **II** *v* **1** konservera **2** avskeda **3** sätta i fängelse
2 can [kæn] kan; *you* ~*not but know it* det måtte du väl veta
Canad|a ['kænədə] Kanada **-ian** [kə'neidjən] **I** *s* kanadensare **II** *a* kanadensisk
canal [kə'næl] **I** *s* (grävd) kanal **II** *v* gräva kanal **-ize** ['kænəlaiz] kanalisera
canary [kə'nɛəri] **I** *s* kanariefågel **II** *a* ljusgul
cancel ['kæns(ə)l] **I** *v* **1** stryka ut, överkorsa **2** annullera, förklara ogiltig; upphäva; döda (bankbok); återkalla; inställa; avbeställa; makulera **3** *mat.* eliminera **4** ~ [*out*] upphäva (ta ut) (varandra) **II** *s* upphävande; makulering; [*a pair of*] ~*s* biljettång **-lation** [͵kænsə'leiʃ(ə)n] upphävande, annullering; avbeställning; makulering
cancer ['kænsə] *med. o. fig.* kräfta; *the Tropic of C*~ Kräftans vändkrets; *C*~ Kräftan (i djurkretsen)
cancroid ['kæŋkrɔid] **I** *a* **1** krabblik **2** *med.* kräft-, kräftlik **II** *s* kräftliknande sjukdom
candela|brum [͵kændi'lɑ:brəm] (*pl* -*bra* [-brə], *äv. sg* med *pl* -*bras* [-z]) kandelaber
candescent [kæn'desnt] vitglödande
candid ['kændid] öppen, frispråkig **-ate** **I** *s* [-it] kandidat **II** *v* [-eit] *A.* kandidera
candle ['kændl] stearinljus; *burn the* ~ *at both ends* bränna sitt ljus i bägge ändar; *not be fit*

to hold a ~ *to* inte vara värd att lösa skobanden åt; *sell by inch of* ~ sälja på auktion (där buden pågår så länge en ljusbit brinner); *not worth the* ~ inte värt krutet (mödan) **--end** ['kændl'end] ljusstump **--ends** [-z] värdelöst skräp **--light** eldsljus; skymning **C-mas** ['kændlməs] kyndelsmässa **--power** [-͵pauə] normalljus **-stick** ljusstake
candour ['kændə] uppriktighet, frispråkighet; opartiskhet
candy ['kændi] **I** *s* kandisocker; kanderad frukt; *A.* karameller, godis **II** *v* kandera; kristallisera[s] **-tuft** blomkrasse
cane [kein] **I** *s* **1** rör, sockerrör **2** [spatser]käpp **3** spö, rotting, bambu **II** *v* prygla, klå upp **-chair** rottingstol **--sugar** rörsocker
canine **1** ['keinain] hund- **2** ['kænain] ~ [*tooth*] hörn-, ögontand
canister ['kænistə] **1** kanister; bleckdosa, -låda **2** = **--shot** kartesch[er]
canker ['kæŋkə] **I** *s* **1** munkräfta **2** rost, brand (på fruktträd) **3** *fig.* kräftskada **II** *v* **1** fräta [upp] **2** *fig.* fräta sönder **-ed** [-d] **1** kräftsjuk; angripen av rost **2** fördärvad **3** förgrämd **-ous** [-rəs] kräftartad; frätande **--worm** skadlig larv
canned [kænd] **1** konserverad **2** berusad; ~ *music* grammofonmusik, "burkmusik"
cannel[-coal] ['kænl(kəul)] kannelkol, glanskol
cannery ['kænəri] konservfabrik
cannibal ['kænib(ə)l] **I** *s* kannibal **II** *a* kannibalisk **-ism** [-bəliz(ə)m] kannibalism
cannikin ['kænikin] liten kanna
cannon ['kænən] **I** *s* **1** kanon[er] **2** *biljard.* karambol **II** *v* **1** karambolera **2** törna, köra (*with, against* ihop med, mot) **-ade** [͵kænə'neid] **I** *s* kanonad **II** *v* bombardera, [be]skjuta med kanoner **--ball** kanonkula **-eer** [͵kænə'niə] artillerist **--fodder** kanonmat **-ry** [-ri] **1** *koll.* kanoner **2** kanonad **--shot 1** kanonkula, -or **2** kanonhåll
cannot ['kænɔt] kan inte, *se 2 can*
canny ['kæni] **1** slug; försiktig i affärer **2** sparsam **3** stillsam
canoe [kə'nu:] **I** *s* kanot **II** *v* ro (paddla) i kanot
canon ['kænən] **1** kanon, rättesnöre **2** kyrkligt påbud **3** kanoniska böcker **4** *mus.* kanon **5** kanik; domkyrkopräst
cañon ['kænjən] *se canyon*
canon|ess ['kænənis] stift sfröken **-ical** [kə'nɔnik(ə)l] kanonisk **-icals** [kə'nɔnik(ə)lz] prästdräkt; *in full* ~ i full ornat **-ization** [͵kænənai'zeiʃ(ə)n] kanonisering **-ize** [-aiz] kanonisera **--law** kanonisk lag
canoodle [kə'nu:dl] kela [med]
canopy ['kænəpi] **I** *s* baldakin, tron-, sänghimmel; tak, himlavalv **II** *v* förse med baldakin etc.
canorous [kə'nɔ:rəs] melodisk, välljudande
canst [kænst] *åld., thou* ~ du kan, *se 2 can*
cant [kænt] **I** *s* **1** snedslipad kant; sluttning **2** slang; rotvälska; tjuvspråk **3** jargong; skenheligt tal, hyckleri **II** *v* **1** snedhugga **2** ställa på kant **3** stjälpa **4** gnälla **5** skrymta, hyckla **6** använda jargong (tjuvspråk)
can't [kɑ:nt] = *cannot*
cantaloup[e] ['kæntəlu:p] gulköttig cantaloupmelon
cantankerous [kæn'tæŋk(ə)rəs] grälsjuk
cantata [kæn'tɑ:tə] kantat

canteen [kæn'ti:n] **1** marketenteri; matsal **2** fältflaska **3** kantin

1 canter ['kæntə] hycklare, frasmakare

2 canter ['kæntə] **I** *s* samlad (kort) galopp; skritt; *win in a* ~ vinna ledigt **II** *v* rida i kort galopp

canterbury ['kæntəb(ə)ri] notställ

canticle ['kæntikl] lovsång; *the C~s, pl* Höga visan

cantilever ['kæntili:və] utskjutande stöd, konsol; ~ *bridge* konsolbro

cantle ['kæntl] **1** bit, stycke **2** sadelbom

canto ['kæntəu] sång (del av diktverk)

canton I *s* ['kæntən] kanton, distrikt **II** *v* **1** [kæn'tɔn] indela i distrikt **2** [kən'tu:n] inkvartera

cantor ['kæntɔ:] kantor

canvas ['kænvəs] **1** segelduk, tältduk **2** linne **3** duk, tavla **4** segel; *under* ~ i tält; under segel

canvass ['kænvəs] **I** *v* **1** grundligt dryfta, genomarbeta **2** bearbeta (personer för att värva röster, få bidrag, order etc.) **3** agitera; ~ *for subscribers* samla prenumeranter **II** *s* röstvärvning, agitation **-er** [-ə] **1** röstvärvare **2** subskribent-, prenumerantsamlare **3** försäljare

canyon ['kænjən] kanjon, djup flodbädd

cap [kæp] **I** *s* **1** mössa **2** hatt (på svamp) **3** knallhatt **4** kapsyl **5** brunt omslagspapper; skrivpapper; ~ *in hand* ödmjukt, med hatten i hand; *set one's* ~ *at* lägga sina krokar för; ~ *and bells* narrmössa; *the* ~ *fits* anmärkningen träffar **II** *v* **1** sätta mössa på **2** förläna [ngn] akademisk grad **3** förse med knallhatt **4** betäcka **5** ligga ovanpå, kröna **6** ge svar på [tal]; övertrumfa, slå, bräcka **7** ta av sig hatten för; ~ *an anecdote* överträffa med en bättre historia

capab|ility [,keipə'biliti] **1** förmåga, duglighet, skicklighet **2** *isht pl* -ilities [-iz] [utvecklings]möjligheter], anlag **-le** ['keipəbl] **1** ~ *of* mottaglig för, i stånd till; mäktig [av] **2** duglig, skicklig; begåvad

capac|ious [kə'peiʃəs] rymlig **-itate** [-'pæsiteit] göra skicklig (duglig, kompetent); ge kompetens (befogenhet) **-ity** [-'pæsiti] **1** *fys.* kapacitet, mottaglighet **2** kubikinnehåll **3** fattningsgåva **4** förmåga, effektivitet **5** befogenhet; *filled to* ~ fylld till sista plats; ~ *house* fullsatt hus; *in* ~ *of* i egenskap av

cap-à-pie [,kæpə'pi:] från topp till tå

cape [keip] **1** udde, kap **2** cape, krage

caper ['keipə] **I** *s* **1** kapris **2** skutt, luftsprång; skoj, upptåg; *cut a* ~ göra glädjesprång **II** *v* skutta

capias ['keipiæs] häktningsorder

capillary [kə'piləri] **I** *a* **1** hår- **2** hårfin; hårrörs-, kapillär **II** *s* hårrör[skärl]

capital ['kæpitl] **I** *a* huvudsaklig, förnämst; utmärkt, ypperlig, präktig; ~ *error* ödesdigert misstag; ~ *goods* kapitalvaror; ~ *offence* (*crime*) brott som medför dödsstraff; ~ *punishment* dödsstraff; ~ *ship* slagskepp, -kryssare; ~ *sin* dödssynd **II** *s* **1** kapital **2** huvudstad **3** stor bokstav, versal **4** kapitäl **III** *interj* storartat! **-ism** [-əliz(ə)m] kapitalism **-ist** [-əlist] kapitalist **-ization** [kə,pitəlai-'zeiʃ(ə)n] kapitalisering, kapitalbildning **-ize** [kə'pitəlaiz] **1** skriva (trycka) med stor bokstav **2** kapitalisera; dra fördel av

capitation [,kæpi'teiʃ(ə)n] **1** per capita-beräkning **2** [uttagande av] skatt, avgift (per capita)

Capitol ['kæpitl] *the* ~ Kapitolium (i Rom; säte för Förenta staternas kongress)

capitulat|e [kə'pitjuleit] kapitulera **-ion** [kə-,pitju'leiʃ(ə)n] kapitulation

capon ['keipən] kapun

cap-paper ['kæppeipə] brunt omslagspapper; skrivpapper

capric|e [kə'pri:s] nyck, infall **-ious** [-'priʃəs] nyckfull, ombytlig

Capricorn ['kæprikɔ:n] Stenbocken (i djurkretsen)

capsicum ['kæpsikəm] spansk peppar

capsiz|al [kæp'saizl] kantring, kapsejsning **-e** kantra, kapsejsa

capstan ['kæpstən] ankarspel

capsul|ar ['kæpsjulə] kapsellik **-e** [-ju:l] **1** kapsyl, hylsa **2** kapsel, hölje

captain ['kæptin] **I** *s* **1** anförare, ledare **2** kapten (i armén); kommendörkapten av 1:a graden (i flottan), [fartygs]chef; *group* ~ överste (vid flygvapnet) (*BE.*) **3** förman **4** *A.* poliskommissarie **II** *v* anföra, leda **-ship** ledarskap, ledning; kaptenstjänst

capt|ion ['kæpʃ(ə)n] **I** *s* överskrift; bild-, filmtext; slagord **II** *v* rubricera- **-ious** ['kæpʃəs] snärjande; kitslig, spetsfundig **-ivate** ['kæptiveit] fängsla, förtrolla, tjusa **-ivation** [,kæpti'veiʃ(ə)n] förtrollning **-ivity** [kæp'tiviti] fångenskap **-or** ['kæptə] tillfångatagare **-ure** ['kæptʃə] **I** *v* erövra, inta **2** ta till fånga, kapa **II** *s* **1** tillfångatagande; gripande; erövring; uppbringande **2** fånge; [krigs]byte

capuchin ['kæpjuʃin] **1** damkappa med kapuschong **2** *C~* kapucinmunk **3** ~ [*monkey*] kapucinapa

car [ka:] **1** vagn **2** bil **3** spårvagn **4** järnvägsvagn **5** gondol; hisskorg

carabao [karə'ba:ou] ind. vattenbuffel

carafe [kə'ræf] karaff

caramel ['kærəmel] **1** bränt socker **2** kola, karamell

carat ['kærət] karat

caravan ['kærəvæn] **I** *s* **1** karavan **2** husvagn **II** *v* bo (färdas) i husvagn

caraway ['kærəwei] kummin

carbide ['ka:baid] karbid

carbine ['ka:bain] karbin

carbohydrate ['ka:bəu'haidreit] kolhydrat

carbolic [ka:'bɔlik] *a,* ~ *acid* karbolsyra

carbon ['ka:bən] **1** kol **2** kolspets **3** karbonpapper **4** genomslag; ~ *copy* genomslagskopia; ~ *dioxide* koldioxid; ~ *monoxide* koloxid; ~ *paper* karbonpapper; ~ *point* kolspets **-aceous** [,ka:bə(u)'neiʃəs] kol-, kolhaltig **-ate** **I** *v* [-eit] behandla med kolsyra **II** *s* [-it] karbonat **-ic** [ka:'bɔnik] *a,* ~ *acid* kolsyra **-iferous** [,ka:bə'nif(ə)rəs] *a,* ~ *age* (*period*) karbon[tiden] **-ize** [-aiz] karbonisera, förkola

carboy ['ka:bɔi] stor korgflaska

carbunc|le ['ka:bʌŋkl] **1** böld, finne **2** röd ädelsten **-ular** [ka:'bʌŋkjulə] karbunkelartad; inflammerad

carburettor ['ka:bjuretə] förgasare

carc|ase, -ass ['ka:kəs] **1** lik, as, åtel **2** slaktat djurs kropp; skorv; *save one's* ~ rädda livhanken

card [ka:d] **I** *s* **1** kort **2** program **3** karl, original, (konstig) kurre **4** [ull]karda; *a knowing* ~ en spjuver; have *a* ~ *up one's sleeve* ha ngt i bakfickan; *it's on the* ~*s* det är troligt; *speak by the* ~*s* väga vart ord; *punch*[*ed*] ~

hålkort **II** *v* karda **-board** papp, kartong **--case** visitkortsetui

cardiac ['kɑ:diæk] **I** *a* hjärt- **II** *s* hjärtstimulerande medel

cardigan ['kɑ:digən] stickad ylleväst; tröja

cardinal ['kɑ:dinl] **I** *a* **1** huvud-, huvudsaklig, främst **2** högröd; ~ *numbers* grundtal; *the* ~ *points* de fyra väderstrecken **II** *s* **1** kardinal **2** kardinalfågel

card-index ['kɑ:dindeks] kortregister

cardiologist [,kɑ:di'ɔlədʒist] hjärtspecialist

card|-sharp[er] [-,ʃɑ:p(ə)] falskspelare **--table** [-teibl] spelbord

care [kɛə] **I** *s* bekymmer; omsorg; *take (have a)* ~ akta sig; se opp; ~ *of (c/o)* adress; *take* ~ *of* sörja för, ta hand om, sköta [om] **II** *v* bekymra sig; *who* ~*s!* vad rör det mig!; ~ *about (for)* bekymra sig om, bry sig om; ~ *for* **a** tycka om **b** ta hand om, sörja för; *I don't* ~ *if I do* gärna för mig

career [kə'riə] **I** *s* **1** levnadslopp, bana; karriär **2** full fart **II** *v* ila, rusa **-ist** [-rist] streber

care|free ['kɛəfri:] sorglös **-ful** [-f(u)l] omsorgsfull; noggrann; försiktig **-less** [-lis] **1** sorglös **2** vårdslös; oförsiktig

caress [kə'res] **I** *v* smeka **II** *s* smekning

care|taker ['kɛə,teikə] portvakt, uppsyningsman, vaktmästare **-worn** tärd, förgrämd

cargo ['kɑ:gəu] [skepps]last; ~ *steamer* lastångare **--hold** lastrum

Caribbean [,kæri'bi(:)ən] karibisk

caribou ['kæribu:] amerikansk ren

caricatur|e [,kærikə'tjuə] **I** *s* karikatyr **II** *v* karikera, förlöjliga **-ist** [-rist] karikatyrtecknare; parodiförfattare

caries ['kɛəri:z] tandröta, karies

carillon ['kæriljən] klockspel

carious ['kɛəriəs] anfrätt

car-load ['kɑ:ləud] *A.* billast

Carmelite ['kɑ:milait] **I** *s* karmelitmunk **II** *a* karmelit-

carmine ['kɑ:main] *a* o. *s* karmin, djupröd [färg]

carnage ['kɑ:nidʒ] blodbad, slaktning

carnal ['kɑ:nl] köttslig, sinnlig **-ity** [kɑ:'næliti] sinnlighet

carnation [kɑ:'neiʃ(ə)n] **I** *s* **1** nejlika **2** ljusröd (skär) färg; hudfärg **II** *a* ljusröd, skär; hudfärgad

carney ['kɑ:ni] **I** *s* smicker, hyckleri **II** *v* ställa sig in; smickra

carnival ['kɑ:niv(ə)l] **1** karneval **2** bullrande o. uppsluppet festande

carnivor|e ['kɑ:nivɔ:] rovdjur **-ous** [kɑ:'niv(ə)rəs] köttätande

carny *se carney*

carol ['kær(ə)l] **I** *s* [lov]sång; julpsalm, -sång **II** *v* [lov]sjunga; drilla

carotid [kə'rɔtid] halspulsåder (*äv.* ~ *artery*)

carous|al [kə'rauz(ə)l] supkalas, dryckesgille **-e** [-z] rumla, festa

carp [kɑ:p] **I** *s* karp **II** *v* gnata, klanka

carpent|er ['kɑ:pintə] **I** *s* timmerman, byggnadssnickare; *the* ~'*s son* Jesus **II** *v* timra, snickra **-ry** [-ri] **1** ngt hoptimrat, snickeri, snickeriarbete **2** timmermansyrke

carpet ['kɑ:pit] **I** *s* matta; *be on the* ~ **a** vara föremål för diskussion **b** bli åthutad **II** *v* **1** mattbelägga **2** ge en askrapa åt **--bagger** [-,bægə] politisk lycksökare, yrkespolitiker **--dance,** **--hop** enkel danstill-

ställning **--knight** salongshjälte **--rod** mattstång

carpus ['kɑ:pəs] handlove

carriage ['kæridʒ] **1** vagn, ekipage; *järnv.* personvagn **2** *tekn.* vagn **3** lavett **4** transport **5** fraktkostnad **6** hållning; ~ *free (paid)* fraktfritt; ~ *and four* fyrspann; ~ *and pair* tvåspännare **--dog** fläckig dalmatiner **--drive** körväg, uppkörsväg **--road,** **--way** körväg, -bana; *dual* ~ dubbla körbanor

carrier ['kæriə] **1** bärare, bud **2** varubefordrare **3** pakethållare **4** bacillbärare **5** hangarfartyg **6** brevduva; ~ *wave* bärvåg (*radio*.) **--cycle** paketcykel **--pigeon** brevduva **--wave** *radio.* bärvåg

carrion ['kæriən] **I** *s* kadaver **II** *a* motbjudande **--crow** ['kæriən'krəu] kråka

carrot ['kærət] morot; ~*s* rött hår; rödhårig person **-y** [-i] morotsröd; rödhårig

carry ['kæri] **I** *v* bära; föra, frakta; gå, nå (om skjutvapen); ~ *o.s.* [upp]föra sig; ~ *authority* vare inflytelserik; ~ *the day* avgå med segern; ~ *it (one's point)* få sin vilja igenom; *the motion was carried* motionen antogs; ~ *interest* löpa med ränta; ~ *the joke too far* driva skämtet för långt; ~ *a tune* hålla ton; ~ *two två i minne (mat.);* ~ *weight* **a** ha inflytande **b** *hästsport*. vara handikappad; ~ *away* **a** bära (föra etc.) bort **b** hänföra; rycka med sig; ~ *back* föra tillbaka (*äv.* om tid); ~ *all before one* slå ner allt motstånd; ~ *forward* transportera, överföra; ~ *into effect* uträtta; ~ *off* bära (föra) bort; bortrycka (om döden); hemföra, vinna, lyckas med; ~ *on* föra vidare; fortsätta; utöva; upphålla; flirta (*with* med); ~ *out,* genomföra; ~ *through* föra igenom; föra till ett lyckligt slut; ~*ing capacity* lastkapacitet **II** *s* skotthåll **--all 1** *A.* (lätt) vagn **2** stor väska **--over** ['kæri'əuvə] **1** betalningsanstånd **2** *A.* rest, överskott

cart [kɑ:t] **I** *s* kärra; *leave a p. in the* ~ lämna ngn i sticket **II** *v* **1** forsla (med kärra) **2** klå **-age** [-idʒ] **1** transportkostnad, forlön **2** forsling med kärra

carte [kɑ:t] matsedel; ~ *blanche* ['kɑ:t'blɑ̃:(n)ʃ] blankofullmakt; full handlingsfrihet

cartel [kɑ:'tel] **1** kartell **2** utmaningsbrev **3** fördrag om utväxling av fångar

cart|er ['kɑ:tə] forman, åkare **-ful** [-f(u)l] vagnslass

cartilage ['kɑ:tilidʒ] brosk

cartograph|er [kɑ:'tɔgrəfə] kartograf, kartritare **-y** [-i] kartografi

cartomancy [kɑ:'tə(u)mænsi] spående i kort

carton ['kɑ:tən] kartong, pappask

cartoon [kɑ:'tu:n] **1** skämtteckning; politisk karikatyr **2** ~ *animated* ~ tecknad film **3** *måln.* kartong **-ist** skämt-, karikatyrtecknare

car-tracks ['kɑ:træks] *A.* järnvägsspår

cartridge ['kɑ:tridʒ] **1** patron **2** *A.* filmrulle **--box** patronkök, -väska **--case** patronhylsa **--paper** [-,peipə] karduspapper; kraftigt ritpapper

cart|-wheel ['kɑ:twi:l] kärrhjul; *turn* ~*s* hjula **-wright** vagnmakare

caruncle ['kærəŋkl] köttig utväxt

carv|e [kɑ:v] **1** skära (upp) (stek etc.) **2** skära, snida **3** skulptera **4** gravera; ~ *one's way* bryta sig en bana; ~ *up* uppdela **-er** [-ə] **1** träsnidare; gravör **2** förskärare, förskärarkniv; ~*s, pl* trancherbestick **-ing** [-iŋ] utskuret arbete, snideri; ~ *knife* förskärare

cascade [kæs'keid] **I** *s* kaskad **II** *v* falla som
en kaskad
case [keis] **I** *s* **1** fall **2** tillstånd **3** [rätts]fall,
sak, mål **4** sjukdomsfall, patient **5** ask, låda,
skrin, etui **6** fodral, hölje, slida **7** [glas]-
monter; ~ *history* fallbeskrivning, sjukdoms-
historia; *in* ~ ifall; *in any* ~ i varje fall, i
vilket fall som helst; *in that* ~ i så fall; *be in
good* (*bad*) ~ vara i goda (dåliga) omständig-
heter; *there is a lady in the* ~ det är en kvinna
med i spelet; *have a strong* ~ ha en stark
ställning; ha goda skäl; *make out one's* ~
bevisa sina påståenden **II** *v* lägga in i en ask
(låda etc.); omkläda, infatta **--bottle** res-
flaska **--finding** ~ *activities* uppsökande verk-
samhet **--harden** [-ˌhɑːdn] härda
casein ['keisiːin] kasein, ostämne
case-knife ['keisnaif] slidkniv
casemate ['keismeit] kasematt, bombfritt valv
casement ['keismənt] fönster (med gångjärn
på sidorna likt svenska)
caseous ['keisiəs] ostaktig
case-shot ['keisʃɔt] kartesch[er]
cash [kæʃ] **I** *s* kontanter, reda pengar; kassa;
hard ~ reda pengar; ~ *on delivery* (*C. O. D.*)
postförskott, efterkrav; *for* (*per*) ~, ~ *down*
mot kontant betalning; *in* ~ vid kassa; *out
of* ~ utan kontanter, pank; *be short of* ~
ha ont om kontanter **II** *v* förvandla t. kon-
tanter; få pengar på, diskontera; ~ *in* **a** göra
upp **b** dö; ~ *in on* dra fördel av; ~ *up* punga
ut [med] (*A.*) **--account** ['kæʃəkaunt] kassa-
konto **--book** kassabok **--box** kassaskrin
--desk kassa **--discount** kassarabatt
cashew [kæˈʃuː] *bot.* acajou
cashier I [kæˈʃiə] *s* kassör **II** [kəˈʃiə] *v* avskeda
cashmere [kæʃˈmiə] kashmir[tyg]
cash|-price ['kæʃprais] kontantpris **--register**
['kæʃˌredʒistə] kassaapparat
casing ['keisiŋ] omhölje, omslag, fodral
cask [kɑːsk] fat, tunna
casket ['kɑːskit] **1** skrin, schatull **2** urna **3** *A.*
likkista
cassation [kæˈseiʃ(ə)n] upphävande
cassava [kəˈsɑːvə] **1** maniok-, kassavabuske
2 tapioka
casserole ['kæsərəul] eldfast form; gryta med
lock
cassock ['kæsək] prästrock, kaftan
cast [kɑːst] **I** *v* (*äv. imperf* o. *perf part*)**1** kasta
2 förkasta; kassera, avskeda **3** tilldela (roller)
4 räkna, addera **5** gjuta; ~ *accounts* räkna ut;
~ *calf* kasta (för tidigt föda) en kalv; ~ *shadow*
kasta skugga; ~ *a shoe* tappa en sko (om
häst); ~ *teeth* tappa tänder; ~ *a vote* avge röst;
~ *about,* se sig om (*for* efter); ~ *away* kasta
bort; förspilla; *be* ~ *away* lida skeppsbrott;
~ *back* återvända; ~ *down* slå ner (ögon);
be ~ *down* vara nedslagen; ~ *in one's lot* med
göra gemensam sak med; ~ *off* kasta av,
lägga av; förkasta; kasta loss; ~ *up* kräkas
II *s* **1** kast **2** metställe **3** räkning, addering
4 rollfördelning **5** gjutform, avgjutning **6** ut-
seende; läggning; typ **7** (fällt) skinn; *have a* ~
in one's eye skela **-away** **1** [en] utstött, för-
tappad **2** [en] skeppsbruten
caste [kɑːst] kast; kastväsende; *lose* ~ sjunka
på samhällsskalan
caster ['kɑːstə] **1** en som kastar (räknar);
gjutare etc., *se cast* **2** kasserad häst **3** *se castor*
castigat|e ['kæstigeit] **1** tukta **2** rätta **-ion**
[ˌkæstiˈgeiʃ(ə)n] **1** tuktan **2** kritisk granskning

cast|ing ['kɑːstiŋ] gjutgods, gjutet arbete **-ing-
-net** fisknot, sänkhåv **-ing-vote** ['kɑːstiŋ-
'vəut] utslagsröst **--iron** ['kɑːstˈaiən, *attr äv.*
'kɑːstˌaiən] **I** *s* gjutjärn **II** *a* **1** gjutjärns-
2 järnhård; oböjlig, orubblig
castle ['kɑːsl] **I** *s* **1** slott **2** *schack.* torn **II** *v,
schack.* rockera **--builder** en som bygger luft-
slott
castor ['kɑːstə] **1** hjul, trissa (på möbel) **2**
ströare (för socker, salt, peppar etc.); *a set
of* ~*s* bordsställ **--oil** ['kɑːstər'ɔil] ricinolja
--sugar strösocker
castrat|e [kæs'treit] kastrera **-ion** [-'treiʃ(ə)n]
kastrering
casual ['kæʒjuəl] tillfällig; flyktig; planlös;
nonchalant; ~ *labourer* tillfällighetsarbetare;
~ *sportsman* söndagsjägare; ~ *poor* tillfälligt
behövande **-ties** [-tiz] förluster i döda, till-
fångatagna o. sårade **-ty** [-ti] olycksfall; ~
list förlustlista; ~ *ward* olycksfallsavdelning
casuist ['kæʒjuist] kasuist, sofist
cat [kæt] **I** *s* katt[a]; *turn* ~ *in pan* bli över-
löpare; *wait for the* ~ *to jump, see which way
the* ~ *jumps* [vänta o.] se vart vinden blåser
(vad andra tycker); *let the* ~ *out of the bag*
avslöja en hemlighet, skvallra; *not room to
swing a* ~ mycket trångt; *it's raining* ~*s and
dogs* det står som spön i backen **II** *v, sl.*
kräkas
cataclysm ['kætəkliz(ə)m] översvämning; om-
störtning; omvälvning
catafalque ['kætəfælk] katafalk
catalepsy ['kætəlepsi] stelkramp
catalogue ['kætəlɔg] **I** *s* katalog **II** *v* katalogi-
sera
catalysis [kəˈtælisis] katalys
catamount[ain] ['kætəmaunt, ˌkætəˈmauntin]
1 vildkatt **2** puma **3** grälmakare
catapult ['kætəpʌlt] katapult, slangbåge
cataract ['kætərækt] **1** katarakt **2** grå starr
catarrh [kəˈtɑː] katarr
catastroph|e [kəˈtæstrəfi] katastrof **-ic** [ˌkæ-
təˈstrɔfik] katastrofal
cat|bird ['kætbɔːd] *A.* härmtrast **-burglar**
fasadklättrare **-call I** *s* visselpipa; protest-
vissling **II** *v* vissla [åt]
catch [kætʃ] **I** *v* **1** fånga, ta; få fast **2** hinna
[upp]; komma med (tåg) **3** gripa, fatta [tag i]
4 ertappa **5** träffa, nå **6** fatta; smittas av **7**
fatta, begripa **8** fastna, haka upp sig **9** slå
an, bli populär; ~ *a person's eye* dra ngns
uppmärksamhet till sig; ~ *fire* fatta eld; ~ *it*
[*hot*] få på pälsen; *I caught him on the nose*
jag träffade honom på näsan; *he caught his
breath* han höll (drog in) andan; ~ *cold* bli
förkyld; ~ *at* gripa efter; ~ *on* slå an, göra
lycka, fatta; ~ *out* avslöja (*ung.*); ~ *up* hinna
fatt (upp); hinna fram [till] **II** *s* **1** fångande
2 fångst; kap **3** lyra **4** knep, fälla **5** stockning
(i rösten) **6** hake, spärr **7** *mus.* kanon **-ing**
[-iŋ] smittsam **-phrase** slagord **-pole, -poll**
exekutionsbetjänt **-up** *se ketchup* **-word 1**
uppslagsord; stickord **2** lystringsord; *teat.*
(repliks) slutord **3** slagord **-y** [-i] **1** anslående
2 lättlärd **3** ryckig
catech|ism ['kætikiz(ə)m] **1** katekes **2** förhör
-umen [ˌkætiˈkjuːmen] katekumen
categor|ical [ˌkætiˈgɔrik(ə)l] kategorisk, be-
stämd **-y** ['kætigəri] kategori, klass
cater ['keitə] skaffa, leverera mat; ~ *for*
leverera till; sörja för; tillgodose; betjäna **-er**
[-rə] mathållare; leverantör

caterpillar ['kætəpilə] **1** larv; mask **2** bandtraktor; tank
caterwaul ['kætəwɔːl] **I** v jama; väsnas **II** s kattskrik; oväsen
catfish ['kætfiʃ] havskatt
catgut ['kætgʌt] **1** tarmsträng **2** stränginstrument
cathar|sis [kəˈθaːsis] rening; med. laxering **-tic** [-tik] a o.
cathedra [kəˈθiːdrə] biskopsstol; lärostol; ex ~ myndigt, officiellt **-l** [-r(ə)l] katedral, domkyrka
catherine-wheel ['kæθ(ə)rinwiːl] **1** rosfönster **2** fyrv. sol, hjul; turn ~s hjula
cathode ['kæθəud] katod; ~ screen bildskärm (på TV-apparat)
catholic ['kæθəlik] **I** a **1** allmän; allt omfattande **2** fördomsfri **3** C~ katolsk; C~ Church a allmännelig kyrka b romersk katolska kyrkan (ofta Roman C~) **II** s katolik **C-ism** [kəˈθəlisiz(ə)m] katolicism[en]
cat-ice ['kætais] tunn is
catkin ['kætkin] bot. hänge
cat|-lap ['kætlæp] [te]blask **--nap** tupplur **--o'-nine-tails** ['kætəˈnainteilz] dagg, den niosvansade katten **-'s paw 1** kattfot **2** blint redskap **3** bris **-'s tail** kaveldun
catsup ['kætsəp] = ketchup
cattle ['kætl] nötkreatur, boskap **--breeder** boskapsuppfödare **--leader** nosring **--lifter** boskapstjuv **-man** boskapsuppfödare **--plague** boskapspest **--post**, **-ranch**, **--range**, **--run** boskapsfarm **--rustler** boskapstjuv **--show** kreatursutställning **--station** boskapsfarm
cat|ty ['kæti] kattlik, lömsk **-walk** sjö. kobrygga
Caucasus ['kɔːkəsəs] the ~ Kaukasus
caucus ['kɔːkəs] politisk valkommitté; klick; the ~ partimaskinen
cauda|l ['kɔːdl] a, ~ fin stjärtfena **-te** [-deit] försedd med stjärt
caught [kɔːt] imperf o. perf part av catch
caul [kɔːl] fosterhinna; born with a ~ född med segerhuva
cauldron ['kɔːldr(ə)n] kittel
cauliflower ['kɔliflauə] blomkål
caulk [kɔːk] dikta, täta, driva (fartyg)
causa|l ['kɔːz(ə)l] orsaksmässig; kausal **-lity** [kɔːˈzæliti] kausalsammanhang **-tion** [kɔːˈzeiʃ(ə)n] orsakssammanhang; förorsakande **-tive** ['kɔːzətiv] kausativ
cause [kɔːz] **I** s **1** orsak, grund, anledning **2** rättssak, process **3** angelägenhet; show ~ ange sina [rätts]grunder **II** v **1** förorsaka, åstadkomma **2** förmå; låta **-less** [-lis] grundlös, utan orsak
causeway ['kɔːzwei] broväg; höjd gångbana
caustic ['kɔːstik] **I** a **1** brännande, frätande **2** bitande, sarkastisk **II** s frätmedel
cauter|ize ['kɔːtəraiz] bränna (med brännjärn el. frätmedel) **-y** [-i] **1** brännjärn **2** bränning
cauti|on ['kɔːʃ(ə)n] **I** s **1** försiktighet **2** varning **3** tillrättavisning; ~ [money] borgen **II** v varna, tillhålla, förmana **-ous** [-ʃəs] försiktig
caval|cade [ˌkæv(ə)lˈkeid] kavalkad **-ier** [ˌkævəˈliə] **I** s **1** ryttare; kavaljer; riddare **II** v eskortera **III** a kavaljers-, nonchalant **2** stolt, övermodig **-ry** ['kæv(ə)lri] kavalleri
cave [keiv] **I** s **1** håla; grotta **2** pol. utbrytning

ur parti **II** v urholka; ~ in falla ihop, störta in; ge efter; ~-in [gruv]ras
caveat ['keiviæt] jur. protest
caveman ['keivmæn] grottmänniska
cavendish ['kæv(ə)ndiʃ] (slags) tuggtobak
cavern ['kævən] håla, grotta **-ous** [-əs] full av hålor; djupt liggande (om ögon); ihålig (om röst)
caviar[e] ['kæviaː] kaviar
cavil ['kævil] **I** v klanka, klandra, anmärka (kitsligt) **II** s småaktig (kitslig) kritik; häcklande, klandrande
cavity ['kæviti] hålighet
cavort [kəˈvɔːt] A. hoppa omkring
cavy ['keivi] A. marsvin
caw [kɔː] s o. v kraxa[nde]
cay [kei] rev, bank, grund
cayenne [keiˈen, attr 'keien] kajennpeppar = C~ pepper
cayman ['keimən] kajman, alligator
cease [siːs] **I** v upphöra [med]; sluta [upp]; ~fire! eld upphör! **II** s, without ~ oupphörligt **-less** [-lis] oupphörlig, ständig
cedar ['siːdə] ceder[trä]
cede [siːd] avträda, överlåta
ceil [siːl] förse med innertak **-ing** [-iŋ] **1** innertak **2** maximihöjd **3** pris-, lånetak
celandine ['seləndain] bot. svalört
celebr|ant ['selibr(ə)nt] mässförrättande präst, celebrant **-ate** [-eit] **1** fira **2** prisa, lovsjunga; ~d berömd, ryktbar **-ation** [ˌseliˈbreiʃ(ə)n] **1** firande **2** förhärligande **3** nattvardsfirande **-ity** [siˈlebriti] berömdhet, celebritet
celerity [siˈleriti] snabbhet
celery ['seləri] selleri
celestial [siˈlestjəl] **I** a **1** himmelsk, himla- **2** gudomlig; ~ body himlakropp; the C~ Empire det Himmelska Riket, Kina; ~ navigation astronomisk navigation **II** s **1** himlainvånare **2** C~ kines (skämts.)
celiba|cy ['selibəsi] ogift stånd, celibat **-te** [-bit] ogift
cell [sel] cell; elektr. element
cellar ['selə] **I** s källare **II** v förvara i källare **-age** [-ridʒ] **1** källarutrymme **2** källarhyra **-et** [ˌselə'ret] vinskåp **--flap**, **--plate** källarlucka
cell|ist ['tʃelist] cellist **-o** [-əu] cello
cellophane ['seləu)fein] cellofan
cellul|ar ['seljulə] bestående av celler, cell-; cellformig; ~ shirt brynja; ~ tissue cellvävnad **-e** [-juːl] liten cell **-oid** [-ɔid] celluloid **-ose** [-əus] **I** a bestående av celler, cell- **II** s cellulosa
Celt [kelt] kelt **-ic** ['keltik] keltiska [språk]
cement [siˈment] **I** s **1** cement **2** bindemedel **3** fig. [förenings]band **II** v **1** cementera **2** fast förena **3** hänga samman **-ation** [ˌsiːmenˈteiʃ(ə)n] **1** kittning, sammanfogning **2** cementering (av järn)
cemetery ['semitri] kyrkogård, begravningsplats (ej vid kyrka)
cenotaph ['senə(u)taːf] **1** tom grav **2** minnesgravvård; the C~ monument i London över stupade i 1:a världskriget
censer ['sensə] rökelsekar
censor ['sensə] **I** s **1** censor **2** sededomare **3** kritiker **II** v censurera **-ious** [sen'sɔːriəs] högeligen kritisk, sträng, tadelsjuk **-ship** censur; censorskap
censure ['senʃə] **I** s **1** klander, ogillande, skrapa **II** v klandra, kritisera, fördöma

census ['sensəs] folkräkning
cent [sent] cent; *per* ~ procent; ~ *per* ~ hundraprocentig **-al** ['sentl] *100 pounds,* centner (vikt)
centaur ['sentɔ:] kentaur
centen|arian [,senti'nɛəriən] hundraåri[n]g **-ary** [sen'ti:nəri] **I** *a* hundraårig **II** *s* hundraårsdag, -fest; hundraårsperiod **-nial** [sen'tenjəl] **I** *a* hundraårig **II** *s* hundraårsdag, -fest
center ['sentə] = *centre*
centesimal [sen'tesim(ə)l] hundradels
centi|grade ['sentigreid] hundragradig; Celsius **-metre** [-,mitə] centimeter **-pede** [-pi:d] tusenfoting
centner ['sentnə] centner (viktenhet)
central ['sentr(ə)l] **I** *a* central, mitt-, mellerst, huvud- **II** *s, A.* telefonväxel; ~ *heating* centralvärme **-ity** [-'træliti] centralt läge **-ization** [,sentrəlai'zeiʃ(ə)n] centralisering **-ize** ['sentrəlaiz] centralisera
centre ['sentə] **I** *s* centrum; mitt, medelpunkt; central; ~ *of gravity* tyngdpunkt **II** *v* **1** koncentrera **2** samla i centrum **3** ha sin medelpunkt; samla sig **--bit** centrumborr **--board** centerbord (på segelbåt) **--piece** bordsuppsats; bordlöpare
centri|cal ['sentrik(ə)l] central, centrisk **-fugal** [sen'trifjug(ə)l] centrifugal **-petal** [sen'tripitl] centripetal
centuple ['sentjupl] *a* o. *v* hundrafaldig[a]
centur|ion [sen'tjuəriən] **1** centurion **2** (slags) stridsvagn **-y** ['sentʃuri] **1** sekel **2** *kricket. 100 runs*
ceramic [si'ræmik] keramisk **-s** *pl* keramik
cere [siə] vaxhud
cereal ['siəriəl] **I** *a* säd[es]- **II** *s pl* **1** sädesslag, spannmål **2** *koll. för* majsflingor, rostat vete (ris) etc.
cereb|ellum [,seri'beləm] lilla hjärnan **-ral** ['seribr(ə)l] cerebral, hjärn- **-rum** ['seribrəm] stora hjärnan
cerements ['siəments] [lik]svepning
ceremon|ial [,seri'məunjəl] **I** *a* ceremoniell, högtidlig **II** *s* ceremoniel **-ious** [-jəs] ceremoniös, omständlig **-y** ['seriməni] ceremoni, högtidlighet; formalitet[er]
cerise [sə'ri:z] körsbärsfärgad
cert [sə:t] *sl.* säkerhet, visshet
certain ['sə:tn] **1** säker **2** viss (ej närmare bestämd); *for* ~ säkert; *he is* ~ *to come* han kommer säkert; *a* ~ *number* ett visst antal; *to a* ~ *degree* i viss mån **-ly** [-li] utan tvivel; säkerligen **-ty** [-ti] säkerhet, visshet; *for a* ~ med säkerhet
certif|icate I *s* [sə'tifikit] **1** intyg, attest, bevis **2** betyg, diplom **II** *v* [sə'tifikeit] förse med intyg, attest etc. **-ication** [,sə:tifi'keiʃ(ə)n] **1** intygande, vitsordande **2** utfärdande av intyg **-ied** [sə'tifaid] **1** auktoriserad **2** förklarad sinnessjuk **-y** ['sə:tifai] **1** intyga, attestera, betyga **2** förklara sinnessjuk; *this is to* ~ härmed intygas
certitude [sə'titju:d] säkerhet, visshet
cerulean [si'ru:ljən] himmelsblå
cerumen [si'ru:men] örvax
ceruse ['siəru:s] blyvitt
cess|ation [se'seiʃ(ə)n] upphörande, avbrott **-ion** ['seʃ(ə)n] avträdande, överlåtande
cess|pit ['sespit] **-pool** gödselstack; latringrop, kloakbrunn; *fig.* dypöl
Ceylon [si'lɔn] Ceylon
chablis ['ʃæbli(:)] (slags) vitt vin

chafe [tʃeif] **I** *v* **1** gnida **2** skava **3** bli irriterad **II** *s* **1** skavsår **2** vrede **-r** [-ə] skalbagge
chaff [tʃɑ:f] **1** agnar **2** hackelse **3** drift, skoj; *not to be caught with* ~ inte så lätt att lura **II** *v* skoja [med]
chaffer ['tʃæfə] **I** *v* köpslå, schackra **II** *s* schackrande
chaffinch ['tʃæfin(t)ʃ] bofink
chafing-dish ['tʃeifindiʃ] glödpanna, fyrfat
chagrin ['ʃægrin] **I** *s* förtret; besvikelse **II** *v* förtreta
chain [tʃein] **I** *s* kedja, (i handelsflottan o. *A.*) kätting; ~ *reaction* kedjereaktion; ~ *saw* motorsåg; ~ *store* kedjebutik, filialaffär (*A.*) **II** *v* fastkedja **--armour** ['tʃein'ɑ:mə] ringbrynja **--bridge** ['tʃein'bridʒ] hängbro **--cable** ankarkätting **-gang** *A.* arbetslag av fjättrade fångar **-let** [-lit] liten kedja **--letter** [-,letə] kedjebrev **--mail** ['tʃein'meil] ringbrynja
chair [tʃɛə] **I** *s* **1** stol **2** ordförandeskap **3** lärostol; professur **4** *A.* elektriska stolen; *take the* ~ sitta som ordförande; inta ordförandeplatsen; ~*!* o. ~*!* till ordningen!; *be in the* ~ sitta som ordförande **II** *v* **1** bära i gullstol **2** installera **3** presidera; ~ *a meeting* vara ordförande vid möte **-man** [-mən] ordförande **-woman** kvinnlig ordförande
chaise [ʃeiz] schäs, lätt vagn
chaldron ['tʃɔ:ldr(ə)n] kolmått (36 *bushels* = ca 13 hl)
chalet ['ʃælei] schweizerhydda
chalice ['tʃælis] kalk; bägare
chalk [tʃɔ:k] **I** *s* krita; *not by a long* ~ inte på långa vägar **II** *v* krita [ner]; ~ *up* skriva upp (med krita); ~ *out* skissera upp **--pit** kalkbrott **--stone** giktknöl **-y** [-i] krit-, kritig, kritvit
challenge ['tʃælin(d)ʒ] **I** *v* **1** ropa an (om vaktpost) **2** utmana **3** bestrida, hota **4** göra anspråk på, tilldra sig **II** *s* **1** anrop **2** utmaning **3** bestridande **--cup** vandringspris **-r** [-ə] utmanare
cham [kæm] *s, the Great C~* [*of literature*] den litteräre diktatorn, dvs. Dr. Johnson
chamber ['tʃeimbə] **1** kammare **2** ~*s* juristkontor; domares ämbetsrum; *C~ of Commerce* handelskammare **-lain** [-lin] kammarherre; hovmarskalk **-maid** hotellstäderska **--music** kammarmusik **--orchestra** kammarorkester **--pot** nattkärl
chameleon [kə'mi:ljən] kameleont
chamfer ['tʃæmfə] **I** *s* avfasning; räffla **II** *v* avfasa; räffla, fåra
chamois ['ʃæmwɑ:] stenget; ~ *leather* ['ʃæmileðə] sämskskinn
chamomile ['kæmə(u)mail] *se camomile*
champ [tʃæmp] **I** *v* **1** bita [i], tugga [på] **2** *fig.* visa otålighet **II** *s, se champion I 1*
champagne [ʃæm'pein] champagne
champaign ['tʃæmpein] öppen slätt
champion ['tʃæmpjən] **I** *s* **1** champion, mästare **2** förkämpe **II** *v* kämpa för, förfäkta **III** *a* förnämst **-ship** mästerskap (i idrott etc.)
chance [tʃɑ:ns] **I** *s* **1** tillfällighet, slump **2** chans, tillfälle; *the* ~*s are against it* det är föga troligt; *stand a fair* ~ ha goda utsikter; *take one's* ~ våga försöket; *by* ~ händelsevis; *have an eye for the main* ~ se på förtjänsten, vara om sig **II** *a* tillfällig **III** *v* **1** hända sig, råka **2** riskera; ~ *upon* råka på
chancel ['tʃɑ:ns(ə)l] kor
chancell|ery ['tʃɑ:nsələri] **1** kansli **2** kanslers-

ämbete **-or** [-ə] kansler; *Lord C~* lordkansler, *ung.* justitieminister samt högste domare o. talman i överhuset; *C~ of the Exchequer* (*BE.*) finansminister

chancery ['tʃɑ:ns(ə)ri] **1** lordkanslerns domstol **2** [*Court of*] *C~* = *C~ Division of the High Court of Justice* avdelning av högsta domstolen **3** statsarkiv; *in ~* i klämma

chandelier [,ʃændi'liə] ljuskrona

chandler ['tʃɑ:ndlə] **1** handlande, hökare **2** ljustillverkare, -försäljare

change [tʃein(d)ʒ] **I** *v* **1** [för]ändra **2** byta **3** växla **4** ändra sig; *~ one's clothes* byta om; *~ one's condition* gifta sig; *~ a baby* byta blöjor på ett spädbarn; *~ front* inta ny ståndpunkt; *~ hands* byta ägare; *~ one's mind* ändra sig; *~ one's note* stämma ner tonen; *~ down* (*up*) växla ner (upp) (om bil) **II** *s* **1** [för]ändring **2** omväxling; ombyte **3** växel, småpengar **4** *C~* börsen; *~ for the better* förändring till det bättre; *you'll get no ~ out of him* med honom kommer du ingenstans; *take one's ~ out of* ge tillbaka, hämnas; *the ~ of life* övergångsåldern; *ring the ~s* ringa växelringning; *fig.* säga el. göra på alla möjliga sätt **-ability** [,tʃein(d)ʒə'biliti] ombytlighet, föränderlighet **-able** [-əbl] föränderlig; som kan bytas **-less** [-lis] oföränderlig **-ling** [-liŋ] bortbyting **--over** ['tʃein(d)ʒ'əuvə] omkoppling; omslag; *fig.* övergång; *~ switch* omkopplare

channel ['tʃænl] **I** *s* **1** (naturlig) kanal, sund **2** flodbädd **3** strömfåra **4** *fig.* medium, [informations]väg, kanal; *the C~* Engelska kanalen; *~ selector* kanalväljare **II** *v* **1** rännformigt urholka **2** kanalisera; leda

chant [tʃɑ:nt] **I** *s* **1** *poet.* sång, melodi **2** liturgiskt recitativ **3** entonig sång **II** *v* **1** *poet.* [be]sjunga **2** sjunga liturgiskt, mässa; *~ the praises of s.b.* alltid sjunga ngns pris **-er** [-ə] korsångare; kantor **-icleer** [,tʃænti'kliə] tupp **-y** *~* shanty

chao|s ['kei(ɔ)s] kaos **-tic** [ke(i)'ɔtik] kaotisk

chap [tʃæp] **I** *s* **1** spricka, rämna **2** käke **3** karl; *old ~* gamle gosse **II** *v* spräcka; spricka

chaparejos [tʃæpə'reihəus] *pl. A.* cowboys läderbyxor

chapel ['tʃæp(ə)l] **1** kapell; kyrka **2** gudstjänst **3** frikyrkligas gudstjänstlokal, bönhus; *be ~* vara frikyrklig; *~ of ease* annexkyrka

chaperon ['ʃæpərəun] **I** *s, fig.* förkläde **II** *v* vara förkläde åt

chap-fallen ['tʃæp,fɔ:lən] *fig.* lång i ansiktet

chaplain ['tʃæplin] **1** kaplan **2** (regements-, sjömans-, fängelse- etc.) präst

chaplet ['tʃæplit] **1** krans (för huvudet) **2** radband

chapman ['tʃæpmən] gårdfarihandlare

chaps [tʃæps] *förk.* för *chaparejos*

chapter ['tʃæptə] **1** kapitel **2** *A.* avdelning av studentförening **3** domkapitel; *to the end of the ~* för alltid; *a ~ of accidents* en rad olyckor

char [tʃɑ:] **I** *s* **1** [bäck]röding; **2** städerska **II** *v* **1** bränna till kol; förkolna **2** gå o. städa

character ['kæriktə] **1** karaktär; egenart **2** [skrift]tecken, bokstav, siffra **3** vitsord, betyg; *he is quite a ~* han är ett original; *public ~* offentlig person [lighet]; *in ~* rollenligt, i stil **-istic** [,kæriktə'ristik] **I** *a* karakteristisk **II** *s* kännemärke, utmärkande drag **-ization** [,kæriktərai'zeiʃ(ə)n] karakterisering, karakteristik **-ize** [-raiz] karakterisera, känneteckna

charcoal ['tʃɑ:kəul] träkol **--burner** [-,bə:nə] kolare

chare [tʃeə] = *char*

charge [tʃɑ:dʒ] **I** *s* **1** anklagelse **2** anfall, stormning **3** pris, kostnad **4** laddning **5** uppdrag; åläggande; befallning **6** anförtrodd sak, skyddsling; (prästs) församling; *at my uncle's ~* på min farbrors bekostnad; *no ~* gratis; *be in ~ of* leda, ha hand om; *give in ~* låta arrestera; *take in ~* arrestera; *lay s.th. to a p.'s ~* lägga ngn ngt till last; *sound the ~* blåsa till anfall **II** *v* **1** anklaga (*with* för) **2** anfalla; storma fram **3** ta betalt **4** debitera **5** ladda **6** ge i uppdrag, ålägga, anförtro **-able** [-əbl] **1** ansvarig; som kan åtalas **2** underkastad avgift **3** som kan läggas till last; *he became ~ to the parish* han föll kommunen till last **-r** [-ə] **1** stridshäst, officershäst **2** stekfat

chariness ['tʃɛərinis] försiktighet; rädsla; snålhet

chariot ['tʃæriət] triumf-, stridsvagn **-eer** [,tʃæriə'tiə] körsven

charit|able ['tʃæritəbl] **1** kärleksfull, barmhärtig; välgörenhets- **2** mild, överseende **-y** [-i] **1** människokärlek; godhet **2** mildhet **3** barmhärtighet; välgörenhet; allmosa; *~ boy* barnhemsbarn; *~ concert* välgörenhetskonsert; *~ school* fattigskola

charivari ['ʃɑ:ri'vɑ:ri] larm, oljud

charlady ['tʃɑ:'leidi] = *charwoman*

charlatan ['ʃɑ:lət(ə)n] charlatan, kvacksalvare

Charles [tʃɑ:lz] Karl; *~'s Wain* Karlavagnen

charlotte ['ʃɑ:lət] fruktdessert

charm [tʃɑ:m] **I** *s* **1** tjusning, behag, charm **2** förtrollning; trollformel; amulett **II** *v* **1** tjusa, fängsla, hänföra **2** [för]trolla; *~ away* trolla bort; *~ s.th. out of a p.* avlocka ngn ngt; *bear a ~ed life* vara osårbar **-er** [-ə] tjusare, tjuserska

charmeuse [ʃɑ:'mɔ:z] charmeuse

charming ['tʃɑ:miŋ] förtjusande, bedårande

charnel-house ['tʃɑ:nlhaus] bårhus

chart [tʃɑ:t] **I** *s* **1** sjökort **2** diagram; karta (över temperatur, väder etc.) **II** *v* kartlägga

charter ['tʃɑ:tə] **I** *s* **1** kungabrev; frihetsbrev **2** oktroj, koncession **3** urkund; kontrakt **4** privilegium, tillerkänd rätt[ighet]; *Great C~* Magna Charta **II** *v* **1** bevilja *charter* till **2** hyra, abonnera, chartra; *~ed accountant* auktoriserad revisor **-er** [-rə] befraktare **--party** [-pɑ:ti] certeparti

chart|house ['tʃɑ:thaus] **-room** navigationshytt

charwoman ['tʃɑ:,wumən] städerska

chary ['tʃɛəri] **1** försiktig **2** rädd (*of* för) **3** snål, njugg (*of* med)

chas|e [tʃeis] **I** *s* **1** jakt **2** förföljande **3** jaktpark **4** (jagat) vilt; (förföljt) skepp **5** *boktr.* formram **6** ränna; *in ~ of* på jakt efter; *give ~ to* sätta efter **II** *v* **1** jaga; förfölja; förfölja **2** driva, ciselera **-ing** [-iŋ] **1** jakt, jagande, förföljande **2** ciselering, drivet arbete

chasm ['kæz(ə)m] svalg, klyfta

chassis ['ʃæsi] chassi

chaste [tʃeist] kysk, ren **-n** ['tʃeisn] tukta, luttra

chastise [tʃæs'taiz] tukta, straffa **-ment** ['tʃæstizmənt] aga, tuktan

chastity ['tʃæstiti] kyskhet, renhet

chasuble ['tʃæzjubl] mässhake

chat [tʃæt] **I** *v* prata **II** *s* **1** [små]prat; pratstund **2** stenskvätta

chateau ['ʃætəu] slott; (utländsk) herrgård
chatelaine ['ʃætəlein] slottsfru, värdinna
chattel ['tʃætl] *s, goods and ~s* lösegendom, tillhörigheter
chatter ['tʃætə] **I** *v* **1** sladdra, pladdra **2** skallra, skaka **II** *s* **1** pladder, prat **2** skrammel, skakning **-box** pratmakare
chatty ['tʃæti] språksam
chauffeur ['ʃəufə] chaufför
chaw [tʃɔ:] **I** *v* tugga; ~ *up* klå **II** *s* tobaksbuss
cheap [tʃi:p] **1** billig **2** värdelös, futtig; ~ *and nasty* billig o. dålig; *feel* ~ känna sig olustig; *hold* ~ ringakta; *C*~ *Jack* försäljare, knalle; ~ *money policy* lågräntepolitik **-en** [-(ə)n] göra billigare; nedsätta
cheat [tʃi:t] **I** *s* **1** bedragare, skojare, falskspelare **2** bedrägeri **II** *v* bedra, lura; fuska; spela falskt; ~ *time* fördriva tiden; ~ [*out*] *of* lura av
check [tʃek] **I** *s* **1** hejdande; stopp, avbrott; hinder; dämpare **2** band, tvång; tygel **3** kontroll, förprickning **4** kontramärke, bricka **5** *A.* **a** nota, räkning **b** = *cheque* **6** rutigt mönster; rutigt tyg **7** schack!; *keep* ~ *on, keep in* ~ hålla i schack; *hand in one's* ~ dö **II** *v* **1** stoppa, hämma, hejda **2** tygla, hålla i styr **3** kontrollera kollationera, pricka för **4** schacka; ~ *in* infinna sig, anmäla sig (*A.*); ~ *out* avresa, ge sig iväg **-book** checkhäfte **-ed** [-t] rutig **-er** [-ə] **1** kontrollör, -ant **2** *isht A.* = *chequer* **3** *put a* ~ *on* lägga band på **4** ~*s, pl* damspel (*A.*) **-erboard** *A.* schackbräde **-ered** *A., se chequered* **--mate** schack o. matt **--nut** ställmutter **--point** plats för trafikkontroll (vid gräns t.ex.) **--taker** biljettmottagare **--till** kontrollkassa **[-]up** ['tʃek'ʌp] noggrann undersökning, läkarundersökning
cheek [tʃi:k] **I** *s* **1** kind **2** oförskämdhet, fräckhet **3** ~*s* skänklar (sax); ~ *by jowl* i förtrolig närhet; *I like your* ~*!* du var mig en fräck en! **II** *v* vara fräck mot **--bone** kindben **-iness** [-inis] fräckhet **-y** [-i] fräck
cheep [tʃi:p] **I** *v* pipa, kvittra **II** *s* pip, kvitter
cheer [tʃiə] **I** *s* **1** hurrarop, bravorop **2** munterhet, glädje; *what* ~*?* hur mås det?; *make good* ~ äta o. må gott, kalasa **II** *v* **1** hurra [för], ropa bravo [åt] **2** uppmuntra, glädja; ~ *up* pigga upp; gaska upp [sig] **-ful** [-f(u)l] glad, munter; glädjande; trevlig **-fulness** [-f(u)lnis] glatt lynne, glättighet **-io[h]** ['tʃiəri'əu] hej då!; skål! **-leader** [-ˌli:də] hejarklacksledare **-less** [-lis] dyster, bedrövlig **-y** [-ri] munter, livlig
cheese [tʃi:z] **I** *s* ost; *that's the* ~ så skall det vara; *hard* ~ otur; ~ *spread* mjukost **II** *v.*, ~ *it!* låt bli!, sluta! **--cake 1** (slags) tårta **2** sexig [reklam]bild **--cutter** [-ˌkʌtə] ostkniv **--hopper** [-ˌhɔpə] ostmask **-monger** [-ˌmʌŋgə] osthandlare **--paring** [-ˌpeərin] **I** *s* **1** *pl,* ~*s* struntsaker **2** småsnålhet **II** *a* småsnål, knusslig **--straws** oststänger
cheesy ['tʃi:zi] **1** ostaktig **2** fin, gentil
chef [ʃef] [mäster]kock, köksmästare
chemical ['kemik(ə)l] **I** *a* kemisk **II** *s*, ~*s* kemikalier
chemise [ʃə'mi:z] damlinne
chemist ['kemist] **1** kemist **2** apotekare **-ry** [-ri] kemi **-'s** apotek
cheque [tʃek] check **-book** checkhäfte
chequer ['tʃekə] **I** *s* **1** *pl* ~*s* schackbräde (som värdshusskylt) **2** *pl* ~*s* rutigt mönster **II** *v*

1 dela i rutor, inruta **2** ge omväxling åt **-ed** [-d] **1** brokig, skiftesrik, växlande **2** rutig
cherish ['tʃeriʃ] **1** hysa, nära (om känslor) **2** vårda, omhulda
cheroot [ʃə'ru:t] cigarill; lång cigarr
cherry ['tʃeri] **I** *s* körsbär **II** *a* [körsbärs]röd **-stone** körsbärskärna **--tree** körsbärsträd
chersonese ['kə:səni:s] halvö
cherub ['tʃerəb] (*pl -im*) kerub **-ic** [tʃe'ru:bik] änglalik
chess [tʃes] schack[spel] **--board** schackbräde **--man** [-mæn] schackpjäs
chest [tʃest] **1** kista, låda **2** bröstkorg; *get s.th. off one's* ~ lätta sitt hjärta; ~ *of drawers* byrå; ~ *expander* armstärkare
chesterfield ['tʃestəfi:ld] **1** soffa **2** (slags lång) överrock
chest-note ['tʃestnəut] bröstton
chestnut ['tʃesnʌt] **I** *s* **1** kastanje[träd] **2** fux **II** *a* kastanjebrun
chevalier [ˌʃevə'liə] riddare
cheviot ['tʃeviət] cheviot (ylletyg)
chevy ['tʃevi] **I** *s* **1** jakt, rusning **2** ta fatt, sistan (lek) **II** *v* jaga; sätta i väg
chew [tʃu:] **I** *v* **1** tugga **2** *fig.* grubbla; ~ *the cud* a idissla **b** fundera; ~ *the rag* (*fat*) gnata, knorra **II** *s* tuggbuss **-ing-gum** ['tʃu(:)iŋgʌm] tuggummi
chic [ʃi:k] **I** *s* stil, elegans **II** *a* chic, elegant
chicane [ʃi'kein] **I** *v* **1** begagna knep; bruka spetsfundigheter **2** lura (med knep) **II** *s* **1** *kortsp.* chikan **2** = **-ry** [-əri] knep, lagvrängning
chick [tʃik] liten kyckling; (fågel)unge; *A. sl.* livlig flicka; *the* ~*s* ungarna, barnen **-en** [-in] **I** *s* kyckling; *A. äv.* höna, tupp; *she is no* ~ hon är ingen duvunge längre; *count one's* ~*s before they're hatched* sälja skinnet innan björnen är skjuten **II** *a, sl.* feg **-encoop** hönsbur, -gård **-enhearted** [-ˌhɑ:tid] försagd, feg **--feed** småmynt **-enpox** vatt[en]koppor
chicory ['tʃikəri] cikoria
chid [tʃid] *imperf* av *chide* **-den** [-n] *perf part* av *chide* **-e** [tʃaid] banna, klandra
chief [tʃi:f] **I** *a* huvud-, förnämst, viktigast; ~*constable* polismästare; ~ *mate* förste styrman **II** *s* ledare, chef, hövding; befälhavare; *in* ~ framför allt; *commander-in-*~ överbefälhavare **-ly** [-li] **I** *a* hövdinga- **II** *adv* huvudsakligen, först o. främst, framför allt **-tain** ['tʃi:ftən] hövding, huvudman
chiffon ['ʃifɔn] **1** chiffong **2** ~*s* garneringar **-ier** [ˌʃifə'niə] skänk, byffé
chigger ['tʃigə] *zool.* kvalster
chilblain ['tʃilblein] kylskada, frostknöl
child [tʃaild] barn; *from a* ~ från barnsben; *with* ~ gravid; ~*'s allowance* barnbidrag **-bearing** [-ˌbeərin] barnsbörd **-bed** barnsäng **-birth** barnsbörd **C-ermas** ['tʃildəmæs] Menlösa barns dag **-hood** barndom **-ish** [-iʃ] barnslig **-ren** ['tʃildr(ə)n] *pl* av *child*
Chile ['tʃili] Chile
chill [tʃil] **I** *s* kyla, köld; frysning, rysning; *cast a* ~ *over* nedstämma, avkyla; *catch a* ~ förkyla sig; *take the* ~ *off* ljumma **II** *a* kylig, kall **III** *v* kyla, isa; bli kall
chil[l]i ['tʃili] spansk peppar
chill|iness ['tʃilinis] kylighet **-y** [-i] kylig
Chiltern Hundreds ['tʃiltə(:)n'hʌndrədz] *BE., accept the stewardship of the* ~ avsäga sig sitt mandat i underhuset
chime [tʃaim] **I** *s* **1** klockspel **2** harmoni, sam-

klang **II** v **1** ringa, klinga **2** harmoniera, stå i samklang; ~ *in with* instämma med

chimer|a [kai'miərə] hjärnspöke, inbillningsfoster **-ical** [-'merik(ə)l] fantastisk; inbillad

chimney ['tʃimni] **1** skorsten **2** lampglas **3** vulkanöppning **--corner** [-ˌkɔːnə] spiselvrå **--jack** rökhuv (på skorsten) **--piece** spiselkrans **--pot** skorstenspipa (ovanpå taket) **--stalk** fabriksskorsten **--swallow** [-ˌswɔləu] ladusvala **--sweep[er]** [-swiːp, -ˌswiːpə] sotare

chimpanzee [ˌtʃimpən'ziː] chimpans

chin [tʃin] **I** s haka **II** v, sl. snacka **--wag[ger]** pratsjuk person

China ['tʃainə] Kina **c-** porslin **c--clay** ['tʃainə'klei] kaolin **c--closet** [-ˌklɔzit] porslinsskåp **--ink** tusch **-man** [-mən] kines **-town** kineskvarter **c-ware** porslin

chinch [tʃin(t)ʃ] vägglus **-illa** [tʃin'tʃilə] chinchilla

chine [tʃain] **1** ravin **2** ås **3** ryggrad; ryggstycke (av slaktat djur)

Chinese ['tʃai'niːz] s o. a kines[isk]; ~ *lantern* kulört lykta

chink [tʃiŋk] **I** s **1** spricka, rämna **2** klang **3** C~, sl. kines **II** v skramla [med]

chinny ['tʃini] pratsjuk

Chinook [tʃi'nuk] tjinuk (indiansk-europeiskt blandspråk i Nordamerika); *the* ~ *State* Washington **c-** het am. vind

chintz [tʃints] chintz, kretong

chip [tʃip] **I** s **1** spån, skärva, flisa; bit, stycke; ~s pommes frites; *he is a* ~ *of the old block* han är sin far upp i dagen; *have a* ~ *on one's shoulder* vara alltför lättstött; *dry as a* ~ snustorr; ~ *basket* spånkorg **2** spelmark; *cash in one's* ~s dö (sl.) **II** v **1** tälja, hugga **2** slå sönder; bli kantstött; ~ *in* falla i talet **-munk** [-mʌŋk] A. jordekorre **-py** [-i] **1** torr, tråkig **2** ruggig, "dagen efter" **3** retlig

chiro|podist [ki'rɔpədist] pedikurist **-practor** ['kaiəro'præktə] kiropraktiker

chirp [tʃəːp] **I** v kvittra, pipa **II** s kvitter, kvittrande, pip

chirr [tʃəː] gnissla, knarra (om syrsa)

chirrup ['tʃirəp] **I** v **1** kvittra **2** smacka **3** vissla **II** s kvitter

chisel ['tʃizl] **I** s mejsel; stämjärn **II** v mejsla, uthugga

chit [tʃit] **1** barnunge **2** kort skriftligt meddelande; biljett; intyg; ~ *of a girl* jäntunge

chivalr|ic ['ʃiv(ə)lrik] **-ous** [-rəs] ridderlig **-y** **1** ridderskap **2** riddarväsen[de] **3** ridderlighet

chive [tʃaiv] gräslök

chivy ['tʃivi] *se chevy*

chlor|ate ['klɔːrit] klorat **-ide** [-aid] klorid; ~ *of lime* klorkalk **-inate** [-ineit] klorera (dricksvatten) **-ine** [-iːn] klor[gas] **-oform** ['klɔrəfɔːm] kloroform **-ophyll** ['klɔrəfil] klorofyll

chock [tʃɔk] **I** s kil, kloss **II** v kila fast, stötta **--full** ['tʃɔk'ful] proppfull

chocolate ['tʃɔk(ə)lit] **I** s choklad **II** a chokladfärgad, choklad

choice [tʃɔis] **I** s **1** val; alternativ **2** urval **3** elit, blomma; *Hobson's* ~ inget val **II** a **1** utsökt, utvald **2** granntyckt, kräsen

choir ['kwaiə] **I** s **1** kör **2** kor **II** v sjunga i kör **--boy** korgosse (i gosskör)

choke [tʃəuk] **I** v **1** strypa; kväva[s]; storkna **2** fullproppa **3** undertrycka, hämma; ~ *down* undertrycka; ~ *off* avskräcka; täppa till munnen på **b** döda genom kvävning; ~ *up* tilltäppa **II** s **1** kvävningsanfall **2** choke **--coil** *elektr.* dämpspole **--damp** gruvgas **--pear** *fig.* kalldusch, beskt piller

chok|er ['tʃəukə] vard. hög krage; kraghalsband **-[e]y** ['tʃəuki] arrest, finka

choler ['kɔlə] vrede **-a** [-rə] kolera **-ic** [-rik] kolerisk

choose [tʃuːz] **1** välja, utvälja **2** behaga, vilja; *there is nothing to* ~ *between them* det är inte stor skillnad mellan dem; ~ *to* finna för gott att

chop [tʃɔp] **I** v **1** hugga, hacka **2** klippa av (ord) **3** kasta om (vind); ~ *round (about)* kasta om, slå om (vind); ~ *out* träda i dagen; ~ *up* hugga i småbitar **II** s **1** hugg **2** kotlett **3** kort golfslag **4** ~s, pl käft; ~s *and changes* ständiga växlingar **--house** matställe **-per** [-ə] köttyxa **-ping-block** [-iŋ-] huggkubb **-py** [-i] **1** krabb (sjö) **2** ombytlig (vind) **-sticks** kines. matpinnar **--suey** ['tʃɔp'suːi] kines. köttstuvning

choral ['kɔːr(ə)l] a kör-; med kör **-e** [kɔ'rɑːl] koral, psalm **-ist** ['kɔːrəlist] körsångare

chord [kɔːd] **1** sträng **2** *geom.* korda **3** ackord; *vocal* ~s stämband

chores [tʃɔːz] husliga småsysslor

chorister ['kɔristə] körsångare; korgosse

chortle ['tʃɔːtl] skrocka, skratta

chorus ['kɔːrəs] **1** kör **2** refräng, korus; *in* ~ i kör **--girl** baletthoppa, varietédansös

chose [tʃəuz] *imperf* av choose **-n** *perf part* av *choose*

chough [tʃʌf] alpkråka

chouse [tʃaus] lura

chow [tʃau] **1** kinesisk hund **2** sl. mat **--chow** ['tʃau'tʃau] blandning, blandade pickles

chowder ['tʃaudə] A. (slags) soppa (stuvning)

chrism ['kriz(ə)m] krisma (invigd olja)

Christ [kraist] Kristus **c-en** ['krisn] döpa **-endom** ['krisndəm] kristenhet[en] **-ening** ['krisniŋ] dop **-ian** ['kristjən] kristen; ~ *name* förnamn **-ianity** [ˌkristi'æniti] kristendom[en] **-ianize** ['kristjənaiz] kristna

Christmas ['krisməs] jul[en]; ~ *carol* julsång; ~ *Day* juldag[en]; ~ *Eve* julafton[en]; ~ *present* julklapp; ~ *pudding* plumpudding; ~ *tree* julgran

chromatic [krə(u)'mætik] färg-; kromatisk

chrom|e [krəum] **1** = chromium **2** kromgult **-ium** [-jəm] krom; ~ *plated* förkromad **-osome** ['krəuməsəum] kromosom

chronic ['krɔnik] **1** kronisk; tids- **2** sl. förskräcklig **-le** [-kl] s krönika; C~s Krönikeboken (bibl.) **II** v uppteckna, anteckna

chrono|graph ['krɔnə(u)grɑːf] kronograf; tidtagarur **-logic[al]** [ˌkrɔnə'lɔdʒik, -(ə)l] kronologisk **-meter** [krə'nɔmitə] kronometer

chrysalis ['krisəlis] puppa

chrysanthemum [kri'sænθ(ə)məm] krysantemum

chubby ['tʃʌbi] knubbig

chuck [tʃʌk] **I** v **1** slänga, kasta **2** ge upp, strunta i **3** klappa (under hakan) **4** smacka (åt häst); locka (på höns); ~ *it!* låt bli!, sluta!; ~ *away* kasta bort; ~ *out* kasta ut, avvisa; ~ *up* ge upp; ~ *up the sponge* kasta in handduken, ge tappt **II** s **1** klapp (under hakan) **2** mat, käk **3** (hönas) skrockande; *give the* ~ ge på båten, ge korgen; *hard* ~ skeppsskorpa **-er-out** ['tʃʌkər'aut] utkastare

chuckle ['tʃʌkl] **I** v småskratta (tyst för sig själv); skrocka **II** s **1** skrockande **2** dämpat skratt, flin **--headed** [-ˌhedid] färskallig

chuck-wagon ['tʃʌk‚wægən] *A.* förrådsvagn
chug [tʃʌg] **I** *v* puttra, surra, smälla (om
motor) **II** *s* puttrande, smällande
chum [tʃʌm] **I** *v* dela rum; hålla ihop; vara
goda vänner; ~ *up with* bli god vän med **II** *s*
god vän; rumskamrat; *new* ~ nykomling (i
landet) (*Austr.*) **-my** [-i] kamratlig, 'god vän',
vänskaplig
chump [tʃʌmp] **1** träkloss **2** [huvud]knopp
3 träskalle; *off one's* ~ alldeles tokig; ~ *end*
tjockända (av njurstek)
chunk [tʃʌŋk] tjockt stycke (av trä, kött, bröd)
-y [-i] **1** tjock (skiva etc.) **2** undersätsig
church [tʃəːtʃ] **I** *s* kyrka; *the Established C~*
statskyrkan; *the C~ of England* engelska
statskyrkan; *go into* (*enter*) *the C~* bli präst
II *v* kyrktaga **--goer** [-‚gəuə] kyrksam person
--rate kyrkoskatt **--service** [-‚səːvis] **1** guds-
tjänst **2** bönbok **-warden** ['tʃəːtʃ'wɔːdn] **1**
kyrkvärd; kyrkofullmäktig **2** lång kritpipa
-yard ['tʃəːtʃ'jɑːd] kyrkogård
churl [tʃəːl] tölp, drummel **-ish** [-iʃ] ohyfsad,
drumlig, rå
churn [tʃəːn] **I** *v* **1** kärna (smör) **2** röra om,
piska upp (vatten till skum) **II** *s* smörkärna
chut [tʃt] asch!
chute [ʃuːt] **1** [fall]ränna (för timmer, kol,
malm etc.) **2** rutschbana, kälkbacke **3** fall-
skärm **4** sopnedkast
chutney ['tʃʌtni] (slags starkt kryddad ind.)
pickles (frukt)
chyle [kail] mjölksaft
ciborium [si'bɔːriəm] **1** kalk för hostian, cibo-
rium **2** altarbaldakin
cica|da [si'kɑːdə] **-la** [-lə] sångstrit cikada
cicatri|ce ['sikətris] **-x** [-ks] ärr **-ze** [-traiz]
läka[s]; ärra sig
cider ['saidə] cider, äppelvin
cigala [si'gɑːlə] sångstrit
cigar [si'gɑː] cigarr **--case** cigarretui **-ette**
[‚sigə'ret] cigarrett **--holder** [-‚həuldə] cigarr-
munstycke
cili|a ['siliə] **1** ögonhår **2** flimmerhår **-ated**
[-eitid] försedd med *cilia*
cinch [sintʃ] **I** *s* **1** sadelgjord **2** *A.* ngt säkert;
lätt sak **II** *v* **1** fästa (med sadelgjord) **2** få
fast grepp om
cincture ['siŋktʃə] **I** *s* gördel **II** *v* omgjorda
cinder ['sində] slagg; ~*s, pl* aska **C-ella** [‚sin-
də'relə] Askungen **-path, -track** kolstybbs-
bana
cinem|a ['sinəmə] bio[graf] **-actor** [-æktə] *A.*
sl. filmskådespelare
cinerary ['sinərəri] ask-; ~ *urn* askurna
Cingalese [‚siŋgə'liːz] **I** *a* hörande till Ceylon
II *s* **1** språket på Ceylon **2** invånare på Ceylon,
singales
cinnabar ['sinəbɑː] cinnober
cinnamon ['sinəmən] kanel
cinq[ue] [siŋk] femma (kort); sinka (tär-
ning); *the C~ Ports* (urspr.) fem hamnar på
Englands sydkust
cipher ['saifə] **I** *s* **1** nolla **2** siffra **3** chiffer;
kod **4** monogram; *he is a mere* ~ han är en
nolla **II** *v* **1** räkna [ut] **2** chiffrera
circle ['səːkl] **I** *s* **1** cirkel; ring **2** kretsgång
3 omgång, period **4** *teat.* rad; *dress* ~ första
raden; *upper* ~ andra raden; *come full* ~ sluta
där man börjat; *square the* ~ finna cirkelns
kvadratur, försöka det omöjliga **II** *v* omge;
gå (fara etc.) omkring; kretsa **-t** ['səːklit] dia-
dem

circuit ['səːkit] **1** omkrets **2** omlopp, varv,
rond **3** (domares) tingsresa; tingsområde
4 strömkrets, -bana; *short* ~ kortslutning; ~
breaker relä, strömbrytare **-ous** [sə(ː)'kju(ː)-
itəs] kringgående
circular ['səːkjulə] **I** *a* cirkelrund; rörande sig
i cirkel, rund-; ~ *letter* cirkulär; ~ *tour* rund-
resa; ~ *ticket* rundresebiljett **II** *s* cirkulär
circulat|e ['səːkjuleit] cirkulera; sätta i om-
lopp **-ing** [-iŋ] cirkulerande; ~ *decimal* perio-
diskt decimalbråk; ~ *library* lånebibliotek;
~ *medium* betalningsmedel **-ion** [‚səːkju'lei-
ʃ(ə)n] **1** cirkulation, omlopp **2** avsättning; om-
sättning; upplaga **-ory** [‚səː'kju'leit(ə)ri] cir-
kulations-; *the* ~ *system* blodomloppet
circum|- ['səːkəm] omkring-, om- **-cise** [-saiz]
omskära **-cision** [‚səːkəm'siʒ(ə)n] omskärelse
-ference [sə(ə)'kʌmf(ə)r(ə)ns] omkrets, peri-
feri **-jacent** [‚səːkəm'dʒeis(ə)nt] kringliggande
-locution [‚səːkəmlə'kjuːʃ(ə)n] omskrivning,
omsvep **-locutory** [‚səːkəm'lɔkjut(ə)ri] om-
skrivande **-navigate** [‚səːkəm'nævigeit] kring-
segla **-scribe** begränsa, kringskära; *geom.*
omskriva **-scription** [‚səːkəm'skripʃ(ə)n] **1**
begränsning **2** omkrets **3** område **4** *geom.* om-
skrivning **-spect** [-spekt] försiktig **-stance**
[-stəns] **1** omständighet **2** krus, ståt **3** om-
svep **-stantial** [‚səːkəm'stænʃ(ə)l] **1** omständ-
lig **2** beroende på omständigheterna; ~ *evi-*
dence indicier **-vent** [‚sə‚kəm'vent] snärja,
överlista, kringgå
circus ['səːkəs] **1** cirkus **2** runt torg
cirr|o-cumulus ['sirə(u)'kuːmjuləs] makrill-
moln, cirro-cumulus **-us** ['sirəs] **1** fjädermoln
2 klänge
cissy ['sisi] kvinnlig (förveklidgad) typ
cistern ['sistən] cistern
citadel ['sitədl] citadell
cit|ation [sai'teiʃ(ə)n] **1** *jur.* stämning, kallelse
2 citat, hänvisning; *A.* hedersomnämnande
-e [sait] **1** *jur.* instämma, kalla **2** åberopa,
citera
citizen ['sitizn] **1** medborgare **2** borgare **3** *A.*
civilperson; ~ *of the world* världsmedborgare
-ship medborgarskap
citr|ic ['sitrik] *a,* ~ *acid* citronsyra **-on** ['si-
tr(ə)n] **1** (slags) citron[träd] **2** *A.* (liten) vatten-
melon
city ['siti] (stor) stad; *the C~* Londons cent-
rum, City; ~ *editor* (*BE.*) redaktör för handels-
avdelningen, *A.* redaktör för reportage o. lo-
kala nyheter; *C~ man* finans-, affärsman; ~
slicker sofistikerad stadsbo
civic ['sivik] **1** stads- **2** medborgerlig, kom-
munal **-s** *pl* samhällslära; medborgar-
kunskap
civil ['sivil] **1** medborgerlig, medborgar- **2** civil,
ej militär **3** artig, hövlig; ~ *law* civilrätt; ~
marriage borgerlig vigsel; ~ *rights* medborger-
liga rättigheter; *C~ Servant* statstjänsteman;
C~ Service statsförvaltning; ~ *war* inbördes-
krig; *the C~ War* amerikanska inbördeskriget
-ian [si'viljən] civil[ist] **-ity** [si'viliti] artighet,
hövlighet **-ization** [‚sivilai'zeiʃ(ə)n] civilisa-
tion; odling **-ize** ['sivilaiz] civilisera; odla
civvies ['siviːz] *sl.* civila kläder (i mots. t.
uniform)
clack [klæk] **I** *s* slammer, knatter, skrammel
II *v* smälla, skramla [med]
clad [klæd] klädd
claim [kleim] **I** *v* **1** göra anspråk på **2** göra
gällande **3** fordra; påkalla (uppmärksamhet

etc.) **II** *s* **1** anspråk, rätt, krav, fordran **2** in mutning, gruvlott, *have a* ~ *on* ha rätt att fordra ngt av; *lay* ~ *to* göra anspråk på; *put in a* ~ anmäla krav **-ant** [-ənt] **1** [rätts]sökande **2** fordringsägare **3** pretendent

clairvoyan|ce [klɛə'vɔiəns] klärvoajans, klarsynthet **-t** klärvoajant; klarsynt

clam [klæm] mussla

clamant ['kleimənt] larmande

clambake ['klæmbeik] *A.* skaldjurspicknick

clamber ['klæmbə] **I** *v* klättra, kravla (mödosamt, med händer o. fötter) **II** *s* klättring; klängning

clammy ['klæmi] fuktig, klibbig o. kall

clamour ['klæmə] **I** *s* larm, rop, skrik; högljudda krav **II** *v* skrika, larma, ropa; [högljutt] kräva **-ous** [-m(ə)rəs] högljudd o. bullersam

clamp [klæmp] **I** *s* **1** skruvtving; krampa; klämma **2** (upplagd) hög (av rovor, kol etc.) **II** *v* **1** klämma ihop; hopfoga **2** lägga upp (i hög)

clan [klæn] **1** *Sk.* klan, stam **2** kotteri, parti

clandestine [klæn'destin] hemlig[hållen], lönnlig

clang [klæŋ] **I** *v* klinga, ringa, skalla **II** *s* klang, skrammel **-our** ['klæŋə] trumpetstöt, klang

clank [klæŋk] **I** *v* skramla, rassla (med kedjor, svärd etc.) **II** *s* rassel, skrammel

clap [klæp] **I** *s* **1** knall, smäll **2** handklappning **3** *vulg.* gonorré **II** *v* **1** klappa händerna, applådera **2** klappa (på axeln etc.); ~ *in prison* sätta i kurran; ~ *on all sail* sätta alla segel; ~ *on one's hat* kasta på sig hatten; ~ *spurs to* sätta sporrarna i **--net** lärknät, fågelnät **-per** [-ə] **1** [klock]kläpp **2** fågelskrämma **-perclaw 1** klösa o. slå **2** skymfa, okväda **-trap I** *s* tom fras, publiknummer **II** *a* banal

claque [klæk] klack, trogna anhängare

claret ['klærət] rött bordeauxvin; *tap a p.'s* ~ slå ngns näsa i blod

clarify ['klærifai] **1** klargöra; göra klar, rena **2** bli klar, klarna

clari|net [,klæri'net] klarinett **-on** ['klæriən] **I** *a* klar o. högljudd **II** *s*, *åld.* gäll stridstrumpet; ~ *call* stridssignal

clarity ['klæriti] klarhet

clash [klæʃ] **I** *v* **1** slå ihop med en skräll; skrälla **2** drabba ihop, braka samman **3** *fig.* kollidera, stöta ihop, vara oförenlig **II** *s* **1** skräll, skrammel **2** *fig.* konflikt, sammanstötning

clasp [klɑːsp] **I** *s* **1** spänne, knäppe; tvärslå **2** fast grepp; omfamning; handslag **II** *v* **1** omfamna; hålla i ett fast grepp, sluta, krama **2** spänna, knäppa, häkta; ~ *hands* skaka hand; ~ *one's hands* knäppa händerna **--knife** fällkniv

class [klɑːs] **1** klass, grupp, kategori **2** [samhälls]klass **3** [skol]klass; lektion; kurs **4** kvalitet, rang; *she takes* ~*es in cookery* hon går på matlagningskurs; *no* ~ underhaltig, usel **--fellow** [-,feləu] klasskamrat

classic ['klæsik] **I** *a* klassisk; ren **II** *s* klassiker; *the C*~*s* klassiska språk; klassisk (grekisk o. romersk) litteratur **-al** [-(ə)l] klassisk **-ism** [-isiz(ə)m] klassicism

classif|iable ['klæsifaiəbl] som kan klassificeras (indelas i klasser) **-ication** [,klæs(i)-fi'keiʃ(ə)n] klassifikation, klassificering **-y** [-ai] indela i klasser, klassificera; **-ied** hemligstämplad, sekretessbelagd

class|-mate ['klɑːsmeit] klasskamrat **--struggle**, **--war** klasskamp **-y** [-i] stilig, flott

clatter ['klætə] **I** *v* **1** slamra [med] **2** sorla högljutt, sladdra **II** *s* **1** slammer **2** högljutt prat, oväsen

clause [klɔːz] **1** *gram.* [bi]sats **2** klausul, artikel

claustrophobia [,klɔːstrə'fəubjə] klaustrofobi, cellskräck

clavicle ['klævikl] nyckelben

claw [klɔː] **I** *s* klo; tass **II** *v* klösa, riva; gripa [tag i] **--hammer** klohammare

clay [klei] **1** lera **2** stoft **3** kritpipa; *moisten one's* ~ fukta sin aska, dricka; *yard of* ~ lång kritpipa **-ey** ['kleii] lerig, ler-

clean [kliːn] **I** *a* **1** ren **2** slät, jämn; välbildad, fin; väl utförd; come ~ erkänna; ~ *sweep* total seger **II** *adv* helt o. hållet, alldeles, rakt; *I* ~ *forgot about it* jag glömde alldeles bort det **III** *v* rengöra, göra ren; ~ *out* a rensa, städa **b** pungslå, göra pank; ~ *up* rensa upp, snygga till **--bred** ['kliːn'bred] fullblods- **--cut** ['kliːn'kʌt] skarpskuren **-er** [-ə] städerska etc., *se clean III* **--handed** ['kliːn'hændid] oförvitlig, med rena händer **-ing** [-iŋ] rengöring; *dry* ~ kemisk tvätt **-liness** ['klenlinis] renlighet **-ly** ['klenli] *a* renlig **-se** [klenz] rentvå, rengöra **--shaven** ['kliːn'ʃeivn] slätrakad **--up** ['kliːn'ʌp] (grundlig) rengöring

clear [kliə] **I** *a* **1** klar, tydlig **2** ren, oskyldig **3** fri (från hinder) **4** *hand.* ren, netto, oavkortad; *three* ~ *days* tre hela dagar; *the coast is* ~ kusten är klar; *in* ~ i klartext; *I am quite* ~ *that* jag är på det klara med att; ~ *of* fri från; *keep* ~ *of* undvika, hålla sig undan från; *stand* ~ *of* gå ur vägen **II** *adv* alldeles, totalt **III** *v* **1** klara, göra klar **2** klargöra **3** förklara oskyldig, frita **4** befria (*of* från); rensa, tömma, utrymma, röja ur; duka av **5** klarera (skepp) **6** förtjäna (netto); ~ *land* röja mark; ~ *one's throat* harkla sig; ~ *away* en undanröja, skaffa undan **b** (om dimma) lätta; ~ *in[ward]* inklarera; ~ *out[ward]* utklarera; ~ *off* a ge sig av **b** göra sig kvitt; ~ *the table* duka av; ~ *up* a ordna, klara upp, lösa (gåta etc.) **b** klarna **-ance** [-r(ə)ns] **1** [upp]klarande **2** befriande; rensning; röjning **3** = *clearing 3* **4** tullklarering[ssedel] **5** *tekn.* spelrum, frigång; ~ *sale* utförsäljning, realisation **--cut** ['kliə'kʌt] skarpt skuren, markerad; klar, bestämd **--headed** ['kliə'hedid] klartänkt **-ing** [-riŋ] **1** klarnande; klargörande; fritagande **2** uthuggning, röjt område (i skog) **3** clearing, avräkning, klarering **-inghouse** avräkningsanstalt (för banker) **-ly** [-li] *adv* r. *clear*, *äv.* säkert, utan tvivel **--sighted** ['kliə'saitid] klar-, skarpsynt

cleat [kliːt] **1** kil, klamp **2** *sjö.* krysshult, knap

cleav|age ['kliːvidʒ] spricka, rämna, klyvning, splittring **-e** [-v] **1** klyva; *fig.* splittra **2** bilda en klyfta mellan **3** tränga sig igenom **4** rämna, spricka, klyva sig **5** klibba fast vid; hålla fast vid, vara trogen; *cleft palate* gomspricka **-er** [-ə] hackyxa, köttyxa **-ers** [-əz] snärjmåra

clef [klef] *mus.* klav

cleft [kleft] **I** *s* klyfta **II** *v*, *imperf* o. *perf part* av *cleave*

cleg [kleg] *zool.* broms

clemen|cy ['klemənsi] mildhet; förbarmande **-t** mild, barmhärtig; ~ *climate* milt klimat

clench [klen(t)ʃ] (*se äv. clinch*) **I** *v* **1** klinka, nita (spik) **2** gripa hårt om, omsluta; pressa (bita) samman **2** *boxn.* gå i närkamp; ~ *one's*

fist knyta näven **II** *s* **1** nitning, klinkning; krampa **2** tag, hårt grepp
clergy ['klɔːdʒi] prästerskap; präster **-man** [-mən] [statskyrko]präst
cleric ['klerik] = *clergyman* **-al** [-(ə)l] **1** klerikal; prästerlig **2** skriv[ar]-; ~ *error* skrivfel; ~*collar* prästkrage
clerk [klɑːk, *A.* klɔːk] **1** kontorist, bokhållare **2** tjänsteman, sekreterare, kanslist, notarie **3** klockare **4** *A.* butiksbiträde; ~ *in holy orders* präst; ~ *of the works* byggnadskontrollant
clever ['klevə] **1** begåvad, intelligent; fyndig, förslagen, slipad **2** skicklig, duktig **3** *A.* snäll, hygglig; trevlig **-ness** [-nis] skicklighet; fyndighet, slughet
clew [kluː] **I** *s* **1** tråd-, garnnystan **2** *sjö.* skothorn **II** *v*, ~ *up* giga (*sjö.*)
cliché ['kliːʃei] **1** kliché **2** sliten fras
click [klik] **I** *v* **1** klicka, knäppa, ticka; slå i (om hästhovar) **2** bli kära i varandra, passa ihop **3** lyckas, ha tur **II** *s* **1** knäppande **2** smackande **3** spärrhake, dörrklinka
client ['klaiənt] klient, kund **-èle** [ˌkliːɑ̃ː(n)-'teil] klientel
cliff [klif] brant klippa, stup (spec. vid havet) **-y** [-i] klippig, brant
climacteric [klai'mæktərik] klimakterisk; kritisk (om levnadsår)
climate ['klaimit] klimat (*äv fig.*)
climax ['klaimæks] klimax, höjdpunkt
climb [klaim] **I** *v* klättra; klättra uppför (upp i), bestiga; ~ *down* klättra ned[för] **II** *s* klättring, stigning **--down** *fig.* reträtt **-er** [-ə] **1** bergsbestigare **2** klängväxt **-ing** [-iŋ] *a,* ~ *speed* stighastighet
clime [klaim] = *climate*
clinch [klin(t)ʃ] (*se äv. clench*) **I** *v* **1** blockera, låsa **2** fastslå, avgöra; ~ *the matter* göra slag i saken **II** *s, boxn.* clinch, närkamp; *they went into a* ~ (*sl.*) de omfamnade varandra
cling [kliŋ] hålla, haka sig fast; fastna, sitta fast; *he* ~*s to his faith* han vidhåller sin lära; ~ *together* hålla ihop; ~ *on to* klamra sig fast vid
clinic ['klinik] klinik **-al** [-(ə)l] klinisk; ~ *thermometer* febertermometer
clink [kliŋk] **I** *v* klirra, klinga [med] **II** *s* **1** klirr, klingande **2** fängelse **-er** [-ə] **1** klinker[tegel] **2** ngt styvt (skickligt) **-ers** [-əz] *pl* slagg **-ing** [-iŋ] *a o. adv* förträfflig(t); väldig(t)
clip [klip] **I** *v* **1** klippa **2** avklippa (ord); stympa **3** klippa till, slå till **4** hålla ihop med klämma **II** *s* **1** [pappers]klämma, gem, hållare **2** klippning etc. **3** ullskörd **4** clips **-per** [-pə] **1** snabbt segelfartyg **2** snabb häst **3** stor flygbåt **4** baddare, huggare **5** nagelklippare **-pers** [-z] *pl* **1** hårklippningsmaskin **2** trädgårdssax **-pie** ['klipi] kvinnlig busskonduktör **-ping** [-iŋ] *s* **1** klippning **2** [tidnings]urklipp **II** *a* styv, utmärkt **-py** *se clippie*
clique [kliːk] klick, kotteri
clivers ['klivəz] = *cleavers*
cloaca [klou'eikə] kloak (*äv. fig. o. zool.*)
cloak [klouk] **I** *s* mantel, kappa; *fig.* täckmantel **II** *v* ta på [sig] kappan; *fig.* dölja **--and- -dagger** spionage- **--room** [-rum] resgodsinlämning; garderob, kapprum
clobber ['klɔbə] slå hårt; besegra
clock [klɔk] **I** *s* klocka, ur; *six o'* ~ klockan 6 **II** *v,* ~ *in* (*on*), ~ *out* (*off*) stämpla in (ut) (om personal) **-ing** [-iŋ] *a,* ~ *hen* ruvande höna **--wise** medurs **--work** urverk; ~ *toys* meka-

niska leksaker (med fjäder som kan dras upp)
clod [klɔd] **I** *s* **1** klump (av jord, lera), jordkoka **2** bonddrul, tölp **3** stoft, materia (*poet.* i motsats t. ande) **II** *v* **1** kasta jordkokor **2** klimpa sig **--hopper** [-ˌhɔpə], **-pole, -poll** = *clod I s 2*
clog [klɔg] **I** *s* **1** träsko **2** black om foten, hämsko **II** *v* **1** sätta black om foten på; hindra **2** täppa till **3** stocka sig, gå trögt **--dance** träskodans **-gy** [-i] **1** klimpig **2** klibbig; besvärlig
cloister ['klɔistə] **I** *s* **1** kloster **2** pelargång, korsgång; *the* ~ klosterlivet **II** *v* sätta i kloster
close 1 *a* [klous] **1** sluten, stängd **2** instängd; tryckande, kvav **3** undangömd, dold **4** hemlighetsfull, förtegen **5** snål **6** nära **7** åtsittande, trång **8** förtrolig, intim **9** konsekvent, logisk; noggrann **10** jämn, svåravgjord; ~ *attention* spänd uppmärksamhet; *a* ~ *call* (*shave*) nära ögat; ~ *contest* jämn tävling; ~ *corporation* slutet sällskap (som kompletterar sig självt); ~ *reasoning* strängt logiskt resonemang; ~ *resemblance* stor likhet; *at* ~ *quarters* **a** på nära håll **b** i närstrid **II** *s* **1** [klous] inhägnad; lekplats; skolgård; område kring domkyrka **2** [klɔuz] slut, avslutning **III** *v* [klɔuz] **1** stänga, sluta [till] **2** [av]sluta (affär, tal etc.) **3** stängas, [till]slutas **4** sluta, avslutas, ta slut **5** sluta sig, förenas **6** komma i handgemäng; ~*d shop* företag (öppet endast) för fackföreningsmedlemmar; ~ *the ranks* sluta leden; ~ *one's days* sluta sina dagar, dö; ~ *down* stänga[s] (om affär); ~ *in* **a** komma närmare **b** bli kortare (om dagar); ~ *in upon* sluta sig omkring; komma närmare o. omringa; ~ [*up*]*on* omsluta, gripa om; (om ögonen) tillslutas för; ~ *up* **a** tillsluta, bomma igen **b** sluta sig; sluta leden **--clipped** ['klous'klipt], **--cropped** ['klous'krɔpt] kortklippt **-d-circuit** ['klouzd-'sɔːkit] *a,* ~ *TV* intern TV **--fisted** ['klous-'fistid] snål **--fitting** ['klous'fitiŋ] tätt åtsittande
closet ['klɔzit] **I** *s* **1** åld. kammare, krypin **2** *A.* skåp **3** klosett; ~ *play* läsdrama; ~ *strategist* kammarstrateg **II** *v* ta i enrum; *be* ~*ed together* överlägga i enrum
close-up ['klousʌp] *film.* närbild
closure ['klouʒə] **I** *s* **1** avslutning, slut **2** tillslutning, stängning; nedläggelse **3** tvångsavslutning (av underhusdebatt) **II** *v* tillämpa tvångsavslutning på (mot)
clot [klɔt] **I** *s* klimp, klump; ~ *of blood* levrat blod, blodpropp **II** *v,* ~*ted cream* tjock grädde (erhållen genom värmning av mjölk); ~*ted nonsense* ren smörja
cloth [klɔθ] **1** kläde, tyg **2** duk **3** trasa (för skurning, disk etc.) **4** klot (i bokband); *the* ~ prästerskapet; *American* ~ vaxduk; *lay the* ~ duka
cloth|e [klouð] [be]kläda, hålla med kläder; täcka, hölja; isolera **-es** [-z] kläder, sängkläder **-es-horse** torkställning **-es-peg, -es-pin** klädnypa **-es-press** kläd-, linneskåp **-ier** [-iə] klädeshandlare; klädesfabrikör **-ing** [-iŋ] beklädnad, kläder; *men's* ~ herrkonfektion
clotty ['klɔti] klimplig; levrig
cloud [klaud] **I** *s* **1** moln, sky **2** svärm, skara **3** skugga (av dysterhet etc.); *under a* ~ i onåd; *every* ~ *has a silver lining* ingenting om som inte har ngt gott med sig **II** *v* **1** hölja[s] i moln; *fig.* fördystra, fördunkla; ådra, marmorera **--burst** skyfall **--capped** [-kæpt] skyhög

--land ['klaud'lænd] sagoland **--scape** molnlandskap **-y** [-i] **1** mulen, töcknig **2** *fig.* oklar, dunkel **3** *fig.* dyster

clough [klʌf] ravin

clout [klaut] **I** *s* **1** trasa, lapp **2** slag **II** *v* **1** lappa **2** slå till, klå upp

1 clove [kləuv] **1** kryddnejlika **2** lökklyfta

2 clove [kləuv] *imperf* av *cleave* **-n** *a* (*eg. perf part* av *cleave*), *show the ~ foot* visa bockfoten

clover ['kləuvə] klöver; *be in ~* må som en prins, vara välbärgad

clown [klaun] **I** *s* **1** clown, pajas **2** obildad drummel **II** *v* spela clown **-ish** [-iʃ] ohyfsad, klumpig

cloy [klɔi] övermätta, äckla

club [klʌb] **I** *s* **1** klubba, påk **2** [golf]klubba **3** klubb, sällskap **4** *spelt.* klöverkort; *~s* klöver **II** *v* **1** klubba; använda som klubba **2** slå sig tillsammans [om]; sammanslå **--car** *A.* bar- och sällskapsvagn på tåg **--foot** ['klʌb-'fut] klumpfot **--law** ['klʌb'lɔ:] **1** nävrätt **2** klubbstadga **--moss** ['klʌb'mɔs] *bot.* [matt]lummer

cluck [klʌk] **I** *v* skrocka (om höns) **II** *s* skrockande

clue [klu:] ledtråd, uppslagsända; *not a ~* ingen aning

clump [klʌmp] **I** *s* **1** klunga (av träd), buskage **2** klump **3** dubbel sula (*äv. ~-sole*) **II** *v* **1** klampa **2** klumpa ihop; plantera ihop **3** dubbelbottna (skor)

clums|iness ['klʌmzinis] klumpighet **-y** [-i] klumpig

clung [klʌŋ] *imperf* o. *perf. part* av *cling*

cluster ['klʌstə] **I** *s* klunga, klase; svärm **II** *v* samla i klunga, växa i klunga; skocka sig; *~ed column* knippepelare

clutch [klʌtʃ] **I** *v* gripa [tag i]; fasthålla **II** *s* **1** grepp **2** *tekn.* koppling[spedal] **3** [kyckling]kull; *get into a p.'s ~es* komma i ngns klor; *double ~* dubbeltrampning, mellangas (vid växling av bil)

clutter ['klʌtə] **I** *s* **1** virrvarr, bråte **2** oväsen **II** *v*, *~ up* skräpa ner

coach [kəutʃ] **I** *s* **1** [gala]vagn, kaross **2** diligens **3** järnvägsvagn **4** [turist]buss **5** *sjö.* akterkajuta **6** tränare; privatlärare **II** *v* **1** (*äv. ~ it*) resa med diligens **2** träna; plugga, preparera (för examen) **--and-four** fyrspann **--box** kuskbock **--dog** dalmatiner[hund] **-man** [-mən] kusk, förare **-work** karosseri

coadjutor [kəu'ædʒutə] medhjälpare

coagulat|e [kəu'ægjuleit] [bringa att] koagulera, stelna **-ion** [kəu‚ægju'leiʃ(ə)n] koagulering

coal [kəul] **I** *s* kol, stenkol; *blow the ~s* underblåsa elden (*fig.*); *heap ~s of fire* samla glödande kol; *carry ~s to Newcastle* gå över ån efter vatten **II** *v* **1** kola; förse med kol; bunkra **--bed** kolflöts

coalesce [‚kəuə'les] växa samman, förena sig

coal-heaver ['kəul‚hi:və] kolbärare, -lämpare

coalition [‚kəuə'liʃ(ə)n] förbund, koalition

coal|-master ['kəul‚mɑ:stə] kolgruveägare **--measures** [-‚meʒəz] kolförande lager **--mine** kolgruva **--mouse** *zool.* kolmes **--owner** [-‚əunə] *se coalmaster* **--pit** *se coalmine* **--scuttle** [-‚skʌtl] kolbox, -pyts **--tar** ['kəul'tɑ:] stenkolstjära **-tit** *se coal-mouse*

coarse [kɔ:s] grov; rå **-n** [-n] förgrova[s], förråa[s] **-ness** [-nis] grovhet; råhet

coast [kəust] **I** *s* **1** kust **2** *A.* kälkbacke, kälk-

backsåkning; *~ artillery* kustartilleri; *~ [defence] battery* KA-batteri; *~ defence* kustförsvar, kustartilleri **II** *v* **1** segla längs kusten **2** glida (rulla) utför backe **3** åka kälk[back]e **-al** [-(ə)l] kust- **-er** [-ə] **1** kustfarare, kustfartyg **2** [silver]bricka (för vinkaraff) **3** frihjulscykel **4** *A.* kälke **-guard** ['kəus(t)gɑ:d] kustvakt, -bevakning

coat [kəut] **I** *s* **1** rock **2** jacka **3** (naturlig) päls-, hår-, fjäderbeklädnad **4** skikt, hinna, skal; hölje; *~ of arms* vapensköld; *~ of mail* ringbrynja; *cut one's ~ according to one's cloth* rätta mun efter matsäcken; *turn one's ~* vända kappan efter vinden; *wear the King's ~* bära kronans kläder **II** *v* bekläda, bestryka; täcka **--armour** [-‚ɑ:mə] [familje]vapen **-ed** [-id] överdragen, belagd **-ee** [-i:] jacka, kofta **-ing** [-iŋ] **1** beläggning, hinna, lager **2** rocktyg **--tails** [-z] *pl* rockskört

co-author [kəu'ɔ:θə] medförfattare

coax [kəuks] smickra, lisma, lirka; *~ into* förmå (med lämpor)

coaxial [kəu'æksiəl] *a*, *~ cable* koaxialkabel

cob [kɔb] **1** svanhane **2** ridhäst, klippare **3** klump, but (av kol) **4** brödkaka **5** majskolv **6** blandning av lera o. halm

cobalt [kə(u)'bɔ:lt] kobolt

cobble ['kɔbl] **I** *s* **1** kullersten, gatsten **2** *~s* stora, rundade kol **II** *v* **1** stenlägga **2** lappa [ihop] **-r** [-ə] **1** skomakare **2** fuskare **3** kobbel (iskyld dryck) **4** *A.* (slags) fruktpaj **-stone** kullersten

cobby ['kɔbi] satt, kort o. kraftigt byggd

cobra ['kəubrə] glasögonorm

cobweb ['kɔbweb] spindelväv

cocaine [kə'kein] kokain

cock [kɔk] **I** *s* **1** tupp; han[n]e **2** kran, tapp **3** hane (på gevär) **4** överkucku, den styvaste; ledare; *that ~ won't fight* den gubben går inte *~ of the walk* högsta hönset, den främste i gruppen **II** *v* **1** sätta (ställa, sticka) rätt upp, resa **2** spänna (hane); *~ one's nose* sätta näsan i vädret; *~ an eye* blinka med ögat, plira; *~ one's hat* sätta hatten på svaj; vika upp hattbrättet **-ade** [-'keid] kokard **--a-doodle-doo** ['kɔkədu:dl'du:] kuckeliku **--a-hoop** ['kɔkə-'hu:p] morsk[t], stursk[t], triumferande **C-aigne** [-'kein] drömland **-alorum** [‚kɔkə-'lɔ:rəm] viktigpetter; skrytt **--and-bull story** [‚kɔkən'bulstɔ:ri] osannolik historia **-atoo** [‚kɔkə'tu:] kakadu, -dora **-boat** jolle, liten skeppsbåt **-chafer** ollonborre **--crow** hanegäll, gryning **-ed** [-t] *a*, *~ hat* uniformshatt **-er** [-ə] **I** *v*, = *~ up* skämma bort **II** *s* spaniel; *according to C~* alldeles rätt **--eyed** [-aid] vindögd; *A.* berusad **--fighting** tuppfäktning; *that beats ~* det var det värsta!

cockle ['kɔkl] **I** *s* hjärtmussla **2** klätt, åkerklint **3** liten båt, eka **4** kamin, värmeapparat **5** skrynkla, bubbla [i glas, papper etc.]; *warm the ~s of one's heart* värma en i själen (hjärterötterna) **II** *v* skrynkla

cockney ['kɔkni] **I** *s* **1** infödd londonbo **2** londondialekt, vulgärspråk **II** *a* London-

cock|pit ['kɔkpit] **1** tuppfäktningsarena; *fig.* slagfält **2** cockpit, förbandsplats (på krigsskepp), förarkabin (i flygplan) **-roach** kackerlacka **-'s comb 1** tuppkam **2** sprätt **-shot, -shy** mål (att kasta till måls på); kast **-sure** ['kɔk'ʃuə] tvärsäker **-sy** [-si] *se cocky* **-tail 1** stubbsvansad häst, halvblod **2** uppkomling **3** cocktail **-y** [-i] mallig, nosig

coco ['kəukəu] kokospalm
cocoa ['kəukəu] 1 = coco 2 kakao; choklad (som dryck); ~ powder kakaopulver
coconut ['kəukənʌt] kokosnöt --matting kokosmatta --shy (slags) kastspel
cocoon [kə'ku:n] kokong
cod [kɔd] I s torsk; kabeljo II v lura
coddle ['kɔdl] I v 1 koka, förvälla 2 bortklema, pjoska med II s pjosk[er], bortklemad person
code [kəud] I s kod, nyckel 2 lag[samling]; regler II v avfatta (telegram) efter kod
codger ['kɔdʒə] gubbstrutt; gnidare, original
codify ['kɔdifai] kodifiera
codlin[g] ['kɔdlin, -n] matäpple
codling ['kɔdlin] småtorsk
cod-liver oil ['kɔdlivər'ɔil] fiskleverolja
co-ed ['kəu'ed] kvinnlig studerande vid samskola eller universitet -ucation ['kəu,edju(:)-'keiʃ(ə)n] samundervisning
coefficient [,kəui'fiʃ(ə)nt] koefficient; medverkande
coequal [kəu'i:kw(ə)l] a o. s jämlik[e]
coerc|e [kəu'ə:s] tvinga (till lydnad) -ion [-'ə:ʃ(ə)n] tvång, betvingande -ive [-iv] tvingande, tvångs-, välds-
coeval [kəu'i:v(ə)l] I a samtidig; jämnårig II s samtida; jämnåring
coexist ['kəuig'zist] finnas till samtidigt -ence [-(ə)ns] s, peaceful ~ fredlig samlevnad -ent [-(ə)nt] samexisterande
coffee ['kɔfi] kaffe; ~ bar cafeteria --grinder kaffekvarn --grounds [-z] pl kaffesump --pot kaffepanna, kaffekanna --room [-rum] matsal, frukostrum (på hotell)
coffer ['kɔfə] kista, penningskrin; ~s (pl) skattkammare
coffin ['kɔfin] I s likkista II v lägga i kistan; gömma undan
cog [kɔg] I s, tekn. kugge II v, ~ dice fuska med tärningar, spela falskt
cogent ['kəudʒ(ə)nt] bindande, övertygande
cogitat|e ['kɔdʒiteit] [ut]tänka, [ut]fundera -ion [,kɔdʒi'teiʃ(ə)n] 1 begrundande, tänkande 2 med pl. tanke, reflexion
cognac ['kɔnjæk] konjak
cognate ['kɔgneit] besläktad
cogniz|ance ['kɔgniz(ə)ns] 1 kännedom 2 jur. handläggning; behörighet 3 sköldmärke -ant [-(ə)nt] 1 ägande vetskap 2 jur. kompetent
cognomen [kɔg'nəumen] 1 familjenamn 2 binamn
cog-wheel ['kɔgwi:l] kugghjul
cohabit [kəu'hæbit] bo (leva) tillsammans -ation [,kəuhæbi'teiʃ(ə)n] sammanlevnad
cohe|re [kə(u)'hiə] hänga ihop; ha sammanhang -rence [-ər(ə)ns] 1 sammanhang 2 sammanhållning -rent [-ər(ə)nt] sammanhängande; följdriktig -sion [-'hi:ʒ(ə)n] kohesion, sammanhang -sive [-'hi:siv] strävande att hänga ihop, kohesions-; sammanhängande
coif [kɔif] huva, kalott
coiffure [kwɑ:'fjuə] frisyr
coign [kɔin] s, ~ of vantage fördelaktig ställning; utkikspost
coil [kɔil] I v lägga i ringar, rulla ihop; ~ up rulla ihop [sig] II s 1 rulle (kabel, ståltråd etc.) 2 rörspiral; induktionsrulle, trådspiral, spole 3 bukt, hårlock
coin [kɔin] I s mynt, slant; pengar; paid him in his own ~ betalade honom med samma mynt II v 1 mynta, prägla 2 fig. slå mynt av;

~ money tjäna pengar som gräs; ~ words skapa nya ord -age ['kɔinidʒ] 1 myntning, myntsystem 2 nybildat ord
coincide [,kəuin'said] 1 sammanfalla 2 stämma överens -nce [kəu'insid(ə)ns] 1 sammanträffande, slump 2 överensstämmelse -ntal [kəu,insi'dentl] sammanträffande, överensstämmande
coiner ['kɔinə] myntare; falskmyntare
coit [kɔit] I s diskus II v kasta, slänga
coition [kəu'iʃ(ə)n] coitus, samlag
coke [kəuk] I s 1 koks 2 sl. kokain 3 coca cola II v göra till koks ,
col [kɔl] bergpass, hålväg
colander ['kʌləndə] durkslag
cold [kəuld] I a kall, frusen; kallsinnig; I am ~ jag fryser; give the ~ shoulder to bemöta [ngn] kyligt; have ~ feet frysa om fötterna; fig. vara rädd; ~ comfort klen tröst; knocked ~ slagen medvetslös; the ~ war det kalla kriget; ~ snap köldknäpp; ~ store kylrum II s köld, kyla; förkylning; catch [a] ~ bli förkyld; leave out in the ~ försumma, överge, lämna utanför; ~ cream (slags) hudkräm --blooded ['kəuld'blʌdid] kallblodig --pig kalldusch (för att väcka sovande)
cole [kəul] kål -seed kålraps -slaw A. kålsallad
colic ['kɔlik] kolik
collaborat|e [kə'læbəreit] samarbeta -ion [kə,læbə'reiʃ(ə)n] samarbete -ionist kollaboratör, förrädare -or medarbetare
collage ['kɔlɑ:ʒ] konst. collage
collaps|e [kə'læps] I v falla ihop, sjunka samman, kollapsa; misslyckas II s 1 hopfallande; kollaps, utmattning 2 sammanbrott; ruin -ible [-əbl] hopfällbar
collar ['kɔlə] I s 1 krage 2 halsband (på djur) 3 hylsa, ring (för hopfogning av rör etc.); pull against the ~ knoga, streta II v 1 förse med krage 2 fatta i kragen, ta; hugga 3 knycka, lägga beslag på --bone nyckelben -et[te] [kɔlə'ret] päls-, spetskrage --stud kragknapp
collate [kɔ'leit] 1 kolla[tionera], jämföra 2 kalla (till prästtjänst)
collateral [kɔ'læt(ə)r(ə)l] I a 1 belägen sida vid sida, parallell 2 indirekt bidragande II s 1 släkting på sidolinjen 2 A. säkerhet (för lån)
collation [kɔ'leiʃ(ə)n] 1 kollationering, jämförelse 2 kallelse (till prästtjänst) 3 lätt måltid
colleague ['kɔli:g] kollega
collect I s ['kɔlekt] kollektbön II v [kə'lɔkt] 1 samla [sig]; uppsamla; inkassera; indriva 2 dra slutsatsen [att]; ~ o.s. hämta sig, samla sig; ~ a horse hålla en häst väl i hand III a, ~ call samtal som betalas av adressaten, ba-samtal -ed [kə'lektid] sansad, samlad -ion [kə'lekʃ(ə)n] 1 samlande; [hop]samling; inkassering, indrivning 2 förväldetömning 3 kollekt 4 samling -ive [[kə'lektiv] samlad, sammanlagd; kollektiv, gemensam; ~ bargaining kollektiva löneförhandlingar -or [kə'lektə] 1 samlare 2 biljettupptagare 3 uppbördsman, inkasserare
colleg|e ['kɔlidʒ] 1 kollegium; sällskap 2 college (del av eng. universitet) 3 högskola, fackskola 4 A. mindre universitet 5 om vissa självständiga public schools: Eton C~, Winchester C~ -er [-ə] frielev (vid Eton College) -ian [kə'li:dʒən] medlem av college; alumn, student -iate [kə'li:dʒiit] college-, hörande till college

collet ['kɔlit] ring; hylsa; infattning
collide [kə'laid] kollidera
collie ['kɔli] skotsk fårhund, collie
collier ['kɔliə] kolgruvearbetare; kolfartyg **-y** [-jəri] kolgruva
collision [kə'liʒ(ə)n] kollision
collocat|e ['kɔlə(u)keit] ställa tillsammans, placera **-ion** [,kɔlə(u)'keiʃ(ə)n] sammanställning, placering; fras
colloid ['kɔlɔid] kolloid, limaktig, gelélik
collop ['kɔləp] köttskiva; *Scotch ~s* kalops
colloqu|ial [kə'ləukwiəl] samtals-, talspråklig **-ialism** [-iz(ə)m] vardagsuttryck **-y** ['kɔləkwi] samtal
collus|ion [kə'lu:ʒ(ə)n] hemligt samförstånd, maskopi **-ive** [-siv] hemligt avtalad; sveklig
Cologne [kə'ləun] Köln
Colombia [kə'lɔmbiə] Colombia
colon ['kəulən] **1** grovtarm **2** kolon
colonel ['kə:nl] överste
colon|ial [kə'ləunjəl] kolonial-; *C~ Secretary* koloniminister; *C~ Office* kolonidepartement **-ist** ['kɔlənist] nybyggare **-ization** [,kɔlənai'zeiʃ(ə)n] kolonisering, kolonisation **-ize** ['kɔlənaiz] kolonisera; slå sig ned
colonnade [,kɔlə'neid] kolonnad
colony ['kɔləni] koloni
colophon ['kɔləfən] *boktr.* kolofon
colophony [kə'lɔfəni] kolofonium, stråkharts
color *A., se* colour
Colorado [,kɔlə'rɑ:dəu] delstat i USA
colorat|ion [,kʌlə'reiʃ(ə)n] färgning **-ura** [,kɔlərə'tuərə] koloratur
colour ['kʌlə] **I** *s* **1** färg **2** klangfärg, timbre **3** sken, utseende; förevändning **4** ton, karaktär, prägel; *~s* fana, flagga; *man of ~* färgad [man] *lose ~* bli blek; *gain ~* få färg; *join the ~s* bli soldat; *show one's ~s* visa färg; *under false ~s* under falsk flagg; *with flying ~s* med flaggan i topp; *stick to one's ~s* hålla fast vid sin ståndpunkt; *~ sergeant* fanjunkare **II** *v* **1** färga; rodna **2** *fig.* färglägga, framställa i falsk dager **-able** ['kʌl(ə)rəbl] skenbar, plausibel; bedräglig **--bar** rasåtskillnad, -barriär **--blind** färgblind **-cast** *A.* sända (TV-program) i färg **-ed** [-d] färgad; *~ people* negrer **-ful** [-f(u)l] färgstark, -rik **-ing** [-riŋ] **1** färger (om ansikte, hår o. ögon) **2** färgbehandling, kolorit **3** färg[lägg]ning
colporteur ['kɔl,pɔ:tə] kolportör (*isht* för andlig litteratur)
colt [kəult] **1** föl, unghäst (t. 4—5 år) **2** ung oerfaren person **3** *C~* [*revolver*] (slags) revolver
colter *A., se* coulter
colt|ish ['kəultiʃ] vild, yster **-sfoot** hästhovsört
columb|arium [,kɔləm'bɛəriəm] duvslag, kolumbarium **-ine** ['kɔləmbain] akleja
column ['kɔləm] **1** kolonn, pelare **2** kolumn, spalt **-ist** [-nist] *A.* tidningsman, kåsör
colza ['kɔlzə] = *cole-seed* **--oil** rovolja
coma ['kəumə] **1** dvala, koma, letargi; sömnsjuka **2** *bot.* hårpensel; trädkrona **3** *astr.* slöja, koma
comb [kəum] **I** *s* **1** kam **2** karda **3** honungskaka; *cut a p.'s ~* fördömjuka ngn **II** *v* **1** kamma; rykta **2** karda; *~ out* finkamma (*fig.*)
combat ['kɔmbət] **I** *s* kamp, strid; *~ reconnaissance* stridsspaning (*A.*); *single ~* envig, tvekamp **II** *v* bekämpa, strida mot; kämpa

-ant [-(ə)nt] **I** *a* stridande **II** *s* (en) stridande, kämpe, soldat
combe [ku:m] *se* coomb
comber ['kəumə] **1** ullkammare, kardare **2** rullvåg, brottsjö
combin|ation [,kɔmbi'neiʃ(ə)n] **1** kombination; serie **2** förening; [*motorcycle*] ~ motorcykel med sidvagn; *~s, pl* combination, underkläder i ett stycke **-e I** *v* [kəm'bain] förena [sig]; kombinera; samverka **II** *s* ['kɔmbain] **1** (ekonomisk) sammanslutning, ring; syndikat **2** = *~ harvester* skördetröska
combust|ible [kəm'bʌstəbl] **I** *a* brännbar, lättantändlig **II** *s* brännbart ämne, bränsle **-ion** [-stʃ(ə)n] förbränning; *~ chamber* expansionskärl, ångapparat, förbränningskammare; *~ engine* explosionsmotor; *spontaneous ~* självantändning
come [kʌm] (*äv. perf part*) **1** komma **2** sträcka sig, räcka; gå **3** ske, hända **4** visa sig, ställa sig, bli; *~ what may* hända vad som hända vill; *~ short* komma till korta, inte räcka till; *in days to ~* i framtiden; *~ true* slå in, besannas; *~ about* ske, hända [sig]; *~ across* få tag i, träffa på; *~ along* följa med; *~ at* anfalla, rusa på; *~ away* gå sin väg; lossna; *~ back* komma tillbaka; *A.* ge svar på tal; *~ down* komma ner; leva kvar; *they have ~ down in the world* det har gått utför med dem; *~ down handsomely* vara frikostig; *~ forth* träda fram; *~ forward* framträda; anmäla sig; *~ in* komma in; komma till målet; infalla; komma till pass; *this ~s in useful* (*handy*) detta kommer väl till pass; *where does the joke ~ in?* var ligger det roliga?; *~ in for* få sin del av, få; *~ into being* (*existence*) komma till; *~ now* så, sakta i backarna; *~ of age* bli myndig; *~ off* gå av, lossna; avlöpa, lyckas; *~ on* komma upp (om teaterpjäs); *~ out* debutera (i sällskapslivet) *~ round* komma hit (över), titta in (på besök); sadla om; lugna sig; återfå sansen, kvickna till; *~ to* stanna; *sjö.* lova; komma till sans igen; *he has ~ into a fortune* han har ärvt en förmögenhet; *it ~s to the same thing* det kommer på ett ut; *~ up* a bli student **b** bli aktuell; *~ up against* kolidera med; *~ up with* hinna upp; *how ~?* varför? **-at-able** [kʌm'ætəbl] åtkomlig, tillgänglig **-back** ['kʌmbæk] återkomst, comeback
comedian [kə'mi:djən] **1** komiker **2** komediförfattare
comédienne [kə,meidi'en] komedienn
comedy ['kɔmidi] komedi, lustspel
comely ['kʌmli] med behagligt utseende, vacker
comestibles [kə'mestiblz] matvaror
comet ['kɔmit] komet
comfit ['kʌmfit] konfekt, brända mandlar, kanderad frukt
comfort ['kʌmfət] **I** *s* tröst, vederkvickelse **2** välbefinnande, trevnad, komfort **II** *v* **1** trösta; *be ~ed* låta trösta sig **2** vederkvicka, uppliva **-able** ['kʌmf(ə)təbl] behaglig, bekväm; tillräcklig, trygg; lugn, lätt om hjärtat **-er** [-ə] **1** tröstare; *the C~* Hugsvalaren **2** ylle-halsduk **3** tröstnapp **-less** [-lis] tröstlös, utan bekvämlighet
comfy ['kʌmfi] = *comfortable*
comic ['kɔmik] komisk; *~ opera* operett; *~* [*paper*] skämttidning; *~ poet* (klassisk) komediförfattare; *~ strip* tecknad serie **-al** komisk, skrattretande

comity ['kɔmiti] hövlighet; ~ *of nations* nationers vänskapliga erkännande av varandras lagar och institutioner

comma ['kɔmə] komma

command [kə'mɑːnd] **I** *v* **1** befalla, kommendera, föra befälet över **2** förfoga över, disponera över **3** tillvinna sig, inge (aktning); inbringa, betinga (pris); *Yours to* ~ Er ödmjuke tjänare; *this spot* ~*s a splendid view of* denna plats erbjuder en strålande utsikt över **II** *s* **1** befallning; order, kommando; ~ *system* kommando-, fjärrmanöversystem **2** herravälde, befäl **3** förfogande, disposition; *great* ~ *of language* stor språkfärdighet; *at* ~ till förfogande **-ant** [‚kɔmən'dænt] kommendant, befälhavare **-eer** [‚kɔmən'diə] tvångsuttaga, rekvirera (privat egendom); tvinga (t. krigstjänst) **-er** [-ə] **1** befälhavare **2** kommendörkapten (av 2:a graden) **-er-in-chief** [kə'mɑːnd(ə)rin'tʃiːf] överbefälhavare **-ment** [kə'mɑːn(d)mənt] bud[ord] **-o** [-əu] commandotrupp, -soldat, kustjägare

commemorat|e [kə'meməreit] fira minnet av, högtidlighålla **-ion** [-‚memə'reiʃ(ə)n] firande; åminnelse[gudstjänst, -fest] **-ive** [-ətiv] minnes-

commence [kə'mens] **1** börja **2** promoveras **-ment** [-mənt] **1** början **2** promotion[sfest]

commend [kə'mend] **1** prisa **2** anbefalla; anförtro **-able** [-əbl] berömlig, lovvärd **-ation** [‚kɔmen'deiʃ(ə)n] rekommendation, lovord **-atory** [kɔ'mendət(ə)ri] anbefallande, rekommendations-; ~ *prayer* förbön

commensur|able [kə'menʃ(ə)rəbl] kommensurabel, jämförbar; proportionerlig **-ate** [-rit] sammanfallande; proportionell

comment ['kɔment] **I** *s* kommentar[er]; förklaring; kritik **II** *v* kommentera; kritisera **-ary** [-(ə)ri] kommentar, uttalande **-ator** [-eitə] kommentator; radioreporter

commerc|e [kə'mɔː(:)s] handel, varuutbyte **-ial** [kə'mɔːʃ(ə)l] **I** *a* kommersiell, handels-; ~ *artist* reklamtecknare; ~ *bank* affärsbank **II** *s* reklaminslag (i radio o. TV) **-ialize** [kə'mɔːʃəlaiz] göra kommersiell; tjäna pengar på, slå mynt av

Commie [kɔmiː] *sl.* kommunist

commingle [kɔ'miŋgl] [hop]blanda[s]

comminute ['kɔminjuːt] pulverisera; stycka

commiserat|e [kə'mizəreit] hysa medlidande med, ömka **-ion** [kə‚mizə'reiʃ(ə)n] medlidande

commissar [‚kɔmi'sɑː] *se commissary* **3** **-iat** [‚kɔmi'sɛəriət] intendentur **-y** ['kɔmisəri] **1** kommissarie, ombud, fullmäktig **2** *mil.* intendent **3** (*äv. commissar*) kommissarie, minister (t.ex. i Sovjet)

commission [kə'miʃ(ə)n] **I** *s* order, uppdrag; bemyndigande **2** fullmakt **3** kommission, kommitté **4** provision **5** begående (av brott etc.); *in* ~ **a** förordnad **b** i beredskap; *on* ~ i kommission (*hand.*); *get one's* ~ bli officer; *lose* (*resign*) *one's* ~ få (ta) avsked som officer; *out of* ~ inte i aktiv tjänst; ur funktion **II** *v* **1** bemyndiga, ge befogenhet, förordna **2** ge beställning på, uppdra åt **-agent** [kə'miʃn‚eidʒ(ə)nt] kommissionär **-aire** [-‚miʃə'nɛə] [dörr]vaktmästare (på biografer, hotell etc.) **-ed** [-d] *a*, ~ *officer* officer **-er** [-ʃnə] **1** kommitterad **2** kommissionsledamot; medlem av departement (styrelse) **3** chef för förvaltningsgren **4** guvernör; *High C*~ officiell representant för brittisk dominion (i London)

commit [kə'mit] **1** anförtro, överlämna (*to* åt) **2** skicka (i fängelse); häkta **3** remittera **4** begå; ~ *for trial* remittera till rannsakning inför jury; ~ *o.s.* blottställa sig, försäga sig, engagera sig, förbinda sig, ta ställning; ~ *o.s. to s.th.* binda sig för ngt; ~ *to memory* lära sig utantill; ~ *to writing* anteckna, nedskriva **-ment** [-mənt] *s, äv.* åtagande, förbindelse, förpliktelse **-tee** **1** [-i] kommitté; utskott **2** [‚kɔmi'tiː] förmyndare för sinnessjuk

commod|e [kə'məud] **1** liten byrå **2** nattstol **-ious** [-jəs] rymlig **-ity** [-'mɔditi] [handels]vara, artikel

commodore ['kɔmədɔː] **1** kommendör; eskaderchef **2** hederstitel för ordförande i segelsällskap

common ['kɔmən] **I** *a* **1** gemensam; allmän **2** vanlig **3** menig; enkel **4** tarvlig, vulgär; *make* ~ *cause* göra gemensam sak; ~ *council* kommunalnämnd; stadsfullmäktige; ~ *knowledge* (*ung.*) välbekant (allmänt känd) sak; ~ *law* allmän civilrätt (grundad på sedvanerätt); ~ *time* 4/4-dels takt; *Book of C*~ *Prayer* anglikanska kyrkans bön- o. ritualbok; ~ *room* samlingsrum vid college; ~ *sense* sunt förnuft; ~ *shares* stamaktier **II** *s* allmänning; [*right of*] ~, ~ *of pasture* nyttjanderätt, rätt till bete; ~ *of piscary* fiskerätt; *in* ~ gemensamt; *in* ~ *with* i likhet med; *out of the* ~ ovanlig **-alty** [-lti] menighet, gemene man **-er** [-ə] **1** ofrälse **2** medlem av underhuset **3** ickestipendiat **-or-garden** [-ɔ:'gɑːdn] mycket vanlig **-place I** *a* alldaglig, banal, trivial **II** *s* utnött fras, truism; vardaglighet **-s** [-z] **1** gemene man, ofrälse **2** = *House of C*~ underhuset **3** [mat]portion **-wealth 1** samhälle **2** republik **3** *the British C*~ Brittiska samväldet; *the C*~ *of Australia* Australien, australiska statsförbundet

commotion [kə'məuʃ(ə)n] oordning, oväsen; tumult; orolighet

commun|al ['kɔmjunl] kommunal **-e I** *s* ['kɔmjuːn] kommun **II** *v* [kə'mjuːn] **1** meddela sig, umgås; uppleva (naturen etc.) **2** begå nattvarden

communica|nt [kə'mjuːnikənt] **1** nattvardsgäst **2** meddelare **-te** [-eit] **1** meddela [sig] **2** stå (sätta sig) i förbindelse med **3** utdela, gå t. nattvarden **-tion** [-‚mjuːni'keiʃ(ə)n] meddelande; förbindelse; kommunikation; ~ *cord* nödbroms; ~*s satellite* telesatellit **-tive** [-ətiv] meddelsam **-tor** [-eitə] **1** meddelare **2** *järnv.* signallina

communion [kə'mjuːnjən] **1** gemenskap **2** kyrkosamfund **3** [*Holy*] *C*~ nattvardsgång

communiqué [kə'mjuːnikei] kommuniké

communis|m ['kɔmjuniz(ə)m] kommunism[en] **-t I** *s* kommunist **II** *a* = **-tic** [‚kɔmjuː'nistik] kommunistisk

commun|ity [kə'mjuːniti] **1** gemenskap **2** samhälle **3** samfund, brödraskap; *the* ~ samhället; staten; ~ *singing* allsång **-ize** ['kɔmjunaiz] göra till gemensam egendom

commut|ability [kə‚mjuːtə'biliti] utbytbarhet **-able** [-'mjuːtəbl] utbytbar **-ation** [‚kɔmju(:)-'teiʃ(ə)n] *s, äv. ticket* säsongbiljett; *A.* månadsbiljett etc. **-ator** ['kɔmju(:)teitə] *elektr.* strömvändare **-e** [-'mjuːt] **1** förvandla, utbyta **2** resa fram o. tillbaka varje dag till arbetet, pendla **-er** [-'mjuːtə] pendlare, *se commute* 2

compact I *s* ['kɔmpækt] **1** fördrag, överenskommelse **2** puderdosa **II** *a* [kəm'pækt] fast,

45

companion–compress

tät, kompakt; koncis **III** *v* [kəm'pækt] fast
sammanfoga, sammanpressa; sammansätta
companion [kəm'pænjən] **I** *s* **1** följeslagare,
kamrat **2** sällskapsdam **3** lägsta graden i orden
4 pendang, motstycke **5** handbok **6** = ~
hatch, ~ *ladder*, ~ *way*; ~ *hatch* kajutkapp;
~ *ladder* trappa som leder till halvdäck; ~
way kajuttrappa **II** *v* **1** beledsaga **2** umgås
3 höra till **-able** [-əbl] trevlig, sällskaplig **-ship**
kamratskap
company ['kʌmp(ə)ni] **1** sällskap **2** umgänge;
främmande; besök **3** [teater]sällskap, trupp
4 bolag **5** kompani **6** *ship's* ~ befäl o.
besättning; *bear (keep)* ~ hålla sällskap; *keep* ~
with sällskapa med, vara tillsammans med;
for ~ för sällskaps skull; *see little* ~ ha litet
umgänge; *part* ~ *with* skiljas från; ~ *sergeant-
major* fanjunkare
compar|able ['kɔmp(ə)rəbl] jämförlig, jäm-
förbar, som kan liknas (*to* vid) **-ative** [kəm-
'pærətiv] **I** *a* **1** komparativ, jämförande **2** rela-
tiv **II** *s*, *gram*. komparativ **-atively** [kəm'pæ-
rətivli] *adv*, jämförelsevis, relativt **-e** [kəm-
'pɛə] **I** *v* **1** jämföra **2** *gram*. komparera;
nobody can ~ *with him* ingen kan jämföras
med honom **II** *s*, *beyond (past)* ~ oförlik-
nelig[t] **-ison** [kəm'pærisn] *s* **1** *bear (stand)*
~ *with* uthärda jämförelse med **2** *gram*, kom-
paration
compartment [kəm'pa:tmənt] avdelning;
kupé; *glove* ~ handskfack
compass ['kʌmpəs] **I** *s* **1** omkrets; område
2 *mus*. omfång **2** omväg **4** kompass; ~ *plat-
form (binnacle)* kompasshus **5** [*pair of*] ~*es*
passare; *box of* ~*es* cirkelbestick **II** *v* **1** gå
runt **2** omge, innesluta **3** [upp]fatta **4** uttänka,
planlägga **5** vinna, uppnå, fullfölja **--card**
kompassros
compassion [kəm'pæʃ(ə)n] medkänsla **-ate**
[-ənit] medlidsam, deltagande
compass-window ['kʌmpəs,windəu] utbyggt
fönster, burspråk
compatib|ility [kəm,pætə'biliti] förenlighet **-le**
[kəm'pætəbl] förenlig
compatriot [kəm'pætriət] landsman
compeer [kɔm'piə] jämlike; kamrat
compel [kəm'pel] tvinga; tilltvinga sig **-ling**
[-iŋ] tvingande, bindande
compendium [kəm'pendiəm] sammandrag,
kompendium
compensat|e ['kɔmpenseit] kompensera; ut-
jämna; ersätta, gottgöra **-ion** [,kɔmpen-
'seiʃ(ə)n] kompensation; utjämning; ersätt-
ning, gottgörelse; skadestånd
compet|e [kəm'pi:t] tävla: konkurrera **-ence,
-ency** ['kɔmpit(ə)ns, -i] **1** sakkunskap; be-
hörighet **2** välstånd **-ent** ['kɔmpit(ə)nt] **1** dug-
lig, kompetent **2** behörig **-ition** [,kɔmpi'ti-
ʃ(ə)n] tävlan, -ing; konkurrens **-itive** [-'pe-
titiv] konkurrenskraftig **-itor** [-'petitə] [med]-
tävlare; konkurrent
compil|ation [,kɔmpi'leiʃ(ə)n] kompilation,
-ering **-e** [kəm'pail] kompilera; plocka ihop
-er [kəm'pailə] kompilator
complacen|ce, -cy [kəm'pleisns, -i] självbe-
låtenhet; välbehag **-t** självbelåten, förnöjd
complain [kəm'plein] klaga, beklaga sig (*of*
över, *to* för) **-t 1** klagan, klagomål; *hand.*
reklamation **2** ont, åkomma
complaisan|ce [kəm'pleiz(ə)ns] foglighet, för-
bindlighet, älskvärdhet **-t** artig, älskvärd;
medgörlig

complement I *s* ['kɔmplimənt] **1** komplement
2 fullt (behövligt) antal **3** *gram*. [predikats]-
fyllnad **II** *v* ['kɔmpliment] komplettera **-ary**
[,kɔmpli'ment(ə)ri] fyllnads-, komplement-
complet|e [kəm'pli:t] **I** *a* komplett, fullstän-
dig; färdig; fulländad, fullkomlig **II** *v* **1** av-
sluta, fullborda **2** komplettera, fullständiga
-ion [-'pli:ʃ(ə)n] **1** komplettering, fullständi-
gande **2** fullbordan[de], avslutning
complex ['kɔmpleks] **I** *s* komplex (i olika bet.)
II *a* **1** sammansatt **2** komplicerad, invecklad
-ion [kəm'plekʃ(ə)n] **1** hy **2** karaktär, prägel,
utseende; *put a new* ~ *on* kasta nytt ljus över
-ity [kəm'pleksiti] invecklad beskaffenhet
complian|ce [kəm'plaiəns] tillmötesgående,
samtycke; eftergivenhet; *in* ~ *with* i enlighet
med **-t** tillmötesgående; eftergiven
complicat|e **I** *a* ['kɔmplikit] *se complicated*
II *v* ['kɔmplikeit] inveckla, komplicera **-ed**
['kɔmplikeitid] invecklad, komplicerad **-ion**
[,kɔmpli'keiʃ(ə)n] **1** inveckling **2** förveckling,
komplikation
complicity [kəm'plisiti] medbrottslighet
compliment I *s* ['kɔmplimənt] komplimang,
artighet; ~*s*, *äv*. hälsning[ar]; ~*s of the season*
jul- o. nyårsönskningar **II** *v* ['kɔmpliment]
komplimentera, lyckönska (*on* till); förära
-ary [,kɔmpli'ment(ə)ri] *a*, artighets-; ~ *copy*
friexemplar; ~ *ticket* fribiljett
compline ['kɔmplin] kompletorium, aftonbön
(i kloster)
comply [kəm'plai] *v*, ~ *with* gå in på, åtlyda,
efterkomma, iaktta
component [kəm'pəunənt] **I** *a* beståndns- **II** *s*
[beståndns]del, komponent, sammansättnings-
led
comport [kəm'pɔ:t] *v*, ~ *o.s.* uppföra sig; ~
with stå i överensstämmelse med, anstå
compos|e [kəm'pəuz] **1** komponera **2** författa,
utarbeta **3** utgöra, bilda [tillsammans] **4** *boktr.*
sätta **5** samla (tankar etc.), ordna **6** bilägga,
stilla (tvist etc.); ~ *o.s.* samla sig, lugna sig
-ed [-d] lugn, samlad **-er** [-ə] kompositör **-ite**
['kɔmpəzit] **I** *a* sammansatt, blandad **II** *s* sam-
mansättning, blandning **-ition** [,kɔmpə'ziʃ(ə)n]
1 samman-, hopsättning **2** utarbetande, för-
fattande; komponerande **3** litterärt arbete,
alster; konstverk; *mus*. komposition **4** upp-
satsskrivning **5** läggning, natur **6** förlikning,
avtal (om vapenvila) **7** *hand*. ackord **-itor**
[-'pɔzitə] *boktr.* sättare
compost ['kɔmpɔst] kompost
composure [kəm'pəuʒə] fattning, sans, lugn
compote ['kɔmpɔt] kompott
compound I *v* [kəm'paund] **1** blanda till-
sammans, sammansätta **2** göra upp (tvist etc.);
göra sig kvitt genom ackord **3** förlikas **4**
lämna (ta emot) skadeersättning (*for* för)
II ['kɔmpaund] **I** *a* sammansatt **2** *s* samman-
sättning; *gram*. sammansatt ord; läger
comprehen|d [,kɔmpri'hend] **1** begripa, fatta
2 inbegripa, omfatta, innehålla **-sibility**
['kɔmpri,hensə'biliti] begriplighet **-sible**
[-səbl] begriplig **-sion** [-nʃ(ə)n] **1** fattnings-
förmåga; uppfattning **2** sammanfattning, in-
begripande; omfattning, omfång **-sive** [-siv]
omfattande, innehållsrik; mångsidig; enhets-;
~ *faculty* fattningsförmåga; ~ *school* grund-
skola (*ung*.)
compress I *v* [kəm'pres] **1** pressa ihop; kom-
primera **2** *fig*. sammantränga; ~*ed air* tryck-
luft, komprimerad luft **II** *s* ['kɔmpres] kom-

press; vått omslag **-ibility** [kəm͵presi'biliti] kompressibilitet **-ible** [kəm'presəbl] sammantryckbar **-ion** [kəm'preʃ(ə)n] sammantryckning, -trängning, press; kompression; koncentration (i uttryck etc.) **-or** [kəm'presə] kompressor

comprise [kəm'praiz] omfatta; innehålla; inbegripa

compromise ['kɔmprəmaiz] **I** *s* kompromiss; eftergift **II** *v* **1** kompromissa; göra ackord **2** kompromettera **3** blottställa; utsätta för fara

comptometer [kɔmp'tɔmitə] räknemaskin

comptroller [kən'trəulə] *se* controller

compuls|ion [kəm'pʌlʃ(ə)n] tvång **-ive** [-siv] tvingande; tvångs- **-ory** [-s(ə)ri] **1** nödtvungen; obligatorisk **2** tvingande, tvångs-

compunction [kəm'pʌŋ(k)ʃ(ə)n] samvetsbetänkligheter, skrupler

comput|able [kəm'pju:təbl] beräknelig **-ation** [͵kɔmpju(:)'teiʃ(ə)n] beräkning; överslag; kostnadsförslag; [slut]summa **-e** [-t] beräkna, uppskatta **-er** [-ə] datamaskin; ~ *language* data[maskin]språk **-erize** [-əraiz] databehandla; förse med datamaskin[er]

comrade ['kɔmrid] kamrat

con [kɔn] **I** *v* **1** studera; ~ [*over*] lära sig utantill **2** *A.* lura, dupera; ~ *a ship* lotsa ett fartyg, se roderorder **II** *s A.*, ~[*man*] bondfångare, bedragare; *pros and* ~*s* för o. emot

concatenate [kɔn'kætineit] *fig.* hoplänka, sammanbinda

concav|e ['kɔn'keiv] **I** *a* konkav **II** *s* konkav yta; [himla]valv **-ity** [kɔn'kæviti] urholkning

conceal [kən'si:l] dölja, gömma, hemlighålla **-ment** [-mənt] **1** döljande, hemlighållande **2** hemlighet; gömställe

concede [kən'si:d] medge, ge efter, bevilja; ~ *a game* förlora

conceit [kən'si:t] **1** inbilskhet, egenkärlek, fåfänga **2** *åld.* (sökt) kvickhet, tankelek, fantastisk tanke; *in his own* ~ i hans egna ögon; *I am out of* ~ *with* jag har mist lusten för **-ed** [-id] inbilsk, egenkär

conceiv|able [kən'si:vəbl] tänkbar; möjlig; fattbar **-e** [-v] **1** uttänka, hitta på **2** föreställa sig, fatta **3** bli havande [med]; avla

concentr|ate ['kɔns(ə)ntreit] **1** sammanföra; dra samman (trupper) **2** koncentrera [sig] **-ation** [͵kɔns(ə)n'treiʃ(ə)n] koncentrering, -ation; koncentrat; ~ *camp* koncentrationsläger **-ic** [kɔn'sentrik] koncentrisk

concept ['kɔnsept] begrepp **-ion** [kən'sepʃ(ə)n] **1** befruktning **2** föreställning, uppfattning; begrepp **3** tanke, idé **-ional** [kən'sepʃənl] **1** avlelse- **2** begreppsmässig **-ive** [kən'septiv] fruktbar (om sinnet); idérik **-ual** [kən'septjuəl] = *conceptional*

concern [kən'sə:n] **I** *v* beträffa, angå, röra; ~ *o.s.* bekymra (befatta, bry) sig; *be* ~*ed* *a* vara bekymrad, orolig *b* intresserad; inblandad; berörd; *as far as I am* ~*ed* vad mig beträffar **II** *s* **1** angelägenhet **2** andel; delaktighet **3** företag, firma, affär **4** omsorg, oro, bekymmer; *have no* ~ *with* ha ngt att göra med; *have no* ~ *for* inte bekymra (bry) sig om; *it is no* ~ *of yours* det angår inte er **-ing** [-iŋ] angående, beträffande **-ment** [-mənt] **1** angelägenhet **2** betydelse **3** delaktighet; inblandning **4** bekymmer

concert I *s* ['kɔnsət] **1** konsert **2** *in* ~ i samförstånd, tillsammans; ~ *grand* konsertflygel **II** *v* [kən'sə:t] avtala, göra upp, planera, enas

om **-ed** [kən'sə:tid] gemensam **-ina** [͵kɔnsə'ti:nə] dragspel **-o** [kən'tʃɔ:təu] konsert

concessi|on [kən'seʃ(ə)n] **1** medgivande; beviljande; tillmötesgående **2** koncession; upplåtelse av jord **-ve** [-siv] medgivande

conch [kɔŋk] snäcka, mussla

conciliat|e [kən'silieit] försona, stämma gunstig, vinna **-ion** [-͵sili'eiʃ(ə)n] **1** förenande; försoning; förlikning **2** försonlighet **-or** [-ə] förlikningsman; fredsstiftare **-ory** [-iət(ə)ri] försonande, försonlig, konciliant

concinnity [kɔn'siniti] skönhet, elegans

concis|e [kən'sais] kortfattad, koncis **-ion** [-'siʒ(ə)n] korthet, koncentration

conclave ['kɔnkleiv] konklav; enskild rådpläggning

conclu|de [kən'klu:d] **1** [av]sluta, slutföra **2** sluta (fördrag etc.) **3** dra slutsats, sluta, konkludera **-sion** [-ʒ(ə)n] slut, avslutning; avslutande; slutsats; *in* ~ till sist; *try* ~*s with* mäta sig med; *jump to* ~*s* dra förhastade slutsatser **-sive** [-siv] slutlig; avgörande, bindande

concoct [kən'kɔkt] koka ihop, uppdikta, uttänka, laga till **-ion** [-kʃ(ə)n] **1** hopkokning; [hop]kok **2** planläggning, anstiftan; påhitt

concomitant [kən'kɔmit(ə)nt] *a* o. *s* beledsagande (omständighet)

concord ['kɔŋkɔ:d] **1** endräkt **2** överenskommelse **3** *gram.* kongruens **-ance** [kən'kɔ:d(ə)ns] konkordans, överensstämmelse **-ant** [kən'kɔ:d(ə)nt] överensstämmande; samstämmig **-at** [kɔn'kɔ:dæt] konkordat; överensstämmelse

concourse ['kɔŋkɔ:s] tillströmning, tillopp; sammanlopp; folkmassa

concret|e ['kɔnkri:t] **I** *a* **1** konkret **2** fast, hård **3** av betong **II** *s* **1** konkret ord (sak) **2** betong; ~ *mixer* betongblandare; ~ [*pillbox*] betongvärn; **III** *v* **1** behandla med betong **2** [kən'kri:t] ge fast form åt **-ion** [kən'kri:ʃ(ə)n] sammansmältning

concubine ['kɔŋkjubain] konkubin, frilla, älskarinna

concupiscen|ce [kən'kju:pis(ə)ns] sexuellt begär, lystnad **-t** sensuell, lysten

concur [kən'kə:] **1** sammanfalla **2** medsamverka **3** instämma **-rence** [-'kʌr(ə)ns] **1** sammanträffande **2** samverkan, medverkan **3** instämmande; samstämmighet; samtycke **-rent** [-'kʌr(ə)nt] **1** jämlöpande **2** samverkande, medverkande **3** samstämmig

concussion [kən'kʌʃ(ə)n] *s*, ~ *of the brain* hjärnskakning

condemn [kən'dem] **1** [för]döma; utdöma, kondemnera **2** förklara förbruten, konfiskera; *the* ~*ed cell* de dödsdömdas cell **-ation** [͵kɔndem'neiʃ(ə)n] dom, fördömelse; expropriation **-atory** [-nət(ə)ri] fördömande, fällande

condens|ation [͵kɔnden'seiʃ(ə)n] kondensering; förtätning **-e** [kən'dens] **1** kondensera **2** koncentrera **3** avkorta, tränga ihop; ~*d milk* kondenserad mjölk **-er** [-ə] kondensator

condescen|d [͵kɔndi'send] nedlåta sig **-ding** [-iŋ] nedlåtande **-sion** [-nʃ(ə)n] nedlåtenhet

condign [kən'dain] välförtjänt

condiment ['kɔndimənt] krydda

condition [kən'diʃ(ə)n] **I** *s* **1** villkor **2** stånd, [levnads]ställning **3** tillstånd, skick; åkomma; *a nervous* ~ en nervös åkomma; ~*s äv.* betingelser, förhållanden; *poor driving* ~*s*

dåliga körförhållanden; *in (out of)* ~ i gott (dåligt) skick, i (ur) form; ~ *of readiness* stridsberedskap (*A*.) **II** *v* **1** uppställa som villkor **2** betinga, bestämma **3** försätta i god kondition, behandla, förbättra **4** förbinda sig; *be* ~*ed by* vara betingad av **-al** [-nl] **I** *s* konditionalis **II** *a* villkorlig, konditional
condole [kən'dəul] *v*, ~ *with* kondolera (*on* med anledning av) **-nce** [-əns] beklagande, deltagande
condom ['kɔndəm] kondom
condone [kən'dəun] **1** förlåta **2** gottgöra, försona
condor ['kɔndɔ:] kondor
conduc|e [kən'dju:s] leda (tjäna)till; befrämja **-ive** [-siv] *a*, ~ *to* som bidrar till, [be]främjande
conduct I *s* ['kɔndʌkt] **1** ledning **2** uppförande **3** skötsel **II** *v* [kən'dʌkt] **1** leda, [an]föra **2** dirigera **3** handha, förvalta; ~ *o.s.* uppföra sig; ~*ed tour* sällskapsresa **-ance** [kən'dʌktns] **-ibility** [kən‚dʌkti'biliti] *fys.* ledande **-ible** [kən'dʌktəbl] *fys.* ledande **-ion** [kən'-'dʌkʃ(ə)n] *fys.* överförande, ledande, ledning **-ive** [kən'dʌktiv] *se conductible* **-ivity** [‚kəndʌk'tiviti] *se conductance* **-or** [kən'dʌktə] **1** ledare **2** dirigent **3** konduktör **4** åskledare
conduit ['kɔndit] ledning, rör; kanal
cone [kəun] **1** kon, kägla **2** strut **3** kotte
coney ['kəuni] *se cony*
confab ['kɔnfæb] småprat **-ulate** [kən'fæbjuleit] samtala **-ulation** [kən‚fæbju'leiʃ(ə)n] samtal, samspråk
confection [kən'fekʃ(ə)n] **I** *s* **1** tillblandning **2** ötsaker, konfekt **3** damplagg, konfektionsklänning, -kappa **II** *v* tillverka **-er** [-ə] sockerbagare, konditor **-ery** [-ʃnəri] **1** sötsaker, konditorivaror **2** konditori, konfektaffär
confedera|cy [kən'fed(ə)rəsi] allians; förbund; sammansvärjning; konfederation; *the* *C*~ sydstaterna under am. inbördeskriget **-te** **I** *a* [-d(ə)rit] förbunden, konfedererad **II** *s* [-d(ə)rit] bundsförvant; medbrottsling **III** *v* [-dəreit] förena [sig], ingå förbund **-tion** [-‚fedə'reiʃ(ə)n] [stats]förbund, konfederation
confer [kən'fɔ:] **1** förläna, tilldela (*s.th. on somebody* ngn ngt) **2** samspråka, överlägga **-ence** ['kɔnf(ə)r(ə)ns] konferens, överläggning **-ment** [-mənt] förlänande, utdelande
confess [kən'fes] **1** erkänna, bekänna **2** bikta **-ant** [-ənt] biktbarn **-edly** [-idli] enligt egen bekännelse, uppenbarligen **-ion** [-eʃ(ə)n] [synda-, tros]bekännelse; bikt **-ional** [-eʃənl] **I** *a* **1** konfessionell **2** bekännelse-, bikt- **II** *s* biktstol **-or** [-ə] **1** bekännare **2** biktfader
confidant *fem.* **-e** [‚kɔnfi'dænt] en förtrogen
confide [kən'faid] **1** lita, tro (*in* på) **2** anförtro (*to* åt); anförtro sig (*in* åt) **-nce** ['kɔnfid(ə)ns] **1** tillförsikt, självförtroende **2** förtroende **3** förtroligt meddelande; ~ *man* (*trickster*) bondfångare **-nt** ['kɔnfid(ə)nt] **I** *a* **1** självsäker, trygg **2** tillitsfull, säker **II** *s* förtrogen **-ntial** [‚kɔnfi'denʃ(ə)l] förtrolig; konfidentiell, hemlig; ~ *clerk* prokurist
configuration [kən‚figju'reiʃ(ə)n] gestalt, gestaltning, kontur[er], form
confine I *v* [kən'fain] **1** begränsa, inskränka **2** hålla fängslad, stänga in; *be* ~*d* ligga i barnsäng; *be* ~*d to one's bed* vara sängliggande **II** *s* ['kɔnfain] ~*s, pl* gräns[er] **-ment** [-mənt] **1** fångenskap **2** barnsäng, förlossning **3** inskränkning, begränsning

confirm [kən'fə:m] **1** befästa; stärka **2** bekräfta **3** konfirmera **-ation** [‚kɔnfə'meiʃ(ə)n] **1** [be]styrkande; bekräftelse **2** konfirmation **-ative** [-ətiv] **-atory** [-ət(ə)ri] bekräftande, bestyrkande **-ed** [-d] inbiten, inrotad, kronisk; obotlig **-ee** [‚kɔnfə'mi:] konfirmand
confiscat|e ['kɔnfiskeit] konfiskera, lägga beslag på **-ion** [‚kɔnfis'keiʃ(ə)n] konfiskering; indragning
conflagration [‚kɔnflə'greiʃ(ə)n] storbrand
conflict I *s* ['kɔnflikt] konflikt, strid, sammanstötning; motsats, motsättning *v* [kən'flikt] stöta samman, strida; komma i konflikt, råka i strid (*with* med) **-ing** [kən'fliktiŋ] stridande, motsägande
conflu|ence ['kɔnfluəns] **1** sammanflöde **2** tillopp **-ent** [-ənt] **I** *a* hopflytande, sammanlöpande **II** *s* biflod, samflod **-x** [-flʌks] *se confluence*
conform [kən'fɔ:m] **1** bringa i överensstämmelse; foga, lämpa (*to* efter) **2** rätta (foga, lämpa) sig; vara förenlig; ~ *o.s.* anpassa sig till **-able** [-əbl] **1** överensstämmande **2** eftergiven, medgörlig **-ation** [‚kɔnfɔ:'meiʃ(ə)n] **1** gestalt[ning], form, struktur **2** anpassning **-ist** konformist, medlem av engelska statskyrkan **-ity** [-iti] överensstämmelse, likhet; *in* ~ *with your orders* enligt era instruktioner
confound [kən'faund] **1** förbrylla, förvirra, förvåna **2** förväxla; röra ihop **3** gäcka, göra om intet; ~ *it, you!* anamma! **-ed** [-id] förbaskad
confraternity [‚kɔnfrə'tə:niti] brödraskap
confront [kən'frʌnt] **1** konfrontera, ställa ansikte mot ansikte **2** ställa sig (stå) mitt emot, möta, göra motstånd mot **-ation** [‚kɔnfrʌn-'teiʃ(ə)n] konfrontering, -ation
Confucianism [kən'fju:ʃjəniz(ə)m] konfucianism
confus|e [kən'fju:z] förvirra; bringa i oordning; förväxla **-ion** [-u:ʒ(ə)n] **1** oordning, förvirring **2** sammanblandning, förväxling **3** förlägenhet, blygsel **4** *åld.* fördärv; anamma!
confut|ation [‚kɔnfju:'teiʃ(ə)n] vederläggning **-e** [kən'fju:t] vederlägga
congeal [kən'dʒi:l] göra (bli) stel; isa, frysa till is
congenetic [‚kɔndʒi'netik] av liknande ursprung
congenial [kən'dʒi:njəl] **1** sympatisk, i ngns smak; behaglig **2** besläktad, kongenial, samstämd
congenital [kən'dʒenitl] medfödd
conger ['kɔŋgə] havsål
congest [kən'dʒest] *v*, ~*ed* a blodöverfylld **b** *fig.* till trängsel fylld; överbefolkad **-ion** [-ʃ(ə)n] **1** blodträngning **2** stockning (i trafik etc.); överbefolkning
conglomerat|e I [kən'glɔmərit] **I** *a* hopgyttrad **2** *s* hopgyttring, konglomerat **II** *v* [kən-'glɔməreit] hopgyttra[s] **-ion** [kən‚glɔmə'reiʃ(ə)n] hopgyttring, samling
Congo ['kɔŋgəu] *the* ~ Kongo
congrats [kən'græts] grattis!
congratulat|e [kən'grætjuleit] gratulera, lyckönska **-ion** [-‚grætju'leiʃ(ə)n] lyckönskning **-ory** [-lət(ə)ri] lyckönskande, lyckönsknings-
congregat|e ['kɔŋgrigeit] hopsamla, församla; samlas, församla sig **-ion** [‚kɔŋgri'geiʃ(ə)n] *kyrk.* kongregation, församling, menighet
congress ['kɔŋgres] **1** kongress **2** *C*~ den lagstiftande församlingen i Förenta staterna, Kongressen **-ional** [kɔn'greʃənl] kongress-
C-man [-mən] medlem av *Congress*

congru|ence ['kɔŋgruəns] **1** kongruens **2** överensstämmelse **-ity** [kɔŋ'gru(:)iti] **1** överensstämmelse **2** följdriktighet **3** lämplighet **-ous** [-əs] **1** överensstämmande **2** följdriktig **3** lämplig

coni|c[al] ['kɔnik, -(ə)l] konisk, kägelformad **-fer** ['kəunifə] barrträd **-ferous** [kə(u)'nifərəs] *a,* ~ *forest* barrskog **-form** ['kəunifɔːm] konformad

conjectur|al [kən'dʒektʃ(ə)r(ə)l] gissnings-, beroende på gissning **-e** [-ʃə] **I** *v* gissa, förmoda **II** gissning

conjoin [kən'dʒɔin] förena [sig] **-t** ['kɔndʒɔint] förenad; förbunden

conjugal ['kɔn(d)ʒug(ə)l] äktenskaplig

conjugat|e **I** *v* ['kɔn(d)ʒugeit] **1** konjugera **2** para sig **II** *a* ['kɔn(d)ʒugit] **1** förenad i par **2** (ord) av samma stam **-ion** [,kɔn(d)ʒu'geiʃ(ə)n] konjugation

conjunct [kən'dʒʌŋ(k)t] förenad; med- **-ion** [-(k)ʃ(ə)n] **1** förening, förbindelse **2** *gram., astr.* konjunktion; *in* ~ *with* i anslutning till; i samverkan med **-ive** [-iv] förbindande; konjunktions- **-ure** [-tʃə] sammanträffande (av omständigheter); kritisk tidpunkt

conjur|e **1** [kən'dʒuə] besvärja, bönfalla **2** ['kʌn(d)ʒə] trolla; frambesvärja (andar) **-er, -or** ['kʌn(d)ʒ(ə)rə] trollkarl

conk [kɔŋk] **I** *v* krångla, gå sönder; *the engine ~ed out* motorn dog **II** *s, sl.* näsa

connect [kə'nekt] **1** förena, ansluta; koppla [till, ihop]; associera **2** hänga ihop, ha anslutning, stå i förbindelse **-ed** [-id] **1** besläktad, förbunden **2** sammanhängande; *be well* ~ ha inflytelserika släktingar

Connecticut [kə'netikət] delstat i USA

connect|ing-rod [kə'nektiŋ,rɔd] vevstake **-ion** [-kʃ(ə)n] **1** förening, förbindelse; anslutning **2** *tekn.* koppling **3** sammanhang; samband **4** kundkrets, klientel **5** (religiöst) samfund **-ive** [-iv] *a,* ~ *tissue* bindväv

connexion [kə'nekʃ(ə)n] *se connection*

conning ['kɔniŋ] *s,* ~ *tower* kommando-, strids-, manövertorn

conniption [kə'nipʃ(ə)n] *A.* = ~ *fit* hysteriskt anfall

conniv|ance [kə'naiv(ə)ns] efterlåtenhet; tyst medgivande **-e** [-v] se genom fingrarna (*at* med), blunda (*at* för)

connoisseur [,kɔnə'səː] kännare

connot|ation [,kɔnə(u)'teiʃ(ə)n] bibetydelse **-e** [kɔ'nəut] (om ord) ha bibetydelsen [av], innebära

connubial [kə'njuːbjəl] äktenskaplig

conque|r ['kɔŋkə] erövra, övervinna; segra **-rable** [-(ə)rəbl] möjlig att erövra (etc.) **-ror** [-(ə)rə] erövrare; besegrare; *the C~* Vilhelm Erövraren **-st** ['kɔŋkwest] *s, the C~* normandernas erövring av England 1066

conquistador [kɔn'k(w)istədɔ:] *hist.* conquistador, spansk erövrare

consanguin|eous [,kɔnsæŋ'gwiniəs] blodsförvant **-ity** [-iti] blodfrändskap, släktskap

conscien|ce ['kɔnʃ(ə)ns] samvete; *in all* ~, *upon my* ~ sannerligen, uppriktigt; ~ *clause* bestämmelse angående värnpliktsvägrare **-tious** [,kɔnʃi'enʃəs] samvetsgrann; ~ *objector* värnpliktsvägrare

conscious ['kɔnʃəs] **1** medveten **2** vid medvetande **-ness** [-nis] **1** medvetenhet **2** medvetande

conscript I *a o. s* ['kɔnskript] utskriven, konskriberad [soldat]; värnpliktig **II** *v* [kən'skript] utta till krigstjänst, inkalla **-ion** [kən'skripʃ(ə)n] tvångsuttagning till krigstjänst, inkallelse, värnplikt

consecrat|e ['kɔnsikreit] **I** *a* invigd, helgad **II** *v* inviga; helga; ägna **-ion** [,kɔnsi'kreiʃ(ə)n] **1** invigning; helgande; ägnande **2** biskopsinvigning

consecutive [kən'sekjutiv] på varandra följande, följdriktig

consensus [kən'sensəs] samstämmighet

consent [kən'sent] **I** *v* samtycka; gå med (*to* på) **II** *s, by common* ~ enhälligt

consequen|ce ['kɔns(i)kwəns] **1** följd, slutsats **2** betydelse, vikt; *in* ~ följaktligen; *in* ~ *of* till följd av; *of no* ~ utan betydelse; *a man of* ~ en inflytelserik man **-t I** *a* **1** åtföljande, som följer **2** följdriktig **II** *s* följd, efterled **-tial** [,kɔnsi'kwenʃ(ə)l] **1** därav följande; följdriktig **2** viktig, dryg **-tly** [-tli] följaktligen, därför

conserv|ation [,kɔnsə:'veiʃ(ə)n] bibehållande; bevarande; ~ *of nature* naturvård **-atism** [kən'sə:vətiz(ə)m] konservatism **-ative** [kən'sə:v(ə)tiv] *s o. a* konservativ; *pol.* högerman; höger- **-ator** ['kɔnsə(:)veitə] upprätthållare, bevarare **2** [kən'sə:vətə] intendent, konservator **-atory** [kən'sə:vətri] **1** drivhus, orangeri **2** [musik]konservatorium **-e** [kən'sə:v] **I** *v* bevara; vidmakthålla; förvara **II** *s pl,* ~*s* inlagd frukt, sylt

consider [kən'sidə] **1** överväga, betänka, ta i betraktande **2** ta hänsyn till, tänka på **3** anse, tro **-able** [-d(ə)rəbl] betydlig, avsevärd, ansenlig **-ate** [-d(ə)rit] omtänksam **-ation** [kən,sidə'reiʃ(ə)n] **1** övervägande, betraktande; hänsynstagande, beaktande **2** hänsyn **3** ersättning, belöning; *for a* ~ mot ersättning; *in* ~ *of* med hänsyn till; *take into* ~ ta i övervägande, ta hänsyn till; *on no* ~ på inga villkor **-ing** [-d(ə)riŋ] **1** i betraktande av, med hänsyn till **2** på det hela taget, efter omständigheterna

consign [kən'sain] **1** överlämna; anförtro **2** [av]sända **3** deponera **-ation** [,kɔnsai'neiʃ(ə)n] **1** avsändande, konsignering **2** utbetalning, deposition; *to the* ~ *of* adresserad till **-ee** [,kɔnsai'niː] mottagare **-ment** [-mənt] **1** ut-, överlämnande **2** [av]sändning; konsignation **3** varuparti, försändelse **-ment-note** fraktsedel **-or** [-ə] avsändare

consist [kən'sist] **1** bestå (*of* av, *in* i) **2** stämma överens (*with* med) **-ence** [-(ə)ns] **-ency** [-(ə)nsi] **1** konsistens **2** fasthet **3** (*consistency*) konsekvens, följdriktighet **-ent** [-(ə)nt] överensstämmande; förenlig; konsekvent

consistor|ial [,kɔnsis'tɔ:riəl] konsistoriell, konsistorie- **-y** [kən'sist(ə)ri] **1** konsistorium **2** kardinalskollegium

consol|able [kən'səuləbl] tröstlig **-ation** [,kɔnsə'leiʃ(ə)n] tröst **-atory** [-'sɔlət(ə)ri] tröstande **-e I** *v* [kən'səul] trösta **II** *s* ['kɔnsəul] konsol, stöd

consolidat|e [kən'sɔlideit] **1** göra tät (fast) **2** befästa, konsolidera **3** sammanslå; ~*d annuities* = *consols* **-ion** [kən,sɔli'deiʃ(ə)n] konsolidering

consols [kən'sɔlz] *BE.* statsobligationer

consonan|ce ['kɔnsənəns] konsonans, samklang, harmoni **-t I** *a* överensstämmande, harmonisk **II** *s* konsonant **-tal** [,kɔnsə'næntl] konsonantisk

consort I *s* ['kɔnsɔ:t] **1** maka, make, gemål **2** eskortfartyg; *prince* ~ prinsgemål **II** *v* [kən-'sɔ:t] **1** umgås, sällskapa (*with* med) **2** passa; harmoniera **-ium** [kən'sɔːtjəm] konsortium
conspectus [kən'spektəs] översikt
conspicuous [kən'spikjuəs] iögonenfallande; framstående, bemärkt; *he was* ~ *by his absence* han lyste med sin frånvaro
conspir|acy [kən'spirəsi] sammansvärjning, -gaddning, komplott **-ation** [ˌkɔnspi'reiʃ(ə)n] samverkan **-ator** [-ətə] konspiratör **-e** [-'spaiə] **1** sammansvärja sig **2** samverka **3** stämpla för, arbeta på
constab|le ['kʌnstəbl] [polis]konstapel; *Lord High C*~ riksmarskalk **-ulary** [kən'stæbjuləri] **I** *a* polis- **II** *s* poliskår
constan|cy ['kɔnst(ə)nsi] **1** beständighet, varaktighet **2** ståndaktighet; trofasthet **-t 1** [be]ständig, konstant; stadig, ståndaktig; trogen **-tly** [-tli] [jämt o.] ständigt
constellation [ˌkɔnstə'leiʃ(ə)n] konstellation, stjärnbild
consternation [ˌkɔnstə(:)'neiʃ(ə)n] bestörtning
constipation [ˌkɔnsti'peiʃ(ə)n] förstoppning
constituen|cy [kən'stitjuənsi] valkrets, valmanskår **-t I** *a* bestånds- **2** väljande, val- **3** konstituerande **II** *s* **1** beståndsdel **2** uppdragsgivare **3** valman, väljare
constitut|e ['kɔnstitjuːt] **1** insätta [som], förordna [till], utnämna **2** konstituera, inrätta **3** utgöra, bilda **-ion** [ˌkɔnsti'tjuːʃ(ə)n] **1** konstituering; bildande; sammansättning **2** författning, grundlag **3** kroppskonstitution **-ional** [ˌkɔnsti'tjuːʃənl] **I** *a* **1** konstitutionell; medfödd; naturlig **2** grundlags-, författningsenlig **II** *s* motion[spromenad] **-ive** ['kɔnstitjuːtiv] grundläggande, konstituerande
constrain [kən'strein] **1** tvinga **2** lägga band på **3** hindra; begränsa **-ed** [-d] tvungen, onaturlig **-t 1** tvång; inspärrning **2** tvungenhet, förlägenhet
constrict [kən'strikt] sammandra **-ion** [-kʃ(ə)n] sammandragning **-or** [-ə] sammandragande muskel; [*boa*] ~ boaorm
constringent [kən'strin(d)ʒnt] sammandragande
construct [kən'strʌkt] konstruera; uppföra, bygga **-ion** [-kʃ(ə)n] **1** konstruktion; uppförande, byggande **2** byggnad **3** tolkning **-ional** [-kʃənl] **1** konstruktions-, byggnads- **2** hörande till byggnadsstommen (grundplanen) **3** beroende på tolkningen **-ive** [-iv] uppbyggande, konstruktiv **-or** [-ə] konstruktör
construe [kən'struː] **1** *gram.* analysera, ta ut satsdelar; konstruera **2** tolka, utlägga
consubstanti|al [ˌkɔnsəb'stænʃ(ə)l] av samma väsen[de] **-ation** ['kɔnsəbˌstænʃi'eiʃ(ə)n] närvaron av Kristi lekamen i nattvarden
consuetudinary [ˌkɔnswi'tjuːdinəri] hävdvunnen
consul ['kɔns(ə)l] konsul **-ar** ['kɔnsjulə] konsuls-; konsulat- **-ate** ['kɔnsjulit] **-ship** konsulat
consult [kən'sʌlt] **1** rådfråga, konsultera **2** rådslå, överlägga **3** ta hänsyn till, tänka på; ~*one's pillow* sova på saken **-ant** [-ənt] **1** rådsökande **2** konsulterande läkare **-ation** [ˌkɔns(ə)l'teiʃ(ə)n] konsultation; överläggning **-ative** [-ətiv] rådgivande **-ing-room** mottagningsrum
consum|able [kən'sjuːməbl] som kan kon-

sumeras; konsumtions- **-e** [-m] **1** förtära, förinta; konsumera; förbruka **2** ~ *away* ödsla bort **3** förtäras; fyllas, överväldigas **-edly** [-dli] *åld.* våldsamt **-er** [-ə] förbrukare, konsument; ~ *goods* konsumtionsvaror
consummat|e I *a* [kən'sʌmit] fulländad, perfekt **II** *v* ['kɔnsəmeit] fullborda **-ion** [ˌkɔnsə-'meiʃ(ə)n] fullbordan, fulländning
consumpt|ion [kən'sʌm(p)ʃ(ə)n] **1** förtäring, förstöring **2** tärande sjukdom; lungsot **3** förbrukning, konsumtion **-ive** [-(p)tiv] **I** *a* **1** lungsjuk **2** förtärande, förödande **II** *s* lungsjuk
contact I *s* ['kɔntækt] **1** kontakt, beröring, förbindelse **2** ev. smittobärare; ~ *mine* kontaktmina **II** *v* [kən'tækt] komma i (ta) kontakt med
contag|ion [kən'teidʒ(ə)n] **1** smitta **2** smittosam sjukdom **3** *fig.* besmittelse, gift **-ious** [-dʒəs] smittosam; smittoförande
contain [kən'tein] **1** innehålla; rymma **2** behärska, tygla (känslor etc.) **3** *mil.* hålla, hindra, binda; ~ *o.s.* behärska sig; *24* ~*s 3* 24 är jämnt delbart med **3 -able** [-əbl] möjlig att hindra, begränsa (etc.) **-er** [-ə] behållare, container
contaminat|e [kən'tæmineit] [för]orena, besmitta; fördärva **-ion** [-ˌtæmi'neiʃ(ə)n] **1** besmittelse, [för]orening **2** förvanskning **3** *språkv.* kontamination
contemn [kən'tem] förakta
contemplat|e ['kɔntempleit] **1** betrakta **2** begrunda, fundera på **3** planera, överväga **-ive 1** ['kɔntempleitiv] begrundande, tankfull **2** [kən'templətiv] kontemplativ
contempor|aneous [kənˌtempə'reinjəs] samtidig **-ary I** *a* ['temp(ə)rəri] **I** *a* samtidig; samtida; nutida **II** *s* samtida
contempt [kən'tem(p)t] förakt; *hold in* ~ förakta; ~ *of court* domstolstrots **-ibility** [kənˌtem(p)tə'biliti] föraktlighet **-ible** [-əbl] föraktlig **-uous** [-juəs] föraktfull
contend [kən'tend] **1** strida **2** tävla **3** tvista **4** påstå
1 content ['kɔntent] **1** (*äv. pl* ~*s*) innehåll **2** innebörd **3** volym; *table of* ~*s* innehållsförteckning
2 content [kən'tent] **I** *a* nöjd, belåten **II** *s* belåtenhet; *to one's heart's* ~ av hjärtans lust **III** *v* tillfredsställa
content|ion [kən'tenʃ(ə)n] **1** strid[ighet]; tvist **2** tävlan **3** påstående; *bone of* ~ tvistefrö **-ious** [-ʃəs] **1** stridslysten, grälsjuk **2** tvistig; ~ *issue* tvistefråga
contentment [kən'tentmənt] belåtenhet; förnöjsamhet
contest I *s* ['kɔntest] **1** strid, kamp **2** tävlan **3** ordstrid **II** *v* [kən'test] **1** bestrida; bekämpa **2** tävla om; tävla om **3** debattera; ~ *a seat* kandidera (vid val) **-able** [kən'testəbl] som kan bestridas **-ant** [kən'testənt] stridande, tävlande; deltagare i *contest* **-ation** [ˌkɔntes'teiʃ(ə)n] **1** tvist, dispyt **2** påstående **3** bestridande
context ['kɔntekst] sammanhang **-ual** [kən-'tekstjuəl] framgående (ur) sammanhanget **-ure** [kən'tekstʃə] struktur, [upp]byggnad
contigu|ity [ˌkɔnti'gjuː)iti] beröring, omedelbar närhet; nära grannskap **-ous** [kən'tigjuəs] angränsande, närliggande, berörande
continen|ce ['kɔntinəns], **-cy** [-si] återhållsamhet; måttlighet; kyskhet **-t I** *a* återhållsam; kysk **II** *s* **1** *the C*~ Europas fastland **2** världsdel **-tal** [ˌkɔnti'nentl] **I** *a* kontinental,

contingency–convexity

fastlands-; ~ *shelf* kontinentalhylla; ~ *slope* kontinentalsluttning; *C*~ *Divide* floddelaren i västra Nordamerika **II** *s* fastlandseuropé

contingen|cy [kən'tin(d)ʒ(ə)nsi] ovisshet; tillfällighet; eventualitet; *-cies* oförutsedda utgifter **-t I** *a* **1** eventuell, oviss **2** villkorlig; beroende (*on* på) **3** tillfällig **II** *s* **1** = *contingency* **2** kontingent

continu|al [kən'tinjuəl] ständig[t] återkommande] **-ance** [-əns] **1** fortvaro, -sättande; varaktighet **2** kvarstannande **-ation** [-,tinju-'eiʃ(ə)n] **1** fortsättning, förlängning **2** prolongation **-e** [-u(:)] fortsätta, fortfara med; bibehålla **-ity** [,kɔnti'nju(:)iti] kontinuitet; oavbrutet sammanhang; ~ *girl* scripta **-ous** [-əs] kontinuerlig; oavbruten; sammanhängande, ständig[t pågående]

contort [kən'tɔ:t] [för]vrida **-ion** [-'tɔ:ʃ(ə)n] vridning, grimas **-ionist** [-'tɔ:ʃnist] **1** ormmänniska **2** ordvrängare

contour ['kɔntuə] **I** *s* kontur **II** *v* uppdra konturerna av; ~ *line* höjdkurva; ~ *map* karta med höjdkurva

contra ['kɔntrə] mot[sida]; *per* ~ å kreditsidan

contraband ['kɔntrəbænd] smuggling; smuggelgods

contrabass ['kɔntrə'beis] basfiol, kontrabas

contracept|ion [,kɔntrə'sepʃ(ə)n] födelsekontroll **-ive** [-ptiv] preventiv[medel]

contract I *s* ['kɔntrækt] kontrakt, överenskommelse, avtal; förlovning; *by private* ~ under hand **II** *v* [kən'trækt] **1** sammandra[s], minska[s]; dra ihop sig **2** avtala, förbinda sig **3** vinna; ådra sig; ~*ed ideas* trångsynta idéer; ~ *for* avsluta kontrakt om **-ibility** [kən-,træktə'biliti] kontraktionsförmåga **-ible** [kən-'træktəbl] samman-, hopdragbar **-ile** [kən-'træktail] hopdragbar; ~ *undercarriage* hopfällbart landningsställ (*flyg.*) **-ion** [kən-'trækʃ(ə)n] **1** samman-, hopdragning; förkortning; minskning **2** inskränkning **3** ådragande **-or** [kən'træktə] entreprenör, leverantör **-ual** [kən'træktjuəl] kontraktsenlig, kontrakts-; ~ *wage increase* avtalsenlig löneökning

contradict [,kɔntrə'dikt] bestrida; motsäga; säga emot **-ion** [-kʃ(ə)n] motsägelse, inkonsekvens **-ory** [-(ə)ri] motsägande, oförenlig

contradistin|ction [,kɔntrədis'tiŋ(k)ʃ(ə)n] åtskillnad **-guish** [-ŋgwiʃ] [åt]skilja (genom motsats)

contralto [kən'træltəu] alt

contraposition [,kɔntrəpə'ziʃ(ə)n] motsättning, -ställning

contraption [kən'træpʃ(ə)n] apparat, manick, grej[or]

contrary ['kɔntrəri] **I** *a* **1** motsatt, stridande; ~ *to* (*äv.*) tvärt emot **2** ogunstig, vidrig **3** [*äv.* kən'trɛəri] enveten, omöjlig (att ha att göra med) **II** *s* motsats; *on the* ~ tvärtom; *to the* ~ i motsatt syfte; däremot; *I know nothing to the* ~ jag vet ingenting som motsäger detta **III** *adv*, ~ *to* tvärt emot

contrast I *s* ['kɔntra:st] kontrast **II** *v* [kən-'tra:st] kontrastera (*with* mot); jämföra (*with* med)

contraven|e [,kɔntrə'vi:n] **1** överträda, kränka **2** bestrida, motsäga **3** komma i strid (konflikt) med **-tion** [,kɔntrə'venʃ(ə)n] överträdelse, kränkning

contribut|e [kən'tribju(:)t] bidra [med]; ~ *to*

medverka till **-ion** [,kɔntri'bju:ʃ(ə)n] bidrag; tillskott; krigsskatt **-or** [-utə] medarbetare; bidragsgivare **-ory** [-ut(ə)ri] **1** bidragande, som lämnar bidrag **2** bidragande (omständighet etc.)

contrit|e ['kɔntrait] botfärdig, ångerfull, förkrossad **-ion** [kən'triʃ(ə)n] förkrosselse

contriv|ance [kən'traiv(ə)ns] **1** uppfinning[s-förmåga]; planläggning **2** knep, påhitt **3** anordning, apparat **-e** [-v] **1** uttänka, uppfinna; planera **2** finna medel till, lyckas; hushålla **-er** [-ə] **1** uppfinnare, upphovsman **2** ränksmidare **3** *she is a good* ~ hon hushållar bra

control [kən'trəul] **I** *s* **1** kontroll; herravälde; myndighet; hållhake **2** *psykol.* kontrollgrupp **3** regulator; roder; *birth* ~ födelsekontroll; ~*s*, *pl* kontrollinstrument; *flyg.* styrapparat, styrning **II** *v* behärska; övervaka, kontrollera; sköta; styra **--column** *se control-stick* **-lable** [-əbl] kontrollerbar **-ler** [-ə] kontrollant, övervakare; styresman **--lever, -stick** *flyg.* styrspak **--tower** trafiktorn; manövertorn

controvers|ial [,kɔntrə'və:ʃ(ə)l] **1** kontroversiell; strids- **2** stridslysten **-y** ['kɔntrəvə:si] kontrovers, tvist, strid, polemik; *beyond* ~ obestridlig[t]

contumac|ious [,kɔntju(:)'meiʃəs] halsstarrig, ohörsam, tredsk **-y** ['kɔntjuməsi] tredska, genstävighet

contumely ['kɔntju(:)mli] skymf, hån; vanära

contus|e [kən'tju:z] stöta, ge blåmärke **-ion** [-u:ʒ(ə)n] kontusion, blåmärke

conundrum [kə'nʌndrəm] gåta

conurbation [,kɔnə:'beiʃ(ə)n] storstadsregion, tätortsregion

convalesce [,kɔnvə'les] tillfriskna **-nce** [-ns] konvalescens, tillfrisknande **-nt I** *a* tillfrisknande **II** *s* konvalescent

convene [kən'vi:n] sammankomma; sammankalla

convenien|ce [kən'vi:njəns] lämplighet; bekvämlighet; förmån; *at your earliest* ~ så snart det är er möjligt; *make a* ~ *of a p.* utnyttja ngn skamligt; *marriage of* ~ konvenansparti **-t** lämplig, passande; bekväm

convent ['kɔnv(ə)nt] kloster

convention [kən'venʃ(ə)n] **1** sammankomst, konvent **2** avtal, överenskommelse, konvention **3** konvenans, god ton, etikett **-al** [-ʃənl] **1** överenskommen, fördragsenlig **2** vedertagen, konventionell

conventual [kən'ventjuəl] kloster-

converge [kən'və:dʒ] [låta] sammanlöpa (mot en punkt), sammanstråla **-nce** [-ʒ(ə)ns] **-ncy** [-ʒ(ə)nsi] konvergens **-nt** [-ʒ(ə)nt] konvergerande, sammanlöpande

convers|able [kən'və:səbl] språksam, underhållande **-ant** [-s(ə)nt] förtrogen, hemmastadd **-ation** [,kɔnvə'seiʃ(ə)n] konversation, samtal **-e I** *v* [kən'və:s] konversera **II** ['kɔnvə:s] **1** *a* motsatt, omvänd **2** *s* omvänt förhållande, motsats

conver|sion [kən'və:ʃ(ə)n] **1** förändring, om-, förvandling; aptering **2** omvändelse **3** konvertering; omräkning **-t I** *v* [kən'və:t] förvandla; omforma; aptera; omvända, konvertera, omvända **II** *s* ['kɔnvə:t] omvänd, proselyt **-ter** [-tə] omformare **-tible** [-təbl] **I** *a* som kan förvandlas etc., *se convert I* **II** *s* cabriolet **-tor** [-tə] *A. se converter*

convex ['kɔn'veks] konvex **-ity** [kɔn'veksiti] konvexitet, utbuktning

51

convey [kən'vei] **1** föra, transportera; överbringa **2** överföra, förmedla **3** meddela, bibringa, uttrycka **-able** [-əbl] möjlig att överföra **-ance** [-e(i)əns] **1** befordran, transport; överförande, ledning **2** fortskaffningsmedel **3** *jur.* överlåtelse[handling] **-or** [-ə] *s*, ~ *belt* transportband

convict **I** *s* ['kɔnvikt] straffånge, brottsling **II** *v* [kən'vikt] förklara skyldig, fälla; ~ *of* övertyga om **-ion** [kən'vikʃ(ə)n] **1** överbevisande, fällande **2** övertygelse

convince [kən'vins] övertyga

convivial [kən'viviəl] festlig; sällskaplig

convo|cation [,kɔnvə(u)'keiʃ(ə)n] **1** sammankallande, kallelse **2** församling **3** *C*~ universitetssenat i Oxf. **-ke** [kən'vəuk] sammankalla

convolut|[ed] ['kɔnvəlu:t(id)] *biol.* hoprullad **-ion** [,kɔnvə'lu:ʃ(ə)n] hoprullning; veck; buktighet

convoy ['kɔnvɔi] **I** *s* konvoj; eskort **II** *v* konvojera; eskortera

convuls|e [kən'vʌls] uppskaka, sätta i skakning; försätta i krampryckningar (paroxysmer); ~ *with laughter* vrida sig av skratt **-ion** [-lʃ(ə)n] konvulsion[er], krampryckning[ar]; paroxysmer **-ive** [-iv] konvulsivisk, krampaktig; ~ *twitch* nervös ryckning, spasm

cony ['kəuni] kaninskinn; *åld.* kanin

coo [ku:] **I** *s* kutter **II** *v* kuttra

cook [kuk] **I** *s* kock; kokerska, köksa **II** *v* **1** koka, tillaga, laga (mat) **2** *fig.* koka ihop; förfalska **-er** [-ə] **1** kokkärl; spis **2** frukt som är lämplig att koka; matäpple **3** förfalskare **-ery** [-əri] kokkonst **-ery-book** kokbok **--house** kabyss; ältkök

cookie ['kuki] *A.* liten, tunn kaka

cooking-range ['kukinrein(d)ʒ] kokspis

cooky *se cookie*

cool [ku:l] **I** *a* **1** kylig, sval; kallsinnig **2** lugn, kallblodig **3** ogenerad, fräck; *a* ~ *customer* en fräck gynnare **II** *s* svalka **III** *v* avkyla svalka; svalna; ~ *one's heels* vänta länge **-ant** [-ənt] kylmedel **-er** [-ə] **1** kylare, kylfat **2** fängelse[cell] **--headed** kallblodig

coolie ['ku:li] kuli

coolish ['ku:liʃ] sval, något kylig

cooly *se coolie*

coomb [ku:m] dal

coon [ku:n] **1** (= *raccoon*) tvättbjörn **2** neger **3** filur; *a* ~*'s age* en evighet

coop [ku:p] **I** *s* bur (för höns, kaniner etc.) **II** *v*, ~ *[in]* sätta i bur, stänga in

co-op ['kəu'ɔp] *se co-operate*

cooper ['ku:pə] tunnbindare

co-operat|e [kəu'ɔpəreit] samarbeta **-ion** [-,ɔpə'reiʃ(ə)n] **1** samarbete, samverkan **2** kooperation **-ive** [-'ɔp(ə)rətiv] *a* **1** samverkande **2** kooperativ, konsumtions-; ~ *shop* (*store*) konsumbutik

coopery ['ku:pəri] tunnbinderi

co-opt [kəu'ɔpt] invälja

co-ordinat|e [kəu'ɔ:dnit] **I** *a* likställd, samordnad; *mat.* koordinat- **II** *s* koordinata **III** *v* [-dineit] samordna, koordinera **-ion** [-,ɔ:di-'neiʃ(ə)n] samordning, koordinering; likställdhet **-ive** [-dinətiv] samordnande

coot [ku:t] sothöna

1 cop [kɔp] garnspole

2 cop [kɔp] **1** *s* polis, byling **II** *v* haffa, hugga; ~ *it* få på pälsen

copartner ['kəupa:tnə] kompanjon, medintressent **-ship** [med]delägarskap; bolag

cope [kəup] **I** *s* **1** [kor]kåpa **2** valv, kupol; ~ *of heaven* himlavalv **II** *v* **1** klä i kåpa **2** förse med murkappa **3** välva sig över; ~ *with* gå i land med; mäta sig med

Copenhagen [,kəupn'heig(ə)n] Köpenhamn

copilot ['kəupailət] *flyg.* andrepilot

coping ['kəupin] *byggn.* krönlist, murkappa

copious ['kəupjəs] ymnig, riklig; ordrik

copper ['kɔpə] **I** *s* **1** koppar **2** kopparmynt **3** kopparkittel **4** *sl.* polis; *cool one's* ~*s* ta en återställare; ~ *beech* blodbok **II** *a* av koppar, koppar- **III** *v* koppra, kopparförhyda **-as** [-rəs] grön [järn]vitriol **-plate** kopparplåt; kopparstick; ~ [*writing*] skönskrift **--smith** kopparslagare

coppice ['kɔpis] skogsdunge

copra ['kɔprə] kopra

copse [kɔps] *se coppice*

copula ['kɔpjulə] kopula, förbindelseord **-te** [-leit] para sig **-tion** [,kɔpju'leiʃ(ə)n] parning

copy ['kɔpi] **I** *s* **1** exemplar, nummer (av tidning el. bok) **2** avskrift, kopia **3** manuskript (till sättning); annonstext **4** material, "story"; *it will make good* ~ det blir en bra artikel **II** *v* kopiera; imitera, ta efter **--book** välskrivningsbok **-hold** åborätt; frälsehemman **--reader** korrekturläsare på tidning **-right** **I** *s* författar- o. förlagsrätt, copyright **II** *a* skyddad av författarrätt **III** *v* förvärva förlagsrätten till **--writer** copywriter, reklamtextförfattare

coquet|ry ['kɔkitri] koketteri **-te** [kɔ'ket] **I** *s* [en] kokett **II** *v* kokettera

coracle ['kɔrəkl] (slags) fiskarbåt (av läderöverdraget vide)

coral ['kɔr(ə)l] **I** *s* korall **2** barnskallra **II** *a* korallröd

cord [kɔ:d] **I** *s* **1** rep, snöre, snodd, sträng; kord (i bildäck); *spinal* ~ ryggmärg; *vocal* ~ stämband **2** korderoj **3** famn (vedmått) **II** *v* binda med rep (snöre etc.) **-age** [-idʒ] tågvirke

cordate ['kɔ:deit] hjärtformig

cordelier [,kɔ:di'liə] franciskanermunk

cordial ['kɔ:djəl] **I** *a* **1** hjärtlig **2** hjärtstärkande **II** *s* hjärtstärkande medel; styrketår

cordite ['kɔ:dait] röksvagt krut, kordit

cordon ['kɔ:dn] **1** kordong, kedja (av poliser etc.) **2** ordensband; snodd **3** *byggn.* murkrans

corduroy ['kɔ:dərɔi] manchestersammet; ~*s* manchesterbyxor

core [kɔ:] **I** *s* **1** kärnhus; det innersta (av ngt); kärna, hjärta; *to the* ~ alltigenom, genom **II** *v* ta ut kärnor ur

co-respondent ['kəuris,pɔndənt] person som anklagas i skilsmässomål för äktenskapsbrott med annan persons make (maka)

corf [kɔ:f] fisksump

cork [kɔ:k] **I** *s* kork **II** *a* **III** *v* **1** (= ~ *up*) korka igen (upp) **2** svärta (med bränd kork); ~ *jacket* flytväst, livbälte **-er** [-ə] *sl.* slående argument **2** grov lögn **3** praktexemplar; styv karl **-ing** [-iŋ] utmärkt, fin[t] **--screw** **I** *s* korkskruv **II** *v* röra [sig] i spiral, slingra sig **-y** [-i] **1** korklik **2** ytlig, yster; (om häst) lättskrämd

cormorant ['kɔ:m(ə)r(ə)nt] *zool.* skarv

corn [kɔ:n] **I** *s* **1** korn (av vete, havre, peppar etc.) **2** säd, spannmål **3** vete **4** *Sk.* havre **5** *A.* majs **6** liktorn **II** *v* konservera, salta in **--chandler** [-,tʃa:ndlə] spannmålshandlare **--cob** majskolv **-crake** kornknarr

cornea ['kɔ:niə] hornhinna
cornel ['kɔ:nl] *bot.* kornell
corner ['kɔ:nə] **I** *s* **1** hörn, vinkel **2** *börs.* ring, corner **3** *fotb.* hörna; *turn the* ~ vika om hörnet, passera den kritiska punkten; *in a* ~ i hemlighet; *make a* ~ *in* uppköpa (varor i spekulationssyfte) **II** *v* **1** förse med hörn **2** tränga in i ett hörn; få fast **3** = *make a* ~ *in* **-man** [-mən] luffare **--stone** hörnsten; *fig.* grundval
cornet ['kɔ:nit] **1** *mus.* kornett **2** strut; glasstrut
corn|-exchange ['kɔ:niks'tʃein(d)ʒ] spannmålsbörs **--factor** spannmålshandlare **--field** *A.* majsfält **-flour** finsiktat mjöl, majsmjöl **-flower** blåklint
cornice ['kɔ:nis] kranslist, kornisch
Cornish ['kɔ:niʃ] kornisk, från Cornwall
corn|meal ['kɔ:nmi:l] *A.* majsmjöl **-stalk** *A.* majsstjälk **-starch** *A.* majsstärkelse
cornucopia [ˌkɔ:nju'kəupjə] ymnighetshorn
corny ['kɔ:ni] **1** sädesrik **2** *A.* gammalmodig, naiv, banal
corolla [kə'rɔlə] [blom]krona
corona [kə'rəunə] **1** solkorona; mångård **2** *anat.* tandkrona **-l** ['kɔrənl] krona, krans **-ry** ['kɔrənəri] kransliknande; ~ [*thrombosis*] hjärtinfarkt **-tion** [ˌkɔrə'neiʃ(ə)n] kröning
corone|r ['kɔrənə] undersökningsdomare (vid dödsfall, olycksfall etc.); ~'s *inquest* likbesiktning, förhör (inför jury)
coronet ['kɔrənit] **1** [adels]krona **2** diadem **-ed** [-id] prydd med *coronet*; högadlig
corporal ['kɔ:p(ə)r(ə)l] **I** *a* kroppslig; lekamlig; ~ *punishment* kroppsaga, -straff **II** *s* korpral **-ity** [ˌkɔ:pə'ræliti] **1** kroppslighet **2** *pl, corporalities* kroppsliga behov
corporat|e ['kɔ:p(ə)rit] samfälld; kollektiv; tillhörande en korporation; *A.* företags-; ~ *town* stadskommun **-ion** [ˌkɔ:pə'reiʃ(ə)n] **1** korporation; juridisk person; skrå; *A.* [aktie]bolag **2** *municipal* ~ stadsstyrelse **3** [ister]buk
corporeal [kɔ:'pɔ:riəl] kroppslig, lekamlig
corps [kɔ:] (*pl* ~ [kɔ:z]) kår
corpse [kɔ:ps] lik **--candle** irrbloss; ljus vid bår
corpulen|ce ['kɔ:pjuləns] korpulens **-t** korpulent
corpus ['kɔ:pəs] kropp; lekamen; *C*~ *Christi* ['kristi] Heliga lekamens fest; ~ *delicti* [di'liktai] föremålet för ett brott **-cle** ['kɔ:pʌsl] **--cule** [kɔ:'pʌskju:l] **1** blodkropp **2** ätom, smådel
corral [kɔ:'rɑ:l] **I** *s* **1** inhägnad (för hästar etc.) **2** vagnborg **II** *v* **1** instänga **2** ordna en vagnborg **3** *A.* lägga beslag på, hugga
correct [kə'rekt] **I** *a* korrekt; riktig **II** *v* **1** rätta; ändra **2** tillrättavisa, bestraffa **-ion** [-kʃ(ə)n] **1** rättelse, ändring **2** tillrättavisning; tuktan; *speak under* ~ säga (ngt) med reservation **-ive** [-iv] **I** *a* förbättrande, neutraliserande, mildrande **II** *s* korrektiv; botemedel **-or** [-ə] en som rättar; korrekturläsare
correlat|e ['kɔrileit] **I** *s* korrelat; motsvarighet **II** *v* sätta (stå) i växelförhållande **-ion** [ˌkɔri-'leiʃ(ə)n] korrelation, växelförhållande **-ive** [kɔ'relətiv] motsvarande
correspond [ˌkɔris'pɔnd] **1** överensstämma; motsvara [varandra]; ~ *to* (*with*) motsvara **2** korrespondera, brevväxla **-ence** [-əns] **1** motsvarighet; överensstämmelse **2** brevväxling, korrespondens; ~ *school* brevskola **-ent** [-ənt]

1 brevskrivare **2** korrespondent (vid tidning); insändare **3** affärsförbindelse
corridor ['kɔridɔ:] korridor **--train** tåg med genomgående korridor
corrig|endum ['kɔri'dʒendəm] ngt som bör rättas, fel **-ible** ['kɔridʒəbl] möjlig att rätta; förbätterlig
corrobor|ant [kə'rɔb(ə)r(ə)nt] *a o. s* stärkande [medel] **-ate** [-bəreit] bekräfta, bestyrka **-ation** [kərɔbə'reiʃ(ə)n] bekräftelse, bekräftande **-ative** [-ətiv] **-atory** [-ət(ə)ri] *a* stärkande; bestyrkande, bekräftande
corro|de [kə'rəud] fräta[s] bort (sönder) **-sion** [-ʒ(ə)n] frätning; korrosion **-sive** [-siv] *a o. s* frätande [medel]
corrugat|e ['kɔrugeit] skrynkla, lägga i veck; korrugera; ~*d iron* korrugerad plåt; ~*d paper* wellpapp **-ion** [ˌkɔrugeiʃ(ə)n] hoprynkning, veckning; veck
corrupt [kə'rʌpt] **I** *a* **1** fördärvad, skämd **2** depraverad **3** korrumperad; mutad **4** förvanskad **II** *v* **1** skämma **2** fördärva **3** korrumpera, muta **4** förvanska **-ion** [-pʃ(ə)n] **1** förskämning **2** sedefördärv **3** korruption, mutning[ssystem] **4** förvanskning
corsage [kɔ:'sɑ:ʒ] klänningsliv
corsair ['kɔ:sɛə] sjörövare; piratskepp
cors|elet ['kɔ:slit] bröstharnesk; korselett **-et** [-it] korsett **-let** *se corselet*
cort|ex ['kɔ:teks] bark (*äv.* hjärn-) **-ical** [-ik(ə)l] bark-, barkartad
coruscate ['kɔrəskeit] gnistra, blixtra, skimra
cosaque [kɔ'zɑ:k] smällkaramell
cose [kəuz] ha det skönt
cosh [kɔʃ] **I** *s* käpp (med blykula) **II** *v* slå, mörbulta
cosher ['kɔʃə] klema [bort]; kela
cosine ['kəusain] kosinus
cosmetic [kɔz'metik] *a o. s* skönhets[medel]; ~*s* kosmetika
cosmic[al] ['kɔzmik, -(ə)l] kosmisk
cosmo|graphy [kɔz'mɔgrəfi] världsbeskrivning **-naut** ['kɔzmənɔ:t] kosmonaut **-politan** [ˌkɔzmə(u)'pɔlit(ə)n] **-polite** [-pəlait] **I** *a* kosmopolitisk **II** *s* kosmopolit; världsborgare **-s** ['kɔzmɔs] världsallt[et], kosmos
cost [kɔst] **I** *s* kostnad[er], pris; bekostnad; ~*s* rättegångskostnader; *at all* ~*s* till varje pris; ~ *price* inköpspris **II** *v* (*äv. imperf o. perf part*) kosta; beräkna kostnader [för]; *o. him dearly* det stod honom dyrt
costal ['kɔstl] revbens-
Costa Rica ['kɔstə'ri:kə] Costa Rica
costermonger [ˈkɔstə,mʌŋgə] frukt-, grönsaksmånglare (på gatan)
costive ['kɔstiv] **1** förstoppad **2** njugg
costly ['kɔstli] dyrbar; kostsam
costume ['kɔstju:m] **I** *s* **1** (lands, tidsperiods) dräkt, kostym **2** [dam]dräkt **II** *v* kostymera
cosy ['kəuzi] **I** *s.* tehuv; äggvärmare **II** *a* varm o. behaglig; bekväm; [hem]trevlig
cot [kɔt] **1** liten säng, turistsäng; barnsäng **2** skeppskoj **3** *poet.* = *cottage*
cote [kəut] litet hus (för djur)
coterie ['kəutəri] kotteri
cottage ['kɔtidʒ] stuga, (enfamiljs) arbetarbostad **2** (mindre) villa; sommarstuga; ~ *hospital* sjukstuga; ~ *loaf* rund bulle med lock; ~ *piano* pianino **-r** [-ə] en som bebor en *cottage* **2** torpare
cotter ['kɔtə] sprint, kil
cotton ['kɔtn] **I** *a* bomulls- **II** *s* bomull **III** *v*,

~ [to] dra jämnt, komma överens; ~ on fatta, förstå; ~ up to göra sig god vän med **--grass** ängsull **--mill** bomullsspinneri **--tail** amerikansk vild kanin **--wool** ['kɔtn'wul] råbomull, bomullsvadd
1 couch [kautʃ] bot. kvickrot
2 couch [kautʃ] **I** s **1** bädd, läger **2** schäslong **II** v **1** fälla (lans) **2** avfatta, uttrycka **3** poet. ligga, vila **4** ligga på lur, krypa ihop **5** operera bort (starr)
cougar ['ku:gə] kuguar, puma
cough [kɔf] **I** s hosta, hostning **II** v, ~ up hosta upp; sl. klämma fram (sanningen); punga ut [med] **--drop, --lozenge** halstablett
could [kud] imperf av can **-n't** = could not **-st** åld., thou ~ du kunde
coulee [ku:'lei] **1** lavaström **2** lavin
coulisse [ku:'li:s] kuliss
coulter ['kəultə] plogjärn
council ['kaunsl] rådsförsamling, råd; koncilium, kyrkomöte; city ~ stadsfullmäktige; county ~ (ung.) landsting **--board** rådsbord **-lor** ['kaunsilə] medlem av council
counsel ['kauns(ə)l] **I** s **1** rådplägning **2** råd, anvisning **3** plan **4** advokat; ~ of perfection utmärkt råd (som ej går att följa); Queen's (King's) C~ kronjurist; titel given åt ansedda barristers; ~ for the defence (parts) rättegångsbiträde (koll.); keep one's own ~ hålla sina planer för sig själv; take ~ rådgöra (with hos) **II** v råda; tillråda **-lor** [-slə] **1** rådgivare **2** A. o. irl. advokat
count [kaunt] **I** v **1** räkna **2** inberäkna **3** räknas, gälla för ngt; ~ for vara värd, gälla; ~ in inberäkna; ~ on räkna med **II** s **1** räkning **2** slutsumma **3** jur. anklagelsepunkt **4** (utländsk) greve; do you take ~ of such things? bryr du dig om sådant? **-able** [-əbl] möjlig att räkna **--down** nedräkning (vid raketuppskjutning o. d.)
countenance ['kauntinəns] **I** s **1** ansiktsuttryck **2** ansikte **3** lugn, fattning **4** uppmuntran, uppskattning; he kept his ~ han behöll fattningen; han höll sig för skratt; put a p. out of ~ bringa ngn ur fattningen **II** v sanktionera, uppmuntra, stödja
counter ['kauntə] **I** s **1** disk (i affär, bank etc.) **2** spelmark, jetong **3** räknare, räkneapparat **4** motsats **5** (hästs) bringa **6** bakkappa (på skor) **II** a mot-; motsatt; fientlig **III** adv i motsatt riktning; ~ to tvärt emot
counter|- ['kauntə] mot- -act [,kauntə'rækt] motverka, neutralisera **-action 1** [,kauntə-'rækʃ(ə)n] motarbetande, -verkan, -stånd **2** ['kauntər,ækʃ(ə)n] motaktion **--agent** [-,reid-ʒ(ə)nt] motverkande (neutraliserande) medel **--balance I** s ['kauntə,bæləns] motvikt **II** v [,kauntə'bæləns] mot-, uppväga **-blast** fig. motstöt, häftig reaktion **--charge** motbeskyllning; motangrepp **--clockwise** ['kauntə-'klɔkwaiz] moturs **-feit** [-fit] **I** s förfalskning, efterapning **II** a förfalskad, oäkta **III** v **1** efterapa, förfalska **2** låtsa, hyckla **-foil** talong **-mand** [,kauntə'mɑ:nd] **I** v kontramandera, annullera **II** s kontramandering, annullering **-mark** kontrollstämpel **-move** motdrag **-pane** sticktäcke, sängöverkast **-part** motstycke, motsvarighet; motpart; dubblett, kopia **-point** mus. kontrapunkt **-sign I** s lösenord **II** v kontrasignera **--tenor** ['kauntə-'tenə] hög tenor **-weight** motvikt
countess ['kauntis] grevinna

counting-house ['kauntiŋhaus] [handels]kontor
countless ['kauntlis] otalig, oräknelig
country ['kʌntri] land; trakt; rike; landsort land[sbygd]; in the ~ på landet; appeal to the ~ vädja till folket (genom val) **--cousin** ['kʌntri'kʌzn] släkting (oskuld) från landet **--dance** ['kʌntri'dɑ:ns] angläs, (slags) folkdans **--house** ['kʌntri'haus] herrgård, gods, lantställe, herresäte **-man** [-mən] **1** landsman **2** lantman **--seat** ['kʌntri'si:t] se country--house **-side** [lands]bygd, trakt, landskap
county ['kaunti] grevskap; län; all the ~ was at the ball alla de fina familjerna var på balen; ~ administration (ung.) länsstyrelse; ~ council (ung.) landsting; ~ court (ung.) ting; ~ family adelssläkt med gods i grevskapet; ~ school kommunal skola; ~ town huvudstad i county
coup [ku:] kupp; ~ d'état ['ku:dei'tɑ:] statskupp; ~ de grace ['ku:də'grɑ:s] nådastöt
coupé ['ku:pei] kupé; tvåsitsig, täckt bil
couple ['kʌpl] I s par **II** v **1** [hop]koppla **2** förena **3** para [sig] **-et** ['kʌplit] rimmat verspar **-ing** [-iŋ] tekn. koppling
coupon ['ku:pɔn] kupong
courage ['kʌridʒ] mod **-ous** [kə'reidʒəs] modig, tapper, orädd
courier ['kuriə] kurir
course [kɔ:s] **I** s **1** lopp, bana, väg; kurs **2** sport. bana, fält **3** fig. väg; kurs **4** sätt, sätt **5** [läro]kurs **6** [mat]rätt **7** lager, skikt **8** [under]segel; ~ of exchange växelkurs; let things take their ~ låta sakerna ha sin gång; in due ~ i vederbörlig ordning; i sinom tid; in the ~ of under loppet av; of ~ naturligtvis **II** v **1** jaga, sätta efter **2** rinna, rusa, springa
court [kɔ:t] **I** s **1** domstol, rättssal **2** hov, hovstat **3** bana (för tennis etc.) **4** gård, gårdsplan; borggård **5** församling; ~ of justice, ~ of law domstol; pay ~ to uppvakta, göra sin kur; at ~ vid hovet; in ~ i rätten; inför rätta; settle s.th. out of ~ avgöra ngt genom förlikning **II** v **1** uppvakta, göra ngn sin kur **2** eftersträva, locka **3** utmana (ödet, faran etc.) **--card** klätt kort, målare **--day 1** (rätts) sessionsdag **2** mottagning[sdag] vid hovet **-eous** ['kə:tjəs] artig; hövisk **-esan** [,kɔ:ti'zæn] kurtisan, sköka **-esy** ['kə:tisi] artighet; tillmötesgående **--foot** hovnarr **-ier** [-jə] hovman **--jester** hovnarr **-ly** [-li] **1** hovmannalik, hövisk **2** fjäskande, underdånig **--martial** ['kɔ:t'mɑ:ʃ(ə)l] **I** s krigsrätt **II** v ställa inför krigsrätt **--plaster** ['kɔ:t'plɑ:stə] engelskt plåster **-ship** uppvaktning, frieri **-yard** gård-[splan]
cousin ['kʌzn] kusin; second ~ syssling; call ~s with räkna släkt med
cove [kəuv] **1** liten vik **2** skyddad plats. vrå, håla **3** karl, prisse
covenant ['kʌvənənt] **I** s avtal, överenskommelse; förbund **II** v träffa avtal, förbinda sig [till] **-er** [-ə] fördragsslutande part
Coventry ['kɔv(ə)ntri] Coventry; send a p. to ~ frysa ut ngn
cover ['kʌvə] **I** v **1** täcka, hölja; översålla; klä (över) **2** dölja; skydda **3** utgöra betäckning för **4** hålla på kornet, sikta på **5** sträcka sig över, omfatta **6** tillryggalägga **7** tidn. referera; ~ in bygga tak över; gräva igen, igenmylla (dike etc.); ~ up hölja överdölja; ~ed wagon prärievagn **II** s **1** betäckning **2** överdrag skynke; hölje; omslag, fodral; lock **3** kuvert

4 pärm[ar] **5** skydd **6** *fig.* täckmantel **7** snår; (djurs) ide, lya **8** [bords]kuvert **9** *hand.* täckning, säkerhet; *from ~ to ~* från pärm till pärm; *under ~ of religion* under religionens täckmantel; *~ girl* omslagsflicka **-age** [-ridʒ] täckning **-alls** [-,ɔːlz] overall **-ing** [-v(ə)riŋ] **I** *s* [be]täckning, -ande **II** *a*, *~ fire* eldunderstöd; *~ letter* följebrev, medföljande skrivelse **-let** [-lit] **--lid** sängöverkast

covert I *a* ['kʌvət] hemlig, förstulen **II** *s* ['kʌvə] **1** skydd, gömställe **2** snår, (djurs) lya **--coat** ['kʌvət'kəut] kort överrock **-ure** ['kʌvətjuə] betäckning, skydd; förklädnad

covet ['kʌvit] eftertrakta; begära **-ous** [-əs] lysten, girig (*for* efter)

covey ['kʌvi]**1** [rapphöns]kull, flock **2** hop

cow [kau] **I** *s* **1** ko **2** hona (elefant, noshörning, val etc.) **II** *v* skrämma, kuscha

coward ['kauəd] feg stackare, ynkrygg **-ice** [-is] feghet **-ly** [-li] *a* feg, rädd

cow|bane ['kaubein] *bot.* sprängört **-berry** [-,beri] lingon **-boy** cowboy **--catcher** [-,kætʃə] *A.* kofångare, plog på lokomotiv

cower ['kauə] krypa ihop, kura

cow|hand ['kauhænd] = *cowboy* **-hide 1** kohud **2** (flätad) läderpiska

cowl [kaul] **1** munkkåpa; huva, kapuschong **2** rökhuv, -hatt

cow|lick ['kaulik] [pann]lugg **--pox** kokoppor **--puncher** [-,pʌn(t)ʃə] = *cowboy* **-shed** ladugård **-slip** gullviva

cox [kɔks] **I** *s, se coxswain* **II** *v* styra

coxcomb ['kɔkskəum] fåfäng narr

coxswain ['kɔkswein, 'kɔksn] båtstyrare, styrman

coxy ['kɔksi] = *cocky*

coy [kɔi] (tillgjort) blyg; reserverad **-ness** [-nis] (tillgjord) blyghet

coyote ['kɔiəut] prärievarg

coze [kəuz] *v o. s* [ha en] pratstund

cozen ['kʌzn] bedra, lura, narra (*into* till) **-age** ['kʌznidʒ] bedrägeri

crab [kræb] **I** *s* **1** krabba **2** *the C~* Kräftan (*astr.*) **3** kran, spel, vinsch **4** vildäpple **5** [flat]-lus **6** olägenhet, avigsida; *catch a ~* (vid rodd) doppa åran oskickligt; *it turned out ~s* (*spelt.*) det slog fel **II** *v* **1** förtala, nedsätta **2** hindra, skada **3** förfuska **-bed** [-id]**1** sur, vresig, retlig **2** krånglig, trasslig; oläslig (om handstil)

crack [kræk] **I** *s* **1** spricka, rämna **2** brak, knall; knakande **3** hårt slag, rapp **II** *a* förstklassig, mäster-; *~ regiment* rangregemente (*ung.*); *~ shot* mästerskytt **III** *v* **1** knäcka, bräcka; brista, spricka **2** knaka, smälla, klatscha [med]; *~ a joke* skämta; *~ a problem* lösa ett problem; *~ up* störta samman, krossas; berömma, prisa **-ajack** ['krækədʒæk] *a o. s, A.* styv [karl] **--brained** [-breind] **-ed** [-t] förryckt, tokig **-er** [-ə] **1** en som knäcker etc., *se crack III* **2** smällare, smällkaramell **3** tunt, hårt o. mört käx; *Swedish ~s* knäckebröd **3** ~*s, pl* nötknäppare **6** *he was ~s* han var tokig **--jaw** tungvrickande **-le I** *v* spraka, knastra, krasa **II** *s* **1** sprakande, knastrande **2** krackelering **-ling** [-liŋ] **1** sprakande, knastrande **2** svål på ugnsteket skinka **-sman** [-smən] inbrottstjuv **-y** [-i] **1** sprickig **2** *se cracked*

cradle ['kreidl] **I** *s* **1** vagga **2** ställning, (rörlig) plattform; stapelsläde **3** avläggare (på pile) **4** klyka (på telefon) **5** benspjäla; *~ song* vaggvisa **II** *v* lägga i vagga; vagga

craft [krɑːft] **1** [hantverks]skicklighet **2** hantverk; yrke; konst **3** list, slughet **4** fartyg, farkost **-brother** yrkes-, skråbroder **-sman** [-smən] yrkesman, hantverkare; konstnär **-smanship** hantverksskicklighet; yrkesskicklighet **-y** [-i] listig, slug

crag [kræg] brant, skrovlig klippa; klippspets **-ged** [-id] **-gy** [-i] klippig; brant o. skrovlig

crake [kreik] **I** *s* ängsknarr **2** knarrande (av ängsknarr) **II** *v* knarra, kraxa

cram [kræm] **I** *v* fullstoppa, -packa, proppa **2** plugga [med ngn]; stormplugga **II** *s* **1** trängsel **2** plugg **3** lögn **-mer** [-ə] **1** privatlärare **2** lögn

cramp [kræmp] **I** *s* **1** kramp **2** krampa; ankarjärn; skruvtving **II** *v* **1** angripa med kramp; häftigt sammandra **2** inskränka, förlama, hindra; *~ up* instänga, intvinga, kringskära **-ed** [-t] **1** angripen av kramp **2** trång, inskränkt, begränsad **3** hopdragen, gnetig (om handstil) **--iron** [-,aiən] = *cramp I 2*

crampon ['kræmpən] **1** krampa **2** issko, -brodd

cranberry ['krænb(ə)ri] tranbär

crane [krein] **I** *s* **1** trana **2** lyftkran **3** hävert, sifon; *overhead* [*travelling*] *~* travers **II** *v* **1** lyfta (sänka) med kran **2** sträcka på halsen; *~ at* rygga tillbaka för **--fly** harkrank **-'s-bill** [-zbil] *bot.* geranium, näva

crani|um ['kreinjəm] (*pl -a* [-ə]) kranium **-crank** [kræŋk] **I** *s* **1** vev; knäböjd stång, axel etc. **2** fantast, monoman **II** *v* **1** böja (bryta) rätvinkligt **2** veva **--case** vevhus **--shaft** vevaxel **-y** [-i] lös, ostadig, skranglig; i olag **2** krasslig; retlig **3** excentrisk, monoman

cranny ['kræni] *s* springa, skreva

crape [kreip] kräpp, sorgflor

craps [kræps] *A.* (slags) tärningsspel

crapulent ['kræpjulənt] **1** omåttlig; supig **2** fyllsjuk

crash [kræʃ] **I** *v* **1** braka, skrälla; krossa[s]; göra (bli) bankrutt **2** *flyg.* störta, krascha; kvadda **3** tränga sig in (i sällskap objuden) **II** *s* **1** brak, skräll; buller **2** katastrof, olycka, störtning; krasch **3** handduksdräll; *~ barrier* utrullningshinder (på hangarfartyg); *~ helmet* störthjälm

crass [kræs] krass, grov

crate [kreit] spjällåda; packkorg; *sl.* (om bil el. flygplan) gammal kärra

crater ['kreitə] krater

cravat [krə'væt] halsduk

crave [kreiv] **1** *be om* **2** längta efter, kräva, ha behov av

craven ['kreiv(ə)n] **I** *a* feg **II** *s* feg stackare, ynkrygg; *cry ~* ge sig på nåd o. onåd

craw [krɔː] *s* kräva **-fish** *se crayfish*

crawl [krɔːl] **I** *v* **1** krypa, kravla, kräla; smyga **2** vimla, myllra **3** simma crawl **II** *s* **1** krypande, kravlande, krälande; smygande **2** crawlsim **-er** [-ə] **1** crawlsimmare **2** ~*s* (*pl*) overall för småbarn, sparkdräkt; *~ tractor* bandtraktor

crayfish ['kreifiʃ] kräfta

crayon ['kre(i)ən] **I** *s* **1** färgkrita **2** pastell **3** kolspets **II** *v* teckna med färgkrita

craz|e [kreiz] **I** *v* göra förryckt, rubba **II** *s* mani, dille -**y** [-i] **1** tokig, rubbad; ivrig, pigg (*about* på) **2** rucklig, bristfällig (om byggnader m. m.) **3** ~ *pavement* [trädgårds]gång med oregelbundet lagda stenplattor

creak [kriːk] **I** *v* knarra, gnissla **II** *s* knarr, gnisslande **-y** [-i] knarrande

cream [kri:m] **I** *s* **1** grädde **2** kräm **3** grädda, det bästa; ~ *of lime* rens.äckt kalk **II** *v* skumma **-ery** [-əri] mejeri[butik] **--faced** [-feist] blek **-y** [-i] **1** gräddlik, grädd- **2** rik o. fyllig

creas|e [kri:s] **I** *s* **1** [press]veck, rynka **2** *kricket.* mållinje **II** *v* vecka [sig], skrynkla [sig]; vika **-y** [-i] skrynklig

creat|e [kri:(:)'eit] **1** skapa, åstadkomma **2** utnämna **-ion** [-'eiʃ(ə)n] **1** skapande; skapelse **2** utnämning **3** produkt; kreation, [ny] modell **-ive** [-iv] *a* skapande **-or** [-ə] skapare, upphov **-ure** ['kri:tʃə] **1** varelse **2** *A.* nötkreatur **3** kreatur, verktyg; ~ *comforts* mat o. dryck, livets nödtorft

crèche [kreiʃ] barndaghem, barnkrubba

creden|ce ['kri:d(ə)ns] [till]tro **-tials** [kri'den-ʃ(ə)lz] rekommendationsbrev; (sändebuds) kreditiv

credib|ility [,kredi'biliti] trovärdighet **-le** ['kredəbl] trovärdig, trolig

credit ['kredit] **I** *s* **1** tilltro, tro **2** anseende, ära, förtjänst; rykte, heder, beröm **3** kredit **4** kredit[sida]; *be a* ~ *to* vara en heder för; *give a p.* ~ *for* [till]tro ngn om; hålla ngn räkning för; *take* ~ *for* ta åt sig äran för **II** *v* **1** tro; tilltro; **2** *hand.* kreditera, gottskriva; ~ *a p. with* = *give a p.* ~ *for*; ~ *card* kreditkort **-able** [-əbl] aktningsvärd, hedervärd **-or** [-ə] **1** borgenär, fordringsägare **2** *bokf.* kredit[sida]

credul|ity [kri'dju:liti] lätt-, godtrogenhet **-ous** ['kredjuləs] lättrogen, godtrogen

creed [kri:d] troslära, trosbekännelse

creek [kri:k] **1** liten vik, bukt; liten hamn **2** *A.* liten flod

creel [kri:l] **1** flätkorg, fiskkorg **2** hummertina

creep [kri:p] **I** *v* **1** krypa; smyga [sig]; klänga [sig] **2** dragga **II** *s* **1** krypande **2** kryphål **3** *it gives me the* ~s det kryper i mig **-er** [-ə] **1** krypare; kryp **2** klängväxt **3** dragg **-mouse** skygg, blyg **-y** [-i] **1** krypande **2** hemsk, kuslig

creese [kri:s] kris, malajisk dolk

cremat|e [kri'meit] bränna, kremera **-ion** [-'meiʃ(ə)n] eldbegängelse **-orium** [,kremə'tɔ:-riəm] **-ory** ['kremət(ə)ri] krematorium

crenel[l]ate ['krenileit] förse med tinnar (skottgluggar)

Creole ['kri:əul] *s* o. *a* kreol[sk]

creosote ['kriəsəut] kreosot; karbolsyra

crêpe [kreip] kräpp[liknande tyg]; ~ *de Chine* ['kreipdə'ʃi:n] crêpe de chine; ~ *paper* kräpppapper; ~ *rubber* rågummi

crepitate ['krepiteit] spraka, knastra; skramla

crepon ['krepɔ:(ŋ)] krepong, grov kräpp

crept [krept] *imperf* o. *perf part* av *creep*

crescendo [kri'ʃendəu] crescendo

crescent ['kresnt] **I** *s* **1** halvmåne, månskära **2** svängd husrad, halvmånformad gata **II** *a* **1** halvmånformad **2** tillväxande

cress [kres] krasse

cresset ['kresit] marschall

crest [krest] **I** *s* **1** [tupp]kam; [hår]tofs **2** hjälmbuske **3** *her.* hjälm, ornament (placerat ovanför vapen el. på brevpapper, bilar etc.); vapensköld **4** vågkam, bergskam; topp, krön **II** *v* **1** förse med [tupp]kam etc. **2** nå toppen av **3** (om vågor) häva sig **-fallen** [-,fɔ:l(ə)n] nedslagen, modfälld

cretin ['kretin] kretin

cretonne [kre'tɔn] kretong

crevasse [kri'væs] (djup) spricka, rämna (i glaciär)

crevice ['krevis] *s* springa, skreva

crew [kru:] **I** *s* **1** besättning, [pjäs]servis **2** arbetslag **3** band, följe; ~ *cut* snagg, snaggning; ~*'s accommodation* manskapsmäss; ~*'s quarters* trossbottnar (manskapsmässar) **II** *v* **1** bemanna **2** *imperf* av *crow*

crib [krib] **I** *s* **1** barnsäng, spjälsäng **2** koja; hydda **3** krubba; bås, kätte **4** ordagrann översättning, moja **5** plagiat **II** *v* **1** stänga in **2** knycka; plagiera; fuska (genom avskrivning)

cribbage ['kribidʒ] (slags) kortspel

crib-biter ['krib,baitə] krubbitare

crick [krik] *s,* ~ *in the neck* sendrag i nacken, nackspärr; ~ *in the back* ryggont

cricket ['krikit] **I** *s* **1** kricket[spel] **2** syrsa; *it's not* ~ det är inte rent spel **II** *v* spela kricket **-er** [-ə] kricketspelare **--ground** kricketplan

cried [kraid] *imperf* o. *perf part* av *cry*

crier ['kraiə] utropare, en som ropar

cries [kraiz] **I** *v, 3 pers sg* av *cry* **II** *s, pl* av *cry*

crikey ['kraiki] jösses!, du milde!

crime [kraim] **I** *s* brott **II** *v, mill.* rapportera, döma

Crimea [krai'miə] *the* ~ Krim

crim|e-sheet ['kraimʃi:t] *mil.* straffregister **-inal** ['kriminl] **I** *a* **1** brottslig **2** kriminell, brottmåls-; ~ *connexion (conversation)* äktenskapsbrott (*jur.*); ~ *law* strafflag **II** *s* brottsling **-inality** [,krimi'næliti] brottslighet **-inate** ['krimineit] **1** anklaga för brott **2** överbevisa om brott **3** fördöma, stämpla som brottslig; ~ *o.s.* blottställa sig

crimp [krimp] **I** *s* **1** värvare **2** veck **II** *v* **1** pressa (locka) ngn att ta hyra **2** krusa, vågla (hår)

crimson ['krimzn] **I** *s* o. *a* karmosin[röd] **II** *v* färga (bli) högröd; rodna

cringe [krin(d)ʒ] **I** *v* krypa ihop; buga sig (servilt) **II** *s* kryperi, inställsamhet

crinkl|e ['kriŋkl] **I** *v* vecka, rynka, krusa [sig] **II** *s* bukt; veck, skrynkla; våg (i hår) **-y** [-i] skrynklig, veckig; krusig

crinoline ['krinəli:n] **1** krinolin **2** torpednät

cripple ['kripl] **I** *s* krympling **II** *v* göra till krympling; förlama; *fig.* lamslå, göra obrukbar

cris|is ['kraisis] (*pl -es* [-i:z]) kris

crisp [krisp] **I** *a* **1** frisk, knaprig, mör **2** frisk, mjäll (om sallad etc.) **3** *fig.* fast, skarp; livlig; rask **4** krusig, krullig; (om sedel) fräsch, ovikt **II** *v* krusa, krulla (sig) **--bread** knäcke-, spisbröd

criss-cross ['kriskrɔs] **I** *s* **1** korsmönster, nätverk **2** virrvarr **3** luffarschack **II** *a* **1** kors o. tvärs, i kors **2** retlig **3** stick i stäv, på tok **III** *v* [genom]korsa

criteri|on [krai'tiəriən] (*pl* oftast *-a* [-ə]) kriterium, kännetecken; rättesnöre

criti|c ['kritik] kritiker, recensent **-cal** [-k(ə)l] **1** kritisk **2** farlig, riskfylld **-cism** [-siz(ə)m] kritik; anmärkning **-cize** [-saiz] kritisera; klandra **-que** [kri'ti:k] kritik, recension

croak [krəuk] **I** *v* **1** kraxa (om korp); kväka (om groda) **2** förutspå olycka **3** *sl.* dö **II** *s* kväkande; kraxande **-er** [-ə] olycksprofet **-y** [-i] **1** kraxande; kväkande **2** olycksbådande

crochet ['krəuʃei] **1** *s* virkning **II** *v* virka

crock [krɔk] **I** *s* **1** lerkärl. -kruka **2** lerskärva; flisa **3** gammal hästkrake; vrak, stackare **II** *v* skada, göra oduglig **-ery** [-əri] lergods; porslin

crocket ['krɔkit] *byggn.* krabba (ornament)
crocodile ['krɔkədail] **1** krokodil **2** hycklare
crocus ['krəukəs] *bot.* krokus
croft [krɔft] inhägnad, åkerlott; torp **-er** [-ə] innehavare av *croft*, torpare
crone [krəun] **1** käring **2** gammal tacka
crony ['krəuni] gammal god vän
crook [kruk] **I** *s* **1** herdestav, kräkla **2** krok, hake **3** ohederlig person; skojare, bedragare, tjuv; *by hook or by* ~ med alla medel; på ett eller annat sätt; *on the* ~ oärligt **II** *a* = ~*ed* **III** *v* kröka, böja [sig] **--back[ed]** [-bæk(t)] puckelrygg[ig] **-ed** [-id] **1** krokig, böjd; sned **2** ohederlig, oärlig
croon [kru:n] gnola, nynna, sjunga **-er** [-ə] schlagersångare (med sentimental repertoar)
crop [krɔp] **I** *s* **1** skörd, gröda **2** kräva **3** kortklippt hår **4** piskskaft, kort ridpiska; *bad* ~*s* dåligt år; *out of* ~ i träda; *wear one's hair in a* ~ ha håret kortklippt; ~ *rotation* växelbruk **II** *v* **1** (om djur) avbeta **2** kortklippa; avhugga **3** beså, plantera **4** bära skörd; ~ *out* (*up*) komma i dagen, yppa sig, dyka upp **-per** [ə] **1** en som skördar **2** *a good* ~ växt som ger god avkastning **3** fall; *come a* ~ falla, störta omkull; misslyckas
croquet ['krəukei] krocket[spel] **-te** [kro'ket] krokett
crosier ['krəuʒə] kräkla, biskopsstav
cross [krɔs] **I** *s* **1** kors, kryss **2** korsning, blandning; *on the* ~ diagonalt **II** *v* **1** korsa, lägga i kors **2** stryka över (ut) **3** fara (gå) över (genom) ~ *one's mind* falla en in; ~ *out* stryka ut (över) **4** *fig.* hindra, gäcka; ~ *o.s.* korsa sig **III** *a* **1** kors-, tvär-; mot-; i strid [mot] **2** arg, sur, ond (*with* på); *as* ~ *as two sticks* mycket arg **--bar** tvärslå; *fotb.* målribba **--beam** tvärbjälke **--bearings** [-ˌbɛəriŋz] *sjö.* krysspejling **--bench** *parl.* tvärbänk (för oberoende politiker) **--bones** [-bəunz] *vanl.* = *skull and* ~ dödskalle med korslagda ben **--bow** armborst **--bred** *a* hybrid; bastard- **--breed** korsningsprodukt, hybrid, blandras **--country** ['krɔsˈkʌntri] tvärs över terrängen; ~ *lorry* terränglastbil (*mil.*); ~ *truck* terrängdragbil (*mil.*); ~ [*race*] terränglöpning **--cut** [saw] kapsåg **--examine** ['krɔsigˈzæmin] korsförhöra **--eyed** [-aid] vindögd **--fire** korseld **--grained** [-greind] **1** med tvärgående fibrer (om trä) **2** tvär, genstörtig **--head[ing]** underrubrik **-ing** [-iŋ] **1** korsning; överkorsning **2** överfart **3** järnvägskorsning; övergångsställe (för fotgängare); *level* ~ plankorsning (vägjärnväg); *zebra* ~ (vitrandigt) övergångsställe för fotgängare **--legged** [-legd] med benen i kors **-let** [-lit] litet kors **-ness** [-nis] vrede, ilska, dåligt humör **--purpose** ['krɔsˈpə:pəs] missförstånd; *be at* ~*s* missförstå varandra **--question** ['krɔsˈkwestʃ(ə)n] korsförhöra **--reference** ['krɔsˈrefr(ə)ns] hänvisning **--road** korsväg; biväg **--roads** [-z] vägkorsning, vägskäl **--section** ['krɔsˈsekʃ(ə)n] tvärsnitt **--stitch** korsstygn **--trees** [-tri:z] *sjö.* tvärsalning **-ways** [-weiz] i kors; på tvären **--wind** motvind **-wise** *se crossways* **--word [puzzle]** korsord[sgåta]
crotch [krɔtʃ] klyvning, vinkel; skrev **-et** [-it] **1** *mus.* fjärdedelsnot **2** klyka, hake **3** nyck, infall **-eteer** [ˌkrɔtʃi'tiə] fantast **-ety** [-iti] *a* monoman, vurmig
crouch [krautʃ] huka sig ner; ligga (sitta, gå) hopkrupen

croup [kru:p] krupp, strypsjuka
croupier ['kru:piə] croupier (vid spelbank)
crow [krəu] **I** *s* kråka **2** (tupps) galande **3** (småbarns) glädjerop; *as the* ~ *flies* fågelvägen **II** *v* **1** gala **2** jollra, utstöta glädjerop (om småbarn) **3** jubla, triumfera **--bar** kofot, bräckjärn
crowd [kraud] **I** *s* **1** folkmassa, -hop, trängsel **2** mängd **3** gäng, sällskap; *the* ~ den stora massan; *that would pass in a* ~ det skulle ingen lägga märke till **II** *v* tränga [sig]; fylla till trängsel; proppa full; hopa [sig]; ~ *sail* sätta alla segel **-ed** [-id] **1** alldeles full **2** livligt trafikerad
crow-foot ['krəufut] ranunkel
crown [kraun] **I** *s* **1** krona **2** krans **3** silvermynt (= 5 shillings) **4** krön, hjässa, topp **5** hattkulle **II** *v* [be]kröna; fullända; *to* ~ *all* till råga på allt; sist men inte minst; *the C* ~ (*jur.*) Konungen **--land** ['krаun'lænd] kronojord **--law** ['kraun'lɔ:] straffrätt
crow's|-feet ['krəuzfi:t] ålderdomsrynkor kring ögonen **--nest** mastkorg
crozier ['krəuʒə] *se crosier*
cruci|al ['kru:ʃ(ə)l] avgörande, kritisk; *the* ~ *moment* det kritiska ögonblicket **-ble** ['kru:sibl] **1** smältdegel **2** *fig.* svårt prov **-fix** [-sifiks] krucifix **-fixion** [ˌkru:si'fikʃ(ə)n] korsfästelse **-fy** [-sifai] korsfästa
crud|e [kru:d] **1** rå, obearbetad **2** oslipad, grov, ohyfsad **-eness** [-nis] rått tillstånd; omogenhet **-ity** [-iti] råhet; omogenhet; grovhet, plumphet
cruel [kruəl] grym **-ty** [-ti] grymhet
cruet ['kruit] flaska i bordsställ
cruise [kru:z] **I** *v* kryssa; (om bilåkning) åka omkring utan särskilt mål **II** *s* kryssning **-r** [-ə] **1** kryssare **2** *A.* polisbil; ~ *weight* lätt tungvikt (*boxn.*)
cruller ['krʌlə] (slags) munk (bakverk)
crumb [krʌm] **I** *s* brödsmula **II** *v* **1** söndersmula **2** panera **-le** [-bl] söndersmula; falla i smulor **-ly** [-bli] smulig
crummy ['krʌmi] **1** smulig **2** *sl.* mullig **3** *A.* motbjudande; urusel
crump [krʌmp] **I** *v* slå till (hårt) **II** *s* **1** kraftigt slag **2** granatexplosion
crumpet ['krʌmpit] mjuk tekaka
crumple ['krʌmpl] skrynkla [sig]; knöla ihop; ~ *up* **a** skrynkla till, knöla ihop **b** *fig.* falla ihop, duka under **-d** *äv.* böjd
crunch [krʌn(t)ʃ] **I** *v* **1** krossa (hörbart med tänderna), krasa, knapra på **2** trampa på (knastrande) **II** *s* knaprande; knastrande
crusade [kru:'seid] **I** *s* korståg **II** *v* göra korståg **-r** [-ə] korsfarare
cruse [kru:z] krus
crush [krʌʃ] **I** *v* **1** krossa[s]; mala (stampa, klämma) sönder; pressa, trycka **2** skrynkla till; *fig.* kuva, tillintetgöra, förtrycka **II** *s* **1** krossande; kläm, pressning **2** trängsel, folkmassa **3** stor bjudning **4** *A.* fruktsaft; *have a* ~ *on a p.* vara förälskad i ngn **-er** [-ə] **1** kross **2** olycka **3** polis **-room** foajé
crust [krʌst] **I** *s* **1** skorpa (på bakverk) **2** jordskorpa **3** skare **II** *v* betäcka[s] med skorpa etc.
C-acea[n] [-'teiʃə(n)] skaldjur **-aceous** [-'teiʃəs] kräftartad, skal- **-ed** [-id] överdragen med skorpa; (om vin) med bottensats; *fig.* inrotad **-y** [-i] **1** skorpartad **2** vresig, knarrig
crutch [krʌtʃ] krycka; stöd **-ed** [-t] korsbärande

crux [krʌks] krux, stötesten

cry [krai] **I** s **1** rop, skrik **2** gråt **3** anskri, opinion[sstorm] **4** stridsrop, slagord; *a far* ~ lång väg; *follow the* ~ följa med strömmen; *within* ~ inom hörhåll **II** v **1** ropa, skrika **2** gråta **3** (om djur) skrika, ge skall; ~ *down* nedsätta, förringa; ~ *for* begära, kräva; ~ *for the moon* begära ngt omöjligt; ~ *off* dra sig ur, ge återbud **-ing** ['kraiiŋ] skriande; flagrant

crypt [kript] krypta **-ic** [-ik] hemlig, mystisk **-ogram** [-ə(u)græm] chiffer[skrift]

crystal ['kristl] **I** s kristall **II** a kristall-, kristallklar **-line** ['kristəlain] *se crystal* **II -lize** ['kristəlaiz] kristallisera [sig]

cub [kʌb] **I** s **1** unge (av lejon, björn, räv, tiger etc.) **2** pojkvalp, -slyngel **II** v yngla, föda ungar; ~ *scout* vargunge

Cuba ['kju:bə] Kuba

cubage ['kju:bidʒ] kubikinnehåll

Cuban ['kju:bən] s o. a kuban[sk]

cubature ['kju:bətjuə] *se cubage*

cubb|ish ['kʌbiʃ] valpig **-y** [-i] (*äv.* ~ *hole*) krypin

cub|e [kju:b] **I** s kub; tärning; ~ *root* kubikrot **II** v upphöja till kub, kubera **-ic[al]** [-ik, -ik(ə)l] kubisk; kubik- **-icle** [-ikl] sovhytt, litet rum **-ism** [-iz(ə)m] kubism **-ist** kubistisk

cubit ['kju:bit] aln (ca 50 cm)

cuckold ['kʌkəuld] bedragen äkta man

cuckoo ['kuku:] **I** s **1** gök **2** idiot **II** a tokig **--pint** [-pint] *bot.* munkhätta **--spit** grodspott

cucumber ['kju:kʌmbə] gurka; *cool as a* ~ lugn som en filbunke

cud [kʌd] s, *chew the* ~ **a** idissla **b** *fig.* fundera, grunda

cuddle ['kʌdl] **I** v omfamna, krama, kela med **II** s omfamning, kramning

cuddy ['kʌdi] **1** *sjö.* matsalong **2** skänk, skrubb

cudgel ['kʌdʒ(ə)l] **I** s [knöl]påk; *take up the* ~ *s for* gå i bräschen för **II** v klå, prygla; ~ *one's brains* bry sin hjärna

cue [kju:] **1** *teat.* stickreplik, slutord (i replik) **2** vink, antydan **3** biljardkö

cuff [kʌf] **I** s **1** manschett; *off the* ~ oförberett, utan manuskript; *on the* ~ på kredit **2** slag (med knytnäve) **II** v slå till (med knytnäve) **--links** manschettknappar

cuirass [kwi'ræs] harnesk **-ier** [,kwirə'siə] kyrassiär

cuisine [kwi(:)'zi:n] kök, kokkonst

cul-de-sac ['kuldə'sæk] återvändsgränd

culinary ['kʌlinəri] matlagnings-, mat-, kulinarisk

cull [kʌl] **I** v plocka, gallra, sortera ut **II** s **1** slaktdjur **2** tok, enfaldig narr

culm [kʌlm] **1** kolstybb **2** strå, halm

culminat|e ['kʌlmineit] kulminera, nå höjdpunkten **-ion** [,kʌlmi'neiʃ(ə)n] kulmination, höjdpunkt

culpab|ility [,kʌlpə'biliti] brottslighet; skuld **-le** ['kʌlpəbl] brottslig, skyldig, klandervärd

culprit ['kʌlprit] brottsling; missdådare; den skyldige

cult [kʌlt] kult, dyrkan

cultivat|e ['kʌltiveit] bruka, odla; förfina; öva; ~ *a p.['s acquaintance*] odla ngns bekantskap **-or** [-ə] odlare; utövare **2** (slags) harv

cultur|al ['kʌltʃ(ə)r(ə)l] kulturell, bildnings-, kultur- **-e** ['kʌltʃə] **I** s kultur, odling; bildning, förfining **II** v odla; bilda, förfina

culvert ['kʌlvət] kulvert

cumb|er ['kʌmbə] **I** v hindra, betunga **II** s hinder, börda **-ersome** [-əsəm] **-rous** [-rəs] besvärlig, ohanterlig

cumin ['kʌmin] *bot.* kummin

cummerbund ['kʌməbʌnd] brett skärp (*isht* av siden)

cumulat|e **I** a ['kju:mjulit] hopad **II** v ['kju:-mjuleit] hopa [sig], samla **-ive** ['kju:mjulətiv] sig hopande, växande, ökad

cumul|us ['kju:mjuləs] (*pl -i* [-ai]) cumulus-, stackmoln

cune|ate ['kju:niit] kilformig **-iform** [-niifɔ:m] kilformig; ~ [*script*] kilskrift

cunning ['kʌnin] **I** a **1** slug, listig **2** *A.* näpen, lustig **II** s slughet, list

cunt [kʌnt] *vulg.* fitta; prostituerad; kvinna

cup [kʌp] **I** s **1** kopp; bägare; *fig.* kalk **2** [pris]-pokal; *in one's* ~ s drucken **II** v, *med.* koppa; ~ *one's ear* kupa handen bakom örat **--bearer** [-,beərə] munskänk **-board** ['kʌbəd] skåp; *a skeleton in the* ~ obehaglig familjehemlighet; ~ *love* matfrieri **-full** (som mått) kopp; *A. kokk. ung.* 3 dl **--holder** innehavare av vandringspris

cupidity [kju(:)'piditi] snikenhet; lystnad

cupola ['kju:pələ] kupol

cupreous ['kju:priəs] koppar-, kopparhaltig

cur [kə:] **1** bondhund, byracka **2** usling

curable ['kjuərəbl] botlig

curare ['kju'ra:ri] curare, amerikanskt pilgift

curate ['kjuərit] kyrko-, pastorsadjunkt

curative ['kjuərətiv] botemedel

curator [kjuə'reitə] kurator, intendent, vårdare

curb [kə:b] **I** s **1** kindkedja (på betsel) **2** *fig.* band, tygel **3** (*äv. kerb*) trottoarkant **II** v tygla, kuva **-stone** trottoarkant

curd [kə:d] ostmassa (*äv. pl.* ~s) **-le** [-l] ysta [sig]; stelna; *terror* ~d *his blood* skräcken kom blodet att stelna i hans ådror

cure [kjuə] **I** s **1** kur, bot[ande] **2** prästbefattning; själavård **II** v **1** bota, kurera **2** konservera, lägga in **--all** [-ɔ:l] universalmedel

curfew ['kə:fju:] aftonringning **2** [signal för] utegångsförbud

curia ['kjuəriə] kuria

curio ['kjuəriəu] *se curiosity* **2 -sity** [,kjuəri'ɔsiti] **1** vetgirighet; nyfikenhet **2** kuriositet, raritet **-us** [-iəs] **1** vetgirig; nyfiken **2** egendomlig, besynnerlig, underlig

curl [kə:l] **I** v krulla, lägga i lockar; locka (krusa, ringla) sig **II** s lock; krusning, krökning; ~ *up* rulla ihop [sig] **-er** [-ə] papiljott

curlew ['kə:lju:] storspov

curl|ing ['kə:lin] *sport.* curling **-y** [-i] lockig, krullig

curmudgeon [kə:'mʌdʒ(ə)n] gnidare, snåljåp

currant ['kʌr(ə)nt] **1** korint **2** vinbär

curren|cy ['kʌr(ə)nsi] **1** valuta, mynt **2** utbredning, spridning **3** omlopp, cirkulation; ~ *note* sedel **-t** [-t] **I** a allmän, i omlopp **2** löpande, innevarande **3** (om mynt) gångbar **II** s ström; lopp; riktning, strömning

curriculum [kə'rikjuləm] lärokurs; undervisningsplan

currish ['kə:riʃ] **1** av bondras, som en byracka **2** *fig.* grälsjuk, gemen

curry ['kʌri] **I** s curry[sås, -stuvning] **II** v **1** krydda med curry **2** rykta; ~ *favour with* ställa sig in hos **--comb** hästskrapa

curse [kə:s] **I** s **1** förbannelse **2** svordom **3**

bann **II** v **1** förbanna **2** svära **-d** [-id, kɔːst]
förbannad, fördömd; avskyvärd
curs|ive ['kɔːsiv] a o. s kursiv (lutande) [hand-
stil] **-ory** [-(ə)ri] flyktig, hastig
curt [kɔːt] kort[fattad]; snäv, tvär, barsk **-ail**
[-'teil] avkorta, beskära, minska; be ~ed of
beskäras på, berövas **-ailment** [-'teilmənt] av-
kortning, beskärning, minskning **-ail-step**
['kɔːteilstep] nedersta trappsteget
curtain ['kɔːtn] **I** s **1** gardin; förhänge **2** ridå;
draw the ~[s] dra för (undan) gardinen; drop
the ~ låta ridån falla **II** v förse med gardin[er]
--call teat. inropning **--lecture** [-ˌlektʃə]
sparlakansläxa **--pole, --rod** gardinstång
curts[e]y ['kɔːtsi] **I** s nigning; drop a ~ niga **II**
v niga
curv|ature ['kɔːvətʃə] krökning, buktning **-e**
[-v] **I** s kurva, böjd linje **II** v böja (kröka) [sig]
cushion ['kuʃ(ə)n] **I** s kudde, dyna **II** v **1** förse
med kudde (dynor) **2** nedtysta, undertrycka;
motverka effekten av; dämpa **-craft** svävfar-
kost
cushy ['kuʃi] sl. bekväm, behaglig
cusp [kʌsp] **1** udd **2** månens horn
cuspidor ['kʌspidɔː] A. spottkopp, -låda
cuss [kʌs] **1** sl. = curse **2** sl. = customer **2 -ed-
-ness** ['kʌsidnis] elakhet, ondska
custard ['kʌstəd] ung. vaniljsås
custod|ial [kʌs'təudjəl] a förmyndar-, skydds-
-ian [-jən] väktare, vårdare, förmyndare **-y**
['kʌstədi] **1** förmynderskap, vård[nad], upp-
sikt **2** [fängsligt] förvar; häkte
custom ['kʌstəm] **1** sed[vänja], bruk, vana;
kutym **2** ~s tull[avgift]; I shall withdraw my ~
from this shɔp jag skall sluta göra mina inköp i
denna affär **-ary** [-(ə)ri] [sed]vanlig, bruklig
-er [-ə] **1** kund **2** individ, figur; a queer ~ en
konstig prick; an ugly ~ en ful fisk **--free**
tullfri **--house** tullhus, -kammare **--made** A.
gjord efter mått, skräddarsydd; specialbe-
ställd, -tillverkad **--tailor** [mått]skräddare
cut [kʌt] **I** s **1** skärning, klippning **2** hugg,
stick; slag **3** skåra, rispa; huggsår **4** nedsätt-
ning, minskning **5** snitt, fason; a ~ above you
ett pinnhål högre än du; finare än du; give
a p. the ~ avbryta bekantskapen med ngn;
short ~ genväg **II** v **1** skära, hugga, klippa **2**
reducera, förkorta **3** hugga (skära) till; slipa
4 avbryta bekantskapen med **5** kortsp. kupera;
~ the motor slå av motorn; ~ a poor figure
göra en ömklig figur; ~ it fine klara ngt nätt o.
jämnt; ~ a record slå ett rekord; ~ teeth få
tänder; ~ short avbryta; göra kortare; ~ back
göra återblick (film.); ~ down hugga ner; in-
skränka; ~ in störta in; infalla (i samtal);
tjuvlyssna (på telefon); ~ off hugga (skära)
bort; avstänga, avbryta, avspisa; ~ out hugga
ur; hugga ut; klippa (skära) till; slå ut, slå ur
brädet; utelämna, hoppa över; ~ up rycka
upp; hugga sönder, skära upp; nedgöra,
kränka; ~ up well lämna mycket pengar efter
sig; ~ up rough bli arg, ställa till bråk **III** a,
~ glass slipat glas; ~ and dried (dry) färdig,
färdig[gjord], stereotyp (om åsikter etc.)
--away jackett
cute [kjuːt] **1** A. söt, rar **2** = acute
cuticle ['kjuːtikl] ytterhud; nagelband
cutie ['kjuːti] A. söt flicka
cutlass ['kʌtləs] huggare, kort svärd
cutler ['kʌtlə] knivsmed **-y** [-ri] knivsmide;
eggverktyg, knivar; [mat]bestick
cutlet ['kʌtlit] kotlett (utan ben, av får el. kalv)

cut|-out ['kʌtaut] avgasventil **-ter** [-ə] **1** en
som skär etc., se cut **II 2** skärmaskin; fräs
3 sjö. kutter **4** tillskärare **--throat** mördare;
~ competition mördande konkurrens **-ting**
[-iŋ] **1** avskuret stycke; avfall, spån **2** tidnings-
urklipp **3** stickling **4** järnv. utgrävning; passage
(genom berg)
cuttle[-fish] ['kʌtl(fiʃ)] bläckfisk
cutty ['kʌti] **I** a kort **II** s **1** pipsnugga **2** flick-
stumpa; stycke; Sk. fallen kvinna
cyan|ic [sai'ænik] cyan-; blå; ~ acid blåsyra,
cyanvätesyra **-ide** ['saiənaid] s, ~ of potas-
sium cyankalium
cyclamen ['sikləmən] cyklamen
cycl|e ['saikl] **1** cykel, kretslopp; serie **2** cykel,
velociped **-one** ['saikləun] cyklon **-opaedia**
[ˌsaiklə(u)'piːdjə] = encyclopaedia **-ops** [-ɔps]
cyklop **-otron** ['saiklətrɔn] cyklotron
cygnet ['signit] ung svan
cylind|er ['silində] cylinder, vals **-rical** [si-
'lindrik(ə)l] cylindrisk
cymbal ['simb(ə)l] symbal; bäcken
cynic ['sinik] cyniker **-al** [-(ə)l] cynisk **-ism**
[-nisiz(ə)m] cynism
cynosure ['sinəzjuə] astr. Lilla björnen; fig.
ledstjärna
cypher ['saifə] se cipher
cypress ['saipris] cypress
Cypr|ian ['sipriən] **I** a cyprisk **II** s cypriot **-us**
['saiprəs] Cypern
cyst [sist] cysta, blåsa **-itis** [-'taitis] blåskatarr
czar [zɑː] tsar **-evitch, -ewich** ['zɑːrivitʃ]
tsarevitj **-ina** [-'riːnə] tsarinna
Czechoslovak ['tʃekə(u)'sləuvæk] s o. a
tjeckoslovak[isk] **-ia** ['tʃekə(u)slə(u)'vækiə]
Tjeckoslovakien

D

D, d [diː] (bokstaven, noten, tonen) d; D flat
dess (mus.); D sharp diss (mus.); d. förk. för
penny, pence (eg. denarius)
da [dɑː] = dad
dab [dæb] **I** v klappa, badda **II** s lätt slag, klapp
tryckning **-ble** [-l] **1** plaska **2** fuska (in, at i)
-bler [-ə] dilettant, fuskare
dachshund ['dækshund] tax
dacron ['dækrɔn] dacron
dactyl ['dæktil] daktyl
dad [dæd] **-dy** [-i] pappa **-dy-long-legs**
['dædiˈlɔŋlegz] harkrank **-dy-o** ['dædiəu] A.
sl. kompis (i tilltal)
daffodil ['dæfədil] påsklilja, gul narciss
daft [dɑːft] tokig, dum
dagger ['dægə] **1** dolk **2** boktr. kors (†); at ~s
drawn på fientlig fot; look ~s kasta mördande
blickar
dago ['deigəu] A. neds. spanjor, portugis,
italienare
dahlia ['deiljə] bot. dahlia
daily ['deili] **I** a o. adv. daglig[en] **II** s **1** daglig
tidning **2** hjälpfru, daghjälp
dainty ['deinti] **I** s läckerhet, godbit **II** a **1**
läcker; utsökt **2** förtjusande **3** kräsen
dairy ['dɛəri] **1** mjölkkammare **2** mejeri **3** mjölk-

affär 4 *se --cattle;* ~ *produce* mejeriprodukter **--cattle** mjölkkor **-maid** mejerska **-man** [-mən] **1** mejerist **2** mjölkhandlare

dais ['deiis] estrad, podium

daisy ['deizi] **1** tusensköna **2** praktexemplar; ngt förstklassigt

dale [deil] dal

Dalecarlia [ˌdæli'kɑːljə] Dalarna

dalesman ['deilzmən] dalbo

dall|iance ['dæliəns] **1** flirt; lek, skämt **2** söl, sölande **-y** [-i] **1** leka, skämta **2** slösa med tiden, söla

dam [dæm] **I** *s* **1** damm, fördämning **2** uppdämt vatten **3** (om djur) moder **II** *v*, ~ *up* för-, uppdämma

damag|e ['dæmidʒ] **I** *s* skada; ~*s* (*pl*) skadestånd **II** *v* [tillfoga] skada; *a -ing admission* ett farligt medgivande

damask ['dæməsk] **I** *s* **1** damast **2** damaskenerstål **3** ljusrött **II** *a* **1** damast- **2** damaskerad **3** ljusröd **III** *v* **1** damaskera **2** väva i damastmönster **3** färga ljusröd

dame [deim] **1** *D ~ Nature* moder natur **2** titel för adlad kvinna **3** kvinna, *A. sl.* besvärlig kvinna

damn [dæm] **I** *v* **1** förbanna, fördöma; svära; ~ *it!* fan! **II** *s, I don't care a* ~ det ger jag tusan i **-able** [d'æmnəbl] **1** fördömlig **2** *fam.* avskyvärd **-ation** [-'neiʃ(ə)n] **1** fördömelse **2** utvissling **-ify** ['dæmnifai] *jur.* tillfoga skada

damosel ['dæmə(u)zel] = *damsel*

damp [dæmp] **I** *s* **1** fukt **2** gruvgas **3** nedslagenhet **II** *a* fuktig **III** *v* **1** fukta **2** kväva, dämpa **3** *fig.* avkyla, nedslå, hämma; ~ *off* ruttna bort **-en** [-(ə)n] dämpa; fukta **-er** [-ə] **1** glädjedödare; sordin **2** spjäll; *put a ~ on* lägga sordin på **-ish** [-iʃ] ngt fuktig **--proof** vattentät; fuktfri

damsel ['dæmz(ə)l] *poet.* flicka, ungmö

damson ['dæmz(ə)n] (slags) damaskenerplommon

dance [dɑːns] **I** *v* dansa; ~ *attendance upon* fjäska för **II** *s* dans, bal; *lead a p. a* [*pretty*] ~ ställa till [besvär] för ngn **-r** [-ə] dansös, dansör

dandelion ['dændilaiən] maskros

dander ['dændə] ilska, vrede

dandify ['dændifai] snobba upp

dandle ['dændl] **1** gunga (barn) på knät, vyssa **2** kela med

dandr|iff ['dændrif] *vanl.* **-uff** [-ʌf] *s* mjäll

dandy ['dændi] **I** *s* **1** snobb **2** slup **II** *a, A.* förstklassig, elegant **--cart** fjäderkärra **-ism** [-diz(ə)m] snobberi

Dane [dein] **1** dansk **2** dansk dogg; *Great D ~* grand danois

danger ['dein(d)ʒə] fara **-ous** [-ʒrəs] farlig

dangle ['dæŋgl] dingla [med]; ~ *after* (*about, round*) hänga efter [ngn]; ~ *s.th. before a p.* fresta ngn med ngt

Danish ['deiniʃ] dansk

dank [dæŋk] fuktig

Danube ['dænjuːb] *the* ~ Donau

dap [dæp] **1** *fisk.* pimpla **2** [få att] studsa, hoppa

dapper ['dæpə] prydlig, nätt

dapple ['dæpl] **I** *v* göra (bli) fläckig; ~*d* spräcklig, brokig **II** *v* fläckig, spräcklig **--grey** ['dæpl'grei] apelkastad

darbies ['dɑːbiz] *sl.* handklovar

dar|e [dɛə] **1** våga; riskera **2** trotsa; *I* ~ *say* det är troligt, förmodligen **-e-devil** [-ˌdevl]

våghals[ig] -ing [-riŋ] **I** *a* oförvägen, oförskräckt **II** *s* djärvhet, dristighet

dark [dɑːk] **I** *a* mörk, dunkel; dyster; hemlig; ~ *horse* (*äv.*) okänd storhet, oskrivet blad; ~ *lantern* blindlykta; *the D ~ Ages* äldre medeltiden **II** *s* mörker etc.; *be in the ~ about* vara okunnig om **-en** [-(ə)n] bli mörk etc.; *never* ~ *my door* kom aldrig hit igen! **-ey** [-i] *neds.* ~ *-ish* [-iʃ] ngt mörk, skum **-ness** [-nis] **1** mörker; dunkel **2** okunnighet **--room** mörkrum **-y** [-i] *se darkey*

darling ['dɑːliŋ] **I** *s* älskling **II** *a* älsklings-

darn [dɑːn] **I** *v* **1** stoppa (strumpor etc.) **2** = *damn* **II** *s* stopp[ning] **-ing-ball, -ing-last** stoppsvamp, -kula **-ing-needle** [-ˌniːdl]stoppnål

dart [dɑːt] **I** *s* pil; kastspjut **2** språng, snabb rörelse; ~*s* (*pl*) pilkastning **II** *v* kasta, slunga; rusa, störta

dash [dæʃ] **I** *v* **1** slå, kasta **2** [be]stänka **3** *fig.* krossa, gäcka **4** störta, rusa; ~*ed with brandy* med en droppe konjak; ~*ed!, ~ it!* sablar!, tusan!; ~ *to pieces* slå i bitar (sönder); ~ *against* stöta emot; ~ *down* (*off*) nedkasta (på papper) **II** *s* **1** slag, stöt **2** [be-]stänkning: stänk, skvätt **3** penndrag; tankstreck **4** anlopp, framstöt; sprinterlopp; *cut a* ~ slå på stort, briljera **--board** **1** instrumentbräda (i bil) **2** stänkskärm (på vagn) **-ing** [-iŋ] **1** käck, livlig **2** elegant, flott, stilig

dastard ['dæstəd] fegt kräk, ynkrygg **-ly** [-li] *a* feg, usel, ömklig

data ['deitə] *pl* av *datum*; fakta o. siffror, data, underrättelser; ~ *processing* databe handling; ~ *receiver* datamottagare; ~ *transmitter* datasändare

1 date [deit] dadel[palm]

2 date [deit] **I** *s* **1** datum; tidpunkt **2** *A.* avtalat möte, träff; *out of* ~ föråldrad; *up to* ~ modern, tidsenlig; *till dags dato* **II** *v* **1** datera; härröra, gå tillbaka **2** vara föråldrad **3** *A.* stämma träff [med] **-less** [-lis] **1** odaterad **2** ändlös **--line** datumgräns

dative ['deitiv] dativ

dat|um ['deitəm] (*pl -a*) **1** ngt bestämt (givet) **2** utgångspunkt; faktum; *se äv. data*

daub [dɔːb] **I** *v* **1** bestryka, smeta **2** söla, smutsa ner **3** *måln.* kludda [ihop] **II** *s* **1** smet; färgklick **2** kludd[eri] **-[st]er** [-(st)ə] målarkludd, usel målare **-y** [-i] **1** smetig, klibbig **2** kluddig

daughter ['dɔːtə] dotter **--in-law** ['dɔːt(ə)rinlɔː] sonhustru **-ly** [-li] dotterlig

daunt [dɔːnt] skrämma **-less** [-lis] oförfärad

davenport ['dævnpɔːt] **1** (mindre) skrivbord **2** *A.* [bädd]soffa

davit ['dævit] *sjö.* dävert

Davy ['deivi] kortform av *David*; ~ *Jones* (*sjö.*) djävulen; *go to* ~ *Jones's locker* gå till botten; ~ *lamp* gruvlampa

daw [dɔː] kaja

dawdle ['dɔːdl] **I** *v* slå dank, söla; ~ *away* förspilla **II** *s* dagdrivare; sölkorv = **-r** [-ə]

dawn [dɔːn] **I** *v* **1** dagas, gry; *it* ~*ed upon me* det gick upp för mig **II** *s* gryning

day [dei] **1** dag **2** mottagningsdag **3** batalj, slag; *all* [*the*] ~ hela dagen; *by* ~ om (på) dagen; ~ *by* ~ dag för dag, dagligen; *call it a* ~ låta det vara nog för dagen; *carry the* ~ segra; *the other* ~ häromdagen; *one of these* ~*s* endera dagen, en vacker dag; *win* (*lose*) *the* ~ vinna (förlora) **--boarder** [-ˌbɔːdə] skolelev som bor hemma men äter i skolan **--boy** internatelev som bor hemma, extern **-break** gryning **--dreams** [-dri:mz] dagdrömmar **--fly** dagslända **--light 1** dagsljus **2** gryning; *no* ~*s* slå i fulla glas!; ~ *saving time* sommartid **--nursery** barndaghem **--room** samlingsrum (i skolor o. fängelser) **--school** vanlig skola, dagskola **--star** morgonstjärna **-'s-work** dagsverke **-time** dag (i motsats t. natt); *in the* ~ om dagen

daze [deiz] **I** *v* förvirra; blända **II** *s* förvirring

dazzl|e ['dæzl] **I** *v* blända; förvirra **II** *s* bländande; kamouflage (äv. ~ *paint*) **-ing** [-iŋ] **1** bländande **2** överväldigande

D-day ['di:dei] D-dagen, invasionsdagen (6 juni 1944)

deacon ['di:k(ə)n] diakon; syssloman **-ess** ['di:kənis] diakonissa **-ry** [-ri], **-ship** diakons ämbete

dead [ded] **I** *a* **1** död, livlös **2** matt, glanslös **3** okänslig (*to* för) **4** absolut, fullständig; *the D~ Sea* Döda havet; ~ *centre* mitt i prick; *he was in* ~ *earnest* han menade fullt allvar; ~ *freight* barlastfrakt; ~ *and gone* död o. begraven; ~ *heat* dött lopp; ~ *level* alldeles jämnt plan; ~ *language* dött språk; ~ *loss* ren förlust; ~ *men* (*marines*) tomflaskor; ~ *shot* mästerskytt; *come to a* ~ *stop* tvärstanna; ~ *stock* dött kapital; osäljbart lager; ~ *time* dödtid; ~ *weight* dödvikt; ~ *window* blindfönster **II** *s, the* ~ de döda; *in the* (*at*) ~ *of night* mitt i natten **III** *adv* död-, döds-, alldeles, fullständigt; ~ *against* rakt emot; ~ *slow* ytterst långsam[t] **--alive** ['dedə'laiv] halvdöd; utråkig **--beat** ['ded'bi:t] **1** *a* dödstrött **II** *s* dagdrivare, odåga **--centre** ['ded-'sentə] *tekn.* död punkt **-en** [-n] döva, dämpa, försvaga; förslöa **--end** ['ded'end] slutpunkt; återvändsgränd; stickspår **-head** fripassagerare **--house** bårhus **-line** tidsgräns **-lock** dödläge, baklås **-ly** [-li] dödlig[t], döds- **--march** ['ded'mɑ:tʃ] sorgmarsch **-pan** ['ded-'pæn] uttryckslös (aktör)

deaf [def] döv (*for* för, *to*, *in* på); ~ *and dumb* dövstum **-en** [-n] göra döv, bedöva **-ening** [-niŋ] öronbedövande **--mute** ['def'mju:t] dövstum

deal [di:l] **I** *s* **1** *kortsp.* giv **2** affärstransaktion, överenskommelse **3** gran[planka], furu[planka]; *a* [*great*] ~ en hel mängd; *a good* ~ ganska mycket; en hel del; *square* (*fair*) ~ rättvis behandling **II** *v* **1** utdela, tilldela **2** *kortsp.* ge **3** handla, göra affärer (*in* med); ~ *a blow* at rikta ett slag mot; ~ *with* ha att göra med, ta itu med; göra affärer med **-er** [-ə] **1** handlande **2** *kortsp.* givare **-ing[s]** [-iŋ(z)] förbindelse, affär[er]; uppträdande, handlingssätt **-t** [delt] *imperf* o. *perf part av deal*

dean [di:n] **1** dekanus **2** doyen **3** domprost

dear [diə] **I** *a* **1** dyr, kostsam **2** dyr, kär; *he ran for* ~ *life* han sprang för brinnande livet; *pay a* ~ *life for* betala dyrt för; **II** *s* käraste; *she's a* ~ hon är rar **III** *interj,* ~ *me!*, ~, ~ *!,* *oh* ~*!* kors!, aj, aj!, kära nån!, *gode* Gud! **-ly** [-li] **1** innerligt **2** dyrt **-ness** [-nis] **1** tillgivenhet **2** dyr[bar]het **-th** [də:θ] brist, knapp tillgång; dyrtid **-y** [-ri] käraste

death [deθ] död, dödsfall, bortgång; *do* (*put*) *to* ~ döda; *be in at the* ~ vara med i slutskedet **--adder** huggorm **-bed** dödsbädd **--duties** [-,dju:tiz] arvsskatt **-less** [-lis]

odödlig **-ly** [-li] dödlig, döds- **--rate** dödlighet **--rattle** [-,rætl] dödsrossling[ar] **--roll** lista över stupade (döda) **--sentence** dödsdom **-'s-head** dödskalle **--trap** dödsfälla **--warrant** [-,wɔr(ə)nt] dödsdom exekutionsorder; *fig.* **--watch** dödsur (skalbagge)

deb [deb] = *débutante*

débâcle [dei'bɑ:kl] **1** islossning, översvämning **2** *fig.* sammanbrott, vild flykt, debacle

debar [di'bɑ:] utestänga; förbjuda, avstänga

debark [di'bɑ:k] **-ation** [,di:bɑ:'keiʃ(ə)n] *se disembark etc.*

debase [di'beis] försämra, förnedra; förfalska **-ment** [-mənt] förnedring, försämring; förfalskning

debat|able [di'beitəbl] omstridd, omtvistlig **-e I** *v* **1** debattera, dryfta, diskutera **2** fundera [på], överväga **II** *s* diskussion; debatt **-er** [-ə] debattör

debauch [di'bɔ:tʃ] **I** *v* (moraliskt) fördärva, förföra **II** *s* utsvävning, orgie **-ed** [-t] utsvävande **-ery** [-(ə)ri] utsvävning[ar], omåttlighet, sedeslöshet

debenture [di'ben(t)ʃə] debenture; ~ *stock* debenturekapital

debilit|ate [di'biliteit] försvaga **-ation** [di,bi-li'teiʃ(ə)n] försvagning **-y** [-i] svaghet, kraftlöshet

debit ['debit] **I** *s* debet **II** *v* debitera

debonair [,debə'neə] belevad, flott, elegant; älskvärd

debouch [di'bautʃ] **1** marschera ut **2** utmynna

debris [' deibri:] spillror, skräp

debt [det] skuld; *pay the* ~ *of nature* skatta åt förgängelsen, dö; *run into* ~ sätta sig i skuld; *National* ~ statsskuld **-or** [-ə] gäldenär

debunk ['di:'bʌŋk] avslöja, blotta, nedvärdera

début [' deibu:] **I** *s* debut **II** *v* debutera **-ant[e]** [' debju(:)tɑ̃:(ŋ, -tɑ:nt] debutant (i sällskapslivet, vid hovet)

decade ['dekeid] decennium, dekad, tiotal

decaden|ce ['dekəd(ə)ns] dekadans, förfall **-t** dekadent, förfallen [person]

decalogue ['dekələg] tio Guds bud

decamp [di'kæmp] **1** bryta upp (ur läger), avtåga **2** avvika i hemlighet, rymma **-ment** [-mənt] uppbrott

decant [di'kænt] dekantera, hälla av (vin) **-er** [-ə] vin-, spritkaraff

decapitate [di'kæpiteit] halshugga

decarboniz|ation [di:,kɑ:bənai'zeiʃ(ə)n] sotning (av motor) **-e** [di:'kɑ:bənaiz] befria från kol; sota (cylinder)

decay [di'kei] **I** *v* **1** förfalla, förstöras, avtyna **2** murkna, ruttna **II** *s* **1** förfall; avtynande **2** bortvissnande; förmultnande, förruttnelse

decease [di'si:s] **I** *v* avlida **II** *s* frånfälle, död[sfall] **-d** [-t] *a* o. *s, the* ~ den bortgångne, de bortgångna

decei|t [di'si:t] bedrägeri, svek; bedräglighet **-tful** [-tf(u)l] bedräglig, svekfull; vilseledande **-ve** [-v] *v,* ~ *o.s.* missräkna sig **-ver** [-və] bedragare

December [di'sembə] december

decency ['di:snsi] anständighet; tillbörlighet; ärbarhet

decenn|ary [di'sen(ə)ri] årtionde **-ial** [-jəl] *a* tioårs- **-ium** [-jəm] årtionde

decent ['di:snt] **1** anständig **2** hygglig, snäll, bussig **3** skaplig, ganska bra, hygglig

decentraliz|ation [di:,sentrəlai'zeiʃ(ə)n] decentralisering **-e** [di:'sentrəlaiz] decentralisera

decept|ion [di'sepʃ(ə)n] **1** bedrägeri, svek **2** villfarelse, illusion **-ive** [-ptiv] bedräglig

decibel ['desibel] decibel

decide [di'said] besluta [sig för]; avgöra; döma **-d** [-id] avgjord, bestämd

deciduous [di'sidjuəs] avfallande (om träd med ettåriga blad); ~ *teeth* mjölktänder

decimal ['desim(ə)l] **I** *a* decimal-; ~ *point* decimalkomma **II** *s* decimal[bråk]

decimate ['desimeit] decimera

decipher [di'saifə] dechiffrera, uttyda

decis|ion [di'siʒ(ə)n] **1** avgörande, utslag; beslut **2** beslutsamhet **-ive** [-'saisiv] **1** avgörande **2** beslutsam

deck [dek] **I** *s* **1** däck; durk **2** *A.* kortlek; *clear the* ~*s* göra klart till strid; *hit the deck* (*sl.*) stiga upp; **II** *v* **1** utsmycka, pryda (= ~ *out*) **2** förse med däck, däcka **3** *vard.* golva, slå ner **--cargo** ['dek'kɑ:gəu] däckslast **--chair** däckstol, vilstol **--hand** däckskarl, -matros **--load** däckslast **--plating** däcksplåt

declaim [di'kleim] **1** deklamera **2** orera, predika, fara ut; ~ *against* protestera mot

declamat|ion [,dekləmeiʃ(ə)n] **1** (högtidligt) tal; deklamation **2** häftigt tal, predikande **-ory** [di'klæmət(ə)ri] högtravande, pompös

declar|ation [,deklə'reiʃ(ə)n] **1** förklaring **2** deklaration, anmälan, uppgift; *D~ of Independence* am. oavhängighetsförklaringen (av 4 juli 1776) **-ative** [di'klærətiv] **-atory** [di-'klærət(ə)ri] förklarande, tillkännagivande; bekräftande **-e** [di'kleə] **1** förklara, tillkännage, förkunna **2** förtulla, uppge; ~ *o.s.* uttala sig (*for* för, *against* mot); ~ *off* inställa; dra sig (ta) tillbaka; *well, I* ~*!* har man hört på maken!, nej, det var då höjden! **-edly** [di-'kleəridli] uttryckligen, öppet

déclassé [dekla(:)'sei] deklasserad

declassify [di:'klæsifai] förklara (dokument o.d.) icke längre hemlig

declension [di'klenʃ(ə)n] **1** nedgång, förfall **2** *gram.* deklination, böjning

declin|ation [,dekli'neiʃ(ə)n] **1** nedåtböjning, lutning **2** (kompassens) missvisning; *astr.* deklination **3** *A.* vägran **-e** [di'klain] **I** *v* **1** avböja, undanbe sig vägra **2** slutta nedåt, luta; gå utför, falla, förfalla; -*ing years* ålderdom **II** *s* nedgång; *on the* ~ på nedåtgående

declivity [di'kliviti] sluttning, lutning

declutch ['di:'klʌtʃ] *tekn.* koppla ur

decoction [di'kɔkʃ(ə)n] avkok[ning]; dekokt

decode ['di:'kəud] dechiffrera

décolleté [dei'kɔltei] dekolleterad, urringad

decolo|rant [di:'kʌl(ə)r(ə)nt] blekningsmedel **-[u]rize** [-'kʌləraiz] urbleka

decompos|able [,di:kəm'pəuzəbl] upplösbar **-e** [-z] upplösa[s], sönderfalla, vittra, ruttna **-ition** [,di:kɔmpə'ziʃ(ə)n] upplösning; förruttnelse

decompression [,di:kəm'preʃ(ə)n] dekompression; ~ *sickness* dykarsjuka

decontaminat|ion [,di:kəntæmi'neiʃ(ə)n] sanering **-ing** [-'tæmineitin] *a*, ~ *agent* saneringsmedel

decontroll ['di:kən'trəul] avskaffa kontroll

décor ['deikɔ:] **1** inredningsstil **2** dekor (på scen)

decorat|e ['dekəreit] dekorera, pryda, smycka **-ion** [,dekə'reiʃ(ə)n] **1** [ut]smyckning **2** dekoration, prydnad[er] **-ive** ['dek(ə)rətiv] dekorativ, prydande; dekorations-, prydnads- **-or** [-ə] dekoratör, dekorationsmålare

decor|ous ['dekərəs] värdig, korrekt, anständig **-um** [di'kɔ:rəm] anständighet, dekorum

decoy I ['di:kɔi] *s* **1** lockfågel; bulvan, lockbete **2** fångdamm **II** [di'kɔi] *v* locka **--duck** [di'kɔidʌk] lockfågel

decrease I [di:'kri:s] *v* avta, minska[s] **II** ['di:kri:s] *s* [för]minskning, avtagande

decree [di'kri:] **I** *s* dekret, påbud, förordning **II** *v* påbjuda, bestämma, förordna

decrement ['dekrimənt] avtagande, minskning

decrepit [di'krepit] orkeslös, skröplig; (om sak) förfallen, fallfärdig

decretal [di'kri:t(ə)l] dekretal, påvligt påbud

decr|ial [di'krai(ə)l] fördömande **-y** [-ai] nedsätta, fördöma, häckla

dedicat|e ['dedikeit] **1** helga, inviga **2** dedicera, tillägna **-ion** [,dedi'keiʃ(ə)n] **1** invigning **2** hängivande **3** tillägnan, dedikation **-ory** ['dedikət(ə)ri] tillägnande, dedikations-

deduc|e [di'dju:s] härleda, sluta sig till **-ible** [-əbl] som kan härledas **-t** [-'dʌkt] dra (räkna, ta) ifrån, avdra **-tion** [-'dʌkʃ(ə)n] **1** avdrag **2** slutledning **-tive** [-'dʌktiv] deduktiv, slutlednings-

deed [di:d] **I** *s* **1** handling, gärning; stordåd **2** kontrakt, dokument, handling **II** *v A.* kontraktsenligt överlåta **--poll** [-pəul] ensidigt kontrakt

deem [di:m] anse, mena

deep [di:p] **I** *a* djup; *he is a* ~ *one* **a** han är listig o. utstuderad **b** han är svår att komma underfund med; *go off the* ~ *end* bli ursinnig; släppa sig lös **II** *s* *pl*, *the* ~*s* havsdjup; *the* ~ havet (*poet.*) **-en** [-(ə)n] fördjupa, bli djupare **-freeze** ['di:p'fri:z] **I** *v* djupfrysa **II** *s* frysbox **--laid** ['di:p'leid] listigt uttänkt, utstuderad **-ness** [-nis] djup **--read** ['di:p'red] grundligt beläst **--rooted** ['di:p'ru:tid] djupt [in]rotad **--seated** ['di:p'si:tid] djupt liggande **--set** ['di:p'set] djupt liggande (om ögon)

deer [diə] *s, fallow* ~ dovhjort; hjort; *red* ~ kronhjort **-skin** hjortskinn **--stalker** [-,stɔ:kə] lågkullig tweedhatt, jägarhatt **--stalking** [-,stɔ:kin] gångskytte på hjort

deface [di'feis] **1** vanställa **2** utplåna

defalcat|e [di'fælkeit] försnilla **-ion** [,di:fæl-'keiʃ(ə)n] **1** försnillning **2** brist

defam|ation [,defə'meiʃ(ə)n] förtal **-atory** [di'fæmət(ə)ri] nedsättande, ärerörig **-e** [di-'feim] förtala, smäda

default [di'fɔ:lt] **I** *s* brist, frånvaro; försummelse, uteblivande; uraktlåtelse att betala; *in* ~ *of* i brist på, i frånvaro av; *make* ~ vara försumlig, brista (i ngt); *judgment by* ~ tredskodom **II** *v* ej fullgöra sina skyldigheter, brista i betalning; *jur.* icke inställa sig inför rätta **-er** [-ə] **1** en som inte fullgör sina skyldigheter **2** *jur.* tredskande part **3** skolkare, frånvarande utan permission

defeasance [di'fi:z(ə)ns] upphävande

defeat [di'fi:t] **I** *v* **1** besegra, nedslå **2** omintetgöra, kullkasta **3** *jur.* annullera, upphäva **II** *s* nederlag; tillbakaslående **-ism** [-iz(ə)m] defaitism **-ist** defaitist

defect [di'fekt] **1** brist **2** defekt, fel, ofullkomlighet, lyte **-ion** [-kʃ(ə)n] avfall **-ive** [-iv] **1** bristfällig, felaktig, ofullständig **2** sinneslö, abnorm

defen|ce [di'fens] försvar; ~*s, pl* försvarsverk **-celess** [-slis] värnlös, försvarslös **-d** försvara

-**dant** [-dənt] *jur.* svarande -**se** *A.* = *defence*
-**sive** [-siv] **I** *a* defensiv; försvars- **II** *s* försvar[sställning]
defer [di'fə:] **1** uppskjuta **2** böja sig för, ge vika för -**ence** ['def(ə)r(ə)ns] underkastelse; hänsyn, aktning -**ential** [,defə'renʃ(ə)l] undfallande, vördnads-, aktningsfull
defian|ce [di'faiəns] **1** trots **2** utmaning; *bid* ~ *to, set at* ~ trotsa; *in* ~ *of* trots, i strid med -**t** utmanande; trotsig
deficien|cy [di'fiʃ(ə)nsi] brist[fällighet], ofullständighet -**t** bristande, otillräcklig; ej fullt klok; *be* ~ *in* sakna
deficit ['defisit] deficit, brist, underskott
defier [di'faiə] **1** trotsare **2** utmanare
defile I *s* ['di:fail] trångt pass **II** *v* [di'fail] **1** befläcka, besudla, orena **2** defilera
defin|able [di'fainəbl] definierbar, bestämbar -**e** [-n] bestämma, begränsa; definiera; konstituera -**ite** ['definit] klart fastställd, avgjord, absolut, exakt, bestämd -**ition** [,defi'niʃ(ə)n] **1** definition, förklaring; bestämning **2** skärpa, tydlighet -**itive** [-'finitiv] slutgiltig, avgörande; definitiv
deflat|e [di'fleit] **1** släppa luften ur, tömma på luft (ballonger, bilringar etc.) **2** åstadkomma deflation, sänka -**ion** [-eiʃ(ə)n] deflation
defle|ct [di'flekt] böja [sig] åt sidan, avleda, avvika -**ction, -xion** [-kʃ(ə)n] böjning (åt sidan el. nedåt), avvikning, -else
deflo|ration [,di:flɔ'reiʃ(ə)n] deflorering, sprängning av mödomshinnan -**wer** [di:-'flauə] beröva ngt (ngn) dess blomma (mödom, oskuld)
deforest [di'fɔrist] kalhugga -**ation** [di,fɔrist-'eiʃ(ə)n] kalhuggning
deform [di:'fɔ:m] vanställa, missforma -**ation** [,di:fɔ:'meiʃ(ə)n] vanställande; förvrängning; missbildning -**ity** [-iti] vanskaplighet, missbildning, lyte
defraud [di'frɔ:d] bedra (*of* på); orättmätigt undanhålla, beröva
defray [di'frei] bestrida, betala (kostnader) -**al** [-(ə)l] -**ment** [-mənt] bestridande (av kostnad)
defrock ['di:'frɔk] = *unfrock*
defrost [di:'frɔst] tina upp, avfrosta
deft [deft] flink, händig, skicklig -**ness** [-nis] händighet
defunct [di'fʌ'ŋ(k)t] avliden, död; ~ *law* upphävd lag
defuse [di:'fju:z] desarmera, oskadliggöra
defy [di'fai] utmana; trotsa
degauss ['di:'gaus] avmagnetisera -**ing** [-iŋ] *a*, ~ *system* avmagnetiseringsanordning, magnetskydd
degenerate I *a* [di'dʒen(ə)rit] degenererad, fördärvad **II** *v* [di'dʒenəreit] degenera[s], vansläktas
degrad|ation [,degrə'deiʃ(ə)n] **1** degradering **2** förnedring **3** förfall, tillbakagång; urartning -**e** [di'greid] **1** degradera **2** vanära, förnedra **3** urarta, förfalla -**ing** [di'greidiŋ] förnedrande
degree [di'gri:] grad, steg; rang; examen; *by* ~*s* så småningom; *to some* ~ i viss mån; *to a high* ~ i hög grad; *take one's* ~ avlägga examen; *difference of* ~ gradskillnad; *third* ~ tredje graden
degression [di'greʃ(ə)n] nedgång, degression
dehydrat|e [di:'haidreit] bortta fuktighet, torka; vakuumtorka -**ion** [,di:hai'dreiʃ(ə)n] torka; uttorkning

deify ['di:ifai] upphöja till gud, avguda
deign [dein] värdigas, nedlåta sig
dei|sm ['di:iz(ə)m] deism -**ty** ['di:iti] gudom, gudomlighet; *the D* ~ Gud
deject [di'dʒekt] nedslå, göra nedslagen; ~*ed* modfälld -**ion** [-kʃ(ə)n] nedslagenhet; förstämning
delate [di'leit] anmäla, ange
Delaware ['deləwɛə] delstat i USA
delay [di'lei] **I** *v* uppskjuta, fördröja; dröja; försena **II** *s* dröjsmål, uppskov
delecta|ble [di'lektəbl] behaglig, ljuvlig, härlig -**tion** [,di:lek'teiʃ(ə)n] förnöjelse, förtjusning, nöje
delega|cy ['deligəsi] ombudsmannaskap, delegation -**te I** *s* [-git] befullmäktigad, delegerad; representant; *A.* valman **II** *v* [-geit] utse, ge i uppdrag, bemyndiga; anförtro; delegera -**tion** [,deli'geiʃ(ə)n] **1** befullmäktigande; överlåtande **2** delegation, deputation
delete [di'li:t] utplåna, stryka
deleterious [,deli'tiəriəs] skadlig
deletion [di'li:ʃ(ə)n] strykning
deliberat|e I *a* [di'lib(ə)rit] försiktig, behärskad; noga övervägd, överlagd, avsiktlig **II** *v* [di'libəreit] övervägande, betänka sig; rådslå -**ion** [di,libə'reiʃ(ə)n] övervägande, betänkande; överläggning -**ive** [dil'ib(ə)rətiv] reflekterande, betänksam
delica|cy ['delikəsi] **1** ömtålighet **2** finhet **3** känslighet; finess **4** finkänslighet; takt **5** delikatess -**te** [-it] **1** späd, klen, ömtålig **2** grannlaga, kinkig, delikat **3** fin, mild **4** känslig, fin **5** finkänslig **6** läcker -**tessen[-store, -shop]** ['delikə'tesn] *A.* affär för färdiglagad mat (konserver, delikatesser etc.)
delicious [di'liʃəs] läcker, utsökt, härlig
delict ['di:likt] lagöverträdelse
delight [di'lait] **I** *s* glädje, fröjd, välbehag; lust **II** *v* glädja, fröjda; finna nöje (*in* i), njuta (*in* av); *I shall be* ~*ed to* det skall bli mig ett nöje att -**ful** [-f(u)l] förtjusande [trevlig], ljuvlig, härlig, underbar
delimit|[ate] [di:'limit(eit)] avgränsa -**ation** [di,limi'teiʃ(ə)n] **1** avgränsning **2** gränsreglering
delineat|e [di'linieit] teckna (konturerna av), skissera; beskriva -**ion** [-,lini'eiʃ(ə)n] **1** [kontur]teckning; skiss **2** beskrivning
delinquen|cy [di'liŋkwənsi] pliktförgätenhet, brottslighet, skuld; fel, brott -**t** brottsling, delinkvent
deliri|ous [di'liriəs] gripen av yrsel, yrande; vanvettig, rasande -**um** [-əm] **1** sinnesförvirring; yrsel **2** ~ *tremens* [-'tri:menz] delirium [tremens]
deliver [di'livə] **1** lämna ifrån sig, av-, överlämna; leverera **2** befria **3** förlossa **4** yttra, framföra; ~ *the goods* leverera varorna, *sl.* göra det man har lovat; ~ *a speech* hålla ett tal; *be* ~*ed of a child* nedkomma med ett barn; ~ *us from evil* fräls oss från ondo -**ance** [-v(ə)r(ə)ns] **1** befrielse, räddning **2** yttrande, uttalande -**y** [-v(ə)ri] **1** förlossning, nedkomst **2** uppgivande; utlämnande **3** av-, över-, ut-, framlämnande; leverans; utdelning; tur **4** sätt (av boll) **5** framförande, hållande (av tal); ~ *office* expedition för ankommande gods; ~ *van* skåpvagn; *cash on* ~ (*C. O. D.*) kontant vid leverans; postförskott, efterkrav
dell [del] däld, dalgång

delouse ['di:'laus] avlusa
delta ['deltə] delta
delude [di'lu:d] lura, vilseleda; ~ *into* förleda till; ~ *o.s.* inbilla sig
deluge ['delju:dʒ] **I** *s* syndaflod, översvämning; skyfall **II** *v* översvämma
delusi|on [di'lu:ʒ(ə)n] självbedrägeri, illusion; villfarelse, inbillning **-ve** [-u:siv] bedräglig, vilseledande
de-luxe [də'luks] lyx-; ~ *model* lyxmodell
delve [delv] **1** forska ingående **2** *åld.* gräva (*äv. fig.*)
demagog|ic[al] [ˌdemə'gɔgik, -(ə)l] demagogisk **-ue** ['deməgɔg] demagog, agitator **-y** ['deməgɔgi] demagogi
demand [di'mɑːnd] **I** *v* begära, fordra; kräva **II** *s* **1** begäran, fordran, krav **2** efterfrågan; *supply and* ~ tillgång o. efterfrågan; *in great* ~, *much in* ~ mycket efterfrågad; *payable on* ~ betalbar vid anfordran **-ant** [-ənt] **1** en som fordrar **2** *jur.* kärande **--note** kravbrev; debetsedel
demarcat|e ['di:mɑ:keit] avgränsa, utstaka **-ion** [ˌdi:mɑ:'keiʃ(ə)n] avgränsning
demean [di'mi:n] *v*, ~ *o.s.* förnedra sig, nedlåta sig, uppföra sig **-our** [-ə] hållning, uppträdande, sätt
demen|ted [di'mentid] sinnesrubbad, vansinnig **-tia** [-ʃiə] demens, svår psykisk rubbning
demerit [di:'merit] fel, brist, klandervärt beteende
demesne [di'mein] domän; [jorda]gods; *hold in* ~ inneha med oinskränkt äganderätt
demigod ['demigɔd] halvgud
demijohn ['demidʒɔn] damejeanne, stor flaska
demilitarize ['di:'militəraiz] demilitarisera
demise [di'maiz] **I** *s* **1** frånfälle, död **2** överlåtelse **3** tronskifte, -ledighet **II** *v* överlåta
demi-semiquaver ['demisemiˌkweivə] *mus.* trettiotvåendelsnot
demi|ssion [di'miʃ(ə)n] avsägelse, nedläggande, avgång **-t** [-'mit] avgå från, lämna, nedlägga (ämbete, post)
demob [di:'mɔb] *se demobilize* **-ilization** ['di:ˌməubilai'zeiʃ(ə)n] demobilisering **-ilize** [di:'məubilaiz] demobilisera
democra|cy [di'mɔkrəsi] demokrati **-t** ['deməkræt] demokrat **-tic** [ˌdemə'krætik] demokratisk
demograph|ic [ˌdemə'græfik] demografisk, befolknings-; ~ *pattern* befolkningsmönster **-y** [di:'mɔgrəfi] befolkningsstatistik, -lära, demografi
demoli|sh [di'mɔliʃ] demolera, rasera, förstöra, göra slut på **-tion** [ˌdemə'liʃ(ə)n] [ned]-rivning, rasering; förstöring
demon ['di:mən] **1** demon, ond ande **2** överdängare, fenomen **-iac** [di'məuniæk] besatt; djävulsk, demonisk
demonstra|ble ['demənstrəbl] bevislig, bevisbar **-te** [-reit] **1** bevisa, påvisa **2** demonstrera **-tion** [ˌdeməns'treiʃ(ə)n] **1** yttring, ådagaläggande **2** demonstration; *prove to* ~ bevisa slutgiltigt **-tive** [di'mɔnstrətiv] **I** *a* **1** demonstrativ, öppen[hjärtig] **2** bevisande, övertygande **3** *gram.* utpekande, demonstrativ **II** *s* demonstrativt pronomen **-tor** ['demənstreitə] **1** prosektor **2** demonstrant
demoralize [di'mɔrəlaiz] demoralisera
Demos ['di:mɔs] folket, massan, pöbeln
demote [di:'məut] *A.* degradera

demur [di'mə:] **I** *v* hysa betänkligheter, göra invändningar (*to, at* mot) **II** *s* invändning[ar]
demure [di'mjuə] sedesam, ärbar, värdig; tillgjort (låtsat) blyg, pryd
demurr|age [di'mʌridʒ] *hand.* [kostnader för] överliggetid **-er** [di'mʌrə] *jur.* formell invändning
den [den] kula, håla; näste, tillhåll; litet arbetsrum
denary ['di:nəri] tiotals-
denationalize [di:'næʃnəlaiz] denationalisera
denatur|alize [di:'nætʃrəlaiz] **1** göra onaturlig **2** beröva medborgarskap **-e** [-'neitʃə] denaturera
deni|able [di'naiəbl] som kan förnekas **-al** [-(ə)l] **1** förnekande **2** vägran **3** självförsakelse
denim ['denim] grovt bomullstyg
denizen ['denizn] **I** *s* **1** invånare; person (djur) som lever (växt som växer) inom särskilt område (på särskild plats) **2** naturaliserad medborgare **3** naturaliserat djur (ord etc.) **II** *v* naturalisera
Denmark ['denmɑ:k] Danmark
denominat|e [di'nɔmineit] benämna, beteckna **-ion** [-ˌnɔmi'nei(ə)n] **1** benämning, beteckning **2** klass, valör **3** kyrkosamfund, religiös sekt **-ional** [diˌnɔmi'neiʃənl] sekt-, konfessionell; ~ *education* konfessionell undervisning **-ive** [-ətiv] **I** *a* benämnande **II** *s* denominativt verb, verb avlett av substantiv el. adjektiv **-or** [-ə] *mat.* nämnare; *common* ~ gemensam nämnare
denot|ation [ˌdi:nə(u)'teiʃ(ə)n] betydelse; beteckning **-ative** [di'nəutətiv] signifikativ; tydlig **-e** [di'nəut] beteckna, utmärka, ange
dénouement [dei'nu:mɑ̃:(ŋ)] upplösning, utgång
denounce [di'nauns] **1** utpeka, stämpla, påtala **2** uppsäga, förklara ogiltigt (fördrag, avtal etc.) **3** ange, anmäla (brottsling) **4** hotfullt förkunna **-ment** [-mənt] fördömande, förkastelsedom
den|se [dens] **1** tät, fast **2** *fig.* dum, slö **-eness** [-nis], **-ity** [-(i)ti] **1** täthet, fasthet **2** dumhet
dent [dent] **I** *s* märke, buckla **II** *v* göra märke[n]
dent|al ['dentl] **I** *a* tand-; ~ *surgeon* tandläkare; *school* ~ *service* skoltandvård **II** *s* dental [konsonant] **-ate[d]** ['denteit(id)] *bot.* tandad **-icle** [-ikl] liten tand -rifice [-ifris] tandpulver, tandkräm **-ine** [-ti:n] tandsubstans, tandben **-ist** tandläkare **-istry** [-istri] tandläkaryrke[t] **-ure** [den(t)ʃə] löständer; tandgarnityr
denud|ation [ˌdi:nju:(:)'deiʃ(ə)n] blottande, avklädning; *äv.* erosion **-e** [di'nju:d] blotta, avkläda; beröva
denunciat|ion [diˌnʌnsi'eiʃ(ə)n] **1** hot **2** fördömande, ogillande **3** angivelse **4** uppsägelse (av fördrag) **-ive** [-'nʌnsiətiv], **-ory** [-'nʌnsiət(ə)ri] **1** hotande **2** anklagande **3** fördömande
deny [di'nai] **1** förneka, bestrida; inte vilja kännas vid **2** vägra, neka
deodor|ant [di:'əudər(ə)nt] transpirationsmedel **-ize** [-aiz] ta bort (dalig) lukt fran, desinficera **-izer** [-aizə] desinfektionsmedel
depart [di'pɑ:t] **1** avlägsna sig; avgå (om tåg) **2** ~ *from this life* gå hädan **3** ~ *from one's word* svika sitt ord; ~*ed greatness* förgången storhet; *the* ~*ed* den döde, de döda **-ment** [-mənt] **1** avdelning, område, gren, fack **2** *A.* departement; *the State D*~ utrikesdepartementet (*A.*); ~ *store* varuhus **-ure** [-ʃə] **1** avresa, -färd, -gång **2** bortgång, död **3**

avvikelse, avsteg; *a new* ~ ett nytt försök, en
ny väg; en ny linje
depauperize [di:'pɔːpəraiz] befria från fattigdom
depend [di'pend] bero (*on, upon* på), vara
beroende (*on, upon* av); *that* ~*s* det beror på;
~ *upon it!* det kan du lita på! **-able** [-əbl] pålitlig **-ability** [-,pendə'biliti] pålitlighet, driftsäkerhet **-ant** [-ənt] underlydande, beroende person **-ence** [-əns] **1** tillit, förtröstan **2**
beroende **-ency** [-ənsi] lydland, underlydande område **-ent** [-ənt] **I** *a* beroende, underordnad; hänvisad **II** *s, se dependant*
depict [di'pikt] avbilda, avmåla; skildra **-ion**
[-kʃ(ə)n] bild; skildring **-ure** [-tʃə] *v, se depict*
depilat|e ['depileit] avhåra **-ory** [di'pilət(ə)ri]
I *a* hårborttagande **II** *s* hårborttagningsmedel
deplane [di:'plein] stiga ur (flygplan)
deplet|e [di'pli:t] [ut]tömma, kraftigt reducera **-ion** [-i:ʃ(ə)n] uttömning **-ive** [-iv] **-ory**
[-əri] *a* tömmande, [ut]tömnings-
deplor|able [di'plɔːrəbl] beklagansvärd, beklaglig; bedrövlig, sorglig **-e** [-ɔː] djupt beklaga, sörja
deploy [di'plɔi] **I** *v, mil.* deployera, utveckla
[sig] på bred front; gruppera [sig] **II** *s* =
-ment [-mənt] deployering; gruppering
deplume [di'plu:m] plocka (fågel)
depolarize [di:'pəuləraiz] **1** *fys.* beröva ngt
dess polaritet **2** desorientera
depopulate [di:'pɔpjuleit] avfolka
deport [di'pɔːt] deportera, bortföra; ~ *o.s.*
uppföra sig **-ation** [,di:pɔː'teiʃ(ə)n] deportering **-ee** [,di:pɔː'ti:] deporterad [person]
-ment [-mənt] uppträdande, hållning, sätt
depos|able [di'pəuzəbl] avsättlig **-al** [-(ə)l]
avsättning **-e** [-z] **1** avsätta **2** intyga, vittna
(under ed) **-it** [di'pɔzit] **I** *s* **1** insatta pengar,
[bank]insättning, deposition **2** handpengar,
förskott, insats **3** fällning, avlagring; fyndighet **II** *v* **1** deponera, anförtro; insätta **2** lämna
som säkerhet **3** avlagra, utfälla; ~ *account*
depositionskonto; ~*s* (*bank.*) inlåning **-itary**
[-'pɔzit(ə)ri] depositarie, förvarare **-ition** [,depə'ziʃ(ə)n] **1** [ut]fällning, avlagring **2** deposition, insättning; lämnande i förvar **3** avsättning (av kung) **4** förklaring; edligt skriftligt
intyg; vittnesmål **5** *the D* ~ nedtagningen från
korset **-itor** [-'pɔzitə] insättare **-itory** [-'pɔzit(ə)ri] **1** förvaringsrum, -ställe; magasin **2** *se
depositary*
depot ['depəu] **1** *mil.* depå; *äv.* utbildningsplats för rekryter; ~ *troops* reservtrupper **2**
nederlag[splats] **3** *A.* ['di:pəu] järnvägsstation
deprav|ation [,deprə'veiʃ(ə)n] **1** fördärvande
2 fördärv **-e** [di'preiv] fördärva (moraliskt)
-ity [di'præviti] fördärv, lastbarhet
deprecat|e ['deprikeit] söka avvärja; bestämt
ta avstånd från; avråda **-ion** [,depri'keiʃ(ə)n]
protest, ogillande **-ory** [-ətəri] **1** avvärjande;
urskuldande **2** böne-
depreciat|e [di'pri:ʃieit] **1** sänka priset på;
minska i värde; nedskriva **2** *fig.* nedsätta,
förringa **-ion** [-,pri:ʃi'eiʃ(ə)n] **1** värdeminskning; försämring; depreciering; nedskrivning **2** förringande **-ory** [-ʃət(ə)ri] nedsättande,
förringande
depredat|ion [,depri'deiʃ(ə)n] plundring, härjning **-or** ['deprideitə] plundrare
depress [di'pres] **1** trycka ner, sänka **2** nedslå,
deprimera ~*ed area* område med svåra sysselsättningsproblem **-ant** [-ənt] lugnande medel

-ion [-eʃ(ə)n] **1** nedtryckning, sänkning **2** depression, lågkonjunktur **3** barometerfall; lågtryck[scentrum] **4** sänka, depression **5** nedslagenhet, nedstämdhet **-ive** [-iv] nedtryckkande, -slående
depriv|ation [,depri'veiʃ(ə)n] **1** förlust; berövande **2** avsättning **-e** [di'praiv] **1** beröva **2**
avsätta; ~ *a p. of* utestänga ngn från
depth [depθ] djup etc.; *se deep*; *I was out of
my* ~ a jag kom på djupt vatten **b** det gick
över min horisont; ~ *of field* skärpedjup
(*foto.*); *the* ~[*s*] *of despair* förtvivlans djup;
in the ~*s of the forest* i skogens djup **--charge**
sjunkbomb
deput|ation [,depju(:)'teiʃ(ə)n] **1** befullmäktigande **2** deputation **-e** [di'pju:t] **1** anförtro,
överlåta **2** utse (till representant) **-ize** ['depjutaiz] **1** vikariera **2** *A.* = *depute* **-y** ['depjuti] **1**
fullmäktig, deputerad **2** ställföreträdare, vikarie **3** *attr* vice, andre, ställföreträdande
derail [di'reil] *järnv.* [bringa att] spåra ur; *the
train was* ~*ed* tåget spårade ur **-ment** [-mənt]
urspår[n]ing
derange [di'rein(d)ʒ] bringa i oordning, rubba;
~*d* sinnesrubbad **-ment** [-mənt] **1** [bringande
i] oordning, rubbning **2** sinnesrubbning
deration ['di:'ræʃ(ə)n] upphäva ransonering av
Derby ['dɑ:bi] Derby; Derbytävlingar (hästkapplöpning); *d*~ [*hat*] plommonstop
derelict ['derilikt] **I** *a* **1** övergiven, herrelös
2 oduglig **3** *A.* pliktförgäten **II** *s* herrelöst
gods; övergivet skepp **-ion** [,deri'likʃ(ə)n] **1**
övergivande **2** havets tillbakavikande; torrlagt land **3** pliktförsummelse
deri|de [di'raid] skratta åt, förlöjliga **-sion**
[-'riʒ(ə)n] åtlöje, spott, hån **-sive** [-siv] **-sory**
[-səri] **1** hånfull, gäckande **2** löjlig[t liten],
futtig
deriv|able [di'raivəbl] som kan härledas
(hämtas, erhållas) **-ation** [,deri'veiʃ(ə)n] **1**
härledning; lån **2** härledande, -ning; ursprung
-ative [di'rivətiv] **I** *a* av-, härledd **II** *s* derivat;
avlett ord, avledning **-e** [di'raiv] **1** av-, härleda **2** hämta, erhålla, inhösta **3** härstamma,
härleda sig
derm [dəːm] hud **-atologist** [,dəːmə'tɔlədʒist]
hudläkare **-atology** [,de:mə'tɔlədʒi] dermatologi, läran om hudsjukdomar
derogat|e ['derə(u)geit] *v,* ~ *from* förringa,
minska; kränka **-ion** [,derə(u)'geiʃ(ə)n] **1**
inskränkning; intrång **2** förringande **3** försämring; förnedring **-ory** [di'rɔgət(ə)ri] **1** inkräktande, inskränkande, skadlig **2** nedsättande, förringande, förklenande
derrick ['derik] **1** lastkran, lastbom **2** borrtorn;
~ *for dinghy* jollbom
derring-do [,deriŋ'du:] oförvägenhet
dervish ['dəːviʃ] dervisch
descant **I** *v* [dis'kænt] utbreda sig, tala vitt
o. brett (*on* över, om) **II** *s* ['deskænt] **1** diskant,
sopran **2** flerstämmig komposition **3** ackompanjemang
descend [di'send] **1** gå (komma, fara etc.) ner,
nedstiga; sjunka, sänka sig **2** slutta **3** sänka,
förnedra sig (*to* till) **4** ~ *to* genom arv tillfalla,
övergå på; ~ [*up*]*on* överfalla **-ant** [-ənt] avkomling, ättling **-ent** [-ənt] *a* härstammande
descent [di'sent] **1** nedstigande, -gång; nedfärd **2** sluttning, utförsbacke **3** [plötsligt] överfall, invasion **4** sjunkande, fall **5** härstamning
6 släktled **7** övergång genom arv
descri|be [dis'kraib] beskriva **-ption** [-'krip-

ʃ(ə)n] **1** beskrivning **2** slag, sort **-ptive** [-'kriptiv] beskrivande; berättar-, skildrar-
descry [dis'krai] varsna, upptäcka
desecrate ['desikreit] vanhelga
desegregat|e [di:'segrigeit] *A.* upphäva rasbarriär (mellan vita o. svarta) **-ion** [di:ˌsegri'geiʃ(ə)n] upphävning av rasbarriär (mellan vita o. svarta)
desert I *s* [di'zə:t] förtjänst; förtjänt lön = ~*s* **II** *a* ['dezət] öde, obebodd **III** *s* ['dezət] öken, ödemark **IV** *v* [di'zə:t] överge, svika; rymma, desertera **-er** [di'zə:tə] desertör **-ion** [di'zə:ʃ(ə)n] **1** övergivande **2** rymning, desertering **3** övergivenhet
deserve [di'zə:v] förtjäna, vara förtjänt av **-dly** [-idli] välförtjänt, med rätta
desiccate ['desikeit] [ut]torka
desiderat|e [di'zidəreit] känna saknad av **-um** [-ˌzidə'reitəm] (*pl -a* [-ə]) ngt som saknas; önskemål
design [di'zain] **I** *s* **1** plan **2** planläggning, utkast; konstruktion; ritning **3** mönster, formgivning, design; *by* ~ avsiktligt; *with a* ~ *to* i avsikt att **II** *v* **1** ämna, avse, bestämma **2** planlägga, beräkna **3** teckna, göra ritning till, rita; forma **-ate I** *v* ['dezigneit] **1** ange, beteckna, utmärka **2** bestämma, designera **II** *a* ['dezignit] designerad **-ation** [ˌdezig'neiʃ(ə)n] **1** angivande **2** bestämmande, utnämning **3** beteckning, benämning **-edly** [-idli] avsiktligt **-er** [-ə] **1** ritare; mönsterritare; formgivare, artist; dekoratör **2** ränksmidare **-ing** [-iŋ] **I** *a* stämplande, beräknande **II** *s* formgivning
desir|ability [diˌzaiərə'biliti] önskvärdhet **-able** [-'zaiərəbl] önskvärd; åtråvärd; lämplig **-e** [-'zaiə] **I** *s* **1** önskan, begäran **2** begär, lust, åtrå; längtan **II** *v* **1** önska [sig], åstunda **2** be gära, be; *leave much to be* ~*d* lämna mycket övrigt att önska **-ous** [-'zaiərəs] önskande; ivrig, lysten
desist [di'zist] avstå (*from* från), upphöra (*from* med)
desk [desk] pulpet; [skol]bänk; [kontors]skrivbord; kassa (i butik)
desolat|e I *a* ['desəlit] **1** ensam, övergiven **2** öde, ödslig **3** tröstlös **II** *v* ['desəleit] **1** avfolka, ödelägga **2** göra bedrövad **-ion** [ˌdesə'leiʃ(ə)n] **1** ödeläggelse, förödelse **2** ödslighet **3** enslighet; tröstlöshet
despair [dis'pɛə] **I** *s* förtvivlan, hopplöshet **II** *v* förtvivla, misströsta **-ing** [-riŋ] förtvivlad
despatch [dis'pætʃ] *se dispatch*
despera|do [ˌdespə'ra:dəu] vettvilling, desperado; bandit **-te** [-'desp(ə)rit] **1** hopplös **2** förtvivlad, utom sig; hänsynslös, desperat **3** fasansfull, förskräcklig **-tion** [-'reiʃ(ə)n] desperation, förtvivlan
despi|cable ['despikəbl] föraktlig, ömklig **-se** [dis'paiz] förakta
despite [dis'pait] **1** illvilja, agg; ondska **2** [*in*] ~ [*of*] [i] trots [av]
despoil [dis'pɔil] [be]röva, [ut]plundra
despond [dis'pɔnd] **I** *v* misströsta **II** *s*, *åld.* förtvivlan; *Slough of D* ~ förtvivlans träsk **-ency** [-ənsi] förtvivlan **-ent** [-ənt] modfälld, förtvivlad
despot ['despɔt] despot **-ic** [des'pɔtik] despotisk
dessert [di'zə:t] dessert, efterrätt
destin|ation [ˌdesti'neiʃ(ə)n] **1** bestämmelse, ändamål **2** bestämmelseort, destination **-e** ['destin] fastställa, bestämma, ämna **-y**

['destini] *s* öde; *the destinies* ödesgudinnorna, parcerna
destitut|e ['destitju:t] **1** utblottad, utfattig **2** tom (*of* på), i avsaknad (*of* av) **-ion** [ˌdesti'tju:-ʃ(ə)n] armod, nöd; brist
destroy [dis'trɔi] förstöra, nedkämpa, riva ner, rasera **-er** [-ə] **1** förstörare **2** *sjö.* jagare
destruct|ible [dis'trʌktəbl] förstörbar **-ion** [-kʃ(ə)n] förstörelse; fördärv, undergång **-ive** [-iv] förstörande; destruktiv; förstörelse- **-or** [-ə] förbränningsugn (för avfall)
desultory ['des(ə)lt(ə)ri] planlös, osammanhängande, virrig; hoppande från det ena till det andra
detach [di'tætʃ] **1** lösgöra, avskilja **2** *mil.* detachera **-able** [-əbl] lös[tagbar] **-ed** [-t] **1** fristående, avskild **2** opartisk, objektiv **-ment** [-mənt] **1** lösgörande, avskiljande **2** detachement **3** objektivitet; ~ *of outlook* fördomsfri syn
detail [di'teil] **I** *s* **1** detalj[er], enskildhet **2** detaljerad redogörelse **3** *mil.* litet detachement **4** ~*s* (*pl*) dagordning (*mil.*), upplysningar; *a matter of* ~ en bisak **II** *v* **1** i detalj redogöra för, detaljera **2** *mil.* uttа, kommendera, detachera, avdela
detain [di'tein] **1** uppehålla, hindra **2** kvarhålla i häkte **3** låta elev sitta över (efter skoldagens slut) **-er** [-ə] *jur.* order om kvarhållande i häkte **-ment** [-mənt] kvarhållande
detect [di'tekt] upptäcka, ertappa, komma på **-ion** [-kʃ(ə)n] upptäckt; ertappande **-ive** [-iv] detektiv **-or** [-ə] detektor
detention [di'tenʃ(ə)n] **1** uppehållande **2** kvarhållande; kvarsittande **3** undanhållande; *House of D* ~ häkte
deter [di'tə:] avskräcka
detergent [di'tə:dʒ(ə)nt] renande medel; *särsk.* syntetiskt tvättmedel
deteriorat|e [di'tiəriəreit] försämra[s], urarta, sjunka i värde **-ion** [-ˌtiəriə'reiʃ(ə)n] försämring; urartande, förfall
determin|able [di'tə:m(i)nəbl] bestämbar **-ant** [-minənt] [ngt] bestämmande; determinant **-ate** [-it] bestämd **-ation** [-ˌtə:mi'neiʃ(ə)n] **1** bestämdhet, beslutsamhet **2** bestämmande, fastställande **3** fast föresats, beslut **4** avslutning **-ative** [-minətiv] *a* bestämmande **-e** [-n] bestämma, fastställa; beräkna; avgöra; besluta **-ed** [-d] bestämd; beslutsam
deterrent [di'ter(ə)nt] *a* o. *s* avskräckande [medel]
detersive [di'tə:siv] = *detergent*
detest [di'test] *v* avsky **-able** [-əbl] avskyvärd **-ation** [ˌdi:tes'teiʃ(ə)n] *s* **1** avsky **2** ngt avskyvärt; *hold in* ~ avsky
dethrone [di'θrəun] störta från tronen, avsätta **-ment** [-mənt] störtande, avsättning
detonat|e ['detə(u)neit] [bringa att] detonera, explodera; spränga **-or** [-ə] detonator, knall-, tändhatt; *vap.* slaghatt; tändrör
detour ['deituə] omväg
detract [di'trækt] bortta; ~ *from* förringa, förklena **-ion** [-kʃ(ə)n] förringande; förtal **-ive** [-iv] förringande, förklenande; smädlig **-or** [-ə] belackare **-ory** [-əri] förringande
detriment ['detrimənt] skada, förfång, förlust **-al** [ˌdetri'mentl] *a* skadlig, förlustbringande, till förfång **II** *s*, *sl.* ovälkommen friare
detruncate [di'trʌŋkeit] beskära
deuce [dju:s] **1** *spelt.* tvåa; *tennis.* 40 lika **2** tusan, fan; *there's the* ~ *to pay* det är en sa-

tans historia; *the ~ of a mess* en sabla röra
-d [-t] förbaskad
Deuteronomy [ˌdjuːtəˈrɔnəmi] Femte Mosebok
devaluat|e [diːˈvæljueit] minska värdet av, devalvera **-ion** [ˌdiːvæljuˈeiʃ(ə)n] devalvering
devastat|e [ˈdevəsteit] ödelägga **-ion** [ˌdevəsˈteiʃ(ə)n] ödeläggelse
develop [diˈveləp] **1** utveckla [sig]; uppstå **2** *foto.* framkalla; *he ~ed pneumonia* han fick lunginflammation **-er** *foto.* framkallningsmedel **-ment** [-mənt] **1** utveckling; [till]växt **2** *foto.* framkallning
deviat|e [ˈdiːvieit] avvika **-ion** [ˌdiːviˈeiʃ(ə)n] avvikelse; deviation, missvisning
device [diˈvais] **1** plan, påhitt; list **2** uppfinning, anordning, apparat; don **3** mönster; emblem **4** devis, motto; *leave a p. to his own ~* låta ngn sköta sig själv (utan hjälp el. inblandning)
devil [ˈdevl] **I** *s* **1** djävul, satan **2** starkt kryddad köttratt; *poor ~* stackars sate; *the ~!* fan!; *~ a one* inte en enda; *between the ~ and the deep sea* mellan två eldar; *give the ~ his due* ge var o. en sitt; *talk of the ~* [and he will *appear*] när man talar om trollen [är de i farstun]; *printer's ~* springpojke på tryckeri; *the ~ take the hindmost* rädde sig den som kan; *~'s advocate* advocatus diaboli; *~'s bones* tärningar; *~'s books* kortlek; *there's the ~ to pay* det blir en sabla historia **II** *v* krydda (starkt) **--fish 1** marulk **2** bläckfisk **-ish** [-iʃ] **I** *a* **1** djävulsk, gemen **2** *fam.* djävlig, förbannad **II** *adv* enormt; djävligt **--may-care** [ˈdevlmeiˈkɛə] oförvägen; sorglös **-ry** [-ri] **1** trolldom; djävulskap, sattyg **2** djävulskhet, elakhet **3** oförvägenhet
devious [ˈdiːvjəs] slingrande, irrande; *~ ways* (*paths*) om-, smygvägar
devis|able [diˈvaizəbl] **1** upptänkbar **2** som kan borttestamenteras **-e** [-z] **I** *v* **1** hitta på, uttänka; uppfinna **2** borttestamentera **II** *s* borttestamentering; äv. testamente **-ee** [ˌdeviˈziː] testamentsarvtagare **-er** [-ə] upphovsman; uppfinnare **-or** [ˌdeviˈzɔː] testator
devoid [diˈvɔid] blottad, tom (*of* på); *~ of humour* torr, utan sinne för humor
devoir [ˈdevwɑː] *s, pay one's ~s to* visa uppmärksamhet mot
devol|ution [ˌdiːvəˈluːʃ(ə)n] *s* delegerande; överlåtande **-ve** [diˈvɔlv] **1** överlåta **2** övergå; *it ~s upon me* det åligger mig, det vilar på mig; *the increase ~s on exports* ökningen hänför sig till exporten
devot|e [diˈvəut] helga, [upp]offra, ägna **-ed** [-id] **1** helgad, bestämd **2** dömd, prisgiven **3** hängiven, tillgiven **-ee** [ˌdevə(u)ˈtiː] dyrkare, anhängare; entusiast, fantast **-ion** [-ˈvəuʃ(ə)n] **1** fromhet **2** helgande **3** hängivenhet; *~s* andaktsövning **-ional** [-ˈvəuʃənl] from, andakts-
devour [diˈvauə] sluka; förtära
devout [diˈvaut] from; andäktig; innerlig
dew [djuː] **I** *s* dagg; *~ point* daggpunkt (*meteor.*); *mountain ~* mbränd whisky **II** *v* daggbestänka **-drop** daggdroppe **-lap** dröglapp (på nötkreatur); isterhaka **-y** [-i] daggig, immig, fuktig; naiv, romantisk
dexter|ity [deksˈteriti] färdighet, händighet; skicklighet **-ous** [ˈdekst(ə)rəs] händig, flink, fingerfärdig; skicklig
diabet|es [ˌdaiəˈbiːtiːz] diabetes, sockersjuka

-ic [-ˈbetik] **I** *s* diabetiker, sockersjuk person **II** *a* diabetisk, sockersjuk
diabolic[al] [ˌdaiəˈbɔlik, -(ə)l] diabolisk, djävulsk
diacon|al [daiˈækənl] *a* diakon- **-ate** [-it diakonat
diacritic[al] [ˌdaiəˈkritik, -(ə)l] *a, ~ marks* (*signs*) diakritiska tecken (t. ex. längdtecken, accenter)
diadem [ˈdaiədem] diadem
diagnos|e [ˈdaiəgnəuz] diagnostisera **-is** [ˌdaiəgˈnəusis] diagnos **-tic** [ˌdaiəgˈnɔstik] **I** *a* diagnostisk **II** *s pl, ~s* diagnos[tik]
diagonal [daiˈægənl] diagonal
diagram [ˈdaiəgræm] diagram
dial [ˈdai(ə)l] **I** *s* **1** solvisare **2** urtavla; visartavla **3** *telef.* nummerskiva **4** *sl.* ansikte **II** *v* ringa [upp], slå (telefonnummer)
dialect [ˈdaiəlekt] dialekt **-al** [ˌdaiəˈlektl] dialektal, dialekt- **-ics** [ˌdaiəˈlektiks] *s pl* dialektik
dialog|ical [daiəˈlɔdʒik(ə)l] *a* i samtalsform **-ue** [ˈdaiəlɔg] dialog
diamet|er [daiˈæmitə] diameter **-ral** [-r(ə)l] **-rical** [ˌdaiəˈmetrik(ə)l] diametral
diamond [ˈdaiəmənd] **I** *s* **1** diamant, briljant **2** *kortsp.* 1uter **3** romb; *ace of ~s* ruteress **II** *a* diamant-; rombisk **--cutter** diamantslipare
diaper [ˈdaiəpə] **I** *s* **1** dräll **2** haklapp **3** *A.* blöja **4** sanitetsbinda **5** rutmönster **II** *v* dekorera i rutmönster
diaphanous [daiˈæfənəs] lätt, luftig, nästan genomskinlig
diaphragm [ˈdaiəfræm] **1** diafragma, mellangärde; membran; mellanvägg **2** *foto.* bländare **3** pessar
diarrhoea [ˌdaiəˈriə] diarré
diary [ˈdaiəri] dagbok
diatonic [ˌdaiəˈtɔnik] *a, mus.* diatonisk
diatom [ˈdaiətəm] *bot.* kiselalg
diatribe [ˈdaiətraib] diatrib, häftig o. bitter kritik
dibble [ˈdibl] **I** *s* sättpinne **II** *v* plantera med sättpinne
dibs [dibz] **1** spelmarker **2** *sl.* pengar
dice [dais] **I** *s pl* (*sg die*) tärningar; *no ~* aldrig i livet, förgäves **II** *v* **1** spela tärning **2** skära upp i tärningar **--box** tärningsbägare
dick [dik] *sl.* **1** detektiv **2** kuk
dickens [ˈdikinz] *s, what the ~* vad tusan
dickey [ˈdiki] *s* **1** åsna **2** *se --bird* **3** löst skjortbröst **4** kuskbock; fällbart säte i bil **II** *a* dålig, ostadig **--bird** liten fågel, pippi
dictaphone [ˈdiktəfəun] diktafon, dikteringsmaskin
dictat|e **I** *v* [dikˈteit] diktera; föreskriva **II** *s* [ˈdikteit] befallning, föreskrift; maning **-ion** [dikˈteiʃ(ə)n] *s* **1** diktamen **2** föreskrift, order **-or** [dikˈteitə] diktator **-orship** [dikˈteitəʃip] diktatur
diction [ˈdikʃ(ə)n] uttryckssätt; stil **-ary** [-ri] lexikon
dictum [ˈdiktəm] utsago, utlåtande; sats
did [did] *imperf* av *do*
didactic [diˈdæktik] didaktisk, läroaktig
diddle [ˈdidl] **1** narra, skoja, lura **2** vackla
didn't [ˈdidnt] = *did not*
dido [ˈdaidəu] *s A., cut* [*up*] *~es* göra krumsprång
die [dai] **I** *s* **1** (*pl dice*) tärning **2** (*pl dies*) mynt-, pappersstämpel; *the ~ is cast* tärningen är kastad **II** *v* (*pres part dying*) **1** dö; [ut]slockna

2 längta (*for* efter); *never say* ~*!* ge aldrig tappt!; ~ *away* (*down*) dö bort, slockna; ~ *off* (*out*) dö bort (ut) --**hard** *a* orubblig; *the* ~*s* yttersta högern

Diesel ['di:z(ə)l] *s*, ~ *engine* dieselmotor

diet ['daiət] **I** *s* **1** diet **2** kost **3** parlamentarisk församling i vissa länder **II** *v* sätta på diet; hålla diet -**ary** [-(ə)ri] **I** *a* dietisk, diet- **II** *s* matordning -**etic** [,daii'tetik] **I** *a* diet[et]isk **II** *s* *pl*, ~*s* dietlära -**itian** [,daii'tiʃ(ə)n] dietspecialist

differ ['difə] **1** vara olika **2** vara av olika mening -**ence** ['difr(ə)ns] **1** skillnad **2** meningsskiljaktighet; tvist; *that makes all the* ~ det förändrar hela saken; *it makes a great* ~ *to him* det betyder mycket för honom -**ent** ['difr(ə)nt] olik; annorlunda [beskaffad] (*to, from* än) -**ential** [,difə'renʃ(ə)l] **I** *a* särskiljande, utmärkande; ~ *calculus* differentialkalkyl; ~ *gear* differential (*tekn.*) **II** *s* **1** *mat.* differential **2** *tekn.* differentialväxel **3** *wage* ~*s* löneskillnader -**entiate** [,difə'renʃieit] **1** skilja [sig]; differentiera[s] **2** urskilja, skilja mellan -**entiation** [,difərenʃi'eiʃ(ə)n] differentiering -**ently** ['difr(ə)ntli] *adv* annorlunda, olika

difficult ['difik(ə)lt] svår -**y** [-i] svårighet; *pl* *äv.* betänkligheter, invändningar

diffiden|ce ['difid(ə)ns] brist på självtillit, blyghet -**t** saknande självförtroende; blyg

diffract [di'frækt] böja, bryta (om ljus) -**ion** [-kʃ(ə)n] böjning, brytning (om ljus)

diffus|e **I** *v* [di'fju:z] [ut-, kring]sprida[s]; sprida sig **II** *a* [di'fju:s] **1** diffus; [ut]spridd **2** omständlig, svamlig -**eness** [di'fju:snis] vidlyftighet, omständlighet; svammel -**ible** [di'fju:zəbl] *a* som kan spridas -**ion** [di'fju:-ʒ(ə)n] spridning, diffusion

dig [dig] **I** *v* **1** gräva **2** köra, stöta, peta **3** *sl.* förstå; gilla; spisa; ~ *potatoes* ta upp potatis **II** *s* **1** hugg, knuff, stöt **2** *fig.* pik **3** *pl,* ~*s* bostad, [inackorderings]rum, lya **4** arkeologisk utgrävning

digest I *s* ['daidʒest] sammandrag **II** *v* [di'dʒest] **1** smälta (mat) **2** tåla, fördra **3** sammanfatta, systematisera -**ibility** [di,dʒestə'biliti] smältbarhet -**ible** [di'dʒestəbl] smältbar -**ion** [di'dʒestʃ(ə)n] matsmältning -**ive** [di'dʒestiv] **I** *a* matsmältnings- **II** *s* medel som befordrar matsmältning

digg|er ['digə] **1** grävare **2** guldgrävare -**ing[s]** [-iŋ(z)] **1** = *dig* **II** **3** **2** guldfält

digit ['didʒit] **1** finger, tå **2** ensiffrigt tal, siffra -**al** [-l] digital, numerisk; ~ *computer* digitalmaskin -**alis** [,didʒi'teilis] *med.* digitalis

digni|fied ['dignifaid] värdig, vördnadsbjudande -**fy** [-fai] **1** hedra **2** göra värdig; upphöja -**tary** [-t(ə)ri] dignitär -**ty** [-ti] värdighet; (hög) rang

digress [dai'gres] avvika; komma från ämnet -**ion** [-eʃ(ə)n] avstickare; avvikelse -**ive** [-iv] som går ifrån (ligger på sidan om) ämnet

dike [daik] **I** *s* **1** damm, fördämning, bank **2** dike **II** *v* fördämma

dilapidat|e [di'læpideit] [låta] förfalla; ~*d* förfallen, fallfärdig -**ion** [-,læpi'deiʃ(ə)n] **1** förfall; vanvård **2** klippras

dilat|able [dai'leitəbl] tänjbar -**e** [-t] **1** utvidga [sig]; spärra[s] upp (om ögon) **2** *fig.* utbreda sig -**ion** [-eiʃ(ə)n] utvidgning

dilatory ['dilət(ə)ri] sölig; fallen för uppskov

dilettant|e [,dili'tænti] (*pl* -*i* [-i:]) dilettant -**ism** [-iz(ə)m] dilettantism

diligen|ce 1 ['dilidʒ(ə)ns] flit, arbetsamhet **2** ['dilizä:(n)s] diligens (utanför England) -**t** ['dilidʒ(ə)nt] flitig, arbetsam, ivrig

dill [dil] *bot.* dill

dilly-dally ['dilidæli] vela, vackla [hit o. dit]

dilut|e [dai'lju:t] **I** *v* [ut]blanda med vatten, utspäda; försvaga **II** *a* utspädd, vattnig -**ion** [-'lu:ʃ(ə)n] utspädning

diluvi|al [dai'lu:vjəl] -**an** [-ən] *a* diluvial, syndaflods- -**um** [-əm] (*pl -a*) diluvium

dim [dim] **I** *a* matt, skum, oklar, omtöcknad, vag; *take a* ~ *view of* se pessimistiskt på **II** *v* **1** fördunkla[s], blekna, skymma; omtöckna **2** blända av; avskärma

dime [daim] *A.* silvermynt (= 10 cent); ~ *novel* billig sensationsroman; ~ *store* (*A.*) billighetsvaruhus

dimension [di'menʃ(ə)n] dimension; ~*s,* pl storlek, omfång, mått -**al** [-l] 3-dimensionell film

dimin|ish [di'miniʃ] [för]minska[s]; försvaga[s], avta; *hide one's* ~*ed head* dölja sig efter sitt nederlag -**ution** [,dimi'nju:ʃ(ə)n] förminskning; avtagande -**utive** [-jutiv] **I** *a* mycket liten, diminutiv **II** *s* **1** miniatyr **2** *gram.* diminutiv

dim-out ['dimaut] ofullständig mörkläggning

dimpl|e ['dimpl] **I** *s* [smil]grop **II** *v* **1** bilda gropar **2** (om vatten) krusa[s] -**y** [-i] smågropig; med gropar i kinderna; lätt krusad

dimwit ['dimwit] *sl.* klent begåvad person

din [din] **I** *s* dån, larm **II** *v* **1** bedöva **2** dåna, larma; ~ *s.th. into a p.'s ears* (högljutt) tjata om ngt

dine [dain] **1** äta middag **2** bjuda på middag; *I* ~*d on* (*off*) *salmon* jag åt lax till middag; ~ *out* äta middag ute (borta) -**r** [-ə] **1** middagsätare **2** restaurangvagn -**tte** [-'net] *A.* matvrå

ding-dong ['diŋ'dɔŋ] **I** *s* o. *adv* bingbång **II** *a,* ~ *fight* ettrig strid

ding|hy ['diŋgi] (*äv. -ey*) jolle; liten roddbåt; gummibåt -**iness** ['din(d)ʒinis] smutsighet -**le** ['diŋgl] liten, smal dal; däld -**o** ['diŋgəu] *austr.* vildhund -**y** ['din(d)ʒi] smutsig, grådaskig, mörk

dining|-car ['dainiŋka:] restaurangvagn --**room** matsal

dinky ['diŋki] nätt; prydlig, fin

dinner ['dinə] middag[smål] --**jacket** [-,dʒækit] smoking --**party** [-,pa:ti] middagsbjudning --**service** [-,sə:vis] --**set** [middags]servis --**wagon** [-,wægən] serveringsbord (på hjul)

dinosaur ['dainə(u)sɔ:] dinosaurie

dint [dint] **I** *s* märke (efter slag), intryck; *by* ~ *of* med uppbjudande av; genom **II** *v* göra märken i

dioces|an [dai'ɔsis(ə)n] **I** *a* stifts- **II** *s* **1** biskop **2** stiftsbo -**e** ['daiəsis] stift, biskopsdöme

diopt|er [dai'ɔptə] diopter; dioptri -**ric** [-rik] **I** *a* dioptrisk **II** *s* dioptri; ~*s, pl* dioptrik

dip [dip] **I** *v* **1** doppa, nedsänka **2** dyka; doppa sig **3** sjunka, dala (om solen) **4** luta, slutta; ~ *candles* stöpa ljus; ~ *sheep* tvätta får; ~ *a garment* färga om ett plagg; ~ *the flag* hälsa med flaggan; ~ *into a book* bläddra i en bok, skumma; ~ *the lights* blända av; ~ *into one's pocket* stoppa handen i fickan **II** *s* **1** doppning, nedsänkning **2** bad **3** vätska i vilken ngt doppas **4** [stöp]ljus **5** titt (i bok etc.) **6** lutning

diphtheria [dif'θiəriə] difteri

diphthong ['difθɔŋ] diftong **-ize** [-gaiz] diftongera

diploma [di'pləumə] diplom **-cy** [-si] diplomati **-t** ['dipləmæt] diplomat **-tic** [ˌdiplə'mætik] diplomatisk **-tist** diplomat

dipper ['dipə] **1** strömstare **2** öskar; skopa **3** baptist **4** A., *the D ~* Karlavagnen

dippy ['dipi] småtokig

dire ['daiə] förskräcklig, gräslig; *in ~ need of help* i trängande behov av hjälp

direct [di'rekt] **I** *v* **1** rikta **2** styra, leda **3** adressera **4** befalla, tillsäga, föreskriva **5** dirigera **6** regissera; *~ a p. to the station* visa ngn vägen till stationen **II** *a* **1** direkt, rak; omedelbar **2** rättfram; tydlig; *~ action* utomparlamentarisk aktion (t. ex. strejk); *~ current* likström; *~ hit* fullträff **III** *adv* direkt, rakt **-ing-post** vägvisare **-ion** [-kʃ(ə)n] **1** riktning **2** [bruks]anvisning, föreskrift **3** *~s* (*pl*) adress **4** ledning, överinseende **5** styrelse, direktion; *~ finder* radiopejl **-ion-post** vägvisare **-ive** [-iv] **I** *a* ledande, anvisande **II** *s* direktiv **-ly** [-li; *i bet. I 3 o. II äv.* 'drekli] **I** *adv* **1** direkt; rakt; omedelbart **2** rakt på sak **3** genast, strax **II** *konj* så snart som **-ness** [-nis] **1** riktning rakt fram **2** rättframhet **-or** [-ə] **1** direktör **2** styrelsemedlem **3** [film]regissör **4** (andlig) rådgivare **-orate** [-(ə)rit] styrelse, direktion **-orial** [ˌdirek'tɔːriəl] ledande, styrelse **-ory** [-(ə)ri] **I** *a* ledande, anvisande **II** *s* **1** adresskalender; *telephone ~* telefonkatalog **2** = *~orate*

dirge [dəːdʒ] sorge-, gravsång

dirigible ['diridʒəbl] styrbar; *~ balloon* luftskepp

dirk [dəːk] dolk

dirt [dəːt] **I** *s* **1** smuts, lort, smörja **2** orenhet, oanständighet (i tankar, tal el. handling) **3** *sl.* skvaller; skandal; *eat ~* svälja förödmjukelse; *yellow ~* guld **II** *v* smutsa ner; bli smutsig **--cheap** ['dəːt'tʃiːp] otroligt billig **--track** *sport.* jordbana **-y** [-i] **1** smutsig, oren **2** snuskig; gemen; *~ trick* fult knep; *~ weather* stormigt väder **-y-shirt lawyer** *sl.* brännvinsadvokat

disab|ility [ˌdisə'biliti] **1** oduglighet, oförmåga **2** invaliditet, handikapp **3** inkompetens; *laga hinder* **-le** [dis'eibl] **1** göra oduglig (oförmögen); göra till invalid **2** förklara inkompetent **-led** [dis'eibld] **1** obrukbar, oduglig **2** handikappad, vanför; *~ soldier* krigsinvalid

disabuse [ˌdisə'bjuːz] ta [ngn] ur villfarelse; säga sanningen till

disaccustom ['disə'kʌstəm] avvänja

disadvantage [ˌdisəd'vɑːntidʒ] **I** *s* **1** nackdel; ogynnsam omständighet **2** förlust, skada; *take a p. at a ~* överrumpla ngn (som befinner sig i ett ogynnsamt läge); *he showed to ~* han var inte till sin fördel; *sell to ~* sälja med förlust **II** *v*, *~d* (*A.*) missgynnad **-ous** [ˌdisædvɑːn'teidʒəs] ofördelaktig, ogynnsam

disaffect|ed [ˌdisə'fektid] missnöjd, fientligt stämd **-ion** [-kʃ(ə)n] ovilja, missnöje

disagree [ˌdisə'griː] **1** vara olika **2** vara oense; vara ovänner; *fish ~s with me* jag tål inte fisk **-able** [-əbl] oangenäm; otrevlig; vresig **-ment** [-mənt] motsättning; oenighet, meningsskiljaktighet

disallow [ˌdisə'lau] **1** icke tillåta, förbjuda; icke godkänna, förkasta; bestrida **-ance** [ˌdisə'lauəns] förkastande; ogillande

disappear [ˌdisə'piə] försvinna **-ance** [-r(ə)ns] försvinnande

disappoint [ˌdisə'pɔint] göra besviken; svika, gäcka; *he was ~ed of* han gick miste om **-ment** [-mənt] **1** svikande **2** besvikelse, missräkning

disappro|bation [ˌdisæprə(u)'beiʃ(ə)n] ogillande **-val** [-ə'pruː'v(ə)l] ogillande **-ve** ['disə'pruːv] ogilla (*vanl. ~ of*)

disarm [dis'ɑːm] avväpna; avrusta **-ament** [-əmənt] avväpning; avrustning

disarrange ['disə'rein(d)ʒ] bringa i oordning **-ment** [ˌdisə'rein(d)ʒmənt] oordning

disarray ['disə'rei] **I** *s* oordning **II** *v* bringa i oordning

disassemble ['disə'sembl] ta isär

disast|er [di'zɑːstə] olycka, katastrof **-rous** [-rəs] *a* olycksbringande, ödesdiger

disavow ['disə'vau] ej vilja kännas vid, ej erkänna; förneka; förkasta **-al** [-əl] *s* förnekande; förkastande

disband [dis'bænd] (om trupp) upplösa[s]; skingra[s] **-ment** [-mənt] (om trupp) upplösning

disbelie|f ['disbi'liːf] tvivel, misstro **-ve** [-v] ej tro [på], [be]tvivla **-ver** [-və] tvivlare

disburden [dis'bəːdn] lätta (från börda); avbörda sig

disburse [dis'bəːs] utbetala **-ment** [-mənt] utbetalning

disc [disk] = *disk*

discard **I** *v* [dis'kɑːd] **1** kasta bort, förkasta; överge; kassera **2** avskeda **II** *s* ['diskɑːd] *A.* **1** ngt kasserat; kasserande **2** sakat kort; *throw into the ~* kassera

discern [di'səːn] urskilja; inse; skönja **-ible** [-əbl] urskiljbar, skönjbar **-ing** [-iŋ] omdömesgill, skarpsinnig **-ment** [-mənt] omdöme, urskillning[sförmåga]

discharge [dis'tʃɑːdʒ] **I** *v* **1** lossa (last) **2** uttömma; utgjuta **3** avlossa, avskjuta **4** avskeda; frita, befria (från plikter etc.); utskriva (patient) **5** uppfylla, utföra, infria; betala, klarera **II** *s* **1** avlastning; lossning **2** uttömning, utflöde; avlopp **3** avlossande; skott, **4** [ansvars]befrielse; frikännande; frigivning; avsked[ande] **5** betalning; klarerande; fullgörande, uppfyllande **6** intyg

disciple [di'saipl] lärjunge, anhängare

disciplin|arian [ˌdisipli'neəriən] disciplinkarl, en som upprätthåller disciplin **-ary** ['disiplinəri] **1** disciplinär **2** pedagogisk, bildnings- **-e** ['disiplin] **I** *s* **1** disciplin **2** tuktan, bestraffning **II** *v* **1** disciplinera; fostra **2** tukta

disclaim [dis'kleim] **1** avsäga sig rätt till **2** frånsäga sig, förneka **-ing** [-iŋ] avsägande *etc.*

disclos|e [dis'kləuz] **1** avslöja, uppenbara **2** visa **-ure** [-əuʒə] avslöjande; upptäckt

discolour [dis'kʌlə] vanställa (färgen på); avfärga, urbleka; fläcka; bli urblekt **-ation** [-ˌkʌlə'reiʃ(ə)n] **1** avfärgning, avblekning **2** urblekt ställe; fläck

discomfit [dis'kʌmfit] bringa ur fattningen; göra modfälld (snopen); gäcka, korsa (plan) **-ure** [-ʃə] missräkning, besvikelse; snopenhet

discomfort [dis'kʌmfət] **I** *s* obehag, otrevnad, besvärlighet **II** *v* orsaka otrevnad; oroa

discompos|e [ˌdiskəm'pəuz] bringa ur jämvikt, rubba, uppskaka **-ure** [-əuʒə] upprördhet; oro

disconcert [ˌdiskən'səːt] bringa ur fattningen,

förvirra; omintetgöra, kullkasta **-ment** [-mənt] förbryllelse

disconnect ['diskə'nekt] skilja; avkoppla, stänga; ta loss; ~*ed* osammanhängande

disconsolate [dis'kɔns(ə)lit] otröstlig, tröstlös; dyster

discontent ['diskən'tent] **I** *a* missnöjd **II** *s* missnöje **III** *v* göra missnöjd **-ment** [-mənt] missnöje

discontinu|ance [,diskən'tinjuəns] avbrytande, upphörande; avbrott **-e** ['diskən'tinju(:)] avbryta, sluta, upphöra med **-ity** ['dis-,kɔnti'nju(:)iti] brist på sammanhang **-ous** ['diskən'tinjuəs] osammanhängande, diskontinuerlig

discord I *s* ['diskɔ:d] **1** oenighet **2** oförenlighet **3** missljud **II** *v* [dis'kɔ:d] vara oense, tvista; vara oförenlig **-ance** [dis'kɔ:d(ə)ns] = *discord I* **-ant** [dis'kɔ:d(ə)nt] oförenlig; motsatt; oenig; disharmonisk

discount ['diskaunt] **I** *s* diskonto; rabatt; avdrag; diskontering; *at a* ~ under pari; tillbakasatt; ~ *house* (*shop*) rabattvaruhus **II** *v* **1** diskontera **2** reducera, dra av **3** antecipera, föregripa **--broker** [-,brəukə] diskontör

discountenance [dis'kauntinəns] **1** ogilla; avråda; vägra (ngn) sitt stöd **2** bringa ur fattningen; göra modfälld

discourage [dis'kʌridʒ] **1** nedslå, göra modfälld **2** söka hindra, avskräcka [från] **-ment** [-mənt] *s* **1** avskräckande; försök att hindra **2** svårighet **3** modlöshet

discourse [dis'kɔ:s] **I** *s* **1** föredrag, tal; avhandling **2** *åld.* samtal **II** *v* **1** [sam]tala **2** predika

discourte|ous [dis'kə:tjəs] ohövlig **-sy** [-tisi] ohövlighet, förolämpning

discover [dis'kʌvə] upptäcka; ~ *o.s.* ge sig till känna **-er** [-v(ə)rə] upptäckare **-y** [-v(ə)ri] upptäckt; *D* ~ *Day* Columbusdagen (12 okt.) (*A.*)

discredit [dis'kredit] **I** *s* **1** vanrykte, dåligt anseende **2** vanheder, skam **3** misstro **II** *v* **1** bringa i vanrykte, misskreditera **2** betvivla **-able** [-əbl] vanhederlig, skamlig

discreet [dis'kri:t] taktfull, diskret; varsam, försiktig

discrepan|cy [dis'krep(ə)nsi] skiljaktighet; avvikelse; motsägelse **-t** skiljaktig, avvikande; motsägande

discretion [dis'kreʃ(ə)n] **1** urskillning, omdöme; varsamhet **2** handlingsfrihet; gottfinnande; godtycke; *it is at* (*within*) *your own* ~ det beror helt o. hållet på dig, det står dig fritt; *surrender at* ~ ge sig på nåd o. onåd **-ary** [-ʃn(ə)ri] överlåten åt ngns avgörande, godtycklig

discriminat|e [dis'krimineit] göra skillnad; skilja; ~ *against* göra skillnad (till nackdel för ngn); diskriminera **-ing** [-iŋ] skarp, skarpsinnig, klok **-ion** [-,krimi'neiʃ(ə)n] **1** skiljande; diskriminering **2** urskillning, omdöme **-ive** [-nətiv] **1** utmärkande **2** skarp[sinnig], klok **3** diskriminerande

discursive [dis'kə:siv] **1** planlös, löpande hit o. dit **2** logisk

discus ['diskəs] diskus

discuss [dis'kʌs] diskutera **-ion** [-ʌʃ(ə)n] diskussion, debatt

disdain [dis'dein] **I** *v* förakta **II** *s* förakt, ringaktning **-ful** [-f(u)l] föraktfull

disease [di'zi:z] sjukdom

disembark ['disim'bɑ:k] landsätta; debarkera; landstiga **-ation** [,disembɑ:'keiʃ(ə)n] landstigning; landsättning

disembarrass ['disim'bærəs] frigöra, befria **-ment** [,disim'bærəsmənt] frigörelse

disembod|iment ['disim'bɔdimənt] **1** befrielse från kroppen **2** upplösning **-y** [-i] **1** befria från kroppen **2** upplösa (trupp)

disembowel [,disim'bauəl] ta inälvorna ur

disenchant [,disin'tʃɑ:nt] lösa ur förtrollning; öppna ögonen på **-ment** [,disin'tʃɑ:ntmənt] brytande av förtrollning; besvikelse

disencumber ['disin'kʌmbə] lätta, befria

disengage ['disin'geidʒ] frigöra [sig]; befria; lossa **-d** [-d] **1** ledig, ej upptagen **2** oförlovad **-ment** [-mənt] **1** lös-, frigörande; befriande **2** *kem.* frigörelse **3** otvungenhet, obundenhet **4** brytande av förlovning

disentail ['disin'teil] *v.* ~ *real property* befria en egendom från dess fideikommissnatur

disentangle ['disin'tæŋgl] göra [sig] loss (fri); reda ut [sig] **-ment** [,disin'tæŋglmənt] *s* lösgörande, befriande; utredande

disentomb ['disin'tu:m] gräva upp (ur grav); *fig.* bringa i dagen

disestablish ['disis'tæbliʃ] upphäva, avskaffa; ~ *the Church* skilja kyrkan från staten

disfavour ['dis'feivə] **I** *s* ogillande; onåd **II** *v* ogilla; klandra; missgynna

disfeature ['dis'fi:tʃə] vanställa

disfigur|ation [dis,figju(ə)'reiʃ(ə)n] *se disfigurement* **-e** [-'figə] vanställa, vanpryda **-ement** [-'figəmənt] vanprydnad, vanställdhet

disforest [dis'fɔrist] avverka skogen (inom ett område); kalhugga

disfranchise ['dis'fræn(t)ʃaiz] beröva medborgerliga rättigheter (*vanl.* rösträtt) **-ment** [dis'fræn(t)ʃizmənt] berövande (förlust) av medborgerliga rättigheter

disfrock [dis'frɔk] = *unfrock*

disgorge [dis'gɔ:dʒ] utspy; lämna ifrån sig

disgrace [dis'greis] **I** *s* **1** vanära; skam, skamfläck **2** onåd **II** *v* **1** vanhedra; skämma ut **2** störta i onåd; *he* ~*d himself badly* han skämde ut sig ordentligt **-ful** [-f(u)l] vanhedrande; skamlig

disgruntled [dis'grʌntld] missnöjd, sur

disguise [dis'gaiz] **I** *v* utkläda, förkläda; maskera; ~*d hand* förvänd handstil; ~*d voice* förställd röst; ~ *one's feelings* dölja sina känslor **II** *s* **-ment** [-mənt] **1** förklädnad; mask **2** förställning; maskering; sken

disgust [dis'gʌst] **I** *v* äckla, inge avsmak **II** *s* avsmak, äckel, vämjelse **-ing** [-iŋ] äcklig, vidrig, motbjudande

dish [diʃ] **I** *s* **1** fat, skål **2** [mat]rätt **3** *sl.* tjusig tjej **II** *v* **1** lägga upp o. servera (mat) **2** lura; ta kål på, klå

dishabille [,disæ'bi:l] slarvig (otillräcklig) klädsel; negligé

disharmony ['dis'hɑ:m(ə)ni] disharmoni, missljud

dishcloth ['diʃklɔθ] disktrasa

dishearten [dis'hɑ:tn] beröva modet, göra modfälld **-ment** [-mənt] modfälldhet

dishevelled [di'ʃev(ə)ld] rufsig, med oordnat (hår), i oordning

dishonest [dis'ɔnist] oärlig, ohederlig **-y** [-i] oredlighet, oärlighet

dishonour [dis'ɔnə] **I** *s* vanära, skam **II** *v* **1** vanära **2** vägra att betala (infria) **-able** [-n(ə)rəbl] **1** vanhedrande, skamlig **2** ohederlig

dishwasher ['diʃ,wɔʃə] **1** diskare **2** diskmaskin
disillusion [,disi'luːʒ(ə)n] **I** v desillusionera; ~ed utan illusioner, cynisk **II** s desillusion, desillusionering **-ize** [-aiz] se disillusion I
disincline ['disin'klain] göra obenägen
disinfect [,disin'fekt] desinficera **-ant** [-ənt] **I** a desinficerande **II** s desinfektionsmedel **-ion** [-kʃ(ə)n] desinfektion, desinficering
disingenuous [,disin'dʒenjuəs] icke uppriktig, falsk
disinherit ['disin'herit] göra arvlös **-ance** [,disin'herit(ə)ns] arvlöshet[sförklaring]
disintegrat|e [dis'intigreit] upplösa[s] i beståndsdelar, sönderdela[s] **-ion** [-,inti'grei-ʃ(ə)n] upplösning, sönderdelning; förvittring
disinter ['disin'təː] uppgräva (ur grav); bringa i dagen
disinterested [dis'intristid] oegennyttig, opartisk
disinterment [,disin'təːmənt] uppgrävande; utgrävning
disjoin [dis'dʒɔin] skilja **-t** bryta sönder, sönderdela; ~ed osammanhängande
disjuncti|on [dis'dʒʌŋ(k)ʃ(ə)n] söndring, skilsmässa **-ve** [-(k)tiv] a åtskiljande
disk [disk] skiva, lamell, platta; grammofonskiva; ~ jockey skivpratare
dislike [dis'laik] **I** v tycka illa om, ogilla **II** s motvilja; take a ~ to fatta motvilja mot
dislocat|e ['dislə(u)keit] **1** rubba, förskjuta **2** fig. förrycka, bringa i oordning **3** med. rycka ur led **-ion** [,disl(ə)u'keiʃ(ə)n] **1** förskjutning, rubbning **2** förvirring, oreda **3** sträckning, vrickning
dislodge [dis'lɔdʒ] **1** förflytta, rubba **2** driva bort, fördriva **-ment** [-mənt] förflyttning
disloyal ['dis'lɔi(ə)l] illojal, otrogen **-ty** [-ti] otrohet; illojalitet
dismal ['dism(ə)l] **I** a dysfer, sorglig **II** s pl, the ~s melankoli
dismantle [dis'mæntl] avbestycka, ta isär (t.ex. vapen), nedmontera; ta bort, utrymma (möbler, inredning etc.); ~ of beröva, avklädda
dismay [dis'mei] **I** s förskräckelse, förfäran **II** v förskräcka, göra bestört
dismember [dis'membə] stycka; sönderslita
dismiss [dis'mis] **I** v **1** skicka bort (i väg); upplösa; hemförlova **2** entlediga; avskeda, förskjuta **3** slå bort, slå ur tankarna; jur. avvisa; ~! höger o. vänster om marsch!; ~ a subject lämna ett ämne **II** s hemförlovning **-al** [-(ə)l] **1** bortskickande; upplösning; frigivande; hemförlovning **2** avsked[ande], entledigande **3** bort-, avvisande
dismount ['dis'maunt] **1** stiga av, sitta av (från häst, vagn) **2** kasta ur sadeln **3** demontera
disob|edience [,disə'biːdjəns] olydnad **-edient** [-'biːdjənt] olydig **-ey** ['disə'bei] vara olydig [mot], icke lyda
disoblige ['disə'blaidʒ] ej [kunna] tillmötesgå; misshaga
disorder [dis'ɔːdə] **I** s **1** oordning **2** tumult, orolighet **3** opasslighet, sjukdom **II** v **1** bringa i oordning; rubba; förvirra **2** bekomma illa **-ly** [-li] **1** oordentlig; oordnad **2** bråkig, oregerlig; förargelseväckande; charged with being drunk and ~ anklagad för fylleri (o. oljud); ~ house illa beryktat ställe
disorganiz|ation [dis,ɔːgənai'zeiʃ(ə)n] desorganisation, upplösning **-e** [-'ɔːgənaiz] desorganisera; rubba

disown [dis'əun] inte [vilja] kännas vid; förneka, förskjuta
disparage [dis'pæridʒ] nedsätta förringa; ringakta **-ment** [-mənt] nedsättande, förringande; missaktning
dispar|ate ['dispərit] olika, disparat **-ity** [dis-'pæriti] olikhet, skillnad; skiljaktighet
dispassionate [dis'pæʃnit] lidelsefri, sansad
dispatch [dis'pætʃ] **I** v **1** avsända **2** avsluta, göra undan **3** avrätta, döda, expediera **II** s **1** rapport, depesch **2** skyndsamhet; happy ~ harakiri **--box**, **--case** dokumentskrin **-er** [-ə] avsändare **--goods** ilgods **--rider** [-,raidə] [motorcykel]ordonnans
dispel [dis'pel] förjaga; skingra
dispens|able [dis'pensəbl] umbärlig **-ary** [-(ə)ri] dispensär, apotek (för fri medicin) **-ation** [,dispen'seiʃ(ə)n] **1** ut-, fördelning **2** ~ of Providence försynens skickelse **3** kyrk. dispens **4** undvarande **5** befrielse **-e** [-s] **1** utdela, fördela **2** tillreda o. utdela (medicin) **3** skipa (rättvisa) **4** befria (from från); ~ with [kunna] vara utan, klara sig utan; onödiggöra **-er** [-ə] apotekare; farmaceut
dispeople ['dis'piːpl] avfolka
dispers|al [dis'pɔːs(ə)l] skingring, spridning **-e** [-s] skingras [ut-, kring]sprida[s], skingra sig **-ion** [-ɔːʃ(ə)n] [kring]spridande, förskingring **-ive** [-iv] a spridande, skingrande
displace [dis'pleis] **1** [för]flytta, rubba **2** avsätta **3** undantränga; ~d persons statslösa, tvångsförflyttade **-ment** [-mənt] **1** för-, omflyttning, rubbning **2** undanträngande **3** deplacement
display [dis'plei] **I** v framlägga, utställa, skylta med; visa **II** s [fram]visande; uppvisning; utställning; skyltning
displeas|e [dis'pliːz] misshaga, förarga **-ure** [-'pleʒə] missnöje
disport [dis'pɔːt] v, ~ o.s. roa sig, leka
dispos|able [dis'pəuzəbl] disponibel; som kan avyttras; ~ paper plate engångstallrik **-al** [-(ə)l] **1** anordning, disposition **2** [fritt] förfogande, användning **3** avyttrande, försäljning; placering; at your ~ till ert förfogande **-e** [-z] **1** [an]ordna; disponera **2** göra benägen, stämma; be ~d for a walk ha lust att ta en promenad; ~of fritt förfoga [över]; avyttra, göra sig av med; avfärda, göra slut på; ~ of by will borttestamentera **-ition** [,dispə'ziʃ(ə)n] **1** anordning; uppställning (om trupp) **2** förberedelse, **3** överlåtelse, avyttrande **4** förfogande[rätt]; disposition **5** sinnelag; läggning **6** benägenhet, tendens; at your ~ = at your disposal
dispossess ['dispə'zes] beröva ngn ngt; fördriva (ägare)
disproof ['dis'pruːf] motbevis, vederläggning
disproportion ['disprə'pɔːʃ(ə)n] brist på proportion **-al** [,disprə'pɔːʃənl] **-ate** [,disprə-'pɔːʃnit] oproportionell
disprov|al [dis'pruːv(ə)l] vederläggning **-e** ['dis'pruːv] vederlägga
disput|able [dis'pjuːtəbl] omtvistlig, diskutabel **-ant** [-(ə)nt] **I** a tvistande **II** s disputant; debattare i dispyt etc. **-atious** [,dispju(ː)'tei-ʃəs] **-ative** [-ətiv] grälsjuk, diskussionslysten **-e** [-t] **I** v **1** disputera, diskutera; dryfta **2** bestrida **3** kämpa om, motstå, söka hindra **II** s dispyt, tvist, konflikt; the matter in ~ tvistefrågan; without ~ obestridlig[t]
disqualif|ication [dis,kwɔlifi'keiʃ(ə)n] diskvalifikation; hinder, inkompetens **-y** [-'kwɔlifai]

förklara oförmögen (inkompetent, obehörig); diskvalificera

disquiet [dis'kwaiət] **I** v oroa **II** s oro **-ude** [-aiitju:d] oro

disrate [dis'reit] degradera

disregard ['disri'gɑːd] **I** v ej fästa avseende vid, ej bry sig om; ringakta **II** s ignorerande, åsidosättande; likgiltighet, förakt

disrepair ['disri'pɛə] dåligt skick, förfall

disreput|able [dis'repjutəbl] illa beryktad, ökänd; vanhedrande, opassande **-e** ['disri-'pju:t] vanrykte, dåligt rykte

disrespect ['disris'pekt] ringaktning; ohövlighet, vanvördnad **-ful** [,disris'pektf(u)l] vanvördig, ohövlig

disrobe ['dis'rəub] klä av [sig]; avlägga ämbetsdräkt

disrupt [dis'rʌpt] sönderslita, spränga; bringa i oordning; *the storm ~ed the traffic* stormen orsakade kaos i trafiken **-ion** [-pʃ(ə)n] **1** sönder-, lösslitning **2** rämna, brott; sprängning, splittring, schism **-ive** [-iv] sönderslitande; splittrande

dissatis|faction ['di(s),sætis'fækʃ(ə)n] missnöje **-factory** [-'fækt(ə)ri] otillfredsställande **-fy** ['di(s)'sætisfai] göra missnöjd

dissect [di'sekt] dissekera, skära sönder; noga studera, analysera **-ing-room** [-iŋ] dissektionssal **-ion** [-kʃ(ə)n] **1** dissektion; obduktion **2** kritisk granskning, analys

dissemble [di'sembl] förställa [sig], hyckla **-r** [-ə] hycklare

disseminat|e [di'semineit] utså, sprida **-ion** [-,semi'neiʃ(ə)n] sådd; spridning

dissen|sion [di'senʃ(ə)n] oenighet **-t I** v skilja sig i åsikter *(from* från); ha annan mening; avvika från statskyrkan; *~ing minister* frikyrkopräst **II** s meningsskiljaktighet, skillnad i åsikter **-ter** [-ə] oliktänkande; frikyrklig **-tient** [-ʃiənt] oliktänkande; reservant

dissertation [,disə(:)'teiʃ(ə)n] avhandling; uttömmande föredrag, tal etc.

disservice ['di(s)'səːvis] otjänst

dissever [di(s)'sevə] avhugga, avskilja; sönderdela

dissident ['disid(ə)nt] **1** a oenig, oliktänkande **II** s oliktänkande

dissimil|ar ['di'similə] olika **-arity** [,disimi-'læriti] **-itude** [,disi'militju:d] olikhet

dissimulat|e [di'simjuleit] dölja; hyckla **-ion** [-,simju'leiʃ(ə)n] förställning, hyckleri

dissipat|e [di'sipeit] **1** skingra, förjaga **2** förslösa **3** leva lättsinnigt, utsvävande, slösaktigt **-ed** [-id] utsvävande **-ion** [,disi'peiʃ(ə)n] sus o. dus, utsvävningar

dissol|ubility [di,sɔlju'biliti] upplöslighet **-uble** [-'sɔljubl] upplöslig, -bar **-ute** ['disə-lu:t] tygellös, utsvävande **-ution** [,disə'lu:-ʃ(ə)n] **1** upplösning[stillstånd] **2** undergång; död **-vable** [-'zɔlvəbl] upplöslig **-ve** [-'zɔlv] upplösa [sig]; sönderdela; smälta, lösa; försvinna; *~d in tears* upplöst i tårar **-vent** [-'zɔlvənt] upplösande medel

dissonan|ce ['disənəns] **1** dissonans **2** oenighet **-t** a **1** skiljaktig, avvikande **2** missljudande

dissua|de [di'sweid] avråda **-sion** [-eiʒ(ə)n] s avrådande, avstyrkande **-sive** [-siv] a avrådande

dissyllable se disyllable

distaff ['distɑːf] slända; *on the ~ side* på spinnsidan

distan|ce ['dist(ə)ns] **I** s avstånd, sträcka;

keep one's ~ hålla sig på avstånd, vara reserverad; *at a ~* på avstånd; *in the ~* i fjärran; *at this ~ of time* så långt efteråt **II** v **1** avlägsna **2** distansera, lämna bakom sig **-t** avlägsen; reserverad, avmätt; *~ reconnaissance* fjärrspaning *(mil.)*

distaste [dis'teist] avsmak, motvilja **-ful** [dis'teistf(u)l] osmaklig, motbjudande

distemper [dis'tempə] **I** s **1** valpsjuka **2** sjukdom **3** tempera[målning] **II** v måla a tempora **-ed** [-d] sjuk[lig]; rubbad

disten|d [dis'tend] utvidga[s]; uppblåsa; svälla **-sion** [-nʃ(ə)n] **1** utvidgning, svällande **2** vidd, omfång

distil [dis'til] **1** destillera[s] **2** drypa, droppa **-late** ['distilit] destillat **-lation** [,disti'leiʃ(ə)n] **1** droppande **2** destillering **-ler** [-ə] destillator; [visky-, gin- etc.]brännare **-lery** [-əri] bränneri

distinct [dis'tiŋ(k)t] **1** tydlig; uttrycklig **2** olik, [åt]skild; *keep ~* hålla isär **-ion** [-ŋ(k)ʃ(ə)n] **1** [åt]skillnad **2** kännemärke **3** betydenhet, anseende **4** utmärkelse; *a man of ~* en framstående man **-ive** [-iv] åtskiljande, utmärkande, typisk; utpräglad **-ly** [-li] **1** tydligt **2** avgjort

distinguish [dis'tiŋgwiʃ] **1** urskilja, se klart **2** göra skillnad, skilja **3** känneteckna, utmärka; *be ~ed for* utmärka sig för; *~ing pendant* befälstecken **-able** [-əbl] **1** indelbar **2** märkbar, urskiljbar, tydlig **-ed** [-t] förnäm, framstående, celeber **2** distingerad

distort [dis'tɔːt] förvrida; förvränga **-ion** [-ɔːʃ(ə)n] förvridning; förvrängning; *elektr.* distorsion **-ionist** [-ɔːʃ(ə)nist] ormmänniska

distract [dis'trækt] **1** avvända, avleda, distrahera **2** förvirra; göra [ngn] galen **-ed** [-id] förvirrad; förryckt **-ion** [-kʃ(ə)n] **1** söndring; förvirring, oreda **2** avkoppling, distraktion, förströelse **3** upprördhet; förryckthet; *to ~* ända till vanvett

distress [dis'tres] **I** s **1** nödläge, betryck, trångmål **2** smärta, sorg **3** utmattning **II** v **1** plåga, göra olycklig; oroa **2** utmatta **-ed** [-t] **1** nödställd **2** bedrövad; bekymrad *(about, at* för, över); *~ area* katastrofområde **-ful** [-f(u)l] **1** smärtsam, beklämmande **2** eländig, bedrövlig, **--sale** exekutiv auktion

distribut|able [dis'tribjutəbl] för-, utdelbar **-e** [-u(:)t] distribuera, utdela; sprida; klassificera, fördela **-ion** [,distri'bju:ʃ(ə)n] **1** ut-, fördelning, distribution **2** utbredning; spridning **3** indelning **-ive** [-iv] **1** ut-, för-, tilldelande **2** fördelnings-; *gram.* distributiv **-or** [-u(:)tə] utdelare, distributör; fördelare

district ['distrikt] **1** distrikt; stadsdel; del av grevskap **2** trakt, område, bygd; *~ attorney* allmän åklagare *(A.)*; *~ heating* fjärrvärme; *D~ of Columbia* federalt område i USA med regeringssäte (Washington)

distrust [dis'trʌst] s o. v misstro **-ful** [-f(u)l] **1** miss-, klentrogen **2** *~* [*of o.s.*] försagd, blyg

disturb [dis'təːb] störa, avbryta; oroa, uppröra **-ance** [-(ə)ns] **1** störande; oroande **2** oro; störning, rubbning **3** tumult, bråk, orolighet **-er** [-ə] orostiftare

disun|ion ['dis'ju:njən] söndring, splittring; oenighet **-ite** ['disju:'nait] skilja[s], upplösa[s], splittra[s]

disuse I s ['dis'ju:s] *fall into ~* komma ur bruk **II** v ['dis'ju:z] upphöra att använda, upphöra med; nedlägga

disyllable [di'siləbl] tvåstavigt ord

ditch [ditʃ] **I** s dike; *the D* ~ Engelska kanalen; *driven to the last* ~ med ryggen mot väggen **II** v **1** [ut]dika **2** köra i diket **3** göra sig av med, överge **4** *flyg.* nödlanda på vatten
ditto ['ditəu] detsamma, dito; *say* ~ *to* säga ja o. amen till; ~ *suit, suit of* ~s hel kostym
ditty ['diti] s visa
diurnal [dai'ə:nl] dags-; daglig
divan [di'væn] **1** divan **2** (österländskt) statsråd; rådskammare **3** rökrum
dive [daiv] **I** v **1** dyka **2** *fig.* forska; ~ *into one's pocket* sticka ned handen i fickan **II** s **1** dykning **2** källare (i restaurang) **3** A. spelhåla, krog; tillhåll **-r** [-ə] dykare
diverge [dai'və:dʒ] divergera, gå isär; avvika **-nce, -ncy** [-(ə)ns, -(ə)nsi] **1** divergens **2** avvikelse, skillnad, motsättning **-nt** [-(ə)nt] **1** divergerande **2** avvikande, skiljaktig, delad
divers ['daivə(:)z] åtskilliga, varjehanda **-e** [dai'və:s] olika, skild; mångfaldig **-ification** [dai͵və:sifi'keiʃ(ə)n] **1** differentiering **2** omväxling; olikhet **-ify** [dai'və:sifai] variera, göra olik; diversifiera **-ion** [dai'və:ʃ(ə)n] **1** avledande **2** skenmanöver **3** förströelse, avkoppling
divert [dai'və:t] avleda, avvända; förströ, roa
Dives ['daivi:z] *bibl.* den rike mannen
divest [dai'vest] beröva, avhända; avkläda; ~ *o.s. from* avstå från
divide [di'vaid] **I** v **1** dela [sig]; sönderfalla; **2** splittra[s], göra (vara) oense; *5 will not* ~ *12* 12 är inte jämnt delbart med 5; ~ *12 by 3* dividera 12 med 3; ~ *the House* anordna votering (i parlamentet) **II** s vattendelare **-nd** ['dividend] **1** utdelning **2** dividend **-r** [-ə] **1** [ut-, för]delare; skiljare, splittrare **2** ~s (*pl*) passare
divin|ation [͵divi'neiʃ(ə)n] förutsägelse, spådom; aning **-e** [di'vain] **I** a gudomlig; ~ *service* gudstjänst **II** s teolog; präst **III** v spå, förutsäga; ana **-er** [di'vainə] spåman; slagruteman
diving ['daiviŋ] dykning **--bell** dykarklocka **--board** trampolin **--rudder** höjdroder **--tower** hopptorn
divining-rod [di'vainiŋrɔd] slagruta
divinity [di'viniti] **1** gudomlighet; gud **2** teolog **3** *åld.* kristendom[sundervisning]; *the D* ~ Gud; *Bachelor of D* ~ teologie kandidat
divis|ibility [di͵vizi'biliti] delbarhet **-ible** [-'vizəbl] delbar **-ion** [-'viʒ(ə)n] **1** [upp-, in-, för]delning **2** *mat.* division **3** område, distrikt, [val]krets **4** skiljelinje, -vägg **5** skiljaktighet, splittring, oenighet **6** votering, omröstning; ~ *of labour* arbetsfördelning; ~ *of words* avstavning **-ional** [-'viʒənl] a delnings-, divisions- **-or** [-'vaizə] divisor
divorce [di'vɔ:s] **I** s skilsmässa, äktenskapsskillnad **II** v [låta] skilja [från] **-ment** [-mənt] skilsmässa
divulge [dai'vʌldʒ] avslöja
Dixie ['diksi] ~['s] *land,* ~*land* sydstaterna (*A.*); (slags) jazzmusik
dizz|iness ['dizinis] yrsel **-y** [-i] **I** a yr **II** v göra yr i huvudet; förvirra
1 do [du:] **I** v **1** göra; sköta om, utföra **2** laga, anrätta **3** utmatta **4** duga, vara nog; *it* ~*es him credit* det länder honom till heder; *it isn't* ~*ne* det går inte an; *he did me for £20* han lurade mig på 20 pund; ~ *o.s. well* smörja kråset; *they* ~ *you well* de sörjer väl för; *he did 6 months* han avtjänade (satt inne i) 6 månader; ~ *the polite* visa sig artig; *I've* ~*ne* jag är klar

[*med*]; *have* ~*ne!* sluta nu! *let's have* ~*ne with it* låt oss få saken ur världen; *how* ~ *you* ~? goddag (vid första mötet med ngn); *that won't* ~ det duger inte; det går inte an; *he sees it as clearly as I* ~ han ser det lika tydligt som jag; *and so I did'* o. det gjorde jag också; *and so did I'* o. det gjorde jag också; *I* ~ *wish she could* jag önskar verkligen att hon kunde; *but I did knock* men jag knackade verkligen; ~ *away with* avskaffa, undanröja, göra av med; ~ *by* bära sig åt (handla) [gente]mot; ~ *for* a duga till **b** hushålla för; passa upp på **c** fördärva, ta död på; ruinera; *he is* ~*ne for* det är ute med honom; ~ *in* a ruinera **b** lura **c** ta livet av; ~*ne in* dödstrött; ~ *up* a packa [in]; knäppa; snöra [till] **b** göra i ordning; städa, laga; ~ *without* undvara klara sig utan **II** s **1** kalas, tillställning **2** bedrägeri; *nothing* ~*ing* det går inte!, inte en chans!
2 do [dəu] *mus.* do
doat [dəut] = *dote*
dobbin ['dɔbin] arbetshäst; hästkrake
docil|e ['dəusail] foglig **-ity** [də(u)'siliti] foglighet
dock [dɔk] **I** s **1** [skepps]docka **2** de anklagades bänk, skrank (i rättssal) **3** *bot.* syra **4** (själva) svansen (utan hår); svansstump **II** v **1** docka **2** avkorta; stubba **-age** [-idʒ] dockavgift **-er** [-ə] dock-, hamnarbetare
docket ['dɔkit] **I** s **1** innehållsförteckning; *jur.* föredragningslista **2** adresslapp **3** tullbevis **II** v **1** inregistrera **2** rubricera, etikettera; adressera
dockyard ['dɔkja:d] skeppsvarv
doctor ['dɔktə] **I** s **1** doktor **2** *sl.* skeppskock; *call a* ~ ta hem en läkare **II** v **1** göra till doktor **2** behandla, sköta; praktisera (som läkare) **3** förfalska; fiffla med **-ate** **I** s [-t(ə)rit] doktorat **II** v [-reit] promovera
doctrin|aire [͵dɔktri'neə] **I** s principryttare **II** a doktrinär **-al** [dɔk'trainl] läro-, dogmatisk **-arian** [-ɛəriən] *se doctrinaire* **-e** ['dɔktrin] lära, doktrin; lärosats
document **I** s ['dɔkjumənt] dokument, handling **II** v ['dɔkjument] dokumentera **-ary** [͵dɔkju'ment(ə)ri] dokumentärfilm **-ation** [͵dɔkjumen'teiʃ(ə)n] dokumentation
dodder ['dɔdə] stappla; darra; lalla
dodge [dɔdʒ] **I** v **1** hoppa undan [för], undvika, klara sig (i trafiken) **2** *fig.* göra undanflykter, krångla **II** s **1** hopp åt sidan **2** knep, fint; plan **-ball** A. (slags) bollspel **-r** [-ə] **1** skojare, hal fisk **2** A. reklamlapp
dodo ['dəudəu] *zool.* dront
doe [dəu] **1** hind **2** har-, kaninhona
does [dʌz] *3 pers* sg av *do* **-n't** = *does not*
doff [dɔf] ta av [sig]
dog [dɔg] **I** s **1** hund **2** karl, usling; *go to the* ~s gå utför, komma på förfall; *throw to the* ~s kasta bort; *he has not a* ~'s *chance* han har inte skuggan av en chans; ~ *Latin* köks-latin; ~ *in the manger* en som inte unnar andra sådant som han inte själv kan få **II** v följa i hälarna, jaga **--cart** dogcart, jaktvagn **--cheap** ['dɔg'tʃi:p] mycket billig[t] **--collar** [-͵kɔlə] **1** hundhalsband **2** prästkrage **--days** rötmånad **--eared** [-iəd] försedd med hundöron **--fancier** [-͵fænsiə] hundälskare; hunduppfödare **--fox** rävhanne **-ged** [-id] envis, seg
dogger ['dɔgə] dogger (holl. fiskebåt)
doggerel ['dɔg(ə)r(ə)l] usel, haltande vers

doggo ['dɔgəu] *sl.* orörlig, på lur
doghouse ['dɔghaus] hundkoja; *in the* ~ (*sl.*) i onåd
dogma ['dɔgmə] dogm **-tic** [dɔg'mætik] **1** dogmatisk **2** bestämd **-tize** [-taiz] **1** dogmatisera **2** docera
do-gooder ['du:gudə] *vard.* välgörare
dog|'s-ear ['dɔgziə] hundöra **--sleep** lätt sömn **-'s-nose** öl med gin **--star** Sirius, hundstjärnan **--tired** ['dɔg'taiəd] dödstrött **--trot** jämn lunk **--watch** *sjö.* plattvakt (kl. 16—18 el. 18—20) **-wood** *bot.* benkornell
doily ['dɔili] tallriksunderlägg; liten duk
doldrums ['dɔldrəmz] *s pl. the* ~ **a** dåligt humör **b** vindstilla region (kring ekvatorn)
dole [dəul] **I** *s* arbetslöshetsunderstöd; *be on the* ~ vara arbetslös, gå o. stämpla **II** *v*, ~ *out* utdela (i småportioner) **-ful** [-f(u)l] sorgsen, dyster
doll [dɔl] **I** *s* docka; *sl.* vacker flicka **II** *v*, ~ *up* klä fint, fiffa upp, utstyra
dollar ['dɔlə] dollar (= *100 cents*)
dollop ['dɔləp] klump
dolorous ['dɔlərəs] smärtsam; sorglig, sorgsen
dolphin ['dɔlfin] **1** delfin **2** pollare
dolt [dəult] träskalle, dumhuvud **-ish** [-iʃ] dum, tjockskallig; drullig
domain [də(u)'mein] domän, område; *fig.* gebit
dome [dəum] dom, kupol; *hit a p. on the* ~ slå ngn i skallen **-d** välvd
Domesday ['du:mzdei] *s*, ~ *book* Vilhelm Erövrarens jordebok
domestic [də(u)'mestik] **I** *a* **1** hus-, hem-, familje-; hemkär **2** inhemsk, inrikes; ~ *animal* husdjur; ~ *market* hemmamarknad; ~ *science* hemkunskap, hushållslära; ~ *art* (*industry*) hemslöjd **II** *s* tjänare -ate [-eit] **1** göra hemkär, huslig; naturalisera **2** tämja, domesticera (djur) **-ity** [,dəumes'tisiti] **1** hemkänsla, -liv; huslighet **2** tamt tillstånd
domicile ['dɔmisail] **I** *s* hemvist; boningsort, fast bostad **II** *v* **1** bosätta sig **2** *hand.* domiciliera (växel)
domin|ance ['dɔminəns] herravälde; inflytande **-ant** [-ənt] **I** *a* [för]härskande; ledande, inflytelserik, dominerande **II** *s, mus.* dominant **-ate** [-eit] [be]härska, dominera **-eer** [,dɔmi'niə] dominera, tyrannisera **-eering** [,dɔmi'niərin] tyrannisk, despotisk, härsklysten
dominica|l [də'minik(ə)l] *a* Herrens; ~ *prayer* Fader vår **D-n** [-kən] **I** *s* dominikanermunk, svartbroder **II** *a* dominikan-; ~ *Republic* Dominikanska republiken
dominie ['dɔmini] **1** *Sk.* skollärare **2** *Sk. o. A.* präst
dominion [də'minjən] **1** herravälde, makt **2** välde, besittning **3** självstyrande land inom brittiska samväldet, dominion
domino ['dɔminəu] **1** dominobricka **2** domino, vid kappa; *~es, pl* dominospel
don [dɔn] **I** *s* **1** spansk titel, herr **2** lärare el. *fellow* vid *college* **II** *v* iklä sig, ta på sig
donat|e [də(u)'neit] donera, skänka **-ion** [-eif(ə)n] bortgivande; donation, gåva **-ive** ['dəunətiv] **I** *a* skänkt, donations- **II** *s* gåva
done [dʌn] *perf part* av *do*
donjon ['dɔn(d)ʒ(ə)n] huvudtorn, slottskärna
donkey ['dɔŋki] åsna **--engine** [-,en(d)ʒin] donkeymaskin
donor ['dəunə] givare, donator
do-nothing ['du:,nʌθiŋ] dagdrivare

don't [dəunt] = *do not*
doodle ['du:dl] **I** *v* klottra, rita **II** *s* dumbom **--bug** VI-bomb
doolie ['du:li] ind. bärbår; *äv.* sjukbår
doom [du:m] **I** *s* **1** dom; lott, undergång **2** yttersta domen **II** *v* döma **-sday** ['du:mzdei] domedag
door [dɔ:] dörr; *be at death's* ~ ligga för döden; *lay s.th. at a p.'s* ~ ge ngn skulden för ngt; *it lies at his* ~ det är hans fel; *out of* ~*s* utomhus **-bell** dörrklocka **--case**, **--frame** dörrkarm **-keeper** [-,ki:pə] portvakt **-knob** dörrhandtag **-man** [-mən] portvakt **--nail** nubb, beslag på dörr; *dead as a* ~ stendöd **--post** dörrpost **-step** yttertrappa **--to-door** salesman dörrknackare **-way** dörr[öppning]; port **-yard** *A.* bakgård
dope [dəup] **I** *s* **1** narkotiskt preparat **2** *sl.* (hemliga) informationer, upplysningar **3** fernissa, lack (för flygplan) **4** *sl.* dumbom **II** *v* **1** dopa, ge stimulerande medel åt (hästar) **2** lura, dupera **3** fernissa, impregnera **-y** [-i] sömnig; dum
dorm|ancy ['dɔ:mənsi] sovande tillstånd **-ant** [-ənt] sovande; tillfälligt i vila (om växter); *fig.* vilande, obegagnad, outnyttjad **-er** [-ə] vindsfönster **-itory** [-itri] **1** sovsal **2** *A.* studenthem; ~*town* sovstad
dor|mouse ['dɔ:maus] (*pl -mice*) hasselmus; sovmus
dorsal ['dɔ:s(ə)l] rygg-
dory ['dɔ:ri] liten roddbåt
dos|age ['dəusidʒ] dos, strålningsdos **-e** [-s] *s* dos[is] **II** *v* **1** ge ngn medicin, dosera **2** upp-blanda, förfalska
doss [dɔs] ligga på natthärbärge; ~ *out* sova under bar himmel
dossal ['dɔs(ə)l] altardraperi, -bonad
doss-house ['dɔshaus] natthärbärge
dossier ['dɔsiei] dossié
dost [dʌst] *åld., thou* ~ du gör, *se do*
dot [dɔt] **I** *s* punkt, prick; *on the* ~ punktligt; *6 on the* ~ prick kl. 6; ~ *and go one* haltande gång **II** *v* **1** pricka, punktera **2** översålla, beströ; *I* ~*ted him one* jag slog till honom; ~ *and carry one* ett (etc.) upp o. ett i minnet
dot|age ['dəutidʒ] **1** senilitet; fjollighet **2** dåraktig (blind) kärlek, överdriven ömhet; *he is in his* ~ han har blivit barn på nytt **-ard** [-əd] senil gubbe, barn på nytt **-e** [-t] **1** vara fjollig (barn på nytt) **2** ~ [*up*]*on* vara svag för, avguda, dyrka
doth [dʌθ] *åld.* = *does*
dottle ['dɔtl] orökt rest av pipstopp
dotty ['dɔti] **1** prickig; kringströdd **2** fnoskig, vriden
double ['dʌbl] **I** *a* **1** dubbel **2** böjd; ~ *bend* S-kurva; ~ *chin* dubbelhaka; ~ *entry* dubbel bokföring; *he is the* ~ *of his brother* han är sin bror upp i dagen **II** *adv* dubbelt; *ride* ~ rida två på samma häst; *sleep* ~ sova i samma säng **III** *s* **1** *the* ~ det dubbla, dubbla beloppet **2** dubbelgångare; dubblett **3** dubbel[spel] (i tennis etc.) **4** hastig krökning; *jakt.* avsprång, bukt **5** *at the* ~ med språng (*mil.*) **IV** *v* **1** dubblera[s], fördubbla[s]; vika[s] dubbel, fälla[s] ihop **2** *mil.* förflytta sig med språng **3** *sjö.* dubblera, runda (udde) **4** ~ [*back*] hastigt vända o. springa tillbaka; ~ *up* vika ihop [sig], rulla ihop [sig]; *A.* dela (rum etc. med ngn) **--barrelled** [-,bær(ə)ld] **1** tvåpipig **2** tvetydig (om namn) sammansatt **--bass**

['dʌbl'beis] kontrabas **--breasted** ['dʌbl-'brestid] dubbelknäppt, tvåradig (rock) **--cross** ['dʌbl'krɔs] bedra, lura **--dealer** ['dʌbl'di:lə] bedragare, en som spelar dubbelspel **--decker** ['dʌbl'dekə] dubbeldäckare; tvåvåningsbuss; biplan **--Dutch** ['dʌbl'dʌtʃ] rotvälska **--dyed** ['dʌbl'daid] *fig.* ärke-, av värsta sort **--edged** ['dʌbl'edʒd] tveeggad **--faced** [-feist] falsk, hycklande **--feature** ~ *programme* föreställning med två långfilmer **--line** dubbelspår **--lock** ['dʌbl'lɔk] låsa med dubbla slag **--minded** ['dʌbl'maindid] vankelmodig **--quick** ['dʌbl'kwik] **I** *s* hastig marsch, språngmarsch **II** *adv* mycket fort **-t** [-it] **1** åtsittande jacka, buren av män ca 1400— 1600 **2** [ord]dubblett **--tongued** ['dʌbl'tʌŋd] falsk, lögnaktig **--track** dubbelspår
doubloon [dʌb'lu:n] dublon
doubly ['dʌbli] dubbelt; ~ *cautious* extra försiktig
doubt [daut] **I** *s* tvivel, osäkerhet; tvekan; *no (without)* ~ utan tvivel; *I have no* ~ *but* jag betvivlar inte att **II** *v* [be]tvivla, tvivla på; tveka, vara oviss; *-ing Thomas* tvivlare **-ful** [-f(u)l] **1** tvivlande, tveksam, osäker **2** tvivelaktig, dubiös, oviss **-less** [-lis] utan tvivel, otvivelaktigt
dough [dəu] **1** deg **2** *sl.* pengar **--boy** *A. sl.* soldat **--nut** (flottyrkokt) munk
doughty ['dauti] *åld.* duktig, tapper, stark
doughy ['dəui] degig
dour [duə] *Sk.* bister, oböjlig
douse [daus] *av* dowse
1 dove [dʌv] duva (*äv. polit.*) **--coloured** [-,kʌləd] rödskiftande grå **-cot[e]** ['dʌvkɔt, -kəut] duvslag; *flutter the ~s* ställa till oro i lägret **-tail** **I** *s* fackspr. laxstjärt, sinka **II** *v* fackspr. hopfoga med laxstjärt, hopsinka; *fig.* nära förbinda, hoplänka
2 dove [dəuv] *A. imperf* av *dive*
dowager ['dauədʒə] änkenåd
dowdy ['daudi] sjaskig, illa klädd
dowel ['dauəl] **I** *s* tapp, dymling **II** *v* hopfästa med tapp (dymling)
dower ['dauə] **I** *s* **1** änkas del i boet **2** *åld.* hemgift **3** gåva, talang **II** *v* ge hemgift åt; begåva
1 down [daun] *s* dun; fjun; ludd
2 down [daun] *s* **1** kalt höglänt område **2** gräsbevuxen kulle; *the D~s* kritåsar i södra England
3 down [daun] **I** *adv* o. *a* ner; nedåt; nere; *pay* ~ betala kontant; *hunt (ride, run)* ~ fånga, få tag på; *be* ~ *on a p.* kasta sig över ngn, läxa upp ngn; *be* ~ *with fever* ligga till sängs med feber; ~ *in the mouth* nedslagen; *be* ~ *for* ha tecknat sig för; ha att vänta; *be* ~ *on one's luck* ha otur; *let a p.* ~ svika ngn; *go* ~ åka hem; läsan (*univ.*); *send* ~ relegera (*univ.*) **II** *prep* utför, nedåt, utefter; ~ *the wind* med vinden; vind för våg **III** *v* sätta ner; sänka; skjuta ner; slå omkull; ~ *tools* gå i strejk **IV** *s* motgång, nedgång; *the ups and* ~*s of life* medgång o. motgång; *have a* ~ *on* ha ett horn i sidan till **--and-out** ['daunən'aut] ruinerad, utan hopp; utslagen **-cast** nedslagen **-fall 1** fall; ruin **2** skyfall **--grade** järnv. lutning; nedgång **-hearted** [daun-'hɑ:tid] nedstämd **-hill** ['daun'hil] **I** *s* sluttning, utförsbacke **II** *a* sluttande **III** *adv* utför **-pour** störtskur **-right I** *adv* riktigt, fullkomligt, rent ut **II** *a* rättfram; renhårig; ren;

fullkomlig **-stair[s]** ['daun'stɛə(z)] nedför trappan, där nere; i nedre våningen **-stream** ['daun'stri:m] med strömmen **-town** ['daun-'taun] i centrum; ut[e] på stan **-trodden** [-,trɔdn] förtrampad **-ward[s]** [-wəd(z)] nedåt, utför
downy ['dauni] dunig
dowry ['dauəri] **1** hemgift **2** gåva
dows|e [dauz] **1** slå vatten över, genomblöta **2** *sjö.* låta (segel) gå **3** släcka (ljus) **4** leta med slagruta **-er** [-ə] slagruteman **-ing-rod** [-iŋ-] slagruta
doxology [dɔk'sɔlədʒi] doxologi, lovformel
doyen ['dɔiən] doyen, nestor
doze [dəuz] dåsa, slumra; ~ *off* dåsa till
dozen ['dʌzn] dussin; *talk nineteen to the* ~ prata som en kvarn
dozy ['dəuzi] dåsig, sömnig
drab [dræb] **1** gulbrun, smutsgul, grågul **2** enformig, tråkig
drachm [dræm] = *dram*
draff [dræf] drägg; skulor
draft [drɑ:ft] **I** *s* **1** uttagning, detachering, kommendering **2** dragning (av växel); tratta, dragen växel **3** plan, förslag, koncept **4** *A.* luftdrag **5** *A.* värnplikt **II** *v* **1** detachera, utta **2** göra utkast till, skissera; sätta upp, avfatta
drag [dræg] **I** *v* **1** släpa [sig]; dra; gå trögt **2** dragga **3** *sjö.* driva för ankaret **4** harva; ~ *out* dra ut på; ~ *up* uppfostra vårdslöst o. hårdhänt; ~ *one's feet* släpa benen efter sig **II** *s* **1** släpande, släpighet, tröghet **2** hämsko, hinder **3** dragg, mudderskopa **4** harv **5** charabang **6** *jakt.* släp; släpjakt **7** dragnät, släpnot **8** *A.* tråkmåns; transvestits klädsel **--anchor** [-,æŋkə] drivankare **--bar** järnv. koppelstång
dragee ['drɑ:ʒei] dragé
drag|gle ['drægl] släpa i smutsen, smutsa ner; bli efter, söla **-line** grävmaskin med släpskopa **-net** släpnot, dragnät
dragoman ['drægə(u)mən] tolk (isht arabisk, persisk el. turkisk)
dragon ['drægə(u)n] drake; ~'*s teeth* antitankspärr **--fly** trollslända
dragoon [drə'gu:n] **I** *s* dragon **II** *v* tvinga
drain [drein] **I** *v* **1** avvattna, torrlägga, dränera; täckdika **2** tömma; dricka ur **3** avrinna; torka; ha avlopp; *fig.* dö bort **II** *s* **1** avrinning; uttömmande **2** avloppsrör, -trumma; ~*s* avlopp **3** *fig.* åderlåtning **4** klunk, tår **-age** [-idʒ] **1** dränering; torrläggning; åderlåtning; avrinnande **2** avloppsledningar, kloaksystem **3** avloppsvatten **-age-basin** [-,beisn] flodbäcken **-er** [-ə] dränerare etc.; täckdikare **2** avloppsränna **3** durkslag
drake [dreik] ankbonde **2** (slags) metfluga
dram [dræm] **I** *s* **1** vikt (1,8 el. 3,88 g) **2** sup, snaps, dram
drama ['drɑ:mə] drama **-tic** [drə'mætik] dramatisk **-tist** ['dræmətist] dramatiker **-tization** [,dræmətai'zeiʃ(ə)n] dramatisering **-tize** ['dræmətaiz] dramatisera
dram-shop ['dræmʃɔp] *isht A.* krog
drank [dræŋk] *imperf* av *drink*
drape [dreip] **I** *s, A.* gardin **II** *v* drapera, kläda; smycka; falla (i veck) **-r** [-ə] klädeshandlare; *at the* ~'*s* i manufaktur-(klädes)-handeln **-ry** [-əri] **1** textilvaror, kläder **2** klädeshandel **3** draperig; draperi
drastic ['dræstik] drastisk; ~ *cure* hästkur
draught [drɑ:ft] **I** *s* **1** [luft]drag **2** fatöl; tapp-

ning (av drycker) **3** klunk, dryck; dos[is]; [ande]drag **4** notvarp, fångst **5** djupgående **6** teckning; utkast, koncept (*vanl. draft*); *beast of* ~ dragdjur; ~*s* damspel **II** *v* göra utkast till, skissera; sätta upp, avfatta (*nu vanl. draft*) **--animals** dragdjur **--board** damspelsbräde **--horse** arbetshäst **-sman** [-smən] **1** ritare, tecknare **2** en som sätter upp handlingar (gör lagutkast etc.)

draw [drɔ:] **I** *v* **1** dra; dra [till, åt, med] sig; dra ihop, förvrida **2** spänna (båge) **3** medföra, dra med sig **4** pumpa (tappa) upp **5** uppbära (lön); inkassera **6** rita, teckna **7** uppsätta, upprätta (dokument) **8** reta; få ngn att prata; pumpa; ~ *a bead on* ta sikte på; ~ *blood* förorsaka blodvite; åderlåta; ~ *a blank* dra en nit; ~ *a comparison* anställa jämförelse; ~ *the cloth* duka av (*åld.*); ~ *the line at* sätta gränsen vid; ~ *the winner* vinna; ~ *it mild* ta det försiktigt, inte överdriva; ~ *the long bow* överdriva; ~ *a game* (*battle*) lämna ett spel (en strid) oavgjort (-d); ~ *the sword* förklara krig (*fig.*); ~ *away* dra ifrån, komma före, ~ *forth* framlocka; ~ *in* (om dagar) bli kortare; lida mot slutet; ~ *near* nalkas; ~ *off* dra [sig] tillbaka; ~ [*up*]*on* dra växlar på, utnyttja, anlita; ~ *out* **a** få ngn att yttra sig, pumpa **b** utsträcka, dra ut på; ~ *up* **a** stanna, köra fram **b** avfatta, utarbeta **c** *mil.* ställa upp (till parad etc.); ~ *o.s. up* sträcka (räta) på sig **II** *s* **1** drag[ning] **2** fångst **3** dragplåster **4** lott[dragning]; lotteri **5** oavgjord tävling, match etc. **6** lockbete, trevare **--back 1** nackdel, olägenhet **2** [tull]restitution **--bridge** vindbro; vindbrygga **-ee** [-'i:] trassat **-er** [-ə] **1** *s* en som drar etc. **2** ritare, tecknare **3** uppsättare, författare (till dokument etc.) **4** trassent, växelutställare **5** [drɔ:] byrå-, bordslåda; *chest of* ~*s* byrå; ~*s* [drɔ:z] [under]byxor, benkläder **-ing** [-iŋ] teckning; ritning **-ing- -board** ritbräde **-ing-pin** häftstift **-ing- -room** ['drɔ:iŋrum] sällskapsrum, salong

drawl [drɔ:l] **I** *v* tala släpande, släpa **II** *s* släpigt tal

drawn [drɔ:n] **I** *v, perf part* av *draw*; ~ *face* härjat (fårat, tärt) ansikte **II** *a* **1** oavgjord **2** härjat, fårat, förvridet

dray [drei] bryggarkärra **--horse** arbetshäst, bryggarhäst

dread [dred] **I** *v* frukta **II** *s* fruktan; skräck **III** *a* fruktad; vördnadsbjudande **-ful** [-f(u)l] förskräcklig, hemsk **-fully** [-fuli] förskräckligt, rysligt **-nought 1** våghals **2** slagskepp

dream [dri:m] **I** *s* dröm **II** *v* drömma **-er** [-ə] drömmare; svärmare **-y** [-i] *a* drömmande, frånvarande, obestämd **-t** [dremt] *imperf* o. *perf part* av *dream*

dreary ['driəri] dyster, trist

dredg|e [dredʒ] **I** *s* **1** bottenskrapa, ostronskrapa; mudderverk **II** *v* **1** fiska upp, bottenskrapa, muddra [upp] **2** [be]strö (med mjöl, socker etc.) **-er** [-ə] **1** mudderverk, bottenskrapa **2** ostronfiskare **3** = **-ing-box** [-iŋˌbɔks] ströare

dreg|gy ['dregi] grumsig, oren **-s** [-z] *pl* drägg, bottensats; avskum

drench [dren(t)ʃ] **I** *s* **1** hällregn, rotblöta **2** dosis **II** *v* göra genomvåt, genomdränka **-er** [-ə] störtskur, rotblöta

dress [dres] **I** *v* **1** klä; klä på sig; klä om sig **2** bearbeta, bereda; lägga (håret); tillreda, anrätta (mat), lägga om, förbinda (sår) **3** *mil.*

inta rättning **4** pryda, skylta (ett fönster); ~ *down* **a** rykta (en häst) **b** skälla ut; klå; ~ *out* utstyra; ~ *up* klä ut [sig] **II** *s* dräkt, kläder, kostym; *a* ~ [en] klänning; *evening* ~ aftondräkt, frack; *full* ~ högtidsdräkt; galatoalett **--circle** ['dres'sə:kl] *teat.* första raden **--coat** ['dres'kaut] frack **-er** [-ə] **1** köksskåp **2** en som klär, bearbetar etc., *se dress* **3** kirurgs biträde **4** påklädare, -kläderska **5** *A.* toalettbord **6** *åld.* sideboard **--guard** kjolskydd (på cykel) **-ing** [-iŋ] **1** påklädning, kläder etc. **2** tillredning, putsning, tillagning etc. **3** salladssås, dressing; fyllning, garnering **4** omslag, förband; salvor **5** utskällning; kok stryk **-ing-bag**, **-ing-case** necessär **-ing-gown** morgonrock **-ing-room** toalettrum; klädloge **-ing-table** [-ˌteibl] toalettbord **-maker** [-ˌmeikə] sömmerska, damskräddare **--rehearsal** ['dresri'hə:s(ə)l] generalrepetition **--suit** ['dres'sju:t] frack[kostym] **-y** [-i] **1** intresserad av kläder **2** elegant, fin

drew [dru:] *imperf* av *draw*

drib|ble ['dribl] **I** *v* **1** droppa, drypa; dregla **2** *fotb.* dribbla **II** *s* **1** droppande; droppe; rännil; dregel; duggregn **2** *fotb.* dribbling **-let** [-it] småsmula, skvätt, småsumma

drie|d [draid] *imperf* o. *perf part* av *dry* **-r** ['draiə] **1** *s* torkare; torkmaskin **II** *a, komp* av *dry*

drift [drift] **I** *s* **1** drivande, drift; drivgods; driva **2** mening, syfte; tendens **3** *sjö.* avdrift **4** ström[sättning], drivkraft **5** avvaktande, overksamhet **II** *v* **1** driva, hopas i drivor **2** flotta (timmer) **-age** [-idʒ] **1** *sjö.* avdrift **2** drivgods **--sand** ['drift'sænd] flygsand **-wood** drivved

drill [dril] **I** *s* **1** drillborr **2** exercis, drill; träning **3** radsåningsmaskin **4** *zool.* drill (babian) **5** kyprat bomullstyg **II** *v* **1** drilla; [genom]borra **2** exercera, drilla; träna **3** radså **--ground** exercisplats **--master** [ˌmɑ:stə] instruktör, gymnastiklärare

drily ['draili] *adv* t. *dry*

drink [driŋk] **I** *v* dricka; ~ *deep* ta en djup klunk **b** supa som en borstbindare; ~ *a p.'s health* dricka ngns skål; ~ *the ladies* dricka damernas skål; ~ *in* insupa (*fig.*); ~ *off* dricka ur, tömma **II** *s* **1** dryck **2** dryckenskap **3** glas, sup **4** *flyg. sl.* hav, sjö **-able** [-əbl] drickbar; ~*s* dryckesvaror **-er** [-ə] **1** en som dricker **2** drinkare **-ing-bout** [-iŋ-baut] supkalas **2** [sup]period

drip [drip] **I** *v* droppa; drypa **II** *s* **1** drypande; [tak]dropp **2** vatten-, regnlist **3** tryckfel **4** *sl.* tråkmåns **--dry** ['drip'drai] strykfri **--mould- ing** = **-stone** **-ping** [-iŋ] **1** dropp[ande] **2** stekflott, fett som dryper från stek **-stone** vatten-, regnlist

drive [draiv] **I** *v* **1** driva (i olika bet.) **2** köra (häst, bil) **3** slå (boll) **4** borra, gräva (tunnel); ~ *mad* göra galen; ~ *a bargain* genomföra en affär; ~ *the quill* hantera pennan; *what is he driving at?* vad menar han?, vart vill han komma? ~ *away at* arbeta hårt med; *let* ~ *at* måtta ett slag mot **II** *s* **1** åktur, körtur **2** körväg, uppfartsväg **3** drive (tennis, golf) **4** kampanj, aktion (för insamling etc.) **5** energi, kraft, kläm, fart **6** tendens, riktning **7** *jakt.* drev; *left-hand* ~ vänsterstyrning (i bil) **--in** [-'in] drive-in-biograf, -bank etc.; ~ *office* drive-in-kontor

drivel ['drivl] **I** *v* **1** prata smörja; sladdra **2**

dregla; ~ *away* plottra bort **II** *s* **1** dravel, enfaldig smörja **2** dregel **-ling** [-iŋ] idiotisk, imbecill

driven ['drivn] *perf part* av *drive*; *hard* ~ tröttkörd; jagad

driv|er ['draivə] **1** kofösare; på-, slavdrivare **2** chaufför; förare; **3** *tekn.* drivhjul **4** (slags) golfklubba, driver **-e-way** *A.* körväg, garagegång **-ing-band, -ing-belt** drivrem **-ing- -license** körkort **-ing-mirror** backspegel **-ing-wheel** drivhjul

drizzle ['drizl] **I** *v* dugga **II** *s* duggregn

drogue [drəug] **1** (flytande) ankare; boj **2** vindvisare (på flygfält)

droll [drəul] **I** *a* lustig, tokrolig, underlig, komisk **II** *s* narr, skälm **-ery** [-əri] putslustighet; skämt

drome [drəum] = *aerodrome*

dromedary ['drʌməd(ə)ri] dromedar

drone [drəun] **I** *v* **1** dröna; slöa **2** brumma, surra **II** *s* **1** hanbi; drönare; *fig.* lätting, slöfock **2** surr, brummande **3** fjärrstyrt flygplan; målrobot

drool [dru:l] **I** *s* dregel **II** *v* dregla

droop [dru:p] **I** *v* hänga ner, sloka; sänka sig; sjunka; bli modlös **II** *s* **1** slokande; lutning, sänkning **2** nedstämdhet **3** *A. sl.* tråkmåns

drop [drɔp] **I** *s* **1** droppe **2** prisma (i ljuskrona); örhänge **3** fall[ande], nedgång **4** fallucka **5** *A.* öppning i brevlåda; *he's had a* ~ *too much* han har tittat för djupt i glaset **II** *v* **1** droppa, drypa **2** [låta] falla, släppa, tappa; sjunka, störta **3** falla ifrån, dö **4** fälla (anmärkning, bomb, tårar etc.) **5** lägga sig (om vind) **6** överge, sluta umgås med **7** föda (lamm etc.); ~ *me a line* skriv en rad; ~ *it!* sluta nu!; ~ *one's h's* utelämna h-ljudet; ~ *a curtsey* niga; ~ *anchor* ankra; ~ *a brick* trampa i klaveret; ~ *dead!* dra åt helvete!; ~ *a hint* ge en antydan, en vink; ~ *a remark about* nämna någonting om; ~ *one's eyes* slå ner ögonen; ~ *one's voice* sänka rösten; ~ *away* (*off*) falla ifrån (undan för undan), troppa av; ~ *behind* halka efter; ~ *in* [*on*] titta in, hälsa på; ~ *off* somna; ~ *out* dra sig ur, ge upp, lägga av; ~ *through* förfalla, rinna ut i sanden **--curtain** [-,kɔ:tn] *teat.* ridå **-out** ['drɔp,aut] ngn som lämnar skola e.d. i förtid **-pings** [-iŋz] *pl* djurspillning **--scene** *teat.* **1** ridå **2** slutakt **--shutter** *foto.* ridåslutare

drops|ical ['drɔpsik(ə)l] vattusiktig **-y** [-i] vattusot

droshky ['drɔʃki] rysk droska

dross [drɔs] **1** slagg **2** orenlighet; skräp

drought [draut] *s* torka **-y** [-i] torr, regnfattig

drove [drəuv] **1** *imperf* av *drive* **2** kreaturshjord; massa **-r** [-ə] kreatursfösare

drown [draun] **1** dränka **2** drunkna **3** spä ut; *be* ~*ed* drunkna; *be* ~*ed out* drivas bort av översvämning; ~ *the whisky* blanda för mycket vatten i whiskyn

drows|e [drauz] **1** dåsa **2** göra dåsig **II** *s* dåsighet, halvsömn **-y** [-i] **1** dåsig **2** sövande, sömngivande

drub [drʌb] prygla, piska **-bing** [-iŋ] kok stryk

drudge [drʌdʒ] **I** *s* arbetsträl **II** *v* arbeta som en slav, slita **-ry** [-(ə)ri] slavgöra, rutinarbete, obehagligt o. tråkigt arbete

drug [drʌg] **I** *s* gift, drog; sömn-, bedövningsmedel; ~*s* narkotika **II** *v* prepara; förgifta; blanda gift (sömnmedel) i **--addict** [-,ædikt] narkoman **-gist** droghandlare; *A.* apotekare

--store *A. ung.* apotek kombinerat med kiosk o. konditori

drum [drʌm] **I** *s* **1** trumma **2** cylinder, vals **3** *mil.* trumslagare **4** fat, dunk; *the* ~ *of the ear* örats trumhåla **II** *v* trumma **-head** trumskinn; ~ *court-martial* ståndrätt **-mer** [-ə] **1** trumslagare **2** *A.* handelsresande **--roll** trumvirvel **-stick** trumpinne

drunk [drʌŋk] **I** *v, perf part* av *drink* **II** *a* drucken, full **-ard** [-əd] drinkare, fyllbult **-en** [-(ə)n] drucken, försupen **-enness** [-(ə)nnis] fylla; dryckenskap

dry [drai] **I** *a* **1** torr **2** nykter; ~ *cell* torrelement (*elektr.*); ~ *goods* manufakturvaror, korta varor; ~ *measure* mått för torra varor **II** torka; tömma; bli torr; ~ *up* torka ut, sina; ~ *up!* håll mun!

dryad ['draiəd] dryad, skogsnymf

dry|asdust ['draiəzdʌst] **I** *a* urtråkig **II** *s* torr o. tråkig bokmal, kammarlärd **-clean** ['drai- 'kli:n] tvätta kemiskt **-cure** torrsalta **-goods** textilvaror **-ness** [-nis] **1** torka, torrhet **2** tråkighet **--nurse** ['drai'nə:s] barnsköterska; *iron.* barnpiga **--rot** ['drai'rɔt] rotröta **--salter** [-,sɔ:ltə] kemikaliehandlare **-shod** ['drai'ʃɔd] torrskodd

dual ['dju(:)əl] tvåfaldig, dubbel

dub [dʌb] **I** *v* **1** dubba [till]; kalla för **2** *film.* dubba **3** smörja (läder) **II** *s* klåpare **-bing** [-in] läderfett

dubi|ous ['dju:bjəs] tvivelaktig; tveksam **-table** [-bitəbl] tvivelaktig **-tation** [,dju:bi-'teiʃ(ə)n] tvivel **-tative** [-bitətiv] tvivlande, tveksam

ducal ['dju:k(ə)l] hertiglig

ducat ['dʌkət] dukat

duch|ess ['dʌtʃis] hertiginna **-y** [-i] hertigdöme

duck [dʌk] **I** *s* **1** and, anka **2** sötnos, raring **3** segelduk, buldan **4** dopp, dykning; nick **5** amfibielastbil; ~*'s egg* noll poäng (*kricket.*); *like water off a* ~*'s back* som vatten på en gås; *fine day for young* ~*s* regnigt väder; *play* [*at*] ~*s and drakes* kasta smörgås; ~*s* buldansbyxor; *lame* ~ krympling; förbrukad person (politiker etc.) **II** *v* **1** doppa [sig]; böja [sig] ner (undan); ducka; knixa **2** smita (ifrån) **-bill** näbbdjur **--board** brädgång, trall (över gyttja etc.) **-er** [-ə] **1** *fågel* tjof; småtopping **2** ankuppfödare **-ling** [-liŋ] ankunge **--shot** andhagel **-weed** *bot.* andmat **-y** [-i] **I** *s* raring, sötnos **II** *a* sött

duct [dʌkt] ledning, kanal, rör, gång; *tear* ~*s* tårkanaler **-ile** [-ail] tänjbar; smidig, plastisk, böjlig **-less** [-lis] *a*, ~ *glands* endokrina körtlar

dud [dʌd] **1** blindgångare **2** oduglig sak (person); fiasko, nolla **3** falskt mynt **4** fågelskrämma; ~*s* (*pl*) kläder, tillhörigheter

dude [dju:d] *A.* [kläd]snobb; ~ *ranch* turistranch

dudgeon ['dʌdʒ(ə)n] vrede, harm; *in* [*high*] ~ [mycket] förgrymmad, stött

due [dju:] **I** *a* **1** skyldig; behörig; vederbörlig; tillbörlig **2** beroende (*to* då); *fall* ~ förfalla (till betalning); *in* ~ *course* (*time*) i sinom tid, i rättan tid; ~ *reward* välförtjänt lön; *be* ~ *to* bero på; *when is the steamer* ~? när beräknas ångaren angöra?; *the train is* ~ *at 6* tåget skall komma kl 6 **II** *adv* rakt; ~ *north* rätt i norr, rätt nordlig **III** *s* **1** vad som tillkommer ngn, ngns rätt **2** skuld **3** ~*s* tull; avgift[er]

duel ['dju(:)əl] **I** *s* duell **II** *v* duellera
duet [dju(:)'et] duo, duett
duff [dʌf] **1** bättre på, göra 'som ny' **2** *Austr.* ändra ägarmärkena på, stjäla (djur) **3** *sport.* missa
duffel ['dʌf(ə)l] doffel, duffel (ylletyg)
duffer ['dʌfə] **1** dumhuvud, idiot, odugling **2** svindlare; skojare **3** skräp **4** gruva som ingenting ger
dug [dʌg] **I** *s* juver, spene **II** *v*, *imperf o. perf part* av *dig* --out **1** kanot som urholkats ur trädstam **2** underjordisk håla, skyddsrum
duke [dju:k] hertig -dom [-dəm] hertigdöme; hertiglig rang, värdighet
dull [dʌl] **I** *a* **1** långsam, trögtänkt **2** monoton, tråkig **3** matt, glanslös **4** *hand.* stillastående, trög **5** trubbig, slö; ~ *of hearing* lomhörd **II** *v* göra (bli) trög etc. -ard [-əd] slöfock, trögmåns --ness [-nis] tröghet, slöhet; tråkighet; matthet; trubbighet --witted ['dʌl'witid] tjockskallig, dum
duly ['dju:li] vederbörligen, punktligt, i vederbörlig ordning
dumb [dʌm] **I** *a* **1** stum **2** *A.* dum; *strike* ~ göra mållös; ~ *show* pantomim **II** *v* förstumma --bell ['dʌmbel] hantel -found [-'faund] göra mållös, förstumma --waiter ['dʌm'weitə] serveringsbord; *A.* mathiss
dummy ['dʌmi] **1** *bridge.* träkarl **2** statist, blindpipa **3** gubbe (på skjutbana) **4** attrapp; modell; skyltdocka **5** tröstnapp; ~ *cartridge* blindpatron
dump [dʌmp] **I** *s* **1** *mil.* förråd[splats] **2** tipp, avskräde[shög] **3** duns **4** rulta, tjockis **5** *sl.* kyffe; *in the* ~*s* nedstämd; *not worth a* ~ inte värd ett rött öre **II** *v* **1** [av]stjälpa; släppa, tappa; tömma; slänga (på sophög); falla (med en duns) **2** dumpa (varor) -er [-ə] tippvagn -ingcart [-iŋ͵kɑ:t] tippkärra
dumpling ['dʌmpliŋ] klimp; äppelmunk; äppelpudding
dumpy ['dʌmpi] kort o. tjock
dun [dʌn] **I** *a* mörkt gråbrun; mörk **II** *s* **1** gråbrun häst **2** björn, indrivare, fordringsägare **3** krav (på betalning); anmaning **III** *v* kräva, björna
dunce [dʌns] dumhuvud
dunderhead ['dʌndəhed] dumhuvud
dune [dju:n] dyn
dung [dʌŋ] **I** *s* dynga, gödsel **II** *v* gödsla
dungaree [͵dʌŋgə'ri:] [byxor, arbetskläder av] grovt bomullstyg
dungeon ['dʌn(d)ʒ(ə)n] fängelsehåla
dung|-hill ['dʌŋhil] gödselstack; *cock on his own* ~ herre i sitt eget hus; herre på täppan; kaxe -y [-i] dyngig, smutsig
dunk [dʌŋk] doppa (bröd i kaffe etc.)
duodecim|al [͵dju(:)ə(u)'desim(ə)l] grundad på tolvtalet, tolvtalig -o [-əu] duodes[format]
duodenum [͵dju(:)ə(u)'di:nəm] tolvfingertarm
dupe [dju:p] **I** *s* offer för bedrägeri; en som blir duperad, lättlurad person **II** *v* dupera, lura -ry [-əri] bedrägeri
duplex ['dju:pleks] tvåfaldig, dubbel
duplic|ate I ['dju:plikit] **1** *a* dubbel, dubblett- **2** *s* duplikat, dubblett; kopia; *in* ~ i två exemplar **II** *v* ['dju:plikeit] **1** ta kopia av; duplicera **2** fördubbla -ation [͵dju:pli'keiʃ(ə)n] fördubbling -ator [dju:plikeitə] dupliceringsapparat -ity [dju(:)'plisiti] falskhet, dubbelspel
dura|bility [͵djuərə'biliti] varaktighet -ble ['djuərəbl] varaktig, hållbar, slitstark -bles

['djuərəblz] varaktiga konsumtionsvaror -tion [dju(ə)'reiʃ(ə)n] varaktighet; *for the* ~ så länge ngt varar
duress[e] [dju(ə)'res] **1** tvång **2** fångenskap; *under* ~ under tvång
during ['djuəriŋ] *prep* under (om tid)
durst [də:st] *åld.*, *imperf* av *dare*
dusk [dʌsk] skymning -y [-i] skum, dunkel
dust [dʌst] **I** *s* **1** damm **2** stoft, aska **3** *sl.* pengar; *throw* ~ *into a p.'s eyes* slå blå dunster i ögonen på ngn; *make* (*raise*) *a* ~ ställa till bråk; *bite the* ~ bita i gräset; *shake the* ~ *off one's feet* skudda stoftet av fötterna **II** *v* **1** dammtorka, damma **2** damma ner; beströ, pudra; ~ *a p.'s jacket for him* ge ngn på pälsen, damma på ngn -bin ['dʌs(t)bin] soplår --cart sopvagn --cloth dammtrasa --coat städrock --cover [bok]omslag -er [-ə] **1** dammtrasa **2** ströare -ing [-iŋ] **1** damning; pudring **2** kok stryk **3** gungning (på sjön) --jacket *se* dust-cover -man ['dʌs(t)mən] **1** renhållningsarbetare, -karl **2** Jon Blund --pan ['dʌs(t)pæn] sopskyffel -proof som ej tar åt sig damm --up bråk -y [-i] **1** dammig **2** torr; *not so* ~ inte så oäven
Dutch [dʌtʃ] holländsk[a], nederländsk[a]; *the* ~ holländarna; ~ *cheese* edamerost; ~ *comfort* klen tröst; ~ *concert* katzenjammer, olåt; ~ *courage* brännvinskurage; ~ *metal* oäkta bladguld; ~ *tile* kulört kakel; ~ *treat* knytkalas; *High* ~ högtysk[a]; *Low* ~ lågtysk[a]; *go* ~ dela på kostnad -man [-mən] holländare; ... *or I'm a* ~ det kan du lita på
dut|eous ['dju:tjəs] plikttrogen; lydig; pliktskyldig -iable [-jəbl] tullpliktig -iful [-if(u)l] *se* duteous
duty ['dju:ti] **1** plikt **2** tjänst, åliggande **3** accis, avgift, skatt; -*ies* tullar; *on* ~ i tjänst; *off* ~ ur tjänst; *do* ~ *for* tjäna som; fungera som; *as in* ~ *bound* pliktskyldigast -call ['dju:ti-'kɔ:l] skyldighetsvisit --free ['dju:ti'fri:] tullfri --paid ['dju:ti'peid] förtullad
dwarf [dwɔ:f] **I** *s* dvärg **II** *a* dvärg-, dvärglik **III** *v* förkrympa, hämma i växten; *the steamer* ~*ed the yacht* ångaren fick segelbåten att se liten ut -ish [-iʃ] dvärglik, förkrympt
dwell [dwel] bo, vistas; ~ [*up*]*on* dröja vid, uppehålla sig vid -ing [-iŋ] bostad -ing-house boningshus
dwelt [dwelt] *imperf o. perf part* av *dwell*
dwindle ['dwindl] krympa ihop, förminskas
dyad ['daiæd] tvåtal
dye [dai] **I** *v* färga; låta färga sig; ~*d in the wool* väsktäkta; fullfjädrad; inpiskad **II** *s* färg, färgämne; *fig.* slag, sort -stuff färgämne --works färgeri
dying ['daiiŋ] *pres part* av *die*; döds-; *a* ~ *wish* en sista önskan
dyke [daik] *se* dike
dynam|ic [dai'næmik] **I** *a* dynamisk **II** *s pl*, ~*s* dynamik -ism ['dainəmiz(ə)m] dynamisk kraft -ite ['dainəmait] **I** *s* dynamit **II** *v* spränga med dynamit -iter ['dainəmaitə] dynamitard -o ['dainəməu] dynamo
dynast ['dinəst] härskare -y [-i] dynasti
dysentery ['disntri] dysenteri, rödsot
dyspep|sia [dis'pepsiə] dyspepsi, dålig matsmältning -tic [-tik] som lider av dålig matsmältning; *fig.* magsur

E, e-edge

E

E, e [i:] (bokstaven, noten, tonen) e; (beteckning för) andra klass (fartyg i Lloyds register); *E flat* ess (*mus.*); *E sharp* eiss (*mus.*)

each [i:tʃ] var, varje; var och en; 5 p ~ 5 pence per styck; ~ *other* varandra

eager ['i:gə] ivrig, angelägen, otålig; ~ *beaver* (*sl.*) överambitiös person **-ness** [-nis] iver; otålighet

eagle ['i:gl] **1** örn **2** *A*. mynt på 10 dollar **--owl** ['i:gl'aul] uv **-t** [-it] örnunge

ear [iə] **1** öra; gehör; uppmärksamhet **2** ax; *prick up one's ~s* spetsa öronen; *give ~ to* lyssna till, lyda; *I had his ~* han lyssnade på mig; *I would give my ~s to* jag skulle ge vad som helst för att; *set by the ~s* tussa ihop; *play by ~* spela efter gehör **--ache** ['iəreik] örsprång **--bender** *sl.* pratsjuk person **--drop** örhänge **--drum** trumhinna

earl [ə:l] *BE*. greve **-dom** [-dəm] grevevärdighet

early ['ə:li] *a* o. *adv* tidig[t]; *keep ~ hours* vara tidigt uppe o. tidigt i säng; *he was an hour ~* han kom en timme för tidigt; *at an ~ date* inom kort; *the ~ bird catches the worm* morgonstund har guld i mun

earmark ['iəmɑ:k] **I** *s* ägarmärke (på örat av djur); kännetecken **II** *v* **1** märka (djur i öronen) **2** avsätta, anslå (för visst ändamål)

earn [ə:n] [för]tjäna

earnest ['ə:nist] **I** *a* allvarlig; ivrig; innerlig **II** *s* **1** allvar **2** handpenning (*äv.* *~-money*); försmak; *be in ~* mena allvar

earnings ['ə:niŋz] förtjänst, inkomster

ear|-phone ['iəfəun] hörlur **-ring** örhänge **--shot** hörhåll **--splitting** öronbedövande

earth [ə:θ] **I** *s* **1** jord; mark; mull; jordklot[et] **2** lya, gryt **3** *elektr.* jord[kontakt, -ledning]; *why on ~* varför i hela världen; *run to ~* [tvinga (räv) att] gå ner i lya; gå under jorden; uppspåra, äntligen finna **--born** jordisk, dödlig **-en** [-(ə)n] ler-, jord- **-enware** lergods; keramik **-ly** [-li] **1** jordisk, världslig **2** *fam.* tänkbar; *no ~ reason* inte ringaste orsak; *he hadn't an ~* han hade inte en chans **-moving** gräv- **--nut** jordnöt **-quake** jordbävning, -skalv **-work** jordvall **-worm** daggmask **-y** [-i] jordisk; jordbunden

ear|-trumpet ['iə,trʌmpit] hörlur (för döva) **-wig** **I** *s* **1** tvestjärt **2** *A*. tusenfoting **II** *v* påverka [ngn] på bakvägar, intrigera hos

ease [i:z] **I** *s* **1** välbehag; lugn; bekvämlighet; sorglöshet **2** lätthet **3** lindring; *at [one's] ~* i lugn o. ro, nöjd o. belåten; *ill at ~* illa till mods; *stand at ~!* manöver! (*mil.*) **II** *v* **1** lätta, lindra; befria **2** fira, nedhala; ~ *her!* sakta [fart]! (*sjö.*)

easel ['i:zl] staffli

easement ['i:zmənt] **1** servitut **2** *åld.* lättnad, lindring

easi|ly ['i:zili] *adv* **1** lugnt, behagligt **2** [med] lätt[het]; ledigt; mycket väl **-ness** [-nis] **1** lugn **2** lätthet **3** ledighet, otvungenhet

east [i:st] **I** *a* o. *adv* östlig, ostlig, östra; österut; *E~ Germany* Östtyskland; *the E~ Indies* Ostindien; ~ *wind* ostlig vind **II** *s* öster; *the E~* Östern; östra delen av USA; *the Far E~* Fjärran Östern

Easter ['i:stə] påsk; ~ *Monday* annandag påsk

east|erly ['i:stəli] **1** österut **2** östlig **-ern** [-ən] **I** *a* östlig, öster[ut], östra **II** *s* österlänning **-ing** [-iŋ] *sjö.* östlig riktning (kurs) **-ward[s]** [-wəd(z)] ostvart, mot öster

easy ['i:zi] **I** *a* **1** lätt; lätt[läst, -lärd, -vunnen etc.] **2** bekväm, behaglig; bekymmersfri, lugn **3** ledig, obesvärad, otvungen; *in ~ circumstances* i goda omständigheter; *be in ~ street* ha det bra **II** *adv, take it ~!* ta det lugnt!; *stand ~* lediga! (*mil.*) **III** *s* kort vila **IV** *v* upphöra att ro; ge order om rodd upphör **--chair** ['i:zi'tʃeə] länstol **-going** [-,gəuiŋ] sorglös, lättsinnig; maklig

eat [i:t] äta, förtära; ~ *one's words* ta tillbaka vad man sagt, äta upp sina ord; ~ *one's terms* (*dinners*) utbilda sig till jurist; ~ *one's heart out* lida i tysthet, förtäras av sorg (längtan); ~ *away* fräta bort; ~ *dirt* be om ursäkt, förödmjuka sig; *be ~en up with pride* vara högfärdsgalen **-able** **I** *a* ätlig, ätbar **II** *s, ~s* matvaror, livsmedel **-en** ['i:tn] *perf part* av *eat* **-inghouse** restaurang **-s** *sl.* krubb

eaves [i:vz] takfot, -skägg **-drop** lyssna i smyg, tjuvlyssna **-dropper** [-drɔpə] tjuvlyssnare

ebb [eb] **I** *s* ebb; sjunkande, förfall **II** *v* ebba; avta

ebon|ite ['ebənait] ebonit **-y** [-i] ebenholts

ebulli|ence [i'bʌljəns] **-ency** [-ənsi] sjudande; [känslo]utbrott; hänförelse **-ent** [-ənt] *a* sjudande, kokande; översvallande **-tion** [,ebə-'liʃ(ə)n] **1** kokning, sjudning **2** utströmning; utbrott

eccentric [ik'sentrik] **I** *a* excentrisk; oregelbunden; originell, egen **II** *s* **1** original, underlig person **2** excenterskiva **-ity** [,eksen'trisiti] excentricitet; originalitet; överspändhet

Ecclesiast|es [i,kli:zi'æsti:z] Predikaren **e-ic** [-ik] präst **e-ical** [-ik(ə)l] **1** prästerlig **2** kyrklig; andlig **-icus** [i,kli:zi'æstikəs] Jesus Syraks bok

echo ['ekəu] **I** *s* eko **II** *v* **1** eka; återkasta **2** upprepa **--sounder** [-,saundə] ekolod

éclair [i'kleə] gräddfylld bakelse

éclat ['eiklɑ:] **1** glans, stor succé **2** anseende

eclip|se [i'klips] **I** *s* [mån-, sol]förmörkelse; fördunklande **II** *v* förmörka; fördunkla **-tic** [-tik] **I** *a* ekliptisk, förmörkelse- **II** *s* ekliptika

ecology [i:'kɔlədʒi] ekologi

econom|ic [,i:kə'nɔmik] **I** *a* **1** ekonomisk **2** lönande **II** *s pl, ~s* nationalekonomi; folkhushållning **-ical** [-ik(ə)l] sparsam, ekonomisk **-ist** [i(:)'kɔnəmist] **1** nationalekonom **2** hushållare **-ize** [i(:)'kɔnəmaiz] hushålla, spara **-y** [i(:)'kɔnəmi] **1** ekonomi, hushållning, förvaltning **2** sparsamhet, besparing[såtgärd] **3** ordning, organisation, struktur **4** ekonomiskt system

ecsta|sy ['ekstəsi] extas, hänryckning **-tic** [eks'tætik] extatisk, hänryckt

Ecuador [,ekwə'dɔ:] Ecuador

ecumenical [,i:kju(:)'menik(ə)l] ekumenisk, världsomspännande

eczema ['eksimə] eksem

edacious [i'deiʃəs] rovgirig, glupsk

eddy ['edi] **I** *s* virvel (av vatten, luft, rök etc.) **II** *v* virvla [om med]

Eden [i:dn] *s, Garden of ~* Edens lustgård

edge [edʒ] **I** *s* **1** egg, skarp kant; *this knife has no ~* den här kniven är slö; *set a p.'s teeth on ~* göra ngn nervös, irritera ngn; *be on ~* vara

på helspänn (spänd, nervös) **2** övertag, företräde **II** *v* **1** kanta, infatta **2** skärpa, slipa, vässa **3** maka [sig], tränga [sig]; ~ *away* hålla av (*sjö.*) avlägsna sig (*fig.*) **--tool** eggverktyg
edg|ing ['edʒiŋ] kant, bård **-y** [-i] vass, skarp; kantig, lättretlig, otålig
edible ['edibl] ätbar **-s** *pl* matvaror
edict ['i:dikt] edikt, påbud
edification [,edifi'keiʃ(ə)n] uppbyggelse
edif|ice ['edifis] byggnad **-y** [-ai] uppbygga **-ying** [-aiiŋ] uppbygglig
Edinburgh ['edinb(ə)rə] Edinburgh
edit ['edit] utge, redigera **-ion** [i'diʃ(ə)n] *s*, *third* ~ tredje upplaga[n] **-or** [-ə] **1** utgivare **2** redaktör **-orial** [,edi'tɔ:riəl] **I** *a* redaktions-, utgivar- **II** *s* ledare **-orship** redaktörskap, redaktion
educat|e ['edju(:)keit] **1** undervisa, utbilda **2** uppfostra **3** bereda undervisning åt **4** träna, dressera (djur) **-ion** [,edju(:)'keiʃ(ə)n] [upp]-fostran; undervisning; [ut]bildning **-ional** [,edju(:)'keiʃənl] uppfostrings-, undervisnings-, pedagogisk; bildande **-ionalist** [,edju(:)-'keiʃnəlist] pedagog **-ive** [-kətiv] bildnings-, fostrande, pedagogisk **-or** [-ə] pedagog, lärare
educe [i(:)'dju:s] dra ut; få fram; frigöra
eel [i:l] ål **--buck, --pot** ålmjärde **-skin** *sl.*, ålskinn, åtsittande klänning etc.
e'en [i:n] *poet.* för *even*
e'er [ɛə] *poet.* för *ever*
eer|ie ['iəri] **-y** [-i] kuslig, hemsk; rädd
efface [i'feis] utplåna; ställa i skuggan; ~ *o.s.* träda i bakgrunden **-ment** [-mənt] *s* utplånande; fördunklande
effect [i'fekt] **I** *s* effekt, verkan; intryck; verkställighet; resultat; ~*s* lösören, tillhörigheter; *it was of (had) no* ~ det var förgäves; *bring to (carry into)* ~ sätta i verket, utföra **II** *v* åstadkomma, verkställa; ~ *an insurance* teckna en försäkring **-ive** [-iv] **I** *a* effektiv; effektfull; verksam **II** *s* stridsduglig soldat **-ual** [-ʃuəl] **1** effektiv **2** bindande, giltig **-uate** [-jueit] effektuera, verkställa, genomföra
effemina|cy [i'feminəsi] kvinnligh·t; omanlighet **-te** **I** *a* [-it] feminiserad, f·rvekligad, omanlig **II** *v* [-eit] göra feminin, etc.
effervesce [,efə'ves] bubbla, fradga, mussera; sprudla **-nce** [-ns] **-ncy** [-nsi] bubblande; [över]svallning **-nt** *a* skumbildande, musserande; *fig.* brusande, [över]svallande
effete [e'fi:t] utsliten, utlevad; steril
effic|acious [,efi'keiʃəs] verksam, effektiv **-iency** [i'fiʃ(ə)nsi] **1** verkningsförmåga, effektivitet **2** prestationsförmåga; [strids]duglighet; slagkraft **3** *A.* rum med kokvrå o. badrum **-ient** [i'fiʃ(ə)nt] **I** *a* effektiv, verksam **2** duglig, duktig, kompetent; ~ *cause* verkande orsak **II** *s, åld.* stridsduglig soldat
effigy ['efidʒi] avbildning, bild
effloresce [,eflɔ:'res] **1** slå ut i blom **2** *kem.* efflorescera **-nce** [-ns] **1** blomning **2** *kem.* efflorescering **-nt** *a* **1** blommande **2** *kem.* effloroscerande
effluen|ce ['efluəns] utflöde, -strömning **-t** **I** *a* utströmmande, -flytande **II** *s* utlopp, avlopp
efflux[ion] ['eflʌks, e'flʌkʃ(ə)n] utströmmande, utflöde; (om tid) [för]lopp
effort ['efət] ansträngning; prestation, kraftprov **-less** [-lis] **1** overksam **2** lätt; ~ *smile* otvunget leende
effrontery [i'frʌntəri] oförskämdhet

effulgen|ce [e'fʌldʒ(ə)ns] skimmer, lyster **-t** strålande
effus|e [e'fju:z] utgjuta, utstråla, sprida **-ion** [i'fju:ʒ(ə)n] **1** utgjutande, -ning, -else **2** öppenhjärtighet, hjärtlighet **-ive** [i'fju:siv] *a* (om tal o. känslor) översvallande
egg [eg] **I** *s* ägg; *in the* ~ i sin linda; *bad* ~ rötägg; *put all one's* ~*s in one basket* sätta allt på ett kort **II** *v*, ~ *on* egga (driva) på **--cup** äggkopp **--flip** = **--nog** **-head** *s* intellektuell **--nog** (slags varm) äggtoddy **--plant** äggplanta, aubergine **--shell** äggskal
ego ['egəu] **1** jaget **2** egenkärlek **-ism** [-iz(ə)m] egoism **-ist** egoist **-istic[al]** [,egəu'istik, -(ə)l] egoistisk, självisk **-tism** ['egə(u)tiz(ə)m] alltför flitigt bruk av "jag" i tal etc., självförhävelse; egoism **-tist** ['egə(u)tist] egocentriker; egoist **-tistic[al]** [,egə(u)'tistik, -(ə)l] egoistisk, egocentrisk
egregious [i'gri:dʒəs] oerhörd, enorm
egress [i'gres] utgång, utträdande, utträde **-ion** [i(:)'greʃ(ə)n] utgång
egret ['i:gret] **1** silverhäger **2** *bot.* pensel
Egypt ['i:dʒipt] Egypten **-ian** [i'dʒipʃ(ə)n] **I** *a* egyptisk **II** *s* egyptier, egyptiska (språket)
eh [ei] *interj* va?, eller hur?, åh!
eider ['aidə] ejder **--down** [-dauŋ] dun-täcke
eight [eit] åtta **-een** ['eiti:n] aderton **-fold** åttafaldig **-h** [-θ] åttonde; ~ *note* åttondelsnot **-ieth** ['eitiiθ] åttionde **-y** [-i] åttio; *the eighties* åttiotalet
Eire ['ɛərə] Eire
eisteddfod [ais'teðvɔd] årlig walesisk musik-o. skaldefest
either ['aiðə] vardera, båda; endera; någondera; ~ ... *or* antingen ... eller, vare sig ... eller; *if he doesn't come, I shall not come* ~ om han inte kommer, kommer inte jag heller
ejaculat|e [i'dʒækjuleit] utropa; uttömma **-ion** [i'dʒækju'leiʃ(ə)n] **1** utkastande, -tömning (av vätska) **2** bönesuck; utrop; ~ *seat* (*flyg.*) katapultstol **-ory** [-lət(ə)ri] plötslig[t framsagd]; uttömd
eject [i(:)'dʒekt] kasta ut; utstöta; utdriva, förvisa; avsätta **-ion** [-kʃ(ə)n] **1** utkastande, utstötande **2** fördrivande, bortkörande; vräkning **3** avsättning **-ive** [-iv] utkastnings-, utdrivande
eke [i:k] *eg.* öka; ~ *out* **a** dryga ut, komplettera **b** nödtorftigt dra sig fram
elaborate **I** *a* [i'læb(ə)rit] omsorgsfullt utarbetad; väl genomtänkt; utspekulerad; komplicerad **II** *v* [i'læbəreit] ut-, genomarbeta, utfundera; bereda; utveckla [sig]
elapse [i'læps] förflyta, förgå (om tid)
elastic [i'læstik] **I** *a* **1** elastisk tänjbar **2** resår- **II** *s* resår, gummiband **-ity** [,elæs'tisiti] elasticitet; tänjbarhet
elat|ed [i'leitid] upprymd, förtjust **-ion** [-ei-ʃ(ə)n] upprymdhet; segerglädje
elbow [i'ebəu] **I** *s* **1** armbåge **2** krök, vinkel; *at one's* ~ strax bredvid sig; *up to the* ~*s* upp över öronen; *out at the* ~*s* luggsliten; avsigkommen **II** *v* armbåga[s], tränga[s]; ~ *one's way* kommen **II** *v* armbåga sig fram **--grease** kraftig polering; *fig.* hårt arbete **--room** armbågs-, svängrum
elde|r ['eldə] **I** *a* äldre (om syskon el. två angivna personer) **II** *s* **1** ~*s* äldre personer **2** [församlingens] äldste; *my* ~*s* de som är äldre än jag **-rly** [-li] *a* ganska gammal **-st** [-dist] äldst (*jfr elder*)

elect [i'lekt] **I** a o. s utvald; utkorad; *the Presi-dent* ~ vald, men ej installerad president **II** v, välja, utse **-ion** [-kʃ(ə)n] val **-ioneer** [i‚lekʃə-'niə] agitera, driva valagitation **-ive** [-iv] a vald; väljande, väljar-, val-; *A.* valfri **-or** [-ə] **1** väljare; valman; elektor **2** kurfurste **-oral** [-(ə)r(ə)l] a valmans-, val- **-orate** [(ə)rit] **1** valmanskår **2** kurfurstendöme **-ress** [-ris] **1** kvinnlig väljare **2** kurfurstinna
electri|c [i'lektrik] elektrisk; ~ *blue* stålblå; ~ *charge* elektrisk laddning; ~ *eel* darrål; ~ *eye* fotoelektrisk cell; ~ *field* elektriskt fält; ~ *jar* leidnerflaska; ~ *sign* ljusskylt; ~ *torch* ficklampa **-cal** [-(ə)l] = *electric* **-cian** [ilek'tri-ʃ(ə)n] elektriker, elektrotekniker **-city** [ilek-'trisiti] elektricitet; ~ *works* elektricitetsverk **-fication** [i‚lektrifi'keiʃ(ə)n] elektrifiering **-fy** [-fai] elektrifiera, elektrisera; elda, ladda, inspirera **-ze** [-raiz] *se electrify*
electro|cute [i'lektrəkju:t] avrätta med elektricitet; *be* ~d av starkström **-cution** [i‚lektrə'kju:ʃ(ə)n] avrättning med elektricitet **-de** [-rəud] elektrod **-lier** [i‚lektrə(u)'liə] elektrisk ljuskrona **-lyse** [-ə(u)laiz] elektrolysera **-lysis** [ilek'trɔlisis] elektrolys **-lyte** [-ə(u)lait] elektrolyt **-magnet** [i'lektrə(u)'mægnit] elektromagnet **-n** [-rɔn] elektron; ~ *microscope* elektronmikroskop **-nic** [ilek'trɔnik] elektronisk **-nics** [ilek'trɔniks] *s pl* elektronik **-plate** [-ə(u)pleit] **I** v försilvra **II** s (galvaniserat) nysilver **-scope** elektroskop **-technics** [i'lektrə(u)'tekniks] elteknik
elegan|ce ['eligəns] elegans; smakfullhet **-t** elegant, smakfull, förfinad
elegy ['elidʒi] elegi
element ['elimənt] **1** grundämne **2** element **3** beståndsdel; inslag; ~s första grunder, elementer; *the* ~s elementerna, väder o. vind **-al** [‚eli'mentl] **1** elementernas, hörande till de fyra elementen **2** elementär; enkel, osammansatt **-ary** [‚eli'ment(ə)ri] **1** *kem.* grund-, enkel **2** elementär, elementar-; grundläggande; ~ *school* folkskola, grundskolans låg- o. mellanstadier
elephant ['elifənt] elefant; *white* ~ något som kostar mer än det smakar **-iasis** [‚elifən'taiə-sis] elefantiasis **-ine** [‚eli'fæntain] elefant-; elefantlik
elevat|e ['eliveit] upphöja, -lyfta; höja; ~d upphöjd; högstämd; upprymd **-ion** [‚eli'vei-ʃ(ə)n] **1** [upp]höjande; höjd, kulle; **2** elevation **3** högstämdhet **-or** [-ə] **1** ngn (ngt) som lyfter **2** spannmålsmagasin, silo **3** paternosterverk **4** höjdroder **5** *A.* hiss
eleven [i'levn] elva **-th** [-θ] elfte
elf [elf] (*pl elves* [elvz]) älva, alf; dvärg **-in** älvlik **-ish** [-iʃ] älvlik, trolsk **2** okynnig, odygdig
elicit [i'lisit] framlocka, få fram
elide [i'laid] elidera
eligib|ility [‚elidʒə'biliti] **1** valbarhet **2** önskvärdhet **-le** ['elidʒəbl] valbar; tänkbar, passande, önskvärd
eliminat|e [i'limineit] eliminera; utesluta, avlägsna **-ion** [i‚limi'neiʃ(ə)n] **1** eliminering, uteslutande **2** *sport.* uttagning
elision [i'liʒ(ə)n] elision
élite [ei'li:t] elit
elixir [i'liksə] elixir
elk [elk] **1** älg **2** *A.* kanadahjort
ell [el] **1** aln **2** *A.*, *byggn.* flygel (ofta L-formad)
ellip|se [i'lips] *geom.* ellips **-sis** *gram.* ellips **-tical** [-tik(ə)l] elliptisk

elm [elm] alm
elocution [‚elə'kju:ʃ(ə)n] välläsning; talteknik; recitation **-ist** [‚elə(u)'kju:ʃnist] **1** lärare i välläsning (talteknik) **2** recitatör, uppläsare
elongat|e ['i:lɔngeit] förlänga[s], utdraga[s] **-ion** [‚i:lɔŋ'geiʃ(ə)n] **1** förlängning, utsträckning **2** avstånd, elongation
elope [i'ləup] (om kvinna) rymma hemifrån för att gifta sig **-ment** [-mənt] rymning (*se elope*)
eloquen|ce ['elə(u)kw(ə)ns] vältalighet **-t** vältalig; uttrycksfull, talande
else [els] annars; annan **-where** ['els'wɛə] någon annanstans
elucidat|e [i'lu:sideit] belysa, förklara **-ion** [i‚lu:si'deiʃ(ə)n] belysning, förklaring **-ive** [-iv], **-ory** [-əri] a belysande, förklarande
elu|de [i'lu:d] undgå, kringgå, slingra sig undan (ifrån) **-sion** [-u:ʒ(ə)n] undgående, gäckande, sätt att komma ifrån (kringgå) **-sive** [-siv] undvikande; flyktig; gäckande **-sory** [-sɔri] gäckande, illusorisk, bedräglig
elv|es [elvz] *pl av elf* **-ish** [-iʃ] = *elfish*
emaciate [i'meiʃieit] utmärgla; ~d utmärglad, avtärd
emanat|e ['eməneit] utströmma, utflöda; emanera **-ion** [‚emə'neiʃ(ə)n] utströmmande; utflöde, emanation
emancipat|e [i'mænsipeit] emancipera, frigöra **-ion** [i‚mænsi'peiʃ(ə)n] emancipation, frigörelse **-or** [-ə] befriare
emasculate **I** v [i'mæskjuleit] **1** kastrera **2** försvaga; stympa **II** a [i'mæskjulit] **1** kastrerad **2** *fig.* förvekligad
embalm [im'ba:m] **1** balsamera **2** bevara åt minnet **3** fylla med vällukt **-ment** [-mənt] balsamering
embank [im'bæŋk] indämma, omge med damm **-ment** [-mənt] **1** vägbank **2** flodkaj **3** fördämning, jordvall; *the E~* gata i London
embargo [em'ba:gəu] **I** s embargo, spärrning av hamn; beslag (på skepp); [handels]förbud **II** v **1** förbjuda (fartyg) att in- el. utlöpa **2** lägga beslag på; konfiskera
embark [im'ba:k] **1** gå (ta) ombord **2** inlåta sig (*in*, *on* i) **-ation** ['emba:'keiʃ(ə)n] inskeppning
embarrass [im'bæres] **1** förvirra, göra förlägen **2** besvära hindra **-ing** [-iŋ] pinsam, besvärande **-ment** [-mənt] **1** förvirring **2** förlägenhet **3** penningförlägenhet **4** besvär, hinder
embassy ['embəsi] ambassad, beskickning
embattled [im'bætld] **1** uppställd i slagordning, rustad till strid **2** befäst **3** krenelerad, försedd med murtinnar
embed [im'bed] inbädda; innesluta
embellish [im'beliʃ] försköna, pryda; utbrodera **-ment** [-mənt] förskönande, prydande, utsmyckning, prydnad
ember ['embə] glödkol; ~s glöd; *E~ Days* allmänna böne- o. fastedagar
embezzle [im'bezl] försnilla, förskingra **-ment** [-mənt] försnillning, förskingring
embitter [im'bitə] förbittra
emblazon [im'bleiz(ə)n] **1** utbasunera, förhärliga **2** (praktfullt) avbilda, utstyra, smycka **1** pryda vapensköld med heraldiska figurer **-ry** [-ri] **1** färggrann framställning **2** *koll.* vapen[bilder]
emblem ['embləm] emblem, sinnebild, symbol **-atic** [‚embli'mætik] sinnebildlig, symboliskt; *be* ~ *of* symbolisera, vara en bild av **-atize** [em'blemətaiz] symbolisera

embod|iment [im'bɔdimənt] **1** förkroppsligande **2** införlivning; inneslutning **3** sammanslutning **-y** [-i] **1** förkroppsliga, ge konkret form åt **2** innefatta, inbegripa **3** organisera, förena, samla

embolden [im'bəuld(ə)n] inge mod, uppmuntra

embol|ism ['embəliz(ə)m] **1** med. emboli **2** inskjutning (inskott) av tid **-us** [-əs] blodpropp

embosom [im'buzəm] **1** omfamna; omhulda **2** inbädda, innesluta

emboss [im'bɔs] utföra i upphöjt arbete, ciselera; smycka (med relief) **-ment** [-mənt] relief, drivet arbete

embowel [im'bauəl] **1** ta inälvorna ur **2** inbädda

embower [im'bauə] omge, skydda

embrace [im'breis] **I** v omfamna; anta; innefatta, omfatta; ~ *an opportunity* gripa ett tillfälle; ~ *a party* ansluta sig till ett parti **II** s omfamning; famntag **-ment** [-mənt] omfamning

embrasure [im'breiʒə] dörr-, fönstersmyg; skottglugg

embrocat|e ['embrə(u)keit] badda, ingnida **-ion** [ˌembrə(u)'keiʃ(ə)n] ingnidning; liniment

embroider [im'brɔidə] brodera; utbrodera, utsmycka **-y** [-d(ə)ri] brodering, broderi; utbrodering

embroil [im'brɔil] **1** inveckla, inblanda (i gräl etc.) **2** hop-, in-, tilltrassla **-ment** [-mənt] oreda, trassel; förvecklingar

embryo ['embriəu] embryo, ofullgånget foster; frö

embus [im'bʌs] (om trupper etc.) gå ombord (inlasta) på buss

emend [i(:)'mend] förbättra, emendera (text) **-ate** ['i:mendeit] = *emend* **-ation** [ˌi:men'deiʃ(ə)n] textförbättring, emendation **-ator** ['i(:)mendeitə] textförbättrare

emerald ['emər(ə)ld] smaragd[grön]; *the E~ Isle* Irland

emerge [i'mə:dʒ] **1** stiga upp, höja sig **2** fig. uppstå, framkomma **-nce** [-(ə)ns] = *emersion*; *äv.* utveckling **-ncy** [-(ə)nsi] oförutsedd händelse; nödläge, nödfall; ~ *door* (*exit*) reservutgång

emeritus [i(:)'meritəs] emeritus

emersion [i(:)'mə:ʃ(ə)n] uppdykande, uppstigande; framträdande; *astr.* utträdande (ur förmörkelse)

emery ['eməri] smärgel **--cloth** smärgelduk

emetic [i'metik] **I** a som framkallar kräkning **II** s kräkmedel

emigra|nt ['emigr(ə)nt] emigrant; ~ *bird* flyttfågel **-te** [-eit] emigrera **-tion** [ˌemi'greiʃ(ə)n] emigration **-tory** [-ətəri] a flytt-, emigrant-

eminen|ce ['eminəns] **1** framstående ställning, högt anseende **2** hög rang **3** eminens, höghet **4** höjd, kulle **-t** eminent, framstående, utmärkt **-tly** [-tli] äv. i högsta grad

emi|ssary ['emis(ə)ri] (hemlig) agent, sändebud **-ssion** [i'miʃ(ə)n] utgivande, utsändande; emission **-ssive** [i'misiv] a utsändande **-t** [i'mit] utsända, avge, sprida

emollient [i'mɔliənt] a o. s uppmjukande o. lenande [medel]

emolument [i'mɔljumənt] inkomst, [bi]förtjänst, förmån, arvode

emotion [i'məuʃ(ə)n] [sinnes]rörelse, upprördhet; känsla **-al** [-ʃənl] lättrörd, känslosam; känslo-, emotionell; ~ *blockage* emotionell blockering **-alist** [-ʃnəlist] känslomänniska **-ality** [iˌməuʃə'næliti] lättrördhet

emotive [i'məutiv] känslomässig, känslo-

emperor ['emp(ə)rə] kejsare

empha|sis ['emfəsis] eftertryck, emfas **-size** [-saiz] starkt betona, poängtera **-tic** [im'fætik] **1** eftertrycklig **2** starkt betonad; bestämd **-tically** [im'fætik(ə)li] eftertryckligt

empire ['empaiə] **1** kejsardöme; -rike **2** världsrike, imperium **3** empir (stil); *E~ Day* imperiedagen (24 maj)

empiric [em'pirik] **I** a empirisk; erfarenhetsmässig; experimentell **II** s empiriker **-al** [-(ə)l] **1** empirisk, erfarenhetsmässig **2** ovetenskaplig **-ism** [-isiz(ə)m] empirism

emplane [im'plein] gå ombord (inlasta) på flygplan

employ [im'plɔi] **I** v **1** använda, bruka **2** sysselsätta, ge arbete åt **II** s, *in a p.'s* ~ i ngns tjänst **-ee** [ˌemplɔi'i:] anställd, löntagare **-er** [-ə] arbetsgivare **-ment** [-mənt] **1** användande, -ning **2** arbete, sysselsättning; anställning; *out of* ~ arbetslös; ~ *exchange* arbetsförmedling

emporium [em'pɔːriəm] **1** handelscentrum **2** varuhus

empower [im'pauə] **1** bemyndiga **2** sätta i stånd

empress ['empris] kejsarinna

empt|iness ['em(p)tinis] tomhet **-y** [-i] **I** a tom **II** s tomflaska, -fat, -låda etc. **III** v töma[s], bli tom

emu ['i:mju:] zool. emu

emul|ate ['emjuleit] söka efterlikna (överträffa) **-ation** [ˌemju'leiʃ(ə)n] tävlan **-ative** [-lətiv], **-ous** [-ləs] tävlingslysten, tävlande; tävlingsdagen

emulsion [i'mʌlʃ(ə)n] emulsion

enable [i'neibl] möjliggöra för (ngn); sätta (ngn) i stånd

enact [i'nækt] **1** anta (lag), stadga **2** teat. spela, uppföra; fig. utspela **-ment** [-mənt] **1** upphöjande till lag, antagande (av bestämmelser) **2** förordning, lag

enamel [i'næm(ə)l] **I** s emalj **II** v emaljera **-ler** [-mlə] emaljör

enamoured [i'næməd] förälskad

encage [in'keidʒ] sätta i bur

encamp [in'kæmp] förlägga (ligga) i läger; slå läger; förlägga (ligga) i tält **-ment** [-mənt] **1** lägrande, tältning **2** lägerplats; tält **3** militärläger, tältförläggning

encase [in'keis] innesluta, inlägga; omge **-ment** [-mənt] hölje, fodral

encephalitis [ˌenkefə'laitis] hjärninflammation

enchain [in'tʃein] fjättra, fängsla äv. fig. **-ment** [-mənt] s fängslande; hopkedjande

enchant [in'tʃɑːnt] förhäxa, -trolla; tjusa **-er** [-ə] **1** trollkarl **2** tjusare **-ing** [-iŋ] förtjusande, bedårande **-ment** [-mənt] **1** trolldom, förtrollning **2** troll-, tjuskraft; förtjusning **-ress** [-ris] **1** häxa, trollkvinna **2** förtrollande kvinna

encircle [in'sə:kl] omringa, omge, innesluta **-ment** [-mənt] in-, omringning

enclasp [in'klɑːsp] omsluta

enclos|e [in'kləuz] **1** omge, -sluta; inhägna **2** bifoga, närsluta (i brev) **-ure** [-əuʒə] **1** inhägnande; inhägnad, gård **2** inhägnad, stängsel **3** bilaga (i brev)

encode [in'kəud] omvandla till kod **-r** [-ə] databeh. inkoder

encompass [in'kʌmpəs] omge, omfatta
encore [ɔŋ'kɔ:] **I** *interj* o. *s* da capo **II** *v* ropa
in, begära da capo
encounter [in'kauntə] **I** *v* möta, stöta på **II**
s **1** möte, sammanträffande **2** sammandrabb-
ning, träffning
encourage [in'kʌridʒ] uppmuntra, inge mod
-ment [-mənt] uppmuntran; eggelse; under-
stöd
encroach [in'krəutʃ] inkräkta, göra intrång
-ment [-mənt] intrång, inkräktande, ingrepp,
övergrepp
encrust [in'krʌst] täcka med skorpa; bilda
skorpa
encumb|er [in'kʌmbə] **1** betunga, besvära **2**
belamra **-rance** [-br(ə)ns] **1** hinder, besvär;
belamring **2** black om foten **3** hypotek, inteck-
ning; *widow without* ~ änka utan barn
encyclop[a]ed|ia [en‚saiklə(u)'pi:djə] encyklo-
pedi, uppslagsbok **-ian** [-jən] **-ical** [-ik(ə)l]
encyklopedisk
end [end] **I** *s* slut, ände; gräns **2** avsikt, [ända]-
mål, syfte **3** *A.* filial, avdelning; *no* ~ *of mo-
ney* massor av pengar; *on* ~ på ända; i ett kör,
i sträck; *in the* ~ till slut; när allt kommer om-
kring; *be at one's wits'* ~ inte veta sig någon
levande råd; *be at the* ~ *of one's tether* inte
kunna [åstadkomma] mer; *go for* ~ kantra
(*sjö.*); *keep one's* ~ *up* göra sitt; *make both* ~*s
meet* få det att gå ihop, klara sig (med sina
pengar); ~ *on* med fören (spetsen, smaländan
etc.) före **II** *v* sluta; ~ *in* sluta med (i); ~ *up*
sluta
endanger [in'dein(d)ʒə] sätta i fara, utsätta för
fara, riskera
endear [in'diə] göra kär (avhållen, omtyckt)
-ing [-riŋ] vinnande, älskvärd, sympatisk;
vänlig, smeksam **-ment** [-mənt] **1** omtyckthet
2 ömhetsbetygelse; *name of* ~ smeknamn
endeavour [in'devə] **I** *v* bemöda sig, sträva **II**
s försök, strävan; ansträngning
endemic [en'demik] **I** *a* endemisk, inhemsk
II *s* endemisk sjukdom **-ity** [‚endi'misiti] ende-
misk karaktär
ending ['endiŋ] **1** slut **2** *gram.* ändelse
endive ['endiv] *bot.* endivia, endive
end|less ['endlis] ändlös, utan slut **-long** *åld.*
på längden
endorse [in'dɔ:s] **1** endossera; anteckna på
baksidan av, skriva på **2** *fig.* bekräfta, under-
skriva; ~ *a [driver's] licence* anteckna för-
seelse på baksidan av körkort **-e** [‚endɔ:'si:]
endossat **-ment** [-mənt] **1** påskrift; påteck-
ning om överlåtelse **2** *fig.* bekräftelse **-r** [-ə]
endossent
endow [in'dau] **1** donera **2** förläna, begåva
-ment [-mənt] **1** donerande, förlänande **2** be-
gåvning, anlag; ~ *insurance* kapitalförsäkring
end-paper ['end'peipə] *boktr.* försätts-, efter-
sättsblad
endue [in'dju:] förse, förläna
endur|able [in'djuərəbl] uthärdlig **-ance**
[-ər(ə)ns] **1** uthärdande, fördragande; uthållig-
het; tålamod **2** varaktighet **3** lidande **-e** [-uə]
1 uthärda, tåla, lida; tåla med **2** räcka, vara,
hålla
end|ways ['endweiz] **-wise 1** med spetsen
(smaländan) framåt **2** på ända, upprest
enema ['enimə] lavemang
enemy ['enimi] fiende; *the E* ~ djävulen
energ|etic [‚enə'dʒetik] **I** *a* verksam, energisk
II *s pl*, ~*s* energetik **-etically** [-etik(ə)li] *adv*

energiskt **-ize** ['enədʒaiz] ingjuta kraft i; ut-
veckla energi, handla **-y** ['enədʒi] energi, kraft;
speak with ~ tala med eftertryck
enervat|e ['enə:veit] förslappa, försvaga, ener-
vera **-ion** [‚enə:'veiʃ(ə)n] förslappning, kraft-
löshet
enfeeble [in'fi:bl] försvaga
enfold [in'fəuld] **1** omsluta, svepa in; om-
famna **2** vecka
enforce [in'fɔ:s] **1** framtvinga efterlevnad (av
lag), upprätthålla respekten [för], genom-
driva **2** framtvinga, tilltvinga sig **3** ge efter-
tryck åt, hävda; ~ *upon* påtvinga **-ment**
[-mənt] **1** genomdrivande, tillämpning **2**
hävdande
enfranchise [in'fræn(t)ʃaiz] **1** ge rösträtt [åt]
2 befria, frige
engage [in'geidʒ] **1** förbinda [sig], förplikta
[sig], åta [sig] **2** förlova **3** anställa; ta plats
(*with* hos) **4** beställa, tinga **5** fängsla, tjusa **6**
inveckla i strid, anfalla [med]; ~ *in* inlåta sig
på; ~ *for* ansvara för; *are you* ~*d?* är du upp-
tagen?; *be* ~*d in* (*on*) vara sysselsatt med; ~*d
couple* förlovat par; ~*d to be married* förlovad;
engaging child intagande barn; *number* ~*d*
(telefon) upptaget **-ment** [-mənt] **1** förbin-
delse, -pliktelse; åtagande; möte **2** förlovning
3 förhyrande **4** engagemang **5** sysselsättning
6 *mil.* slag; *meet one's* ~*s* infria sina förbin-
delser, betala sina skulder; *under an* ~ bunden
av ett löfte
engender [in'dʒendə] skapa, alstra
engine ['en(d)ʒin] **1** maskin, motor; lokomo-
tiv; brandspruta **2** *fig.* verktyg, medel; *twin-* ~*d*
tvåmotorig **-driver** [-‚draivə] lokomotiv-
förare **-er** [‚en(d)ʒi'niə] **I** *s* **1** ingenjör; me-
kaniker **2** *sjö.* maskinist **3** *A.* lokomotivförare
4 ingenjörssoldat **II** *v* **1** arbeta som ingenjör;
konstruera, bygga **2** ordna om, sköta om,
manövrera; få till stånd, fiffla **-ering** [‚en(d)ʒi-
'niəriŋ] **1** ingenjörskonst; [maskin]teknik **2**
fam. arbete, manövrerande, knep; ~ *works*
mekanisk verkstad **-room** maskinrum; ~
artificer maskinist **-ry** [-nəri] maskineri **--turn-
-ing** [-‚tə:niŋ] maskingravering
engird[le] [in'gə:d(l)] omgjorda, -sluta
Engl|and [in'ɡlənd] England **-ish** [-iʃ] **I** *a* eng-
elsk; ~ *horn* engelskt horn, altoboe **II** *s*
engelska [språket]; *the King's* (*Queen's*) ~
korrekt engelska; riksspråket; *in plain* ~ rent
ut sagt; *the* ~ engelsmännen **III** *v, e* ~ över-
sätta till engelska **-ishman** [-mən] engelsman
-ishwoman [-‚wumən] engelska
engorge [in'gɔ:dʒ] [upp]sluka **-d** överfylld
engraft [in'ɡrɑ:ft] **1** [in]ympa **2** *fig.* inplanta
engrain [in'grein] genomdränka; inprägla; ~*ed
habit* inrotad vana
engrav|e [in'greiv] gravera, inrista; *fig.* in-
prägla **-ing** [-iŋ] gravering; gravyr; träsnideri
engross [in'graus] **1** pränta, texta, **2** tillskansa
sig; lägga beslag på **3** ta i anspråk, uppta;
fängsla; ~*ed in* fördjupad i, helt upptagen av
-ment [-mənt] **1** textning **2** massuppköp **3**
upptagenhet
engulf [in'ɡʌlf] uppsluka
enhance [in'hɑ:ns] **1** förhöja, stegra; ökas,
stiga **2** förstora, överdriva
enigma [i'nigmə] gåta **-tic[al]** [‚enig'mætik,
-(ə)l] gåtfull **-tize** [-taiz] **1** göra gåtfull **2** tala
i gåtor
enjoin [in'dʒɔin] ålägga, föreskriva, påbjuda;
äv. jur. förbjuda

enjoy [in'dʒɔi] **1** njuta av; tycka om **2** åtnjuta; ~ *a party* ha roligt på en fest; ~ *o.s.* roa sig, ha roligt, ha det skönt **-able** [-əbl] njutbar; angenäm, behaglig **-ment** [-mənt] **1** njutning, nöje **2** åtnjutande

enkindle [in'kindl] upptända; egga

enlace [in'leis] omslingra; omsluta

enlarge [in'lɑːdʒ] förstora[s], utvidga [sig]; ~ [*up*]*on* tala vidlyftigt om, utbreda sig över **-ment** [-mənt] **1** utvidgning, förstorande, -ing, ökning **2** tillägg

enlighten [in'laitn] upplysa, lämna upplysningar **-ment** [-mənt] upplysning; *the* [*Age of*] *E*~ upplysningstiden

enlist [in'list] **1** enrollera, värva; ta värvning **2** vinna [för sig], ta i anspråk, försäkra sig om (hjälp, stöd etc.) **-ment** [-mənt] värvning; inskrivning

enliven [in'laivn] uppliva, ge liv åt

enmesh [in'meʃ] insnärja, fånga

enmity ['enmiti] fiendskap; fientlighet

ennead ['eniæd] grupp (serie) av nio

ennoble [i'nəubl] **1** adla **2** förädla

ennui [ɑː'nwiː] ledsnad; leda

enorm|ity [i'nɔːmiti] **1** [det] avskyvärda (grässliga) **2** ogärning, avskyvärt brott **-ous** [-əs] enorm, kolossal, oerhörd

enough [i'nʌf] *a o. adv* nog, tillräcklig[t]; *she sang well* ~ hon sjöng rätt bra; *sure* ~ alldeles säkert, minsann; *it's not good* ~ det duger inte; ~ *is as good as a feast* lagom är bäst

enounce [i(ː)'nauns] uttala

enquir|e [in'kwaiə] **-y** [-ri] *se inquire, inquiry*

enrage [in'reidʒ] förarga, göra rasande

enrapture [in'ræptʃə] hänföra, -rycka

enrich [in'ritʃ] göra rik, berika

enrobe [in'rəub] klä

enrol[l] [in'rəul] inskriva, uppta (*in* i), inta; *mil.* enrollera, värva **-ment** [-mənt] **1** enrollering; inskrivning **2** register

en route [ɑː(n)'ruːt] på väg

ensconce [in'skɔns] förskansa; ~ *o.s.* slå sig ner

ensemb|e [ɑː(n)'sɑː(m)bl] **1** ensemble; helhetsintryck **2** toalett, elegantare klänning

enshrine [in'ʃrain] gömma, bevara (som relik); om-, innesluta

enshroud [in'ʃraud] insvepa

ensign ['ensain, *sjö.* 'ensn] **1** flagga **2** vimpel **3** ['ensain] fänrik (i am. flottan; *förr äv.* i eng.) **--bearer** fanbärare

ensil|age ['ensilidʒ] ensilage, inlagt foder **-e** [in'sail] ensilera, inlägga i silo

enslave [in'sleiv] förslava, göra till slav[ar] **-ment** [-mənt] slaveri **-r** [-ə] förtrollerska

ensnare [in'snɛə] snärja, fånga i snara

ensue [in'sjuː] följa; bli följden, vara en följd (*from, on* av)

ensure [in'ʃuə] **1** tillförsäkra; garantera; säkerställa **2** försäkra, skydda

entail [in'teil] **I** *v* **1** medföra, vara förenad med **2** göra till fideikommiss **II 1** arv[sföljd] **2** fideikommiss

entangle [in'tæŋgl] inveckla, trassla in; *be* ~*d* inveckla sig; fastna **-ment** [-mənt] **1** inveckling; trassel **2** hinder, komplikation; [*wire*] ~*s* taggtrådshinder

enter ['entə] **1** inträda [i], gå in [i] **2** gå in (som medlem), skriva in sig **3** lära (hund) söka, rida in, köra in (häst) **4** anteckna, skriva upp, bokföra **5** inge, anmäla; ~ *protest* inlägga protest; ~ *for* anmäla sig till; ~ *into* **a** inlåta sig i, inle-

da **b** ingå, avsluta **c** ingå i, utgöra del av **d** ta del i, sätta sig in i; ~ [*up*]*on* **a** slå in på; inlåta sig på, ägna sig åt; börja **b** ta i besittning, tillträda

enter|ic [en'terik] inälvs-, tarm-; ~ *fever* tyfus **-itis** [,entə'raitis] tarmkatarr

enterpris|e ['entəpraiz] **1** företagsamhet, driftighet **2** företag, vågstycke **-ing** [-iŋ] företagsam, initiativrik

entertain [,entə'tein] **1** motta som gäst, förpläga, bjuda **2** underhålla, roa **3** överväga; ~ *a hope* nära ett hopp; ~ *a correspondence* upprätthålla en korrespondens **-er** [-ə] **1** värd, värdinna **2** artist i underhållningsbranschen; underhållningsroman **-ing** [-iŋ] *a* underhållande **-ment** [-mənt] **1** underhållning **2** härbärgerande; förplägnad **3** övervägande; hysande; ~ *tax* nöjesskatt

enthral[l] [in'θrɔːl] fånga, förtrolla **-ment** [-mənt] förtrollning

enthrone [in'θrəun] upphöja på tronen; installera (biskop) **-ment** [-ment] upphöjande på tronen; biskopsinstallation

enthusias|m [in'θjuːziæz(ə)m] entusiasm, hänförelse **-t** entusiast; svärmare **-tic** [in,θjuːzi-'æstik] entusiastisk, hänförd

entice [in'tais] locka, förleda **-ment** [-mənt] lockelse; lockmedel

entire [in'taiə] **1** hel [o. hållen], fullständig, oavkortad **2** okastrerad **-ty** [-ti] helhet; [det] hela

entitle [in'taitl] **1** berättiga **2** betitla; kalla; *be* ~*d to* vara berättigad till

entity ['entiti] väsen; verklighet

entomb [in'tuːm] begrava, jorda **-ment** [-mənt] begravning

entomolog|ical [,entəmə'lɔdʒik(ə)l] entomologisk, insekts- **-ist** [,entə(u)'mɔlədʒist] entomolog **-y** [,entə(u)'mɔlədʒi] entomologi, insektslära

entrails ['entreilz] inälvor

entrain [in'trein] gå om bord (inlasta) på tåg

entran|ce I *v* [in'trɑːns] försätta i trance, extas; hänföra **II** *s* ['entr(ə)ns] **1** ingång; uppgång; infart **2** inträde, inträdande **3** tillträde, inträde; ~ *examination* inträdesprövning; ~ *fee* inträdesavgift **-t** ['entr(ə)nt] **1** [en] inträdande **2** anmäld, tävlande

entrap [in'træp] fånga (i fälla), snärja

entreat [in'triːt] bönfalla, be

entr|ee ['ɔntrei] entré **-emets** [-əmei] mellanrätt

entrench [in'tren(t)ʃ] förskansa **-ment** [-mənt] förskansning; skyttegrav

entrust [in'trʌst] *v*, ~ *a p. with s.th.*, ~ *s.th. to a p.* anförtro ngt åt ngn

entry ['entri] **1** inträde; intåg **2** ingång, dörr **3** anteckning (i räkenskaper etc.), post **4** *entries* anmälningar, anmälda, tävlande

entwine [in'twain] samman-, hopfläta; sammanslingra sig; omvira

enumerat|e [i'njuːməreit] uppräkna **-ion** [i,njuːmə'reiʃ(ə)n] uppräknande; förteckning

enunciat|e [i'nʌnsieit] **1** uttala; uttrycka, formulera **2** förkunna, förklara **-ion** [i,nʌnsi-'eiʃ(ə)n] **1** formulering **2** uttalande; förkunnande **3** uttal **-ive** [-nʃiətiv] **1** uttryckande **2** uttals-; ~ *power* vältalighet

envelop [in'veləp] insvepa, inhölja; *mil.* innesluta **-e** [in'envələup] kuvert **-ment** [-mənt] **1** inhöljande; *mil.* inneslutning **2** [om]hölje

envi|able ['enviəbl] avundsvärd **-ous** [-əs] avundsjuk

environ [in'vaiər(ə)n] omsluta, omringa **-ment** [-mənt] omgivning[ar]; miljö; ~ *protection* miljövård **-mental** [in,vaiən'mentl] miljö- **-s** [in'vaiər(ə)nz] omgivningar

envisage [in'vizidʒ] **1** se (fara etc.) i ansiktet, möta **2** föreställa sig **3** förutse

envoy ['envɔi] budbärare, sändebud

envy ['envi] **I** *s* avund[sjuka] **II** *v* avundas, missunna

enwrap [in'ræp] [in]hölja, insvepa; ~*ped in thoughts* försjunken i tankar

enzyme ['enzaim] enzym

eon ['i:ɔn] eon, evighet

epaulet[te] ['epə(u)let] epålett

ephemeral [i'femər(ə)l] efemär, flyktig; som varar en dag

epic ['epik] **I** *a* episk **II** *s* epos, episk dikt **-al** [-(ə)l] episk

epicentre ['episentə] epicentrum

epicur|e ['epikjuə] epikuré, läckergom **-ean** [,epikju(ə)'ri(:)ən] **I** *s* = *epicure* **II** *a* epikureisk, njutningslysten **-ism** [-u(ə)riz(ə)m] epikurism; vällevnad

epidemic [,epi'demik] **I** *s* epidemi **II** *a* epidemisk

epidermis [,epi'də:mis] överhud

epiglottis [,epi'glɔtis] struplock

epigram ['epigræm] epigram **-matic** [,epigrə'mætik] epigrammatisk; uddig

epilep|sy ['epilepsi] epilepsi, fallandesot **-tic** [,epi'leptik] **I** *a* epileptisk **II** *s* epileptiker

epilogue ['epilɔg] epilog

Epiphany [i'pifəni] trettondagen (6 jan.)

episcop|acy [i'piskəpəsi] *koll.* biskoparna **-al** [-(ə)l] biskops-, biskoplig; episkopal **-alian** [i,piskə(u)'peiljən] **I** *a* episkopal **2** *s* medlem av episkopalkyrkan **-ate** [-kə(u)pit] **1** biskopsdöme, värdighet **2** stift **3** *the* ~ biskoparna (*koll.*)

episod|e ['episəud] **1** episod **2** avsnitt, del **-ic[al]** [,epi'sɔdik, -(ə)l] episodisk, tillfällig

epist|le [i'pisl] epistel; *E~s of Paul* Pauli brev; *E~ of James* Jakobs brev **-olary** [i'pistələri] som rör brev[skrivning]; ~ *style* brevstil

epitaph ['epita:f] epitaf, gravskrift

epithalamium [,epiθə'leimjəm] bröllopssång

epithet ['epiθet] epitet

epitome [i'pifəmi] kort sammanfattning; koncentrat, ngt i miniatyr

epoch ['i:pɔk] epok **-al** ['epɔk(ə)l] **1** som rör en epok **2** epokgörande

epos ['epɔs] epos

equab|ility [,ekwə'biliti] likformighet, jämnhet **-le** ['ekwəbl] jämn, likformig; lugn

equal ['i:kw(ə)l] **I** *a* lika; likformig; jämn; *be* ~ *to* vara vuxen (situation); vara lika med; *an* ~ *mind* ett lugnt sinne **II** *s* [jäm]like, make **III** *v* likna, kunna mäta sig med **-ity** [i(:)'kwɔliti] **1** likhet **2** jämlikhet; likställdhet; likformighet; jämnhet; *on an* ~ på jämställd fot **-ization** [,i:kwəlai'zeiʃ(ə)n] likställande, utjämning; likställdhet **-ize** ['i:kwəlaiz] göra lika, likställa

equanimity [,ekwə'nimiti] jämnmod; fattning

equat|e [i'kweit] likställa, jämställa, sätta likhetstecken mellan **-ion** [-eiʃ(ə)n] **1** ekvation **2** utjämning, jämkning

equator [i'kweitə] ekvator **-ial** [,ekwə'tɔ:riəl] *a* ekvatorial-, ekvators-

equestri|an [i'kwestriən] **I** *a* ryttar-, rid-; ridande **II** *s* ryttare **-enne** [i,kwestri'en] [cirkus]- ryttarinna

equi- ['i:kwi] lik-, lika **-angular** [,i:kwi'æŋgjulə] likvinklig **-distant** ['i:kwi'dist(ə)nt] på samma avstånd **-lateral** ['i:kwi'læt(ə)r(ə)l] liksidig **-librate** [,i:kwi'laibreit] bringa (hålla) i jämvikt, väga jämnt **-librist** [i(:)'kwilibrist] balanskonstnär, lindansare, akrobat; ekvilibrist **-librium** [,i:kwi'libriəm] **1** jämvikt, jämviktsläge, balans **2** avvägande, balanserande

equine ['ekwain] häst-

equin|octial [,i:kwi'nɔkʃ(ə)l] **1** dagjämnings- **2** tropisk, ekvatorial-; ~ *gale* tropisk storm **-ox** ['i:kwinɔks] dagjämning; *vernal* ~ vårdagjämning; *autumnal* ~ höstdagjämning

equip [i'kwip] utrusta; ekipera **-age** ['ekwipidʒ] **1** utrustning **2** ekipage **-ment** [-mənt] utrustning; utrustande; instrumentering

equipoise ['ekwipɔiz] **I** *s* **1** jämvikt **2** motvikt **II** *v* **1** mot-, uppväga **2** hålla i jämvikt

equitable ['ekwitəbl] rättvis, skälig

equitation [,ekwi'teiʃ(ə)n] ridkonst

equity ['ekwiti] **1** rimlighet, billighet; rättvisa; rättvis fordran **2** sedvanerätt; ~ *stock* stamaktier

equivalen|ce [i'kwivələns] likvärdighet, jämngodhet **-t** **I** *a* likvärdig, fullt motsvarande; liktydig **II** *s* motsvarighet; motsvarande värde; full ersättning

equivoc|al [i'kwivək(ə)l] tvetydig; oviss; dubbeltydig **-ality** [i,kwivə'kæliti] tvetydighet *etc.* **-ate** [-keit] yttra sig tvetydigt, slingra sig **-ation** [i,kwivə'keiʃ(ə)n] tvetydigt uttryckssätt **-ke** ['ekwivəuk] **-que** [-k] ordlek, vits; tvetydighet

era ['iərə] era; tidräkning

eradicat|e [i'rædikeit] rycka upp med roten, utrota **-ion** [i,rædi'keiʃ(ə)n] utrotning

eras|e [i'reiz] radera [ut], utplåna **-ement** [-mənt] utstrykning, -plånande **-er** [-ə] radergummi-, kniv; tavelsudd **-ure** [-eiʒə] radering, utstrykning

ere [ɛə] *åld.* före, innan

erect [i'rekt] **I** *a* upprätt, rak, stående **II** *v* uppresa, ställa upprätt, räta; bygga upp, uppföra **-ion** [-kʃ(ə)n] **1** [upp]resande; erektion **2** uppförande, upp-, inrättande **3** byggnad, konstruktion **-ness** [-nis] upprätt ställning, upprätthet

eremite ['erimait] eremit

ergot ['ə:gət] mjöldryga

eristic [e'ristik] disputationslysten, polemisk

ermine ['ə:min] hermelin[sskinn]; *wear the* ~ vara domare

ero|de [i'rəud] erodera; fräta bort; tära på **-sion** [-əuʒ(ə)n] bortfrätande, -nötande; erosion **-sive** [-siv] frätande, erosions-

erotic [i'rɔtik] **I** *a* erotisk **II** *s* kärleksdikt

err [ə:] **1** fela **2** ta fel, missta sig

errand ['er(ə)nd] ärende, uppdrag; *run (go)* [*on*] ~*s* springa ärenden **--boy** springpojke

errant ['er(ə)nt] **1** kringvandrande, -strövande **2** vilsegången, felande

errat|ic [i'rætik] **1** underlig, excentrisk; oregelbunden, planlös **2** irrande, kringflackande **-um** [e'rɑːtəm] (*pl -a* [-ə]) tryck-, skrivfel

erro|neous [i'rəunjəs] felaktig, oriktig **-r** ['erə] **1** fel, misstag **2** förseelse, synd

erudit|e ['eru(:)dait] lärd **-ion** [,eru(:)'diʃ(ə)n] lärdom

erupt [i'rʌpt] bryta ut; spricka fram **-ion** [-pʃ(ə)n] **1** utbrott **2** tandsprickning **3** [hud]-utslag **-ive** [-iv] **1** ut-, frambrytande; eruptiv; **2** förbunden med utslag

escalat|e ['eskəleit] intensifiera, utvidga **-ion** [,eskə'leiʃ(ə)n] intensifiering; upptrappning **-or** [-ə] rulltrappa

escap|ade [,eskə'peid] eskapad **-e** [is'keip] **I** v fly, undkomma; undgå; undslippa **II** s flykt, rymning; läcka; avlopp; A. flykting **-ement** [is'keipmənt] **1** avlopp **2** spärrhake, gång (i urverk) **-ism** [is'keipiz(ə)m] eskapism, verklighetsflykt

escarp [is'kɑ:p] **I** s, mil. eskarp; brant sluttning **II** v, mil. eskarpera, göra sluttande (brant)

eschalot ['eʃələt] schalottenlök

eschew [is'tʃu:] undvika, avhålla sig från

escort I s ['eskɔ:t] eskort, ledsagare **II** v [is'kɔ:t] eskortera, ledsaga

escutcheon [is'kʌtʃ(ə)n] **1** vapensköld **2** sjö. namnbräda (på akterspegel)

Eskimo ['eskiməu] eskimå; ~ dog eskimåhund

esophagus [i(:)'sɔfəgəs] matstrupe

esoteric [,esə(u)'terik] esoterisk; förbehållen de invigda

espalier [is'pæljə] spalje

especial [is'peʃ(ə)l] särskild **-ly** [-i] i synnerhet

espial [is'pai(ə)l] spionerande, spejande

espionage [,espiə'nɑ:ʒ] spionage

esplanade [,esplə'neid] esplanad

espous|al [is'pauz(ə)l] **1** anslutning **2** ~[s] vigsel, äktenskap **-e** [-z] **1** ansluta sig till, hylla (lära) **2** ingå giftermål med, äkta

espy [is'pai] se, få syn på, urskilja

esquire [is'kwaiə] **1** förk. Esq. herr **2** åld. väpnare **3** åld. = squire

essay I s ['esei] **1** essä, uppsats **2** försök **II** v [e'sei] pröva, försöka **-ist** ['eseiist] essäist, -författare

essen|ce ['esns] **1** väsen, huvudinnehåll **2** essens, extrakt; in ~ i allt väsentligt; i grund o. botten **-tial** [i'senʃ(ə)l] **I** a väsentlig; oundgänglig; karakteristisk **II** s väsentlighet, huvudpunkt; [det] väsentliga; ~ oil eterisk olja **-tiality** [i,senʃi'æliti] **1** väsentlighet; [det] väsentliga **2** väsen

establish [is'tæbliʃ] upprätta, grundlägga; installera, etablera; fastställa; E~ed Church statskyrka **-ment** [-mənt] **1** upprättande, grundande; etablerande; befästande **2** fastställande, påvisande **3** fast ställning **4** kår, organisation; personal **5** institution, anstalt **6** etablissemang, företag, affär; fabrik; äv. arbetsplats **7** hus[håll]; the E~ statskyrkan; peace (war) ~ freds-, krigsstyrka

estate [is'teit] **1** [jorda]gods, egendom **2** egendom, ägodelar; förmögenhet; bo **3** stånd, rang; the three ~s of the realm de tre stånden (the Lords Spiritual, the Lords Temporal, the Commons); real ~ fast egendom; the fourth ~ fjärde (i Sverige tredje) statsmakten, pressen; ~ duty arvsskatt **--agent 1** fastighetsagent, -mäklare **2** förvaltare

esteem [is'ti:m] **I** v [upp]skatta, [hög]akta; anse **II** s [hög]aktning

Estonia [es'təunjə] Estland **-n** est[ländare]

estim|able ['estiməbl] aktningsvärd **-ate I** v [-eit] uppskatta, värdera; bedöma **II** s [-it] **1** uppskattning, beräkning; **2** kostnadsberäkning; budgetförslag **3** bedömande; the E~s budgeten **-ation** [,esti'meiʃ(ə)n] **1** uppskatt-

ning beräkning **2** uppfattning, mening **3** aktning

estrange [is'trein(d)ʒ] göra främmande; stöta bort **-ment** [-mənt] kyligt förhållande, brytning

estuary ['estjuəri] flodmynning

et cetera [it'setrə] och så vidare, etcetera

etch [etʃ] etsa **-ing** [-iŋ] etsning

etern|al [i(:)'tə:nl] evig **-ity** [-iti] evighet; oödlighet

ether ['i:θə] eter **-eal** [i(:)'θiəriəl] **1** eter- **2** eterisk, förandligad, översinnlig **-ealize** [i(:)-'θiəriəlaiz] göra eterisk, förandliga **-ial** [i(:)-'θiəriəl] se ethereal **-ic** [i(:)'θerik] eter- **-ize** [-raiz] söva, bedöva

ethic|al ['eθik(ə)l] etisk, sedlig, moralisk **-s** pl etik, sedelära

ethn|ic ['eθnik] **1** hednisk **2** äv. ~al etnisk, ras-, folk- **-ography** [eθ'nɔgrəfi] etnografi **-ologist** [eθ'nɔlədʒist] etnolog **-ology** [eθ-'nɔlədʒi] etnologi

ethos ['i:θɔs] folklynne, kynne, karaktär

ethyl ['eθil] etyl **-ene** ['eθili:n] etylen

etiolate ['i:tiəuleit] bleka

etiquette ['etiket] etikett, umgängesformer; oskriven lag

etna ['etnə] spritkök

Eton ['i:tn] ~ blue ljusblå; ~ jacket etonkavaj, -jacka (räcker bara till midjan)

etymolog|ist [,eti'mɔlədʒist] etymolog **-y** [-i] etymologi

eucalyptus [,ju:kə'liptəs] austr. gummiträd; ~ oil eukalyptusolja

Eucharist ['ju:kərist] nattvard[sfirande]

euchre ['ju:kə] överlista, slå

eugenic [ju:'dʒenik] ras- **-s** pl rashygien

eulog|ist ['ju:lədʒist] lovtalare **-ium** [ju:'ləud-ʒjəm] lovtal **-ize** [-aiz] prisa **-y** [-i] lovtal

eunuch ['ju:nək] eunuck

euphemism ['ju:fimiz(ə)m] eufemism, förskönande uttryck[ssätt]

euphon|ic [ju:'fɔnik] **-ious** [-'fəunjəs] välljudande, välljuds- **-y** ['ju:fəni] välljud

euphuism ['ju:fju(:)iz(ə)m] konstlad (högtravande) stil

eurhythmics [juə'riðmiks] rytmisk dans

Europe ['juərəp] Europa **-an** [,juərə'pi(:)ən] **I** a europeisk **II** s europé

evacu|ant [i'vækjuənt] s o. a avförande [medel] **-ate** [-eit] tömma; utrymma; evakuera **-ation** [i,vækju'eiʃ(ə)n] **1** [ut]tömmande; avföring **2** utrymning, evakuering **-ee** [i,vækju(:)-'i:] [en] evakuerad

evade [i'veid] undvika, undgå; slingra sig undan; gäcka, undandra sig (bedömande etc.)

evaluate [i'væljueit] räkna ut, uppskatta

evanesce [,i:və'nes] försvinna, förtona **-nce** [-ns] försvinnande; flyktighet **-nt** **1** försvinnande liten

evangel|ic[al] [,i:væn'dʒelik, -(ə)l] evangelisk; lågkyrklig **-icalism** [-iz(ə)m] **-ism** [i'væn-(d)ʒiliz(ə)m] ung. lågkyrklighet; evangeliska 'läran **-ist** [i'væn(d)ʒilist] evangelist

evaporat|e [i'væpəreit] [låta] av-, bortdunsta; torka; fig. gå upp i rök **-ion** [i,væpə'reiʃ(ə)n] avdunstning **-ive** [-iv] avdunstnings-, ångbildnings- **-or** [-ə] avdunstningsapparat, torkapparat

evas|ion [i'veiʒ(ə)n] undvikande, försök att slingra sig undan; svepskäl, undanflykt[er] **-ive** [i'veisiv] undvikande; kringgående

Eve [i:v] Eva e- afton (dag) före (helgdag, **till**dragelse)

even ['i:v(ə)n] **I** adv även, till o. med; *not* ~ inte ens; ~ *higher than* ännu högre än; ~ *now* redan nu; just nu; nyss; strax; ~ *as a boy* redan som pojke; ~ *so* i alla fall, ändå **II** a jämn; *I'll be* ~ *with you* jag skall ge igen, vi skall bli kvitt; *of* ~ *date* av samma datum **III** v [ut]jämna **IV** s, *poet.* afton **--handed** [-,hændid] opartisk

evening ['i:vniŋ] afton, kväll; *the* ~ *of life* livets höst

evensong ['i:v(ə)nsɔn] aftonsång

event [i'vent] **1** händelse, tilldragelse **2** *sport.* gren, tävling; nummer; *at all* ~s i varje fall; i alla händelser; *in the* ~ *of* i händelse av **-ful** [-ful] händelserik

eventide ['i:v(ə)ntaid] *poet.* afton

event|ual [i'ventʃuəl] **1** till sist inträffande, slutlig **2** möjlig, eventuell **-uality** [i,ventju-'æliti] möjlighet **-ually** [-tʃuəli] slutligen, till slut **-uate** [-tjueit] utfalla; bli följden; resultera (*in* i)

ever ['evə] **1** någonsin **2** alltid, städse; *for* ~ för alltid; *Yours* ~ Er (Din) tillgivne; *what* ~ *does he want?* vad i all världen kan han vilja?; *he may be* ~ *so rich* han må vara aldrig så rik; ~ *so much* förfärligt mycket; ~ *and anon* tid efter annan (*åld.*); ~ *after* (*since*) alltsedan [dess] **-glade** sumpig stäpp; *the E*~*s* sumpiga stäpp- o. skogstrakter i Florida **-green** ständigt grön [växt] **-lasting** [,evə'la:stiŋ] **I** a ständig; evinnerlig **II** s **1** *the E*~ den Evige, Gud **2** eternell, evighetsblomster **3** lasting (ylletyg) **-more** ['evə'mɔ:] för evigt, beständigt

every ['evri] varje; ~ *other day* varannan dag; ~ *three days* var tredje dag; ~ *now and again,* ~ *now and then* då o. då **-body** var o. en, alla **-day** [all]daglig **-one** se *everybody* **-thing** allt **-way** på allt sätt **-where** överallt

evict [i(:)'vikt] **1** vräka, avhysa **2** återfå, -ta **-ion** [-kʃ(ə)n] vräkning, avhysning

eviden|ce ['evid(ə)ns] **I** s **1** bevis[ning]; vittnesmål, vittnesbörd; indicium **2** tecken, spår; *be in* ~ vara tillstädes (närvarande, synlig, framträdande); *be called in* ~ vara inkallad som vittne; *give* ~ vittna; *give (bear)* ~ *of* visa tecken på, vittna om **II** v bevisa, bestyrka; visa **-t** tydlig, uppenbar **-tial** [,evi'denʃ(ə)l] a bevisnings- **-tly** [-tli] tydligen

evil ['i:vl] **I** a ond, elak; *the E*~ *one* djävulen **II** s [ŋgt] ont, det onda; ondska; *King's* ~ skrofler

evince [i'vins] visa, ådagalägga; bevisa

eviscerate [i'visəreit] ta inälvorna ur; *fig.* tömma; ~*d* urvattnad, innehållslös

evo|cation [,evə(u)'keiʃ(ə)n] frammanande, besvärjelse **-catory** [i'vɔkətri] a frammanande; väckande **-ke** [i'vəuk] frammana; väcka

evol|ution [,i:və'lu:ʃ(ə)n] **1** förlopp **2** *fys.* utveckling **3** *mat.* rotutdragning **4** [naturlig] utveckling, evolution **5** piruett **-utional** [-u:ʃənl] **-utionary** [-u:ʃnəri] utvecklings-, evolutions- **-utionism** [-u:ʃɔniz(ə)m] utvecklingslära[n] **-utionist** [-u:ʃənist] anhängare av utvecklingsläran **-ve** [i'vɔlv] **1** utveckla [sig] **2** härleda[s], framgå

evulsion [i'vʌlʃ(ə)n] uppryckning, utrivande

ewe [ju:] tacka, fårhona

ewer ['ju(:)ə] vattenkanna

exacerbat|e [eks'æsə(:)beit] förvärra, skärpa; förbittra **-ion** [eks,æsə(:)'beiʃ(ə)n] förvärrande; förbittring

exact [ig'zækt] **I** a exakt, precis, noggrann; noga **II** v fordra, kräva **-ing** [-iŋ] fordrande, sträng, krävande **-ion** [-kʃ(ə)n] indrivning; fordran; pålaga; utpressning **-itude** [-itju:d] noggrannhet, precision **-ly** [-li] **1** noga, precis **2** ja; just det

exaggerat|e [ig'zædʒəreit] överdriva **-ion** [ig,zædʒə'reiʃ(ə)n] överdrift **-ive** [-rətiv] överdriven

exalt [ig'zɔ:lt] upphöja; förhärliga **-ation** [,egzɔ:l'teiʃ(ə)n] **1** upphöjelse **2** exaltation, överspändhet **-ed** [-id] **1** hög; upphöjd **2** hänförd, exalterad

exam [ig'zæm] examen

examin|ation [ig,zæmi'neiʃ(ə)n] **1** undersökning, prövning; **2** examen, förhör **-ation--paper** examensskrivning **-e** [ig'zæmin] undersöka, pröva, examinera **-ee** [ig,zæmi'ni:] examinand, tentand **-er** [-ə] **1** undersökare, granskare **2** examinator

example [ig'zɑ:mpl] **1** exempel; förebild **2** exemplar; *make an* ~ *[of]* statuera exempel [på]; *for* ~ till exempel

exasperat|e [ig'zɑ:sp(ə)reit] reta, förbittra **-ion** [ig,zɑ:spə'reiʃ(ə)n] förbittring, vrede

excavat|e ['ekskəveit] utgräva; gräva upp **-ion** [,ekskə'veiʃ(ə)n] [ut]grävning **-or** [-ə] **1** utgrävare **2** grävmaskin

exceed [ik'si:d] **1** överstiga, -gå, -skrida **2** överträffa **-ingly** [-iŋli] ytterst, i högsta grad

excel [ik'sel] överträffa; vara främst (bäst), excellera **-lence** ['eks(ə)ləns] förträfflighet, ypperlighet **-lency** ['eks(ə)lənsi] excellens **-lent** ['eks(ə)lənt] utomordentlig, ypperlig **-sior** [ek'selsiɔ:] **I** a högre, uppåt **II** s, *A.* träull

except [ik'sept] **I** v **1** göra undantag för, utesluta **2** göra invändningar **II** prep ut(om; ~ *for* bortsett från; ~ *that* utom att; om man bortser från att **-ing** [-iŋ] utom, undantagen **-ion** [-pʃ(ə)n] **1** undantag[ande] **2** invändning; *take* ~ *to* göra invändning mot, starkt klandra **-ionable** [-pʃnəbl] tvivelaktig, betänklig; klandervärd **-ional** [-pʃənl] ovanlig, exempellös, exceptionell **-ive** [-iv] **1** undantags- **2** hyperkritisk

excerpt **I** v [ek'sə:pt] excerpera **II** s ['eksə:pt] utdrag, excerpt; särtryck

excess [ik'ses] **1** överskridande **2** omåttlighet, excess; övermått; överskott; ~ *[weight]* övervikt; ~ *profits tax* krigskonjunkturskatt; *in* ~ i övermått; *in* ~ *of* mera än **-ive** [-iv] överdriven; omåttlig; häftig, svår

exchange [iks'tʃein(d)ʒ] **I** v [ut]byta, [ut]växla; skifta; växlas, gå att byta **II** s **1** byte, utväxling **2** växel; börs **3** telefonväxel; *rate of* ~ växelkurs; *foreign* ~ utländska valutor **-ability** [-t,ʃein(d)ʒə'biliti] [ut]bytbarhet **-able** [-əbl] som kan utväxlas, bytbar, utbytlig **--broker** [-] växelmäklare

exchequer [iks'tʃekə] skattkammare; kassa; *Chancellor of the E*~ finansminister **--bill** statsobligation

excis|e [ek'saiz] **I** v **1** beskatta; belägga med accis **2** skära bort; avlägsna **II** s accis **-eman** [-mən] accis-, uppbördsman **-ion** [-'siʒ(ə)n] bort-, utskärning

excit|able [ik'saitəbl] lättrörd, livlig; lättretlig, hetsig **-ant** ['eksitənt] **I** a uppiggande, stimulerande, retande **II** s stimulans, retmedel

-ative [ek'saitətiv], **-atory** [ek'saitət(ə)ri] retande, [upp]eggande **-e** [-t] [upp]väcka, upptända; egga, elda; uppröra; ~d, äv. begeistrad; *don't get* ~d ta det lugnt! **-ement** [-mənt] **1** [över]retning **2** spänning, uppståndelse, iver; upphetsning; hög stämning **3** eggelse **4** spännande tilldragelse
excla|im [iks'kleim] utropa; ~ *against* fara ut mot **-mation** [ˌeksklə'meiʃ(ə)n] utrop; ~ *mark (point)* utropstecken **-matory** [eks'klæmət(ə)ri] utrops-
exclu|de [iks'klu:d] utesluta; undanta **-ding** [-diŋ] utom, exklusive **-sion** [-u:ʒ(ə)n] uteslutande; undantag[ande] **-sive** [-siv] **I** *a* uteslutande; ensam; enda; exklusiv, förnäm; ~ *of* med uteslutande av, exklusive **II** *s* artikel med ensamrätt
excommunicat|e [ˌekskə'mju:nikeit] bannlysa; utestänga från nattvarden **-ion** ['ekskəˌmju:ni'keiʃ(ə)n] bannlysning **-ive** [-iv] **-ory** [-kət(ə)ri] bannlysnings-
excrement ['ekskriment] exkrement
excrescen|ce [iks'kresns] (sjuklig) utväxt **-t** utväxande, utväxtartad; *fig.* överflödig
excret|e [eks'kri:t] avsöndra **-ion** [-i:ʃ(ə)n] avsöndring; avföring
excruciate [iks'kru:ʃieit] pina, plåga, tortera
exculpat|e ['ekskʌlpeit] frita, rentvå **-ory** [eks'kʌlpət(ə)ri] *a* rättfärdigande, försvars-
excurs|ion [iks'kə:ʃ(ə)n] utflykt, utfärd **-ive** [eks'kə:siv] **1** irrande; vittsvävande **2** mångförfaren
excuse I *v* [iks'kju:z] **1** ursäkta, förlåta; urskulda **2** frita, låta slippa; ~ *me* förlåt mig, ursäkta; ~ *o.s.* be att få slippa; *you ar* ~*d* ni får (kan) gå, ni behöver inte vara här **II** *s* [iks'kju:s] ursäkt; fritagande, befrielse; förevändning
execra|ble ['eksikrəbl] avskyvärd **-te** [-reit] förbanna, avsky **-tion** [ˌeksi'kreiʃ(ə)n] förbannelse; avsky **-tive** [-reitiv], **-tory** [-reitəri] förbannande, förbannelse-
execut|e ['eksikju:t] **1** utföra, verkställa, sätta i verket; fullgöra **2** utfärda **3** avrätta; ~ *a will* göra ett testamente laggillt (genom underskrift etc.); ~ *an estate* överlåta en egendom **-ion** [ˌeksi'kju:ʃ(ə)n] **1** utförande, verkställande; fullgörande **2** *mus.* föredrag, teknik **3** *om vapen o. fig.* kraftig verkan, fördelse **4** utmätning **5** avrättning; *put (carry) into* ~ verkställa **-ioner** [ˌeksi'kju:ʃnə] bödel **-ive** [ig'zekjutiv] **I** *a* verkställande **II** *s* **1** verkställande myndighet **2** [verkställande] direktör, chef; *E~ Officer* sekond (*A.*) **-or** [ig'zekjutə] testamentsexekutor **-rix** [ig'zekjutrix] kvinnl. testamentsexekutor
exege|sis [ˌeksi'dʒi:sis] exeges **-te** ['eksidʒi:t] exeget **-tic** [-'dʒetik] exegetisk
exempl|ar [ig'zemplə] mönster, ideal, förebild **-ary** [-əri] **1** exemplarisk, förebildlig **2** avskräckande **-ify** [-ifai] **1** exemplifiera **2** ta bestyrkt avskrift av
exempt [ig'zem(p)t] **I** *a* befriad, fritagen; förskonad, immun **II** *v* frita, undanta, befria; förskona **-ion** [-m(p)ʃ(ə)n] befrielse, förskoning; frihet
exequies ['eksikwiz] likbegängelse
exercise ['eksəsaiz] **I** *v* **1** öva [sig], utöva; begagna **2** göra bruk av **3** exercera **4** sysselsätta; sätta på prov; *be* ~*d* [*in mind*] vara orolig, irriterad **II** *s* **1** utövande; utvecklande **2** kroppsrörelse, motion **3** skrivning, stil **--book** skrivbok

exert [ig'zə:t] använda, bruka, anstränga; ~ *o.s.* bemöda sig **-ion** [-ə:ʃ(ə)n] utövande; användning; ansträngning
exhal|ation [ˌeks(h)ə'leiʃ(ə)n] **1** utdunstande, -ning; utandning **2** dunst, ånga **-e** [eks'heil] **1** utandas **2** utdunsta
exhaust [ig'zɔ:st] **I** *v* **1** [ut]tömma, förbruka **2** strömma ut **3** utmatta **II** *s* avlopp, avgas **-ible** [-əbl] som kan [ut]tömmas **-ing** [-iŋ] tröttande **-ion** [-stʃ(ə)n] **1** utmattning **2** förbrukning **-ive** [-iv] *a* uttömmande, grundlig, fullständig **--pipe** avgasrör **--valve** utloppsventil; avgasventil
exhibit [ig'zibit] **I** *s* **1** utställning[sföremål] **2** *jur.* föremål, dokument etc. (vilka företetts som bevis i rättegång, t. ex. mordvapen) **3** uppvisande, företeende **II** *v* **1** utställa, skylta med, förevisa **2** visa, ådagalägga; förete **-ion** [ˌeksi'biʃ(ə)n] **1** utställning **2** stipendium; *make an* ~ *of o.s.* skämma ut sig, göra sig till ett åtlöje **-ioner** [ˌeksi'biʃnə] stipendiat **-or** [-ə] utställare, förevisare
exhilar|ant [ig'zilər(ə)nt] *a o. s* stimulerande [medicin], upplivande **-ate** [-eit] uppliva, -muntra **-ation** [ig,zilə'reiʃ(ə)n] **1** upplivande, trängande; krävande **2** munterhet, livlighet, upprymdhet
exhort [ig'zɔ:t] uppmana; förmana; uppmuntra **-ation** [ˌegzɔ:'teiʃ(ə)n] [upp]maning, uppmuntran; förmaning **-ative** [ətiv] uppmanings-, förmanings-; manande, uppmuntrande
exhum|ation [ˌeks(h)ju:'meiʃ(ə)n] gravöppning **-e** [eks'hju:m] gräva upp (ur grav)
exigen|ce ['eksidʒ(ə)ns] **-cy** [-dʒənsi] **1** nödläge, kritiskt läge **2** nödvändighet **-t** tvingande, trängande; krävande
exigu|ity [ˌeksi'gju(:)iti] ringhet, knapphet **-ous** [eg'zigjuəs] ringa, knapp
exile ['eksail] **I** *s* **1** landsflykt, exil **2** landsflykti[n]g **II** *v* landsförvisa
exist [ig'zist] existera, finnas [till]; bestå **-ence** [-(ə)ns] **1** tillvaro, existens; förefintlighet; liv; bestånd **2** väsen **-ent** [-(ə)nt] **1** existerande, befintlig; förefintlig, **2** nuvarande
exit ['eksit] **I** *s* **1** utgång **2** sorti **3** utgående, -trädande; utväxa **4** död **II** *v* gå ut; gå bort; ~ *Hamlet* Hamlet går ut (*teat.*); *exeunt Hamlet and Ophelia* H. o. O. går ut
exodus ['eksədəs] uttåg, utvandring; *E~* Andra Mosebok
exonerat|e [ig'zɔnəreit] avbörda, frita, befria **-ive** [-rətiv] *a* fritagande, befriande
exorbitan|ce [ig'zɔ:bit(ə)ns] ytterlighet, övermått; obillighet **-t** omåttlig, oerhörd, skandalös
exorci|se ['eksɔ:saiz] besvärja, utdriva (onda andar); befria **-sm** [-siz(ə)m] besvärjelse **-st** besvärjare **-ze** *se exorcise*
exoteric [ˌeksə(u)'terik] exoterisk, för oinvigda, populär; banal
exotic [ig'zɔtik] exotisk
expan|d [iks'pænd] **1** [ut]vidga[s], vidga sig, svälla **2** utbreda[s], utveckla[s], öppna[s] **-se** [-s] vidd, öid yta; rymd; omfång **-sible** [-səbl] uttänjbar **-sion** [-nʃ(ə)n] **1** utbredande, öppnande **2** utbredning, utvidgning; expansion; ökning **3** = *expanse* **-sive** [-siv] som kan [ut]vidgas etc.; utvidgnings-; expansions-; expansiv; omfattande; *fig.* öppen[hjärtig], oreserverad
expatiat|e [eks'peiʃieit] utbreda sig (*on* över) **-ory** [eks'peiʃjət(ə)ri] vidlyftig, omständlig

expatriate [eks'pætrieit] landsförvisa; ~ *o.s.* utvandra

expect [iks'pekt] **1** vänta [sig] **2** anta, förmoda **-ant** [-(ə)nt] **I** *a* **1** förväntansfull **2** blivande **3** avvaktande **II** *s* arvtagare, kandidat (till ngt) **-ation** [ˌekspek'teiʃ(ə)n] **1** förväntan, -hoppning **2** sannolikhet; sannolik livslängd **-ing** *to be* ~ vänta barn

expectora|nt [eks'pektər(ə)nt] *a* o. *s* slemlösande [medel] **-te** [-reit] hosta upp **-tion** [eksˌpektə'reiʃ(ə)n] upphostande, -ning, spott, slem

expedien|ce [iks'piːdjəns] **-cy** [-si] ändamålsenlighet; egennytta **-t** **I** *a* fördelaktig, lämplig, opportun **II** *s* utväg, [hjälp]medel

expedit|e ['ekspidait] påskynda, befordra; expediera **-ion** [ˌekspi'diʃ(ə)n] **1** expedition **2** skyndsamhet **-ionary** [ˌekspi'diʃn(ə)ri] expeditions- **-ious** [ˌekspi'diʃəs] snabb

expel [iks'pel] driva (köra, kasta) ut, fördriva; förvisa; utesluta; relegera; utstöta

expen|d [iks'pend] förbruka, använda, lägga ut **-dible** [-dəbl] förbrukningsartikel **-diture** [-ditʃə] förbrukning; utgivande; slöseri, utgifter **-se** [-s] utgift; kostnad; *at the* ~ *of* på bekostnad av **-sive** [-siv] *a* dyr[bar], kostnadskrävande

experience [iks'piəriəns] **I** *s* erfarenhet; upplevelse **II** *v* erfara, uppleva, möta; få pröva på; ~*d* erfaren

experiment I *s* [iks'perimənt] experiment, försök **II** *v* [iks'periment] experimentera **-al** [eksˌperi'mentl] experimentell; empirisk, erfarenhets- **-ation** [eksˌperimen'teiʃ(ə)n] experimenterande, försök

expert ['ekspəːt] **I** *a* kunnig, skicklig, sakkunnig, expert- **II** *s* expert, specialist, sakkunnig

expiat|e ['ekspieit] [för]sona, få plikta för **-ion** [ˌekspi'eiʃ(ə)n] [för]sonande, -soning **-ory** [-iət(ə)ri] *a* [för]sonande försonings-

expir|ation [ˌekspai(ə)'reiʃ(ə)n] **1** utandning **2** *åld.* sista suck **3** utlöpande; utgång; upphörande **-atory** [iks'paiərət(ə)ri] utandnings- **-e** [iks'paiə] **1** gå till ända, utgå (om tid, lag etc.) **2** utandas; dö **-y** [iks'paiəri] utgång, upphörande, slut

expla|in [iks'plein] förklara **-nation** [ˌeksplə-'neiʃ(ə)n] förklaring **-natory** [-'plænət(ə)ri] *a* förklarande, upplysande

expletive [eks'pliːtiv] **I** *a* utfyllnads-, utfyllande **II** *s* fyllnadsord (t. ex. svordom)

explica|ble ['eksplikəbl, -'pli-] förklarlig **-te** ['eksplikeit] utveckla, förklara **-tion** [ˌekspli-'keiʃ(ə)n] förklaring; utveckling **-tive** [eks'plikətiv] **-tory** [eks'plikət(ə)ri] förklarande

explicit [iks'plisit] uttrycklig, tydlig; oförbehållsam

explode [iks'pləud] [låta] explodera, krevera; ~*d theories* vederlagda (förlegade) teorier

exploit I *s* ['eksplɔit] hjältedåd, bragd, prestation **II** *v* [iks'plɔit] exploatera; utnyttja; ockra på **-ation** [ˌeksplɔi'teiʃ(ə)n] exploatering

explor|ation [ˌeksplɔː'reiʃ(ə)n] utforskning **-ative** [eks'plɔːrətiv] **-atory** [eks'plɔːrət(ə)ri] *a* utforskande **-e** [iks'plɔː] utforska, undersöka **-er** [iks'plɔːrə] forskningsresande; forskare

explos|ion [iks'pləuʒ(ə)n] **1** explosion **2** (våldsamt) utbrott **-ive** [-siv] **I** *a* **1** explosiv, explosions- **2** *fig.* häftig **II** *s* **1** sprängämne **2** *fonet.* explosiva; ~ *charge* sprängladdning

exponent [eks'pəunənt] exponent; representant, tolk[are]

export I *s* ['ekspɔːt] export; exportvara **II** *v* [eks'pɔːt] exportera; utskeppa **-ation** [ˌekspɔː'teiʃ(ə)n] utförsel, export **-er** [eks'pɔːtə] exportör

expos|e [iks'pəuz] **1** blottställa, utsätta (*to* för) **2** avslöja, demaskera; yppa **3** visa, utställa; ~ *a child* utsätta ett barn (att förgås); ~ *a film* exponera en film; ~*d* utsatt (för väder o. vind); blottställd **-é** [eks'pəuzei] **1** exposé, översikt **2** avslöjande **-ition** [ˌekspə(u)'ziʃ(ə)n] **1** utsättande (av barn) **2** utställande; utställning **3** framställning **4** utläggning **-itive** [eks'pɔzitiv] förklarande **-itor** [eks'pɔzitə] kommentator; framställare; tolk **-itory** [eks'pɔzit(ə)ri] förklarande

expostulat|e [iks'pɔstjuleit] protestera, göra föreställningar **-ion** [-ˌpɔstju'leiʃ(ə)n] förebråelse, föreställning **-ory** [-lət(ə)ri] förebrående

exposure [iks'pəuʒə] **1** utsättande **2** *foto.* exponering **3** utställande, -ning **4** avslöjande **5** läge; *with a southern* ~ med söderläge, i söder; *death by* ~ ihjälfrysning

expound [iks'paund] utveckla, förklara

express [iks'pres] **I** *v* **1** uttrycka **2** pressa ut (fram) **3** sända express, med expressbud **II** *a* **1** tydlig, uttrycklig, bestämd **2** express-, il-, snäll- **3** exakt, fullständig **III** *adv* **1** enkom, särskilt **2** express, med ilbud **IV** *s* **1** ilbud **2** expressbefordran **3** express-, snälltåg **4** *A.* expressbyrå **-ible** [-əbl] uttryckbar **-ion** [-eʃ(ə)n] utpressande; uttryck; yttrande; *beyond* ~ outsägligt **-ive** [-iv] uttrycksfull; ~ *of* uttryckande **-ly** [-li] **1** uttryckligen **2** enkom, särskilt **-way** motorväg

expropriat|e [eks'prəuprieit] expropriera **-ion** [-ˌprəupri'eiʃ(ə)n] expropriation, -ering

expuls|ion [iks'pʌlʃ(ə)n] *s* utdrivande; uteslutning; relegation **-ive** [-siv] *a* utdrivande

expunge [eks'pʌn(d)ʒ] utstryka, -plåna

expurgat|e ['ekspəːgeit] rensa (bok från olämpliga inslag) **-ion** [ˌekspəː'geiʃ(ə)n] utrensning; censurering **-orial** [eksˌpɔːgəˈtɔːriəl] *a* censurerande **-ory** [eks'pɔːgət(ə)ri] *a* rensande (*se expurgate*); ~ *index* förteckning över av påven förbjudna böcker

exquisite ['ekskwizit] **1** utsökt; fin **2** intensiv, häftig

extant [eks'tænt] bevarad, i behåll, kvarvarande

extempor|al [eks'temp(ə)r(ə)l] **-aneous** [-ˌtempə'reinjəs] **-ary** [iks'temp(ə)rəri] **-e** [-pəri] improviserad, oförberedd, extemporerad **-ize** [iks'tempəraiz] improvisera, extemporera

exten|d [iks'tend] utsträcka [sig], sträcka ut, sträcka sig; förlänga, dra ut; utvidga; ~ [*shorthand*] *notes* skriva ut (renskriva) stenografi; ~ *lands* värdera jord **-dible** [-dəbl] *se extensible* **-sibility** [-ˌtensə'biliti] uttänjbarhet, utsträckbarhet **-sible** [-səbl] uttänjbar, som kan utsträckas **-sile** [eks'tensail] *a* uttänjbar; *äv.* som kan skjutas fram **-sion** [-nʃ(ə)n] **1** utsträckande, utvidgande; uttänjning; förlängning **2** utsträckning, omfång **3** tillägg; tillbyggnad; anslutning[telefon, -apparat] **-sive** [-siv] vidsträckt, omfattande, extensiv **-t1** yta, område, omfång **2** värdering; beslagtagande; *to a certain* ~ i viss utsträckning

extenuat|e [eks'tenjueit] **1** förringa, förmildra, överskyla **2** *åld.* förtunna **-ion** [-,tenju'eiʃ(ə)n] förringande, -mildrande, ursäkt
exterior [eks'tiəriə] **I** *a* yttre, utvändig, ytter- **II** *s* utsida, yttre, exteriör **-ity** [-,tiəri'ɔriti] (egenskapen att vara) yttre, utanför; yttersida **-ize** [-raiz] ge yttre form åt
exterminat|e [iks'tə:mineit] utrota, tillintetgöra **-ion** [iks,tə:mi'neiʃ(ə)n] *s* utrotande, förintande
external [eks'tə:nl] **-ity** [,ekstə:'næliti] **-ize** [-nəlaiz] = *exterior* etc.
extin|ct [iks'tin(k)t] utslocknad; utdöd; avskaffad **-ction** [-(k)ʃ(ə)n] *s* utsläckande; tillintetgörande, förintande; avskaffande **-guish** [-ŋgwiʃ] **1** utsläcka, [för]kväva **2** tillintetgöra, förinta (*äv. fig.*) **-guisher** [-ŋgwiʃə] [eld]släckare
extirpat|e ['ekstə:peit] **-ion** [,ekstə:'peiʃ(ə)n] = *exterminate* etc.
extol [iks'təul] prisa, höja till skyarna
extort [iks'tɔ:t] utpressa, framtvinga **-ion** [-ɔ:ʃ(ə)n] utpressning **-ionate** [-ɔ:ʃnit] utpressande; ocker-; orimlig **-ioner** [-ɔ:ʃnə] utpressare, roffare
extra ['ekstrə] **I** *a* o. *adv* extra **II** *s* **1** extranummer, -arbete etc. **2** statist
extra- ['ekstrə] utom-, utanför
extract I *v* [iks'trækt] **1** dra ut **2** avlocka, framtvinga **3** extrahera, utvinna; erhålla **4** göra utdrag ur (bok etc.) **II** *s* ['ekstrækt] extrakt; utdrag (ur bok etc.) **-ion** [iks-'trækʃ(ə)n] **1** utdragning; extraherande **2** utdrag **3** härkomst, extraktion **-ive** [iks'træktiv] *a* o. *s* extraktiv[ämne]
extradit|e ['ekstrədait] utlämna (brottsling t. annan stat) **-ion** [,ekstrə'diʃ(ə)n] utlämning (*se extradite*)
extra|judicial ['ekstrədʒu(:)'diʃ(ə)l] ej lagenlig; ej tillhörande målet; inofficiell **-marital** [,ekstrə'mæritl] utomäktenskaplig **-mundane** ['ekstrə'mʌndein] utomvärldslig **-mural** ['ekstrə'mjuər(ə)l] utanför murarna (av univ. el. stad); ~ *studies* studier obundna av akademisk läroplan
extraneous [eks'treinjəs] yttre; främmande; ovidkommande
extraordinary [iks'trɔ:dnri] utomordentlig, extraordinär, märkvärdig
extravagan|ce [iks'trævigəns] extravagans, överdåd, slöseri; omåttlighet **-t 1** extravagant, slösaktig **2** överdriven, omåttlig; otyglad **-za** [eks,trævə'gænzə] **1** fantasi[stycke] **2** fantasteri, bisarreri
extrem|e [iks'tri:m] **I** *a* **1** ytterst[a], borterst[a] **2** ytterst stor (sträng), ytterlig **3** extrem, ytterlighets-; *E~ Unction* sista smörjelse **II** *s* **1** ytterlighet **2** *mat.* ytterled; *in the* ~ i högsta grad, ytterst **-ist** extremist **-ity** [-'tremiti] **1** ytterst gräns (punkt) **2** *extremities* extremiteter **3** yttersta nöd (fara, trångmål) **4** ytterlighet, ytterlighetsåtgärd
extrica|ble ['ekstrikəbl] möjlig att lösgöra **-te** [-keit] lösgöra, befria **-tion** [,ekstri'keiʃ(ə)n] *s* lösgörande, frigörande; befriande
extru|de [eks'tru:d] utstöta, bortdriva **-sion** [-u:ʒ(ə)n] *s* utdrivande, utträngande
exuberan|ce [ig'zju:b(ə)r(ə)ns] **1** överflöd; frodighet **2** översvallande glädje (rörelse) **-t 1** överflödande; frodig, ymnig, rik **2** översvallande, sprudlande

exud|ation [eksju:'deiʃ(ə)n] utsvettning, utsöndring **-e** [ig'zju:d] utsöndra[s], utsvetta
exult [ig'zʌlt] jubla **-ance** [-(ə)ns] **-ation** [,egzʌl'teiʃ(ə)n] jubel
eye [ai] **I** *s* öga; ~*s right* (*left*)! se till höger (vänster)! (*mil.*); *clap* (*set*) ~*s on* få syn på; *have an* ~ *for* ha öga (sinne) för; *have an* ~ *to* ha i sikte, fundera på; ha ett gott öga till; *all my* ~ [*and Betty Martin*] dumheter, struntprat; *an* ~ *for* ~ *an* öga för öga; *see* ~ *to* ~ *with a p.* vara ense med ngn, se ngt på samma sätt som ngn; *make* ~*s at* [ögon]flörta med; *up to the* ~*s* upp över öronen; *my* ~[*s*]! herregud!, du store! **II** *v* betrakta, syna, iaktta **-ball** ögonlob **-brow** ögonbryn **-glass** monokel **-glasses** [-iz] pincené **-hole 1** ögonhåla **2** titthål **-lash** ögonfrans, -hår **-let** [-lit] litet hål (t. ex. för skosnöre) **-lid** ögonlock **--open-er** [-,əupnə] tankeställare **--piece** (kikares) okular[lins] **--servant** [-,sə:v(ə)nt] ögontjänare **-shot** *s, out of* (*within*) ~ utom (inom) synhåll **-sight** syn -sore fult föremål, ngt anskrämligt **-tooth** (*pl -teeth*) hörn-ögontand **-wash 1** ögonvatten **2** bluff, humbug **-witness** ['ai'witnis] ögonvittne
eyot [eit] holme
eyrie ['aiəri] *se aerie*
Ezekiel [i'zi:kjəl] Hesekiel

F

F, f [ef] (bokstaven, noten, tonen) f; *F flat* fess (*mus.*); *F sharp* fiss (*mus.*)
Fabian ['feibjən] ~ *tactics* försiktig taktik
fable ['feibl] fabel; saga; lögn **-d** sago-, uppdiktad
fabric ['fæbrik] **1** byggnad, inrättning **2** väv, vävnad tyg, struktur **-ate** [-eit] *fig.* fabricera, hopsmida; förfalska **-ation** [,fæbri'keiʃ(ə)n] påhitt, lögn, förfalskning **-ator** [-eitə] upphovsman, lögnare
fabul|ist ['fæbjulist] **1** fabeldiktare **2** lögnare **-ous** [-əs] sago-, sagolik, fabulös
façade [fə'sɑ:d] fasad, framsida
face [feis] **I** *s* **1** ansikte, uppsyn; yta; urtavla; framsida, rätsida **2** yttre lugn, fattning **3** fräckhet **4** prestige; *he had the* ~ *to* han hade fräckheten att; *make* ~*s* göra grimaser; *pull a long* ~ bli lång i synen; *save one's* ~ bevara sin prestige; *set one's* ~ *against* sätta sig på tvären mot; *show one's* ~ träda fram; *in* ~ *of* gentemot; *in* [*the*] ~ *of* [i] trots [av]; *he flies in the* ~ *of his superiors* han trotsar öppet sina överordnade; *laugh in a man's* ~ skratta ngn rätt upp i ansiktet; *she shut the door in my* ~ hon slog igen dörren mitt för näsan på mig; *in the* ~ *of day* helt öppet; *on the* ~ *of it* ytligt betraktat; *I told him to his* ~ jag sade honom det rent ut; *he praised her to her* ~ han berömde henne i hennes närvaro; *I was* ~ *to* ~ *with him* jag stod ansikte mot ansikte med honom; ~ *value* nominellt värde **II** *v* **1** vara vänd mot, vetta åt; oförskräckt möta; vända upp (spelkort) **2** garnera (tyg), förse med upplag; ~ *about* göra vändning (*mil.*); *about* ~! helt

om!; ~ *down* kväsa, tysta ner; ~ *it out!* håll ut!; ~ *round* göra helt om; *he was ~d with the man* han konfronterades med mannen; ~ *the music* ta konsekvenserna, uppträda oförfärat, stå sitt kast **--ache, --ague** ['feis,eigju:] ansiktsvärk, neuralgi **--card** målare (kung, dam, knekt) **-r** [-ə] **1** slag i ansiktet **2** *fig.* plötslig o. svår motgång

facet ['fæsit] **I** *s* fasett **II** *v* slipa i fasett
facet|iae [fə'si:ʃii] **1** kvickheter **2** böcker av skämtsam (oanständig) karaktär **-ious** [-ʃəs] skämtsam; *be ~* göra sig lustig
facia ['feiʃə] butiksskylt
facial ['feiʃ(ə)l] **I** *a* ansikts- **II** *s, A.* ansiktsmassage, skönhetsbehandling
facil|e ['fæsail] lätt, ledig, vänlig, flytande; lättledd, medgörlig **-itate** [fə'siliteit] underlätta **-ity** [fə'siliti] lätthet; tillfälle; *pl* anordningar, hjälpmedel; lättnader, tillfällen
facing ['feisiŋ] **1** rockuppslag **2** *byggn.* ytbeklädnad **3** *mil.* vändning; *put a p. through his ~s* sätta ngn på prov
facsimile [fæk'simili] **I** *s* faksimile, kopia **II** *v* noggrant kopiera
fact [fækt] faktum, verklighet, inträffat fall; *as a matter of ~, in ~* faktiskt, verkligen, i själva verket; *the ~ of the matter is that* saken är den att **--finding** [-,faindiŋ] undersökning
faction ['fækʃ(ə)n] **1** partigrupp **2** partiväsen; tvedräkt **-al** [-ʃənl] parti-
factious ['fækʃəs] **1** partisinnad **2** upprorisk
factitious [fæk'tiʃəs] konstgjord, konstlad
factor ['fæktə] **1** faktor **2** agent, kommissionär **3** *Sk.* förvaltare **-age** [-ridʒ] kommissionsarvode; kommissionärsverksamhet
factory ['fækt(ə)ri] **1** fabrik **2** faktori **--hand** fabriksarbetare
factotum [fæk'təutəm] allt i allo
factual ['fæktʃuəl] faktisk
faculty ['fæk(ə)lti] **1** förmåga **2** fakultet; fakultetsmedlemmar **3** tillstånd, dispens **4** händighet
fad [fæd] vurm, mani, käpphäst **-dish** [-iʃ] vurmig **-dist** svärmare, fantast
fad|e [feid] vissna, förtvina, blekna, mattas, tona bort; ~ *in* tona in (film, radio); ~ *into* långsamt övergå till **-eless** [-lis] oförgänglig, tvättäkta **-ing** [-iŋ] *s* **1** vissnande, bleknande **2** *radio.* fading
faec|al ['fi:k(ə)l] träck- **-es** ['fi:si:z] *pl* **1** bottensats **2** träck
faer|ie ['fe(i)əri] **-y** [-i] **I** *s* feernas värld **II** *a* fe-
fag [fæg] **I** *v* **1** [låta] slita, knoga **2** utnyttja yngre pojke som hjälpreda **II** *s* **1** slit, knog **2** *BE.* pojke utnyttjad som hjälpreda åt äldre elev, "slav" (i internatskola) **3** *sl.* cigarrett **--end** ['fæg'end] värdelös tamp, sladd, fimp
fag[g]ot ['fægət] **1** risknippe **2** käring
Fahrenheit ['fær(ə)nhait] ~ *thermometer* (den i USA använda termometern)
fail [feil] **I** *v* fattas, saknas; försvagas, avta, dö bort; misslyckas, bli underkänd; svika, klicka; göra konkurs; underlåta, försumma; kugga; *I ~ to see this* jag kan inte inse det **II** *s, without* ~ säkert, bestämt **-ing** [-iŋ] **I** *s* brist, fel **II** *prep* i brist på; ~ *this* i annat fall **-ure** [-jə] **1** uteblivande; brist **2** svikande **3** misslyckande **4** misslyckad person (sak) **5** konkurs; *engine* ~ motorstopp; ~ *of crops* missväxt
fain [fein] *a* o. *adv, be* ~ *to* vara [så illa] tvungen att; *would* ~ skulle gärna vilja
faint [feint] **I** *a* **1** svag; otydlig **2** kväljande; *he*

hasn't the ~*est* [*idea*] han har inte den blekaste aning **II** *v*, ~ [*away*] svimma **III** *s* svimning **--heart** feg mes **--hearted** ['feint'hɑ:tid] feg **-ing-fit** [-iŋ-] svimningsanfall
fair [fɛə] **I** *a* **1** fager **2** blond **3** ren; tydlig **4** ärlig, just **5** rätt bra, skaplig **6** god, gynnsam **7** otadlig, oskyldig; *the ~ sex* det täcka könet; *all's ~ in love and war* i krig o. kärlek är allt tillåtet; *a ~ field and no favour* lika chans för alla; *in a ~ way to fail* på god väg att misslyckas; *it bids ~ to be a success* det artar sig till succé; ~ *and square* öppen o. ärlig ; ~ *play* rent spel **II** *adv*, ~ *and softly!* sakta i backarna!, *copy it out* ~ skriva rent det; *speak one* ~ hövligt tilltala ngn; *fall* ~ falla pladask **III** *s* marknad; *vanity* ~ fåfängans marknad **IV** *v* renskriva **-ground** marknadsplats **--haired** ['fɛə'hɛəd] blond **-ing** [-riŋ] marknadsgåva **-ish** [-riʃ] ganska bra **-ly** [-li] **1** ärligt **2** tämligen **3** alldeles **4** lämpligen **--minded** ['fɛə'mainded] ärlig **-ness** [-nis] **1** skönhet **2** blondhet **3** rättvisa; opartiskhet; ärlighet **-way** farled **--weather friends** [-,weðə-] vänner i medgångens stund
fairy ['fɛəri] **I** *s* fe, älva **II** *a* felik, sago- **--lamp** kulört lykta **-land I** *s* älvornas land, sagoland [-et], förtrollat land **II** *a* sago- **--light** se *fairylamp* **--tale** saga; (osann) historia
faith [feiθ] förtroende, tillit; tro, troslära; hederlighet; *the* ~ den sanna tron; *in* ~ minsann; *in good* ~ i god tro **-ful** [-f(u)l] **1** trogen **2** trovärdig **3** trogen, exakt; *the* ~ de rättrogna; *Yours* ~*ly* Högaktningsfullt (brevunderskrift) **-less** [-lis] **1** utan tro **2** otrogen; opålitlig
fake [feik] **I** *v* **1** *sjö.* lägga (rep) i ringlar **2** förfalska, försköna **3** koka ihop, hitta på **II** *a attr* falsk **III** *s* **1** *sjö.* bukt (av uppskjuten ända) **2** = **-ment** förfalskning; uppiffad historia; bluff **-r** [-ə] **1** förfalskare **2** nasare
falchion ['fɔ:l(t)ʃ(ə)n] (slags) svärd
falcon ['fɔ:lkən] falk **-er** [-ə] falkenerare **-ry** [-k(ə)nri] **1** falkjakt **2** falkdressyr
faldstool ['fɔ:ldstu:l] **1** bönpall **2** stol för biskop
fall [fɔ:l] **I** *v* **1** falla; falla av **2** förfalla; sönderfalla **3** avta, minskas **4** bli **5** infalla, inträffa **6** falla, födas; *he fell among evil company* han råkade i dåligt sällskap; ~ *away* a bortfalla b avfalla; överge **c** tyna bort; ~ *back* återfalla; dra sig tillbaka; ~ *back* [*up*]*on* ta sin tillflykt till; dra sig tillbaka till; ~ *before* (*for*) falla för; vara eftergiven mot; ~ *behind* bli (sacka) efter; ~ *down* a falla ner **b** stupa; ~ *flat* misslyckas; ~ *foul of* gräla med; ~ *from* undfalla; ~ *in* a falla in, rasa **b** förfalla, utlöpa **c** [låta] ställa upp **d** *mil.* uppställning!; ~ *in love* bli kär; *he will* ~ *in upon you* kommer att titta in till dig; ~ *in with* a råka på **b** samtycka till; ~ *into* a falla ner i **b** försjunka i, hemfalla till **c** råtta sig efter; ~ *into disrepair* förfalla; ~ *into line* rycka upp i linje; ~ *into a rage* bli rasande; ~ *off* avfalla; avvika; dra sig tillbaka; minskas; ~ *out* a utfalla **b** råka i gräl **c** hända sig; ~ *out of* lägga bort, upphöra med; ~ *over* falla omkull; ~ *short* a komma till korta **b** ta slut; ~ *short of* vara underlägsen; ~ *through* misslyckas; ~ *to* a börja på att, gripa sig an **b** drabba, tillkomma **c** hemfalla till; ~ *to pieces* falla sönder; ~ *to work* gripa sig verket an; ~ *upon* a drabba, träffa **b** anfalla; ~ *upon evil days* råka i misär; ~ *within* falla inom ramen för **II** *s* **1** fall, fallande; nedgång, minskning;

förfall; undergång **2** (om djur) kull **3** *A.* höst **4** fälle, avverkning **5** vattenfall; nederbörd **6** (slags) slöja; *the F~* syndafallet; *have a ~* falla

fallac|ious [fə'leiʃəs] bedräglig **-y** ['fæləsi] bedräglighet; sofism

fall-back ['fɔːlbæk] nödfallsutväg

fallen ['fɔːl(ə)n] *perf part* av *fall*

fallib|ility [,fæli'biliti] felbarhet **-le** ['fæləbl] felbar

falling ['fɔːliŋ] *a,* ~ *leaf* spinn *(flyg.)*; ~ *sickness* fallandesjuka **--off** ['fɔːliŋ'ɔːf] **1** minskning, försämring **2** avfall, insurrektion **--out** ['fɔːliŋ'aut] gräl

fall-out ['fɔːlaut] radioaktivt nedfall

fallow ['fæləu] **I** *s* trädesåker **II** *v* ligga (lägga) i träde **III** *a* **1** *attr* trädes- **2** rödgul; brunaktig **--deer** ['fæl(ə)(u)diə] dovhjort

false [fɔːls] falsk, osann; bedräglig; otrogen; oäkta; ~ *alarm* falskt alarm; *play a man ~* bedra ngn **-hood** lögn[er]

falsif|ication ['fɔːlsifi'keiʃ(ə)n] förfalskning **-ier** [-faiə] förfalskare **-y** [-fai] **1** förfalska **2** svika **3** vederlägga

falsity ['fɔːlsiti] oriktighet, falskhet, lögn

falter ['fɔːltə] **1** stappla, ragla **2** stamma **3** vackla, tveka

fame [feim] rykte, anseende, ryktbarhet **-d** berömd

familiar [fə'miljə] **I** *a* familjär, förtrogen, [väl]bekant **II** *s* **1** förtrogen vän **2** husande **-ity** [-,mili'æriti] förtrolighet; framfusighet **-ize** [-raiz] göra bekant med

family ['fæmili] **1** familj, hushåll **2** barnskara **3** stam, ras; *he has a ~ of four* han har fyra barn; *in the ~ way* gravid; ~ *circle* familjekrets; ~ *doctor* husläkare; ~ *man* familjefar; stugsittare; ~ *planning* födelsekontroll; ~ *tree* stamträd

famine ['fæmin] hungersnöd; svält, svår brist *(in* på); ~ *prices* dyrtidspriser

famish ['fæmiʃ] lida hungersnöd; uthungra; *I'm ~ing* jag är hungrig som en varg **-ed** [-t] utsvulten

famous ['feiməs] berömd, ryktbar

fan [fæn] **I** *s* **1** sädesvanna; solfjäder; fläkt **2** entusiast; beundrare **3** *sjö.* propellerblad; ~ *belt* fläktrem **II** *v* **1** fläkta; underblåsa **2** sprida sig som en solfjäder

fanatic [fə'nætik] **I** *s* fanatiker **II** *a* fanatisk

fancier ['fænsiə] **1** expert, kännare **2** -odlare, -uppfödare (t. ex. rosen-, hund-)

fanciful ['fænsif(u)l] **1** fantasifull **2** fantastisk **3** inbillad, fantasi-

fancy ['fænsi] **I** *s* **1** fantasi, inbillningsförmåga **2** infall, nyck **3** förkärlek, böjelse **4** uppfödning (av djur); *take a ~ to* få lust att **II** *v* **1** föreställa sig; inbilla sig **2** uppföda, odla **3** tycka om, gilla; ha höga tankar om; *just ~ that!* tänk bara! **III** *a* **1** fantasi-, lyx- **2** stilig **3** mångfärgad (om blommor) **4** fantastisk; nyckfull, överdriven; ~ *articles (goods)* a prydnadssaker **b** modevaror; ~ *dress ball* maskeradbal; ~ *fair* välgörenhetsbasar; ~ *needlework* brodyr; ~ *price* fantasipris **--free** ['fænsi'friː] icke förälskad, "fågelfri"

fane [fein] *poet.* tempel

fang [fæŋ] huggtand, gifttand; tandrot; klo (på verktyg) **-ed** [-d] försedd med huggtänder etc.

fanner ['fænə] ventilator

fanny ['fæni] *sl.* kvinnas bakdel

fantast ['fæntæst] fantast **-ic** [fæn'tæstik] fantastisk; nyckfull; sällsam

fantasy ['fæntəsi] (vild) fantasi, (vilt) påhitt

far [fɑː] **1** fjärran, avlägsen **2** mycket; *the F~ East* Fjärran Östern; *by ~* vida, ojämförligt; ~ *and near* när o. fjärran; ~ *and wide* vida omkring; *the ~ side of the river* andra sidan floden; *as ~ as* ända till; så vitt; *so ~* så till vida; hittills; *so ~ so good* så långt är allt väl; *houses were few and ~ between* det var långt mellan husen; ~ *off* långt borta; ~ *different* helt olika **--away** ['fɑːrəwei] **1** avlägsen **2** frånvarande (om blick)

farc|e [fɑːs] fars, gyckelspel **-ical** [-ik(ə)l] farsartad

fare [fɛə] **I** *s* **1** taxa, biljettpris **2** resande **3** mat, kost; *bill of ~* matsedel **II** *v* **1** färdas **2** *opers.* gå **3** leva *(on* på); *you may go further and ~ worse* sämre kan man ha det; ~ *well* ha det bra; äta gott **--meter** taxameter **-well** ['fɛə'wel] **I** *interj* farväl! **II** *s* avsked **III** *a* avskeds-

far|-fetched ['fɑː'fetʃt] långsökt **--flung** ['fɑː-flʌŋ] utspridd; fjärran

farin|a [fə'rainə] **1** mjöl[stoff] **2** pollen **3** stärkelse **-aceous** [,færi'neiʃəs] mjöl-; stärkelsehaltig **-ose** ['færinəus] mjöl-

farm [fɑːm] **I** *s* **1** bondgård, jordbruk **2** farm (för djuruppfödning) **3** fosterbarnshem **4** arrende[gård] **II** *v* **1** bruka, odla **2** arrendera **3** bortackordera (fosterbarn) **-er** [-ə] bonde **--hand** ['fɑːm'hænd] lantarbetare **-house** mangårdsbyggnad, bondgård **-ing** [-iŋ] **I** *s* jordbruk **II** *a* jordbruks- **--produce** jordbruksprodukter **--stead** bondgård **--yard** kringbyggd gårdsplan, stallgård etc.; ~ *manure* gödsel

far-off [fɑː'rɔf] *se far-away*

farrago [fə'rɑːgəu] konglomerat, blandning

far-reaching ['fɑː'riːtʃiŋ] vittgående

farrier ['færiə] **1** hovslagare **2** hästläkare **3** (slags) regementsveterinär **-y** [-ri] hovslagarsmedja

farrow ['færəu] **I** *s* griskull; *in ~* dräktig **II** *v* grisa

far|-seeing ['fɑː'siːiŋ] **--sighted** ['fɑː'saitid] **1** långsynt **2** förutseende

fart [fɑːt] *vulg.* **I** *s* fjärt **II** *v* fjärta

farth|er ['fɑːðə] avlägsnare; ytterligare **-est** [-öist] mest avlägsen; *at the ~* längst bort; på sin höjd

farthing ['fɑːðiŋ] **1** 1/4 penny **2** vitten

fascia ['feiʃə] *se facia*

fascinat|e ['fæsineit] fascinera, fängsla, hänföra; förtrolla **-ion** [,fæsi'neiʃ(ə)n] tjusande; lockelse; förtrollning **-or** [-ə] **1** förtrollare **2** (slags) huva

fascine [fæ'siːn] faskin, risknippa; ~ *dwelling* pålbyggnad

fasc|ism ['fæʃiz(ə)m] fascism **-ist** [-ist] fascist

fashion ['fæʃ(ə)n] **I** *s* **1** fason, snitt **2** sätt, vis **3** mod; kutym; *the ~* modet; vad som är modernt; *he succeeded after a ~* han lyckades i viss mån; *set the ~* diktera modet; *man of ~* man av stora världen; ~ *magazine* modetidning; ~ *parade* modevisning; ~ *plate* modeplansch; klädsnobb **II** *v* forma, gestalta **-able** ['fæʃnəbl] **I** *a* **1** modern **2** förnäm, elegant; *the ~ world* den fina världen **II** *s* modelejon

fast [fɑːst] **I** *v* fasta **II** *s* fasta, fastetid **III** *a* o. *adv* **1** fast, stadig **2** trofast **3** tvättäkta **4** snabb **5** lättsinnig **6** före (om klockan); *play ~ and loose* vara ombytlig; *live* ~ **a** slita ut sig fort **b** leva om, ruckla; *they are* ~ *friends* de är trogna vänner; ~ *goods* ilgods; ~ *train* snälltåg **--day** fastedag **--dyed** [-daid] tvättäkta

fasten ['fɑ:sn] **1** fastgöra, fästa; knyta **2** stänga, regla **3** påbörda (brott), ge (öknamn) **4** bemäktiga sig; ~ *in* inringa; ~ *out* stänga ute; ~ *off* slå knut på (tråd); ~ *up* knäppa igen (klädesplagg); *the door will not* ~ dörren går inte igen **-er** [-ə] **-ing** [-iŋ] ngt som håller ihop, spänne, regel etc.

fastidious [fəs'tidiəs] nogräknad, noga, kinkig, kräsen **-ness** [-nis] noggrannhet; kinkighet

fast|ing-day ['fɑ:stiŋdei] *se fast-day* **-ness** [-nis] **1** fasthet; snabbhet; hållbarhet (hos färg); lättsinnigt liv **2** fästning, fäste

fat [fæt] **I** *a* **1** fet, tjock, korpulent **2** fruktbar **3** dum **4** oljig; kådig; *he cut up* ~ han efterlämnade mycket pengar; *a* ~ *lot of money* praktiskt taget inga pengar (*iron.*); *a* ~ *chance* absolut ingen chans; *a* ~ *lot you know!* du vet då inte särskilt mycket!; ~ *cat* (*A. sl.*) förmögen person, generös bidragsgivare till politikers valkampanjer **II** *s* **1** fett, fettämne; fetaste biten av ngt **2** glansroll (inom teatern); *then the* ~ *was in the fire* då gick det hett till **III** *v* göda; bli fet

fatal ['feitl] ödes-, oundviklig, ödesdiger, olycksbringande, dödlig; ~ *thread* livstråd; ~ *sisters* ödesgudinnor **-ity** [fə'tæliti] **1** obevekligt öde, ngt ödesbestämt **2** olycksöde, dödsolycka

fate [feit] öde, Ödet, fördärv, död; *the F~* ödesgudinnorna **-d** [-id] ödesbestämd, dömd till undergång = *ill-* ~ **-ful** [-f(u)l] **1** ödesdiger, ödesbestämd **2** avgörande

father ['fɑ:ðə] **I** *s* far; förfader; Gud; ledare; pater; Fader; nestor; *the child is* ~ *to the man* barnet är mannens fader; *F~ Christmas* jultomten; ~*s of a city* en stads ålderspresidenter **II** *v* avla, ge upphov till, vara upphovsman till, erkänna sig vara far till **-hood** faderskap **--in-law** ['fɑ:ð(ə)rinlɔ:] svärfar **-like** *se fatherly* **-liness** [-linis] faderlighet **-ly** [-li] faderlig

fathom ['fæðəm] **I** *s* famn (6 *feet* = 1,83 m) **II** *v* mäta, loda, pejla; famna; begripa **-able** [-əbl] mätbar **-less** [-lis] omätbar; svårförståelig **--line** lodlina

fatigue [fə'ti:g] **I** *s* **1** trötthet; strapats **2** slitage **3** handräckning, handräckningsmanskap (= ~*-party*) **II** *v* utrötta **--cap** soldatmössa **--dress** arbetsdräkt, "grötrock" **--duty** handräckningstjänst **--suit, --uniform** *se fatigue-dress*

fatt|en ['fætn] göda; bli fet **-y** [-i] **I** *a* fetthaltig **II** *s* tjockis

fatu|ity [fə'tju(:)iti] dumhet, enfald **-ous** ['fætjuəs] enfaldig, idiotisk **-ousness** ['fætjuəsnis] *se fatuity*

faucet ['fɔ:sit] *A.* vattenkran; tapp

fault [fɔ:lt] **1** fel, felsteg, skuld, förvållande **2** villospår **3** *geol.* förkastning **4** felservad boll (i tennis); *he is at* ~ han har fel; *he is in* ~ han är skyldig; *to a* ~ överdrivet; *find* ~ *with* anmärka på **--finder** [-ˌfaində] en som kritiserar på ett småaktigt sätt **--finding** [-ˌfaindiŋ] **I** *s* klandersjuka **II** *a* klandersjuk **-less** [-lis] otadlig **-y** [-i] bristfällig, oriktig

faun [fɔ:n] faun

fauna ['fɔ:nə] fauna

favour ['feivə] **I** *s* **1** gunst, ynnest, vänligt gillande **2** ynnestbevis, tjänst **3** hjälp, understöd **4** *hand.* brev **5** rosett (som ynnestbevis av dam), kokard, kotiljongsmärke; *by* ~ *of* (på brev) överbringas vänligen av; *in* ~ *of* till förmån för **II** *v* gynna, föredra; gilla, ansluta sig till; favorisera, ta parti för; *fam.* skona; likna **-able** [-v(ə)rəbl] vänlig; gynnsam **-ite** [-v(ə)rit] **I** *s* gunstling, favorit **II** *a* favorit-, älsklings- **-itism** [-v(ə)ritiz(ə)m] gunstlingssystem; partiskhet

fawn [fɔ:n] **I** *s* **1** dovhjortskalv **2** (= ~-*coloured*) gulbrun färg **II** *v* **1** kalva (om rådjur) **2** vifta på svansen; krypa, lisma

fay [fei] fe, älva

fealty ['fi:(ə)lti] trohet[sed]

fear [fiə] **I** *s* fruktan (*of* för), ängslan; *for* ~ *of* av fruktan för; *for* ~ *that* så att inte **II** *v* frukta, befara, vara rädd; *never* ~ *!* ingen fara!; ~ *for* vara orolig för **-ful** [-f(u)l] **1** rädd **2** rädd av sig, ängslig **3** fruktansvärd **-less** [-lis] oförskräckt **-some** [-səm] ryslig

feasib|ility [ˌfi:zə'biliti] görlighet, möjlighet **-le** ['fi:zəbl] utförbar, möjlig; sannolik, tänkbar

feast [fi:st] **I** *s* kyrklig högtid; festmåltid **II** *v* **1** kalasa, njuta av **2** förpläga

feat [fi:t] hjältedåd, prestation

feather ['feðə] **I** *s* **1** fjäder **2** fjäderskrud, plym; *in full* ~ i full stass; *in fine* ~ på gott humör **II** *v* **1** klä med fjädrar **2** *rodd.* skeva med årorna **3** *jakt.* skjuta fjäder av fågel under flykt **4** svåva, vaja; ~ *one's nest* se om sitt hus, sko sig **--brained** [-breind] *se featherhearted* **-ed** [-d] försedd med fjädrar; bevingad **--hearted** [-ˌhɑ:tid] virrig, huvudlös **--weight 1** mycket lätt person (sak) **2** fjädervikt **-y** [-ri] fjäder-, fjäderbeklädd

feature ['fi:tʃə] **I** *s* **1** anletsdrag **2** karakteristisk del, kännemärke **3** specialartikel i tidning **4** huvudnummer, -attraktion; ~ [*film*] spelfilm **II** *v* **1** prägla, känneteckna **2** framhäva; göra till huvudnummer; presentera i stjärnroll **-less** [-lis] ointressant

febrile ['fi:brail] feberaktig, hetsig

February ['februəri] februari **-fill-dike** namn som hänsyftar på månadens regniga o. snöiga karaktär

feckless ['feklis] rådlös; oansvarig

fecund ['fi:kənd] fruktbar, fruktsam **-ate** [-eit] göra fruktbar, befrukta **-ation** [ˌfi:kən'deiʃ(ə)n] befruktning **-ity** [fi'kʌnditi] fruktbarhet

fed [fed] *imperf* o. *perf part* av *feed*

federa|l ['fedər(ə)l] förbunds-, federal; nordstats- **-lize** [-laiz] förena till förbund **-te I** [-reit] *v* förena sig till en förbundsstat **II** [-rit] **1** *a* förbunds- **2** *s* förbundsmedlem **-tion** [ˌfedə'reiʃ(ə)n] [stats]förbund **-tive** [-rətiv] förbunds-, federativ

fedora [fi'dɔ:rə] *A.* mjuk filthatt

fee [fi:] **1** förläning; ärvd jordegendom **2** avgift, honorar, arvode **II** *v* **1** betala, honorera **2** *Sk.* städja

feeble ['fi:bl] svag, kraftlös; matt **--minded** ['fi:bl'maindid] velig, sinnesslö

feed [fi:d] **I** *v* föda, nära; livnära sig, leva på; förse, mata; *he* ~*s on potatoes* han lever på potatis; ~ *one's eyes on* ha som ögonfägnad; ~ *up* göda; *I'm fed up with it* jag är utled på det, jag har fått nog av det **II** *s* utfodring; foder; *vard.* skrovmål; laddning, sats; *be off one's* ~ ha tappat aptiten **-back** feedback, återföring **-er** [-ə] **1** uppfödare **2** matare,

matarapparat, -ledning; ~ *bus* matarbuss **3** underblåsare **4** tillflöde **5** diflaska **6** haklapp **-ing-stuff** foder
feel [fi:l] **I** *v* känna [sig], förnimma; tycka; ~ *after* leta efter; ~ *for* leta efter; ha sympati för; ~ *the cold* vara frusen av sig; ~ *like doing s.th.* ha lust att göra ngt; ~ *with* sympatisera med **II** *s* känsel, hur ngt känns; *it is firm to the* ~ det känns stadigt att ta i **-ing** [-iŋ] **I** *a* känslig, lättrörd; djupt känd, sympatisk **II** *s* **1** känsel **2** [med]känsla **3** mening, inställning **-ingly** [-iŋli] med känsla
feet [fi:t] *pl* av *foot*
feign [fein] hitta på, låtsa; *a* ~*ea name* falskt namn, täcknamn
feint [feint] **I** *s* **1** skenanfall, fint **2** låtsaslek **II** *v* företa skenanfall
feldspar ['feldspɑ:] fältspat
felicit|ate [fi'lisiteit] lyckönska (*on* till) **-ation** [-,lisi'teiʃ(ə)n] lyckönskan **-ous** [-əs] lyckad, träffande (t.ex. om språklig bild, uttryck) **-y** [-i] stor lycka, sällhet; välsignelse; lyckat grepp; det som är lyckat
fell [fel] **I** *s* **1** fäll, skinn **2** berg **3** hedtrakt **4** hårbeklädnad **II** *a, poet.* grym, bister; dödlig **III** *v* **1** fälla, hugga ner **2** vika in **3** *imperf* av *fall*
fellah ['felə] (*pl* ~*s* el. ~*een* [-hi:n]) fellah, egyptisk bonde
feller ['felə] **I** timmerhuggare **2** *fam.* = *fellow*
felloe ['felou] fälg
fellow ['felou] **1** make, like, motstycke; *fam.* karl **2** medlem av lärt samfund **3** *ung.* [forskar]docent **4** medmänniska, med-; *a shoe and its* ~ ett par skor **--citizen** ['felə(u)'sitiz(ə)n] medborgare **--countryman** ['felə(u)'kʌntrimən] landsman **--creature** ['felə(u)'kri:tʃə] medmänniska **-ship** ['felə(u)ʃip] **1** kamratskap; umgänge; samhörighet, kamratanda **2** sammanslutning, brödraskap **3** *ung.* docentur **--soldier** ['felə(u)'səuldʒə] vapenbroder **--traveller** ['felə(u)'trævlə] reskamrat, medresenär; medlöpare
felon ['felən] **I** *a, poet.* grym **II** *s* **1** brottsling **2** nagelböld **-ious** [fi'launjəs] **1** brottslig **2** *poet.* skändlig; *with* ~ *intent* i brottslig avsikt **-ry** [-ri] det brottsliga skiktet i samhället **-y** [-i] svår förbrytelse
felspar ['felspɑ:] *se feldspar*
felt [felt] **I** *s* filt, filt- **II** *v* **1** klä med filt; filta sig **2** *imperf* o. *perf part* av *feel*
female ['fi:meil] **I** *a* honlig, kvinnlig, hon-, kvinno- **II** *s* hona, kvinna; fruntimmer
feme [fi:m] *jur.* kvinna; ~ *covert* gift kvinna; ~ *sole* ogift (av mannen ekonomiskt oberoende) kvinna, änka
femini|ne ['feminin] kvinnlig, mjuk; (*äv. gram.*) **-nity** [,femi'niniti] kvinnlighet **-ze** [-naiz] förkvinnliga
fem|oral ['femər(ə)l] höft-, lår- **-ur** ['fi:mə] (*pl -urs* [-əz] el. *-ora* ['femərə]) lårben
fen [fen] kärr, sank mark; *the F*~*s* sankmarker i Cambridgeshire o. andra landskap **-berry** [-b(ə)ri] tranbär
fence [fens] **I** *s* **1** fäktning **2** stängsel, staket **3** hälare[s näste]; *he is on the* ~ han är neutral **II** *v* **1** fäkta **2** skydda, värna **3** (om häst) ta hinder **4** handla med tjuvgods **-less** [-lis] **1** ej inhägnad **2** *poet.* försvarslös **-r** [-ə] **1** fäktare **2** häst som tar hinder **--season** förbjuden fiske-, jakttid
fencible ['fensibl] *hist.* soldat vid hemmafront

fencing ['fensiŋ] **1** fäktkonst **2** inhägnad **--cully** [-,kʌli] tjuvgodsgömma[re] **--foil** fäktvärja
fend [fend] **1** ~ [*off*] avvärja **2** ~ [*for o.s.*] klara sig själv **-er** [-ə] skydd; stötfångare; *A.* stänkskärm
Fenian ['fi:njən] **I** *s* ledamot av liga av irländare i USA verksam för Irlands självständighet, fenier **II** *a* fenisk **-ism** [-iz(ə)m] irländares frihetssträvan, den feniska rörelsen
fennel ['fenl] fänkål
feoff [fef] län **-ee** [fe'fi:] länhållare **-ment** [-mənt] förlänande; förläning **-or** [fe'fɔ:] länsherre
feral ['fiər(ə)l] vild, djurisk
feretory ['ferit(ə)ri] **1** relikskrin; kapell med reliker **2** sarkofag **3** bår
ferine ['fiərain] = *feral*
ferment **I** *s* ['fə:ment] jäsämne; jäsning **II** *v* [fə(:)'ment] jäsa; få att jäsa (*äv. fig.*) **-able** [fə(:)'mentəbl] jäsbar **-ation** [,fə:men'teiʃ(ə)n] jäsning (*äv. fig.*) **-ative** [fə'mentətiv] jäsnings-
fern [fə:n] ormbunke **--owl** nattskärra **-y** [-i] ormbunkslik, ormbunks-
feroci|ous [fə'rouʃəs] rovlysten; grym, vild **-ty** [-'rositi] grymhet, vildhet
ferreous ['feriəs] järnhaltig
ferret ['ferit] **I** *s* **1** vessla **2** detektiv **3** sidenband **II** *v* **1** jaga med vessla **2** ~ [*out*] uppspåra, lägga fram **-y** [-i] vesslelik
ferriage ['feriidʒ] **1** färjning, överfart **2** färjpengar
ferr|ic ['ferik] järn- **-iferous** [fe'rifərəs] järnhaltig
Ferris-wheel ['feriswi:l] pariserhjul
ferr|o-concrete ['ferə(u)'kɔŋkri:t] järnbetong **-otype** [-ə(u)taip] fotografi på järnplåt **-ugin-ous** [fe'ru:dʒinəs] **1** järnhaltig **2** rostfärgad
ferrule ['feru:l] **1** metallring som håller samman av käpp, doppsko
ferry ['feri] **I** *s* färja, färjställe **II** *v* färja **--bridge** tågfärja **-man** [-mən] färjkarl
fertil|e ['fə:tail] fruktbar, bördig; rik (*in, of* på) **-ity** [fə(:)'tiliti] fruktbarhet **-ization** [,fə:tilai'zeiʃ(ə)n] **1** befruktning **2** gödning **-ize** [-tilaiz] **1** göra fruktbar **2** befrukta **-izer** [-tilaizə] befruktare; gödningsämne
ferule ['feru:l] **1** *s* stinkört (*äv. ferula* ['ferulə]) **2** färla **II** *v* ge stryk
ferven|cy ['fə:v(ə)nsi] värme, innerlighet **-t** het; innerlig, glödande
fervid ['fə:vid] het, eldig, glödande
fervour ['fə:və] värme, innerlighet; nit, iver
fescue ['feskju:] **1** pekpinne **2** *bot.* svingel
festal ['festl] fest-, festlig
fester ['festə] **I** *v* vara sig; förorsaka varbildning **II** *s* varigt sår; varbildning
festiv|al ['festəv(ə)l] **I** *a* högtids-, fest- **II** *s* fest, festspel; högtid **-e** [-tiv] festlig **-ity** [fes'tiviti] högtidlighet; feststämning
festoon [fes'tu:n] **I** *s* girland **II** *v* förse med girland
fetch [fetʃ] **I** *v* **1** hämta **2** inbringa, betinga **3** göra intryck på **4** göra häpen **5** utdela slag; ~ *and carry* apportera (om hund); vara passopp; ~ *round* kvickna till, hämta sig; ~ *up* a kräkas upp **b** återuppliva **c** stanna tvärt; *go and* ~ gå o. hämta **II** *s* **1** avstånd **2** knep, trick **3** dubbelgångare **-ing** [-iŋ] tilltalande, söt, näpen

fête [feit] **I** s **1** fest, högtidlighet **2** namnsdag **II** v fira, ge fest för

fetish ['fi:tiʃ] fetisch

fetlock ['fetlɔk] (på häst) hovskägg; kotled

fetor ['fi:tə] stank

fetter ['fetə] **I** s [fot]boja **II** v fjättra, lägga band på

fettle ['fetl] kondition, skick, form

feud [fju:d] **1** fejd **2** län; förläning, at ~ with i fejd med **-al** [-l] läns-, feodal; ~ system = **-alism** [-əliz(ə)m] feodalsystem **-alize** [-əlaiz] feodalisera **-atory** [-ət(ə)ri] **I** a läns-, länspliktig, feodal; ~ state vasallstat **II** s läntagare, vasall

fever ['fi:və] **I** s feber; upphetsning **II** v ha feber; förorsaka feber **-ed** [-d] feberaktig **-ish** [-v(ə)riʃ] febrig; fig. feberaktig, het **-ous** [-v(ə)rəs] feberaktig; febersmittad

few [fju:] få; a ~ några, några få; some ~ inte många; the ~ a de utvalda **b** minoriteten; not a ~ ganska många; a good ~ rätt många (fam.); quite a ~ ganska många **-ness** [-nis] ett ringa antal

fey [fei] Sk. dödsmärkt; klärvoajant

fez [fez] fez

fiancé [fi'ɑ:(n)sei] fästman **-e** [-sei] fästmö

fiasco [fi'æskəu] totalt misslyckande, fiasko

fiat ['faiæt] befallning, order; medgivande

fib [fib] **I** s **1** osanning, nödlögn **2** slag; tell ~s komma med nödlögner **II** v **1** narras **2** slå; slåss **-ber** [-ə] en som narras, liten lögnare (om barn)

fibr|e ['faibə] **1** fiber; fibermassa **2** väsen, karaktär **3** rottråd **-eboard** [wall]board **-ed** [-d] försedd med fibrer **-e-glass** glasfiber **-il** [-bril] fin fiber; rothår **-illose** [-briləus] **1** med fibrer **2** finfibrig

fibrin ['faibrin] fibrin

fibr|oid ['faibrɔid] **-ous** [-rəs] fibrös, fibrig

fibster ['fibstə] = fibber

fibula ['fibjulə] **1** vadben **2** spänne

fichu ['fi:ʃu:] fischy, (slags nätt) damhalsduk

fickle ['fikl] ostadig, ombytlig

fictile ['fiktail] **1** ler-, av lera **2** krukmakar- **3** plastisk; ~ art keramik

fiction ['fikʃ(ə)n] dikt[ning], skönlitteratur; saga, fantasi **-al** [-l] diktad, skönlitterär **-ist** romanförfattare

fictitious [fik'tiʃəs] oäkta, fingerad, föregiven, uppdiktad

fictive ['fiktiv] **1** skapande **2** fingerad

fid [fid] **1** av. splitshorn **2** kil

fiddle ['fidl] **I** s **1** fiol, fela **2** sjö. slingerskott; as fit as a ~ pigg som en mört; a face as long as a ~ lång i synen **II** v **1** spela fiol **2** mixtra, knåpa **3** sl. bedra **--case** fiollåda **--de-dee** ['fiddi'di:] interj o. s nonsens, prat **--faddle** [-ˌfædl] struntprat **-r** [-ə] **1** fiolspelare **2** liten krabba **3** klåpare **-stick 1** stråke **2** ~s (pl) dumheter, snack

fiddling ['fidliŋ] obetydlig

fidelity [fi'deliti] tro[fast]het, naturtrohet

fidget ['fidʒit] **I** v röra sig oroligt, flytta sig hit o. dit, inte kunna sitta stilla **II** s **1** nervositet, rastlös oro, rastlös person **2** frasande (t. ex. av klänning); he had the ~s han kunde inte sitta stilla **-y** [-i] nervös, rastlös

fiduciary [fi'dju:ʃjəri] **I** a förtroende- **II** s förtroendeman

fie [fai] fy!; ~ upon you! fy skam!

fief [fi:f] län

fie-fie ['fai'fai] oanständig

field [fi:ld] **I** s **1** fält, åker; slagfält, terräng, mark, område **2** spelplan, deltagare i spel o. idrott **3** her. fält, botten **4** utelag (kricket, baseball); win the ~ vinna slaget; lead the ~ anföra; take the ~ inta slagfältet; bet against the ~ gå mot tipsen, hålla på en outsider **II** v **1** höra till utelaget (kricket, baseball) **2** ställa upp lag **--day 1** manöverdag **2** betydelsefull dag **3** idrottsdag; have a ~ ha kungligt roligt **--dressing** [-ˌdresiŋ] förbandsmaterial i fält **-er** [-ə] bollfångare i kricket **-fare** zool. snöskata **--glass[es]** kikare **--kit** fältutrustning **--marshal** ['fi:ld(d)'mɑ:ʃ(ə)l] fältmarskalk **--master** jaktledare **--officer** [-ˌɔfisə] regementsofficer **--preacher** [-ˌpri:tʃə] friluftspredikant **-sman** [-zmən] se fielder **--sports** pl friluftssport, isht jakt o. fiske **--work** förskansning i fält; fältarbete

fiend [fi:nd] **1** djävul **2** fantast **-ish** [-iʃ] **--like** djävulsk

fierce [fiəs] **1** vild, obändig, häftig **2** intensiv

fiery ['faiəri] glödhet, brännhet, glödande; eldig; explosiv

fiesta [fi'estə] fiesta, festlighet

fife [faif] **I** s flöjt **II** v spela flöjt **-r** [-ə] flöjtblåsare

fifteen ['fif'ti:n] femton; med femton man (i rugby) **-th** [-θ] femtonde; femtondedel

fifth [fifθ] femte; femtedel **-ly** [-li] för det femte

fift|ieth ['fiftiiθ] femtionde **-y** [-i] femtio; go ~-fifty dela lika

fig [fig] **I** s **1** fikon[träd] **2** dräkt **3** kondition; under one's vine and ~tree i hemmets sköte; I don't care a ~ det struntar jag i; in full ~ i full mundering; in good ~ i god form **II** v, ~ up (out) a horse uppmuntra häst till extra ansträngning; ~ out a person styra ut ngn

fight [fait] **I** s kamp, strid, slagsmål; stridslust; A. gräl; there is ~ in him han bjuder hårt motstånd; show ~ visa kampen tappert **II** v kämpa, strida, slåss; ~ a battle utkämpa en strid; leverera batalj; ~ a duel duellera; ~ off fördriva, tillbakaslå; ~ shy of vika för, dra sig undan **-er** [-ə] **1** kämpe; boxare **2** jaktplan **-ing** [-iŋ] stridande; stridsberedd; strids-; ~ chance chans till framgång genom kamp; ~ spirit vilja att lyckas; stridsanda **-ing-cock** stridstupp

figment ['figmənt] påhitt, fantasi

figura|nt ['figjurənt] balettdansör **-nte** [ˌfigju'rɑ:(n)t] balettdansös **-tion** [ˌfigju'reiʃ(ə)n] **1** formgivning; gestaltning **2** utsmyckande **-tive** [-ətiv] bildlig, figurlig

figure ['figə] **I** s **1** figur, form, gestalt; person; mönster; staty; illustration; förebild **2** pris **3** siffra; do ~s räkna; cut a poor ~ göra en slät figur; bad at ~s dålig i räkning; it runs into three ~s det blir tresiffriga tal **II** v **1** föreställa sig **2** ornamentera **3** beräkna **4** räkna **5** framträda, figurera; ~ as uppträda som; ~ on beräkna, spekulera på; ~ out räkna ut **-d** mönstrad, fasonerad **--head 1** galjonsbild **2** fig. galjonsfigur **3** skämts. ansikte **--picture, --piece** porträttmålning **--skating** [-ˌskeitiŋ] konståkning

filament ['filəmənt] **1** glödtråd, katod **2** fiber, tråd **3** ståndarsträng **-ary** [ˌfilə'ment(ə)ri] tråd-, trådlik **-ous** [ˌfilə'mentəs] tråd-, fintrådig

filbert ['filbə(:)t] odlad hassel[nöt]

filch [filtʃ] stjäla, snatta **-er** [-ə] småtjuv

file [fail] **I** s **1** fil **2** sl. skojare, filur **3** brevpärm, dossier; arkivexemplar **4** årgång (vid arkivering av tidningar) **5** rote; fil; rad; march in ~ marschera i fil (rotar); in Indian (single) ~ i gåsmarsch **II** v **1** fila (jämn) **2** arkivera; inregistrera; inlämna handling **3** gå i fil (rotar); ~ off göra avmarsch; ~ in (out) falla in i (ur) rote

filet se fillet

filia|l ['filjəl] sonlig, dotterlig, barn- -**tion** [,fili'eiʃ(ə)n] egenskap av son; härkomst; härstamningsförhållande; släktskap, avläggare

filibuster ['filibʌstə] **I** s' **1** fribytare **2** A. obstruktionist (långpratare i senaten) **II** v **1** uppträda som fribytare **2** åstadkomma obstruktion

filings ['failiŋz] pl filspån

Filipino [,fili'pi:nəu] filipino

fill [fil] **I** v fylla[s]; plombera (tand); stoppa (pipa); mätta; utföra, expediera (beställning); ~ in fylla i; fylla igen; ~ out slå, skänka i; lägga på hullet; ~ up fylla helt o. hållet; fyllas igen; komplettera **II** s fyllning; lystmäte; have one's ~ få nog

fillet ['filit] **I** s **1** hårband; bindel; bandage; remsa; list; ländstycke **2** filé (äv. filet) **II** v **1** knyta med band, binda upp **2** filea, skära i filéer

filling ['filiŋ] plomb; fyllnad, -ning --**station** bensinstation

fillip ['filip] **I** s knäpp (med fingrarna); småsak, dugg **2** stimulans; drivfjäder; eggelse **II** v **1** knäppa (med fingrarna), knäppa bort **2** stimulera; driva på; egga

filly ['fili] **1** stoföl, ungt sto **2** gladlynt flicka, yrhätta

film [film] **I** s **1** tunn hinna; spindeltråd; slöja **2** film; ~ strip bildband **II** v **1** täcka med hinna etc. **2** filma --**cartoon** tecknad film --**fan** ['film'fæn] filmfantast -**goer** biobesökare **-y** [i] **1** tunn, fin **2** hinnaktig

filter ['filtə] **I** s filter, sil **II** v filtrera, sila; sippra; ~ through läcka ut (fig.) -**able** [-t(ə)rəbl] som går att filtrera --**bed** filtrerbassäng --**tip** filtercigarrett

filth [filθ] orenhet, smuts; oanständigt språk **-y** [-i] oren, smutsig, oanständig; ~ lucre snöd vinning; pengar

filtrat|e ['filtreit] **I** v filtrera **II** s filtrat -**ion** [fil'treiʃ(ə)n] filtrering

fin [fin] **1** fena **2** flyg. stjärtfena **3** sl. hand **4** A. femdollarsedel **5** torn (på ubåt)

final ['fainl] **I** a slut-, slutlig; final, slutgiltig, definitiv; ~ cause slutmål **II** s final; slutexamen (= ~s); fam. sista upplaga av tidning; mus. huvudnot i tonräcka -**e** [fi'na:li] mus. final -**ist** [-nəlist] tävlande i final -**ity** [fai'næliti] definitiv karaktär; slutgiltighet; situation då sista ordet är sagt; he spoke with ~ han talade som om sista ordet vore sagt (som om saken vore utagerad) -**ly** ['fainəlł] till sist; slutligen; definitivt

financ|e [fai'næns] **I** s finans; finansväsen, finansvetenskap; ekonomisk ställning **II** v **1** finansiera **2** göra finansoperationer -**ial** [-nʃ(ə)l] finansiell, finans-; ~ year räkenskapsår -**ier** **I** s [-iə] finansman **II** v [,finæn'siə] sköta finanser åt (vanl. föraktfullt); svindla

finch [fin(t)ʃ] zool. fink

find [faind] **I** v **1** finna, påträffa, få tag i **2** ta reda på, uppdriva **3** upptäcka, inse; ~ o.s. **a** [be]finna sig **b** sörja för sig själv **c** finna sin kallelse; he ~s me in pocketmoney han håller mig med fickpengar; he will ~ his way to escape han kommer att finna en utväg; ~ one's feet börja få fotfäste, finna sig till rätta; you'll ~ out later du kommer underfund med det senare; you'll ~ him out one day du kommer att avslöja honom en vacker dag; ~ somebody out, äv. leta reda på ngn **II** s fynd; a sure ~ ett säkert fyndställe (spec. vid rävjakt) -**er** [-ə] **1** upphittare **2** sökare (på kamera etc.) -**ing** [-iŋ] **1** upphittande **2** upptäckt; slutsats; resultat

fine [fain] **I** s **1** böter **2** slut; in ~ till sist **II** v **1** bötfälla **2** betala för förmån **3** rena, luttra; förfina, raffinera; ~ away (down, off) förtunna; ~ down to minskas till **III** a fin; tunn; förfinad; härlig; subtil; vackert (om väder); skicklig; spetsig, skarp; välväxt; elegant; the ~ arts de sköna konsterna; one ~ day en vacker dag, en gång; ~ feathers make ~ birds kläderna gör mannen; it's all ~ and large allt är gott o. väl **IV** adv fint, bra; that will suit me ~ det passar mig utmärkt -**drawn** ['fain'drɔ:n] findragen; fig. hårdragen -**ness** ['fainnis] halt; skönhet -**ry** [-əri] **1** prålig elegans], grannlåt **2** tekn. färskhärd --**spoken** ['fain'spəuk(ə)n] vältalig

finesse [fi'nes] **I** s **1** finess, urskillning **2** list, knep **3** kortsp. mask **II** v **1** gå listigt till väga **2** kortsp. maska; ~ into genom list manövrera [sig] till

finger ['fiŋgə] **I** s finger; she has a ~ in the pie hon har ett finger med i spelet; his ~s are all thumbs han är mycket klumpig; I have it at my ~-ends (~-tips) jag kan det på mina fem fingrar; keep your ~s crossed håll tummarna **II** v **1** plocka med; spela på **2** meddela fingersättning (i notskrift) --**board** klaviatur --**disk** nummerskiva -**ed** [-d] fingerformad -**ing** [-g(ə)riŋ] **1** fingersättning **2** (slags) garn -**nail** fingernagel --**post** vägvisare -**print** fingeravtryck --**tip** fingerspets

finical ['finik(ə)l] pedantisk

finis ['finis] slut

finish ['finiʃ] **I** v [av]sluta, slutföra; dricka ur, äta upp; ta död på; ge puts; ~ off (up) lägga sista handen vid; ~ with bli färdig med; I am ~ed **a** jag är färdig **b** jag är slut **II** s **1** slut, avslutning, slutkamp **2** sl. nattlokal; be in at the ~ vara med i slutkampen (eg. term vid rävjakt); a fight to the ~ kamp till sista droppen -**er** [-ə] **1** den som avslutar; finputsare **2** nådastöt -**ing** [-iŋ] fulländande, slut-; ~ coat översta skiktet (t. ex. vid förgyllning el. murarbeten); ~ line mållinje; ~ tape målsnöre; ~ touch avslipning, sista handen

finite ['fainait] begränsad, ändlig

Finland ['finlənd] Finland -**er** [-ə] finländare

Finn [fin] finne

finn|ed [find] med fenor -**er** [-ə] zool. fenval

Finni|c ['finik] finsk[-ugrisk] -**sh** [-ʃ] **I** a finsk **II** s finska [språket]

finny ['fini] fen-, fenig

fiord [fjɔ:d] fjord

fir [fə:] gran, barrträd --**apple** ['fə:ræpl]--**cone** grankotte

fire ['faiə] **I** s eld; brand, eldsvåda; sken; hetta, glöd; inspiration; set ~ to antända, tända på; **a** i brand (be on ~ brinna) **b** eld o. lågor; he won't set the Thames on ~ han kommer inte att göra underverk; catch ~ fatta eld; the burnt child dreads the ~ bränt barn skyr

elden; *out of the frying-pan into the* ~ ur
askan i elden; *the fat is in the* ~ nu är det
kokta fläsket stekt; *electric* ~ elektrisk kamin
II *v* antända; avskjuta, avfyra; avskeda;
bränna; elda; egga, uppelda; brusa upp; ~ *a
salute* skjuta salut; ~ *away* **a** brinna av **b**
sätta igång; ~ *off* avfyra *(äv. fig.)*; ~ *out*
köra iväg (ut); avskeda; ~ *up* **a** elda **b** brusa
upp **--alarm** ['faiərə,lɑ:m] brandskåp; brand-
alarm **--arm** ['faiərɑ:m] eldvapen **-brand 1**
eldfackla **2** orostiftare **-brick** eldfast tegel
--brigade [-bri,geid] brandkår **--bug 1** *zool.*
eldfluga **2** pyroman **--call** brandlarm **-clay**
eldfast lera **--control** [-kən,trəul] eldledning
--cracker *fyrv.* svärmare **--curtain** brand-
ridå **--damp** gruvgas **-department** [-di,pɑ:t-
mənt] brandväsen **--eater** ['faiər,i:tə] eldslu-
kare **-engine** ['faiər,en(d)ʒin] brandspruta
--escape ['faiəris,keip] brandstege; reserv-
utgång **--extinguisher** ['faiəriks,tiŋgwiʃə]
eldsläckare **--fighting** [-,faitiŋ] brandsläck-
ning **--fly** *zool.* eldfluga **--guard 1** brandvakt
2 brasskärm **-house** brandstation **-light** eld-
sken **-man** [-mən] **1** brandsoldat **2** eldare
--office ['faiər,ɔfis] brandförsäkringskontor
--officer ['faiər,ɔfisə] brandkapten **--pan** fyr-
fat **-place** eldstad, öppen spis **-proof 1** *a*
brandsäker; eldfast **II** *v* göra brandsäker **-r**
['faiərə] eldvapen; skytt **--raising** [-,reiziŋ]
brandanstiftan **-side I** *s* plats vid den öppna
spisen **II** *v* hålla radiotal i intim, kåserande
ton **--trap** byggnad som ej uppfyller krav på
brandsäkerhet **--wall** brandmur **--water**
[-,wɔ:tə] eldvatten (indiansk benämning på
stark dryck) **-wood** ved **-works** *pl* fyrverkeri,
fyrverkeripjäser

firing ['faiəriŋ] **1** eldning **2** bränsle **3** avskjut-
ning; ~ *device* avfyrningsanordning; ~ *director*
centralsikte, -instrument; ~ *gear (mechanism)*
avfyrningsanordning; ~ *range* skjutavstånd
--party [-,pɑ:ti] **--squad** exekutionspluton
firkin ['fə:kin] fjärding, kagge
firm [fə:m] **I** *a* fast, hård; säker, stadig; o-
rubblig **II** *v* göra fast; plantera; bli fast; ~ *up*
stabiliseras (om aktier, priser) **III** *s* firma
-ament [-əmənt] firmament, himlavalv **-ness**
[-nis] fasthet, hårdhet
firry ['fə:ri] granlik, gran-
first [fə:st] **I** *a* först; förnämst; ~ *aid* första
hjälp (vid olycksfall); *F*~ *Cause* Gud; *F*~
Lady rikets första dam (presidentens fru i
USA); *at* ~ *hand* direkt; ~ *name* förnamn;
~ *night* premiär; ~ *offender* ej tidigare straffad
brottsling **II** *s* den förste; ~*s, pl* prima kva-
litet; ~ *of exchange* prima växel; *at* ~ först,
till att börja med; *from the* ~ från allra första
början; *from* ~ *to last* från början till slut
III *adv* **1** först, för det första **2** hellre; ~ *come,*
~ *served* den som kommer först till kvarn
får först mala; ~ *of all,* ~ *and foremost* först
o. främst; ~ *and last* på det hela taget; ~ *or
last* förr eller senare; ~ *thing in the morning*
genast i morgon bittida **--born** ['fə:s(t)bɔ:n]
förstfödd **--hand** ['fə:st'hænd] förstahands-
-ly [-li] *(jfr first)* för det första **--rate** ['fə:st-
'reit] prima **--rater** [-,reitə] förstklassig per-
son (sak)
firth [fə:θ] havsarm, fjord
fish [fiʃ] **I** *s* **1** fisk **2** spelmark **3** lask, fog; *a
poor* ~ ynkrygg; *a loose* ~ lätting; *neither* ~,
nor flesh, nor good red herring varken fågel
eller fisk; *I've other* ~ *to fry* jag har annat att

göra; *all is* ~ *that comes to his net* han har
användning för allt **II** *v* **1** fiska **2** fånga; ~ *out*
fiska slut (sjö); ~ *up* söka rätt på, leta fram
--bait bete **--ball** fiskbulle **--culture** [-,kʌlt-
ʃə] fiskodling
fisher ['fiʃə] fiskare; fiskätande mård **-man**
[-mən] fiskare **-y** [-ri] **1** fiskeri; fiske **2** fiske-
vatten **3** fiskerätt
fishhook ['fiʃhuk] metkrok
fishing ['fiʃiŋ] **1** fiske **2** fiskevatten **--gear**
[-,giə] fiskedon **--licence** [-,lais(ə)ns] fisk-
licens **--line** metrev **--pole**, **--rod** metspö
--smack fiskeskuta **--tackle** [-,tækl] fisk-
redskap
fish|-maw ['fiʃmɔ:] simblåsa **-monger**
[-,mʌngə] fiskhandlare **--oil** tran **-plate** skarv-
skena **-pond** fiskdamm **--pot** bur, tina **--slice**
fiskspade **--sound** simblåsa **--story** [-,stɔ:ri]
rövarhistoria **--tainted** [-,teintid] med fisk-
smak **--trap** bur, tina **-y** [-i] **1** fisk-, fiskaktig
2 skum, misstänkt; otrolig; ~ *eye* tomt ut-
tryck i ögonen
fissi|le ['fisail] klyvbar **-lity** [fi'siliti] klyvbar-
het **-on** ['fiʃ(ə)n] klyvning (t. ex. atom-, cell-)
-onable ['fiʃnəbl] klyvbar
fissure ['fiʃə] **I** *s* klyfta, spricka; klyvning **II** *v*
klyva[s] **-needle** [-,ni:dl] häftnål
fist [fist] **I** *s* knytnäve; ~ *law* näfrätt **II** *v* slå
med knytnävarna **-er** [-ə] knytnävsslag **-ic[al]**
[-ik, -(ə)l] *fam.* knytnävs- **-icuffs** ['fistikʌfs]
slagsmål
fit [fit] **I** *s* **1** attack, anfall (av sjukdom); ut-
brott; ryck; nyck **2** passform; *it's a tight* ~
det sitter trångt; *it gave me a* ~ jag höll på
att få slag; *go into* ~*s* få paroxysmer; *by* ~*s
and starts* ryckvis **II** *a* **1** lämplig, passande
2 färdig **3** sund, kry, spänstig, livsduglig; *sur-
vival of the* ~*test* de livsdugligaste över-
levande; ~ *for fight* redo för strid; utan
[större] skavanker; *think* ~ anse lämpligt; *I
ran till I was* ~ *to drop* jag sprang tills jag
höll på att falla ihop **III** *v* **1** passa, vara lagom
stor **2** anbringa, montera; utrusta **3** anpassa,
göra lämplig; *it* ~*s me to a T* det passar mig
precis; ~ *in* stoppa in; ~ *in with* stämma
överens med; ~ *on* prova: ~ *out* utrusta;
things don't ~ *together* saker o. ting stämmer
inte; ~ *up* **a** utrusta **b** montera
fitchew ['fitʃu:] *zool.* iller
fit|ful ['fitf(u)l] ryckig; nyckfull; ~ *winter*
ostadig vinter **-ment** [-mənt] inredning, mö-
bel **-ness** [-nis] lämplighet; *the* ~ *of things*
det som är lämpligt **--out** ['fit'aut] utrustning
-ter ['fitə] provare, inredare, montör
fitting ['fitiŋ] **I** *a* passande, lämplig **II** *s* **1**
hopmontering; utrustning **2** *pl,* ~*s* inredning,
utrustning; maskindelar; installation[er]; ar-
matur **--room** provrum **--shop** monterings-
verkstad **--up** ['fitin'ʌp] inredning
five [faiv] **1** fem **2** femdollarsedel **--finger**
[-,fiŋgə] **1** *bot.* [fem]fingerört **2** *zool.* sjöstjärna;
~ *exercise* fingerövning (på piano) **--fold** fem-
faldig, femdubbel **-r** [-ə] **1** *sl.* fempundsedel,
femdollarsedel **2** fempoängslag **-s** [-z] (slags)
bollspel
fix [fiks] **I** *v* **1** fästa, anbringa, sätta fast; fast-
ställa (t. ex. pris, datum); montera, installera;
foto. fixera **2** fixera, rikta **3** reparera, snygga
till **4** [ge] stadga [åt] **5** fastna **6** bosätta sig
7 hårdna, stelna **8** muta, fiffla; *you've* ~*ed it,
äv.* du har förfuskat det hela; ~ *on* **a** be-
stämma sig för **b** påbörda; ~ *up* **a** placera;

ordna rum åt **b** ordna, klara; *I can't ~ you up* jag kan inte härbärgera dig **II** *s* knipa, dilemma; *be in a bit of a ~* vara i knipa **-able** [-əbl] som går att fästa (anbringa), *se fix I* **-ation** [-'seiʃ(ə)n] **1** fastsättande; fixering *(äv. foto.)* **2** fastställande **3** fasthet **-ative** [-ətiv] **I** *a* fixer- **II** *s* fixermedel **-ature** [-ətʃə] pomada **-ed** [-t] **1** fästad, fast **2** stel, stereotyp **3** fastställd; *~ charge* fast[ställt] pris **-edly** [-idli] fast; envist **-edness** [-idnis] fasthet, renvishet **-er** [-ə] fixermedel **-ings** [-iŋz] utrustning, tillbehör **-ity** [-iti] beständighet, stabilitet **-ture** [-tʃə] ngt som är fast; fast tillbehör, inventarium *(äv. skämts. om person)*; tävlingsdag enl. uppgjort program

fizz [fiz] **I** *v* fräsa; mussera (om kolsyrade drycker) **II** *s* **1** fräsning; musserande **2** cocktail med kolsyrad fruktdryck som ingrediens **3** liv o. fart **4** champagne **-le** [-l] **I** *v* fräsa; *~ out* **a** fräsa till o. slockna **b** misslyckas; bli kuggad **II** *s* fiasko **-y** [-i] musserande

fjord [fjɔːd] fjord

flabbergast ['flæbəgaːst] slå med häpnad, förbluffa

flabby ['flæbi] slapp, slak, löslig

flaccid ['flæksid] slapp, slak **-ity** [flæk'siditi] slapphet, sladdrighet

flag [flæg] **I** *s* **1** flagga **2** (slags) iris **3** trottoarsten **4** vingpenna; *~ of truce* parlamentärflagg **II** *v* **1** flagga **2** belägga med trottoarsten **3** sloka; slappna **--captain** ['flæg'kæptin] kapten på flaggskepp **--day** flaggdag; dag ägnad åt välgörenhet **--flying** [-,flaiiŋ] flaggande **-ged** [-d] försedd med flaggor **-gy** [-i] **1** klyvbar **2** slak

flagitious [flə'dʒiʃəs] brottslig; skändlig

flag-man ['flægmən] **1** starter **2** banvakt

flagon ['flægən] vinkrus; vinkanna

flagpole ['flægpəul] flaggstång

flagran|cy ['fleigr(ə)nsi] **1** bar gärning **2** skändlighet **-t** **1** uppenbar **2** skändlig

flag|-staff ['flægstɑːf] flaggstång, -spel **--station** anhalt **--stone** trottoarsten; kantsten **--stop** anhalt **--waver** [-,weivə] chauvinist

flail [fleil] **1** *s* slaga **II** *v* slå med slaga

flair [flɛə] **1** *v* väderkorn, fin näsa **2** stil

flak [flæk] luftvärn[sbeskjutning]

flak|e [fleik] **I** *s* **1** flaga **2** flinga; flisa **3** lager **4** fiskfjäll **5** (slags) nejlika **II** *v* **1** flagna, falla i flagor **2** skära i flisor **-e-white** ['fleik'wait] *s* blyvitt **-y** [-i] **1** flagig, fjällig **2** fling-

flam [flæm] lögn, bluff

flamboyant [flæm'bɔiənt] **I** *a* **1** *byggn.* flamboyant **2** (färg)grann **II** *s* (slags) eldröd blomma

flam|e [fleim] **I** *s* **1** flamma, låga; lidelse; glöd; *~ thrower* eldkastare **2** slags nattfjäril **II** *v* flamma, låga, lysa; *~ [up]* bli röd; brusa upp **-ing** [-iŋ] **1** het, flammande **2** lidelsefull **3** överdriven; *a ~ sun* en glödande sol

flamingo [flə'miŋgəu] *zool.* flamingo

flam|mable ['flæməbl] lättantändlig **-y** ['fleimi] flammande, praktfull, eld-

Flanders ['flɑːndəz] **I** *s* Flandern **II** *a* flandrisk

flange [flæn(d)ʒ] **I** *s* fläns **II** *v* förse med fläns

flank [flæŋk] **I** *s* sida, flank; *in ~* från sidan **II** *v* **1** flankera; begränsa **2** anfalla i flanken; kringgå, undvika

flannel ['flænl] **I** *s* **1** flanell **2** flanellapp, tvättlapp; *~s* flanellkläder, flanellkostym **II** *a* flanell- **III** *v* putsa med flanell; laga med

flanell; klä i flanell **-ette** [,flæn'let] bomullsflanell **-ly** [-i] flanell-

flap [flæp] **I** *v* slå, smälla, klappa; fladdra, flaxa; sloka; *~ away (off)* vifta bort; *~ down* hänga ner, sloka **II** *s* **1** smäll, klatsch **2** flaxande **3** flik, snibb, klaff; brätte **4** förvirrat tillstånd; *be in a ~* vara förvirrad **--doodle** [-,duːdl] *vard.* smörja, nonsens **-doodler** [-,duːdlə] struntpratare **--eared** [-iəd] med hängöron **--hat** slokhatt **-jack 1** liten pannkaka **2** puderdosa **-per** [-ə] **1** flugsmälla; nedhängande del; *sl.* hand, tass **2** påstötning; erinran **3** andunge **4** *fam.* tonårsflicka **--table** klaffbord **--valve** klaffventil

flar|e [flɛə] **I** *v* **1** blossa, fladdra **2** puta ut; *~ up* flamma upp; *fig.* brusa upp **II** *s* **1** stark låga, bloss, lysraket; (olika slag av) fyrsignaler **2** utbuktning; *sjö.* utfall (på skepp) **-e-path** upplyst landningsbana **-e-up** ['flɛər'ʌp] **1** uppflammande **2** tillfällig popularitet **3** intensiv (bullersam) festglädje **-ing** [-ərin] *a* **1** fladdrande; blossande; skimrande **2** prålig, gräll

flash [flæʃ] **I** *v* **1** [låta] lysa fram, blixtra; framträda; susa fram; sprida blixtsnabbt **2** briljera med; *it ~ed upon me* det stod plötsligt klart för mig; *~ up (out)* flamma upp; *fig.* brusa upp **II** *s* **1** plötsligt ljusfenomen, blixt, blink, glimt **2** ögonblick **3** prål, ståt **4** utbrott, knäpp, ryck **5** scenbild **6** *mil.* igenkänningsmärke **7** tjuvspråk; *in a ~* på ett ögonblick; *~ in the pan* misslyckat försök; *~ of lightning* blixt **III** *a* **1** vräkig, prålig **2** falsk, oäkta **3** *~ lingo* tjuvspråk **--back** (i film) tillbakablick **--bulb** blixtljuslampa **--house** beryktat ställe **-lamp** ficklampa, signallampa **--light 1** blixtljus **2** signallampa; blinkfyr **--point** antändningstemperatur **--powder** blixtpulver **-y** [-i] **1** vräkig, prålig **2** tom, ytlig

flask [flɑːsk] **1** kruthorn **2** fickflaska, plunta

flat [flæt] **I** *a* o. *adv* **1** horisontell, plan **2** flat, platt **3** uppenbar, ren **4** avslagen, fadd **5** enformig, tråkig **6** *hand.* matt, trög **7** matt, dov **8** *mus.* sänkt en halv ton; *sing ~* sjunga falskt; *fall ~* **a** falla raklång; misslyckas; *~ out* i toppfart; *~ rate* enhetstaxa; fast ränta; *~ silver (ware)* bordssilver; *~ tyre* **a** punktering, tom ring **b** fiasko **II** *s* **1** platta, flat sida, flata; flackt land, slätt; präm; fondkuliss **2** *mus.* halvt steg nedåt på tonskala **3** *sl.* dumbom **4** våning, lägenhet; *on the ~* på slät yta (motsats t. i relief) **IV** *v, tekn.* utplatta **-boat** präm **-car** *A.* öppen godsvagn **-fish** *zool.* plattfisk **-foot 1** plattfot **2** partigängare **3** polis **-footed** ['flæt'futid] **1** plattfotad **2** bestämd, resolut **--iron** [-,aiən] (slags) tungt strykjärn **-ly** [-li] *adv* enhetligt; *~ refuse* ge blankt avslag **-ten** [-n] **1** göra platt, hamra ut; bli platt **2** göra tråkig; göra smaklös **3** sänka (i tonhöjd); *~ out* **a** platta ut (till); bli utplattad **b** läggas i horisontalläge (om flygplan)

flatter ['flætə] **I** *v* smickra; försköna; framhäva **II** *s, se flatting-hammer* **-er** [-rə] smickrare **-y** [-ri] smicker

flatt|ie ['flæti] *sl.* polis, snut **-ing-hammer** [-,hæmə] platthammare, vals **-ish** [-iʃ] ganska platt

flatulen|ce ['flætjuləns] **-cy** [-si] väderspänning **-t** uppblåst; gasalstrande; väderspänd; *fig.* pösig, "mallig"

flat|ware ['flætwɛə] *A.* **1** flata tallrikar **2** bordssilver, bestick **-ways** [-weiz] **-wise** [-waiz] platt, med flatsidan

flaunt [flɔ:nt] **I** v **1** vaja **2** pråla; stoltsera; ~ o.s. sprätta; kråma sig **II** s prål, kråmande **-y** [-i] prålig, vräkig
flavorous ['fleivərəs] smaklig, välsmakande
flavour ['fleivə] **I** s arom, smak, bouquet, krydda; *there is an unpleasant ~ about it* det är ngt skumt med det hela (*fig.*) **II** v ge smak åt, krydda **-ing** [-v(ə)riŋ] krydda, smaktillsats **-some** [-səm] = *flavorous*
flaw [flɔ:] **I** s **1** skavank, fel, brist; spricka **2** vindkast, regnby **II** v spräcka, fördärva; spricka **-less** [-lis] felfri
flax [flæks] lin **-comb** linhäckla **--dressing** [-,dresiŋ] linberedning **-en** [-(ə)n] **1** lin- **2** lingul **-seed** linfrö **-y** [-i] linartad
flay [flei] **1** flå; skala; lura; skinna **2** nedgöra (med kritik)
flea [fli:] loppa; *he was sent off with a ~ in his ear* han blev tillstukad, han fick en tillrätta-visning **--bite 1** loppbett **2** röd prick **3** bagatell **--bitten 1** loppbiten; *fig.* maläten **2** röd-prickig **--louse** bladlus
fleam [fli:m] kniv, lansett
fleck [flek] **I** s fläck, fräkne; stänk; prick **II** v = **-er** [-ə] göra fläckig, göra strimmig
flection ['flekʃ(ə)n] *se* flexion
fled [fled] *imperf* o. *perf part* av *flee*
fledge [fledʒ] täcka med fjädrar **-d** flygfärdig; *fully ~* fullfjädrad **-ling** [-liŋ] fågel som nyss lärt sig flyga; *fig.* ung, oerfaren person, ny-börjare
flee [fli:] [und]fly
fleec|e [fli:s] **I** s **1** fårfäll, skinn **2** fårull **3** kalufs **II** v **1** klippa (får) **2** klå, skinna **3** täcka med ull **-y** [-i] ullig; ulliknande
fleer [fliə] **I** s hånleende **II** v hånle
fleet [fli:t] **I** s **1** flotta; eskader **2** vik; *F~ marriage* vigsel i lönndom; *F~ Street* tidnings-gata i London; *F~ streeter* journalist **II** a **1** *poet.* snabb[fotad] **2** grund **III** v ila förbi **-ing** [-iŋ] snabb, flyktig
Flem|ing ['flemiŋ] flamländare **-ish** [-iʃ] **I** a flamländsk **II** s flamländska [språket]
flesh [fleʃ] **I** s kött; ~ *and fell* med hull o. hår; *lose ~* magra; *put on ~* lägga på hullet; *in ~* vid gott hull; *in the ~* **a** kroppsligen, lekamligen **b** livslevande; *go the way of all ~* förgås, gå all världens väg **II** v **1** egga, ge blodad tand **2** vänja **3** bruka svärd för första gången; skriva sin första kritik **--fly** spyfluga **-ings** [-inz] hudfärgade trikåer **-ly** [-li] **1** kroppslig **2** världslig, sinnlig **--meat** köttmat **--tights** *se fleshings* **-y** [-i] köttig; fet
flew [flu:] *imperf* av *fly* (flyga)
flews [flu:z] hängkäft (på blodhund)
flex [fleks] **I** v **1** böja **2** spänna **II** s [el]sladd **-ibility** [,fleksə'biliti] böjlighet; smidighet **-ible** [-əbl] böjlig; smidig **-ile** ['fleksail] = *flexible*; *äv.* medgörlig **-ion** [-kʃ(ə)n] böjning; krökning, bukt **-ional** [-kʃən(ə)l] böjnings- **-or** [-ə] böjmuskel **-uose** [-ju'əus] slingrande, serpentin- **-uous** [-juəs] *se flexuose* **-ure** [-kʃə] böjning, buktning
flick [flik] **I** s **1** lätt ryck; knäpp (med nagel) **2** *sl.* film; *go to the ~s* gå på bio **II** v knäppa **-er** [-ə] **I** v vackla; fladdra, flämta **II** s **1** fladd-rande **2** *fig.* uppblossande
flier ['flaiə] *se flyer*
flies [flaiz] **I** s pl av *fly* **II** v, *3 pers sg* av *fly*
flight [flait] **I** s **1** flykt; flygning **2** svärm **3** trap-pa; ~ *of stairs* trappa; *three ~s up* tre trappor upp; ~ *of wit* spiritualitet; *put to ~* slå på

flykten; *take to ~* ta till flykten **II** v **1** skjuta (en flyende) **2** flyga i flock **--lieutenant** [-lef,tenənt] flygkapten **-y** [-i] **1** ytlig; flyktig; nyckfull **2** övergången
flimsy ['flimzi] **I** a svag, bräcklig; tunn **II** s **1** kopia **2** tunt papper **3** *sl.* sedel
flinch [flin(t)ʃ] rygga tillbaka, vika; rycka till (av smärta)
flinders ['flindəz] skärvor
fling [fliŋ] **I** v **1** kasta **2** rusa **3** kasta av (om häst); slå omkull (t. ex. om boxare); ~ *o.s. into a task* kasta sig över en uppgift; ~ *off* **a** avskeda, göra sig kvitt **b** leda vilse; ~ *out* störta ut; bryta ut, bli arg; ~ *o.s. upon* helt överlämna sig åt; vädja till **II** s **1** kast **2** häftig rörelse, släng **3** försök; attack **4** livlig skotsk dans **5** utsvävning; *a bit of a ~* lite fest, kalas, "kul"; *have one's ~* leva om, slå runt; *have a ~ at it* göra ett försök; *have a ~ at somebody* attackera ngn. skarpt kritisera ngn
flint [flint] flinta; *skin a ~* vara mycket snål **--lock** flintlåsgevär **-y** [-i] stenhård (*äv. fig.*)
flip [flip] **I** v **1** knäppa iväg, slänga **2** slå till **3** skutta **4** *fam.* göra en flygtur; ~ *a coin* singla slant **II** s **1** knäpp; ryck **2** småll **3** *fam.* flygtur **4** (slags) öldryck, glögg **III** a, *A.* = *flippant*
flip-flap ['flipflæp] **1** kullerbytta **2** svärmare **3** (slags) luftgunga
flippan|cy ['flipənsi] lättvindighet, nonchalans **-t** utan passande allvar, vanvördig
flipper ['flipə] simfot; *sl.* labb **-ty-flopperty** [-ti'flɔpəti] löst hängande, dinglande
flirt [flɔ:t] **I** v **1** slänga; vifta; fladdra **2** flörta, kurtisera **II** s **1** släng, kast **2** flört, flörtig person; ~ *with*, *äv.* leka med, inte ta med till-börligt allvar **-ation** [-'teiʃ(ə)n] flört, kurtis **-atious** [-'teiʃəs] **-ish** [-iʃ] **-y** [-i] flörtig, ko-ketterande
flit [flit] **I** v vandra, växla plats, flytta **2** fladdra, flaxa **3** ila (t. ex. om tid) **II** s flyttning
flitch [flitʃ] rökt fläcksida; bit av timmer; stekt helgeflundra
flitter ['flitə] fladdra, flaxa
flivver ['flivə] billig bil
float [fləut] **I** s **1** drivande massa; flotte, flot-tör, flöte; bärboj **2** ramp (på teater) **3** skopa, skovel **4** låg vagn **II** v **1** [låta] flyta; vara (göra) flott; [låta] sväva **2** (om växel) vara löpande **3** grunda, starta (t. ex. bolag) **4** släppa ut, sätta igång; starta i omlopp **-able** [-əbl] som kan flyta **-age** [-idʒ] **1** flytande **2** vrakgods **3** totalt antal fartyg **4** flytförmåga **5** del av far-tyg ovanför vattenlinjen **-ation** [fləu(u)'teiʃ(ə)n] grundande, finansierande **--board** hjulskovel **--bridge** flottbro **-er** [-ə] **1** ngn (ngt) som flyter etc., *se float II*; *A. sl.* drunknad **2** flask-post **3** flottare **4** valman osäker bet. partitill-hörighet **5** säkert papper, statsobligation **6** *sl.* dumhet **-ing** [-iŋ] flytande, drivande; rörlig (t.ex. om kapital); ~ *goods* varor under transport; ~ *light* **a** fyrskepp **b** drivboj
flock [flɔk] **I** s **1** skara, flock, hjord **2** tofs, tott **II** v samlas, strömma samman **-y** [-i] ullig
floe [fləu] isflak
flog [flɔg] slå; *sl.* knycka; sälja; ~ *a dead horse* spilla krut i onödan **-ging** [-iŋ] stryk, spöstraff
flood [flʌd] **I** s flod, högvatten; flöde, över-svämning; *the F~* syndafloden **II** v över-svämma[s] **--gate** dammlucka **--light I** s strålkastare; fasadbelysning **II** v belysa med strålkastare; fasadbelysa **-s** [-z] *pl, fig.* stört-flod (av tårar, vältalighet etc.)

floor [flɔ:] **I** s **1** golv; botten **2** våning **3** minimilön; first ~ en trappa upp, A. bottenvåningen; he got the ~ han fick ordet; take the ~ ta till orda (i debatt); take to the ~ tråda dansen **II** v **I** förse med golv **2** utgöra golv **3** slå till marken, golva; kugga **--cloth 1** korkmatta **2** skurtrasa **-er** [-rə] **1** dråpslag **2** kuggfråga **3** dräpande argument **-ing** [-riŋ] [material för] golvbeläggning **--lamp** golvlampa **--leader** talman **--manager** [-,mænidʒə] övermarskalk, ceremonimästare **--plan** grundplan **--walker** [-,wɔ:kə] inspektör (i varuhus)

floo|sy ['flu:zi] **-zy** [-zi] slyna

flop [flɔp] **I** v **1** dunsa **2** föra sig klumpigt **3** slänga (med en duns) **4** flaxa **5** misslyckas, göra fiasko **II** adv plums, med en duns, pladask **III** s **1** duns **2** flaxande **3** sl. fiasko **4** sl. säng **-py** [-i] slak, hållningslös

flora ['flɔ:rə] flora

floral ['flɔ:r(ə)l] blomster-; ~ parade blomparad; ~ tribute blomsterhyllning

Florentine ['flɔr(ə)ntain] **I** s florentinare; florentinskt silketyg **II** a florentinsk

florescence [flɔ:'resns] blomning[stid]

floricultur|e ['flɔ:rikʌltʃə] blomsterodling **-ist** [,flɔ:ri'kʌltʃ(ə)rist] blomsterodlare

florid ['flɔrid] **1** blomrik, blommande **2** blomsterprydd, prunkande **3** yppig, utsirad **4** rödblommig

Florida ['flɔridə] delstat i USA

floridity [flɔ'riditi] rikedom på blommor; yppighet

florin ['flɔrin] **1** florin **2** (förr) 2-shillingmynt, (nu) 10 pence

florist ['flɔrist] blomsterhandlare, -odlare, -kännare

floss|[-silk] ['flɔs('silk)] flocksilke **-y** [-i] dunig

flotation [flə(u)'teiʃ(ə)n] = floatation

flotilla [flə(u)'tilə] flottilj

flotsam ['flɔtsəm] vrakgods; ~ and jetsam [diverse] bråte (fig.); spillror, olycksbarn

flounce [flauns] **I** v **1** rusa iväg **2** kasta sig, sprattla **3** garnera med volang **II** s **1** sprattling **2** volang

flounder ['flaundə] **I** v **1** plumsa (i gyttja etc.) **2** sprattla; trassla in sig **3** hacka, stamma **II** s **1** plumsande etc. **2** zool .flundra

flour ['flauə] **I** s mjöl (i olika bet.) **II** v beströ med mjöl; mala till mjöl

flourish ['flʌriʃ] **I** v **1** blomstra, frodas, trivas **2** tala i bilder, uttrycka sig sirligt; stoltsera **3** svänga, svinga (svärd, bägare, penna etc.) **II** s **1** floskler, stilblomma **2** fanfar; preludium **3** svingande (av vapen etc.), salut **4** snirkel, sväng; ~ of trumpets trumpetstöt

floury ['flauəri] beströdd med mjöl, mjölig

flout [flaut] **I** v bespotta, håna **II** s hån

flow [fləu] **I** v strömma, flyta, flöda; bölja; härröra **II** s flöde, flod; överflöd

flower ['flauə] **I** s blomma, blom[ning]; arom; ~ of speech stilblomma **II** v blomma; driva i blom; pryda med blommor **-ed** [-d] med blommor; prydd med blommor; blommig **-er** [-rə] växt som blommar **-age** [-ridʒ] **1** blomning **2** blomsterprakt **--bed** rabatt **--dust** frömjöl **-et** [-rit] liten blomma **--pot** blomkruka **--stalk** blomstjälk **-y** [-ri] blom[ster]rik; blommig

flown [fləun] **1** perf part av fly **2** utflugen **3** upptänd (av vin, vrede)

flu [flu:] fam. influensa

fluctuat|e ['flʌktjueit] fluktuera, variera, gå

upp o. ner, vara vankelmodig **-ion** [,flʌktju-'eiʃ(ə)n] växling, ostadighet; fluktuation

flue [flu:] **I** s **1** (slags) fisknät **2** fjun **3** rökkanal; rör för ånga **4** se flu **II** v vidga[s]

fluen|cy ['flu(:)ənsi] jämnt flöde, ledighet; flytande framställning; språkbehärskning **-t 1** ledig, flytande (framför allt om tal o. språk) **2** lättändrad, ostadig

fluey ['flu:i] fjunig

fluff [flʌf] **I** s **1** ludd, dun **2** sl. roll som man kan dåligt **II** v **1** göra luddig **2** burra upp **-y** [-i] luddig; burrig

fluid ['flu(:)id] **I** a flytande, rörlig **II** s vätska, flytande kropp **-ity** [flu(:)'iditi] flytande tillstånd

fluk|e [flu:k] **I** s **1** plattfisk **2** ankarfly **3** hulling, spets (t.ex. på lans) **4** ~s, pl stjärt på val **5** tur, flax; by a ~ av rena turen **II** v ha tur **-y** [-i] osäker; tursam

flume [flu:m] A. vattenränna

flummox ['flʌmɔks] förvirra

flump [flʌmp] duns

flung [flʌŋ] imperf o. perf part av fling

flunk [flʌŋk] **I** s fiasko **II** v misslyckas; kugga[s]

flunkey ['flʌŋki] lakej[själ]

flourescent [fluə'resnt] fluorescerande; ~ lamp lysrör

fluori|date [flu'ɔrideit] behandla med fluorider **-dation** [,fluərai'deiʃ(ə)n] fluorbehandling; fluoridering **-de** ['fluəraid] fluorid **-ne** ['fluəri:n] fluor

flurry ['flʌri] **I** s **1** kastby **2** förvirring **3** oro, aktivitet **II** v förvirra, uppröra

flush [flʌʃ] **I** v **1** skrämma, jaga upp (fåglar) **2** spola ren **3** flöda, strömma till **4** [få att] rodna **5** uppliva, uppegga **II** s **1** uppskrämda fåglar **2** plötslig ström **3** utbrott, uppblossande; rodnad **4** {spirande} växt, flor **5** renspolning **6** friskhet, kraft **7** kortsp. flush **III** a **1** full, stigande (om flod) **2** vid god kassa **3** i samma plan

fluster ['flʌstə] **I** v **1** berusa, upphetsa **2** [bli] förvirra[d] **II** s förvirring, nervositet

flut|e [flu:t] **I** s **1** flöjt **2** räffla **II** v **1** spela på flöjt, drilla **2** räffla, kannelera **-ist** flöjtspelare

flutter ['flʌtə] **I** v **1** fladdra [med], flaxa [med] **2** jaga upp, ängsla; vara orolig **II** s **1** fladdrande, flaxande **2** oro, nervositet **3** hasardspel

flux [flʌks] **I** s flod, flöde; flytning; växling, ständig förändring; ~ and re~ flod o. ebb **II** v göra flytande, smälta; strömma ut **-ion** [-kʃ(ə)n] flytning

fly [flai] **I** s **1** fluga **2** flygning **3** fluga **4** gylf **5** oro (i ur) **6** flagglängd **7** (slags) enspännare; droska; a ~ in the ointment malört i glädjebägaren, aber **II** v ~ the ~ a i rörelse **b** i flykten **II** v flyga; fly; ila; avskjuta; hissa, föra (flagg); fladdra; let ~ fyra av; ~ high ha höga ambitioner; he will ~ at you han kommer att flyga på dig; ~ into a rage bli rasande; ~ off vika av från kurs; ~ off the handle ilskna till och börja gräla; ~ out brusa upp (åt mot) **III** a, sl. knipslug **--blow** **I** s flugägg **II** v smutsa ner **--blown** fig. skämd, befläckad **--catcher** [-,kætʃə] **1** flugsnappare **2** flugfångare **-er** [-ə] **1** ngn (ngt) som flyger **2** person (sak) som går med hög fart (t.ex. om expresståg, flygplan) **3** hopp med ansats **4** kvarvinge; high ~ fågel som flyger högt **-ing** ['flaiiŋ] **I** s flygning **II** a flyg-; ~ fish flygfisk; ~ saucer flygande tefat; ~ squad motoriserad polisavdelning; ~ *stationer* kolportör **-ing-bridge** pontonbro **-ing-buttress** [-ˌbʌtris] strävbåge **-ing-display** flyguppvisning **-ing-man** flygare **-ing-officer** [-ˌɔfisə] flyglöjtnant **-ing- -range** aktionsradie **--leaf** försätts-, eftersättsblad **--over** [ˈflaiˌəuvə] genomfartsled över gatunivå i stad **--past** defilering av flygplan **--sheet** flygblad **-wheel** svänghjul

foal [fəul] föl; *in* ~ dräktig

foam [fəum] **I** *s* skum, fradga, lödder; ~ *at mouth* ha fradga om munnen; ~ *rubber* skumgummi **II** *v* skumma, fradga **-y** [-i] löddrig

fob [fɔb] **I** *s* urficka **II** *v* **1** stoppa i fickan **2** lura; *he was ~bed off with* han blev avspisad med

focal [ˈfəuk(ə)l] brännpunkts-, fokal-

fo'c'sle [ˈfəuksl] = *forecastle*

fo|cus [ˈfəukəs] (*pl -ci* [-sai]) **I** *s* **1** brännpunkt, fokus **2** [sjukdoms]härd **II** *v* samla[s] i en brännpunkt; koncentrera; fästa (ögonen) på; ställa in (om kamera); sammanfatta

fodder [ˈfɔdə] **I** *s* foder **II** *v* fodra

foe [fəu] *poet.* fiende

foetus [ˈfiːtəs] foster

fog [fɔg] **I** *s* **1** dimma; töcken **2** vintergräs **II** *v* **1** hölja i dimma; *foto.* göra suddig; sätta ut dimsignaler; *fig.* förvirra, omtöckna **2** fodra med vintergräs **--bound** höljd i dimma; lamslagen av dimma

fogey [ˈfəugi] *se fogy*

fog|gy [ˈfɔgi] dimmig; vag; suddig **-horn** mistlur

fogy [ˈfəugi] *s, old* ~ stofil

foible [ˈfɔibl] **1** ngns svaga sida **2** del av svärdsklinga

foil [fɔil] **I** *s* **1** folie; bakgrund **2** djurspår **3** fäktvärja, florett **II** *v* **1** korsa spår **2** framhäva **3** besegra

foist [fɔist] smuggla in ngt obemärkt; ~ *s.th. upon somebody* pracka på ngn ngt

fold [fəuld] **I** *s* **1** fårfålla; fårahjord; Kristi församling **2** veck; slinga **II** *v* **1** instänga; sluta (i ngns armar) **2** vika **-able** [-əbl] hopfällbar **-er** [-ə] folder, hopfällbar trycksak (t.ex. karta) **-ing-bed** [-iɳ] tältsäng **-ing- -doors** [ˈfəuldiɳˈdɔːz] (slags) skjutdörrar **-ing-table** [ˈfəuldiɳˈteibl] klaffbord **--over** omslag

foliage [ˈfəuliidʒ] löv[verk] **--leaf** blad (ej på blomma)

foliar [ˈfəuliə] blad-

foliate I *a* [ˈfəuliit] bladlik; med blad **II** *v* [ˈfəulieit] **1** uppdela i blad; foliera **2** pryda med blad

folio [ˈfəuliəu] **I** *s* folio[format]; foliosida

folk [fəuk] *vanl. pl* folk, människor, föräldrar; *the old* ~*s* mor o. far; *little* ~*s* småttingar; ~ *dance* folkdans; ~ *music* folkmusik; ~ *song* folkvisa; ~ *tale* folksaga **-lore** [-lɔː] folksägner; folkminnesforskning **-sy** [-si] enkel

follow [ˈfɔləu] **I** *v* **1** följa (bakom, efter); efterträda; förstå, följa med, begripa **2** ägna sig åt (yrke); ~ *the plough* vara bonde; ~ *the sea* vara sjöman; ~ *suit* bekänna färg; ~ *on* fortsätta efter; gå in på nytt (om ena sidan i kricket); ~ *out* fullfölja; ~ *up* a fullfölja, slutföra **b** vidare utveckla (t.ex. tes) **c** ansluta till; *he ~ed up his call by a letter* han lät sitt samtal följas av ett brev; ~*ing up ours of* ... i anslutning till vårt brev av ... **II** *s* andra portion, påbackning **-er** [-ə] anhängare; följeslagare **-ing** [-iɳ] **I** *s* följe **2** [det] följande

II *a* följande; ~ *wind* vind i ryggen **--through** [ˈfɔləuˈθruː] **--up** [ˈfɔləuˈʌp] uppföljning; efterbehandling

folly [ˈfɔli] **1** dårskap **2** benämning på onyttig dåraktig byggnad

foment [fə(u)ˈment] **1** bädda in varmt; badda **2** *fig.* underblåsa; uppmuntra **-ation** [ˌfoumenˈteiʃ(ə)n] **1** uppmuntran; underblåsande **2** varmt omslag; baddning

fond [fɔnd] **1** dåraktig **2** innerlig; tillgiven; alltför öm; *be* ~ *of* tycka om, älska

fond|le [ˈfɔndl] smeka[s], kela **-ling** [-liɳ] **1** smek, kel **2** favorit, älskling **-ness** [-nis] dåraktighet, svaghet; tillgivenhet, ömhet; förkärlek

font [fɔnt] **1** dopfunt **2** källa **3** oljekammare (på lampa) **-al** [-l] **1** ursprunglig **2** dop-

food [fuːd] föda; födoämne; mat; *be off one's* ~ ha tappat matlusten; ~ *for thought* tankeställare **--hoarder** [-ˌhɔːdə] hamstrare **-stuff** näringsämne; livsmedel

fool [fuːl] **I** *s* **1** dåre, tok, narr **2** [krusbärs]kräm; *be a* ~ *to somebody* vara en nolla jämfört med ngn; *he is a* ~ *for all his pains* han anstränger sig förgäves; *he makes a* ~ *of himself* han gör sig löjlig; *All F~s' Day* 1:a april; *go on a* ~*'s errand* göra sig besvär förgäves, ge sig in på fruktlöst företag **II** *a, fam. o. A.* dum **III** *v* **1** driva gäck med **2** lura **3** slå dank; ~ *away one's time* slarva bort sin tid; ~ *into* förleda till, narra till; ~ *somebody out of s.th.* lura ngn på ngt **-ery** [-əri] dårskap, gyckel **-hardy** [-ˌhɑːdi] dumdristig **-ish** [-iʃ] dåraktig, dum; löjlig **-proof** absolut säker (ofarlig), enkel, "idiotsäker"; *it is* ~ den är idiotsäker, fel är uteslutna

foolscap 1 [ˈfuːlzkæp] (*äv. fool's cap*) narrhuva, papershatt **2** [ˈfuːlskæp] [skriv]papper (ca 33 × 40 cm)

foot [fut] (*pl feet* [fiːt]) **I** *s* **1** fot **2** steg, gång **3** infanteri **4** fotända **5** versfot **6** fot (längdmått = 3,05 dm) **7** bottensats **8** råsocker; *she happy? my* ~! hon lycklig? prat då trissor!; *find one's feet* a börja kunna stå (om barn) **b** bli medveten om sin styrka; *I know the length of his* ~ jag vet vad han går för; *he has put his* ~ *in* it han har gjort bort sig; *he was carried off his feet* han överväldigades (*fig.*); *he was on* ~ han kom till fots; *be on one's feet* a vara frisk **b** ha ordet; *get to one's feet* ställa sig upp **II** *v* **1** dansa (~ *it*) 2 gå på 3 räkna ihop, addera (~ *up*) **4** betala räkning **5** uppgå till **--and-mouth disease** [ˌfutənˈmauθdiˌziːz] mul- o. klövsjuka **-ball 1** fotboll 2 (spelet) fotboll **-board** fotsteg **-boy** tjänstepojke **-bridge** gångbro **-ed** [-id] med fötter **-er** [-ə] **1** *sl.* fotboll **2** *a six-~* man som är fot lång **-fall** ljud av fotsteg **--fault** fotfel (felaktig fotställning över baslinjen vid serve i tennis) **-gear** skodon **-hills** [-hilz] låga kullar vid foten av berg[skedja] **-hold** fotfäste (*äv. fig.*) **-ing** [-iɳ] **1** fotens plats (läge) **2** fotfäste, fast ställning **3** förhållande, fot **4** medlems-, inträdesavgift **5** [total]summa; *be on a friendly* ~ *with* stå på god fot med **-le** [ˈfuːtl] **I** *v, sl.* larva sig, vara fånig **II** *s* larv, strunt **--lights** [-laits] rampljus **-man** [-mən] **1** infanterist **2** betjänt **-mark** fotspår **-note** fotnot **--pace** skritt **-pad** stråtrövare **--passenger** [-ˌpæs(i)n(d)ʒə] fotgängare **-path** gångstig **--pavement** trottoar **--police** patrullerande poliser **--print** fotspår **--race** kapplöpning **-rest** fotpall **-rule**

tumstock (en fot lång) **-slogger** *sl.* fotgäng-
are; infanterist **-sore** öm i fötterna **--stall**
(slags) stigbygel **-step** fotsteg; fotavtryck
-stone 1 grundsten **2** sten vid gravs fotända
-stool fotpall **-way** gångstig, trottoar **-wear**
skodon **-work** fotarbete **-worn** med ömma
fötter

foozle ['fu:zl] **I** *v, sl.* missa, utföra slarvigt **II**
s **1** miss **2** slarvfel

fop [fɔp] snobb **-pery** [-əri] snobberi

for [fɔ:] **I** *prep* för; i (om tid); om; till; för
... skull; på grund av; beträffande; trots:
såsom **II** *konj* ty, för, nämligen; *go ~ it* an-
falla; *now ~ it!* till verket!: *they sent ~ the
doctor* de lät hämta läkaren; *so much ~ that*
nog om detta; *~ all his learning* trots all sin
lärdom; *there was nothing ~ it but* det var
bara att, det återstod inget annat än; *it's ~
you to decide* det tillkommer dig att bestäm-
ma; *~ people to believe all he says is* ... att
folk tror allt vad han säger är ... ; *he was hang-
ed ~ a spy* han blev hängd som spion; *take
it ~ granted* ta för givet; *I ~ one* jag t.ex.; *~
fear of* av fruktan för; *~ shame!* fy!, vet
skäms!; *~ all I know* så vitt jag vet; *~ all that*
dock; *there's a book ~ you!* se det var en bok
det!; *oh, ~ a garden!* den som ändå hade en
trädgård!; *as ~ me* vad mig beträffar

forage ['fɔridʒ] **I** *s* **1** foder **2** foderanskaffning
3 plundring **II** *v* **1** skaffa foder **2** plundra **3**
rota i skafferiet **--cap** båtmössa

forasmuch as [f(ə)rəz'mʌtʃəz] alldenstund,
eftersom

foray ['fɔrei] **I** *s* plundringståg **II** *v* plundra

forbad[e] [fə'bæd] *imperf* av *forbid*

forbear I *s* ['fɔ:beə] *vanl. pl*, *~s* förfäder **II**
v [fɔ:'beə] **1** låta bli, avhålla sig från **2** ha tåla-
mod **-ance** [fɔ:'bɛər(ə)ns] **1** förnekande; ur-
aktlåtenhet **2** tålamod; *~ is no acquittance*
gömt är icke glömt **-ing** [fɔ:'bɛəriŋ] fördrag-
sam

forbid [fə'bid] förbjuda; omöjliggöra; *God ~!*
Gud förbjude! **-den** [-n] förbjuden **-ding**
[-iŋ] avskräckande; frånstötande

forbor[e] [fɔ:'bɔ:] *imperf* av *forbear* **-ne** [-n]
perf part av *forbear*

force [fɔ:s] **I** *s* **1** kraft, makt, styrka; infly-
tande **2** våld **3** giltighet **4** trupp; *the ~s* strids-
krafter, försvar; *the ~* polisen; *by ~* med våld;
by main ~ med all makt; *from* (*by*) *~ of habit*
av gammal vana; *~ in ~* manstark; *come into
~* träda i kraft; *put in ~* tillämpa; *in great ~*
a i stort antal **b** i utmärkt form **II** *v* bruka
våld; tvinga; forcera, pressa; ta med våld;
spänna till det yttersta; storma; tilltvinga sig;
driva (växt till mognad); *~ the game* chansa,
spela djärvt; *he ~d my hand* han tvingade mig
att bekänna färg; *she ~d a smile* hon log an-
strängt; *~ from* avtvinga; *a ~d march* forcerad
marsch; *~d landing* nödlandning; *~d lubrica-
tion* tryck-, rundsmörjning **-ful** [-f(u)l] kraft-
full **-less** [-lis] kraftlös

force-meat ['fɔ:smi:t] köttfärs

forceps ['fɔ:seps] kirurgtång

forcibl|e ['fɔ:səbl] **1** kraftig **2** tvångs- **-y** [-i]
med våld

forcing|-bed ['fɔ:siŋbed] drivbänk **--house**
drivhus

ford [fɔ:d] **I** *s* vadställe **II** *v* vada över **-able**
[-əbl] som går att vada över

fore [fɔ:] **I** *a* fram-, främre **II** *s* för (på fartyg)
III *adv* förut (på fartyg) **IV** *prep* vid; *be to the
~* vara aktuell!; vara till! hands; vara i livet;
come to the ~ bli aktuell, träda i förgrunden;
~ and fit långskepps **--and-aft** i för o. akter,
från för till akter, långskepps; *~ sails* sned-
segel **-arm I** *s* ['fɔ:rɑ:m] underarm **II** *v*
[-r'ɑ:m] beväpna i förväg **-bear** ['fɔ:bɛə] =
forbear I **-bode** [-'bəud] **1** förutsäga; före-
båda **2** ana **-boding** [-'bəudiŋ] **1** förutsägelse;
förebud **2** ond aning **-cast I** *s* [väder]-
prognos **II** *v* förutse; förutsäga **-castle**
['fəuksl] (*äv. fo'c'sle*) *sjö.* skans; back **-close**
[-'kləuz] utesluta, hindra **-doom** [-'du:m]
döma i förväg **-father** ['fɔ:,fɑ:ðə] förfader,
ättling **-finger** ['fɔ:fiŋgə] pekfinger **-foot**
framfot; törstav **-front** framsta dei; första
led **-gather** = *forgather* **-go** [-'gəu] **1** = *forgo*
2 föregå; *the ~ing quotation* föregående citat;
~ne conclusion förutfattad mening, i förväg
fattat beslut **-ground** förgrund **-hand I** *s*
1 bog **2** forehand (i tennis) **II** *a* forehand-
(i tennis) **-handed** [-,hændid] **1** omtänksam
2 rik **-head** ['fɔrid] panna **-hold** *sjö.* förrum

foreign ['fɔrin] utländsk, utrikes-; främ-
mande; från annan ort; *F~ Office* Utrikes-
departement; *~ exchange* utländsk valuta; *~
paper* tunt brevpapper (t. ex. för flygpost) **-er**
[-ə] utlänning; utländskt fartyg

fore|judge [fɔ:'dʒʌdʒ] döma på förhand
-know [-'nəu] veta på förhand **-knowledge**
['fɔ:'nɔlidʒ] vetskap på förhand, förhands-
kännedom **-land** ['fɔ:lənd] kap, udde **-leg**
['fɔ:leg] framben **-lock** ['fɔ:lɔk] **1** lock i
pannan **2** *sjö.* sprint; *take time* (*occasion*) *by
the ~* gripa tillfället i flykten **-man** ['fɔ:mən]
förman; ordförande i jury **-mast** ['fɔ:mɑ:st]
fockmast **-mentioned** ['fɔ:menʃ(ə)nd] förut-
nämnd **-most** ['fɔ:məust] främst, förnämst,
först **-named** ['fɔ:neimd] förutnämnd **-noon**
['fɔ:nu:n] förmiddag **--ordain** ['fɔ:rɔ:'dein]
förordna, förutbestämma **-ordination** ['fɔ:r-
ɔ:di'neiʃ(ə)n] förordnande; förutbestämmande
--reach [-'ri:tʃ] *sjö.* stjäla vind; gå om
-run [-'rʌn] föregå; utgöra förvarning **-sail**
[f'ɔ:seil] focksegel **-saw** [-'sɔ:] *imperf* av *fore-
see* **-see** [-'si:] förutse **-seen** [-'si:n] *perf part*
av *foresee* **-shadow** [-'ʃædəu] *se forerun*
-shore ['fɔ:ʃɔ:] strand[remsa] **-show** [-'ʃəu]
förutsäga **-sight** ['fɔ:sait] **1** förutseende **2** korn
(på eldvapen)

forest ['fɔrist] **I** *s* skog[strakt] **II** *v* plantera
skog

forestall [fɔ:'stɔ:l] förekomma, föregripa

forest|er ['fɔristə] skogvaktare; person som
arbetar (bor) i skogen **-ry** [-ri] skogsvård,
skogsvetenskap

fore|taste I *s* ['fɔ:teist] försmak **II** *v* [fɔ:'teist]
få försmak av **-tell** [fɔ:'tel] förutsäga
-thought ['fɔ:θɔ:t] beräkning **-token I** *s*
['fɔ:təuk(ə)n] förebud **II** *v* [fɔ:'təuk(ə)n] före-
båda **-told** [fɔ:'təuld] *imperf o. perf part* av
foretell

forever [fə'revə] för alltid, evigt **-more** allt
framgent, i evighet

fore|warn [fɔ:'wɔ:n] varsko; *~ed is forearmed*
varnad är väpnad **-woman** ['fɔ:,wumən]
föreståndarinna; kvinnlig ordförande i jury

forfeit ['fɔ:fit] **I** *s* förverkande; böter; pant;
play at ~s leka pantlek **II** *a* förverkad **III** *v*
förverka; mista **-ure** [-ʃə] förverkande, för-
lust; böter

forgather [fɔ:'gæðə] [för]samlas; umgås [med]

forgave [fə'geiv] *imperf* av *forgive*

forge [fɔːdʒ] **I** *s* **1** smedja; ässja; järnverk, smälteri **2** smidesjärn **II** *v* **1** smida **2** *fig.* hopsmida, förfalska **3** långsamt o. ansträngt ta sig fram **-r** [-ə] **1** smed **2** förfalskare **-ry** [-(ə)ri] förfalskning

forget [fə'get] glömma; *I* ~ jag har glömt **-ful** [-f(u)l] glömsk · **-fulness** [-f(u)lnis] glömska **--me-not** *bot.* förgätmigej

forgiv|able [fə'givəbl] förlåtlig **-e** [-v] förlåta; efterskänka **-en** [-vn] *perf part* av *forgive* **-eness** [-nis] förlåtelse **-ing** [-iŋ] förlåtande, överseende

forgo [fɔː'gəu] avstå från, försaka

forgot [fə'gɔt] *imperf* av *forget* **-ten** [-n] *perf part* av *forget*

fork [fɔːk] **I** *s* gaffel; grep; förgrening; ~[-*lift*] *truck* gaffeltruck **II** *v* göra gaffelformig; förgrena **-y** [-i] *poet.* kluven

forlorn [fə'lɔːn] övergiven; förtvivlad, hopplös; ömklig; ~ *hope* **a** förtvivlat företag **b** stormtrupp **-ness** [-nis] övergivenhet; hopplöshet

form [fɔːm] **I** *s* form (i olika bet.); slag **1** gestalt; figur **2** bänk **3** skolklass **4** formalitet **5** formulär **6** kondition **7** gjutform **8** (hares) läger **9** *boktr.* tryckform; *it's bad* ~ det passar sig inte; *in* ~ **a** i klassen **b** formellt **II** *v* forma, gestalta, bilda; ~ [*up*] formera [sig] (*mil.*); ~ *into* forma till

formal ['fɔːm(ə)l] formell; konventionell; ~ *call* artighetsvisit **-ity** [-'mæliti] formalitet **-ize** [fɔːməlaiz] göra formell

forma|tion [fɔː'meiʃ(ə)n] formande, formering; bildning **-tive** ['fɔːmətiv] **I** *a* **1** formande **2** avdelnings-, ordbildande **II** *s* ordbildningselement

forme [fɔːm] *se form I* 9

former ['fɔːmə] **I** *a* **1** den förre **2** föregående; forn **II** *s* **1** formare, skapare **2** lärjunge i viss klass **-ly** [-li] fordom

formidable ['fɔːm(i)dəbl] fruktansvärd, väldig

form-master ['fɔːm,mɑːstə] *ung.* klasslärare

formul|a ['fɔːmjulə] (*pl -as* [-əz] *-ae* [-iː] **1** formel, formulär **2** regel **3** recept **-arize** [-əraiz] uttrycka i formel **-ary** [-əri] **I** *s* ritual[samling] **II** *a* dogmatisk; av formelnatur

formulat|e ['fɔːmjuleit] formulera **-ion** [,fɔːmju'leiʃ(ə)n] formulering

fornicat|e ['fɔːnikeit] bedriva otukt **-ion** [,fɔːni'keiʃ(ə)n] otukt, hor **-or** [-ə] horkarl

forsake [fə'seik] lämna i sticket, överge **-n** [-(ə)n] *perf part* av *forsake*

forsook [fə'suk] *imperf* av *forsake*

forsooth [fə'suːθ] i sanning

for|swear [fɔː'sweə] avsvärja [sig]; ~ *o.s.* svärja falskt **-swore** [-'swɔː] *imperf* av *forswear* **-sworn** [-'swɔːn] *perf part* av *forswear* **2** menedig

fort [fɔːt] fäste, fort **2** handelsplats

forte 1 [fɔːt] ngns starka sida **2** ['fɔːti] *mus.* forte

forth [fɔːθ] fram[åt]; bort, ut; *from this time* ~ från o. med nu **-coming** [-'kʌmiŋ] förestående, stundande **-with** ['fɔːθ'wið] omedelbart

fortieth ['fɔːtiiθ] fyrtionde

fortif|ication [,fɔːtifi'keiʃ(ə)n] befästning, befästande **-y** ['fɔːtifai] **1** förstärka **2** befästa **3** *fig.* styrka, uppmuntra

fortitude ['fɔːtitjuːd] mod, [själs]styrka

fortnight ['fɔːtnait] fjorton dagar; *today* ~ i dag om fjorton dagar; i dag för fjorton dagar sedan **-ly** ['fɔːt,naitli] var fjortonde dag

fortress ['fɔːtris] fästning

fortuit|ous [fɔː'tju(ː)itəs] tillfällig **-ousness** [-əsnis] **-y** [-i] tillfällighet

fortun|ate ['fɔːtʃnit] lycklig, lyckosam **-ful** ['fɔːtʃ(ə)n] **I** *s* lycka; levnadslott; förmögenhet; *by good* ~ lyckosamt, tursamt; *tell* ~*s* spå; ~ *favours the bold* lyckan står den djärve bi **II** *v*, ~ *upon* råka finna, stöta på

forty ['fɔːti] fyra; *take* ~ *winks* sova middag **-niner** ['fɔːti'nainə] fyrtionia (person som letade guld i Kalifornien 1849)

forum ['fɔːrəm] forum; domstol

forward ['fɔːwəd] **I** *a* framtill; framåt-; förut, föröver; främre, förlig; framåtsträvande, framfusig; långt utvecklad, försigkommen; tjänstvillig **II** *s* forward (i fotboll) **III** *v* **1** befrämja, hjälpa **2** sända iväg; eftersända (post) **IV** *adv* framåt; *I look* ~ *to it* jag ser fram emot det; *bring* ~ föra på tal; *come* ~ **a** anmäla sig **b** alända (om varor); ~ *of the beam* för om tvärs (*A. sjö.*); ~ *steaming light* toppljus, lanterna **-er** [-ə] speditör **-ing** [-iŋ] spedition **-ing-agent** ['fɔːwədiŋ'eidʒ(ə)nt] speditör **-ness** [-nis] **1** framskridet stadium **2** tidighet; brådmogenhet **3** framfusighet **-s** [-z] = *forward IV*

forwent [fɔː'went] *imperf* av *forgo*

fossil ['fɔsl] **I** *a* förstenad; uppgrävd **II** *s* fossil **-ize** ['fɔsilaiz] förvandla[s] till fossil; förstena[s]

foster ['fɔstə] fostra; uppamma **-age** [-ridʒ] **1** fostran **2** fosterbarnsställning **--brother** [-,brʌðə] fosterbror **-er** [-rə] fostrare; fosterfar **-ling** [-liŋ] **1** fosterbarn **2** skyddsling **--mother** [-,mʌðə] **1** fostermor **2** äggkläckningsapparat; kuvös

fought [fɔːt] *imperf* o. *perf part* av *fight*

foul [faul] **I** *a* skämd, rutten; vidrig, stinkande; oren, gemen, smutsig, dålig (väder); skändlig; ojust, ogiltig; *vard.* ruskig; *the* ~ *fiend* djävulen; ~ *play* ojust spel; brott **II** *s* **1** ngt som är otillåtet **2** kollision, krock; *through fair and* ~ i vått o. torrt **III** *adv* ojust **IV** *v* bli smutsig; blockera[s]; ~ [*up*] trassla till [sig]; spela ojust; *the train* ~*ed the points* tåget satte växlarna ur funktion **-ly** [-li] gement; vidrigt **-mouthed** [-mauðd] ful i mun **-ness** [-nis] **1** orenhet; förskämning **2** förorening **3** gemenhet, vidrighet **-spoken** [-,spəukən] **-tongued** [-tʌŋd] ful i mun

foumart ['fuːmɑːt] *zool.* iller

found [faund] **1** *imperf* o. *perf part* av *find*; *all* ~ inklusive allt **2** grundlägga, upprätta; basera **3** gjuta; *well* ~*ed complaints* välgrundade klagomål **-ation** [-'deiʃ(ə)n] **1** grund, grundande **2** stiftelse; donation **3** grundval, bas; *be on the* ~ vara frielev; ~ *cream* underlagskräm **-ationer** [-'deiʃnə] frielev **-er** [-ə] **I** *s* **1** grundare, stiftare **2** gjutare **II** *v* **1** ramla, störta in **2** förlisa (om skepp); stupa av trötthet **3** bli (rida) halt **-ling** [-liŋ] hittebarn **-ry** [-ri] gjuteri

fount [faunt] *poet.* källa

fountain ['fauntin] källa, fontän; reservoar **-head** ['fauntin'hed] källa **--pen** reservoarpenna

four [fɔː] fyra; fyrtal; båt med fyra åror; ~*s* **a** kapprodd med fyraårade båtar **b** 4 % obligation; *within the* ~ *seas* i Storbritannien; *creep on all* ~*s* krypa på alla fyra; *be on all* ~*s* vara jämförlig med **-fold** a o. adv fyrfaldig[t], fyrdubbel[t] **--in-hand** ['fɔ:rin'hænd] **1** fyrspann **2** kravatt **--part** fyrstämmig **--poster** ['fɔ:'pəustə] stolpsäng; fyrmastare **-score** ['fɔ:'skɔ:] åld. åttio **-some** [-səm] golf. dubbelspel; fam. sällskap om fyra personer, bridgegäng; make up a ~ ordna en fjärde man (ung.) **-square** ['fɔ:'skweə] fyrkantig; fig. stadig, bastant **-teen** ['fɔ:' ti:n] fjorton **-teenth** ['fɔ:-'ti:nθ] fjortonde **-th** [fɔ:θ] fjärde; fjärdedel; the F~ of July Förenta staternas nationaldag **fowl** [faul] **I** s fåglar; hönsfågel **II** v fånga fågel **-er** [-ə] fågeljägare **-ing-piece** [-iŋ-] lätt gevär **--run** hönsgård

fox [fɔks] **I** s **1** räv **2** filur **II** v **1** gå listigt tillväga, bedra, lura **2** förse med hundören (om bok) **--bat** flygande hund **--evil** håravfall **-glove** fingerborgsblomma **--hole** gryt **-hound** rävhund **--trap** rävsax **-trot** foxtrot **-y** [-i] **1** slug **2** rödbrun **3** räv- **4** sur (om t. ex. öl)

foyer ['fɔiei] foajé

fraction ['frækʃ(ə)n] **1** brytandet av brödet vid den heliga nattvarden **2** bit, bråkdel **3** mat. bråk; vulgar ~ vanligt bråk **-al** [-ʃənl], **-ary** [-ri] **1** mat. bråk- **2** obetydlig **-ate** ['frækʃəneit] skilja genom destillation (t. ex. olja) **-ize** ['frækʃənaiz] dela i bråk

fractious ['frækʃəs] bråkig

fracture ['fræktʃə] **I** s [ben]brott **II** v bryta

fragil|e ['frædʒail] skör, ömtålig, svag, bräcklig, spröd; skröplig **-ity** [frə'dʒiliti] skörhet, ömtålighet, bräcklighet, sprödhet; skröplighet

fragment ['frægmənt] fragment, brottstycke; bit, skärva **-ary** [-(ə)ri] fragmentarisk; splittrad

fragran|ce ['freigr(ə)ns] **-cy** [-si] vällukt, doft **-t** a välluktande, [väl]doftande

frail [freil] **I** s **1** (slags) korg **2** A. sl. kvinna, flicka **II** a **1** skör, svag **2** lättsinnig (om kvinna) **-ty** [-ti] svaghet; bräcklighet

frame [freim] **I** v byggnad, konstruktion; plan, organisation; ram, infattning; spant; drivbänk; kroppsbyggnad; televisionsbild; ~ of mind sinnesstämning; ~ of reference referensram **II** v **1** anpassa; forma; konstruera **2** inrama **3** utarbeta, uppgöra; anstifta; falskeligen beskylla, i förväg "fixa" **--aerial** ramantenn **-r** [-ə] **1** en som anpassar etc., se frame **II 2** inramare **--saw** ramsåg **--up** komplott **-work** ram, infattning; konstruktion; grundstomme

franc [fræŋk] franc (franskt, belgiskt o. schweiziskt mynt)

France [fra:ns] Frankrike

franchise ['fræn(t)ʃaiz] medborgarrätt; privilegium; rösträtt; koncession; självrisk

Franco-German ['fræŋkəu'dʒə:mən] fransktysk

Franconia [fræŋ'kəunjə] Franken **-n** s o. a frank[isk]

frangib|ility [,frændʒi'biliti] bräcklighet, brytbarhet **-le** ['frændʒibl] brytbar, skör

Frank [fræŋk] **1** frank **2** person från Västerlandet

frank [fræŋk] öppen[hjärtig]

frankfurter ['fræŋkfətə] A. (slags) korv

frankincense ['fræŋkin,sens] rökelse

Frankish ['fræŋkiʃ] frankisk

frankly ['fræŋkli] uppriktigt [sagt]

frantic ['fræntik] rasande, förtvivlad

fratern|al [frə'tə:nl] broderlig, broders- **-ity**

[-iti] broderskap; A. elevförening **-ization** [,frætənai'zeiʃ(ə)n] förbrödring, fraternisering **-ize** ['frætənaiz] förbrödra sig, fraternisera **fratricid|al** [,freitri'saidl] brodermords- **-e** ['freitrisaid] brodermord; brodermördare

fraud [frɔ:d] bedrägeri; bedragare **-ulence** [-djuləns] bedräglighet, svek **-ulent** [-djulənt] bedräglig

fraught [frɔ:t] försedd (with med), fylld

fray [frei] **I** s **1** strid, bråk **2** nött ställe, frans (på klädesplagg) **II** v nöta, slita; skrubba (t. ex. rådjur sina horn)

freak [fri:k] **I** s nyck, hugskott; kuriositet; ~ of nature naturens lek (t. ex. om kalv med två huvuden) **II** a under- **-ed** [-t] strimmig **-ish** [-iʃ] **-y** [-i] märkvärdig, underfreck**le** ['frekl] **I** s fräkne **II** v göra (bli) fräknig (fläckig) **-ed** [-d] **-y** [-i] fräknig

free [fri:] **I** a fri, oavhängig, självständig; ledig; gynnsam (om vind); gratis; frivillig; generös; öppenhjärtig; ogenerad; skattefri; ~ and easy otvungen, ogenerad; F~ Church frikyrka; ~ concert offentlig konsert utan inträdesavgift; ~ domicile fri bostad; ~ grace oförtjänt nåd från Gud; ~ pardon syndaförlåtelse; ~ school avgiftsfri skola; ~ speech det fria ordet; ~ of charge avgiftsfritt; be ~ of the house ha fritt tillträde; he is ~ of that company han är medlem i det sällskapet; he was made ~ of the City han blev erbjuden medborgarrätt i City; ~ on rail fritt järnväg (hand.); ~ on board, äv. f. o. b. fritt ombord (hand.); he made ~ with han tog sig stora friheter mot **II** v befria, göra fri, frita; ~ your mind lätta ditt hjärta **-booter** [-,bu:tə] fribytare **-dman** ['fri:dmæn] s frigiven [slav] **-dom** [-dəm] **1** frihet, självbestämmande; otvungenhet; oinskränkt rätt att utnyttja (t. ex. bibliotek) **2** otvungenhet **3** hedersborgarskap **4** medlemskap **-hand** frihands- **-handed** ['fri:'hændid] generös **-hearted** ['fri:'ha:tid] **1** öppenhjärtig **2** sorglös **-hold** full besittningsrätt **-holder** innehavare av freehold **-lance** ['fri:la:ns] **1** legoknekt **2** frilans **-liver** ['fri:-'livə] lebeman, frossare **-ly** [-li] fritt, öppet; frikostigt **-man** [-mən] fri röstberättigad borgare; hedersborgare; medlem i förening **-mason** [-,meisn] frimurare **-masonry** [-,meisnri] frimureri **-spoken** ['fri:'spəu-k(ə)n] öppenhjärtig, frimodig **-way** motorväg

freez|e [fri:z] **I** v frysa [ner], förvandla[s] till is; spärra (kredit etc.); stabilisera (priser); bojkotta; ~ over, be frozen over frysa till, (om sjö) lägga sig **II** s frost **-er** [-ə] frysapparat, frysbox **-ing** [-iŋ] fig. iskall **-ing-mixture** [-,mikstʃə] köldblandning **-ing-point** fryspunkt

freight [freit] **I** s **1** frakt[pris]; frakt[gods] **2** A. godståg **II** v lasta; frakta **-age** [-idʒ] last; transport; fraktpris **-er** [-ə] **1** befraktare **2** lastbåt, lastflyg

French [fren(t)ʃ] fransk; the ~ fransmännen; ~ bean skärböna; ~ fries (A.) pommes frites; ~ horn valthorn; he took ~ leave han avdunstade; ~ polish schellack; ~ roof (slags) brutet tak; ~ window glasdörr **f-ify** [-ifai] förfranska **-man** [-mən] fransman **-woman** [-,wumən] fransyska **-y** [-i] fam. **I** a fransk **II** s fransman

frenz|ied ['frenzid] vanvettig **-y** [-i] **I** s vansinne; raseri, vanvett **II** v göra vanvettig

frequen|cy ['fri:kwənsi] frekvens, vanlighet,

talrikhet; hastighet (t. ex. pulsens); ~ *mod-ulation* frekvensmodulering **-t I** *a* ['fri:kwənt] vanlig, ofta förekommande **II** *v* [fri'kwent] ofta besöka **-tation** [ˌfri:kwen'teiʃ(ə)n] regelbundet besökande **-tative** [fri'kwentətiv] frekventativt verb **-ter** [-'kwentə] regelbunden besökare **-tly** [-tli] ofta

fresh [freʃ] **I** *a* **1** ny, annan; frisk, färsk **2** oerfaren **3** söt (om vatten) **4** något berusad **5** fräck, påflugen; ~ *paint!* nymålat!; *as ~ as a daisy* blomstrande, strålande; ~ *herring* osaltad (färsk) sill **II** *s* **1** oerfarenhet **2** tidig del av ngt **3** bräckt vatten **-en** [-n] **1** friska upp, färska upp **2** vattna ur **-ener** [-nə] som friskar upp **-er** [-ə] *sl.*, *se freshman* **-et** [-it] översvämning **-man** [-mən] recentior, förstaårsstudent **-ness** [-nis] friskhet; fräckhet **-water** [-ˌwɔːtə] **1** sötvattens- **2** oerfaren (t. ex. om matros)

fret [fret] **I** *s* **1** nätverk, alagreckbård, -mönster **2** förargelse **3** grepp (på stränginstrument); *be on the ~* gräma sig **II** *v* **1** förse med nätverk **2** gnaga, nöta bort; reta; vara retlig; oroa sig **3** rynka[s], krusa[s]; ~ *o.s.* gräma sig **-ful** [-f(u)l] **1** retlig, grinig **2** upprörd (om vatten) **-saw** lövsåg **-work** nätverk; lövsågningsarbete

friab|ility [ˌfraiə'biliti] sprödhet **-le** ['fraiəbl] spröd, lätt brytbar

friar ['fraiə] tiggarmunk **-'s-lantern** ['fraiəzˌlæntən] irrbloss **-y** [-ri] kloster (för tiggarorden)

fribble ['fribl] **I** *v* slarva **II** *s* slarv; slarver

fricative ['frikətiv] **I** *a* frikativ **II** *s* frikativa, spirant

friction ['frikʃ(ə)n] friktion, gnidning **-al** [-ʃənl] friktions-

Friday ['fraidi] fredag; *Good ~* långfredag

fridge [fridʒ] *talspr.* kylskåp

fried [fraid] *imperf* o. *perf part* av *fry*

friend [frend] **1** vän[inna], kamrat; bekant **2** kollega **3** ~ kväkare; ~*s* anförvanter; *my honourable* ~ min ärade kollega; *a* ~ *in need is a* ~ *indeed* i motgången prövas vännen; *Society of F~s* Vännernas samfund (kväkare) **-less** [-lis] utan vänner **-liness** [-linis] vänlighet, välvillighet **-ly** [-li] **I** *a* vänlig, välvillig; gynnsam **II** *s* vänskapligt sinnad infödingsstam **-ship** [-n(d)ʃip] vänskap

frier [fraiə] = *fryer*

frieze [fri:z] fris

frigate ['frigit] fregatt

fright [frait] **I** *s* fruktan, skräck; *you look a ~* du ser förfärlig ut; *take* ~ bli rädd **II** *v, poet.* = **-en** [-n] skrämma, göra rädd; ~ *away* jaga iväg, skrämma bort; ~ *into surrender* skrämma till kapitulation; ~*ed out of one's senses* skrämd från vettet; ~*ed at* skrämd över; ~*ed of* rädd för **-ful** [-f(u)l] **1** förskräcklig, hemsk **2** *sl.* väldig **-fulness** [-f(u)lnis] **1** förskräcklighet **2** skräckregemente, terror

frigid ['fridʒid] **1** kall, kylig **2** *fig.* kallsinnig, frigid; *F~ Zone* området norr o. söder om polcirklarna (*dld.*) **-ity** [fri'dʒiditi]**-ness** [-nis] köld; kyla (*äv. fig.*); känslolöshet; frigiditet

frill [fril] **1** krås, plisserad krage **2** *A. sl.* flicka; ~*s* **a** grannlåter, volanger **b** choser; *put on* ~*s* åbäka sig

fring|e [frin(d)ʒ] **I** *s* **1** frans[ar]; bård; marginal **2** lugg **II** *v* förse med fransar; kanta **-y** [-i] försedd med fransar, frans-

frippery ['fripəri] grannlåter; snobberi

Frisco ['friskəu] *A.* San Francisco

Frisian ['friziən] *s* o. *a* fris[isk]

frisk [frisk] **I** *v* **1** hoppa **2** *A.* visitera, muddra **II** *s* språng; upptåg **-y** [-i] yster, lekfull

frith [friθ] = *firth*

fritter ['fritə] **I** *s* (slags) fruktdessert (ofta med äpple) **II** *v* splittra; ~ *away* slösa bort

frivol ['friv(ə)l] slarva, vara lättsinnig; ~ *away* slösa bort **-ity** [fri'vɔliti] lättsinne **-ous** [-vələs] lättsinnig

frizz [friz] krusa (om hår)

frizz|le ['frizl] **I** *v* **1** locka, krusa **2** fräsa (vid stekning) **II** *s* krusat hår **-ling-iron** locktång **-[l]y** [-(l)i] krusig

fro [frəu] *adv, to and ~* fram o. tillbaka

frock [frɔk] **I** *s* **1** kåpa; klänning; arbetsblus, overall **2** prästämbete **3** *fam.* politiker **II** *v* bekläd med prästvärdighet **--coat** ['frɔk'kəut] bonjour

frog [frɔg] **1** groda **2** galon, tofs **3** *föraktl.* fransman; *have a* ~ *in the throat* vara hes **--eater** [-ˌiːtə] fransman **-gy** [-i] full med grodor **-man** [-mən] grodman

frolic ['frɔlik] **I** *v* springa o. leka, skutta, ha upptåg för sig **II** *s* skoj, upptåg **-some** [-səm] munter, rik på upptåg

from [frɔm] från, bort[a] från; av, ur; på grund av; för, mot; *far away* ~ *home* långt hemifrån; ~ *a child* ända från barndomen; *painted* ~ *nature* målat efter naturen

frond [frɔnd] ormbunksblad **-age** [-idʒ] **1** ormbunksblad **2** bladverk

front [frʌnt] **1** framsida, främre del **2** *poet.* panna **3** fasad **4** stridslinje, front **5** uppsyn **6** strandbulevard **7** löshår **8** skjortbröst; *in* ~ framtill; *in* ~ *of* framför; *in the* ~ *of the house* i den del av huset som ligger närmast gatan; *he came to the* ~ han trädde i förgrunden; *with a firm* ~ med fast beslutsamhet **II** *a* främre, första, fram-; ~ *bench* bänk (i *Parliament*) för ministrar o. f.d. ministrar; ~ *page* förstasida (i tidning) **III** *v* vetta (*upon, to, towards* mot); vända sig mot; ligga mitt emot; möta, bjuda stången; ~ *about* vända sig om **-age** [-idʒ] fasad, framsida **-al** [-l] **I** *s* **1** fasad **2** antependium **II** *a* pann-; fasad-

frontier ['frʌntiə] gräns

frontispiece ['frʌntispiːs] **I** *s* **1** fasad **2** illustration till titelblad **3** *sl.* ansikte **II** *v* förse med fasad ete.

front|less ['frʌntlis] utan fasad **-let** [-lit] **1** pannband **2** djurs framhuvud **3** altarkläde **4** böneremsa (buren av judisk troende) **-screen** vindruta (på bil) **-wards** [-wədz] framåt

frost [frɔst] **I** *s* **1** frost; isblomma; *fig.* kyla **2** *sl.* misslyckande, fiasko **II** *v* **1** frostskada; glasera (bakverk); klä med rimfrost; mattslipa (glas) **2** brodda (hästskor); ~*ed head* gråsprängt huvud; vithårsman **-bite** ['frɔs(t)bait] frostskada **-bitten** ['frɔs(t)bitn] frostskadad, frusen **-bound** ['frɔs(t)baund] infrusen **-glass** mattglas **-ing** [-in] **1** glasyr (på tårta) **2** matt yta (på glas etc.) **--work** rimfrost, isblommor **-y** [-i] frost-, kall **2** grånad (om hår)

froth [frɔθ] **1** skum, fradga **2** svammel **-y** [-i] **1** skummig, fradgande **2** svamlande, tom

frown [fraun] **I** *v* rynka pannan, ha bister uppsyn; se ogillande; ~ *down* skrämma till tystnad; ~ *on* ogilla **II** *s* rynkad panna, ogillande blick

frowst [fraust] **I** *s, fam.* kvav, varm luft inomhus **II** *v* sitta inne o. kura **-er** [-ə] stugsittare **-y** [-i] kvav

froze [frəuz] *imperf* av *freeze* **-n 1** *perf part* av *freeze* **2** [fast]frusen; ~ *zones* polartrakter

fruct|iferous [frʌk'tifərəs] fruktbärande **-ification** [ˌfrʌktifi'keiʃ(ə)n] befruktning; fruktbildning **-ify** ['frʌktifai] **1** befrukta **2** bära frukt **-uous** ['frʌktjuəs] fruktbar

frugal ['fru:g(ə)l] frugal, enkel, sparsam **-ity** [fru(:)'gæliti] frugalitet, enkelhet, sparsamhet

fruit [fru:t] **I** *s* frukt; frukter **II** *v* [få att] bära frukt **-age** [-idʒ] **1** frukt[er] **2** fruktskörd **--culture** fruktodling **--drop** syrlig karamell **-ed** [-id] fruktbärande **-er** [-ə] fruktodlare **-erer** [-ərə] frukthandlare **--farm** fruktodling **-ful** [-f(u)l] fruktbar, produktiv

fruition [fru(:)'iʃ(ə)n] **1** njutning **2** förverkligande, uppnående

fruit|less ['fru:tlis] **1** fruktlös, fåfäng **2** ofruktbar **--stand** fruktstånd **-y** [-i] frukt-, med fruktsmak; *fig.* pikant, saftig; klangfull

frump [frʌmp] tantig kvinna, tant **-ish** [-iʃ] **-y** [-i] tantig

frustrat|e [frʌs'treit] frustrera; omintetgöra, gäcka **-ion** [-eiʃ(ə)n] *s* omintetgörande, gäckande

fry [frai] **I** *s* **1** yngel, småfisk **2** stekmat; *small* ~ a småungar **b** obetydliga människor; *the lesser* ~ de små i samhället **II** *v* steka **-er** [-ə] *(äv. frier)* **1** stekpanna **2** stekvändare **-ing- -pan** stekpanna

fubsy ['fʌbzi] tjock, frodig

fuchsia ['fju:ʃə] fuchsia

fuck [fʌk] *vulg.* **I** *v* **1** knulla **2** lura **II** *s* **1** samlag **2** fan, helvete **-ing** fördömd, jävla

fuddle ['fʌdl] **I** *v* berusa [sig] **II** *s* supperiod; [be]rus[ning]; *on the* ~ inne i en supperiod

fudge [fʌdʒ] **I** *s* **1** prat, snack **2** fuskverk **3** nyhet införd i tidning i allra sista stund **4** (slags) kola **II** *v* förfalska; lappa ihop; prata strunt

fuel [fjuəl] **I** *s* bränsle; *fig.* stoff, näring; *add* ~ *to the fire* gjuta olja på elden; ~ *oil* brännolja; ~ *tank* bränsletank **II** *v* tanka, fylla på bränsle

fug [fʌg] **I** *s* **1** kvav luft (i rum) **2** dammtussar (i hörn av rum etc.) **II** *v* vistas i instängt rum, vara stugsittare **-gy** [-i] instängd **2** dammig

fugitive ['fju:dʒitiv] **I** *a* **1** flyende, förrymd **2** flyktig, obeständig **II** *s* flykting

fugleman ['fju:glmæn] instruktör av rekryter; *fig.* anförare

fulcrum ['fʌlkrəm] stöd[jepunkt] (för hävstång etc.)

fulfil [ful'fil] uppfylla, motsvara; fullborda, utföra **-ment** [-mənt] uppfyllelse; fullbordan

fulgen|cy ['fʌldʒ(ə)nsi] skimmer **-t** *poet.* strålande

full [ful] **I** *a* full, fylld; riklig; fullständig; mätt; stark, mäktig; myndig; ~ *of years* av hög ålder; ~ *up* mätt; ~ *stop* punkt; ~ *age* myndighetsålder; ~ *beard* helskägg; ~ *dress* högtidsdräkt; ~ *marching order* komplett fältutrustning; ~ *tide* högvatten **II** *s* **1** full-[ständig]het, helhet; fullt mått **2** höjdpunkt; *the* ~ *of s.th.* det hela (i motsats till delarna); *in* ~, *to the* ~ till fullo, fullständigt **III** *adv* fullt, rakt; *she looked me* ~ *in the face* hon tittade mig rakt i ansiktet; ~ *out* fullkomligt; ~ *high* mycket högt **IV** *v* vecka, plissera **--blooded** [ful'blʌdid] fullblods-; varmblodig **--blown** ['ful'bləun] i full blomning, utvecklad, utslagen **--bodied** ['ful'bɔdid] fyllig,

mustig (om vin) **--bottomed** [-ˌbɔtəmd] vid nedtill (om skepp) **--dress** *a* gala-; ~ *rehearsal* generalrepetition **-er** [-ə] valkare **--face** ['ful'feis] framifrån **--fledged** ['ful'fledʒd] helt täckt med fjädrar; *fig.* fullfjädrad **--grown** ['ful'grəun] fullvuxen, välutvecklad **--hearted** [-ˌhɑ:tid] **1** känslig, öm **2** modig **--length** ['ful'leŋθ] *a,* ~ *portrait* helhild **--mouthed** [-mauðd] högröstad **-ness** [-nis] full[ständig]het **-time** heltids-; ~ *job* heltidsarbete **--timer** [-ˌtaimə] skolelev på heltid **-y** [-i] fullt, fullständigt; utförligt; drygt

fulmina|nt ['fʌlminənt] **1** blixtrande **2** som utvecklar sig hastigt (om sjukdom) **-te** [-neit] dundra, åska; explodera *(äv. fig.)*; träffa med bannstråle **-ting** [-neitiŋ] explosiv, knall-; ~ *powder* knallpulver **-tion** [ˌfʌlmi'neiʃ(ə)n] explosion; bannstråle **-tory** [ˌfʌlmi'neit(ə)ri] dundrande

fulsome ['fulsəm] äcklig, överdriven, oäkta (om smicker etc.)

fumbl|e ['fʌmbl] **I** *v* famla, treva *(after, for* efter); fumla [med] **-er** [-ə] en som fumlar, klåpare **-ing** [-iŋ] trevande, klumpig

fum|e [fju:m] **I** *s* **1** lukt, utdunstning; rök **2** ilska **II** *v* **1** röka (trä etc.) **2** ånga **3** vara ilsken **-igate** [-igeit] röka [ut], desinficera **-igation** [ˌfju:mi'geiʃ(ə)n] rökning, desinfektion **-y** [-i] rökig

fun [fʌn] **I** *s* nöje, skämt, upptåg; *make* ~ *of* skoja (driva) med; *poke* ~ *at* driva med; *for (in)* ~ på skämt; *like* ~ av bara den; *what* ~ *!* så roligt! **II** *v* skämta

function ['fʌŋ(k)ʃ(ə)n] **I** *s* **1** funktion, verksamhet **2** festlighet; ceremoni **II** *v* tjänstgöra, fungera **-al** [-ʃənl] funktionell; ämbets-; specialiserad **-ary** [-ʃnəri] **I** *s* tjänsteman; funktionär **II** *a* ~ *functional* **-ate** [-neit] ~ *function* **II**

fund [fʌnd] **I** *s* fond, tillgång *(äv. fig.)*; *in* ~*s* vid kassa; ~*s* statsobligationer; *his* ~*s were low* han var vid dålig kassa **II** *v* tillföra fond, fondera; placera i statsobligationer

fundamental [ˌfʌndə'mentl] **I** *a* fundamental, grund- **II** *s* grund[princip], huvudsak; grundton; *let's get down to* ~*s* låt oss komma till saken **-ism** [ˌfʌndə'mentəliz(ə)m] fundamentalism, sträng bibeltrohet

funer|al ['fju:n(ə)r(ə)l] **I** *a* begravnings-, lik-; ~ *contractor,* ~ *director (A.)* begravningsentreprenör; ~ *oration* liktal; ~ *parlor* begravningsbyrå *(A.)*; ~ *pile (pyre)* likbål; ~ *procession (train)* begravningsprocession **II** *s* begravning; begravningståg; *that's your* ~ det är din sak **-ary** [-rəri] begravnings- **-eal** [fju(:)'niəriəl] begravnings-; dyster, sorglig

fung|us ['fʌŋgəs] *(pl -i* [-ai]) svamp[bildning], utväxt

funicular [fju(:)'nikjulə] *a* kabel-

funk [fʌŋk] *sl.* **I** *s* **1** rädsla **2** räddhågad person, hare; *I was in a blue* ~ jag var skraj **II** *v* vara rädd; smita från **--hole** gömställe; undanflykt; smyghål **-y** [-i] *sl.* rädd, skraj

funnel ['fʌnl] **1** tratt **2** lufthål, ljusöppning **3** skorsten (på båt)

funny ['fʌni] **I** *a* rolig; konstig **II** *s* serie (i tidning); ~ *bone* tjuvsena i armbågen, änkestöt

fur [fə:] **I** *s* **1** päls[verk] **2** bottensats; beläggning (på tunga); pannsten; ~ *and feather* pälsdjur o. fågeldjur; *make the* ~ *fly* orsaka missämja **II** *a* päls- **III** *v* **1** klä med päls **2** belägga; bli belagd

furbish ['fɔ:biʃ] *v*, ~ *up* putsa upp, polera, renovera **-er** [-ə] polerare

furcat|e ['fɔ:keit] **I** *a* grenig, kluven **II** *v* grena sig **-ion** [fɔ:'keiʃ(ə)n] [gaffelformig] förgrening

furious ['fjuəriəs] rasande

furl [fɔ:l] **1** rulla ihop (t.ex. paraply); beslå (segel) **2** lägga på hyllan, skrinlägga (förhoppning etc.)

furlong ['fɔ:lɔŋ] 1/8 eng. mil

furlough ['fɔ:ləu] **I** *s* permission **II** *v* ge permission

furnace ['fɔ:nis] **I** *s* **1** ugn, eldstad **2** eldprov **II** *v* bränna (keramik o.d.); upphetta (metall o.d.) i ugn

furnish ['fɔ:niʃ] **1** förse (*with* med) **2** möblera **-er** [-ə] **1** leverantör **2** möbelhandlare **-ing** [-iŋ] utrustande; tillbehör; inredning **-ment** [-mənt] = *furnishing*

furniture ['fɔ:nitʃə] möbler, möblemang, bohag; beslag (på kista etc.); seldon; rigg; *a piece of* ~ en möbel; *a suite of* ~ ett möblemang; ~ *remover* flyttkarl; ~ *van* flyttbuss

furr|ier ['fʌriə] pälsmakare, körsnär **-ing** ['fɔ:riŋ] **1** pälsverk **2** pannsten **3** brädfodring

furrow ['fʌrəu] **I** *s* fåra, spår, räffla **II** *v* göra en fåra

furry ['fɔ:ri] **1** päls- **2** grumsig

further ['fɔ:ðə] **I** *adv* längre bort, längre fram; *I'll see you* ~ *first* det kan jag aldrig tänka mig **II** *a* (*komp* av *far*) mer avlägsen, bortre; ytterligare, vidare; *until* ~ *notice* tills vidare; *the* ~ *side* andra sidan, bortre ändan **III** *v* befrämja, befordra **-ance** ['fɔ:ð(ə)r(ə)ns] hjälp **-er** [-rə] gynnare **-more** ['fɔ:ðə'mɔ:] dessutom **-most** borterst

furthest ['fɔ:ðist] **I** *a* (*superl* av *far*) mest avlägsen **II** *adv* längst

furtive ['fɔ:tiv] hemlig, förstulen **-ly** [-li] i hemlighet

furunc|le ['fjuərʌŋkl] böld **-ular** [fju'rʌŋkjulə] **-ulous** [fju'rʌŋkjuləs] böldaktig

fury ['fjuəri] raseri; *in a* ~ rasande

furz|e [fɔ:z] gultörne **-y** [-i] bevuxen med gultörne

fuse [fju:z] **I** *s* **1** *elektr.* [säkerhets]propp, säkring **2** stubintråd; tändrör; *have a short* ~ vara lättretlig **II** *v* **1** förse med stubintråd **2** sammansmälta

fuselage ['fju:zila:ʒ] flygplanskropp

fus|ibility [,fju:zə'biliti] smältbarhet **-ible** ['fju:zəbl] smältbar, lättsmält

fusil ['fju:zil] musköt **-ier** [,fju:zi'liə] fysiljär **-lade** [,fju:zi'leid] **I** *s* gevärseld **II** *v* beskjuta (med gevärseld)

fusion ['fju:ʒ(ə)n] fusion, [samman]smältning, sammanslagning

fuss [fʌs] **I** *s* **1** bråk, väsen **2** väsen, affär, fjäsk; *make a* ~ *about s.th.* röra upp himmel o. jord om ngt **II** *v* bråka, göra väsen; *he was* ~*ing about* han fjantade omkring **-ed** [-t] *se fussy* **--box, -er** [-ə] **--pot** fjant **-y** [-i] bråkig; petig; nervös

fustian ['fʌstiən] **I** *s* **1** (slags) bomullsvävnad, manchester **2** bombasm **II** *a* **1** manchester- **2** bombastisk

fustigate ['fʌstigeit] *skämts.* ge ett kok stryk

fusty ['fʌsti] unken

futile ['fju:tail] meningslös, fåfäng, ytlig **-ity** [fju(:)'tiliti] [det] fåfänga, meningslöshet

futur|e ['fju:tʃə] **I** *a* framtida, framtids- **II** *s* framtid; futurum; ~*s* terminsaffärer **-ity** [fju(:)'tjuəriti] framtiden; livet efter döden

fuze [fju:z] = *fuse*

fuzz [fʌz] **1** dun **2** *A. sl.* polis **-y** [-i] **1** fjunig; krusig **2** berusad **3** otydlig, dimmig

fy[e] [fai] *se fie*

fylfot ['filfɔt] hakkors

G, g [dʒi:] (bokstaven, noten, tonen) g; *G flat* gess (*mus.*); *G sharp* giss (*mus.*); *G clef* g-klav, diskantklav (*mus.*)

gab [gæb] **I** *v* prata, pladdra **II** *s* prat, pladder; *he has the gift of the* ~ han har välsmort munläder

gabardine *se gaberdine*

gabb|le ['gæbl] **I** *v* prata, pladdra, snattra **II** *s* prat, pladder, snatter **-y** [-i] **I** *a* pratsjuk **II** *A.* ljudfilm

gaberdine ['gæbədi:n] gabardin

gable ['geibl] gavel; ~ *roof* gaveltak **-d** försedd med gavel (gavlar)

gaby ['geibi] fjant, tok

gad [gæd] **I** *v* **1** förgrena **2** driva omkring **II** *s* pigg, metallspets; pik[stav]; *on the* ~ på driven, ute o. ranta **III** *interj, by* ~ för tusan

gadfly ['gædflai] *zool.* broms

gadget ['gædʒit] **1** maskindel; hjälpmedel **2** grej, manick

Gael [geil] gael (sk. kelt) **-ic** [-ik] *a o. s* gaelisk[a]

gaff [gæf] **I** *s* **1** huggkrok **2** *sjö.* gaffel **3** *blow the* ~ skvallra **II** *v* **1** fånga med huggkrok **2** skvallra

gaffer ['gæfə] **1** förman **2** gubbe

gag [gæg] **I** *s* **1** munkavle **2** improvisation **3** komiskt inlägg (inslag) i pjäs **4** skämt; lögn **II** *v* **1** sätta munkavle på **2** improvisera (utanför texten) **3** lura

gaga ['ga:ga:] senil, tokig

gage [geidʒ] **I** *s* **1** pant **2** stridshandske; utmaning **3** = *gauge*; *throw down the* ~ kasta [strids]handsken **II** *v* sätta i pant

gaggle ['gægl] **I** *v* snattra **II** *s, a* ~ *of geese* en gåsflock

gai|ety ['ge(i)əti] glädje, munterhet; *gaieties* förlustelser **-ly** ['geili] *adv* glatt

gain [gein] **I** *v* vinna, erhålla, få; förtjäna; uppnå; *the clock* ~*s* klockan går före; ~ [*ground*] *upon* ta in på; ~ *the ear of* få att lyssna **II** *s* vinst, fördel **-ful** [-f(u)l] vinstgivande **-ings** [-iŋz] vinst

gait [geit] gång; sätt att gå

gaiter ['geitə] **1** damask **2** *A.* bottin; *ready to the last* ~-*button* klappat o. klart

gala ['ga:lə] fest; gala-

galanty-show [gə'lænti,ʃəu] skuggspel

galaxy ['gæləksi] **1** *the G*~ Vintergatan **2** lysande samling (av människor)

gale [geil] **1** blåst **2** storm **3** *bot.* pors **4** be'alningstermin

gall [gɔ:l] **I** *s* **1** galla; bitterhet **2** *A.* arrogans, fräckhet **3** skrubbsår, skavsår **4** irritation **5** galläpple **II** *v* **1** förbittra, irritera; plåga **2** skava sönder; skamfila

gallant ['gælənt] **I** *a* **1** ståtlig; tapper, käck **2**

(*äv.* gə'lænt) galant, artig **II** *s* **1** sprätt **2** (*äv.* gə'lænt) friare, kavaljer **III** *v* (*äv.* gə'lænt) **1** uppvakta, kurtisera **2** eskortera (dam) **-ry** [-ri] **1** tapperhet **2** artighet **3** älskog
galleon ['gæliən] galjon
gallery ['gæləri] **1** galleri **2** läktare **3** konstgalleri, museum **4** ateljé **5** *A.* veranda; *play to the* ~ söka mängdens bifall
galley ['gæli] **1** galär **2** slup **3** sättskepp **4** skeppskök, "byssa" **--proof, --sheet** spaltkorrektur **--slave** galärslav
gall-fly ['gɔ:lflai] gallstekel
gallicize ['gælisaiz] förfranska
galligaskins [,gæli'gæskinz] (slags) vida byxor
gallimaufry [,gæli'mɔ:fri] **1** ragu **2** röra, hopkok
gallipot ['gælipɔt] (slags) burk av keramik
gallivant [,gæli'vænt] flanera
gall-nut ['gɔ:lnʌt] galläpple
gallon ['gælən] mått (ca 4,5 l, *A.* 3,8 l)
gallop ['gæləp] **I** *s* galopp; *at a* ~ i galopp **II** *v* [låta] galoppera **-ade** [,gælə'peid] galoppad (slags dans)
gallows ['gæləuz] galge **--bird** galgfågel **-es** [-iz] (*äv.* galluses) *pl, A.* hängslen
galop ['gæləp] galopp (slags dans)
galore [gə'lɔ:] i överflöd
galosh [gə'lɔʃ] galosch
galumph [gə'lʌmf] stoltsera
galvanic [gæl'vænik] galvanisk; ~ *smile* tvunget leende **-ism** ['gælvəniz(ə)m] galvanism **-ize** ['gælvənaiz] **1** galvanisera **2** egga, sporra
gambade [gæm'beid] **-o** [-əu] hopp, glädjeskutt; påhitt
gambit ['gæmbit] *schack.* gambit; *fig.* upptakt, inledande åtgärd
gamble ['gæmbl] **I** *v* spela (om pengar el. pengars värde), sätta på spel, spekulera; ~ *away* spela bort **II** *s* [hasard]spel **-er** [-ə] spelare; jobbare **-ing** [-iŋ] hasardspel **-ing-den, -ing--joint** spelhåla
gambol ['gæmb(ə)l] **I** *v* hoppa, skutta **II** *s* glädjesprång; upptåg
game [geim] **I** *s* **1** lek, spel; match **2** vilt, villebråd **3** konkurrens; "yrke", "bransch"; *make* ~ *of* driva med; *what a* ~! vad skojigt!; *be on* (*off*) *one's* ~ vara i (ur) form; *play the* ~ spela spelet, vara sportslig; *the* ~ *is up* spelet är förlorat; *none of your little* ~*s* försök inte med mig; *fair* (*forbidden*) ~ villebråd som (inte) får skjutas **II** *a* **1** modig **2** lytt; *be* ~ *for anything* vara beredd till allt **III** *v* spela **--act** jakt lag **--bag** jaktväska **--cock, --fowl** stridstupp **-keeper** [-,ki:pə] jaktvårdare **--licence** [-,lais(ə)ns] jaktlicens **-some** [-səm] lekfull **-ster** [-stə] spelare
gamma radiation ['gæmə reidi'eiʃ(ə)n] gammastrålning
gammer ['gæmə] gumma
gammon ['gæmən] **I** *s* **1** saltad o. rökt skinka **2** term i brädspel **3** bedrägeri, skoj; ~ *and spinach* nonsens; humbug **II** *v* **1** salta o. röka skinka **2** bluffa; lura **3** vinna i brädspel
gamp [gæmp] paraply
gamut ['gæmət] [ton]skala, tonomfång; *fig.* räckvidd, skala
gamy ['geimi] välhängd (om villebråd)
gander ['gændə] **1** gåskarl **2** idiot **3** *sl.* titt
gang [gæŋ] **I** *s* **1** lag, grupp; gäng, band **2** antal verktyg i en uppsättning **II** *v* **1** bilda gäng; ~ *together* tillhöra ett gäng; ~ *up* bilda ett gäng **2** *Sk.* gå **-plank** landgång, gångbord

gangrene ['gæŋgri:n] **I** *s* kallbrand; *fig.* pest **II** *v* få (angripa med) kallbrand
gangster ['gæŋstə] gangster **-way 1** landgång **2** fri passage
gantry ['gæntri] ställning, underlag (t.ex. för lyftkran)
gaol[er] ['dʒeil(ə)] = *jail[er]*
gap [gæp] gap, bräsch, öppning, hål, klyfta; stor skillnad; *the generation* ~ generationsklyftan
gape [geip] **I** *v* [stå o.] gapa, stå öppen; ~ *after* trängta efter; ~ *at* stirra på **II** *s* **1** stirrande, gapande **2** gap; ~*s* gäspningar
garage ['gæra:dʒ] **I** *s* garage; bilverkstad **II** *v* ställa in i garage
garb [gɑ:b] **I** *s* klädedräkt, skrud; *in Nature's* ~ i adamskostym **II** *v* klä, skruda
garbage ['gɑ:bidʒ] avskräde; strunt, skräp (om litteratur); inälvor; ~ *chute* sopnedkast (*A.*)
garble ['gɑ:bl] återge i förvanskat skick, stympa
garden ['gɑ:dn] **I** *s* trädgård; *the G* ~ *of England* Kent; ~ *city* villastad **II** *v* ägna sig åt trädgårdsskötsel **--engine** [-,en(d)ʒin] trädgårdsspruta **-er** [-ə] trädgårdsmästare **-ing** [-iŋ] trädgårdsskötsel **--party** [-,pɑ:ti] bjudning utomhus, trädgårdsfest **--path** *s, lead a p. up the* ~ föra nup på villovägar **--plot** trädgårdstäppa **--stuff** trädgårdsprodukter
gargantuan [gɑ:'gæntjuən] enorm
gargle ['gɑ:gl] **I** *v* gurgla sig **II** *s* gurgelvatten
gargoyle ['gɑ:gɔil] droppnäsa, takrännsprydnad i form av grotesk figur
garibaldi [,gæri'bɔldi] (slags) blus
garish ['gɛəriʃ] prålig, gräll
garland ['gɑ:lənd] **I** *s* girland, blomslinga; krans **II** *v* pryda med girland, bekransa
garlic ['gɑ:lik] vitlök **-ky** [-i] vitlöksartad
garment ['gɑ:mənt] klädesplagg, skrud
garner ['gɑ:nə] **I** *v* skörda o. förvara **II** *s* spannmålsbod
garnet ['gɑ:nit] granat (sten)
garnish ['gɑ:niʃ] **I** *v* **1** pryda, garnera **2** stämma **II** *s* garnering **-ture** [-itʃə] **1** garnering, prydnad **2** tillbehör
garret ['gærət] vindsrum, vindsvåning; *wrong in the* ~, ~ *unfurnished* fel på huvudet, dum
garrison ['gærisn] **I** *s* garnison **II** *v* förlägga garnison i; förlägga i garnison
garrulity [gæ'ru:liti] pratsjuka **-ous** ['gæruləs] pratsjuk; tjattrig
garter ['gɑ:tə] **I** *s* strumpeband; *G* ~ *King-of--Arms* riksheraldiker, (tillika) strumpebandsordens härold o. rikshärold; *the Order of the G* ~ strumpebandsorden **II** *v* fästa med strumpeband
gas [gæs] **I** *s* **1** gas; *A.* bensin **2** bluff, tomt prat; *step on the* ~ trampa gaspedalen i botten; ~ *alarm* gasalarm; ~ *alert* gasberedskap **II** *v* **1** bluffa, prata, skrävla **2** gasa; sprida gas [över]; förse med gas **3** *A.* tanka **--bag 1** gasbehållare **2** skrävlare **--bracket** [-,brækit] gasarm **--burner** [-,bə:nə] gasbrännare; *A.* bilist **--cooker** [-,kukə] gasspis **--engine** [-,en(d)ʒin] gasmotor, förbränningsmotor **--eous** ['gæsjəs] gas-, gasaktig **--fitting** gasinstallation
gash [gæʃ] **I** *s* jack, djup skåra **II** *v* göra en djup skåra, hugga djupt i
gas-helmet ['gæs,helmit] gasmask **-iform** [-ifɔ:m] gasformig **-ify** [-ifai] förgasa[s]
gasket ['gæskit] **1** packning (i bilmotor etc.),

vanl. topplockspackning **2** *sjö.* beslagssejsing
gas|-main ['gæsmein] huvudgasledning **--mantle** [-,mæntl] gasstrumpa **-mask** gasmask **--motor** [-,məutə] *se gas-engine* **-olene, -oline** [-ə(u)li:n] gasolin; *A.* bensin **-ometer** [gæ'sɔmitə] gasometer

gasp [gɑ:sp] **I** *v* **1** flämta **2** kippa efter andan; ~ *out* flåsa fram; ~ *life away* utandas sin sista suck **II** *s* flämtning, [tungt] andetag; *at one's last* ~ döende, i sista andetaget

gas|-proof ['gæspru:f] gastät, gassäker **--ran- -ge** gasspis **--ring** gaskök **--shell** giftgasgranat **--station** *A.* bensinstation **-sy** [-i] **1** gas-, full med gas **2** skrytsam **--tank** *A.* bensintank **--tight** gastät

gastr|ic ['gæstrik] mag- **-itis** [gæs'traitis] gastrit, magkatarr **-ology** [gæs'trɔlədʒi] kokkonst; *A.* vetenskapliga studier av magsjukdomar **-onome** [-ənəum] läckergom

gas-works ['gæswɔ:ks] gasverk

gat [gæt] *A. sl.* revolver

gate [geit] **I** *s* **1** port, grind, dörr; infart, inkörsväg **2** inträdesavgifter, "hus" **II** *v* ge husarrest **-crasher** [-kræʃə] objuden gäst **-house 1** portvaktsbostad **2** grindstuga **-keeper** [-,ki:pə] portvakt **--leg table** fällbord **-man** [-mən] portvakt **-post** grindstolpe **-way** [inkörs]port

gather ['gæðə] **I** *v* **1** samla[s]; plocka, samla ihop **2** rynka, vecka **3** mogna **4** bärga, inhämta **5** sluta sig till, förstå (*from* av); ~ *head* a tillta i styrka **b** mogna; ~ *way (speed)* skjuta fart; ~ *up (o.s.)* a räta på sig **b** samla sig; samla mod; *be* ~*ed to one's fathers* dö **II** *s pl,* ~*s* rynkad (veckad) del av klädesplagg **-er** [-rə] **1** en som samlar etc., *se gather I* **2** skördeman **-ing** [-ð(ə)riŋ] **1** [in-, hop]samling, [in]samlande; skördande; rynkning **2** sammankomst, möte **3** böld

gauche [gəuʃ] klumpig, tafatt

gaucho ['gautʃəu] gaucho, sydamerikansk cowboy

gaud [gɔ:d] grannlåt **-y** [-i] **I** *a* prålig, grann **II** *s* årlig collegemiddag (för bl.a. f.d. studenter)

gauge [geidʒ] **I** *s* **1** standardmått **2** dimension, kaliber, vidd **3** spårvidd **4** mätare (av olika slag); *take the* ~ *of* beräkna storleken av **II** *v* **1** mäta **2** beräkna **3** jämna ut, normalisera **--glass** pannglas **--rod** pejlstock

Gaul [gɔ:l] Gallien; gallier

gaunt [gɔ:nt] mager, utmärglad; dyster

gauntlet ['gɔ:ntlit] **1** järnhandske **2** krag-, sporthandske **3** gatlopp; *throw down the* ~ kasta handsken; *run the* ~ löpa gatlopp

gauz|e [gɔ:z] flor, gas **-y** [-i] florlik, tunn

gave [geiv] *imperf av give*

gavel ['gævl] ordförande-, auktionsklubba

gawk [gɔ:k] tölp, drummel **-y** [-i] tafatt, klumpig

gay [gei] glad, munter; ljus, bjärt; lättsinnig

gaze [geiz] **I** *v* stirra, titta **II** *s* betraktande, stirrande; spänd blick

gazelle [gə'zel] *zool.* gasell

gazette [gə'zet] officiell tidning **-er** [,gæzi'tiə] geografisk ordbok

gear [giə] **I** *s* **1** kugghjul **2** utväxling[smekanism], växel **3** redskap, grejor, utrustning, attiralj; *in* ~ påkopplad; *out of* ~ frånkopplad; *top (high)* ~ högsta växel; *bottom (low)* ~ lägsta växel; *throw into (out of)* ~ växla i (ur) **II** *v* **1** utrusta **2** gripa in i **3** koppla på, koppla i; ~ *into* gripa in i **--box** växellåda **--case** växellåda **-ing** [-riŋ] utväxling[smekanism], växel **--wheel** kugghjul

gee [dʒi:] (*äv.* ~*gee*) **I** *s fam.* häst **II** *interj* jisses! **--haw** ['dʒi:'hɔ:] hoppla (till häst)

geese [gi:s] *pl av* goose

gee-up ['dʒi:'ʌp] hoppla (till häst)

geezer ['gi:zə] konstig kurre; gubbe; käring, gumma

Geiger ['gaigə] ~ *counter* geigermätare

gelatin|e [,dʒelə'ti:n] gelatin; ~ *paper* fotopapper **-ous** [dʒi'lætinəs] gelatinös

geld [geld] kastrera **-ing** [-iŋ] kastrerat djur (*särsk.* häst)

gelid ['dʒelid] [is]kall

gem [dʒem] **I** *s* ädelsten, juvel **II** *v* smycka

geminat|e **I** *v* ['dʒemineit] fördubbla; sätta två om två **II** *a* ['dʒeminit] parvis förekommande **-ion** [,dʒemi'neiʃ(ə)n] fördubbling

Gemini ['dʒeminai] Tvillingarna (i djurkretsen)

gemma ['dʒemə] bladknopp **-te** **I** *a* ['dʒemeit] med knoppar **II** *v* [dʒe'meit] få knoppar **-tion** [dʒe'meiʃ(ə)n] knoppning

gendarme ['ʒɑ:dɑ:m] gendarm, polis

gender ['dʒendə] kön, genus

gene [dʒi:n] *biol.* gen

genealog|ic[al] [,dʒinjə'lɔdʒik, -(ə)l] genealogisk, släkt[här]lednings- **-y** [-ni'ælədʒi] **1** stamtavla, härstamning **2** genealogi, släktforskning

genera ['dʒenərə] *pl av* genus

general ['dʒen(ə)r(ə)l] **I** *a* allmän; generell; *in a* ~ *way* på ett mera allmänt sätt; *in* ~ i allmänhet, på det hela taget; ~ *cargo* styckegods; ~ *practitioner* allmänpraktiserande läkare; *the* ~ *public* [den stora] allmänheten; ~ *reader* läsare i allmänhet; ~ *shop (store)* diversehandel; ~ *strike* storstrejk **II** *s* **1** general; fältherre **2** ensamjungfru (ofta ~ *servant*) **-ity** [,dʒenə'ræliti] **1** allmängiltighet **2** obestämdhet **-ization** [,dʒenə(ə)rəlai'zeiʃ(ə)n] generalisering **-ize** ['dʒen(ə)rəlaiz] generalisera **-ly** [-rəli] i allmänhet, för det mesta **-ship** [-ʃip] **1** generals rang **2** taktik, diplomati

generat|e ['dʒenəreit] frambringa, framkalla, alstra **-ion** [,dʒenə'reiʃ(ə)n] **1** alstring; frambringande; **2** generation, släkte **3** fortplantning **-ive** [-rətiv] **1** skapande, frambringande; **2** fortplantnings- **-or** [-ə] generator, dynamo; alstrare

genero|sity [,dʒenə'rɔsiti] **1** högsinthet **2** frikostighet, generositet **-us** ['dʒen(ə)rəs] **1** högsint, ädel **2** frikostig, generös **3** rik[lig]; stark

genesis ['dʒenisis] **1** ursprung, uppkomst **2** *G* ~ Första Mosebok

genetics [dʒi'netiks] *pl* ärftlighetslära

geneva [dʒi'ni:və] genever

Geneva [dʒi'ni:və] Genève

genial ['dʒi:njəl] **1** gynnsam, mild **2** vänlig, trevlig, blid **-ity** [,dʒi:ni'æliti] **1** blidhet, mildhet **2** gemytlighet, vänlighet

geni|e ['dʒi:ni] ande (*pl -i* [-ai])

genii ['dʒi:niai] *pl av* genie *o. genius* **2**

genista [dʒi'nistə] *bot.* ginst

genital ['dʒenitl] **I** *a* fortplantnings- **II** *s pl,* ~*s* könsorgan

genitiv|al [,dʒeni'taiv(ə)l] genitiv- **-e** ['dʒenitiv] genitiv

geni|us ['dʒi:njəs] **1** geni, snille **2** (*pl -i* [-ai]) [skydds]lande; ande, väsen

genre [ʒɑ̃:(ŋ)r] genre, stil

gent [dʒent] *skämts.* "gentleman", herre

genteel [dʒen'ti:l] *iron.* fin, förnäm

gentian ['dʒenʃiən] *bot.* gentiana, stålört

gentile ['dʒentail] *s o. a* icke-jude; ickejudisk, hednisk

gentility [dʒen'tiliti] *iron.* finhet, förnämitet; fint folk (sätt)

gentle ['dʒentl] **I** *a* **1** mild, stilla, vänlig **2** ädel, förnäm **3** blid, snäll **II** *s* mask, kvalster; *the ~ sex* det täcka könet; *the ~s* (*pl, vulg.*) fint folk **-folk[s]** herrskap **-man** [-mən] gentleman; herre; ~ *farmer* godsägare; ~ *usher* kammarjunkare **-man-at-arms** [-ət'ɑ:mz] medlem av kunglig livvakt **-manlike, -manly** [-mənli] som anstår en gentleman **-men's agreement** överenskommelse gentlemän e-mellan **-woman** [-,wumən] fin[t bildad] dam **gentry** ['dʒentri] lågadel (omfattande *baronets o. knights*)

genufle|ct ['dʒenju(:)flekt] knäböja **-ction, -xion** [,dʒenju(:)'flekʃ(ə)n] *s* knäböjande

genuine ['dʒenjuin] äkta, oförfalskad, [upp]-riktig

genus ['dʒi:nəs] släkte, sort, klass

geodesy [dʒi(:)'ɔdisi] lantmätningskonst

geograph|er [dʒi'ɔgrəfə] geograf **-ic[al]** [dʒiə-'græfik, -(ə)l] geografisk **-y** [-i] geografi

geolog|ic[al] [dʒiə'lɔdʒik, -(ə)l] geologisk **-ist** [dʒi'ɔlədʒist] geolog **-y** [dʒi'ɔlədʒi] geologi

geomet|er [dʒi'ɔmitə] **1** geometriker **2** [mätar]-larv **-ric[al]** [dʒiə'metrik, -(ə)l] geometrisk **-rician** [,dʒiə(u)me'triʃ(ə)n] = *geometer 1* **-ry** [-ri] geometri

geophysic|al [dʒi(:)ə(u)'fizik(ə)l] geofysisk **-s** *pl* geofysik

Georgia ['dʒɔ:dʒjə] delstat i USA

geranium [dʒi'reinjəm] **1** geranium **2** pelargonia

geriatrics [,dʒeri'ætriks] *sg* geriatrik, läran om ålderssjukdomarna

germ [dʒə:m] **I** *s* bakterie; embryo; ~ *warfare* bakteriologisk krigföring **II** *v* gro

german [dʒə:mən] **1** hel- **2** = *germane*; *cousin ~ kusin*

German ['dʒə:mən] *a o. s* tysk[a]; ~ *measles* röda hund; ~ *text* frakturstil

germane [dʒə:'mein] nära förbunden (*to* med); relevant

Germany ['dʒə:m(ə)ni] Tyskland

germicide ['dʒə:misaid] *a o. s* bakteriedödande [medel]

germinat|e ['dʒə:mineit] [bringa att] gro **-ion** [,dʒə:mi'neiʃ(ə)n] groning, uppspirande

gerrymander ['dʒerimændə] **I** *s* omläggning av valkretsar **II** *v* omlägga valkretsar; *äv.* fuska

gerund ['dʒer(ə)nd] *språk v.* självständig (substantivisk) ing-form av ett verb; gerundium

gestation [dʒes'teiʃ(ə)n] havandeskap

gesticulat|e [dʒe'stikjuleit] gestikulera **-ion** [dʒes,tikju'leiʃ(ə)n] gest[ikulerande] **-ory** [-lət(ə)ri] *a* gestikulerande

gesture ['dʒestʃə] **I** *s* åtbörd, gest **II** *v* gestikulera

get [get] **I** *v* få, erhålla; skaffa; få tag på; förtjäna; vinna; ädra sig; anlända, nå, komma; bli; åstadkomma, låta; vara tvungen att; fånga, sätta på det hala; ~ *dinner* laga middag; *got it?* förstår du?; *I have not got a penny* jag har inte ett öre; *what have you got to say?* vad har du att anföra?; *it has got to be done* det måste göras; *he got his arm broken* han bröt armen; *you'll soon ~ to like it* du kommer snart att [lära dig att] tycka om det; ~ *by heart* lära sig utantill; ~ *a hand* få

applåder; *he got the worst of it* han drog kortaste strået; ~ *one's way* få sin vilja fram; ~ *about* komma ut, spridas; ~ *across* bli förstådd; ~ *one's meaning across* göra sig förstådd; ~ *across* [*the footlights*] nå publiken, slå an; ~ *along* klara sig; komma överens, trivas tillsammans; ~ *along with you* a ge dig iväg! **b** låt bli!; ~ *around* a känna många människor, träffa mycket folk **b** spridas (om nyhet) **c** undvika (svårighet) **d** vinna [ngn] över på [sin] sida; ~ *at* nå, komma åt; lära känna; syfta på; ~ *away* komma iväg; slippa ifrån; ~ *away with it* klara [sig utan upptäckt], ro hem; ~ *back* få tillbaka; komma tillbaka; ~ *by* passera, klara sig; ~ *in* få in; komma in; inkassera; ~ *into* komma in i; ~ *off* stiga av; slippa undan; bli fri; ~ *off to sleep* falla i sömn; *I told him where to* ~ *off* jag bad honom dra åt skogen (*ung.*); ~ *on* ta på sig; reda sig; ge sig av; bli gammal; (*opers.*) bli sent; *she ~s on my nerves* hon går mig på nerverna; *he is ~ting on for forty* han börjar närma sig de fyrtio; ~ *out* komma ut, komma fram; gå ut; komma undan; ~ *out!* ge dig iväg!; ~ *out of* klara [sig] ur; få ut ur, vinna ut ur; locka ur ngn; ~ *over* komma över, hämta sig, glömma; (*äv.* ~ *across*); *let's* ~ *it over soon* låt oss snart få det undanstökat; ~ *round* a prata omkull, vinna på sin sida **b** bli frisk, hämta sig; ~ *there* komma fram; lyckas; ~ *through* få igenom; komma fram, komma ut; ~ *to* ta vägen; råka in i; ~ *to work* gå till verket; ~ *together* råkas; samla; ~ *under* kuva; *the fire was got under* elden kuvades; ~ *up* resa sig; blåsa upp (om vind); stiga upp; organisera, sätta upp; utstyra; ~ *the wind up* bli rädd, (skraj) **--at-able** [get'ætəbl] som kan nås **--up** utstyrsel

gewgaw ['gju:gɔ:] bjäfs, grannlåt

geyser ['gaizə] **1** varm källa **2** ['gi:zə] varmvattenberedare

ghastly ['gɑ:stli] hemsk, kuslig; dödsblek

gherkin ['gə:kin] liten gurka

ghost [gəust] **I** *s* **1** ande, spöke **2** *the Holy G ~* den helige ande **3** *se ~-writer* **4** *give up the ~* ge upp andan **5** aning, tillstymmelse **II** *v* skriva verk i annans namn **-ly** [-li] *a* spöklik, spök-, ande- **--writer** [-,raitə] egentlig skapare av verk som utges under en mer känt namn, spökskrivare

ghoul [gu:l] **1** ond ande **2** gravplundrare **-ish** hemsk, motbjudande

giant ['dʒaiənt] *s o. a* jätte[lik]

gibber ['dʒibə] **I** *v* babbla, prata **II** *s* babbel, snatter **-ish** [-riʃ] rotvälska

gibbet ['dʒibit] **I** *s* galge **II** *v* hänga i galge, döda genom hängning

gibbon ['gibən] *zool.* gibbon

gibbo|sity [gi'bɔsiti] kullrighet; puckel **-us** ['gibəs] kullrig; med puckel, kutig; (om månen) litet mer än halvfull

gibe [dʒaib] **I** *v* håna, bespotta **II** *s* hån, spe[glosa]

giblets ['dʒibl̥its] *pl* gåskrås

gibus ['dʒaibəs] chapeau-claque

giddy ['gidi] *yr*; svindlande; tanklös; lättsinnig; vanvettig; ~ *goat* tok[a]

gift [gift] **I** *s* gåva, skänk; *at a ~* till skänks; *appointments is in his ~* han har rätt att göra utnämningar; *by ~* som gåva **II** *v* begåva, skänka **-ed** [-id] begåvad **-ie** [-i] *Sk.* = *gift*

gig [gig] **1** gigg (lätt vagn) **2** gigg (slags lång roddbåt)
gigantic [dʒai'gæntik] gigantisk, jättelik
giggle ['gigl] **I** v fnittra **II** s fnitter
gigot ['dʒigət] fårstek
gild [gild] **1** se *guild* **2** förgylla
gill [gil] **I** s **1** gäl **2** ravin, klyfta **3** [dʒil] (mått för våta varor) *1/4 pint* (0,14 l); *rosy about the* ~*s* röd om nosen **II** v rensa fisk
gillyflower ['dʒili,flauə] **1** lackviol **2** lövkoja
gilt [gilt] **1** *perf part* av *gild* **2** förgyllning --**edged** [-edʒd] med guldkant; ~ *securities* prima värdepapper
gimcrack ['dʒimkræk] **I** s prål, grannlåt **II** a grannlåts-, strunt-
gimlet ['gimlit] **I** s **1** handborr **2** (slags) cocktail **II** a genomträngande
gimmick ['gimik] *A.* trick, knep
gimp [gimp] **1** kantsnodd **2** med metall förstärkt metrevstafs
gin [dʒin] **I** s **1** gin, genever **2** snara **3** kran, vinsch **4** maskin för bomullsrensning **II** v **1** snärja, fånga **2** rensa bomull
ginger ['dʒin(d)ʒə] **I** s **1** ingefära **2** kurage **3** rödgul färg; ~ *ale (beer)* (slags) ingefärsdricka **II** v **1** krydda med ingefära **2** ge kurage, pigga upp -**bread** ['dʒin(d)ʒ(ə)bred]**1** pepparkaka **2** yttre prål; *take the gilt off the* ~ gå bakom grannlåterna; ta bort illusionen -**ly** [-li] försiktigt; ängsligt --**nut** ['dʒin(d)ʒ(ə)nʌt] pepparnöt
gingham ['giŋəm] gingang (bomullstyg)
gin-horse ['dʒinhɔ:s] häst som drar kvarnhjul
gink [giŋk] *A. sl.* (konstig) karl
gin|-mill ['dʒinmil], **-shop** krog
gippo ['dʒipəu] *mil. sl.* soppa
gipsy ['dʒipsi] **I** s zigenare, zigenerska **II** a zigenar-; ~ *table* (slags) trädgårdsbord **III** v tälta; göra utflykt i det gröna
girandole ['dʒir(ə)ndəul] **1** svängande fontän etc. **2** armljusstake **3** örhänge besatt med ädelstenar
gird [gə:d] **I** v **1** fästa med en gördel, omgjorda **2** innesluta, omringa **3** utrusta (*with* med); ~ *at* håna, förlöjliga **II** s hån **-er** [-ə] tvärbalk **-le** [-l] **I** s gördel, ring **II** v omgjorda; ringa (träd)
girl [gə:l] **1** flicka; ~ *friend* sällskap, flickvän; ~ *guide* (*A.* ~ *scout*) flickscout **-hood** flickålder, flickår **-ish** [-iʃ] flickaktig
girt [gə:t] **1** *imperf* o. *perf part* av *gird* **2** = *girth II 2*
girth [gə:θ] **I** s **1** gördel, sadelgjord **2** omfång **II** v **1** omge (med sadelgjord) **2** mäta
gist [dʒist] kärna, huvudsak, det väsentliga
gittern ['gitə:n] cittra
give [giv] **I** v ge, skänka; tilldela; betala; förse med; framkalla; ~ *my love to* hälsa till; ~ *the time of day* hälsa med för tidpunkten lämplig hälsning (god morgon etc.); ~ *judgment* avkunna dom; ~ *a p. a piece of one's mind* skälla ut ngn; ~ *as good as one gets* ge svar på tal; ~ *birth to* frambringa; föda; ~ *chase* följa efter; ~ *ear to* lyssna på; ~ *ground* dra sig tillbaka, ge vika; ~ *it hot* ge på pälsen; ~ *a p. joy* göra någon lycklig; ~ *rise to* vara upphov till, orsaka; ~ *or take a couple of hours* med ett par timmars marginal (åt ena el. andra hållet); ~ *away* ge bort; förråda; ~ *away the bride* överlämna bruden åt brudgummen; ~ *back* ge igen; ~ *forth* utsända; tillkännage; ~ *in* ge sig, svikta; in-

lämna; anmäla; ~ *off* avge, utdunsta; ~ *out* förkunna, tillkännage; utsända; ge sig, ge tappt; *provisions began to* ~ *out* provianten började tryta; ~ *over* överge; upphöra; *be* ~*n over to* vara slav under; gärna ägna sig åt; ~ *to* vetta mot; ~ *up* avstå från, uppge, överlämna; förråda; ~ *up smoking* sluta röka; ~ *o.s. up to* hänge sig åt; ~ *way* ge vika, svikta; brista; ge plats för; hänge sig åt **II** s elasticitet --**and-take** ['givən'teik] gåva o. gengåva; kompromiss; *the* ~ *of conversation* konversationens repliker o. motrepliker --**away** *a.* ~ *price* spottstyver **-n 1** *perf part* av *give* **2** bekant, given; ~ *name* (*A.*) förnamn; ~ *to* begiven på, slav under **-r** [-ə] givare
gizzard ['gizəd] kräva; *fret one's* ~ gräma sig; *it sticks in my* ~ det står mig i halsen
glacé ['glæsei] glans-, glacé; glaserad
glacia|l ['gleisjəl] glaciär-, is-; *the* ~ *period* (*epoch*) istiden -**ted** ['glæsieitid] täckt med is -**tion** [,glæsi'eiʃ(ə)n] nedisning
glacier ['glæsjə] glaciär
glacis ['glæsis] fältvall
glad [glæd] glad; *I should be* ~ *to come* jag skulle gärna komma; *we shall be* ~ *to* det gör vi mycket gärna; *give the* ~ *eye* flörta; ~ *rags* bästa blåsan, högtidsblåsa (*sl.*) -**den** [-n] glädja[s]
glade [gleid] **1** öppen plats i skog, glänta **2** *A.* isvak
gladiator ['glædieitə] gladiator
gladiolus [,glædi'əuləs] *bot.* gladiolus
gladly ['glædli] gärna
glair [glεə] **I** s äggvita **II** v bestryka med äggvita
glamo|rous ['glæmərəs] förtrollande, tjusande, tjusig **-ur** [-mə] **I** s förtrollning, glans, glamour, tjusning **II** v förtrolla, ge glans åt
glanc|e [glɑ:ns] **I** v **1** titta flyktigt, kasta en blick på **2** snudda; studsa **3** glimta, blänka; ~ *at* titta på; anspela på; ~ *down* slå ner ögonen; ~ *over* (*through*) ögna igenom; ~ *off* (*aside*) studsa bort från **II** s **1** blick **2** studsande; *at a* ~ med en enda blick, genast -**ingly** [-iŋli] flyktigt
gland [glænd] körtel **-ers** [-əz] rots (slags hästsjukdom) -**iform** [-ifɔ:m] körtelartad -**ular** [-julə] körtel-; körtelartad -**ule** [-ju:l] tumör
glar|e [glεə] **I** s **1** skarpt sken; glans **2** vild blick **II** v **1** lysa skarpt; glänsa **3** stirra vilt -**ing** [-riŋ] a bländande; påfallande, iögonenfallande -**y** [-ri] glas-; glansig, glasartad (om blick)
glass [glɑ:s] **I** s **1** glas (både som ämne o. föremål) **2** spegel **3** monokel **4** kikare **5** barometer **6** drivbänk **7** timglas; ~*es* glasögon **II** a glas- **III** v **1** återkasta, spegla sig **2** sätta glas i --**bell** kupa --**case** glasmonter --**cloth 1** glastyg **2** polerduk --**dust** glaspuder --**eye** emaljöga -**house 1** glashytta **2** glashus; växthus --**paper** glaspapper --**shade** lampskärm av glas -**y** [-i] se *glass II*
glaucous ['glɔ:kəs] **1** sjögrön **2** täckt med fjun
glaz|e [gleiz] **I** v **1** glasa, sätta glas i **2** polera, göra blank **3** glasera (om bakverk) **4** bli glasartad (om blick) **II** s glasyr; glans, glansig yta; polityr -**er** [-ə] **I** s polerare **2** polerskiva -**ier** [-jə] glasmästare -**ing** [-iŋ] **1** glasyr **2** fönsterrutor -**y** [-i] glasaktig
gleam [gli:m] **I** s glimt; skimmer; ~ *of hope* svagt hopp **II** v lysa, glimma, skimra -**y** [-i] glimmande, glänsande

glean [gli:n] plocka, samla **-ings** [-iŋz] *pl* efterskörd; *fig.* småplock

glee [gli:] **1** glädje; fröjd **2** flerstämmig sång **-ful** [-f(u)l] glad **-man** [-mən] minstrel, kring-vandrande sångare

gleet [gli:t] varavsöndring

glen [glen] trång dal

glengarry [glen'gæri] *Sk.* mössa

glib [glib] talför, munvig, ledig

glid|e [glaid] **I** *v* [låta] glida; smyga **II** *s* glidande; tyst gång; glidflykt; *mus.* kontinuerlig övergång; *fonet.* glidljud **-er** [-ə] segelflygplan **-ing** [-iŋ] segelflygning; glidning

glim [glim] *sl.* lykta, ljus **-mer** [-ə] **I** *v* lysa svagt, glimma **II** *s* **1** svagt sken **2** glimt; ~ *of hope* svagt hopp **-mering** [-əriŋ] = *glimmer II*

glimpse [glim(p)s] **I** *s* glimt, skymt; *catch a* ~ *of* se en skymt av **II** *v* titta flyktigt; skymta

glint [glint] **I** *v* glittra, blänka **II** *s* glimt, blänk

glisten ['glisn] **I** *v* glittra, glimma **II** *s* glitter; blänk

glitter ['glitə] **I** *v* glittra, glimma, lysa **II** *s* glitter, glimmer; glans, prakt

gloaming ['gləumiŋ] skymning

gloat [gləut] **I** *v* (~ *on, over*) titta med vällust på, frossa av **II** *s* triumferande blick

glob|e [gləub] **1** glob **2** klot **3** jordglob, -klot **4** riksäpple; *the* ~ jordklotet **-e-trotter** [-,trɔtə] globetrotter, synnerligen berest turist **-ose** [-bəus] klotformig **-ular** ['glɔbjulə] **1** klotformig **2** bestående av klot **-ule** ['glɔbju:l] litet klot; piller

glomeration [,glɔmə'reiʃ(ə)n] anhopning

gloom [glu:m] **I** *s* **1** dysterhet **2** mörker **II** *v* vara (göra, bli) dyster till sinnet; vara (bli) mörk **-y** [-i] **1** dyster **2** mörk; mulen

glor|ify ['glɔ:rifai] förhärliga **-iole** [-əul] gloria, helgonskimmer **-ious** [-əs] *a* **1** ärorik, härlig **2** strålande, underbar; *a* ~ *mess* en salig röra **-y** [-i] **I** *s* **1** ära; lov o. pris **2** salighet **3** glans, glanstid; *go to* ~ dö; ~ *be!* himmel! **II** *v*, ~ *in* berömma sig av, jubla över

gloss [glɔs] **I** *s* **1** glans; falskt sken **2** marginal-anteckning, glosa, kommentar; tolkning **II** *v* göra glänsande; kommentera; bortförklara; ~ *over* bortförklara, borttolka **-arial** [-'scɔriɔl] förklarande, glossar- **-ary** [-əri] glossar, förklarande ordlista **-ographer** [-'sɔgrəfə] kommentarförfattare **-ology** [-'sɔlɔdʒi] terminologi **-y** [-i] glänsande, glansig

glove [glʌv] **I** *s* handske; *throw down the* ~ utmana; *it fits like a* ~ det passar precis; *be hand in* ~ *with* vara mycket god vän med; *take off the* ~*s* ta i med hårdhandskarna **II** *v* klä med handske **--fight** boxningsmatch **-r** [-ə] handskmakare **--sponge** tvätthandske

glow [gləu] **I** *s* glöd **II** *v* glöda, stråla

glower ['glauə] blänga argt (*at* på)

glow-worm ['gləuwə:m] lysmask

gloze [gləuz] **1** överskyla, släta över **2** smickra **3** kommentera; ~ *over, se 1*

glucose ['glu:kəus] glukos

glue [glu:] **I** *s* lim **II** *v* limma; *with ear* ~*d to the keyhole* med örat som klistrat vid nyckelhålet **-y** ['glu(:)i] limmig, klibbig

glum [glʌm] mörk, dyster; vresig, trumpen

glume [glu:m] *bot.* agn

glut [glʌt] **I** *v* övermätta, överlasta; ~ *one's eyes* se lystet på **II** *s* [över]mättnad; överflöd; *there is a* ~ *in the market* marknaden är över-mättad

glut|en ['glu:tən] lim **-inous** [-inəs] limaktig, klibbig

glutton ['glʌtn] frossare, matvrak; ~ *for work* arbetsmyra, arbetsnarkoman **-ous** [-əs] glupsk, frossande; omättlig **-y** [-i] frosseri

gnarl [nɑ:l] morra **-ed** [-d] **-y** [-i] **1** butter **2** knotig

gnash [næʃ] gnissla med; ~ *one's teeth* skära tänder; ~*ing of teeth* tandagnisslan

gnat [næt] mygga

gnaw [nɔ:] gnaga; fräta på

gneiss [nais] gnejs

gnom|e 1 [nəum] jordande, dvärg **2** ['nəumi:] aforism, tänkespråk **-ic** ['nəumik] aforistisk **-ish** ['nəumiʃ] dvärglik

go [gəu] **I** *v* gå, resa; sträcka sig; vanligen vara; leda till; rymmas; förlöpa; gälla; bli; *the rest can* ~ resten får vara; *who* ~*es there?* vem där?; ~ *for a walk* ta en promenad; ~ *armed* alltid bära vapen; ~ *hungry* få gå hungrig; *where do the forks* ~? var ska gafflarna ligga? *how does the proverb* ~? hur lyder ordsprå-ket?; *as the phrase* ~*es* som det heter; ~ *bad* bli dålig, surna, bli skämd; ~ *mad* bli tokig; ~ *all lengths* inte låta sig hejdas; ~ *a long way* räcka länge; ~ *cheap* kosta litet; ~ *dry* införa alkoholförbud; ~ *fetch!* apport!; ~ *fut* gå sönder; ~ *halves* dela; ~ *it!* gå på!, framåt!; ~ *it* inte knussla; ~ *it strong* leva vilt; ~ *one better* överträffa; bjuda över; ~ *the pace* skjuta fart; ~ *phut* = ~ *fut*; ~ *shares* dela lika (*with* med); *she is still* ~*ing strong* hon är ännu i sin krafts dagar; ~ *the whole hog* (*thing*) ta steget fullt ut; ~ *west* dö; ~ *about* gripa sig an med; ~ *ahead* fortsätta, börja; ~ *along with you!* ge dig iväg!; ~ *along with* följa med; instämma med; ~ *around* **a** räcka till **b** göra en omväg **c** besöka; ~ *at* anfalla; ta itu med; ~ *back on a p.* lämna någon i sticket, förråda ngn; ~ *behind a decision* ta upp beslut till förnyad prövning; ~ *behind a p.'s words* söka dold bakgrund till ngns hand-lande; ~ *beyond* överskrida; ~ *by* gå förbi; rätta sig efter; bestämmas av; ~ *by the name of* lyda under namnet; ~ *down* gå ner; sjunka; falla; minskas; ~ *down to history* as gå till historien som; ~ *down to the Normans* gå tillbaka till normanderna; *that won't* ~ *down with me* det går inte i mig; ~ *for* hämta; räknas som; anfalla; ~ *in* ingå; delta; (om solen) gå i moln; ~ *in for* intressera sig för; lägga an på; ~ *in for an examination* anmäla sig till en examen; ~ *in for holy orders* stu-dera till präst; ~ *in with* **a** gå in i **b** dela kostnader, tillskjuta; ~ *into* gå in på; delta i; undersöka; ~ *off* **a** explodera **b** hända, för-löpa **c** sluta upp med **d** avresa; ~ *off well* förlöpa lyckligt; ~ *on* fortsätta; bråka (*at* med); börja skift; övergå (till att); ~ *on about* tjata om; ~ *on for six* närma sig sex-[slaget]; *he* ~*es on the parish* han lever på [understöd från] kommunen; ~ *on former glory* dra på gamla växlar; ~ *out* gå ut; resa ut; gå ut i livet; försvinna; *the water* ~*es out* det är ebb; ~ *over* granska; besiktiga; stjälpa; ~ *over the bags (the top)* lämna skyttegrav för att anfalla; ~ *round* räcka till för alla; *se äv.* ~ *around*; ~ *through* genomgå; granska; diskutera; uppleva; ~ *through* with slutföra; ~ *to* uppgå till; *20 shillings* ~ *to the £* det går 20 shillings på ett pund; ~ *to Jericho!* dra dit pepparn växer!; ~ *to blazes* gå åt hel-

sike; ~ *to seed* gå i frö; försämras; ~ *together* **a** passa ihop **b** följa med; ~ *under* gå under, gå i kvav; ~ *under the name of* vara känd som; ~ *up* gå upp, stiga; ~ *up the line* gå nära fronten; ~ *upon* handla enligt; ~ *with* åtfölja; hålla med; ~ *without* klara sig utan **II** *s* **1** gång **2** energi, fart **3** *sl.* historia; händelse; anfall; *it's all the* ~ det är sista modet; *have a* ~ försöka; *have a* ~ *at a p.* angripa ngn; *no* ~ det går inte; *a near* ~ nära ögat
goad [gəud] **I** *s* käpp att driva kreatur med; *fig.* sporre **II** *v* driva på (med käpp e.d.); *fig.* egga, sporra
go-ahead ['gəuəhed] *a* framåtsträvande
goal [gəul] mål; destination **-ie** [-i] **-keeper** [-,ki:pə] målvakt **-post** målstolpe
go-as-you-please ['gəuəzju,pli:z] utan regler
goat [gəut] get; *it gets my* ~ det förargar mig **-ee** [-'ti:] pipskägg **-herd** getherde **-ish** [-iʃ] **1** bockaktig **2** liderlig **3** frän till lukten **-skin** getskinn **-y** [-i] *se goatish*
gobble ['gɔbl] sluka, glufsa i sig **-r** [-ə] **1** matvrak **2** kalkontupp
go-between ['gəubi,twi:n] mellanhand; medlare
goblet ['gɔblit] dryckespokal; glas på fot
goblin ['gɔblin] troll, svartalf
go|-by ['gəubai] avsiktligt förbiseende; *give a p. the* ~ ignorera ngn **--cart** gåstol (för barn)
god [gɔd] gud; *G~* Gud; *the* ~*s* publiken på tredje raden på teater; *G~ knows!* det vete gudarna!; *for G~'s sake* för guds skull; *thank G~!* gudskelov! **-child** gudbarn **-daughter** [-,dɔ:tə] guddotter **-dess** [-is] gudinna **-father** [-,fɑ:ðə] gudfar **-fearing** [-,fiəriŋ] gudfruktig **-forsaken** [-fə,seikn] gudsförgäten **-head** gudom[lighet] **-less** [-lis] gudlös **-like** gudomlig **-liness** [-linis] gudsfruktan **-ly** [-li] gudfruktig **-mother** [-,mʌðə] gudmor
godown ['gəudaun] varumagasin, packhus
god|parent ['gɔd,pɛər(ə)nt] gudfar, gudmor **-send** gudagåva, oväntat fynd etc. **-speed** ['gɔd'spi:d] välgång; *wish a p.* ~ önska ngn lycka till
goer ['gəuə] en som går; *slow* ~ sölkorv
goggle ['gɔgl] **I** *v* rulla (med ögonen), blänga **II** *a* utstående (om ögon) **III** *s pl*, ~*s* **1** stora glasögon **2** skygglappar
going ['gəuiŋ] **I** *s* **1** gående **2** terräng; *good* ~ *!* bra marscherat (gjort)! **II** *a* som är för handen, som finns; *the best fellow* ~ den bäste karl man kan tänka sig; *be* ~ *to* ämna, skola, ha för avsikt; *he is* ~ *15* han blir 15; *a* ~ *concern* en inarbetad rörelse; *this will keep you* ~ *for a while* det här kommer att räcka ett tag; *get* ~ sätta igång; ~, ~, *gone!* första, andra, tredje! (vid au$k$tion) **-s-on** ['gəuiŋz'ɔn] *s, there are some strange* ~ det är något skumt i görningen
goitr|e ['gɔitə] struma **-ed** [-d] **-ous** [-trəs] strumaartad, -sjuk
gold [gəuld] **I** *s* guld; ~ *standard* guldmyntfot **II** *a* guld- **--beating** guldplåt **-brick** *A.* fuffens **-bug** *A.* miljonär **--digger** [-,digə] guldgrävare; lycksökerska **--dust** guldstoft **-en** [-(ə)n] guld-; guldgul, gyllene; *three* ~ *balls* pantbank; ~ *mean* gyllene medelväg **-en-mouthed** [-mauðd] vältalig **-enrod** *bot.* gullris **--finch** steglitsa **-fish** guldfisk **--foil** bladguld **--lace** ['gəuld'leis] guldgalon **--lode** guldåder **-smith** guldsmed **-tipped** [-tipt] med guldmunstycke **--vein** guldåder

golf [gɔlf] **I** *s* golf **II** *v* spela golf **--club 1** golfklubba **2** golfklubb **-course, --links** golfbana
golliwog ['gɔliwɔg] svart docka med groteskt utseende
golly ['gɔli] *interj, [by]* ~*!* kors!, för tusan!
gondola ['gɔndələ] gondol; *A.* öppen lastvagn
gone [gɔn] **1** *perf part* av *go* **2** borta, död, förgången, slut; ~ *case* hopplöst fall; *be* ~ *on somebody* vara förtjust i ngn; *be* ~ *!* ge dig iväg!; *6 months* ~ *[with child]* vara i 6:e månaden; *the milk has* ~ *off* mjölken har surnat **-r** [-ə] *sl.* [en] död; dödens
gong [gɔŋ] gonggong
goniomet|er [,gəuni'ɔmitə] vinkelmätare **-ry** [-ri] goniometri
goober ['gu:bə] *A.* jordnöt
good [gud] **I** *a* god, bra; säker; duktig; färsk; vederhäftig; snäll, fin; ~*!* bra!, skönt!; ~ *breeding* god uppfostran; ~ *debts* säkra fordringar; ~ *nature* godmodighet; ~ *at English* skicklig i engelska; *a* ~ *deal* mycket; *hold* ~ vara giltig; *it is* ~ *for another 5 years* den räcker i ytterligare 5 år; ~ *gracious (God, heavens)!* kors!, för guds skull!; *the* ~ *lady* damen; *lead a* ~ *life* leva ett dygdigt liv; ~ *looks* fördelaktigt utseende; *make* ~ gottgöra; förverkliga; betala; ha framgång; *have a* ~ *mind to* ha god lust att; *he had the* ~ *sense to* han hade den goda smaken att; *she has a* ~ *temper* hon har ett gott humör; *a* ~ *thing* en god sak, ett lyckat infall; ~ *turn* väntjänst **II** *s* **1** *[the]* ~ det goda; (ngns) bästa, fördel; välfärd; gagn, nytta **2** ~*s (pl)* varor, artiklar, gods **3** ~*s (pl)* lös egendom, tillhörigheter; *convenience* ~*s* dagligvaror; *shopping* ~*s* urvalsvaror; *what's the* ~ *of it?* vad är det för mening med det?; *for* ~ *[and all]* för gott, definitivt; *no* ~ utan mening, ingen idé; *he is up to no* ~ han har inget gott i sinnet; *£ 5 to the* ~ 5 pund till godo; ~*s train* godståg **-bye** [-'bai] farväl; *say* ~ säga adjö, ta avsked **--for-nothing** ['gudfə,nʌθiŋ] **I** *a* oduglig **II** *s* odåga, värdelös person **--humour** ['gud-'hju:mə] älskvärdhet **--humoured** ['gud'hju:-məd] älskvärd, godmodig **-ies** [-iz] sötsaker, snask **-iness** [-inis] *se goody* **-ish** [-iʃ] ganska bra; tämligen mycket etc. **--looking** ['gud-'lukin] med fördelaktigt utseende, snygg **-ly** [-li] *a* **1** ganska ansenlig **2** vacker; fin **--natured** ['gud'neitʃəd] godmodig **-ness** [-nis] **1** godhet; dygd **2** *fam. i st. f. God*; *[my]* ~, ~ *gracious!* du milde!, kors!; ~ *knows!* det vete gudarna!; *for* ~*'sake* för guds skull; *thank* ~ *!* gud ske lov! **--tempered** ['gud'tempəd] med gott humör **-wife** *Sk.* husmor **-will** ['gud-'wil] goodwill; gott rykte; kundkrets **-y** [-i] karamell **-y-goody** [-,gudi] **I** *s* hycklare **II** *a* gudsnådelig, fromlande; sentimental
goof [gu:f] dumbom, fjant, idiot **-y** [-i] dum
goon [gu:n] *A. sl.* **1** dum person **2** gangster
goose [gu:s] **1** gås **2** dumbom **3** pressjärn; *he can't say bo to a* ~ han vågar knappast öppna mun; *cook somebody's* ~ definitivt förstöra ngns chanser till framgång **-berry** ['guzb(ə)ri] krusbär; *do (play)* ~ agera förkläde **--flesh** gåshud **--herd** gåsapåg **--neck** svanhals **--quill** gåsfjäder, gåspenna **--skin** = *goose-flesh* **--step** paradmarsch **-y** [-i] våp
gopher ['gəufə] *A.* kindpåsråtta; jordekorre; landskildpadda
gore [gɔ:] **I** *s* **1** levrat blod **2** kil, våd **II** *v* **1** sätta i **2** genomborra, sticka ihjäl

gorge [gɔːdʒ] **I** *s* **1** svalg, hals **2** trång klyfta mellan berg **3** maginnehåll **4** skrovmål; *my ~ rises at it* det äcklar mig **II** *v* proppa full; sluka, frossa

gorgeous ['gɔːdʒəs] härlig, praktfull

gorget ['gɔːdʒit] harnesk (för hals), krage; halsband; (fågels etc.) teckning på hals

gorilla [gə'rilə] gorilla

gormandize ['gɔːməndaiz] **I** *s* frosseri **II** *v* frossa; sluka **-r** [-ə] frossare

gory ['gɔːri] blodig

gosh [gɔʃ] minsann!, ojsan!

goshawk ['gɔshɔːk] duvhök

gosling ['gɔzliŋ] gässling

gospel ['gɔsp(ə)l] evangelium; *take a thing for ~* tro blint på ngt **--truth** dagens sanning

gossamer ['gɔsəmə] flor; fin spindelväv, sommartråd,

gossip ['gɔsip] **I** *s* **1** skvallerbytta, skvallerkäring **2** skvaller; tomt prat **II** *v* **1** skvallra, sladdra **2** [kall]prata

gossoon [gɔ'suːn] *anglo-irl.* grabb

got [gɔt] *imperf* o. *perf part* av *get*

Goth [gɔθ] got, göt; barbar

Gotham ['gautəm] *s, wise man of ~* lättlurad person

Gothic ['gɔθik] **I** *a* **1** gotisk **2** rå, barbarisk; *~ type* frakturstil **II** *s* **1** gotiska [språket] **2** gotik

gotten ['gɔtn] = *got, A. perf part* av *get*

gouge [gaudʒ] **I** *s* **1** hålmejsel **2** *A.* räffla, fåra **3** *A.* bedrägeri **II** *v* **1** urholka med håljärn **2** *A.* lura, bedra

gourd [guəd] kalebass, (slags) pumpa

gourm|and ['guəmənd] **I** *a* glupsk, matfrisk **II** *s* matvrak; läckergom, gourmand **-et** [-mei] finsmakare

gout [gaut] **1** gikt **2** [blod]droppe **-y** [-i] giktsjuk, -bruten; gikt-

govern ['gʌv(ə)n] regera, styra, härska över, behärska **-able** som [lätt] kan behärskas (styras) **-ance** [-əns] ledning, makt, styrelse **-ess** [-is] guvernant **-ment** ['gʌvnmənt] **1** styrande, styrelse, ledning **2** regering, ministär **3** styrelsesätt, statsskick; *local ~* kommunal självstyrelse; *G~ paper* (*security*) statsobligation **-mental** [,gʌv(ə)n'mentl] regerings- **-or** ['gʌvənə] **1** guvernör **2** "herrn" **3** härskare **4** ledare, direktör **5** informator; *the ~* farsgubben; "chefen"

gown [gaun] dräkt, klänning; ämbetsdräkt; toga; studentkappa **-ed** [-d] klädd i *gown* **-sman** [-zmən] **1** civilperson **2** student (i motsats t. stads övriga invånare)

grab [græb] **I** *v* gripa, nafsa, grabba tag i **II** *s* **1** grepp, hugg **2** rofferi **3** gripklo, gripskopa **4** (slags) kortspel (för barn); *have the ~ on* ha tummen på, ha i sin makt; *smash and ~* slå in rutan o. rafsa åt sig (*ung.*)

grabble ['græbl] treva (*for* efter); krypa runt, kravla

grace [greis] **I** *s* **1** grace, elegans **2** älskvärdhet, charm **3** gunst, nåd **4** utsmyckning **5** känsla för takt o. ton, anständighetskänsla **6** frist, anstånd; *he had the ~ to* han hade vänligheten att; *say ~* be bordsbön; *with a good ~* a gärna, älskvärt **b** utan att förlora fattningen; med bibehållen värdighet; *act of ~* a ynnest **b** amnesti; *in this year of ~* i detta nådens år; *His* (*Her, Your*) *G~* hans (hennes, ers) nåd (titel för hertig[inna], ärkebiskop) **II** *v* smycka, pryda; förära, hedra **-ful** [-f(u)l] elegant,

graciös, behagfull, sirlig **-less** [-lis] oförskämd, hutlös; dålig, gudlös

gracious ['greiʃəs] nådig, barmhärtig; älskvärd; [*goodness*] *~ me!, my ~!* du milde!

grad [græd] *A.* = *graduate* student med akademisk examen

gradat|e [grə'deit] ordna trappstegsvis, gradera **-ion** [-eiʃ(ə)n] **1** gradation; gradering; ordningsföljd, skala **2** grad; nyans, [mellan]-stadium, omärklig övergång **3** *språkv.* avljud **-ional** [-eiʃənl] gradvis skeende; grad-

grad|e [greid] **I** *s* **1** grad; rang; sort, kvalitet, klass **2** korsad ras **3** *språkv.* avljudsform **4** *A.* [skol]klass; *make the ~* slå igenom, lyckas; *~ school* grundskola (*A.*) **II** *v* **1** gradera, sortera **2** förädla (djurras genom korsning) **3** plana (väg) **4** *A.* indela i klasser **-er** [-ə] vägskrapa, -hyvel **-ient** [-jənt] **1** stigning **2** gradient

gradu|al ['grædʒuəl] **I** *a* gradvis **II** *s* gradualpsalm **-ally** [-əli] så småningom **-ate I** *v* ['grædʒueit] **1** *A.* graduera, ge akademisk examen; gå ur skolan **2** uppdela i grader, klasser **3** avlägga (akademisk) examen **4** så småningom övergå (*into* i, till) **II** *s* ['grædʒuət] student (person) med akademisk examen **-ation** [,grædju'eiʃ(ə)n] **1** graduering, promotion **2** gradering, gradindelning **3** framsteg **-ator** ['grædʒueitə] graderingsapparat

graft [grɑːft] **I** *s* **1** ympening; ympkvist; transplantation[svävnad] **2** *A.* [förtjänst gjord genom] politisk korruption **II** *v* **1** [in]ympa; transplantera **2** *A.* praktisera el. förtjäna genom korruption

graham ['gre(i)əm] *s* o. *a* grahamsbröd, grahams-

Grail [greil] Gral

grain [grein] **I** *s* **1** korn, frö, gryn; säd, spannmål **2** kornig struktur; luddsida (på tyg etc.); åder, fiber (t.ex. i trä) **3** textur; kynne, läggning; *~s, pl* maltdrägg; *against the ~* mot naturen, mothårs; *it goes against the ~ with me* det är mot min natur; *in ~* äkta **II** *v* **1** göra kornig etc. **2** marmorera, ådra **-ing** [-iŋ] marmorering, ådring **-y** [-i] **1** kornig **2** ådrig (som trä)

gram [græm] **1** gram **2** kikärta

gramin|aceous [,greimi'neiʃəs] **-eous** [grei'miniəs] gräsartad

gramma|r ['græmə] grammatik; språkriktighet; *bad ~* ogrammatikaliskt **-rian** [grə'mɛəriən] grammatiker, språklärd **-r-school** *ung.* läroverk **-tical** [grə'mætik(ə)l] grammatt[ikal]isk

gramme [græm] gram

gramophone ['græməfoun] grammofon

grampus ['græmpəs] **1** späckhuggare **2** person (djur) som andas tungt

granary ['grænəri] kornbod (*äv. fig.*)

grand [grænd] stor, väldig; förnäm; imponerande, präktig; störst, högst, stor-; *~ duchess* storhertiginna; *~ duchy* storhertigdöme; *~ duke* storhertig; *~* [*piano*] flygel; *~ result* slutresultat; *~ staircase* huvudtrappa; *do the ~* vräka sig, uppträda flott; *the G~ Old Man* Mästaren (så kallades t.ex. Gladstone) **--aunt** fars (mors) faster (moster) **-child** ['græntʃaild] barnbarn **-daughter** ['græn,dɔːtə] son-, dotterdotter **-ee** [-d] grand; storman **-eur** ['græn(d)ʒə] **1** stor[slagen]het **2** förnämhet **3** prakt, ståt **-father** ['græn(d),fɑːðə] far-, morfar **-iloquence** [-'diləkwəns] högtravande språk **-iloquent** [-'diləkwənt] högtravande, bombastisk **-iose** [-iəus] grandios, storslagen **-[mam]ma** ['grænmɑ:, 'grænmə,mɑ:] **-mo- -ther** ['græn,mʌðə] **I** *s* far-, mormor **II** *v* skämma bort, klema med **-motherly** ['græn- ,mʌðəli] *a* **1** farmoderlig **2** alltför småpetig **--nephew** ['græn,nevju:] brors (systers) son-, dotterson **--niece** ['græni:s] brors (systers) son-, dotterdotter **-[pa]pa** ['grænpɑ:, 'grænpə- ,pɑ:] far-, morfar **-parents** ['græn,pɛər(ə)nts] far-, morföräldrar **-sire** ['græn,saiə] förfader (*isht* om djur) **-son** ['grænsʌn] son-, dotterson **-stand** ['græn(d)stænd] åskådarläktare **-uncle** [-,ʌŋkl] fars (mors) farbror (morbror)

grange [grein(d)ʒ] lantgård med uthus

granite ['grænit] granit; *bite on* ~ hugga i sten; *the* ~ *city* Aberdeen

granny ['græni] far-, mormor; ~*'s knot* käring- knut

grant [grɑ:nt] **I** *v* förunna, bevilja; medge; skänka, ge; *God* ~ Gud give; *take for* ~*ed* ta för givet **II** *s* **1** beviljande **2** anslag, koncession **-ee** [-'ti:] den till vilken något överlåtes (beviljas) **-or** [-'tɔ:] överlåtare

granul|ar ['grænjulə] kornig **-ate** [-eit] göra kornig; läkas (om sår); ~*d sugar* strösocker **-e** [-ju:l] litet korn

grape [greip] **1** druva **2** ~*s*, *pl* (slags) ledå- komma på häst; *sour* ~*s* sura rönnbär (*fig.*); *juice of the* ~ vin **-fruit** grapefrukt **--house** vinhus **-ry** [-(ə)ri] vindrivhus **-shot** druvhagel, skrot, kartesch[er] **--stone** druvkärna **--su- -gar** [-,ʃugə] druvsocker **--vine** vinranka

graph [græf] graf[isk framställning] **-ic** [-ik] grafisk; framställd i diagram **-ite** [-fait] grafit **-ology** [-'fɔlədʒi] grafologi

grapnel ['græpnəl] litet ankare; änterhake, dragg

grapple ['græpl] **I** *s* **1** = grapnel **2** livtag; brott- ning **II** *v* fatta tag i; ge sig i kast med; ~ *with a problem* ta itu med ett problem

grasp [grɑ:sp] **I** *v* **1** gripa (*at* efter) **2** hålla fast **3** fatta, begripa; ~ *the nettle* ta tjuren vid hor- nen; ~ *all, lose all* den som gapar efter mycket mister ofta hela stycket **II** *s* **1** grepp, [fast] tag; räckhåll **2** (ngns) våld, klor; [herra]välde **3** förstående; fattningsförmåga **4** handtag

grass [grɑ:s] **I** *s* gräs[matta]; bete; *be at* ~ inte ha ngt att göra; *send to* ~ a skicka ut på grönbete **b** slå omkull; *go to* ~ gå ut på bete; ta sig fritt **II** *v* **1** täcka med gräs, så med gräs **2** mata med gräs **3** hala i land (fisk), skjuta ner [fågel] **4** slå omkull **--cutter** [-,kʌtə] gräs- klippningsmaskin; slåtterkarl **-hopper** [-,hɔ- pə] gräshoppa **-land** gräsjslätt --plot ['grɑ:s- 'plɔt] gräsplan **--roots** **I** *s* "gräsrötter", van- liga (icke politiskt engagerade) människor **II** *a* **1** härrörande från folkdjupet, "gräsrots-" **2** fundamental **--snake** snok **-widow** ['grɑ:s- 'widəu] gräsänka **-widower** ['grɑ:s'widəuə] gräsänkling **-y** [-i] **1** gräsbevuxen; gräs- **2** grön

grate [greit] **I** *s* spisgaller; rost; öppen härd **II** *v* **1** rosta **2** riva

grateful ['greitf(u)l] tacksam; välgörande

grater ['greitə] rivjärn

gratif|ication [,grætifi'keiʃ(ə)n] **1** tillfreds- ställelse **2** njutning **3** gratifikation **-y** ['græti- fai] **1** tillfredsställa; skänka tillfredsställelse **2** ge gratifikation **-ying** ['grætifaiiŋ] angenäm; tillfredsställande

grating ['greitiŋ] **I** *s* galler[verk] **II** *a* skärande, skorrande

gratitude ['grætitju:d] tacksamhet

gratuit|ous [grə'tju(:)itəs] **1** utan kostnad, gratis **2** utan grund, omotiverad **-y** [-i] **1** gåva **2** gratifikation

grave [greiv] **I** *s* grav **II** *a* allvarlig; viktig; mörk **III** *v* begrava; gravera **--clothes** svep- ning **--digger** [-,digə] dödgrävare

gravel ['græv(ə)l] **I** *s* **1** grus, grov sand **2** njur- grus **II** *v* **1** täcka med sand, grus **2** *fig.* sätta fast **--blind** nästan blind **-ly** [-vli] grusig, -aktig

grave-mound ['greivmaund] gravhög

grave|n ['greiv(ə)n] *a, åld.* snidad; ~ *image* snidad bild, avgudabild **-r** [-və] **1** gravör **2** gravstickel

grave|-slab ['greivslæb] gravsten **-yard** kyrko- gård

gravid ['grævid] *litt.* havande

gravit|ate ['græviteit] gravitera, dras åt ena medelpunkt; luta, dras **-ation** [,grævi'teiʃ(ə)n] **1** gravitation, tyngdkraft **2** *fig.* dragning **-y** [-i] **1** tyngd[kraft], vikt **2** värdighet, allvar

gravy ['greivi] **1** sås, köttsky **2** *A.* spelvinst

gray [grei] *A.* = grey

graz|e [greiz] **I** *v* **1** snudda; rispa **2** beta; driva på bete **II** *s* **1** snuddning **2** rispa, skrubbsår **-ier** [-jə] boskapsuppfödare

greas|e **I** *s* [gri:s] fett, smörjolja; *in* ~ villebråd som med fördel kan jagas **II** *v* [gri:z] smörja, bestryka med fett, olja; ~ *a p.'s hand* (*palm*) muta någon **-e-cup** [-i:s-] smörjkopp **-e- -paint** [-i:s-] smink **-er** ['gri:zə] smörjare; *A. sl.* mexikan, sydamerikan **-y** ['gri:zi] **1** fet; oljig; hal **2** flottig; smutsig

great [greit] stor, viktig, mäktig; förnäm, huvud-; skicklig, framstående; ~ *age* hög levnadsålder; *that's* ~! fint!; ~ *friends* goda vänner; *G*~ *Scott!* kors du milde!; *the G*~ *Unwashed* pöbeln; *G*~ *Charter* Magna Charta; *G*~ *Britain* Storbritannien; *the G*~ *War* första världskriget; *G*~*er London* Stor- London **--aunt** ['greit'ɑ:nt] = grand-aunt **--grandchild** ['greit'græntʃaild] barnbarns- barn **--grandfather** ['greit'græn(d),fɑ:ðə] far- fars (morfars, farmors, mormors) far **--grand- mother** ['greit'græn,mʌðə] farfars (morfars, farmors, mormors) mor **--hearted** ['greit'hɑ:- tid] varmhjärtad **-ly** [-li] mycket, i hög grad **-ness** [-nis] **1** storlek **2** storhet; härlighet

greaves [gri:vz] **1** *hist.* benskenor **2** talggrevar

Grecian ['gri:ʃ(ə)n] grekisk

Greece [gri:s] Grekland

greed [gri:d] begär, lystnad, glupskhet **-y** [-i] **1** glupsk **2** lysten; girig

Greek [gri:k] **I** *s* **1** grek **2** grekiska **3** slug gyn- nare **II** *a* grekisk

green [gri:n] **I** *a* grön, omogen, färsk (*äv. fig.*); ~ *old age* andra ungdom; ~ *eye* avundsjuka; ~ *cheese* vassleost; färsk ost; ~ *light* klarsignal **II** *s* **1** grön färg **2** grön äng, gräsplan; *in the* ~ *of his youth* i hans gröna ungdom; *do you see any* ~ *in my eye?* tror ni verkligen att jag är så enfaldig? **III** *v* göra (bli) grön; lura, dra vid näsan **-back** amerikansk dollarsedel **-er** gröngöling, oerfaren person **-grocer** [-,grəu- sə] grönsakshandlare, frukthandlare **-grocery** [-,grəus(ə)ri] grönsaks-, frukthandel **-horn** se greener **-house** växthus **-ish** [-iʃ] grönaktig

Greenland ['gri:nlənd] Grönland

green|-room ['gri:nrum] artistfoajé **-s** [-z] *fam.* grönsaker **-sickness** [-,siknis] bleksot **-sward** [-swɔ:d] gräsmatta

Greenwich ['grinidʒ] ~ *time* Greenwichtid
green|wood ['gri:nwud] grön skog, skogs-
bygd **-y** [-i] grönaktig
greet [gri:t] hälsa, välkomna **-ing** [-iŋ] häls-
ning
gregarious [gri'gɛəriəs] **1** flock-, som lever
i flock **2** sällskapskär
grenad|e [gri'neid] handgranat **-ier** [ˌgrenə-
'diə] grenadjär
grew [gru:] *imperf* av *grow*
grey [grei] **I** *a* grå, dunkel; grånad, gammel-
mans-; ~ *friar* gråbrödramunk, franciskaner;
the ~ *mare is the better horse* frun bestämmer
var skåpet skall stå; ~ *crow, se grey-back*; ~
goose, se greylag **II** *s* grå färg; grålle, grå häst
III *v* göra (bli) grå, gråna **--back** gråkråka
--hen orrhöna **-hound** vinthund; *G* ~ lång-
färdsbuss (tillhörande visst bolag i USA); ~
racing hundkapplöpning **-ish** ['greiiʃ] gråaktig
-lag vildgås
grid [grid] **1** bagagehållare **2** galler **3** elektriskt
nät **4** halster; grill; ridåmekanism; växelspår;
ledningsnät **5** *A*. fotbollsplan
griddle ['gridl] **I** *s* **1** bakplåt **2** kolsåll **II** *v* sålla
gride [graid] **I** *v* skrapa, raspa, skära **II** *s* rasp
grid-iron ['grid,aiən] **1** halster **2** *sjö*. upphal-
ningsslip **3** ridåmekanism
grief [gri:f] sorg; bedrövelse; *bring to* ~ leda
i olycka; *come to* ~ förolyckas
griev|ance ['gri:v(ə)ns] anledning till missnöje ,
klagomål **-e** [-v] bedröva; sörja (*at, for* över)
-ous [-vəs] sorglig, smärtsam; farlig, ohygglig
grift [grift] *A*. oärligt förtjänade pengar
grig [grig] **1** ålunge **2** syrsa
grill [gril] **I** *s* **1** halster, grill; grillad mat **2** *se*
grille; kylargaller **II** *v* **1** halstra[s] **2** steka, pina
A. korsförhöra **-[e]** [gril] galler **--room**
[-rum] grillmatsal
grim [grim] sträng, bister, grym (om öde, san-
ning etc.); dyster
grimace [gri'meis] **I** *s* grimas **II** *v* grimasera
grim|e [graim] **I** *s* fet smuts, sot **II** *v* smutsa
ner **-y** [-i] smutsig
grin [grin] **I** *v* grina, flina; ~ *and bear it* hålla
god min i elakt spel **II** *s* grin; hånleende, flin
grind [graind] **I** *v* **1** [fin]mala **2** slipa **3** veva,
spela **4** gnissla, knarra **5** förtrycka **6** slita,
träla; *will not* ~ går ej att mala; ~ *the faces*
of the poor utarma de fattiga; *ground glass*
mattslipat glas **II** *s* **1** malning; slipning; tag,
vevning **2** slit[göra], knog; plugg **3** promenad;
hinderritt **-er** [-ə] **1** ngn som mal etc., *se grind*
I **2** oxeltand **3** slipmaskin **4** extralärare **-stone**
['grain(d)stəun] slipsten; *keep a p.'s nose to*
the ~ driva på ngn
grip [grip] **I** *s* grepp; handtag; makt; våld;
behärskande; handtryckning; *A*. bag, kapp-
säck; *come to* ~*s with* ta nappatag med;
komma i närstrid med; *he lost* ~ *of his audien-*
ce han förlorade sitt grepp om publiken; *lose*
the ~ förlora kontrollen **II** *v* gripa, fängsla
gripe [graip] **I** *v* **1** gripa **2** klämma; trycka
ner **II** *s* grepp; kramning; ~*s* (*pl*) magknip
grippe [grip] influensa
gripsack ['gripsæk] *A*. kappsäck
griseous ['griziəs] gråaktig
grisly ['grizli] gräslig
grist [grist] mald säd; vinst; *bring* ~ *to the mill*
skaffa fördel; *all is* ~ *that comes to his mill*
han har användning för allt
gristl|e ['grisl] brosk **-y** [-i] broskig
grit [grit] **I** *s* **1** slipsand; grov sand, grus; struk-

tur (av sten) **2** mod, gott gry; ~ [*stone*] grov
sandsten; *throw* ~ *into the machine* sätta en
käpp i hjulet **II** *v* gnissla **-ty** [-i] **1** grynig; san-
dig **2** duktig
grizzly ['grizli] **1** *a* grå[aktig] **II** *s* (= ~ *bear*)
grisslybjörn
groan [grəun] **I** *v* stöna; ~ *for* längta efter; ~
under digna under **II** *s* stönande, suck
groat [grəut] vitten, styver; *I don't care a* ~
det bryr jag mig inte ett dugg om **-s** (*pl*) hav-
regryn
grocer ['grəusə] specerihandlare **-y** [-s(ə)ri]
specerivaror; speceriaffär
grog [grɔg] grogg **-gy** [-i] drucken; ostadig på
benen **--shop** krog
groin [grɔin] **I** *s* **1** ljumske **2** kryssvalv **II** *v* förse
med kryssvalv
groom [grum] **I** *s* **1** stalldräng **2** kammarherre
3 brudgum **II** *v* sköta, ansa; *well* ~*ed* soigne-
rad **-sman** [-zmən] marskalk
groov|e [gru:v] **I** *s* **1** fåra; räffla; ränna; hjul-
spår **2** slentrian, vana **II** *v* holka ur; göra
räfflor i **-y** [-i] slentrianmässig; *A. sl.* toppen
grope [grəup] treva (*for, after* efter)
gross [grəus] **I** *a* frodig; yppig; fet; grov;
krass; ~ *weight* bruttovikt **II** *s* gross (144 st.);
in [*the*] ~ på det hela taget; brutto
grotesque [grə(u)'tesk] **I** *s* grotesk [stil] **II** *a*
grotesk
grotto ['grɔtəu] grotta
grouch [grautʃ] *A*. **I** *v* vara sur **II** *s* **1** dåligt
humör **2** surpuppa **-y** [-i] sur, irriterad, på
dåligt humör, vresig, trumpen
1 ground [graund] *imperf* o. *perf part* av
grind
2 ground [graund] **I** *s* **1** grund; mark, jord
2 egendom; park **3** botten **4** anledning, orsak
5 *elektr*. jordkontakt; ~*s* (*pl*) bottensats;
touch ~ få fast mark under fötterna; *down to*
the ~ i alla avseenden; *cover much* ~ tillrygga-
lägga lång sträcka; hinna med att gå igenom
mycket; *stand one's* ~ hävda sin ställning;
shift one's ~ ändra mening; ~ *floor* botten-
våning; ~ *game* fyrfotavilt; ~ *water* grund-
vatten **II** *v* **1** grunda; basera **2** förse med
grund, grunda **3** lägga på marken **4** stöta på
grund **5** *elektr*. jorda **-colour** [-,kʌlə]
grundfärg **-hog** ['graund'hɔg] am. murmel-
djur; *G* ~ *Day* 2 februari **-ing** [-iŋ] grundande,
-ning; *isht* grundläggande undervisning
-less [-lis] ogrundad **-ling** [-liŋ] **1** botten-
fisk, slamkrypare **2** krypplanta; *the* ~*s, pl*
galleriet **--plan** ['graun(d)'plæn] planritning
--plane bottennivå **--plot** hustomt **--rent**
tomtränta **--staff** ['graund'stɑ:f] markperso-
nal (vid flygvapnet) **--swell** ['graund'swel]
dyningar **-work 1** underarbete **2** grundval
group [gru:p] **I** *s* grupp; koncern **II** *v* gruppera
[sig]
grouse [graus] **I** *s* **1** vildhönsfågel **2** klagan,
knot **II** *v* **1** jaga fågel **2** klaga
grout [graut] **I** *s* tunt murbruk **II** *v* **1** putsa i
fogar **2** böka
grove [grəuv] lund
grovel ['grɔvl] *fig*. krypa, förnedra sig **-ler**
[-ə] krypare, ngn som krälar i stoftet **-ling**
[-iŋ] ynklig
grow [grəu] **1** [låta] växa **2** odla **3** bli; ~
away from växa ifrån; bli främmande för; ~
downward avta, minska; ~ *into one* växa sam-
man, bli ett; ~ *out of* a vara resultat av **b** växa
ur **c** upphöra med; ~ *up* växa upp, bli full-

vuxen; ~ [up]on vinna insteg hos -er [-ə] odlare -ing [-iŋ] a, ~ pains växtverk
growl [graul] I v morra; knorra; ~ out ge morrande svar II s morrande -er [-ə] 1 brumbjörn 2 A. ölkanna 3 droska
grown [grəun] perf part av grow --up a o. s fullvuxen [person]
growth [grəuθ] 1 växt, utveckling 2 odlande, produktion 3 utväxt
groyne [grɔin] vågbrytare
grub [grʌb] I v 1 gräva [upp, fram] 2 träla, knoga 3 föda; äta II s 1 larv 2 arbetsslav 3 slusk 4 mat, käk; ~ and bub "käk" o. "dricka" -ber [-ə] en som gräver etc., se grub I -by [-i] smutsig, snuskig
grudg|e [grʌdʒ] I s missunnsamhet, agg; bear (owe) a p. a ~ hysa ovilja mot ngn II v missunna; he ~s no effort han drar sig inte för någon ansträngning -ingly [-iŋli] motvilligt
gruel [gruəl] 1 välling 2 strängt straff; get one's ~ få sitt straff -ling [-iŋ] I a hård, ansträngande II s straff
gruesome ['gru:səm] kuslig, hemsk
gruff [grʌf] grov; barsk; sträv
grumble ['grʌmbl] I v knota; muttra; mullra (at, about, over över) II s 1 morrande; knot; mullrande 2 fam. grälsjuka
grumpy ['grʌmpi] I a knarrig, butter II s brumbjörn
Grundy ['grʌndi] what will Mrs. ~ say? vad skall folk säga? -ism pryderi
grunt [grʌnt] I v knorra; grymta II s grymtning -er [-ə] gris, en som grymtar -le [-l] grymta
guano ['gwɑ:nəu] guano
guarant|ee [,gær(ə)n'ti:] I s 1 borgen, garanti 2 borgensman, garant II v gå i god för -or [-'tɔ:] borgensman -y ['gær(ə)nti] = guarantee I o. II; borgensförbindelse
guard [gɑ:d] I s 1 vaksamhet, vakt 2 skydd, försvar, värn 3 väktare, vakt[manskap], bevakning; A. banvakt 4 konduktör (på tåg) 5 skydd (av olika slag, t.ex. skärm, räcke); keep ~ hålla vakt; off ~ oförberedd; on ~ på vakt; be on one's ~ vara på sin vakt; stand ~ stå vakt II v skydda [sig] (against mot), akta [sig]; bevaka, vakta; övervaka; ~ one's steps se sig för --boat patrullbåt --chain säkerhetskedja --duty vakttjänst -ed [-id] försiktig; ~ terms reserverade ordalag -house vaktlokal -ian [-jən] beskyddare; förmyndare; föreståndare; ~ angel skyddsängel -ianship [-jənʃip] beskydd; förmynderskap -less [-lis] oskyddad; oförsiktig --rail räcke --ring skyddsring --room [-rum] vaktlokal --ship kustbevakningsfartyg
Guatemala [,gwæti'mɑ:lə] Guatemala
gudgeon ['gʌdʒ(ə)n] I s 1 sandkrypare; agn 2 lättlurad person 3 rodermalja; ~ pin hjulnål II v lura
guer[r]illa [gə'rilə] gerilla[krig]; gerillasoldat
guess [ges] I v gissa (at på); I ~ tror jag, antar jag (A.) II s gissning -work gissningar, spekulationer
guest [gest] gäst; paying ~ inackordering --room [-rum] gästrum
guffaw [gʌ'fɔ:] I v gapskratta II s gapskratt
guid|able ['gaidəbl] styrbar, följsam -ance ledning; vägledning; rättesnöre -e [-d] I s guide, ciceron; reseledare; handbok; ledning, ledtråd II v visa vägen, guida, ledsaga; styra, leda; ~d missile radiostyrd raket, robot -e-

-board vägvisare -e-book resehandbok, vägvisare --post vägstolpe
guild [gild] gille, skrå -er [-ə] gulden -hall ['gild'hɔ:l] gillessal; stadshus
guile [gail] svek, list -ful [-f(u)l] svekfull; listig -less ['gaillis] sveklös
guillotine [,gilə'ti:n] I s 1 giljotin; skärmaskin 2 parl. tidsbegränsning (för debatt av olika delar av ett lagförslag) II v 1 giljotinera 2 parl. tillämpa tidsbegränsning, se I 2
guilt [gilt] skuld; brottslighet -less [-lis] oskyldig (of till) -y [-i] skyldig (of till); brottslig
Guinea ['gini] Guinea
guinea ['gini] = 21 shillings --fowl, --hen pärlhöna --pig marsvin; försöksdjur
guise [gaiz] utseende, gestalt, sken; skrud, klädsel
guitar [gi'tɑ:] gitarr -ist [-rist] gitarrist
gulch [gʌlʃ] A. djup bergsklyfta
gulf [gʌlf] I s 1 golf, bukt 2 klyfta, avgrund 3 malström; the G ~ Stream Golfströmmen; the G ~ of Mexico Mexikanska golfen II v uppslukas av avgrund (malström)
gull [gʌl] I s 1 fiskmås 2 enfaldig person II v lura
gullet ['gʌlit] matstrupe
gull|ible ['gʌləbl] -ish [-iʃ] enfaldig, lättlurad
gully ['gʌli] I s 1 ravin, klyfta 2 rännsten, dike, avlopp 3 stor kniv II v dika, dränera --drain avloppsrör --hole avloppslucka --trap avloppsfördelare
gulp [gʌlp] I v svälja; [upp]sluka; (äv. ~ down); nästan storkna II s sväljande [rörelse]
gum [gʌm] I s gummi; kåda; ~s, pl a tandkött b A. galoscher; by ~! för tusan! II v 1 gummera, bestryka med gummi 2 avsöndra gummi el. kåda; klibba [fast] 3 fästa med gummi = ~ down; ~up (A.) trassla till -drop tablett -my [-i] gummiartad; klibbig; svullen
gumption ['gʌmp(ə)ʃ(ə)n] fyndighet, rådighet; he has no ~ han är alldeles rådlös
gumtree ['gʌmtri:] gummiträd; be up a ~ sitta i klistret
gun [gʌn] I s 1 kanon 2 gevär, bössa 3 revolver 4 skytt 5 spruta (med insektsgift); stand (stick) to one's ~s stå på sig; blow great ~s storma; son of a ~ skojare; ~ emplacement lavettage (pjäsplats); jump the ~ tjuvstarta; big ~ (sl.) storpamp II v A. skjuta, jaga; ~ for a jaga med bössa b [vara ute o.] jaga (A.) --boat kanonbåt --bus bombplan --carriage [-,kæridʒ] lavett --case gevärsfodral; engelsk domares krage --cotton [-,kɔtn] bomullskrut -fire [-,faiə] kanonsalva, skott --layer [-,le(i)ə] riktare -man [-mən] gangster -ned [-d] utrustad med kanon etc. -nel [-l] se gunwale -ner [-ə] artillerist; sjö. artillerikonstapel; jägare -nery [-əri] ballistik; artilleriskjutning, sjöartilleri; ~ officer artilleriofficer; ~ school artilleriskjutskola
gunny ['gʌni] säck[väv] (ofta av jute)
gun|-pit ['gʌnpit] nedgrävd artilleriställning -powder [-,paudə] krut; ~ plot krutkonspirationen (5 nov. 1605) --room [-rum] vapenförråd --runner [-,rʌnə] vapensmugglare --running [-,rʌniŋ] vapensmuggling -shot skotthåll; within (out of) ~ inom (utom) skotthåll --sight telescope siktkikare -slinger [-,slinə] A. sl. revolverman -smith gevärssmed
gunter ['gʌntə] 1 = G ~'s scale logaritmsticka 2 sjö. toppmast
gunwale ['gʌnl] sjö. reling

gurgle ['gə:gl] **I** v gurgla; porla; skrocka **II** s gurgling; porlande; skrockande

gush [gʌʃ] **I** s ström; framströmmande; känsloutbrott **II** v [låta] strömma [fram]; utgjuta sig; *fig.* snyfta **-er** [-ə] sentimental person; oljekälla **-y** [-i] a översvallande

gusset ['gʌsit] kil

gust [gʌst] vindstöt, [storm]by

gusto ['gʌstəu] smak; förkärlek; njutning; förtjusning

gusty ['gʌsti] stormig

gut [gʌt] **I** s **1** tarm[kanal] **2** kraft, energi **3** sund; pass **4** buk; *he has no ~s* han är för feg (*ung.*) **II** v rensa (t.ex. fisk); plundra; äta glupskt

gutter ['gʌtə] **I** s **1** rännsten; *take out of the ~* plocka upp från gatan (om person); *~press* skandalpress **II** v **1** gräva ut **2** strömma **3** droppa (om ljus) **--man** [-mən] gatuförsäljare, nasare **--snipe** gatunge

guttle ['gʌtl] frossa, vräka i sig

guttural ['gʌt(ə)r(ə)l] a o. s guttural

guv [gʌv] "herrn" (*cockney*) **-'nor** ['gʌvənə] = *governor*

guy [gai] **1** figur föreställande *Guy Fawkes* **2** löjlig figur **3** gaj, stötta **4** *A.* karl, "kille"; *do a ~* sticka, smita **II** v **1** förevisa avbild (av person) **2** driva med, vara elak mot **3** stötta med gaj **--rope** = *guy I 3*

guzzle ['gʌzl] **I** v supa, pimpla; sluka, vräka i sig **II** s sprit; supande **-r** [-ə] drinkare

gybe [dʒaib] *sjö.* gipa

gym [dʒim] *fam.* gymnastik[sal] **-nasium** [-'neizjəm] gymnastiksal **-nast** [-næst] gymnast **-nastic** [-'næstik] **I** a gymnastisk **II** s pl, *~s* gymnastik

gynaecolog|ist [,gaini'kɔlədʒist] gynekolog **-y** [-i] gynekologi

gyp [dʒip] **1** *BE.* betjänt, uppassare **2** *A. sl.* skojare; bedrägeri; *give a p. ~* ge ngn stryk

gyps|eous ['dʒipsiəs] **-ous** [-səs] gips-, gipsartad **-um** [-səm] gips

gypsy ['dʒipsi] = *gipsy*

gyrat|e [,dʒai(ə)'reit] vrida sig runt, rotera **-ion** [-'reiʃ(ə)n] virvlande, virvel, kretslopp **-ory** ['dʒai(ə)rət(ə)ri] kretsande, krets-, virvlande; *~ traffic* runtgående trafik i en riktning

gyro ['gaiərəu] s, *~ servomotor* gyroservomotor **-compass** [-,kʌmpəs] gyrokompass **-plane** [-rəplein] gyroplan, helikopter **-scope** ['gaiərəskəup] gyroskop

gyve [dʒaiv] **I** s bojor **II** v fjättra

H

H, h [eitʃ] (bokstaven) h; *drop one's hs* inte uttala h (vulgärt språk)

habeas corpus ['heibjəs'kɔ:pəs] s, *writ of ~* "rannsakningsorder"

haberdasher ['hæbədæʃə] sybehörshandlare **-y** [-ri] **1** sybehör **2** korta varor **3** sybehörsaffär

habit ['hæbit] **I** s **1** vana **2** karaktär; konstitution **3** dräkt **II** v klä **-able** [-əbl] beboelig **-ant** [-(ə)nt] **1** invånare **2** [-ɔ̃:(ŋ)] fransk-

kanadensare **-ation** [,hæbi'teiʃ(ə)n] boning; bebyggelse **-ual** [hə'bitjuəl] **I** a vane-; *~ smoker* vanerökare **II** s stamgäst **-uate** [hə'bitjueit] vänja **-uation** [hə,bitju'eiʃ(ə)n] [in]vänjande; invandhet **-ude** [-ju:d] vana **-ué** [hə'bitjuei] stamgäst, -kund

hacienda [,hæsi'endə] hacienda, lantgård (spansktalande länder)

hack [hæk] **I** s **1** skada, sår (efter spark) **2** hacka **3** åkarkamp; hästkrake; *A.* droska **4** = *~-writer* **II** v **1** hacka, skära **2** ge spark på skenbenet **3** hosta **4** rida på **5** banalisera **III** a banal **-ing** [-iŋ] a, *~ cough* hackhosta

hackle ['hækl] **I** s **1** häckla **2** metfluga **3** nackhår (= *~s*); *with ~s up* med resta borst, arg **II** v **1** häckla **2** hacka bort

hackly ['hækli] hackig, skrovlig

hackney ['hækni] **I** s **1** rid-, hyrhäst **2** dagkarl **II** a, *~ coach* hyrdroska **-[ed]** [-(d)] sliten, banal

hacksaw ['hæksɔ:] järnsåg

hack-writer ['hækraitə] brödskrivare

had [hæd] *imperf* o. *perf part* av *have*

haddock ['hædək] kolja

hade [heid] lutning

Hades ['heidi:z] underjorden, Hades

hadn't ['hædnt] = *had not*

hadst [hædst] *åld., thou ~* du hade

haemoglobin [,hi:mə(u)'gləubin] hemoglobin

haemorrh|age ['heməridʒ] blödning **-oids** [-ɔidz] hemorrojder

haft [hɑ:ft] s o. v [förse med] handtag

hag [hæg] häxa; gammal ragata

haggard ['hægəd] **I** a [för]vild[ad]; härjad, sliten **II** s otämjd hök

haggis ['hægis] fårpölsa

haggle ['hægl] **I** v hacka; pruta **II** s prutande

hagiography [,hægi'ɔgrəfi] levnadsbeskrivning över helgon, litteratur om helgon

hagridden ['hægridn] riden av maran

Hague [heig] *The ~* Haag

hail [heil] **I** s **1** hagel **2** anrop, hälsning **II** v **1** hagla **2** hälsa [som]; hejda (taxi) **III** *interj* hell, var hälsad!; *he ~s from* han kommer från **--fellow** [-,feləu] kamrat; *be ~[-well-met]* vara god vän **-stone** hagelkorn **-storm** hagelby

hair [hɛə] hår; hårstrå; *keep your ~ on!* ta det lugnt!; *to a ~* på pricken; *have a ~ of the dog that bit you* ta en återställare; *not turn a ~* inte ändra en min, vara fullkomligt oberörd; *split ~s* bruka hårklyverier **-breadth** ['hɛə'brɛdθ], *it was a ~ escape* det var nära döga **-cloth** hår-, tageltyg **-cut** hårklippning **-do** frisyr **-dresser** [-,drɛsə] frisör **-ed** [-d] hårig, hårklädd **--line** mycket tunn linje; hårfäste; lina (rep) av hår; släng (i skrift); (slags) metrev **-pin** hårnål; **--raiser** [-,reizə] rysare **--raising** [-,reiziŋ] hårresande **--shirt** ['hɛə'ʃə:t] tagelskjorta **--slide** hårspänne **-splitter** [-,splitə] hårklyvare **-splitting** [-,splitiŋ] hårklyveri **-spring** balansfjäder (i ur) **-y** [-ri] **1** hårig, luden **2** hår-, tagel-

Haiti ['heiti] Haiti

halberd ['hælbə(:)d] hillebard

halcyon ['hælsiən] isfågel; *~ days* söterbrödsdagar

hale [heil] **I** a frisk, kry **II** v hala, dra

half [hɑ:f] **I** s halva, hälft; *two pounds and a ~ 2½* pund; *do things by halves* göra ngt halvdant; *he is too clever by ~* han är alldeles för skicklig **II** a halv; *~ as much again* en halv gång till så mycket; ~ *past 3* halv fyra; *I* ~ *wish* jag önskar nästan; *not* ~*! (sl.)* om!, jättemycket!; *not* ~ *bad* riktigt bra; *not* ~ *a bad fellow* en riktigt hygglig karl; *he didn't* ~ *swear* han svor som en borstbindare; ~ *and* ~ halvt om halvt; lika blandning **--baked** ['hɑ:f-'beikt] halvfärdig; omogen **--binding** [-ˌbaindiŋ] halvfranskt band **--blood 1** halvblod **2** halvsyskonskap **--bound** ['hɑ:f'baund] i halvfranskt band **--bred** halvblods- (*äv.* om häst) **--breed** halvblod **--brother** [-ˌbrʌðə] halvbror **--caste** halvblod **--cock** ['hɑ:f'kɔk] halvspänn; *at* ~ med hanen på halvspänn; *go off* ~ handla överilat **-crown** ['hɑ:f'kraun] *s,* 2¹/₂ shillings **--hearted** ['hɑ:f'hɑ:tid] halvhjärtad, likgiltig **--holiday** ['hɑ:f'hɔlədi] eftermiddagslov, halv fridag **--length** ['hɑ:f'leŋθ] *a,* ~ *portrait* i halvfigur **--mast** ['hɑ:f'mɑ:st] **I** *adv* på halv stång **II** *v* hissa på halv stång **--moon** ['hɑ:f'mu:n] halvmåne **--pay** ['hɑ:f-'pei] halv sold **-penny** ['heipni](*pl halfpence* ['heip(ə)ns]) en halv penny; *three halfpence* 1¹/₂ penny **-pennyworth** värde av ¹/₂ penny **--seas-over** ['hɑ:fsi:z'əuvə] halvfull **-sister** [-ˌsistə] halvsyster **--term** mitterminslov **--time** ['hɑ:f'taim] halvtid- halvtidspaus **--timer** ['hɑ:f'taimə] som arbetar (går i skola) på halvtid **--tone** halvton **--way** ['hɑ:f'wei] **I** *adv* halvvägs **II** *s* kompromiss **--witted** ['hɑ:f'witid] [halv]fnoskig

halibut ['hælibət] helgeflundra

hall [hɔ:l] **1** hall; matsal, festsal **2** hall, tambur **3** stort hus, herrgård, stadshus etc. **3** litet college; *the* ~*s* varietéteatern

hallelu|jah [ˌhæli'lu:jə] **-iah** [-jə] halleluja

hall|man ['hɔ:lmən] *A.* portvakt **-mark I** *s* stämpel; *fig.* hallstämpel **II** *v* [hall]stämpla

hallo|[a] [hə'ləu], **-o** [hə'lu:] **I** *interj* o. *s* hallå[rop], hej **II** *v* ropa hallå; ropa ut; *don't halloo before you are out of the wood* man skall inte ropa hej förrän man är över bäcken

hallow ['hæləu] **I** *v* göra helig, helga **II** *s, All H*~*s* Alla helgons dag (1 nov.)

Hallo|ween ['hæləu'i:n] **-we'en** [-əu'i:n] Allhelgonaafton (31 okt.)

hall|-porter ['hɔ:lpɔ:tə] portvakt **-stand** tamburhängare, -hylla

hallucination [həˌlu:si'neiʃ(ə)n] synvilla, hallucination

hallway ['hɔ:lwei] *A.* tambur

halo ['heiləu] **I** *s* gloria, nimbus; ljusring, halo **II** *s* omge med gloria etc.

halt [hɔ:lt] **I** *s* halt, rast; anhalt, hållplats **II** *v* **1** [låta] göra halt **2** halta; tveka; ~*ing French* bruten franska **III** *a, åld.* halt

halter ['hɔ:ltə] **I** *s* **1** grimma **2** snara **II** *v* sätta på grimma; lägga snara om

halve [hɑ:v] halvera **-s** [-z] *pl* av *half*

halyard ['hæljəd] *sjö.* fall

ham [hæm] **1** knäled; lår **2** rökt, rimmad skinka **3** dålig skådespelare

hamburger ['hæmbə:gə] malet kött, pannbiff, hamburgare

hames [heimz] bogträ

ham-fisted ['hæm'fistid] tafatt

hamlet ['hæmlit] liten by

hammer ['hæmə] **I** *s* hammare; slägga (*äv. sport.*); ~ *and tongs* med all kraft **II** *v* hamra; smida; stryka (ur börsen); ge stryk; ~ [*away*] *at* knoga på med; ~ *s.th. into a p.* slå i ngn ngt; ~ *out* hamra ut; tänka ut

hammock ['hæmək] hängmatta; hammock; ~ *chair* liggstol

hamper ['hæmpə] **I** *s 1* stor korg **2** *sjö.* belamring **II** *v* **1** packa ner i korg **2** ligga i vägen för, hindra

hamster ['hæmstə] *zool.* hamster

hamstring ['hæmstriŋ] **I** *s* knäsena, hassena (på häst) **II** *v* skära av hassenan; lamslå

hand [hænd] **I** *s* **1** hand; framfot **2** arbetare **3** handstil **4** visare (på klocka) **5** handfull; klase (bananer); bunt (tobaksblad) **6** (kort på) hand; spelparti; spelare **7** tvärhand (mått = *4 inches*); *all* ~*s on deck* alle man på däck; *at* ~ till hands, för handen; nära; *by* ~ för hand; *brought up by* ~ uppfödd på flaska; *by the* ~*s of* genom; *bear a* ~ *in* ha del i, medverka; *change* ~*s* byta ägare; *clean* ~ oskyldig; *win* ~*s down* vinna lätt; *first* ~ förstahands-; *at first* ~ direkt; *serve* ~ *and foot* tjäna med kropp o. själ; *he is a* ~ *for pastry* han är duktig på finbak; *for one's own* ~ för egen räkning; *give one's* ~ *to* skänka ngn sin hand; *be* ~ *in glove with* vara nära förbunden med; *a good* ~ *at* duktig på; *with a heavy* ~ mödosamt; *with a high* ~ anspråksfullt, överlägset; *in* ~ i handen, i ens ägo; kontant; *the matter in* ~ föreliggande ärende; *go* ~ *in* ~ gå hand i hand; samverka; *take in* ~ åta sig; ta befattning med; *time in* ~ tid till förfogande; *keep one's* ~ *in* underhålla sin förmåga; *lay* ~*s on* lägga beslag på; bära hand på; *off* ~ på stående fot, genast; ~*s off!* bort med tassarna!; *an old* ~ gammal i gården; *on* ~ till hands; på lager; *subject on* ~ ifrågavarande ämne; *work on* [*one's*] ~[*s*] föreliggande arbete; tillräckligt att göra; *on the one* (*other*) ~ å ena (andra) sidan; *I had him on my* ~*s* jag hade honom att ta hand om (sörja för); *out of* ~ genast, på stående fot; *it got out of* [*my*] ~ det slapp mig ur händerna, jag hade ingen kontroll över det längre; ~ *over* ~ (*äv. fist*) hand över hand; snabbt; *his* ~ *is out* han kan inte mera, han har legat av sig; *second* ~ [i] andra hand; begagnad, -at; *take a* ~ *in* delta i; anstränga sig; *to* ~ till handa; *to one's* ~ klar, färdig att ta; *come to* ~ komma till handa; ~ *to* ~ man mot man; *under his* ~ med hans egenhändiga underskrift; ~*s up!* upp med händerna! **II** *v* överlämna, räcka; skjuta; hjälpa; ~ *down* vidarebefordra, fortplanta; ~ *in* lämna in, inge; ~ *a p. into a car* hjälpa ngn in i en bil; ~ *on* låta gå vidare; ~ *over* överlämna; överlåta; ge sig; ~ *round* skicka runt, dela ut **-bag** [-(d)-] handväska **-ball** [-(d)-] handboll **-bill** [-(d)-] reklamlapp, flygblad **-book** [-(d)-] [rese]handbok **--canter** [-(d)ˌkæntə] kort galopp **-cuff** [-(d)-] *s* o. *v* [fängsla med] handklove **-ful** [-(d)ful] handfull; besvärligt barn **--gallop** [-(d)ˌgæləp] kort galopp **--glass** [-(d)-] nackspegel; förstoringsglas, lupp **-icap** [-ikæp] **I** *s* handikapp; extra belastning, nackdel **II** *v* ha hindrande inflytande på; belägga med handikapp **-icraft** [-ikrɑ:ft] handarbete; hantverk **-iwork** [-iwə:k] händers verk; praktiskt arbete **-kerchief** ['hæŋkətʃif] **1** näsduk **2** huvudduk **--knitted** [-(d)ˌnitid] handstickad **-le** [-l] **I** *s* handtag, öra; dörrhandtag, grepp; vevhjärta; anledning; *a* ~ *to one's name* en titel **II** *v* hantera, handha, behandla; sköta, ta om hand; uppföra sig, uppträda; röra vid, beröra,

handla med **-le-bar** styrstång **--made** ['hæn(d)'meid] handgjord; ~ *paper* handtryckt papper **-maid[en]** ['hæn(d)meid(n)] tjänarinna **--picked** ['hæn(d)'pikt] utvald **--out 1** allmosor **2** kommuniké **-rail** ledstång **-sel** ['hæns(ə)l] **I** *s* handpenning; [nyårs]gåva; försmak **II** *v* ge någon handpenning etc.; inviga **-shake** handslag **--shaped** [-ʃeipt] handformad **-sledge** sparkstötting **-some** ['hænsəm] vacker, präktig, ansenlig; ~ *is that* ~ *does* vacker den som vackert gör **-spike** handspak, kofot **-spring** handvolt **-writing** [-,raitiŋ] handskrift, handstil **-y** [-i] händig; till hands; *come in* ~ komma väl till pass **-yman** [-imæn] tusenkonstnär, händig karl; hjälp; gast

hang [hæŋ] **I** *v* hänga [upp, ut, på], hängas; uppskjuta; ~ *fire* gå trögt; uppskjutas; ~ *one's head* hänga med huvudet; *time* ~*s heavy* tiden går långsamt; ~ *it* [*all*]! jäklar också!; *I'll be* ~*ed if* nej, så ta mig tusan om; ~ *about* stå o. hänga (sysslolös); ~ *back* tveka; ~ *behind* hålla sig bakom; ~ [*up*]*on* hänga på, bero på; med andakt lyssna på; hänga fast vid; trycka; ~ *on* [*to*] hänga sig fast vid; ~ *on a minute* var god o. dröj (fras vid telefonsamtal); ~ *out* hålla ut; ~ *together* a hänga i rad **b** hålla ihop; hänga samman; ~ *up* ringa av (efter telefonsamtal); uppskjuta **II** *s* sätt varpå ngt hänger (hängs); lutning; *get the* ~ *of* komma underfund med; *I don't care a* ~ jag bryr mig inte ett förbaskat dugg om det

hangar ['hæŋə] hangar

hang|-dog ['hæŋdɔg] galgfågel; ~ *look* galgfysionomi, bovutseende **-er** [-ə] **1** [upp]-hängare, uppsättare; tapetserare **2** hängare, galge **3** grytkrok **4** skog (längs sluttning), skogsbacke **-er-on** ['hæŋər'ɔn] (*pl* hangerson) anhängare; parasit **-ing** [-iŋ] **1** upphängning **2** hängning **3** *vanl. pl*, ~[*s*] väggtapeter, gobelänger; ~ *matter* brott belagt med dödsstraff **-man** [-mən] bödel **--nail** nagelrot **-over** [-,əuvə] baksmälla

hank [hæŋk] härva (garn)

hanker ['hæŋkə] åtrå, tråna (*after* efter)

hanky ['hæŋki] näsduk **--panky** ['hæŋki-'pæŋki] hokuspokus, konster, fusk

hansom[cab] ['hænsəm('kæb)] tvåhjulig droska

Hanukkah ['hɑ:nu,kɑ:] (*äv. Chanukkah*) judisk fest till minne av tempelinvigningen i Jerusalem 165 f. Kr.

hap [hæp] **I** *s* slump, händelse; lycka **II** *v* = *happen* **-hazard** ['hæp'hæzəd] *s, a o. adv* [som görs] på måfå, [som händer av en] slump, tillfällig[het] **-less** [-lis] olycklig, oturlig **-ly** [-li] kanske, möjligen, måhända, till äventyrs

ha'p'orth ['heipəθ] = *halfpennyworth*

happen ['hæp(ə)n] hända, ske, falla sig; *it so* ~*ed that* det föll sig så att; *I* ~*ed to meet him* jag rakade möta honom **-ing** [-pniŋ] händelse, tilldragelse

happ|iness ['hæpinis] lycka **-y** [-i] lycklig, tillfreds[ställd]; gynnsam; *I shall be* ~ *to* det skall bli mig en glädje att **-y-go-lucky** ['hæpigə(u)'lʌki] obekymrad, sorglös

harangue [hə'ræŋ] **I** *s* harang; våldsamt tal, tirad **II** *v* harangera, hålla tal [till]; orera

harass ['hærəs] ansätta, plåga

harbinger ['hɑ:bin(d)ʒə] förebud; budbärare

harbour ['hɑ:bə] **I** *s* hamn; tillflyktsort; ~ *master* hamnkapten **II** *v* **1** lägga sig för ankar **2** härbärgera, hysa **-age** [-ridʒ] tillflyktsort

hard [hɑ:d] **I** *a o. adv* hård; ansträngande, mödosam; oböjlig; grov; *A.* (om dryck) stark; ~ *and fast* orubblig; ~ *bargain* pressat pris; ~ *by* nära; ~ *case* svårt fall; ~ *cash* kontanter; ~ *coal* antracit; ~ *facts* kalla fakta; ~ *labour* straffarbete; ~ *liquor* starksprit; ~ *nut to crack* hård nöt att knäcka; ~ *times* hårda tider; ~ *water* hårt (kalkhaltigt) vatten; ~ *of hearing* med dålig hörsel, lomhörd; ~ *of heart* hårdhjärtad; ~ [*up*]*on* a sträng mot **b** nära, alldeles intill; ~ *set* a stel; skarp **b** hungrig **c** bestämd; ~ *up* [*for money*] vid dålig kassa; i knipa **-bake** knäck **-bitten** ['hɑ:d'bitn] hårdnackad **-board** hårdpressad fiberplatta **-boiled** ['hɑ:d'bɔild] hårdkokt; obeveklig; nykter, saklig **-earned** ['hɑ:d-'ə:nd] surt förvärvad **-en** [-n] göra hård, härda **--favoured** ['hɑ:d'feivəd] **--featured** ['hɑ:d'fi:tʃəd] frånstötande, med grova drag **--headed** ['hɑ:d'hedid] saklig, nykter **--hearted** ['hɑ:d'hɑ:tid] hårdhjärtad **-ihood** [-ihud] **-iness** [-inis] djärvhet; fräckhet; härdighet **-ly** [-li] **1** hårt, strängt, rigoröst **2** med möda **3** knappast **4** sällan; *they looked so* ~ *at her* de tittade så strängt på henne; *they* ~ *looked at her* de tittade knappast på henne ~ **-mouthed** ['hɑ:d'mauðd] omedgörlig **-ness** [-nis] hårdhet **--pressed** ['hɑ:d'prest] i knipa, hårt ansatt; *be* ~ *for time* vara i tidsnöd **-shelled** [-ʃeld] med hårt skal; styvsint; sträng **-ship** umbärande **--tack** ['hɑ:d'tæk] skeppsskorpa **-top** bil med metall- el. plasttak utan sidstolpar **-ware 1** järnvaror **2** datamaskiner **3** *sl.* vapen; militära utmärkelser **-wood** hårt träslag (t. ex. ek, lönn) **-y** [-i] kraftig, härdad; djärv

hare [hɛə] **I** *s* hare; *first catch your* ~ [*then cook him*] man bör inte sälja skinnet förrän björnen är skjuten; ~ *and hounds* snitseljakt; *hold with the* ~*s and run with the hounds* vända kappan efter vinden; *as mad as a March* ~ spritt språngande galen **II** *v* springa; ~ *off to the shop* rusa iväg till affären **-bell** *bot.* blåklocka **--brained** [-breind] tanklös

harem ['hɑ:r(ə)m] harem

haricot ['hærikəu] fårstuvning; ~ [*bean*] skärböna

hark [hɑ:k] lyssna; ~ *forward!* framåt! (lystringsord till hundar); ~ *off* (*away*) dito; ~ *back!* tillbaka!; ~ *back to* ha sitt ursprung i, gå tillbaka till **-en** [-n] lyssna

harlequin ['hɑ:likwin] harlekin

harlot ['hɑ:lət] sköka **-ry** [-ri] otukt

harm [hɑ:m] **I** *s* skada, ont; *out of* ~*'s way* i säkerhet **II** *v* skada, göra illa (ont), tillfoga skada **-ful** [-f(u)l] skadlig, farlig **-less** [-lis] oskadlig, ofarlig; oskyldig

harmon|ic [hɑ:'mɔnik] harmonisk; ~ *progression* harmoniföljd; ~ [*tone*] harmonisk överton; ~*s* (*pl*) harmonilära **-ica** [-ikə] harmonika; *A.* munspel **-ious** [-'məunjəs] harmonisk; välljudande; samstämmig **-ist** ['hɑ:-mənist] **1** musikant **2** en som bedriver jämförande evangeliestudier **-ize** ['hɑ:mənaiz] harmoniera; harmonisera; bringa i samklang **-y** ['hɑ:m(ə)ni] harmoni; överensstämmelse; samförstånd

harness ['hɑ:nis] **I** *s* seldon; *in* ~ mitt i sitt

arbete **II** *v* **1** spänna för **2** exploatera, utnyttja, bygga ut (vattenfall etc.)

harp [hɑːp] **I** *s* harpa **II** *v* spela harpa; ~ *on a subject* tjata med ett visst ämne, jämt komma tillbaka till samma ämne; ~ *on the same string* spela på samma sträng, tjata om -**er** [-ə], -**ist** harpist

harpoon [hɑːˈpuːn] *s* o. *v* harpun[era]

harpsichord [ˈhɑːpsikɔːd] *mus.* cembalo

harpy [ˈhɑːpi] harpya

harridan [ˈhærid(ə)n] häxa; ragata

harrier [ˈhæriə] **1** plundrare **2** hund för lång jakt, stövare **3** kärrhök **4** terränglöpare

harrow [ˈhærəu] **I** *s* harv; *be under the* ~ vara i trångmål **II** *v* harva; uppriva, plåga, pina, oroa

harry [ˈhæri] plundra, härja, plåga

harsh [hɑːʃ] hård, kärv, sträv, sträng, ogästvänlig -**ness** [-nis] hårdhet, kärvhet, strävhet

hart [hɑːt] hjort -**ebeest** [ˈhɑːtibiːst] *s.afr.* antilop -**shorn** hjorthorn; kolsyrad ammoniak

harum-scarum [ˈhɛərəmˈskɛərəm] *a* o. *s* tanklös [person]

harvest [ˈhɑːvist] *s* o. *v* skörd[a]; ~ *festival* skörde-, tacksägelsefest; ~ *home* skördefest; ~ *moon* fullmåne omkr. 22 sept. -**er** [-ə] **1** skördare **2** skördemaskin

has [hæz] *3 pers sg* av *have* --**been** [-ˌbin] fördetting

hash [hæʃ] **I** *v* finhacka **II** *s* pytt i panna; *make a* ~ *of* förfuska --**house** *A.* matsylta

hasn't [ˈhæznt] = *has not*

hasp [hɑːsp] **I** *s* hasp, klinka **II** *v* stänga med hasp

hassock [ˈhæsək] **1** knäkudde **2** grästuva **3** (slags) sandsten (i Kent)

hast|e [heist] **1** *v* skynda [sig] **II** *s* hast; brådska; *more* ~, *less speed* skynda långsamt -**en** [ˈheisn] = *haste I* -**y** [-i] **1** brådskande, hastig **2** förhastad **3** häftig

hat [hæt] hatt; *mil.* hjälm = *tin* ~; *bad* ~ rötägg; *brass* ~ (*sl.*) hög militär; *top* ~ hög hatt; *opera* ~ chapeau-claque; *red* ~ kardinalshatt; *my* ~*!* äh, försök inte!; ~ *in hand* underdånigt; *send round the* ~ gå med håven, tigga; *talk through one's* ~ skrävla, överdriva; *keep s.th. under one's* ~ hålla ngt hemligt, inte föra ngt vidare -**band** hattband

hatch [hætʃ] **I** *s* **1** underdörr; [last]lucka; dammlucka **2** kläckning; kull **3** skuggstreck; *under* ~*es* under däck; i förvar; i trångmål; död; ~*es, catches, matches and dispatches* tidnings födda, förlovade, vigda o. döda; *down the* ~*!* botten opp! **II** *v* **1** kläcka[s]; utfalla **2** skugga med streck -**er** [-ə] **1** upphovsman **2** häckande fågel **3** äggkläckningsmaskin -**ery** [-əri] fiskodlingsanstalt

hatchet [ˈhætʃit] yxa; ~ *face* skarpskuret ansikte; *throw the* ~ ta till grovt, bre på; *bury the* ~ gräva ner stridsyxan, sluta fred

hatchway [ˈhætʃwei] lastlucka, lastlucksöppning

hate [heit] **I** *v* hata, avsky; ~ *to do* inte gärna göra **II** *s* hat, avsky, ovilja -**ful** [-f(u)l] hatfull; förhatlig; avskyvärd

hatguard [ˈhætgɑːd] hakband

hath [hæθ] *åld.*, *he* ~ han har

hat-rack [ˈhætræk] hatthylla

hatred [ˈheitrid] hat (*for* mot)

hat|ter [ˈhætə] hattmakare; ~*'s* hattmakeri; *as mad as a* ~ spritt språngande galen --**trick**

[ˈhæt(t)rik] **1** trollerikonst med hatt **2** *kricket.* tre mål av samme spelare i samma match

hauberk [ˈhɔːbəːk] brynja

haughty [ˈhɔːti] överlägsen, nedlåtande; högmodig

haul [hɔːl] **I** *v* **1** dra, hala; ta på släp, bogsera; frakta **2** *sjö.* ändra kurs **3** svänga (om vind); ~ *upon the wind* brassa bidevind; ~ *up* hala ombord; lägga till; ~ *a p. up* ge ngn en uppsträckning **II** *s* **1** halning **2** notvarp, drag **3** sträcka (som ngt dras) **4** fångst; byte -**age** [-idʒ] transport[avgift]

haulm [hɔːm] blast; stjälk

haunch [hɔːn(t)ʃ] länd[stycke]

haunt [hɔːnt] **I** *v* [ofta] besöka, vistas i (på) etc.; spöka i, hemsöka; *the idea* ~*s me* tanken förföljer mig; ~*ed house* spökhus **II** *s* mycket besökt plats; vistelseort, tillhåll -**er** [-ə] trogen besökare

hautboy [ˈəubɔi] oboe

have [hæv] **I** *v* **1** ha; äga **2** kunna **3** få **4** låta; ~ *a smoke* röka; ~ *a try* försöka; ~ *a look* se, titta; *any books to be had here?* kan man få några böcker här?; *as Jones has it* som det står hos Jones; *he will* ~ *it* that han påstår att; *I'll let you* ~ *it!* jag ska nog ge dig!; *you've had it!* där ser du!, inte en chans!; ~ *it your own way* som du vill!; *he had his arm broken* han bröt armen; *he had his hat blown off* hans hatt blåste av; *he had a house built* han lät bygga ett hus; *he had me build a house* han förmådde mig att (lät mig) bygga ett hus; *I won't* ~ *you smoke here* jag tänker inte tillåta att du röker här; *I wouldn't* ~ *had it happen to me for all the world* jag skulle inte ha velat att det hänt mig för allt smör i Småland; ~ *no money about one* inte ha några pengar på sig; ~ *at* angripa; *you had better go* det är bäst att du går; *he has nothing on me* han vet ingenting ofördelaktigt om mig; ~ *a tooth out* få en tand utdragen; ~ *it out with him* gör upp med honom; ~ *it over* få ur världen; *I had rather be sent to the North Pole* jag skulle hellre vilja bli skickad till Nordpolen; ~ *to* vara tvungen att, måste, behöva; *not* ~ *to* inte vara tvungen, inte behöva; ~ *up* stämma inför rätta; ange; *ever been had?* nu blev du allt lurad! **II** *s* bedrägeri; ~*s and* ~*-nots* rika och fattiga

Havelock [ˈhævlɔk] *mil.* vitt huvudskydd mot solen

haven [ˈheivn] (naturlig) hamn, tillflyktsort

haver [ˈheivə] svamla, prata strunt

haversack [ˈhævəsæk] axelväska; ~ *ration* torrskaffning

havoc [ˈhævək] plundring, ödeläggelse; *cry* ~ ge signal till våld (*äv. fig.*); *make* ~ *of* förstöra, skada

haw [hɔː] stamma, hacka

Hawaii [hɑːˈwa(i)iː] delstat i USA -**an Islands** [hɑːˈwaiiən-] Hawaiiöarna

hawbuck [ˈhɔːbʌk] bondtölp

haw-haw [ˈhɔːhɔː] **I** *interj* haha! **II** *s* gapskratt **III** *v* gapskratta; skratta åt (ngn)

hawk [hɔːk] **I** *s* hök, falk; *fig.* haj, falskspelare; *know a* ~ *from a handsaw* kunna skilja på kreti o. pleti **II** *v* **1** jaga med falk; ~ *at* slå ner på **2** harkla sig **3** utropa till salu -**er** [-ə] falkenerare; gatuförsäljare -**ing** [-in] **1** falkjakt **2** harkling **3** gatuförsäljning -**nosed** [-nəuzd] med böjd näsa

hawse-hole ['hɔ:zhəul] *sjö.* klys --**pipe** ankarklys **-r** [-ə] tross, kabel
hawthorn ['hɔ:θɔ:n] hagtorn
hay [hei] **I** *s* **1** hö **2** (slags) folkdans; *make* ~ bärga hö; *make* ~ *while the sun shines* smida medan järnet är varmt; ~ *fever* hösnuva **II** *v* ge hö; lägga (jord) under vall; göra hö av --**cart** höskrinda -**cock** hövolm -**field** slåttervall -**fork** högaffel -**loft** höskulle, -ränne -**maker** [-,meikə] **1** slåtterkarl **2** slag -**making** [-,meikiŋ] höskörd -**mow 1** hömassa (i lada) **2** hölada **3** höstack -**rick** [-rik] höstack -**seed** *A.* bondtölp -**stack** höstack -**ward** [-wəd] stängseltillsyningsman -**wire** tokig, vild; *go* ~ bli vild (*A.*)
hazard ['hæzəd] **I** *s* **1** slump; risk, fara **2** hasard[spel]; *at* [*a*] ~ på vinst o. förlust; *at all* ~*s* till varje pris **II** *v* riskera, våga, sätta på spel -**ous** [-əs] riskfylld, hasard-, osäker
haze [heiz] **I** *s* dimma, dis, töcken (*äv. fig.*) **II** *v* **1** göra disig, hölja i dimma **2** *sjö.* straffa **3** *A.* skända
hazel ['heizl] **I** *s* hassel **II** *a* ljusbrun --**nut** hasselnöt
hazy ['heizi] disig; oklar
H-bomb ['eitʃbɔm] vätebomb
he [hi:] han
head [hed] **I** *s* huvud (*i olika bet., äv. fig.*); chef, direktör, rektor, ledare; framsida (av mynt); stycke, person; skum, fradga (på öl); grädde (på mjölk); höjdpunkt; huvudpunkt, kärna; kategori; rubrik; post; *mil.* framryckning; vattentryck, ångtryck; *drag in by the* ~ *and ears* (*shoulders*) släpa in vid håret; *beat a p.'s* ~ *off* fullkomligt besegra någon; *bring to a* ~ åstadkomma ett avgörande; ~ *first* (*foremost*) huvudstupa; *the* ~ *and front of* huvudpunkten, själva kärnan; *large* ~ *of game* stort viltbestånd; *give a horse* (*a p.*) *his* ~ ge fria tyglar åt; *go to somebody's* ~ stiga ngn åt huvudet; ~ *on* med främsta delen först; ~ *over heels* hals över huvud; *put s.th. into a p.'s* ~ sätta griller i huvudet på ngn; *lose one's* ~ förlora fattningen; *make* ~ *against* bjuda spetsen; *off one's* ~ galen; *promote a p. over another's* ~ befordra någon på en annans bekostnad; *over a p.'s* ~ över ngns horisont; *over* ~ *and ears* upp över öronen; *talk a p.'s* ~ *off* tråka ut ngn genom alltför mycket prat; *turn one's* ~ stiga ngn åt huvudet; *I can't make* ~ *or tail of it* jag vet varken ut eller in ~ *shrinker* (*A. sl.*) huvudjägare **II** *v* förse med huvud (*i olika bet.*); ställa [sig] i spetsen; gå före; möta, anfalla; tukta; ~ *for* styra kurs mot; ~ *off* genskjuta; avvärja -**ache** huvudvärk -**achy** [-eiki] som lider av (förorsakar) huvudvärk --**dress** huvudbonad -**ed** [-id] med huvud; -huvad -**er** [-ə] dykning, fall --**first** ['hed'fə:st] på huvudet -**gear** huvudbonad --**hunter** [-,hʌntə] huvudjägare -**iness** [-inis] häftighet -**ing** [-iŋ] överskrift, titel, rubrik --**lamp** strålkastare -**land** udde -**light** strålkastare -**line** rubrik; förstasidesnytt -**long** med huvudet före; besinningslöst -**man** ['hed'mæn] ledare, chef -**master** ['hed'mɑ:stə] rektor -**mistress** ['hed'mistris] kvinnlig rektor --**on** ['həd'ɔn] *a o. adv* med huvudet före; ~ *collision* frontalkrock -**phone** hörlur -**piece 1** hjälm **2** titelvinjett -**quarters** ['hed'kwɔ:təz] högkvarter -**rest** huvudstöd -**sman** [-zmən] bödel, skarprättare -**stone** hörnsten; gravsten -**strong** envis, egensinnig --**voice** huvud-

röst -**waters** [-,wɔ:təz] *pl* (flods) källfloder -**way 1** fart, framfärd **2** *ark.* (valv-, dörr- etc.) höjd; *make* ~ göra framsteg -**wind** motvind --**work** tankearbete **-y** [-i] **1** häftig **2** rusande
heal [hi:l] läka --**all** undergörande medel **-er** ngn (ngt) som botar
health [helθ] hälsa; *your* ~*!* skål!; ~ *centre* läkarcentral; ~ *resort* kurort -**ful** [-f(u)l] hälsosam **-y** [-i] frisk; hälsosam
heap [hi:p] **I** *s* hop, hög **II** *v* [över]hopa, stapla, lägga i hög
hear [hiə] höra, lyssna till; förhöra; ~ *of* höra talas om; ~, ~*!* bravo! **-d** [hə:d] *imperf* o. *perf part av hear* -**er** ['hiərə] åhörare -**ing** ['hiəriŋ] hörsel; lyssnande; förhör; *good* ~ god hörsel; *hard of* ~ lomhörd; *give a fair* ~ lyssna opartiskt till någon; ~ *aid* hörapparat -**ken** ['hɑ:k(ə)n] lyssna (*to* till) -**say** hörsägen, rykte, prat; *by* (*from*) ~ enligt hörsägen
hearse [hə:s] likvagn, begravningsbil
heart [hɑ:t] **1** hjärta; sinnelag **2** mod **3** centrum, kärna; *at* ~ i grund o. botten; *have at* ~ ligga varmt om hjärtat; *learn by* ~ lära sig utantill; *give one's* ~ *to* förlora sitt hjärta till; *take* ~ *[of grace]* repa mod; *in one's* ~ *of* ~*s* innerst inne; *a* ~ *to* ~ *talk* ett öppenhjärtigt samtal; *have the* ~ *to*, *find it in one's* ~ *to* ha hjärta att, kunna förmå sig till; *lay to* ~ ta vid sig; *have one's* ~ *in one's mouth* ha hjärtat i halsgropen; ~ *of oak* karlakarl; *out of* ~ modfälld; *pluck up* (*take*) ~ repa mod; *take to* ~ ta illa vid sig, ta ngt hårt; *wear one's* ~ *on one's sleeve* öppna sitt hjärta för folk, gärna tala om sina privata angelägenheter; *with all one's* ~ av hela sitt hjärta; ~ *and soul* med hel liv o. lust -**ache**, -**break** hjärtesorg -**broken** [-,brəuk(ə)n] med krossat hjärta, förtvivlad -**burn** halsbränna --**burning** avundsjuka -**en** [-n] uppmuntra; repa mod -**felt** innerlig, hjärtlig
hearth [hɑ:θ] härd -**stone 1** härd **2** skursten
heart|ily ['hɑ:tili] hjärtligt; grundligt -**iness** [-inis] hjärtlighet -**less** [-lis] **1** hjärtlös **2** andefattig **3** modfälld --**rending** hjärtslitande, djupt rörande -'**s-ease** pensé --**seizure** [-,si:ʒə] hjärtförlamning -**sick** modfälld, nedslagen --**sore I** *s* hjärtesorg **II** *a* bedrövad --**strings** [-z] innersta (djupaste) känslor --**whole 1** icke förälskad **2** oförskräckt **3** uppriktig **-y** [-i] **1** hjärtlig; uppriktig **2** kraftig; frisk **3** matfrisk **4** stärkande
heat [hi:t] **I** *s* **1** hetta, värme **2** brunst **3** värmeutslag **4** hetta, iver **5** heat, lopp **6** sats; *at a* ~ på en gång; *be in* ~ (om tik) löpa; ~ *radiation* värmestrålning **II** *v* upphetta, värma; bli het -**er** [-ə] uppvärmare; varmvattensberedare; kamin; glödtråd; stryklod
heath [hi:θ] hed --**berry** [-b(ə)ri] blåbär --**cock** ortrupp
heathen ['hi:ð(ə)n] **I** *s* hedning **II** *a* hednisk
heather ['heðə] ljung **-y** [-ri] *a* ljungbeväxt, ljung-
heath|-**hen** ['hi:θhen] orrhöna **-y** [-i] ljungbeväxt, ljung-
heat|ing ['hi:tiŋ] upphettning, uppvärmning, eldning --**resistant** värmebeständig --**spot** värmepunkt i huden; fräkne --**stroke** solsting --**wave** värmebölja
heave [hi:v] **I** *v* **1** häva, lyfta, hiva **2** hävas, svalla, bölja **3** utstöta, upphäva (t. ex. suck) **4** flämta **5** krysta; ~ *anchor* lätta ankar; ~

about gå över stag; ~ *down* kränga; ~ *to* lägga bi **II** *s* **1** hävning **2** höjning; svallning; sjögång **3** *sjö.* hivning **4** ~*s* (*pl*) lungsjukdom hos hästar

heaven ['hevn] himmel **-born** gudabenådad **-ly** [-li] himmelsk, ljuvlig

heav|iness ['hevinis] tyngd; tröghet; tråkighet; sömnighet; tungsinthet **-y** [-i] **I** *a* o. *adv* **1** tung **2** mödosam **3** allvarlig; dyster; tungsint **4** enformig; mulen **5** mättad; svårsmält **6** trög; *time hangs* ~ tiden går sakta; *make* ~ *weather about s.th.* göra stort väsen av ngt **II** *s pl, heavies* tungt artilleri **-y-duty** stark, tålig, avsedd för tung drift **-y-hearted** ['hevi-'hɑ:tid] svårmodig

Hebrew ['hi:bru] **I** *s* hebre, jude; hebreiska [språket] **II** *a* hebreisk

Hebrides ['hebridi:z] *the* ~ Hebriderna

heckle ['hekl] häckla; utfråga

hectic ['hektik] **I** *a* hektisk **II** *s* hektisk feber

he'd [hi:d] = *he had*; *he would*

hedge [hedʒ] **I** *s* häck, inhägnad; hinder **II** *v* inhägna; hindra; avspärra; gardera sig; slingra sig **-hog** [-ʒ(h)ɔg] igelkott **-hop** flyga lågt **--priest** obildad predikant **-row** buskhäck **-school** dålig skola

heed [hi:d] **I** *v* bekymra sig om, skänka uppmärksamhet **II** *s* uppmärksamhet, omsorg; *give* (*pay*) ~ *to* = *I*; *take* ~ akta sig **-ful** [-f(u)l] uppmärksam **-less 1** ~ *of* obekymrad om **2** sorglös

hee-haw ['hi:'hɔ:] **I** *s* **1** åsneskri **2** högt skratt **II** *v* **1** skria **2** skratta högt

heel [hi:l] **I** *s* **1** häl; hov **2** ände, slut; klack **3** krängning **4** *A.* kräk; ~*s* bakfötter; *be at* (*on*) *a p.'s* ~*s* vara någon tätt i hälarna; *clap* (*lay*) *a p. by the* ~*s* slå ngn i bojor; *down at* ~*s* med nerslitna klackar (*äv. fig.*); *head over* ~*s* hals över huvud; *kick* (*cool*) *one's* ~*s* stå o. vänta; *show a clean pair of* ~*s, take to one's* ~*s* ta till flykten **II** *v* **1** klacka **2** gå (dansa) på hälarna **3** kränga; ~ *out* slå bakåtspark (*rugby.*) **-er** [-ə] *A.* eftersägare **-tap** klackstycke; *no* ~*s!* botten opp!

heft [heft] **I** *s* *A.* tyngd **II** *v* väga (i handen) **-y** [-i] kraftig; *A.* tung

hegemony [hi(:)'geməni] hegemoni; ledning

heifer ['hefə] kviga

height [hait] höjd[punkt] **-en** [-n] höja, öka; överdriva

heinous [heinəs] avskyvärd

heir [ɛə] arvinge; ~ *apparent* bröstarvinge; ~ *presumptive* presumtivarvinge **--at-law** ['ɛər-ət'lɔ:] laglig arvinge **-ess** [-ris] arvtagerska **-loom** arv, släktklenod

held [held] *imperf* o. *perf part* av *hold*

helicopter ['helikɔptə] helikopter

Heligoland ['heligə(u)lænd] Helgoland

helio|graph ['hi:liə(u)grɑ:f] signalskärm, -spegel, heliograf **-trope** ['heljətrəup] heliotrop **-tropic** [,helio'trɔpik] *bot.* som vänder sig efter solljuset

heliport ['helipɔ:t] landningsplats för helikopter

helium ['hi:ljəm] helium

helix ['hi:liks] **1** spiral **2** kant på öra **3** snäcka

he'll [hi:l] = *he will*; *he shall*

hell [hel] helvete; spelhåla; *A.* rumlande; *give a p.* ~ skälla ut ngn (*sl.*); *the* ~ för tusan; *ride* ~ *for leather* rida i vansinnesfart **-buggy** [-,bʌgi] lätt tank **--cat, --hag** trollpacka **-ish** [-iʃ] helvetisk, infernalisk; djävulsk[t elak]

hello ['he'ləu] hallå!, hej! **--girl** telefonist

helm [helm] roder

helmet ['helmit] hjälm

helmsman ['helmzmən] rorgängare

help [help] **I** *v* hjälpa, bistå; servera; *I couldn't* ~ *laughing* jag kunde inte låta bli att skratta; *I couldn't* ~ *seeing it* jag kunde inte undgå att se det; *if I can* ~ om jag kan slippa; *don't be any longer than you can* ~ stanna inte längre än du behöver; ~ *along* hjälpa fram; ~ *on* (*off*) *with a coat* hjälpa på (av) med rocken; ~ *a p. out* hjälpa ngn ur en svårighet; ~ *o.s. to* servera sig; ~ *yourself* varsågod o. ta för er **II** *s* **1** hjälp; botemedel; hjälpmedel; hjälpare **2** *A.* hembiträde **3** portion; *there's no* ~ *for it* det kan inte hjälpas **-er** [-ə] [med]hjälpare, biträde **-ful** [-f(u)l] hjälpsam; användbar, nyttig **-ing** [-iŋ] portion **-less** [-lis] hjälplös

helter-skelter ['heltə'skeltə] huller om buller

helve [helv] skaft

hem [hem] **I** *s* **1** fåll **2** hm (*äv. interj* [mm]) **II** *v* **1** fålla **2** säga hm; tveka; ~ *in* (*about*) innesluta; omringa

he-man ['hi:mæn] karlakarl

hemi|- ['hemi] halv- **-crania** [,hemi'kreiniə] migrän **-cycle** [-,saikl] halvcirkel **-sphere** halvklot, hemisfär **-spherical** [,hemi'sferik(ə)l] halvklotformig

hemlock ['hemlɔk] **1** odört **2** giftdryck beredd av odört **3** *A.* (= ~*-spruce*) hemlockgran, amerikansk gran

hemo- ['hemə] *se haem-*

hemp [hemp] **1** hampa **2** rep **-en** hamp-, av hampa

hen [hen] höna; fågelhona

hence [hens] hädanefter; härav, följaktligen **-forth** ['hens'fɔ:θ] **-forward** ['hens'fɔ:wəd] hädanefter

henchman ['hen(t)ʃmən] page, livtjänare; följeslagare, drabant

hen|-coop ['henku:p] hönsbur **--hearted** [-,hɑ:tid] harhjärtad **--party** [-,pɑ:ti] dambjudning **-pecked** [-pekt] *fam.* som står under toffeln; ~ *husband* toffelhjälte **--roost** hönshus

hepatic [hi'pætik] av lever, lever-

hepta|gon ['heptəgən] sjuhörning **-gonal** [hep-'tægənl] sjuhörnig **-rchy** [-tɑ:ki] anglernas o. saxarnas sju riken i fornengelsk tid

her [hə:] *pers* o. *poss pron* henne[s], sin

herald ['her(ə)ld] **I** *s* härold, förkunnare, heraldiker; *H~s' College* heraldikerämbete **II** *v* förkunna **-ic** [he'rældik] heraldisk **-ry** [-ri] heraldik

herb [hə:b] ört **-aceous** [-'beiʃ(ə)s] örtartad, ört-; ~ *border* rabatt **-age** [-idʒ] **1** örter **2** rätt till bete **-al** [-(ə)l] **I** *a* ört- **II** *s* örtbok **-ivorous** [-'bivərəs] växtätande **-orize** [-əraiz] botanisera

herd [hə:d] **I** *s* **1** hjord **2** herde; *the common* (*vulgar*) ~ den stora massan **II** *v* **1** leva (gå) i flock **2** valla; ~ *together* = *II* *I*; ~ *with* sluta sig till; umgås med **--book** stambok **-er** [-ə] **-sman** [-zmən] boskapsherde

here [hiə] här; hit; ~*'s to you*, ~*'s luck!* skål!; ~ *you are!* var så god!; *neither* ~ *nor there* det har inte med saken att göra; det spelar ingen roll **-about[s]** ['hiərə,baut(s)] häromkring, här i närheten **-after** [hiər'ɑ:ftə] hädanefter; i det tillkommande **-by** ['hiə'bai] härigenom

heredit|able [hi'reditəbl] **-ary** [-t(ə)ri] ärftlig **-y** [-i] ärftlighet

herein ['hiər'in] häri **-after** ['hiərin'a:ftə] [här] nedan

here|sy ['herəsi] kätteri **-tic** [-tik] kättare **-tical** [hi'retik(ə)l] kättersk

here|tofore ['hiətu'fɔ:] föregående; förutvarande **-upon** ['hiərə'pɔn] härpå **-with** ['hiə'wið] härmed

herit|able ['heritəbl] ärftlig **-age** [-idʒ] arv, arvedel, arvegods; *God's* ~ **a** Israel **b** kyrkan **-or** [-ə] arvtagare

hermit ['hə:mit] eremit **-age** [-idʒ] eremitage

hernia ['hə:njə] brock

hero ['hiərəu] hjälte; halvgud **-ic** [hi'rəuik] **1** heroisk; hjälte-; hjältemodig **2** djärv; ~*s* falskt patos **-ine** ['herə(u)in] hjältinna **-ism** ['herəuiz(ə)m] hjältemod

heron ['her(ə)n] häger

herring ['heriŋ] sill **--bone I** *s* **1** sillben **2** fiskbensmönster **II** *v* väva (mura) i fiskbensmönster **--pond** *s, the* ~ Atlanten

hers [hə:z] *självst. poss pron* hennes

herself [hə:'self] henne [själv], sig [själv]

he's [hi:z] = *he is; he has*

hesit|ancy ['hezit(ə)nsi] *se hesitation* **-ant** [-(ə)nt] tveksam **-ate** [-eit] tveka **-ation** [,hezi'teiʃ(ə)n] tvekan

hetero|- ['het(ə)rə(u)-] olik-, annan **-dox** [-dɔks] oliktänkande, irrlärig, heterodox **-doxy** [-ə(u)dɔksi] kätteri **-geneity** [,hetərə(u)dʒi'ni:iti] olikartad beskaffenhet, heterogenitet **-geneous** ['hetərə(u)'dʒi:njəs] olikartad, heterogen

hew [hju:] hugga, hacka; ~ *down* hugga ner, fälla; ~ *one's way* bana väg **-er 1** ved-, kol-, stenhuggare **2** gruvarbetare, kolbrytare; ~*s of wood* [*and drawers of water*] det trälande människosläktet **-n** *perf part* av *hew*

he-wolf ['hi:wulf] varghane

hexa|gon ['heksəgən] sexhörning **-gonal** [hek-'sægənl] sexhörnig **-hedron** ['heksə'hedr(ə)n] tärning, hexaeder **-meter** [hek'sæmitə] hexameter, sextaktig vers

hey [hei] hej!, hallå där!; ~ *presto!* hokus pokus! **-day I** *interj* hoppsan! **II** *s* höjdpunkt; glanstid

hi [hai] *A.* hej[san]!, hör hit!

hiatus [hai'eitəs] lucka (i text); vokalmöte

hiberna|nt ['haibə:nənt] som ligger i ide **-te** [-neit] övervintra, ligga i ide *(äv. fig.)* **-tion** [,haibə'neiʃ(ə)n] övervintrande, vinterdvala

Hibernia [hai'bə:njə] Irland

hibiscus [hi'biskəs] *bot.* hibiskus

hic|cough, -cup ['hikʌp] *s* o. *v* hicka

hick [hik] *s* o. *a, A.* bonde; lantlig

hickory ['hikəri] hickoryträ[d]

hid [hid] *imperf* av *hide* **-den** [-n] *perf part* av *hide*

hide [haid] **I** *v* **1** gömma [sig] **2** prygla; ~ *one's head* skämmas **II** *s* **1** gömställe **2** hud; skinn **3** plogland (hist. mått = *120 acres*) **--and-seek** ['haidən'si:k] kurragömma **-bound** med tättslutande skinn; inskränkt

hideous ['hidiəs] förskräcklig, avskyvärd

hide-out ['haid,aut] gömställe

hiding ['haidiŋ] **1** gömmande **2** undangömdhet **3** gömställe **4** kok stryk, smörj; *in* ~ gömd **--place** gömställe

hie [hai] *åld. poet.* skynda, hasta

hierarch ['haiəra:k] överstepräst; kyrkofurste

-ic[al] [,haiə'ra:kik, -(ə)l] hierarkisk **-y** [-i] hierarki

hieroglyph ['haiərə(u)glif] hieroglyf **-ic** [,haiərə(u)'glifik] **I** *a* **1** hieroglyfisk **2** sinnebildlig, symbolisk **II** *s pl,* ~*s* hieroglyfskrift

hi-fi ['hai'fai] = *high fidelity*

higgle ['higl] pruta **-dy-piggledy** ['higldi-'pigldi] **I** *a* o. *adv* kaotisk, huller om buller **II** *s* kaos **-r** [-ə] prutmakare

high [hai] **I** *a* o. *adv* **1** hög; förnäm **2** stor, kraftig **3** välhängd (om kött) **4** högmodig; *leave* ~ *and dry* strandsätta, lämna [ngn] strandad; isolera; ~ *and low* hög o. låg; ~ *art* konsten med stort K; *H* ~ *Court* [*of Justice*] *ung.* högsta domstolen; *H*~ *Church* **a** högkyrklig **b** högkyrklighet; ~ *day* dag med klart väder; högtidsdag, festdag; ~ *feeding* vällevnad; ~ *fidelity* avancerad ljudåtergivning, high fidelity; ~ *frequency* direction finder kortvågspejl; *with a* ~ *hand* egenmäktigt; ~ *jump* höjdhopp; ~ *life* livet i den stora (förnäma) världen; ~ *pressure* turbine högtrycksturbin; *on the* ~ *seas* ute på vida havet; ~ *spirit* [ädel]mod; ~ *spirits* gott humör; ~ *tea* riklig kvällsvard (vid 6-tiden, ofta i stället för middag); ~ *tension* högspänning; ~ *tide* flod; ~ *time* hög tid; ~ *words* yvigt tal; ordväxling; *how is that for* ~ *!* det är väl inte så dumt! **II** *s, on* ~ i höjden; *i himmelen* **-ball** *A.* grogg då whisky o. soda **-born** av hög börd **-boy** *A.* hög byrå **-brow** *a* o. *s* intellektuell **H--Churchman** ['hai-'tʃə:ʃmən] högkyrklig präst **-class** av hög klass, förnäm **--explosive shell** ['haiiks'pləusiv-] spränggranat **--falutin[g]** ['haifə'lu:tin, -ŋ] högtravande **-flier** ['hai-'flaiə] fantast, person med höga ambitioner **-flown** högtravande **-flyer** *se highflier* **-handed** ['hai'hændid] egenmäktig; nedlåtande **-jack** *se hijack* **-land** ['hailənd] högland; *the H*~*s* [skotska] högländerna **-lander** [-ləndə] höglandsbo **-light** skarpt belysa, framhäva **-ly** [-li] *adv* **1** högt **2** högeligen **3** uppskattande **--minded** ['hai'maindid] ädelmodig; *bibl.* högmodig **-ness** [-nis] **1** höghet, upphöjdhet **2** (titel) *H*~ Höghet **--pitched** ['hai'pitʃt] hög, gäll; brant; högstämd **-road** *se highway* **-school** högre skola, högstadiet (dock ej = högskola) **--spirited** ['hai'spiri-tid] modig **-stepper** ['hai'stepə] häst med högt benlyft; person med stolt gång **--strung** ['hai'strʌn] nervös, exalterad **--water** ['hai-'wɔ:tə] *s* o. *a* högvatten[s-]; ~ *mark* höjdpunkt **-way** landsväg, motorväg; *on the* ~ *to success* på väg mot framgång **-wayman** [-mən] stråtrövare, landsvägsriddare

hijack ['haidʒæk] kapa flygplan

hike [haik] **I** *s* fotvandring **II** *v* **1** fotvandra **2** dra, hissa **-r** [-ə] fotvandrare

hilari|ous [hi'lɛəriəs] lustig, uppsluppen **-ty** [-'læriti] munterhet

hill [hil] **I** *s* kulle, backe **II** *v,* ~ [*up*] kasta upp i högar **-ock** ['hilək] liten kulle

hilt [hilt] [svärd]fäste; *up to the* ~ helt o. hållet

him [him] honom **-self** [-'self] honom [själv]; själv; sig; *he is quite* ~ *again* han har fått tillbaka sitt gamla jag

hind [haind] **I** *s* **1** hind **2** dräng **II** *a* bakre

hinder ['hində] [för]hindra

Hindi ['hindi:] hindi

hind|most ['hain(d)məust] bakerst **--quarter**

['haind'kwɔ:tə] **1** bakdel (av slaktad oxe, kalv etc.) **2** ~*s*, *pl* höfter, länder
hindrance ['hindr(ə)ns] hinder
Hindu ['hindu:] *s* o. *a* hindu[isk] **-ism** ['hindu(:)iz(ə)m] hinduism **-stan** [,hindu'stɑ:n] Hindustan **-stani** [,hindu'stɑ:ni] **I** *s* hindu **1** urdu **2** indier från Hindustan **II** *a* hindustansk
hinge [hin(d)ʒ] **I** *s* **1** gångjärn **2** *fig.* springande punkt; *off the* ~*s* ur gängorna **II** *v* **1** förse med (fästa med) gångjärn **2** hänga (bero) på; ~ *on* bero på, vara beroende av
hinny ['hini] **1** mulåsna **2** *Sk.* honung
hint [hint] **I** *s* vink, antydan, anspelning **II** *v* antyda, insinuera; ~ *at* anspela på
hinterland ['hintəlænd] inland
hip [hip] **I** *s* **1** höft **2** nypon **3** svårmod; *have a p. on the* ~ ha någon i sin makt; *smite* ~ *and thigh* slå utan misskund **II** *interj* hipp! **III** *v* göra svårmodig **IV** *a*, *A. sl.* modern, med sin tid **-bath** sittbad
hippo ['hipəu] flodhäst **-drome** [-ədrəum] rännarbana; cirkus **-potamus** [,hipə'pɔtəməs] (*pl potami* [-ai]) flodhäst
hire ['haiə] **I** *s* hyra; lön; *on* ~ till uthyrning **II** *v* **1** [för]hyra **2** leja, anställa **3** muta **4** ~ [*out*] uthyra; ~ *purchase* avbetalningsköp **-ling** [-liŋ] legohjon
his [hiz] hans, sin
hiss [his] **I** *v* väsa, fräsa, vissla; ~ *off* vissla ut **II** *s* väsning; [ut]vissling
hist [s:t] pst!
histor|ian [his'tɔ:riən] historiker, historieskrivare **-ic[al]** [his'tɔrik, -(ə)l] historisk; ~ *ic* (*äv.*) berömd **-y** ['hist(ə)ri] historia; *make* ~ skapa historia
histrionic [,histri'ɔnik] **I** *a* teater-, skådespelar-; teatralisk **II** *s pl*, ~*s* skådespelarkonst; "teater"
hit [hit] **I** *v* (*äv. imperf* o. *perf part*) **1** slå, träffa **2** finna **3** drabba **4** *A.* komma på, få för sig; ~ *it* (*the mark*) slå huvudet på spiken; ~ *and miss* slumpartat; ~ *and run* köra över o. smita; ~ *the hay* gå o. lägga sig (*A.*); ~ *below the belt* slå under bältet (*äv. fig.*); *hard* ~ hårt drabbad; ~ *off* träffa exakt; ~ *it off together* komma bra överens; ~ *upon* råka **II** *s* **1** slag; fullträff **2** succénummer, schlager
hitch [hitʃ] **I** *v* **1** rycka; flytta [sig] **2** fastna; fästa; haka [sig] fast **3** *A.* komma överens **4** = *hitchhike*; ~ *up* dra upp; ~ *one's wagon to a star* ställa siktet högt **II** *s* **1** ryck, knyck; stöt **2** haltning **3** knop, stek **4** fasthakande, fastnande **5** stopp; hinder, hake; *by* ~*es* stötvis, ryckvis **-hike** lifta **-hiker** liftare
hither ['hiðə] hit; ~ *and thither* hit o. dit **-to** ['hiðə'tu:] hittills
hitt|er ['hitə] en som slår etc., *se hit* **-ing** [-iŋ] *a*, ~ *power* slagkraft
hive [haiv] **I** *s* bikupa; bisvärm **II** *v* **1** fånga bisvärm **2** samla in **3** härbärgera; ~ *off* skocka sig
hoar [hɔ:] **I** *a* grå[hårig], vit **II** *s* grånad
hoard [hɔ:d] **I** *s* förråd; sparad slant; skatt **II** *v* lagra, samla; hamstra; ~ *up in one's heart* gömma i sitt hjärta **-er** [-ə] hamstrare **-ing** [-iŋ] **1** [upp]lagring; hamstring **2** plank; anslagstavla, annonstavla
hoar-frost ['hɔ:'frɔst] rimfrost
hoarse [hɔ:s] hes **-n** göra (bli) hes
hoary ['hɔ:ri] grå[hårig]; vördnadsvärd

hoax [həuks] **I** *s* spratt, puts **II** *v* lura, spela ett spratt
hob [hɔb] **1** hård platta, spisplatta **2** spik; ~ *and nob, se hobnob*
hobble ['hɔbl] **I** *v* **1** linka, [få att] halta **2** binda ihop fötterna på **II** *s* **1** linkande, haltande **2** fotboja **3** knipa, bryderi **-dehoy** ['hɔbldi-'hɔi] slyngel
hobby ['hɔbi] **1** hobby **2** lärkfalk; ~ *horse* käpphäst
hobglobin ['hɔbgɔblin] tomte, nisse, alf
hob|nail ['hɔbneil] spik (under skor) **-nob** pokulera; umgås som såta vänner
hobo ['həubəu] *A.* luffare
hock [hɔk] **I** *s* **1** rhenvin **2** *A.* pant **II** *v* **1** *A.* pantsätta **2** *se hough*
hockey [land]hockey
hocus ['həukəs] **1** lura **2** bedöva **--pocus** ['həukəs'pəukəs] **I** *s* hokuspokus **II** *v* lura
hod [hɔd] murbrukstråg
hodden ['hɔdn] *Sk* grov vadmal
hodge-podge ['hɔdʒpɔdʒ] *se hotchpotch*
hodman ['hɔdmən] **1** murarhantlangare **2** dussinskribent
hoe [həu] **I** *s* hacka; skyffel **II** *v* hacka; skyffla
hog [hɔg] **I** *s* **1** slaktsvin **2** ungt får **3** *fig.* svin, drulle **II** *v* **1** skjuta rygg **2** kortklippa **3** uppträda som en drulle **-get** [-it] ettårigt får **-gish** [-iʃ] svin-, svinaktig
hogmanay ['hɔgmənei] *Sk.* nyårsafton
hog|-mane ['hɔgmein] kort man **--pen** svinstia **-shead** [-z-] oxhuvud (mått = 63 gallons = drygt 236 liter) **--sty** svinstia
hoi[c]k [hɔik] brant stiga (om flygplan); ~*s!* spring! (uppmaning till hund)
hoist [hɔist] **I** *v* hissa [upp], lyfta; *he was* ~ *with his own petard* han föll i den grop han grävt åt andra **II** *s* **1** hissning; lyft **2** hissanordning, telfer, [gruv]spel
hoity-toity ['hɔiti'tɔiti] *interj* nå, nå!, hör på den, va'!
hokey-pokey ['həuki'pəuki] **1** (slags) glass **2** (slags) sällskapsdans
hokum ['həukəm] teatertrick
hold [həuld] **I** *v* hålla (i olika bet.: fasthålla, kvar-, under-, upprätt-, av-, inne-); inneha; anse; ~ *at bay* hålla stången; ~ *cheap* ringakta; ~ *in esteem* högakta; ~ *one's own* stå på sig; ~ *a place* inneha en position; ~ *true* anse för sann; ~ *water* vara vattentät; ~ *back* hejda; tveka; ~ *by* hålla fast vid; ~ *down* **a** *A.* inneha plats **b** undertrycka; ~ *forth* sträcka fram; orera; ~ *hard* stopp!; ~ *in* tiga; tygla; ~ *in repute* högakta; ~ *it*: stopp ett slag!; ~ *on* hålla [sig] fast; hålla ut; ett ögonblick! (vid telefonsamtal); ~ *on one's way* fortsätta; ~ *out* räcka fram, sträcka ut; hålla ut, orka; *A.* behålla; ~ *out the olivebranch* sluta fred; ~*over* reservera, låta ligga; ~ *a p. to a promise* få ngn att hålla sitt löfte; ~ *up* upphålla, försena, hindra; framhålla; stödja; hålla ut; råna; ~ *up one's head* hålla huvudet högt; samla mod; ~ *with* hålla med, gilla **II** *s* **1** håll, tag, grepp **2** lastrum, hålskepp; *take* (*get, catch*) ~ *of* gripa tag i; *keep* ~ *of* hålla fast **--all** kappsäck, bag **-back** hinder **-er** [-ə] en som håller etc., *se hold I 2* innehavare; ägare **3** hållare; munstycke **-fast** grepp; hake, tving **-ing** [-iŋ] **1** tag, grepp, fäste **2** hållhake; inflytande **3** innehav[ande] **4** arrende[gård]; egendom **5** ~*s* (*pl*) värdepapper; aktieinnehav;

fordringar; andel; ~ *company* holdingbolag **--up** uppehåll; rån, överfall

hole [houl] **I** *s* hål, öppning, grop; *be in a* ~ vara i knipa; *pick* ~*s in people's coats* vara felfinnare; *not to see a* ~ *in a ladder* vara asfull; *a round peg in a square* ~ en katt bland hermelinerna, ngn (ngt) på fel plats **II** *v* göra hål i; gräva; borra igenom; *golf.* slå (bollen) i hål; ~ *up* gömma sig **--and-corner** ['houlən(d)'kɔːnə] hemlig

holiday ['hɔlədi] fridag; helgdag; semester **-maker** [-,meikə] semesterfirare

holiness ['houlinis] helighet; *His H* ~ hans helighet (påven)

holla [hou'laː] = *hallo*[*a*]

Holland ['hɔlənd] **1** Holland **2** *h* ~ holländsk lärft; ~*s* holländsk genever; *the Dutch have taken* ~ det var en nyhet (*iron.*)

holler ['hɔlə] *A. sl.* **I** *v* skrika, ropa **II** *s* skrik, rop

hollo[a] ['hɔlou] = *hallo*[*a*], *hello*

hollow ['hɔlou] **I** *a* o. *adv* ihålig; tom, värdelös; opålitlig; *beat a p.* ~ besegra ngn överlägset **II** *s* ihålighet; sänka, dal **III** *v* urholka; göra ihålig **--hearted** [-,hɑːtid] falsk **--ware** pannor o. kastruller

holly ['hɔli] järnek **-hock** [-hɔk] stockros

holm [houm] **1** holme **2** (slags vintergrön) ek

holocaust ['hɔləkɔːst] totalförstörelse genom brand; massaker

holster ['houlstə] pistolhölster

holt [hoult] dunge; skogsbacke

holy ['houli] helig; ~ *day* helgdag; ~ *Joe* gudaktig person; *H* ~ *Office* inkvisitionen; ~ *terror* skräckinjagande person, besvärligt barn; *H* ~ *Saturday* påskafton; *H* ~ *See* Heliga Stolen; ~ *smoke!* jösses!; *H* ~ *Thursday* Kristi Himmelsfärdsdag; ~ *water* vigvatten; *H* ~ *Week* påskveckan, stilla veckan; *H* ~ *Willie* skenhelig person; *the H* ~ *Writ* den heliga skrift; *the H* ~ *of Holies* det allraheligaste

holystone ['houlistoun] **I** *s* skursten **II** *v* skura

homage ['hɔmidʒ] **I** *s* trohetsed, hyllning; *pay* (*do*) ~ betyga sin vördnad **II** *v* = *pay* ~

homburg ['hɔmbə:g] slags filthatt

home [houm] **I** *s* hus, hem; födelseplats, hemland; *long* (*last*) ~ sista vilorummet; *at* ~ hemma; *be at* ~ *with* vara väl förtrogen med; *make yourself at* ~ känn dig som hemma; *there is no place like* ~, ~ *sweet* ~ borta bra men hemma bäst **II** *a* hem[ma]-; hemgjord; huslig; hushålls-, hushållnings-; inhemsk; inrikes; skarp, eftertrycklig; ~ *counties* grevskapen runt London; ~ *country* hemland, fädernesland; *H* ~ *Guard* [medlem av] hemvärn; *H* ~ *Office* inrikesdepartementet; *H* ~ *Rule* självstyrelse; *H* ~ *Secretary* inrikesminister; *a* ~ *thrust* rak stöt, träff **III** *adv* hem, hemåt; träffande; eftertryckligt; grundligt; *it's coming* ~ *to me* jag börjar inse det; *bring s.th.* ~ *to a p.* göra ngt klart för ngn; *bring a charge* ~ *to a p.* bevisa ngns skuld; *your doings will come* ~ *to you* dina gärningar kommer att återfalla på dig; *drive a nail* ~ slå i en spik; *fig.* övertyga ngn; *hammer* (*sheet*) *it* ~ *to a p.* inpränta i ngn; *the thrust went* ~ stöten visste var den tog; *track a thing* ~ spåra ursprunget till ngt **IV** *v* fara hem (om duva); härbärgera, ge ett hem **--bird** stugsittare **--brew** ['houm'bruː] hembryggt öl **--coming** [-,kʌmiŋ] hemkomst; repatriering **-felt** innerlig **--grown** ['houm'groun] av egen

skörd, odlad inom landet **--keeping** [-,kiːpiŋ] hemma-, stugsittande **-less** [-lis] husvill **-ly** [-li] **1** hemlik **2** alldaglig, enkel **3** *A. ful* **-made** ['houm'meid] hemgjord, gjord inom landet **--making** [-,meikin] bosättning

homeo- *se homoeo-*

homer ['houmə] brevduva **H-** Homeros

home|-run ['houmrʌn] lopp (i baseball) **-sick** hemsjuk, som längtar hem; *be* ~ ha hemlängtan **-spun I** *s* homespun (tygsort) **II** *a* hemvävd; enkel, naturlig **-stead** gård, hemman **--truth** bister sanning **-ward[s]** [-wəd(z)] hemåt **-ward-bound** på väg hem; *se äv. homing* **-work** hemarbete (husligt arbete, läxor) **-y** [-i] *A.* hemlik

homicid|al [,hɔmi'saidl] **1** dråp-, mord- **2** mordisk **-e** ['hɔmisaid] **1** dråp **2** dråpare; *culpable* ~ överlagt mord

homily ['hɔmili] homilia, [moral]predikan

homing ['houmin] målsökning; anflygning; ~ *device* styrorgan på raket; ~ *instinct* instinkt som visar vägen hem

hominy ['hɔmini] majs[gryns]gröt

homoeopath ['houmjə(u)pæθ] homeopat **-ic** [,houmjə(u)'pæθik] homeopatisk **-y** [,houmi-'ɔpəθi] homeopati

homogen|eity [,hɔmə(u)dʒe'niːiti] homogenitet **-eous** [,hɔmə(u)'dʒiːnjəs] homogen, enhetlig **-ize** [hɔ'mɔdʒənaiz] homogenisera

homograph ['hɔmə(u)grɑːf] homograf

homolog|ize [hɔ'mɔlədʒaiz] [få att] motsvara **-ous** [-əgəs] motsvarande

homonym ['hɔmə(u)nim] homonym, likalydande ord **-ic** [hɔmə(u)'nimik] homonym, liklludande

homy ['houmi] hemlik

Honduras [hɔn'djuərəs] Honduras

hone [houn] **I** *s* slipsten **II** *v* slipa

honest ['ɔnist] **1** hederlig, redbar, ärlig, uppriktig **2** oförfalskad, äkta **3** ärbar **-ly** [-li] ärligt, uppriktigt [sagt]; ~ *speaking* ärligt talat **--to-God** äkta, verklig, sann **-y** [-i] **1** heder[lighet], redlighet; ärlighet; uppriktighet **2** *bot.* judekörs; ~ *is the best policy* ärlighet varar längst

honey ['hʌni] **1** honung **2** sötma **3** älskling **--bee** honungsbi **-comb I** *s* vaxkaka; blåsa (i gjutet gods) **II** *v* göra cellformig, genomborra; underminera; göra mönster likt en vaxkaka **-dew** honungsdagg; sötsåsad tobak **-moon** *s* o. *v* [fira] smekmånad **-suckle** [-,sʌkl] kaprifolium

honk [hɔŋk] **I** *v* tuta; skria **II** *s* tut[ande]; skrik av vildgås

honor|ary ['ɔn(ə)rəri] äre-, heders-; ~ *post* förtroendeuppdrag **-ific** [,ɔnə'rifik] **I** *a* artighets- **II** *s* artighetsuttryck; hederstitel

honour ['ɔnə] **I** *s* ära, heder; hedersbetygelse; ~*s a* utmärkelser **b** *ung.* tre akademiska betyg **c** *kortsp.* honnörer; *two by* ~*s* två honnörer; *Your H* ~ Ers nåd, Ers höghet; *be on one's* ~ *to* vara bunden vid sitt hedersord, *bound in* ~ *to* ha givit sitt hedersord att; *in* ~ *of* till ngns ära; *meet with* ~ inlösas **II** *v* hedra, ära **-able** ['ɔn(ə)rəbl] hedervärd; rättskaffens; ärofull; välboren

hooch [huːtʃ] *A. sl.* sprit

hood [hud] **I** *s* **1** huva, kapuschong, kåpa; rökhatt; sufflett; *A.* motorhuv **2** gangster **II** *v* täcka med huva etc., överhölja; ~*ed crow* = **-ie** [-i] grå kråka

hoodlum ['huːdləm] *A.* ligist, gatpojke

hoodoo ['hu:du(:)] **I** *s* trolldom, olycksbringare **II** *a* olycks- **III** *v* bringa olycka
hoodwink ['hudwiŋk] lura, slå blå dunster i ögonen på
hooey ['hu:i] *A.* struntprat, nonsens
hoof [hu:f] **I** *s* hov, klöv; *shake a* ~ svänga sina lurviga, dansa **II** *v* sparka (om häst); ~ [*it*] gå till fots; ~ *out* ge sparken, avskeda **-ed** [-t] hov-, -hovad, klöv-, -klövad
hook [huk] **I** *s* **1** hake, krok **2** udde **3** skära **4** snara; *by* ~ *or by crook* ärligt eller oärligt, på vilket sätt som helst; *drop off the* ~*s* kola vippen, dö; ~ *and eye* hyska o. hake; *on one's own* ~ på eget bevåg; *keep a p. on the* ~ ha någon på kroken; *sling* (*take*) *one's* ~ ge sig i väg **II** *v* fånga med krok (hake); haka sig fast; haka på; ~ *it* smita; ~ *in* (*up*) spänna för; hänga upp
hookah ['hukə] *Ind.* vattenpipa
hook|ed [hukt] krokig; med krok **-er** [-ə] **1** en som fångar etc., *se hook II*; tjuv **2** skuta **--nose[d]** [-nəuz(d)] [med] örnnäsa **--up** inbördes förbindelse mellan radiostationer **-worm** inälvsparasit
hooky ['huki] *A. s* skolk; *play* ~ skolka
hooligan ['hu:ligən] gatpojke, ligist **-ism** [-iz(ə)m] *ung.* laglöshet satt i system
hoop [hu:p] **I** *s* rullband **II** *v* förse med tunnband **-er** [-ə] tunnbindare
hoot [hu:t] **I** *v* **1** skräna **2** tuta **3** skrika (om uggla); ~ *out* vissla ut **II** *s* skrän, hånskri; (ugglas) skri **-er** [-ə] ångvissla
Hoover ['hu:və] dammsugare
hooves [hu:vz] *pl av hoof*
hop [hɔp] **I** *s* **1** humle; ~*s* humlekottar **2** skutt, hopp; etapp; *on the* ~ i farten **II** *v* **1** förse med humle (om öl); samla (skörda) humle **2** hoppa, skutta; ~ *it* rymma; ~ *off* försvinna; starta (om flygplan); ~ *the twig* (*stick*) dö
hope [həup] **I** *s* [för]hopp[ning] (*of* om); ~ *chest* brudkista **II** *v* hoppas (*for* på); ~ *against* ~ hoppas trots allt **-ful** [-f(u)l] hoppfull **-less** [-lis] hopplös
hop|-garden ['hɔpgɑ:dn] humlegård **--o'-my--thumb** ['hɔpəmi'θʌm] tummeliten **-per** [-ə] **1** en som hoppar; hoppande insekt **2** humleplockare **3** mudderpråm **4** matartratt, -huv
hopple ['hɔpl] binda samman benen på häst
hop|scotch ['hɔpskɔtʃ] hoppa-hage-lek **--step-and-jump** ['hɔp'stepən'dʒʌmp] trestegshopp
Horace ['hɔrəs] Horatius
horde [hɔ:d] hord, flock
horizon [hə'raizn] **I** *s* horisont, synkrets **II** *v* begränsa **-tal** [,hɔri'zɔntl] **I** *a* horisontell; ~ *bar* räck (för gymnastik) **II** *s* horisontallinje
hormone ['hɔ:məun] hormon
horn [hɔ:n] **I** *s* **1** horn (i olika bet.) **2** spets på månskäran **3** flodgren **4** alternativ; *draw in one's* ~*s* ta det lugnt, dra in på staten; *English* ~ (slags) oboe; *French* ~ valthorn **II** *v* förse med horn; ~ *in* tränga sig på (*A.*) **-book** *åld.* ABC-bok **-ed** [-d] försedd med horn
hornet ['hɔ:nit] bålgeting; *bring* ~*'s nest about one's ears* (*fig.*) sticka handen i ett getingbo
horn|pipe ['hɔ:npaip] (slags) klarinett **-rimmed** [-rimd] hornbågad **-y** [-i] hornaktig, hornlik
horologe ['hɔrələdʒ] urverk, tidmätare
horr|ible ['hɔrəbl] ryslig, fasansfull; ohygglig **-id** otäck; gräslig; fruktansvärd **-ify** [-fai] fylla med avsky; förfära **-or** ['hɔrə] skräck;

motvilja; *the* ~*s* ångestkramp; delirium **-or-stricken** [-,strik(ə)n], **-or-struck** skräckslagen
horse [hɔ:s] **I** *s* **1** häst **2** kavalleri; [såg]bock; torkställning; *a dark* ~, *se dark*; *mount* (*ride*) *the high* ~ sätta sig på sina höga hästar; *put the cart before the* ~ handla bakvänt; blanda ihop orsak o. verkan; *back the wrong* ~ hålla på fel häst; ~ *opera* (*A. sl.*) cowboyfilm; *straight from the* ~*'s mouth* från säker källa **II** *v* **1** spänna häst[ar] för vagn **2** prygla **3** bära på ryggen **--artillery** ridande artilleri **-back** hästrygg; *on* ~ till häst **--block** stigblock **--box** finka; stor kyrkbänk **--breaker** [-,breikə] hästtämjare **--car** hästspårvagn **--chestnut** ['hɔ:s'tʃesnʌt] *bot.* hästkastanje **--cloth** hästtäcke **--coper** [-,kəupə] hästhandlare **-flesh** hästkött; hästar **--fly** broms **-hair** hästhår, tagel **--laugh** rått gapskratt **--leech** blodsugare **-man** [-mən] ryttare **-manship** [-mənʃip] ridkonst **--marines** [-mə,ri:nz] "sjömän till häst"; *tell that to the* ~ det kan du slå i en annan **--meal** måltid utan drycker **-play** våldsam lek **--pond** damm för vattning av hästar **-power** [-,pauə] hästkraft **--race** hästkapplöpning **-radish** [-,rædiʃ] pepparrot **--sense** *A.* sunt bondförstånd **-shoe** ['hɔ:ʃu:] hästsko **--track** ridstig **-tra--ding** kohandel **-whip** *s* o. *v* [slå med] ridpiska **-woman** [-,wumən] ryttarinna **-y** [-i] **1** häst-; hästlik **2** intresserad av hästar **3** lumpen, med stallfasoner; *be a* ~ *man* vara intresserad av hästsport
horsy ['hɔ:si] *se horsey*
horticulture ['hɔ:tikʌltʃə] trädgårdsodling
hortus siccus ['hɔ:təs 'sikəs] herbarium
hos|e [həuz] **I** *s* **1** långstrumpor **2** [trädgårds-, bränd]spruta; slang; *half* ~ kortstrumpor **II** *v* bespruta **-ier** ['həuziə] trikåvaruhandlare **-iery** ['həuziəri] trikåvaror; *koll.* strumpor
hospice ['hɔspis] gästhärbärge
hospitable ['hɔspitəbl] gästfri
hospital ['hɔspitl] sjukhus **-ity** [,hɔspi'tæliti] gästfrihet **-ize** [-təlaiz] lägga in på sjukhus **-[l]er** [-tlə] **1** broder (syster) i barmhärtighetsorden **2** sjukhuspräst **3** johanniterriddare
host [həust] **1** värd **2** mängd, skara **3** hostia; *Lord of H* ~*s* härskarornas Gud; *reckon without one's* ~ göra upp räkningen utan värden
hostage ['hɔstidʒ] gisslan; pant
hostel ['hɔst(ə)l] härbärge; *youth* ~ vandrarhem **-ry** [-ri] värdshus
hostess ['həustis] värdinna
hostil|e ['hɔstail] fientlig, fiende- **-ity** [hɔs'tiliti] fientlighet, fiendskap
hostler ['ɔslə] stalldräng
hot [hɔt] **1** het, varm; häftig, ivrig; starkt kryddad; ny, färsk **2** *A. sl.* nyss stulen; ~ *and* ~ direkt från spisen, nykokt; ~ *air* skryt; *be* ~ *on* vara entusiastisk för; *give it him* ~ ge honom på pälsen; *make it too* ~ *for a p.* göra så att marken börjar bränna under fötterna på ngn; ~ *and strong* häftig; ~ *dog* varm korv; ~ *stuff* överdängare **-bed** drivbänk; *fig.* härd **-blood--ed** ['hɔt'blʌdid] hetlevrad **--brained** [-breind] häftig, galen **hotchpot[ch]** ['hɔtʃpɔt(ʃ)] (slags) fårsoppa; röra, salig blandning
hotel [hə(u)'tel] hotell **--car** *A.* restaurangvagn
hot|head ['hɔthed] brushuvud **-headed** ['hɔt-'hedid] *se hot-brained* **-house** drivhus **-ness**

hetta **-plate** kokplatta **--pot** köttstuvning **--press** satinera **-rod** *A. sl.* upptrimmad bil av ä. modell **-spur** [-spǝ(:)] hetsporre **--water- -bottle** [hͻt'wͻːtǝ,bͻtl] varmvattensflaska

hough [hͻk] **I** *s* knäled (t.ex. på häst) **II** *v* skära av hassenan

hound [haund] **I** *s* [jakt]hund; usling; *the ~s* hundarna för rävjakt **II** *v* förfölja, hetsa; *~ on* hetsa (driva) på

hour ['auǝ] timme; *the small ~s* småtimmarna; *keep early ~s* lägga sig tidigt **--circle** meridian **--glass** timglas **--hand** timvisare **-ly** [-li] tim-, per timme; ständig

house I *s* [haus, *pl* 'hauziz] hus; salong; åskådarantal; firma; *the H ~ a* underhuset **b** fattighuset; *bring down the ~* väcka stormande applåder; *keep ~* hushålla; *keep open ~* vara mycket gästfri; *a drink on the ~* ett ”glas” som ”huset” bjuder på **II** *v* [hauz] härbärgera; bo; hala in **--agent** [-,eidȝ(ǝ)nt] husmäklare **-boat** husbåt **-breaker** [-,breikǝ] inbrottstjuv **-breaking** [-,breikiŋ] inbrott **-craft** hushållsgöromål **--duty** [-,djuːti] fastighetsskatt **--fa- -mine** [-,fæmin] bostadsbrist **--flag** rederiflagg **--flannel** [-,flænl] skurtrasa **-fly** husfluga **-hold** [-(h)ǝuld] **I** *s* hushåll; *the H ~* kungliga hovet **II** *a* hushålls-; hemma-; *H ~ brigade (troops)* kungligt livgarde; *~ word* gängse uttryck **-holder** [-(h)ǝuldǝ] som har hushåll; lägenhetsinnehavare **-keeper** [-kiːpǝ] hushållerska **-keeping** [-,kiːpiŋ] hushållsskötsel **-maid** hushungfru; *~'s knee* skurknä **-master** [-,mɑːstǝ] internatföreståndare **-party** [-,pɑːti] bjudning, party; gäster vid party **--physician** [-,fi,ziʃ(ǝ)n] underläkare **--room** [-rum] bostadsutrymme; logi **--sur- -geon** [-,sͻːdȝ(ǝ)n] *se house-physician* **--tax =** house-duty **-top** hustak; *proclaim (preach) upon the ~s* ropa ut från taken **--warming** [-,wͻːmiŋ] inflyttningsfest **-wife 1** husmor, hemmafru **2** ['hʌzif] synecessär; *~ly* som anstår en husmor, husmoderlig **-wifery** [-wif(ǝ)ri] hushållsgöromål **-work** hushållsarbete

housing ['hauziŋ] **1** inhysande; magasinering **2** bostadsbyggande **3** bostäder **4** [lager]hus, hylsa **5** hästtäcke; *~ problem* bostadsproblem

hove [hǝuv] *imperf* o. *perf part* av *heave*

hovel ['hͻv(ǝ)l] skjul; ruckel

hover ['hͻvǝ] **I** *v* stryka omkring; sväva; tveka **II** *s* vacklan; *~ craft* svävare

how [hau] hur; vad; *~ about ...?* vad sägs om ...?; hur är det med ...?; *~ is corn?* vad står spannmålen i? **-e'er** [-'eǝ] *se följ.* **-ever** [-'evǝ] **1** emellertid **2** hur ... än

howitzer ['hauitsǝ] haubits

howl [haul] **I** *v* tjuta, tjuta, jämra sig **II** *s* tjut, ylande; skrik, jämmerrop; skrän **-er** [-ǝ] **1** en som tjuter etc., *se howl I 2* vrålapa **3** grov bock; groda; *come a ~* inte lyckas, göra fiasko **-ing** [-iŋ] **I** *s* = *howl II* **II** *a* enorm; *~ shame* svår skandal

hoy [hͻi] **1** slup, pråm **2** hallå, ohoj!

hoyden ['hͻidn] argbigga, yrhätta

hub [hʌb] **1** nav; medelpunkt **2** äkta man; *~ cap* navkapsel

hubbub ['hʌbʌb] oväsen, bråk

huckaback ['hʌkǝbæk] handduksväv

huckle ['hʌkl] höft **--backed** [-bækt] kutryggig **-berry** (slags) blåbär **--bone** höftben

huckster ['hʌkstǝ] **1** *s* krämare; skojare **II** *v* utmångla; köpslå; förfalska

huddle ['hʌdl] **I** *v* lägga slarvigt i en hög; krypa ihop; *~ o.s. up* krypa ihop som ett nystan; *~ up* tota ihop, hastigt ställa samman **II** *s* **1** massa; hop, skock **2** oordning, röra

hue [hjuː] **1** färgton, nyans **2** *~ and cry* ta-fasttjuven-rop; efterlysning; proteststorm

huff [hʌf] **I** *v* **1** skälla, rasa **2** skrämma **3** förnärma; *~ a p. into* skrämma ngn till att **II** *s* lättretlighet; uppbrusande; *take ~* bli stött på **-y** [-i] lättretlig, snarstucken

hug [hʌg] **I** *v* krama, omfamna; hylla; *~ the shore* hålla sig tätt intill kusten; *~ a prejudice* hysa en fördom; *~ o.s.* lyckönska sig *(on, for till)* **II** *s* **1** omfamning, famntag **2** livtag

huge [hjuːdȝ] jättelik, enorm **-ness** [-nis] jätteformat, ofantlighet

hugger-mugger ['hʌgǝ,mʌgǝ] **I** *a* o. *adv* **1** hemlig[t], i hemlighet **2** förvirrad **II** *s* hemlighet; virrvarr **III** *v* tysta ner; gå hemligt tillväga

hula[-hula] ['huːlǝ('huːlǝ)] hula[dans]

hulk [hʌlk] utrangerat skepp, skepp använt som magasin o.d.; stort fartyg; *~s, pl* fångskepp **-ing** [-iŋ] stor o. klumpig

hull [hʌl] **I** *s* **1** balja, skida; omhölje **2** [fartygs]skrov **II** *v* **1** skala **2** torpedera

hullabaloo [,hʌlǝbǝ'luː] bråk, oväsen

hullo ['hʌlǝu] hallå, hej! **--girl** telefonist

hum [hʌm] **I** *v* **1** brumma, surra **2** mumla **3** stinka, lukta illa **4** nynna, gnola; *make things ~* sätta fart på saker o. ting; *~ [and haw]* ma på orden, tala som om man hyste betänkligheter **II** *s* **1** surr[ande]; sorl **2** mummel **3** gnolande **4** tveksam ton **5** dålig lukt **III** *interj* tja!, hm!

human ['hjuːmǝn] mänsklig, människo-; *~ engineering* ergonomi, bioteknologi **-e** [hju(ː)- 'mein] human, mänsklig, människovänlig; *~ killer* slaktmask; *~ studies* humaniora **-ita- -rian** [hju(ː),mæni'teǝriǝn] *s* o. *a* filantrop [-isk], humanitär [person] **-ity** [hju(ː)'mæniti] **1** människonatur **2** mänskligheten **3** humanitet, människokärlek; *the humanities* humaniora **-ization** [,hjuːmǝnai'zeiʃ(ǝ)n] humanisering, civilisering **-ize** [-aiz] göra (bli) mänsklig; ge mänsklig karaktär åt **-ly** [-li] *adv* [på] mänskligt [sätt]; mänskligt att döma

humble ['hʌmbl] **I** *a* ödmjuk; underdånig; oansenlig; *eat ~ pie* få svälja förödmjukelsen **II** *v* förödmjuka

humble-bee ['hʌmblbiː] humla

humbug ['hʌmbʌg] **I** *s* **1** humbug, bedrägeri **2** struntprat **3** bedragare, humbug **II** *v* lura, bedra; bluffa

humdrum ['hʌmdrʌm] **I** *a* alldaglig, enahanda, enformig **II** *s* **1** enformighet **2** tråkmåns **III** *v* släpa sig fram, gå i maklig takt

humeral ['hjuːmǝr(ǝ)l] *a* skulder- **-us** [-ǝs] överarm

humid ['hjuːmid] fuktig **-ity** [hju(ː)'miditi] fuktighet

humiliate [hju(ː)'milieit] förödmjuka, förnedra **-ation** [hju(ː),mili'eiʃ(ǝ)n] förödmjukelse; förnedring **-ty** [-ti] ödmjukhet

humming ['hʌmiŋ] **I** *s* = *hum II* **II** *a* surrande; kraftig **-bird** kolibri **-top** spelsnurra

hummock ['hʌmǝk] liten höjd (kulle)

humorist ['hjuːmǝrist] humorist **-orous** [-m(ǝ)rǝs] humoristisk **-our** [-mǝ] **I** *s* **1** lynne; humör **2** humor; *out of ~* nedstämd **II** *v* göra till viljes, ge efter för **-oursome** [-mǝsǝm] nyckfull

hump [hʌmp] **I** *s* **1** puckel **2** kulle; *it gives me the ~* jag blir sjuk av det **II** *v* **1** kuta (med ryggen) **2** göra dyster **3** *A.* anstränga sig **-back** puckelrygg **-backed** [-bækt] puckelryggig **humph** [mm] *interj* hm!

humpty-dumpty ['hʌm(p)ti'dʌm(p)ti] tjockis

humus ['hju:məs] matjord, humus

Hun [hʌn] **1** hunn[er] **2** barbar

hunch [hʌn(t)ʃ] **I** *s* **1** puckel, knöl **2** *A.* föraning **II** *v* kuta, skjuta upp (ryggen); göra bucklig **-back** puckelrygg **-backed** [-bækt] puckelryggig

hundred ['hʌndrəd] hundra[tal]; *a ~ and one* femtielva; *great* (*long*) *~* 120; *like a ~ of bricks* med förkrossande kraft **-fold** hundrafaldig **-th** [-θ] **I** *räkn.* (den) hundrade **II** *s* hundra[de]del **-weight** centner = *112 pounds* (ca 50 kg), *A.* = *100 pounds* (ca 45 kg)

hung [hʌŋ] *imperf* o. *perf part* av *hang*

Hungar|ian [hʌŋ'gɛəriən] **I** *s* **1** ungrare **2** ungerska [språket] **II** *a* ungersk **-y** ['hʌŋgəri] Ungern

hunger ['hʌŋgə] **I** *s* hunger; begär **II** *v* vara hungrig; svälta, hungra; *~ a p. into submission* tvinga någon till underkastelse genom uthungring **--march** hungerdemonstration **--stri--cken** [-ˌstrik(ə)n] uthungrad **--strike** hungerstrejk

hungry ['hʌŋgri] **1** hungrig **2** hungrande **3** torftig, mager

hunk [hʌŋk] stort stycke

hunkers ['hʌŋkəz] *s pl, on one's ~* på huk

hunks [hʌŋks] girigbuk

hunky-dory [ˌhʌŋki'dɔːri] *A. sl.* bra, prima

hunt [hʌnt] **I** *v* jaga (i Engl. isht räv, i Amerika alla djur), förfölja; jaga upp; söka; *~ down* infånga; *~ out* uppspåra **II** *s* **1** [hets-, räv]jakt **2** jaktmark **3** jaktklubb **-er** [-ə] jägare (*äv. fig.*); jakthäst **-ing** [-in] [räv]jakt; *~ pink* (*BE.*) röd jägarjacka **-ing-box** *se hunting-lodge* **-ing-crop** ridpiska **-ing-ground** jaktmark; *the happy ~s* de sälla jaktmarkerna **-ing-kit** jaktkostym **-ing-lodge**, **-ing-seat** jaktstuga **-ress** [-ris] jägarinna **-sman** [-smən] jägare

hurdle ['hə:dl] hinder, häck; *~s, pl* häcklöpning **--race** hinderlopp

hurdy-gurdy ['hə:diˌgədi] *s* positiv

hurl [hə:l] **I** *v* kasta, slunga **II** *s* kast, slungning

hurly-burly ['hə:liˌbə:li] oväsen, larm

hurr|ah [hu'rɑ:] **-ay** [hu'rei] *interj, s* o. *v* [ropa] hurra

hurricane ['hʌrikən] orkan; *~ bow* förstäv uppbyggd till flygdäck (hangarfartyg); *~ deck* orkandäck, översta däck; *~ lamp* stormlykta

hurr|ied[ly] ['hʌrid(li)] skyndsam[t] **-y** [-i] **I** *s* brådska, skyndsamhet; *be in a ~* ha bråttom; *you will not beat that in a ~* det slår du inte i första taget; *I shall not ask again in a ~* jag kommer inte att fråga i brådrasket igen **II** *v* skynda [sig]; driva, skynda på; jäkta; *~ along* (*on*) jäkta [på]; *~ away* skyndsamt föra bort; *~ up* skynda på; påskynda **-y-scurry** ['hʌri-'skʌri] **I** *a* hals över huvud **II** *s* stor brådska **III** *v* rusa, flänga

hurst [hə:st] **1** skogsbacke **2** sandbank

hurt [hə:t] **I** *v* såra, skada, göra illa; göra ont, värka **II** *s* **1** skada **2** förfäng, men, oförrätt **-ful** [-f(u)l] skadlig, farlig; sårande

hurtle ['hə:tl] **I** *v* stöta, slå; störta; rassla **II** *s* sammanstötning; skräll, rassel **-berry** = *huckleberry*

hurtless ['hə:tlis] ofarlig

husband ['hʌzbənd] **I** *s* äkta man, make; *~'s tea* svagt te **II** *v* hushålla med **-man** [-n(d)-mən] [fri] bonde **-ry** [-ri] lantbruk; hushållning; sparsamhet

hush [hʌʃ] **I** *v* tysta; tystna; lugna; *~ up* tysta ner; tystna **II** *s* tystnad; stillhet **III** *interj* [ʃ:] tyst! **-aby** ['hʌʃəbai] *interj* vyssjan lull! **--boat** *se hush-ship* **--hush** ['hʌʃ'hʌʃ] *a* absolut hemlig **--money** [-ˌmʌni] mutor för att tiga **--ship** kamouflerat krigsfartyg

husk [hʌsk] **I** *s* skal, hylsa; *~s* agnar **II** *v* skala **-iness** [-inis] heshet, skrovlighet **-ing-bee** *A.* majsskalningsfest **-y** [-i] *I a* **1** full av skal **2** hes, skrovlig **3** stor o. stark **II** *s* (*äv. H~*) eskimåhund

hussar [hu'zɑ:] husar

hussy ['hʌsi] jäntunge; näbbgädda; slyna

hustings ['hʌstiŋz] *åld.* **1** parlamentsval **2** domstol i Guildhall i London

hustle ['hʌsl] **I** *v* tränga[s], knuffa[s], stöta; driva; skynda sig; jäkta **II** *s* knuffande; gåpåande; jäkt **-r** [-ə] en som jäktar etc., *se hustle I*; *A.* gåpåare, person som bedriver olaglig verksamhet

hut [hʌt] **I** *s* hydda; barack **II** *v* förlägga i barack

hutch [hʌtʃ] **1** kaninbur **2** hydda **3** såll (använt i gruva)

hutment ['hʌtmənt] förläggning i barack

hyacinth ['haiəs(i)nθ] *bot.* hyacint

hybrid ['haibrid] **I** *s* hybrid; blandform **II** *a* hybrid; blandnings- **-ism** [-iz(ə)m] korsning **-ize** [-aiz] korsa

hydra ['haidrə] vattenorm; hydra **-ngea** [hai'drein(d)ʒə] hortensia **-nt** [-r(ə)nt] vattenpost **-te** [-reit] hydrat **-ulic** [hai'drɔːlik] hydraulisk

hydro|- ['haidrə(u)] hydro-, vatten-; väte- **--aeroplane** ['haidrə(u)'ɛərəplein] sjöflygplan, hydroplan **-carbon** ['haidrə(u)'kɑːbən] kolväte **-copter** [-kɔptə] hydrokopter **-elec--tric** [-iˌlektrik] *a, ~ plant* vattenkraftstation **-foil** [**vessel**] bärplansbåt **-gen** ['haidridʒ(ə)n] väte; *~ bomb* vätebomb **-phobia** [ˌhaidrə(u)'fəubjə] vattuskräck **-plane** **1** sjöflygplan, hydroplan **2** horisontalroder **3** racerbåt **-stat** [-stæt] hydrostat

hyena [ha(i)'i:nə] hyena

hygien|e ['haidʒi:n] hygien, hälsolära **-ic** [hai'dʒi:nik] hygienisk

hygrometer [hai'grɔmitə] hygrometer, fuktighetsmätare

hying ['haiin] *pres part* av *hie*

hymn [him] **I** *s* hymn; psalm **II** *v* lovsjunga **-al** ['himnəl] **I** *a* hymn-, hymnartad **II** *s* psalmbok

hyper|- ['haipə] hyper-, över- **-aesthesia** [-əris'θi:zjə] överkänslighet **-sensitive** ['haipə(:)'sensitiv] överkänslig

hyphen ['haif(ə)n] **I** *s* bindestreck **II** *v* (*äv. -ate* ['haifəneit]) förena med bindestreck; *~ated name* dubbelnamn; *~ated American* (t.ex. *German-American*) amerikan med rötter i ursprungslandet

hypno|sis [hip'nəusis] hypnos **-tic** [-'nɔtik] **I** *a* **1** hypnotisk **2** sömngivande **II** *s* sömnmedel **-tism** ['hipnɔtiz(ə)m] hypnotism; hypnos **-tist** ['hipnɔtist] hypnotisör **-tize** ['hipnɔtaiz] hypnotisera

hypo ['haipəu] fixersalt

hypo|- ['haipə(u)-, 'hipə-] under- **-chondria** [ˌhaipə(u)'kɔndriə] hypokondri, tungsinne,

inbillningssjuka **-chondriac** [ˌhaipə(u)'kɔn-driæk] *a o. s* svårmodig [person], inbillnings-sjuk **-crisy** [hi'pɔkrəsi] hyckleri **-crite** ['hipəkrit] hycklare **-critical** [ˌhipə(u)'kri-tik(ə)l] hycklande **-dermic** [ˌhaipə(u)'dəːmik] införd (liggande) under huden; subkutan; ~ *syringe* injektionsspruta **-thecate** [hai'pɔ-θikeit] lämna som hypotek, belåna **-the-cation** [hai,pɔθi'keiʃ(ə)n] inteckning, be-låning **-thesis** [hai'pɔθisis] hypotes, anta-gande **-thesize** [hai'pɔθisaiz] anta, uppställa som hypotes **-thetical** [ˌhaipə(u)'θetik(ə)l] hypotetisk
hyssop ['hisəp] isop
hysterǀia [his'tiəriə] hysteri **-ical** [his'terik(ə)l] *a o. s* hysterisk [person] **-ics** [his'teriks] *s pl* hysteri, hysteriskt anfall; *fall* (*go off*) *into* ~ bli hysterisk, få ett hysteriskt anfall

I

I, i [ai] (bokstaven) i
I [ai] jag
iamb ['aiæmb] jamb **-ic** [ai'æmbik] jambisk **-us** [ai'æmbəs] jamb
ice [ais] **I** *s* is; glass; *A. sl.* diamanter; ~ *hockey* ishockey; *this will cut no* ~ det här leder ingen vart **II** *v* **1** förvandla till is; täcka med is; kyla **2** kandera, glasera; ~ *up* frysa till; få is på vingarna (om flygplan) **--age** istid **-berg** [-bəːg] isberg **-boat 1** isjakt **2** isbrytare **--bound** infrusen **-box** isskåp **-cap** isbälte kring polerna **--cream** ['ais'kriːm] glass **--drome** konstfrusen skridskobana **--fall** brant del av glaciär liknande fruset vattenfall **--ferns** [-fəːnz] isblommor **--floe** isflak **--house** iskällare
Iceland ['aislənd] Island **-er** [-ə] islänning **-ic** [ais'lændik] **I** *s* isländska [språket] **II** *a* is-ländsk
icǀe-pick ['aispik] isdubb **-icle** [-ikl] istapp **-ily** [-ili] iskallt, isande **-ing** [-iŋ] glasyr
icon ['aikɔn] ikon, helgonbild
iconoǀclasm [ai'kɔnə(u)klæz(ə)m] bildstormeri **-clast** [-klæst] bildstormare **-later** [ˌaikɔ'nɔ-lətə] bilddyrkare **-latry** [ˌaikɔ'nɔlətri] bild-dyrkan
icy ['aisi] iskall; istäckt
I'd [aid] = *I had*; *I would* (*I should*)
Idaho ['aidəhəu] delstat i USA
idea [ai'diə] idé, plan, avsikt, aning **-'d, -ed** [-iəd] med idéer
ideal [ai'diəl] **I** *a* **1** idealisk **2** ideell **3** inbillad **II** *s* ideal **-ism** [-iz(ə)m] idealism **-ity** [ˌaidi-'æliti] idealitet; ngt som är idealiskt **-ization** [ai,diəlai'zeiʃ(ə)n] idealisering **-ize** [-aiz] idea-lisera
idem ['aidem] densamme
identiǀc[al] [ai'dentik, -(ə)l] likalydande, iden-tisk, likvärdig; *identical twins* enäggstvillingar **-fication** [ai,dentifi'keiʃ(ə)n] identifiering; legitimation **-fy** [-fai] identifiera; likställa; ~ *flowers* botanisera **-ty** [-ti] identitet **-ty-card** legitimationskort
ideology [ˌaidi'ɔlədʒi] ideologi, idélära

idiocy ['idiəsi] idioti
idiom ['idiəm] idiom, språkegenhet **-atic[al]** [ˌidiə'mætik, -(ə)l] idiomatisk
idosyncrasy [ˌidiə'siŋkrəsi] egenhet, idio-synkrasi
idiot ['idiət] idiot **-ic[al]** [ˌidi'ɔtik, -(ə)l] idio-tisk
idlǀe ['aidl] **I** *a* **1** onyttig; tom **2** oanvänd, sysslo-lös **3** lat; ~ *talk* tomt prat; ~ *wheel* (slags) säkerhetshjul **II** *v* lata sig, förnöta tiden; [låta] gå på tomgång; ~ *away one's time* förslösa sin tid **-eness** [-lnis] sysslolöshet; lättja; overksamhet **-er** [-ə] lätting **-y** [-i] *adv* slött
idol ['aidl] **1** avgud[abild] **2** idol **3** vanföre-ställning **-ater** [ai'dɔlətə] avgudadyrkare **-atrous** [ai'dɔlətrəs] avgudisk **-atry** [ai'dɔ-lətri] avguderi **-ization** [ˌaidə(u)lai'zeiʃ(ə)n] avgudadyrkan **-ize** ['aidəlaiz] avguda
idylǀl[l] ['idil] idyll **-lic** [ai'dilik] idyllisk **-lize** ['aidilaiz] göra idyll av
if [if] om, ifall; *she is 30* ~ *she is a day* hon är allra minst 30; ~ *not well-to-do, he is not poor* även om han inte är rik så är han inte heller direkt fattig; ~ *not* annars; ~ *so* i så fall **-fy** ['ifi] *A.* osäker
igloo ['igluː] igloo, snöhydda
ignǀeous ['igniəs] eld-, vulkanisk **-ite** [ig'nait] sätta eld på, antända; fatta eld **-ition** [ig'ni-ʃ(ə)n] antändning; tändning (om motor); ~ *key* tändningsnyckel
ignoble [ig'nəubl] låg, ovärdig, tarvlig
ignominǀious [ˌignə(u)'miniəs] vanhedrande, skamlig **-y** [ig'nəmini] vanära; skamlig hand-ling
ignorǀamus [ˌignə'reiməs] okunnig person, dumhuvud **-ance** ['ign(ə)r(ə)ns] okunnighet, ovetenhet **-ant** ['ign(ə)r(ə)nt] okunnig, ove-tande **-e** [ig'nɔː] ignorera, ej bry sig om, strun-ta i
iguana [i'gwaːnə] *zool.* leguan
Iliad ['iliəd] *the* ~ Iliaden
I'll [ail] = *I shall* (*will*)
ill [il] **I** *a* sjuk, krasslig; dålig; olämplig; onds-kefull; ~ *blood* fiendskap; ~ *weeds grow apace* ont krut förgås ej så lätt; *it is an* ~ *wind that blows nobody any good* inget ont som inte har något gott med sig; *do a man an* ~ *turn* göra någon en björntjänst **II** *s* skada; det onda; ~*s* motgångar **III** *adv* illa; ~ *at ease* illa till mods; *take* ~ ta illa upp; *speak* ~ *of a man* tala illa om någon **--advised** ['iləd'vaizd] obetänksam **--affected** ['ilə-'fektid] illasinnad **--assorted** ['ilə'sɔːtid] som inte passar varandra **--boding** [il'bəudiŋ] olycksbådande **--bred** [il'bred] ouppfostrad **illegal** [i'liːg(ə)l] olaglig **-ity** [ˌili(ː)'gæliti] olag-lighet **-ize** [-gəlaiz] göra olaglig
illegibǀility [i,ledʒi'biliti] oläslighet **-le** [i'le-dʒəbl] osläslig
illegitimate [ˌili'dʒitimit] **I** *a* illegitim, olaglig; abnorm; ~ *child, se* II **II** *s* utomäktenskapligt barn
illǀ-famed ['il'feimd] illa beryktad **--fated** ['il'feitid] hemsökt av olyckan **--favoured** ['il'feivəd] **1** obehaglig **2** vanskapt **--featured** ['il'fiːtʃəd] ful **--gotten** [il'gɔtn] orättmätigt erhållen **--health** [il'helθ] dålig hälsa **--hu-moured** [il'hjuːməd] vresig; på dåligt humör
illiberal [i'lib(ə)r(ə)l] **1** snål **2** tarvlig **3** in-skränkt **-ity** [i,libə'ræliti] **1** knusslighet **2** tarv-lighet **3** trångsinthet

illicit [i'lisit] olaglig, otillåten
Illinois [,ili'nɔi] delstat i USA
illiterate [i'lit(ə)rit] **I** *a* **1** obildad **2** ej läskunnig **II** *s* **1** analfabet **2** obildad person
ill-judged ['il'dʒʌdʒd] oförståndig **--looking** ['il,lukiŋ] ful; betänklig **--mannered** ['il'mænəd] ohyfsad **--matched** ['il'mætʃt] som inte passar varandra, omaka **--nature** ondska ['il'neitʃə] **--natured** ['il'neitʃəd] elak, vresig, ondskefull, hätsk **-ness** [-nis] sjukdom
illogical [i'lɔdʒik(ə)l] ologisk
ill-omened ['il'əumend] olycksbådande **--tempered** ['il'tempəd] retlig **--treat** ['il-'tri:t] behandla illa; misshandla
illuminat|e [i'lju:mineit] **1** belysa, upplysa, förklara, klargöra, illuminera **2** illuminera handskrift **-ion** [i,lju:mi'neiʃ(ə)n] upplysning, illumination; lyster, glans **-or** [-ə] belysningsanordning
illumine [i'lju:min] = *illuminate*
ill-use ['il'ju:z] *se ill-treat*
illusion [i'lu:ʒ(ə)n] **1** illusion; dröm **2** genomskinlig tyll **-ist** [-ʒənist] **1** en som inte tror på tingens objektivitet **2** trollkonstnär
illus|ive [i'lu:siv] **-ory** [-s(ə)ri] bedräglig, illusorisk
illustrat|e ['iləstreit] illustrera; förtydliga **-ed** [-id] bildtidning **-ion** [,iləs'treiʃ(ə)n] illustration **-ive** [-iv] belysande (*of* för) **-or** [-ə] illustratör
illustrious [i'lʌstriəs] berömd, lysande
ill-will ['il'wil] illvilja, agg
I'm [aim] = *I am*
image ['imidʒ] **I** *s* **1** bild, avbild, motstycke **2** bild, metafor; *she is the very ~ of her mother* hon är sin mor upp i dagen **II** *v* avbilda, framställa **-ry** [-(ə)ri] bildverk; bildspråk
imagin|able [i'mædʒ(i)nəbl] tänkbar **-ary** [-ʒin(ə)ri] inbillad, imaginär **-ation** [i,mædʒi-'neiʃ(ə)n] fantasi; föreställning **-ative** [-nətiv] fantasirik, fantasi- **-e** [-ʒin] föreställa sig, tänka sig; inbilla sig
imbalance [im'bæləns] obalans
imbecil|e [i'imbisi:l] *a o. s* imbecill **-ity** [,imbi-'siliti] sinneslöthet
imbibe [im'baib] dricka, absorbera
imbrue [im'bru:] fläcka, besudla
imbue [im'bju:] genomdränka; genomsyra, besjäla
imita|ble ['imitəbl] som går att efterlikna **-te** [-teit] härma, imitera; efterlikna **-tion** [,imi-'teiʃ(ə)n] imitation; efterbildning **-tive** [-tətiv] efterliknande; *~ arts* de bildande konsterna **-tor** [-teitə] efterapare
immaculate [i'mækjulit] obefläckad, ren; *the I ~ Conception* den obefläckade avlelsen
immanen|ce [i'imənəns] **-cy** [-si] immanens, det "inneboende" **-t** inneboende
immaterial [,imə'tiəriəl] **1** okroppslig **2** oväsentlig **-ity** ['imə,tiəri'æliti] **1** okroppslighet **2** oväsentlighet
immatur|e [,imə'tjuə] omogen, ej fullvuxen **-ity** [,imə'tjuəriti] omogenhet
immeasurable [i'meʒ(ə)rəbl] omätbar, oändlig
immedite [i'mi:djət] omedelbar **-ly** [-li] omedelbart, genast
immemorial [,imi'mɔ:riəl] urminnes
immens|e [i'mens] **1** ofantlig **2** *sl.* utmärkt, prima **-ely** [-li] *adv* ofantligt; *I liked him ~* jag tyckte kolossalt mycket om honom **-ity** [-iti] oändlighet **-urable** [-nʃərəbl] omätbar

immers|e [i'mə:s] sänka, doppa; *~d in* fördjupad i; upp över öronen **-ion** [-ə:ʃ(ə)n] **1** nedsänkning; dop **2** fördjupande; *~ heater* doppvärmare
immigra|nt ['imigr(ə)nt] **I** *s* immigrant, invandrare **II** *a* immigrerande **-te** [-reit] immigrera **-tion** [,imi'greiʃ(ə)n] immigration, invandring
imminen|ce ['iminəns] överhängande fara **-t** hotande; nära förestående
immitigable [i'mitigəbl] oblidkelig; som ej kan lindras
immobil|e [i'məubail] orörlig **-ity** [,imə(u)-'biliti] orörlighet **-ization** [i,məubilai'zeiʃ(ə)n] fixering; immobilisering; bindning **-ize** [-bilaiz] göra orörlig; immobilisera (trupper); binda (kapital)
immoderat|e [i'mɔd(ə)rit] omättlig, överdriven **-ion** ['i,mɔdə'reiʃ(ə)n] omåttlighet, överdrift
immodest [i'mɔdist] **1** oförskämd, oblyg **2** oanständig **-y** [-i] **1** oförskämdhet, oblyghet **2** oanständighet
immolat|e ['imə(u)leit] offra **-ion** [,imə(u)-'leiʃ(ə)n] offrande, offer
immoral [i'mɔr(ə)l] **1** omoralisk **2** osedlig, sedeslös **-ity** [,imə'ræliti] **1** omoraliskhet **2** osedlighet, sedeslöshet
immortal [i'mɔ:tl] **I** *a* odödlig; *fam.* outslitlig **II** *s* odödlig (person, gud etc.) **-ity** [,imɔ:'tæliti] odödlighet **-ization** [i,mɔ:təlai'zeiʃ(ə)n] förevigande
immortelle [i,imɔ:'tel] evighetsblomma
immovab|ility [i,mu:və'biliti] orörlighet, orubblighet **-le** [i'mu:vəbl] **I** *a* orörlig; orubblig; obeveklig **II** *s pl,* ~*s* fast egendom
immun|e [i'mju:n] immun (*from, against, to* mot, för) **-ity** [-iti] **1** immunitet **2** befrielse **-ization** [,imju(:)nai'zeiʃ(ə)n] immunisering **-ize** ['imju(:)naiz] göra immun, vaccinera
immure [i'mjuə] inspärra **-ment** [-mənt] inspärrning
immutab|ility [i,mju:tə'biliti] oföränderlighet **-le** [i'mju:təbl] oföränderlig
imp [imp] satunge; smådjävul
impact I *s* ['impækt] **1** slag; stöt; anslag (om projektil etc.); nedslag **2** inflytande, effekt **II** *v* [im'pækt] pressa samman
impair [im'pɛə] skada, försämra, -svaga **-ment** [-ment] skada, försämring, försvagning
impalpab|ility [im,pælpə'biliti] opåtaglighet **-le** [-'pælpəbl] som ej kan kännas; ej påtaglig; svår att uppfatta
imparity [im'pæriti] olikhet
impart [im'pɑ:t] **1** meddela; förläna **2** omtala, vidarebefordra **-ation** [,impɑ:'teiʃ(ə)n] meddelelse; förläning; vidarebefordran
impartial [im'pɑ:ʃ(ə)l] opartisk, oväldig **-ity** ['impɑ:ʃi'æliti] opartiskhet, oväld
impartment [im'pɑ:tmənt] meddelande
impassab|ility [im,pɑ:sə'biliti] oframkomlighet **-le** [im'pɑ:səbl] **1** ofarbar, oframkomlig **2** oöverstiglig, oöverkomlig
impassion [im'pæʃ(ə)n] egga **-ed** [-d] lidelsefull
impassiv|e [im'pæsiv] känslolös; som står över lidande; okänslig **-ity** [,impæ'siviti] känslolöshet; okänslighet; orörlighet
impatien|ce [im'peiʃ(ə)ns] otålighet **-t** otålig, ivrig; längtande; *I'm ~ of all this* jag kan inte med allt det här

impeach [im'pi:tʃ] **1** anklaga (för högförräderi) **2** dra i tvivelsmål, ifrågasätta; förklena; tadla **-able** [-əbl] som kan ifrågasättas (anklagas etc.) **-ment** [-mənt] anklagelse

impeccab|ility [im,pekə'biliti] felfrihet **-le** [im'pekəbl] utan fel, oklanderlig

imped|e [im'pi:d] hindra **-iment** [-'pedimənt] hinder; ~ *in one's speech* talfel; *pl*, ~*s*, ~*a* [im,pedi'mentə] lägertross **-imental** [-,pedi-'ment(ə)l] som utgör hinder

impel [im'pel] driva, tvinga, egga **-lent** [-ənt] **I** *a* driv- **II** *s* drivkraft

impend [im'pend] vara förestående; hota; ~ *over* hänga över **-ence** [-əns] **-ency** [-ənsi] hotande närhet **-ent** [-ənt] **1** hängande (*over* över) **2** överhängande, hotande; nära förestående

impenetra|ble [im'penitrəbl] ogenomtränglig; obegriplig **-te** [-reit] tränga djupt in i

imperativ|al [im,perə'taiv(ə)l] bjudande **-e** [-'perətiv] **I** *a* bjudande, nödvändig; obligatorisk **II** *s* = ~ *mood* imperativ (*gram*.)

imperator [,impə'rɑ:tɔ:] imperator, kejsare **-ial** [im,perə'tɔ:riəl] imperatorisk; kejserlig

imperceptible [,impə'septəbl] omärklig

imperfect [im'pə:fikt] **I** *a* ofullkomlig; ofullständig **II** *s*, *gram*. imperfektum **-ion** [,impə-'fekʃ(ə)n] ofullkomlighet; ofullständighet; fel

imperial [im'piəriəl] **I** *a* kejserlig, kejsar-; riks-; ~ *city* rikshuvudstad **II** *s* **1** pipskägg **2** imperialformat **3** ryskt mynt **-ism** [-iz(ə)m] **1** kejsarstyre **2** imperialism **-ist** **1** imperialist **2** kejsaranhängare **-istic** [-,piəriə'listik] imperialistisk

imperil [im'peril] bringa i fara

imperious [im'piəriəs] **1** diktatorisk, befallande **2** tvingande

imperishab|ility [im,periʃə'biliti] oförgänglighet **-le** [-'periʃəbl] oförgänglig

imperium [im'piəriəm] absolut makt

impermeab|ility [im,pə:mjə'biliti] ogenomtränglighet **-le** [-'pə:mjəbl] ogenomtränglig

impermissible [,impə(:)'misəbl] otillåtlig

impersonal [im'pə:snl] opersonlig **-ity** [-,pə:-sə'næliti] opersonlighet

impersonat|e [im'pə:səneit] personifiera; framställa, tolka **-ion** [-,pə:sə'neiʃ(ə)n] personifiering; framställning (av roll) **-or** [-ə] framställare (av roll), uttolkare

impertinen|ce [im'pə:tinəns] **-cy** [-si] **1** näsvishet, påflugenhet; oförskämdhet **2** ngt ovidkommande; obetydlighet **-t1** näsvis; påträngande **2** som ej hör till saken, oväsentlig

imperturbab|ility ['impə(:),tə:bə'biliti] orubblighet, [själs]lugn **-le** [,impə(:)'tə:bəbl] orubblig[t lugn]

impervious [im'pə:vjəs] ogenomtränglig; *fig*. oemottaglig (*to* för)

impetu|osity [im,petju'ɔsiti] häftighet, häftig framfart **-ous** [-'petjuəs] häftig; impulsiv **-s** ['impitəs] rörelseenergi; fart, levande kraft

impiety [im'paiəti] **1** gudlöshet **2** pliktförgätenhet

impinge [im'pin(d)ʒ] slå, stöta (*against*, [*up*]*on* mot); kollidera; göra intrång på **-ment** [-mənt] stöt; intrång

impious ['impiəs] gudlös, ogudaktig; profan

impish [impiʃ] okynnig, rackar-

implacab|ility [im,plækə'biliti] oförsonlighet **-le** [-'plækəbl] oförsonlig, obeveklig

implant [im'plɑ:nt] plantera; inpränta

implement I *s* ['implimənt] **1** tillbehör **2** verktyg, redskap **3** *Sk*. *jur*. fullgörande **II** *v* ['impliment] **1** *Sk*. fullgöra (plan) **2** följa (kontrakt) **3** genomföra **4** utrusta, förse med verktyg **-ation** [,implimen'teiʃ(ə)n] genomförande

implicat|e **I** *s* ['implikit] innebörd **II** *v* ['implikeit] innebära; inbegripa; inblanda (*in* i) **-ion** [,impli'keiʃ(ə)n] innebörd, slutsats; *by* ~ underförstått **-ive** [im'plikətiv] inbegripande

implicit [im'plisit] inbegripen; underförstådd; obetingad

impliedly [im'plaiidli] underförstått

implore [im'plɔ:] bönfalla

imply [im'plai] innebära; betyda; låta förstå

impolite [,impə'lait] oartig, ohövlig

impolitic [im'pɔlitik] oförståndig, mindre väl betänkt

imponderab|ility [im,pɔnd(ə)rə'biliti] omätbarhet, ovägbarhet **-le** [-'pɔnd(ə)rəbl] ovägbar; *fig*. som inte kan [upp]skattas **-les** [-'pɔnd(ə)rəblz] ting som inte kan [upp]-skattas

imponent [im'pəunənt] *a* uppfordrande

import I *s* ['impɔ:t] **1** import **2** innebörd **3** vikt, betydelse; ~*s* importvaror **II** *v* [im'pɔ:t] **1** importera **2** innebära **3** vara av vikt för **-able** [-'pɔ:təbl] som går att importera **-ance** [-'pɔ:t(ə)ns] vikt, betydelse **-ant** [-'pɔ:t(ə)nt] viktig, betydelsefull **-ation** [,impɔ:'teiʃ(ə)n] import, införsel **-er** [-'pɔ:tə] importör

importun|ate [im'pɔ:tjunit] besvärlig, enträgen **-e** [-u:n] besvära, vara (alltför) enträgen **-ity** [,impɔ:'tju:niti] efterhängsenhet

impos|e [im'pəuz] **1** (~ *upon*) pålägga, påbörda **2** imponera (*on* på) **3** (~ *upon*) föra bakom ljuset **4** pracka på **5** ~ *on* dra fördel av **6** *boktr*. skjuta ut **-ing** [-iŋ] **1** imponerande **2** bestämd **3** bedräglig **-ition** [,impə'ziʃ(ə)n] **1** handpåläggning **2** påbud; pålaga **3** bedrägeri **4** *boktr*. utskjutning

impossib|ility [im,pɔsə'biliti] omöjlighet **-le** [-'pɔsəbl] omöjlig

impost|or [im'pɔstə] bedragare **-ure** [-tʃə] bedrägeri

impoten|ce ['impət(ə)ns] **-cy** [-si] maktlöshet; oförmåga, impotens **-t** maktlös, impotent

impound [im'paund] **1** instänga **2** konfiskera

impoverish [im'pɔv(ə)riʃ] utarma; suga ut (jord) **-ment** [-mənt] utarmning; utsugning (av jord)

impracticab|ility [im,præktikə'biliti] **1** outförbarhet **2** oframkomlighet **-le** [-'præktikəbl] **1** outförbar **2** ohanterlig **3** oframkomlig

impractical [im'præktik(ə)l] opraktisk

imprecat|e ['imprikeit] nedkalla (*on* över) **-ion** [,impri'keiʃ(ə)n] förbannelse **-ory** [-əri] förbannelse-

impregnab|ility [im,pregnə'biliti] ointaglighet **-le** [-'pregnəbl] ointaglig, oövervinnelig; *fig*. obestridlig

impregnat|e I *v* ['impregneit] befrukta; impregnera, genomdränka **II** *a* [im'pregnit] uppfylld (*with* av) **-ion** [,impreg'neiʃ(ə)n] befruktning; impregnering

impress I *v* [im'pres] **1** stämpla, prägla **2** inskärpa **3** imponera på **4** tvångsutskriva **II** *s* ['impres] **1** stämpel, prägel, avtryck **2** tvångsutskrivning **-ibility** [-,presi'biliti] mottaglighet för intryck **-ible** [-'presəbl] lättpåverkad

impression [im'preʃ(ə)n] **1** intryck; avtryck

2 upplaga, tryckning **-able** [-ʃnəbl] lättpåverkad
impressive [im'presiv] imponerande
imprint I v [im'print] stämpla; inpränta **II** s ['imprint] stämpling[smärke]; angivande av utgivare, tryckort o. tryckår i bok
imprison [im'prizn] sätta i fängelse **-ment** [-mənt] fångenskap
improbab|ility [im,prɔbə'biliti] osannolikhet **-le** [-'prɔbəbl] otrolig, osannolik
improbity [im'prɔubiti] oredlighet
impromptu [im'prɔm(p)tju:] **I** a oförberedd **II** s improvisation; impromptu
improper [im'prɔpə] **1** oriktig, oegentlig **2** otjänlig **3** oanständig; ~ fraction oegentligt bråk
impropriat|e I v [im'prəuprieit] sekularisera **II** a [im'prəupriit] tillkommande lekmän (om kyrkliga inkomster) **-ion** [-,prəupri'eiʃ(ə)n] **1** sekularisering **2** sekulariserad egendom
impropriety [,imprə'praiəti] **1** oriktighet, oegentlighet **2** olämplighet **3** oanständighet
improv|ability [im,pru:və'biliti] **1** förbättringsbarhet, utvecklingsförmåga **-able** [-'pru:vəbl] **1** möjlig att förbättra **2** odlingsbar (jord) **-e** [-'pru:v] **1** förbättra, utveckla, höja **2** utnyttja; ~ [up]on förbättra, göra bättre **-ement** [-'pru:vmənt] **1** förbättring **2** utnyttjande **3** högre bud **-ing** [-'pru:viŋ] äv. läraktig
improviden|ce [im'prɔvid(ə)ns] brist på förutseende **-t** oförutseende; slösaktig
improvis|ation [,imprəvai'zeiʃ(ə)n] improvisation **-ator** [im'prɔvəzeitə] improvisatör **-e** ['imprəvaiz] improvisera **-er** ['imprəvaizə] improvisatör
imprudent [im'pru:d(ə)nt] oklok, oförsiktig
impuden|ce ['impjud(ə)ns] fräckhet, oförskämdhet **-t** fräck, oförskämd
impugn [im'pju:n] motsäga, bestrida **-able** [-əbl] som kan bestridas
impuissan|ce [im'pju(:)isns] maktlöshet, svaghet **-t** maktlös; svag
impuls|e ['impʌls] stöt; impuls, eggelse **-e- -buying** [-,baiiŋ] impulsköp **-ion** [im'pʌlʃ(ə)n] tryck, pådrivning **-ive** [im'pʌlsiv] pådrivande; impulsiv
impunity [im'pju:niti] straffrihet; with ~ ostraffat
impur|e [im'pjuə] oren; okysk **-ity** [-uriti] orenhet, förorening; okyskhet
imput|able [im'pju:təbl] som kan tillskrivas (läggas till last) **-ation** [,impju:(:)'teiʃ(ə)n] anklagelse **-e** tillskriva, tillvita
in [in] **I** prep o. adv i, på; om, under, med, av, vid; 10 ~ 100 10 på 100; ~ my opinion enligt min åsikt; ~ good health vid god hälsa; ~ doing so, he ... i o. med att han gjorde det ...; you are not ~ with him du kommer inte överens med honom; he has it ~ him det ligger i hans natur; they are ~ de sitter i regeringen; kricket. de har skickats in för att slå; all ~ slutkörd, dödstrött; ~ between emellan; you are ~ for it du är illa ute; be ~ for a situation konkurrera om en plats; pay ~ cash betala kontant; ~ honour of till ära för; ~ quest of på jakt efter; ~ the daytime på dagen; ~ a week om en vecka; the latest things ~ modern warfare det nyaste när det gäller modern krigföring; he is not ~ it han har inte med saken att göra; trust ~ lita på; rejoice ~ glädja sig åt; be ~ office a bekläda ett ämbete b vara medlem av regeringen

II s regeringsparti; ~s and outs a regeringen o. oppositionen; spelande o. icke spelande lag b alla vinklar o. vrår **III** a på modet, "inne"; these things are ~ now de här sakerna är på modet nu;
inability [,inə'biliti] oduglighet, oförmåga
inaccessib|ility ['inæk,sesə'biliti] otillgänglighet **-le** [,inæk'sesəbl] otillgänglig, oåtkomlig
inaccura|cy [in'ækjurəsi] bristande noggrannhet, felaktighet **-te** [-rit] felaktig, oriktig
inaction [in'ækʃ(ə)n] overksamhet, tröghet
inactiv|e [in'æktiv] overksam, slö **-ity** [,inæk-'tiviti] overksamhet
inadequate [in'ædikwit] otillräcklig; inadekvat; ofullständig
inadverten|ce [,inəd'və:t(ə)ns] **-cy** [-si] **1** ouppmärksamhet **2** förbiseende **-t 1** ouppmärksam **2** oavsiktlig
inadvisable [,inəd'vaizəbl] inte tillrådlig, oklok
inalienab|ility [in,eiljənə'biliti] oförytterlighet **-le** [-'eiljənəbl] omistlig; oförytterlig
inan|e [i'nein] **I** a tom; idiotisk; andefattig; meningslös **II** s the ~ tomma rymden **-imate** [in'ænimit] livlös; trög **-imation** [in,æni'-'meiʃ(ə)n] tomhet; utmattning **-ity** [i'næniti] tomhet; meningslöshet; andefattighet
inapplicable [in'æplikəbl] oanvändbar, ej tillämplig
inapprecia|ble [,inə'pri:ʃəbl] mycket liten, oväsentlig **-tion** [,inə,pri:ʃi'eiʃ(ə)n] låg uppskattning **-tive** [,inə'pri:ʃjətiv] ej uppskattande, oförstående
inappropriate [,inə'prəupriit] olämplig; som ej hör till saken
inapt [in'æpt] olämplig; oskicklig; oduglig **-itude** [-itju:d] olämplighet; oskicklighet, oduglighet
inarticulate [,inɑ:'tikjulit] **1** oledad **2** oartikulerad, oförståelig, otydlig **3** stum, mållös
inart|ificial [,inɑ:ti'fiʃ(ə)l] **1** naturlig, okonstlad **2** okonstnärlig **-istic** [,inɑ:'tistik] okonstnärlig
inasmuch [inəz'mʌtʃ] adv, ~ as eftersom; såtillvida som
inattentive [,inə'tentiv] ouppmärksam
inaudible [in'ɔ:dəbl] ohörbar
inaugura|l [i'nɔ:gjur(ə)l] **I** a nvignings- **II** s, A. invigningstal **-te** [-reit] installera; inviga; öppna **-tion** [i,nɔ:gju'reiʃ(ə)n] installation **-tory** [-reit(ə)ri] se inaugural I
inauspicious [,inɔ:s'piʃəs] olycksbådande; ogynnsam
inborn ['in'bɔ:n] inneboende, medfödd
inbred ['in'bred] medfödd
inbreeding ['inbri:diŋ] inavel
Inca ['iŋkə] hist. Inka
incalculable [in'kælkjuləbl] o[be]räknelig
incandesce [,inkæn'des] [få att] glöda **-nce** [-ns] glödning; glödhetta **-nt** glödande; ~ lamp glödlampa
incantation [,inkæn'teiʃ(ə)n] besvärjelse; trollformel
incapable [in'keipəbl] oförmögen; inte i stånd; inkompetent, obehörig; he is ~ of hurting a fly han skulle inte kunna göra en fluga förnär; drunk and ~ full o. oregerlig
incapacit|ate [,inkə'pæsiteit] göra oförmögen **-y** [-i] oförmåga, inkompetens
incarcerat|e [in'kɑ:səreit] inspärra **-ion** [-,kɑ:-sə'reiʃ(ə)n] inspärrning
incarnat|e I a [in'kɑ:nit] förkroppsligad; in-

biten, inpiskad **II** *v* ['inkɑːneit] förkroppsliga; levandegöra **-ion** [ˌinkɑːˈneiʃ(ə)n] inkarnation, förkroppsligande

incendiar|ism [in'sendjəriz(ə)m] mordbrand; uppviglande **-y** [-i] **I** *s* pyroman; brandbomb; uppviglare **II** *a* mordbrands-; uppviglande, upphetsande **1 incense** [in'sens] reta upp

2 incens|e ['insens] **I** *v* tända rökelse för **II** *s* rökelse **-ory** [-əri] rökelsekar

incentive [in'sentiv] **I** *a* eggande **II** *s* eggelse; motiv

incept [in'sept] **1** promoveras **2** uppta **-ion** [-pʃ(ə)n] början **-ive** [-iv] påbörjande; ~ *verb* inkoativt verb

incertitude [in'səːtitjuːd] osäkerhet

incessan|cy [in'sesnsi] kontinuitet **-t** oavbruten, oupphörlig

incest ['insest] incest, blodskam **-uous** [in'sestjuəs] incestuös

inch [in(t)ʃ] **I** *s* **1** tum = 2,54 cm **2** *Sk.* holme, liten ö; *by* ~*es* så småningom; *give him an* ~ *and he will take an ell* räck honom ett finger så tar han hela handen; *beat a man within an* ~ *of his life* slå någon nästan till döds; *he is every* ~ *a dandy* han är snobb i varje tum; *a man of your* ~*es* en man av din längd **II** *v* flytta [sig] mycket långsamt **-meal** tum för tum, i små tag

inchoat|e ['inkəueit] **I** *a* bara påbörjad, outvecklad **II** *v* påbörja **-ion** [ˌinkəu'eiʃ(ə)n] början **-ive** [-iv] börjande, begynnelse-

inch-rule ['in(t)ʃruːl] tumstock

inciden|ce ['insid(ə)ns] frekvens; fallande, omfattning; räckvidd **-t I** *s* **1** händelse, tilldragelse, episod **2** rättigheter, skyldigheter förbundna med fast egendom **II** *a* tillhörande; infallande (ljus); ~ *to* förbunden med **-tal** [ˌinsi'dentl] tillfällig; av underordnad betydelse; ~ *to* förbunden med; ~ [*up*]*on* som vanligen åtföljer **-tally** [ˌinsi'dentli] tillfälligtvis, i förbigående, [helt] apropå, inom parentes

incinerat|e [in'sinəreit] förbränna, bränna till aska **-ion** [-ˌsinə'reiʃ(ə)n] *A.* el ̩begängelse **-or** [-ə] förbränningsugn

incipien|ce [in'sipiəns] **-cy** [-si] början **-t** begynnelse-

incis|e [in'saiz] inskära, inrista, gravera **-ion** [-'siʒ(ə)n] inskärning, snitt **-ive** [-siv] inskärande; skarp **-or** [-ə] skärtand, framtand

incite [in'sait] sporra, egga

inclement [in'klemənt] hård, bister (om väder)

inclin|able [in'klainəbl] benägen, böjd **-ation** [ˌinkli'neiʃ(ə)n] **1** böjelse, benägenhet **2** lutning, inklination **3** *mil.* målvinkel **-e** [-n] **I** *v* luta; göra (vara) benägen; ~*d a* lutande **b** benägen **II** *s* lutande plan; stigning

inclu|de [in'kluːd] innesluta, omfatta; räkna med; *everything* ~*d, including everything* inklusive allt **-sion** [-ʒ(ə)n] *s* inbegripande; medräknade **-sive** [-siv] omfattande, inklusive; *be* ~ *of* inkludera; ~ *terms* fastställt pris (på hotell) med allt inberäknat

incognito [in'kɔgnitəu] inkognito, under antaget namn

incoheren|ce [ˌinkə(u)'hiər(ə)ns], **-cy** [-si] brist på sammanhang **-t** osammanhängande *be* ~ yra, fantisera

incohesive [ˌinkə(u)'hiːsiv] osammanhängande

incom|e ['inkʌm] inkomst[er]; ~ *tax* inkomst-

skatt; ~ *tax return* självdeklaration **-er** ['inˌkʌmə] en som kommer in; immigrant; inkräktare; efterträdare **-ing** ['inˌkʌmiŋ] **I** *s* ankomst; ~*s* inkomster **II** *a* inkommande; inflytande; efterträdande

incommensur|ability ['inkəˌmenʃ(ə)rə'biliti] inkommensurabilitet **-able** [ˌinkə'menʃ(ə)rəbl] inkommensurabel, ojämförbar **-ate** [ˌinkə-'menʃ(ə)rit] **1** ej motsvarande (*with, to*) **2** = *incommensurable*

incommod|e [ˌinkə'məud] besvära **-ious** [-jəs] besvärlig

incommutable [ˌinkə'mjuːtəbl] oföränderlig

incomparable [in'kɔmp(ə)rəbl] ojämförlig

incompatib|ility ['inkəmˌpætə'biliti] oförenlighet **-le** [ˌinkəm'pætəbl] oförenlig

incompeten|ce [in'kɔmpit(ə)ns] **-cy** [-si] inkompetens, oförmåga; *i ur.* obehörighet **-t** inkompetent, oförmögen, oduglig; obefogad *jur.* obehörig

incomplete [ˌinkəm'pliːt] ofullständig

incomprehensib|ility [in,kɔmprihensə'biliti] obegriplighet **-le** [-,kɔmpri'hensəbl] obegriplig

inconceivab|ility ['inkənˌsiːvə'biliti] ofattbarhet **-le** [ˌinkən'siːvəbl] obegriplig, ofattbar

inconclusive [ˌinkən'kluːsiv] ej slutgiltig, ej övertygande

incongru|ity [ˌinkɔŋ'gru(ː)iti] oförenlighet; motsägelse, orimlighet **-ous** [in'kɔŋgruəs] oförenlig, omaka (*with* med); motsägande; orimlig, absurd

inconsecutive [ˌinkən'sekjutiv] ej följdriktig

inconsequen|ce [in'kɔnsikwəns] inkonsekvens, ologiskhet **-t, -tial** [-ˌkɔnsi'kwenʃ(ə)l] inkonsekvent, ej följdriktig; osammanhängande

inconsiderable [ˌinkən'sid(ə)rəbl] obetydlig

inconsiderat|e [ˌinkən'sid(ə)rit] hänsynslös; obetänksam **-eness** [-nis], **-ion** ['inkənˌsidə-'reiʃ(ə)n] obetänksamhet

inconsisten|cy [ˌinkən'sist(ə)nsi] oförenlighet; inkonsekvens; ombytlighet **-t** oförenlig, motstridig, inkonsekvent; ombytlig, ostadig

inconspicuous [ˌinkən'spikjuəs] som ej faller i ögonen, omärklig, oansenlig

inconstan|cy [in'kɔnst(ə)nsi] ombytlighet **-t** föränderlig, ombytlig

incontestable [ˌinkən'testəbl] obestridlig

incontinen|ce [in'kɔntinəns] brist på självbehärskning; liderlighet; *med.* inkontinens **-t** utan självbehärskning, oåterhållsam **-tly** [-tli] omedelbart

inconvenien|ce [ˌinkən'viːnjəns] **I** *s* obekvämlighet; besvär **II** *v* förorsaka besvär **-t** oläglig, besvärlig

inconvertib|ility ['inkənˌvəːtə'biliti] utan konvertibilitet **-le** [ˌinkən'vəːtəbl] oföränderlig; som ej går att byta ut; ej växlingsbar

inconvincible [ˌinkən'vinsəbl] som ej går att övertyga

incorporat|e I *a* [in'kɔːp(ə)rit] **1** ansluten t. *corporation* **II** *v* [in'kɔːpəreit] **1** förena, införliva **2** inkorporera **3** *A.* bilda bolag; ~*d company* aktiebolag (*A.*) **-ion** [inˌkɔːpə'reiʃ(ə)n] **1** införlivande **2** (innerlig) förening **3** inkorporering; upptagande i (konstituerande såsom) en *corporation* **4** korporation, kår **-or** [in'kɔː-pəreitə] medlem i korporation

incorrect [ˌinkə'rekt] felaktig

incorrigible [in'kɔridʒəbl] oförbätterlig

increas|e I *v* [in'kriːs] öka[s], tillväxa; tillta, stiga, förstärka **II** *s* ['inkriːs] tillväxt, ökning,

höjning; *be on the* ~ vara i tilltagande **-ingly**
[in'kri:siŋli] mer o. mer, allt [mer]
incredible [in'kredəbl] otrolig
incredulous [in'kredjuləs] tvivlande, skeptisk
increment ['inkrimənt] **1** tillväxt; höjning (av
lön) **2** differential
incriminat|e [in'krimineit] anklaga (för brott);
inveckla ngn i en anklagelse **-ion** [in‚krimi-
'neiʃ(ə)n] anklagelse **-ory** [-nət(ə)ri] ankla-
gelse-
incubat|e ['inkjubeit] kläcka **-ion** [‚inkju-
'beiʃ(ə)n] inkubation **-ive** [-iv] inkubations-
-or [-ə] kläckningsmaskin; kuvös
inculcat|e ['inkʌlkeit] inpränta **-ion** [‚inkʌl-
'keiʃ(ə)n] *s* inskärpande
inculpat|e ['inkʌlpeit] anklaga; inveckla ngn
i en anklagelse **-ion** [‚inkʌl'peiʃ(ə)n] anklagelse
beskyllning
incumben|cy [in'kʌmbənsi] innehav av bene-
ficum (inkomst från kyrkojord) **-t** *I a* lig-
gande, vilande; åliggande (*on* på); *it is* ~ *on*
me det åligger mig **II** *s* innehavare av kyrkligt
ämbete
incumber *se* encumber
incur [in'kə:] ådra sig, utsätta sig för
incurable [in'kjuərəbl] obotlig
incurious [in'kjuəriəs] ej nyfiken; likgiltig;
not ~ ej helt ointressant
incursi|on [in'kə:ʃ(ə)n] fientligt infall, oväntat
anfall **-ve** [-ə:siv] infallande; anfalls-, inva-
sions-
incuse [in'kju:z] **I** *s* prägel (på mynt) **II** *a* präg-
lad **III** *v* prägla
indebted [in'detid] skyldig, skuldsatt; tack
skyldig **-ness** [-nis] skuld[er]; tacksamhets-
skuld
indecen|cy [in'di:snsi] oanständighet **-t** opas-
sande, oanständig; ~ *assault* våldtäkt
indecisi|on [‚indi'siʒ(ə)n] obeslutsamhet **-ve**
[‚indi'saisiv] ej bestämd, oavgjord; obeslutsam
indeclinable [‚indi'klainəbl] oböjlig
indecor|ous [in'dekərəs] opassande, otillbör-
lig **-um** [‚indi'kɔ:rəm] opassande beteende
indeed [in'di:d] verkligen, minsann, faktiskt;
thank you very much ~ tack så väldigt mycket
indefatigable [‚indi'fætigəbl] oförtröttlig
indefinite [in'definit] obestämd; obegränsad
indelible [in'delibl] outplånlig
indelica|cy [in'delikəsi] ogrannlagenhet, takt-
löshet **-te** [-kit] ogrannlaga, ofin[känslig],
taktlös
indemni|fication [in‚demnifi'keiʃ(ə)n] gott-
görelse, skadeersättning **-fy** [-'demnifai] gott-
göra, hålla skadeslös; skydda **-ty** [-'demniti]
se indemnification
indent I *v* [in'dent] **1** tanda, göra snitt i kant
2 göra kopia på **3** beställa (varor) **4** *boktr.* göra
indrag **5** trycka in; göra märke i **II** *s* ['indent]
1 inskärning **2** rekvisition (av varor, soldater)
3 märke (efter slag, tryck etc.) **4** *se indenture*
indenture [in'dentʃə] **I** *s* lärlingskontrakt **II**
v ta emot som lärling; ~*d labour* kontrakts-
bundet arbete
independen|ce [‚indi'pendəns] **1** oavhängig-
het, oberoende **2** förmögenhet; *I* ~ *Day* 4 juli
(*A.*) **-cy** [-si] kyrkligt självstyre **2** oavhängigt
tillstånd **-t I** *a* oavhängig, oberoende; som
strävar efter kyrkligt självstyre **II** *s* partilös
person; *I* ~ independent
indescribable [‚indis'kraibəbl] obeskrivlig
indestructib|ility ['indis‚trʌktə'biliti] oför-
störbarhet **-le** [‚indis'trʌktəbl] oförstörbar

indeterminat|e [‚indi'tə:m(i)nit] vag, tvivel-
aktig **-ion** ['indi‚tə:mi'neiʃ(ə)n] villrådighet
index ['indeks] **I** *s* **1** pekfinger; visare (på in-
strument); ledtråd; alfabetiskt register; *mat.*
exponent **2** *sl.* näsa; *the I* ~ index (av påven
förbjudna böcker) **II** *v* förse med visare
(register etc.); sätta bok på index (jfr *I, ex.*)
--finger [-‚fingə] pekfinger
India ['indjə] Indien; ~ *ink* tusch; ~ *paper*
kinesiskt rispapper **-man** [-mən] ostindiefa-
rare **-n** *I a* **1** indisk **2** indiansk; ~ *club* klubba
(*sport.*); ~ *corn* majs; ~ *file, se file*; ~ *oak*
teakträ; *the* ~ *Ocean* Indiska oceanen; ~
summer brittsommar; ~ *weed* tobak **II** *s* **1**
indian (*vanl. Red* ~) **2** indier **3** europé som
bott i Indien **-na** [‚indi'ænə] delstat i USA **i-**
-rubber ['indjə'rʌbə] radergummi, kaut-
schuk
indica|nt ['indikənt] *a* angivande **-te** [-keit]
ange; antyda; visa på **-tion** [‚indi'keiʃ(ə)n] an-
givande; symtom; *the* ~*s are that* allt pekar
på att, det ser ut som **-tive** [in'dikətiv] anty-
dande, som vittnar om; *be* ~ *of* tyda på **-tor**
[-keitə] mätare; anslagstavla **-ory** [in'dikət(ə)-
ri] *a* angivande
indict [in'dait] anklaga, åtala **-able** [-əbl] åtal-
bar **-ment** [-mənt] anklagelse, åtal
Indies ['indiz] *the* ~ Ostindien
indifferent [in'difr(ə)nt] **I** *a* **1** likgiltig **2**
oväsentlig **3** ganska dålig **II** *s* opartisk person
-ism [-iz(ə)m] opartisk inställning **-ist** person
som ej tar ställning **-ly** [-li] *äv.* utan åtskillnad;
you can use them ~ man kan använda dem
om varandra
indigence ['indidʒ(ə)ns] fattigdom
indigen|e [in'didʒi:n] inföding **-ous** [in'did-
ʒinəs] **1** infödd **2** medfödd
indigent ['indidʒ(ə)nt] behövande, fattig
indigest|ed [‚indi'dʒestid] oförberedd; omo-
gen; rörig; osmält **-ible** [-əbl] svårsmält **-ion**
[-tʃ(ə)n] dålig matsmältning **-ive** [-tiv] som
lider av (ger) dålig matsmältning
indign|ant [in'dignənt] förargad, indignerad
-ation [‚indig'neiʃ(ə)n] förtrytelse, indigna-
tion; ~ *meeting* protestmöte **-ity** [-iti] ovärdig
behandling, skymf
indigo ['indigəu] *s* o. *a* indigo[blå]
indirect [‚indi'rekt] **1** indirekt, medelbar **2**
lömsk **-ion** [-kʃ(ə)n] omväg; lömskhet
indiscernible [‚indi'sə:nəbl] omärkbar; ej
särskiljbar
indiscre|et [‚indis'kri:t] **1** taktlös, indiskret **2**
obetänksam, oförsiktig, tanklös **-tion** [‚indis-
'kreʃ(ə)n] **1** indiskretion **2** oförsiktighet, obe-
tänksamhet, tanklöshet; *years of* ~ tjuvpojks-
år
indiscriminat|e [‚indis'kriminit] utan åtskill-
nad; kritik-; omdömeslös **-ion** ['indis‚krimi-
'neiʃ(ə)n] omdömeslöshet
indispensable [‚indis'pensəbl] nödvändig;
oumbärlig
indispos|e [‚indis'pəuz] **1** göra oduglig **2** göra
ogynnsamt stämd (*to, towards* mot); ~*d a*
indisponerad, ej frisk **b** ohågad **c** ogynnsamt
stämd **-ition** [‚indispə'ziʃ(ə)n] **1** obenägenhet
2 avoghet **3** indisposition, opasslighet
indistinct [‚indis'tin(k)t] otydlig **-ive** [-iv] ej
åtskiljande
indistinguishable [‚indis'tingwiʃəbl] som ej
kan urskiljas (sär-, åtskiljas)
individual [‚indi'vidjuəl] **I** *a* individuell, per-
sonlig; egenartad **II** *s* individ, person **-ism**

[-iz(ə)m] individualism **-ist I** s individualist
II a = **-istic** [,indi,vidjuə'listik] individualis-
tisk **-ity** [,indi,vidju'æliti] individualitet **-iza-**
-tion [,indi,vidjuəlai'zeiʃ(ə)n] individualise-
ring **-ize** [-aiz] individualisera
individuate [,indi'vidjueit] individualisera
indivisib|ility ['indi,vizi'biliti] odelbarhet **-le**
[,indi'vizəbl] odelbar
Indo ['indəu] indisk, indo- **--China** ['indəu-
'tʃainə] Bortre Indien, Indokina
indocil|e [in'dəusail]**1** oläraktig **2** motspänstig
-ity [,ində(u)'siliti] oläraktighet, tröghet
indolen|ce ['indələns] indolens, slöhet, lättja
-t indolent, slö, loj
indomitable [in'dɔmitəbl] otämjbar, oöver-
vinnelig
Indonesia [,ində(u)'ni:zjə] Indonesien **-n** in-
donesisk
indoor ['indɔ:] inomhus-; ~ games inomhus-
sporter; ~ relief fattighusvård **-s** ['in'dɔ:z]
adv inomhus
indraught ['indrɑ:ft] ström inåt; luftintag
induce [in'dju:s] förmå; medföra; dra slutsats
-ment [-mənt]**1** bevekelsegrund **2** lockbete
induct [in'dʌkt] insätta (t.ex. i ämbete), in-
stallera; införa **-ion** [-kʃ(ə)n]**1** installation **2**
anförande (av fakta) **3** induktion; ~ coil in-
duktionsspole; ~ motor asynkronmotor **-ive**
[-iv] [föran]ledande; induktiv **-or** [-ə] **1** in-
stallator **2** elektr. induktor
indulge [in'dʌldʒ] skämma bort, vara efter-
låten mot; tillfredsställa; hysa, nära (hopp); ~
in tillåta sig (njutningen av); ~ in a cigar unna
sig en cigarr; he ~s too freely han tar sig ett o.
annat glas för mycket (fam.) **-nce** [-ʒ(ə)ns] **1**
överdriven eftergivenhet **2** ynnest, gunst **3** avlat
4 skonsamhet **-nt** [-ʒ(ə)nt] (alltför) eftergiven
indurat|e ['indjuəreit] [för]härda; bli hård
-ion [,indjuə'reiʃ(ə)n] hårdnande, -het; för-
härdelse
industrial [in'dʌstriəl] **I** a industriell, industri-;
~ school (slags) yrkesskola (för barn med
anpassningssvårigheter) **II** s **1** industriman **2**
~s (pl.) industriaktier **-ism** [-iz(ə)m] indu-
strialism **-ist** industriman **-ization** [-,dʌstriə-
lai'zeiʃ(ə)n] industrialisering **-ize** [-aiz] indu-
strialisera
industr|ious [in'dʌstriəs] flitig **-y** ['indəstri] **1**
industri, näringsgren **2** flit
inebri|ant [i'ni:briənt] berusande **-ate I**
[-briit] **1** a drucken **2** s drinkare, alkoholist **II**
v [-brieit] berusa **-ation** [i,ni:bri'eiʃ(ə)n] be-
rusning **-ety** [,ini(:)'braiəti] **1** berusning **2** al-
koholism
inedib|ility [in,edi'biliti] oätlighet **-le** [-'edibl]
oätlig
ineffable [in'efəbl] outsäglig
ineffaceable [,ini'feisəbl] outplånlig
ineffect|ive [,ini'fektiv] ineffektiv, fruktlös;
oduglig **-ual** [ini'fektʃuəl] fruktlös; oduglig
inefficac|ious [,inefi'keiʃəs] gagnlös **-y** [in-
'efikəsi] frukt-, resultatlöshet
inefficien|cy [,ini'fiʃ(ə)ɩsi] ineffektivitet;
oduglighet **-t 1** ineffektiv **2** oduglig, dålig
inept [i'nept] orimlig; dum, dåraktig
inequable [in'ekwəbl] olik
inequality [,ini(:)'kwɔliti] brist på jämlikhet;
olikhet, ojämnhet; oregelbundenhet
inequit|able [in'ekwitəbl] orättvis, orättfärdig
-y [-i] orättvisa, orättfärdighet
ineradicable [,ini'rædikəbl] outrotlig, out-
plånlig

inerra|bility [in,erə'biliti] ofelbarhet **-ble**
[-'erəbl], **-nt** [-'er(ə)nt] ofelbar
inert [i'nɔ:t] trög; slö; ~ gas ädelgas **-ia** [-ə:ʃjə]
tröghet[skraft] **-ial** [-ə:ʃjəl] tröghets-; ~ navi-
gation tröghetsnavigering
inestimable [in'estiməbl] oskattbar
inevitab|ility [in,evitə'biliti] oundviklighet **-le**
[-'evitəbl] oundviklig
inexact [,inig'zækt] inexakt, otillförlitlig
-itude [-itju:d] brist på noggrannhet
inexcusable [,iniks'kju:zəbl] oursäktlig, oför-
låtlig
inexhaust|ibility ['inig,zɔ:stə'biliti] outtöm-
lighet; outtröttlighet **-ible** [,inig'zɔ:stəbl] out-
tömlig; outtröttlig
inexorab|ility [in,eks(ə)rə'biliti] obeveklighet
-le [in'eks(ə)rəbl] obeveklig
inexpectant [,iniks'pekt(ə)nt] som inte väntar
sig mycket
inexpedien|cy [,iniks'pi:djənsi] olämplighet **-t**
olämplig, ofördelaktig
inexpensive [,iniks'pensiv] billig
inexperience [,iniks'piəriəns] oerfarenhet **-d**
[-t] oerfaren
inexpert [in'ekspə:t] **I** a oövad, grön, ovan;
klumpig **II** s oövad person; klåpare
inexpiable [in'ekspiəbl] **1** ej möjlig att got-
göra **2** oförsonlig
inexplicable [in'eksplikəbl] oförklarlig
inexpressible [,iniks'presəbl] outsäglig; ~s
onämnbara, byxor (skämts.)
inexpressive [,iniks'presiv] uttryckslös
inextinguishable [,iniks'tiŋgwiʃəbl] outsläck-
lig; oförstörbar
inextricable [in'ekstrikəbl] **1** tilltrasslad **2**
ofrånkomlig
infallib|ility [in,fælə'biliti] ofelbarhet **-le** [-'fæ-
ləbl] ofelbar; osviklig
infam|ize ['infəmaiz] göra ökänd **-ous** [-əs]
1 ökänd; avskyvärd **2** ärelös, vanfrejdad (med-
borgare) **-y** [-i] skam, vanära; nidingsdåd;
jur. vanfrejd
infancy ['infənsi] **1** tidig barndom **2** jur. min-
derårighet
infant ['infənt] **I** s **1** spädbarn **2** barn under 7
år **3** minderårig; ~ prodigy underbarn **II** a
barnslig; barn- **-icide** [in'fæntisaid] barna-
mord **-ile** [-ail] barn-, barnslig; ~ paralysis
barnförlamning **-ilism** [in'fæntiliz(ə)m] in-
fantilism **-ine** [-ain] barnslig **--like** barnslig
infantry ['inf(ə)ntri] infanteri **-man** [-mən]
infanterist
infant-school ['infəntsku:l] förberedande sko-
la (5—7 år)
infatuat|e [in'fætjueit] förtrolla, bedåra; ~d,
äv. blint förälskad **-ion** [-,fætju'eiʃ(ə)n] dår-
skap; blind förälskelse
infect [in'fekt] infektera, smitta **-ion** [-kʃ(ə)n]
infektion, smitta **-ious** [-kʃəs], **-ive** [-iv]
smittosam **-ivity** [,infek'tiviti] smittsamhet
infelicit|ous [,infi'lisitəs] olycklig[t vald före-
bild, vändning etc.] **-y** [-i] olycka; olämpligt
uttryck etc.
infer [in'fɔ:] sluta sig till **2** beteckna, inne-
bära **-able** [-rəbl] möjlig att sluta sig till
-ence ['infər(ə)ns] slutsats **-ential** [,infə'ren-
ʃ(ə)l] som går att dra slutsats av
inferior [in'fiəriə] **1** a lägre; underlägsen, ring-
are; he is ~ to none han står inte tillbaka för
någon **II** s en underordnad **-ity** [-,fiəri'ɔriti]
underlägsenhet; ~ complex mindrevärdes-
komplex

infern|al [in'fɔ:nl] infernalisk, djävulsk **-o** [-əu] inferno, helvete
inferrable [in'fɔ:rəbl] = *inferable*
infertil|e [in'fɔ:tail] ofruktbar **-ity** [ˌinfɔ:'tiliti] ofruktbarhet
infest [in'fest] hemsöka **-ation** [ˌinfes'teiʃ(ə)n] hemsökelse
infidel ['infid(ə)l] otrogen (icke-kristen) **-ity** [ˌinfi'deliti] trolöshet; otro
infield ['infi:ld] odlad jord nära gård; *kricket.* del av plan nära *wicket*
infiltrat|e ['infiltreit] infiltrera, [få att] tränga in i **-ion** [ˌinfil'treiʃ(ə)n] infiltration, **-ering**; [omärkligt] inträngande
infinite ['inf(i)nit] oändlig; ofantlig; *språkv.* infinit; *the I ~* Gud; *the ~* den oändliga rymden **-simal** [ˌinf(i)ni'tesim(ə)l] oändligt liten; *~ calculus* infinitesimalkalkyl
infinitiv|al [inˌfini'taiv(ə)l] infinitiv- **-e** [-'finitiv] infinitiv
infinit|ude [in'finitju:d] **-y** [-i] oändlighet
infirm [in'fɔ:m] **1** svag **2** obeslutsam **-ary** [-əri] sjukhus; sjuksal **-ity** [-iti] svaghet; lyte; *infirmities of old age* ålderskrämpor
infix I *v* [in'fiks] fästa in; insätta, infoga; inprägla **II** *s* ['infiks] *språkv.* infix
inflam|e [in'fleim] antända; ta eld; upphetsa; förvärra **-mability** [-ˌflæmə'biliti] lättantändlighet **-mable** [-'flæməbl] **I** *a* lättantändlig **II** *s* eldfarligt ämne **-mation** [ˌinflə'meiʃ(ə)n] antändning; inflammation **-matory** [-'flæmət(ə)ri] inflammatorisk, inflammations-; upphetsande
inflat|e [in'fleit] pumpa, blåsa upp; driva upp (priser); sätta alltför många sedlar i omlopp **-ion** [-eiʃ(ə)n] uppblåsning; uppblåsthet; inflation **-ionary** [-eiʃnəri] inflationistisk, inflations-; *~ policy* inflationsfrämjande politik
inflect [in'flekt] kröka; *språkv.* böja; *mus.* höja (sänka) halvton **-ion** [-kʃ(ə)n] = *inflexion*
inflexib|ility [inˌfleksə'biliti] oböjlighet **-le** [-'fleksəbl] oböjbar, oböjlig; ståndaktig
inflexion [in'flekʃ(ə)n] krökning, böjning; böjningsform av ord, böjningselement; röstmodulation **-al** [-ʃənl] böjnings-, böjlig
inflict [in'flikt] **1** tilldela; tillfoga **2** pålägga (straff) **-ion** [-kʃ(ə)n] straff; hemsökelse
inflow ['infləu] inflöde
influen|ce ['influəns] **I** *s* **1** inflytande **2** påverkan **3** *fys.* influens; *~ mine* avståndsmina **II** *v* ha inflytande på; påverka **-t I** *a* inströmmande **II** *s* biflod **-tial** [ˌinflu'enʃ(ə)l] inflytelserik
influenza [ˌinflu'enzə] influensa
influx ['inflʌks] inströmning; tillflöde
inform [in'fɔ:m] **1** meddela **2** besjäla; *~ against* ange, anklaga; *~ of* informera om, meddela; *~ed, äv.* väl underrättad
informal [in'fɔ:ml] informell, inofficiell; enkel, anspråkslös **-ity** [ˌinfɔ:'mæliti] åsidosättande av vanliga former; enkelhet, anspråkslöshet
inform|ant [in'fɔ:mənt] sagesman **-ation** [ˌinfə'meiʃ(ə)n] information, upplysning; angivelse **-ative** [-ətiv] **-atory** [-ət(ə)ri] **1** upplysande, informativ **2** lärorik **-er** [-ə] angivare
infract [in'frækt] överträda, bryta **-ion** [-kʃ(ə)n] kränkning
infrangible [in'fræn(d)ʒibl] **1** okränkbar; ej möjlig att bryta
infra|-red ['infrə'red] infraröd **-structure[s]** [-ˌstrʌktʃə(z)] kommunikationssystem
infrequen|cy [in'fri:kwənsi] ovanlighet, säll-

synthet **-t** ej ofta förekommande, ovanlig; *not ~ly* ganska ofta
infringe [in'frin(d)ʒ] överträda, kränka; *~ [up]on* inkräkta, göra intrång (på ngns område) **-ment** [-mənt] intrång, kränkning
infuriate I *v* [in'fjuərieit] göra rasande; *be ~d* bli rasande **II** *a* [in'fjuəriit] rasande
infus|e [in'fju:z] ingjuta; inpränta; genomdränka; [låta] dra (om te) **-ible** [-əbl] osmältbar **-ion** [-u:ʒ(ə)n] ingjutande, genomträngande; infusion; tillsats
ingen|ious [in'dʒi:njəs] fyndig, sinnrik **-uity** [ˌin(d)ʒi'nju(:)'iti] fyndighet, påhittighet **-uous** [-'dʒenjuəs] ärlig, uppriktig; okonstlad
ingle ['iŋgl] eld (på härden) **--nook** spiselvrå
inglorious [in'glɔ:riəs] **1** ej ärofull; neslig **2** okänd
ingoing ['inˌgəuiŋ] **I** *a* ingående, inkommande **II** *s* inträde
ingot ['iŋgət] tacka, stång (av metall), göt
ingrain [in'grein] genomfärgad; *~ed* djupt förankrad, inrotad
ingratiat|e [in'greiʃieit] *v, ~ o.s.* ställa sig in (*with* hos), vinna (ngns) ynnest; *an -ing smile* ett inställsamt leende
ingratitude [in'grætitju:d] otacksamhet
ingredient [in'gri:djənt] ingrediens, beståndsdel
ingress ['ingres] inträde, tillträde
inhabit [in'hæbit] bebo **-able** [-əbl] beboelig **-ance** [-(ə)ns] hemort **-ant** [-(ə)nt] invånare, bebyggare **-ation** [-ˌhæbi'teiʃ(ə)n] beboende
inhal|ation [ˌin(h)ə'leiʃ(ə)n] inandning, inhalation **-e** [in'heil] inandas, insupa, inhalera **-er** [in'heilə] inandningsapparat
inhere [in'hiə] tillhöra, utgöra viktig del av **-nce** [-r(ə)ns] *s* inneboende [egenskap] **-nt** [-r(ə)nt] inneboende; medfödd
inherit [in'herit] ärva **-ability** [-ˌheritə'biliti] ärftlighet **-able** [-əbl] ärftlig; arvsberättigad **-ance** [-(ə)ns] arv[edel] **-or** [-ə] arvtagare **-ress** [-ris] **-rix** [-riks] arvtagerska
inhibit [in'hibit] förbjuda; hämma, hindra, stå i vägen; *kat. kyrk.* suspendera **-ion** [ˌin(h)i'biʃ(ə)n] hämning **-ive** [-iv] **-ory** [-əri] förbuds-
inhospit|able [in'hɔspitəbl] **1** ogästvänlig **2** obeboelig; karg **-ality** [ˌin'hɔspi'tæliti] ogästvänlighet
inhuman [in'hju:mən] **1** omänsklig **2** som ej hör till människosläktet **-ity** [ˌinhju(:)'mæniti] omänsklighet
inhum|ation [ˌinhju(:)'meiʃ(ə)n] jordande, begravning **-e** [in'hju:m] jorda, begrava
inimical [i'nimik(ə)l] fientlig; skadlig
inimitab|ility [iˌnimitə'biliti] oefterhärmlighet **-le** [i'nimitəbl] oefterhärmlig
iniquit|ous [i'nikwitəs] orättfärdig; upprörande **-y** [-i] orättfärdighet; ogärning
initi|al [i'niʃ(ə)l] **I** *a* första, begynnelse-; *~ velocity* utgångshastighet **II** *s* begynnelsebokstav, initial **III** *v* märka med initial, parafera **-ate I** *v* [-ʃieit] påbörja; inviga; inleda **II** *s* [-ʃiit] invigd person **III** *a* [-ʃiit] invigd **-ation** [iˌniʃi'eiʃ(ə)n] invigning; begynnelse; *~ fee* inträdesavgift (*A.*) **-ative** [-ʃiətiv] **I** *s* första steg, början; initiativ[kraft]; förslagsrätt **II** *a* begynnelse-
inject [in'dʒekt] spruta in **-ion** [-kʃ(ə)n] injektion, insprutning **-or** [-ə] insprutare; injektor
injudicious [ˌin'dʒu(:)'diʃəs] oförståndig
injunct [in'dʒʌŋ(k)t] förbjuda **-ion** [-ŋ(k)ʃ(ə)n]

137

injure–insinuation

uppmaning, föreskrift, åläggande, förståndigande

injur|e ['in(d)ʒə] **1** göra orätt, kränka **2** såra **-ious** [in'dʒuəriəs] **1** ärerörig **2** skadlig **-y** [-ʒ(ə)ri] **1** oförrätt **2** skada

injustice [in'dʒʌstis] orättvisa, orättfärdighet

ink [iŋk] **I** *s* bläck **II** *v* bläcka ner

inkling ['iŋkliŋ] aning

in-kneed ['inni:d] kobent

ink|-slinger ['iŋk'sliŋə] *sl.* journalist, författare **-stand** [-stænd] bläckhorn **--well** bläckhorn **-y** [-i] bläckig; bläcksvart

inlaid ['in'leid] **I** *imperf o. perf part* av *inlay* **II** *a* genomgjuten (om matta)

inland I ['inlənd] **1** *s* inland[et] **2** *a* inlands-; ~ *postage* inrikesporto ; ~ *revenue* direkta skatter o. acciser; ~ *sea* innanhav **II** *adv* [in'lænd] inne i landet

in-law [in'lɔ:] *vanl. pl, fam.* genom giftermål erhållna släktingar

inlay I *v* ['in'lei] inlägga (t.ex. mosaik) **II** *s* ['in-lei] inlagt arbete, mosaik

inlet ['inlet] **1** ingång **2** vik, sund; ~ *valve* in-lopps- o. insugningsventil

inmate ['inmeit] intern; invånare, inneboende

inmost ['inməust] innerst; mest intim, djupast

inn [in] värdshus, gästgiveri; *I~s of Court* byggnader för 4 juristsamfund i London

innards ['inədz] *fam.* innanmäte; inälvor

innate ['ineit] medfödd, naturlig

inner ['inə] **I** *a* invändig, inre; ~ *office* privat kontor; ~ *tube* innerslang **II** *s* del av måltavla närmast prick; skott som träffar detta område **-most** [-mə(u)st] innerst

innings ['iniŋz] *kricket.* "inne"-period; *fig.* regeringsperiod; tid vid makten

innkeeper ['in,ki:pə] värdshusvärd

innocen|ce ['inəs(ə)ns] oskuld, oskuldsfullhet **-t** [-snt] **I** *a* oskyldig; oskadlig, harmlös **II** *s* oskyldig person (vanl. om småbarn); *I~s'* *Day* Menlösa barns dag

innocu|ity [inɔ'kju:iti] harmlöshet; beskedlighet **-ous** [i'nɔkjuəs] oskadlig, ofarlig (om t.ex. ormbett)

inno vat|e ['inə(u)veit] införa nyheter **-ion** [,inə(u)'veiʃ(ə)n] nyhet **-or** [-ə] en som inför nyheter; nyhetsmakare

innumerable [i'nju:m(ə)rəbl] oräknelig

inoculat|e [i'nɔkjuleit] inympa, vaccinera **-ion** [i,nɔkju'leiʃ(ə)n] [in]ympning

inoffensive [,inə'fensiv] **1** som ej väcker anstöt, oförarglig **2** oskadlig

inopportune [in'ɔpətju:n] oläglig

inordinate [i'nɔ:dinit] överdriven, omåttlig

inorganic [,inɔ:'gænik] oorganisk

inorganization [in,ɔ:gənai'zeiʃ(ə)n] bristande organisation

inornate [,inɔ:'neit] ej utsmyckad, enkel (om litterär stil)

in-patient ['in,peiʃ(ə)nt] inlagd (sjukhus)-patient

input ['input] input, insats (av råvaror el. arbetskraft)

inquest ['inkwest] undersökning; *coroner's* ~ rättslig undersökning (av död kropp); *great* (*last*) ~ yttersta domen; *grand* ~ = *grand jury*; *the Grand I~ of the nation* = *the House of Commons* underhuset

inquietude [in'kwaiitju:d] oro, bekymmer

inquir|e [in'kwaiə] fråga, göra sig underrättad; ~ *after* (*about, for*) fråga om (efter); ~ *into* undersöka; *I've* ~*d of my friend* jag har

gjort mig underrättad hos min vän **-y** [-əri] förfrågan; undersökning, efterforskning; *court of* ~ undersökningsdomstol (*mil.*) **-y- -agency** [-,eidʒ(ə)nsi] **-y-office** [-,ɔfis] informationsbyrå

inquisit|ion [,inkwi'ziʃ(ə)n] undersökning; efterforskning; *the I~* inkvisitionen **-ional** [-ʃənl] inkvisitorisk; undersöknings- **-ive** [in'kwizitiv] nyfiken, frågvis **-or** [in'kwizitə] officiell undersökare; inkvisitor **-orial** [in,kwizi'tɔ:riəl] inkvisitorisk (*äv. fig.*)

inroad ['inrəud] fientligt infall; intrång; ingrepp

insalubri|ous [,insə'lu:briəs] osund (t.ex. om klimat) **-ty** [-ti] osundhet

insan|e [in'sein] sinnessjuk **-itary** [-'sænit(ə)ri] ohälsosam **-ity** [-'sæniti] vansinne; vanvett

insatia|bility [in,seiʃjə'biliti] omättlighet **-ble** [-'seiʃjəbl] omättlig **-te** [-'seiʃiit] **1** omättlig **2** omätt

inscri|be [in'skraib] **1** inrista, inskriva; skriva in, enrollera **2** dedicera (bok) **-ption** [-'skrip-ʃ(ə)n] inskrift, inskription

inscrutab|ility [in,skru:tə'biliti] outgrundlighet **-le** [-'skru:təbl] outgrundlig; hemlighetsfull

insect ['insekt] **1** insekt **2** *fig.* kryp **-icide** [in'sektisaid] insektsmedel

insecur|e [,insi'kjuə] otrygg, osäker **-ity** [-uriti] otrygghet, osäkerhet

inseminate [in'semineit] insä, inseminera

insensate [in'senseit] **1** känslolös **2** dum

insensible [in'sensəbl] **1** omärklig **2** medvetslös **3** omedveten **4** okänslig

insensient [in'senʃ(i)ənt] okänslig, utan liv

insensitive [in'sensitiv] okänslig (*to* för)

inseparab|ility [in,sep(ə)rə'biliti] oskiljaktighet **-le** [-'sep(ə)rəbl] **I** *a* oskiljaktig **II** *s, vanl. pl,* *s* oskiljaktiga vänner

insert I *v* [in'sə:t] infoga, insätta, stoppa in; införa (t. ex. annons i tidning) **II** *s* ['insə:t] inflickning; ngt infört (tillagt) **-ion** [in'sə:ʃ(ə)n] **1** införande, insättande **2** inlägg, insats; tillägg **3** isättning (i plagg) **4** sätt på vilket muskel (organ etc.) är fästad, fäste **5** skott (av ympning)

inset I *v* ['in'set] insätta, införa **II** *s* ['inset] insatt sida (i bok, tidning); isättning (i klädes-plagg); ~ *map* infälld tilläggskarta (i atlas)

inshore [in'ʃɔ:] nära land

inside [in'said] **I** *s* insida; inre del av något; passagerare i vagn; inälvor; *the* ~ *of a week* mitt i veckan; ~ *out* ut o. in **II** *a* inre; invärtes; ~ *information* upplysningar ej tillgängliga för utomstående; ~ *left* vänsterinner **III** *adv* inuti; in; ~ *of a week* inom mindre än en vecka **IV** *prep* innanför; in **-r** [-ə] medlem av förening; en invigd

insidious [in'sidiəs] förrädisk, lömsk

insight ['insait] insikt

insignia [in'signiə] insignier

insignifican|ce [,insig'nifikəns] **-cy** [-si] **1** obetydlighet; betydelselöshet **2** meningslöshet **-t** **1** obetydlig, oviktig, oansenlig; betydelselös **2** meningslös, intetsägande

insincer|e [,insin'siə] ej uppriktig, oäkta, falsk, hycklande **-ity** [,insin'seriti] brist på uppriktighet, falskhet

insinuat|e [in'sinjueit] insinuera, antyda; införa; *he* ~*d himself into my favour* han ställde sig in hos mig; *in an -ing way* på ett inställsamt sätt **-ion** [-,sinju'eiʃ(ə)n] insinuation; insmygande

insipid [in'sipid] **1** fadd, smaklös **2** tråkig, ointressant **-ity** [,insi'piditi] **1** frånvaro av smak, faddhet **2** tråkighet

insist [in'sist] insistera; upphålla sig vid; *I ~ [up]on your going* jag insisterar på att du går **-ence** [-(ə)ns] **-ency** [-(ə)nsi] insisterande, krav **-ent** [-(ə)nt] enträgen; ofrånkomlig

insolation [,insə(u)'leiʃ(ə)n] solstrålning; solstyng

insole ['insəul] innersula

insolen|ce ['ins(ə)ləns] oförskämdhet, fräckhet **-t** fräck, oförskämd

insolub|ility [in,sɔlju'biliti] olöslighet **-le** [-'sɔljubl] oförklarlig; olöslig; oupplöslig

insolven|cy [in'sɔlv(ə)nsi] insolvens, konkursmässig ställning **-t I** *a* konkursmässig **II** *s* person som ej kan betala sina skulder

insomnia [in'sɔmniə] sömnlöshet

insomuch [,insə(u)'mʌtʃ] *adv,* ~ *that* så att; ~ *as* a till den grad att **b** eftersom

insoucian|ce [in'su:sjəns] likgiltighet; sorglöshet **-t** obekymrad, likgiltig

inspect [in'spekt] syna; undersöka, inspektera, besiktiga **-ion** [-kʃ(ə)n] synande; undersökning, besiktning, [av]syn[ing], inspektion; *for [your kind]* ~ till [benäget] påseende **-or** [-ə] granskare, inspektör, uppsyningsman **-oral** [-(ə)r(ə)l] inspektörs- **-orate** [-(ə)rit] inspektörsbefattning **-orial** [,inspek'tɔ:riəl] inspektörs- **-orship** [-əʃip] = *inspectorate* **-ress** [-ris] **-rix** [-riks] inspektris

inspir|ation [,inspə'reiʃ(ə)n] inspiration, infall; inandning **-ational** [-ʃənl] inspirations-, inspirerande; inspirerad **-e** [in'spaiə] **1** inandas **2** inspirera, besjäla **-er** [in'spaiərə] inspiratör

install [in'stɔ:l] installera (personer, maskiner), insätta; montera **-ation** [,instə'leiʃ(ə)n] installation; insättning i ämbete; uppsättning, montering

instal[l]ment [in'stɔ:lmənt] **1** avbetalning[stermin] **2** del, avsnitt (av t. ex. följetong)

instance ['instəns] **I** *s* **1** exempel **2** yrkande **3** *jur.* instans; *for* ~ till exempel; *in the first* ~ **a** först o. främst **b** i första instans; *at the* ~ *of a p.* på ngns tillskyndan **II** *v* ge som exempel

instant ['instənt] **I** *a* **1** trängande; ögonblicklig **2** denna månad, ds; ~ *coffee* snabbkaffe, pulverkaffe **II** *s* ögonblick; *on the* ~ ögonblickligen **-aneous** [,inst(ə)n'teinjəs] ögonblicklig; momentan **-ly** [-li] omedelbar t

instead [in'sted] i stället; ~ *of* i stället för

instep ['instep] vrist

instigat|e ['instigeit] anstifta; uppvigla **-ion** [,insti'geiʃ(ə)n] anstiftan; *at the* ~ *of* på tillskyndan av **-or** [-ə] uppviglare; anstiftare

instil[l] [in'stil] indrypa; ingiva (känslor, idéer) **-lation** [,insti'leiʃ(ə)n] **-ment** [-mənt] indrypning; bibringande

instinct I *s* ['instin(k)t] instinkt, [natur]drift; intuition **II** *a* [in'stin(k)t] genomträngd *(with av)* **-ive** [in'stin(k)tiv] instinktiv

institut|e ['institju:t] **I** *s* **1** institut, stiftelse **2** grundsats **II** *v* **1** inrätta, instifta **2** installera, insätta i ämbete **-ion** [,insti'tju:ʃ(ə)n] **1** grundande **2** stiftelse, inrättning **3** seder o. bruk **4** *fam.* välbekant person (företeelse), hävdvunnen vana, "institution" **-ional** [,insti'tju:ʃənl] stiftelse-; lag-; hävdvunnen, stadgad **-or** [-ə] stiftare

instruct [in'strʌkt] **1** undervisa, handleda **2** in-

struera, ge anvisning[ar]; visa **3** beordra **-ion** [-kʃ(ə)n] **1** undervisning, handledning **2** anvisning; *vanl. pl,* ~s föreskrift[er] **-ional** [-kʃənl] undervisnings-; upplysande **-ive** [-iv] lärorik **-or** [-ə] instruktör, handledare; lärare (vid am. universitet) **-ress** [-ris] lärarinna

instrument ['instrumənt] **I** *s* **1** instrument, verktyg **2** dokument; ~ *space* apparatrum *(mil.)* **II** *v* instrumentera **-al** [,instru'mentl] **I** *a* **1** instrumental **2** behjälplig, bidragande **II** *s, gram.* instrumentalis **-alist** [,instru'mentəlist] instrumentalist **-ality** [,instrumen'tæliti] medverkan, förmedling **-ation** [,instrumen'teiʃ(ə)n] **1** *mus.* instrumentering **2** operation med instrument **3** medverkan

insubordinat|e [,insə'bɔ:dnit] olydig, uppstudsig **-ion** ['insə,bɔ:di'neiʃ(ə)n] insubordination

insufferable [in'sʌf(ə)rəbl] outhärdlig, olidlig, odräglig

insufficien|cy [,insə'fiʃ(ə)nsi] otillräcklighet **-t** otillräcklig; *med.* insufficient

insular ['insjulə] **I** *a* ö-; *fig.* inskränkt **II** *s* öinvånare **-ism** [-əriz(ə)m] inskränkthet, småaktighet **-ity** [,insju'læriti] **1** = *insularism* **2** karaktär av ö

insulat|e ['insjuleit] göra till en ö; isolera **-ing-tape** isoleringsband **-ion** [,insju-'leiʃ(ə)n] isolering **-or** [-ə] *fys.* isolator

insulin ['insjulin] *med.* insulin

insult I *s* ['insʌlt] förolämpning, skymf **II** *v* [in'sʌlt] förolämpa, skymfa

insuperable [in'sju:p(ə)rəbl] oöverstiglig

insupportable [,insə'pɔ:təbl] outhärdlig

insur|able [in'ʃuərəbl] som går att försäkra **-ance** [-ɔr(ə)ns] försäkring **-ance-policy** [-,pɔlisi] försäkringspremie **-ant** [-ɔr(ə)nt] försäkringstagare **-e** [-uə] försäkra; *the ~d* försäkringstagaren **-er** [-ərə] försäkringsgivare

insurgen|ce [in'sə:dʒ(ə)ns] uppror **-cy** [-si] upproriskhet **-t I** *a* upprorisk **II** *s* upprorsman, insurgent

insurmountable [,insə(:)'mauntəbl] oöverstiglig

insurrection [,insə'rekʃ(ə)n] uppror **-al** [-ʃənl] upprorisk **-ary** [-ʃnəri] *I a* upprorisk **II** *s* upprorsmakare **-ist** [-ʃnist] upprorsman

insusceptible [,insə'septəbl] okänslig, oemottaglig *(to för)*

intact [in'tækt] orörd, oskadad, hel, intakt

intake ['inteik] **1** intag, öppning; intagning, intagande **2** påfyllning **--valve** insugningsventil

intangib|ility [in,tæn(d)ʒə'biliti] ogripbarhet, ofattlighet **-le** [-'tæn(d)ʒəbl] som man ej kan ta på el. känna; *fig.* ej påtaglig; ofattbar

integer ['intidʒə] *mat.* helhet, helt tal

integr|al ['intigr(ə)l] *I a* **1** som utgör en väsentlig del, integrerande **2** hel; ~ *calculus* integralkalkyl **II** *s* integral **-ant** [-ənt] integrerande, nödvändig **-ate** *I a* [-it] hel **II** *v* [-eit] **1** förena delar till ett helt **2** integrera **3** fullständiga **3** ange medelvärde (temperatur) **-ation** [,inti'greiʃ(ə)n] integration; integrering **-ity** [in'tegriti] **1** fullständighet, integri'tet **2** ärlighet; okränkbarhet

integument [in'tegjumənt] hud, hölje, skal **-ary** [-,tegju'ment(ə)ri] hud-

intellect ['intilekt] förstånd, intellekt **-ion** [,inti'lekʃ(ə)n] begripande **-ive** [,inti'lektiv] förstånds- **-ual** [,inti'lektjuəl] **I** *a* intellektuell, förstånds- **II** *s* intellektuell person **-uality** [-ˌlektjuˈæliti] förmåga att förstå **intelligen|ce** [inˈtelidʒ(ə)ns] **1** förstånd, intelligens **2** tänkande väsen **3** nyheter, underrättelser; underrättelsetjänst **-ce-department** [-ˌpɑːt-] underrättelseväsen **-ce-office** [-ˌɔfis] upplysningsbyrå **-ce-service** [-ˌsəːvis] underrättelsetjänst **-t** intelligent **-tsia** [-ˌteliˈdʒentsiə] intellektuell elit, intelligentia **intelligib|ility** [inˌtelidʒəˈbiliti] förståelighet **-le** [-ˈtelidʒəbl] begriplig, förståelig **intemper|ance** [inˈtemp(ə)r(ə)ns] omåttlighet, dryckenskap **-ate** [-rit] omåttlig; supig **intend** [inˈtend] avse, planera; *he is ~ed for the Church* han är ämnad för en prästerlig levnadsbana; *this picture is ~ed for my son* a den här tavlan skall föreställa min son **b** den här tavlan skall min son ha **-ancy** [-ənsi] verksamhet som intendent **-ant** [-ənt] intendent **-ed** [-id] ngns tillkommande, fästmö **-ing** [-iŋ] betänkt; *~ buyers* hugade spekulanter **intens|e** [inˈtens] intensiv, djupt känd, kraftig, häftig **-ely** [-li] djupt; häftigt **-ification** [-tens(i)fiˈkeiʃ(ə)n] intensifiering **-ify** [-ifai] göra (bli) intensiv, förstärka[s], öka[s] **-ion** [-nʃ(ə)n] **-ity** [-iti] intensitet **-ive** [-iv] **I** *a* intensiv, koncentrerad **II** *s* förstärkande partikel **intent** [inˈtent] **I** *s* avsikt; *with ~ to* i avsikt att; *to all ~s and purposes* faktiskt **II** *a* uppmärksam, inriktad; *~ upon* inriktad på; upptagen av **-ion** [-nʃ(ə)n] avsikt, syfte, mening; *~s* "avsikter" (att gifta sig med någon) (*fam.*) **-ional** [-nʃənl] avsiktlig **1 inter** [inˈtəː] begrava **2 inter** [ˈintə(ː)] mellan, bland; *~ alia* [-ərˌeiliə] bland annat **interact I** *s* [ˈintərækt] mellanspel **II** *v* [ˌintərˈækt] påverka varandra **-ion** [ˌintərˈækʃ(ə)n] växelverkan **interbreed** [ˈintə(ː)ˈbriːd] korsa[s] (om raser) **intercede** [ˌintə(ː)ˈsiːd] lägga sig ut (*with a p. for another* för ngn hos ngn), medla **intercept** [ˌintə(ː)ˈsept] **1** uppsnappa; genskjuta; uppfånga **2** avskära **-ion** [-pʃ(ə)n] uppsnappande; genskjutande; uppfångande; avskärande **-or** [ˌintə(ː)ˈseptə] jaktplan, -robot **intercess|ion** [ˌintə(ː)ˈseʃ(ə)n] förbön **-or** [-esə] förespråkare, böneman **interchange I** *v* [ˌintə(ː)ˈtʃein(d)ʒ] utväxla; omväxla **II** *s* [ˈintə(ː)ˈtʃein(d)ʒ] utväxling, utbyte **-able** [ˌintə(ː)ˈtʃein(d)ʒəbl] utbytbar **inter|com** [ˈintə(ː)ˈkɔm] lokal-, snabbtelefon (-radio) **-continental** interkontinental; *~ ballistic missile* interkontinental fjärrobot **-course** [-kɔːs] samfärdsel; umgänge; samlag **-current** [ˌintə(ː)ˈkʌr(ə)nt] **1** mellankommande **2** oregelmässig **interdepend** [ˌintə(ː)diˈpend] vara beroende av varandra **-ence** [-əns] **-ency** [-ənsi] ömsesidigt beroende **interdict I** *s* [ˈintə(ː)dikt] förbud; *kat. kyrk.* interdikt **II** *v* [ˌintə(ː)ˈdikt] förbjuda; suspendera **-ion** [ˌintə(ː)ˈdikʃ(ə)n] förbud **-ory** [ˌintə(ː)ˈdikt(ə)ri] förbuds- **interest** [ˈintrist] *s* **1** intresse **2** andel, rätt **3** grupp av intressenter **4** inflytande **5** ränta; *have* (*take*) *an ~ in* intressera sig för; *controlling ~s* aktiemajoritet **II** *v* intressera; *he is ~ed in* han är intresserad av; han har en andel i;

the people ~ed vederbörande **-ing** [-iŋ] intressant; *be in an ~ condition* vara gravid **interfere** [ˌintəˈfiə] ingripa; lägga sig i; hindra; *fys.* interferera; *~ with* a störa, hindra **b** inkräkta på **-nce** [-ər(ə)ns] inblandning; ingripande; störning; *fys.* interferens **interim** [ˈintərim] **I** *a* mellantids-, tillfällig, provisorisk; interims- **II** *s* mellantid; *in the ~* under tiden **interior** [inˈtiəriə] **I** *a* inre av landet; invändig; inrikes **II** *s* insida, inre; inre av ett land; *Minister of the I~* inrikesminister; *~ decorator* inredningsarkitekt **interject** [ˌintə(ː)ˈdʒekt] utropa; inskjuta (kommentar etc.) **-ion** [-kʃ(ə)n] utrop, interjektion; inpass **-ional** [-kʃənl] interjektions-; inskjuten (kommentar etc.) **interlace** [ˌintə(ː)ˈleis] nära förena, sammanfläta **-ment** [-mənt] sammanflätning; slinga **interlard** [ˌintə(ː)ˈlɑːd] *fig.* späcka, uppblanda **interline** [ˌintə(ː)ˈlain] skriva mellan raderna **-ar** [ˌintə(ː)ˈliniə] skriven mellan raderna **-ation** [ˈintə(ː)ˌliniˈeiʃ(ə)n] skrivande mellan raderna **interlock** [ˌintə(ː)ˈlɔk] gripa (sluta) in i varandra; förbinda, sammankoppla **interlocut|ion** [ˌintə(ː)lə(u)ˈkjuːʃ(ə)n] samtal **-or** [ˌintə(ː)ˈlɔkjutə] **1** deltagare i ett samtal **2** ledare av färgad sånggrupp; *my ~* den person jag samtalar med **interlope** [ˌintə(ː)ˈləup] tränga sig in; smyghandla **-r** [ˈintə(ː)ləupə] **1** smyghandlare **2** inkräktare, objuden gäst, en som lägger sig i saker o. ting; beskäftig person **interlude** [ˈintə(ː)luːd] paus; mellanspel (*äv. fig.*) **intermarr|iage** [ˌintə(ː)ˈmærid3] giftermål mellan medlemmar av olika familjer etc. **-y** *v* [ˈintə(ː)ˈmæri] förenas genom giftermål **intermeddle** [ˌintə(ː)ˈmedl] lägga sig i **intermedi|ary** [ˌintə(ː)ˈmiːdjəri] **I** *a* förmedlande **II** *s* förmedlare; mellanspalt **-ate** [-ət] **I** *a* mellanliggande; *~ education* mellanskolestadium; *~ range ballistic missile* medeldistansrobot **II** *s* mellanliggande led, mellanform **-ation** [ˈintə(ː),miːdiˈeiʃ(ə)n] förmedling **-um** [-jəm] mellanlänk **interment** [inˈtəːmənt] begravning **interminable** [inˈtəːm(i)nəbl] ändlös **intermingle** [ˌintə(ː)ˈmiŋgl] blanda [sig] **intermis|sion** [ˌintə(ː)ˈmiʃ(ə)n] uppehåll, avbrott; *A.* paus, mellanakt **-t** avbryta; upphöra **-ttence** [-t(ə)ns] paus **-ttent** [-t(ə)nt] periodisk återkommande; *~ fever* frossa **intern I** *v* [inˈtəːn] internera **II** *s* [ˈintəːn] *A,* medicine kandidat som bor o. arbetar på ett sjukhus **-al** [inˈtəːnl] **I** *a* inre; invärtes; inhemsk; inne- boende; *~ combustion engine* förbränningsmotor; *~ evidence* inre bevis **II** *s, ~s* inneboende egenskaper **international** [ˌintə(ː)ˈnæʃənl] **I** *a* internationell **II** *s* [deltagare i] internationell idrottstävling; *~ law* folkrätt **-ization** [ˈintə(ː)ˌnæʃnəlaiˈzeiʃ(ə)n] internationalisering **-ize** [-ʃnəlaiz] internationalisera **intern|ee** [ˌintəːˈniː] *s* intern **-ment** [inˈtəːnmənt] internering **interpell|ate** [inˈtəːpeleit] interpellera (i riksdagar utanför England) **-ator** [ˌintəːpeˈleitə] interpellant **-ation** [-ˌtəːpeˈleiʃ(ə)n] interpellation

interplanetary [ˌintə(ː)'plænit(ə)ri] interplanetär

interplay ['intə(ː)'plei] växelverkan

interpolat|e [in'tə:pə(u)leit] interpolera, inflicka ord **-ion** [-ˌtə:pə(u)'leiʃ(ə)n] interpolering, interpolation

interpos|e [ˌintə(ː)'pəuz] inskjuta, inflicka; komma (anbringa) emellan; falla i talet **-ition** [in ˌtə:pə'ziʃ(ə)n] bemedling; läge emellan

interpret [in'tə:prit] [ut]tyda, [ut]tolka; förklara; [upp]fatta **-able** [-əbl] som går att tolka **-ation** [-ˌtə:pri'teiʃ(ə)n] tolkning, tydning, förklaring **-er** [-ə] tolk

interregnum [ˌintə'regnəm] **1** interregnum, period då tron står ledig **2** paus

interrelation[ship] ['intə(ː)ri'leiʃ(ə)n(ʃip)] inbördes förhållande

interrogat|e [in'terə(u)geit] utfråga **-ion** [-ˌterə(u)'geiʃ(ə)n] förhör; fråga; ~ *mark* (*point*) frågetecken **-ive** [ˌintə'rɔgətiv] **I** *a* frågande **II** *s* frågeord **-or** [-ə] förhörsledare **-ory** [ˌintə'rɔgət(ə)ri] **I** *a* frågande **II** *s* fråga; underhandenfråga (framför allt från domare)

interrupt [ˌintə'rʌpt] avbryta; störa **-er** [-ə] strömbrytare **-ion** [-pʃ(ə)n] avbrott **-ive** [-iv] avbrytande, störande **-or** [-ə] *se interrupter* **-ory** [-(ə)ri] = *interruptive*

intersect [ˌintə(ː)'sekt] skära, korsa[s] **-ion** [-kʃ(ə)n] skärning[spunkt]; gatukorsning **-ional** [-kʃənl] **1** skärnings- **2** som består av korsande linjer

interspers|e [ˌintə(ː)'spə:s] inblanda, inströ **-ion** [-ə:ʃ(ə)n] inblandning, inströende

interstate ['intəsteit] mellan stater, mellanstatlig

intersti|ce [in'tə:stis] mellanrum, öppning, springa **-tial** [ˌintə(ː)'stiʃ(ə)l] mellan-

intertwi|ne [ˌintə(ː)'twain] fläta[s] **-nement** [-nmənt] sammanflätning **-st** [ˌintə(ː)'twist] fläta[s]

interurban [ˌintər'ə:bən] mellan skilda städer, interurban; *A.* = ~ *railway*

interval ['intəv(ə)l] mellanrum; paus; *mus.* intervall; *at ~s* emellanåt

interven|e [ˌintə(ː)'vi:n] komma (ligga) emellan; ingripa, intervenera **-er** [-ə] mellankommande part **-ient** [-jənt] mellankommande **-tion** [ˌintə(ː)'venʃ(ə)n] intervention, inskridande

interview ['intəvju:] **I** *s* **1** sammanträffande **2** intervju **II** *v* intervjua **-ee** [ˌintə'vjui:] intervjuobjekt **-er** [-ə] intervjuare

inter|weave [ˌintə(ː)'wi:v] sammanväva, inblanda **-wove** [ˌintə'wəuv] *imperf* av *interweave* **-woven** [ˌintə'wəuv(ə)n] **I** *a* sammanvävd, -flätad; invävd, invirkad **II** *v perf part* av *interweave*

intesta|cy [in'testəsi] underlåtande att efterlämna testamente **-te** [-tit] **I** *a* utan efterlämnat testamente **II** *s* person utan efterlämnat testamente

intestin|al [in'testinl] inälvs- **-e** [-n] **I** *s* tarm **II** *a* invändig; inhemsk; ~*s* tarmar, inälvor; *large* ~ tjocktarmen; *small* ~ tunntarmen; ~ *war* inbördeskrig

intima|cy [in'timəsi] förtrolighet; kärleksförhållande **-te** **I** *a* [-mit] intim, förtrolig, nära; ingående, djup; ~ *knowledge* ingående kunskaper **II** *s* förtrogen vän[inna] **III** *v* [-meit] tillkännage; antyda **-tion** [ˌinti'meiʃ(ə)n] tillkännagivande; antydan

intimidat|e [in'timideit] skrämma **-ion** [-ˌtimi'deiʃ(ə)n] skrämsel

intimity [in'timiti] avskildhet

into ['intu, *framför kons.* 'intə] in, i, in i; till; *he went* ~ *the garden* han gick in i trädgården; *get* ~ *conversation* komma i samspråk; *take* ~ *account* ta med i beräkningen; *develop* ~ utveckla [sig] till; *he was beaten* ~ *submission* han tvingades till underkastelse genom stryk

in-toed ['in'təud] inåt med tårna

intolera|ble [in'tɔl(ə)rəbl] outhärdlig, odräglig **-nce** [-lər(ə)ns] ofördragsamhet, intolerans **-nt** [-lər(ə)nt] ofördragsam, intolerant

inton|ation [intə(u)'neiʃ(ə)n] **1** mässande **2** *mus.* intonation **3** *språkv.* intonation, tonfall **-e** [in'təun] sjunga på en ton, mässa; intonera

intoxica|nt [in'tɔksikənt] *a o. s* berusande [medel], stark dryck **-te** [-keit] berusa; leda i extas **-tion** [-ˌtɔksi'keiʃ(ə)n] berusning, rus, extas

intractable [in'træktəbl] motspänstig

intramural [ˌintrə'mjuər(ə)l] innanför murarna (gränserna) (av stad, universitet etc.)

intransigent [in'trænsidʒ(ə)nt] **I** *a* oförsonlig (inom politiken) **II** *s* ytterlighetsman

intransitive [in'træns(i)tiv] intransitiv

intrench [in'tren(t)ʃ] *se entrench*

intrepid [in'trepid] oförskräckt, modig **-ity** [ˌintri'piditi] oförskräckthet, mod

intrica|cy [in'trikəsi] invecklad beskaffenhet, dunkelhet **-te** [-kit] invecklad; dunkel

intrigue [in'tri:g] **I** *v* intrigera, stämpla; förbrylla **II** *s* intrig; anslag; kärleksaffär **-r** [-ə] intrigmakare

intrinsic[al] [in'trinsik, -(ə)l] inre, inneboende

introduc|e [ˌintrə'dju:s] **1** införa, introducera; föra (sticka) in **2** inleda **3** föreställa, presentera **4** framlägga **-tion** [ˌintrə'dʌkʃ(ə)n] introduktion; införande; inledning; presentation; förspel **-tory** [ˌintrə'dʌkt(ə)ri] inlednings-

introspect [ˌintrə(u)'spekt] iaktta sig själv **-ion** [-kʃ(ə)n] själviakttagelse, introspektion **-ive** [-iv] inåtvänd, introspektiv

introver|sion [ˌintrə(u)'və:ʃ(ə)n] inåtriktning **-t** **I** *v* [-ə:t] rikta inåt; *a man of an ~ed nature* en man av inåtriktad natur **II** *s* ['intrə(u)və:t] tillbakadragen människa

intru|de [in'tru:d] tränga sig på, inkräkta; komma objuden (olägligt); *I'm not -ding, I hope* jag hoppas jag inte stör **-der** [-ə] objuden gäst; inkräktare **-sion** [-u:ʒ(ə)n] påflugenhet; intrång; inkräktande **-sive** [-u:siv] **1** påträngande **2** inträngande

intrust *se entrust*

intuit|ion [ˌintju(ː)'iʃ(ə)n] intuition **-ive** [in'tju(ː)itiv] intuitiv

inundat|e ['inʌndeit] sätta under vatten, översvämma **-ion** [ˌinʌn'deiʃ(ə)n] översvämning; *äv. fig.* störtflod

inure [i'njuə] härda, vänja (*to* vid); träda i kraft; vara till nytta **-ment** [-mənt] vänjande; vana

invade [in'veid] i nfalla, invadera; *fig.* angripa (om sjukdom); kränka (rättigheter) **-r** [-ə] inkräktare, angripare

invalid I *a* **1** [in'vælid] ogiltig **2** ['invəli:d] sjuklig, vanför **II** *s* ['invəli:d] sjukling, invalid **III** *v* [ˌinvə'li:d] göra till (bli) invalid; förklara som invalid (sjuk) **-ate** [in'vælideit] göra ogiltig **-ation** [inˌvæli'deiʃ(ə)n] ogiltigförklarande **-ity** [ˌinvə'liditi] **1** ogiltighet **2** invaliditet

invaluable [in'væljuəbl] ovärderlig
invariab|ility [in,veəriə'biliti] oföränderlighet **-le** [-'veəriəbl] oföränderlig **-ly** [-'veəriəbli] oföränderligt; alltid
invas|ion [in'veiʒ(ə)n] infall, invasion; intrång; *fig.* översvämning **-ive** [-'veisiv] invasions-
invective [in'vektiv] invektiv, skymford
inveigh [in'vei] fara ut, okväda (*against* mot)
inveigle [in'vi:gl] locka, förleda **-ment** [-mənt] *s* lockande, förledande
invent [in'vent] uppfinna, hitta på; uppdikta **-ion** [-nʃ(ə)n] uppfinning[sförmåga]; påfund **-ive** [-iv] uppfinningsrik, fyndig **-ivity** [,inven-'tiviti] uppfinningsrikedom **-or** [-ə] uppfinnare
inventory ['invəntri] **I** *s* inventarium; lager **II** *v* inventera
invers|e ['in'və:s] **I** *a* omvänd **II** *s* det motsatta **-ion** [in'və:ʃ(ə)n] **1** omkastning; *gram.* omvänd ordföljd **2** homosexualitet **-ive** [in-'və:siv] omvänd, omkastande
invert I *v* [in'və:t] kasta om ; ~*ed commas* citationstecken **II** *s* ['invə:t] **1** homosexuell person **2** *byggn.* omvänd valvbåge
invertebrate [in'və:tibrit] **I** *a* **1** ryggradslös **2** *fig.* utan ryggrad, svag **II** *s* **1** ryggradslöst djur, invertebrat **2** *fig.* svag stackare
invest [in'vest] **1** installera, bekläd (med ämbete) **2** omringa, belägra **3** investera (pengar); ~ *with an order* förläna en orden
investigat|e [in'vestigeit] utforska, undersöka **-ion** [,vesti'geiʃ(ə)n] undersökning; [ut]forskning; utredning **-ive** [-iv] undersöknings- **-or** [-ə] undersökare **-ory** [-əri] undersöknings-
invest|iture [in'vestitʃə] insättande i ämbete, investitur **-ment** [-s(t)mənt] **1** penningplacering, investering **2** investitur **3** belägring **-or** [-ə] en som investerar pengar, aktieägare
inveterate [in'vet(ə)rit] inrotad, inbiten
invidious [in'vidiəs] anstötlig; förhatlig
invigilat|e [in'vidʒileit] vakta (på skrivning) **-or** [-ə] *s* vakthavande
invigorat|e [in'vigəreit] stärka, liva **-ion** [-,vigə'reiʃ(ə)n] *s* stärkande **-ive** [-iv] *a* stärkande **-or** [-ə] **1** ngt som stärker **2** stärkande medel
invincib|ility [in,vinsi'biliti] oövervinnelighet **-le** [-'vinsəbl] oövervinnelig
inviolab|ility [in,vaiələ'biliti] okränkbarhet **-le** [-'vaiələbl] okränkbar, oantastlig
inviola|cy [in'vaiələsi] okränkthet **-te** [-lit] oantastad
invisib|ility [in,vizə'biliti] osynlighet **-le** [-'vizəbl] osynlig; *the I~* Gud
invit|ation [,invi'teiʃ(ə)n] inbjudan, invitation **-atory** [in'vaitət(ə)ri] inbjudnings- **-e** [in'vait] **I** *v* inbjuda, invitera; be, anmoda; framkalla **II** *s, fam.* inbjudning **-ing** [in'vaitiŋ] lockande
invocat|ion [,invə(u)'keiʃ(ə)n] åkallan; anropande; invokation **-ory** [in'vɔkət(ə)ri] åkallande
invoice ['invɔis] **I** *s* faktura **II** *v* fakturera
invoke [in'vəuk] åkalla, anropa; framkalla
involuntary [in'vɔlənt(ə)ri] ofrivillig; oavsiktlig
involve [in'vɔlv] inveckla; förbinda; insvepa; föra med sig **-ment** [-mənt] inveckling, engagemang; dålig ekonomi; inveckla förhållande
invulnerab|ility [in,vʌln(ə)rə'biliti] osårbarhet **-le** [-'vʌln(ə)rəbl] osårbar
inward ['inwəd] **I** *a* invändig, inre **II** *s*, ~*s* inälvor **III** *adv*, ~[*s*] inåt **-ly** [-li] **1** invärtes **2** för sig själv (om tal) **-ness** [-nis] andlighet; inre väsen

iod|ic [ai'ɔdik] jod- **-ine** ['aiə(u)di:n] jod **-ize** ['aiə(u)daiz] behandla med jod **-oform** [ai'ɔ-dəfɔ:m] jodoform
ion ['aiən] jon **-osphere** [ai'ɔnəsfiə] jonosfär
iota [ai'əutə] jota
IOU ['aiəu'ju:] (= *I owe you*) skuldförbindelse
Iowa ['aiəuə] delstat i USA
Irak [i'rɑ:k] Irak **-i** *I a* irakisk **II** *s* iraker
Iran [i'rɑ:n] Iran **-ian** [i'reinjən] **I** *a* iransk **II** *s* iranier
Iraq [i'rɑ:k] *se Irak*
ira|scibility [i,ræsi'biliti] lättrethet **-scible** [i'ræsibl] lättretlig, hetlevrad, argsint **-te** [ai'reit] rasande, vred
ire ['aiə] *poet.* vrede **-ful** [-f(u)l] *poet.* vred
Ireland ['aiələnd] Irland
irenic[al] [ai'ri:nik, -(ə)l] fredlig
iridescen|ce [,iri'desns] regnbågsfärg **-t** regnbågsfärgad; skimrande
iris ['aiəris] **1** *anat.* iris **2** *bot.* iris, svärdslilja **3** (slags) bergkristall; ~ *diaphragm* bländare (*foto.*)
Irish ['aiə(ə)riʃ] **I** *a* irländsk, irisk; ~ *coffee* kaffe med whisky och vispgrädde; ~ *stew* irländsk färstuvning **II** *s* irländska; *the* ~ irländarna **-ism** [-iz(ə)m] irländsk språkegenhet **-man** [-mən] irländare **-woman** [-,wu-mən] irländska
irksome ['ə:ksəm] tröttsam
iron ['aiən] **I** *s* **1** järn **2** strykjärn **3** golfklubba av järn **4** revolver; ~*s* a bojor **b** stigbyglar; *wrought* ~ smidesjärn; *cast* ~ gjutjärn; *he ruled with a rod of* ~ han styrde med järnhand; *strike while the* ~ *is hot* smida medan järnet är varmt **II** *a* järn-, av järn, järnhård, oböjlig; *the* ~ *curtain* järnridån; ~ *horse* järnhäst (lokomotiv, cykel); ~ *lung* järnlunga; ~ *rations* liten reservportion (*mil.*) **III** *v* **1** förse med järn **2** slå i bojor **3** stryka **-bound 1** järnbeslagen **2** klippig **3** hård **-clad I** *s* pansarbåt **II** *a* bepansrad **-er** [-ə] strykerska **-foundry** [-,faundri] gjuteri **-hearted** [-,hɑ:tid] hårdhjärtad
ironic[al] [ai'rɔnik, -(ə)l] ironisk
ironing ['aiəniŋ] strykning, pressning **-board** strykbräde
iron|master ['aiən,mɑ:stə] järnfabrikant **-monger** [-,mʌŋgə] järnhandlare **-mongery** [-,mʌŋg(ə)ri] **1** järnvaror **2** järnhandel **-mould** rostfläck **-ore** järnmalm **-side** modig man; *the I~s* Cromwells rytteri **-ware** järnvaror **-work** smide **-works** [-wə:ks] järnverk
1 irony ['aiəni] järnhaltig
2 irony ['aiərəni] ironi
irradia|nce [i'reidjəns] strålande **-te** [-dieit] **I** *v* stråla; bestråla **II** *a* strålande **-tion** [i,reidi'eiʃ(ə)n] utstrålning; bestrålning **-tive** [-ətiv] strålande
irrational [i'ræʃənl] **I** *a* orimlig, meningslös, förnuftsvidrig; oskälig; irrationell **II** *s* irrationellt tal **-ity** [i,ræʃə'næliti] förnuftsvidrighet, orimlighet
irreconcilable [i'rekənsailəbl] **I** *a* oförenlig (*to, with* med) **II** *s* oförsonlig motståndare
irrecoverable [,iri'kʌv(ə)rəbl] oersättlig; ohjälplig
irredeemable [,iri'di:məbl] **1** ohjälplig **2** som ej går att inlösa
irreducible [,iri'dju:səbl] oreducerbar
irrefutable [i'refjutəbl] ovedersäglig
irregular [i'regjulə] **I** *a* irreguljär; oregelbun-

den; mot alla regler **II** *s*, ~*s* irreguljära trupper **-ity** [i‚regju'læriti] oregelbundenhet; *pl äv.* oegentligheter

irrelevan|ce [i'relivəns] **-cy** [-si] brist på samband; avvikelse från ämnet **-t** som ej hör till saken, irrelevant, ovidkommande

irreligi|on [‚iri'lidʒ(ə)n] irreligiositet, gudlöshet **-ous** [-ʒəs] irreligiös, gudlös

irremediable [‚iri'mi:djəbl] obotlig

irreparable [i'rep(ə)rəbl] obotlig; oersättlig

irrepressible [‚iri'presəbl] **I** *a* okuvlig **II** *s*, *fam.* motspänstig gynnare

irreproachable [‚iri'prəutʃəbl] oförvitlig, oklanderlig

irresistible [‚iri'zistəbl] oemotståndlig

irresolut|e [i'rezəlu:t] tveksam, obeslutsam **-ion** ['i‚rezə'lu:ʃ(ə)n] obeslutsamhet

irrespective [‚iris'pektiv] *a*, ~ *of* oavsett; ~ *of person* utan anseende till person

irresponsib|ility ['iris‚pɔnsə'biliti] oansvarighet **-le** [‚iris'pɔnsəbl] oansvarig; otillräknelig; ansvarslös

irresponsive [‚iris'pɔnsiv] okänslig (*to* för)

irretrievable [‚iri'tri:vəbl] oersättlig; hopplös

irreveren|ce [i'rev(ə)r(ə)ns] vanvördnad **-t** vanvördig

irrevocable [i'revəkəbl] oåterkallelig

irrigat|e ['irigeit] bevattna; hålla fuktigt (sår); spola **-ion** [‚iri'geiʃ(ə)n] [konst]bevattning[ssystem] **-or** [-ə] apparat för bevattning

irrita|bility [‚iritə'biliti] [lätt]retlighet **-ble** ['iritəbl] [lätt]retlig, irritabel **-ncy** ['irit(ə)nsi] **1** = *irritation* **2** ogiltigförklarande **-nt** ['irit(ə)nt] **I** *a* retande **II** *s* retmedel **-te** ['iriteit] reta, förarga; *med.* irritera, inflammera **-tion** [‚iri'teiʃ(ə)n] retning; irritation; inflammation **-tive** ['iriteitiv] retande, irriterande

irruption [i'rʌpʃ(ə)n] infall; inträngande; oregelbunden tillväxt

is [iz, z, s] *3 pers sg av be*; *that* ~ det vill säga

Isaiah [ai'zaiə] Jesaja

isinglass ['aizingla:s] gelatin

Islam ['izla:m] islam, **-ic** [iz'læmik] islam(it)isk **-ite** [-ləmait] muslim, muselman **-itic** [‚izlə'mitik] islam(it)isk

island ['ailənd] **I** *s* **1** ö **2** refuge **3** skeppsbrygga **II** *v* göra till en ö; isolera **-er** [-ə] öbo

isle [ail] ö **-t** ['ailit] holme

isn't ['iznt] = *is not*

isobar ['aisəubɑ:] isobar

isolat|e ['aisəleit] isolera, avsöndra **-ion** [‚aisə(u)'leiʃ(ə)n] isolering; ~ *ward* isoleringsavdelning (på sjukhus) **-ionism** [‚aisə(u)'leiʃniz(ə)m] isolationism **-ionist** [‚aisə(u)'leiʃnist] företrädare för isolationism

isosceles [ai'sɔsili:z] *mat.* likbent

isotope ['aisə(u)təup] isotop

Israel ['izrei(ə)l] Israel **-i** [iz'reili] *s* o. *a* israel[isk] **-ite** ['izriəlait] israelit

issue [iʃu:] **I** *s* **1** utgående, utströmmande; blödning; flods utlopp; avkomma; utgång, resultat; utgivande, emission; upplaga, nummer; ranson **2** stridsfråga, problem; *at* ~ *a* i strid med varandra; omstridd **b** under avgörande; *the point at* ~ tvistefrågan; *in the* ~ som det visade sig; *join* ~ opponera sig; ta upp sak till diskussion; *take* ~ vara oense **II** *v* utgå, utströmma; resultera; härstamma; ge ut, släppa ut, emittera; förse; publicera **-r** ['iʃu(:)ə] utgivare, utfärdare

isthmus ['isməs] näs

it [it] det; *that's* ~ det är sant; *he's I* ~ han

är just rätte mannen; *she has* ~ hon har det; ~ *says on the postcard* det står på vykortet; *shall we bus* ~? ska vi åka buss?; *we had a hard time of* ~ vi hade en svår tid

Italian [i'tæljən] **I** *a* italiensk; ~ *hand-writing* löpande stil **II** *s* italienska [språket] **-ate I** *a* [-it] italianiserad **II** *v* [-eit] italianisera **-ism** [-iz(ə)m] italiensk språkegenhet **-ize** [-aiz] italianisera

italic [i'tælik] **I** *a* kursiv; *I~* fornitalisk **II** *s* *pl*, ~*s* kursivering; *in* ~*s* kursiverad; *the* ~*s are mine* kursiverat av mig **-ize** [-isaiz] kursivera

Ital|o ['itəlou] italiensk- **-y** [-i] Italien

itch [itʃ] **I** *s* **1** klåda **2** skabb **3** lystnad (*for* efter) **II** *v* klia; känna lystnad; *my fingers* ~ *det kliar i fingrarna på mig* **-ing** [-in] **I** *s* klåda; lystnad **II** *a* lysten, hungrig; *she has an* ~ *ear* hon är nyfiken **-y** [-i] **1** kliande **2** skabbig

item ['aitəm] **I** *s* punkt, nummer (i program); post (i räkning); notis (i tidning) **II** *a* likaledes **III** *v* specificera **-ize** [-aiz] specificera, ange i detalj

iterat|e ['itəreit] upprepa **-ion** [‚itə'reiʃ(ə)n] upprepning **-ive** [-rətiv] iterativ, upprepnings-; upprepad

itiner|ancy [i'tin(ə)r(ə)nsi] *s* kringresande **-ant** [-(ə)nt] *a* kringresande **-ary** [ai'tin(ə)rəri] **I** *s* rutt, resplan; resehandbok **II** *a* rese- **-ate** [-nəreit] vandra omkring

its [its] dess, sin

it's [its] = *it is (has)*

itself [it'self] sig själv; *of* ~ av sig själv; *in* ~ i o. för sig; *by* ~ för sig själv

I've [aiv] = *I have*

ivor|y ['aiv(ə)ri] **I** *s* elfenben, -*ies* (*pl sl.*) pianotangenter, tänder; tärningar; biljardbollar **II** *a* elfenbens-, vit; ~ *tower* vetenskaplig isolering från omvärlden **-y-tower** *a* världsfrånvarande

ivy ['aivi] murgröna **--league** *a*, *A. sl.* kultiverad, aristokratisk; exklusiv

J

J, j [dʒei] (bokstaven) j

jab [dʒæb] **I** *v* sticka, stöta **II** *s* stöt; slag

jabber ['dʒæbə] **I** *v* pladdra; snattra **II** *s* snattrande; pladder, struntprat

jabot ['ʒæbəu] krås

jacinth ['dʒæsinθ] *min.* hyacint

jack [dʒæk] **I** *s* **1** *J~* smeknamn för John **2** matros; passopp **3** *kortsp.* knekt **4** stekvändare **5** domkraft **6** vinsch **7** hane **8** ungdjur **9** *A. sl.* pengar **11** sjö. ös (liten flagga) **11** brödfrukt; *every man* ~ varenda kotte; *J~ Frost* "Kung Bore"; *J~ Ketch* bödeln; *J~ Pudding* spelevinker; *before you can say J~ Robinson* innan man vet ordet av **II** *v*, ~ *up* a hissa upp **b** ge upp, överge **c** ruinera; *he says* ~*ed it up* han har lagt av **--a-dandy** ['dʒækə'dændi] dandy, sprätt

jackal ['dʒækɔ:l] **1** schakal **2** person som utför arbete åt annan, underhuggare

jack|anapes ['dʒækəneips] näbbgädda; fräck spoling **-ass** [-æs] åsna; [*vanl.* -ɑːs] *fig.* dumskalle **-boot** lång stövel som går över knäet **-daw** kaja

jacket ['dʒækit] **I** *s* **1** kavaj, blazer **2** *tekn.* mantel **3** omslag (på bok) **4** skinn, päls, hårbeklädnad; *dust a man's* ~ ge någon på pälsen **II** *v* **1** *tekn.* förse med mantel **2** *fam.* ge på pälsen

jack|-flag ['dʒækflæg] *sjö.* gös **--in-office** [-,ɔfis] lägre tjänsteman som tror sig betydande **--in-the-box** [-(i)-] **1** gubben i lådan **2** fyrverkeri **--knife** stor fällkniv **--of-all--trades** ['dʒækəv'ɔːltreidz] tusenkonstnär **--o'-lantern** ['dʒækə(u),læntən] irrbloss; *A.* lyktgubbe (ansikte utskuret ur pumpa) **-pot** *spelt.* pott; *sl.* vinst, succé **-s** *se jackstones* **--screw** domkraft **--staff** *sjö.* gösstake **-stones** [-stəunz] (slags) spel **-straw** *fig.* nolla **--tar** ['dʒæk'tɑː] matros **--towel** ['dʒæk-'tauəl] handduk i rulle **--tree** *bot.* jackträd, brödfruktträd

Jacobean [,dʒækə(u)'bi(ː)ən] **1** som hör till Jakob I:s tid **2** mörkt ekfärgad

Jacobin ['dʒækə(u)bin] **1** dominikan **2** jakobin **3** perukduva **-ic[al]** [,dʒækə(u)'binik, -(ə)l] jakobinsk

jaconet ['dʒækənet] (slags) bomullstyg

jactitation [,dʒækti'teiʃ(ə)n] **1** muskelryckningar (sjukliga) **2** ~ *of marriage* bedrägligt föregivande av äktenskap

jade [dʒeid] **I** *s* **1** hästkrake **2** flickunge, jänta **3** jade, nefrit **II** *v*, *framför allt i perf part*, ~*d* utsliten; blaserad

jag [dʒæg] **I** *s* **1** utsprång, tinne **2** reva **3** hög, trave **4** *sl.* supfest **II** *v* tanda, nagga **-ged I** *a* ['dʒægid] **1** tandad, naggad, ojämn **2** berusad **II** *v* ['dʒægd] *perf part* av *jag*

jaggery ['dʒægəri] råsocker

jaggy ['dʒægi] *se jagged I*

jaguar ['dʒægjuə] *zool.* jaguar

jail [dʒeil] **I** *s* fängelse[straff] **II** *v* sätta i fängelse **-bird** fängelsekund **-er** [-ə] fångvaktare **--fever** [-,fiːvə] fläcktyfus **-or** [-ə] *se jailer*

jake [dʒeik] *sl.* kille

jalousie ['ʒælu(ː)ziː] persienn, spjälgardin

jam [dʒæm] **I** *s* **1** sylt **2** [trafik]stockning **3** radiostörning; *he was in a* ~ han satt i knipa **II** *v* **1** göra sylt [av] **2** trycka, klämma, sätta fast **3** störa (radio); ~ *on the brakes* stå på bromsen **III** *adv*, ~ *full* proppfull

Jamaica [dʒ(ə)'meikə] **1** Jamaica **2** jamaikarom

jamb [dʒæm] **1** dörrpost, fönsterpost **2** ~*s* sidostycken i öppen spis

jamboree [,dʒæmbə'riː] **1** lägermöte **2** *sl.* skiva, hippa

jam|mer ['dʒæmə] störningssändare **-ming** [-iŋ] *a*, ~ *station* = *jammer* **-my** [-i] syltaktig; sylt- **-tart** sylttårta

jane [dʒein] *A. sl.* flicka

jangle ['dʒæŋgl] **I** *v* **1** gnissla, slamra **2** mucka gräl, kivas **II** *s* **1** gnissel, slammer **2** sorl **3** gräl

janitor ['dʒænitə] portvakt

January ['dʒænjuəri] januari

Jap [dʒæp] *fam.* = *Japanese*

Japan [dʒə'pæn] Japan **I** *s*, *j~* **1** japanlack **2** lackarbete **3** arbete i japansk stil **II** *v*, *j~* lackera **-ese** [,dʒæpə'niːz] **I** *a* japansk **II** *s* **1** japanska [språket] **2** japan **j-ner** [-ə] lackerare

jap|e [dʒeip] **I** *s* skoj, skämt **II** *v* skoja, skämta **-ish** [-iʃ] skämtsam

japonic [dʒə'pɔnik] japansk

jar [dʒɑː] **I** *s* **1** tvist, gräl, oenighet **2** chock **3** gnissel, falsk ton **4** kruka; kanna, tillbringare; *the door stood on the* ~ (*on a* ~, *on* ~) dörren stod på glänt (*fam.*) **II** *v* knarra, gnissla; låta illa; vara oförenlig, strida mot; gräla; *the sound* ~*s* [*up*]*on my ears* ljudet skär i öronen på mig

jargon ['dʒɑːgən] **I** *s* **1** struntprat, dravel **2** rotvälska **3** jargong **4** *poet.* fågelkvitter **5** (slags) sten **II** *v* **1** tala jargong **2** kvittra

jargoon [dʒɑː'guːn] (slags) sten

jasey ['dʒeizi] peruk

jasmine ['dʒæsmin] *bot.* jasmin

jasper ['dʒæspə] jaspis

jaundice ['dʒɔːndis] **I** *s* **1** gulsot **2** *fig.* svartsjuka; fördomsfull inställning **II** *v* **1** behäfta med gulsot **2** *fig.* göra svartsjuk; ~*d*, *äv.* uttråkad

jaunt [dʒɔːnt] **I** *v* göra utflykt **II** *s* utflykt **-y** [-i] *a* kack; nonchalant **II** *s*, *sjö. sl.* ledare för sjöpolis

Java [dʒɑːvə] Java; javakaffe **-n**, **-nese** [,dʒɑːvə'niːz] **I** *a* javanesisk **II** *s* **1** javanes **2** javanesiska [språket]

javelin ['dʒævlin] spjut

jaw [dʒɔː] **I** *s* **1** käke **2** *pl*, ~*s* käft; gap, mun; klyka; pass; *hold your* ~ håll käften **II** *v* **1** *sl.* snacka **2** *sl.* skälla **-bone** käkben **--breaker** *fam.* hård knäck; svåruttalat ord **--tooth** oxeltand

jay [dʒei] **1** nötskrika **2** skrikhals **3** dumskalle **--town** stad i landsorten **--walker** "Laura", oförsiktig fotgängare

jazz [dʒæz] **I** *s* jazz; *A.* bunt, konkarong; *sl.* smörja, struntprat **II** *a* gräll, skrikig, oharmonisk **III** *v* spela (dansa) jazz; ~ *up* pigga upp, sätta fart på (*sl.*)

jealous ['dʒeləs] **1** svartsjuk **2** ängsligt vaksam (*of* på) **-y** [-i] **1** svartsjuka **2** ängslan; misstänksamhet; nitälskan

jean [dʒein] (slags) bomullstyg, parkum; ~*s* [dʒiːnz] jeans

jeep [dʒiːp] jeep

jeer [dʒiə] **I** *v* håna; göra narr (*at* av) **II** *s* hån [-fullt yttrande]

Jehovah [dʒi'həuvə] *åld.* Jehova, Jahve

jejune [dʒi'dʒuːn] torftig, ofruktbar

Jekyll [dʒiːkil] ~*-and-Hyde existence* dubbelliv

jell [dʒel] bli gelé; ta fast form

jelly ['dʒeli] **I** *s* gelé[pudding]; *beat to a* ~ göra mos av **II** *v* bli (göra till) gelé **--fish** manet **-graph** hektograf

jemmy ['dʒemi] **1** kofot (verktyg) **2** fårhuvud (som maträtt) **3** överrock

jenny ['dʒeni] lyftkran; spinnmaskin **2** ['dʒini] stöt i biljard **3** hona; ~ *wren* gärdsmygshona **--ass** åsninna

jeopard|ize ['dʒepədaiz] riskera; sätta på spel **-y** [-i] knipa, fara

jeremiad [,dʒeri'maiəd] klagovisa, jeremiad

Jericho ['dʒerikəu] *go to* ~! dra åt skogen!

jerk [dʒɔːk] **I** *s* **1** ryck, knyck, kast, stöt; språng **2** *A. sl.* tråkmåns; gröngöling; *physical* ~*s* gymnastiska övningar (*fam.*) **II** *v* **1** rycka, snacka, stöta **2** skära (kött) i strimlor o. låta soltorka

jerkin ['dʒɔːkin] läderjacka, -väst

jerky ['dʒɔːki] **1** ryckig, knyckig **2** krampaktig

Jerry ['dʒeri] **1** a o. s, mil. sl. tysk **2** j~ potta
(sl.) **j--builder** [-,bildə] en som bygger dåliga
hus på spekulation **j--building** [-,bildiŋ]
smäckjobb, -bygge
jerrymander ['dʒerimændə] se gerrymander
jerry-shop ['dʒeriʃɔp] krog
jersey ['dʒə:zi] **I** a från Jersey **II** s **1** [ylle-]
tröja **2** J~ Jerseyko
Jerusalem [dʒə'ru:s(ə)ləm] Jerusalem; ~ arti-
choke jordärtskocka
jess [dʒes] **I** s snara om foten på falk **II** v binda
fast fötterna
jessamine ['dʒesəmin] bot. jasmin
jest [dʒest] **I** s gyckel, drift; skämt; in ~ på
skämt **II** v gyckla, skämta (at med) **-er** [-ə]
skämtare; hovnarr
Jesus ['dʒi:zəs] Jesus
jet [dʒet] **I** s **1** stråle, låga **2** jetflygplan **3** gagat
4 munstycke; ~ bomber jetbombplan; ~
fighter jetjaktplan; ~[-propelled] plane jet-
plan; ~ propulsion jetdrift; jet set rikemans-
kotteri som flyger jet mellan olika nöjescentra
II a kolsvart **III** v spruta ut **--black** ['dʒet-
'blæk] kolsvart **--engine** [-,en(d)ʒin] jet-
motor
jetsam ['dʒetsəm] gods kastat över bord för
att göra fartyg lättare i sjönöd; vrakgods; se
äv. flotsam
jettison ['dʒetisn] **I** s, sjö. kastande över bord
av last **II** v kasta last över bord
jetty ['dʒeti] **I** a kolsvart **II** s pir; kaj
Jew [dʒu:] **I** s jude **II** a jude- **III** v lura
--baiting [-,beitiŋ] judeförföljelse
jewel ['dʒu:əl] **I** s juvel, ädelsten **II** v **1** pryda
med juveler **2** förse ur med stenar **-ler** [-ə]
juvelerare **-[le]ry** [-ri] juveler
Jew|ess ['dʒu(:)is] judinna **-ish** [-iʃ] judisk
-ry [-əri] **1** koll. judarna **2** judekvarter
jew's harp ['dʒu:z'hɑ:p] mungiga
Jezebel ['dʒezəbl] skamlös kvinna
jib [dʒib] **I** s **1** sjö. klyvare **2** kranarm **3** trotsig
häst; the cut of a man's ~ någons uppsyn
II v **1** skifta (segel) **2** vara envis, streta emot;
~ at visa motvilja för **-ber** [-ə] istadig häst
--door osynlig dörr i vägg
jibe [dʒaib] = gibe
jiff[y] ['dʒif(i)] s, in a ~ på momangen
(fam.)
jig [dʒig] **I** s **1** jigg (slags dans) **2** malmvaskare
II v **1** dansa jigg, jigga **2** sålla malm **--a-jig**,
--a-jog skutt, hopp
jigger ['dʒigə] **I** s **1** jiggdansör **2** malmsållare
3 fiskebåt med segel **4** sl. stöd för biljardkö
5 sjö. jiggermast **II** v trötta ut; I'm ~ed jag
är alldeles utpumpad **--mast** se jigger 5
jiggle ['dʒigl] skaka, vicka, rucka på
jigsaw ['dʒigsɔ:] lövsåg **--puzzle** [-,pʌzl] (löv-
sågat) pussel
jilt [dʒilt] **I** s trolös kvinna **II** v ge på båten
Jim Crow ['dʒim'krəu] A. neger; rasdiskri-
minering; jim-crow waiting room väntrum
endast för negrer
jimjams ['dʒimdʒæmz] **1** sl. delirium tremens
2 egenhet, besynnerlighet; to have the ~ ha
dille
jimp [dʒimp] Sk. **1** smärt, slank **2** knapp
jingle ['dʒiŋgl] **I** v klirra, pingla, skramla;
rimma **II** s **1** klirrande, pinglande, skram-
lande **2** rimmande, dålig vers
jingo ['dʒiŋgəu] **I** s patriot; by ~! vid Gud!
II a chauvinistisk **-ism** [-iz(ə)m] chauvinism
-istic [,dʒiŋgəu'istik] chauvinistisk

jink [dʒiŋk] undvikande rörelse; manöver med
flygplan för att undvika beskjutning; high ~s
skoj, upptåg
jinrick[i]sha [dʒin'rikʃə] jinriksha
jinx [dʒiŋks] den (det) som bringar otur
jitter ['dʒitə] **I** v, sl. vara (göra) nervös **II** s pl,
~s nervositet; get the ~s bli rädd **-bug I** s
1 nervös person **2** jitterbug (A. dans) **II** v dansa
jitterbug **-y** [-ri] sl. uppjagad
jive [dʒaiv] s, A. sl. jargong hos swingentusi-
aster; swingmusik; strunt[prat]
Job [dʒəub] Job; ~'s comforter klen tröst
(som gör saken värre för en); ~'s post jobs-
post
job [dʒɔb] **I** s **1** arbete, jobb, anställning; sak,
affär; spekulation **2** styng, stöt; a bad ~ miss-
lyckande; he called it a bad ~ han lade av;
do the ~ for a man ta kål på någon; be on the
~ jobba hårt **II** v **1** arbeta på ackord; handla
med, spekulera i; hyra [ut] (hästar, bilar etc.);
fam. jobba **2** sticka, stöta; ~bing gardener
hyrd trädgårdsskötare
jobber ['dʒɔbə] **1** tillfällighetsarbetare **2** mel-
lanhand **3** profithaj **-nowl** [-nəul] fam. tjock-
skalle **-y** [-ri] korruption
job|less ['dʒɔblis] arbetslös **-master** [-,mɑ:s-
tə] häst- o. vagn-uthyrare **--work** ackords-
arbete
Jock [dʒɔk] **1** Sk. = Jack **2** sl. högländsk
soldat **3** skotte **4** fam. = jockey
jockey ['dʒɔki] **I** s **1** jockej **2** ung underordnad
3 hantlangare **II** v **1** lura **2** rida på; ~ a man
out of his money lura av någon hans pengar;
he was ~ed out han blev utknuffad
jocos|e [dʒə(u)'kəus] skämtsam; munter **-ity**
[dʒə(u)'kɔsiti] skämtsamhet; munterhet
jocular ['dʒɔkjulə] skämtsam; munter **-ity**
[,dʒɔkju'læriti] skämtsamhet; munterhet
jocund ['dʒɔkənd] glad, livad **-ity** [dʒə(u)'kʌn-
diti] munterhet, gladlynhet
jodhpurs ['dʒɔdpuəz] ridbyxor
Joe [dʒəu] fam. Joseph; ~ Miller gammal
vits; not for ~! aldrig i livet!
joey ['dʒə(u)i] **I** sl. clown **2** känguruunge **3** dag-
drivare
jog [dʒɔg] **I** s **1** knuff, stöt **2** lunk **3** A. kant,
utsprång, ojämnhet **II** v **1** knuffa, stöta till;
friska upp (minnet) **2** lunka, traska; we must
be ~ging vi måste knalla; matters ~ along
det knallar o. går
joggle ['dʒɔgl] **I** v **1** ruska, skaka **2** förbinda
på visst sätt **II** s **1** skakning **2** lunk **3** kilfog
jog-trot ['dʒɔg'trɔt] **I** s **1** lunk **2** fig. slentrian
II a slentrianmässig **III** adv maklig fart **IV** v
lunka
John [dʒɔn] John, Johannes; ~ Bull engelska
nationen; typisk engelsman; j~ (A. sl.) toalett
johnny ['dʒɔni] karl, individ; J~ Armstrong
handkraft (sjö.); J~ Raw gröngöling **--cake**
majskaka
join [dʒɔin] **I** v förbinda; förena sig (to, with
med); föra tillsamman; ansluta sig till; slå
sig tillsammans med; bli medlem av; ta ställ-
ning hos; ~ battle sammandrabba; will you ~ us?
kommer du med oss; ~ hands ge varandra
handen; fig. samverka; ~ ship gå ombord,
mönstra på; ~ in komma med; ~ up bli för-
ena, förbinda **b** gå ut i militärtjänst; ~ with
ansluta sig till **II** s skarv, fog **-er** [-ə] möbel-
snickare **-ery** [-əri] snickeri, snickeriarbete
joint [dʒɔint] **I** s **1** sammanfogning; förenings-
punkt; led **2** stek (att serveras på bord) **3** A.

sl. opiumhåla; spelhall; sylta; danspalats; *out of* ~ ur led **II** *a* förenad, förbunden; gemensam; *during their* ~ *lives* så länge de alla (båda) var *i* livet; *on* ~ *account* på gemensam räkning **III** *v* **1** förbinda **2** hopfoga **3** sönderdela **-ed** [-id] ledad, försedd med leder **-er** [-ə] **1** hopfogare **2** fogverktyg **--heir** medarvinge **-ly** [-li] gemensamt **--owner** ['dʒɔint-'əunə] delägare **--stock** aktiekapital **-ure** [-ʃə] **I** *s* änkesäte **II** *v* tilldela änkesäte

joist [dʒɔist] **I** *s* tvärbjälke **II** *v* spänna tvärbjälke **-ing** [-iŋ] bjälklag

jok|e [dʒəuk] **I** *s* skämt, kvickhet, spratt; *in* ~ på skämt; *practical* ~ spratt som man spelar någon för att försätta denne i kinkig situation **II** *v* **1** skämta **2** driva med; *he always* ~*s it off* han skojar alltid bort saker o. ting **-er** [-ə] **1** skämtare **2** *sl.* karl **3** *kortsp.* joker **-ey** [-i] **-y** [-i] skämtsam

jolli|fication [,dʒɔlifi'keiʃ(ə)n] muntration; fest **-fy** ['dʒɔlifai] gaska upp; festa **-ty** ['dʒɔliti] *se jollification*

jolly ['dʒɔli] **I** *a* glad; *fam.* livad, på snusen; *the* ~ *God* Bacchus; *J*~ *Roger* piratflagga med dödskalle **II** *adv, fam.* mycket, väldigt; *a* ~ *good fellow* en riktigt rejäl karl **III** *s* **1** *sl.* marinsoldat **2** skämt **3** julle, jolle **IV** *v* **1** *sl.* skoja med **2** *sl.* skälla på; ~ *a person along* pigga upp någon **--boat** jolle

jolt [dʒəult] **I** *v* skaka, stöta **II** *s* skakning, stöt **-y** [-i] skakig

Jonathan ['dʒɔnəθ(ə)n] **1** [*Brother*] ~ USA, Onkel Sam **2** äppelsort

jonquil ['dʒɔŋkwil] (slags) gul narciss

jorum ['dʒɔːrəm] stor pokal

josh [dʒɔʃ] **I** *s* oskyldigt skämt **II** *v* skoja med, driva med **-er** [-ə] skämtare

Joshua ['dʒɔʃwə] Josua

joskin ['dʒɔskin] *sl.* bondlurk

joss [dʒɔs] kinesisk avgudabild

josser ['dʒɔsə] dumskalle, idiot

jostle ['dʒɔsl] **I** *v* knuffa, tränga undan **II** *s* knuff, kollision

jot [dʒɔt] **I** *s* **1** jota **2** liten kvantitet **II** *v* anteckna, notera [~ *down*] **-ter** [-ə] anteckningsbok; en som antecknar **-ting** [-iŋ] anteckning

jounce [dʒauns] **I** *v* stöta, skaka **II** *s* skakning

journal ['dʒəːnl] **1** journal; dagbok; tidning, tidskrift **2** tapp (på maskin); *the J*~*s* protokoll över förhandlingarna i *Parliament* **-ese** ['dʒəːnə'liːz] tidningsspråk **-ism** ['dʒəːnə-liz(ə)m] journalistik **-ist** ['dʒəːnəlist] journalist **-istic** [,dʒəːnə'listik] journalistisk **-ize** ['dʒəːnəlaiz] föra in i journal, dagbok

journey ['dʒəːni] **I** *s* resa **II** *v* resa **-man** [-mən] **1** gesäll **2** hantlangare **--work** gesällarbete; obetydligt arbete

joust [dʒaust] **I** *s* tornering **II** *v* tornera

Jov|e ·{dʒəuv] Jupiter; *by* ~*!* ta mig tusan!

j-ial [-jəl] gladlynt, fryntlig, jovialisk **j-iality** [,dʒəuvi'æliti] jovialitet **-ian** Jupiter-

jowl [dʒaul] käke, käkben, kind; kräva, huvud (på fisk); *cheek by* ~ kind mot kind, i förtrolig närhet

joy [dʒɔi] **I** *s* fröjd, glädje; *I wish you* ~*!* hjärtliga lyckönskningar **II** *v, poet.* fröjdas, glädjas **-ance** [-əns] *poet.* fröjd **-ful** [-f(u)l] glad; glädjande **-less** [-lis] glädjelös **-ous** [-əs] = *joyful* **--ride** *sl.* nöjestur i "lånad" bil **-stick** *sl.* styrspak i flygplan

juba ['dʒuːbə] (slags) negerdans

jubil|ant ['dʒuːbilənt] jublande **-ate I** *v* ['dʒuː-

bileit] jubla **II** *s, J*~ [,dʒuːbiˈlɑːti] psalm 100 i Psaltaren; tredje söndagen efter påsk; *fig.* jubel **-ation** [,dʒuːbiˈleif(ə)n] jubel

jubilee ['dʒuːbiliː] **1** jubelår **2** jubileum **3** jubel

Judaism ['dʒuːdeiiz(ə)m] judendom

Judas ['dʒuːdəs] Judas; förrädare; *j*~ titthål i dörr **--coloured** [-,kʌlədl] röd[aktig]

Jude [dʒuːd] Judas brev (i NT)

judg|e [dʒʌdʒ] **I** *s* domare; kännare, bedömare; [*the book of*] *J*~*s* Domareboken (Gamla Testamentet); *J*~ *Advocate General* högsta juridiska instans inom krigsväsendet **II** *v* [be]döma, avgöra; kritisera; bestämma **-e-made** *a,* ~ *law* lag grundad på prejudikat **-ement** *se judgment* **-ing-committee** ['dʒʌ-dʒinkə'miti] jury

judgment ['dʒʌdʒmənt] **1** dom, utslag **2** straffdom **3** bedömande; omdömesförmåga; *pass* (*pronounce*) ~ avkunna dom (*against* mot; *for* till förmån för) **--day** domedag, yttersta domen **--seat** domarstol

judgeship ['dʒʌdʒʃip] domarämbete

judicature ['dʒuːdikətʃə] rättsskipning; domsrätt; domarämbete; domstol

judicial [dʒuːdiʃ(ə)l] rättslig, juridisk, dömande; opartisk

judic|iary [dʒuːdiʃiəri] **I** *s* domarkår **II** *a* rättslig, domstols- **-ous** [-ʃəs] förståndig

Judy ['dʒuːdi] Judit; Punchs maka i kasperteater; *sl.* slampa; "fågelskrämma"

jug [dʒʌg] **I** *s* **1** kanna, tillbringare **2** *sl.* fängelse **3** = ~-~ **II** *v* **1** stuva, koka i gryta **2** *sl.* sätta i fängelse, finka **3** slå (om fågel) **-ged** [-d] ~ *hare* hargryta

juggle ['dʒʌgl] **I** *v* jonglera; *fig.* konstra; *he has* ~*d me out of* han har lurat mig på det **II** *s* jonglerande, trollkonst; bedrägeri **-r** [-ə] jonglör **-ry** [-ləri] jonglerande; fuffens

jug-jug ['dʒʌgdʒʌg] näktergalssång

Jugoslav ['juːgə(u)'slɑːv] *s* o. *a* jugoslav[isk] **-ia** [-jə] Jugoslavien

jugula|r [dʒʌgjulə] **I** *s* = ~ *vein* halsåder **II** *a* strup-, hals- **-te** [-leit] döda; strypa; *fig.* hejda

juic|e [dʒuːs] saft; *sl.* elström; bensin **-ed** [-t] *A. sl.* berusad **-y** [-i] **1** saftig **2** mustig, pikant **3** *fam.* smaskens, finfin

juke [dʒuːk] *A. sl.* värdshus; ~ *box* grammofonautomat

July [dʒuː(ː)'lai] juli

jumbl|e ['dʒʌmbl] **I** *v* blanda ihop; gå i varandra; lägga i en enda röra **II** *s* **1** virrvarr, röra **2** skakning **-e-sale** loppmarknad, välgörenhetsbasar **-e-shop** secondhand shop **-y** [-i] rörig, virrig

jumbo ['dʒʌmbəu] **1** koloss (djur el. människa) **2** elefant **3** turgubbe

jumbuck ['dʒʌmbʌk] *Austr.* får

jump [dʒʌmp] **I** *s* **1** hopp **2** plötslig rörelse **3** gupp, hinder; *broad* ~ längdhopp (*A.*); *high* ~ höjdhopp; *long* ~ längdhopp; *the* ~*s* nervösa ryckningar; *sl.* delirium tremens, dille; *he gave a* ~ han ryckte till; *he gave me the* ~*s* han gav mig stora skälvan; *from the* ~ från allra första början; *all of a* ~, *on the* ~ med en gång **II** *v* **1** [få att] hoppa; stiga (om priser); rycka till; hoppa över (t.ex. sidor i en bok) **2** överensstämma **3** steka, sautera (potatis) **4** överfalla **5** spåra ur **6** borra; *he* ~*ed his bill* han försvann utan att betala; ~ *the lights* köra förbi utan att bry sig om stoppljus; *he* ~*ed at the proposal* han antog förslaget med uppräckta händer; ~ *to conclusions* dra förhastade slutsatser; ~ *together* passa in, överensstämma; ~ *upon* kasta sig över **-er** [-ə] **1** hoppare (idrottsman el. häst); medlem av hopparsekten; hoppande insekt **2** (slags) borr **3** jumper **-ing-jack** [-iŋˌdʒæek] sprattelgubbe **-ing-off-place** [-iŋˌɔf-] avlägsen ort; utgångspunkt **-ing-pole** stav (för stavhopp) **-y** [-i] nervös

junct|ion [ˈdʒʌn(k)ʃ(ə)n] förening[spunkt]; knutpunkt, järnvägsknut **-ure** [-(k)ʃə] förening[spunkt]; situation, kritiskt ögonblick; *at this* ~ i detta läge

June [dʒuːn] juni

jungle [ˈdʒʌŋgl] **1** djungel **2** *sl.* luffarläger; överbefolkad stadsdel **--fever** [-ˌfiːvə] malaria

junior [ˈdʒuːnjə] junior; yngre; *A.* student på tredje året; *my* ~ *by one year* ett år yngre än jag; ~ *clerk* yngste man; ~ *school* (*ung.*) lågstadiet i en skola (elever mellan 7 o. 11 år gamla); *the* ~ *service* armén **-ity** [ˌdʒuːniˈɔriti] lägre tjänsteålder

juniper [ˈdʒuːnipə] enbuske

junk [dʒʌŋk] **1** *s* **1** djonk **2** skräp, lump **3** kloss **4** *sl.* narkotika **II** *v* sortera i bitar; kassera, skrota ner; ~ *mail* skitpost, reklamtrycksaker **junket** [ˈdʒʌŋkit] **I** *s* **1** *ung.* filbunke **2** fest **3** utflykt **II** *v* festa; göra en utflykt

junkie [ˈdʒʌŋki] *sl.* narkoman

junk-shop [ˈdʒʌŋkʃɔp] lumpbod

junta [ˈdʒʌntə] militärjunta

Jupiter [ˈdʒuːpitə] Jupiter

jural [ˈdʒuər(ə)l] rättslig, rätts-

jurat [ˈdʒuəræt] rådman

juridical [dʒuəˈridik(ə)l] juridisk, rättslig

juris|diction [ˌdʒuərisˈdikʃ(ə)n] jurisdiktion, domsrätt; rättsskipning; domsrättsområde **-dictional** [ˌdʒuərisˈdikʃənl] jurisdiktions-prudence** [ˈdʒuəris,pruːd(ə)ns] rättsvetenskap **-prudent** [ˈdʒuəris,pruːd(ə)nt] rättslärd **-t** [ˈdʒuərist] rättslärd **-tic[al]** [dʒuəˈristik,-(ə)l] juridisk

juror [ˈdʒuərə] jurymedlem

jury [ˈdʒuəri] jury; *brand* ~ brottmålsjury med 12—23 ledamöter; *petty* ~ jury för mindre mål med 12 ledamöter

just [dʒʌst] **I** *a* rättvis, opartisk; riktig **II** *adv* just; alldeles; precis; endast; genast; knappast; ~ *so!* alldeles riktigt; ~ *come here* kom hit bara; ~ *call me Peter* kalla mig helt enkelt för Peter; *I* ~ *managed it* jag klarade det nätt o. jämnt; ~ *a minute!* vänta en minut bara!; ~ *a bit nervous* bara lite nervös; *the music was* ~ *splendid* musiken var alldeles strålande; *it's* ~ *possible* det kan vara möjligt; *not* ~ *yet* inte riktigt än; ~*now* nyss

justice [ˈdʒʌstis] rättvisa, rätt; domare (framför allt i England i Högsta Domstolen); *Court of* ~ domstol; *J*~ *of the Peace* fredsdomare; *do* ~ *to* göra rättvisa åt, vara rättvis mot; *do o.s.* ~ göra sig själv full rättvisa; *in*~ rätteligen; skäligen

justiciary [dʒʌsˈtiʃiəri] **I** *s* lagskipare **II** *a* lagskipnings-

justif|iable [ˈdʒʌstifaiəbl] rättfärdig; försvarlig **-ication** [ˌdʒʌstifiˈkeiʃ(ə)n] **1** berättigande; försvar; rättfärdiggörelse **2** *boktr.* radutslutning **-icative** [-fikeitiv] **-icatory** [-fikeitəri] rättfärdigande **-y** [-fai] **1** rättfärdiga; försvara; rättfärdiggöra; bestyrka **2** *boktr.* sluta ut; *the end -ies the means* ändamålet helgar medlen; *he was -ied in coming* det var riktigt av honom att komma; *he is -ied of destiny* hans öde rättfärdigar honom

justly [ˈdʒʌstli] *adv* **1** rättvist, opartiskt, riktigt **2** med rätta

jut [dʒʌt] **I** *s* utskjutande del **II** *v* = ~ *out* (*forth*) sticka fram

jute [dʒuːt] jute

juven|escence [ˌdʒuːviˈnesns] ungdom **-es-cent** [-esnt] ung **-ile** [ˈdʒuːvinail] **I** *a* barnslig, ung; ungdoms-; ~ *delinquency* ungdomsbrottslighet **II** *s* ung person; ~*s* barnböcker (*sl.*) **-ility** [ˌdʒuːviˈniliti] ungdomlighet, barnslighet

juxtapos|e [ˈdʒʌkstəpəuz] placera intill varandra **-ition** [ˌdʒʌkstəpəˈziʃ(ə)n] läge intill varandra, juxtaposition

K

K, k [kei] (bokstaven) k

Kaf[f]ir [ˈkæfə] *s o. a* kaffer; icke-muhammedan, otrogen

kale [keil] **1** grönkål **2** kålsoppa; *curly* (*curled, Scotch*) ~ (slags) kål med rödblå blad

kaleidoscope [kəˈlaidəskəup] kalejdoskop

kaleyard [ˈkeiljɑːd] köksträdgård; ~ *school* grupp skotska författare som skildrar folklivet

Kanaka [ˈkænəkə] polynesier

kangaroo [ˌkæŋgəˈruː] **1** känguru **2** australisk soldat **3** ~*s* västaustraliska gruvaktier **4** jobbare i västaustraliska gruvaktier

Kansas [ˈkænzəs] delstat i USA

kaolin [ˈke(i)əlin] porslinslera

kapok [ˈkeipɔk] kapock, glansull

karate [kəˈrɑːti] karate, japansk kampsport

kar[r]oo [kəˈruː] torr höglandsplatå i S.Afr.

katydid [ˈkeitidid] (slags) amerikansk gräshoppa

kayak [ˈkaiæk] kajak, eskimåkanot

keckle [ˈkekl] *v, Sk.* slabba

kedge [kedʒ] **I** *s* varpankare **II** *v* förhala **--anchor** *se kedge I*

keek [kiːk] *Sk.* kika

keel [kiːl] **I** *s* **1** köl på båt **2** kolpråm; *poet.* skepp; *on an even* ~ på rät köl; *fig.* i jämvikt **II** *v* (= ~ *over*) kantra; vända upp o. ner på; lägga på rygg **-haul** kölhala **-son** [ˈkelsn] kölsvin

keen [kiːn] **I** *s* irländsk liksång **II** *v* begråta **III** *a* skarp, vass; genomträngande; skarpsinnig; intensiv; livlig; (om kyla, aptit) frisk; (om konkurrens etc.) hård; ivrig, angelägen; ~ *on doing it* pigg på att göra det; *he's as* ~ *as mustard* han är entusiastisk **--edged** [-edʒd] vass **-ness** [-nis] skärpa; skarpsinne; livlighet; (om kyla, aptit) friskhet; (om konkurrens etc.) hårdhet; iver **--set** [ˈkiːnˈset] hungrig, ivrig (*for* efter) **--witted** [-ˈwitid] skarpsinnig

keep [kiːp] **I** *v* hålla, behålla, bibehålla; iaktta, uppfylla; fira; beskydda, bevara; ha, äga; underhålla, försörja; sköta om; hålla sig [kvar]; avhålla; gömma då; fortsätta; ~ *a p. waiting* låta någon vänta; ~ *one's ground* hålla stånd; ~ *one's feet* bevara jämvikten; *that news will* ~ den nyheten kan vänta; ~ *house* hushålla, sköta ett hem; ~ *at a thing* driva på något; ~ *away* hålla på avstånd; ~

back hålla tillbaka, hejda; ~ *down* undertrycka; hålla nere (priser); ~ *from* avhålla sig från; hindra från; dölja för; ~ *in* låta sitta kvar i skolan; hålla brinnande (om eld); ~ *in with* hålla kontakt med (*fam.*); ~ *off* avvärja hålla på avstånd; ~ *on* behålla; fortsätta med; ~ *out* utestänga; ~ *over* bevara, ha kvar (till senare tillfälle); ~ *to* hålla sig till; ~ *o.s. to o.s.* hålla sig för sig själv; ~ *together* hålla ihop; ~ *under* hålla nere, undertrycka, betvinga; ~ *up* hålla uppe; ej ge upp; underhålla (kontakt), hålla i stånd; hålla vid liv (eld etc.); ~ *it up* vara vid gott mod; fortsätta; ~ *up with a p.* hinna med någon **II** *s* 1 torn, fästning, fort 2 kost, uppehälle; *in good* ~ vid god kondition; *for* ~*s* för gott (*A. sl.*) **-er** [-ə] 1 vaktare; uppsyningsman; vårdare; ring (som sitter ovanför vigselring på fingret) 2 ankare (om magnet) **-ing** [-iŋ] **I** *s* 1 förvar, vård 2 överensstämmelse, harmoni; *in* ~ *with* i stil med; *out of* ~ *with* som inte passar ihop **II** *a*, ~ *apples* äpplen som kan förvaras länge utan att förstöras **-ing-room** [-rum] vardagsrum **-sake I** *s* minne, souvenir **II** *a* sentimental
kef [kef] bedövning, rus
keg [keg] liten tunna, kagge
keif [kaif] = *kef*
kelp [kelp] (slags) alg, kelp; aska av tång o. d
kelter ['keltə] = *kilter*
ken [ken] **I** *s* 1 synhåll, synkrets; förstånd 2 lönnkrog; *out of (beyond) a p.'s* ~ över ngns förstånd **II** *v Sk.* veta, känna, förstå
kennel ['kenl] **I** *s* 1 hundkoja, -gård 2 lya 3 kyffe 4 rännsten **II** *v* bo (stänga in) i hundkoja etc.; hysa
Kent [kent] (grevskapet) Kent **-ish** [-iʃ] kentisk
Kentucky [ken'tʌki] delstat i USA
Kenya ['kenjə] Kenya
kept [kept] **I** *imperf* o. *perf part* av *keep* **II** *a* (väl) underhållen
kerb [kə:b] **-ing** [-iŋ] trottoarkant **--market** handel med värdepapper utanför Börsen **-stone** kantsten på trottoar; ~ *broker* mäklare som ej är medlem av Börsen
kerchief ['kə:tʃif] huvudduk, halsduk; *poet.* näsduk **-ed** [-t] försedd med huvudduk etc.
kerf [kə:f] 1 sågskära 2 huggänden av fällt träd
kermis ['kə:miz] 1 marknad (i Holland) 2 livlig folkfest
kernel ['kə:nl] kärna (*äv. fig.*)
kerosene ['kerəsi:n] fotogen
kestrel ['kestr(ə)l] (= ~ *hawk*) tornfalk
ketch [ketʃ] ketch, (slags) liten tvåmastare
ketchup ['ketʃəp] tomatsås, ketchup
kettle ['ketl] kittel; *a pretty* ~ *of fish* en salig röra **-drum** [-] puka 2 stor tebjudning **--hol-der** [-,heuldə] grytlapp
kevel ['kevl] *sjö.* krysshult
key [ki:] **I** *s* nyckel (*äv. fig.*) 2 kil 3 tangent 4 tonart 5 stämning 6 rev, sandbank; *he put me in the* ~ *for it* han försatte mig i rätt stämning; *have the* ~ *of the street* gå brandvakt; *in* ~ *with* i harmoni med; *it's out of* ~ det skär sig; ~ *money* pengar under bordet för bostadslägenhet; insats; ~ *signature* [fasta] förtecken, tonartsbeteckning **II** *a* viktig, nyckel- **III** *v* 1 göra fast med kil 2 *mus.* stämma; ~ *down* sjunga en ton lägre, stämma ner tonen; ~ *up* stimulera; skruva upp (t.ex. priser); ~*ed up* upphetsad **-bit** [nyckel]ax **-board** klaviatur **--colour** grundfärg **-hole**

nyckelhål **--man** [-mən] nyckelman, huvudperson **--note I** *s* 1 grundton 2 grundtanke **II** *v* klargöra **--screw** skruvnyckel **--stone** *byggn.* slutsten; *fig.* hörnsten, grundval
khaki ['kɑ:ki] 1 kaki 2 soldat i kaki; *get into* ~ gå in i armen
khalifa[t] [kɑ:'li:fə(t)] kalif[at]
kibble ['kibl] **I** *s* hisskorg (i gruva) **II** *v* grovmala
kibe [kaib] frostknöl; *tread on a p.'s* ~*s* trampa någon på tårna (*fig.*)
kibosh ['kaibɔʃ] *sl.* struntprat; *put the* ~ *on* göra kål på
kick [kik] **I** *s* 1 spark; *A. sl.* protest 2 energi, styrka 3 stöt; stimulans; rekyl (från skjutvapen) 4 upphöjning i buteljbotten; *alive and* ~*ing* vid god vigör; ~*s* skor (*A. sl.*); *he got more* ~*s than halfpence* han fick dålig lön för mödan; *that's the* ~ det är sista modet (*sl.*); *he got the* ~ han fick sparken (*sl.*); *they get a* ~ *out of it* de finner stort nöje i det; *give a* ~ sätta sig emot **II** *v* 1 sparka; stöta till; sparka bakut; protestera, sätta sig emot; klaga; ge "sparken" 2 *sl.* dö; ~ *the bucket* dö; ~ *the weed* sluta röka; *we can't* ~ *any longer* nu kan vi inte klaga längre (*A.*); ~ *downstairs* kasta ut; ~ *off* sparka av sig (skorna); göra avspark i fotboll; ~ *over the traces* hoppa över skacklarna; ~ *up a row* (*shindy*) börja bråka; *he was ~ed upstairs* han blev befordrad **-er** [-ə] häst som slår bakut; *A.* kverulant **--off** ['kik-,ɔf] avspark (i bollspel); *sl.* början
kickshaw ['kikʃɔ:] 1 smårätt 2 obetydlighet, struntsak
kick|-starter ['kik,stɑ:tə] kickstart (på motor) **--up** ['kik'ʌp] 1 språng 2 bråk, oväsen
kid [kid] **I** *s* 1 kid, killing 2 killingskinn 3 ~*s* glacéhandskar 4 *sl.* unge, barn 5 *sl.* bedrägeri 6 kagge; *sjö.* träskål (för mat) **II** *v* 1 föda killing 2 *sl.* lura, skoja; *no* ~*ding* "bergis" **-dy** [-i] **I** *s* 1 liten get 2 *sl.* unge, barn 3 *sl.* smart bedragare **II** *v* lura **--glove** *A.* glacéhandske; *handle with* ~*s* behandla med takt och försiktighet **II** *a* alltför känslig; effeminerad
kidnap ['kidnæp] bortföra barn, kidnappa **-ping** [-iŋ] barnarov, kidnapping
kidney ['kidni] 1 njure 2 art, sort 3 (slags) potatis; *a man of the right* ~ en man av rätta ullen **--bean** ['kidni'bi:n] rosenböna
kief [ki:f] = *kef*
kike [kaik] *A. sl.* jude
kilderkin ['kildəkin] 1 tunna 2 mått på 16 el. 18 gallons
kill [kil] **I** *v* döda, slå ihjäl; slakta; överväldiga, tillintetgöra; uttala dödsdom över; *sport.* döda, stoppa boll; *six were* ~*ed* sex man stupade, sex människor omkom; *she was got up to* ~ hon var charmant klädd; ~ *off* utrota **II** *s* 1 död[ande] 2 dödat djur (genom jakt) 3 djur använt som lockbete **III** *a* slök- **-deer** *zool.* brockfågel, pipare **-er** [-ə] dödare, dråpare; slaktare; utrotningsmedel; *A.* mördare **-ing** [-iŋ] **I** *a* dödande; *fig.* överväldigande **II** *s* byte **-joy** glädjeförstörare **--time** tidsfördriv
kiln [kiln] **I** *s* kalkugn **II** *v* = **--dry** torka (i ugn)
kilo|gram[me] ['kilə(u)græm] kilogram **-me-** **-ter** [-,mi:tə] kilometer **-watt** ['kiləwət] kilowatt
kilt [kilt] **I** *s* kilt **II** *v* vecka (kjol) **-ed** [-id] 1 veckad 2 med kilt
kilter ['kiltə] *A.* skick; *out of* ~ i oordning
kiltie ['kilti] högländare, högländsk soldat

kimono [ki'məunəu] kimono

kin [kin] **I** s släkting[ar]; familj; släktskap; *we are ~, they are ~ to me* vi är släktingar; *of ~* besläktad **II** a släkt, besläktad (*to* med)

kind [kaind] **I** s sort, slag; *pay in ~* a betala i natura **b** ge igen med samma mynt; *tea of a ~* vad man kallar te (*iron.*); *these ~ of men* detta slags människor; *I ~ of expected this* jag väntade mig det här halvt om halvt **II** a vänlig, god, snäll, älskvärd (*to* mot); *with ~ regards* med vänliga hälsningar

kindergarten ['kində,gɑ:tn] lekskola

kind-hearted ['kaind'hɑ:tid] godhjärtad, vänlig

kindle ['kindl] **I** v [an]tända[s]; lysa upp; egga, underblåsa **II** s, *in ~* dräktig

kindliness ['kaindlinis] vänlighet, godhet

kindling ['kindliŋ] **-s** [-z] **--wood** tändbränsle

kind|ly ['kaindli] **I** a vänlig, välvillig, human; angenäm (t.ex. om väder) **II** adv vänligt, gott; *~ show me the book* var vänlig o. visa mig boken **-ness** [-nis] vänlighet, godhet, välvilja

kindred ['kindrid] **I** s släkt[skap]; *fig.* likhet **II** a besläktad

kine [kain] *åld. pl* av *cow*

kinetic [kai'netik] **I** a kinetisk, rörelse- **II** *pl*, *~s* kinetik

king [kiŋ] **I** s kung (*äv. kortsp.*); furste; dam i damspel; prima (om frukt etc.); magnat; *the ~ in Council* kungen o. hans rådsherrar; [*the Book of*] *K~s* Konungaböckerna; *the K~'s English* korrekt engelska, engelska rikssprå- ket; *K~'s* (*Queen's*) *Speech* trontal; *~ bolt* bär- bult **II** v vara kung; spela kung (= *~ it*); göra till kung **-craft** regeringskonst **-cup** smörblomma **-dom** [-dəm] [kunga]rike; *till ~ come* i all evighet (*sl.*) **-fisher** [-,fiʃə] kungsfiskare **-let** [-lit] **1** småkung **2** kungsfågel **-ly** [-li] konungslig

kink [kiŋk] **I** s **1** sjö. kink (trassel på wire); fnurra (på tråd) **2** mental avvikelse **3** hugskott **-y** [-i] krullig (om hår)

kin|less ['kinlis] utan släktingar **--people** *A.* = *kinsfolk* **-sfolk** [-zfəuk] anförvanter **-ship** släktskap **-sman** [-zmən] **-swoman** [-z,wu- mən] anförvant

kiosk ['ki(:)ɔsk] kiosk

kip [kip] **I** s **1** hud av ungt djur **2** *sl.* säng, slaf för natten; *go off to ~* gå o. lägga sig **II** v, *sl.* sova **-[-house]** *ung.* ungkarlshotell

kipper ['kipə] **I** s **1** laxhanne under parningstid **2** (slags) rökt sill **II** v fläka o. röka fisk

kirk [kə:k] *Sk.* kyrka **-man** [-mən] medlem av skotska kyrkan **--session** [-,seʃ(ə)n] *Sk.* kyrkostämma

kiss [kis] **I** s **1** kyss **2** (slags) konfekt, "kyss" **3** *biljard.* sammanstötning (av bollar); *blow a ~* kasta slängkyss **II** v **1** kyssa **2** *biljard.* stöta samman; *~ the dust* bita i gräset; *~ the ground* krypa i stoftet; *~ hands* (*the hand of*) kyssa på hand; *~ one's hand* to kasta slängkyss åt; *~ the rod* undergivet motta bestraffning, kyssa riset **-able** [-əbl] kysstäck **-er** [-ə] **1** en som kysser etc., *se kiss II* **2** *sl.* mun

kissing|-crust ['kisiŋkrʌst] mjukbakad del av brödskorpa **--gate** vändkors **--trap** *sl.* mun

kiss|-me-quick [,kismi'kwik] **1** (slags) liten blomma **2** damhatt **3** hårlock på framhuvudet **--off** *A. sl.* **1** avsked, farväl **2** avgång

kit [kit] **I** s **1** spann **2** utrustning; redskap; ställ, uppsättning **3** förk. för *kitten*; *the whole ~ of them* hela bunten **II** v (= *~ up*) utrusta

med, förse med **--bag** redskapsväska; pack- ning

kitchen ['kitʃin] kök; *~ dresser* [-,dresə] köks- skåp; *~ garden* köksträdgård; *~ physics* god o. närande kost **-er** [-ə] köksspis **-ette** [,kitʃi'net] kokvrå **--maid** kökspiga **--range** köksspis **--stuff** grönsaker **-ware** [-,wɛə] köksutrustning

kite [kait] **I** s **1** *zool.* glada **2** bedragare **3** [lek- saks]drake; *sl.* flygplan **4** lånevägel **5** *~s* (*pl*) segel högst uppe i masten; *fly a ~* (*fig.*) pejla allmänna opinionen **II** v **1** [låta] sväva **2** dra en lånevägel **--balloon** [-,bəlu:n] försöksbal- long **--flier** [-,flaiə] en som släpper upp en drake **--flying** [-,flaiiŋ] **1** uppsläppande av drake **2** växelrytteri

kith [kiθ] s, *~ and kin* släktingar o. vänner

kitten ['kitn] **I** s kattunge (*äv. fig.* om flicka) **II** v få ungar (om katta) **-ish** [-iʃ] lekfull

kittle ['kitl] vansklig; kinkig; *~ cattle* svår att ha att göra med

kitty ['kiti] **1** kattunge **2** *spelt.* pott, insats **3** (slags) målklot

kiwi ['ki:wi(:)] **1** *zool.* kivi **2** *sl.* markpersonal i flygvapnet **3** *K~* (*fam.*) nyzeeländare

knack [næk] **1** skicklighet, talang **2** handlag **3** vana

knacker ['nækə] **1** hästslaktare **2** skrotfirma, skrotare (av hus, båtar etc.)

knag [næg] **1** kvist (i trä) **2** nedersta delen av gren **-gy** [-i] kvistig, knotig

knap [næp] knacka (sten); bryta, slå sönder **-per** [-ə] stenknackare (*äv.* verktyg)

knapsack ['næpsæk] ryggsäck, ränsel

knar [nɑ:] kvist (i trä) **-ry** [-ri] kvistig

knav|e [neiv] **1** skurk, kanalje **2** *kortsp.* knekt **-ery** [-əri] skurkstreck, bedrägeri **-ish** [-iʃ] skälmaktig

knead [ni:d] **1** knåda **2** massera **3** forma **-able** [-əbl] som går att knåda **-er** [-ə] knådare, knådningsmaskin **-ing-trough** baktråg

knee [ni:] **I** s knä; *on the ~s of the gods* i gudar- nas knän, ovisst **II** v **1** röra vid med knäet **2** förse med knä **3** få knän på byxorna; *~ to* böja knä för **--cap 1** knäskål **2** knäskydd **-d** försedd med knän (om byxor) **--deep** ['ni:- 'di:p] ända upp till knäna **--hole** [**writing table**] skrivbord med plats för knäna **--joint** knäled

kneel [ni:l] **1** knäböja (*to* [in]för); *~ up* sätta sig i knäböjande ställning från liggande **-er** [-ə] **1** en som knäböjer **2** knäkudde, knäpall **-ing- -chair** bönpall

knee|-pan ['ni:pæn] knäskål **--smalls** [-smɔ:lz] knäbyxor

knell [nel] **I** s (ljud från) dödsklocka; själaring- ning **II** v ringa själaringning

knelt [nelt] *imperf* o. *perf part* av *kneel*

knew [nju:] *imperf* av *know*

Knicker|bocker ['nikəbɔkə] Newyorkbo (av holländsk härstamning); *k~s* knäbyxor; golfbyxor; dambyxor **-s** [-əz] *fam.* för *knicker- bockers*

[k]nick-[k]nack ['niknæk] **1** prydnadssak **2** läcker smårätt **-ery** [-əri] krimskrams, grann- låt **-s** *se* [k]*nick-*[k]*nackery*

knife [naif] **I** s kniv; *he always gets his ~ into me* han hackar alltid på mig; *war to the ~* strid på liv o. död; *play a good ~ and fork* göra maten rättvisa, äta duktigt **II** v sticka (med kniv) **--blade** knivblad **--board 1** skurbräde (för knivar) **2** längsgående dubbelbänk på busstak **--edge 1** knivsegg **2** egg (på våg) **3** vass bergrygg

knight [nait] **I** *s* **1** riddare **2** knight (lägre adelstitel) **3** häst (i schackspel); ~ *of the pestle* apotekare **II** *v* dubba till riddare, adla **-age** [-idʒ] **1** riddarskap **2** förteckning över knights **--bachelor** ['nait'bætʃ(ə)lə] knight som inte hör till någon speciell orden **--commander** kommendör **--errant[ry]** ['nait'er(ə)nt(ri)] vandrande riddare [ridderskap] **-hood 1** ridderskap **2** riddarvärdighet, knighttitel **-like, -ly** [-li] ridderlig

knit [nit] (*äv. imperf* o. *perf part*) **1** sticka; fast förena[s]; knyta samman **2** rynka (pannan); ~ *up* **a** stoppa, laga **b** *fig.* avsluta; *a wel l* ~ *frame* en välbyggd kropp **-ter** [-ə] en som stickar; stickmaskin **-ting** [-iŋ] stickning; stickat plagg **-wear** stickade plagg

knives [naivz] *pl* av *knife*

knob [nɔb] **I** *s* knopp, knapp; ratt (t.ex. på radio); dörrhandtag; mutter; kulle; *sl.* huvud (*vanl. nob*) **II** *v* förse med knopp etc.; ~ *out* bukta ut **-bed** [-d] försedd med knopp etc., *se knob I* **-ble** [-l] liten knopp etc., *se knob I* **-bly** [-li] knölig

knock [nɔk] **I** *v* **1** knacka (äv. om motor), slå, bulta **2** *A. sl.* kritisera **3** *sl.* göra förundrad; gå he n hos, slå an på (publik); ~ *about* **a** kasta fram o. tillbaka **b** misshandla; ~ *against a p.* kollidera med någon; ~ *down* **a** slå ner, besegra **b** slå bort vara på auktion **c** pressa ner (pris) **d** demontera **e** uppmana; *he was* ~*ed into a cocked hat* han blev alldeles sönderslagen; *the rooms were* ~*ed* into one rummen slogs ihop till ett; ~ *off* **a** pruta, slå ner (pris) **b** sluta (arbete) **c** *sl.* dö; ~ *a p.'s head off* överträffa någon; ~ *out* **a** slå KO, slå ut (boxare) **b** knacka ur (pipa) **c** hastigt hitta på något, yxa till; *he was* ~*ed out of time* han blev uträknad (*boxn.*); ~ *over* **a** stjälpa, slå omkull **b** *fam.* dö **c** *sl.* stjälpa i sig; ~ *together* hastigt sätta ihop; ~ *under* ge upp; ~ *up* **a** tröttna **b** snabbt bygga upp (hus) **c** improvisera **d** väcka **e** *kricket.* snabbt få poäng i protokollet; ~ *up against a p.* stöta ihop med någon; ~*ed up* dödstrött **II** *s* **1** slag, knackning **2** *sl.*, *innings* i kricket; *take the* ~ bli ruinerad **--about** *I a* **1** högröstad **2** kringvandrande, bohem- **3** som passar för vardagsbruk (om kläder) **II** *s* bullersam komisk akt; buskkomiker **--down** ['nɔk'daun] **I** *a* **1** dråp-, som ger dråpslag (nyheter) **2** som går att demontera; ~ *price* minimipris (på auktion); ~ *argument* dräpande argument **II** *s* **1** hårt slag; *boxn.* nedslagning **2** slagsmål **3** presentation **-er** [-ə] **1** portklapp **2** *A. sl.* gnatsjuk person; *up to the* ~ perfekt, prima **--knees** ['nɔk'ni:z] koben **--out 1** knockout, dråpslag **2** framgångsrik man (-t företag); ~ *blow* nådastöt

knoll [nəul] **I** *s* liten kulle **II** *v* kalla samman genom klockringning

knot [nɔt] **I** *s* **1** knop, knut; svårighet, problem **2** rosett **3** knöl, kvist **4** knop (1 852 m i timmen) **II** *v* **1** göra knop, knyta **2** rynka (pannan) **-hole** kvisthål **-ted** [-id] knotig; knutig **-ty** [-i] **1** = *knotted* **2** svårlöst

know [nəu] **I** *v* veta, känna till, kunna; känna igen; vara medveten om; *run all you* ~ *!* spring så fort du kan!; *he* ~*s what is what* han har väl reda på sig; *we never knew him tell a lie* vi har aldrig hört honom ljuga; *I* ~ *better than to go* jag är inte så dum att jag går; *not if*

I ~ *it!* det skall jag nog förhindra!; *not that I* ~ *of* inte såvitt jag vet **II** *s*, *he is in the* ~ han är invigd; *I'll keep you in the* ~ jag skall hålla dig initierad **-able** [-əbl] vetbar **--all** allvetare **--how** [tekniskt] kunnande **-ing** [-iŋ] **1** kunnig **2** slug **3** stilig **-ingly** [-iŋli] *adv* **1** kunnigt, med sakkunskap **2** medvetet, med avsikt, med vett och vilja **3** menande

knowledge ['nɔlidʒ] kunskap. vetskap; vetande, lärdom; *to my* ~ så vitt jag vet; *common* ~ allmänt bekant faktum **-able** [-əbl] **1** vetbar **2** kunnig **--box** *sl.* skalle

known [nəun] *perf part* av *know*

knuckle ['nʌkl] **I** *s* **1** knoge; [knä]led **2** boxring; *that runs near the* ~ det står på gränsen till det tillåtna **II** *v* slå med knogarna; ~ *down* ge tappt **--bone** ledknota; ~*s* tärningsspel **-duster** [-,dʌstə] knogjärn

knur[r] [nə:] knöl, kvist; (slags) träklot

knut [kə'nʌt] *sl.* snobb **-ty** [-i] snobbig

kobold ['kɔbəuld] tomte

kohlrabi ['kəul'rɑ:bi] kålrabbi

koorbash ['kuəbæʃ] läderpiska

kopje ['kɔpi] *S.Afr.* liten kulle

Koran [kɔ'rɑ:n] Koran[en]

Korea [kə'riə] Korea

kosher ['kəuʃə] ren, tillåten (enl. judisk lag)

kourbash *se koorbash*

kowtow ['kau'tau] *fig.* kryperi

Kremlin ['kremlin] *the* ~ Kreml

kudos ['kju:dɔs] *sl.* ära, berömmelse

Kuwait [ku'weit] Kuwait

kyloe ['kailəu] liten skotsk koras

L

L, l [el] (bokstaven) l

la [lɑ:] *mus.* la

lab [læb] (kortform av *laboratory*) *vard.* labb

labefaction [læbi'fækʃ(ə)n] **1** skakning **2** försvagning; fall

label ['leibl] **I** *s* **1** etikett; adresslapp **2** *byggn.* gesims **II** *v* förse med etikett; *fig.* stämpla, beteckna som

labia∥**l** ['leibjəl] *I a* läpp-, labial **II** *s* läppljud, labial **-lize** [-biəlaiz] labialisera **-te** [-bieit] *bot.* läppblomstrig; läppformig

labile ['leibil] labil, ostadig

laboratory [lə'bɔrət(ə)ri] laboratorium; ~ *animal* försöksdjur

Labor Day ['leibədei] *A.* första måndagen i september (fridag)

laborious [lə'bɔ:riəs] **1** arbetsam **2** mödosam; tung (stil)

labour ['leibə] **I** *s* **1** arbete, [veder]möda **2** arbetskraft **3** *koll.* arbetare **4** barnsnöd; ~ *market* arbetsmarknad; ~ *of love* kärleksverk; *L*~ = *L*~ *Party* arbetarpartiet; *L*~ *leader* fackföreningspamp; *hard* ~ straffarbete; ~ *pains* födslosmärtor **II** *v* **1** arbeta, sträva, anstränga sig **2** ~ *under* lida av, ha att kämpa mot **3** utarbeta i detalj **4** stampa, rulla (om fartyg); ~ *under a mistake* vara utsatt för ett misstag **-ed** [-d] **1** mödosam **2** tung (om stil) **-er** [-r(ə)] arbetare **--exchange** [-riks-

,tʃein(d)ʒ] arbetsförmedling **-ing** [-b(ə)riŋ] **1** [tungt] arbetande **2** betryckt; ~ *man* arbetare **L-ist** [-rist] **L-ite** [-rait] medlem av arbetarpartiet **L-member** [-,membə] parlamentsledamot från arbetarpartiet **--registry** [-,redʒistri] arbetsförmedling **--saving** ['seiviŋ] arbetsbesparande **--union** [-,juːnjən] fackförening

labyrinth ['læbərinθ] labyrint, i rrgång **-ian, -ic, -ine** [,læbə'rinθiən, -ik, -ain] labyrintisk, villsam

lace [leis] **I** *s* **1** virkad[e] spets[ar] **2** snöre, snodd **3** galon **4** tillsats av spritdryck (t. ex. i kaffe), "kaffegök" **II** *a* spets- **III** *v* **1** snöra [sig] **2** förse med galon (spets) **3** klå upp (= ~ *into a p.*) **4** spetsa med spritdryck; ~ *in* snöra in [sig] i korsett; **--bobbin** ['leis'bɔbin] knyppelpinne **--boot** snörkänga

lacerat|e ['læsəreit] **1** riva sönder **2** plåga **-ion** [,læsə'reiʃ(ə)n] sönderslitning; rivet hål

lace-up boots ['leisʌp'buːts] = (*fam.*) *lace--ups* snörkängor

lachrym|al ['lækrim(ə)l] **I** *a* tår- **II** *s*, ~*s* tårkanaler **-ation** [,lækri'meiʃ(ə)n] tårflöde **-atory** [-mət(ə)ri] tår-; ~ *bomb* tårgasbomb **-ose** [-əus] tårfylld; gråtmild

lacing ['leisiŋ] **1** tillsnörning **2** snöre **3** galon, träns **4** stryk **5** tillsats av spritdryck, "spets"

lack [læk] **I** *s* brist, underskott; *for* ~ *of* i brist på **II** *v* sakna, lida brist på; *be* ~*ing in money* vara utan pengar

lackadaisical [,lækə'deizikəl] likgiltig, blaserad

lacker ['lækə] *se laquer*

lackey ['læki] **I** *s* **1** lakej **2** inställsam, krypande person **II** *v* **1** vara lakej **2** dansa efter ngns pipa

lack-lustre ['læk,lʌstə] matt, glanslös (om t. ex. öga)

lacon|ic [lə'kɔnik] lakonisk, kortfattad **-icism** [-isiz(ə)m] **-ism** ['lækə(u)niz(ə)m] lakonism, kortfattat uttryck

lacquer ['lækə] **I** *s* **1** lack, fernissa **2** lackarbete **II** *v* lackera, fernissa

lacrosse [lə'krɔs] lacrosse (bollspel som liknar landhockey)

lacquey ['læki] *se lackey*

lact|ation [læk'teiʃ(ə)n] **1** diande **2** avsöndring av mjölk **-eal** [læktiəl] mjölk-

lacun|a [lə'kjuːnə] (*pl -ae* [-iː]) **1** lakun, lucka **2** hålighet **-al** [-nl] **-ar[y]** [-nə(ri)] *a* med luckor

lacy ['leisi] *a* spets-, spetsliknande

lad [læd] pojke, grabb; *he is a bit of a* ~ han är en glad fyr

ladder ['lædə] stege, lejdare; *maska* (på strumpa); *kick down the* ~ glömma gamla vänner o. välgörare **--dredge** mudderverk **--proof** masksäker **-tower** brandstege **--truck** stegvagn

laddie ['lædi] liten pojke

lad|e [leid] **1** lasta **2** ösa **-en** [-n] **1** lastad **2** tyngd, nedtryckt (*with* av) **3** fylld **-ing** [-iŋ] **1** lastning, lastande **2** last; *bill of* ~ konossement

la-di-da ['lɑːdi'dɑː] *a* o. *s* [person som är] tillgjord i tal o. uppträdande

ladle ['leidl] **I** *s* **1** slev **2** skopa (på kvarnhjul) **II** *v* (= ~ *out*) ösa ur **-ful** slevfull

lady ['leidi] **1** dam **2** titel för vissa adliga damer; fru (framför efternamnet hos maka till en baronet el. knight) **3** hjärtas dam **4** tik **5**

kvinno-; *Ladies* (*sg*) damtoalett; *Our L* ~ Jungfru Maria; *your good* ~ er fru; ~ *of the bedchamber,* ~ *in waiting* hovdam; *L* ~ *Bountiful* god fé; *the old* ~ min mor; *the Old L* ~ *of Threadneedle Street* Bank of England (engelska riksbanken); *a ladies' man* en kvinnokarl; *L* ~ *Day* a Marie bebådelsedag **b** kvartals-; *L* ~ *Mayoress* Lord Mayors hustru; ~ *principal* direktris; ~*'s companion* sykorg; ~*'s slipper* akleja **L--altar** [-,ɔːltə] Mariaaltare **-bird, -bug, --clock** nyckelpiga **--companion** [-kəm,pænjən] sällskapsdam **--cow** nyckelpiga **--doctor** [-,dɔktə] kvinnlig läkare **--help** ['leidi'help] hjälp i hushållet **--killer** [-,kilə] kvinnotjusare **-like 1** som anstår en dam **2** feminin (om man) **--love** ens hjärtas dam **-ship** rang o. värdighet av *lady*; *your* ~ ers nåd **--slipper** [-,slipə] *se lady's slipper* **-'s-maid** [-z-] kammarjungfru

lag [læg] **I** *v* **1** komma efter, sacka (= ~ *behind*) **2** *sl.* arrestera, gripa **3** förse med beklädning (ångpanna) **II** *s* **1** eftersläntrare, jumbo **2** retardation **3** *sl.* fängelsekund **4** beklädning (av ångpanna) **-gard** ['lægəd] **I** *s* sölkorv **II** *a* trög; sölig **-ger** [-ə] **1** eftersläntrare **2** fängelsekund **-ging** [-iŋ] **1** *sl.* fängelsestraff **2** pannisolering

lager ['lɑːgə] lageröl

lag|oon [lə'guːn] **-une** [-uːn] lagun

laic ['leiik] **I** *s* lekmanna-; världslig **-al** [-(ə)l] *se laic II* **-ization** [,leiisai'zeiʃ(ə)n] sekularisering **-ize** ['leiisaiz] sekularisera

laid [leid] *imperf* o. *perf part* av *lay*; ~ *paper* papper med vattenstämpel; *be* ~ *up* ligga till sängs

lain [lein] *perf part* av *lie*

lair [lɛə] **1** (djurs) lya, kula **2** fålla (för djur vid transport) **3** *fam.* rum

laird [lɛəd] *Sk.* godsägare

laissez-faire ['leisei'fɛə] statlig passivitet i förhållande till privata företagare

laity ['leiiti] lekmän, lekmannakåren

lake [leik] **1** sjö **2** rödaktigt färgämne **--dweller** [-,dwelə] person som bor i pålhus **--settlement** [-,setləmənt] pålhusby

lam [læm] **I** *sl.* piska, slå, klå upp (= ~ *into*) **2** *A. sl.* smita

lama ['lɑːmə] **1** lama (tibetansk präst) **2** *zool.* lama -ism [-iz(ə)m] lamaism **-ist** lamaist

lamb [læm] **I** *s* lamm[kött] (*äv. fig.*); *in* ~ dräktig **II** *v* lamma

lamben|cy ['læmbənsi] **1** fladder **2** lekfullhet **-t 1** fladdrande (om låga) **2** klart strålande **3** lekfull

lamb|kin ['læmkin] litet lamm **-like** spak som ett lamm **-skin** lammskinn

lame [leim] **I** *a* lytt, ofärdig; haltande (om vers); lam (ursäkt); ~ *duck* **a** invalid **b** svag person **c** dålig betalare (på börsen) **d** person som ej längre betyder något i ens liv **e** *A.* kongressledamot som ej kommer att bli omvald **II** *v* göra ofärdig, lemlästa; *fig.* förlama

lamell|a [lə'melə] (*pl -ae* [-iː]) lamell **-ar** [-lə] **-ate** [-it] **-ated** ['læməleitid] försedd med lamell

lameness ['leimnis] ofärdighet; hälta; *fig.* lamhet

lament [lə'ment] **I** *s* klagovisa **II** *v* [be]klaga, [be]gråta (*for, over* över); *the dear* ~*ed* de kära hädangångna **-able** ['læməntəbl] beklaglig, sorglig **-ation** [,læmen'teiʃ(ə)n] veklagan, klagosång; *the L* ~*s* Jeremias klagovisor

lamin|a ['læminə] (*pl -ae* [-iː]) tunn skiva, lamell, tunt lager **-ate** [-eit] klyva i tunna skivor, utvalsa till tunna plåtar **-ating** [-eitiŋ] laminering

Lammas ['læməs] kyrklig högtidsdag 1 augusti; *at latter ~* när det blir sju torsdagar i en vecka, aldrig

lamp [læmp] **I** *s* lampa, lykta **II** *v* **1** lysa, skina **2** förse med lampor **3** *A. sl.* kika **--chimney** [-ˌtʃimni] lampglas

lampion ['læmpiən] marschall

lamplighter ['læmplaitə] lykttändare; *like a ~* som en blixt, fort

lampoon [læm'puːn] **I** *s* smädeskrift **II** *v* smäda i skrift **-er** [-ə] **-ist** författare av smädeskrift

lamp-post ['læmppəust] lyktstolpe; *between you and me and the ~* mellan fyra ögon, i förtroende sagt

lamprey ['læmpri] *zool.* nejonöga

lamp-shade ['læmpʃeid] lampskärm

lance [lɑːns] **I** *s* **1** lans, spjut **2** *~s* lansiärer; *~ corporal* vicekorpral (*ung.*) **II** *v* **1** genomborra med lans **2** *med.* öppna med lansett **3** *poet.* slunga **-let** [-lit] lansettfisk **-olate** ['lɑːnsiəleit] lansettformig **-r** [-ə] **1** lansiär **2** *pl, ~s* (slags) dans ("lansiär")

lancet ['lɑːnsit] lansett **--arch** *byggn.* spetsbåge **--window** [-ˌwindəu] spetsbågefönster

lancinating ['lɑːnsineitiŋ] (om smärta) stingande, häftig

land [lænd] **I** *s* **1** land (i motsats till hav); rike; mark; jord **2** oräfflad del av skjutvapen; *by ~* till lands; *on ~* på torra land; *see how the ~ lies* se hur läget är; *the ~ of cakes* Skottland; *the ~ of the leal* himlen; *make ~* **a** få land i sikte **b** angöra land **II** *v* **1** landa (om flygplan) **2** gå i land **3** föra i land, lossa; sätta av (passagerare) **4** ge, träffa med (slag) **5** hala in (fisk) **6** hamna, råka **7** vinna **--abutment** [-ə,bʌtmənt] landfäste (till bro) **--agent 1** egendomsmäklare **2** förvaltare

landau ['lændɔː] landå

land-bank ['lændbæŋk] hypoteksbank

land|ed ['lændid] jordägande; jord-; *~ property* [*estate*] jordegendom; *~ proprietor* godsägare; *the ~ interest* godsägarna (*koll.*) **-fall** landkänning **--holder** [-ˌhəuldə] jordägare **-ing** [iŋ] **1** landning, landstigning **2** landningsplats **3** avsats mellan två trappor; *forced ~* nödlandning **-ing-craft** landstigningsbåt **-ing-field** landningsfält **-ing-gear** landningsställ (på flygplan) **-ing-net** landnot **-ing-run** landningsbana (för flygplan) **-ing-stage** båtbrygga **-ing-strip** liten landningsbana (för flygplan) **--jobber** [-ˌdʒɔbə] egendomsjobbare **-lady** ['læn,leidi] **1** värdshusvärdinna **2** värdinna **3** godsägarinna **4** kvinnlig husägare **--locked** ['lændlɔkt] omgiven av land **-lord** ['lænlɔːd] **1** värdshusvärd **2** husägare, värd **3** jordägare **-lubber** [-ˌlʌbə] landkrabba **-mark** ['læn(d)mɑːk] **1** gränsmärke **2** landmärke; *fig.* hållpunkt **3** *fig.* milstolpe **-owner** [-ˌəunə] jordägare **-scape** ['lænskeip] landskap, natur; *~ gardening* trädgårdskonst **-scapist** [-skeipist] landskapsmålare **--shark** bondfångare, "haj" **-sick** som längtar efter land **-slide** ['læn(d)slaid] **1** *fig.* jordskred (vid politiskt val) **2** = **-slip** ['læn(d)slip] jordskred, ras **-sman** ['læn(d)zmən] landkrabba **--surveyor** [-sə(ː),ve(i)ə] lantmätare **--swell** dy-

ning **--tax** jordränta **-ward[s]** [-wəd(z)] mot land **--wash** bränning

lane [lein] **1** smal väg (mellan häckar o. d.) **2** gränd **3** körfil **4** farled, rutt (för fartyg o. flygmaskiner) **5** *sport.* bana **6** *long* (*red*) *~* strupe (*barnspr.*); *it is a long ~ that has no turning* allt har sin ände; *form a ~* bilda paradhäck (*mil.*)

lang syne ['læŋ'sain] *Sk.* för länge sedan; den gamla goda tiden

language ['læŋgwidʒ] språk; *bad ~* ohyfsat språk; *speak the same ~* tala samma språk, vara på samma våglängd **--master** [-ˌmɑːstə] språklärare

languid ['læŋgwid] trög, likgiltig; matt, svag; tråkig; *hand.* flau, trög

languish ['læŋgwiʃ] avmattas, tyna; försmäkta; bli matt; tråna, trängta **-ment** [-mənt] trånad, trängtan

languor ['læŋgə] **1** matthet, svaghet **2** trängtan, vemod **3** kvav luft; dåsighet

lank [læŋk] **1** [lång o.] mager **2** rakt o. stripigt (om hår) **-y** [-i] lång o. gänglig

lanolin[e] ['lænəuliːn] lanolin

lantern ['læntən] lanterna, lykta; *~ jaws* magra, infallna kinder; *~ lecture* föreläsning med ljusbilder **--slide** skioptikonbild

lanthorn ['læntən] *åld.* för *lantern*

lanyard ['lænjəd] *sjö.* repstump; taljerep; kikarrem

Laos [lauz] Laos

lap [læp] **I** *s* **1** flik, skört **2** örsnibb **3** fals, band **4** överskjutande del **5** knä, sköte **6** skvalp **7** varv (vid löpning) **8** polerskiva **9** blask, dryck med dålig styrka **10** *sl.* sprit **II** *v* **1** lapa, slicka **2** plaska, skvalpa **3** slicka (om låga) **4** svepa in, omge **5** polera **6** skjuta ut (*over* över) **7** varva (i löpning); *~ped in luxury* insvept i lyx; *~ up* slicka i sig (beröm o. d.) **--dog** knähund

lapel [lə'pel] kavajslag **-led** [-d] försedd med slag

lapid|ary ['læpidəri] **I** *a* huggen i sten, sten-, lapidarisk; *~ style* lapidarstil, stenstil **II** *s* stenslipare **-ate** [-eit] stena **-ation** [ˌlæpi-'dei(ʃə)n] stenande **-ify** [lə'pidifai] förstena

lapis lazuli [ˌlæpis'læzjulai] **I** *s* lasursten **II** *a* himmelsblå

Lapland ['læplænd] Lappland **-er** [-ə] invånare i Lappland

Lapp [læp] **I** *s* lapp **II** *a* lappländsk

lappet ['læpit] **1** flik, snibb **2** örsnibb **3** öronlapp (på mössa)

Lapp|ish ['læpiʃ] lappländsk **-onian** [læ'pəuniən] *se Lapp*

lapse [læps] **I** *s* **1** misstag, lapsus **2** felsteg, försyndelse **3** flau **4** upphävande av rättighet **5** flods lopp **6** förlopp (om tid) **II** *v* **1** förfalla **2** återfalla **3** glida; förflyta

lapwing ['læpwiŋ] tofsvipa

larboard ['lɑːbəd] *sjö. åld.* babord

larcen|ous ['lɑːsinəs] *jur.* tjuvaktig **-y** [-səni] *jur.* stöld; *petty ~* snatteri; *grand ~* grov stöld

larch [lɑːtʃ] lärkträd[d]

lard [lɑːd] **I** *s* isterflott **II** *v* späcka (*äv. fig.*) **-er** [-ə] skafferi **-y** [-i] fet[aktig]

large [lɑːdʒ] **1** stor, vid, omfångsrik; ansenlig **2** [vitt]omfattande **3** frikostig **4** vidsynt **5** oinskränkt, fri; *~ of limb* grovlemmad; *as ~ as life* i naturlig storlek; i levande livet; *at ~* **a** på fri fot **b** utförligt **c** i allmänhet; *the* *public at* ~ den stora allmänheten; *gentleman at* ~ **a** hovfunktionär utan specificerat uppdrag **b** rentier **c** *skämts.* arbetslös; *in* ~ i stor skala **--hearted** ['lɑːdʒ'hɑːtid] vidhjärtad **--limbed** [-limd] grovlemmad **-ly** [-li] *adv* **1** till stor del; i hög grad **2** stort; rikligt **--minded** ['lɑːdʒ'maindid] storsint **-ness** [-nis] **1** storlek, omfattning **2** storsinthet; frikostighet **--scale** [-ˌskeil] i stor skala, omfattande **--sized** [-ˌsaizd] av stort nummer **-ss[e]** [lɑːˈdʒes] frikostighet

lariat ['læriət] **1** tjuder **2** lasso

lark [lɑːk] **I** *s* **1** lärka **2** skoj, skämt; *what a* ~*!* så skojigt **II** *v* skoja med **-ish** [-iʃ] **-some** [-səm] *fam.* skojfrisk; på skojhumör

larkspur ['lɑːkspəː] *bot.* riddarsporre

larky ['lɑːki] *se larkish*

larrikin ['lærikin] ligapojke, ligist

larrup ['lærəp] *fam.* klå upp

larv|a ['lɑːvə] (*pl -ae* [-iː]) *zool.* larv

laryn|gal [ləˈriŋg(ə)l] strup- **-gitis** [ˌlærin-ˈdʒaitis] strupkatarr, laryngit **-x** ['læriŋks] struphuvud

lascivious [ləˈsiviəs] vällustig, liderlig

laser ['leizə] laser

lash [læʃ] **I** *v* **1** slå, piska, prygla; slå bakut (om häst); slå vilt omkring sig **2** störta, piska, strömma **3** piska upp sig till raseri (= ~ *o.s. into*) **4** skälla ut **5** surra fast; ~ *out* slå sig lös, spendera; ~ *out* [*at*] slå vilt, ge **II** *s* **1** snärt, piska **2** piskrapp **3** sarkasm **4** ögonfrans **-er** [-ə] **1** en som slår etc., *se lash I* **2** damm, fördämning **-ing** [-iŋ] prygel; ~*s* massor av (*sl.*)

lass [læs] **1** flicka, tös **2** kärasta **-ie** [-i] *Sk.* tös

lassitude ['læsitjuːd] trötthet, tröghet

lasso [læˈsuː] **I** *s* lasso **II** *v* fånga med lasso

last [lɑːst] **I** *s* **1** läst **2** läst (viktmått) **3** den siste; det senaste **4** uthållighet; *this is Mrs A's* ~ det här är fru A:s sistfödda; *you will never see the* ~ *of her* henne blir du aldrig av med; *at* ~ slutligen, till sist; *at long* ~ äntligen; *to (till) the very* ~ in i det sista **II** *a* sist, slutlig; ytterst; allra störst; förra, senaste; ~ *week* förra veckan; *the* ~ *day* yttersta dagen; *something of the* ~ *importance* något av allra största vikt; *the* ~ *thing (word)* in det allra senaste inom (*vard.*); *the* ~ *word on the matter* sista ordet i saken; ~ *but not least* sist men inte minst; ~ *night* i går kväll **III** *adv* sist, senast; slutligen; *when I* ~ *saw him* när jag sist såg honom **IV** *v* räcka (till för); hålla; *it will* ~ *you another week* det räcker för dig i en vecka till; ~ *out* räcka lika länge som

lastage ['lɑːstidʒ] hamnavgift

lasting ['lɑːstiŋ] **I** *a* förblivande, ihållande; varaktig **II** *s* lasting (slags tyg)

lastly ['lɑːstli] för det sista, slutligen

latch [lætʃ] **I** *s* **1** dörrklinka **2** lås (i dörr); *on the* ~ olåst **II** *v* stänga med dörrklinka; ~ *onto* (*vard.*) **a** fatta, förstå **b** få tag i **c** slå sig ihop med **-key** [-kiː] portnyckel

late [leit] **1** sen; för sen, försenad **2** förre, förutvarande; framliden **3** som inträffat nyligen; *poet.* nyligen; *Morrison,* ~ *Falconer M.,* före detta F.; *you would not expect it as* ~ *as that* man skulle inte vänta sig det så långt fram i tiden; *as* ~ *as the 14th century* ännu på 1300-talet; *that's rather* ~ *in the day* det är i sista laget (*fam.*); *of* ~ på sista tiden; *of* ~ *years* under senare år; ~*r on* senare; *Sunday at [the]* ~*st* senast på söndag; *sooner or* ~*r*

förr el. senare **-ly** [-li] **1** nyligen **2** på sista tiden

latency ['leit(ə)nsi] latens, bundenhet

lateness ['leitnis] senhet; för sen ankomst; färskhet; *he could not account for the* ~ *of the hour* han kunde inte ge någon förklaring till sin sena ankomst

latent ['leit(ə)nt] latent, dold

lateral ['læt(ə)r(ə)l] **I** *a* sido-, som sker i sidled **II** *s* sidogren

latex ['leiteks] *bot.* mjölksaft (från gummiträd), latex

lath [lɑːθ] **I** *s* ribba, latta **II** *v* förse med ribbor **--and-plaster** ['lɑːθən'plɑːstə] *a, fig.* svag; ~ *wall* rappad vägg

lathe [leið] **1** svarv **2** grevskapsdistrikt i Kent

lather ['lɑːðə] **I** *s* **1** lödder **2** *sl.* upphetsad sinnesstämning **II** *v* **1** tvåla in; löddra sig **2** klå upp **-y** [-ri] löddrig

lathy ['lɑːθi] **1** gjord av ribbor **2** lång o. smal

Latin ['lætin] **I** *a* latinsk; ~ *America* Latinamerika **II** *s* **1** latin **2** latier **I-ity** [ləˈtiniti] latinskt sätt att tala o. skriva **I-ize** [-aiz] **1** latinisera **2** använda latinska uttryck

latish ['leitiʃ] ganska sen

latitud|e ['lætitjuːd] **1** breddgrad, latitud **2** obundenhet **3** omfång **4** spelrum **-inal** [ˌlæti-'tjuːdinl] latitud- **-inarian** ['læti,tjuːdi'nɛəriən] **I** *a* frisinnad, religiöst obunden **II** *s* frisinnad person

latrine [ləˈtriːn] avträde, latrin

latter ['lætə] sistnämnd (av två), senare; ~ *end* slut; död; *skämts.* bakdel **--day** modern; *L~ Saints* de sista dagarnas heliga (mormoner) **-ly** [-li] **1** till slut **2** på sista tiden

lattice ['lætis] **I** *s* **1** spjälverk **2** gallerverk **II** *v* förse med spjälverk; ~ [*d*] *window* **a** gallerfönster **b** fönster med diagonala rutor av bly

Latvia ['lætviə] Lettland **-n** lett[isk]

laud [lɔːd] **I** *s* lov[sång] **II** *v* lova, prisa **-able** [-əbl] **1** prisvärd, lovvärd **2** *med.* sund (om avsöndring)

laudanum ['lɔːdnəm] opietinktur, opiat

laud|ation [lɔːˈdeiʃ(ə)n] lovtal, beröm **-ative** ['lɔːdətiv] berömmande, lov- **-ator** [lɔːˈdeitə] lovprisare **-atory** [-ət(ə)ri] = *laudative*

laugh [lɑːf] **I** *v* skratta; ~ *in one's sleeve* skratta i mjugg; ~ *on the wrong side of one's face* gå från skratt till tårar; *he* ~*s best who* ~*s last* skrattar bäst som skrattar sist; ~ *at* skratta åt, göra narr av; ~ *away* [*off*] slå bort med ett skratt; ~ *out* slå bort med ett skratt; skratta högt; *he* ~*ed his head off* han nästan kreverade av skratt; ~ *over* skratta åt, förlöjliga; ~ *to scorn* hånskratta **II** *s* skratt; *then I had the* ~ *of him* då var det min tur att skratta åt honom **-able** [-əbl] löjlig, skrattretande **-ing** [-in] *s* o. *a* skratt skrattande; *no* ~ *matter* ingenting att skratta åt **-ing-gas** lustgas **-ing-stock** en som man skrattar åt; driftkucku

laughter ['lɑːftə] skratt, skrattande, skratt, salva

laugh-worthy ['lɑːf,wəːði] löjlig

launch [lɔːn(t)ʃ] **I** *v* **1** kasta, slunga **2** avskjuta; fälla (bomb) **3** sätta i sjön, sjösätta **4** starta, sätta i gång med **5** ge sig in på; ~ *at* (*against*) slunga mot; ~ *forth* börja; ~ *into the world* kasta ut i världen; ~ *into expense* dra på sig utgifter; ~ *out* kasta ut; vara frikostig med pengar; utbreda sig, tala vitt o. brett (*about, upon* om); inlåta sig (*into* på); *fairly* ~*ed* på god väg **II** *s* **1** sjösättning **2** barkass; motorbåt **-er** [-ə] **-ing-pad** [-iŋ-] avfyrningsramp, startplatta

launder ['lɔːndə] *A.* tvätta **-ette** [ˌlɔːndə'ret] självtvätt, tvättomat

laundr|ess ['lɔːndris] **1** tvätterska **2** städerska i *Inns of Court* **-y** [-i] **1** tvättinrättning **2** tvätt [-kläder]

laureate ['lɔːriit] **I** *a* lagerkrönt; *poet* ~ hovskald, poeta laureatus **II** *s* hovskald **-ship** värdighet av hovskald

laurel ['lɔr(ə)l] **1** lager[träd] **2** lagerkrans; *win* ~*s* skörda lagrar; *look to one's* ~*s* se till att man inte blir överträffad; *rest on one's* ~*s* vila på sina lagrar

lav [læv] (kortform av *lavatory*) *vard.* dass

lava ['lɑːvə] lava

lava|bo [lə'veibəu] **1** tvättställ **2** handtvagning (vid mässa) **3** *pl,* ~*s* toalettrum **-tion** [-ʃ(ə)n] tvättning tvättning **-tory** ['lævət(ə)ri] **I** *s* **1** tvättfat **2** toalettrum, WC **II** *a* tvätt-; ~ *stand* stort tvättställ

lave [leiv] **1** *poet.* tvätta **2** skölja (om flod) **-ment** [-mənt] lavemang

lavender ['lævində] **I** *s* lavendel **II** *a* svagt lila

laver ['leivə] (ätlig) havsalg

laverock ['læv(ə)rək] *poet.* lärka

lavish ['læviʃ] **I** *a* **1** slösaktig (*of, in* med) **2** slösande, påkostad **II** *v* **1** förslösa (*upon* på) **2** slösa med, vara frikostig **-ment** [-,mənt] förslösande

law [lɔː] **1** lag, regel **2** lag, rätt **3** juridik **4** försprång **5** frist; *lay down the* ~ tolka lagen, spela herre; *necessity knows no* ~ nöden har ingen lag; *give the* ~ *to* föreskriva lagar; *go to* ~ börja process; *have the* ~ *of a person* stämma någon; ~ *of the jungle* djungelns lag, den starkares rätt; *it is bad* ~ det är inte enligt lagen; *read* ~ studera juridik; *be at* ~ ligga i process **-abiding** [-ə,baidiŋ] laglydig **-court** domstol **-ful** [-f(u)l] lagenlig **-less** [-lis] **1** lagstridig, laglös **2** otyglad **-lessness** [-lisnis] laglöshet **-lord** juridiskt utbildad medlem av överhuset **-maker** [-,meikə] lagstiftare **-making** [-,meikiŋ] lagstiftning **-monger** [-,mʌŋgə] s. k. lagkunnig

lawn [lɔːn] **1** batist **2** gräsmatta **-mower** [-,məuə] gräsklippningsmaskin; *power* ~ motorgräsklippare **-party** [-,pɑːti] trädgårdsfest **-tennis** ['lɔːn'tenis] tennis på gräsplan **-y** [-i] **1** av batist **2** som en gräsmatta

law|-student ['lɔːstjuːd(ə)nt] juris studerande **-suit** rättegång **-term 1** lagterm **2** rättegångstermin **-writer** [-,raitə] **1** juridisk författare **2** kopist

lawyer ['lɔːjə] advokat

lax [læks] **1** lös, slapp **2** lös[lig]; slarvig; vag **-ative** [-ətiv] *a* o. *s* laxer-, laxermedel **-ity** [-iti] **1** löshet **2** löslighet, slapphet

1 lay [lei] *a* lekmanna-; ~ *baptism* nöddop; ~ *brother,* ~ *sister* lekmannabroder, -syster; ~ *clerk* a försångare **b** kantor; ~ *lord* medlem av överhuset som ej är juridiskt utbildad; ~ *preacher,* ~ *reader* lekmannapredikant

2 lay [lei] *s* **1** sång, ballad **2** läge; tillstånd **3** job **4** värpning **5** varv, lager (på murverk) **6** *vard.* samlag **7** *vard.* kvinna betraktad enbart som parningsobjekt; *the* ~ *of the land* hur landet ligger, situationen

3 lay [lei] *imperf* av *lie*

4 lay [lei] *v* **1** lägga, sätta, placera **2** slå vad; sätta upp (i vadhållning) **3** rikta (kanon) **4** lägga fram (förslag); tänka ut (plan) **5** duka **6** värpa **7** *vard.* ligga med (en kvinna); ~ *about one* slå omkring sig; ~ *aside* lägga ifrån sig; spara; *he was laid aside* han avpolletterades; ~ *by* = ~ *aside;* lägga bi; ~ *down* a nedlägga **b** uppge (hopp) **c** tolka (lagen) **d** fastställa **e** lägga igen (åker) **f** lagra (vin); *he laid down his life* han offrade sitt liv; *I* ~ *it down* to jag anser att det beror på; *he was* ~*ing down the law* han stod o. lade ut texten; ~ *in* lägga upp (förråd); ~ *into s.b.* gå till angrepp mot (klå) ngn (*sl.*); ~ *low* a slå ner **b** förnedra **c** begrava **d** lägga på sjukbädd; ~ *off* lägga av, upphöra; anlägga (gator); ej inlåta sig på; avskeda; ~ *on* a lägga på **b** utdela (slag) **c** installera (gas etc.); *they have got everything laid on* de har alla moderna bekvämligheter; de har det bra ordnat för sig; ~ *it on thick* överdriva grovt, bre på tjockt (*sl.*); ~ *open* öppna; blotta; utsätta (*to* för); ~ *out* a lägga fram **b** låta se **c** svepa (lik) **d** ge ut (pengar) **e** planera, staka ut **f** försätta ur stridbart skick **g** *sl.* slå sanslös, knocka **h** *sl.* läxa upp, ge en avhyvling; ~ *o.s. out* lägga sig ut, göra sig stor möda; ~ *up* a spara, bevara **b** *sjö.* lägga upp (fartyg); *be laid up with* ligga till sängs i; ~ *s.th. upon a p.* skjuta över något på någon; ~ *waste* ödelägga

lay|-by ['leibai] **1** liggplats; sidospår; rastplats, parkeringsficka (längs motorväg) **2** sparslant **-days** [-deiz] *sjö.* liggedagar

layer **I** *s* ['le(i)ə] **1** lager, skikt **2** *bot.* avläggare **3** *pl,* ~*s* liggsår **4** ostronbank **5** vadhållare **6** värpare **II** *v* ['leə] föröka [sig] genom avläggare; lägga sig (om säd)

layette [lei'et] babyutstyrsel

lay-figure ['leifigə] **1** leddocka (*äv. fig.*) **2** skyltdocka

laying ['leiiŋ] **1** liggande; **2** dukning **3** värpning **4** skikt **5** ostronbank **--gear** riktnings- instrument (på kanon)

layman ['leimən] lekman

lay|-off ['leiɔf] **1** tillfälligt avskedande **2** paus **-out** **1** anläggning **2** uppsättning **3** arrangemang; layout **4** plan; planering

laz|e [leiz] lata sig, slöa **-iness** [-inis] slöhet, lättja **-y** [-i] lat, slö **-y-bones** [-ibəunz] **-y-head** [-ihed] lätting

lea [liː] *poet.* äng

leach [liːtʃ] **I** *s* lutbalja **II** *v* urlaka

1 lead [led] **I** *s* **1** bly; blyerts **2** sänklod **3** sänke **4** *typ.* mellanslag **5** kula (från skjutvapen) **6** *pl,* ~*s* blyinfattning; *swing the* ~ simulera, "maska" (*sl.*) **II** *a* bly- **III** *v* **1** infatta i bly **2** sätta blyglas på **3** *typ.* slå emellan; ~*ed glass* blyinfattat glas

2 lead [liːd] *I v* **1** leda; anföra; spela första fiolen, ange tonen; föranleda; leda till, resultera; *kortsp.* ha förhand; leva **2** övertala; ~ *a p. a dance* ställa till besvär för någon; ~ *a p. a life* göra livet surt för någon; *he* ~*s a dog's life* han lever ett hundliv; ~ *the way* visa vägen *he will* ~ *you to suppose that ...* han kommer att få dig att anta att ... ; ~ *captive* bortföra som fånge; ~ *away* föra bort; *he was led away by his feelings* han fördes vilse av sina känslor; ~ *astray* föra vilse, förleda (*fig.*) ~ *by the nose* ha i ledband; ~ *off* börja, öppna; spela ut; ~ *on* a föra vidare; locka **b** snärja; ~ *on to* föra in på; ~ *out* börja; inleda dansen; ~ *up to* resultera i; ~ *up the garden path* föra på villovägar, missleda **II** *s* **1** ledning, ledande plats;

kortsp. förhand **2** ränna **3** koppel **4** huvudroll [-sinnehavare] **5** ledning, sladd
leaden ['ledn] **1** bly-, av bly **2** blygrå; dyster **3** tryckande
leader ['li:də] ledare; chef; dirigent; *bot.* huvudskott; sena; ledare (i tidning); ögonmärke; ledarhäst; huvudadvokat **-ship** ledning; ledarskap
1 leading ['lediŋ] *koll.* bly; blyinfattning
2 leading ['li:diŋ] ledande, förnämst, huvud-; ~ *article* ledare (i tidning); ~ *case* prejudikat; *men of light and* ~ föregångsmän; ~ *man (lady)* premiäraktör (primadonna); ~ *question* ledfråga **--strings** [-z] ledband
lead|like ['ledlaik] blyaktig **-line** lodlina
lead-off ['li:d'ɔf] **1** början **2** spetsartikel
lead|-pencil ['led'pensl] blyertspenna **-sman** [-zmən] lodhyvare **--swinger** [-,swiŋə] *sl.* "maskare" **--work** blyarbete **--works** [-wɔ:ks] blyhytta **-y** [-i] blyaktig
leaf [li:f] **I** *s* **1** blad, löv **2** dörrhalva; lucka; visirskiva; bordsklaff; *turn over a new* ~ vända ett nytt blad **II** *v* **1** få blad, lövas **2** bläddra igenom **-age** [-idʒ] lövverk **--bridge** klaffbro **-ed** [-t] försedd med blad **-less** [-lis] bladlös **-let** [-lit] litet löv; ströskrift, broschyr **-like** bladaktig **-y** [-i] **1** bladaktig **2** lövrik
league [li:g] **I** *s* **1** ca 4 800 m (på land); ca 5 500 m (på sjön) **2** förbund **3** division (i fotboll) **II** *v* förena sig i förbund
leak [li:k] **I** *s* **1** läcka, läckage **2** *sl.* kissning; *spring a* ~ springa läck **II** *v* **1** läcka **2** *sl.* kissa **-age** [-idʒ] **1** läckande, läckage **2** svinn; försvinnande (av pengar) **3** avlyssnande (av telefonsamtal) **-y** [-i] **1** läck, otät **2** sladderaktig
lean [li:n] **I** *a* mager; torftig **II** *v* luta, stå snett, vara böjd (*äv. fig.*); *I've* ~t *over backwards to help you* jag har ansträngt mig till det yttersta för att hjälpa dig; ~ *upon* stödja sig på **III** *s* **1** det magra (på fläsk) **2** !utning; *it is on the* ~ det lutar **-ing** [-iŋ] lutning; *fig.* benägenhet, böjelse
leant [lent] *imperf* o. *perf part* av *lean II*
lean-to ['li:n'tu:] tillbyggt hus, utbyggnad; skjul
leap [li:p] **I** *v* [låta] hoppa; hoppa över; *look before you* ~ se dig om först **II** *s* hopp, språng; *by* ~*s and bounds* med stormsteg **-er** [-ə] springare, hinderhäst **--frog** *s* o. *v* [hoppa] bock [över]; *to [play]* ~ hoppa bock
leapt [lept] *imperf* o. *perf part* av *leap*
leap-year ['li:pjə:] skottår
learn [lə:n] **1** lära sig **2** erfara, få höra **-ed I** *v* [-t] *imperf* o. *perf part* av *learn* **II** *a* [-id] lärd; *the* ~ *member* titulering av juridiskt utbildad medlem av Parliament; *my* ~ *friend (brother)* min högt ärade kollega **-er** [-ə] lärling, nybörjare, volontär; nybörjarbok **-ing** [-iŋ] lärdom, vetande; *the new* ~ studiet av de gamla grekerna i England på 1500-talet, humanismen **-t** *imperf* o. *perf part* av *learn*
lease [li:s] **I** *s* arrende [kontrakt], uthyrande; *put out to* ~, *let out on (by)* ~ hyra (arrendera) ut; ~ *of life* livstid, tillvaro **II** *v* hyra [ut], arrendera [ut] **--hold** [-(h)ould] **I** *s* arrende **II** *a* arrende-, arrenderad
leash [li:ʃ] **I** *s* **1** rem, koppel **2** tretal (av jakthundar, harar) **3** *fackspr.* solv; *hold in* ~ hålla kopplad; *give full* ~ *to* ge fria tyglar åt **II** *v* koppla
least [li:st] minst, ringast; ~ *common denominator* minsta gemensamma nämnare; ~

said, soonest mended ju mindre man säger, desto bättre är det; *to say the* ~ *of it* minst sagt; *at* ~ åtminstone; *at the* ~ allra minst; *not in the* ~ inte alls
leather ['leðə] **I** *s* **1** läder, skinn **2** läderrem **3** *sport.* fotboll, kricketboll **4** *sl.* hud, skinn; ~*s* läderbyxor; ~ *and prunella* ngt helt likgiltigt; *there is nothing like* ~ själv är bäste dräng **II** *a* läder- **III** *v* **1** klä med läder **2** klå, piska upp (med läderrem); ~ *away* a gå löst på **b** arbeta hårt **-ed** [-d] *äv.* läderaktig **-ette** [,leðə'ret] konstläder **--head** dumskalle **-ing** [-riŋ] stryk, smörj **--neck 1** sjömans namn på soldat **2** *A. sl.* marinsoldat **-oid** [-rɔid] konstläder **-y** [-ri] läderaktig, seg (om kött)
1 leave [li:v] **I** *s* tillåtelse, lov; permission; ~ *of absence* permission; tjänstledighet; *by your* ~ a med er tillåtelse **b** se upp!; *he took [his]* ~ han sade adjö; *be on* ~ vara på permission; *take* ~ *of* säga adjö till **II** *v* **1** lämna, överlämna, efterlämna, testamentera, överge **2** [av]resa (*for* till); *take it or* ~ *it* säga ja eller nej till något; *she is well left* det är väl sörjt för henne; ~ *her to herself* lämna henne i fred; ~ *well alone* ej ändra ngt som redan är bra; ~ *him alone* låt honom vara i fred; ~ *behind* glömma [kvar]; lämna bakom sig; ~ *s.b. cold* lämna ngn oberörd; ~ *go [of]* släppa *(fam.)* = ~ *hold [of]*; *has he left word?* har han lämnat något meddelande; *he* ~*s his books about* han låter sina böcker ligga kringströdda; *the house was left away* huset överläts; ~ *off* a avbryta, sluta **b** upphöra med, lägga av (t.ex. att röka); *we cannot* ~ *him out* vi kan inte förbigå honom
2 leave [li:v] lövas
leaven ['levn] **I** *s* surdeg (*äv. fig.*) **II** *v* syra (deg); genomsyra
leaves ['li:vz] *pl* av *leaf*
leave-taking ['li:v,teikiŋ] avsked
leaving ['li:viŋ] *s pl.* ~*s* rest, återstod, avfall **-[school]-certificate** slutbetyg **-[school]--examination** slutexamen **--shop** *sl.* pantbutik som drivs utan tillstånd
Lebanon ['lebənən] Libanon
lecher|ous ['letʃ(ə)rəs] vällustig, liderlig **-y** [-ʃəri] otukt; liderlighet
lectern ['lektə(:)n] läspulpet
lecture ['lektʃə] **I** *s* **1** föreläsning **2** förebråelse, skrapa **II** *v* **1** hålla föreläsning (*on* om) **2** ge en skrapa, förebrå **-r** [-ʃ(ə)rə] föreläsare **--room** [-rum] föreläsningssal **-ship** [-ʃip] universitetslektorat
led [led] *imperf* o. *perf part* av *lead*
ledge [ledʒ] **1** klippavsats, list, hylla **2** undervattensrev **3** malmlager **4** tvärslå
ledger ['ledʒə] **1** huvudbok, jägare **2** liggande planka (bjälke) i byggnadsställning **3** platt gravsten **4** *A.* register **5** ståndkrok **--bait** ståndkrok **--line 1** sättgarn (för fiske) **2** hjälplinje
lee [li:] **1** lä[sida] **2** *pl.* ~*s* drägg, bottensats (*äv. fig.*); *under the* ~ *of* i lä om; i skydd av **--board** *sjö.* lábord
leech [li:tʃ] **1** blodsugare (*äv. fig.*); blodigel **2** kant (på segel); *stick like a* ~ suga sig fast som en blodigel
leek [li:k] purjolök; *eat the* ~ svälja en oförrätt
leer [liə] **I** *s* **1** vällustigt sneglande, lömsk blick **2** *tekn.* glasugn **II** *v* snegla (*at* på) **-y** [-ri] förslagen, slug, sneglande, vällustig
lee|shore ['li:'ʃɔ:] land i lä **--side** läsida **-ward**

[-wəd] åt läsidan till **-way** *sjö.* skepps avdrift åt läsidan; *make up ~* ta sig ur knipa (*fig.*)
1 left [left] *imperf* o. *perf part* av *leave*; *~ luggage office* effektförvaring
2 left [left] **I** *a* vänster **II** *adv* till vänster **III** *s* vänster hand, vänster sida; *L ~* vänstern (*pol.*)
--hand vänster- **--handed** ['left'hændid] **1** vänsterhänt **2** klumpig; tvivelaktig, tvetydig; *~ marriage* morganatiskt äktenskap
left|-off ['left'ɔf] avlagd; *~s* avlagda kläder (*fam.*) **--overs** ['left'əuvəz] rester
left|ward ['leftwəd] **I** *a* vänster **II** *adv = ~s* [-z] till vänster **--wing** *a* radikal, vänster
leg [leg] **I** *s* **1** ben, lem; lägg **2** *sl.* skojare **3** byxben **4** etapp **5** *kricket.* del av planen till höger bakom *the batsman* **6** sida i triangel; *be on one's last ~s* vara nära slutet (alldeles utmattad); *give a ~ [up]* hjälpa; *not have a ~ to stand on* inte ha en giltig ursäkt; *pull a person's ~* skoja med någon (*fam.*); *shake a ~* dansa (*sl.*); *show a ~* stiga upp (*fam.*); *stretch one's ~s* ta en promenad; *he was off his ~s* han hade tappat koncepterna; *han var alldeles slut; he walked us off our ~s* han tog oss på en så lång promenad att vi blev alldeles utpumpade; *he was on his ~s* han tog till orda; han var på benen; *he got on his ~s* han reste sig upp; han tog till orda; *take to one's ~s* ta till benen, smita; *~ before wicket* regelstridig benställning av slagmannen (i kricket) **-show** *sl.* uppträdande av dansös el. dansör **II** *v*, *~ it* kuta iväg
legacy ['legəsi] legat; arv, kvarlåtenskap; *~ duty* arvskatt
legal ['li:g(ə)l] laglig, lag-, laga; rättslig; juridisk; *~ tender* lagligt betalningsmedel; *~ status* ställning enligt lagen; *~ charges* registreringsavgift (t.ex. vid husköp) **-ism** [-gəliz(ə)m] **1** byråkrati, formalism **2** lära om rättfärdiggörelse genom goda gärningar **-ist** [-gəlist] **1** byråkrat **2** anhängare av *legalism* **2 3** rättslärd **-istic** [,li:gə'listik] byråkratisk, formalistisk **-ity** [li(:)'gæliti] **1** laglighet **2** = *legalism* **-ization** [,li:gəlai'zeiʃ(ə)n] legalisering **-ize** ['li:gəlaiz] göra laglig; legalisera
legat|e I *s* ['legit] påvligt sändebud; legat **II** *v* [li'geit] testamentera, efterlämna **-ee** [,legə'ti:] arvinge **-ion** [li'geiʃ(ə)n] legation, beskickning **-or** [li'geitə] testator
legend ['ledʒ(ə)nd] **1** legend **2** inskrift (framför allt på mynt) **-ary** [-(ə)ri] **1** av legendarisk art **1** legendsamling **2** legendförfattare **-ry** [-ri] legender
leg|ged [legd] försedd med ben **-ging** [-iŋ] *vanl. pl, ~s* benläder; barndamasker **-gy** [-i] med långa ben, gänglig
Leghorn ['leg'hɔ:n] Livorno **I- 1** ['leghɔ:n] italiensk halmhatt **2** [le'gɔ:n] leghorn (hönsras)
legib|ility [,ledʒi'biliti] läsbarhet **-le** ['ledʒəbl] läslig, tydlig
legion ['li:dʒ(ə)n] **1** legion **2** enormt antal, legio **-ary** [-ʒənəri] **I** *s* legionssoldat **II** *a* **1** legions- **2** mycket talrik **-ed** [-d] *poet.* i legioner
legislat|e ['ledʒisleit] stifta lag **-ion** [,ledʒis'leiʃ(ə)n] lagstiftning **-ive** [-lətiv] lagstiftande **-or** [-ə] lagstiftare **-ure** [-tʃə] lagstiftande församling
legist ['li:dʒist] rättslärd
legit [lə'dʒit] *A.sl.* äkta, just
legitimacy [li'dʒitiməsi] legitimitet, laglighet, äkta börd
legitimat|e I [li'dʒitimit] **1** *a* legitim, laglig;

rättmätig; [av] äkta [börd]; standard-, normal; logisk, välgrundad (slutsats); *~ drama* skådespel (teater) av hög kvalitet (i motsats t. varieté o.d.) **2** *s* barn av äkta börd; anhängare av rättmätig härskare **II** *v* [li'dʒitimeit] **1** erkänna som äkta **2** legalisera **-ion** [li,dʒiti'meiʃ(ə)n] legalisering; legitimering
leg-pulling ['legpulin] *fam.* drift, skoj
legum|e ['legju:m] **-en** [le'gju:mən] **1** skidfrukt **2** grönsaker **-inous** [le'gju:minəs] ärtväxt-
lei ['leii:] (hawaiisk) blomsterkrans, -girland
leisure ['leʒə] **I** *s* fritid, ledighet; *be at ~* a vara ledig **b** ej ha någon brådska; *at your ~* när det passar er **II** *a* ledig, fri **-ly** [-li] makligt, utan brådska
lemon ['lemən] **I** *s* **1** citron[träd] **2** citronfärg **3** *sl. främst A.* "nit", misstag, otrevlig person **4** *sl.* humbug; besvikelse **5** *zool.* flundra **II** *a* citronfärgad **-ade** [,lemə'neid] limonad **--drop** syrlig karamell **--juice** citronsaft **--squash** ['lemən'skwɔʃ] (kolsyrad) citrondricka **--sque-ezer** [-,skwi:zə] citronpress **-y** [-i] som smakar citron
lend [lend] låna [ut]; *~ itself to* lämpa sig för, vara lämplig för, tjäna; *~ o.s. to* låna sig till, samtycka till; *will you ~ a [helping] hand* vill du ge mig ett handtag **-er** [-ə] en som lånar ut **-ing-library** [-iŋ,laibrəri] lånebibliotek **-ings** [-iŋz] utlånade saker **L--Lease [Act]** [,lend'li:s(ækt)] låne- o. uthyrningslagen
length [leŋθ] **1** längd, sträcka; varaktighet; långvarighet **2** *sl.* 6 månaders fängelsestraff; *keep at arm's ~* hålla på avstånd (*fig.*); *I will go [to] all (any) ~s to succeed* jag skall göra allt för att lyckas; *I will go greater ~s than that* jag kommer inte att stanna vid detta; *at ~* **a** till slut **b** omständligt, utförligt; *he fell [at] portrait* ett porträtt i helfigur; *full ~* raklång; *livs levande* **-en** [-(ə)n] **1** förlänga **2** bli längre; *a ~ed stay* en långvarig vistelse **-ways** [-weiz] **-wise** på längden **-y** [-i] **1** långvarig **2** långrandig, vidlyftig
lenien|ce ['li:njəns] **-cy** [-si] mildhet **-t** eftergiven, mild
lenit|ive ['lenitiv] *a* o. *s* smärtstillande [medel] **-y** [-i] barmhärtighet; eftergivenhet
lens [lenz] lins **-ed** [-t] försedd med lins; lins**-opening** bländare
1 lent [lent] *imperf* o. *perf part* av *lend*
2 Lent [lent] fastan (fyrtiodagsperiod från askonsdag till påsk) **l-en** [-ən] **1** faste-; utan kött, mager, torftig (kost) **2** dyster (färg)
lenticular [len'tikjulə] linsformad, lins-
lentil ['lentil] *bot.* lins
lentoid ['lentɔid] linsformad
Leo ['li(:)əu] Lejonet (stjärnbild)
leonine ['li(:)ə(u)nain] **1** lejon- **2** leonisk (vers)
leopard ['lepəd] leopard; *American ~* jaguar; *can the ~ change his spots?* ränderna går aldrig ur
leotard ['li:ə,tɑ:d] (*vanl. pl.*) trikåer
leper ['lepə] *s* spetälsk
leprechaun ['leprəkɔ:n] *Irl.* tomte
lep|rosy ['leprəsi] spetälska **-rous** [-prəs] *a* spetälsk
lesbian ['lezbiən] **I** *s* homosexuell kvinna **II** *a* lesbisk **-ism** kvinnlig homosexualitet
less [les] **I** *a* o. *adv* mindre; *none the ~* icke desto mindre; *no ~ a person than* ingen mindre än; *this is no ~ true than what you say* det har

lessee–liable

cirka, omkring; *nohing* ~ *than* rentav, allra
minst **II** *prep* minus
lessee [le'si:] arrendator; hyresgäst
lessen ['lesn] förminska[s], bli mindre, avta
lesser ['lesə] mindre; *L* ~ *Bear* Lilla Björn
lesson ['lesn] **I** *s* **1** läxa **2** lektion **3** [uppläsning
av] bibeltext; *teach* (*give*) *a person a* ~ ge nå-
gon en läxa; *I hope you have learnt your* ~ jag
hoppas ni har dragit lärdom av detta **II** *v* **1**
lära läxa **2** undervisa
lessor [le'sɔ:] utarrenderare; hyresvärd
lest [lest] på det att inte, av fruktan att; *much
dread was felt* ~ *the strike might cause other
disturbances* man var rädd att strejken skulle
föra med sig andra oroligheter
1 let [let] **I** *v* hindra **II** *s* hinder; *without* ~ *or
hindrance* utan minsta hinder
2 let [let] **I** *v* (*äv. imperf* o. *imperf part*) **1** låta **2**
tillåta **3** hyra ut; ~ *blood* åderlåta; *the house*
~*s well* huset går bra att hyra ut; ~ *alone* låta
bli, lämna i fred; *I will not think of it,* ~ *alone
go there* jag skall inte tänka på det, än mindre
gå dit; ~ *be* låta vara i fred; ~ *down* **a** släppa
ner **b** lämna i sticket **c** lägga ner (fäll)) **d** för-
minska **e** förödmjuka **f** förråda; ~ *o.s. down*
sänka sig; förnedra sig; ~ *one's hair down* låta
hämningarna fara; tala fritt ur hjärtat; ~ *fall*
släppa; låta undfalla sig; ~ *go* [*of*] släppa; slå
bort; ~ *o.s. go* **a** ryckas med **b** släppa efter;
~ *it go at that* låt det stanna vid det; ~ *s.b.
have it* **a** ge ngn en utskällning (*sl.*) **b** vålla ngn
skada (*sl.*); ~ *in* **a** släppa in **b** inveckla **c**
narra; *I won't* ~ *you in for it* jag tänker inte
dra in dig i det; *they* ~ *me into the secret* de
invigde mig i hemligheten; ~ *know* låta få veta,
underrätta; ~ *loose* släppa fri; släppa lös; ~
off **a** avfyra; låta slippa undan; släppa; av-
tappa **b** hyra ut; ~ *on* **a** medge, tillstå **b** *sl.*
förråda; låtsas [om] **c** skvallra; ~ *out* **a** släppa
ut **b** hyra ut **c** lägga ut (söm) **d** yppa **e** slå
(*at* på) **f** gräla (*at* på) **g** ge mer fart (bil) **h**
utbjuda på entreprenad; *he* ~ *the cat out of the
bag* han förrådde hemligheten; ~ *slip* släppa;
bomma; ~ *up* **a** bli svagare, avta **b** hålla uppe,
sluta **II** *s* **1** uthyrande **2** *kortsp.* köp **3** nätboll
(tennis)
let-down ['let'daun] **1** besvikelse **2** bakdörr **3**
nackdel, förfång **--go** ['let'gəu] lössläppande
lethal ['li:θ(ə)l] dödlig, dödande
letharg|ic [le'θɑ:dʒik] letargisk; sömnsjuk;
apatisk **-y** ['leθədʒi] **1** letargi **2** onaturligt lång
sömn **3** apati **4** slöhet
let-off ['let'ɔf] **1** försutten chans **2** efterskän-
kande
let's = *let us*
Lett [let] lett[iska]
letter ['letə] **I** *s* **1** uthyrare **2** bokstav **3** brev; ~
to the editor insändare; ~ *of advice* avi; ~ *of
attorney* fullmakt; ~ *of credence* rekommen-
dationsbrev; ~ *of credit* kreditiv; ~ *of indi-
cation* legitimation; ~ *of regret* avböjande
svar; ~*s, pl* **a** officiell skrivelse **b** fullmakt **c**
litteratur; vitterhet; *man of* ~*s* boksynt man;
skriftställare; ~*s patent* patentbrev; *they will
let us know by* ~ de kommer att meddela oss
skriftligen; *follow instructions in the* ~ följa
föreskrifter till punkt o. pricka **II** *v* förse (bok-
omslag) med titel; märka, klassificera (med
hjälp av bokstäver) **--balance** [-,bæləns]
brevvåg **--bound** som alltför mycket följer
bokstaven; formalistisk **--box** brevlåda **--car-**

-**rier** [-,kæriə] *främst A.* brevbärare **--case**
skrivportfölj **-ed** [-d] **1** lärd **2** försedd med
bokstäver **--file** brevpärm **--heading** [-,he-
diŋ] brevhuvud **-ing** [-riŋ] **1** klassificering **2**
påskrift, titel **--perfect** ['letə'pɔ:fikt] som
kan sin roll väl **-press 1** text[innehåll] **2** pap-
perspress **3** boktryck **--weight 1** brevvåg **2**
brevpress **--writer** [-,raitə] **1** brevskrivare **2**
brevställare **3** kopieringsmaskin
Lett|ic ['letik] **-ish** [-iʃ] **-onian** [le'təunjən]
lettisk
lettuce ['letis] sallad
let-up ['let'ʌp] **1** avtagande **2** avbrott
leucocyte ['lju:kə(u)sait] *med.* vit blodkropp
leukaemia [lju(:)'ki:miə] *med.* leukemi, blod-
kräfta
levee ['levi] **1** mottagning för herrar vid hovet,
morgonuppvaktning, levée; reception **2** damm
level ['levl] **I** *s* **1** vattenpass **2** nivå, plan **3**
jämnhöjd, ståndpunkt **4** horisontal gruvgång;
it is above my ~ det övergår mitt förstånd; ~
of the sea (höjd vid) havsytan; *on a* ~ *with* i
nivå med; *on the* ~ ärligt, uppriktigt **II** *a* o.
adv 1 horisontell, vågrätt **2** jämn; jämställd;
likformig; jämgod; ~ *spoonful* struken sked;
he spoke in a ~ *voice* han talade entonigt;
come ~ *with* hinna ikapp; *draw* ~ spela oav-
gjort; ~ *with* (*to*) *the ground* jämna med mar-
ken; *we'll be* ~ *with each other* vi kommer att
bli likställda; *he did his* ~ *best* han gjorde sitt
allra bästa; *I played* ~ *with him* jag spelade
mot honom utan handikapp; *he has a* ~ *head*
han har ett klart intellekt; ~ *crossing* kors-
ning i samma plan (mellan landsväg o. järn-
väg) **III** *v* **1** göra lika, bringa i jämnhöjd;
nivellera; jämna **2** göra vågrät (med hjälp av
vattenpass) **3** rikta (eldvapen) (*at, against*
mot) **4** slå ned, fälla; ~ *down* **a** avrunda neråt
b *fig.* sänka; ~ *off* **a** jämna **b** plana ut; ~ *,out*
göra platt; ~ *up* **a** avrunda uppåt **b** höja till
högre plan; ~ *with* tala sanning (*sl.*)
--headed ['levl'hedid] förståndig, nykter,
balanserad
lever ['li:və] **I** *s* hävarm; *gear* ~ växelspak; ~
watch ankarur **II** *v* lyfta med hävarm, baxa
-age [-v(ə)ridʒ] **1** hävstångsverkan **2** infly-
tande, makt
leveret ['lev(ə)rit] unghare
leviable ['leviəbl] uttaxerbar
leviathan [li'vaiəθ(ə)n] **I** *s* leviatan, sjöodjur;
koloss **II** *a* jättelik, jätte-
levitate ['leviteit] **1** sväva **2** (*inom spiritismen*)
framkalla (ande)
Levite ['li:vait] *bibl.* levit
Leviticus [li'vitikəs] Tredje Mosebok
levity ['leviti] lättsinnighet, flyktighet; opas-
sande munterhet
levy ['levi] **I** *s* **1** uttaxering (av skatt) **2** *mil.*
utskrivning (*äv. pl*); ~ *in mass* massuppbåd **II**
v **1** uttaxera **2** utskriva, värva (soldater); ~
blackmail bedriva utpressning; ~ *war* börja
krig; ~ *on somebody's goods* göra utmätning
hos ngn
lewd [lu:d] **1** *bibl.* gemen **2** liderlig, otuktig
lewis ['lu(:)is] gripdel av hisskran
lexico|grapher [,leksi'kɔgrəfə] lexikograf, ord-
boksförfattare **-graphic[al]** [,leksikə(u)'græ-
fik, -(ə)l] lexikografisk **-graphy** [,leksi'kɔ-
grəfi] lexikografi **-n** ['leksikən] ordbok
liab|ility [,laiə'biliti] **1** ansvar **2** skyldighet **3** *pl*
skulder; *limited* ~ *company* aktiebolag (med
begränsad ansvarighet) **-le** ['laiəbl] **1** ansvarig

(*for* för) **2** utsatt; benägen (*to* för); *be* ~ *to*, *äv.* riskera att; *an accident is* ~ *to happen* en olycka kan lätt inträffa

liaison [li(:)'eizɔ̃:(ŋ), *mil.* -z(ə)n] **I** *s* förbindelse; ~ *officer* sambandsofficer **II** *v* få till stånd o. upprätthålla förbindelse

liar ['laiə] lögnare

lib [lib] *fam.* för *liberal*

libat|e [lai'beit] bringa dryckesoffer **-ion** [-eiʃ(ə)n] **1** dryckesoffer **2** *skämts.* dryckeslag

libel ['laib(ə)l] **I** *s* **1** ärekränkning **2** smädeskrift; *the work is a* ~ *on human nature* arbetet är en grov karikatyr av den mänskliga naturen **II** *v* **1** beskylla falskeligen **2** ärekränka **3** stämma inför rätta **-ler** [-blə] **-list** [-bəlist] smädeskrivare **-lous** [-bləs] ärekränkande

liberal ['lib(ə)r(ə)l] **I** *a* **1** givmild, frikostig (*of* med) **2** fördomsfri **3** frisinnad **4** *pol.* liberal; *the L*~ *Party* liberalerna; ~ *arts* humaniora; ~ *education* god uppfostran **II** *s* liberal **-ism** ['lib(ə)rəliz(ə)m] liberalism **-ist** ['lib(ə)rəlist] **I** *s* liberal **II** *a* = **-istic** [ˌlib(ə)rə-'listik] liberalistisk **-ity** [ˌlibə'ræliti] **1** frikostighet **2** fördomsfrihet **3** frisinne **-ization** [ˌlib(ə)rəlai'zei-ʃ(ə)n] liberalisering **-ize** [-rəlaiz] göra liberal **--minded** [-ˌmaindid] frisinnad

liberat|e ['libəreit] befria; frige **-ion** [ˌlibə-'reiʃ(ə)n] befrielse **-or** [-ə] befriare

Liberia [lai'biəriə] Liberia

libertin|age ['libətinidʒ] **1** fritänkeri **2** vällust **-e** [-ə(:)tain] **I** *s* **1** fritänkare **2** vällusting **-ism** [-iz(ə)m] *se libertinage*

liberty ['libəti] **1** frihet **2** *pl äv.* rättigheter, privilegier; *be at* ~ vara oförhindrad; *set at* ~ försätta i frihet; *take liberties* ta sig friheter (mot ngn); *take the* ~ [*of*] ta sig friheten [att]; *L*~ *Hall* "frihetens rike", "ett fritt land"; ~ *of the press* tryckfrihet **--man** sjöman som får gå i land

libidinous [li'bidinəs] vällustig

libr|a ['laibrə] (*pl -ae* [-i:]) **1** pund (som penningvärde) förkortat *£* ; pund (som vikt) förkortat lb **2** *L* ~ Vågen (stjärnbild)

librar|ian [lai'brɛəriən] bibliotekarie **-y** ['lai-brəri] bibliotek; *lending* (*circulating*) ~ lånebibliotek

librat|e ['laibreit] pendla, hålla sig i jämvikt, balansera **-ion** [lai'breiʃ(ə)n] pendlande; libration **-ory** [lai'breit(ə)ri] *a* pendlande, balanserande

libretto [li'bretəu] libretto, operatext

Libya ['libiə] Libyen

lice [lais] *pl av louse*

licen|ce ['lais(ə)ns] **I** *s* licens, lov, tillstånd; certifikat, körkort; frihet, lättsinne, tygellöshet; *driving* ~ körkort; *poetic* ~ poetisk frihet; *marriage* ~ äktenskapslicens **II** *v, se följ.* **-se** [-s] *se* rättighet, auktorisera **-sed** [-st] **1** officiellt erkänd **2** med rättigheter; ~ *house* krog med fullständiga rättigheter **-see** [ˌlais(ə)n'si:] **1** person som har *licence* **2** krögare **-ser** [-sə] **1** person som utfärdar licenser etc. **2** censor **-sing** [-siŋ] *a,* ~ *act* ruslagstiftning **-tiate** [lai'senʃiit] **1** auktoriserad utövare **2** provpredikant **-tious** [lai'senʃəs] tygellös, vällustig

lichen ['laikən] **1** lav **2** viss hudåkomma; ~*ed* bevuxen med lav **-ous** [-kinəs] **1** lavaktig **2** angripen av viss hudåkomma

lich|gate ['litʃgeit] likport (i kyrkogårdsmur) **--house** bårhus **--owl** uggla som bådar död

licit ['lisit] lovlig

lick [lik] **I** *v* **1** slicka **2** övertrumfa **3** *sl.* springa **4** *sl.* klå **5** *sl.* vinna; ~ *into shape* sätta fason på; ~ *a p.'s shoes* slicka någon, krypa för ngn; ~ *the dust* bli besegrad; krypa för ngn; *I am* ~*ed* jag är besegrad (uttröttad) **II** *s* **1** slickning **2** slag **3** snabbhet, fart **4** sleke **5** ansträngning; *a* ~ *and a promise* en snabb o. lätt tvättning, en kattvätt; *at a* ~ i full fart **-er** [-ə] en som slickar etc., *se lick I* **-erish** [-(ə)riʃ] **1** kräsen **2** lysten **3** vällustig **-ety-split** ['liketi-'split] *A.* med rasande fart **-ing** [-iŋ] *sl.* stryk **--platter** [-ˌplætə] snyltgäst

licorice ['likəris] lakrits[rot]

licorous ['lik(ə)rəs] *se lickerish*

lid [lid] **1** lock **2** ögonlock **3** *sl.* hatt; *blow one's* ~ bli rasande; *blow the* ~ *off* s.*th.* avslöja ngt som gör skandal; *flip one's* ~ bli hysterisk, tappa kontrollen över sig själv; *it was like hell with the* ~ *off* det var som att blicka rätt ner i helvetet; *that puts the* ~ *on* detta är höjden; *äv.* nu är det klippt; ~*ded* försedd med lock **-less** [-lis] **1** utan lock **2** *poet.* ständigt vaken

1 lie [lai] **I** *s* lögn; *don't tell* ~*s* tala inte osanning; *he gave me the* ~ han beskyllde mig för att ljuga; *give the* ~ *to* vederlägga; ~ *detector* lögndetektor; *white* ~ nödlögn **II** *v* ljuga; *you* ~ *in your teeth* (*throat*) det är inte sant det du nu säger!; ~ *away* förlora genom lögner (t.ex. sitt goda namn); *he has* ~*d himself out of it* han har klarat sig ur det genom lögner; *I don't want to be* ~*d to* jag vill inte att man ljuger för mig

2 lie [lai] **I** *v* **1** ligga; befinna sig; vila **2** *jur.* ha laglig grund, vara giltig; ~ *waste* ligga öde; *you know how the land* ~*s* du vet hur läget är; ~ *about* ligga o. skräpa (t.ex. om böcker); ~ *back* ligga akterut; ~ *by* **a** ligga oanvänd **b** vila; ~ *down under an insult* svälja en förolämpning; ~ *in* ligga till sängs; ~ *low* ligga o. trycka; bida sin tid; ~ *off* **a** *sjö.* hålla av från land **b** dra sig tillbaka; ~ *out of one's money* ligga ute med pengar; ~ *over* bli liggande (särskilt om artikel som ännu inte fått plats för publicering); ~ *to* ligga bi (*sjö.*); ~ *under* vara underkastad (t.ex. nödvändighet); ~ *up* **a** dra sig tillbaka; ligga till sängs (på grund av sjukdom) **b** *sjö.* lägga i docka **II** *s* **1** läge, riktning **2** läger, (djurs) tillhåll; *the* ~ *of the land* tillstånd, situationen (*fig.*) **--abed** [-əbed] sjusovare

lief [li:f] gärna

liege [li:dʒ] **I** *a* länspliktig, läns-; ~ *lord* länsherre **II** *s* **1** länsherre **2** vasall, trogen undersåte **-man** **1** vasall **2** trogen följeslagare

lie-off ['lai'ɔf] *fam.* vila

lieutenan|cy [*armén* lef'tenənsi, *flottan* le-'tenənsi] **1** löjtnants rang **2** löjtnant som ståthållare **-t** **1** löjtnant **2** ställföreträdare

life [laif] **1** liv, levnad, tillvaro; livlighet, energi **2** biografi, levnadsteckning **3** levande; *L*~ *Guards* livgarde; *my* ~ älskling!; *as large as* ~ **a** i naturlig storlek **b** i levande livet; *have the time of one's* ~ roa sig intensivt; *lease of* ~ livstid; *a cat has nine lives* katten har nio liv; *each player has two lives* varje spelare har två chanser; *this* ~ detta (jordiska) livet; *long* ~ *to him!* ja må han leva!; *he took his* ~ *in his hands* han vågade livet; *for dear* ~ för brinnande livet; *not for the* ~ *of me* inte med bästa vilja i världen; a*drawn from* [*the*]

~ hämtad ur levande livet; *sound in* ~ *and limb* kroppsligt frisk; [*up*]*on my* ~ på min ära!; *a description to the* ~ en träffande beskrivning; *she was brought to* ~ hon återkallades till medvetande **--and-death** ['laifən'deθ] strid på liv o. död **--annuity** ['laifə'nju(:)iti] livränta **--assurance** [-ə,ʃuər(ə)ns] livförsäkring **--belt** livbälte **--blood 1** hjärteblod **2** *fig.* livssaft **3** ryckningar i läppar o. ögonlock **--boat** livbåt **--breath** livgivande andetag **--buoy** livboj **-r** [-ə] *sl.* livstidsfånge **--estate** ['laifi'steit] egendom som ägs på livstid **--giv-ing** [-,givin] besjälande **--guard** livvakt **--interest** ['laif'intrist] livränta **--jacket** [-,dʒækit] flytväst **-less** [-lis] livlös; matt, trög **-like** naturtrogen, livs levande **--line 1** räddningstross **2** livlina **-long** livslång, livstids- **-peer** adelsman (pär) som innehar sitt adelskap på livstid **--preserver** [-pri,zəːvə] **1** livräddningsdon **2** blydagg **3** liten pistol **--saving** [-,seivin] *s* o. *a* livräddning[s-] **--sentence** [-,sentəns] livstids fängelsestraff **--size[d]** ['laif'saiz(d)] i naturlig storlek **--string** livsnerv, livstråd **--term** livstids fängelsestraff **-time** livstid, levnadslopp **--work** [laif'wəːk] livsverk

lift [lift] **I** *s* **1** lyfta, höja; häva; höja sig; lätta (om dimma); bågna (om golv); slå upp (boll i luften) **2** stjäla (t.ex. boskap) **3** avbryta (t.ex. strid) **4** ta upp (potatis) **5** lyfta (lån); ~ *one's hand* avlägga ed; ~ *a hand* röra en hand (för att göra något); ~ *up one's heel* sparka; ~ *up one's horn* vara stursk; ~ *up one's voice* upphäva sin röst **II** *s* **1** lyftande, höjande; hjälp, handtag **2** klackstycke **3** hiss **4** upphöjning i marken **5** stigkraft, upptryck (om flygplan); *I'll give you a* ~ **a** jag skall ge dig skjuts **b** jag skall ge dig ett handtag **--bridge** kranbrygga **-ing-power** [-in,pauə] lyftförmåga **--off** avskjutning (av raket el. rymdfarkost) **--shaft,** **--well** hisschakt

ligament ['ligəmənt] ligament, band **ligat|e** ['laigeit] underbinda (t.ex. åder) **-ure** ['ligətʃuə] **I** *s* **1** *med.* underbindning **2** *mus.* legatobåge, bindning[stecken] **3** *boktr.* ligatur, hopgjuten bokstavsförbindelse **II** *v* = *ligate*

light [lait] **I** *s* **1** [dags]ljus; *poet.* synförmåga, ögonens ljus **2** insikt; förstånd **3** fönster, glasruta **4** ljust parti på tavla **5** låga, tänt ljus; lysande kropp **6** *pl,* ~*s* trafik]jus; ~*s* ögon (*sl.*); ljus; *according to one's* ~*s* efter bästa förstånd; *don't stand in my* ~ **a** skym mig inte **b** *fig.* hindra mig inte från att komma fram; *in the* ~ *of* i ljuset av, med hänsyn till; *see the* ~ se dagens ljus; *between the* ~*s* i skymningen; *between two* ~*s* under natten; *by the* ~ *of nature* genom intuition; *bring* (*come*) *to* ~ bringa (komma) i dagen; *cast* (*throw, shed*) ~ *on* belysa, kasta ljus över, klargöra; *out like a* ~ medvetslös (av berusning e.d.), slocknad (*vard.*); ~ *upon* ljusmätare **II** *a* o. *adv* **1** ljus, upplyst **2** lätt (ej tung); för lätt (t.ex. om guld); lätt lastad **3** ljus (om färg) **4** lös, porös **5** lättsinnig; *he made* ~ *of this matter* han tog lätt på saken; ~ *fingers* långa fingrar (*fig.*); ~ *horse* lätt kavalleri; ~ *porter* tjänare som utför lätta sysslor; ~ *railway* smalspårig järnväg **III** *v* **1** tända; upplysa, belysa; ta eld **2** falla ner **3** *fig.* lätt lill att hala rep; ~ *up* tända[s]; lysa upp; skina upp (*fig.*); ~ [*up*]*on* drabba; slå ner på, råka på **--armed** [-ɑːmd] lätt beväpnad

--buoy lysboj **-ed** [-id] *imperf* o. *perf part av light, se äv. lit* **-en** [-n] **1** lossa **2** göra (bli) lättare **3** ljusna **4** lysa upp, göra ljus **5** blixtra, flamma

lighter ['laitə] **I** *s* **1** tändare **2** *sjö.* läktare, pråm **II** *v* frakta med pråm **-age** [-ridʒ] avgift för frakt på pråm

light|-fingered ['lait,fingəd] *fig.* långfingrad **--foot[ed]** [-fut(id)] snabbfotad **--handed** [-,hændid] **1** taktfull **2** underbemannad **3** lätt lastad **--headed** ['lait'hedid] virrig; lättsinnig **--hearted** ['lait'hɑːtid] sorglös **--heeled** ['lait'hiːld] lätt på foten **-house** fyr **-house-keeper** [-,kiːpə] fyrvaktare

lighting ['laitin] upplysning, belysning; ~ *fixture* belysningsarmatur **--mains** [-meinz] elektriskt nät **--shaft** ljusschakt

light|ish ['laitiʃ] ganska ljus (lätt) **--legged** [-legd] lätt på foten **--minded** ['lait'maindid] lättsinnig **-ness** [-nis] **1** lätthet **2** mildhet **3** flinkhet

lightning ['laitnin] blixt[rande]; *flash of* ~ blixt; (*A.*) *like* ~ blixtsnabbt; ~ *bug* eldfluga; ~ *sketcher* snabbtecknare; ~ *strike* blixtstrejk, oväntad strejk **--conductor** [-kən,dʌktə] **--rod** åskledare

light|proof ['laitpruːf] ljusäkta **-ship** fyrskepp **-some** [-səm] **1** graciös, elegant **2** glad, munter **3** snabb

light|-spirited ['lait'spiritid] glad **--timbered** [-,timbəd] **1** lätt byggd **2** snabb (om häst) **--weight** lättvikt[are] **--year** ljusår

lign|eous ['ligniəs] **1** träartad **2** *fig.* träaktig **-ite** [-ait] brunkol

likable ['laikəbl] *se* **likeable**

1 like [laik] **I** *a* lik; liknande; samma; *in* ~ *manner* på samma sätt; *what is she* ~ **a** vad är hon för slags kvinna **b** hur ser hon ut; *something* ~ *£10* ung. 10 pund; *something* ~ *a day* en riktigt fin dag (*fam.*); *this is something* ~ *!* det låter bra (*fam.*); *just* ~ *dad* det är just likt pappa; *how* ~ *a man!* det är typiskt för en karl!; *nothing* ~ *as good* inte på långt när så bra; ~ *father* ~ *son,* ~ *mother* ~ *child* äpplet faller inte långt från trädet; ~ *master* ~ *man* sådan herre sådan dräng; *I had* ~ *to have gone* jag hade så när gått **II** *prep* som, liksom; likt; *don't talk* ~ *that* säg inte så; *a fellow* ~ *that* en sådan karl; ~ *anything* (*blazes, crazy, fun, mad*) otroligt, oerhört **III** *adv, very* ~, ~ *enough, as* ~ *as not* mycket troligt (*fam.*); *by way of argument* ~ så att säga (*vulg.*) **IV** *konj* såsom; *snow is falling* ~ *in January* det snöar som i januari (*fam.*) **V** *s* **1** något liknande, sådant; like, make **2** utjämnande slag (i golf); ~ *draws to* ~ lika söker maka; *I shall not look upon his* ~ *again* jag kommer inte att finna hans like igen; *did you ever see the* ~ *of it?* har du någonsin sett något liknande; *the* ~*s of me* sådana som jag (*fam.*); *... and the* ~ o. dylikt

2 like [laik] **I** *v* tycka om; [gärna] vilja; *I* ~ *him to be so near* jag vill att han skall vara tillstädes; *how do you* ~ *it* vad tycker du om det; *I should* ~ *to know* det skulle jag gärna vilja veta; *I* ~ *it, but it does not* ~ *me* uppskattningen är inte ömsesidig; *I* ~ *that!* det var just snyggt! (*iron.*); *I am shy if you* ~, *but ...* jag är kanske blyg, men ...; låt gå för att jag är blyg, men ... **II** *s* förkärlek; ~*s and dislikes* sympatier o. antipatier **-able** [-əbl] behaglig, tilltalande; sympatisk

like|lihood ['laiklihud] sannolikhet **-ly** [-li] *a* o. *adv* **1** trolig, sannolik **2** lämplig **3** lovande **4** rimlig; *he is not* ~ *to come* han kommer troligen inte; *as* ~ *as not* ganska troligt; *they called at every* ~ *house* de besökte varje tänkbart hus **-n** [-(ə)n] likna (*to* vid) **-ness** [-nis] likhet; skepnad; porträtt; avbild; dubbelgångare; *he has had his* ~ *taken* han har låtit fotografera sig; *an enemy in the* ~ *of a friend* en fiende i skepnad av en vän **-wise** även, likaså, dessutom; *vulg.* samma här, dito

liking ['laikiŋ] tycke, smak, förkärlek; *have a* ~ *for* ha en förkärlek för, vara svag för; *take a* ~ *to* fatta tycke för

lilac ['lailək] **I** *s* **1** syren **2** lilafärg **II** *a* lila

liliaceous [,lili'eiʃəs] liljeartad

Lilliputian [,lili'pju:ʃjən] **I** *s* invånare i Lilliput **II** *a* miniatyr-; lilleputtaktig

lilt [lilt] **I** *s* **1** visa; trall **2** rytm **II** *v* sjunga melodiskt (rytmiskt, glatt), tralla

lily ['lili] **I** *s* lilja; ~ *of the valley* liljekonvalj; *lilies and roses* ljus hy **II** *a* blek, vit **--livered** ['lili'livəd] feg **--white** ['lili'wait] **1** liljevit **2** oskyldig **3** *A.* rasdiskriminerande

limb [lim] **I** *s* **1** lem (arm, ben); utlöpare (på berg); sats; trädgren **2** rand, kant; *out on a* ~ i en farlig situation, sårbar **II** *v* **1** lemlästa **2** skjuta i arm (ben)

limber ['limbə] **I** *s* föreställare (på kanon) **II** *a* mjuk, böjlig, medgörlig **III** *γ* **1** anbringa föreställare på kanon **2** ~ [*up*] göra böjlig, mjuka upp [sig], göra uppmjukningsövningar **--box, --chest** ammunitionslåda

limbo ['limbəu] **1** förgård till helvetet; *fig.* fängelse **2** tillstånd av glömska

lime [laim] **I** *s* **1** fågellim **2** kalk **3** limon (citronsort) **4** lind; *quick* ~ osläckt kalk; *slaked* ~ släckt kalk **II** *v* **1** bestryka med fågellim **2** fånga med lim; *fig.* snärja **3** kalka, behandla med kalk **--cast I** *s* kalkrappning **II** *a* kalkrappad **--juice** limonsaft **--juicer** [-,dʒu:sə] *A. sjö. sl.* brittisk sjöman (båt); engelsman **-kiln** kalkugn **-light** kalkljus; *fig.* rampljus, publicitet; *be in the* ~ vara i rampljuset, ha uppmärksamheten riktad på sig

limerick ['limərik] limerick, femradig skämtvers

lime|stone ['laimstəun] kalksten **--sulphur** [-,sʌlfə] svavelkalk **-tree** lind **-wash I** *s* vitlimning **II** *v* vitlimma **-y** [-i] *se limejuicer*

limit ['limit] **I** *s* gräns[linje]; slutpunkt, yttersta punkt; *superior* ~ allra yttersta gräns (för hur långt man kan gå); *set* ~*s to* inskränka; *that's the* ~ det är höjden; *isn't he the* ~ *?* har du sett maken till karl?; *go the* ~ gå till ytterlighet **II** *v* begränsa; inskränka **-able** [-əbl] som kan begränsas **-ary** [-(ə)ri] begränsad; gräns- **-ation** [,limi'teiʃ(ə)n] **1** begränsning, gräns **2** giltighetstid **-ative** [-ətiv] begränsande **-ed** [-id] begränsad, inskränkt; knapp; ~ *express* blixttåg (*A.*); ~ [*liability*] *company* aktiebolag med begränsad ansvarighet; ~ *partnership* kommanditbolag; ~ *monarchy* konstitutionell monarki **-less** [-lis] obegränsad, gränslös

limp [limp] **I** *v* halta, linka (*äv. fig.*); ta sig fram med svårighet **II** *s* haltande gång; *he has a* ~ *in his walk* han haltar **III** *a* **1** böjlig **2** slokande, kraftlös

limpet ['limpit] **1** skålsnäcka **2** *fig.* person som inte är alltför benägen att lämna sin tjänst; *stick on like a* ~ hänga sig fast som

en igel **--mine** mina fästad i botten på ett skepp

limpid ['limpid] klar, genomskinlig **-ity** [lim'piditi] klarhet

limy ['laimi] **1** klibbig **2** kalk-

linage ['lainidʒ] **1** antal rader (i trycksak) **2** arvode per rad

linchpin ['lin(t)ʃpin] luns

linden ['lindən] *bot.* lind

1 line [lain] **I** *s* lin **II** *v* bekläda, fodra; fylla, späcka; ~ *one's pockets* tjäna pengar

2 line [lain] **I** *s* **1** lina, streck, rev; linje, rad; kö; *mil.* löpgrav, frontlinje; gräns; rynka, strimma; kontur; rederi, trafikföretag; bana, rutt **2** led, ätt, familj **3** kurs; tankegång **4** fack, bransch, gren, "jobb" **5** (lagerförd) vara; uppsättning **6** längdmått = 1/12 tum; ~ *of life* (*fortune*) linje i handflatan, livslinje; ~ *of sight* siktlinje (*mil.*); *the L*~ ekvatorn; *as straight as a* ~ snörrät; *draw the* ~ sätta en gräns (stopp); ~ *abreast* gå jämsides med varandra (om fartyg, flygplan etc.); ~ *of battle* slagordning; *ship of the* ~ linjeskepp; *hard* ~*s* otur; *marriage* ~*s* vigselattest; ~ *of conduct* förfaringssätt; ~ *of thought* tankegång; *give a p. a* ~ ge ngn en vink; *give a p.* ~ *enough* låta ngn löpa linan ut, låta ngn gå så långt att man kan snärja honom; *hold the* ~ hålla stånd; *hold the* ~, *please* (i telefon) inte i ögonblick; *I take my own* ~ jag går min egen väg; *she took a high* ~ *with me* hon var högdragen mot mig; *all along the* ~ över hela linjen; *read between the* ~*s* läsa mellan raderna; *by rule and* ~ mycket exakt, efter tumstock; *stand in* ~ stå i kö; *be in* ~ *with* stå jämsides med; komma överens med, överensstämma med; *that's in my* ~ **a** det är mitt område **b** inte mig emot; *he is in the tobacco* ~ han handlar med tobak; *bring into* ~ *with* bringa i överensstämmelse med; *toe the* ~ lyda; *he comes of a good* ~ han är av god familj; *on the* ~ på gränsen; *on conservative* ~*s* efter konservativa linjer; *it is out of my* ~ **a** det är inte mitt område **b** det passar mig inte; *he went over the* ~ han gick för långt; *the up* ~ Londonbanan (*järnv.*); ~ *upon* ~ långsamt men säkert **II** *v* **1** linjera, sträcka, märka; ställa upp, ordna i linje; stå uppställd, kanta **2** betäcka (t.ex. om hundar) **3** klä invändigt (t.ex. låda); ~ *in* fylla i; ~ *off* avskilja (med rep); ~ *out* skissera; ~ *through* stryka över; ~ *up* ställa upp [sig]; ~ *up with* ställa upp [sig] jämsides med; ~ *with* gränsa till

linea|ge ['liniidʒ] härstamning; ättlingar **-l** [-niəl] direkt; i rätt nedstigande led **-ment** [-niəmənt] [anlets]drag **-r** [-niə] längd-, linje-; linear-; lång, jämnbred; ~ *equation* förstagradsekvation

line|-drawing ['lain,drɔ:in] pennteckning **--keeper** [-,ki:pə] banvakt **-man** [-mən] **1** banvakt **2** linjearbetare

linen ['linin] linne; underkläder **--draper** [-,dreipə] manufakturhandlare

line|-of-battle ship [,lainəv'bætlʃip] krigsskepp (med minst 74 kanoner) **--operator** [-,ɔpəreitə] *mil.* telefonist

liner ['lainə] **1** en som linjerar osv., *se 2 line II* **2** linjefartyg; linjeflygplan **3** brödskrivare **4** cylinderfoder **5** slag längs marken (i baseball)

line|sman ['lainzmən] **1** linjesoldat **2** linjedomare, linjeman (t.ex. i fotboll) **3** = *lineman* **--up** **1** uppställning **2** *A.* uppställning av

fångar (framför vittne); samling **-work** penn-
teckning
ling [liŋ] **1** (slags) torsk, långa **2** *bot.* (slags)
ljung
linger ['liŋgə] **1** dröja, tveka, stanna **2** leva
kvar **3** förhala; ~ *away time* förspilla tid;
~ *on s.th.* uppehålla sig vid; ~ *out discussions*
dra ut diskussioner på tiden **-er** [-rə] en som
dröjer, sölare **-ing** [-g(ə)riŋ] **I** *s* kvardröjande,
tvekan; förhalande **II** *a* dröjande, lång[sam];
långvarig (sjukdom)
lingerie ['læ:nʒəri:] damunderkläder (*pl*)
lingo ['liŋgəu] rotvälska, jargong
lingu|al ['liŋgw(ə)l] **I** *a* tung-; tal- **II** *s* tungljud
-ist [-wist] språkkunnig person **-istic** [liŋ'gwi-
stik] språk- **-istics** [liŋ'gwistiks] *pl* språk-
vetenskap
liniment ['linimənt] liniment, muskelsalva
lining ['lainiŋ] foder, beklädnad; *every cloud
has a silver* ~ efter regn kommer solsken
link [liŋk] **I** *s* **1** länk, led **2** fackla **II** *v* förena
[sig], sammanlänka[s]; knäppa (händerna); gå
arm i arm; ~ *up* ansluta sig **-age** [-idʒ] sam-
mankoppling
links [liŋks] golfbana; *Sk.* svagt kuperad
strandhed
link|-trainer ['liŋk,treinə] simulator, flygat-
trapp **--up** *se linkage*
linn [lin] *Sk.* **1** vattenfall **2** damm nedanför
vattenfall **3** ravin, hålväg
linnet ['linit] *zool.* hämpling
lino ['lainəu] *fam.* linoleum **-cut** [-ə(u)-] lino-
leumsnitt **-leum** [li'nəuljəm] linoleum, kork-
matta
linotype ['lainə(u)taip] *typ.* linotype, sätt-
maskin som gjuter hela rader
linseed ['linsi:d] linfrö; ~ *oil* linolja
lint [lint] **1** trådändar, -fibrer **2** charpi, linne-
skav
lintel ['lintl] *byggn.* överstycke
liny ['laini] streckad; randig; som ett streck
lion ['laiən] **1** lejon **2** *fig.* man med stort mod **3**
berömdhet, celebritet **4** sevärdhet; *a* ~ *in the
way* (*path*) ett avskräckande hinder; *social*
~ societetslejon; *the* ~'s *share* lejonparten
-esque [,laiə'nesk] som ett lejon **-ess** [-is] **1**
lejoninna **2** *fig.* kvinnlig celebritet **--hearted**
ovanligt modig **-ize** [-aiz] **1** behandla ngn som
en celebritet **2** visa (bese) sevärdheter **-like**
som ett lejon
lip [lip] **I** *s* **1** läpp **2** rand **3** prat; oförskämdhet;
attr. läpp-, sken-; *none of your* ~ *!* var inte
oförskämd!; *stiff upper* ~ oberörd; osentimen-
tal; hårdhjärtad; *bite one's* ~ bita sig i läppen;
button one's ~ sluta tala, tystna; *hang one's* ~
hänga läpp **II** *v* **1** röra vid med läpparna;
kyssa **2** skölja över (om vatten) **3** mumla, viska
4 *sl.* sjunga **--reading** avläsning på läpparna
--service tomma ord (*pl*) **-stick** läppstift
lique|faction [,likwi'fækʃ(ə)n] smältning **-fac-
-tive** [,likwi'fæktiv] som gör flytande **-fiable**
['likwifaiəbl] som går att smälta **-fy** ['likwifai]
smälta, kondensera
liqueur [li'kjuə] likör
liquid ['likwid] **I** *a* **1** flytande, vatten- **2** *fig.*
klar; (om ljud) mjuk **3** disponibel, likvid (om
tillgång) **4** ej fast, vacklande; ~ *food* flytande
föda **II** *s* **1** vätska **2** *fonet.* likvida; ~ *measure*
mått för vätskor
liqid|ate ['likwideit] **1** betala (skuld) **2** likvi-
dera, avveckla; röja ur vägen **-ation** [,likwi-
'deiʃ(ə)n] **1** likvidering **2** avveckling; *go into*

~ göra bankrutt **-ator** [-eitə] utredningsman
-ity [li'kwiditi] flytande tillstånd; likviditet,
solvens **-ize** [-aiz] göra flytande etc., *se liquid I*
liquor ['likə] **I** *s* vätska, spad; stark dryck,
sprit; *spirituous* ~ rusdryck; *in* ~, *the worse
for* ~ berusad **II** *v* **1** smörja (läder) **2** *sl.* supa
liquorice ['likəris] lakrits
liquorish ['likəriʃ] begiven på sprit; *se äv.
lickerish*
Lisbon ['lizbən] Lissabon
lisp [lisp] **I** *v* läspa **II** *s* läspning
lissom[e] ['lisəm] smidig, böjlig
list [list] **I** *s* **1** list, kant; stadkant **2** slagsida **3**
lista, katalog, förteckning; ~ *price* katalog-
pris; ~ *to port* babords slagsida; ~*s*, *pl* strids-
plats; *fig.* vädjobana **II** *v* **1** sätta list på **2** ha
(få) slagsida **3** göra upp en lista på, katalogi-
sera; notera **4** *poet.* ha lust; *a* ~*ed hotel* ett
hotell som finns upptaget i officiell hotellför-
teckning, ett bra hotell
listen ['lisn] lyssna (*to* på); ~ *in* lyssna på ra-
diostation; ~ *in to a telephone conversation*
avlyssna ett telefonsamtal **-er** [-ə] **1** lyssnare **2**
sl. öra **3** ~[-*in*] radiolyssnare
listless ['listlis] likgiltig, apatisk
lit [lit] *imperf* o. *perf part* av *light*; ~ [*up*]
berusad (*sl.*)
litany ['litəni] litania
literacy ['lit(ə)rəsi] läs- o. skrivkunnighet
litera|l ['lit(ə)r(ə)l] **1** bokstavlig; bokstavs- **2**
nykter, saklig; ~ *error* tryckfel **-lism** ['lit(ə)rə-
liz(ə)m] (alltför) bokstavlig förklaring **-list**
['lit(ə)rəlist] en som håller sig till bokstaven
-ry ['lit(ə)rəri] litterär, litteratur- **-te** ['litərit]
I *a* **1** bildad **2** läs- o. skrivkunnig **II** *s* **1** bildad
person **2** läs- o. skrivkunnig person **3** predi-
kant utan teologisk examen **-tor** ['litəreitə]
litteratör **-ture** ['lit(ə)ritʃə] **1** litteratur **2** litte-
raturförteckning **3** *fam.* trycksaker
lithe[some] ['laið(səm)] smidig, böjlig
lithium ['liθiəm] *kem.* litium
Lithuania [,liθju(:)'einjə] Litauen **-n I** *a* litauisk
II *s* litauare
litig|able ['litigəbl] som går att processa om
-ant [-ənt] *a* processande, tvistande **-ate**
[-eit] processa, tvista om **-ation** [,liti'geiʃ(ə)n]
process[ande] **-ious** [li'tidʒəs] **1** process-
lysten **2** process- **3** bestridd
litmus ['litməs] lackmus; ~ *paper* lackmus-
papper
litre ['li:tə] liter
litter ['litə] **I** *s* **1** bår **2** stallströ; gödsel **3** avfall,
skräp **4** kull (av djur); *be in* ~ vara dräktig;
everything was in a ~ allt låg huller om buller
II *v* **1** täcka med strö, lägga strö under **2** kasta
huller om buller, skräpa ner (= ~ *over, up,
round*) **3** föda ungar, yngla, grisa; *they* ~*ed
the park* de skräpade ner i parken **--bin** skräp-
korg **-bug, -lout** [-laut] person som skräpar
ned (*fam.*) **-y** [-ri] skräpig
little ['litl] **1** liten, små, ringa, obetydlig; föga
2 låg, gemen, futtig; ~ *milk* föga mjölk; *a* ~
milk ngt lite mjölk; *not a* ~ milk inte så lite
mjölk, ganska mycket mjölk; *the* ~ *ones* små-
barnen; ens barn; ungarna; *the* ~ *de små* i
samhället; *the* ~ *people* tomtar o. pysslingar;
~ *finger* lillfinger; ~ *did he know that* föga
anade han att; *he did his* ~ *best* han gjorde
så gott han kunde; *after a* ~ efter en liten tid;
~ *by* ~, *by* ~ *and* ~ gradvis, så småningom;
in ~ i smått, i liten skala; ~ *or nothing* knappt
ngt, så gott som ingenting **--minded** [-,main-

161

did] småaktig **-ness** [-nis] litenhet; småaktighet
littoral ['litər(ə)l] **I** *a* kust- **II** *s* kuststräcka
livable ['livəbl] *se liveable*
1 live [laiv] **1** [livs] levande; *skämts.* äkta; kraftfull; rörlig; glödande (kol); strömförande (ledning) **2** klok, vaken **3** direktsänt (om radio- o. TV-program); ~ *capital* rörligt kapital; ~ *cartridge* skarpladdad patron; ~ *shell* ej exploderad granat; ~ *question* aktuell fråga; *real* ~ livslevande; ~ *wire* a strömförande ledning **b** *fig.* person full av energi
2 live [liv] leva, bestå, existera; bo; livnära sig; fortleva, genomleva; ~ *close* knappt unna sig maten; ~ *in a small way* leva enkelt; ~ *well* **a** äta o. dricka gott **b** föra ett gott liv; ~ *and learn* man lär så länge man lever; *if I* ~ *to see the day* om jag får uppleva den dagen; ~ *by* leva på (av); ~ *down a scandal* bringa en skandal i glömska genom oklanderligt liv; ~ *from hand to mouth* leva för dagen; ~ *in* vara inneboende; *the room was not ~d in* rummet var inte bebott; *he ~s on potatoes* han lever på potatis; *he ~s [up]on (off) her* han lever på henne; ~ *out* ha egen bostad; *she did not* ~ *out the night* hon levde inte till morgonen; ~ *out cares* komma till rätta med bekymmer; *he ~d out his life in a home for sailors* han slutade sina dagar på ett sjömanshus; *he ~d to a great age* han nådde hög ålder; ~ *up to one's principles* leva i överensstämmelse med sina principer; ~ *up to a promise* uppfylla ett löfte; *they* ~ *up to his salary* de lever efter hans inkomster; ~ *it up* roa sig *(fam.);* *they* ~ *within themselves* de lever tillbakadraget **-able** [-əbl] **1** beboelig **2** dräglig (om livet) **3** som man kan fördra att leva ihop med
livelihood ['laivlihud] uppehälle; *earn (make)* a ~ förtjäna sitt bröd **-iness** [-inis] livlighet; livaktighet; liv
livelong ['livlɔŋ] *a, poet., the* ~ *day* hela långa dagen
lively ['laivli] **1** livlig, vital, livfull; glad; vaken; spännande **2** naturtrogen, träffande **3** svår **4** het **4** ljus, frisk (om färg) **5** *sjö.* som ligger bra i sjön (om båt); *he gave me a* ~ *time* han gav mig händerna fulla [med arbete]; *make things* ~ *for a p.* ställa till trassel för ngn
liven ['laivn] (~ *up*) pigga upp; piggna till
liver ['livə] **1** lever; leverfärg **2** en som lever **3** inbyggare; *he is a good* ~ **a** han lever ett rättskaffens liv **b** han lever gott **--complaint** [-kəm‚pleint] **--trouble** [-‚trʌbl] leversjukdom **-ish** *a* **1** leversjuk **2** lättretlig **--wing** *skämts.* högra armen **--wort** [-wə:t] levermossa
livery ['livəri] **1** livré; *fig.* dräkt **2** *jur.* lagfart[s-bevis] **3** gille i Londons City **4** *A.* = ~*-stable* **5** [ranson av] proviant o.d.; *keep horses at* ~ **a** hyra ut hästar **b** utfodra hästar för ngn annans räkning **-man** [-mən] **1** medlem av gille i Londons City **2** hyrkusk **--stable** [-‚steibl] hyrstall, hyrverk
lives [laivz] *pl av life*
live-stock ['laivstɔk] kreatursbesättning
livid ['livid] **1** blygrå, dödsblek **2** arg **-ity** [li'viditi] dödsblekhet
living ['liviŋ] **I** *a* levande; ~ *coal, se 1 live 1*; a ~ *likeness* en slående likhet; *within* ~ *memory* i mannaminne **II** *s* **1** levebröd **2** pastorat **3** liv; *the* ~ de levande; *good* ~ god mat o. dryck **--room** [-rum] vardagsrum

--space livsrum **--wage** lön som man kan leva på **--wag[g]on** [-‚wægən] husvagn
Livonia [li'vəunjə] Livland
Livy ['livi] Livius
lizard ['lizəd] **1** ödla **2** (slags) kanariefågel **3** *sl.* = *lounge-lizard*
llama ['lɑ:mə] *zool.* lama
llano ['lɑ:nəu] *S. Am.* slätt, stäpp, savann
Lloyd's [lɔidz] sjöförsäkrings- o. klassificeringsanstalt (i London)
lo [ləu] *åld.* se!, si!; ~ *and behold* si!
load [ləud] **I** *s* last, belastning; lass, börda; laddning; *fig.* tyngd; belastning; *it was a* ~ *off my mind* det var en lättnad för mig; ~*s* massor, överflöd *(fam.)* **II** *v* **1** [be]lasta, lassa **2** nedtynga, överlasta **3** fullproppa; överhopa **4** förfalska **5** höja försäkringspremie **6** ladda **-ed** [-id] **1** lastad; laddad; nedtyngd **2** förfalskad **3** *A. sl.* berusad; ~ *tongue* belagd tunga; *air* ~ *with* luft mättad med; *be* ~ vara på snusen *(A. sl.);* ~ *cane* mankill; ~ *dice* snedbelastade tärningar (använda av falskspelare) **-er** [-ə] **1** lastare **2** laddare **-ing** [-iŋ] lastning; last; laddning; förfalskning; extra försäkringspremie **-line** [-lain] lastmärke **-star** *se lodestar* **-stone** magnet; *fig.* ngt (ngn) som drar till sig
loaf [ləuf] **I** *s* **1** bröd, limpa **2** = *loave* välutbildat kål-(sallads)huvud **3** dagdriveri; on the ~ på driven; *half a* ~ *is better than no bread* det är bättre att ha ngt än ingenting; *use one's* ~ använda huvudet *(sl.)* **II** *v* **1** = *loave* knyta sig (om grönsaker, t.ex. kål) **2** slå dank, gå o. driva; ~ *away one's time* förslösa sin tid **-er** [-ə] **1** dagdrivare **2** fritidssko utan snörning
loam [ləum] **I** *s* lera **II** *v* bestryka med lera **-y** [-i] lerartad
loan [ləun] **I** *s* [penning]lån, utlåning; *a* ~ *collection* tavelsamling som utlånats av ägaren för visning; *on* ~ till låns **II** *v* (~ *out*) främst *A.* låna [ut] **--money** [-‚mʌni] lånesumma **--office** [-‚ɔfis] **1** pantbank **2** obligationskassa **--word** lånord
loath [ləuθ] ovillig, obenägen, ohågad; *nothing* ~ inte alls ohågad **-e** [ləuð] *v* avsky **-ing** ['ləuðiŋ] avsky, vämjelse **-some** ['ləuðsəm] vämjelig **--to-depart** ['ləuθtədi‚pɑ:t] avskedsmelodi
loave [ləuv] *se loaf I 2* o. *II 1* **-s** [-z] *pl av loaf;* ~ *and fishes* brödfödan; *förakt.* den materiella sidan av livet
lob [lɔb] **I** *v* **1** röra sig långsamt, lunka **2** lobba (boll) **II** *s* **1** klump, klimp **2** *sl.* penninglåda **3** lobb (i tennis)
lobby ['lɔbi] **I** *s* **1** korridor; foajé, vestibul, hall **2** *A.* = ~*ist* **II** *v*, främst *A.* bedriva korridorpolitik **-ist** korridorpolitiker
lobe [ləub] lob, flik; ~ *of the ear* örsnibb
lobster ['lɔbstə] **1** hummer **2** engelsk soldat **3** kräk, stackare **-eyed** [-aid] med utstående ögon **--pot** hummertina
lob-worm ['lɔbwə:m] mask
local ['ləuk(ə)l] **I** *a* lokal, orts-, plats-, rums-; ~ *authorities* kommunala myndigheter; ~ *colour* lokalfärg; ~ *edition* ortsupplaga; ~ *paper* ortstidning; ~ *option (veto)* lokal rätt att förbjuda utskänkning av rusdrycker; ~ *service* lokaltrafik **II** *s* **1** ortsinnevånare **2** lokal nyhet **3** lokalt porto **4** lokalställe **5** *fam.* sköns krog, kvarterspub **-[e]** [lə(u)'kɑ:l] plats (där ngt sker) **-ism** [-‚kɔliz(ə)m] lokalpatriotism **-ity** [lə(u)'kæliti] **1** läge **2** plats, ställe **3** lokalsinne **-ize** [-‚kəlaiz] **1** förläna lokal karaktär **2**

lokalisera **3** decentralisera **4** koncentrera, begränsa

locat|e [ləu'keit] **1** lokalisera **2** förlägga **3** vara belägen **4** staka ut, bestämma plats för **5** anlägga (väg) **-ion** [-eiʃ(ə)n] **1** lokalisering **2** läge **3** inmutning **4** anläggande av väg **5** hemort, boningsort; *on* ~ på plats, utanför filmstudions väggar

loch [lɔk] *Sk.* sjö, vik

lock [lɔk] **I** *s* **1** [hår]lock **2** [ull]tott, tapp **3** lås **4** sluss **5** trafikstockning **6** spärr **7** årtull; *under* ~ *and key* under lås o. bom; ~, *stock and barrel* allt inbegripet, rubb o. stubb **II** *v* **1** låsa [igen, fast], stänga; omfamna, omsluta **2** förse med sluss **3** slussa (= ~ *down, through, in, out*); ~ *away* gömma bakom lås o. bom; ~ *in* stänga in; ~ *out* stänga ute, avstänga; ~ *up* **a** låsa in **b** låsa fast (kapital) **-age** [-idʒ] **1** fallhöjd i sluss **2** slussavgift **3** slussanläggning **--chamber** [-.tʃeimbə] slussbassäng **-er** [-ə] **1** [förvaringsfack i] skåp **2** *A.* kista, liten koffert **3** en som låser **-et** [-it] medaljong **--gate** ['lɔk'geit] slussport- **-jaw** *med.* munläsa, -häfta **--nut** stoppmutter **--out** lockout **-smith** låssmed **--up 1** stängningstid **2** fastlåsning (av kapital) **3** finka; *attr.* som går att låsa

loco ['ləukəu] lokomotiv; *sl.* galen **-ed** [-d] *sl.* galen

locomot|e ['ləukəməut] förflytta sig **-ion** [.ləukə'məuʃ(ə)n] förflyttning, fortskaffningssätt **-ive** [-.məutiv] **I** *s* (= ~ *engine*) lokomotiv **II** *a* rörlig, rörelse-; *a* ~ *person* en som alltid är på resande fot (*skämts.*); ~*s* ben (*pl, sl.*)

locum ['ləukəm] *fam.* = ~ *tenens* [-'ti:nenz] vikarie (framför allt för läkare o. präst)

locus ['ləukəs] plats, ställe

locust ['ləukəst] **1** (ätlig) gräshoppa **2** frukt av johannesbrödträd **3** (nordam., falsk) akacia

locut|ion [lə(u)'kju:ʃ(ə)n] talesätt, uttryck **-ory** ['lɔkju(ə)tri] **1** samtalsrum (i kloster) **2** spjälverk mellan besökare o. klosterinvånare

lode [ləud] **1** dike, ränna **2** malmåder **-star 1** polstjärna **2** *fig.* ledstjärna; det man eftersträvar **-stone** magnet; *se äv. loadstone*

lodg|e [lɔdʒ] **I** *s* **1** portvaktsstuga, -våning **2** jaktstuga **3** frimurarloge **4** *Cambr.* rektorsbostad **5** bäverhydda, utterbo **6** wigwam **II** *v* **1** skaffa ngn logi, härbärgera **2** innesluta, rymma **3** deponera (*with* hos); **4** inge, inlämna; framföra; lägga, sätta, placera **5** slå ner; ligga (om säd) **6** fastna, bli sittande **7** bo (*with* hos); ~ *an appeal* överklaga (dom); ~ *a complaint* klaga **-eable** [-əbl] beboelig **-e- -keeper** [-.ki:pə] portvakt **-ement** [-mənt] **1** fast fot **2** anhopning **3** förskansning **4** *jur.* deposition **5** bostad **-er** [-ə] hyresgäst, inneboende **-ing** [-iŋ] logi, husrum; ~*s pl* hyresrum; bostad; *live in* ~*s* hyra möblerade rum **-ment** *se lodgement*

loess ['ləuis] lössjord

loft [lɔft] **I** *s* **1** loft, vind **2** duvslag **3** duvflock **4** galleri, läktare **II** *v* **1** slå hög boll (i golf) **2** hålla duvor i duvslag **-er** [-ə] (slags) golfklubba **-y** [-i] **1** hög; upphöjd **2** högfärdig

log [lɔg] **I** *s* **1** stock, kloss **2** logg; = ~-*book*; *in the* ~ ohuggen, ej kapad; *roll my* ~ *and I'll roll yours* om du hjälper mig så hjälper jag dig; *sleep like a* ~ sova som en stock **II** *v* **1** hugga ner, hugga i stockar **2** skriva i loggbok **3** tillryggalägga sträcka (om skepp) **4** belägga med böter

loganberry ['ləugənb(ə)ri] *bot.* loganbär

log|-book ['lɔgbuk] **1** loggbok **2** dagbok **--cabin** [-,kæbin] timmerkoja **--canoe** [-kə-,nu:] båt av urholkad trädstam **-ged** [lɔgd] **1** full av vatten (= *water*~) **2** stillastående (om vatten) **-ger** [-ə] skogshuggare **-gerhead** [-əhed] (slags) sköldpadda (fågel) med stort huvud; *be at* ~*s* vara osams **-ging** [-iŋ] skogsavverkning **--house, --hut** timmerkoja

logic ['lɔdʒik] logik **-al** [-(ə)l] logisk **-ality** ['lɔdʒi'kæliti] logisk egenskap

logistics [lə(u)'dʒistiks] *pl* logistik; förflyttning (underhållning, inkvartering) av trupper till lands (sjöss el. i luften)

log-rolling ['lɔgrəuliŋ] *pol.* tjänster o. gentjänster

loin [lɔin] länd[stycke]; *gird up one's* ~*s* omgjorda sina länder **--cloth** [-klɔθ] höftkläde

loiter ['lɔitə] gå o. driva, söla, stå o. hänga; ~ *about* stryka omkring; ~ *away one's time* förslösa sin tid **-er** [-rə] dagdrivare

loll [lɔl] **1** sticka ut (tungan) **2** sträcka sig (lättjefullt), hänga; ~ *about* gå o. driva, stå o. hänga

lollapalooza [,lɔləpə'lu:zə] *A. sl.* baddare

lollipop ['lɔlipɔp] slickepinne, klubba; ~*s* sötsaker

lollop ['lɔləp] *fam.* **1** lata sig **2** gå o. driva; skumpa

lolly ['lɔli] **1** *se lollipop* **2** *sl.* pengar

Lombard ['lɔmbəd] **I** *s* **1** langobard **2** invånare i Lombardiet **II** *a* lombardisk; ~ *Street* bankirgata i London; *fig.* finansvärlden **-ic** [lɔm'bɑ:dik] lombardisk **-y** [-i] Lombardiet

London ['lʌndən] London, londonsk; ~ *ivy* londondimma (*fam.*); ~ *particular* londondimma (*sl.*) **-er** [-ə] londonbo **-ese** [lʌndə-'ni:z] *fam.* londondialekt

lone [ləun] *poet.* ensam, övergiven; enslig; *play a* ~ *hand* klara sig själv; ~ *flight* soloflygning; *a* ~ *wolf* en ensam varg, en person som håller sig för sig själv; *a* ~ *woman* ensamstående kvinna **-liness** [-linis] ensamhet, enslighet **-ly** [-li] ensam; övergiven; enslig; ~ *hearts column* "personliga" annonser **-r** [-ə] enstöring **-some** [-səm] *se lone*

long [lɔŋ] **I** *a* **1** lång[sträckt]; med lång räckvidd (t. ex. om kanon); sl, stor, genomträngande (om syn) **2** stort (om tal, glas) **3** tråkig, långdragen **4** *fam.* högt (pris) **5** längd-; *make a* ~ *arm* sträcka sig efter; *go to one's* ~ *home* gå in i den eviga vilan; *a* ~ *shot* ett långt skott **b** ett riskfyllt företag; ~ *odds* mycket obetydliga chanser; *it's a* ~ *bet* tio mot ett; *not by a* ~ *chalk* inte på långa vägar; *a* ~ *chance* en mycket liten chans; ~ *clay* långpipa; ~ *firm* kreditskojare; ~ *green* papperspengar, sedlar (*sl.*); ~ *johns* långkalsonger (*fam.*); ~ *jump* längdhopp; ~ *measure* längdmått; *in the* ~ *run* i långa loppet; *have a* ~ *tongue* vara alltför talför; ~ *hundred* 120; ~ *dozen* 13; ~ *suit* många kort av samma färg; ~ *face* lång i ansiktet; sorgset ansikte; ~ *wind* god löpkondition; *take* ~ *views* vara framsynt **II** *s* **1** lång stavelse **2** lång tidrymd **3** *the L* ~ sommarferie, -uppehåll; ~*s* långa kläder; *the* ~ *and the short of it* i korthet; det väsentliga i saken; *I shan't be* ~ det dröjer inte länge; *at* [*the*] ~*est* allra längst (om tid); *before* ~ snart, inom kort **III** *adv* längst, längst; *I will help you, as* ~ *as you do what I tell you* jag ska hjälpa dig så länge du gör som jag

säger; *so* ~ hej då! (*fam.*); *all day* ~ hela långa dagen; *no* ~*er*, *not any* ~*er* inte längre, inte mer **IV** *v* längta (*for* efter)
longaeval *se* longeval
long|ago [lɔŋə'gəu] **I** *a* svunnen **II** *s* svunnen tid **-bill** beckasin **-boat** barkass **-bow** pilbåge; *draw the* ~ dra en skepparhistoria, skarva **--breathed** [-breθt] = *long-winded* **--distance** ['lɔŋ'distəns] *flyg.* fjärr-, långdistans-; ~ *call* rikssamtal **-e** [lʌndʒ] *se lunge* **--eared** [-iəd] **1** med långa öron **2** dum **-eval** [lɔn'dʒi:v(ə)l] långlivad **-evity** [lɔn'dʒeviti] långt liv **-hair** [-hɛə] person som är överdrivet intellektuell **-hand** vanlig skrift (motsats t. *shorthand* stenografi) **--head** förutseende person; ~*ed* **a** långskallig **b** förutseende, klyftig **-horn** långhornig boskap
longing ['lɔŋiŋ] längtan
longish ['lɔŋiʃ] ganska lång
longitud|e ['lɔn(d)ʒitju:d] longitud **-inal** [,lɔn-(d)ʒi'tju:dinl] longitud-, längd-; ~ *section* längsgående tvärsnitt
long|-legs ['lɔŋlegz] långbent person (*isht* barn) **--lived** ['lɔŋ'livd] **1** med långt liv **2** långvarig **--range** ['lɔŋ'rein(d)ʒ] *a* långskjutande; ~ *gun* kanon med stor räckvidd; ~ *ballistic missile* fjärrobot **--shanks** [-ʃæŋks] **1** långben **2** strandpipare **--sight 1** långsynthet **2** förutseende; ~*ed* **a** långsynt **b** förutseende **--standing** ['lɔŋ'stændiŋ] av gammalt datum **--suffering** ['lɔŋ'sʌf(ə)riŋ] *a* o. *s* tålmodig, tålmodighet **t--time a**, ~ *friend* gammal vän **--tong- ued** [-tʌŋd] pratsjuk **--winded** ['lɔŋ'windid] **1** som kan hålla andan länge; envis **2** långrandig (i tal el. skrift)
loo [lu:] **I** *s* **1** (slags) kortspel, knack **2** bet **3** *sl.* toalett, dass **II** *v* göra bet
looby ['lu:bi] drummel
look [luk] **I** *v* **1** se, titta; se ut, förefalla, tyckas **2** ligga, vetta **3** se efter, undersöka **4** se sig för; ~ *before you leap* tänk först, handla sedan; ~ *alive!* skynda på! ~ *here!* hör nu! ~ *sharp!* raska på!; ~ *you!* ser du, förstår du; *he* ~*s it* han ser sådan ut; *he* ~*s his age* man ser hur gammal han är; *he* ~*s himself again* han är åter sitt gamla jag; ~*about* se sig om; *he* ~*ed about him* **a** han såg sig omkring **b** han var på sin vakt; ~ *after* se till, sörja för; sköta; ~ *ahead!* se upp!; ~ *at* titta på; *I won't* ~ *at it*, äv. jag vill inte ha med det att göra; *to* ~ *at him, you would not say so av* hans utseende att döma skulle man inte vilja påstå det; *it is not much to* ~ *at* det ser inte mycket ut för världen; ~ *twice at a penny* vända på slantarna; ~ *at home!* sopa rent för egen dörr!; ~ *down* a se ner (*upon* på) **b** slå ner ögonen; *he* ~*ed her down* han fick henne att slå ner ögonen; *prices were* ~*ing down* priserna gick ner; ~ *for* a söka efter **b** hoppas på; ~ *forward to* se fram emot; ~ *in* titta in (*upon a p.* hos någon); ~ *into a matter* undersöka en sak; ~ *like* se ut som; förefalla; likna; *it* ~*s like rain* det ser ut som om det skulle bli regn; *you* ~ *like winning* det verkar som om du skulle segra; ~ *on* vara åskådare; ~ *out* **a** titta ut **b** vetta (*upon, over* åt, mot) **c** se upp!; ~ *out for* a hålla utkik efter **b** leta efter; ~ *over* a se över; undersöka **b** förbise; se genom fingrarna; ~ *a p. over* skärskåda ngn; ~ *round* **a** se sig om (*for* efter) **b** undersöka, fundera på; ~ *through* **a** titta igenom **b** genomskåda **c** synas igenom; ~ *a man*

through genomborra ngn med sin blick; ~ *to* a sörja för, sköta om **b** bry sig om, fästa avseende vid **c** lita på; ~ *to yourself!* var rädd om dig!; *I* ~ *to her to help me* jag hoppas att hon skall hjälpa mig; ~ *towards* **a** vetta åt **b** se åt; ~ *towards a p.* dricka ngns skål (*fam.*); ~ *up* **a** se upp **b** stiga (om priser) **c** bli bättre (t. ex. om väder) **d** slå upp (t. ex. ord); besöka; ~ *up to* **a** titta upp på **b** se upp till, respektera; ~ *a p. up and down* titta på någon uppifrån o. ner; ~ *upon* anse, betrakta (*as* som) **II** *s* titt, blick, utseende, uppsyn; *have a* ~ at ta sig en titt på; *I don't like the* ~ *of him* jag tål inte se honom; *by the* ~ *of it* av utseendet att döma; *new* ~ nytt mode; nytt sätt att se, ny aspekt; *good* ~*s* trevligt utseende; *lose one's* ~*s* förlora sin skönhet; *for the* ~ *of it* för syns skull **-ee** [-i:] = *look you!* förstår du! **-er** [-ə] **1** en som tittar etc., *se look* **I 2** stilig person **-er-on** ['lukər'ɔn] (*pl lookers-on*) åskådare **--in** ['luk'in] *fam.* påhälsning; *he gave me a* ~ han gjorde en påhälsning hos mig **-ing-glass** [-iŋ-] spegel **--out** ['luk'aut] **1** utkik[spost] **2** utsikt (*äv. fig.*), chans; *on the* ~ *for* på jakt efter **--see** ['luk,si:] *sl.* snabb titt
loom [lu:m] **I** *s* **1** vävstol **2** årlom **3** svag skymt (av land från havet genom dimma) **4** (slags) grissla, (slags) alkfågel **II** *v* skymta; *the danger* ~*ed large* faran dök hotfullt upp
loon [lu:n] **1** *zool.* [stor]lom; islom **2** pojke; slyngel, odåga **3** galning, galen, dumbom **-y** [-i] **I** *a* galen, tokig **II** *s* galning, dåre **-y-bin** *sl.* dårkista
loop [lu:p] **I** *s* ögla, stropp; krökning; = ~*-line* **II** *v* göra en ögla på; fästa med ögla; ~*ing the* ~ göra en looping (med flygplan) **--aerial** [-,ɛəriəl] ramantenn **-er** [-ə] **1** mätarlarv **2** skyttel (i symaskin) **3** en som utför looping **-hole** **1 2** skottglugg, titthål, ljusöppning **2** kryphål **II** *v* förse med skottglugg etc., *se I I* **--line** sidolinje **-y** [-i] **1** krökt **2** galen
loose [lu:s] **I** *a* **1** lös; fri, ledig, ej bunden **2** slak **3** slarvig, vårdslös; lösaktig, omoralisk (*särsk.* om kvinna); *at a* ~ *end* utan bestämd sysselsättning (uppgift); *it was left at a* ~ *end* det lämnades utan åtgärd, inget beslut fattades; *a* ~ *rein* lös tygel (*fig.*); *a* ~ *build* klumpig kroppsbyggnad; *a* ~ *fish* en slarver; *be on the* ~ vara ute och festa (*fam.*); ~ *leaf* lösblad **b** lösblads- **II** *v* lösa, frigöra; avskjuta; ~ *one's hold* släppa taget **III** *s* fritt spelrum; *give* [*a*] ~ *to* lämna fritt spelrum **--limbed** [-limd] skranglig **-ly** [-li] *adv* löst, löstigt; vagt, obestämt **--minded** [-,maindid] lättsinnig
loosen ['lu:sn] **1** lösa upp **2** lossna **3** göra lösare; mildra; ~ *up* **a** bli pratsam **b** bjuda, slå på stort
loot [lu:t] **I** *s* **1** rov, byte **2** *sl.* löjtnant **2** *sl.* pengar **II** *v* plundra, [be]röva
lop [lɔp] **I** *s* **1** kvistar, ris **2** kanin (med hängören) **3** gropig sjö **II** *v* **1** hugga av, kapa (*äv. [låta] hänga slak* **3** gå o. driva **4** slå ett kort slag (i golf)
lope [ləup] **I** *v* förflytta sig med stora språng, skutta (om djur) **II** *s* språng
lop|-eared ['lɔpiəd] med hängande öron **-pings** [-iŋz] ris, avhuggna grenar o. kvistar **-py** [-i] **1** hängande **2** upprört (hav) **--sided** ['lɔp'saidid] som lutar åt ena sidan, osymmetrisk; *fig.* ensidig, skev

loquaci|ous [lə(u)'kweiʃəs] pratsam; kvittrande (om fåglar); kluckande (om vatten) **-ty** [-'kwæsiti] pratsamhet

loran ['lɔːrən] (= *long range navigation*) navigeringssystem

lord [lɔːd] **I** *s* **1** herre, härskare **2** lord (adelsman) **3** magnat **4** *poet.* ägare **5** *poet.* o. *skämts.* gemål (ofta ~ *and master*); *the L~* Herren Gud; *the L~'s Day* söndag; *the Day of the L~* domens dag; *the L~'s Prayer* Herrens bön, Fader Vår; *the L~'s Supper* nattvarden; *the House of L~s* överhuset; ~*s spiritual* (*temporal*) andliga (världsliga) lorder i överhuset; *L~ Chancellor* lordkansler (är bl. a. talman i överhuset); *L~ Chief Justice* innehavare av det högsta juridiska ämbetet efter *L~ Chancellor*; *L~ Mayor* titel på borgmästaren i London, Dublin o. en del andra städer; ~ *of the manor* godsherre; *my* ~ [mi-'lɔːd] titel i tilltal till vissa personer; *drunk as a* ~ kanonfull; *swear like a* ~ svära som en borstbindare; *live like a* ~ leva furstligt **II** *v* **1** spela herre **2** adla; *I will not be* ~*ed over* ingen skall spela översittare över mig **--lieutenant** ['lɔːdlef'tenənt] **1** drottningens befallningshavare, *ung.* landshövding **2** vicekung (över Irland t. 1922) **-ling** [-liŋ] smålord **-ly 1** högdragen **2** som en lord **3** ståtlig, förnämlig, storslagen **-ship 1** herravälde (*of, over* över) **2** gods, adlig domän **3** lordvärdigheten **4** *skämts.* herre; *your* ~ (i tilltal) ers nåd

lore [lɔː] **1** *åld.* lära **2** kunskap, vetande

lorn [lɔːn] *poet.* ensam, övergiven

Lorraine [lɔ'rein] Lothringen **-r** [-ə] innevånare i Lothringen

lorry ['lɔri] **1** *BE.* lastbil **2** transportvagn, tralla, truck

lory ['lɔːri] loripapegoja

los|e [luːz] förlora, tappa, mista; förspilla, ödsla; beröva; gå vilse, förlora sig; gå efter (om klocka); ~ *ground* förlora mark, vika tillbaka; ~ *one's head* tappa huvudet; ~ *heart* tappa modet; ~ *one's temper* tappa humöret; *you* ~ *your labour* du anstränger dig förgäves; *they will* ~ *their way* (*themselves*) de kommer att gå vilse; *the story does not* ~ *in the telling* historien förlorar inte på att berättas; *you will* ~ *by* (*over*) *it* du kommer att förlora på det; ~ *out* förlora, misslyckas **-er** [-ə] förlorare; *he is a good* (*bad*) ~ han är god (dålig) förlorare **-ing** [-iŋ] förlorande; förlustbringande; *a* ~ *game* ett företag utan utsikt till framgång; *a* ~ *business* ett förlustbringande företag; ~*s* förluster

loss [lɔs] förlust; skada; *at a* ~ med förlust; *I am at a* ~ *for words* jag har svårt att finna ord; *be at a* ~ vara villrådig **--leader** lockvara (såld med förlust)

lost [lɔst] *imperf* o. *perf part* av *lose*; *he was* ~ *in thought* han var försjunken i tankar; *it will get* ~ det kommer att råka i glömska; *he will get* ~ han kommer att gå vilse; *the motion was* ~ motionen förkastades; *all this is* ~ *upon you* allt det här är bortkastat på dig; *he was* ~ *in a storm* han omkom i en storm

lot [lɔt] **I** *s* **1** lott **2** andel; öde **3** parti, post **4** tomt, jordlott **5** mängd, massa; *cast* (*draw*) ~*s* dra lott; *he cast in his* ~ *with me* han slog sig ihop med mig; *by* ~ genom lottning; *they are a bad* ~ de är ett riktigt pack; *that's the* ~ det är allt; ~*s of friends* massor av vänner; *a lazy* ~ en lat samling **II** *v*, ~ *out* stycka jord; fördela; ~ [*on, upon*] räkna med, hoppas på (*A.*)

loth [ləuθ] = *loath*

lotion ['ləuʃ(ə)n] **1** hårvatten, rakvatten **2** *sl.* spritdryck

lottery ['lɔtəri] lotteri

lotus ['ləutəs] **1** lotusblomma **2** (slags) vattenlilja **3** käringtand **--eater** [-,iːtə] *fig.* drömmare **--land** *fig.* paradis, lyckoland

loud [laud] **1** hög[ljudd] **2** skrikande; bjärt (om färg); prålig -en [-n] bli mera högljudd **-ly** [-li] högt, med hög röst; prålig **-mouth** skrävlare **-ness** [-nis] högljuddhet; bjärthet **-speaker** ['laud'spiːkə] högtalare **--spoken** [-,spəuk(ə)n] högröstad

Louisiana [lu(:)iːzi'ænə] delstat i USA

lounge [laun(d)ʒ] **I** *v* flanera; ligga o. dra sig; stå o. hänga; ~ *away one's time* slösa bort sin tid **II** *s* **1** promenad; slöande **2** vestibul; sällskapsrum **3** bekväm stol; soffa **--chair** *se lounge II* **3** **--lizard** [-,lizəd] gigolo, betald danspartner (*sl.*) **-r** [-ə] dagdrivare **--seat** *se lounge II* **3** **--suit** kavajkostym

lour ['lauə] **I** *v* blänga, se arg ut (*on, upon, at* på); mulna, mörkna **II** *s* hotfull (arg) blick

lous|e I *s* [laus] (*pl lice* [lais]) **1** lus **2** *A.* skurk **II** *v* [lauz] löska; ~ *up s.th.* trassla till ngt (*sl.*) **-y** ['lauzi] **1** lusig **2** *fig.* smutsig, dålig; gemen; ~ *with* (*sl.*) nedlusad med (pengar)

lout [laut] drummel, tölp **-ish** [-iʃ] drummelaktig

lovable ['lʌvəbl] värd att älskas, sympatisk

love [lʌv] **I** *s* **1** kärlek (*of, for, to, towards* till); böjelse **2** älskling **3** noll (i spel); ~*s* kärlekshistorier; *send one's* ~ *to* hälsa så hjärtligt till; *for the* ~ *of God* för Guds skull; *for the* ~ *of Pete* för hekje farao; *not to be had for* ~ *or money* som inte kan köpas för pengar; *marry for* ~ gifta sig av kärlek; *play for* ~ spela för ro skull (ej om pengar); *labour of* ~ **a** möda som man gör sig av kärlek till nästan **b** möda som man lägger ned sin själ i; *there's no* ~ *lost between them* de kommer inte bra överens; *be in* ~ *with* vara kär i; *fall in* ~ bli kär; ~ *in a cottage* tomtebolycka; *make* ~ *to* ligga med, kurtisera, smeka; ~ *of order* ordentlighet, pedanteri; ~ *all* noll noll (*isht tennis.*); ~ *will find a way* kärleken segrar; *old* ~ *lies deep* gammal kärlek rostar aldrig; *out of* ~ **a** av kärlek **b** ej längre kär; *be out of* ~ *with* ha fått nog av någon **II** *v* älska, hålla av, tycka mycket om; ~ *me,* ~ *my dog* mina vänner bör vara dina vänner; *I* ~ *that!* det är gott! (*iron.*) **-able** *se lovable* **--affair** [-ə,feə] kärlekshistoria **--apple** (annat namn på) tomat **--begotten** [bi,gɔtn] utomäktenskapligt (om barn) **-bird 1** (slags) papegoja **2** älskling; *couple of* ~*s* dåraktigt förälskat par **--child** utomäktenskapligt barn **--crossed** [-krɔst] olycklig i kärlek **-less** [-lis] utan kärlek **-liness** [-linis] ljuvlighet, skönhet **-lock** hårlock vid tinningen **--lorn** [-lɔːn] **1** lämnad i sticket av den älskade **2** hopplöst förälskad **-ly** [-li] ljuvlig, vacker; härlig **--making** [-,meikiŋ] samlag; kurtis **--match** giftermål av kärlek **--nest** ungt förälskat pars bostad **--potion** [-,pəuʃ(ə)n] kärleksdryck **-r** [-ə] älskare, beundrare; *two* ~*s* ett förälskat par **-rlike** [-əlaik] **-rly** [-əli] som (från) en älskare

--seat (slags) sittsoffa **-sick** kärlekskrank **--song** kärleksvisa **--token** [-ˌtəuk(ə)n] kärlekspant **-worthy** [-ˌwɔːði] värd att bli älskad **-y[-dovey]** [ˈlʌvi(dʌvi)] *s* o. *a* älskling; kärleks-

loving [ˈlʌviŋ] älskande, öm **--kindness** [ˈlʌviŋˈkain(d)nis] *bibl.* huldhet, nåd o. barmhärtighet

1 low [ləu] **I** *v* råma, böla **II** *s* råmande, bölande

2 low [ləu] **I** *s* låg nivå **II** *a* o. *adv* **1** låg; djup (bugning); lågt skuren, urringad (klänning) **2** enkel, enfaldig **3** låglänt (terräng) **4** gemen, usel **5** mager, undernärd **6** svag, klen **7** nedstämd **8** låg-; ~ *mass* stilla mässa; ~ *tide* lågt vattenstånd; *be in* ~ *water* sitta trångt ekonomiskt sett; *L ~ Church* lågkyrkan (kalvinistiskt färgad fraktion inom den anglikanska kyrkan); ~ *comedian* farsaktör; *the L ~ Countries* Nederländerna; *L ~ Latin* vulgärlatin; ~ *life* de lägre ståndens liv; *be in* ~ *spirits* vara nedstämd; *L ~ Sunday* första söndagen efter påsk; ~ *tension* lågspänning; ~ *tide* ebb; *bring* ~ **a** reducera **b** förödmjuka; *my funds are* ~ det är ebb i kassan; *lay* ~, *se 4 lay*; *lie* ~, *se 2 lie*; *live* ~ äta lite; *play* ~ spela med låg insats; *talk* ~ tala lågt **--born** [ˈləuˈbɔːn] av låg härkomst **--bred** [ˈləuˈbred] ouppfostrad **--brow** *fam.* **I** *s* icke intellektuell person **II** *a* (= ~*ed*) alldaglig, vanlig, ordinär **--browed** [ˈləuˈbraud] **1** med låg panna **2** utskjutande **3** låg (t. ex. ingång till byggnad) **4** mörk; dyster **--down I** *a* låg, tarvlig **II** *s*, *al.* förstahandskännedom; information, upplysning

1 lower [ˈləuə] **I** *a* lägre; undre; under-, nedre; *L ~ House* underhuset; *a* ~ *date* ett senare datum; ~ *deck* trossbotten; nedre trossdäck; manskap (*sjö.*); ~ *arm* underarm; ~ *case* gemen bokstav; *the* ~ *classes* underklassen; *the* ~ *orders* de lägre klasserna; *the* ~ *regions* dödsriket; ~ *school* de lägre klasserna i en *Public School*; ~ *world* de jorden **b** helvetet **II** *v* sänka; fira ner, hala, släppa ner; sätta ner, minska; förödmjuka; sjunka, minskas

2 lower [ˈlauə] *se lour*

lowermost [ˈləuəməust] lägst

lowery [ˈlauəri] mörk, mulen

low|land [ˈləulənd] lågland; *the L ~ s* Skotska låglänterna **-ly** [-li] anspråkslös; obetydlig **--minded** [ˈləuˈmaindid] gemen **-ness** [-nis] låghet; ringhet; gemenhet **--pitched** [-pitʃt] **1** lågstämd **2** (om tak) med svag lutning **--spirited** [ˈləuˈspiritid] nedslagen, dyster **--voiced** [-vɔist] med låg röst **--water** [ˈləuˈwɔːtə] *a* lågvattens;- ~ *mark* lågvattennivå; lägsta punkt

loyal [ˈlɔi(ə)l] **I** *a* trogen, lojal **II** *s* trofast vän **-ist** [-əlist] regeringstrogen person **-ty** [-ti] lojalitet, trofasthet

lozenge [ˈlɔzin(d)ʒ] **1** *her.* ruta **2** romb **3** rombformad fasett (t. ex. av diamant) **4** tablett, halspastill (= *throat* ~)

lubber [ˈlʌbə] **1** oskicklig sjöman **2** *åld.* tölp, odåga **-land** paradiset, schlaraffenland **-like, -ly** [-li] drummelaktig

lubric|ant [ˈluːbrikənt] **I** *s* smörjmedel **II** *a* som gör hal **-ate** [-keit] **1** smörja, olja in **2** muta; *-ating oil* smörjolja **-ation** [ˌluːbriˈkeiʃ(ə)n] **1** smörjning **2** bestickning **-ator** [-keitə] smörjmedel; smörjkopp **-ity** [luːˈbrisiti] **1** glatthet, halhet **2** osäkerhet **3** lättfärdighet **-ous** [-əs] **1** hal, slipprig **2** osäker

lucen|cy [ˈluːsnsi] glans **-t 1** skinande, glänsande **2** genomskinlig

lucid [ˈluːsid] klar, ljus, strålande; redig, överskådlig; ~ *interval* ljust ögonblick **-ity** [luːˈsiditi] klarhet; redighet, överskådlighet

luck [lʌk] tur, lycka, framgång; *bad* ~ otur; *good* ~ tur; *good* ~ *to you!* lycka till!; *more* ~ *than skill* mera tur än skicklighet; *as* ~ *would have it* som det föll sig; *just my* ~*!* min vanliga otur!; *but, worse* ~, *I could not go* men vad värre var, jag kunde inte resa; *they do it for* ~ de gör det för att få tur; *be down on one's* ~ ha otur; vara i knipa (*fam.*); *be in* (*out of*) ~ ha tur (otur) **-less** [-lis] förföljd av otur, utan tur **-y** [-i] som har tur; lycko-, lyck-; ~ *charm* lyckobringare; ~ *dog* lyckans ost; *cut one's* ~ smita (*sl.*); ~ *tub* lotteriurna

lucrative [ˈluːkrətiv] lukrativ, inbringande

lucre [ˈluːkə] vinning, fördel

ludicrous [ˈluːdikrəs] löjlig, fånig, orimlig

luff [lʌf] **I** *s* **1** *sjö.* lovart[sida] **2** *fam.* ytterkant **II** *v* **1** *sjö.* lova **2** vända

lug [lʌg] **I** *s* **1** ryck **2** *Sk.* öra **3** handtag; kant, fläns **II** *v* rycka; dra, släpa

luge [luːʒ] **I** *s* kälke, bob **II** *v* åka kälke (bob)

luggage [ˈlʌgidʒ] bagage

lugger [ˈlʌgə] *sjö.* loggert

lugubrious [luːˈguːbriəs] dyster, sorglig

Luke [luːk] Lukas

lukewarm [ˈluːkwɔːm] **I** *a* **1** ljum[men] **2** *fig.* sval, oengagerad **II** *s* likgiltig person **-ness** [-nis] **-th** [-θ] ljummet tillstånd, likgiltighet

lull [lʌl] **I** *v* vyssja till sömns; lugna, avvärja; bedarra (om vind); lugna sig **II** *s* stiltje, lugnt ögonblick; avbrott; *a* ~ *in the fighting* ett tillfälligt avbrott i fientligheterna **-aby** [ˈlʌləbai] **I** *s* vaggvisa **II** *v* sjunga till sömns

lulu [ˈluːluː] *sl.* anmärkningsvärd sak el. person

lumba|ginous [lʌmˈbeidʒinəs] ryggskotts-, rygg- **-go** [-ˈbeigəu] ryggskott **-r** [ˈlʌmbə] länd-; *the* ~ *region* korsryggen

lumber [ˈlʌmbə] **I** *s* **1** skräp, bråte **2** överflödigt fett **2** timmer **II** *v* **1** stoppa full med skräp; vräka samman; skräpa **2** hugga, avverka **3** lufsa, gå med klumpiga steg **-er** [-rə] timmerhuggare **-ing** [-(ə)riŋ] **1** *s* timmer-, skogsavverkning; sågverksindustri **II** *a* klumpig **-jack** timmerhuggare, skogsarbetare **-man** [-mən] **1** *se lumberjack* **2** timmerhandlare **--room** [-rum] skräpkammare **-some** [-səm] klumpig **-yard** [-jɑːd] *A.* brädgård

lumbrical [ˈlʌmbrik(ə)l] maskformad

lumin|ary [ˈluːminəri] ljuskälla; himlakropp; *fig.* ljus (om personer) **-iferous** [ˌluːmiˈnifərəs] ljusalstrande **-ous** [-əs] lysande, ljus-; ~ *paint* självlysande färg

lummox [ˈlʌməks] *A. sl.* tölp, drummel

lump [lʌmp] **I** *s* klump, klimp, stycke; mängd, bit; svulst; tjockskalle **II** *v* **1** slå ihop; klumpa sig; skära över en kam **2** satsa, lägga i pott; ~ *along* släntra iväg; ~ *down* dunsa ner; *if you don't like it you can* ~ *it* även om du inte vill får du finna dig i det (*vard.*) **--yard** [-jɑːd] *A.* brädgård **III** *a, the* ~ *sum* hela summan **-er** [-ə] **1** *sjö.* 2 entreprenör **-ing** [-iŋ] *vard.* tung, tjock **-ish** [-iʃ] slö, trög **--sugar** [-ˌʃugə] bitsocker **-y** [-i] **1** full av klimpar **2** gropig (om sjö) **3** *sl.* berusad

lunacy [ˈluːnəsi] vansinne

lunar [ˈluːnə] **I** *a* mån-; halvmånformig **II** *s* **1** månavstånd **2** halvmånformigt föremål **-ian** [luːˈnɛəriən] måninnevånare

lunat|e ['luːneit] halvmånformig **-ic** [-nətik]
I *a* vansinnig; dåraktig; ~ *fringe* fanatisk
minoritet av extremister **II** *s* dåre; ~ *asylum*
sinnessjukhus **-ion** [luː'neiʃ(ə)n] månvarv
lunch [lʌn(t)ʃ] **I** *s* lunch; lätt måltid **II** *v* äta
lunch; bjuda på lunch **-eon** [-(ə)n] lunch
(*isht* officiell) **-eonbar** lunchbar **-room**
[-rum] **1** lunchrum **2** restaurang (som serverar
lätta måltider)
lune [luːn] halvmåne, månskära **-tte** [-'net]
1 *byggn.* lynett **2** skygglapp **3** platt urglas
lung [lʌŋ] lunga
lunge [lʌndʒ] **I** *s* **1** longe, språnglina (för
hästdressyr) **2** bana för hästdressyr **3** plötslig
framåtriktad rörelse; stöt, utfall **II** *v* **1** lon-
gera, låta häst springa i lina **2** göra utfall; slå
bakut (= ~ *out*) **3** skjuta fram, rusa; ~ *for*
gripa efter; ~ *into* göra infall i
lung|er **1** ['lʌŋə] *fam.* lungsjuk person **2**
['lʌndʒə] dressör
lunkhead ['lʌŋk,hed] *A. sl.* dumhuvud
luny ['luːni] *sl.* galen
1 lupin[e] ['luːpin] *bot.* lupin
2 lupine ['luːpain] varglik
lurch [ləːtʃ] **I** *s* krängning, plötslig överhal-
ning; *leave in the* ~ lämna i sticket; *at (on the)*
~ på lur **II** *v* göra en överhalning, kränga,
lura **-er** [-ə] **1** tjuv, svindlare **2** spion **3** by-
racka
lure [ljuə] **I** *s* frestelse; lockbete **II** *v* fresta;
locka
lurid ['ljuərid] **1** spöklik; hemsk, makaber,
ohygglig, kuslig **2** gäll, skrikig (om färg);
brandröd, bländande **3** gulbrun, smutsbrun
lurk [ləːk] **1** dölja sig; ligga o. lura **2** undgå
uppmärksamhet; *on the* ~ på lur; *a* ~*ing
rock* ett blindskär
luscious ['lʌʃəs] **1** härlig, ljuvlig **2** avskyvärd **3**
överlastad (om bildspråk)
lush [lʌʃ] **I** *a* yppig; saftig (om gräs) **II** *s* **1** *sl.*
sprit **2** supkalas **3** *A.* fyllbult **III** *v* **1** fylla med
sprit **2** supa **-y** [-i] *sl.* drucken
lust [lʌst] **I** *s* lusta; begär (*of* efter); ~ *of lucre*
vinningslystnad **II** *v* begära; längta (*after, for*
efter) **-ful** [-f(u)l] vällustig
lustr|al ['lʌstrəl] renings-; ~ *water* vigvatten
-ate [lʌs'treit] rena **-ation** [lʌs'treiʃ(ə)n]
rening[soffer]
lustr|e ['lʌstə] **I** *s* **1** skimmer, glans **2** ljuskrona
3 glans, ära **4** lustrum **II** *v* göra glänsande
-eless [-lis] matt **-ous** [-trəs] glänsande,
skimrande
lusty ['lʌsti] kraftig, stark; *deal* ~ *blows* ut-
dela hårda smällar
lut|anist ['luːtənist] lutspelare **-e** [luːt] **I** *s* **1**
luta **2** kitt **3** gummiring **II** *v* täta med kitt
-enist [-ənist] lutspelare **-ist** **1** lutspelare **2**
lutmakare
Luxemburg ['lʌks(ə)mbəːg] Luxemburg
luxur|iance [lʌg'zjuəriəns] **-iancy** [-iənsi]
frodighet, yppighet **-iant** [-iənt] yppig, frodig
-iate [-ieit] **1** frossa i **2** frodas **3** leva i lyx
-ious [-iəs] **1** lyx-, luxuös **2** vällustig **3** över-
dådig **-y** ['lʌkʃ(ə)ri] **1** lyx, prakt **2** lyxartikel;
njutning[smedel]
lye [lai] lut
lying ['laiiŋ] **I** *pres part* av *lie* **II** *a* falsk, lögn-
aktig **-in** ['laiiŋ'in] barnsäng; ~ *hospital*
barnbördshus; ~ *woman* barnmorska
lymph [limf] lymfa
lynch [lin(t)ʃ] lyncha
lynx [liŋks] *zool.* lo[djur]

lyr|ate ['laiərit] lyrformad **-e** ['laiə] lyra **-ic**
['lirik] lyrisk; ~*s* lyriska dikter **-ical** ['lirik(ə)l]
lyrisk **-icism** ['lirisiz(ə)m] **1** lyrisk stil **2** lyrism
-ist 1 ['laiərist] lyrspelare **2** ['lirist] lyrisk dik-
tare

M

M, m [em] [bokstaven] m
ma [maː] *vard.* mamma
ma'am [mæm] = *madam*
Mac [mæk] **1** *Sk.* son (som prefix i egennamn)
2 *fam.* skotte **3** *m*~, *fam.* för *mackintosh* **4** *m*~
= *macadam*
macabre [mə'kaːbr] kuslig, makaber
macadam [mə'kædəm] makadam
macaro|ni [,mækə'rouni] makaroner **-on**
[,mækə'ruːn] mandelbiskvi
macaw [mə'kɔː] **1** (slags) papegoja **2** (slags)
palmträd
mace [meis] **I** *s* **1** spira **2** spikklubba **3** muskot-
blomma **4** *sl.* svindel **II** *v*, *sl.* avsätta **--bearer**
[-,beərə] spirbärare
macerat|e ['mæsəreit] **1** urlaka[s] **2** utmärgla
(genom fasta) **-ion** [,mæsə'reiʃ(ə)n] **1** urlak-
ning **2** späkning
mach [mæk] *s, fys.*, ~ *number* machtal
machinat|e ['mækineit] intrigera, stämpla
-ion [,mæki'neiʃ(ə)n] intrig **-or** [-ə] intrigör
machine [mə'ʃiːn] **I** *s* maskin; åkdon, bil,
flygplan; badhytt på hjul (ofta *bathing-*~);
A. brandspruta; *A.* organisation av politiskt
parti **II** *v* tillverka maskinellt (framför allt
med symaskin o. tryckpress) **--gun I** *s* maskin-
gevär, kulspruta **II** *v* beskjuta (med kulspruta)
--made maskingjord **-ry** [-əri] **1** maskineri,
maskiner **2** mekanism, apparat **3** övernaturliga
drag, makter i diktverk etc. **--tool** verktygs-
maskin
machinist [mə'ʃiːnist] **1** montör; maskin-
konstruktör **2** maskinsömmerska **3** *A.* orto-
dox partipolitiker
mack [mæk] *fam.* = *mackintosh*
mackerel ['mækr(ə)l] makrill **--breeze, --sky**
kraftig bris **--sky** himmel med lätta moln
mackinaw ['mækinɔː] *A.* (slags) rutig jacka
mackintosh ['mækintɔʃ] regnrock
macrocosm ['mækrə(u)kɔz(ə)m] världsalltet,
makrokosmos
macul|a ['mækjulə] (*pl -ae* [-iː]) fläck **-ar** [-ə]
-ated [-leitid] befläckad, fläckig **-ation**
[,mækju'leiʃ(ə)n] befläckelse, fläck
mad [mæd] galen, tokig, vansinnig; ond, arg
(*at, about* på, över); *as* ~ *as a March hare*
spritt språngande galen; *they ran off like* ~ de
sprang iväg som galningar (*vard.*); ~ *money*
pengar till hemresan (som en flicka har med
sig om hon skulle råka i gräl med sin pojkvän)
~ *about (after, for, on)* "galen i"; ~ *with* arg på
madam ['mædəm] (*pl mesdames* ['meidæm])
(i artigt tilltal) min fru, fröken, frun **-e** [-m]
(*pl mesdames*) (*fr.* titel) fru
mad|cap ['mædkæp] vildhjärna, yrhätta **-den**
[-n] göra galen
madder ['mædə] *bot., tekn.* krapp[rot]

mad-doctor ['mæd,dɔktə] sinnessjukläkare
made [meid] **1** *imperf* o. *perf part* av *make* **2** konstgjord **3** sammansatt; *a* ~ *man* en man som har kommit sig upp
mademoiselle [,mædəm(w)ə'zəl] (*pl mesdemoiselles*) (*fr.* titel) fröken
made-up ['meid,ʌp] **1** påhittad; oäkta **2** sminkad, pudrad **3** sammansatt
mad|-hatter ['mæd,hætə] *sl.* dåre, vildhjärna **-house 1** *vard.* sinnessjukhus, dårhus **2** bråkigt o. tillstökat ställe **-man** [-mən] sinnessjuk man, dåre, galning **-minute** [-,minit] *mil. sl.* snabbeld **-ness** [-nis] vansinne, galenskap
Madonna [mə'dɔnə] *m*~ madonna; ~ *lily* vit lilja
madwoman ['mæd,wumən] sinnessjuk kvinna, dåre, galning
maelstrom ['meilstrəum] malström
maenad ['mi:næd] backant, menad
Mae West ['meiwest] *mil. sl.* flytväst (för flygplansbesättning)
mag [mæg] **1** *se magpie 1* o. **2 2** en halv penny **3** magasin, tidskrift **4** *fam.* = *magneto* **II** *v* sladdra, skvallra
magazine [,mægə'zi:n] **1** tidskrift, magasin **2** ammunitionsförråd, kruthus
magenta [mə'dʒentə] *a* o. *s* anilinröd [färg]
maggot ['mægət] **1** mask **2** nyck; *he has a* ~ *in his head* han har gripits av en underlig idé **-y** [-i] **1** maskfylld, maskäten **2** nyckfull
Magi ['meidʒai] (*pl* av *Magus*) *bibl.* de tre vise männen (från Österlandet) **-an** [-dʒən] **I** *a* som tillhör en av de vise männen **II** *s* mager, en av de vise männen
magic ['mædʒik] **I** *s* trollkonst; *black* ~ magi, svartkonst; *I can't work* ~ jag kan inte trolla; *as if by* ~ som genom ett trollslag **II** *a* magisk, trolldoms- **-al** [-(ə)l] *se magic II* **-ian** [mə'dʒi-ʃ(ə)n] trollkarl
magist|erial [,mædʒis'tiəriəl] myndighets-; myndig, auktoritativ, befallande; magistrats- **-racy** ['mædʒistrəsi] magistratur; magistrat **-ral** [mə'dʒistr(ə)l] **1** magistral **2** ~ *staff* lärarkår **-rate** ['mædʒistreit] [polis]domare; *the chief* ~ Förenta staternas president (*A.*) **-ra-ture** ['mædʒistrətjuə] magistratur
magnanim|ity [,mægnə'nimiti] storsinthet **-ous** [mæg'næniməs] storsint, högsint
magnate ['mægneit] magnat
magnes|ia [mæg'ni:ʃə] magnesia **-ium** [-'ni:zjəm] magnesium
magnet ['mægnit] magnet; dragningskraft **-ic** [mæg'netik] **I** *a* magnetisk (*äv. fig.*); ~ *field* magnetfält; ~ *pole* magnetpol **II** *s pl*, ~*s* läran om magnetism **-ism** [-iz(ə)m] magnetism; dragningskraft **-ist** magnetisör **-ite** [-ait] magnetisk **-ize** [-aiz] **1** magnetisera **2** hypnotisera **-izer** [-aizə] *se magnetist*
magneto [mæg'ni:təu] (förk. av ~-*electric machine*) magnetapparat, generator
magnif|ication [,mægnifi'keiʃ(ə)n] förstoring **-icence** [mæg'nifisns] prakt, storslagenhet **-icent** [mæg'nifisnt] präktig, storslagen, magnifik; *vard.* härlig **-ico** [mæg'nifikəu] venetiansk adelsman, grand; förnäm person **-ier** ['mægnifaiə] förstoringsglas **-y** ['mægnifai] förstora **-ying-glass** ['mægnifaiiŋ,glɑ:s] förstoringsglas
magnitude ['mægnitju:d] storlek, betydelse
magnolia [mæg'nəuljə] *bot.* magnolia

magnum ['mægnəm] stor dubbelbutelj; ~ *bonum* ['bəunəm] (slags) plommon; (slags) potatis
magpie ['mægpai] **1** skata **2** pratsam person, skvallerbytta **3** (slags) duva **4** [skott som träffar] de yttersta ringarna på måltavla **5** *sl.* en halv penny; ~ *cattle* brokig boskap
magus ['meigəs] **1** mag[ik]er **2** trollkarl; *se äv. Magi*
mahogany [mə'hɔgəni] **1** mahogny **2** mahognyträd; *have one's feet under a p.'s* ~ vara ngns gäst
Mahomet [mə'hɔmit] *åld.* Muhammed **-an** [-(ə)n] *s* o. *a åld.* muhammedan[sk]
maid [meid] **1** hembiträde **2** mö, jungfru **3** ostkaka; *old* ~ ungmö; ~ *of honour* hovfröken; ~ *of all work* ensamjungfru
maiden ['meidn] **I** *s* **1** mö, flicka, jungfru **2** *Sk.* (slags) giljotin **3** kapplöpning mellan ~ *horses* (se nedan) **II** *a* **1** ogift; aldrig parad (om djur) **2** ny; jungfru-; ~ *assize* ting där inte någon dödsdom avkunnas; ~ *horse* häst som aldrig har segrat i kapplöpning; ~ *name* flicknamn; ~ *over* kastomgång i kricket utan *runs*; ~ *soldier* soldat som ännu inte fått sitt elddop; ~ *speech* jungfrutal; ~ *trip* (*voyage*) fartygs jungfruresa **-head**, **-hood** jungfrulighet **-ish** [-iʃ] **-like**, **-ly** [-li] jungfrulig
maid-servant ['meid,sə:v(ə)nt] tjänsteflicka
mail [meil] **I** *s* **1** brynja, rustning **2** postsäck, -vagn, -tåg; postförsändelser **II** *v* **1** klä i rustning **2** skicka med post, posta **-able** [-əbl] som går att sända med postlägenhet **-bag** postsäck **-box** *A.* brevlåda **-cart 1** postvagn **2** sittvagn **-ing** [-iŋ] *a*, ~ *machine* frankeringsmaskin **-man** [-mən] *A.* brevbärare **-order** [-,ɔ:də] postorder; ~ *house* (*company*) postorderfirma
maim [meim] **I** *v* lemlästa **II** *s* stympning
main [mein] **I** *a* huvud-, förnämst, viktigast, störst; ~ *beam* helljus; *by* ~ *force* handgripligen; *have an eye to the* ~ *chance* se till egna intressen; ~ *line* a järnv. stambana **b** *sl.* ven (lättåtkomlig för narkotikainjektion) ~ *plot* operationsrum (*mil.*); ~ *road* huvudväg, landsväg; *M*~ *Street* Storgatan (*A.*) **II** *s* **1** kraft **2** *poet.* öppna havet **3** huvudledning (av gas, elektricitet); *with might and* ~ med all kraft; *in the* ~ på det hela taget **--brace** *sjö.* storbrass; *splice the* ~ dricka ett glas, dricka tappert (*sl.*) **--deck** *sjö.* stordäck, huvuddäck, *äv.* övre trossdäck
Maine [mein] delstat i USA
main|land ['meinlənd] fastland **--line** [-lain] *sl.* injicera narkotika intravenöst **-ly** [-li] framför allt, huvudsakligen **-mast** *sjö.* stormast **-sail** *sjö.* storsegel **-sheet** *sjö.* storskot **--shrouds** [-'ʃraudz] *sjö.* storvant **-spring** *fig.* drivfjäder **-stay** *sjö.* storstag; *fig.* grundval **main|tain** [mein'tein] bibehålla, bevara; vidmakthålla; stödja; försvara; underhålla; påstå, hävda **-tainable** [-teinəbl] som kan upprätthållas *se maintain* **-tainer** [-'teinə] förfäktare, upprätthållare **-tenance** ['meintənəns] underhåll, skötsel, översyn; h andhavande
main-yard ['meinjɑ:d] *sjö.* storrå
maison[n]ette [,meizə'net] **1** litet hus **2** lägenhet
maize [meiz] majs **-na** [-'zi:nə] majsena
majest|ic [mə'dʒestik] majestätisk **-ically** [-(ə)li] *adv* majestätiskt **-y** ['mædʒisti] majestät

major ['meidʒə] **I** *a* större, störst, huvud-; myndig; *mus.* dur-; äldre (av två); ~ *road* ahead korsande huvudled; ~ *third* stor ters (*mus.*) **II** *s* **1** major **2** *mus.* dur **3** myndig person **4** överterm **5** huvudämne (i studier) **III** *v*, ~ *in* välja som huvudämne i examen (*A.*) **-ity** [mə'dʒɔriti] flertal; majoritet

make [meik] **I** *v* **1** göra; tillverka, framställa; producera, åstadkomma; anlägga **2** *sjö.* sikta; anlända till **3** hinna med (tåg) **4** tillryggalägga (sträcka) **5** föranleda, förmå; låta; lyckas få ligga med (*sl.*) **6** utgöra, belöpa sig till **7** hålla (tal) **8** förtjäna; inbringa; *he will* ~ *it* han kommer att lyckas (ha framgång); *3 and 3* ~ *6* 3 + 3 är 6; *she will* ~ *a good wife* hon kommer att bli en bra hustru; *he* ~*s one of the party* han tillhör sällskapet; *I'll* ~ *him pay in time* jag ska få honom att betala i tid; *they will* ~ *or mar it* de kommer att hjälpa eller stjälpa det; *the flood is making* tidvattnet kommer in; *we could not* ~ *ourselves understood* vi kunde inte göra oss förstådda; ~ *believe* låtsas; ~ *do with s.th.* få klara sig med ngt (som man inte är nöjd med); ~ *eyes at* ögonflirta med (*vard.*); *we hope to* ~ *a good breakfast* vi hoppas få äta en stadig frukost; ~ *good* **a** lyckas **b** betala tillbaka, ersätta; *they are making headway* de går framåt; *we shall* ~ *sure* vi skall förvissa oss; ~ *hay while the sun shines* smida medan järnet är varmt; *they made friends* de blev vänner; *the ship made sail* fartyget avseglade; *he made himself scarce* han höll sig undan; *he made as if he was deaf* han handlade som om han var döv; ~*after* förfölja; ~ *against* bereda skada; ~ *at* springa på; ~ *away* bege sig iväg; ~ *away with* **a** röja ur vägen **b** förslösa; ~ *away with o.s.* begå självmord; ~ *for* styra kurs mot; bidra till; *they made fun of her* de drev med henne; *he will not* ~*a fool of himself* han kommer inte att göra bort sig; *we'll* ~ *anight of it* vi ska festa om hela natten; *they made much of the undertaking* de förtjänade mycket på företaget; *they made much of him* de hade höga tankar om honom; *I could not* ~ *head or tail of it* jag begrep ingenting, jag kunde inte få ngn rätsida på det; ~ *off* ge sig iväg; ~ *off with* stjäla; ~ *out* göra upp (t.ex. lista), skriva ut; förstå; klara sig; låtsas; ~ *over* överlämna; *A.* förändra; ~ *towards* styra kurs mot; ~ *up* utfylla; gottgöra; ta igen (t.ex. tid); göra upp (lista etc.); hitta på; göra i ordning; sminka sig; utgöra; göra upp, bilägga (tvist); ~ *up one's mind* bestämma sig; ~ *up for* gottgöra, ta igen; *he made up to me* han gick fram till mig **b** han ställde sig in hos mig; *he made it up to me* han har ersatte (gottgjorde) mig **II** *s* produktion, tillverkning; fabrikat, slag, sort; [kropps]byggnad; *elektr.* kontakt, slutande av ström; *he is on the* ~ han är ute efter storkovan **--believe** [-bi,li:v] **I** *s* något skenbart; låtsaslek; förvrängning **II** *a* föregiven, falsk **--peace** fredsstiftare **-r** (-ə) tillverkare, fabrikant, skapare **-shift I** *s* provisorium, surrogat **II** *a* provisorisk **--up 1** sammansättning **2** smink[ning], kosmetika **3** karaktär, personlighet **4** *boktr.* ombrytning; ~ *man* sminkör

making ['meikiŋ] skapande, tillverkning; ~*s* **a** inkomster **b** goda anlag *c A.* tobak o. papper för rullning av cigarrett; *he has the* ~*s of a lawyer* han är ett gott advokatämne; *in the* ~

under vardande, i tillblivelse; *it may be the* ~ *of him* nu kanske hans lycka är gjord; nu kanske det blir folk av honom

mal- [mæl-] förstavelse: dålig, fel-, illa-**maladjust|ed** ['mælə'dʒʌstid] missanpassad **-ment** [-(t)mənt] missanpassning

maladministration ['mæləd,minis'treiʃ(ə)n] vanstyre, illa skött förvaltning

maladroit ['mælə'drɔit] fumlig

malady ['mælədi] sjukdom; kval

malaise [mæ'leiz] **1** obehaglig känsla **2** illa mående

malaprop|ism ['mæləprɔpiz(ə)m] bakvänt användande av ord, löjlig felsägning **-os** ['mæl-'æprəpəu] oläglig

malaria [mə'lɛəriə] *med.* malaria

Malay [mə'lei] *s* o. *a* malaj[isk]; *the* ~ *Peninsula* Malackahalvön **-a** [-e(i)ə] Malacka **-an** [-e(i)ən] = *Malay*

malcontent ['mælkən,tent] *a* o. *s* missnöjd [person]

male [meil] **I** *a* manlig, mans-, han-; ~ *screw* skruv **II** *s* manlig varelse; hanne

maledict|ion [,mæli'dikʃ(ə)n] förbannelse; hårt klander **-ory** [-kt(ə)ri] förbannelse-

malefact|ion [,mæli'fækʃ(ə)n] missdåd **-or** ['mælifæktə] missdådare

malevolen|ce [mə'levələns] elakhet, illvilja **-t** elak, illvillig

mal|feasance [mæl'fi:z(ə)ns] *jur.* förbrytelse; ämbetsbrott **-formation** ['mælfɔ:'meiʃ(ə)n] missbildning

malic|e ['mælis] **1** illvillighet, ond avsikt; *jur.* = ~ *prepense* uppsåt att skada **2** skadeglädje; *with* ~ *aforethought* med berått mod; *bear* ~ *to* hysa agg mot **-ious** [mə'liʃəs] **1** illvillig, elak; *jur.* uppsåtlig **2** skadeglad

malign [mə'lain] **I** *a* skadlig, fördärvlig; elakartad (sjukdom) **II** *v* tala illa om **-ant** [mə'lignənt] **I** *a* illvillig, elak **II** *s* illvillig person **-er** [-ə] baktalare **-ity** [mə'ligniti] illvillighet, elakhet

malinger [mə'liŋgə] simulera **-er** [-rə] simulant

mall [mɔ:l] **1** mailbana, mailspel **2** inhägnad promenadplats; *the M* ~ **a** [mæl] trädkantad körväg, promenad i *St. James's Park* i London **b** [mɔ:l] allefält i Washington

mallard ['mæləd] *zool.* [vild]and, gräsand, anddrake

malleab|ility [,mæliə'biliti] smidbarhet; *fig.* smidighet **-le** ['mæliəbl] smidbar; *fig.* smidig, foglig

mallet ['mælit] hammare; [krocket]klubba

malnutrition ['mælnju(:)'triʃ(ə)n] undernäring

malpractice ['mæl'præktis] försyndelse; felbehandling (av patient)

malt [mɔ:lt] **I** *s* malt **II** *v* mälta **--house** mälteri **--liquor** [-,likə] öl **-ing** [-iŋ] **1** mältning **2** = ~*-house*

maltreat [mæl'tri:t] misshandla; behandla illa **-ment** [-mənt] misshandel

malt|ster ['mɔ:ltstə] mältare **--worm** *fig.* öltunna **-y** [-i] **1** maltaktig **2** *sl.* drucken, full

malversation [,mælvə:'seiʃ(ə)n] förskingring; dålig regда

mamill|a [mə'milə] (*pl -ae* [-i:]) bröstvårta

mamm|a ['mæmə] (*pl -ae* [-i:]) (kvinno]bröst; spene **-al** ['mæm(ə)l] däggdjur **-alia** [mæ'meiljə] däggdjuren (som klass) **-alian** [mæ'meiljən] **I** *a* däggdjurs- **II** *s* däggdjur **-ary** [-əri] bröst-

mammifer ['mæmifə] däggdjur **-ous** [mæ'mif(ə)rəs] däggdjurs-; bröst-
mammoth ['mæməθ] mammut
mammy ['mæmi] **1** mamma **2** *A.* negerkvinna som sköter barn
man [mæn] **I** *s* man, människa, person; äkta man, make; tjänare; student (*a Cambridge* ~); pjäs i schack; *pl äv.* soldater, manskap; *best* ~ brudgums marskalk; [*all*] *to a* ~ mangrant; *the inner* ~ ande, själsliv, det andliga livet, ens inre jag; *the outer* ~ ens yttre jag; *refresh the inner* ~ bygga upp sitt inre jag; *I'm your* ~ jag antar anbudet; *I'm my own* ~ jag är min egen chef; *he is* ~ *enough to do it* han är karl nog att göra det; *I've been here*, ~ *and boy* jag har varit här sedan jag var pojke; *a* ~ *and a brother* en medmänniska; ~ *Friday* allt i allo, faktotum; *a* ~ *about town* en som lever med i societetslivet (i London); ~ *by* ~ man för man; ~ *to* ~ man mot man; *as one* ~ *to another* på jämställd fot; *the M* ~ (*negersl.*) den vite mannen; *the* ~ *in* (*A.*, *on*) *the street* genomsnittsmänniskan; ~ *of colour* färgad person; ~ *of family* man av hög härkomst; ~ *of fashion* man som tillhör den stora världen; ~ *of figure* man av betydelse; ~ *of means* man med tillgångar; *a* ~ *of men* man som höjer sig över mängden; ~ *of property* en besutten man; ~ *of sense* förståndig karl; ~ *of straw* halmdocka **II** *v* bemanna
manacle ['mænəkl] **I** *s* handboja **II** *v* sätta handbojor på
manag|e ['mænidʒ] hantera, leda, sköta, styra; dressera; lyckas [med]; orka med; klara sig **-eability** [,mænidʒə'biliti] [lätt]hanterlighet; lättskötthet; foglighet **-eable** som går att hantera, sköta **-ement** [-mənt] skötande, ledning; styrelse, direktion; händighet **-er** [-ə] direktör, ledare, föreståndare; hushållare; impressario; *jur.* utredningsman **-erial** [,mænə-'dʒiəriəl] direktörs-, styrelse- **-ership** [-əʃip] direktörskap **-ing** [-iŋ] **1** ledande **2** sparsam **3** händig; ~ *director* verkställande direktör; ~ *partner* medbolagsman
man|-ape ['mæneip] människoapa **--at-arms** ['mænət'ɑːmz] riddare **--child** barn av manligt kön
Manchuria [mæn'tʃuəriə] Manchuriet **-n I** *s* manchu **II** *a* manchurisk
manciple ['mænsipl] syssloman (t.ex. i kloster)
mandamus [mæn'deiməs] åläggande (utfärdat av Högsta domstolen)
mandarin ['mændərin] **1** mandarin **2** kinesiskt talspråk **3** partiledare som är efter sin tid **4** mandarin (liten apelsin) **-e** [,mændə'riːn] *se mandarin 4*
mandat|ary ['mændət(ə)ri] befullmäktigad **-e** [-deit] **I** *s* mandat, uppdrag; befallning **II** *v* placera under mandat; ~*ed territory* mandatområde **-ory** [-[(ə)ri] **I** *a* mandat-; ~ *territory* mandatområde **II** *s, se mandate I*
mandib|le ['mændibl] [under]käke **-ular** [mæn'dibjulə] [under]käks-
mandolin ['mændəlin] mandolin
mandr|el ['mændrəl] **-il** spindel (på svarv)
manducat|e ['mændjukeit] tugga, äta **-ion** [,mændju'keiʃ(ə)n] tuggande **-ory** [-,keit(ə)ri] tugg-
mane [mein] man
man-eater [mæn,iːtə] **1** människoätare **2** häst som biter **3** människoätande haj (tiger)
maneuvre *se manœuvre*

manful ['mænf(u)l] tapper, modig
manganese [,mæŋgə'niːz] mangan
mange [mein(d)ʒ] skabb; oren hy
manger ['mein(d)ʒə] krubba
mangle ['mæŋgl] **I** *s* mangel **II** *v* **1** mangla **2** hacka sönder, tilltyga; fördärva (text) **-r** [-ə] **1** en som manglar etc., *se mangle II 2 A.* köttkvarn
mango ['mæŋgəu] *bot.* mango[träd]
mangonel ['mæŋgənəl] (slags) katapult, kastvapen
mangrove ['mæŋgrəuv] *bot.* mangrove[träd]
mangy ['mein(d)ʒi] skabbig; smutsig
man|-handle ['mæn,hændl] **1** flytta med handkraft **2** *sl.* behandla omilt **--hater** [-,heitə] **1** människohatare **2** karlhatare
Manhattan [mæn'hæt(ə)n] **1** Manhattan i New York **2** (slags) cocktail **-ese** [-iːz] **I** *a* New York- **II** *s* New York-bo, -språk
man|hole ['mænhəul] manhål **-hood** **1** manlighet; mannaålder; mankön **2** människonatur **--hour** [-'əuə] mantimme, arbete gjort av en man på en timme
mania ['meinjə] mani, vansinne **-c** [-niæk] dåre, vansinnig person **-cal** [mə'naiək(ə)l] vansinnig, dår-
manicur|e ['mænikjuə] **I** *s* **1** manikyr **2** manikyrist **II** *v* manikyrera **-ist** manikyrist
manifest ['mænifest] **I** *s, sjö.* märkrulla **II** *a* påtaglig, iögonenfallande, tydlig **III** *v* **1** göra tydlig, uppenbara **2** bevisa **3** ådagalägga **4** uppenbara sig (om ande) **5** *sjö.* uppföra i märkrulla; uppge (i tullen) **-ation** [,mænifes'teiʃ(ə)n] manifestation **-o** [,mæni'festəu] manifest
manifold ['mænifəuld] **I** *a* mångfaldig **II** *v* mångfaldiga, duplicera
manikin ['mænikin] **I** *s* **1** liten man, dvärg **2** mannekäng; modell **3** *med.* fantom **II** *a* dvärg-, obetydlig
mani|lla [mə'nilə] manilla- **-oc** ['mæniɔk] *bot.* **1** maniok, kassava **2** maniokrot
manipulat|e [mə'nipjuleit] hantera, behandla, manipulera; förfalska (siffror); påverka **-ion** [mə,nipju'leiʃ(ə)n] handgrepp; vidrörande, t.ex. av kroppsdel **-ive** [-lətiv] manipulerings-, hand-; ~ *surgeon* massör **-or** [-ə] en som hanterar etc. **2** förfalskare **3** massör **4** spekulant **5** *tekn.* manipulator **-ory** [-lət(ə)ri] = *manipulative*
man|kind [mæn'kaind] människosläktet, mänskorna; [mænkaind] mankönet **-like** ['mænlaik] **1** människoliknande **2** manlig; som en karl **-ly** ['mænli] manligt; karlaktig; manhaftig (om kvinna) **--made** [-meid] konstgjord; syntetisk
mannequin ['mænikin] mannekäng
manner ['mænə] sätt, vis; ~*s* bruk, seder; skick; *what* ~ *of man is he?* vad för slags man är han?; *all* ~ *of* en människor av alla slag; *it is bad* ~*s to do that* det passar sig inte att göra det; *where are your* ~*s?* hur bär du dig åt egentligen?; *you have no* ~ *of right to it* du har inte alls någon rätt till det; *by no* ~ *of means* på intet vis, under inga omständigheter; *do it in this* ~ gör det på det här viset; *in a* ~ på sätt o. vis; *they did it in like* ~ de gjorde det på samma sätt; *to the* ~ *born* som klippt o. skuren **-ed** [-d] **1** med ... sätt **2** tillgjord **-ism** [-riz(ə)m] typiskt maner; förkonstling **-less** [-lis] ouppfostrad **-ly** [-li] väluppfostrad

mannish ['mænɪʃ] manhaftig (om kvinna)
mannite ['mænait] **--sugar** [-ˌʃugə] manna-
socker
manœuvre|ability [məˌnu:vrə'biliti] manöver-
duglighet **-e** [mə'nu:və] I s 1 manöver 2 konst-
grepp II v 1 manövrera, leda 2 ordna
man-of-war [ˌmænəv'wɔ:] örlogsfartyg; ~
flag örlogsflagga
manor ['mænə] herrgård, gods; *fig.* område
--house herrgård[sbyggnad] **-ial** [mə'nɔ:riəl]
som hör till herrgård, herrgårds-
man|-power ['mænˌpauə] 1 mannakraft;
arbetskraft 2 stridsstyrka, trupper **--rope** fall-
rep
mansard ['mænsɑ:d] (*äv.* ~ *roof*) brutet tak;
vindsrum
manse [mæns] *Sk.* prästgård
mansion ['mænʃ(ə)n] stor herrgård; *the M~
House* officiell bostad för Londons Lord
Mayor; ~*s, pl* hyreshus **--house** = *manor-
house*
man|slaughter ['mænˌslɔ:tə] dråp; mör-
dande **--slayer** [-ˌsle(i)ə] dråpare
mantel ['mæntl], **-piece**, **-shelf** spiselhylla,
-krans **--tree** bjälke ovanför öppen spis
man-time ['mæntaim] (*äv. man's time*) arbets-
lön
mantle ['mæntl] I s 1 [täck]mantel 2 glöd-
strumpa II v 1 betäcka 2 skumma 3 bli röd
(om kind)
mantlet ['mæntlit] 1 liten kappa 2 markör-
grav
man-trap ['mæntræp] 1 fälla, sax 2 *A., skämts.*
änka
manual ['mænjuəl] I a manuell, hand-; ~
instruction (*training*) slöjd-, hantverksunder-
visning II s 1 handbok 2 manual (på orgel)
3 = ~ *fire engine* handdriven brandspruta
manufact|ory [ˌmænju'fækt(ə)ri] fabrik **-ure**
[-tʃə] I s 1 tillverkning 2 fabrikat II v 1 till-
verka 2 *fig.* fabricera, hitta på; ~*d articles*
fabriksvaror, tillverkningar **-urer** [-tʃ(ə)rə]
fabrikant, tillverkare
manur|e [mə'njuə] I s gödsel II v gödsla **-ial**
[-riəl] gödsel-
manuscript ['mænjuskript] I a handskriven
II s handskrift, manuskript
Manxman ['mæŋksmən] invånare på ön Man
many ['meni] mången, månget, många; ~ *a
time* [*and oft*] mången gång; *there's one too*
~ det är en för mycket; *he is one too* ~ *for
us* han är i vägen för oss; *a good* ~ mången;
a great ~ många; ~ *a man*, ~ *a one* mången;
as ~ *as ten* hela tio; [*so*] ~ *men*, [*so*] ~ *minds*
så många huvuden, så många viljor; *he has
been here this* ~ *a day* han har varit här sedan
lång tid tillbaka **--headed** ['meni'hedid]
månghövdad; *the* ~ *monster* hydran; *fig.* pö-
beln **--sided** ['meni'saidid] mångsidig
map [mæp] I s 1 karta 2 *sl.* ansikte; *off the* ~
otillgänglig, ej aktuell (*vard.*); *put on the* ~
göra berömd II v (= ~ *out*) kartlägga; ~ *out*
ordna; utstaka
maple ['meipl] lönn; ~ *sugar* lönnsirap **--leaf**
lönnblad (Kanadas symbol)
mar [mɑ:] fördärva; störa
marathon ['mærəθ(ə)n] 1 maratonlopp 2 ut-
hållighetstävling
maraud [mə'rɔ:d] marodera; plundra **-er** [-ə]
plundrare, marodör
marble ['mɑ:bl] I s 1 marmor 2 spelkula 3 ~*s*
skulpturer av marmor; *play* [*at*] ~*s* spela

kula; *lose one's* ~*s* bli galen (*sl.*) II *a* marmor-,
lik marmor; *marmorerad* III v marmorera
--edged ['mɑ:bl'edʒd] *boktr.* med marmore-
rat snitt **-ize** [-bəlaiz] *A.* marmorera
--top[ped] [-tɔp(t)] med marmorerad skiva
(om bord)
marbl|ing ['mɑ:blɪŋ] marmorering **-y** [-i] mar-
moraktig; kall som marmor
Marc [mɑ:k] Markus
March [mɑ:tʃ] mars (månaden)
march [mɑ:tʃ] I s 1 marsch; vandring; *mus.*
marsch; framsteg; *steal a* ~ *upon a man* över-
lista ngn 2 *åld.* gränsområde (framför allt
mellan England o. Wales el. Skottland) II v
1 [låta] marschera 2 ~ *upon* gränsa till; ~ *off*
[låta] marschera iväg; bortföra; ~ *on* tåga
mot; ~ *past* defilera; ~ *up* [låta] rycka fram;
they ~ *with the times* de följer med sin tid
-ing-order ['mɑ:tʃɪŋˌɔ:də] *mil.* fältutrustning
marchioness ['mɑ:ʃ(ə)nis] markisinna
marchpane ['mɑ:tʃpein] marsipan, mandel-
massa
marconi [mɑ:'kəuni] trådlös telegrafi **-gram**
trådlöst telegram
Mardi gras ['mɑ:digrɑ:] *A.* fettisdagen (*isht*
karnevalsdag i New Orleans)
mare [meə] sto; *a* ~*'s nest* en betydelselös
upptäckt, chimär **-'s-tail** [-z-] 1 *bot.* häst-
svans 2 långsträckta cirrusmoln
margarine [ˌmɑ:dʒə'ri:n] margarin
marge [mɑ:dʒ] 1 *poet.* = *margin* 2 *fam.* =
margarine
margin ['mɑ:dʒin] I s 1 rand, kant, gräns,
marginal 2 överskott, saldo, vinst 3 spelrum;
~ *of profit* vinstmarginal; *buy on* ~ köpa med
prolongation II v 1 förse med kant, marginal
2 anteckna i marginal 3 täcka, lämna säker-
hetsmarginal i **-al** [-(ə)l] rand-, kant-, mar-
ginal-; belägen i gränsområde; ~ *notes, se följ.*
-alia [ˌmɑ:dʒi'neiljə] randanmärkningar **-ate**
[-it] **-ated** [-eitid] kantad
margrav|e ['mɑ:greiv] markgreve **-ine** [-grə-
vin] markgrevinna
Maria [mə'raiə] Maria **-n** ['mɛəriən] I *a* 1
Maria- 2 som hör till Maria Tudor el. Maria
Stuart II *s* anhängare till Maria Stuart
marigold ['mærigəuld] ringblomma; *French*
(*African*) ~ tagetes
marijuana [ˌmæri'hwɑ:nə] marijuana
marina [mə'ri:nə] *A.* småbåtshamn
marinade [ˌmæri'neid] I s 1 marinadsås 2
marinerad maträtt II v marinera
marine [mə'ri:n] I *a* marin; sjö-; skepps- II *s*
1 handelsflotta (*mercantile* ~) 2 marinsoldat;
The Royal M~s brittiska marinkåren; 3 ma-
rinblått; ~ *engineers* maskinbefäl (i handels-
flottan); *tell that to the* ~*s* det kan du slå i
ngn annan **-r** ['mærinə] matros, sjöman;
master ~ kapten på handelsfartyg
Mariolatry [ˌmɛəri'ɔlətri] Mariadyrkan
marionette [ˌmæriə'net] marionett
marital ['mæritl] äktenskaplig, äktenskaps-
maritime ['mæritaim] sjö[farts]-; kust-, mari-
tim
marjoram ['mɑ:dʒ(ə)rəm] *bot.* mejram
mark [mɑ:k] I s 1 [ända]mål 2 maggrop (box-
ning) 3 tecken, symptom 4 märke, känne-
tecken; stämpel; fläck 5 siffra, punkt 6 bo-
märke 7 allmänning 8 mark (tyskt mynt)
9 startlinje 10 betyg II *sl.* godtrogen person,
offer; *he has made his* ~ han har utmärkt sig;
a man of ~ en framstående man; *God save*

the ~ om jag så får säga; *there you hit the* ~ där slog du huvudet på spiken; *above the* ~ mer än väl; *beside the* ~ miss; *up to the* ~ tillfredsställande **II** *v* **1** utmärka, visa; beteckna; betona **2** lägga märke till **3** märka, sätta märke på; prissätta **4** markera **5** betygsätta; rätta (skrivning); ~ *my words* sanna mina ord; ~ *you!* tänk dig för!; ~ *time* göra på stället marsch; ~ *down* a notera **b** sätta ner priset på **c** fastställa; ~ *off* a avgränsa **b** utmärka; ~ *out* bestämma; utvälja; staka ut; ~ *up* sätta upp priset på **-down** *A.* nedgång; nedsättning **-ed** [-t] *a* **1** märkt **2** markerad; utpräglad; tydlig; *a* ~ *man* en dömd man **-edly** [-idli] markerat; påtagligt, tydligt **-edness** [-idnis] något påfallande **-er** [-ə] **1** märkare **2** lysbomb **3** bokmärke **4** markör **5** spelmark

market ['mɑːkit] **I** *s* salutorg; marknad, efterfrågan; handel; marknadspris; *make a* ~ *of* a schackra bort **b** dra fördel av; ~*overt* öppna marknaden; *play the* ~ spekulera på börsen; *be in the* ~ *for* önska köpa (*hand.*); *these goods are not in the* ~ dessa varor är inte till salu; *they do not come into the* ~ de kommer inte ut på marknaden; *he brought his eggs (hogs) to the wrong* ~ han vände sig till fel publik, han misslyckades **II** *v* **1** göra inköp (på torget) **2** saluföra; avsätta **-able** [-əbl] **1** säljbar **2** marknads- **-dues** [-djuːz] marknadspengar **-er** [-ə] ngn som besöker marknad (salutorg) **-gardener** [-,gɑːdnə] handelsträdgårdsmästare **-ing** [-iŋ] **1** torghandel, **2** marknadsvaror **3** marknadsföring, distribution; försäljning[sorganisation] **4** marknadsbesök **-place** salutorg **-rate** marknadspris

marking ['mɑːkiŋ] **1** utmärkande; markering, -ande **2** teckning (på djur) **3** märkning, stämpling **-ink** märkbläck

marksman ['mɑːksmən] skarpskytt, skicklig skytt **-ship** skarpskytte

markup ['mɑːkʌp] vinst-, handelsmarginal

marl [mɑːl] **I** *s* märgel **II** *v* **1** göda **2** *sjö.* märgla **-y** [-i] märgelaktig

marmalade ['mɑːməleid] marmelad

marmoset ['mɑːmə(u)zet] *zool.* ekorrapa

maroon [mə'ruːn] **I** *a* kastanjebrun **II** *s* **1** kastanjebrun färg **2** neger i Västindien **3** fyrverkerismällare **4** = *-ed person* landsatt person **III** *v* **1** landsätta o. överge på obebodd kust; isolera **2** gå o. driva

marplot ['mɑːplɔt] spelförstörare; störande människa

marquee [mɑː'kiː] stort tält

marqu|ess, -is ['mɑːkwis] markis **-isate** [-izit] markisvärdighet **-ise** [mɑː'kiːz] **1** (utländsk) markisinna **2** ring med oval diamantinfattning

marriage ['mæridʒ] giftermål, äktenskap; *by* ~ genom gifte; *ask in* ~ fria till **-able** [-əbl] giftasvuxen **-articles** [-,ɑːtiklz] äktenskapskontrakt **-certificate** [-sə,tifikeit] vigselattest **-favours** [-,feivəz] bröllopsbukett **-licence** [-,lais(ə)ns] äktenskapslicens **-service** [-,sə:vis] vigselformulär **-settlement** [-,setlmənt] äktenskapsförord

married ['mærid] gift, äktenskaps-; ~ *up* bortgift, "fast" (*fam.*); ~ *quarters* inkvartering för soldater med familj

marrow ['mærəu] **1** märg; *fig.* kärna **2** pumpa, squash; *he was chilled to the* ~*s* han var genomfrusen; *the pith and* ~ of det väsent-

liga i det **-bone** märgpipa **-fat** märgärt **-y** [-i] märgartad; full av märg; kärnfull

marry ['mæri] gifta bort; gifta sig med; förena; splitsa; *she married into the higher classes* hon gifte in sig i de högre kretsarna; ~ *off one's daughters* gifta bort sina döttrar; *he is not a* ~*ing man* han är inte den typen som gifter sig; *a* ~*ing salary* en lön som man kan gifta sig på; ~ *come up!* ja minsann!

Mars [mɑːz] (krigsguden, planeten) Mars

marsh [mɑːʃ] moras, sumpmark

marshal ['mɑːʃ(ə)l] **I** *s* **1** marskalk **2** ceremonimästare **3** kringresande domares sekreterare **4** *A.* sheriff; fängelsedirektör; brandkapten **II** *v* ställa upp, placera (i rangordning); anföra, leda **-ling-yard** rangerbangård **-ship** marskalkvärdighet etc., *se marshal I*

marsh|-fire ['mɑːʃ,faiə] irrbloss **-mallow** [-,mæləu] **1** *bot.* altea **2** (slags mjuk o. seg) konfekt **-y** [-i] sumpig

marsupial [mɑː'sjuːpjəl] **I** *a* pung-, pungdjurs- **II** *s* pungdjur

mart [mɑːt] **1** *poet.* marknadsplats **2** auktionskammare **3** handelsplats, -centrum

marten ['mɑːtin] mård

martia|l ['mɑːʃ(ə)l] krigs-, krigisk, stridslysten; *M*~ Mars- (planeten); ~ *law* belägringstillstånd **M-n** [-ʃjən] *a. o. s* Mars-, invånare på planeten Mars

martin ['mɑːtin] hussvala; *St. M*~*'s summer* vackert väder omkr. 11 nov.

martinet [,mɑːti'net] disciplinryttare **-[t]ish** [-iʃ] kitslig **-[t]ism** ['mɑːtinətiz(ə)m] kadaverdisciplin

martingale ['mɑːtiŋeil] **1** martingal, språngrem **2** *sjö.* stampstag **3** *spelt.* fortsatt fördubbling av insatsen

Martinmas ['mɑːtinməs] mårtensmässa

martlet ['mɑːtlit] tornsvala

martyr ['mɑːtə] **I** *s* martyr; *be a* ~ *to* plågas av **II** *v* göra till martyr; martera **-dom** [-dəm] martyrskap; martyrdöd; pina **-ize** [-raiz] göra till martyr **-ology** [,mɑːtə'rɔlədʒi] förteckning över martyrer; martyrhistoria

marvel ['mɑːv(ə)l] **I** *s* under **II** *v* förundra sig (*at* över); undra **-lous** [-əs] underbar

Maryland ['mɛərilænd, *A.* 'merilənd] delstat i USA

marzipan [,mɑːzi'pæn] marsipan, mandelmassa

mascara [mæs'kɑːrə] mascara, ögontusch

mascot ['mæskət] maskot

masculin|e ['mæskjulin] **I** *a* maskulin, manlig (*äv.* om rim); manhaftig (om kvinna); stark **II** *s* maskulinum, manligt genus (om ord) **-ity** [,mæskju'liniti] manlighet

maser ['meizə] maser

mash [mæʃ] **I** *s* **1** mäsk **2** varm mat **3** *sl.* potatismos **4** mos, röra **5** *sl.* fästmö, flamma **II** *v* **1** blanda ihop, röra ihop **2** krossa till mos, finfördela **3** spela Don Juan mot, kurtisera; ~*ed potatoes* potatismos; *he is* ~*ed on her* han är kär i henne **-er** [-ə] *sl.* Don Juan

mask [mɑːsk] **I** *s* **1** mask **2** rävhuvud **II** *s* maskera, sätta mask på; dölja; ~*ed ball* maskeradbal **-er** [-ə] maskerad person

mason ['meisn] **I** *s* **1** stenhuggare **2** frimurare **II** *v* mura **-ic** [mə'sɔnik] frimurar-; *fig.* broderlig **-ry** [-ri] **1** murverk **2** frimureri

masque [mɑːsk] maskspel (1500- o. 1600-talens musikdrama) **-r** [-ə] *se masker* **-rade** [,mæskə'reid] **I** *s* maskerad; falskt sken, för-

klädnad **II** *v* klä ut sig; vara utklädd; (falskt)
uppträda (*as* som)
mass [mæs] **I** *s* **1** mässa **2** massa, stor hop;
större delen; *low* ~ stilla mässa; *to say* ~
läsa mässa; ~ *media* (*pl*) massmedier; ~ *ob-
servation* studium av massan, storsampel; *the*
~*es* de lägre klasserna i samhället; *in the* ~
som helhet; *the amount in a* ~ hela beloppet
sammanlaget; ~ *production* massproduktion
II *v* samla[s], dra samman
Massachusetts [ˌmæsəˈtʃuːsits] delstat i USA
massacre [ˈmæsəkə] **I** *s* blodbad, massaker; ~
of St. Bartholomew Bartolomeinatten **II** *v* an-
ställa blodbad på
mass|age [ˈmæsɑːʒ] **I** *s* massage **II** *v* massera
-eur [mæˈsəː] massör
massif [ˈmæsiːf] bergmassiv
massive [ˈmæsiv] **1** massiv, stadig **2** kraftiga
(om anletsdrag) **3** dominerande
mass|-meeting [ˈmæsˈmiːtiŋ] massmöte
--produce [-prəˌdjuːs] massproducera
massy [ˈmæsi] massiv; tung
mast [mɑːst] **I** *s* **1** mast **2** ollon (från ek o. bok)
II *v* förse med mast
master [ˈmɑːstə] **I** *s* mästare; lärare;
herre, husbonde; husse; arbetsgivare; unge
herr; *Sk.* arvtagare till adlig titel under
earl; *attrib.* huvud-, förnämst, främst; ~ *ma-
riner* kapten (på handelsfartyg); *head* ~ ledare,
rektor (för college); *be* ~ *of* behärska; *he is
his own* ~ han är sin egen herre, han råder
över sig själv; *make oneself* ~ *of* underkuva;
M ~ *of Arts* filosofie magister; *M* ~ *of Cere-
monies, M* ~ *of the revels* ceremonimästare;
M ~ *of the Horse* överhovstallmästare; *M* ~
of the Hounds överhovjägmästare; *M* ~ *of the
Rolls* riksarkivarie; *skämts.* bagare; ~*s and
men* arbetsgivare o. arbetstagare; *he is* ~ *of
French* han behärskar franska; *he is a French*
~ han är lärare i franska **II** *v* övermanna,
överväldiga; vara husbonde etc.; behärska,
bemästra **--at-arms** [ˈmɑːstərətˈɑːmz] *sjö.*
polisofficer **--builder** [ˈmɑːstəˈbildə] bygg-
mästare **--dom** [-dəm] herravälde **-hood** mäs-
terskap **--key** huvudnyckel **-ly** [-li] mästerlig
-mind överlägsen ande **-piece** mästerverk
-ship mästerskap; befattning som mästare
(lärare) **--spirit** [ˈmɑːstəˈspirit] geni **--stroke**
genidrag **--switch** huvudströmbrytare **-y**
[-(ə)ri] mästerskap; herravälde (*of* över)
mast-head [ˈmɑːstˈhed] **I** *s* masttopp; ~ *light*
topplius (lanterna) **II** *v* hissa i topp
masticat|e [ˈmæstikeit] tugga **-ion** [ˌmæsti-
ˈkeiʃ(ə)n] tuggning **-or** [-ə] **1** tuggare **2** kött-
kvarn **-ory** [-(ə)ri] tugg-
mastiff [ˈmæstif] mastiff, stor dogg
mastodon [ˈmæstədɔn] mastodont (*äv. fig.*)
masturbat|e [ˈmæstəbeit] onanera **-ion** [ˌmæs-
təˈbeiʃ(ə)n] onani
mat [mæt] **I** *s* **1** liten matta, dörrmatta **2** tovig
massa **3** matt yta; murrig färg; mattslipning;
on the ~ i knipa, under utskällning (av officer)
(*mil. sl.*) **II** *v* **1** täcka med matta **2** tova ihop
3 mattslipa; ~*ted hair* tovigt hår **III** *a* matt
(om färg)
matador [ˈmætədɔː] matador
match [mætʃ] **I** *s* **1** like, jämlike; motstycke,
make (en, ett av par) **2** match, tävling **3** gifter-
mål, parti **4** tändsticka; *find one's* ~ finna en
värdig motståndare; *he is more than a* ~ *for
you* han är överlägsen dig; *she has made a
good* ~ hon har gjort ett gott parti; *this stuff*

is a good ~ det här tyget går bra i färg; *make
a* ~ *of it* gifta sig **II** *v* gifta bort; passa; gå
upp emot, motsvara; kunna konkurrera med;
bringa i överensstämmelse med; *the curtains
and the carpet do not* ~ gardinerna o. mattan
harmonierar inte med varandra; *the colour is
hard to* ~ det är svårt att ha andra färger till;
you can't ~ *it* du kan inte nå så långt; *they
are well* ~*ed* **a** de passar bra ihop **b** de är
jämställda; ~ *o.s.* against mäta sig med
-board spontade bräder **-box** tändsticksask
-less [-lis] makalös **--making** [-ˌmeikiŋ]
äktenskapsmäkling **-wood** tändsticksträ;
make ~ *of* göra kaffeved av
mate [meit] **I** *s* **1** kamrat, "kompis" **2** make,
maka **3** styrman **II** *a* matt (i schack) **III** *v*
1 gifta bort; para **2** sällskapa **3** göra matt
(i schack)
mater [ˈmeitə] *skolsl.* mamma
material [məˈtiəriəl] **I** *a* **1** materiell, kroppslig,
lekamlig **2** väsentlig, viktig (*to* för); ~ *proof*
konkret bevis **II** *s* material, stoff, beståndsdel;
tyg; (*ofta pl* ~*s*) materiel; *raw* ~ rå-
material; *writing* ~ skrivmaterial, skriv-
materiel; ~*s handling* materialhantering **-ist**
I *s* materialist **II** *a* = **-istic** [məˌtiəriəˈlistik]
materialistisk **-ities** [məˌtiəriˈælitiz] materiella
ting **-ity** [ˌnəˌtiəriˈæliti] materiell karaktär;
jur. vikt, betydelse **-ization** [məˌtiəriəlai-
ˈzeiʃ(ə)n] **1** materialisering **2** *isht A.* förverk-
ligande **-ize** [-aiz] **1** materialisera, ta fast form
2 uppenbara [sig] (om ande, spöke) **3** visa
resultat **4** *isht A.* förkroppsliga, förverkliga
5 göra materialistisk **-ly** [-i] **1** i väsentlig (hög)
grad, avsevärt **2** fysiskt, materiellt
matériel [məˌtiəriˈel] materiel
maternal [məˈtəːnl] moderlig, moders-; mö-
derne-
maternity [məˈtəːniti] **1** moderskap **2** moder-
lighet **3** *vard.* BB **--dress** mammaklänning
--home, **--hospital** [-ˌhɔspitl] BB **--ward**
BB-avdelning på sjukhus
mathematic|al [ˌmæθiˈmætik(ə)l] matematisk,
matematik- **-ian** [ˌmæθiməˈtiʃ(ə)n] matema-
tiker **-s** *pl* matematik
maths [mæθs] *fam.* = *mathematics*
matin [ˈmætin] **I** *a* morgon- **II** *s* **1** *pl*, ~*s* mor-
gongudstjänst **2** ~ [*s*] fåglars morgonkvitter
(*poet.*) **-ée** [-ei] matiné, eftermiddagsföre-
ställning
matrass [ˈmætrəs] *kem.* retort
matriarch [ˈmeitriɑːk] kvinnligt familjeöver-
huvud **-al** [meitriˈɑːk(ə)l] matriarkalisk **-ate**
[meitriˈɑːkit] *-y* [-i]
matrices [ˈmeitrisiːz] *pl* av *matrix*
matricide [ˈmeitrisaid] modermord; moder-
mördare
matriculat|e [məˈtrikjuleit] skriva in sig (bli
inskriven) som student vid universitet **-ion**
[məˌtrikjuˈleiʃ(ə)n] (*fam. matric* [məˈtrik])
1 inskrivning vid universitet **2** inträdesexamen
-ory [-ət(ə)ri] inskrivnings-, inträdes-
matrimon|ial [ˌmætriˈməunjəl] äktenskaps-;
~ *agency* äktenskapsbyrå **-y** [ˈmætrim(ə)ni]
1 äktenskap, det äkta ståndet **2** *spelt.* mariage
3 *sl.* blandning (av viner)
matri|x [ˈmeitriks] (*pl -xes* [-iz] *-ces* [-isiːz])
1 livmoder **2** källa, ursprung **3** matris, gjut-
form
matron [ˈmeitr(ə)n] **1** gift kvinna **2** förestånda-
rinna, husmor (på sjukhus, i skola etc.)
matt [mæt] = *mat*

matter–measure

matter ['mætə] **I** s **1** materia, stoff **2** anledning (for till), föremål (of för) **3** ämne; angelägenhet, fråga **4** fel **5** var **6** manuskript; postal ~ postförsändelse[r]; it is a ~ of £10 det rör sig om £10; a ~ of 20 years en fråga om 20 år; a ~ of course ngt självklart; a ~ of fact ett faktum; as a ~ of fact i själva verket; what's the ~? vad står på?, vad är det för fel?; it is no ~ det spelar ingen roll; no ~ who likgiltigt vilken; no such ~ ingenting sådant; for that ~, for the ~ of that vad den saken anbelangar **II** v **1** vara av betydelse, betyda **2** vara sig; what does it ~? vad spelar det för roll? **--of-course** ['mæt(ə)rəv'kɔːs] självklar, väntad **--of-fact** ['mæt(ə)rə(v)'fækt] prosaisk, nykter, saklig

Matthew ['mæθjuː] Matteus

matting ['mætiŋ] **1** mattor, mattbeläggning **2** mattslipning **3** tovig massa

mattins ['mætinz] se mattin II s 1

mattock ['mætək] hacka

mattress ['mætris] madrass; ~ money a betalning till prostituerad b underhållsbidrag till frånskild fru

matur|ation [,mætju'reiʃ(ə)n] mognande, mognad **-e** [mə'tjuə] **I** a **1** mogen, fullt utvecklad **2** förfallen (om växel) **II** v **1** mogna, bli fullt utvecklad **2** fullborda **3** förfalla (om växel) **-ity** [mə'tjuəriti] **1** mogenhet, mognad **2** förfallotid (om växel); arrive at ~ förfalla (om växel); at ~ på förfallodagen

matutinal [,mætju(:)'tainl] morgon-, tidig

maty ['meiti] kamratlig

matzo ['mætsəu] osyrat bröd (som äts vid jud. påsk)

maudlin ['mɔːdlin] gråtmild, sentimental

maul [mɔːl] **I** s stor trähammare **II** v mörbulta, misshandla; nedgöra (t. ex. litterärt arbete med kritik)

maunder ['mɔːndə] **1** släntra, driva **2** prata, dilla

maundy ['mɔːndi] **1** fottvagning **2** = ~ money pengar som ges till ett antal fattiga på M~ Thursday (skärtorsdagen)

mausoleum [,mɔːsə'liəm] mausoleum

mauve [məuv] malvafärg[ad]; ljuslila

maverick ['mævərik] **1** A. omärkt kalv **2** politiker som vägrar följa grupplinjen, "vilde"

maw [mɔː] **1** buk, mage **2** gap

mawkish ['mɔːkiʃ] **1** överdrivet sentimental **2** äcklig (om smak)

maw|seed ['mɔːsiːd] vallmofrö **-worm** **1** spolmask **2** hycklare

maxim ['mæksim] **1** regel, grundsats, maxim, princip **2** (slags) gevär **-al** [-əl] maximal **-um** [-əm] **I** s (pl ~a [-ə]) maximum, höjdpunkt **II** attr a högst, maximi- **-us** [-əs] senior, äldste (vid skola)

May [mei] **1** maj **2** vår **3** m~ hagtorn **4** m~ mö

1 may [mei] v kan; får; he ~ be at home han är kanske hemma; you ~ go now du får gå nu; ~ he succeed måtte han lyckas; as one ~ say så att säga; who ~ you be? vem är du egentligen?

Maya ['mɑːjə] maya (indianfolk)

maybe ['meibiː] kanske

May|-bug ['meibʌg] m~ ollonborre **--day** m~ första maj **-day** nödsignal **-fair** distrikt i London **--flower** [-,flauə] m~ vårblomma; gullviva, hagtorn **-fly** m~ dagslända

maying ['meiiŋ] **1** förstamajfirande **2** plockande av vårblommor; go [a-]~ fira första maj; plocka majblommor

mayonnaise [,me(i)ə'neiz] majonnäs

mayor [mɛə] borgmästare **-al** [-r(ə)l] borgmästare- **-alty** [-r(ə)lti] borgmästarämbete **-ess** [-ris] borgmästarinna; kvinnlig borgmästare **-ship** borgmästarvärdighet

may|pole ['meipəul] majstång **--tree** hagtorn

mazarine [,mæzə'riːn] a o. s mörkblå [färg]

maz|e [meiz] **I** s labyrint **II** v förbrylla, förvirra **-iness** [-inis] villsamhet

mazuma [mə'zuːmə] A. sl. pengar

mazy ['meizi] förvirrad; villsam

McCarthyism [mə'kɑːθiizm] aggressiv antikommunism, McCarthyism

me [miː] mig; jag; it's ~ det är jag; ah ~! kors!; dear ~! kära nån!

mead [miːd] **1** mjöd **2** poet. äng

meadow ['medəu] äng

meagre ['miːgə] mager, knapp

meal [miːl] **I** s **1** mjöl **2** mål[tid]; whole ~ osiktat mjöl; make a ~ of förbruka, tära, sluka **II** v **1** smula till mjöl **2** äta **-ie[s]** [-i(z)] S. Afr. majs **--mouthed** sliskig **-time** matdags **-y** [-i] **1** mjölig, mjölaktig **2** fläckig (om häst) **3** blek (om ansiktsfärg) **4** sliskig

mean [miːn] **I** a **1** medel, mellan-; medelmåttig **2** låg; tarvlig, gemen; elak; snål **3** A. krasslig; in the ~ time, se ~time ; ~ proportional medelproportional **II** s medelväg; medeltal; the golden (happy) ~ den gyllene medelvägen; ~s, pl medel, utväg; tillgångar, inkomster; man of ~s förmögen man; they live beyond their ~s de lever över sina tillgångar; by ~s of genom, via, medelst; by all ~s för visso, javisst; by all manner of ~s på alla möjliga sätt; not by any ~s ingalunda; ~s of grace nådemedel **III** v **1** mena, avse **2** betyda; they ~ me to stay de avser att jag skall stanna; he ~s well by you han vill dig väl; what do you ~ by it? a vad betyder det?; b hur kan du rättfärdiga det? **--born** av låg härkomst

meander [mi'ændə] **I** s, vanl. pl krokvägar; slingrande lopp, meandrar; avvikelse, omväg **II** v slingra sig; prata, dilla **-ing** [-riŋ] slingrande

mean|ing ['miːniŋ] **I** s **1** betydelse **2** innebörd **II** a talande, betydelsefull **-ingly** [-iŋli] **1** talande, menande **2** uppsåtlig **-ly** [-li] adv lågt; tarvligt, gement; elakt; snålt; think ~ of ha låga tankar om **-ness** ['miːnnis] gemenhet, nedrighet, tarvlighet, elakhet

meant [ment] imperf o. perf part av mean III

mean|time ['miːn'taim] **-while** [:'miːn'wail] **I** s, in the ~ under tiden **II** adv under tiden

measl|es ['miːzlz] **1** mässling **2** hudsjukdom hos grisar **-y** [-i] **1** sjuk i mässling **2** sl. ynklig, värdelös

measure ['meʒə] **I** s **1** mått[enhet]; storlek **2** mått[band] etc. **3** summa, kvantitet **4** [be]gräns[ning] **5** versmått, meter **6** mus. rytm, takt **7** åtgärd **8** mat. divisor; take a p.'s ~ **a** ta ngns mått **b** undersöka vem man har att göra med; greatest common ~ största gemensamma divisor; set ~s to sätta en gräns för; take ~s vidta mått o. steg; beyond ~ övermåttan; ~ for ~ lika för lika; they gave me a scolding for good ~ de gav mig en ordentlig utskällning; in a ~ i viss mån; out of ~ övermåttan; made to ~ måttbeställd; within ~ inom rimliga gränser; med måtta **II** v **1** mäta, ta mått; ha en viss längd; mäta av (upp, ut)

2 mönstra ngn, se forskande på ngn **3** vara delbar med **4** avpassa **5** tillryggalägga (avstånd); ~ *one's length* falla framstupa; ~ *swords with* korsa sitt svärd med; ~ *out* tilldela, utmäta (straff); ~ *up to* motsvara, kunna mäta sig med **-d 1** avpassad **2** välöverlagd, genomtänkt **3** metrisk **-less** [-lis] oändlig **-ment** [-mənt] mätning; mått; *inside* (*outside*) ~ inre (yttre) dimension **-r** [-rə] mätare

meat [mi:t] kött; *åld.* mat; *A.* köttig del (t. ex. på frukt); *green* ~ grönsaker, grönfoder; *strong* ~ tung, stadig mat; *as full as an egg is* [*full*] *of* ~ proppmätt; proppfull; *one man's* ~ *is another man's poison* **a** den enes bröd, den andres död **b** vad som är bra för en är inte alltid bra för en annan; *it is* ~ *and drink to me* det är just det rätta för mig ~ *show* nakenrevy (*sl.*) **--lozenge** [-,lɔzin(d)ʒ] buljongtärning **--pie** ['mi:t'pai] köttpastej **--safe** köttskafferi **-y** [-i] **1** köttig, köttaktig, kött- **2** givande, matnyttig; kärnfull

Mecca ['mekə] **1** Mecka **2** *m*~, *fig.* mecka, vallfartsort

mechan|ic [mi'kænik] **1** hantverkare **2** mekaniker; ~*s*, *pl* mekanik; maskinlära **-ical** [-ik(ə)l] **1** hantverks- **2** mekanisk **3** maskinell **-ician** [,mekə'niʃ(ə)n] mekaniker, mekanist **-ism** ['mekəniz(ə)m] **1** mekanism **2** teknik **-ist** ['mekənist] maskinkonstruktör, -expert **-ization** [,mekənai'zeiʃ(ə)n] mekanisering; **-ize** ['mekənaiz] mekanisera

medal ['medl] medalj **-led** [-d] [försedd] med medalj[er] **-lic** [mi'dælik] medalj- **-lion** [mi'dæljən] medaljong **-list** [-ist] **1** medaljör, medaljgjutare, medaljgravör **2** medaljör, person som fått medalj

meddl|e ['medl] befatta sig (*with* med); ~ *in* lägga sig i **-er** [-ə] klåfinger, person som lägger sin näsa i blöt **-esome** [-səm] **-ing** [-iŋ] som lägger sig i, klåfingrig

media ['mi:djə] *pl av medium*
mediaeval [,medi'i:v(ə)l] *se medieval*
media|l ['mi:djəl] **1** mitt-, mellan- **2** genomsnitts- **-n** **I** *a* **1** mitt-, mellan- **II** *s* median
mediat|e **I** *a* ['mi:diit] indirekt **II** *v* ['mi:dieit] **1** medla **2** utgöra övergångsform **-ion** [,mi:di'eiʃ(ə)n] medling; förlikning **-or** ['mi:dieitə] medlare, medlarinna, förlikningsman **-orial** [,mi:diə'tɔ:riəl] medlande, förliknings- **-rix** [,mi:di'eitriks] (*pl -rices* [,mi:diə'traisi:z]) medlarinna

medica|ble ['medikəbl] som kan botas **-l** [-(ə)l] **I** *a* medicinsk; ~ *man* läkare; ~ *officer* tjänsteläkare; fältläkare; ~ *orderly* sjukvårdare i det militära; ~ *school* medicinsk fakultet **II** *s*, *fam.* läkare; medicine studerande **-lly** [-(ə)li] ur medicinsk synpunkt; ~ *forbidden* förbjuden av läkare **-ment** [me'dikəmənt] läkemedel **-ster** [medi'kæstə] kvacksalvare **-te** [-keit] **1** behandla medicinskt **2** tillsätta läkemedel **-ted** [-keitid] hälso-, sanitär; ~ *cottonwool* kemiskt ren bomull **-tion** [,medi'keiʃ(ə)n] medicinering, medicinsk behandling **-tive** [-ətiv] läkande

medicin|al [me'disinl] läkande, hälsosam; medicinsk **-e** ['meds(i)n] **1** medicin, läkekonst **2** medicin, botemedel **3** *sl.* sup **4** trollmedel **5** *A.* = ~*-man* **-e-cupboard** [-,kʌbəd] husapotek **-e-man** medicinman

medico ['medikou] **1** *skämts.* läkare **2** mediko-
medieval [,medi'i:v(ə)l] medeltids-, medeltida **-ism** [-əliz(ə)m] medeltidsanda

mediocr|e [,mi:di'əukə] medelmåttig **-ity** [,mi:di'ɔkriti] medelmåttighet

meditat|e ['mediteit] tänka över, fundera på; meditera (*on*, *over* över) **-ion** [,medi'teiʃ(ə)n] meditation, begrundan[de]; (religiös) betraktelse **-ive** [-ətiv] mediterande; eftertänksam **-or** [-ə] tänkare etc.

Mediterranean [,meditə'reinjən] **I** *s* Medelhavet **II** *a* medelhavs-

medi|um ['mi:djəm] **I** *s* (*pl -a* [-ə] *-ums* [-əmz]) medium; hjälpmedel; förmedlande länk; medelvärde; medelväg; medelsort; omgivning; *through the* ~ *of* genom förmedling av **II** *a* medelstor, medelgod, medelmåttig; ~ *wave* mellanvåg (*radio.*) **-umize** [-jəmaiz] göra till medium **-um-range** medeldistans **-um-range** medeldistans
medlar ['medlə] mispel[träd]
medley ['medli] **I** *s* blandning; potpurri **II** *a* brokig, blandad **III** *v* blanda ihop
medulla [me'dʌlə] märg **-ry** [-ri] märgaktig, märg-
medusa [mi'dju:zə] manet
meed [mi:d] *poet.* belöning, pris
meek [mi:k] ödmjuk; saktmodig; from; foglig
meet [mi:t] **I** *v* **1** möta (varandra), träffa[s], komma samman; ljuta (döden) **2** *A.* göra bekantskap med **3** bemöta, bekämpa **4** motsvara (förväntningar) **5** betala (räkning) **6** bestrida (omkostnader); *asking him does not* ~ *the case* att be honom är inte nog; ~ *Mr B.* får jag föreställa herr B. (*A.*); *she will* ~ *the train* hon möter vid tåget; ~ *a p.'s eye* **a** bli sedd av ngn **b** uppfånga en blick från ngn; *more than* ~*s the eye* (*ear*) mer än ögat ser (örat hör); *I'll* ~ *you halfway* jag går med på en kompromiss; *well met* **a** var bra att jag stötte på er **b** välkommen; ~ *with* stöta på; erfara, röna; hitta, komma över **II** *s*, *jakt.* möte, mötesplats; jaktsällskap **III** *a* *åld.* passande **-ing** [-iŋ] **1** duell, kamp **2** sammanträde **3** gudstjänstövning **-ing-house** bönehus ·

mega|cycle ['megə,saikl] megacykel **-lith** [-liθ] *arkeol.* stenblock **-lomania** [-lə(u)'meinjə] storhetsvansinne **-phone** [-fəun] megafon, ropare **-ton** [-tʌn] megaton, 1 miljon ton
melanchol|ia [,melən'kəuljə] tungsinne, melankoli **-iac** [-liæk] melankoliker **-ic** [,melən'kɔlik] melankolisk **-y** ['melənkəli] **I** *s* tungsinne; vemod **II** *a* tungsint, dyster; vemodig
mêlée ['melei] handgemäng; strid
meliorate ['mi:liəreit] förbättra
melli|ferous [me'lif(ə)rəs] honungsalstrande **-fluence** [-fluəns] *fig.* honungsflöde, ljuvhet, sötma **-fluous** [-fluəs] honungssöt
mellow ['meləu] **I** *a* **1** söt, saftig, mogen **2** fyllig (om vin) **3** lucker (om jord) **4** fyllig, rik (om klang, färg) **5** hjärtlig, jovial[isk] **6** lätt berusad **II** *v* **1** göra (bli) saftig etc. **2** mogna **3** vekna **-y** [-i] = *mellow I*
melod|ious [mi'ləudjəs] melodisk, välljudande **-ist** ['melədist] **1** sångare **2** kompositör
melodrama ['meləu,drɑ:mə] melodram[a] **-tic** [,meləudrə'mætik] melodramatisk; teatralisk **-tist** [,meləu'dræmətist] melodramatiker; teatralisk person
melody ['melədi] melodi
melon ['melən] **1** melon **2** *sl.* vinst, byte **--cutting** [-,kʌtin] fördelande av bytet
melt [melt] **I** *v* smälta; upplösa[s]; vekna; ~ *down* smälta ner; ~ *into* långsamt övergå till; *she* ~*ed into tears* hon bevektes till tårar **II** *s* smälta **-ing** [-iŋ] smältning; veknande **-ing-**

-pot smältdegel (äv. *fig.*); *go into the* ~ gå igenom en fullständig förändring
member ['membə] medlem, ledamot; del, avdelning; *åld.* lem; *a rum* ~ en konstig prick
(*sl.*); *the unruly* ~ tungan **-ship 1** medlemskap **2** medlemsantal
membran|aceous [‚membrə'neiʃəs] hinnaktig **-e** ['membrein] tunn skiva, membran **-eous** [mem'breinjəs] **-ous** [mem'breinəs] *se membranaceous*
memento [mi'mentəu] påminnelse; minne
memo ['meməu] *fam.* = *memorandum*; *cash* ~ kassakvitto
memoir ['memwɑ:] självbiografi; avhandling; ~*s* **a** memoarer **b** handlingar (lärt sällskaps)
memorable ['mem(ə)rəbl] minnesvärd
memorand|um [‚memə'rændəm] (*pl -a* [-ə] *-ums* [-əmz]) promemoria; anteckning; diplomatisk not; ~ *of association* bolagsordning **-um-book** anteckningsbok
memorial [mi'mɔ:riəl] **I** *s* minne[smärke]; betänkande; krönika **II** *a* minnes-; *M~ Day* (*A.*) minnesdagen (vanl. 30 maj); ~ *park* begravningsplats (*A.*) **-ist 1** krönikör **2** författare till minnesskrift **-ize** [-aiz] **1** hylla minnet av **2** inge betänkande
memor|ize ['meməraiz] **1** uppteckna **2** memorera **-y** [-i] **1** minne[sförmåga] **2** hågkomst; *quote from* ~ citera ur minnet; *within living* ~ i mannaminne; *in* (*to the*) ~ *of* till minne av
men [men] *pl* av *man*
menace ['menəs] **I** *s* hot[else] **II** *v* hota
ménage [me'nɑ:ʒ] hushåll
menagerie [mi'nædʒəri] menageri
mend [mend] **I** *v* förbättra[s]; laga, reparera; tillfriskna; *least said soonest* ~*ed* ju mindre som sägs desto bättre; ~ *or end* hjälpa eller stjälpa; ~ *the fire* lägga ved på brasan; ~ *one's pace* öka takten; ~ *your manners!* uppför dig! **II** *s* lagat ställe, stopp, lapp; *he is on the* ~ han är på bättringsvägen **-able** [-əbl] som går att förbättra etc., *se mend I*
mendac|ious [men'deiʃəs] lögnaktig **-ity** [-'dæsiti] lögnaktighet
mendic|ancy ['mendikənsi] tiggeri **-ant** [-ənt] **I** *a* tiggar-, tiggande; ~ *friar* tiggarmunk **II** *s* tiggare; tiggarmunk **-ity** [men'disiti] **1** tiggeri **2** tiggarliv
mending ['mendiŋ] lagning, reparation; förbättring
men-folk ['menfəuk] karlar
menhaden [men'heidn] *A. zool.* menhad, nordam. sillfisk
menhir ['menhiə] *arkeol.* bautasten o.d.
menial ['mi:njəl] **I** *a* simpel, tjänar-, låg **II** *s* = ~*servant* tjänare (*vanl. föraktfullt*)
meningitis [‚menin'dʒaitis] hjärnhinneinflammation
menopause ['menə(u)pɔ:z] klimakterium
menstruation [‚menstru'eiʃ(ə)n] menstruation
mensura|bility [‚menʃurə'biliti] mätbarhet **-ble** ['menʃurəbl] **1** mätbar **2** *mus.* med fast rytm **-l** ['menʃur(ə)l] **1** mått-**2** = *mensurable* **2** **-tion** [‚mensjuə'reiʃ(ə)n] mätning, innehållsberäkning
mental ['mentl] **I** *a* **1** andlig, själslig; intellektuell; *fam.* svagsint **2** hak-; ~ *arithmetic* huvudräkning; ~ *deficiency* svagsinthet; ~ *faculties* själsförmögenheter; ~ *home* (*hospital*) mentalsjukhus; ~ *patient* mentalsjuk patient **II** *s, fam.* = ~ *patient* **-ity** [men'tæliti] menta-

litet, kynne **-ly** [-təli] *adv* **1** själsligt; andligt **2** i tankarna; ~ *deficient* mentalsjuk
mentation [men'teiʃ(ə)n] själstillstånd; själsverksamhet
menthol ['menθɔl] mentol
mention ['menʃ(ə)n] **I** *v* nämna, tala om, säga; *don't* ~ *it* för all del!; *not to* ~ för att inte tala om **II** *s* omnämnande; *honourable* ~ hedersomnämnande **-able** [-ʃnəbl] värd att nämna[s]
mentor ['mentɔ:] mentor, rådgivare
menu ['menju:] **1** matsedel, meny **2** rätter ingående i viss måltid
meow [mi'au] **I** *s* jamande **II** *v* jama
mercantil|e ['mɔ:k(ə)ntail] handels-, köpmans-; ~ *marine* handelsflottan; ~ *doctrine* (*system*) merkantilism **-ism** ['mɔ:kəntilizm] **1** merkantilism **2** köpmannaanda
mercenary ['mɔ:sin(ə)ri] **I** *a* vinningslysten, sniken; lejd; ~ *troops* legotrupper; ~ *marriage* resonemangsparti **II** *s* legosoldat
mercer ['mɔ:sə] handlare i siden o. andra dyrbara manufakturvaror **-ize** [-raiz] mercisera **-y** [-ri] finare manufakturvaror
merchandise ['mɔ:tʃ(ə)ndaiz] handelsvaror
merchant ['mɔ:tʃ(ə)nt] *s* **1** köpman, grosshandlare; *A.* detaljhandlare **2** *sl.* karl **3** dåre; ~ *marine* **a** handelsflotta **b** officerare o. manskap i handelsflotta **-able** [-əbl] kurant, säljbar **--prince** affärsmagnat **--ship** handelsfartyg
merci|ful ['mɔ:sif(u)l] nådig, barmhärtig **-less** [-lis] obarmhärtig
mercur|ial [mɔ:'kjuəriəl] **I** *a* livlig; ombytlig; kvicksilver-; *M~* Merkurius- **II** *s* kvicksilvermedel **-ism** ['mɔ:kjuriz(ə)m] kvicksilverförgiftning **-y** ['mɔ:kjuri] **1** kvicksilver **2** *fig.* livlighet **3** *M~* Merkurius
mercy ['mɔ:si] nåd, barmhärtighet; välgärning; *be at the* ~ *of* vara utlämnad på nåd o. onåd åt; *have* ~ [*up*]*on us* **a** var oss nådig **b** gud i him len!
mere [miə] **I** *s, poet.* sjö, tjärn **II** *a* bara, blott o. bar, ren; *the* ~ *thought makes me shudder* blotta tanken får mig att rysa **-ly** [-li] endast, blott o. bart
meretricious [‚meri'triʃəs] **1** liderlig **2** uppseendeväckande, prålig; oäkta
merge [mɔ:dʒ] [låta] uppgå (*in, into* i) **-nce** [-ns] uppgående **-r** [-ə] uppgående; sammanslagning, fusion
meridi|an [mə'ridiən] **I** *s* **1** meridian **2** höjdpunkt **II** *a* meridian-, middags-; höjd- **-onal** [-ənl] **I** *a* meridian-; sydlig **II** *s* sydländing (*särsk. fr.* Sydfrankrike) **-onality** [mə‚ridiə'næliti] sydligt läge, sydlig riktning
meringue [mə'ræŋ] maräng
merino [mə'ri:nəu] merinofår, -ull
merit ['merit] **I** *s* värde, förtjänst; *this must be judged on its own* ~*s* detta måste bedömas utifrån sina egna förutsättningar; *make a* ~ *of* tillräkna sig ngt som förtjänst; *the* ~*s and demerits of s.th.* fördelar o. nackdelar med ngt **II** *v* vara värre, förtjäna **-ocracy** [‚meri'tɔkrəsi] meritokrati **-orious** [‚meri'tɔ:riəs] förtjänstfull
mer|maid ['mɔ:meid] sjöjungfru **-man** havsgud
merriment ['merimənt] munterhet
merry ['meri] **I** *s* (slags) vilda bär **II** *a* **1** munter **2** angenäm, skön, härlig **3** en smula berusad **--andrew** ['meri'ændru:] clown **--go-round**

['meriɡə(u),raund] karusell **--makers** [-,meikəz] glada (upprymda) människor **--making** [-,meikiŋ] fest **--meeting** [-,mi:tiŋ] fest
mesa ['meisə] *A*. mesa (slags högplatå)
mesh [meʃ] **I** *s* maska; ~*es*, *pl* nätverk, *fig*. snaror; *in* ~ ikopplad **II** *v* **1** fånga i nät, snärja **2** gripa i varandra (om kuggar) **3** *fig*. samordna
samarbeta -ing [-iŋ] **--work** nätverk **-y** [-i] som består av maskor
mesmerize ['mezm(ə)raiz] hypnotisera
mesquite [mes'ki:t] *A*. *bot*. mesquitoträd
mess [mes] **I** *s* **1** rätt, föda **3** mäss; bordssällskap **3** röra, oreda; knipa; *his marriage was a* ~ hans äktenskap var en enda röra; *they made a* ~ *of it* de trasslade till det fullständigt; *he was in a pretty* ~ han var i svår knipa **II** *v* **1** röra ihop, trassla till; söla ner **2** äta samman; utspisa; ~ *about (around)* kladda med; larva omkring; ~ *up* **a** smutsa ner **b** trassla till; *they were* ~*ed up in it* de var inblandade i det
message ['mesidʒ] **I** *s* budskap, underrättelse, meddelande **II** *v* översända; signalera
messenger ['mesindʒə] **1** bud[bärare] **2** *sjö*. kabellarium; ~ *boy* expressbud, telegrambud
Messiah [mi'saiə] Messias
mess|-room ['mesrum] matsal **--tin** *mil*. kokkärl
messuage ['meswidʒ] *jur*. gård o. tomt
mess-up ['mesʌp] oreda, trassel
messy ['mesi] rörig, smutsig (*jfr mess*)
met [met] *imperf* o. *perf part* av *meet*
metabol|ic [metə'bɔlik] ämnesomsättnings- **-ism** [me'tæbəliz(ə)m] ämnesomsättning
metage ['mi:tidʒ] **1** mätning **2** mätavgift
metal ['metl] **I** *s* **1** metall **2** glasmassa **3** makadam **4** ~*s* järnvägsskenor; *leave the* ~*s* spåra ur **II** *v* **1** täcka med metall **2** belägga med makadam; ~ *road* makadamiserad väg **-lic** [mi'tælik] metall-, metallaktig, metallisk; ~ *currency* klingande valuta **-liferous** [,metə'lif(ə)rəs] malmförande **-line** ['metəlain] = *metallic*; ~ *water* mineralvatten **-list** [-təlist] metallarbetare **-lize** [-təlaiz] **1** metallisera **2** vulkanisera
metamorph|ic [,metə'mɔ:fik] metamorfosartad **-ose** [-əuz] förvandla **-osis** [-əsis] (*pl -oses* [-əsi:z]) metamorfos, förvandling
metaphor ['metəfə] metafor, liknelse, bildligt uttryck **-ic[al]** [,metə'fɔrik, -(ə)l] bildlig, figurlig
metaphysi|cal [,metə'fizik(ə)l] metafysisk **-s** [-s] *pl* metafysik
mete [mi:t] **I** *s* **1** mått **2** gräns[märke] **II** *v* *poet*. mäta; ~ *out* tilldela, utmäta
meteor ['mi:tjə] meteor; ~*[ic] shower* stjärnregn **-ic** [,mi:ti'ɔrik] meteor-; *fig*. meteorlik **-ite** [-rait] meteorsten **-ologist** [,mi:tjə'rɔlədʒist] meteorolog **-ology** [,mi:tjə'rɔlədʒi] meteorologi
meter ['mi:tə] mätare
methinks [mi'θiŋks] *åld*. jag tycker
method ['meθəd] metod; ordning; *there is* ~ *in his madness* det är metod i galenskapen **-ic[al]** [mi'θɔdik, -(ə)l] metodisk **M-ist** metodist **-ize** [-aiz] ordna metodiskt **-ology** [,meθə'dɔlədʒi] metodik
meths [meθs] *pl*, *vard*. denaturerad sprit
methyl ['meθil] metyl **-ate** [-eit] blanda med metyl; ~*d spirit* denaturerad sprit
meticulous [mi'tikjuləs] skrupulöst noggrann, petig

metre ['mi:tə] **1** meter **2** versmått
metric ['metrik] **I** *a* meter-; ~ *system* metersystem **II** *s pl*, ~*s* metrik, verslära **-al** [-(ə)l] metrisk
metro|logy [me'trɔlədʒi] metrologi **-nome** ['metrənəum] metronom, taktmätare
metropoli|s [mi'trɔpəlis] **1** metropol, huvudstad, världsstad **2** ärkebiskopssäte; *the M*~ London; New York **-tan** [,metrə'pɔlit(ə)n] **I** *a* **1** som hör till en metropol etc., *se metropolis* **1 2** ärkebiskops- **3** som hör till moderlandet; *M*~ *railway* tunnelbana i London **II** *s* **1** ärkebiskop, metropolit **2** huvudstadsinnevånare
mettle ['metl] mod, kurage; eld; *he was on his* ~ han gjorde sitt yttersta; *I will try your* ~ jag ska se vad du duger till **-d, -some** [-səm] eldig; modig
mew [mju:] **I** *s* **1** mås **2** falkbur **3** gömställe **4** jamande **II** *v* **1** stänga in **2** jama
mewl [mju:l] **1** grina, gnälla **2** jama
mews [mju:z] stallgata; *hist*. de kungliga stallarna; bostäder ovanpå stall, f. d. stall
Mexic|an ['meksikən] *s* o. *a* mexikan[sk] **-o** [-əu] Mexico
mezzanine ['metsəni:n] halv-, mellanvåning, entresol
mi [mi:] *mus*. mi
miaow [mi(:)'au] **I** *s* jamande, mjau **II** *v* jama
miasma [mi'æzmə] (*pl* ~*ta* [-tə]) smittämne **-l** [-m(ə)l] **-tic[al]** [miəz'mætik, -(ə)l] smittosam
miaul [mi'ɔ:l] jama
mica ['maikə] glimmer **-ceous** [mai'keiʃəs] glimmeraktig, glimmer-
mice [mais] *pl* av *mouse*
Michaelmas ['miklməs] mickelsmässa (29 sept.)
Michigan ['miʃiɡən] delstat i USA
mickle ['mikl] *åld*. o. *Sk*. mycken, stor; *many a little (pickle) makes a* ~ många bäckar små gör en stor å
micro|be ['maikrəub] mikrob **-cosm** [ə(u)kɔz(ə)m] mikrokosmos **-cosmic[al]** [,maikrə(u)'kɔzmik, -(ə)l] mikrokosmisk **-phone** [-əfəun] mikrofon **-scope** [-əskəup] mikroskop **-scopic** [,maikrəs'kɔpik] mikroskopisk **--telephone** ['maikrə'telifəun] mikrotelefon **-wave** [-əweiv] mikrovåg
mid [mid] **I** *a* mellan-, mitt-, mid- **II** *prep*, *poet*. bland, i mitten av; *in* ~ *air* mellan himmel o. jord **-day** klockan tolv på dagen
middle ['midl] **I** *a* mitt-, mellan-, mellerst, medel-; ~ *age* medelålder; *the M*~ *Ages* medeltiden; *the* ~ *classes* medelklassen; ~ *course (way)* medelväg; ~ *ear* mellanöra; *the M*~ *East* Mellersta Östern; *M*~ *English* medelengelska; *M*~ *Kingdom* Mittens rike (Kina); ~ *watch* vakthållning fr. kl. 24—4; *the M*~ *West* Mellersta Västern (i USA) **II** *s* mitt; *kick a p. into the* ~ *of next week* ge ngn en minnesbeta; *he died in the* ~ *of his work* han dog när han stod mitt uppe i sitt arbete **III** *v* **1** placera i mitten **2** *sjö*. vika i mitten **--aged** ['midl'eidʒd] medelålders **-brow** [-brəu] *vard*. person med måttligt kulturella intressen **-man** mellanhand **--sized** [-saizd] av medellängd **--weight** mellanvikt (boxning)
middling ['midliŋ] **I** *a* medelmåttig; *fam*. ganska kry; *fair to* ~ det knallar o. går **II** *adv* någorlunda **III** *s pl*, ~*s* **1** medelmåtta **2** mellankvalitet

middy ['midi] **1** *fam.* sjökadett **2** (slags) sportblus (för damer o. barn)
midge [midʒ] **1** mygga **2** *fig.* kryp **-t** [-it] **I** *s* **1** dvärg **2** litet fotografi **3** liten sportbil (racerbil) **II** *a* miniatyr-
mid|land ['midlənd] **I** *s* inland, inre delen av ett land; *the M~s* grevskapen i mellersta England **II** *a* inlands- **M-lent** midfasta **-night** midnatt **-rib** huvudnerv (på blad) **-riff** mellangärde **-ship[s]** midskepps **-shipman** [-mən] **-shipmite** *skämts.* sjökadett **-st** mitt; *in the ~ of* mitt ibland **-stream I** *s* mitten av strömfåra **II** *adv* midströms **-summer** [-,sʌmə] midsommar **M-summer-day** midsommardagen **-way** ['mid'wei] halvvägs **M-west** *the M~* = *the Middle West* **-wife** barnmorska **-wifery** [-wif(ə)ri] förlossningskonst **-winter** ['mid'wintə] midvinter
mien [miːn] *litt.* hållning, uppträdande; uppsyn
miff [mif] **I** *s*, *fam.* **1** bråk, träta **2** dåligt humör **II** *v* vara förargad (*with* på, *at* över), göra förargad
1 might [mait] styrka, kraft; *with ~ and main* med all kraft
2 might [mait] *imperf* av *may*; kunde, skulle kunna; fick; *I moved forward, so that I ~ hear better* jag flyttade fram så att jag skulle höra bättre; *you ~ show some gratitude* du kunde visa lite tacksamhet; *what he said horrified me, as well it ~* vad han sade förskräckte mig, o. det var inte underligt
might|iness ['maitinis] makt; *your high ~* ers höghet (*iron.*) **-y** [-i] **I** *a* **1** mäktig **2** väldig; *~ works* underverk (*bibl.*) **II** *adv*, *fam.* mycket, särdeles; *~ easy* väldigt enkelt
mignonette [,minjə'net] **1** reseda **2** (slags) spets
migraine ['miːgrein] migrän
migra|nt ['maigr(ə)nt] **I** *a* flyttande, vandrande **II** *s* flyttfågel; vandrande djur **-te** [mai'greit] utvandra; flytta (om fåglar) **-tion** [mai'greiʃ(ə)n] utvandring; flyttning **-tory** [-grət(ə)ri] utvandrande; flyttande, flytt-
mike [maik] **I** *s* **1** *M~* = Michael (*fam.*) **2** *M~* irländare (*skämts.*) **3** *fam.* mikrofon **4** *sl.* dagdrivarliv **II** *v* slå dank, maska
mil [mil] *mil.* streck (på kompass)
milage ['mailidʒ] *se mileage*
Milan [mi'læn] Milano
milch [miltʃ] mjölkgivande **--cow** mjölkkossa (*äv. fig.*) **-er** [-ə] mjölkgivare
mild [maild] mild, svag; långsamt verkande (medicin); lugnt o. varmt (väder); behaglig; lätt, mild (tobak, öl); måttlig (optimism); godartad (sjukdom)
mildew ['mildjuː] **I** *s* rost, mjöldagg (på växter) **II** *v* göra möglig; mögla **-y** [-i] möglig
mild|ness ['maildnis] mildhet; lätthet **--spoken** [-,spəuk(ə)n] mild i sitt tal
mile [mail] **1** eng. mil **2** tävlingslopp på 1 eng. mil **-age** [-idʒ] tillryggalagat antal mil; kostnad per mil **--mark**, **--post**, **--stone** milstolpe (*äv. fig.*)
milieu ['miːljəː] miljö
militan|cy ['milit(ə)nsi] strid[slust] **-t** kämpande, stridslysten
military ['milit(ə)ri] **I** *a* militär; *~ band* militärorkester; *~ chest* krigskassa; *~ court* krigsrätt; *~ fever* tyfus; *~ man* soldat; *~ officer* officer **II** *s*, [*the*] *~* soldaterna, hären
militate ['militeit] strida (*vanl. fig.*); *~ against* vara oförenlig med

militia [mi'liʃə] lantvärn, milis **-man** [-mən] medlem av lantvärn, milissoldat
milk [milk] **I** *s* mjölk; *~ for babes* barnslig-heter (*fig.*); *~ of human kindness* mänsklig godhet; *it's no use crying over spilt ~* gjort är gjort **II** *v* mjölka (*äv. fig.*); ge mjölk; låta mjölka sig; *sl.* avlyssna telefonsamtal; *~ the ram* (*bull*) anstränga sig förgäves **--and-water** ['milkən'wɔ:tə] svag, vek **-bar** mjölkbar **--can**, **--churn** (slags) mjölkflaska **-er** [-ə] **1** mjölkare **2** mjölkko **--float** mjölkkärra **--live-red** [-livəd] feg **--maid** mjölkerska **-man** [-mən] mjölkbud; *~ run* riskfritt militärt flyguppdrag (*A.sl.*) **--shake** ['milk'ʃeik] mjölkdrink (mjölk med frukt- el. bärsmak) **-sop** morsgris, mes **--tooth** [-tuːθ] mölktand **--walk** mjölkbuds distrikt **-weed** *bot.* sidenväxten **-y** [-i] **1** mjölkaktig; grumlig **2** klemig **3** mild, späd; *the M~ Way* Vintergatan
mill [mil] **I** *s* **1** kvarn; maskin (apparat etc.) som mal (pulveriserar) **2** fabrik **3** boxningsmatch **4** *A.* 0,001 dollar; *go (pass) through the ~* gå igenom ekluten **II** *v* **1** valka **2** mala **3** fräsa; räffla **4** tanda **5** vispa **6** slå, mörbulta **7** gå i cirkel **--board** styv papp
millen|arian [,mili'nɛəriən] **I** *s* kiliast (som tror på det tusenåriga riket) **II** *a* **1** tusenårig **2** kiliastisk **-ary** [mi'lenəri] **I** *s* tusenårsperiod; tid av stor framgång; *se millenarian* **II** *a* tusen-årig **-nial** [mi'leniəl] tusenårigt Gudsrike **-nium** [mi'leniəm] **1** årtusende **2** tusenårsjubileum
millepede ['milipiːd] **1** tusenfoting **2** gråsugga
miller ['milə] **1** mjölnare **2** ollonborre
millesimal [mi'lesim(ə)l] **I** *a* tusende; tusendels **II** *s* tusendel
millet ['milit] hirs
mill-hand ['milhænd] **1** mjölnardräng **2** fabriksarbetare
milliard ['miljɑːd] miljard
milli|gram[me] ['miligræm] milligram **-metre** [-,miːtə] millimeter
milliner ['milinə] modist **-y** [-n(ə)ri] modevaror
milling ['miliŋ] malning, valsning **--machine** [-mə,ʃiːn] fräsmaskin
million ['miljən] miljon; *the ~* större delen av befolkningen, gemene man **-aire** [,miljə'nɛə] miljonär **-th** [-θ] **1** *s* miljondel **II** *a* miljondels
mill|owner ['milaunə] fabrikör **--pond** **1** kvarndamm **2** *the ~* Atlanten (*skämts.*); *as smooth as a ~* blank som en spegel **--stone** kvarnsten; *see through (far into) a ~* vara skarpsinnig; *between upper and nether ~* mellan två eldar **--wright** kvarnbyggare
milord [mi'lɔːd] *franska för my lord*
milt [milt] **I** *s* **1** mjälte **2** mjölke **II** *v* befrukta **-er** [-ə] fiskhanne
mime [maim] **I** *s* **1** mim; fars **2** skådespelare **3** pajas **4** imitatör **II** *v* **1** framställa mimiskt, spela mim **2** härma, imitera **-ograph** ['mimiəgrɑːf] **I** *s* mimeograf, duplikator, hektograf **II** *v* mimeografera, duplicera, hektografera **-sis** [mai'miːsis] *biol.* mimesi **-tic** [mi'metik] härmnings-, härmande
mimic ['mimik] **I** *a* härmande, mimisk; sken-, falsk; *~ art* imitation **II** *s* imitatör; härmare **III** *v* härma, efterapa **-ker** [-ə] imitatör **-ry** [-ri] härmande, imitation, efterapning; *biol.* skyddande förklädnad
mina|cious [mi'neiʃəs] *litt.* hotande **-city** [-'næsiti] hot[fullhet]

minaret ['minərit] minaret
minatory ['minət(ə)ri] *litt.* hotande
mince [mins] **I** *v* **1** finhacka **2** försköna **3** tala
(gå) tillgjort; *they do not* ~ *matters* de skräder
inte orden; ~*d meat* köttfärs **II** *s* köttfärs
-meat mandel, russin, äpplen, socker etc. an-
vänt som fyllning i *mince-pie* **--pie** ['mins'pai]
(slags) pastej; *make* ~ *cf* göra hackmat av,
söndermosa (*äv. fig.*) **-r** [-ə] **1** köttkvarn
2 affekterad person
mincing ['minsiŋ] **1** tillgjord **2** förskönande
--machine [-mə‚ʃi:n] köttkvarn
mind [maind] **I** *s* minne; åsikt, tanke; ande,
själ, förstånd; lust; *with the* ~*'s eye* i tan-
karna; *I have given him a piece of my* ~,
I have told him my ~ jag har sagt honom mitt
hjärtas mening; *we have no* ~ *to go* vi har
ingen lust att gå; *I have half a* ~ *to send him
back* jag har halvt om halvt lust att skicka
tillbaka honom; *has he lost his* ~? har han
mist förståndet?; *make up one's* ~ *to* be-
stämma (besluta) sig för att; *he is not in his
right* ~ han är inte vid sina sinnens fulla
bruk; *will you bear this in* ~ vill du tänka på
detta; *she set her* ~ *on becoming a nurse* hon
satte sig i sinnet att bli sjuksköterska; *they
are of a* ~ de är överens; *I'll put you in* ~ *of it*
jag skall påminna dig om det; *that's a load
off my* ~ där föll en sten från mitt bröst;
time out of ~ sedan urminnes tid; *to my* ~
a i mitt tycke **b** enligt min mening; *call to* ~
a erinra sig **b** påminna om **II** *v* tänka på;
sköta, passa; bry sig om; lägga märke till;
komma ihåg; ~ [*you*]*!* förstår du!, märk väl!;
will you ~ *the shop* vill du se till butiken; ~
your eye! se upp! (*sl.*); *I should not* ~ *a cup
of tea* jag skulle inte ha något emot en kopp
te; *would you* ~ *telling me?* skulle du vilja
tala om för mig?; *never* ~*!* det spelar ingen
roll!; *never* ~ *his friend* bry dig inte om hans
vän; ~ *your own business* sköt dina egna
affärer **-ed** [-id] benägen, hågad, -sinnad; *be
theatre-*~ ha en känsla för teater, vara teater-
biten **-er** [-ə] **1** [maskin]skötare **2** barn i lek-
skola **-ful** ['main(d)f(u)l] uppmärksam; för-
siktig; *he was* ~ *of what I said* han gav akt
på vad jag sade **-ing-school** [-iŋ-] lekskola
för små barn **-less** [-lis] **1** ouppmärksam
2 själlös
1 mine [main] *pron* min, mitt, mina; *me and*
~ jag o. de mina; ~ *eyes* mina ögon (*åld.*)
2 mine [main] **I** *s* **1** gruva; *fig.* guldgruva
2 järnmalm **3** *mil.* mina; ~ *barrage* minspärr
II *v* **1** gräva; underminera; gräva under-
jordisk gång **2** lägga minor **3** utvinna malm,
bryta **4** arbeta i gruva **--captain** [-‚kæptin]
gruvfogde **--clearance** [-‚kliər(ə)ns] *s,* ~
diver röjdykare **--field** [-fi:ld] minfält **-layer**
[-‚le(i)ə] minfartyg **-r** [-ə] **1** gruvarbetare **2**
minläggare
mineral ['min(ə)r(ə)l] **I** *s* mineral **II** *a* mine-
ralisk; ~ *jelly* vaselin; ~ *kingdom* mineral-
riket; ~ *water* mineralvatten **-ization** [‚min-
(ə)rəlai'zeiʃ(ə)n] mineralisering **-ize** ['min(ə)-
rəlaiz] göra mineralhaltig
minesweeper ['main‚swi:pə] minsvepare
mingle ['miŋgl] blanda[s], [be]blanda [sig]
(*with* med); förena sig, umgås (*with* med)
mingy ['mindʒi] *fam.* snål, knusslig
miniate ['minieit] **1** måla röd **2** illuminera
miniature ['minjətʃə] **I** *s* miniatyr[porträtt];
in ~ i liten skala **II** *a* liten, i liten skala **III** *v*

framställa i miniatyr **-ist** [-tjuərist] miniatyr-
målare
mini|cab ['minikæb] *BE.* billig taxi som man
beställer per telefon **-car** [-ka:] minibil **-fy**
[-fai] förminska, förringa **-kin** *s* litet kryp
II *a* **1** liten **2** tillgjord
minim ['minim] **1** halvnot **2** litet kryp **3** droppe
-al [-l] minimal **-ize** [-aiz] **1** minska till ett
minimum **2** underskatta **-um** [-əm] minimum;
bare ~ det allra nödvändigaste **-us** [-əs]
yngste (i skola)
mining ['mainiŋ] **1** grävande; underminerande
2 gruvdrift **--engineer** gruvingenjör
minion ['minjən] **1** gunstling, kelgris **2** (slags)
tryckbokstav; ~*s of the law* lagens väktare;
~ *of fortune* lyckans gullgosse
mini-skirt ['miniskə:t] kortkort kjol
minister ['ministə] **I** *s* **1** tjänare; statsråd;
minister (diplomatisk) **2** (protestantisk) präst;
frikyrkopastor **II** *v* **1** hjälpa till; sköta **2**
förätta gudstjänst; ~ *to* sköta; bidra till **-ial**
[‚minis‚tiəriəl] **1** verkställande **2** prästerlig **3**
minister- **-ialist** [‚minis'tiəriəlist] regerings-
anhängare
ministr|ant ['ministrənt] **I** *s* [kyrko]tjänare,
korgosse **II** *a* tjänande **-ation** [‚minis'trei-
ʃ(ə)n] **1** (andlig) hjälp **2** kyrklig tjänsteförrätt-
ning **-y** [-i] **1** tjänande **2** ministerium **3** präs-
terskap
minium ['miniəm] mönja
mink [miŋk] mink
Minnesota [‚mini'səutə] delstat i USA
minnie ['mini] *mil.* minkastare
minnow ['minəu] *zool.* elritsa, spigg
Minoan [mi'nəuən] minoisk, fornkretisk
minor ['mainə] **I** *a* mindre; minderårig; junior;
moll-; obetydlig; *he spoke in a* ~ *key* han
talade med mollstämning i rösten; *Asia M*~
Mindre Asien **II** *s* **1** franciskan[ermunk] **2**
moll **3** minderårig **4** undersats (i logiskt re-
sonemang)
Minorite ['mainərait] franciskan[ermunk]
minority [mai'nɔriti] minoritet; omyndig ålder
minster ['minstə] *BE.* klosterkyrka; katedral
minstrel ['minstr(ə)l] trubadur; negersångare
-sy [-si] **1** trubadur-, skaldekonst **2** *koll.* sång-
are **3** skaldediktning
mint [mint] **I** *s* **1** mynta **2** mynt[verk]; *a* ~ *of
money* en massa pengar **II** *a* obegagnad,
blänkande o. fin; *books in a* ~ *state* nya,
fräscha böcker **II** *v* mynta; *fig.* nybilda;
fabricera; *he is* ~*ing money* han tjänar pengar
som gräs **-age** [-idʒ] **1** myntning **2** nybildning,
nytt uttryck **3** myntningsavgift, myntstämpel
--drop ['mint'drɔp] pepparmintkaramell **-er**
[-ə] myntare **--sauce** ['mint'sɔ:s] sås med
mynta
minuend ['minjuənd] *mat.* minuend
minuet [‚minju'et] menuett
minus ['mainəs] minus, negativ; *fam.* utan
minuscule ['minəskju:l] **I** *a* liten **II** *s* liten
bokstav, minuskel
1 minute [mai'nju:t] **1** mycket liten, obetydlig
2 mycket noggrann, minutiös
2 minute ['minit] **I** *s* **1** minut **2** liten stund,
ögonblick **3** memorandum; utkast; ~*s, pl*
protokoll; *do it this* ~ gör det med detsamma;
I saw him this ~ jag såg honom alldeles nyss;
the ~ *I arrived* så snart jag kommit; *punctual
to the* ~ exakt på minuten **II** *v* **1** skissera,
anteckna **2** ta tid på (t. ex. i tävlingslopp)
3 föra protokoll över; ~ *down* notera **--book**

179

protokollbok **--hand** minutivisare
1 minutely [mai'nju:tli] *adv* **1** minimalt; obetydligt **2** mycket noggrant, minutiöst
2 minutely ['minitli] **i** minuten, varje minut
minuteness [mai'nju:tnis] **1** yttersta noggrannhet; petighet **2** obetydlighet
minutiae [mai'nju:ʃii:] **1** detaljer **2** obetydligheter
minx [miŋks] beskäftig ung dam, "näbbgädda", "vildkatta"
mirac|le ['mirəkl] **1** under, mirakel **2** = ~ *play* mirakelspel; *I can't work* ~*s* jag kan inte uträtta underverk; *he succeeded to a* ~ han lyckades underbart väl **-le-monger** [-,mʌŋgə] undergörare **-ulous** [mi'rækjuləs] underbar, mirakulös, under-
mirage ['mira:ʒ] **1** hägring **2** villfarelse
mire ['maiə] **I** *s* dy; gyttja; *find o.s. in the* ~ befinna sig i svårigheter **II** *v* **1** [låta] sjunka ner i dyn **2** leda in i svårigheter **3** smutsa ner
mirky ['mə:ki] *se murky*
mirror ['mirə] **I** *s* **1** spegel **2** avspegling **II** *v* [av]spegla, återspegla
mirth [mə:θ] munterhet **-ful** [-f(u)l] munter **-less** [-lis] trist, dyster
miry ['maiəri] dyig; smutsig
misadventure ['misəd'vəntʃə] missöde, olyckshändelse; *homicide by* ~ mord av våda
misanthrop|e ['miz(ə)nθrəup] misantrop, människohatare; enstöring **-ic[al]** [,miz(ə)n-'θrəpik(əl)] misantropisk, människofientlig; folkskygg **-y** [mi'zænθrəpi] misantropi, människoförakt; folkskygghet
misappl|ication ['mis,æpli'keiʃ(ə)n] **1** oriktig användning **2** förskingring **-y** ['misə'plai] **1** använda på fel sätt **2** förskingra
misapprehen|d ['mis,æpri'hend] missförstå **-sion** [-ʃ(ə)n] missförstånd
misbegotten ['misbi,gɔtn] **1** oäkta, bastard **2** gemen, usel
misbehav|e ['misbi'heiv] uppföra sig illa **-iour** [-jə] dåligt uppförande
misbelief ['misbi'li:f] vantro; irrlära
miscalculat|e ['mis'kælkjuleit] räkna fel; missta sig **-ion** ['mis,kælkju'leiʃ(ə)n] fel[be]-räkning
miscarr|iage [mis'kæridʒ] **1** förkommande (vanl. om brevförsändelse) **2** = ~ *of justice* justitiemord **3** missfall **4** misslyckande **-y** [-ri] **1** misslyckas; gå om intet **2** få missfall **3** förkomma (vanl. om brevförsändelse)
miscellan|ea [,misi'leinjə] diverse litteratur **-eous** [-s] **1** blandad **2** mångsidig **-ist** [mi'se-lənist] författare till lite av varje **-y** [mi'seləni] blandning; strödda uppsatser
mischance [mis'tʃɑ:ns] otur; *by* ~ olyckligtvis
mischief ['mistʃif] skada; åverkan; rackartyg; rackarunge; *fam.* sjutton, tusan; *what the* ~ *are you driving at?* vad tusan menar ni?; *the* ~ *of it is* det tråkiga med det är; *do* ~ spela bus; *anställa skada; make* ~ skapa osämja; *out of* ~ på okynne **--maker** [-,meikə] orosstiftare
mischievous ['mistʃivəs] **1** skadlig **2** okynnig
miscible ['misibl] som går att blanda
misconc|eive ['miskən'si:v] missförstå **-eption** ['miskən'sepʃ(ə)n] missförstånd
misconduct I *s* [mis'kɔndʌkt] vanskötsel; dåligt uppförande; äktenskapsbrott **II** *v* ['miskən'dʌkt] missköta sig; uppföra sig illa; begå äktenskapsbrott
misconstru|ction ['miskəns'trʌkʃ(ə)n] fel-

tolkning; misstydning **-e** ['miskən'stru:] feltolka; misstyda; *gram.* felkonstruera
miscount ['mis'kaunt] **I** *s* felräkning **II** *v* räkna fel
miscreant ['miskriənt] **I** *s* kättare; skurk **II** *a* skurkaktig
misdeed ['mis'di:d] missdåd
misdemean|ant [,misdi'mi:nənt] missdådare **-our** [-ə] **1** förseelse **2** förbrytelse
misdoing ['mis'du(:)iŋ] missdåd, orätt
miser ['maizə] **1** girigbuk **2** brunnsborr
miserable ['miz(ə)r(ə)bl] olycklig; bedrövlig; ynklig
miserly ['maizəli] snål, girig
misery ['mizəri] **1** olycka, elände **2** *kortsp.* misär
misfeasance [mis'fi:z(ə)ns] överträdelse; maktmissbruk
misfire ['mis'faiə] **I** *v* klicka (om gevär); inte starta (om motor); *things* ~*d* det misslyckades **II** *s* klickning; feltändning
misfit ['misfit] **I** *s* **1** plagg etc. som inte passar **2** missanpassad **II** *a* **1** som inte passar **2** missanpassad
misfortune [mis'fɔ:tʃ(ə)n] **1** olycka **2** utomäktenskapligt barn; ~*s never come singly* en olycka kommer sällan ensam
misgiv|e [mis'giv] inge farhågor, väcka onda aningar hos; *his mind misgave him* han hade en ond föraning **-ing** [-iŋ] farhåga, ond föraning; tvivel, betänklighet
misgovern ['mis'gʌvən] styra dåligt **-ment** [-mənt] vanstyre
mishandle ['mis'hændl] misshandla; missköta
mishap ['mishæp] missöde, olyckshändelse
mishmash ['miʃmæʃ] röra
misinterpret ['misin'tə:prit] fel-, vantolka; misstyda **-ation** ['misin,tə:pri'teiʃ(ə)n] fel-, vantolkning
misjudge ['mis'dʒʌdʒ] felbedöma, missta sig på; underskatta **-ment** [-mənt] felbedömning; underskattning
mislay [mis'lei] förlägga
mislead [mis'li:d] vilseleda
mismanage ['mis'mænidʒ] missköta **-ment** [-mənt] misskötsel
misnomer ['mis'nəumə] felbeteckning, namnförvrängning
misplace ['mis'pleis] felplacera; ~*d, äv.* malplacerad, illa anbragt
misprint I *s* ['mis'print] tryckfel **II** *v* [mis-'print] trycka fel
misprision [mis'priʒ(ə)n] brottsligt förtigande; ~ *of treason* förtigande av förräderi
misprize [mis'praiz] **1** ringakta **2** underskatta
mispro|nounce ['misprə'nauns] uttala felaktigt **-nunciation** ['misprə,nʌnsi'eiʃ(ə)n] felaktigt uttal
misproportion ['misprə'pɔ:ʃ(ə)n] fel proportion, dålig balans
misread ['mis'ri:d] läsa fel
misrepresent ['mis,repri'zent] ge en felaktig framställning av; förvränga **-ation** ['mis,re-prizen'teiʃ(ə)n] felaktig framställning; förvrängning
misrule ['mis'ru:l] **I** *s* vanstyre **II** *v* missköta
miss [mis] **I** *s* **1** bom, miss; missfall **2** fröken; *A. fru; he gave the party a* ~ han undvek att gå på bjudningen; *a pert* ~ = ~ *Pert* näbbgädda; *the M* ~ *Macleans, the M* ~*es Maclean* fröknarna M. **II** *v* **1** bomma, missa; komma för sent till; ej tända (om motor); utelämna,

hoppa över (= ~ *out*) (ord etc.) **2** sakna, längta efter; *I just ~ed arriving in time* jag kom en liten aning för sent; ~ *the boat* missa chansen

missal ['mis(ə)l] missale, mässbok

misshapen ['mis'ʃeip(ə)n] vanskapt, missformad

missile ['misail, *A. uttal* -sil] **I** *s* projektil; raketvapen, robot **II** *a* kast-

missing ['misiŋ] felande; saknad, försvunnen; *there is one leaf* ~ det saknas ett blad; *the* ~ de saknade; *the* ~ *link* felande länken

mission ['miʃ(ə)n] **1** mission (i alla bet.); uppdrag **2** *A.* beskickning, sändebud **3** kallelse **-ary** [-ʃnəri] **I** *s* missionär **II** *a* missions-

missis ['misiz] fru; *the* ~ frugan (skämts.)

Mississippi [ˌmisi'sipi] delstat i USA

missive ['misiv] brev, meddelande, missiv

Missouri [mi'zuəri] delstat i USA

misspell ['mis'spel] stava fel

misspend ['mis'spend] förslösa

missus ['misəs] *se missis*

missy ['misi] liten fröken

mist [mist] **I** *s* dis, dimma, mist; imma; *Scotch* ~ regntjocka; *he is in a* ~ han är förvirrad **II** *v* täcka i dimma; vara dimmig

mistake [mis'teik] **I** *s* fel, misstag; *by* ~ av misstag; ..., *and no* ~ det kan du skriva upp!; *my* ~ det är mitt fel **II** *v* missförstå; ta fel på; *I mistook you for Mary* jag tog dig för M., jag trodde att du var M.; *there's no mistaking this fact* det går inte att ta miste på **-n** [-(ə)n] *perf part* av *mistake*; felaktig; missriktad; *be* ~ missta sig **-nly** [-(ə)nli] av misstag

mister ['mistə] **I** *s* herr[n]; uttal av *Mr*; *Mr Speaker!* herr talman!; *Mr Right* Den Rätte, Han med stort H **II** *v* tilltala med *mister*

mistletoe ['misltəu] mistel

mistook [mis'tuk] *imperf* av *mistake*

mistreat ['mis'tri:t] *A.* behandla illa

mistress ['mistris] husmor; föreståndarinna; härskarinna; älskarinna; lärarinna; *she is her own* ~ hon är sin egen herre; *M~ of the Robes* överhovmästarinna

mistrust ['mis'trʌst] *v* o. *s* misstro **-ful** [-f(u)l] misstrogen

misty ['misti] dimmig, disig; oklar; omtöcknad

misunderst|and ['misʌndə'stænd] missförstå **-anding** [-ændiŋ] missförstånd **-ood** [-ud] *imperf* o. *perf part* av *misunderstand*

misus|age ['mis'ju:zidʒ] *se misuse I* **-e I** *s* ['mis'ju:s] **1** missbruk; felaktigt användande **2** misshandel; dålig behandling **II** *v* ['mis'ju:z] **1** missbruka; använda felaktigt **2** misshandla

mit|e [mait] **1** skärv **2** litet pyre **3** en smula **4** kvalster, ost-or; *he will also contribute his* ~ han vill också bidra med sin skärv; *not a* ~ inte ett dugg (*fam.*); *a* ~ *of a child* en liten parvel; *the widow's* ~ änkans skärv

mitiga|ble ['mitigəbl] som kan blidkas etc., *se följ.* **-te** [-geit] **1** lugna, blidka **2** lindra **3** [för]mildra; *mitigating circumstances* förmildrande omständigheter **-tion** [ˌmiti'geiʃ(ə)n] mildrande, lindring; förmildrande omständigheter **-tory** [-geitəri] *a* blidkande; [för]mildrande, lindrande

mitre ['maitə] **1** mitra **2** gering **3** skorstenskupa

mitt[en] ['mit(n)] vante, lång handske (särsk. sådan med halva fingrar); ~*s* boxhandskar

(*sl.*); *mitt* baseballhandske; *A. sl.* hand; *he got the* ~ han fick sparken (korgen)

mity ['maiti] full av kvalster

mix [miks] blanda[s]; korsa (om djur); umgås (*with* med); ansluta sig (*with* till); *they do not* ~ well de passar inte bra ihop; *he got ~ed up in it* han blev inblandad i det; *she got ~ed up with bad company* hon råkade i dåligt sällskap **-ed** [-t] blandad, sammansatt; *fam.* förvirrad; ~*school* samskola **-er** [-ə] blandare; *he is a good* ~ han är en riktig sällskapsmänniska **-ture** [-tʃə] blandning; korsning; blandad dryck **--up** ['miks'ʌp] röra; slagsmål

miz[z]en ['mizn] mesansegel **--mast** mesanmast

mizzle ['mizl] **I** *s* duggregn **II** *v* **1** duggregna **2** *sl.* smita ur knipa

mo [məu] *sl.* för *moment*; *half a* ~, *please* ett ögonblick bara

moan [məun] **I** *v* **1** jämra sig, stöna **2** begråta **II** *s* jämmer **-ful** [-f(u)l] klagande, sorglig

moat [məut] **I** *s* vallgrav **II** *v* omge med vallgrav

mob [mɔb] **I** *s* pöbel; trupp av meniga; *fam.* krets, klick; gäng, liga (sl.) *the swell* ~ välklädda ficktjuvar **II** *v* **1** ofreda **2** skocka sig **-bish** [-iʃ] pöbel-; upplopps-

mobike ['məubaik] *fam.* motorcykel

mobil|e ['məubail] rörlig, mobil; livlig; ~ *police* motoriserad polis **-ity** [mə(u)'biliti] rörlighet **-ization** [ˌməubilai'zeiʃ(ə)n] *s* mobilisering **-ize** [-bilaiz] göra rörlig; mobilisera; bringa i omlopp

mob|-law ['mɔb'lɔ:] massans rätt **--orator** ['mɔb'ɔrətə] folktalare

moccasin ['mɔkəsin] **1** mockasin **2** *zool.* mockasinorm

mock [mɔk] **I** *s* **1** *åld.* hån, åtlöje **2** imitation **II** *a* oäkta, falsk, sken-, fingerad **III** *v* **1** göra till åtlöje; håna **2** härma **3** låtsa **4** lura **--combat** [-ˌkɔmbət] spegelfäktning **-er** [-ə] begspottare; härmare **-ery** [-əri] hån, drift, vrångbild **--fight** spegelfäktning **-ing-bird** härmfågel **--sun** bivädersol **--turtle soup** ['mɔk'tə:tl-] falsk sköldpaddssoppa

mode [məud] sätt; bruk; tonart

model ['mɔdl] **I** *s* modell, mönster; mannekäng **II** *v* **1** modellera, forma, dana **2** arbeta som mannekäng; ~ *after* (*on, upon*) forma efter; *he ~led himself upon her* han tog henne till sin förebild **-ler** [-ə] modellör

moderat|e I *a* ['mɔd(ə)rit] moderat, måttlig **II** *s* ['mɔd(ə)rit] moderat politiker **III** *v* ['mɔdəreit] **1** moderera, mildra; bedarra (om storm) **2** leda förhandlingar, upptäcka som moderator **-ion** [ˌmɔdə'reiʃ(ə)n] moderation, måttlighet; *in* ~ med måtta **-or** ['mɔdəreitə] **1** ordförande, förhandlingsledare **2** medlare

modern ['mɔd(ə)n] **I** *a* modern, ny; ~ *side* reallinje (*ung.*) **II** *s* modern människa, människa från nya tiden **-ism** ['mɔdəniz(ə)m] **1** modernism **2** modeord, modernt uttryck **-ist** ['mɔdənist] nymodig person **-ization** [ˌmɔdənai'zeiʃ(ə)n] modernisering **-ize** ['mɔdənaiz] modernisera

modest ['mɔdist] blygsam; anspråkslös, modest; obetydlig, ringa, ärbar **-y** [-i] blygsamhet; anspråkslöshet; ärbarhet

modif|iable ['mɔdifaiəbl] som går att modifiera; som kan förändras genom omljud **-ication** [ˌmɔdifi'keiʃ(ə)n] **1** modifikation **2** ändring, jämkning **3** *språkv.* närmare be-

stämning; omljud **-icatory** ['mɔdifikeit(ə)ri] förändrings- **-y** [-ai] **1** modifiera **2** ändra, jämka på **3** *språkv.* inskränka; förändra genom omljud
modish ['məudiʃ] modern, fashionabel, chic
modiste [məu'di:st] modist
modulat|e ['mɔdjuleit] modulera; bringa i överensstämmelse (*to* med); *mus.* modulera **-ion** [,mɔdju'leiʃ(ə)n] modulation
module ['mɔdju:l] modul
Mogul [məu'gʌl] mongol; ~ *emperor* kejsare av Moguldynastin
mohair ['məuhɛə] mohair (tyg)
Mohammed [mə(u)'hæmed] Muhammed **-an** [-mid(ə)n] *s* o. *a* muhammedan[sk]
moiety ['mɔiəti] hälft
moil [mɔil] **I** *v* knoga **II** *s* knog
moist [mɔist] fuktig **-en** ['mɔisn] fukta; bli fuktig **-ness** [-nis] fuktighet **-ure** [-ʃə] fukt, fuktighet
moke [məuk] *sl.* **1** åsna **2** artist som spelar olika instrument **3** *A.* neger
molar ['məulə] **I** *a* **1** malande **2** mass- **II** *s* kindtand, molar
molasses [mə(u)'læsiz] *s pl* melass; *A.* sirap
mold [məuld] = *mould*
mole [məul] **1** födelsemärke **2** pir, vågbrytare **3** mullvad **--cast** mullvadshög
molecule ['mɔlikju:l] *fys.* molekyl
mole|-eyed ['məulaid] blind **--hill** mullvadshög; *make mountains out of* ~*s* göra en höna av en fjäder **--skin** mollskinn; ~*s* mollskinnsbyxor
molest [mə(u)'lest] antasta **-ation** [,məules-'teiʃ(ə)n] ofredande
moll [mɔl] **1** gangsters kvinnliga medarbetare el. älskarinna **2** prostituerad
mollifi|able ['mɔlifaiəbl] som går att blidka (lindra) **-ication** [,mɔlifi'keiʃ(ə)n] blidkande; lindring **-y** blidka; lindra
mollusc ['mɔləsk] blötdjur **-an** [mɔ'lʌskən] **-ous** [mɔ'lʌskəs] blötdjurs-, blötdjursaktig
molly ['mɔli] kräk **--coddle** [-kɔdl] **I** *s* vekling, morsgris **II** *v* skämma bort
molten ['məult(ə)n] *perf part* av *melt*
mom [mɔm] *A.* mamma
moment ['məumənt] **1** ögonblick **2** betydelse *a matter of great* ~ en sak av stor vikt; *one* ~, *half a* ~ ett ögonblick; *it is the* ~ *for it* nu är stunden inne; *to the* ~ på sekunden; *the* ~ *we heard him* så snart vi hörde honom; *do it this* ~ gör det med detsamma; *I've seen him this* ~ jag såg honom alldeles nyss **-arily** [-t(ə)rili] tillfälligt **-ary** [-t(ə)ri] som varar ett ögonblick; flyktig **-ly** [-li] **1** varje ögonblick **2** som varar ett ögonblick **-ous** [mə(u)'mentəs] betydelsefull, viktig **-um** [mə(u)'mentəm] **1** *fys.* rörelsemängd **2** fart
momma ['mɔmə] *A.* mamma
Monaco ['mɔnəkəu] Monaco
monarch ['mɔnək] monark, furste **-al** [mɔ-'nɑ:k(ə)l] **-ic[al]** [mɔ'nɑ:kik, -(ə)l] monarkisk, furstlig **-y** [-i] monarki
monast|ery ['mɔnəst(ə)ri] munkkloster **-ic** [mə'næstik] kloster- **-icism** [mə'næstisiz(ə)m] klosterliv, klosterväsen
Monday ['mʌndi] måndag
monet|ary ['mʌnit(ə)ri] penning-, finans-, mynt- **-ize** [-aiz] släppa ut pengar i omlopp
money ['mʌni] **I** *s* pengar; ~ *makes the mare to go* med pengar kommer man långt; *make* ~ tjäna pengar; *coin* ~ tjäna massor med

pengar; *that's not my* ~ det är ingenting för mig; *cheap at the* ~ valuta för pengarna; *for* ~ kontant; *they are made of* ~ de är stenrika; *in the* ~ välbärgad (*sl.*); *I was out of* ~ jag var pank **II** *v* göra pengar **--bag** penningpung; ~*s* mycket pengar **--box** sparbössa; kassaskrin **-ed** [-d] **1** förmögen **2** penning--**grant** penningbidrag **--grubber** [-,grʌbə] roffare **--grubbing** [-,grʌbiŋ] **I** *s* rofferi, snikenhet **II** *a* som roffar åt sig pengar **--lender** [-,lendə] procentare **--market** [-,mɑ:kit] penningmarknad **--order** [-,ɔ:də] postanvisning **--spinner** [-,spinə] en som tjänar mycket pengar **-'s-worth** [-zwə:θ] penningvärde; rätta värde; *he wanted his* ~ han ville ha valuta för pengarna **--taker** [-,teikə] biljettförsäljare
monger ['mʌŋgə] handlare (mest i sammansättningar), t. ex. *iron*~ järnhandlare
mongoose ['mɔŋgu:s] *zool.* mungo
mongrel ['mʌŋgr(ə)l] **I** *s* byracka **II** *a* bastard-
monit|ion [mə(u)'niʃ(ə)n] varning; förmaning; kallelse **-or** ['mɔnitə] **1** förmanare **2** ordningsman (i skola) **3** (slags) ödla **4** (slags) örlogs-skepp **5** person som avlyssnar radiosändningar **6** mätare av radioaktiv strålning **7** liten kontrollapparat för TV **8** vårdare (på anstalt) **-ory** ['mɔnit(ə)ri] **I** *a* varnande; förmanande **II** *s* varnande herdabrev **-ress** ['mɔnitris] *fem* av *monitor*
monk [mʌŋk] munk **-ery** [-əri] munkliv; munkkloster; munkar
monkey ['mʌŋki] **I** *s* **1** apa **2** pålkranshammare **3** vattenkanna med lång pip **4** *vadhålln. sl.* £ (§) 500 **5** upptågsmakare; *get the* ~ *off* [*one's back*] sluta knarka (*sl.*); *she put his* ~ *up* hon gjorde honom arg; *suck the* ~ dricka direkt ur flaskan (*sl.*); ~ *business* (*sl.*) **a** rackartyg **b** skumraskaffärer; ~ *suit* frack (*sl.*) **II** *v* **1** efterapa, härma **2** håna, driva med **3** göra rackartyg; ~ *about* (*around*) *with* tricksa med, fingra på (*sl.*) **-ish** [-iʃ] aplik -ism [-iz(ə)m] apnatur **--jacket** [-,dʒækit] matroströja **--meat** *A. sl.* kött på burk **--nut** jordnöt **--wrench** skiftnyckel
monk|hood ['mʌŋkhud] munkarna, munkstånd; munkväsen **-ish** [-iʃ] munk-; munkaktig (vanl. föraktfullt)
monochrom|atic ['mɔnəkrə(u)'mætik] enfärgad **-e** [-krəum] enfärgsmålning, monokrom
monoc|le ['mɔnɔkl] monokel **-ular** [mɔ'nɔ-kjulə] **1** för ena ögat **2** enögd
monodial ['mɔnədaiəl] *radio.* med en knapp
monody ['mɔnədi] **1** solosång **2** klagosång
monogram ['mɔnəgræm] monogram, namnchiffer
monolog|ist [mɔ'nɔlədʒist] person som håller monolog **-ize** [-aiz] hålla monolog **-ue** ['mɔnəlɔg] monolog **-uist** ['mɔnəlɔgist] *se monologist*
monomania ['mɔnə(u)'meinjə] monomani, fix idé **-c** [-niæk] monoman
monoplane ['mɔnə(u)plein] *flyg.* monoplan
monopolize [mən'ɔpəlaiz] monopolisera, helt lägga beslag på
monorail ['mɔnə(u)reil] Alwegbana
monosyllab|ic ['mɔnə(u)si'læbik] enstavig **-le** ['mɔnə,siləbl] enstavigt ord
monoton|e ['mɔnətəun] **I** *a* entonig **II** *s* entonighet, entonig sång **III** *v* sjunga (tala) entonigt **-ous** [mə'nɔtnəs] entonig, enformig **-y** [mə'nɔtni] entonighet, enformighet

Monroe [mən'rəu] *the ~ doctrine* = **-ism**
[-iz(ə)m] Monroedoktrinen
monsoon [mɔn'suːn] monsun
monst|er [´mɔnstə] odjur, monster **-rosity**
[mɔns'trɔsiti] vanskaplighet; orimlighet **-rous**
[-trəs] monstruös; kolossal
Montana [mɔn'tænə] delstat i USA
month [mʌnθ] månad; *a ~ of Sundays* i det
oändliga; *this day ~* i dag om en månad; *~'s
mind* minnesmässa **-ly** [-li] **I** *a* o. *adv* månat-
lig[en] **II** *s* månatlig tidskrift; *~ nurse* barn-
sköterska (under första månaden)
monument [´mɔnjumənt] monument **-al**
[ˌmɔnju'mentl] monument-, minnes-; mo-
numental; kolossal, enorm **-alize** [ˌmɔnju-
'mentəlaiz] bevara minnet av genom ett mo-
nument
moo [muː] **I** *v* böla **II** *s* bölande
mooch [muːtʃ] *sl.* **1** tigga sig till; knycka **2**
slå dank, gå o. drälla
mood [muːd] **1** stämning **2** *språkv.* modus **3**
mus. tonskala; *in the ~* på humör; *in no ~*
utan lust; *he is in his ~s* han har ett anfall
av svårmod **-y** [-i] lynnig; på dåligt humör,
butter
moon [muːn] **I** *s* måne **2** *poet.* månad; *once in
a blue ~* mycket sällan; *cry for the ~* begära
det orimliga **II** *v* **1** stirra drömmande **2** gå o.
drömma; *~ away one's time* slöa bort sin tid
-beam månstråle **--calf** idiot **-light I** *s* mån-
ljus **II** *v, vard.* extraknäcka (i sht på kvällen);
~ flitting rymning **-lit** belyst av månen **-shine**
1 månsken **2** vanvett **3** hembränt, visky
-shiner [-ˌʃainə] *sl.* spritsmugglare **-shiny**
[-ˌʃaini] **1** månskens- **2** inbillad, fantastisk
-stricken, -struck vansinnig **-y** [-i] **1** mån-;
fullmåne- **2** drömmande
1 moor [muə] hed
2 moor [muə] *sjö.* förtöja **-age** [-ridʒ] förtöj-
ningsplats, -avgift
moor|-fowl [´muəfaul] moripa **--game** mori-
por **-hen** moripehöna
mooring [´muəriŋ] *s pl, ~s* förtöjningsplats,
-boj **--cable** ankar-, förtöjningstross **--mast**
förtöjningsmast **--post** förtöjningspåle
Moorish [´muəriʃ] morisk
moor|ish [´muəriʃ] hedaktig **-land** [-lənd] hed
-stone slags granit **-y** [-i] hedaktig
moose [muːs] *A.* älg
moot [muːt] **I** *s* **1** *hist.* folkmöte **2** juridisk
studentdiskussion **II** *a* diskutabel, omtvistad;
a ~ point omtvistad fråga **III** *v* föra på tal
mop [mɔp] **I** *s* **1** mopp, svabb; kalufs (= *~ of
hair*) **2** *sl.* suput **3** grimas **II** *v* **1** svabba **2**
göra grimaser; *~ up* **a** torka upp **b** *sl.* supa
ur **c** tjäna (pengar) **d** klara av, slutföra (arbete)
e utrymma, rensa; *~ the floor with someone*
sopa golvet med ngn, platta till ngn ordentligt
(*sl.*)
mope [məup] **I** *v* tjura **II** *s* tjurig människa;
the ~s, pl nedstämdhet
moped [´məuped] moped
mope-eyed [´məupaid] närsynt
mop|-head [´mɔphed] *fig.* kalufs
mopish [´məupiʃ] tjurig
mopp|et [´mɔpit] **1** trasdocka **2** småbarn **3**
knähund **-y** [-i] lurvig (om hår), tät, tjock
mopy [´məupi] *se mopish*
moraine [mɔ'rein] *geol.* morän
moral [´mɔr(ə)l] **I** *a* moralisk, sedlig, sedlig-
hets-; faktisk; *it is ~ly impossible* det är prak-
tiskt omöjligt; *~ law* sedelag; *~ sense* an-

ständighetskänsla; *a ~ certainty* så gott som
säker **II** *s* moralisk lärdom; *~s, pl* **a** moral,
sedlig vandel **b** sedlighet **c** sedelära **-e** [mɔ-
'raːl] moral, anda (t.ex. hos trupp) **-ist**
[´mɔrəlist] **1** sedelärare **2** moralens väktare
-ity [mə'ræliti] **1** sedelära; moralitet; *morali-
ties* moraliska principer **2** *hist.* moralitet,
(slags) skådespel **-ization** [ˌmɔrəlai'zeiʃ(ə)n]
moraliserande; moralisk förbättring **-ize**
[´mɔrəlaiz] dra moralen ur; förbättra mora-
liskt **-izer** [´mɔrəlaizə] moralpredikant
morass [mə'ræs] moras (*äv. fig.*)
morbid [´mɔːbid] sjuklig; dyster; *~ anatomy*
patologisk anatomi **-ity** [mɔː'biditi] sjuklig-
het, morbiditet; sjukligt tillstånd
morda|cious [mɔː'deiʃəs] bitande, vass **-city**
[-'dæsiti] bitterhet **-ncy** [´mɔːd(ə)nsi] sarkasm
-nt [´mɔːd(ə)nt] **I** *a* vass, bitande **II** *s* bet-
ningsmedel, etssyra, fixermedel
more [mɔː] mer[a], flera; *I've seen no ~ of him*
jag har inte sett honom mer; *~ or less* mer
eller mindre; *no ~* inte längre; *he is no ~ a
wealthy man than I am* varken han eller jag
är rik; *he is no ~ keen on it than his friend*
han har inte större lust till det än hans vän;
some ~, please får jag lite till; *one ~ difficulty*
ytterligare en svårighet; *the ~ is the pity* desto
mera synd; *he did not like it, no ~ did I* han
tyckte inte om det, och det gjorde inte jag hel-
ler **-ish** [´mɔːriʃ] *a, taste ~* ha mersmak
(*fam.*)
morel [mɔ'rel] **1** murkla **2** nattskatta
morello [mə'reləu] morell
moreover [mɔː'rəuvə] dessutom
Moresque [mə'resk] morisk
morgue [mɔːg] **1** bårhus **2** *A.* tidnings klipp-
arkiv
moribund [´mɔribʌnd] döende
morion [´mɔriən] *hist.* stormhatt
Morisco [mə'riskəu] **I** *a* morisk **II** *s* **1** spansk
mor **2** (slags) dans
Mormon [´mɔːmən] *s* o. *a* mormon[sk]
morn [mɔːn] *poet.* morgon
morning [´mɔːniŋ] morgon, förmiddag **--call**
[´mɔːniŋ'kɔːl] förmiddagsvisit **--coat** [´mɔː-
niŋ'kəut] jackett **--dress** [´mɔːniŋ'dres] för-
middagsdräkt; kavajkostym **--glory** [´mɔː-
niŋ'glɔːri] *bot.* "blomman för dagen" **--per-
formance** [´mɔːniŋpə'fɔːməns] matiné
--prayer [´mɔːniŋ'preə] förmiddagsgudstjänst
(i *Church of England*) **--watch** [´mɔːniŋ-
'wɔtʃ] *sjö.* morgontörn (kl. 4–8)
Morocc|an [mə'rɔkən] *s* o. *a* marockan[sk] **-o**
[-əu] Marocko; *m~* marokäng (läder)
moron [´mɔːrɔn] idiot
morose [mə'rəus] dyster
morphi|a [´mɔːfjə] **-ne** [-fiːn] morfin **-[n] ma-
-niac** [ˌmɔːfi(n)ə(u)'meiniæk] morfinist
morpholog|ic[al] [ˌmɔːfə'lɔdʒik, -(ə)l] mor-
fologisk, formlära **-y** [mɔː'fɔlədʒi] formlära
morris [´mɔris] **I** *s* morrisdans (= *~ dance*) **II**
v dansa *morris*
morrow [´mɔrəu] *poet.* följande dag; *on the ~
of the war* omedelbart efter krigsslutet
morse [mɔːs] **I** *s* **1** valross **2** *M~* morse (tele-
grafi) **3** spänne på mantel; *M~ code* morse-
alfabet **II** *v, M~* telegrafera
morsel [´mɔːs(ə)l] munsbit, smula
mort [mɔːt] **1** *jakt.* hornstöt då villebrådet är
nedgjort **2** treårig lax **3** *sl.* kvinna, slinka
mortal [´mɔːtl] **I** *a* **1** döds-, dödlig **2** *sl.* för-
skräcklig **3** oförsonlig; *~ agony* dödsångest; *~*

183

mortality–mountainous

sin dödssynd; *any ~ thing will do* vad som helst duger **II** *s* en dödlig; *skämts.* person
-ity [mɔːˈtæliti] **1** dödlighet **2** dödssiffra **3** lik, stoft
mortar [ˈmɔːtə] **I** *s* **1** mortel **2** granatkastare, mörsare **3** murbruk **II** *v* **1** mura **2** beskjuta med granatkastare (mörsare) **--board 1** murbruksbräda **2** fyrkantig, platt akademisk huvudbonad
mortgag|e [ˈmɔːgidʒ] **I** *s* hypotek, inteckning **II** *v* inteckna; sätta i pant **-e-bond** [ˈmɔːgidʒ-ˈbɔnd] inteckningsbevis **-e-deed** [ˈmɔːgidʒ-ˈdiːd] inteckningshandling **-ee** [ˌmɔːgəˈdʒiː] inteckningshavare **-er** [ˈmɔːgidʒə] **-or** [ˌmɔːgəˈdʒɔː] inteckningsgäldenär
mortice [ˈmɔːtis] = *mortise*
mortician [mɔːˈtiʃ(ə)n] *A.* begravningsentreprenör
mortif|ication [ˌmɔːtifiˈkeiʃ(ə)n] **1** späkning **2** förödmjukelse **3** grämelse, harm **4** kallbrand **-y** [ˈmɔːtifai] **1** späka **2** förödmjuka **3** förarga, gräma **4** bli ansatt av kallbrand
mortise [ˈmɔːtis] **I** *s* tapphål **II** *v* intappa
mortmain [ˈmɔːtmein] *jur.* besittning för alltid
mortuar|ian [ˌmɔːtjuˈɛəriən] = *mortician* **-y** [ˈmɔːtjuəri] **I** *a* grav-, begravnings-; döds-: lik- **II** *s* bårhus
Mosaic [mə(u)ˈzeiik] mosaisk
mosaic [mə(u)ˈzeiik] **I** *s* o. *a* mosaik[-]; *~ gold* musivguld **II** *v* pryda med mosaik
Moscow [ˈmɔskəu] Moskva
mosey [ˈməuzi] *A., vard.* **1** ge sig iväg **2** *~* [*along*] släntra [iväg]
Moslem [ˈmɔzlem] *Muslim*
mosque [mɔsk] moské
mosquito [məsˈkiːtəu] moskit, mygga; *~ craft* motortorpedbåt (*ung.*)
moss [mɔs] **I** *s* **1** mossa **2** mosse **3** *sl.* pengar; *a rolling stone gathers no ~* på rullande sten växer ingen mossa **II** *v* täcka med mossa **--grown** täckt med mossa **--litter** [-ˌlitə] torvströ **-y** [-i] **1** täckt med mossa, mossbelupen **2** mosslik
most [məust] **I** *a* o. *s* [det] mest[a], störst; *he made the ~ of it* han gjorde så gott han kunde; *han utnyttjade det så gott han kunde; the ~* toppen, jättebra (*sl.*); *at [the] ~* på sin höjd, högst **II** *adv* mest, högst, mycket, synnerligen; *a ~ complicated affair* en synnerligen komplicerad affär; *we were received ~ charmingly* vi mottogs å det charmantaste **-ly** [-s(t)li] för det mesta, framför allt
mote [məut] **1** dammkorn, smolk **2** *bibl.* skärva, grand
motel [məuˈtel] motell
moth [mɔθ] **1** mal, mott **2** nattfjäril **3** ngn som söker frestelse **--ball** malkula **--eaten** [-ˌiːtn] maläten (*äv. fig.*); föråldrad
mother [ˈmʌðə] **I** *s* **1** mor **2** ättikmoder (= *~ of vinegar*); bottensats **3** *~s, äv.* fallande snöflingor; *~ Hubbard* **a** gammal gumma i barnkammarrim **b** (slags) kamkofta; *~ ship* moderfartyg; *every ~'s son* varenda en; *~ 's mark* födelsemärke **II** *v* föda till världen; vara som en mor för; utge sig som mor till; *~ s.th. on* tillskriva ngn ngt **--church** moderkyrka **-craft** konsten att som mor ta hand om barn **-hood** moderskap **M-ing** [-riŋ] *a, ~ Sunday* midfastosöndag **--in-law** [ˈmʌð(ə)rinlɔː] svärmor **-less** [-lis] utan mor **-like** som en mor **-ly** [-li] moderlig **--of-pearl** [ˈmʌð(ə)r-

ə(v)ˈpɔːl] pärlemor **--tongue** modersmål **--wit** medfödd fattningsförmåga, sunt förstånd
mothproof [ˈmɔθˌpruːf] malsäker
motion [ˈməuʃ(ə)n] **I** *s* **1** rörelse, tempo **2** förslag, motion **3** avföring **4** mekanism; *put in ~* sätta i rörelse **II** *v* vinka; ge tillkänna genom en åtbörd **-al** [-nl] rörelse- **-less** [-lis] orörlig **--picture** [-ˌpiktʃə] *A.* film
motiv|ate [ˈməutiveit] motivera; driva **-ation** [ˌməutiˈveiʃ(ə)n] motivering **-e** [-v] **I** *s* bevekelsegrund **II** *a* rörelse- **III** *v* = *motivate* **-eless** [-lis] omotiverad **-ity** [məuˈtiviti] drivkraft
motley [ˈmɔtli] **I** *a* brokig (*äv. fig.*) **1** brokig skara, brokig blandning **2** narrdräkt **3** narr; *wear ~* spela narr
motor [ˈməutə] **I** *s* motor; bil; drivkraft; kraftkälla; motorisk muskel; *~ alternator* omformare **II** *a* rörelse-, motorisk **III** *v* färdas i (köra) bil **--bike** motorcykel **--boat** motorbåt **--bus** [ˈməutəˌbʌs] buss **--cab** taxi **--cade** [-keid] bilkolonn **--car** bil **--coach** buss **--cycle** [-ˌsaikl] motorcykel **--cyclist** [-saiklist] motorcykelförare **--fitter** [-ˌfitə] montör **-ial** [məuˈtɔːriəl] rörelse- **-ist** [-rist] bilist **-ize** [-raiz] motorisera **--lorry** [-ˌlɔri] lastbil **-man** [-mən] *A.* förare (av spårvagn el. elektriskt tåg); chaufför **--mechanic** [-miˌkænik] montör **--patrol** [-pəˌtrəul] vägpatrull **--spirit** [ˈməutəˌspirit] bensin **--squadron** [-ˌskwɔːdr(ə)n] *mil.* motoriserat förband **--truck**, **--van** lastbil **-way** motorväg **-y** [-ri] rörelse-
mottle [ˈmɔtl] **I** *s* fläck **II** *v* göra fläckig, marmorera
motto [ˈmɔtəu] motto, tänkespråk, devis
mould [məuld] **I** *s* **1** mylla, matjord; stoft **2** gjutform **3** gestalt, form **4** mögel **5** rostfläck; *man of ~* dödlig människa; *he is cast in heroic ~* han är hjältemodig **II** *v* **1** täcka med matjord **2** forma (*on* efter), stöpa, gjuta, knåda **3** mögla **4** dana, gestalta; *~ed glass* pressat glas **-able** [-əbl] formbar **--candle** [-ˌkændl] gjutjärnsstake **-er** [-ə] *I* *s* formare; tillverkare av gjutformar **II** *v* vittra, falla sönder; ruttna **-ing** [-iŋ] **1** formande, gjutning; modellering; danande **2** listverk **3** utsirning **-ing-board** bakbräda **-y** [-i] *I* *a* **1** möglig **2** *fig.* föråldrad **3** *sl.* uträkig **II** *s, sjö. sl.* torped
moult [məult] **I** *v* rugga, fälla hår; ömsa skal **II** *s* ruggning, hårfällning; skalömsning **-er** [-ə] ruggande fågel
mound [maund] **I** *s* **1** riksäpple **2** [grav]kulle, -hög **II** *v* kasta upp i en hög; omge med vall
mount [maunt] **I** *s* **1** berg **2** upphöjd del av handflata **3** montering; infattning **4** ridhäst **5** ridning (framför allt jockeys); *the Sermon on the M ~* Bergspredikan (*bibl.*) **II** *v* **1** bestiga; stiga upp; stiga, växa **2** sitta upp till häst; förse med häst **3** montera; infatta **4** sätta upp pjäs **5** sätta ngn (kläder); snobba med; *~ guard* gå på vakt; *~ed police* beriden polis; *~ed artillery* fältartilleri; *he was badly ~ed* han hade en dålig häst; *they ~ed an offensive* de satte igång med en offensiv **-able** [-əbl] som går att bestiga
mountain [ˈmauntin] berg (*äv. fig.*) **--ash** [ˈmauntinˌæʃ] rönn **--chain** bergskedja **-eer** [ˌmauntiˈniə] bergsbo; bergbestigare **-eering** [ˌmauntiˈniəriŋ] bergbestigning[ar]; fjällvandring[ar] **--goat** *zool.* snöget **--lion** *zool.* kuguar, puma **-ous** [-əs] **1** bergig **2** enorm,

skyhög **--range** bergskedja **-side** bergsslutt-
ning **--slide** lavin
mountebank ['mauntibæŋk] kvacksalyare,
skojare
mount|ie ['maunti] *se Mounty* **-ing** [-iŋ] be-
stigning; uppstigning; montering, montage;
infattning; beslag (t.ex. på byrå); lavett[age]
M-y [-i] *fam.* ridande polis
mourn [mɔ:n] sörja (*for, over* över); begråta
-er [-ə] sörjande; gråterska **-ful** [-f(u)l] sorg-
lig, dyster **-ing** [-iŋ] sörjande; sorgdräkt; *be
in* ~ ha sorg **-ing-coach** begravningsbil
-ing-wear sorgkläder
mouse I *s* [maus] **1** mus **2** skygg o. tillbaka-
dragen person **3** *sl.* blått öga ~ *trap* råttfälla
II *v* [mauz] **1** fånga möss **2** snoka; ~ *about*
snoka omkring **--quiet** tyst som en mus **-r**
['mauzə] musfångare
moustache [məs'tɑːʃ] mustasch[er]
mousy ['mausi] I *s* liten mus II *a* musaktig,
mus-, tyst som en mus
mouth I *s* [mauθ] mun; mynning; grimas;
my ~ *waters at it* det får det att vattnas i
munnen; *he was very down in the* ~ han var
mycket nedslagen; *laugh on the wrong side
of one's* ~ jämra sig, beklaga sig; *make* ~*s at*
göra grimaser åt; *by word of* ~ muntligen
II *v* [mauð] **1** tala med högfärdig ton, orera **2**
ta i munnen **3** vänja vid betsel (om häst) **4**
grimasera **-ed** [mauðd] försedd med mun-
stycke **-er** ['mauðə] en som orerar, talar hög-
draget **-ful** ['mauθful] munsbit; *you've said a*
~ det var bra sagt (*vard.*) **-ing** ['mauðiŋ]
högdraget tal **--organ** ['mauθ,ɔːgən] munspel
-piece ['mauθpiːs] **1** munstycke **2** mikrofon
(på telefon) **3** *fig.* språkrör **4** *sl.* advokat
--wash ['mauθwɔʃ] munsköljning, munvat-
ten **-y** ['mauði] bombastisk
movab|ility [,muːvə'biliti] flyttbarhet **-le**
['muːvəbl] I *a* flyttbar, rörlig; lös (egendom);
~ *feast* **a** rörlig högtid (varierande datum,
samma veckodag) **b** *fam.* måltid på oregel-
bunden tid; ~ *property* lös egendom II *s*
möbel; ~*s, pl.* lös egendom
move [muːv] I *s* **1** drag (i spel); rörelse **2** flytt-
ning **3** åtgärd **4** handlingen att resa sig från
ett bord; *make a* ~ vidta en åtgärd; göra ett
drag; *get a* ~ *on* raska på (*sl.*); *on the* ~ i rö-
relse, på väg II *v* röra [sig]; flytta (pjäs); sätta
sig i rörelse; beveka; föranleda; yrka på, hem-
ställa; umgås; väcka (förvåning); ~ *about*
flytta omkring; *they had* ~*d in* = *they had* ~*d
into a house* de hade flyttat in; *they* ~*d off* **a** de
gav sig av **b** de blev slutsålda (om varor); ~
on, please var vänlig cirkulera; *she was* ~*d to
tears* hon blev rörd till tårar; *has she* ~*d up?*
blev hon uppflyttad (i skolan)? **-ment** [-mənt]
1 rörelse **2** mekanism **3** *mus.* sats **4** avföring **5**
hand. omsättning **-ment-cure** [-,kjuə] sjuk-
gymnastik **-r** [-ə] **1** upphovsman; förslags-
ställare **2** drivkraft; *prime* ~ grundorsak
movie|s ['muːviz] *vard.* film, bio; *mil.* sökar-
ljus **-tone** ljudfilm
moving ['muːviŋ] rörande; rörelse-; drivande;
~ *force* drivkraft; ~ *pictures* film; ~ *staircase*
rulltrappa **--van** flyttvagn
1 mow [məu] I *s* **1** höstack **2** höskulle, loge II
v mejs; ~ *off (down)* meja ner; *äv. fig.*
2 mow [mau] I *s* grimas II *v* grimasera
mow|er ['məuə] gräsklippningsmaskin; *power*
~ motorgräsklippare **-ing-machine** ['məuiŋ-
mə,ʃiːn] slåttermaskin **-n** *perf part* av *1 mow*

Mozambique [,məuzəm'biːk] Moçambique
much [mʌtʃ] mycket, mycken; *they made* ~ *of
her* de hade höga tankar om henne; ~ *as we
regret it, we can't help you* hur mycket vi än
beklagar det kan vi inte hjälpa er; ~ *will have
more mycket vill ha mer; not* ~*! "sällan"!*
(dvs. inte alls) (*fam.*); *he is not* ~ *of a writer*
han är inte mycket till författare; *what you
say is* ~ *the same* vad du säger spelar inte så
stor roll; *they are* ~ *about as ignorant as the
others* de är ungefär lika ovetande som de
andra; *it's not so* ~ *impudence as lack of man-
ners* det är inte så mycket frågan om fräckhet
som fastmera brist på uppfostran; *well, so* ~
for that! ja, så var det med den saken!; *so* ~
the more desto mera; *it is just so* ~ *idle talk*
det är inget annat än tomt prat; *we thought as*
~ det var just vad vi tänkte; *I believe that he
said as* ~ jag tror han sade just det; *it was as*
~ *as to say that* det var som om de ville säga;
she never so ~ *as looked at him* hon tittade
inte ens på honom -*mess* [-nis] *fam.* mängd;
that's much of a ~ det är hugget som taget
mucilage ['mjuːsilidʒ] växtslem; *A.* gummi
muck [mʌk] I *s* **1** dynga **2** lort; tomt prat; *you
have made a* ~ *of it* du har förstört det II *v* **1**
(= ~ *up*) lorta ner **2** fördärva; ~ *about* larva
omkring (*sl.*) **-er** [-ə] I *s* fall (i smutsen); *come
a* ~ **a** falla **b** göra fiasko **c** bli ruinerad (*sl.*);
go a ~ **a** = *come a* ~ **b** svira II *v* **1** fördärva **2**
råka falla **3** göra fiasko **4** bli ruinerad **--heap**
dynghög
muckle ['mʌkl] = **mickle**
muck|rake ['mʌkreik] I *s* dynggrep II *v*, *A.*
idka sensationsskriverier **-worm 1** dyngmask,
2 gatpojke **3** snåljåp
muc|ous ['mjuːkəs] slem-; ~ *membrane* slem-
hinna **-us** [-əs] slem
mud [mʌd] I *s* dy, gyttja, smuts II *v* förorena
--crusher [-,krʌʃə] *sl.* infanterist
muddle ['mʌdl] I *s* oreda, röra, virrvarr; *you've
made a* ~ *of it* du har trasslat till det II *v* om-
töckna (framför allt med sprit); förväxla;
fördärva; *he has* ~*d along somehow* han har
dragit sig fram på något sätt; ~ *through* klara
sig **-d** virrig **--headed** [-,hedid] dum; virrig
-ment [-mənt] trassel **-some** [-səm] vimsig
mud|dy ['mʌdi] I *a* gyttjig; oren; djup
(stämma); grumlig; virrig II *v* smutsa (stänka)
ner **-guard** [-gɑːd] stänkskärm **-head** dum-
bom **-headed** [-,hedid] dum **-lark** *fam.* I *s* **1**
rännstensunge **2** lortgroda II *v* leka (arbeta) i
gyttja etc., *se mud* **-pie** sandkaka **--sill**
understa tröskel **--stained** [-steind] med
smutsfläckar
muff [mʌf] I *s* **1** muff **2** klåpare **3** tabbe, fiasko;
he has made a ~ *of himself* han har burit sig
löjligt åt II *v* förstöra; göra bort sig; ~ *a ball*
missa en boll; *don't* ~ *it boys!* gör inte bort er,
pojkar!
muffin ['mʌfin] muffins **--face** karaktärslöst
ansikte **--man** ['mʌfin'mæn] försäljare av
muffins
muffle ['mʌfl] I *s* **1** mule **2** *tekn.* muffel **3**
läderhandske II *v* svepa in; linda om; ma-
drassera, dämpa; *a* ~*d curse* en kvävd svordom
-r [-ə] **1** halsduk **2** boxhandske **3** ljuddämpare
mufti ['mʌfti] **1** mufti **2** civila kläder; *a police-
man in* ~ en civilklädd polis
mug [mʌg] I *s* **1** mugg **2** sval dryck **3** *sl.* ansikte
4 *sl.* mun **5** plugghäst **6** examen **7** *sl.* kräk;
klåpare; *cut* ~*s* göra grimaser II *v* **1** plugga

(*at a subject* ett ämne); ~ *up* **a** sminka [sig] **b** göra grimaser **c** plugga in

muggins ['mʌginz]**1** *sl.* dumbom**2** (slags) kortspel för barn; domino

muggy ['mʌgi] tryckande, fuktig o. varm (*om väder*)

mulatto [mju(:)'lætəu] mulatt

mulberry ['mʌlb(ə)ri] mullbär[sträd] **--bush** *fig.* (slags) barnlek

mulch [mʌl(t)ʃ] **I** *s* gödselhalm (för växter) **II** *v* betäcka med halm

mulct [mʌlkt] **I** *s* böter **II** *v* bötfälla; ~ *of* beröva

mul|e [mju:l] **1** mulåsna **2** tjurskalle **3** bastard **4** (slags) spinnmaskin **5** toffel (utan klack) **-eteer** [ˌmju:li'tiə] mulåsnedrivare **-ish** [-iʃ] lik en mulåsna; trilsk

mull [mʌl] **I** *s* **1** fin muslin **2** oreda **3** *Sk.* udde **4** *Sk.* snusdosa; *he made a* ~ *of it* han förfuskade det **II** *v* **1** förstöra, förfuska **2** *A.* grubbla på **3** värma, söta o. krydda (öl o. vin); ~*ed wine* (slags) glögg

muller ['mʌlə] rivsten

mullet ['mʌlit] *zool.* multe

mulligrubs ['mʌligrʌbz] **1** dysterhet, nedslagenhet **2** buksmärtor

mullion ['mʌliən] lodrät fönsterpost; ~*ed* (om fönster) delat med ~*s*

multi|- ['mʌlti] mång- **-colour[ed]** [-ˌkʌlə(d)] mångfärgad **-farious** [ˌmʌlti'fɛəriəs] mångsidig; mångfaldig **-lateral** ['mʌlti'læt(ə)r(ə)l] mångsidig, multilateral; ~ *treaty* fördrag undertecknat av mer än två parter **--millionaire** [-miljə'nɛə] mångmiljonär **-nucleate** [-'nju:kliət] flerkärnig

multipl|e ['mʌltipl] **I** *a* mångfaldig, mångahanda; ~ [*chain*] *stores*, ~ [*chain*] butikskedja; ~ *shop* (*store*) kedjebutik, filialaffär; ~ *choice* flervals- **II** *s* multipel; *least common* ~ minsta gemensamma dividend **-ex** [-eks] mångfaldig **-iable** [ˌmʌlti'plaiəbl] **-icable** [ˌmʌlti'plikəbl] som går att multiplicera (*by* med) **-icand** [ˌmʌltipli'kænd] multiplikant **-ication** [ˌmʌltipli'keiʃ(ə)n] multiplikation **-icity** [ˌmʌlti'plisiti] mångfald **-ier** [-aiə] multiplikator **-y** [-ai] multiplicera (*by* med); mångfaldiga, öka

multitud|e ['mʌltitju:d] mängd, stort antal; folkmassa **-inous** [ˌmʌlti'tju:dinəs] mångfaldig; talrik

mum [mʌm] **I** *s* **1** tystnad **2** mumma **3** *fam.* mamma; ~'*s the word!* inte ett knyst! **II** *a* tyst **III** *v* **1** uppträda i pantomim **2** klä ut sig

mumble ['mʌmbl] **I** *v* **1** mumla; **2** tugga **II** *s* mummel

mumbo jumbo ['mʌmbəu'dʒʌmbəu]**1** fetisch, magiskt föremål **2** meningslös ritualenlig ceremoni **3** meningslöst struntprat

mummer ['mʌmə] *iron.* skådespelare **-y** [-ri] maskerad; *fig.* komedi

mummif|ication [ˌmʌmifi'keiʃ(ə)n] mumifiering **-y** ['mʌmifai] mumifiera; *fig.* förtorka, förkrympa

mummy ['mʌmi] **I** *s* **1** mumie **2** brun färg **3** *fam.* mamma **II** *v* = *mummify*

mump [mʌmp] **1** tjura **2** gnälla; vara lång i ansiktet **3** tigga **-er** [-ə] tiggare **-ish** [-iʃ] vresig **-s** *pl* **1** påssjuka **2** dåligt humör; *he is in the* ~ han är på dåligt humör

munch [mʌn(t)ʃ] **I** *v* mumsa (hörbart); tugga **II** *s* mumsande

mundane ['mʌndein]**1** världslig **2** som hör till världsalltet

municipal [mju(:)'nisip(ə)l] municipal, kommunal, stads-; ~ *law* allmän lag; ~ *borough* kommun **-ism** [-əliz(ə)m] kommunal självstyrelse; lokalpatriotism **-ity** [mju(:)ˌnisi'pæliti] kommun[alstyrelse] **-ize** [-əlaiz] inkorporera

munificen|ce [mju(:)'nifisns] frikostighet **-t** frikostig

munition [mju(:)'niʃ(ə)n] **I** *s*, *mest mil.* ammunition; krigsförnödenheter; ~*s*, *pl* krigsmateriel **--works** ammunitionsfabrik

mural ['mjuər(ə)l] **I** *a* mur-, vägg- **II** *s* (= ~ *painting*) väggmålning

murder ['mɜːdə] **I** *s* mord; ~ *will out* ett mord kommer alltid fram; *the* ~ *is out* hemligheten är röjd; *cry blue* ~ skrika som en stucken gris; *get away with* ~ göra ngt olagligt el. otillåtet utan att bli straffad för det (*vard.*) **II** *v* mörda; förgöra; ~ *the Queen's English* rådbråka engelska **-er** [-rə] mördare **-ess** [-ris] mörderska **-ous** [-d(ə)rəs] mordisk

mure [mjuə] omge med murar; spärra in

murk [mɜːk] *poet.* mörker **-y** [-i] mörk, dyster

murmur ['mɜːmə] **I** *v* sorla, porla, brusa; mumla; knota **II** *s* sorl, brus; mummel; knot

murrain ['mʌrin] mjältbrand

muscle ['mʌsl] **I** *s* muskel[kraft]; *she didn't move a* ~ hon rörde inte en fena **II** *v*, ~ *in* tränga sig in (*sl.*) **--bound** med stela muskler, övertränad **-d** med ... muskler

muscovite ['mʌskə(u)vait] *min.* muskovit

muscula|r ['mʌskjulə] muskel-; muskulös **-rity** [ˌmʌskju'læriti] muskelstyrka **-ture** [-tʃə] muskulatur

muse [mju:z] **I** *s* musa; *the M*~*s* (de nio) muserna **II** *v* **1** fundera (*on*, *över*); ~ [*up*]*on*, *äv.* titta tankfullt på någon **-r** [-ə] drömmare

musette [mju(:)'zet] **1** *mus.* musette **2** orgelregister

museum [mju(:)'ziəm] museum

mush [mʌʃ] **I** *s* **1** mjuk massa, mos **2** *A.* (slags) gröt **3** *vard.* sentimentalitet **4** paragdj **5** ägare av enstaka droskbil **6** *A.* slädfärd **7** *radio.* störning **II** *v* färdas med hundsläde **-area** ['mʌʃ-'ɛəriə] *radio.* störningsområde

mushroom ['mʌʃrum] **I** *s* **1** svamp, champinjon **2** uppkomling **3** *sl.* paraply **4** *fam.* damhatt med nedvikta brätten **II** *a attr* nypåkommen, hastigt uppvuxen **III** *v* **1** plattas till (om kula) **2** plocka svamp **3** *A.* sprida sig (om svampar) **4** skjuta upp som svampar **--company** [-ˌkʌmp(ə)ni] firma med hastig o. kortvarig blomstring

mushy ['mʌʃi] mjuk; slapp; sentimental

music ['mju:zik] **1** musik **2** noter, musikhäfte **3** *A.* fröjd; förlustelse; *he faced the* ~ han tog konsekvenserna (*vard.*); *set to* ~ tonsatt; *rough* ~ kattlåt; *turn the* ~ vända noterna **-al** [-(ə)l] **I** *a* musikalisk; musik-; melodisk; ~ *box* speldosa; ~ *comedy*, ~ *play* operett **II** *s* musikfilm; musikal = *A.* **-ality** [ˌmju:zi'kæl] **-ality** [ˌmju:zi'kæliti] **-alness** [-(ə)lnis] **1** musikalitet **2** välljud[ande egenskaper] **--box** *A.* = ~*al box* **--hall** varietéteater; *A.* konsertsal **-ian** [mju(:)'ziʃ(ə)n] musiker, musikant **-ianship** [mju(:)'ziʃ(ə)nʃip] egenskap av musiker **--master** [-ˌmɑːstə] **--mistress** [-ˌmistris] musiklärare, -inna **--rack** notställ **--rest** notställ (på piano) **--stand** notställ **--stool** pianostol

musk [mʌsk] **I** *s biol.* mysk **II** *v* parfymera med mysk **--deer** ['mʌsk'diə] myskdjur
musket ['mʌskit] musköt **-eer** [‚mʌski'tiə] musketör **-ry** [-ri] skötsel av gevär; *åld.* gevärsbeväpnade trupper
musk|-melon ['mʌsk'melən] melon **--ox** myskoxe **--rat** bisamråtta
Muslim ['muslim] *s* o. *a* muslim[isk], muselman[sk]
muslin ['mʌzlin] muslin; *A.* kattun; *a bit of ~* ett fruntimmer
muss [mʌs] **I** *v*, *A.* (= *~ up*) röra till, trassla ihop **II** *s* röra, oreda
mussel ['mʌsl] mussla
mussy ['mʌsi] grötig, tilltrasslad
must [mʌst] **I** *v* måste, är tvungen; får; *you ~n't go in* du får inte gå in; *you ~ go at once* du måste gå genast; *he said that he ~ go* han sade att han var tvungen att gå **II** *s* **1** must **2** unkenhet; mögel **3** galen elefant (kamel); *the City Hall is a ~* stadshuset måste man besöka **III** *a* galen
mustache [məs'tɑ:ʃ] *A.* = *moustache*
mustang ['mʌstæn] mustang, präriehäst
mustard ['mʌstəd] senap; *A. sl.* ngn (ngt) som sätter piff; *~ gas* senapsgas
mustee [mʌs'ti:] mestis; halvblod
muster ['mʌstə] **I** *s* **1** mönstring, inspektion **2** uppbåd, församling; mönsterrulla **3** prov, mönster; *pass ~* bli godkänd; *in full ~* fulltalig **II** *v* [låta] träda fram för inspektion; församla[s]; uppbåda, samla; *he ~ed up what courage he had* han uppbjöd allt sitt mod; *he wanted to ~ into service* han ville mönstra (*A.*) **--book**, **--roll** *mil.* rulla; *sjö.* bemanningslista
mustn't ['mʌsnt] = *must not*
musty ['mʌsti] möglig; föråldrad
muta|bility [‚mju:tə'biliti] föränderlighet; ombytlighet **-ble** ['mju:təbl] föränderlig, ombytlig **-nt** ['mju:t(ə)nt] mutationsprodukt **-te** [mju:'teit] **1** *biol.* mutera **2** *språkv.* få omljud **-tion** [mju(:)'teiʃ(ə)n] mutation, förändring; omljud
mute [mju:t] **I** *a* stum, tigande, mållös; *~ swan* knölsvan **II** *s* **1** stum person; statist; medhjälpare vid begravning; *mus.* sordin **2** fågelträck **3** explosiv konsonant **III** *v* **1** *mus.* dämpa; få att tiga **2** träcka (om fågel)
mutilat|e ['mju:tileit] lemlästa, stympa **-ion** [‚mju:ti'leiʃ(ə)n] stympning **-or** [-ə] stympare
mutin|eer [‚mju:ti'niə] **I** *s* myterist **II** *v* = *mutiny* **II** **-eering** [-iəriŋ] myteri **-ous** ['mju:tinəs] upprorisk **-y** ['mju:tini] **I** *s* myteri **II** *v* göra myteri
mutism ['mju:tiz(ə)m] stumhet, tystnad
mutter ['mʌtə] **I** *v* muttra, mumla, knota (*at, against* över) **II** *s* mummel, knot **-er** [-rə] grinig person
mutton ['mʌtn] **1** fårkött; *skämts.* fårskalle **2** lösaktig kvinna; *let's return to our ~s* låt oss återkomma till saken (*skämts.*); *he eats his ~ with us* han äter middag hos oss; *~ dressed as lamb* alltför ungdomligt klädd kvinna; *as dead as ~* stendöd **--chop** ['mʌtn-'tʃɔp] fårkotlett **--head** dumskalle
mutual ['mju:tʃuəl] ömsesidig, inbördes; (*oriktigt*) gemensam (*our ~ friend* vår gemensamme vän); *~ terms* utbyte av tjänster (utan kontant betalning); *a ~ insurance company* ett ömsesidigt försäkringsbolag; *~ admiration*

society sällskap för inbördes beundran (*iron.*) **-ity** [‚mju:tju'æliti] ömsesidighet
muzz [mʌz] omtöckna, göra dåsig
muzzle ['mʌzl] **I** *s* **1** näbb, trut; mynning (på skjutvapen) **2** munkorg; nosgrimma **II** *v* **1** sätta munkorg på **2** tysta ner **3** bärga (segel) **--loader** [-‚ləudə] mynningsladdare **--velocity** ['mʌzlvi'lɔs(i)ti] utgångshastighet (hos projektil)
muzzy ['mʌzi] omtöcknad, dåsig
my [mai] min, mitt, mina; *~ eye!* kors!
myop|e ['maiəup] närsynt person **-ia** [mai-'əupjə] närsynthet **-ic** [mai'ɔpik] närsynt **-y** [-i] *se myopia*
myria|d ['miriəd] **I** *s* myriad, tiotusental **II** *a* oräknelig **-pod** [-pɔd] **I** *s* tusenfoting **II** *a* med tusen fötter
myrmidon ['mə:midən] hantlangare; *~ of the law* lagens hantlangare
myrrh [mə:] myrra **-ic** [-rik] **-y** [-ri] myrra-
myrtle ['mə:tl] *bot.* myrten
myself [mai'self] mig, mig själv
myster|ious [mis'tiəriəs] mystisk **-y** ['mist(ə)ri] **1** mysterium, hemlighet[sfullhet] **2** mysteriespel **-y-play** ['mist(ə)ri'plei] *se mystery* **2** **-y-ship** ['mist(ə)ri'ʃip] = *Q-boat* **-y-tour** ['mist(ə)ri'tuə] tur med okänt mål
mysti|c ['mistik] **I** *a* mystisk, förborgad **II** *s* mystiker **-cal** [-(ə)l] *se mystic I* **-cism** [-isiz(ə)m] mysticism, mystik **-fication** [‚mistifi-'keiʃ(ə)n] mystifikation, gåta, mysterium **-fy** [-fai] mystifiera, förbrylla
myth [miθ] myt **-ic[al]** [-ik, -ik(ə)l] mytisk **-ology** [-'θɔlədʒi] mytologi **-us** ['maiθəs] myt

N

N, n [en] (bokstaven) n
nab [næb] **I** *v, sl.* **1** gripa, hugga tag i **2** arrestera **II** *s* **1** *sl.* polis, byling **2** *Sk.* bergknalle
nabs [næbz] *s pl, my ~* min bäste herre (*sl.*); *his ~* Hans Höghet (*iron.*)
nacelle [næ'sel] **1** flygplanskropp **2** gondol på luftskepp
nacre ['neikə] pärlemor
nadir ['neidiə] lägsta punkt
nag [næg] **I** *s* (*urspr.*) liten ridhäst, ponny; (*numera vanl.*) hästkrake **II** *v* gnata, hacka, kälta (*at* på) **-ger** [-ə] en som gnatar **-ging** [-in] **-gy** [-i] gnatig, kinkig
naiad ['naiæd] najad, vattennymf
nail [neil] **I** *s* **1** nagel; klo **2** spik **3** längdmått (= *2 1/4 inches*); *pay on the ~* betala kontant; *hard ~s* **a** i utmärkt form **b** järnhård **c** obeveklig; *hit the ~ on the head* träffa huvudet på spiken; *right as ~s* på pricken **II** *v* **1** spika [fast] **2** *fam.* förvissa sig [om] **3** *sl.* hugga, lägga vantarna på **4** avslöja ngn; *~ down* spika igen; *~ one's colours to the mast* klart deklarera sin åsikt; *~ to the counter* (*barndoor*) avslöja; *~ together* spika samman; *~ up* spika igen; *äv.* spika upp; *~ed up drama* löst sammanfogat skådespel **-er** [-ə] **1** en som spikar **2** spiksmed **3** *sl.* överdängare (*at* i ngt) **--headed** [-‚hedid] försedd med (liknande) spikhuvud; *~ charac-*

ters kilskrift **-ing** [-iŋ] *sl.* utmärkt **-polish** *A.*, **--varnish** nagellack
naive [nɑːˈiːv] **naive** [neiv] naiv, troskyldig **-té** [nɑːˈiːvtei] naivitet
naked [ˈneikid] **1** naken, blottad **2** kal **3** uppenbar, oförställd **4** blottställd, värnlös **5** ej isolerad (elektrisk ledning); *the ~ eye* blotta ögat; *the ~ truth* rena sanningen; *~ of* utan **-ness** [-nis] nakenhet
namby-pamby [ˈnæmbiˈpæmbi] **I** *a* sentimental; sliskig **II** *s* sentimentalitet; pjoller
name [neim] **I** *s* namn, benämning; *a nice ~ to go to bed with!* det var också ett namn!; *call a person ~s* okväda ngn; *I can't put a ~ to it* jag kan inte säga det exakt; *mention by ~* nämna vid namn; *I know him by ~* jag känner honom till namnet; *he goes by the ~ of* han är känd under namnet ...; *in the ~ of* **a** i ngns namn **b** under namn av; *it stands in your ~* det står i ditt namn; *in the ~ of common sense, what are you doing* vad i all världen gör du; *he had not a penny to his ~* han ägde inte ett rött öre; *he put his ~ down for the contest* han anmälde sig till tävlingen **II** *v* **1** kalla, benämna **2** utnämna; bestämma; *~ the day* bestämma [sammanträdes]dag; *~ your own price!* bestäm själv priset! **-able** [-əbl] nämnbar **--child** person uppkallad efter en annan **-less** [-lis] **1** namnlös, okänd **2** onämnbar **3** *poet.* motbjudande; vidrig **-ly** [-li] nämligen, dvs. **--part** titelroll **-plate** namnskylt **-sake** namne
nanny [ˈnæni] **1** barnsköterska, dadda **2** *vard.* farmor, mormor **--goat** get
nap [næp] **I** *s* **1** kort sömn, lur **2** lugg, ludd (på tyg) **3** (slags) kortspel; *take a ~* ta en lur; *go ~* riskera allt **II** *v* **1** ta sig en lur **2** noppa, rugga **3** *sl.* knycka, stjäla; *I caught him ~ping* jag tog honom på sängen
napalm [ˈneipɑːm] napalm
nape [neip] *s, vanl. ~ of the neck* nacke
naphtha [ˈnæfθə] nafta; tungbensin **-lene** [-liːn] naftalin
napkin [ˈnæpkin] **1** servett **2** liten handduk **3** blöja
Naples [ˈneiplz] Neapel
napper [ˈnæpə] *sl.* huvud
napp|ie [ˈnæpi] **-y** [-i] *vard.* blöja
narciss|ism [nɑːˈsisizm] narcissism, självupptagenhet **-us** [-əs] *bot.* narciss, pingstlilja
narco|sis [nɑːˈkəusis] narkos **-tic** [-ˈkɔtik] **I** *a* sömngivande, smärtstillande, dövande **II** *s* narkotiskt medel **-tist** [ˈnɑːkətist] narkoman **-tize** [ˈnɑːkətaiz] narkotisera
nark [nɑːk] *BE. sl.* **I** *s* angivare, tjallare **II** *v* [ut]spionera; *~ it!* sluta!
narrat|e [nəˈreit] berätta **-ion** [-eiʃ(ə)n] berättelse **-ive** [ˈnærətiv] **I** *s* berättelse **II** *a* **1** berättande **2** pratsjuk **-or** [-ə] berättare
narrow [ˈnærəu] **I** *a* **1** trång, smal **2** knapp, inskränkt **3** noggrann (undersökning); *that was a ~ escape* det var nära ögat; *the ~ way* dygdens väg; *~ circumstances* fattigdom; *~ gauge* smalspår; *the ~ seas* Engelska kanalen o. Irländska sjön; *he looks too ~ly into things* han är alltför noga **II** *s, ~s* trångt sund, gatt **III** *v* **1** smalna, bli trång **2** göra trängre, begränsa **--minded** [ˈnærəuˈmaindid] inskränkt, kortsynt
narwhal [ˈnɑːw(ə)l] *zool.* narval
nasal [ˈneiz(ə)l] **I** *a* nasal, näs-; *~ organ* näsa (*skämts.*) **II** *s* näsljud **-ity** [neiˈzæliti] nasalt uttal **-ize** [-əlaiz] tala genom näsan

nascen|cy [ˈnæsnsi] ursprung, uppkomst; födsel **-t** groende, uppkommande
nasturtium [nəsˈtəːʃəm] *bot.* krasse
nasty [ˈnɑːsti] **1** smutsig; snuskig **2** otäck **3** osmaklig, otrevlig; *a ~ one* örfil; elak anmärkning; *he turned ~* han blev otrevlig
natal [ˈneitl] födelse- **-ity** [næˈtæliti] nativitet
natat|ion [nəˈteiʃ(ə)n] simning **-orial** [ˌnɑːtə-ˈtɔːriəl] **-ory** [ˈnɑːtət(ə)ri] sim-; *~ bladder* simblåsa
nates [ˈneitiːz] bakdel, säte
nation [ˈneiʃ(ə)n] nation; folkslag
national [ˈnæʃənl] **I** *a* nationell, folk-; *~ anthem* nationalsång; *~ debt* statsskuld; *~ park* offentligt naturområde, naturpark; *~ programme* (*radio.*) riksprogram **II** *s, ~s* landsmän **-ism** [-ʃnəliz(ə)m] **1** nationalanda, fosterlandskärlek **2** strävan till nationellt oberoende **-ist** [-ʃnəlist] nationalist **-ity** [ˌnæʃ(ə)ˈnæliti] **1** nationalitet **2** nationalanda, fosterlandskärlek **3** nationellt oberoende **-ize** [-ʃnəlaiz] **1** nationalisera, förstatliga **2** naturalisera (utlänning)
nationwide [ˈneiʃənwaid] landsomfattande
nativ|e [ˈneitiv] **I** *a* **1** medfödd, ursprunglig **2** infödd, inhemsk **3** ren, oblandad (metall); *~ country* fosterland; *~ forest* urskog; *~ language* modersmål; *the ~ rock* hälleberget **II** *s* **1** inföding **2** inhemsk växt, inhemskt djur; *he speaks French like a ~* han talar franska som en infödd **-ity** [nəˈtiviti] **1** födelse, börd; *N ~* kyrklig högtid till minne av Kristi (Jungfru Marias, Johannes Döparens) födelse **2** horoskop; *cast a p.'s ~* ställa ngns horoskop
natter [ˈnætə] *vard.* knorra; muttra
natty [ˈnæti] **1** nätt, prydlig **2** flink
natural [ˈnætʃr(ə)l] **I** *a* **1** naturlig, medfödd **2** *mus.* utan förtecken **3** vanlig, normal **4** utomäktenskaplig (barn) **5** natur-; *~ day* dygn; *it comes ~ to him* det faller sig naturligt för honom; *~ gas* naturgas; *~ philosopher* fysiker; *~ scale* diatonisk tonskala **II** *s* **1** idiot, fåne **2** levnad[sdagar] **3** *mus.* vita tangenter (på klaver) **4** *mus.* återställningstecken **-ism** [-əliz(ə)m] naturalism **-ist** [-əlist] **1** naturfilosof **2** biolog **-istic** [ˌnætʃrəˈlistik] **1** naturalistisk **2** naturhistorisk **-ization** [ˌnætʃrəlaiˈzeiʃ(ə)n] naturalisering **-ize** [-əlaiz] **1** naturalisera **2** acklimatisera **3** göra naturlig **4** bedriva naturvetenskap; *~ o.s.* göra sig hemmastadd **-ly** [-əli] **1** naturligt, av naturen **2** naturligtvis
nature [ˈneitʃə] **1** natur[en] **2** sort, slag **3** kynne **4** *mil.* kaliber; *against ~, äv.* mirakulös; *beyond ~* övernaturlig; *human ~* människonaturen; *he is timid by ~* han är rädd av naturen; *draw from ~* teckna efter naturen; *in the ~ of things* i sakens natur; *in a state of ~* **a** naken **b** syndig; *true to ~* naturtrogen; *pay the debt of ~* dö; *in ~'s garb* i adamsdräkt
naught [nɔːt] **I** *a* **1** nolla **2** intet; *set at ~* ringakta **II** *a* värdelös **-iness** [-inis] elakhet; olydnad **-y** [-i] **1** stygg, elak; olydig **2** lättsinnig, oanständig
nause|a [ˈnɔːsjə] **1** kväljningar; sjösjuka **2** äckel **-ate** [-ieit] känna äckel vid **-ous** [-sjəs] äcklig, vämjelig
nautical [ˈnɔːtik(ə)l] nautisk, sjö-; *~ mile* sjömil
nautilus [ˈnɔːtiləs] *zool.* nautilus, pärlbåtssnäcka
naval [ˈneiv(ə)l] sjö-; fartygs-; flott-; marin-; *~*

academy sjökrigsskola *(A.)*; ~ *architecture* skeppsbyggnad[skonst]; ~ *cadet* sjökadett; ~ *captain* kommendörkapten av 1:a graden; ~ *college* sjökrigsskola; ~ *dockyard* örlogsvarv; ~ *force* örlogsflotta; ~ *officer* sjöofficer; ~ *stores* skeppshandel; ~ *yard* varv
nave [neiv] **1** [hjul]nav **2** skepp (i kyrka)
navel ['neiv(ə)l] **1** navel **2** centrum
naviga|bility [ˌnævigə'biliti] segelbarhet **-ble** ['nævigəbl] **1** segelbar **2** sjövärdig (fartyg) **3** styrbar (ballong) **-te** ['nævigeit] navigera, segla **-ting** ['nævigeitiɳ] *a*, ~ *bridge* kommandobrygga; ~ *officer* navigationsofficer **-tion** [ˌnævi'geiʃ(ə)n] **1** sjöfart **2** navigation **3** sjöresa; ~ *light* lanterna **-tor** ['nævigeitə] navigatör
navvy ['nævi]**1** *BE.* rallare; väg-, kanalarbetare **2** grävmaskin
navy ['neivi] flotta, marin; *the Royal N*~ engelska örlogsflottan; ~ *blue* marinblå; ~ *yard* örlogsvarv *(A.)*
nay [nei] **I** *s* nej, avslag; *say* ~ neka, vägra **II** *adv* till o. med
Nazi ['nɑːtsi] **I** *s* nazist **II** *a* nazistisk **-sm** [-z(ə)m] nazism
neap [niːp] **I** *s (äv. ~-tide)* nipflod **II** *a* låg; avtagande **III** *v* **1** bli lägre, avta (om tidvatten) **2** stranda (på grund av tidvattnet); *the ship was ~ed* fartyget strandade på grund av ebb
Neapolitan [niə'pɔlit(ə)n] *s* o. *a* neapolitan[sk]
near [niə] **I** *adv* o. *prep* **1** nära, i närheten **2** sparsamt; *far and* ~ nära o. fjärran; ~ *at hand* i närheten, nära för handen; ~ *upon* inom kort; *not* ~ *so numerous* inte på långt när så många; *he lives* ~ han lever sparsamt; *it lies* ~ *his heart* det ligger honom varmt om hjärtat **II** *a* **1** närstående, nära befryndad **2** noggrann, trogen (berättelse) **3** girig; närig, snål; ~ *escape, se narrow*; ~ *miss* bombnedslag tätt intill målet; *it was a* ~ *thing* det var nära ögat; *the ~est way* den kortaste vägen; *the ~est obtainable article* den lättast tillgängliga varan; ~ *work* arbete som kräver mycket av ögonen; *to the ~est penny* ytterligt noggrann **III** *v* närma sig **-beer** ['niə'biə] alkoholsvagt öl **-by** ['niəbai] nära, i närheten **-ly** [-li] **1** nära **2** innerlig **3** nästan **4** noggrant; *not* ~ *so big* inte på långt när så stor; *it concerns us* ~ det rör oss nära **-ness** [-nis] **1** närhet **2** nära släktskap **3** noggrannhet **4** stark likhet **5** närighet **-side** ['niəsaid] vänster **-sighted** ['niə'saitid] närsynt
neat [niːt] **I** *s* boskap, nötkreatur **II** *a* **1** oblandad (dryck) **2** nätt, renlig, snygg **3** händig, skicklig **--handed** [-ˌhændid] händig, skicklig **--herd** boskapshjord **--shed** ladugård **-s'--leather** [-s,leðə] nöthud **-'s-tongue** oxtunga
neb [neb] *Sk.* **1** näbb, nos **2** pip; spets
Nebraska ['ni'bræskə] delstat i USA
nebul|a ['nebjulə] (*pl -ae* [-iː]) **1** nebulosa **2** dimma, töcken **-ar** [-ə] dim- **-osity** [ˌnebju-'lɔsiti] töcknighet **-ous** [-ləs] dimmig; dunkel
necess|ary ['nesis(ə)ri] **I** *a* nödvändig **II** *s* **1** det nödvändiga **2** WC; *the* ~ nödiga penningmedel *(sl.)*; *necessaries of life* livsförnödenheter **-itate** [ni'sesiteit] göra nödvändig; kräva **-itous** [ni'sesitəs] nödlidande; fattig **-ity** [ni'ses(i)ti] nödvändighet *(for* för, *of* av); *the necessities of life* livets nödtorft; *from* ~ av nödtvång; *of* ~ nödvändigtvis; ~ *knows no law* nöden har ingen lag

neck [nek] **I** *s* **1** hals *(äv.* på flaska etc.) **2** näs **3** *byggn.* nederdel på pelare **4** *A. sl.* mod; *break the* ~ *of* knäcka, oskadliggöra; *break one's* ~ anstränga sig hårt *(sl.)*; ~ *and crop* med hull o. hår; *save one's* ~ undgå galgen, klara sig helskinnad; *they ran* ~ *and* ~ de höll jämna steg med varandra; ~ *of the woods* eget distrikt, hemmaplan *(vard.)*; ~ *or nothing* allt eller intet; kosta vad det vill; *stick one's* ~ *out* handla djärvt, ta en risk *(sl.)*; *win by a* ~ vinna med en halslängd (vid kappridning); *he got it in the* ~ han fick duktigt med stryk *(sl.)*; *a pain in the* ~ en efterhängsen (obehaglig) människa **II** *v, A. sl.* smeka[s], krama[s] hångla **--and-neck** ['nekən'nek] *a*, ~ *race* hård kamp **--band** halslinning **--cloth** = ~-*tie* **-erchief** ['nekətʃif] halsduk **--gear** = ~*wear*; **-ing** [-iɳ] *A. sl.* grovhångel, erotiska smekningar **-lace** [-lis] **1** halsband **2** *sl.* rep **-let** [-lit] **1** halsband **2** boa **--tie** slips **--victory** [-ˌvikt(ə)ri] seger med en halslängd **-wear** *koll.* kragar o. halsdukar **--wrapper** [-ˌræpə] halsduk; slips
necrolog|ist [ne'krɔlədʒist] nekrologskrivare **-y** [-i] **1** nekrolog **2** lista över döda
necromanc|er ['nekrə(u)mænsə] svartkonstnär; andebesvärjare **-y** [-i] svartkonst
nectar ['nektə] **1** nektar **2** honung **-ed** [-d] **1** full av nektar **2** väldoftande **-ous** [-rəs] nektarljuv
neddy ['nedi] **1** *vard.* åsna **2** *sl.* blydagg
née [nei] *a, Mrs. Smith,* ~ *Jones* fru Smith, född Jones
need [niːd] **I** *s* **1** behov, nödtvång **2** nöd, brist; ~*s* nödvändigheter; *in* ~ i en nödsituation; *if* ~ *be* om så erfordras; *he must* ~ *remember* han bör komma ihåg; *do one's* ~*s* göra sina behov; *be in* ~ *of* behöva **II** *v* behöva; *he* ~ *not trouble himself* han behöver inte göra sig besvär; *he* ~ *not come* han behöver inte komma; *it* ~*s to be done* det behöver göras **-fire** [-ˌfaiə] **1** vårdkas **2** lusteld; *äv.* eld erhållen genom gnidning **-ful** [-f(u)l] **I** *a* behövlig **II** *s, the* ~ nödiga penningmedel *(sl.)* **-iness** [-inis] nöd, brist; armod
needle ['niːdl] **I** *s* **1** nål *(äv.* kompassnål); spets **2** barr (på barrträd); *the* ~ nervositet *(sl.)*; *look for a* ~ *in a bundle of hay* leta efter en synål i en höstack; *sharp as a* ~ skarpsinnig; *it gives me the* ~ det retar mig; *on the* ~ *(sl.)* a hemfallen åt narkotikamissbruk **b** narkotikaberusad **II** *v* **1** sy **2** sticka genom **3** tränga sig fram **4** *sl.* reta **5** *fam.* spetsa (en dryck med alkohol) **--case** nålfodral **--gun** tändlåsgevär **-point** **1** nålsudd **2** sydd spets
needless ['niːdlis] onödig
needle|woman ['niːdl,wumən] sömmerska **-work** sömnad
need|ments ['niːdmənts] reseffekter **-s** [-z] ovillkorligen; *he* ~ *must do it* han måste ovillkorligen göra det; *he must* ~ *do it* han ville ovillkorligen göra det **-y** [-i] hjälpbehövande, nödställd
ne'er [nɛə] *poet.* = *never* **--do-well** [-du(ː)-wel] odåga
nefarious [ni'fɛəriəs] skändlig, nedrig
negat|e [ni'geit] **1** förneka **2** avslå **-ion** [-ei-ʃ(ə)n] **1** förnekande **2** avslag **3** avsaknad **-ionist** [-eiʃnist] förnekare av all gudstro **-ive** ['negətiv] **I** *a* **1** nekande **2** *vetensk.* negativ; ~ *sign* minskningstecken; ~ *voice* rätt att inlägga sitt veto **II** *s* **1** nekande [svar] **2** *mat.*

negativ storhet **3** *elektr.* negativ pol **4** *foto.*
negativ; *answer in the* ~ svara nej **III** *v* **1** förneka **2** avslå **-ivism** ['negətiviz(ə)m] negativism **-ivity** [,negə'tiviti] negativitet
neglect [ni'glekt] **I** *v* försumma; åsidosätta **II** *s* försummelse **-ful** [-f(u)l] **1** försumlig, ovarsam **2** likgiltig
négligé ['negli:ʒei] negligé, lätt morgonrock
neglig|ence ['neglidʒ(ə)ns] försumlighet, oaktsamhet, vårdslöshet **-ent** [-(ə)nt] försumlig, vårdslös; likgiltig; *be* ~ *of* försumma **-ible** [-ʒəbl] försumbar, som kan bortses från
negoti|ability [ni,gəuʃjə'biliti] *hand.* (växels) säljbarhet **-able** [ni'gəuʃjəbl] **1** *hand.* säljbar **2** (om väg) framkomlig **-ate** [ni'gəuʃieit] **1** underhandla, förhandla **2** få till stånd **3** avyttra, negociera **4** komma över, övervinna; klara (hinder vid ridning) **-ation** [-ʃi'eiʃ(ə)n] underhandling **-ator** [ni'gəuʃieitə] underhandlare, förhandlare
Negress, n- ['ni:gris] negerkvinna, negress
Negro, n- ['ni:grəu] **I** *s* neger **II** *a* neger-, svart- **-id** [-rɔid] negerliknande **-ism** [-iz(ə)m] *A.* negeruttryck **-phil** [-ə(u)fil] negervän **-phobia** [,ni:grə(u)'fəubjə] negerhat
neigh [nei] **I** *v* gnägga **II** *s* gnäggning
neighbour ['neibə] **I** *s* **1** granne **2** *bibl.* nästa **II** *v* gränsa till **-hood** grannskap, närhet **-ing** [-(ə)riŋ] närbelägen **-ly** [-li] *a* som anstår en god granne **-ship** **1** grannskap **2** grannsämja
neither ['naiðə] **1** ingendera **2** varken; ~ ... *nor* varken ... eller
neolog|ian [,ni(:)ə(u)'loudʒiən] språklig nybildare **-ism** [ni(:)'ɔlədʒiz(ə)m] nybildning
neon ['ni:ən] *kem.* neon; ~ *light* neonljus; ~ *sign* reklamskylt
neophyte ['ni(:)ə(u)fait] **1** nyomvänd; nydöpt **2** novis
Nepal [ni'pɔ:l] Nepal
nepenthe[s] [ne'penθi(:z)] *poet.* glömskedryck
nephew ['nevju(:)] brorson, systerson
nephrit|e ['nefrait] njursten **-is** [ne'fraitis] njurinflammation
nepotism ['nepətiz(ə)m] nepotism, svågerpolitik
Neptune ['neptju:n] Neptun[us]
nerve [nə:v] **I** *s* **1** *poet.* sena (särsk. i *strain every* ~ uppbjuda all sin styrka) **2** muskelstyrka **3** *bot.* bladnerv **4** *anat.* nerv **5** *pl,* ~*s* nervsystem **6** mod; självbehärskning **7** *fam.* brutalitet; *you've got a* ~ du är inte litet fräck; *it gets on my* ~*s* det irriterar mig; *he doesn't know what* ~*s are* han har goda nerver (*sl.*); *a fit of* ~*s* en nervattack **II** *v* ge styrka åt; stålsätta; *he* ~*d himself* han stålsatte sig **--centre** [-,sentə] nervknut **-d** försedd med nerver **-less** [-lis] **1** kraftlös, slapp **2** långdragen (stil) **--racking** [-,rækin] nervpåfrestande **--strain** nervpåfrestning
nerv|ine ['nə:vi:n] **I** *a* nervstillande **II** *s* nervstillande medel **-ous** [-əs] **1** orolig, ängslig **2** nerv- **3** stark, kraftfull (stil); ~ *breakdown* nervsammanbrott; ~ *system* nervsystem **-ousness** [-əsnis] **1** oro, nervositet **2** styrka, kraft (stil) **-ure** [-juə] **1** *bot.* huvudnerv **2** *biol.* rand på insektslarv **-y** [-i] **1** nervös, orolig **2** *sl.* oförskämd
nescien|ce ['nesiəns] okunnighet **-t I** *a* **1** okunnig **2** agnostisk **II** *s* agnostiker, fritänkare
ness [nes] udde, landtunga; näs
nest [nest] **I** *s* näste, bo, *fig.* rövarhåla; ~ *of*

drawers lådsats; ~ *of tables* satsbord; *feather one's* ~ se om sitt hus **II** *v* **1** bygga bo **2** leta efter fågelbon; ~*ing chair* stapelbar stol **-ed** [-id] fast, säker **--egg** **1** boägg **2** grundplåt **-le** ['nesl] **1** bygga bo **2** ligga inbäddad, trycka sig intill **-ling** ['neslin] **1** nykläckt fågelunge **2** den yngste
net [net] **I** *s* **1** nät **2** *fig.* snara **3** spindelväv **4** tyll; ~ *barrier* nätspärr (*mil.*) **II** *a* netto; ~ *price* nettopris; ~ *gain* nettovinst **III** *v* **1** omge med nät **2** knyta fast (t.ex. hängmatta) **3** sätta ut nät **4** förtjäna netto
nether ['neðə] nedre, under; ~ *jaw* underkäke; *the* ~ *regions (world)* underjorden, helvetet; ~ *garments* byxor (*skämts.*)
Netherland|er ['neðələndə] nederländare **-ish** [-iʃ] nederländsk **-s** [-z] *The* ~ Nederländerna
netting ['netin] nätverk, kamouflage
nettle [netl] **I** *s* [bränn]nässla **II** *v* bränna med nässlor; (*fig.*) reta; *he was* ~*d at what I said* han blev stucken av vad jag sade **-rash** nässelfeber
net-work ['netwə:k] nät[verk] (*äv. fig.*), kedja (av radio- el. TV-stationer)
neural ['njuər(ə)l] hörande till nerverna **-gia** [njuə'rældʒə] nevralgi, nervvärk **-gic** [njuə'rældʒik] nevralgisk
neur|itis [njuə'raitis] nervinflammation **-osis** [-'rəusis] neuros **-otic** [-'rɔtik] **I** *a* neurotisk **II** *s* neurotiker
neuter ['nju:tə] **I** *s* könlös individ **2** neutrum **II** *a* **1** könlös **2** neutral **3** ofruktbar **III** *v* kastrera (djur)
neutral ['nju:tr(ə)l] **I** *a* **1** neutral **2** obestämd, vag **3** gråblek **4** mellan- **II** *s* neutral stat (person etc.) **--gear** friväxel **-ity** [nju(:)'træliti] **1** neutralitet **2** färglöshet **-ization** [,nju:trəlai'zeiʃ(ə)n] neutralisering **-ize** [-əlaiz] **1** upphäva, neutralisera **2** förklara neutral
neutron ['nju:trɔn] neutron
Nevada [ne'va:də] delstat i USA
never ['nevə] aldrig; inte alls; ~ *yet* ännu inte; *well, I* ~ *!* jag har aldrig hört på maken!; ~ *a one* inte en enda en; *she* ~ *so much as looked at me* hon såg mig inte ens; *be he* ~ *so bad* hur dålig han än är; ~ *mind!* bry dig inte om det! ~ *say die* inte ge tappt **--never** ['nevə'nevə] avbetalning; ~ *land* drömland, utopi **-theless** [,nevəð(ə)'les] icke desto mindre **--to-be-forgotten** ['nevətə'bi:fə-'gɔtn] oförgätlig
new [nju:] **1** ny; nymodig **2** oprövad; *N~ England* de sex nordöstra delstaterna i USA (*Connecticut, Maine, Massachusetts, New Hampshire, Rhode Island o. Vermont*); ~ *hand* nybörjare; *the N~ Learning* renässansen; *the* ~ *woman* den moderna kvinnan; *N~ Year* nyår; *N~ Year's Eve* nyårsafton **--blown** nyutsprucken **-born 1** nyfödd **II** *a* pånyttfödd **-come** ['nju:'kʌm] nykommen **-comer** ['nju:-'kʌmə] nykomling **--create** ['nju:kri(:)'eit] nyskapa
newel ['nju:əl] spindel i vindeltrappa
new|-fangled ['nju:,fæŋgld] nymodig **--fashioned** ['nju:'fæʃ(ə)nd] nymodig, modern **--fledged** nyfjädrad; *fig.* ny
Newgate ['nju:git] fängelse i London; ~ *fringe* (*frill*) skepparkrans
New Guinea [nju(:)'gini] Nya Guinea
New Hampshire [nju(:)'hæm(p)ʃ(i)ə] delstat i USA
newish ['nju:iʃ] tämligen ny

New Jersey [nju(:)'dʒə:zi] delstat i USA
new|laid ['nju:leid] nyvärpt **-look** ['nju:'luk]
fam. moderna idéer **-ly** [-li] **1** nyligen **2** ånyo **3** på ett nytt sätt **--made** ['nju:'meid] färsk, ny
New Mexico [nju(:)'meksikəu] delstat i USA
newness ['nju:nis] nyhet; nymodighet
news [nju:z] nyheter, underrättelser; *that's* ~ *to me* det visste jag inte **--agency** [-,eidʒ-(ə)nsi] telegrambyrå **--agent** [-,eidʒ(ə)nt] innehavare av tidningskontor **--boy** tidningsbud **-cast** nyhetsutsändning (i radio) **-caster** nyhetskommentator (i radio) **--hawk** *A.* notisjägare **--man** [-mən] **1** tidningsman **2** tidningsförsäljare **--monger** [-,mʌŋgə] skvallerspridare **-paper** ['nju:s,peipə] tidning **-print** tidningspapper **--reel** journalfilm **--room** [-rum] tidskriftsrum **--sheet** nyhetsblad **--stand** tidningskiosk **--vendor** [-,vendə] lösnummerförsäljare **-y** [-i] **I** *a fam.* full av nyheter **II** *s, A.* tidningspojke
newt [nju:t] vattenödla
New York ['nju:'jɔ:k] **1** delstat i USA **2** ~ *City* stad i ~ *State*
New Zealand ['nju:'zi:lənd] Nya Zeeland
next [nekst] **I** *adv* o. *prep* nästa; nästkommande, följande; ~ *to nothing* så gott som ingenting; ~ *to impossible* i det närmaste omöjligt; *the* ~ *in size* närmaste storlek; ~ *best* näst bästa; *the woman* ~ *to him* kvinnan närmast intill honom; ~ *came a farmer* därefter kom en lantbrukare; *what* ~? vad kommer sen?; *the* ~ *man I see* förste bäste jag möter; *I am as energetic as the* ~ *fellow* jag är lika energisk som någon annan (*A.*); ~ *after seeing him* direkt efter det jag träffat honom **II** *s, my* ~ *of kin* min närmaste anförvant; *I'll tell you in my* ~ jag skall meddela er i nästa brev; ~, *please!* nästa!; *it is* ~ *to murder* det är nära nog mord **--door** *adv, he lives* ~ han bor näst intill
nexus ['neksəs] band, förbindelse
nib [nib] **I** *s* **1** spets, udd **2** näbb **3** penna **4** ~*s* krossade kakaobönor **5** *sl.* flott herre; *his* ~*s* Hans Nåd **II** *v* **1** vässa **2** sätta i penna
nibble ['nibl] **I** *v* **1** knapra på **2** nafsa efter **3** hacka på, kritisera **4** *sl.* knycka **II** *s* **1** nafsning **2** munsbit; *not a* ~ *the whole day* inte en bit på hela dagen
nibs [nibz] = *nabs*
Nicaragua [,nikə'rægjuə] Nicaragua
nice [nais] **1** fin, prydlig **2** subtil (om skillnad) **3** noggrann, kritisk **4** taktfull, hänsynsfull **5** rolig, trevlig **6** belevad, anständig; *no* ~ *girl should do this* ingen anständig flicka gör så; *this is a* ~ *mess* det är en skön röra **--looking** med trevligt utseende **-ty** [-iti] **1** finhet **2** noggrannhet **3** taktfullhet **4** läckerhet; *to a* ~ **a** precis lagom **b** elegant, snygg; *niceties* spetsfundigheter, hårklyveri
niche [nitʃ] **I** *s* nisch; *fig.* ngts rätta plats **II** *v* ställa i en nisch; ~ *o.s.* krypa undan i en vrå (*fig.*)
Nick [nik] *Old* ~ djävulen
nick [nik] **I** *s* **1** skåra, inskärning **2** vinnande kast (i spel) **3** rätta ögonblicket; *in the* ~ *of time* i grevens tid **II** *v* **1** göra skåra **2** stubbsvansa (häst) **3** *sl.* fånga, hugga **4** gissa (träffa) rätt **5** *sl.* knycka; lura
nickel ['nikl] **I** *s* **1** nickel **2** *A.* 5-centmynt **II** *v* förnickla **--plated** [-,pleitid] förnicklad
nick-nack ['niknæk] = *knick-knack*

nickname ['nikneim] **I** *s* **1** öknamn **2** smeknamn **II** *v* kalla med öknamn (smeknamn)
nicotin|e ['nikəti:n] nikotin **-ism** [-iz(ə)m] nikotinförgiftning **-ize** [-aiz] nikotinförgifta
nicy ['naisi] *vard.* snask, sötsaker
nid[dle]-nod[dle] ['nid(l)'nɔd(l)] sitta o. nicka, nicka till
niece [ni:s] brors-, systerdotter
nifty ['nifti] *sl.* flott, käck
Nigeria [nai'dʒiəriə] Nigeria
niggard ['nigəd] girigbuk **-ly** [-li] *a* o. *adv* småsnål[t], knusslig[t]
nigger ['nigə] **1** *sl.* neger, nigger **2** svarta larver; *work like a* ~ arbeta som en slav; *there is a* ~ *in the fence* (*woodpile*) det är inte som det bör (*A.*) **--heaven** [-,hevn] *A.* läktare, ståplats
niggl|e ['nigl] syssla med småsaker; anmärka på småsaker **-ing** [-iŋ] petig
nigh [nai] *åld.* = *near*
night [nait] **1** natt **2** kväll; *dirty* ~ blåsig o. regnig kväll; *first* ~ teaterpremiär; *good* ~! godnatt!; *they made a* ~ *of it* de gjorde sig en glad kväll; *at* ~ på kvällen; *by* ~ om natten; *be on* ~ *shift* ha nattskift **--bird** nattfågel (särskilt uggla el. näktergal) (*äv. fig.*) **-cap 1** nattmössa **2** sängfösare **--cellar** [-,selə] restaurang som är öppen på nätterna **--chair** nattstol, flyttbar toalett **-dress** nattlinne **-fall** kvällning **--fighter** ['nait'faitə] nattjaktplan **--glass** nattkikare **--hag** häxa; mardröm
nightingale ['naitiŋgeil] näktergal
night|jar ['naitdʒa:] nattskärra **-ly** [-li]**1** nattlig **2** om natten **3** varje natt **-mare** mara, mardröm **--moth** nattfjäril **--school** aftonskola **--season** ['nait'si:z(ə)n] *poet.* nattlig timme **-shirt** nattskjorta **--stand** nattlampa **--suit** pyjamas **--turn** nattskift **--walker** [-,wɔ:kə] sömngångare **-watch** ['nait'wɔtʃ] nattvakt **--watchman** ['nait'wɔtʃmən] nattvakt **-y** [-i] *vard.* nattlinne
nihil|ism ['naiiliz(ə)m] nihilism **-ity** [nai'iliti] intighet
nil [nil] intet, noll
Nil|e [nail] *the* ~ Nilen **-otic** [-'lɔtik] nilotisk; vid Nilen, Nilens
nimble ['nimbl] **1** livlig, vaken **2** händig **--fingered** [-,fiŋgəd] långfingrad; *the* ~ *gentry* ficktjuvarna **--witted** [-,witid] fyndig, kvicktänkt
nimbus ['nimbəs] **1** gloria, strålkrans **2** regnmoln **-ed** [-t] omgiven av gloria
nincompoop ['ninkəmpu:p] dumhuvud, våp
nine [nain] nio; *the N*~ de nio muserna; *a* ~ *day's wonder* ngt uppseendeväckande som snart faller i glömska; *he was dressed up to the* ~*s* han var elegant klädd **-pins** [-z] spel med 9 käglor **-teen** ['nain'ti:n] nitton; *talk* ~ *to the dozen* tala oavbrutet **-teenth** ['nain-'ti:nθ] nittonde; *the* ~ *hole* baren i klubblokal vid golfbana (*skämts.*) **-tieth** [-tiiθ] nittionde **--to-five** *a,* ~ *man* kontorsanställd **-ty** [-ti] nittio; *the nineties* nittiotalet
ninny ['nini] dumbom
ninth [nainθ] nionde; *the* ~ *part of a man* skräddare (*vard.*)
nip [nip] **I** *v* knipa, nypa **2** bita **3** fördärva (genom kyla) **4** *sl.* knycka **5** *sl.* kila omkring **6** ta sig en hutt; ~ *in the bud* kväva i sin linda; *there's a* ~ *in the air* det är riktigt kyligt ute **II** *s* **1** knipning, nyp **2** sarkasm, bitande anmärkning **3** frostskada **4** dryck, hutt **5** *sl.*

uppasserska; ~ *and tuck* (*A.*) = *neck-and-neck*

nipcheese ['niptʃi:z] snålvarg
nipp|ed [nipt] frusen (planta) **-er** [-pə] **1** en som kniper etc., *se nip I 2* grabb **3** gatpojke **4** klo (av kräfta) **5** hästs framtand **6** snålvarg **7** ~*s, pl* kniptång; *äv. sl.* pincené **8** ~*s, pl, sl.* handbojor **-ing** [-iŋ] skarp, bitande
nipple ['nipl] **1** bröstvårta, spene **2** napp **3** rund bergshöjd **4** *tekn.* nippel, smörjkopp
Nippon ['nipɔn] Nippon
nippy ['nipi] **I** *a* skarp **II** *s, sl.* uppasserska
nisi ['naisai] *jur.* om icke (villkorligt tillägg till bestämmelse el. åläggande)
nit [nit] **1** lusägg **2** *sl.* nolla
nitr|ate ['naitreit] nitrat **-e** [-tə] salpeter **-ic** [-rik] salpeter- **-ogen** [-rədʒən] kväve
nitwit ['nitwit] dumbom
nix [niks] **1** *sl.* ingen, ingenting **2** vattenande, vattennymf (*fem* ~*ie* [-i]) **3** *se* upp!; *he kept* ~ han stod på lur
no [nəu] **I** *pron* ingen, ingenting; ~ *bon* det ger ingenting (*mil. sl.*); ~ *one man can lift that* ingen människa kan lyfta det ensam **II** *adv* nej; *framför komp.* inte; *I won't take* ~ *for an answer* jag vill inte höra några invändningar; *it's* ~ *better than before* det är ingalunda bättre än förut; ~ *sooner ... than* knappt ... förrän; ~ *less than ten people have told me* åtminstone tio människor har sagt mig det; ~ *more* inte mer; *he is* ~ *more rich than I am* han är lika litet rik som jag; *I did not come,* ~ *more did he* varken han eller jag kom; ~ *trumps* sang (*kortsp.*); ~ *wonder* inte att undra på **III** *s* nejröst; *the* ~*es have it* nejrösterna är i majoritet **-account** ['nəuə'kaunt] *A.* **I** *s* struntsak **II** *a* strunt-
nob [nɔb] **I** *s, sl.* **1** huvud, skalle **2** trumfknekt **3** pamp, kaxe **II** *v, sl.* träffa huvudet
nobble ['nɔbl] *sl.* **1** skada (en häst för att förhindra den att segra i en kapplöpning) **2** muta **3** knycka, stjäla **4** fånga **-r** [-ə] **1** den som besticker **2** slag mot huvudet
nobby ['nɔbi] *sl.* flott, elegant
nobility [nə(u)'biliti] **1** högadel; adelsstånd **2** *fig.* ädelhet
noble ['nəubl] **I** *a* **1** adlig **2** ädel, högsint **3** ståtlig, lysande; *the* ~ *art of self-defence* boxningssporten; ~ *metal* ädelmetall **II** *s* **1** adelsman **2** (gammalt) guldmynt (värt 10 shillings) **-man** [-mən] adelsman **-minded** ['nəubl'maindid] ädel **-ness** [-nis] ädelmod **-woman** [-,wumən] adelsdam
nobly-born ['nəublibɔ:n] av adlig börd
nobody ['nəub(ə)di] ingen
nobs [nɔbz] *s, his* ~ (*A.*), *se nabs*
nock [nɔk] **I** *s* **1** skåra **2** *sjö.* nock **II** *v* sätta en pil mot bågsträngen
nocturn ['nɔktə:n] *kat.* del av morgonmässan **-al** [nɔk'tə:nl] nattlig **-e** [-i] **1** *mus.* nocturne **2** *måln.* nattstycke
nocuous ['nɔkjuəs] giftig, skadlig
nod [nɔd] **I** *v* **1** nicka; sitta o. nicka **2** *fig.* slumra; ~ *to its fall* luta mot sitt fall (om byggnader o. *fig.*); ~ *off* somna; *he* ~*ded assent* han nickade bifall; *I have a* ~*ding acquaintance with him* jag känner honom flyktigt **II** *s* **1** nick, nickning **2** *fig.* kort slummer; *she is at his* ~ hon är fullständigt beroende av honom; *the land of N*~ Jon Blunds rike, sömnen; *buy on the* ~ köpa på fläcken *A.* (*sl.*)

nodal ['nəudl] *a, astr. o. fys.* nod-
noddle ['nɔdl] **I** *s, fam.* huvud, skalle **II** *v* nicka
noddy ['nɔdi] **I** *s* **1** dummerjöns **2** sjöfågeln *Anous stolidus* **II** *a* sömnig
node [nəud] **1** knut; knöl **2** *astr. o. fys.* nod **-ical** [-ik(ə)l] *astr.* skärande **-ose** [nə(u)'dəus] **-ular** ['nɔdjulə] knut-, knölformig
Noel [nəu'el] **1** jul **2** julpsalm, -sång
nog [nɔg] **I** *s* **1** träplugg; block **2** starkt öl (i East Anglia) **II** *v* göra fast med träpluggar, plugga
noggin ['nɔgin] **1** mugg, bägare av trä **2** rymdmått (= *1/4 pint*) **3** *sl.* huvud
nogging ['nɔgiŋ] murverk i träram
no|-go ['nəugəu] hopplöst företag (*äv. no go*) **--good[er]** ['nəu'gud(ə)] *A.* dagdrivare, lätting **-how** ingalunda; *look* ~ se tarvlig ut
nois|e [nɔiz] **I** *s* **1** ljud **2** buller, oväsen; *he made a* ~ *about it* han gjorde stort väsen av det; *he's a big* ~ han är pamp (*fam.*) **II** *v* utbasunera; ~ *abroad* förkunna vitt o. brett; *it is* ~*d abroad that* det ryktas att **-eless** [-lis] ljudlös **-ome** ['nɔisəm] obehaglig (*isht.* om lukt) **-y** [-i] **1** bullersam, högljudd **2** skrikig (*färg*)
nomad ['nəuməd] nomad
no-man's-land ['nəumænzlænd] öde (herrelöst, omtvistat) område; ingenmansland
nomenclature [nə(u)'menklətʃə] **1** namnförteckning **2** nomenklatur, terminologi
nominal ['nɔminl] **1** till namnet; nominell **2** obetydlig; ~ *amount* så gott som ingenting; ~ *capital* allmänt kapital; ~ *definition* ordförklaring; ~ *price* spottstyver; ~ *value* nominellt värde (*hand.*)
nominat|e ['nɔmineit] **1** benämna, kalla **2** nominera, föreslå som kandidat **-ion** [,nɔmi'neiʃ(ə)n] **1** benämning **2** nominering, föreslående av kandidat
nomin|ative ['nɔm(i)nətiv] (= ~ *case*) nominativ **-ator** [-ineitə] den som föreslår (utnämner) **-ee** [,nɔmi'ni:] föreslagen kandidat
non|- [nɔn] icke **--abstainer** ['nɔnəb'steinə] icke absolutist **--acceptance** ['nɔnək'sept(ə)ns] vägran
nonage ['nəunidʒ] minderårighet, omyndighet; *fig.* omognad
nonagenarian [,nəunədʒi'nɛəriən] nittioåring
non|-aggression ['nɔnə'greʃ(ə)n] *a,* ~ *pact* fördrag om icke angrepp, nonaggressionspakt **--appearance** ['nɔnə'piər(ə)ns] uteblivande från domstol
nonary ['nəunəri] niotal
nonce [nɔns] *s, for the* ~ för tillfället **--word** tillfällig nybildning
nonchal|ance ['nɔnʃələns] sorglöshet, likgiltighet **-ant** [-ənt] nonchalant, vårdslös, likgiltig
non|-coll[egiate] ['nɔn'kɔl, 'nɔnkə'li:dʒiit] student som ej bor i college **--com[missioned]** ['nɔn'kɔm, 'nɔnkə'miʃ(ə)nd] *a,* ~ *officer* underofficer, -befäl **--committal** ['nɔnkə'mitl] **I** *s* vägran att uttala sig **II** *a* avvaktande; reserverad **--con** ['nɔn'kɔn] *fam.* **1** *se nonconformist* **2** *se non-content* **--conformist** ['nɔnkən'fɔ:mist] frikyrklig **--conformity** ['nɔnkən'fɔ:miti] brist på överensstämmelse **2** de frikyrkliga **--content** ['nɔnkən'tent] **1** en missnöjd **2** nejröstare i överhuset **-descript** [-diskript] **I** *a* obestämbar **II** *s* obestämbar person (sak)

none [nʌn] ingen, inga, intet; *you have money and I have ~* du har pengar, jag har inga; *the pay is ~ too high* betalningen är inte för hög; *~ of your nonsense!* kom inte med några dumheter!; *I will have ~ of you* jag vill inte veta av dig; *~ the less he succeeded* inte desto mindre lyckades han; *it's ~ of my concern* det angår mig inte

non-effective [ˌnɔniˈfektiv] *a* o. *s* icke stridande [soldat]; kronvrak

nonentity [nɔˈnentiti] **1** ngt som inte existerar **2** obetydlig person **3** struntsak

nonesuch [ˈnʌnsʌtʃ] = *nonsuch*

non|-ferrous [ˈnɔnˈferəs] *a*, *~ metals* icke järnhaltiga legeringar **--fiction** [ˈnɔnˈfikʃ(ə)n] facklitteratur; litteratur baserad på fakta **--flammable** [-ˈflæməbl] *a*, *~ film* brandsäker film **--human** [ˌnɔnˈhjuːmən] omänsklig **--intervention** [ˈnɔnˌintə(ː)ˈvenʃ(ə)n] nonintervention[spolitik] **--iron** [ˈnɔnˈaiən] strykfri **--jury** [ˈnɔnˈdʒuəri] *a*, *~ case* mål som behandlas utan jury **-pareil** [-p(ə)rel] **I** *a* makalös, oförliknelig **II** *s* **1** *boktr.* nonpareil **2** (slags) äpple **3** *A.* (slags) finkfågel **-plus** [ˈnɔnˈplʌs] **I** *s* rådlöshet, bryderi **II** *v* göra någon förlägen **--provided** [ˈnɔnprəˈvaidid] *a*, *~ school* enskild (icke statligt el. kommunalt understödd) skola **--quoted** [ˈnɔnˈkwəutid] *a*, *~ shares* icke börsnoterade aktier **--resident** [ˈnɔnˈrezid(ə)nt] **I** *a* utsocknes, främmande **II** *s* person (präst) som bor på annan ort **--resistance** [ˈnɔnriˈzist(ə)ns] underkastelse, passiv lydnad **--scheduled** [nɔnˈʃedjuːld] *flyg.* utanför tidtabellen; oplanerad

nonsens|e [ˈnɔns(ə)ns] strunt, dumheter; nonsens; *there is no ~ about him* han är en rättfram man; *it's only his ~* han gör det bara på skämt **-ical** [nɔnˈsensik(ə)l] dum, fånig; meningslös

non|-skid [ˈnɔnˈskid] *a*, *~ tyre* vinterdäck (*ung.*) **-smoker** [ˈnɔnˈsməukə] **1** icke rökare **2** kupé för icke rökare **--stop** [ˈnɔnˈstɔp] *a* utan att stanna, utan uppehåll; *~ express* genomgående snälltåg; *~ flight* flygning utan mellanlandning

nonsuch [ˈnʌnsʌtʃ] **1** makalös person (sak) **2** (slags) klöver; lucern

nonsuit [ˈnɔnˈsjuːt] **I** *s*, *jur.* nedläggande (avvisande) av mål **II** *v*, *jur.* förklara oberättigad att fullfölja mål

non|-U [ˈnɔnˈjuː] = (*BE.*) *non-upper-class* (i fråga om uttal etc.) **--unionist** [ˈnɔnˈjuːnjənist] icke fackföreningsansluten arbetare

noodle [ˈnuːdl] **1** dumhuvud **2** nudel

nook [nuk] vinkel, hörn; vrå

noon [nuːn] **I** *s* middag, kl. 12; *fig.* höjdpunkt **II** *v A.* **1** äta middagsmål **2** laga middagsmål **-day** = *noon* **-ing** [i-ŋ] *A.* middag[smål] **-tide** = *noon*

noose [nuːs] **I** *s* ögla, löpknut **II** *v* fånga (binda) med en snara

nope [nəup] *A. vard.* nej, "nix"

nor [nɔː] eller; *neither he ~ she* varken han eller hon; *I told him I had not gone there, ~ had I* jag sade honom att jag inte gått dit, o. det hade jag inte heller; *~ must we forget to take into account ...* inte heller får vi underlåta att betänka ...

Nordic [ˈnɔːdik] **I** *a* nordisk, nordeuropeisk **II** *s* nordeuropé

normal [ˈnɔːm(ə)l] **I** *a* **1** normal **2** lodrät **II** *s*

mat. normal **-ity** [nɔːˈmæliti] normaltillstånd **-ization** [ˌnɔːməlaiˈzeiʃ(ə)n] normalisering **-ize** [-əlaiz] normalisera

Norman [ˈnɔːmən] **I** *s* normand **II** *a* normandisk; *~ style of architecture* normandisk rundbågestil

Norse [nɔːs] **I** *a* norsk **II** *s* **1** norska [språket] **2** *pl, the ~* norrmännen **-man** [-mən] norrman

north [nɔːθ] **I** *a* o. *adv* nordlig, norr; [*to the*] *~ of* norr om; *he's too far ~* han är alltför klipsk **II** *s* norr, nord; *poet.* nordanvinden; *due ~* rätt i norr, rätt nordlig; *the N~ Country* Nordengland, *the N~ Star* Polstjärnan

North Carolina [ˈnɔːθˌkærəˈlainə] **North Dakota** [ˈnɔːθdəˈkəutə] delstater i USA

north-east [ˈnɔːθˈiːst] nordost **-ern** [nɔːθˈiːstən] nordostlig, -östra

norther|ly [ˈnɔːðəli] nordlig **-n** [-(ə)n] **I** *a* nordlig; *~ lights* norrsken **II** *s* **1** nordanvinden **2** nordbo **-ner** [-(ə)nə] nordbo **-nmost** [-(ə)nməust] nordligast

North|man [ˈnɔːθmən] nordman, nordbo **n--polar** [ˈnɔːθˈpəulə] arktisk

Norw|ay [ˈnɔːwei] Norge **-egian** [nɔːˈwiːdʒ(ə)n] **I** *a* norsk **II** *s* **1** norrman **2** norska [språket]

nor'-wester [nɔːˈwestə] **1** nordvästlig vind **2** *sjö.* sup

nose [nəuz] **I** *s* **1** näsa, nos **2** pip, spets **3** luktsinne **4** spion; *bite a man's ~ off* snäsa av någon; *tell ~s* räkna antalet personer; *cut off one's ~ to spite one's face* förstöra för sig i vredesmod; *follow one's ~* gå dit näsan pekar; *lead by the ~* föra i ledband; *look down one's ~ at* se nedlåtande på; *blow one's ~* snyta sig; *~ of wax* lättpåverkad (lättlurad) person; *they let me pay through the ~* jag blev uppskörtad; *he pokes his ~ into everything* han lägger jämt näsan i blöt; *he put my ~ out of joint* han slog mig ur brädet; *he turns up his ~ at it* han rynkar på näsan åt det; *hold one's ~* hålla för näsan; *have a good ~* ha fint väderkorn **II** *v* **1** nosa efter; spåra upp **2** *fig.* upptäcka **3** snoka efter **--bleed** näsblod **--cap** noskon (på projektil) **--dive** *flyg.* störtflygning **--engine** [-,en(d)ʒin] *flyg.* den mittersta av tre motorer **-gay** blomsterbukett **-r** [-ə] stark motvind **--rag** *sl.* näsduk **-y** [-i] **I** *a*, *sl.* nyfiken; *N~ Parker* "nyfiken i en strut" **II** *s* nyfiken person

nosing [ˈnəuziŋ] **1** utskjutande kant på trappsteg **2** metallskydd för sådan

nostalgi|a [nɔstˈældʒiə] hemsjuka, hemlängtan, nostalgi **-c** [-ik] hemsjuk, nostalgisk

nostril [ˈnɔstr(i)l] näsborre

nostrum [ˈnɔstrəm] patentmedicin, kvacksalvarmedel

nosy [ˈnəuzi] = *nosey*

not [nɔt] inte, icke; *he did ~ go, ~ he* han var inte den som gick; *~ a few* inte så få; *~ only ... but* inte endast ... utan; *she is ~ at all pretty* hon är inte alls söt

notab|ility [ˌnəutəˈbiliti] **1** märkvärdighet **2** berömd person **-le** [ˈnəutəbl] **I** *a* **1** märkvärdig, anmärkningsvärd **2** framstående **3** driftig, flink **II** *s* berömd person **-ly** [ˈnəutəbli] **1** i synnerhet **2** märkligt

notar|ial [nəuˈtɛəriəl] utförd av en notarie; tillhörande en notarie **-y** [ˈnəutəri] notarie (*äv. ~ public*)

notation [nə(u)ˈteiʃ(ə)n] beteckningssätt

notch [nɔtʃ] **I** *s* **1** skåra, hack **2** *A.* trångt bergspass **II** *v* karva i, skåra **-ed** [-t] naggad
note [nəut] **I** *s* **1** *mus.* not; ton **2** tangent (på piano) **3** anteckning **4** sedel **5** uppmärksamhet **6** anseende, rykte **7** [skilje]tecken **8** kort brev; ~ *of charges* omkostnadsräkning; ~ *of exclamation* utropstecken; ~ *of hand* skuldsedel; ~ *of interrogation* frågetecken **II** *v* **1** lägga märke till **2** anteckna; ~ *a bill* protestera en växel **--book** anteckningsbok **--case** plånbok **-d** [-id] berömd **-let** [-lit] kort meddelande **--paper** [-,peipə] brevpapper **-worthy** [-,wɔ:ði] anmärkningsvärd
nothing ['nʌθiŋ] ingenting, inget; *there is* ~ *in it* **a** det har ingen betydelse **b** det är inte sant; ~ *doing* det går inte, försök inte (*sl.*); *no milk, no water, no* ~ inte ett dugg (*fam*); *he is* ~ *if not critical* han är utomordentligt kritisk; *make* ~ *of* bagatellisera; *he makes* ~ *of doing it* han tycker inte att det är så märkvärdigt; *it's* ~ *to me* **a** det intresserar mig inte **b** det är en småsak för mig; *he is* ~ *near so old as you think* han är långt ifrån så gammal som du tror; *he's done it for* ~ han har gjort det gratis **-ness** [-nis] intighet; betydelselöshet
notice ['nəutis] **I** *s* **1** meddelande, kungörelse, anslag **2** uppmärksamhet; kännedom **3** recension (av bok) **4** uppsägning; *give* ~ *to quit* säga upp en anställning; ~ *of assessment* taxeringsuppgift; ~ *of marriage* lysning; *he gave short* ~ *of his leaving town* han meddelade kort innan att han skulle lämna staden; *he took no* ~ *of it* han brydde sig inte om det; *baby takes* ~ *already* lillan börjar redan förstå; *at short* ~ med kort respit[tid]; *at a moment's* ~ vilket ögonblick som helst; *come into* ~ tilldra sig uppmärksamhet; *it was brought to my* ~ jag fick kännedom om det; *be under* ~ *to leave* vara uppsagd från sitt arbete; *until further* ~ tills vidare **II** *v* **1** lägga märke till **2** recensera **3** framhålla **4** säga upp från arbete **5** bemöta med uppmärksamhet **-able** [-əbl] **1** anmärkningsvärd **2** märkbar, påfallande **--board** anslagstavla
notif|ication [,nəutifi'keiʃ(ə)n] **1** kungörande **2** kungörelse, tillkännagivande; anmälan **-y** ['nəutifai] **1** kungöra **2** underrätta
notion ['nəuʃ(ə)n] **1** begrepp, föreställning; idé **2** böjelse, håg; [*Yankee*] ~*s* korta varor (*A.*) **-al** [-ənl] **1** spekulativ; abstrakt **2** nyckfull **--store** (*A.*) diversehandel
notori|ety [,nəutə'raiəti] **1** allbekanthet **2** ökändhet **3** allmänt känd (el. ökänd) person **-ous** [nə(u)'tɔ:riəs] **1** välbekant **2** beryktad, ökänd; *it is* ~ *that* det är allmänt känt att; ~ *gambler* ökänd hasardspelare
notwithstanding [,nɔtwiθ'stændiŋ] trots, oaktat; ehuru
nought [nɔ:t] ingenting, noll; *se äv. naught*
noun [naun] substantiv
nourish ['nʌriʃ] **1** uppföda; underhålla **2** *fig.* hysa, nära **-ing** [-iŋ] närande **-ment** [-mənt] näring; föda
novel ['nɔv(ə)l] **I** *s* roman **II** *a* nymodig; ovanlig **-ette** [,nɔvə'let] novell **-ist** [-əlist] romanförfattare **-istic** [,nɔvə'listik] roman**-ty** [-ti] nymodighet; det ovanliga
November [nə(u)'vembə] november
novi|ce ['nɔvis] nybörjare; novis **-ciate, -tiate** [nə(u)'viʃiit] lärotid; provtid
now [nau] **I** *adv* nu, i närvarande stund;

every ~ *and then* allt som oftast; *by* ~ *we saw our mistake* vid det här laget har vi insett felet; *I saw him just* ~ jag såg honom för ett ögonblick sedan; ~ *really!* nu får det verkligen vara nog! **II** *konj* nu då; ~ [*that*] *I am a man* ... nu då jag är vuxen ... **III** *s* nuet **-aday[s]** [-ədei(z)] **I** *adv* nu för tiden, i våra dagar **II** *s* nutiden
no|-way[s] ['nəuwei(z)] ingalunda **-where** ingenstans; *be* ~ klart distanseras; varken veta ut el. in; *you'll get* ~ du kommer att misslyckas **-wise** ingalunda
noxious ['nɔkʃəs] skadlig; ohälsosam
nozzle ['nɔzl] **1** pip, munstycke **2** *sl.* nos, tryne **--man** sprutskötare
nuance [nju(:)'ɑ:ns] nyans[ering]
nub [nʌb] **1** bit, klump **2** knöl, knut **3** *A. fig.* kärna **-ble** [-l] bit, klump **-bly** [-li] **1** knölig, knottrig **2** *vard.* svårsmält
nubil|e [nju:bail] giftasvuxen **-ity** [nju(:)'biliti] giftasålder
nucle|al ['nju:kliəl] kärn- **-ar** [-iə] kärn-; ~ *fission* [atom]kärnklyvning; ~ *fuel* atombränsle; ~ *fusion* fusion, sammansmältning av atomkärnor; ~ *physics* kärnfysik; ~ *radiation* radioaktiv strålning; ~ *weapon* kärnvapen **-ar-powered** [-pauəd] atomdriven **-ated** [-ieitid] kärn- **-ic** [-liik] *a*, ~ *acid* nukleinsyra **-onics** [nju:kli'ɔniks] *pl* kärnfysik **-us** [-əs] (*pl -i* [-liai]) kärna
nude [nju:d] **1** naken, blottad **2** ogiltig (om kontrakt etc.); *in the* ~ naken
nudge [nʌdʒ] **I** *v* knuffa till med armbågen **II** *s* lätt knuff
nudi|st ['nju:dist] nudist **-ty** [-ti] nakenhet
nugatory ['nju:gət(ə)ri] **1** värdelös **2** utan verkan
nugget ['nʌgit] [guld]klimp
nuisance ['nju:sns] obehag, besvär; *what a* ~! så förargligt!; *commit no* ~ förbjudet att orena; ~ *act* lag som skyddar mot obehag från närbelägna fabriker; *he is a* ~ han är ett plågoris (*vard.*)
null [nʌl] **1** ogiltig, utan kraft **2** värdelös, betydelselös; ~ *and void* av noll o. intet värde; ogiltig
nulli|fication [,nʌlifi'keiʃ(ə)n] upphävande **-fy** ['nʌlifai] annullera, förklara ogiltig; upphäva **-ty** ['nʌliti] ogiltighet
numb [nʌm] **I** *a* stel; domnad, utan känsel; ~ *with cold* stel av köld; *a* ~ *hand* en tafatt person (*sl.*) **II** *v* göra stel; förlama (*äv. fig.*)
number ['nʌmbə] **I** *s* **1** antal **2** nummer **3** rytm **4** numerus; ~*s a* övermakt **b** verser; *he takes care of* (*looks after*) ~ *one* han tänker på sig själv i främsta rummet; *N* ~ *One* sekond, överstyrman (*sl.*); *I've got your* ~ jag har genomskådat dig (*fam.*); *by force of* ~*s* genom numerär överlägsenhet; *published in* ~*s* publicerad häftesvis; *he is one of our* ~ han är en av oss; *his* ~ *is up* hans tur har kommit att dö, han är i en kritisk situation; *without* ~ oräknelig; [*The book of*] *N* ~ *s* Fjärde Mosebok; *opposite* ~ motsvarighet **II** *v* räkna, numrera **-less** [-lis] oräknelig
numb|-fish ['nʌmfiʃ] *zool.* darrocka **-skull** = *numskull*
numer|able ['nju:m(ə)rəbl] som kan räknas **-al** [-r(ə)l] **I** *s* **1** räkneord **2** siffra **3** nummer **II** *a* hörande till tal (siffror) **-ator** [-əreitə] **1** räknare **2** *mat.* täljare **-ic[al]** [nju(:)'merik,

-(ə)l] numerisk, hörande till tal (siffror) **-ous**
[-rəs] **1** talrik **2** harmonisk, rytmisk
numskull ['nʌmskʌl] dumhuvud, träskalle
nun [nʌn] **1** nunna **2** (slags) duva; *äv.*
blåmes
nunci|ature ['nʌnʃiətʃə] ämbetstid för nuntie
-o [-əu] nuntie, påvligt sändebud
nunk|[e]y ['nʌŋki] **-s** [-z] *fam.* onkel, farbror
nunnery ['nʌnəri] nunnekloster
nuptial ['nʌpʃ(ə)l] **I** *a* bröllops-, äktenskaplig
II *s*, ~ [s] bröllop, vigsel
nurse [nə:s] **I** *s* **1** amma (*vanl. wet-*~) **2** sjuk-
sköterska **3** arbetsbi **4** (slags) hajfisk **II** *v* **1**
amma **2** sköta, vårda **3** sörja för; fostra **4**
hålla i sina armar **5** *fig.* uppamma, hysa, nära;
~ *a cold* stanna i sängen tills man blivit frisk;
~ *a grudge against* bära agg mot **--child**
fosterbarn **--girl** barnflicka **-ling** [-liŋ] *se*
nursling **--maid** barnjungfru **-r** [-ə] fostrare
nursery ['nə:s(ə)ri] **1** barnkammare **2** plant-
skola (*äv. fig.*) **--chair** [-sri-] barnstol **--class**
[-sri-] lekskole-, kindergartenklass **--gover-**
ness ['nə:sri,gʌv(ə)nis] guvernant **-man**
['nə:srimən] trädgårdsmästare **-rhyme** [-sri-]
barnvisa **--school** lekskola **--tale** [-sri-]
barnsaga
nurs|ing-home ['nə:siŋhəum] privatklinik
-ling [-liŋ] fosterbarn; *fig.* skötebarn
nurture ['nə:tʃə] **I** *s* **1** uppfostran **2** näring,
föda **II** *v* **1** uppfostra **2** nära, [upp]föda
nut [nʌt] **I** *s* **1** [hassel]nöt **2** *sl.* huvud, skalle **3**
tokstolle **4** mutter **5** sadel på fiol; ~*s, pl*
läckerbit; *it's a hard* ~ *to crack* det är en
hård nöt att knäcka; *he is* [*dead*] ~*s on* **a** han
är alldeles tokig i **b** han är mycket skicklig i
(*sl.*); *I would not do it for* ~*s* jag gör det inte
för pengar; ~*s!* strunt! (*A.*); *a tough* ~ en svår
karl; ~*s to him!* vi struntar i honom!; *he's*
off his ~ han är vrickad; *go* ~*s* bli tokig (*sl.*)
II ~ plocka nötter (*vanl. go* ~*ting*)
nutat|e [nju:'teit] kröka sig **-ion** [-eiʃ(ə)n]
astr. o. bot. nutation
nut|-brown ['nʌtbraun] ljusbrun **-cracker[s]**
[-,krækə(z)] nötknäppare; ~ *face* lång böjd
näsa o. utskjutande haka **--house** *A.* dårhus
--key skruvnyckel **-meg** muskotnöt
nutri|ent ['nju:triənt] närande (föda) **--ment**
[-mənt] näring, föda **-tion** [nju(:)'triʃ(ə)n] nä-
ring, föda **-tious** [nju(:)'triʃəs] närande (föda)
-tive [-tiv] **I** *a* närande **II** *s* näringsmedel
nut|shell ['nʌtʃel] nötskal; *in a* ~ i korthet,
med några få ord **-ter** [-ə] en som plockar
nötter **-ty** [-i] **1** nötrik; nötliknande **2** väldof-
tande **3** *sl.* tokig (*on, about* i) **4** elegant, snofsig
5 *A. sl.* stollig
nuzzle ['nʌzl] **1** rota med nosen i marken,
böka **2** gnida nosen mot **3** trycka sig intill
Nyasaland ['njæsəlænd] Nyasaland
nylon ['nailən] nylon **-ed** [-d] iförd nylon-
strumpor **-s** [-z] nylonstrumpor
nymph [nimf] **1** nymf **2** puppa **-ean** [-'fi(:)ən]
-ish [-iʃ] **--like** nymfliknande

O, o [əu] **I** *s* **1** (bokstaven) o **2** noll (telefon);
round ~ **a** cirkel **b** ingenting; ~ ~ ~ *three*
[*hours*] tre minuter efter midnatt (*mil.*) **II**
interj å[h], ack; ~ *for* ... ack, den som hade
O' [ə(u)] ättling av (irl. familjenamn, t.ex.
O'Brien)
o' [ə] = *of, on* (t.ex. *o'clock*)
oaf [əuf] **1** bortbyting **2** drummel, tölp **-ish**
[-iʃ] dum, fånig
oak [əuk] **I** *s* **1** ek **2** ekvirke; *sport one's* ~
stänga sig inne (*univ. sl.*) **II** *a* av ek **-en** [-(ə)n]
av ek, ek-; ~ *towel* knölpåk (*sl.*)
oakum ['əukəm] drev; *pick* ~ repa drev
oar [ɔ:] **I** *s* **1** åra **2** *fig.* roddare **3** *fig.* fena; *be*
chained to the ~ tvingas till tungt arbete; *pull*
a good ~ ro duktigt; *he always puts in his* ~
han lägger sig alltid i; *he has an* ~ *in every*
man's boat han blandar sig i allting; *rest on*
one's ~*s* ta igen sig ett tag **II** *v* ro **-age**
['ɔ:ridʒ] *poet.* roddarkonst **-sman** ['ɔ:zmən]
roddare **-smanship** ['ɔ:zmənʃip] roddar-
konst
oasis [əu'eisis] (*pl oases* [-i:z]) oas
oat [əut] **1** havre (*vanl. pl,* ~*s*) **2** *poet.* herde-
pipa; *rolled* ~*s* havregryn; *sow one's wild* ~*s*
rasa ut, "så sin vildhavre"; *feel one's* ~*s* känna
sig märkvärdig (*A. fam.*). **-en** [-n] havre-; ~
pipe herdepipa
oath [əuθ, *pl* əuðz] **1** ed **2** svordom; *take*
(*make, swear*) *an* ~ gå ed; *on* ~ under ed; *on*
my ~ *!* min själ!
obdura|cy ['ɔbdjurəsi] förhärdelse, förstock-
else **-te** [-rit] förhärdad, förstockad
obedien|ce [ə'bi:djəns] lydnad, hörsamhet; *in*
~ *to* till åtlydnad *of* lydig, hörsam; *Yours* ~*ly*
undertecknad
obeisance [ə(u)'beis(ə)ns] **1** djup bugning **2**
vördnad; *do* (*pay*) ~ *to* visa vördnad för
obelisk ['ɔbilisk] obelisk
obes|e [ə(u)'bi:s] däst **-ity** [-iti] (överdriven)
fetma
obey [ə'bei] lyda
obfusca|te ['ɔbfʌskeit] **1** förmörka, fördunkla
2 omtöckna, förvirra **tion** [,ɔbfʌs'keiʃən] **1**
förmörkande **2** omtöckning
obiter dictum ['ɔbitə'diktəm] i förbigående
sagt
obituary [ə'bitjuəri] **I** *s* **1** förteckning över
döda **2** nekrolog, dödsruna **II** *a* döds-
object I *s* ['ɔbdʒikt] **1** sak, föremål **2** *gram.*
objekt **3** avsikt; *salary no* ~ vid lönen fästes ej
avseende **II** *v* [əb'dʒekt] ogilla, protestera
(*to, against* mot) **--glass** ['ɔbdʒik(t)gla:s]
objektiv **-ify** [əb'dʒektifai] framställa objektivt
objection [əb'dʒekʃ(ə)n] invändning **-able**
[-,nəbl] **-al** [-nl] obehaglig
objectiv|e [əb'dʒektiv] **I** *a* objektiv, saklig;
~ *point* anfallsmål (*mil.*) **II** *s* **1** objektiv **2**
objektskasus **3** *mil. o. fig.* [anfalls]mål **-ity**
[,ɔbdʒek'tiviti] objektivitet
object|lens ['ɔbdʒiktlens] objektiv **-less**
[-lis] ändamålslös **--lesson** [-,lesn] åskåd-
ningslektion; *fig.* praktisk lektion
objector [əb'dʒektə] opponent; *conscientious*
~ samvetsöm (vapenvägrare)
objurgat|e ['ɔbdʒə:geit] tillrättavisa; banna

-ion [,ɔbdʒɔ:'geiʃ(ə)n] tillrättavisning; bannor **-ory** [ɔb'dʒɔ:gət(ə)ri] tillrättavisande

oblat|e ['ɔbleit] **I** s oblat **II** a avplattad vid polerna **-ion** [ə(u)'bleiʃ(ə)n] kyrkligt offer **-ory** [-lətri] offer-

obligat|e ['ɔbligeit] förplikta, förbinda **-ion** [,ɔbli'geiʃ(ə)n] förbindelse, förpliktelse; kontrakt **-ory** [ɔ'bligət(ə)ri] bindande; obligatorisk

oblig|e [ə'blaidʒ] **1** förplikta, förbinda **2** göra (ngn) en tjänst; we are ~d to go vi måste gå; further details will ~ tacksam för ytterligare upplysningar; ~d (äv.) tacksam **-ee** [,ɔbli'dʒi:] fordringsägare **-ing** [-iŋ] tjänstvillig, förekommande **-or** [,ɔbli'gɔ:] gäldenär

obliqu|e [ə'bli:k] **1** a **1** sned, skev **2** gram. indirekt; ~ case oblik kasus (gram.); ~ plane lutande plan; ~ narration (speech) indirekt tal **II** v, mil. förflytta sig i sned riktning **-ity** [ə'blikwiti] snedhet; skevhet (äv. fig.)

obliterat|e [ə'blitəreit] **1** stryka ut, utplåna **2** stämpla (frimärke) **3** förinta; ~ o.s. inte ta hänsyn till sig själv **-ion** [ə,blitə'reiʃ(ə)n] s utplånande **-ive** [-t(ə)rətiv] a utplånande

oblivi|on [ə'bliviən] glömska; Act of O~ amnesti; fall into ~ falla i glömska **-ous** [-əs] glömsk

oblong ['ɔblɔŋ] **I** a avlång; rektangulär **II** s rektangel

obloquy ['ɔbləkwi] förtal; vanrykte

obnoxious [ɔb'nɔkʃəs] anstötlig; avskyvärd

obo|e ['əubəu] oboe **-ist** oboist

obscen|e [ɔb'si:n] **1** vidrig, avskyvärd **2** oanständig, otuktig, slipprig, obscen **-ity** [-iti] (ofta pl) oanständighet, slipprighet, obscenitet

obscur|ant [ɔb'skjuər(ə)nt] fiende till upplysning **-ation** [,ɔbskjuə'reiʃ(ə)n] förmörkelse **-e** [əb'skjuə] **I** a **1** obskyr, dunkel **2** otydlig, oklar **3** obemärkt; obetydlig; they live very ~ly de lever mycket tillbakadraget **II** s dunkel, mörker **III** v förmörka, fördunkla; ställa i skuggan **-ity** [əb'skjuəriti] **1** dunkel, mörker **2** otydlighet, oklarhet **3** obemärkthet, ringhet

obsequi|al [ɔb'si:kwiəl] lik- **-es** ['ɔbsikwiz] jordfästning[sakt]

obsequious [əb'si:kwiəs] krypande, inställsam

observ|able [əb'zɔ:vəbl] **1** märkbar **2** anmärkningsvärd **-al** [-vl] observations- **-ance** [-v(ə)ns] **1** efterlevnad (av bestämmelse) **2** sedvänja, bruk **3** iakttagande, uppmärksamhet **-ant** [-v(ə)nt] **I** a noggrann, strängt efterlevande, ortodox; be ~ of efterleva, iaktta **II** s (strikt) franciskan **-ation** [,ɔbzə(:)'veiʃ(ə)n] **1** efterlevnad (av bestämmelse) **2** iakttagelse, observation **3** yttrande, anmärkning **-atory** [-ətri] observatorium **-e** [-v] **1** iaktta, efterleva **2** varsebli, observera **3** yttra, anmärka **-er** [-ə] iakttagare

obsess [əb'ses] ansätta, hemsöka (om ond ande, fix idé etc.); ~ed besatt (by, with av) **-ion** [-eʃ(ə)n] hemsökelse, anfäktelse; fig. mardröm

obsole|scence [,ɔbsə(u)'lesns] **1** gammalmodighet **2** förtvining **-scent** [-snt] **1** utdöende; på väg att försvinna ur bruk **2** biol. långsamt förtvinande **-te** ['ɔbsəli:t] **1** föråldrad **2** rudimentär

obstacle ['ɔbstəkl] hinder; ~ course hinderbana (A. mil.); ~ race hinderlöpning

obstetric|al [ɔb'stetrik(ə)l] obstetrisk **-ian** [,ɔbste'triʃ(ə)n] obstetriker **-s** pl obstetrik

obstin|acy ['ɔbstinəsi] envishet **-ate** [-it] envis

obstreperous [əb'strepərəs] larmande, bullersam; oregerlig

obstruct [əb'strʌkt] **1** spärra; hindra, stå i vägen för **2** pol. göra obstruktion **-ion** [-kʃ(ə)n] **1** hinder, tillspärrning **2** pol. obstruktion **-ive** [-iv] **I** a hindrande, spärrande **II** s en som gör obstruktion = **-or** [-ə]

obtain [əb'tein] **1** erhålla, förvärva **2** gälla, råda (om seder, bruk); it ~s with most people det gäller för de flesta människor **-able** [-əbl] möjlig att erhålla

obtrude [əb'tru:d] **1** truga; påtvinga **2** tränga sig på **-r** [-ə] påträngande person

obtruncate [əb'trʌŋkeit] hugga av; toppa (träd)

obtru|sion [əb'tru:ʒ(ə)n] påflugenhet **-sive** [-siv] a **1** påträngande **2** påfallande

obturat|e ['ɔbtjuəreit] stänga igen, täppa till **-ion** [,ɔbtjuə'reiʃ(ə)n] tilltäppning, avstängning

obtuse [əb'tju:s] **1** trubbig, slö **2** trög, långsam (om förstånd)

obver|se ['ɔbvə:s] **I** a **1** avsmalnande **II** s bildsida (på mynt o.d.) **-sely** [ɔb'və:sli] omvänt **-sion** [ɔb'və:ʃ(ə)n] omvändning **-t** [ɔb'və:t] vända

obviate ['ɔbvieit] förebygga; förekomma; avvärja; undanröja

obvious ['ɔbviəs] uppenbar, iögonenfallande, tydlig

occasion [ə'keiʒ(ə)n] **I** s **1** tillfälle, vard. högtidligt tillfälle **2** anledning, orsak; there is no ~ to go det finns ingen anledning att gå; on that ~ vid det tillfället; on the ~ of med anledning av; on ~ vid tillfälle; as ~ requires efter behov; find [an] ~ to få tillfälle att; rise to the ~ vara situationen vuxen; I have no ~ for it jag har ingen användning för det **II** v föranleda, förorsaka **-al** [-ʒənl] **1** tillfällig **2** enstaka; ~ cause sekundär orsak; ~ poem tillfällighetsdikt; ~ table satsbord; ~ help tillfällig [hem]hjälp **-ally** [-ʒnəli] då o. då

Occident ['ɔksid(ə)nt] poet. Västerlandet **-al** [,ɔksi'dentl] **I** a västlig, västerländsk **II** s västerlänning

occult [ɔ'kʌlt] **I** a ockult, hemlig, fördold **II** v dölja; förmörka; ~ing ljust blänksken på fyr **-ation** [,ɔk(ə)l'teiʃ(ə)n] döljande; astr. förmörkelse **-ism** [ɔ'kʌltiz(ə)m] ockultism

occup|ancy ['ɔkjupənsi] besittningstagande; innehavande **-ant** [-ənt] innehavare; person som för tillfället befinner sig i ett rum etc. **-ation** [,ɔkju'peiʃ(ə)n] **1** besittningstagande, ockupation **2** innehavande, besittning **3** yrke, sysselsättning; ~ road enskild väg **-ational** [,ɔkju(:)'peiʃənl] yrkes- **-ier** [-paiə] = occupant **-y** [-pai] **1** besätta, ockupera **2** bebo **3** inneha **4** beslagta **5** sysselsätta; be occupied with vara sysselsatt med

occur [ə'kə:] **1** hända, inträffa **2** förekomma, finnas **3** falla ngn in **-rence** [ə'kʌr(ə)n] händelse, tilldragelse; of frequent ~ ofta förekommande

ocean ['əuʃ(ə)n] ocean, hav; ~s of hav av, massor av (fig.); the German ~ Nordsjön **-ic** [,əuʃi'ænik] **1** ocean- **2** omätlig

ocelot ['əusilɔt] zool. mexikansk leopard

ochr|e ['əukə] **1** ockra **2** sl. [guld]pengar, stålar **-eous** [-kriəs] **-y** [-kəri] ockrafärgad

o'clock [ə'klɔk] se clock

octagon ['ɔktəgən] åttahörning **-al** [ɔk'tægənl] åttkantig

octane ['ɔktein] oktan
octave ['ɔktiv] **1** *mus.* oktav **2** åttaradig strof (*vanl.* ottava rima) **3** [-eiv] *kyrk.* vecka inledd av kyrklig helgdag
octavo [ɔk'teivəu] **1** oktav[format] **2** bok i oktav[format]
October [ɔk'təubə] oktober
octogenarian [ˌɔktəudʒi'nɛəriən] åttioårig
octopus ['ɔktəpəs] *zool.* bläckfisk
octosyllabic ['ɔktəusi'læbik] åttastavig (versrad)
ocul|ar ['ɔkjulə] **I** *a* sedd med ögat **II** *s* okular **-ist** ögonläkare
odd [ɔd] **1** övertalig, överbliven **2** udda **3** omaka **4** egendomlig, besynnerlig; ~ *hand* = ~ [*job*]*man* extra karl; *the* ~ *trick* det avgörande (13:e) spelet; ~ *numbers* enstaka exemplar (av tidskrift); ~ *and even* udda o. jämnt; *thirty* ~ omkring 30; *at* ~ *times* då o. då, vid enstaka tillfällen; *an* ~ *fish* (*fellow*) en konstig prick; *an* ~ *glove* en omaka handske **--come- -short** ['ɔdkʌmʃɔːt] stuvbit; ~*s* diverse, smått o. gott **--come-shortlies** ['ɔdkʌm'ʃɔːtliz] *s pl, one of these* ~ snart **-fellow** [-ˌfeləu] medlem av Oddfelloworden **-ish** [-iʃ] rätt underligt **-ity** [-iti] egendomlighet; egendomlig person **--jobber** [-ˌdʒɔbə] *fam.* = *odd jobman* **-ly** [-li] besynnerligt **--looking** [-lukiŋ] med besynnerligt utseende **--man-out** sista paret ut **-ments** [-mənts] rester, stuvar
odds [ɔdz] **1** olikheter, åtskillnad **2** oenighet, strid **3** fördel **4** övermakt **5** handikapp, sannolikhet (att vinna); odds; *be at* ~ vara oense; *by long* ~ ojämförligt; *I ask no* ~ jag begär inga extra favörer (*A.*); *lay* ~ hålla vad; *long* -- *a* stor skillnad **b** stor övermakt; *it's long* ~ vi har små chanser; *it's no* ~ det spelar ingen roll (*fam.*); *what's the* ~? vad spelar det för roll? (*fam.*); *the* ~ *are that he* ... sannolikt kommer han att ... ; *the* ~ *are in his favour* han har utsikterna för sig; ~ *and ends* **a** skräp, bråte **b** diverse rester **c** litet av varje
ode [əud] ode, sång
odi|ous ['əudjəs] avskyvärd, motbjudande; föraktlig **-um** [-jəm] hat, ovilja
odontolog|ist [ˌɔdɔn'tɔlədʒist] odontolog; *A.* tandläkare **-y** [-i] odontologi
odor|iferous [ˌəudə'rifərəs] **-ous** ['əudərəs] *poet.* välluktande, doftande
odour ['əudə] **1** vällukt, doft **2** stank **3** anstrykning
oecumenical [ˌiːkjuː)'menik(ə)l] ecumenical, oecumenical
oedema [iː(:)'diːmə] *med.* ödem, vattensvullnad
o'er ['əuə] *poet* = *over*
of [ɔv] från; av; *north* ~ norr om; *back* ~ bakom (*A.*); *forsaken* ~ *God* gudsförgäten; *the battle* ~ *Hastings* slaget vid H.; *think* ~ tänka på; betänka; *she* ~ *all people* just hon; *the city* ~ *Winchester* staden W.; ~ *late* på sista tiden; *he died* ~ *cancer* han dog i cancer; *a quarter* ~ *ten* kvart i tio (*A.*); *I heard nothing* ~ *him*; jag hörde ingenting från honom; ~ *an evening* en kväll; på kvällarna (*vard.*)
off [ɔf] **I** *adv* bort [från]; iväg; *beat* ~ *an at-tack* avvärja ett anfall; *ride* ~ rida bort; *make* ~ gå därifrån; ~ *with you!* ge dig iväg!; *take* ~ *one's coat* ta av sig rocken; *the gas is* ~ gasen är avstängd; *they are well* ~ de är ganska förmögna; ~ *and on* till o. från; då o. då; *the meat is a bit* ~ köttet är inte riktigt färskt; *it's* ~ det är slut; *the meeting is* ~ mötet är inställt; *we have a day* ~ vi har en ledig

dag; *he is* ~ **a** han reser (ger sig av) [nu] **b** han är [redan] på väg, han har rest (gett sig av) **c** han har somnat; *be* ~ *for* resa till **II** *prep* **1** [bort(a)] från **2** ner från **3** med handikapp av **4** utanför, från; *he fell* ~ *the ladder* han föll ner från stegen; ~ *colour* **a** ur gängorna **b** utan lyster (om ädelsten); *he plays* ~ *5* han spelar med 5 som handikapp; ~ *duty* ledig; *take* ~ *the map* förinta (*sl.*); *a street* ~ *the Strand* en gata som mynnar ut på Strand; ~ *the stage* **a** bakom kulisserna **b** inte på scenen (skådespelare); *I'm* ~ *smoking* **a** jag har slutat röka **b** jag tål inte att röka; *you're* ~ *it* du misstar dig; *keep* ~ *the grass* förbjudet att beträda gräsmattan; ~ *the coast* utanför kusten; *a few yards* ~ *the road* några meter från vägen; *there's an* ~ *chance that* det finns en liten möjlighet att **III** *a* längst bort, bortre; ~ *moments* lediga stunder, ~ *season* dödsäsong; *an* ~ *year for wheat* ett dåligt år för vete **IV** *v* **1** *A.* avbryta underhandlingar **2** hugga av (huvudet) **3** ge sig av **4** *sjö.* avsegla
offal ['ɔf(ə)l] **I** *s* **1** avfall; avskräde **2** ruttet kött; as **II** *a* mindervärdig (föda)
offbeat ['ɔfbiːt] **I** *s, mus.* accentuering av andra o. fjärde taktslaget **II** *a*, *vard.* okonventionell
offen|ce [ə'fens] **1** anfall **2** överträdelse, försyndelse **3** förolämpning, skymf, *no* ~ ingen skada skedd; *take* ~ ta illa upp (*at* av) **-d** förolämpa, förnärma; stöta; ~ *against* bryta mot; *be* ~*ed* vara förnärmad (*at*, *by* över, *with* på) **-der** [-də] person som förbrutit sig; brottsling **-se** [-s] *A.* = *offence* **-sive** [-siv] **I** *a* **1** anfalls-, anfallande **2** förolämpande, kränkande **3** obehaglig; illaluktande **II** *s* offensiv, anfall; *take the* ~ ta till offensiven
offer ['ɔfə] **I** *v* **1** erbjuda, bjuda **2** anföra (bevis) **3** offra **4** fria till ngn **5** göra ett försök, försöka sig på; *he* ~*ed to strike me* han såg ut som om han skulle slå mig; *the first chance that* ~*s* så fort en möjlighet uppenbarar sig **II** *s* **1** anbud, erbjudande **2** bud (på auktion etc.) **3** frieri; *on* ~ utbjuden, till salu **-ing** ['ɔf(ə)riŋ] **1** offer[gåva] **2** erbjudande, anbud; ~*s* utbjudna varor **-tory** [-t(ə)ri] **1** offertorium **2** kollekt
off-hand ['ɔf'hænd] **I** *adv* **1** genast **2** på rak arm **II** *a* (= ~*ed*) **1** oförberedd **2** nonchalant, ogenerad
office ['ɔfis] **1** ämbete, befattning **2** tjänst; vänlighet, uppmärksamhet **3** gudstjänst **4** kontor **5** ministerium **6** *A.* mottagningsrum **7** *sl.* tecken; påpekande **8** ~*s* ekonomibyggnader, köksregion; *be in* ~ inneha ett ämbete, vara vid makten; *say* ~ förrätta gudstjänst; *perform the last* ~*s to* förrätta begravning över; ~ *for the dead* begravning; *the Holy O* ~ inkvisitionen; *he took the* ~ han förstod vinken (*sl.*) **-bearer** [-ˌbɛərə], *A.* **-holder** [-ˌhəuldə] ämbetsman, funktionär **-r** [-ə] **I** *s* **1** ämbetsman **2** polisman; stadstjänare **3** officer **4** styrelseledamot; funktionär; ~ *of the day* dagofficer **II** *v* **1** förse med officerare **2** anföra, kommendera
official [ə'fiʃ(ə)l] **I** *a* officiell; gjord å tjänstens vägnar **2** = *officinal*; ~ *duties* ämbetsplikter **II** *s* **1** ämbetsman; tjänsteman **2** förordande i kyrklig domstol (= *O* ~ *Principal*) **-dom** [-dəm] **-ism** [-iz(ə)m] byråkrati **-ize** [-əlaiz] göra officiell **-ly** [-əli] på ämbetets vägnar
officiate [ə'fiʃieit] **1** officiera, förrätta guds-

tjänst 2 fungera som; ~ *as toast-master* tjänstgöra som ceremonimästare
officinal [ˌɔfiˈsainl] medicinal-, tjänande som läkemedel
officious [əˈfiʃəs] **1** alltför tjänstaktig, servil **2** påflugen, närgången **3** *pol.* officiös
offing [ˈɔfin] **I** *s* **1** öppen sjö **2** *in the* ~ nära förestående **II** *adv. fig.* nära förestående
offish [ˈɔfiʃ] *vard.* tillbakadragen, reserverad
off|-licence [ˈɔflais(ə)ns] **1** rätt att sälja spritvaror **2** butik som har rätt att sälja spritvaror **-night** ledig kväll **--print** särtryck **-set I** *s* **1** utlöpare (bergskedja, växt) **2** motvikt, kompensation **3** bockning (på slang, rör etc.) **4** *boktr.* (= *offset printing*) offset[tryck] **II** *v* uppväga, neutralisera, kompensera **-shoot** sidoskott, sidogren **-shore** [ˈɔfˈʃɔː] **1** utanför kusten **2** i höjd med (kusten) **-side** [ˈɔfˈsaid] **1** bortre sida **2** *kricket.* vänstra sidan (från *the bowler* räknat); *fotb.* offside **3** högersida (på bil) **-spring 1** avkomma, ättling **2** *fig.* resultat **--street** sidogata **--the-cuff** [ˈɔfðəˈkʌf] oförberedd; informell **--time** fritid
oft [ɔft] *poet.* ofta; *many a time and* ~ ofta
often [ˈɔfn] ofta; *more* ~ *than not* vanligen; ~ *and* ~ titt o. tätt; *as* ~ *as not* inte så sällan
ofttimes [ˈɔf(t)taimz] *poet.* ofta
ogival [əuˈdʒaiv(ə)l] spetsbågestil **-e** [ˈəudʒaiv] spetsbåge
ogle [ˈəugl] **I** *v* **1** snegla på **2** flirta, kasta förälskade blickar **II** *s* förälskat ögonkast
ogre [ˈəugə] **1** jätte, troll **2** människoätare **-ish** [-griʃ] människoätande; gräslig
oh [əu] *interj* o!, å[h]!, ack!
Ohio [ə(u)ˈhaiəu] delstat i USA
oil [ɔil] **I** *s* olja; *olive* ~ olivolja; *paint in* ~*s* måla i olja; ~*s, pl* a oljemålning **b** oljeställ; *it smells of* ~ det luktar olja; *burn the midnight* ~ arbeta sent på natten; *strike* ~ **a** *A.* träffa på olja **b** *vard.* bli rik i ett nafs **II** *v* **1** smörja, olja **2** impregnera med olja; ~ *a man['s hand]* muta ngn (*fig.*); ~ *one's tongue* använda smicker **-bag** fettkörtel **-cake** oljekaka **-cloth** vaxduk **--colour[s]** [-ˌkʌlə(z)] oljefärg **-ed** [-d] *sl.,* berusad **--engine** [-ˌendʒin] dieselmotor **-er** [-ə] **1** smörjare **2** oljekanna **3** tankfartyg (för oljetransport) **4** *A.* oljerock **5** *A.* oljekälla **6** *sl.* lismare **--gland** fettkörtel **-heater** [-ˌhiːtə] oljekamin **--painting** [ˈɔilˈpeintiŋ] oljemålning **--skin 1** oljeplagg **2** vaxduk **--stove** oljekamin **--well** [-wel] oljekälla **-y** [-i] **1** *a* **1** oljig; smörjig **2** lismande, inställsam **II** *s* oljerock
ointment [ˈɔintmənt] salva, smörjelse; *a fly in the* ~ smolk i mjölken (*fig. sl.*)
O. K., oke[h], okay, okey [ˈəuˈkei] **I** *a, fam.* rätt, riktigt; ~ *by me* bra, det passar mig (*A.*) **II** *v* godkänna; *it was ~ed by him* han godkände det
Oklahoma [ˌəuklaˈhəumə] delstat i USA
old [əuld] **I** *a* gammal; föråldrad, utsliten **2** erfaren **3** gammal o. välbekant **4** förstockad **5** förfallen; ~ *age* ålderdom; ~ *bird* gammal slug räv; *an* ~ *man of the sea* ngn man inte kan bli kvitt; *the* ~ *man* (*sl.*) a farsan **b** gubben (fartygsbefälhavaren); *my* ~ *woman* min mor (hustru); *as* ~ *as the hills* gammal som gatan; *the* ~ *one* (*gentleman*), *O* ~ *Harry* (*Nick*) hin håle; *any* ~ *place* var som helst (*sl.*); ~ *boy* gamle vän; *the* ~ *country* England; *O* ~ *Glory* stjärnbaneret (*A.*); *that's* ~ *hat* det är gammalmodigt (omodernt) (*vard.*) **II** *s,*

of ~ fordom; *in days of* ~ i forna dagar **-en** [-(ə)n] **I** *a, åld.* forn- **II** *v, åld.* åldras **--established** [-ˈəuldisˈtæbliʃt] hävdvunnen **--fashioned** [ˈəuldˈfæʃ(ə)nd] gammalmodig **--fogyish** [ˈəuldˈfəugiiʃ] gubbaktig **-ish** [-iʃ] äldre, rätt gammal **--maidish** [ˈəuldˈmeidiʃ] lik en gammal mö, nuckig **-ness** [-nis] **1** ålderdom **2** gammalmodighet **-ster** [-stə] äldre person **--time** hörande till gångna tider **--timer** gammaldags person **--world 1** gammaldags **2** hörande till Gamla Världen
olfaction [ɔlˈfækʃ(ə)n] lukt[sinne] **-ory** [-təri] *a* lukt-
oligarch [ˈɔligɑːk] oligark **-ic[al]** [ˌɔliˈgɑːkik, -(ə)l] oligarkisk **-y** [-i] oligarki
olio [ˈəuliəu] **1** hotchpotch, blandad rätt **2** *fig.* röra, blandning
oliv|aceous [ˌɔliˈveiʃəs] olivgrön **-e** [ˈɔliv] **I** *s* **1** oliv[frukt, -träd] **2** ~*s* oxjärpar (maträtt) **3** oval knapp **II** *a* olivgrön
ology [ˈɔlədʒi] *skämts.* vetenskap
olympi|ad [ə(u)ˈlimpiæd] olympiad **-an** [-iən] **I** *a* **1** olympisk **2** storslagen **II** *s* olympier **O-c** [-ik] olympisk; ~*s* = ~ *games* olympiska spelen
omelet[te] [ˈɔmlit] omelett; *you cannot make an* ~ *without breaking eggs* man måste betala priset
omen [ˈəumen] **I** *s* järtecken, förebud, omen **II** *v* förebåda
ominous [ˈɔminəs] olycksbådande
omiss|ion [əˈmiʃ(ə)n] utelämnande; *sins of* ~ underlåtenhetssynd **-ive** [əˈmisiv] försumlig
omit [əˈmit] **1** utelämna **2** försumma
omni|bus [ˈɔmnibəs] **I** *s* **1** buss **2** samlingsband ~ *book* **II** *a* omfattande många olika saker; ~ *train* tåg som stannar vid alla stationer **-farious** [ˌɔmniˈfɛəriəs] allehanda **-potence** [ɔmˈnipət(ə)ns] allmakt **-potent** [ɔmˈnipət(ə)nt] allsmäktig **-presence** [ˈɔmniˈprez(ə)ns] allestädesnärvaro **-present** [ˈɔmniˈprez(ə)nt] allestädes närvarande **-science** [ɔmˈniʃəns] allvetenhet **-scient** [ɔmˈnisiənt] allvetande; *the O*~ den Allvetande **-vorous** [ɔmˈniv(ə)rəs] allätande; *fig.* som slukar (böcker)
on [ɔn] **I** *prep* på; vid; angående; *have you any money* ~ *you?* har du några pengar på dig?; *cash* ~ *delivery* efterkrav; postförskott; ~ *his arrival* vid hans ankomst; *be* ~ *fire* brinna; *take pity* ~ *him* ha medlidande med honom; *he is* ~ *the staff* han tillhör personalen; *I met him* ~ *the train* jag träffade honom på tåget; *an essay* ~ *the art of translating* en essä om konsten att översätta; *it's* ~ *me* jag bjuder (*A.*) **II** *adv* på; i; *he was looking* ~ han såg på; *go* ~ fortsätta; *be* ~ vara [sprit]påverkad (*sl.*); *from then* ~ därefter; *we are getting* ~ *well* vi kommer väl överens; *well* ~ *in the fifties* en bra bit in på femtiotalet; *I've a large sum* ~ jag har satsat en stor summa pengar; *they went* ~ *to the station* de for vidare till stationen; *be* ~ *to a man* ligga efter ngn jämt; ~ *and off* till o. från; ~ *and* ~ utan uppehåll, i ett; *Hamlet is* ~ *tonight* man ger Hamlet i kväll **--and-offish** [ˈɔnəndˈɔfiʃ] oregelbunden; till o. från
once [wʌns] **I** *adv* en gång; fordom; ~ *or twice* ngn enstaka gång; ~ *and again* gång efter annan; *when* ~ *he understands* när han så småningom förstår; ~ *you get there* när

du väl kommer fram; ~ *more* en gång till; ~ *for all* en gång för alla; ~ *in a while* [*way*] då o. då; *at* ~ **a** ögonblickligen **b** på samma gång; *all at* ~ plötsligt; ~ *upon a time there was* det var en gång **II** *s* en gång; *for this* ~ för den här gången **III** *a, my* ~ *fiancée* min f. d. fästmö **--over** [-ˌəuvə] *A.* **1** hastigt undersöka **2** kort visit; *he gave her the* ~ han gav henne en flyktig blick

oncoming [ˈɔnˌkʌmiŋ] **I** *a* förestående **II** *s* närmande, nalkande

one [wʌn] en; ett; man; någon; *for* ~ *thing, he gambles* för det första spelar han; *never a* ~ inte en enda en (*fam.*); *they are at* ~ de är ense; *a nasty* ~ **a** ett kraftigt slag **b** en elak anmärkning; *I for* ~ *don't believe it* jag för min del tror det inte; *he was* ~ *too many for him* han var honom alltför slipad; *be* ~ *up* ha övertaget; *it's all* ~ *to me* det är mig likgiltigt; ~ *and all* alla tillsammans; ~ *by* ~ en efter en; ~ *with another* i medeltal; ~ *another* varandra; *many a* ~ många; *the Holy O* ~ Gud; *the Evil O* ~ djävulen; ~ *Peterson* en viss P. (*fam.*); ~ *should do* ~*'s duty* man bör göra sin plikt; *the* ~ *and only truth* den enda saliggörande sanningen; ~ *day, äv.* en viss dag; *the little* ~*s were put to bed* barnen skickades i säng; *they came by* ~*s and twos* de kom en o. två i taget **--armed** [ˈwʌnˈɑːmd] enarmad **--eyed** [ˈwʌnˈaid] **1** enögd **2** *sl.* dålig **--man** [ˈwʌnˈmæn] enmans- **-ness** [ˈwʌnnis] enhet

oner [ˈwʌnə] **1** överdängare, mycket duktig person (*at* i) **2** grov lögn **3** hårt (skickligt) slag

onerous [ˈɔnərəs] betungande, besvärlig; ~ *property* besvärande egendom

one|self [wʌnˈself] sig själv; *by* ~ ensam **--sided** [ˈwʌnˈsaidid] ensidig **-storied, -storeyed** [ˈwʌnˌstɔːrid] envånings- **--time** förutvarande **--track** enkelspårig; ~ *mind* inriktad på en enda sak **--upmanship** [ˈwʌnˈʌpmənʃip] konsten att [alltid] få övertaget **--way** *a,* ~ *street* enkelriktad gata

on|fall [ˈɔnfɔːl] anfall, angrepp **-goings** [-ˌgəuiŋz] = *goings-on* **-hanger** [-ˌhæŋə] = *hanger-on*

onion [ˈʌnjən] **I** *s* [röd]lök **2** *sl.* invånare på Bermudaöarna; *he is off his* ~ han har en skruv lös **II** *v* tillsätta [röd]lök till mat etc.

onlooker [ˈɔnˌlukə] åskådare

only [ˈəunli] **I** *a* enda; ensam **II** *adv* endast, blott, bara; *if* ~ *I knew* om jag bara visste; ~ *too true* blott alltför sant **III** *konj* men ... bara; (*he always says he will do it*), ~ *he never does it* ... men han gör det bara aldrig

onset [ˈɔnset] **1** anfall **2** ansats, början

onslaught [ˈɔnslɔːt] våldsamt anfall

onus [ˈəunəs] börda; skyldighet; *the* ~ *is on him* ansvaret ligger på honom

onward [ˈɔnwəd] **I** *a* framåt **II** *adv* (= ~*s*) framåt, vidare

oodles [ˈuːdlz] *fam.* massor, mängd; ~ *of money* massor av pengar

oof [uːf] *sl.* pengar, kosing **--bird 1** höna som lägger goda ägg **2** tät gubbe **-y** [-i] tät, rik

oomph [umf] *sl.* **1** entusiam **2** attraktionsförmåga (på det motsatta könet)

ooz|e [uːz] **I** *s* **1** sakta flöde, framsipprande **2** gyttja, dy **3** läcka **II** *v* **1** sippra fram; droppa **2** läcka ut (om hemlighet) **3** förlora (modet) **-y** [-i] gyttjig, dyig

opacity [ə(u)ˈpæsiti] **1** ogenomskinlighet, oklarhet **2** tjockskallighet

opal [ˈəup(ə)l] opal **-escence** [ˌəupəˈlesns] opalskimmer **-escent** [ˌəupəˈlesnt] **-esque** [ˌəupəˈlesk] **-ine** [ˈəupəlain] opalskimrande

opaque [ə(u)ˈpeik] **1** ogenomskinlig, dunkel; oklar **2** dum, tjockskallig; *the* ~ det dunkla

ope [əup] *poet.* = *open*

open [ˈəup(ə)n] *a* öppen, fri; uppenbar; öppenhjärtig; blottställd; mottaglig, tillgänglig; *keep* ~ *house* vara gästfri; ~ *door policy* frihandelspolitik; ~ *to all* öppen för alla; *he is* ~ *to suggestions* han är öppen för förslag; *I will be* ~ *with you* jag skall tala rent ut; *she has an* ~ *hand* hon är frikostig; ~ *mandate* fullmakt; *he keeps an* ~ *mind* han är resonabel; ~ *scholarship* stipendium som kan sökas av alla; ~ *verdict* öppet utslag (där juryn ej kunnat fastställa dödsorsak); *an* ~ *question* en öppen (omtvistlig) fråga **II** *s, the* ~ **a** det fria, fria luften **b** öppna fältet; *in* ~ offentligt **III** *v* **1** öppna, slå upp **2** börja (tala etc.) **3** yppa, uppenbara **4** *sjö.* bli synlig; ~ *a case* inleda domstolsförhandlingar; ~ [*up*] *ground* plöja; *bryta mark; she* ~*ed her heart to him* hon öppnade sitt hjärta för honom; *the room* ~*s into* (*on*) *the corridor* rummet leder ut i en korridor; ~ *out* a framlägga, uppenbara **b** framkalla, utveckla **c** bringa i dagen; ~ *up* a börja **b** spela ut **c** breda ut; *the landscape* ~*ed upon our view* landskapet bredde ut sig för våra ögon **-and-shut** [ˈəupnənˈʃʌt] *A.* enkelt (val) **--faced** [ˈəupnˈfeist] **1** öppenhjärtig **2** oskyldig **--field** [ˈəupnˈfiːld] *a, the* ~ *system* tegskiftet (*hist.*) **--grown** [ˈəupnˈgrəun] *a,* ~ *tomatoes* kalljordstomater **--handed** [ˈəupnˈhændid] frikostig **--hearted** [-ˌhɑːtid] **1** öppenhjärtig **2** varmhjärtad **3** känslig **-ing** [ˈəupniŋ] **I** *a* inledande, öppnande **II** *s* **1** öppnande, början **2** chans, möjlighet **3** hål, glugg **-ly** [ˈəupnli] öppet; frimodigt **--minded** [ˈəupnˈmaindid] fördomsfri, mottaglig för nya idéer **--mouthed** [ˈəupnˈmauðd] **1** gapande **2** glupsk **3** larmande, bullrande **--work** [ˈəupnwəːk] genombrutet arbete

opera [ˈɔp(ə)rə] opera **--cloak** teaterkappa **--dancer** [-ˌdɑːnsə] operadansör, dansös **--glasses** [-ˌglɑːsiz] teaterkikare **--hat** chapeau-claque **--house** operabyggnad

operate [ˈɔpəreit] **1** verka, göra **2** åstadkomma **3** *mil.* o. *börs.* operera **4** *med.* operera (*on* på) **5** manövrera; styra; handha; *he has been* ~*d on* han är opererad

operatic [ˌɔpəˈrætik] opera-, hörande till operan; *fig.* teatralisk

operat|ing [ˈɔpəreitiŋ] *a,* ~ *expenses* driftskostnader; ~ *theatre* operationssal **-ion** [ˌɔpəˈreiʃ(ə)n] **1** verkan, verksamhet **2** börs-, finansoperation **3** *mat. med. mil.* operation **4** giltighet **5** drift; ~*s, äv.* verksamheter; *animal* ~*s* kroppsfunktioner; *come into* ~ träda i verksamhet **-ional** [ˌɔpəˈreiʃ(ə)nl] *mil.* operativ; ~ *costs* driftskostnader **-ive** [ˈɔp(ə)rətiv] **I** *a* **1** i verksamhet **2** effektiv, verksam **3** praktisk, tillämpad i verkligheten **II** *s* **1** [industri]arbetare **2** *A.* detektiv **-or** [-ə] **1** upphovsman **2** kirurg, operatör **3** maskinist, mekaniker; observatör **4** telefonist **5** [börs]-spekulant **6** *A.* driftschef; *radio* ~ radiotelegrafist

opiate I [ˈəupiit] *s* sömnmedel; smärtstillande medel **II** *a* rogivande; innehållande

opium **III** v ['əupieit] **1** söva med opium **2** fig.
söva, döva
opine [ə(u)'pain] mena, tänka
opinion [ə'pinjən] **1** mening, åsikt, uppfattning **2** yttrande, utlåtande; a matter of ~ en fråga om tycke o. smak; in my ~ enligt min åsikt; take counsel's ~ lyda goda råd; public ~ allmänna meningen; ~ poll opinionsundersökning **-ated** [-eitid] **1** dogmatisk **2** egensinnig
O Pip ['əu'pip] mil. sl. observationspost
opium ['əupjəm] opium **--den** (sl. opium-dive) opiumhåla **--smoker** [-,sməukə] opiumrökare
opossum [ə'pɔsəm] zool. opossum
opponent [ə'pəunənt] **I** a mottsatt, stridande **II** s motståndare, opponent
opportun|e ['ɔpətju:n] läglig, passande **-ism** [-iz(ə)m] opportunism **-ist I** s opportunist **II** a **-istic** [,ɔpətju'nistik] opportunistisk **-ity** [,ɔpə'tju:niti] tillfälle, chans
oppose [ə'pəuz] **1** sätta [sig] emot **2** opponera sig mot, bekämpa **3** sätta som motsatser **-d 1** motsatt, kontrasterande **2** motsatt, varande mitt emot **-r** [-ə] motståndare, antagonist
opposite ['ɔpəzit] **I** a mitt emot; motsatt **II** prep mitt emot **III** s motsats
opposition [,ɔpə'ziʃ(ə)n] **1** ställning mitt emot **2** motsättning, motsats **3** motstånd, opposition; in ~ to i motsats till **-al** [ənl] oppositionell **-ist** oppositionsman
oppress [ə'pres] **1** förtrycka, undertrycka **2** nedtynga, nedtrycka **-ion** [-eʃ(ə)n] **1** förtryck **2** beklämdhet, betryck **-ive** [-iv] **1** förtryckande, tyrannisk **2** besvärande; betungande **-or** [-ə] förtryckare, tyrann
opprobri|ous [ə'prəubriəs] skymflig, vanärande **-um** [-əm] skymf, smälek
oppugn [ɔ'pju:n] bestrida **-ancy** [ɔ'pʌgnənsi] motstånd, strid **-ant** [ɔ'pʌgnənt] fientlig, stridande
opt [ɔpt] välja; uttala sig för; ~ for föredra, välja; ~ out hoppa av **-ative** [-ɔtiv] **I** a optativisk **II** s, gram. optativ (= ~ mood)
optic ['ɔptik] **I** a syn-, optisk; ~ nerve synnerv **II** s, skämts., ~s synorgan **-al** [-(ə)l] optisk; ~ illusion synvilla **-ian** [ɔp'tiʃ(ə)n] optiker
optimis|m ['ɔptimiz(ə)m] optimism **-tic[al]** [,ɔpti'mistik, -(ə)l] optimistisk
option ['ɔpʃ(ə)n] **1** val, valfrihet **2** hand. företräde, option **3** alternativ; I have no ~ but to go jag har inte annat val än att gå; he was imprisoned without the ~ han dömdes till ett ovillkorligt fängelsestraff **-al** [-ənl] valfri, frivillig; it is ~ with you du behöver inte göra det
opulen|ce ['ɔpjuləns] välstånd, rikedom, överflöd **-t** rik, välmående; överflödande
opus ['əupəs] verk, musikverk, komposition
or [ɔ:] **I** konj eller **II** s, her. guld (på vapensköld)
orac|le ['ɔrəkl] **1** orakel **2** orakelsvar **3** vis person som ger orakelsvar; work the ~ a skaffa sig fördelar genom spel bakom kulisserna **b** sl. skaffa pengar **-ular** [ɔ'rækjulə] orakel-, dunkel, gåtfull
oral [ɔ:r(ə)l] **I** a mun-, muntlig; med. oral; ~ examination muntlig tentamen **II** s, vard. muntlig tentamen
orange ['ɔrin(d)ʒ] **1** apelsin **2** orange[färg]; O ~ Oranien **-ade** ['ɔrin(d)ʒ'eid] apelsinlemonad **--peel** apelsinskal
orang|-outan ['ɔ:rəŋ'u:tæn] **--utang** [-n] zool. orangutang

orat|e [ɔ:'reit] orera **-ion** [-eiʃ(ə)n] **1** högtidligt tal **2** språkv. tal, anföring **-or** ['ɔrətə] vältalare **-oric[al]** [,ɔrə'tɔrik, -(ə)l] oratorisk, retorisk **-orio** [,ɔrə'tɔ:riəu] mus. oratorium **-orize** ['ɔrətəraiz] = orate **-ory** ['ɔrət(ə)ri] **1** kapell, bönhus **2** vältalighet, retorik
orb [ɔ:b] **I** s **1** klot, sfär **2** himlakropp **3** poet. ögonklot, öga **4** riksäpple **5** helhet, avrundat helt **II** v innesluta **-ed** [-d] poet. avrundat
orbit ['ɔ:bit] **I** s **1** ögonhåla **2** krökt bana; planets omloppsbana **3** (satellits, rymdskepps) omloppsbana (kring jorden) **4** fig. klot, himlakropp **II** v, flyg. befinna sig (placera) i omloppsbana **-al** [-l] omlopps-
orc [ɔ:k] **1** späckhuggare **2** havsvidunder, odjur
orchard ['ɔ:tʃəd] fruktträdgård **-ing** [-iŋ] fruktodling **-ist** fruktodlare
orchestra ['ɔ:kistrə] **1** orkester **2** A. parkett **-l** [ɔ:'kestr(ə)l] orkester- **-l-pit** [ɔ:'kestr(ə)l-'pit] **-l-well** [ɔ:'kestr(ə)l'wel] orkesterdike **-te** [-reit] instrumentera, orkestrera **-tion** [,ɔ:kes-'treiʃ(ə)n] instrumentation, orkestrering
orch|id ['ɔ:kid] orkidé **-idaceous** [,ɔ:ki'deiʃəs] lik en orkide; prunkande **-is** = orchid
ordain [ɔ:'dein] **1** prästviga **2** föreskriva, förordna, påbjuda
ordeal [ɔ:'di:l] **1** gudsdom, oskuldsprov **2** svår prövning, eldprov (~ by fire)
order ['ɔ:də] **I** s **1** stånd, rang, klass **2** följd, ordningsföljd **3** order, befallning **4** ordningsstadga, reglemente **5** kyrklig ritual **6** beställning, rekvisition **7** mil. formering, uppställning **8** andlig orden **9** orden, utmärkelse **10** (allmän) ordning, lugn **11** jur. åläggande, beslut (av domstol) **12** biol. ordning; ~ of the day dagorder (mil.); O ~ !, O ~ ! till ordningen (saken)! (parl.); the Dominican ~ dominikanerorden; the ~ of the Garter strumpebandsorden; the Masonic ~ frimurarorden; ~ of knighthood riddarorden; [holy] ~s andligt stånd; be in ~s vara prästvigd; put in ~ ställa i ordning; the ~ of things tingens ordning; postal ~ postcheck; a large ~ a en stor beställning **b** (fam.) ett jättearbete; by ~ på befallning; in ~ a i ordning **b** i ordningsföljd **c** A. passande, lämplig; in ~ to för att; in ~ that för att; out of ~ i olag; sönder; as per ~ enclosed enligt bifogade beställning; to ~ a på beställning **b** efter mått (kläder); a day to ~ en utsökt dag; the meeting was called to ~ a ordföranden återförde mötet till ordningen **b** A. förhandlingarna öppnades; be under doctor's ~ följa medicinska föreskrifter **II** v **1** anordna, styra, leda **2** beordra, befalla **3** beställa **4** med. ordinera; ~ a p. about köra med ngn, topprida ngn; he was ~ed home han blev hemsänd **--book** [-buk] mil. orderbok **2** motionsregister i underhuset **--form** beställningsformulär **-ly** [-li] **I** a välordnad; metodisk; ordentlig **II** s mil. ordonnans **2** sjukhusbiträde; mil. sjukvårdare **3** gatsopare **4** mil. kalfaktor **-ly-bin** soplår **-ly-book** mil. orderbok **-ly-man 1** ordonnans **2** kammartjänare **-ly-officer** [-,ɔfisə] dagofficer **--paper** [-,peipə] dagordning **--room** [-rum] mil. ung. kompaniexpedition **--sheet** se orderform **--word** mil. lösenord
ordinal [ɔ:'dinl] **I** a ordnings-, hörande till ordning **II** s **1** ordningstal (= ~ number) **2** ritualbok
ordinan|ce ['ɔ:dinəns] **1** förordning, stadga **2** gudstjänstbruk **-d** [,ɔ:di'nænd] blivande präst

ordinary ['ɔːdnri] I *a* **1** regelbunden, vanlig, bruklig **2** ordinarie; ~ *debts* bokskulder; ~ *seaman* lättmatros; *a physician-in-*~ livmedikus; *nothing out of the* ~ ingenting ovanligt II *s* **1** *the O*~ [Ärke]biskop (som juridiskt överhuvud i sitt stift) **2** fångpredikant **3** gudstjänstordning **4** cykel med höga hjul **5** stamaktie **6** det vanliga, det vardagliga; *in* ~ (om fartyg) upplagd

ordination [,ɔːdi'neiʃ(ə)n] **1** anordning, inrättning **2** prästvigning **3** Försynens inrättning

ordnance ['ɔːdnəns] artilleri, artilleripjäser; ~ *equipment* tygmateriel (*mil.*); ~ *map* generalstabskarta; *the O*~ *Survey* det officiella kartverket över Storbritannien o. Irland **--workshop** artilleriverkstad

ordure ['ɔːdjuə] dynga; *fig.* smuts

ore [ɔː] **1** malm **2** *poet.* metall (vanl. guld)

Oregon ['ɔrigən] delstat i USA

organ ['ɔːgən] **1** orgel **2** organ (*äv. fig.*) **--blower** [-,bləuə] orgeltrampare

organd|ie, -y ['ɔːgəndi] organdi

organ-grinder ['ɔːgən,graində] positivspelare

organic [ɔː'gænik] **1** organisk **2** fundamental; strukturell **3** organiserad

organ|ism ['ɔːgəniz(ə)m] organism **-ist** organist **-ization**[,ɔːgənai'zeiʃ(ə)n] organisation **-ize** ['ɔːgənaiz] **1** organisera **2** förse med organ

organ|-loft ['ɔːgənlɔft] orgelläktare **--piano** ['ɔːgənpi'ænəu] orgelpiano **--screen** orgel skrank **--stop** orgelregister

orgasm ['ɔːgæz(ə)m] orgasm; upphetsning; ursinne

org|iastic ['ɔːdʒiæstik] orgiastisk **-y** ['ɔːdʒi] **1** *vanl. pl- ies* hemliga religiösa riter **2** orgie, utsvävning

oriel ['ɔːriəl] burspråk

orient ['ɔːriənt] I *s* **1** *poet.* öster; *the O*~ Orienten, Östern, Österlandet **2** orientalisk pärla **3** glans från kostbar pärla II *a* **1** *poet.* östlig; österländsk **2** orientalisk, praktfull (pärla) **3** uppgående (om solen) III *v* **1** vända sig åt öster **2** orientera **-al** [,ɔːri'entl] I *a* **1** östlig; österländsk **2** glänsande (om pärla) II *s* oriental, österlänning **-alism** [,ɔːri'entəliz(ə)m] **1** orientalism **2** kännedom om de österländska språken **-alist** [,ɔːri'entəlist] orientalist, kännare av österländsk kultur **-alize** [,ɔːri'entəlaiz] ge österländsk prägel åt **-ate** [-eit] *se orient III* **-ation** [,ɔːrien'teiʃ(ə)n] orientering

orifice ['ɔrifis] öppning, mynning

origin ['ɔridʒin] uppkomst, källa, ursprung; början; persons härkomst; *office of* ~ avsändningskontor **-al** [ə'ridʒənl] I *a* **1** ursprunglig, första **2** originell, nyskapande II *s* original [-text]; *äv.* om personer; *a real* ~ ett riktigt original **-ality** [ə,ridʒi'næliti] ursprunglighet, originalitet **-ate** [ə'ridʒineit] **1** härröra, stamma från **2** frambringa, få till stånd **-ation** [ə,ridʒi'neiʃ(ə)n] **1** uppkomst, upprinnelse **2** åstadkommande, frambringande **-ative** [ə'ridʒineitiv] skapande; initiativrik **-ator** [ə'ridʒineitə] upphovsman, skapare; initiativtagare

oriole ['ɔːriəul] *zool.* gylling

Orion [ə'raiən] *astr.* Orion

orison ['ɔriz(ə)n] *åld.* bön (*vanl. pl*)

Orkneys ['ɔːkniz] *the* ~ Orkneyöarna

orlon ['ɔːlɔn] orlon

orlop ['ɔːlɔp] *sjö.* trossbotten; lägsta däck

ornament ['ɔːnəmənt] I *s* prydnad, utsmyckning II *v* pryda, smycka, dekorera **-al** [,ɔːnə-

'mentl] prydnads-, dekorativ; ~ *painter* dekorationsmålare **-ation** [,ɔːnəmen'teiʃ(ə)n] utsmyckning, dekorering

ornate [ɔː'neit] sirlig, utsirad

ornitholog|ist [,ɔːni'θɔlədʒist] ornitolog, fågelkännare **-y** [-i] ornitologi, läran om fåglarna

orotund ['ɔːrə(u)tʌnd] **1** högtravande, bombastisk **2** imponerande, imposant

orphan ['ɔːf(ə)n] I *s* föräldralöst barn; *fig.* värnlös varelse II *a* föräldralös; *fig.* värnlös III *v* beröva ngn föräldrarna **-age** ['ɔːfənidʒ] **1** hem för föräldralösa barn **2** föräldralöshet **-ed** [-d] föräldralös **-hood** föräldralöshet

orrery ['ɔrəri] planetarium

orris ['ɔris] **1** *bot.* ris **2** guld-, silverbroderi

orthodox ['ɔːθədɔks] **1** ortodox, rättrogen **2** allmänt vedertagen **3** passande, lämplig **4** gammalmodig, med gammaldags prägel; *the O*~ *Church* grekisk-katolska kyrkan **-y** [-i] ortodoxi, rättrogenhet

orthograph|ic [,ɔːθə(u)'græfik] ortografisk **-y** [ɔː'θɔgrəfi] ortografi, rättstavning[slära]

Oscar ['ɔskə] **1** utmärkelse inom filmen **2** årligt utdelad utmärkelse i allmänhet **3** attrapp för prov av fallskärmar

oscillat|e ['ɔsileit] **1** pendla, svänga **2** *radio.* oscillera **-ion** [,ɔsi'leiʃ(ə)n] **1** pendelrörelse, svängning **2** radiosvängning **-ory** [-ət(ə)ri] oscillerande, svängande

oscula|r ['ɔskjulə] mun-; *skämts.* kyssande, kyss- **-te** [-leit] **1** *skämts.* kyssa **2** *biol.* sammanhänga genom övergångstyp **3** *geom.* oskulera **4** stå i nära beröring med varandra **-tory** [-ət(ə)ri] kyss-; berörande

osier ['əuʒə] vide, korgpil **--bed** plantering av korgvide **--holt** videdunge

osprey ['ɔspri] **1** fiskgjuse **2** espri, ägrett

oss|eous ['ɔsiəs] benhård, förbenad, ben- **-icle** [-ikl] litet ben **-ification** [,ɔsifi'keiʃ(ə)n] förbening, benbildning; *fig.* förstening **-ify** [-fai] **1** förvandlas till ben **2** *fig.* bli benhård, förhärda **-uary** [-juəri] benurna; grav

osten|sibility [ɔs,tensi'biliti] sken **-sible** [ɔs'tensəbl] uppgiven, påstådd; *his* ~ *errand was* ... hans skenbara ärende var ... **-sive** [ɔs'tensiv] åskådlig **-sory** [ɔs'tensəri] *kyrk.* monstrans **-tation** [,ɔsten'teiʃ(ə)n] skrytsamt, bullrande uppträdande **-tatious** [,ɔsten'teiʃəs] ostentativ; braskande, prålig

ostler ['ɔslə] stalldräng vid värdshus

ostrac|ism ['ɔstrəsiz(ə)m] **1** landsförvisning **2** uteslutning; social "utfrysning" **-ize** [-aiz] **1** bannlysa **2** bojkotta

ostrich ['ɔstritʃ] struts; ~ *policy* strutspolitik

Ostrogoth ['ɔstrə(u)gɔθ] östgot

other ['ʌðə] annan, olik; nog (tillräcklig); *every* ~ *day* varannan dag; *he is* ~ *than you* han är annorlunda än du; *on the* ~ *hand* å andra sidan; *the* ~ *day* häromdagen; *some time or* ~ förr eller senare; *some one or* ~ den ene eller den andre; *he of all* ~*s* just han!; *if you don't want it, do the* ~ *thing* om du inte vill så blir det **-guess** *vard.* av annat slag **--minded** [-,maindid] annorlunda sinnad **-whence** *åld.* från annat håll **-where[s]** [-weə(z)] *poet.* annorstädes **-while[s]** [-wail(z)] *åld.* en annan gång, andra gånger **-wise 1** annorlunda, på annat sätt **2** i annat fall, annars **3** i andra avseenden **4** alias; *Judas,* ~ *[called] Iscariot* Judas, även kallad I.; *go,* ~ *you'll be late* gå, annars kommer du för sent; *he is unruly, but not* ~ *blameworthy* han är oregerlig men i

övrigt ej klandervärd; *the merits or* ~ *of his conduct* förtjänster eller fel i hans uppförande; ~ *than friendly* allt annat än vänlig; *he knew* ~ han visste bättre **--worldly** [-,wɔːldli] inte av denna världen
otiose ['əuʃiəus] ofruktbar, gagnlös
otter ['ɔtə] utter
otto ['ɔtəu] *s,* ~ *of roses* rosenolja
Ottoman ['ɔtə(u)mən] **I** *s* ottoman, turk **II** *a* ottomansk, turkisk **o-** ottoman
ouch [autʃ] *interj* aj!
ought [ɔːt] *hjälpv* bör, borde; *you* ~ *to stop talking like that* du borde sluta med sådant prat
ounce [auns] **1** uns (= 28,4 gram) **2** asiatisk panter
our ['auə] *poss pron* (förenad form) vår **-s** [-z] *poss pron* (självst. form) vår **-selves** [,auə-'selvz] vi själva, oss
oust [aust] fördriva, köra bort, vräka **-er** [-ə] *jur.* vräkning
out [aut] **I** *adv* **1** ut, bort, från **2** ute, utanför; ej hemma; förbi **3** utkommen; offentlig **4** ~ *of* utan; *all* ~ **a** utan **b** alldeles fel **c** med största ansträngning; *they went all* ~, *äv.* de ägnade sig helhjärtat åt sitt arbete; *my arm is* ~ min arm är ur led; *the girl is* ~ flickan har kommit ut i världen; *a reward was* ~ en belöning var utfäst; *you are not far* ~ du gissar nästan rätt (*fam.*); *I am ten pounds* ~ det fattas 10 pund för mig; *from this* ~ från o. med nu; *he is* ~ *in America* han är ute i A.; ~ *there* därute; *they are* ~, *äv.* de är oense; *she is* ~ *and away the better* hon är utom all jämförelse den bästa; *he is* ~ *and* ~ *conservative* han är ärkekonservativ; *be* ~ *of* **a** vara utan (t.ex. arbete) **b** vara född utan; *be* ~ *of it* **a** stå utanför **b** vara bortkommen **c** missta sig **d** veta vare sig ut eller in; *changed* ~ *of recognition* så förändrad att det knappast går att känna igen; *have it* ~ reda (klara) upp ngt; ~ *of all proportion* oproportionerlig; ~ *of curiosity* av nyfikenhet; ~ *upon him!* fy skäms! (*åld.*); ~ *with it!* fram med det! **II** *prep, from* ~ *of* [ut] ur (*poet.*) **III** *s* **1** *the* ~s det lag som är ute i kricket; *pol.* oppositionspartiet **2** *the ins and* ~s *of the matter* detaljerna i ärendet **3** *A.* nackdel **IV** yttre; bortre; ute-; ytter-; *an* ~ *match* en match på bortaplan; ~ *size* av osedvanlig storlek **V** *v* **1** *fam.* göra en utflykt **2** *sl.* slå knock out **3** *A.* röja ur vägen **4** *sl.* kasta ut ngn
out|-act [aut'ækt] överträffa **--and-out** ['autnd'aut] helt o. hållet, fullständig **--and- -outer** ['autnd'autə] *fam.* **1** överdängare **2** ytterst grundlig person **3** ärkebov
out|bid [aut'bid] överbjuda **-board** ['autbɔːd] utombords **-bound** ['autbaund] på utresa **-break I** *s* ['autbreik] **1** utbrott **2** uppror **II** *v* [aut'breik] *poet.* utbryta **-building** [aut,bildiŋ] uthusbyggnad **-burst** ['autbɔːst] utbrott
out|cast ['autkɑːst] **I** *s* **1** utstött varelse; lösdrivare **2** avfall, skräp **II** *v* förbanna **-caste** [-kɑːst] **I** *s* o. *a* paria **II** *v* stötas ut ur sin kast **-come** resultat **-crop** **I** *s* ['autkrɔp] berg etc. i dagen; yttring **II** *v* [aut'krɔp] komma i dagen **-cry I** *s* ['autkrai] rop, larm **II** *v* [aut'krai] ropa, larma; överrösta
out|dated [aut'deitid] föråldrad **-distance** [-'distəns] lämna bakom sig **-do** [-'duː] överträffa **-door** [autdɔː] skeende utomhus; utanför parlamentet; ~ *relief* fattigunderstöd

(utom ramen för institution); ~ *games* friluftslekar **-doors** ['aut'dɔːz] utomhus
outer ['autə] yttre, utvändig; ~ *garments* ytterkläder; ~ *man* persons yttre **-most** ytterst
out|face [aut'feis] **1** bringa ur fattningen **2** trotsa **-fall** ['autfɔːl] utlopp, mynning **-fit** ['autfit] **I** *s* **1** utrustning **2** *fam.* företag **3** *fam.* sällskap resande, arbetslag **II** *v* utrusta **-fitter** ['autfitə] skeppshandlare; *gentlemen's* ~ herrekipering **-flank** [-'flæŋk] **1** *mil.* överflygla **2** lura, dra vid näsan **-flow** ['autfləu] utflöde
out|go I *s* ['autgəu] **1** utgifter **2** utlopp, mynning **II** *v* [aut'gəu] överträffa **-goer** ['aut- ,gəuə] avgående (utträdande) person **-going** ['aut,gəuiŋ] **I** *a* utgående; avgående **II** *s* **1** avgång; utflöde **2** ~s utgifter **-grow** [aut'grəu] växa om; växa ur; lämna ngt bakom sig **-growth** ['autgrəuθ] **1** utväxt **2** produkt, resultat
outhouse ['authaus] uthus
outing ['autiŋ] utflykt, nöjesresa
out|lander ['aut,lændə] *poet.* utlänning **-landish** [aut'lændiʃ] **1** *åld.* utländsk **2** främmande, egendomlig, bisarr; ödslig, avlägsen **-last** [aut'lɑːst] överleva, leva (vara) längre än **-law I** *s* fredlös, fågelfri **II** *v* förklara fredlös **-lawry** ['autlɔːri] **1** trots mot lagen **2** biltoghet'**-lay I** *s* ['autlei] utlägg, utgifter **II** *v* [aut'lei] lägga ut **-let** utgång; avlopp **-lier** [-,laiə] avsöndrad del; uteliggare **-line I** *s* **1** kontur, ytterlinje **2** utkast; översikt **3** ~s huvuddrag, allmänna principer **II** *v* ange huvuddragen av, skissera; avteckna sig (*against* mot) **-look 1** utkik **2** utsiktsplats **3** vaksamhet **4** framtidsutsikter; ~ *on life* livsåskådning **-lying** [-laiiŋ] avlägsen; liggande utanför
out|match [aut'mætʃ] överträffa **-most** ['aut- məust] ytterst **-number** [-'nʌmbə] vara överlägsen i antal
out|-of-date ['autəv'deit] föråldrad **--of- -door[s]** ['autəv'dɔːz] = *outdoor[s]* **--of-the- -way** ['autəvð(ə)'wei] **1** avsides belägen **2** ovanlig **--of-work** ['autəv'wəːk] arbetslös
out|patient ['aut,peiʃ(ə)nt] poliklinikpatient; ~[*s*'] *clinic* poliklinik **-post** förpost; utpost **-pour I** *s* ['autpɔː] utströmning; översvämning **II** *v* [aut'pɔː] låta strömma ut **-pouring** [-,pɔːriŋ] **1** utströmmande **2** ~s utgjutelser **-put** produktion, tillverkning; utgångseffekt
outrage ['autreidʒ] **I** *s* **1** kränkning **2** illdåd **II** *v* **1** begå övervåld mot **2** kränka, förolämpa grovt **-ous** [aut'reidʒəs] **1** kränkande, skymflig **2** våldsam, ursinnig **3** otillbörlig, överdriven
out|range [aut'rein(d)ʒ] nå längre än (om projektiler) **-rank** [-'ræŋk] ha högre rang än; överträffa **-reach** [-'riːtʃ] överträffa; räcka längre än **-ride** [-'raid] rida om; rida fortare än; rida in en storm (om fartyg) **-rider** ['aut- ,raidə] **1** förridare **2** *dial.* handelsresande **-right I** *adv* [-'rait] **1** rent ut, utan vidare **2** på en gång **3** helt o. hållet **II** *a* ['autrait] fullständig, hel o. hållen **-run** [-'rʌn] **1** springa om, springa fortare än **2** undgå, lura (förföljare) **3** överskrida, övergå; ~ *the constable* leva på stor fot; ådra sig skulder; ~ *one's income* leva över sina tillgångar **-runner** ['autrʌnə] **1** förelöpare; förebådare **2** extrahäst (förspänd utanför skaklarna)
out|set [autset] början; *from the very* ~ från första början **-shine** [aut'ʃain] överglänsa,

ställa i skuggan, fördunkla **-side** ['aut'said]
I s 1 utsida 2 fam. det högsta, maximum; turn
it ~ in vända ut o. in på det; at the ~ på sin
höjd, högst **II** a 1 utvändig, yttre 2 maximum,
det högsta (pris) **III** adv ute, utanför; ~ his
family utanför hans familj **IV** prep utanför,
utanpå; utom **-sider** ['aut'saidə] 1 utom-
stående 2 icke tippad vinnare **-size** onormal
storlek, specialstorlek (av kläder etc.) **-skirts**
[-skə:ts] utkanter, ytterområden **-sleep** [aut-
'sli:p] sova mycket länge **-spoken** [aut'spəu-
k(ə)n] öppenhjärtig; frank **-spread** ['aut-
'spred] **I** a utspridd **II** v utbreda, utsträcka
-standing [aut'stændiŋ] 1 utestående (skuld
etc.) 2 framstående, framträdande 3 utstående,
utskjutande; ~ debts obetalda skulder **-stare**
[aut'stɛə] titta ngn stint i ögonen; bringa ngn
ur fattningen **-station** [-ˌsteiʃ(ə)n] utpost i
kolonierna **-stay** [aut'stei] stanna längre än
(för länge) **-strip** [aut'strip] löpa förbi, lämna
bakom sig; fig. överträffa
out|talk [aut'tɔ:k] prata omkull ngn **-top**
[-'tɔp] överträffa **-trump** [-'trʌmp] övertrumfa
-turn ['auttə:n] produktion
out|vie [aut'vai] överträffa, besegra **-voice**
[-'vɔis] överrösta **-vote** [-'vəut] överrösta i
omröstning **-voter** ['aut,vəutə] röstberättigad
som bor på annan ort
outward ['autwəd] **I** a 1 utåtriktad 2 yttre, ut-
värtes; his ~ man hans klädsel (skämts.);
to ~ seeming synbarligen; for ~ application
only endast för utvärtes bruk **II** adv utåt, ut;
utanpå **III** s yttre utseende **--bound** ['aut-
wəd'baund] på utresa **-ness** [-nis] 1 yttre
form 2 objektivitet **-s** [-z] **I** adv utåt, ut; utan-
på **II** s pl yttre ting
out|wear [aut'wɛə] 1 förslita, nöta ut 2 ut-
matta 3 uthärda, överleva 4 vara längre än
-wit [-'wit] överlista **-work I** s ['autwə:k] 1
mil. utanverk 2 utomhusarbete **II** v [aut'wə:k]
arbeta (hårdare) fortare än **-worn** [aut'wɔ:n,
attr 'autwɔ:n] utsliten
ova ['əuvə] pl av ovum
oval ['əuv(ə)l] s o. a oval
ovar|ian [əu'vɛəriən] äggstocks- **-y** ['əuvəri] 1
äggstock 2 fruktämne
ovate ['əuveit] a oval, äggrund
ovation [ə(u)'veiʃ(ə)n] (livlig) hyllning; ovation
oven ['ʌvn] ugn
over ['əuvə] **I** prep över, ovanför; mer än,
utöver; tvärs över, över till andra sidan; un-
der loppet av; ~ and above utöver; all ~ the
world över hela världen; he was all ~ her han
ägnade henne all uppmärksamhet (fam.); we
talked about the matter ~ a bottle of wine vi
diskuterade saken vid en flaska vin; let's talk
it ~ låt oss diskutera saken; he went asleep ~
his work han somnade medan han arbetade;
we stayed ~ Wednesday vi stannade över
onsdagen; my neighbour ~ the way min
granne mitt emot; ~ the way i överkant **II** adv
över, tvärs över, över till andra sidan; helt o.
hållet, från början till slut; ~ again ånyo; ~
and ~ gång på gång; ~ against a mitt emot **b**
i motsats till; he is not ~ particular han är inte
övedrivet noggrann; school is ~ skolan är
slut; that's him all ~ det är just likt honom
(fam.); it's all ~ with him det är slut med ho-
nom **III** s 1 överskott 2 kricket. over, serie om
6 kast
over|abound ['əuv(ə)rə'baund] finnas i alltför
stort överflöd **-abundance** ['əuv(ə)rə'bʌn-

dəns) överflöd, -mått **-abundant** ['əuv(ə)rə-
'bʌndənt] överlastad **-act** ['əuvər'ækt] över-
driva, karikera **-all I** s ['əuvərɔ:l] overall; ~s
överdragskläder **II** adv [,əuvər'ɔ:l] överallt
--anxious ['əuvər'æŋ(k)ʃəs] alltför ängslig
-arch ['əuvər'ɑ:tʃ] välva sig över **-arm**
['əuvərɑ:m] överarm **-awe** [,əuvər'ɔ:] impo-
nera på; skrämma
over|-balance [,əuvə'bæləns] **I** s överskott **II**
v 1 förlora jämvikten 2 uppväga **-bear**
[,əuvə'bɛə] 1 besegra; undertrycka 2 över-
träffa **-bearing** [,əuvə'bɛəriŋ] myndig, hög-
dragen **-bid I** v [,əuvə'bid] 1 överbjuda 2 över-
träffa **II** s ['əuvəbid] högre bud **-blow** ['əuvə-
'bləu] mus. överblåsa (instrument); ~n över-
blommad **-board** ['əuvəbɔ:d] överbord; they
were lost ~ de föll överbord o. drunknade
-brim ['əuvə'brim] flöda över **-build** ['əuvə-
'bild] 1 överbygga 2 förbygga sig **--busy**
['əuvə'bizi] 1 för mycket upptagen 2 alltför
beställsam, beskäftig
over|care ['əuvə'kɛə] oroa sig för mycket
-cast [-kɑ:st] betäckt; molnig; an ~ sky en
mulen himmel **-charge** ['əuvə'tʃɑ:dʒ] **I** v 1
överbelasta 2 begära för högt pris **II** s 1 över-
belastning 2 för högt pris **-coat** [-kəut] över-
rock **-come** [,əuvə'kʌm] övervinna, besegra;
they were ~ **a** de blev besegrade (t.ex. av
motigheter) **b** de blev övermannade **c** de var
övervaldigade **-crop** ['əuvə'krɔp] ta ut för
många skördar av jorden **-crowd** [,əuvə-
'kraud] fylla med för mycket folk; ~ed över-
full
over|-develop ['əuvədi'veləp] utveckla alltför
kraftigt; foto. överframkalla **-do** [,əuvə'du:] 1
överdriva 2 koka (steka) alltför mycket 3 över-
anstränga **-dose I** s ['əuvədəus] för stor dosis
II v ['əuvə'dəus] överdosera **-draft** ['əuvə-
drɑ:ft] överskridande av bankkonto, övertras-
sering **-draw** ['əuvə'drɔ:] 1 överdriva 2 över-
skrida (bankräkning) **-dress** ['əuvə'dres]
styra ut sig, klä sig för fint för tillfället **-drink**
['əuvə'driŋk] v, ~ o.s. dricka för mycket
-drive I v ['əuvə'draiv] överanstränga **II** s
['əuvədraiv] överväxel (på bil) **-due** ['əuvə-
'dju:] för länge sedan förfallen (växel); för-
senad (om tåg etc.)
over|eat ['əuvər'i:t] äta för mycket **-estimate**
I s ['əuvər'estimit] överskattning **II** v ['əuvər-
'estimeit] överskatta, övervärdera **-expose**
['əuvəriks'pəuz] 1 exponera för länge el. för
mycket 2 foto. överexponera
over|fall ['əuvəfɔ:l] 1 gropig havsyta 2 åld.
vattenfall, strömdrag **-feed** ['əuvə'fi:d] äta
för mycket; övergöda **-flow I** v ['əuvə'fləu]
översvämma **II** s ['əuvəfləu] 1 översvämning
2 överflöd **--full** ['əuvə'ful] överfull
over|go [,əuvə'gəu] 1 överträffa 2 gå över
-ground ['əuvəgraund] ovan jord **-grow**
['əuvə'grəu] 1 utbreda sig över, växa över 2
bli alltför stor; ~ o.s. växa för fort **-growth**
['əuvəgrəu⊕] 1 överflöd, yppighet 2 alltför
hastig (frodig) växt
over|hand ['əuvəhænd] med handen uppåt
-haul I v [,əuvə'hɔ:l] 1 noggrant undersöka,
genomgå grundligt 2 hinna upp **II** s ['əuvə-
hɔ:l] översyn, undersökning **-head** ['əuvə-
'hed] över huvudet; ~s, ~ charges fasta
driftskostnader; ~ price totalpris; ~ valve
toppventil **-hear** [,əuvə'hiə] 1 råka få höra 2
avlyssna **-heat** ['əuvə'hi:t] 1 överhetta 2 gå
varm (om lager)

203

overjoyed–ozoner

overjoyed [,əuvə'dʒɔid] överförtjust
over|lap I v [,əuvə'læp] delvis sammanfalla
med (täcka) **II** s ['əuvəlæp] partiell övertäck-
ning **-lay I** v [,əuvə'lei] betäcka, belägga **II** s
['əuvəlei] **1** betäckning **2** liten duk; hair ~
tagelmadrass **-leaf** ['əuvə'li:f] på nästa sida
-load I v ['əuvə'ləud] överbelasta **II** s ['əuvə-
ləud] överbelastning **-look** [,əuvə'luk] **1** se
(titta) över **2** förbise **3** se genom fingrarna
med **4** överblicka **5** förhäxa med blicken
-looker ['əuvə,lukə] tillsyningsman **-lord**
['əuvəlɔ:d] överherre
over|man ['əuvəmæn] **1** övermänniska **2**
förman **-master** [,əuvə'mɑ:stə] övervinna,
besegra **-match** [,əuvə'mætʃ] **I** v överträffa,
besegra **II** s överman **--measure** ['əuvə'-
meʒə] övermått **-much** ['əuvə'mʌtʃ] alltför
mycket
over|-nice ['əuvə'nais] alltför petig **-night**
['əuvə'nait] **1** under natten (kvällen) förut **2**
över natten **3** i en handvändning
over|pass [,əuvə'pɑ:s] **I** v **1** fara över **2** till-
ryggalägga (avstånd) **3** överskrida, övergå
II s överfart över motorväg **-play** ['əuvə'plei]
överspela; ~ one's hand spela för högt **-power**
[,əuvə'pauə] övermanna; överväldiga **-praise**
['əuvə'preiz] prisa alltför mycket (högt)
-print I v ['əuvə'print] foto. överexponera en
kopia **II** s ['əuvəprint] övertryck (frimärke)
over|rate ['əuvə'reit] överskatta **-reach** [,əu-
və'ri:tʃ] **1** sträcka sig längre än **2** lura; ~ o.s.
a försträcka sig **2** bedra sig **-ride** [,əuvə'raid]
1 rida en häst fördärvad **2** upphäva **3** över-
skrida (befogenhet) **-rule** [,əuvə'ru:l] **1** be-
härska, styra **2** övertala **3** avvisa, förkasta;
upphäva **-run** [,əuvə'rʌn] **1** köra över **2** över-
svämma (äv. fig.); övervxa, betäcka **3** över-
skrida; ~ o.s. ha utur
over|seas ['əuvə'si:z] utomlands, på andra si-
dan havet **-see** ['əuvə'si:] övervaka, tillse
-seer ['əuvəsiə] övervakare, tillsyningsman
-sell [,əuvə'sel] sälja mer än vad man kan
leverera **-set** [,əuvə'set] kasta omkull; bringa
i oordning **-shadow** [,əuvə'ʃædəu] **1** över-
skugga (äv. fig.) **2** beskydda **-shoot** ['əuvə-
'ʃu:t] skjuta över målet; fig. gå för långt; ~
o.s. prata bredvid munnen **-sight** [-sait]
1 förbiseende, misstag **2** tillsyn, uppsikt
-sleep ['əuvə'sli:p] (= ~ o.s.) försova sig
-spend ['əuvə'spend] överskrida sina till-
gångar **-spill I** s ['əuvəspil] **1** det som är
förspillt **2** överbefolkning **II** v [,əuvə'spil]
spilla ut **-spread** [,əuvə'spred] utsprida
-staff ['əuvə'stɑ:f] anställa för mycket per-
sonal **-state** ['əuvə'steit] överdriva **-stock**
['əuvə'stɔk] överfylla **-strain** [-strein] **1**
sträcka ut **2** överanstränga **3** överdriva
overt ['əuvə:t] offentlig; öppen, uppenbar
over|take [,əuvə'teik] **1** köra om, hinna upp
2 överraska, överrumpla; he was ~n in drink
han var berusad **--the-hill** [,əuvəðə'hil]
bondpermission **-throw I** v [,əuvə'θrəu] kull-
kasta; omstörta **II** s ['əuvəθrəu] förstörelse,
undergång, nederlag **-time** [-taim] **1** över-
tid **2** övertidsersättning; work ~ arbeta på
övertid **-top** ['əuvə'tɔp] överträffa; vara över-
lägsen **-trump** [-trʌmp] övertrumfa
overture ['əuvətjuə] **1** (första) förslag **2** mus.
uvertyr; make ~s söka närma sig, inleda
underhandlingar
overturn I v [,əuvə'tə:n] välta omkull, kasta
över ända; the boat was ~ed båten slog runt

II s ['əuvətə:n] **1** kantring, stjälpning **2** om-
störtning **3** = turnover
overvalue ['əuvə'vælju:] överskatta
over|weening [,əuvə'wi:niŋ] **1** egenkär, över-
modig **2** omåttlig **-weight 1** s ['əuvəweit]
övervikt **II** v ['əuvə'weit] överlasta **-whelm**
[,əuvə'welm] överväldiga, överhopa **-work I**
s **1** ['əuvəwə:k] övertidsarbete **2** ['əuvə'wə:k]
överansträngning **II** v ['əuvə'wə:k] överan-
stränga **-wrought** ['əuvə'rɔ:t] **1** överan-
strängd, utarbetad **2** överdrivet utarbetad i i
minsta detalj
Ovid ['ɔvid] Ovidius **-ian** [ɔ'vidiən] av (hö-
rande till) Ovidius
ovi|duct ['əuvidʌkt] äggledare **-form** ägg-
formad
ovine ['əuvain] a får-
oviparous [əu'vipərəs] äggläggande
ov|oid ['əuvɔid] äggformig **-ule** [-ju:l] **1** frö-
ämne **2** obefruktat ägg **-um** [-əm] ägg
ow|e [əu] vara skyldig; ha att tacka för; we ~
you much vi har er att tacka för mycket; he ~s
me a grudge han hyser agg mot mig **-ing**
[-iŋ] **I** a som skall betalas; I have nothing ~
jag är inte skyldig någonting; be ~ to bero
på **II** s, ~s skulder
owl [aul] **1** uggla (äv. fig.); drunk as an ~ full
som en kaja **2** viktigpetter **3** A. = **-car**
nattspårvagn **-ery** [-əri] ugglebo **-et** [-it] liten
uggla **-ish** [-iʃ] liknande en uggla **--light**
skymning **-y** [-i] se owlish
own [əun] **I** a egen; be one's ~ man vara sin
egen herre, vara oberoende; get one's ~ back
bli kvitt med ngn; name your ~ price bestäm
själv priset; take your ~ time gör det i godan
ro; in (at) your ~ [good] time när ni finner det
lägligt; come into one's ~ komma till sin rätt,
få vad som tillkommer en; we could not hold
our ~ vi kunde inte hålla stånd; on one's ~
på egen hand; my time is my ~ jag bestämmer
själv över min tid **II** v **1** äga **2** erkänna, tillstå;
~ to s.th. erkänna sitt fel; ~ up erkänna öpp-
villigt (vard.)
owner ['əunə] **1** ägare **2** (= ship~) redare **3**
sjö. sl. kapten **-less** [-lis] herrelös **-ship** ägan-
derätt
ox [ɔks] (pl ~en [-(ə)n]) oxe; the black ~ has
trod on his foot han har fått pröva på vad livets
vedermödor vill säga
oxalic [ɔk'sælik] a, ~ acid oxalsyra
ox-eye ['ɔksai] **1** oxöga **2** talgoxe **3** gul präst-
krage
Oxford ['ɔksfəd] ~ blue mörkblått; ~ man
ngn som fått sin utbildning i Oxford
ox-hide ['ɔkshaid] oxhud
oxid|ant ['ɔksidnt] oxidationsmedel **-ate** [-eit]
oxidera **-ation** [,ɔksi'deiʃ(ə)n] se oxidization
-e [-aid] oxid **-ization** [,ɔksidai'zeiʃ(ə)n] oxi-
dering **-ize** [-aiz] oxidera **-izer** [-aizə] se oxi-
dant
oxlip ['ɔkslip] bot. trädgårdsviva
Oxonian [ɔk'səunjən] **I** a tillhörande univ. i
Oxford **II** s [f.d.] oxfordstudent
oxygen ['ɔksidʒ(ə)n] syre **-ate** [ɔk'sidʒineit]
-ize [ɔk'sidʒinaiz] oxidera **-ous** [ɔk'sidʒinəs]
syrehaltig
oyer ['ɔiə] förhör, rannsakning
oyes, o yes, oyez [əu'jes] hör upp!
oyster ['ɔistə] ostron **--catcher** [-,kætʃə]
strandskata
ozone ['əuzəun] ozon; A. sl. frisk luft **-r** [-ə]
sl. utomhusteater (för bilåkande)

P

P, p [pi:] (bokstaven) p; *mind your ~'s and q's* tänk på vad du säger (hur du uppför dig)
pace [peis] **I** *s* **1** steg **2** hastighet, fart, tempo; *they keep ~ with him* de håller jämna steg med honom; *go the ~* **a** skjuta stark fart **b** *fig.* leva undan; *put a person through his ~s* pröva ngns talanger; *set (make) the ~* bestämma takten **II** *v* **1** gå av o. an (t.ex. i ett rum) **2** gå, skrida **--maker** [-,meikə] den som bestämmer takten; *sport.* pacemaker **-r** [-ə] **1** passgångare **2** en som promenerar
pacific [pə'sifik] **1** fredlig **2** fridfull, stilla; *the P~* [*Ocean*] Stilla havet; *the P~ States: Washington, Oregon* o. *California* **-ation** [,pæsifi'keiʃ(ə)n] **1** återställande av freden **2** fredsslut **-ator** [-eitə] fredsstiftare **-atory** [-ət(ə)ri] fredsstiftande, fredlig
paci|fier ['pæsifaiə] **1** fredsstiftare **2** *A.* napp **-fism** [-fiz(ə)m] fredsrörelse, pacifism **-fist** [-fist] pacifist, fredsvän **-fy** [-fai] återställa freden; stilla, lugna
pack [pæk] **I** *s* **1** knyte, bylte **2** *mil.* packning **3** samling, hop **4** förpackning; *a ~ of cards* en kortlek; *a ~ of lies* en massa lögner **II** *v* **1** packa **2** fylla, packa ihop **3** ge sig av **4** sammansätta partiskt (t.ex. jury) **5** *A.* bära; *he was sent ~ing* han blev bortkörd; *a ~ed house* fullsatt; *~ on all sail* sätta till alla segel; *~ up* **a** packa in **b** *sl.* gå sönder (om maskiner etc.) **-age** [-idʒ] **1** paket; kolli **2** emballage, förpackning **-age-tour** [-idʒtuə] sällskapsresa **--drill** straffexercis **-er** [-ə] förpackningsmaskin; packare
packet ['pækit] **I** *s* **1** paket, ask (t.ex. cigarretter) **2** paketbåt **3** *sl.* stor penningsumma **4** kula; *he caught a ~* han blev svårt sårad; *they sold him a ~* de lurade honom (*fam.*) **II** *v* packa in
pack|-horse ['pækhɔ:s] packhäst **-ing** [-iŋ] packning **--jammed** [-dʒæmd] fullpackad **-man** [-mən] gårdfarihandlare
pact [pækt] pakt, förbund, fördrag
pad [pæd] **I** *s* **1** kudde, dyna **2** mjukt underlag **3** skrivunderlägg; pappersblock **4** [sadel]puta **5** *sl.* väg **6** passgångare **7** korg (mått för frukt etc.) **8** trampdyna **9** *sl.* hem; säng; *on the ~* på luffen; *a gentleman (knight) of the ~* stråtrövare **II** *v* **1** stoppa, vaddera **2** traska, gå till fots **-ding** [-iŋ] **1** stoppning **2** fyllnadsgods, spaltfyllnad
paddle ['pædl] **I** *s* **1** paddel **2** skovel (på turbin) **II** *v* **1** paddla **2** plaska **3** fingra på (om barn) **4** prygla, slå; *he ~s his own canoe* han reder sig själv **--box** hjulhus **--steamer** [-,sti:mə] hjulångare **--wheel** skovelhjul
paddling-pool ['pædliŋpu:l] plaskdamm
paddock ['pædək] **1** kringgärdat område (*isht* för hästar) **2** sadelplats
paddy ['pædi] **1** *fam.* dåligt humör **2** växande (oskalat) ris **3** *P~* irländare
pad|-horse ['pædhɔ:s] passgångare **-lock I** *s* hänglås **II** *v* sätta hänglås för **--nag** passgångare
padre ['pɑ:dri] *mil. sl.* (kat.) fältpräst
paean ['pi:ən] lovsång; tacksägelse
paediatr|ician [,pi:diə'triʃ(ə)n] pediatriker, **-ics** [,pi:di'ætriks] *pl* pediatrik **-ist** [,pi:di'ætrist] *se paediatrician*
pagan ['peigən] **I** *s* hedning **II** *a* hednisk **-dom** [-dəm] hedendom **-ish** [-iʃ] hednisk **-ism** [-iz(ə)m] hedendom **-ize** [-aiz] göra hednisk
page [peidʒ] **I** *s* **1** sida, blad **2** page, hovsven **3** piccolo (på hotell) **II** *v* **1** paginera **2** *A.* låta (piccolo) kalla på (hotellgäst)
pageant ['pædʒ(ə)nt] praktfullt skådespel; parad **-ry** [-ri] pomp; [tom] ståt
page-boy ['peidʒbɔi] piccolo, springpojke
pagina|l ['pædʒinl] sida efter sida, på varje sida **-te** [-neit] paginera **-tion** [,pædʒi'neiʃ(ə)n] paginering
pagoda [pə'gəudə] pagod
paid [peid] *imperf* o. *perf part* av *pay*
pail [peil] ämbar, hink **-ful** [-ful] (en) hink full **paill|asse** ['pæliæs] halmmadrass **-ette** [pæl'jet] paljett
pain [pein] **I** *s* pina, plåga; smärta, värk; *~s* möda, besvär; *he took (was at) great ~s* han gjorde sig stort besvär; *on (under) ~ of death* vid dödsstraff; *it gives me ~* det vållar mig sorg (smärta); *he had his labour for his ~s* han gjorde sig besvär förgäves **II** *v* smärta, plåga; värka **-ful** [-f(u)l] plågsam **--killer** [-,kilə] smärtstillande medel **-less** [-lis] smärtfri
painstak|er ['peinz,teikə] arbetsmyra **-ing** [-iŋ] **I** *a* flitig; noggrann **II** *s* flit
paint [peint] **I** *s* **1** färg **2** smink; *wet ~!* nymålat! **II** *v* måla, färga; *he ~ed the town red* han slog sig lös ordentligt (*vard.*); *~ out* måla över, utplåna **--box 1** färglåda **2** sminkburk **--brush** [-brʌʃ] målarpensel **-er** [-ə] **1** målare **2** *sjö.* fånglina; *cut the ~* släppa vind för våg
painting ['peintiŋ] målning, tavla
paint|ress ['peintris] målarinna **-y** [-i] av färg; färglagd (ofta alltför mycket)
pair [pɛə] **I** *s* par (av två lika); *where is the ~ to this glove* var är den andra handsken; *these gloves are not a ~* dessa handskar är omaka; *a carriage and ~* en tvåspänd vagn; *a ~ of tongs* en tång; *two ~[s] of compasses* två passare; *a ~ of stairs (steps)* en trappa; *a ~ of scissors* en sax; *a ~ of trousers* ett par byxor; *by ~s* parvis **II** *v* para ihop; ordna parvis; *~ off* **a** ordna parvis **b** *vard.* gifta sig
pajamas [pə'dʒɑ:məz] *se pyjamas*
Pakistan [,pɑ:kis'tɑ:n] Pakistan **-i** från Pakistan
pal [pæl] **I** *s, sl.* kompis, god vän **II** *v, ~ up* bli god vän med
palace ['pælis] palats
palan|keen, -quin [,pælən'ki:n] palankin, orientalisk bärstol
palatab|ility [,pælətə'biliti] smaklighet **-le** ['pælətəbl] smaklig, angenäm
palate ['pælit] **1** smak **2** gom; *the hard (soft) ~* hårda (mjuka) gommen
palatial [pə'leiʃ(ə)l] palatslik
palatin|ate [pə'lætinit] pfalzgrevskap **-e** ['pælətain] **I** *a* pfalzgrevlig; *count ~* pfalzgreve **2** gom- **II** *s* **1** pfalzgreve **2** dampälskrage
palaver [pə'lɑ:və] **I** *s* **1** omständlig överläggning **2** tomt prat; smicker **3** *sl.* affär **II** *v* prata mycket
pale [peil] **I** *s* **1** påle, stake **2** område, sfär **3** inhägnad; gräns; *within the ~* tillåten; innanför gränsen; *beyond the ~s* omöjlige, otänkbar i bildat sällskap **II** *v* **1** inhägna **2** blekna, förblekna **III** *a* blek, matt **--face** blekansikte **--faced** [-feist] blek **-ness** [-nis] blekhet

Palestine ['pælistain] Palestina
palette ['pælit] palett
palfrey ['pɔːlfri] *poet.* ridhäst (*isht* för damer)
paling[s] ['peiliŋ(z)] inhägnad, plank
palisade [,pæli'seid] **I** *s* **1** palissad **2** en rad höga klippor **II** *v* förse med palissad
palish ['peiliʃ] en smula blek
pall [pɔːl] **I** *s* **1** bårtäcke **2** pallium **3** *fig.* slöja **4** förstämning **II** *v* **1** äcklas, vämjas; bli övermätt **2** bli tröttsam (tråkig, enformig); ~ *on* tråka ut
palladium [pə'leidjəm] **1** Pallasbild **2** skyddsvärn **3** *kem.* palladium
pall-bearer ['pɔːl,beərə] bårtäckesbärare (vid begravning)
pallett ['pælit] **1** palett **2** liten spade **3** halmmadrass
palliasse ['pæliæs] halmmadrass
palliat|e ['pælieit] överskyla; mildra, lindra **-ion** [,pæli'eiʃ(ə)n] överskylande; mildring, lindring **-ive** [-iətiv] **I** *a* förmildrande; lindrande **II** *s* lindringsmedel
pallid ['pælid] blek
pallor ['pælə] blekhet
pally ['pæli] *vard.* kamratlig
palm [pɑːm] **I** *s* **1** palm[kvist] **2** handflata; *bear the* ~ segra; *yield the* ~ *to* avstå från segerpriset; *grease a man's* ~ muta någon; *P* ~ *Sunday* Palmsöndagen **II** *v* **1** muta **2** gömma (i handen) **3** vidröra; *they* ~*ed it* [*off*] *on me* de prackade det på mig; *he* ~*s himself off as a teacher* han utger sig för att vara lärare **-aceous** [pæl'meiʃəs] palm- **-ar** ['pælmə] hörande till handflatan
palmer ['pɑːmə] **1** pilgrim **2** vandrarmunk **3** larv (~-*worm*)
palmetto [pæl'metəu] palmetto (olika palmarter)
palm-greasing ['pɑːm,griːziŋ] bestickning
palmiped[e] ['pælmiped, -piːd] **I** *s* simfågel **II** *a* försedd med simfötter
palmist ['pɑːmist] kiromant; spåkvinna **-ry** [-ri] **1** kiromanti, spådomskonst **2** *fam.* mutor
palm|-oil ['pɑːmɔil] palmolja; *fig.* mutor **--reader** [-,riːdə] kiromant; spåkvinna **-y** [-i] **1** *poet.* palm- **2** *fig.* segerrik; lycklig
palomino [pælə'miːnəu] *A.* ljusbrun (gulvit) häst
palp [pælp] känselspröt, tentakel **-ability** [,pælpə'biliti] **1** kännbarhet **2** påtaglighet **-able** ['pælpəbl] **1** kännbar **2** påtaglig, handgriplig **-ate** [-eit] känna [på] **-ation** [-'peiʃ(ə)n] *med.* palpation
palpitat|e ['pælpiteit] klappa (om hjärtat); slå häftigt; darra **-ion** [,pælpi'teiʃ(ə)n] hjärtklappning
palpus ['pælpəs] känselspröt, tentakel
palsgrave ['pɔːlzgreiv] pfalzgreve
pals|ied ['pɔːlzid] **1** förlamad **2** ostadig, vacklande **-y** [-i] **I** *s* förlamning; slag[anfall] (*äv. fig.*) **II** *v* förlama
palter ['pɔːltə] använda knep; ta till undan flykter
paltry ['pɔːltri] eländig, usel; futtig
paludal [pæ'luːdl] träsk-
paly ['peili] *poet.* en smula blek
pam [pæm] klöver knekt
pampas 1 ['pæmpəs] pampasgräs **2** *P* ~ [-z] Pampas
pamper ['pæmpə] övergöda; *fig.* klema bort; skämma bort
pamphlet ['pæmflit] broschyr; flygskrift **-eer** [,pæmfli'tiə] **I** *s* broschyrförfattare **II** *v* skriva broschyrer
pan [pæn] **I** *s* **1** skål, bunke **2** stekpanna **3** hårt underlag **4** *A. sl.* ansikte **5** *P* ~ *Pan*; *dead* ~ uttryckslöst ansikte; *fall out of the* ~ *into the fire* råka ur askan i elden **II** *v* **1** ~ *off* (*out*) vaska guld **2** *film.* panorera **3** *vard.* hårt kritisera; ~ *out* a avge guld; *fig.* ge god avkastning **b** utfalla, avlöpa **c** *A.* anmärka mot
panacea [,pænə'siə] universalbotemedel
Panama [,pænə'mɑː] Panama
pancake ['pænkeik] **1** pannkaka **II** *v* sänka sig (om flygplan) **--day** fettisdag
pancrea|s ['pæŋkriəs] bukspottkörtel **-tic** [,pæŋkri'ætik] tillhörande bukspottkörteln
panda ['pændə] **1** kattbjörn, liten panda **2** bambubjörn, jättepanda
pandemic [pæn'demik] **I** *a* pandemisk; spridd över hela landet **II** *s* pandemi
pandemonium [,pændi'məunjəm] pandemonium; fullständig förvirring; helvete
pander ['pændə] **I** *s* kopplare; hantlangare **II** *v* koppla; ~ *to* underblåsa
pandit ['pændit] = *pundit*
pane [pein] **I** *s* [glas]ruta; fält i panel **II** *v* indela i rutor
panegyr|ic [,pæni'dʒirik] **I** *s* lovtal **II** *a* = **-ical** [-ik(ə)l] lovprisande **-ist** panegyriker, lovtalare **-ize** ['pænidʒiraiz] lovprisa
panel ['pænl] **I** *s* **1** panel; fyrkantigt fält **2** sadelputa **3** jurylista **4** förteckning över försäkringsläkare inom ett distrikt **5** panel (grupp av talare i organiserad diskussion) **6** *Sk.* den åtalade **7** instrumenttavla; *he is on the* ~ han är försäkringsläkare **II** *v* indela i fält **--doctor** [-,dɔktə] tjänsteläkare
paneless ['peinlis] utan rutor
panelling ['pæniliŋ] panelarbete **--patient** [-,peiʃ(ə)nt] patient hos försäkringsläkare **--picture** [-,piktʃə] panel
pang [pæŋ] **1** häftig smärta, pina **2** [döds]-ångest
pan-handle ['pænhændl] **I** *s* **1** skaft till stekpanna **2** *A.* smal landremsa (som ett land mellan två andra) **II** *A.* tigga **-r** [-ə] *A.* tiggare
panic ['pænik] **I** *a* panisk **II** *s* panik, skräck **III** *v* gripas av panik; *the crowd panicked* folkmassan greps av panik **-ky** [-i] *fam.* gripen av panik
panicle ['pænikl] *bot.* vippa
panic|-monger ['pænik,mʌŋgə] anstiftare av panik **--stricken** [-,strik(ə)n] **--struck** gripen av panik
panjandrum [pən'dʒændrəm] *fam.* storkaxe, potentat
pannage ['pænidʒ] rätt till (avgift för) ollonbete
panner ['pænə] *A.* gnatare; en som alltid anmärker
pannier ['pæniə] **1** [klövje]korg *fam.* upppassare vid *Inner Temple*
pannikin ['pænikin] liten bleckmugg
panoply ['pænəpli] full rustning; *fig.* pral
panoram|a [,pænə'rɑːmə] panorama; omfattande översikt **-ic** [,pænə'ræmik] panorama-
pan-pipes ['pænpaips] *pl* panflöjt
pansy ['pænzi] **1** pensé, styvmorsviol **2** *fam.* feminiserad ung man; homosexuell
pant [pænt] **I** *v* **1** flämta, flåsa **2** (om hjärtat) slå häftigt **3** längta (*for, after* efter) **II** *s* flämtning, flåsning

pantaloon [ˌpæntəˈluːn] **1** clown; *P*~ Pantalone (*teat.*) **2** *pl*, ~s (clowns) långbyxor; *A.* långbyxor

pantechnicon [pænˈteknikən] **1** möbelmagasin **2** = ~ *van* möbelvagn

panther [ˈpænθə] panter; *American* ~ puma

panties [ˈpæntiz] *vard.* trosor

pantile [ˈpæntail] **1** tegelpanna **2** *sl.* huvud **3** skeppsskorpa

panto [ˈpæntəu] *vard.* = *pantomime*

pantograph [ˈpæntə(u)grɑːf] pantograf

pantomim|e [ˈpæntəmaim] **I** *s* pantomim, stumt skådespel **II** *v* uttrycka sig med stumt spel **-ic** [ˌpæntə(u)ˈmimik] pantomimisk **-ist** pantomimspelare, pantomimförfattare

pantry [ˈpæntri] **1** skafferi **2** serveringsrum

pants [pænts] *fam.* **1** *A.* långbyxor **2** kalsonger

panty [ˈpænti] *fam., vanl. pl.* damunderbyxor, trosor

pap [pæp] **1** spene; bröstvårta **2** *sl.* biinkomster **3** gröt, välling

papa [pəˈpɑː] pappa

pap|acy [ˈpeipəsi] påvedöme, -värdighet **-al** [-(ə)l] påvlig; *the P*~ *States* Kyrkostaten **-alist** [-əlist] påvligt sändebud

papaverous [pəˈpeiv(ə)rəs] vallmoliknande

papaw [pəˈpɔː] **1** *S. Am.* [frukt av] melonträdet *Carica papaya* **2** [frukt av] trädet *Asimina triloba*

papaya [pəˈpaiə] = *papaw 1*

paper [ˈpeipə] **I** *s* **1** papper **2** värdepapper; sedlar **3** examensskrivning **4** *sl.* fribiljetter **5** dokument **6** tidning **7** uppsats, avhandling; *his* ~*s were all right* han hade goda vitsord; *he sent in his* ~*s* han inlämnade sin avskedsansökan; *commit to* ~ fästa på papperet; ~ *money* sedlar **II** *v* **1** lägga in i papper **2** tapetsera **3** fylla en teater genom utdelning av fribiljetter **--back** häftad bok, pocketbok **--boy** tidningspojke **--carrier** [-ˌkæriə] tidningsbud **--case** skrivmapp **--chase** snitseljakt **--clip** pappersklämma **--cover** [-ˌkʌvə] omslag (på bok) **--currency** [-ˌkʌr(ə)nsi] papperspengar, sedlar **--hanger** [-ˌhæŋə] person som tapetserar **--hangings** [-ˌhæŋiŋz] tapeter **--knife** papperskniv **--mill** pappersbruk **--profits** [-ˌprɔfits] inbillad vinst **--reed, --rush** papyrus **--stainer** [-ˌsteinə] tapettryckare **2** *fam.* skribent **--weight** brevpress

papill|a [pəˈpilə] (*pl -ae* [-iː]) papill, liten vårta **-ary** [-əri] papillformig

papist [ˈpeipist] papist **-ic[al]** [pəˈpistik, -(ə)l] papistisk **-ry** [-ri] papisteri

papoose [pəˈpuːs] *nordam. indianspr.* baby, spädbarn

papp|ose [pəˈpuːs] **-ous** [ˈpæpəs] dunig **-us** [ˈpæpəs] dun på blomma

pappy [ˈpæpi] mjuk, lös; grötaktig; *fig.* enfaldig; slö, slapp

papyr|us [pəˈpaiərəs] (*pl -i* [-rai]) papyrus

par [pɑː] **1** jämlikhet **2** *fam.* = *paragraph I 3*; *at* ~ till pari; *above* (*below*) ~ över (under) det normala; *it's not up to* ~ det är inte till fyllest; *I don't feel up to* ~ jag känner mig inte i form; *on a* ~ **a** i genomsnitt **b** likställd (*with* med)

parable [ˈpærəbl] parabel, liknelse

parabol|a [pəˈræbələ] parabel **-ic** [ˌpærəˈbɔlik] **1** parabolisk, i liknelser **2** parabelformad

parachut|e [ˈpærəʃuːt] **I** *s* fallskärm; ~ *flare* fallskärmsljus; ~ *troops* fallskärmstrupper; **II** *v* hoppa i fallskärm **-ist** fallskärmsjägare

Paraclete [ˈpærəkliːt] hugsvalare, paraklet

parade [pəˈreid] **I** *s* **1** parad; uppställning **2** paradplats; uppställningsplats **3** promenadplats, bulevard **4** skryt, prål **5** *A.* politiskt demonstrationståg **6** exercisplats, -fält **II** *v* **1** paradera **2** tåga i procession **3** stoltsera **--ground** uppställningsplats

paradigm [ˈpærədaim] böjningsmönster, paradigm

paradis|e [ˈpærədais] **1** paradis **2** zoologisk trädgård **3** läktare **-iac** [ˌpærəˈdisiæk] **-iacal** [ˌpærədiˈsaiək(ə)l] **-ic[al]** [ˌpærəˈdizik, -(ə)l] paradis-

paradox [ˈpærədɔks] paradox

paradrop [ˈpærədrɔp] släppa ned i fallskärm

paraffin [ˈpærəfin] *ung.* stearin; ~ *oil* fotogen; ~ *wax* paraffin

paragon [ˈpærəgən] **I** *s* **1** mönster, förebild **2** diamant om mer än 100 karat **II** *v, poet.* likna

paragraph [ˈpærəgrɑːf] **I** *s* **1** stycke (i text) **2** paragraf **3** tidningsnotis; [*new*] ~ nytt stycke **II** *v* **1** indela i paragrafer **2** omnämna i tidningsnotis **-er** [-ə] notisskrivare **-ic[al]** [ˌpærəˈgræfik, -(ə)l] **1** paragraf- **2** tidnings- **-ist** notisskrivare

Paraguay [ˈpærəgwai] Paraguay

parakeet [ˈpærəkiːt] papegoja

parallel [ˈpærəlel] **I** *a* parallell; *fig.* analog, lik, liknande **II** *s* **1** breddgrad **2** parallell linje **3** motstycke, snarlik ställning; *without a* ~ utan motstycke **III** *v* **1** jämställa, sammanställa **2** motsvara, gå upp emot **3** vara (löpa) parallell(t) med **-ism** [-iz(ə)m] **1** likhet, motsvarighet **2** jämförelse, sammanställning

paraly|se [ˈpærəlaiz] **1** paralysera, förlama **2** blockera, stoppa **-sis** [pəˈrælisis] (*pl -ses* [-siːz]) **1** förlamning **2** blockering, stopp; *infantile* ~ barnförlamning **-tic** [ˌpærəˈlitik] **I** *a* **1** förlamad **2** *sl.* berusad **II** *s* förlamad person **-ze** [-z] *A.* = *paralyse*

paramount [ˈpærəmaunt] högst, förnämst; *lord* ~ överherre; *matters of* ~ *importance* saker av ytterst vikt; *her* ~ *concern* hennes främsta (allt överskuggande) intresse

paramour [ˈpærəmuə] älskare; älskarinna

para|noia [ˌpærəˈnɔiə] paranoia, förföljelsemani **-noiac** [-ˈnɔiæk] paranoiker **-noid** [ˈpærənɔid] paranoid

parapet [ˈpærəpit] **1** skyttevärn **2** bröstvärn, parapet

paraph [ˈpæræf] **I** *s* namnmärke **II** *v* underskriva, parafera

paraphernalia [ˌpærəfəˈneiljə] personlig egendom; utstyrsel; grejor, attiralj

paraphras|e [ˈpærəfreiz] **I** *s* parafras, omskrivande förklaring **II** *v* omskriva **-tic[al]** [ˌpærəˈfræstik, -(ə)l] omskrivande

parapsychology [ˌpærəsaiˈkɔlədʒi] parapsykologi

parasite [ˈpærəsait] parasit, snyltgäst

parasol [ˈpærəsɔl] parasoll

paratroop|er [ˈpærətruːpə] (*pl -s*) *A.* fallskärmsjägare **-s** *pl A.* fallskärmstrupper

paratyphoid [ˈpærəˈtaifɔid] paratyfus

parcel [ˈpɑːsl] **I** *s* **1** paket, kolli **2** varuparti **3** hop, massa **4** *sl.* jänta **5** *fig.* pengar **II** *v* **1** dela ut; fördela **2** slå in i paket **--post** paketpost

parch [pɑːtʃ] **1** rosta **2** förtorka **-ment** [-mənt] **1** pergament **2** skrift på pergament

pard [pɑːd] *A. sl.* partner

pardon ['pɑːdn] **I** *s* förlåtelse; benådning, amnesti; *I beg your* ~ **a** förlåt **b** hur sa? **II** *v* förlåta; benåda **-able** [-əbl] förlåtlig **-er** [-ə] avlatskrämare

pare [peə] beskära, klippa; skala (frukt); *fig.* skära ner; ~ *off (away)* skära bort

parent ['pɛər(ə)nt] far, mor, förälder; *fig.* rot, upphov; ~*s* föräldrar; ~ *company* moderbolag **-age** [-idʒ] **1** härkomst **2** föräldraskap **-al** [pə'rentl] faderlig, moderlig; föräldra- **parenthes|is** [pə'renθisis] (*pl* *-es* [-iːz]) **1** parentes, klammer **2** *fig.* mellantid **-ize** [-aiz] **1** inskjuta som parentes **2** sätta inom parentes

parent|hood ['pɛər(ə)nthud] föräldraskap **--ship** moderfartyg

parget ['pɑːdʒit] **I** *v* kalka, vitmena **II** *s* murbruk

pariah ['pæriə] paria, utstött

parietal [pə'raiitl] **1** vägg- **2** *A.* universitets-; ~ *bones* hjässben

Paris ['pæris] Paris

parish ['pæriʃ] **1** församling; kommun **2** (i Louisiana) = *country*; *she was buried by the* ~ begravningen bekostades med allmänna medel; *he is on the* ~ han är omhändertagen av socialvården **-clerk** klockare **-ioner** [pə'riʃ- ənə] församlingsbo **-relief** [-ri,liːf] socialhjälp

parity ['pæriti] likhet, paritet

park [pɑːk] **I** *s* **1** park; naturskyddsområde **2** (*vanl.* *car* ~) parkeringsplats **3** område kring lantgods (lantställe); *amusement* ~ tivoli; *ball* ~ baseballstadion **II** *v* **1** inhägna **2** parkera; deponera

parka ['pɑːkə] (slags) ytterplagg med kapuschong, anorak

park|ing-lot ['pɑːkiŋ'lɔt] parkeringsplats **-ing- -meter** ['pɑːkiŋ'miːtə] parkeringsautomat **-way** *A.* bulevard, aveny; landsväg (ofta med plantering i mitten)

parky ['pɑːki] *sl.* kylig, bitande (vind)

parlance ['pɑːləns] talspråk; *legal* ~ juristspråk; *in common* ~ i dagligt tal

parley ['pɑːli] **I** *s* **1** överläggning **2** *mil.* underhandling **II** *v* **1** samtala, konferera **2** underhandla

parliament ['pɑːləmənt] parlament, riksdag **-arian** [,pɑːləmen'tɛəriən] **1** *mil.* parlamentär **2** anhängare av parlamentet under 1600-talets inbördeskrig **-ary** [,pɑːlə'ment(ə)ri] **I** *a* **1** parlamentarisk **2** *fam.* belevad, artig **II** *s* medlem av parlamentet

parlour ['pɑːlə] **1** vardagsrum **2** *beauty* ~ skönhetssalong **3** samtalsrum **4** hall **--boarder** [-,bɔːdə] elev inackorderad hos rektor vid *Public School* **--car** *A.* salongsvagn **--maid** husa **--socialist** [-,souʃəlist] salongssocialist

parlous ['pɑːləs] **1** farlig **2** förslagen, listig **3** ovanlig, häpnadsväckande

parochial [pə'roukjəl] församlings-; *fig.* småaktig; trångsynt; ~ *school* församlingsskola (*A., vanl. rom. kat.*)

parod|ist ['pærədist] parodiförfattare **-y** [-i] **I** *s* parodi **II** *v* parodiera

parole [pə'roul] **I** *s* **1** hedersord **2** *mil.* lösen **3** villkorlig frigivning **II** *v* **1** frige mot hedersord **2** villkorligt frige

paroquet [,pærəkit] liten papegoja

parotitis [pærə'taitis] påssjuka

paroxysm [,pærəksiz(ə)m] häftigt anfall (av sjukdom, vrede) **-al** [,pærək'sizməl] paroxysmartad

parquet ['pɑːkei] **I** *s* **1** parkettgolv **2** *A. teat.* parkett **II** *v* parkettera **-ing** [-kitiŋ] **-ry** [-kitri] parkettering, inlagt träarbete

parricide ['pærisaid] **1** fadermord **2** landsförräderi

parrot ['pærət] **I** *s* papegoja **II** *v* **1** upprepa **2** öva, drilla **-ry** [-ri] tanklöst eftersägande, efterapande

parry ['pæri] **I** *v* parera, avvärja **II** *s* parad

parse [pɑːz] *gram.* analysera (ord o. satser)

parsimon|ious [,pɑːsi'məunjəs] knusslig, njugg **-y** ['pɑːsiməni] njugghet, knussel

parsing ['pɑːziŋ] *gram.* analys

parsley ['pɑːsli] persilja

parsnip ['pɑːsnip] palsternacka

parson ['pɑːsn] kyrkoherde; *fam.* präst **-age** [-idʒ] prästgård

part [pɑːt] **I** *s* **1** del, stycke, beståndsdel, bråkdel **2** andel, lott **3** intresse; uppgift **4** organ, kroppsdel **5** *teat.* roll **6** *mus.* stämma **7** häfte; *I've neither* ~ *nor lot in it* jag har ingenting med det att göra; *it was not my* ~ *to intervene* det kom inte an på mig att ingripa; *he is playing* (*acting*) *a* ~ **a** han spelar en roll **b** han spelar teater; han är inte ärlig; *it's* ~ *and parcel of the affair* det är den väsentliga delen av saken; ~ *of speech* ordklass; *take* ~ *in* delta i; *for my* ~ för min del; vad mig beträffar; *in* ~*s* i häften, häftesvis; *they took it in good* ~ de tog väl upp **II** *adv* delvis **III** *v* **1** skiljas; öppna sig **2** dela, skilja; *sjö.* spränga, slita (trossar); ~ *company* avbryta vänskapsförbindelse, bryta avtal etc.; ~ *company with* skiljas från; *they* ~*ed friends* de skildes som vänner; ~ *with* avstå från; göra sig av med; ~ *from* ta avsked från

partake [pɑː'teik] **1** delta (*in i*); ~ *of* dela (*isht* mat o. dryck), deltaga **2** vara lik, likna **-n** [-(ə)n] *perf part* av *partake*

part|-author ['pɑːt,ɔ:θə] medförfattare

parterre [pɑː'teə] **1** blomsterparterr **2** *teat.* nedre parkett, parterr

partial ['pɑːʃ(ə)l] **1** partisk **2** ofullständig, partiell; *be* ~ *to* vara svag för **-ity** [,pɑːʃi'æliti] partiskhet; förkärlek **-ly** delvis

partible ['pɑːtəbl] delbar

particip|ant [pɑː'tisipənt] **I** *a* deltagande **II** *s* deltagare **-ate** [-eit] delta i; ha del i **-ation** [pɑː,tisi'peiʃ(ə)n] deltagande, delaktighet **-ator** [-eitə] deltagare **-le** *gram.* particip

particle ['pɑːtikl] del, partikel

particoloured ['pɑːti,kʌləd] mångfärgad, brokig

particular [pə'tikjulə] **I** *a* **1** speciell, särskild **2** noggrann; nogräknad; *he is very* ~ *in* (*about*) *his dress* han är noga med klädseln; *he rendered* ~ *thanks to her* han framförde ett särskilt tack till henne; *in* ~ i synnerhet **II** *s* särskild omständighet; *a London* ~ *s* typisk londondimma **b** (slags) madeira; ~*s* **a** närmare omständigheter, detaljerad beskrivning **b** *fam.* signalement; *for* ~*s apply to* närmare upplysningar hos -itty [pə,tikju'læriti] **1** egendomlighet **2** noggrannhet **-ly** [-li] i synnerhet **-ize** [-raiz] specificera

parting ['pɑːtiŋ] **1** avsked, skilsmässa **2** delning **3** bena (i håret); ~ *of the ways* vägskäl; skiljeväg; ~ *shot* sista försök

partisan [,pɑːti'zæn] **I** *s* **1** anhängare, partivän **2** partisan **3** (slags) hillebard **II** *a* **1** parti- **2** ensidig **-ship** partianda

partition [pɑː'tiʃ(ə)n] **I** *s* **1** delning **2** del **3**

skiljevägg, skiljemur **4** uppdelning **II** *v* **1** dela; avbalka **2** uppdela
partitive ['pɑ:titiv] **1** delnings- **2** partitiv
partly ['pɑ:tli] delvis
part-music ['pɑ:t,mjuzik] flerstämmig musik
partner ['pɑ:tnə] **I** *s* **1** kamrat **2** kompanjon, delägare, bolagsman i firma **3** medspelare **4** moatjé **5** *pl* man o. hustru **6** *sjö.* dyna (t. mast el. pump); *sleeping* ~ passiv delägare **II** *v* göra till delägare; bli delägare i **-ship** kompanjonskap
partook [pɑ:'tuk] *imperf* av *partake*
part|-owner ['pɑ:t,əunə] delägare **--payment** [-,peimənt] avbetalning
partridge ['pɑ:tridʒ] rapphöna
part|-song ['pɑ:tsɔn] flerstämmig sång **--time** deltid **--timer** [-,taimə] deltidsanställd
parturition [,pɑ:tju(ə)'riʃ(ə)n] *med.* barnsbörd, nedkomst
party ['pɑ:ti] **1** parti **2** bjudning, tillställning; tillfälligt samlat sällskap **3** *mil.* trupp **4** *jur.* part, kontrahent; ~ *spirit* partianda; *a* ~ *of tourists* en turistgrupp; *he made her a* ~ *to it* han invigde henne i det **--coloured** [-,kʌləd] mångfärgad, brokig **--dress** aftonklänning **--wall** ['pɑ:ti'wɔ:l] brandmur
paschal ['pɑ:sk(ə)l] påsk-; *the P*~ *lamb* påskalammet
pasque-flower ['pɑ:skflauə] *bot.* backsippa
pass [pɑ:s] **I** *v* **1** passera, röra sig **2** köra förbi **3** (om tid) förflyta, lida **4** övergå, förvandlas till **5** försvinna, gå bort **6** bli godtagen, passera **7** *kortsp.* o. *sport.* passa **8** *fäkt.* göra utfall **9** skicka vidare, langa **10** gilla, stadfästa (lag); *it could not* ~ *muster* det tålde inte kritik; ~ *a sentence on* avkunna dom över; ~ *away* gå bort; dö; ~ *by* passera förbi; *he* ~*ed under the name of A.* han var känd under namnet A.; *please* ~ *the bread* var snäll o. skicka brödet; ~ *for* uppfattas som; gälla som; ~ *in* lämna in för betalning (check); ~ *into* övergå till; ~ *off* tona bort (intryck); utge sig (*for, as* för); avvärja; *she* ~*ed it off with a laugh* hon slog bort det med ett skratt; ~ *on* skicka vidare; ~ *out* försvinna; *sl.* svimma; ~ *over* stå över; bli förbigången; ~ *round* låta gå runt; ~ *through* komma genom; ~ *up* bryta alla band med (*A.*); vansköta; hoppa över, låta vara **II** *s* **1** passerande **2** godkännande i examen **3** passersedel **4** bergspass; trång väg (passage) **5** *fäkt.* utfall **6** *sport.* passning **7** magnetisörs bestrykning, illusionists handrörelse **8** sakernas tillstånd, situation; kritisk punkt; *be at a pretty* ~ vara illa ute; *bring to* ~ föra med sig; *come to* ~ åstadkommas; hända; *make a* ~ *at* flörta med (*sl.*); [*free*] ~ fribiljett **-able** [-əbl] **1** skaplig, passabel **2** framkomlig, farbar **3** (om mynt) gångbar
passage ['pæsidʒ] **1** övergång, genomgång, passage **2** resa, färd **3** ställe, avsnitt (i bok) **4** antagande, behandling (av lagförslag etc.); ~ *of arms* vapenskifte; *fig.* ordväxling **--boat** färja **--way** korridor
pass|-book ['pɑ:sbuk] motbok (med bank) **--check** kontramärke **--degree** [-di,gri:] slätstruken examen utan överbetyg
passenger ['pæsin(d)ʒə] passagerare **--train** persontåg
passer[-by] ['pɑ:sə('bai)] (*pl passers[-by]*) förbipasserande
passib|ility [,pæsi'biliti] känslighet **-le** ['pæsibl] känslig

passing ['pɑ:siŋ] **I** *a* **1** förbigående; förbilande (år) **2** övergående, flyktig **3** godkänd (om betyg) **II** *adv* synnerligen **III** *s* **1** förbifart; förbipasserande; omkörning **2** upphöjande till lag; godkännande **3** slut; *said in* ~ sagt i förbigående **--bell** själaringning **-ly** [-li] i förbigående **-note** *mus.* genomgående not
passion ['pæʃ(ə)n] **I** *s* **1** lidelse, passion **2** häftig vrede; *the P*~ Kristi lidande; *she flew into a* ~ hon blev rasande **II** *v* fylla med passion; fyllas av passion **-al** [-l] **I** *s* bok om martyrernas lidande **II** *a* lidelsefull, passionerad **-ate** [-ənit] **1** lidelsefull, passionerad **2** häftig, hetlevrad **3** driftig **-less** [-lis] kall, lidelsefri
passiv|e ['pæsiv] **I** *a* passiv, overksam; ~ *debt* räntefri skuld **II** *s, språkv.* passivum **-ity** [pæ'siviti] passivitet, overksamhet
pass-key ['pɑ:ski:] huvudnyckel; dyrk
Passover ['pɑ:s,əuvə] judarnas påskhögtid
pass|port ['pɑ:spɔ:t] [res]pass **--ticket** [-,tikit] fribiljett **--word** lösen
past [pɑ:st] **I** *a* förfluten, förgången; *he has been here for many weeks* ~ han har varit här sedan många veckor **II** *s* förfluten tid, forntid **III** *prep* **1** förbi **2** över, efter; *that's* ~ *my comprehension* det övergår mitt förstånd; *it's half* ~ *two* klockan är halv tre; *it's* ~ *looking into* det kan inte längre undersökas; ~ *recovery* obotlig **IV** *adv* förbi; *he hastened* ~ han skyndade förbi
paste [peist] **I** *s* **1** deg **2** pastej[deg] **3** klister **4** glasjuvel[er], oäkta ädelsten[ar] **II** *v* klistra; ~ *up* a klistra upp **b** klistra över **c** *sl.* klå upp **--board 1** papp **2** bakbord **3** *sl.* spel-, visitkort
pastel ['pæs'tel] pastell[målning]
paste-pot ['peistpɔt] klisterburk
pasteuriz|ation [,pæstərai'zeiʃ(ə)n] pastörisering **-e** ['pæstəraiz] pastörisera
pastime ['pɑ:staim] tidsfördriv
pastor ['pɑ:stə] **1** kyrkoherde **2** *A.* pastor, andlig ledare **-al** [-t(ə)r(ə)l] *I a* lantlig **II** *s* **1** herdedikt, pastoral **2** herdaspel **3** biskopsstav **-ale** [,pæstə'rɑ:li] *mus.* pastoral **-alism** [-t(ə)rəliz(ə)m] lantlig karaktär **-ate** [-rit] **1** kyrkoherdetjänst **2** pastorer **-ship** kyrkoherdetjänst
pastry ['peistri] bakverk **-cook** konditor
pasturage ['pɑ:stjuridʒ] = *pasture*
pasture ['pɑ:stʃə] **I** *s* **1** bete **2** betesmark **II** *v* släppa boskap på bete; låta beta; avbeta
pasty **I** *s* ['pæsti] köttpastej **II** *a* ['peisti] **1** degig **2** glåmig, blek = **--faced** ['peistifeist]
Pat [pæt] **1** *fam.* Patrick, Patricia **2** irländare
pat [pæt] **I** *s* **1** klapp, small; lätt slag **2** klimp (*isht* smör) **3** smörspade **4** ljud av lätta fotsteg **II** *v* **1** slå försiktigt (*isht* med flata handen); klappa; *he is always* ~*ting himself on the back* han är alltid belåten med sig själv; *have* [*down*] ~ fullständigt ha övervunnit **III** *a* o. *adv* precis, i rätta ögonblicket; passande; *his story came* ~ *to the purpose* hans berättelse kom väl till pass; *he had his answer* ~ han hade svaret genast till hands; *can you say it* ~ *off* kan du säga det på rak arm; *stand* ~ stå fast, vara orubblig (*fig.*); ~ *to time* i rättan tid **--ball** dåligt tennisspel
patch [pætʃ] **I** *s* **1** lapp, klut, flik, svart lapp (för ögat) **2** jordstycke; grönsaksland *he is not a* ~ *on you* han går inte upp emot dig (*vard.*); *strike a bad* ~ ha otur; *in* ~*es* fläckvis **II** *v* lappa, foga samman; fuska ihop; ~ *up* lappa ihop (provisoriskt); *fig.* jämka samman,

bilägga **-er** [-ə] klåpare, fuskare **-ery** [-ɔri] lapp-, fuskverk **--pocket** [-,pɔkit] påsydd ficka **-work 1** lappverk **2** fuskverk; ~ *quilt* lapptäcke **-y** [-i] **1** lappad, hoplappad **2** *vard.* ojämn till lynnet; växlande

pate [peit] *vard.* huvud, skalle

patella [pə'telə] **1** knäskål **2** liten skål

paten ['pæt(ə)n] paten, oblattallrik

patent ['peit(ə)nt] **I** *a* **1** patenterad **2** öppen, ej tillsluten **3** uppenbar, tydlig; ~ *leather* blankskinn, (i *sms.*) lack-; ~ *leathers* lackskor (*fam.*); *letters* ~ ['pæt(ə)nt] privilegiebrev **II** *s* uppfinnarpatent, patentbrev; (*fig.*) rätt till; *take out a* ~ ta ut patent (*for* på) **III** *v* patentera, ta ut patent på **-ee** [,peit(ə)n'tiː] patentinnehavare **--office** ['pæt(ə)nt'ɔfis] patentbyrå

pater ['peitə] *fam.* pappa **-familias** ['peitə-fə'miliæs] familjeöverhuvud **-nal** [pə'tə:nl] faderlig, faders-, fäderneärvd; ~ *aunt* faster; ~ *grandmother* farmor **-nalism** [pə'tə:nəliz(ə)m] överdrivna faderliga omsorger **-nity** [pə'tə:niti] faderskap; *fig.* källa

paternoster ['pætə'nɔstə] **1** Fader Vår **2** [paternosterkula på] radband **3** sättlinje

path [pɑ:θ, *pl* pɑ:ðz] **1** stig, väg, trädgårdsgång **2** löparbana **3** lopp, bana **4** *fig.* bana, väg

pathetic [pə'θetik] **I** *a* **1** gripande, patetisk **2** *sl.* löjlig **II** *s pl, ~s* patos

path|finder ['pɑ:θ,faində] stigfinnare, pionjär **-less** [-liss] obanad, stiglös

patholog|ist [pə'θɔlədʒist] patolog **-y** [-i] patologi

pathos ['peiθɔs] patos, lidelsefull känsla

pathway ['pɑ:θwei] gångstig; *fig.* väg

patien|ce ['peiʃ(ə)ns] **1** tålamod; fördragsamhet; patiens (kortspel) **2** uthållighet; *have* ~ *with* ha tålamod med; *he is out of* ~ *with her* han har förlorat tålamodet med henne; *trying to the* ~ tålamodsprövande **-t I** *a* tålig; fördragsam; *be* ~ *of* uthärda; *fig.* medge, tillåta; *it is* ~ *of more than one interpretation* det kan förklaras på mer än ett sätt **II** *s* patient, sjukling

patin|a ['pætinə] **1** kopparärg **2** patina **3** sken; slöja **-ated** [-eitid] **-ous** [-əs] täckt med ärg

patio ['pætiəu] kringbyggd gård

patriarch ['peitriɑ:k] patriark **-al** [,peitri'ɑ:-k(ə)l] patriarkalisk

patricia|n [pə'triʃ(ə)n] **I** *s* patricier, ädling **II** *a* patricisk, adlig **-te** [-ʃiit] patricisk rang; aristokrati

patricide ['pætrisaid] = *parricide*

Patrick ['pætrik] **1** Patrik **2** irländare

patrimon|ial [,pætri'məunjəl] fäderneärvd **-y** ['pætrimɔni] **1** fädernearv, arvegods **2** kyrkogods

patriot ['peitriət] **I** *s* patriot, fosterlandsvän **II** *a* patriotisk **-ic** [,pætri'ɔtik] (*adv*, ~*ically*) patriotisk **-ism** ['pætriətiz(ə)m] patriotism

patrol [pə'trəul] **I** *s* **1** patrull **2** patrullering **II** *v* patrullera **-man** *A.* polis **--wagon** [-,wægən] *A.* polisbil

patron ['peitr(ə)n] beskyddare, gynnare; skyddshelgon **-age** ['pætrənidʒ] **1** *kyrk.* patronatsrätt **2** beskydd, stöd, ynnest **3** (allmänhetens) välvilja **-ess** [-ənis] beskyddarinna **-ize** ['pætrənaiz] **1** beskydda, gynna, understödja **2** bemöta med beskyddande nedlåtenhet; *a well* ~*ed shop* en omtyckt affär **-izing** ['pætrənaizin] nedlåtet beskyddande **--saint** skyddshelgon

patronymic [,pætrə'nimik] släktnamn

patten ['pætn] träsko

patter ['pætə] **I** *v* **1** mumla fram, rabbla (bön) **2** pladdra, snattra **3** (om regn) smattra, piska **4** tassa, trippa **II** *s* **1** rotvälska, jargong **2** pladder, prat **3** smattrande ljud **4** trippande ljud

pattern ['pætən] **I** *s* **1** mönster, förebild **2** modell, tillskuret mönster **3** mönster (i matta, tyg etc.) **4** *mil.* träffbild **II** *v* **1** forma, efterbilda (*after, upon* efter) **2** förse med mönster, teckna **--book** [-'buk] mönsterbok; bok med prov

patty ['pæti] **1** (slags) bulle (av kött, fisk o.d.) **2** (slags tunn, rund) karamell **3** ~ *shell* krustad

paucity ['pɔ:siti] brist, knapp tillgång (*of* på)

Paul [pɔ:l] Paulus

paunch [pɔ:n(t)ʃ] **I** *s* **1** buk **2** isterbuk **3** *sjö.* skamfilningsmatta **II** *v* skära upp buken på

pauper ['pɔ:pə] fattighjon, understödstagare **-ism** [-riz(ə)m] fattigdom **-ize** [-raiz] utarma

pause [pɔ:z] **I** *s* paus, avbrott **II** *v* göra en paus; ~ *upon* stanna upp, betänka sig

pavage ['peividʒ] gatubeläggning

pave [peiv] belägga med sten; ~ *the way* bana väg[en] (*to, for* för) **-ment** [-mənt] **1** gatubeläggning **2** trottoar, gångbana **3** *A.* ridväg **-r** [-ə] **1** stenläggare **2** gatsten

pavilion [pə'viljən] **1** [prakt]tält **2** paviljong

paving ['peivin] stenläggning **--stone** gatsten

paviour ['peivjə] **1** stenläggare **2** jungfru (för stenläggning) **3** gatsten

paw [pɔ:] **I** *s* **1** tass **2** *fam.* hand, labb **3** *A.* pappa; ~*s off!* bort med tassarna! **II** *v* **1** slå med tassen **2** skrapa med foten **3** *fam.* hantera oskickligt; stryka med handen på, fingra på

pawl [pɔ:l] **I** *s*, *sjö.* pall på gångspel **II** *v*, *sjö.* hejda med pallar

pawn [pɔ:n] **I** *s* **1** schack. bonde **2** pant **3** ngn som utnyttjas av en annan, redskap **II** *v* pantsätta, belåna **-broker** [-,brəukə] pantlånare **-ee** [pɔ:'niː] pantinnehavare **-er** [-ə] pantgivare, -ägare **-shop** pantlånekontor **--ticket** [-,tikit] pantsedel, pantkvitto

pax [pæks] fridskyss (vid mässa)

pay [pei] **I** *v* **1** betala; vedergälla, ersätta **2** tukta, straffa; *fam.* klå, prygla **3** *sjö.* tjära; *they will* ~ *me a visit* de skall besöka mig; *he* ~*s his way* han gör rätt för sig; ~ *away* utbetala; *sjö.* släcka da tross; ~ *back* betala igen; återgälda; ~ *down* betala kontant; ~ *for an article* betala för en vara; ~ *into* inbetala; ~ *off* betala; avbetala; *sjö.* hålla undan, falla av; ~ *out* släcka da tross (*sjö.*); betala ut; lösa ut; ~ *towards* bidra till; ~ *up* betala **II** *s* betalning, lön, sold, *sjö.* hyra; *be good* ~ göra rätt för sig (*fam.*); löna sig **-able** ['pe(i)əbl] **1** betalbar, förfallen till betalning **2** lönsam **--as--you-earn** ['peiəzju'ə:n] *ung.* källskatt **--bill** avlöningslista **-book** *mil.* terminslönebok **--box** kassa **-day 1** avlöningsdag **2** förfallodag **--desk** kassa **-ee** [pe(i)'iː] betalningsmottagare **-er** ['pe(i)ə] betalande **-ing** [-in] lönsam **-load** nyttolast **-master** [-,mɑ:stə] (*armén*) regementskassör; (*flottan*) intendent; *P~ General* biträdande finansminister (i England) **-ment** [-mənt] betalning; *fig.* belöning; *make* ~ betala **--roll** avlöningslista

pea [piː] ärta; *they are as like as two* ~*s* de är lika som två bär

peace [pi:s] frid, fred; *the Queen's (King's)* ~ allmän ordning; ~ *be to his ashes!* frid över hans minne! *make* ~ sluta fred (*with* med); *be at* ~ *with* vara tillfreds med; *hold your* ~*!* tig!; *justice of the* ~ lekmannadomare; *P* ~ *Corps* fredskår **-able** [-ɔbl] fredlig, fridsam **--breaker** [-,breikɔ] fridstörare **-ful** [-f(u)l] fridfull, stilla **-maker** [-,meikɔ] fredsstiftare **--offering** [-,ɔfɔrin] försoningsgåva **--pipe** fredspipa **--time** fredstid
peach [pi:tʃ] **I** *s* **1** persika **2** persikoträd **3** *fam.* överdängare; söt flicka; *we had a* ~ *of a time* vi hade verkligen en härlig tid **II** *v*, *sl.* skvallra, ange, förråda **III** *a* persikofärgad **-er** [-ɔ] angivare
pea-chick ['pi:tʃik] påfågelskyckling
peachy ['pi:tʃi] persikoliknande
pea|cock ['pi:kɔk] **I** *s* påfågelstupp **II** *v* yvas, stoltsera **-cockery** [-kɔkɔri] fåfänga, skryt, pral **-fowl** påfågel
pea-gun ['pi:gʌn] ärtbössa; *sl.* gevär
peahen ['pi:hen] påfågelshöna
peak [pi:k] **I** *s* **1** spets **2** höjdpunkt **3** bergstopp **4** skärm på mössa **5** *sjö.* pik, gaffelnock **II** *v* **1** tyna bort **2** *sjö.* toppa rår, resa åror, pika gaffel **-ed** [-t] **1** spetsig **2** mager, avtärd; ~ *cap* skärmmössa **-ish** [-iʃ] blek, klen **--load** maximal belastning **-y** [-i] *se peaked*
peal [pi:l] **I** *s* **1** brak, skräll, dunder **2** stark klockringning **3** [orgel]brus **II** *v* braka, dundra, skrälla; brusa
pea|nut ['pi:nʌt] jordnöt **--pod** ärtbalja
pear [pɛɔ] päron **2** päronträd **--drop** päronformigt örhänge
pearl [pɔ:l] **I** *s* **1** pärla, *fig.* juvel **II** *a* pärlemor- **II** *v* **1** pryda med pärlor **2** fiska pärlor **--barley** ['pɔ:l'ba:li] pärlgryn **-er** [-ɔ] **-fisher** [-,fiʃɔ] pärlfiskare **-ing** [-in] pärlfiske **-like** lik en pärla **--oyster** [-,ɔistɔ] pärlmussla **--rope** pärlband **-y** [-i] **1** lik en pärla (pärlemor) **2** av pärlemor
pear-shaped ['pɛɔʃeipt] päronformad
peasant ['pez(ɔ)nt] bonde **-ry** [-ri] **1** allmoge **2** *koll.* bönder
pease [pi:z] *åld. koll.* ärter, *isht* i ~-*pudding* ärtgröt (*ung.*)
pea|-shooter ['pi:,ʃu:tɔ] ärtbössa; *sl.* gevär **--soup** ['pi:'su:p] ärtsoppa **--souper** ['pi:'su:pɔ] gul londondimma
peat [pi:t] torv **--bog** ['pi:tbɔg] **--moss** ['pi:t-'mɔs] torvmosse **-y** [-i] **1** torvig **2** torvrik
pebble ['pebl] **1** kiselsten **2** bergkristall, agat **-ed** [-d] **-y** [-i] full av kiselstenar
pecan [pi'kæn] *bot.* **1** pekannöt **2** pekanträd
peccab|ility [,pekɔ'biliti] syndfullhet **-le** ['pekɔbl] syndfull
peccadillo [,pekɔ'dilɔu] (*pl* ~*es*) liten försyndelse
peccan|cy ['pekɔnsi] **1** syndfullhet **2** synd **3** sjukligt tillstånd **-t 1** syndig **2** felaktig **3** osund
peccary ['pekɔri] *zool.* navelsvin, pekari
peck [pek] **I** *s* **1** mått för torra varor (= *8 quarts, 1/4 bushel*) **2** behållare rymmande en ~ **3** *sl.* mängd, massa, hop **4** pickande (med näbb) **5** flyktig kyss **6** hack, märke **7** *sl.* mat, käk; *a* ~ *of troubles* en massa bekymmer; *I'm off my* ~ jag har ingen matlust **II** *v* **1** hacka (med näbben) **2** picka, plocka upp **3** *sl.* äta; peta i maten **4** slänga stenar **5** flyktigt kyssa **-er** [-ɔ] **1** hackspett (= *wood*--~) **2** hacka **3** *sl.* näsa **4** gnatare; *keep your* ~ *up* tappa inte modet (*sl.*) **-ish** [-iʃ] *vard.* sugen, hungrig

pectoral ['pektɔr(ɔ)l] **I** *a* bröst- **II** *s* **1** *med.* bröstmedel **2** bröstplåt etc.
peculat|e ['pekjuleit] förskingra (pengar) **-ion** [,pekju'leiʃ(ɔ)n] förskingring **-or** [-ɔ] förskingrare
peculiar [pi'kju:ljɔ] **1** egendomlig, säregen, karakteristisk **2** ovanlig, sällsynt **3** särskild, synnerlig; ~ *to* säregen för **-ly** [-li] **1** särskilt **2** i synnerhet **3** besynnerligt, ovanligt **-ity** [-,kju:li'æriti] egendomlighet
pecuniary [pi'kju:njɔri] penning-; ~ *penalty* böter
pedagogic [,pedɔ'gɔgik] pedagogisk **-s** *pl* pedagogik
pedal ['pedl] **I** *a* fot- **II** *s* pedal, trampa; *soft* ~ sordin (på piano) **III** *v* trampa, använda pedal
pedant ['ped(ɔ)nt] pedant **-ic[al]** [pi'dæntik, -(ɔ)l] pedantisk **-ry** [-ri] pedanteri
peddl|e ['pedl] **1** gå omkring o. sälja, idka gårdfarihandel **2** pyssla med småsaker **-er** [-ɔ] *se pedlar* **-ing** [-in] småaktig
pedestal ['pedistl] **I** *s* piedestal; fotställning **II** *v* uppställa på piedestal
pedestrian [pi'destriɔn] **I** *a* **1** fot- **2** prosaisk, vardaglig **II** *s* fotgängare; ~ *crossing* övergångsställe för fotgängare **-ism** [-iz(ɔ)m] **1** gångsport **2** vardaglighet
pedigree ['pedigri:] släkttavla, stamtavla; härkomst; ~ *cattle* stambokförd boskap; ~ *dog* rashund; ~*d* stambokförd
pedlar ['pedlɔ] **1** gårdfarihandlare **2** *fig.* knåpare; *sl. dope* ~ narkotikalangare; ~*'s French* tjuvspråk **-y** [-ri] **1** gårdfarihandel **2** kramvaror
pedometer [pi'dɔmitɔ] stegräknare
peek [pi:k] **I** *v* kika in, glutta **II** *s* förstulen blick, titt
peel [pi:l] **I** *s* **1** *hist.* fästningstorn (vid skotska gränsen) **2** ugnsspade, bakspade **3** *A. sjö.* årblad **4** [frukt]skal **II** *v* **1** skala (frukt, träd etc.) **2** *fam.* ta av sig kläderna **3** flagna av **4** fjälla **-er** [-ɔ] **1** barkningsmaskin; skalmaskin **2** *sl.* polisman, byling **-ings** [-inz] (avskalade) skal; skalrens
peep [pi:p] **I** *v* **1** pipa **2** kika (*at* på) **3** skymta, titta fram **II** *s* **1** pip **2** förstulen blick; titt; *at* ~ *of day* i första gryningen **-er** [-ɔ] **1** pipande **2** en som kikar **3** *sl.*, ~*bo* ['pi:p'bɔu] tittut **--hole** titthål **-ing** [-in] *a*, ~ *Tom* en som kikar, [fönster]tittare **--show** tittskåp **--sight** siktskåra (på vapen)
peer [piɔ] **I** *s* **1** jämlike **2** pär, adelsman; ~ *of the realm* adelsman med säte i överhuset; *Life P* ~ pär utan ärftligt adelskap **II** *v* **1** vara jämlik (*with* med) **2** uppnå till pär **3** stirra (*at* på) **4** visa sig, bli synlig **-age** [-ridʒ] **1** pärsstånd **2** pärsvärdighet **3** pärsförteckning **-ess** [-ris] **1** pärs hustru **2** *Life P* ~ adlad dam utan ärftligt adelskap **-less** [-lis] makalös **-y** [-ri] nyfiken
peev|ed [pi:vd] *fam.* förargad **-ish** [-iʃ] retlig, vresig
peewit ['pi:wit] *zool.* [tofs]vipa; ~ *gull* skrattmås
peg [peg] **I** *s* **1** pinne; bult; skruv (på stränginstrument) **2** hängare **3** *fam.* träben **4** *sl.* grogg; *a round* ~ *in a square hole* ngn som inte passar in; *I'll take him down a* ~ *or two* jag skall tvinga honom att stämma ner tonen; *a* ~ *to hang a talk on* förevändning att prata;

off the ~ konfektionssydd **II** *v* **1** fästa med sprintar **2** slänga stenar etc. (*at* på) **3** *fam.* = ~ *away*; ~ *away* [*at*], ~ *on* (*along*) knoga på; ~ *down* binda fast (*to* vid); ~ *out* **a** staka ut **b** slå upp tält **c** *sl.* dö, kola av **d** *krocket*. slå klotet på målpinnen; ~ *up* gå upp (*isht*) om priser) (*sl.*) **-leg** träben

Peking [pi:'kiŋ] Peking **-ese** [,pi:kiŋ'i:z] *zool.* pekingeser

pelf [pelf] pengar, rikedom

pelican ['pelikən] pelikan

pellet ['pelit] **I** *s* liten kula; piller; [bly]hagel **II** *v* skjuta med hagel

pell-mell ['pel'mel] **I** *adv* **1** om varandra, huller om buller **2** huvudstupa, brådstörtat **II** *a* oordnad **III** *s* tumult, handgemäng

pellucid [pe'lju:sid] genomskinlig, klar

pelt [pelt] **I** *s* **1** djurs fäll, oberett skinn **2** slagregn **3** *sl.* dåligt humör; *at full* ~ i full fart **II** *v* **1** bombardera med, kasta på **2** (om regn) piska **-erer** [-ərə] **-monger** [-,mʌŋgə] skinnhandlare **-ry** [-ri] pälsverk

pelvis ['pelvis] *anat.* bäcken

pen [pen] **I** *s* kätte, fålla, [höns]bur **2** *sl.* bostad **3** (Västindien) plantage **3** penna **4** svanhona; *submarine* ~ ubåtsbunker (*mil.*) **II** *v* **1** innestänga **2** skriva; nedteckna

penal ['pi:nl] **I** *a* straff-; ~ *servitude* straffarbete; ~ *colony* straffkoloni **II** *s, fam.* = ~ *servitude* **-ize** [-nəlaiz] **1** belägga med straff **2** *sport.* belasta med handikapp **-ty** ['penlti] **1** straff **2** utvisning (i ishockey); *on* ~ *of* vid vite av

penance ['penəns] **I** *s* botgöring **II** *v* ålägga botgöring

pence [pens] *se penny*

penchant ['pã:(ŋ)ʃã:(ŋ)] förkärlek för

pencil ['pensl] **I** *s* blyertspenna **II** *v* rita, skriva med blyerts **-ler** [-ə] *sl.* bookmaker, bookmakers medhjälpare

pend|ant, -ent ['pendənt] **I** *s* **1** ngt nedhängande; örhänge **2** *sjö.* stropp, hängare; vimpel; *broad* ~ standert **II** *a* **1** utskjutande, överhängande **2** nedhängande **3** oavgjord

pending ['pendiŋ] **I** *a* pågående, oavgjord **II** *prep* under, i avvaktan på; ~ *his return* i avvaktan på hans återkomst; *patent* ~ patentsökt (*ung.*)

pen-driver ['pen,draivə] pennfäktare, skrivkarl

pendul|ate ['pendjuleit] pendla, svänga; *fig.* tveka **-ous** [-əs] nedhängande; pendlande **-um** [-əm] pendel; *fig.* obeslutsam person

penetra|bility [,penitrə'biliti] genomtränglighet **-ble** ['penitrəbl] **1** genomtränglig **2** tillgänglig **3** *fig.* mottaglig **-te** ['penitreit] genomtränga, intränga i; *fig.* genomskåda **-ting** ['penitreitiŋ] genomträngande; skarpsinnig **-tion** [,peni'treiʃ(ə)n] **1** genomträngande **2** skarpsinne **-tive** ['penitrətiv] genomträngande; skarpsinnig

pen|-feather ['pen,feðə] vingpenna **--friend** brevvän

penguin ['peŋgwin] pingvin

penicillin [,peni'silin] *med.* penicillin

peninsula [pi'ninsjulə] halvö; *the P* ~ Pyreneiska halvön **-r** [-ə] **I** *a* halvöliknande **II** *s* invånare på en halvö

penitent ['penit(ə)nt] **I** *a* botfärdig, ångerfull **II** *s* botfärdig syndare; biktbarn **-ial** [,peni-'tenʃ(ə)l] bot- **-iary** [,peni'tenʃəri] **I** *s* **1** fängelse **2** penitentiarie **II** *a* bot-, straff-

pen|-knife ['pennaif] pennkniv **-man** [-mən] skrivare **-manship** [-mənʃip] skrivkonst **--name** pseudonym

pennant ['penənt] *sjö.* vimpel; stropp

penni|ferous [pe'nif(ə)rəs] fjäderbärande **-form** ['penifɔ:m] fjäderformad

penniless ['penilis] utfattig, utan pengar

pennon ['penən] liten lansflagg, vimpel

Pennsylvania [,pensil'veinjə] delstat i USA

penny ['peni] (*pl pennies* pennyslantar, *pence* värdet) eng. kopparmynt; *fam. A.* cent; *a pretty* ~ en vacker slant; *in for a* ~, *in for a pound* har man sagt A får man säga B; *he turned an honest* ~ han förtjänade pengar på hederligt arbete; *the* ~ *drops in his mind* han fattar galoppen **--a-line** ['peniə'lain] billig **--a-liner** ['peniə'lainə] notisjägare **--dreadful** ['peni'dredful] *sl.* billig sensationsroman **--in-the-slot machine** ['peniinðə'slɔt-] automat **--pinching** [-,pin(t)ʃiŋ] snål, närig **-weight** 1,5 gram **-worth** ['penəθ] så mycket som fås för 1 penny; *not a* ~ inte ett dugg

penology [pi:'nɔlədʒi] penologi

pen-pusher ['pen,puʃə] pennfäktare, skrivkarl

pension ['penʃ(ə)n] **I** *s* **1** pension, årligt underhåll **2** ['pã:(ŋ)sjɔ̃:(ŋ)] pensionat; *old age* ~ folkpension **II** *v* **1** pensionera **2** bo på pensionat **-able** [-əbl] pensionsberättigad **-ary** [-əri] **I** *s* pensionär **II** *a* pensionerad; pensions- **-er** [-ənə] **1** pensionär **2** Cambridgestudent utan stipendium **3** *åld.* dräng

pensive ['pensiv] grubblande, tankfull

penstock ['penstɔk] slussport

pent [pent] inspärrad, instängd; ~ *up* undertryckt (*fig.*)

penta|gon ['pentəgən] femhörning; *the P* ~ amerikanska försvarsledningen i Arlington **-gonal** [pen'tægənl] femhörnig **-meter** [pen-'tæmitə] femfotad vers, pentameter

Pentecost ['pentikɔst] judarnas pingsthögtid **-al** [,penti'kɔstl] pingst- **-alist** [,penti'kɔstə-list] pingstvän

penthouse ['penthaus] **1** skjul, uthus **2** *A.* lyxhus (-våning) på taket av en byggnad **--roof** skjul, kur

penumbra [pi'nʌmbrə] halvskugga

penur|ious [pi'njuəriəs] **1** snål, närig, girig **2** torftig **-y** ['penjuri] **1** armod, fattigdom **2** brist (*of* på)

penwiper ['pen,waipə] penntorkare

peon ['pi:ən] **1** (i sp. Amerika) peon, grovarbetare

peony ['piəni] *bot.* pion

people ['pi:pl] **I** *s* människor, folk, befolkning **II** *v* befolka, bebo

pep [pep] **I** *s* *sl.* fart, kläm; vitalitet; ~ *talk* uppmuntrande tal (*A. sl.*) **II** *v, a* ~ *up* pigga upp **b** piffa upp

pepper ['pepə] **I** *s* peppar **II** *v* **1** peppra **2** beskjuta, bombardera **--and-salt** ['pepərən-'sɔ:lt] grå (svart-) o. vitprickligt tyg (peppar o. salt) **--box** **1** pepparströare **2** brushuvud **--caster, --castor** [-,kɑ:stə] **1** peppardosa *sl.* pistol cent pepparkorn **-mint** pepparmint **-pot** pepparströare **-y** [-ri] **1** full av peppar, pepprad, **2** hetsig

peppy ['pepi] *sl.* klämmig

pep|sin ['pepsin] pepsin **-tic** [-tik] matsmältnings-; ~ *glands* magsaftskörtlar

per [pə:, pə] per; ~ *annum* årligen; ~ *capita*

per styck; ~ *cent* procent; ~ *se* i o. för sig;
as ~ enligt
perambulat|e [pə'ræmbjuleit] genomresa, genomvandra **-ion** [pe,ræmbju'leiʃ(ə)n] **1** genomvandring, strövtåg **2** inspektionsresa **3** omkrets, utsträckning **-or** ['præmbjuleitə] barnvagn
percale [pə'keil] perkal (slags bomullstyg)
perceiv|able [pə'si:vəbl] förnimbar **-e** [-v] **1** uppfatta, varsebli **2** inse, fatta **-ing** [-iŋ] *äv.* skarpsinnig
percentage [pə'sentidʒ] procent[tal]
percept ['pɔ:sept] förnimmelse **-ible** [pə'septəbl] förnimbar, märkbar **-ion** [pə'sepʃ(ə)n] **1** förnimmelse **2** iakttagelseförmåga, uppfattning **-ive** [pə'septiv] förnimmande **-ivity** [,pə:sep'tiviti] varseblivningsförmåga
perch [pɔ:tʃ] **I** *s* **1** abborre **2** pinne (för höns etc.); *fig.* säker plats **3** mätstång (5¹/₂ *yard*) **4** *sjö.* prick i farled; *hop the* ~ dö, trilla av pinn (*sl.*); *they knocked him off his* ~ de tog kål på honom (*sl.*); *I'm off to* ~ nu kryper jag till kojs **II** *v* **1** flyga upp o. sätta sig på en pinne (gren etc.) **2** sätta upp på en hög plats; *the town was* ~*ed on a hill* staden låg högt uppe på ett berg
perchance [pə'tʃɑ:ns] *åld.* till äventyrs
percher ['pɔ:tʃə] *zool.* sittfågel
percipien|ce [pə(:)'sipiəns] förnimmelse, medvetande **-t I** *a* förnimmande, medveten **II** *s* förnimmande varelse
percolat|e ['pɔ:kəleit] **1** filtrera, sila **2** genomtränga **3** *sl.* röra sig inom ett litet område (t.ex. coctailparty, bar) **-ion** [,pə:kə'leiʃ(ə)n] filtrering **-or** [-ə] [kaffekokare med] filtreringsapparat
percuss [pɔ:'kʌs] *läk.* perkutera **-ion** [-ʌʃ(ə)n] slag, stöt; *med.* perkussion; ~ *cap* tändhatt, knallhatt; ~ *instrument* slaginstrument (t.ex. trumma) **-ive** [-iv] perkussions-
perdition [pɔ:'diʃ(ə)n] fördärv
peregrinat|e ['perigrineit] vandra omkring **-ion** [,perigri'neiʃ(ə)n] strövtåg **-or** [-ə] vandrare
peremptory [pə'rem(p)t(ə)ri] **1** bestämd **2** diktatorisk; självsäker **3** *jur.* avgörande, slutlig
perennial [pə'renjəl] **I** *a* som varar hela året **2** flerårig (växt), perenn **II** *s* flerårig (perenn) växt
perfect I ['pɔ:fikt] *a* fullkomlig, fullständig; fulländad; *vard.* trevlig, kul **II** ['pɔ:fikt] *s, gram.* perfektum **III** *v* [pə'fekt] **1** fullända, fullborda **2** fullkomna, avsluta **-ibility** [pə,fekti'biliti] perfektibilitet **-ion** [pə'fekʃ(ə)n] fulländning, fullkomlighet
perfid|ious [pɔ:'fidiəs] trolös, förrädisk **-y** ['pɔ:fidi] förräderi, svek
perforat|e ['pɔ:fəreit] perforera, genomborra; ~ *into* tränga i i **-ion** [,pɔ:fə'reiʃ(ə)n] perforering **-or** [-ə] kraniumborr
perforce [pə'fɔ:s] nödvändigtvis
perform [pə'fɔ:m] **1** utföra, uppföra, verkställa **2** förrätta (ceremoni) **3** uppträda (i skådespel); spela **-able** [-əbl] görlig **-ance** [-əns] **1** uppförande (av skådespel etc.) **2** utförande **-er** [-ə] skådespelare, uppträdande
perfume I *s* ['pɔ:fju:m] **1** doft, vällukt **2** parfym **II** *v* [pə'fju:m] parfymera **-ry** [pə'fju:məri] parfymeri
perfunctory [pə'fʌŋ(k)t(ə)ri] vårdslös, likgiltig, nonchalant

perfus|e [pə'fju:z] övergjuta, begjuta **-ion** [-u:ʒ(ə)n] begjutning
perhaps [pə'hæps, præps] kanske
perigee ['peridʒi:] *astr.* perigeum, jordnära punkt
peril ['peril] **I** *s* fara; *he is in* ~ *of his life* han svävar i livsfara; *at your* ~ på ditt ansvar **II** *v* äventyra, riskera **-ous** [-əs] farlig
perimeter [pə'rimitə] *mat.* perimeter, omkrets
period ['piəriəd] **1** period; omloppstid (för planet etc.); tidevarv **2** (fullständig) mening; *mest A.* punkt **3** paus **4** ~*s, pl* menstruation; *he has put a* ~ *to it* han har gjort slut på det; *the* ~ nutiden; ~ *piece* stilmöbel, antik möbel **-ic** [,piəri'ɔdik] **1** periodisk **2** retorisk **-ical** [,piəri'ɔdik(ə)l] **I** *s* tidskrift, periodisk skrift **-icity** [,piəriə'disiti] periodisk växling, periodicitet
peripatetic [,peripə'tetik] **I** *a* **1** *filos.* peripatetisk **2** kringvandrande **II** *s* **1** *filos.* peripatetiker **2** vandrare **3** gårdfarihandlare
periphery [pə'rifəri] periferi, omkrets
periphras|is [pə'rifrəsis] omskrivning, perifras **-tic[al]** [,peri'fræstik, -(ə)l] omskrivande, perifrastisk
periscope ['periskəup] periskop
perish ['periʃ] omkomma, förgås; *they* ~*ed with cold* de omkom av köld **-able** [-əbl] **I** *a* förgänglig **II** ~*s* ömtåliga varor **-ing** [-iŋ] *äv.* **1** förgänglig **2** dödlig, dödsbringande **3** *sl.* förbaskad
periwig ['periwig] peruk **-ged** [-d] försedd med peruk
perjur|e ['pɔ:dʒə] *v,* ~ *o.s.* begå mened **-ed** [-d] menedig **-er** [-ʒ(ə)rə] menedare **-ious** [pɔ'dʒuəriəs] menedig **-y** [-ʒ(ə)ri] mened
perk [pɔ:k] **I** *v* **1** tränga sig på; sätta näsan i vädret; lyfta, sticka upp (huvudet på ett nonchalant sätt) **2** pynta; ~ *up* **a** = *I I* **b** *sl.* kvickna till **c** lysa upp; återfå hopp (mod etc.) **d** uppmuntra, pigga upp **II** *a* **1** framfusig, morsk, kavat **2** sprättig
perks [pɔ:ks] *sl.* = *perquisites*
perky ['pɔ:ki] *se perk II*
perm [pɔ:m] *sl.* **I** *v* permanenta (håret) **II** *s* **1** permanentning **2** *förk.* för *permutation*
permanen|ce ['pɔ:mənəns] **-cy** [-si] varaktighet, beständighet, **-t** ständig, permanent, ordinarie; ~ *wave* permanentning
permea|bility [,pɔ:mjə'biliti] genomtränglighet **-ble** ['pɔ:mjəbl] genomträngbar **-nce** ['pɔ:mjəns] genomträngning **-nt** ['pɔ:mjənt] genomträngande **-te** ['pɔ:mieit] genomtränga, intränga (*through* genom) **-tion** [,pɔ:mi-'eiʃ(ə)n] genomträngning
permiss|ible [pə'misəbl] tillåtlig, tolererbar **-ion** [-iʃ(ə)n] tillstånd, tillåtelse **-ive** [-iv] tillåten, beviljad; *the* ~ *society* det normlösa samhället, "låt gå-samhället"
permit I *v* [pə'mit] tillåta; *weather* ~*ting* om vädret tillåter; ~ *of* tillåta, medge **II** *s* ['pɔ:-mit] **1** tillstånd, tillåtelse **2** skriftligt tillstånd; tillståndsbevis
permut|ation [,pɔ:mju(:)'teiʃ(ə)n] omkastning, förväxling; permutation **-e** [pə'mju:t] omflytta; förväxla
pernicious [pɔ:'niʃəs] fördärvlig; ödeläggande; *med.* perniciös
perorat|e ['perəreit] orera, hålla tal; utbreda sig över **-ion** [,perə'reiʃ(ə)n] (vältalig) avslutning på tal; (längre) anförande
perpendicular [,pɔ:p(ə)n'dikjulə] **I** *a* lodrät, vertikal, upprätt; *skämts.* stående **II** *s* **1** upp-

rätt ställning **2** lodlina **3** *sl.* måltid som ätes stående **4** *ark.*, P~ perpendikularstil **5** vertikallinje, -läge

perpetrat|e ['pɔ:pitreit] föröva, begå; *vard.* göra sig skyldig till **-ion** [,pɔ:pi'treiʃ(ə)n] **1** ogärning **2** förövande **-or** [-ə] förövare; missdådare

perpetu|al [pə'petʃuəl] evig, livslång, oavbruten **-ate** [-ueit] föreviga, förständiga **-ation** [-,petʃu'eiʃ(ə)n] förevigande

perpetuity [,pɔ:pi'tju(:)iti] beständighet; evärdlig besittning; *in (for, to)* ~ för alltid

perplex [pə'pleks] förvirra, förbrylla; trassla till **-ed** [-t] **-edly** [-idli] förvirrad; trasslig **-ity** [-iti] förvirring; trasslighet

perquisite ['pɔ:kwizit] biinkomster; dricks-pengar

perron ['perɔn] fritrappa (t. slott, kyrka etc.)

perry ['peri] päronvin

persecut|e ['pɔ:sikju:t] **1** förfölja **2** ansätta, plåga **-ion** [,pɔ:si'kju:ʃ(ə)n] förföljelse **-or** [-ə] förföljare

persever|ance [,pɔ:si'viər(ə)ns] ståndaktig-het; framhärdande **-e** [-iə] framhärda, hålla fast vid

Persia ['pɔ:ʃə] Persien, Iran **-n** [-(ə)n] **I** *a* persisk; ~ *blinds* jalusier **II** *s* **1** perser **2** per siska [språket]; ~*s äv.* = *persienes*

persiennes [,pɔ:si'enz] jalusier

persiflage [,pɛəsi'flɑ:ʒ] gyckel, spe, drift

persimmon [pɔ:'simən] *bot.* **1** persimonträd **2** frukt av detta träd, persimon

persist [pə'sist] **1** hålla fast vid, framhärda **2** härda ut; genomlida **-ence** [-(ə)ns] **-ency** [-(ə)nsi] envishet, framhärdande **-ent** [-(ə)nt] envis

person ['pɔ:sn] person; *a young* ~ en ung människa (ung dam); *natural* ~ fysisk person (*jur.*); *artificial* ~ juridisk person; *in* ~ per-sonligen; *tall of* ~ reslig till växten; *without respect of* ~ utan anseende till person **-able** [-əbl] välskapad **-age** [-idʒ] **1** personlighet **2** person (*isht* i roman o. d.) **-al** [-l] **I** *a* per-sonlig; ~ *estate* personlig lösegendom **II** *s pl*, ~*s* personlig egendom **-ality** [,pɔ:sə'næliti] personlighet; *no personalities!* inga personliga anspelningar! **-alize** [-əlaiz] personifiera **-ally** [-əli] *äv.* vad mig beträffar, personligen **-alty** [-lti] *jur.* personlig egendom

personat|e ['pɔ:səneit] **1** (falskeligen) utge sig för **2** framställa (ngn på scenen etc.) **-ion** [,pɔ:-sə'neiʃ(ə)n] **1** personifiering **2** uppträdande under annans namn **3** framställning (av roll etc.) **-or** [-ə] framställare (av annan person)

personif|ication [pɔ:,sɔnifi'keiʃ(ə)n] personi-fikation **-y** [-'sɔnifai] personifiera

personnel [,pɔ:sə'nel] *i sht mil., på sjukhus o. d.* personal; ~ *carrier* transportfordon (*mil.*)

perspective [pə'spektiv] **I** *s* perspektiv; per-spektivritning **II** *a* perspektivisk

perspir|ation [,pɔ:spə'reiʃ(ə)n] utdunstning, svettning **-e** [pəs'paiə] svettas, transpirera

persua|de [pə'sweid] **1** övertala **2** övertyga; *he ~d himself* han intalade sig själv **-der** [-ə] övertalare; *skämts.* sporre, piska **-sible** [-'sweisəbl] möjlig att övertala **-sion** [-eiʒ(ə)n] **1** övertalning **2** övertalningsförmåga **3** över-tygelse **4** *skämts.* ras, slag; *of the male* ~ av manligt kön **-sive** [-siv] **I** *a* övertalande, be-

vekande **II** *s* bevekelsegrund, motiv **-sive-ness** [-sivnis] övertalningsförmåga

pert [pɔ:t] frispråkig, näsvis

pertain [pɔ:'tein] angå, gälla; tillhöra

pertinaci|ous [,pɔ:ti'neiʃəs] styvnackad, en-vis **-ty** [,pɔ:ti'næsiti] halsstarrighet, envishet

pertinen|ce ['pɔ:tinəns] **-cy** [-si] samband, tillämplighet **-t** **I** *a* hörande till saken, till-lämplig **II** *s pl*, ~*s* tillbehör

perturb [pɔ:'tɔ:b] bringa i oordning, störa; för-virra **-ation** [,pɔ:tə(:)'beiʃ(ə)n] oordning; för-virring

Peru [pə'ru:] Peru

peruke [pə'ru:k] peruk

perus|al [pə'ru:z(ə)l] [genom]läsning; *for your* ~ för din granskning **-e** [-z] granska; (nog-grant) genomläsa

Peruvian [pə'ru:vjən] **I** *a* peruansk; ~ *bark* kinabark **II** *s* peruan

perva|de [pə'veid] genomtränga **-sion** [-ei-ʒ(ə)n] *s* genomträngande **-sive** [-siv] *a* genom-trängande

pervers|e [pə'vɔ:s] **1** oriktig; pervers **2** vrång; genstravig **-ion** [-ɔ:ʃ(ə)n] **1** förvrängning (*isht* av ord) **2** avfall **-ity** [-iti] perversitet

pervert **I** *v* [pə'vɔ:t] **1** förvränga **2** fördärva **3** avfalla **II** *s* ['pɔ:vɔ:t] avfälling

pervious [pɔ:vjəs] **1** genomtränglig **2** mottag-lig (*to* för) **3** genomskinlig, klar

peso ['peisəu] peso (mynt)

pessary ['pesəri] pessar

pessimis|m ['pesimiz(ə)m] pessimism **-t** pessi-mist **-tic[al]** [,pesi'mistik, -(ə)l] pessimistisk

pest [pest] **1** plågoris, plågoande; odjur **2** *fig.* pest; ~*s*, *äv.* ohyra **-er** [-ə] plåga, besvära **-erer** [-ərə] plågoande **-icide** [-isaid] biocid **-iferous** [pes'tif(ə)rəs] förpestad; skadlig **-ilence** [-iləns] farsot (*isht* böldpest) **-ilent** [-ilənt] dödsbringande, förpestad; *fam.* besvärlig **-ilential** [,pesti'lenʃ(ə)l] = *pest-iferous*

pestle ['pesl] mortelstöt

pet [pet] **I** *s* **1** favoritdjur; kelgris **2** retligt humör; *it is his* ~ *aversion* det är hans största fasa; ~ *name* smeknamn **II** *v* kela, smeka; *sl.* pussas, hångla med

petal ['petl] kronblad **-ine** [-təlain] hörande till kronblad **-[l]ed** [-d] försedd med kron-blad

peter ['pi:tə] **I** *v*, ~ *out* ta slut (*sl.*) **II** *s sl.* kassaskåp

Peter ['pi:tə] Petrus; *blue* ~ avgångsflagga (*sjö.*); ~*'s fish* kolja; *rob* ~ *to pay Paul* låna från en för att betala skuld till en annan **-man** fiskare

petersham ['pi:təʃəm] **1** tjockt kläde **2** tjockt sidenband **3** överrock av kläde

petite [pə'ti:t] [mycket] liten (dam, flicka)

petition [pi'tiʃ(ə)n] **I** *s* **1** böneskrift **2** anhållan **II** *v* **1** bönfalla **2** anhålla om **-ary** [-ʃnəri] bön-fallande **-er** [-ʃnə] petitionär; kärande i skils-mässoprocess

petrel ['petr(ə)l] *zool.* stormfågel

petrif|action [,petri'fækʃ(ə)n] förstening; för-stenad massa **-y** [petrifai] förstena; *fig.* lamslå

petrochemical [,petrə(u)'kemik(ə)l] petro-kemisk

petrol ['petr(ə)l] **I** *s* bensin **II** *v* förse med bensin; ~ *up* tanka **-eum** [pi'trauljəm] petro-leum **-ic** [pi'trɔlik] bensin-, petroleum-

petticoat ['petikəut] [under]kjol; ~*s, pl* det

kvinnliga könet; ~ *government* kjolregemente (i hem el. politik)

pettifog ['petifɔg] bråka om småsaker, krångla **-ger** [-ə] brännvinsadvokat; krångelmakare **-gery** [-əri] lagvrängning **-ging** [-iŋ] **I** *s* = *pettifoggery* **II** *a* småsinnad

petting ['petiŋ] *A. sl.* grovhångel, erotiska smekningar

pettish ['petiʃ] grinig, retlig

pettitoes ['petitəuz] grisfötter (*isht* som maträtt)

petty ['peti] **I** *a* obetydlig, liten, ringa; småsint; ~ *cash* smärre utgifter o. inkomster; ~ *larceny* snatteri; ~ *officer* underofficer (-befäl) vid flottan, *ung*. furir **II** *s, fam.* = *petticoat*

petulan|ce ['petjuləns] **-cy** [-si] retlighet, kinkighet **-t** grinig, retlig, kinkig

petunia [pi'tju:njə] *bot.* petunia

pew [pju:] **I** *s* kyrkbänk; *sl.* sittplats **II** *v* förse med kyrkbänk **-age** [-idʒ] bänkhyra

pewee ['pi:wi:] **1** tättingen *Myiochanes virens* **2** = *phoebe*

pewit ['pi:wit] *zool.* [tofs]vipa; ~ *gull* skrattmås

pew-rent ['pju:rent] *se pewage*

pewter ['pju:tə] **1** tennlegering **2** tennkärl **3** *sl.* penningpris **-er** [-rə] tenngjutare

phalan|x ['fælæŋks] (*pl -xes* [-iz] el. *-ges* [fæ-'lændʒi:z]) **1** slagordning; fylking; falang **2** fingerled, tåled

phall|ic ['fælik] fallos-, penis- **-os** [-əs] fallos, penis

phantasm ['fæntæz(ə)m] illusion, drömbild **-agoria** [ˌfæntæzmə'gɔriə] gyckelbild; fantasmagori **-al** [fæn'tæzm(ə)l] fantastisk

phantasy ['fæntəsi] *se fantasy*

phantom ['fæntəm] spöke, vålnad

Pharaoh ['fɛərəu] farao

Pharisee ['færisi:] farisé

pharmac|ist ['fɑ:məsist] farmaceut, apotekare **-ology** [ˌfɑ:mə'kɔlədʒi] farmakologi **-y** [-i] **1** farmaci **2** apotek

pharos ['fɛərɔs] fyr[torn]

pharynx ['færiŋks] svalg

phase [feiz] **I** *s* stadium, fas **II** *v*, ~ *down* inställa, avsluta; ~ *out* utmönstra, gradvis avsluta el. inskränka

pheasant ['feznt] fasan

phenomen|al [fi'nɔminl] **1** förnimbar **2** oerhörd, fenomenal **-on** [-ən] (*pl -a*) fenomen; under

phew [fju:] asch!, ah!, usch!

phial ['fai(ə)l] medicinflaska

philander [fi'lændə] **I** *v* flörta (*with* med) **II** *s* flört **-er** [-rə] flickjägare

philanthrop|ic [ˌfilən'θrɔpik] filantropisk **-ist** [fi'lænθrəpist] filantrop **-y** [fi'lænθrəpi] filantropi

philatel|ist [fi'lætəlist] filatelist, frimärkssamlare **-y** [-i] filateli

phil|harmonic [ˌfilɑ:'mɔnik] **I** *a* filharmonisk **II** *s* musikälskare **-hellene** ['fil,heli:n] grekvän

Philppi [fi'lipai] Filippi; *thou shalt see* (*meet*) *me at* ~ det skall du dyrt få betala **-an** [-pjən] invånare i Filippi; ~*s* Pauli brev t. filipperna **p-c** [-pik] strafftal **-ne** [fi'lipi:n] the ~ *Islands, the* ~*s* Filippinerna

Philistin|e ['filistain] **I** *s, bibl.* filisté **2** bracka **3** *skämts.* den lede fienden (kritiken etc.) **4** (Tyskland) icke-student; vulgär person **II** *a* **1** filisteisk **2** kälkborgerlig **-ism** [-tiniz(ə)m] kälkborgerlighet

philolog|er [fi'lɔlədʒə] filolog **-ic[al]** [ˌfilə'lɔdʒik, -(ə)l] språkvetenskaplig, filologisk **-ist**

[-ʒist] filolog **-y** [-ʒi] språkvetenskap, filologi

Philomel ['filəmel] **-a** [ˌfilə(u)'mi:lə] *poet.* näktergalen

philosoph|er [fi'lɔsəfə] filosof; ~*s' stone* de vises sten **-ic[al]** [ˌfilə'sɔfik, -(ə)l] filosofisk **-ize** [-faiz] filosofera **-y** [-fi] filosofi

phil|ter ['filtə] **-tre** [-tə] kärleksdryck

phiz [fiz] *vard.* ansikte, uppsyn

phlegm [flem] **1** slem **2** tröghet **-atic** [fleg-'mætik] flegmatisk **-y** [-i] slemmig

phlox [flɔks] *bot.* flox

phobia ['fəubjə] fobi, skräck

phoebe ['fi:bi] tättingen *Sayornis phoebe*

Phoenicia [fi'niʃiə] Fenicien **-n** **I** *a* fenicisk **II** *s* fenicier

phone [fəun] **I** *s* **1** språkljud **2** *fam.* = *telephone* **II** *v* telefonera **-tic** [fə(u)'netik] **I** *a* fonetisk **II** *s pl*, ~*s* fonetik

phon[e]y ['fəuni] *A. sl.* falsk; skum

phonic ['fəunik] ljud-, akustisk

phonofilm ['fəunəfilm] ljudfilm

phonograph ['fəunəgrɑ:f] **I** *s* fonograf; *A.* grammofon **II** *v* ta upp (reproducera) på fonograf **-ic** [ˌfəunə'græfik] fonografisk **-y** [fə(u)-'nɔgrəfi] **1** fonetisk skrift **2** ljudupptagning

phonolog|ic[al] [ˌfəunə'lɔdʒik, -(ə)l] ljudenlig, fonologisk **-y** [fə(u)'nɔlədʒi] ljudlära, fonologi

phosphate ['fɔsfeit] fosfat

phosphor|ate ['fɔsfəreit] fosfor- **-esce** [ˌfɔsfə'res] lysa i mörkret, fosforescera **-escence** [ˌfɔsfə'resns] fosforescens **-escent** [ˌfɔsfə'resnt] fosforescerande **-ic** [fɔs'fɔrik] **-ous** [-f(ə)rəs] fosfor- **-us** [-f(ə)rəs] fosfor

phossy ['fɔsi] = *phosphorus*; ~ *jaw* fosfornekros

photo ['fəutəu] = *photograph* **-electric** [ˌfəutə(u)i'lektrik] *a*, ~ *cell* fotoelektrisk cell **--finish** ['fəutə(u)'finiʃ] målfoto **-genic** [ˌfəutə(u)'dʒenik] **1** som gör sig bra vid fotografering **2** ljusgivande

photograph ['fəutəgrɑ:f] **I** *s* fotografi; *I've had my* ~ *taken* jag har låtit fotografera mig **II** *v* fotografera **-er** [f(ə)'tɔgrəfə] fotograf **-ic** [ˌfəutə'græfik] fotografisk; skarp, klar, distinkt **-y** [f(ə)'tɔgrəfi] fotokonst

photo|gravure [ˌfəutəgrə'vjuə] fotogravyr **-meter** [f(ə)'tɔmitə] exponeringsmätare **--play** ['fəutə(u)plei] *A.* film **-stat** ['fəutə(u)stæt] **1** kopieringsapparat **2** fotostatkopia **-synthesis** [ˌfəutə'sinθisis] fotosyntes **-type** ['fəutə(u)taip] ljustryck

phrase [freiz] **I** *s* **1** uttryck[ssätt], fras (*äv. mus.*), sats **2** satsdel **II** *v* uttrycka, klä i ord **--monger** [-ˌmʌŋgə] pratmakare **-ology** [ˌfreizi'ɔlədʒi] uttryckssätt, fraseologi

phrenetic [fri'netik] **I** *a* frenetisk **II** *s* dåre, vansinnig

phthi|sis ['θaisis] *med.* lungsot

phut [fʌt] *adv, go* ~ gå i kras; misslyckas (*fam.*)

physic ['fizik] **I** *s* läkekonst; *fam.* medicin; ~*s, pl a* fysik **b** naturvetenskap **II** *v* **1** ordinera medicin **2** *sl.* klå upp **-al** [-(ə)l] **1** fysisk **2** fysikalisk **3** kroppslig; ~ *education* fysisk fostran, kroppsövningar; ~ *exercise* kroppsövning; ~ *force* naturkraft; ~ *jerks* gymnastik (*fam.*) **-ian** [fi'ziʃ(ə)n] läkare; ~ *to the Queen* (*King*) livmedikus **-ist** [-isist] **1** fysiker **2** naturvetenskapsman

physiognom|ic[al] [ˌfiziə'nɔmik, -(ə)l] fysionomisk **-ist** [ˌfizi'ɔnəmist] fysionomist **-y** [ˌfizi'ɔnəmi] ansiktsuttryck; fysionomi

physio|graphy [ˌfizi'ɔgrəfi] naturbeskrivning,

fysiografi **-logy** [-lədʒi] fysiologi **-therapist** [,fiziə(u)'θerəpist] sjukgymnast **-therapy** [,fiziə(u)'θerəpi] sjukgymnastik **physique** [fi'zi:k] kroppsbyggnad **pi** [pai] **I** *s, mat.* pi, π **II** *a* **1** hederlig **2** religiös **3** *skolsl.* för *pious*; ~ *jaw* moralkaka

piacular [pai'ækjulə] försonande

pian|ette [piə'net] **-ino** [-'ni:nəu] litet piano **-ist** ['piənist] pianist **-o 1** [pi'ænəu] piano; *grand* ~ flygel **2** ['pjɑ:nəu] *mus.* piano, med svag tonstyrka **-oforte** [,pjænə(u)'fɔ:ti] piano **-ola** [piə'nəulə] pianola **-o-player** [pi'ænəu-,ple(i)ə] **1** pianist **2** pianola

piazza [pi'ætzə] **1** torg (i Italien) **1** *A.* veranda

pibroch ['pi:brɔk] musikstycke på säckpipa

pica ['paikə] *typ.* 12 punkters stil; *ung.* cicero; *small* ~ 11 punkters stil

picaresque [,pikə'resk] skälm-, pikaresk; ~ *novel* skälmroman

picaroon [,pikə'ru:n] **1** sjörövare **2** sjörövarfartyg

picayune [,pikə'ju:n] **I** *s* **1** *A.* [5 cent]mynt **2** *vard.* obetydlig person (sak) **II** *a* eländig, torftig

piccalilli ['pikəlili] pickels

piccaninny ['pikənini] **I** *s* [neger]barn **II** *a* liten

piccolo ['pikələu] pickolaflöjt

pick [pik] **I** *s* **1** jordhacka, korp **2** ⊄al; elit, det bästa **3** spets, petare; *the* ~ *of the bunch* den bästa av allihop **II** *v* **1** plocka, ta upp **2** peta **3** hacka [upp] **4** välja **5** stjäla, knycka **6** plocka sönder, sönderdela; ~ *apart* plocka sönder; ~ *to pieces* riva sönder (bit för bit); ~ *a chicken* plocka en kyckling; ~ *ice* hugga upp is; ~ *flaws* anmärka, kritisera; *she* ~*ed at her dinner* hon satt o. petade i maten; ~ *and choose* noga utvälja; ~ *a quarrel* söka gräl; *he* ~*ed my pocket of a purse* han stal en börs ur fickan på mig; ~ *and steal* knycka; *he's always* ~*ing holes* han anmärker alltid på allting; *have a bone to* ~ *with s.o.* ha en gås oplockad med ngn; ~ *a lock* dyrka upp ett lås; ~ *at* a dra´i **b** *A.* gnata; anmärka på; ~ *off* a plocka bort **b** skjuta ner den ena efter den andra; ~ *on* a utvälja **b** *A.* anmärka på; ~ *out* a utvälja **b** urskilja; plocka ut **c** plocka fram, förstå **d** spela efter gehör **e** variera grundfärg; *fig.* kritisera sönder; ~ *up* a bryta upp, hacka sönder **b** ta upp, fatta tag i; hämta o. ta med; låta ngn åka med **c** resa sig **d** lära sig, inhämta **e** komma över, få ta i; bärga **f** återfinna; uppfånga **g** bli bekant med **h** krya på sig, tillfriskna **i** ta i, öka (om blåst) **j** öka farten (om motor); *they* ~*ed up courage* de repade mod; *she has* ~*ed up flesh considerably* hon har ökat i vikt ordentligt; *he has* ~*ed himself up* han har kryat på sig; *I* ~*ed up an American radio station yesterday* jag tog in en amerikansk radiostation i går; *I've not yet* ~*ed up with him* jag har ännu inte lärt känna honom **-aback** [-əbæk] *adv, carry* ~ bära på ryggen som ett bylte **-axe I** *s* jordhacka, korp **II** *v* hacka med jordhacka **-er** [-ə] **1** plockare etc., *se pick II* **2** hacka; spetsigt instrument (*isht* att plocka el. rensa med); ~*s and stealers* tjuvar **-erel** [-ər(ə)l] ung gädda

picket ['pikit] **I** *a* **1** stake, påle **2** *mil.* utpost, piket **3** ~*s* strejkvakter; ~ *boat* patrullbat, vedettbåt **II** *v* **1** inhägna, befästa med pålar **2** tjudra **3** *mil.* utplacera piket **4** utsätta strejk-

vakter **5** tjänstgöra som strejkvakt **-fence** *A.* staket, stängsel

picking ['pikiŋ] **1** plockande **2** det man har plockat etc., *se pick II* **3** vanl. *pl* ~*s* stulna el. överblivna småsaker **4** utskottsvaror; stuvar

pickle ['pikl] **I** *s* **1** [salt-, ättiks]lag för inläggning **2** ~*s* pickels **3** klämma, besvärlig situation **4** rackarunge; *I have a rod in* ~ *for you* jag har ett kok stryk i beredskap åt dig; *he was in a fine* ~ han satt i en besvärlig klämma **II** *v* lägga in i lag; ~*d* berusad, på snusen (*A.*) **pick|lock** ['piklɔk] **1** inbrottstjuv **2** dyrk **--me--up** [-mi(:)ʌp] cocktail, uppiggande dryck **--pocket** [-,pɔkit] ficktjuv **-some** [-səm] granntycket **--up 1** pick-up (på grammofon) **2** [buss]hållplats **3** tillfällig bekantskap **4** *A.* uppgång (i affärer) **5** hastighetsökning **6** paketbil **7** *vard.* prisfynd

pickwick ['pikwik] billig cigarr

picnic ['piknik] **I** *s* **1** utflykt, picknick **2** *fam.* enkel sak **II** *v* göra en utflykt, fara på picknick **-ky** [-i] *vard.* behaglig, angenäm

picquet ['pikit] *se picket*

Pict [pikt] *vanl. pl, the* ~*s* pikterna **-ish** [-iʃ] piktiska

pictorial [pik'tɔ:riəl] **I** *a* **1** illustrerad **2** målerisk **3** måleri-, målnings- **II** *s* illustrerad [vecko]tidning

picture ['piktʃə] **I** *s* **1** målning, tavla; bild, illustration **2** porträtt **3** *A.* ansikte **4** livlig berättelse **5** ~*s, pl* bio[graf]; *it came into (entered) the* ~ a det började bli betydelsefullt **b** det ägde rum; *he has slipped from the* ~ han har lämnat scenen (*sl.*); *he has been made a* ~ *of* han har fått ett ordentligt kok stryk; *he is out of the* ~ han betyder ingenting längre **II** *v* **1** måla, avbilda **2** skildra **3** föreställa sig (*äv.* ~ *to o.s.*) **--book** bilderbok **--gallery** [-,gæləri] tavelgalleri **--goer** [-,gəuə] biobesökare **--house**, **--palace** [-,pælis] bio[graf] **--poster** [-,pəustə] reklampelare **--puzzle** [-,pʌzl] bildkryss **--show** tavelutställning **-sque** [,piktʃə'resk] **1** pittoresk, målerisk **2** livfull (skildring) **3** originell, intressant (personlighet) **--telegram** [-,teligræm] bildtelegram **--theatre** [-,θiətə] biograf **--writing** [-,raitiŋ] bildskrift

picul ['pikʌl] östasiatisk vikt (= "mansbörda" = 60,5 kg)

piddle ['pidl] *vard.* pinka

pidgin ['pidʒin] **I** *a*, *P~* *English* (urspr. kinesisk) bruten engelska; rotvälska **II** *s, vard.* arbete, jobb

pie [pai] **I** *s* **1** pastej; paj **2** skata **3** *typ.* svibel (*äv. printer's* ~); *it has fallen into* ~ det har kommit i oordning; *has he a finger in the* ~? har han ett finger med i spelet?; *you've made a precious* ~ *of things* du har ställt till med en skön röra; ~ *in the sky* (*sl.*) a valfläsk **b** utopi, drömrike **c** pengar från himlen **II** *v* bringa i oordning

piebald ['paibɔ:ld] fläckig, blandad (svart o. vit)

piece [pi:s] **I** *s* **1** stycke, bit, del **2** [artilleri]-pjäs, kanon; eldhandvapen **3** mynt **4** [teater]-pjäs; musikstycke **5** pjäs (i schackspel) **6** tavla **7** *A.* sträcka, avstånd; *I'll give you a* ~ *of advice* jag skall ge dig ett råd; *she is a pretty* ~ [*of goods*] hon är ett snällt barn; ~ *of cake* enkel sak (*sl.*); *that was a* ~ *of luck* det var tursamt; *these are 1 shilling a* ~ de kostar 1 shilling stycket; *they are all of a* ~ **a** de är av samma slag **b** de är gjorda ur ett stycke; *paid by the* ~ betald per styck; ~ *by* ~ bit för bit; *he is on the* ~ han arbetar på ackord **II** *v* laga, lappa; sätta samman; ~ *on to* hänga ihop med; passa samman; ~ *out* komplettera, utöka; ~ *together* sammanfoga; ~ *up* laga, lappa **--goods** [-gudz] textilier (framför allt Lancasterbomull) **-meal** styckevis, bit för bit **-r** [-ə] spinnare **--rate** ackord **--wages** [-ˌweidʒiz] ackordslön **--work** ackordsarbete

pie-crust ['paikrʌst] pajskorpa, -skal

pied [paid] fläckig, blandad (svart o. vit)

piedmont ['piːdmənt] **I** *s* 1 område vid foten av ett berg **2** *P* ~ högslätt i USA; Piemonte **II** *a* belägen vid foten av ett berg

pie-|eyed ['paiaid] *A. sl.* stupfull, full som en alika **-man** [-mən] pastejförsäljare **--plant** *A. bot.* rabarber

pier [piə] **1** vågbrytare **2** [hamn]pir, kaj **3** bropelare **4** väggpelare **-age** [-ridʒ] kajpengar

pierc|e [piəs] genomborra, genombryta; *fig.* intränga i, genomtränga **-eable** [-əbl] genomträngbar **-er** [-ə] **1** borr; pryl **2** borrare **-ing** [-iŋ] genomträngande; gäll

pier-glass ['piəglɑːs] stor spegel; trymå

piety ['paiəti] **1** fromhet **2** hängivenhet, tillgivenhet **3** from o. hängiven handling

piffle ['pifl] **I** *s* strunt, larv **II** *v* prata strunt

pig [pig] **I** *s* 1 gris, svin; *fig.* snuskig person **2** [metall]tacka; *buy a* ~ *in a poke* köpa grisen i säcken; *be in* ~ vara dräktig; ~*s might fly* de egendomligaste saker kan inträffa; *he has brought his* ~*s to a fine market* han har gjort en lysande affär (*iron.*); *make a* ~ *of o.s.* äta omåttligt (*ung.*); ~*'s wash, se pigwash* **II** *v* 1 grisa **2** packa ihop sig som svin

pigeon ['pidʒin] **I** *s* 1 duva **2** lerduva (skytte) **3** lättlurad person, gröngöling **4** *se pidgin*; *carrier (homing)* ~ brevduva; *clay* ~ lerduva **II** *v* lura **--English** [-ˌiŋliʃ] *se pidgin* **--hearted** [-ˌhɑːtid] harhjärtad, lättskrämd **--hole** **I** *s* 1 öppning till duvslag **2** biljettlucka **3** fack i hylla, skrivbord etc. **II** *v* 1 ordna i fack **2** förse med fack; *the scheme has been* ~*d* planen har lagts på hyllan **--house** duvslag **-ry** [-ri] duvslag **--toed** [-təud] med inåtvända tår; *walk* ~ gå inåt med tårna

pig|gery ['pigəri] **1** svineri **2** svinhus **3** tjurskallighet **-gish** [-iʃ] **1** grisig, snuskig **2** tjurskallig **3** snål **-gy** [-i] **I** *s* griskulting, nasse **II** *a* gris-; ~ *bank* spargris **-gyback** (på ryggen (skuldrorna) **-gy-wiggy** ['pigiˈwigi] smutsgris **--headed** ['pigˈhedid] tjurskallig, envis **--iron** [-aiən] tackjärn **--jump** ystert språng (av häst) **-let** [-lit] **-ling** [-liŋ] spädgris

pigment ['pigmənt] färgämne, pigment **-al** [pigˈmentl] **-ary** [pigˈmentəri] färg- **-ation** [ˌpigmənˈteiʃ(ə)n] hudfärg

pigmy ['pigmi] = *pygmy*

pig|-nut ['pignat] svart jordnöt **--skin 1** svinläder **2** *sl.* sadel **3** *A. sl.* fotboll[sspelare] **--sticker** [-ˌstikə] **1** vildsvinsjägare **2** *sl.* (slags) fickkniv; bajonett **--sticking** [-ˌstikiŋ] **1** vildsvinsjakt **2** grisslakt **--sty** svinstia **--tail 1** rulltobak **2** stångpiska **3** grissvans **4** fläta **-wash** svinmat, skulor

pike [paik] **I** *s* 1 spets **2** *mil.* pik **3** gädda **4** tullbom **5** *A.* [avgiftsbelagd] bilväg **6** *Nord-engl.* spetsig bergstopp **II** *v* genomborra (döda) med pik **-d** [-t] spetsig **-let** [-lit] (slags)

tekaka **-r** [-ə] *A.* **1** försiktig spekulant **2** fattig stackare **-man** [-mən] **1** gruvarbetare **2** pikenerare **3** bomvaktare **-staff** pikstav, lans; pikskaft; *as plain as a* ~ klart som dagen

pilaster [piˈlæstə] väggpelare, pilaster

pilchard ['piltʃəd] småsill

pile [pail] **I** *s* 1 hög, stapel **2** bål **3** byggnadskomplex **4** *fam.* en stor penningsumma **5** elektriskt batteri **6** *fys.* atomstapel **7** *vanl. pl* hemorrojder **8** påle **9** hår (på djur); flor (på sammet); lugg (på tyg) **II** *v* 1 stappla upp, lägga i hög **2** samla sig, hopas; *they* ~*d in* de vällde in; ~ *arms* koppla gevär (*mil.*); *he* ~*d on the agony* **a** han överdrev smärtan **b** han frossade i smärtan; *now you are piling it on* nu skarvar du allt (*fam.*); ~ *up* samla på hög, hopa **--driver** [-ˌdraivə] pålkran **--house** pålbyggnad

pilfer ['pilfə] snatta **-age** [-ridʒ] snatteri **-er** [-rə] en som snattar

pilgrim ['pilgrim] **I** *s* pilgrim **II** *v* vallfärda; *the P* ~ *Fathers* pilgrimsfäderna (de engelska puritanerna som landsteg i Plymouth, Massachusetts år 1620) **-age** [-idʒ] **I** *s* pilgrimsfärd **II** *v* vallfärda = *go on a* ~

piling ['pailiŋ] pålverk

pill [pil] **I** *s* piller; *fig.* (= *bitter* ~) beskt piller **2** *sl.* kula, [tennis]boll, biljardkula; *the* ~ (*vard.*) p-piller **II** *v* 1 ta in piller **2** *sl.* tycka illa om; ~*ed, äv.* kuggad (i examen)

pillage ['pilidʒ] **I** *s* plundring **II** *v* 1 plundra, skövla **2** röva

pillar ['pilə] **I** *s* pelare, stolpe; *fig.* stödjepelare; *he was driven from* ~ *to post* han jagades från den ena tillflykten till den andra (hit o. dit) **II** *v* stödja med pelare, stötta **--box** brevlåda (eng. typ)

pill-box ['pilbɔks] **1** pillerask **2** vagn, åkdon **3** *mil.* liten betongbunker

pillion ['piljən] **1** damsadel (bakom huvudsadeln) **2** bönpall (på motorcykel etc.)

pill-monger ['pilˌmʌŋgə] pillertrillare

pillory ['piləri] **I** *s* skampåle **II** *v* ställa vid skampålen; *fig.* låta schavottera

pillow ['piləu] **I** *s* huvudkudde; *tekn.* dyna; *I'll take counsel of my* ~ jag skall sova på saken **II** *v* lägga på kudde; ~ *up* stötta med kuddar **--case** ['pilə(u)keis] **--slip** örngott[svar] **-y** [-i] mjuk

pill-roller ['pilˌrəulə] **1** pillertrillare **2** *sl.* sjukvårdssoldat

pilot ['pailət] **I** *s* 1 lots **2** flygare, pilot **3** vägvisare; den första i en serie; *he has dropped his* ~ han lyssnar inte längre på sina rådgivare; ~ *lamp* skallampa **II** *v* lotsa; *fig.* vägleda **-age** [-idʒ] **I** *s* 1 lotsning **2** lotsavgift **II** *a* inledande **--boat** lotsbåt **--officer** [-ˌɔfisə] *mil.* fänrik vid flygvapnet

pilul|ar ['piljulə] **1** piller- **2** liten **-e** [-juːl] litet piller **-ous** [-əs] *se pilular*

pimento [piˈmentəu] pimenta, kryddpeppar

pimp [pimp] **I** *s* kopplare **II** *v* koppla

pimpernel ['pimpənel] *s, scarlet* ~ rödarv (*bot.*)

pimping ['pimpiŋ] liten, ynklig

pimpl|e ['pimpl] finne, blemma **-ed** [-d] **-y** [-i] finnig

pin [pin] **I** *s* 1 nål (äv. knappnål, säkerhetsnål) **2** sprint, tapp, bult **3** kutting (= 20 liter) **4** skruv (på musikinstrument) **5** ~*s* ben (*sl.*); *he is quick on his* ~*s* han är snabbfotad; *he doesn't care a* ~ han bryr sig inte ett dugg om det; *I have* ~*s and needles in my leg* mitt ben sover **II** *v* 1 fästa, fastnagla **2** hålla fast vid;

tvinga ngn **3** *sl.* knycka, stjäla **4** innesluta, innestänga; *he was ~ned against the wall* han trycktes mot muren; *he always ~ned his faith to (on) her* han har alltid blint litat på henne; *he ~ned me down to my promise* han tvingade mig att hålla mitt löfte; *~ up* a fästa med knappnål (insekter etc.) **b** innestänga **c** stötta (byggnader etc.)

pinafore ['pinəfɔ:] blusförkläde (för barn)

pin-case ['pinkeis] nålfodral

pince-nez ['pɛ̃:(n)ṣnei] pincené

pincers ['pinsəz] **1** kniptång **2** klo på kräftdjur; *large (heavy) ~* hovtång

pinch [pin(t)ʃ] **I** *s* **1** nyp **2** nypa (salt), pris (snus) **3** trångmål, besvärlig belägenhet; *at a ~* om det är nödvändigt **II** *v* **1** knipa ihop, klämma, nypa **2** klämma, vara för trång **3** plåga, pina; hårt ansätta (om hunger, köld etc.) **4** snåla på, spara in **5** avpressa pengar **6** stjäla **7** arrestera, haffa; *they were ~ed with cold* de var hårt ansatta av köld; *he knows where the shoe ~es* han vet var skon klämmer; *we were ~ed for room* vi var trångbodda; *~ed face* magert ansikte; *~ed up* tilltygad

pine [pain] **I** *s* **1** fura, tall; pinje; barrträd **2** timmer från barrträd **3** ananas (*vanl. ~~apple*) **II** *v* **1** tyna bort, avtyna **2** tråna (*for, after*) *-al* [-iəl] pinjekottformig; *~ gland* tallkottkörtel *--apple* [-,æpl] **1** ananas **2** *sl.* (slags) handgranat *--cone* tallkotte *-ry* [-əri] **1** ananasplantering **2** furusˈkog *--straw* *A.* barr *-tree* pinje

pin-fold ['pinfəuld] **I** *s* fålla, kätte **II** *v* stänga in i fålla

ping [piŋ] **I** *s* (gevärskulas) vinande, visslande **II** *v* vissla, vina (om kula) *--pong* [-pɔŋ] **I** *s* bordtennis, pingpong **II** *v* spela bordtennis

pin|-head ['pinhed] **1** knappnålshuvud **2** *fig.* ngt mycket obetydligt *-hole* hål av (passande för) knappnål (pinne)

pinion ['pinjən] **I** *s* **1** vingspets **2** vingpenna **3** *poet.* vinge **4** [pinion]drev, litet kugghjul; kugghjulsmekanism **II** *v* **1** vingklippa **2** bakbinda **3** binda fast, fjättra

pink [piŋk] **I** *s* **1** skär färg **2** nejlika **3** [räv]jägares röda rock **4** rävjägare **5** idealet, det bästa **6** flatbottnad segelbåt **7** unglax; *he was in the ~ of health* han var vid bästa hälsa; *I'm in the ~* jag mår prima (*sl.*) **II** *a* **1** skär **2** *pol.* [salongs]socialistisk **3** chic **III** *v* **1** genomborra, perforera **2** utsira, utsmycka **3** hacka (om motor) **4** rodna *--eye* ögoninflammation; feber (hos hästar) *-ish* [-iʃ] skär-i röd, ljusröd

pinky ['piŋki] skär, blekröd, ljusröd

pin-money ['pin,mʌni] nålpengar

pinnace ['pinis] *sjö.* pinass, slup

pinnacle ['pinəkl] **I** *s* **1** tornspira **2** spetsig bergstopp **3** *fig.* höjdpunkt **II** *v* kröna; förse med tinnar; bilda höjdpunkten

pinnate ['pinit] parbladig

pinny ['pini] *barnspr. = pinafore*

piñon ['pinjən] *A.* (slags) barrträd med ätliga frön

pin|-point ['pinpɔint] **I** *s* **1** knappnålsspets **2** *mil.* svårbeskjutet mål **II** *v*, *mil.* precisionsbomba; noggrant fastställa ett måls läge *--prick* **I** *s* nålstygn (*äv. fig.*) **II** *v* sticka med nål; irritera

pint [paint] pint (0,57 l)

pintle ['pintl] tapp, bult; *sjö.* rorhake

pinto ['pintəu] **I** *a* fläckig **II** *s* skäckig häst

pin-up ['pinʌp] pinuppa (*vcnl. ~ girl*)

piny ['paini] furu-

pioneer [,paiə'niə] **I** *s* **1** *mil.* ingenjörssoldat **2** banbrytare, pionjär **II** *v* utföra pionjärarbete; bana väg

pious ['paiəs] from, gudfruktig

pip [pip] **I** *s* **1** pips (hönssjukdom) **2** prick (på tärning etc.) **3** *fam.* stjärna (på uniform) **4** kärna (i frukt) **5** tidssignal; *has he the ~?* är han ur gängorna? **II** *v* **1** träffa (med skott etc.) **2** göra slut på **3** *sl.* misslyckas i examen, köra; *~ out* gå om hörnet (*sl.*); *~ped* kuggad (*sl.*)

pipe [paip] **I** *s* **1** ledningsrör (för gas, vatten etc.) **2** enkel flöjt; skepparpipa **3** *fam.* röst **4** *pl fam.*, *~s* andningsorgan **5** [luft]rör (i kroppen) **6** tobakspipa **7** pipa (mått för vin, 5,7 hl) **8** pipande ljud; visselsignal; *put that in your ~ and smoke it* kom ihåg det!; *~ dream* luftslott, inbillning (*A. fam.*) **II** *v* **1** spela på pipa **2** *sjö.* ge visselsignal åt besättningen **3** vina, vissla (om vind, kula etc.) **4** gråta, pipa **5** förse med ledningsrör; *~ down* *a sl.* stämma ner tonen, hålla mun **b** *sjö.* ge besättningen ledigt; *~ up* a börja spela **b** ge upprepade visselsignaler *--clay* **I** *s* **1** piplera (för ornspedanteri; militärt pedanteri **II** *v* göra rent (vitfärga) med piplera *--line* rörledning (framför allt för olja, vatten o. gas) *--major* ['paip'meidʒə] första säckpipblåsare vid ett regemente *--man* [-mən] *A.* brandsoldat

pip emma ['pip'emə] *mil. sl., p. m.,* eftermiddag

pipe|r ['paipə] **1** pipblåsare; flöjtspelare **2** (slags) fisk **3** svettig häst; *pay the ~* betala kalaset *--rack* pipställ, piphylla *--stem,* *--stick* pipskaft

piping ['paipiŋ] **I** *s* **1** pipspelning **2** visselsignal; ton från pipa **3** rörledningssystem **4** snörmakerigarnering **II** *a* sjudande, kokande; *~ hot* sjudande varm; *the ~ times of peace* fredstidens sorglösa dagar

pipit ['pipit] *zool.* piplärka

pippin ['pipin] pipping (äppelsort)

pipsqueak ['pipskwi:k] *sl.* **1** liten granat **2** lättviktare (motorcykel) **3** liten stackare

piquant ['pi:kənt] skarp; *fig.* diagg

pique [pi:k] **I** *s* förtrytelse, sårad stolthet; *he went away in a fit of ~* han gick sin väg i vredesmod **II** *v* **1** såra, reta **2** egga, uppväcka; *he ~s himself on his learning* han stoltserar med sin lärdom

piquet [pi'ket] piké (kortspel)

pira|cy ['paiərəsi] **1** sjöröveri **2** plagiering; tjuvtryck *-te* [-rit] **I** *s* **1** sjörövare, pirat **2** marodör, rövare **3** en som plagierar; en som efterapar utan tillstånd; *~ transmitter* piratsändare; olaglig sändarstation **II** *v* **1** röva, plundra **2** plagiera, tjuvtrycka *-tic[al]* [pai-'rætik, -(ə)l] **1** sjörövar- **2** plagiat-; *~ edition* piratupplaga, tjuvtryck

pirouette [,piru'et] **I** *s* piruett **II** *v* piruettera

pis aller ['pi:z'æləi] nödfallsutväg

pisca|ry ['piskəri] **1** fiskerätt **2** fiskevatten *-torial* [,piskə'tɔ:riəl] fiske-

Pisces ['pisi:z] Fiskarna (i djurkretsen)

pisciculture ['pisikʌltʃə] fiskodling

pish [piʃ] **I** *interj* asch **II** *v* ge uttryck åt förakt, otålighet etc.

piss [pis] *vulg.* **I** *s* urin **II** *v* urinera; *~ed* berusad, drucken (*sl.*)

pistachio [pis'tɑ:ʃiəu] pistasch; ~ *green* gulgrön
pistil ['pistil] pistill
pistol ['pistl] **I** *s* pistol **II** *v* skjuta ner med pistol
piston ['pistən] **1** pistong, kolv **2** ventil på kornett etc. **--rod** vevstake, kolvstång
pit [pit] **I** *s* **1** håla, grop; gruvhål **2** *the* ~ helvetet **3** bakre parkett, parterr **4** servicedepå på racerbana **5** *A.* del av börslokalen **6** [kopp]ärr **7** *sl.* bröstficka **8** *A.* fruktkärna **II** *v* **1** lägga i grop **2** märka (med koppärr etc.) **3** hetsa (egga upp) mot varandra **4** *A.* kärna ur
pit-a-pat ['pitə'pæt] dunk-dunk, tripp-tripp (om ljud)
pitch [pitʃ] **I** *s* **1** anvisad saluplats (på gata etc.) **2** kricketplan, platsen mellan grindarna **3** kast **4** tonhöjd **5** *fig.* höjd[punkt], grad **6** brant, sluttning **7** stampning (om fartyg) **8** stigning (på skruv) **9** beck; *he queered her* ~ han kullkastade hennes planer **II** *v* **1** sätta upp, slå upp **2** kasta, slunga **3** *mus.* stämma **4** falla huvudstupa **5** stampa (om fartyg) **6** stensätta; ~ *and roll* slingra (om fartyg); ~ *a yarn* berätta en skepparhistoria; ~ *a tent* slå läger; ~ *in* hugga i (*fam.*); ~ *into* flyga på, gå lös på; ~ [*up*]*on* bestämma sig för, slå ner på; *a* ~*ed battle* regelrätt batalj **--and-toss** ['pitʃ-ən'tɔs] krona o. klave **--black** ['pitʃ'blæk] becksvart **--blende** [-blend] pechblände **--dark** ['pitʃ'dɑːk] kolsvart, becksvart **-er** [-ə] **1** tillbringare **2** en som kastar etc., *se pitch II*; *little* ~*s have wide ears* små grytor har också öron **-fork I** *s* **1** högaffel **2** stämgaffel **II** *v* **1** lyfta med högaffel **2** muta sig till ett arbete **-man** [-mən] *A.* gatuförsäljare **--pipe** *mus.* stämpipa **--wheel** kugghjul **-y** [-i] beckaktig, kolsvart
pit|-coal ['pitkəul] stenkol
piteous ['pitiəs] ömklig, ynklig; sorglig, bedrövlig
pitfall ['pitfɔːl] fallgrop; *fig.* snara
pith [piθ] **I** *s* **1** märg **2** ryggmärg **3** det väsentliga; *fig.* kärna **4** styrka, kraft (om tal, ord etc.) **II** *v* slakta genom ryggmärgssnitt
pit-head ['pithed] gång i gruva, ort
pith|less ['piθlis] matt, slapp **-y** [-i] märgfull, kraftfull (om tal etc.)
piti|able ['pitiəbl] **1** ömklig, ynklig **2** deltagande, medlidsam **-ful** [-f(u)l] ömklig; ynklig **-less** [-lis] obarmhärtig, skoningslös; grym
pit|man ['pitmən] **1** gruvarbetare **2** *A.* drivaxel **-prop** [-prɔp] gruvstötta
pittance ['pit(ə)ns] torftig (otillräcklig) lön, kost etc.; *a mere* ~ en obetydlighet
pittite ['pitait] *fam.* teaterbesökare som sitter på bakre parkett
pituit|ary [pi'tju(:)it(ə)ri] slemmig, slemavsöndrande; ~ *body* (*gland*) hjärnbihang, hypofys **-ous** [-əs] = *pituitary*
pity ['piti] **I** *s* medlidande; *take* ~ *on* ha medlidande med; *for* ~'*s sake* för Guds skull; *what a* ~ *!* så synd!; *more's the* ~ så mycket värre; *a thousand pities* det är synd [att] **II** *v* hysa medlidande med, beklaga
pivot ['pivət] **I** *s* svängtapp, pivå; *fig.* medelpunkt **II** *v* **1** anbringa på pivå **2** svänga (*on* på) **-al** [-l] huvudsaklig, huvud-; ~ *industry* nyckelindustri **--bridge** svängbro
pix|ie, -y ['piksi] älva, tomte, dvärg
placab|ility [,plækə'biliti] försonlighet **-le** ['plækəbl] försonlig

placard ['plækɑːd] **I** *s* plakat, anslag **II** *v* **1** sätta upp plakat **2** göra reklam genom affischering
placate [plə'keit] **1** försona, blidka **2** *A.* muta, besticka
place [pleis] **I** *s* **1** plats, ställe **2** ort, stad **3** lokal **4** rang, värdighet, samhällsställning **5** plats, anställning **6** uppgift, åliggande **7** *fam.* hus, boning **8** herrgård **9** öppen plats (torg etc.); *a sore* ~ ett ömt ställe; ~ *of worship* gudstjänstlokal; *give* ~ *to* göra plats för; *four* ~*s were laid* det var dukat för fyra; *take* ~ äga rum, ske; *it is not my* ~ *to do this* det är inte min sak att göra detta; *at your* ~ hemma hos dig; *the remark was in* ~ anmärkningen var på sin plats; *what you said was out of* ~ det du sade var obefogat (olämpligt); *it is all over the* ~ alla (hela trakten) vet det; *calculated to* 5 *decimal* ~*s* beräknad med 5 decimalers noggrannhet **II** *v* **1** placera, sätta, ställa **2** utnämna till en tjänst; skaffa ngn ett arbete **3** placera pengar **4** bestämma platsen för **5** *sport.* placera sig bland de [tre] bästa **6** ha förtroende för; *the duke's horse was* ~*ed* hertigens häst placerade sig (bland de tre bästa); *I cannot* ~ *him* jag kan inte erinra mig (placera) honom **--holder** [-,həuldə] ämbetsman **--hunter** [-,hʌntə] ämbetsjägare **-man** [-mən] byråkrat
placenta [plə'sentə] *anat.* moderkaka
placer ['plæsə] guldförande ytlager av sand el. grus (ofta i flodbädd); ~ *mining* guldvaskning under högtryck
placid ['plæsid] lugn, mild; fridfull **-ity** [plæ'siditi] lugn, mildhet; fridfullhet
plagiar|ism ['pleidʒjəriz(ə)m] plagiat, efterapning **-ist** plagiator **-ize** [-raiz] plagiera, efterapa
plague [pleig] **I** *s* **1** hemsökelse, [lands]plåga **2** *fam.* otyg, obehag **3** [böld]pest; ~ *on it!* tusan också! ; ~ *on him!* måtte fan ta honom! **II** *v* **1** plåga, hemsöka **2** *fam.* oroa, besvära **-some** [-səm] *fam.* besvärlig **--spot** pestböld
plaguy ['pleigi] *fam.* besvärlig; *he was* ~ *glad to get back again* han var förfärligt glad och kom komma tillbaka
plaice [pleis] *zool.* rödspotta
plaid [plæd] schal, pläd
plain [plein] **I** *a* **1** klar, lättfattlig **2** enkel **3** ärlig, rättfram **4** alldaglig; *ibl.* tarvlig, ful **5** anspråkslös, simpel **6** rät (om stickning); *after we engaged a guide, everything was* ~ *sailing* sedan vi anställt en vägvisare gick allting lätt; *as* ~ *as a pikestaff* klart som korvspad; *I told him in* ~ *English* jag sade honom rent ut; *in* ~ *clothes* civilklädd; ~ *cooking* enklare matlagning; ~ *sewing* slätsöm; ~ *water* vanligt vatten **II** *adv* klart, tydligt **III** *s* slätt[land] **IV** *v, poet.* klaga **--chant** *se plainsong* **--clothes** *a.* ~ *man* detektiv **--dealing** ['plein'diːliŋ] **I** *s* oförbehållsamhet **II** *a* rättfram, uppriktig **-sman** [-zmən] slättbo **--song** enstämmig kyrkosång **--speaking** ['plein'spiːkiŋ] uppriktighet **--spoken** ['plein'spəuk(ə)n] uppriktig
plaint [pleint] **1** *jur.* stämning; besvär **2** *poet.* klagan
plaintiff ['pleintif] *jur.* kärande, målsägare
plaintive ['pleintiv] klagande; sorglig
plait [plæt] *s o. v* fläta (om hår, band, halm etc.)
plan [plæn] **I** *s* **1** plan, förslag **2** [plan]ritning **II** *v* **1** planera, planlägga **2** utföra [plan]ritning; ~*ned economy* planhushållning

planch [plɑ:nʃ] skiva, platta
plane [plein] **I** *s* **1** *bot.* platan **2** hyvel **3** plan yta, plan **4** flygplan **5** vinge (på flygplan) **II** *a* plan, slät, jämn **III** *v* **1** göra slät, jämna *(äv. fig.)* **2** hyvla **3** flyga (med flygplan) **4** glidflyga; ~ *down* lägga sig i glidflykt **-r** [-ə] hyvelmaskin
planet ['plænit] planet **-arium** [‚plæni'tɛəriəm] planetarium **-ary** [-(ə)ri] **1** planetarisk **2** jordisk **-oid** [-ɔid] planetoid, asteroid
plane-tree ['pleintri:] *bot.* platan
plangent ['plændʒənt] dallrande, vibrerande (om ljud)
planish ['plæniʃ] **1** släthamra **2** glätta (papper)
plank [plæŋk] **I** *s* **1** planka **2** viktig politisk programpunkt; *walk the* ~ av sjörövare tvingas hoppa över bord **II** *v* belägga med plankor ~ *down* punga ut *(sl.)* **--bed** brits **-ing** [-iŋ] plankbeklädnad
planning ['plæniŋ] planering
plant [plɑ:nt] **I** *s* **1** planta; ört **2** maskineri **3** *A.* fabrik **4** *sl.* [stöld]kupp; tjuvgods; *in* ~ groende; *lose* ~ tyna bort **II** *v* **1** plantera **2** fästa, anbringa; ställa stadigt **3** grunda, anlägga **4** *sl.* dölja tjuvgods; ~ *o.s.* ställa sig; ~ *out* sätta, plantera (på kalljord) **-able** [-əbl] planterbar
plantain ['plæntin] *bot.* **1** banan[växt], pisang **2** groblad
plantation [plɑn'teiʃ(ə)n] **1** plantering **2** plantage **3** grundande **-er** ['plɑ:ntə] **1** odlare **2** plantageägare **3** grundare **4** *hist.* nybyggare **-let** ['plɑ:ntlit] liten planta
plaque [plɑ:k] plaque, minnestavla **-tte** [plæ'ket] plakett
plash [plæʃ] **I** *s* **1** [vatten]plask **2** [vatten]puss **II** *v* **1** plaska; stänka **2** hopfläta (trädgrenar, kvistar etc.) **-y** [-i] **1** plaskande **2** våt, full av vattenpussar
plasm ['plæz(ə)m] **-a** [-zmə] plasma
plaster ['plɑ:stə] **I** *s* **1** gips **2** murbruk, fasadputs **3** plåster; ~ *of Paris* gips **II** *a* gips- **III** *v* **1** gipsa **2** rappa, putsa **3** plåstra om; ställa på plåster **4** *sl.* beskjuta; ~*ed* berusad, full *(A.)* **-board** gipsplatta **-er** [-t(ə)rə] stuckatör, gipsarbetare **-y** [-ri] seg, klibbig
plastic ['plæstik] **I** *a* **1** formbar, plastisk **2** *med.* plastisk; ~ *surgery* plastikkirurgi **II** *s* plast **-ine** [-isi:n] modellera **-ity** [plæs'tisiti] formbarhet **-s** *pl* plast
plat [plæt] **1** jordbit, täppa **2** *A.* skiss, ritning **3** = *plait*
plate [pleit] **I** *s* **1** tallrik, kuvert **2** kollektskål **3** bordssilver **4** plåt, platta **5** kopparstick; plansch; kliché **6** *foto.* plåt **7** kapplöpningspris av metall **8** *A.* anod **9** hemmamål, -bas (i baseball); ~ *dinner* måltid där alla rätter dukats på bordet *(A.)* **II** *v* **1** förse med plåtar; bepansra **2** plätera, försilvra **--armour** [-‚ɑ:mə] pansar
plateau ['plætəu] högslätt
plate|-glass ['pleit'glɑ:s] spegelglas **--iron** [-‚aiən] järnplåt **--layer** [-‚le(i)ə] rälsläggare **--powder** [-‚paudə] silverputsmedel **-r** [-ə] **1** platslagare *(isht* vid skeppsvarv) **2** (medelmattig) kapplöpningshäst **--rack** tallrikshylla
platform ['plætfɔ:m] **I** *s* **1** plattform; estrad **2** politiskt [parti]program **3** (politisk) talare **II** *v* **1** placera på en plattform **2** tala från en estrad, uppträda offentligt
plating ['pleitiŋ] plätering; försilvring etc.
platinum ['plætinəm] platina

platitud|e ['plætitju:d] platthet, banalitet **-inarian** ['plæti‚tju:di'nɛəriən] **I** *s* en som säger banaliteter, frasmakare **II** *a* = **-inous** [‚plæti'tju:dinəs] platt, banal
platoon [plə'tu:n] pluton
platter ['plætə] **1** flat [trä]tallrik **2** *A. sl.* grammofonskiva
platypus ['plætipəs] *zool.* näbbdjur
plaudit ['plɔ:dit] *s, vanl. pl* applåder, bifallsyttringar
plausib|ility [‚plɔ:zə'biliti] **1** antaglighet, rimlighet **2** vinnande sätt **-le** ['plɔ:zəbl] **1** rimlig, antaglig, plausibel **2** (om personer) förtroendeingivande
play [plei] **I** *v* **1** leka, roa sig **2** spela en roll, uppträda **3** spela, musicera **4** röra sig, fungera; vara i gång **5** spela, delta i tävling etc.; *he* ~*s a good knife and fork* han äter snabbt; *he* ~*s a good stick (sword)* han fäktar skickligt; ~ *the fool* bära sig tokigt åt; ~ *fair* spela ärligt; ~ *the game* spela ärligt spel; *fig.* handla renhårigt; ~ *the market* spekulera *(A. sl.)*; *he* ~*s about with her* han leker med henne, han driver med henne; *you cannot* ~ *them against each other* du kan inte spela ut dem mot varandra; ~ *[at] cards* spela kort; *he* ~*ed at the plan* han var måttligt intresserad av planen; *two can* ~ *at this game!* det kan jag också!; *he has* ~*ed away all his money* han har spelat bort alla sina pengar; *you should* ~ *the game by him* du måste vara ärlig mot honom; *don't* ~ *things low down* var inte ohederlig *(sl.)*; ~ *for love* spela om ingenting; ~ *for time* försöka vinna tid; ~ *off* a skämta, gyckla **b** spela ut *(against* mot) **c** pråla med, skryta med; ~ *[up]on* a spela på (instrument) **b** påverka **c** missbruka; ~ *on words* leka med ord; ~ *it on a p.* lura ngn för egen vinning *(sl.)*; ~ *out* spela ut; ~ *round the law* kringgå lagen; ~ *up* börja spela; *they* ~*ed him up* de gjorde narr av honom; ~ *up* hjälpa, sufflera *(teat.)* **II** *s* **1** lek, spel; nöje **2** spel (om pengar) **3** skådespel, pjäs; spel (på teater) **4** spel (på instrument) **5** rörelse, gång, verksamhet; ~ *of words* ordlek; *fair* ~ rent spel; *give full* ~ låta få fritt utlopp; *they will make great* ~ *with what he said* han kommer att få åta upp vad han sade; *the boys were at* ~ pojkarna lekte; *he said it in* ~ han sade det på skämt; *I'll keep him in* ~ jag skall hålla honom sysselsatt; *bring into* ~ låta gälla **-able** ['ple(i)əbl] spelbar **--actor** [-‚æktə] komediant, dålig skådespelare *(äv. fig.)* **--bill** [-bil] teateraffisch **--boy** festprisse, vivör **--day** lovdag **-er** [-ə] [yrkes]spelare **-er-piano** [-‚piænəu] pianola, självspelande piano **--fellow** [-‚feləu] lekkamrat **-ful** [-f(u)l] skämtsam **-game** barnlek **-goer** [-‚gəuə] teaterbesökare **-ground** lekplats **--house** teater **-ing-card** [-eiiŋ-] [spel]kort **-mate** lekkamrat **-or-pay bet** ['pleiɔ:'pei-] insats som gäller vare sig hästen springer eller ej **--pen** lekhage **-thing** leksak **-wright** skådespelsförfattare
plaza ['plɑ:zə] torg (öppen plats) i stad
plea [pli:] **1** *jur.* svaromål; påstående **2** ursäkt, undskyllan **3** anhållan, bönfallan; *common* ~ civilmål
pleach [pli:tʃ] *poet.* [hop]fläta
plead [pli:d] **1** föra talan, plädera **2** anhålla, bönfalla **3** försvara, framföra som ursäkt; *he* ~*ed with me to have patience* han bönföll mig att ha tålamod; *he* ~*ed guilty* han erkände

sig skyldig; *he ~ed not guilty* han nekade **-able** [-əbl] möjlig att åberopa **-er** [-ə] **1** advokat **2** försvarare **-ing** [-iŋ] bönfallande, bevekande

pleasant ['pleznt] angenäm, behaglig **-ry** [-ri] skämt, lustighet

pleas|e [pliːz] **1** vilja, finna lämpligt **2** finna nöje i **3** tilltala, behaga; *~ yourself* gör som du själv vill; *I shall be ~d to come* det skall bli mig ett nöje att komma; *may I come in, ~?* får jag komma in?; *yes, ~* ja, tack; *~ God* (*skämts. ~ the pigs*) om Gud behagar; *we were very ~d with him* vi var mycket nöjda med honom **-ing** [-iŋ] angenäm, behaglig

pleasurable ['pleʒ(ə)rəbl] angenäm, behaglig

pleasure ['pleʒə] **I** *s* **1** nöje, välbehag; njutning **2** vilja, gottfinnande; *at ~* efter behag; *during his ~* så länge han vill; *during His Majesty's ~* så länge konungen finner för gott, på obestämd tid; *we have ~ in sending you ... (we have the ~ to send you ...)* vi har nöjet översända ...; *take ~ in* finna nöje i; *a man of ~* en vivör **II** *v* tillfredsställa; finna nöje i **--boat** lustjakt **--ground** nöjesfält **--house** lusthus

pleat [pliːt] **I** *s* veck, rynka **II** *v* vecka, plissera

pleb [pleb] *sl.* plebej **-eian** [pli'bi(ː)ən] **I** *a* plebejisk **II** *s* plebej **-iscite** ['plebisit] folkomröstning **-s** [-z] underklass

pled [pled] *fam., imperf* o. *perf part* av **plead**

pledge [pledʒ] **I** *s* **1** pant **2** högtidligt [vänskaps]löfte; ngns skål; *he took the ~* han avlade nykterhetslöfte **II** *v* **1** lämna i pant, pantsätta **2** förbinda, förpliktiga; högtidligt utlova **3** dricka ngns skål; *~ o.s. for* gå i borgen för; *~ one's honour* lova på hedersord **-able** [-əbl] belånbar **-e** [-'iː] pantinnehavare **-r** [-ə] pantställare

plenary ['pliːnəri] fulltalig, fullständig; *~ meeting* plenum; *~ powers* fullmakt

plenipotentiary [ˌplenipə(u)'tenʃ(ə)ri] befullmäktigad, sändebud

plenitude ['plenitjuːd] fullhet; överflöd

plent|eous ['plentjəs] *poet.* = **-iful** [-tif(u)l] riklig, välförsedd

plenty ['plenti] **I** *s* **1** rikedom, välstånd **2** överflöd **II** *a, A.* (*attr.*) riklig **III** *adv, fam.* åtskilligt; *there's ~ more to be said* det finns åtskilligt mer att säga

plethor|a ['pleθərə] övermättnad, övermått **-ic** [ple'θɔrik] överfylld, svällande

pleur|isy ['pluərisi] lungsäcksinflammation, pleurit **-itic** [pluə'ritik] pleuritisk

plexus ['pleksəs] nätverk

pliab|ility [ˌplaiə'biliti] **1** smidighet, böjlighet **2** eftergivenhet **-le** ['plaiəbl] **1** smidig, böjlig **2** eftergiven

plian|cy ['plaiənsi] **1** smidighet, böjlighet **2** eftergivenhet **-t 1** smidig, böjlig **2** eftergiven

pliers ['plaiəz] flacktång, böjtång

plight [plait] **I** *s* **1** tillstånd **2** löfte, pant; *they were in a sorry ~* de var i ett sorgligt tillstånd **II** *v* sätta i pant; *~ one's faith* ge sitt [heders]ord; *~ed lovers* trolovade

Plimsoll ['plims(ə)l] *s, ~ mark* (*sjö.*) plimsollmärke; *~ s* (slags) tygskor med gummisulor

plinth [plinθ] sockel, bas; plint

plod [plɔd] **I** *v* **1** lunka fram, gå tungt o. mödosamt **2** träla, slita **II** *s* knog **-der** [-ə] arbetsträl **-ding** [-iŋ] knogande, trägen, strävsam

plop [plɔp] **I** *s* plumsning **II** *v* plumsa

plot [plɔt] **I** *s* **1** jordlott, tomt, täppa **2** hemlig plan, sammansvärjning, komplott **3** intrig, handling (i roman etc.) **4** *mil.* lägeskarta, plot **II** *v* **1** kartlägga, rita in på karta; lägga ut kurs; ge lägesförändring **2** utarbeta plan (för stad etc.) **3** konspirera, smida ränker **-ter** [-ə] sammansvuren, konspiratör **-ting** [-iŋ] *a, ~ room* stridshytt, operationsrum (*mil.*)

plough [plau] **I** *s* **1** plog **2** plöjt land **3** *the P~* Karlavagnen **4** kuggning (i examen) **II** *v* **1** plöja **2** spricka i examen **3** knoga, slita; *~ out* utrota, tillintetgöra; *he ~ed a lonely furrow* han arbetade ensam **-able** [-əbl] plöjbar **--boy** bonddräng **-land** [-lənd] **1** *hist.* plogland **2** åkerjord **-man** [-mən] **1** plöjare **2** bonde **-share** plogbill; *at the ~ tail* bakom plogen (*fig.*)

plover ['plʌvə] *zool.* brockfågel, pipare

plow [plau] *s* o. *v, A.* = **plough** **-man** [-mən] = **ploughman**

pluck [plʌk] **I** *s* **1** ryckning **2** hjärtslag (av slaktdjur) **3** mod, kurage **4** *sl.* kuggning **II** *v* **1** rycka, hugga **2** plocka **3** skinna, pungslå **4** kuggas i examen; *~ a pigeon* lura en gröngöling; *~ up* [*courage*] hämta (repa) mod **-ed** [-t] **-y** [-i] modig, käck

plug [plʌg] **I** *s* **1** [trä]plugg, propp; stift **2** brandpost **3** stickkontakt **4** rökstång **5** *med.* tampong **6** *A.* hög hatt **7** *sl.* sinkadus, örfil **II** *v* **1** plugga till, sätta en propp (stickkontakt) i **2** klå upp **3** skjuta ner, sätta en kula i **4** knoga (*away at* på med) **5** *fam.* hamra in en melodi hos allmänheten **--basin** [-ˌbeisn] stort tvättställ **--ugly** *A. sl.* ligist

plum [plʌm] **1** plommon **2** plommonträd **3** russin **4** *fig.* godbit, läckerhet **5** *åld.* o. *sl.* tunna guld, £ 100000

plumage ['pluːmidʒ] fjäderskrud, fjädrar

plumb [plʌm] **I** *s* [bly]lod, sänke; *out of ~* icke lodrätt **II** *a* **1** lodrät, vertikal **2** fullkomlig, fullständig **III** *v* **1** loda, pejla djupet på **2** göra lodrät **3** arbeta som rörläggare **-ago** [-'beigou] blyerts, grafit **-er** [-ə] rörmokare **-ery** [-əri] rörmokeri **-ing** *äv.* rörmokeri **-less** [-lis] *poet.* av omätligt djup, bottenlös **--line** lodlina

plum-cake ['plʌmkeik] russinkaka

plume [pluːm] **I** *s* plym, stor fjäder **II** *v* **1** pryda med fjädrar **2** stoltsera **3** (om fåglar) putsa fjädrarna; *~ o.s.* brösta sig (*on* över)

plummet ['plʌmit] lod, sänke; *fig.* tyngd

plummy ['plʌmi] **1** plommon- **2** *fam.* läcker, smaklig

plump [plʌmp] **I** *a* **1** knubbig, fyllig, trind **2** burdus, tvär **II** *v* **1** ramla handlöst **2** låta ramla ner, kasta, slänga **3** svälla, bli fyllig **4** ge sina röster i klump åt en enda kandidat i ett val; *~ for* uttala sig för; *~ out* pladdra, skvallra; *~ upon, äv.* överfalla **III** *s* hårt (handlöst) fall **IV** *adv* utan omsvep, burdus, tvärt; *they came ~ upon me* de överföll mig (*fig.*) **-er** [-ə] **1** röst given åt blott en kandidat **2** *sl.* grov lögn **-y** [-i] = *plump I*

plunder ['plʌndə] **I** *v* plundra, röva, skövla **II** *s* **1** plundring, skövling **2** byte, stulet gods **3** *sl.* vinst **4** *A.* husgeråd, bohag **-age** [-ridʒ] **1** plundring **2** byte **-er** [-d(ə)rə] rövare

plunge [plʌn(d)ʒ] **I** *v* **1** dyka ner, störta sig i; sänka, doppa **2** kasta (vapen) **3** stampa (om fartyg) **4** slå bakut, skygga (om häst) **5** *sl.* spekulera, spela **6** *sl.* skuldsätta sig över öronen; *~d in thought* försjunken i tankar **II** *s* **1** dykning **2** sparkande bakut (om häst);

take the ~ våga språnget; ta det avgörande steget **--bath** djup simbassäng **-r** [-ə] **1** dykare **2** kolv, pistong **3** *mil. sl.* kavallerist **4** *sl.* jobbare, hasardspelare

plunk [plʌŋk] **I** *v* **1** knäppa (på musikinstrument) **2** skjuta bort **3** dunsa ner **4** *A. sl.* plötsligt slå till ngn **II** *s* **1** hårt slag; tungt fall **2** *A. sl.* dollar

pluperfect ['pluːpəfikt] *gram.* pluskvamperfektum

plural ['pluər(ə)l] **I** *a* flertals-, plural **II** *s, gram.* pluralis, flertal **-ism** [-rəliz(ə)m] innehav av flera (*isht* kyrkliga) ämbeten samtidigt **-ist** [-rəlist] innehavare av flera ämbeten samtidigt **-ity** [pluə'ræliti] **1** flerhet **2** flertal **3** mängd **4** = ~*ism* **5** ett av flera samtidigt innehavda ämbeten **-ize** [-rəlaiz] **1** sätta i pluralis **2** inneha flera ämbeten samtidigt

plus [plʌs] **I** *prep* plus **II** *a* **1** överskjutande, extra **2** *elektr.* positiv **III** *s* **1** plustecken **2** ytterligare mängd, positiv kvantitet **--fours** ['plʌs'fɔːz] (vida) golfbyxor

plush [plʌʃ] **I** *s* **1** plysch **2** ~*es, pl* (betjänts) plyschbyxor **II** *a, A.* finfin, mycket fin

plutarchy ['pluːtəki] = *plutocracy*

plutocra|cy [pluː'tɔkrəsi] penningvälde, plutokrati **-t** ['pluːtə(u)kræt] penningfurste, plutokrat

plutonium [pluː'təunjəm] plutonium

pluvi|al ['pluːvjəl] **-ous** [-əs] regnig, regnply [plai] **I** *s* **1** fåll, veck **2** riktning, vändning **3** tjocklek, lager **4** *fackspr.* kardel; *take a* ~ slå in på en riktning **II** *v* **1** bearbeta, ansätta ngn (med frågor); truga (ngn att ta emot) **2** bedriva; bruka **3** gå i trafik, göra regelbundna turer **4** (om taxi etc.) hålla till (i väntan på kunder) **5** *sjö.* kryssa; ~ *the bottle* ofta ta till flaskan; ~ *with drink* truga ngn att ta emot sprit **-wood** kryssfaner, plywood

pneumat|ic [njuː(:)'mætik] **I** *a* **1** pneumatisk, luft-, lufttrycks- **2** *teol.* andlig **II** *s* **1** hjul, luftring **2** ~*s, pl* pneumatik **-ology** [‚njuːmə-'tɔlədʒi] pneumatologi

pneumon|ia [njuː(:)'məunjə] lunginflammation **-ic** [njuː(:)'mɔnik] lunginflammations-

poach [pəutʃ] **1** förlora ägg **2** tjuvjaga, tjuvskjuta **3** överträda förordningar **-er** [-ə] tjuvskytt

pock [pɔk] koppa, varblemma

pocket ['pɔkit] **I** *s* **1** säck **2** ficka **3** urholkning i marken **4** luftgrop; ~ *battleship* fickslagskepp; *an empty* ~ utan pengar (*fig.*); *I am* **5** *shillings in* ~ jag äger 5 shilling; *I am* **5** *shillings in* (*out of*) ~ *by this transaction* jag har förtjänat (förlorat) 5 shilling på affären **II** *v* **1** stoppa i fickan **2** innesluta, hindra **3** lägga sig till med, tillägna sig **4** hålla till godo **5** undertrycka, dölja (känslor) **-book 1** plånbok **2** anteckningsbok **3** pocketbok **--expenses** [-iks‚pensiz] mindre personliga utgifter **--flap** ficklock **--glass** fickspegel **--handkerchief** [‚pɔkit'hæŋkətʃif] näsduk **--money** [-‚mʌni] fickpengar

pock|marked ['pɔkmɑːkt] **--pitted** [-‚pitid] koppärrig **-y** [-i] *fig.* ärrig

pod [pɔd] **I** *s* **1** balja, [frö]skida; kapsel **2** mjärde **3** litet stim (*isht* av sälar el. valar) **II** *v* **1** sprita, skala **2** svälla; *she is in* ~ hon är med barn (*sl.*) **-ded** [-id] **1** liggande i balja **2** *sl.* förmögen, tät

podg|e [pɔdʒ] *fam.* tjockis **-y** [-i] knubbig, rund

podi|um ['pəudjəm] (*pl -a*) **1** podium **2** sockel (på pelare)

po|em ['pəuim] dikt **-esy** [-izi] poesi

poet ['pəuit] diktare, skald **-aster** [‚pəui'tæstə] rimsmidare, versmakare **-ess** [-is] skaldinna **-ic[al]** [pəu'etik, -(ə)l] poetisk **-ry** [-ri] diktning, skaldekonst

pogrom ['pɔgrəm] pogrom, massaker

poignan|cy ['pɔinənsi] skärpa; bitterhet **-t** skarp, stickande; bitter

poinsettia [pɔin'setiə] *bot.* julstjärna

point [pɔint] **I** *s* **1** udd, spets **2** udde **3** punkt, prick **4** poäng, kläm, udd (i historia, tal etc.) **5** avgörande punkt, huvudsak **6** karakteristisk egenskap, utmärkande drag **7** ändamål, syfte **8** poäng **9** etsnål **10** (virkad) spets **11** stånd (om fågelhund) **12** *mil.* förpatrull, efterpatrull **13** *järnv.* växeltunga **14** kompass-, delstreck; decimalkomma **15** projektilspets; ~*s* (*järnv.*) växel; *give* ~*s to* överträffa (*fig.*); *give* ~ *to* framhålla; *when it comes to the* ~ när det kommer till kritan; *it had comé to such a* ~ *that ...* det hade gått så långt att ...; *to the* ~ till saken; *he was very much to the* ~ han uttryckte sig mycket koncist; *the letter was brief and to the* ~ brevet var kort o. sakligt; *stick to the* ~ hålla sig till det väsentliga; *you have missed the* ~ du har inte förstått poängen; *he made a* ~ *of going every week* han gjorde det till en hederssak att gå varje vecka; *at last he carried his* ~ till slut vann han sitt syfte; *I don't see the* ~ jag förstår inte vad det skall tjäna till; *his remarks lack* ~ hans anmärkningar saknar skärpa; *music is not his strong* ~ musik är inte hans starka sida; ~ *of view* åsikt; *what's the* ~? vad tjänar det till?; *not to put too fine a* ~ för att gå rakt på sak; *stretch a* ~ se genom fingrarna; *be at the* ~ *of death* ligga för döden; *at all* ~*s* i alla avseenden; *beside the* ~ ovidkommande; *a case in* ~ ett lämpligt tillfälle; *the case in* ~ föreliggande fall; *the case you raise is not in* ~ det fall du anför är inte tillämpligt; *in* ~ *of fact* i själva verket; *it is off the* ~ det hör inte till saken; *on the* ~ *of* färdig att, i begrepp att; *a policeman on* ~ en trafikpolis; ~ *control system* trafikkontroll; *with great* ~ med stort eftertryck; 6.5 [siks pɔint faiv] 6,5 **II** *v* **1** peka; utpeka **2** visa; antyda; tyda på **3** rikta, peka (med fingret); skita **4** vässa, spetsa **5** göra stånd (om fågelhund); ~ *at* tyda på; rikta mot (om vapen); ~ *off* avskilja med decimalkomma; ~ *out* påpeka; ~ *to* tyda på; ~ *up* grunda **--blank** ['pɔint'blæŋk] **I** *s, mil.* kärnskotts avstånd **II** *a* rättfram, rakt på sak; ~ *fire* eld på nära håll **--constable** ['pɔint-'kʌnstəbl] trafikpolis **--duty** [-‚djuːti] tjänstgöring som trafikpolis **-ed** [-id] spetsig, skarp; precis (om tid); ~ *bullet* spetskula (*mil.*); ~*ly, äv.* påfallande **-er** [-ə] **1** pekpinne **2** visare **3** rapphundshund, pointer **4** *fam.* fingervisning, vink **5** etsnål **6** *mil.* höjdriktare (på fartygskanon) **-ing** [-iŋ] *äv.* **a** fingervisning, vink **b** interpunktion **c** fogstrykning **--lace** ['pɔint-'leis] spets **-less** [-lis] **1** meningslös **2** poänglös **3** utan utmärkande drag **4** trubbig, utan spets **-sman** [-smən] **1** trafikpolis **2** *järnv.* växlare

poise [pɔiz] **I** *v* **1** balansera, hålla i jämvikt **2** överväga; ~*d* i jämvikt **II** *s* **1** jämvikt, balans **2** sätt att föra sig **3** ovisshet, osäkerhet; *at* ~ **a** i jämvikt **b** i ovisshet

poison ['pɔizn] **I** *s* gift (*äv. fig.*); *slow* ~ långsamt verkande gift; *I hate it like* ~ jag avskyr det som pesten; ~ *ivy* giftek (*bot.*) **II** *v* förgifta; ~*ed cup* giftbägare **-er** [-ə] giftblandare **-ous** [-əs] giftig
poke [pəuk] **I** *s* **1** säck (endast i *buy a pig in a* ~ köpa grisen i säcken) **2** knuff, stöt **3** brätte (på damhatt) **II** *v* **1** stöta, knuffa, puffa **2** röra om (i eld) **3** sticka näsan i, lägga sig i; ~ *up* **a** stänga in (i ett rum) **b** lägga näsan i blöt **c** köra fram huvudet; ~ *one's nose into* lägga sig i, lägga näsan i blöt; ~ *about and pry* snoka omkring; ~ *fun at* göra narr av **--bonnet** ['pəuk'bɔnit] damhatt med framskjutande brätte **-nose** människa som vill blanda sig i andras affärer
poker ['pəukə] **I** *s* **1** eldgaffel **2** glödritningsstift **3** *sl. Oxf. Cambr.* vaktmästare **4** *kortsp.* poker **II** *v* glödrita **--face** *fig.* orörligt ansikte **--work** glödritning
pok|ey ['pəuki] **-y** [-i] **1** trång, kyffig **2** *A.* lat
Poland ['pəulənd] Polen
polar ['pəulə] pol-, polar; ~ *bear* isbjörn; ~ *circle* polcirkel **P-is** [pə(u)'læris] Polstjärnan **-ity** [pe(u)'læriti] polaritet **-ization** [,pəulərai'zeiʃ(ə)n] polarisation **-ize** [-raiz] polarisera **-izer** [-raizə] polarisator **-oid** [-rɔid] polaroid
Pole [pəul] polack
pole [pəul] **I** *s* **1** påle, stång, stolpe **2** längdmått (5 ½ *yard*) **3** *sjö.* mast **4** *elektr.* pol **5** *astr.* pol; *as the* ~*s apart* himmelsvid skillnad; *up the* ~ (*sl.*) **a** stollig **b** i klämma **c** berusad **II** *v* **1** förse med poler **2** staka fram (båt) **--ax[e]** **1** änterbila **2** hillebard **3** slaktaryxa **-cat** iller **--jump** stavhopp
polemic [pɔ'lemik] **I** *s* **1** polemik **2** polemiker **II** *a* polemisk
pole|-star ['pəulstɑ:] polstjärna; *fig.* ledstjärna **-vault** stavhopp
police [pə'li:s] **I** *s* polis; ~ *dog* **a** schäfer **b** polishund **II** *v* **1** bevaka **2** förse med polis **--cell** arrestlokal **--court** [-,kɔ:t] polisdomstol **-man** [-mən] **--officer** [-,ɔfisə] polisman **--station** [-,steiʃ(ə)n] polisstation **--state** polisstat, totalitär stat **--van** fångvagn
policlinic [,pɔli'klinik] poliklinik
policy ['pɔlisi] **1** politik, statskonst **2** taktik, plan **3** *Sk.* park kring herresäte **4** försäkringsbrev; *honesty is the best* ~ ärlighet varar längst
polio ['pəuliəu] = **-myelitis** ['pəuliə(u)maiə'laitis] *med.* polio[myelit]
Polish ['pəuliʃ] polsk
polish ['pɔliʃ] **I** *v* **1** polera **2** *fig.* förfina, putsa av; ~ *off* **a** *fam.* avsluta **b** äta [upp] snabbt; ~ *up* hyfsa till **II** *s* **1** polityr, glans **2** polityr, poleringsmedel **-ed** [-t] **1** blank, polerad **2** förfinad, hyfsad **-er** [-ə] en som polerar; verktyg för polering
polite [pə'lait] **1** hövlig, artig, belevad **2** förfinad, elegant **3** kultiverad; ~ *arts* skön konst **-ness** [-nis] **1** hövlighet, artighet **2** förfining, elegans **3** kultiverat uppträdande
politic ['pɔlitik] **I** *a* klok; välbetänkt; listig; *the body* ~ staten **II** *s pl*, ~*s* **a** politik, statskonst **b** politiska planer (idéer, angelägenheter) **-al** [pə'litik(ə)l] politisk, stats-; ~ *economy* nationalekonomi; ~ *science* statsvetenskap **-ian** [,pɔli'tiʃ(ə)n] **1** statsman **2** yrkespolitiker **-ize** [pɔ'litisaiz] politisera
polity ['pɔliti] statsförfattning, stat
polka ['pɔlkə] **I** *s* polka **II** *v* dansa polka

1 poll [pəul] **I** *s* **1** *skämts.* huvud, skalle **2** hjässa **3** nacke **4** röstning, valförrättning **5** röstsammanräkning **6** valresultat, röstetal **7** vallokal; *he was at the head of the* ~ han fick flest röster; ~ *tax* skatt per capita **II** *v* **1** stubba, kortklippa **2** skära av (grenar på träd, ull, horn på boskap) **3** anställa omröstning, uppta röster från, avge sin röst, rösta, få (röster)
2 poll [pɔl] *Cambr. univ. sl.* slät, godkänd examen (*äv.* ~ *degree*); *the P*~ studenter som avlägger slätstruken examen
pollard ['pɔləd] **I** *s* **1** hornlös boskap **2** toppat träd **3** kli **II** *v* toppa (träd); ~ *willow* knäckepil
poll-cattle ['pəul,kætl] hornlös boskap
pollen ['pɔlin] **I** *s* frömjöl, pollen **II** *v* betäcka med frömjöl
pollinat|e [p'ɔlineit] *se pollen II* **-ion** [,pɔli'neiʃ(ə)n] *bot.* pollination
polling ['pəulin] röstning **--booth**, **--station** [-,steiʃ(ə)n] vallokal
polliwog ['pɔliwɔg] grodunge, -yngel
poll-parrot [,pɔl,pærət] **1** papegoja **2** en som apar efter som en papegoja
pollster ['pəulstə] gallupintervjuare
pollut|e [pə'lu:t] besudla, befläcka, förorena **-ion** [-u:ʃ(ə)n] förorening, besmittelse, kränkande
polo ['pəuləu] polo[spel]
polonaise [,pɔlə'neiz] polonäs (dans o. klänning)
poltroon [pɔl'tru:n] pultron, kruka **-ery** [-əri] feghet
polyandry ['pɔliændri] polyandri, gifte med flera män samtidigt
poly|ester [,pɔli'estə] polyester **-ether** [,pɔli'i:θə] polyeter
polygam|ous [pɔ'ligəməs] **1** *bot.* polygam **2** levande i månggifte **-y** [-i] polygami, månggifte
polygon ['pɔligən] polygon, månghörning
polyp ['pɔlip] *zool. o. med.* polyp
poly|syllabic ['pɔlisi'læbik] flerstavig **-technic** [,pɔli'teknik] **1** polyteknisk **2** ~ [*institution* (*school*)] polyteknisk skola
pomade [pə'mɑ:d] **I** *s* pomada **II** *v* pomadera
pome [pəum] äppelfrukt **-granate** ['pɔm-,grænit] granatäpple
pommel ['pʌml] **I** *s* **1** sadelknapp **2** svärdsknapp **II** *v* puckla på, mörbulta
pomp [pɔmp] prakt, pomp, ståt
Pomp|eian [pɔm'pi(:)ən] pompejansk **-eii** [-'pi:ai] Pompeji **-ey** ['pɔmpi] **1** Pompejus **2** *mil. sl.* Portsmouth
pom-pom ['pɔmpɔm] snabbskjutande kanon, automatkanon
pompon ['pɔ̃:(m)pɔ̃:(ŋ)] pompong
pomp|osity [pɔm'pɔsiti] ståt, prakt **-ous** ['pɔmpəs] **1** ståtlig, praktfull **2** uppblåst, fåfäng, viktig
ponce [pɔns] *A. sl.* sutenör
poncho ['pɔntʃəu] poncho (filtliknande mantel med hål för huvudet)
pond [pɔnd] **I** *s* damm **II** *v* dämma upp **-age** [-idʒ] reservoarvolym
ponder ['pɔndə] fundera, grubbla (*on* på) **-ability** [,pɔnd(ə)rə'biliti] vägbarhet, vikt **-able** [-d(ə)rəbl] vägbar **-ation** [,pɔndə'reiʃ(ə)n] vägning **-osity** [,pɔndə'rɔsiti] tyngd (*äv. fig.*) **-ous** [-d(ə)rəs] tung
poniard ['pɔnjəd] (kort) dolk
pontiff ['pɔntif] = *sovereign* ~ påve

pontific|al [pɔn'tifik(ə)l] **I** *a* påvlig, prästerlig; *the P~ States* Kyrkostaten **II** *s* **1** ritual **2** *~s, pl* biskopsskrud **-ate** [-it] pontifikat, påves regeringstid
pontoon [pɔn'tu:n] **I** *s* **1** *mil.* ponton **2** *sjö.* läktare **II** *v* övergå flod på pontonbro
pony ['pəuni] **1** ponny **2** *sl.*, £ 25 **3** *sl.* litet glas öl **--tail** hästsvans[frisyr]
poodle ['pu:dl] **I** *s* pudel **II** *v* klippa (behandla) som en pudel **--faker** [-,feikə] *sl.* salongshjälte; kvinnotjusare
pooh [pu] bah!, äh! **--pooh** [pu:'pu:} avvisa föraktfullt, rynka på näsan åt
pool [pu:l] **I** *s* **1** pöl, damm **2** djupt ställe med stillastående vatten **3** pott, pulla; gemensamt förråd **4** syndikat, trust **5** eng. biljard; *the P~* Themsen mellan *London Bridge* o. *Tower Bridge* **II** *v* sammanslå kapital; göra gemensam insats **--room** [-rum] *A.* biljardhall
poop [pu:p] **I** *s* **1** *sjö.* akter[däck] **2** *sl.* kräk, stackare **II** *v* spola över fartyg akterifrån
poor [puə] **1** fattig **2** ynklig, usel; stackars **3** klen, ringa, skral, torftig, mager, knapp, dålig; *in my ~ opinion* enligt min enkla mening (*iron.*); *my ~ mother* min salig mor; *he made a very ~ show* han gjorde en slät figur; *the ~* de fattiga; *a ~ three weeks' holiday* fattiga tre veckors semester **--house** fattighus **-ly** [-li] **I** *adv* fattigt; klent, torftigt, knappt, illa **II** *a* skral, krasslig, sjuk; *he is very ~* han är ganska krasslig **-ness** [-nis] fattigdom **--relief** [-ri,li:f] fattigvård **--spirited** [-,spiritid] modlös, försagd
pop [pɔp] **I** *s* **1** smäll, knall **2** *sl.* kolsyrad dryck; champagne, "skumpa" **3** *sl.* skott **4** *sl.* pistol **5** *sl.* pantsättning **6** *sl.* pop, schlager **7** *A. sl.* pappa; *my watch is in ~* min klocka är pantsatt, min klocka är hos "farbror" **II** *v* **1** knalla, smälla **2** skjuta, smälla av **3** stoppa, sticka in; kila, rusa **4** *sl.* pantsätta **5** *A.* rosta majs **6** kasta fram **7** *sl.* fria; *he ~ped the question* han friade; *he ~ped a question* han framkastade en fråga; *~ at* skjuta efter; *~ down* **a** skjuta ner **b** skriva upp; *~ in* titta in till, besöka; *~ off* **a** hastigt gå sin väg **b** skjuta ner **c** knycka **d** dö, "kola av" (*~ off the hooks*); *~ on* kasta sig över; *~ out* **a** sticka ut **b** blåsa ut (ljus); *~ up* dyka upp; *~ upon* **a** oförmodat stöta på **b** överfalla; *~ with* bulta på **III** *interj* (*adv*) pang, vips; *he went ~* han brast ut i gapskratt **--bike** lättviktare, motorcykel**-corn** *A.* rostad majs, popcorn
pope [pəup] påve **-dom** [-dəm] **1** påvevärdighet **2** påvedöme **-ry** [-əri] papism **-'s-head** borste på skaft **-'s nose** stjärt på stekt fågel
pop|-eyed ['pɔpaid] *A. fam.* med utstående ögon; *fig.* storögd, förvånad **-gun** korkpistol, -gevär; *föraktl.* undermåligt (föråldrat) skjutvapen
popinjay ['pɔpindʒei] **1** *åld.* papegoja **2** sprätt, egenkär person
popish ['pəupiʃ] påvisk, papistisk
poplar ['pɔplə] poppel; *trembling ~* ask; *white ~* silverpoppel
poplin ['pɔplin] poplin[tyg]
popper ['pɔpə] skytt
poppet ['pɔpit] "docka", älskling
poppied ['pɔpid] **1** full av vallmo **2** slö, sömnig **3** sömngivande
popple ['pɔpl] **I** *v* skvalpa; porla **II** *s* **1** vågskvalp **2** *vard.* poppel **III** *a* porlande, skvalpande

poppy ['pɔpi] vallmo; *Flanders poppies* Flandernvallmor (symbol för dem som stupat i första världskriget); *P~ Day* 11 nov. (då Flandernvallmor säljs) **-cock** *A. sl.* struntprat **--head** frökapsel av vallmo
popshop ['pɔpʃɔp] pantlånekontor, "stamp"
populace ['pɔpjuləs] populas, pöbel
popular ['pɔpjulə] populär; folk- **-ity** [,pɔpju'læriti] popularitet **-ization** [,pɔpjulərai-'zeif(ə)n] popularisering **-ize** [-raiz] popularisera **-ly** [-li] **1** populärt **2** i allmänhet; *he is ~ known as* han är allmänt känd som
populat|e ['pɔpjuleit] befolka, bebo **-ion** [,pɔpju'leif(ə)n] befolkning
populous ['pɔpjuləs] tättbefolkad, folkrik
porcelain ['pɔ:s(ə)lin] porslin
porch [pɔ:tʃ] **1** portal, täckt ingång **2** *A.* veranda
porcupine ['pɔ:kjupain] piggsvin
pore [pɔ:] **I** *s* por **II** *v* stirra; *~ over* hänga (med näsan) över (en bok); *flitigt studera*
pork [pɔ:k] **1** svinkött, fläsk **2** *A.* åtgärder för att öka regeringens popularitet på det lokala planet; *"valfläsk"; ~ pie* (slags) paj med hackat fläsk **--barrel** [-,bær(ə)l] *pol.* o. *ekon. ung.* "köttgrytorna", "kakan" **-er** [-ə] gödsvin **-ling** [-liŋ] spädgris **P-opolis** [pɔ:'kɔ-pəlis] *fam.* **1** Cincinnati **2** Chicago **--pie** *a, ~ hat* låg, rundkullig herrhatt **-y** [-i] **1** fläsk- **2** *fam.* fet
pornograph|ic [,pɔnəu'græfik] pornografisk **-y** [pɔ:'nɔgrəfi] pornografi
por|osity [pɔ:'rɔsiti] porositet **-ous** ['pɔ:rəs] porös
porphyry ['pɔ:firi] porfyr
porpoise ['pɔ:pəs] tumlare
porridge ['pɔridʒ] gröt; *keep your breath to cool your ~* behåll dina råd för dig själv
porringer ['pɔrin(d)ʒə] spilkum; vällingskål
port [pɔ:t] **I** *s* **1** hamn **2** hamnstad **3** *sjö.* lastport **4** *sjö.* babord **5** stadsport **6** portvin **7** hållning, sätt att föra sig; *a close ~* hamn vid flod; *a ~ of call* anlöpningshamn; *free ~* frihamn; *on the ~ beam* tvärs ut (om babord); *on the ~ bow* på babords bog; *on the ~ quarter* på babords låring **II** *v* **1** *~ the helm* lägga om rodret till babord **2** *~ arms* hålla upp gevär för inspektion
portable ['pɔ:təbl] flyttbar, bärbar
port-admiral ['pɔ:t'ædm(ə)r(ə)l] hamnkapten, befälhavare över örlogshamn
portage ['pɔ:tidʒ] **I** *s* **1** transport **2** transportkostnader **3** transport av båtar mellan två vattenvägar **II** *v* transportera (båtar) på land
portal ['pɔ:tl] portal, valv
port|-bar ['pɔ:tba:] **1** sandbank vid hamn **2** hamnbom **-crayon** [-,kre(i)ən] kritstift
portcullis [pɔ:t'kʌlis] fällgaller
port-dues [pɔ:'tdju:z] hamnavgift
portend [pɔ:'tend] förebåda
portent [pɔ:'tent] **1** järtecken, olyckligt förebud **2** ngt vidunderligt **-ous** [pɔ:'tentəs] **1** olycksbådande **2** vidunderlig **3** pompös
porter ['pɔ:tə] **1** bärare, stadsbud **2** portier **3** porter **-age** [-ridʒ] godsbefordran; bärarlön **--house** *A.* ölrestaurang
portfolio [pɔ:t'fəuljəu] portfölj
port-hole ['pɔ:thəul] **1** hyttventil **2** lastport **3** kanonport
portico ['pɔ:tikəu] pelargång, pelarhall, portik
portion ['pɔ:ʃ(ə)n] **I** *s* **1** del, stycke **2** arvedel, andel **3** öde **4** portion (av mat) **5** hemgift **II** *v* [för]dela; ge hemgift; *~ off* avskärma

portly–potential

portly ['pɔːtli] ståtlig, förnäm, fin
portmanteau [pɔːt'mæntəu] kappsäck
portrait ['pɔːtrit] **1** porträtt, avbildning **2** livfull framställning **-ist** porträttmålare **-ure** [-tʃə] porträttmålning
portray [pɔː'trei] **1** porträttera, avbilda **2** livfullt skildra **-al** [-e(i)əl] skildring
portreeve ['pɔːtriːv] (ställföreträdande) borgmästare i småstad
portress ['pɔːtris] portvakterska
Portug|al ['pɔːtjug(ə)l] Portugal **-uese** [ˌpɔː- tjuˈgiːz] **I** _a_ portugisisk **II** _s_ portugis, portugisiska [språket]
port-warden ['pɔːtˌwɔːdn] _A._ hamnkapten
pose [pəuz] **I** _v_ **1** posera **2** framlägga, framställa **3** ge sig ut för **II** _s_ pose, konstlad ställning **-r** [-ə] **1** tillgjord person **2** kuggfråga
posh [pɔʃ] _sl._ flott
posing ['pəuziŋ] **I** _v_, _pres part_ av _pose_ **II** _s_ tillgjordhet
position [pə'ziʃ(ə)n] **I** _s_ **1** ställning, position **2** samhällsställning, position **3** plats, anställning **4** påstående, sats **5** tillstånd; _in ~ på_ sin plats **II** _v_ placera
positiv|e ['pɔzətiv] **I** _a_ **1** positiv **2** övertygad, säker på sin sak **3** absolut **4** reell, faktisk **II** _s_ **1** _gram._ positiv **2** realitet, verklighet **3** positiv bild **-ely** [-li] **1** positivt **2** säkert **-ism** ['pɔzitiviz(ə)m] _filos._ positivism
posse ['pɔsi] **1** _A._ uppbåd av civilpersoner (under sheriffs befäl) **2** polisstyrka
possess [pə'zes] **1** äga, besitta, behärska **2** (om känslor etc.) behärska, regera över **3** besätta, ockupera; _he carries on like one ~ed_ han bär sig åt som en besatt; _what ~es you?_ vad tar det åt dig? **-ion** [-eʃ(ə)n] **1** besittning, egendom **2** besittning, innehav **3** besatthet; _in ~ of_ i besittning av; _with immediate ~_ med omedelbart tillträde **-ive** [-iv] **I** _a_ **1** behärskande **2** _gram._ possessiv **II** _s_ **1** = ~ _case_ genitiv **2** = ~ _pronoun_ possessivpronomen **-or** [-ə] ägare **-ory** [-əri] se _possession 2_
possib|ility [ˌpɔsə'biliti] möjlighet **-le** ['pɔsəbl] **I** _a_ möjlig; _if ~_ om möjligt; _all means ~_ alla möjliga medel **II** _s_ bästa möjliga poängtal; _do one's ~_ göra sitt yttersta **-ly** ['pɔsəbli] **1** möjligt, eventuellt **2** kanske; _how could you ~ do this?_ hur i all världen kunde du göra detta?; _he could not ~ come_ han hade ingen möjlighet att komma
possum ['pɔsəm] _fam._ = _opossum_ pungråtta; _play ~_ hyckla, förställa sig (_isht_ spela sjuk, låtsas sova el. låtsas vara död)
1 post [pəust] **I** _s_ **1** stöd, stolpe, stötta **2** _mil._ postställe **3** _mil._ postering **4** _mil._ tapto **5** handelsstation; _A._ fort, garnison **6** befattning, tjänst **7** post; postkontor; postverk; _by ~_ med post **II** _v_ **1** anslå, sätta upp; (offentligt) tillkännage, förkunna; (genom anslag) förbjuda tillträde (för allmänheten) **2** _mil._ postera **3** skynda, ila **4** inboka, införa (räkenskaper etc.) **5** posta, sända med posten; _keep me ~ed_ håll mig underrättad
2 post [pəust] _pref_ efter-; följande, senare än
postage ['pəustidʒ] porto, postbefordringsavgift; ~ _stamp_ frimärke
postal ['pəust(ə)l] **I** _a_ postal, post-; ~ _card_ brevkort (_A._); ~ _order_ postcheck för mindre belopp; ~ _parcel_ postpaket **II** _s_, _A._ = ~ _card_
post|-boy ['pəustbɔi] postbud; postiljon **--card** ['pəus(t)kaːd] brevkort, vykort **--chaise** [-ʃeiz] resvagn

postdate ['pəust'deit] **I** _v_ efterdatera **II** _s_ efterdatering
poster ['pəustə] **1** affisch; affischör **2** anslag
posterior [pɔs'tiəriə] **I** _a_ **1** senare än **2** bak-, bakre **II** _s pl_, ~_s_ **1** efterkommande **2** bakdel **-ity** [-ˌtiəri'ɔriti] senare inträffande
posterity [pɔs'teriti] efterkommande, senare släkten
postern ['pəustən] bakdörr, sidoingång
post-free ['pəust'friː] franko
post-graduate ['pəust(t)'grædjuit] student som avlagt primärexamen
post-haste ['pəust'heist] flygande fart
posthumous ['pɔstjuməs] postum, efterlämnad
postiche [pɔs'tiːʃ] **I** _s_ **1** senare tillägg **2** postisch **II** _a_ falsk, oäkta
post|man ['pəus(t)mən] brevbärare, postbud; ~_'s knock_ dubbel knackning; "ryska posten" **-mark I** _s_ poststämpel **II** _v_ stämpla **-master** [-ˌmaːstə] postmästare; _P~ General_ postminister, generalpostdirektör **post|-meridian** ['pəus(t)mə'ridiən] eftermiddags- **--mortem** ['pəus(t)'mɔːtem] efter döden; ~ _examination_ likbesiktning, obduktion **--natal** ['pəust'neitl] efter födelsen **post|office** ['pəust,ɔfis] postkontor; ~ _box_ postfack; ~ _order_ postanvisning; ~ _savings-bank_ postsparbank **-paid** ['pəust'peid] (förut) betald, frankerad, franko
postpone [pəus(t)'pəun] **1** uppskjuta, bordlägga **2** sätta i andra rummet **-ment** [-mənt] **1** bordläggning, uppskov **2** tillbakasättande
postscript ['pəusskript] postskriptum, efterskrift
postulat|e I _s_ ['pɔstjulit] postulat, självklar sats; förutsättning **II** _v_ ['pɔstjuleit] **1** begära, anhålla **2** anta, förutsätta **-ion** [ˌpɔstju'leiʃ(ə)n] **1** begäran, ansprak **2** antagande, förutsättning
posture ['pɔstʃə] **I** _s_ **1** hållning, kroppsställning **2** läge, skick; tillstånd; ~ _of affairs_ situation, sakläge **II** _v_ **1** inta en konstlad ställning **2** _fig._ posera **-maker** [-ˌmeikə] **--master** [ˌmaːstə] **1** akrobat **2** lärare i plastik
post-war ['pəust'wɔː] efterkrigs-
posy ['pəuzi] blombukett
pot [pɔt] **I** _s_ **1** kruka, burk **2** kanna **3** gryta **4** _fam._ en stor penningsumma **5** _fam._ en betydande person, pamp **6** _fam._ pris (_isht_ silverbägare) **7** _spelt._ pott; samlad insats **8** hasch **9** hembränd whisky **10** _se ~-shot_; _keep the ~ boiling_ hålla grytan kokande; _fig._ förtjäna sitt uppehälle, hålla något i gång; _go to ~ gå_ åt pipan; _a watched ~ never boils_ väntan är alltid lång **II** _v_ **1** lägga i kruka etc.; konservera **2** plantera växt i kruka **3** skjuta ner, knäppa **4** _fam._ lägga vantarna på, ta **-able** ['pəutəbl] **I** _a_ drickbar **II** _s pl_, ~_s_ dryckesvaror **--ale** drav (vid destillering) **-ash** pottaska; _ibl._ soda **-assium** [pə'tæsjəm] kalium
potato [p(ə)'teitəu] (_pl ~es_) potatis; _quite the ~_ hyggligt, bussigt; ~ _chips_ flottyrstekta potatisflarn
pot|-belly ['pɔt,beli] isterbuk (_äv. fig._) **--boiler** [-ˌbɔilə] _fam._ konstverk som tillkommit för brödfödans skull; konstnär som arbetar för brödfödan **--boy** kypare
poten|ce ['pəut(ə)ns] **-cy** [-si] makt, styrka, kraft **-t** stark, mäktig
potentate ['pəut(ə)nteit] potentat, furste
potential [pə(u)'tenʃ(ə)l] **I** _a_ möjlig, potentiell

ll *s* **1** potential **2** möjlighet **-ity** [pə(u),ten-ʃi'æliti] möjlighet

pot-hat ['pɔt'hæt] plommonstop

pother ['pɔðə] **l** *s* stickande rök **2** tumult, bråk **ll** *v* **1** bråka **2** besvära, oroa, plåga

pot|-herb ['pɔthə:b] köksväxt **--hole 1** väggrop **2** jättegryta **--house** ölstuga

potion ['pəuʃ(ə)n] medicinsk [gift]dryck

pot|-luck ['pɔt'lʌk] husmanskost; *take* ~ hålla till godo med vad huset förmår **--pie** *A*. paj **-sherd** [-ʃɔ:d] krukskärva **--shop** krog **--shot** ['pɔt'ʃɔt] **1** krypskytts skott **2** slängskott på måfå

pottage ['pɔtidʒ] köttsoppa; *mess of* ~, ~ *of lentils* "grynvälling" (*bibl.*)

potted ['pɔtid] **1** inlagd, konserverad **2** konstlad, onaturlig **3** *A*. berusad; ~ *flower* krukväxt; ~ *meat* kött på burk; ~ *music* grammofonmusik

potter ['pɔtə] **l** *s* krukmakare; ~'*s field* fattigkyrkogård (*A*.); ~'*s wheel* drejskiva **ll** *v* plottra, pilla med; ~ *about* larva omkring; ~ *away* förspilla **-y** [-ri] **1** lergods **2** krukmakeri

potting-shed ['pɔtinʃed] trädgårdsskjul

pot|ty ['pɔti] **1** *sl.* liten, obetydlig **2** löjligt enkel **3** galen, stollig; ~ *questions* löjligt enkla frågor **--valour** ['pɔti'vælə] spritkurage

pouch [pautʃ] **l** *s* **1** liten påse, [penning]pung **2** *mil.* patronväska **3** postsäck **4** *biol.* pung **5** *fam.* drickspengar **ll** *v* **1** *sl.* ge dricks **2** stoppa i påse **3** bilda en pung (påse)

pouf [pu:f] puff

poulp[e] [pu:lp] *zool.* octopus, bläckfisk

poult [pəult] kyckling **-erer** [-t(ə)rə] fågelhandlare

poultice ['pəultis] **l** *s* grötomslag **ll** *v* lägga grötomslag

poultry ['pəultri] fjäderfä, höns **--farm** hönsfarm

pounce [pauns] **l** *s* **1** rovfågelsklo **2** plötslig rörelse, plötsligt språng; *make a* ~ *at* (*on*) kasta sig över **ll** *v* **1** gripa med klorna **2** kasta sig över

pound [paund] **l** *s* **1** troyvikt (= *12 ounces* = ca 373 g); skålpund (= *16 ounces* = ca 454 g) **2** pund sterling (förr *20 shillings, nu 100 new pence*) **3** *A*. **5** dollar **4** fålla, inhägnad för boskap **5** krossår; *he paid 5 shillings in the* ~ han betalade 25 % **ll** *v* **1** stänga in i fålla **2** dunka, banka **3** stampa, gå tungt **-age** [-idʒ] provision, tantiem **-er** [-ə] **1** kanon som väger visst antal pund **2** sak som väger visst antal pund

pour [pɔ:] **l** *v* **1** hälla, gjuta **2** ösa, strömma; ~ *forth* (*out*) strömma ut; ~ *in* strömma in; *it never rains but it* ~*s* en olycka kommer aldrig ensam **ll** *s* störtregn, hällregn

pourboire ['puəbwa:] drickspengar

pout [paut] **l** *s* **1** *zool.* tånglake **2** putning med läpparna; *he is in the* ~*s* han är tjurig **ll** *v* **1** hänga läpp, tjura **2** puta med läpparna **-er** [-ə] **1** en som hänger läpp **2** *zool.* kroppduva

poverty ['pɔvəti] fattigdom, armod **--stricken** [-,strikn] fattig, utarmad

powder ['paudə] **l** *s* **1** damm, stoft **2** pulver **3** puder **4** krut **5** *fig.* kraft, styrka; *food for* ~ kanonmat; *it is not worth* ~ *and shot* det är inte mycket värt; ~ *blue* blåelse **ll** *v* **1** krossa, smula sönder **2** pudra sig **3** beströ med puder **4** *fam.* rusa iväg; ~*ed milk* torrmjölk **--flask, --horn** kruthorn **--magazine** [-mægə,zi:n]

krutmagasin, krutdurk --puff pudervippa **-y** [-ri] puderaktig

power ['pauə] **l** *s* **1** förmåga **2** makt, kraft **3** styrka, energi; effekt **4** statsmakt **5** krigsmakt **6** hop, massa **7** dignitet; ~ *of attorney* fullmakt; *mechanical* ~*s* maskiner; *the* ~*s that be* den maktägande överheten; *the party in* ~ regeringspartiet; *under its own* ~ för egen kraft; ~ *shovel* grävmaskin **ll** *v* förse med drivkraft (motor etc.) **--dive** *flyg.* dyka med pådragen motor **-ful** [-f(u)l] mäktig, inflytelserik; stark, kraftig **--house 1** maskinhall **2** kraftstation **-less** [-lis] maktlös **--loom** vävmaskin **--plant** kraftstation **--politics** [-,pɔlitiks] *pl* maktpolitik **--station** [-,steif(ə)n] kraftstation **--stroke** arbetstakt (i 4-taktsmotor) **--supply** [-sə,plai] nätaggregat **--unit** [-,ju:nit] kraftstation

pow-wow ['pauwau] **1** *nordam. indianspr.* rådslag **2** *A*. konferens, möte

pox [pɔks] hudutslag; *vard.* syfilis

practicab|ility [,præktikə'biliti] **1** möjlighet, utförbarhet; användbarhet **2** farbarhet, framkomlighet **-le** ['præktikəbl] **1** möjlig, görlig, utförbar; användbar **2** farbar, framkomlig

practical ['præktik(ə)l] **1** praktisk **2** utförbar **3** faktisk; ~ *joke* spratt, puts **-ity** [,prækti-'kæliti] praktiskhet, praktisk möjlighet **-ly** [-kli] så gott som

practice ['præktis] **1** praktik; träning, övning **2** utövning, praktik (advokats etc.) **3** praxis, bruk; *be out of* ~ vara otränad; *put in*[*to*] ~ sätta i verket; *in* ~ **a** i praktiken **b** vältränad; ~ *makes perfect* övning ger färdighet **--flight** övningsflygning **--ground** övningsfält

practician [præk'tiʃ(ə)n] utövare av yrke

practise ['præktis] **1** öva sig **2** praktisera, utöva (yrke) **3** lura, narra; *a* ~*d businessman* en erfaren affärsman

practitioner [præk'tiʃnə] praktiserande jurist eller läkare; *general* ~ allmänpraktiserande läkare

pragmat|ic [præg'mætik] **1** pragmatisk **2** inbilsk, viktig **-ical** [-ik(ə)l] = *pragmatic* **2 -ism** ['prægmətiz(ə)m] **1** pedanteri **2** pragmatism **-ize** ['prægmətaiz] framställa som faktisk

prairie ['prɛəri] prärie; ~ *dog* präriehund; ~ *schooner* prärievagn med tälttak (*A*.)

praise [preiz] **l** *v* lovorda, prisa, berömma **ll** *s* beröm, lovord, pris; *beyond all* ~ över allt beröm; *sing a man's* ~ lovsjunga ngn **-worthy** [-,wə:ði] berömvärd

praline ['pra:li:n] bränd mandel

pram [præm] **1** *fam.* barnvagn **2** liten mjölkkärra **3** [pra:m] pråm

prance [pra:ns] **l** *v* (om häst) göra krumsprång; göra glädjesprång; stoltsera, kråma sig **ll** *s* hästs krumsprång

prank [præŋk] **l** *v* prunka, pråla **ll** *s* upptåg, skälmstycke **-ish** [-iʃ] skalkaktig, skälmaktig

prate [preit] **l** *v* prata, babbla **ll** *s* prat, babbel **-r** [-ə] pratmakare

prattle ['prætl] **l** *v* prata, pladdra; jollra **ll** *s* prat, pladder; barnjoller **-r** [-ə] (om barn) pratmakare

prawn [prɔ:n] räka ,

praxis ['præksis] **1** övning, praktik **2** praxis, vana

pray [prei] be (*for* om), bönfalla; ~, *be seated* var så god o. sitt

prayer 1 [prɛə] bön, andakt **2** ['pre(i)ə] ngn som ber; *read one's* ~*s* läsa sina böner; *say* *your* ~*s, äv.* be din sista bön; *Book of Common P* ~ engelska kyrkans ritualbok **-book** ['preǝbuk] bönbok, andaktsbok **-ful** ['preǝf(u)l] andäktig **--meeting** [-,mi:tiɳ] bönemöte **--wheel** bönekvarn

pre [pri:] *pref* före-, förut-, för-
preach [pri:tʃ] **I** *v* predika, förkunna (*to* för; *on* över); ~ *down* ivra mot; ~ *up* ivra för **II** *s* (*vard.*) [moral]predikan **-er** [-ǝ] predikant **-ify** [-ifai] *vard.* hålla [moral]predikan **-ment** [-mǝnt] (långtråkig) predikan **-y** [-i] *vard.* predikande, docerande

preamb|le [pri:'æmbl] **I** *s* inledning, företal **II** *v* inleda **-ula[to]ry** [-bjulǝ(t)ri] inledande
prearrange ['pri:ǝ'rein(d)ʒ] ordna på förhand
precarious [pri'keǝriǝs] **1** prekär, osäker **2** farlig, vådlig
precau°tion [pri'kɔ:ʃ(ǝ)n] **I** *s* **1** försiktighetsmått **2** försiktighet, varsamhet **II** *v* vidta försiktighetsmått **-ary** [-ʃnǝri] **1** försiktighets- **2** varnings-
preced|e [pri(:)'si:d] föregå; låta föregå **-ence** [-(ǝ)ns] **1** företräde, förträde **2** förutgående; *take* ~ *of* gå före **-ent I** *a* [pri'si:d(ǝ)nt] föregående **II** *s* ['presid(ǝ)nt] *jur.* precedensfall **-ented** ['presid(ǝ)ntid] som har tidigare motstycke **-ing** [-iɳ] föregående
precent [pri(:)'sent] **1** vara kantor **2** stämma upp psalm **-or** [-ǝ] kantor
precept ['pri:sept] föreskrift, regel **-ive** [pri-'septiv] lärande, givande föreskrifter **-or** [pri'septǝ] lärare **-ress** [pri'septris] lärarinna
precession [pri'seʃ(ǝ)n] företräde, prioritet
precinct ['pri:siɳ(k)t] **1** omslutet område **2** *A.* valkrets, polisdistrikt **3** ~*s* omgivningar
precious ['preʃǝs] **I** *a* **1** värdefull, dyrbar **2** pretiös **fam.** väldig, stor **4** *fam. iron.* snygg, skön; *they are a* ~ *lot* de är just några snygga figurer; *he has made a* ~ *mess of it* han har gjort en snygg röra av det **II** *adv* väldigt, fasligt **III** *s, my* ~ min älskling
precipice ['presipis] bråddjup, avgrund
precipit|ance [pri'sipit(ǝ)ns] **-ancy** [-t(ǝ)nsi] **1** bråska **2** överilning **-ant** [-t(ǝ)nt] **I** *a* nedstörtande **II** *s, kem.* utfällningsmedel **-ate I** *v* [pri'sipiteit] **1** störta ner, kasta ner **2** påskynda **3** *kem.* fälla ut **4** *kem.* kondensera **II** [pri-'sipitit] **1** *a* nedfallande; förhastad, överilad; brådstörtad, brådskande **2** *s, kem.* [ut]fällning **-ation** [pri,sipi'teiʃ(ǝ)n] **1** nedstörtande **2** överilning **3** brådska **4** påskyndande **5** *kem.* [ut]fällning **6** *med.* [blod]sänka **-ous** [-tǝs] **1** tvärbrant, **2** snabb, framrusande **3** förhastad
précis ['preisi:] **I** *s* sammanfattning, resumé **II** *v* sammanfatta
precise[ly] [pri'sais(li)] precis, just, alldeles
precis|ian [pri'siʒ(ǝ)n] pedant, formalist **-ion** [-ʒ(ǝ)n] noggrannhet, precision
preclu|de [pri'klu:d] utestänga; spärra **-sion** [-u:ʒ(ǝ)n] förebyggande, förhindrande **-sive** [-siv] uteslutande, hindrande
precoc|ious [pri'kǝuʃǝs] brådmogen; lillgammal **-ity** [-'kɔsiti] brådmogenhet
precognition [,pri: kɔg'niʃǝn] vetskap på förhand
precon|ceive ['pri:kǝn'si:v] föreställa sig på förhand **-ception** ['pri:kǝn'sepʃ(ǝ)n] förutfattad mening
precurs|ive [pri(:)'kǝ:siv] förebådande **-or** [-sǝ] förelöpare **-ory** [-sǝri] förebådande
predacious [pri'deiʃǝs] rovgirig, rov-

predatory ['predǝt(ǝ)ri] **1** plundrings-, rov- **2** rov-, rovgirig; ~ *animal* rovdjur
predecessor ['pri:disesǝ] föregångare, företrädare
predestin|ate [pri(:)'destineit] förutbestämma, predestinera **-ation** [pri(:),desti'neiʃ(ǝ)n] förutbestämmelse, predestination **-e** [-n] = *predestinate*
predetermin|ation ['pri:di,tǝ:mi'neiʃ(ǝ)n] förutbestämmande **-e** ['pri:di'tǝ:min] förutbestämma
predial ['pri:diǝl] lantlig, jord-
predicament [pri'dikǝmǝnt] obehaglig situation, predikament
predica|nt ['predikǝnt] **I** *a* predikande **II** *s* predikarmunk (dominikan) **-te I** *s* ['predikit] **1** egenskap **2** *gram.* predikat **II** *v* ['predikeit] **1** påstå, säga **2** *A.* grunda **-tion** [,predi'kei-ʃ(ǝ)n] påstående **-tive** [pri'dikǝtiv] påstående; *gram.* predikativ, predikats- **-tory** [-ǝt(ǝ)ri] predikande
predict [pri'dikt] förutsäga, förespå **-ion** [-kʃ(ǝ)n] förutsägelse **-ive** [-iv] förutsägande, förebådande **-or** [-ǝ] **1** spåman **2** *mil.* centralinstrument[ering]
predilection [,pri:di'lekʃ(ǝ)n] förkärlek
predispos|e ['pri:dis'pǝuz] **1** predisponera, göra mottaglig (*to* för) **2** donera, testamentera **-ition** ['pri:,dispǝ'ziʃ(ǝ)n] anlag, predisposition
predomina|nce [pri'dɔminǝns] övermakt **-nt** förhärskande, rådande **-te** [-neit] råda, dominera, behärska **-tion** [-,dɔmi'neiʃ(ǝ)n] övermakt
pre-eminen|ce [pri(:)'eminǝns] överlägsenhet **-t** överlägsen **-tly** [-tli] i allra högsta grad
pre-empt [pri(:)'em(p)t] erhålla genom förköpsrätt **-ion** [-m(p)ʃ(ǝ)n] förköpsrätt
preen [pri:n] (om fågel) putsa fjädrarna; ~ *o.s.* kråma sig, yvas
pre-exist ['pri:ig'zist] existera förut **-ence** [-(ǝ)ns] preexistens
prefab ['pri:fæb] monteringsfärdigt hus
prefabricat|e ['pri:'fæbrikeit] göra färdig för montering; ~*d house* = *prefab* **-ion** ['pri:-,fæbri'keiʃ(ǝ)n] = *prefab*
prefa|ce ['prefis] **I** *s* förord, inledning **II** *v* förse med förord, inleda **-torial** [,prefǝ'tɔ:riǝl] **-tory** [-fǝt(ǝ)ri] inledande
prefect ['pri:fekt] **1** ståthållare, prefekt **2** ordningsman (i skola) **-orial** [,pri:fek'tɔ:riǝl] prefektoral **-ure** [-juǝ] prefektur
prefer [pri'fǝ:] **1** föredra, ge företräde **2** framlägga, framföra **3** befordra; ~*red shares* preferensaktier **-able** ['pref(ǝ)rǝbl] som är att föredra **-ably** ['pref(ǝ)rǝbli] företrädesvis; helst **-ence** ['pref(ǝ)r(ǝ)ns] **1** företräde **2** ngt som man föredrar; *for* ~ helst; ~ *shares* preferensaktier **-ential** [,prefǝ'renʃ(ǝ)l] med förmånsrätt, prioriterad **-ment** [-mǝnt] befordran
prefigur|ation [pri(:),figju'reiʃ(ǝ)n] förebild **-e** [pri(:)'figǝ] förställa sig på förhand
prefix I *s* ['pri:fiks] **1** *gram.* prefix **2** titel **II** *v* [pri:'fiks] sätta framför
pregnable ['pregnǝbl] angripbar, -lig; (om fästning) möjlig att storma
pregnan|cy ['pregnǝnsi] **1** graviditet **2** betydelsefullhet **3** innehållsrikhet, pregnans **-t 1** gravid, **2** betydelsefull, ödesdiger **3** innehållsdiger, pregnant
prehensile [pri'hensail] grip-, gripande; ~ *tail* gripsvans

prehistor|ic[al] ['pri:(h)is'tɔrik, -(ə)l] förhistorisk **-y** ['pri:'hist(ə)ri] händelser i forntiden
pre-ignition ['pri:ig'niʃ(ə)n]för tidig tändning
prejudge ['pri:'dʒʌdʒ] döma på förhand **-ment** [-mənt] dom på förhand
prejudic|e ['predʒudis] **I** *s* **1** förutfattad mening, fördom **2** förfång, men; *to the ~ of* till förfång för; *without ~ to* utan förfång för **II** *v* **1** stämma partisk, göra ngn ogynnsamt inställd till **2** skada, inverka menligt på **-ed** [-t] partisk, fördomsfull **-ial** [,predʒu'diʃ(ə)l] menlig, skadlig
prelat|e ['prelit] prelat **-ess** [-is] abbedissa; *skämts.* fru till prelat **-ic** [pre'lætik] prelatensisk
prelect [pri'lekt] föreläsa (offentligt) **-ion** [-ʃn] föreläsning **-or** [-ə] föreläsare (*isht* vid universitet)
prelim [pri'lim]*fam.* tentamen **-inary** [-(i)nəri] **I** *a* förberedande, inledande, preliminär **II** *s* (*vanl. pl*) förberedande åtgärd[er]
prelu|de ['prelju:d] **I** *s* förspel, inledning, preludium **II** *v* inleda, preludiera **-sive** [pri'ju:siv] inledande
prematur|e [,premə'tjuə] **1** för tidig, omogen **2** förhastad **-ity** [-riti] brådmogenhet
premeditat|e [pri(:)'mediteit] beräkna, tänka ut på förhand; *~d murder* överlagt mord **-ion** [pri(:),medi'teiʃ(ə)n] föregående överläggning
premier ['premjə] **I** *a, sl.* förnämst, främst **II** *s* eng. premiärminister
premise **I** *v* [pri'maiz] förutskicka **II** *s* ['premis] **1** premiss **2** *~s, pl* fastighet, egendom (*jur.*); *on the ~s* inom fastigheten, inom området
premiss ['premis] premiss
premium ['pri:mjəm] **1** belöning, premium **2** försäkringspremie **3** lönetillägg; bonus **4** lärpengar; *at a ~* över pari **--bond** ['pri:-mjəm'bɔnd] premieobligation
premonit|ion [,pri:mə'niʃ(ə)n]föregående varning **-ory** [pri'mɔnit(ə)ri] på förhand varnande
preoccup|ation [pri(:),ɔkju'peiʃ(ə)n]**1** främsta intresse, huvudsaklig sysselsättning **2** förutfattad mening **3** föregående besittning[stagande] **4** självupptagenhet **-y** [pri(:)'ɔkjupai] **1** bemäktiga sig i förväg **2** koncentrera sina tankar, sysselsätta sig med; *preoccupied* försjunken i tankar
prep [prep] *sl.* **1** = *preparation*; läxplugg **2** (ofta *~ school*) = *preparatory school*; privat folkskola **3** *A.* elev vid *preparatory school* **4** preposition
prepaid ['pri:peid] franko; *jfr prepay*
prepar|ation [,prepə'reiʃ(ə)n] **1** förberedelse **2** tillredning, tillagning **3** preparat **4** läxläsning **-ative** [pri'pærətiv] **I** *a* förberedande **II** *s* **1** förberedelse **2** *mil.* signal, appell **-atory** [pri'pærət(ə)ri] förberedande; *~ school* förberedande skola (till *public school*), privat folkskola; *~ to* före; som en förberedande åtgärd **-e** [pri'pɛə] **1** förbereda, göra i ordning **2** tillaga, förbereda **3** läsa på (läxa etc.) **4** utarbeta, uppsätta **5** *tekn.* preparera; *I am not ~d to pay* jag är inte villig att betala **-ed-ness** [pri'pɛədnis] beredskap
prepay ['pri:pei] betala i förväg; frankera; *reply prepaid* telegramsvar betalt **-ment** [-mənt] förutbetalning

prepense [pri'pens] överlagd, uppsåtlig; *of malice ~ i* uppsåt att skada
prepondera|nce [pri'pɔnd(ə)r(ə)ns] **1** högre vikt **2** *fig.* överlägsenhet **-nt** överlägsen **-te** [-dəreit] överträffa, väga tyngre
preposition [,prepə'ziʃ(ə)n] preposition **-al** [-ʃənl] prepositions-
prepossess [,pri:pə'zes] **1** påverka, influera **2** göra ett gott intryck på **-ing** [-iŋ] vinnande, intagande; *a ~ face* ett vinnande utseende **-ion** [-eʃ(ə)n] förutfattad mening
preposterous [pri'pɔst(ə)rəs] orimlig, omöjlig; löjlig
prepotent [pri'pəut(ə)nt] övermäktig
Pre-Raphaelite ['pri:'ræfəlait] **I** *s* prerafaelit **II** *a* prerafaelitisk
prerequisite [pri:'rekwizit] **I** *a* nödvändig **II** *s* nödvändig förutsättning
prerogative [pri'rɔgətiv] **I** *s* privilegium, förmånsrätt **II** *a* privilegierad
presage ['presidʒ] **I** *s* **1** järtecken, förebud **2** aning, förkänsla **II** *v* **1** förebåda, varsla om **2** ana, ha en förkänsla av **3** spå
presbyter ['prezbitə] [församlings]äldste **P-ian** [,prezbi'tiəriən] **I** *a* presbyteriansk **II** *s* presbyterian **-y** [-t(ə)ri] **1** presbyterium **2** församlingsråd **3** *rom. kat.* prästgård
prescien|ce [pri'presiəns] förkänsla, aning **-t** *s* som vet på förhand, förutvetande
prescribe [pris'kraib] **1** ålägga, föreskriva **2** *med.* ordinera **3** *jur.* på grund av hävd göra anspråk
prescript ['pri:skript] föreskrift, åläggande **-ion** [pris'kripʃ(ə)n] **1** åläggande, föreskrift **2** *med.* recept; ordination **3** *jur.* preskription **-ive** [pris'kriptiv] **1** åläggande, föreskrivande **2** hävdvunnen
presence ['prezns] **1** närvaro **2** (ståtlig) hållning, uppträdande; *~ of mind* sinnesnärvaro, rådighet; *he entered the royal ~* han trädde inför majestätet **--chamber** [-,tʃeimbə] audiensrum
present I *a* ['preznt] **1** närvarande **2** nuvarande, förhandenvarande **3** *gram.* presens-; *the ~ volume* föreliggande del; *those ~, the people ~* de närvarande; *the ~ writer* författaren härav; *the ~ duke* den nuvarande hertigen **II** *s* ['preznt]**1** närvarande tid **2** gåva, present; *at ~* nu för närvarande; *for the ~* tills vidare, för tillfället **3** [pri'zent] *mil.* anläggning (med eldhandvapen) **III** *v* [pri'zent] **1** ge som gåva **2** framlämna, framlägga **3** föreställa, presentera **4** visa sig, infinna sig **5** visa, förete **6** *mil.* lägga an **7** *mil.* skyldra (gevär) **8** *kyrk.* föreslå till ämbete **-able** [pri'zentəbl] presentabel **-ation** [,prezen'teiʃ(ə)n] **1** föreställning, presentation **2** överlämnande, gåva; erbjudande **3** framställning, skildring **4** uppvisning, uppförande (av skådespel etc.); *on ~* vid anfordran; *~ copy* gratisexemplar **-ee** [prezn'ti:] **1** (präst) föreslagen till ämbete **2** mottagare av gåva
presentient [pri'senʃiənt] anande, med en förkänsla av
presentiment [pri'zentimənt] föraning
presently ['prezntli] **1** inom kort, snart **2** genast, strax
preserv|able [pri'zə:vəbl] hållbar, möjlig att bevara **-ative** [-v] **I** *v* **1** bevara, skydda (*from* från) **2** konservera **3** bibehålla, spara till eftervärlden **4** freda, vårda (villebråd etc.); *well ~d*

preserver–prick

välbevarad **II** *s* **1** ~*s*, *pl* sylt **2** jaktpark **3** ~*s*, *pl* skyddsglasögon **-er** [-ə] **1** räddare, bevarare **2** konserveringsmedel **3** ~*s*, *pl* skyddsglasögon **preside** [pri'zaid] **1** fungera som ordförande, presidera **2** vara den ledande **-ncy** ['prezid(ə)nsi] **1** ordförandeskap **2** presidentskap **-nt** ['prezid(ə)nt] **1** president **2** ordförande **3** *A.* direktör för bolag **4** *college.* rektor; *P* ~ *of the Board of Trade* handelsminister **-ntess** ['prezid(ə)ntis] **1** kvinnlig ordförande **2** presidentfru **-ntial** [ˌprezi'den∫(ə)l] ordförande-, president- **-ntship** ['prezid(ə)nt∫ip] presidentskap **press** [pres] **I** *s* **1** press; tryckpress **2** folkträngsel **3** framträngande, påträngande **4** pressande, pressning **5** skåp för böcker, kläder etc. **6** *the* ~ pressen; ~ *of sail* (*canvas*) så mycket segel som fartyget tål (*sjö.*); *correct the* ~ läsa korrektur; *ready for the* ~ tryckfärdig; *at* (*in the*) ~ under tryckning **II** *v* **1** pressa, trycka **2** omfamna, krama **3** ansätta, ligga åt, tränga på **4** tvinga, truga **5** yrka på, begära **6** påskynda, driva på **7** trängas, tränga sig fram **8** *mil.* *sjö.* pressa, värva folk med våld; *he* ~*ed the question* han krävde envist svar på frågan; ~ *sail* sätta till alla klutar; *he was* ~*ed for time* han hade ont om tid; *they were hard* ~*ed* de hade stora svårigheter; ~ *for an answer* envist kräva svar; ~ *on* (*forward*) fortsätta; ~ *up speed* öka hastigheten **--agency** [-ˌeidʒ(ə)nsi] pressbyrå **--cutting** [-ˌkʌtiŋ] pressklipp **-gang** [-gæn] militärtrupp utsänd att värva män (till flottan el. hären) **-ing** [-iŋ] **I** *a* **1** trängande **2** angelägen **3** tryckande; *I'll go as you are so* ~ jag skall gå eftersom du är så angelägen; *time is* ~ det brådskar **II** *s* längtan **-man** [-mən] **1** tidningsman **2** tryckare **3** värvare **--money** [-ˌmʌni] handpengar vid värvning **--reader** [-ˌriːdə] korrekturläsare **--stud** tryckknapp **pressure** ['pre∫ə] **1** tryck, tryckning **2** trångmål nöd **3** påtryckning; *bring* ~ *to bear upon, put* ~ *on* utöva påtryckning; ~ *group* påtryckningsgrupp (*pol.*) **--cabin** [-ˌkæbin] tryckkabin **--cooker** [-ˌkukə] tryckkokare **--gauge** manometer **pressurize** ['pre∫əraiz] bibehålla normalt lufttryck i tryckkabin **prestige** [pres'tiːʒ] prestige, inflytande **presto** ['prestəu] **I** *a* **1** snabbt, plötsligt **2** *mus.* hastigt, snabbt **II** *interj* hokuspokus **presum|able** [pri'zjuːməbl] antaglig, trolig **-ably** [-əbli] antagligen, troligtvis, förmodligen **-e** [-m] **1** anta, förmoda, förutsätta **2** ta sig friheten, våga sig på **3** vara alltför familjär **-edly** [-idli] förmodligen **-ing** [-iŋ] övermodig, självsäker **presumpt|ion** [pri'zʌm(p)∫(ə)n] **1** antagande, förutsättning **2** övermod, arrogans; självsäkerhet **-ive** [-m(p)tiv] sannolik presumtiv; ~ *evidence* sannolikhetsbevis **-uous** [-m(p)tjuəs] övermodig, arrogant; självsäker **presuppos|e** [ˌpriːsə'pəuz] förutsätta **-ition** [ˌpriːsʌpə'zi∫(ə)n] förutsättning **pretence** [pri'tens] **1** förevändning **2** ogrundat anspråk **3** skrytsamt uppträdande, prål; *devoid of* ~ i all anspråkslöshet; *on the slightest* ~ vid minsta förevändning **pretend** [pri'tend] **1** låtsas, hyckla, föregiva **2** göra grundat anspråk på, framkalla (*to* på) **3** eftersträva (*to*) **-ed[ly]** [-id(li)] låtsad, föregiven **-er** [-ə] **1** pretendent **2** hycklare, skrymtare

preten|sion [pri'ten∫(ə)n] **1** anspråk, yrkande, krav **2** anspråksfullhet **-tious** [-∫əs] anspråksfull, pretentiös **preter-** ['priːtə] bortom **preterit[e]** ['pret(ə)rit] **I** *a* förfluten **II** *s, gram.* preteritum **preternatural** [ˌpriːtə'næt∫rəl] **1** onaturlig **2** övernaturlig **pretext** ['priːtekst] **I** *s* förevändning, pretext **II** *v* förebära **pretti|ly** ['pritili] trevligt, angenämt **-ness** [-nis] näpenhet **pretty** ['priti] **I** *a* **1** söt; näpen **2** *iron.* snygg, skön, fin **3** (om sak) betydande, vacker; *a* ~ *mess* en skön röra; *a* ~ *penny* en vacker summa **II** *s, my* ~ min älskling; *pretties* grannlåter, bjäfs **III** *adv* ganska, tämligen; *I'm* ~ *well* jag mår ganska bra; *this is* ~ *much the same* det är nästan samma sak **IV** *v*, ~ [*o.s.*] *up* måla sig, göra sig vacker **-ish** [-tii∫] ganska, tämligen **--pretty** [-ˌpriti] **I** *a* snutfager **II** *s, pl pretty-pretties* grannlåt **pretzel** ['pretsl] salt kringla **prevail** [pri'veil] **1** ta överhanden, segra **2** råda, vara förhärskande **3** övertala, förmå ngn; ~ [*up*]*on* övertala **-ing** [-iŋ] rådande, förhärskande, allmän **prevalen|ce** ['prevələns] **-cy** [-si] allmänt bruk, utbredning **-t** i allmänt bruk, vanlig, gängse **prevaricat|e** [pri'værikeit] slingra sig, göra undanflykter **-ion** [-ˌværi'kei∫(ə)n] undanflykt **-or** [-ə] en som slingrar sig, krångelmakare **prevent** [pri'vent] **1** förhindra, förebygga **2** [pri:'vent] *åld.* vägleda; ~ *a p. from doing s.th.* hindra ngn att göra ngt **-ative** [-ətiv] = *preventive* **-ion** [-n∫(ə)n] förhindrande, förebyggande **-ive** [-iv] **I** *a* **1** förebyggande, preventiv **2** kustbevaknings-; *P* ~ *Service* kustbevakningen **II** *s* förebyggande medel **preview** ['priːvjuː] **I** *s* förhandsgranskning **II** *v* förhandsgranska **previous** ['priːvjəs] **1** föregående, förut- **2** *sl.* förhastad; *P* ~ *Examination* första deltentamen i BA-graden (*Cambr. univ.*); ~ *to* före, innan **-ly** [-li] förut, på förhand **previs|e** [pri(ː)'vaiz] förutse **-ion** [-iʒ(ə)n] förutseende **pre-war** ['priː'wɔː] förkrigs- **prey** [prei] **I** *s* byte, rov; *bird of* ~ rovfågel; *beast of* ~ rovdjur **II** *v* plundra, röva; ~ [*up*]*on* a plundra **b** tära, fräta på **c** jaga (för att skaffa föda), leva på **price** [prais] **I** *s* **1** pris, kostnad **2** värde **3** odds; *every man has his* ~ varje människa kan köpas; *what* ~ *this mass-meeting* det är inte mycket bevänt med det här massmötet; *above* (*beyond*) ~ oskattbar, som ej kan betalas med pengar; *at a* ~ till ett lågt pris; *at any* ~ till varje pris **II** *v* fråga efter priset på, bestämma pris på, värdera, uppskatta **--current** ['prais'kʌr(ə)nt] priskurant **--cutting** ['prais'kʌtiŋ] prisnedsättning (i konkurrenssyfte) **-less** [-lis] oskattbar, ovärderlig **2** *sl.* kostbar, dyrbar **--list** prislista **prick** [prik] **I** *s* **1** tagg; *åld.* pikstav för oxar **2** stick, styng; ~*s of conscience* samvetsagg **II** *v* **1** sticka **2** *fig.* känna ett styng, stinga **3** göra spetsig, spetsa **4** pricka av, pricka för (i namnlista) **5** *åld.* sporra; ~ *a* (*the*) *bladder* (*bubble*) sticka hål på en bubbla (*fig.*); ~ *in*

(*out*, *off*) plantera ut; ~ *up one's ears* spetsa öronen **--eared** [-iəd] **1** (om hund) med upprättstående öron **2** *fig*. vaken, uppmärksam **-er** [-ə] pryl, syl
prickl|e ['prikl] **I** *s* tagg, törne **II** *v* erfara en stickande känsla; sticka **-e-back** *zool.* storspigg **-y** [-i] **1** taggig **2** besvärlig, kinkig
pride [praid] **I** *s* **1** stolthet, högmod **2** glans, prakt **3** djurflock; ~ *will have a fall* högmod går före fall; ~ *of place* **a** företräde **b** anspråksfullhet; ~ *of the morning* tidig morgondimma (-skur); *a* ~ *of lions* en flock lejon **II** *v*, ~ *o.s.* [*up*]*on* vara stolt över
pried [praid] *imperf* o. *perf part* av *pry*
priest [pri:st] **I** *s* enklare präst (vanl. ej prot.) **II** *v* prästviga **--craft** prästs strävan efter världslig makt **-ess** [-is] prästinna **-hood 1** prästerskap **2** prästerlig värdighet **-like** som anstår en präst **-ly** [-li] prästerlig **--ridden** [-,ridn] behärskad av präster
prig [prig] **I** *s* **1** pedant, petimäter **2** *sl.* tjuv; *a conceited* ~ en inbilsk narr **II** *v*, *sl.* stjäla **-gery** [-əri] pedanteri **-gish** [-iʃ] pedantisk
prim [prim] **I** *a* stel, prudentlig **II** *v* **1** snörpa på munnen **2** se pryd ut
primacy ['praiməsi] **1** överlägsenhet, företräde **2** *kyrk.* primat, överhöghet
primaeval = *primeval*
primal ['praim(ə)l] **1** grundläggande, ursprunglig **2** huvud-, viktigast, förnämst
primar|ily ['praim(ə)rili] **1** först o. främst, huvudsakligen **2** först, ursprungligen **-y** [-məri] **I** *a* **1** först, ursprunglig, primär **2** förnämst, huvudsaklig; ~ *accent* huvudaccent, starkton; ~ *colour* grundfärg; ~ *education* elementär undervisning; ~ *election* primärval (*A.*); ~ *matter* urämne; ~ *meeting* förberedande valmöte **II** *s* **1** huvudsak **2** = ~ *meeting* **3** = ~ *colour*
primate ['praimit] **1** ärkebiskop, primas **2** ~*s* [prai'meiti:z] de mest högtstående djuren (människor o. apor); *Lord P*~ *of England* ärkebiskopen av York; *Lord P*~ *of All England* ärkebiskopen av Canterbury
prime [praim] **I** *s* **1** början **2** det bästa av ngt **3** prim (morgonbön i kloster) **4** *fäktn.*, *mus.* prim **II** *a* **2** ursprunglig, primär **2** förnämst, högst; *P*~ *Minister* premiärminister; ~ *number* primtal; ~ *cost* inköppspris; *in the* ~ *of life* i den bästa åldern, i sin ålders blomma **III** *v* **1** lägga fängkrut i en kanon **2** fylla en pump med vatten; spruta in bensin i en motor (för att starta den) **3** *fam.* fullproppa ngn med mat o. dryck **4** förse med upplysningar **5** *måln.* grunda; *the witness had been* ~*d by a lawyer* vittnet hade blivit instruerat av en advokat **-r** [-ə] **1** nybörjarbok **2** bönbok, andaktsbok **3** knallhatt, tändrör
primeval [prai'mi:v(ə)l] ursprunglig; ~ *forest* urskog
priming ['praimiŋ] **1** tändsats, fängkrut **2** grundmålning **3** stubin **4** inpumpat vetande **--valve** säkerhetsventil
primitive ['primitiv] **I** *a* **1** ursprunglig, primitiv **2** enkel, gammaldags **3** *gram.* rot-, stam- **II** *s* **1** målare före renässansen **2** urinvånare
primogeniture [,praiməu'dʒenitʃə] **1** förstfödslorätt **2** förstfödsel
primordial [prai'mɔ:djəl] ursprunglig, primitiv
primrose ['primrəuz] vild primula; *the* ~ *path* den breda vägen, ett glatt liv

primus ['praiməs] **1** primuskök **2** den förste; den äldste
prince [prins] prins, furste; *P*~ *Consort* prinsgemål; *the P*~ *of Wales* brittiske tronföljaren; *P*~ *Royal* kronprins **-dom** [-dəm] **1** prinsvärdighet **2** furstendöme **-like**, **-ly** [-li] furstlig **-ss** [prin'ses; *attr* 'prinses] prinsessa, furstinna; *P*~ *Royal* eng. kungens äldsta dotter
principal ['prinsəp(ə)l] **I** *a* förnämst, huvud- **II** *s* **1** chef, styresman; rektor **2** *jur.* huvudman **3** duellant **4** gärningsman, upphovsman **5** kapital **6** gäldenär; ~ *in the first degree* egentlig gärningsman; ~ *in the second degree* medbrottsling; ~ *sum* kapital **-ity** [,prinsi'pæliti] furstendöme; *the P*~ Wales **-ly** [-pli] huvudsakligen
principle ['prinsəpl] **1** grundsats, princip **2** levnadsregel **3** årlighet; klokhet **4** naturlag **5** grundämne, [huvud]beståndsdel; *Archimedean* ~ Arkimedes princip; *in* ~ i allmänhet; *on* ~ av princip
prink [priŋk] fiffa upp sig, göra sig vacker
print [print] **I** *s* **1** avtryck, märke, spår **2** stämpel, form **3** tryckt tyg **4** *foto.* kopia **5** *A.* tidning, trycksaker; *be in* ~ **a** föreligga i tryck **b** finnas i bokhandeln; *out of* ~ slut på förlaget **II** *v* **1** trycka; låta trycka **2** märka **3** *foto.* kopiera; ~*ed matter* trycksaker **-er** [-ə] **1** tryckare **2** tryckpress; ~'s *devil* tryckfelsnisse; ~'s *ink* trycksvärta
printing ['printiŋ] tryckning, tryck; bok-tryckarkonst **--house** tryckeri **--ink** = *printer's ink* **--press** [-,pres] tryckpress
prior ['praiə] **I** *s*, *kyrk.* prior **II** *a* **1** föregående, tidigare **2** viktigare; ~ *to* före **-ate** [-rit] priorat **-ess** [-ris] priorinna **-ity**-[prai'oriti] företräde, prioritet **-y** [-ri] filialkloster, priorskloster
prism ['priz(ə)m] prisma **-al** [-zməl] prismatisk **-atic** [priz'mætik] **1** prismatisk **2** med klart lysande färger
prison ['prizn] **I** *s* fängelse **II** *v*, *poet.* sätta i fängelse **--bird** fängelsekund **-er** [-ə] fånge; ~ *at the bar* den anklagade; ~ *of war* krigsfånge **--house** fängelse **--warder** [-,wɔ:də] fångvaktare **--yard** fängelsegård
pristine ['pristain] gammaldags, forntida; primitiv, oförändrad
privacy ['privəsi] avskildhet, tillbakadragenhet
private ['praivit] **I** *a* **1** personlig, privat **2** hemlig, dold för allmänheten; ~ *bill* lagförslag i parlamentet som rör enskild angelägenhet; ~ *eye* privatdetektiv (*A.*); *by* ~ *hand* på enskild väg; ~ *hotel* familjehotell; ~ *member* parlamentsledamot som ej är minister; ~ *parts* könsorgan; ~ *school* privatskola **II** *s*, *mil.* menig **2** *in* ~ enskilt, privat **3** ~*s*, *pl* könsorgan
privateer [,praivə'tiə] **1** kaparfartyg **2** kaparkapten **-ing** [-riŋ] kaperi
privately ['praivitli] *adv* enskilt, privat; mellan fyra ögon
privat|ion [prai'veiʃ(ə)n] umbärande, försakelse **-ive** ['privətiv] negerande
privet ['privit] *bot.* liguster
privilege ['priviliʤ] **I** *s* förmån, privilegium **II** *v* **1** undanta **2** privilegiera
priv|ity ['priviti] **1** medvetenhet **2** intressegemenskap **-y** [-i] **I** *a* **1** hemlig, fördold **2** ~ *to* invigd i **3** personlig; *P*~ *Council* konungens stora råd; *P*~ *Councillor* (*Counsellor*) medlem i konungens stora råd; ~ *purse* civillista;

Lord P~ Seal lordsigillbevarare (minister utan portfölj) **II** *s* 1 *jur.* intresserad part 2 avträde (utomhus)
prize [praiz] **I** *s* 1 tävlingspris 2 belöning 3 lotterivinst 4 prisbelönt; *fam.* värd ett pris 5 *sjö.* uppbringat fartyg, pris 6 hävstångskraft; bändning **II** *v* 1 värdera högt, uppskatta 2 *sjö.* uppbringa, göra till pris 3 bända med hävstång, baxa **--fight** proboxningsmatch **-man** [-mən] pristagare **--ring** proboxningsring
pro [prəu] 1 skäl för en sak 2 *fam.* professionell 3 *sl.* prostituerad; *~s and cons* skäl för o. emot
pro- [prəu] *pref* för, anhängare av
proa ['prəuə] malajisk kanot med utriggare
probab|ility [,prɔbə'biliti] sannolikhet (.A.); *in all ~* med all sannolikhet **-le** ['prɔb(ə)bl] **I** *a* sannolik **II** *s* sannolik vinnare (kandidat etc.)
probate ['prəubit] **I** *s* styrkt testamente **II** *v*, *A.* styrka testamente
probation [prə'beiʃ(ə)n] 1 prov, prövning 2 *jur.* villkorlig dom; *~ officer* övervakare; *on ~* villkorligt frigiven **-al** [-ʃənl] **-ary** [-ʃn(ə)ri] prov-, prövo- **-er** [-ʃnə] 1 novis, elev, aspirant 2 *jur.* villkorligt dömd person
probative ['prəubətiv] beviskraftig
probe [prəub] **I** *s* sond **II** *v* sondera; tränga in i
probity ['prəubiti] redlighet, rättskaffenhet
problem ['prɔbləm] problem, uppgift **-atic[al]** [,prɔbli'mætik, -(ə)l] tvivelaktig, problematisk
proboscis [prə(u)'bɔsis] snabel
procedure [prə'si:dʒə] 1 förfarande, tillvägagångssätt, procedur 2 *jur.* rättegångsordning
proceed [prə'si:d] 1 gå framåt 2 fortsätta 3 förfara, gå till väga 4 vidta lagliga åtgärder mot 5 fullfölja; *~ to (against)* vidta lagliga åtgärder mot; *~ from* härröra från **-ing** [-iŋ] 1 handlingssätt, åtgärd 2 laglig åtgärd; *~s* [domstols]förhandlingar **-s** ['prəusi:dz] avkastning, intäkter
process ['prəuses] **I** *s* 1 förlopp, fortgång 2 *jur.* process, rättegång 3 förfaringssätt, procedur 4 *tekn.* utveckling; *in ~ of construction* under byggnad **II** *v* 1 *tekn.* behandla, preparera 2 stämma, väcka åtal mot 3 [prə'ses] *fam.* gå i procession **-ing** [-iŋ] *tekn.* behandling
procession [prə'seʃ(ə)n] **I** *s* procession, [fest]tåg **II** *v* gå i procession **-al** [-ʃənl] **I** *a* processions- **II** *s* 1 processionspsalm 2 mässbok
process-server ['prəuses,sə:və] rättsbetjänt, utmätningsman
proclaim [prə'kleim] 1 kungöra, tillkännage, proklamera 2 visa, avslöja som 3 införa tvångslagar, förbjuda; *~ the banns* kungöra lysning
proclamation [,prɔklə'meiʃ(ə)n] tillkännagivande, proklamation
proclivity [prə'kliviti] benägenhet, böjelse
procrastinat|e [prə(u)'kræstineit] uppskjuta, förhala **-ion** ['prə(u),kræsti'neiʃ(ə)n] uppskjutande **-or** [-ə] sölare
procreat|e ['prəukrieit] alstra **-ion** [,prəukri-'eiʃ(ə)n] 1 alster 2 avlande **-ive** [-iv] avlande, alstrande **-or** [-ə] skapare
proctor ['prɔktə] 1 *Oxf., Cambr.* akademifiskal 2 ombud, befullmäktigad
procumbent [prəu'kʌmbənt] 1 liggande framstupa 2 *bot.* krypande, liggande
procur|able [prə'kjuərəbl] anskaffbar **-ation**

[,prɔkju(ə)'reiʃ(ə)n] 1 erhållande, anskaffande 2 *äld.* fullmakt 3 fullmäktigskap 4 låneprovision 5 koppleri **-ator** ['prɔkju(ə)reitə] 1 juridiskt ombud 2 prokurator **-ator-fiscal** [-,fisk(ə)l] *Sk.* distriktsåklagare **-e** [-ə] 1 utverka, anskaffa 2 koppla **-ement** [-əmənt] 1 anskaffande 2 förmedling **-er** [-ərə] 1 en som anskaffar 2 kopplare
prod [prɔd] **I** *v* 1 sticka, stöta 2 *fig.* egga, reta **II** *s* 1 stöt, stake 2 brodd, spets
prodigal ['prɔdig(ə)l] **I** *a* ödslande, slösande; *the ~ son* den förlorade sonen **II** *s* slösare **-ity** [,prɔdi'gæliti] slöseri **-ize** [-gəlaiz] slösa
prodig|ious [prə'didʒəs] 1 ofantlig, oerhörd 2 vidunderlig, häpnadsväckande **-y** ['prɔdidʒi] underverk; vidunder; *infant ~* underbarn
produc|e I *v* [prə'dju:s] 1 framställa, producera 2 framlägga, framvisa, förete 3 *geom.* dra ut en linje 4 (om jord) avkasta, bära **II** *s* ['prɔdju:s] [jordbruks]produkt, alster; *fig.* resultat **-er** [prə'dju:sə] producent, frambringare; gasaggregat; *~ gas* gengas **-ible** [prə'dju:-səbl] 1 möjlig att framställa 2 presentabel
product ['prɔdʌkt] produkt, alster **-ion** [prə-'dʌkʃ(ə)n] 1 produktion, alstring 2 produkt, alster 3 *teat., film.* inspelning; uppförande; *on ~ of* mot uppvisande av **-ive** [prə'dʌktiv] 1 produktiv; alstrande 2 fruktbar, givande; *be ~ of* alstra, framkalla **-ivity** [,prɔdʌk'tiviti] produktivitet
proem ['prəuem] företal, inledning
profan|ation [,prɔfə'neiʃ(ə)n] vanhelgande, profanering **-e** [prə'fein] **I** *a* 1 världslig, profan 2 hednisk 3 hädisk, vanvördig **II** *v* vanhelga, profanera **-ity** [prə'fæniti] hädelse, gudlöshet
profess [prə'fes] 1 förklara, tillkännage 2 bekänna sig till (sin tro) 3 föregiva, låtsas, oriktigt uppge sig vara 4 förklara sig vara skicklig i 5 utöva, praktisera (yrke, religion); *a ~ing Catholic* en aktiv katolik **-ed** [-t] 1 öppet deklarerad 2 föregiven, låtsad, skenbar **-edly** [-idli] 1 erkänt 2 skenbart, föregivet
profession [prə'feʃ(ə)n] 1 yrke (*isht* lärt el. konstnärligt, i motsats t. *trade*), sysselsättning; kall 2 trosbekännelse 3 klosterlöfte 4 högtidlig försäkring; *by ~* till yrket **-al** [-ʃənl] **I** *a* yrkes-, fack-, professionell **II** *s* 1 fackman 2 yrkesspelare; *sl.* yrkesmusiker
professor [prə'fesə] 1 professor 2 trosbekännare 3 *sl.* — professional **-ate** [-rit] 1 professur 2 professorskår **-ial** [,prɔfe'sɔ:riəl] professors- **-ship** professur
proffer ['prɔfə] **I** *v*, *litt.* erbjuda, framräcka **II** *s* anbud, erbjudande
proficien|cy [prə'fiʃ(ə)nsi] färdighet **-t I** *a* skicklig (*in, at* i) **II** *s* mästare, sakkunnig
profile ['prəufail] **I** *s* 1 profil 2 *tidn.* kort levnadsteckning **II** *v* avbilda i profil
profit ['prɔfit] **I** *a* 1 nytta, fördel 2 vinst, förtjänst; *at a ~* med förtjänst; *~ and loss account* vinst- o. förlusträkning **II** *v* 1 ha nytta av 2 vara till nytta; *~ by* begagna sig av **-able** [-əbl] 1 nyttig 2 vinstgivande, lönande **-ably** [-əbli] *äv.* med nytta **-eer** [,prɔfi'tiə] **I** *s* ockrare **II** *v* skaffa sig oskälig vinst **-sharing** [-,ʃɛəriŋ] vinstandelssystem
profliga|cy ['prɔfligəsi] lastbarhet **-te** [-git] **I** *a* utsvävande, liderlig **II** *s* utsvävande sälle
pro|found [prə'faund] **I** *a* 1 djup 2 grundlig, djupsinnig **II** *s, poet.* avgrund, djup **-fundity** [-'fʌnditi] djup; grundlighet; tankedjup
profus|e [prə'fju:s] 1 överflödande, ymnig 2

slösaktig, alltför frikostig **-ion** [-u:ʒ(ə)n] **1** överflöd **2** slöseri

prog [prɔg]*sl*.**1** käk **2** *proctor* (i Oxf. o. Cambr.)

progen|itive [prɔ(u)'dʒenitiv] fortplantningsduglig **-itor** [-itə] stamfader; *fig*. föregångare **-iture** [-tʃə] börd; avlande **-y** ['prɔdʒini] **1** avkomma **2** *fig*. resultat, alster

prognos|is [prɔg'nəusis] prognos **-tic** [prɔg-'nɔstik] **I** *s* **1** varsel, förebud **2** förutsägelse **II** *a* förebådande **-ticate** [prɔg'nɔstikeit] **1** förutsäga **2** förebåda

program[me] ['prəugræm] **I** *s* **1** program **2** *A*. dagordning **II** *v* planera; programmera

progress I *s* ['prəugres] **1** gång, färd, resa **2** framsteg, utveckling; *in* ~ under arbete **II** *v* [prɔ(u)'gres] **1** röra sig framåt **2** göra framsteg, utvecklas **-ion** [prɔ(u)'greʃ(ə)n] **1** fortgång, framåtgående **2** *mat*. serie **3** *mus*. progression **-ional** [prɔ(u)'greʃənl] framåtskridande, progressiv **-ive** [prɔ(u)'gresiv] **I** *a* framåtskridande, progressiv; reformvänlig **II** *s* reformivrare

prohibit [prɔ'hibit] **1** förbjuda **2** förhindra **-ion** [,prɔui'biʃ(ə)n] förbud; *the P* ~ spritförbudet i USA **-ionist** [,prɔui'biʃnist] förbudsivrare **-ive** [-iv] avskräckande; *a* ~ *price* ett avskräckande pris **-ory** [-(ə)ri] förbuds-, hindrande; ~ *terms* oantagbara villkor

project I *v* [prɔ'dʒekt] **1** planlägga, projektera **2** kasta, skjuta **3** låta framträda **4** *mat*. projicera **II** *s* ['prɔdʒekt] **1** plan, förslag, projekt **2** arbetsuppgift i skola **-ile I** *a* [prɔ(u)'dʒektail] kast-, framdrivande; ~ *force* drivkraft **II** *s* ['prɔdʒiktail] projektil **-ion** [prɔ'dʒekʃ(ə)n] **1** planläggning, projektering **2** framkastande **3** utsprång, framskjutande del **4** *geom*. projektion **5** filmbild **-ionist** [prɔ'dʒekʃ(ə)nist] biografmaskinist **-ive** [prɔ'dʒektiv] projektiv **-or** [prɔ'dʒektə] **1** planläggare **2** projektionsapparat, projektor; strålkastare **2** *tekn*. utkastare

prolapse ['prəulæps] *med*. framfall

proletar|ian [,prɔuli'teəriən] **I** *a* proletär- **II** *s* proletär **-iat[e]** [-ət] proletariat **-y** ['prɔulet(ə)ri] proletär-

proliferate [prɔu'lifəreit] **1** [re]producera ny växt el. nya delar snabbt o. upprepat **2** snabbt öka el. sprida

prolific [prɔ(u)'lifik] fruktbar, produktiv; ~ *in* rik på **-acy** [-əsi] fruktbarhet

prolix ['prɔuliks] långtråkig, -dragen **-ity** [prɔ(u)'liksiti] långtråkighet, -randighet

prologue ['prɔulɔg] **I** *s* prolog **II** *v* inleda

prolong [prɔ(u)'lɔŋ] prolongera, förlänga **-ation** [,prɔulɔŋ'geiʃ(ə)n] förlängning

prom [prɔm] *fam*. **1** = promenade concert **2** *A*. skoldans

promenade [,prɔmi'na:d] **I** *s* **1** promenad, gångtur **2** promenadplats, -stråk; ~ *concert* promenadkonsert **II** *v* promenera

prominen|ce ['prɔminəns] **-cy** [-si] **1** utskjutande del **2** framskjuten (social) ställning **3** *sl*. storpamp, framstående person; *give* ~ *to* ställa i förgrunden **-t** **1** framskjutande, utstående **2** iögonenfallande **3** framstående, berömd

promiscu|ity [,prɔmis'kju:)iti] röra, blandning, promiskuitet **-ous** [prɔ'miskjuəs] **1** oordnad, hoprörd, blandad **2** *fam*. tanklös

promis|e ['prɔmis] **I** *s* löfte; *a man of* ~ en lovande man **II** *v* lova; ~ *well* se lovande ut; ~ *o.s.* se fram emot; *the* ~*d land* (= *the land*

of ~) det förlovade landet **-sory** [əri] löftes-; ~ *note* skuldsedel, revers

promontory ['prɔməntri] **1** hög udde **2** *anat*. utsprång

promot|e [prɔ'məut] **1** befordra, upphöja **2** befordra, gynna, främja **-er** [-ə] **1** gynnare **2** promotor, initiativtagare **-ion** [-əuʃ(ə)n] **1** befordran **2** främjande, gynnande **-ional** [-əuʃənl] befordrande **-ive** [-iv] befordrande; som gynnar (främjar)

prompt [prɔm(p)t] **I** *a* **1** rask, hurtig **2** omedelbar; ~ *cash* kontant; ~ *delivery* omedelbar leverans **II** *adv* precis **III** *s* **1** betalningstid **2** *teat*. sufflörviskning **IV** *v* **1** driva på, egga, mana **2** föreslå, framkalla **3** sufflera **--box** sufflörlucka **-er** [-ə] **1** sufflör **2** anstiftare, tillskyndare; ~'*s box, se prompt-box* **-ing** [-iŋ] **1** anmodan **2** sufflering; *the* ~ *of conscience* samvetets röst **-itude** [-itju:d] raskhet, handlingskraft

promulgat|e ['prɔm(ə)lgeit] kungöra, utfärda, förkunna **-ion** [,prɔm(ə)l'geiʃ(ə)n] kungörande, offentliggörande **-or** [-ə] förkunnare

prone [prəun] **1** liggande framstupa; raklång **2** benägen **3** brant, bråddjup

prong [prɔŋ] **I** *s* **1** gaffelspets **2** [hö]gaffel, grepe **II** *v* **1** lyfta med [hö]gaffel **2** genomborra med gaffel

pronominal [prɔ(u)'nɔminl] pronominell

pronoun ['prəunaun] pronomen

pronounce [prɔ'nauns] **1** uttala **2** högtidligt förklara **3** uttala sig om **-able** [-əbl] uttalbar **-d** [-t] **1** uttalad **2** tydlig, markerad; *he has a* ~ *tendency to* han har en utpräglad tendens att **-dly** [-tli] uttalat **-ment** [-mənt] högtidlig förklaring, uttalande

pronto ['prɔntəu] *sl*. snabbt, fort

pronunciation [prɔ,nʌnsi'eiʃ(ə)n] uttal

proof [pru:f] **I** *s* **1** bevis **2** prov **3** korrektur **4** normalstyrka (*isht* hos spritdrycker); *in* ~ *of* till bevis för; *put to the* ~ ställa på prov; *page* ~ ombrutet korrektur **II** *a* **1** beprövad **2** motståndskraftig; *water*~ vattentät **III** *v* göra vattentät **-read** läsa korrektur **-reader** [-,ri:də] korrekturläsare **--sheet** korrektur

prop [prɔp] **I** *s* stöd, stötta **2** *fam*. = *proposition* **II** *v* stödja, stötta

propaga|nda [,prɔpə'gændə] propaganda **-te** ['prɔpəgeit] **1** propagera **2** fortplanta, utbreda **-tion** [,prɔpə'geiʃ(ə)n] utbredning, fortplantning **-tive** ['prɔpəgeitiv] fortplantnings- **-tor** ['prɔpəgeitə] en som fortplantar sig, en som utbreder sig

propel [prɔ'pel] framdriva **-lant** [-ənt] drivmedel **-lent** [-ənt] **I** *a* framdrivande **II** *s* drivkraft, -medel **-ler** [-ə] propeller; ~ *shaft* propelleraxel **-ling-force** [-iŋ-] drivkraft

propensity [prɔ'pensiti] böjelse, benägenhet

proper ['prɔpə] **1** *åld*. egen **2** säregen, särskild **3** passande, lämplig **4** riktig, ordentlig **5** egentlig, faktisk; *the story* ~ det faktiska förhållandet; ~ *name* egennamn; *a* ~ *row* ett riktigt gräl; *do you think it* ~? tror du att det passar sig?; *Japan* ~ egentliga Japan **-ly** [-li] **1** egentligen, i egentlig mening **2** lämpligt, som sig bör **-tied** [-tid] *a, the* ~ *classes* de besuttna klasserna

property ['prɔpəti] **1** ägande, äganderätt **2** egendom **3** egenskap **4** *properties, pl* rekvisita (*teat*.); *personal* ~ lös egendom; *real* ~ fast egendom **--man, --master** [-,ma:stə] rekvisitör **--tax** egendomsskatt

prophe|cy ['prɔfisi] profetia, förutsägelse **-sy** [-sai] profetera, förutsäga
prophet ['prɔfit] **1** profet, siare **2** förkämpe **3** *sl.* en som ger tips vid vadhållning; *the P~* a Muhammed **2** J. Smith (stiftaren av mormonförsamlingen) **-ess** [-is] profetissa **-ic[al]** [prə'fetik, -(ə)l] profetisk
prophyla|ctic [,prɔfi'læktik] **I** *a med.* profylaktisk, förebyggande **II** *s* kondom **-xis** [-ksis] profylax
propinquity [prə'piŋkwiti] **1** närhet **2** släktskap **3** likhet, överensstämmelse
propitiat|e [prə'piʃieit] försona, blidka **-ion** [-,piʃi'eiʃ(ə)n] *s* försonande, blidkande **-ory** [-iət(ə)ri] **I** *a* blidkande **II** *s, teol.* nådastol
propitious [prə'piʃəs] gunstig, fördelaktig, gynnsam
proponent [prə'pəunənt] **I** *a* framställande **II** *s* en som framställer ett förslag
proportion [prə'pɔːʃ(ə)n] **I** *s* proportion; förhållande, mått; del; *~s, äv.* dimensioner; *in ~ as* i samma mån som; *in ~ to* i förhållande till; *out of ~* oproportionerlig **II** *v* avpassa, proportionera; *well ~ed* väl avpassad **-al** [-ʃənl] *I a* proportionell **II** *s* proportional **-ality** [-,pɔːʃə'næliti] proportionalitet **-ally** [-ʃnəli] i proportion, i motsvarande grad **-ate** [-ʃnit] proportionell, väl avpassad
propos|al [prə'pəuz(ə)l] **1** förslag **2** frieri **-e** [-z] **1** föreslå **2** framlägga, framställa **3** fria **4** ämna, avse **5** föreslå en skål; *~man ~s, God disposes* människan spår, Gud rår **-er** [-ə] motionär, förslagsställare **-ition** [,prɔpə'ziʃ(ə)n] **1** påstående **2** förslag **3** *mat.* sats, proposition **4** *sl.* affär, sak; *a tough ~* ett besvärligt jobb
propound [prə'paund] **1** föreslå, framlägga **2** förete ett testamente för verifiering
propriet|ary [prə'praiət(ə)ri] **I** *a* ägande-, ägare- **II** *s* **1** äganderätt **2** ägare **-or** [-tə] ägare; *~'s capital* andelskapital **-orial** [-,praiə'tɔːrjəl] ägare- **-ress** [-tris] ägarinna **-y** [-ti] **1** anständighet **2** riktighet, lämplighet
props [prɔps] *sl.* = **1** *property* 4 **2** = *property-man*
propuls|ion [prə'pʌlʃ(ə)n] **1** framdrivande **2** handlingskraft; *jet ~* jetdrift **-ive** [-lsiv] driv-, framdrivande
prorog|ation [,prəurə'geiʃ(ə)n] **1** prorogation **2** ajournering **-ue** [prə'rəug] prorogera[s]; ajournera
prosai|c[al] [prə(u)'zeiik, -(ə)l] vardaglig, prosaisk **-st** [prə'zeiist] **1** prosaförfattare **2** prosaisk person
proscenium [prə(u)'siːnjəm] *teat.* proscenium
proscribe [prə(u)s'kraib] **1** landsförvisa, förklara fredlös **2** fördöma
proscript|ion [prə(u)s'kripʃ(ə)n] **1** landsförvisning **2** fördömande **-ive** [-ptiv] landsförvisnings-
prose [prəuz] **I** *s* prosa **II** *v* **1** skriva på prosa **2** skriva (tala) långtråkigt **-r** [-ə] prosaförfattare
prosecut|able ['prɔsikjuːtəbl] straffbar, åtalbar **-e** [-t] **1** bedriva, utföra **2** fullfölja **3** åtala, åklaga **4** väcka åtal, anklaga **-ion** [,prɔsi'kjuːʃ(ə)n] **1** bedrivande, utförande **2** fullföljande **3** åtal **-or** [-tə] **1** åklagare; *public ~* allmän åklagare **-rix** [-,kjuː:triks] kvinnlig kärande
proselyt|e ['prɔsilait] **I** *s* proselyt **II** *v, se*

proselytize **-ize** [-litaiz] göra till proselyt, göra proselyter
prosod|ic [prə'sɔdik] prosodisk **-y** ['prɔsədi] prosodi
prospect I *s* ['prɔspekt] **1** vidsträckt utsikt, vy **2** framtidsutsikt; förväntningar **3** [malm]-fyndighet **4** *A.* eventuell kund; *in ~* i sikte **II** *v* [prəs'pekt] undersöka, leta efter malm, *the mine ~s well* gruvan ser lovande ut **-ive** [prəs'pektiv] framtida, kommande; *~ buyer* spekulant **-us** [prəs'pektəs] prospekt
prosper ['prɔspə] **1** blomstra, ha framgång **2** gynna **-ity** [prɔs'periti] framgång **-ous** [-p(ə)rəs] **1** blomstrande, framgångsrik **2** gynnsam, lyckobringande
prostitute ['prɔstitjuːt] **I** *s* prostituerad, sköka **II** *v* **1** prostituera **2** förnedra
prostrat|e **I** *a* ['prɔstreit] **1** utsträckt på marken, kullstörtad **2** besegrad, hjälplös **3** utmattad; *lay ~* göra vanmäktig (*fig.*) **II** *v* [prɔs'treit] **1** störta till marken **2** *fig.* kullstörta, besegra **3** utmatta; *~ o.s.* buga sig i stoftet (*before* för) **-ion** [prɔs'treiʃ(ə)n] **1** nedfallande **2** *fig.* förnedring, förödmjukande **3** utmattning
prosy ['prəuzi] prosaisk, långtråkig
protagonist [prə(u)'tægənist] huvudperson; förkämpe
protect [prə'tekt] **1** beskydda **2** betala (växel) **3** skydda med tullar **-ion** [-kʃ(ə)n] **1** beskydd **2** lejdbrev, pass **3** tullskydd **-ive** [-iv] skyddande, skydd- **-or** [-ə] **1** beskyddare **2** *hist.* protektor, riksföreståndare, regent under konungs minderårighet **-orate** [-t(ə)rit], **-orship** [-əʃip] protektorat, beskyddarskap **-ress** [-ris] **-rix** [-riks] beskyddarinna
protégé ['prəuteʒei] skyddsling
protein ['prəutiːn] *kem.* protein
protest I *s* ['prəutest] protest **II** *v* [prə'test] **1** protestera (*against* mot) **2** bedyra, högtidligt försäkra **-ant** ['prɔtist(ə)nt] **I** *s* protestant **II** *a* protestantisk **-ation** [,prəutes'teiʃ(ə)n] **1** högtidlig försäkran, bedyrande **2** protest **-er**, **-or** [prə'təstə] **1** en som bedyrar **2** en som protesterar
protocol ['prəutəkɔl] **I** *s* protokoll **II** *v* protokollföra; skriva protokoll
proton ['prəutɔn] *fys.* proton
protonotary [,prəutə'nəutəri] sekreterare
protoplasm ['prəutə(u)plæz(ə)m] *fysiol.* protoplasma
prototype ['prəutə(u)taip] urbild, prototyp
protozoan [,prəutə(u)'zəuən] *zool.* urdjur, protozo
protract [prə'trækt] **1** förlänga, dra ut på **2** avbilda i skala; *a ~ed stay* ett utdraget besök **-ile** [-ail] *zool.* tänjbar, utdragbar **-ion** [-kʃ(ə)n] **1** förlängning **2** ritning i skala **-or** [-ə] gradskiva
protru|de [prə'truːd] **1** skjuta fram **2** truga på **-sible** [-səbl] förlängbar **-sion** [-uːʒ(ə)n] fram-, utskjutande del, utsprång **-sive** [-siv] framträngande; framskjutande
protuberan|ce [prə'tjuːb(ə)r(ə)ns] **1** utsvällning **2** knöl **2** protuberans **-t** fram-, utskjutande
proud [praud] **I** *a* **1** stolt **2** högfärdig, högmodig **3** lysande, ståtlig **4** uppsvälld, svällande (flod); *it was a ~ day for him* det var en stor dag för honom; *~ flesh* dödkött (vid sår) **II** *adv, you do me ~* du hedrar mig **--hearted** [-,hɑːtid] högmodig

prov|able ['pru:vǝbl] bevisbar **-e** [-v] **1** bevisa **2** visa sig vara **3** tekn. pröva, undersöka **4** skjuta in (kanon etc.); *it ~d true* det visade sig vara sant; *~ yourself* visa vad du kan; *not ~n* icke bevisat (*Sk. jur.*)

provenance ['prɔvinǝns] ursprungsort

provender ['prɔvindǝ] torrfoder för hästar; *skämts.* mat, föda

proverb ['prɔvǝ:b] ordspråk; *he is a ~ for ignorance* hans okunnighet är allmänt känd; [*the Book of*] *P~s* Ordspråksboken **-ial** [prǝ-'vǝ:bjǝl] ordspråksmässig, ordspråks-, allbekant

provide [prǝ'vaid] **1** förse, utrusta **2** vidta åtgärder, träffa anstalter **3** (om lag) föreskriva, stadga; *~ for o.s.* försörja sig; *~ to a benefice* utnämna till pastorat (*hist.*); *she was well ~d for* det var väl sörjt för hennes välfärd; *~d school* folkskola; *~d* [*that*] förutsatt [att], om bara

providen|ce ['prɔvid(ǝ)ns] **1** *åld.* omtänksamhet, förtänksamhet **2** *P~* Försynen **-t 1** förtänksam **2** sparsam **-tial** [,prɔvi'denʃ(ǝ)l] skickad av Försynen, Försynens

provid|er [prǝ'vaidǝ] försörjare **-ing** [-iŋ] *konj, vanl. ~ that* förutsatt att, om bara

provinc|e ['prɔvins] **1** provins, landskap **2** *the ~s, pl* landsorten **3** kyrkoprovins **4** verksamhetsområde **-ial** [prǝ'vinʃ(ǝ)l] **I** *a* **1** provins-, landskaps- **2** provinsiell, lantlig **II** *s* **1** landsortsbo **2** *kat.* provincial (ledare för ordensprovins) **-ialism** [prǝ'vinʃǝliz(ǝ)m] **1** lokalpatriotism **2** lantlighet, småstadsaktighet **-iality** [prǝ,vinʃi'æliti] lantlighet

provision [prǝ'viʒ(ǝ)n] **I** *s* **1** försörjning **2** förberedelse, anstalt **3** förråd; *~s, pl* livsmedel **4** bestämmelse, stadgande **II** *v* proviantera **-al** [-ʒǝnl] provisorisk, tillfällig **--dealer** [-,di:-lǝ] **--merchant** [-,mǝ:tʃ(ǝ)nt] specerihandlare

proviso [prǝ'vaizǝu] förbehåll, reservation; *with a ~* under förbehåll **-ry** [-ǝri] **1** villkorlig **2** provisorisk

provocat|ion [,prɔvǝ'keiʃ(ǝ)n] **1** eggelse, retning **2** irritation; provokation, utmaning **-ive** [prǝ'vɔkǝtiv] **I** *a* utmanande, provokativ **II** *s* retelsemedel

provok|e [prǝ'vǝuk] **1** egga, reta **2** uppreta, förarga **3** framkalla, uppväcka **-ing** [-iŋ] förarglig, retlig

provost ['prɔvǝst] **1** *univ.* rektor **2** *Sk.* borgmästare **3** *mil.* profoss **4** *hist.* domprost **--marshal** [prǝ'vǝu'ma:ʃ(ǝ)l] chef för militärpolisen

prow [prau] stäv, bog, förskepp **-ess** [-is] mannamod, tapperhet, bravur

prowl [praul] **I** *v* stryka omkring, vara ute på rov **II** *s* kringstrykande; *be on the ~ a* vara ute på jakt efter byte **b** vara ute o. sudda på natten

proxim|ate ['prɔksimit] närmast, närmast centrum **-ity** [prɔk'simiti] närhet; *~ of blood* frändskap, släktskap **-o** [-mǝu] nästkommande månad

proxy ['prɔksi] **1** ombud, fullmäktig **2** fullmakt **3** ombudsdag; *he stands ~ for the bishop* han företräder biskopen enligt fullmakt; *by ~* genom ombud

prude [pru:d] pryd, sipp (kvinna)

pruden|ce ['pru:d(ǝ)ns] försiktighet; klokhet **-t** försiktig, förtänksam **-tial** [pru(:)'denʃ(ǝ)l] **I** *a* klok, välbetänkt **II** *s pl, ~s* klokhetshänsyn, förståndiga överväganden

prud|ery ['pru:dǝri] pryderi, prydhet **-ish** [-iʃ] pryd, sipp **-ishness** [-iʃnis] pryderi, prydhet

prune [pru:n] **I** *s* **1** katrinplommon, sviskon **2** mörk purpurfärg; *~s and prisms* affekterat sätt **II** *v* beskära (träd); *~d of* rensad från **-r** [-ǝ] person som beskär träd

prurien|ce ['pruǝriǝns] **-cy** [-si] klåda; *fig.* lystnad, liderlighet, vällust **-t** liderlig

Prussia ['prʌʃǝ] Preussen **-n** **I** *a* preussisk; *~ blue* berlinerblått **II** *s* preussare

prussic ['prʌsik] *a, ~ acid* blåsyra

pry [prai] **I** *v* **1** snoka, nyfiket titta **2** (= *~ open*) bända upp, öppna; *~ about* snoka omkring; *~ into* lägga näsan i blöt (*fig.*) **II** *s* **1** titt, kikning **2** smygtittare

psalm [sa:m] **1** psalm i Psaltaren **2** hymn, andlig sång; [*the Book of*] *P~s* Psaltaren **-ist 1** psalmförfattare **2** *the P~* David **-odic** [sæl'mɔdik] psalmliknande **-odist** ['sælmǝdist] **1** psalmförfattare **2** psalmsångare **-ody** ['sæl-mǝdi] psalmsång

Psalter ['sɔ:ltǝ] Psaltare **-y** [-ri] psaltare, (slags) harpa

pseudo ['(p)sju:dǝu] oäkta, falsk, föregiven **-nym** [-nim] pseudonym

pshaw [pʃɔ:] **I** *interj* asch, åh **II** *v* säga asch

psych|e ['saiki(:)] **1** psyke, själ **2** trymå **-iatrist** [sai'kaiǝtrist] psykiater **-iatry** [sai'-kaiǝtri] psykiatri **-ic** [-ik] **I** *a* **1** psykisk **2** spiritistisk **II** *s* **1** medium **2** *~s, pl* parapsykologi

psychoanaly|se [,saikǝu'ænǝlaiz] psykoanalysera **-sis** [-ǝ'nælǝsis] psykoanalys **-st** [-'ænǝlist] psykoanalytiker

psycho|logist [sai'kɔlǝdʒist] psykolog **-logize** [-lǝdʒaiz] **1** syssla med psykologi **2** psykologiskt analysera **-logy** [-lǝdʒi] psykologi; *depth ~* djuppsykologi **-path** ['saikǝupæθ] psykopat **-sis** [sai'kǝusis] psykos

ptarmigan ['ta:migǝn] *zool.* snöripa

ptomaine ['tǝumein] likgift

pub [pʌb] **I** *s* **1** = *public house* **2** *sl.* hotell **II** *v* gå på krog; *go ~bing* gå krogrond **--crawl** *sl.* krogrond

puberty ['pju:bǝti] pubertet

pubescen|ce [pju(:)'besns] **1** manbarhet **2** fjunbeklädnad **-t 1** manbar **2** fjunbetäckt

public ['pʌblik] **I** *a* **1** allmän, offentlig **2** nationell; *~ affairs* statsangelägenheter; *at the ~ cost* på statens bekostnad; *~ dinner* bankett; *~ education* folkundervisning; *~ good* statens bästa; *~ health* folkhälsa; *~ house* krog, värdshus; *~ man* man engagerad i politiskt arbete; *~ opinion* allmänna opinionen; *~ opinion poll* gallupundersökning; *~ place* offentlig plats; *~ property* statsegendom; *~ relations* PR, public relations; *~ road* allmän väg; *~ school* **a** privat internatläroverk **b** *A.* folkskola; *~ servant* ämbetsman; *~ spirit* medborgaranda; *~ utility* allmänt verk, allmän inrättning **II** *s* **1** allmänhet **2** = *~ house*; *in ~* offentligt **--address** ['pʌblicǝ'dres] *a, ~ system* högtalaranläggning **-an** [-ǝn] **1** *hist.* publikan **2** värdshusvärd, krogvärd **-ation** [,pʌbli'keiʃ(ǝ)n] **1** offentliggörande **2** publikation, skrift **-ist** [-isist] **1** tidningsman **2** folkrättsexpert **-ity** [pʌb'lisiti] **1** publicitet **2** reklam; *give ~ to* tillkännage; *~ agent* PR-man **-ize** [-isaiz] göra reklam för

publish ['pʌbliʃ] **1** offentliggöra, göra allmänt bekant **2** kungöra **3** publicera; *~ the banns* kungöra lysning **-er** [-ǝ] förläggare; *A.* tidningsutgivare

puce [pju:s] purpurbrun

puck [pʌk] **1** tomte, nisse **2** skojare, skälm **3** ishockeypuck

pucker ['pʌkə] **I** *v* rynka, vecka; rynka sig, vecka sig **II** *s* veck, rynka

puckish ['pʌkiʃ] odygdig, skalkaktig

pudding ['pudiŋ] pudding; *black* ~ blodpudding; *blood* ~ (slags) korv; *hasty* ~ mjölgröt; *Yorkshire* ~ pastej (som serveras) till rostbiff; *more praise than* ~ mer beröm än materiell belöning **--face** plufsigt ansikte **--head** dumhuvud **--heart** kruka, pultron **--sleeve** puffärm

puddl|e ['pʌdl] **I** *s* **1** vattenpuss, pöl **2** *fam.* röra **3** blandning av lera o. sand **II** *v* **1** söla ner **2** plumsa omkring **3** älta lera **4** *tekn.* puddla **-y** [-i] muddig; full av pölar

pudency ['pju:d(ə)nsi] blygsamhet

pueblo [pu'ebləu] (slags) indianby

pueril|e ['pjuərail] barnslig **-ity** [pjuə'riliti] barnslighet

Puerto Rico ['pwə:təu'ri:kəu] Puerto Rico

puff [pʌf] **I** *s* **1** puff, pust (av vind, rök etc.), bloss **2** pudervippa **3** reklam (i tidning, radio etc.), puff **4** spritsbakelse **II** *v* **1** blåsa, pusta **2** flåsa, flämta **3** blossa på (cigarr, pipa etc.) **4** blåsa upp **5** pudra **6** göra (överdriven) reklam; *he ~ed away at his pipe* han blossade på pipan; *he ~ed with anger* han kokade av ilska; ~ *out the candle* blåsa ut ljuset; *I was perfectly ~ed* jag var förskräckligt andfådd **--adder** ['pʌf'ædə] *zool.* pufform (afrikansk giftorm) **--ball 1** *bot.* röksvamp **2** puderdosa **-er** [-ə] **1** reklammakare **2** lokomotiv **-ery** [-əri] överdriven reklam **-in** *zool.* lunnefågel, en art stormsvala **-y** [-i] **1** uppsvälld, pösig, korpulent **2** (om vind) byig **3** andfådd **4** reklamaktig

pug [pʌg] **I** *s* **1** mops **2** den främste bland tjänarna **3** ältad lera **4** = ~-*engine* **5** *P*~ Mickel räv **6** *sl.* = *pugilist* **7** *Ind.* fotspår **II** *v* **1** älta lera **2** *Ind.* uppspåra **3** fylla med trossfyllning **-engine** [-,en(d)ʒin] växellok **-gy** [-i] = ~-*nosed*

pugilist ['pju:dʒilist] boxare **-ic** [,pju:dʒi'listik] boxnings-

pugnac|ious [pʌg'neiʃəs] stridslysten **-ity** [-'næsiti] stridslystnad

pug-nosed ['pʌgnəuzd] trubbnäst

puisne ['pju:ni] **1** underordnad, yngre **2** senare; ~ *judge* assessor

puke [pju:k] **I** *v* kräkas **II** *s* **1** kräkning **2** kräkmedel

pukka ['pʌkə] anglo-ind. fullviktig, äkta; utmärkt

pule [pju:l] **1** gnälla, lipa **2** (om kyckling) pipa

pull [pul] **I** *v* **1** häftigt dra, rycka, slita, hala **2** ro **3** hålla in en häst **4** trycka av **5** vricka (led) **6** *sl.* arrestera, häkta; ~ *a man's leg* driva med någon; ~ *the long bow* skryta, skrävla; ~ *the wire* dra i tåtarna, använda sitt inflytande *(fig.)*; ~ *caps* (*wigs*) gräla; *he ~ed his weight* a han rodde med hela sin kraft **b** *fig.* han gjorde sin del av jobbet; ~ *about* a hantera vårdslöst **b** rycka hit o. dit; ~ *at* dra i; ~ *down* a riva ner (byggnad) **b** trycka ner, förödmjuka **c** störta (regering) **d** nedlägga (villebråd) **e** *talspr.* tjäna; ~*ed down* a utmattad **b** nedstämd; ~ *in* a stanna (tåg) **b** behärska sig **c** inskränka sig, dra in på kosthållet **d** stanna vid trottoarkant **e** *sl.* arrestera, häkta; ~*off* a trycka av; hugga av (huvud) **b** dricka ur **c** lyckas; ~ *on* dra på sig; ~ *out* a ta fram (ur fickan) **b** dra ut (stol etc.) **c**

köra iväg (tåg, bil); ~ *round* (*through*) klara [ngn, sig] igenom (*isht* sjukdom); ~ *together* samla; ~ *o.s. together* rycka upp sig, ta sig i kragen; ~ *up* a rycka upp **b** utrota (ogräs) **c** riva upp (väg) **d** hålla in häst e gräla på ngn; ~ *up!* stopp!; ~ *up one's socks* bereda sig på ngt ansträngande **II** *s* **1** ryck, dragning **2** handtag **3** (hemligt) inflytande **4** roddtur **5** klunk **6** fördel **7** nappatag **8** *boktr.* korrekturavdrag; *a stiff* ~ ett förfärligt knog **--back** hållhake

pullet ['pulit] **1** unghöna **2** *fig.* ung människa

pulley ['puli] **I** *s* **1** talja, block **2** remskiva **II** *v* **1** hissa upp **2** förse med block (talja)

Pullman ['pulmən] (= ~ *car*) *järnv.* pullmanvagn

pull-over ['pul,əuvə] överdragströja, pullover

pullulat|e ['pʌljuleit] **1** spricka ut **2** hastigt sprida (föröka) sig **3** myllra **-ion** [,pʌlju'lei-ʃ(ə)n] spirande

pull-up ['pulʌp] **1** rastställe **2** tillhåll

pulmonary ['pʌlmənəri] *med.* lung-

pulp [pʌlp] **I** *s* **1** fruktkött; märg i trädstam **2** pappersmassa **3** oformlig massa; ~ *wood* massaved, pappersmassa **II** *v* **1** krossa till massa **2** bli till mos **-ify** [-ifai] krossa till massa

pulpit ['pulpit] **1** talarstol; predikstol **2** *koll.* predikanter **-eer** [,pulpi'tiə] **I** *s, föraktl.* predikant **II** *v* hålla straffpredikan

pulp|ous ['pʌlpəs] lös, mjuk; köttig **-y** [-i] **1** = *pulpous* **2** *fig.* slapp, hållningslös

pulsat|e [pʌl'seit] pulsera, vibrera; (om hjärta) klappa **-ile** ['pʌlsətail] pulserande, slag- **-ion** [-eiʃ(ə)n] pulserande; (om hjärta) klappande **-ory** ['pʌlsət(ə)ri] pulserande, slag-

pulse [pʌls] **I** *s* **1** puls **2** vibration **3** ~*s, pl* pulsslag **4** *koll.* baljfrukter; *I've felt his* ~ jag har känt honom på pulsen; ~ *jet* pulsmotor **II** *v* pulsera, vibrera, slå **-less** [-lis] *fig.* livlös

pulver|ization [,pʌlv(ə)rai'zeiʃ(ə)n] pulverisering **-ize** ['pʌlvəraiz] pulverisera **-izer** ['pʌl-vəraizə] krossmaskin

puma ['pju:mə] *zool.* puma

pumice ['pʌmis] **I** *s* pimpsten **II** *v* göra ren med pimpsten **-ous** [pju'miʃəs] pimpstens- **--stone** ~ *pumice I, II*

pummel ['pʌml] hamra på med knytnävarna

pump [pʌmp] **I** *s* **1** pump **2** lätt damsko, pumps **II** *v* **1** pumpa **2** förhöra, pumpa på **3** utmatta; göra andfådd; *he was ~ed out* a han var andfådd **b** han blev förhörd; ~*ing out* länsning (*sjö.*); ~ *up* pumpa upp (ofta med gas) **-er** [-ə] **1** en som pumpar **2** *A.* oljetorn **--handle** [-,hændl] **I** *s* pumpstång **II** *v, fam.* kraftigt skaka hand med

pumpernickel ['pumpənikl] pumpernickel

pumpkin ['pʌm(p)kin] *bot.* pumpa

pun [pʌn] **I** *s* ordlek, vits **II** *v* **1** vitsa **2** *tekn.* stampa, stöta ner

punch [pʌn(t)ʃ] **I** *s* **1** stans, stamp, puns; myntstämpel **2** knytnävsslag **3** *vard.* energi, kraft **4** bål **5** *P*~ Kasper; *P*~ *and Judy show* kasperteater; *he was as pleased* (*as proud*) *as P*~ han var glad som en lärka; ~ *card* hålkort **II** *v* **1** [ut]stansa, slå håll, stampa **2** slå hårt, dunka **3** klippa (biljett)

puncheon ['pʌn(t)ʃ(ə)n] **1** gruvstötta **2** fat (om 72–120 *gallons*)

puncher ['pʌn(t)ʃə] **1** en som stansar; stansmaskin **2** *A.* kreatursskötare

punctat|e ['pʌn(k)tit] prickig **-ion** [pʌŋ(k)-'teiʃ(ə)n] överenskommelse

punctual ['pʌŋ(k)tjuəl] **1** punktlig **2** *tekn.*

noggrann, precis (mätning) **-ity** [,pʌŋ(k)tju-'æliti] **1** punktlighet **2** noggrannhet
punctuat|e ['pʌŋ(k)tjueit] **1** interpunktera **2** avbryta (flera gånger), interfoliera (tal etc.)
-ion [,pʌŋ(k)tju'eiʃ(ə)n] interpunktion
puncture ['pʌŋktʃə] **I** *s* **1** styng, stick **2** punktering **II** *v* **1** sticka hål på, punktera; *fig.* förstöra **2** få punktering
pundit ['pʌndit] lärd hindu; lärare; *skämts.* lärd person
pungen|cy ['pʌndʒ(ə)nsi] **1** stickande smak (lukt) **2** skärpa, bitterhet **-t 1** *kem.* skårp; stickande (om rök, gas) **2** bitter (om smärta, sorg) **3** skarp, bitande, amper **4** pikant
Punic ['pju:nik] punisk
punish ['pʌniʃ] **1** straffa **2** *fam.* gå illa åt; (boxning) mörbulta **-able** [-əbl] straffbar **-ment** [-mənt] straff, bestraffning
punit|ive ['pju:nitiv] **-ory** [-t(ə)ri] straff-
punk [pʌŋk] **I** *s* **1** *A.* ruttet trä **2** *sl.* strunt, ngt värdelöst **3** fnöske **II** *a* rutten, värdelös
punka ['pʌŋkə] *Ind.* (slags urspr.) handdriven fläkt
punnet ['pʌnit] rund spånkorg
punster ['pʌnstə] vitsmakare
punt [pʌnt] **I** *s* **1** eka; flatbottnad båt **2** *rugby.* lös spark **3** *kortsp.* spel mot banken **4** insats; bud **II** *v* **1** staka sig fram (i båt) **2** *rugby.* sparka bollen innan den rört marken **3** *kortsp.* spela mot banken **4** *fam.* spela på hästar **-er** [-ə] **1** en som stakar sig fram (i båt) **2** spelare som spelar mot banken **3** yrkesspelare (hasardspel) **-ing-pole** stake **-ist** = *punter 1*
puny ['pju:ni] liten, ynklig
pup [pʌp] **I** *s* **1** hundvalp **2** pojkvasker; *sell a person a* ~ lura ngn **II** *v* valpa
pupa ['pju:pə] (*pl -e* [-i:]) *zool.* puppa **-I** [-(ə)l] puppliknande **-te** [-peit] förpuppa **-tion** [pju'peiʃ(ə)n] förpuppning
pupil ['pju:pl] **1** elev, lärjunge **2** pupill **-[l]age** [-pilidʒ] **1** minderårighet **2** lärotid **3** ngt ännu icke fullt utvecklat **--teacher** [-,ti:tʃə] elev vid seminarium
puppet ['pʌpit] marionett, docka (*äv. fig.*) **-ry** [-ri] maskerad **--state** vasallstat
puppy ['pʌpi] **1** hundvalp **2** ouppfostrad pojkvalp, glop; ~ *love* (*sl.*) ungdomlig förälskelse **-dom** [-dəm] **-hood 1** valpår **2** = **-ism** [-iz(ə)m] valpighet
purblind ['pə:blaind] **I** *a* **1** skumögd **2** närsynt **II** *v* göra närsynt
purchas|e ['pə:tʃəs] **I** *s* **1** inköp, uppköp **2** *sjö.* vindspel **3** årlig avkastning **4** hävstång **5** inflytande, makt **II** *v* **1** köpa **2** *sjö.* lyfta med vindspel **-deed** köpebrev **-er** [-ə] köpare **-e-tax** omsättningsskatt **-ing-power** [-iŋ,pauə] köpkraft
purdah ['pə:dɑ:] *Ind.* förhänge, slöja; kvinnans avskildhet
pure [pjuə] **1** ren, oblandad, äkta **2** oskuldsfull **3** fullständig, idel; ~ *prejudice* rena fördomar; ~ *mathematics* teoretisk matematik; ~ *science* grundforskning (*ung.*) **-bred** renrasig (om djur)
purée ['pjuərei] puré
pure|ly ['pjuəli] enbart **-ness** [-nis] renhet
purgat|ion [pə:'geiʃ(ə)n] **1** rening **2** *med.* purgering **-ive** ['pə:gətiv] **I** *a* **1** renande **2** *med.* laxerande **II** *s* *med.* avföringsmedel **-orial** [,pə:gə'tɔ:riəl] **1** renande **2** hörande till skärselden **-ory** ['pə:gət(ə)ri] **I** *a* **1** renande **2** hörande till skärselden **II** *s*, P~ skärseld[en]

purge [pə:dʒ] **I** *v* **1** rena **2** *med.* purgera, laxera **3** sona ett brott **II** *s* **1** rening **2** *med.* avföringsmedel **3** *pol.* utrensning
purif|ication [,pjuərifi'keiʃ(ə)n] rening (*isht* genom kyrklig ceremoni); *the P*~ kyndelsmässa **-icatory** ['pjuərifikeitəri] renande **-y** ['pjuərifai] rena; renas
purist ['pjuərist] purist, språkrensare
Puritan ['pjuərit(ə)n] **I** *a* puritansk **II** *s* puritan **-ic[al]** [,pjuəri'tænik, -(ə)l] puritansk
purity ['pjuəriti] renhet
purl [pə:l] **I** *s* **1** kantilj **2** avig (stickning) **3** porlande ljud (från bäck etc.) **4** *hist.* sött öl **5** fall, kullerbytta **II** *v* **1** kanta med kantilj **2** sticka avigt **3** porla **4** *fam.* kasta av, kasta omkull; tumla; *the car got* ~*ed* bilen slog runt **-er** [-ə] *fam.* kullerbytta; *come a* ~ slå en kullerbytta, falla på huvudet
purlieu ['pə:lju:] utkant, yttre del; ~*s* omgivningar
purloin [pə:'lɔin] stjäla, knycka, snatta
purpl|e ['pə:pl] **I** *s* **1** purpur[färg] **2** purpurmantel; *the* ~ tecknet på kardinals värdighet **II** *a* purpur-, purpurfärgad **III** *v* purpurfärga **-ish** [-iʃ] **-y** [-i] stötande i purpur
purport ['pə:pət] **I** *s* **1** betydelse, mening; innehåll **2** avsikt **II** *v* **1** betyda; innehålla **2** utge sig för, avse att vara
purpose ['pə:pəs] **I** *s* **1** ändamål, syfte **2** avsikt, föresats; *it serves my* ~ det passar mina syften; *for that* ~ för detta ändamål; *on* ~ med avsikt; *to the* ~ hörande till saken; *to some* ~ med gott resultat; *to no* ~ utan resultat; *a novel with a* ~ en tendensroman **II** *v* avse, ha för avsikt **-d** [-t] **1** avsiktlig **2** menad, avsedd **-ful** [-f(u)l] målmedveten **-less** [-lis] meningslös **-ly** [-p(ə)sli] avsiktligt
purposive ['pə:pəsiv] avsiktlig; målmedveten
purr [pə:] **I** *v* spinna (om katt) **II** *s* (katts) spinnande
purse [pə:s] **I** *s* **1** börs, penningpung, portmonnä **2** penningpris; *have a light* (*heavy*) ~ vara fattig (rik); *the public* ~ allmänna medel; *privy* ~ civillista **II** *v* snörpa på munnen **--bearer** [-,beərə] skattmästare **--proud** penningdryg **-r** [-ə] *sjö.* purser **2** uppassare på flygplan **--strings** [-striŋz] *s pl, hold the* ~ bestämma över kassan; *loosen the* ~ lossa på pungen
pursu|ance [pə'sju:(:)əns] fullföljande; *in* ~ *of* i enlighet med **-e** [-u:] **1** förfölja **2** eftertrakta, eftersträva **3** fortsätta, fullfölja **4** bedriva, utöva **-er** [-ə] **1** förföljare **2** *Sk.* kärande **-it** [-u:t] **1** förföljande **2** sysselsättning, yrke **3** efterspaning **4** eftertraktan, eftersträvan; ~ *of profit* vinstbegär
pursuivant ['pə:sivənt] **1** persevant, underhärold **2** *poet.* fröjeslagare
pursy ['pə:si] **1** astmatisk; andfådd **2** tjock, fet, däst **3** rynkig, skrynklig **4** rik, penningdryg
purulen|ce ['pjuərulən s] **-cy** [-si] varbildning, var **-t** varig
purvey [pə:'vei] leverera livsmedel; anskaffa livsmedel, proviantera **-ance** [-e(i)əns] **1** leverans; anskaffande **2** kungens rätt till livsmedel o.d. till fastställt pris **-or** [-e(i)ə] leverantör (*isht* av livsmedel); ~ *to Her* (*His*) *Majesty the Queen* (*King*) hovleverantör
purview ['pə:vju:] **1** lagstadga **2** verkningsområde; vidd; sfär **3** synhåll
pus [pʌs] var

push [puʃ] **I** *v* **1** skjuta, skjuta fram; stöta, skuffa, knuffa **2** energiskt fullfölja sina avsikter **3** utöva tryck på ngn; ~ *one's way* tränga sig fram; ~ *roots* skjuta skott; *they ~ed him hard* de ansatte honom hårt; *he ~ed her for payment* han ansatte henne för att få betalning *I am ~ed for time* jag har bråttom; *I ~ed off the boat* jag sköt ut båten; *we ~ed off at 8* vi startade klockan 8 (*fam.*); ~ *on* fara vidare (*fam.*); *the ship ~ed out* fartyget lade ut; *you will ~ it over* du kommer att slå omkull det; ~ *through* tränga sig fram; (om blommor) tränga upp ur jorden; ~ *up daisies* (*sl.*) ligga begravd; *they have ~ed it upon me* de har tvingat det på mig **II** *s* **1** stöt, knuff **2** framåtanda, energi **3** svår tid, kris, påfrestning **4** tryckknapp **5** *sl.* band, gäng (t.ex. av inbrottstjuvar); *they gave him the* ~ de gav honom sparken (*sl.*); *make a* ~ göra en kraftansträngning; *was it a hard* ~ *?* var det svårt?; *matters came to a* ~ det blev kritiskt --**bell** ringklocka --**bike** trampcykel --**button** [ˈpuʃˌbʌtn] tryckknapp --**cart** handkärra; *fam.* barnvagn --**chair** rullstol -**er** [-ə] **1** ngn (ngt) som stöter till **2** påpetare **3** (= ~ *aeroplane*) flygplan med skjutande propeller **4** streber **5** *sl.* narkotikalangare -**ing** [-iŋ] **1** energisk, företagsam **2** påflugen, påträngande; ~ *fellow* streber --**over** [-ˌəuvə] *A. sl.* lätt uppgift; lättbesegrad motståndare --**pin 1** *fig.* barnlek **2** *A.* häftstift

pusillanim|ity [ˌpjuːsiləˈnimiti] klenmodighet; försagdhet -**ous** [ˌpjuːsiˈlæniməs] harig, rädd; försagd

puss [pus] **1** kissekatt **2** *fam.* lekfull liten flicka; *P* ~ *in boots* Mästerkatten i stövlar -**y** [-i] **1** kissekatt **2** ngt mjukt o. lent; kattfot på sälg -**y-cat** kissekatt -**yfoot I** *s* **1** kattunge på sälg **2** *sl.* spritförbud **3** ivrare för spritförbud **II** *v* **1** tassa i väg **2** inta en oklar ståndpunkt

pustul|ar [ˈpʌstjulə] varig -**ate** [-leit] **I** *v* bilda (täcka med) varblemmor **II** *a* varig -**e** [-juːl] finne, varblemma -**ous** [-əs] varig

1 put [put] **I** *v* sätta, ställa, lägga; framställa, uttrycka; *se äv. nedan bland uttrycken;* ~ *about a* låta vända **b** *sjö.* låta gå över stag **c** *isht Sk.* besvära, oroa **d** utsprida (lögn); *you need not* ~ *yourself about* du behöver inte besvära dig; ~ *across* ha framgång; *he* ~ *it across her* han sade henne sanningen; ~ *aside* ställa åt sidan; koppla av; ~ *at* värdera till, uppskatta till; ~ *a person at his ease* få ngn att känna sig obesvärad; ~ *away* lägga undan, skjuta bort; spara pengar **b** *sl.* (om mat) glufsa i sig **c** *sl.* sätta i fängelse **d** *sl.* pantsätta; ~ *o.s. away* ta livet av sig, begå självmord; ~ *back* **a** sätta (ställa, lägga) tillbaka **b** hindra, försena, uppskjuta; ~ *by* lägga undan (pengar); undvika (hugg o. slag), slå bort; ~ *down* **a** sätta ner **b** undertrycka, kuva **c** göra av med, avliva (*isht* hästar); *what do you* ~ *him down for?* **a** vad tror du om honom? **b** hur stort bidrag har du satt upp honom för?; *I* ~ *it down to his pride* jag tillskriver det hans stolthet; ~ *forth* **a** utsända, utsprida **b** anstränga sig **c** offentliggöra, publicera **d** (om blomma) skjuta upp ur jorden; ~ *forward* **a** tränga sig fram, göra sig gällande **b** framlägga, framställa (förslag); *don't* ~ *yourself forward* ställ inte dig själv i förgrunden; ~ *in* **a** sticka in, sätta in **b** *jur.* inge, inlämna; framställa **c** inflicka, sticka emellan med **d** fördriva tid **e** *sjö.* angöra, löpa in; *he* ~ *in an*

appearance han visade sig; *will you* ~ *in a word for me?* vill du lägga ett gott ord för mig?; *how much time have you got to* ~ *in?* hur lång tid kan du spendera?; *how have you* ~ *in your time?* hur har du tillbringat tiden?; *are you going to* ~ *in for the post?* kommer du att söka tjänsten?; *I'll* ~ *it in hand at once* jag skall ta itu med det omedelbart; ~ *into effect* låta få kraft; ~ *off* **a** uppskjuta **b** skicka återbud till **c** hindra, avråda; avhålla; avspisa **d** lägga bort **e** *sjö.* lägga ut; ~ *on* **a** ta på sig **b** låtsas, hyckla **c** öka **d** vrida fram (klocka) **e** sätta upp, iscensätta (skådespel etc.); *will you* ~ *me on to number ...* var snäll o. koppla mig till nummer ...; ~ *it on* överdriva; ~ *out* **a** släcka (ljus etc.) **b** kasta ut, jaga bort **c** förarga, reta; förvirra **d** vricka, få ur led **e** låna ut pengar mot ränta **f** anstränga [sig] **g** sträcka fram, räcka fram **h** producera, tillverka, framställa **i** *sjö.* avsegla, sticka till sjöss; *he is easily* ~ *out* **a** han är lättretad **b** han kommer lätt av sig; ~ *over* **a** sätta över **b** *A. sl.* genomföra, utföra; *he* ~ *himself over* han gjorde intryck på publiken; ~ *through* **a** genomföra **b** *fam.* klara [sig] igenom, hjälpa **c** koppla telefonsamtal; släppa fram telefonsamtal; ~ *to* spänna för; *the horses were* ~ *to* hästarna spändes för; *the goods were* ~ *to sale* varorna salufördes; *he was* ~ *to death* han blev avrättad; ~ *it to the test* pröva det; *I won't* ~ *you to inconvenience* jag vill inte ställa till besvär för dig; *I* ~ *it to you* jag hemställer att du ...; *I was* ~ *to it* jag kunde endast med nöd o. näppe; *I was hard* ~ *to it* jag hade svårt att finna på svar; ~ *to sea* (om fartyg) gå till sjöss; ~ *together* sammanställa, sammanfoga; *they* ~ *their heads together* de slog sina kloka huvuden ihop; ~ *two and two together* förstå sakernas sammanhang; ~ *up* **a** sätta (ställa, lägga) upp **b** uppsända (bön) **c** höja, driva upp (priser) **d** saluföra, utbjuda **e** lägga åt sidan, lägga undan **f** stänga, lägga bort **g** slå in i paket **h** uppställa, framföra (kandidat till val) **i** inhysa, ge logi **j** driva upp (villebråd) **k** bygga, ställa upp **l** koka ihop, planlägga (*isht* brott) **m** ställa upp i val; *you have to* ~ *up with it* du får finna dig i det; *I* ~ *him up to it* jag lärde honom det; *they* ~ *up a good fight* de bjöd hårt motstånd; *he* ~ *a trick upon her* han spelade henne ett spratt **II** *s, sport.* kast, stöt

2 put [pʌt] *golf.* **I** *v* sakta slå bollen mot ett hål, putta **II** *s* putt

putative [ˈpjuːtətiv] förment; *the* ~ *father* den förmente fadern

putre|faction [ˌpjuːtriˈfækʃ(ə)n] röta, förruttnelse -**factive** [-ktiv] åstadkommande förruttnelse -**fy** [ˈpjuːtrifai] ruttna -**scence** [pjuːˈtresns] förruttnelse -**scent** [pjuːˈtresnt] ruttnande, rutten

putrid [ˈpjuːtrid] **1** rutten (*äv. fig.*) **2** *vard.* osmaklig, ryslig; ~ *fever* fläcktyfus -**ity** [pjuːˈtriditi] förruttnelse

putsch [putʃ] statskuppsförsök

putt [pʌt] = *2 put*

puttee [ˈpʌti] benlinda

putt|er [ˈpʌtə] golfklubba -**ing-green** [ˈpʌtiŋgriːn] *golf.* mindre inslagsplats kring hål

putty [ˈpʌti] **I** *s* **1** tennaska **2** kitt **II** *v* kitta; spackla

puzzle [ˈpʌzl] **I** *s* **1** bryderi, förlägenhet **2** gåta, huvudbry **3** pussel **II** *v* **1** sätta myror i huvudet på ngn, förbrylla **2** grubbla, fundera på; ~ one's *brain*[s] bry sin hjärna **--head** virrig person **-ment** [-mənt] förvirring, bryderi **--pate** virrig person **--picture** [-,piktʃə] rebus

pygm|aean [pig'mi:ən] pygmeisk, dvärgaktig **-y** ['pigmi] **I** *s* pygmé, dvärg **II** *a* = *pygmaean*

pyjamas [pə'dʒɑ:məz] pyjamas

pylon ['pailən] **1** mast *(isht t.* radiostation) **2** ingång till antikt egyptiskt tempel, pylon

pyorrhoea [,paiə'riə] *med.* varflytning

pyramid ['pirəmid] pyramid

pyre ['paiə] [lik]bål

Pyren|ean [,pirə'ni:ən] pyreneisk **-ees** [-i:z] Pyrenéerna

pyrites [pai'raiti:z] *kem.* sulfat

pyro- ['paiərəu] eld-

pyrotechnic|al [,pairə(u)'teknik(ə)l] pyroteknisk; ~ *display* fyrverkeri **-s** [-ks] *pl* fyrverkerikonst, pyroteknik

python ['paiθ(ə)n] **1** pytonorm **2** spåman **-ess** [-is] **1** orakel **2** spåkvinna, häxa

pyx [piks] *kat. kyrk.* monstrans

Q

Q, q [kju:] (bokstaven) q

Q|-boat ['kju:bəut] till ubåtsjagare beväpnat o. kamouflerat handelsfartyg under 1:a världskriget **--department** [-di,pɑ:tmənt] underrättelseavdelning **--ship** = *Q-boat*

quack [kwæk] **I** *s* **1** kvacksalvare, charlatan **2** snatter **II** *v* **1** kvacksalva; lura **2** skrodera, skryta **3** snattra (som en anka) **-ery** [-əri] kvacksalveri

quad [kwɔd] **1** = *quadrangle* **2** *sl.* fängelse **3** ~*s pl, sl.* fyrlingar

Quadragesima [,kwɔdrə'dʒesimə] = **--Sunday** [-,sʌndi] första söndagen i fastan **q-l** [-m(ə)l] **1** fastlags- **2** varande i 40 dagar

quadrang|le ['kwɔdræŋgl] **1** *geom.* fyrhörning **2** gård vid universitetscollege **-ular** [kwɔ-'dræŋgjulə] fyrkantig

quadrant ['kwɔdr(ə)nt] *sjö.* kvadrant

quadrat ['kwɔdrit] *boktr.* kvadrat **-e** [-t] kvadratisk, fyrkantig **-ic** [kwɔ'drætik] kvadratisk; ~ *equation* andragradsekvation **-ure** [-rətʃə] *mat.* kvadratur

quadrille [kwə'dril] **I** *s* kadrilj **II** *v* dansa kadrilj

quadroon [kwɔ'dru:n] kvarteron; barn till mulatt o. vit

quadru|manous [kwɔ'dru:mənəs] fyrhändig **-ped** ['kwɔdruped] fyrfota djur **-ple** ['kwɔdrupl] **I** *a* fyrfaldig; ~ *time* ⁴/₁-takt *(mus.)* **II** *s* fyrdubbelt tal **III** *v* fyrdubbla[s] **-plet** ['kwɔdruplit] **1** fyrling **2** fyrtal **-plicate I** [-plikit] **1** *a* fyrfaldig **2** *s* fyrfaldighet **II** *v* [-plikeit] multiplicera med fyra **-plication** [-,dru:pli'keiʃ(ə)n] fyrdubbling

quaere ['kwiəri] frågan är, man frågar sig; *se äv. query*

quaestor ['kwi:stə] kvestor

quaff [kwɑ:f] **I** *v* dricka i stora klunkar **II** *s* klunk

quag [kwæg] = **-mire** [-maiə] moras, gungfly

---

quail [kweil] **I** *v* sjunka ihop, tappa modet; rygga tillbaka i rädsla **II** *s* vaktel

quaint [kweint] **1** gammaldags, egendomlig, ovanlig **2** excentrisk, säregen

quake [kweik] **I** *v* skälva, skaka **II** *s* skälvning, skakning

Quaker ['kweikə] kväkare (medlem av *the Society of Friends)* **-ish** [-riʃ] kväkaraktig; mycket enkel **--meeting** [-,mi:tiŋ] **1** kväkargudstjänst **2** sällskap där konversationen tryter

quaky ['kweiki] darrande, skälvande

qualif|ication [,kwɔlifi'keiʃ(ə)n] **1** begränsning, inskränkning, modifiering **2** kvalifikation, nödvändig förutsättning; ~ *card* tjänstekort, personalkort; ~ *in arms* skjutskicklighet **-icatory** ['kwɔlifikət(ə)ri] **1** kvalificerande **2** inskränkande **-ied** ['kwɔlifaid] **1** kompetent; lämplig; kvalificerad **2** begränsad, inskränkt **3** godkänd; ~ *sentence* villkorlig dom **-ier** ['kwɔlifaiə] *gram.* bestämning **-y** ['kwɔlifai] **1** kvalificera [sig], göra [sig] kompetent **2** inskränka, begränsa, modifiera **3** *gram.* bestämma **4** beteckna, beskriva; ~ *as a doctor* avlägga läkarexamen

quality ['kwɔliti] **1** kvalitet, egenskap **2** *fam.* stånd, samhällsställning **3** skicklighet, begåvning

qualm [kwɑ:m] **1** kväljningar, plötsligt illamående **2** oro, förkänsla av ngt obehagligt **3** ~*s* samvetsbetänkligheter, skrupler

quandary ['kwɔndəri] bryderi, dilemma

quant [kwɔnt] **I** *s* stake, påle **II** *v* staka fram (en båt)

quantit|ative ['kwɔntitətiv] kvantitets-, kvantitativ **-y** [-ti] **1** kvantitet, mängd **2** *quantities* massor, mängder; ~ *production (output)* massproduktion; *unknown* ~ okänd storhet

quarantine ['kwɔr(ə)nti:n] **I** *s* karantän; *pass* ~ ligga i karantän **II** *v* förlägga i karantän

quarrel ['kwɔr(ə)l] **I** *s* gräl, kiv, missämja; *pick a* ~ *with* söka gräl med **II** *v* gräla, tvista; ~ *with one's bread and butter* lättsinnigt kasta bort sitt levebröd **-ler** [-rələ] grälmakare **-some** [-səm] grälsjuk

quarry ['kwɔri] **I** *s* **1** stenbrott **2** informationskälla **3** nedlagt villebråd **II** *v* **1** bryta i stenbrott **2** *fig.* forska

quart [kwɔ:t] stop *(¹/₄ gallon)*

quartan ['kwɔ:tn] *med.* **I** *a* tredjedags- **I** *s* tredjedagsfrossa

quarter ['kwɔ:tə] **I** *s* **1** fjärdedel; *A.* 25-centmynt **2** (som mått) **a** *vikt (¹/₁ Cwt* = 12,7 kg) **b** *rymdmått (8 bushels* = 290,9 l) **3** (om tid) **a** kvartal **b** = ~ *of an hour* kvart **4** väderstreck **5** mildhet, överseende **6** ~*s, pl* kvarter, bostad **7** *sjö.* låring; *take up one's* ~*s* slå sig ner, ta in; *he cried for* ~ han bönföll om pardon; *we know it from a good* ~ vi har det från säker källa; *general* ~*s!* klart skepp!; ~*s and subsistence allowance* traktamente, inkvarterings- o. portionsersättning (för manskap) *(mil.)* **II** *v* **1** dela i fyra delar **2** *mil.* inkvartera, förlägga **3** (om jakthund) genomleta terrängen **-age** [-ridʒ] kvartalsinbetalning **--day** dag för kvartalsinbetalning **--deck** *sjö.* akterdäck (reserverat för officerarna), halvdäck **-ing** [-riŋ] *mil.* förläggning; ~ *area* förläggningsområde **-ly** [-li] **I** *a* o. *adv* fjärdedels-, kvartals- **II** *s* kvartalsskrift **-master** [-,mɑ:stə] **1** *mil.* kvartermästare; intendent **2** *sjö.* [roder]styrman; *Q~ Corps* intendenturkåren (*A.*

mil.); ~ *sergeant* furir; ~ *general* general-intendent; ~ *unit* underhållsförband, intendenturförband **--note** *A. mus.* fjärdedelsnot **--sessions** [-‚seʃ(ə)nz] kvartalsting **-staff** [-stɑ:f] grov påk **--wind** *sjö.* låringsvind
quartet[te] [kwɔ:'tet] kvartett
quarto ['kwɔ:təu] **1** kvartoformat **2** bok i kvartoformat
quartz [kwɔ:ts] *min.* kvarts
quash [kwɔʃ] **1** *jur.* annullera **2** slå ner, krossa
quashee ['kwɔʃi] svarting, neger
quasi- ['kwɑ:zi(:)] kvasi-, sken-
quatrain ['kwɔtrein] fyrradig strof (med rimmen a b a b)
quaver ['kweivə] **I** *v* **1** darra, skälva **2** *mus.* tremulera **II** *s* **1** skälvande röst **2** *mus.* tremulering **3** *mus.* åttondelsnot
quay [ki:] kaj **-age** ['ki:idʒ] **1** kajpengar **2** kajplats, kajutrymme
quean [kwi:n] slinka
queasy ['kwi:zi] **1** (om mat) vämjelig, äcklig **2** (om mage) ömtålig **3** illamående **4** granntyckt, kräsmagad
queen [kwi:n] **I** *s* **1** drottning **2** *poet.* gudinna **3** *sl.* homosexuell man som spelar den kvinnliga rollen; ~'s *carriage* fångvagn (*fam.*) **II** *v* göra till drottning; *schack.* göra dam; ~ *it* spela drottning, ta befälet **--bee** vise **--consort** ['kwi:n'kɔnsɔ:t] kungs gemål **--dowager** ['kwi:n'dauədʒə] änkedrottning **-like** drottninglik **-ly** [-li] som anstår en drottning
queer [kwiə] **I** *a* **1** underlig, egendomlig **2** misstänkt, tvivelaktig; homosexuell **3** illamående, konstig **II** *s* falska pengar **III** *v*, *sl.* **1** förfuska, förspilla **2** lura; gyckla med
quell [kwel] undertrycka, kuva
quench [kwen(t)ʃ] **1** släcka **2** kyla, svalka **3** förstöra, kväva **4** tillfredsställa (törst) **-er** [-ə] styrketår **-less** [-lis] outsläcklig
querimonious [‚kwiəri'məunjəs] klagande, gnällig
quern [kwə:n] handkvarn
querulous ['kwerʊləs] klagande, gnällig
query ['kwiəri] **I** *s* förfrågning, fråga; ~, *was he right?* det frågas, hade han rätt? **II** *v* **1** ställa en fråga **2** betvivla, ifrågasätta; sätta frågetecken för
quest [kwest] **I** *s* **1** undersökning **2** *poet.* det som söks; *in* ~ *of* på jakt efter; *crowner's* ~ = *coroner's inquest* **II** *v* söka efter
question ['kwestʃ(ə)n] **I** *s* **1** fråga **2** problem, spörsmål **3** diskussion, diskussionsämne **4** förhör; *Q* ~, *gentlemen!* till saken, mina herrar!; *put the* ~ (om ordförande) framställa proposition; *put to the* ~ underkasta tortyr; *beyond* (*past*) *all* ~ obestridligt, utom allt tvivel; *call in* ~ ställa under debatt; *call for the* ~ begära votering; *come into* ~ komma under debatt; *out of the* ~ otänkbart **II** *v* **1** utfråga, förhöra **2** ifrågasätta, betvivla **-able** [-ʃənəbl] tvivelaktig **-ary** [-ʃənəri] **I** *a* frågande **II** *s* frågeformulär **-er** [-ʃənə] en som frågar **--mark** frågetecken **-naire** [‚kwestiə'nɛə] frågeformulär
queue [kju:] **I** *s* **1** kö **2** stångpiska **II** *v* bilda kö, köa
quibble ['kwibl] **I** *s* **1** ordlek **2** spetsfundighet, advokatyr **II** *v* rida på ord, krångla **-r** [-ə] krångelmakare
quick [kwik] **I** *a* **1** snabb, kvick **2** lättretad, hetsig **3** *åld.* levande **4** skarp; ~ *lime* osläckt kalk; ~ *temper* koleriskt (uppbrusande) tem-

perament; ~ *time* marschtakt (*eng. mil.*); ~ *wits* fyndighet, slagfärdighet; *he is* ~ *at figures* han räknar bra; ~ *with child* i framskriden graviditet **II** *adv* fort, kvickt **III** *s, the* ~ det levande (ömma) köttet (i sår etc.); *the* ~ *and the dead* levande o. döda; *cut to the* ~ skära djupt in; *hurt to the* ~ göra ont ända in i själen; *he is a conservative to the* ~ han är stockkonservativ **-en** [-(ə)n] **I** *v* **1** ge liv åt **2** sporra, egga **3** påskynda **II** *s* **1** rönn **2** kvickrot **-fire** snabbeld (högsta eldhastighet) **--firer** [-‚faiərə] = **--firing gun** [-‚faiəriŋ-] snabbskjutande kanon **-ie** [-i] *vard.* **1** ngt som har framställts snabbt och vanl. billigt (film, bok, pjäs e.d.) **2** (hastig) drink **-match** stubintråd **-ness** [-nis] snabbhet **-sand** kvicksand, flygsand **-set** *koll.* häckplantor (*isht* hagtorn) **-silver** [-‚silvə] kvicksilver **--witted** ['kwik-'witid] kvicktänkt, fyndig
quid [kwid] **I** *s* **1** *sl.* pund[sedel] **2** tobaksbuss **II** *v* tugga tobak
quiddity ['kwiditi] **1** det centrala, kärnan **2** spetsfundighet
quiescen|ce [kwai'esns] **-cy**[-si] lugn, ro **-t** **1** orörlig, stilla **2** undangömd, rofylld
quiet ['kwaiət] **I** *a* **1** lugn, stilla **2** tyst, ljudlös **3** fridsam, stillsam **4** (om färg etc.) diskret, dämpad **5** hemlig, dold **II** *s* **1** tystnad **2** lugn, frid **3** vila, ro; *at* ~ i frid **III** *v* lugna, stilla **-ness** [-nis] **-ude** [-aiitju:d] ro, stillhet, frid
quiff [kwif] **1** lock (vid tinningen) **2** *sl.* knep, list; fuffens
quill [kwil] **I** *s* **1** vingpenna; gåspenna **2** tandpetare **3** piggsvinstagg **4** [väv]spole **5** [herde]pipa **6** kanelrulle **II** *v* **1** vecka **2** spola [upp] **--driver** [-‚draivə] pennfäktare, journalist
quilt [kwilt] **I** *s* [säng]täcke **II** *v* **1** vaddera **2** kompilera **3** *sl.* klå, lappa till
quin [kwin] *se quintuplet*
quince [kwins] *bot.* kvitten
quini|a ['kwiniə] = **-ne** [kwi'ni:n, *A.* 'kwainain] kinin
quint [kwint] *mus.* kvint **-ain** [-in] *hist.* ringränning
quintessence [kwin'tesns] det väsentliga, kärna, kvintessens
quintet[te] [kwin'tet] kvintett
quintuplet ['kwintjuplit] **1** femling **2** femtal
quip [kwip] **I** *s* **1** spetsfundighet **2** spydighet **3** krimskrams **II** *v* vara spydig mot **-pish** [-iʃ] **-py** [-i] spydig
quire ['kwaiə] **1** bok skrivpapper (24 ark) **2** *se choir*
quirk [kwə:k] **1** spydighet, sarkasm **2** spetsfundighet **3** släng, snirkel (i ritning el. skrift) **4** egendomlighet, excentricitet
quisling ['kwizliŋ] landsförrädare, femtekolonnare
quit [kwit] **I** *v* ge sig av, lämna **2** *A.* sluta **3** *åld.* uppföra sig **4** löna, gälda, vedergälla; ~ *business* dra sig ur affären; ~ *hold of* låta löpa; ~ *off* sluta; *give notice to* ~ säga upp sig **II** *a* kvitt, fri
quite [kwait] **1** alldeles, helt o. hållet, fullkomligt **2** mer eller mindre, ganska; *they were* ~ *a hundred* de var minst hundra; ~ *tired* ganska trött (*A.*); ~ *a man* en hel karl; ~ *another* en helt annan; ~ *few* helt få; ~ *a few* ganska många; ~ *so* just precis, just det; *it is* ~ *the thing now* det är just det rätta nu, det är just det modet; *I* ~ *like him* jag tycker ganska bra om honom

quits [kwits] *pred a* kvitt; *I will be* ~ *with him* jag hinner nog göra upp räkningen med honom
quittance ['kwit(ə)ns] **1** kvittens **2** vedergällning **3** *poet.* befrielse
quitter ['kwitə] en som drar sig ur spelet (*isht* på grund av lättja el. feghet)
quiver ['kwivə] **I** *v* **1** darra, skälva **2** komma att skälva **II** *s* **1** darrning, skälvning **2** koger; ~ *full of children* stor familj
Quixot|e ['kwiksət] en person som liknar Don Quijote **-ic** [kwik'sɔtik] donquijotisk, överspänd; löjlig **-ism** [-iz(ə)m] **-ry** [-ri] donquijoteri
quiz [kwiz] **I** *s* **1** *A.* förhör, klassrumsprov **2** spefågel, gyckelmakare **3** frågelek **II** *v* **1** gyckla, skoja; driva med **2** stirra nyfiket på **3** *A.* förhöra (i klassrummet) **--master** [-,mɑ:stə] frågesportsledare **-zical** [-ik(ə)l] **1** humoristisk, lustig **2** underlig; komisk, löjlig
quod [kwɔd] *sl.* **I** *s* fängelse, kurra **II** *v* sätta i kurran
quoin [kɔin] **I** *s* **1** *byggn.* hörn; hörnsten **2** kil **II** *v* [fast]kila
quoit [kɔit] kastring; ~*s, pl* kastringsspel; *deck-*~*s* däcksspel med repringar; *rack* ~ bombställ, upphängningsanordning; kuggstång, kuggkrans
quondam ['kwɔndæm] före detta, förutvarande
quorum ['kwɔ:rəm] beslutsmässigt antal närvarande
quota ['kwəutə] kvot, andel; kontingent
quot|able ['kwəutəbl] lämplig att citera **-ation** [kwə(u)'teiʃ(ə)n] **1** citat **2** prisnotering **3** kostnadsförslag **-ation-marks** anföringstecken, citationstecken **-e** [-t] **I** *v* **1** citera **2** notera (ett pris) **3** offerera **II** *s, fam.* citat; ~ ... *un-quote* citat ... slut på citatet
quoth [kwəuθ] *åld.* (endast i 1 o. 3 *pers sing*) sade
quotidian [kwɔ'tidiən] **I** *a* daglig **II** *s, med.* vardagsfrossa
quotient ['kwəuʃ(ə)nt] kvot; *intelligence* ~ (*I. Q.*) intelligenskvot

R

R, r [ɑ:] (bokstaven) r; *the three R's = Reading, (W)riting, (A)rithmetic* läsning, skrivning, räkning (grunden för all skolundervisning)
rabbet ['ræbit] **I** *s* fals; *sjö.* spunning **II** *v* falsa
rabbi ['ræbai] **1** Rabbi **2** rabbin
rabbit ['ræbit] **I** *s* **1** kanin **2** dålig [tennis]-spelare **II** *v* jaga kaniner **--hutch** kaninbur **--warren** [-,wɔrən] kaningård
rabble ['ræbl] slödder, folkhop
rabi|d ['ræbid] **1** galen (som en hund som har rabies) **2** ursinnig, våldsam, rabiat **-es** ['reibi:z] *med.* rabies, vattuskräck
raccoon [rə'ku:n] *zool.* tvättbjörn
race [reis] **I** *s* **1** *sport.* lopp, tävling **2** häftigt rinnande ström **3** levnadslopp **4** *A.* kvarnränna **5** ras, släkt **6** ingefärsrot **II** *v* **1** springa i kapp **2** delta i tävling **3** äga (träna) kapp-

löpningshästar; vara intresserad av hästsport; ~*with* springa i kapp med **-course, --ground** kapplöpningsbana **--horse** kapplöpningshäst **--meeting** [-,mi:tiŋ] kapplöpning **-r** [-ə] **1** kapplöpningshäst; snabb bil (motorcykel) **2** kapplöpningsintresserad **--track** *A.* kapplöpningsbana
racial ['reiʃ(ə)l] ras- **-ism** [-ʃəliz(ə)m] rashat; rasmotsättning
rack [ræk] **I** *s* **1** foderhäck **2** ställ; hylla **3** sträckbänk **4** kuggstång **5** moln drivande för vinden **6** = *arrack*; *go to* ~ *and ruin* störta samman, gå sönder; *put a person on the* ~ hålla ngn på sträckbänken **II** *v* **1** lägga på sträckbänk, tortera **2** skinna; ta ut oskäligt hög hyra (arrende) **3** driva för vinden **4** dekantera vin; *a* ~*ing headache* en brinnande huvudvärk; ~ *one's brains* bråka sin hjärna **--and-pinion** ['ræksn'pinjən] kugghjulsdrev
racket ['rækit] **I** *s* oväsen, larm **2** sus o. dus, stormigt sällskapsliv **3** utpressning; bedrägeri, trick **4** eldprov **5** [tennis]racket; *stand the* ~ a bestå provet **b** ta konsekvenserna **II** *v* **1** bullra, föra oväsen **2** leva i sus o. dus, festa om **-eer** [,ræki'tiə] *A.* utpressare **-eering** [,ræki'tiəriŋ] *A.* utpressning **-y** [-i] utsvävande; bullrande
rack|railway ['ræk'reilwei] kuggbana **--rent** **I** *s* oskäligt hög hyra **II** *v* låta ngn betala oskäligt hög hyra **--wheel** kugghjul
racoon [rə'ku:n] = *raccoon*
racquet ['rækit] = *racket I* 5
racy ['reisi] **1** kraftig, uttalad, karakteristisk **2** livlig, livfull; ~ *of the soil* karakteristisk för landet
radar ['reidə] radar; ~ *beacon* radarfyr; ~ *scanner* radarantenn
raddle ['rædl] **I** *s* röd ockra **II** *v* rödfärga **-d** utsliten, försliten (*isht* genom utsvävningar)
radia|l ['reidjəl] **1** radiell **2** strål- **-nce** [-əns] strålglans **-nt** utstrålande; *fig.* strålande **-te** [-dieit] **I** *v* **1** [ut]stråla **2** *fig.* stråla **II** *a* utstrålande **III** *s* strålknippe **-tion** [,reidi'ei-ʃ(ə)n] utstrålande, strålning **-tive** [-dieitiv] *vetensk.* strålnings- **-tor** [-dieitə] **1** värmeledningselement, radiator **2** kylare på bil
radical ['rædik(ə)l] **I** *a* **1** grundlig; ursprunglig **2** *pol.* radikal **II** *s* **1** *kem.* radikal **2** *mat.* rottecken **3** *pol.* radikal **4** *språkv.* rotord
radio ['reidiəu] **I** *s* **1** radiokommunikation **2** radiomeddelande **3** radioapparat; ~ *office* radiohytt (*sjö.*); ~ *telescope* radioteleskop; ~ *transmitter* radiosändare **II** *v* **1** sända via radio **2** behandla med radium **3** *fam.* röntga **--active** ['reidiəu'æktiv] radioaktiv **-activity** ['reidiəuæk'tiviti] radioaktivitet **-gram** ['reidiə(u)græm] **1** röntgenbild **2** telegram skickat via radio **3** = **-grammophone** ['reidiə(u)-'græməfəun] radiogrammofon **-graph** ['reidiə(u)grɑ:f] **1** *s* röntgenbild **II** *v* röntgenfotografera **-grapher** [,reidi'ɔgrəfə] röntgenolog **-graphy** [,reidi'ɔgrəfi] röntgenologi **-location** ['reidiəu(u)'keiʃ(ə)n] radiopejling **-logist** [,reidi'ɔledʒist] radiolog **-logy** [,reidi'ɔledʒi] radiologi **-meter** [,reidi'ɔmitə] strålningsmätare **-operator** ['reidiəu,ɔpəreitə] radiotelegrafist **-sonde** [-sɔnd] *meteor.* radiosond **-therapy** [-'θerəpi] radioterapi, strålbehandling
radish ['rædiʃ] rädisa; *black* ~ rättika
radium ['reidjəm] radium
radi|us ['reidjəs] (*pl -i* [-diai]) radie

radix ['reidiks] *vetensk.* rot
raffia ['ræfiə] *bot.* [rafia]bast
raffish ['ræfiʃ] liderlig, utsvävande
raffle ['ræfl] **I** *s* **1** tombola **2** skräp, bråte **II** *v* lotta ut
raft [rɑːft] **I** *s* [timmer]flotte **II** *v* flotta -**er** [-ə] **I** *s* **1** flottare **2** taksparre **II** *v* förse med taksparrar
rag [ræg] **I** *s* **1** trasa **2** ~*s, pl* lump **3** dålig tidning **4** [student]uppträde, bråk, skoj **5** (slags) kalksten; *in* ~*s* i trasor; *not a* ~ *to cover himself* inte en enda trasa att skyla sig med; *not a* ~ *of evidence* inte det minsta bevis; ~ *trade* (*A. sl.*) modebranschen **II** *v* **1** bråka, skoja; ställa till studentupptåg **2** skälla ut --**amuffin** [-ə,mʌfin] rännstensunge; slusk
rage [reidʒ] **I** *s* **1** raseri **2** naturkraft **3** passion, åtrå; *have a* ~ *for* vara mycket intresserad av; *be in a* ~ vara rasande; *it's all the* ~ det är sista skriket, det är på modet **II** *v* rasa, vara rasande
rag|-gatherer ['ræg,gæðərə] lumpsamlare -**ged** [-id] trasig, sluskig; *fig.* ruggig
raglan ['ræglən] (slags) överrock, raglan
rag|-man ['rægmən] lumphandlare --**picker** [-,pikə] lumpsamlare --**rug** trasmatta --**tag** slödder --**time** (slags) jazzmusik, ragtime --**weed** *bot.* växter av släktet *Ambrosia* --**wheel** *mek.* kättingskiva
raid [reid] **I** *s* **1** plötsligt anfall, räd **2** [polis]-razzia **3** inbrott, kupp **II** *v* anfalla, göra (deltaga i) en räd; göra en räd (razzia) mot (i) -**er** [-ə] kaparfartyg
rail [reil] **I** *s* **1** räcke, ledstång **2** järnvägsskena, räls **3** *sjö.* reling **4** kornknarr; *by* ~ med järnväg; *off the* ~*s* a urspårad b ur gängorna **II** *v* **1** inhägna, förse med räcke **2** skicka med järnväg **3** okväda, smäda -**ing** [-iŋ] **1** räcke, skrank **2** ovett, bannor, (högljudd o. långvarig) klagan -**lery** [-əri] gyckel, raljeri --**road** *A.* **I** *s* järnväg **II** *v* **1** skicka på järnväg **2** hastigt avgöra; genomtrumfa
railway ['reilwei] **I** *s* järnväg **II** *v* skicka på järnväg --**bond** järnvägsobligation --**embankment** [-im,bæŋkmənt] spårbädd --**rates** järnvägstaxa --**sleeper** [-,sliːpə] sliper
raiment ['reimənt] *poet.* skrud, dräkt
rain [rein] **I** *s* **1** regn **2** regnskur; *the* ~*s, pl* regntiden; ~ *or shine* oavsett vädret **II** *v* regna; ~ *cats and dogs* (*vard.*) stå som spön i backen; *it never* ~*s but it pours* en olycka kommer aldrig ensam --**belt** regnzon -**bow** regnbåge; *chase the* ~ jaga en illusion --**coat** regnkappa, -rock -**drop** regndroppe -**fall 1** regnskur **2** regnmängd, nederbörd --**gauge** regnmätare --**proof** *se raintight* --**shower** [-,ʃauə] regnskur --**storm** störtregn (med blåst) --**tight** impregnerad, vattentät --**worm** daggmask -**y** [-i] regnig; *save up for a* ~ *day* tänka på framtiden
raise [reiz] **I** *v* **1** lyfta, resa, hissa upp **2** bygga, uppföra **3** höja, stegra, driva upp **4** befordra, upphöja **5** förbättra **6** framställa, framlägga **7** uppföda, producera **8** samla ihop, anskaffa **9** uppväcka **10** upphäva; ~ *an army* samla ihop en armé; ~ *a blister* orsaka en blåsa; ~ *Cain (the devil, hell)* leva rövare, föra oväsen; ~ *a dust* bli upphetsad; föra oväsen; ~ *one's glass to* utbringa en skål för; ~ *one's hat to* hälsa på; ~ *money* skaffa pengar; ~ *objections* komma med invändningar; ~ *the roof* få ett vredesutbrott, bli utom sig; ~ *a p.'s*

spirits liva upp ngn; ~ *one's voice against* höja rösten mot, sätta (vända) sig emot, bekämpa, motarbeta; ~ *the wind* skaffa nödvändiga pengar **II** *s* löneförhöjning; *kortsp.* höjning av bud (insats)
raisin ['reizn] russin
raj [rɑːdʒ] *anglo-ind.* överhöghet; *the British* ~ *in India* brittiska väldet över Indien
rajah [ˈrɑːdʒə] indisk furste, raja
rak|e [reik] **I** *s* **1** kratta **2** *sjö.* fall, lutning **3** liderlig sälle, rucklare **II** *v* **1** kratta, räfsa **2** raka, skrapa **3** genomleta **4** *mil.* bestryka längs efter **5** noggrant granska, betrakta **6** luta bakåt; ~ *one's memory* söka i minnet -**ish** [-iʃ] **1** liderlig, utsvävande **2** flott, elegant
rally ['ræli] **I** *v* **1** återsamla[s] **2** hämta sig **3** anstränga sig **4** göra narr av, driva med, retas med; ~ *round* fylkas kring; ~ *to* ansluta sig till **II** *s* **1** samling; *mil.* återsamling **2** återhämtning **3** massmöte **4** *tennis.* lång bollduel l
ram [ræm] **I** *s* **1** bagge **2** murbräcka **3** ramm på fartyg **4** pistong **II** *v* **1** pressa ihop; stampa ner **2** ramma
rambl|e ['ræmbl] **I** *v* flanera, vandra omkring; *fig.* låta tankar etc. vandra **II** *s* strövtåg, promenad -**er** [-ə] **1** flanör **2** klängros -**ing** [-iŋ] **1** kringirrande, kringströvande **2** (om tankar etc.) virrig, osammanhängande, oredig **3** (om växt) klängande **4** oregelbunden
ramif|ication [,ræmifiˈkeiʃ(ə)n] förgrening (*äv. fig.*) -**y** ['ræmifai] förgrena (sig)
ramm|er ['ræmə] [gatläggnings]jungfru -**ish** [-iʃ] stinkande
ramp [ræmp] **I** *v* **1** (om djur, *isht* lejon) stå upprätt på bakbenen **2** (om växter) frodas **3** förse med ramp **4** lura, svika **II** *s* **1** ramp **2** upphetsning **3** skoj, svindel **4** nedfart -**age** [-ˈpeidʒ] **I** *s* upphetsning; *be on the* ~ fara fram som en galning **II** *v* = *be on the* ~ -**ancy** [-ənsi] överhandtagande -**ant** [-ənt] **1** *her.* (om lejon) stående upprätt på bakbenen **2** vild, våldsam; överhandtagande **3** (om växt) frodig, yppig -**art** [-ɑːt] fästningsvall, bålverk
ramrod ['ræmrod] laddstake
ramshackle ['ræm,ʃækl] fallfärdig, skranglig
ran [ræn] *imperf* av *run*
ranch [rɑːn(t)ʃ] *A.* **I** *s* stort jordbruk; boskapsfarm **II** *v* ägna sig åt boskapsskötsel -**er** [-ə] en som äger (sköter) en *ranch*
rancid ['rænsid] härsken
ranc|orus ['ræŋkərəs] hätsk -**our** [-ə] inrotat hat; hätskhet
randan [ræn'dæn] **1** roddbåt för tre roddare **2** *sl.* festande, rummel; *be on the* ~ rumla
random ['rændəm] **I** *s, at* ~ på måfå **II** *a* slumpvis
randy ['rændi] **1** oregerlig **2** *vard.* kåt
ranee ['rɑːniː] hindudrottning, hustru till en raja
rang [ræŋ] *imperf* av *ring*
range [rein(d)ʒ] **I** *s* **1** rad **2** skottvidd **3** räckvidd, omfång, verkningsområde **4** *A.* vidsträckt betesmark **5** skjutbana **6** stor köksspis **7** bergskedja **II** *v* **1** ställa upp i rad, ordna **2** genomströva, vandra omkring **3** vara utbredd, förekomma inom visst område **4** variera inom bestämda gränser **5** *mil.* (om skott) ha viss räckvidd; ~ *between (from ... to)* variera mellan ... och; ~ *with (among)* ställa sig ibland; ~ *table* skjuttabell --**finder** ['reind3,faində] avståndsmätare -**r** [-ə] **1** vandrare **2** skogvaktare **3** ~*s, pl, mil.* jägartrupp; ridande polis **4** spårhund

rangy ['reindʒi] *A.* långbent, skranglig
rani *se* **ranee**
rank [ræŋk] **I** *s* **1** rad **2** *mil.* led **3** samhälls-
ställning; rang; *the ~s, the ~ and file* de me-
niga, manskapet; *the ~ and fashion* eliten,
högsta societeten; *rise from the ~s* arbeta sig
upp; *break ~* råka i oordning; *keep ~* bibehål-
la sin ordning; *take ~ of* ha högre rang än
II *v* **1** ordna i led, ställa upp **2** ha rang som;
~ among tillhöra; *~ next to* ha rang närmast
efter **III** *a* **1** alltför yppig, frodig **2** (om jord)
överfet **3** stinkande, från **4** grov, oerhörd; abso-
lut **5** härsken; *~ nonsense* ren strunt; *~ poison*
rent gift **-er** [-ə] **1** officer som gått långa vägen
2 menig soldat
rankle ['ræŋkl] **1** (om sår etc.) värka, inte
läka[s], vara sig **2** förorsaka bitterhet
rankness ['ræŋknis] fränhet
ransack ['rænsæk] **1** undersöka grundligt,
genomleta **2** röva, plundra
ransom ['rænsəm] **I** *s* **1** lösen **2** lösensumma
II *v* **1** friköpa **2** begära lösen **3** frige mot
lösen
rant [rænt] **I** *v* orera, tala högtravande; skryta
II *s* **1** svulstigt tal **2** tomt tal, skryt **-er** [-ə]
högtravande talare; *äv.* folktalare i Hyde Park
rap [ræp] **I** *s* **1** knackning, lätt slag, rapp **2**
hist. irl. mynt, styver **3** ngt av mycket litet
värde **4** *fam.* straff; *take the ~* påta sig skuld
o. straff för ngt som ngn annan har gjort
II *v* **1** knacka, slå **2** utbrista, utstöta
rapac|ious [rə'peiʃəs] **1** rovgirig **2** rov-; *~
bird* rovfågel **-ity** [-'pæsiti] rovgirighet
rape [reip] **I** *s* **1** våldta **2** *poet.* röva bort **II** *s* **1**
våldtäkt **2** bortrövande **3** rova **--cake** raps-
kaka **--oil** rapsolja, rovolja
rapid ['ræpid] **I** *a* **1** snabb, hastig **2** brant **II** *s*
pl, ~s fors **-ity** [rə'piditi] snabbhet
rapier ['reipjə] värja; *~ thrust* värjstöt
rapine ['ræpain] *poet.* bortrövande med våld,
plundring
rappee [ræ'pi:] snus
rapp|er ['ræpə] en som knackar etc., *se rap II*;
äv. spiritist **-ist** **1** knackande **2** spiritistisk
rapport [ræ'pɔ:] samband, förbindelse
rapprochement [ræ'prɔʃmã:(ŋ)] närmande,
upprättande av vänskaplig förbindelse
rapt [ræpt] **1** hänförd, överlycklig **2** försjun-
ken, fördjupad; *with ~ attention* med odelad
uppmärksamhet **-ure** [-tʃə] extas, hänförelse
-urous [-tʃ(ə)rəs] hänförd, hänryckande
rar|e [rɛə] **1** tunn, gles **2** sällsynt, rar **3** ut-
märkt, ovanligt god **4** *A.* halvkokt, halvstekt
-ebit *se Welsh rabbit* **-efy** [-rifai] **1** förtunna;
förtunnas **2** förfina **-ely** [-li] sällan **-ity** [-riti]
1 tunnhet, gleshet **2** sällsynthet; raritet **3** ut-
märkthet, utsökthet
rascal ['rɑːsk(ə)l] **I** *s* **1** lymmel, kanalje **2** (om
barn) rackare, skojare **II** *a* slödder-; *the ~
rout* packet, slöddret **-ity** [rɑːs'kæliti] pack,
slödder **-ly** [-kəli] lymmelaktig, skurk-
rash [ræʃ] **I** *s, med.* hudutslag **II** *a* **1** överilad,
förhastad **2** våghalsig, dumdristig
rasher ['ræʃə] tunn skiva av bacon (skinka)
(oftast för stekning)
rasp [rɑːsp] **I** *s* **1** rasp **2** strävt o. skarpt ljud
II *v* raspa, riva, skrapa; *~ on* irritera
raspberry ['rɑːzb(ə)ri] **1** hallon **2** *sl.* gest (ljud)
som uttrycker ovilja (förakt) **--cane** hallon-
buske
rasper ['rɑːspə] **1** rasp **2** *fam.* knipa, svårighet
3 *jakt.* högt hinder

rat [ræt] **I** *s* **1** råtta **2** överlöpare, förrädare;
~s! prat!; *smell a ~* ana oråd (*fam.*); *~ race*
a ihållande o. stressande aktivitet **b** konkur-
rens, rivalitet; *I'm wet like a drowned ~* jag
är våt in på bara skinnet **II** *v* **1** jaga råttor
2 överge, lämna; *fam.* smita, lämna i sticket
ratable ['reitəbl] **1** proportionell **2** taxerbar;
skattskyldig; *~ value* taxeringsvärde
ratch[et] ['rætʃ(it)] spärrhake; *~ wheel* spärr-
hjul
rate [reit] **I** *s* **1** förhållande, proportion **2** pris,
värde **3** *~s, pl* skatt till kommunal myndighet
4 grad **5** taxa, tariff **6** takt; *at a (the) ~ of* a
med en hastighet av **b** till ett pris av; *at that ~*
a med den farten b under sådana förhållan-
den; *at any ~* under alla förhållanden; *at an
easy ~* till ett lågt pris; *first ~* första klass,
prima; *second ~* sekunda, dålig; *~ of fire*
eldhastighet (*mil.*) **II** *v* **1** värdera, uppskatta
2 anse, räkna **3** taxera för kommunal beskatt-
ning **4** räknas som, betraktas **5** vara berättigad
till **-able** [-əbl] *se* **ratable --collector** [-kə,lek-
tə] skatteuppbördsman **-r** [-ə] (end. i sms.)
person av viss klass; *he is only a second-~*
han är bara en andra klassens ...
rather ['rɑːðə] **I** *adv* **1** snarare **2** till viss del,
tämligen **3** hellre **4** (som svar) ja, ja visst; *the
~ that* så mycket mera som; *I'd ~ stay* jag
skulle hellre stanna
ratif|ication [,rætifi'keiʃ(ə)n] ratificering, stad-
fästelse, bekräftelse **-y** ['rætifai] bekräfta,
stadfästa, ratificera
1 rating ['reitiŋ] uppsträckning, bannor, skrapa
2 rating ['reitiŋ] **1** värdering **2** *sjö.* taxe-
ring **4** *sjö.* matros **5** *elektr.* effekt; *~s, pl, sjö.*
manskap; *ranks and ~s* officerare o. manskap
ratio ['reiʃiəu] förhållande, proportion
ration ['ræʃ(ə)n, *A. äv.* 'reiʃ(ə)n] **I** *s* ranson,
tilldelning **II** *v* **1** ransonera **2** dela ut, utran-
sonera; *meat is ~ed* kött är ransonerat; *~
book* ransoneringshäfte
rational ['ræʃənl] **1** rationell, förnuftig, tän-
kande **2** förnuftsenlig, logisk **-ism** [-ʃnəliz(ə)m]
rationalism **-ist** [-ʃnəlist] rationalist **-istic**
[,ræʃnə'listik] rationalistisk **-ity** [,ræʃ'næliti]
förnuftighet **-ization** [,ræʃnəlai'zeiʃ(ə)n] ra-
tionalisering **-ize** [-ʃnəlaiz] **1** bortförklara
2 rationalisera **3** förklara på ett förnuftigt
sätt
rat|sbane ['rætsbein] *litt.* råttgift **-'s tail** rått-
svans
rattan [rə'tæn] spanskt rör, rotting
rat-tat ['ræt'tæt] knack-knack
ratten ['rætn] sabotera, ofreda, antasta
rattle ['rætl] **I** *v* **1** skallra, skramla **2** rabbla,
tala fort **3** *fam.* irritera **4** *A. sl.* skaka, skräm-
ma; *~ a fox* jaga upp en räv ur grytet; *~
along* (away, on) prata på; *~ off* rabbla upp;
~ up sätta fart på **II** *s* **1** skallra, skramla **2**
slammer, oväsen **3** [döds]rossling **4** *the ~s, pl*
strypsjuka, krupp (*med.*) **--bag, --bladder**
[-,blædə] **--box** skallra **--brain, --head,**
--pate skrävlande dumbom **-r** [-ə] **1** över-
dängare **2** *sl.* sittopp **3** *A. = --snake* skaller-
orm **-trap** **I** *a* gammal o. skröplig **II** *s* gam-
malt åkdon
rattling ['rætliŋ] **1** skramlande etc., *se rattle I*
2 *sl.* hejdundrande, *se* [*good*] finfin, jättebra
rat|-trap ['rættræp] råttfälla **-ty** [-i] **1** rått- **2**
arg, retlig **3** *A. sl.* eländig
raucous ['rɔːkəs] hes, skrovlig
raughty ['rɔːti] *se* **rorty**

ravage ['rævidʒ] **I** v ödelägga, plundra, förhärja **II** s ödeläggelse

rave [reiv] **I** v **1** yra, tala i yrsel **2** (om vind, hav) dåna, rasa **3** vráta tokig i, vurma för; ~ *about* (*of*) svärma för; ~ *out* haspla ur sig **II** s **1** starkt berömmande utlåtande **2** vagnsstege

ravel ['ræv(ə)l] **I** v **1** riva upp **2** trassla in **3** spricka, brista, bli utnött **II** s oreda, trassel

raven I ['reivn] **1** s korp **2** a korpsvart **II** v ['rævn] **1** söka efter rov **2** glupskt sluka **-ous** ['rævənəs] **1** rovgirig **2** glupsk

ravine [rə'viːn] hålväg, ravin

raving ['reiviŋ] yrande; rasande; ~ *mad* spritt språngande galen

ravish ['ræviʃ] **1** *poet.* röva bort, bära iväg **2** hänföra, hänrycka **3** våldta **-ing** [-iŋ] förtjusande, hänförande **-ment** [-mənt] **1** hänförelse, hänryckning **2** enlevering, kvinnorov; våldtäkt

raw [rɔː] **I** a **1** rå, okokt **2** naturlig, natur-, rå- **3** oövad, oerfaren **4** hudlös, öm **5** (om väder) rå, ruskig, gråkall; ~ *material* a råvara **b** råmaterial; ~ *materials* råvaror; *feel* ~ känna sig förorättad; ~ *silk* råsilke **II** s hudlöst ställe; *touch a p. on the* ~ sätta fingret på den ömma punkten **-boned** [-bɔund] bara skinn o. ben, mager **-head** brumbjörn, bitvarg **-hide I** a ogarvad **II** s piska (rep) av ogarvat läder

ray [rei] **I** s **1** stråle **2** sken **3** rocka **II** v utstråla

rayon ['reiən] konstsilke, konstsiden, rayon

raze [reiz] rasera, jämna med marken; utplåna

razor ['reizə] rakkniv, rakhyvel; *safety* ~ rakhyvel; *electric* ~ elhyvel; *straight* ~ rakkniv; *it's on a* ~ *'s edge* läget är kritiskt **--bill** *zool.* tordmule **--edge** ['reizər'edʒ] skarp egg **--strop** rakstrigel

razzle-dazzle ['ræzl͟ˌdæzl] **1** festande, rumlande **2** karusell

re [riː] beträffande, rörande

re [rei] *mus.* (tonen) re

re- ['riː-] åter-, ny-, om igen. (För här ej upptagna sammansättningar med re- se under resp. grundord.)

reach [riːtʃ] **I** v **1** sträcka ut; sträcka sig efter **2** [upp]nå, räcka, komma åt **3** utbreda sig, sträcka sig; *the news has not ~ed here* nyheterna har inte hunnit hit ännu; ~ *a p.'s conscience* träffa ngns innersta; ~ *forward to* sträva efter **II** s **1** räckande, sträckande **2** räckvidd, omfång **3** raksträcka (*isht* mellan två krökar i en flod); *within easy* ~ inom bekvämt räckhåll; *a man of deep* ~ en djupsinnig man **--me-down** ['riːtʃmi'daun] a o. s **1** färdiggjord[a kläder], konfektions-, konfektionskläder **2** begagnade kläder el. skor

react [riː(ː)'ækt] **1** reagera; återverka **2** göra motstånd, reagera mot **3** *mil.* göra motanfall **-ion** [-kʃ(ə)n] **1** reaktion; återverkan **2** motstånd **3** bak-, omslag **-ionary** [-kʃnəri] **I** a reaktionär, bakåtsträvande **II** s reaktionär, bakåtsträvare **-ionist** [-kʃnist] *se reactionary II* **-ive** [-iv] återverkande **-or** [-ə] reaktor

read [riːd] (*imperf* o. *perf part* read [red]) **1** läsa; läsa upp **2** studera, läsa **3** uppfatta, tolka, tyda **4** (om instrument) visa, ange **5** låta, lyda; ~ *for honours* läsa för högsta betyg; ~ *for the press* läsa korrektur; *the thermometer ~s* termometern visar; ~ *into*

lägga in en betydelse i; ~ *off* avläsa; ~ *up* studera; ~ *with a p.* läsa för ngn **-ability** [ˌriːdə'biliti] läslighet **-able** [-əbl] **1** läslig **2** läsvärd, -bar

readdress ['riːə'dres] ändra adressen på, eftersända

read|er ['riːdə] **1** läsare **2** föreläsare, universitetslektor **3** litteraturbedömare **4** korrekturläsare **5** läsebok **-ership** universitetslektorat **-ing** [-iŋ] **I** a läsande **II** s **1** läsning, genomläsning **2** beläsenhet **3** lektyr **4** avläsning av instrument **5** genomläsning av lagförslag i parlamentet (*first* ~, *second* ~, *third* ~) **-ing-desk** läspulpet **-ing-room** [-rum] läsesal **-ing-stand** talarstol

read|ily ['redili] gärna **-iness** [-inis] **1** [bered]villighet, redobogenhet **2** raskhet, flinkhet; lätthet **3** beredskap **-y** [-i] **I** a **1** klar, färdig redo; i ordning; [bered]villig **2** benägen, kvick; kvicktänkt **3** bekväm, lätt; *she is very* ~ *at excuses* hon har alltid en ursäkt till hands; hon är mycket benägen att ursäkta sig; ~ *money* kontanter; *he was* ~ *to swear with rage* han var nära att svära av ilska; ~ *wit* slagfärdighet **II** s **1** *mil.* färdigställning **2** *fam.* kontanter; *come to the* ~ inta färdigställning **III** v, ~ *up* betala kontant

reagent [ri(ː)'eidʒ(ə)nt] *kem.* reagens

1 real [rei'aːl] real, spanskt mynt

2 real [riəl] **1** verklig; äkta **2** *A.* o. *fam.* = *really*; ~ *estate* fast egendom (*jur.*); ~ *money* reda pengar; *that's the* ~ *thing* det är just det rätta **-ism** [-iz(ə)m] realism **-ist** realist **-istic** [riə'listik] realistisk **-ize** [-aiz] **1** inse, förstå **2** realisera, förverkliga **3** förvandla till pengar, realisera **4** förtjäna, förvärva **-ly** [-i] verkligen, faktiskt; verkligen?, jaså?

realm [relm] **1** [kunga]rike **2** *fig.* rike, värld **3** [special]fält

realty ['riəlti] *jur.* fast egendom

ream [riːm] ris (papper, förr = 480 ark, nu ibl. 500)

reap [riːp] **1** skörda **2** skära säd **-er** **1** skördeman; *pl* skördefolk **2** skördemaskin **-ing-hook** skära

reappear ['riːə'piə] åter visa sig (synas), ånyo uppträda, återkomma

rear [riə] **I** v **1** resa, lyfta upp **2** bygga upp **3** uppföda, uppfostra **4** stå på bakbenen, stegra sig **II** s bakre delen; *mil.* (armé o. flotta) eftertrupp; *fam.* rumpa; *be in the* ~ *of the times* vara efter sin tid; *take in the* ~ anfalla i ryggen **III** a bakersta, sista **--admiral** ['riə'ædm(ə)r(ə)l] konteramiral **--guard** [-gɑːd] eftertrupp, arriärgarde **--light** [-lait] kattöga **-most** bakerst, sist

rearrange ['riːə'rein(d)ʒ] ordna om, nyordna

rearward[s] ['riəwəd(z)] bakerst

reason ['riːzn] **I** s **1** anledning, skäl, grund **2** förnuft, förstånd **3** vad som är skäligt; *by* ~ *of* på grund av; *for obvious ~s* av uppenbara skäl; *in* ~ rimligt; *talk* ~ tala förnuft; *it stands to* ~ det faller av sig självt; *with* ~ med rätta **II** v **1** resonera **2** tänka (tala, resonera) logiskt **3** försöka övertala **-able** [-əbl] **1** skälig, rimlig **2** förnuftig, resonlig **-ing** [-iŋ] resonemang, förnuftsslut, bevisföring, tankegång

reassemble ['riːə'sembl] sätta ihop (gevär)

reassur|ance [ˌriːə'ʃuər(ə)ns] **1** förnyad försäkring **2** återförsäkring **3** lugnande **-e** [-ə]

1 lugna, trösta **2** återförsäkra **-ing** [-ərin] *a* lugnande

rebate [ri:'beit] rabatt, avdrag

rebel I *s* ['rebl] rebell, upprorsmakare **II** *v* [ri'bel] göra uppror, resa sig **-lion** [ri'beljən] uppror **-lious** [ri'beljəs] **1** upprorisk **2** styvnackad, motspänstig

rebirth ['ri:'bə:θ] **1** pånyttfödelse, förnyelse, återupplivande, återuppvaknande **2** (religiös) väckelse **3** *teat.* repris; *the ~ of architecture* nygotiken; *the ~ of learning* humanismen

reborn ['ri:'bɔ:n] pånyttfödd, förnyad, återupplivad

rebound [ri'baund] **I** *v* studsa tillbaka **II** *s* återstudsning

rebuff [ri'bʌf] **I** *v* avvisa, snäsa av **II** *s* bryskt avslag; bakslag

rebuild ['ri:'bild] återuppbygga, bygga om, rekonstruera, reparera

rebuke [ri'bju:k] **I** *v* bryskt tillrättavisa, gräla på **II** *s* skarp tillrättavisning

rebus ['ri:bəs] rebus

rebut [ri'bʌt] **1** driva tillbaka; avvisa **2** *jur.* vederlägga **-ment** [-mənt] **-tal** [-l] genmäle; vederläggning

recalcitra|nce [ri'kælsitr(ə)ns] motspänstighet **-nt I** *a* motspänstig **II** *s* motspänstig person **-te** [-reit] tredskas, vara motspänstig

recall [ri'kɔ:l] **I** *v* **1** återkalla; *teat.* inropa **2** påminna, erinra [sig] **3** återuppväcka **4** återta **II** *s* återkallande; *beyond (past) ~* oåterkallelig

recant [ri'kænt] (offentligen) återkalla **-ation** [,ri:kæn'teiʃ(ə)n] återkallelse, -tagande

recapitulat|e [,ri:kə'pitjuleit] rekapitulera, återupprepa det väsentligaste **-ion** ['ri:kə,pitju'leiʃ(ə)n] rekapitulering **-ory** [-lət(ə)ri] *a* rekapitulerande

recapture ['ri:'kæptʃə] **I** *v* **1** återta, återerövra **2** återvinna **II** *s* återerövring

recast ['ri:'kɑ:st] **I** *v* stöpa om, gjuta om **II** *s* omarbetning, omstöpning

recede [ri(:)'si:d] gå tillbaka (falla, vika, sjunka) i värde; avlägsna sig; *~ from* a dra sig (vika) tillbaka **b** avstå från, undandra sig, uppge, frångå **c** slutta bort (ner) från; *times of receding trade* vikande konjunkturer

receipt [ri'si:t] **1** kvitto **2** mottagande; **3** inbetalning **4** matrecept **~s** inbetalningar, intäkter; *in ~ of* vi har mottagit (*hand.*); *on ~ of* så snart vi mottagit, vid mottagande av (*hand.*)

receiv|able [ri'si:vəbl] antagbar **-e** [-v] **1** motta, erhålla, få, uppbära **2** utstå, lida **3** ta emot besökare **4** gömma (tjuvgods) **5** uppta; *~ stolen goods* gömma (tjuvgods) *generally ~d* allmänt erkänd **-er** [-ə] **1** mottagare **2** hälare; tjuvgömmare **3** *jur.* konkursförvaltare **4** mottagare; telefonlur **-ing** [-in] *a, ~ set* radiomottagare; *~ station* mottagningsstation

recency ['ri:snsi] nyhet

recension [ri'senʃ(ə)n] **1** reviderad nyutgåva **2** *åld.* recension

recent ['ri:snt] ny, färsk, nyligen inträffad **-ly** [-li] nyligen, på sista tiden

receptacle [ri'septəkl] förvaringskärl

reception [ri'sepʃ(ə)n] **1** mottagande, mottagning **2** upptagande **-clerk** portier **-desk** *se reception-office* **-ist** [-ʃənist] receptionist, överportier **-office** [-,ɔfis] reception (på hotell) **-room** [-rum] mottagningsrum

recept|ive [ri'septiv] mottaglig **-ivity** [risep-

'tiviti] mottaglighet **-or** [-ə] mottagare vid blodtransfusion

recess [ri'ses] **1** uppehåll **2** undangömt ställe **3** inskärning, fördjupning; alkov **4** rast **-ion** [-eʃ(ə)n] **1** återgång **2** *A.* prisfall **-ional** [-eʃənl] *a, ~ hymn* slutpsalm **-ive** [-iv] tillbakavikande

recidivist [ri'sidivist] återfallsförbrytare

recip|e ['resipi] [mat]recept **-ient** [ri'sipiənt] **I** *a* mottaglig **II** *s* mottagare

reciproc|al [ri'siprək(ə)l] **I** *a* ömsesidig **II** *s, mat.* reciprokt värde **-ate** [-keit] **1** *mek.* röra sig fram o. tillbaka **2** ge o. ta, samverka **-ity** [,resi'prositi] ömsesidighet, växelverkan

recit|al [ri'saitl] **1** detaljerad redogörelse **2** recitation **3** solistframträdande **-ation** [,resi-'teiʃ(ə)n] **1** recitation **2** reciterat stycke **-ative** [,res(i)tə'ti:v] *mus.* recitativ **-e** [-t] **1** läsa upp ur minnet **2** räkna upp **3** *jur.* omförmäla **-er** [-tə] **1** recitatör **2** textbok

reck [rek] *v, what ~s it him?* vad bryr han sig om det? **-less** [-lis] obekymrad, oförvägen, våghalsig

reckon ['rek(ə)n] **1** beräkna, uppskatta, bedöma **2** anse, räkna **3** räkna över **4** *A.* tänka, tro, anse; *~ on* räkna med, ta med i beräkningen; *~ with* **a** = *~ on* **b** göra upp räkningen med; *~ without one's host* göra upp räkningen utan värden **-er** [-knə] **1** en som räknar **2** räknetabell **-ing** [-kniŋ] **1** räkning, räknande; räkenskap **2** räkning (*isht* på skutshus) **3** *sjö.* positionsbestämning; *be out in one's ~* missräkna sig; *day of ~* räkenskapens dag

recla|im [ri'kleim] **I** *v* **1** kalla tillbaka **2** reformera, förbättra **3** återkräva, -fordra, reklamera; få tillbaka, återfå **4** återvinna, vinna för odling, uppodla, nyodla **II** *s* moralisk förbättring; *beyond ~* oförbätterlig **-mation** [,reklə'meiʃ(ə)n] **1** förbättring, reformering **2** reklamerande, återfordrande; krav **3** uppodlande, nyodling

recline [ri'klain] **1** luta sig bakåt, vila **2** lita på, falla tillbaka på

recluse [ri'klu:s] **I** *a* avskild, enslig **II** *s* eremit

recogni|tion [,rekəg'niʃ(ə)n] **1** igenkännande **2** erkännande **-zable** ['rekəgnaizəbl] igenkännlig **-zance** [ri'kogniz(ə)ns] **1** skriftlig förbindelse **2** deponerad penningsumma **-ze** ['rekəgnaiz] **1** känna igen **2** erkänna, godta **-coil** [ri'kɔil] **I** *v* **1** rygga tillbaka **2** rekylera, studsa tillbaka **3** falla tillbaka på, återfalla; *the blood ~s* blodet stelnar **II** *s* rekyl, tillbakastudsning **--brake** rekylbroms **-less** [-lis] rekylfri

recollect [,rekə'lekt] erinra sig, komma ihåg; *~ o.s.* besinna sig **-ion** [-kʃ(ə)n] **1** hågkomst, erinring **2** besinning, fattning **3** *~s* minnen

recommend [,rekə'mend] **1** rekommendera, förorda **2** tillråda, tillstyrka **3** anbefalla åt ngn **4** göra sig uppskattad **-able** [-əbl] tillrådlig, prisvärd **-ation** [,rekəmen'deiʃ(ə)n] rekommendation **-atory** [-ət(ə)ri] rekommendations-

recompense ['rekəmpens] **I** *v* **1** vedergälla, ersätta **2** *s* vedergällning, ersättning; gottgörelse

reconcil|e ['rekənsail] **1** förlika, försona **2** bilägga (tvist etc.); *~ o.s. to* försona sig med **-ement** [-mənt] **-iation** [,rekənsili'eiʃ(ə)n] **1** förlikning, försoning **2** sammanjämkning **-iatory** [,rekən'siliət(ə)ri] försonings-

recondite [ri'kɔndait] **1** fördold; föga känd **2** djupsinnig; dunkel; abstrakt

recondition ['ri:kən'diʃ(ə)n] reparera, återutrusta

reconn|aissance [ri'kɔnis(ə)ns] spaning, rekognoscering **-oitre** [‚rekə'nɔitə] spana, rekognoscera

reconsider ['ri:kən'sidə] ta i förnyat övervägande, ta under omprövning

reconstruct ['ri:kəns'trʌkt] rekonstruera, återuppbygga, ombilda, nydana

record I v [ri'kɔːd] **1** protokollföra, inregistrera **2** spela in **II** s ['rekɔːd] **1** protokoll **2** urkund, dokument **3** grammofonskiva **4** rekord; *bear* ~ *of* bära vittnesbörd om; *beat* (*break, cut*) ~ slå rekord; *keep* ~ föra anteckningar, protokollföra; *leave its* ~ *on* sätta sin prägel på; *Public R*~ *Office* eng. riksarkivet; *this is off the* ~ detta stannar oss emellan **-er** [ri'kɔː- də] **1** registrator **2** (slags) domare **3** inspelningsapparat **4** blockflöjt **-ing** [ri'kɔːdiŋ] inspelning **--library** ['rekɔːd'laibrəri] diskotek, inspelningsarkiv

recount 1 [ri'kaunt] uppräkna, berätta **2** ['ri:kaunt] räkna om

recourse [ri'kɔːs] tillflykt, anlitande; *have* ~ *to* ta sin tillflykt till

recover [ri'kʌvə] **I** v **1** återfinna, återfå **2** tillfriskna; övervinna **3** ta igen **4** *jur.* återfå genom domstolsutslag, bli tilldömd **5** återföra (t. livet), rädda, återställa (efter sjukdom) **6** ['ri:'kʌvə] åter täcka; ~ *debts* få betalt; ~ *one's feet* (*legs*) åter komma på benen; ~ *o.s.*, ~ *one's senses* **a** komma till sans igen **b** sansa sig, återvinna fattningen; ~ *sword* salutera med värja **II** s, *fäktn.* tillbakadragande av värjan **-y** [-ri] **1** tillfrisknande **2** återfående; *beyond* (*past*) ~ obotlig, hopplöst förlorad, ohjälplig; ~ *equipment* reparationsutrustning (*mil.*)

recreant ['rekriənt] *poet.* **I** *a* **1** feg **2** trolös **II** s **1** pultron **2** löftesbrytare, förrädare

recreat|e 1 ['rekrieit] vederkvicka, rekreera **2** ['ri:kri'eit] skapa på nytt **-ion** [‚rekri'eiʃ(ə)n] förströelse, rekreation **-ive** ['rekrieitiv] roande, förströelse-, rekreations-

recriminat|e [ri'krimineit] göra motbeskyllningar **-ion** [-‚krimi'neiʃ(ə)n] motbeskyllning **-ive** [-iv] motbeskyllnings-

recrudesce [‚ri:kru:'des] bryta ut igen **-nce** [-ns] förnyat utbrott **-nt** åter utbrytande

recruit [ri'kru:t] **I** s rekryt **II** v **1** rekrytera **2** förnya, stärka **3** ~ *one's health* rekreera sig **-al** [-(ə)l] återhämtning **-ment** [-mənt] **1** värvning **2** förstärkning **3** återhämtande

rectang|le ['rek‚tæŋgl] rektangel **-ular** [rek- 'tæŋgjulə] rektangulär, rätvinklig

recti|fication [‚rektifi'keiʃ(ə)n] **1** rättande, korrigering **2** likriktning **-fier** ['rektifaiə] likriktare **-fy** ['rektifai] **1** rätta **2** likrikta **3** rena (sprit) **-tude** ['rektitju:d] rättrådighet

rector ['rektə] **1** kyrkoherde **2** universitetsrektor (*isht* utanför England) **3** *kat.* föreståndare för ordenshus o. d. **-ial** [rek'tɔːriəl] kyrkoherdes-; rektors- **-ship 1** kyrkoherdebeställning **2** rektorat **-y** [(-ə)ri] **1** pastorat **2** prästgård

rectum ['rektəm] ändtarm

recumbent [ri'kʌmbənt] tillbakalutad, liggande

recuperat|e [ri'kju:p(ə)reit] hämta sig efter sjukdom, återvinna hälsan **-ion** [-‚kju:pə'reiʃ(ə)n] tillfrisknande **-ive** [-rətiv] stärkande

recur [ri'kə:] **1** återkomma **2** upprepas **-rence** [-'kʌr(ə)ns] upprepande **-rent** [-'kʌr(ə)nt] ofta återkommande

recusant ['rekjuz(ə)nt] *BE.* antistatskyrklig; dissenter

red [red] **I** *a* **1** röd **2** *pol.* röd, kommunistisk; ~ *admiral* (slags) fjäril; *the R*~ *Cross* Röda korset; ~ *ensign* brittiska handelsflaggan; ~ *herring* **a** rökt sill **b** ngt som avleder uppmärksamheten från det väsentliga; falskt spår; ~ *man* rödskinn, indian; ~ *ribbon* Bath-ordens röda band; *the R*~ *Sea* Röda havet; ~ *tape* = *red-tapery*; ~ *triangle* KFUM:s (*Y. M. C. A.*) symbol; ~ *lead* [led] mönja; *paint the town* ~ leva rövare, festa hejdlöst (*sl.*) **II** s **1** röd färg **2** *pol.* röd, radikal, kommunist; förlust (*A.*); *be in the* ~ uppvisa förlust

redact [ri'dækt] redigera; utge **-ion** [-kʃ(ə)n] **1** omarbetning, ny upplaga **2** redigering

red|-book ['red'buk] adelskalender **-breast** rödhakesångare **-brick** [-'brik] *a,* ~ *universities,* nyare eng. universitet (i motsats t. Oxf. o. Cambr.) **-coat** brittisk soldat, rödrock **-den** ['redn] **1** färga röd **2** rodna, bli röd **-dish** ['rediʃ] rödaktig **-dy** ['redi] röd-

rede|em [ri'di:m] **1** återköpa; återvinna **2** friköpa, lösa ut **3** gottgöra **4** *kyrk.* återlösa; ~ *ing feature* försonande drag **-emer** [-i:mə] befriare; *the R*~ Kristus, Återlösaren, Förlossaren **-mption** [-'dem(p)ʃ(ə)n] **1** befrielse, frigörelse **2** friköpande, utlösande **3** *kyrk.* återlösning **-mptive** [-'dem(p)tiv] **-mptory** [-'dem- (p)t(ə)ri] försonande; löse-

red|-handed ['red'hændid] med blodbesudlade händer; *I caught him* ~ jag tog honom på bar gärning **-hat 1** kardinal[shatt] **2** brittisk stabsofficer **-head** rödhårig person **--headed** ['red'hedid] rödhårig **--hot** ['red- 'hɔt] **1** rödglödgad **2** upptänd (av vrede etc.) **3** pinfärsk **4** erotiskt tilldragande; pornografisk

redintegrat|e [re'dintigreit] återställa, göra fullständig **-ion** [re‚dinti'greiʃ(ə)n] återställande

red|-lamp ['redlæmp] *a,* ~ *district* bordellkvarter **--letter** ['red'letə] *a,* ~ *day* helgdag **--light** *se red-lamp* **--neck** *A. sl.* (fattig) sydstatsfarmare

redolen|ce ['redə(u)ləns] vällukt, doft **-t 1** välluktande, doftande **2** tankeväckande, suggestiv

redouble [ri'dʌbl] fördubbla sig, öka

redoubtable [ri'dautəbl] fruktansvärd

redound [ri'daund] tillfalla, tillkomma; vara till hjälp

redress [ri'dres] **I** v **1** avhjälpa, ställa till rätta **2** gottgöra **3** [ri:'dres] klä om [sig], *se dress* **II** s **1** avhjälpande **2** gottgörelse

red|skin ['redskin] rödskinn, indian **--tape** ['red'teip] **--tapism** ['red'teipiz(ə)m] byråkrati[sm]

reduc|e [ri'dju:s] **1** minska, nedsätta, nedbringa, inskränka, reducera **2** *fam.* banta **3** leda tillbaka, härleda **4** degradera, nedflytta **5** bringa till, förvandla **6** banta [ner]; ~ *to practice* omsätta i praktiken; ~ *to powder* finfördela; ~ *to ashes* lägga i aska **-ible** [-əbl] reducerbar **-tion** [-'dʌkʃ(ə)n] **1** bringande; förvandling **2** betvingande **3** reducering, inskränkande, minskande, rabatt, avdrag, nedsättning; ~ *gear box* växellåda

redundan|cy [ri'dʌndənsi] överflöd, *ibl.* överskott **-t 1** överflödande, -full **2** överflödig, pleonastisk

reduplicat|e [ri'dju:plikeit] fördubbla, upprepa; *gram.* reduplicera **-ion** [-,dju:pli'keiʃ(ə)n] fördubbling, upprepning
redwood ['redwud] **1** rödved **2** rödvedsträd
re-echo [ri(:)'ekəu] genljuda, återskalla
reed [ri:d] **I** *s* **1** vass **2** *poet.* vasspipa **3** *mus.* tunga **4** vävsked; ~ *instrument* (~*s*) rörbladsinstrument **II** *v* täcka med vass **--babbler** [-,bæblə] *zool.* rörsångare **--bed** vassbank **--pipe 1** rörflöjt **2** orgelpipa (med *reed*) **--warbler** [-,wɔ:blə] **--wren** *se reed-babbler*
reef [ri:f] **I** *s* **1** *sjö.* rev på segel **2** klipprev, sandrev **3** malmåder (*isht* guld) **II** *v* reva **-er** [-ə] **1** revknut **2** *sl.* haschcigarrett **3** sjömanskavaj **-ing-jacket** ['ri:fiŋ,dʒækit] *se reefer 2* **--knot** *se reefer 1*
reek [ri:k] **I** *s* **1** *Sk.* rök **2** stark lukt; stank **II** *v* **1** ryka **2** lukta starkt; stinka **-y** [-i] **1** rykande **2** rökig
reel [ri:l] **I** *s* **1** rulle; vinda; haspel **2** raglande gång **3** *Sk.* dans; *off the* ~ i farten, utan att stanna **II** *v* **1** rulla (vinda) upp på rulle, rulla av **2** ragla **3** dansa *reel*; *my head* ~*s* det går runt för mig; ~ *off* a rulla av b rabbla upp; ~ *up* rulla in, rulla upp
re-enforce *se reinforce*
reeve [ri:v] *hist.* fogde
refect|ion [ri'fekʃ(ə)n] förfriskning, lätt måltid **-ory** [-kt(ə)ri] refektorium
refer [ri'fə:] **1** hänföra, tillskriva **2** hänvisa, ge anvisning **3** referera till, åberopa **4** remittera, överlämna **5** syfta på **6** anspela på; ~ *o.s. to* anförtro sig åt; ~*ring to* åberopande **-ee** [,refə'ri:] **I** *s* **1** *jur.* skiljedomare **2** *sport.* domare **II** *v* fungera som domare **-ence** ['refr(ə)ns] **1** hänvisning, åberopande **2** referens **3** betyg, vitsord **4** anspelning, hänsyftning; *book of* ~, ~ *book* uppslagsverk; *with* (*in*) ~ *to* med hänsyn till; *on* ~ *to* vid rådfrågning av; *without* ~ *to* utan avseende på; ~ *library* referensbibliotek **-endum** [,refə'rendəm] folkomröstning
refill I *v* ['ri:'fil] åter fylla **II** *s* ['ri:fil] reservstift etc., påfyllningsförpackning
refine [ri'fain] **1** rena **2** förfina, förädla **3** raffinera, ta bort föroreningar; ~ *upon* a lägga an på spetsfundigheter **b** förvränga; ~*d* elegant, raffinerad **-ment** [-mənt] **1** rening **2** förfining, elegans **3** finess **4** spetsfundighet **-r** [-ə] raffinör **-ry** [-əri] raffinaderi
refit ['ri:'fit] **I** *v* återutrusta, reparera **II** *s* reparation **-ment** [-mənt] reparation
reflation [ri:'fleiʃ(ə)n] återgång till normalt penningvärde
reflect [ri'flekt] **1** återkasta, reflektera **2** avspegla, återspegla **3** betänka, fundera på, reflektera; ~ *credit on* förskaffa ära; ~ [*up*]*on* a fundera på **b** kritisera **-ion** [-kʃ(ə)n] **1** reflekterande, återkastning **2** spegelbild **3** eftertanke, reflexion **4** kritik; *on* ~ vid närmare betänkande **-ive** [-iv] **1** tankfull, fundersam **2** reflekterande, återspeglande **-or** [-ə] reflektor
reflex ['ri:fleks] **I** *s* **1** spegelbild **2** reflexrörelse **II** *a* reflex- **-ion** [ri'flekʃ(ə)n] = *reflection* **-ive** [ri'fleksiv] *gram.* reflexiv
reform [ri'fɔ:m] **I** *v* reformera, göra bättre **II** *s* reform, förbättring; *the R~ Act* stora parlamentsreformen 1832; ~ *school* uppfostringsanstalt (*A.*) **-ation** [,refə'meiʃ(ə)n] reformation, förbättring **-ational** [,refə'meiʃ(ə)n| -ative [-ətiv] -atory [-ət(ə)ri] reform-;

reformatory school = *reform school* **-ed** [-d] reformert (kalvinistisk) **-er** [-ə] **-ist** [-ist] reformator, reformvän
refract [ri'frækt] bryta ljusstrålar **-able** [-əbl] brytbar **-ion** [-kʃ(ə)n] strålbrytning, refraktion **-ional** [-kʃənl] **-ive** [-iv] brytande, brytnings- **-or** [-ə] refraktor **-ory** [-(ə)ri] **1** motspänstig, bångstyrig **2** *tekn.* eldfast
refrain [ri'frein] **I** *v* avstå från, hålla tillbaka **II** *s* refräng
refresh [ri'freʃ] **1** uppfriska, vederkvicka **2** svalka **3** fylla på **-er** [-ə] **1** extra arvode till advokat **2** *fam.* styrketår **3** förfriskning **-ing** [-iŋ] uppfriskande **-ment** [-mənt] **1** uppfriskning, vederkvickelse **2** ~*s* förfriskningar; ~ *room* järnvägsrestaurang
refriger|ant [ri'fridʒər(ə)nt] **I** *a* svalkande, avkylande **II** *s* svalkande dryck **-ate** [-reit] kyla av; ~*d carrier* kylfartyg **-ation** [-,fridʒə-'reiʃ(ə)n] avkylning **-ator** [-reitə] kylskåp, kylanordning; ~ *ship* kylfartyg **-atory** [-rə-t(ə)ri] avkylande, kylnings-
refuel [ri:'fjuəl] tanka
refuge ['refju:dʒ] **1** tillflykt[sort]; skydd **2** trottoar, refuge; *take* ~ *in* ta sin tillflykt till **-ε** [,refju(:)'dʒi:] flykting
refulgen|ce [ri'fʌldʒ(ə)ns] [strål]glans, [bländande] sken **-t** glänsande, skinande
refund I *v* [ri:'fʌnd] återbetala, **II** *s* ['ri:fʌnd] återbetalning **-ment** [ri:'fʌndmənt]
refus|al [ri'fju:z(ə)l] avslag, vägran; *meet with* ~ få avslag **-e I** *v* [ri'fju:z] vägra, avvisa; *the horse* ~*s* hästen vägrar (framför ett hinder) **II** ['refju:s] **I** *a* värdelös **2** *s* avfall, skräp, bråte; ~ *goods* utskottsvaror; ~ *dump* sophög; ~ *chute* sopnedkast **-er** [-zə] vägrare
refut|able ['refjutəbl] möjlig att vederlägga **-ation** [,refju(:)'teiʃ(ə)n] vederläggning **-e** [ri-'fju:t] vederlägga
regain [ri'gein] återfå, återvinna; ~ *one's feet* åter komma på benen
regal [ri:g(ə)l] kunglig **-e** [ri'geil] **I** *s* festmåltid **II** *v* **1** bjuda på festmåltid **2** avnjuta; ~ *with* bjuda på; ~ *on* kalasa på **-ia** [ri'geiljə] **1** regalier, kungliga insignier **2** god cigarr **-ity** [ri'gæliti] kungadöme, kunglighet
regard [ri'ga:d] **I** *v* betrakta, anse **2** beträffa, angå **3** iakttaga, noggrant betrakta **4** beakta, uppmärksamma; *as* ~*s*, ~*ing* vad beträffar **II** *s* **1** hänsyn **2** aktning **3** ~*s* hälsningar **4** avseende; *have* ~ *to* fästa avseende vid; *pay no* ~ *to* inte bry sig om; *in* ~ *of* med hänsyn till; *without* ~ *to* utan hänsyn till **-ant** [-(ə)nt] vaksam **-ful** [-f(u)l] uppmärksam **-less** [-lis] **I** *a* vårdslös **II** *adv*, ~ *of* oavsett, utan hänsyn till
regatta [ri'gætə] regatta
regency ['ri:dʒ(ə)nsi] regentskap; förmyndarregering; *the R~* regeringen i Engl. 1810—1820
regenerat|e I *v* [ri'dʒenəreit] pånyttföda **II** *a* [ri'dʒenərit] pånyttfödd **-ion** [ri,dʒenə'rei-ʃ(ə)n] pånyttfödelse; nydaning
regent [ri:dʒ(ə)nt] **1** regent **2** medlem av styrelsen (för vissa statsuniversitet)
regicide ['redʒisaid] **1** kungamördare **2** kungamord
regime [rei'ʒi:m] **1** regim **2** levnadsordning **-n** ['redʒ(i)men] **1** styrelse, regim **2** diet **-nt I** *s* ['redʒ(i)mənt] regemente **II** *v* ['redʒiment] organisera i regementen **-ntal** [,redʒi'mentl] regements- **-ntals** [,redʒi'mentlz] *pl*, *mil.* uniform; *in full* ~ i paraduniform

region ['riːdʒ(ə)n] region, område; *the lower* ~s underjorden; *the upper* ~s himlen **-al** [-ʒənl] regional, lokal-
regist|er ['redʒistə] **I** *s* **1** register, förteckning **2** spjäll **3** registreringsapparat **4** *mus.* omfång; tonläge **II** *v* **1** [in]registrera **2** lägga på minnet **3** *fam.* visa; *tekn.* registrera, utvisa **4** *järnv.* pollettera; *post.* rekommendera **5** registrera sig, skriva in sig; ~*ed trade mark* inregistrerat varumärke **-rar** [‚redʒis'trɑː] **1** registrator **2** [kansli]sekreterare **-ration** [‚redʒis'treiʃ(ə)n] [in]registrering **-ry** [-tri] **1** registrering **2** arkiv; ~ *office* byrå för borgerlig vigsel
Regius ['riːdʒjəs] *a*, ~ *professor* (*Oxf.* o. *Cambr.*) professor (vars professur inrättats av Henry VIII el. senare monarker), kunglig professor
regress I *s* ['riːgres] tillbakagång, regress **II** *v* [ri'gres] återgå, gå tillbaka **-ion** [ri'greʃ(ə)n] förfall, tillbakagång **-ive** [ri'gresiv] tillbakaverkande, regressiv
regret [ri'gret] **I** *v* **1** beklaga, ångra, vara ledsen över **2** sakna; *I* ~ *to say* jag måste tyvärr säga **II** *s* **1** ledsnad, sorg **2** saknad **-ful** [-f(u)l] ledsen, bedrövad; sorglig **-table** [-əbl] beklaglig, sorglig
regroup ['riː'gruːp] **1** återsamlas **2** omgruppera
regular ['regjulə] **I** *a* **1** regelbunden, jämn, stadig **2** regelrätt, reglementarisk; kvalificerad **3** *fam.* riktig, äkta **4** *kat. kyrk.* regulär; *keep* ~ *hours* ha regelbundna tider; *a* ~ *rascal* en riktig kanalje; ~ *fellow* (*guy*) hedersknyffel (*A.*); ~ *soldier* stamanställd soldat **II** *s* **1** fast anställd soldat **2** stamkund **3** *kat. kyrk.* ordenspräst **-ity** [‚regju'læriti] regelbundenhet **-ization** [‚regjulərai'zeiʃ(ə)n] reglering **-ize** [-raiz] göra regelbunden; reglera
regulat|e ['regjuleit] **1** ordna, inrätta efter bestämt mönster **2** reglera, ändra **-ion** [‚regju-'leiʃ(ə)n] **I** *s* **1** reglerande **2** föreskrift, regel; ~ *speed* maximihastighet **II** *a* korrekt, reglementerad, reglementsenlig, sedvanlig **-ive** [-lətiv] **1** reglerande **2** reglementarisk **-or** [-ə] *tekn.* regulator, kontroll
regurgitate [ri'gəːdʒiteit] *vetensk.* **1** åter kasta upp **2** strömma tillbaka
rehabilitat|e [‚riːə'biliteit] upprätta, rehabilitera **-ion** ['riːə‚bili'teiʃ(ə)n] upprättelse, rehabilitering
rehash ['riː'hæʃ] **I** *v* vard. koka upp, servera i ny form **II** *s* vard. uppkok
rehears|al [ri'həːs(ə)l] **1** uppläsning **2** repetition; *dress* ~ generalrepetition **-e** [-s] **1** uppläsa, recitera **2** repetera, öva
reign [rein] **I** *s* regering; regeringstid **II** *v* regera, härska, råda (*äv. fig.*)
reimburse [‚riːim'bəːs] återbetala, ersätta **-ment** [-mənt] återbetalning, ersättning
Reims [riːmz] Reims
rein [rein] **I** *s* tygel; *draw* ~ hålla in; *give* ~ (*the* ~s) ge fria tyglar; *hold* (*keep*) *a tight* ~ *over* hålla i strama tyglar **II** *v* tygla; ~ *in* hålla tillbaka
reincarna|te [riː'inkɑːneit] reinkarnera **-tion** ['riːinkɑː'neiʃ(ə)n] reinkarnation, återfödelse
reindeer ['reindiə] (*pl* ~) *zool.* ren
reinforce [‚riːin'fɔːs] **I** *v* förstärka; ~*d concrete* armerad betong **II** *s* = **-ment** [-mənt] förstärkning
reinstate ['riːin'steit] åter insätta (i ämbete etc.) **-ment** [-mənt] återinsättande

reiterat|e [riː'itəreit] ånyo upprepa **-ion** [riː-itə'reiʃ(ə)n] återupprepande
reject [ri'dʒekt] förkasta, avslå, tillbakavisa **-ion** [-kʃ(ə)n] avslag, förkastelse
rejoic|e [ri'dʒɔis] glädja; glädja sig (*at* över) **-ing** [-iŋ] fröjd, gamman; festligheter
rejoin 1 [ri'dʒɔin] *jur.* avge svaromål **2** ['riː-'dʒɔin] åter sammanfoga, *se join* **-der** [ri-'dʒɔində] *jur.* svaromål
rejuvenate [ri'dʒuːvineit] föryngra; föryngras
relapse [ri'læps] **I** *v* **1** återfalla **2** återinsjukna **II** *s* **1** återfall **2** *med.* recidiv
relat|e [ri'leit] **1** berätta, relatera **2** sätta i samband med **3** stå i relation till; ~*d* besläktad **-ion** [-eiʃ(ə)n] **1** berättelse **2** förhållande, samband, relation **3** ~*s, pl* inbördes förhållande **4** släkting; *bear no* ~ *to, be out of* ~ *to* inte ha något samband med; *in* ~ *to* i förhållande till **2** besläktad **-ionship** [-eiʃ(ə)nʃip] samband; släktskap **-ive** ['relətiv] **I** *a* relativ; ~ *speed* skenbar hastighet **II** *s* släkting **-ively** ['relətivli] *adv* relativt, jämförelsevis **-ivity** [‚relə-'tiviti] relativitet
relax [ri'læks] **1** släppa efter, lossa på **2** mildra, dämpa, lugna **3** bli slapp, slakna **4** koppla av; ~ *the bowels* laxera **-ation** [‚riːlæk'seiʃ(ə)n] **1** avkoppling, förströelse **2** avslappning
relay [ri'lei] **I** *s* **1** ombyte, *isht* friska hästar **2** skift, arbetslag **3** reservdelslager **4** ['riːlei] relä **5** ['riː'lei] återutsändning (av radioprogram etc.); ~ ['riːlei] *race* stafettlöpning; ~ *station* relästation (*tekn.*) **II** *v* ['riː'lei] **1** förse med friska hästar; få avlösning **2** relää, återutsända *se 4 lay*
release [ri'liːs] **I** *v* **1** släppa **2** frige *jur.* efterskänka **4** *jur.* överlåta **5** tillåta (att film visas, att nyheter publiceras etc.), frige **II** *s* **1** frigivning, lössläppande **2** befrielse **3** frisläppande (av film, nyheter etc.) **4** *mek.* utlösningsarm **5** kvitto **6** *jur.* överlåtelse; överlåtelsebrev
relegat|e ['religeit] **1** förvisa, förflytta **2** hänskjuta, överlämna **3** hänföra (till viss klass) **-ion** [‚reli'geiʃ(ə)n] **1** förvisning **2** hänvisning
relent [ri'lent] mjukna, ge efter, vekna **-less** [-lis] obarmhärtig, omedgörlig
relevan|ce ['relivəns] **-cy** [-si] tillämplighet, relevans **-t** hörande till saken, relevant
relia|bility [ri‚laiə'biliti] pålitlighet, tillförlitlighet, vederhäftighet **-ble** [-'laiəbl] pålitlig, tillförlitlig, vederhäftig **-nce** [-'laiəns] tillit, förtröstan
relic ['relik] relik; ~*s* a kvarlevor, stoft **2** lämningar; *fig.* minnen **-t 1** *åld.* efterlämnad maka, änka **2** relikt
relie|f [ri'liːf] **1** lindring, lättnad; befrielse, avhjälpande **2** understöd, bistånd, hjälp **3** *mil.* avlösning, vaktombyte **4** undsättning **5** relief **6** omväxling; ~ *map* reliefkarta; ~ *men* avlösningsmanskap (*mil.*); ~ *train* extratåg; ~ *work* beredskapsarbete **-ve** [-v] **1** befria **2** undsätta **3** understödja, hjälpa **4** lätta; lindra, avhjälpa **5** avlösa **6** framhäva, låta framstå i relief; ~ *one's feelings* ge luft åt sina känslor; ~ *a p. of* befria ngn från; ~ *nature* uträtta sina behov
religion [ri'lidʒ(ə)n] religion, gudsfruktan; *enter into* (*be in*) ~ gå (vara) i kloster; *get* ~ bli religiös (*fam.*) **-ous** [-əs] **I** *a* **1** religions-**2** religiös **3** kloster-**4** samvetsgrann, noga; *with* ~ *care* med utomordentlig noggrannhet **II** *s* medlem av [kloster]orden
relinquish [ri'liŋkwiʃ] ge upp, lämna, avstå

ifrån **-ment** [-mənt] övergivande; avstående ifrån

reliquary ['relikwəri] relikskrin

relish ['reliʃ] **I** *s* **1** angenäm smak **2** egendomlig bismak **3** smak, tycke för **4** kryddande **II** *v* **1** krydda **2** njuta av, tycka om **3** smaka; ha smak för; *read (eat) with [great]* ~ läsa (äta) med god smak

reluctan|ce [ri'lʌkt(ə)ns] motsträvighet **-t** motvillig **-tly** ogärna, mot sin vilja

rely [ri'lai] lita, förtrösta ([*up*]*on* på); *you may* ~ *on it* det kan du lita på

remain [ri'mein] **I** *v* **1** bli kvar, återstå **2** förbli; *l* ~ *yours truly* (i brev) jag förbliver Eder; ~ *single* förbli ogift **II** *s pl*, ~*s* **1** återstod, lämningar **2** kvarlevor, stoft **3** fornlämning **-der** [-də] **I** *s* **1** återstod, rest **2** restupplaga, restexemplar **3** *jur.* hemfallsrätt till egendom **II** *v* slumpa bort, realisera (böcker)

remand [ri'mɑ:nd] **I** *v*, *jur.* återsända; återförvisa (ärende); ~ *in custody* sända tillbaka till rannsakningshäkte; ~ *on bail* frige mot borgen **II** *s*, *jur.* återsändande av fånge till fängelse

remark [ri'mɑ:k] **I** *v* **1** uppmärksamma, iaktta **2** ~ *on* kommentera, yttra sig om **II** *s* yttrande, anmärkning; *worthy of* ~ anmärkningsvärd **-able** [-əbl] märklig, anmärkningsvärd

remed|iable [ri'mi:djəbl] möjlig att bota **-ial** [-jəl] läkande **-y** ['remidi] **I** *s* bot, läkemedel, kur; hjälpmedel **II** *v* råda bot för, avhjälpa

rememb|er [ri'membə] **1** komma ihåg, erinra sig **2** hälsa till; ~ *me to your parents* hälsa dina föräldrar från mig; ~ *o.s.* besinna sig **-rance** [-br(ə)ns] **1** minne[sförmåga] **2** minne, hå0gkomst **3** suvenir, minne; *put in* ~ *of* påminna om

remind [ri'maind] erinra, påminna (*of* om); *that* ~*s me!* det var så sant! **-er** [-ə] påminnelse; kravbrev**-ful** [-f(u)l]*a*, ~ *of* erinrande om

reminisce [,remi'nis] minnas; låta det förgångna passera revy **-nce** [-ns] minne, håg0komst; reminiscens **-nt** erinrande om

remiss [ri'mis] loj, slö; försumlig **-ible** [-ibl] möjlig att förlåta **-ion** [-iʃ(ə)n] **1** förlåtelse **2** efterskänkande av skuld **3** minskning

remit [ri'mit] **1** förlåta **2** efterskänka **3** mildra, lindra **4** remittera, hänskjuta **5** skicka (pengar etc.) **6** uppskjuta **-tal** [-l] **1** förlåtelse; efterskänkande **2** remittering, hänskjutande **-tance** [-(ə)ns] [penning]remissa **-tee** [rimi'ti:] mottagare av remissa **-tent** [-ənt] *med.* tidvis avtagande, remittent **-ter** [-ə] avsändare av remissa

remnant ['remnənt] rest, återstod; stuv

remodel [ri:'mɔdl] omarbeta; sy om, fiffa upp

remonstra|nce [ri'mɔnstr(ə)ns] invändning, protest **-nt** *a* protesterande **II** *s* en som protesterar **-te** ['remənstreit] invända, kraftigt protestera

remorse [ri'mɔ:s] ånger, samvetskval; *without* ~ obarmhärtig, hjärtlös **-ful** [-f(u)l] ångerfull **-less** [-lis] = *without remorse*

remote [ri'məut] avlägsen, fjärran belägen; ~ *ages* (*antiquity*) grå forntiden; *I have not the* ~*st [idea]* jag har ingen aning; ~ *control* fjärrmanövrering

remov|able [ri'mu:vəbl] **1** flyttbar **2** avsättlig **-al** [-v(ə)l] **1** flyttning; bortskaffande **2** avsättning (av tjänsteman) **-e** [-v] **I** *v* **1** flytta,

förflytta, avlägsna **2** ta bort; ta av sig **3** avsätta, avskeda (tjänsteman); ~ *the cloth* duka av; ~ *mountains* göra underverk (*fig.*) **II** *s* **1** avstånd, mellanrum **2** släktled **3** *skol.* flyttning till högre klass **-er** [-ə] stadsbud

remunerat|e [ri'mju:nəreit] ersätta, löna **-ion** [-,mju:nə'reiʃ(ə)n] ersättning **-ive** [-n(ə)rətiv] lönande

renaissance [rə'neis(ə)ns] renässans; *the R* ~ renässansen

renal ['ri:nəl] njur-

renascen|ce [ri'næsns] pånyttfödelse; *the R* ~ = *the Renaissance* **-t** pånyttfödd

rend [rend] gå sönder, slita (riva) [sönder], splittra, klyva, rämna; ~ *one's hair* slita sitt hår

render ['rendə] **I** *v* **1** återgälda **2** lämna (hjälp) **3** överlämna **4** återge; tolka, översätta **5** avlägga, avge (räkenskap etc.) **6** *tekn.* rena genom smältning **II** *s* arrendators prestation **-ing** [-d(ə)riŋ] återgivande; tolkning, översättning

rendezvous ['rɔndivu:, *pl* -z] **I** *s* **1** avtalat möte (*isht* för trupper) **2** avtalad mötesplats **3** populär mötesplats **II** *v* mötas

renegade ['renigeid] **I** *s* avfälling, renegat **II** *v* avfalla

renew [ri'nju:] **1** återuppliva **2** ersätta, renovera **3** förnya **4** förlänga (kontrakt etc.) **-able** [-u(:)əbl] förlängbar **-al** [-u(:)əl] förnyelse; förlängning

rennet ['renit] **1** kalvlöpe **2** renett (äpple)

renounce [ri'nauns] **I** *v* **1** avsäga sig **2** ta avstånd ifrån, ej kännas vid; ~ *the world* dra sig tillbaka från världsliga ting **II** *s* renons **-ment** [-mənt] avsägelse

renovat|e ['renə(u)veit] förnya; renovera **-ion** [,renə(u)'veiʃ(ə)n] förnyelse; restaurering **-or** [-ə] förnyare

renown [ri'naun] ryktbarhet **-ed** [-d] ryktbar

rent [rent] **I** *imperf* o. *perf part* av *rend* **II** *s* **1** spricka, klyfta **2** hyra **2** arrende, jordränta **III** *v* **1** hyra; arrendera **2** hyra ut; arrendera ut **-al** [-l] hyra; ~ *value* hyresvärde **--charge** *jur.* intecknad jordränta **-er** [-ə] arrendator **-ier** ['rɔntiei] rentier **--roll** räntebok **--service** [-,sɔ:vis] dagsverke som arrende

renunciat|ion [ri,nʌnsi'eiʃ(ə)n] avsägelse **2** självförnekelse **-ive** [-'nʌnsieitiv] **-ory** [-'nʌn-ʃətri] självförnekande

reopen ['ri:'əup(ə)n] **1** öppna på nytt **2** börja på nytt, förnya

rep [rep] **1** *förk.* av *repetition* **2** *fam.* skojare, kanalje **3** rips (tyg)

repaid [ri:'peid] *imperf* o. *perf part* av *repay*

repair [ri'pɛə] **I** *v* **1** laga, reparera **2** gottgöra **3** bege sig **II** *s* **1** lagning, reparation **2** gottgörelse; *in good* ~ i gott skick; *out of* ~ förfallen; *under* ~ under reparation **-able** [-əbl] reparabel **-er** [-rə] reparatör **--shop** reparationsverkstad

repara|ble ['rep(ə)rəbl] ersättlig **-tion** [,repə-'reiʃ(ə)n] **1** reparation **2** ersättning, gottgörelse

repartee [,repɑ:'ti:] kvick replik, rappt svar

repast [ri'pɑ:st] måltid

repatriate [ri:'pætrieit] repatriera, skicka tillbaka till fäderneslandet, skicka hem

repay [ri:'pei] betala tillbaka, återbetala, gengälda, återgälda, besvara, löna **-ment** [-mənt] **1** återbetalning **2** återgäldande

repeal [ri'pi:l] **I** *v* upphäva (lag etc.); avskaffa **II** *s* upphävande (av avtal etc.); avskaffande

repeat [ri'pi:t] **I** v **1** upprepa, repetera **2** recitera, läsa upp **3** upprepa sig själv **II** s **1** mus. repris **2** upprepning **3** förnyad beställning **-edly** [-idli] gång på gång **-er** [-ə] **1** en som repeterar **2** repeterar **3** repetergevär
repel [ri'pel] stöta tillbaka, repellera **-lent** [-ənt] frånstötande, motbjudande
repent [ri'pent] ångra; ångra sig **-ance** [-əns] ånger **-ant** [-ənt] ångerfull
repercussion [ˌri:pə'kʌʃ(ə)n] **1** återverkan **2** återstudsning
repertoire ['repətwɑ:] repertoar
repertory ['repət(ə)ri] **1** förrådsrum, skattkammare **2** repertoar; ~ theatre repertoarteater
repetit|ion [ˌrepi'tiʃ(ə)n] **1** repetition, upprepning **2** uppläsning ur minnet **3** konst. replik **-ive** [ri'petitiv] repeterande
repine [ri'pain] knota, klaga (at, against över)
replace [ri'pleis] **1** återställa **2** ersätta, efterfölja **-able** [-əbl] ersättlig **-ment** [-mənt] ersättare, ersättning
replenish [ri'pleniʃ] åter fylla **-ed** [-t] full **-ment** [-mənt] påfyllning
replet|e [ri'pli:t] **1** fylld **2** överfull **-ion** [-i:ʃ(ə)n] **1** överfyllnad **2** övermättnad
replica ['replikə] konst. replik, kopia gjord av konstnären själv **-te** [-keit] göra en replik av en tavla **-tion** [ˌrepli'keiʃ(ə)n] **1** reproduktion, kopia **2** jur. genmäle; svar **3** eko
reply [ri'plai] **I** v svara (to på) **II** s svar
report [ri'pɔ:t] **I** v **1** rapportera, redogöra för **2** anmäla sig (på viss plats o. tid) **3** referera **4** rapportera ngn till en överordnad; it is ~ed det påstås; ~ o.s. anmäla sig; ~ed speech indirekt tal **II** s **1** rykte **2** rapport **3** referat **4** betyg **5** knall (från skjutvapen); by common ~ ryktesvis; of good ~ med gott rykte **-er** [-ə] rapportör, referent; reporter
repose [ri'pəuz] **I** v vila; vila sig **2** anförtro; sätta förtroende till **II** s vila, lugn **-ful** [-f(u)l] stilla, rofylld
repository [ri'pɔzit(ə)ri] **1** upplagsplats, förvaringsrum **2** magasin, nederlag **3** museum
reprehen|d [ˌrepri'hend] klandra, ta avstånd ifrån **-sible** [-səbl] klandervärd **-sion** [-nʃ(ə)n] klander
represent [ˌrepri'zent] **1** (om bild) föreställa; föreställa sig **2** framställa, skildra **3** påpeka, framhålla **4** representera, företräda **5** framställa såsom; spela [teater]roll **-ation** [ˌreprizen'teiʃ(ə)n] **1** framställning, bild **2** representation **3** redogörelse; make ~s to göra ngn föreställningar **-ative** [-ətiv] **I** a **1** representativ **2** pol. representations- **3** föreställande **II** s **1** typiskt exempel **2** representant, ombud; the House of R~s Representanthuset (i USA:s Congress)
repress [ri'pres] underkuva, trycka ner, betvinga **-ible** [-əbl] möjlig att underkuva **-ion** [-eʃ(ə)n] undertryckande; hämning **-ive** [-iv] a undertryckande
reprieve [ri'pri:v] **I** v benåda; bevilja uppskov **II** s uppskov
reprimand ['reprimɑ:nd] **I** s officiell tillrättavisning **II** v skarpt tillrättavisa
reprint ['ri:'print] **I** v trycka om **II** s om-, nytryck, ny upplaga; särtryck
reprisal [ri'praiz(ə)l] **1** hist. beslag av utländsk undersåtes egendom **2** repressalier; make ~[s] utöva repressalier

reproach [ri'prəutʃ] **I** v förebrå **II** s förebråelse **-ful** [-f(u)l] förebrående
reprobat|e ['repr(ə)ubeit] **I** v förkasta, högeligen ogilla **II** a förtappad **III** s förtappad syndare **-ion** [ˌrepr(ə)u'beiʃ(ə)n] **1** fördömande **2** teol. förkastelse, fördömelse
reproduc|e [ˌri:prə'dju:s] **1** fortplanta; fortplanta sig **2** reproducera, återge **3** framställa på nytt **-ible** [-əbl] möjlig att reproducera, framställa **-tion** [ˌri:prə'dʌkʃ(ə)n] **1** reproduktion (av konstverk) **2** återgivande, reproducerande **3** nyproduktion **4** biol. fortplantning **-tive** [ˌri:prə'dʌktiv] fortplantnings-; reproducerande
repro|of [ri'pru:f] förebråelse **-ve** [-u:v] förebrå
reptil|e ['reptail] **I** s reptil **II** a kräl- **-ian** [rep'tiliən] reptil-, reptilliknande
republic [ri'pʌblik] republik **-an** [-ən] **I** a **1** republikansk **2** R~ tillhörande (gällande) Republikanska partiet (A.) **II** s **1** republikan **2** R~ medlem av Republikanska partiet (A.); R~ Party Republikanska partiet (A.)
repudiat|e [ri'pju:dieit] förkasta, tillbakavisa; förneka, förskjuta **-ion** [-ˌpju:di'eiʃ(ə)n] förkastande, förskjutande
repugnan|ce [ri'pʌgnəns] **1** avsky, motvilja **2** motsägelse, inkonsekvens **-t** motstridig
repuls|e [ri'pʌls] **I** v **1** slå tillbaka, driva tillbaka **2** avvisa, avslå **II** s tillbakaslående; avvisande; avslag **-ion** [-lʃ(ə)n] **1** motvilja **2** fys. repulsiv **3** tillbakadrivande
reput|able ['repjutəbl] aktad, aktningsvärd **-ation** [ˌrepju(:)'teiʃ(ə)n] rykte, anseende **-e** [ri'pju:t] **I** s anseende, rykte; I know him by ~ jag känner honom av rykte; be in bad ~ ha dåligt rykte **II** v anse; be ~d vara känd som; be well ~d ha gott anseende; his ~d father hans förmente fader **-edly** [-idli] adv enligt allmänna meningen
request [ri'kwest] **I** s **1** begäran, anhållan **2** efterfrågan; at your ~ på er begäran; by ~ som svar på en begäran (anhållan), på begäran; in great ~ mycket efterfrågad **II** v begära, anhålla
requiem ['rekwiem] själamässa, rekviem
require [ri'kwaiə] **1** behöva, erfordra **2** kräva, fordra; ~d erforderlig **-ment** [-mənt] **1** behov **2** krav, fordran, anspråk
requisit|e ['rekwizit] **I** a erforderlig, nödvändig **II** s behov; ~s förnödenheter **-ion** [ˌrekwi'ziʃ(ə)n] **I** s **1** rekvisition, utskrivning **2** skriftlig anhållan; be in (under) ~ vara i bruk; put in (bring into, call into) ~ lägga beslag på, rekvirera **II** v rekvirera, lägga beslag på; ta i anspråk
requit|al [ri'kwaitl] vedergällning **-e** [-t] **1** gengälda **2** vedergälla; ~ like for like betala med samma mynt
reredos ['riədɔs] altarskåp, -tavla
rescind [ri'sind] återkalla, upphäva
rescript ['ri:skript] **1** officiellt påbud **2** påvlig svarsskrivelse
rescue ['reskju:] **I** v **1** rädda, bärga **2** jur. återta med våld **II** s räddning; come to the ~ komma till undsättning **-r** [-juə] räddare
research [ri'sə:tʃ] **I** s vetenskaplig undersökning, forskning; market[ing] ~ marknadsforskning; motivation[al] ~ motivforskning **II** v forska
resembl|ance [ri'zembləns] **1** likhet **2** utseende **3** avbild **-e** [-l] likna

resent [ri'zent] harmas över, känna sig sårad av, ta illa upp **-ful** [-f(u)l] harmsen **-ment** [-mənt] förbittring, harm, förtrytelse
reservIation [‚rezə'veiʃ(ə)n] **1** reserverande **2** reservering **3** *A.* [indian]reservat **-e** [ri'zɔ:v] **I** *v* reservera, spara, bevara **II** *s* **1** reserv **2** förbehåll, reservation **3** [indian]reservat; ~ *fund* reservfond; ~ *price* förbehållet minimipris (vid auktion) **-oir** ['rezəvwɑ:] reservoar, behållare
reside [ri'zaid] **1** bo, stadigvarande uppehålla sig **2** (om makt) tillkomma, ligga hos
residenIce ['rezid(ə)ns] bostad, hemvist; *have* (*take up*) *one's* ~ bo (flytta till); *place of* ~ hemort; ~ *is required* (om ämbetsman) måste vara bosatt på platsen **-cy** [-si] residens **-t I** *a* boende **II** *s* invånare på orten; bofast person **-tial** [‚rezi'denʃ(ə)l] bostads-; ~ *street* gata med bostadshus; ~ *district* bostadskvarter; ~ *hotel* familjehotell **-tiary** [‚rezi'denʃəri] **I** *a* bofast, bosatt **II** *s* präst som bor i tjänstebostad; ~ *house* tjänstebostad
residuIal [ri'zidjuəl] **I** *s* rest **II** *a* överbliven **-ary** [-əri] återstående; ~ *legatee* huvudarvinge **-e** ['rezidju:] återstod, rest; *kem.* residuum; *jur.* behållning i dödsbo (sedan legat utbetalats) **-um** [-əm] bottensats; drägg
resign [ri'zain] **1** ta avsked; avsäga sig, avstå från **2** underkasta sig; resignera; ~ *o.s.* överlämna sig (*to* åt) **-ation** [‚rezig'neiʃ(ə)n] **1** avskedsansökan; avsägelse **2** resignation, underkastelse; *send in one's* ~ begära avsked **-ed** [-d] undergiven, resignerad **-edly** [-idli] resignerat
resilienIce [ri'ziliəns] elasticitet, spänstighet; återhämtningsförmåga **-t 1** elastisk, spänstig **2** glad, munter
resin ['rezin] **I** *s* kåda; harts **II** *v* hartsa; gnida med kåda **-ous** [-əs] kådig
resist [ri'zist] motstå, motarbeta; göra motstånd mot **-ance** [-(ə)ns] motstånd; *follow the line of least* ~ följa minsta motståndets lag **-ant** [-(ə)nt] som gör motstånd **-ible** [-əbl] möjlig att motstå
resoluble [ri'zɔljubl] upplöslig
resolutIe ['rezəlu:t] bestämd, beslutsam, resolut **-ion** [‚rezə'lu:ʃ(ə)n] **1** bestämdhet, beslutsamhet **2** resolution, mötesbeslut **3** föresats **4** lösning (av problem etc.) **5** sönderdelning, upplösning
resolve [ri'zɔlv] **I** *v* **1** besluta, bestämma sig **2** förklara; lösa problem **3** analysera; sönderdela, upplösa **II** *s* beslut **-d** = *resolute*
resonanIce ['reznəns] resonans **-t** genljudande
resort [ri'zɔ:t] **I** *v* **1** ta sin tillflykt (*to* till) **2** ~ *to* anlita **3** ofta besöka, frekventera **II** *s* **1** utväg **2** tillflykt **3** rekreationsort; *in the last* ~ som en sista utväg; *seaside* ~ badort
resound [ri'zaund] **1** genljuda **2** *fig.* besjunga, göra känd
resource [ri'sɔ:s] **1** tillgång **2** utväg, hjälpmedel **3** tidsfördriv **4** fyndighet, rådighet; ~*s* resurser; *a man of* ~ en rådig man; *I am at the end of my* ~*s* jag vet mig ingen råd; *he is full of* ~ han finner alltid en utväg **-ful** [-f(u)l] rådig, fyndig
respect [ris'pekt] **I** *s* **1** aktning, respekt **2** hälsningar **3** hänsyn, omtanke **4** avseende; *have* ~ *to* a ta hänsyn till **b** syfta på; *in* ~ *of*, *with* ~ *to* med avseende på; *without* ~ *to* utan hänsyn till; *in all* ~*s* i alla avseenden; *he paid his* ~*s to the king* han betygade kungen

sin aktning; *give my* ~*s to your brother* jag ber om min hälsning till din bror **II** *v* respektera, ta hänsyn till; ~ *o.s.* ha självaktning; ~ *persons* ha anseende till personen **-ability** [ris‚pektə'biliti] aktningsvärdhet **-able** [-əbl] **1** aktningsvärd, respektabel **2** anständig **3** hjälplig, dräglig **-ful** [-f(u)l] vördsam, vördnadsfull; *yours* ~*ly* (i brev) vördsamt **-ing** [-iɳ] beträffande, med hänsyn till **-ive** [-iv] respektive, var o. en för sig **-ively** [-ivli] i angiven (tur o.) ordning
respirIation [‚respə'reiʃ(ə)n] andning **-ator** ['respəreitə] respirator **-atory** [ris'paiərət(ə)ri] andnings- **-e** [ris'paiə] andas
respite ['respait] **I** *s* anstånd, uppskov, respit **II** *v* uppskjuta, bevilja uppskov med
resplendenIce [ris'plendəns] **-cy** [-si] skimmer, lyster **-t** skimrande, glänsande
respond [ris'pɔnd] **I** *v* **1** svara **2** reagera på; påverkas av **3** *A.* vara ansvarig för **II** *s* *dld. jur.* svarande (*isht* vid skilsmässoprocess) **2** *univ.* responsor
responsIe [ris'pɔns] **1** svar **2** reaktion **-ibility** [ris‚pɔnsə'biliti] **1** ansvar **2** vederhäftighet, pålitlighet **-ible** [-əbl] **1** skyldig, ansvarig **2** vederhäftig, pålitlig **-ive** [-iv] svars-, svarande **2** lättillgänglig **3** sympatisk **-ory** [-əri] responsorium
rest [rest] **I** *v* vila; vila sig, ta igen sig **2** låta vila **3** stödja, vila, ligga; stödja sig **4** förlita sig (*in* på) **5** förbli **6** återstå; ~ *assured that* vara säker att; *it* ~*s with you to decide* det kommer an på dig att besluta **II** *s* **1** lugn, vila **2** [sjömans]hem **3** stod **4** *mus.* paus **5** återstod, rest; *at* ~ a i vila **b** död; *lay to* ~ lägga till vila, begrava; *set at* ~ a lugna **b** avgöra (tvistefråga) **--house** [-haus] **1** härbärge (för vägfarande) **2** vilohem
restaurant ['rest(ə)rɔ̃:(ɳ)] restaurang **--car** restaurangvagn
restful ['restf(u)l] rogivande, vilsam
restitution [‚resti'tju:ʃ(ə)n] **1** restitution, ersättning **2** upprättelse
restive ['restiv] bångstyrig; motspänstig
restless ['restlis] rastlös, orolig **-ness** [-nis] **1** rastlöshet, orolighet **2** verksamhet; iver, livlighet
restock [ri:'stɔk] fylla på förråden
restorIation [‚restə'reiʃ(ə)n] **1** återställande **2** restauration **3** återlämnande **4** *vetensk.* rekonstruktion; *the R*~ återupprättandet av monarkin 1660 **-ative** [ris'tɔ:rətiv] **I** *a* stärkande; återställande **II** *s* stärkande medel **-e** [ris'tɔ:] **1** återlämna, ge tillbaka; åter tillsätta **2** restaurera **3** *vetensk.* rekonstruera **4** återinsätta (i ämbete etc.); ~ *to health* återställa till hälsan
restrain [ris'trein] **1** hålla tillbaka, lägga band på **2** hindra, avhålla **3** inspärra **4** begränsa, inskränka **-t 1** återhållande, hämning **2** hinder, tvång **3** inspärrning **4** förbehållsamhet; *under* ~ under arrest; *without* ~ ohejdat
restrict [ris'trikt] begränsa, inskränka **-ion** [-kʃ(ə)n] inskränkning **-ive** [-iv] restriktiv
restroom ['restrum] *A.* toalett
result [ri'zʌlt] **I** *v* resultera, bli följden; ~ *in* leda till, sluta med **II** *s* resultat, följd **-ant** [-(ə)nt] *a* resulterande, följande **II** *s, fys.* resultant
resumIe [ri'zju:m] **1** återta, ta tillbaka **2** återuppta, börja igen **3** sammanfatta; ~ *one's seat*

sätta sig igen **-ption** [-'zʌm(p)ʃ(ə)n] återuppta-
gande **-ptive** [-'zʌm(p)tiv] sammanfattande
resurgent [ri'sɔːdʒ(ə)nt] *a* återuppvaknande,
återuppblomstrande
resurrect [ˌrezə'rekt] **1** återuppväcka, åter-
uppliva **2** *fam.* gräva upp **-ion** [-kʃ(ə)n] **1**
återuppståndelse **2** uppgrävning (av gravar);
the R~ Kristi uppståndelse; *~ pie* paj på
rester (*skämts.*); *~ man* = **-ionist** [-kʃ(ə)nist]
gravskändare
resuscitat|e [ri'sʌsiteit] återuppväcka, åter-
uppliva **-ion** [-ˌsʌsi'teiʃ(ə)n] *s* återuppväc-
kande **-ive** [-iv] *a* återuppväckande **-or** [-ə]
återuppväckare
retail *s* ['riːteil] detaljhandel **II** *v* [riː'teil]
1 sälja i detaljhandel **2** berätta i detalj **--dealer**
['riːteilˌdiːlə] **-er** [riː'teilə] detaljhandlare
retain [ri'tein] **1** hålla kvar, behålla **2** anställa,
engagera **3** komma ihåg; *~ing fee* förhandsar-
vode till advokat **-er** [-ə] **1** *åld.* vasall **2** tro-
tjänare **3** *se retaining fee*
retaliat|e [ri'tælieit] **1** återgälda (beskyllning
etc.) **2** vedergälla, hämnas **-ion** [-ˌtæli'eiʃ(ə)n]
vedergällning, hämnd **-ive** [-iv] **-ory** [-iət(ə)ri]
vedergällnings-
retard [ri'tɑːd] försena, fördröja; *~ed child*
efterblivet barn **-ation** [ˌriːtɑː'deiʃ(ə)n] för-
sening, dröjsmål **-ment** [-mənt] försening
retch [retʃ] **I** *v* försöka att kräkas **II** *s* försök
att kräkas
retent|ion [ri'tenʃ(ə)n] bibehållande; kvar-
hållande **-ive** [-ntiv] fasthållande, kvarhål-
lande; *~ memory* säkert minne
reticen|ce ['retis(ə)ns] tystlåtenhet **-t** för-
tegen, tystlåten
reticul|ar [ri'tikjulə] **-ate** [-lit] **-ated** [-leitid]
nätlik **-e** ['retikjuːl] dams syväska
retina ['retinə] näthinna
retinue ['retinjuː] följe, svit
retir|e [ri'taiə] **I** *v* **1** dra sig tillbaka, försvinna
2 gå till sängs **II** *mil.* retirera **4** dra sig till-
baka, avgå, gå i pension **5** tvinga att avgå,
avlägsna **6** (om sedlar etc.) dra in; lösa in;
~ into o.s. sluta sig inom sig själv **II** *s, mil.*
reträttsignal **-ed** [-d] **1** avskild, tillbakadragen
2 pensionerad **3** reserverad, tillbakadragen;
~ pay (allowance) pension; *~ list* förteckning
över pensionerade (officerare) **-ement** [-mənt]
1 avsked **2** tillbakadragenhet **3** *mil.* återtåg
-ing [-riŋ] **1** avskeds-, pensions- **2** tillbaka-
dragen, reserverad; *~ age* pensionsålder; *~
room* toalett
retort [ri'tɔːt] **I** *v* **1** svara skarpt, replikera
2 *kem.* rena i retort **II** *s* **1** skarp replik **2** *kem.*
retort
retouch ['riː'tʌtʃ] förbättra, retuschera, upp-
friska, överarbeta (*picture, poem*)
retrace [ri'treis] gå efter, följa, spåra; *~ one's
steps* vända om samma väg
retract [ri'trækt] **1** dra in, dra tillbaka **2** åter-
kalla **-ation** [ˌriːtræk'teiʃ(ə)n] återkallande
-ion [-kʃ(ə)n] **1** tillbakadragande **2** återkal-
lande **-ile** [-ail] möjlig att ta tillbaka **-or** [-ə]
en som drar in etc., *se retract*
retreat [ri'triːt] **I** *v* **1** *mil.* retirera, dra sig till-
baka **2** ge vika (i diskussion etc.) **II** *s* **1** *mil.*
reträtt, återtåg **2** *mil.* taptosignal **3** fristad,
tillflykt[sort] **4** avgång, avsked; *beat a ~* slå
till reträtt; *in ~, äv.* pensionerad
retrench [ri'tren(t)ʃ] **1** skära ner, minska **2**
skära av, ta bort **-ment** [-mənt] **1** nedskär-
ning, minskning **2** borttagande

retribut|ion [ˌretri'bjuːʃ(ə)n] straff, vedergäll-
ning **-ive** [ri'tribjutiv] vedergällnings-
retrieve [ri'triːv] **I** *v* **1** apportera **2** återvinna
3 ersätta, gottgöra **4** rädda **II** *s* räddning; *bey-
ond (past)* ~ hopplöst förlorad **-r** [-ə] stövare
retro- ['retrə(u)] *pref* åter-, tillbaka-
retroact [ˌretrəu'ækt] återverka, reagera **-ion**
[-'ækʃ(ə)n] reaktion, återverkan **-ive** [-iv]
retroaktiv, tillbakaverkande
retro|cession [ˌretrə(u)'seʃ(ə)n] återlämnande
-choir ['retrə(u)kwaiə] den del av koret som
ligger bakom högaltaret **-flex** ['retrə(u)fleks]
vetensk. tillbakaböjd **-gradation** [ˌretrə(u)-
grə'deiʃ(ə)n] tillbakagång **-grade** ['retrə(u)-
greid] **I** *a* tillbakariktad; avtagande **II** *v* **1**
röra sig baklänges **2** gå tillbaka, avta **-gress**
[ˌretrə(u)'gres] gå tillbaka **-gression** [ˌretrə(u)-
'greʃ(ə)n] **1** tillbakagång **2** *astr.* retrograda-
tion **-gressive** [ˌretrə(u)'gresiv] *a* tillbaka-
gående **--rocket** ['retrəuˌrɔkit] bromsraket
-spect ['retrə(u)spekt] återblick **-spection**
[ˌretrə(u)'spekʃ(ə)n] återblick **-spective** [ˌre-
trə(u)'spektiv] **1** återblickande **2** återverkande,
retroaktiv
return [ri'tɔːn] **I** *v* **1** komma tillbaka, åter-
vända **2** replikera, genmäla **3** lämna igen,
återlämna **4** återgå **5** inlämna, avge skrivelse
(svar etc.) **6** välja till parlamentet **7** besvara,
återgälda **8** framföra; *~ a blow* slå tillbaka;
~ the compliment återgälda komplimangen;
~ guilty finna skyldig; *~ like for like* betala
med samma mynt; *~ thanks* framföra tack
II *s* **1** återkomst **2** vinst, avkastning **3** officiell
rapport **4** lön, vedergällning **5** val till parla-
mentet **6** *med.* recidiv **7** *pl, ~s* a returgods
b [statistiska] uppgifter **c** mild piptobak;
many happy ~s [of the day]! har den äran!;
by ~ omgående; *in ~* i gengäld, som mot-
prestation; *on ~* i kommission; *on my ~* vid
min återkomst; *income tax ~* självdeklara-
tion; *~ match* returmatch **--ticket** [-ˌtikit]
tur o. retur-biljett
reun|ion ['riː'juːnjən] **1** återförening **2** sam-
mankomst **-ite** ['riːjuː'nait] återförenas
rev [rev] *BE.,* ~ [*up*] rusa (om motor)
Rev. *BE. förk. för* Reverend
reveal [ri'viːl] uppenbara, avslöja, förråda;
o.s. avslöja sig
reveille [ri'væli] revelj
revel ['revl] **I** *v* **1** festa om, svira, rumla **2** *fig.*
frossa (*in i*) **II** *s* brakfest, dryckeslag
revelation [ˌrevi'leiʃ(ə)n] **1** gudomlig uppen-
barelse **2** avslöjande, uppenbarande; [*the
Book of*] *R~* Uppenbarelseboken
revel|ler ['revlə] festprisse, rumlare **-ry** [-lri]
svirande, festande, rumlande
revenge [ri'ven(d)ʒ] **I** *v* (= *~ o.s.*) hämnas
II *s* **1** hämnd **2** revansch **-ful** [-f(u)l] **1** hämnd-
girig **2** hämnande
revenue ['revinju:] **1** inkomst, avkastning **2**
statsinkomster; *~ collector* uppbördsman; *~
cutter* tullkryssare; *~ officer* tulltjänsteman;
inland ~ statens inkomster i form av skatter,
tullavgifter etc.
reverbera|nt [ri'vɔːb(ə)rənt] återskallande, re-
flekterande **-te** [-reit] (om ljus, ljud etc.) re-
flektera, återkasta **-tion** [ˌvɔː'bə'reiʃ(ə)n] **1**
återkastande, eko **2** genljud; *his speech gave ~
throughout the world* hans tal gav genljud i
hela världen **-tive** [-bəreitiv] *se reverberant*
-tor [-reitə] reflektor **-tory** [-bərət(ə)ri] *a, ~
furnace* flamugn

revere [ri'viə] vörda, se upp till
reveren|ce ['rev(ə)r(ə)ns] **I** s **1** aktning, vördnad **2** *åld.* vördnadsbetygelse **II** v vörda **-d 1** vördnadsvärd **2** prästtitel; *The Rev. John Smith* kyrkoherde (pastor) John Smith; *The Right Rev. the Lord Bishop* '(titel för biskop); *The Very Rev. Dean* (titel för domprost); *~s* prästerskap **-t, -tial** [,revə'renʃ(ə)l] vördnadsfull
reverie ['revəri] **1** dagdröm **2** fantasi, drömbild; *be lost in* [*a*] *~* vara försjunken i drömmerier
revers|al [ri'və:s(ə)l] **1** omkastning **2** *jur.* upphävande (av dom *o.d.*) **-e** [ri'və:s] **I** a omvänd, motsatt; *~ fire* eld i ryggen (*mil.*); *~ side* baksida **II** v **1** vända, backa, kasta om **2** omkasta, omändra (ordning) **3** *jur.* upphäva **4** (i dans) vända **III** s **1** motsats **2** baksida **3** motgång **4** backning (om bil) **-er** [-ə] *elektr.* omkastare **-ible** [-əbl] reversibel, omkastbar **-ion** [-ɔ:ʃ(ə)n] **1** *jur.* återgång **2** återgång till tidigare tillstånd
revert [ri'və:t] återgå, återkomma, gå tillbaka **-ible** [-əbl] egendom som kan återgå
revet [ri'vet] revetera
review [ri'vju:] **I** s **1** granskning, noggrann undersökning **2** *mil.* mönstring, parad **3** recension, anmälan **4** återblick **5** *jur.* revision av dom **6** periodisk tidskrift; *pass in ~* mönstra, granska **II** v **1** åter granska **2** *mil.* inspektera, mönstra **3** recensera, anmäla **4** *jur.* revidera (dom) **-er** [-u(:)ə] recensent, anmälare
revile [ri'vail] smäda, skymfa **-ment** [-mənt] smädelse, skymf
revis|e [ri'vaiz] **I** v revidera, granska; *the R~d Version* den 1870—1874 reviderade engelska bibelöversättningen **II** s, *boktr.* andra korrektur, revider **-er** [-ə] granskare **-ion** [-'viʒ(ə)n] **1** granskning, bearbetning **2** andra upplaga, reviderad upplaga
reviv|al [ri'vaiv(ə)l] **1** återupplivande **2** (religiös) väckelse **3** *teat.* repris; *the ~ of learning* renässansen **-alism** [-vəliz(ə)m] väckelse **-alist** [-vəlist] väckelsepredikant **-e** [-v] **1** återuppväcka, återuppliva **2** *fig.* uppfriska **3** leva upp, få nytt liv; *~ a p.'s memory* friska upp ngns minne
revo|cable ['revəkəbl] återkallelig **-cation** [,revə'keiʃ(ə)n] återkallande, upphävande **-ke** [ri'vəuk] **1** återkalla, upphäva **2** *kortsp.* underlåta att bekänna färg
revolt [ri'vəult] **I** v **1** göra uppror, revoltera **2** bli upprörd, fylla med avsky **3** avfalla (*from* från) **4** bjuda ngn emot, uppröra **II** s **1** uppror, revolt **2** upprördhet **3** avfall **-er** [-ə] upprorsmakare **-ing** [-iŋ] **1** upprörande **2** motbjudande **3** upprorisk
revolution [,revə'lu:ʃ(ə)n] **1** rotation, varv **2** *astr.* kretslopp **3** revolution, uppror; *the R~ a BE.* revolutionen 1688 **b** *A.* frihetskriget 1775—1783 **-ary** [-ʃnəri] **I** a revolutionär; *the R~ War* am. frihetskriget 1775—1783 **II** s revolutionär = **-ist** [-ʃnist] revolutionär **-ize** [-ʃnaiz] revolutionera, omstörta, fullständigt förändra
revolv|e [ri'vɔlv] **1** rotera, snurra runt, vrida sig **2** överväga, grubbla över **3** kretsa **4** sätta i svängning, vrida **-er** [-ə] revolver **-ing** [-iŋ] roterande; *~ door* svängdörr; *~ stage* vridscen
revue [ri'vju:] *teat.* revy

revuls|ion [ri'vʌlʃ(ə)n] plötslig omkastning, häftig reaktion mot **-ive** [-lsiv] avledande (medel)
reward [ri'wɔ:d] **I** s belöning; hittelön; ersättning; *as a ~ for* till belöning för **II** v belöna **-ing** [-iŋ] lönande, värd mödan
rhapsod|ic[al] [ræp'sɔdik, -(ə)l] rapsodisk **-y** ['ræpsədi] rapsodi
rhea [riə] *zool.* nandu (slags struts)
Rhenish ['ri:niʃ] *åld.* **I** a rhensk **II** s rhenvin
rhetoric ['retərik] retorik, vältalighet **-al** [ri-'tɔrik(ə)l] retorisk **-ian** [retə'riʃ(ə)n] vältalare, retor
rheum [ru:m] *åld.* flytning, avsöndring **-atic** [ru(:)'mætik] **I** a reumatisk **II** s reumatiker; *~s pl* reumatisk värk **-atism** ['ru:mətiz(ə)m] reumatism
Rhine [rain] *the ~* Rhen
rhino [rainəu] **1** *förk. av rhinoceros* **2** *sl.* pengar; *ready ~* kontanter **-ceros** [rai'nɔs(ə)rəs] noshörning
Rhode Island [rəud'ailənd] delstat i USA
Rhodesia [rə(u)'di:zjə] Rhodesia
rhododendron [,rəudə'dendr(ə)n] *bot.* rododendron
rhomb [rɔm] romb **-ic** ['rɔmbik] rombisk **-oid** ['rɔmbɔid] romboid **-us** ['rɔmbəs] *se rhomb*
rhubarb ['ru:bɑ:b] rabarber
rhyme [raim] **I** s rim, vers; *without ~ or reason* utan rim o. reson **II** v rimma; skriva vers **-r** [-ə] **-ster** [-stə] rimsmidare
rhythm ['rið(ə)m] rytm **-ic[al]** ['riðmik, -(ə)l] rytmisk
rib [rib] **I** s **1** revben **2** ådra (i blad, trä etc.) **3** upphöjd rand i tyg **4** *sjö.* spant **5** bergutsprång **6** *skämts.* hustru **II** v förse med revben; *~bed knitting* ribbstickning, resårstickning
ribald ['rib(ə)ld] **I** a plump, rå, oanständig **II** s, *åld.* sälle; gycklare **-ry** [-ri] gyckel, begabberi
riband ['ribənd] *se ribbon*
ribbing ['ribiŋ] *koll.* ådror
ribbon ['ribən] **1** band **2** ordensband **3** strimla, remsa; *~s* tömmar **--man** [-mən] medlem av *R~ Society* (hemligt katolskt sällskap på Irland)
riboflavin [,raibəu'fleivin] riboflavin (vitamin B_2)
rice [rais] ris, risgryn
rich [ritʃ] **1** rik **2** dyrbar **3** fruktbar, bördig **4** (om mat) mäktig, fet **5** (om ljud etc.) fyllig **6** (om vin o.) mustig **7** *fam.* dråplig, obetalbar; *strike it ~* (*vard.*) ha tur med sig **-es** [-iz] rikedomar **-ly** [-li] rikt, rikligen; *deserve a thing ~* vara dubbelt förtjänt av ngt **-ness** [-nis] (endast om sak o. abstr.) rikhaltighet, rikedom, egenskapen att vara rik etc., *se rich*
rick [rik] **I** s höstack **II** v stacka
ricket|s ['rikits] *pl, med.* rakitis, engelska sjukan **-y** [-i] **I** *med.* rakitisk **2** svag, skröplig
rickshaw ['rikʃɔ:] riksha
ricochet ['rikəʃei] **I** s rikoschett **II** v rikoschettera
rid [rid] befria från; *get ~ of* göra sig kvitt, befria sig ifrån **-dance** [-(ə)ns] befrielse; *he is a good ~* honom är det skönt att slippa
ridden ['ridn] *perf part av ride*
riddle ['ridl] **I** s **1** gåta (*äv. fig.*) **2** grovt såll; *she is a ~ to me* jag blir inte klok på henne **II** v **1** gissa gåtor **2** tala i gåtor **3** sålla **4** genomborra

ride [raid] **I** v **1** rida **2** åka **3** låta ngn rida **4** rida genom **5** (om jockey) väga **6** flyta på **7** förtrycka, topprida; *let it* ~*!* låt den gå!; ~ *150 lbs.* ha 150 lbs startvikt; *the ship* ~*s on the wind* fartyget seglar i vinden; *the moon is riding high* månen står högt på himlen; ~ *at anchor* ligga för ankar; ~ *to death* överdriva, fresta för hårt; ~ *down* **a** rida omkull **b** rida ifatt **c** röja ur vägen; ~ *for a fall* fara fram alltför hänsynslöst; ~ *off on a side issue* växla in på ett sidospår *(fig.)*; ~ *out* rida ut (oväder etc.); ~ *the whirlwind* rida ut stormen **II** s **1** ritt, ridtur **2** åktur **3** *mil.* beriden avdelning; *take a p. for a* ~ **a** ta ngn på en åktur (ridtur) **b** föra bort ngn för att röja honom ur vägen *(A.)* **-r** [-ə] **1** ryttare **2** tillägg

ridg|**e** [ridʒ] **I** s rygg, kam; ås **II** v avgränsa, kanta (med ngt upphöjt, t. ex. stenar) **-ed** [-d] försedd med åsar etc. **-epole** takås, -bjälke **-y** [-i] *se ridged*

ridicul|**e** ['ridikju:l] **I** v förlöjliga, håna **II** s hån, åtlöje, spe **-ous** [ri'dikjuləs] löjlig

riding ['raidiŋ] **I** s **1** ridning **2** "tredjedel", förvaltningsområde i Yorkshire **II** a ridande; *Little Red R*~ *Hood* Rödluvan; ~ *breeches* ridbyxor **-habit** [-,hæbit] riddräkt (för dam)

rife [raif] **I** a gängse, i omlopp, förhärskande, vanlig; ~ *with* uppfylld (full) av **II** v bli gängse, komma i omlopp

riffle [rifl] *A.* bläddra i

riff-raff ['rifræf] slödder, pack

rifle ['raifl] **I** s **1** räffla **2** gevär **3** ~*s* infanterister; fältjägare **II** v **1** räffla **2** plundra, råna; ~ *green* jägargrön **-grenade** ['raiflgri'neid] gevärsgranat **-man** [-mən] [gevärs]skytt; infanterist; fältjägare **-pit** skyddsgrop **-range 1** skotthåll **2** skjutbana

rift [rift] klyfta, spricka, reva, rämna; *there is a little* ~ *within the lute* det finns vissa tecken på missämja

rig [rig] **I** s **1** sjö. rigg **2** *fam.* utstyrsel, kläder **3** knep **4** skoj, upptåg; *I'm up to your* ~ jag genomskådar dina knep **II** v **1** *sjö.* rigga, tackla; göra klar **2** *fam.* klä [ut], rigga upp **3** lura **4** provisoriskt sätta ihop; ~ *out* utrusta; ~ *the market* påverka börspriserna **-ged** [-d] riggad, tacklad **-ging** [-iŋ] *sjö.* rigg

right [rait] **I** a **1** höger **2** rätt, riktig **3** rät **4** *åld.* äkta, verklig; *that's* ~ det är bra, det stämmer; ~ *you are!* naturligtvis!; *you are* ~ du har rätt; ~ *oh* bra; just det; då säger vi så; *not* ~ *in one's mind* inte normal (klok); *put (set)* ~ ställa till rätta, göra i ordning; *on the* ~ *side of forty* under 40 år gammal; *make all* ~ ställa till rätta (igen); ~ *whale* grönlandsval **II** v **1** räta, räta upp; räta upp sig **2** gottgöra **3** rätta till (fel); *the ship* ~*ed itself* fartyget rätade upp sig; *it will* ~ *itself* det kommer att rätta sig **III** s **1** rätt[visa] **2** rätt[ighet] **3** höger sida; *the* ~*s of the case* det rätta förhållandet; *be in the* ~ ha rätten på sin sida; *have a* ~ *to* ha rätt till; *do a p.* ~ göra ngn rättvisa; *by (of)* ~ rätteligen; *by* ~ *of* på grund av, i kraft av; *on your* ~ på din högra sida; *set (put) to* ~*s* ställa till rätta; *to the* ~ till höger; ~ *of way* **a** rätt att passera över annans mark **b** förkörsrätt; *she is a peeress in her own* ~ hon är adlig på grund av börd **IV** *adv* **1** rätt, rakt **2** alldeles, precis **3** rätt, riktigt **4** till höger **5** *A.* direkt **6** *(i titel)* hög-, högt; ~ *ahead* rakt fram; ~ *across* tvärs över; ~ *away (off)* omedelbart; *serves you* ~*!* det

var rätt åt dig!; *nothing goes* ~ *with me* ingenting lyckas för mig **--about** *mil.* helt om; *send to the* ~ driva på flykten; ~ *face (turn)!* (kommando) helt om! **--and-left** ['raitənd-'left] från alla sidor; *a* ~ *shot* ett skott ur båda bösspiporna **--angled** [-,æŋgld] rätvinklig **--down** äkta, riktig, ärke- **-eous** [-ʃəs] rättrådig, rättskaffens; rättmätig **-ful** [-f(u)l] rättmätig **--hand** ['rait'hænd] **1** höger hand **2** oumbärlig hjälpreda, högra hand **--handed** ['rait'hændid] högerhänt, höger- **-ho** ['rait'əu] *se right oh* **-ly** [-li] **1** med rätta **2** riktig, rätt **3** rättskaffens **--minded** ['rait'maindid] rättsinnad **-ness** *se right III* **-o** ['rait'əu] *se right oh* **-ward[s]** [-wəd(z)] till (åt) höger

rigid ['ridʒid] **1** stel, styv **2** sträng **-ity** [ri'dʒiditi] **1** stel-, styvhet **2** stränghet

rigmarole ['rigm(ə)rəul] **I** s svammel **II** a svamlande, osammanhängande

rigo|**r** ['raigɔ:, *A.* 'rigə] **1** *med.* frossbrytning; ~ *mortis* likstelhet **2** ['rigə] *A.* = *rigour* **-rous** ['rig(ə)rəs] **1** sträng; noggrann **2** bister, hård, sträng **-ur** ['rigə] hårdhet, stränghet; ~*s* strängt levnadssätt

rig-out ['rig'aut] *sl.* stass; utrustning

rile [rail] irritera, förarga

rill [ril] bäck; rännil

rim [rim] **1** s **1** fälg (på hjul) **2** rand, kant **II** v kanta, förse med kant

rime [raim] **I** s **1** = *rhyme* **2** *poet.* rimfrost **II** v **1** = *rhyme* **2** täcka med rimfrost

rind [raind] **1** bark **2** skal; yta **II** v barka

rinderpest ['rindəpest] boskapspest

ring [riŋ] **I** s **1** ring **2** arena, bana **3** (olaglig) sammanslutning (t. ex. av affärsmän) **4** ringning; *the* ~ **a** boxningsvärlden **b** vadhållarna **c** cirkusvärlden; *there's a* ~ det ringer; *three* ~*s* tre signaler; *give a* ~ ringa upp på telefon; *false (true)* ~ falsk (äkta) klang **II** v **1** omringa, innesluta **2** ringa **3** genljuda, skalla; ~ *a bell (sl.)* a lyckas b bli godkänd **c** få (ngn) att känna igen el. minnas; ~ *again* genljuda; ~ *[the curtain] down* a ringa till ridåns nedgång **b** avsluta, sluta; ~ *for* ringa på; ~ *in (out)* ringa in (ut); ~ *off* ringa av i telefon; ~ *with* genljuda av; ~ *up* ringa upp i telefon **--bark** ringbarka (träd) **-er** [-ə] klockare **--fence** fullständig inhägnad, ringmur **-leader** [-,li:də] ledare, anstiftare **-let** [-lit] hårlock **--mail** ringbrynja **-man** vadhållare **--master** [-,mɑ:stə] cirkusdirektör **--tail 1** duvhök **2** pungråtta **--worm** *med.* revorm

rink [riŋk] **I** s skridskobana, ishockeybana **II** v åka [rull]skridskor

rinse [rins] **I** v skölja **II** s sköljning

riot ['raiət] **I** s **1** upplopp, oroligheter **2** utsvävningar **3** *sl.* ngn som är jätterolig(t); *R*~ *Act* upprorslagen; *read the R*~ *Act to*, *äv.* läsa lagen för, läsa lusen av; *a* ~ *of colour* en våldsam färgprakt; *run* ~ fara vildsint fram **II** v **1** göra uppror, ställa till med upplopp **2** leva ett utsvävande liv; ~ *away* förspilla (sitt liv genom utsvävning) **-er** [-ə] upprorsmakare, orostiftare **-ous** [-əs] **1** upprorisk **2** utsvävande

rip [rip] **I** v **1** sprätta upp, skära, rispa **2** splittras, klyvas **3** ila iväg; *the storm* ~*ped the roof* stormen slet loss tegelpannorna från taket; *let her* ~ (om båt etc.) låt den gå!, försök inte stoppa den; ~ *up* riva upp **II** s **1** reva, rispa **2** liderlig person, vivör **3** hästkrake **--cord** utlösningstamp på fallskärm

ripe [raip] mogen; ~ *lips* fylliga läppar; *die at a ~ age* dö vid framskriden ålder **-n** [-(ə)n] mogna **-ness** [-nis] mognad
riposte [ri'pəust] **I** *s* ripost **II** *v* ripostera
ripp|er ['ripə] **1** baddare, hejare **2** sprättkniv **-ing** [-iŋ] *sl.* jätte-, väldigt
ripple ['ripl] **I** *s* **1** krusning (på vattenyta) **2** vågskvalp, kluckande; *it excited ~s of interests* det väckte då o. då visst intresse **II** *v* **1** (om vattenyta) krusa sig **2** klucka, skvalpa **--cloth** frotté
ripsaw ['ripsɔ:] klyvsåg
rise [raiz] **I** *v* **1** (om solen, månen etc.) gå upp, visa sig **2** resa sig, stiga upp **3** stiga ur sängen, gå upp **4** uppstå på nytt **5** avancera, stiga i graderna **6** stiga upp, höja sig **7** ökas, stiga, tillväxa **8** göra uppror, resa sig **9** bryta upp; ~ *at a p.* hylla ngn stående; *he did not ~ a fish all day* han fick inget napp på hela dagen; *her colour rose* hennes färg steg; ~ *from, äv.* komma från, härstamma från; ~ *in the world* göra karriär; ~ *in arms* gripa till vapen; ~ *in rebellion* göra uppror; ~ *to* vara vuxen; *he did not ~ to the occasion* han var inte situationen vuxen; *spirits rose* stämningen blev bättre; ~ [*up*]*on a p.* stiga i ngns aktning; ~ *upon the view* bli synlig **II** *s* **1** stigning, kulle, höjd **2** ökning, höjning, tillväxt **3** upprinnelse, upphov **4** uppståndelse (från de döda) **5** (solens, månens etc.) uppgång; *prices are on the* ~ priserna är i stigande; *get* (*take*) *a ~ out of a p.* lura ngn, få ngn att reagera våldsamt; *have* (*take*) *its* ~ in ha sitt ursprung i; *give* ~ *to* ge anledning till **-n** ['rizn] *perf part* av *rise* **-r** [-ə] *s*; *an early* ~ en morgonpigg (morgontidig) person
risib|ility [,rizi'biliti] skrattlust **-le** ['rizibl] **1** skratt- **2** skrattlysten
rising ['raiziŋ] **I** *s* **1** uppståndelse **2** uppstigning **3** uppror **4** backe, stigning **5** ökning, tillväxt **6** (solens etc.) uppgång **II** *a* närmande sig; *he is* ~ *12* han närmar sig 12 års ålder; *the* ~ *generation* det uppväxande släktet; ~ *ground* lutning, stigning
risk [risk] **I** *s* risk, fara; *at the* ~ *of* med fara för; *run the* ~ *of* utsätta sig för risken av **II** *v* riskera, våga **-ful** [-f(u)l] **-y** [-i] riskabel
risqué ['ri:skei] vågad, ekivok
rissole ['risəul] krokett, risoll
rit|e [rait] ceremoni, rit **-ual** ['ritʃuəl] **I** *a* rituell **II** *s* ritual
rival ['raiv(ə)l] **I** *s* medtävlare, rival; *without a* ~ ouppnådd **II** *a* rivaliserande, konkurrerande **III** *v* rivalisera, konkurrera, tävla med
rive [raiv] **1** splittra, klyva **2** splittras, rämna
river ['rivə] flod; *fig.* ström **--bank** [-'bæŋk] flodstrand **--basin** [-,beisn] flod-, vattenområde **--bed** ['rivə'bed] flodbädd **--head** ['rivə'hed] källa **--horse** ['rivə'hɔ:s] flodhäst **-ine** [-rain] flod- **-side** flodstrand
rivet ['rivit] **I** *s* nit **II** *v* nita, fästa; *be ~ed* vara fastnaglad
rivulet ['rivjulit] bäck, liten å
rix-dollar ['riks'dɔlə] *hist.* riksdaler
roach [rəutʃ] **1** *zool.* mört **2** = *cockroach*; *as sound as a* ~ pigg som en mört
road [rəud] **1** väg **2** körbana **3** ~*s, pl* redd; *in the* (*one's*) ~ i ngns väg; *get out of the* ~ flytta sig ur vägen; *give a p. the* ~ lämna vägen fri för ngn; *take to the* ~ slå sig på stråtröveri (*hist.*); ~ *up* vägarbete pågår **-ability** [,rəudə'biliti] väghållningsförmåga

-agent [-,eidʒ(ə)nt] stråtrövare (*A.*) **-block** vägspärr **--book** vägatlas **--hog** bildrulle **--house** motell **--metal** [-,metl] sten för vägbygge **--roller** [-,rəulə] [ång]vält **-side** vägkant **-stead** redd **-ster** [-stə] **1** häst **2** [sport]-bil **-way** körbana **-work** konditions-, löpträning **--worthy** [-,wə:ði] trafikduglig
roam [rəum] **I** *v* flacka (resa) omkring **II** *s* strövtåg
roan [rəun] **I** *a* rödgrå; (om häst) rödbrun med grå el. vita stänk **II** *s* skimmel
roar [rɔ:] **I** *v* **1** ryta, vråla **2** brusa, dåna; ~ *again* genljuda **II** *s* rytande, vrålande **-er** [-rə] **1** en som ryter **2** svettig häst; ~ *of laughter* rungande gapskratt **-ing** [-riŋ] rytande, dånande; ~ *health* utomordentlig hälsa; ~ *night* stormig natt (*äv. fig.*); *the* ~ *twenties* det vilda tjugutalet; *the* ~ *forties* stormig del av Atlanten (40° sydlig bredd)
roast [rəust] **I** *v* **1** steka, rosta, bränna **2** *fam.* håna, driva med **3** *fig.* stekas, bli för varm **II** *a* stekt, rostad **III** *s* stekt kött **-ing-jack** stekvändare
rob [rɔb] råna, plundra, beröva **-ber** [-ə] rånare **-bery** [-əri] rån
robe [rəub] **I** *s* **1** *åld.* klädnad **2** (dams) galatoalett **3** ämbetsdräkt, galadräkt; mantel **4** *A.* buffelhud; *gentlemen of the* ~ juristkåren **II** *v* iklä sig ämbetsdräkt
robin ['rɔbin] *zool.* rödhakesångare
robot ['rəubɔt] robot (i alla bet.); maskinmässigt arbetande person
robust [rə(u)'bʌst] kraftig, stadig, robust **-ious** [-iəs] **1** stark, kraftig **2** bullrande; skränig
rochet ['rɔtʃit] mässkjorta
rock [rɔk] **I** *s* **1** klippa, klippblock **2** gråsten, hälleberg **3** (slags) karamell **4** slända **5** rockmusik; *the R~* Gibraltar; *on the ~s* a pank, bankrutt **b** på gränsen till katastrof **c** (om drink) med is; ~ *crusher* stenkross; ~ *salt* bergsalt **II** *v* **1** vagga, gunga **2** spela (dansa till) rockmusik **--bottom** ['rɔk'bɔtəm] klippbotten; ~ *prices* lägsta möjliga priser **-er** [-ə] **1** vagga **2** gungstol **3** *A.* gunghäst **4** rocksångare; *off one's* ~ vrickad, rubbad (*sl.*) **-ery** [-əri] stenparti
rocket ['rɔkit] **I** *s* **1** raket **2** *sl.* skarp tillrättavisning **II** *v* flyga som en raket **-eer** [rɔki'tiə] raketforskare **-ry** [-ri] raketteknik
rock|ing-chair ['rɔkiŋtʃeə] gungstol **-ing-horse** gunghäst **--oil** petroleum **--solid** ['rɔk'sɔlid] ytterst stabil **-y** [-i] **1** klippig **2** stenhård; *the R~ Mountains* = *the Rockies* Klippiga bergen
rod [rɔd] **1** spö, stång, käpp **2** kroppsaga **3** måttstav, mätstång **4** metspö **5** *A. sl.* pistol, revolver; *make a ~ for one's own back* binda ris åt egen rygg; *kiss the* ~ undergivet ta emot bestraffning
rode [rəud] *imperf* av *ride*
rodent ['rəud(ə)nt] **I** *a* gnagande **II** *s* gnagare
rodeo [rə(u)'deiəu] *A.* **1** insamling av boskap för märkning **2** riduppvisning av cowboys **3** motorcykeluppvisning
rodomontade [,rɔdəmɔn'teid] **I** *s* skryt, skrävel **II** *a* skrytsam, skrävlande **III** *v* skryta, skrävla
roe [rəu] **1** rådjur **2** rom; *hard* ~ rom; *soft* ~ mjölke **-buck** råbock **--deer** rådjur
rogation [rə(u)'geiʃ(ə)n] *s, kyrk.*, *R~ days* gångdagar; *R~ Sunday* femte söndagen efter

påsk; *R* ~ *week* veckan före Kristi Himmels-
färdsdag
rogu|e [rəug] **1** *åld.* landstrykare **2** lymmel,
kanalje **3** *smeks.* skälm, spjuver **4** vildsint
elefant (buffel) **-ery** [-əri] **1** bovaktighet **2** bov-
streck **-ish** [-iʃ] bovaktig
roil [rɔil] **1** grumla **2** irritera, reta
roister ['rɔistə] rumla, skrävla **-er** [-t(ə)rə] rum-
lare, skrävlare
role [rəul] roll
roll [rəul] **I** *s* **1** vals, rulle **2** [pergament]rulle
3 lista, förteckning **4** franskbröd **5** rulad **6**
mil. trumvirvel **7** vält **8** dunder, åskskräll **II** *v*
1 rulla **2** (om åska) mullra; *he is* ~*ing in money*
han vältrar sig i pengar; *the reckoning is*
~*ing up* räkningen växer mer o. mer; ~ *along*
(*on*) rulla fram; ~ *out* rulla ut; ~ *up* rulla
upp **--call** *mil.* appell, namnupprop **-er** [-ə]
1 rulle **2** dyning **3** [ång]vält; ~ *bearing* rull-
lager **-er-bandage** ['rəulə'bændidʒ] gasbinda
-er-skate [-ˌskeit] rullskridsko **-er-towel**
['rəulə'tau(ə)l] rullhandduk
rollick ['rɔlik] leka, vara lekfull **-ing** [-iŋ] upp-
sluppen, lekfull
rolling|-mill ['rəuliŋmil] valsverk **--pin** kavel,
brödkavle
roly-poly ['rəuli'pəuli] syltpudding
Roman ['rəumən] **I** *a* romersk; *the* ~ *Empire*
Romarriket; ~ *numerals* romerska siffror **II**
s **1** romare **2** romersk katolik; [*the Epistle to*]
the ~*s* Romarbrevet
romance [rə(u)'mæns] **I** *s* **1** kärleksaffär **2** ro-
mantisk berättelse **3** skepparhistoria **II** *a*, *R*~
romansk **III** *v* **1** fantisera **2** dikta upp roma-
ner (historier) **-r** [-ə] **1** romandiktare **2** fantas-
tisk lögnare
Roman|esque [ˌrəumə'nesk] **I** *a*, *åld.* romansk
II *s* romansk [byggnads]stil **-ic** [rə(u)'mænik]
I *a* romansk **II** *s* romanska språk **-ist** ['rəu-
mənist] **1** romersk katolik **2** *språkv.* romanist
-ize ['rəumənaiz] **1** latinisera **2** bli (göra) till)
romersk katolik
romantic [rə(u)'mæntik] **I** *a* romantisk **II** *s*
romantiker **-ism** [-isizəm] romantik **-ist**
[-isist] romantiker **-ize** [-isaiz] romantisera
Romany ['rɔməni] **1** zigenare **2** zigenarspråk
Rome [rəum] Rom
romp [rɔmp] **I** *v* **1** (om barn) leka, rasa, stoja
2 löpa snabbt o. lätt; ~ *in* (*home*) vinna en
lätt seger **II** *s* **1** yrhätta, bråkstake **2** vild lek
-er[s] [-ə(z)] barnoverall **-ish** [-iʃ] **-y** [-i]
ostyrig, vild, lekfull
rood [ru:d] **1** [triumf]krucifix **2** ytmått =
1/4 *acre* (10 ar) **--loft** korläktare **--screen**
korskrank
roof [ru:f] **I** *s* [ytter]tak; *the* ~ *of the mouth*
gomvalvet; *be under a p's* ~ gästa ngn **II** *v*
täcka, täcka över; förse med tak **-er** [-ə] tack-
brev **-ing** [-iŋ] takläggning **-tree** takbjälke
rook [ruk] **I** *s* **1** *zool.* råka **2** *kortsp.* falsk-
spelare **3** *schack.* torn **II** *v* **1** *kortsp.* vinna ge-
nom falskspel **2** skörta upp, ta för mycket
betalt av **-ery** [-əri] **1** råkkoloni **2** djurkoloni
(*isht* sälar) **3** ruckel, kråkslott **-ie** [-i] *sl.* **1** *mil.*
rekryt **2** gröngöling **-y** [-i] full av råkor
room [ru:m] **I** *s* **1** rum **2** ~*s, pl* våning, bostad
3 plats, utrymme **4** tillfälle, möjlighet; *no* ~ *to*
swing a cat dåligt svängrum; *I prefer his* ~ *to*
his company jag ser honom hellre gå än kom-
ma; *there's* ~ *for improvement* det finns anled-
ning till förbättringar; *make* ~ ge utrymme,
maka åt sig **II** *v*, *A.* bo; ~ *with a p.,* ~ *together*

dela bostad med ngn **-ed** [-d] med ....rum;
four-~*flat* fyrarumsvåning **-er** [-ə] *A.* inne-
boende **-ie** [-i] **--mate** rumskamrat **-y** [-i]
rymlig
roost [ru:st] **I** *s* **1** hönsstång, hönspinne **2** höns-
hus; *go to* ~ gå o. lägga sig; *at* ~ till sängs;
his curses came home to ~ hans förbannelser
föll tillbaka på honom själv; *rule the* ~ vara
herre på täppan (*fam.*) **II** *v* **1** sitta uppflugen
på en stång o. sova **2** gå till sängs **-er** [-ə] tupp
root [ru:t] **I** *s* **1** rot **2** ~*s* rotfrukter **3** planta
4 *fig.* upphov, ursprung, rot **5** *sl.* haschcigar-
rett; *pull up by the* ~*s* dra upp med rötterna;
~ *and branch* allting, rubb o. stubb; *take*
(*strike*) ~ slå rot; *have its* ~[*s*] *in* ha sin grund
i; *be* (*lie*) *at the* ~ *of* vara upphov (orsak) till;
the ~ *idea* grundtanken; *square* (*second*) ~
kvadratrot; *cube* (*third*) ~ kubikrot **II** *v* **1** slå
rot **2** rota (böka) i marken **3** *A.* heja på, ap-
plådera; ~ *out* a utrota, rycka upp med rötterna
b snoka reda på, lista ut; ~ *up* rycka upp med
rötterna; ~*ed to the spot* (*ground*) fastvuxen,
fastnaglad **-er** [-ə] *A.* anhängare **--stock** *bot.*
rotstock **-y** [-i] **I** *a* full av rötter **II** *s*, *mil. sl.*
käk, mat
rope [rəup] **I** *s* rep, lina; *know the* ~*s* känna
till knepen; *give a p.* ~ [*to hang himself*] ge ngn
fria tyglar att störta sig i fördärvet; ~ *of sand*
löst band; bedräglig trygghet; *put a p. up to*
the ~*s* visa ngn till rätta; instruera ngn om
knepen; *be on the high* ~*s* **a** visa sig styva
linan **b** vara högdragen **II** *v* **1** binda fast **2**
fånga in ngn **3** inhägna med rep **4** *BE.* kapp-
löpn. hålla tillbaka; inte ge en häst fria tyglar
5 (om vätska) bli seg; ~ *in* inhägna med rep;
~ *a p. in* övertyga ngn, övertala ngn att bli
anhängare; ~ *up* binda fast **-dancer** [-ˌdɑːnsə]
lindansare **--ladder** [-ˌlædə] repstege **--rail-**
way [-ˌreilwei] linbana **--walk** repslagarbana
--walker [-ˌwɔːkə] lindansare **--yard** repslagar-
bana **--yarn** *sjö.* kabelgarn
ropy ['rəupi] (om vätska) seg, klibbig
roquet ['rəuki] **I** *s, krocket.* krockande av ett
klot mot ett annat **II** *v* krockera
rorty ['rɔːti] *vard.* lekfull, ostyrig
rosary ['rəuzəri] **1** rosenträdgård **2** *kat.* rosen-
krans, radband
1 rose [rəuz] *imperf av rise*
2 rose [rəuz] **I** *s* **1** ros **2** rosett **3** rosafärg, rosen-
rött **4** ~*s* rosiga kinder; *gather* ~*s* försöka att
njuta av livet; *under the* ~ i förtroende, i hem-
lighet; *the Wars of the R* ~*s* (*BE.*) rosornas krig
(mellan York o. Lancaster) **II** *a* rosen- **-ate**
[-ziit] rosenröd **--bay 1** azalea **2** oleander **3**
mjölkört **--bud** rosenknopp; *A.* debutant
--bush rosenbuske **--colour** [-ˌkʌlə] rosen-
rött; *life is not all* ~ livet är inte alltid en dans
på rosor **--drop** hudutslag **--leaf** rosenblad;
a crumpled ~ en lätt förstämning **-mary**
[-m(ə)ri] rosmarin **-ola** [rəu'ziːə(u)lə] **--rash**
rött hudutslag, roseola **-tte** [rə(u)'zet] rosett
--water [-ˌwɔːtə] rosenvatten; *he got a* ~
treatment han lindades i bomull (*fig.*)
Rosh Hashana ['rɔʃhəˈʃɑːnə] det judiska ny-
året
Rosicrucian [ˌrəuziˈkruːʃjən] rosenkreutzare
rosin ['rɔzin] **I** *s* [stråk]harts **II** *v* hartsa
roster ['rəustə] *mil.* tjänstgöringsförteckning
rostr|ated [rɔs'treitid] försedd med näbb **-um**
['rɔstrəm] (*pl -a*) **1** talarstol **2** näbb
rosy ['rəuzi] rosig, rosenkindad
rot [rɔt] **I** *v* **1** ruttna, bli skämd **2** *sl.* retas,

skoja **3** förorsaka röta **II** *s* **1** röta **2** *veter.* får-koppor **3** *sl.* strunt, smörja

rota ['rəutə] **1** tjänstgöringsordning **2** tjänst-göringsförteckning **R-rian** [rəu'tɛəriən] rota-rian **-ry** [-ri] roterande; *R ~ Club* rotaryklubb **-te** [rə(u)'teit] **1** rotera **2** sätta i rotation **3** turas om, växla **-tion** [rə(u)'teiʃ(ə)n] **1** rota-tion **2** växling, ömsesidig avlösning; *~ of crops* växtföljd, växelbruk **-tional** [rə(u)'teiʃənl] **-tive** [rə(u)'teitiv] **1** rotations- **2** växlings- **-tor** [rə(u)'teitə] rotationsmaskin **-tory** [-t(ə)ri] *se rotational*

rote [rəut] *s, by ~* av gammal vana; *say by ~* rabbla upp utantill

rot-gut ['rɔtgʌt] *sl.* starksprit av allra sämsta sort

roto|graph ['rəutəgrɑːf] (slags) fotografiskt avtryck **-gravure** [,rəutəgrə'vjuə] *boktr.* ro-tationsdjuptryck (rotogravyr) **-r** [-ə] rotor (på helikopter)

rotten ['rɔtn] **1** rutten **2** skämd, fördärvad **3** *sl.* urusel, eländig **-stone** min. trippel

rotter ['rɔtə] *sl.* värdelös person, kräk

rotund [rə(u)'tʌnd] **1** trind, knubbig **2** (om röst, tal) fulltonig **3** (om stil) högtravande **-a** [-ə] rotunda

rouble ['ruːbl] rubel

roué [ruː'ei] liderlig sälle, roué

rouge [ruːʒ] rött smink

rough [rʌf] **I** *a* **1** skrovlig, gropig, ojämn **2** (om sjö, väder) hård, stormig **3** våldsam, häf-tig **4** enkel, grov, simpel **5** obearbetad, ohug-gen; *gjord* som utkast **6** klumpig; oförsiktig **7** missljudande **8** lurvig, raggig **9** rå, ohyfsad **10** ungefärlig; *~ copy* kladd, utkast; *~ luck* otur; *have a ~ time* slita ont *(fam.)* **II** *adv* rått, våldsamt **III** *s* **1** oländig mark **2** buse, li-gist **3** oarbetat tillstånd; *in the ~* a i oarbetat skick **b** i huvudsak; *through ~ and smooth* i med- o. motgång **IV** *v* **1** tillyxa, grovt arbeta **2** sko (brodda) häst; *~ in (out)* skissera; *~ it* slita ont; *~ a p. up* reta upp ngn, *sl.* slå el. misshandla ngn i syfte att skrämmas **--and-ready** ['rʌfən'redi] ungefärlig; *~ calculations* approximativa beräkningar **--and-tumble** ['rʌfən'tʌmbl] **I** *s* regellöst slagsmål, råkurr **II** *a* oordnad **--cast** *s* **a 1** grovrappad **2** *fig.* ofullständigt utarbetad **II** *s* puts, rappning **III** *v* **1** putsa, rappa, revetera **2** *fig.* utarbeta i stora drag **--dry** låta torka utan mangling etc. **-en** [-n] **1** göra grov **2** reta **3** bli ursinnig **--hew** ['rʌf'hjuː] tillyxa, göra upp grunddragen till; *~n* ohyfsad, rå *(fig.)* **--house I** *v* ställa till med bråk **II** *s* *(vanl. rough house)* slagsmål, bråk **-ly** [-li] **1** ungefär **2** rått, våldsamt **3** primitivt, konstlöst, enkelt **--neck** *A.* buse, ligist **--rider** [-,raidə] stallmästare, beridare **--shod** skarp-skodd (om häst); *ride ~ over* behandla hän-synslöst, topprida

roul|ade [ruː'lɑːd] *mus.* löpning **-eau** [-'ləu] rulle av guldmynt **-ette** [ruː(ː)'let] rulett

Roumania [ruː(ː)'meinjə] Rumänien **-n I** *a* ru-mänsk **II** *s* rumänier; rumänska [språket]

round [raund] **I** *a* **1** rund **2** fullständig, kom-plett **3** rättfram; öppen **4** duktig, rask; *~ arch* rundbåge; *~ robin* tävling där alla möter alla; *~ table conference* rundabords-konferens; *~ trip* a rundresa **b** *A.* tur o. returresa **II** *s* **1** klot, rund, ring **2** cirkel **3** om-gång, varv; *sport.* rond **4** ringdans **5** (skarpt) skott; salva; *~ of fire* salva *(mil.)*; *~ of ammu-nition* skott; *in all the ~ of Nature* i hela na-

turens rike **III** *v* **1** avrunda, göra rund **2** fara runt **3** bli rund **4** vända sig om; *~ out* lägga ut, bli tjock; *~ up* inringa, samla ihop kreatur **IV** *adv* **1** runt, omkring **2** runt omkring, från alla håll; *all ~* på alla håll, över lag; *~ about* omkring; *I'll be ~ at 6* jag kommer tillbaka omkring kl. 6; *show a p. ~* visa ngn omkring; *order the car ~* beställa fram bilen **V** *prep* runt omkring **-about** [-əbaut] **I** *a* **1** cirkule-rande, gående runt **2** *fig.* omskrivande **3** knub-big, fyllig, tjock **II** *s* **1** omväg **2** *fig.* omskriv-ning **3** trafikrondell **4** rundresa **5** karusell **-el** [-l] **1** liten rund skiva **2** medaljong **3** ringdans **-elay** [-ilei] **1** ringdans **2** refräng **-er** [-ə] **1** *A.* vanedrinkare, -förbrytare **2** varv i långboll **-ers** [-əz] långboll **-hand** rund handstil **-head** rundhuvud, puritan **-house 1** *hist.* fängelse **2** *sjö.* rundhus **-ly** [-li] **1** runt **2** öppet, oförbehåll-samt **3** grundligt **--shot** ['raund,ʃɔt] kanon-kula **--shouldered** ['raund'ʃouldəd] kutryg-gig **-sman** [-zmən] **1** orderupptagare **2** *A.* vaktchef (som inspekterar poster) **--text** rund-skrift **-towel** [-,tauəl] rullhandduk **--up** raz-zia; sammandrivning av boskap

rouse [rauz] **I** *v* **1** väcka **2** vakna **3** reta upp, egga = *~ up* **II** *s* **1** *mil.* revelj **2** *åld.* dryckeslag

rout [raut] **I** *s* **1** vild flykt **2** folkmassa **3** *åld.* stor bjudning; *put to ~* fullständigt riva upp o. jaga på flykten **II** *v* **1** rota, böka **2** väcka, köra upp (ur sängen)

route [ruːt] **1** resväg, rutt **2** *mil.* marschord-ning; *en ~* på vägen **--march** [övnings]-marsch

routin|e [ruː'tiːn] **1** rutin **2** fast regel **3** slen-trian; *~ duties* vardagsplikter **-ist** person som fastnat i slentriänmässigt handlande

rove [rəuv] **I** *v* ströva omkring, flacka runt **II** *s* strövtur **-r** [-ə] **1** vandrare **2** sjörövare

1 row [rau] **1** *s* bråk, oväsen; gräl; *what's the ~ ?* vad står på?; *kick up a ~* ställa till bråk **II** *v* gräla på, skälla ut

2 row [rəu] **I** *s* **1** rad, räcka **2** *teat.* [bänk]rad **3** gata **4** roddtur **II** *v* ro; *~ dry* ro utan att plaska med årorna

rowan ['rauən] **1** rönn **2** rönnbär

row-boat ['rəubəut] roddbåt

row-de-dow ['raudi'dau] buller, oväsen

rowdy ['raudi] **I** *a* bråkig **II** *s* bråkmakare

rowler ['rəuə] roddare **-ing 1** ['rəuiŋ] rodd **2** ['rauiŋ] ovett

rowlock ['rɔlək] årtull

royal ['rɔi(ə)l] **I** *a* **1** kunglig; *R~ Academy (Society)* Konstakademin (Vetenskapsakade-min); *~ blue* kungsblått; *there's no ~ road to ...* det finns ingen kungsväg till ... ; *we had a ~ time* vi roade oss kungligt **II** *s, fam.* med-lem av kungahuset; *the R~s, the R~ Scots [Regiment]* **1** forsta infanteriregementet **-ism** ['rɔiəliz(ə)m] rojalism **-ist** ['rɔiəlist] rojalist **-ty** [-ti] **1** kungamakt, kunglighet **2** *royalties* de kungliga, medlemmar av kungahuset *(fam.)* **3** kungligt privilegium; av kungen be-viljad rättighet **4** avgift till patentinnehavare, royalty

rub [rʌb] **I** *v* **1** gnugga, gnida, gno **2** skava, nöta; *~ one's hands* gnugga händerna; *~ noses* (om vildar) gnida näsorna mot var-andra; *~ elbows (shoulders) [with]* vara i stän-dig beröring med; *~ a p. the wrong way* irri-tera ngn; *~ along (on)* knoga sig fram *(fig.)*; *~ down* gnida ren; rykta häst; *~ in* gnida in; *~ off* nötas bort, nötas av; *~ out* stryka bort;

~ *through* ta sig igenom (*fig.*); ~ *together* nöta mot varandra; ~ *up* **a** friska upp **b** putsa av, polera upp **II** *s* **1** gnidning **2** svårighet, stötesten **3** = *rubber 3*; *give it a* ~ gnugga det ett tag; *there's the* ~ det är där det kniper, däri ligger svårigheten

rubber ['rʌbə] **I** *s* **1** massör **2** *förk. för india* ~ kautschuk, radergummi **3** *bridge.* robbert **4** ~*s* galoscher (*A.*); ~ *band* gummiband **II** *v* **1** impregnera **2** *A.* stirra **-neck** *A.* nyfiken person (*isht* turist)

rubbish ['rʌbiʃ] **1** avfall, avskräde **2** strunt, smörja **-chute** [-'ʃuːt] sopnedkast **--heap** [-'hiːp] skräp-, sophög

rubble ['rʌbl] **1** stenskärv **2** *geol.* klappersten

rube [ruːb] *A.* lantbo, luns

ruble *se* **rouble**

rubric ['ruːbrik] **1** överskrift, rubrik **2** *kyrk.* liturgisk anvisning **-al** [-(ə)l] liturgisk **-ate** [-eit] förse med rubrik

ruby ['ruːbi] **I** *s* **1** rubin **2** rött vin **3** röd finne (i ansiktet) **II** *a* rubinröd **III** *v* färga rubinröd

ruche [ruːʃ] rysch

ruck [rʌk] **I** *s* **1** massa, mängd, hop **2** veck, rynka **II** *v* vecka, rynka; vecka sig

rucksack ['ruksæk] ryggsäck

ruction ['rʌkʃ(ə)n] *sl.* bråk, tumult

rudder ['rʌdə] roder, styre

ruddle ['rʌdl] **I** *s* rödockra **II** *v* färga med rödockra

ruddy ['rʌdi] **1** röd, rödbrun **2** rödblommig **3** *fam.* sabla, djäkla

rude [ruːd] **1** ohövlig, oförskämd **2** häftig, våldsam **3** obearbetad, primitiv **4** enkel, simpel **5** obildad, okunnig **6** kraftig, stark; *say* ~ *things* använda ett ohyfsat språk; *be* ~ *to* vara ohövlig mot **-ness** [-nis] fräckhet, oförskämdhet

rudiment ['ruːdimənt] **1** ansats, början, rudiment **2** ~*s* elementa, första grunder **-ary** [ˌruːdi'ment(ə)ri] **1** begynnelse-, rudimentär **2** elementär

rue [ruː] **I** *s*, *bot.* ruta **2** *åld.* ånger **3** *poet.* medlidande **II** *v* ångra; sörja över **-ful** [-f(u)l] ynklig, bedrövlig; sorglig; *the knight of the* ~ *countenance* riddaren av den sorgliga skepnaden

ruff [rʌf] **I** *s* **1** krås, pipkrage **2** *zool.* halskrage (på fågel) **3** *zool.* brushane **4** *zool.* gärs **5** *kortsp.* trumfning **II** *v*, *kortsp.* trumfa

ruffian ['rʌfjən] råskinn, buse, skurk **-ism** [-iz(ə)m] skurkaktighet; *koll.* banditer **-ly** [-li] skurkaktig

ruffle ['rʌfl] **I** *v* **1** rufsa till **2** förarga, reta **3** bli förargad **4** skrävla, skrodera; ~ *the leaves of a book* bläddra igenom en bok; ~ *one's feathers* (om fågel) purra upp fjädrarna **II** *s* **1** volang[er] **2** (fågels) fjäderskrud **3** upprördhet, oro

rug [rʌg] **1** [res]pläd, [res]filt **2** liten matta

rugged ['rʌgid] **1** skrovlig, ojämn **2** fårad **3** kärv, barsk **4** *A.* kraftig, mustig

rugger ['rʌgə] *fam.* rugby[fotboll]

ruin [ruin] **I** *s* **1** undergång, förstörelse **2** ruin, [forn]lämning (*ofta pl*); *bring to* ~ störta i fördärvet; *come* (*run*) *to* ~ gå under **II** *v* **1** ödelägga, förstöra **2** falla sönder, gå i spillror **3** ruinera **4** förföra; ~ *a girl* förföra en flicka **-ation** [-'neiʃ(ə)n] ruinering **-ous** [-əs] **1** fördärvlig, ödeläggande **2** ruinerande **3** förfallen, i ruiner

rul|e [ruːl] **I** *s* **1** regel, norm **2** styrelse, makt,

herravälde **3** bestämmelse, stadga **4** måttstock **5** domstolsutslag **6** tankstreck; *as a* ~ i regel; *by* ~ enligt reglerna; *bear* ~ härska, ha makten; *the four* ~*s* de fyra räknesätten; ~ *of thumb* tumregel **II** *v* **1** styra, härska över, behärska **2** bestämma, fastställa, stadga **3** linjera; *be* ~*d by* låta leda sig av; ~ *out* utesluta; *the market* (*prices*) ~*d high* priserna låg högt; ~ *the roost* bestämma, avgöra var skåpet skall stå **-er** [-ə] **1** härskare, styresman **2** linjal **-ing** [-iŋ] **I** *a* härskande, bestämmande **II** *s* **1** styrelse **2** domstolsutslag **3** linjering

rum [rʌm] **I** *s* **1** rom **2** *A.* *sl.* sprit (i allm.) **II** *a* *sl.* underlig, egendomlig; *a* ~ *go* en underlig historia; *a* ~ *customer* en konstig kurre

Rumania [ruː(ː)'meinjə] *se* **Roumania**

rumble ['rʌmbl] **I** *v* **1** dåna, mullra **2** *sl.* gissa, fatta; ~ *out* rabbla upp **II** *s* **1** dånande, mullrande **2** baksäte i bil **-r** [-ə] skrälle, gammal bil **--tumble** ['rʌmbl'tʌmbl] **1** [bil]skrälle **2** tumlande

rumina|nt ['ruːminənt] **I** *s* idisslare **II** *a* idisslande; *fig.* grubblande **-te** [-neit] idissla; *fig.* fundera, grubbla **-tion** [ˌruːmi'neiʃ(ə)n] **1** idisslande **2** grubbel **-tive** [-nətiv] grubblande, tankfull

rummage ['rʌmidʒ] **I** *s* **1** genomsöka, genomleta **2** noggrant undersöka; ~ *out* (*up*) leta fram **II** *s* **1** genomletande, genomsökande **2** försäljning av diverse gods

rummer ['rʌmə] remmare

rummy ['rʌmi] **I** *a* konstig, egendomlig **II** *s* **1** *A.* fyllhund **2** (slags) kortspel

rumour ['ruːmə] **I** *s* rykte **II** *v* utsprida ett rykte; *it is* ~*ed that* det sägs att

rump [rʌmp] **1** bakdel, säte, gump **2** obetydlig lämning, kvarleva; *the R* ~ Rumpparlamentet (*eng. hist.*) **--bone** svansben

rumple ['rʌmpl] skrynkla, rufsa till

rumpsteak ['rʌmpsteik] rumpsteak (biffstek av fransyskan)

rumpus ['rʌmpəs] *sl.* bråk, gruff

rum-shop ['rʌmʃɔp] *A.* krog

run [rʌn] **I** *v* (*äv. perf part*) **1** springa, löpa **2** springa bort, fly **3** skynda sig, jäkta **4** löpa i tävling, springa ikapp **5** *sjö.* segla för god vind **6** röra sig, förflytta sig; vara i gång **7** rinna, flyta **8** (med vissa *adv*, se nedan) bli **9** hastigt sprida sig **10** (om väg o. d.) sträcka sig, gå i viss riktning **11** (om tid) gå, förflyta **12** sträcka sig, fortgå **13** (om färg) flyta ihop **14** köra in i, sticka genom **15** (om tal etc.) lyda, låta **16** (om priser) tendera att vara, i allmänhet vara **17** smälta, bli (vara) flytande **18** sysselsätta sig med; handla om; *he who* ~*s may read* vem som helst kan begripa det; ~ *blood* blöda; *my blood ran cold* blodet isade sig i mina ådror; ~ *dry* torka ut; ~ *high* (om vatten) stiga, svämma över; *still waters* ~ *deep* i det lugnaste vattnet går de största fiskarna; ~ *errands* springa ärenden; ~ *one's head against the wall* köra huvudet i väggen; ~ *low* (om flod) sjunka; ~ *a race* **a** delta i en tävling **b** organisera en tävling; ~ *the show* bestämma, vara den ledande; ~ *too far* gå för långt; ~ *wild* förvildas; ~ *about* springa omkring; ~ *across* träffa på; ~ *after* springa efter; *fig.* förfölja; *much* ~ *after* mycket eftersökt; ~ *away* springa bort, ta till flykten; rymma; ~ *away with* rymma med ngn (ngt); *she let her tongue* ~ *away with her* hon lät tungan löpa bort med förståndet; ~ *down* **a** minskas, gå ner **b** (om person) falla ihop; (om hälsa) avta **c** gå tillbaka, försämras **d** (om bildäck) släppa ut luften **e** resa från London **f** köra över (med bil etc.); *he was much ~ down* han var alldeles slutkörd; *~ for* kandidera till, ställa upp i val till; *~ in* a köra in (bil etc.) **b** närma sig **c** *fam.* hälsa på **d** arrestera; *~ning in* under inkörning; *it ~s in the family* det ligger i släkten; *~ into debt* skuldsätta sig; *~ off* **a** springa bort **b** rymma **c** göra avvikelser från ämnet; *~ on* **a** gå på, fara vidare **b** prata på, sladdra på; *~ out* a ta slut **b** läcka, bli läns **c** avsluta, fullborda; *we have ~ out of tobacco* vår tobak är slut; *~ over* **a** rinna över **b** gå igenom (på nytt), granska **c** köra över; *~ over an account* granska en räkning; *~ through* **a** hastigt gå igenom, granska flyktigt **b** uppleva, gå igenom **c** göra slut på (pengar); *~ to* **a** uppgå till **b** *fam.* ha råd med; *~ to earth* jaga fram **II** *s* **1** löpning, springande **2** flykt **3** resa, färd **4** snabbt [pris]fall **5** tendens, riktning; sträckning **6** typ, klass, mått **7** [fisk]stim **8** tillträde **9** *kricket.* poäng (lopp) **10** *mus.* rulad **11** oavbruten sträcka, förlopp **12** tillverkningsserie; tryckning, upplaga **13** popularitet, framgång, tur **14** betesmark (för får) **15** vattenränna; *at a ~* springande, med språng; *have a ~ for one's money* få valuta för pengarna; *she was allowed the ~ of the house* hon fick disponera huset efter eget behag; *the ~ of the market* pristendensen; *the common ~ of men* vanliga människor; *~ of office* ämbetsperiod; *he had a long ~ of power* han var vid makten en ansenlig tid; *the play has had a ~ of 50 nights* pjäsen har spelats 50 gånger; *there was a ~ on the bank* det var rusning till banken; *have the ~ of one's teeth* få fri kost; *on the ~* på flykt; *äv.* på rörlig fot; *with a ~* snabbt **-about** [-əbaut] **I** *a* kringvandrande **II** *s* **1** vagabond **2** = **-about** **-car** ['rʌnəbaut'kɑ:] lätt bil (vagn) **-away** [-əwei] **I** *a* förrymd, rymnings- **II** *s* rymmare, flykting; desertör **--down** utbränd, slutkörd

rune [ru:n] runa; *cut ~s* rista runor **-stone** ['ru:nstəun] runsten

rung [rʌŋ] **I** *s* pinne **II** *v, perf part* av *ring*

runlet ['rʌnlit] **1** kagge **2** bäck, liten å

runnel ['rʌnl] **1** rännil, bäck **2** rännsten

runn|er ['rʌnə] **1** löpare **2** kapplöpningshäst **3** *sjö.* snällseglare **4** ordonnans, budbärare **5** fåra, fals **6** skott, reva på planta **7** *hist.* polisman **8** med (på släde) **-er-up** ['rʌnər'ʌp] i finalen besegrad medtävlare **-ing** [-iŋ] **I** *a* **1** löpande **2** fortlöpande, i följd **3** pågående **II** *s* **1** springande, löpande, lopp **2** kraft att springa (löpa i kapp) **3** rinnande, flytning, svall **4** smuggling; *be in the ~* vara med i leken; *be out of the ~* vara borta ur leken; *make the ~* a fullborda (löpningen) **b** bestämma takten (i löpningen); *take up the ~* ta ledningen; *~ track* löparbana **-ing-board** fotsteg på bil **runt** [rʌnt] **I** *s* **1** oxe (av småväxt ras) **2** dvärg **II** *a* [för] liten, under medelstorlek

runway ['rʌnwei] startbana för flygplan

rupee [ru:'pi:] *Ind.* rupie

rupture ['rʌptʃə] **I** *s* **1** bristning, klyfta (*isht* i jordskorpan) **2** *med.* bråck **II** *v* **1** brista **2** spränga, spräcka

rural ['ruər(ə)l] lantlig; *~ district* landskommun (*ung.*) **-ize** [-rəlaiz] **1** göra lantlig **2** flytta ut på landet

ruse [ru:z] knep, list

rush [rʌʃ] **I** *s* **1** rusning, anstormning, anfall **2** jäkt **3** *bot.* säv; *be in the ~* vara jäktad; *~ of tears* tårflöde; *not worth a ~* inte värt en vitten **II** *v* **1** rusa, störta, forsa fram, strömma **2** forcera, driva på **3** *mil.* storma **4** *sl.* skinna, pungslå **5** jäkta; *refuse to be ~ed* inte låta sig jäktas; *~ a p.* driva på ngn, jäkta ngn; *~ the fences* forcera hindren; *it ~ed into my memory* plötsligt mindes jag; *~ on* jäkta, driva på; *~ a p. out of 2 shillings* skinna ngn på 2 shillings **III** *a* säv- **--candle** [-ˌkændl] dank **--hours** [-ˌauəz] rusningstid **--light** dank **-y** [-i] **1** säv- **2** sävbevuxen

rusk [rʌsk] [skepps]skorpa

russet ['rʌsit] **1** rödbrun **2** vadmal- **3** *åld.* enkel

Russia ['rʌʃə] Ryssland **-n** **I** *a* rysk **II** *s* **1** ryss **2** ryska [språket]

rust [rʌst] **I** *s* rost **II** *v* rosta; *fig.* förstöra **--eaten** [-ˌi:tn] sönderrostad

rustic ['rʌstik] **I** *a* **1** lantlig **2** ohyfsad, tölpig, bondsk **II** *s* lantbo, enkel bonde **-ate** [-eit] **1** flytta till landet **2** göra lantlig **-ation** [ˌrʌsti'keiʃ(ə)n] **1** lantvistelse **2** förvisning till landet **3** *univ.* relegation på viss tid

rustle ['rʌsl] **I** *v* **1** prassla **2** röra sig med ett prasslande ljud **3** *A. fam.* knoga, ligga i **4** *A. fam.* stjäla (*isht* boskap); knycka; *~ up s.th.* skaffa fram ngt i en fart **II** *s* prassel **-r** [-ə] *A.* **1** en som ligger i **2** boskapstjuv

rust|-proof ['rʌstpru:f] rostfri **-y** [-i] **1** rostig **2** rödbrun **3** styv, stel **4** vresig, knarrig **5** ur form, föråldrad; *a ~ voice* en skrovlig röst; *his French is ~* han har glömt en hel del av sin franska; *grow ~* ligga av sig

rut [rʌt] **I** *s* **1** (om hjort etc.) brunst **2** (gamla) hjulspår; *fig.* slentrian; *you must get out of the ~* (*ung.*) du måste rycka upp dig **II** *v* vara brunstig

ruthless ['ru:θlis] skoningslös, obarmhärtig

ry|e [rai] **1** råg **2** *A.* visky **-vita** [-'vi:tə] knäckebröd

S

S, s [es] (bokstaven) s

sabba|th ['sæbəθ] sabbat **-tical** [sə'bætik(ə)l] sabbats-; *~ year* sabbatsår; *~ term (leave)* sabbatstermin för professor (*A.*)

saber ['seibə] *A.,* se *sabre*

sable ['seibl] **I** *s* **1** sobel **2** *her.* svart färg; *~s* sorgdräkt (*pl, poet.*) **II** *a* **1** sobel- **2** svart

sabot ['sæbəu] träsko

sabot|age ['sæbətɑ:ʒ] *s* sabotage **II** *v* sabotera **-eur** [ˌsæbə'tə:] sabotör

sabre ['seibə] **I** *s* sabel **II** *v* nedsabla

sac [sæk] *biol.* säck

saccharin ['sækərin] sackarin **-e** [-rain] sockerhaltig, sackarin-

sacerdotal [ˌsæsə'dəutl] präst-, prästerlig

sachem ['seitʃəm] indianhövding

sachet ['sæʃei] luktpåse

sack [sæk] **I** *s* **1** säck **2** plundring; *give a p. the ~* ge ngn sparken, avskeda ngn **II** *v* **1** lägga i säck **2** *fam.* avskeda **3** plundra **--cloth** säck-

väv; *in* ~ *and ashes* i säck o. aska **-ing** [-iŋ] säckväv **--race** säcklöpning
sacrament ['sækrəmənt] sakrament; *take the* ~ gå till (ta) nattvarden (*vard.*) **-al** [,sækrə-'mentl] sakraments-
sacred ['seikrid] **1** helig, religiös, andlig **2** helgad; fridlyst; ~ *service* gudstjänst
sacrific|e ['sækrifais] **I** *s* **1** uppoffring **2** (blodigt) offer, offerhögtid; *make the great* (*last*) ~ dö för fosterlandet; *be sold at a* ~ säljas till underpris, med förlust **II** *v* **1** uppoffra **2** offra **-ial** [,sækri'fiʃ(ə)l] offer-
sacrileg|e ['sækrilidʒ] helgerån **-ious** [,sækri-'lidʒəs] helgerånande, vanhelgande **-ist** [,sækri'lidʒist] tempelskändare
sacrist ['seikrist] **-an** ['sækrist(ə)n] kyrkvaktare, sakristan **-y** ['sækristi] sakristia
sacrosanct ['sækrə(u)sæŋ(k)t] helig, sakrosankt, okränkbar
sacrum ['seikrəm] *anat.* korsben
sad [sæd] **1** dyster, sorgmodig, sorgsen **2** bedrövlig **3** (om färg) mörk **4** (om bröd) degig; ~ *stuff* strunt, skräp **-den** [-n] göra bedrövad; bli sorgsen
saddle ['sædl] **I** *s* **1** sadel **2** sadelformad bergsrygg **II** *v* **1** sadla; lasta **2** stiga upp i sadeln **-back** *zool.* havstrut **-backed** [-bækt] svankryggig **--bag** sadelpåse **--bow** sadelbåge **--cover** [-,kʌvə] sadeltäcke **--horse** ridhäst **--pad** sadelputa **-r** [-ə] sadelmakare **-ry** [-əri] sadelmakeri, remtyg
sadis|m ['seidiz(ə)m] sadism **-t** [-st] sadist **-tic** [sə'distik] sadistisk
sadness ['sædnis] svårmod; bedrövelse
safari [sə'fɑːri] safari
safe [seif] **I** *a* **1** oskadd, välbehållen **2** säker **3** pålitlig; ~ *and sound* välbehållen; *play* ~ ta det säkra före det osäkra, inte ta risker **II** *s* **1** kassaskåp **2** skafferi **--conduct** ['seif-'kɔndʌkt] **1** lejd **2** lejdbrev **--deposit** [-di,pɔzit] kassavalv; ~ *box* kassafack **--guard I** *s* **1** *se safe-conduct* **2** garanti, skydd **3** skyddsvakt **II** *v* skydda **-keeping** ['seif'kiːpiŋ] säkert förvar **-ty** [-ti] säkerhet; ~ *belt* säkerhetsbälte; ~ *catch* säkring (på vapen); ~ *curtain* järnridå (*teat.*); ~ *device* säkerhetsanordning; ~ *pin* säkerhetsnål; ~ *valve* säkerhetsventil
saffian ['sæfiæn] saffian, (slags) tunt läder
saffron ['sæfr(ə)n] **I** *s* **1** saffran **2** saffransgult **II** *a* saffransgul **III** *v* måla saffransgul
sag [sæg] **I** *v* **1** (om tak etc.) bågna, sätta sig, sjunka in **2** sjunka, svikta **II** *s* **1** insjunkning, sättning **2** *sjö.* avdrift **3** prisfall
saga ['sɑːgə] **1** fornnordisk saga **2** hjältesaga
sagaci|ous [sə'geiʃəs] skarpsinnig; vis, klok **-ty** [-'gæsiti] skarpsinnighet; vishet, klokhet
sage [seidʒ] **I** *a* vis **II** *s* **1** vis person **2** *bot.* salvia **-brush** *svind A.* ört (buske, halvbuske) av släktet *Artemisia*
Sagittarius [,sædʒi'teəriəs] Skytten (i Djurkretsen)
sagly ['seidʒli] *a* salvia-
Sahib ['sɑː(h)ib] *anglo-ind.* herre (hederstitel för o. tilltalsord t. europé)
said [sed] *imperf* o. *perf part* av *say*
sail [seil] **I** *s* **1** segel **2** väderkvarnsvinge **3** *åld.* seglats **4** *koll.* fartyg; *10 day's* ~ 10 dagars resa; *make* ~ sätta segel; *take in* ~ bärga segel **II** *v* segla; befara, resa; ~ *into* anfalla; ~ *close to* (near) *the wind* **a** segla dikt bidevind **b** nalkas gränsen för det tillåtna; ~ *through s.th.* klara av ngt lätt o. snabbt **-able**

[-əbl] segelbar **-boat** segelbåt **-cloth** segelduk **-er** [-ə] segelfartyg
sailing ['seiliŋ] **I** *a* seglande **II** *s* segling **--boat** segelbåt **--master** [-,mɑːstə] skeppare **--ship,** **--vessel** segelfartyg
sailor ['seilə] **1** sjöman **2** matros; *be a good* ~ tåla sjön bra **-like, -ly** [-li] sjömansmässig **-man** *skämts.* sjöman **--top** sjömanskrage
sailplane ['seilplein] *A.* segelflygplan
saint [seint] **I** *s* helgon **II** *v* helgonförklara; ~ *it* leva som ett helgon **III** *A.* helgon- **sanktbernhardshund -ed** [-id] **1** helgonförklarad **2** helgonlik; helig; *my* ~ *aunt* (*ung.*) milda makter **-like, -ly** [-li] helgonlik, helig
saith [seθ] *åld.* o. *poet.* för *says*
sake [seik] *s* (end. i vissa uttryck), *for the* ~ *of, for a p.'s* ~ för ngts (ngns) skull; *for God's* (*goodness', heaven's*) ~ för Guds skull; *for old* ~*'s* = *for old friendship's* (*time's*) ~ för gammal vänskaps skull
salaam [sə'lɑːm] **I** *s* **1** (orientalisk) hälsning **2** djup bugning (med handflatan mot pannan) **II** *v* göra (hälsa med) djup bugning
salab|ility [,seilə'biliti] säljbarhet **-le** ['seiləbl] säljbar
salaci|ous [sə'leiʃəs] vällustig, liderlig **-ty** [-'læsiti] liderlighet
salad ['sæləd] sallad; *your* ~ *days* din gröna ungdom **--dressing** [-,dresiŋ] salladsås
salamander ['sælə,mændə] **1** *zool.* salamander **2** *kok.* brynjärn **3** person som älskar hetta
salami [sə'lɑːmi(ː)] vitlökskorv, salami
salar|ied ['sælərid] avlönad (med fast lön) **-y** ['sæləri] **I** *s* [månads]lön **II** *v* avlöna
sale [seil] **1** försäljning **2** realisation **3** auktion; *for* ~ till salu; *put up for* ~ utbjuda på auktion; *on* ~ *or return* i kommission; ~*s promotion* säljfrämjande **-sman** [-zmən] försäljare; expedit **-smanship** [-zmənʃip] försäljningsteknik **-s-tax** ['seilz'tæks] omsättningsskatt **-swoman** [-,wumən] försäljerska; expedit
salien|ce ['seiljəns] **-cy** [-si] framträdande drag **-t** **I** *a* **1** framträdande, iögonfallande **2** skuttande, dansande, hoppande **II** *s, mil.* utbuktning i befästningslinje
salin|e ['seilain] salt- **II** *s* [sə'lain] **1** saltlösning **2** saltfyndighet **-ity** [sə'liniti] sälta, salthalt
saliva [sə'laivə] saliv, spott **-ry** ['sælivəri] spott-; ~ *glands* spottkörtlar
sallow ['sæləu] **I** *a* gulblek **II** *v* göra (bli) gulblek **III** *s* sälg
sally ['sæli] **I** *s* **1** kvickt yttrande, kvickhet **2** mil. utfall **II** *v* **1** *mil.* göra utfall **2** *fam.* fara i väg, gå ut; ~ *forth* (*out*) bege sig ut
salmon ['sæmən] lax **--trout** laxforell
salon ['sælɔ̃:(ŋ)] salong
saloon [sə'luːn] **1** offentlig lokal **2** *A.* krog, bar **3** täckt bil; ~ *rifle* salongsgevär; ~ *bar* bättre avdelningen på en eng. pub **--keeper** [-,kiːpə] *A.* krogvärd
Salopian [sə'ləupjən] invånare i Shropshire (Shrewsbury)
salsify ['sælsifi] *bot.* salsofi
salt [sɔːlt] **I** *s* **1** [koks]salt **2** sjöbuss, erfaren sjöman **3** *kem.* salt **4** ~*s, pl* luktsalt **5** kvickhet, krydda; *above the* ~ vid huvudändan av bordet, bland de förnämare gästerna; *eat a p.'s* ~ vara ngns gäst; *in* ~ saltad; *an old* ~ en gammal sjöbuss; *with a grain of* ~ med en nypa salt; *be worth one's* ~ göra skäl för

lönen **II** *a* saltad, salt; *fig.* saltad, dryg; ~ *lick* saltsten **III** *v* salta (*äv. fig.*); ~ *away* lagra, spara, lägga undan; ~ *down* salta ner
saltat|ion [sæl'teiʃ(ə)n] språng, hoppande, dansande **-orial** [,sæltə'tɔ:riəl] **-ory** ['sæltət(ə)ri] hoppande
salt|-box ['sɔ:ltbɔks] **--cellar** [-,selə] saltkar **-ed** [-id] saltad; *fig.* **-er** [-ə] saltare, salthandlare, **-tillverkare -ish** [-iʃ] en smula salt **--marsh** saltäng **--mine** saltgruva **--pan** [-,pæn] saltpanna, **-grop** (vid havet)
salt|petre ['sɔ:lt,pi:tə] salpeter **--water** [-,wɔ:tə] saltvattens- **--works** [-wɔ:ks] saltverk **-y** [-i] **1** salt **2** *fig.* pepprad, dryg **3** salt, kvick
salubr|ious [sə'lu:briəs] sund, hälsosam **-ity** [-iti] sundhet
salut|ary ['sæljut(ə)ri] hälsosam **-ation** [,sælju(:)'teiʃ(ə)n] hälsning **-ational** [,sælju(:)'tei- ʃ(ə)nl] **-atory** [sæl'ju:tət(ə)ri] hälsnings- **-e** [sə'lu:t] **I** *s* **1** hälsning; *mil.* honnör **2** *mil.* salut **II** *v* **1** hälsa; *mil.* göra honnör för **2** *mil.* salutera; *the sight that* ~*d him* synen som mötte honom
salv|age ['sælvidʒ] **I** *s* **1** bärgning, räddning (*isht* vid skeppsbrott) **2** bärgat gods **3** bärgarlön **II** *v* bärga, rädda **-ation** [sæl'veiʃ(ə)n] räddning, frälsning; salighet; *S* ~ *Army* Frälsningsarmen **-ationist** [sæl'veiʃnist] frälsningssoldat
1 salve [sælv] bärga, rädda
2 salve [sɑ:v] **I** *s* salva; *fig.* balsam **II** *v* **1** lindra, mildra **2** smörja på salva
salver ['sælvə] rund silverbricka
salvia ['sælviə] *bot.* salvia
salvo ['sælvəu] **1** *mil.* salva **2** undanflykt **3** förbehåll
sal volatile [,sælvə'lætəli] luktsalt, *kem.* ammoniumkarbonat
salvor ['sælvə] **1** bärgningsfartyg **2** räddare
Sam [sæm] kortnamn för Samuel; *upon my* ~ på min ära; *stand* ~ betala (*sl.*); ~ *Browne* officerskoppel (*mil. sl.*)
same [seim] samme, samma; *all the* ~ **a** på ett ut **b** i alla fall, icke förty; *just the* ~, one *and the* ~ på samma sätt; *much the* ~ ungefär detsamma; *at the* ~ *time* samtidigt; ~ *to you!* detsamma!, likaledes!; *the* ~ densamme; just han
samite ['sæmait] (slags) medeltida siden
samlet ['sæmlit] unglax
Samoa [sə'məuə] Samoa
Samoyed 1 [,sæmɔi'ed] samojed (folk) **2** [sə- 'mɔied] samojed[hund]
samp [sæmp] *A.* **1** grovt mjöl **2** tjock välling (av grovmalet majsmjöl)
sampan ['sæmpæn] sampan, liten kinesisk båt
sampl|e ['sɑ:mpl] **I** *s* **1** prov, provbit **2** *fig.* exempel **3** *vet.* sampel **II** *v* **1** pröva, ta prov av **2** avsmaka **-er** [-ə] **1** provsmakare **2** märkduk **-ing** [-iŋ] stickprovsundersökning; ~ *method* stickprovsmetod
sanat|ive ['sænətiv] läkande, hälsobringande **-orium** [,sænə'tɔ:riəm] sanatorium **-ory** [-t(ə)ri] = *sanative*
sancti|fication [,sæŋ(k)tifi'keiʃ(ə)n] helgande; helgelse **-fy** ['sæŋ(k)tifai] helga, förklara helig; *-fied airs* skenhelighet; *the end -fies the means* ändamålet helgar medlen **-monious** [,sæŋ(k)ti'məunjəs] skenhelig; salvelsefull **-on** ['sæŋ(k)ʃ(ə)n] **I** *s* **1** tillstånd, bifall (*isht* av myndighet) **2** *jur.* sanktion, straffpåföljd **II** *v*

ge sitt tillstånd, sanktionera **-ty** ['sæŋ(k)titi] helighet, okränkbarhet
sanctu|ary ['sæŋ(k)tjuəri] **1** helgedom, kyrka, tempel **2** altare **3** fristad, asyl; *seek (take)* ~ söka sin tillflykt i en kyrka (*etc.*) **-m** [-təm] helgedom; ~ *sanctorum* det allra heligaste
sand [sænd] **I** *a* **1** sand **2** ~*s, pl* sandrev, sandbank; dyner, sandstrand; *the* ~*s are running out* tiden är snart ute **II** *v* sanda
sandal ['sændl] **1** sandal **2** = *sandal-wood* **-led** [-d] med sandaler på fötterna **--wood** sandelträ
sand|bag ['sæn(d)bæg] **I** *s* sandsäck **II** *v* barrikadera med sandsäckar **-blind** skumögd **--boy** *s, as jolly as a* ~ glad som en lärka **--cake** sandkaka **--glass** timglas **-man** *ung.* Jon Blund **-paper** [-,peipə] **I** *s* sandpapper **II** *v* **1** sandpappra, putsa med sandpapper **2** tjata, käxa **-piper** [-,paipə] *zool.* strandvipa **-pit** sandtag, sandgrop **--shoes** strandskor **-stone** sandsten **--storm** sandstorm
sandwich ['sænwidʒ] **I** *s* sandwich **II** *v* skjuta (klämma) in **--man** sandwichman, plakatbärare
sandy ['sændi] **1** sandig **2** sandfärgad; rödgul (om hår) **3** *S*~ (kortnamn för) Alexander; (smeknamn för) skotte
sane [sein] sund, klok; *fig.* förståndig, förnuftig
sang [sæŋ] *imperf* av *sing*
sangrail ['sæŋgreil] den heliga Graal
sanguin|ary ['sæŋgwinəri] **1** blodig **2** blodtörstig, grym **-e** [-n] **I** *a* **1** rödblommig **2** sangvinisk, förtröstansfull **3** blodröd **4** *litt.* blodig **II** *s* röd färgkrita **-eous** [sæŋ'gwiniəs] **1** optimistisk **2** blodröd **3** blodfull
sanit|arium [,sæni'tɛəriəm] *A.* sanatorium; kurort **-ary** ['sænit(ə)ri] **1** hälsovårds-, sanitär **2** ren, bakteriefri; ~ *cup* pappersbägare; ~ *department* hälsovårdsnämnd; ~ *towel* dambinda **-ation** [,sæni'teiʃ(ə)n] hygien; sanitetsinstallation, vatten o. avlopp etc. **-y** ['sæniti] andlig sundhet, normalt sinnestillstånd; *from the way he has been acting lately, I question his* ~ så som han har uppfört sig på sista tiden tvivlar jag på att han är riktigt klok (vid sunda vätskor)
sank [sæŋk] *imperf* av *sink*
Santa Claus [,sæntə'klɔ:z] jultomten
sap [sæp] **I** *s* **1** sav, växtsaft; *fig.* livskraft **2** *mil.* löpgrav **3** *mil.* grävande av löpgrav **4** *fig.* undergrävande **5** knog, tungt arbete **6** *skol. sl.* plugghäst **7** *A.* ynkrygg **II** *v* **1** tappa ur sav **2** *fig.* beröva livskraften **3** *mil.* gräva löpgravar **4** underminera **5** *sl.* plugga **6** knoga, arbeta
sapid ['sæpid] välsmakande, smaklig **-ity** [sæ- 'piditi] behaglig smak, smaklighet
sapien|ce ['seipjəns] *iron.* vishet **-t** förnumstig **-tial** [seipi'enʃ(ə)l] vis; ~ *books* böcker i Bibeln
sap|less ['sæplis] utan sav; *fig.* utan livskraft **-ling** [-liŋ] ungt träd; *fig.* telning
saponaceous [,sæpə(u)'neiʃəs] såp-, såpartad; *fig.* hal
sapper ['sæpə] sappör, ingenjörssoldat
sapphire ['sæfaiə] **I** *s* safir **II** *a* [safir]blå
sap|py ['sæpi] **1** saftig, full av sav **2** slö, dum **-wood** splint
Saratoga [,særə'təugə] ~ *trunk* stor koffert för damer
sarcas|m ['sɑ:kæz(ə)m] sarkasm **-tic** [sɑ:- 'kæstik] sarkastisk

sarcophag|us [saːˈkɔfəgəs] (*pl -i* [-ai]) sarkofag
sardine [saːˈdiːn] sardin; *packed like* ~*s* packade som sillar
Sardinia [saːˈdinjə] Sardinien
sardonic [saːˈdɔnik] hånfull, sardonisk; ~ *laughter* hånskratt
sargasso [saːˈgæsəu] *bot.* sargassotång
sarge [saːdʒ] *A. sl.* sergeant
sartorial [saːˈtɔːriəl] skräddar-, klädsash [sæʃ] **1** skärp **2** fönsterbåge **--cord** fönstersnöre **--pulley** [-,puli] fönstertrissa **--weight** fönsterlod **--window** [-,windəu] skjutfönster
sassy [ˈsæsi] *A. dial.* = *saucy*
sat [sæt] *imperf* av *sit*
Satan [ˈseit(ə)n] Satan **-ic[al]** [səˈtænik, -(ə)l] satanisk, djävulsk
satchel [ˈsætʃ(ə)l] skolväska (med axelrem)
sate [seit] tillfredsställa, mätta
sateen [sæˈtiːn] satängimitation
satellite [ˈsætəlait] **1** *astr.* satellit **2** uppvaktande kavaljer **3** underhuggare, lakej **4** stat utan självständig politik, vasallstat, satellitstat = ~ *state*
sati|ate [ˈseiʃieit] **I** *v* **1** tillfredsställa, mätta **2** göra övermätt, proppa i **II** *a* mätt **-ation** [,seiʃieiʃ(ə)n] tillfredsställdhet, mätthet **-ety** [səˈtaiəti] leda, övermättnad
satin [ˈsætin] satäng; *white* ~ **a** Judaspeng **b** genever, brännvin **-et, -ette** [sæti'net] satinerad **--finish** [-,finiʃ] satängglans **--wood** atlasträ
satir|e [ˈsætaiə] satir **-ic[al]** [səˈtirik, -(ə)l] satirisk **-ist** [-tərist] satiriker **-ize** [-təraiz] satirisera, håna
satisfact|ion [,sætisˈfækʃ(ə)n] **1** tillfredsställelse, belåtenhet **2** gottgörelse, ersättning **3** upprättelse; *in* ~ *of* som gottgörelse för **-ory** [-kt(ə)ri] tillfredsställande
satisf|iable [ˈsætisfaiəbl] möjlig att tillfredsställa **-ied** [-aid] **1** tillfredsställd, belåten **2** mätt **-y** [-ai] **1** tillfredsställa **2** övertyga; ~ *o.s.* förvissa sig
saturat|e [ˈsætʃəreit] *v* **1** göra genomblöt, dränka in **2** *vetensk.* mätta **3** fördjupa sig **-ion** [,sætʃəˈreiʃ(ə)n] mättnad, mättning
Saturday [ˈsætədi] lördag
Saturn [ˈsætən] Saturnus
satyr [ˈsætə] satyr
sauce [sɔːs] **I** *s* **1** sås **2** *fam.* uppkäftighet; *give a p.* ~ vara oförskämd mot ngn; ~ *for the goose is* ~ *for the gander* det som duger åt den ene duger åt den andre; *serve with the same* ~ svara med samma mynt; *none of your* ~ inga dumheter **--boat** såsskål **--box** oförskämd person **-pan** [-pən] kastrull **-r** [-ə] tefat; ~ *eyes* "ögon som tefat"
saucy [ˈsɔːsi] **1** *fam.* uppkäftig, oförskämd **2** *sl.* flott, elegant
Saudi Arabia [saˈuːdi əˈreibjə] Saudi-Arabien
sauerkraut [ˈsauəkraut] surkål
saunter [ˈsɔːntə] **I** *v* flanera, spatsera **II** *s* promenad
sausage [ˈsɔsidʒ] **1** korv **2** *mil.* spärrballong **--grinder** [-,graində] korvmaskin, korvstoppare **--roll** korvpastej
savage [ˈsævidʒ] **I** *a* **1** ociviliserad, barbarisk; vild **2** omänsklig, grym **3** rasande, mycket arg **II** *s* **1** vilde, barbar **2** omänsklig o. grym person **3** oförskämd person **III** *v* **1** (om person) behandla illa **2** (om hästar) angripa, bita **-ry**

[-(ə)ri] **1** vildhet, barbari **2** omänsklighet, grymhet, råhet
savanna[h] [səˈvænə] savann, trädlös slätt
savant [ˈsævənt] vetenskapsman, lärd person
save [seiv] **I** *v* **1** rädda **2** spara, spara in **3** *relig.* frälsa **4** passa på; ~ *one's bacon* (*skin*) rädda sitt skinn; ~ *me from* ... bevare mig för ...; ~ *o.s.* spara sig; *be* ~*d, äv.* bli salig; ~ *the tide* passa på tillfället (att segla in el. ut medan tidvattnet medger); *a stitch in time* ~*s nine* bättre att förekomma än förekommas **II** *konj, åld.* utom; ~ *for* utom, så när som **III** *prep* utom **--all** **1** besparingsmedel **2** *sjö.* spillback
saveloy [ˈsævilɔi] salamikorv
sav|ing [ˈseiviŋ] **I** *a* **1** sparsam **2** räddande; förlåtande; försonande; ~ *clause* förbehåll **II** *s* **1** sparande **2** ~*s* besparingar **3** förbehåll **III** *prep, åld.* utom; ~ *your reverence* med förlov sagt **-ings-bank** [-z-] sparbank **-iour** [-vjə] frälsare
savory [ˈseiv(ə)ri] *bot.* kyndel
savour [ˈseivə] **I** *s* smak, arom **II** *v* **1** smaka, lukta **2** avsmaka, lukta på **-y** [-v(ə)ri] **I** *a* välsmakande; väldoftande **II** *s* aptitretande (kryddad) maträtt
savoy [səˈvɔi] savojkål
savvy [ˈsævi] *fam.* **I** *s* ingående kunskap **II** *v* fatta, förstå **III** *a* klok, bildad
1 saw [sɔː] *imperf* av *see*
2 saw [sɔː] **I** *s* **1** såg **2** ordspråk **II** *v* såga; ~ *the arm* föra armen upp o. ner **-bones** [-bəunz] *sl.* kirurg **-buck** **1** sågbock **2** *A. sl.* tiodollarsedel **-dust** sågspån **--horse** sågbock **--mill** sågverk **--tooth** sågtand **-yer** [-jə] vedsågare
sax [sæks] = *saxophone*
saxhorn [ˈsækshɔːn] *mus.* saxhorn
saxifrage [ˈsæksifridʒ] *bot.* stenbräcka
Saxon [ˈsæksn] **I** *s* **1** angelsaxare, engelsman **2** saxare i Tyskland **II** *a* **1** saxisk **2** anglosaxisk, engelsk; ~ *blue* saxiskt blått **-y** [-i] **1** Sachsen **2** ~*s* (slags) tyg
saxophon|e [ˈsæksəfəun] *mus.* saxofon **-ist** [sæk'sɔfənist] saxofonist
say [sei] **I** *v* säga, yttra; *I* ~ hör på!; det må jag säga!; *what does the letter* ~? vad står det i brevet?; *it* ~*s in the paper* det står i tidningen; *that's to* ~ det vill säga; *you don't* ~ *so* det menar du inte!; *what do you* ~ *to* vad säger du om; ~ *one's prayers* be; ~ *grace* läsa bordsbön; *that goes without* ~*ing* det är ju alldeles självklart; ~ *over* läsa upp ur minnet; *when all is said and done* när allt kommer omkring **II** *s* något att säga **-ing** [ˈseiiŋ] **1** yttrande **2** ordspråk; *as the* ~ *is* (*goes*) som ordspråket säger
scab [skæb] **1** sårskorpa **2** skabb **3** svartfot, oorganiserad arbetare; strejkbrytare
scabbard [ˈskæbəd] svärdsskida, -balja
scabby [ˈskæbi] skabbig
scabi|es [ˈskeibiiːz] skabb **-ous** [-bjəs] skabbig
scabrous [ˈskeibrəs] **1** *bot.* sträv **2** skabrös, slipprig
scad [skæd] **1** *zool.* taggmakrill **2** ~*s* [*of money*] massor med pengar (*A. sl.*)
scaffold [ˈskæf(ə)ld] **1** byggnadsställning **2** schavott **-ing** [-iŋ] byggnadsställning
scalawag [ˈskæləwæg] = *scallawag*
scald [skɔːld] **I** *v* **1** skålla **2** värma till nästan kokpunkten **3** skölja (nedsänka) i kokande vatten; ~*ing tears* heta tårar **II** *s* skållskada

scal|e [skeil] **I** *s* **1** vågskål **2** ~*s, pl* våg **3** fjäll (på fisk etc.) **4** flaga, skal **5** pannsten **6** tandsten **7** skala; *pair of* ~*s* våg; *binary* ~ binalsystem **II** *v* väga **2** fjälla **3** skala **4** rensa från tandsten etc. **5** klättra upp för; *mil.* storma **-ed** [-d] fjällig **-ing-ladder** [-iŋ,lædə] *mil.* stormstege

scallawag ['skæləwæg] odåga

scallion ['skæljən] schalottenlök

scallop ['skɔləp] **I** *s* **1** *zool.* kammussla **2** venussnäcka, musselskal (förr buret av pilgrim, nu t. stuvning o. d.) **3** skalformig uddning (som prydnad) **II** *v* **1** anrätta i musselskal **2** utskära i uddning, göra uddar i (på) (som prydnad) **3** *A.* ugnsbaka (ostron, potatis)

scallywag ['skæliwæg] = *scallawag*

scalp [skælp] **I** *s* **1** hjässa **2** skalp, huvudsvål; *take a p.'s* ~ skalpera ngn **II** *v* **1** skalpera **2** kritisera ner

scalpel ['skælp(ə)l] skalpell

scaly ['skeili] **1** fjällig **2** *sl.* snål, knusslig

scamp [skæmp] **I** *s* odåga, lymmel, retsticka **II** *v* fuska, slarva **-er** [-ə] **I** *v* springa, rusa **II** *s* snabbt lopp; *take a* ~ *through* ögna igenom (en bok)

scan [skæn] **1** studera noggrant **2** *fam.* ögna igenom **3** skandera vers **4** *tekn.* avsöka, avkänna **-ning** [-iŋ] *tekn.* scanning

scandal ['skændl] **1** skandal **2** irritation, anstöt **3** elakt skvaller **-ize** [-dəlaiz] **1** irritera, förarga **2** skandalisera **--monger** [-,mʌŋgə] skandalspridare **-ous** [-dələs] skandalös, upprörande

Scandinavia [,skændi'neivjə] Skandinavien **-n** **I** *s* skandinav **II** *a* skandinavisk

scansion ['skænʃ(ə)n] skandering

scant [skænt] **I** *a* knapp, ringa; ~ *of breath* andfådd **II** *v* knappa in på, inskränka

scantling ['skæntliŋ] **1** mått, dimension **2** bjälke **3** skäligt minimum

scant|ies ['skæntiz] *pl, sl.* bikinitrosor **-y** [-i] **1** knapp, otillräcklig, trång **2** (om jord) mager; karg; ~ *of words* ordkarg

scape [skeip] **1** *bot.* skaft, stängel **2** kolonnskaft **-goat** syndabock **-grace** stridstupp, vildhjärna

scapula ['skæpjulə] skulderblad

scar [skɑ:] **I** *s* **1** ärr **2** stalp **II** *v* **1** (om sår) ärra sig **2** märka med ärr

scarc|e [skɛəs] **1** sällsynt **2** knapp, otillräcklig **-ely** [-li] **1** knappast **2** knappt, nätt o. jämnt **-eness** [-nis] **-ity** [-iti] brist, knapphet; sällsynthet

scare [skɛə] **I** *v* skrämma; skrämma bort **II** *s* skräck, rädsla, panik **-crow** fågelskrämma **-monger** [-,mʌŋgə] panikspridare

scarf [skɑ:f] halsduk, kragskyddare, scarf **--pin** kråsnål **--skin** överhud **--waver** ['skɑ:f-weivə] *A. sl.* chauvinist

scari|fication [,skɛərifi'keiʃ(ə)n] **1** *med.* inskärning, koppning **2** bearbetning med kultivator **-fy** ['skɛərifai] **1** hudflänga; *med.* göra inskärning, koppa **2** bearbeta med kultivator

scarl|atina [,skɑ:lə'ti:nə] *med.* scharlakansfeber **-et** [-ət] **I** *a* scharlakansröd; ~ *fever* scharlakansfeber; ~ *hat* kardinalshatt; *the S*~ *Pimpernel* Röda Nejlikan **II** *s* scharlakansrött

scarp [skɑ:p] **I** *s* brant sluttning **II** *v* göra brant; avskära

scarred [skɑ:d] ärrig

scary ['skɛəri] **1** lättskrämd **2** skrämmande

scat [skæt] *interj* sjas!

scathe [skeið] **I** *v, åld.* skada; *fig.* hårt kritisera **II** *s, without* ~ utan men

scatter ['skætə] **1** sprida [sig] **2** beströ **3** skingra; ~ *hope* låta hoppet fara; ~*ed* spridd; sporadisk **--brain** virrig person; ~*ed* virrig **scaveng|e** ['skævin(d)ʒ] sopa (gata o. d.); hålla rent **-er** [-ə] **1** gatsopare **2** nidskrivare **3** djur som lever på as **-ing** [-iŋ] gatsopning

scen|ario [si'nɑ:riəu] filmmanuskript, scenario **-e** [si:n] **1** scen, skådeplats **2** uppträde, gräl, scen **3** ~*s* kulisser; *the* ~ *is laid in* handlingen tilldrar sig i; *behind the* ~*s* bakom kulisserna; ~ *of action* skådeplats; *quit the* ~ lämna skådeplatsen, dö **-e-painter** ['si:n,peintə] dekorationsmålare **-ery** ['si:nəri] **1** landskap, sceneri **2** kulisser **-e-shifter** ['si:n,ʃiftə] scenarbetare **-ic** ['si:nik] **1** målerisk **2** teater-

scent [sent] **I** *v* **1** dofta, lukta **2** misstänka **3** parfymera **II** *s* **1** doft, lukt **2** parfym **3** *jakt.* spår **4** (djurs) väderkorn; *get* ~ *of* få väderkorn på **b** få nys om; *he has a wonderful* ~ *for* han har en förunderlig näsa för; *put off the* ~ vilseleda

sceptic ['skeptik] **I** *s* skeptiker **II** *a* = **-al** [-(ə)l] skeptisk **-ism** [-isiz(ə)m] skepticism, tvivel

sceptre ['septə] spira

schedule ['ʃedju:l, *A.* 'skedju:l] **I** *s* **1** lista, förteckning **2** tabell, tariff **3** *A.* tidtabell; *on* ~ i tid, på utsatt tid (enligt tidtabellen) **II** *v* **1** sätta upp på förteckning **2** planera, arrangera; *is* ~*d to leave now* skall avgå nu enligt tidtabellen

schem|atic [ski'mætik] schematisk **-e** [ski:m] **I** *s* **1** plan **2** komplott, intrig **3** schema; system; arrangemang **4** översikt, redogörelse för avsikter **II** *v* **1** planera **2** intrigera **-er** ['ski:mə] **1** planerare **2** intrigmakare **-ing** ['ski:miŋ] full av planer; intrigant

Schiedam [ski'dæm] holländsk genever

schipperke ['ʃipəki] (slags) skeppshund

schism ['siz(ə)m] schism, söndring **-atic** [siz'mætik] **I** *s* söndrare **II** *a* schismatisk, söndrande = **-atical** [siz'mætik(ə)l]

schizophren|ia [,skitsə(u)'fri:njə] schizofreni **-ic** [-'frenik] schizofren

schol|ar ['skɔlə] **1** *åld.* elev vid skola **2** humanistisk vetenskapsman, lärd man **3** stipendiat **4** *vulg.* som man kan läsa o. skriva **-arly** [-əli] **1** lärd **2** vittnande om lärdom, vetenskaplig **-arship** [-əʃip] **1** stipendium **2** lärdom **-astic** [skə'læstik] **I** *a* **1** skolastisk **2** skol-; *ibl.* pedantisk **II** *s* skolastiker

school [sku:l] **I** *s* **1** skola **2** undervisning **3** ~*s, pl* examen (*Oxf.*) **4** fakultet, sektion **5** [fisk]-stim; *at* ~ i skolan; *be in for one's* ~*s* gå upp i examen (*Oxf.*); *dancing* ~ dansskola; *the Flemish S*~ flamländska målarskolan; *grammar* (*high*) ~ läroverk **II** *v* **1** utbilda, träna **2** ta i upptuktelse, gräla på **--board** skolstyrelse **--fellow** [-,feləu] skolkamrat-**house** skolbyggnad **-ing** [-iŋ] **1** skolning, utbildning **2** upptuktelse **3** inridning **--ma'am** *A.* lärarinna **-man** [-mən] **1** skolman, pedagog **2** *hist.* skolastiker **--marm** [-mɑ:m]· = *school-ma'am* **-master** [-,mɑ:stə] läroverkslärare **-miss** flicknärta **-mistress** [-,mistris] lärarinna **-room** [-rum] klassrum **--ship** skolfartyg

schooner ['sku:nə] **1** *sjö.* skonare **2** prärievagn med tälttak

schottische [ʃɔ'ti:ʃ] schottis[ch]

schwa [ʃwɑ:] *fonet.* **1** vokalmummel **2** beteckning för vokalmummel: ə

sciatic [sai'ætik] *med.* höft- **-a** [-ə] *med.* ischias
scien|ce ['saiəns] **1** vetenskap **2** naturvetenskap; *man of* ~ vetenskapman **-tific** [,saiən-'tifik] vetenskaplig **-tist** [natur]vetenskapsman
scimitar ['simitə] (österländsk) kroksabel
scintilla [sin'tilə] gnista; *not a* ~ *of* inte en skymt av **-te** ['sintileit] gnistra **-ating** ['sintileitiŋ] briljant; fascinerande **-tion** [,sinti-'leiʃ(ə)n] gnistrande
scion ['saiən] **1** ympkvist **2** telning, ättling
scissors ['sizəz] *pl* sax; *a pair of* ~ en sax
sclerosis [skliə'rəusis] skleros; *multiple* ~ multipelskleros
scoff [skɔf] **I** *v* **1** håna, begabba **2** *sl.* glufsa i sig, äta glupskt **II 1** hån **2** *sl.* käk, mat **-er** [-ə] *isht relig.* bespottare
scold [skəuld] **I** *v* gräla på, banna **II** *s* ragata **-ing** [-iŋ] uppsträckning, utskällning
scollop ['skɔləp] = *scallop*
sconce [skɔns] **I** *s* **1** lampett **2** skans, fort **3** skalle, huvudknopp **4** *Oxf.* böter **II** *v*, *Oxf.* bötfälla, ålägga böter (numera i form av en kanna öl o. d. för smärre etikettsbrott)
scone [skɔn] scone
scoop [sku:p] **I** *s* **1** skopa **2** kolhållare **3** skoptag, vad som går i en skopa **4** urholkning **5** *sl.* hastig vinst, gott byte **6** *sl.* journalistisk kupp; *with a* ~, *at one* ~ i ett enda tag; *get the* ~ komma först med en nyhet (*tidn.*) **II** *v* **1** urholka **2** ösa, skyffla
scoot [sku:t] springa, kila iväg; smita **-er** [-ə] **1** sparkcykel **2** skoter
scope [skəup] omfattning, [räck]vidd, omfång; *full (free)* ~ fritt spelrum
scorbutic [skɔ:'bju:tik] **I** *a* skörbjuggs- **II** *s* skörbjuggspatient
scorch [skɔ:tʃ] **I** *v* **1** sveda **2** förtorka, förbränna **3** bli svedd; förtorkas **4** såra med bittra ord **II** *s* **1** ytlig brännskada **2** *sl.* vild fart **-er** [-ə] **1** brännhet dag **2** fartdåre **3** bitter kritik
score [skɔ:] **I** *s* **1** rispa, märke; rits, streck **2** räkning, skuld **3** poängsumma **4** tjog, 20 st **5** avseende, punkt **6** *sl.* tur **7** *mus.* partitur; ~*s of times* massor av gånger; *by* ~*s*, *äv.* i massor; *on that* ~, *on the* ~ *of* i det avseendet, på den punkten; *pay off old* ~*s* ge betalt för gammal ost **II** *v* **1** rispa; ritsa, märka med skåror **2** räkna [spel]poäng; föra protokoll **3** vinna en poäng, göra mål **4** arrangera musik för orkester **5** skriva upp på räkning; ~ *off a p.* stuka till ngn; ~ *under* stryka under, strecka för
scoria ['skɔ:riə] **1** slagg **2** lava
scorn [skɔ:n] **I** *s* **1** förakt, hån **2** föremål för förakt; *think* ~ *of* förakta **II** *v* förakta **-ful** [-f(u)l] föraktfull, hånfull
Scorpi|o ['skɔ:piəu] Skorpionen (i Djurkretsen) **s-on** [-pjən] *zool.* skorpion **-us** [-əs] = *scorpio*
scot [skɔt] *hist.* skatt; *pay* ~ *and lot* betala (slags) kommunalskatt
Scot [skɔt] skotte; *the* ~*s* skottarna; *great* ~*!* kors!
scotch [skɔtʃ] **I** *v* oskadliggöra; såra utan att döda **II** *s* sår, rispa
Scotch [skɔtʃ] **I** *a* skotsk; ~ *broth* grönsakssoppa med korngryn; ~ *cap* högländarmössa; ~ *fir* fura; ~ *mist* regndis **II** *s* **1** skotska [språket] **2** skotsk visky **-man** [-mən] skotte **-woman** [-,wumən] skotska

scotfree ['skɔt'fri:] **1** *hist.* fri från skatt **2** oskadd, ostraffad
Scot|land ['skɔtlənd] Skottland; ~ *Yard* Londonpolisens högkvarter **-s** skotsk **-tish** [-iʃ] **I** *a* skotsk **II** *s* skotska [språket]; *the* ~ skottarna
scoundrel ['skaundr(ə)l] skurk, bov **-ly** [-rəli] skurkaktig
scour ['skauə] **I** *v* **1** skura **2** rensa; *med.* rena, purgera **3** under sökande hastigt ströva genom **4** noga genomleta (-söka); *the police* ~*ed London for the thief* polisen sökte hastigt genom London efter tjuven **II** *s* skurning, rensning
scourge [skə:dʒ] **I** *s* gissel, plågoris (*äv. fig.*); *the white* ~ lungtuberkulos **II** *v* gissla, pina (*äv. fig.*)
scout [skaut] **I** *s* **1** spanare, spejare **2** *mil.* spaningsflygplan **3** *mil.* spaning **4** scout **5** *Oxf.* uppassare för studenterna **6** *A.* karl **II** *v* **1** spana, rekognoscera **2** tillbakavisa med förakt **--master** [-,mɑ:stə] **1** *mil.* chef för spaningspatrull **2** scoutledare
scow [skau] pråm
scowl [skaul] **I** *v* se bister ut, rynka ögonbrynen **II** *s* bister uppsyn, rynkad panna
scrabble ['skræbl] **I** *v* klottra, krafsa ner **II** *s* klotter
scrag [skræg] **I** *s* **1** skranglig (mager) person **2** *sl.* hals **3** bakhalsstycke (på får) **II** *v, sl.* **1** hänga en brottsling **2** strypa **3** vrida nacken av **4** *rugby.* gripa vid halsen **-gy** [-i] skranglig, mager
scram [skræm] *A. sl.* stick!, ge dig iväg!
scrambl|e ['skræmbl] **I** *v* **1** kravla på alla fyra **2** kämpa, kivas om **3** blanda (röra) ihop; ~*d eggs* äggröra; ~ *through one's exam* hafsa igenom sin examen **II** *s* **1** kravlande, krypande **2** mödosam klättring **3** (vild) rusning, kiv, kamp **-ing** [-iŋ] hafsig, oordentlig **2** (om pers.) tafatt, klumpig
scran [skræn] matrester; avfall; *bad* ~ *to you!* otur för dig!
scrap [skræp] **I** *s* **1** stycke, bit **2** [tidnings-] urklipp **3** skräp, avfall; skrot **4** *sl.* slagsmål, gräl; ~ *of paper* papperslapp; ~*s* rester **II** *v* **1** kassera, kasta bort; skrota ner **2** *sl.* slåss, gräla **--book** klippbok
scrape [skreip] **I** *v* **1** skrapa, skava; skrapa ren **2** gnida **3** vara gnidig, snåla; ~ *acquaintance with* tvinga sig på; ~ *along* existera, klara sig nödtorftigt; ~ *one's chin* raka sig; ~ *one's plate* slicka av tallriken, inte lämna något kvar (*fig.*); ~ *one's shoes (boots, feet)* torka av fötterna; ~ *away (off)* skrapa av, skrapa bort; ~ *down* tysta ner (genom att skrapa med fötterna); ~ *through an exam* trassla sig genom en examen; ~ *up (together)* skrapa ihop **II** *s* **1** skrapning, skrapande **2** klämma, kinkig situation; ~ *of the pen* penndrag; *get into (be in) a* ~ komma i (sitta i) klämman **-r** [-ə] **1** person som skrapar **2** [fot]-skrapa; vägskrapa
scrap-heap ['skræphi:p] skrothög; *go to the* ~ kastas på sophögen
scraping ['skreipiŋ] **I** *a* gnidig **II** *s* **1** skrapning, skrapande **2** ~*s, pl* avfall, rester
scrap|-iron ['skræpaiən] järnskrot **-py** [-i] **1** hoprafsad, osammanhängande **2** *A.* stridslysten **-yard** skrotupplag
scratch [skrætʃ] **I** *v* **1** riva, klösa **2** klia [sig],

krafsa **3** återta anmälan (kandidatur); inställa tävling; utesluta **4** klottra **5** *sl.* köpa på kredit; ~ *my back and I'll* ~ *yours* om du gör mig en tjänst skall jag göra dig en gentjänst; ~ *one's head* riva sig i huvudet; ~ *together* (*up*) rafsa samman **II** *s* **1** skråma, rispa **2** startlinje; början **3** skrapande **4** dust, nappatag **5** peruk; ~ *of the pen* penndrag; *come to the* ~ ställa upp, ej dra sig undan; *start from* ~ börja från början **III** *a* hoprafsad, slarvigt sammansatt **--cat** argbigga **--paper** [-,peipə] kladdpapper **--race** tävling utan handikapp **--wig** liten peruk **-y** [-i] **1** krafsig **2** klottrig **3** hoprafsad, slarvigt sammansatt

scrawl [skrɔ:l] **I** *v* klottra **II** *s* klotter, kråkfötter

scrawny ['skrɔ:ni] *A.* **1** mager, skinntorr. utmärglad, bara skinn o. ben **2** hämmad (i växten), förkrympt

scream [skri:m] **I** *v* **1** skrika **2** (om vind etc.) tjuta, vina **II** *s* **1** skrik, tjut **2** *sl.* lustig person **-er** [-ə] **1** en som skriker **2** *sl.* lustigkurre, baddare **3** *zool.* värnfågel **4** *sl.* rolig historia

scree [skri:] stenras, skred

screech [skri:tʃ] **I** *v* skrika gällt, tjuta **II** *s* gällt skrik (ljud) **--owl** *zool.* tornuggla

screed [skri:d] lång (o. ointressant) epistel, lång uppsats

screen [skri:n] **I** *s* **1** skärm **2** *kyrk.* korskrank **3** projektionsduk, filmduk **4** anslagstavla **5** grovt såll **6** *tekn.* raster **II** *v* **1** avskärma, skyla **2** skydda **3** filma, visa på film **4** sortera (alla bet.) **--actor** [-,æktə] **--star** filmstjärna **--struck** filmbiten **--wiper** [-,waipə] = *windscreen wiper*

screeve [skri:v] **1** måla på trottoar **2** skriva tiggarbrev **-r** [-ə] trottoarmålare

screw [skru:] **I** *s* **1** skruv **2** propeller **3** åtskruvning **4** *sl.* avlöning, lön **5** *sl.* girigbuk **6** *sl.* hästkrake; *there's a* ~ *loose* det är något galet; *he has a* ~ *loose* han har en skruv lös; *put the* ~ *on a p.* ansätta ngn hårt **II** *v* **1** skruva (*äv.* boll etc.) **2** vrida; förvrida **3** ansätta, klämma åt **4** *sl.* vara gnidig, snåla; ~ *home* skruva fast; ~ *up one's face* förvrida ansiktet; ~ *up one's courage* ta mod till sig **--auger** [-,ɔ:gə] skruvborr **-ball** [-,bɔl:] *A. sl.* mycket excentrisk person **--blade** skruvblad **--bolt** skruvbult **--cap** ['skru:'kæp] skruvhylsa **--clamp** skruvtving **--cutting** [-,kʌtiŋ] gängskärning **--driver** [-,draivə] skruvmejsel **-ed** [-d] skruvad; *fig. sl.* berusad, på lyran **--eye** skruvögla **--gear** drev **--jack** domkraft **--key** skruvnyckel **--pile** skruvspindel **--press** skruvpress **--propeller** [-prə,pelə] propeller **--spanner** [-,spænə] skiftnyckel **--tap** gängtapp **--vice** skruvstäd **--wrench** skiftnyckel

scribal ['skraib(ə)l] skriv-; ~ *error* skrivfel

scribble ['skribl] **I** *v* klottra **II** *s* klotter **-er** [-ə] skribent, pennfäktare **-ing-block** [-iŋ-,blɔk] anteckningsblock **-ing-paper** [-,iŋpeipə] kladdpapper

scribe [skraib] **1** skrivare **2** *bibl.* skriftlärd **3** *A.* författare

scrim [skrim] (slags) linne

scrimmage ['skrimidʒ] **I** *s* **1** slagsmål, råkurr **2** = *scrummage* **I II** *v* **1** slåss, delta i råkurr **2** = *scrummage II*

scrimp[y] ['skrimp(i)] = *skimp[y]*

scrimshank ['skrimʃæŋk] *mil. sl.* smita (från

värnplikten), smita undan, hålla sig undan **-er** [-ə] marodör, värnpliktig som smiter, simulant

scrip [skrip] **1** interimsbevis för aktiebrev **2** *A.* papperslapp **3** tiggarpåse

script [skript] **1** [hand]skrift **2** *boktr.* skrivstil **3** originalhandling **4** skriftligt examensprov **-orium** [-'tɔ:riəm] skrivsal i kloster **-ural** [-tʃ(ə)r(ə)l] bibel- **-ure** [-tʃə] **1** bibel, helig bok **2** bibelspråk, bibelställe **3** [*the*] *S*~ den Heliga Skrift = *Holy S*~ **4** (*ngt åld.*) kristendom[sundervisning]

scrivener ['skrivnə] *hist.* skrivare, sekreterare

scroll [skrəul] **I** *s* **1** bokrulle **2** snirkel, band med inskrift **II** *v* **1** skriva på bokrulle **2** rulla ihop **-ed** [-d] prydd med slingor

scroop [skru:p] **I** *v* knarra, gnissla **II** *s* knarr[ande], gnisslande

scrotum ['skrəutəm] *anat.* testikelpung

scrounge [skraun(d)ʒ] **I** *v* snatta **II** *s* snattare

scrub [skrʌb] **I** *v* **1** skura, skrubba **2** *fam.* knoga, släpa **II** *s* **1** skurning, skrubbning **2** skurgumma **3** buskskog, snår, förkrympt buske (träd, djur) **4** snåljåp, gnidare **5** *A.* spelare i 2:a (3:e) laget; *give a p. a good* ~ ge ngn en ordentlig tvättning **III** *a* förkrympt **-ber** [-ə] **1** skurborste **2** skurgumma **-bing-brush** [-iŋ-] skurborste **-bing-up** ['skrʌbiŋ'ʌp] avtvättning **-by** [-i] klen, ynklig, förkrympt **2** skäggig **3** betäckt med buskskog, snårig

scruff [skrʌf] *s, take* (*seize*) *by the* ~ *of the neck* ta [ngn] i nackskinnet **-y** [-i] tarvlig, sjaskig, smutsig

scrum[mage] ['skrʌm(idʒ)] *rugby.* **I** *s* forwards uppställning i klunga **II** *v* delta (kasta in bollen) i sådan klunga

scrumptious ['skrʌmp(ʃ)əs] flott, stilig

scrunch [skrʌn(t)ʃ] *se crunch*

scruple ['skru:pl] **I** *s* **1** (apoteksvikt) skrupel (= *22 grains*) **2** samvetsbetänklighet[er], skrupler; *have* (*make*) *no* ~ *to* inte tveka att **II** *v* tveka (*to* att) **-ulosity** [,skru:pju'lɔsiti] betänksamhet **-ulous** ['skru:pjuləs] samvetsöm; skrupulös

scrut|ator [skru:'teitə] **1** granskare **2** kontrollant vid val = **-ineer** [,skru:ti'niə] **-inize** ['skru:tinaiz] undersöka noggrant, granska **-iny** ['skru:tini] noggrann undersökning, granskning

scud [skʌd] **I** *v* rusa, ila, skynda; *sjö.* länsa undan **II** *s* **1** ilande, rusande **2** vindil **3** drivande regnmoln

scuff [skʌf] **I** *v* hasa sig fram, släpa fötterna i marken **II** *A.* toffel **-le** [-l] **I** *v* **1** = *scuff I* **2** slåss (på lek) **II** *s* lekfullt slagsmål

scull [skʌl] **I** *s* **1** mindre åra; vrickåra **2** liten roddbåt **II** *v* ro med ett par åror; vricka båt **scull|ery** ['skʌləri] diskrum **-ion** [-jən] diskare, kökspojke

sculp [skʌlp] = *s·ulpture* **-tor** [-tə] bildhuggare, skulptör **-tress** [-tris] skulptris **-ture** [-tʃə] **I** *s* **1** bildhuggarkonst **2** skulptur **II** *v* skulptera **-tural** [-tʃ(ə)r(ə)l] skulptur-, skulptural

scum [skʌm] **I** *s* **1** skum **2** *fig.* avskum **II** *v* skumma (av) **-ble** [-bl] **I** *v* dämpa (oljefärg) **II** *s* dämpning **-my** [-i] skummande

scunner ['skʌnə] **I** *s* avsky **II** *v* äcklas, känna avsky

scupper ['skʌpə] **I** *s, sjö.* spygatt **II** *v, mil. sl.* överrumpla o. hugga ner

scurf [skə:f] mjäll **-y** [-i] mjällig
scurril|ity [skʌˈriliti] plumphet, grovhet **-ous** [ˈskʌriləs] plump, grovkornig
scurry [ˈskʌri] **I** *v* trippa, gå fort med korta steg, jaga springa **II** *s* **1** trippande **2** regnby, snöby
scurv|ied [ˈskə:vid] lidande av skörbjugg **-y** [-i] **I** *a* gemen, tarvlig **II** *s, med.* skörbjugg
scut [skʌt] (kort) svans
scutcheon [ˈskʌtʃ(ə)n] **1** vapensköld **2** namnplåt
scutter [ˈskʌtə] *fam.* springa, kila
scuttle [ˈskʌtl] **I** *s* **1** kolhink **2** lucka, ventil **3** smitande från svårighet **II** *v* **1** sänka, borra i sank **2** smita från svårighet
scythe [saið] **I** *s* lie **II** *v* meja ner med lie
se [si:] *mus.* si
sea [si:] **1** hav **2** våg, störtsjö **3** sjögång; *be at ~* **a** vara till sjöss **b** *fig.* vara alldeles bortkommen; *follow the ~* bli sjöman; *put to ~, take the ~* löpa till sjöss; *the high ~s* öppna havet; *within the four ~s* utmed Storbritanniens kuster; *between the devil and the deep ~* mellan två eldar; *the Seven S~s* de sju världshaven **--bear 1** isbjörn **2** *fam.* sjöbjörn, sjöbuss **-board** kust **--calf** säl **--chest** sjömanskista **-coast** [ˈsi:ˈkəust] kust **--cock** *sjö.* bottenkran **--cook** skeppskock; *son of a ~* usling, knöl (*sl.*) **--cow** [ˈsi:ˈkau] *zool.* sirendjur, sjöko **--dog 1** sjöbuss, sjöbjörn **2** säl **3** hundhaj **--eagle** [-ˌi:gl] havsörn **-farer** [-ˌfɛərə] sjöfarare **-faring** [-ˌfɛəriŋ] **I** *a* sjöfarande **II** *s* sjöfart **-food** skaldjur **--front** [-frʌnt] sjösida (av stad); kustremsa **--gauge** *sjö.* djupgående **-going** [-ˌgəuiŋ] oceangående **-gull** fiskmås **--horse 1** valross **2** sjöhäst **--kale** [ˈsi:ˈkeil] *bot.* strandkål **--king** viking, vikingahövding
seal [si:l] **I** *s* **1** sigill **2** bekräftelse, insegel **3** *fig.* prägel, stämpel **4** *zool.* säl **5** julmärke; *given under my hand and ~* av mig underskrivet o. med sigill bekräftat; *set one's ~ to* godkänna; *receive (return) the ~s* tillträda (frånträda) sin ministerpost; *Keeper of the Great S~* storsigillbevarare **II** *v* **1** sätta sigill på; försegla med sigill **2** bekräfta, besegla **3** *fig.* sätta sin stämpel på **4** jaga säl; *my lips are ~ed* mina läppar är förseglade; *~ up* täppa till, tillsluta
sea-lawyer [ˈsi:ˌlɔ:jə] *sl.* kverulant
sealer [ˈsi:lə] **1** säljägare **2** justeringsman
sea-level [ˈsi:levl] havsyta (mitt emellan ebb o. flod)
sealing-wax [ˈsi:liŋwæks] sigillack
sea|-lion [ˈsi:ˌlaiən] *zool.* sjölejon **S--Lord** sjömilitär medlem av *the Board of Admiralty*
sealskin [ˈsi:lskin] sälskinn
seam [si:m] **I** *s* **1** söm **2** fog; *sjö.* nåt **II** *v* sy ihop, sömma
seaman [ˈsi:mən] sjöman, matros **-like, -ly** [-li] sjömansmässig **-ship** sjömansskicklighet
sea|-mark [ˈsi:mɑ:k] sjömärke **--mew** *zool.* havsmås **--mile** eng. sjömil
seam|less [ˈsi:mlis] sömlös **-stress** [ˈsemstris] sömmerska **-y** [-i] **1** med sömmar **2** tarvlig, lumpen, eländig; *the ~ side* avigsidan
séance [ˈseiɑ:(n)s] seans
sea|-pay [ˈsi:pei] *sjö.* hyra **--pen** *zool.* sjöpenna **--pie 1** sjömanspaj **2** *zool.* strandskata **--piece** marinmålning **--pink** [ˈsi:ˈpiŋk] *bot.* gräsnejlika **-plane** hydroplan **-port** hamn (hamnstad) vid ocean

sear [siə] **1** förtorka; bränna upp **2** förhärda, göra hård
search [sə:tʃ] **I** *v* undersöka, visitera, genomleta; *~ a wound* sondera ett sår; *~ out* leta fram; *~ me!* har inte den blekaste aning! (*A.*) **II** *s* undersökning; visitering; husrannsakan **-ing** [-iŋ] **I** *a* **1** grundlig, ingående **2** forskande **II** *s* **1** undersökning, visitation **2** *~s of heart* beklämdhet **-light** strålkastare **--warrant** [-ˌwɔr(ə)nt] visiteringsorder
sea|-room [ˈsi:rum] *sjö.* sjörum, manöverrum **--rover** [-ˌrəuvə] sjörövare **-scape** marinmålning **--serpent** [-ˌsə:pənt] sjöorm **-shore** [ˈsi:ˈʃɔ:] havsstrand **-sick** sjösjuk **-sickness** sjösjuka **-side** [ˈsi:ˈsaid] havskust; *~ resort* badort; *go to the ~* fara till en badort
season [ˈsi:zn] **I** *s* **1** årstid **2** säsong; *the dead ~, the off ~* dödsäsongen; *close ~* förbjuden tid (för jakt); *oysters are in ~* nu är rätta tiden för ostron; *a word in ~* ett gott råd i rättan tid **II** *v* **1** mogna, bli användbar **2** krydda, göra aptitlig **3** mildra, moderera **-able** [-əbl] **1** utmärkande för årstiden **2** lägligt, i rättan tid **-al** [-zənl] säsong- **-ing** [-iŋ] krydda, kryddor **--ticket** [-ˌtikit] säsongbiljett
sea-swallow [ˈsi:ˌswɔləu] *zool.* tärna
seat [si:t] **I** *s* **1** sittplats **2** sits (på en stol) **3** säte, bakdel **4** centrum, huvudort **5** sits (till häst), sätt att sitta på en häst **6** lantgods, herresäte; *county ~* länshuvudstad (*A.*); *~ belt* säkerhetsbälte; *keep your ~s!* sitt kvar!; *take a ~* sitt ner; *the ~ of the disease* härden för sjukdomen; *~ of war* krigsskådeplats **II** *v* **1** sätta, bereda plats för **2** rymma (sittplatser för); ~ *o.s.* sätta sig; *a church ~ed for 5000* en kyrka med 5000 sittplatser
sea-tangle [ˈsi:ˌtæŋgl] *bot.* tång
seat|er [ˈsi:tə] i sms. beträffande transportmedel, t. ex. *two-~* tvåsitsig bil (flygmaskin) **-ing** [-iŋ] **1** sättande, placering; anbringande **2** sitsmaterial; ~ *accommodation* sittplatser
sea|-urchin [ˈsi:ˈə:tʃin] *zool.* sjöborre **--wall** [ˈsi:ˈwɔ:l] strandvall **-ward[s]** [-wəd(z)] mot havet **--way 1** sjöväg **2** sjögång **-weed** sjögräs **-worthy** [-ˌwə:ði] sjöduglig, sjövärdig
sebaceous [siˈbeiʃəs] fettavsöndrande
sec [sek] (kortform av *second*) sekund
secateur[s] [ˌsekəˈtə:(z)] trädgårdssax, sekatör
sece|de [siˈsi:d] utträda ur (trossamfund etc.) **--ssion** [-ˈseʃ(ə)n] utträde; *the War of S~* nordamerikanska inbördeskriget 1861—65 **-ssionist** [-ˈseʃnist] *A. hist.* separatist, sydstatsman (1861)
seclu|de [siˈklu:d] avstänga, utesluta **-sion** [-uːʒ(ə)n] **1** avstängning, uteslutning **2** avskild plats, avskildhet, enslighet **3** tillbakadragenhet
second [ˈsek(ə)nd] **I** *a* **1** andra, nästa, följande **2** underordnad, andrahands-; *on ~ thoughts* vid närmare eftertanke; *be ~ to none* inte stå någon efter; *every ~ day* varannan dag; ~ *birth* pånyttfödelse; *get into one's ~ childhood* bli barn på nytt; *play ~ fiddle* spela andra fiolen (*fig.*); *S~-in-Command* sekond (*mil.*); *his ~ self* hans andra jag; ~ *sight* fjärrsyn, klärvoajans; ~ *string* reserv (*fig.*); ~ *teeth* permanenta tänder **II** *s* **1** sekund; *fam.* ögonblick **2** sekundant i duell **3** närmaste medhjälpare **4** tvåa, andre man (i tävling) **5** *mus.* andra stämman **6** *~s* sekunda varor **III** *v* **1** understödja, biträda **2** instämma i, tillstyrka

(ett förslag) **3** [si'kɔnd] *mil.* temporärt förflytta till annan tjänstgöring **-ary** [-(ə)ri] **I** *a* andrahands-, sekundär; ~ *school* läroverk (ung. motsv. grundskolans högstadium) **II** *s* **1** ställföreträdare; vikarie **2** *astr.* drabant **--chop** ['sek(ə)n(d)'tʃɔp] *sl.* andra klass, sekunda **--class** ['sek(ə)n(d)'klɑːs] *a o.* adv andraklass[-] **--hand I** *a* ['sek(ə)nd'hænd] i andra hand, begagnad, (om böcker) antikvarisk; ~ *bookshop* antikvariat; ~ *information* andrahandsupplysningar; *at* ~ i andra hand, grundad på hörsägen **II** *s* ['sek(ə)ndhænd] sekundvisare **-ly** [-li] för det andra **--rate** ['sek(ə)nd'reit] medelmåttig, sekunda **--sighted** ['sek(ə)nd'saitid] synsk

secre|cy ['si:krisi] **1** tystlåtenhet **2** hemlighetsfullhet; *in* ~ i hemlighet **-t I** *a* **1** hemlig, dold **2** tystlåten; *S* ~ *Service* hemliga underrättelseväsendet **II** *s* hemlighet; *in* ~ i hemlighet; *in the* ~ invigd (i hemligheten); *open* ~ offentlig hemlighet

secret|aire [,sekrə'tɛə] sekretär **-arial** [-ɛəriəl] sekreterare- **-ariat[e]** [-ɛəriət] sekretariat **-ary** ['sekrətri] **1** sekreterare **2** *S* ~ *of State* minister; *A.* utrikesminister **3** sekretär

secret|e [si'kri:t] **1** gömma, dölja **2** avsöndra **-ion** [-i:ʃ(ə)n] **1** undangömmande **2** avsöndring, sekretion **-ive** [-iv] **1** hemlighetsfull **2** orsakande avsöndring **-ory** [-(ə)ri] avsöndrande

sect [sekt] sekt **-arian** [sek'tɛəriən] **I** *a* sekteristisk **II** *s* sekterist **-arianism** [sek'tɛəriəniz(ə)m] sekterism

section ['sekʃ(ə)n] **I** *s* **1** avdelning, sektion, del **2** snitt, genomskärning **3** *mil.* tropp; grupp **4** *A.* distrikt **II** *v* uppdela i avdelningar etc. **-al** [-ʃənl] sektions-, avdelnings- **--mark** paragraftecken

sector ['sektə] sektor

secular ['sekjulə] **I** *a* **1** världslig, sekular **2** varaktig, pågående under en lång tid **II** *s* **1** lekman **2** sekularpräst **-ism** [-riz(ə)m] världslighet, sekularism **-ity** [,sekju'læriti] världslighet **-ize** [-raiz] sekularisera

secur|e [si'kjuə] **I** *a* **1** trygg, säker **2** stadig, säker **3** säker, viss **II** *v* **1** förstärka **2** skydda, betrygga **3** befästa **4** försäkra sig om, skaffa **5** tillförsäkra **-ity** [-riti] **1** trygghet, säkerhet **2** tillförsikt, självsäkerhet **3** värdepapper; *government* ~ statsobligation

sedan [si'dæn] **1** *hist.* bärstol (*äv.* ~-*chair*) **2** täckt bil, sedan

sedat|e [si'deit] lugn, stillsam **-ive** ['sedətiv] **I** *a* lugnande; smärtstillande **II** *s, med.* lugnande (smärtstillande) medel, sedativ

sedentary ['sednt(ə)ri] **I** *a* sittande **II** *s* stillasittande person

Seder ['seidə] jud. fest (t. minne av uttåget ur Egypten)

sedge [sedʒ] *bot.* starr[gräs]

sediment ['sedimənt] fällning, avlagring, sediment **-ary** [,sedi'ment(ə)ri] sedimentär

sediti|on [si'diʃ(ə)n] upproriskhet **-ous** [-ʃəs] upprorisk

seduc|e [si'dju:s] förföra **-er** [-ə] förförare **-tion** [-'dʌkʃ(ə)n] förförelse **-tive** [-'dʌktiv] förförisk

sedulous ['sedjuləs] flitig, trägen

1 see [si:] stift; *the Holy S* ~ påvestolen

2 see [si:] **1** se, skåda **2** ta emot (besök) **3** besöka, hälsa på **4** inse, förstå **5** se till, ordna; *I* ~ jag förstå, aha; *you* ~ förstår du; *his coat had* ~*n better days* hans rock var ganska

---

sliten; *he will never* ~ *50 again* han är betydligt över 50 år; *I'll* ~ *you hanged* (*damned*) *first!* jag skall så tusan heller!; ~ *a thing done* se till att ngt blir utfört; ~ *a p. home* följa ngn hem; ~*ing is believing* det vill jag se innan jag tror på det; ~ *about* se till; *I will* ~ *about it* det skall jag ordna; ~ *after* se till, ordna; ~ *into* undersöka; ~ *off* följa till dörren; vinka adjö till; ~ *out* överleva, klara sig igenom; ~ *over* besiktiga ~ *through* genomskåda; ~ *a p. through* hjälpa ngn igenom; *he can* ~ *through a brick wall* han är utomordentligt skarpsinnig; ~ *to* se till, ordna; ~ *the back of* äntligen bli kvitt

seed [si:d] **I** *s* **1** frö, säd **2** början, upprinnelse **3** *bibl.* avkomma; *go* (*run*) *to* ~ fröa sig; *fig.* bli gammal o. skröplig; *raise up* ~ sätta barn till världen **II** *v* **1** så, beströ **2** gå i frö **3** *sport.* seeda, bestämma inbördes spelordning **--bed** fröskola **--cake** kumminkaka **-case** fröhus **--corn 1** frökorn **2** *A.* majs **-ling** [-liŋ] liten planta **--pearl** ['si:d'pəːl] sandpärla **--plot** plantskola **--potatoes** ['si:dpə'teitəuz] sättpotatis **-sman** [-zmən] fröhandlare **-y** [-i] **1** *fam.* sliten, sjaskig **2** fröig **3** (om konjak) aromatisk; *feel* ~ känna sig dålig

seek [si:k] **1** söka (*for, after* efter) **2** sträva efter, försöka **3** uppsöka, bege sig till; ~ *a p.'s life* trakta efter ngns liv

seem [si:m] förefalla, synas; *it would* ~ det kunde tyckas; *it* ~*s that* det tycks att **-ing** [-iŋ] **1** synbar **2** låtsad, skenbar **-ingly** [-iŋli] skenbart **-ly** [-li] anständig, passande

seen [si:n] *perf part av see*

seep [si:p] läcka; sippra ut

seer [si:ə] profet, siare

seersucker ['siə,sʌkə] **1** indiskt randigt linnetyg **2** *A.* (slags) permanentbehandlat bomullstyg, "bäckebölja"

seesaw ['si:sɔ:] **I** *s* gungbräda **II** *a* svängande; *fig.* vacklande **III** *v* **1** gunga på gungbräda **2** *fig.* vackla **3** svänga fram o. tillbaka

seethe [si:ð] sjuda (*äv. fig.*)

see-through ['si:θru:] *a, a* ~ *dress* en genomskinlig klänning

segment I *s* ['segmənt] segment; klyfta **II** *v* [seg'ment] indela i segment; klyva

sego lily ['si:gəu 'lili] *bot.* växten *Calochortus nuttallii*

segregat|e ['segrigeit] avskilja [sig] **-ion** [,segri'geiʃ(ə)n] avskiljande **-ionist** [,segri-'geiʃnist] *s o.* a segregationist[isk]

seign|eur [sein'jəː] **-ior** ['seinjə] länsherre, storgodsherre **-[i]orage** ['seinjəridʒ] **1** länsherres rättigheter **2** royalty **-iory** ['seinjəri] länsherres myndighet **-oral** [sein'jɔːriəl] länsherrelig

seine [sein] **I** *s* *sjö.* not **II** *v* fiska med not

seise [si:z] = *seize*

seism|ic ['saizmik] seismisk **-ograph** [-mə-graːf] seismograf

seiz|e [si:z] **1** gripa, ta tag i **2** uppbringa, i beslag **3** begripa, fatta **4** *sjö.* surra fast; *be* ~*d of* vara i besittning av; vara medveten om; ~*d by* (*with*) angripen av **-ure** ['si:ʒə] **1** gripande **2** [slag]anfall, sjukdomsattack

seldom ['seldəm] sällan

select [si'lekt] **I** *a* utvald, exklusiv **II** *v* **1** utvälja **2** utse (*as* till) **-ion** [-kʃ(ə)n] **1** val, utväljande **2** urval; *natural* ~ naturligt urval **-ive** [-iv] utväljande, selektiv **-ivity** [silek'tiviti] selektivitet

self [self] **I** _a_ (om färg) enfärgad, enahanda **II** _s_ jag, person; _cheque drawn to_ ~ check ställd till egen order **III** (i sammansättningar) själv-, egen- (_för här ej upptagna sammansättningar med_ ~ _se under respektive grundord_) **--absorbed** ['selfəb'sɔːbd] försjunken i sig själv **--acting** ['self'æktiŋ] automatisk **--adjusting** ['selfə'dʒʌstiŋ] självreglerande **--assertion** ['selfə'səːʃ(ə)n] självhävdelse **--assurance** ['selfə'ʃuər(ə)ns] självsäkerhet **--binder** ['self'baində] självbindare **--cent[e]red** ['self'sentəd] självupptagen, egocentrisk **--collected** ['selfkə'lektid] lugn, behärskad **--coloured** ['self'kʌləd] enfärgad **--command** ['selfkə'maːnd] självbehärskning **--complacency** ['selfkəm'pleisnsi] självbelåtenhet **--complacent** ['selfkəm'pleis(ə)nt] självbelåten **--conceit** ['selfkən'siːt] självgodhet **--conceited** ['selfkən'siːtid] självgod **--confidence** ['self'kɔnfid(ə)ns] självförtroende **--confident** ['self'kɔnfid(ə)nt] självsäker **--conscious** ['self'kɔnʃəs] självmedveten **2** försagd, besvärad **--constituted** ['self'kɔnstitjuːtid] självutnämnd **--contained** ['selfkən'teind] **1** reserverad, sluten **2** måttfull, behärskad **3** bildande ett slutet helt **--control** ['selfkən'trəul] självbehärskning **--defence** ['selfdi'fens] självförsvar; _the noble art of_ ~ boxning **--denial** ['selfdi'nai(ə)l] självförnekelse **--dependence** ['selfdi'pendəns] själv-ständighet **--destruction** ['selfdis'trʌkʃ(ə)n] självmord **--determination** ['selfdi,təːmi-'nei(ə)n] **1** fri vilja, självbestämmelse **2** _pol._ självbestämmanderätt **--determined** ['selfdi'təːmind] bestämd av fri vilja **--devotion** ['selfdi'vəuʃ(ə)n] självuppoffring **--distrust** ['selfdis'trʌst] bristande självförtroende **--educated** ['self'edju(ː)keitid] självbildad **--effacement** ['selfi'feismənt] självuppgivelse **--esteem** ['selfis'tiːm] självrespekt **--evident** ['self'evid(ə)nt] självklar **--existent** ['self-ig'zist(ə)nt] självständig **--explaining** ['self-iks'pleiniŋ] **--explanatory** ['selfiks'plænət-(ə)ri] självklar **--fertilization** ['self,fəːtilai'zei-ʃ(ə)n] självbefruktning **--forgetful** ['selffə'get-f(u)l] osjälvisk **--government** ['self'gʌvnmənt] självstyrelse, oberoende **--important** ['selfim-'pɔːt(ə)nt] dryg, viktig **--imposed** ['selfim-'pəuzd] självpåtagen **--indulgent** ['selfin'dʌld-ʒ(ə)nt] självsvåldig **--interest** ['self'intrist] egennytta **-ish** [-iʃ] självisk, egoistisk **-ishness** [-iʃnis] själviskhet **-less** [-lis] osjälvisk **--made** ['self'meid] _a,_ ~ _man_ person som kommit sig upp **--mastery** ['self'maːst(ə)ri] självbehärskning **--mortification** ['self,mɔːtifi'keiʃ(ə)n] späkning **--opinioned** ['selfə'pinjənd] självgod **--pity** ['self'piti] medlidande med sig själv **--possessed** ['selfpə'zest] självbehärskad **--possession** ['selfpə'zeʃ(ə)n] självbehärskning, fattning **--praise** ['self'preiz] eget beröm **--preservation** ['self,prezə(ː)'veiʃ(ə)n] självbevarelsedrift **--realization** ['self,riəlai-'zei(ə)n] självförverkligande, utveckling av sina anlag **--regard** ['self'riːgaːd] egoism **--reliance** ['selfri'laiəns] självförtroende **--reliant** ['selfri'laiənt] full av självtillit **--respect** ['selfris'pekt] självaktning **--restraint** ['selfris'treint] självkontroll **--righteous** ['self'raitʃəs] egenrättfärdig **--righting** ['self'raitiŋ] (om båt) självresande **--sacrifice** ['self'sækrifais] självuppoffring **--same** just densamme **--satisfied** ['self'sætisfaid] själv-

belåten **--seeker** ['self'siːkə] egoist **--service** ['self'səːvis] självbetjäning; _a_ ~ _restaurant_ en självservering **--slaughter** ['self'slɔːtə] självmord **--starter** ['self'staːtə] självstart, start-motor **--styled** ['self'staild] föregiven **--sufficient** ['selfsə'fiʃ(ə)nt] **-sufficing** ['selfsə-'faisiŋ] oberoende, självständig **--supporting** ['selfsə'pɔːtiŋ] självförsörjande **--will** ['self'wil] egenrådighet **--willed** ['self'wild] egensinnig **--winding** ['self'waindiŋ] självuppdragande

sell [sel] **1** sälja **2** _fam._ lura; ~ _a p. a pup (a gold brick)_ lura ngn (_sl._); _they_ ~ _like wild five (hot cakes)_ de går åt som smör (_fam._); ~ _off_ utförsälja, realisera lager; ~ _out_ förråda (_sl._); ~ _up_ tvångsförsälja **-ing** [-iŋ] **I** _a_ säljande **II** _s_ försäljning

seltzer ['seltsə] mineralvatten

selv|age, -edge ['selvidʒ] kant, list

selves [selvz] _pl av_ self

semantics [si'mæntiks] _sg. språkv._ semantik

semaphore ['seməfɔː] **I** _s_ **1** _järnv._ semafor **2** _mil._ semaforering **II** _v, mil._ semaforera

semblance ['sembləns] utseende, skepnad

semester [si'mestə] _A._ halvårstermin

semi ['semi] halv- (_för här ej upptagna sammansättningar med_ ~ _se under respektive grundord_) **-breve** [-briːv] _mus._ helnot **-circle** [-,səːkl] halvcirkel **-colon** ['semi'kəulən] semikolon **-final** ['semi'fainl] _sport._ semifinal **--manufactured** ['semimænju'fæktʃəd] _a,_ ~ _articles_ halvfabrikat

seminal ['si:minl] frö-

seminar ['semina:] studiegrupp, seminarium **-y** [-nəri] **1** _kat._ prästseminarium **2** _fig._ plantskola

semiquaver ['semi,kweivə] _mus._ sextondelsnot

Semit|e ['siːmait] **I** _a_ semitisk **II** _s_ semit **-ic** [si'mitik] semitisk

semivowel ['semi,vau(ə)l] halvvokal

semolina [,semə'liːnə] semolinagryn, (slags) mannagryn

sempstress ['sem(p)stris] = _seamstress_

senat|e ['senit] senat; _the S_~ första kammaren (t.ex. i USA, Kanada) **-or** [-nətə] senator **-orial** [,senə'tɔːriəl] senatorisk

send [send] **1** sända, skicka **2** _sl._ göra ngn tokig av glädje, förtjusa; _God_ ~ _that it may not be so_ Gud give att det inte är sant; ~ _him victorious!_ giv honom segern!; ~ _a p. away_ (_packing, to the right-about_) skicka iväg ngn; ~ _a p. to Coventry_ bojkotta ngn, frysa ngn ute socialt; ~ _a p. flying_ (_spinning_) jaga iväg ngn, ge ngn ett slag så att han vacklar; ~ _a p. crazy_ (_mad_) göra ngn tokig; ~ _word_ skicka bud; ~ _down_ relegera (_univ._); ~ _for_ hämta efter; ~ _forth_ sända ut, släppa ut; ~ _in_ skicka in; ~ _in one's name_ anmäla sig; ~ _off_ avsända; ~ _on_ skicka i förväg; ~ _out_ skicka ut, sprida; ~ _up_ få att stiga **-er** [-ə] avsändare **--off** ['send'ɔf] **1** följande till tåg (båt etc.) **2** berömmande recension **--up** [-ʌp] _vard._ parodi; travesti

senil|e ['siːnail] ålderdomssvag, senil **-ity** [si'niliti] ålderdomssvaghet, senilitet

senior ['siːnjə] **I** _a_ äldre; _he is two years_ ~ _to me_ han är två år äldre än jag; ~ _partner_ chef för firma; _the_ ~ _service_ eng. marinen; ~ _wrangler_ primus i matematikexamen (_Cambr._) **II** _s_ en som är äldre; _he is my_ ~ **a** han är äldre än jag **b** han har högre tjänsteställning än jag **c** han har längre tjänstetid än jag **-ity** [,siːni-'ɔriti] högre [tjänste]ålder, anciennitet

sennet ['senit] *hist.* trumpetfanfar (scenanvisning)

sennight ['senait] *åld.* en vecka; *today* ~ i dag om en vecka

señor [se'njɔ:] **1** (sp. titel el. tilltalsform) herr **2** spanjor **-a** [-rə] **1** (sp. titel el. tilltalsform) fru **2** spanjorska **-ita** [‚senjɔ'ri:tə] **1** (sp. titel el. tilltalsform) fröken **2** ung spanjorska

sensation [sen'seiʃ(ə)n] **1** förnimmelse, känsla **2** uppseende, sensation; *make (cause) a* ~ ställa till uppståndelse **-al** [-ʃənl] **1** sinnes- **2** sensationell, uppseendeväckande **-alism** [-ʃnəliz(ə)m] **1** sensationsmakeri **2** *filos.* ˈsensualism **--monger** [-‚mʌŋgə] sensationsmakare

sense [sens] **I** *s* **1** sinne **2** medvetande, känsla **3** förnuft, omdöme **4** betydelse, mening **5** allmän åsikt, stämning; ~ *of* a känsla av **b** aning om; ~ *of duty* pliktkänsla; ~ *of locality* lokalsinne; *man of* ~ förnuftig man; *it does not make* ~ det är orimligt (obegripligt); *in a* ~ på sätt o. vis; *are you out of your* ~*s?* har du blivit galen?; *frighten a p. out of his* ~*s* skrämma livet ur ngn; *talk* ~ tala förnuftigt; *take the* ~ *of the meeting* pejla stämningen på mötet **II** *v* **1** märka, uppfatta **2** *A.* förstå **-less** [-lis] **1** orimlig **2** medvetslös, sanslös **3** obegriplig

sensib|ility [‚sensi'biliti] **1** känslighet, mottaglighet (för sinnesintryck), sensibilitet **2** ömtålighet **-le** ['sensəbl] **1** förståndig, klok, förnuftig **2** förnimbar **3** medveten (*of* om) **4** märkbar, kännbar

sensit|ive ['sensitiv] känslig, ömtålig; ~ *paper* ljuskänsligt papper **-ivity** [‚sensi'tiviti] känslighet

sensor|ial [sen'sɔ:riəl] **-y** ['sensəri] sensoriell

sensual ['sensjuəl] sinnlig, sensuell **-ist** sensualist **-ity** [‚sensju'æliti] sinnlighet, sensualism

sensuous ['sensjuəs] sensuell, sinnlig

sent [sent] *imperf* o. *perf part* av *send*

senten|ce ['sentəns] **I** *s* **1** dom, utslag **2** straff **3** *gram.* mening **4** tänkespråk, sentens **II** *v* döma **-tious** [sen'tenʃəs] **1** koncis, lakonisk **2** aforistisk

sentien|ce ['senʃ(ə)ns] **-cy** [-si] känsloförmåga **-t** förnimmande, känslig

sentiment ['sentimənt] **1** andlig (moralisk) känsla **2** känslosamhet, sentimentalitet **3** grundtanke, inre mening **4** ~*s, pl* stämning, uppfattning **5** utbringande av skål **-al** [‚senti'mentl] sentimental **-alist** [‚senti'mentəlist] känslomänniska **-ality** [‚sentimen'tæliti] sentimentalitet

sentinel ['sentinl] = *sentry*

sentry ['sentri] *mil.* [vakt]post, skyltvakt; *keep* ~ hålla vakt **--box** vaktkur **--go** vaktposts patrullering

sepal ['sepəl] *bot.* blomfoderblad, -flik

separat|e I *a* ['seprit] skild, separat; ~ *maintenance* makes underhåll vid hemskillnad **II** *v* ['sepəreit] avskilja, separera **-ion** [‚sepə'reiʃ(ə)n] skilsmässa; *judicial* ~ hemskillnad; ~ *allowance* statsbidrag t. soldats hustru **-ive** ['sep(ə)rətiv] skiljande **-or** ['sepəreitə] separator

sepia ['si:pjə] sepia; sepiabrunt

sepoy ['si:pɔi] *Ind.* infödd soldat i engelsk tjänst

sepsis ['sepsis] *med.* blodförgiftning, sepsis

sept|an ['septən] *a,* ~ *fever* sjudagarsfeber **-angular** [sep'tæŋgjulə] sjuhörning **S-ember**

[sep'tembə] september **-enary** [sep'ti:nəri] sju[års]- **-ennial** [sep'tenjəl] sjuårig **-et[te]** [sep'tet] *mus.* septett

septic ['septik] *med.* septisk; inflammerad; ~ *tank* septisk tank (för rening av avloppsvatten) **-aemia** [‚septi'si:mjə] blodförgiftning

septuagenarian [‚septjuədʒi'nɛəriən] *s* o. *a* sjuttioåring; sjuttioårig

sepul|chral [si'pʌlkr(ə)l] grav- **-chre** ['sep(ə)l-kə] **I** *s* grav, grift; *the Holy S* ~ den Heliga Graven **II** *v* begrava **-ture** ['sep(ə)ltʃə] begravning

sequel ['si:kw(ə)l] följd, fortsättning; *in the* ~ i det följande

sequen|ce ['si:kwəns] serie, rad; ordningsföljd; svit; sekvens; *in rapid* ~ i snabb följd **-t 1** följande **2** därav följande

sequest|er [si'kwestə] **1** avskilja, isolera **2** *jur.* belägga med kvarstad **-rate** [-treit] = *sequester* **2 -ration** -[‚si:kwes'treiʃ(ə)n] *jur.* kvarstad

sequin ['si:kwin] paljett

sequoia [si'kwɔiə] *A. bot.* rödvedsträd; mammutträd

sere [siə] *poet.* vissen, förtorkad

serena|de [‚seri'neid] **I** *s* serenad **II** *v* uppvakta med serenad **-ta** [‚seri'nɑ:tə] serenata, serenad

seren|e [si'ri:n] lugn, fridfull **-ity** [si'reniti] lugn, frid, stillhet

serf [sə:f] livegen, träl **-age** [-idʒ] **-dom** [-dəm] **-hood** livegenskap, träldom

serge [sə:dʒ] sars (slags ylletyg); *silken* ~ sidensars

sergeant ['sɑ:dʒ(ə)nt] **1** *mil.* sergeant **2** överkonstapel; ~ *major* fanjunkare (*ung.*)

seri|al ['siəriəl] **I** *a* serie-; ~ *number* (sedels etc.) nummer **II** *s* följetong, seriemagasin **-atim** [‚siəri'eitim] i tur o. ordning, punkt för punkt **-es** [-ri:z] (*pl* ~) följd, serie, räcka

serious ['siəriəs] allvarlig; betydande; *are you* ~? menar du allvar? **-ness** [-nis] **1** allvar **2** vikt, betydelse

serjeant ['sɑ:dʒ(ə)nt]**I**, *Common S* ~ ombudsman för *City of London* **S--at-Law** ['sɑ:-dʒ(ə)ntət'lɔ:] jurist av högsta rangen (*hist.*)

sermon ['sə:mən] predikan; *the S* ~ *on the Mount* Bergspredikan **-ize** [-aiz] predika

serpent ['sə:p(ə)nt] **1** orm **2** *fig.* opålitlig person **3** svärmare **4** *mus.* (slags) blåsinstrument, serpent **--charmer** [-‚tʃɑ:mə] ormtjusare **-ine** [-ain] **I** *a* slingrande, ormliknande; *fig.* opålitlig **II** *s* **1** *min.* serpentin **2** skridskofigur **3** *the S* ~ damm i *Hyde Park* **III** *v* slingra [sig]

serrate ['serit] **-d** [se'reitid] sågtandad

serried ['serid] *mil.* tätt sluten; ~ *ranks* slutna led (*mil.*)

serum ['siərəm] *med.* serum

servant ['sə:v(ə)nt] **1** tjänare **2** tjänsteman; *civil* ~ statstjänsteman; *public* ~ tjänsteman i offen!ig tjänst **--girl, --maid** hembiträde

serve [sə:v] **I** *v* **1** tjäna, vara i tjänst; passa upp [på] **2** hjälpa, bistå, stå till tjänst **3** servera **4** fullgöra, sköta **5** passa; motsvara **6** *tennis.* serva; ~ *one's apprenticeship* tjäna som lärling; *nothing would* ~ *him but the best* endast det bästa var gott nog för honom; ~ *an office* bekläda ett ämbete; ~ *the purpose of* tjänstgöra som; ~*s you right!* det var rätt åt dig!; ~ *a*

sentence avtjäna ett straff; ~ *a summons* delge en stämning; ~ *time* avtjäna fängelsestraff; ~ *a p. a trick* spela ngn ett spratt; ~ *a p. a turn* göra ngn en tjänst; *it has ~d its turn* den har gjort sin tjänst; ~ *as* tjänstgöra som; ~ *on a committee* ingå i en kommitté; ~ *out* utportionera, utspisa, ~ *round* sätta fram, servera; ~ *up* passa upp; ~ *a p.* with förse ngn med ngt **II** *s, tennis.* serve **-r** [-ə] **1** person som passar upp etc., *se serve I 2* korgosse **3** bricka
service ['sɔːvis] **I** *s* **1** tjänst, anställning **2** tjänst, bistånd **3** gudstjänst **4** servering, betjäning **5** servis **6** *tennis.* serve **7** *jur.* delgivning **8** kundtjänst, service **9** drift; regelbunden trafik; *at your* ~ till din tjänst; *active* ~ på aktiv stat (*mil*); *Civil S* ~ statsförvaltningen; *divine* ~ gudstjänst; *can I be of* ~ *to you* kan jag stå till tjänst med ngt; *intelligence* ~ underrättelsetjänst; *On Her* (*His*) *Majesty's* ~ tjänste[post] (som påskrift); *have seen* ~ **a** ha luktat krut, ha varit med i krig **b** *fig.* bättre begagnad; *take* ~ *with* ta plats hos **II** *a* tjänste- **III** *v* göra översyn av (bil o.d.) **-able** [-əbl] **1** nyttig **2** varaktig, hållbar **--book** kyrkohandbok **-man** [-mən] värnpliktig, militär, soldat **--pipe** servisledning **--station** [-,steiʃ(ə)n] bensinstation
serviette [,sɔːvi'et] servett
servil|e ['sɔːvail] **1** krypande, underdånig, servil **2** slav- **-ity** [sɔː'viliti] servilitet
servit|or ['sɔːvitə] **1** *åld.* tjänare **2** *Oxf.* fattig student (som utförde grovsysslor för sitt uppehälle) **-ude** [-tju:d] träldom, slaveri
sesquipedalian ['seskwipi'deiljən] halvannan fot lång; *fig.* långrandig, tråkig
session ['seʃ(ə)n] **1** sammanträde, sittning **2** sessionstid **3** *A.* läsår, -dag; *Petty S* ~ lägsta brottmålsdomstolen (*BE.*); *Court of S* ~ Högsta Domstolen (*Sk.*) **-al** [-ʃənl] sessions-
sestet [ses'tet] sextett
set [set] **I** *v* **1** sätta, ställa, placera **2** sätta ut, plantera **3** insätta, infatta; besätta **4** fastställa, förelägga **5** tillsätta **6** våga, sätta på spel **7** ställa i ordning (till rätta) **8** sätta ut fälla, gillra upp fälla **9** vässa, bryna **10** *boktr.* uppsätta **11** *mus.* sätta **12** stelna, få fasthet; ~ *eyes on* få se; ~ *the table* duka bordet; ~ *one's face against* ta ställning emot; ~ *fire to* tända eld på; ~ *foot on* beträda; ~ *one's hair* lägga håret; ~ *little by* sätta föga värde på; ~ *sail* hissa segel; ~ *spurs to* sporra; *the stage is* ~ allt är klart på scenen, spelet kan börja (*äv. fig.*); ~ *store by* sätta stort värde på; ~ *about* börja; ~ *about rumours* sätta i gång rykten; ~ *ashore* landsätta; ~ *aside* **a** lägga undan **b** åsidosätta **c** upphäva; ~ *at* anfalla; ~ *back* **a** hejda **b** vrida tillbaka (en klocka) **c** kosta (*sl.*); ~ *before* förelägga; ~ *by* lägga åt sidan, reservera; ~ *down* **a** lämna av **b** skriva ner **c** anse, betrakta som **d** ge skulden **e** hålla efter, snäsa av; ~ *forth* **a** offentliggöra, förkunna **b** skildra, framlägga **c** ge sig iväg, avresa; ~ *forward* **a** vrida fram (klocka) **b** avresa, ge sig iväg **c** befrämja; ~ *free* släppa lös, frige; ~ *going* sätta igång; ~ *in* **a** börja, sätta in **b** gripa sig an, slå sig på; ~ *off* **a** framhäva **b** sätta igång **c** reservera, sätta av **d** fyra av (kanon etc.) **e** sätta iväg, resa sin väg; ~ *on* **a** överfalla **b** egga, hetsa; ~ *out* **a** plantera, sätta ut **b** skildra, framlägga **c** pryda **d** bryta upp, ge sig iväg; ~ *to* börja, gripa sig an; ~ *up* **a** sätta upp, grunda **b** spika upp, slå upp **c** uppställa

(teori etc.) **d** uppge, avstå **e** framkalla, förorsaka **f** etablera (rörelse etc.); ~ *upon* anfalla **II** *a* stel, styv, orörlig; besluten; stående; regelrätt; fastställd; *get* ~ ... *ready* ... *go* klara ... färdiga ... gå; *all* ~? är vi klara (att ge oss iväg)? **III** *s* **1** uppsättning, serie **2** kotteri, lag, krets **3** apparat, aggregat; *make a* ~ *at* göra ett anfall mot; ~ *of teeth* tandrad **--back** motgång, bakslag **--down** ['set'daun] skrapa, tillrättavisning **--in** ['set'in] början **--off** ['set'ɔf] **1** motvikt **2** vederlag, ersättning **3** avresa, avfärd **4** motanspråk **--out** [set'aut] **1** början **2** utställning **3** uppsättning **--screw** inställningsskruv, ställskruv **--square** vinkelhake
settee [se'tiː] soffa
setter ['setə] **1** setter[hund] **2** *mus.* tonsättare **3** bulvan på auktion
setting ['setiŋ] **1** *s* **1** infattning (för ädelstenar etc.) **2** *mus.* tonsättning **3** *teat.* iscensättning **II** *a* nedgående
settl|e ['setl] **I** *v* **1** bestämma, fastställa **2** betala **3** bosätta sig, etablera sig **4** kolonisera **5** stadga sig, få ordnade vanor **6** sjunka till botten, bilda fällning **7** (om hus etc.) sätta sig **8** ordna, klarera; ~ *down* slå sig till ro; stadga sig; ~ *in* bli bofast, stlmåsta in i; ~ *out* sjunka till botten; ~ *up* göra upp, betala **II** *s* högryggad bänk med armstöd **-ed** [-d] **1** bestämd, avgjord **2** stadig, fast **3** bofast; ~ *habit* regelbunden vana; ~ *matter* avgjord sak; ~ *weather* lugnt o. vackert väder **-ement** [-mənt] **1** uppgörelse, överenskommelse **2** betalning **3** fastställelse **4** anslag (t. ngns förmån), livränta **5** kolonisering; koloni, nybyggarsamhälle **6** settlement (social institution t. hjälp för invånare i stads arbetarkvarter); *make a* ~ *with* träffa en överenskommelse med **-er** [-ə] **1** kolonist, nybyggare **2** avgörande svar **3** aperitif **-ing** [-iŋ] **1** uppgörelse; förlikning **2** fastställelse **3** ~*s, pl* bottensats, fällning
set|-to ['set'tuː] boxningsmatch; *fam.* slagsmål **--up** **I** *s* **1** hållning **2** *A.* organisations-struktur **3** *A. sl.* match mot svag motståndare **II** *a* **1** spänstig **2** *vard.* i förväg arrangerad; *well* ~ med bra hållning
seven ['sevn] sju; *the* ~ *year itch* äktenskapströtthet (vanl. efter sju år) **--fold** sjufaldig **-league** *a*, ~ *boots* 'sjumilastövlar **-teen** ['sevn'tiːn] sjutton **-teenth** ['sevn'tiːnθ] sjuttonde **-th** [-θ] sjunde **-tieth** ['sevntiːθ] sjuttionde **-ty** [-ti] sjuttio
sever ['sevə] hugga av, slita av; ~ *o.s. from* bryta sig ut ur
several ['sevr(ə)l] **I** *pron* åtskilliga, flera **II** *a* enskild, särskild; *each went his* ~ *way* var o. en gick sin väg **-ly** [-rəli] särskilt, var[t] för sig
severance ['sevər(ə)ns] söndring, delning, avskiljande
sever|e [si'viə] **1** sträng **2** kännbar, svår **3** koncis, ren **-ity** [-'veriti] hårdhet, stränghet
sew [səu] sy; ~ *on* sy fast; ~ *up* sy ihop **-age** ['sjuidʒ] **I** *s* kloakvatten **II** *v* bevattna med kloakvatten **-er 1** ['səuə] skräddare, sömmerska **2** ['sjuə] kloakledning **-erage** ['sjuəridʒ] kloaksystem **-ing-machine** [-inmə,ʃiːn] symaskin **-n** *perf part* av *sew*
sex [seks] kön; *the weaker* ~ det svagare könet **-agenarian** [,seksədʒi'nɛəriən] *s* o. *a* sextioåring; sextioårig **--appeal** [-ə,piːl] attraktionskraft på det motsatta könet **-ennial**

[sek'seniəl] sexårig **-tant** [-t(ə)nt] sextant **-tet[te]** [seks'tet] sextett

sexton ['sekst(ə)n] kyrkvaktmästare

sextuple ['sekstjupl] sexfaldig

sex|ual ['seksjuəl] sexuell, köns- **-uality** [,seksju'æliti] sexualitet **-y** [-i] sexig; köns-**shabby** ['ʃæbi] **1** sjaskig, luggsliten **2** snål **3** lumpen, futtig **--genteel** ['ʃæbidʒen'ti:l] trasgrann

shack [ʃæk] **I** s A. timmerkoja, hydda **II** v sl., ~ up with a p.bo ihop med ngn

shackle ['ʃækl] **I** s **1** boja **2** sjö. schackel **3** isolator **II** v **1** fjättra, binda **2** hämma, hindra **3** koppla ihop

shaddock ['ʃædək] pompelmus, (slags) grapefruit

shad|e [ʃeid] **I** s **1** skugga **2** liten bit, smula **3** nyans, schattering **4** lampskärm **5** skugga, själ till avliden; I feel a ~ better jag mår litet bättre **II** v skugga; skymma; ~ one's eyes skugga med handen för ögonen **-ing** [-iŋ] skuggning **-ow** ['ʃædəu] **I** s **1** skuggbild, skugga **2** spöke, vålnad **3** minsta spår, skymt; he is worn to a ~ han ser ut som ett levande lik **II** v **1** [be]skugga **2** skugga, följa efter; ~ forth (out) skissera, antyda **-owy** ['ʃædəui] **1** skuggig **2** overklig, skugglik **-y** [-i] **1** skuggig **2** tvivelaktig, skum **3** dålig, undermålig

shaft [ʃɑ:ft] **1** mek. axel **2** pil **3** gruvschakt **4** ljusstråle **5** skorsten **6** tornspira **7** skaft

shag [ʃæg] **1** ragg, lurvigt hår **2** finskuren piptobak **-gy** [-i] lurvig, raggig; a ~ dog story en historia med bisarr poäng

shagreen [ʃæ'gri:n] chagräng

shak|e [ʃeik] **I** v **1** skaka, ruska **2** skälva, darra; ~ one's fist [in a p.'s face] knyta näven mot ngn; ~ hands with a p. skaka hand med ngn, hälsa på ngn; ~ a foot (leg) dansa (dan.); ~ in one's shoes darra av rädsla (fam.); ~ down skaka ner; ~ off skaka av [sig]; ~ out skaka ur, tömma; ~ up skaka om; väcka **II** s **1** skakning, skälvning **2** A. överenskommelse **3** mus. drill **4** läskande dryck (ofta mjölk med fruktsmak; äv. milk-~); give a p. the ~ bli kvitt ngn (sl.); in a (two) ~(s), in a brace of ~ i ett nafs; he was all of a ~ han darrade i hela kroppen; no great ~s betydelselös **-edown** ['ʃeik'daun] **1** improviserad bädd **2** A. vard. utpressning **3** sl. kroppsvisitation; genomsökning (av ett rum, hus e.d.) **-e-hands** ['ʃeik'hændz] handskakning **-er** [-ə] **1** en som skakar **2** cocktailshaker **-y** [-i] **1** gammal, skranglig **2** skakande, skälvande

shale [ʃeil] lerskiffer

shall [ʃæl] hjälpv. skall, kommer att

shallop ['ʃæləp] sjö. öppen slup

shallot [ʃə'lɔt] schalottenlök

shallow ['ʃæləu] **I** a grund; fig. ytlig **II** s grund **III** v bli (göra) grund **--brained** [-breind] **--pated** [-,peitid] kortsynt

shalt [ʃælt] åld., thou ~ du skall

sham [ʃæm] **I** v simulera (sjukdom etc.); hyckla; ~ dead låtsas vara död **II** s **1** imitation **2** simulant **3** hycklare **4** skoj, bedrägeri **III** a fingerad, låtsad, sken-, falsk; ~ furniture imitation

shaman ['ʃæmən] schaman

shamble ['ʃæmbl] **I** v lufsa, släpa benen efter sig **II** s lufsande, släpande gång

shambles ['ʃæmblz] blodbad; förödelse; fam. röra

shame [ʃeim] **I** s **1** skam **2** vanära, nesa; put to ~ skämma ut; for ~, ~ on you! skäms! **II** v **1** skämmas **2** få ngn att skämmas, skämma ut **-faced** [-feist] försagd, blyg **-ful** [-f(u)l] skamlig, neslig **-less** [-lis] skamlös

shammy ['ʃæmi] sämskskinn (ofta ~ leather)

shampoo [ʃæm'pu:] **I** s **1** schamponering **2** schamponeringsmedel **II** v schamponera

shamrock ['ʃæmrɔk] vitklöver (Irlands emblem)

shamus ['ʃɑ:məs] A. sl. polis; detektiv

shank [ʃæŋk] **I** s **1** skänkel, lägg, skank, skenben **2** skaft (på sked, verktyg etc.); ride on S~s's pony färdas med apostlahästarna **II** v (vanl. ~ off) vissna o. falla av

shan't [ʃɑ:nt] = shall not

shantung [ʃæn'tʌŋ] shantung[siden]

shanty ['ʃænti] **1** hydda, kåk **2** sjömansvisa

shape [ʃeip] **I** s **1** form, gestalt, fason **2** gestalt, skepnad **3** mönster, modell; take ~ [an]ta fast form **II** v **1** forma, gestalta **2** anta fast form, gestalta sig; ~ the course for sätta kurs mot (sjö.); ~ one's course accordingly handla därefter; it is shaping well det ser lovande ut **-less** [-lis] formlös, oformlig, klumpig **-ly** [-li] välskapad, välformad

share [ʃɛə] **I** s **1** andel **2** aktie **3** plogbill; ~s! låt oss dela lika!; go ~s dela lika **II** v **1** [för]-dela, dela med sig **2** delta i **3** vara delaktig i **-cropper** [-,krɔpə] arrendator (som betalar en del av skörden i arrende) **-holder** [-,həuldə] aktieägare **--pusher** [-,puʃə] aktiejobbare

shark [ʃɑ:k] **I** s **1** haj **2** fam. svindlare **3** A. skolljus, primus **II** v **1** leva åt sig, bedra, svindla

sharp [ʃɑ:p] **I** a **1** skarp **2** plötslig, tvär **3** tydlig, skarp, klar **4** klok, begåvad **5** listig, förslagen **6** mus. höjd en halvton; äv. falsk **7** sl. nätt, elegant; ~ at sums duktig att räkna; look ~! se upp!; as ~ as a needle listig som en räv (fig.) **II** s **1** mus. kors **2** falskspelare, bedragare **3** A. expert **III** v **1** mus. höja en halvton **2** spela falskt **-en** [-(ə)n] **1** vässa, göra skarp **2** mus. höja en halvton **-er** [-ə] falskspelare, bedragare **--set** ['ʃɑ:p'set] **1** hungrig **2** tydligt markerad **-shooter** [-,ʃu:tə] skarpskytt, god skytt **--witted** ['ʃɑ:p'witid] kvick, skarpsinnig

shatter ['ʃætə] splittra, bryta sönder; skingra **--brain** virrhjärna **-proof** okrossbar, splitterfri

shave [ʃeiv] **I** v **1** raka [sig] **2** hyvla, skrapa; ~ off a raka av b minska, knappa in **II** s **1** rakning **2** bedrägeri, skoj; it was a close (near) ~ det var nära ögat **--grass** hyvelspån **-r** [-ə] **1** rakapparat **2** fam. pojkvasker **3** bedragare, skojare **-tail** A. sl. fänrik

Shavian ['ʃeivjən] tillhörande George Bernard Shaw

shaving|-brush ['ʃeiviŋbrʌʃ] rakborste **-s** [-z] pl hyvelspån

shawl [ʃɔ:l] schal

she [ʃi:] **I** pron hon **II** s kvinna **III** a av honkön

sheaf [ʃi:f] **I** s **1** kärve **2** bunt **II** v lägga i kärvar (buntar)

shear [ʃiə] **I** v, klippa (får) **II** s, pl ~s **1** skära, trädgårdssax **2** se sheers **--hulk** sjö. pråm med mastkran (mastsax) **--legs** [-legz] sjö. mastsax, mastkran **-ling** [-liŋ] (en gång) klippt får **sheath** [ʃi:θ] **1** skida, slida **2** strandskoning **-e** [ʃi:ð] **1** sticka i skidan **2** överdra, beklä **-ing** ['ʃi:ðiŋ] beklädning, överdrag

sheave [ʃi:v] **I** s trissa, block **II** v sätta i block

sheaves [ʃiːvz] *pl* av *sheaf I*
she'd [ʃiːd] = *she had* (*would*)
shed [ʃed] **I** *s* skjul **II** *v* **1** [ut]gjuta **2** fälla, släppa **3** sända ut, sprida
sheen [ʃiːn] glans, prakt, sken
sheep [ʃiːp] **1** får **2** fårskinn **--cot[e]** fårfålla **--dog** fårhund **--farmer** [-,fɑːmə] fårfarmare **--fold** fårfålla **-herder** *A.* fåraherde **--hook** fåraherdes stav **-ish** [-iʃ] fåraktig, enfaldig **--master** [-,mɑːstə] fårfarmare **--pen** fårfålla **--run** betesplats för får **-shank** fårlägg **-skin** fårskinn **--station** [-,steiʃ(ə)n] fårfarm **--walk** betesmark för får
sheer [ʃiə] **I** *a* **1** hel o. hållen, ren **2** (om klippa etc.) tvärbrant, lodrät **3** skir, genomskinlig **II** *adv* **1** tvärt, lodrätt **2** rakt, rätt **III** *v* **1** *sjö.* gira; ~ *off* gira av **2** *fam.* ge sig iväg **IV** *s, sjö.* gir; ~*s, pl* mastkran
sheet [ʃiːt] **I** *s* **1** lakan **2** skiva, platta, plåt **3** pappersark **4** tidning **5** *sjö.* skot; *be a* ~ (*three* ~*s*) *in the wind* vara på lyran, vara drucken; ~ *iron* järnplåt; ~ *of rain* skyfall **II** *v* **1** svepa in i lakan **2** *sjö.* skota (*äv.* ~ *home*) **--anchor** [-,æŋkə] *sjö.* pliktankare; *fig.* räddningsplanka **-ing** [-iŋ] lakansväv **--lightning** [-,laitniŋ] kornblixt
sheik[h] [ʃeik] schejk
shekel [ʃekl] *bibl.* sikel; ~*s* pengar (*sl.*)
shelf [ʃelf] **1** hylla **2** [sand]rev **3** [klipp]avsats; *laid on the* ~ lagd på hyllan; *she is on the* ~ hon sitter på glasberget (*vard.*)
she'll [ʃiːl] = *she will*
shell [ʃel] **I** *s* **1** skal; snäcka snäckskal **2** *mil.* granat; *A.* patron **3** lätt kapproddbåt; *come out of one's* ~ krypa ur sitt skal; bli talför **II** *v* **1** skala **2** *mil.* beskjuta, bombardera; avge granateld; ~ *off* flagna av; ~ *out* punga ut, betala
shellac [ʃə'læk] **I** *s* schellack **II** *v* fernissa med schellack
shell|-back [ʃelbæk] sjöbjörn, sjöbuss **--crater** [-,kreitə] krevadgrop **--fire** [-,faiə] granateld **--fish** skaldjur **--jacket** [-,dʒækit] *mil.* mässjacka **--proof** bombfast **--shock** granatchock **-y** [-i] skal-
shelter [ʃeltə] **I** *s* **1** skydd, skyddsrum **2** skydd, säkerhet **II** *v* **1** skydda **2** söka skydd
shelve [ʃelv] **1** förse med hyllor **2** lägga på hyllan, skjuta upp **3** luta, slutta **-s** [-z] *pl* av *shelf*
shepherd [ʃepəd] **I** *s* [fåra]herde; ~*'s crook* herdestav; ~*'s plaid* svart- o. vitrutigt ylletyg **II** *v* valla (får); *fig.* driva som en fårskock **-ess** [-is] herdinna
sherbet [ʃəːbət] sorbet, (slags) fruktdryck, (slags) vattenglass; ~ [*powder*] tomtebrus (*ung.*)
sheriff [ʃerif] **1** *ung.* landshövding **2** *A.* sheriff, landsfiskal
sherry [ʃeri] sherry
she's [ʃiːz] = *she is* (*has*)
shew [ʃəu] = *show*
shied [ʃaid] *imperf* o. *perf part* av *1 shy I* o. *2 shy II*
shield [ʃiːld] **I** *s* **1** sköld **2** skydd; *the other side of the* ~ den andra sidan av saken (*fig.*) **II** *v* skydda, värna
shie|r [ʃaiə] **-st** [ʃaiist] *se 2 shy*
shift [ʃift] **I** *v* **1** skifta, byta om **2** klara sig, finna på utvägar **3** *sjö.* (om last) förskjuta sig; ~ *for o.s.* klara sig på egen hand; ~ *one's ground* ändra ståndpunkt (i debatt etc.); *the*

cargo ~*ed* lasten försköt sig **II** *s* **1** förändring, byte **2** knep, list **3** [arbets]skift; *by* ~*s* växelvis; *the* ~*s and changes of life* livets växlingar; ~ *of crops* växelbruk; *make* [*a*] ~ *to* försöka reda sig så gott det går **-less** [-lis] **1** hjälplös, rådlös **2** lat **3** värdelös, oduglig **-y** [-i] listig, förslagen
shilling [ʃiliŋ] shilling (eng. mynt = *12 pence*, avskaffat, men i dagligt tal = *5 new* (*decimal*) *pence*); *take the King's* (*Queen's*) ~ ta värvning; *cut off a p. with a* ~ göra ngn arvlös
--shocker [-,ʃɔkə] billig sensationsroman
shilli-shally [ʃili,ʃæli] **I** *a* obeslutsam, vacklande **II** *s* obeslutsamhet **III** *v* vackla, tveka
shily [ʃaili] *se shyly*
shimmer [ʃimə] **I** *v* skimra, glimma **II** *s* skimmer, glimt
shimmy [ʃimi] **I** *s* **1** *fam.* skjorta **2** *A.* (dans) shimmy **II** *v* dansa shimmy
shin [ʃin] **I** *s* skenben; ~ *of beef* oxlägg **II** *v* **1** klättra upp **2** sparka på skenbenen
shindig [ʃindig] *vard.* bråkig fest el. dans; bråk
shindy [ʃindi] *vard.* bråk, krakel
shine [ʃain] **I** *v* skina, glänsa, blänka; ~ (*up*) putsa, polera **II** *s* **1** glans, sken **2** solsken **3** *sl.* bråk, gruff; *rain or* ~ antingen det regnar eller blir solsken; *take the* ~ *out of a* skada lystern på **b** *fig.* ställa i skuggan, fördunkla; *take a* ~ *to* fatta tycke för (*A. sl.*) **-r** [-ə] *sl.* **1** nytt [guld]mynt **2** blått öga, blåtira; ~*s* pengar, stålar
shingl|e [ʃiŋgl] **I** *s* **1** takspån, skifferplatta (som takbeläggning) **2** klappersten **3** shingling **II** *v* **1** täcka med takspån (skifferplattor) **2** shingla hår **-es** [-z] *med.* bältros **-y** [-i] stenig, full av klappersten
shin-guard [ʃiŋgɑːd] *sport.* benskydd
shinny [ʃini] **I** *s* *A.* (slags) hockey **II** *v* klättra
shiny [ʃaini] glänsande, skinande
ship [ʃip] **I** *s* fartyg, skepp; *when my* ~ *comes home* när jag blir rik (*fig.*) **II** *v* **1** inskeppa, ta ombord **2** skicka med fartyg **3** iordningställa (fartyg); ~ *a sea* (*water*) ta in vatten; ~ *the oars* ta in årorna **-board** skepp; *on* ~ ombord **--breaker** [-,breikə] upphuggare **--broker** [-,brəukə] **1** skeppsmäklare **2** sjöförsäkringsagent **-building** [-,bildiŋ] fartygsbyggande; ~ *company* varv; ~ *industry* varvsindustri **--chandler** [-,tʃɑːndlə] skeppshandlare **-load** skeppslast **-master** [-,mɑːstə] befälhavare **-mate** medpassagerare; skeppskamrat **-ment** [-mənt] **1** skeppning **2** lastning **--money** [-,mʌni] *hist.* skeppspengar (under 1600-talet) **--owner** [-,əunə] skeppsredare **-per** [-ə] befraktare **-ping** [-iŋ] **1** tonnage **2** sjöfart; ~ *agent* skeppsmäklare; ~ *company* rederi **-shape** i mönstergill ordning **-wreck** **I** *s* skeppsbrott **II** *v* lida skeppsbrott **-wright** skeppsbyggare **-yard** skeppsvarv
shirk [ʃəːk] smita ifrån, försöka dra sig undan **-er** [-ə] skolkare
shirt [ʃəːt] skjorta; *give a p. a wet* ~ låta ngn arbeta i sitt anletes svett (*sl.*); *keep one's* ~ *on* behålla fattningen; *get a p.'s* ~ *off* göra ngn förargad (*sl.*); *put one's* ~ *on* [*up*]on satsa sitt sista öre på **--front** skjortbröst **--sleeve** skjortärm **-y** [-i] *sl.* uppretad, förgrymmad
shiver [ʃivə] **I** *v* **1** darra, skälva, huttra **2** splittra[s], gå (slå) i kras **II** *s* **1** darrning, rysning **2** flisa, splitter **-ing-fit** [-riŋfit] frossbrytning **-y** [-ri] **1** rysande **2** ruskig, isande

shoal [ʃəul] **I** *s* **1** grund, [sand]rev **2** [fisk]stim; *in* ~*s* i massor **II** *a* grund **III** *v* bli grundare **-y** [-i] full av grund

shock [ʃɔk] **I** *s* **1** stöt, slag **2** [nerv]chock **3** *fam.* slaganfall **4** kalufs, "peruk" **5** skyl; ~ *wave* tryckvåg **II** *v* **1** uppröra, chockera, stöta **2** lägga upp (kärvar) i skylar; *be* ~*ed at* ta illa vid sig av **--absorber** [-əb,sɔːbə] stötdämpare **-er** [-ə] sensationsroman **--headed** [-,hedid] med stor kalufs **-ing** [-iŋ] upprörande; förkastlig, avskyvärd, chockerande, skandalös, anstötlig **--troops** stöttrupper

shod [ʃɔd] *imperf* o. *perf part* av *shoe*

shoddy [ˈʃɔdi] **I** *s* **1** lumpull, konstull **2** smörja **II** *a* **1** schoddy- **2** oäkta, humbugs- **3** usel, tarvlig

shoe [ʃuː] **I** *s* sko; *die in one's* ~*s* dö en våldsam död (*isht* i galgen); *where the* ~ *pinches* där skon klämmer; *that's another pair of* ~*s* det är en annan femma; *wait for dead men's* ~*s* vänta livet ur folk **II** *v* **1** förse med skor; sko hästar **2** förse med beslag **-black** skoputsare **--buckle** [-,bʌkl] skospänne **-horn** skohorn **-lace** skosnöre **--latchet** [-,lætʃit] *bibl.* skorem **--leather** [-,leðə] **1** sköläder **2** skodon; *as good a man as ever trod (in)* ~ den bästa karl som någonsin gått i ett par skor **--lift** = *shoehorn* **-maker** [-,meikə] skomakare; ~*'s end* becktråd **--shine** [ˈʃuːˌʃain] *A.* skoputsare **--string 1** skosnöre **2** struntsumma; *the company started on a* ~ företaget satte igång med mycket litet startkapital

shone [ʃɔn] *imperf* o. *perf part* av *shine*

shoo [ʃuː] **I** *interj* schas! **II** *v* schasa bort (*äv.* ~ *away*)

shook [ʃuk] *imperf av* shake

shoot [ʃuːt] **I** *v* **1** skjuta fram, störta fram; slunga fram (frågor); kasta (blick) **2** skjuta (med skjutvapen) **3** jaga **4** skjuta upp, spira **5** *film.* spela in; fotografera **6** smärtsamt sticka **7** kasta (tärning, kula) **8** skjuta för (regel) **9** snabbt passera över (genom) **10** få [i] poäng **11** göra strimmig, randa; ~! låt höra! (*A.*); ~ *ahead of* skjuta förbi; ~ *home* träffa mitt i prick; ~ *one's last bolt* ge sitt yttersta; *I'll be shot if* förbaske mig om; ~ *a cat* kräkas; ~*ing star* stjärnskott, meteor; ~ *off* skjuta av; ~ *off one's mouth* prata bredvid munnen; ~ *out* skjuta ut (fram), sticka ut; ~ *out one's lips* föraktfullt skjuta fram läpparna; ~ *up* **a** skjuta i höjden **b** *A.* terrorisera **II** *s* **1** skott (på träd etc.) **2** jaktsällskap; jakt **3** fors **4** skjutning **5** rutschbana; *A.* kana; *go the whole* ~ sätta allt på spel (*fam.*) **-er** [-ə] skjutvapen

shooting [ˈʃuːtiŋ] **1** skjutning **2** jakträtt, jaktsällskap **--box** jaktstuga **--gallery** [-,gæləri] täckt skjutbana **--iron** [-,aiən] *sl.* skjutjärn, skjutvapen **--stick** jaktkäpp

shop [ʃɔp] **I** *s* **1** affär, butik **2** verkstad **3** fack; fackprat; *the* ~ "jobbet"; *the other* ~ konkurrenten; *set up* ~ starta ett företag; *shut up* ~ slå igen butiken, sluta verksamheten; *come to the wrong* ~ vända sig till fel person (ställe); *talk* ~ tala fack; *all over the* ~ överallt **II** *v* **1** handla, gå i affärer **2** *sl.* sätta i fängelse, bura in **3** ange (medbrottsling) **--assistant** [-ə,sistənt] expedit **--gazing** [-,geizin] *a, be* ~ gå o. titta i skyltfönster **--hand** expedit **-keeper** [-,kiːpə] butiks-, affärsinnehavare, minuthandlare; *a nation of* ~*s* = engelsmännen (*föraktl.*) **--lifter** [-,liftə] butiksråtta,

snattare -man [-mən] **1** affärsman **2** expedit **-ping** [-iŋ] besök (inköp) i affärer; *go* ~ gå ut o. handla; ~ *center* shoppingcentrum **--soiled** [ˈʃɔpsɔild] solkig el. urblekt (efter lång förvaring i affär) **--steward** [ˈʃɔpˌstjuəd] fackföreningsombud **--window** [ˈʃɔpˌwindəu] skyltfönster; *he has everything in the* ~ han är ytlig

shore [ʃɔː] **I** *s* **1** kust, strand **2** stötta; *in* ~ vid kusten (*poet.*); *on* ~ på land **II** *v* **1** stötta upp **2** *åld.*, *imperf* av *shear* **-wards** [-wədz] mot stranden

shorn [ʃɔːn] *perf part* av *shear*

short [ʃɔːt] **I** *a* o. *adv* **1** kort **2** otillräcklig, knapp; bristfällig **3** kort, tvär **4** (om bröd) mör **5** (om sprit) outspädd, stark **6** *hand.* kortfristig; ~ *bill* kort växel; ~ *circuit* kortslutning; *be on* ~ *commons* ha det torftigt; ~ *cut* genväg; ~ *drink* cocktail; *a* ~ *hour* en knapp timme; ~ *list* lista på kandidater som uttagits för slutligt urval; ~ *measure* knappt mått; ~ *mile* knapp mil; ~ *paper* kort växel; ~ *price* nettopris; *at* ~ *range* på nära håll; ~ *rib* falskt revben; ~ *sight* **a** kortsynthet **b** närsynthet; ~ *story* novell; *in* ~ *supply* begränsad tillgång; ~ *time* avkortad arbetstid; *take* ~ *views* inte tänka längre än näsan räcker; ~ *wind* andfåddhet; *make* ~ *work of* göra processen kort med; *come (fall)* ~ [*of*] inte uppfylla; *cut* ~ avbryta; *in* ~ kort sagt; *be* ~ *of s.th.* sakna någonting; *little (nothing)* ~ *of marvellous* i det närmaste (helt enkelt) underbar; *somewhere* ~ *of London* i närheten av London; ~ *of lying I'll see what I can do for you* utan att gå så långt som att ljuga skall jag se vad jag kan göra för dig; *run* ~ ta slut; *something* ~ en styrketår; *stop* ~ tvärstanna; *take a p. up* ~ avbryta ngn; *turn* ~ [*round*] plötsligt vända sig om; *the long and the* ~ *of it* kontentan av det hela **II** *s* **1** kort vokal **2** kortslutning **3** ~*s* kortbyxor, shorts **4** kortfilm **-age** [-idʒ] brist **-bread** mörbakelse **--breathed** [-briːˈöd] andfådd **-cake** mörbakelse **--circuit** [ˈʃɔːtˈsəːkit] kortsluta **-coming** [ˈʃɔːtˌkʌmin] underskott, brist **-en** [-n] **1** förkorta, minska **2** förkortas **-ening** [-niŋ] **1** förkortning, uppläggning (av kjol) **2** fett till bakning **--haired** [-həd] korthårig **-hand** stenografi **--handed** [ˈʃɔːtˈhændid] med brist på arbetskraft **-horn** *I a* korthornad **II** *s* korthornsboskap **--lived** [ˈʃɔːtˈlivd] kortlivad, kortvarig **-ly** [-li] **1** inom kort **2** kort sagt **3** tvärt, kort; med få ord, fåordigt **-ness** [-nis] brist, knapphet **--set** undersätsig **--sighted** [ˈʃɔːtˈsaitid] **1** kortsynt **2** närsynt **--spoken** [ˈʃɔːtˈspəuk(ə)n] fåordig **-stop** *baseball.* spelare mellan 2:a o. 3:e målet **--tempered** [ˈʃɔːtˈtempəd] häftig, kolerisk **--term** [ˈʃɔːtˈtəːm] korttids- **-wave** kortvåg **--winded** [ˈʃɔːtˈwindid] andfådd **--witted** [ˈʃɔːtˈwitid] korttänkt

shot [ʃɔt] **I** *v* **1** *imperf* o. *perf part* av *shoot* **2** ladda med hagel **II** *s* **1** skott **2** *fig.* försök, gissning **3** (i spel) slag, stöt **4** skytt **5** skottvidd **6** kula; *pl* ~*s* hagel **7** *fam.* dosis **8** *fam.* sup, styrketår **9** injektion, spruta; *a big* ~ en storpamp; *good* ~! bra skjutet (slaget etc.) (*sport.*); *have a* ~ *at* **a** skjuta på **b** försöka; *a* ~ *in the dark* en vild gissning; *pay one's* ~ betala sin (andel av) räkning; *put the* ~ stöta kula; *take* ~*s* filma; *he was off like a* ~ han for iväg som en pil; *be out of (within)* ~ vara

utom (inom) skotthåll **--cartridge** [-,kɑ:tridʒ]
hagelpatron **--proof** skottsäker **--putting**
['ʃɔt'putiŋ] kulstötning **--tower** [-,tauə] hageltorn

should [ʃud] *imperf* av *shall* **1** skulle **2** bör,
borde; *I wonder whether he* ~ *know* jag undrar
om han borde få reda på det

shoulder ['ʃəuldə] **I** *s* axel, skuldra; bog;
straight from the ~ välriktat slag; berättigad
kritik; *have broad* ~*s* ha starka skuldror; *put
(set) one's* ~*s to the wheel* gripa sig verket an
med friskt mod; *he gave her the cold* ~ han
bemötte henne kyligt **II** *v* **1** knuffa med axeln
2 ligga på axeln **3** påta sig; ~ *arms* på axeln
gevär **--belt** axelgehäng **--blade** skulderblad
--knot axelbandros på livré, epålett **--strap**
axelklaff

shouldn't ['ʃudnt] = *should not*
shouldst [ʃudst] *åld., thou* ~ du skulle

shout [ʃaut] **I** *v* skrika, ropa, tala med hög
röst; ~ *at* a ropa till **b** okväda; ~ *down* överrösta; *all is over but the* ~*ing* saken är så gott
som bestämd **II** *s* skrik, rop; *it's my* ~ det är
min tur [att bjuda] (*sl.*)

shove [ʃʌv] **I** *v* skjuta, knuffa, knuffas, knuffa
sig fram; ~ *off* a skjuta ut (en båt) **b** ge sig
iväg (*sl.*) **II** *s* knuff, stöt

shovel ['ʃʌvl] **I** *s* skyffel, skovel **II** *v* skyffla,
skotta; ~ *up* (*in*) *money* skyffla in pengar
-hat lågkullig prästhatt **-ler** [-ə] **1** en som
skottar **2** *zool.* skedand

show [ʃəu] **I** *v* **1** visa, framställa, utställa, röja
2 ledsaga, visa till rätta **3** bevisa, påvisa **4**
framträda, visa sig; ~ *a leg* a gå ur sängen
b skynda sig litet; ~ *one's hand* (*cards*) lägga
korten på bordet; ~ *down* lägga korten på
bordet (*äv. fig.*); ~ *in* (*out*) visa in (ut); ~ *up*
a *fam.* visa sig **b** visa upp **c** avslöja **d** synas;
~ *off* göra sig till, spela upp **II** *s* **1** framvisande **2** utställning, uppvisning **3** syn, skådespel **4** *sl.* tillställning, företag **5** *sl.* chans **6**
[teater]föreställning; *what's the* ~ vad pågår
här; *a* ~ *of hands* handuppräckning; *give
away the* ~ röja hela affären; *give a p. a fair* ~
ge ngn en rimlig chans; *make a* ~ *of a* vilja
briljera med **b** ge sig sken av; *make a poor* ~
misslyckas; *he has no* ~ *at all* han har inte
någon chans alls; *run the* ~ sköta ruljangsen;
with some ~ *of reason* med viss rätt **-boat** *A.*
teaterbåt, flodångare ombord på vilken
teaterföreställning ges **--case** monter
--down avslöjande; (avgörande) kraftmätning, -prov

shower ['ʃauə] **I** *s* **1** (regn)skur **2** = ~-*bath*
3 *A.* lysningsmottagning **II** *v* **1** strömma ner,
falla i skurar **2** överhopa, överösa (*upon a p.*
ngn) **--bath** dusch **-y** [-ri] regn-, regnig

show|-girl ['ʃəugə:l] balettflicka **-n** *perf part*
av *show* **--off** ['ʃəu'ɔf] skryt, prål **--piece**
paradnummer **--place** sevärdhet **--room**
[-rum] utställningslokal **--stopper** ['ʃəu'stɔ-
pə] *vard.* scen, sång, replik e. d. som resulterar
i lång applåd **--window** [-,windəu] skyltfönster **-y** [-i] grann, prålig

shrank [ʃræŋk] *imperf* av *shrink*

shrapnel ['ʃræpnl] *mil.* granatkartesch

shred [ʃred] **I** *s* lapp, trasa, remsa; *without a*
~ *of clothing* utan en tråd på kroppen; *not
a* ~ *of evidence* inte en tillstymmelse till bevis
II *v* skära i remsor

shrew [ʃru:] **1** argbigga, ragata **2** *zool.* näbbmus

shrewd [ʃru:d] klipsk, skarpsinnig, finurlig;
~ *guess* gissning som ligger sanningen nära

shriek [ʃri:k] **I** *v* skrika med gäll röst **II** *s* gällt
skrik

shrift [ʃrift] *s, give short* ~ *to* göra processen
kort med

shrill [ʃril] **I** *a* gäll, genomträngande **II** *v*
skrika gällt

shrimp [ʃrimp] **1** (slags mindre) räka **2** *sl.*
person som är liten till växten, puttefnask

shrine [ʃrain] **1** relikskrin **2** helgedom

shrink [ʃriŋk] **1** krympa, dra ihop sig **2** rygga
tillbaka; ~ [*back*] *from* rygga tillbaka för; ~
at rysa vid, bli förfärad av **-age** [-idʒ] krympning, minskning

shrive [ʃraiv] *åld.* bikta

shrivel ['ʃrivl] skrynkla; skrumpna, skrynkla
ihop sig

shroud [ʃraud] **I** *s* **1** svepning **2** hölje **3** ~*s, pl*
vant (*sjö.*) **II** *v* **1** svepa lik **2** dölja

shrove [ʃrəuv] *imperf* av *shrive*; *S*~ *Tuesday*
fettisdag **S--tide** fastlagen (t. o. m. fettisdagen)

shrub [ʃrʌb] buske **-bery** [-əri] buskage, busksnår **-by** [-i] buskig

shrug [ʃrʌg] **I** *v,* ~ *one's shoulders* rycka på
axlarna; ~ *off* ta lätt på **II** *s* axelryckning

shrunk [ʃrʌŋk] *perf part* av *shrink*; *se äv. följ.*
-en [-(ə)n] skrumpen, hopfallen

shuck [ʃʌk] **I** *s* (hårt) skal; *not worth a* ~ inte
värd ett öre **II** *v* skala

shudder ['ʃʌdə] **I** *v* rysa, skälva **II** *s* rysning;
it gives me the ~*s* det kommer mig att rysa

shuffle ['ʃʌfl] **I** *v* **1** gå släpigt **2** göra undanflykter, slingra sig; vilseleda **3** blanda kort
4 hafsa, slarva **II** *s* **1** släpande sätt att röra
sig **2** skrapning med foten (i dans) **3** *kortsp.*
blandning **4** undanflykter, krångel **--board**
shuffleboard, (slags) däcksspel

shun [ʃʌn] undvika, hålla sig undan

'shun [ʃn] = *attention* giv akt! (*mil.*)

shunt [ʃʌnt] **I** *v* **1** växla; *järnv.* rangera **2** *fam.*
lägga åt sidan, skjuta undan **II** *s* växling
2 *elektr.* shunt **-er** [-ə] växellok

shush [ʃʌʃ] tysta, hyscha

shut [ʃʌt] **I** *v* **1** stänga, tillsluta; stänga sig
2 vika ihop; ~ *down* slå igen, stänga (fabrik
etc.); ~ *in* a stänga in **b** omge; ~ *off* a stänga
av **b** utesluta; ~ *out* utestänga; ~ *the door*
[*up*]*on* a stänga dörren för **b** göra omöjligt;
~ *to* stänga till; ~ *up* a stänga till, bomma
igen (hus etc.) **b** [få ngn till] tiga (hålla munnen); ~ *up, see shop I* **II** *a* stängd, sluten
--eye *sl.* tupplur, slummer **-ter** [-ə] **1** [fönster]lucka **2** *foto.* slutare

shuttle ['ʃʌtl] **I** *s* **1** skyttel, skottspole **2** *A.* tåg
(flygplan) som går i skytteltrafik **II** *v* gå i
skytteltrafik **-cock** fjäderboll; *fig.* lekboll

1 shy [ʃai] **I** *v* kasta, slänga; skygga (om häst;
äv. fig.) **II** *s* **1** kast **2** försök; *have a* ~ *at doing
s.th.* försöka göra ngt; *take a* ~ *at a p.* pika
ngn

2 shy [ʃai] **I** *a* (*komp* resp. *superl:* ~*er,* ~*est,*
sällan *shier, shiest*) **1** rädd, ängslig, skygg **2**
blyg **3** försiktig; *be* ~ *of* vara rädd för; *äv. sl.*
vara utan; *fight* ~ *of* väja för, vara rädd för
II *v* (om häst) skygga **III** *s* (om häst) skyggning **-ly** [-li] *adv* (sällan *shily*) blygt, skyggt
-ness [-nis] blyghet

shyster ['ʃaistə] *A.* skojare; brännvinsadvokat

si [si:] *mus.* si

Siberia [sai'biəriə] Sibirien

sibil|ant ['sibilənt] **I** *a* väsande **II** *s* väsljud -ate [-leit] väsa

sibling ['siblin] *jur.* syskon

sibyl ['sibil] sibylla

sice [sais] **1** sexa på tärning **2** = *syce*

Sicil|ian [si'siljən] **I** *a* siciliansk; *the* ~ *Vespers* sicilianska aftonsången (*hist.*) **II** *s* sicilianare -y ['sisili] Sicilien

1 sick [sik] anfalla; ~ *him!* (till hund) buss på honom!

2 sick [sik] **1** *BE.* illamående; *A.* sjuk i allmänhet **2** *fam.* förargad, irriterad; *be* ~ *må illa; is he very* ~ *about it?* är han mycket arg för det?; *be* ~ *at heart* vara hjärtängslig; *be* ~ *of* vara trött på; ~ *humour* sjuk (makaber) humor (*fam.*); *the* ~ de sjuka **--bay** *sjö.* sjukhytt **-bed** sjukbädd **-en** [-n] **1** göra illamående **2** insjukna (*for* i) **3** känna äckel (*at* vid) **4** bli utledsen (*at* på) **-ening** [-nin] äcklig, vämjelig **-ener** [-nə] ngt som åstadkommer illamående **--flag** pestflagga **--headache** [-,hedeik] huvudvärk med kväljningar **-ish** [-iʃ] **1** litet illamående **2** äcklig

sickle ['sikl] *s* skära

sick|-leave ['sikli:v] sjukledighet; *mil.* sjukpermission **--list** sjukjournal; *be on the* ~ vara sjukskriven **-ly** [-li] **1** sjuklig, osund **2** ohälsosam **3** äcklig, vämjelig **4** *fig.* ljum; ~ *smile* blekt leende **-ness** [-nis] sjukdom; *sleepy* ~ sömnsjuka (*med.*) **--parade** [-pə,reid] sjukvisitation **--ward** sjukrum,

side [said] **I** *s* **1** sida **2** (ngns) sida, ståndpunkt **3** nonchalans, överlägsenhet **4** sluttning; ~ *by* ~ sida vid sida; *by the* ~ *of* vid sidan av; *take* ~*s with* ta parti för, fatta ståndpunkt; *on the right* (*wrong*) ~ *of* 40 under (över) 40 år; *put on one* ~ åsidosätta; *on the* ~ *intresse* (inkomst) vid sidan om; *he is on our* ~ han står på vår sida; *there is much to be said on both* ~*s* det är mycket som talar för båda ståndpunkterna; *put on* ~ visa sig nonchalant (*sl.*) **II** *v* ställa sig på ngns sida; ~ *with* ta parti för (hålla med) ngn, ställa sig på ngns sida **-arms** [-ɑ:mz] vapen burna vid höften **-board** serveringsbord, buffé; ~*s* polisonger (*sl*) **--burns** [-bə:nz] *A.* polisonger **--car** sidvagn till motorcykel **--dish** mellanrätt **--glance** sidoblick **--issue** [-,iʃu:] bisak **-kick[er]** [-kik, -,kikə] *A.* kamrat **--light** *sjö.* sidolanterna **--line** **1** sidolinje **2** förgrening **3** intresse (inkomst) vid sidan av **-long** sned, från sidan **--saddle** [-,sædl] damsadel **--show** biattraktion **--slip** **I** *s* **1** sidoskott; *fig.* barn på sidolinje **2** slirning **II** *v* slira, glida åt sidan **--splitting** ['said'splitin] hejdlöst rolig **--step** **I** *s* steg åt sidan **II** *v* gå åt sidan [för]; undgå; ~ *a blow* väja för att undgå ett slag **--track** **I** *s* sidospår **II** *v* växla in på sidospår **--walk** *A.* trottoar, gångbana **--ward[s]** [-wəd(z)] **-ways** [-weiz] åt (från) [ena] sidan, på sned (tvären); sido- **--wind** sidovind **-wise** *se sideways*

siding ['saidin] **1** stickspår **2** *A.* ytterpanel

sidle ['saidl] gå med sidan först (*isht* på ett blygt sätt), [skyggt] maka sig

sidy ['saidi] högfärdig

siege [si:dʒ] **1** belägring **2** lång plågsam period; *lay* ~ *to* börja belägra; *raise the* ~ upphäva belägringen

sierra ['siərə] bergskedja

siesta [si'estə] siesta, middagsvila

sieve [siv] **I** *s* **1** såll **2** lösmynt person **II** *v* sålla

sift [sift] **1** sålla, sikta, strö **2** spritsa **3** noggrant undersöka, granska

sigh [sai] **I** *v* sucka **II** *s* suck

sight [sait] **I** *s* **1** synförmåga **2** åsikt, mening **3** synhåll, synkrets **4** sevärdhet; skådespel **5** sikte på skjutvapen **6** *fam.* massa, mängd; *know a p. by* ~ känna ngn till utseendet; *catch* ~ *of* få syn på; *lose* ~ *of* förlora ur sikte; *at* ~ omedelbart; *at the* ~ *of* vid åsynen av; *at first* ~ vid första anblicken; *you're a* ~ *for sore eyes* du var en välkommen syn; *her hat is a perfect* ~ hennes hatt ser fullkomligt idiotisk ut; *what a* ~ *you look!* så du ser ut!; *he is a jolly* ~ *better off now* han har det katten så mycket bättre förspänt nu **II** *v* sikta, få syn på; sikta mot **-less** [-lis] utan syn, blind **-ly** [-li] behaglig att se på **--seeing** [-,si:in] **I** *s* beseende av sevärdheter, turistande **II** *a* turist-, rundturs- **-seer** [-,si:ə] turist

sign [sain] **I** *s* **1** tecken, märke; symbol **2** skylt; *make the* ~ *of the cross* göra korstecknet **II** *v* **1** underteckna **2** teckna, göra ett tecken; ~ *assent* nicka bifall; ~ *away* förskriva egendom; ~ *on* anställa, skriva in **b** påmönstra; ~ *off* mönstra av, ta avsked

signal ['signl] **I** *s* signal; ~ *halyard* sejnfall (*sjö.*) **II** *a* märkvärdig; påtaglig; *a* ~ *villain* en ärkeskurk **III** *v* signalera **-book** signalbok, signalregister **--box** järnv. ställverk **--cord** *A.* nödbroms **--gun** signalpistol **-ize** [-nəlaiz] utmärka, göra känd; ~ *o.s.* utmärka sig **-ler** [-nələ] signalist **-man** [-mən] **1** signalist **2** ställverksskötare

signatory ['signət(ə)ri] **I** *s* undertecknare **II** *a* undertecknad, signatär-; ~ *powers* signatärmakter

signature ['signitʃə] **1** namnteckning, underskrift **2** *mus.* förtecken **--tune** signaturmelodi

signboard ['sainbɔ:d] **1** skylt **2** *A.* anslagstavla

signet ['signit] sigill **--ring** signetring

signif|icance [sig'nifikəns] **1** betydelse, mening **2** vikt, betydelse **3** uttrycksfullhet **-icant** [-ikənt] betydelsefull; *vetensk.* signifikant; **-icantly** [-ikəntli] avsevärt, påtagligt, klart **-ication** [,signifi'keiʃ(ə)n] innebörd, mening **-y** ['signifai] **1** betyda **2** tillkännage **3** beteckna

signor ['si:njɔ:] **1** (it. titel el. tilltalsform) herr **2** italienare **-a** [si:n'jɔ:rə] **1** (it. titel el. tilltalsform) fru **2** italienska -ina [si:njə'ri:nə] **1** (it. titel el. tilltalsform) fröken **2** ung italienska

sign-post ['sainpəust] vägvisare, trafikmärke

silage ['sailidʒ] pressfoder, ensilage

silen|ce ['sailəns] **I** *s* tystnad; ~ *gives consent* den som tiger samtycker; *put to* ~ tysta ner **II** *v* tysta ner **-cer** [-ə] ljuddämpare **-t** tyst, stilla; stum (ej uttalad); ~ *film* stumfilm; *be* ~ tiga; *the S*~ *Service* brittiska flottan; ~ *partner* passiv delägare (*A.*)

silhouette [,silu(:)'et] **I** *s* skuggbild, silhuett **II** *v* **1** avbilda i silhuett **2** *be* ~*d against* avteckna sig mot

silicon ['silikən] kisel **-e** [-əun] *kem.* silikon

silk [silk] **I** *s* **1** siden **2** *fam.* siden **-** bli *Queen's* (*King's*) *Counsel* **II** *a* silke-, siden-, liknande silke (siden) **-en** [-(ə)n] silkeslen **--mill** sidenfabrik **-worm** silkesmask **-y** [-i] **1** silkes-, silkesliknande **2** (om smak) mild, len **3** (om röst, uppträdande) len, inställsam

sill [sil] **1** fönsterkarm **2** syll

silly ['sili] **I** *a* dum, enfaldig; *the* ~ *season* augusti o. september, den nyhetsfattiga tiden **II** *s, fam.* dummerjöns

silo ['sailəu] **I** *s* silo **II** *v* gräva ner
silt [silt] **I** *s* slam **II** *v*, ~ [*up*] igenslamma
silvan ['silvən] *se sylvan*
silver ['silvə] **I** *s* silver; ~ *plate* bordssilver **II**
v försilvra **III** *a* silver- **--fish** silverfisk **--foil**
bladsilver **--fox** silverräv **--gilt** ['silvə'gilt] **I**
s förgyllt silver **II** *a* av förgyllt silver **--leaf**
bladsilver **-ly** [-li] silveraktig **--plated** [-,pleitid] försilvrad **-smith** silversmed **--tongued**
['silvə'tʌŋd] vältalig **-ware** *A.* silverkärl,
-pjäser, bordssilver **-y** [-v(ə)ri] silveraktig, silverglänsande; *fig.* silverren, silverklar
simian ['simiən] **I** *a* apliknande, ap- **II** *s* apa
similar ['similə] **I** *a* likformig, liknande (*to*
ngn) **II** *s* ngt likadant **-ity** [,simi'læriti] likhet
simil|e ['simili] liknelse **-itude** [si'militju:d] **1**
likhet **2** jämförelse, liknelse
simmer ['simə] **I** *v* [låta] sjuda, småkoka (*äv.*
fig.) **II** *s* sakta kokande
simnel-cake ['simnlkeik] plommontårta
simp [simp] *A.* = *simpleton*
simper ['simpə] **I** *v* le tillgjort **II** *s* tillgjort
leende
simpl|e ['simpl] **1** osammansatt, enkel **2** lätt att
förstå, tydlig, enkel **3** okonstlad, anspråkslös,
enkel **4** ärlig, rättfram **5** godtrogen, enfaldig **6**
helt enkel, ren; *it's* ~ *madness* det är rena
vansinnet **-e-hearted** ['simpl'hɑ:tid] öppenhjärtig, naturlig **-e-minded** ['simpl'maindid]
1 godtrogen, enfaldig **2** rättfram, ärlig **-eton**
[-t(ə)n] dummerjöns, stolle **-icity** [sim'plisiti]
1 odelbarhet **2** enkelhet, klarhet **3** enkelhet,
konstlöshet **4** enfaldighet, rättframhet **-ify**
[-ifai] förenkla **-y** [-i] helt enkelt
simul|ant ['simjulənt] liknande (*of* ngt) **-ate**
[-leit] **1** simulera, hyckla **2** efterbilda, härma
-ation [,simju'leiʃ(ə)n] simulering **-ator**
[-leitə] **1** simulant **2** simulator, attrapp
simultane|ity [,sim(ə)ltə'niəti] samtidighet
-ous [,sim(ə)l'teinjəs] samtidig
sin [sin] **I** *s* synd; ~ *of origin, original* ~ arvsynd; *the seven deadly* ~*s* de sju dödssynderna;
~ *of commission* verksynd; *she is ugly as* ~
hon är ful som stryk; *like* ~ som tusan (*fam.*)
II *v* synda
since [sins] **I** *adv* sedan dess **II** *prep* allt sedan
III *konj* **1** sedan **2** eftersom
sincer|e [sin'siə] ärlig, uppriktig; *yours* ~*ly*
Er tillgivne **-ity** [-'seriti] ärlighet, uppriktighet
sine [sain] *mat.* sinus
sinew ['sinju:] sena; ~*s* muskler; *the* ~*s of*
war materiella tillgångar (*fig.*) **-y** [-u(:)i] **1**
senig **2** kraftig, stark
sinful ['sinf(u)l] syndig
sing [siŋ] sjunga, besjunga; (om gryta) puttra,
(om kaffepanna) vissla; tjalla, "sjunga" (*sl.*);
~ *another tune* (*song*) stämma ner tonen; ~
flat (*sharp*) sjunga falskt; ~ *of* besjunga; ~
out hojta, skrika; sjunga ut; ~ *small* stämma
ner tonen, vara anspråkslös
singe [sin(d)ʒ] **I** *v* sveda, bränna på ytan;
have one's hair ~*d* låta ondulera sig; ~ *one's*
feathers (*wings*) sveda vingarna, bli bränd
(*fig.*) **II** *s* [litet] brännsår
singer ['siŋə] sångare
Singhalese [,siŋhə'li:z] *I a* från Ceylon, singalesisk **II** *s* **1** singales **2** singalesiska [språket]
singing ['siŋiŋ] sjungande, sång --**bird** sångfågel **--man** korsångare **--master** [-,mɑ:stə]
sånglärare
single ['siŋgl] **I** *a* **1** ensam, ogift **2** enkel, en-
3 redbar, ärlig **4** enstaka, enda; ~ *bed* enkel-

säng; ~ *room* enkelrum; ~ *combat* (*fight*) envig; *with a* ~ *eye* målmedveten **II** *s* **1** enkelrum
2 enkel biljett **3** ~*s* singel (*tennis.*) **4** singelskiva
III *v*, ~ *out* skilja ut **--breasted** ['siŋgl-
'brestid] enkelknäppt (rock) **--eyed** ['siŋgl'aid]
1 målmedveten **2** hederlig **--foot** ['siŋgl'fut]
A. passgång **--footer** ['siŋgl'futə] *A.* passgångare **--handed** ['siŋgl'hændid] **1** ensam,
på egen hand, utan andras hjälp **2** enhänt
-hearted ['siŋgl'hɑ:tid] uppriktig, sveklös
--minded ['siŋgl'maindid] målmedveten
-ness [-nis] **1** ensamhet **2** *fig.* ~ *of mind* (*purpose*) målmedvetenhet; ~ *of heart* redbarhet
--seater ['siŋgl'si:tə] ensitsig sportbil (flygmaskin) **-stick** fäktkäpp **-t** [-it] undertröja
-ton [-t(ə)n] singleton (kortspel)
singly ['siŋgli] **1** en åt gången, en o. en **2** ensam,
utan hjälp
singsong ['siŋsɔŋ] **1** allsång **2** entonigt sjungande
singular ['siŋgjulə] **I** *a* **1** ovanlig, sällsynt **2**
framstående, märklig **3** *gram.* entals-, singular; *all and* ~ alla o. envar **II** *s, gram.* singularis **-ity** [,siŋgju'læriti] sällsynthet, egendomlighet **-ly** [-li] *äv.* utomordentligt
Sinhalese [,sinhə'li:z] = *Singhalese*
sinister ['sinistə] **1** ondskefull, illvillig, lömsk
2 olycksbådande, ödesdiger **3** *her.* vänster
sink [siŋk] **I** *v* **1** sjunka, sänka sig **2** (om mark)
slutta **3** avta, vara i avtagande, minska; bli
sämre **4** förfalla, sjunka **5** tränga in i, penetrera **6** sänka, få att sjunka **7** gräva ner **8** hålla
hemlig, dölja **9** investera pengar i företag **10**
amortera; ~ *o.s.* ~ *one's own interests* åsidosätta sig själv; ~ *one's name* (*title*) förtiga sitt
namn; ~ *differences* gräva ner gammalt groll;
~ *in* absorberas **b** störta in; ~ *into* sjunka
ner; förfalla; ~ *or swim* bära eller brista; *my*
heart (*spirits*) *sank* jag blev modfälld; *we're*
sunk vi är förlorade; *sunken cheeks* infallna
kinder **II** *s* **1** diskbänk, vask **2** avloppsbrunn;
fig. dypöl; *the* ~ *of iniquity* orättfärdigheten
dypöl; *the* ~ *of Europe* Port Said **-ing** [-iŋ] **1**
sjunkande, sänkning **2** förlamande känsla;
~ *fund* amorteringsfond
sinner ['sinə] syndare
Sinn Fein ['ʃin'fein] det nationalistiska partiet
på Irland
sin-offering ['sin,ɔf(ə)riŋ] syndoffer
sinology [si'nɔlədʒi] sinologi
sinu|osity [,sinju'ɔsiti] **1** bukt, krök **2** buktighet -ous ['sinjuəs] buktig, slingrande
sinus ['sainəs] *anat.* hålighet; *patol.* bulnad; ~*es*
näsans bihålor -**itis** [,sainə'saitis] *med.* sinusit
Sioux [su:] (*pl* ~ [su:z]) sioux[indian]
sip [sip] **I** *v* smutta, läppja på **II** *s* liten klunk
siphon ['saif(ə)n] **1** sifon **2** hävert
sir [sə:] **I** *s* (tilltalsord, min herre (*ung.*); (titel
före dopnamnet för *baronet* o. *knight*); *down*
~! plats! (till hundar) **II** *v* tilltala med sir
sire [saiə] **I** *s* **1** S~ Ers Majestät **2** *poet.* o. *om*
djur far **II** *v* avla, vara far till
siren ['saiərən] **1** siren, mistlur **2** *myt.* siren
Sirius ['siriəs] *astr.* Sirius
sirloin ['sə:lɔin] ländstycke; ~ *of beef* dubbelbiff
sirree [si'ri:] *A.* = *sir*
sirup ['sirəp] = *syrup*
sisal ['sais(ə)l] sisal (slags växtfiber)
siskin ['siskin] *zool.* grönsiska
sissy ['sisi] *A.* **1** effeminerad man (pojke); ynkrygg; sutenör; blyg (försagd) pojke **2** syster

sister ['sistə] syster; *the three ~s* ödesgudinnorna **-hood** systerförbund **--in-law** [-t(ə)rinlɔ:] svägerska **-ly** [-li] systerlig
sit [sit] **I** *v* sitta, sitta kvar; *fig.* ligga, vara belägen; *~ at home* sitta sysslolös hemma; *~s the wind there?* ligger det till på så sätt?; *~ down* sätta sig; *~ down before* belägra; *~ down under an insult* finna sig i en förolämpning; *~ for* a posera **b** representera; *~ for an examination* gå upp i en examen; *~ heavy on* betunga, tynga; *~ on* a undersöka **b** sammanträda **c** *fam.* snäsa av **d** fördröja; *~ on the fence* tveka att bestämma sig; *~ out* a stanna till slutet **b** ej delta i **c** stanna längre än övriga; *he's ~ting pretty* han har stora chanser (*vard.*); *~ tight* "trycka", förhålla sig avvaktanda; *~ under* åhöra predikan; *~ up* a sitta upprätt **b** sitta uppe, vaka **c** sätta sig upp; *I made him ~ up* jag fick honom att baxna; *~ upon* tillhöra (jury, kommitté); *~ well on* klä, passa bra **II** *s* sits, hållning till häst **--down** sittstrejk
site [sait] **I** *s* **1** tomt, plats (för byggnad) **2** läge, belägenhet **II** *v* lokalisera; placera
sit|-in ['sitin] sittstrejk (*isht* mot rasdiskriminering) **-ter** [-tə] **1** modell **2** ruvande fågel **3** *A. fam.* barnvakt = *baby ~*, *~ in* **-ting** [-tiŋ] **I** *s* **1** sittande **2** sittning (hos fotograf etc.) **3** (i kyrka) fast bänkplats **4** liggtid, ruvningstid **5** sammanträde **II** *a* **1** sittande; ruvande **2** tjänsteförrättande, tillförordnad; *~ duck* lätt offer el. mål; *the ~ tenant* den nuvarande hyresgästen; *~ room* vardagsrum
situat|ed ['sitjueitid] belägen; *be ~ on* ligga vid; *thus ~* under sådana omständigheter **-ion** [,sitju'eiʃ(ə)n] **1** belägenhet, läge **2** förhållande, tillstånd; situation **3** anställning, plats
six [siks] sex; *at ~es and sevens* huller om buller **-fold** sexfaldig **--footer** ['siks'futə] sex fot lång (sak el. person) **-pence** [-pəns] sexpencemynt **-penny** [-pəni] värd sex pence; *~ bit (piece)* sexpencemynt **--shooter** ['siks-'ʃu:tə] sexpiping **-teen** ['siks'ti:n] sexton **-teenmo (16mo)** [-'ti:nməu] sedes[format] **-teenth** ['siks'ti:nθ] sextonde **-th** [-θ] sjätte **-tieth** ['siks'tiiθ] sextionde **-ty** [-ti] sextio
siz|able ['saizəbl] ganska stor **-ar** [-ə] *Cambr.* stipendiat **-e** [-z] **I** *s* **1** storlek, format, mått **2** tunt papperslim; *of size ~* ganska stor; *they are of a ~* de är lika stora; *what ~ do you take?* vilket nummer har du?; *full ~* naturlig storlek **II** *v* **1** ordna efter storlek **2** göra passande i storlek **3** limma; *~ up* skatta, taxera; bedöma
sizzle ['sizl] **I** *v* fräsa (matlagning) **II** *s* fräsande
skat|e [skeit] **I** *s* **1** skridsko **2** *zool.* (slags) rocka; *roller ~* rullskridsko **II** *v* åka skridsko[r]; *~ over thin ice* behandla ett ömtåligt ämne **-er** [-ə] skridskoåkare **-ing** [-iŋ] skridskoåkning **-ing-rink** skridskobana
skedaddle [ski'dædl] *vard.* springa, kuta iväg
skein [skein] **1** nystan, härva **2** flock vildgäss
skeleton ['skelitn] skelett; stomme; *~ regiment* [regements]kader; *~ crew* minimibesättning; *~ at the feast* glädjedödare; *~ in the cupboard (closet)* hemlig familjeskandal; *~ key* dyrk, huvudnyckel; *~ service* starkt inskränkt tidtabell etc. **-ize** [-tənaiz] frilägga [ben]stommen i; göra ett utkast till
skep [skep] behållare, hink, korg
skeptic[al] ['skeptik, -(ə)l] etc. = *sceptic etc.*

sketch [sketʃ] **I** *s* **1** skiss, utkast **2** [revy]-sketch **II** *v* skissera **-y** [-i] skissartad, ofullständig; *~ meal* lätt, hastig måltid
skew [skju:] skev, sned **-bald** ljusfläckig, skäckig (om häst)
skewer [skjuə] **I** *s* steknål; *äv.* dolk, svärd **II** *v* sticka en steknål igenom
skew-eyed ['skju:aid] skelögd
ski [ski:] **I** *s* skida; *~ wax* valla **II** *v* åka skidor
skid [skid] **I** *s* **1** slirning; sladd[ning] **2** [hjul]-broms **3** *A.* transportskena; *~ row* slumkvarter där lösdrivare o. alkoholister håller till (*A. sl.*); *on the ~s* på glid (*sl.*) **II** *v* **1** slira, sladda **2** bromsa (med hämsko) **3** *A.* dra fram på transportskena
skier ['ski:ə] skidåkare
skies [skaiz] *pl* av *sky*
skiff [skif] julle, jolle, liten roddbåt (för en roddare)
skilful ['skilf(u)l] skicklig
skill [skil] (förvärvad) skicklighet **-ed** [-d] **1** = *skilful* **2** ~ *labour* skolad arbetskraft
skillet ['skilit] stekpanna, låg gryta med skaft
skilly ['skili] (tunn) köttsoppa
skim [skim] **I** *v* **1** skumma (av) **2** stryka (glida) fram (över) **3** ögna igenom **II** *a* skum-; *~ milk* skummjölk **-mer** [-ə] skumslev **-ming** **-dish** flatbottnad båt
skimp [skimp] vara snål mot; snåla med **-y** [-i] knappt tilltagen, otillräcklig; snål, knusslig; mager
skin [skin] **I** *s* hud; skinn; hinna; skal; skinnlägel; *jump out of one's ~* bli utom sig; *save one's ~*, *keep a whole ~* rädda sitt skinn, komma undan helskinnad; *I would not be in your ~* jag skulle inte vilja vara i dina kläder; *inner (true) ~* läderhud; *outer ~* överhud; *have a thick ~* vara tjockhudad (okänslig); *get a p. under one's ~* ha ngn på hjärnan; *by (with) the ~ of one's teeth* med nöd o. näppe; *wear s.th. next to the ~* bära ngt närmast kroppen; *wet to the ~* genomvåt **II** *v* **1** flå; *fig.* skinna **2** (om sår) täckas av hud = ~ *over*; *~ off* skala av sig (en tröja etc.); *keep your eyes ~ned* håll ögonen öppna; *~ a flint* vara mycket snål **--deep** ['skin'di:p] ytlig **-diver** [-,daivə] [sport]dykare (som ej använder dykardräkt) **-flint** snåljåp, girigbuk **-ful** [-f(u)l] så mycket man orkar dricka (*sl.*); *when he has got his ~* när han har fått nog **--game** *A.* svindel, bedrägeri **--grafting** [-,grɑ:ftiŋ] hudtransplantation **-ny** [-i] ynkligt mager, (bara) skinn o. ben
skip [skip] **I** *v* **1** skutta; hoppa (hopprep) **2** (= ~ *over*) hoppa över (t.ex. i text) **3** *sl.* kila, sticka; *~ it!* strunta i saken!, bry dig inte om det **II** *s* **1** skutt, hopp **2** överhoppning (i text) **3** *se skep* **4** *sport.* lagkapten (i *bowls, curling*); *hop, ~ and jump* trestegshopp **-jack 1** hoppdocka (leksak) **2** hoppande insekt (fisk)
skipper ['skipə] **1** en som hoppar etc., *se skip, skipjack* **2** fartygsbefälhavare, skeppare; *sport.* lagkapten **3** *sl.* [flyg]kapten
skipping-rope ['skipiŋrəup] hopprep
skirl [skə:l] *s o v* (åstadkomma) säckpipljud
skirmish ['skə:miʃ] **I** *v* skärmytsla **II** skärmytsling, mindre drabbning
skirt [skə:t] **I** *s* **1** kjol **2** flik, skört **3** *vanl. pl* [ut]kant; [skogs]bryn **4** *sl.* fruntimmer, kjoltyg; *divided ~s* byxkjol **II** *v* gå (sträcka sig) längs utefter; gränsa till

skit [skit] **1** burlesk, parodi **2** ~s massor **-ter** [-ə] ila, glida, fara fram **-tish** [-iʃ] yster, lekfull; skygg
skittle ['skitl] **I** s kägla; ~s **a** kägelspel **b** struntprat! äsch!; *beer and* ~s glädje o. gamman **II** v, ~ *out* slå ut slagmännen i snabb följd (*kricket*.) **--alley** [-,æli] kägelbana
skulduggery = *skull-duggery*
skulk [skʌlk] **1** hålla sig undan, maska **2** smyga sig
skull [skʌl] [död]skalle; *thick* ~ tjockskallighet; ~ *and cross-bones* skalle med två korslagda benknotor **--cap** kalott **--duggery** [-,dʌgəri] *A.* skurkaktighet; fuffens **--fracture** [-,fræktʃə] skallbrott
skunk [skʌŋk] **I** s, *zool.* skunk; *sl.* kräk, skojare **II** v, *A.* besegra grundligt
sky [skai] **I** s himmel; luftstreck **II** v slå högt; hänga högt **-ey** [-aii] himmelshög; himmelsblå **-lark I** s lärka **II** v skoja; stoja **-light** takfönster **--line** horisont; silhuett **--rocket** [-,rɔkit] **I** s [fyrverkeri]raket **II** v stiga snabbt (i höjden) **-sail** [-s(ei)l] *sjö.* skejsel **-scape** målning med mycket himmel på **-scraper** [-,skreipə] skyskrapa **--sign** (högt sittande) ljusreklam **-ward[s]** [-wəd(z)l (i riktning) mot himlen **--writing** [-,raitiŋ] rökskrift (från flygplan)
slab [slæb] **I** s stenplatta; skiva **II** v belägga med stenplattor
slack [slæk] **I** a slak; slapp; slö; ~ *period* dödperiod; ~ *water* dödvatten **II** s **1** löst hängande [rep]ända; lödvatten; dödperiod **2** kolstybb; *I'm going to have a good* ~ *this afternoon* jag ska ta det riktigt lugnt i eftermiddag; ~s [fritids]långbyxor **III** v stiga snabbt (i höjden) **-sail** [-s(ei)l] *sjö.* skejsel **-scape** slacka; fira (*äv.* ~ *off*), ~ *away*; ~ *off* slappna av; sakta farten; ~ *up* sakta farten **-en** [-(ə)n] bli (göra) slak; minska; avta **-er** [-ə] slöfock
slag [slæg] **I** s slagg **II** v bilda slagg
slain [slein] *perf part* av *slay*
slake [sleik] släcka (t.ex. kalk, törst)
slam [slæm] **I** v **1** smälla (slå) igen (hårt) **2** slå **3** *kortsp.* göra slam **4** *A. sl.* läxa upp, skälla ut **II** s **1** (hård) smäll **2** slam **III** *adv* med en smäll; rätt, tvärt
slander ['slɑ:ndə] **I** s förtal, skvaller **II** v förtala, beljuga, baktala **-ous** [-d(ə)rəs] [äre]kränkande; baktalande
slang [slæŋ] **I** s slang[språk] **II** v skälla ut **-y** [-i] slang[språks]artad
slant [slɑ:nt] **I** v slutta, luta **II** s **1** sluttning, lutning **2** *A.* syn (på saken) **3** förstulen blick; *on the* ~, *a*~ på sned[den] **-ing** [-iŋ] **-ways** [-weiz] **-wise** [-waiz] på lut, på sned
slap [slæp] **I** v smälla [till], slå [till], *fam.* daska [till] **II** s smäll, slag; *fam.* dask **III** *adv* rätt, tvärt; med en smäll; ~ *in the eye* rätt i ansiktet **-bang** ['slæp'bæŋ] **I** a nonchalant; hafsig **II** *adv* pladask; handlöst; bums; huller om buller **-dash I** a hafsig **II** *adv* bums; hafsigt; på en höft **III** v slarva ifrån sig **-jack** *A.* (slags) pannkaka **-ping** [-iŋ] *sl.* väldig; strålande; fantastisk **-stick I** s fars[artat skådespel], filmfars **II** a farsartad, tokrolig; stojig **--up** flott, prima
slash [slæʃ] **I** v **1** hugga [till]; göra ett (djupt) jack i; slitsa [upp]; snärta [till] **2** sänka (t.ex. priser); ~*ing criticism* nedgörande kritik **II** s **1** hugg; djupt jack; snärt **2** *se följ.* **-ing** [-iŋ] öppen plats i skog; fälle, hygge

slat [slæt] spjäla (i persienn etc.), latta
slate [sleit] **I** s **1** skiffer[platta]; griffeltavla; skiffergrått **2** *A.* preliminär kandidatlista; *clean the* ~ göra upp räkningen med det förflutna **II** v **1** täcka med skiffer[plattor] **2** läxa upp, gräla på; *fam.* skarpt kritisera **3** *A.* föreslå som kandidat **--club** sparklubb **--pencil** ['sleit'pensl] griffel **--quarry** ['sleit'kwɔri] skifferbrott **-r** [-ə] skiffer[platt]läggare
slating ['sleitiŋ] skiffertak
slattern ['slætə(:)n] slampa **-ly** [-li] slampig
slaty ['sleiti] skiffer-, skifferartad, -färgad
slaughter ['slɔ:tə] **I** s slakt[ande]; massaker **II** v slakta; döda hänsynslöst, nedgöra; ~*ed prices* vrakpriser **-er** [-rə] slaktare; [mass]-mördare **--house** slakthus **-ous** [-rəs] mordisk **--prices** [-,praisiz] vrakpriser
Slav [slɑ:v] **I** s slav (folkslag) **II** a slavisk
slave [sleiv] **I** s slav, träl; slavinna; ~ *driver* slavdrivare (*vard.*) **II** v slava
slav|er ['slævə] **I** v dregla [på]; fjäska [för] **II** s **1** dregel; fjäsk **2** ['sleivə] slavhandlare; slavskepp **-ery** ['sleivəri] slaveri, träldom **-ey** ['slævi] hjälpflicka, hushållshjälp **-ish** ['sleiviʃ] slavisk
Slavoni|an [slə'vəuniən] **-c** [-'vɔnik] **I** a slavonisk, slavisk **II** s slavonier
slaw [slɔ:] *A.* kålsallad
slay [slei] **1** dräpa, slå ihjäl **2** *A. sl.* göra förtjust; roa enormt; *be slain, äv.* haja till
sleazy ['sli:zi] **1** tunn **2** sjaskig, sjabbig
sled [sled] **I** s släde; kälke **II** v åka släde (kälke); forsla på släde (kälke); *have a hard* ~*ding* ha svårt att klara biffen (*A.*)
sledge [sledʒ] **1** = *sled* **2** = **--hammer** [-,hæmə] slägga
sleek [sli:k] **I** a slät; blank; fin; *fig.* slätkammad; sliskig **II** v göra slät etc.
sleep [sli:p] **I** s sömn; *go to* ~ somna **II** v **1** sova **2** ge nattlogi åt, logera; *the hotel can* ~ *300* hotellet har 300 bäddar; *the top* ~s snurran står stilla (under rotation); ~ *away* sova bort (tid, smärta); ~ *like a log* (*top*) sova som en stock; ~ *on* (*over, upon*) *the matter* sova på saken; ~ *out* inte vara helinackorderad; inte sova hemma
sleeper ['sli:pə] **1** sovare **2** sovvagn **3** järnv. sliper, syll; *a good* (*sound, heavy*) ~ en som sover gott (tungt); ~ *shawl* (stor) sjal (*A.*) **-ette** [,sli:pə'ret] sovfåtölj (i flygplan); couchette (på tåg)
sleeping ['sli:piŋ] a sovande; ~ *partner* passiv delägare; ~ *sickness* sömnsjuka **--bag** sovsäck **--car[riage]** [-kɑ:, -,kæridʒ] sovvagn **--draught, -pill** sömnmedel
sleep|less ['sli:plis] sömnlös **-walker** [-wɔ:kə] sömngångare **--walking** [-,wɔ:kiŋ] sömngång
sleepy ['sli:pi] sömnig; sovande **-head** sömngångare, sömntuta
sleet [sli:t] **I** s snöglopp, blötsnö; isbark **II** v, *it* ~s det snöslaskar, det faller snöblandat regn **-y** [-i] [snö]slaskig
sleeve [sli:v] ärm; *laugh in one's* ~ skratta i smyg; *have s.th. up one's* ~ ha ngt i bakfickan; *wear one's heart* [*up*]*on one's* ~ vara öppenhjärtig **-less** [-lis] ärmlös, som en väst **--links** manschettknappar
sleigh [slei] = *sled*
sleight [slait] trollkonst **--of-hand** ['slaitəv-'hænd] fingerfärdighet, händighet; konstgrepp

slender ['slendə] **1** smärt, slank, smäcker **2** klen, skral; knapp

slept [slept] *imperf* o. *perf part* av *sleep*

sleuth [slu:θ] *vard.* detektiv **--hound** ['slu:θ-'haund] spårhund; *äv.* detektiv

slew [slu:] **I** *v* **1** *imperf* av *slay* **2** svänga, vrida [om] **II** *s* sväng[ning], vändning **2** *A.* kärr, träskmark

slice [slais] **I** *s* **1** skiva; [an]del **2** fisk-, pann-kaksspade; ~ *of bread and butter* smörgås **II** *v* **1** skära (i skivor) **2** *golf.* slå snett **-r** [-ə] skärare (för grönsaker, ägg m.m.)

slick [slik] **I** *a* flink; glatt; slipprig; smart; flott; slät[kammad] **II** *adv* rakt, rätt **III** *v* göra glatt (slipprig); blanka, polera **-er** [-ə] **1** smart individ; lurifax **2** *A.* regnrock

slid [slid] *imperf* o. *perf part* av *slide*

slide [slaid] **I** *v* [låta] glida; skjuta; halka; ~ *into sin* förfalla till synd; *let things* ~ låta det gå (utan att bekymra sig) **II** *s* **1** glidning, -ande **2** [glid]bana, rutschbana; kana **3** dia-positiv; glasplatta (på mikroskop) **4** utdrags-skiva; skjutglas, -lucka **5** [jord-, snö]skred, ras **--rule** räknesticka

sliding ['slaidiɳ] glidande, skjutbar; ~ *door* skjutdörr; ~ *keel* centerbord (*sjö.*); ~ *rule* räknesticka; ~ *scale* rörlig (glidande) skala; ~ *seat* glidsäte (i kapproddbåt)

slight [slait] **I** *a* lätt, ringa; klen; smärt, spens-lig **II** *v* ringakta, ignorera; förringa **III** *s* ring-aktning, likgiltighet **-ly** [-li] lindrigt, obetyd-ligt; ~ *built* spensligt byggd

slim [slim] **I** *a* **1** smärt, spenslig; klen, svag **2** slug, knepig **II** *v* magra, banta

slime [slaim] **I** *s* **1** slam, dy **2** smetig substans (av varierande slag) **3** slem **II** *v* täcka med slam (slem)

slimming ['slimiɳ] avmagring[skur]; ~ *diet* avmagringsdiet

slimy ['slaimi] *a* **1** gyttjig, dyig, slammig **2** hal [som en ål], slipprig, slemmig **3** äcklig **4** (sliskigt) inställsam

sling [sliɳ] **I** *s* **1** slunga; [rep]slinga; gevärs-rem; *have one's arm in a* ~ ha armen i band **2** *A.* [gin]grogg **II** *v* slunga, slänga; surra i repslinga; hissa (upp el. ner) i repslinga; ~ *arms!* i remmen gevär!; ~ *ink* göra av med bläck på skriverier **--dog** lyfthake **-er** [-ə] slungkastare **--shot** *A.* slangbåge

slink [sliɳk] **I** *v* **1** smyga, slinka **2** (om djur) föda för tidigt **II** *s* för tidigt fött djur **-y** [-i] *vard.* **1** (om klädesplagg) mjuk o. åtsittande **2** (om kvinna) med kattlika rörelser

slip [slip] **I** *v* **1** halka, slinta; [låta] glida **2** göra fel (ett felsteg) **3** släppa iväg (loss); fira [loss] **4** sticka (i ngns hand) **5** glida ur, un-dandra sig; undgå **6** (om djur) föda för tidigt; *the car is ~ping along splendidly* bilen går [undan] fint; ~ *away (out)* smita [undan]; ~ *by* passera (gå) obemärkt; ~ *into another suit* snabbt byta kostym; ~ *a coat on (off)* slänga på (av) sig en rock; ~ *over* hoppa över, för-bise; ~ *s.th. over on a p.* lura ngn (*A.*); ~ *up* **a** snava **b** göra ett misstag; *it has ~ped [from] my mind (memory)* det har fallit mig ur minnet **II** *s* **1** halkning, slintning; glidning **2** misstag, fel[steg] **3** remsa, bit **4** underklänning, -tröja; kuddvar **5** (slags) hundkoppel **6** [fartygs]slip; *A.* uppläggningsplats för fartyg (o docka) **7** *kricket.* tre av utespelarna **8** skott (av planta) **9** tryckt blankett, nota; *give a p. the* ~ smita från ngn (*vard.*); *there's many a* ~ *between*

the cup and the lip man ska inte sälja skinnet förrän björnen är skjuten (*ung.*); ~ *of the pen* skrivfel; ~ *of the tongue* felsägning; *make a* ~ göra (begå) ett misstag; ~ *of paper* pap-perslapp; ~ *of a boy* pojkvasker; ~ *of a room* ynkligt litet rum **--carriage** [-,kæridʒ] järn-vägsvagn som kopplas bort under vägen **--cover** [-,kʌvə] [möbel]skynke, överdrag **--knot** löpknut **-per** [-ə] **I** *s* **1** toffel; (lätt) damsko **2** hämsko **3** starter (vid hundkapp-löpning) **4** [stick]bäcken **II** *v* slå med toffel **-pered** [-əd] klädd i tofflor **-pery** [-əri] **1** hal-[kig]; slipprig **2** opålitlig **-py** [-i] rask, kvick **-shod** kippskodd, vårdslös, ovårdad, slarvig **-slop I** *s* **1** sladdrig (skvalpig) mat (dryck); "diskvatten" **2** (om skrift el. tal) smörja, strunt[prat] **3** skvaller, sladder **II** *a* svag; kväljande; värdelös, usel **--up** misstag, fel **-way** [fartygs]slip

slit [slit] **I** *v* skära (skära) upp; spricka [upp] **II** *s* reva, skåra; springa, sprund; ~ *trench* (smalt) skyddsvärn (*mil.*)

slither ['sliðə] hasa, glida, halka **-y** [-ð(ə)ri] hal[kig]

sliver ['slivə] **I** *s* sticka; remsa; strimla; bete (smal fiskbit) **II** *v* hugga (riva, slita) ett smalt stycke av (i smala bitar); spjälka [sig], klyva

slob [slɔb] *sl.* tjocksis; oduglig

slobber ['slɔbə] **I** *v* **1** dregla [på] **2** lipa (av sentimentalitet) **3** slarva ifrån sig; fuska [med] **II** *s* **1** dregel **2** pjoller, larv **-y** [-ri] **1** dreglig **2** pjollrig

sloe [sləu] *bot.* **1** slånbär, slån[buske] **2** vild-plommon

slog [slɔg] **I** *v* drämma till; ~ *at* knoga med **II** *s* hårt slag

slogan ['sləugən] **1** slagord, paroll, slogan **2** stridsrop

slogger ['slɔgə] hårtslående person; slugger; arbetsträl

sloop [slu:p] *sjö.* slup

slop [slɔp] **I** *s* **1** utspillt vatten **2** *sl.* snut, polis; ~*s* disk-, slaskvatten; bottensats **b** halv-flytande föda; gröt, välling; soppa **c** sjö-manskläder; [arbets]kläder **II** *v* spilla [ut]; slaska [ner]; ~ *over* **a** flöda över **b** (sentimen-talt) utgjuta sig **--basin** [-,beisn] sköljkopp (vid tedrickning) **--bucket** [-,bʌkit] slask-hink; toaletthink **--clothes 1** sjömanskläder **2** konfektionskläder

slop|e [sləup] **I** *s* sluttning; dosering; *on the* ~ sluttande, på sned **II** *v* **1** slutta; luta [på]; dosera **2** ge sig iväg = ~ *off*; ~ *about* stryka omkring; ~ *arms!* på axel gevär! (*mil.*) **-ing** [-iɳ] sluttande, sned

slop|-pail ['slɔppeil] *se* **--bucket -py** [-i] **1** blöt, slaskig; svag; blaskig **2** slarvig; slamsig **3** grät-mild, sentimental **--room** klädförråd (på far-tyg) **--shop** klädaffär (*isht* med billiga sjö-manskläder)

slosh [slɔʃ] **I** *s* **1** = *slush* **2** *sl.* smäll, duns **II** *v* **1** smälla till **2** klafsa (i gyttja o. d.); ~ *on* bre på [tjockt] **-ed** *sl.* full, berusad

slot [slɔt] **I** *s* **1** springa, öppning; spår, ränna **2** spår (av hjort etc.) **II** *v* göra ett spår (en springa) i

sloth [sləuθ] **1** slö-, tröghet **2** *zool.* sengångare **-ful** [-f(u)l] slö, trög **-fulness** [-f(u)lnis] = *sloth I*

slot-machine ['slɔtmə,ʃi:n] [mynt]automat

slouch [slautʃ] **I** *s* **1** dålig (säckig) hållning **2** slöfock **II** *v* gå (sitta, stå) med dålig håll-

ning; sloka; ~ *about* gå o. hänga **--hat**
['slautʃ'hæt] slokhatt
1 slough [slʌf] **I** *s* **1** urkrupet ormskinn **2** sår-
skorpa **3** bortlagd vana **II** *v* ömsa skinn;
krypa ur, kasta av sig; ramla bort; ~ *a habit*
lägga bort en vana
2 slough [slau] kärr, träsk[mark]; *S~ of
Despond* Förtvivlans träsk **-y** [-i] **1** träskli-
nande **2** sumpig, sank, träskartad
sloven|liness ['slʌvnlinis] slarv **-ly** [-li] slar-
vig, hafsig
slow [slou] **I** *a* (o. *adv*) långsam; trög; lång-
tråkig; matt; *the clock is (ten minutes)* ~
klockan går (tio minuter) efter; *be* ~ *in* inte
göra sig ngn brådska med; *be* ~ *to* inte vara
snar till [att]; *he is* ~ *to anger* han blir inte
lätt arg; *go* ~ **a** ta det lugnt **b** maska **c** gå
efter (om klocka); ~ *and sure* sakta men
säkert; ~ *poison* långsamt verkande gift **II**
v. ~ *down (up)* sakta, fördröja; sakta farten
--coach trögmåns; slöfock **--combustion**
[-kəm‚bʌstʃ(ə)n] *a,* ~ *stove* kamin **--down**
['slou'daun] *a,* ~ *strike* maskningsstrejk
--match lunta **--motion** ['slou'mouʃ(ə)n] *a,*
~ *picture* ultrarapid film **-ness** [-nis] lång-
samhet **--worm** *zool.* ormslå
sloyd [slɔid] träslöjd (som skolämne)
sludge [slʌdʒ] dy; slam; snö-, issörja
slue [slu:] = *slew I 2*
slug [slʌg] **I** *s* **1** snigel **2** (liten) kula **3** *typ.*
sättmaskinrad **4** slag, stöt; kok stryk **II** *v* **1**
slöa, lata sig **2** döda sniglar **3** slå till [ngn]
med knytnäven (ett vapen); *se I 4* **--a-bed**
[-əbed] latmask, sjusovare **-gard** [-əd] lat-
mask, slöfock **-gish** [-iʃ] lat; trög
sluice [slu:s] **I** *s* **1** sluss; slussvatten; damm-
lucka **2** [guld]vasktråg **3** bad; *have a* ~ skölja
av sig **II** *v* **1** förse med slussar **2** överskölja
3 skölja; tvätta **4** flöda, strömma (fritt); ~
out [låta] strömma ut; *it is sluicing down* det
häll-, ösregnar **--gate** ['slu:s'geit] slussport
--valve slusslucka **--way** slusskanal
slum [slʌm] **I** *s* slum[kvarter] **II** *v, go* ~*ming*
besöka slumkvarter (för att utöva välgörenhet); *iron.* idka opåkallad välgörenhet, ned-
låta sig till att bistå (besöka)
slumb|er ['slʌmbə] **I** *v* slumra; ~ *away* sova
bort **II** *s* slummer **-erette** [‚slʌmbə'ret] =
sleeperette **-[e]rous** [-b(ə)rəs] **1** sömnig **2**
sömngivande
slum|-brat ['slʌmbræt] gatpojke **--clearance**
['slʌm'kliər(ə)ns] [bostads]sanering **-mer** [-ə]
slumbesökare **-my** [-i] slum-, slumliknande
slump [slʌmp] **I** *s* plötsligt (kraftigt) prisfall;
kris, tillbakagång **II** *v* falla plötsligt (o. kraf-
tigt); sjunka [ihop]
slung [slʌŋ] *imperf* o. *perf part* av *sling* **--shot**
(slags) slunga
slunk [slʌŋk] *imperf* o. *perf part* av *slink*
slur [slə:] **I** *v* **1** uttala (skriva) otydligt; dra
ihop; söka dölja **2** *mus.* spela (sjunga) legato;
~ *over a* = ~ *I b* beröra flyktigt; bagatellisera
II *s* **1** suddigt [ut]tal; suddig stil **2** *mus.*
legato[båge]; *cast a* ~ *upon* kasta en skugga
på, förklena
slurp [slə:p] sörpla
slurring ['slə:riŋ] **1** suddig[t framförd] **2** *mus.*
utförd legato, bunden
slush [slʌʃ] **1** gyttja; snösörja, -slask **2** pjoller;
(värdelös) smörja **-y** [-i] **1** slaskig, smörjig
2 usel, värdelös
slut [slʌt] slampa **-tish** [-iʃ] slampig, snuskig

sly [slai] **1** slug, listig **2** bakslug, illistig; ~ *dog*
lurifax; *on the* ~ i smyg, förstulet **-boots**
skälm
smack [smæk] **I** *s* lätt [bi]smak; anstrykning,
(liten) smula **2** smack[ning]; smäll; smällkyss
3 smack (liten fiskebåt); ~ *in the eye* slag i
ansiktet (*fig.*) **II** *v* **1** ~ *of* smaka; tyda på
2 smälla; klatscha med; smacka; ~ *one's lips*
a smacka med läpparna **b** slicka sig om mun-
nen (*over* åt) **III** *adv, I had the wind* ~ *against
me* jag hade vinden rakt emot mig **-er** [-ə] **1**
smällkyss **2** *sl.* baddare; toppgrunka **3** *A.*
dollar
small [smɔ:l] **I** *a* **1** liten; svag (om röst) **2** små-
aktig; ~ *beer* **a** svagdricka **b** strunt, strunt-
prat; *he thinks no* ~ *beer of himself* han har
[rätt] höga tankar om sig själv; ~ *blame to
him* han hade alldeles rätt; ~ *change* små-
pengar; ~ *fry* a småfisk **b** småttingar; *the* ~
hours småtimmarna; *look* ~ se förlägen ut;
be on the ~ *side* höra till de mindre; *sing* ~
dämpa tonen; ~ *talk* = ~-*talk*; *live in a* ~
way leva anspråkslöst; ~ *whisky* liten (litet
glas) visky; ~ *wonder!* det är inte att undra på
II *s* smal (tunn) del; ~*s* underkläder; *S~* (i
Oxf.) första delen av B.A.-examen; *in* ~ i
smått; *the* ~ *of the back* korsryggen **--arms**
['smɔ:l'a:mz] *mil.* handeldvapen (pistol etc.)
--hand vanlig [hand]stil **--holder** ['smɔ:l-
'houldə] småbrukare **--holding** ['smɔ:l'houl-
diŋ] småbruk **-ish** [-iʃ] ganska liten **--minded**
['smɔ:l'maindid] småsint, -aktig **-ness** liten-
het **-pox** [smitt]koppor **--sword** värja **--talk**
småprat; vardagsskvaller **--time** *vard.* ovä-
sentlig; ineffektiv **--wares** [-wɛəz] korta
varor
smarmy ['sma:mi] (obehagligt) inställsam
smart [sma:t] **I** *v* göra ont, svida; ha ont;
lida; ~ *for* sota (plikta) för; *you shall* ~ *for
this!* det skall du få (betalt) för! **II** *s* sveda;
smärta **III** *a* **1** skarp, bitande; häftig, hård;
2 duktig, spänstig, klämmig, frisk; rask, flink,
pigg, vaken; smart, fyndig, slipad; kvick
3 snygg, flott, fin, elegant, stilig, modern **4**
ansenlig, ordentlig, "skaplig"; ~ *blow* hårt
slag; *as* ~ *as threepence* (*a new pin*) flott som
ögat; ~ *alec*[*k*] ['ælik] viktigpetter; *the* ~ *set*
fint folk; *a* ~ *few* ett rejält antal, rätt många
-en [-n] **1** snygga upp **2** (= ~ *up*) rycka upp
sig **-ish** [-iʃ] ganska skarp etc., se *smart III*;
a ~ *few* inte så få, rätt många **-money** [-‚mʌni]
ersättning för sveda o. värk **-ness** [-nis] **1**
slughet; skicklighet; snabbhet; vakenhet **2**
elegans, [käckt o.] flott uppträdande **3** friskhet
smash [smæʃ] **I** *v* **1** (*äv.* ~ *up*) slå sönder;
krossa; tillintetgöra **2** gå i bitar; bli ruinerad
3 slå [till] **4** *tennis.* smasha **5** göra falska peng-
ar; ~ *into a tree* krocka med ett träd; ~
things up slå allt i spillror **II** *s* **1** krasch;
sammanbrott **2** [bil]krock **3** katastrof **4** *tennis.*
smash **5** (slags) drink; *go (come)* [*to*] ~ bli
ruinerad **III** *adv* med en smäll; rakt, rätt **-er**
[-ə] **1** en som slår sönder allt **2** dråpslag,
dräpande svar **3** *sl.* "kalaskille, -film" etc.;
toppgrunka **--hit** ['smæʃ'hit] jättesuccé **-ing**
[-iŋ] alla tiders, "fantastisk", "kalas-" **--up**
= *smash II 2 o. 3*
smatter ['smætə] *v,* ~ *in* fuska i; syssla ytligt
med **-er** [-rə] dilettant; halvlärd person **-ing**
[-t(ə)riŋ] ytlig kännedom, hum, aning; *have
a* ~ *of* ha ytlig kunskap om (i), ha litet hum
om

smear [smiə] **I** v smeta [ner]; smutsa [ner]; fig. smutskasta, nedsvärta **II** s [smuts]fläck **-y** [-ri] smörjig, kladdig; flottig

smell [smel] **I** s lukt; ~ of cooking matos; have a good (bad) ~ lukta gott (illa); there is a ~ of tobacco det luktar tobak; take a ~ at lukta på **II** v lukta [på]; ~ [at] a flower lukta på en blomma; ~ of the shop vara teknisk i överkant; ~ of tobacco lukta tobak; ~ out [upp]spåra; snoka reda på; ~ about (round) gå omkring o. vädra (snoka); ~ a rat ana oråd **-er** [-ə] sl. näsa; slag (på näsan) **-ing- -salts** luktsalt **-y** [-i] stinkande

smelt [smelt] **I** v 1 imperf o. perf part av smell 2 smälta (om malm) **II** s, zool. nors **-er** [-ə] smältare **-ery** [-əri] = **-ing-works** smältverk

smile [smail] **I** v le (at åt; [up]on mot); uttrycka med ett leende; ~ away förjaga med ett leende; stå o. småle (för sig själv) **II** s leende

smirch [smə:tʃ] **I** v smutsa [ner]; besudla **II** s [smuts]fläck

smirk [smə:k] **I** v småle självbelåtet; mysa **II** s självbelåtet [små]leende, mysande

smite [smait] **I** v slå; träffa; förgöra; ~ on dunka [på]; träffa **II** s slag; have a ~ at våga ett försök på

smith [smiθ] smed

smithereens ['smiðə'ri:nz] s pl, smash to ~ slå i kras (småbitar)

smithy ['smiði] smedja

smitten ['smitn] perf part av smite I; be ~ by a ta intryck av **b** vara (bli) förälskad i **c** bli angripen (drabbad) av; I am suddenly ~ with a desire jag grips av en plötslig längtan (lust)

smock [smɔk] **I** s 1 åld. lång, veckad arbetsrock 2 åld. lintyg 3 överdragsklänning **II** v rynka o. brodera (i våffelmönster) **--frock** ['smɔk'frɔk] = smock I I **-ing** [-iŋ] våffelmönster, smock

smog [smɔg] rökblandad dimma

smokable ['smoukəbl] **I** a rökbar **II** s pl, ~s rökverk

smoke [smouk] **I** s rök; bloss, cigarr[ett]; end in ~ gå upp i rök; have a ~ ta ett bloss; from ~ into smother ur askan i elden **II** v 1 röka; ryka, ånga 2 rodna; ~d glasses mörka (sotade) glasögon; ~ out a röka ut **b** A. snoka reda på **--ball** rökgranat **--bomb** rökbomb **--con- sumer** [-kən,sju:mə] rökförbrännare **--dried** rökt (om fisk o. d.) **--jack** stekvändare **-less** [-lis] rökfri **-r** [-ə] I rökare 2 rökkupé 3 konsert vid vilken rökning är tillåten **--screen** rökridå **--stack** (fabriks, ångbåts) skorsten

smoking ['smoukiŋ] **I** a rökande, rykande **II** s rökning **--car[riage]** [-ka:, -,kæridʒ] vagn för rökare; rökkupé **--compartment** [-kəm,pɑ:t- mənt] rökkupé **--concert** [-,kɔnsət] = smoker 3 **--jacket** [-,dʒækit] rökrock **--room** [- rum] rökrum

smoky ['smouki] rökig

smolder ['smouldə] = smoulder

smolt [smoult] unglax

smooch [smu:tʃ] sl. kyssa

smooth [smu:ð] **I** a (o. adv.) 1 slät, jämn 2 flytande, ledig; elegant 3 lugn (om vatten); mild (om smak) 4 inställsam, lismande 5 skägg-, hårlös; everything went ~[ly] allt gick som smort; ~ muscle glatt muskel; ~ tongue smickrare, lismare; ~ words (things) smicker **II** s 1 jämn yta 2 take the rough with the ~

ta svårigheter[na] med jämnmod; give one's hair a ~ släta till håret **III** v göra slät etc.; ~ out (away) släta ut (till); röja ur vägen; ~ down a lugna [sig] **b** [för]mildra; ~ over släta över **-bore** ['smu:ð'bɔ:] slätborrad (om pipa på vapen) **--faced** [-feist] 1 inställsam 2 slätrakad **-ing-iron** [-iŋ,aiən] strykjärn **-ing- -plane** släthyvel **-ness** [-nis] jämnhet

smote [smout] imperf av smite

smother ['smʌðə] **I** v 1 kväva, dämpa 2 undertrycka, nedtysta 3 överhölja (by, with med); ~ed in smoke höljd i rök; ~ a yawn kväva en gäspning; ~ed mate kvävmatt (schack.) **II** s (kvävande) rök[moln]; damm, dammoln **-y** [-ri] kvävande

smoulder ['smouldə] **I** v pyra **II** s pyrande eld **smudge** [smʌdʒ] **I** v kludda [ner], fläcka **II** s 1 [smuts]fläck 2 rykande brasa **-y** [-i] fläckig, kluddig

smug [smʌg] 1 prudentlig; trångsynt 2 självbelåten

smuggle ['smʌgl] smuggla **-er** [-ə] smugglare **-ing** [-iŋ] smuggling

smugness ['smʌgnis] 1 prudentlighet 2 självbelåtenhet

smut [smʌt] **I** s 1 sotflaga, (svart) fläck 2 [svart]rost (på säd) 3 oanständighet (i tal el. skrift) **II** v 1 sota [ner] 2 orsaka svartrost; angripas av svartrost **-ty** [-i] 1 sotig, nedsotad, -smutsad 2 smutsig, oanständig

snack [snæk] matbit; lätt måltid; mellanmål; go ~s dela lika **--bar** [mjölk]bar; barservering

snaffle ['snæfl] **I** s träns[betsel]; ride on the ~ styra med mild hand **II** v 1 sätta tränsbetsel på 2 knycka, stjäla

snag [snæg] **I** s 1 knöl (på träd); grenstump; stubbe; uppstickande sjunken trädstam 2 stötesten, krux **II** v 1 kollidera med en sjunken trädstam 2 rensa från stubbar etc. **-ged** [-d] **-gy** [-i] full med knölar etc.

snail [sneil] **I** s 1 snigel 2 sölkorv; at a ~'s pace med snigelfart **II** v, ~ it söla **-ery** [-əri] snigelodling **-like** snigelliknande **--paced** [-peist] med snigelfart; sölig

snake [sneik] **I** s orm; a ~ in the grass oanad fara; see ~s vara (höggradigt) berusad; raise (wake) ~ ställa till bråk **II** v 1 slingra sig 2 A. släpa **--bite** ormbett **--charmer** [-,tʃɑ:mə] ormtjusare **--fence** A. slingrande stängsel **--like** ormliknande **--lizard** [-,lizəd] ormslå **snaky** ['sneiki] ormliknande

snap [snæp] **I** v 1 nafsa; bita 2 snäsa 3 knäcka[s]; gå av **4** knäppa [med]; smälla [igen] **5** få (nappa) tag i **6** knäppa, fotografera; ~ at a nafsa efter; gripa (begärligt) efter **b** snäsa [till] åt; ~ into it raskt ta itu med saken (A. sl.); ~ off a hugga av; knäcka[s] **b** snäsa av; ~ a p.'s head (nose) off snäsa av ngn; ~ out of it lägga av ovana (sinnesstämning etc.) (A. sl.); ~ to slå igen (med en smäll); ~ up snappa upp; rycka till sig; ~ a p. up snäsa av ngn **II** s 1 nafsande 2 snäll; knäpp[ning] 3 knäppe, spänne 4 kraft, energi; kläm 5 kort period 6 (knaprig) pepparkaka 7 = ~shot 8 (slags) kortspel; cold ~ köldknäpp **III** a plötslig o. oväntad **IV** adv med en smäll; tvärt; ~ it went den (det) gick tvärt av **-dragon** [-,drægən] 1 bot. lejongap 2 (slags) jullek **--fastener** [-,fɑ:snə] tryckknapp **--hance** [-hɑ:ns] (slags) bössa **--lock** lås med fjäder **-per** [-ə] 1 en som nafsar etc., se snap I 2 skarpt (bitande) svar 3 smällkaramell **-ping** [-iŋ] a, ~ turtle alligator-, snappsköldpadda **-pish** [-iʃ] **1** (om hund) som gärna nafsar (biter) **2** bitsk, skarp; argsint **-py** [-i] **1** argsint, fräsig **2** kraftfull, energisk; *make it ~!* raska på! **--shooter** [-,ʃu:tə] **1** snabbskytt **2** fotograf som tar ögonblicksbilder **--shooting** [-,ʃu:tiŋ] **1** skjutning mot rörliga mål **2** snapshotfotografering **-shot I** *s* **1** slumpskott **2** snapshot, ögonblicksbild **II** *v* ta ögonblicksbilder

snare [snɛə] **I** *s* **1** snara; försåt **2** *mus.* snarsträng (på trumma) **II** *v* fånga i snara; snärja **-drum** lilla trumman (militärtrumman) **-r** [-rə] en som sätter ut snaror

snarl [snɑ:l] **I** *v* **1** morra **2** trassla till [sig] **3** slå (buckla) ut **II** *s* **1** morrande **2** ondskefullt grin **3** trassel, tova; *in a ~* tilltrasslad **-er** [-ə] en som morrar; brumbjörn **-ing** [-iŋ] morrande; vresig **-ing-iron** [-,aiən] (slags) hammare (*se snarl I 3*) **-y** [-i] *se snarling*

snatch [snætʃ] **I** *v* **1** nafsa [till sig]; hugga (tag i) **2** *A.* kidnappa; ~ *a kiss* stjäla sig till en kyss; ~ *at* gripa efter; ~ *away* rycka, undan; ~ *up* hugga tag i **II** *s* **1** hugg, grepp, napp **2** ryck; kort stund; [brott]stycke; ~ *of sleep* tupplur; *by* (*in*) ~*es* ryckvis; ~*es of song* visstumpar **-y** [-i] oregelbunden; ryckvis

sneak [sni:k] **I** *v* **1** smita; smyga **2** skvallra **3** knycka, stjäla **II** *s* **1** hycklare; lurifax **2** skvallerbytta **3** = ~*-thief* **4** ~*s* skor med mjuka sulor (*vard.*) **5** *kricket.* boll som rullar efter marken; ~ *attack* smyganfall **-er** [-ə] **1** lurifax **2** ~*s* = *sneak II 4* **-ing** [-iŋ] hemlighetsfull; dolsk; *have a ~ sympathy for* hysa hemlig sympati för **--thief** listig (smygande) tjuv **-y** [-i] gemen; förrädisk

sneer [sniə] **I** *v* **1** hånle (*at* åt); pika, driva med **II** *s* hånleende; pik, gliring **-er** [-rə] sarkastisk person

sneeze [sni:z] **I** *v* nysa; *not to be ~d at* inte att förakta **II** *s* nysning

snib [snib] regel; bom

snick [snik] **I** *s* **1** liten skåra **2** *kricket.* lätt skruvslag **II** *v* **1** göra en (liten) skåra i; klippa av **2** *kricket.* (lätt) skruva (bollen)

snicker ['snikə] **1** gnägga (svagt) **2** fnittra, fnissa

snickersnee ['snikə'sni:] (slags lång) kniv

snide [snaid] spydig, hånfull

sniff [snif] **I** *v* vädra; andas in; ~ *at* **a** lukta på **b** rynka på näsan åt **II** *s* vädring, snusning, inandning; *take a ~ of fresh air* hämta en nypa frisk luft **-le** [-l] **I** *v* snyfta, snörvla **II** *s* snyftning, snörvling **-y** [-i] **1** högdragen; föraktfull **2** på dåligt humör, sur **3** illaluktande

snifter ['sniftə] *sl.* hutt, liten nubbe

snifting-valve ['sniftiŋvælv] snyftventil

snigger ['snigə] **I** *v* fnittra, fnissa **II** *s* fnissande flin

sniggle ['snigl] fiska [ål]

snip [snip] **I** *v* klippa av, knipa av **II** *s* **1** klipp; (avklippt) bit **2** *vard.* ngt säkert

snipe [snaip] **I** *s* snäppa; beckasin **II** *v* **1** jaga beckasiner **2** idka prick- (kryp)skytte **-r** [-ə] prick-, krypskytt

snippet ['snipit] (avklippt) bit; stump **-y** [-i] fragmentarisk; hackig

snipping ['snipiŋ] klipp; stump

snitch [snitʃ] *sl.* **1** snatta **2** ~ *on* "skvallra ur skolan"

snivel ['snivl] **I** *v* snörvla; lipa **II** *s* **1** gnäll, jämmer, lip[ande] **2** hyckleri **-ler** [-ə] lipsill, grinolle

snob [snɔb] snobb **-bery** [-əri] snobberi **-bish** [-iʃ] snobbig **-bism** [-iz(ə)m] snobbism

snook [snu:k] **1** (slags fisk, bl. a.) näbbgädda **2** *cock a ~* räcka lång näsa; ~*s!* stick [iväg]!

snooker ['snu:kə] **1** (slags) biljardspel **2** ung kadett **-pool** *se snooker 1*

snoop [snu:p] *A.* [gå o.] snoka; lägga sin näsa i blöt **-er** [-ə] en som snokar etc. **-erscope** mörkersikte, IR-kikare **-ing** [-iŋ] *s* snokande, omkringsmygande

snooty ['snu:ti] överlägsen, mallig

snooze [snu:z] **I** *v* ta sig en [tupp]lur; sova bort (= ~ *away*) **II** *s* tupplur

snore [snɔ:] **I** *v* snarka **II** *s* snarkning

snorkel ['snɔ:k(ə)l] snorkel

snort [snɔ:t] **I** *v* fnysa; frusta; ~ *with laughter* gapskratta **II** *s* **1** fnysning; frustning **2** snorkel **3** *sl.* klunk sprit, hutt **-er** [-ə] **1** baddare; toppgrunka **2** häftig storm **3** åthutning **4** snorkel **-y** [-i] *vard.* arg, förbaskad

snot [snɔt] *vard.* snor **-rag** näsduk, snorfana **-ty** *vard.* [-i] **I** *a* **1** snorig **2** arg **II** *s, mil. sl.* [sjö]kadett

snout [snaut] **1** nos; tryne **2** pip (på kanna); utsprång **-ed** [-id] försedd med nos etc.

snow [snəu] **I** *s* **1** snö **2** *sl.* kokain; ~ *snömassor, fjärran, ständigt snötäckta berg- [stoppar]* **II** *v* snöa; besnöa; *be ~ed, äv.* bli överhopad **-ball I** *s* snöboll **II** *v* kasta snöboll [på] **--berry** [-,beri] snöbär **--bird** snösparv **--blink** snöreflex[er] **--bound** insnöad **--broth** snöslask. -sörja **--bunting** [-,bʌntiŋ] snösparv **--capped** [-kæpt] snötäckt **--clad** snöklädd, -täckt **--clearer** [-,kliərə] snöskottare **--drift** snödriva **-drop** *bot.* snödroppe **-fall** snöfall **-field** snöfält **-flake 1** snöflinga **2** snösparv **--goggles** [-,gɔglz] snöglasögon **--like** snövit **--line** snögräns **--man** snögubbe **--plough** snöplog **--shed** snöskydd (över järnväg) **--shoe** snösko **--slide**, **--slip** snöskred, lavin **-storm** snöstorm **-y** [-i] snöig; snövit

snub [snʌb] **I** *v* **1** näsa av; sätta på plats; stuka **2** *sjö.* stoppa plötsligt (genom att lägga tross om påle); lägga fast **II** *s* **1** [av]snäsning **2** tillrättavisning; spydig anmärkning **III** *a*, ~ *nose* trubbnäsa

snuff [snʌf] **I** *v* **1** = *sniff* **2** snusa **3** snoppa (ljus); ~ *out* släcka; *fig.* göra slut på; *sl.* slå ihjäl; dö, kola [vippen] **II** *s* **1** snus **2** (bränd) vekstump; *take ~* snusa; *up to ~* inte född igår, sofistikerad **--and-butter** ['snʌfən'bʌtə] brungul **--box** snusdosa **--coloured** [-,kʌləd] snusbrun **-er** [-ə] snusare **-ers** [-əz] *pl* ljussax

snuffle ['snʌfl] **I** *v* **1** snörvla **2** tala (sjunga) med nasal klang; tala i näsan **II** *s* **1** snörvling **2** nasalklang, näston; *have the ~s* vara täppt i näsan

snuffy ['snʌfi] **1** snusbrun, snus- **2** snusig **3** arg, sur

snug [snʌg] **I** *a* **1** [hem]trevlig; ombonad **2** (väl) dold; *be as ~ as a bug in a rug* må som en prins; *he has a ~ income* han har hyggliga inkomster; *lie ~* **a** ligga varmt o. skönt **b** ligga gömd **II** *s* = *snuggery* **III** *v* **1** lägga sig [varmt o.] skönt; kura ihop sig (intill ngt) **2** ställa i ordning **-gery** [-əri] hemtrevlig vrå, krypin **-gle** [-l] **1** = *snug III 1* **2** krama, ta i famn **-ness** [-nis] hemtrevnad

so [səu] **1** så[lunda] **2** [o.] därför, så **3** det; *I hope ~* det hoppas jag; *you don't say ~!* det menar du väl inte!; *just* (*quite*) ~ just det;

~ **am** (*did*) *I* det är (gjorde) 'jag också (med); ~ *I* **am** (*did*) det 'är ('gjorde) jag också; *ten or* ~ ett tiotal, ungefär tio; ~ *and* ~ den o. den; der eller det; *if* ~ i så fall, om så är; ~ *much* så o. så mycket; ~ *much for today* därmed är det nog för idag; ~ *much for him* o. så bryt vi oss inte mer om honom; ~ *long!* a ljö (hej) så länge (på en stund)!; *and* ~ *on* (*forth*) o. så vidare; ~ *that* a så att **b** för att, på det att; ~ *as to* för att; ~ *what?* än sen [då]?; ~ ~ si o. så; dräglig, skaplig; inget vidare

soak [səuk] **I** *v* **1** blöta[s]; genomdränka[s] **2** genomtränga, -syra **3** supa **4** *sl.* ta för högt pris; ~ *o.s.* fördjupa sig; ~*ed* genomvåt; drucken, berusad; ~ *into* tränga in i; ~ *off* blöta loss; ~ *through* sugas upp (in) igenom; ~*ed through* genomvåt (*with* av); ~ *up* suga[s] upp; (begärligt) insupa **II** *s* **1** blötning **2** ösregn; rotblöta **3** fylla; fyllbult; fylleslag **-age** [-idʒ] uppblötning; indränkning; uppblött massa **-er** [-ə] = *soak II 2* o. *3* **-ing** [-iŋ] *a,* ~ *wet* genomvåt

soap [səup] **I** *s* tvål; *soft* ~ **a** såpa **b** smicker; *no* ~*!* försök inte! (*A*.); ~ *opera* kommersiell radioserie (*isht* för hemmafruar) (*A*.) **II** *v* tvåla [in]; såpa; ~ *a p. down* smickra ngn; ~ *one's hands* gnugga händerna **--ball** såpbubbla **--boiler** [-,bɔilə] tvål- (såp)tillverkare **--boiling** [-,bɔiliŋ] tvål- (såp)tillverkning, -kokning **--box 1** tvålask **2** tvål- (såp)låda; ~ *orator* folktalare **--bubble** [-,bʌbl] såpbubbla **--dish** tvålkopp **-ery** [-əri] tvål- (såp)-fabrik **--maker** [-,meikə] = *soap-boiler* **-stone** täljsten **-suds** [-sʌdz] tvållödder; såpvatten **-y** [-i] **1** såpig; tvålartad **2** inställsam; salvelsefull, sliskig

soar [sɔː] sväva; svinga sig i höjden **-ing** [-riŋ] segelflygning

sob [sɔb] **I** *v* snyfta; ~ *out* snyfta fram **II** *s* snyftning, -ande **III** *a,* ~ *story* sentimental historia

sober ['səubə] **I** *a* **1** nykter; måttlig **2** sober; måttfull; diskret; *as* ~ *as a judge* spiknykter **II** *v* göra nykter; nyktra till; lugna [sig] **--minded** [-,maindid] [lugn o.] sansad **-sides** [-saidz] stillsam o. allvarlig person; "träbock"

sobriety [sə(u)'braiəti] nykterhet

sob|sister ['sɔb,sistə] sentimental [kvinnlig] journalist **--stuff** sentimentalt larv (om film, litteratur etc.)

so-called ['səu'kɔːld] så kallad

soccer ['sɔkə] *fam.* = *association football*

sociab|ility [,səuʃə'biliti] sällskaplighet **-le** ['səuʃəbl] **I** *a* trevlig; sällskaplig **II** *s* **1** sammankomst, samkväm **2** [fästmans]soffa

social ['səuʃ(ə)l] **I** *a* **1** social; samhälls- **2** sällskaplig; ~ *science* sociologi; ~ *security* socialhjälp; ~ *studies* sociologiska (samhällsvetenskapliga) studier; ~ *worker* socialarbetare **II** *s* samkväm **-ism** ['səuʃəliz(ə)m] socialism **-ist** ['səuʃəlist] socialist **-istic** [,səuʃə'listik] socialistisk **-ity** [,səuʃi'æliti] gemenskapskänsla; sällskaplighet **-ization** [,səuʃəlai'zeiʃ(ə)n] socialisering **-ize** ['səuʃəlaiz] socialisera

society [sə'saiəti] **I** *s* **1** samhälle[t] **2** sällskap, förening **3** societet[en]; sällskapsliv[et]; ~ *column* societetsspalt

sociolog|ist [,səusi'ɔlədʒist] sociolog **-y** [-i] sociologi, samhällsvetenskap

sock [sɔk] **I** *s* **1** [kort]strumpa; inläggssula; (slags) lätt sko (buren av komedianter); *fig.*

komedin **2** sötsaker, snask **3** smäll, slag **II** *v* slå [till]; ~*ed* med strumpa (-or) på **III** *adv* rätt, rakt; ~ *in the eye* rätt i ögat

sockdolager [sɔk'dɔlədʒə] *A.* **1** sista (avgörande) slag; nådastöt **2** (slags) fisksax

socker ['sɔkə] = *soccer*

socket ['sɔkit] **I** *s* hål[a]; urtag; lamphållare; hylsa **II** *v* insätta i (förse med) urtag etc. **--joint** kulled

sock-suspender ['sɔksəs'pendə] strumphållare

socle ['sɔkl] sockel

sod [sɔd] **I** *s* **1** grästorva, -matta **2** *vulg.* bög (förk. för *sodomite*); *under the* ~ i jorden, begravd **II** *v* täcka med grästorv[or]

soda ['səudə] **1** soda **2** sodavatten **3** *A.* sodaglass **--fountain** [-,fauntin] **1** sifon **2** *A.* [soda]glassmaskin **3** *A.* [soda]glassbar

sodality [sə(u)'dæliti] brödraskap

soda|-pop ['səudəpɔp] **--water** [-,wɔːtə] sodavatten

sodden ['sɔdn] **1** *perf part* av *seethe* **2** genomdränkt; smetig; berusad; omtöcknad (genom alkoholmissbruk) **-ed** [-d] genomdränkt

sodium ['səudjəm] natrium

sodomite ['sɔdəmait] sodomit

sofa ['səufə] soffa

soft [sɔft] **I** *a* o. *adv* **1** mjuk; mild; lätt **2** vek[lig]; sentimental **3** enfaldig; ~ *coal* bituminöst (fett) kol; ~ *drink* alkoholfri dryck; ~ *goods* textilvaror; ~ *job* lindrigt jobb, latmansgöra; ~ *Johnny* stackare, ynkrygg; ~ *money* papperspengar; ~ *nothings* ljuva ord; ~ *rain* lätt regn; ~ *sawder* (*soap*) fagra ord, smicker; ~ *tack* mjukt bröd (*sjö.*); ~ *thing* barnlek, "lätt match"; fördelaktig affär; ~ *water* mjukt vatten; ~ *wood*[*s*] a mjukt (-a) träslag, furuträ **b** träd av mjukt träslag; ~ *word* vänligt ord; *be* ~ *on* vara svag för; *be* ~ *with* behandla milt; ~ *in the head* inte klok **II** *s* stackare, ynkrygg **-ball 1** (slags) brännboll **2** boll använd i detta spel **-en** ['sɔfn] mjuka upp; mjukna; mildra[s] (*äv.* ~ *up*) **-ener** ['sɔfnə] uppmjukningsmedel **-ening** ['sɔfniŋ] **1** uppmjukning **2** ~ *of the brain* hjärnuppmjukning (*med.*) **--head** (enfaldigt) våp **--headed** [-,hedid] enfaldig, fånig **--hearted** ['sɔft'hɑːtid] ömsint; medgörlig **-ness** [-nis] **1** mjukhet; mildhet; lätthet **2** vekhet **--pedal** ['sɔft'pedl] **1** bruka sordinpedal (på piano) **2** dämpa **--sell** [-sel] sälja med lugn o. stillsam argumentering **--spoken** [-,spəuk(ə)n] mild (i talet); vänlig **-y** [-i] = *soft II*

soggy ['sɔgi] uppblött, sank

soil [sɔil] **I** *s* **1** mark; jord[mån] **2** smuts; fläck; *native* ~ fosterjord; ~ *conditioner* jordförbättringsmedel **II** *v* **1** smutsa[s] [ner]; bli smutsig **2** utfodra med grönfoder **--pipe** avloppsrör

sojourn ['sɔdʒəːn] **I** *v* vistas **II** *s* vistelse, uppehåll **-er** [-ə] besökare

Sol [sɔl] **1** solen **2** (*s*~) *mus.* sol, g

solace ['sɔləs] **I** *s* tröst **II** *v* trösta

solan ['səulən] **--goose** *zool.* havssula

solar ['səulə] sol-; ~ *battery* solbatteri; ~ *flare* soleruption; ~ *system* solsystem

solatium [sə(u)'leifjəm] ersättning, skadestånd

sola topi ['səulə'təupi] *Ind.* solhjälm, tropikhjälm

sold [səuld] *imperf* o. *perf part* av *sell*

solder ['sɔldə, *A.* 'sɔdə] **I** *s* lödmaterial **II** *v* löda

soldier ['səuldʒə] **I** *s* **1** soldat **2** (i flottan) maskare, odugling **3** rökt sill; *old* ~ **a** veteran **b** tombutelj; cigarrstump; *go for a* ~ ta värvning; ~ *of fortune* lycksökare, äventyrare; *red* ~ svinsjuka **II** *v* tjänstgöra (som soldat) **--ant** stridsmyra **--crab** eremitkräfta **-like, -ly** [-li] krigar-; militärisk **--servant** [-,sɔ:v-(ə)nt] kalfaktor **-ship** soldatskap; duglighet **-y** [-ri] militär[er]; soldathop

sole [səul] **I** *s* **1** sula **2** [*Dover*] ~ sjötunga **II** *v* [halv]sula **III** *a* enda, ensam

solecism ['sɔlisiz(ə)m] **1** ~ *in conduct* brott mot god ton **2** (språkligt) fel

solely ['səulli] blott o. bart, uteslutande

solemn ['sɔləm] högtidlig **-ity** [sə'lemniti] högtidlighet **-ize** [-naiz] högtidlighålla, fira; ge högtidlig prägel åt

sol-fa [sɔl'fɑ:] *mus.* **I** *s* solfège **II** *v* sjunga solfège

solfeggio [sɔl'fedʒiəu] *mus.* solfège

solicit [sə'lisit] enträget be [om]; utbe sig; söka utverka; [för]söka påverka; (om prostituerad) antasta; ~ *attention* påkalla uppmärksamhet **-ant** [-ənt] *a* o. *s* bedjande [person] **-ation** [sə,lisi'teiʃ(ə)n] **1** enträgen bön (anhållan) **2** antastande på gatan (som brott) **-or** [-ə] **1** (slags) domstolsjurist, lägre advokat **2** *A.* akvisitör; övertalare; *S* ~ *General* (*ung.*) vice statsåklagare; (i vissa am. stater) statsåklagare **-ous** [-əs] **1** ivrig, angelägen (*to* att) **2** orolig, bekymrad **-ude** [-ju:d] **1** omsorg **2** oro; bekymmer

solid ['sɔlid] **I** *a* fast, solid; massiv; gedigen; enhällig; kubik-, rymd-; *be* ~ *for* vara enhällig[t] för, enhälligt stödja; *a* ~ *hour* en hel timme i sträck; *the S* ~ *South* den (massivt) demokratiska Södern (*A.*) **II** *s, fys.* fast kropp; *geom.* solid (stereometrisk) figur **-arity** [,sɔli'dæriti] solidaritet, samhörighetskänsla **-ify** [sə'lidifai] göra (bli) fast (solid); överföra till fast tillstånd **-ity** [sə'liditi] **1** fasthet; soliditet, vederhäftighet, pålitlighet **2** kubikinnehåll

solidus ['sɔlidəs] romerskt (frankiskt) mynt; shillingtecken: /

soliloqu|ize [sə'liləkwaiz] hålla monolog; tala för sig själv **-y** [-wi] monolog; samtal med sig själv

solit|aire [,sɔli'tɛə] **1** [kort]spel för en person, patiens **2** solitär (diamant) **-ary** ['sɔlit(ə)ri] ensam; enda; enslig; *take a* ~ *walk* gå o. promenera för sig själv; ~ *confinement* inspärrning i ensam cell **-ude** ['sɔlitju:d] ensamhet; enslighet; ödemark

solo ['səuləu] solo **-ist** solist

so-long ['səu'lɔŋ] *se so*

solstice ['sɔlstis] solstånd

solu|bility [,sɔlju'biliti] upplösbarhet **-ble** ['sɔljubl] löslig; lösbar; ~ *glass* vattenglas (*kem.*) **-tion** [sə'lu:ʃ(ə)n] **1** lösning; upplösning **2** solution (klister)

solv|ability [,sɔlvə'biliti] **1** lösbarhet **2** = *solvency* **-able** ['sɔlvəbl] lösbar **-e** [sɔlv] lösa; ~ *a vow* infria ett löfte **-ency** ['sɔlv(ə)nsi] solvens, betalningsförmåga **-ent** [sɔlv(ə)nt] **I** *a* **1** [upp]lösande **2** solvent, vederhäftig **II** *s* lösningsmedel; ngt som förtydligar

somat|ic [səu'mætik] kroppslig **-ology** [,səumə'tɔlədʒi] läran om människokroppen

sombre ['sɔmbə] mörk; dyster **-ness** [-nis] dysterhet

sombrero [sɔm'brɛərəu] sombrero, bredbrättad spansk hatt

some [sʌm] **I** *pron* **1** någon; några, somliga; något, lite[t], en smula **2** något till, en riktig; ~ *day* en [vacker] dag; ~ *time* någon gång (i framtiden); ~ *chap or other* en eller annan kille (karl); ~ *few* några få; ~ *little way* en liten bit; *you'll need* ~ *courage* du kommer att behöva en hel del mod; *he is* ~ *scholar* han är något till lärd (en riktigt lärd karl) **II** *adv* **1** ungefär (en) **2** ganska, rätt [så]; ~ *40* ungefär 40, ett 40-tal; *it amused me* ~ jag var ganska road **-body** [-bɔdi] någon; *a* ~ en framstående person **-how** (*äv.* ~ *or other*) på ett eller annat sätt; av en eller annan anledning **-one** [sʌmwʌn] = *somebody*; *take some one* ['sʌm'wʌn] *subject* ta ett [enda] bestämt ämne

somersault ['sʌməsɔ:lt] **I** *s* kullerbytta; saltomortal **II** *v* slå kullerbytta

some|thing ['sʌmθiŋ] något, någonting; ~ *like* a ungefär; ngt i stil med **b** ngt till, en riktig; ~ *of* något av, lite grand; ~ *or other* ett eller annat; ~ *or* eller något sådant (dität) **-time 1** (*äv.* ~ *or other*) någon gång, vid ett eller annat tillfälle **2** fordom **-times** [-taimz] ibland **-what** något, en smula, lite[t] **-where** någonstans

somnambul|ism [sɔm'næmbjuliz(ə)m] sömngång **-ist** sömngångare **-istic** [sɔm,næmbju'listik] sömngångaraktig

somnolen|ce ['sɔmnələns] sömnighet, dåsighet **-t** sömnig, dåsig

son [sʌn] son; ~ *of a bitch* (*gun*) lymmel; *old* ~ gamle gosse; *the S* ~ Guds son, Jesus

sonar ['səunə] *A.* hydrofon (aktiv)

sonat|a [sə'nɑ:tə] sonat[a] **-ina** [,sɔnə'ti:nə] sonatin

song [sɔŋ] sång; visa; *S* ~ *of S* ~s (*Solomon*) Höga visan; *burst into* ~ börja sjunga; *I got it for a* ~ jag fick den (det) för (nästan) ingenting; *make a* ~ *about* ställa till rabalder om **--bird** sångfågel **-ful** [-f(u)l] **1** melodiös **2** som gärna sjunger **--hit** ['sɔŋ'hit] schlager **-ster** [-stə] sångare **-stress** [-stris] sångerska **--thrush** sångtrast

sonic ['sɔnik] *a*, ~ *barrier* ljudvall; ~ *boom* ljudbang

son-in-law ['sʌninlɔ:] svärson, måg

sonnet ['sɔnit] sonett; ~ *sequence* sonettcykel **-eer** [,sɔni'tiə] sonettdiktare

sonny ['sʌni] gosse; (tilltal) min lille gosse

sonofabitch [,sʌnəvə'bitʃ] *A. se son*

sonometer [sə(u)'nɔmitə] sonometer, ljudmätare

sonor|ity [sə'nɔriti] klangfullhet **-ous** [-'nɔ:rəs] **1** ljudande **2** klangfull, sonor; välljudande

soon [su:n] snart; strax; *as* ~ *as* så snart som; *I would just as* ~ *not* jag skulle lika gärna låta bli att gå **-er** [-ə] förr, tidigare; snarare, hellre; *the* ~ *the better* ju förr desto (dess) bättre; *no* ~ ... *than* knappt ... förrän; *no* ~ *said than done* sagt o. gjort; ~ *or later* förr eller senare

soot [sut] **I** *s* sot **II** *v* sota ner

sooth [su:θ] *s, åld., in* ~, ~ *to say* i sanning, sannerligen

soothe [su:ð] lugna, stilla; blidka

soothsayer ['su:θ,se(i)ə] siare

sooty ['suti] sotig, sot-

sop [sɔp] **I** *s* **1** doppad brödbit **2** tröst; mutgåva (= ~ *to Cerberus*) **3** mes, mähä **II** *v* doppa; indränka, göra genomvåt; ~ *up* suga (torka) upp

sophi|sm ['sɔfiz(ə)m] sofism, spetsfundighet

-st sofist **-ster** [-stə] *s, junior (senior)* ~ (vid vissa universitet) andra-, tredjeårsstuderande
sophistic|[al] [sə'fistik, -(ə)l] sofistisk, spetsfundig **-ate** [-eit] **1** sofistiskt förvränga **2** förfalska, fördärva; ~*d* överkultiverad; intellektualistisk; snusförnuftig; raffinerad; artificiell, [för]konstlad, onaturlig, tillgjord **-ation** [-,fisti'keiʃ(ə)n] **1** förkonstling **2** sofisteri[er]
sophistry ['sɔfistri] sofisteri[er]; spetsfundighet[er]
sophomore ['sɔfəmɔ:] *A.* andraårsstuderande
soporific [,sɔpə'rifik] *a* o. *s* sömngivande [medel]
sopp|ing ['sɔpiŋ] genomdränkt **-y** [-i] **1** blöt, sur **2** *sl.* blöt, hjärtnupen, sentimental
sopran|o [sə'prɑ:nəu] (*pl äv.* -*i* [-i(:)]) sopran
sorbet ['sɔ:bət] glass med lemonad (sodavatten); *äv.* = *sherbet*
sorcer|er ['sɔ:s(ə)rə] trollkarl, häxmästare **-ess** [-ris] häxa, trollkvinna **-y** [-ri] trolldom; förtrollning
sordid ['sɔ:did] smutsig; eländig; simpel
sore [sɔ:] **I** *a* **1** öm, ond **2** känslig **3** bedrövad **4** allvarlig, svår; ~ *head* huvud med bulor o. rispor; *he was like a bear with a* ~ *head* han var på dåligt humör; ~ *subject* ömtåligt ämne; *have a* ~ *throat* ha ont i halsen **II** *s* ömt ställe; böld; *fig.* sår; *old* ~*s* gammalt groll; *open* ~ öppet sår (*fig.*) **III** *adv* mäkta, mycket **--head** tvärvigg, surpuppa **-ly** [-li] allvarligt; högeligen **-ness** [-nis] **1** ömhet **2** misshällighet
sorghum ['sɔ:gəm] *bot.* durra
sorority [sə'rɔriti] *A.* systraskap; flickklubb vid univ. (college)
sorrel ['sɔr(ə)l] **I** *s* **1** [har]syra **2** rödbrunt; fux, rödbrun häst **II** *a* rödbrun
sorrow ['sɔrəu] **I** *s* sorg, bedrövelse **II** *v* sörja, vara bedrövad **-ful** ['sɔrəf(u)l] **1** sorgsen, bedrövad **2** sorglig, bedrövlig **-stricken** [-,strik(ə)n] drabbad av sorg, sorgtyngd
sorry ['sɔri] ledsen; *be* ~ *for* a beklaga; ångra **b** tycka synd om; *be* (*look*) ~ *for o.s.* vara nere; *I'm* ~ förlåt, [jag] ber om ursäkt (*äv.* ~, *so* ~)
sort [sɔ:t] **I** *s* sort, slag; *all* ~*s of* alla slags; *all* ~*s and conditions of men* alla sorters människor; *a good* ~ en hygglig person; *he is a bad* ~ han duger ingenting till; *he's not my* ~ han är inte min typ; *after a* ~ på sätt o. vis, till en viss grad; *I'll do nothing of the* ~ det tänker jag inte alls göra; *it's* ~ *of moist* det är lite fuktigt (*vard.*); *I* ~ *of feel that ...* jag har en viss känsla av att ...; *feel out of* ~*s* känna sig vissen (nere) **II** *v* sortera, ordna; ~ *out* gallra (plocka) ut; ~ *with* stämma överens med; *you' re well*~*ed* ni passar bra ihop **-er** [-ə] sorterare
sortie ['sɔ:ti(:)] *mil.* utfall, utbrytning[sförsök]; *flyg.* [anfalls]operation
so-so ['səusəu] si o. så; inget vidare; skapligt
sot [sɔt] fyllbult **-tish** [-iʃ] försupen; förfäad
souchong ['su:'ʃɔŋ] fint (kinesiskt) te
souffl|e ['su:fl] *med.* blåsljud (i hjärtat) **-é** ['su:flei] sufflé
sough [sau] **I** *v* susa **II** *s* sus
sought [sɔ:t] *imperf* o. *perf part av seek*
soul [səul] **I** *s* själ; *not a* ~ inte en själ, inte en levande varelse; *he has a* ~ *above* han syftar högre än [till]; *he was the life and the* ~ *of* han var själen (medelpunkten) i; *not for the* ~ *of me* inte för mitt liv, inte för allt i världen; *upon* ('*pon*) *my* ~ minsann! **II** *a sl.* neger-; ~

food negermat; ~ *music* negermusik **-ful** [-ful] själfull **-less** [-lis] andefattig, själlös
sound [saund] **I** *s* **1** ljud; klang; *on* ~ i [ljud]-radio[n] **2** *med.* sond **3** sund; *the S* ~ Sundet, Öresund; ~ *barrier* ljudvall; ~ *drama* radiodrama, hörspel **II** *a* sund; frisk; fullödig; grundlig; säker, pålitlig; rättmätig; *safe and* ~ välbehållen; ~ *sleep* djup sömn; *be of* ~ *mind* ha gott förstånd; *a* ~ *thrashing* ett gott kok stryk **III** *adv*, ~ *asleep* [försänkt] i djup sömn **IV** *v* **1** låta, klinga; [låta] ljuda; ringa [i, med, på]; blåsa [i]; uppstämma; uttala; ~ *the retreat* blåsa till reträtt; ~ *off* säga sin [uppriktiga] mening, sjunga ut (*A.*) **2** pejla, loda; sondera; känna på pulsen, undersöka; (om val) dyka **--board** ['saun(d)bɔ:d] resonansbotten **--boarding** ['saun(d),bɔ:diŋ] ljuddämpande material (i trossbotten) **--box** ['saun(d)bɔks] ljuddosa (på grammofon) **--effect** ['saundi'fekt] ljudeffekt **-er** [-ə] **1** (telegrafisk) mottagningsapparat **2** [djup]lod- [are] **--film** ljudfilm **-ing** [-iŋ] **I** *a* (tomt) klingande **II** *s* sondering; pejling, lodning; ~*s* lodbart vatten; vattendjup; *take* ~*s* loda (vattendjupet); pejla; känna sig för **-ing-board** resonansbotten **-less** [-lis] ljudlös **-ness** [-nis] sundhet; friskhet; grundlighet **-proof** *v* o. *a* ljudisolera[nde] **--ranging** [-,rein(d)ʒiŋ] ljudpejling **--track** ljudspår (på film) **--wave** ljudvåg
soup [su:p] soppa; *jur.* mål; *in the* ~ i knipa **-ed-up** *sl.* (om motor) trimmad **--kitchen** [-,kitʃin] nödhjälpsbespisning **--plate** djup tallrik, sopptallrik **--ticket** [-,tikit] bespisningskupong
sour [sauə] **I** *a* sur; vresig, butter; *be* ~ *on* [hysa] avsky [för] (*A. sl.*); *go* ~ surna **II** *s, A.* syrlig drink **III** *v* göra sur; surna; ~ *on* börja få avsmak för (*A. sl.*)
source [sɔ:s] källa
sour|-dough ['sauədəu] *A.* veteran, pionjär **-ish** [-riʃ] syrlig **-puss** *vard.* surpuppa **--sop** (slags västindisk[t]) frukt[träd] **--top** *A.* surpuppa
souse [saus] **I** *s* **1** saltlake; marinad **2** sill, grisfötter etc. i saltlake **3** doppning; blötning; *get a thorough* ~ bli genomblöt; *give a p. a* ~ doppa ngn **II** *v* **1** lägga i saltlake; marinera **2** blöta; bli genomblöt **3** doppa, hålla under vattnet **III** *adv* plums, bums; *fall* ~ *into the water* plumsa i vattnet **-d** [-t] *äv.* berusad
soutane [su:'tɑ:n] sutan, (lång) prästrock
south [sauθ] **I** *s* söder; [*to the*] ~ *of* söder om **II** *a* sydlig, södra, syd-; *S* ~ *Africa* Sydafrika; *S* ~ *America* Sydamerika; *S* ~ *American* sydamerikan; *S* ~ *Carolina, S* ~ *Dakota* delstater i USA; ~ *pole* sydpol; *the S* ~ *Sea*[*s*] Söderhavet **III** *v* [sauθ] *sjö.* gå söderut; *astr.* passera meridianen **--east** [sauθ'i:st] **I** *s* sydost **II** *a* sydostlig, -östlig, sydöstra **--easter** [sauθ'i:stə] sydost[vind] **--easterly** [sauθ'i:stəli] sydostlig **--eastern** [sauθ'i:stən] = *south-east* **II** **--eastward[s]** [sauθ'i:stwəd(z)] sydostvart, i sydostlig riktning **-erly** ['sʌðəli] sydlig, från (åt) söder **-ern** ['sʌðən] = *south* **II** **-erner** ['sʌðənə] sydlänning; person från södra delen av landet **-ernmost** ['sʌðənməust] sydligast **-ing** ['sauðiŋ] *sjö.* latitudskillnad under gång sydvart; *astr.* meridianpassage **-paw** ['sauθpɔ:] *A. sl.* *Sk.* vänsterhänt person **I** *a* vänsterhänt **-ron** ['sʌðr(ə)n] *Sk.* engelsman **-ward[s]** [-wəd(z)] **-wardly** [-wədli] söderut, sydvart

--west ['sauθ'west] **I** *s* sydväst **II** *a* sydvästlig, sydvästra **--wester** [sauθ'westə] sydväst-[vind] **--westerly** [sauθ'westəli] sydvästlig **--western** [sauθ'westən] = *south-west II* **--westward[s]** [sauθ'westwəd(z)] sydvästvart, i sydvästlig riktning
souvenir ['su:vəniə] suvenir, minnessak
sou'wester [sau'westə] sydväst (regnhatt)
sovereign ['sɔvrin] **I** *a* suverän; högst; enväldig; regerande; oöverträffad **II** *s* **1** härskare, -inna **2** guldmynt (*20 shillings*) **-ty** [-r(ə)nti] suveränitet; högsta makt; herravälde
soviet ['səuviət] sovjet; *the S~ Union, Union of S~ Socialist Republics* Sovjetunionen
1 sow [sau] **1** so, sugga **2** större [metall]tacka; *get the wrong ~ by the ear* ta miste på person (orsak); *as drunk as a ~* full som ett svin, asfull
2 sow [səu] [be]så; plantera; *~ the wind and reap the whirlwind* så vind o. skörda storm; *~ one's wild oats, se* oats
sow-bug ['saubʌg] *zool.* gråsugga
sow|er ['səuə] såningsman, -maskin **-ing** [-iŋ] sådd **-ing-machine** ['səuiŋmə'ʃi:n] såningsmaskin **-n** *perf part av 2 sow*; besådd
soy [sɔi] soja[sås] **-[a]-bean** ['sɔi(ə)'bi:n] sojaböna
sozzled ['sɔzld] *vard.* berusad, full
spa [spɑ:] kurort; hälsobrunn
space [speis] **I** *s* rymd; tidrymd; rum; utrymme, plats; mellanrum; spatie; *~ planning* områdesplanering; *~ suit* rymddräkt **II** *v* ställa upp med mellanrum; [trycka med] spärra[d stil]; *~d payments* [in]betalning i poster **--bar** mellanslagstangent (på skrivmaskin) **-craft** rymdfarkost, -skepp **-less** [-lis] oändlig **-man** rymdfarare **-r** [-ə] = *space-bar* **--ship** ['speiʃʃip] rymdskepp **--station** [-,steiʃ(ə)n] rymdstation **--travel** [-,trævl] rymdfärd **--use** *s*, *~ laboratory* institut för bostadsplanering (*A.*) **--writer** [-,raitə] journalist som betalas per rad
spac|ing ['speisiŋ] [anordnande av] mellanrum, spärrning **-ious** ['speiʃəs] rymlig; spatiös; mångsidig
spade [speid] **I** *s* **1** spade **2** spader[kort] **3** *sl.* neger, västindier; *~s* spader; *call a ~ a ~* nämna en sak vid dess rätta namn **II** *v* gräva [upp] **--bayonet** [-,be(i)ənit] bred bajonett **--bone** skulderblad **--work** grovgöra; pionjärarbete
spadille [spə'dil] spader äss (i vissa kortspel)
spaghetti [spə'geti] spagetti
spahi ['spɑ:hi:] turkisk (algerisk) ryttare
Spain [spein] Spanien
spake [speik] *åld. imperf av speak*
spall [spɔ:l] **I** *s* stenflisa **II** *v* hacka [sönder]
spalpeen ['spɔ:l'pi:n] odåga, filur
span [spæn] **I** *v* **1** mäta med utspänd hand; fatta om; omspänna; överbrygga **2** surra [fast] **3** *imperf av spin* **II** *s* **1** spann (= *9 inches*); spännvidd; vingbredd **2** surrtåg **3** *A. o. S. Afr.* [häst]spann; *brigde of four ~s* bro med fyra [bro]spann; *our life is but a ~* vårt liv är ack så kort
spang|le ['spæŋgl] **I** *s* **1** paljett; glittrande punkt **2** galla (på blad) **II** *v* pryda med paljetter; *the star-~d banner* stjärnbaneret **-y** [-i] paljetterad, glittrande
Spaniard ['spænjəd] spanjor[ska]
spaniel ['spænjəl] *zool.* spaniel; *tame ~* osympatisk smickrare

Spanish ['spæniʃ] spansk; *~ castle* luftslott; *~ main* spanskt område (kust, öar, hav) i Karibiska sjön
spank [spæŋk] **I** *v* smälla (daska) till (med flata handen, toffel e.d.); ge smisk (på stjärten); *~ along* driva (piska) på **II** *s* smäll, dask **-er** [-ə] **1** travare **2** baddare; praktexemplar **3** *sjö.* mesan **-ing** [-iŋ] **I** *s* [kok] stryk, smisk **II** *a* **1** (om vind) kraftig, sjungande, strykande **2** flott, prima; rask; väldig, hejdundrande; *at a ~ space* med strykande fart
spanner ['spænə] skruv-, skiftnyckel; *throw a ~ into the works* sätta en käpp i hjulet
span-worm ['spænwɔ:m] *zool.* mätarlarv
spar [spɑ:] **I** *s* **1** bom, mast **2** *min.* spat **3** boxningsmatch; käbbel; tuppfäktning **II** *v* **1** [tränings]boxas; slåss; käbbla **2** förse med bom, mast
sparable ['spærəbl] skostift
spar|-buoy ['spɑ:bɔi] *sjö.* (slags) sjömärke **--deck** *sjö.* övre däck
spare [spɛə] **I** *a* **1** mager, knapp **2** extra, reserv;- *~ cash* pengar över; *~ room* ledigt rum, gästrum; *~ parts, -s* reservdelar; *~ time* fritid; *~ wheel* reservhjul **II** *s* = *~ part* **III** *v* bespara, skona; vara skonsam, sparsam; få över; undvara; *enough and to ~* mer än nog; i överflöd; *can you ~ me* har du ... att undvara; *~ o.s.* spara på krafterna **-rib** revbensspjäll
sparger ['spɑ:dʒə] sprinkler, spruta
sparing ['spɛəriŋ] måttlig; snål, sparsam; knapp
spark [spɑ:k] **I** *s* gnista **2** glad o. livad person, muntergök; sprätt; *S~s* radiotelegrafist[en] (*sl.*) **II** *v* **1** gnista **2** festa; slå sig ut [för], flörta [med]; *~ off* sätta igång, aktivera **--arrester** [-ə,restə] gnistskydd, -släckare **--gap** gnistgap (på tändstift) **-ing-plug** tändstift **-ish** [-iʃ] livad; sprättig; flörtig
sparkle ['spɑ:kl] **I** *v* **1** gnistra; tindra; spraka; spritta **2** (om vin) mussera, pärla **II** *s* gnistrande, tindrande, glitter; sprittande liv **-r** [-ə] **1** ngt (ngn) som gnistrar; diamant **2** tomtebloss
spark|less ['spɑ:klis] gnistfri **-let** [-lit] **1** liten gnista **2** kolsyrepatron (för sifon)
sparkling ['spɑ:kliŋ] **1** gnistrande; tindrande, sprakande **2** musserande, pärlande; *~ water* kolsyrat vatten; *~ wines* musserande viner
spark-plug ['spɑ:kplʌg] tändstift (*isht A.*)
spar|mate ['spɑ:meit] *A.* sparringpartner **-ring** [-riŋ] boxning; *~ match* boxningsmatch; *~ partner* träningsmotståndare
sparrow ['spærəu] sparv **--bill** = *sparable* **--hawk** sparvhök
spars|e [spɑ:s] gles, tunnsådd; knapp **-eness** [-nis] **-ity** [-iti] gleshet, knapphet, brist
spartan ['spɑ:tən] spartansk (*äv. fig.*)
spasm ['spæz(ə)m] spasm, krampryckning **-odic** [spæz'mɔdik] spasmodisk, krampaktig, -artad; oregelbunden **-odically** [spæz'mɔdik(ə)li] *adv* spasmodiskt, krampaktigt; oregelbundet
spastic ['spæstik] spastisk, kramp-; *~ children* CP-barn (som lider av cerebral pares)
spat [spæt] **I** *s* **1** damask **2** yngel (av ostron etc.) **3** *A.* lätt gräl **II** *v* **1** *imperf av spit* **2** yngla
spatchcock ['spætʃkɔk] i hast inskjuta (i meddelande)
spate [speit] översvämning; *the river is in ~* det är högvatten i ån

spatial ['speiʃ(ə)l] rumslig, rymd-
spatted ['spætid] iförd damasker
spatter ['spætə] **I** *v* stänka [ner]; *fig.* smuts-
kasta **II** *s* stänk; [regn]skvätt **-dashes**
[-,dæʃiz] damasker
spatula ['spætjulə] spatel
spawn [spɔ:n] **I** *v* leka, lägga rom; frambringa
II *s* **1** rom; yngel **2** mycelium, svamptrådar
-er [-ə] romfisk **-ing-season** [-iŋ,si:zn] lektid
speak [spi:k] tala; säga, yttra; *so to* ~ så att
säga; *strictly* ~*ing* strängt taget; ~ *a p. fair*
tala väl med ngn; [*this is*] *B. speaking* (i tele-
fon) det är B. [som talar]; *B.* ~*ing?* är det B.
[jag talar med]?; ~ *one's mind* säga sin [upp-
riktiga] mening, sjunga ut, ta bladet från mun-
nen; ~ *volumes* vara vältalig (signifikativ); ~
for tala å (ngns) vägnar; dryfta; vittna om;
tala till förmån för; ~ *well for* vittna gott om;
~ *of* tala om; ~ *out* a tala ut (högt o. tydligt)
b sjunga ut, tala fritt ur hjärtat; ~ *to* a tala
med; tilltala **b** vittna om; ~ *up* tala tydligt;
tala ut; inte längre tiga still **--easy** [-,i:zi] olag-
lig bar, lönnkrog **-er** [-ə] **1** talare **2** *S* ~ talman
S-ership [-əʃip] talmansperiod
speaking ['spi:kiŋ] **I** *a* talande, tal-; *on* ~
terms with a p. bekant med ngn; *no longer
on* ~ *terms* osams; ~ *acquaintance* ytlig be-
kantskap; *have a* ~ *knowledge of English*
kunna tala engelska **II** *s* tal[ande] **--trumpet**
[-,trʌmpit] hörlur; *sjö.* ropare **--tube** talrör
spear [spiə] **I** *s* **1** spjut; pik; pikenerare **2** blad,
skott; ~ *of grass* grässtrå **II** *v* genomborra;
spetsa; trä upp på spjut **-head** spjutspets
-man [-mən] spjutbeväpnad man; pikenerare
-mint *bot.* trädgårdsmynta **--side** svärdssida
spec [spek] *s, on* ~ på spekulation
special ['speʃ(ə)l] **I** *a* speciell, särskild; extra[-];
~ *areas* nödområden; ~ *constable* extra
(frivillig) polis[konstapel]; ~ *delivery* express-
befordran; ~ *licence* äktenskapslicens; ~
~ *pleading* framläggande av extra bevismate-
rial; spetsfundig argumentering; ~ *school*
särskola **II** *s* extratåg, -upplaga, -pris etc.; =
~ *constable* **-ism** [-ʃəliz(ə)m] specialisering
-ist [-ʃəlist] specialist **-ity** [,speʃi'æliti] specia-
litet; utmärkande egenskap; specialämne
-ization [,speʃəlai'zeiʃ(ə)n] specialisering **-ize**
[-ʃəlaiz] specialisera [sig]; atna specialkarak-
tär **-ty** [-ti] **1** = *speciality* **2** förseglat kon-
trakt
specie ['spi:ʃi:] klingande valuta **-s** [-z] art;
slag
specific [spi'sifik] **I** *a* **1** specifik **2** bestämd, ut-
trycklig **II** *s* specifikt läkemedel **-ally** [-(ə)li]
adv **2** precis, definitivt
speci|fication [,spes(i)fi'keiʃ(ə)n] **1** specifika-
tion; detaljerad beskrivning **2** konstruktions-
plan **-ficity** [,spesi'fisiti] specifik (utmärkande)
egenskap **-fy** ['spesifai] specificera; närmare
ange
specimen ['spesimin] exemplar; prov, exem-
pel; *what a* ~*!* en sån typ!; ~ *copy* prov-
exemplar; ~ *page* provsida
specious ['spi:ʃəs] skenfager; bestickande
speck [spek] **I** *s* **1** (liten) fläck, prick; ~ *of
dust* dammkorn **2** *A.* o. *S.Afr.* [späck] **2** *fig.*
stänk, korn **II** *v* fläcka [ner] **-le** [-l] **I** *s*
(liten) fläck **II** *v* fläcka [ner] **-led** [-ld] fläckig,
spräcklig, brokig, tigrerad **-less** [-lis] fläckfri
-y [-i] (om frukt) fläckig
specs [speks] *fam.*, förk. för *spectacles*
spectacle ['spektəkl] skådespel; syn; ~*s* glas-

---

spatial–spender

ögon; *he is a sad* ~ han företer en sorglig
anblick; *make a* ~ *of o.s.* göra sig till; göra
sig löjlig **--case** glasögonfodral **-d** glasögon-
prydd; ~ *cobra* glasögonorm **--frame** glas-
ögonbåge, -ar
spectacular [spek'tækjulə] effektfull; sensa-
tionell; ~ *play* flott uppsatt [teater]pjäs
spectat|or [spek'teitə] åskådare **-ress** [-ris]
kvinnlig åskådare
spectr|a ['spektrə] *pl* av *spectrum* **-al** [-(ə)l]
1 spektral[-] **2** spöklik, spök- **-e** [-tə] spöke
-oscope [-skəup] spektroskop **-um** [-əm]
spektrum
specul|a ['spekjulə] *pl* av *speculum* **-ar** [-ə]
speglande, spegel- **-ate** [-leit] **1** fundera, medi-
tera **2** *hand.* spekulera **-ation** [,spekju'leiʃ(ə)n]
begrundan; spekulation (*äv. hand.*); teori
-ative [-ətiv] **1** begrundande, meditativ **2** spe-
kulativ **3** riskabel; ~ *market* terminsmarknad
-ator [-leitə] spekulant **-um** [-əm] *med.* o.
tekn. spegel
sped [sped] *imperf* o. *perf part* av *speed*
speech [spi:tʃ] **1** tal; språk **2** tal, anförande;
figure of ~ talesätt, stilistisk vändning; *part
of* ~ ordklass; *Queen's* (*King's*) ~ trontal;
have ~ *with* underhålla sig med; *hold one's* ~
hålla ~ mun; *make a* ~ hålla [ett] tal; ~ *basis*
artikulationsbas **--day** skolavslutning **-ify**
[-ifai] orera **-less** [-lis] **1** stum, mållös; out-
säglig **2** stum (utan talförmåga) **3** [död]full,
plakat **--maker** [-,meikə] talare **--reading**
[-,ri:diŋ] läppläsning **--sound** språkljud
speed [spi:d] **I** *s* **1** fart, hastighet **2** *tekn.* växel;
utväxling **3** *sl.* metamfetamin (använt som nar-
kotika); *at full* ~ i full fart; med högsta
hastighet **II** *v* **1** hasta, ila **2** ha framgång,
lyckas **3** egga, driva 'på; öka takten [på] (*äv.*
~ *up*); *God* ~ *you!* Gud vare med dig!; ~
the parting guest önska den avresande gästen
lycka till (lycklig resa) **-ball** *sl.* blandning av
kokain o. morfin **-boat** snabb motorbåt,
racerbåt **--change** *tekn.* växling **--cop** *A.*
trafikpolis **-er** [-ə] hastighetsregulator **-iness**
skyndsamhet, snabbhet **--limit** [-,limit] maxi-
mihastighet; fartgräns; hastighetsbegränsning
-ometer [spi'dɔmitə] hastighetsmätare **-way**
1 väg för snabbtrafik **2** motorcykelbana **-y** [-i]
skyndsam, snabb
spell [spel] **I** *s* **1** trollformel; förtrollning
(kort) period; tur; skift; *cast a* ~ on förhäxa,
fascinera; *cold* ~ köldperiod; *take a* ~ *at the
oars* ta i o. ro ett tag; ~ *for* ~ växel-, skiftesvis
II *v* **1** stava; innebära **2** avlösa; *the drought*
~*s disaster* torkan betyder katastrof; *o-n-e* ~*s
one* one stavas o-n-e; ~ *out* stava sig igenom,
tyda, förklara i detalj **-binder** [-,baində] *A.*
fängslande talare **-bound** fängslad, fascine-
rad; trollbunden **-ing** [-iŋ] stavning **-ing-bee**
rättstavningstävlan **-ing-book** rättskrivnings-
lära
spelt [spelt] **I** *v, imperf* o. *perf part* av *spell*
II *s, bot.* spält (slags vete)
spelter ['speltə] zink[tackor]
spencer ['spensə] **1** kort rock **2** kort jacka
3 *sjö.* gaffelsegel **S-ian** [spen'siəriən] lärjunge
till Herbert Spencer
spend [spend] **1** ge ut; spendera; kosta på
2 tillbringa **3** förbruka; ~ *o.s.* ta ut sig; *the
storm has spent itself* stormen har rasat ut;
the night is far spent det är långt lidet på
natten; ~*ing power* köpkraft **--all** ['spend'ɔ:l]
slösare **-er** [-ə] slösaktig person; *be a lavish* ~

strö pengar omkring sig **-thrift** ['spen(d)θrift]
I *s* slösare **II** *a* slösaktig
Spenserian [spen'siəriən] av Edmund Spenser
spent [spent] **I** *v, imperf* o. *perf part* av *spend*
II *a* slut; tom
sperm [spəːm] (djurs) sperma, sädesvätska;
~ *whale* = *spermaceti-whale* **-aceti** [,spəːmə-
'seti] valrav **-aceti-whale** spermacetival
spew [spjuː] [ut]spy
sphenoid ['sfiːnɔid] *a*, ~ *bone* kilben
spher|e [sfiə] **I** *s* klot, sfär; himlakropp **2** sfär,
område, krets **II** *v* omsluta (i en sfär) **-ic[al]**
['sferik, -(ə)l] sfärisk, klotformig
sphinx [sfiŋks] sfinx; gåtfull person
spice [spais] **I** *s* krydda; anstrykning, aning
II *v* krydda (*äv. fig.*); preparera **-ry** [-əri]
kryddor
spick-and-span ['spikən'spæn] splitter ny;
prydlig, välstädad
spicy ['spaisi] kryddad, aromatisk; pikant;
rafflande
spider ['spaidə] **1** spindel **2** hög trefot **3** kittel
(på höga ben) **4** vagn på höga hjul; ~'s *web*
spindelnät **--crab** havsspindel **--like** spindel-
liknande, långbent **--line** hårkors (i kikare)
--monkey [-,mʌŋki] spindelapa **--web** spin-
delnät **-y** [-ri] spindelaktig; skranglig
spiel [spiːl] *A.* **I** *s* berättelse; tal **II** *v* nysta
ur sig; dra (historia)
spiffing ['spifiŋ] flott, strålande
spif[f]licate ['spiflikeit] läxa upp; ta kål på
spiffy ['spifi] = *spiffing*
spigot ['spigət] propp, tapp; *A.* [vatten]kran
spik|e [spaik] **I** *s* **1** [järn]spets; pigg (t. ex. på
spiksko); lång spik (bult) **2** ax; [blom]kolv
3 *sl.* anhängare av *High Church* **4** = ~*-laven-
der* **II** *v* **1** förse med spetsar (piggar); spika
[fast] **2** *vard.* spetsa (en drink); ~ *a p.'s guns*
omintetgöra ngns planer; ~*d helmet* pickel-
huva; ~*d shoes* spikskor **-e-lavender** [-,lævin-
də] smalbladig lavendel **-elet** [-lit] litet ax;
liten pigg **-e-nail** större spik (femtums-) **-e-
-oil** lavendelolja **-y** [-i] **1** försedd med piggar;
taggig; snarstucken **2** (fanatiskt) högkyrklig
spil|e [spail] **I** *s* **1** påle **2** propp, tapp **II** *v*, ~
a cask göra tapphål i ett fat (en tunna) **-ing**
[-iŋ] pålning, pålverk
spill [spil] **I** *v* **1** spilla [ut]; välta [ut] **2** spillas
[ut]; rinna över **3** kasta ur sadeln; *be spilt,
äv.* falla av; ~ *the beans* prata bredvid mun-
nen; *no use crying over spilt milk* gjort är
gjort (*ung.*); *don't* ~ *your nonsense on me* sånt
kan du hålla för dig själv **II** *s* **1** sticka (rullad
papperslapp) att tända eld med **2** ~ *of milk*
utspilld mjölk, mjölkspill; *the horse gave me
a* ~ hästen kastade av mig **-er** [-ə] litet fisknät
-ikin[s] [-ikin(z)] skrapnos[spel] **-way** damm-
avlopp
spilt [spilt] *imperf* o. *perf part* av *spill*
spin [spin] **I** *v* **1** spinna **2** snurra [runt]; för-
sätta i snurrning; *flyg.* gå i (förtvätta i) spin[n];
fiska med kastspö, spinnfiska **3** åka fort (på
cykel) **4** kugga (i examen); ~ *a coin* singla
slant; ~ *a top* sätta igång en snurra; ~ *a yarn*
berätta (dra) en historia; *send a p.* ~*ning* slå
till ngn så att han (den) snurrar runt; ~ *along!*
rulla på!; ~ *off* rulla (nysta) av; nysta ur sig;
fig. skaka ur ärmen; ~ *out* dra ut [på] **II** *s*
1 spånad **2** snurrning; *flyg.* spin[n]; *get into
a flat* ~ råka i [fullkomlig] panik **3** (liten) tur,
sväng; *go for a* ~ göra en tur, åka en sväng
spinach ['spinidʒ] spenat

spinal ['spainl] ryggrads-; ~ *column* ryggrad;
~ *cord* ryggmärg
spindl|e ['spindl] **I** *s* **1** spole; axel **2** spindel
(på spinnrock); *the* ~ *side* spinnsidan; *live
(dead)* ~ snurrande (stillastående) spole **II** *v*
(om växt) växa (skjuta) i höjden **-e-legged**
[-legd] med långa smala ben, smalbent **-e-
legs** [-legz] långa ben **-e-shanked** [-ʃæŋkt]
se spindle-legged **-shanks** [-ʃæŋks] *se spindle-
legs* **-e-shaped** [-ʃeipt] spolformig **-y** [-i]
skranglig
spindrift ['spindrift] (dimma av) vågstänk;
~ *clouds* fjädermoln
spine [spain] **1** ryggrad **2** tagg, törne **3** [bok]-
rygg **-back** (olika slags) fisk med taggig rygg-
fena **-less** [-lis] ryggradslös, utan ryggrad
(*äv. fig.*)
spinet [spi'net] *mus.* spinett
spinnaker ['spinəkə] spinnaker, ballongfock
spinner ['spinə] **1** spinnare, spinnerska; spin-
neriägare **2** spinnmaskin **3** formare (vid kera-
miktillverkning) **4** (liten) snurra **5** spinnare,
drag (för fiske) **6** propellerkåpa **-et** [-ret]
spinnvårta (hos spindel)
spinney ['spini] skogsdunge, -snår
spinning ['spiniŋ] **I** *a* spinnande, spinn- **II** *s*
spinning **--house** spinnhus **--wheel** spinnrock
spinous ['spainəs] taggig; kinkig
spinster ['spinstə] ungmö; *jur.* ogift kvinna
spiny ['spaini] taggig; kinkig
spiral ['spaiər(ə)l] **I** *a* spiral-, spiralformig; ~
staircase spiral-, vindeltrappa **II** *s* spiral **III** *v*
löpa i spiral; göra spiralformig
spirant ['spaiər(ə)nt] *språkv.* spirant, frika-
tiva, gnidljud
spire ['spaiə] **1** [torn]spira; spets; [gräs]strå;
topp **2** spiral
spirit ['spirit] **I** *s* **1** ande; spöke **2** anda; humör;
energi; livsmod **3** sprit, alkohol; ~*s* **a** sprit-
drycker, alkohol **b** livsandar **c** sinnesstäm-
ning, humör; *in high* ~*s* på strålande humör;
upprymd; *in low* ~*s, out of* ~*s* nedstämd,
nere; *the poor in* ~ de i anden fattiga **II** *v*
inspirera; uppmuntra; ~ *away (off)* trolla
bort, smussla undan **-ed** [-id] livfull; besjälad;
käck, pigg **-ism** [-iz(ə)m] spiritism **-istic**
[,spiri'tistik] spiritistisk **--lamp** spritlampa
-less [-lis] slö; apatisk; modlös **--level** [-,levl]
vattenpass (med sprit) **--rapping** [-,ræpiŋ] an-
deknackning **--stove** spritkök
spiritual ['spiritjuəl] **I** *a* andlig (i alla bemär-
kelser); intellektuell; förandligad; *Lords S* ~
biskoparna i överhuset **II** *s* andlig sång (*isht
negro* ~) **-ism** [-iz(ə)m] **1** spiritualism **2** spiri-
tism **-ist** **1** spiritualist **2** spiritist **-ity** [,spirit-
ju'æliti] **1** andlighet **2** *pl* kyrklig makt (doms-
rätt, inkomst) **-ize** [-aiz] förandliga; andligen
upplyfta; tolka i andlig mening
spirituous ['spiritjuəs] sprithaltig
spirt [spəːt] = *spurt*
spiry ['spaiəri] **1** spetsig, lik en spira **2** spiral-
formig
spit [spit] **I** *s* **1** [stek]spett **2** landtunga **3** spadtag
4 spott, saliv; *the very* ~ *of his father* pappa
upp i dagen **II** *v* **1** genomborra (med spett);
trä [upp] på spett **2** spotta; fräsa (bl. a. om
katt) **3** spotta ut; *fig.* utspy, -slunga; ~ *it
out!* fram med det!; ~ *upon* spotta på; för-
akta; *it is just* ~*ting* det kommer bara några
[regn]stänk
spitchcock ['spitʃkɔk] **I** *s* stekt ål (i bitar) **II** *v*
skära i bitar o. steka

spite [spait] **I** *s* agg, groll; ondska, illvilja; [*in*] ~ *of* trots; *have a* ~ *against a p.* hysa agg mot ngn **II** *v* reta; ställa till förtret för **-ful** [-f(u)l] ondskefull, illvillig

spitfire ['spit,faiə] **1** brushuvud, hetlevrad person **2** *S*~ jaktplanstyp

spittle ['spitl] spott

spittoon [spi'tu:n] spottkopp

spitz [spits] spets[hund]

spiv [spiv] *vard.* till det yttre flott person som livnär sig på skumma affärer; svartabörshaj

splash [splæʃ] **I** *v* **1** stänka [ner]; plaska, skvätta; ~ *into the water* plumsa i vattnet; ~ *a story over the front page* smälla upp en historia med feta rubriker på första sidan **II** *s* **1** stänk, skvätt, vattenuppkast; plask **2** puder **3** sensation[ellt skådespel] **4** nedslag (*mil.*); ~ *of soda* skvätt sodavatten (ur sifon); ~ *of rye* klunk visky (*sl.*); *make a* ~ göra sensation, väcka uppseende; ~ *headline* sensationsrubrik **--board** stänkskydd (av olika slag) **--down** nedslag av rymdfarkost i havet **-y** [-i] skvättande; slaskig

splatter ['splætə] **1** plaska, stänka **2** sluddra

splay [splei] **I** *v* göra (t. ex. fönster- el. dörröppning) bredare åt ena hållet; vidga; avsnedda; ~*ed, äv.* ur led **II** *s* avsneddning; [fönster]smyg **III** *a* [ut]vidgad; avsneddad **--footed** [-,futid] plattfotad o. med utåtriktade fötter **--mouthed** [-mauôd] med munnen brett vidöppen

spleen [spli:n] **1** mjälte **2** mjältsjuka, svårmod, (blaserad) livsleda; *vent one's* ~ vädra sitt misshumör **-ful** [-f(u)l] **-ish** [-iʃ] retlig, kinkig **-less** [-lis] gladlynt, upprymd **-y** [-i] *se spleenful*

splendid ['splendid] **1** glänsande, lysande, praktfull, härlig **2** stolt, förnäm **3** utmärkt, finfin **-our** [-ə] **1** glans **2** prakt, ståt, storslagenhet

splenetic [spli'netik] mjältsjuk; på dåligt humör, lynnig **-ic** ['splenik] mjält-; ~ *fever* mjältbrand

splice [splais] **I** *v* splitsa (rep); fläta ihop; skarva (timmer); *sl.* gifta sig med; gifta ihop; ~ *the mainbrace* ta sig (utdela) en styrketår (*sjö.*) **II** *s* splits, skarv

spline [splain] **1** *mek.* krysskil; räffla, spårning **2** ribba

splint [splint] **I** *s* **1** spjäla **2** skena (i rustning) **3** utväxt på överbenet (hos häst) **4** spåna (t. korgflätning etc.) **II** *v* spjäla, spjälka **--bone** vadben

splinter ['splintə] **I** *s* flisa, skärva; splitter; ~ *party* avskild (oppositionell) partigrupp **II** *v* splittra[s] **--bar** **1** vagnsstång **2** tvärbalk (som utgör fäste för fjädrarna på en vagn) **--bone** = *splint-bone* **--proof** **I** *a* splitterfri **II** *s* splitterskydd **-y** [-ri] full med splitter (skärvor)

split [split] *äv. imperf* o. *perf part av I* **I** *v* splittra[s]; klyva[s]; skiljas, gå isär; [för]dela [sig]; skvallra [om]; ange; ~ *the difference* mötas på halva vägen; ~ *hairs* (*words*) diskutera struntsaker, ägna sig åt hårklyverier; ~ [*one's sides*] *with laughter* skratta sig förtärvad; *this is the rock on which we* ~ på den punkten skils våra vägar (går våra åsikter isär) **II** *a* kluven, delad; ~ *infinitive* infinitiv skild från inf.-märke, t. ex. *"I wish to cordially thank you"*; ~ *personality* personlighetsklyvning, schizofreni; *a* ~ *second* en halv (mindre

än en) sekund; ~ *soda* halv flaska sodavatten; ~ *ticket* röstsedel (med kandidater för mer än ett parti) (*A.*); ~ *vote* röst[ning] på mer än en kandidat **III** *s* **1** splittrande, klyvning **2** spricka; splittring, brytning **3** avskild partigrupp **4** = ~ *soda*; halvt glas (visky) **5** skvallerbytta; angivare; *the* ~*s* grenstående ställning (*gymn.*) **--peas[e]** [-pi:z] spritade o. torkade ärter **-ter** [-ə] en som splittrar etc., *se split I* **-ting** [-iŋ] **I** *s, fys.* [kärn]klyvning **II** *a,* ~ *headache* blixtrande huvudvärk

splodge [splɔdʒ] *se splodge* **-y** *se splodgy*

splosh [splɔʃ] kosing (pengar)

splotch [splɔtʃ] *se splodge* **-y** *se splodgy*

splurge [splə:dʒ] **I** *s* pomp o. ståt, prål **II** *v* göra sig till; slå på stort

splutter ['splʌtə] **I** *v* sluddra; prata med salivstänk; spotta fram; fräsa, sprätta **II** *s* sluddrande, sludder

spoffish ['spɔfiʃ] **-y** [-i] (nervöst) beskäftig

spoil [spɔil] **I** *s* rov; byte (*äv. pl,* ~*s*); *A.* partibelöning (i form av ämbete e.d.) **II** *v* **1** fördärva, förstöra; bli förstörd (skämd) **2** skämma bort **3** *åld.* plundra; *be* ~*ing for* längta efter; ~*ed paper* ogiltig valsedel **-er** [-ə] en som fördärvar etc., *se spoil II* **--sport** glädjedödare **-s-system** [-z,sistim] *A.* partibelöningssystem (*se spoil I A.*) **-t** *imperf* o. *perf part av spoil*

spoke [spəuk] **I** *s* [hjul]eker; stegpinne; spak **II** *v* **1** förse med ekrar; bromsa med spak **2** *imperf av speak* **-n** [-(ə)n] **I** *v perf part av speak* **II** *a* talad, tal- **-sman** [-smən] talesman

spoliation [,spəuli'eiʃ(ə)n] plundring

spondaic [spɔn'deiik] spondeisk **-ee** ['spɔndi:] spondé

spondulics ['spɔndjuliks] slantar, kosing

sponge [spʌn(d)ʒ] **I** *s* **1** [tvätt]svamp **2** (slags) deg; sockerkaka **3** snyltgäst, parasit; *give it a* ~ torka av den (det); *throw up* (*in*) *the* ~ erkänna sig besegrad **II** *v* **1** torka av (med svamp) **2** snylta, parasitera; ~ *down* = *II 1*; ~ *out* torka bort (med svamp); ~ *up* suga upp (med svamp) **-e-cake** ['spʌn(d)ʒ'keik] sockerkaka **-e-diver** [-,daivə] svampdykare, -fiskare **-e-down** avtorkning (med svamp) **-e-finger** ['spʌn(d)ʒ'fiŋgə] (slags) kaka; cigarrbröd **-er** [-ə] **1** parasit **2** = *spongediver* **-e-rubber** [-,rʌbə] svampgummi **-y** [-i] svampartad, -aktig

sponson ['spɔnsn] sidoutbyggnad (för olika ändamål) på fartyg (flygbåt)

sponsor ['spɔnsə] **I** *s* **1** fadder **2** borgensman **3** firma (person) som står bakom o. bekostar radio-(TV-)program (med reklam) **II** *v* stå för; ivra för; ~*ed by* **a** arrangerat o. bekostat av **b** under beskydd av **-ial** [,spɔn'sɔ:riəl] fadder- **-ship** **1** fadderskap **2** borgen

spontaneity [,spɔntə'ni:iti] spontanitet; spontan handling **-eous** [spɔn'teinjəs] spontan; frivillig; av sig själv; ~ *combustion* självantändning; ~ *generation* uppkomst av liv ur livlös materia

spontoon [spɔn'tu:n] hillebard

spoof [spu:f] **I** *s* spratt; humbug **II** *v* lura

spook [spu:k] *vard.* spöke **-ish** [-iʃ] **-y** [-i] spöklik

spool [spu:l] **I** *s* spole; ~ *of thread* trådrulle (*A.*) **II** *v* spola [upp]

spoon [spu:n] **I** *s* **1** sked **2** (slags) golfklubba **3** (slags) åra; ~*s* förälskat par; *be* ~*s on* vara galen i; *wooden* ~ träsked (som i Cambr. ges till den siste på examens-ranglistan); jumbo; *born with a silver* ~ *in one's mouth* **a** vara född av rika föräldrar **b** vara ett söndagsbarn; *be on the* ~ vara ute o. fria **II** *v* **1** ösa med sked **2** *vard.* vara (göra) förälskad; flörta [med]; ~ *in the moon* svärma i månskenet **-bill** *zool.* skedstork **-er** [-ə] friare

Spoonerism ['spu:nəriz(ə)m] utbyte av ljud i sammanställda ord, t. ex. *queer dean* i st. f. *dear queen*

spoon|-fed ['spu:nfed] matad med sked; ~ *industries* industrier som hålls vid liv genom subventioner **-ful** [-f(u)l] sked (mängd) **-ish** [-iʃ] ynklig; tokig **--meat** flytande föda, barnmat **--net** [fisk]håv **-y** [-i] sentimentalt förälskad

spoor [spuə] **I** *s* spår (av villebråd) **II** *v* spåra

sporadic [spə'rædik] sporadisk **-ally** [-(ə)li] *adv* sporadiskt

spore [spɔ:] *bot.* spor

sporran ['spɔr(ə)n] *Sk.* skinnpung (buren t. kilt)

sport [spɔ:t] **I** *s* **1** sport, idrott; lek; förlustelse; skämt **2** sportsman, bra kille (karl) **3** *fig.* lekboll **4** naturens nyck (el. under); ~*s* **a** idrott[sgrenar] **b** idrottstävling[ar]; *ahtletic* ~*s* friidrott[stävlingar]; *be a good* ~ vara en god idrottsman; vara en trevlig kamrat (bra kille; käck flicka); *have good* ~ ha god jakt-(fiske)lycka; *in* ~ på skämt; *make* ~ *of* driva med; *a regular* ~ en helvass kille (typ); *old* ~ gamle gosse **II** *v* leka, roa sig; ståta med; hålla sig med

sport|ing ['spɔ:tiŋ] **1** sport-, jakt- **2** sportig; sportslig; *a* ~ *chance* en ärlig (sportslig) chans **-ingly** [-iŋli] skämtsamt **-ive** [-iv] lekfull; skämtsam; retsam **-s-car** sportvagn **-s--jacket** blazer

sportsman ['spɔ:tsmən] **1** idrottsman **2** friluftsmänniska (som är intresserad av jakt o. fiske) **3** (god) sportsman, renhårig person **-like** sportsmannamässig, sportslig **-ship** idrottsmannaskap; sportsmannaanda, sportslighet

sportswoman ['spɔ:ts,wumən] idrottskvinna

spot [spɔt] **I** *s* fläck; plats; prick; kvissla, finne; smula; ~ *of whisky (rye)* "viskypinne"; *let's have a* ~ *of lunch* låt oss [gå o.] äta lite lunch; *have a soft* ~ *for* vara svag för; *in a* ~ i knipa; *knock the* ~*s off* i grund besegra; vara överlägsen; *on the* ~ på platsen (ort o. ställe); på fläcken, genast; i livsfara (*sl.*); *be on the* ~, *äv.* passa på tillfället; vara med; ~ *cash* kontant **II** *v* **1** fläcka [ner]; sätta prickar på; bli fläckig **2** upptäcka; komma 'på; känna igen **--check** *s* o. *v* [ta] stickprov **--goods** [-z] varor sålda för omedelbar leverans **-less** [-lis] obefläckad; ren; oklanderlig **-light I** *s* strålkastare, -kastarljus (på teater); sökarljus; *in the* ~ i medelpunkten för intresset (*fig.*) **II** *v* belysa med sökarljus; rikta uppmärksamhet[en] på; upptäcka **--market** [-,mɑ:kit] kontantmarknad **--price** kontantpris **-ted** [-id] fläckig, brokig; finnig; [av] ojämn [kvalitet]; ~ *fever* fläcktyfus, -feber **-ter** [-ə] **1** *mil.* eldobservatör; luftbevakare; *flyg.* målspanare **2** [upp]spårare; spion; kontrollant **-ty** [-i] **1** fläckig, prickig; finnig **2** brokig **3** [av] ojämn [kvalitet]

spous|al ['spauzl] **I** *a* äktenskaplig; bröllops-

II *s* bröllop (*äv. pl, ~s*) **-e** [-z] gemål; make, maka

spout [spaut] **I** *s* **1** pip; utlopp[srör] **2** stupränna; avloppsränna **3** [vatten]stråle **4** pantlåneinrättning; *up the* ~ på pantbanken; i knipa **II** *v* **1** spruta [ut]; strömma ut **2** haspla ur sig; orera

sprag [spræg] bromskloss; stötta (i gruva)

sprain [sprein] **I** *v* stuka, vricka **II** *s* stukning, vrickning

sprang [spræŋ] *imperf* av *spring*

sprat [spræt] skarpsill, vassbuk; *throw a* ~ *to catch a herring* (*whale, mackerel*) satsa litet för att vinna mycket **-ter** [-ə] skarpsillfiskare (*äv. båt*)

sprawl [sprɔ:l] **I** *v* **1** ligga (sitta) med lemmarna slött utsträckta; ligga o. kravla; spreta [utåt] **2** sträcka ut; spreta med **II** *s* slapp hållning; spretande

spray [sprei] **I** *s* **1** stänk; sprutmoln (av parfym etc.); besprutningsmedel **2** spruta; rafräschissör **3** (liten) kvist (med blommor); liten bukett; smycke **II** *v* bespruta; stänka **-er** [-ə] = *spray I 2*

spread [spred] **I** *v* (*äv. imperf* o. *perf part*) **1** sprida [sig]; breda ut [sig]; sträcka ut; breda ['på]; lägga 'på; täcka; ~ *o.s.* **a** sprida sig; breda ut sig **b** utbreda sig (i tal el. skrift), vara vidlyftig; vara mångsysslare **2** jobba hårt, ligga 'i; ~ *the table* duka [bordet]; ~ *one's wings* breda ut vingarna **II** *s* **1** utbredande, -ning, spridande, -ning **2** omfång, vidd bredd **3** *sl.* kalas, skrovmål **4** uppslag; *sandwich* ~ smörgåsplägg; *middle-aged* ~ medelålderns fetma **--eagle** ['spred'i:gl] **I** *s* **1** örn med utbredda vingar (bl. a. USA:s emblem) **2** *A.* chauvinism **II** *a* **1** med utsträckta armar o. ben **2** *A.* chauvinistisk **--eagleism** ['spred-'i:gəliz(ə)m] *A.* chauvinism **-er** [-ə] [vatten]spridare **--over** ['spred'əuvə] arbetstidsfördelning

spree [spri:] **I** *s* [glatt] dryckeslag, rummel; *go on the* ~ gå ut o. svira **II** *v* festa om

sprig [sprig] **1** (liten) kvist **2** blad- (blomster)-ornament **3** skott; telning **4** liten spik (utan huvud) **5** yngling **-ged** [-d] prydd med kvist-(blad)verk **-gy** [-i] full med kvistar

spright [sprait] = *sprite* **-ly** [-li] munter, yster

spring [spriŋ] **I** *v* **1** hoppa; flyga upp; framspringa; uppstå, uppkomma; skjuta upp, spira (om växter); plötsligt komma med **2** få att hoppa upp (flyga upp, framspringa etc., *se 1*); spränga; jaga upp (villebråd) **3** (om trä) slå sig; spricka; ~ *a leak* springa läck, börja läcka; ~ *at a p.* flyga på ngn; *where do you* ~ *from?* varifrån dyker du (ni) plötsligt upp? ; ~ *s.th. on a p.* överraska ngn med ngt; *the trap sprang to* fällan slog igen; ~ *to fame* plötsligt bli berömd; ~ *to one's feet* hastigt resa sig, flyga upp; *tears sprang [in]to her eyes* hon fick plötsligt tårar i ögonen; ~ *up* flyga (fara) upp; plötsligt uppstå (framträda); skjuta upp (om växter) **II** *s* **1** hopp, språng **2** vår **3** källa; ursprung **4** fjädring; svikt, spänstighet **5** fjäder, resår **6** läcka, spricka **7** *sjö.* spring, förtöjning[slina]; ~*s* springflodsperiod **--balance** ['spriŋ'bæləns] fjädervåg **--bed** ['spriŋ'bed] resårmadrass **--board** språngbräda; trampolin **-bok** [-bɔk] *zool.* afrikansk springbock **--cart** fjäderkärra **--clean** vårstäda **-er** [-ə] **1** en som hoppar etc., *se spring I 2* liten fågelhund **3** (slags)

gasell **4** späckhuggare **5** *ark.* valvfot; valv-
stråle **--fever** ['spriŋ'fi:və] vårkänslor **--gun**
(gillrad) larmbössa **--head** källsprång **-let**
[-lit] liten källa **-like** vårlik **--lock** fjäderlås
--mattress ['spriŋ'mætris] = *spring-bed*
--tide 1 *poet.* vårens tid **2** springflod **-time**
vår[ens tid] **--water** ['spriŋ'wɔ:tə] källvatten
-y [-i] fjädrande; spänstig
sprinkl|e ['spriŋkl] **I** *v* [be]stänka, [be]strö;
dugga, strila **II** *s* **1** stänk **2** *a* ~ en smula, [ngt]
lite[t]; ~ *of snow* lätt snöfall **-er** [-ə] stänkare;
bevattningsanordning; sprinkler **-ing** [-iŋ] **1**
[be]stänkande, utströende **2** stänk **3** *fig.* inslag,
tillskott, fåtal **-ing-can** [vatten]kanna
sprint [sprint] **I** *v* sprinta, rusa **II** *s* = ~-*race*
-er [-ə] sprinter, kortdistanslöpare **--race**
sprinterlopp
sprit [sprit] *sjö.* spri[stång]
sprite [sprait] fe; tomte; älva
sprit-sail ['spritseil] *sjö.* sprisegel
sprocket-wheel ['sprɔkitwi:l] tandat hjul
(fäste för kedja)
sprog [sprɔg] *sl.* rekryt; nykomling, grön-
göling
sprout [spraut] **I** *v* knoppas; spira [fram];
gro; börja få (t. ex. horn) **II** *s* skott, grodd;
[*Brussels*] ~*s* brysselkål
spruce [spru:s] **I** *s* gran **II** *a* prydlig, nätt **III** *v*
(~ *up*) fiffa upp [sig] **--fir** gran
sprue [spru:] **1** *med.* torsk **2** *tekn.* nedlopp,
-gjut
sprung [sprʌŋ] **I** *v* *perf part* av *spring* **II** *a*
1 sprucken **2** lätt berusad, påstruken
spry [sprai] rask; pigg; *look* ~*!* raska på!
spud [spʌd] **I** *s* **1** ogrässpade **2** *sl.* potatis,
"plugg" **3** liten tjockis **II** *v* rensa [bort]
spume [spju:m] *s o. v* skum[ma]
spun [spʌn] **I** *v* *imperf* o. *perf part* av *spin* **II** *a*
1 utpumpad **2** ~ *glass* glasull; ~ *silk* chappe-
silke; ~ *yarn* sjömansgarn (*sjö.*)
spunk [spʌŋk] **1** energi, fart; mod; hetsighet
2 fnöske **-y** [-i] klämmig; modig; hetsig
spur [spə:] **I** *s* sporre; utsprång; utlöpare; *on
the* ~ *of the moment* i ögonblickets ingivelse,
utan betänkande; *win one's* ~*s* a nå riddar-
värdighet **b** vinna ära o. berömmelse **II** *v*
sporra, egga; driva på (*äv.* ~ *on*); rida i sporr-
sträck; ~*red* försedd med sporrar
spurge [spə:dʒ] *bot.* törel, Euphorbia
spurious ['spjuəriəs] falsk, oäkta, hycklad
spurn [spə:n] **I** *v* behandla med förakt; (för-
aktfullt) avvisa; försmå **II** *s* föraktfullt av-
visande
spurr[e]y ['spʌri] *bot.* spärgel
spurrier ['spʌriə] tillverkare av sporrar
spurt [spə:t] **I** *v* **1** spurta **2** spruta [fram, ut];
sprätta (om penna) **II** *s* **1** [slut]spurt; kraft-
ansträngning **2** stråle; *fig.* utbrott; *by* ~*s*
stötvis
sputnik ['sputnik] sputnik
sputter ['spʌtə] **I** *v* sprätta, skvätta, fräsa,
spraka; sluddra; spotta fram **II** *s* sludder
sputum ['spju:təm] **1** spott **2** slem
spy [spai] **I** *s* spion **II** *v* **1** spionera [på]; [be]-
speja **2** få syn på, varsebli; ~ *into* snoka i
(efter); ~ [*up*]*on a p.* spionera på ngn **--glass**
kikare **--hole** titthål
squab [skwɔb] **I** *a* liten o. tjock **II** *s* **1** (liten)
tjockis **2** fågelunge (av duva el. råka) **3** (mjuk,
tjock) dyna
squabble ['skwɔbl] **I** *v* käbbla, kivas, bråka
II *s* käbbel, kiv

squabby ['skwɔbi] *se squab I*
squad [skwɔd] **1** *mil.* grupp **2** (i allm.) grupp,
skara; [polis]patrull; *awkward* ~ (grupp av)
gröna rekryter **--car** *A.* polisbil
squadron ['skwɔdr(ə)n] skvadron (kavalle-
riet); eskader (flottan); division (flygvapnet)
--leader [-,li:də] major (flygvapnet)
squail|er ['skweilə] kastpåk **-s** [-z] *pl* (slags)
loppspel
squalid ['skwɔlid] smutsig, snuskig; usel, elän-
dig **-ness** [-nis] snusk[ighet], osnygghet
squall [skwɔ:l] **I** *v* skrika, skråla **II** *s* **1** skrik,
skrän **2** vindstöt; [regn]by; *look out for* ~*s*
vara på sin vakt (t.ex. mot ngns dåliga humör)
-y [-i] byig
squalor ['skwɔlə] = *squalidness*
squander ['skwɔndə] slösa [bort] **-mania**
['skwɔndə'meinjə] slöseri med statens medel
square [skwɛə] **I** *s* **1** fyrkant, kvadrat; ruta
2 torg; (öppen) plats m. plantering; *äv.* [hus]-
kvarter **4** vinkelhake **5** bestämt ytmått: 100
kvadratfot (ung. 9 m²) **6** *sl.* gammalmodig
person, person som inte hänger med; *by the* ~
precis; *on the* ~ vinkelrätt; riktigt; ärligt, öp-
pet; *be on the* ~, *äv.* vara frimurare; *out of*
~ ej vinkelrätt; på sned; på tok; *be out of* ~
with the rest inte passa ihop med det övriga
II *a* **1** fyrkantig, kvadrat- **2** kraftig, stadig **3**
ärlig, renhårig; pålitlig; otvetydig **4** jämställd,
lika; kvitt **5** i ordning; i rät vinkel; *get a* ~
deal bli behandlad renhårigt; *get things* ~
with a p. ordna upp förhållandet till ngn; göra
upp [räkningen] med ngn; *a* ~ *peg in a round
hole* en som kommit på fel plats (*fig.*); ~ *dance*
kontradans (av 4 par); ~ *knot* råbandsknop;
~ *leg* utespelare t. vänster om *batsman* (*kric-
ket.*); ~ *meal* kraftig måltid; ~ *measure* yt-
mått; ~ *root* kvadratrot **III** *adv* vinkelrätt;
ärligt, öppet; rätt, rakt **IV** *v* **1** göra fyrkantig;
bilda rät vinkel [med] **2** ställa i ordning; göra
upp [med] **3** [få att] stämma överens (*with*
med); reglera (*to* efter); anpassa (*to* till, efter)
4 upphöja i kvadrat, kvadrera **5** muta; bear-
beta; ~ *one's shoulders* (*o.s.*) sträcka på ax-
larna, göra sig axelbred; ~ *accounts* göra upp
(räkenskaper); ~ *the circle* a kvadrera cirkeln
b försöka sig på det omöjliga; ~ *up to a p.*
ställa upp (till kamp) mot ngn; inta gard-
ställning mot ngn; ~ *up to* (energiskt) gripa
sig an med **--built** undersätsig **-ly** [-li] *adv* **1**
ärligt; rakt på sak **2** rakt, rätt **3** i rät vinkel
--rigged ['skwɛə'rigd] *sjö.* råriggad **-sail**
[-sl] *sjö.* råsegel **--set** = *square-built* **--shoul-
dered** ['skwɛə'ʃəuldəd] bredaxlad **--toed**
['skwɛə'təud] **1** (om sko) bred i tån **2** pryd;
trångsynt **--toes** [-təuz] trångsynt person; pe-
dant
squarish ['skwɛəriʃ] nästan kvadratisk, i stort
sett fyrkantig
squash [skwɔʃ] **I** *v* **1** pressa (klämma, krama)
sönder (till mos); bli mosad, sönderklämd **2**
undertrycka; kväsa **3** tränga [sig] **II** *s* **1** träng-
sel **2** mos **3** lemonad, saft **4** (slags) pumpa **5**
squash (bollspel) **--hat** ['skwɔʃ'hæt] mjuk hatt
-y [-i] mjuk, mosig
squat [skwɔt] **I** *v* **1** huka sig, sitta på huk **2**
utan vidare ta land (hus) i besittning **II** *a* **1**
nedhukad, på huk **2** kort[vuxen]; undersätsig
III *s* hukande ställning **-ter** [-ə] **1** kolonist
2 en som hukar sig etc., *se squat I I* **3** *Austr.*
arrendator på statens mark **4** bostadssökande
(som utan vidare flyttar in i ett obebott hus)

squaw [skwɔ:] [indian]kvinna
squawk [skwɔ:k] **I** *v* skrika gällt **II** *s* skri-[ande]
squeak [skwi:k] **I** *v* 1 pipa; gnissla 2 *sl.* för-råda = ~ *on* **II** *s* pip; gnisslande; *it was a narrow* ~ det var på håret **-er** [-ə] 1 pipsill 2 fågelunge 3 angivare **-y** [-i] pipig; gnisslande
squeal [skwi:l] **I** *v* 1 skrika (gällt); väsnas; ge hals 2 *sl.* förråda **II** *s* skri[k] **-er** [-ə] 1 skrik-hals 2 duvunge 3 angivare 4 kverulant
squeamish ['skwi:miʃ] 1 (som lätt blir) illa-mående 2 kinkig, mycket grannlaga; över-känslig
squeegee ['skwi:'dʒi:] **I** *s* 1 gummiskrapa, -svabb 2 *foto.* torkrulle **II** *v* skrapa med gummiskrapa etc.
squeez|able ['skwi:zəbl] som kan pressas; *äv.* karaktärslös **-e** [-z] **I** *v* pressa [ut]; krama, klämma; avtvinga; *fig.* utsuga; tränga [sig]; ~ *a p.'s hand* krama ngns hand; ~ *to death* klämma ihjäl **II** *s* kramande; trängsel; [hand]-tryckning; avtryck; hjärtlig omfamning; ut-pressning; *it was a* ~ det satt hårt åt; *at a* ~ om det kniper, i nödfall; *put the* ~ *on a p.* ansätta ngn; öva utpressning mot ngn **-er** [-ə] [frukt]press; utsugare
squelch [skwel(t)ʃ] **I** *v* 1 undertrycka, kväsa, krossa 2 klafsa (i gyttja) **II** *s* 1 dräpande svar 2 klafs[ande]
squib [skwib] **I** *s* 1 svärmare (fyrverkeripjäs); tändsats 2 smädesskrift **II** *v* tända svärmare (tändsats) 2 häckla, kritisera
squid [skwid] 1 (slags) bläckfisk 2 bete, agn
squiffy ['skwifi] lätt berusad, påstruken
squiggle ['skwigl] **I** *v* vrida sig **II** *s* krumelur
squilgee ['skwil'dʒi:] = *squeegee*
squint [skwint] **I** *v* 1 skela, vinda; kisa 2 ~ *at* titta på (*vard.*) 3 *fig.* luta (*toward* åt) **II** *s* 1 ske-lande, vindögdhet 2 tendens 3 hagioskop (i kyrka); *have a fearful* ~ vara svårt skelögd; *have a* ~ *at* ta en titt på **III** *a* vindögd, ske-lande **-er** [-ə] vindögd person **-eyed** [-aid] **-ing** [-iŋ] vindögd; sned, skev
squire [skwaiə] **I** *s* 1 godsägare; lantjunkare 2 *hist.* väpnare; ~ *of dames* damernas riddare **II** *v* eskortera; uppvakta, vara galant mot
squirm [skwə:m] **I** *v* vrida (skruva) sig; våndas **II** *s* skruvande; vånda
squirrel ['skwir(ə)l] ekorre
squirt [skwə:t] **I** *v* spruta [ut] **II** *s* 1 stråle 2 spruta 3 viktigpetter, glop
squish [skwiʃ] marmelad
squit [skwit] klåpare, nolla
stab [stæb] **I** *v* 1 sticka (med dolk; *äv.* om smärta); ge dödsstöten [åt] 2 hacka [bort]; ~ *in the back* (lömskt) anfalla bakifrån **II** *s* [dolk]stöt; *have a* ~ *at* försöka sig på **-ber** [-ə] knivskärare; mördare; dolk
stabili|ty [stə'biliti] stabilitet, fasthet, stadig-het **-zation** [,steibilai'zeiʃ(ə)n] stabilisering **-ze** ['steibilaiz] stabilisera **-zer** ['steibilaizə] *flyg. o. sjö.* stabilisator
1 stable ['steibl] stabil, fast, stadig; ståndaktig
2 stable ['steibl] **I** *s* stall **II** *v* ställa (stå) i stall (stallet) **--boy** stalldräng **--door** stalldörr **-man** [-mən] = *stable-boy*
stableness ['steiblnis] = *stability*
stabling ['steibliŋ] stall[byggnader]; hållande i stall
staccato [stə'ka:təu] *mus.* staccato
stack [stæk] **I** *s* 1 [hö]stack; stapel, hög; mängd, massa 2 skorsten[sgrupp] 3 brant o. kal klip-

pa 4 famn (ved) = 108 kubikfot **II** *v* (*äv.* ~ *up*) stapla [upp]; stacka; ~ *arms* koppla gevär[en] **--funnel** [-,fʌnl] lufttrumma (i halmstack) **--yard** plats för höstackar o.d.
stadium ['steidjəm] 1 stadion 2 stadium
staff [stɑ:f] **I** *s* 1 stav; stång; stöd; 2 personal; [ledar]stab 3 *mus.* notsystem 4 (slags) gips; *editorial* ~ redaktion; ~ *college* krigshögskola ~ *notation* notskrift **II** *v* förse med personal
stag [stæg] **I** *s* 1 hjorthane 2 oxe 3 *A.* man[s-person] **II** *v*, ~ *it* gå på bjudning utan dam-sällskap (*A.*) **--beetle** [-,bi:tl] ekoxe
stage [steidʒ] **I** *s* 1 [teater]scen 2 stadium 3 [plattform på] byggnadsställning 4 skjuts-station, -håll; etapp 5 objektplatta (i mikro-skop) 6 = ~-*coach*; *go on the* ~ gå in vid teatern; ~ *direction* scenanvisning; ~ *door* artistingång; ~ *effect* scenisk effekt; ~ *fever* teaterv rum; ~ *fright* rampfeber; ~ *manager* inspicient; ~ *right* uppföranderätt; ~ *whisper* teaterviskning **II** *v* sätta upp (teaterpjäs), iscen-sätta; uppföra; arrangera **--coach** [post]-diligens **--coachman** [-,kəutʃmən] diligens-kusk **--craft** scenteknik; dramatisk konst, konstskicklighet **--play** teater-, spelpjäs **--pro-perties** [-,prɔpətiz] rekvisita **-r** [-ə] *s, old* ~ veteran (på ett visst område) **--struck** teaterbiten **--wright** skådespelsförfattare
stagger ['stægə] **I** *v* 1 vackla; ragla; komma att vackla; slå med häpnad, förbluffa; [kom-ma att] hissna 2 placera i sicksack (t.ex. ekrar i cykelhjul); ~ *holidays* sprida ledighet[en] **II** *s* vacklande; bestörtning; *the* ~*s a* svindel **b** = blind ~*s* koller (hästsjukdom) **-er** [-rə] kuggfråga; problem **-ing** [-riŋ] 1 vacklande, ostadig 2 häpnadsväckande, förskräcklig; ~ *blow* dråpslag
stag|-horn ['stæghɔ:n] hjorthorn **-hound** jakt-hund **--hunting** [-,hʌntiŋ] hjortjakt
staging ['steidʒiŋ] 1 iscensättning 2 byggnads-ställning[ar]; ~ *post* fast landningsplats
stagn|ancy ['stægnənsi] = *stagnation* **-ant** [-ənt] stillastående; slö; trög; -ate [stæg'neit] stå stilla, stagnera; slöa till **-ation** [stæg'nei-ʃ(ə)n] stagnation, stillastående
stag-party ['stæg,pɑ:ti] herrbjudning
stagy ['steidʒi] teatralisk
staid [steid] stadgad, lugn
stain [stein] **I** *v* 1 fläcka [ner]; få fläckar; färga av sig (om tyger) 2 färga, måla; betsa 3 besud-la, vanhedra; ~*ed glass windows* målade föns-ter **II** *s* fläck; färgämne; bets **-er** [-ə] fär-gare; betsare; glasmålare **-less** [-lis] obefläc-kad, fläckfri; rostfri
stair [steə] trappsteg; trappa; [*flight of*] ~*s* trappa; *below* ~*s a* [i] källarvåningen **b** bland tjänstefolket (personalen) **--carpet** [-,kɑ:pit] trappmatta **-case** trappa **-way** trappa **--well** trapphus
staithe [steið] lastkaj, -brygga
stake [steik] **I** *s* 1 påle, stake, stör; bål 2 insats; andel, intresse 3 litet städ; *be burnt at the* ~ brännas på bål; ~*s, pl* **a** insats, pott **b** pris vid kapplöpning; *be at* ~ stå på spel; *have a* ~ *in the country* ha intresse av att allt står väl till i landet; *pull up* ~*s* flytta; lämna för alltid **II** *v* 1 fästa vid påle etc.; utstaka; inhägna (med pålar); ~ *a claim* to resa anspråk på; ~ *off* (*out*) **a** utstaka **b** satsa, stake, stör på spel **--holder** [-,həuldə] person som tar hand om insats[en] **--net** bottengarn
stala|ctite ['stæləktait] stalaktit, (hängande)

droppsten **-gmite** [-gmait] stalagmit, (stående) droppsten
stale [steil] **I** *a* unken, instängd; [för] gammal, avslagen; förlegad; *one's mind gets* ~ *by* man blir förslöad av; *go* ~ bli övertränad (*sport.*); ~ *bread* gammalt bröd; ~ *joke* slitet skämt **II** *s* häst-(boskaps)urin **III** *v* **1** göra (bli) unken (gammal etc.), *se I* **2** kissa (om häst el. boskap) **-mate** ['steil'meit] **I** *s* **1** *schack.* pått[ställning] **2** *fig.* dödläge **II** *v* göra pått
stalk [stɔ:k] **I** *s* **1** stjälk, skaft; hög skorsten **2** ståtligt skridande gång **3** smygande jakt (*se II 2*) **II** *v* **1** (ståtligt) skrida [fram] **2** smyga [sig]; smyga efter (villebråd); jaga smygande; ~ *the land* sakta tränga fram genom landet **-ed** [-t] försedd med stjälk (skaft) **-er** [-ə] smygare, smygande jägare **-ing-horse 1** *åld.* skjuthäst, hästattrapp **2** täckmantel, förevändning **-y** [-i] med lång stjälk; lång o. smal
stall [stɔ:l] **I** *s* **1** [stall]bås, spilta **2** parkettplats; *in the* ~*s* på parkett[en] **3** korstol **4** stånd, kiosk **5** tjuvs medhjälpare (som avleder offrets uppmärksamhet); svepskäl, undanflykt **6** *flyg.* hastighetsförlust **II** *v* **1** ställa (hålla) i stall (spilta); [stall]göda; indela i bås **2** köra fast; stanna, stoppa **3** *flyg.* förlora fart o. höjd; ~ *off* göra sig kvitt under diverse förevändningar (*A. sl.*) **-age** [-idʒ] ståndavgift, -hyra **-ed** [-d] **--fed** stallgödd **-holder** [-,həuldə] **1** stånd-, kioskinnehavare **2** kanik (präst som har rätt till plats i korstol) **-ing** [-iŋ] fördröjande verksamhet
stallion ['stæljən] hingst
stalwart ['stɔ:lwət] **I** *a* stor o. stark, robust; trofast **II** *s* trogen (ståndaktig) anhängare
stam|en ['steimen] *bot.* ståndare **-ina** ['stæminə] [livs]kraft; uthållighet; *moral* ~ karaktärsstyrka
stammer ['stæmə] **I** *v* stamma [fram] **II** *s* stamning, stammande
stamp [stæmp] **I** *s* **1** stämpel, prägel; frimärke **2** stampande **3** stamp; stans **4** slag, karaktär; *bear the* ~ *of* präglas av; *set one's* ~ [*up*]-*on* sätta sin prägel på **II** *v* **1** stämpla; frankera **2** stampa; stansa; prägla **3** karakterisera, känneteckna; ~ *flat* platta till (med fot, stamp etc.); ~ *out* a trampa ut **b** tillintetgöra, krossa, utrota; ~*ed paper* stämpelpapper **--act** ['stæmp'ækt] stämpel[avgifts]förordning **--album** [-,ælbəm] frimärksalbum **--collector** [-kə,lektə] frimärkssamlare **--duty** [-,dju:ti] stämpelavgift
stampede [stæm'pi:d] **I** *s* **1** vild flykt av häst-(boskaps)hjord **2** panik[flykt]; *A.* [guld]-rush **II** *v* driva i panikflykt; fly i [vild] panik
stamp|er ['stæmpə] *tekn.* kross (t.ex. sten-) **--machine** [-mə,ʃi:n] **1** (slags) kross (kvarn) **2** frimärksautomat **--mill** = *stamper* **--office** [-,ɔfis] stämpelkontor
stance [stæns] *isht golf., kricket. etc.* slagställning
stanch [stɑ:n(t)ʃ] **I** *v* hämma, stilla **II** *a* = staunch
stanchion ['stɑ:nʃ(ə)n] **I** *s* stötta; stolpe **II** *v* förse (stödja) med stöttor
stand [stænd] **I** *v* **1** stå; ställa sig; bli stående; ligga, vara belägen **2** ställa, placera **3** stå (tål); hålla stånd; stå sig, gälla **4** stå ut med, fördra; hålla stånd mot **5** bjuda på; ~ *six feet* vara (ung.) 180 cm lång; *he can* ~ *a good deal* han

tål en [hel] del; ~ *alone* a stå ensam **b** vara enastående; ~ *away* hålla sig undan; ~ *back* träda tillbaka; ~ *candidate* ställa upp som kandidat; ~ *a good chance* ha en god chans; ~ *corrected* erkänna sitt misstag; ~ *fire* trotsa fiendens eld (kritik); ~ *one's friend* bistå sin vän; ~ *one's ground* hålla stånd, ej ge vika; ~ *pat* a *poker.* avstå från att köpa [kort], sitta nöjd **b** *A.* stå fast [vid partiets principer]; ~ [*one's*] *trial* stå inför rätta, stå till svars; ~ *at ease!* manöver! (*mil.*); ~ *easy!* lediga! (*mil.*); ~ *by* a stå bredvid **b** stå passiv **c** stå beredd [att ingripa]; bistå **d** hålla sig i närheten; ~ *by one's promise* stå [fast] vid sitt löfte; ~ *down* gå tillbaka till sin plats; dra sig tillbaka; ~ *for* a stödja, hålla på **b** betyda; symbolisera **c** uppträda som sökande (kandidat) till; stå fadder för **d** fördra, tolerera; *I won't* ~ *for that* det tål jag inte; ~ *in* a vara med (o. dela); lämna sitt bidrag **b** kosta, gå på **c** *sjö.* gä [in] mot land; ~ *in awe of* ha respekt för; ~ *a p. in good stead* vara ngn till [stor] nytta; ~ *in for* vikariera för, rycka in för; ~ *off* a stiga undan; hålla sig avsides **b** (tillfälligt) entlediga; avspisa **c** *sjö.* gå (sticka) ut [från land]; ~ *off and on* kryssa [av o. an] längs kusten; ~ *on* a stå (ställa sig) på **b**'hålla på **c** *sjö.* hålla samma kurs; ~ *out* a sticka av, framträda (*against* mot); vara framträdande (-stående) **b** stå fast vid; hålla ut **c** *sjö.* sticka till havs; ~ *out for* 'hålla på; träda i bräschen för; ~ *over* stå över; vara kvar; ~ *to* stå [fast] vid, vara trogen; ~ *to it* that vidhålla att; ~ *to one's guns* hålla fast vid sin ståndpunkt, inte ge efter; *it* ~*s to reason* det är självklart; ~ *to win* (*lose*) ha utsikt att vinna (förlora); ~ *up* a stå upp; resa [sig] upp **b** sticka upp, höja sig o. utebli från avtalat möte; ~ *up against* a resa sig (upp-träda) mot, bekämpa **b** resa upp mot; ställa upp framför; ~ *up for* stödja, försvara; ~ *up to* trotsa, modigt möta; ~ *upon* a stå (ställa sig) på **b**'hålla på; ~ *well with* ligga bra till hos; stå på god fot med **II** *s* **1** ställ; stativ **2** stånd, kiosk; tribun, åskådarläktare **3** [stilla]-stående; stopp, halt; upphåll **4** ställning, ståndpunkt **5** skörd; *be at a* ~ stå stilla; *be at a* ~ *for* vara i brydsamt läge inför; *come to a* ~ [av]stanna; *make a* ~ sätta sig till motvärn (*against* mot), gå i ställning (mot); *take one's* ~ a ställa sig, fatta posto **b** fatta ståndpunkt; stödja sig (*on* på), utgå (*on* från); ~ *of arms* vapenutrustning för en soldat; ~ *of colours* regementsfanor
standard ['stændəd] **I** *s* **1** standard; måttstock, norm; lödighet, halt; standard (rymd-mått för virke av varierande innehåll) **2** standar, fana **3** stolpe **4** högstammig buske; stamros **II** *a* **1** standard-, normal[-]; allmänt erkänd **2** högstammig; ~ *deviation* spridning (*mil.*); ~ *English* erkänt god engelska, "riks-språk"; ~ *lamp* golvlampa; *gold* ~ guldmyntfot; ~ *gauge* normalspårvidd; ~ *of living* levnadsstandard **--bearer** [-,bɛərə] fanbärare; anförare **-ization** [,stændədai'zeiʃ(ə)n] standardisering, normering; likriktning **-ize** [-aiz] standardisera, normera; allmänt erkänna; likrikta
stand|-by ['stæn(d)bai] stöd; tröst; hjälp i nöden **--in** ['stænd'in] vikarie, ersättare, reserv **-ing** [-iŋ] **I** *a* stående; ständigt återkommande, permanent; ~ *jump* hopp utan ansats; ~ *orders* reglemente **II** *s* **1** ställning, anseende

2 varaktighet, ålder; *of long* ~ som varat länge, av gammalt datum; ~ *room* ståplatser **--off** ['stænd'ɔf] *a*, ~ *bomb* (strategisk) attackrobot **--offish** ['stænd'ɔfiʃ] högdragen; reserverad **--offishness** ['stænd'ɔfiʃnis] högdragenhet **-patter** ['stæn(d),pætə] [stock]-konservativ person **-point** ['stæn(d)pɔint] ståndpunkt **-still** ['stæn(d)stil] stillastående, stopp; *be at a* ~ stå stilla; *come to a* ~ [av]-stanna **--to** ['stæn(d)tu:] appell **--up I** *a* [upp]-stående; ~ *fight* regelrätt slagsmål (strid); ~ *row* ordentligt bråk; ~ *meal* måltid på stående fot **II** *s* uppstående krage; måltid på stående fot

stank [stæŋk] *imperf* av *stink*

stann|ary ['stænəri] tenngruva; tennbrytningsdistrikt **-ic** [-ik] tenn-

stanza ['stænzə] strof (i poesi)

stapl|e ['steipl] **I** *s* **1** häftklammer; krampa, märla **2** handelscentrum; huvudprodukt, stapelvara **3** huvudbeståndsdel, kärna **4** råvara **5** fiber, tåga **II** *a* huvud- **III** *v* **1** sätta (nita) fast (med krampa, märla); häfta ihop **2** sortera (ull etc.) **-er** [-ə] sorterare **-ing-machine** [-iŋmə,ʃi:n] nitmaskin

star [stɑ:] **I** *s* **1** stjärna **2** bläs; ~*s and stripes* USA:s flagga, stjärnbaneret; *thank one's* ~*s* tacka sin lyckliga stjärna **II** *a* stjärn-; förnämst **III** *v* **1** pryda med stjärnor; sätta stjärna (asterisk) för **2** uppträda (presentera) som stjärnskådespelare

starboard ['stɑ:bəd] styrbord; ~ *quarter* styrbords låring; *on the* ~ *beam* tvärs ut (om styrbord); *on the* ~ *bow* på styrbords bog

starch [stɑ:tʃ] **I** *s* **1** stärkelse **2** stärkelseklister **3** stelhet (i sättet) **II** *v* stärka **-ed** [-t] stärkt, stärk-; stel, formell **-y** [-i] **1** stärkelsehaltig **2** stärkt **3** stel, formell; ~ *food* kost med mycket mjöl o. potatis

star|-drift ['stɑ:drift] stjärnström **--dust** stjärnhop, kosmiskt stoft

stare [stɛə] **I** *v* stirra, glo (*at* på); *that will make him* ~ det kommer att göra honom häpen; *it* ~*s you in the face* **a** det (den) stirrar dig rätt i ansiktet **b** det är solklart; ~ *a p. down* (*out*) *of countenance* (med blicken) bringa ngn ur fattningen **II** *s* stirrande [blick]

star|fish ['stɑ:fiʃ] sjöstjärna **--gazer** [-,geizə] **1** stjärntittare (astronom) **2** drömmare

staring ['stɛəriŋ] **1** stirrande **2** bjärt, iögonenfallande **3** fullständig; ~ *mad* spritt [språngande] galen

stark [stɑ:k] **I** *a* **1** stel, styv **2** fullkomlig, ren **II** *adv* fullständigt; spritt; ~ [*staring*] *mad* spritt [språngande]galen; ~ *naked* spritt naken

star|let ['stɑ:lit] liten stjärna **-light** stjärnljus

starling ['stɑ:liŋ] **1** stare **2** pålverk runt bropelare till skydd mot is

star|lit ['stɑ:lit] stjärnklar, -ljus **-red** [stɑ:d] stjärnbeströdd, -prydd; markerad med stjärna **-ry** [-ri] **1** stjärnbeströdd, -prydd **2** tindrande; ~ *sky* stjärnhimmel **-ry-eyed** blåögd, naiv; **--shell** lysgranat **--spangled** [-,spæŋgld] = *starry I*; *the* ~ *banner* stjärnbaneret

start [stɑ:t] **I** *v* **1** börja; starta; sätta igång; ge sig iväg **2** spritta till; haja till; flyga upp (ut) **3** jaga upp (villebråd) **4** lossna; rycka loss; ~ *another hare* föra ett nytt ämne på tal; ~ *to work* (*working*) börja arbeta; ~ *back* rygga tillbaka; ~ *for* ge sig iväg till; ~ *from* utgå från; *his eyes* ~*ed from his head* hans ögon stod på skaft; ögonen höll på att trilla ur skallen på

honom; ~ *in* sätta igång [med]; ~ *into existence* plötsligt uppkomma; ~ *out* sätta igång [med]; ~ *up* **a** flyga upp; spritta (haja) till **b** plötsligt uppkomma **c** starta, sätta igång **II** *s* **1** början, start **2** ryck **3** försprång; *by fits and* ~*s* ryckvis, oregelbundet; *from* ~ *to finish* från början till slut, från start till mål; *get the* ~ *of a p.* komma iväg före ngn, få försprång framför ngn; *it gave me a* ~ jag spratt (hajade) till; *give a p. a* ~ hjälpa ngn iväg; *make an early* ~ komma igång tidigt; *wake up with a* ~ spritta upp (ur sömnen) **-er** [-ə] **1** starter **2** tävlingsdeltagare **3** start[anordning]

starting ['stɑ:tiŋ] *s* o. *a* start[ande] **--gate** startanordning vid kapplöpning **--point** utgångspunkt **--post** startpåle **--price** odds strax före starten

start|le ['stɑ:tl] komma att spritta (haja) till; skrämma [upp]; *be* ~*d* haja till; häpna **-ing** [-iŋ] häpnadsväckande, sensationell; förfärande **-ish** [-iʃ] lättskrämd

starv|ation [stɑ:'veiʃ(ə)n] svält, utsvältning **-e** [stɑ:v] svälta [ut]; ~ *for* (starkt) längta efter; ~ *a p. into submission* betvinga ngn genom uthungring **-eling** ['stɑ:vliŋ] **I** *s* utsvulten stackare; utsvultet djur **II** *a* uthungrad, undernärd

stash [stæʃ] **I** *s, sl.* gömställe för värdesaker **II** *v, sl.* gömma, lägga i säkert förvar

state [steit] **I** *s* **1** stat **2** tillstånd; ställning **3** ståt, prakt; ~ *of affairs* tillstånd, läge; ~ *of readiness* stridsberedskap; *be in a* [*terrible*] ~ vara alldeles ifrån sig; *the S* ~ *s* [Förenta] Staterna (USA); ~ *coach* galavagn; *the S* ~ *Department* USA:s utrikesministerium; *in* ~ i full gala[prakt], i all sin glans; *lie in* ~ ligga på lit de parade **II** *a* **1** stats-, statlig **2** prakt-, gala- **III** *v* **1** uppge, förklara, anföra **2** framlägga, redogöra för **--aid** statsunderstöd **--attorney** ['steitə'tə:ni] *A.* statsåklagare **-craft** statskonst; statsmannaskap **-d** [-id] uppgiven; bestämd; *at* ~ *intervals* med bestämda mellanrum **-less** [-lis] statslös **-ly** [-li] ståtlig, imponerande **-ment** [-mənt] **1** påstående; förklaring; uppgift **2** redogörelse, rapport; ~ *of affairs* redovisning (för räkenskaper) **-room** [-rum] praktgemak; lyxhytt

statesman ['steitsmən] **1** statsman **2** *Nordengl.* småbrukare **-like, -ly** [-li] statsmanna- **-ship** statsmannaskap, -egenskaper; statskonst

static ['stætik] **I** *a* statisk; stillastående; ~ *electricity* statisk elektricitet **II** *s pl*, ~*s* **1** statik **2** atmosfäriska [radio]störningar **-al** [-(ə)l] *se static I*

station ['steiʃ(ə)n] **I** *s* **1** station; (bestämd) plats **2** ställning, rang **3** boskapsfarm **4** *kyrk.*, ~*s of the Cross* korsväg[sandakt]; *naval* ~ flottbas; *above one's* ~ över sitt stånd; *men of* ~ högt uppsatta män; ~ *agent* stins, stationsföreståndare (*A.*) **II** *v* placera, stationera **-ary** [-ʃnəri] *a* stationär, stillastående; fast **II** *s pl. mil., stationaries* fast styrka, fasta styrkor **--bill** *sjö.* tjänstefördelningsrulla (för speciella tillfällen) **--calendar** [-,kælində] anslag om tågtider (vid viss station) **--car** *se station-waggon* **-er's** [-ʃnəz] pappershandel **-ery** [-ʃnəri] kontorsartiklar; brevpapper; pappersvaror; *Her Majesty's S* ~ *Office* eng. statstryckeriet (utger parlamentstryck, utredningar m.m.) **--house** stationshus; polisstation **--master** [-,mɑ:stə] stationsförestån-

dare, -inspektor, stins **--wag[g]on** [-,wægən]
herrgårdsvagn, stationsvagn
statist ['steitist] = *statistician* **-ic[al]** [stə'tis-
tik, -(ə)l] statistisk **-ician** [,stætis'tiʃ(ə)n]
statistiker **-ics** [stə'tistiks] *pl* statistik
statu|ary ['stætjuəri] **I** *a* bildhuggar- **II** *s* bild-
huggarkonst, skulptur; skulpturer; skulptör **-e**
['stætʃu:] staty **-esque** [,stætju'esk] statylik,
statyliknande **-ette** [,stætju'et] statyett, liten
staty
stature ['stætʃə] kroppsstorlek, gestalt; *man
of* ~ man av format; *short of* ~ liten till väx-
ten, småväxt
status ['steitəs] status, ställning, läge; med-
borgerlig ställning
statut|able ['stætjutəbl] = *statutory* **-e** [-u:t]
1 lag **2** statut, reglemente **-e-book** författ-
ningssamling **-e-law** skriftligen fastställd lag
-ory [-t(ə)ri] lagstadgad; reglementerad
staunch [stɔ:n(t)ʃ] **I** *a* pålitlig, [tro]fast, stark;
vattentät **II** *v, se stanch*
stave [steiv] **I** *s* **1** tunnstav, kim[me] **2** steg-
pinne **3** strof **4** notsystem **II** *v,* ~ *a cask* till-
verka en tunna (kagge); ~ *in* slå hål på; ~ *off*
avvärja; förhala **--rhyme** stavrim
stay [stei] **I** *v* **1** stanna [kvar]; förbli; bo, vistas
2 (stanna o.) vänta *(for* på) **3** hejda, hålla
tillbaka; uppskjuta, inställa; ~ *the course*
hålla ut, inte ge upp; ~ *one's hand* [för]hålla
sig stilla; ~ *one's appetite* stilla sin hunger;
~ *put* stanna där man är, inte röra på sig
(*vard.*); ~ *the night* stanna över [natten]; ~ *in*
stanna inne; ~ *out the play* stanna till pjäsens
slut **II** *s* **1** vistelse, uppehåll **2** uppskov **3** ut-
hållighet **4** stöd; *sjö.* stag; ~*s* korsett; *make a*
~ vistas; *put a* ~ *on* hålla igen; få bukt med; *the
ship is in* ~*s* fartyget går över stag **--at-home**
['ste(i)əthəum] **I** *a* hemkär **II** *s* hemmasittare,
stugsittare **-er** [-ə] uthållig person; lång-
distansare **--in** ['stei'in] *a*, ~ *strike* sittstrejk
-ing-power [-iŋ,pauə] uthållighet **--lace**
korsettband **--maker** [-,meikə] korsett till-
verkare **-sail** stagsegel
stead [sted] ställe; *it stood me in good* ~ det
kom [mig] väl till pass **-fast** [-fəst] stadig,
orubblig; fast **-ing** [-iŋ] *Sk.* [bond]gård **-y**
[-i] **I** *a* **1** stadig, fast **2** ihållande, jämn **3** stad-
gad, lugn **4** trogen; ~ *!* ta det varligt (lugnt)!;
keep her ~, ~ *as you go* håll den kursen! (*sjö.*);
~ *does the trick* ta det lugnt, så går allt bra;
go ~ kila stadigt (*vard.*) **II** *s* **1** stöd **2** *vard.*
person man kilar stadigt med **III** *v* stadga
[sig]; stödja, ge stadga åt; ~ *down* stadga sig,
lugna [ner] sig; ~ *the helm* hålla rodret fast
-y-going [-,gəuiŋ] stadgad
steak [steik] biff[stek]; (stekt) kött-(fisk)-
skiva
steal [sti:l] **1** stjäla **2** smyga [sig]; ~ *a glance at*
kasta en förstulen blick på; ~ *a march on*
(raskt) skaffa sig ett försprång framför (ett
övertag över); ~ *away* smyga [sig] bort **-th**
[stelθ] *s* smygande; *by* ~ i smyg **-thy** ['stelθi]
förstulen; i smyg, smyg-; smygande
steam [sti:m] **I** *s* ånga; imma; *get up* ~ få
upp ångan (*äv. fig.*); *let off* ~ släppa ut ånga
(*äv. fig.*), ge luft åt sina känslor (*vard.*) **II** *v*
ånga, ryka; imma sig; ångkoka **-boat** ångbåt
--boiler [-,bɔilə] ångpanna **--box** *tekn.* ång-
--engine [-,en(d)ʒin] **1** ångmaskin
--hammer [-,hæmə] ånghammare **2** ångmaskin
2 ånglok **3** ång[brand]spruta **-er** [-ə] **1** ångbåt
2 ångkokare **--gauge** manometer **--heat**
ångvärme **-ing-light** topplljus, lanterna

--jacket [-,dʒækit] *tekn.* ångmantel, -tröja
--navvy [-,nævi] grävmaskin **--power** [-,pauə]
ångkraft **--roll** *v* välta **--roller** [-,rəulə]
ångvält **-ship** ångfartyg **--tight** ångtät **--tug**
bogserbåt **--whistle** [-,wisl] ångvissla **-y** [-i]
ångande; immig
stear|ic [sti'ærik] stearin- **-in** ['stiərin] stearin
steed [sti:d] springare, fåle
steel [sti:l] *s* stål; brynstål; stålfjäder (i kor-
sett); eldstål; ~*s* stålaktier; *cold* ~ blanka
vapen; *a foe worthy of his* ~ en värdig mot-
ståndare (till honom); ~ *wool* stålull **II** *a* av
stål, stål- **III** *v* stålsätta, härda **--clad** stål-
täckt, bepansrad **--head** (slags) forell **-ify**
[-ifai] göra stål av **--plated** ['sti:l'pleitid] be-
pansrad **--points** [stål]broddar **-works** stål-
verk **-y 1** stål-, av (lik) stål **2** *fig.* hårdhjärtad,
obeveklig **-yard** ['stilja:d] besman
steep [sti:p] **I** *a* **1** brant **2** onormal[t hög],
orimlig **II** *s* **1** brant [sluttning], stup **2** blöt-
ning, doppande; bad; lut; *in* ~ i blöt **III** *v*
1 doppa, genomdränka, blöta **2** fördjupa sig
(*in* i); ~*ed in liquor* asfull, plakat; ~*ed in
debts* skuldsatt upp över öronen; ~*ed in
history* spränglärd i historia **-en** [-(ə)n] göra
(bli) brant[are] etc., *se steep I* **-er** [-ə] [blöt-
läggnings]kar, balja
steeple ['sti:pl] **1** spetsigt torn **2** tornspira
--chase hinderlöpning; terrängritt **--chaser**
[-,tʃeisə] hinderlöpare; hinderhoppare (ryttare
el. häst) **--crowned** [-kraund] högkullig **-d**
tornprydd **-jack** man som lagar torn (skor-
stenar o. d.); tornklättare
steepy ['sti:pi] brant
steer [stiə] **I** *v* styra; *the ship* ~*s well* fartyget
lyder roder (är lättmanövrerat); ~ *clear of*
hålla undan för, undvika; *where are you* ~*ing
for?* vart ska du (ni) ta vägen? **II** *s* ungtjur
-able [-rəbl] styrbar **-age** [-ridʒ] **1** styrning
2 styrbarhet **3** tredje klass, turistklass **4** mel-
landäck **-age-way** styrfart **-ing-gear** [-,riŋ-
giə] styrinrättning, -maskin **--ing-wheel**
[-riŋwi:l] [bil]ratt **-sman** [-zmən] rorsman
-smanship [-zmənʃip] skicklighet som rors-
man
steeve [sti:v] **I** *v* **1** *sjö.* luta; ge resning åt
(bogspröt) **2** stuva **II** *s* **1** (bogспröts) lutning
2 stuvningsspira
stein [stain] ölkrus **-bock** [-bɔk] *zool.* sten-
bock
stele ['sti:li(:)] minnessten
stellar ['stelə] stjärn-
stem [stem] **I** *s* **1** stjälk; stam (*äv.* ord-) **2**
skaft (bl. a. pip-); fot (på glas) **3** *sjö.* förstäv,
bog; *from* ~ *to stern* från för till akter **II** *v*
1 dämma upp, hejda **2** sträva emot
3 stamma (*from* från); gå tillbaka (*from* på)
4 rensa (ta bort stjälken på, t. ex. tobak);
kvista [av]; ~ *the tide* hejda strömmen, däm-
ma upp flodvågen (*äv. fig.*) **-mer** [-ə] rensare
stench [sten(t)ʃ] stank **--trap** vattenlås (i av-
loppsrör)
stencil ['stensl] **I** *s* stencil; schablon; mall **II**
v stencilera **--plate** schablon
sten-gun ['stengʌn] automatgevär
stenograph ['stenəgrɑ:f] **1** stenogram **2** steno-
grafitecken **3** stenograf[ernings]maskin **-er**
[ste'nɔgrəfə] stenograf **-ic** [,stenə(u)'græfik]
stenografisk **-y** [ste'nɔgrəfi] stenografi
stentorian [sten'tɔ:riən] stentors-, (om pers.)
dundrande; ~ *voice* stentorsstämma
step [step] **I** *s* **1** [fot]steg; gång **2** trappsteg;

stegpinne **3** åtgärd **4** *mil.* grad, rang **5** *sjö.*
spår; ~*s, pl* **a** [ytter]trappa, stentrappa =
flight of ~*s* **b** trappstege = *a pair of* ~*s*; ~
by ~ steg för steg; *fall into* ~ falla in i takten;
false ~ felsteg; missgrepp; *follow in a p.'s* ~*s*
gå i ngns fotspår (*fig.*); *get one's* ~[*s*] stiga i
graderna; *in* ~ i takt; *keep* ~ hålla takten;
keep [*in*] ~ *with* hålla jämna steg med; *make*
(*take*) *a* ~ ta ett steg; *out of* ~ i otakt; *take*
~*s* vidta åtgärder; *turn one's* ~*s to* styra sina
steg mot; *watch one's* ~*s* se sig [noga] för
II *v* **1** stiga, träda, trampa, gå **2** stega [upp];
~ *it* gå till fots; ~ *this way!* kom med den
här vägen!; ~ *aside* stiga åt sidan (undan);
förirra sig; göra ett felsteg; ~ *back* träda till-
baka (*äv. fig.*); ~ *down* minska (*tekn.*); ~ *high*
(om häst) lyfta hovarna högt; ~ *in* **a** stiga in
('på) **b** träda emellan, ingripa; *won't you* ~
inside? vill du (ni) inte stiga in?; ~ *off* **a** an-
träda marsch (i viss föreskriven takt) **b** stega
(mäta) [upp]; ~ *on the gas* trampa på gasen;
sätta [full] fräs = ~ *on it*; ~ *out* **a** stiga
(träda) ut **b** *mil.* öka steglängden, ta ut stegen;
~ *out briskly* traska 'på [bra]; ~ *outside* gå
(träda) ut; ~ *short* ta ett för kort steg; gå
med korta steg; ~ *up* **a** gå upp **b** *tekn.* öka
(*isht* elektrisk spänning); ~ *up to* gå (stiga)
fram till; ~ *up to a girl* göra närmanden till
en flicka **-brother** [-,brʌðə] styvbror **-child**
styvbarn **-daughter** [-,dɔ:tə] styvdotter
-father [-,fɑ:ðə] styvfar **--in** (slags) under-
plagg **--ladder** [-,lædə] trappstege **-mother**
[-,mʌðə] styvmor **-motherly** [-,mʌðəli] styv-
moderlig
steppe [step] stäpp
step|ped [stept] försedd med trappsteg; ~
gable trappgavel **-ping-stone** sten att
kliva på (i bäck o. d.); *fig.* första steg, språng-
bräda **-ping-up** [stepiŋ'ʌp] ökning **-sister**
[-,sistə] styvsyster **-son** styvson
stereo ['stiəriəu] **I** *s* **1** = ~*type* **2** tredimensio-
nell film; stereofonisk inspelning **3** stereo-
anläggning **II** *a* stereofonisk, tredimensionell
--camera [-,kæm(ə)rə] stereokamera, kamera
för tredimensionella bilder **-metry** [,steri'ɔ-
mitri] stereometri **-phonic** [,steriə'fɔnik]
stereofonisk **-scope** [-iəskəup] stereoskop
-scopic [,stiəriəs'kɔpik] stereoskopisk **-type**
[-iətaip] **I** *s* **1** stereotyp[platta] **2** stereotypi
II *v* stereotypera **-typed** [-iətaipt] *a* stereo-
typ
steril|le ['sterail] ofruktbar, improduktiv; ste-
ril **-ity** [ste'riliti] sterilitet, ofruktsamhet
-ization [,sterilai'zeiʃ(ə)n] sterilisering **-ize**
[-rilaiz] göra ofruktbar; sterilisera
sterling ['stə:liŋ] **1** (om eng. mynt o. metall)
fullödig; innehållande minst 92,5 % silver
2 äkta; gedigen; *pound* ~ pund sterling (brit-
tisk valuta); *the* ~ *area* sterlingområdet
stern [stə:n] **I** *a* barsk, sträng, bister **II** *s*
1 akter[spegel] **2** bak, ända (på djur; *skämts.*
om pers.) **--chase** förföljande i fartygs köl-
vatten **--chaser** [-,tʃeisə] akterkanon **-most**
akterst, (som är) längst akterut
stethoscope ['steθəskəup] stetoskop
stevedore ['sti:vidɔ:] stuvare, stuveriarbetare
stew [stju:] **I** *s* **1** stuvning; "gryta" (med
blandad mat) **2** fiskdamm, -odling; *be in a*
[*regular*] ~ vara utom sig; *Irish* ~ irländsk
fårstuvning **II** *v* stuva[s]; [låta] sjuda; för-
smäkta, våndas; *the tea is* ~*ed* teet har dragit
för länge; *let him* ~ *in his own juice* (*grease*)

som han har bäddat får han ligga (*ung.*); ~*ed*
fruit fruktkompott **-ed** *sl.* berusad
steward [stjuəd] **I** *s* **1** steward, (på båt el.
flygplan) uppassare, proviantförvaltare **2**
[gods]förvaltare **3** (förenings) klubbmästare
4 funktionär (vid kapplöpning) **II** *v* förvalta
-ess [-is] kvinnl. steward förvaltarskap
stew|-pan ['stju:pæn] **--pot** kastrull, gryta
stick [stik] **I** *s* **1** käpp; [takt]pinne; kvist,
sticka; skaft; [hockey]klubba **2** stång (av lack
o. d.), bit, stycke; läppstift **3** (om personer)
klåpare; (hopplös) typ, figur **4** = *walking*~-
insect; *drop a* ~ *of bombs* fälla en hel bomb-
last (på en gång); *a few* ~*s of furniture* några
enkla möbler; *give* (*want*) *the* ~ ge (behöva)
smisk; *cut one's* ~ ge sig iväg, sticka [iväg];
be in a cleft ~ vara i knipa; *get hold of the*
wrong end of the ~ få det [hela] om bakfoten;
live way out in the ~*s* bo långt utanför staden
(*vard.*) **II** *v* **1** (hålla) fast; klibba [fast];
fastna **2** fästa, klistra [fast] **3** sticka, sätta **4** stå
ut med; ~ *where you are* stanna där du (ni)
är; ~ *at home* hålla sig hemma; ~ *bills* sätta
upp affischer; *I can't* ~ *him* jag tål honom
inte; *I won't* ~ *that* det tål jag inte; ~ *pigs*
a slakta grisar **b** jaga vildsvin (med spjut);
the nickname stuck han fick behålla öknam-
net; ~ *around* hålla sig i närheten (*sl.*); ~ *at*
a vara ihärdig med, vägra att ge upp **b** rygga
tillbaka för; ~ *at nothing* inte sky någonting;
~ *at no scruples* inte ha några samvetsbetänk-
ligheter; ~ *by* förbli trogen; hålla sig till; ~
down an envelope klistra igen ett kuvert; ~ *in*
a fastna (sitta fast) **i**; stanna inne [i] **b** klistra
in; sticka in; ~ *in the mud* sitta fast [i dyn]
(*äv. fig.*); stå o. stampa; inte följa med sin tid;
~ *on* klistra på; sitta fast[klistrad] på; *can*
you ~ *on a horse?* sitter du (ni) säkert i sadeln?
kan du (ni) hålla dig (er) kvar på hästryggen?;
stuck on kär i (*sl.*); ~ *it on* **a** hugga för sig,
ta för mycket betalt **b** bre på [tjockt], skrävla;
~ *out* sticka ut (fram); ~ *it out* hålla ut (till
slutet); *it* ~*s out a mile* det ligger i öppen dag;
~ *out for better terms* envist kämpa för bättre
villkor; ~ *one's neck out* chansa, ta en risk;
~ *to* hänga (hålla) fast vid; förbli trogen; stå
fast vid; ~ *to one's guns* inte låta sig rubbas;
stå på sig; ~ *up* **a** sätta upp **b** sticka upp **c**
överfalla; råna **d** trassla till; ~*'em up!* upp
med händerna!; ~ *up for* försvara, träda i
bräschen för; *that will* ~ *him up* därmed blir
han ställd **-er** [-ə] **1** en som sitter fast etc.,
se stick II **2** ihärdig (efterhängsen) person
3 svinslaktare **4** jakt-, slaktarkniv **5** affisch-
uppsättare **6** etikett (att klistra fast) **-er-up**
['stikər'ʌp] *Austr.* stråtrövare; rånare **-ing-**
-place -ing-point, fastskruvningsläge; höjd-
punkt; *when it comes to the* ~ när det
kommer till kritan **-ing-plaster** [-in,plɑ:stə]
[häft]plåster **--in-the-mud** [-(i)nðəmʌd]
I *a* trög, fantasilös; efterbliven **II** *s* trögmåns;
fantasilös person **--insect** [-,insəkt] = *walk-*
ingstick-insect vandrande pinne **-jaw** seg
knäck e. d.
stickle|back ['stiklbæk] *zool.* spigg **-r** [-ə] *s*
pedant; *be a* ~ hålla benhårt på
stick|-up ['stikʌp] *A.* **I** *a* uppstickande,
-stående; ~ *man* rånare **II** *s* **1** ståndkrage
2 rån, rånare **-y** [-i] **1** klibbig; (om väder)
varm o. fuktig **2** seg; trög[flörtad]; kinkig
3 *vard.* besvärlig, tilltrasslad; *he was very* ~
about giving his consent det var mycket svårt

att få honom att gå med på det (*sl.*); *he'll come to a* ~ *end* han kommer att sluta illa; ~ *fingers, äv.* "långa" fingrar **-y-back** gummerad lapp (platta) **stiff** [stif] **I** *a* **1** stel, styv; oböjlig, stram **2** stel, formell **3** styv, svår, påfrestande; seg; stark (om drink); ~ *climb* svår klättring; ~ *demand* oblygt krav; ~ *denial* blankt avslag (förnekande); *keep a* ~ *lip* (*face*) förbli allvarlig (oberörd); *keep a* ~ *upper lip* visa fasthet; ~ *market* fast marknad; ~ *price* högt [tilltaget] pris; ~ *subject* besvärligt ämne; *he bores me* ~ (jag tycker) han är urtråkig; *it scared me* ~ jag blev dödsförskräckt **II** *s* **1** värdepapper; [pappers]pengar **2** *sl.* lik **3** tölp; dummerjöns; nolla; *a big* ~ en [stor] idiot **--bit** oledat bett (hos häst) **-en** [-n] stelna [till]; göra stel, styv; stärka[s] **-ener** [-nə] styrketår **-ish** [-iʃ] tämligen stel etc., *se stiff I* **--necked** ['stif'nekt] hårdnackad, styvsint **stiffle** ['staifl] **I** *v* kväva[s]; undertrycka **II** *s* **1** knäled (hos djur) **2** sjukdom i knäled **-e--joint** = *stifle* **I** *l* **-ing** [-iŋ] kvävande **stigma** ['stigmə] (*pl ~ta* [-tə]) **1** brännmärke; skamfläck **2** stigma, sårmärke liknande Kristi sår **3** andningsöppning hos insekter; blodböld; märke i huden **4** märke (på pistill) **-tic** [stig'mætik] **1** stigmatisk **2** stigmatiserad **-tization** [,stigmətai'zeiʃ(ə)n] stigmatisering **-tize** [-taiz] **1** brännmärka **2** stigmatisera **stile** [stail] **1** [kliv]stätta **2** dörrpost; *help a lame dog over a* ~ hjälpa en [svag] stackare **still** [stil] **I** *adv* **1** fortfarande; ännu **2** dock, ändå **II** *a* stilla, tyst; (om vin) icke musserande; ~ *life* stilleben; ~ *waters run deep* i de lugnaste vattnen går de största fiskarna **III** *s* **1** stillhet **2** destilleringsapparat, -kärl; viskybränneri **3** stillbild **IV** *v* **1** stilla, lugna, tysta **2** destillera **stillage** ['stilidʒ] ställ[ning] **still|-birth** ['stilbə:θ] dödfödsel **--born** dödfödd **--fish** ['stil'fiʃ] fiska från stillaliggande båt **still|ing** ['stiliŋ] **-ion** [-jən] (slags) ställ[ning] **--room** [-rum] **1** destilleringsrum **2** handkammare; skafferi **stilt** [stilt] stylta; *on* ~*s, äv.* uppstyltad, högtravande **-ed** [-id] = *on* ~*s* (*äv. fig.*) **stimul|ant** ['stimjulənt] **I** *a* stimulerande, uppiggande, eggande **II** *s* **1** stimulans **2** uppiggande medel **-ate** [-leit] stimulera; väcka; egga, sporra **-ation** [,stimju'leiʃ(ə)n] stimulans, stimulering **-ative** [-ətiv] *a* stimulerande **-us** [-əs] (*pl -i* [-ai]) eggelse, sporre, stimulus; *med.* stimulans **sting** [stiŋ] **I** *v* **1** sticka; stinga; såra; svida, bränna; sporra **2** skinna, lura på pengar **II** *s* **1** stick, sting; *fig.* skärpa **2** gadd; brännhår (på nässla); *the wind has a* ~ *in it* vinden är bitande (frisk) **-er** [-ə] hårt (smärtsamt) slag **-ing** [-iŋ] stickande; sårande, kränkande; ~ *blow* smärtsamt slag **-ing-nettle** [-,netl] brännässla **-less** [-lis] utan gadd; uddlös **stingy** ['stin(d)ʒi] snål, knusslig **stink** [stiŋk] **I** *v* stinka, lukta illa; ~ *of garlic* lukta vitlök; *it* ~*s in my nostrils* jag tål inte lukten av det; det bjuder mig emot; *you can* ~ *it a mile off* man känner lukten (anar det) på långt håll; *make* (*raise*) *a* ~ ställa till bråk (*sl.*) **II** *s* stank, dålig lukt; ~*s* kemi (*skolsl.*) **-ard** [-əd] stinkande person (djur) **--ball** stinkboll **-er** [-ə] stinkande person

(djur); usling; dålig cigarr **--horn** stinksvamp **-ing** [-iŋ] **1** illaluktande, stinkande **2** rutten, nedrig **--pot 1** = *stink-ball* **2** ngt som stinker **3** usling **--trap** vattenlås (i avlopp) **stint** [stint] **I** *v* snåla med; vara snål mot: ~ *a p. of s.th.* missunna ngn ngt; ~ *a p. for money* ge ngn mycket litet att röra sig med; *don't* ~ *money* sky inga kostnader **II** *s* **1** inskränkning **2** förelagd uppgift (del) **3** *zool.* strandvipa **-less** [-lis] oinskränkt; frikostig **stipe** [staip] stjälk, skaft **stipend** ['staipend] [präst]lön **-iary** [stai'pendjəri] **I** *a* (fast) avlönad **II** *s*, ~ *magistrate* polisdomare (i London o. andra större städer) **stipple** ['stipl] **I** *v, konst.* punktera, pointillera **II** *s* punktering; pointillé-maner, -konstverk **stipulat|e** ['stipjuleit] stipulera, föreskriva; förbehålla sig; ~ *for* förbehålla sig villkor (*stipju'leiʃ(ə)n] stipulering, bestämmelse, villkor **stir** [stə:] **I** *v* **1** röra [på], sätta i rörelse; väcka **2** röra om [i] **3** röra [på] sig; vakna [till liv]; *she did not* ~ *an eyelid* hon rörde inte en fena; *be deeply* ~*red* känna sig starkt berörd; ~ *a p.'s blood* a sätta ngns blod i svallning **b** [upp]egga ngn; ~ *your stumps!* rör på påkarna!: *nobody* ~*ring yet?* är ingen uppe (i farten) än?; *no news* ~*ring* intet nytt; ~ *out* [of the house] gå ut [o. röra på sig]; ~ *up* a röra om[kring]; röra till **b** [upp]väcka; upptända, få att blossa upp **II** *s* **1** rörelse; uppståndelse, upphetsning; sensation **2** omröring; *give it a* ~ röra om i det (den); *make a great* ~ väcka stort uppseende (stor uppståndelse); *not a* ~ *of air* inte en pust (fläkt) **-rer** [-rə] ngt att röra [om] med; *anearly* ~ ottefågel **-ring** [-riŋ] **1** rörlig **2** spännande; sensationell; uppseendeväckande; (starkt) gripande **3** livlig; energisk, driftig **stirrup** ['stirəp] stigbygel **--cup** färdknäpp, avskedsdryck **--iron** [-,aiən] = *stirrup* **stir-up** ['stə:rʌp] uppståndelse, upphetsning **stitch** [stitʃ] **I** *s* **1** stygn; maska **2** håll (i sidan); *drop a* ~ tappa en maska; *a* ~ *in time saves nine* bättre att stämma i bäcken än i ån; *with-out a* ~ *of clothing, not a* ~ *on* utan en tråd på kroppen; *put* ~*es in* sy ihop; *be in* ~*es* skratta hejdlöst (*vard.*) **II** *v* sy [ihop]; brodera; häfta; ~ *up* sy ihop **-er** [-ə] en som syr (broderar); (slags) symaskin **-ery** [-əri] sticksömnad; handarbete **-ing** [-iŋ] sticksöm[nad], brodering; häftning **stiver** ['staivə] [spott]styver **stoat** [stəut] **1** hermelin **2** *allm.* vessla **stock** [stɔk] **I** *s* **1** [varu]lager, förråd; materiel, bestånd **2** värdepapper, aktie[r]; aktiekapital **3** stam, härstamning; avel **4** [träd]stam; [rot]-stock **5** stock; block; ankarstock; gevärsstock **6** råmaterial **7** buljong (avkok av köttben) **8** spännhalsduk **9** *bot.* lövkoja **10** dumbom; ~*s* **a** värdepapper, aktier, obligationer **b** stapel[bädd] **c** stock (hist. straffredskap); *the S*~*s* statsskulden; *have money in the* ~*s* äga statsobligationer; *on the* ~*s* på stapelbädden, under byggnad (utarbetande); *dead* ~ döda inventarier; *fat* ~ gödboskap; *on* ~ *a* på lager; *live* ~ boskap; kreatursbesättning; *rolling* ~ rullande materiel; *S*~ *Exchange* fondbörs; *take* ~ inventera; (*fig.*) granska (läget); *take* ~ *in* förvärva aktier i; intressera sig för; *take* ~ *of a p.* (noga) mönstra ngn; *out of* ~ slut, slutsåld **II** *a* ständigt till hands (på lager); stående; stereotyp; ~ *company* fast [teater]-

ensemble **III** *v* **1** förse med (lager) **2** ha på lager, föra **3** förse (gevär) med stock **4** sätta i stocken (straff) **5** så igen
stockade [stɔ'keid] **I** *s* palissad **II** *v* palissadera
stock|-book ['stɔkbuk] inventarie-, lagerbok **--breeder** [-ˌbriːdə] avelsuppfödare **--breeding** [-ˌbriːdiŋ] kreatursavel **-broker** [-ˌbrəukə] börsmäklare **-broking** [-ˌbrəukiŋ] börsmäkleri, **--car** boskapsvagn **--farm** boskapsfarm, avelsgård **--farmer** [-ˌfɑːmə] = *stockbreeder* **-fish** stockfisk **--holder** [-ˌhəuldə] aktieägare **stocking** ['stɔkiŋ] (lång) strumpa; *in one's ~s* (*~-feet*, *~ed-feet*) i strumplästen **--frame, --loom, --machine** ['stɔkiŋmə'ʃiːn] strumpstickningsmaskin **--stitch** slätstickning **stock|-in-trade** ['stɔkin'treid] [varu]lager; uppsättning; utrustning **-ist** lagerhållare, leverantör; [innehavare av] specialaffär **-jobber** [-ˌdʒɔbə] börsspekulant **-jobbery** [-ˌdʒɔbəri] **-jobbing** [-ˌdʒɔbiŋ] börshandel, spekulationer **--list** börs[noterings]lista **-man** [-mən] *Austr.* boskapsfogde **--market** [-ˌmɑː-kit] fondmarknad **--owl** uv **--piling** [-ˌpailiŋ] upplagring, lagerhållning **--pot** buljongkittel **--raising** [-ˌreiziŋ] = *stock-breeding* **--rider** [-ˌraidə] *Austr.* (slags) cowboy **--still** ['stɔk-'stil] blickstilla **--taking** [-ˌteikiŋ] inventering; granskning, överblick **--whip** boskapspiska **-y** [-i] kort o. tjock, undersätsig **-yard** boskapsinhägnad
stodg|e [stɔdʒ] **I** *s* kraftig (svårsmält) kost (*äv. fig.*); skrovmål **II** *v* vräka i sig, proppa sig full **-y** [-i] mastig, kraftig; svårsmält **2** 'långtråkig, kortsynt
stog|ie ['stəugi] **-y** [-i] *A.* **1** tung sko (stövel) **2** lång, smal (billig) cigarr
stoic ['stəuik] **I** *s* stoiker **II** *a* stoisk **-al** [-(ə)l] stoisk **-ism** [-isiz(ə)m] stoicism
stoke [stəuk] elda, förse med bränsle; *~ [up]* smörja kråset **-hold, -hole** pannrum **-r** [-ə] eldare
stole [stəul] **I** *s* stola; (lång) sjal **II** *v, imperf* av *steal* **-n** [-(ə)n] *perf part* av *steal*
stolid ['stɔlid] trög, slö; oengagerad **-ity** [stɔ-'liditi] tröghet, slöhet
stomach ['stʌmək] **I** *s* **1** mage **2** matlust; håg, lust; *it turns my ~* det kväljer mig **II** *v* [kunna] smälta (*äv. fig*) **--ache** ont i magen **-ic** [stə(u)'mækik] **I** *a* hörande till magen, mag-; magstärkande **II** *s* magmedicin
stomp [stɔmp] *A.* stomp, jazzkomposition med kraftigt markerad rytm
stone [stəun] **I** *s* **1** sten (i alla bet.) **2** kärna **3** viktenhet (ca 6,35 kg; kött ca 3,68 kg; ost ca 7,25 kg; fläsk ca 9,98 kg; ull ca 10,89 kg); *leave no ~ unturned* inte lämna ngt medel o-prövat; söka överallt; *mark with a white ~* söka i taket; *operation for ~* gall-, njurstensoperation; *throw ~s at a p.* pika ngn (*fig.*); *~'s throw* stenkast **II** *a*, *the S~* *Age* stenåldern **III** *v* **1** stena **2** kärna ur **3** bekläda med sten[ar] **--blind** ['stəun'blaind] stenblind **--boat** *A.* flat släde **--breaker** [-ˌbreikə] **1** stenhuggare **2** stenkross **--cast** stenkast **--coal** antracit **--cutter** [-ˌkʌtə] stenhuggare **-d 1** urkärnad, kärnfri **2** *sl.* berusad **--dead** ['stəun'ded] stendöd **--deaf** ['stəun'def] stendöv **--fruit** stenfrukt **-less** [-lis] kärnfri **-mason** [-ˌmeisn] stenarbetare **--pit, --quarry** [-ˌkwɔri] stenbrott **-'s-cast** ['stəunz'kɑːst] stenkast **--still** ['stəun'stil] blickstilla **--wall-**

ing ['stəun'wɔːliŋ] **1** *kricket.* försiktig bollslagning (utan löpning) **2** obstruktionspolitik **-ware** stengods **--work** murverk av sten; sten[huggeri]arbete
stony ['stəuni] **1** stenig **2** [sten]hård, hårdhjärtad; *~ broke* utfattig, luspank
stood [stud] *imperf* o. *perf part* av *stand*
stooge [stuːdʒ] *A.* **I** *s* **1** mindervärdig medhjälpare, viljelöst redskap, underhuggare; svart får **2** flygelev **II** *v* **1** vara mindervärdig medhjälpare etc. **2** *flygsl.* ständigt flyga mot samma mål **3** driva omkring = *~ around*
stool [stuːl] **I** *s* **1** stol (utan ryggstöd), pall **2** toalettstol; toalettbesök, avföring **3** [rot]-stubbe **4** *sl.* tjallare; *he fell between two ~s* han satte sig mellan två stolar, han misslyckades på grund av för lång tvekan; *~ of repentance* anklagades bänk; *go to ~* uppsöka toaletten **II** *v* (om växter) skjuta sidoskott **--pigeon** [-ˌpidʒin] *A.* lockfågel
stoop [stuːp] **I** *v* böja sig [ner]; böja ner; luta [sig]; förnedra (nedlåta) sig; gå (stå el. sitta) framåtlutad **II** *s* **1** lutning, [framåt]-böjning **2** kutrygg, kutryggighet **3** = *stoup* **4** *A.* liten yttertrappa, förstukvist; *he has a shocking ~* han är fruktansvärt kutryggig, han har en fruktansvärt framåtlutad hållning **-ed** [-t] **-ing** [-iŋ] framåtlutad, böjd, kutryggig
stop [stɔp] **I** *v* **1** stanna, hejda [sig], stoppa; sluta, upphöra [med]; nedlägga **2** stoppa [upp] spärra, täppa till, hindra **3** stanna, vistas **4** *mus.* trycka ner, täppa till; registrera **5** interpunktera; *~ a cheque* spärra en check; *~ dead* tvärstanna; *~ one's ears* hålla för öronen; *slå dövörat till; *~ a gap* fylla en lucka; *~ it!* sluta [med det där]!; *~ a p.'s mouth* täppa till munnen på ngn; *~ payment* inställa [ut]-betalningar[na]; *~ a p.'s salary* innehålla ngns lön; *~ short* tvärstanna; *~ a tooth* fylla (plombera) en tand; *~ped trumpet* sordinerad trumpet; *~ wages* innehålla lönen; *~ the way* spärra vägen, stå i vägen (*äv. fig.*); *~ at* (tillfälligt) bo hos (på); *~ at nothing* gå hur långt som helst (*vard.*); *~ down* avblända (lins) (*foto.*); *~ a p. from* hindra ngn från; *~ in* stanna inne; *~ out* **a** stanna ute **b** *etsning., foto.* upphäva verkan av syra (framkallningsvätska); *~ up* **a** stoppa upp, täppa till **b** stanna uppe; *be ~ped up* bli igentäppt **II** *s* **1** stannande, halt; avbrott; uppehåll; hållplats **2** register (på orgel); klaff; sordin; *fig.* stil, ton **3** *foto.* bländare, bländarsteg **4** *tekn.* stopp[klack], spärr **5** *språkv.* explosiva, klusil **6** skiljetecken; *full ~* punkt; *come to a [full] ~* [helt] avstanna; *make a ~* göra ett uppehåll (en paus); *pull out another ~* spela på ett annat register, anslå en annan ton; *pull out the pathetic ~* spela på känslorna; *put a ~ to* göra slut på, sätta stopp för; *without a ~* utan uppehåll (mellanlandning) **--cock** [avstängnings]kran **--gap** tillfällig ersättning (ersättare); [spalt]fyllnad; [tom] fyllnadsfras **--knob** registreringsknapp **--light** stoppljus, trafiksignal **--order** [-ˌɔːdə] order om inköp (försäljning) vid viss kurs-läge **--out** *a*, *~ strike* skolkningsstrejk **--over** [-ˌəuvə] *A.* reseuppehåll, avbrott under resa **-page** [-idʒ] **1** tilltäppande **2** spärrning, stockning, avbrott; blockering **3** uppehåll **4** avdrag (på lön o.d.) **-per** [-ə] **I** *s* propp; stoppare (t.ex. lör tobakspipa o. som sjöterm); *put a ~ on* sätta stopp för **II** *v* proppa till **-ping** [-iŋ] **1** tilltäppning; *isht mus.* nedtryckning (av

sträng), tillslutning (av ventil) 2 fyllning, plomb ~ *knife* kittspade; ~ *train* persontåg -**ple** [-l] **I** *s* propp **II** *v* proppa till --**press** *a*, ~ *news* senaste nytt, pressläggningsnytt --**valve** [avstängnings]ventil --**watch** stoppur, kronometer

storage ['stɔːridʒ] **1** lagring, magasinering **2** lager[utrymme] **3** lagringskostnader; *in cold* ~ (förvarad) i kylhus, -rum; ~ *battery* ackumulator

store [stɔː] **I** *s* **1** lager, förråd; (stor) mängd **2** magasin; lager[lokal] **3** *A*. affär, butik; ~*s, pl a* varuhus **b** = *store-cattle; Army (Navy) S* ~ armé-(marin)förråd; *marine* ~*s* begagnad fartygsutrustning (som säljs); *lay in* ~*s* proviantera; *set great* ~ *by* sätta stort värde på; ~ *of information* rik informationskälla; ~ *of knowledge* fond av vetande; *have (hold) in* ~ ha på lager, i beredskap; *what the future may have in* ~ *for us* vad framtiden månde bära i sitt sköte **II** *v* **1** lagra, magasinera; förse (med förnödenheter) **2** [kunna] rymma; ~ *the mind with knowledge* inhämta [nödiga] kunskaper; ~ *up* lagra, förvara; ackumulera; ~ *with* förse med --**cattle** ['stɔːˈkætl] gödboskap -**house** magasin, lager[byggnad]; *fig*. skattkammare, guldgruva --**keeper** [-ˌkiːpə] **1** *mil*. förrådsförvaltare **2** *A*. affärsinnehavare --**room** [-rum] förrådsrum; handkammare; skafferi --**ship** förrådsfartyg

storey ['stɔːri] våning; *first* ~ första våningen (ovanför bottenplanet) *(BE.)*; *A*. bottenvåningen; *in the upper* ~ i skallen, "däruppe" *(sl.)* -**ed** [-d] *a, three-~ house* trevåningshus

storiated ['stɔːrieitid] vackert illustrerad, ornamenterad

storied ['stɔːrid] **1** *se* storeyed **2** sägenomspunnen, omtalad i historia **3** prydd med historiska illustrationer

stork [stɔːk] stork

storm [stɔːm] **I** *s* **1** oväder; (häftig) by **2** storm; ~ *of applause* stormande applåder (bifall); ~ *in a tea-cup* storm i ett vattenglas; *S*~ *and stress* Sturm und Drang; *take by* ~ ta med storm[ning] *(äv. fig.)* **II** *v* **1** rasa, vara ursinnig *(at* över) **2** storma; råda oväder **3** storma, gå till storms mot --**area** [-ˌɛəriə] oväders-, lågtrycksområde; *fig*. oroligt område --**beaten** [-ˌbiːtn] stormpiskad --**belt** oväderszon --**bound** hindrad av oväder --**centre** [-ˌsentə] oväders-, stormcentrum; *fig*. oroshärd --**cloud** ovädersmoln *(äv. fig.)* --**cock** (slags) trast[fågel] --**cone** kon (stormvarningssignal) --**drum** [stormvarnings]-trumma -**er** [-ə] deltagare i stormning --**glass** stormglas --**ing-party** [-inˌpɑːti] stormtrupp --**sail** stormsegel --**signal** [-ˌsignl] stormsignal --**stricken** [-ˌstrik(ə)n] *a*, ~ *area* av oväder drabbat område --**tossed** [-tɔst] stormdriven *(äv. fig.)* --**troops** stormtrupper --**window** [-ˌwindəu] stormlucka -**y** [-i] stormig; oväders-; orolig; häftig

story ['stɔːri] **1** berättelse, historia; handling; rykte; osanning; artikelmaterial **2** = *storey; short* ~ novell; *oh you* ~*!* [åh] vad du ljuger (smäller) ihop !; *that's (it's) quite another (a different)* ~ *now* det ligger helt annorlunda till nu; *to cut (make) a long* ~ *short* för att fatta mig kort --**book** sagobok; historiesamling --**teller** [-ˌtelə] **1** [historie]berättare **2** *vard*. en som narras

stoup [stuːp] **1** stop, bägare **2** vigvattenskärl

stout [staut] **I** *a* **1** korpulent, [stor o.] tjock; kraftig, bastant **2** tapper; duktig; beslutsam **II** *s* (starkt) mörkt öl, porter --**hearted** ['stautˈhɑːtid] tapper; beslutsam -**ness** [-nis] korpulens, fetma

stove [stəuv] **I** *s* spis; kamin; drivhus; *oil* ~, *äv*. fotogenkök *II* ~**1** odla i drivhus **2** *imperf av stave II* --**pipe** kaminrör; ~ *[hat]* hög hatt *(A.)*

stow [stəu] stuva; packa [ner]; lägga i förvar; ~ *away* lägga undan (i förvar); ~ *that nonsense!* lägg av med sånt [där] struntprat!; ~ *it!* håll käften (mun)! -**age** [-idʒ] **1** stuvning **2** stuvningsutrymme **3** stuvarlön; *in safe* ~ i säkert förvar -**away** fripassagerare --**wood** stuvningsved

straddle ['strædl] **I** *v* **1** stå (gå) bredbent [över]; sitta grensle [på] **2** *fig*. vara tvehågsen; se tiden an **3** (om politiker) inta neutral position; *he stood straddling the ditch* han stod med benen på var sin sida om diket; ~ *a target* skjuta in sig på ett mål **II** *s* bredbent ställning; grenstående; ~ *carrier* grensletruck

strafe [strɑːf] **I** *v* **1** bombardera; beskjuta **2** ge ett gott kok stryk (skarpa tillrättavisningar) **II** *s* **1** våldsamt överfall **2** intensiv artilleribeskjutning

straggl|e ['strægl] **1** gå i oordning; sacka [efter]; förirra sig; (gå o.] ströva **2** utbreda (sprida) sig oregelbundet; ~ *behind* sacka efter; ~ *in (out)* komma (gå) in (ut) utan ordning (i olika stora grupper) -**er** [-ə] eftersläntrare -**ing** [-in] [ut]spridd (i grupper); rörig; oregelbunden -**y** [-i] **1** = *straggling* **2** förvirrad

straight [streit] **I** *a* **1** rak, rät **2** rättfram; uppriktig; ärlig, renhårig; pålitlig **3** i ordning **4** oblandad, ren; *keep one's face* ~ hålla masken; *get a thing* ~ rätta till ngt; fatta ngt rätt; ~ *flush* svit av fem kort i samma färg; ~ *jet* rent jetflyg[plan]; *put* ~ ställa i ordning, rätta till; *put o.s.* ~ *with the world* rehabilitera sig; ~ *thinking* logiskt tänkande; ~ *ticket* röstsedel (med kandidater för endast ett parti) *(A.)*; *vote the* ~ *ticket* rösta för partiprogrammet *(A.)*; ~ *whisky* ren visky **II** *adv* rakt, rätt; direkt; rent [ut]; ~ *away* genast, direkt; *come* ~ *to the point* gå rakt på sak; *go* ~ (om brottsling) bli hederlig *(vard.)*; *hit* ~ *from the shoulder* a boxn. träffa med rakt slag **b** *se shoulder; ride* ~ rida (fara) raka vägen (rakt igenom terrängen); *run* ~ handla renhårigt *(fig.)*; *shoot* ~ träffa rätt; ~ *off* genast, direkt; ~ *on* rakt (rätt) fram; ~ *out* rent ut **III** *s* raksträcka; upplopp; rak linje; *kortsp*. svit; *out of the* ~ krokig[t] --**cut** ['streitˈkʌt] (om tobak) gjord av tobaksblad skurna på längden -**en** [-n] **1** räta [ut]; bli rak, räta ut sig **2** räta till; ställa i ordning; ~ *out* **a** = ~ **b** reda upp [sig]; ~ *up* ställa i ordning; räta på [sig] --**forward** [streitˈfɔːwəd] **1** rättfram; uppriktig, ärlig **2** enkel, okomplicerad -**ness** [-nis] **1** rakhet **2** uppriktighet -**way** = *straight away*

strain [strein] **I** *v* **1** spänna; tänja [ut]; anstränga [sig]; streta **2** överanstränga [sig]; pressa; kräva; fordra för mycket av; driva till sin spets **3** sträcka (t.ex. muskel) **4** sila[s], filtrera[s]; ~ *one's ears* spetsa öronen; ~ *every nerve* spänna sina krafter till det yttersta; ~ *the law* vränga (ge vidast möjliga tolkning åt) lagen; ~ *a point* göra ett (speciellt) undantag (en eftergift); ~ *after* (energiskt) sträva efter;

~ *at* rycka (slita) i; reta sig på; ~ *at a gnat and swallow a camel* sila mygg o. svälja kameler; ~ *off (out)* sila (filtrera) bort; ~ *through* sippra igenom; ~ *to o.s.* (*one's heart*) trycka intill sig (sitt bröst) **II** *s* **1** [an]spänning; sträckning; ansträngning; påfrestning; påkänning **2** sång, melodi; ton **3** härkomst, släkt, familj; karaktär; drag, anstrykning; tendens **4** stil; *is a ~ on* innebär en påfrestning för; *a ~ of melancholy* ett melankoliskt drag; *of good ~* av god familj; *in the same ~* **a** i samma tonart **b** i samma stil **-ed** [-d] tvungen; ansträngd; spänd; onaturlig **-er** [-ə] sil, filter, durkslag
strait [streit] sund = ~*s*; *the S~s* Malackasundet; [*the*] *S~s of Dover* Pas de Calais; *be in a ~* (*in great* ~*s*) vara i [svårt] trångmål, i förlägenhet **-ened** [-nd] *a, in* ~ *circumstances* i (under) knappa omständigheter; *be* ~ *for* ha ont om **--jacket** [-,dʒækit] tvångströja **--laced** ['streit'leist] sträng, strikt **--waistcoat** ['streit'weiskəut] tvångströja
strand [strænd] **I** *s* **1** strand **2** fiber; [rep]-sträng; element, del **3** band, tråd; [hår]-test **II** *v* **1** gå på grund; stranda, köra fast **2** tvinna, fläta ihop; *be* ~*ed* **a** stranda **b** vara strandsatt; *hair* ~*ed with grey* gråsprängt hår
strange [strein(d)ʒ] egendomlig; sällsam; främmande; ~ *to say* märkvärdigt nog; *be* ~ *to* stå främmande för **-r** [-ə] främling; ngn som står främmande (*to* för); *he is no* ~ *to sorrow* han vet vad sorg vill säga; *I spy* ~*s* (i underhuset) *ung.* "jag yrkar att åhörarläktarna utryms"
strangle ['stræŋgl] strypa; kväva[s]; undertrycka **--hold** struptag (*äv. fig.*) **-s** [-z] *pl* näsflytning (hos hästar)
strangulate ['stræŋgjuleit] strypa [till]; ~*d hernia* inklämt bråck
strap [stræp] **I** *s* **1** rem; band; tamp, stropp **2** metallband **3** *mil.* axelklaff; *the* ~ prygel; ~*s, pl* remtyg **II** *v* **1** fästa med rem[mar] **2** sätta häftplåster[remsor] på **3** prygla **4** strigla (rakkniv); ~ *together* spänna ihop; ~ *up* = ~ **II** *1 o. 2* **--hanger** [-,hæŋə] ståpassagerare (som håller i stropp på buss el. spårvagn) **-less** [-lis] *a* o. *s* (klänning, behå) utan axelband **--oil** prygel, [kok] stryk **-ped** [-t] *a,* ~ *trousers* byxor med hälla under hålfoten **-per** [-ə] storväxt karl (fruntimmer), bjässe **-ping** [-iŋ] **I** *a* stor o. stark, stöddig **II** *s* remmar, remtyg; häftplåster [remsor]
strata ['strɑːtə] *pl* av *stratum*
stratagem ['strætidʒəm] [krigs]list
strateg|ic [strə'tiːdʒik] strategisk **-ics** [-iks] *pl* strategi; taktik **-ist** ['strætidʒist] strateg **-y** ['strætidʒi] strategi
strati ['streitai] *pl* av *stratus*
strat|iform ['strætifɔːm] skiktad, lagrad **-o-cruiser** [-tə(u),kruːzə] stratosfär[flyg]plan **-osphere** [-t(ə)usfiə] stratosfär **-um** ['strɑː-təm] (geologiskt, socialt) skikt, lager **-us** ['streitəs] stratus[moln]
straw [strɔː] **I** *s* **1** [halm]strå; halm **2** halmhatt; *catch at a* ~ gripa efter ett halmstrå (en räddningsplanka); *that's the last* ~ det är droppen (som kommer bägaren att rinna över); *man of* ~ **a** halmfigur, -docka **b** bulvan **c** strunt, nolla **d** insolvent person; *not worth a* ~ inte värd ett ruttet lingon, helt värdelös; ~*s which show the way the wind blows* tecken på den annalkande stormen **II** *a* halmfärgad, -gul

strawberry ['strɔːb(ə)ri] jordgubbe; smultron; *the* ~ *leaves* hertigkronan **--mark** (rödbrunt) födelsemärke
straw|-board ['strɔːbɔːd] (grov) papp **--bottomed** [-,bɔtəmd] med flätad [halm]sits **--colour[ed]** ['strɔː'kʌlə, -,kʌləd] halmfärgad **--rick** halmstack **--vote** provval; opinionsundersökning **-y** [-i] halm-, halmtäckt
stray [strei] **I** *v* förirra sig, gå vilse; sträva [omkring]; avlägsna sig, avvika **II** *a* vilsekommen; enstaka, sporadisk; spridd; kringdrivande; tillfällig **III** *s* vilsekommet djur (barn etc.); hemlös individ; ~*s* atmosfäriska störningar
streak [striːk] **I** *s* strimma; ådra, [karaktärs]-drag; ~ *of lightning* blixt; *like a* ~ som en blixt; *the silver* ~ [Engelska] Kanalen; *he has a* ~ *of humour in him* han har [ett visst] sinne för humor **II** *v* **1** göra strimmig **2** ila, skynda; ~ *off* ta till benen **-y** [-i] strimmig; ådrad; randig
stream [striːm] **I** *s* å; bäck; ström; flöde; *down* (*up*) [*the*] ~ nedströms (uppströms) **II** *v* [komma att] strömma, flöda; fladdra, [s]vaja; rinna (om ögon); ~*ing cold* flödande snuva **-er** [-ə] vimpel; (långt) band; serpentin **-let** [-lit] liten å, bäck **-line I** *s* strömlinje; strömlinjeform **II** *v* **1** ge strömlinjeform åt **2** effektivisera **-lined** [-laind] strömlinjeformad
street [striːt] gata; *in* (*A. on*) *the* ~ **a** på gatan **b** på efterbörsen; *he's not in the same* ~ *with you* han kan inte mäta sig med dig (er); *that's exactly up my* ~ det är [verkligen] någonting för mig; *on the* ~*s* försörjande sig som prostituerad; ~*s ahead of* vida överlägsen, långt före (*fig.*); *the S~* **a** Fleet Street **b** (*A.*) Wall Street **--arab** [-,ærəb] hemlöst barn; gatunge **--car** *A.* spårvagn **--cries** [-kraiz] gatuförsäljares rop **--door** ytterdörr (åt gatan) **--island** [-,ailənd] refuge; trafikdelare **--lamp** gatlykta **--level** [-,levl] gatunivå, -plan **--orderly** [-,ɔːdəli] gatsopare **--refuge** [-,refjuːdʒ] = *street-island* **--sweeper** [-,swiːpə] gatsopare; gatsopningsmaskin **--walker** [-,wɔːkə] gatslinka; prostituerad
strength [streŋθ] styrka; kraft[er]; *mil. äv.* rulla; *in great* ~ i stort antal; *on the* ~ *of* i kraft av; på grund av; *up to* ~ fulltalig **-en** [-(ə)n] **1** [för]stärka **2** styrkas, bli starkare; ~ *a p.'s hands* skänka ngn kraft[er], inge ngn mod **-ener** [-ənə] stärkande medel; styrketår
strenuous ['strenjuəs] ansträngande, påfrestande; ivrig, energisk
streptomycin [,streptə(u)'maisin] streptomycin
stress [stres] **I** *s* spänning; tryck; eftertryck; vikt; betoning, accent; *under* ~ *of weather* hårt väder; ~ *disease* stressjukdom; (nervös, stress **II** *v* betona (i alla bet.)
stretch [stretʃ] **I** *v* **1** sträcka [ut]; sträcka [ut] sig; utbreda [sig]; tänja [sig] **2** spänna; pressa; missbruka; ~ *o.s.* sträcka på sig; ~ *one's legs* sträcka på benen; ~ *a p. on the floor* slå ngn till golvet; ~ *a point* (*the truth*) tumma på er regel (sanningen); ~ *forth* sträcka fram; ~ *out; äv.* sträcka ut, traska på [bra] **II** *s* **1** sträckning, töjning, tänjning **2** utsträckning sträck[a] **3** överdrift; missbruk **4** fängelse vistelse (straffarbete) **5** segling. slag (under kryss); *at a* ~ i sträck; *at full* ~ helt utsträckt i full utsträckning; *by a* ~ *of language* i vid [gad] bemärkelse, med en lätt överdrift; *give*

a ~ sträcka på sig; *on the* ~ på sträckbänken; på helspänn **-er** [-ə] **1** bår **2** sträckare, spännare; spännram **3** fotspjärn, -stöd (i roddbåt) **4** *byggn.* bindbjälke; löpsten **5** starkt överdriven berättelse, skepparhistoria **-er-bearer** [-,beə-rə] bårbärare **-y** [-i] elastisk, tänjbar; utdragen **strew** [stru:] [be]strö, översålla; betäcka **-n** *perf part* av *strew*
strewth [stru:θ] (= *God's truth*) *vulg.* död o. pina, far o. flyg
striat|e I *a* ['straiit] räfflad, strimmig, randig **II** *v* [strai'eit] räffla, göra strimmig; ~*d muscle* tvärstrimmig muskel **-ion** [strai'eiʃ(ə)n] räffling, strimma
stricken ['strik(ə)n] slagen; drabbad; ~ *in years* åldrig, ålderstigen; ~ *field* **a** fältslag **b** slagfält
strickle ['strikl] **1** stryktrå **2** brynsticka (för lie)
strict [strikt] **1** strikt, noggrann; absolut **2** sträng **-ure** [-tʃə] **1** förträngning **2** *vanl. pl.* ~*s* kritik; *pass* ~*s on* rikta kritik mot **-ly** *adv* strängt, noggrant; i egentlig mening; ~ *speaking* strängt taget
stridden ['stridn] *perf part* av *stride*
stride [straid] **I** *v* **1** gå med stora steg **2** kliva (*over* över) **3** stå (sitta) med ett ben på vardera sidan om **II** *s* (stort) kliv (*äv. fig.*); *take s.th. in one's* ~ klara av ngt i förbifarten; *get into one's* ~ komma i gång; *make great* ~*s* göra stora framsteg
striden|ce ['straid(ə)ns] **-cy** [-si] gnissel **-t** gnisslande; gäll
strife [straif] strid; konflikt; split o. kiv
strike [straik] **I** *v* **1** slå [till]; stöta [mot]; träffa; drabba **2** stöta (träffa) 'på, träffa **3** anslå (ton, sträng etc.); uppstämma **4** falla in, komma för; frappera; falla i ögonen **5** strejka **6** stryka (flagg; segel) **7** avlägsna, ta bort; riva, bryta (tält) **8** ta (vägen), styra (kosan) (till vänster etc.) **9** slå rot; köra fast, fastna **10** stryka [av] (ett mått); ~ *while the iron is hot* smida medan järnet är varmt; *his hour has struck* hans sista stund är kommen; *how does his playing* ~ *you?* vad gör hans spel för intryck på dig (er)?; ~ *an attitude* inta en pose; ~ *an average* gå en medelväg; ~ *a balance* upprätta balans[räkning]; ~ *a bargain* avsluta ett köp; ~ *a blow* tilldela ett slag; ~ *a blow for* slå ett slag för; ~ *camp* bryta upp; ~ *one's colours* stryka flagg; ~ *cuttings* plantera sticklingar; ~ *me dead* (*ugly, handsome, etc.*), *if* ... (nej) så ta mig tusan om ... ; ~ *a p. dumb* göra ngn stum; *be struck dumb* stå förstummad; ~ *one's flag* ge sig, kapitulera; duka under; ~ *hands* bekräfta med handslag (*åld.*); ~ *a p. all of a heap* bringa ngn [helt] ur fattningen; ~ *lucky* ha tur; ~ *a match* tända en tändsticka; ~ *oil* a träffa på olja **b** göra ett storfynd, -kap; ~ *it rich* hitta rik guldförekomst; bli rik i ett nafs; ~ *root*[*s*] slå rot; ~ *work* lägga ner arbetet; ~ *at* slå efter (åt); ~ *at the root of* angripa roten till; hota att undergräva; ~ *down* slå ner (till marken); ~ *home* träffa rätt; träffa en öm punkt; ~ *in* **a** sticka emellan; blanda sig i **b** tränga inåt (kroppen) (om sjukdom); ~ *in with* ansluta sig till; ~ *into a street* svänga in på en gata; ~ *terror into every heart* sätta skräck i alla sinnen; ~ *into a waltz* spela upp en vals; ~ *off* a slå (hugga) av **b** dra (stencil), trycka **c** stryka [ut]; ~ *a p. off* [*the list*] stryka ngn [från listan]; ~ *out* **a** slå [vilt] med armar

o. ben **b** stryka [ut] **c** slå [ut]; framkalla (gnistor etc.); ~ *out a new idea* komma på en ny idé, ~ *out a new line* slå in på nya vägar; ~ *out for* sätta igång o. simma mot; ~ *through* stryka [över]; ~ *through the darkness* tränga genom mörkret; ~ *up* **a** stämma (spela) upp **b** [av]sluta **c** slå upp (tält); slå (fladdra) upp; ~ *up the band!* spel upp!, musik!; ~ *up a friendship* knyta vänskapsband; ~ *upon an idea* komma på en idé **II** *s* **1** strejk **2** stryktrå **3** *A.* framgång; storfynd, -kap **4** *baseball.* [halv]miss **5** [flyg]räd **--a-light** ['straikə'lait] eldstål **--breaker** [-,breikə] strejkbrytare **--measure** [-,meʒə] struket mått **--pay** strejkunderstöd **-r** [-ə] **1** en som slår etc., *se strike I* **2** strejkande **3** kläpp (i klocka); slagstift (på vapen) **4** harpun **5** stryktrå; ~ *lighter* rivtändare (*mil.* o. *tekn.*)
striking ['straikiŋ] slående; påfallande, frapperande; markant; imponerande; effektfull, anslående; gripande; ~ *power* slagkraft
string [striŋ] **I** *s* **1** snöre, tråd, band; ledband **2** sträng **3** sena **4** fiber, tåga **5** (lång) rad, serie; ramsa; ~*s* dolda förbehåll (*A.*); *the* ~*s* stråkarna (i orkester); *a piece of* ~ ett snöre; ~ *of horses* [kapplöpnings]stall; ~ *of the tongue* tungans band; *have two* (*many*) ~*s to one's bow* ha två (många) strängar på sin båge; *on a* ~ i ledband; *harp on the same* ~ tjata om samma sak; *first* ~ bästa man, [trumf]äss; *I have a second* ~ jag har något i bakfickan (i reserv); *have* ~*s on a p.* ha makt el. inflytande över ngn (*vard.*); *no* ~*s attached* inga dolda villkor; *pull the* ~*s* hålla i trådarna, dirigera arbetet; *pull* ~*s* utöva inflytande; *touch a* ~ röra vid en känslig (öm) punkt; *touch the* ~*s* spela på strängarna; ~ *quartet* stråkkvartett **II** *v* **1** [be]stränga; sätta sträng[ar] på **2** trä upp (på band) **3** bli trådig **4** *A.* dra vid näsan, lura; ~ *beans* rensa (ta bort trådar ur) bönor; ~ *out* placera i (lång) rad; ~ *facts together* knyta samman (lägga ihop) fakta; ~ *up* a binda (knyta) ihop (med snöre) **b** spänna; göra överspänd **c** *sl.* hänga (som straff); *strung up, highly strung* överspänd; hypernervös **--band** stråkorkester; strängmusik[kår] **--bass** basfiol, kontrabas **--bean** *A.* skärböna **--course** *byggn.* gördelgesims **-ed** [-d] strängad, sträng-; ~ *instrument* stränginstrument
stringen|cy ['strin(d)ʒ(ə)nsi] **1** (bestämmelses etc.) stränghet, stringens, eftertryck, styrka **2** [penning]knapphet; stramhet **-t 1** bindande; sträng, strikt; eftertrycklig **2** stram, tryckt (genom knapphet på pengar)
stringer ['strinə] **1** *byggn.* [varg]planka **2** *flyg.* stringer
stringy ['strinị] **1** trådig, senig **2** som ett snöre etc., *se string I*
strip [strip] **I** *v* dra (ta, skala, rigga) av; klä av [sig]; flås (skalas) av; ~ *of* beröva, fränta; ~ *a cow* [helt] mjölka [ur] en ko; ~ *a screw* slita bort gängorna på en skruv; ~ *a p. naked* klä av ngn in på bara kroppen; utplundra ngn; ~ *a sergeant* degradera en sergeant **II** *s* remsa; (smalt) stycke; ~ *of garden* (liten) täppa; ~ *of ornamental water* liten [prydnads]-bassäng (-damm); ~ *of gravel* grusgång; *comic* ~ [tecknad] serie
stripe [straip] **1** rand (*äv.* som gradbeteckning); strimma **2** smalt band; ~*s, äv.* tiger **-d** [-t] randig, strimmig

strip|-leaf ['stripli:f] rensat tobaksblad **--lighting** [-ˌlaitiŋ] lysrör[sbelysning] **-ling** [-liŋ] ynkling **-per** [-ə] **1** barkspade, [av]barkningsmaskin **2** stripteaseartist **--sandals** [-ˌsændlz] sandaletter **--tease** striptease (avklädningsnummer på varieté)
stripy ['straipi] *se striped*
strive [straiv] sträva, kämpa (*for, after* efter); bemöda sig **-n** ['strivn] *perf part* av *strive*
strode [strəud] *imperf* av *stride*
stroke [strəuk] **I** *s* **1** slag, stöt; *tekn.* takt (i förbränningsmotor) **2** [penn]drag; år-, simtag; simsätt; *mus.* stråk[drag] **3** *fig.* [schack]drag; försök; åtgärd; bragd; infall **4** slag[anfall] **5** akterroddare; ~ *of genius* snilleblixt; ~ *of luck* lyckträff, tur; ~ *of work* arbetsinsats, handtag; *on the* ~ *of five* på slaget (klockan) fem; *be off one's* ~ ha kommit av sig; *paralytic* ~ slaganfall (med förlamning); *row* ~ vara akterroddare; ange takten **II** *v* stryka, smeka; ~ *a p. down* knoga [ner] ngn
stroll [strəul] **I** *v* **1** gå i sakta mak; ströva, flanera **2** ströva (vandra) omkring **II** *s* [stilla] promenad; kringströvande **-er** [-ə] flanör; kringflackande skådespelare **-ing** [-iŋ] kringvandrande
strong [strɔŋ] **I** *a* stark; kraftig; fast (om priser etc.); orubblig; solid; ~ *language* kraftuttryck; kraftiga ordalag; *be* ~ *on* (*for*) hålla styvt på; *mathematics is not my* ~ *point* matematik är inte min starka sida **II** *adv, still going* ~ [alltjämt] vid god vigör, [alltjämt] blomstrande; *he is going it* ~ han går [väl] långt i sin iver (framställning); *come it* ~ överdriva, gå för långt **--box** kassaskåp, -skrin, -kista **--headed** ['strɔŋ'hedid] envis, egensinnig **-hold** fäste, fort; bålverk **--minded** ['strɔŋ'maindid] beslutsam; självsäker **--room** [-rum] kassavalv
strontium ['strɔntiəm] *kem.* strontium
strop [strɔp] **I** *s* [rak]strigel **II** *v* strigla
stroph|e ['strəufi] strof **-ic** ['strɔfik] strofisk
strove [strəuv] *imperf* av *strive*
struck [strʌk] *imperf part* av *strike*
structur|al ['strʌktʃ(ə)r(ə)l] byggnads-, byggnadsteknisk; organisk **-e** [-ʃə] struktur, [upp]byggnad; byggnad[sverk]
struggle ['strʌgl] **I** *v* kämpa (i alla bet.); strida; streta; ~ *into one's coat* kränga på sig rocken; ~ *to one's feet* mödosamt resa sig upp; ~ *along* knoga 'på **II** *s* kamp; ~ *for life* (*existence*) kamp för livet (tillvaron)
strum [strʌm] **I** *v* spela vårdslöst; klinka, knäppa (*on* på), misshandla **II** *s* klink[ande], knäppande
strumpet ['strʌmpit] hora, sköka
strung [strʌŋ] *imperf* o. *perf part* av *string*
strut [strʌt] **I** *v* **1** [gå o.] stoltsera; strutta **2** stötta, staga **II** *s* **1** stoltserande (struttande) gång **2** stötta, sträva
stub [stʌb] **I** *s* stump; stubbe; fimp; (i checkhäfte o.d.) talong **II** *v* **1** röja (bort stubbar o. rötter från) **2** stöta (emot med); ~ *one's toe* (*foot*) stöta (stuka) tån (foten); ~ *out a cigarette* fimpa en cigarrett **-bed** [-d] **1** kort [o. tjock]; stubbad **2** stubbig, full av stubbar o.d.
stubb|le ['stʌbl] stubb, skäggstubb **-ly** [-i] stubbig; (om hår) borstlik, sträv
stubborn ['stʌbən] envis, hårdnackad, styvsint, halsstarrig, omedgörlig; orubblig
stubby ['stʌbi] **1** stubbig; kort o. tjock **2** täckt av stubb; ~ *field* stubbåker

stucco ['stʌkəu] **I** *s* stuck, kalkgips **II** *v* beklä med stuck[arbeten]
stuck [stʌk] *imperf* o. *perf part* av *stick* **--up** ['stʌk'ʌp] inbilsk, mallig
stud [stʌd] **I** *s* **1** manschett-, krag-, skjortknapp **2** prydnadsknapp; nubb, stift **3** sprint **4** *tekn.* stöd; pinnbult; gruvtimmer **5** avelsstall, stuteri; ~*s, pl* beslag **II** *v* **1** sätta [prydnads]knappar (stift) i **2** översålla, besätta; *plain* ~*ded with trees* trädbevuxen slätt **--book** stuteribok, förteckning över hästars (hundars) stamtavla **-ding** [-iŋ] *se stud I* **4** **-ding-sail** sjö. läsegel
student ['stju:d(ə)nt] **1** studerande; elev; [högskole]student; en som forskar (*of* i) **-ship** **1** studenttillvaro, -tid **2** [studie]stipendium
stud|-farm ['stʌdfɑ:m] stuteri, hästavelsgård **--horse** avelshingst
studied ['stʌdid] [ut]studerad; tillgjord; medveten, överlagd
studio ['stju:diəu] **1** ateljé **2** studio; ~ *couch* bäddsoffa
studious ['stju:djəs] flitig; studiesinnad; vetgirig; ivrig; noggrann; utstuderad
study ['stʌdi] **I** *s* **1** studium, studerande **2** studie; etyd **3** arbetsrum; studie-, läsrum **4** strävan; *in a brown* ~ förströdd, frånvarande; *his face was a perfect* ~ hans ansikte (ansiktsuttryck) var väl värt att studera; *it shall be my* ~ *to* jag skall vinnlägga mig om att; *be a quick* ~ ha lätt för att läsa in roller (*teat.*) **II** *v* **1** studera **2** vinnlägga sig om; ~ *for the Bar* studera (läsa) juridik; ~ *for the Church* studera (läsa) teologi; ~ *out* lista ut; hitta på; ~ *up* plugga in
stuff [stʌf] **I** *s* **1** stoff, material; [ylle]tyg; vara **2** sak[er], grej[or]; smörja, skräp; *that's the* [*right*] ~*!* det är rätt[a sorten]!; så ska det vara!; *that's the* ~ *to give them* det är rätt åt dem; *do your* ~*!* gör vad du ska! (*sl.*); *green* ~ grönsaker; ~ *and nonsense* struntprat; *man with plenty of good* ~ *in him* man med gott gry i; *poor* (*sorry*) ~ inte mycket att ha **II** *a,* ~ *gown* yngre advokats [ylle]klädnad **III** *v* **1** stoppa [full], proppa full; täppa till; fylla, späcka **2** stoppa upp (djur) **3** stoppa i sig, smörja kråset; ~ *a p.* [*up*] inbilla (slå 'i) ngn ngt; ~ *o.s.* stoppa i sig, föräta sig **-ed** [-t] uppstoppad; *my nose is* ~ *up* jag är täppt i näsan; ~ *shirt* inbilsk (uppblåst) typ (*sl.*) **-ing** [-iŋ] stoppning; fyllning; inkråm; *knock the* ~ *out of a* ta stinget (musten) ur; *fig.* ta ner på jorden **b** klå upp **-y** [-i] **1** kvav, instängd **2** [till]täppt **3** dämpad; trög, fantasilös, inskränkt **4** sur, vresig
stuggy ['stʌgi] = *stocky*
stulti|fication [ˌstʌltifi'keiʃ(ə)n] omintetgörande **-y** ['stʌltifai] **1** förlöjliga **2** omintetgöra; *fig.* smula sönder; förta verkan av **3** *jur.* förklara otillräknelig
stumble ['stʌmbl] **1** *v* snava, snubbla; stappla; ~ *across* (av en händelse) råka på; ~ *along* stappla fram; ~ *at* hysa betänkligheter inför; tvivla beträffande; ~ [*up*]*on* = ~ *across*; ~ *through one's speech* staka sig igenom sitt tal **II** *s* snavande, snubblande; felsteg
stumbling ['stʌmbliŋ] *a* snubblande, stapplande **--block** stötesten
stumer ['stju:mə] *sl.* falsk check (sedel)
stump [stʌmp] **I** *s* **1** stump; [träd]stubbe **2** *kricket.* "wicket"-pinne **3** *konst.* stomp; ~*s,*

äv. ben; ~ *oratory* demagogi, folktalarjargong; *go* (*be*) *on the* ~ fara (vara) på propaganda-(val)turné; *stir your* ~*s!* rör på påkarna! **II** *v* **1** traska, stövla, klampa **2** förbrylla; göra svarslös; sätta på det hala **3** *kricket.* slå ut (*batsman*) **4** *konst.* stompera **5** *A.* utmana; ~ *it* (*the country, constituency*) = *go on the* ~ (*se I*); *be* ~*ed for an answer* bli svarslös; ~ *up* punga ut [med] **-er** [-ə] **1** kuggfråga; besvärlig uppgift **2** *kricket.* "wicket"-vaktare **--foot** klumpfot **-y** [-i] **1** kort o. tjock, knubbig; trubbig **2** full av stumpar (stubbar)
stun [stʌn] **I** *v* **1** bedöva; göra (slå) omtöcknad **2** överväldiga, göra perplex (paff) **II** *s* bedövning; *fig.* häpnad
stung [stʌŋ] *imperf* o. *perf part* av *sting*
stunk [stʌŋk] *imperf* o. *perf part* av *stink*
stunn|er ['stʌ1ə] ngt som gör en perplex; (stor) sensation; baddare, hejare **-ing** [-iŋ] **1** bedövande **2** överväldigande; *sl.* jätte-, kalas-, fantastisk
stunsail ['stʌnsl] *sjö.* = *studding-sail*
stunt [stʌnt] **I** *s* (stor) sensation; [stor]-evenemang; kraftprov; reklamtrick; konst, konststycke; ~ *man* stand-in i riskabla scener **II** *v* **1** *flyg.* utföra konstflygning **2** utföra akrobatkonster **3** hämma (i växten), förkrympa **-ed** [-id] hämmad i växten; dvärg-
stupe [stju:p] **I** *s* våtvärmande omslag **II** *v* lägga våtvärmande omslag om
stupe|faction [ˌstju:pi'fækʃ(ə)n] **1** bedövning; slöhet **2** häpnad, bestörtning **-fy** ['stju:pifai] **1** bedöva, förslöa **2** göra häpen, förbluffa; överväldiga **-ndous** [stju(:)'pendəs] förbluffande, häpnadsväckande; enorm, överväldigande
stupid ['stju:pid] **I** *a* dum; obegåvad **2** omtöcknad **II** *s* dumbom **-ity** [stju(:)'piditi] dumhet, enfald, dårskap; slöhet
stupor ['stju:pə] dvala; omtöcknat tillstånd; domning; apati[skt tillstånd]
sturdy ['stə:di] **I** *a* **1** storväxt; kraftig[t byggd] **2** fast, orubblig; beslutsam; ~ *beggar* yrkestiggare (med bibehållen arbetsförmåga) **II** *s* koller (fårsjukdom)
sturgeon ['stə:dʒ(ə)n] *zool.* stör
stutter ['stʌtə] **I** *v* stamma; ~ *out* framstamma **II** *s* stamning
sty [stai] **1** [svin]stia (*äv. fig.*) **2** vagel
styl|e [stail] **I** *s* **1** stil (i olika bet.); sätt; modell **2** skriv-, ritstift; etsnål; gravstickel **3** titel; firmanamn; *that's the right* ~ det är rätta modellen; *the Old* (*New*) *S~* Julianska (Gregorianska) kalendern **II** *v* titulera, benämna; beteckna [som] **-ish** [-iʃ] flott, elegant **-ist** stilist **-ize** [-aiz] stilisera **-us** [-əs] nål, stift
stymie ['staimi] *sport.* (golfbolls) "maskläge" mellan motståndarboll o. hål
styptic ['stiptik] *a* o. *s* blodstillande [medel]
Styx [stiks] *cross the* ~ dö, avlida
suave [swɑ:v] ljuv[lig]; älskvärd, förbindlig; urban
sub- [sʌb] under-; underordnad; i viss mån, ngt
sub|acid ['sʌb'æsid] syrlig **-altern** ['sʌblt(ə)n] **I** *s* underordnad (tjänsteman el. officer); subaltern **II** *a* underordnad **-audition** ['sʌbɔ:'diʃ(ə)n] underförstående; underförstådd innebörd **--branch** filial **-class** underavdelning **-committee** [-kə,miti] underutskott

-conscious ['sʌb'kɔnʃəs] undermedveten **-contract I** *s* [sʌb'kɔntrækt] del-, bikontrakt **II** *v* [ˌsʌbkən'trækt] upprätta delkontrakt **-cutaneous** ['sʌbkju(:)'teinjəs] *med.* subkutan, under huden **-divide** ['sʌbdi'vaid] underindela, uppdela (på nytt) i mindre delar **-division** [-di,viʒ(ə)n] **1** underindelning; underavdelning **2** *A.* tomtområde, villaområde
subdu|al [səb'dju(:)əl] **1** underkuvande, undertryckande **2** dämpning **-e** [-u:] **1** undertrycka; [under]kuva, betvinga **2** dämpa, mildra **-ed** [-u:d] dämpad; matt; behärskad; stillsam
sub|-editor ['sʌb'editə] [under]redaktör; textredigerare (på tidn.) **--heading** [-hediŋ] underrubrik **-jacent** [sʌb'dʒeis(ə)nt] nedanför (under) liggande
subject I ['sʌbdʒikt] *a* o. *adv,* ~ *to* underkastad; utsatt för; beroende av; ~ *to the consent of a p.* under förutsättning av ngns samtycke **II** ['sʌbdʒikt] *s* **1** ämne (t.ex. skolel. samtals-); föremål (*of* för); motiv; ämne. tema **2** orsak, anledning (*for* till) **3** (logik etc.) subjekt **4** undersåte **5** lik (för dissektion) **6** patient **III** *v* [səb'dʒekt] betvinga, underkuva; utsätta (*to* för) **-ion** [səb'dʒekʃ(ə)n] **1** underkuvande, betvingande **2** beroende (*to* av) **-ive** [səb'dʒektiv] subjektiv **-ivity** [ˌsʌbdʒek'tiviti] subjektivitet **--matter** ['sʌbdʒikt,mætə] ämne; innehåll
sub|join ['sʌb'dʒɔin] bifoga **-jugate** [-dʒugeit] underkuva **-jugation** [ˌsʌbdʒu'geiʃ(ə)n] [under]kuvande, betvingande **-junctive** [səb'dʒʌn(k)tiv] = ~ *mood* konjunktiv (*gram.*)
sub|lease ['sʌb'li:s] **I** *s* (kontrakt angående) uthyrning (utarrendering) i andra hand **II** *v* hyra (arrendera) ut i andra hand **-lessee** ['sʌble'si:] person som hyr (arrenderar) i andra hand **-lessor** ['sʌble'sɔ:] person som hyr (arrenderar) ut i andra hand **-let** ['sʌb'let] hyra (arrendera) ut i andra hand
sub-lieutenant ['sʌble'tenənt] fänrik (vid flottan)
sublim|ate I *v* ['sʌblimeit] = *sublime II* **II** ['sʌblimit] **1** *a* sublimerad **2** *s* sublimerad substans, sublimat **-ation** [ˌsʌbli'meiʃ(ə)n] sublimering; förädling, förfining **-e** [sə'blaim] **I** *a* **1** sublim; upphöjd, ädel **2** enastående, suverän **II** *v* sublimera[s]; rena[s]; förädla[s] **-ity** [sə'blimiti] sublimitet; upphöjdhet
submarine [ˌsʌbmə'ri:n] **I** *s* u[ndervattens]båt **II** *a* undervattens- **III** *v* torpedera från ubåt
submer|ge [səb'mə:dʒ] **1** sätta under vatten, översäcka med vatten; doppa [ner] **2** dyka [ner]; ~*d rock* undervattensklippa, blindskär; *the* ~*d tenth* samhällets bottenskikt **-gence** [-(ə)ns] **1** nedsänkning [i vatten] **2** *fig.* försjunkande i tankar **-sible** [-'mə:səbl] sänkbar; ~ *boat* = *submarine I* **-sion** [-'mə:ʃ(ə)n] nedsänkning [i vatten]
submi|ssion [səb'miʃ(ə)n] **1** underkastelse, -givenhet; ödmjukhet **2** hänskjutande [till skiljedom]; framläggande (av fråga); *jur.* åsikt; *with all due* ~ i all ödmjukhet **-ssive** [-'misiv] undergiven; eftergiven **-t** **1** underkasta sig (= ~ *o.s.*); ge efter, ge vika (*to* för) **2** underställa, förelägga (*to* ngn); hemställa, inkomma med, framlägga, inlämna (till granskning); anföra, framhålla
submultiple ['sʌb'mʌltipl] *mat.* faktor
subordinat|e I *a* o. *s* [sə'bɔ:dnit] underordnad; ~ *clause* bisats **II** *v* [sə'bɔ:dineit] underordna (*to* [under]) **-ion** [sə,bɔ:dineiʃ(ə)n] **1** under-

kastelse; underordnad ställning **2** underordnande

subpoena [səb'pi:nə] *jur.* **I** *s* stämning **II** *v* kalla inför rätta, stämma,

subscri|be [səb'skraib] **1** teckna [sig för], bidra med [pengar] **2** prenumerera, abonnera (*to* på) **3** samtycka till; underteckna, skriva under = ~ *one's name to*; ~ *to, äv.* skriva under på, instämma i, biträda **-ber** [-ə] prenumerant; abonnent **-ption** [-'skripʃ(ə)n] **1** underskrivande, -skrift **2** teckning (av aktier etc.); insamling; insamlat belopp **3** prenumeration, abonnemang (*to* på); årsavgift; ~ *fee* prenumerations-, abonnemangsavgift

sub-section ['sʌb,sekʃ(ə)n] underavdelning

subsequent ['sʌbsikwənt] [på]följande: senare; ~ *to* efter ~ *upon* som en följd av **-ly** [-li] senare, efteråt

subserv|e [səb'sə:v] tjäna, gagna **-ience** [-jəns] **1** gagn[ande] **2** underkastelse; servilitet **-ient** [-jənt] **1** till gagn, tjänlig (*to* för) **2** ~ *to* underordnad [under] **3** servil, (överdrivet) underdånig

subsid|e [səb'said] **1** sjunka [undan]; sjunka ner; (om hus o.d.) sätta sig **2** avta; bedarra; ~ *into a chair* sjunka ner i en stol **-ence** [-(ə)ns] **1** sjunkande; sänkning **2** (om hus o.d.) sättning **3** avtagande, bedarrande **-iary** [-'sidjəri] **I** *a* hjälp-, understöds-; bi-; underordnad; ~ [*company*] dotterbolag; filial; ~ *stream* biflöde **II** *s* **1** = ~ *company* **2** hjälpmedel; medhjälpare; *subsidiaries* hjälptrupper **-ization** [,sʌbsidai'zeiʃ(ə)n] understödjande **-ize** ['sʌbsidaiz] understödja (med subsidier) **-y** ['sʌbsidi] subsidier, understöd

subsist [səb'sist] **1** existera; leva [vidare] **2** livnära sig **-ence** [-(ə)ns] existens; fortbestånd; försörjning; [livs]uppehälle; ~ *money* underhållsbidrag

subsoil ['sʌbsɔil] alv

substan|ce ['sʌbst(ə)ns] **1** substans; materia[l] ämne; huvudbeståndsdel, kärna; (väsentligt) innehåll; verklighet **2** fasthet; kraft **3** tillgångar, förmögenhet; *there is some* ~ *in your argument* det ligger något [väsentligt] i ditt (ert) resonemang **-tial** [səb'stænʃ(ə)l] **I** *a* **1** kraftig, rejäl, stadig; [väl]grundad **2** verklig; väsentlig **3** förmögen; *we are in* ~ *agreement* vi är i huvudsak (i stort sett) överens **II** *s*, ~*s* väsentliga delar **-tiality** [səb-,stænʃi'æliti] **1** verklighet **2** soliditet; äkthet **-tiate** [səb'stænʃieit] **1** bevisa; bekräfta **2** förkroppsliga **-tiation** [səb,stænʃi'eiʃ(ə)n] **1** bevis, bekräftelse **2** förkroppsligande

substantiv|al [,sʌbstən'taivəl] substantivisk **-e** ['sʌbst(ə)ntiv] **I** *s* substantiv **II** *a* verklig, faktisk; självständig; ~ *rank* fullvärdig rang (*mil.*); *the* ~ *verb* verbet *be* (vara)

substitut|e ['sʌbstitju:t] **I** *s* ersättare; ersättning, surrogat **II** *v* sätta [in] i stället (*for* för), utbyta (*for* mot); vikariera; ersätta; ~ *beer for wine* utbyta vin mot öl **-ion** [,sʌbsti'tju:-ʃ(ə)n] utbytande, ersättande

substrat|um ['sʌbstrɑ:təm] (*pl* **-a** [-ə]) underlag; substrat

sub|structure ['sʌb,strʌkt∫ə] underbyggnad, grund[val] **-teens** [-ti:nz] *A.* småbarn (under 10 år) **-tenant** ['sʌb'tenənt] en som hyr (arrenderar) i andra hand; inneboende (hyresgäst) **subten|d** [səb'tend] *mat.* stå [mitt emot]; bilda korda till; ~ *at an angle of* 90° *with* bilda 90° vinkel mot **-se** [-s] *mat.* motstående sida; korda

subterfuge ['sʌbtəfju:dʒ] undanflykt; *fig.* kryphål

subterranean [,sʌbtə'reinjən] underjordisk

subtilize ['sʌtilaiz] **1** förfina; förtunna, -flyktiga **2** presentera hårklyverier

subtitle ['sʌb,taitl] undertitel; ~*s, pl* den översatta dialogen nederst på bilden (*film.*)

subtle ['sʌtl] **1** [hår]fin; svårbestämbar; subtil **2** skarp[sinnig]; spetsfundig **3** raffinerad, utsökt; skicklig; listig; ~ *distinction* hårfin skillnad **-ty** [-ti] **1** subtilitet; skarpsinne; spetsfundighet **2** hårfin skillnad; finess **3** list, knep

subtract [səb'trækt] dra av; subtrahera **-ion** [-kʃ(ə)n] avdrag; subtraktion

subtrahend ['sʌbtrəhend] *mat.* subtrahend

subtropical ['sʌb'trɔpik(ə)l] subtropisk; ~ *fruit* sydfrukt[er]

suburb ['sʌbə:b] förstad, förort **-an** [sə'bə:-b(ə)n] **I** *a* förstads- **II** *s* förstadsbo = **-anite** [sə'bə:bənait] **S-ia** [sə'bə:biə] den trista förstadsmiljön o. dess människor (*isht* London)

subvention [səb'venʃ(ə)n] **I** *s* subvention, statsbidrag **II** *v* subventionera

subver|sion [səb'və:ʃ(ə)n] omstörtning, störtande; kullkastande; nedbrytning; undergång **-sive** [-ɑ:siv] omstörtande; nedbrytande **-t** [sʌb'və:t] [om]störta; kullkasta; nedbryta

subway ['sʌbwei] **1** [gång]tunnel **2** *A.* tunnelbana

succeed [sək'si:d] **1** lyckas; ha framgång **2** följa (*to* efter); ~ *to* efterträda; *he* ~*ed in escaping* han lyckades fly (undkomma); ~ *to the throne* efterträda på tronen

success [sək'ses] framgång, lycka; succé **-ful** [-f(u)l] framgångsrik, lyckosam; lyckad; *be* ~ *in persuading* lyckas övertala **-ion** [- ʃ(ə)n] **1** följd, serie, rad **2** succession; tron-, arvsföljd **3** arvingar, ättlingar; *in* ~ i följd, efter (på) varandra; *in* ~ *to* som efterträdare till, efter; ~ *duty* arvsskatt **-ional** [-eʃnəl] på varandra följande; successions- **-ive** [-iv] på varandra följande, successiv efter[var]andra; *in* i följd; successivt **-or** [-ə] efterträdare

succinct [sək'siŋ(k)t] kortfattad; koncis

succory ['sʌkəri] cikoria

succour ['sʌkə] **I** *v* bispringa, undsätta, bistå **II** *s* bistånd, undsättning

succulen|ce [sʌkjuləns] saftighet **-t** saftig (*to av*)

succumb [sə'kʌm] duka under (*to* för); dö (*to av*)

succursal [sʌ'kə:s(ə)l] *kyrk.* filial-

such [sʌtʃ] sådan; så, så stor; ~ *a fine day* en sådan vacker dag; ~ *another* en sådan till; ~ *as* sådan[a] som; *äv.* sådan; *in* ~ *and* ~ *a house* i det o. det huset; *no* ~ *thing* [absolut] inte något sådant (dylikt) **b** visst (absolut) inte!; *we note your remarks and in reply to* ~ vi har noterat Edra anmärkningar, och som svar därpå (på dem el. desamma) **-like** dylik, av det slaget

suck [sʌk] **I** *v* suga [på]; suga in, insupa; dia; ~ *a p.'s brains* lägga sig till med ngns idéer; ~ *dry* utsuga (till sista droppen); ~ *from* (*out of*) *äv.* hämta från; ~ *in* insupa, suga i sig, suga in; ~ *one's underlip* bita på underläppen; ~ *up* suga upp (in); suga i sig; ~ *up to a p.* fjäska för ngn **II** *s* **1** sugning **2** klunk, slurk; ~*s* a snask, sötsaker **II** *v* *give* ~ (*to*) amma, ge di åt; *take a* ~ *at* läppja på, ta en klunk av; *what a* ~ ! vilken miss!, vilket bakslag (fiasko)! **-er** [-ə] **1** spädgris; *äv.* diande ungdjur **2** *A.* misslyckad börsspekulant; lätt-lurad person; gröngöling **3** sugfisk **4** sugskål, -mun, -rör etc.; sugpump **5** skott (från rot) **6** *A.* slickepinne; *S~ State* Illinois **-ing** [-iŋ] **1** sugande; diande **2** grön, oerfaren **-ing-disk** sugskiva **-ing-pig** spädgris **-le** [-l] amma, ge di [åt]; föda upp **-ling** [-liŋ] dibarn; diande ungdjur

suction [ˈsʌkʃ(ə)n] sugning **--pipe** sugrör **--pump** sugpump

Sudan [su(ː)ˈdɑːn] *the* ~ Sudan **-ese** [ˌsuːdəˈniːz] **I** *a* sudan[esi]sk **II** *s* sudanes, sudanneger

sudari|um [sju(ː)ˈdɛəriəm] (*pl -a* [-ə]) [näs]duk med Kristusbild på, svetteduk

sudden [ˈsʌdn] plötslig, oväntad; [*all*] *of a* ~ = **-ly** *adv* [-li] plötsligt, med ens

suds [sʌdz] *pl* såpvatten, -lödder

sue [sjuː] *I* *jur.* stämma **2** bönfalla, (enträget) bedja (*for* om)

suède [sweid] mocka

suet [sjuit] [njur]talg

suffer [ˈsʌfə] **1** lida (*from* av); utstå; undergå **2** bli lidande; ta skada (*by* av); få sota (*for* för) **3** tåla, fördra; [till]låta **4** avrättas; *not* ~ *fools gladly* inte stå ut med idioter; *Charles I ~ed on Jan. 30th* Karl I fick bestiga skavotten den 30 jan.; ~ *the little children to come unto me* låten barnen komma till mig (*bibl.*) **-ance** [-f(ə)r(ə)ns] **1** tyst medgivande; samtycke; tillåtelse **2** *åld.* tålmodighet; *be admitted on* ~ bli insläppt på nåder; *bill of* ~ provisoriskt införseltillstånd **-er** [-f(ə)rə] en som lider (*from* av); offer (*from* för) **-ing** [-f(ə)riŋ] *s* **1** lidande **2** (*äv. pl*, ~*s*) kval; elände **suffic|le** [səˈfais] räcka [till], vara tillräcklig; tillfredsställa; ~ *it to say* det må (torde) räcka [med] att säga **-iency** [s(ə)ˈfiʃ(ə)nsi] tillräcklig mängd; [tillräcklig] utkomst **-ient** [s(ə)ˈfiʃ(ə)nt] tillräcklig

suffix [ˈsʌfiks] **I** *s* suffix; ändelse **II** *v* tillfoga [suffix]

suffocat|le [ˈsʌfəkeit] kväva[s] **-ing** [-iŋ] (mycket) kvav **-ion** [ˌsʌfəˈkeiʃ(ə)n] kvävning

suffrag|an [ˈsʌfrəgən] *a o. s* biträdande [bis-kop] **-e** [-ridʒ] **1** röst[ning] **2** rösträtt **3** *kyrk.* förbön; *universal* ~ allmän rösträtt

suffus|le [səˈfjuːz] övergjuta; sprida sig över; *eyes ~d with tears* tårfyllda ögon; *sky ~d with light* ljus[bestrålad] himmel **-ion** [-uːʒ(ə)n] **1** övergjutning **2** skimmer; rodnad

sugar [ˈʃugə] **I** *s* socker; *fig.* [söt]sliskighet **II** *v* **1** sockra [på] **2** göra söt, insmickrande **3** *sl.* maska, slöa; ~ *the pill* göra (det beska) pill-ret lättare att svälja; sockra på anrättning **--basin** [-ˌbeisn] sockerskål **--beet** socker-beta **--bird** kolibri **--bowl** *A.* sockerskål **--bush** *A.* (liten) sockerplantage (med socker-lönn) **--candy** [-ˌkændi] kandi[socker] **--cane** sockerrör **--daddy** [-ˌdædi] *A. sl.* rik äldre herrvän t. ung lyckoskerska **--drops** (slags) karameller **--estate** [-risˌteit] sockerplantage **--gum** eucalyptus **--house** sockerbruk **-loaf** **I** *s* sockertopp **II** *a* sockertoppsformig **--maple** [-ˌmeipl] sockerlönn **--mill** socker-bruk **--plantation** [-plænˌteiʃ(ə)n] socker-plantage **--planter** [-ˈplɑːntə] ägare till socker-plantage **--plum** sockergryn; karamell **--re-finer** [-riˌfainə] ägare till socker (chef för) **--refinery** [-riˌfainəri] sockerbruk, -raffinaderi **--tongs** [-tɔŋz] *pl* sockertång **-y** [-ri] sockrad, -rig; sockersöt

suggest [səˈdʒest] **1** föreslå; framkasta; hem-

ställa **2** tyda på; föra (tanken till) **3** påstå, antyda **4** suggerera; ~ *an idea* framkasta en idé (tanke); *the idea ~ed itself to me* jag kom på den tanken, [den] idén kom för mig; *does the name ~ anything to you?* säger dig namnet någonting?; *I* ~ *that* förhåller det sig inte så att (*vanl. jur.*); *I don't* ~ *that* jag vill inte påstå att **-ible** [-ibl] **1** upptänklig **2** lättsuggererad **-ion** [-tʃ(ə)n] **1** förslag **2** intryck; tanke, idé **3** antydan; spår, tillstymmelse **4** suggestion; *that is full of* ~ det ligger [nog] mycket i det; *at* (*on*) *the* ~ *of* på förslag av **-ive** [-iv] tanke-väckande; suggestiv; *be* ~ *of* komma att tänka på, påminna om

suicid|al [sjuiˈsaidl] självmords- **-e** [ˈsjuisaid] **1** självmord **2** självmördare

suit [sjuːt] **I** *s* **1** kostym, dräkt **2** uppsättning, serie **3** *kortsp.* färg **4** *poet.* bön; anhållan **5** *jur.* åtal; process; rättegång; *follow* ~ följa färg; ~ *of clothes* kostym; ~ *of armour* [rid-dar]rustning; ~ *of harness* seldon **II** *v* **1** passa, vara lämplig (lämpad) för; vara till lags **2** an-, avpassa (*to* efter, till) **3** förse (*with* med) **4** *åld.* anhålla om; ~ *the action to the word* förena ord med handling **-ability** [ˌsjuːtə-ˈbiliti] lämplighet **-able** [-əbl] lämplig, pas-sande **-case** [res]väska

suite [swiːt] **1** svit, följe **2** svit (av rum); *mus.* svit; rad, serie; uppsättning; ~ *of furniture* möbel, möblemang

suit|ed [ˈsjuːtid] avpassad (*to* efter); lämpad, passande (*for*, *to* för) **-ing** [-iŋ] kostymtyg **-or** [ˈsjuːtə] **1** *jur.* kärande, målsägare **2** friare **3** *åld.* en som anhåller om ngt; sökande

sulf|a [ˈsʌlfə] (= ~ *drug*) sulfa[preparat] **-ur** [-ə] *se* sulphur

sulk [sʌlk] **I** *v* [gå o.] tjura; vara sur **II** *s, be in the* ~*s* = *I* **-y** [-i] **I** *a* sur; trumpen; tjurig **II** *s* sulky (travtävlingsvagn)

sullen [ˈsʌlən] på dåligt humör, sur; trumpen; tjurig; dyster

sully [ˈsʌli] fläcka, smutsa [ner]; besudla

sulph|ate [ˈsʌlfeit] sulfat **-ite** [-ait] sulfit **-onamide[s]** [sʌlfə(u)ˈnæmaid(z)] sulfaprepa-rat, sulfonamid[er] **-ur** [-ə] **I** *s* **1** svavel **2** (slags) gul fjäril **II** *v* doppa i (bestryka med) svavel **-ureous** [sʌlˈfjuəriəs] svavel-; svavel-haltig, -liknande **-uretted** [-fjuretid] svavel-; ~ *hydrogen* svavelväte **-uric** [sʌlˈfjuərik] *a*, ~ *acid* svavelsyra **-urize** [-fjuraiz] behandla med svavel; vulkanisera **-urous** [-fərəs] **1** = *sulphureous* **2** *fig.* svavelosande; djävulsk; häftig

sultan [ˈsʌlt(ə)n] sultan **-a** **1** [s(ə)lˈtɑːnə] sultanrussin **2** [sʌlˈtɑːnə] sultans hustru (dotter, mor, syster); (furstes) maîtresse

sultry [ˈsʌltri] kvav, kvalmig, tryckande

sum [sʌm] **I** *s* **1** summa; belopp **2** [räkne]-tal, -exempel; ~*s* räkning (skolämne); *do* ~*s* räkna (lut] tal); *good at* ~*s* bra (duktig) i räk-ning; *in* ~ kort sagt; summa summarum; *the* ~ [*and substance*] *of* kärnan (det väsentliga) i, kontentan av; ~ *total* slut-, totalsumma **II** *v*, ~ *up* **a** lägga (summera) ihop; addera **b** sammanfatta; ~ *a p. up* avge ett omdöme om ngn

sumac[h] [ˈsuːmæk] *bot.* sumak

summar|ize [ˈsʌməraiz] sammanfatta **-y** [-ri] **I** *s* sammanfattning; översikt **II** *a* kort[fattad]; snabb[-]; summarisk; *do* ~ *justice* (*punish-ment*) *to* döma (straffa) på stående fot (utan juridiska formaliteter)

summation [sʌ'meiʃ(ə)n] sammanräkning; summa

summer ['sʌmə] I s 1 sommar 2 [bär]bjälke II v 1 tillbringa sommaren 2 hålla på sommarbete; ~ holidays sommarlov; ~ lightning kornblixt[ar]; ~ time sommartid (på klockan) **--house** lusthus **-like, -ly** [-li] sommarlik

summersault ['sʌməsɔ:lt] = somersault

summer|-school ['sʌməsku:l] feriskola; sommarkurs **-time** sommartid, -säsong **-y** [-ri] sommarlik

summing-up ['sʌmiŋ'ʌp] sammanfattning; jur rekapitulation

summit ['sʌmit] topp; höjdpunkt; ~ conference toppkonferens **--level** [-,levl] högsta nivå

summon ['sʌmən] 1 kalla [till sig]; inkalla; sammankalla 2 kalla inför rätta, [in]stämma 3 anmoda (vanl. till kapitulation) 4 (vanl. ~ up) samla, uppbjuda (t.ex. mod, krafter) **-er** [-ə] åld. stämningsman, rättsbetjänt **-s** [-z] I s [in]kallelse; inställelseorder; jur. stämning; answer a p.'s ~ hörsamma ngns kallelse II v [in]kalla (inför rätta)

sump [sʌmp] 1 avloppsbrunn; pumpgrop 2 sump, behållare; oljetråg (i motor)

sumpter ['sʌm(p)tə] s, ~ horse (mule) packhäst (-åsna)

sumptu|ary ['sʌm(p)tjuəri] a, ~ law överflödsförordning **-ous** [-əs] praktfull; överdådig, storslagen; lyx-, luxuös

sun [sʌn] I s sol; his ~ is set hans [storhets]-tid är förbi; against (with) the ~ motsols (medsols); shoot (take) the ~ bestämma (ta) solhöjden (sjö); ~ drawing water disig sol (som förebådar regn); a place in the ~ en plats i solen (äv. fig.) II v sola [sig] **--bath** solbad **-bathe** solbada **-beam** solstråle **-blind** solskydd, markis **--bonnet** [-,bɔnit] (gammaldags) solhatt; huva, hätta **--bow** regnbågseffekt (t. ex. vid vattenfall) **-burn** solbränna **-burner** [-,bɔ:nə] (elektrisk) ljuskrona **-burnt** solbränd **-burst** plötsligt strålande solsken; sol i fyrverkeri **--clips** solglas[ögon]

sundae ['sʌndei] A. [frukt]glass (serverad i skål)

Sunday ['sʌndi] söndag; Low ~ söndagen efter påsk; Refreshment (Mothering) ~ Midfastosöndagen; look two ways to find ~ skela; when two ~s come together i veckan med två söndagar (sju torsdagar); one's ~ best bästa [söndags]stassen; ~ Observance helgande av vilodagen; ~ school söndagsskola

sunder ['sʌndə] [upp]dela; åtskilja, avskilja; skiljas

sun|dial ['sʌndai(ə)l] solur, -visare **--dog** meteor. bi-, vädersol **-down** solnedgång **-downer** [-,daunə] 1 Austr. luffare (som söker tak över huvudet på kvällen) 2 sup, sängfösare **--dried** soltorkad

sundry ['sʌndri] I a diverse; olika; varjehanda II s, all and ~ alla o. envar; sundries diverse [saker, utgifter]

sun|-fish ['sʌnfiʃ] klumpfisk **-flower** [-,flauə] solros; S~ State Kansas

sung [sʌŋ] perf part av sing

sun|glare ['sʌnglɛə] bländande sol[ljus] **--glasses** [-,glɑ:siz] solglasögon **--glow** korona **--goggles** [-,gɔglz] solglasögon **--hat** solhatt **-helmet** [-,helmit] tropikhjälm

sunk [sʌŋk] perf part av sink; now we are ~ nu är det ute med oss **-en** [-(ə)n] [ner]sjunken;

infallen, -sjunken; djupt liggande; ~ road nedskuren väg; ~ rock undervattensskär

sun|-lamp ['sʌnlæmp] solljuslampa **-less** [-lis] utan sol, sollös, mörk **-light** solljus **-lit** solbelyst **-ny** [-i] solig, sol- **--parlour** [-,pɑ:lə] **--porch** [glas]veranda **-proof** ogenomträng-lig för solstrålar **--rays** [-reiz] ultravioletta strålar **-rise** soluppgång **--roof** soltak (på bil) **-set** solnedgång; ~ glow aftonrodnad; ~ home pensionärshem; ~ of life levnadsafton **-shade** 1 parasoll 2 markis **-shine** solsken; ~ roof skjuttak **-shiny** [-,ʃaini] solig, solskens- **--spot** 1 solfläck 2 ~s fräknar **--stroke** solsting **--tan** [-tæn] solbränna **--up** A. soluppgång **--visor** [-,vaizə] solskärm **-ward[s]** [-wəd(z)] [i riktning] mot solen **-ways** [-weiz] **-wise** [-waiz] medsols **--worship** [-,wɔ:ʃip] soldyrkan **--worshipper** [-,wɔ:-ʃipə] soldyrkare

sup [sʌp] I v 1 äta kvällsvard; supera; bjuda på kvällsvard (supé) 2 = sip II s (liten) klunk

super[-] ['sju:pə] I pref över-; extra[-]; sär- II a, sl. prima, "fantastisk"; jätte[-]; kalas-

super|able ['sju:p(ə)rəbl] övervinnelig, -komlig **-abundance** [,sju:p(ə)rə'bʌndəns] överflöd **-abundant**[,sju:p(ə)rə'bʌndənt] överflödande (rik); över måttan riklig (stor) **-add** [,sju:pər'æd] ytterligare tillägga (öka) **-addition** [,sju:pərə'diʃ(ə)n] ytterligare tillägg **-annuate** [,sju:pə'rænjueit] [ålders]pensionera; utrangera; ~ a pupil låta elev som ej förmår följa undervisningen sluta skolan; ~d, äv. avdankad; gammalmodig **-annuation** [,sju:pə,rænju'eiʃ(ə)n] överårighet; pension[ering]

superb [sju(:)'pə:b] förträfflig, utmärkt, storartad, strålande

super|cargo ['sju:pə,kɑ:gəu] fraktstyrman, lastuppsyningsman **-charger** [-,tʃɑ:dʒə] tekn. [laddnings]kompressor **-ciliary** [,sju:pə'si-liəri] ögonbryns- **-cilious** [,sju:pə'siliəs] högdragen, överlägsen, dryg **-duper** ['sju:pə-'du:pə] A. sl. i lyxklass, högelegant **supererogat|ion** [,sju:pər,erə'geiʃ(ə)n] s, works of ~ överloppsgärningar **-ory** [,sju:pər-e'rɔgət(ə)ri] överlopps-, överflödig

super|fatted ['sju:pə'fætid] a, ~ soap extra [fet] såpa (tvål) **-ficial** [,sju:pə'fiʃ(ə)l] ytlig; yt- **-ficiality** [,sju:pə,fiʃi'æliti] ytlighet **-ficies** [,sju:pə'fiʃi:z] yta, -or **-fine** ['sju:pə'fain] 1 extra fin; förträfflig 2 hårfin; överförfinad **-fluity** [,sju:pə'flu(:)iti] överflöd, -mått **-fluous** [sju(:)'pə:fluəs] överflödig

super|heat ['sju:pəhi:t] överhetta **-highway** ['sju:pə'haiwei] motorväg **-human** [,sju:pə-'hju:mən] övermänsklig **-impose** ['sju:p(ə)-rim'pəuz] (ytterligare) lägga på; trycka över; ~ [up]on lägga [ovan]på **-incumbent** ['sju:-p(ə)rin'kʌmbənt] ovanpå liggande **-induce** ['sju:p(ə)rin'dju:s] lägga till (på); tillföra **superintend** [,sju:p(ə)rin'tend] övervaka, ha uppsikt (kontroll) över **-ence** [-əns] uppsikt, kontroll, överinseende **-ent** [-ənt] 1 inspektör; uppsyningsman; [över]intendent; direktör 2 polismästare, -intendent

superior [sju(:)'piəriə] I a 1 högre (i rang etc.); bättre, större (to än) 2 överlägsen, ypperlig, förträfflig, utmärkt 3 överlägsen; högdragen 4 biol. högre [stående]; ~ force övermakt; ~ letter (figure) bokstav (siffra) ovanför raden; ~ person, äv. storpamp; be ~ to a vara över-

lägsen **b** stå (vara upphöjd) över **II** _s_ **1** överordnad; förman **2** överman **3** prior (i kloster); _Mother_ _S~_ priorinna **-ess** [-ris] = _Mother Superior_ **-ity** [sju(:),piəri'ɔriti] **1** överlägsenhet; förträfflighet **2** överhöghet; ~ _complex_ överlägsenhetskomplex
superlative [sju(:)'pɔ:lətiv] **I** _a_ ypperlig, förträfflig; strålande; enastående; ~ _degree_ superlativ (_gram._) **II** _s, gram._ superlativ
super|man ['sju:pəmæn] (Nietzsches) övermänniska _-market_ [-,mɑ:kit] stormarknad **-mundane** [,sju:pə'mʌndein] **-nal** [sju(:)-'pɔ:nl] överjordisk, himmelsk
super|national ['sju:pə'næʃənl] övernationell **-natural** [,sju:pə'nætʃr(ə)l] **I** _a_ övernaturlig **II** _s, the_ ~ det övernaturliga **-naturalism** [,sju:pə'nætʃrəliz(ə)m] tro på det övernaturliga **-numerary** [,sju:pə'nju:m(ə)rəri] **I** _a_ övertalig; extra **II** _s_ **1** övertalig person (sak) **2** extra[ordinarie] **3** _teat._ (extra) statist
superpos|e ['sju:pə'pəuz] placera ovanpå (över) [varandra]; placera (_on_ på, över) **-ition** ['sju:pəpə'ziʃ(ə)n] placering (lagring) över (ovanpå)
super|scription [,sju:pə'skripʃ(ə)n] överskrift påskrift, utanskrift **-sede** [,sju:pə'si:d] **1** ersätta; komma i stället för; undantränga **2** avsätta, -skeda **-sedence** [,sju:pə'si:dns] **1** ersättande **2** avskedande **-sensitive**[,sju:pə-'sensitiv] överkänslig **-session** [,sju:pə'seʃ(ə)n] **1** undanträngande, ersättande **2** avsättning, avskedande
super|sonic ['sju:pə'sɔnik] **1** överljuds-; ultraljud- **2** _sl._ "fantastisk"; topp-, toppen[-] **--sound** ultraljud
superstiti|on [,sju:pə'stiʃ(ə)n] vidskepelse, -lighet **-ous** [-ʃəs] vidskeplig
superstructure ['sju:pə,strʌktʃə] (t. ex. fartygs) överbyggnad; (på grundsats[er] uppbyggd) teori
supertax ['sju:pətæks] tilläggsskatt (på höga inkomster)
superterr|ene [,sju:pətə'ri:n] överjordisk, (som ligger) ovan jord **-estrial** ['sju:pəti're-striəl] överjordisk
super|vene [,sju:pə'vi:n] tillstöta, -komma; komma emellan **-vention** [,sju:pə'venʃ(ə)n] tillstötande, -komst **-vise** [,sju:pəvaiz] övervaka, ha uppsikt över, kontrollera **-vision** [,sju:pə'viʒ(ə)n] övervakning, kontroll, uppsikt **-visor** ['sju:pəvaizə] övervakare, uppsyningsman, kontrollör; inspektör **-visory** ['sju:pəvaiz(ə)ri] kontroll-; tillsyns-; övervakande
supine I _a_ [sju:'pain] **1** liggande på rygg **2** slö, slapp **II** _s_ ['sju:pain] _gram._ supinum
supper ['sʌpə] kvällsvard, -mål; supé; _the Last S~_ den sista nattvarden (Kristus o. lärjungarna); _the Lord's S~_ Herrens nattvard; _have_ ~ äta kväll[svard]; supera
supplant [sə'plɑ:nt] (med list) undantränga, utmanövrera
supple ['sʌpl] **I** _a_ **1** smidig, mjuk, böjlig **2** medgörlig, foglig **3** inställsam; servil **II** _v_ göra (bli) smidig etc. (_se I_) **--jack** smidig (böjlig) käpp; buske med starka, böjliga grenar
supplement I _s_ ['sʌplimənt] tillägg; supplement, bihang; tidningsbilaga **II** _v_ ['sʌpliment] göra tillägg till; tillägga **-al** [,sʌpli'mentl] **-ary** [,sʌpli'ment(ə)ri] tillagd; supplement-, tilläggs
suppli|ant ['sʌpliənt] **I** _a_ (ödmjukt) bedjande,

bönfallande **II** _s_ supplikant **-cate** [-keit] (ödmjukt) be [om]; bönfalla (_for_ om) **-cation** [,sʌpli'keiʃ(ə)n] ödmjuk (innerlig) bön (anhållan) **-er** [sə'plaiə] leverantör
1 supply ['sʌpli] mjukt, böjligt
2 supply [sə'plai] **I** _v_ **1** förse [med] **2** tillhandahålla; leverera [till]; [an]skaffa **3** fylla, tillfredsställa; ~ _the demand_ fylla behovet; ~ _a want_ täcka en brist **II** _s_ **1** anskaffning; leverans; fyllande (av behov) **2** försörjning; tillförsel; tillgång; förråd; _mil._ underhåll[sförråd] **3** vikarie; _supplies, äv._ [stats]anslag; _vote supplies_ bevilja anslag; ~ _and demand_ tillgång o. efterfrågan **--line** _mil._ etapplinje; tillförselväg
support [sə'pɔ:t] **I** _v_ **1** [under]stödja; stötta; hålla uppe; uppbära; 'hålla på; assistera; biträda **2** uppehålla (livet); underhålla, försörja, föda; hålla i gång **3** uthärda, fördra **4** bära upp, spela (teaterroll) **II** _s_ **1** stöd; underlag **2** hjälp, [under]stöd; medverkan **3** underhåll, försörjning, uppehälle **4** person som ger stöd (hjälp); _in_ ~ _of_ som stöd för, till förmån för **-able** [-əbl] **1** uthärdlig **2** som kan försvaras (stödjas) **-er** [-ə] anhängare; understödjare; gynnare, supporter; _her._ vapenbärare
suppos|e [sə'pəuz] anta, ponera; förutsätta; förmoda, tro; _we are ~d to be back at seven_ [det är meningen att] vi skall vara tillbaka kl. sju; _we are not ~d to walk on the grass_ vi får [egentligen] inte gå på gräset; ~ _he knew_ tänk om han visste; _the ~d master_ den förmente mästaren **-edly** [-idli] efter vad man antar; förmodligen **-ing** [-iŋ] om [nu], antag att; _always_ ~ på det villkoret att **-ition** [,sʌpə-'ziʃ(ə)n] antagande; förutsättning; förmodan **-itional** [,sʌpə'ziʃənl] tänkt; hypotetisk **-itious** [sə,pɔzi'tiʃəs] falsk, oäkta; _jur._ understucken (om barn) **-itory** [sə'pɔzit(ə)ri] _med._ stolpiller
suppress [sə'pres] **1** undertrycka; kuva; kväva; återhålla, dämpa (vrede etc.); tysta [ner] **2** förbjuda (utgivandet av); dra in **3** hemlighålla; förtiga **-ible** [-əbl] som kan undertryckas etc. _se suppress_ **-ion** [-ʃ(ə)n] **1** undertryckande, kuvande; dämpande **2** indragning (av tidning etc.) **3** hemlighållande, nedtystande **-or** [-ə] undertryckare, förtryckare; ~ _grid_ bromsgaller
suppurat|e ['sʌpjuəreit] vara sig **-ion** [,sʌpju(ə)'reiʃ(ə)n] varbildning
supra- ['sju:prə] _pref_ över-
supremacy [sju'preməsi] överhöghet; överlägsenhet; _Act of S~_ suprematiakten (genom vilken Englands regent blev engelska kyrkans överhuvud, 1534)
supreme [sju(:)'pri:m] **1** högst; över- **2** sist, ytterst **3** ypperlig; enastående; suverän; _the S~ Being_ Gud, den [allra] Högste; _the S~ Court_ högsta domstolen; överdomstolen; ~ _fidelity_ trohet [in]till det yttersta; _S~ Pontiff_ påve **-ly** [-li] i högsta grad, ytterst
surcease [sə:'si:s] **I** _v_ upphöra [med] **II** _s_ avbrytande, -brott
surcharge I _s_ ['sə:tʃɑ:dʒ] **1** tilläggs-, straffavgift; _post._ lösen **2** överbelastning **3** överstämpling (på frimärke) **II** _v_ [sə:'tʃɑ:dʒ] **1** kräva tilläggsavgift av, debitera extra **2** överbelasta **3** överstämpla (frimärke)
surcoat ['sə:kəut] **1** _åld._ (slags) vapenrock **2** _A._ (fodrad) sportjacka

surd [sə:d] *a o. s, mat.* irrationell [storhet]
sure [ʃuə] **I** *a* säker; övertygad; *to be* ~ utan tvivel, förvisso; [ja] visst; faktiskt; *well, I'm* ~*!, well, to be* ~ *!* kors!, det var [som] sjutton (tusan)!; *I'm* ~ *I didn't mean to* det var verkligen inte min mening (avsikt) att; *be* ~ *to* tänk på att, glöm inte att; *he is* ~ *to come* han kommer säkert; *for* ~ säkert, med säkerhet; *make* ~ **a** förvissa (övertyga) sig [om] **b** inte glömma, tänka på **c** försäkra sig (*of* om); *to make* ~ för säkerhets skull **II** *adv* o. *interj, A.* säkert; javisst; *as* ~ *as eggs is eggs* så säkert som ett o. ett är två; ~ *enough* säkert, utan tvivel; faktiskt --**fire** [ˈʃuəˈfaiə] *A. vard.* bergsäker; säker på succé --**footed** [ˈʃuˈfutid] stadig (på benen); pålitlig -**ly** [-li] **1** väl, nog säkert **2** säkert, tryggt -**ty** [ˈʃuərəti] **1** borgen, borgensman; säkerhet **2** visshet, säkerhet
surf [sə:f] bränning; [strand]våg
surface [ˈsə:fis] **I** *s* **1** yta **2** [ytter]sida; utsida; *on the* ~ på ytan; ytligt sett; ~ *warning radar* ytspaningsradar **II** *v* **1** [yt]polera **2** (om ubåt) gå upp till ytan (i övervattensläge) --**car** *A.* spårvagn --**man** [-mən] *järnv.* linjearbetare --**noise** nålskrap (på grammofon) --**to-air missile** [ˈsə:fistəˈɛə-] luftvärnsrobot
surf|-board [ˈsə:fbɔ:d] surfingbräda --**boat** surfingbåt
surfeit [ˈsə:fit] **I** *s* övermättnad; övermått; leda, avsmak **II** *v* övermätta (*äv. fig.*); föräta sig
surf-riding [ˈsə:fˌraidiŋ] *sport.* surfing
surge [sə:dʒ] **I** *v* **1** svalla [högt]; bölja **2** välla; brusa **3** *tekn.* (om hjul) slira; (om motor) gå ojämnt, rusa **II** *s* svallvåg; vågsvall; störtsjö
surgeon [ˈsə:dʒ(ə)n] kirurg; fält-, skeppsläkare --**dentist** [ˈsə:dʒ(ə)nˈdentist] (legitimerad) tandläkare
surg|ery [ˈsə:dʒ(ə)ri] **1** kirurgi **2** [läkar]mottagning -**ical** [-ʒik(ə)l] kirurgisk; ~ *boots* (*shoes*) ortopediska skor; ~ *case* instrumentväska
surloin [ˈsə:lɔin] = *sirloin*
surly [ˈsə:li] butter, vresig
surmise I *v* [sə:ˈmaiz] gissa, förmoda **II** *s* [ˈsə:maiz] gissning, förmodan
surmount [sə:ˈmaunt] **1** komma (ta sig) över; övervinna **2** placera över, vara placerad ovanför; ~*ed by a crown* med en krona över (ovanför) -**able** [-əbl] överstiglig, -vinnelig
surname [ˈsə:neim] **I** *s* **1** efternamn **2** tillnamn **II** *v* ge tillnamn åt; ~*d* med tillnamnet
surpass [sə:ˈpɑ:s] överträffa, -stiga, -gå -**ing** [-iŋ] makalös, enastående
surplice [ˈsə:plis] vid mässkjorta (röcklin) --**fee** prästs arvode för dop, vigsel etc.
surplus [ˈsə:pləs] **I** *s* överskott **II** *a* överskotts-; överskjutande, -talig; ~ *stock* restlager; ~ *population* befolkningsöverskott; ~ *value* mervärde
surpris|e [səˈpraiz] **I** *v* förvåna; överraska; överrumpla; *be* ~*d at* vara förvånad (förvåna sig) över; *I should not be* ~*d if* det skulle inte förvåna mig om; *I am* ~*d at you, äv.* ditt (ert) beteende chockerar mig; ~ *a p. into* genom överrumpling förmå ngn till [att] **II** *s* förvåning (*at* över); överraskning; *mil.* överrumpling; *he looked up in* ~ han tittade upp förvånad (-t); *to my* ~ till min förvåning; *take by* ~ överrumpla **III** *a*, ~ *visit* överraskande besök -**ing** [-iŋ] förvånansvärd; överraskande
surrealism [səˈriəliz(ə)m] surrealism

surrender [səˈrendə] **I** *v* ge sig, kapitulera; ge upp; avstå [från]; utlämna; avträda; ~ *a policy* annullera en försäkring (mot utbekommande av återköpsvärdet) **II** *s* kapitulation; uppgivande; avstående; utlämnande; överlämnande; avträdande --**value** [-ˌvælju:] återköpsvärde
surreptitious [ˌsʌrəpˈtiʃəs] hemlig; förstulen; smyg-
surrey [ˈsʌri] *A.* (slags) tvåsitsig vagn
surrogate [ˈsʌrəgit] **1** (biskops) ställföreträdare **2** *A.* jurist som befattar sig med verifiering av testamenten o. andra kvarlåtenskapsfrågor -**ship** tjänstgöring[speriod] som *surrogate*
surround [səˈraund] **I** *v* omringa; omge **II** *s* golvbeläggning (mellan matta o. vägg) -**ing** [-iŋ] *a* omgivande, kringliggande -**ings** [-iŋz] *s pl* omgivning[ar]; miljö
surtax [ˈsə:tæks] **I** *s* extraskatt; tilläggsavgift; extra tull[avgift] **II** *v* belägga med *surtax*
surveillance [sə:ˈveiləns] uppsikt, övervakning
survey I *v* [sə:ˈvei] **1** överblicka; ge en översikt över **2** granska, syna, besiktiga; inspektera **3** mäta [upp] **4** taxera **II** *s* [ˈsə:vei] **1** överblick, översikt **2** granskning, besiktning, [av]syn[ing], undersökning **3** [upp]mätning; lantmäteri, -ning -**or** [sə(:)ˈve(i)ə] **1** besiktningsman, inspektör **2** lantmätare **3** taxeringsman
surviv|al [səˈvaiv(ə)l] **1** överlevande; fortlevande **2** kvarleva, rest; ~ *of the fittest* de starkastes fortbestånd (medförande naturligt urval) -**e** [-v] överleva; leva vidare; fortleva, finnas kvar -**or** [-və] **1** överlevande; räddad [person] **2** efterlevande
suscepti|bility [səˌseptəˈbiliti] mottaglighet; känslighet, ömtålighet -**ble** [-ˈseptəbl] **1** mottaglig, känslig, ömtålig; lättpåverkad **2** lättretlig **3** som lätt blir förälskad; ~ *of proof* möjlig att bevisa; *be* ~ *of* vara mäktig (en känsla), kunna känna; *be* ~ *to* vara mottaglig (disponerad) för -**ve** [-ˈseptiv] mottaglig; känslig
suspect I *v* [səsˈpekt] misstänka; ana; misstro **II** *a o. s* [ˈsʌspekt] misstänkt [individ]
suspen|d [səsˈpend] **1** hänga [upp] (*from* i) **2** uppskjuta; vänta med **3** (tills vidare) avstänga; suspendera; (tills vidare) dra in (upphäva); ~ *payment[s]* inställa betalningar[na]; *be* ~*ed* sväva, hänga; ~*ed animation* fullständig medvetslöshet, klinisk död -**der** [-ə] strumphållare, strumpeband; ~*s* hängslen (*A.*) -**der-belt** [-əbelt] strumphållare, strumpeband -**se** [-s] **1** spänning; ovisshet **2** uppskov; ~ *account* [kredit]konto (*hand.*) -**sion** [-n[ʃ(ə)n] **1** upphängning **2** uppskjutande, inställande **3** (tillfälligt) avstängande; (tillfälligt) upphävande, suspension **4** *mus.* förhållning; ~ *bridge* hängbro -**sive** [-siv] **1** oviss; svävande **2** suspensiv -**sory** [-s(ə)ri] **1** = *suspensive* **2** ~ *bandage* brockband; suspensoar (*med.*)
suspici|on [səsˈpiʃ(ə)n] **1** misstanke; misstro **2** (svag) aning **3** antydan, tillstymmelse -**ous** [-ʃəs] **1** misstänksam, misstrogen (*of* mot) **2** misstänkt; *be* ~ *of* misstänka; misstro
sustain [səsˈtein] **1** hålla uppe; bära upp (*äv. fig.*); [under]stödja **2** uppehålla; upprätthålla; hålla i gång (vid liv); *mus.* hålla ut **3** tåla; utstå; lida **4** bekräfta, bestyrka; *jur.* godta, -känna; ~*ing food* stärkande (närande) föda

-able [-əbl] hållbar, godtagbar, acceptabel (om förklaring etc.) **-er** [-ə] stödjare, upphållare; ～ *motor* drivmotor (i robot) **-ment** [-mənt] **1** *fig.* stöd; upprätthållande **2** livsuppehälle

sustenance ['sʌstinəns] föda, näring; livsuppehälle

sustentation [,sʌsten'teiʃ(ə)n] underhåll, försörjning; ～ *fund* understödsfond

sutler ['sʌtlə] marketentare

suture ['sjuːtʃə] **I** *s* stygn; söm; sutur, hopsytt sår; fog **II** *v* sy [ihop]

svelte [svelt] slank, smärt

swab [swɔb] **I** *s* **1** svabb; [skur]trasa; *med.* [rengörings]tuss **2** *sl.* sjöofficers epålett **3** dumbom, idiot **II** *v* skura, skrubba; svabba **-ber** [-ə] [en som rengör med] svabb

swaddl|e ['swɔdl] linda (spädbarn) **-ing-bands** [-iŋbændz] **-ing-clothes** [-iŋ-] linda, -or; *he is just out of* ～ han är inte torr bakom öronen [än]

swag [swæg] **1** *sl.* byte, stöldgods **2** *Austr.* bylte, knyte

swage [sweidʒ] **I** *s, tekn.* form, [smides]sänke **II** *v* forma, smida

swagger ['swægə] **I** *v* [gå omkring o.] stoltsera (jäsa, skrävla el. sprätta) **II** *s* **1** skryt o. skrävel; snobberi; mallighet **2** stoltserande [gång] **3** = ～-*coat* **III** *a* flott, snobbig, skryt--cane (slags) spatserkäpp **--coat** (slags) vid damkappa, swagger

swagman ['swægmən] **1** månglare **2** *Austr.* luffare

swain [swein] *poet. o. skämts.* bondpojke; ungersven; tillbedjare

swale [sweil] *A.* sumpig dal[sänka]

swallow ['swɔləu] **I** *v* svälja [ner]; [upp]sluka (*äv.* ～ *down, up*]; ～ *the bait* nappa på kroken, gå i fällan; ～ *an insult* svälja en förolämpning; ～ *one's words* ta tillbaka sitt yttrande; *be* ～*ed up by* uppslukas av, försvinna i **II** *s* **1** *zool.* svala **2** sväljning; klunk **3** svalg; ～ *dive* svanhopp **--tail 1** svalstjärt **2** makaonfjäril **3** frack **--tailed** [-teild] **1** kluven **2** frackklädd; ～ *coat* frack

swam [swæm] *imperf av* swim

swamp [swɔmp] **I** *s* kärr, sumpmark, träsk **II** *v* dränka; översvämma; [över]fylla; *be* ～*ed with* bli överhopad med **-y** [-i] sumpig, sank

swan [swɔn] svan; *black* ～, *äv.* sällsynthet; *the S*～ *of Avon* Shakespeare; ～ *dive* (*A.*) = swallow dive

swank [swæŋk] **I** *v* göra sig till; stoltsera; uppträda överlägset (malligt) **II** *s* skryt [o. skrävel]; snobberi **-er** [-ə] **--pot** snobb, viktigpetter; skrävelmakare, skrodör **-y** [-i] **1** mallig **2** flott, snobbig

swan|-neck ['swɔnnek] svanhals **-'s-down** [-z-] svandun **--skin** mollskinn **--song** svanesång

swap [swɔp] = swop

sward [swɔːd] gräsmatta, -plätt

swarm [swɔːm] **I** *s* svärm; hop **II** *v* svärma; vimla (*with av*)

swarthy ['swɔːði] mörk[hyad]; svartmuskig

swash [swɔʃ] **I** *v* **1** plaska; skvätta [omkring] **2** skrävla **II** *s* **1** [våg]skvalp, vågsvall **2** skrävel **3** skrävlare **-buckler** [-,bʌklə] skrävelmakare, skrodör; brakmakare **-ing** [-iŋ] *a* svepande, vinande; ～ *blow* våldsamt slag

swastika ['swɔstikə] svastika, hakkors

swat [swɔt] smälla [till] (t.ex. fluga)

swath [swɔːθ] slåttersträng; lietag; slagen (mejad) rad; *cut a wide* ～ göra mycket väsen av sig (*A.*) **-e** [sweið] [in]svepa; [om]linda

swatter ['swɔtə] flugsmälla

sway ['swei] **I** *v* **1** svänga (hit o. dit), [komma att] svaja (vaja); gunga; sätta i gungning; slänga; ragla **2** få att slå (svänga) om; påverka, influera **3** *poet.* [be]härska; *be* ～*ed by* låta sig påverkas av **II** *s* **1** svängande, -ning (hit o. dit), gungning **2** inflytande **3** makt; herravälde; *hold* ～ *over* härska över

swear [swɛə] **1** svär[j]a (i flera bet.); (under ed) bedyra **2** låta (ngn) svära (gå ed), med ed förplikta; ～ *against* under ed anklaga; ～ *at* svär[j]a åt (över); ～ *by* a svära vid **b** sätta sin tillit till, hålla sig till; *not enough to* ～ *by* minsta möjliga, ett minimum; ～ *in* låta (ngn) svära ed[en]; ～ *off* avsvärja sig; ～ *to* svära på, bedyra; ～ *a p. to secrecy* låta ngn svära (gå ed) på att hemlighålla ngt **--word** svärord, svordom

sweat [swet] **I** *s* **1** svett[ning]; svettbad; svettningskur; [svett o.] möda **2** [mycket] ängslig (nervös); *cold* ～ kallsvett; *in a* ～ blöt av svett; *in* (*by*) *the* ～ *of one's brow* i sitt anletes svett; *it's an awful* ～ det är ett fruktansvärt jobb (besvär) **II** *v* **1** svettas [ut] **2** få att svettas **3** pressa; utsuga; ～ *s.th. out* uthärda ngt obehagligt till slutet; ängsligt avvakta ngt (*sl.*) **--band** svettrem (i hatt) **-ed** [-id] underbetald **-er** [-ə] **1** utsugare, slavdrivare **2** (tjock) ylletröja **--gland** svettkörtel **-ing-bath** svettbad **-ing-system** [-iŋ,sistim] utsugarsystem **-y** [-i] svettig

Swed|e [swiːd] **1** svensk **2** *s*～ = *Swedish turnip* **-en** [-n] Sverige **-ish** [-iʃ] *a* o. *s* svensk[a]; ～ *drill* svensk gymnastik; ～ *turnip* (slags) kålrot

sweep [swiːp] **I** *v* **1** sopa **2** svepa, komma svepande; fara, rusa, susa [fram] **3** sota **4** dra [upp] **5** driva, sopa [undan]; rensopa (*of* på); *mil.* svepa (minor); dragga **6** svepa över; *mil.* bestryka **7** (ståtligt) skrida [fram] **8** härja, skövla; ～ *the board* ta hem potten; göra rent hus; ～ *a constituency* (*the country*) vinna förkrossande [val]seger i en valkrets (hela landet); *a new broom* ～*s clean* nya kvastar sopar bäst; *eyes* ～ *the horizon* blickar vandrar [spanande] längs horisonten; ～ *the strings* (*keys*) smeka strängarna (tangenterna); *the shore* ～*s south in a wide curve* kusten sträcker sig (böjer av) söderut i en vid båge; ～ *along* svepa fram; *be swept along* ryckas med; ～ *away* sopa bort (undan); ～ *all before one* sopa undan allt motstånd; ha obegränsad framgång; ～ *by* svepa (susa, dra etc.) förbi; ～ *down* slå ner (*upon* på); *the cavalry swept down the valley* kavalleriet drog fram genom dalen; ～ *off* sopa bort; bortrycka (i ett svep); ～ *one's hat off* [*one's head*] stryka av sig hatten; *be swept off one's feet* a bli handlöst omkullkastad **b** bli hänförd; bli [alldeles] paff; ～ *out of the room* a [värdigt] skrida ut ur rummet **b** rusa (störta) ut ur rummet; ～ *over* svepa (dra) fram över; ～ *one's hand over one's forehead* stryka [med] handen över pannan; ～ *one's eyes over* låta blicken glida över; ～ *through* fara (fram) genom; *fear swept through his limbs* han kände rysningar i hela kroppen; ～ *up* sopa upp; sopa ihop; ～ *with* rycka med **II** *s* **1** [ren]sopning, bortsopande (*äv. fig.*) **2** svep; drag; tag **3** räck-, synhåll; sektor **4**

(vinds etc.) framfart; ström[drag] **5** sotare **6** skurk, usling **7** (slags) lång åra **8** brunnssängel **9** draggning **10** = ~stake[s]; give a room a ~ sopa ett rum; make a clean ~ of göra rent hus med **-er** [-ə] **1** [gat]sopare; gatsopningsmaskin **2** sotare **-ing** [-iŋ] **I** a **1** [fram]svepande **2** våldsam, övervåldigande; radikal **3** [vitt]omfattande; allmän[t hållen]; generaliserande **4** väldig, kolossal **II** s **1** sopning **2** sotning **3** svepande rörelse; framfart, -susande **4** draggning; ~s sopor, skräp **-ingbrush** dammborste **--net** [släp]not (för fiske); fjärilshåv **-stake[s]** totalisator-, totospel; totolopp

sweet [swi:t] **I** a o. adv **1** söt[t] **2** ljuv[lig]; behaglig; mild; kär; rar **3** färsk; frisk; ren; snygg; be ~ on vara förtjust i; clean and ~ ren o. snygg; ~ one [min] älskling; a ~ one sittopp, snyting (sl.); at one's own ~ will a efter eget behag **b** alldeles av sig själv; have a ~ tooth vara svag för sötsaker **II** s **1** karamell; sötsak; efterrätt **2** älskling, sötnos **3** behag; sötma; ~s a sötsaker, snask; dessert **b** fördelar; fig. sötma **-bread** [kalv]bräss **--corn** A. söt majs **-en** [-n] söta; bli söt; förljuva; mildra; do you like it ~ed? vill du ha socker i (på)? **-ener** [-nə] **1** sötningsmedel 2 sl. muta; dricks **-ening** [-niŋ] sötningsmedel; socker **-heart** käraste; flicka, flickbekant, kavaljer, pojkvän; älskling **-ing** [-iŋ] sötäpple **-ish** [-iʃ] sötaktig **-ly** [-li] adv sött, ljuvt, behagligt, vackert; the bike runs ~ cykeln går fint **-meat** karamell, sötsak **--oil** oliv-, matolja **--pea** luktärt **--potato** [-p(ə),teitəu] sötpotatis **--root** lakritsrot **--scented** ['swi:t'sentid] välluktande; aromatisk **--tempered** ['swi:t-'tempəd]älsklig, älskvärd; blid [o. harmonisk]; saktmodig **--water** [-,wɔːtə] (slags) druva **--william** ['swi:t'wiljəm] borstnejlika **-y** [-i] **1** karamell, sötsak **2** sötnos, älskling; käraste

swell [swel] **I** v [komma att] svälla [upp] (pösa); växa; öka; stiga; stegra; svalla; svullna [upp]; brusa [fram]; fig. pösa; mus. låta (ton) svälla; ~ the chorus of admiration instämma i beundrarnas lovsång **II** s **1** svällande; uppsvälldhet; utbuktning; **2** dyning, vågsvall **3** mus. crescendo; svällare **4** svällare (på orgel) **5** snobb; pamp; "högdjur" **6** sl. överdängare (at Latin i latin) **III** a flott; förstklassig förnämlig; stilande **--box** = swell II 4 **-ing** [-iŋ] **I** s svullnad; svulst, tumör, utbuktning; ansvällning **II** a svällande; uppblåst; svallande **-ish** [-iʃ] flott; snobbig **--mob** gentlemannabovar

swelter ['sweltə] **I** v försmäkta **II** s tryckande (olidlig) hetta **-ing** [-t(ə)riŋ] tryckande, olidlig[t het]

swept [swept] imperf o. perf part av sweep

swerve [swəːv] **I** v [komma att] vika (böja) av; [få att] avvika; skruva (boll) **II** s avvikelse; skruv[ning] (av boll)

swift [swift] **I** a o. adv snabb[t], hastig[t]; ~ to anger snar till vrede; ~ to take offence snarstucken **II** s **1** tornsvala **2** vattenödla **3** (slags) nattfjäril **4** spole, rulle, haspel **--footed** ['swift'futid] snabbfotad **--handed** ['swift'hændid] flink, snabb; snar

swig [swig] vard. **I** v dricka, stjälpa i sig, supa **II** s (rejäl) klunk

swill [swil] **I** s **1** skölja, spola [av] (äv. ~ out) **2** supa; stjälpa i sig **II** s **1** spolning **2** slaskvatten, grismat **3** usel dryck (soppa)

swim [swim] **I** v **1** simma [över]; låta simma **2** flyta; sväva **3** svindla, snurra [runt]; ~ with the tide följa med strömmen; she swam into the room hon seglade in i rummet; go ~ming gå o. bada; eyes ~ming in (with) tears tårdränkta ögon; my head ~s det går runt i huvudet på mig **II** s **1** simning; simtur **2** (bra) fiskeställe; have a ~ ta ett dopp (en simtur); go for a ~ gå o. bada; be in the ~ vara i farten; hänga med [i ruljangsen] **--bladder** [-,blædə] simblåsa **-mer** [-ə] simmare; simfågel **--suit** baddräkt

swimming ['swimiŋ] **1** simning **2** flytande **3** yrsel **--bath** simbassäng, -hall **--belt** simbälte **--bladder** [-,blædə] simblåsa **-ly** [-li] lekande lätt, som smort **--pool** simbassäng

swimmy ['swimi] [som lätt blir] yr [i huvudet]

swindle ['swindl] **I** s svindel, bedrägeri **II** v bedra; lura [till sig]; svindla; ~ money out of a p. lura till sig pengar av ngn **-r** [-ə] svindlare, bedragare

swine [swain] svin **-bread** tryffel **--fever** [-,fiːvə] svinpest **-herd** svinaherde **--plague** svinpest **--pox** svinkoppor, (slags) vattkoppor **-ry** [-əri] svinstia -**'s-snout** [-zsnaut] maskros

swing [swiŋ] **I** v **1** svänga; vagga; svaja; slänga **2** hänga (from i); dingla (from i) **3** gunga **4** marschera raskt; spänsta **5** dansa (spela) swing; ~ o.s. svinga sig; ~ for bli hängd för (sl.); ~ a hammock sätta upp en hängmatta; ~ into line [få att] sluta upp på linje; ~ the lead simulera; smita undan; ~ round [hastigt] vända sig [helt] om; svänga om; the door swung to dörren slog igen; there was no room to ~ a cat [in] det var så trångt att man knappt (inte) kunde vända sig **II** s **1** sväng[ning, -ande]; gungning; svängande gång **2** gunga **3** fart; [rask, spänstig] gång; fritt lopp, svängrum **4** sving[rytm] **5** sport. swing; ~ of the pendulum omsvängning, omsvängningstendens; in full ~ i full gång; get into ~ komma [riktigt] i gång **--boat** [swiŋ'bəut] karusellgunga **--bridge** svängbro **--door** svängdörr

swinge [swin(d)ʒ] prygla **-ing** [-iŋ] väldig, våldsam

swing|-gate ['swiŋgeit] svängport, -bom **-ing** [-iŋ] **1** svängande; vaggande; svajande; sväng- **2** lätt o. ledig; hurtig; energisk; schvungfull; svängig

swingle ['swiŋgl] s o. v skäkta (vid linberedning) **--bar**, **--tree** svängel (på vagn)

swing|-music ['swiŋ,mjuzik] swing[musik] **--sign** hängskylt **--span** A. svängbro

swinish ['swainiʃ] svinaktig

swipe [swaip] **I** v **1** slå [hårt] **2** sl. stjäla, knycka **II** s hårt slag; ~s dåligt öl, svagdricka

swirl [swəːl] **I** v virvla [runt] **II** s virvel

swish [swiʃ] **I** v [p]rassla; susa; vina; vifta (piska) med **II** s prassel; sus, vinande **III** a sl. asflott

Swiss [swis] **I** a schweizisk; ~ guards påvens livvakt (schweizergarde); ~ roll rulltårta **II** s schweizare, -iska

switch [switʃ] **I** s **1** strömbrytare **2** järnv. växel **3** spö; kvist **4** löshår, -fläta **II** v **1** koppla, vrida på knappen; fig. koppla (kasta) om; snabbt leda över **2** järnv. växla **3** vifta (slå) med; slå (piska) [till]; ~ off a koppla (slå, stänga) av **b** leda över, avleda; ~ on koppla (sätta, slå) på; ~ on to ta in (radiostation); ~ over koppla över; övergå **-back 1** sicksackbana (på sluttning) **2** berg- o. dalbana **--board** kopplingsbord; instrumentbräda; [telefon]-växel **--lever** [-,li:və] *järnv.* växel[spak] **--man** [-mən] *järnv.* växlare **--yard** *A.* ranger-bangård

Switzer ['switsə] **1** *åld.* schweizare **2** soldat i påvens livvakt **-land** [-s(ə)lənd] Schweiz

swivel ['swivl] **I** *s, tekn.* [sväng]tapp; [kätt-tings]lekare **II** *v* svänga (som) på en tapp **--bridge** svängbro **--chair** (svängbar) [kon-tors]stol **--eyed** [-aid] vindögd

swiz [swiz] bedrägeri; humbug

swizzle ['swizl] *sl.* **I** *s* **1** drink **2** = *swiz* **II** *v* supa, pimpla **--stick** cocktailvisp

swob [swɔb] = *swab*

swollen ['swɔul(ə)n] **I** *v, perf part* av *swell* **II** *a* svullen; uppsvälld; uppblåst **--headed** [-,hedid] inbilsk, mallig

swoon [swu:n] **I** *v* **1** svimma **2** *fig.* (långsamt) dö bort **II** *s* [av]svimning

swoop [swu:p] **I** *v* (*ofta* ~ *down*) slå ner (*on* på); ~ *down* [*up*]*on, äv.* anfalla; ~ *up* rycka till sig **II** *s* **1** (rovfågels) nedslag, -störtande **2** angrepp; (kraftigt) slag; *flyg.* störtdykning; *at one* [*fell*] ~ i ett svep, på en gång

swop [swɔp] **I** *v* byta [ut]; utbyta, växla; *never* ~ *horses while crossing the stream* man skall aldrig vidta förändringar i ett kritiskt läge (ögonblick); ~ *places* byta plats; ~ *yarns* berätta historier för varandra **II** *s* [ut]byte; *take* (*get*) *a* ~ inte bli av med sina varor; råka ut för ett bakslag (*hand.*)

sword [sɔ:d] svärd; värja; sabel; *sl.* bajonett; ~ *of the spirit* Guds ord; *cross* (*measure*) ~*s* fäktas; mäta sina krafter; *fig.* växla [skarpa] ord; *S~ of State* rikssvärd; *put to the* ~ sticka ner **--arm** höger arm **--bayonet** [-,be(i)ənit] sabelbajonett **--bearer** [-,beərə] svärdbärare (vid ceremoni); *S~ of State* svärdsriddare **--belt** [värj]gehäng; [sabel]-koppel **--bill** kolibri **--blade** svärds-, värj-, sabelklinga **--cane** värjkäpp **--cut** (går el. ärr efter) svärdshugg etc. **--dance** svärds-dans **-fish** svärdfisk **--flighted** [-,flaitid] med svärdsteckning på vingarna **--grass** svärds-lilja; starr[gräs] **--guard** värjplåt **--hand** höger hand **--hilt** värjfäste etc. **--knot** värjtofs, -band etc. **-law** militärdiktatur **--like** svärdsliknande etc. **--lily** [-,lili] svärds-lilja; gladiolus **--play** svärdslek etc., fäktning; *fig.* (skarp) ordväxling **-sman** [-zmən] (skick-lig) fäktare **-smanship** [-zmənʃip] fäktkonst, -skicklighet **--stick** = *swordcane*

swor|e [swɔ:] *imperf* av *swear* **-n I** *perf part* av *swear* **II** *a* [ed]svuren; ~ *brother* foster-broder

swot [swɔt] **I** *v* plugga (flitigt); jobba (hårt) **II** *s* **1** plugghäst **2** [hård]plugg; slit, knog

swum [swʌm] *perf part* av *swim*

swung [swʌŋ] *imperf* o. *perf part* av *swing*

sycamore ['sikəmɔ:] **1** (slags) lönn **2** mull-bärsfikonträd (i Orienten)

syce [sais] *Ind.* ridknekt

sycophan|cy ['sikəfənsi] smicker, kryperi **-t** [inställsam] smickrare

syllab|ary ['siləbəri] lista över stavelsetecken, "stavelsealfabet" **-ic** [si'læbik] stavelsebil-dande, stavelse-; ~ *sound* stavelsebildande ljud **-icate** [si'læbikeit] **-ify** [si'læbifai] **-ize** [-baiz] uppdela i stavelser **-le** [bl] stavelse; *not a* ~! inte ett knyst! **-us** [-əs] sammanfattning, -drag; kursplan; program

syllogism ['silədʒiz(ə)m] syllogism, slutled-ning

sylph [silf] sylf; eterisk varelse **-id** [-id] sylfid; eterisk varelse

sylvan ['silvən] skogig, -klädd

symbol ['simb(ə)l] **1** symbol; tecken **2** *teol.* [tros]bekännelse **-ic[al]** [sim'bɔlik, -(ə)l] symbolisk, betecknande (*of* för) **-ics** [sim'bɔ-liks] *pl* symbolik **-ism** ['simbəliz(ə)m] sym-bolisk framställning, symbolik **-ize** [-bəlaiz] symbolisera, beteckna

symmetr|ic[al] [si'metrik, -(ə)l] symmetrisk **-ize** ['simitraiz] göra symmetrisk **-y** ['simitri] symmetri

sympath|etic [,simpə'θetik] **I** *a* **1** full av medkänsla (förståelse); förstående **2** sym-patisk, tilltalande **3** ~ *ink* osynligt bläck **II** *s, med.* sympatisk nerv **-etically** [-etik(ə)li] *adv* med förståelse, medlidsamt **-ize** ['simpə-θaiz] sympatisera, hysa medkänsla (förståelse) ~ *with, äv.* förstå; lida (känna) med **-izer** ['simpəθaizə] sympatisör; anhängare; för-stående vän **-y** ['simpəθi] **1** sympati, medkäns-la; förståelse; solidaritet[skänsla]; överens-stämmelse **2** *med.* sympati, förbindelse mellan organ

symphon|ic [sim'fɔnik] symfonisk **-y** ['sim-fəni] symfoni

symposium [sim'pəuzjəm] **1** symposium, (vetenskaplig) konferens **2** sammanställning av artiklar rörande ett visst ämne **3** dryckeslag

symptom ['sim(p)təm] symtom; tecken **-atic** [,sim(p)tə'mætik] symtomatisk; känneteck-nande (*of* för)

synagogue ['sinəgɔg] synagoga

synchro|-flash ['siŋkrə(u)'flæʃ] synkronblixt **-mesh** ['siŋkrə(u)'meʃ] synkroniserad växel-låda

synchron|ic [siŋ'krɔnik] synkron[isk], samti-dig **-ism** ['siŋkrəniz(ə)m] samtidighet; syn-kronism; synkronisk tabell **-ization** [,siŋkrə-nai'zeiʃ(ə)n] synkronisering **-ize** ['siŋkrənaiz] synkronisera; [låta] inträffa samtidigt, [få att] sammanfalla (i tiden); påvisa samtidighet hos **-izer** ['siŋkrənaizə] synkroniseringskontakt (på kamera) **-ous** ['siŋkrənəs] = *synchronic*

syncop|ate ['siŋkəpeit] synkopera **-ation** [,siŋkə'peiʃ(ə)n] *s, mus.* synkop[ering]; syn-koperad musik, jazz **-e** [-pi] **1** *med.* svimning **2** *språkv.* synkope **3** *mus.* synkop

syndic ['sindik] **1** magistratsperson **2** (juridisk) ombudsman (t.ex. vid Cambr.-universitetet) **-alism** [-əliz(ə)m] syndikalism **-alist** [-əlist] syndikalist **-ate I** *s* [-it] **1** syndikat, konsor-tium, kartell **2** universitetsstyrelse (*Cambr.*) **II** *v* [-eit] **1** sammanslå (till syndikat etc.) **2** distribuera (nyhetsmaterial) till publicering samtidigt i olika tidningar

synod ['sinəd] synod, kyrkomöte

synonym ['sinənim] synonym **-ous** [si'nɔni-məs] synonym, liktydig

synop|sis [si'nɔpsis] (*pl -ses* [-si:z] (kort) sam-manfattning, översikt **-tic[al]** [-tik, -(ə)l] kortfattad, översiktlig; *Synoptic Gospels* Matteus-, Markus- o. Lukas-evangelierna

synta|ctic[al] [sin'tæktik, -(ə)l] syntaktisk **-x** ['sintæks] syntax

synthe|sis ['sinθisis] (*pl -ses* [-si:z]) syntes, synops, sammanställning **-size** [-saiz] = *syn-thetize* **-tic** [sin'θetik] **I** *s* konstfiber **II** *a* (*äv.* ~*al*) syntetisk, konst- **-tize** [-taiz] göra en syntes; framställa på syntetisk väg

synton|ize ['sintənaiz] *tele., radio.* avstämma **-ous** [-əs] avstämd **-y** [-i] avstämning
syphili|s ['sifilis] syfilis **-tic** [‚sifi'litik] **I** *a* syfilitisk **II** *s* syfilispatient
syphon ['saif(ə)n] = *siphon*
syren ['saiərən] siren
Syria ['siriə] Syrien
syringa [si'ringə] *bot.* **1** syren **2** schersmin
syringe ['sirin(d)ʒ] **I** *s* [injektions]spruta **II** *v* spruta in; [be]spruta
syrup ['sirəp] **1** sirap **2** (söt) saft
system ['sistim] **1** system; metod **2** *A. i firmanamn* [aktie]bolag **3** *geol.* bildning, lager (från viss period); *nervous* ~ nervsystem; *the* ~ människokroppen som funktionell enhet; *read on* ~ läsa systematiskt **-atic[al]** [‚sisti'mætik, -(ə)l] systematisk, planmässig, metodisk **-atization** ['sistimətai'zeiʃ(ə)n] systematisering **-atize** ['sistimətaiz] systematisera **-ic** [sis'temik] gällande hela systemet (organismen)

T

T, t [ti:] (bokstaven) t; *to a T* utmärkt, på pricken
ta [tɑ:] *barnspr. o. skämts.* tack!
tab [tæb] **I** *s* **1** snibb, flik; lapp **2** [metall]skoning (t.ex. på skosnöre) **3** gradbeteckning (på krage) **4** etikett; kontramärke; *keep* ~[*s*] *on* kontrollera; *pick up the* ~ betala notan (*A.*); *throw up a* ~ öppna [kredit]konto (*A.*) **II** *v* förse med snibb etc., *se I*
tabard ['tæbəd] *åld.* (slags) jacka (ofta utan ärm); häroldskåpa
tabby ['tæbi] **I** *s* **1** spräcklig katt[a]; katta **2** skvallerkäring **3** vattrad taft **4** (slags) betong **5** (slags) fjäril **II** *a* **1** randig, spräcklig **2** vattrad (siden)
tabernacle ['tæbə(:)nækl] **I** *s* **1** tabernakel; [metodist]kapell; tält[kyrka] **2** *sjö.* masthål, -fäste; *Feast of T*~*s* (judisk) lövhyddofest **II** *v* **1** hysa, bo (i tabernakel etc.) **2** förse med kupol (valv)
tablature ['tæblətʃə] beskrivning; skildring
table ['teibl] **I** *s* **1** bord **2** [sten-, trä]tavla **3** tabell; förteckning **4** [hög]platå **5** plan yta (t.ex. på ädelsten); ~ *of contents* innehållsförteckning; ~ *tennis* bordtennis; *the* ~*s are turned* bladet har vänt sig; *he turned the* ~[*s*] *upon his opponent* han besegrade motståndaren med dennes eget vapen; *go to* ~ gå till bords; *go to the* ~ begå nattvarden; *lay on the* ~ a framlägga b bordlägga; *lay the* ~ duka (bordet) **II** *v* **1** ordna i tabellform **2** framlägga (förslag) **3** *A.* bordlägga
tableau ['tæbləu] tablå
table|-centre ['teibl‚sentə] bordlöpare, liten duk **--cloth** bordduk **--cover** [-‚kʌvə] [bord]duk **--cut** (om ädelsten) planslipad **--d'hôte** ['tɑ:bl'dəut] dagens rätt **--flap** klaff (på fällbord) **--lamp** bordslampa **--land** [hög]platå **--manners** bordskick **--nest** satsbord **--plan** placeringslista **--plate** bordsservis (av metall);

bordssilver --service [-‚sə:vis] **1** matservis **2** uppassning, betjäning **-spoon** matsked
tablet ['tæblit] **1** [minnes]tavla; skrivtavla, -plån **2** anteckningsblock (*äv.* ~*s*) **3** tablett; bit; kaka; ~ *of soap* tvålbit
table|-talk ['teibltɔ:k] *litt.* bordssamtal **--top** bordskiva **--ware** matservis, -bestick
tabloid ['tæblɔid] **1** tablett, piller **2** populärt redigerad daglig nyhetstidning (i s.k. halvformat); *ibl. föraktl.* "blaska"
taboo [tə'bu:] **I** *a* tabu, förbjuden; helig **II** *s* (religiöst) förbud, tabu[föreställning]; *put under* ~ belägga med tabu, förbjuda; *förklara helig* **III** *v* = *put under* ~
tabor ['teibə] (slags) trumma
tabu [tə'bu:] *se taboo*
tabul|a ['tæbjulə] (*pl -ae* [-i:]) **1** platt benbit **2** (slags) skrivtavla **3** antependium, -mensale **-ar** [-ə] **I** *a* **1** tabellarisk, i tabellform **2** flat, platt **II** *s, tekn.* [varv]räknare
tabulat|e ['tæbjuleit] ordna i tabellform; ~*d* **a** tabellarisk **b** plan[slipad] **-or** [-ə] tabulator
tachometer [tæ'kɔmitə] hastighetsmätare
tacit ['tæsit] stillatigande; tyst **-urn** [-ə:n] tystlåten **-urnity** [‚tæsi'tə:niti] tystlåtenhet
tack [tæk] **I** *s* **1** [häft]stift; nubb **2** tråckling, tråckelstygn **3** *sjö.* hals[ar]; slag (vändning under kryss) **4** kurs, riktning (*äv. fig.*); tillvägagångssätt **5** klibbighet (om t. ex. fernissa) **6** *sjö.* mat, proviant; *hard* ~ skeppsskorpa, -or; *soft* ~ kalasmat; *get down to brass* ~*s* komma till saken; *change one's* ~ ändra kurs (tillvägagångssätt); *be* (*stand*) *on the port* (*starboard*) ~ ligga (segla) för babords (styrbords) halsar **II** *v* **1** sätta (spika) fast **2** tråckla **3** *sjö.* slå (vända under kryss) **4** ändra kurs (tillvägagångssätt); ~ *on to, äv.* ansluta (sälla) sig till **--bolt** fästbult
tackle ['tækl] **I** *s* **1** *sjö.* tackel; talja **2** utrustning, don **3** *sport.* tackling **4** *sl.* mat; dryck **II** *v* **1** gripa sig an med, ta itu med; hugga in på **2** sela på *sport.* tackla; ~ *to* ta itu med **--block** *sjö.* taljeblock
tacky ['tæki] **I** *a* **1** klibbig **2** *A.* usel, "vissen" **II** *s, A.* buse
tact [tækt] **1** takt, fint sätt **2** *mus.* takt[slag] **-ful** [-f(u)l] taktfull **-ical** [-ik(ə)l] taktisk **-ician** [tæk'tiʃ(ə)n] taktiker **-ics** [-iks] *pl* taktik **-ile** [-ail] förnimbar; känsel-, taktil-; ~ *sense* känsel[sinne] **-ility** [-'tiliti] förnimbarhet **-less** [-lis] taktlös
tactual ['tæktjuəl] känsel-
tadpole ['tædpəul] grodyngel
ta'en [tein] = *taken*
taeni|a ['ti:niə] (*pl -ae* [-i:]) **1** pannband **2** bandmask, binnikemask **-oid** [-ɔid] bandmaskliknande
taffeta ['tæfitə] taft
taffy ['tæfi] **1** *Sk. o. A.* = *toffee* **2** *T*~ walesare
tag [tæg] **I** *s* **1** adress-, prislapp **2** flik, stump, remsa **3** [metall]spets, [metall]skoning **4** bihang, påhäng; stropp **5** (ofta begagnat) citat; (sliten, banal) fras; refräng **6** tafatt, kull (lek) **7** *A. sl.* namn; ~, *rag and bobtail* anhang, svans (*fig.*) **II** *v* förse med adresslapp etc. **2** fästa; [till]foga **3** hänga efter, följa i hälarna [på] (*äv.* ~ *after*) **4** *A.* stämpla som; benämna **5** kulla (i lek) **--day** *A.* insamlingsdag **--end** ända, tamp, stump **-ger** [-ə] (i kull, tafatt) den som har den **--tail 1** (slags) mask **2** *fig.* parasit, snyltgäst
tail [teil] **I** *s* **1** svans; stjärt; ända, bak[del]; slut

kö; släptåg; släp; skört; skaft (på räfsa) **2** *jur.* begränsning av avsrätt till viss[a] person[er]; ~*s, pl* **a** frack; jackett **b** klave, ena sidan av mynt; *heads or* ~*s?* krona eller klave?; *estate in* ~ fideikommiss; *keep your* ~*!* upp med huvudet!, gaska upp dig!; *turn* ~ smita [iväg]; *the* ~ *of the eye* yttre ögonvrån; *the* ~ *wags the dog* bocken sätts till trädgårdsmästare (*ung.*) **II** *v* **1** förse med svans etc., *se I* **2** snoppa, ta bort stjälken på (bär el. frukt) **3** fästa (baktill) **4** följa (hänga) efter; skugga **5** sacka efter; bilda kö (eftertrupp); ~ *after* hänga efter, följa i hälarna [på]; ~ *away* (*off*) **a** sacka efter; falla ifrån **b** dö bort **c** smita [iväg]; ~ *to* sätta fast på; haka [sig] fast vid **--board** bakbräda (på vagn) **--braid** skoning (i änden på rem) **--coat** ['teil'kout] jackett; frack **--coverts** [-,kʌvəts] täckfjädrar **--end** ['teil'end] [bak]ända; slut **--gate** nedre slussport **--gunner** [-,gʌnə] akterskytt **-ings** [-iŋz] *pl* avfall, skräp **--lamp** bakljus, -lykta **-less** [-lis] svanslös **--light** *se taillamp*

tailor ['teilə] **I** *s* skräddare; *nine* ~*s go to a man* kläderna gör mannen (*ung.*) **II** *v* **1** [skräddar]sy **2** vara skräddare [åt] **-ing** [-riŋ] **1** skrädderi-[verksamhet] **2** skräddarsytt (-sydda) plagg **--made** skräddarsydd

tail|piece ['teilpi:s] **1** stjärtparti **2** *boktr.* [slut]-vinjett **3** *mus.* stränghållare **--plane** stabilisator **--pocket** [-,pɔkit] bakficka **--skid** *flyg.* sporre **--spin** *flyg.* spinn **--wind** medvind

tain [tein] stanniol

taint [teint] **I** *s* [skam]fläck; vanära; fördärv; besmittelse; *hereditary* ~ ärftlig belastning; *with no* ~ *of* utan spår av **II** *v* vanära; skämma; befläcka; [be]smitta; *of a* ~*ed stock* ärftligt belastad

take [teik] **I** *v* ta; fatta; ta med [sig]; föra, leda; följa, eskortera; an-, in-, uppta; ta emot; ådra sig (sjukdom); vinna (pris); skaffa (biljetter, upplysningar); hyra (bostad); (vanligen) använda; hålla sig med (tidning); äta, dricka; träffa (rätt); komma 'på; uppfatta, förstå; göra intryck [på]; *sjö.* uppbringa; *foto.* lämpa sig för fotografering; *not to be* ~*n!* [endast] för utvärtes bruk; *I am sometimes* ~*n like that* ibland får jag den känslan; *it* ~*s a chemist to see this* det fordras en kemist (man måste vara kemist) för att se detta; *that* ~*s little doing* det är en enkel sak [att göra]; ~ *aback* förvirra, skrämma; ~ *advantage of* dra fördel av; ~ *care* vara försiktig, se upp; *be* ~*n ill* bli sjuk, insjukna; *I* ~ *it that* jag förmodar att; efter vad jag förstår så; ~ *it or leave it* ta den (det) eller strunta i den (det) (efter behag); ~ *notes* göra (föra) anteckningar; *have your photo* ~*n* låt fotografera dig; ~ *place* åga rum; ~ *pride in* känna stolthet över; *do you* ~ *sugar?* använder ni socker?; ~ *the trouble to* göra sig mödan att; ~ *about* föra (visa) omkring; ~ *after* brås på; *we* ~ *you at your word* vi tar dig (er) på orden; ~ *away* ta [bort], dra bort; ~ *back* ta (föra) tillbaka; ~ *down* **a** ta ner **b** riva [ner] **c** anteckna **d** dämpa, ta ner på jorden; stuka; bräcka [av]; ~ *for granted* ta för givet; ~ *from* ta (dra) [av] från; minska; ~ *it from me!* lita på mig!; ~ *in* **a** ta in; ta emot; insupa **b** föra in **c** lura, dupera **d** prenumerera på **e** [upp]fatta; förstå **f** omfatta; inhägna; *he* ~*s it all in* han tror [på] allt[ihop]; ~ *off* **a** ta bort; lägga ner

(teaterpjäs) **b** ta av sig (kläder) **c** pruta [på] **d** föra bort **e** bortrycka (genom döden) **f** kopiera, ta avtryck av **g** karikera; härma **h** *flyg.* starta; lyfta; ~ *o.s. off* ge sig iväg **b** ta sig av daga; ~ *on* **a** [p]åta sig; överta **b** anta (färgton, vad etc.) **c** anställa (arbetare) **d** ta åt sig; fatta humör **e** ställa upp mot (i tävling) **f** vinna anklang, slå; bli populär **g** föra vidare; ~ *out* **a** ta [med sig] ut; föra ut **b** ta fram [upp] **c** ta bort (fläckar) **d** ta (patent, försäkring); *he* ~*s her out* han går ut med henne; *I'll* ~ *it out of him* jag skall låta honom få sota för det, jag skall trötta ut (enervera) honom; *that climb took it out of me* den där klättringen tog knäcken på mig; ~ *it out on a p.* låta ngn lida för ens egna misstag el. motgångar; ~ *over* **a** överta; tillträda; hoppa in **b** föra över; ~ *a p. over the shop* visa ngn omkring i affären; ~ *over to* överföra till (*radio.*); ~ *round* föra (visa) omkring; ~ *through* gå igenom; ~ *to* **a** ta [vägen] till; bege sig till **b** lägga sig till med [vanan att]; börja [använda]; [börja] ägna sig åt **c** [börja] fatta tycke för; [börja] gilla; ty sig till; *he* ~*s to her* han känner sig attraherad av henne; ~ *up* **a** ta upp; suga upp; lyfta [av] (telefonlur) **b** uppta, ta **c** föra (bära) upp **d** riva upp (gata) **e** lägga upp, korta [av] **f** betala; inlösa **g** fatta, ta (skämt) **h** arrestera, gripa **i** förbättras (om väder) **j** avbryta; tillrättavisa **k** ge sig in på, [börja] ägna sig åt; börja [med] **l** inta (position, hållning); anta utmaning **m** beslagta; ~ [*up*] *arms* gripa till vapen; ~ *up duties* tillträda en befattning; ~ *up for* ta parti för, försvara (*A.*); ~ *up with* dröja umgås med; slå sig i lag med; *the actor* ~*s his audience with him* skådespelaren får med sig publiken; *she is* ~*n with him* hon är galen i honom; *he was* ~*n with a fever* han drabbades av en febersjukdom **II** *s* **1** fångst; intäkter **2** *film.* tagning; *he was on the* ~ han lät sig mutas (*A.*). **-able** [-əbl] som kan tas; gripbar **--down** förödmjukelse **--in** ['teik'in] bedrägeri, knep **-n** [-(ə)n] *perf part* av *take I* **--off 1** imitation; karikatyr **2** start, uppstigning; startplats (för uppstigning); avstamp **3** minskning, avdrag **--over** övertagande (av företag) **-r** [-ə] vadhållare; *no* ~*s for this article* ingen avsättning för den här varan **--up 1** *tekn.* spännrulle **2** veck, rynka (på klänning)

tak|ing ['teikiŋ] **I** *a* **1** intagande, fängslande; tilltalande **2** smitt[o]sam **II** *s*, ~*s* intäkter **-y** [-i] tilltalande

talbot ['tɔ:lbət] (slags) jakthund

talc [tælk] **I** *s* **1** talk **2** glimmer **II** *v* talka **-um [-powder]** [-əm-] talkpuder

tale [teil] **1** berättelse; saga; [rövar]historia; rykte **2** *åld.* [an]tal; ~ *of a tub* struntprat; *tell* ~*s* skvallra; *sell by* ~ sälja per styck **--bearer** [-,beərə] skvallerbytta, -käring **--carrying** [-,kæriiŋ] (elakt) förtal, skvaller

talent ['tælənt] **1** begåvning; talang (*äv. person*); anlag **2** talent (gammal mynt- o. viktenhet) **-ed** [-id] begåvad, talangfull

tales ['teili:z] [inkallande av] jurysuppleanter **-man** [-mən] jurysuppleant

tale-teller ['teil,telə] **1** [sago]berättare **2** skvallerbytta, -käring

talion ['tæljən] *jur.* vedergällning[slag]

talisman ['tælizmən] talisman, amulett

talk [tɔ:k] **I** *v* prata [om], tala [om]; ~ *big* (*tall*) skryta, skrävla (*fam.*); ~ *shop* (*business*) prata

affärer, fack[angelägenheter]; ~ *U.S.* tala
amerikanska; ~ *nineteen to the dozen* låta
munnen gå [i ett]; ~ *turkey A.* sjunga ut, tala
öppet; ~ *about* prata (tala) om; *get ~ed about*
låta tala om sig; ~ *at* ge gliringar [åt]; tala illa
om (närvarande person); ~ *away* a prata
bort (tid) **b** prata 'på'; ~ *back* bjäbba emot,
svara uppnosigt; ~ *a p. down* prata omkull
ngn; inte låta vederbörande få en syl i vädret;
~ *down to one's audience* sänka sig till åhörar-
nas nivå; ~ *a p. into s.th.* övertala ngn till ngt;
~ *of* prata (tala) om; ~*ing of (about)* på tal
om; ~ *a p.'s head off* prata ihjäl ngn; ~ *it out*
diskutera fram en lösning; ~ *out a bill* tala
ihjäl ett lagförslag; *I'll* ~ *him out of it* jag skall
övertala honom att låta bli det; ~ *things over*
diskutera saken (läget, problemet, -en); ~
through one's hat prata i nattmössan; ~ *a p.
over* (*round*) övertala ngn att ändra stånd-
punkt; vinna över ngn [på sin sida]; ~ *to* a
prata med **b** tala allvar med; tillrättavisa; ~
up a talat [varmt] för; höja till skyarna **b** de-
battera **II** *s* prat[stund]; samtal; tal; anfö-
rande, kåseri; diskussion; rykte[n]; *he is the* ~
of the town hela stan talar om honom; *it
made plenty of* ~ det gav folk (oss, dem etc.)
en hel del att prata om -**ative** [-ətiv] pratsam
-**ee-talkee** ['tɔ:ki'tɔ:ki] **1** rotvälska **2** snack,
sladder -**er** [-ə] **1** person som talar (pratar)
2 pratmakare; *he is a good* ~ han talar klart o.
redigt; *he is a great* ~ han är en riktig prat-
kvarn -**ie[s]** [-i(z)] ljudfilm -**ing** [-iŋ] talande
(t.ex. blickar); *he got a sound* ~*-to* han fick en
rejäl åthutning (utskällning)
tall [tɔ:l] **1** [stor o.] lång; hög **2** *sl.* högtravande
3 *sl.* prima, strålande; *that's a* ~ *order* det är
för mycket begärt; *a* ~ *story* en fantastisk
(otrolig) historia; *talk* ~ skryta, skrävla -**boy**
1 hög byrå **2** (hög) skorsten -**ish** [-iʃ] ganska
lång (hög)
tallow ['tæləu] **I** *s* talg **II** *v* **1** smeta in med
talg **2** göda (får) --**candle** [-,kændl] --**dip**
talgljus --**face** bleknos
tally ['tæli] **I** *s* **1** [kontroll]räkning; antal; över-
ensstämmelse; motstycke, halva **2** [kontroll]-
märke; etikett **3** *åld.* (skåra i) karvstock; *they
fit like two tallies* de passar ihop precis; *he
lives* ~ *with her* han bor ihop med henne (*sl.*);
buy goods by the ~ köpa varor per visst antal
(t.ex. dussin el. hundra) **II** *v* **1** stämma [över-
ens] (*with* med) **2** pricka av, markera; [kon-
troll]räkna --**holder** [-,həuldə] --**keeper**
[-,kipə] kontrollör, -ant --**man** [-mən] **1** inne-
havare av *tally-shop* **2** kontrollant, -räknare
(av fartygslast o.d.) **3** domare (person som
räknar) (i spel) --**shop** butik som tillämpar
--**system** [-,sistim] avbetalnings-, kredit-
system --**woman** [-,wumən] **1** innehavarinna
av *tally-shop* **2** *sl.* mätress, älskarinna
Talmud ['tælmud] talmud (jud. lagbok)
talon ['tælən] **1** [grip]klo **2** *kortsp.* talong, hög
3 talong **4** *byggn.* (slags) gesims
talus ['teiləs] **1** fotled **2** sluttning; *geol.* lösa
stenar vid foten av klippa **3** (slags) klumpfot
tamable ['teiməbl] tämjbar
tambour ['tæmbuə] **I** *s* **1** trumma **2** sybåge **3**
tambursöm **II** *v* brodera på sybåge -**ine**
[,tæmbə'ri:n] tamburin
tame [teim] **I** *a* **1** tam, tämjd; spak **2** liv-, färg-
lös; lam; ~ *cat* springpojke (*fig.*) -**less** [-lis]
otämjbar -**r** [-ə] tämjare
tamis ['tæmis] silduk[spåse]

tam-o'-shanter [,tæmə'ʃæntə] platt mössa,
basker
tamp [tæmp] stoppa till (spränghål); stampa
[till], packa [samman]; ~ *out* fimpa (cigarrett)
-**er** [-ə] **I** *s* ngt (ngn) som stoppar (stampar)
[till] **II** *v*, ~ *with* a mixtra (manipulera) med;
fingra på; (olagligt) ändra [på]; förfalska **b**
tubba; (försöka) muta c stå i maskopi med
-**ing** [-iŋ] stoppning -**on** [-ən] tampong
tan [tæn] **I** *v* **1** garva[s] **2** göra (bli) brun (brun-
bränd) **3** *sl.* klå upp **II** *s* **1** garvarbark **2** gul-
brun färg; solbränna **3** = *tangent I*; *the* ~
[cirkus]arenan **III** *a* gulbrun --**bark** garvarbark
tandem ['tændəm] tandem (cykel el. häst-
spann); *drive* ~ köra med tandemspann
tang [tæŋ] **I** *s* **1** stark smak (lukt) **2** *fig.* an-
strykning **3** (obehagligt) [o]ljud, klirr, skram-
mel **4** [havs]tång **5** [fil]tånge; gängtappshuvud
II *v* **1** sätta stark smak på **2** klirra, skramla
3 förse med tånge (*se I 5*)
tangent ['tæn(d)z(ə)nt] **I** *s, geom.* tangent;
fly (*go*) *off at a* ~ plötsligt hoppa över till
ngt annat (i tal el. handling) (*fig.*) **II** *a* tange-
rande -**ial** [tæn'dʒenʃ(ə)l] tangent-; *fig.* flyk-
tig[t berörande]
tangerine [,tæn(d)ʒə'ri:n] (slags mandarin-
liknande) apelsin (från Tanger)
tangib|ility [,tæn(d)ʒi'biliti] påtaglighet;
gripbarhet -**le** ['tæn(d)ʒəbl] påtaglig; gripbar;
handgriplig
tangle ['tæŋgl] **I** *v* trassla till [sig]; *get* ~*d*
trassla till sig; ~*d, äv.* invecklad; ~ *with*
komma i närkamp (brottas) med (*sl.*) **II** *s* **1**
trassel, oreda, röra **2** *bot.* tång; *in a* ~ till-
trasslad, rörig; förvirrad; rufsig; *all knots
and* ~*s* ett enda virrvarr -**some** [-səm] trass-
lig, tilltrasslad; full med tång
tangly ['tæŋli] *se tanglesome*
tango ['tæŋgəu] (*pl. -s*) tango
tangram ['tæŋgræm] tangram, (slags) kinesiskt
läggspel
tangy ['tæŋi] med stark (otäck) smak
tank [tæŋk] **I** *s* **1** tank, behållare **2** tank, strids-
vagn **3** *A. o. ind.* damm, bassäng **4** *sl.* fängelse
II *v* **1** fylla [på] (bensin), tanka **2** *sl.* supa,
dricka -**ard** ['tæŋkəd] [öl]stånka, krus, sej-
del, kanna (med lock) -**ed** [-t] *A. sl.* berusad,
full -**er** [-ə] tankfartyg, -båt -**ette** [-'ket] *mil.*
lätt stridsvagn --**town** *A.* [landsorts]håla
tan|nage ['tænidʒ] garvning -**ner** [-ə] **1** gar-
vare **2** *vard.* sixpence[slant] -**nery** [-əri] gar-
veri -**nic** [-ik] garv-; ~ *acid* garvsyra -**nin**
[-in] tannin, garvsyra -**ning** [-iŋ] *sl.* [kok] stryk
-**nish** [-iʃ] gulbrun --**pit** garvningskar
tantalize ['tæntəlaiz] utsätta för Tantali kval;
pina, (grymt) reta
tantamount ['tæntəmaunt] likvärdig, -tydig
(*to* med); *it is* ~ *to, äv.* det är (innebär) [unge-
fär] detsamma som
tantrum ['tæntrəm] [anfall av] misshumör,
raseri; *she went into her* ~*s* hon blev utom sig
(av raseri)
tan-yard ['tænjɑ:d] garveri
tap [tæp] **I** *s* **1** lätt slag, knackning, klapp **2**
[avstängnings]kran **3** tapp, plugg **4** tappning;
dryck (öl) **5** = *tap-room* **6** ~*s, pl* viss signal
(*mil.*); *A.* tapto **7** *A.* lapp (på skosula) **8**
elektr. [gren]uttag **9** *tekn.* gängborr; *on* ~
klar för tappning; omedelbart åtkomlig;
fig. ständigt (rikligen) till hands **II** *v* **1** knacka
(slå) lätt [med]; klappa **2** [av]tappa; öppna,
slå hål på **3** tömma; exploatera; pressa (*for*

på) **4** *tekn.* koppla in på; förgrena; avlyssna (telefonförbindelse) **5** förse med kran **6** *tekn.* gänga upp **7** *A.* lappa (skor) **8** *sl.* slå näsan i blod på **9** *sl.* låna pengar av; ~ *a till* tömma (plundra) en kassa[låda] **--dancing** [-,daːn-siŋ] steppning
tape [teip] **I** *s* **1** (smalt) band; [klister]remsa **2** målsnöre **3** telegrafremsa; telegrafisk [fond]-börsrapport **4** *sl.* [stark]sprit; *red* ~ byråkrati **II** *v* **1** knyta (fästa) ihop **2** ta upp på band, banda; *I've got him* ~*d* jag vet vad han går för **--line** måttband **--machine** [-mə,ʃiːn] telegraf **--measure** [-,meʃə] måttband **--price** telegrafisk börsnotering
taper ['teipə] **I** *s* **1** smalt ljus; vaxstapel **2** (avsmalnande) spets; gradvis minskning **II** *v* bli (göra) smal o. spetsig; smalna [av] (mot spetsen); gradvis minska; ~*ing fingers* [långa o.] smala fingrar; ~ *off (down)* smalna av (mot spetsen); ~*ed off to a point* avsmalnande till en spets **III** *a* smal, avsmalnande; spetsig
tape-recorder ['teipri,kɔːdə] bandspelare
tapestry ['tæpistri] **I** *s* gobeläng, vävd tapet **II** *v* täcka med gobelänger etc.
tapeworm ['teipwəːm] *zool.* bandmask; binnikemask
tap-house ['tæphaus] utskänkningslokal, krog
tapioca [,tæpiˈpəukə] tapioka[gryn]
tapir ['teipə] *zool.* tapir
tapis ['tæpiː] *s, be* (*come*) *on the* ~ vara (komma) på tapeten
tapism ['teipiz(ə)m] = *red-tapism*
tappet ['tæpit] *tekn.* lyftarm, kam, nock
tap|-room ['tæprum] utskänkningslokal, krog **--root** pålrot **-ster** [-stə] krögare **--water** [-,wɔːtə] vattenledningsvatten
tar [taː] **I** *s* **1** tjära **2** *fam.* sjöman **II** *v* tjära; asfaltera; *fig.* [ned]svärta; *they are* ~*red with the same brush* de är av samma skrot o. korn
taradiddle ['tærədidl] **I** *v fam.* narras **II** *s* lögn
tarantula [təˈræntjulə] *zool.* tarantel
tarboosh [taːˈbuːʃ] (turkisk) fez
tar-brush ['taːbrʌʃ] tjärborste; *he has a touch of the* ~ han har en smula negerblod i ådrorna
tard|iness ['taːdinis] senfärdighet, långsamhet, tröghet, dröjsmål **-y** [-i] sen[färdig], långsam; *A.* för sen
tare [tɛə] **1** tara **2** *bot.* vicker **3** *bibl.* ogräs
target ['taːgit] **1** mål[tavla]; [produktions]-mål; föremål (för kritik) **2** *järnv.* signalskiva **3** *åld..* liten sköld; *off the* ~ felaktig[t] **--area** [-,ɛəriə] *mil.* målområde
tariff ['tærif] **I** *s* [tull]tariff, -taxa, tullsats, prislista **II** *v* **1** belägga med tull **2** prissätta, värdera **--duty** [-,djuːti] tull[tariff] **-ism** [-iz(ə)m] tullsystem **--union** [-,juːnjən] tull-union
tarmac ['taːmæk] makadam, asfalt[beläggning]; *flyg.* landnings-, startbana
tarn [taːn] **1** tjärn; fjällsjö **2** *se* tern
tarnish ['taːniʃ] **I** *v* göra (bli) matt (blek); fördunkla[s]; förta glansen av; bli immig; *fig.* fläcka **II** *s* glanslöshet; fläck (*äv. fig.*)
tarpaulin [taːˈpɔːlin] **1** presenning **2** sjömanshatt, -rock **3** *fam.* sjöman
tarradiddle *se* taradiddle
tarragon ['tærəgən] *bot.* dragon
tarrier ['tæriə] person som dröjer [sig] kvar
1 tarry ['tæri] **I** *v* dröja [kvar]; vänta (*for* på) **II** *s, åld.* uppehåll, vistelse
2 tarry ['taːri] nedtjärad; tjärliknande **--finge-red** [-,fiŋgəd] långfingrad, tjuvaktig

tart [taːt] **I** *s* **1** fruktkaka (av pajdeg), syltkaka **2** *sl.* vulgär (flörtig) kvinna, prostituerad; *cherry* ~ körsbärspaj **II** *a* skarp, frän; sur; besk
tartan ['taːt(ə)n] **1** (skotsk) tartan, rutigt tyg **2** högländare **3** enmastad [medelhavs]båt
tartar ['taːtə] vinsten; tandsten
Tartar ['taːtə] **I** *s* **1** tatar **2** vild sälle; ragata; *catch a* ~ råka ut för en besvärlig person; finna sin överman **II** *a* tatar-, tatarisk **-ian** [taːˈtɛəriən] = *Tartar II* **-y** [-ri] tatarernas land, Tatariet
task [taːsk] **I** *s* uppgift; arbete; [hem]läxa; *take a p. to* ~ ta ngn i upptuktelse **II** *v* **1** fordra mycket av **2** ge [ngn] i uppgift, (-drag) **--force** *A. mil.* specialstyrka **-master** [-,maːstə] **-mistress** [-,mistris] **1** uppdragsgivare, -erska **2** [arbets]övervakare **3** tuktomästare, -inna **--work** **1** tvångsarbete **2** ackord[sarbete]
tassel ['tæs(ə)l] **I** *s* **1** tofs; vippa; [sälg]kisse **2** bokmärke (med tofs el. band) **II** *v* pryda med tofs
taste [teist] **I** *s* **1** smak[sinne] **2** smak, sinne, intresse **3** klunk; smakbit, -prov **4** *fam.* smula, aning; *there is no accounting for* ~*s* var o. en har sin smak, *ung.* = *every one to his* ~; *she has a* ~ *for drawing* hon har sinne för (är intresserad av) teckning; *remark in bad* ~ ofin anmärkning **II** *v* smaka [på]; pröva [på]; [få] känna på **-able** [-əbl] som kan smakas på **-ful** [-f(u)l] smakfull **-less** [-lis] smaklös **-r** [-ə] **1** [prov]smakare, provare; bedömare, kritiker **2** provsmakningsbägare **3** ostprovare, -borr
tast|ing-knife ['teistiŋnaif] *se taster 3* **-y** [-i] **1** smaklig, välsmakande **2** smakfull, tilltalande
tat [tæt] **I** *v* göra frivoliteter (slags spets) **II** *s* **1** ponny[häst] **2** *sl.* trasa
tatter ['tætə] *s* trasa, lapp **II** *v* **1** slita[s] i trasor **2** förfalla **-ed** [-d] trasig, söndersliten
tattle ['tætl] **I** *v* pladdra; skvallra; snacka **II** *s* pladder; skvaller; snack **-r** [-ə] **1** pratmakare, -kvarn; skvallerkäring, sladdertacka **2** *zool.* snäppa **3** *sl.* klocka **--tale** *A.* skvallerbytta, -käring
tattoo [təˈtuː] **I** *s* **1** tapto **2** militärparad (med musik o. vackra uniformer) **3** tatuering; *beat the devil's* ~ trumma (otåligt) med fingrarna **II** *v* **1** trumma **2** tatuera
tatty ['tæti] tarvlig, ovårdad
taught [tɔːt] *imperf* o. *perf part* av *teach*
taunt [tɔːnt] **I** *v* håna; pika, reta (*with* för, på grund av) **II** *s* spe[ord], glåpord **III** *a* hög (om mast)
taur|ine ['tɔːrain] tjur-, ox- **-us** [-ə] Tjuren (i Djurkretsen)
taut [tɔːt] **1** (hårt) spänd **2** [väl]utrustad **3** [väl]vårdad, snygg, elegant **-en** [-n] spänna[s], sträcka[s]
tautolog|ic[al] [,tɔːtəˈlɔdʒik, -(ə)l] tautologisk **-ize** [tɔːˈtɔlədʒaiz] säga samma sak två ganger **-ous** [tɔːˈtɔləgəs] tautologisk **-y** [tɔːˈtɔlədʒi] tautologi, onödig upprepning
tavern ['tævən] krog, värdshus **--keeper** [-,kiːpə] krögare, värdshusvärd **--politician** [-pɔli,tiʃ(ə)n] (politisk) kannstöpare
taw [tɔː] **I** *v* [vit]garva **II** *s* **1** [sten]kula **2** kulspel, kula **3** uppställningslinje för kulspelare
tawdry ['tɔːdri] **I** *a* [bond]grann, pralig; smaklös[t utstyrd] **II** *s* (billig) grannlåt
tawer ['tɔːə] garvare **-y** [-i] garveri

tawny ['tɔ:ni] läderfärgad, gulbrun
tax [tæks] **I** *s* **1** skatt, pålaga **2** påfrestning; *the ~es* skattmasen (*fam.*); *income ~* inkomstskatt; *purchase ~* oms[ättningsskatt] **II** *v* **1** beskatta **2** fordra mycket av; fresta på **3** beskylla (*with* för) **4** uppskatta (kostnader) **5** *A.* begära [pris] av; *~ing master* taxeringsman för rättegångskostnader **-ability** [‚tæksə-'biliti] beskattningsbarhet **-able** [-əbl] beskattningsbar **-ation** [-'seiʃ(ə)n] beskattning; skatter, skattetryck **--collector** [-kə‚lektə] uppbördsman, skattmas **--dodger** [-‚dɔdʒə] skatteskolkare **-er** [-ə] taxeringsman **--evasion** [-i‚veiʒ(ə)n] skatteflykt, -fusk
taxi ['tæksi] **I** *s* taxi[bil], droskbil **II** *v* **1** åka (köra med) taxi **2** *flyg.* rulla [på marken] **--cab** = *taxi I* **--dancer** [-‚dɑ:nsə] professionell danspartner **-dermist** [-də:mist] [djur]konservator **-dermy** [-də:mi] konsten att preparera skinn o. stoppa upp djur **--driver** [-‚draivə] **-man** [-mən] taxi-, droskchaufför **-meter** [-‚mi:tə] taxameter **-plane** (lätt) trafikplan **--rank** taxistation **--strip** *flyg.* startbana
tax|-payer ['tæks‚pe(i)ə] skattebetalare **--taker** [-‚teikə] *se tax-collector*
tea [ti:] **I** te **2** lätt måltid på eftermiddagen **3** läkedryck **4** *sl.* marijuana; *at ~* vid teet, -dags; *drink ~* dricka te; *have ~* äta lätt måltid på eftermiddagen; *bagged ~* te i påsförpackning; *high ~* riklig kvällsmåltid med te; *make ~* koka (brygga) te; *it's not my cup of ~* det är inte i min smak **--cad** |y [-‚kædi] **--canister** [-‚kænistə] teburk **--cake** (platt) tekaka
teach [ti:tʃ] lära [ut], undervisa; *she ~es school* hon är lärarinna (*A.*) **-able** [-əbl] **1** läraktig; bildbar **2** som kan läras ut **-er** [-ə] lärare, -inna **--in** offentlig politisk debatt (oftast vid univ.), teach-in **-ing** [-iŋ] **I** *s* **1** [skol]undervisning **2** lära **II** *a* undervisnings-, lärar-; *the ~ profession* läraryrket; *~ hospital* undervisningssjukhus
tea|-circle ['ti:‚sə:kl] tebjudning, -sällskap **--cloth** **1** teduk **2** kökshanddulk **--cosy** [-‚kəuzi] tehuv **--cup** tekopp; *storm in a ~* storm i ett vattenglas **--dealer** [-‚di:lə] tehandlare **--fight** *sl.* tebjudning **--garden** [-‚gɑ:dn] trädgårdsservering **--gown** vardags-, hemmaklänning
teak [ti:k] teak[träd, -trä]
tea-kettle ['ti:‚ketl] kittel att koka tevatten i
teal [ti:l] *zool.* krickand
tea-leaf ['ti:li:f] teblad
team [ti:m] **I** *s* **1** [tävlings-, arbets]lag **2** spann (av dragdjur) **3** servismanskap (vid artilleripjäs) **4** fågelsträck, -flock **II** *v* **1** spänna samman (dragdjur) **2** ~ *up* slå sig ihop (samarbeta) med **--mate** lagkamrat **--race** stafettlopp **--spirit** [-‚spirit] laganda **-ster** [-stə] **1** kusk **2** *A.* lastbilschaufför, transportarbetare; *the T~s' Union* transportarbetarförbundet **-work** samarbete; lagarbete; samspel
tea|-party ['ti:‚pɑ:ti] tebjudning **-pot** tekanna
1 tear [tiə] **1** tår **2** (liten) droppe; *in ~s* gråtande
2 tear [tɛə] **I** *v* **1** slita, rycka, riva **2** slita (riva) sönder (upp); slitas (gå) sönder **3** flänga, rusa; rasa; ~ *it* fördärva alltihop (*sl.*); ~ *about* flänga omkring; [härja o.] stå i; ~ *along* a rusa iväg, fara fram [längs] **b** rycka med sig; ~ *at* rycka [o. slita] i; *he could not ~ himself away* han kunde inte slita sig [lös]; *be torn*

between good and evil plågas i dragkampen mellan gott o. ont; ~ *down* a riva ner **b** rusa nedför [trappa]; ~ *into the house* rusa (störta) in i huset; ~ *to pieces* slita (riva) sönder, slita i stycken, riva i småbitar; ~ *up* a riva (slita) sönder **b** riva upp **c** rusa uppför [trappa] **II** *s* **1** hål, reva **2** slitage **3** vild rusning **4** raseri; upphetsning **5** *A.* fest, skiva; *he is on the ~* han är ute o. svirar; *she is never in a ~* hon hetsar aldrig upp sig **-able** [-rəbl] som lätt slits sönder **-away** [-rəwei] **I** *a* vild, våldsam **II** *s* ivrig kämpe; eldig häst
tear-drop ['tiədrɔp] tår
tearer ['tɛərə] person som river [sönder] etc., *se 2 tear I*
tear|ful ['tiəf(u)l] **1** tårfylld **2** gråtmild **--gas** tårgas
tearing ['tɛəriŋ] vild, våldsam; ~ *pain* intensiv smärta; ~ *adherent* ivrig anhängare
tear|-jerker ['tiə‚dʒə:kə] snyftskildring, -tillställning **-less** [-lis] utan tårar
tear-off ['tɛər‚ɔf] perforerad; ~ *calendar* väggalmanacka
tea-room ['ti:rum] servering, kafé
tear-stained ['tiəsteind] *a*, ~ *face* förgråtet ansikte
tease [ti:z] **I** *v* **1** reta[s]; irritera **2** tjata (*for* om, efter) **3** karda (ull) **4** rugga (tyg); ~ *out* kamma ut **II** *s* retsticka, skämtare **-l** **I** *s* **1** karda **2** kardtistel, -borre **II** *v* karda **-r** [-ə] **1** retsticka, plågoande **2** *sl.* svårt fall, hård nöt **3** karderska, -are **4** kardmaskin **5** annons
tea|-service ['ti:‚sə:vis] **--set** teservis **--shop** servering, konditori **-spoon** tesked **-spoonful** tesked (som måttsord), (en) tesked full **-stall**, **--stand** testånd **--strainer** ['ti:‚streinə] tesil
teat [ti:t] bröstvårta; spene; napp (på flaska)
tea|-table ['ti:‚teibl] *a*, ~ *gossip* kafferepsskvaller (*ung.*) **--things** [-θiŋz] teservis **--time** tedags **--tray** tebricka **--trolley** [-‚trɔli] **--wagon** [-‚wægən] serveringsvagn, rullbord
teazel, teazle *se teasel*
tec [tek] *sl.* detektiv
technic|al ['teknik(ə)l] **I** *a* **1** teknisk; yrkes- **2** regelrätt; *jur.* formell; ~ *offence* formell (oavsiktlig) förseelse **II** *s*, ~*s* a facktermer **b** tekniska detaljer **-ality** [‚tekni'kæliti] teknisk karaktär; tekniska detaljer; teknisk term; *only technicalities* endast formaliteter **-ian** [tek'niʃ(ə)n] **-ist** [-isist] tekniker **-s** *pl* teknik
technique [tek'ni:k] teknik, [teknisk] metod
technolog|ical [‚teknə'lɔdʒik(ə)l] teknologisk; ~ *unemployment* arbetslöshet på grund av tekniska framsteg (automation) **-ist** [tek-'nɔlədʒist] teknolog **-y** [tek'nɔlədʒi] teknologi
tectonic [tek'tɔnik] **1** byggnads- **2** *geol.* tektonisk, berggrunds- **-s** *pl* **1** byggnadskonst; uppbyggnad **2** *geol.* tektonik
teddy ['tedi] *a*, ~ *bear* teddybjörn, nalle **-boy** pojke som anlagt den edvardianska klädstilen, *ung.* pjatt; ("ogas) ligist
tedi|ous ['ti:djəs] [lång]tråkig, ledsam **-um** [-əm] tråkighet, leda
tee [ti:] **I** *s* **1** *golf.* utslag[splats] **2** *spel.* målpinne **II** *v*, ~ *off* slå boll från utslagsplats (*golf.*)
teem [ti:m] **1** vimla, myllra (*with* av); finnas i överflöd **2** *dial. o. tekn.* tömma; *it's ~ing with rain* det störtregnar **-ing** [-iŋ] **1** myllrande **2** fruktbar; ymnig
teen|age ['ti:neidʒ] tonårs- **-ager** [-‚eidʒə]

tonåring **-icider** [-isaidə] *A.* ung fartdåre, vägmarodör **-s** [-z] *s pl, he's in his* ~ han är i tonåren; *out of his* ~ fyllda 20 år **-y** [-i] *vard.* mycket liten

teepee ['ti:pi:] indianhydda, wigwam

teeter ['ti:tə] *A.* I *v* gunga, vackla, gå ostadigt; slingra **II** *s* gungbräda

teeth [ti:θ] *pl* av *tooth*

teeth|e [ti:ð] få tänder **-ing** [-iŋ] tandsprickning **-ing-rash** utslag på tandköttet **-ing- -ring** bitring (för baby) **-ing-troubles** [-,trʌblz] 1 tandsprickningsbesvär 2 *fig.* inkörningsproblem **-y** [-i] med goda tänder

teetotal [ti:'təutl] 1 helnykter; nykterhets- 2 *fam.* absolut, fullständig **-ism** [-iz(ə)m] helnykterhet, -ism **-ler** [-ə] [hel]nykterist, absolutist

teetotum ['ti:təu'tʌm] liten [tärnings]snurra

tegular ['tegjulə] tegel[panne]liknande

tegument ['tegjumənt] täckning; hinna; skinn hud, skal **-al** [,tegju'mentl] **-ary** [,tegju'ment(ə)ri] med hinna, med skinn etc.

tele|camera ['teli,kæm(ə)rə] televisionskamera **-cast** I *s* televisionsutsändning **II** *v* sända i TV **-communication** [-kə,mju(:)ni-'keiʃ(ə)n] teleförbindelse **-course** *A.* televisionskurs **-genic** [,teli'dʒenik] som gör sig (bra) i TV-rutan **-gram** telegram

telegraph ['teligrɑ:f] I *s* 1 telegraf 2 signal-, resultattavla **II** *v* telegrafera **--boy** telegrambud **-er** [ti'legrəfə] 1 telegrafist 2 telegramavsändare **-ese** ['teligrɑ:'fi:z] telegramstil, -språk--**form** telegramblankett-**ic** [,teli'græfik] telegrafisk; ~ *address* telegramadress **--messenger** [-,mesindʒə] telegrambud **--operator** [-,ɔpəreitə] telegrafist **--pole**, **--post** telefonstolpe **--wire** [-,waiə] telefontråd **-y** [ti'legrəfi] telegrafi

telemeter ['telimi:tə] I *s* telemeter, distansmätningsinstrument **II** *v* mäta (sända) med telemeter

telepathy [ti'lepəθi] telepati

telephon|e ['telifəun] I *s* telefon; *is he on the* ~*?* a har han telefon? **b** är (står) han i telefon?; *message on the* ~ telefonmeddelande; ~ *operator* telefonist **II** *v* telefonera **-e-booth**, **-e-box** telefonhytt **-e-call** telefonsamtal **-e-exchange** [-iks,tʃein(d)ʒ] telefonstation **-e-post** telefonstolpe **-e-receiver** telefonlur **-ic** [,teli'fɔnik] telefon- **-y** [ti'lefəni] telefoni, telefonering, -väsende

tele|photo[graph] ['teli'fəutəu, -əgrɑ:f] telefoto **-printer** [-,printə] teleprinter

telescop|e ['teliskəup] I *s* teleskop; kikare **II** *v* skjuta[s] (pressa[s]) in i varandra; vara hopskjutbar **-e-table** [-,teibl] utdragsbord **-ic** [,telis'kɔpik] 1 teleskopisk 2 hopskjutbar (som ett teleskop); ~ *sight* siktkikare (*mil.*)

tele|screen ['teliskri:n] televisionsruta **-type**, **-typewriter** ['teli'taip,raitə] teleprinter **-viewer** [-,vju:ə] TV-tittare **-vise** [-vaiz] televisera, [ut]sända i TV **-vision** [-,viʒ(ə)n] television; ~ *set* TV-apparat

telex ['teleks] telex

tell [tel] 1 berätta; säga; skvallra; tala (*against* emot); tyda (*of* på); vittna (*of* om) 2 säga, uppmana 3 [ur]skilja; hålla isär; känna igen (*by* på) 4 inverka (*on* på), ha [sin] effekt; ta [skruv]; räknas 5 [samman]räkna (röster i parlamentet); *he cannot* ~ *the time* han kan inte klockan än; ~ *one's beads* läsa sina böner (efter radband); *she will* ~ *my fortune*

hon skall spå mig; *don't* ~ *tales* a skvallra inte **b** narras inte, prata inte smörja; ~ *a p. goodbye* säga adjö till ngn; *blood will* ~ blod[et] kommer att vittna; *time will* ~ med tiden (i sinom tid) kommer det fram; *you never can* ~ man kan aldrig så noga veta; *you're* ~*ing me!* det vet jag redan! (*sl.*); *never* ~ *me* kom inte o. påstå (ngt sådant); *can you* ~ *them apart?* kan du (ni) skilja [till utseendet]?; *all told* inalles, tillsammans; *I have been told that* jag har hört sägas att; ~ *off* a räkna över **b** avdela (för viss uppgift) **c** huta åt; *I have told him off* han har fått sig en skrapa; jag har läxat upp honom; *I will not* ~ *on you* jag ska inte skvallra (om vad du har gjort); *his work* ~*s on him* arbetet tar på honom; *it did not* ~ *in the least with him* det gjorde inte det minsta intryck på honom **-er** [-ə] 1 berättare 2 [bank]kassör 3 rösträknare (i parlamentet) 4 *sl.* rejäl smäll (smocka) **-ing** [-iŋ] I *s, there is no* ~ det är omöjligt att säga; *stupid past* ~ obeskrivligt dum **II** *a* imponerande; kraftfull, dräpande **-ing-off** ['telin'ɔf] åthutning, uppsträckning **-tale** I *s* 1 skvallerbytta, -käring 2 kontrollinstrument (av olika slag) **II** *a* avslöjande

tellur|ian [te'ljuəriən] I *a* jord-, jordisk **II** *s* jordinvånare **-ic** [-ik] *kem.* innehållande tellur **-ion** [-iən] *astr.* tellurium **-ium** [-iəm] *kem.* tellur

telly ['teli] *fam.* TV-apparat

temer|arious [,temə'reəriəs] oförvägen, tilltagsen; dumdristig **-ity** [ti'meriti] dumdristighet

temper ['tempə] I *s* 1 humör, lynne; sinneslugn 2 läggning, kynne, temperament 3 dåligt humör 4 (metalls) hårdhet[sgrad], härdning; *he has a* ~ han är lynnig [av sig]; *be in a* ~ vara på dåligt humör; *keep one's* ~ bibehålla sitt lugn; *lose one's* ~ tappa humöret **II** *v* 1 bereda; blanda [till] 2 härda (metall) 3 mildra, dämpa; tygla 4 *mus.* temperera; ~ *justice with mercy* låta nåd gå före rätt

temperament ['temp(ə)rəmənt] 1 temperament, läggning 2 *mus.* temperering, temperatur **-al** [,temp(ə)rə'mentl] 1 medfödd 2 temperamentsfull; nyckfull **-ally** [,temp(ə)rə'mentəli] *adv,* ~ *he is lazy* han är av naturen lat

temperance ['temp(ə)r(ə)ns] måttlighet, måtta; nykterhet; ~ *drinks* alkoholfria drycker **--hotel** [-hə(u),tel] hotell utan spritservering **--movement** [-,mu:vmənt] nykterhetsrörelse

temperat|e ['temp(ə)rit] måttlig, -full; nykter; tempererad; *T*~ *Zone* tempererad zon **-ure** [-pritʃə] temperatur; *have (run) a* ~ ha feber

tempest ['tempist] I *s* storm (*äv. fig.*) **II** *v* uppröra **-uous** [tem'pestjuəs] stormig

Templar ['templə] 1 tempelherre, -riddare 2 juris studerande (som bor i *the Temple*, London) 3 *A.* frimurare

temple [templ] 1 tempel 2 *Inner T*~, *Middle T*~ två *Inns of Court* (juristkollegier) i London 3 tinning 4 tygspännare (på vävstol)

tempo ['tempəu] tempo

tempor|al ['temp(ə)r(ə)l] I *a* 1 världslig; timlig 2 tids-, temporal 3 tinning[s]-; *Lords T*~ överhusets världsliga ledamöter **II** *s* 1 tinningben 2 ~*s* = **-alities** [,tempə'rælitiz] världsliga intressen (ägodelar) **-ary** [-rəri] I *a* tillfällig, provisorisk; extra; ~ *officer* reservofficer, värnpliktig officer **II** *s* extrahjälp, tillfälligt anställd

temporiz|ation [ˌtempərai'zeiʃ(ə)n] förhalning **-e** ['tempəraiz] 1 söka vinna tid 2 vända kappan efter vinden 3 nå överenskommelse **-er** ['tempəraizə] opportunist
tempt [tem(p)t] fresta; locka, förleda **-able** [-əbl] som låter sig frestas **-ation** [-'teiʃ(ə)n] frestelse **T-er** [-ə] *s, the* ~ den lede frestaren, djävulen **-ing** [-iŋ] frestande **-ress** [-ris] fresterska
ten [ten] **I** *räkneord* tio; *the T*~ *Commandments* tio Guds bud **II** *s* 1 tiotal 2 tia
tenab|ility [ˌtenə'biliti] hållbarhet **-le** ['tenəbl] hållbar
tenac|ious [ti'neiʃəs] orubblig, hårdnackad; ihärdig; seg; klibbig; *be* ~ *of* enträget hålla fast vid; ~ *memory* säkert minne **-ity** [-'næsiti] orubblighet; seghet
tenancy ['tenənsi] 1 arrende[tid]; hyrestid 2 innehavande 2 arrendegård; hyrd fastighet
tenant ['tenənt] **I** *s* 1 hyresgäst; arrendator 2 invånare, -byggare 3 innehavare; *feudal* ~ vasall; ~ *at will* hyresgäst (arrendator) som kan sägas upp godtyckligt **II** *v* hyra; arrendera **--farmer** [-ˌfɑ:mə] arrendator **-less** [-lis] 1 outhyrd 2 obebodd **-ry** [-ri] arrendatorer; hyresgäster
tend [tend] **1** sköta; vårda; passa, se till 2 tendera, ha tendens (benägenhet); syfta 3 bidra; *they will* ~ *the meeting* de kommer att vara med på mötet (*A.*); *blue* ~*ing to green* blått som skiftar i grönt; ~ *on* passa upp **-ance** [-əns] **1** skötsel, vård 2 *åld.* betjäning, uppvaktning **-ency** [-ənsi] **1** tendens; benägenhet 2 stämning (på fondbörs) **-entious** [-'denʃəs] tendentiös
tender ['tendə] **I** *a* 1 öm (i flera bet.); känslig; kärleksfull 2 späd, vek, spröd; mjuk; mör 3 mån (*of* om); *in his* ~ *years* i sin gröna ungdom **II** *s* 1 skötare, -erska, vakt; uppassare 2 *järnv.* tender 3 följebåt; jolle 4 anbud, offert 5 *legal* ~ lagligt betalningsmedel; *the work will be put up for* ~ arbetet kommer att utbjudas på entreprenad **II** *v* erbjuda; inlämna; *he* ~*ed his resignation* han inlämnade [sin] avskedsansökan; ~ *for* lämna anbud på **-er** [-rə] anbudsgivare **-foot** *sl.* nykomling, gröngöling **--hearted** ['tendə'hɑ:tid] ömsint **-ling** [-liŋ] späd varelse **-ness** [-nis] ömhet; spädhet; vekhet
tend|inous ['tendinəs] senig, senliknande **-on** [-dən] sena
tendril ['tendril] *bot.* klänge
tenebrous ['tenibrəs] *litt.* mörk, dyster
tenement ['tenimənt] **1** bostad, våning 2 arrendegård; hyrd [del av] fastighet 3 = **--house** bostads-, hyreshus
tenet ['ti:net] grundsats, dogm
ten|fold ['tenfəuld] tiofaldig[t] **-ner** [-ə] *fam.* tiopunds-, tiodollarssedel
Tennessee [ˌtene'si:] delstat i USA
tennis ['tenis] tennis **--court** tennisbana
tenon ['tenən] **I** *s* tapp (för hopfogning av trästycken) **II** *v* 1 forma till en tapp 2 hopfoga
tenor ['tenə] **1** gång, [för]lopp 2 [ande]mening; syfte; innehåll 3 avskrift 4 *mus.* tenor
tens|e [tens] **I** *s, språkv.* tempus **II** *a* spänd; *those were* ~ *days* det var spännande dagar **III** *v* spänna[s] **-eness** [-nis] spänning, sträckning **-ible** [-ibl] sträckbar **-ile** [-ail] **1** spänn-, sträck- 2 sträckbar **-ion** ['tenʃ(ə)n] [an]spänning **-ity** [-iti] spänning **-ive** [-iv] spännande; sträckande **-or** [-ə] spänn-, sträckmuskel

tent [tent] **I** *s* 1 tält 2 *med.* tampong 3 rött spanskt vin (vino tinto) **II** *v* 1 spänna [upp] tält över 2 bo i tält, tälta
tentac|le ['tentəkl] tentakel; känselspröt; fångstarm **-led** [-ld] försedd med *tentacle* **-ular** [ten'tækjulə] sprötformig, tentakel-
tentative ['tentətiv] **I** *a* 1 försöks-; preliminär 2 försiktig, trevande **II** *s* försök; experiment
tent-bed ['tentbed] **1** tältsäng 2 sparlakanssäng
tenter ['tentə] **1** spännram 2 [maskin]skötare **-hook** spännhake; *be on* ~*s* sitta som på nålar
tent-fly ['tentflai] tältlucka
tenth [tenθ] **I** *a* tionde **II** *s* 1 tiondel 2 tionde (kyrkoskatt) 3 *mus.* decima
tent-peg ['tentpeg] tältpinne
tenu|ity [te'nju(:)iti] tunnhet; finhet; knapphet **-ous** ['tenjuəs] tunn; fin; knapp
tenure ['tenjuə] **1** besittningsrätt; arrendevillkor 2 period (för innehav); *during his* ~ *of office* under hans ämbetstid
tepee ['ti:pi:] *se teepee*
tep|efy ['tepifai] göra (bli) ljum **-id** ljum **-idity** [te'piditi] ljumhet
terce [tə:s] *se tierce*
tercel ['tə:s(ə)l] falkhan[n]e
tercentenary [ˌtə:sen'ti:nəri] trehundraårsdag
term [tə:m] **I** *s* 1 term; uttryck 2 [skol]termin 3 (viss) period 4 termin; fastställd dag 5 ~*s, pl* [betalnings]villkor 6 ~*s, pl* förhållande; "fot" 7 (domstols) session, sessionstid 8 *åld.* gräns; *his* ~ *of office expired* hans ämbetsperiod löpte ut; *flattering* ~*s* smickrande vändningar (ordalag); ~ *has not yet started* skolan (terminen) har inte börjat än; *bring a p. to* ~*s* få ngn att ta reson; *come to (make)* ~*s* träffa [en] uppgörelse, komma överens; *set a* ~ *to* sätta en gräns för; *for a* ~ *of years* under ett antal år; *they are in* ~*s with one another* de håller på att underhandla [sinsemellan]; *he only thinks in* ~*s of money* han tänker bara på pengar[na]; *surrender on* ~*s* kapitulera på vissa villkor; *be on good* ~*s with* stå på god fot med; *meet on level* ~*s* umgås på jämställd fot; *they are not on speaking* ~*s* de talar inte med varandra **II** *v* benämna
termagant ['tə:məgənt] **I** *s* ragata **II** *a* argsint
termin|able ['tə:m(i)nəbl] möjlig att avsluta; (om kontrakt) uppsägbar **-al** [-nl] **I** *a* slut-, änd-, avslutande; termins-; ~ [*station*] änd-, slutstation (*A.*); ~ *account* kvartalsräkning- ~ *examination* terminsprov **II** *s* 1 slut, ända 2 *elektr.* klämskruv 3 *A.* änd-, slutstation
terminat|e ['tə:mineit] **I** *v* ['tə:minit] [av]sluta; uppsäga (kontrakt) **II** *a* ['tə:minit] ~ *decimal* avslutat decimalbråk **-ion** [ˌtə:mi'neiʃ(ə)n] slut, avslutande; upphörande; uppsägning **-ive** ['tə:minətiv] slut-, avslutande **-or** ['tə:mineitə] 1 person som avslutar 2 *astr.* solbelysningsgräns (på måne el. planet)
terminus ['tə:minəs] änd-, slutstation; slutpunkt; *rom. antik.* gränsgud
termit|ary ['tə:mit(ə)ri] termitstack **-e** [-mait] termit
tern [tə:n] *zool.* tärna
terrace ['terəs] **I** *s* 1 terrass 2 rad av hus på sluttning (ofta i gatunamn) **II** *v* bygga i terrassform; förse med terrass **-d** [-t] terrassformig; ~ *roof* (orientaliskt) platt tak
terrain ['terein] *mil.* terräng
terra|neous [te'reinjəs] som växer på land, land- **-pin** ['terəpin] kärrsköldpadda

terrarium [te'rɛəriəm] terrarium
terre|ne [te'ri:n] jordisk; jord-, mark- **-strial**
[ti'restriəl] **I** *a* jordisk, världslig; jord-; land-,
som lever på land; ~ *globe* **a** jordklot **b**
jordglob **II** *s* jordinvånare
terrible ['terəbl] förskräcklig, förfärlig
terrier ['teriə] **1** *zool.* terrier **2** *fam.* hemvärns-
man **3** jordregister, jordebok
terrif|ic [tə'rifik] fruktansvärd; *fam.* fantas-
tisk **-ically** [-ik(ə)li] *adv* fruktansvärt **-ied**
['terifaid] förskräckt (*at* över); dödsförskräckt
(*of* för) **-y** ['terifai] skrämma; *he was terrified
into signing the contract* man skrämde honom
till att skriva på kontraktet
territorial [,teri'tɔ:riəl] **I** *a* **1** territoriell, mark-,
land- **2** territorial-; lokal; *the T~ Army* hem-
värnet (*ung.*) **II** *s, T~* hemvärnsman **-ize**
[-aiz] *A.* ge status av *territory*
territory ['terit(ə)ri] område (*äv. fig.*); territo-
rium; *A.* territorium (amerikanskt område
som ännu inte fått alla rättigheter som till-
kommer en stat inom unionen)
terror ['terə] **1** [för]skräck[else] **2** terror; *the
King of T~s* döden; *here comes this ~ again*
här kommer den där busen (odågan) igen;
the Reign of T~ skräckväldet (under franska
revolutionen) **-ism** [-riz(ə)m] terrorism;
skräckregemente **-ization** [,terərai'zeiʃ(ə)n]
terrorisering **-ize** [-raiz] terrorisera **--stricken**
[-,strik(ə)n] skräckslagen **--striking** [-,strai-
kiŋ] skräckinjagande **--struck** skräckslagen
terry ['teri] ~ [*cloth*] frotté
terse [tə:s] [klar o.] koncis; föredömligt
knapp[händig]
tert|ian ['tə:ʃ(ə)n] *a,* ~ *fever* varannandags-
frossa **-iary** [-ʃəri] **I** *a* **1** *geol.* tertiär[-] **2**
tredje (i ordningen) **II** *s, the T* ~ tertiärtiden
(*geol.*)
terylene ['terəli:n] terylene
terzetto [tə:t'setəu] terzett (sångtrio)
tessellat|ed ['tesileitid] rutmönstrat (mosaik-
golv) **-ion** [,tesi'leiʃ(ə)n] mosaik[inläggning]
test [test] **I** *s* **1** prov; prövning; test; under-
sökning **2** *kem.* reagens **3** ed (fordrad genom
the T~ Act testakten) **4** *fam.* = *test-match* **5**
skal (på vissa djur); *means* ~ behovsprövning;
put to the ~ sätta på prov; ~ *ban* provstopp;
~ *case* prejudikatsfall (*jur.*) **II** *v* pröva; sätta
på prov; undersöka; testa; kontrollera
-able [-əbl] som kan prövas etc., *se test II*
testaceous [tes'teiʃəs] **1** skal- **2** brunröd,
-gul
testament ['testəmənt] **1** testamente **2** *T~*
testamente (*bibl.*) **-ary** [,testə'ment(ə)ri] **1**
testamentarisk **2** testamentlig
testat|e ['testit] *a o. s* [person] som efter-
lämnat testamente **-ion** [tes'teiʃ(ə)n] testa-
menterande **-or** [tes'teitə] **-rix** [tes'teitriks]
testator
test|ee [tes'ti:] person som undersöks (prö-
vas, testas) **-er** ['testə] **1** person som utför
undersökning, testledare; testanordning **2**
sänghimmel, baldakin **--fly** ['testflai] prov-
flyga **--glass** ['testglɑ:s] provrör
testicle ['testikl] testikel
testif|ication [,testifi'keiʃ(ə)n] vittnesbörd
-y ['testifai] vittna, bära vittnesbörd (*to* om,
against mot); avge vittnesmål; intyga **-ier**
['testifaiə] vittne; bevittnare
testimonial [,testi'məunjəl] **1** [tjänstgörings]-
betyg; rekommendationsbrev **2** hedersbevis-
ning, -gåva **-ize** [-aiz] **1** utfärda betyg (re-

kommendation) [för] **2** framföra hedersbevis-
ning [till]
testimony ['testiməni] **1** vittnesbörd, -mål; **2**
bevis **2** *the Testimonies* tio Guds bud; skriften;
bear ~ *to* vittna (bära vittnesbörd) om; *bear* ~
against vittna (avge vittnesmål) mot; *call in* ~
inkalla som vittne
testis ['testis] (*pl testes* [-ti:z]) testikel
test|-match ['testmætʃ] [kricket]landskamp
--paper [-,peipə] **1** *A.* (skriftligt) prov; *BE.*
förberedande prov **2** *A.* handstilsprov (som
bevismaterial) **3** *kem.* indikator, lackmus-
papper **--pilot** [-,pailət] provflygare **--tube**
['tes(t)tju:b] provrör
testudo [tes'tju:dəu] sköldpadda
testy ['testi] [lätt]retlig
tetanus ['tetənəs] *med.* stelkramp
tetchy ['tetʃi] knarrig; [lätt]retlig
tête-à-tête ['teitə:'teit] **1** *a o. adv* mellan
fyra ögon **II** *s* samtal på tu man hand
tether ['teðə] **I** *s* tjuder; *fig.* område, förmåga;
be at the end of one's ~ inte förmå mer; *it is
beyond my* ~ det överstiger min förmåga **II** *v*
tjudra; *she ~ed him by a short rope* hon höll
honom kort
tetra- ['tetrə] fyr[a]-
tetter ['tetə] (slags) hudsjukdom; eksem;
eating ~ lupus, hudtuberkulos
Teuton ['tju:t(ə)n] **1** german **2** tysk **-ic** [tju(:)-
'tɔnik] germansk; tysk **-ism** [-tɔniz(ə)m] **1**
germanism **2** germansk kultur **-ize** [-tənaiz]
germanisera
Tex|an ['teks(ə)n] [invånare] i Texas **-as** [-əs]
delstat i USA
text [tekst] text (i div. bet.); *he stuck to his* ~
han höll sig till texten (ämnet) **--book** ['teks(t)-
buk] **1** läro-, textbok **2** text, libretto
textile ['tekstail] **I** *s* vävnad; ~*s* textilvaror **II**
a textil-; vävd
textual ['tekstjuəl] text-; texttrogen
texture [-ʃə] vävnad, textur; struktur, [upp]-
byggnad
Thames [temz] *the* ~ Themsen; *he will not set
the* ~ *on fire* han kommer inte att uträtta
några underverk
than [ðæn] än; *larger* ~ större än; *no sooner
...* ~ knappt ... förrän
than|age ['θeinidʒ] *BE. hist.* värdighet som
thane; land tillhörande *thane* **-e** [-n] than (i
rang mellan fri man o. adelsman)
thank [θæŋk] **I** *v* tacka; ~ *you* tack; *no,* ~
you nej tack; ~ *you for nothing!* det betackar
jag mig för!; ~ *you for that ball* kasta hit den
där bollen är du snäll; *I will* ~ *you to mind
your own business* jag vore tacksam om du
ville låta bli att lägga dig i det här; *he has to
~ himself for it* han får skylla sig själv; ~
God (*heaven*) gudskelov **II** *s,* [*many*] ~*s* tack
[så mycket]; *small* ~*s we had for it* det var
ingen som tackade oss för det; *give* (*return*) ~*s*
tacka, hålla tacktal; *we have received your
letter with* ~*s* vi har tacksamt mottagit Ert
brev; ~*s to* tack vare; som en följd av **-ee**
['θæŋki:] *vard.* = *thank you* -ful [-f(u)l] tack-
sam **-less** [-lis] otacksam **-sgiving** [-s,giviŋ]
tacksägelse; *T~ Day* tacksägelsedag[en] (*A.*
sista torsdagen i november) **--you-ma'am**
[-ju,mæm] *A.* gupp (på väg)
that **I** *konj* [starktonigt ðæt, svagtonigt ðət]
att; *not* ~ *I fear him* inte för att jag är rädd för
honom; *oh!* ~ *I had known him better!* ack,
om jag hade känt honom bättre!; *come nearer*

~ *I may see you* kom närmare, så att jag kan se dig (er) **II** *demonstr* o. *determ pron* o. *adv* [ðæt] den (det) där; den[ne, -na]; det[ta]; *what house is* ~? vad är det [där] för ett hus?; *don't talk like* ~! prata inte så [där]!; ~ *is [to say]* det vill säga; ~'s *it!* (*right*) just det! det stämmer!; ~'s~! det var det!, så var det med det!; *he has* ~ *trust in you* han litar så på dig (er); *hurry up,* ~'s *a good boy* skynda på (nu), så är du snäll; *put* ~ *and* ~ *together, se put; there was* ~ *in his manner* det var något speciellt i hans sätt (uppträdande); *at* ~ *till* på köpet; *for all* ~ trots det, trots allt; *have things come to* ~? har det kommit därhän?; *the water of the Dead sea is salter than* ~ *of the ocean* Döda havets vatten är saltare än oceanens; *they did* ~ *much* så mycket gjorde de; ~ *high* så [där] hög[t] (*fam.*) **III** *rel pron* o. *adv.* [*starktonigt* ðæt, *svagtonigt* ðət, ðt] som; *not* ~ *I know* inte vad (så vitt) jag vet; *Mrs. Smith, Helen Burns* ~ *was* fru Smith, som hette H. B. som ogift

thatch [θætʃ] **I** *s* **1** [tak]halm (el. liknande takbeläggning) **2** halmtak **3** *fam.* (tjock) kalufs **II** *v* halmtäcka; ~*ed cottage* stuga med halmtak **-er** [-ə] taktäckare **-ing** [-iŋ] takhalm, -beläggning

thaw [θɔ:] **I** *s* tö[väder]; upptinande **II** *v* töa; tina [upp] **-y** [-i] tö[väders]-, töig

the [*starktonigt* ði; *svagtonigt framför vokalljud* ði, *framför konsonantljud* ðə] **I 1** (motsvarande bestämda slutartikeln) -[e]n, -[e]t, -na **2** den, det, de; *he is* ~ [ði:] *man for it* han är rätte mannen [för det] **II** *determ pron* den, det, de; ~ *boy*[*s*] *who had seen him* den pojke (de pojkar) som hade sett honom; ~ *stupidity!* vilken idioti! **III** *adv,* ~ *sooner* ~ *better* ju förr desto bättre; *all* ~ *better* desto bättre; ~ *more so as* desto hellre som

theatre ['θiətə] **1** teater **2** [föreläsnings]sal **3** *operating* ~ operationssal **4** skådeplats, scen **--goer** [-,gəuə] teaterbesökare **--seat** fällbar sittplats

theatrical [θi'ætrik(ə)l] **I** *a* teater-; teatralisk **II** *s*, ~*s* teater[föreställningar]; *private* ~ amatörteater

Thebes [θi:bz] Tebe

thee [ði:] *åld.* dig

theft [θeft] stöld

their [ðeə] deras; sin **-s** [-z] (självständigt) deras; sin; *it is not* ~ *to judge* det är inte deras sak att [be]döma

theist ['θi:ist] teist **-ic[al]** [θi:'istik, -(ə)l] teistisk

them [ðem] dem; sig

theme [θi:m] **1** tema; ämne; motiv; *radio.* paussignal **2** [skol]uppsats **3** *språkv.* stam **--song** signaturmelodi; (musikaliskt) ledmotiv

themselves [ð(ə)m'selvz] [dem, sig, de] själva; sig

then [ðen] **I** *adv* **1** då **2** sedan **3** alltså, då; ~ *and there* på fläcken; direkt, omedelbart; [*every*] *now and* ~ då o. då; *now* ~ [men] hör nu; *by* ~ vid det laget; *till* ~ till[s] dess; *not till* (*until*) ~ först då **II** *a* dåvarande

thence [ðens] därifrån **-forth** ['ðens'fɔ:θ] **-forward** ['ðens'fɔ:wəd] efter det[ta], alltifrån den tid[punkt]en

theodolite [θi'ɔdəlait] teodolit

theolog|ian [θiə'ləudʒjən] teolog **-ic[al]** ['-lɔdʒik, -(ə)l] teologisk **-ize** [θi'ɔlədʒaiz] syssla

med teologiska spekulationer **-y** [θi'ɔlədʒi] teologi

theor|etic [θiə'retik] **I** *a* teoretisk **II** *s pl,* ~*s* teori **-etical** [-(ə)l] teoretisk **-etician** [,θiərə-'tiʃ(ə)n] **-ist** ['θiərist] teoretiker **-ize** ['θiəraiz] teoretisera **-y** ['θiəri] teori

therapy ['θerəpi] terapi; *occupational* ~ sysselsättningsterapi

there [ðeə, *svagtonigt* ðə, ðr (*före vokalljud*)] **I** *adv* **1** där **2** dit; [~,] ~! så [där] ja!, se så!; ~ *now!* se där!; *when we get* ~ när vi kommer fram; ~ *and back* fram o. åter; ~ *and then* på fläcken, på stående fot; ~ *you are* där har du (ni) [det], var så god; ~'s *the bell* (*ringing*) nu ringer det; *it's a nuisance, but* ~ *it is* det är beklagligt, men så ligger det till; *you are mistaken* ~ du misstar dig på den punkten; *he's not all* ~ han är inte riktigt klok; han är inte riktigt med på noterna (*sl.*); *I've been* ~ *before* jag känner till det där [förut] (*sl.*); *from* ~ därifrån; *near* ~ [där] i närheten; *over* ~ där borta; dit bort **II** *s* det; ~ *is* det finns, det är; ~ *is no knowing* man kan aldrig veta; ~'s *a dear* [så] är du snäll; ~'s *a game!* vilket spel! **-about[s]** [-rəbauts] däromkring, [där] i närheten **-after** [-r'ɑ:ftə] *åld.* därefter **-at** [-r'æt] *åld.* därvid **-by** ['ðeə'bai] därvid, -igenom **-for** [-'fɔ:] *åld.* därför, för den (det, dem) **-fore** [-fɔ:] därför **-from** [-'frɔm] *åld.* därifrån **-in** [-r'in] *åld.* däri; i det avseendet **-of** [-r'ɔv] *åld.* därom etc., *se of* **-on** [-r'ɔn] *åld.* därpå etc., *se on* **-'s** [-z] = *there is* **-[un]to** [-'tu:, -r'ʌntu(:)] *åld.* därtill **-upon** ['ðeərə'pɔn] därpå **-with** [-'wiθ] *åld.* därmed,-jämte

therm [θə:m] (viss) värmeenhet **-al** [-(ə)l] värme-; varm; ~ *radiation* värmestrålning **-ic** [-ik] = *thermal*

thermionic [,θə:mi'ɔnik] *a,* ~ *valve* radiorör

thermo|dynamics ['θə:mə(u)dai'næmiks] *pl* termodynamik **-graph** [-grɑ:f] termograf, självregistrerande termometer **-meter** [θə-'mɔmitə] termometer **-s** ['θə:mɔs] = *T* ~ *flask* (*bottle*) termos[flaska] **-stat** [-əstæt] termostat **-static** [,θə:məs'tætik] *a,* ~ *iron* termostat[stryk]järn

thesaurus [θi(:)'sɔ:rəs] lexikon (eg. skattkammare)

these [ði:z] *pl* av *this*; dessa, de här; *I've lived here* ~ *3 years* jag har bott här nu i tre år

thes|is ['θi:sis] (*pl -es* [-i:z]) **1** (vetenskaplig) avhandling; uppsats **2** tes, [grund]sats **3** ['θesis] obetonad (kort) stavelse (i meter); obetonad taktdel (i musik)

thew|ed [θju:d] muskulös; senig **-s** [-z] muskler; senor **-y** [-i] *se thewed*

they [ðei] de; man; *as* ~ *say* som man säger **-'d** = *they would* (*had*) **-'ll** = *they will* **-'re** [ðeə] = *they are* **-'ve** [-v] = *they have*

thick [θik] **I** *a* o. *adv* **1** tjock[t], grov; tät[t]; tätbevuxen **2** grumlig, oklar; sluddrig **3** intim **4** tjockskallig, dum **5** grov, [mag]stark; skev; *he laid it on* ~ han smickrade grovt; *they are as* ~ *as thieves* de hänger ihop som ler o. långhalm; ~ *with bushes* full med (av) buskar; *speak* ~[*ly*] (*with a* ~ *tongue*) tala otydligt (grötigt); *that's a bit* ~ det är väl grovt (starkt); ~ *type* fet bokstav (stil) **II** *s* **1** tätaste (tjockaste) stället (delen); *fig.* värsta stället (delen) **2** *fam.* tjockskalle; *the* ~ *of the battle* där striden står (stod) som hetast; *through* ~ *and thin* i vått o. torrt **-en** [-(ə)n] göra (bli) tät[are] (tjock[are], oklar); tätna:

tjockna [till]; grumla[s]; [av]reda (sås); ~*ing
of the arteries* åderförkalkning **-et** [-it] busk-
snår **--faced** [-feist] *boktr.* fetstilt **-head**
tjockskalle **--headed** ['θik'hedid] **1** med stort
huvud **2** tjockskallig, dum **--leaved** [-li:vd]
1 med tjocka blad **2** tätt lövad **-ness** [-nis] **1**
tjocklek; täthet **2** lager -**set** ['θik'set] **I** *a* **1** satt,
undersätsig; kraftig[t byggd] **2** tät; tätt be-
vuxen (besatt) (*with* med) **II** *s* **1** busksnår **2**
(slags) tyg **--skinned** ['θik'skind] tjock-
hudad (*äv. fig.*)
thief [θi:f] (*pl thieves*) tjuv **--proof** ['θi:f'pru:f]
stöldsäker
thiev|e [θi:v] stjäla **-ery** [-əri] tjuvnad, stöld
-es [-z] *pl* av *thief*; ~' *Latin* tjuvspråk **-ish**
[-iʃ] tjuvaktig
thigh [θai] lår **--bone** lårben
thill [θil] skakel
thimble ['θimbl] **1** fingerborg **2** *sjö.* kaus, kås
-rig I *s* skoj, bedrägeri (trick med 3 bägare o.
en ärta) **II** *v* lura (med fingerfärdighet) **-rig-
ger** [-,rigə] skojare, bondfångare
thin [θin] **I** *a* tunn; smal; mager; gles; svag;
genomskinlig; ~ *house* glest besatt sal[ong];
liten publik; ~ *excuse* klen ursäkt; *we had
a ~ time* vi hade det eländigt; ~ *joke* banalt
skämt; *that's too* ~ det är alltför genomskin-
ligt; ~ *ice* svag is (*äv. fig.*) **II** *v* göra (bli)
tunn[are]; förtunna[s]; tunna[s] ut; gallra
(*äv.* ~ *out*); glesna; ~ *off* tunnas av, sakta
minska
thine [ðain] *åld.* din, ditt, dina
thing [θiŋ] sak, ting; föremål; varelse; *poor
~* stackars krake; *she is a dear old ~* hon är
en älsklig gammal dam; *that ~ Smith* den
där [typen] Smith; *dumb ~s* stumma varelser;
here are your ~s här är dina saker (tillhörig-
heter, grejor); *he takes ~s too seriously* han
tar saker o. ting för allvarligt, han tar för
allvarligt på det; *how are ~s at home?* hur
står det till hemma?, hur är läget hemma?; ~*s
real* fast egendom; ~*s English* allt som rör
England; engelska realia; *the first ~ we did*
det första vi gjorde; *the latest ~ in shoes* det
senaste i skoväg; *I'm not feeling quite the ~*
jag känner mig inte riktigt i form (*fam.*); *it is
not quite the ~* det är inte riktigt lämpligt;
that's just the ~ det är precis det som behövs;
it's just one of those ~s sådant händer; *the ~
is to find a substitute* problemet är (det gäller)
att finna en ersättare; *the play's the ~* pjäsen
är det väsentliga; *he knows a ~ or two* han är
minsann inte bakom; *they made a good ~ of
it* de tjänade en bra slant (en hacka) på det;
it was a near ~ det var nära ögat; *first ~* på
en gång, genast; *first ~s first* låt oss ta sakerna
i tur o. ordning; *no great ~s* inte mycket att
ha; *for one ~ ... for another* dels ... dels; för
det första ... [o.] för det andra; *neither one ~
nor another* varken det ena eller det andra; *I
have a ~ about it* det har gått mig på hjärnan;
det bär mig emot; *do one's ~* sköta sina upp-
gifter, göra det man vill (*vard.*)
thing|amy ['θiŋəmi] **-umabob** [-(ə)mibɔb]
-umajig [-(ə)midʒig] **-ummy** [-əmi] grej,
manick; typ, individ
think [θiŋk] **I** *v* **1** tänka [sig]; fundera; före-
ställa sig **2** tycka, anse **3** tro, förmoda; ana;
just ~! tänk [dig] bara!; *I ~ you're right* jag
tror du (ni) har rätt; *we ~ not* vi tror inte det;
~ *no harm of it* inte tycka illa vara; *you are a
pattern of modesty, I don't ~* du (ni) är min-

sann inte ngt mönster av blygsamhet! (*sl.*); ~
about tänka på; ~ *of* **a** tänka (fundera) på
b tycka (anse) om; *I shouldn't ~ of doing such
a thing* jag skulle inte drömma om att göra
ngt sådant; *I can't ~ of his name at the mo-
ment* jag kan inte för ögonblicket komma på
hans namn; ~ *highly* (*well*) *of* ha höga tankar
om; *I don't ~ much of it* jag tycker inte det är
något vidare [bevänt med det]; *the best thing
I can* ~ *of* det bästa jag kan hitta på; ~ *better
of it* komma på andra tankar; ~ *nothing of*
anse en småsak (att), bagatellisera; ~
out tänka (fundera) ut, hitta på; överväga;
I'll ~ *it over* jag skall fundera på saken (det);
~ *to o.s.* tänka för sig själv; ~ *up* hitta på
(förevändning) (*A.*); ~ *with a p.* hålla med ngn
II *s, just have a* ~ *about it* [ta o.] fundera lite
på saken **-able** [-əbl] tänkbar **-er** [-ə] tänkare
thinking ['θiŋkiŋ] tänkande, tanke, -ar; *way
of* ~ tänkesätt; tankegång; *to my* ~ enligt min
åsikt **--cap** *s, put on your* ~ tänka nu [efter]
riktigt **--faculty** [-,fæk(ə)lti] **--power** [-,pauə]
tankeförmåga
thin-skinned ['θin'skind] *fig.* överkänslig
third [θə:d] **I** *a* tredje; ~ *root* kubikrot; ~
time is lucky time tredje gången gillt **II** *s*
tredjedel; *mus.* ters; *bil.* trean[s växel]; *jur.*
änkans [tredje]del av arv **-ly** [-li] för det tredje
--party [-,pɑ:ti] *jur.* tredje man
thirst [θə:st] **I** *s* törst (*of, for, after* efter) **II** *v*
törsta (*for, after* efter) **-y** [-i] törstig
thirteen ['θə:'ti:n] trettan **-th** [-θ] trettonde
thirt|ieth ['θə:tiiθ] trettionde **-y** [-i] trettio
this [ðis] **I** *demonstr pron* den (det) här; denne,
-a, detta; ~ *morning* i morse; ~ *day* week
idag om en vecka; ~, *that and the other* detta
o. mer till; *put* ~ *and that together* lägga ihop
två o. två, inse sammanhanget; ~ *is to you*
en skål för dig (er) (för din el. er framgång); ~
is where I live det är här jag bor; ~ *many a day*
på mången god dag; *before* ~ [redan] förut;
by ~ vid det här laget; *for all* ~ trots [allt]
detta; *from* ~ *to* härifrån till; *like* ~ så här;
on a day like ~ en sådan här dag; *to* ~ *day*
hittills; till den dag som idag är **II** *adv,* ~
much så [pass] mycket; ~ *high* så [här] hög[t]
thistl|e ['θisl] tistel (Skottlands national-
emblem) **-edown** [-daun] tistelfjun **-y** [-i] full med
tistlar; taggig
thither ['ðiðə] **I** *adv* dit **II** *a* bortre, från-
-wards [-wədz] dit[åt]
tho', tho [ðou] = *though*
thole [θoul] **--pin** årtull
thong [θɔŋ] **I** *s* läderrem; pisksnärt **II** *v* förse
(piska) med *thong*
thorax ['θɔ:ræks] *med.* bröstkorg
thorn [θɔ:n] **1** tagg, törne **2** törnbuske **3** forn-
engelsk bokstav: θ (= th); *it is a ~ in my
flesh* det är en nagel i ögat på mig; *sit on ~s*
sitta [som] på nålar **-y** [-i] taggig; *fig.* besvär-
lig
thorough ['θʌrə] **I** *a* grundlig; fullständig;
riktig; fulljädrad **II** *prep* o. *adv, åld.* [i]ge-
nom **-bred I** *a* fullblods-; rasren; fulländad;
högt bildad; vältränad **II** *s* fullblod[shäst];
person (djur, sak) i toppklass **-fare** genom-
fart[sled], huvudgata, -väg **-going** [-,gəuiŋ]
grundlig, genomgripande; äkta, fulländad
--paced [-peist] äkta, fulländad; -fjädrad; *a
~ rascal, äv.* en skurk alltigenom
those [ðəuz] *pl* av *that*; de [där]; dessa; *there
are* ~ *who say* det finns de [sådana] som säger

thou [ðau] *åld.* du

though [ðəu] **I** *konj.* fastän, trots att; *as* ~ som om; *even* ~ även om; *what* ~ *the way may be long* hur lång än vägen må vara **II** *adv* i alla fall; *did he,* ~*?, äv.* gjorde han verkligen det?

thought [θɔ:t] **I** *v, imperf* o. *perf part* av *think* **II** *s* **1** tanke; tänkande; tankar; omtanke **2** *a* ~ en smula (aning); *a* ~ *wider* en aning bredare; *she gave the matter a* ~ hon funderade lite på saken; *take* ~ *against* vara på sin vakt mot; *take* ~ *for* ha omtanke om, sörja för; *at the* ~ vid tanken därpå; *at a* ~ med ens; *a penny for your* ~*s* vad är det du tänker på?; *absorbed (lost, wrapped) in* ~*[s]* försjunken i tankar; *on second* ~*s* vid närmare eftertanke **-ful** [-f(u)l] tankfull, eftertänksam; tankediger; omtänksam; hänsynsfull **-less** [-lis] tanklös; hänsynslös, nonchalant **-out** ['θɔ:t'aut] överlagd **-trans-ference** [-ˌtrænsf(ə)r(ə)ns] tankeöverföring

thousand ['θauz(ə)nd] tusen; ~*s* [*of*] tusental[s]; *one in a* ~ en på tusen; *a* ~ *to one* tusen mot ett (en) **-fold** [-n(d)fəuld] tusenfaldig, -falt **-th** [-n(t)θ] **I** *a* tusende **II** *s* tusendel

thraldom ['θrɔːldəm] trälldom

thrall [θrɔːl] **I** *s* **1** träl, slav (*of*, *to* under, åt) **2** trälldom, slaveri **II** *a, åld.* förslavad (*to* under) **III** *v, åld.* förslava

thrash [θræʃ] **1** prygla, ge stryk; slå, utklassa (i tävling); piska **2** = *thresh*; ~ [*about*] (häftigt) kasta sig [av o. an]; ~ *out* genomdiskutera **-er** [-ə] **1** pryglare; besegrare **2** (slags) trast[fågel] **3** *zool.* rävhaj **-ing** [-iŋ] [kok] stryk

thread [θred] **I** *s* **1** tråd; garn; strimma **2** gänga, gängning (på skruv); *he had not a dry* ~ *on him* han hade inte en torr tråd på kroppen; ~ *and thrum* [alla] utan urskillning; *hang by a* ~ hänga på en skör tråd; *worn to a* ~ totalt utsliten **II** *v* **1** trä [på, upp] **2** slingra sig [fram genom] **3** gänga (skruv); ~ *one's way through* bana sig fram genom; ~ *the narrows* krångla sig igenom svårigheterna **-bare** [lugg]sliten; torftig; uttjatad **-y** [-i] trådig; trådsmal; svag

threat [θret] hot[else] **-en** [-n] hota [med]

three [θriː] tre[a]; *T*~ *in One* treenighet; ~ *vowels* (*I. O. U.*) skuldförbindelse (*sl.*); *play the part of a man of* ~ *letters* (t.ex. *cad, cur*) spela en osympatisk roll **-barrelled** ['θriː-ˈbær(ə)ld] trepipig (bössa) **-cocked** ['θriː-ˈkɔkt] *a,* ~ *hat* trekantig hatt **-cornered** ['θriːˈkɔːnəd] trekantig; triangelformad **-decker** ['θriːˈdekə] **1** tredäckat fartyg **2** roman i tre delar **-fold** trefaldig, -falt **-forked** ['θriːˈfɔːkt] tregrenad **-four** ['θriːˈfɔː] *a,* ~ *time* tre fjärdedels takt (*mus.*) **-legged** ['θriːˈlegd] trebent; ~ *race* parlöpning med var sitt ben sammanbundet **-monthly** ['θriːˈmʌnθli] kvartals- **-pair** *a,* ~ [*of stairs*] *front* (*back*) tre trappor upp åt gatan (åt gården) **-part** ['θriːˈpɑːt] *a,* ~ *song* trestämmig sång **-pence** ['θrep(ə)ns] trepenceslant **-penny** ['θrepəni] **1** trepence- **2** *fig.* billig; dålig; ~ *bit* trepenceslant **-penn[yw]orth** ['θriːˈpenəθ, -niwɔ(ː)θ] *s, a* ~ *of* för tre pence **-piece [suit]** [dräkt, kostym] i tre delar **-ply** [-plai] tredubbel; i tre lager **-score** ['θriːˈskɔː[sextio **-some** [-səm] *a* o. *s* tremans-, tremansspel

threnod|e ['θriːnəud] klago-, sorgesång **-ial** [θriː'nəudjəl] **-ic[al]** [θriː'nəudik, -(ə)l] klagande, klago- **-y** ['θrenədi] *se* threnode

thresh [θreʃ] tröska; ~ *out a question* genomdiskutera en fråga **-er** [-ə] **1** tröskare **2** tröskverk **3** *se* thrasher **3** **-ing-machine** [-iŋməˌʃiːn] tröskverk

threshold ['θreʃ(h)əuld] tröskel

threw [θruː] *imperf* av *throw*

thrice [θrais] *åld.* tre gånger **--favoured** ['θrais'feivəd] starkt gynnad **--told** ['θrais-'təuld] uttjatad

thrift [θrift] **1** sparsamhet; [god] hushållning **2** *bot.* (strand)gräsnejlika, trift **-less** [-lis] slösaktig **-y** [-i] **1** sparsam **2** framgångsrik; välmående

thrill [θril] **I** *v* gripa, hänföra; [komma att] rysa; ~ *through* gå som en skälvning genom **II** *s* rysning; sinnesrörelse; spänning, tjusning **-er** [-ə] spännande berättelse (pjäs el. film), "rysare" **-ing** [-iŋ] spännande, rafflande; genomträngande (röst)

thriv|e [θraiv] trivas; frodas, växa bra **-en** ['θrivn] *perf part* av *thrive* **-ing** [-iŋ] kraftig, frodig, blomstrande

thro', thro [θruː] = *through*

throat [θrəut] **I** *s* **1** hals, strupe **2** *fig.* smal passage, ränna; *lie in one's* ~ ljuga grovt; *she gave him the lie in his* ~ hon beskyllde honom öppet för att ljuga [grovt]; *thrust s.th. down a p.'s* ~ påtvinga (tvinga i) ngn ngt; *it sticks in my* ~ det fastnar i halsen på mig; *full to the* ~ proppfull; *I have it up to my* ~ det står mig upp i halsen **II** *v* göra en ränna i **--pipe** luftrör **-y** [-i] hes, skrovlig; hals-, guttural **2** med framträdande struphuvud

throb [θrɔb] **I** *v* bulta, klappa, slå, dunka; *fig.* pulsera **II** *s* [bultande] slag, dunk[ande]

throe [θrəu] *vanl. pl* **1** häftiga smärtor; födslovånda **2** dödskamp, ångest; *in the* ~*s of* mitt uppe i

thrombosis [θrɔm'bəusis] trombos, blodproppsbildning; *coronary* ~ blodpropp i kransartärerna

throne [θrəun] **I** *s* **1** tron **2** kungamakt **3** *T*~*s* (slags) änglar **II** *v* [upp]sätta på tronen

throng [θrɔŋ] **I** *s* [folk]trängsel; mängd, myller **II** *v* trängas [på]; fylla till trängsel **-ed** myllrande, fullpackad

throstle ['θrɔsl] **1** (slags) trast **2** spinnmaskin

throttle ['θrɔtl] **I** *s* **1** *tekn.* spjäll; gaspedal; ventil **2** *fam.* o. *dial.* hals, strupe; *open the* ~ ge gas **II** *v* strypa, kväva; reglera; ~ *back* (*down*) minska [på] gasen **-lever** [-ˌliːvə] gasreglage, spjäll **--pedal** [-ˌpedl] gaspedal **--valve** [stryp]ventil

through [θruː] **I** *prep* genom; *it's all* ~ *them* det är helt o. hållet deras fel (förtjänst) **II** *adv* [allt]igenom; färdig[t]; [till] slut[et]; direkt; ~ *and* ~ alltigenom, fullständigt; *wet* ~ genomvåt; *I am* ~ **a** jag är färdig (klar) **b** jag har kommit fram (per telefon); *I am* ~ *with you* jag vill inte ha mer med dig (er) att göra (*A.*); *get* ~ komma fram (per telefon); *it lasted all* ~ det varade hela tiden; *the train runs* ~ *to London* tåget går direkt till London **III** *a* direkt, genomgående **-out** [θru(ː)'aut] **I** *prep* överallt i; genom (över) hela; ~ *the day* [under] hela dagen **II** *adv* alltigenom; överallt

throve [θrəuv] *imperf* av *thrive*

throw [θrəu] **I** *v* **1** kasta [ut, av]; spruta (vatten); slå (bro, tärning) **2** lägga; bringa, försätta, störta **3** tvinna **4** ömsa (skinn) **5** dreja (lerkärl) **6** (om djur) föda **7** *A.* ge upp (tävling); skänka bort (poäng); ~ *feathers* rugga

~ *a kiss* kasta en slängkyss; ~ *a party (scene)* ställa till fest (en scen); ~ *a somersault* göra (slå) en kullerbytta; ~ *a vote* avge en röst; *they were ~n idle* de fann sig plötsligt stå sysslolösa; (om fabriker) de drabbades av driftstopp; ~ *about* slänga omkring; vräka ut (pengar); ~ *o.s. at a man* tränga sig på (hänga efter) en man; ~ *away* kasta bort; försitta (chans); *he ~s himself away on that woman* han ödar bort sitt liv på den där kvinnan; ~ *back* **a** kasta tillbaka; vålla avbräck, hindra **b** återkasta, -spegla; *he was ~n back upon this means* han fann sig (helt) hänvisad till detta medel; ~ *by* kasta bort, kassera; ~ *down* **a** kasta ner; kasta omkull; riva [ner]; lägga ner **b** förnedra **c** *A.* förkasta; ~ *idle* stoppa [driften vid] (fabrik); göra arbetslös; ~ *in* kasta in; inflicka; ~ *in one's hand* ge upp (spelet); ~ *in one's lot with* slå ihop sina påsar med; ~*n in* inberäknat; på köpet; ~ *into French* översätta till franska; ~ *into gear* koppla till (in); ~ *two rooms into one* slå ihop två rum; ~ *o.s. into* [ivrigt] ge sig i kast med; ~ *off* **a** kasta av [sig]; lägga av (bort); göra sig av med **b** skaka ur ärmen, improvisera **c** avge, avsöndra; ~ *on* slänga på [sig]; ~ *on the brakes* tvärbromsa; ~ *open* rycka (slå) upp (dörr, fönster); öppna (för allmänheten); ~ *out* **a** kasta (slänga) ut (bort); köra bort; *kricket.* slå ut; *sport. äv.* distansera **b** avge, utstråla; skjuta (skott); framkasta (förslag) **c** förkasta (lagförslag) **d** förvirra, distrahera, bringa ur fattningen **e** bygga till; ~ *out the clutch* koppla ur (vid bilkörning); ~ *out of gear* koppla ifrån (bort, ur); ~*n out of work* arbetslös; ~ *over* överge, lämna i sticket; ~ *to* slå igen; ~ *together* rafsa ihop; (om personer) sammanföra; ~ *up* **a** kasta (slänga) upp; [snabbt] lyfta; smälla upp (ihop) (hus); kräkas **b** avstå från, lämna; ~ *up one's cards* ge upp (spelet); ~ *o.s. upon* sätta (hela) sin tillit till; ~ *o.s. upon a p.'s mercy* lägga sitt öde i ngns händer **II** *s* **1** kast **2** drejskiva **3** *geol.* förkastning; *let me have a ~ at it* låt mig [få] göra ett försök **-away** ['θrəυə'wei] som kastas bort; engångs- **-back 1** bakslag **2** exempel på atavism **--down I** *s* fall; motgång **II** *a,* ~ *cracker* [fyrverkeri]-svärmare **-er** [-ə] **1** kastare **2** drejare **3** = *thrower* **-n** *perf part* av *throw*; ~ *outs* **a** avskedade [arbetare] **b** ströplatser **--off** start **--outs** utskottsvaror **-ster** [-stə] silkestvinnare

thru [θru:] *A.* = *through*

thrum [θrʌm] **I** *v* **1** trumma (med fingrarna) **2** klinka på, fila på, misshandla (*äv.* ~ *on*) **3** gnälla, skrälla **4** förse med frans **II** *s* drum (i vävstol); trådar, frans

thrush [θrʌʃ] **1** trast **2** *med.* torsk

thrust [θrʌst] **I** *v* stöta; sticka; stoppa; tränga [sig]; tvinga; ~ *from* driva bort från; ~ *through* genomborra; ~ *o.s. in* tränga sig in (emellan); ~ *o.s. upon* tränga sig på **II** *s* **1** stöt, stick, knuff **2** anfall, utfall **3** *byggn.* tryck (i sidled) **4** *tekn.* drivkraft, dragkraft **-er** [-ə] **1** gåpåare, streber **2** alltför ivrig jägare

thud [θʌd] **I** *s* duns **II** *v* dunsa; dunka

thug [θʌg] *Ind.* våldsman, bandit

thumb [θʌm] **I** *s* tumme; ~*s up!* bravo!, vackert! (*sl.*); *under somebody's* ~ under ngns inflytande **II** *v* **1** tumma (fingra) på **2** klinka på **3** *A.* göra tecken med tummen [åt], lifta [med] **--fingered** [-‚fiŋgəd] fumlig, föga · händig **--marked** tummad, med tumavtryck på (i)

--**nut** vingmutter **--pin** *A.* häftstift **--screw** tumskruv **--tack** *A.* häftstift **-y** [-i] **1** med tumavtryck på **2** föga händig, fumlig

thump [θʌmp] **I** *v* dunka, hamra [på] **II** *s* (tungt) slag, dunk, stöt **-er** [-ə] fantastisk sak (historia); jättelögn **-ing** [-iŋ] väldig

thunder ['θʌndə] **I** *s* åska, -slag; ~*s of applause* applådåskor; *blood-and-~novel* sensationsroman; *steal someone's* ~ stjäla applåder el. beröm från ngn **II** *v* åska **-bolt** blixt; åskslag; *fig.* bannstråle **-clap** åskslag **-cloud** åskmoln **-er** [-rə] dundrare; *the T*~ åskguden, Jupiter **-ing** [-d(ə)riŋ] **1** dundrande, mullrande **2** väldig, våldsam, fantastisk **-ous** [-d(ə)rəs] åsk-; mullrande **--peal** åskskräll **-storm** åskväder **-struck** [som] träffad av blixten, förstenad **-y** [-ri] åskrik; åsk-; hotande, hotfull; *the weather is* ~ det är åska i luften

thurible ['θjuəribl] rökelsekar

Thursday ['θəːzdi] torsdag

thus [ðʌs] **1** sålunda **2** alltså, således; ~ *far* så långt, hittills

thwack [θwæk] **I** *v* smälla [till], klappa till **II** *s* smäll, rapp

thwart [θwɔːt] **I** *v* korsa, omintetgöra; hindra **II** *s* mothugg **2** *sjö.* toft, sittbräda **III** *adv, prep* o. *a* (liggande) tvärs över

thy [ðai] *åld.* din, ditt, dina

thym|e [taim] timjan **-ol** ['θaimɔl] timjanolja **-y** [-i] rik på timjan; timjandoftande

thyroid ['θairɔid] sköldformig; ~ [*gland*] sköldkörtel

thyself [ðai'self] *åld.* [dig, du] själv; dig

ti [tiː] *mus.* si

tiara [ti'ɑːrə] tiara, diadem; ~ *night* galakväll

tib-cat ['tibkæt] *dial.* honkatt, katta

tibia ['tibiə] skenben

tic [tik] [nervös] ryckning

tick [tik] **I** *s* **1** tickande [ljud] **2** bock, [avpricknings]tecken **3** ögonblick **4** kredit **5** madrass-, kuddvar **6** *zool.* fästing; *to the* ~ på sekunden **II** *v* **1** ticka **2** köpa på kredit; skriva upp (på ngns räkning); ~ *off* **a** pricka av (för) (på lista) **b** *sl.* huta åt; ~ *over* (om motor) gå [på] tomgång **-er** [-ə] *sl.* **1** klocka **2** [börs]telegraf **3** *skämts.* hjärta

ticket ['tikit] **I** *s* **1** biljett; kvitto; [pris]lapp; etikett; anslag; [medlems]kort; [lott]sedel; meddelande om åtal (för trafikförseelse) **2** *mil.* avsked **3** *the* ~ det [enda] rätta (*sl.*); som det ska vara **4** *A.* (politiskt parti) kandidatlista **5** partiprogram **6** *sl.* diplom, fullmakt; [flyg]certifikat **II** *v* förse med [pris]lapp (biljett, etikett etc.) **--agent** [-‚eid‚ʒ(ə)nt] *A.* = **--clerk** biljettvaktmästare **--collector** [-kə‚lektə] konduktör (på tåg) **--gate** [biljett]-spärr **--holder** [-‚həuldə] biljettinnehavare **--hole** biljettlucka **--night** recettföreställning **-office** [-‚ɔfis] biljettkontor, -lucka **--of-leave** ['tikitəv'liːv] *a,* ~ *man* försöksutskriven [fånge] **--porter** [-‚pɔːtə] auktoriserad bärare, stadsbud **--window** [-‚windəu] biljettlucka

ticking ['tikiŋ] **1** madrass-, kuddvar **2** tickande [ljud]; ~ *off* uppsträckning, åthutning

tickl|e ['tikl] **I** *v* **1** kittla; klia; reta; vädja till; roa, tilltala **2** klia, knäppa på (sträng); *it ~s me pink* (*to death*) jag [tror jag] skrattar mig förärvad [åt det]; ~ *the ivories* spela piano (*sl.*); ~ *up* stimulera; väcka [upp], rycka upp **-er** [-ə] **1** en som kittlar etc., *se tickle I* **2** kinkig fråga; hård nöt **3** eldgaffel

4 plunta, viss mängd alkohol **5** minnesregister **-ish** [-iʃ] **1** kittlig **2** kinkig, ömtålig
tidal ['taidl] tidvattens-
tiddl|er ['tidlə] *zool.* spigg **-y** [-i] *sl.* berusad (i fnitterstadiet)
tiddlywinks ['tidliwiŋks] loppspel
tiddy ['tidi] pytteliten
tide [taid] **I** *s* **1** tidvatten; *fig.* ström **2** *åld.* tid; *high* ~ flod; *low* ~ ebb; *the* ~ *is in* det är högvatten (flod); *the* ~ *is out* det är lågvatten (ebb); *the* ~ *of events* händelsernas lopp; *the* ~ *turned* lyckan vände sig, det skedde en omsvängning; *he goes with the* ~ han följer med strömmen; *they worked double* ~*s* de arbetade dag o. natt **II** *v* följa med tidvattnet; låta driva med [strömmen]; ~ *over* [hjälpa att] komma över (igenom) (svårighet) **--gate,** **--lock** slussport **--rip** tidvattensvåg, brottsjö **--waiter** [-ˌweitə] **1** *åld.* tulltjänsteman **2** opportunist **-water** [-ˌwɔːtə] kust[-] **--way** tidvattensströmfåra
tidings ['taidiŋz] *åld.* tidningar = nyheter
tidy ['taidi] **I** *a* **1** snygg; ordentlig **2** ansenlig, hygglig, skaplig **3** *dial.* kry; ~ *unit* snygg [skaplig] brud (*A. sl.*) **II** *s* **1** [förvarings]påse, -låda, -korg **2** [stol]överdrag, skydd **III** *v* städa; ~ *up* snygga upp [sig]; städa [av]
tie [tai] **I** *v* **1** binda [fast] (*to* vid); knyta[s]; *med.* underbinda (pulsåder) **2** nå oavgjort [resultat]; spela oavgjort; ~ *a knot* göra (slå) en knut (knop); ~ *the knot* knyta äktenskapsband; ~ *down* binda fast; *fig.* klavbinda; ~ *for the first place* dela första plats; *be* ~*d for* (*to*) *time* ha begränsat med (ont om) tid; ~ *up* **a** binda fast (upp); binda (pengar) **b** knyta (binda) ihop; *med.* förbinda; ~ *up with* hänga ihop (vara tillsammans) med (*A.*); ~ *with a* ligga lika med; spela oavgjort mot **b** kunna mäta sig med **II** *s* **1** slips **2** knut; band **3** *fig.* band, länk; hämsko; *he is such a* ~ han är ett rent påhäng, han är bara i vägen **4** *A. järnv.* sliper **5** *mus.* båge **6** oavgjord match, oavgjort resultat **-beam** *byggn.* [bind]bjälke
1 tier ['taiə] **1** en som binder etc., *se tie I 2* band **3** medtävlare (motspelare) med lika resultat **4** *A.* förkläde
2 tier [tiə] **I** *s* bänk[rad], rad; varv, lager, skikt **II** *v* ordna i rader (lager) (över el. bredvid varandra)
tierce [tiəs] **I** *s* **1** fat (måttsenhet) **2** *mus.* ters **3** [tɔːs] [trekorts]svit **4** *fäktn.* tredje positionen, ters **5** *rom.kat. kyrk.* förmiddagsmässa (kl. 9)
tiercel ['tɔːs(ə)l] = *tercel*
tie|-up ['taiʌp] stopp, stockning; stagnation; *A.* strejk **--wig** peruk med rosett
tiff [tif] **I** *s* **1** (lätt) dispyt; gnabb **2** klunk **3** anfall av misshumör; *he took* ~ han kände sig träffad (sårad) **II** *v* **1** sörpla i sig **2** vara på dåligt humör
tiffin ['tifin] *anglo-ind.* (lätt) lunch
tig [tig] **I** *s* **1** lätt slag, klapp **2** kull (lek) **II** *v* kulla (i lek)
tige [tiːʒ] **1** kolonnskaft **2** stjälk
tiger ['taigə] **1** tiger **2** svår motståndare **3** vild sälle; storskrävlare **4** *åld.* livréklädd betjänt på vagn **-ish** [-riʃ] som en tiger
tight [tait] **I** *a* **1** tät **2** fast; hård **3** tätt (hårt) åtsittande, trång **4** spänd (lina) **5** knapp **6** besvärlig, pressad, spänd (situation) **7** *vard.* snål, ogin **8** *vard.* berusad **9** snygg, proper **10** duktig; *in a* ~ *corner* i knipa; *this coat is a* ~ *fit* den här rocken sitter åt (är [för] trång);

a ~ *match* en hård (jämn) match; *money is* ~ det är ont om pengar; *it was as* ~ *as wax* ingenting kunde läcka ut **II** *adv* tätt; hårt; fast; *hold on* ~*!* håll fast hårt!, släpp inte taget!; *she kept her son* ~ hon höll sin son kort (strängt); *he'll sit* ~ han kommer att framhärda **III** *s* besvärlig situation, knipa; ~*s* trikåer (för t.ex. dansörer, akrobater) **-en** [-n] spänna[s]; dra[s] åt; skärpa[s]; åtstrama[s] (penningmarknad); ~ *one's belt* dra åt svångremmen **-ener** [-nə] *sl.* skrovmål **--fisted** ['tait'fistid] snål, ogin **-ness** [-nis] täthet; fasthet; hårdhet; [känsla av] beklämning **-rope** *a,* ~ *dancer* lindansare
tigr|ess ['taigris] tigerhona, tigrinna **-ish** [-iʃ] *se tigerish*
tike [taik] = *tyke*
til|e [tail] **I** *s* **1** tegel[panna]; kakel[platta] **2** [täckdiknings]rör **3** *sl.* hatt; *he has a* ~ *loose* han har en skruv lös; *be on the* ~*s* vara ute o. svira **II** *v* **1** täcka med tegel (kakel) **2** stenlägga **3** dränera, täckdika **4** vakta dörren (vid frimurarloge); *fig.* låta avge tysthetslöfte **-er** [-ə] **1** tegeltäckare **2** dörrvakt [vid frimurarloge] **-e-works, -e-yard** tegelbruk **-ing** [-iŋ] tegeltäckning; stenläggning; tegel[pannor]
till [til] **I** *prep* o. *konj* till[s]; *not* ~ inte förrän, först; *not* ~ *after ten o'clock* först efter kl. 10; *good-bye* ~ *Friday* vi ses på fredag **II** *s* **1** kassa[låda] **2** stenblandad lera **III** *v* plöja, [upp]odla **-able** [-əbl] odlingsbar **-age** [-idʒ] **1** plöjning, odling **2** brukad jord **3** skörd **4** andlig odling **-er** [-ə] **I** *s* **1** jordbrukare, odlare **2** *sjö.* rorkult **3** skott (på planta) **II** *v* skjuta skott **-er-chain** styrkätting **--money** [-ˌmʌni] kassa[medel] **--tapper** [-ˌtæpə] en som stömmer kassalådor **-y** [-i] lerig, -artad
tilt [tilt] **I** *v* **1** luta [på]; välta; *sjö.* få slagsida **2** täcka över **3** tornera; bryta lans [med]; storma an [mot] (*äv. fig.*) **4** smida [till], hamra [ut]; ~ *at* rusa på, gå till angrepp mot; ~ *over* välta; ~*ed chin* framskjutande haka; *his hat was* ~*ed* hans hatt satt på sned **II** *s* **1** presenning **2** lutning; *sjö.* slagsida **3** tornering; stöt, angrepp; *full* ~ med full fart; *on the* ~ på sned **--cart 1** tippkärra **2** täckt vagn
tilth [tilθ] = *tillage*
tilt|-hammer ['tilt,hæmə] stångjärnshammare **-[ing]-ground, --yard** tornerplats
timbal ['timb(ə)l] *åld.* puka, timbal
timber ['timbə] **I** *s* **1** timmer[stock], trä, virke; timmerskog **2** bjälke; *sjö.* spant; brädfodring **3** [rid]hinder; *shiver my* ~*s!* jäklar anamma! **II** *a* timmer-, trä-; ~ *line* barrskogsgräns **III** *v* timra, brädfodra **-ed** [-d] **1** av timmer, timmer- **2** skogbevuxen **--headed** [-ˌhedid] *sl.* träskallig, dum **-ing** [-riŋ] brädfodring; *tekn.* förtimring **--work** träkonstruktion, -stomme, -virke **-yard** brädgård
timbrel ['timbr(ə)l] *mus.* tamburin
time [taim] **I** *s* **1** tid; period **2** gång **3** tidpunkt, tillfälle **4** *mus.* takt; *what a long* ~ *you've been!* så länge du (ni) har dröjt (varit borta)!; *I had a good* ~ jag hade det bra (trevligt); *he had the* ~ *of his life* han roade sig som aldrig förr; *they had a hot* ~ *of it* de hade det inte lätt; *what a* ~ *I had getting it done* vilket besvär jag hade att få det gjort; *close* ~ olovlig jakt-(fiske)tid; *serve one's* ~, *do* ~ avtjäna fängelse[straff]; *take one's* ~ ta [god] tid på sig; *take* ~ *out* avsätta tid; ~ [*and motion*] *study* tidsstudie(r); ~ *and tide wait for no man*

det är bäst att passa på tillfället; *many a ~*
många gånger, ofta; *~ and again, ~ after ~*
gång på gång, gång efter annan, om o. om
igen; *it's your ~ now* nu har du (ni) chansen;
what ~ is it? hur mycket är klockan? *can
you tell (give) me the ~, please* kan ni (du) säga
mig hur mycket klockan är?; *~, please* tiden
är ute, det är [stängnings]dags; *~ is up* tiden
är ute; [*at*] *any ~* när som helst; *so that's the
~ of day* jaså, ligger det så till; *give a p. (pass)
the ~ of day* 'hälsa på ngn (*fam.*); *he knows the
~ of day* han vet vad klockan är slagen; *beat ~*
slå takt[en]; *keep ~* hålla takt[en]; (om klocka)
inte dra sig; *make up for lost ~* ta igen förlorad
tid; ta skadan igen; *against ~* i kapp med tiden,
på tid; *talk against ~* prata för att vinna tid;
at one ~ en gång i tiden, förr; *I was out at the
~* jag var ute just då (vid tillfället i fråga); *at
the same ~* på samma gång, samtidigt; *at this ~
of day* på nuvarande stadium; *be behind one's
~* **a** komma för sent **b** vara efter sin tid = *be
behind the ~s*; *by this ~* vid det här laget; *for
some ~* to come för någon tid framåt; *for
the ~ being* för ögonblicket; *from ~ to ~* då
o. då; *from ~ immemorial (out of mind)* sedan
urminnes tider; *in ~* med tiden, i sinom tid;
[*just*] *in ~* [precis] i [rätt] tid; *in ~ to the
music* i takt med musiken; *in due ~* i sinom
tid, när den tiden kommer; *in no ~* utan dröjs-
mål, på stunden; *be on (up to) ~* vara punktlig;
out of ~ **a** för sent **b** i otakt **c** olägl̂ĝt, på olaga
tid; *they came to ~* de gav med sig (*A.*) **II** *v* **1**
välja tidpunkt för; beräkna tiden för; avpassa,
passa in (i tiden) **2** reglera; ställa (klocka); ju-
stera **3** ta tid på; *~ one's steps to the music*
röra sig i takt med musiken; *~ out* indela
(dag) **--bill** tidtabell **--card** arbetstidsschema
--expired [-iks,paiəd] uttjänt **--glass** timglas
--honoured [-,ɔnəd] gammal o. ärevördig,
urgammal **--keeper** [-,ki pə] **1** tidkontrollant;
tidtagare; tidtagarur **2** person (klocka) som
håller tiden **--lag** fördröjning; dämpning (om
relä) **-less** [-lis] oändlig; tidlös **-ly** [-li] **1**
(gjord) i rätt[an] tid **2** aktuell **--payment**
[-,peimənt] avbetalning **-piece** klocka **--rate**
timlön **--saving** [-,seivin] tidsbesparande
--server [-,sə:və] opportunist **--sheet** = *time-
card* **--spirit** [-,spirit] tidsanda **--table**
[-,teibl] tidtabell; schema **--work** timavlönat
arbete **--worker** [-,wə:kə] arbetare med tim-
lön **--worn** utnött, märkt av tidens tand
timid ['timid] blyg, skygg; ängslig
timing ['taimin] tidtagning; [tids]reglering;
[tids]inställning, anpassning, justering; sam-
ordning **--lever** [-,li:və] reglerhandtag, -spak
timorous ['timərəs] räddhågad, ängslig, lätt-
skrämd
timothy ['timəθi] **1** *bot.* timotej **2** *T~* Timo-
teus (*bibl.*)
tin [tin] **1** tenn; bleck **2** [konserv]burk **3** *sl.*
pengar, kosing; [*little*] *~ god* [privat]diktator
i sin egen lilla krets, hustyrann, viktigpetter
--clad bepansrat fartyg
tincture ['tin(k)tʃə] **1** *s* **1** tinktur; *fig.* anstryk-
ning, aning **2** färg[ton], nyans; *~ of iodine*
jodsprit **II** *v* färga
tinder ['tində] fnöske; *be like ~* vara lättan-
tändlig (*äv. fig.*) **--box** elddon **-y** [-ri] eld-
fängd
tine [tain] spets, udd (på gaffel, horn etc.)
tin|fish ['tinfiʃ] *sl.* torped **--foil** ['tin'fɔil]
stanniol[papper]; tennfolie

ting [tin] **I** *s* ringning, pinglande **II** *v* ringa,
pingla
tinge [tin(d)ʒ] **I** *v* (lätt) färga; *be ~d with*
ha (få) en anstrykning av **II** *s* (lätt) färgning,
anstrykning
tingl|e ['tingl] **I** *v* **1** sticka, svida; pirra,
skälva **2** ringa, susa; *his eyes ~d* det stack
(sved) i ögonen på honom; *his ears ~d* det
susade för öronen på honom, det ringde i
hans öron; *the crowd ~d with excitement* det
gick ett sus av spänning genom mängden **II**
s **1** stickande (*etc.*, *se I 1*) känsla, sveda **2**
[öron]susning; klingande ljud **-ing** [-in] sus,
ringande (i öronen); pirrande, skälvning
tin|-hat ['tinhat] *sl.* hjälm; *~s* berusad (*sl.*)
-horn *sl.* billig, smaklös; *A.* prålig, skryt-
tinker ['tinkə] **I** *s* **1** kittelflickare **2** klåpare **3**
knåp[ande]; *I don't care a ~'s damn (cuss)*
det struntar jag blankt i **II** *v* **1** lappa [ihop],
laga (grytor o.d.) (*äv. ~ up*) **2** knåpa, pyssla
(*at, with* med) **-er** [-rə] en som knåpar (med
litet av varje), händig person **-ing** [-k(ə)rin]
a, ~ measures halvmesyrer **-ly** [-li] klåpar-
aktig, klåp-
tin-kettling ['tin,ketlin] grytskrammel
tinkle ['tinkl] **I** *v* klirra, ringa, pingla **II** *s*
pinglande **-r** [-ə] liten klocka, bjällra
tin|man ['tinmən] bleckslagare **--plate** bleck
--pot *sl.* **1** ubåt; pansarskepp **II** *a* billig,
simpel; obetydlig
tinsel ['tins(ə)l] **I** *s* glitter; grannlåt **II** *a* **1**
prålig, grann **2** falsk, sken- **III** *v* smycka med
glitter, behänga med grannlåt
tin-smith ['tinsmiθ] = *tinman*
tint [tint] **I** *s* färg[ton], nyans **II** *v* färga; tona
tin-tack ['tintæk] [förtent] nubb
tinter ['tintə] **1** färgare **2** färgämne
tinty ['tinti] med grälla färger
tin|-type ['tintaip] kliché **-ware** tenn-, bleck-
föremål, -varor
tiny ['taini] **I** *a* [mycket] liten **II** *s* [litet] pyre
tip [tip] **I** *s* **1** spets, topp, udd; [cigarrett]-
munstycke; doppsko **2** dricks[pengar] **3** tips,
vink **4** lätt slag **5** [sop]tipp **6** lutning **7** förgyll-
ningspensel; *she missed her ~* hon misslycka-
des **II** *v* **1** förse med spets etc., *se I 1 2* tippa,
luta [på], välta **3** snudda vid **4** ge dricks [åt];
sl. slänga till (ngn en slant) **5** tippa, förutsäga
(utgången av) **6** ge tips [åt] **7** stjälpa i [sig],
tömma (t.ex. glas öl) **8** *sl.* ge; skicka; göra; *~
the balance* ge utslag; *~ a p. the wink* ge ngn
ett [hemligt] tips (en varnande vink) (*sl.*); *~
us a yarn* berätta ngt för oss (*sl.*); *~ off* =
II 7; *~ a p. off* **a** varsko ngn **b** *sl.* ta livet av
ngn; *~ over* tippa över; stjälpa [omkull];
~ up stjälpa, tippa; fälla upp **--and-run**
['tipən'rʌn] viss form av kricket; *~ raid*
plötsligt anfall **--cart, -per** [-ə] tippkärra
tippet ['tipit] pälskrage, cape
tipple ['tipl] **I** *v* dricka, pimpla **II** *s* **1** sprit,
spritdryck **2** *A.* tippkärra (för kol) **-r** [-ə]
drinkare, pimplare, suput
tipster ['tipstə] *hästsport.* professionell kapp-
löpnings-(vadhållnings)expert
tipsy ['tipsi] lätt berusad
tip|-tilted ['tip,tiltid] lutande, *på lut*; *~ nose*
uppnäsa **-toe** **I** *v* smyga (stå) på tå, tassa
II *adv* = *on ~* på tå; *on ~, äv.* i spänning **III** *a*
smygande (stående) på tå **-top** ['tip'tɔp] **I** *s*
högsta punkt, höjd[punkt] **II** *a* prima, först-
klassig, tiptop **--up** uppfällbar, tippbar; *~
seat* fällstol

tirade [tai'reid] tirad, (lång) harang; utfall; strafftal

tire ['taiə] **I** *s* **1** [gummi]däck, bilring; hjulring, -skena **2** *åld.* utstyrsel; tiara **II** *v* **1** trötta [ut]; tröttna **2** *åld.* utstyra, [ut]smycka; ~ *down* (*out*) trötta ut, utmatta; ~ *to death* göra dödstrött, totalt utmatta **-d** trött (*of* på); ~ *out* utmattad, -pumpad **-less** [-lis] outtröttlig **-some** [-səm] tröttsam

tiring-room ['taiəriŋrum] *åld.* klädloge

tiro ['taiərəu] nybörjare, gröngöling, novis

'tis [tiz] = *it is*

tisane [ti(:)'zæn] dekokt

tissue ['tiʃu:] vävnad (om tyg el. organism); flor; ansiktsservett **--paper** [-,peipə] silkespapper

tit [tit] **1** *zool.* mes **2** *åld.* hästkrake **3** *åld.* tös **4** *fam.* bröstvårta **5** smula, aning; ~ *for tat* lika mot lika

Titan ['tait(ə)n] **I** *s* titan, jätte **II** *a* titanisk, jättelik = **t-ic** [tai'tænik] **t-ium** [tai'teinjəm] *kem.* titan

titbit ['titbit] godbit, läckerbit

tith|able ['taiðəbl] tiondepliktig (egendom el. person) **-e** [-ə] **I** *s* **1** tionde, [kyrko]skatt **2** tiondel; liten del, bråkdel; *take* ~*s* uppbära tionde **II** *v* betala tionde; uppbära tionde från **III** *a*, ~ *part* tiondel **-ing** [-iŋ] **1** uppbörd (betalning) av tionde **2** *hist.* tio husfäder **3** låglandsdistrikt

titill|ate ['titileit] kittla, reta (angenämt) **-ation** [,titi'leiʃ(ə)n] kittling, retning

titivate ['titiveit] *fam.* fiffa upp [sig]

title ['taitl] **I** *s* **1** titel **2** [ägande]rätt, befogenhet dokument som bevisar äganderätt, köpebrev; *have a* ~ *to* vara berättigad till **II** *v* betitla; förläna titel [till]; ~*d, äv.* med titeln **--deed** köpebrev, äganderättsbevis

titmouse ['titmaus] *zool.* mes

titter ['titə] **I** *v* fnissa, fnittra **II** *s* fnitter **-er** [-rə] fnittrig person

tittle ['titl] **I** *s* bråkdel; *not one* [*jot or*] ~ inte ett dugg; *to a* ~ till punkt o. pricka **II** *v* tissla [o. tassla] **--tattle** [-,tætl] **I** *s* tissel o. tassel, pladder, skvaller **II** *v* pladdra, skvallra **III** *a* skvalleraktig, pladder- **--tattler** [-,tætlə] pladdrare, skvallerkäring

tittup ['titəp] **I** *s* hopp, galopp **II** *v* komma hoppande, hoppa, galoppera; dansa

titular ['titjulə] **I** *a* titulär-, titel-; ~ *character* titelroll **II** *s* **1** helig person (heligt begrepp) som givit namn åt viss helgedom **2** titulärbiskop

tizzy ['tizi] *sl.* **1** sixpence-slant **2** nervositet, oro; förvirring

to [tu:, tu, t(ə)] **I** *infinitivmärke* **1** att **2** för att; *so* ~ *speak* så att säga; *he said that* ~ *test you* han sade det för att pröva dig (er); *I want you* ~ *help me* jag vill att du (ni) skall hjälpa mig; *they are waiting for us* ~ *begin* de väntar på att vi skall börja; *she didn't know what* ~*say* hon visste inte vad hon skulle säga; ~ *look at her one would never imagine that* när man ser på henne, skulle man aldrig (kunna) föreställa sig att **II** *prep, vanl.* till; *äv. motsv. andra prep,* t.ex. för; mot; på, i; vid; efter; ~ *arms!* till vap[n]en!; *they had the room* ~ *themselves* de hade rummet för sig själva; *here's* ~ *you!* en skål för din (er) välgång!; *that's nothing* ~ *him* det rör honom inte, det betyder ingenting för honom; *the room looks* ~ *the south* rummet vetter åt (mot)

söder; *meet face* ~ *face* mötas ansikte mot ansikte; *hold it* ~ *the light* hålla upp den (det) mot ljuset; *ten* ~ *one* a tio mot en (ett) **b** tio [minuter] i ett; *I told him* ~ *his face* jag sade honom det rätt upp i ansiktet; *it's drawn* ~ *scale* det är ritat efter (en given) skala; *I prefer this room* ~ *the others* jag föredrar det här rummet framför de andra; *what do you say* ~ *this?* vad säger du (ni) om det här?; *shall we talk* ~ *that later on?* skall vi prata om saken (lite) senare?; *put* ~ *flight* slå på flykten; *go* ~ *pieces* gå i [tusen] bitar; *it fits you* ~ *a T* den (det) passar dig (er) precis, den sitter som gjuten; *a year* ~ *the day* ett år på dagen; *thirteen* ~ *the dozen* tretton på dussinet; *they rose* ~ *a man* de reste sig som en man (mangrant); *killed* ~ *a man* dödade till siste man; *it was hot* ~ *suffocation* det var kvävande hett; det var så hett att man kunde kvävas; *there's nothing* ~ *him* det är inte mycket [bevänt] med honom; *there's nothing* ~ *it* a det är inget om i det **b** det är igenting att ha; *that's all there is* ~ *it* det är allt som kan sägas [om saken]; *3 is* ~ *9 as 9* ~ *27* 3 förhåller sig till 9 som 9 till 27; *he is equal* ~ *the occasion* han är situationen vuxen **III** *adv, the door is* ~ dörren är stängd; ~ *and fro* fram o. tillbaka

toad [təud] **1** padda **2** otäcking **--eating** [-,i:-tiŋ] **I** *s* smicker **II** *a* inställsam **-ling** [-lin] liten padda **--sticker** [-,stikə] *sl.* svärd; [fäll]kniv **--stool** gift,- flugsvamp **-y** [-i] **I** *s* inställsam smickrare, smilfink **II** *a* paddliknande **III** *v* fjäska [för]

toast [təust] **I** *s* **1** (skiva) rostat bröd **2** skål **3** person för vilken det skålas; festföremål; *he has him on* ~ han har honom helt i sin hand; *as hot as a* ~ brännhet **II** *v* **1** rosta **2** värma, upphetta **3** skåla för (med) **-er** [-ə] brödrost **-ing-fork** [-iŋ-] **1** rostningsgaffel **2** *sl.* svärd, värja **--master** [-,mɑ:stə] ceremonimästare **--rack** ställ för rostat bröd

tobacco [tə'bækəu] tobak **--cutter** [-,kʌtə] person (maskin) som hackar tobak **--estate** [-is,teit] tobaksplantage **--jar** tobaksburk **-nist** [-ənist] **1** tobakshandlare **2** tobaksfabrikant; ~*'s* [*shop*] tobaksaffär **--pouch** tobakspung **--wrapper** [-,ræpə] täck-, ytterblad (på cigarr)

toboggan [tə'bɔg(ə)n] **I** *s* (slags) kälke **II** *v* åka kälke

toby ['təubi] [öl]krus; ~ *collar* bred, rynkad krage

tocsin ['tɔksin] varningssignal (*spec. fig.*)

tod [tɔd] **1** [busk]snår; lövverk **2** *BE.* viktenhet (för ull) **3** *dial.* räv **4** = *toddy 2*

today, to-day [tə'dei] idag; nu för tiden

toddle ['tɔdl] **I** *v* tulta **2** *fam.* flanera, promenera; ~ *off* pallra sig iväg; ~ *round* vanka omkring; ~ *one's way* traska på (vidare) **II** *s* tultande [gång]; liten promenad **-r** [-ə] [liten] parvel; tulta

toddy ['tɔdi] **1** palmvin **2** toddy

to-do [tə'du:] **1** = *ado* **2** *vard.* oväsen, buller, ståhej; *he is well* ~ han är förmögen

toe [təu] **I** *s* tå; *the light fantastic* ~ dans (*skämts.*); *turn up one's* ~ vända näsan i vädret, kola av (*sl.*); ~*s up* död (*sl.*); ~ *to* ~ man mot man **II** *v* **1** sätta tå på (sko el. strumpa) **2** sparka (peta) till; *he was* ~*d out* han blev utsparkad; ~ *the line* a stå med tårna vid startlinjen **b** *fig.* ställa upp sig **c** hålla sig till partiets linje **-nail** tånagel

toff [tɔf] *sl.* snobb, sprätt **-ee** [-i] kola, knäck **-ish** [-iʃ] **-y** [-i] *sl.* snobbig

toft [tɔft] gård **-man** [-mən] gårds-, hemmansägare

tog [tɔg] **I** *v* rigga (klä) upp (= ~ *out*, ~ *up*) *all* ~*ged up* stiligt el. grant klädd **II** *s* (*vanl.* ~*s*) kläder; *long* ~*s* sjömans civila kläder

toga ['tougə] toga

together [tə'geðə] tillsammans, ihop; *for days* ~ i flera dagar [i sträck]; ~ *with, äv.* jämte, jämsides med **-ness** [-nis] *sl.* 1 samförstånd 2 ömsesidig förståelse

toggery ['tɔgəri] 1 *sl.* kläder 2 seldon 3 *A.* ekipering[saffär]

toil [tɔil] **I** *v* slita, knoga; streta; ~ *along* släpa (kämpa) sig fram, knoga på **II** *s* 1 slit, knog, möda 2 *pl.* ~*s* fälla, [fångst]nät; snara, -or (*äv. fig.*) **-er** [-ə] arbetsträl, jobbare

toilet ['tɔilit] toalett; toalettbord, -artiklar **--paper** [-,peipə] toalettpapper **--set** toalettartiklar **-te** [twa:'let] toalett

toil|ful ['tɔilf(u)l] **-some** [-səm] slit-, mödosam **--worn** utarbetad

token ['touk(ə)n] tecken; bevis; [minnes]gåva; *in* ~ *of* som bevis på; *by this* ~ [*that*], *more by* ~ [*as el. that*] för övrigt; i synnerhet [som]; ~ *payment* symboliskt [av]betalning; ~ *vote* symbolisk [medels]bevillning

told [tould] *imperf* o. *perf part* av *tell*; *25 all* ~ inalles 25; ~ *out* pank (*fam.*); slut

toler|able ['tɔlərəbl] 1 uthärdlig, dräglig 2 skaplig, ganska god (bra) **-ance** [-r(ə)ns] tolerans (*äv. tekn.*); fördragsamhet; tålighet **-ant** [-r(ə)nt] tolerant, fördragsam **-ate** [reit] tåla; tillåta; tolerera **-ation** [,tɔlə'reiʃ(ə)n] fördragsamhet

toll [toul] **I** *s* 1 avgift, tull; andel; tribut 2 klämtning, (klockas) slag; *take* ~ *of* [ut]kräva tribut av (*fig.*); *the* ~ *of the roads* vägtrafikens offer **II** *v* 1 ringa [i]. klämta [med] 2 ta [upp] avgift 3 betala avgift 4 *:dial.* o. *A.* locka, förleda **-able** [-əbl] tull-, avgiftspliktig **--bar** tullbom **--call** rikssamtal **-er** [-ə] 1 [tull-, bro]vakt 2 [klock]ringare

Tom [tɔm] **I** *s* 1 kortnamn för Thomas 2 hane, handjur; ~, *Dick and Harry* alla möjliga, kreti o. pleti; *Long* ~ skeppskanon; ~ *Long* träkmåns; ~ *Thumb* **a** Tummeliten **b** litet paraply; ~ *Tiddler's ground* a eldorado, paradis **b** ingenmansland

tomahawk ['tɔməhɔ:k] **I** *s* (indians) stridsyxa **II** *v* slå ihjäl; *fig.* attackera, sönderkritisera

tomato [tə'mɑ:tou] tomat

tomb [tu:m] **I** *s* grav, gravvård, -valv; *the T~s* fängelse[t] (i New York) **II** *v* gravsätta **--house** gravkor

tomboy ['tɔmbɔi] pojkflicka, yrhätta

tombstone ['tu:mstoun] gravsten

tomcat ['tɔm'kæt] hankatt

tome [toum] volym, större bok

tomfool ['tɔm'fu:l] **I** *s* 1 dumbom 2 narr, pajas **II** *v* hitta på dumheter, fåna sig **-ery** [tɔm-'fu:ləri] tokighet[er]

Tommy ['tɔmi] 1 kortnamn för Thomas 2 = ~ *Atkins* [den] engelsk[e] soldat[en]; basse; *t~* **a** *sl.* bröd **b** lön i natura **c** = *t~-shop* **t--gun** kulsprutepistol **t--rot** ['tɔmi'rɔt] vansinnigheter **t--shop** 1 butik där arbetare får ut varor i stf. lön 2 brödbutik

tomorrow [tə'mɔrou] i morgon; ~ *morning* i morgon bitti[da]; *the day after* ~ i övermorgon; ~ *is another day* i morgon är också en dag

tom-tom ['tɔmtɔm] trumma, tamtam

ton [tʌn] 1 ton (2240 eng. pund = ung. 1016 kg); (i *A.* = 2000 eng. pund = ung. 907 kg) 2 *sjö.* = *register* ~ brutto[register]ton (100 kubikfot = ung. 2,8 m³) 3 *sl.* hastighet av 160 km i timmen; *hit a* ~ uppnå en hastighet av 160 km i timmen

tonal ['tounl] tonal; ton- **-ity** [tə(u)'næliti] tonart; tonalitet; *måln.* ton

tone [toun] **I** *s* 1 ton; tonfall; intonation 2 stämning; anda; stil, prägel 3 färgton, nyans 4 spänst, kondition; *fundamental* ~ grundton **II** *v* 1 ge (anta) [rätt] ton 2 *foto.* tona[s] 3 harmoniera 4 stämma (instrument); ~ *down* stämma (tona) ner; dämpa; ~ *up* stämma upp (instrument); liva upp; stärka **-less** [-lis] klanglös; färglös; kraftlös

tongs [tɔŋz] *pl* tång; *a pair of* ~ en tång

tongue [tʌŋ] **I** *s* 1 tunga; plös (i sko) 2 talförmåga; mål[före] 3 språk 4 skall, skällande 5 [klock]kläpp 6 spont (på bräda) 7 tistelstång; *her* ~ *is too long for her teeth* hon pratar en massa smörja; *the dog gave* ~ hunden började skälla; *hold your* ~*!* håll mun (käften)! *he spoke with his* ~ *in his cheek* han var ironisk; han menade [nog] inte allt vad han sade; *keep a civil* ~ *in your head!* låt bli att vara oförskämd!; *she found her* ~ hon fick mål i mun; *wag one's* ~ pladdra på **II** *v* 1 pladdra 2 (om hund) skälla 3 slicka 4 förse med tunga etc., *se I* 5 sponta 6 modulera med tungan **-d** -tungad, med tunga **-less** [-lis] mållös **-ster** [-stə] pratmakare; skvallerkäring **--tied** [-taid] *a, be* ~ **a** ha tunghäfta, vara tystlåten **b** vara mållös **--twister** [-,twistə] tungvrickningsövning **--wagging** [-,wægiŋ] pladder

tonic ['tɔnik] **I** *a* 1 stärkande 2 ton-; ~ *accent* expiratorisk accent, tryckaccent **II** *s* 1 stärkande medel (medicin) 2 *mus.* grundton, tonika

tonight, to-night [tə'nait] i kväll; i natt

tonn|age ['tʌnidʒ] 1 (fartygs) lastkapacitet 2 [sjöfarts]tonnage 3 tonnageavgift **-er** [-ə] *s, 1500-*~ 1500-tonnare (fartyg)

tonometer [tou'nɔmitə] 1 stämgaffel 2 ton mätare

tonsil ['tɔnsl] tonsill, mandel **-itis** [,tɔnsi'laitis] *med.* inflammerade tonsiller, mandelinflammation

tons|orial [tɔn'sɔ:riəl] *ofta skämts.* barberar- **-ure** ['tɔnʃə] tonsur, munkklippning; flint, flintskalle

tony ['touni] *A.* flott, stilig

too [tu:] 1 [allt]för 2 också, även; *bad* ~*!* [det var] också dåligt!; ~ *bad* [det var] för illa (verkligen tråkigt); *I was only* ~ *glad to help them* jag var synnerligen glad att få hjälpa dem; *your frock is* ~ ~ *!* din klänning är urtjusig (hyperelegant) (*fam.*); *she is* ~ ~ hon går [lite] väl långt

took [tuk] *imperf* av *take*

tool [tu:l] **I** *s* 1 verktyg (*äv. fig.*), redskap, instrument 2 (tryckt) utsirning på bokpärm 3 *sl.* klåpare, stackare **II** *v* 1 bearbeta 2 förse bokpärm med utsirning 3 *sl.* åka **--bag** verktygsväska, -påse **-er** [-ə] (slags bred) mejsel **--kit** verktygsutrustning, -låda **--locker** [-,lɔkə] verktygslåda

toot [tu:t] **I** *v* 1 tuta 2 *A* festa **II** *s* 1 tut[ning] 2 *A.* klunk 3 *A* fest, kalas **-er** [-ə] tuta, horn

tooth [tu:θ] **I** _s_ tand; _fig._ udd, tagg; _have a sweet_ ~ vara svag för sötsaker; _they fought_ ~ _and nail_ de kämpade med näbbar o. klor (med alla medel); _they cast_ (_threw_) _it in my teeth_ de beskyllde mig [öppet] för det; _in the teeth of these objections_ trots[ande] dessa invändningar; _he has cut his eyeteeth_ det är en världsvan herre (_fam._); _they escaped by the skin of their teeth_ de undkom (klarade sig) med nöd o. näppe [från]; _he spoke between his teeth_ han mumlade (väste) [otydligt]; _I had the wind in my teeth_ jag hade vinden rakt emot mig **II** _v_ förse med tänder **-ache** tandvärk **--brush** tandborste **--comb** fintandad kam **-ed** [-t] tandad **-ful** [-ful] (liten) droppe **-less** [-lis] tandlös **-let** [-lit] liten tand **--paste** tandkräm **-pick 1** tandpetare **2** _sl._ bajonett **-some** [-səm] smaklig, läcker

tootle ['tu:tl] _v_ tuta

top [tɔp] **I** _s_ **1** topp; spets; överdel; hjässa; lock; kapsyl; ovanläder; [vagns]tak; _sjö._ märs; blast (_ofta_ ~_s_); det högsta (bästa) av ngt **2** [leksaks]snurra **3** _vard,_ cirkustält; _at the_ ~ _of the page_ högst upp på sidan; _shout at the_ ~ _of one's voice_ skrika (ropa) så högt man kan; _on_ [_the_] ~ _of_ ovanpå; omedelbart efter; _on_ [_the_] ~ _of the bus_ högst upp (en trappa upp) i bussen; _we are on_ ~ vi har övertaget; _on_ ~ _of it all_ till råga på allt (olyckan); _on the_ ~ _of one's bent_ så mycket man vill (har lust); _sleep like a_ ~ sova som en stock; _hallo, old_ ~_!_ hej, [du] gamle gosse!; ~ _brass_ högsta militärledning (_sl._) **II** _a_ överst[a]; främst[a]; högst[a], bäst[a] [möjliga] **III** _v_ **1** täcka; kröna; förse med topp (överdel etc.) **2** kapa (toppen på) **3** vara högre än; överträffa **4** befinna sig högst uppe på; vara främst på (i); nå toppen av **5** (om boll) toppa, träffa i överkant; _to_ ~ _it all_ till råga på allt; _he has_ ~_ped it off_ han har fullbordat det; ~ _up_ fylla [på] till brädden; ~ _up an accumulator_ ladda [upp] en ackumulator

topaz ['təupæz] topas

top|-boots ['tɔp'bu:ts] kragstövlar **--coat** ['tɔp'kəut] överrock **--dog** ['tɔp'dɔg] _sl._ segrare, segerherre, den som har övertaget **--drawer** _sl._ **1** exklusiv, utsökt **2** hemlig, hemligstämplad

tope [təup] supa, pimpla **-r** [-ə] suput

top|ful ['tɔpful] bräddfull **--gear** högsta växel (på bil) **--hat** ['tɔp'hæt] hög hatt **--heavy** ['tɔp'hevi] [för] tung upptill **--hole** ['tɔp'həul] _sl._ prima, jättebra, helvass

topi ['təupi] tropikhjälm

topic ['tɔpik] [samtals]ämne **-al** [-(ə)l] **1** aktuell **2** lokal; _med._ [för] utvärtes [bruk]; ~ _song_ visa med aktuella (lokala) anspelningar, kuplett **-ality** [,tɔpi'kæliti] aktualitet

top|knot ['tɔpnɔt] **1** (knutet) hårband; hårtofs **2** _fam._ huvud **-man** [-mən] _sjö._ märsgast **-mast** _sjö._ märsstång **-most** överst, högst, främst **-notch** ['tɔp'nɔtʃ] **I** _a_ prima, förnäm[st], jättebra **II** _s_ topp-, höjdpunkt **--notcher** [-,nɔtʃə] överdängare toppman; praktexemplar

topograph|er [tə'pɔgrəfə] topograf **-y** [-i] topografi

topp|er ['tɔpə] **1** _fam._ hög hatt **2** _fam._ prima kille (grej) **3** _sl._ slag i huvudet **4** _sl._ [cigarr]fimp **-ing** [-iŋ] **I** _a_ **1** högst, överst, främst **2** prima, strålande **3** _A._ mallig, överlägsen **II** _s_ överdel; toppskikt

topple ['tɔpl] stjälpa [omkull] (= ~ _down,_ ~ _over_)

top|sail ['tɔpsl] _sjö._ märssegel **--sawyer** ['tɔp'sɔ:jə] **1** övre brädsågare **2** _fig._ högsta hönset **--sides** [-saidz] _sjö._ [fartygs]skrov ovan vattenlinjen **-soil** matjord **--stone** sista (översta) sten

topsyturvy ['tɔpsi'tə:vi] **I** _adv_ huller om buller; upp o. ner **II** _a_ uppochnedvänd; rörig, förvirrad **IV** _v_ vända upp o. ner på, trassla till

top-up ['tɔp'ʌp] _sl._ färd-, avskedsknäpp

toque [təuk] toque; barett

tor [tɔ:] (spetsig) bergstopp

torah ['tɔ:rə] _jud._ **1** den samlade rel. jud. litteraturen **2** _T_~ Tora, de 5 Moseböckerna

torch [tɔ:tʃ] fackla, bloss; [_electric_] ~ ficklampa; _he carries a_ ~ _for her_ han är oavkligt kär i henne **--light** fackelsken; ~ _procession_ fackeltåg **--songs** [-z] _A._ (slags) sentimentala [kärleks]sånger

tore [tɔ:] _imperf_ av _tear_

torment I _s_ ['tɔ:ment] plåga, kval; tortyr **II** _v_ [tɔ:'ment] plåga, pina; tortera **-or** [tɔ:'mentə] plågoande **-ress** [tɔ:'mentris] kvinnl. plågoande

torn [tɔ:n] _perf part_ av _tear_

tornado [tɔ:'neidəu] tornado, virvelstorm

torpedo [tɔ:'pi:dəu] **I** _s_ **1** torped **2** _zool._ darrrocka **II** _v_ torpedera; _fig._ stjälpa, omintetgöra (plan, idé e.d.) **--launching** [tɔ:'pidəu'lɔ:n(t)-ʃin] _a,_ ~ _gear_ utskjutningsanordning för torped[er]

torp|id ['tɔ:pid] domnad; [försänkt] i dvala; slö, overksam **-idity** [tɔ:'piditi] **-or** [-ə] dvala; slöhet, overksamhet

torque [tɔ:k] **1** halsband, -kedja **2** _tekn._ vridmoment; propellermotstånd **--tube** kardanrör

torrent ['tɔr(ə)nt] (strid) ström; störtflod (_äv. fig._); _it's coming down in_ ~_s_ det hällregnar **-ial** [tɔ'renʃ(ə)l] strömmande; strid; ymnig

torrid ['tɔrid] förbränd, -torkad (av solen); [bränn]het; _the_ ~ _zone_ den heta zonen **-ity** [tɔ'riditi] **-ness** [-nis] brännande hetta

torsion ['tɔ:ʃ(ə)n] vridning

torsive ['tɔ:siv] vriden; hoprullad

torticollis [,tɔ:ti'kɔlis] snedhals

tortile ['tɔ:tail] = _torsive_

tortilla [tɔ:'ti:jɑ:] (tunn, ojäst) majspannkaka

tortoise ['tɔ:təs] [land]sköldpadda **--shell** [-təʃel] sköldpadd[-]

tortu|osity [,tɔ:tju'ɔsiti] slingring; krokig-, krånglighet; knep, undanflykt **-ous** ['tɔ:tjuəs] slingrande, krokig; krånglig; full av knep o. undanflykter

tortur|e ['tɔ:tʃə] **I** _s_ tortyr; pina, kval; _put to the_ ~ utsätta för tortyr, lägga på sträckbänken **II** _v_ **1** tortera, plåga **2** förvränga, förvrida **-er** [-ʃ(ə)rə] **1** plågoande **2** förvanskare **-ous** [-rəs] plågsam, kvalfull

Tory ['tɔ:ri] konservativ, högerman; _A. hist._ (brittisksinnad) lojalist **-ism** [-riiz(ə)m] konservatism

tosh [tɔʃ] _sl._ **1** smörja; struntprat **2** _kricket._ lös boll **-er** [-ə] _sl._ extern, student som ej bor i college

toss [tɔs] **I** _v_ **1** kasta (slänga) [upp]; kasta (slänga) med; kasta sig (kastas) av o. an; (om fartyg) rulla, stampa **2** singla (slant med) (_for_ om); _she_ ~_ed her head_ hon knyckte på nacken; ~ _oars_ salutera med årorna; ~ _about_ **a** kasta sig (oroligt) av o. an **b** slänga omkring; ~ *down* (*off*) **a** slänga i sig (dryck) **b** expediera (lättvindigt); ~ [*up*] *a coin* singla slant **II** *s* kast[ande] **-pot** festprisse **--up** [slant]-singling; *it's a* ~ *whether* det är rena slumpen (den stora frågan) om

tot [tɔt] **I** *s* **1** [liten] parvel (tös) **2** glas, styrketår **3** räkneuppgift **II** *v*, *fam.*, ~ *up* lägga ihop, addera; ~ *up to* uppgå till

total ['təutl] **I** *a* total, fullständig **II** *s* [total] summa **III** *v* **1** [sammanlagt] uppgå till **2** lägga ihop **-itarian** [ˌtəutæli'tɛəriən] totalitär **-ity** [tə(u)'tæliti] helhet; fullständighet; totalsumma **-izator** ['təutəlaizeitə] totalisator **-ize** ['təutəlaiz] sammanräkna **-izer** ['təutəlaizə] totalisator

tot-book ['tɔtbuk] *fam.* räknebok

tote [təut] **I** *s*, *fam.* totalisator **II** *v*, *A.* forsla, bära; ~ *a gun* vara beväpnad; ~ *tales* skvallra; ~ *fair* handla renhårigt

totem ['təutəm] (indiansk) totem; släkt-, (stam)symbol (vanl. djurbild)

totter ['tɔtə] **I** *v* vackla; stappla; *he* ~*ed to his feet* han reste sig på vacklande ben **II** *s*, *things were all of a* ~ allt stod o. vacklade (var osäkert) **-y** [-ri] vacklande, ostadig

totty ['tɔti] **I** *s* [liten] parvel (tös) **II** *a* liten

touch [tʌtʃ] **I** *v* [vid]röra; nudda; beröra [varandra]; känna på; gränsa till; nå; föra (till beröring); *fig.* angripa; lyfta (pengar); *sl.* stjäla; probera (guld); ~ *bottom* bottna, nå botten (*äv. fig.*); ~ *glasses* skåla; ~ *one's hat* lyfta på hatten (*to* för); ~ *the keys of the piano* smeka pianots tangenter; ~ *the King's* (*Queen's*) *coin* leva på staten[s bekostnad]; *you always* ~ *lucky* du (ni) har alltid tur (*sl.*); ~ *the spot* sätta fingret på den ömma punkten; göra god verkan; *we could not* ~ *the sums* vi kunde inte skrapa ihop pengarna; ~ *wood* ta i trä; *there is nothing to* ~ *mountain air* det finns ingenting som går upp emot bergsluft; ~ *at* angöra (hamn); ~ *a friend for money* vigga pengar av en kamrat (*sl.*); ~ *off* **a** skissera **b** avfyra (kanon); ~ *on* (flyktigt) beröra; ~ *up* **a** retuschera, bättra på **b** piska på (häst) **c** friska upp (minnet); ~*ed with pity* gripen av medlidande; *the flowers were* ~*ed with the wind* blommorna blev illa åtgångna av vinden; *he's* ~*ed* han är [lite] vrickad (*sl.*) **II** *s* **1** beröring; kontakt; känsel[sinne]; lätt stöt (slag); **2** sätt att beröra ngt, grepp; anslag (på instrument) **3** penseldrag **4** gnutta; smula; antydan; drag; släng **5** halt, kvalitet **6** *sl.* stöld **7** område utanför sidlinjerna (på bollplan) **8** *sl.* försök att låna pengar **9** *åld.* probering; ~ *of nature* naturligt drag; *put to the* ~ sätta på prov; *it was a near* ~ det var nära ögat; *I am no* ~ *to him* jag kan inte mäta mig med honom (*A.*); *put the finishing* ~ *to* lägga sista handen vid; *it's warm to the* ~ den (det) känns varm(t); *at a* ~ vid [minsta] beröring; *be* (*get*) *in* ~ *with* stå (komma) i kontakt med **-able** [-əbl] berörbar; som kan uppfattas av känseln **-and-go** ['tʌtʃən'gəu] *a* o. *s* riskabel [historia] **--down** rugby. **1** bollens nedläggande (med handen) på marken bakom mållinjen **2** mål som gjorts på detta sätt **3** landning **-er** [-ə] person som vidrör etc., *se touch I*; *it was a near* ~ det var nära ögat (*sl.*) **-ing** [-iŋ] **I** *a* rörande **II** *prep* rörande, angående **--judge** rugby. linjedomare **--line** sidlinje **--me-not 1** *bot.* springkorn **2** tabu;

otillgänglig person **-stone** prövo-, probersten **-wood** fnöske; multnat trä **-y** [-i] [över]känslig; lättstött

tough [tʌf] **I** *a* **1** seg; besvärlig; hård, oöm **2** *A.* asocial, skurkaktig; ~ *guy* tuff kille, hårding (*A.*); ~ *luck* otur; *be* ~ *on somebody* **a** vara synd om ngn **b** använda hårda metoder mot ngn **II** *s*, *A.* bov, bandit **-en** [-n] göra (bli) seg etc. **-ish** [-iʃ] ganska seg **-ness** [-nis] seghet; hårdhet

tour [tuə] **I** *s* **1** [rund]tur, -resa; turné **2** skift; vakt[tjänstgöring]; ~ *of duty* tjänsteresa **II** *v* resa runt [i] **-ing-car** ['tuəriŋkɑː] turistvagn **-ism** ['tuəriz(ə)m] turism **-ist** ['tuərist] turist; ~ *office* resebyrå

tourn|ament ['tuənəmənt] **1** turnering **2** tornerspel **-ey** [-ni] **I** *s* tornerspel **II** *v* tornera

tourniquet ['tuənikei] *med.* tryckförband

tournure [tuənjuə] elegans; turnyr

tous|le ['tauzl] rycka o. slita i; rufsa (tufsa) till **-ly** [-li] **-y** [-i] rufsig, tilltufsad

tout [taut] **I** *v* **1** ~ *for* fika efter; värva **2** *A.* värva röster, kunder etc. **3** spionera på (kapplöpningshäst) **II** *s* [kund]värvare; *keep the* ~ ligga på lur (*sl.*) **-er** [-ə] = *tout II*

tow [təu] **I** *v* bogsera[s] **II** *s* **1** bogsering; [bogser]släp **2** bogserlina **3** blånor; *take in* ~ ta på släp **-age** [-idʒ] bogsering[savgift]

toward I *a* ['təuəd] *åld.* **1** läraktig; villig **2** förestående **3** å färde **II** *prep.* [tə'wɔːd] = *towards* **-ly** ['təuədli] lovande; gynnsam

towards [tə'wɔːdz] [i riktning] mot; framemot; för, till, med tanke på

tow|-boat ['təubəut] bogserbåt **--car** släpvagn

towel ['tauəl] **I** *s* handduk; *throw in the* ~ ge upp **II** *v* **1** torka [sig] **2** *sl.* ge stryk **--horse** ['tau(ə)l-] handduksställ **-ling** [-iŋ] **1** handdukstyg **2** [av]torkning **3** *sl.* [kok] stryk **--rack** ['tau(ə)l-] handduksställ **--roller** ['tau(ə)l,rəulə] rullhandduk

1 tower ['tauə] **I** *s* torn; fästning[storn]; ~*of strength* stöttepelare (*fig.*) **II** *v* resa sig, sticka upp [högt]; *fig.* stå högt (*over, above* över)

2 tower ['təuə] bogserare

tower|ed ['tauəd] tornprydd, med torn **-ing** [-əriŋ] upphöjd; jättehög; mäktig, våldsam **-y** [-əri] **1** med torn **2** upphöjd

tow|-head ['təuhed] lintott **-ing-line** bogserlina **-ing-path** [rɑːm] dragarstig **-ing-vessel** [-iŋˌvesl] bogserbåt

tow-line ['təulain] *se towing-line*

town [taun] stad; 'stan'; *man about* ~ societetslejon; *be on the* ~ **a** leva på [social]understöd **b** vara på nöjesrond; *she has come to* ~ hon har gjort sig ett namn; *go to* ~ lyckas; ~ *clerk* stadsnotarie; ~ *council[lor]* [medlem av] stadsfullmäktige; ~ *crier* utropare (av offentliga meddelanden); ~ *hall* stadshus **-ish** [-iʃ] stadsliknande; stads- **--major** [-ˌmeidʒə] [plats]kommendant **-scape** stadsbild **-sfolk** [-zfəuk] stadsbor **-ship** **1** *A.* kommun (del av *county*) **2** *A.* distrikt (om 6 eng. kvadratmil) **3** *BE.* hist. socken; stad **-sman** [-zmən] stadsbo **-speople** [-z,piːpl] stadsbor **--woman** [-,wumən] **1** stadsbo **2** prostituerad **-y** [-i] **I** *a* = *townish* **II** *s* stadsbo; *sl.* [person] från samma stad

tow-path ['təupɑːθ] *se towing-path*

towy ['təui] som blånor

toxaemia [tɔk'siːmiə] *med.* blodförgiftning

toxi|c ['tɔksik] **I** *a* giftig; förgiftnings-; gift-

II s gift **-cology** [ˌtɔksiˈkɔlədʒi] toxikologi, läran om gifterna **-n** toxin, gift
toy [tɔi] **I** s leksak; *fig.* struntsak; lekboll
trace [treis] **I** s **1** [fot]spår **2** smula, aning **3** skiss **4** draglina; *a* ~ *of water* en droppe vatten; *kick over the* ~*s* hoppa över skacklarna, revoltera (*fig.*) **II** *v* **1** spåra [upp]; följa (i spåren) **2** (*äv.* ~ *out*) skissera; utstaka **3** (*äv.* ~ *over*) kalkera; ~ *back* **a** föra tillbaka **b** gå tillbaka (*to* på, till) **-able** [-əbl] som kan spåras etc., *se trace II* **-less** [-lis] spårlös **-r** [-ə] **1** tecknare **2** kopist **3** en som spårar etc., *se trace II* **4** spårljus[projektil] **-ry** [-s(ə)ri] **1** gotisk byggn. spröjs-, rosverk **2** nätverk (t.ex. på insektsvingar)
trachea [trəˈki(ː)ə] (*pl* ~*e* [-ˈkiːiː]) luftrör, -strupe **-l, -n** luftrörs-
tracing [ˈtreisiŋ] **1** uppspårande; utforskande **2** kalkering **3** skiss[ering] **--paper** [-ˌpeipə] kalkerpapper
track [træk] **I** s spår; bana; väg; *sjö.* farled; *the beaten* ~ allfarvägen; gamla vanan; *I am on his* ~ jag är honom på spåren; *cover up one's* ~*s* sopa igen alla spår efter sig; *keep* ~ *of* hålla reda på; *make* ~*s* störta iväg (*for* till); *cinder* ~ kolstybb[sbana]; ~ *events* idrottstävlingar (på bana); ~ *suit* träningsoverall; *he dropped off his* ~*s* han segnade ner på stället (*sl.*) **II** *v* **1** (*äv.* ~ *down*, ~ *out*) spåra [upp]; följa (i spåren) **2** (om hjul) löpa i samma spår **3** släpa, bogsera **-age** [-idʒ] **1** järnvägar[nas sammanlagda längd] **2** bogsering **--clearer** [-ˌkliərə] kofångare (på tåg) **-ed** [-t] (om fordon) försedd med [traktor]band **-er** [-ə] **1** förföljare; spårhund **2** bogserare, -båt; *mil.* målföljare **-ing** [-iŋ] *a,* ~ *station* spårstation **-less** [-lis] obanad; utan spår **--road** [pråm]-dragarväg **--rope** bogserlina **--way** = *track-road*
tract [trækt] **1** område; sträcka; *åld.* tidrymd **2** *med.* organ **3** pamflett; broschyr, skrift
tractab|ility [ˌtræktəˈbiliti] lätthanterlighet; medgörlighet **-le** [ˈtræktəbl] lätthanterlig, medgörlig
Tractarian [trækˈtɛəriən] anhängare av **-ism** [-iz(ə)m] = *Oxford movement*
tractate [ˈtrækteit] avhandling; pamflett
tract|ion [ˈtrækʃ(ə)n] **1** dragning, -ande; dragkraft **2** [muskel]sammandragning **3** dragningskraft **4** *A.* (*vanl. attr.*) [lokal]trafik-; lokala transportmedel **-ion-power** dragkraft **-ive** [-ktiv] drag-; ~ *power* dragkraft **-or** [-ktə] **1** traktor; dragfordon **2** (= ~*-aeroplane*) flygplan med dragande propeller
trade [treid] **I** s **1** handel **2** näring[sfång]; fack, bransch **3** yrke (*isht* praktiskt) **4** = ~*-wind*; *the* ~ *a fam.* rusdrycksförsäljarna, -branschen **b** *sl.* ubåtsvapnet, -flottan; *by* ~ till yrket; *he is in* ~ han är [ngt slags] affärsman; *two of a* ~ *never agree* [fack]kolleger har alltid olika åsikt[er] **II** *v* handla [med], driva handel [med] ~ *away* (*off*) sälja, schackra bort (*A.*); ~ *in s.th.* handla med ngt; ~ *on* (otillbörligt) utnyttja; missbruka; ~ *to* gå (segla) på (visst land) (*sjö.*) **--board** branschorganisation[snämnd] **--commissioner** [-kəˌmiʃnə] handelsrepresentant **--council** [-ˌkaunsl] fackföreningsnämnd **--cycle** [-saikl] konjunktur[cykel] **--discount** [handels]rabatt **--guild** skrå, branschorgani-

sation **--in** [ˈtreidˈin] *a,* ~ *car* bytesvagn; ~ *value* bytesvärde **--mark** varumärke **--name** **1** handelsnamn **2** firmabeteckning **-r** [-ə] **1** affärsman **2** handelsfartyg **--return** [-riˌtəːn] handelsstatistik **--school** handels-, [yrkes]skola **-sfolk** [-zfəuk] *se tradespeople* **-sman** [-zmən]**1** detaljhandlare **2** yrkeskunnig arbetare **-speople** [-zˌpiːpl] detaljhandlare, butiksinnehavare; [varu]leverantörer **--union** [ˈtreidˈjuːnjən] fackförening **--van** paket-, firmabil **--wind** passadvind
trading|-company [ˈtreidiŋˌkʌmp(ə)ni] **--concern** [-kənˌsəːn] affärs-, handelsföretag, -firma **--estate** [-isˌteit] industriområde **--post,** **--station** [-ˌsteiʃ(ə)n] handelsplats, -faktori **--vessel** [-ˌvesl] handelsfartyg
tradition [trəˈdiʃ(ə)n] tradition **-al** [-ʃənl] **-ary** [-ʃnəri] traditionell, traditionsenlig
traduce [trəˈdjuːs] tala illa om, förtala **-ment** [-mənt] förtal **-r** [-ə] baktalare
traffic [ˈtræfik] **I** s **1** trafik **2** handel **II** *v* **1** driva handel (*in* med) **2** konspirera **-ator** [-eitə] *BE.* [kör]riktningsvisare **--block** *se traffic-jam* **--island** [-ˌailənd] refuge **--jam** trafikstockning **--lights** trafiksignaler **--returns** [-riˌtəːnz] trafikstatistik
traged|ian [trəˈdʒiːdjən] **1** tragediförfattare, tragiker **2** tragediskådespelare **-ienne** [-ˌdʒiːdiˈen] tragediskådespelerska **-y** [ˈtrædʒidi] tragedi
tragic[al] [ˈtrædʒik, -(ə)l] tragisk
trail [treil] **I** s **1** svans; släp; slinga; krypranka; släpnot, trål **2** spår, banad stig (väg) **3** *Sk.* slarva, slampa; *blaze the* ~ bana väg; *vapour* ~ kondensslinga (efter flygplan); *get on the* ~ komma på ett spår; *get off the* ~ tappa [bort] spåret **II** *v* **1** släpa[s]; släpa sig [fram]; krypa; [långsamt] utbreda sig **2** spåra [upp]; trampa upp (till) **3** *fam.* driva med; ~ *one's coat* mucka gräl; ~ *along* släpa sig fram; ~ *away* (*off*) **a** dö bort (om ljud) **b** släpa sig (lomma) iväg **-er** [-ə] **1** släp[vagn] **2** spårhund **3** slingerväxt **4** filmavsnitt som förhandsreklam **-ing** [-iŋ] *a,* ~ *wheel* bakhjul (på lok) **--net** släpnot, trål
train [trein] **I** *v* **1** utbilda [sig]; öva [sig]; träna **2** dra upp (planta i viss riktning) **3** rikta (kanon) (*on* mot) **4** åka tåg (*äv.* ~ *it*) **5** *åld.* locka; lura; ~ *down* banta ner [sig] (genom motion); ~ *for* utbilda sig till; träna för; ~ *off* **a** avvika (om kula) **b** banta ner [sig]; ~ *with* ge sig i lag med (*A.*) **II** s **1** [järnvägs]tåg **2** rad; följe **3** släp; (lång) svans; (lång) stjärt **4** *mil.* träng **5** *tekn.* hjulverk; ~ *of thought* tankegång; *by* ~ med tåg; *in* ~ i gång; *on the* ~ på tåget **-able** [-əbl] läraktig; bildbar **--bearer** [-ˌbeərə] person (page) som bär ett släp **-ed** [-d] skolad, utbildad; tränad; ~ *nurse* examinerad sjuksköterska **-ee** [-ˈniː] aspirant, elev, lärling **-er** [-ə] tränare, instruktör **--giddy** [-ˌgidi] åksjuk **-ing** [-iŋ] utbildning; övning, träning; *he is in* ~ han ligger i träning; han genomgår utbildning; *in good* ~ vältränad **-ing-camp** utbildnings-, träningsläger **-ing-college** [-ˌkɔlidʒ], **--ing-school** lärarutbildningsanstalt, seminarium **-ing-suit** träningsoverall **--jumper** *vard.* gratisåkare (på tåg) **-man** *A.* medlem av tågpersonal, t.ex. bromsare **--oil** tran **--rat** tågtjuv **--service** [-ˌsəːvis] tågförbindelse **--shed** överbyggd perrong
traipse [treips] *se trapes*
trait [trei] **1** [karakteristiskt] drag **2** penseldrag

trait|or ['treitə] förrädare **-orous** [-t(ə)rəs] förrädisk **-ress** [-tris] förräderska
trajectory ['trædʒikt(ə)ri] [projektil]bana
tram [træm] **I** *s* **1** spårvagn **2** spårväg **3** gruvvagn **4** inslag (silkestråd) **II** *v* **1** åka spårvagn **2** forsla med gruvvagn **--line** spårvägslinje, -spår
trammel ['træm(ə)l] **I** *v* **1** hindra, hämma **2** fånga (i nät) **II** *s* **1** fångstnät, [fiske]garn **2** ~*s*, *pl* hinder **3** ellipsograf **4** *A.* grytkrok (i öppen spis)
tramp [træmp] **I** *v* **1** trampa [på]; stampa **2** traska; ströva [omkring i]; ~ *down* trampa ner; förtrampa **II** *s* **1** luffare **2** tramp[ande], tungt (-a) steg **3** vandring, strövtåg **4** fartyg i trampfart; *on the* ~ på luffen **-er** [-ə] luffare
trample ['træmpl] **I** *v* trampa [ner]; förtrampa, krossa = ~ *down* (*under foot*); ~ *out the fire* trampa (stampa) ut elden **II** *s* tramp; [ned]-trampande
tram|-stop ['træmstɔp] spårvagnshållplats **-way** spårväg
trance [trɑːns] **I** *s* trance, hypnotiskt tillstånd; hänryckning, extas **II** *v*, *poet.* = *entrance*
tranquil ['træŋkwil] lugn, stilla **-lity** [træŋ'kwiliti] lugn, ro, stillhet **-lize** [-aiz] lugna, stilla **-lizer** [-aizə] *med.* lugnande medel
transact [træn'zækt] göra (affärer); avtala; genomföra **-ion** [-kʃ(ə)n] **1** [affärs]transaktion **2** ordnande; genomförande **3** ~*s* (vetenskapliga) skrifter (publikationer)
transatlantic ['trænzət'læntik] på andra sidan Atlanten, amerikansk; atlant-
transcend [træn'send] övervstiga; överträffa **-ence** [-əns] **-ency** [-ənsi] överlägsenhet **-ent** [-ənt] överlägsen, förträfflig **-ental** [,trænsen'dentl] **1** översinnlig **2** abstrakt; dunkel
transcontinental ['trænz,kɔnti'nentl] på andra sidan en kontinent, tvärs över en kontinent
transcribe [træns'kraib] **1** skriva av **2** omskriva; transkribera (*äv. mus.*) **-r** [-ə] avskrivare
transcript ['trænskript] avskrift **-ion** [træns'kripʃ(ə)n] avskrivning, -skrift; transkription; *mus.* arrangemang
transection [træns'ekʃ(ə)n] tvärsnitt
transept ['trænsept] tvärskepp (i kyrka), transept
transfer I *v* [træns'fəː] överföra, -flytta, -låta; [för]flytta[s]; transportera; byta (buss el. tåg); kalkera **II** *s* ['trænsfə(ː)] överflyttning, -låtelse[handling]; [för]flyttning, transport; övergång[sbiljett]; övertryck, kopia, dekalkomani; överflyttad person **-able** [træns'fəːrəbl] som kan överflyttas, (-låtas); *not* ~ får ej överlatas **-ee** [,trænsfə(ː)'riː] person på vilken ngt överlåts, mottagare **-ence** ['trænsf(ə)r(ə)ns] överflyttning, -låtelse; förflyttning; överföring **--man** ['trænsfəmən] stadsbud **-or** ['trænsf(ə)rə] överflyttare, -låtare, -förare; förmedlare **--paper** ['trænsfə'peipə] kalkerpapper **--porter** ['trænsfə,pɔːtə] stadsbud **-ral** ['trænsf(ə)rəl] *se transference* **-rer** [træns'fəːrə] = *transferor*
transfigur|ation [,trænsfigju'reiʃ(ə)n] omgestaltning; *the T*~ Kristi förklaring **-e** [-træns-'figə] omgestalta; förhärliga
transfix [træns'fiks] genomborra; *we were* ~*ed* vi stod som fastnaglade (förstenade) **-ion** [-kʃ(ə)n] genomborrande, -ning

transform [træns'fɔːm] förvandla, -ändra; omskapa, -vandla; *tekn.* transformera; *mat.* reducera **-able** [-əbl] förvandlingsbar, överförbar, ombildbar **-ation** [,trænsfə'meiʃ(ə)n] **1** förvandling; ombildning, -vandling, -ändring **2** (slags) [dam]peruk **-ative** [-ətiv] omskapande, förändrings- **-er** [-ə] **1** omskapare **2** transformator **-ism** [-iz(ə)m] utvecklingslära
transfus|e [træns'fjuːz] hälla (tömma) över; överföra (blod); *fig.* bibringa (ngn ngt *s.th. to somebody*) **-ion** [-u:ʒ(ə)n] omtappning; [blod]transfusion; överföring
transgress [træns'gres] överträda (förordning el. förbud); synda **-ion** [-ʃ(ə)n] [lag]överträdelse; ohörsamhet; synd **-ive** [-iv] syndig **-or** [-ə] [lag]överträdare, syndare
tranship [træn'ʃip] omlasta, lasta över **-ment** [-mənt] omlastning
transien|ce ['trænziəns] **-cy** [-si] flyktighet; förgänglighet **-t I** *a* flyktig, övergående; förgänglig **II** *s*, *A.* tillfällig besökare (gäst)
transilluminat|e [,trænsi'lju:mineit] *med.* genomlysa **-ion** ['trænsi,lju:mi'neiʃ(ə)n] genomlysning
transistor [træn'sistə] transistor **-ize** [-raiz] transistorisera
transit ['trænsit] **I** *s* **1** genom-, överresa; transport **2** [meridian]passage; *in* ~ på vägen, under transporten **II** *v* fara genom (över) **--circle** [-,səːkl] meridiancirkel **-ion** [træn'si-ʒ(ə)n] övergång[speriod] **-ional** [træn'siʒənl] **-ionary** [træn'siʒnəri] övergångs- **-ive** [-iv] transitiv **-oriness** [-t(ə)rinis] kortvarighet; förgänglighet **-ory** [-t(ə)ri] övergående, kortvarig, tillfällig; förgänglig **--trade** transitohandel
translat|able [træns'leitəbl] möjlig att översätta **-e** [-t] **1** översätta; gå att översätta; återge; omsätta; tolka; förklara **2** upplyfta till himmelen **3** vidarebefordra (telegram) **4** förflytta; *kindly* ~ var snäll o. uttryck dig (er) klarare; ~ *from old to new* modernisera **-ion** [-eiʃ(ə)n] **1** översättning; återgivning; tolkning **2** överlåtelse (av egendom) **-or** [-ə] **1** översättare **2** *telegr.* relä **3** *åld.* person som lappar [ihop], *isht* skomakare
transliterate [trænz'litəreit] transkribera (med annat alfabet)
translucen|ce [trænz'lu:sns] **-cy** [-si] genomskinlighet **-t** genomskinlig
transmigr|ant [trænz'maigrənt] emigrant i genomgångsland **-ate** ['trænzmai'greit] utvandra; flytta över **-ation** [,trænzmai'greiʃ(ə)n] överflyttning; ~ *of souls* själavandring
transmissi|bility [trænz,misə'biliti] övrförbarhet; ärftlighet **-ble** [-'misəbl] överförbar; ärftlig **-on** [-'miʃ(ə)n] **1** överförande, -ing; översändande; befordran **2** nedärvning **3** transmission; utväxling; genomsläppning (av ljus); överföring (t.ex. av elektricitet); utsändning (per radio) **-ve** [-'misiv] *a* överförande
transmit [trænz'mit] **1** överföra, -sända; befordra; **2** fortplanta **3** förmedla; överlämna (pengar) **4** [ut]sända (per radio); genomsläppa (ljus); leda (t.ex. elektricitet); ~*ting key* telegrafnyckel **-table** [-əbl] överförbar; ärftlig **-tal** [-l] *se transmission* **-ter** [-ə] **1** en som översänder etc., *se transmit* **2** mikrofon; [radio]-sändare
transmogrify [trænz'mɔgrifai] (på ett magiskt el. överraskande sätt) förändra, -vandla

transmut|ability [trænz‚mju:tə'biliti] för-vandlingsbarhet **-able** [-'mju:təbl] som kan omvandlas **-ation** [‚trænzmju:'teiʃ(ə)n] omvandling **-ative** [-'mju:tətiv] förändrande, omvandlande **-e** [-'mju:t] för-, omvandla

transom ['trænsəm] tvärslå, -bjälke; ~ *window* smalt fönster ovanför dörr

transparen|ce [træns'peər(ə)ns] **-cy** [-si] **1** genomskinlighet **2** transparang **3** *foto.* diapositiv **-t 1** genomskinlig (*äv. fig.*) **2** öppen, uppriktig

transpir|ation [‚trænspi'reiʃ(ə)n] utdunstning; transpiration **-e** [træns'paiə] **1** utdunsta; avsöndra[s]; sippra (komma) ut; transpirera **2** *vulg.* hända

transplant [træns'plɑ:nt] omplantera; för-, överflytta; *med.* transplantera **-able** [-əbl] som kan omplanteras etc., *se transplant* **-a-tion** [‚trænsplɑ:n'teiʃ(ə)n] omplantering; för-, överflyttning; *med.* transplantation **-er** [-ə] person som omplanterar etc., *se transplant*

transport I *v* [træns'pɔ:t] **1** transportera, frakta, forsla **2** *fig.* hänföra **3** deportera **II** *s* ['trænspɔ:t] **1** transport **2** hänförelse; (häftigt) utbrott (t.ex. av raseri) **3** transportmedel, -fartyg, -fordon, -[flyg]plan **4** deporterad (person); in ~*s of joy* vild av glädje **-able** [træns'pɔ:təbl] **1** transportabel, flyttbar **2** som kan straffas med deportering **-ation** [‚trænspɔ:'teiʃ(ə)n] **1** transport **2** deportering **3** *A.* transportmedel **4** transport-, resekostnader **-er** [træns'pɔ:tə] **1** transportör **2** transport-anordning

transpos|able [træns'pəuzəbl] möjlig att omplacera etc., *se transpose* **-al** [-z(ə)l] *se transposition* **-e** [-z] omplacera, -flytta; kasta om; *mat.* flytta över (termer); *mus.* transponera **-ition** [‚trænspə'ziʃ(ə)n] omplacering; omkastning, -flyttning; överflyttning; *mus.* transponering **-itive** [-'pozitiv] möjlig att omplacera etc., *se transpose*

transship [træns'ʃip] *se tranship*

transud|ation [‚træns(j)u'deiʃ(ə)n] *med.* genomsippring **-e** [træns'(j)u:d] *med.* sippra igenom

transvers|al [trænz'və:s(ə)l] **I** *a* tvärgående **II** *s* transversal **-e** ['trænzvə:s] **I** *a* tvärgående, diagonal, tvär-; ~ *section* tvärsnitt **II** *s* tvärmuskel **-ely** [-sli] på tvären, tvärs över; diagonalt

trap [træp] **I** *s* **1** fälla; snara **2** fallucka, lucka **3** vattenlås **4** (slags tvåhjulig) kärra **5** *sl.* polis, "byling"; detektiv **6** *sl.* käft **7** knep, bedrägeri **8** *geol.* trapp **9** stege; *she understands* ~ hon låter inte lura sig **II** *v* **1** fånga (i fälla); sätta fast (brottsling) **2** sätta ut fällor [på], förse med fällor **3** pryda, utstyra **-cellar** [-‚selə] utrymme under scen **--door** ['træp'dɔ:] **1** fallucka, lucka **2** L-formad reva (i kläder)

trapes [treips] *fam.* **I** *s* slampa, slarva **II** *v* traska [omkring], ströva

trapez|e [trə'pi:z] trapets **-ium** [-jəm] *geom.* **1** *BE.* trapelieltrapets **2** *A.* trapetsoid **-oid** ['træpizɔid] *geom.* **1** *BE.* trapetsoid **2** *A.* paral-lelltrapets

trap|-fall ['træpfɔ:l] fallucka, -grop **-per** [-ə] **1** pälsjägare, trapper **2** vakt vid falldörr (i gruva) **3** *fam.* häst (som drar kärra) **-pings** [-iŋz] **1** grannlåt, utstyrsel **2** [häst]schabrak **-py** [-i] full av fällor, förrädisk, lömsk **-s** *vard.* grejor, pinaler

trash [træʃ] **I** *s* **1** skräp, smörja; avfall **2** bagass

(urpressade sockerrör som bränsle)) **3** *A. sl.* bomb; vandalism *white* ~ vit underklass i Sydstaterna (*A.*) **II** *v* **1** ta bort yttre bladverk (på sockerrör) **2** bomba **3** krossa fönster **--basket** [-‚bɑ:skit] *A.* papperskorg **-ery** [-əri] skräp **-y** [-i] [ur]usel, skräp-

trauma ['trɔ:mə] trauma; [nerv]chock **-tic** ['trɔ:'mætik] traumatisk

travail ['træveil] **I** *s, åld.* födslo/ånda **II** *v* **1** slita, knoga **2** vara i barnsnöd

travel ['trævl] **I** *v* resa [omkring i]; färdas; förflytta sig, gå; flyga [fram]; fortplantas; tillryggalägga; *these things* ~ *badly* dessa föremål far illa av att transporteras; ~ *out of record* gå (komma) ifrån ämnet **II** *s* **1** [kring]-resande, resor **2** rörelse, gång; slag (av kolv); ~*s* resor; reseskildring[ar] **--agency** [-‚ei-dʒ(ə)nsi] resebyrå **-led** [-d] berest; ~ *blocks* flyttblock **-ler** [-ə] **1** resande, resenär, passagerare **2** *A.* kringresande predikant **3** *tekn.* löpare; rullbrygga, -kran; ~*'s cheque* resecheck; ~*'s joy* (slags) klematis; ~*'s tale* fantastisk [rövar]historia; *commercial* ~ handels-resande **-ling** [-iŋ] **I** *a* **1** resande **2** flyttbar, rullande; ~ *companion* reskamrat, -sällskap; ~ *crane* löp-, rullkran; ~ *postoffice* rullande postkontor **II** *s* resande, resor **-ogue** ['træ-vəlɔg] *A.* resekåseri (med bild- el. filmvisning)

traverse ['trævə(:)s] **I** *v* **1** fara (gå) genom (över); genomkorsa; trafikera; gå igenom (ett ämne) **2** *jur.* bestrida **3** motverka, korsa (planer) **4** gå på tvären; svänga (hasa) i sidled; *sjö.* kryssa **II** *s* **1** tvärstycke, -bjälke, -vall; travers; *sjö.* kryss; *geom.* transversal **2** *jur.* bestridande **III** *a* tvärgående, tvär- **-r** [-ə] = **--table** [-‚teibl] *järnv.* travers, vändbord

travesty ['trævisti] **I** *s* travesti, parodi, karikatyr **II** *v* travestera, karikera

trawl [trɔ:l] *s o. v* [fiska med] trål **-er** [-ə] trålare **--line** *A.* långrev

tray [trei] **1** bricka **2** fat; låda

treacher|ous ['tretʃ(ə)rəs] förrädisk; opålitlig **-y** [-ri] förräderi; svek; trolöshet

treacl|e ['tri:kl] sirap **-y** [-i] sirapsliknande, -söt; sliskig

tread [tred] **I** *v* trampa (stiga) [på]; [be]träda; traska av o. an [i]; ~ *a measure* träda an i dans; *he* ~*s the stage (boards)* han är skådespelare; ~ *lightly* gå försiktigt till väga; ~ *down* trampa ner; förtrampa, -trycka; ~ *in a p.'s steps* gå i ngns spår, följa ngns exempel; ~ *on eggs* gå försiktigt till väga; ~ *on air* vara överlycklig (i sjunde himlen); ~ *on a p.'s toes* (*corns, heels*) trampa ngn på tårna, kränka ngn; ~ *out* a trampa (stampa) ut (eld) **b** l u /a (uppror); ~ *out a path* trampa upp en stig; ~ *over* sned-trampa (skor); ~ *under foot* förtrampa, under-trycka **II** *s* **1** steg; tramp[ning]; gång **2** trapp-steg, stegpinne **3** trampyta; sula; slityta **-le** [-l] **I** *s* trampa, pedal **II** *v* **1** trampa **-mill** tramp-kvarn

treason ['tri:zn] förräderi **-able** [-əbl] **-ous** [-əs] förrädisk

treasure ['treʒə] **I** *s* skatt[er], dyrbarheter (*äv. fig.*) **II** *v* **1** skatta högt, värdera, värdesätta **2** bevara som en skatt; samla [på] **--house** [-‚haus] skattkammare (*spec. fig.*) **-r** [-ʒ(ə)rə] skatt-mästare **--seeker** [-‚si:kə] skattsökare **--trove** (av slump påträffad) skatt[gömma]; fynd

treasury ['treʒ(ə)ri] **1** skattkammare **2** (*vanl. T~*) finansdepartemente; *T~bench* regerings-

bänk (i underhuset); *T*~ *bill* skattkammarväxel; *T*~ *note* sedel
treat [tri:t] **I** *v* **1** behandla **2** betrakta **3** bjuda (*to* på) **4** underhandla (*for* om) **5** ~ *of* behandla. diskutera **II** *s* traktering; kalas; nöje, njutning; *stand* ~ bjuda; betala kalaset; *this is my* ~ det är jag som bjuder; *you look a* ~ du ser verkligen flott ut (*fam.*) **-ise** [-iz] avhandling **-ment** [-mənt] behandling **-y** [-i] fördrag, överenskommelse, traktat, pakt; *by private* ~ under hand
trebl|e ['trebl] **I** *a* tredubbel, -faldig **2** sopran-; ~ *clef* diskantklav (*mus.*) **II** *s* **1** sopran; diskant **2** tredubbelt mått **III** *v* tredubbla[s] **-y** [-i] *adv* tredubbelt
tree [tri:] **I** *s* **1** träd **2** galge **3** (Kristi) kors **4** stamträd **5** trästycke, -stomme, -påle; *Christmas* ~ julgran; *they are up a* ~ de sitter i klistret, de sitter illa till **II** *v* **1** jaga (klättra) upp i ett träd **2** lästa ut (sko) **-let** [-lit] litet träd **--like** trädliknande **--nursery** [-,nə:s(ə)ri] [träd]plantskola
trefoil ['trefɔil] klöver[blad]
trek [trek] **I** *v* dra; åka, färdas (*isht* med vagn); *sl.* ge sig iväg **II** *s* (lång) färd; utvandring **-ker** [-ə] utvandrare
trellis ['trelis] *s* o. *v* [förse med] [trä]galler, spaljé **--window** [-,windəu] gallerfönster
trembl|e ['trembl] **I** *v* darra, skälva; bäva; *his life* ~*s in the balance* hans liv hänger på en [skör] tråd **II** *s* skälvning; ~*s, äv.* frosskakningar; *there was a* ~ *in her voice* hon darrade på rösten; *I was all of a* ~ jag darrade (skälvde) i hela kroppen (*fam.*) **-er** [-ə] **1** rädd stackare, mes **2** darrål **3** *tekn.* vibrator **-y** [-i] darrande, darrig; skakis, ängslig
tremendous [tri'mendəs] **1** förskräcklig **2** väldig, fantastisk, enorm
trem|or ['tremə] skälvning, skakning; rysning **-ulous** [-mjuləs] **1** darrande, skälvande **2** ängslig
trench [tren(t)ʃ] **I** *s* dike; fåra; skyttegrav **II** *v* **1** dika; gräva dike[n] (skyttegrav[ar]) [i]; gräva upp **2** inkräkta ([*up*]*on* på) **3** gränsa ([*up*]*on till*) **-ant** [-(ə)nt] skarp, genomträngande; kraftfull **--boot** hög stövel **-er** [-ə] **1** skärbräde; [bröd]fat **2** dikes-, skyttegravsgrävare; *lick the* ~ snylta **-er-cap** (slags fyrkantig) studentmössa **-er-companion** [-kəm,pænjən] bordssällskap **-erman** [-mən] **1** *good* ~ storätare; *poor* ~ person som är liten i maten **2** snyltgäst **-er-mate** bordssällskap **-er-valiant** [-,væljənt] som gör heder åt anrättningen **--mortar** [-,mɔ:tə] granatkastare
trend [trend] **I** *s* [in]riktning; tendens, trend; ~ *of thought* tankegång **II** *v* sträcka sig (gå) (i viss riktning); tendera
trepan [tri'pæn] *med.* **I** *s* trepan **II** *v* trepanera
trepidation [,trepi'deiʃ(ə)n] **1** oro, nervositet; bestörtning **2** skälvning
trespass ['trespəs] **I** *v* **1** bryta, synda (*against* mot) **2** ~ *on* inkräkta på, [olagligen] beträda; ta alltför mycket i anspråk; *you* ~ [*up*]*on his hospitality* du (ni) missbrukar hans gästfrihet; *no* ~*ing* tillträde förbjudet **II** *s* [lag]överträdelse; brott; synd; intrång; åverkan **-er** [-ə] lagbrytare; inkräktare; syndare; ~*s will be prosecuted* vid vite förbjudet att beträda området **--offering** [-,ɔf(ə)riŋ] försoningsoffer
tress [tres] hårlock, [-]fläta

trestle ['tresl] bock (av trä), stöd **--work** stödkonstruktion, bockar
trey [trei] trea (i vissa kort- o. tärningsspel)
tri- [*vanl.* trai] *pref* tre-
triable ['traiəbl] som kan prövas; som underkastas rättslig prövning
triad ['traiəd] tretal; treenighet; *mus.* treklang
trial ['trai(ə)l] **1** rättegång; rannsakning; förhör; process **2** prov[flygning, -tur]; försök **3** prövning, påfrestning, bekymmer; *give a p. a* ~ låta ngn [få] försöka; anställa ngn på prov; *make* ~ *of* sätta på prov; *he stood his* ~ han ställdes inför rätta; *he'll move for a new* ~ han kommer att överklaga (begära resning); *on* ~ **a** vid undersökning **b** på prov **c** åtalad; *bring to* ~ ställa inför rätta, åtala **--balance** [-,bæləns] preliminärt bokslut **--heat** *sport.* försöksheat **--sample** [-,sɑ:mpl] provexemplar **--shaft** provborrning[sschakt] **--trip** provtur
triang|le ['traiæŋgl] triangel **-ular** [trai'æŋgjulə] triangulär; triangel-
trib|al ['traib(ə)l] stam- **-alism** [-əliz(ə)m] stamväsende **-e** [-b] **1** stam; släkt; *föraktl.* släkte, hord, samling **2** *biol.* klass, familj **-esman** [-zmən] medlem av stam; stamfrände
tribun|al [trai'bju:nl] domstol; [domar]tribun **-e** ['tribju:n] **1'** talarstol, [-]tribun **2** folkledare, [-]tribun
tribut|ary ['tribjut(ə)ri] **I** *a* **1** bidragande **2** skattskyldig; underlydande **3** bi-, sido- **II** *s* **1** skattskyldig, -ebetalare; lydstat **2** biflod **-e** [-ju:t] **1** skatt, tribut; bidrag **2** hyllning[sgärd]; *lay under* ~ utkräva skatt av; *pay the* ~ *of nature* lämna sitt naturliga bidrag; *pay the last* ~ to bereda en dess hedersbevisning [för]; *floral* ~*s* blomsterhyllning **-e-money** [-,mʌni] skatt
tricar ['traikɑ:] trehjulig bil
trice [trais] **I** *v*, ~ *up* hissa (*o.* surra fast) (*sjö.*) **II** *s, in a* ~ i en handvändning
trichina [tri'kainə] (*pl -ae* [-i:]) *zool.* trikin **-osis** [,triki'nəusis] trikinförgiftning
trick [trik] **I** *s* **1** knep, [listigt] påhitt; trollkonst, trick[s]; konstgrepp **2** spratt, [pojk]streck **3** [ful] [o]vana, egenhet **4** *kortsp.* stick, trick **5** *sjö.* rortörn **6** ~ *s* grejor (*A.*); ~*s of the trade* yrkeshemligheter, specialknep; *that'll do the* ~ det kommer att göra susen, det är greppet direkt; *he knows a* ~ *or two* han är [minsann] inte bakom; *learn the* ~ lära sig knepet; *play a* ~ [*up*]*on a p.* spela ngn ett spratt; ~ *of thumb* fingerfärdighetstrick **II** *v* **1** lura, narra; begagna (hitta på) knep **2** utstyra, smycka = ~ *out* (*up*) [-ə] skojare; gyckelmakare **-ery** [-əri] knep, skoj, bedrägeri **--flying** [-,flaiiŋ] konstflygning **-ish** [-iʃ] = *tricky*
trickle ['trikl] **I** *v* [låta] sippra (droppa); rinna [sakta]; drypa; *the news* ~*d in* (*out*) nyheterna duggade in (sipprade ut, läckte ut) **II** *s* droppande; droppe **-t** [-it] liten droppe, rännil
trick|some ['triksəm] lekfull; full i sjutton **-ster** [-stə] = *tricker* **-sy** [-si] lekfull, skälmsk **-y** [-i] opålitlig; nyckfull **2** knepig, listig; full i sjutton; *fam.* besvärlig **3** djärv, utmanande; ~ *cyclist* psykiater (*sl.*)
tricolo[u]r ['trikələ] **I** *a* trefärgad **II** *s* trikolor (*isht* den franska flaggan)

tricycle ['traisikl] trehjuling
trident ['traid(ə)nt] (Neptuns) treudd
tried [traid] [be]prövad
triennial [trai'enjəl] **I** *a* treårig, treårs-; återkommande vart tredje år **II** *s* treårig planta; treårsperiod; treårsdag
trier ['traiə] **1** person som försöker (gör sitt bästa) **2** provare, experimentator
trifl|e ['traifl] **I** *s* **1** små-, struntsak, bagatell; smula; struntsumma **2** (slags) frukttårta **3** (slags) tenn[legering] **II** *v* leka, plocka, peta; slarva; *he* ~*s away his time* han plottrar bort tiden; *she is not to be* ~*d with* hon är inte att leka med **-er** [-ə] slarver **-ing** [-iŋ] **1** lättsinnig, slarvig; lekfull **2** obetydlig, värdelös, strunt-
trig [trig] **I** *a* flott, snygg **II** *s* **1** broms, bromsanordning **2** *fam.* trigonometri **III** *v* **1** bromsa; kila fast (hjul) **2** snygga upp (ofta ~ *out*, ~ *up*)
trigger ['trigə] avtryckare (på skjutvapen); *pull the* ~ trycka av; *quick on the* ~ snabb i reaktionen **--happy** [-,hæpi] skjutgalen
trigon ['traigən] trehörning, triangel **-al** ['trigənl] trekantig **-ometric[al]** [,trigənə-'metrik, -(ə)l] trigonometrisk **-ometry** [,trigə'nɔmitri] trigonometri
trike [traik] *vard.* trehjuling
trilateral ['trai'læt(ə)r(ə)l] tresidig
trilby ['trilbi] (mjuk) filthatt
trill [tril] **I** *v* drilla; ~*ed r* rullande r **II** *s* drill, drillande
trillion ['triljən] **1** *BE.* triljon **2** *A.* biljon
trim [trim] **I** *a* snygg, nätt, prydlig; välskött, -ordnad **II** *v* **1** trimma; klippa, jämna, putsa, snygga (jämna) till; ordna [till]; garnera; pryda; snoppa (veke); beskära **2** *fam.* ge en uppsträckning **3** *sl.* klå; bräcka **4** *sjö.* stuva [om]; lämpa (kol) **5** vända kappan efter vinden; kompromissa; ~ *the fire* röra om i brasan; ~ *a p.'s jacket* ge ngn stryk; ~ *away* (*off*) klippa (skära) bort; ~ *in* passa (trimma) in; ~ *out* utstyra, smycka; ~ *to* anpassa [sig] efter; ~ *up* snygga upp **III** *s* **1** ordning, skick; trim **2** stuvning **3** *sjö.* seglens [rätta] ställning **4** klädsel, utstyrsel **5** grannlåt **6** *A.* skyltning, -dekoration **7** *A.* träpanel, -virke; *in* (*out of*) ~ **a** i gott (dåligt) skick **b** väl (illa) stuvad; *get the room into* ~ ställa rummet i ordning; *in fighting* ~ i stridbart skick
trimeter ['trimitə] trimeter, trefotad vers
trimm|er ['trimə] **1** putsare, trimmare; dekoratör; reparatör **2** trimnings-, klippningsverktyg (-maskin) **3** modist **4** opportunist; *fig.* vindflöjel **5** svår medtävlare **6** [kok] stryk, avbasning **-ing** [-iŋ] **1** trimning; putsning; dekorerande; iordningställande; prydande **2** utstyrsel; dekoration **3** [kok] stryk **4** *sjö.* kollämpning; ~*s, pl* **a** (bortskuret) avfall **b** dekorationer; [förskönande] tillägg; garnering, tillbehör; extraförtjänst[er]
trin|al ['trainl] trefaldig **-e** [-n] *a* trefaldig **II** *s* trefald; treenighet
tringle ['triŋl] gardinstång
trinit|arian [,trini'tɛəriən] **I** *a* **1** som rör treenighetsläran **2** trefaldig **II** *s*, *T* ~ **a** anhängare av treenighetsläran **b** student vid *Trinity College* **-y** [-(triniti] trefald; treenighet; *T* ~ [den heliga] trefaldighet; *T* ~ *Brethren* kommission för brittiska fyr- o. lotsväsendet; *T* ~ *House* institution under vilken brittiska fyr- o. lotsväsendet sorterar; *T* ~ *Sunday* trefaldighetssöndagen; *T* ~ *term* [för]sommartermin (efter påsk)

trinket ['triŋkit] prydnadssak, (enkelt) smycke **--box**, **--case** juvelskrin **-ry** [-ri] (enkla) prydnadssaker, krimskrams
trio ['tri(:)ɔu] trio
trip [trip] **I** *s* **1** färd, tur, resa, tripp **2** snavande, snubblande; *fig.* fel[steg], blunder **3** trippande [gång] **4** *tekn.* [utlösnings]spärr **5** krokben **6** *A.* [fisk]fångst **7** *sl.* fängelsedom **8** *sl.* narkotikarus **II** *v* **1** trippa; dansa [lätt] (= ~ *it*) **2** snava, snubbla; göra [ett] fel[steg] (en blunder) **3** (*äv.* ~ *up*) komma att snubbla (vippa); sätta krokben för; fälla **4** göra en tur (färd); *I caught him* ~*ping* jag kom åt honom med att göra (säga) dumheter; *her tongue* ~*ped* **a** hon snubblade över orden **b** hon försade sig, pratade bredvid munnen; ~ *the anchor* lätta ankar
tripartite ['trai'pɑ:tait] tredelad; (uppgjord) mellan tre parter
tripe [traip] **1** ox-, komage (som föda) **2** *pop.* (*vanl.* ~*s*) inälvor, mage **3** *sl.* strunt[prat], smörja **--man** [-mən] försäljare av *tripe 1* **-ry** [-əri] handel med innanmäte o.d.
triplane ['traiplein] *flyg.* triplan
triple ['tripl] **I** *a* trefaldig, -dubbel, -delad; trippel-; tre-; ~ *crown* påvekrona, -tiara; ~ *time* tretakt **II** *v* tredubbla[s] **--headed** [-,hedid] trehövdad **-t** [-it] **1** tretal, trio **2** trilling **3** treradig strof **4** *mus.* triol **-x** [-eks] tredubbel
triplicate **I** ['triplikit] **1** *a* tredubbel, -faldig **2** *s* tredje exemplar (kopia); *in* ~ i tre exemplar **II** *v* ['triplikeit] tredubbla; göra tre gånger
tripod ['traipɔd] **1** trefot, stativ **2** orakel
tripos ['traipɔs] *Cambr.* akademisk grundexamen (B. A.) med högre betyg
trip|per ['tripə] **1** ~*s, pl* folk på utflykt **2** person som snavar etc., *se trip II* **-tych** [-tik] triptyk (tredelad altartavla) **-tyque** [trip'ti:k] passersedel för motorfordon **--wire** [-,waiə] snubbeltråd
trireme ['trairi:m] treroddare, galär med tre rader roddarbänkar över varandra, trirem
trisect [trai'sekt] *geom.* tredela
trite [trait] sliten, nött, banal
Triton ['traitn] triton; *t* ~ vattensalamander; *a* ~ *among the minnows* en jätte bland dvärgar
triumph ['traiʌmf] **I** *s* triumf; segertåg, -jubel; *a shout of* ~ ett triumferande tjut (utrop) **II** *v* triumfera; jubla **-al** [trai'ʌmf(ə)l] triumferande, triumf- **-ant** [trai'ʌmfənt] triumferande; segersäll, jublande **--arch** triumfbåge, äreport **-er** [-ə] triumfator
trivet ['trivit] trefot; *as right as a* ~ i fin form
trivial ['triviəl] **1** obetydlig, värdelös **2** trivial; vardaglig; *the* ~ *round of life* livets dagliga rutin; *the* ~ *name of the plant is* växten kallas populärt (i vardagslag) **-ity** [,trivi'æliti] obetydlighet; trivialitet
trochee ['trəuki:] troké
trod [trɔd] *imperf* av *tread* **-den** [-n] *perf part* av *tread*
troglodyt|e ['trɔglədait] grottmänniska, troglodyt; *fig.* eremit **-ic[al]** [,trɔglə'ditik, -(ə)l] troglodytisk
troika ['trɔikə] grupp av tre samarbetande personer, trojka
Trojan ['trəudʒ(ə)n] **1** trojan **2** jätte, bjässe; *work like a* ~ arbeta som en slav (häst)
troll [trəul] **I** *v* **1** tralla, sjunga; ljuda (om klockor) **2** fiska (med rörlig rev), ro drag **3** *åld.*

flanera (omkring); *the melody ~s in my head* melodin surrar i mitt huvud **II** *s* troll; jätte
trolley ['trɔli] **1** [drag]kärra; tralla **2** te-, serveringsvagn **3** *tekn.* kontakttrissa, löpkontakt **4** *A.* = ~*-car* **--bus** trådbuss **--car** *A.* spårvagn
trollop ['trɔləp] slampa; [gat]slinka **-ish** [-iʃ] **-y** [-i] slampig, vulgär
trolly ['trɔli] *se trolley*
trombone [trɔm'bəun] trombon, [drag]basun
troop [tru:p] **I** *s* **1** skara; grupp; trupp; [kavalleri]tropp **2** marschsignal (på trumma) **3** *flyg.* trupptransportplan; *he got his ~* han blev kapten **II** *v* **1** tåga, troppa; gå (komma) i skaror, skocka sig, samlas **2**~ *the colours* göra parad för fanan; ~*ing the colours* parad för fanan **--carrier** [-ˌkæriə] trupptransportplan, -fartyg **-er** [-ə] **1** kavallerist **2** kavallerihäst **3** trupptransportfartyg **4** *A.* ridande (motorburen) polis; *swear like a ~* svära som en borstbindare **--horse** kavallerihäst **--sergeant** [-ˌsɑ:dʒ(ə)nt] kavallerisergeant
trope [trəup] språklig bild, trop
troph|ied ['trəufid] överhopad med [seger]troféer **-y** [-i] [seger]trofé, pris
tropic ['trɔpik] **I** *s* vändkrets; *the T~ of Cancer* (*Capricorn*) Kräftans (Stenbockens) vändkrets; *the ~s* tropikerna **II** *a* = **-al** [-(ə)l] **1** tropisk **2** bildlig; ~ *outfit* tropikutrustning
troposphere ['trɔpəsfiə] *meteor.* troposfär
trot [trɔt] **I** *v* [låta] trava; traska, lunka; låta rida på knä; ~ *along* trava (traska) på; ~ *off* a traska iväg; *fam.* smita [sin väg] **b** jaga (köra) bort; *they ~ you off your legs* de låter en (dig, er) gå för mycket; de kör hårt med en (dig, er); ~ *out* a sträcka ut (i trav) **b** förevisa, briljera med **c** *sl.* gå ut med (dam); ~ *it out!* fram med det! tala ut!; ~ *a p. round the town* visa ngn omkring i staden; ~ *up an affair* ta upp en sak på nytt **II** *s* **1** trav **2** *fam.* promenad **3** [litet] pyre **4** [lång]rev **5** *A.* dans **6** *A.* moja; fusklapp; *at a ~* i trav; *at full ~* i full galopp; *shall we go for a ~?* skall vi ta en [liten] promenad?; *they'll keep you on the ~* de kommer att hålla en (dig, er) i gång
troth [trəuθ] *åld.* sanning; *by my ~* på min ära, i sanning; *plight one's ~* skänka (ngn) sin tro och loven
trotter ['trɔtə] **1** travare; promenerande person **2** gris-, fårfot (som föda) **3** fot **4** *sl.* springpojke, -flicka
troubadour ['tru:bəduə] trubadur
trouble ['trʌbl] **I** *s* **1** bekymmer, oro; trassel, svårighet[er]; besvär, tråkigheter; åkomma; *tekn.* fel **2** besvärlig individ; ~*s* oroligheter; *no ~!* krångla (bråka) inte!; *make ~* ställa till bråk (trassel); *take ~ over* göra sig besvär med; *ask* (*look*) *for ~* mucka gräl, dra på sig obehag; *get into ~* råka i svårigheter (knipa); ~ *spot* oroligt horn **II** *v* bekymra, oroa; besvära; göra sig besvär; bekymra (oroa) sig; *we'll ~ you to do this* vi får besvära dig (er) att göra detta (om detta); *be ~d about* oroa sig för (över); ~*d with* besvärad av; *what a ~d look you wear!* vad du (ni) ser bekymrad(e) ut!; *fish in ~d waters* fiska i grumligt vatten **-d** *a* orolig; upprörd; bekymrad **--hunter** [-ˌhʌntə] *A.* felsökare, reparatör **--maker** [-ˌmeikə] bråkmakare **-shooter** [-ˌʃu:tə] *A.* medlare, medlingsexpert **-some** [-səm] besvärlig, störande

trough [trɔf] **1** ho, tråg, kar **2** [dropp]ränna **3** vågdal (*äv. fig.*); sänka **4** *meteor.* lågtrycksområde, -bälte
trounc|e [trauns] ge stryk, klå [upp]; ge på pälsen **-ing** [-iŋ] [kok] stryk, avbasning
troupe [tru:p] [teater]trupp **-r** [-ə] **1** medlem av [teater]trupp; artist, *isht* cirkusartist **2** god kamrat
trouser|ed ['trauzəd] iförd byxor **-s** [-əz] byxor
trousseau ['tru:səu] brudutstyrsel
trout [traut] forell[er] **--farm** forellodling **-let** [-lit] **-ling** [-liŋ] liten forell
trove [trəuv] *se treasure-trove*
trow [trəu] *v, åld. el. skämts.* tro
trowel ['trau(ə)l] **I** *s* **1** murslev **2** planteringsspade; *lay it on with a ~* bre på [tjockt] (*fig.*), överdriva, smickra för grovt **II** *v* putsa; arbeta med murslev
troy [trɔi] = ~ *weight* troyvikt (viktenhet för ädla metaller o. ädelstenar)
truan|cy ['tru(:)ənsi] skolk **-t I** *s* skolkare; dagdrivare; *play* ~ skolka **II** *a* skolkande, försumlig; kringdrivande **III** *v* skolka; driva omkring
truce [tru:s] vapenvila, -stillestånd; andrum; ~ *of God* gudsfred; *the flag of* ~ den vita flaggan **-less** [-lis] oavlåtlig, utan andrum
truck [trʌk] **I** *s* **1** transportvagn, -kärra; *A.* lastbil; öppen godsvagn; underrede (på järnvägsvagn) **2** flaggstångs-, mastknopp **3** byte[shandel]; affär **4** [affärs]umgänge, förbindelse[r] **5** *fam.* skräp, smörja **6** lön i natura **7** *A.* grönsaker; *I have no ~ with her* jag har ingenting med henne att göra (*sl.*) **II** *v* **1** transportera (på vagn el. kärra etc.) **2** driva byteshandel; [ut]byta; göra affärer; betala in natura **-age** [-idʒ] **1** transport med *truck* **2** transportkostnader **--driver** [-ˌdraivə] *A.* lastbilschaufför **-er** [-ə] **1** schackrare, affärsman; *Sk.* gårdfarihandlare **2** *A.* grönsaksodlare = **--farmer** [-ˌfɑːmə] **--gardener** [-ˌgɑːdnə]
truckl|e ['trʌkl] **I** *v* falla undan, krusa (*to* för); ~ *for* krusa för att få, tigga om **II** *s* = **-e-bed** (låg) rullsäng; hopfällbar säng **-er** [-ə] (inställsam) smickrare **-ing** [-iŋ] servil; krusande
truck|man ['trʌkmən] **1** stadsbud **2** *A.* lastbilschaufför **3** schackrare, byteshandlare **--shop** butik som drivs enligt **--system** [-ˌsistim] system med lön i natura (i varor)
truculen|ce ['trʌkjuləns] **-cy** [-si] vildhet, råhet; stridslystnad; våldsamhet **-t** rå, vild; grym
trudge [trʌdʒ] **I** *v* lunka; släpa sig; *fam.* trava (traska) iväg = ~ *out* **II** *s* lunk[ande], mödosam vandring
true [tru:] **I** *a* o. *adv* sann; riktig; verklig; trogen, trofast, lojal (*to* mot); ren; beständig; *come* ~ slå in, bli verklighet; ~ *copy* exakt (trogen) kopia; ~ *to facts* i [full] överensstämmelse med fakta; ~ *to life* verklighetstrogen; ~ *to nature* naturtrogen; ~ *to type* typisk, rasren; *my watch goes* ~ min klocka går rätt; *his words ring* ~ han har sägen låter sant o. riktigt **II** *v* (*äv.* ~ *up*) justera; avpassa; rätta (jämna) till **--blue I** *a* trogen, lojal; äkta **II** *s* pålitlig person, trogen anhängare **--born** äkta **--bred 1** rasren, äkta **2** fulländad **--hearted** [ˌtru:'hɑ:tid] renhjärtad, uppriktig; trofast **--love 1** älskling, älskad[e] **2** *bot.* ormbär **-ness** [-nis] trohet; riktighet; tillförlitlighet; verklighet

truffle ['trʌfl] tryffel -d med tryffel [i], tryffe-rad

trug [trʌg] (slags) trädgårdskorg

truism ['tru(:)iz(ə)m] truism, självklar sanning

trull [trʌl] åld. sköka, slinka

truly ['tru:li] sant, uppriktigt, verkligt; riktigt; med rätta; *Yours* ~ högaktningsfullt, med utmärkt högaktning (i brev); *this won't do for Yours* ~ det här gillas inte av undertecknad (*skämts.*)

trump [trʌmp] **I** *s* **1** trumf[kort]; *fam.* bra karl (kille) **2** *poet.* trumpet[signal] **3** *Sk.* munspel; *the last* ~, *the* ~ *of doom* domsbasunen; *he was put to his* ~*s* han sattes på det hala; *it has turned up* ~*s* det (den) har slagit väl ut **II** *v* trumfa, ta med trumf; ~ *up* hitta på, fantisera ihop, duka upp (lögn) **--card** ['trʌmp-'kɑːd] trumfkort

trumpery ['trʌmpəri] **I** *s* [värdelös] grannlåt, [pråligt] krafs; strunt[prat] **II** *a* (flott men) värdelös; falsk; strunt-

trumpet ['trʌmpit] **I** *s* **1** trumpet; trumpetare **2** trumpetstöt, -signal; *the last* ~ domsbasunen; *blow one's own* ~ framhålla sin egen förträfflighet **II** *v* trumpeta; utbasunera; ~ *forth a p.'s praise* stämma upp ngns lov **-er** [-ə] **1** trumpetare; härold **2** trumpetfågel **-ry** [-ri] trumpetande

truncal ['trʌŋkl] stam-; kropps-

truncat|e ['trʌŋkeit] stympa, avkorta; skära bort (av) **-ion** [trʌŋ'keiʃ(ə)n] stympning; av-, bortskärning

truncheon ['trʌn(t)ʃ(ə)n] **1** [polis]batong **2** [marskalk]stav

trundle ['trʌndl] **I** *v* rulla; snurra **II** *s* **1** litet hjul, trissa **2** liten vagn (kärra); rullsäng **3** *tekn.* drev **--bed** rullsäng

trunk [trʌŋk] **1** [träd]stam **2** bål; [huvud]-kropp **3** huvudlinje, -gren, -del **4** koffert; bagagerum **5** snabel **6** ~*s* sim-, gymnastikbyxor **7** kolonn-, pelarskaft **8** *sl.* näsa; ~ *turning* bål-rullning **--call** rikssamtal **--line** huvudlinje **--road** huvudväg

truss [trʌs] **I** *v* **1** binda [ihop]; bunta [ihop]; binda upp (fågel före stekning) **2** *byggn.* för-stärka; armera; stötta **II** *s* **1** *byggn.* stötta, förstärkning; takstol **2** bunt, knippa **3** *sjö.* rack (stropp) **--bridge** gallerverksbro

trust [trʌst] **I** *v* **1** lita på, ha förtroende för; förtrösta på; hysa en fast förhoppning [om] **2** anförtro **3** lämna kredit [åt]; *do you* ~ *your daughters to go out alone at night?* vågar ni låta era döttrar gå ut ensamma på kvällen?; ~ *in him* överlåt det lugnt (med förtroende) åt honom; ~ *in* förtrösta (tro) på; *they* ~*ed it to me, they* ~*ed me with it* de anförtrodde det åt mig; ~ *to luck* lita på turen; ~ *to o.s.* lita till sin egen förmåga **II** *s* **1** förtroende; för-tröstan; tro (*in* på); (fast) förhoppning **2** an-svar; vård; omvårdnad; förvaltning **3** fidei-kommiss **4** stiftelse; organisation; *hand.* trust; *breach of* ~ trolöshet (mot huvudman); *he is in my* ~ han står under min vård (mitt förmyn-derskap); *I take it on* ~ jag litar på att det är riktigt; *goods on* ~ varor på kredit; *they were committed to my* ~ de anförtroddes i min vård; *The National T~* eng. naturskydds- och forn-minnesorganisation **-able** [-əbl] att lita på **--deed** överlåtelsehandling **-ee** [-'tiː] för-troendeman, förvaltare, förmyndare; före-ståndare **-eeship** [-'tiːʃip] förvaltar-, förmyn-derskap **-ful** [-f(u)l] förtroende-, förtröstans-

full **-less** [-lis] opålitlig **--money** [-,mʌni] an-förtrodda [penning]medel **-worthy** [-,wɔː'ði] pålitlig; tillförlitlig **-y** [-i] **I** *a* = *trustworthy*; trofast **II** *s* skötsam fånge som får vissa pri-vilegier

truth [truːθ] sanning; riktighet; verklighet; exakthet; ärlighet; *home* ~*s* bittra sanningar; *in* ~ i sanning; *out of* ~ felaktig, skev **-ful** [-f(u)l] sann[färdig]: riktig, verklighetstrogen **-less** [-lis] oriktig, falsk

try [trai] **I** *v* försöka; pröva; prova; försöka sig på; sätta på prov; känna (smaka) 'på; rannsaka; handlägga; *don't* ~ *your hand at it* låt bli att försöka [dig på det]; ~ *back* [gå tillbaka o.] försöka om igen; ~ *for* försöka nå (vinna); pröva (söka) till; ~ *the coat on* prova rocken; ~ *it on with him* försök med honom (att lura honom); ~ *out* **a** grundligt pröva, göra grundliga prov med, testa **b** smälta ut (metall el. fett); ~ *the matter out!* undersök [saken] riktigt grundligt!; ~ *over* dra igenom (t.ex. musikstycke) **II** *s* försök; *have a* ~ göra ett försök **-ing** ansträng-ande, påkostande, pressande, besvärlig, på-frestande **--on** ['trai'ɔn] **1** provning (av klädes-plagg) **2** [bedrägeri]försök; ~ *room* provrum **--out** ['trai'aut] (grundlig) prövning, prov-ning; prov, test

tryst [traist] **I** *s* **1** avtalat möte, avtalad mötes-plats **2** *Sk.* marknad **II** *v* stämma möte [med]; fastställa

tsar [zɑː] tsar

tsetse fly ['tsetsiflai] *zool.* tsetsefluga

T-shirt ['tiː'ʃɔːt] (lätt) sportskjorta (med kort ärm), undertröja

tub [tʌb] **I** *s* **1** balja, bytta; fat, tunna; [bad]-kar **2** skuta, skorv **3** *fam.* predikstol **II** *v* **1** bada **2** lägga i fat (tunna) (t.ex. smör) **3** *sl.* träna (rodd)

tuba ['tjuːbə] *mus.* tuba

tubby ['tʌbi] **1** rund[lagd], knubbig **2** ihålig (om klang)

tube [tjuːb] **I** *s* **1** rör; katodstrålerör; *A. äv.* radiorör; elektronrör; TV-mottagare **2** tub **3** [inner]slang **4** *BE.* tunnelbana **5** eldrör; tor-pedtub; *test* ~ provrör **II** *v* **1** förse med rör **2** lägga på tub **-less** [-lis] *a*, ~ *tyre* slanglöst däck

tuber ['tjuːbə] **1** knöl; svulst **2** *fam.* potatis **-cle** [-əːkl] liten knöl, utväxt; *med.* tuberkel **-cular** [tju(ː)'bɔːkjulə] **1** *med.* tuberkulös **2** knölig; ~ *consumption* lungtuberkulos **-culosis** [tju(ː),bɔːkju'ləusis] tuberkulos **-culous** [tju(ː)'bɔːkjuləs] tuberkulös **-ous** [-rəs] knölig, knölartad; tuberös

tubful ['tʌbful] balja, bytta etc. [full]

tubing ['tjuːbiŋ] rör[ledning]; [gummi]slang

tub-thumper ['tʌb,θʌmpə] agitator, gatutalare

tubul|ar ['tjuːbjulə] rörformig; ~ *boiler* tub-panna; ~ *steel furniture* stålrörsmöbler **-ated** [-leitid] **1** försedd med rör **2** rörformig **-e** [-uːl] litet rör **-ous** [-əs] = *tubular*

tuck [tʌk] **I** *v* **1** stoppa [in]; vika [upp, in] **2** vecka, rynka; ~ *away* stoppa (gömma) undan; ~ *in* **a** stoppa (vika) in; vika ihop; stoppa om (i sängen) **b** stoppa i sig (mat), lägga in; ~ *into* hugga in på; stoppa ner i; ~ *up* **a** vika upp; kavla upp (ärm); stoppa in; stoppa om (i sängen) **b** *sl.* hänga (som straff); ~*ed away* död o. begraven (*sl.*); ~*ed up* [för]hindrad; ut-mattad (*sl.*) **II** *s* **1** veck; uppläggning **2** snask, sötsaker **-er** [-ə] **I** *s* **1** [hals]krås **2** *sl.* mat, käk

II *v, A.* trötta ut **–in** ['tʌk'in] skrovmål, kalas **–shop** snaskbutik, kiosk
Tuesday ['tju:zdi] tisdag
tuf|a ['tju:fə] **-f** [tʌf] *geol.* tuff
tuft [tʌft] **I** *s* **1** knippe, klunga; tofs; tuva **2** adlig student **II** *v* bilda klunga etc.; förse med tofs etc.; genomborra o. sätta tofsar i (madrass) **–hunter** [-,hʌntə] person som söker fint sällskap **-y** [-i] tuvig, tovig; som bildar klungor; klungvis bevuxen
tug [tʌg] **I** *v* **1** släpa, dra; bogsera; rycka **2** slita [o. släpa], knoga; ~ *at* slita (rycka) i **II** *s* **1** ryck; drag[ning] **2** kraftansträngning, -mätning **3** bogserbåt **4** dragrem **5** *sl.* stipendiat (vid Eton); *I felt a great* ~ *at parting* det kändes smärtsamt [för mig] att skiljas **–boat** bogserbåt **–of-war** ['tʌgə(v)'wɔ:] dragkamp; *fig.* avgörande kamp
tuition [tju(:)'iʃ(ə)n] [avgift för] undervisning; [upp]fostran
tulip ['tju:lip] tulpan; *my* ~! min sköna! (*fam.*)
tulle [tju:l] tyll
tumble ['tʌmbl] **I** *v* **1** tumla; ramla; kasta sig; falla ihop; kasta (vräka) [omkull]; bringa i oordning, vända upp o. ner på; slå kullerbyttor; skjuta [ner] (fågel); *sl.* hoppa i säng **2** ~ *to* (plötsligt) komma 'på, fatta; *everything* ~*d about him* [det var som om] allt rasade samman omkring honom; *I* ~*d* [*across*] *on him* jag stötte händelsevis ihop med honom; *it has* ~*d down* den (det) har störtat samman; ~ *in* a störta in (samman) **b** komma inramlande **c** krypa till kojs, hoppa i säng = ~ *into bed*; ~ *out!* (*up!*) upp o. hoppa!; ~ *over* störta samman, rasa ihop **II** *s* **1** tumlande; fall, nedstörtande; kullerbytta; villervalla **2** *sl.* chans, möjlighet; *everything was in a* ~ allt var en enda röra **–down** fallfärdig **-r** [-ə] **1** dricksglas, bägare **2** akrobat **3** (slags) duva
tumbr|el ['tʌmbr(ə)l] **-il** kärra (för gödsel el. dödsdömda)
tumescen|ce [tju:'mesns] svullnad **-t** svullen
tumid ['tju:mid] svullen; svulstig
tummy ['tʌmi] *barnspr.* mage
tum|orous ['tju:mərəs] svullnande, bulnande **-our** [-ə] svulst, böld, tumör
tumult ['tju:mʌlt] bråk, tumult; upplopp; förvirring; uppror, upprördhet **-uary** [tju(:)'mʌltjuəri] **-uous** [tju(:)'mʌltjuəs] bråkig, stormig; förvirrad; upprorisk
tumul|us ['tju:mjuləs] (*pl -i* [-ai]) gravhög, kummel
tun [tʌn] **I** *s* tunna; visst mått vin **II** *v* hälla på tunna
tuna ['tu:nə] tonfisk
tunable ['tju:nəbl] = *tuneable*
tuna-fish ['tju:nəfiʃ] = *tuna*
tundra ['tʌndrə] tundra
tune [tju:n] **I** *s* **1** melodi; låt **2** stämning; *fig.* humör, sätt; *I'll make her change her* ~ jag skall få henne att lägga om stil; *he gave us a* ~ han spelade en bit (låt, stump) för oss; *be in* ~ **a** *mus.* stämma, vara [väl] stämd **b** vara i [god] stämning; *sing in* ~ sjunga rent; *be in* ~ *with* harmoniera med, passa ihop med; *sing out of* ~ sjunga falskt; *be out of* ~ *a mus.* vara ostämd **b** vara i olag; inte vara överens (till freds); *the song goes to the* ~ *of* sången går på melodin; *he had to pay to the* ~ *of £ 100* han fick betala inte mindre än 100 pund **II** *v* **1** stämma; ställa in (radio); anpassa **2** sjunga, stämma upp; ~ *in* a ställa in

(radio) **b** blanda sig i samtalet; ~ *in for your work!* gör dig (er) redo för arbetet!; ~ *in to* (*on*) ta in (på radio); ~ *in!* fram (ut) med det! (*A.*); ~ *to* ställa in på; *fig.* anpassa efter; ~ *up* a stämma (instrument) **b** stämma upp **c** [fin]-justera; trimma; ~ *with* stämma (harmoniera) med **-able** [-əbl] **1** stämbar **2** välljudande **-ful** [-f(u)l] **1** välljudande **2** musikalisk **-less** [-lis] **1** disharmonisk **2** stum, klanglös **-r** [-ə] stämmare
tungsten ['tʌŋstən] *kem.* volfram
tunic ['tju:nik] **1** uniformsrock; (slags) lång blus (jacka) **2** *biol.* hinna, membran, hölje (på lökväxt) **3** tunika; tunik (slags klänning) **-le** [-l] *kyrk.* tunika
tuning ['tju:niŋ] stämmande, -ning **–coil** av-stämningsspole **–fork** stämgaffel **–key** stämnyckel **–knob** inställningsknapp **–peg** stämskruv
Tunis ['tju:nis] Tunis; *äv.* = *följ.* **-ia** [tju(:)-'niziə] Tunisien **-ian** [tju(:)'niziən] **I** *a* tunisisk **II** *s* tunisier
tunnel ['tʌnl] **I** *s* tunnel, gång **II** *v* göra tunnel (i, under) **–pit**, **–shaft** tunnelschakt
tunny ['tʌni] tonfisk
tuny ['tju:ni] välljudande
tuppence ['tʌpəns] = *twopence*
turban ['tə:bən] turban
turbid ['tə:bid] grumlig, tjock, oklar; *fig.* för-virrad, rörig **-ity** [tə:'biditi] grumlighet, oklarhet; förvirring
turbin|ate ['tə:bineit] spiralformad **-e** [-n] turbin
turbo|-jet ['tə:bəu'dʒet] *flyg.* jetturbin[-] **–prop** ['tə:bəu'prɔp] propellerturbin[-]
turbot ['tə:bət] piggvar
turbulen|ce ['tə:bjuləns] oro, förvirring; våld-samhet; turbulens **-t** orolig, bråkig; våldsam; turbulent
turd [tə:d] *vulg.* lort, träck
tureen [tə'ri:n] [sopp]terrin, -skål
turf [tə:f] **I** *s* **1** gräs[torv]; grästorva **2** *irl.* [bränn]torv; *the* ~ hästsporten; kapplöpnings-banan; *he is on the* ~ **a** han sysslar med häst-sport **b** *sl.* han är luspank **II** *v* gräs-, torvtäcka; ~ *out* köra ut (*sl.*) **–bound** (tjockt) gräsbevux-en **–man** hästsportentusiast **-y** [-i] torvig **2** hästsportsintresserad
turg|escence [tə:'dʒesns] svullnad, uppsvälld-het, -ande; svulstighet **-escent** [-'dʒesnt] svällande, svullnande **-id** ['tə:dʒid] svullen svulstig **-idity** [-'dʒiditi] svullnad; svulstighet
Turk [tə:k] **1** turk **2** *fig.* bråkmakare **-ey** [-i] Turkiet
turkey ['tə:ki] kalkon **–cock 1** kalkontupp **2** *fig.* storskrävlare **–corn** majs **–stone** tur-kos, oljebrynsten
Turk|ish ['tə:kiʃ] turkisk; ~ *bath* bastubad; ~ *delight* marmelad[bit]; ~ *towel* frottéhand-duk **-'s head 1** långborste **2** *sjö.* turbanknop
turmoil ['tə:mɔil] förvirring, röra; bråk, tu-mult
turn [tə:n] **I** *v* **1** vända [på]; vrida [om]; snurra, svänga; sno; vända sig; ta 'av, kröka; avvärja (slag); skicka bort (iväg); plöja upp **2** för-vandla[s]; göra (+ *a*); bli; (om mjölk) [kom-ma att] surna; (om blad) skifta färg; över-sätta **3** svarva [till], forma; ~ *the cape* segla om (runda) udden; ~ *colour* skifta färg; *he can* ~ *a compliment* han kan utforma en kom-plimang; ~ *the corner* gå (vika) om hörnet; *it* ~*ed the day* det medförde att [krigs]lyckan

vände sig; ~ *a film* spela in en film; *he has ~ed
40* han har fyllt 40 år; *she did not ~ a hair* hon
förändrade inte en min; *he ~s his hand to
everything* han sysslar med litet av varje;
~ *a p.'s head* förvrida (stiga åt) huvudet på
ngn; *it made my head ~* jag blev alldeles yr i
huvudet av det; ~ *a[n honest] penny* tjäna
en [bra] slant; ~ *a somersault* slå en kuller-
bytta; *it ~ed his stomach* det kväljde honom;
~ *the tables* ändra situationen helt; ~ *turtle*
(*vard.*) **a** kapsejsa, kantra **b** hamna på rygg **c**
bli rädd, bli feg ~ *about* göra helt om, vända
sig om; *he ~s after his mother* han brås på
sin mor; ~ *aside* (*away*) vända [sig] bort; ~
back **a** vända om **b** slå tillbaka **c** vika upp
(ärm etc.); ~ *down* **a** vika ner **b** vända [sig]
nedåt; vara vänd nedåt **c** skruva ner **d** för-
kasta; tillbakavisa **e** vika (ta) in på (gata); ~
in **a** vända (vika) in[åt]; vara vänd (peka) inåt
b lämna in **c** bege sig in **d** gå till sängs, krypa
till kojs; ~ *into* **a** förvandla till **b** översätta till
c ta (vika) in på (gata); ~ *loose* avfyra (*A.*);
~ *off* **a** stänga (vrida) av **b** skicka (köra) iväg
(bort) **c** vända [sig] bort; avvända **d** ta (vika)
av (från) **e** åstadkomma, prestera **f** *sl.* hänga
(som straff) **g** *sl.* gifta [bort]; ~ *it off!* sluta
[upp] med det där! (*A.*); ~ *on* **a** vrida (knäppa,
slå) 'på **b** bero (hänga) på **c** vända [sig] mot;
gå till angrepp mot **d** *A. sl.* förleda (ngn) att
börja knarka, börja knarka; ~ *out* **a** stänga
(knäppa, vrida) av **b** köra (kasta) ut **c** rycka
(bege sig) ut **d** vända ut[åt]; peka utåt **e** pro-
ducera; utexaminera; prestera **f** vända ut o.
in på; tömma **g** visa sig [vara]; utfalla; (t:ll
slut) bli **h** stiga upp **i** gå i strejk **j** *A.* hälla upp
(t.ex. te); *well ~ed out* välklädd; ~ *over* **a**
välta; kantra; vända [sig]; rulla över (på
andra sidan) **b** bläddra i[genom] **c** *hand.* om-
sätta; *I'll ~ it over* jag skall tänka på (över)
saken; ~ *round* vända [sig] [om]; ~ *to* **a** vända
sig till, rådfråga **b** sätta igång [med]; slå sig
på; ~ *to account* dra nytta av, utnyttja; *he ~s
his hand to it* han tar itu med det; ~ *up* **a** vika
(fälla, slå) upp **b** vända upp[åt]; vara vänd
(peka) uppåt **c** dyka upp; visa sig **d** *sl.* kvälja
e *sjö.* kalla upp på däck **f** *sl.* ge upp; ~ *up
one's nose at* betrakta med avsky el. förakt; ~
up trumps få trumf på hand, få (oväntad) tur;
~ *upon* = ~ *on* **b**, **c** **II** *s* **1** vändning; vänd-
punkt; förändring **2** vridning; varv; slag **3**
tur; [arbets]skift; tag **4** krök[ning] **5** (liten) tur,
vända **6** tjänst **7** läggning, inställning **8** chock
9 anfall, utbrott **10** [artist]nummer **11** syfte,
[ända]mål **12** form, stil[art] **13** *mus.* dubbelslag
14 *~s, pl* menstruation; *they took ~s* de tura-
des om; *he took his* ~ det var [nu] hans tur;
it gave me quite a ~ jag fick en riktig chock;
friendly ~ väntjänst; *do a p. a good* ~ ge ngn
ett [gott] handtag; *one good ~ deserves an-
other* jag (vi etc.) skall göra dig (er) en gen-
tjänst; ~ *of the century* sekelskifte; ~ *of
expression* vändning, uttryckssätt; *the boat has
a good ~ of speed* båten kan gå [rätt]fort; ~ *of
the tide* [allmän] förändring, vändpunkt (*fig.*);
~ *of work* handtag, [arbets]insats; ~ *and ~
about = by* (*in*) ~*s* i tur o. ordning, successivt;
turvis, omväxlande; *the milk is on the* ~ mjöl-
ken håller på att bli sur; *out of* ~ när det inte
är ens tur, på fel ställe; *it came to my* ~ det
blev min tur; *the meat was done to a* ~ köttet
var precis lagom kokt (stekt) **-back** feg stack-
are **--buckle** [-ˌbʌkl] stag-, w/iresträckare

--cap vridbar huv **--coat** person som vänder
kappan efter vinden; överlöpare **--down**
nedvikt (krage); krag- **-er** [-ə] **1** svarvare **2**
A. gymnast **-ery** [-əri] svarvning; svarvat
arbete
turning ['tɜːniŋ] **1** vändning; vridning; rota-
tion, varv; utformning; krök[ning]; *fig.* om-
slag **2** avtagsväg, gathörn **3** svarvning **--lathe,
--loom** svarv[stol] **--point** vändpunkt **--table**
[-,teibl] = *turn-table*
turnip ['tɜːnip] **1** rova; kålrot **2** (gammaldags)
fickur av silver, rova; *he got ~s* han fick kor-
gen (*vard.*)
turn|key ['tɜːnkiː] fångvaktare **--off** ['tɜːn'ɔf]
produkt **--out** ['tɜːn'aut] **1** anslutning, delta-
gande **2** utryckning, uppställning **3** strejk **4**
['tɜːnaut] *järnv.* sidospår; (på väg) mötesplats
5 tömmande, utrymning **6** produktion **7**
utrustning; ekipage **8** *vard.* herrkostym **-over**
[-,əuvə] **I** *s* **1** omsättning **2** omkastning, -sväng-
ning **3** flik, nedvikt kant **4** (slags dubbelvikt)
bakverk **II** *a* nedvikt **-pike 1** väg-, tullbom **2**
station där vägavgift upptas **3** huvudväg
--round omloppstid (för fartyg el. godsvagn)
-screw skruvmejsel, -nyckel **-spit** stekvän-
dare **-stile** vändkors **--table** [-,teibl] **1** *järnv.*
vändskiva **2** skivtallrik (på grammofon); ~
ladder brandstege **--tail** feg stackare **--up**
['tɜːn'ʌp] **I** *s* **1** uppstående kant; slag (på byx-
or) **2** [tärnings]kast **3** överraskning **4** bråk **II**
a uppn-, nedvikt
turpentine ['tɜːp(ə)ntain] terpentin
turpitude ['tɜːpitjuːd] nedrighet, elakhet
turps [tɜːps] *sl.* terpentin[olja]
turqouise ['tɜːkwɑːz] *min.* turkos
turret ['tʌrit] **1** litet torn **2** *mil.* kanontorn **-ed**
[-id] försedd med *turrets*; tornliknande
turtle [tɜːtl] havssköldpadda; ~ *soup* sköld-
paddsoppa **--dove** turturduva **--shell** sköld-
padd[skal]
turves [tɜːvz] *pl* av *turf*
Tuscan ['tʌskən] **I** *a* toskansk **II** *s* **1** toskanare
2 toskanska [dialekten] **-y** [-i] Toscana
tush [tʌʃ] **I** *interj* äsch!, asch! **II** *s* hörntand
(*isht* hästs)
tusk [tʌsk] [elefant]bete; [hugg]tand (*äv. på
redskap*) **-ed** [-t] **-y** [-i] försedd med betar
([hugg]tänder)
tussle ['tʌsl] **I** *s* slagsmål, strid **II** *v* slåss
tussock ['tʌsək] [gräs]tuva; (tjock) [hår]test
tussore ['tʌsə] (slags) asiatiskt siden
tut [tʌt] *interj* äsch!, asch!, fy!, usch! **II** *s isht
gruv.* ackordsarbete, beting (*äv. ~-work*)
tutel|age ['tjuːtilidʒ] förmynderskap; vård
-ary [-əri] beskyddande; förmyndar-
tutor ['tjuːtə] **I** *s* **1** privatlärare, informator
(*äv. private ~*) **2** (vid univ.) *ung.* [studie]-
handledare **3** *A.* (vid vissa univ.) universitets-
lektor, pedagogisk lektor **4** förmyndare **II** *v*
1 undervisa; handleda, träna **2** tjänstgöra som
tutor **3** tukta, förmana **--aeroplane** [-,ɛərə-
plein] skolflygplan **-age** [-ridʒ] undervisning;
handledning **-ess** [-ris] **1** guvernant **2** kvinnl.
[studie]handledare **-ial** [tju(:)ˈtɔːriəl] **I** *a* under-
visnings-; handledar- **II** *s* undervisnings- el.
övnings-
tut-tut ['tʌt'tʌt] *se tut I*
tu|-whit [tu'wit] **--whoo** [-'wuː] [uggle]tjut
tuxedo [tʌk'siːdəu] *A.* **1** smoking **2** *sl.* tvångs-
tröja
twaddle ['twɔdl] **I** *v* prata strunt, snacka **II** *s*
snack, struntprat **-r** [-ə] pratmakare

twain [twein] **I** *räkneord* tvenne, två **II** *s* tu; *in* ~ itu

twang [twæŋ] **I** *s* **1** [dallrande] ton, klang **2** nasalklang. *(äv. nasal* ~) **3** obehaglig [bi]smak; anstrykning **II** *v* **1** frambringa (avge) dallrande ton; knäppa [på]; klirra; vibrera **2** låta nasalt; [ut]tala med nasalklang; ~ *a bow* släppa [av] en [spänd] bågsträng **-y** [-i] **1** dallrande **2** nasal

'twas [twɔz] = *it was*

tweak [twi:k] **I** *v* vrida [om]; nypa [i] **II** *s* nyp; [om]vridning; ryck **-er** [-ə] *sl.* slangbåge

tweed [twi:d] tweed (slags ylletyg)

tweedle ['twi:dl] **1** fila, gnida; gnissla, gnälla **2** locka, förleda **-dee** ['twi:dl'di:] **-dum** ['twi:dl'dʌm] *interj* trallala!, trallali!; ~ *and tweedledee* sak samma, likvärdiga

tweedy ['twi:di] iklädd tweedkostym

'tween [twi:n] = *between* **--decks** *sjö.* mellandäck

tweeny ['twi:ni] hjälp[flicka]

tweet [twi:t] [fågel]kvitter **-er** [-ə] diskantförstärkare

tweezer ['twi:zə] **I** *s pl,* ~*s* pincett; *a pair of* ~*s* en pincett **II** *v* ta [ut] med pincett

twelfth [twelfθ] tolfte[del]; *T*~ *Night* trettondagsafton

twelve [twelv] tolv **-mo** [-məu] duodes[format] **-month** år; *this day* ~ idag om ett år

twent|ieth ['twentiiθ] tjugonde[l] **-y** [-i] tjugo

'twere [twə:] = *it were*

twerp [twə:p] *sl.* tölp, fåntratt; person som är annorlunda, original

twice [twais] två gånger; ~ *as much* dubbelt så mycket; *in* ~ i två omgångar; *I'll think* ~ *before* jag ska tänka mig noga för innan **-r** [-ə] sättare o. tryckare (i en person) **--told** *a,* ~ *tale* välkänd historia

twiddle ['twidl] **I** *v* leka med; ~ *one's thumbs* rulla tummarna **II** *s* släng, krumelur (i skrift)

twig [twig] **I** *s* **1** kvist; spö **2** slagruta; *hop the* ~ trilla av pinn (dö) *(fam.);* *in prime* ~ flott [utstyrd] **II** *v, fam.* begripa, fatta **-gy** [-i] kvistliknande; kvistig

twilight ['twailait] **I** *s* skymning; halvdager; *ibl.* gryning **II** *a* skymnings-, skum; dunkel **III** *v* svagt upplysa

'twill [twil] = *it will*

twin [twin] **I** *s* tvilling **II** *a* tvilling-; dubbel[-]; (två) exakt lika **III** *v* para ihop [sig] **--beds** två likadana sängar

twine [twain] **I** *v* tvinna, fläta; slingra [sig] **II** *s* **1** (tvinnad) tråd, snodd; segelgarn **2** slinga, vindling **3** härva, trassel

twin-engined ['twin,en(d)ʒind] tvåmotorig

twiner ['twainə] **1** tvinnare **2** slingerväxt

twinge [twin(d)ʒ] **I** *s* [stingande] smärta; nyp; ~ *of conscience* samvetsagg **II** *v* göra ont, värka; gnaga (t.ex. om samvete)

twink [twiŋk] *s, in a* ~ *(fam.)* = *in a twinkling*

twinkl|e ['twiŋkl] **I** *v* blinka; flimra, gnistra; fladdra; utstråla (blinkande ljus) **II** *s* blink, [-ning]; glimt; dallring; *in a* ~ *of an eye* pa ett ögonblick **-ing** [-iŋ] **1** blinkning; dallring **2** ögonblick; *in a* ~, *in the* ~ *of an eye* på ett ögonblick, på ögonblicket

twin|-screw ['twinskru:] (om fartyg) med två propellrar **--set** jumper o. kofta (i samma färg)

twirl [twə:l] **I** *v* snurra [på], tvinna **II** *s* snurrning, virvel; släng (på bokstav) **-y** [-i] slingrig, slingrande

twist [twist] **I** *v* **1** vrida [sig]; slingra [sig]; snurra; tvinna, fläta; vira, linda; förvrida[s]; förvränga; vricka (ur led) **2** (om boll) skruva; ändra riktning (genom skruv) **3** stoppa i sig (mat) **3** krångla, fuska; ~ *and turn* slingra sig; ~ *the lion's tail* retas, pröva ngns tålamod; ~*ed intestine* tarmvred; ~ *up a piece of paper* tvinna (rulla) ihop ett papper (en papperslapp) **II** *s* **1** tvinning; [samman]flätning; vridning; [led]vrickning **2** (tvinnad) tråd, snöre; snodd; rulltobak; [bröd]fläta, kringla **3** [tvär] krök- **3** knut; trassel **5** [sär]drag; rubbning **6** blanddryck **7** [frisk] aptit **8** skruv[boll] **9** *A. sl.* tjej, brallis **10** *A. sl.* modenyck; *ibl.* modeströmning; ~ *of the wrist* (enkelt) handgrepp; *the tube has got a* ~ röret har krökt sig; *give it a* ~ vrid (lite) åt det (den); *a criminal* ~ en dragning åt det kriminella **-able** [-əbl] som kan vridas etc., *se twist I* **-drill** spiralborr **-er** [-ə] **1** en som tvinnar etc., *se twist I* **2** bedragare, skojare **3** skruv[boll] **4** *A.* cyklon **5** *sl.* svårt problem, [hård] nöt **6** fantasteri[er] **-y** [-i] slingrig, -ande; *fig.* opålitlig, bakslug

twit [twit] **I** *v* förebrå; pika **II** *s sl.* idiot

twitch [twitʃ] **I** *v* rycka [i]; nypa [i]; rycka till; sammandra[s] **II** *s* ryck; [nerv]ryckning; stickande smärta; [sen]sträckning

twitter ['twitə] **I** *v* **1** kvittra **2** darra (av nervositet) **II** *s* **1** kvitter **2** nervositet; *they were all in a* ~ de var alldeles pirriga (mycket nervösa) **-ation** [,twitə'reiʃ(ə)n] nervositet

'twixt [twikst] = *betwixt*

two [tu:] två[a]; ~ *or three* ett par [tre]; *the* ~ *boys, äv.* de båda pojkarna; *in* ~ ~ i s i en handvändning; *divide in* ~ dela i två delar (mitt itu); *he knows how to put* ~ *and* ~ *together* han kan räkna ut hur det hänger ihop **--edged** ['tu:'edʒd] tveeggad **-er** [-ə] *fam.* dubbel; tvåa **--faced** [-feist] med två ansikten; *fig.* falsk, opålitlig **-fer** [-fə] *se twofor* **-fold** tvåfaldig, dubbel **-for** [-fə] *A.* billig cigarr (2 för 5 cents) **--handed** ['tu:'hændid] **1** tvåhänt **2** lika skicklig med båda händerna **3** för två händer, tvåhands- **4** tvåmans- **--handled** ['tu:'hændld] med två handtag **--pair** *a,* ~ *front* två trappor upp mot gatan **--part** *a,* ~ *song* tvåstämmig sång **-pence** ['tʌpəns] två pence; ~ *halfpenny* $2^1/_2$ pence; *he doesn't care* ~ han bryr sig inte ett dugg om det **-penny** ['tʌpni] *a* **1** tvåpe nce- **2** *fig.* värdelös, billig, strunt- **II** *s* **1** (slags svagt) öl **2** *sl.* skalle; *tuck in your* ~ dra in skallen!

-penny-halfpenny ['tʌpni'heipni] **1** $2^1/_2$ pence- **2** = *twopenny I* **2** **--piece** ['tu:'pi:s] *a,* ~ *suit* kostym i två delar **-ply** dubbel (bl.a. om rep o. plywood) **-some** [-səm] **I** *a* tvåmans-, par- **II** *s* golfparti (dans) med två deltagare **--speed** med två hastigheter; tvåväxlad **--spot** *A. sl.* tvådollarsedel **--stroke** *a,* ~ *motor* tvåtaktsmotor **--tongued** [-tʌŋd] tvåtungad; tvetungad, falsk

'twould [twud] = *it would*

two-way ['tu:wei] dubbelriktad; ~ *cock* kran som kan vridas åt båda hållen; ~ *radio* kombinerad sändare o. mottagare

tycoon [tai'ku:n] *A.* pamp, magnat

tying ['taiiŋ] *pres part av tie*

tyke [taik] **1** byracka, bondhund **2** tölp

tyler ['tailə] *se tiler 2*

tympan|ic [tim'pænik] *a,* ~ *membrane* **-um** ['timpənəm] **1** trumhinna **2** trumma; tamburin; trumskinn

type [taip] **I** *s* **1** typ; förebild, mönster, modell;

symbol; [av]bild[ning] (på mynt) **2** *boktr.*
typ[er]; stil[sort] **II** *v* **1** skriva [ut] på maskin
2 symbolisera **3** typbestämma (t.ex. blod)
--foundry [-,faundri] stilgjuteri **--metal**
[-,metl] stilmetall **-r** [-ə] **1** skrivmaskin **2** maskinskrivare**--script**maskinskrivet manuskript
--setter [-,setə]**1** sättare **2** sättmaskin **-write**
skriva [ut] på maskin **-writer** [-,raitə] **1**
skrivmaskin **2** *A. sl.* maskingevär **-written**
[-,ritn] maskinskriven
typhoid ['taifɔid] (= ~ *fever*) tyfoid, nervfeber
typhoon [tai'fu:n] tyfon
typh|ous ['taifəs] tyfusartad **-us [fever]** [-əs-]
[fläck]tyfus
typical ['tipik(ə)l] **1** typisk, karakteristisk **2**
symbolisk **-ness** [-nis] **1** typiskhet **2** symbolisk betydelse
typify ['tipifai] exemplifiera; symbolisera
typist ['taipist] maskinskriverska, -are
typo ['taipəu] *sl.* = **-grapher** [tai'pɔgrəfə]
typograf, [bok]tryckare **-graphical** [,taipə-
'græfik(ə)l] typografisk; tryck- **-graphy** [tai-
'pɔgrəfi] typografi
tyran|nic[al] [ti'rænik, -(ə)l] tyrannisk **-nize**
['tirənaiz] tyrannisera **-nous** ['tirənəs] =
tyrannical **-t** ['taiər(ə)nt] tyrann **-y** ['tirəni]
tyranni, despotism, grymhet
tyre ['taiə] **I** *s* [bil-, gummi]däck **II** *v* förse med
~[s] **--cover** [-,kʌvə] däckskydd **--lever**
[-,li:və] ringjärn **-valve** ventil (på däck)
tyro ['taiərəu] *se tiro*
Tyrol ['tir(ə)l] Tyrolen **-ese** [,tirə'li:z] **I** *s* tyrolare **II** *a* tyrolsk
Tyrrhen|e [ti'ri:n] **-ian** [-jən] *s* o. *a* etrusk[isk]
tzar [za:] **-ina** [-'ri:nə] *se czar, czarina*
Tzigane [tsi'ga:n] **I** *s* ungersk zigenare **II** *a*
zigenar-

U

U, u [ju:] (bokstaven) u
ubiquit|ary [ju(:)'bikwit(ə)ri] **-ous** [-əs] allestädes närvarande **-y** [-i] allestädesnärvaro
U-boat ['ju:bəut] (tysk) ubåt
udder ['ʌdə] juver
ugh [uh] usch!
ugl|ify ['ʌglifai] förfula **-y** [-i] **I** *a* **1** ful; gräslig,
otäck **2** otrevlig **3** elak; ~ *customer* otrevlig
typ (varelse); ~ *tongues* elaka tungor **II** *s* **1** fuling **2** (1800-t.) (slags) skärm (på damhatt)
Ukrain|e [ju(:)'krein] Ukraina **-ian** [-jən] *s* **1**
ukrainare **II** *a* ukrainsk
ukulele [,ju:kə'leili] ukulele
ulcer ['ʌlsə] **1** (varigt) sår **2** *fig.* skamfläck **-ate**
[-reit] **1** framkalla sår [på]; vara sig **2** *fig.*
utöva skadligt inflytande på; ~*d stomach* magsår **-ation** [,ʌlsə'reiʃ(ə)n] sår[bildning] **-ative**
[-reitiv] sår-, varbildande **-ed** [-d] **-ous**
[-s(ə)rəs] sårig; full av var; *fig.* otäck
uliginous [ju(:)'lidʒinəs] dyig, sumpig
ulna ['ʌlnə] armbågsben
ulterior [ʌl'tiəriə] **1** bortre, mera avlägsen;
framtida **2** hemlig, [för]dold (t.ex. plan, motiv)

ultimate ['ʌltimit] **I** *a* **1** ytterst, sist, slut- **2**
grundläggande, grund-; ursprunglig **3** definitiv
II *s* slut[resultat]; grund[princip] **-ly** [-li] till
[syvende o.] sist, ytterst; i sista hand
ultimatum [,ʌlti'meitəm] ultimatum
ultimo ['ʌltiməu] i förra månaden
ultra ['ʌltrə] *pref* **1** bortom **2** mycket, ytterst,
ultra-, ytterlig[hets-], överdriven **--conservative** ['ʌltrəkən'sə:v(ə)tiv] stockkonservativ
-ist ytterlighetsman **-marine** [,ʌltrəmə'ri:n] **1**
ultramarin[blå] **2** transmarin, (belägen) på
andra sidan havet **-montane** [,ʌltrə'mɔntein]
ultramontan, högpåvlig **-mundane** [,ʌltrə-
'mʌndein] **1** belägen utanför världen (solsystemet) **2** icke av denna världen **--red**
['ʌltra'red] = *infra-red* **-sonic** ['ʌltrə'sɔnik]
ultraljuds- **-sonics** ['ʌltrə'sɔniks] *pl* ultraljud
--violet ['ʌltrə'vaiəlit] ultraviolett
ulul|at|e ['ju:ljuleit] tjuta, jämra sig **-ion**
[,ju:lju'leiʃ(ə)n] tjut; jämmer
umbel ['ʌmbel] blomflock, -klase **-lated**
[-leitid] **-liferous** [,ʌmbe'lifərəs] flockblomstrig
umber ['ʌmbə] *s* o. *a* umbra[färgad] **-y** [-ri]
mörkbrun
umbilic|al **1** *med.* [,ʌmbi'laik(ə)l] navel- **2**
mat. [ʌm'bilik(ə)l] central; ~ *cord* navelsträng;
lina mellan rymdfarare o. rymdskepp vid
rymdpromenad; ~ *ancestors* förfäder på mödernet **-ate** [ʌm'bilikit] navelliknande **-us**
[ʌm'bilikəs] navel
umbra ['ʌmbrə] (*pl* -*ae* [-i:]) **1** skugga; *astr.*
kärnskugga **2** spöke, vålnad
umbrage ['ʌmbridʒ] **1** anstöt **2** *poet.* skugga[nde lövverk]; *give ~ to* väcka anstöt hos; *take*
~ ta anstöt (*at* av) **-ous** [ʌm'breidʒəs] **1** skuggig, -ande **2** misstänksam
umbrella [ʌm'brelə] **1** paraply **2** manetklocka,
-hölje **3** parasoll **4** fallskärm **-'d**, **-ed** [-d] försedd med paraply **--holder** [-,həuldə] **--stand**
paraplyställ **--tree** (slags) magnolia
umbriferous [ʌm'brifərəs] skuggande
umiak ['u:miæk] umiak (slags eskimåbåt)
umph [ʌmf] hm!
umpir|age ['ʌmpiridʒ] domarskap **-e** [-paiə]
I *s* skiljedomare; domare (spec. i bollspel) **II**
v döma (= *stand* ~) **-eship** = *umpirage*
umpt|een ['ʌm(p)ti:n] **-y** [-i] *sl.* en massa, ett
otal
'un [ən] *vard.* = *one*
un- [ʌn] *pref* (betecknar motsatsen t. el. upphävande av handling)
unabashed ['ʌnə'bæʃt] **1** oförskräckt, ogenerad **2** oblyg
unabated ['ʌnə'beitid] oförminskad
unable ['ʌn'eibl] oförmögen, ur stånd
unabridged ['ʌnə'bridʒd] oavkortad, fullständig
unaccented ['ʌnæk'sentid] svagtonig, obetonad
unacceptable ['ʌnək'septəbl] **1** oantaglig **2**
ovälkommen
unaccommodating ['ʌnə'kɔmədeitiŋ] omedgörlig
unaccomplished ['ʌnə'kɔmpliʃt] **1** ofullbordad; ofullkomlig **2** ohyfsad, obildad
unaccount|able ['ʌnə'kauntəbl] **1** oförklarlig,
gåtfull **2** oansvarig **3** egendomlig **-ed** ['ʌnə-
'kauntid] icke redovisad; ~ *for* **a** oförklarad
b icke redovisad
unaccustomed ['ʌnə'kʌstəmd] **1** ovanlig **2**
ovan (*to* vid)

unachievable ['ʌnə'tʃi:vəbl] ouppnåelig; o-möjlig (att utföra)

unacknowledged ['ʌnək'nɔlidʒd] icke erkänd

unacquainted ['ʌnə'kweintid] obekant

unacquired ['ʌnə'kwaiəd] inte förvärvad; medfödd

unadapt|able ['ʌnə'dæptəbl] oanpassbar **-ed** ej anpassad (lämpad)

unadulterate[d] [,ʌnə'dʌltəreit(id)] oförfalskad, äkta, ren

unadvis|able ['ʌnəd'vaizəbl] icke tillrådlig **-edly** [,ʌnəd'vaizidli] obetänksamt; oöverlagt

unaffected 1 [,ʌnə'fekt d] okonstlad, naturlig, ärlig **2** ['ʌnə'fektid] opåverkad

unaided ['ʌn'eidid] utan hjälp; *the ~ eye* blotta ögat

unalarmed ['ʌnə'lɑ:md] oförskräckt; obekymrad

unalienable ['ʌn'eiljənəbl] oförytterlig, o-mistlig

unallied ['ʌn'ælaid] **1** inte besläktad **2** alliansfri

unallow|able ['ʌnə'lauəbl] otillåtlig **-ed** [-d] otillåten

unalloyed ['ʌnə'lɔid] oblandad, ren; oförfalskad

unalter|able [ʌn'ɔ:lt(ə)rəbl] oföränderlig **-ed** ['ʌn'ɔ:ltəd] oförändrad

unambitious ['ʌnæm'biʃəs] anspråkslös, beskedlig

unamenable ['ʌnə'mi:nəbl] **1** omedgörlig **2** oansvarig **3** oemottaglig (*to* för)

unanimated ['ʌn'ænimeitid] livlös, utan liv

unanim|ity [,ju:nə'nimiti] enhällighet, enstämmighet, enighet **-ous** [ju(:)'næniməs] enhällig, enstämmig, enig

unanswer|able [ʌn'ɑ:ns(ə)rəbl] **1** omöjlig att besvara **2** ovedersäglig **3** oansvarig **-ed** ['ʌn'ɑ:nsəd] **1** obesvarad **2** icke vederlagd

unappalled [,ʌnə'pɔ:ld] oförskräckt, oberörd

unappeas|able ['ʌnə'pi:zəbl] oförsonlig **-ed** [-d] otillfredsställd

unapplied ['ʌnə'plaid] inte tillämpad

unappreciated ['ʌnə'pri:ʃieitid] föga uppskattad; underskattad

unapprehensive ['ʌn,æpri'hensiv] **1** oförskräckt; obekymrad **2** oförstående

unapproachable [,ʌnə'prəutʃəbl] **1** otillgänglig **2** ouppnåelig, makalös

unappropriated ['ʌnə'prəuprieitid] outnyttjad; herrelös; *~ blessing* gammal ungmö (*skämts.*).

unapt ['ʌn'æpt] **1** olämplig **2** obenägen

unarmed ['ʌn'ɑ:md] obeväpnad, försvarslös

unascertainable ['ʌnæsə'teinəbl] obestämbar; som ej kan bekräftas

unaspiring ['ʌnəs'paiəriŋ] anspråkslös, tillbakadragen

unassail|able [,ʌnə'seiləbl] oantastlig **-ed** [-d] **1** oantastad **2** obestridd

unassertive ['ʌnə'sə:tiv] beskedlig, blygsam

unassisted ['ʌnə'sistid] utan hjälp; *the ~ eye* blotta ögat

unassociated ['ʌnə'səuʃieitid] **1** inte förenad (ansluten) **2** obesläktad

unassuming ['ʌnə'sju:miŋ] blygsam, anspråkslös

unattached ['ʌnə'tætʃt] obunden, lös; ensamstående; oberoende; ej tillhörande ngt college

unattended ['ʌnə'tendid] **1** utan uppvaktning (sällskap) **2** försummad; herrelös **3** *~ by (with)* inte förenad med, utan

unauthorized ['ʌn'ɔ:θəraizd] icke auktoriserad; obehörig

unavail|able ['ʌnə'veiləbl] inte tillgänglig **-ing** [-iŋ] fåfäng, gagnlös

unavoidable [,ʌnə'vɔidəbl] oundviklig

unaware ['ʌnə'wɛə] omedveten (*of* om) **-s** [-z] oförmodat, -happandes; omedvetet; oförmärkt; *they were taken ~* de blev överrumplade

unbalance ['ʌn'bæləns] **I** *v* bringa ur balans (jämvikt) **II** *s* bristande balans (jämvikt) **-d** [-t] ur jämvikt; obalanserad; ojämn

unbar ['ʌn'bɑ:] öppna [bom], regla upp

unbated ['ʌn'beitid] = *unabated*

unbearable [ʌn'bɛərəbl] odräglig, outhärdlig

unbecoming ['ʌnbi'kʌmiŋ] **1** opassande **2** föga klädsam

unbegotten ['ʌnbi'gɔtn] ofödd; evig (Gud)

unbelief ['ʌnbi'li:f] otro

unbeliev|able [,ʌnbi'li:vəbl] otrolig **-er** ['ʌnbi'li:və] icke troende (person) **-ing** ['ʌnbi-'li:viŋ] icke troende; skeptisk

unbend ['ʌn'bend] böja[s] ner (upp, ut); spänna loss, lossa; slappna; släppa loss **-ing** oböjlig; *fig. äv.* obeveklig, hårdnackad

unbeseeming ['ʌnbi'si:miŋ] opassande, o-lämplig

unbias[s]ed ['ʌn'baiəst] opartisk, fördomsfri

unbidden ['ʌn'bidn] **1** obedd, objuden **2** frivillig, av egen drift

unbind ['ʌn'baind] lösa [upp], lossa, göra fri, befria

unblam[e]able ['ʌn'bleiməbl] oklanderlig; utan skuld

unbleached ['ʌn'bli:tʃt] oblekt; *~ American* neger[-] (*A. sl.*)

unblench|ed ['ʌn'blen(t)ʃt] **-ing** [-ʃiŋ] orubblig; oförskräckt

unbles|sed ['ʌn'blest] **-t 1** icke välsignad; ohelgad **2** eländig, olycksalig

unblushing [ʌn'blʌʃiŋ] oblyg, skamlös

unbolt ['ʌn'bəult] **1** regla upp **2** lossa bult[ar] **-ed** [-id] **1** inte reglad; uppreglad **2** osiktad; grov

unborn ['ʌn'bɔ:n] ofödd; framtida, kommande

unbosom [ʌn'buzəm] avslöja (känslor), anförtro; *~ o.s. to a p.* yppa sitt hjärtas hemligheter för ngn

unbottle ['ʌn'bɔtl] hälla upp (ut); *~ one's feelings* ge utlopp åt sina känslor

unbound ['ʌn'baund] **I** *v, imperf* o. *perf part* av *unbind* **II** *a* obunden, fri **-ed** [ʌn'baundid] obegränsad; oinskränkt; ohämmad

unbrace ['ʌn'breis] spänna upp, lossa **-d** [-t] *äv.* utan hängslen

unbred ['ʌn'bred] **1** ouppfostrad, ohyfsad **2** outbildad

unbridle [ʌn'braidl] **1** betsla av **2** släppa lös (loss) **-d** utan betsel (tygel); *fig.* otyglad, ohämmad

unbroken ['ʌn'brəuk(ə)n] **1** obruten **2** oavbruten, utan avbrott **3** oinriden (häst), okuvad **4** hel (inte trasig)

unbuckle ['ʌn'bʌkl] spänna (knäppa) upp

unbuilt ['ʌn'bilt] (= *~ upon*) obebyggd

unbur|den [ʌn'bə:dn] **-then** [-'bə:ð(ə)n] **1** avlasta, lätta **2** lasta av; *~ o.s.* utgjuta sig

unbury ['ʌn'beri] gräva upp

unbutton ['ʌn'bʌtn] knäppa upp; (om pers.) lössläppa

uncage ['ʌn'keidʒ] släppa ut (ur bur[en])

uncalled ['ʌn'kɔ:ld] orörd (om kapital) **--for**

[ʌnˈkɔːldfɔ:] **1** opåkallad, onödig, omotiverad **2** icke avhämtad (efterfrågad)
uncanny [ʌnˈkæni] kuslig; mystisk
uncar|ed[-]for [ʌnˈkɛədfɔ:] försummad, utan [om]vård[nad] **-ing** [-riŋ] obekymrad
unceasing [ʌnˈsiːsiŋ] oupphörlig
unceremonious [ˈʌnˌseriˈməunjəs] informell, otvungen
uncertain [ʌnˈsɔːtn] osäker, oviss, tvivelaktig; ostadig, obeständig **-ty** [-ti] osäkerhet, ovisshet, tvivelaktighet; ostadighet, obeständighet
unchain [ˈʌnˈtʃein] släppa lös
unchallenge|able [ˈʌnˈtʃælin(d)ʒəbl] oomtvistlig **-d** obestridd; ojävad
unchang|eable [ʌnˈtʃein(d)ʒəbl] oföränderlig **-ed** [ˈʌnˈtʃein(d)ʒd] oförändrad **-ing** [-iŋ] konstant, oföränderlig
uncharitable [ʌnˈtʃæritəbl] obarmhärtig, kärlekslös
uncharted [ˈʌnˈtʃɑːtid] inte kartlagd
unchartered [ˈʌnˈtʃɑːtəd] ohämmad, okontrollerad
unchast|e [ˈʌnˈtʃeist] okysk **-ity** [ˈʌnˈtʃæstiti] okyskhet
unchecked [ˈʌnˈtʃekt] okontrollerad, ohämmad
uncircum|spect [ˈʌnˈsɔːkəmspekt] oförsiktig **-stantial** [ˈʌnˌsɔːkəmˈstænʃ(ə)l] okomplicerad
uncivic [ˈʌnˈsivik] vittnande om bristande medborgaranda
uncivil [ˈʌnˈsivl] ohövlig, ohyfsad **-ized** [-vilaizd] ociviliserad, barbarisk
unclasp [ˈʌnˈklɑːsp] spänna (knäppa) upp, gå upp, öppna sig; fälla upp; släppa
uncle [ˈʌŋkl] **1** farbror; morbror; onkel **2** sl. pantlånare **3** A. [neger]gubbe[n]; at ~'s på pantbanken (sl.); U~ Sam Förenta staterna, USA; U~ Tom neger som lugnt godtar segregation (A.sl.); talk to a p. like a Dutch ~ ge ngn faderliga råd
unclean [ˈʌnˈkliːn] oren, smutsig **-ly I** a [ˈʌnˈklenli] osnygg, orenlig [av sig] **II** adv [ˈʌnˈkliːnli] orent
unclose [ˈʌnˈkləuz] öppna[s]; yppa
unclouded [ˈʌnˈklaudid] molnfri; ~ happiness ogrumlad lycka
unco [ˈʌŋkəu] Sk. **I** a besynnerlig, mystisk, ovanlig **II** adv besynnerligt, märkvärdigt; synnerligen; the ~ guid de fromma; strängt religiöst folk
uncoil [ˈʌnˈkɔil] rulla av; rulla upp (ut) [sig]
uncoloured [ˈʌnˈkʌləd] **1** ofärgad **2** fig. osminkad (t.ex. berättelse)
uncome-at-able [ˈʌnkʌmˈætəbl] oåtkomlig; ouppnåelig
uncomfortable [ʌnˈkʌmf(ə)təbl] **1** obekväm; obehaglig **2** illa till mods; olustig; orolig
uncommitted [ˈʌnkəˈmitid] **1** med fria händer, obunden i sitt handlingssätt **2** parl. icke remitterad (t. utskott o.d.) **3** obegången
uncommon [ʌnˈkɔmən] ovanlig; not ~ly inte sällan
uncommunicative [ˈʌnkəˈmjuːnikətiv] föga meddelsam, tillknäppt, reserverad
uncompanionable [ˈʌnkəmˈpænjənəbl] **1** osällskaplig **2** oförenlig
uncompromising [ʌnˈkɔmprəmaiziŋ] orubblig; omedgörlig; oresonlig; fullkomlig, absolut
unconcern [ˈʌnkənˈsɔːn] likgiltighet; oberördhet **-ed** [-d] **1** obekymrad (about om); likgiltig (about inför) **2** icke inblandad (in i); oberörd (in av)

uncondition|al [ˈʌnkənˈdiʃənl] ovillkorlig; villkorslös **-ed** [-ʃ(ə)nd] obegränsad, oinskränkt; opåverkad
unconformable [ˈʌnkənˈfɔːməbl] **1** oförenlig (to med) **2** oefterrättlig; som inte rättar sig (to efter)
uncongenial [ˈʌnkənˈdʒiːnjəl] **1** osympatisk, otrevlig **2** (helt) olämplig; väsensskild
unconquerable [ʌnˈkɔŋk(ə)rəbl] oövervinnlig, obetvinglig
unconscionable [ʌnˈkɔnʃnəbl] **1** orimlig, omåttlig **2** samvetslös
unconscious [ʌnˈkɔnʃəs] **1** omedveten (of om) **2** medvetslös; the ~ det undermedvetna
unconstitutional [ˈʌnˌkɔnstiˈtjuːʃənl] **1** grundlagsstridig **2** onaturlig
unconstrained [ˈʌnkənˈstreind] **1** otvungen; frivillig **2** oinskränkt
uncontaminated [ˈʌnkənˈtæmineitid] obefläckad, ren
uncontest|able [ˌʌnkənˈtestəbl] obestridlig **-ed** [ˈʌnkənˈtestid] obestridd
uncontroll|able [ˌʌnkənˈtrəuləbl] **1** omöjlig att kontrollera **2** uppslungen; bångstyrig; oemotståndlig (lust) **-ed** [ˈʌnkənˈtrəuld] ohämmad; oinskränkt; okontrollerad
unconventional [ˈʌnkənˈvenʃənl] okonventionell, originell
uncount|able [ˈʌnˈkauntəbl] oräknelig; omöjlig att räkna **-ed** [-id] **1** oräknelig **2** oräknad
uncouple [ˈʌnˈkʌpl] koppla ifrån, lösgöra
uncourteous [ˈʌnˈkɔːtjəs] ohövlig
uncourtly [ˈʌnˈkɔːtli] **1** ohövisk **2** icke hovmässig
uncouth [ʌnˈkuːθ] **1** klumpig, ohyfsad, obildad; tafatt **2** besynnerlig **3** åld. ödslig
uncover [ʌnˈkʌvə] blotta [sitt huvud]; avtäcka; avslöja
uncreditable [ˈʌnˈkreditəbl] föga (mindre) hedrande
uncrown [ˈʌnˈkraun] avsätta; ~ed king a [ännu] inte krönt konung b fig. okrönt konung
unct|ion [ˈʌŋ(k)ʃ(ə)n] **1** smörjelse **2** salvelse[fullhet]; inlevelse **3** salva; [in]smörjning (med salva) **-uosity** [ˌʌŋ(k)tjuˈɔsiti] **1** oljighet **2** salvelsefullhet **-uous** [ˈʌŋ(k)tjuəs] **1** flottig, smetig **2** salvelsefull; självbelåten
uncult|ivable [ˈʌnˈkʌltivəbl] se unculturable **-ivated** [-veitid] se uncultured **-urable** [-tʃ(ə)rəbl] **1** inte odlingsbar, obrukbar **2** obildbar; omöjlig att civilisera (utveckla) **-ured** [-tʃəd] **1** ouppodlad **2** okultiverad; obildad; outvecklad
uncurbed [ˈʌnˈkɔːbd] ohämmad, tygellös
uncurl [ˈʌnˈkɔːl] släta[s] ut, sträcka (ngt krusigt el. krulligt), rakna
uncut [ˈʌnˈkʌt] **1** inte uppskuren (bok) **2** oklippt; o[be]skuren; oslipad (diamant); oavkortad
undaunted [ʌnˈdɔːntid] oförskräckt, djärv
undecaying [ˈʌndiˈkeiiŋ] oförgänglig
undeceive [ˈʌndiˈsiːv] v, ~ a p. ta ngn ur en villfarelse, öppna ngns ögon
undecided [ˈʌndiˈsaidid] **1** oavgjord, obestämd **2** obeslutsam, tveksam
undeclin|able [ˈʌndiˈklainəbl] oböjlig **-ed** [-d] oböjd
undefiled [ˈʌndiˈfaild] ren, obefläckad
undefrayed [ˈʌndiˈfreid] obetald
undemonstrative [ˈʌndiˈmɔnstrətiv] diskret; reserverad, återhållsam

undeniable [,ʌndi'naiǝbl] **1** obestridlig, oförneklig **2** oklanderlig
undenominational ['ʌndi,nɔmi'neiʃǝnl] konfessionslös
undepraved ['ʌndi'preivd] ofördärvad
under ['ʌndǝ] **I** prep **1** under; nedanför **2** enligt (t.ex. stadga) **II** adv [in]under; nedanför **III** a under-; nedre, lägre **IV** s pl, ~s underkläder
under|act ['ʌndǝ'rækt] inte spela ut; inte göra rättvisa åt (en roll) **--age** ['ʌndǝ'reidʒ] minderårig
under|bid ['ʌndǝ'bid] underbjuda **--boy** ['ʌndǝ'bɔi] pojke i småklasserna **-bred** ['ʌndǝ'bred] **I** a ouppfostrad, ohyfsad **II** s, spec. icke rasren häst **--brush** [-brʌʃ] undervegetation; små-, snårskog
under|carriage ['ʌndǝ,kæridʒ] flyg. landningsställ **-charge** ['ʌndǝ'tʃɑːdʒ] ta för litet betalt (av el. för) **-clothed** ['ʌndǝ'klǝuðd] (för) dåligt klädd **-clothes** [-klǝuðz] **-clothing** [-,klǝuðiŋ] underkläder **-coat** undre [hår]beklädnad **--cover** [-,kʌvǝ] a, ~ agent hemlig agent [-,kʌr(ǝ)nt] **I** s underström **II** a underliggande, dold **-cut I** v ['ʌndǝ'kʌt] **1** sälja (utbjuda) till lägre pris [än] **2** skära ut (urholka) underifrån **3** undergräva **4** slå (boll) med underskruv **II** s ['ʌndǝkʌt] **1** [ox]filé **2** sport. slag underifrån; underskruv
under|developed ['ʌndǝdi'velǝpt] underutvecklad **-do** ['ʌndǝ'duː] **1** göra för litet av **2** koka (steka) för litet **-dog** strykpojke; förtryckt (fattig) människa **-done** pred ['ʌndǝ'dʌn], attr ['ʌndǝdʌn] för litet kokt (stekt) **-drain I** s ['ʌndǝdrein] täckdike **II** v [,ʌndǝ'drein] täckdika **-draw** ['ʌndǝ'drɔː] **1** understryka **2** teckna för knappt el. matt **3** bank. inte ta ut allt på sitt konto **-dressed** ['ʌndǝ'drest] illa klädd (för litet el. för enkelt)
under|estimate I s ['ʌndǝr'estimit] underskattning, -värdering **II** v ['ʌndǝr'estimeit] underskatta, - värdera **-exposed** ['ʌnd(ǝ)riks-'pǝuzd] underexponerad
under|fed ['ʌndǝ'fed] undernärd **-flow** ['ʌndǝ'flǝu] = undercurrent I **-foot** [,ʌndǝ'fut] under fötterna; på marken; i vägen **-frame** ['ʌndǝ'freim] underrede
under|garment ['ʌndǝ,gɑːmǝnt] underplagg **-go** [,ʌndǝ'gǝu] **1** undergå, -kastas **2** genomgå, -lida **-gone** [,ʌndǝ'gɔn] perf part av undergo **-grad[uate]** [,ʌndǝ'græd(juit)] **1** student (vid univ.) **2** novis **-ground** ['ʌndǝgraund] **I** a underjordisk (äv. fig.) **II** s **1** (~ railway) tunnelbana **2** underjordisk [motstånds]rörelse **III** adv [,ʌndǝ'graund] under jord[en] **-grown** ['ʌndǝ'grǝun] småväxt, outvecklad **-growth** [-grǝuθ] **1** undervegetation; små-, snårskog **2** småväxthet
under|hand ['ʌndǝhænd] a o. adv **1** hemlig[en], [gjord] i smyg; dolsk, lömsk **2** (om boll) [kastad el. slagen] underifrån **-handed** [,ʌndǝ-'hændid] **1** = underhand **2** underbemannad, med för litet personal
under|lay I v [,ʌndǝ'lei] lägga under, stötta **II** s ['ʌndǝlei] underlag **-layer** ['ʌndǝlei(ǝ)] undre lager **-lease I** s ['ʌndǝliːs] **II** v [ʌndǝ-'liːs] = sublease **-let** ['ʌndǝ'let] **1** hyra (arrendera) ut i andra hand **2** hyra (arrendera) ut till underpris **-lie** [,ʌndǝ'lai] ligga under; ligga till grund för **-line I** s [,ʌndǝ'lain] **1** stryka under **2** understryka, betona **-ling** ['ʌndǝliŋ] hantlangare, lakej, underhuggare

under|manned ['ʌndǝ'mænd] underbemannad, med för lite personal **-mentioned** ['ʌndǝ'menʃ(ǝ)nd] nedan nämnd **-mine** [,ʌndǝ-'main] underminera, undergräva **-most** underst, nederst
under|neath [,ʌndǝ'niːθ] **I** prep o. adv [in]under, nedanför **II** s underdel **-nourishment** ['ʌndǝ'nʌriʃmǝnt] undernäring
under|pants ['ʌndǝ'pænts] kalsonger; underbyxor **-part** ['ʌndǝ'pɑːt] **1** underdel **2** biroll **-pass** [under]gång, underjordisk passage **-pay** ['ʌndǝ'pei] underbetala **-pin** ['ʌndǝ'pin] stötta **-plot 1** bi-, sidoint. ʼ~ (i roman el. pjäs) **2** fig. intriger, ränker -pͻpulated ['ʌndǝ-'pͻpjuleitid] underbefolkad **-privileged** ['ʌndǝ'privilidʒd] A. sämst ställd (lottad) (i samhället) **-proof** ['ʌndǝ'pruːf] (om alkohol) under normalstyrka **--quote** [,ʌndǝ-'kwǝut] uppge ett lägre pris [på]
under|rate [,ʌndǝ'reit] underskatta, -värdera **-score** [,ʌndǝ'skɔː] = underline **-sea** ['ʌndǝsiː] undervattens- **--secretary** ['ʌndǝ-'sekrǝt(ǝ)ri] andre sekreterare; ~ of state a statssekreterare **b** biträdande minister **-sell** ['ʌndǝ'sel] **1** sälja till lägre pris [än] **2** sälja till underpris **-shirt** ['ʌndǝʃǝːt] undertröja **-shot** ['ʌndǝʃɔt] a, ~ wheel underfallshjul **-sign** [,ʌndǝ'sain] underteckna **-sized** ['ʌndǝ-'saizd] under medellängd, småväxt **-slip** ['ʌndǝ'slip] underkjol **-staffed** ['ʌndǝ'stɑːft] med för liten personal, underbemannad
understand [,ʌndǝ'stænd] förstå, begripa; förstå sig på; sluta sig till; gram. underförstå; it is an understood thing a det är självklart **b** det är på förhand överenskommet; it is understood that a det tas för givet att **b** det förljudes att; from what you say I ~ av ditt uttalande drar jag den slutsatsen; what do you ~ by this? vad utläser du ur det här?; am I to ~ that you will not be present? kan jag dra den slutsatsen att du (ni) inte kommer att närvara? **-able** [-ǝbl] förståelig, begriplig (to för) **-ing** [-iŋ] **I** a **1** förståndig **2** förståndig **II** s **1** förståelse **2** (gott) förstånd, (klokt) omdöme **3** uppgörelse, överenskommelse; come to an ~ nå (träffa) en överenskommelse; on the ~ that under förutsättning att
under|state ['ʌndǝ'steit] uppgiva för lågt (i underkant); säga för litet (om) **-statement** ['ʌndǝ'steitmǝnt] undervärdering; (alltför) försiktig[a] uppgift[er] **-stood** [,ʌndǝ'stud] imperf o. perf part av understand **-strapper** [-,stræpǝ] = underling **-strapping** [-,stræpiŋ] underordnad, -lydande **-study** [-,stʌdi] **I** s, teat. ersättare (i roll) **II** v ersätta (skådespelare); förbereda inhopp i (roll)
under|take [,ʌndǝ'teik] **1** företa [sig] **2** åta sig **3** garantera; gå i borgen **4** ordna begravningar (som begravningsentreprenör) **-taken** [-'tei-k(ǝ)n] perf part av undertake **-taker 1** [,ʌndǝ-,teikǝ] begravningsentreprenör **2** [,ʌndǝ'teikǝ] företagare, entreprenör; en som åtar sig ngt **-taking 1** [,ʌndǝ'teikiŋ] **1** företag **2** åtagande; löfte, garanti **3** ['ʌndǝ,teikiŋ] [an]ordnande av begravningar; the ~ business begravningsentreprenörsbranschen **-things** ['ʌndǝ'θiŋz] **1** underkläder **2** dolda bevekelsegrunder, underliggande motiv **-timed** ['ʌndǝ'taimd] underexponerad **-tone** ['ʌndǝtǝun] underton; speak (talk) in an ~ (in ~s) tala dämpat (halvhögt) **-took** [-'tuk] imperf av undertake **-tow** ['ʌndǝtǝu] underström; [ut]sug (i vågor)

undervalu|ation [ˌʌndəˌvælju'eiʃ(ə)n] undervärdering **-e** ['ʌndə'vælju:] undervärdera, -skatta
under|water ['ʌndə'wɔ:tə] **I** *a* undervattens- **II** *s* grundvatten **-wear** underkläder **-weight** ['ʌndə'weit] **I** *s* undervikt **II** *a* (vägande) under normalvikt, för lätt **III** *v* underskatta **-went** [ˌʌndə'went] *imperf* av *undergo* **-wood** **1** små-, snårskog; undervegetation **2** underliggande trä **-work I** *v* ['ʌndə'wɔ:k] **1** [låta] arbeta för litet **2** arbeta mot lägre betalning än **II** *s* ['ʌndəwɔ:k] underordnat arbete **-world** **1** underjord, dödsrike **2** undre värld **3** *the* ~ denna jord **4** antipod[er] **-write 1** skriva under **2** försäkra (spec. fartyg); bedriva [sjö]-försäkringsverksamhet **3** förbinda sig att överta (aktier o. obligationer) **-writer** [-ˌraitə] **1** [sjö]försäkringsagent **2** person som övertar icke placerade aktier o. obligationer **-writing** [-ˌraitiŋ] **1** underskrift **2** [sjö]försäkring
undeserv|ed ['ʌndi'zɔ:vd] oförtjänt **-ing** [-iŋ] ovärdig, oförtjänt; ~ *of notice* inte värd att uppmärksammas
undesign|edly ['ʌndi'zainidli] oavsiktligt **-ing** [-iŋ] utan biavsikter; renhårig; trohjärtad
undesir|able ['ʌndi'zaiərəbl] icke önskvärd **-ed** ['ʌndi'zaiəd] icke önskad **-ous** ['ʌndi-'zaiərəs] utan längtan (*of* efter)
undid ['ʌn'did] *imperf* av *undo*
undies ['ʌndiz] [dam]underkläder
undig ['ʌn'dig] gräva upp; öppna (grav)
undigested ['ʌndi'dʒestid] osmält; *fig.* omogen; förvirrad
undignified [ʌn'dignifaid] ovärdig, ofin, opassande, simpel
undine ['ʌndi:n] vattenande, undin
undiscern|ible ['ʌndi'sɔ:nəbl] omärklig **-ing** [-iŋ] omdömeslös, kortsynt
undisguisedly ['ʌndis'gaizidli] utan förklädnad; öppet
undismayed ['ʌndis'meid] **1** oförfärad **2** orubbligt lugn
undisputed ['ʌndis'pju:tid] obestridd, erkänd, ej ifrågasatt, ej betvivlad
undissolved ['ʌndi'zɔlvd] oupplöst; obruten
undisturbed ['ʌndis'tɔ:bd] ostörd, lugn; orörd
undivid|able ['ʌndi'vaidəbl] odelbar **-ed** [-id] odelad
undivulged ['ʌndai'vʌldʒd] hemlig[hållen]
undo ['ʌn'du:] **1** lösa (knäppa, knyta etc.) upp; öppna **2** riva upp, upphäva **3** förstöra **-ne** ['ʌn'dʌn] **1** ogjord **2** upplöst; öppen **3** förstörd; *I am* ~ jag är förlorad; *what is done cannot be* ~, *äv.* det finns ingen återvändo
undoubted [ʌn'dautid] obestridd, avgjord **-ly** [-li] otvivelaktigt, utan tvivel
undraped ['ʌn'dreipt] ohöljd, naken
undraw ['ʌn'drɔ:] dra undan (isär) **-n** *perf part* av *undraw*, *äv.* icke [upp]tappad (t.ex. om öl)
undream|ed ['ʌn'dremt] **-t** (*vanl.* ~ *of*) oanad
undress I ['ʌn'dres] **1** *v* klä av [sig]; **2** *s* negligé, morgonrock; *mil.* släpuniform **II** *a* ['ʌndres] **1** ~ *uniform* släpuniform **2** vardags-
undue ['ʌn'dju:] **1** otillbörlig **2** överdriven **3** *hand.* ej förfallen (till betalning)
undulat|e ['ʌndjuleit] [komma att] bölja, gå i vågor; undulera **-ed** [-id] vågformig; böljande **-ion** [ˌʌndju'leiʃ(ə)n] vågrörelse; böljande (formation) **-ory** [-lətri] våg[form]ig; vågformigt växlande; ~ *theory* undulationsteori
undulous ['ʌndjuləs] böljande

unduly ['ʌn'dju:li] otillbörligt (mycket el. starkt); omåttligt
undying [ʌn'daiiŋ] odödlig; evig
unearth ['ʌn'ɔ:θ] **1** gräva upp **2** bringa i dagen **3** jaga ut (räv) **-ly** [ʌn'ɔ:θli] **1** överjordisk **2** kuslig; otäck **3** *fam.* okristlig
uneas|iness [ʌn'i:zinis] **1** oro, ängslan **2** obehag; olust **-y** [-zi] **1** orolig, bekymrad (*about* för, över) **2** obehaglig (till mods), olustig; besvärlig
uneducated ['ʌn'edjukeitid] obildad; ouppfostrad
unembarrassed ['ʌnim'bærəst] ogenerad, obesvärad; fri[modig]
unemploy|able ['ʌnim'plɔiəbl] oduglig (till anställning), oanvändbar **-ed** [-d] **1** arbetslös **2** obegagnad, oförbrukad; *dole for the* ~ arbetslöshetsunderstöd; ~ *salary* väntpengar **-ment** [-mənt] arbetslöshet; ~ *benefit* arbetslöshetsunderstöd
unencumbered ['ʌnin'kʌmbəd] **1** obesvärad; ej belastad **2** *jur.* utan inteckning, ograverad
unending [ʌn'endiŋ] ändlös, evig
unendowed ['ʌnin'daud] **1** obegåvad **2** (om skolor) utan donationsfonder
unengaged ['ʌnin'geidʒd] ledig, fri, obunden; oförlovad
unentailed ['ʌnin'teild] fri, obunden (egendom)
une quable ['ʌn'ekwəbl] oregelbunden
unequal ['ʌni:'kw(ə)l] **I** *a* olik[a] (stor, lång etc.); ojämn; udda; oregelbunden; *they were* ~ *to the task* de var otillräckliga för uppgiften **II** *s*, ~*s* olika (omaka) personer (saker) **-led** [-d] makalös, utan like
unequivocal ['ʌni'kwivək(ə)l] otvetydig
unerring ['ʌn'ɔ:riŋ] ofelbar, osviklig
uneven ['ʌn'i:v(ə)n] ojämn; udda; oregelbunden
uneventful ['ʌni'ventf(u)l] händelselös, -fattig; fridfull
unexampled [ˌʌnig'zɑ:mpld] exempellös, makalös
unexception|able [ˌʌnik'sepʃnəbl] oklanderlig; oantastlig; förträfflig **-al** ['ʌnik'sepʃənl] **1** undantagslös **2** oklanderlig
unexpected ['ʌniks'pektid] oväntad
unexpressed ['ʌniks'prest] outtalad; som inte kommer till uttryck
unfad|ed [ʌn'feidid] ej förbleknad (förvissnad) **-ing** [-iŋ] aldrig förbleknande (vissnande); oförgänglig
unfailing [ʌn'feiliŋ] osviklig; trogen; outtröttlig; ~ *source* outsinlig källa
unfair ['ʌn'fɛə] orättvis, ojust
unfaithful ['ʌn'feiθf(u)l] trolös; falsk; otrogen; inte korrekt (skildring)
unfaltering ['ʌn'fɔ:lt(ə)riŋ] orubblig, fast
unfamiliar ['ʌnfə'miljə] obekant, inte förtrogen (*with* med); främmande, ovan[lig]; okänd (*to* för) **-ity** ['ʌnfəˌmili'æriti] obekantskap
unfashion|able ['ʌn'fæʃnəbl] omodern **-ed** [-ʃ(ə)nd] oformlig, ohyfsad
unfasten ['ʌn'fɑ:sn] lossa, lösgöra; öppna
unfathom|able ['ʌn'fæðəməbl] omätbar; outgrundlig **-ed** ['ʌn'fæðəmd] ej [upp]mätt; outforskad
unfavourable ['ʌn'feiv(ə)rəbl] ogynnsam, ofördelaktig
unfear|ed ['ʌn'fiəd] ofarlig **-ful** [-f(u)l] **-ing** [-əriŋ] oförskräckt
unfeasible ['ʌn'fi:zəbl] ogörlig

unfeeling [ʌn'fi:liŋ] okänslig; hjärtlös
unfeigned [ʌn'feind] oförställd, uppriktig
-ness [ʌn'feinidnis] oförställdhet, uppriktighet
unfinished ['ʌn'finiʃt] **1** oavslutad, ofullbordad **2** rå, ohyfsad **3** opolerad (*äv. fig.*)
unfit I *a* ['ʌn'fit] **1** olämplig; oduglig **2** i dålig kondition, inte i form; inte vapenför **II** *v* [ʌn-'fit] göra oduglig **-ted** [ʌn'fitid] **1** olämplig, oduglig **2** inte iordningställd **-ting** [ʌn'fitiŋ] olämplig, opassande
unfix ['ʌn'fiks] lossa, lösgöra; rubba **-ed** [-t] **1** lös, ostadig, osäker **2** ej bestämd
unflagging [ʌn'flægiŋ] aldrig slappnande, outtröttlig
unfledged ['ʌn'fledʒd] **1** inte flygfärdig **2** oerfaren
unflinching [ʌn'flin(t)ʃiŋ] orubblig, hårdnackad
unfold 1 [ʌn'fəuld] veckla ut [sig]; utbreda [sig]; öppna [sig]; avslöja[s] **2** ['ʌn'fəuld] släppa ut (ur fålla)
unforbearing ['ʌnfɔ:'bɛəriŋ] ofördragsam, otålig
unforeseen ['ʌnfɔ:'si:n] oförutsedd
unforgettable ['ʌnfə'getəbl] oförglömlig
unforgiving ['ʌnfə'giviŋ] oförsonlig
unfortunate [ʌn'fɔ:tʃnit] **I** *a* olycklig; *be* ~ ha otur **II** *s* olycklig person; person som har det illa ställt
unfounded ['ʌn'faundid] ogrundad, grundlös
unframed ['ʌn'freimd] oinramad
unfreeze ['ʌn'fri:z] tina upp
unfrequent [ʌn'fri:kwənt] sällsynt; *not* ~*ly* inte [så] sällan **-ed** ['ʌnfri'kwentid] litet besökt; föga utnyttjad; enslig
unfriended ['ʌn'frendid] utan vänner, ensam **-ly** [-li] ovänlig; ogynnsam
unfrock ['ʌn'frɔk] avsätta (präst)
unfurl [ʌn'fə:l] veckla ut [sig]; *sjö.* spänna ut (segel)
unfurnished ['ʌn'fə:niʃt] **1** omöblerad **2** inte försedd (*with* med)
ungainly [ʌn'geinli] klumpig; oskön, ful
ungear ['ʌn'giə] koppla ur (ifrån)
ungenial ['ʌn'dʒi:njəl] ogynnsam; otrevlig; o[gäst]vänlig
ungenteel ['ʌndʒen'ti:l] ohyfsad, klumpig
unget-at-able ['ʌnget'ætəbl] oåtkomlig, otillgänglig
ungiving ['ʌn'giviŋ] omedgörlig
unglue ['ʌn'glu:] ta loss
ungodly [ʌn'gɔdli] **1** ogudaktig **2** okristlig, avskyvärd
ungotten ['ʌn'gɔtn] **1** ej förvärvad **2** = *unbegotten*
ungraceful ['ʌn'greisf(u)l] klumpig; oskön; utan behag **-ious** [-eiʃəs] **1** ovänlig; onådig **2** frånstötande **3** otacksam (uppgift)
ungrateful [ʌn'greitf(u)l] **1** otacksam **2** motbjudande (om mat)
ungratified ['ʌn'grætifaid] ouppfylld; otillfredsställd
unground ['ʌn'graund] **1** omalen **2** oslipad
ungrounded [ʌn'graundid] **1** ogrundad **2** outbildad
ungrudged ['ʌn'grʌdʒd] inte missunnad **-ingly** [ʌn'grʌdʒiŋli] *adv, he gave it* ~ han gav det [mer än] gärna
ungual ['ʌŋgwəl] nagel-, klo-
unguarded ['ʌn'ga:did] **1** obevakad; oskyddad **2** oförsiktig

unguent ['ʌŋgwent] smörjmedel; salva
unguiculate[d] [ʌŋ'gwikjulit, (-leitid)] försedd med klor; kloliknande
unhallowed [ʌn'hæləud] **1** ohelgad **2** gudlös, gemen
unhand [ʌn'hænd] *åld.* släppa [lös] **-y** [-i] **1** o-, svårhanterlig, obekväm **2** klumpig, tafatt
unhappiness [ʌn'hæpinis] olycka, bedrövelse, sorgsenhet **-y** [-i] **1** olycklig **2** olämplig (formulering etc.)
unharmed ['ʌn'ha:md] oskadd
unharness ['ʌn'ha:nis] sela av, spänna ifrån
unhealthful [ʌn'helθf(u)l] ohälsosam **-y** [-i] **1** ohälsosam **2** sjuklig **3** *sl.* på tok, "sjuk" **4** *mil. sl.* utsatt (för eldgivning)
unheard ['ʌn'hə:d] **1** inte uppfattad (av örat); ohörd **2** (*vanl.* ~ *of*) oerhörd, utan motstycke, otrolig
unheeded ['ʌn'hi:did] obeaktad; obemärkt **-ing** [-iŋ] ovarsam; ~ *of* obekymrad om
unhelpful ['ʌn'helpf(u)l] **1** föga hjälpsam **2** till ingen nytta
unhesitatingly [ʌn'heziteitiŋli] utan tvekan, oförbehållsamt
unhinge [ʌn'hin(d)ʒ] **1** lyfta av (från gångjärn) **2** *fig.* rubba, bringa ur fattningen (gängorna) **-d** *sl.* hysterisk **-ment** [-mənt] rubbning
unhitch ['ʌn'hitʃ] haka (häkta) av, spänna från (häst)
unholy [ʌn'həuli] **1** ohelig; oren, syndig **2** okristlig, förskräcklig
unhook ['ʌn'huk] haka (lyfta) av; knäppa upp
unhorse ['ʌn'hɔ:s] **1** kasta ur sadeln **2** spänna ifrån
unhuman ['ʌn'hju:mən] omänsklig
unhurt ['ʌn'hə:t] oskadd
unhusk ['ʌn'hʌsk] skala [av], rensa
uni- ['ju:ni] en- **-cellular** [,ju:ni'seljulə] encellig **-corn** [-kɔ:n] **1** enhörning **2** narval **3** (slags) skalbagge **4** trespann; ~ *fish* (*whale*) narval **-fic** [ju:'nifik] enande **-fication** [,ju:nifi'keiʃ(ə)n] [för]enande; förening **-fied** [-faid] enhetlig
uniform ['ju:nifɔ:m] **I** *a* likformig; enhetlig; lika, samma; konstant; ~ *dress* uniform[s-klädsel] **II** *s* uniform; *out of* ~ civil, civilklädd **III** *v* **1** göra likformig etc., *se I* **2** klä i uniform **-ity** [,ju:ni'fɔ:miti] likformighet, enhetlighet
unify ['ju:nifai] [för]ena, sammanföra
unilateral ['ju:ni'læt(ə)r(ə)l] ensidig
unimaginable [,ʌni'mædʒ(i)nəbl] otänkbar, som man inte kan föreställa sig **-ative** ['ʌni-'mædʒ(i)nətiv] fantasilös **-ed** ['ʌni'mædʒind] oanad
unimpaired ['ʌnim'pɛəd] oförminskad, -därvad; oanfrätt
unimpeachable [,ʌnim'pi:tʃəbl] oantastlig; obestridlig; ojävig **-ed** [-t] obestridd
unimportant ['ʌnim'pɔ:t(ə)nt] obetydlig, oviktig, av mindre vikt
unimpressed ['ʌnim'prest] oberörd, opåverkad **-ible** [-səbl] **-ionable** [-ʃnəbl] oemottaglig för intryck, opåverkbar **-ive** [-siv] föga imponerande
unimprovable [,ʌnim'pru:vəbl] **1** oförbätterlig **2** inte odlingsbar; obrukbar **-ed** [-d] **1** inte förbättrad **2** ouppodlad **3** outnyttjad
uninhabited ['ʌnin'hæbitid] obebodd, obebyggd
uninitiated ['ʌni'niʃieitid] oinvigd, oinitierad
unintelligent ['ʌnin'telidʒ(ə)nt] ointelligent, dum **-ible** [-ʒəbl] obegriplig

uninten|ded ['ʌnin'tendid] **-tional** [-nʃənl] oavsiktlig

uninterrupted ['ʌn‚intə'rʌptid] oavbruten; ostörd

uninured ['ʌni'njuəd] ovan (*to* vid)

uninviting ['ʌnin'vaitiŋ] föga inbjudande

union ['juːnjən] **1** förening; [äkta] förbund; union; [för]enande **2** enighet **3** fackförening **4** studentförening **5** studentföreningssal **6** unionsmärke (på flagga) **7** *tekn.* anslutning; koppling[sanordning] **8** blandtyg **9** (förr) fattigvårdsförbund (av flera kommuner) **10** fattighus; ~ *is strength* enighet ger styrka; *the U~* USA; *U~ Jack* a brittiska flaggan **b** (i USA) blå flagga med 50 vita stjärnor; *U~ of Soviet Socialist Republics* (officiellt namn på) Sovjetunionen; ~ *suit* undertröja o. kalsonger i ett, "combination" (*A.*) **-ism** [-iz(ə)m] **1** fackföreningsväsen, -rörelse **2** de unionsvänligas [parti]principer **-ist I** *s* **1** fackföreningsmedlem **2** unionsvän **3** motståndare till irländsk självstyrelse; *the U~s,* *äv.* de konservativa **II** *a* **1** [fack]förenings- **2** unionsvänlig = **-istic** [‚juː'njə'nistik] **-ize** [-aiz] sammanföra till fackförening

unipartite [‚juː'niːpɑː'tait] odelad

unique [juː'niːk] **I** *a* **1** unik, enastående; säregen **2** *fam.* konstig, ovanlig **II** *s* **1** ngt unikt (säreget), unikum **2** *A.* hermafrodit

unison ['juːnizn] samklang, harmoni (*äv. fig.*); *in* ~ **a** *mus.* unisont **b** *fig.* i endräkt, i enighet

unit ['juːnit] **1** enhet; *mil.* förband **2** *A.* kurs, kursfordring **3** aggregat **-able** [juː'naitəbl] möjlig att [för]ena **U-arian** [‚juː'niˈtɛəriən] **I** *s* **1** unitarie **2** enhetssträvare **II** *a* unitaristisk

U-arianism [‚juː'niˈtɛəriəniz(ə)m] unitarism **-ary** [-(ə)ri] enhetlig; enhets- **-e** [juː'nait] förena[s] (*to, with* med) **-ed** [juː'naitid] [för]enad; *the U~ Brethren* Nya brödraförsamlingen (herrnhutare); *the U~ Kingdom* Storbritannien med Nordirland; *the U~ Nations* [*Organization*] Förenta nationerna; *the U~ States* Förenta staterna **-y** [-i] enhet, enighet; *mat.* talet ett

universal [‚juːni'vəːs(ə)l] **I** *a* **1** allmän; universell **2** all-, mångsidig; ~ *agent* universalagent; ~ *coupling* (*joint*) universallänk, kardankoppling, -knut; ~ *language* världsspråk; ~ *legatee* universalarvinge **II** *s* allmänt begrepp, allmän egenskap etc. **-ity** [‚juːnivəː'sæliti] allmängiltighet; universalitet; mångsidighet **-ize** [-səlaiz] göra allmän[t spridd]; generalisera

universe ['juːnivəːs] *s, the* ~ universum, världsalltet

university [‚juːni'vəːs(i)ti] universitet; ~ *extension* folkuniversitet; ~ *man* a akademiker **b** universitetsstuderande **--bred,** **--trained** akademiskt bildad

univocal ['juːni'vouk(ə)l] otvetydig, entydig

unjust ['ʌn'dʒʌst] orättvis; oberättigad, oriktig **-ifiable** [ʌn'dʒʌstifaiəbl] oförsvarlig, oursäktlig **-ified** ['ʌn'dʒʌstifaid] oberättigad; oförsvarlig **-ly** [-li] med orätt; orättmätigt

unkempt ['ʌn'kem(p)t] okammad; ovårdad

unkennel [ʌn'kenl] **1** *jakt.* driva upp, skrämma ut (räv ur lya) **2** *fig.* avslöja, dra fram i ljuset

unkept ['ʌn'kept] **1** illa underhållen (bevarad); vanvårdad **2** sviket (löfte) **3** inte [av]hållen (fest)

unkind [ʌn'kaind] ovänlig, elak, hård, grym **-ly** [-li] **I** *a* = *unkind* **II** *adv* ovänligt; illa, ogärna **-ness** [-n(d)nis] ovänlighet, grymhet, elakhet

unknot ['ʌn'nɔt] knyta upp, lossa

unknown ['ʌn'noun] **I** *a* okänd; obekant **II** *s* okänd (storhet); *the* ~ **a** det okända **b** de okända; den okände

unlaboured ['ʌn'leibəd] **1** obearbetad, obrukad **2** naturlig, ledig

unlace ['ʌn'leis] snöra upp

unlatch ['ʌn'lætʃ] öppna, regla (låsa) upp

unlawful ['ʌn'lɔːf(u)l] olaglig, orättmätig

unlearn ['ʌn'ləːn] lägga av; ligga av sig i **-ed 1** ['ʌn'ləːnid] olärd, okunnig, oerfaren [i] **2** ['ʌn'ləːnt] ej [in]lärd

unleavened ['ʌn'levnd] osyrad (utan jäst)

unless [ən'les] **I** *konj* om (såvida) inte **II** *prep* utom

unlettered ['ʌn'letəd] olärd; föga beläst

unlevel ['ʌn'levl] **I** *a* ojämn **II** *v* göra ojämn

unlicked ['ʌn'likt] **1** *fig.* ohyvlad, klumpig **2** *sl.* oöverträffad; ~ *cub* riktig (stor) valp (*fig.*)

unlike ['ʌn'laik] **I** *a* olik **II** *prep* till skillnad från **-ly** [ʌn'laikli] osannolik; föga lovande; *they are* ~ *to come* de kommer troligen inte [att infinna sig]

unlimited [ʌn'limitid] obegränsad, oinskränkt

unlink ['ʌn'liŋk] lossa

unlisted ['ʌn'listid] *a,* ~ *securities* värdepapper (aktier) på fria listan

unlive ['ʌn'liv] utplåna, glömma; *he tried to* ~ *his past* han försökte glömma (utplåna) sitt förflutna

unload ['ʌn'loud] **1** lasta av, lossa; urlasta **2** göra sig av med **3** utgjuta (sina sorger) **4** ta ut patronen ur; ~ *one's mind* lätta sitt hjärta

unlock ['ʌn'lɔk] låsa upp, öppna

unlooked-for [ʌn'luktfɔː] oförutsedd, oväntad

unloose ['ʌn'luːs] **-n** [ʌn'luːsn] lösgöra, lossa

unlovely ['ʌn'lʌvli] osympatisk; oskön

unlucky [ʌn'lʌki] olycklig; olycksalig; olycks-, med otur; *be* ~ ha otur

un|made ['ʌn'meid] *imperf* o. *perf part* av *unmake*; ogjord; obäddad **-make** ['ʌn'meik] tillintetgöra; upplösa; avsätta (kung el. minister)

unman ['ʌn'mæn] **1** försvaga; göra modstulen (nedslagen) **2** kastrera

unmanageable [ʌn'mænidʒəbl] svår-, ohanterlig, ostyrig

unman|like ['ʌn'mænlaik] **1** omänsklig **2** **-ly** [-li] omanlig

unmanned ['ʌn'mænd] (*om raket o.d.*) obemannad

unmanner|ed [ʌn'mænəd] **-ly** [-li] ohyfsad

unmarked ['ʌn'mɑːkt] **1** omärkt **2** obemärkt

unmarketable ['ʌn'mɑːkitəbl] osäljbar

unmarried ['ʌn'mærid] ogift

unmask ['ʌn'mɑːsk] demaskera [sig]; avslöja [sig]; ~*ed, äv.* omaskerad; oförställd

unmastered ['ʌn'mɑːstəd] obehärskad

unmatch|able ['ʌn'mætʃəbl] oförliknelig, ojämförlig **-ed** [-ʃt] makalös, ojämförlig, oöverträffad

unmated ['ʌn'meitid] **1** utan make (maka) **2** makalös

un|meaning [ʌn'miːniŋ] **1** meningslös **2** intetsägande **-meant** [-'ment] oavsiktlig

unmeasur|able [ʌn'meʒ(ə)rəbl] omätlig, -bar **-ed** [-əd] **1** ouppmätt **2** *poet.* gränslös **3** omåttlig **4** inte mätnda

unmention|able [ʌn'menʃnəbl] **I** *a* onämnbar **II** *s,* ~*s* [under]byxor, "onämnbara" (*skämts.*) **-ed** [-ʃ(ə)nd] o[om]nämnd

unmerciful [ʌn'mɜː:sif(u)l] obarmhärtig, utan nåd, grym, omänsklig
unmesh ['ʌn'meʃ] reda upp (ut)
unmindful [ʌn'main(d)f(u)l] huvudlös, glömsk; ~ *of* utan att tänka på
unmistakable ['ʌnmis'teikəbl] omisskännelig, otvetydig, påtaglig
unmitig|able ['ʌn'mitigəbl] obeveklig **-ated** [ʌn'mitigeitid] oförminskad; utan förmildrande drag, ren
unmixed ['ʌn'mikst] oblandad, ren, äkta, oförfalskad
unmolested ['ʌnmə(u)'lestid] oantastad, ostörd
unmoor ['ʌn'muə] lossa förtöjningarna [för]; göra (kasta) loss
unmoral ['ʌn'mɔr(ə)l] amoralisk
unmounted ['ʌn'mauntid] **1** oberiden **2** ej monterad (uppklistrad); oinfattad (ädelsten)
unmov|ed ['ʌn'mu:vd] **1** oberörd **2** orörd **3** orörlig **-ing** [-iŋ] **1** ointressant **2** orörlig
unnatural [ʌn'nætʃr(ə)l] onaturlig **-ly** [-rəli] *adv, not* ~, *äv.* helt naturligt
unnecessar|ily [ʌn'nesis(ə)rili] i onödan **-y** [-ri] **I** *a* onödig **II** *s pl, unnecessaries* onödigheter, umbärliga [lyx]varor
unnerve ['ʌn'nɜː:v] förslappa; få att tappa modet; förlama; ~*d*, *äv.* i upplösningstillstånd
unnot|ed ['ʌn'nəutid] obemärkt; föga uppmärksammad (känd) **-iced** [-ist] obemärkt, osedd
unnumbered ['ʌn'nʌmbəd] **1** oräknade, ej räknade **2** onumrerad **3** tallös, otalig, oräknelig, talrik
unobserv|ant ['ʌnəb'zɜː:v(ə)nt] ouppmärksam; *be* ~ *of* inte ge akt på **-ed** [-vd] obemärkt, osedd **-ing** [-iŋ] ouppmärksam
unobtrusive ['ʌnəb'tru:siv] inte påträngande, försynt, diskret
unoccupied ['ʌn'ɔkjupaid] ledig, inte upptagen; obebodd
unoffic|ial ['ʌnə'fiʃ(ə)l] inofficiell, ej officiell **-ious** [-ʃəs] tillbakadragen, försynt
unopened ['ʌn'əup(ə)nd] oöppnad
unopposed ['ʌnə'pəuzd] utan motstånd (opposition), obehindrad; utan motkandidat
unorthodox ['ʌn'ɔ:θədɔks] kättersk; oortodox, inte renlärig; *fig.* originell
unpack ['ʌn'pæk] packa upp; lasta av (lastdjur)
unpaid ['ʌn'peid] obetald; ofrankerad; utan lön
unparalleled [ʌn'pærəleld] makalös, utan like
unpardon|able [ʌn'pɑ:dnəbl] oförlåtlig **-ing** [-niŋ] oförsonlig
unpassable ['ʌn'pɑ:səbl] **1** oöverträffad **2** inte gångbar (om mynt)
unpayable ['ʌn'pe(i)əbl] **1** omöjlig att betala **2** föga lönande
unperturbed ['ʌnpə(:)'tə:bd] oberörd; orubblig
unpin ['ʌn'pin] ta bort nål[ar] (ur klädesplagg); lösa, lossa, öppna
unpitied ['ʌn'pitid] ej beklagad [av ngn]
unplait ['ʌn'plæt] **1** släta ut **2** lösa upp (hårfläta)
unpleasant [ʌn'pleznt] otrevlig, obehaglig, oangenäm; tråkig **-ness** [-nis] obehag, besvärlighet, tråkighet; bråk
unplia|ble ['ʌn'plaiəbl] **-nt** oböjlig; omedgörlig
unpolished ['ʌn'pɔliʃt] opolerad; ohyfsad

unpolluted ['ʌnpə'lu:tid] ren, ej nersmutsad
unpopular ['ʌn'pɔpjulə] impopulär, föga (inte) omtyckt
unpracti|cable ['ʌn'præktikəbl] outförbar **-cal** [-k(ə)l] opraktisk **-sed** [ʌn'præktist] **1** oerfaren; oövad; oprövad **2** inte bruklig
unprecedented [ʌn'presid(ə)ntid] exempellös, utan motstycke; ny o. enastående
unpredictable ['ʌnpri'diktəbl] **1** som inte kan förutsägas **2** opålitlig, nyckfull
unprepared ['ʌnpri'pɛəd] ej beredd, oförberedd; improviserad
unpresentable ['ʌnpri'zentəbl] inte (föga) presentabel
unpre|suming ['ʌnpri'zju:miŋ] **-tending** ['ʌnpri'tendiŋ] **-tentious** ['ʌnpri'tenʃəs] blygsam, anspråkslös
unprincipled [ʌn'prinsəpld] **1** (moraliskt) slapp **2** samvetslös
unprintable ['ʌn'printəbl] som inte kan återges i tryck
unprofessional ['ʌnprə'feʃənl] inte yrkesmässig (-utövande); föga yrkesmässig
unprofitable [ʌn'prɔfitəbl] föga lönsam, oekonomisk, inte vinstgivande; lönlös, fåfäng
unprogressive ['ʌnprə(u)'gresiv] stillastående; konservativ
unpromising ['ʌn'prɔmisiŋ] föga lovande
unprompted ['ʌn'prɔm(p)tid] spontan
unpronounce|able ['ʌnprə'naunsəbl] omöjlig att uttala **-d** [-t] **1** outtalad **2** föga markerad (framträdande)
unprov|able ['ʌn'pru:vəbl] omöjlig att bevisa **-ed** [-d] **-en** [-(ə)n] obevisad
unprovided ['ʌnprə'vaidid] **1** inte försedd (utrustad) (*with* med); *be* ~ *with*, *äv.* sakna **2** oförberedd; ~ *for* oförsörjd
unqualified ['ʌn'kwɔlifaid] **1** inkompetent, oduglig; utan kompetens **2** oblandad; oreserverad; absolut
unquestion|able [ʌn'kwestʃənəbl] obestridlig **-ed** [-ʃ(ə)nd] **1** inte utfrågad **2** inte ifrågasatt, obestridd **-ing** [-niŋ] ovillkorlig, absolut (t.ex lydnad)
unquiet ['ʌn'kwaiət] **I** *a* orolig **II** *s* oro
unravel ['ʌn'ræv(ə)l] **1** reda upp (ut) [sig] **2** rispa[s] upp
unread ['ʌn'red] **1** oläst **2** föga beläst, olärd **-able** ['ʌn'ri:dəbl] oläslig, -bar
unread|ily ['ʌn'redili] ogärna, ovilligt **-iness** [-inis] **1** ovillighet, olust **2** bristande beredskap **-y** [-i] inte färdig (redo); inte beredd; ovillig
unreal ['ʌn'riəl] overklig, inbillad **-ity** ['ʌnri'æliti] overklighet, ngt verklighetsfrämmande
unreason|able [ʌn'ri:znəbl] **1** oförnuftig **2** oresonlig; oskälig; orimlig **-ed** [-nd] orimlig **-ing** [-niŋ] tanklös, okritisk
unredeem|able ['ʌnri:di:məbl] omöjlig att återvinna (inlösa, infria); *fig.* obotlig **-ed** [-d] **1** inte återvunnen; oinlöst; ej infriad (om löfte) **2** hopplös
unregarded ['ʌnri'gɑ:did] försummad
unregenerate ['ʌnri'dʒenərit] obotfärdig; syndig
unrelated ['ʌnri'leitid] **1** obesläktad **2** inte berättad
unrelenting ['ʌnri'lentiŋ] obeveklig; hänsynslös
unrelieved ['ʌnri'li:vd] **1** utan hjälp, ohjälpt; utan lindring **2** utan omväxling, oavbruten
unremembered ['ʌnri'membəd] bortglömd

unremitting [ˌʌnri'mitiŋ] oavlåtlig, oförtruten

unremunerative ['ʌnri'mju:n(ə)rətiv] föga lönande (givande)

unrepair ['ʌnri'pɛə] förfall, dåligt skick

unrepealed ['ʌnri'pi:ld] oupphävd, oåterkallad

unreproved ['ʌnri'pru:vd] klanderfri

unrequited ['ʌnri'kwaitid] utan lön (vedergällning); obesvarad (kärlek)

unreserve ['ʌnri'zə:v] öppen[hjärtig]het **-d 1** öppen[hjärtig], frimodig **2** oreserverad (plats) **-dly** [ˌʌnri'zə:vidli] äv. oförbehållsamt

unresponsive ['ʌnris'pɔnsiv] okänslig, oemottaglig (to för)

unrest ['ʌn'rest] oro[lighet]

unrestrained ['ʌnris'treind] ohämmad, otyglad; otvungen, fri

unretentive ['ʌnri'tentiv] dålig (om minne)

unreturned ['ʌnri'tə:nd] **1** inte återkommen **2** inte återlämnad (-sänd) **2** obesvarad

unriddle ['ʌn'ridl] lösa

unrig ['ʌn'rig] rigga av; fig. klä av **-ged** [-d] äv. origgad

unrighteous [ʌn'raitʃəs] orättfärdig; syndig

unrivalled [ʌn'raiv(ə)ld] makalös, ojämförlig, utan like

unroll ['ʌn'rəul] rulla[s] upp (ut); veckla upp (ut) [sig]

unroot ['ʌn'ru:t] rotrycka, rycka upp med rötterna

unruffled ['ʌn'rʌfld] oberörd, lugn; utan en krusning; jämn, slät

unrul|ed [ʌn'ru:ld] **1** ej behärskad; obehärskad **2** olinjerad **-y** [-i] oregerlig, bångstyrig, besvärlig

unsaddle ['ʌn'sædl] sadla av; kasta ur sadeln

unsafe ['ʌn'seif] riskabel, osäker, opålitlig

unsaid ['ʌn'sed] osagd

unsanitary ['ʌn'sænit(ə)ri] ohälsosam; ohygienisk

unsat|ed ['ʌn'seitid] **-iated** [-eiʃieitid] otillfredsställd

unsatisf|actory ['ʌnˌsætis'fækt(ə)ri] otillfredsställande **-ied** ['ʌn'sætisfaid] otillfredsställd **-ying** [-aiiŋ] otillfredsställande; inte övertygande

unsavoury ['ʌn'seiv(ə)ri] **1** smaklös, fadd **2** osmaklig (äv. fig.); vämjelig, obehaglig

unsay ['ʌn'sei] ta tillbaka (yttrande)

unscathed ['ʌn'skeiðd] oskadd

unscrew ['ʌn'skru:] skruva loss (av, upp)

unscrupulous [ʌn'skru:pjuləs] samvetslös; hänsynslös

unseal ['ʌn'si:l] öppna, bryta sigillet på

unsearchable [ʌn'sə:tʃəbl] omöjlig att spåra (söka); outgrundlig

unseason|able [ʌn'si:znəbl] **1** oläglig; olämplig **2** ovanlig för årstiden **-ed** ['ʌn'si:znd] **1** okryddad **2** ovan

unseat ['ʌn'si:t] kasta ur sadeln (el. annan sittplats); avsätta, avpollettera **-ed** äv. stående

unseaworthy ['ʌn'si:ˌwə:ði] ej sjövärdig

unsectarian ['ʌnsek'tɛəriən] inte sekteristisk, liberal

unsecured ['ʌnsi'kjuəd] illa tryggad; oskyddad, otrygg; hand. utan säkerhet

unseemly [ʌn'si:mli] **1** opassande, otillständig **2** ryslig, ful

unseen ['ʌn'si:n] osedd; the ~ andevärlden; ~ translation oförberedd översättning

unselfish ['ʌn'selfiʃ] osjälvisk

unsent ['ʌn'sent] oavsänd; ~ for inte efterskickad; objuden

unserviceable ['ʌn'sə:visəbl] obrukbar

unsettle ['ʌn'setl] oroa, rubba, förvirra; bringa (komma) ur balans **-d 1** ostadig, obeständig; vacklande; orolig; rubbad **2** inte avgjord; obetald **3** icke bofast **4** obebyggd

unsew [ʌn'səu] sprätta upp (söm o.d.)

unshad|ed ['ʌn'ʃeidid] oskuggad; oskyddad (mot solen) **-owed** ['ʌn'ʃædəud] oskuggad; inte fördunklad

unshak|able [ʌn'ʃeikəbl] orubblig **-en** ['ʌn'ʃeik(ə)n] orubbad; fast

unshapely ['ʌn'ʃeipli] oformlig, vanskapt; formlös

unsheathe ['ʌn'ʃi:ð] dra (svärd) ur skidan; ~ the sword gå till anfall

unshielded ['ʌn'ʃi:ldid] oskyddad

unship ['ʌn'ʃip] **1** lossa, lasta av **2** montera (ta) bort (ner) (t.ex. mast, roder) **-ped** [-t] a, ~ goods ej skeppade (avsända) varor

unshod ['ʌn'ʃɔd] barfota, oskodd

unshot ['ʌn'ʃɔt] **1** inte avfyrad **2** oträffad

unshrink|able ['ʌn'ʃriŋkəbl] krympfri **-ing** [-iŋ] orubblig, oböjlig; oförfärad

unshroud ['ʌn'ʃraud] avtäcka **-ed** [-id] äv. oskyddad

unsightly [ʌn'saitli] ful, gräslig

unsigned ['ʌn'saind] osignerad; ej undertecknad

unskil|ful ['ʌn'skilf(u)l] oskicklig, klumpig, oduglig **-led** [-d] **1** oerfaren, okunnig **2** utan [yrkes]utbildning; ~ labour a grovarbete b koll. grovarbetare

unslackened ['ʌn'slæk(ə)nd] oförminskad, utan avmattning

unslaked ['ʌn'sleikt] osläckt

unsleeping ['ʌn'sli:piŋ] vaken; [ständigt] vaksam

unsocia|ble [ʌn'səuʃəbl] **1** osällskaplig **2** oförenlig **-l** ['ʌn'səuʃ(ə)l] utan samhällsanda; asocial

unsolder ['ʌn'sɔldə] lossa, ta isär; fig. upplösa **-ed** [-d] äv. inte lödd

unsolicit|ed ['ʌnsə'lisitid] oombedd; frivillig **-ous** [-əs] obekymrad

unsophisticated ['ʌnsə'fistikeitid] okonstlad, ofördärvad, naiv, troskyldig

unsound ['ʌn'saund] osund; sjuk[lig], svag, bräcklig; ohållbar, falsk; of ~ mind sinnessjuk, -svag

unsparing [ʌn'spɛəriŋ] **1** skoningslös **2** frikostig, generös; he was ~ of his powers han sparade inte på krafterna

unspeak ['ʌn'spi:k] ta tillbaka (yttrande) **-able** [ʌn'spi:kəbl] outsäglig, obeskrivlig

unspoil|ed ['ʌn'spɔild] **-t** ofördärvad; inte bortskämd

unspoken ['ʌn'spəuk(ə)n] outtalad; osagd; ~ of inte [om]nämnd

unstable ['ʌn'steibl] ostadig, osäker; vacklande

unstaid ['ʌn'steid] utan stadga, ostadig; ombytlig

unstained ['ʌn'steind] fläckfri, obefläckad; ofärgad

unstamped ['ʌn'stæm(p)t] **1** ostämplad **2** ofrankerad

unsteady [ʌn'stedi] **I** a ostadig, vacklande, osäker; vankelmodig; oregelbunden, fladdrig **II** v göra ostadig etc., se I

unstick ['ʌn'stik] lossa; flyg. lyfta

unstinted [ʌn'stintid] frikostig; obegränsad, i överflöd

unstrained ['ʌn'streind]· **1** inte spänd; avspänd; otvungen **2** osiktad, osållad
unstrap ['ʌn'stræp] lossa (spänna) av [remmen på]
unstressed ['ʌn'strest] **1** svagtonig, obetonad **2** avspänd
un|string ['ʌn'striŋ] **1** ta bort snörena (strängarna) på **2** spänna ner; slappa [av], lossa på **3** förstöra (nerver) **-strung** [-ʌŋ] *imperf* o. *perf part* av *unstring*; *äv.* uppriven
unstuck ['ʌn'stʌk] loss; *the plans came* ~ planerna kullkastades; *he has come* ~ hans ställning är mycket osäker
unstudied ['ʌn'stʌdid] **1** olärd; okunnig **2** ej inlärd, naturlig
unsubstanti|al ['ʌnsəb'stænʃ(ə)l] **1** overklig **2** bräcklig, vacklande **3** lätt (föda) **-ated** [-ʃieitid] obekräftad (t. ex. om rykte)
unsuccess ['ʌnsək'ses] misslyckande **-ful** [-f(u)l] misslyckad, olycklig; fruktlös, resultatlös, framgångslös; *be* ~ misslyckas
unsuit|ability ['ʌn,sju:tə'biliti] olämplighet **-able** ['ʌn'sju:təbl] olämplig **-ed** ['ʌn'sju:tid] olämplig; inte passande (*to* för, till att)
unsung ['ʌn'sʌŋ] o[be]sjungen
unsus|pected ['ʌnsəs'pektid] **1** inte misstänkt **2** oanad **-pecting** ['ʌnsəs'pektiŋ] **-picious** ['ʌnsəs'piʃəs] omisstänksam, intet ont anande; trohjärtad
unswerving [ʌn'swə:viŋ] fast, orubblig; rätlinjig, utan avvikelser
unsworn ['ʌn'swɔ:n] osvuren; inte edsvuren
unsymmetr|ical ['ʌnsi'metrik(ə)l] osymmetrisk **-y** ['ʌn'simitri] osymmetri, brist på symmetri
unsympathetic ['ʌn,simpə'θetik] oförstående, föga medlidsam, likgiltig
untalked ['ʌn'tɔ:kt] *a*, ~ *of* inte [om]nämnd
untangle ['ʌn'tæŋgl] reda ut (upp)
untarnished ['ʌn'tɑ:niʃt] ofördunklad; obefläckad; glänsande
untasted ['ʌn'teistid] oprövad; orörd (mat)
untaught ['ʌn'tɔ:t] **1** förvärvad utan undervisning, naturlig **2** ej undervisad; olärd; okunnig
untaxed ['ʌn'tækst] obeskattad; skattefri
unteach ['ʌn'ti:tʃ] utplåna kunskaper hos, få att lära om **-able** [-əbl] obildbar
untenant|able ['ʌn'tenəntəbl] obeboelig **-ed** [-tid] obebodd; outhyrd
untended ['ʌn'tendid] (lämnad) utan tillsyn
untether ['ʌn'teðə] släppa lös
unthink|able [ʌn'θiŋkəbl] otänkbar; osannolik; ofattbar **-ing** ['ʌn'θiŋkiŋ] tanklös; *in an* ~ *moment* i ett obevakat ögonblick **-ingly** [-kiŋli] *adv*, *äv.* obetänksamt
unthrifty ['ʌn'θrift] **1** slösaktig **2** föga framgångsrik
unthrone ['ʌn'θrəun] avsätta
untidy [ʌn'taidi] ostädad, ovårdad, slarvig
untie ['ʌn'tai] knyta upp (loss); lossa; öppna **-d** obunden; oknuten
until [ən'til] **I** *prep* till[s] **II** *konj* tills, till dess att
untill|able ['ʌn'tiləbl] ej odlingsbar **-ed** [-d] obrukad, ouppodlad
untimely [ʌn'taimli] *a* o. *adv* oläglig[t]; [inträffande] vid oläglig tidpunkt; för tidig[t]
untir|able [ʌn'taiərəbl] outtröttlig **-ing** [-riŋ] oförtröttlig; oförtruten
untitled ['ʌn'taitld] **1** titellös, utan titel **2** oberättigad

unto ['ʌntu] *åld. = to*
untold ['ʌn'təuld] **1** oberättad; förbigången (med tystnad); oräknad **2** oräknelig; omätlig
untouch|able [ʌn'tʌtʃəbl] *a o. s* **1** oberörbar; ouppnåelig **2** kastlös [hindu] **-ed** ['ʌn'tʌtʃt] **1** orörd, oskadad, oberörd **2** oomnämnd, obehandlad **3** oövertrffad, ouppnådd
untoward [ʌn'təuəd] **1** olycklig, förarglig; olämplig **2** vrång, besvärlig
untrained ['ʌn'treind] otränad, oövad, ovan; odresserad
untrammelled [ʌn'træm(ə)ld] obehindrad, fri
untread ['ʌn'tred] *v*, ~ *one's steps* gå tillbaka i samma fotspår
untried ['ʌn'traid] **1** oprövad **2** oerfaren **3** [ännu] inte rannsakad (rättsligt behandlad); ohörd
untroubled ['ʌn'trʌbld] ostörd; lugn
untru|e ['ʌn'tru:] **1** osann **2** falsk; trolös **-th** [-θ] osanning, lögn **-thful** [-θf(u)l] lögnaktig; falsk
untune|d ['ʌn'tju:nd] **1** ostämd **2** obenägen; indisponerad **-ful** [-f(u)l] disharmonisk
untutored ['ʌn'tju:təd] **1** ej undervisad; okunnig; olärd; obildad **2** naturlig
un|twine [ʌn'twain] **-twist** ['ʌn'twist] **1** vrida loss; reda ut (upp) **2** lossna; reda upp sig
untying ['ʌn'taiiŋ] *pres part* av *untie*
unus|ed 1 ['ʌn'ju:zd] obegagnad, oanvänd **2** ['ʌn'ju:st] ~ *to* ovan vid **-ual** [ʌn'ju:ʒuəl] ovanlig
unutter|able [ʌn'ʌt(ə)rəbl] outsäglig; obeskrivlig **-ed** ['ʌn'ʌtəd] outtalad
unvaried [ʌn'vɛərid] oförändrad; föga omväxlande; oföränderlig, enformig
unvarnished ['ʌn'vɑ:niʃt] **1** ofernissad **2** *fig.* osminkad, oförskönad; ren
unvarying [ʌn'vɛəriiŋ] = *unvaried*
unveil [ʌn'veil] avslöja; avtäcka **-ed** [-d] *äv.* obeslöjad
unversed ['ʌn'və:st] obevandrad, okunnig
unvoiced ['ʌn'vɔist] **1** *fonet.* tonlös **2** outtalad
unvouched ['ʌn'vautʃt] *a*, ~ *for* obekräftad; utan garanti
unwanted ['ʌn'wɔntid] **1** ej önskvärd, ovälkommen **2** onödig, överflödig
unwarrant|able [ʌn'wɔr(ə)ntəbl] oansvarig; oförsvarlig; ohållbar **-ed 1** [ʌn'wɔr(ə)ntid] oberättigad, obefogad; omotiverad; otillbörlig **2** ['ʌn'wɔr(ə)ntid] utan garanti
unwary [ʌn'wɛəri] oförsiktig, obetänksam
unwater ['ʌn'wɔ:tə] leda bort vattnet från **-ed** [-d] obe]vattnad; vattenfattig; outspädd
unwavering [ʌn'weiv(ə)riŋ] orubblig, ståndaktig
unwear|able ['ʌn'wɛərəbl] **1** omöjlig att bära (ha på sig) **2** outslitlig **-iable** [ʌn'wiəriəbl] outtröttlig **-ied** [ʌn'wiərid] oförtröttlig; oförtärvad **-ying** [ʌn'wiəriiŋ] oförtröttlig
unwelcome [ʌn'welkəm] ovälkommen; obehaglig
unwell ['ʌn'wel] illamående, opasslig, krasslig
unwholesome ['ʌn'həulsəm] ohälsosam, osund, skadlig, fördärvlig; sjuk[lig]
unwieldy [ʌn'wi:ldi] ohanterlig, klumpig
unwilling ['ʌn'wiliŋ] ovillig; *he was* ~ *to help me* han ville inte (var obenägen att) hjälpa mig **-ly** [ʌn'wiliŋli] motvilligt **-ness** [ʌn'wiliŋnis] ovillighet, obenägenhet, motvillighet
unwind ['ʌn'waind] nysta av; veckla[s] (rulla[s]) ut (upp)
unwise ['ʌn'waiz] oklok, oförståndig

unwished [ʌn'wiʃt] *a*, ~ *for* inte önskad, ovälkommen
unwitting [ʌn'witiŋ] ovetande; omedveten; oavsiktlig **-ly** [-li] omedvetet; oavsiktligt
unwomanly [ʌn'wumənli] okvinnlig
unwonted [ʌn'wəuntid] o[sed]vanlig; ovan
unwork ['ʌn'wəːk] göra ogjord; riva upp **-able** [-əbl] **1** outförbar **2** svårhanterlig, -skött
unworldly ['ʌn'wəːldli] världsfrämmande, -frånvänd; himmelsk (skönhet); ren, oskuldsfull
unworried ['ʌn'wʌrid] obekymrad
unworthy [ʌn'wəːði] ovärdig; *it is* ~ *of you* det är under din (er) värdighet
unwound ['ʌn'waund] *imperf* o. *perf part* av *unwind*
unwrap ['ʌn'ræp] packa (veckla) upp
unwrought ['ʌn'rɔːt] obearbetad
unyielding [ʌn'jiːldiŋ] oböjlig, obeveklig, orubblig
up [ʌp] **I** *adv* **1** upp; fram **2** uppe; framme **3** i farten; å färde; i uppror[sstämning] **4** (om tid) slut, över, ute **5** in (till stan el. universitetet); i stan, vid universitetet; *speak* ~ tala [högt o.] tydligt, tala ut; *what's* ~? stå på?; vad är det för fel?; *the carriage was full* ~ vagnen var fullsatt; ~ *and down* **a** upp o. ner **b** fram o. tillbaka **c** lite varstans [i] **d** *A*. rent ut, uppriktigt; ~ *and about* igång; *they're* ~ *and doing* de är i farten (i full gång); *it's all* ~ *with us* det är ute med oss, vi är förlorade; [*the*] *beer is* ~ **a** ölet är upphällt **b** det är skum på ölet; *his blood is* ~ han är ursinnig; *bread is* ~ *again* brödet har gått upp (i pris) igen; *the hunt is* ~ jakten har börjat; *the minister is* ~ **a** ministern skall just tala **b** ministern håller på att tala; *Parliament is* ~ parlamentssessionen är över (slut); *the tide is* ~ det är högvatten (flod); *he is three* ~ han leder med tre poäng (*sport*.); *golf*. han leder med tre hål; *from my birth* ~ alltsedan födseln; *you will be* ~ *against much trouble* du (ni) kommer att råka ut för en hel del besvärligheter; *I was* ~ *for B*. jag skulle (var på väg) till B.; *he is* ~ *for B*. han ställer upp (som kandidat) för B.; *I was* ~ *for an exam* jag skulle [just] upp i en examen; ~ *in arms* rustad, i vapen; *fig*. upprörd; *he is well* ~ *in this subject* han är väl förtrogen med detta ämne; *he is* ~ *on this matter* han är specialist på saken (*A*.); [*right*] ~ *to the door* [ända] fram till dörren; *go* ~ *to town* fara in till stan; *he had the act* ~ *to his principles*? handlade han i enlighet med sina principer?; *he is not* ~ *to his work* han kan inte klara av sitt arbete; *I don't feel* ~ *to a long walk* jag känner mig inte i form för en långpromenad, jag har inte lust att göra en långpromenad; *what has he been* ~ *to now*? vad har han nu haft för sig (tagit sig till)?; *she was* ~ *to all kinds of tricks* hon hade allehanda knep för sig; ~ *to* (*till*) *now* hit[in]tills; *it does not come* ~ *to what I expected* det motsvarar inte mina förväntningar; *it's* ~ *to him* det får han bestämma, han är ansvarig för det; *it is* ~ *to you to stop this* det är din sak att sätta stopp för det[ta]; *it is not* ~ *to much* det är inte mycket att ha (att hurra för); [*on the*] ~ *and* ~ rejäl, renhårig (*A. sl*.) **II** *prep* uppför, längs; ~ *the street* gatan fram **III** *a*, ~ *stroke* uppåtgående moment (rörelse); *mus*. uppstråk; ~ *train* (*line*) tåg (linje) till London (el. annan huvud-

ort); tåg (linje) till högre belägen plats **IV** *s*, *the* ~*s and downs of life* livets glädjeämnen o. motgångar; *on the* ~ *and* ~ stigande **V** *v* **1** hoppa (flyga) upp **2** lyfta; höja **3** befordra (till högre grad) **--and-coming** ['ʌpən'kʌmiŋ] lovande, framgångsrik **--and-doer** ['ʌpən'duː(ː)ə] *s*, *he is a regular* ~ det är fart på honom, han är ett riktigt energiknippe **--and--down** ['ʌpən'daun] **1** som går upp o. ner **2** ojämn; växlande **3** lodrät; brant; ~ *answer* klart [o. uppriktigt] svar (*A*.); *he is* ~ *with you* han är rejäl att ha att göra med
upbear [ʌp'bɛə] **1** bära upp, stödja **2** lyfta [upp]
up-beat ['ʌpbiːt] *I s mus*. upptakt[sslag], obetonat taktslag (uppåt) **II** *a*, *A. sl*. optimistisk, gladlynt, munter
upbraid [ʌp'breid] förebrå; klandra (*with, for* för)
upbringing ['ʌp,briŋiŋ] uppfostran
upcast ['ʌpkɑːst] **I** *s* **1** uppkast[ande] **2** ventilationsschakt (i gruva) **II** *a* upp[åt]kastad; uppåtriktad (blick)
upcountry ['ʌp'kʌntri] **I** *a*, ~ *regions* trakter inåt landet, inre delar av landet **II** *adv* inåt (uppåt) landet
upheaval [ʌp'hiːv(ə)l] **1** omvälvning **2** *geol*. jordhöjning
upheld [ʌp'held] *imperf* o. *perf part* av *uphold*
uphill ['ʌp'hil] **I** *adv* uppför **II** *a* **1** stigande, brant; uppförs- **2** besvärlig, mödosam; ~ *work* styvt arbete
uphold [ʌp'həuld] hålla uppe, stödja; vid[makt]hålla; försvara **-er** [-ə] [under]stödjare; försvarare
upholster [ʌp'həulstə] **1** stoppa (möbler) **2** möblera, inreda **-er** [-t(ə)rə] tapetserare **-y** [-t(ə)ri] stoppning; klädsel; tapetserararbete, -verksamhet; stoppade möbler
upkeep ['ʌpkiːp] underhåll
upland ['ʌplənd] högland
uplift I *v* [ʌp'lift] [upp]lyfta **II** *s* ['ʌplift] [upp]-lyftning, -ande; höjning; uppryckning
upon [ə'pɔn] *se on I*
upper ['ʌpə] **I** *a* övre, över-; *get the* ~ *hand* få övertaget; *the U*~ *House* överhuset; ~ *crust* överklass; ~ *circle* balkong (på teater); ~ *deck* huvuddäck (*sjö*.); ~ *story* huvud, hjärna (*A. sl*.); *the* ~ *ten* [*thousand*] [den verkliga] överklassen **II** *s* **1** ovanläder **2** tand i överkåken **3** *fam*. överslaf; ~*s* tygdamasker; *he is* [*down*] *on his* ~*s* han har det illa ställt, han är [alldeles] barskrapad **--bracket** *sl*. i högre löneklass; av högre rang **--cut I** *s*, *boxn*. uppercut, käkslag **II** *v* slå [en] uppercut **-most** *a* o. *adv* överst, främst
uppish ['ʌpiʃ] självsäker, mallig, inbilsk
upraise [ʌp'reiz] [upp]lyfta
uprear [ʌp'riə] **1** [upp]lyfta **2** uppfostra
upright I ['ʌprait] **I** *a* uppriktig, ärlig, rättrådig; ['ʌp'rait] upprätt[stående]; lodrät, rak **2** *s* stolpe, påle; pian[in]o **II** *adv* ['ʌp'rait] upprätt, rätt (rakt) upp **-ness** ['ʌp,raitnis] **1** upprättstående [ställning] **2** rättrådighet
upris|e [ʌp'raiz] **I** *v* uppstiga; uppstå (från de döda) **II** *s* uppgång **-en** [-'rizn] *perf part* av *uprise* **-ing** [-iŋ] **1** resning, uppror **2** uppstigning
uproar ['ʌp,rɔ:] tumult, bråk; larm, oväsen **-ious** [ʌp'rɔːriəs] vild, bullersam; stormande (applåder)
uproot [ʌp'ruːt] rycka upp med rötterna; *fig*. utrota

uprose [ʌp'rəuz] *imperf* av *uprise*
uprush ['ʌprʌʃ] störtflod; svall
upset [ʌp'set] **I** *v* **1** stjälpa, välta [omkull]; [komma att] kantra; kullkasta, omintetgöra **2** göra upprörd (uppbragt, bestört), förvirra; förarga; bringa i olag; rubba; *be* ~ **a** bli upprörd (bestört) **b** råka i olag **c** kantra **II** *s* **1** [kull]stjälpning; kantring; kullkastande **2** bestörtning, förvirring; förtret; bråk; rubbning, åkomma **3** *sport.* sensation[sresultat] **III** *a* ['ʌpset], ~ *price* lägsta [auktions]pris
upshot ['ʌpʃɔt] resultat, slut; *the* ~ *of it is that* följden blir att; *in the* ~ till slut; till syvende o. sist
upside ['ʌpsaid] översida; ~ *down* upp o. ned-[vänd] **--down** ['ʌpsai(d)'daun] *a, an* ~ *arrangement* ett bakvänt (vansinnigt) arrangemang
upstag|e [ʌp'steidʒ] **1** längst bort på scenen, i fonden **2** *vard.* mallig, överlägsen **-y** [-i] inbilsk, mallig
upstairs [ʌp'stɛəz] **I** *adv* [en trappa] upp; *där* uppe; uppför trappan **II** *a* belägen en trappa upp
upstanding [ʌp'stændiŋ] oförvitlig
upstart ['ʌpstɑ:t] **I** *s* uppkomling **II** *a* uppkomlings-; skrytsam
upstream ['ʌp'stri:m] uppströms
upstroke ['ʌpstrəuk] *se up III*
upsurge ['ʌpsə:dʒ] uppgång, uppsving; ansvällning
uptake ['ʌpteik] *isht Sk.* förstånd, uppfattning; *be quick on the* ~ ha lätt för att fatta
up-to-date ['ʌptə'deit] [topp]modern; tidsenlig, med sin tid; *keep the books* ~ hålla böckerna i ordning
up-town ['ʌp'taun] *a* o. *adv* [belägen] inåt (uppåt, mot centrum av) stan[s bostadsområden]
up-train ['ʌptrein] *se up III*
upturn [ʌp'tə:n] **I** *s* **1** omsvängning **2** uppsving **3** uppläggning, fåll (på kläder) **II** *v* vända upp[åt]; ~*ed* ['ʌp'tə:nd] *äv.* kastad över ända
upward ['ʌpwəd] **I** *a* uppåtriktad; stigande **II** *adv* = **-s** [-z] uppåt; *this price and* ~ [till] detta pris o. högre; ~ *of 100* mer än 100
up-wind ['ʌp'wind] **I** *s* motvind; uppvind **II** *adv* mot vinden
uraemia [juə'ri:mjə] uremi, urinförgiftning
uran|ium [ju'reinjəm] uran **U-us** ['juərənəs] Uranus
urban ['ə:bən] stads-; ~ *district* stadskommun (*ung.*) **-e** [ə:'bein] belevad, artig; världsvan **-ity** [ə:'bæniti] **1** artighet; världsvana **2** stadsliv **-ize** [-aiz] urbanisera; göra stadsmässig
urbiculture [,ə:bi'kʌltʃə] *A.* stadsplanering
urchin ['ə:tʃin] **1** slyngel, liten rackare **2** sjöborre **3** *åld.* igelkott
urge [ə:dʒ] **I** *v* **1** driva 'på, pressa; påskynda **2** enträget uppmana (be); yrka [på] **3** framhäva, -hålla; ~ *on* driva 'på (fram); *he* ~*d it on me* han försökte tvinga det på mig **II** *s* drift, eggelse, trängtan **-ncy** [-(ə)nsi] **1** brådskande karaktär, vikt, angelägenhet[sgrad]; enträgenhet **2** [nöd]tvång **-nt** [-(ə)nt] brådskande; angelägen; *we are in* ~ *need of* vi är i trängande behov av
uri|c ['juərik] *a*, ~ *acid* urinsyra **-nal** [-nl] **1** nattkärl, potta; uringlas **2** pissoar **-nary** [-nəri] **I** *a* urin-; ~ *bladder* urinblåsa **II** *s* pissoar **-nate** [-neit] urinera, kissa **-ne** [-n] urin

urn [ə:n] **I** *s* **1** urna **2** te-(kaffe)beredare **II** *v* placera i [en] urna
Urs|a ['ə:sə] *s,* ~ *Major (Minor)* Stora (Lilla) Björnen (*astr.*) **-ine** [-ain] björn-
Uruguay ['urugwai] Uruguay
us [ʌs] oss
usa|ble ['ju:zəbl] användbar **-ge** [-zidʒ] **1** [språk]bruk; vana, sedvänja **2** behandling; användning **-nce** [-əns] **1** *hand.* uso, betalningsfrist **2** bruk
use I *v* [ju:z] **1** använda, begagna; [för]bruka **2** behandla [ngn]; ~ *up* **a** förbruka, göra slut på **b** utmatta, ta kål på; *he is* ~*d up* han är totalt slut (*sl. ibl.* död); *he* ~*d* [ju:s(t)] *to help us* han brukade hjälpa oss; *he* ~*d* [ju:s(t)] *to live in A.* förr [i tiden] bodde han i A.; *he* ~*d* [ju:st] *not to do it, he didn't* ~ *to do it* han brukade inte göra det; tidigare gjorde han det in'te **II** *s* [ju:s] **1** användning, bruk, begagnande **2** nytta **3** sed[vänja], praxis **4** ritual; *get (go, fall) out of* ~ komma ur bruk; *put* [*in*]*to* ~ ta i bruk; *lose the* ~ *of one's eyes* förlora synen; *it's no* ~ *going (to go) there* det tjänar ingenting till att fara (gå) dit; *there's no* ~ [*in*] *talking* att prata är till ingen nytta; *what's the* ~ *of it?* vad tjänar det till? vad är det för nytta med det?; *with* ~ genom [flitig] användning
used [ju:st] **1** van (*to* vid) **2** använd, begagnad; *be* ~ *to do* ha för vana att göra; *hardly* ~ nästan ny
use|ful ['ju:sf(u)l] **1** nyttig, användbar; praktisk **2** *sl.* duktig (*at* i); "skaplig"; *he made himself* ~ han hjälpte till **-fulness** [-f(u)lnis] nytta, gagn; användbarhet, lämplighet **-less** [-lis] **1** oduglig; onyttig; värdelös **2** fruktlös, fåfäng **3** *sl.* ur slag; utschasad, "slut"; "nere"
user ['ju:zə] [ut]nyttjare; förbrukare; abonnent; *right of* ~ nyttjanderätt (*jur.*)
usher ['ʌʃə] **I** *s* **1** [dörr]vaktmästare; platsanvisare **2** ceremonimästare **3** [bröllops]-marskalk **4** *föraktl.* skolfux; extralärare **II** *v* **1** (= ~ *in*) föra (visa) in **2** ~ *in* inleda, utgöra inledningen till, bebåda **-ette** [,ʌʃə'ret] platsanviserska (på bio, teater)
usual ['ju:ʒuəl] [sed]vanlig, bruklig; *as per* ~ (*skämts.*) = *as* ~ som vanligt; *he drank his* ~ han tog sin [gamla] vanliga drink **-ly** [-i] vanligen, vanligtvis; *he* ~ *helps us* han brukar hjälpa oss
usufruct ['ju:sju(:)frʌkt] **I** *s* nyttjanderätt **II** *v* ha nyttjanderätt[en] till **-uary** [,ju:sju(:)'frʌktjuəri] **I** *a*, ~ *right* nyttjanderätt **II** *s* innehavare av nyttjanderätt
usur|er ['ju:ʒ(ə)rə] ockrare **-ious** [ju:'zjuəriəs] ocker-, ockrar-
usurp [ju:'zə:p] [orättmätigt] tillskansa (tillvälla) sig, usurpera; kapa åt sig, inkräkta [på] **-ation** [,ju:zə:'peif(ə)n] tillvällande, usurpering; inkräktande, intrång **-er** [-ə] inkräktare, usurpator
usury ['ju:ʒuri] ocker
Utah ['ju:tɑ:] delstat i USA
utensil [ju:(')tensl] [hushålls]redskap, -verktyg; ~*s, pl äv.* materiel; *household* ~*s* hus-geråd
uter|us ['ju:tərəs] [*pl -i* -ai]) livmoder
utilitarian [,ju:tili'tɛəriən] **I** *a* nytto-; utilitaristisk **II** *s* utili[tari]st, hävdare av nyttointressen **-ism** [-iz(ə)m] utilitarism[en]; nytto-princip[er]

utility [ju(:)'tiliti] **1** nytta, nyttighet **2** nyttighetsartikel **3** *A.* (*ofta public* ~) allmännyttigt företag; ~ *clothing* standardplagg, priskontrollerade kläder **-actor** [ju(:)'tiliti'æktə] birollsaktör, statist **--man** [ju(:)'tiliti'mæn] **1** = *utility-actor* **2** allt i allo, faktotum

utiliz|able ['ju:tilaizəbl] användbar, möjlig att utnyttja **-ation** [ˌju:tilai'zeiʃ(ə)n] utnyttjande **-e** [-z] utnyttja

utmost ['ʌtməust] **I** *a* ytterst, främst, högst **II** *s, do one's* ~ göra sitt yttersta; *at the* ~ högst, på sin höjd

Utopian [ju:'təupjən] *a o. s* utopisk; verklighetsfrämmande [person]

Utrecht ['ju:trekt] Utrecht

utter ['ʌtə] **I** *a* ytterlig, fullkomlig, total, absolut; ~ *barrister* (slags) yngre advokat; ~ *nonsense* struntprat **II** *v* **1** utstöta, ge till; yttra; uttrycka **2** släppa ut, sätta i omlopp **-able** [-əbl] möjlig att uttala **-ance** ['ʌt(ə)r(ə)ns] **1** utstötande; uttryck[ande]; uttal; uttalande, yttrande **2** *poet.* yttersta; *they fought to the* ~ de kämpade in i det sista **-er** [-rə] person som utstöter [ngt] etc., *se utter II* **-ly** [-li] fullständigt, absolut **-most** = *utmost*

uvula ['ju:vjulə] tungspene **-r** [-ə] tungrots-

uxorious [ʌk'sɔ:riəs] ytterligt svag för sin hustru

V

V, v [vi:] (bokstaven) v

vac [væk] *fam.* = *vacation I 2*; *the long* ~ sommarferierna, -lovet

vacan|cy ['veik(ə)nsi] tomrum; vakans; ledighet; fritid; syss'lo'löshet; tomhet; *stare into* ~ stirra ut i tomma intet **-t** ledig (våning, plats, tid); tom; slö, håglös, frånvarande

vacat|e [və'keit] **1** lämna; utrymma, tömma; flytta [från]; avgå från; annullera, upphäva **2** *A.* ta (ha) semester **-ion** [-eiʃ(ə)n] **I** *s* **1** lämnande, frånträdande, avgång; upphävande **2** ferier (spec. vid domstol o. univ.); *A. äv.* semester **II** *v A.* ha (ta) semester

vaccin|ate ['væksineit] vaccinera, ympa **-ation** [ˌvæksi'neiʃ(ə)n] vaccination, skyddsympning **-e** [-i:n] vaccin; ~ *pox* = **-ia** [væk'siniə] kokoppor

vacillat|e ['væsileit] vackla; tveka; svänga, kasta[s] **-ion** [ˌvæsi'leiʃ(ə)n] vacklan[de]; tvekan **-ory** [-lət(ə)ri] vacklande; obeslutsam

vacu|ity [væ'kju(:)iti] tomhet; tomrum; andefattighet **-ous** ['vækjuəs] tom; andefattig, meningslös

vacu|um ['vækjuəm] (*pl -a* [-ə]) **I** *s* **1** vakuum, lufttomt rum **2** = ~*-cleaner* **II** *v* dammsuga **-um-bottle** [-ˌbɔtl] termosflaska **-um-cleaner** dammsugare **-um-flask** termosflaska **-um--tube** vakuumrör

vag [væg] *A.* **I** *s* luffare **II** *v* behandla som en luffare

vagabond ['vægəbɔnd] **I** *a* kringflackande, -strykande **II** *s* luffare, vagabond, lösdrivare, -erska; skojare **III** *v, fam.* flacka omkring

-age [-idʒ] **-ism** [-iz(ə)m] kringflackande liv; lösdriveri **-ize** [-aiz] flacka omkring

vagary ['veigəri] nyck, infall

vagina [və'dʒainə] *biol. o. anat.* skida, slida; vagina

vagran|cy ['veigr(ə)nsi] kringflackande liv; lösdriveri **-t I** *a* **1** kringflackande, -vandrande **2** irrande, ostadig, lös; vildvuxen (planta) **II** *s* luffare, lösdrivare; ~ *ward* anstalt för lösdrivare

vague [veig] obestämd; osäker; dunkel, svävande; *a* ~ *rumour* ett löst rykte **-ness** obestämdhet, osäkerhet; dunkel

vain [vein] fåfäng[lig]; gagnlös; tom; inbilsk, högfärdig (*of* över); *in* ~ förgäves; *take a p.'s name in* ~ missbruka ngns namn **-glorious** [-'glɔ:riəs] inbilsk, högfärdig, skrytsam **-glory** [-'glɔ:ri] högfärd, skrytsamhet

valance ['væləns] **1** gardinkappa; sänggardin **2** *tekn.* list, kant

vale I [veil] *s, poet.* dal; *this* ~ *of tears* (*woe*) denna jämmerdal **II** ['veili] *interj* farväl

valedict|ion [ˌvæli'dikʃ(ə)n] avsked **-orian** [ˌvælidik'tɔ:riən] *A.* elev som håller avskedstal **-ory** [-ktəri] **I** *a* avskeds- **II** *s, A.* avskedstal

valentine ['væləntain] **1** pojk-, flickvän **2** kärleksbrev (i samband med S:t Valentins dag, 14 febr.)

valet ['vælit] **I** *s* betjänt **II** *v* **1** passa upp **2** snygga upp, renovera (herrkläder); ~*ing company* servicefirma för herrkläder

valetudinar|ian ['væliˌtju:di'neəriən] **-y** [ˌvæli'tju:dinəri] **I** *a* sjuklig, klen **II** *s* sjukling, klen person

valiant ['væljənt] tapper, modig

valid ['vælid] giltig; [tungt] vägande, [väl]grundad **-ate** [-eit] förklara giltig; lagstadga; bekräfta **-ity** [və'liditi] giltighet

valise [və'li:z] (mindre) [res]väska, *mil.* ryggsäck, packning

valley ['væli] **1** dal **2** *byggn.* takvinkel, käl

vallum ['væləm] befästnings[vall]

val|orous ['vælərəs] tapper, modig **-our** [-ə] tapperhet

valuable ['væljuəbl] **I** *a* värdefull; [i.ö.:t] värderad; möjlig att värdera **II** *s pl, ~s* värdesaker

valuat|ion [ˌvælju'eiʃ(ə)n] värdering; uppskattning; *at a* ~ enligt taxering (*jur.*); *set a* ~ *on* värdera, taxera **-ion-list** taxeringslängd **-or** ['væljueitə] taxeringsman

value ['vælju:] **I** *s* **1** värde **2** valör; *konst.* fördelning av ljus o. skugga (på målning); ~ *in exchange* bytesvärde; ~ *today* dagsvärde; *you get* ~ *for your money* du (ni) får valuta för pengarna **II** *v* [högt] värdera (uppskatta); *he* ~*s himself on it* han skryter med det; *he* ~*s on him* han drar varken på honom **-less** [-ulis] värdelös **-r** [-uə] = *valuator*

valv|e [vælv] **1** ventil, kran; klaff; hjärtklaff **2** radiorör; elektronrör **3** (ena halvan av) snäckskal **-ed** [-d] försedd med *valve*; *four-*~ fyrarörs[-] **-er** [-ə], *four-*~ fyrarörs radiomottagare **-e-set** rörmottagare **-ular** [-julə] ventil-; klaff- **-ule** [-ju:l] liten ventil

vamo[o]se [və'mu:s] *A. sl.* sticka [iväg], schappa, smita

vamp [væmp] **I** *s* **1** ovanläder; lapp[verk] **2** *mus.* improvisation[sackompanjemang] **3** *sl.* [förförisk] vamp **II** *v* **1** lappa, laga **2** improvisera (ackompanjemang) **3** *sl.* vampa, flörta med; ~ *up* **a** lappa [ihop]; knåpa ihop **b** im-

provisera **-er** [-ə] **1** förförerska, -are **2** sko-
flickare **3** improvisatör
vampir|e ['væmpaiə] **1** vampyr **2** *fig.* blod-
sugare **3** = ~ *bat* (slags) fladdermus **-ic**
[væm'pirik] **-ish** [-əriʃ] vampyraktig, blod-
sugar-
van [væn] **1** skåpvagn, -bil; [flyttnings]trans-
portvagn; *järnv.* godsvagn **2** förtrupp, första
linjen; *in the ~ of* i främsta ledet bland (*mil.*
o. *fig.*)
Vandal ['vænd(ə)l] **I** *s* vandal **II** *a* vandalisk;
fig. barbarisk (*vanl. v~*) **v-ize** [-əlaiz] vanda-
lisera, skända
vane [vein] **1** vindflöjel; vimpel **2** [kvarn]vinge;
propellerblad; skovel **3** diopter; sikte
vang [væŋ] *sjö.* [gaffel]gärd
van|guard ['vængɑːd] förtrupp; avantgarde;
in the ~ of the movement bland rörelsens
pionjärer **--horse** åkarkamp
vanilla [və'nilə] vanilj[-]
vanish ['væniʃ] försvinna; bortfalla; ~ *into
smoke* gå upp i rök
vanity ['væniti] **1** tomhet, fåfänglighet, me-
ningslöshet **2** fåfänga, inbilskhet; *V~ Fair*
Fåfängans marknad (sinnevärlden) **--bag**,
--case toalettväska; aftonväska
van|man ['vænmən] skåpvagns-, transport-
vagnsförare; varubud **-ner** [-ə] = *van-horse*
vanquish ['væŋkwiʃ] övervinna, betvinga **-er**
[-ə] betvingare, erövrare
vantage ['vɑːntidʒ] *tennis.* fördel; *point of ~*
= **--ground** överläge, gynnsam position
vapid ['væpid] fadd; avslagen (om öl); ande-
fattig, intetsägande; *run* ~ stå (slå) av sig
vapor|able ['veip(ə)rəbl] *A.* avdunstande, som
kan avdunsta = **-izable** [-raizəbl] **-ization**
[,veipərai'zeiʃ(ə)n] [av]dunstning, ångbild-
ning **-ize** [-əraiz] **1** [få att] avdunsta **2** [be]-
spruta **-izer** [-əraizə] **1** evaporator, avdunst-
ningsapparat **2** spruta, spridare **-ous** [-ərəs]
ångliknande, dimmig; *fig.* dunkel, oklar
vapour ['veipə] **I** *s* ånga; [d]imma; *fig.* in-
billning; ~*s* griller; *the ~* mjältsjuka, melan-
koli (*åld.*) **II** *v* **1** [få att] dunsta [bort]; ånga,
ryka **2** skryta, svamla **-er** [-rə] skrävlare,
svammelmakare **-ing** [-riŋ] **I** *s* skryt, bluff;
svammel **II** *a* skrytsam; svammel- **-ish** [-riʃ]
-y [-ri] ångande, [d]immig; *fig.* melankolisk,
deprimerad, mjältsjuk
varec ['værek] *bot.* [havs]tång
variab|ility [,veəriə'biliti] föränderlighet;
ombytlighet, ostadighet **-le** ['veəriəbl] **I** *a*
föränderlig, variabel; ombytlig, skiftande,
ostadig **II** *s* variabel; ~*s* växlande vind[ar]
varian|ce ['veəriəns] **1** oenighet, motsättning;
motsägelse **2** växling, variation; *they are at ~*
de är oense; de är osams; *at ~ with* i strid
med; *set at ~* väcka missämja mellan **-t I** *a*
1 avvikande; olik[a] **2** föränderlig **II** *s* variant
variation [,veəri'eiʃ(ə)n] **1** [om]växling; för-
ändring, variation; avvikelse **2** variant; avart;
annan art (form); *by way of ~* för omväxlings
skull; ~*s on a theme* variationer på ett tema
(*mus.*)
varicell|a [,væri'selə] vatt[en]koppor **-ar** [-ə]
-ous [-əs] vatt[en]koppsjuk; vatt[en]kopps-
varicoloured ['veəri,kʌləd] brokig, skiftande
varicose ['værikəus] åderbrocks-; ~ *stocking*
elastisk strumpa; ~ *vein* åderbrock
varied ['veərid] skiftande, [om]växlande; bro-
kig
variegat|e ['veərigeit] göra [färg]skiftande;

nyansera **-ed** [-id] brokig; skiftande, omväx-
lande **-ion** [,veəri'geiʃ(ə)n] brokighet; [färg]-
skiftning; omväxling
variety [və'raiəti] **1** omväxling, variation **2**
mångfald **3** sort, slag; [av]art **4** = *variety-
show* **--show** (slags) prisbilligt varu-
hus **--show** varieté[föreställning]
variform ['veərifɔːm] olikformad, -artad
variola [və'raiələ] smittkoppor
various ['veəriəs] olika, diverse; [om]väx-
lande, skiftande
vari|x ['veəriks] (*pl -ces* ['værisiːz]) åderbrock
varlet ['vɑːlit] *åld.* **1** väpnare **2** skurk **-ry** [-ri]
åld. **1** *koll.* väpnare, -skara **2** löst folk
varmint ['vɑːmint] *skämts. åld.* odåga, lymmel;
the ~ räven (*sl.*)
varnish ['vɑːniʃ] **I** *s* fernissa; lack[ering];
glasyr; glans[ighet]; *fig.* (yttre) polityr **II** *v*
fernissa; lackera; glasera; förgylla [upp] **-er**
[-ə] en som lackerar etc., *se varnish II*
varsity ['vɑːs(i)ti] *fam.* = *university*
varus ['veərəs] **1** (slags) fotdefekt (som or-
sakar inåtvända fötter) **2** [hud]utslag
vary ['veəri] ändra[s]; skifta, variera; ~ *in-
versely as* stå i omvänd proportion till
vascul|ar ['væskjulə] kärl- **-um** [-əm] portör;
anat. litet kärl
vase [vɑːz] vas
vassal ['væs(ə)l] **I** *s* vasall; *fig.* slav; *the nobles
were ~s of the king* adelsmännen var vasaller
under kungen **II** *a* vasall- **-age** [-əlidʒ] vasall-
förhållande; *fig.* träldom
vast [vɑːst] **I** *a* stor, väldig, vidsträckt **II** *s*,
poet. oändlighet **-ness** [-nis] vidd, (stort) om-
fång, (stor) omfattning **-y** [-i] *poet.* = *vast I*
vat [væt] **I** *s* fat, kar **II** *v* hälla på fat (i kar)
Vatican ['vætikən] *the ~* Vatikanen
vaticinat|e [væ'tisineit] profetera, sia **-ion**
[,vætisi'neiʃ(ə)n] profetia, spådom **-or** [-ə]
profet, siare
vaudeville ['vəudəvil] *BE.* vådevill, [musik]-
lustspel; *A.* varieté
vault [vɔːlt] **I** *s* **1** valv, källare, -valv **2** hopp,
språng; *pole ~* stavhopp **II** *v* **1** välva [sig]
2 hoppa [över] (med stöd av hand el. stav)
-er [-ə] hoppare; akrobat **-ing** [-iŋ] **I** *s* **1** valv-
[konstruktion]; välvning **2** *gymn.* hopp (över
häst) **II** *a*, ~ *ambition* högtflygande planer
-ing-horse häst (gymn. redskap)
vaunt [vɔːnt] **I** *v* skryta [med], berömma sig
[över] **II** *s* skryt[samt prat] **-er** [-ə] skrävlare
veal [viːl] **I** *s* kalv[kött] **II** *a*, *A. sl.* valpaktig,
barnslig, grön **--tea** kalvbuljong **-y** [-i] kalv-
liknande; *fig.* valpaktig
vector ['vektə] **1** vektor **2** bacillbärare
vedette [vi'det] **1** kavalleripost **2** = ~ *boat*
vedettbåt
veer [viə] **I** *v* **1** vända, ändra riktning (kurs)
[med]; gira; kasta om, ändra åsikt (= ~
round) **2** *sjö.* fira, släcka [på] (= ~ *out*, ~
~*away*); ~ *and haul* ömsom släcka [på] o. hala
in **II** *s* vändning, gir; omkastning, omsväng-
ning
veget|able ['vedʒ(i)təbl] **I** *s* [köks]växt; grön-
sak **II** *a* vegetabilisk, växt-; grönsaks-; ~ *earth*
mylla, matjord; ~ *garden* köksträdgård; ~
kingdom växtrike; ~ *mould* = ~ *earth* **-al**
[-itl] **I** *a* vegetativ; växt- **II** *s* växt **-arian**
[,vedʒi'teəriən] **I** *s* vegetarian **II** *a* vegetarisk
-arianism [,vedʒi'teəriəniz(ə)m] vegetaria-
nism **-ate** [-iteit] växa; *fig.* vegetera, slöa
-ation [,vedʒi'teiʃ(ə)n] **1** växtlighet, vegetation

2 utväxt, böld **3** *fig.* vegeterande (slö) tillvaro **-ative** [-itɔtiv] vegetativ; växt-
vehemen|ce ['vi:imɔns] häftighet, våldsamhet **-t** häftig, våldsam; intensiv; *fig. äv.* hetsig, ivrig
vehic|le ['vi:ikl] **1** fordon; *fig.* medel, förmedlare **2** bindemedel, lösningsvätska **-ular** [vi-'hikjulɔ] fordons-
veil [veil] **I** *s* slöja; [nunne]dok; flor; *fig.* täckmantel; *beyond the* ~ efter detta livet; *she took the* ~ hon blev nunna; *the* ~ *of the palate* gomseglet **II** *v* beslöja; skyla [över], dölja **-ing** [-iŋ] *äv.* **1** slöjtyg; flor **2** inträdande som nunna
vein [vein] **I** *s* **1** [blod]åder **2** ådra, nerv (på blad, insektsvinge etc.) **3** *fig.* humör, stämning; drag; anda; *there is a wilful* ~ *in her* hon är ganska egensinnig av sig; *be in a talkative* ~ vara på prathumör **II** *v* ådra, göra strimmig **-ing** [-iŋ] ådring **-let** [-lit] liten åder (ådra) **-ous** [-ɔs] ådrig
veld[t] [velt] *S. Afr.* grässlätt
vellum ['velɔm] **1** veläng (slags pergament) **2** manuskript (på dylikt)
velo|cipede [vi'lɔsipi:d] **1** *Å.* trehjuling **2** tidig form av cykel (utan pedaler) **-city** [-s(i)ti] hastighet, snabbhet **-drome** ['vi:lɔdrɔum] velodrom, cykelstadion
velour[s] [ve'luɔ] plysch, bomullssammet; *se äv. velure I* 2 o. *II*
vel|um ['vi:lɔm] (*pl* -*a* [-ɔ]) *anat.* gomsegel **velu|re** [ve'ljuɔ] **I** *s* **1** bomullssammet, plysch **2** hattborste **II** *v* borsta (hatt) **-tinous** [vi'lju:-tinɔs] sammetslen
velvet ['velvit] **I** *s* **1** sammet; mjuk hinna på horn **2** vinst; *be on* ~ vara på grön kvist **II** *a* sammets- **-ed** [-id] sammetsklädd **-een** ['velvi'ti:n] bomullssammet; ~*s*, *pl* a byxor av bomullssammet **b** skogvaktare **-ing** [-iŋ] sammetsklädsel **-y** [-i] sammetslen
venal ['vi:nl] korrumperad, som låter sig mutas, fal **-ity** [vi:'næliti] besticklighet, korruption
venation [vi'neiʃ(ɔ)n] ådring
vend [vend] sälja, saluföra **-ee** [-'di:] köpare, avnämare **-er** [-ɔ] säljare
vendetta [ven'detɔ] vendetta, blodshämnd
vend|ible ['vendɔbl] **I** *a* säljbar **II** *s* *pl*, ~*s* [säljbara] varor **-ing-machine** ['vendiŋmɔ-,ʃi:n] *Å.* automat **-or** ['vendɔ:] **1** säljare **2** automat; *petrol* ~ bensinpump, -mack
veneer [vi'niɔ] **I** *v* fanera; täcka; *fig.* polera (piffa) upp **II** *s* = **-ing** [-riŋ] faner; fernissa *fig.* [yttre] polityr, mask
venera|ble ['ven(ɔ)rɔbl] vördnadsvärd, -bjudande **-te** ['venɔreit] vörda, högakta **-tion** [,venɔ'reiʃ(ɔ)n] vördnad, -ande **-tor** ['venɔreitɔ] vördare, dyrkare
venereal [vi'niɔriɔl] venerisk; köns-
venesect [veni'sekt] åderlåta **-ion** [,veni'sek-ʃ(ɔ)n] åderlåtning
Venetian [vi'ni:ʃ(ɔ)n] **I** *a* venetiansk; ~ *blind* persienn; ~ *chalk* skräddarkrita; ~ *mast* utsirad [flagg]stång (för gatudekoration); ~ *pearl* oäkta pärla; ~ *shutter* (slags) jalusi; ~ *window* tredelat fönster **II** *s* **1** venetianare, -ska **2** *v* ~ persienn
Venezuela [,vene'zweilɔ] Venezuela
venge|ance ['ven(d)ʒ(ɔ)ns] hämnd; [*that is liberality*] *with a* ~ [det är generöst] i överkant **-ful** [-ʒf(u)l] hämndlysten
venial ['vi:njɔl] förlåtlig; obetydlig; ~ *sin* svaghets-, vardagssynd

Venice ['venis] Venedig
venison ['venzn] hjort-, rådjurskött
venom ['venɔm] [orm]gift; *fig. äv.* ondska **-ed** [-d] giftig, förgiftad **-fang** gifttand **-ous** [-ɔs] giftig (*äv. fig.*)
veno|se ['vi:nɔus] = *vanl.* **-us** [-ɔs] **1** åder-, venös **2** ådrig
vent [vent] **I** *s* utlopp; öppning; [luft]hål; rökgång; analöppning (på fågel); sprund, slits; *he gave* ~ *to his indignation* han gav utlopp för sin indignation **II** *v* ge utlopp för; släppa ut (fram); snappa efter luft (t. ex. om bäver); slå hål på (fat); ~ *itself* finna utlopp **-age** [-idʒ] [finger]hål (på flöjt); lufthål
venter ['ventɔ] hona; *the son of another* ~ son till en annan mor (*jur.*)
vent-hole ['venthɔul] [luft]hål; [ventilations]-öppning
ventiduct ['ventidʌkt] ventilationsrör
ventil ['ventil] klaff (på blåsinstrument)
ventilat|e ['ventileit] ventilera, vädra, lufta (*äv. fig.*) **-ing-shaft** [-iŋ-] lufttrumma **-ion** [,venti'leiʃ(ɔ)n] ventilation, luftväxling; *fig.* ventilering (av fråga) **-ive** [-iv] ventilations- **-or** [-ɔ] [rums]ventil; fläkt, ventilator
vent|-peg ['ventpeg] **--plug** tapp (i ölfat o.d.) **-pipe** luftrör
ventral ['ventr(ɔ)l] **I** *a* buk- **II** *s* = ~ *fin* bukfena
ventric|le ['ventrikl] [hjärt]kammare; håla, -ighet, ventrikel **-ose** [-kɔus] *se ventricus* **-ular** [ven'trikjulɔ] ventrikel-; mag- **-us** [-kɔs] bukig; uppsvälld
ventriloqu|ism [ven'trilɔkwiz(ɔ)m] buktaleri **-ist** buktalare **-y** [-wi] buktaleri
ventur|e ['ventʃɔ] **I** *s* vågstycke, -spel; risk, riskabelt företag; [djärvt] försök; spekulation; insats; *at a* ~ på måfå **II** *v* våga [sig på]; satsa, riskera; *I* ~ *to differ from you* jag dristar mig att tycka annorlunda än du (ni); ~ *at* försöka med; ~ *on* våga [sig på], pröva; ~ *out* våga sig ut **-er** [-rɔ] äventyrare; spekulant **-esome** [-sɔm] vågsam, vågad, riskabel, äventyrlig **-ous** [-ʃ(ɔ)rɔs]
venue ['venju:] **1** *jur.* jurisdiktionsort **2** *fam.* [mötes]plats
Venus ['vi:nɔs] Venus
veraci|ous [vɔ'reiʃɔs] **1** sannfärdig **2** sann, sanningsenlig **-ty** [-'ræsiti] sannfärdighet; sanningsenlighet
veranda[h] [vɔ'rændɔ] veranda
verb [vɔ:b] verb **-al** [-(ɔ)l] **I** *a* verbal[-]; ord-; muntlig; ordagrann; verb-; ~ *criticism* textkritik **II** *s* verbalsubstantiv, -adjektiv **-alism** [-ɔliz(ɔ)m] **1** uttryck[ssätt], fras **2** textkritik; [språkligt] pedanteri **-alist** [-ɔlist] **1** språkpedant **2** ordkännare **-ality** [vɔ:'bæliti] bara [en massa] ord **-atim** [vɔ:'beitim] ordagrant, ord för ord
verbena [vɔ(:)'bi:nɔ] *bot.* järnört
verbiage ['vɔ:biidʒ] = *verbosity*
verbos|e [vɔ:'bɔus] mångordig; ordrik, yvig (stil) **-ity** [-'bɔsiti] mångordighet, svammel
verdan|cy ['vɔ:d(ɔ)nsi] **1** grön färg, grönska **2** omogenhet **-t** [-t] **1** grön, grönskande **2** grön, oerfaren
verder|er ['vɔ:dɔrɔ] **-or** [-ɔ] *hist.* kunglig skogvaktare, jägmästare
verdict ['vɔ:dikt] [domstols]utslag; dom, omdöme; *deliver (return) a* ~ fälla dom; avge utlåtande
verdigris ['vɔ:digris] ärg, koppargrönt

verdur|e ['vɔ:dʒə] grönska; *fig.* friskhet **-ous** [-rəs] [frisk o.] grönskande
verge [vɔ:dʒ] **I** *s* **1** kant, rand; gräns; gräskant **2** [jurisdiktions]område **3** *tekn.* spindel **4** *byggn.* pelarskaft; *he is on the ~ of 80* han är nära 80 år; *she was on the ~ of fainting* hon var på vippen att svimma **II** *v* **1** *~ on* närma sig, stå på gränsen till, luta åt **2** dala
verger ['vɔ:dʒə] **1** kyrkvaktare, -mästare **2** stavbärare (i procession)
Vergil ['vɔ:dʒil] *se Virgil*
verif|iable ['verifaiəbl] kontrollerbar; bevisbar **-ication** [ˌverifi'keiʃ(ə)n] bekräftelse; bevis; kontroll[erande], bestyrkande **-ier** [-aiə] person som bekräftar (kontrollerar) **-y** [-ai] **1** kontrollera; verifiera **2** bevisa; bekräfta
verily ['verili] *åld.* i sanning, sannerligen
verisimil|ar [veri'similə] sannolik **-itude** [ˌverisi'militju:d] sannolikhet, sken av verklighet, realism
verit|able ['veritəbl] riktig, verklig, äkta **-y** [-i] sanning
verjuice ['vɔ:dʒu:s] saft av omogen frukt **-d** *fig.* sur, syrlig
vermi|an ['vɔ:miən] *se vermicular* **-celli** [ˌvɔ:mi'seli] vermiceller, trådformiga makaroner **-cide** [-said] medel mot ohyra **-cular** [vɔ:'mikjulə] masklik[nande] **-culated** [vɔ:'mikjuleitid] maskstungen **-form** [-fɔ:m] maskformig; *~ appendix* maskformigt bihang
vermilion [və'miljən] **I** *s* cinnober[färg], scharlakansrött **II** *a* cinnober-, scharlakansröd
vermin ['vɔ:min] ohyra, skadedjur; (om pers.) pack **--powder** [-ˌpaudə] medel mot ohyra **-ous** [-əs] full av ohyra; orsakad av ohyra; *fig.* eländig, vidrig
Vermont [vɔ:'mɔnt] delstat i USA
vermouth ['vɔ:məθ] vermut
vernacular [vɔ'nækjulə] **I** *a* **1** inhemsk; lokal[-]; dialekt- **2** *med.* endemisk **II** *s* modersmål; lokal dialekt; [yrkes]jargong; klart språk **-ism** [-riz(ə)m] idiomatiskt uttryck; begagnande av modersmålet **-ize** [-raiz] översätta till modersmålet
vernal ['vɔ:nl] vårlig, vår-; *~ equinox* vårdagjämning
verruc|a [ve'ru:kə] (*pl -ae* [-u:si:]) vårta **-ose** [-kəus] vårtig
versant ['vɔ:s(ə)nt] sluttning, lutning
versatil|e ['vɔ:sətail] **1** mångsidig; rörlig (om intellekt) **2** vridbar; ombytlig, obeständig **-ity** [ˌvɔ:sə'tiliti] **1** mångsidighet; rörlighet (om intellekt) **2** vridbarhet; ombytlighet, obeständighet
verse [vɔ:s] **I** *s* **1** vers[rad] **2** vers, poesi **II** *v* dikta [om] **-d** [-t] skicklig, kunnig, slängd (*at* i) **-let** [-lit] liten vers **--monger** [-ˌmʌŋgə] versmakare **-t** [-et] **1** *mus.* preludium **2** [bibel]vers
versicle ['vɔ:sikl] kort [bibel]vers
versicoloured ['vɔ:siˌkʌləd] mångfärgad, brokig
versicular [vɔ:'sikjulə] *a*, *~ division* versindelning
versif|ication [ˌvɔ:sifi'keiʃ(ə)n] **1** versbyggnad, -mått **2** versifiering **-ier** ['vɔ:sifaiə] versifikatör; versmakare **-y** ['vɔ:sifai] göra vers av; skriva [på] vers
version ['vɔ:ʃ(ə)n] **1** version, framställning **2** översättning **3** *med.* vändande av foster; *the Authorized V~* 1611 års bibelöversättning
verso ['vɔ:səu] vänstersida (i bok); frånsida

versus ['vɔ:səs] *jur.* o. *sport.* mot
vert [vɔ:t] **I** *s* **1** *jur.* grön vegetation **2** rätt att hugga bort grön [snår]vegetation **3** *fam.* konvertit, avfälling **II** *v* låta omvända sig, övergå (spec. till katolicismen)
vertebr|a ['vɔ:tibrə] (*pl äv. -ae* [-i:]) ryggkota **-al** [-(ə)l] kot-, ryggrads-; *~ column* ryggrad **-ata** [ˌvɔ:ti'brɑtə] ryggradsdjur **-ate** [-rit] **I** *a* ryggrads- **II** *s* ryggradsdjur **-ated** [-reitid] = *vertebrate I* **-ation** [ˌvɔ:ti'breiʃ(ə)n] ryggradsbildning; *fig.* ryggrad
vert|ex ['vɔ:teks] (*pl -ices* [-isi:z]) topp, spets, högsta punkt; zenit **-ical** [-tik(ə)l] **I** *a* **1** vertikal, lodrät **2** belägen i zenit; *~ angle* a motstående vinkel **b** toppvinkel **II** *s* **1** lodrät linje, vertikal **2** vertikalplan
vertig|inous [vɔ:'tidʒinəs] **1** yr [i huvudet] **2** svindlande **3** roterande **4** ombytlig, oberäknelig **-o** ['vɔ:tigəu] svindel, yrsel
vertu [vɔ:'tu:] = *virtu*
verve [vɔ:v] liv, schvung, verv, entusiasm
very ['veri] **I** *adv* **1** mycket **2** allra **3** absolut **4** blotta; *the ~ last drop* den allra sista droppen; *the ~ next page* närmast följande sida; *the ~ same words* precis samma ord; *not ~* inte så [vidare], inte särskilt; *~ well* javisst, ja, gärna **II** *a* riktig, ren; själva; just, *he snatched it from under my ~ eyes* han tog den mitt framför näsan på mig; *he is a ~ rascal* han är en riktig skurk; *in this ~ room* just i det här rummet; *the ~ fact that* själva [det] faktum att; *you are the ~ man I want* du (ni) är precis den man jag behöver; *his ~ pupils say this* till o. med hans [egna] lärjungar säger det[ta]; *he is the ~ picture of his mother* han är sin mor upp i dagen; *it's the ~ minimum you can do* det är det allra minsta du (ni) kan göra; *this ~ minute* på minuten, ögonblickligen
Very ['viəri] = *~ light* lysgranat, -patron (*mil.*)
vesic|le ['vesikl] (liten) blåsa (på huden) **-ular** [vi'sikjulə] **-ulate** [vi'sikjulit] full av blåsor; blåsliknande, blås-
vesper ['vespə] **1** *~s*, *V~s* vesper, aftonsång, -gudstjänst **2** *the V~* aftonstjärnan **3** *poet.* afton **-tinal** [ˌvespə'tain(ə)l] **-tine** [-tain] afton-
vespi|ary ['vespiəri] getingbo **-ne** [-pain] geting-
vessel ['vesl] **1** fartyg **2** kärl; *the weaker ~* det svaga könet, kvinnan
vest [vest] **I** *s* **1** *BE.* [under]tröja **2** *A. o. butiksspr.* väst **II** *v* ikläda, förläna (makt etc.); *poet.* [be]kläda; *be ~ed in* (om makt) ligga hos, tillkomma; *~ed rights (interests)* oförytterliga (lagstadgade) rättigheter
vesta ['vestə] vaxtändsticka **-l** [-tl] **I** *a* vestalisk; jungfrulig **II** *s* vestal; jungfru; nunna
vestibule ['vestibju:l] vestibul, farstu; förgård (*äv.* i örat)
vestig|e ['vestidʒ] spår; rudiment **-ial** [ves-'tidʒiəl] *biol.* rudimentär
vest|iture ['vestitʃə] [be]klädnad **-ment** ['ves(t)mənt] [ämbets]skrud, *spec.* mässhake; altarduk; *~s, pl* prästskrud
vest-pocket ['vest'pɔkit] **I** *s* västficka **II** *a* i fickformat, fick-
vestry ['vestri] **1** sakristia **2** kyrksal **3** församlingsmedlemmar **4** kyrkoråd (*~ select ~*); sammanträde med *~ 3, 4* **--clerk** sockenskrivare; klockare **-man** [-mən] kyrkorådsledamot

vesture ['vestʃə] **I** s **1** poet. dräkt, skrud **2** jur. växtlighet (ej träd) **II** v [be]kläda **-r** [-rə] kyrkvaktmästare

vet [vet] **I** s, vard. **1** veterinär **2** veteran **II** v undersöka, granska; behandla **III** a erfaren, skicklig

vetch [vetʃ] bot. vicker

veteran ['vet(ə)r(ə)n] **I** s veteran; A. f. d. [front]soldat; V~'s Day 11 november (urspr. t. minne av vapenstilleståndsdagen efter 1:a världskriget, nu för att hedra veteraner i krigsmakten) (A.) **II** a gammal o. van, erfaren; grånad i tjänsten **-ize** [-rənaiz] låta stå kvar länge (i tjänst)

veterinar|ian [,vet(ə)ri'nɛəriən] veterinär **-y** ['vet(ə)rin(ə)ri] **I** a veterinär- **II** s = ~ surgeon veterinär

veto ['vi:təu] **I** s (pl ~(e)s [-z]) veto, förbud; put (place, set) a (one's) ~ [up]on förbjuda, inlägga veto mot **II** v inlägga veto, förbjuda

vex [veks] **1** reta, förarga **2** poet. uppröra (hav); he was ~ed at it han blev arg [över det]; a ~ed question en livligt debatterad fråga **-ation** [-'seiʃ(ə)n] förargelse; retande **-atious** [-'seiʃəs] förarglig; plågsam, besvärlig **-edly** [-idli] förargat [-d] **-er** [-ə] plågoande

vexillum [vek'siləm] (romersk) fana; band på biskopsstav

vexing ['veksiŋ] förarglig; plågsam, besvärlig

via ['vaiə] via, över, genom

viable ['vaiəbl] livsduglig

viaduct ['vaiədʌkt] viadukt; [järnvägs]bro

vial ['vaiəl] liten flaska (för medicin, parfym etc.); pour out the ~s of wrath upon gjuta sin galla över

viand ['vaiənd] vanl. pl, ~s livsmedel

viaticum [vai'ætikəm] färdkost; respengar; nattvard (åt döende)

vibra|nt ['vaibr(ə)nt] dallrande, vibrerande, pulserande, skälvande (with av) **-te** [vai-'breit] vibrera, dallra, skälva; svänga; försätta i vibration (svängning) **-tion** [-'breiʃ(ə)n] vibration; dallring; skälvning; svängning, oscillering **-tor** [-'breitə] vibrator **-tory** ['vaibrət(ə)ri] vibrerande; svängnings-

vicar ['vikə] **1** kyrkoherde **2** ställföreträdare; V~ of Bray vindflöjel, opportunist; the V~ of [Jesus] Christ påven **-age** [-ridʒ] **1** prästgård **2** pastorat **-ess** [-ris] **1** kyrkoherdefru **2** ställföreträdande abbedissa **-ial** [vai'kɛəriəl] **1** kyrkoherde- **2** ställföreträdande; befullmäktigad **-iate** [vai'kɛəriit] kyrkoherdetjänst **-ious** [vai'kɛəriəs] ställföreträdande; befullmäktigad

vice **I** s [vais] last[barhet]; fel, olat **2** V~ narr (i medeltida skådespel) **3** skruvstad **4** = ~-president **II** prep ['vaisi] i stället för

vice|- ['vais] vice[-], ställföreträdande **--agent** ['vais'eidʒ(ə)nt] ställföreträdare **--chairman** ['vais'tʃɛəmən] vice ordförande **--chancellor** ['vais'tʃɑ:nsələ] **1** vicekansler **2** rector magnificus (vid univ.) **-gerent** ['vais'dʒer(ə)nt] **I** s befallningshavande, ståthållare **II** a ställföreträdande; befullmäktigad **--president** ['vais-'prezid(ə)nt] vicepresident; vice ordförande **--queen** ['vais'kwi:n] **--reine** ['vais'rein] **1** vicekungs gemål **2** vicedrottning **-roy** ['vais-rɔi] vicekung

vice versa ['vaisi'və:sə] omvänt, vice versa

vicin|age ['visinidʒ] **1** = vicinity **2** the ~ grannarna **-al** [-(ə)l] grann-; närliggande **-ity** [vi-'siniti] grannskap, omgivning[ar]

vicious ['viʃəs] lastbar; dålig, ond; bristfällig; elak; bångstyrig (häst); folkilsken (hund); ~ circle ond cirkel; cirkelbevis **-ness** [-nis] ondska; bristfällighet etc., se vicious

vicissitud|e [vi'sisitju:d] växling; ~s, pl äv. skiftande öden **-inous** [,visisi'tju:dinəs] växlande, -ingsrik

victim ['viktim] **1** offer **2** offerdjur; fall a ~ to falla offer för **-ization** [,viktimai'zeiʃ(ə)n] s plågande, förföljande **-ize** [-aiz] plåga; bedra; offra; straffa

victor ['viktə] **I** s segrare **II** a segrande, segerrik **-ia** [vik'tɔ:riə] **1** åld. (slags) fyrhjulig vagn **2** (slags stor) näckros **3** (slags) duva **4** (slags) plommon; V~ Cross Viktoriakors (mil. hederstecken) **V-ian** [vik'tɔ:riən] **I** a viktoriansk (syftande på drottning Victorias tid) **II** s viktorian **-ious** [vik'tɔ:riəs] segrande, segerrik **-y** [-(ə)ri] seger

victr|ess ['viktris], **-ix** [-iks] segrarinna

victrola [vik'trəulə] A. (slags) grammofon

victual ['vitl] **I** s (vanl. pl, ~s) livsmedel, proviant **II** v **1** förse med livsmedel **2** proviantera; äta **-ler** [-ə] **1** livsmedelsleverantör, -handlare **2** provianteringsfartyg **3** (= licensed ~) krogvärd (med spriträttigheter) **-ling** [-iŋ] **1** proviantering **2** proviant **-ling-office** [-,ɔfis] provianteringscentral; sl. mage **-ling-yard** proviantförrådsplats (för marinen)

videophone ['vidiəufəun] bildtelefon

vie [vai] tävla (for om)

Vienn|a [vi'enə] **I** s Wien **II** a wiener- **-ese** [,viə'ni:z] **I** s wiensk, wiener- **II** s wienare

view [vju:] **I** s **1** [å]syn; synhåll, sikte; anblick; utsikt; överblick **2** åsikt, uppfattning **3** avsikt, plan **4** [landskaps]bild, vy, fotografi; private ~ privat [förhands]visning; point of ~ synpunkt; have ~s upon ha ett gott öga till; in ~ inom synhåll, i sikte; in a p.'s ~ i ngns åsyn; in ~ of i betraktande av, med tanke på; have in ~ ha i kikarn (tankarna); on ~ till beskådande; leave out of ~ lämna utan avseende; to the ~ öppet, offentligt; with a ~ to i syfte (avsikt) att (äv. with the ~ of) **II** v beskåda, titta på, betrakta; granska, undersöka; se; ta i betraktande **-er** [-ə] [TV-]tittare; åskådare; granskare **--finder** [-,faində] sökare (på kamera) **--halloo** ['vju:hə'lu:] jägares rop (när räven lämnar gömstället) **-ing** [-iŋ] a, ~ period sändningstid (i TV) **-less** [-lis] **1** osynlig **2** utan åsikter **-point** **1** synpunkt **2** utsiktspunkt **-y** ['vjui] **1** [med] konstig[a idéer] **2** sl. flott, snygg

vigil ['vidʒil] vaka; (vanl. pl, ~s) nattgudstjänst, vaka; helgdagsafton; keep ~ vaka **-ance** [-əns] **1** vaksamhet **2** med. sömnlöshet; ~ committee (frivillig) ordningspolis (A.) **-ant** [-ənt] vaksam, försiktig **-ante** [,vidʒi'lænti] **1** A. [medlem av frivillig] ordningspolis **2** nattvakt

vignette [vi'njet] **1** vinjett **2** porträtt mot suddig bakgrund **3** fig. karaktärsskiss

vig|orous ['vig(ə)rəs] kraftig, kraftfull; vital; energisk **-our** [-ə] kraft, vitalitet, energi

viking ['vaikiŋ] viking

vile [vail] usel, eländig; gräslig, avskyvärd; värdelös

vilif|ication [,vilifi'keiʃ(ə)n] [elakt] förtal, svartmålning **-ier** ['vilifaiə] baktalare, ryktessmidare **-y** ['vilifai] förtala, baktala, svartmåla

villa ['vilə] villa

village ['vilidʒ] by **--green** byplan **--hall** (byns) samlingslokal **-r** [-ə] byinvånare
villain ['vilən] bov, skurk, lymmel; *hist.* = *villein* **-ous** [-əs] bov-, skurkaktig; avskyvärd **-y** [-i] bovaktighet, skurkaktighet; skurkstreck, illdåd
villein ['vilin] livegen [bonde] **-age** [-idʒ] livegenskap
vim [vim] energi, fart; kraft
vinaigrette [,vinei'gret] luktflaska
vindicable ['vindikəbl] försvarbar, berättigad
vindicat|e ['vindikeit] rättfärdiga; försvara; förfäkta, hävda, tillvarata; *he was ~d from (of) the charge* han friades från anklagelsen; *he has ~d to himself a place in literature* han har säkrat åt sig en plats i litteraturen **-ion** [,vindi'keiʃ(ə)n] försvar, rättfärdigande; upprätthållande **-ive** [-kətiv] försvars-, rättfärdigande **-or** [-ə] försvarare **-ory** [-əri] = *vindicative*
vindictive [vin'diktiv] hämndlysten; hämnd-; *~ damages* skadestånd **-ness** [-nis] hämndlystnad
vine [vain] **1** vinranka, -stock **2** ranka, slingerväxt; *under one's own ~ and fig-tree* på sin egen gård, [trygg] vid egen härd **--clad** övervuxen med vinrankor **--dresser** [-,dresə] vinodlare; vingårdsman
vinegar ['vinigə] **I** *s* ättika; vinäger **II** *a* ättiks-; [ättik]sur **III** *v* **1** lägga in i (behandla med) ättika **2** bli [ättik]sur **-y** [-ri] = *vinegar II*
vine|-grower ['vain,grəuə] vinodlare **-yard** ['vinjəd] vingård
viniculture ['vinikʌltʃə] vinodling
vinous ['vainəs] **1** vin-; vinfärgad **2** vinälskande; vinberusad
vint|age ['vintidʒ] **1** vinskörd **2** årgång (vin); *poet.* vin; *~ car* veteranbil **-ager** [-idʒə] vinskördare **-ner** [-nə] vinhandlare **-ry** [-ri] vinhandel
viny ['vaini] vinranksliknande; vin[odlings]-
viol ['vaiəl] *mus.* (medeltida) viola
viola 1 [vi'əulə] altfiol, viola **2** ['vaiələ] *bot.* viol **-ceous** [,vaiə'leiʃəs] **1** violett, violblå **2** violliknande
violat|e ['vaiəleit] kränka, störa; överträda, bryta [mot]; vanhelga, skymfa; skända; våldta **-ion** [,vaiə'leiʃ(ə)n] kränkning; överträdelse; vanhelgande; skändning; våldtäkt **-or** [-ə] överträdare; våldtäktsman
violen|ce ['vaiələns] våld; våldsamhet, häftighet; *do (use) ~ to* begå våld mot, våldföra sig på **-t** våldsam, häftig, stark; *lay ~ hands on* bruka våld mot
violet ['vaiəlit] **I** *s* **1** viol **2** violett, violblått **3** (slags) fjäril **II** *a* violett, violblå
violin [,vaiə'lin] violin, fiol **-ist** ['vaiəlinist] violinist
violist [vi'əulist] altviolinist
violoncell|ist [,vaiələn'tʃelist] [violon]cellist **-o** [-əu] violoncell
viper ['vaipə] **1** [hugg]orm **2** *A. sl.* narkotikaförsäljare **-ine** [-rin] -ish [-riʃ] **-ous** [-rəs] [hugg]orm[s]liknande; giftig
virago [vi'rɑ:gəu] ragata
virescen|ce [vi'resns] *s* grönska[nde] **-t** grönskande, grönaktig
Virgil ['vɜ:dʒil] Vergilius
virgin ['vɜ:dʒin] **I** *s* **1** jungfru, [ung]mö **2** kysk man **3** (slags) äpple (päron); *the Blessed V~* den Heliga Jungfrun **II** *a* jungfrulig; orörd; ren (t. ex. metall); kysk; *the V~ Islands* Jung-

fruöarna; *the V~ Mother* jungfrumodern; *the V~ Queen* Elisabet I; *~ forest* urskog **-al** [-l] **I** *a* jungfrulig **II** *s, mus.* virginal, spinett **V--born** född av den Heliga Jungfrun **-hood** = *virginity*
Virginia [və'dʒinjə] **1** delstat i USA **2** Virginiatobak **-n** **I** *a* virginsk; *~ creeper* vildvin **II** *s* virginier
virginity [və:'dʒiniti] jungfrudom, -lighet; renhet; orördhet
Virgo ['vɜ:gəu] Jungfrun (i Djurkretsen)
virid ['virid] *poet.* grön[skande] **-escent** [,viri'desnt] grönaktig **-ity** [vi'riditi] grönska
viril|e ['virail] manlig, viril; kraftfull **-ity** [vi'riliti] manlighet; virilitet
virtu [və:'tu:] **1** konstintresse **2** konstnärligt värde; *articles of ~* konstföremål
virtual ['və:tʃuəl] faktisk, egentlig, verklig **-ity** [,və:tʃu'æliti] **1** [egentligt] väsen **2** latent förmåga
virtue ['və:tju:] dygd; god egenskap, förmåga; fördel, förtjänst; *by (in) ~ of* i kraft av, tack vare, genom **-less** [-lis] utan dygder (förtjänster)
virtuos|ity [,və:tju'ɔsiti] **1** virtuositet **2** *koll.* konstkännare **-o** [,və:tju'əuzəu] (*pl -i* [-i:]) **1** virtuos **2** konstkännare, -samlare
virtuous ['və:tʃuəs] dygdig
virulen|ce ['viruləns], **-cy** [-si] **1** giftighet, virulens **2** häftighet, bitterhet **-t 1** giftig, virulent; elakartad (sjukdom) **2** häftig, bitter; illasinnad
virus ['vaiərəs] *med.* virus; *fig.* smitta, gift
vis [vis] *lat.* kraft, energi
visa ['vi:zə] = *visé*
visage ['vizidʒ] ansikte
vis-à-vis ['vi:za:vi:] **I** *adv.* visavi, mitt emot (varandra) **II** *s* **1** visavi **2** *åld.* vagn (med sätena mot varandra); *my ~* personen mitt emot mig
viscera ['visərə] inälvor **-l** [-(ə)l] inre, inälvsviscid ['visid] klibbig **-ity** [vi'siditi] **1** klibbighet **2** klibbig massa
viscount ['vaikaunt] vicomte, brittisk adelstitel (i rang mellan *baron* o. *earl*) **-ess** [-is] vicomtesse
vise [vais] *A.* skruvstäd
visé ['vi:zei] **I** *s* visum **II** *v* visera
visib|ility [,vizi'biliti] sikt; synlighet **-le** ['vizəbl] synlig; tydlig, märkbar; *I'm afraid he's not ~* jag är rädd att han inte är anträffbar; *~ horizon* synrand
Visigoth ['vizigɔθ] västgot **-ic** [,vizi'gɔθik] västgotisk
vision ['viʒ(ə)n] **I** *s* syn; vision **II** *v* se framför sig, föreställa sig **-al** [-ʒənl] syn-, visions-, inbillad **-ary** [-ʒnəri] **I** *a* fantastisk; inbillad; visionär **II** *s* visionär; drömmare = **-ist**
visit ['vizit] **I** *v* **1** besöka; uppsöka; hemsöka **2** visitera, inspektera **3** *bibl.* hämnas (*upon* på), låta gå ut (*upon* över) **4** *A. vara* på (avlägga) besök, titta in; *~ed, äv.* förhäxad; *~ with* **a** straffa med **b** umgås med **II** *s* **1** besök (*to* hos) **2** inspektion, visitation **3** *A.* pratstund; *domiciliary ~* husundersökning **-able** [-əbl] **1** trevlig att umgås med **2** möjlig att inspektera **-ant** [-(ə)nt] **I** *s* **1** *poet.* besökare, gäst **2** flyttfågel **II** *a* (tillfälligt) besökande **-ation** [,vizi'teiʃ(ə)n] inspektion; besökande; straff, hämnd; *the V~ of our Lady* Marie besökelse (Marias besök hos Elisabet) **-atorial** [,vizitə'tɔ:riəl] visitations- **-ing** [-iŋ] **I** *a* (tillfälligt)

besökande, gäst- **II** *s* besök[ande], visiter; *I am not on ~ terms with him* = *I have no ~ acquaintance with him* jag umgås inte med honom **-ing-card** visitkort **-ing-committee** [-kə‚miti] undersökningskommitté **-or** [-ə] **1** besökare, gäst **2** inspektör **-orial** [‚vizi'tɔ:riəl] = *visitatorial* **-ors' book** [-əz-] gästbok

visor ['vaizə] [möss]skärm; [hjälm]visir **-ed** [-d] försedd med *visor*

vista ['vistə] utsikt; perspektiv; allé; glänta, uthuggning **-'d, -ed** [-d] sedd i [fjärr]perspektiv

Vistula ['vistjulə] (floden) Weichsel

visual ['vizjuəl] **1** syn- **2** synlig; *we witnessed it ~ly* vi var ögonvittnen till det **-ization** [‚vizjuəlai'zeiʃ(ə)n] åskådliggörande, visualisering; konkretion **-ize** [-aiz] **1** [tydligt] föreställa sig, se (måla upp) framför sig **2** göra synlig, låta framträda, åskådliggöra

vital ['vaitl] **I** *a* livs-; livsviktig, vital; livsfarlig (t. ex. om sår); ~ *statistics* befolkningsstatistik **II** *s vanl. pl*, *~s* vitala delar, livsviktiga organ **-ity** [vai'tæliti] liv[skraft]; vitalitet **-ize** [-tə-laiz] ge liv åt

vitamin ['vitəmin] vitamin; ~ *deficiency* vitaminbrist **-ize** [-aiz] vitaminera; *fig*. ge liv åt

vitell|us [vi'teləs] (*pl -i* [-ai]) gula, äggula **vitiat|e** ['viʃieit] fördärva, skämma; förvanska; göra ogiltig; annullera **-ion** [‚viʃi-'eiʃ(ə)n] fördärvande; skämmande; förvanskning; ogiltighet, annullering

viticulture ['vitikʌltʃə] vinodling

vitreous ['vitriəs] glasartad, glas-; vitrös

vitrif|action [‚vitri'fækʃ(ə)n] **-ication** [‚vitri-fi'keiʃ(ə)n] **1** förglasning **2** glastillverkning **-y** ['vitrifai] förvandla[s] till glas[artad substans]

vitriol ['vitriəl] vitriol; *fig*. bitterhet, galla **-ic** [‚vitri'ɔlik] vitriol-; *fig*. skarp, giftig

vituperat|e [vi'tju:pəreit] [skarpt] klandra; fördöma **-ion** [-‚tju:pə'reiʃ(ə)n] klander; skällsord **-ive** [-p(ə)rətiv] klandrande, skälls- **-or** [-ə] klandrare

viva ['vaivə] = ~ *voce*

vivaci|ous [vi'veiʃəs] **1** livlig, pigg; rörlig **2** *bot*. perenn **-ty** [-'væsiti] livlighet

vivari|um [vai'vɛəriəm] (*pl -a* [-ə]) akvarium; djurpark

viva voce ['vaivə'vəusi] **I** *a* o. *adv* muntlig[t] **II** *s* muntlig examen

vivid ['vivid] livlig, -full; skarp (om färg, ljus) **-ness** [-nis] livlighet, liv

vivi|fy ['vivifai] levandegöra, ge liv åt **-parous** [vi'vipərəs] som föder levande ungar **-sect** [‚vivi'sekt] vivisekera **-section** [‚vivi-'sekʃ(ə)n] vivisektion

vixen ['viksn] **1** rävhona **2** ragata **-ish** [-iʃ] **-ly** [-li] argsint

vizi[e]r [vi'ziə] visir, vesir

vizor ['vaizə] *se visor*

vocab|le ['vəukəbl] ord, vokabel, glosa **-ulary** [və(u)'kæbjuləri] **1** ordlista **2** ordförråd

vocal ['vəuk(ə)l] **I** *a* **1** stäm-, röst-; *mus*. vokal[-], sång- **2** muntlig, uttalad **3** högröstad; genljudande (*with* av) **4** *fonet*. tonande **5** *fonet*. vokalisk; ~ *cords* (*ligaments*) stämband; ~ *performer* sångare, -erska, vokalist **II** *s* **1** vokal[ljud] **2** *rom.kat*. röstberättigad i kloster **-ic** [və(u)'kælik] vokalisk, vokal-; vokalrik **-ism** [-kəliz(ə)m] **1** röstteknik **2** vokalsystem **-ist** [-kəlist] sångare, -erska, vokalist **-ity** [və(u)'kæliti] röst[karaktär] vokalkaraktär **-ize** [-kəlaiz] **1** *skämts*. [ut]tala; sjunga; skräna **2** *fonet*. vokalisera[s]

vocation [və(u)'keiʃ(ə)n] **1** kallelse; håg **2** kall; yrke; *he has never had the sense of ~* han har aldrig känt sig kallad; *he mistook his ~* han kom in på fel bana **-al** [-ʃənl] yrkes-, fack-; ~ *guidance* yrkesvägledning; ~ *teacher* (specialutbildad) facklärare, ämneslärare (*A.*); ~ *training* utbildningspraktik

vocifer|ant [və(u)'sif(ə)r(ə)nt] skränande **-ate** [-fəreit] skräna, skrika **-ation** [və(u)‚sifə-'reiʃ(ə)n] skrik, larm, skrän **-ous** [-rəs] skränande, högljudd, larmande

vodka ['vɔdkə] vodka

vogue [vəug] mod[e]; [allmän] sed; popularitet; *be in ~, be the ~, have a great ~* vara på modet; *out of ~* omodern

voice [vɔis] **I** *s* **1** röst, stämma; ljud, klang **2** *fonet*. stämton **3** *gram*., *active* (*passive*) ~ aktiv (passiv) form; *give ~ to* ge uttryck åt; *I have no ~ in the matter* jag har ingenting att säga till om; *be in ~* vara i god [röst]form; *be out of ~* vara indisponerad (för sång); *with one ~* med en mun, enstämmigt **II** *v* **1** uttala; ge uttryck åt **2** stämma (orgel) **3** *fonet*. göra (uttala) tonande **-d** [-t] tonande **-less** [-lis] **1** stum **2** tonlös **--part** *mus*. sångstämma **--tube** talrör

void [vɔid] **I** *a* **1** ogiltig **2** ledig **3** *poet*. gagnlös **4** tom, blottad (*of* på), fri (*of* from); ~ *of sense* utan mening; *fall ~* bli ledig **II** *s* tomhet, -rum; tom rymd; *talk in the ~* tala för döva öron **III** *v* **1** tömma [ut]; utsöndra **2** göra (förklara) ogiltig **-able** [-əbl] som kan göras ogiltig **-ness** [-nis] **1** ogiltighet **2** tomhet

volant ['vəulənt] flygande, snabb

volar ['vəulə] handflats-; fotsule-

volatil|e ['vɔlətail] flyktig; ostadig; livlig; ombytlig **-ity** [‚vɔlə'tiliti] flyktighet; ostadighet; livlighet; ombytlighet **-ize** [vɔ'lætilaiz] [låta] förflyktiga[s]

volcan|ic [vɔl'kænik] vulkanisk **-o** [-'keinəu] vulkan

vole [vəul] **I** *s* **1** [slags] sork **2** *kortsp*. storslam **II** *v*, *kortsp*. göra [stor]slam

volitant ['vɔlitənt] flygande

voliti|on [və(u)'liʃ(ə)n] vilja; viljekraft; *act of* ~ viljeakt **-onal** [-ʃənl] **-ve** ['vɔlitiv] viljeslingrande

volley ['vɔli] **I** *s* **1** salva, skur (av skott, ord etc.); flöde **2** *tennis*. volley **II** *v* **1** avfyra en salva [av]; avlossa[s] (i salva); smattra [iväg]; utslunga **2** *tennis*. spela volley; ta (returnera) med volley

volplane ['vɔlplein] **I** *s* glidflykt **II** *v* gå i glidflykt

volt I *s* **1** [vəult] *elektr*. volt **2** [vɔlt] *ridn*. volt; *fäktn*. sidosprång **II** *v* [vɔlt] *ridn*. göra en volt; *fäktn*. göra ett sidosprång **-age** ['vəultidʒ] *elektr*. spänning **-aic** [vɔl'teiik] galvanisk; *the* ~ *pile* Voltas stapel

volte ['vɔlti] = *volt I 2 o. II* **--face** ['vɔlt'fɑ:s] *fig*. helomvändning

volub|ility [‚vɔlju'biliti] svada, munvighet; ordflöde **-le** ['vɔljubl] **1** munvig, talför, mångordig; lättrörlig, rapp (tunga) **2** (om växt) slingrande

volum|e ['vɔljum] **I** *s* volym (i flera bet.); bok[del], band; omfång; tonstyrka; massa (*vanl. pl*, *~s*); *~s of smoke* rökmoln; *it speaks ~s for him* det talar starkt till hans förmån, det säger en hel del om hans kvalifikationer **-e-control** [-kən‚trəul] *radio*. volymkontroll **-ed** [-d] **1** t. ex. *three~* i tre volymer (band) **2** bolmande **-e-produce** ['vɔljumprə'dju:s]

massproducera **-inous** [vɔ'lju:minəs] omfångsrik; lång[randig], diger; produktiv (författare) **-inousness** [vɔ'lju:minəsnis] vidlyftighet; (stort) omfång
voluntary ['vɔlənt(ə)ri] **I** *a* frivillig; avsiktlig; vilje-; privat, icke statsunderstödd (skola) **II** *s* **1** *mus.* [orgel]fantasi, -improvisation **2** frivilligt bidrag **3** = ~*ist* **-ism** [-riiz(ə)m] **1** underhåll av skola (kyrka) med privata medel **2** *mil.* frivillig rekrytering **-ist** [-riist] förespråkare för *voluntaryism*
volunteer [‚vɔlən'tiə] **I** *s* frivillig, volontär **II** *a* **1** frivillig[-], volontär- **2** vild, inte planterad **III** *v* frivilligt åta sig; anmäla sig som frivillig; *we* ~*ed our services* vi ställde oss frivilligt till förfogande
voluptu|ary [və'lʌptjuəri] **I** *a* vällustig **II** *s* vällusting **-ous** [-tʃuəs] **1** vällustig **2** överdådig, luxuös
volut|e [və'lju:t] **1** *byggn.* volut, snirkel **2** spiral; snäcka **-ed** [-id] snirklad; snäckformig **-ion** [-u:ʃ(ə)n] snäckformig vindling
vomit ['vɔmit] **I** *v* spy, kräkas; utspy (= ~ *forth*) **II** *s* **1** kräkning; spyor **2** kräkmedel **-ory** [-əri] **I** *a* kräk- **II** *s* **1** kräkmedel **2** krater, öppning; (stor) port
voraci|ous [və'reiʃəs] glupsk; glupande **-ty** [vɔ'ræsiti] glupskhet (*äv. fig.*), rovgirighet
vort|ex ['vɔ:teks] (*pl -exes* [-eksiz] *-ices* [-isi:z]) [ström]virvel, malström **-ical** [-tik(ə)l] **-igin-ous** [vɔ:'tidʒinəs] virvlande
Vosges [vəuʒ] *the* ~ Vogeserna
votar|ess ['vəutəris] *fem* t. följ. **-y** [-i] **1** Gudstjänare **2** entusiast, trogen anhängare; trägen utövare (*of* av)
vot|e [vəut] **I** *s* **1** röst; [om]röstning **2** röster; votum **3** röstsedel **4** rösträtt **5** (beviljat) anslag (= ~ *of supply*) **6** budget; *cast a* ~ avge sin röst; ~ *of censure* misstroendevotum; *it was put to the* ~ man [an]ordnade omröstning om saken; *a* ~ *of this amount was passed* ett anslag på detta belopp beviljades; *by ten* ~*s* med tio rösters övervikt (marginal); *proceed to the* ~ skrida till omröstning (votering); *he was within a* ~ *of obtaining the post* det fattades en [enda] röst för att han skulle få befattningen **II** *v* **1** rösta; votera **2** besluta (genom omröstning); bevilja (anslag) **3** anse **4** *fam.* föreslå; ~ *down* nedrösta, förkasta; ~ *for* rösta för (på); ~ *a p. out* (genom omröstning) utesluta ngn **-eless** [-lis] utan rösträtt **-er** [-ə] väljare; röstande **-ing** [-iŋ] röstning, votering **-ing-paper** [-‚peipə] röst-, valsedel **-ing--station** [-‚steiʃ(ə)n] vallokal
votive ['vəutiv] votiv-, minnes-; ~ *offering* offergåva
vouch [vautʃ] ansvara, garantera; bekräfta, bestyrka, intyga; ~ *for* intyga, garantera **-er** [-ə] **1** [tillgodo]kvitto, [kontroll]kupong; bevis; attest **2** borgen; vittne **-safe** [-'seif] värdigas [ge]; *they* ~*d me a visit* de bevärdigade mig med ett besök
vow [vau] **I** *s* [högtidligt] löfte, ed; *be under a* ~ ha förbundit sig, ha (högtidligen) lovat; *take the* ~ avlägga klosterlöfte[t] **II** *v* (högtidligen) lova, svära (*to* vid); *his* ~*ed enemy* hans svurne fiende
vowel ['vau(ə)l] vokal **--gradation** [-grə-‚deiʃ(ə)n] avljud **--mutation** [-mju(:)‚teiʃ(ə)n] omljud
voyage ['vɔiidʒ] **I** *s* [sjö]resa **II** *v* färdas [över, på] **-r** ['vɔiədʒə] sjöfarare; resande (till sjöss)

voluminous–wag

-ur [vwɑ:jɑ:'ʒə:] kanadensisk vildmarksguide, *isht* inom pälshandeln
Vulcan ['vʌlkən] Vulcanus **v-ic** [vʌl'kænik] = *volcanic* **v-ite** [-ait] ebonit **v-ization** [‚vʌl-kənai'zeiʃ(ə)n] vulkanisering **v-ize** [-aiz] vulkanisera
vulgar ['vʌlgə] **I** *a* **1** vulgär, obildad; rå, tarvlig, simpel **2** folk-; vanlig, allmän; *the* ~ *era* den kristna tideräkningen; *the* ~ *herd* den stora massan; *the* ~ *speech* folkspråket **II** *s*, *the* ~ den stora massan **-ian** [vʌl'gɛəriən] vulgär typ **-ism** [-riz(ə)m] vulgärt uttryck **-ity** [vʌl'gæriti] vulgaritet; råhet, simpelhet **-ize** [-raiz] **1** popularisera **2** vulgarisera
Vulgate ['vʌlgit] Vulgata[bibeln]; *v*~ vardagsspråk
vulnerab|ility [‚vʌln(ə)rə'biliti] sårbarhet **-le** ['vʌln(ə)rəbl] sårbar
vulnerary ['vʌln(ə)rəri] **I** *a* läkande, läke- **II** *s* läkemedel
vulpine ['vʌlpain] rävaktig; räv-; listig
vultur|e ['vʌltʃə] *zool.* gam **-ine** [-ʃurain] **-ish** [-riʃ] **-ous** [-ʃurəs] gam-; rovgirig
vulva ['vʌlvə] kvinnas yttre könsorgan, blygdläppar
vying ['vaiiŋ] *pres part* av *vie*

W, w ['dʌblju(:)] (bokstaven) w
Waac [wæk] armélotta (*se W.A.A.C.* under förkortn.)
wabble ['wɔbl] *se* wobble
wacky ['wæki] *se* whacky
wad [wɔd] **I** *s* **1** propp, [bomulls]tuss; stoppning; förladdning **2** [sedel]bunt; *sl.* pengar **II** *v* stoppa, vaddera; göra en propp (tuss) av; **A.** knöla ihop
wadable ['weidəbl] vadbar, grund
wadding ['wɔdiŋ] bomullsvadd; stoppning, vaddering
waddle ['wɔdl] **I** *v* stulta, vagga **II** *s* vaggande gång
wad|e [weid] **I** *v* vada [över, genom]; *fig.* knoga [igenom]; ~ *in* ge sig i leken (*fam.*); ~ *into* ge (kasta) sig in i; ~ *into* angripa plötsligt o. häftigt (*A. sl.*); ~ *through a book* plöja igenom en bok **II** *s* vadning **-er** [-ə] vadare, -fågel; ~*s* [sjö]stövlar **-ing** [-iŋ] *s* o. *a* vadande **-ing-bird** vadare, -fågel **-ing-pool** plaskdamm
wafer ['weifə] **I** *s* **1** rån **2** oblat **3** munlack **4** papperssigill **II** *v* försegla med munlack **-y** [-ri] tunn (som oblat)
waffle ['wɔfl] **I** *s* våffla; ~ *iron* våffeljärn **II** *v*, *sl.* prata strunt
waft [wɑ:ft] **I** *v* föra (bära) (svävande) fram; sväva [fram] **II** *s* **1** vingslag **2** pust, fläkt **3** *sjö.* nödsignal
wag [wæg] **I** *v* vifta [med, på]; vagga [med], vippa [på]; ~ *one's finger* hötta med fingret; ~ *one's head* ruska på huvudet; *set tongues* ~*ing* (*chins, beards, jaws*) ~*ing* sätta igång skvallret; *how* ~*s the world?* hur lever världen med dig? **II** *s* **1** viftande [rörelse], vaggande **2**

skämtare, lustigkurre; *with a ~ of his head*
ruskande på huvudet; *play the ~* skolka
wage [weidʒ] **I** *s* (*vanl. pl*, *~s* [-iz]) [arbets]-
lön; *~ drift* löneglidning **II** *v* föra (krig)
--earner [-ˌɔːnə] löntagare **--freeze** löne-
stopp **--fund** lönefond
wager ['weidʒə] **I** *s* vad; *lay (make) a ~* slå
vad **II** *v* slå vad [om], sätta
wage|-rate ['weidʒreit] lönenivå **-s-fund** *se*
wage-fund **-s-sheet** lönelista, -stat
wag|gery ['wægəri] skoj; upptåg **-gish** [-giʃ]
skämtsam, lustig
waggle ['wægl] = *wag*
wag[g]on ['wægən] vagn; *the W~* Karla-
vagnen; *be on the ~* vara nykterist **-er** [-ə]
kusk, åkare **-ette** [ˌwægəˈnet] charabang
--load vagnslast **--shed** vagnslider, vagn-
stall **--vault** *byggn.* tunnvalv
waif [weif] hittegods; vrakgods; hittebarn;
herrelös hund (el. annat djur); hemlös [per-
son]; *~s and strays* **a** hemlösa barn (varelser);
gatungar; vanlottade individer **b** diverse
[saker]
wail [weil] **I** *v* klaga [över], jämra sig [över],
kvida; tjuta, vina **II** *s* [ve]klagan, jämmer,
jämmerrop; klagande ljud
wain [wein] *s, jordbr.* lastvagn; *poet.* vagn;
the W~, Charles's W~ Karlavagnen
wainscot ['weinskət] **I** *s* panel **II** *v* förse med
panel, panela **-[t]ing** [-iŋ] panel[beklädning]
waist [weist] midja; smalt mellanparti; mel-
landäck; *A.* klänningsliv; blus; livstycke
-band ['weis(t)bænd] kjol-, byxlinning **-belt**
['weis(t)belt] bälte, livrem **-coat** ['weiskəut]
väst **--deep** ['weist'diːp] **--high** ['weist'hai]
[ända] till midjan **-line** midja
wait [weit] **I** *v* **1** vänta (*for* på); invänta, av-
vakta **2** passa upp; *~ dinner for a p.* vänta
med middagen för ngns skull; *keep a p. ~ing*
låta ngn vänta; *~ at* (*A. on*) *table* passa upp
vid [mat]bordet; *~* [*up*]*on a p.* passa upp
(betjäna) ngn; uppvakta, åtfölja ngn; *may
good fortune ~ upon you* må lyckan [städse]
följa dig (er); *~ on Providence* se tiden an;
~ up for a p. sitta uppe o. vänta då ngn **II** *s*
1 väntan; paus **2** bakhåll; *~s* kringvandrande
julmusikanter; *we had a long ~ for* vi fick
vänta länge på; *lie in ~ for* ligga på lur efter,
ligga o. passa på **-er** [-ə] **1** kypare, uppassare
2 bricka **3** väntande [person]; *~!* vaktmästarn!
-ing [-iŋ] *s* **1** väntan[de] **2** uppassning; upp-
vaktning; *lord in ~* tjänstgörande kammar-
herre **-ing-maid** kammarjungfru **-ing-room**
[-rum] väntrum **-ress** [-ris] servitris, uppas-
serska
waive [weiv] avstå från (rättighet); ge upp;
avvisa; nonchalera
wake [weik] **I** *v* **1** (*äv. ~ up*) vakna [till liv]
2 (*äv. ~ up*) [upp]väcka **3** vaka; *Irl.* vaka hos
(över) **II** *s* **1** vaka; likvaka **2** kölvatten; *follow
in the ~ of* följa tätt efter (*spec. fig.*) **-ful**
[-f(u)l] **1** sömnlös **2** vaksam, vaken **-n** [up]
[-(ə)n-] = *wake* [*up*] *I 1* o. *2* **-s** *pl* **1** (kyrklig)
fest **2** årlig fridag (i Nordengland)
wale [weil] strimma, märke (efter slag)
Wales [weilz] Wales; *the Prince of ~* prinsen
av Wales (eng. kronprinsen); *New South ~*
Nya Syd-Wales (i Australien)
walk [wɔːk] **I** *v* **1** gå [till fots], promenera,
vandra; (om häst) gå i skritt **2** gå [omkring]
på (i), promenera på (i), traska igenom **3** gå
ut o. gå med, leda, motionera **4** gå igen,

spöka **5** gå ikapp med; *~ it* gå till fots, pro-
menera; *~ the boards* beträda tiljan, vara vid
teatern; *~ the chalk* balansera på en kritlinje
(nykterhetsprov); *~ the hospitals* skaffa sjuk-
huspraktik; studera medicin; *~ the plank* gå
på plankan (*sjö.*); *fig.* [vara tvungen att] avgå;
~ the streets flanera [på gatorna]; *~ about*
gå (ströva) omkring [i el. på]; *~ away from*
med lätthet dra ifrån (i tävling); *~ away with
s.th.* försvinna (smita iväg) med ngt; *~ by*
gå förbi; *~ in* gå (stiga) in; *~ in!* stig på!
(utan att knacka); *~ into* **a** gå in i **b** hugga
in på **c** skälla ut; *~ off* **a** traska (lomma) iväg
b dra iväg med; *~ off one's legs* gå sig för-
därvad; *~ a p. off his legs* trötta ut (gå ihjäl)
ngn; *~ off with s.th.* försvinna (smita iväg)
med ngt; *~ out* gå i strejk; *~ out with* ha
sällskap med; *~ out on a p.* lämna ngn i
sticket; *~ over the course* promenera hem med
segern; *~ up!* stig (kom) fram!; *~ up to* gå
fram till; *~ with* ha sällskap med; *~ with God*
leva ett gudfruktigt liv **II** *s* **1** promenad **2** gång,
sätt att gå; gående; promenadtakt; (om häst)
skritt **3** gång, stig; [promenad]väg **4** (brev-
bärares) tur, runda **5** livsföring; område,
bransch; ställning; *at a ~* **a** gående **b** i skritt;
go for (*take*) *a ~* gå ut på (ta) en promenad;
~ of life samhällsställning **-able** [-əbl] fram-
komlig (till fots) **-away** *vard.* lätt el. över-
lägsen seger **-er** [-ə] **1** vandrare; fotgängare;
gångare **2** gångfågel; *he is a great ~* han
promenerar mycket (tycker mycket om att
promenera, vandra); *W~!* [åh] försök inte
[med mig]! **-ie-talkie** ['wɔːkiˈtɔːki] bärbar
radio (sändare o. mottagare)
walking ['wɔːkiŋ] **I** *a* vandrande, gående; *it
is within ~ distance* man kan gå dit [till fots]
II *s* gående; gång; promenad[er], vand-
ring[ar]; *~ delegate* (fackförenings) kontakt-
man; *~ gentleman* (*lady*) statist **--papers**
[-peipəz], **--ticket** [-ˌtikit] (skriftligt) avsked
--stick [spatser]käpp; *~ insect* spökskräcka
(*zool.*)
walk|-out ['wɔːkaut] strejk **--over** [-ˌəuvə]
sport. **1** walk-over, seger utan match **2** pro-
menadseger **--up** *A.* utan hiss
wall [wɔːl] **I** *s* **1** vägg **2** mur; [fästnings]vall;
~ of partition skiljevägg, -mur; *blank ~* kal
vägg (mur); *~ bars* ribbstol; *give a p. the ~*
låta ngn gå närmast husväggen; *fig.* ge ngn
företräde; *take the ~ of a p.* gå före ngn;
he can see through a brick ~ han genomskå-
dar allt; *go to the ~* dra [det] kortaste strået;
sitta emellan; *push* (*drive*) *a p. to the ~* ställa
ngn mot väggen; sätta ngn i klistret; *with one's
back to the ~* ställd mot väggen **II** *v* omge
med mur[ar] (vall[ar]) (*äv. ~ in*); *~ up* mura
igen; avspärra (med en mur)
wallaby ['wɔləbi] **1** liten känguru **2** australier;
be on the ~ (*track*) gå på luffen
wallet ['wɔlit] **1** plånbok **2** verktygsväska
wall|-eye ['wɔːlai] **1** glosögdhet **2** (slags) fisk
--eyed [-aid] glosögd **--flower** [-ˌflauə] **1**
lackviol **2** panelhöna **--fruit** spaljéfrukt
Walloon [wɔˈluːn] *s* o. *a* vallon[sk]
wallop ['wɔləp] **I** *v* klå upp, ge stryk **II** *s*
(kraftigt) slag, smäll **III** *adv* smack, pang;
go ~ falla pladask **-ing** [-iŋ] **I** *s* stryk **II** *a*
väldig, enorm
wallow ['wɔləu] **I** *v* vältra sig, rulla [sig]; *~ in
money* vältra sig i pengar **II** *s* göl, vattenställe
wall|-painting ['wɔːlˌpeintiŋ] väggmålning

–paper [-ˌpeipə] tapet **–plate** murplatta **–plug**, **–socket** [-ˌsɔkit] *elektr.* väggkontakt, -urtag **–space** vägg-, muryta **–tree** spaljéträd

walnut [ˈwɔːlnʌt] valnöt[strä]; *across the* ~*s and the wine* vid desserten

Walpurgis-night [vælˈpuəgisnait] valborgsmässoafton

walrus [ˈwɔːlrəs] *zool.* valross

waltz [wɔːls] *s* o. *v* [dansa] vals

wampum [ˈwɔmpəm] [mussel]pärlband (bland nordam. indianer)

wan [wɔn] [ur]blek[t]; glåmig, blek, sjuklig

wand [wɔnd] [troll]spö, -stav; taktpinne

wander [ˈwɔndə] **1** vandra, ströva [omkring i]; irra [omkring]; förirra sig **2** yra; ~ *about* ströva omkring; (om rykte) löpa, cirkulera; ~ *from the subject* avvika från ämnet; ~ *in one's mind* yra **-er** [-rə] **1** vandrare, vandringsman; vagabond, hemlös **2** *astr.* planet **-ing** [-(ə)riŋ] **I** *a* vandrande, [kring]irrande; vilsekommen; osammanhängande (tal) **II** *s* **1** vandring **2** avvikelse; felsteg **3** (*vanl. pl,* ~*s* [feber]fantasier, nonsens **-lust** resfeber

wane [wein] **I** *v* avta, minska (*isht* om månen); tyna [bort] **II** *s* avtagande, minskning (*äv. fig.*); (månens) nedan; *on the* ~ i nedan

wangle [ˈwæŋgl] **I** *v* **1** [lyckas] lura sig till, krångla sig till **2** fuska ihop; ~ *through* krångla sig igenom **II** *s* knep

want [wɔnt] **I** *v* **1** önska; vilja [ha]; vilja ha tag i, efterfråga **2** behöva **3** sakna[s]; fattas **4** lida brist (nöd); *I* ~ *him to do it* jag vill att han skall göra det; *I* ~ *it done at once* jag vill få det gjort (uträttat) genast (med detsamma); *the door* ~*s painting* dörren behöver målas; *it* ~*s five minutes to* (*of*) *two* klockan fattas fem minuter i två; *he is* ~*ed by the police* polisen vill ha tag i honom; ~*ed* (i annonser) önskas, sökes; *let him* ~ *for nothing* intet skall fattas honom **II** *s* **1** brist **2** behov; önskan; *be in* ~ *of* behöva, ha behov av **–ad** *A. vard.* rubricerad annons **-ing** [-iŋ] **I** *a* **1** saknande **2** bristande; *be* ~ saknas, fattas; *he was tried and found* ~ han prövades o. befanns otillräcklig **II** *prep* utan; så när som på

wanton [ˈwɔntən] **I** *a* **1** yster, lekfull, vild **2** omotiverad, meningslös **3** vällustig; lättsinnig, omoralisk **4** yppig, frodig **II** *s* lättfärdigt fruntimmer **III** *v* leka, tumla om

war [wɔː] **I** *s* krig; *at* ~ i krig; *be at* ~ *with o.s.* utkämpa en inre strid; *wage* (*make, levy*) ~ *upon* föra krig mot; ~ *to the knife* strid på kniven; *he has been in the* ~*s* han har råkat ut för en hel del [olyckor]; *W*~ *Office* krigsministerium; *the W*~ *between the States* amerikanska inbördeskriget **II** *v* kriga, föra krig [mot] **–baby** [-ˌbeibi] (utomäktenskapligt) krigsbarn

warble [ˈwɔːbl] **I** *v* sjunga, drilla, kvittra; *A.* joddla **II** *s* sång, drill, kvitter **-r** [-ə] sångare, -fågel

war|-bond [ˈwɔːbɔnd] krigsobligation **–craft** [krigförings]taktik **–cry** stridsrop

ward [wɔːd] **I** *s* **1** förmynderskap, [om]-vård[nad] **2** myndling **3** [stads]distrikt, rotel **4** [sjukhus]sal; avdelning **5** nyckelax; *keep watch and* ~ *over* omsorgsfullt bevaka; *the child is in* ~ barnet står under förmyndare; *in the* ~ *of a p.* under ngns förmynderskap **II** *v* bevaka, beskydda; ~ *off* avvärja, parera

warden [ˈwɔːdn] **1** föreståndare; [fängelse]-direktör; [civilförsvars]ledare **2** (slags) päron **-ship** föreståndarskap, -befattning

warder [ˈwɔːdə] **1** fångvaktare **2** [kommando]-stav

ward-mote [ˈwɔːdməut] distriktsstämma

Wardour Street [ˈwɔːdə striːt] gata i London med många antikvitetsaffärer; ~ *English* arkaiserande (ålderdomlig) engelska

ward|ress [ˈwɔːdris] kvinnl. fångvaktare **-robe** garderob, klädskåp **-room** [-rum] *sjö.* officersmäss, gunrum **-ship** förmynderskap

ware [wɛə] **I** *s* **1** gods, varor (*äv. pl.,* ~*s*) **2** keramik, lergods; *Tunbridge* ~ träinläggning; *Wedgwood* ~ Wedgwoodporslin, -keramik **II** *v* se upp [för] **III** *a* på sin vakt; medveten **-house** magasin, upplag[splats], lager[lokal]; packhus

war|fare [ˈwɔːfɛə] krig[föring]; strid **-faring** [-ˌfɛəriŋ] krig[för]ande **–grade** rang i krig, krigsgrad **-head** stridsspets **–horse** stridshäst; kämpe, veteran

wariness [ˈwɛərinis] försiktig-, varsamhet

war|-law [ˈwɔːlɔː] krigslag **-like** krigisk; stridslysten; krigs-; ~ *preparations* krigsförberedelser

warlock [ˈwɔːlɔk] trollkarl

warm [wɔːm] **I** *a* varm; hjärtlig; ivrig, het, häftig; välbärgad, tät; ~ *corner* plats där det går het till; *it was* ~ *work* det gick hett till; *get it* ~ få det het om öronen; *you're getting* ~ det bränns, du (ni) är nära; *make things* (*it*) ~ *for a p.* laga så att ngn får det hett om öronen, göra livet surt för ngn **II** *v* [upp]-värma[s]; bli varm; *sl.* klå upp = ~ *a p.'s jacket*; ~ *the heart of a p.* pigga upp ngn; *my heart* ~*s to him* jag börjar tycka om honom [bättre o. bättre]; ~ *up* a värma [upp] **b** bli varm i kläderna; tina upp; ~ *up an engine* varmköra en motor **III** *s* uppvärmning; värme; *give o.s.* (*have*) *a* ~ värma sig; *British* (*service*) ~ [soldat]kappa **–blooded** [ˈwɔːm-ˈblʌdid] varmblodig **–hearted** [ˈwɔːmˈhɑːtid] hjärtevarm **-ing** [-iŋ] [kok] stryk; ~ *pan* **a** (slags) sängvärmare **b** vikarie

warmonger [ˈwɔːˌmʌŋgə] krigshetsare

warmth [wɔːmθ] värme; hjärtlighet

warn [wɔːn] varsko (*of* om); varna (*of, against* för); uppmana; *we* ~*ed them not to go there* vi varnade dem för att gå dit **-ing** [-iŋ] **1** varning; varnande exempel **2** varsel, förvarning

warp [wɔːp] **I** *v* bli (göra) skev; [komma att] slå sig **2** snedvrida, förvilla **3** *sjö.* varpa, förhala **4** sätta under vatten **II** *s* **1** buktighet; skevhet (*äv. fig.*) **2** fördom[sfull inställning], skev uppfattning **3** varp, ränning **4** *sjö.* tross, varp **5** [ler]slam

war|-paint [ˈwɔːpeint] krigsmålning; *fig.* full gala[skrud]; *skämts.* make-up **–path** krigsstig **–plane** stridsflygplan

warrant [ˈwɔr(ə)nt] **I** *s* **1** garanti **2** fullmakt; befogenhet **3** [häktnings]order; förordning **4** [penning]anvisning **5** lagerbevis; ~ *of arrest* häktningsorder; ~ *of attorney* [juridisk] fullmakt; ~ *of distress* fullmakt att ta i beslag; utmätning[sdekret]; *a* ~ *is out against him* han är efterlyst av polisen **II** *v* **1** bemyndiga; rättfärdiga; försvara **2** garantera; *I'll* ~ *you!* det kan du lita på! **-able** [-əbl] berättigad **-ee** [ˌwɔr(ə)nˈtiː] mottagare av garanti (fullmakt) **-er** [-ə] *se warrantor* **–officer** [-ˌɔfisə] *ung.* förvaltare (i armén); flaggunderofficer

(i flottan) **-or** [-ɔː] **1** borgen[sman] **2** fullmaktsgivare **-y** [-i] **1** garanti (för vara) **2** [be]rätt[igande]; befogenhet
warren ['wɔr(ə)n] kaningård; *fig.* näste, trångbott hus
war|ring ['wɔːriŋ] [mot]stridig; kämpande **-rior** ['wɔriə] krigare **--risk** krigsrisk
Warsaw ['wɔːsɔː] Warszawa
war|-scare ['wɔːskeə] krigsskräck **-ship** krigsfartyg **--steed** stridshäst
wart [wɔːt] vårta; *sl.* osympatisk person; *paint a p. with his ~s* beskriva ngn utan att förskona **--hog** vårtsvin **-y** [-i] vårtig
war|-wasted ['wɔː,weistid] krigshärjad **--whoop** [-huːp] stridstjut
Warwick ['wɔrik] Warwick
war-worn ['wɔːwɔːn] krigshärjad
wary ['wɛəri] varsam, försiktig, på sin vakt *(of* med, mot)
was [wɔz, svagton. wəz] *imperf* av *be*
wash [wɔʃ] **I** *v* tvätta [sig]; vara tvättbar; skölja, spola; (om vågor) plaska mot; fukta; vaska (guld), slamma; (om flod) gräva [sig]; lavera; *your excuse won't ~* din (er) ursäkt är ohållbar; *~ one's hands of it* två sina händer, strunta i det; *~ white* vitkalka, -limma; *~ ashore* spola upp på land (iland); *~ down* spola (tvätta) av; *~ out* skölja (tvätta) ur (bort); *A.* omöjliggöra; *~ed out* a urblekt; blek; urlakad **b** *A. sl.* pank, bankrutt; *~ overboard* spola överbord; *~ up* a diska; *A.* tvätta av sig **b** spola upp på land; *~ed up A. sl.* a oduglig, värdelös **b** ruinerad; satt ur spel **II** *s* **1** tvätt[ning]; sköljning; spolning **2** tvätt[kläder] **3** svall[våg]; kölvatten; plaskande, skvalp **4** [hår]vatten **5** lavering; överdrag[sfärg]; limfärg **6** slaskvatten, skulor; blask; *fig.* struntprat; goja; *have a ~* tvätta [av] sig **-able** [-əbl] tvättbar, -äkta **--away** [-ə,wei] bortspolning av jord **--basin** [-,beisn] tvätt-, handfat **--board** tvättbräde; *sjö.* stänkbord **--boiler** [-bɔilə] tvättgryta **--bowl** *A.* = *washbasin* **-cloth** tvättlapp **-er** [-ə] **1** tvättare, -erska **2** tvättmaskin **3** packning (i kran) **-erman** [-mən] **-erwoman** [-,wumən] = *washer l* **-hand** *a, ~ basin* tvätt-, handfat; *~ stand* tvättställ **--house** tvättstuga
washing ['wɔʃiŋ] **I** *s* tvätt[ning] **II** *a* tvättbar; *~ soda* soda **--board** tvättbräde **--machine** [-mə,ʃiːn] tvättmaskin **--stand** tvättställ
Washington ['wɔʃiŋtən] stad o. delstat i USA
wash|-leather ['wɔʃ,leðə] sämskskinn; tvättskinn **--out** **1** [ur]sköljning, [bort]tvättande **2** fiasko; bom **3** misslyckad individ **4** hål (åstadkommet av vatten), bräsch **--pan** vasktråg **--silk** tvättsiden **--stand** tvättställ **--tub** tvättbalja **--up 1** disk[ning] **2** [guld]vaskning **-y** [-i] vattnig, blaskig; urvattnad
wasn't ['wɔznt] = *was not*
wasp [wɔsp] **1** geting **2** *A. vard., W ~* (av *White Anglo-Saxon Protestant*) vit protestant av anglosaxisk härkomst **-ish** [-iʃ] stinglig, [lätt]retlig; giftig, från **--waist[ed]** [-,weist(id)] [med] getingmidja **-y** [-i] getinglik; full av getingar
wassail ['wɔseil] **I** *s, åld.* **1** [dryckes]fest **2** kryddat öl **3** *~!* skål! **II** *v* festa, supa
wast [wɔst] *åld., thou* ~ du var
wastage ['weistidʒ] **1** slösande *(of* med) **2** minskning, svinn, (vikt- etc.) förlust
waste [weist] **I** *v* **1** slösa [bort], slösa (ödsla) med; kasta bort **2** föröda, härja **3** tära [på];

försvaga[s]; avta; gå tillbaka **4** förfaras, gå till spillo **5** försumma, vansköta; *the day ~s* dagen lider mot sitt slut; *~ breath (one's words)* prata till ingen nytta, spilla ord; *~ not, want not* den som spar han har; *it is all ~ed on him* det är alldeles bortkastat på honom **II** *s* **1** slöseri; förslösande, förspillande **2** avfall, skräp **3** ödemark; [öde]vidd **4** försvagning, tillbakagång; förslitning; förödelse **5** vanskötsel, -vård; *it's a ~* det är synd (slöseri); *~ of waters (watery ~)* ändlösa vatten[vidder]; *go (run) to ~* gå till spillo; [få] förfalla **III** *a* **1** öde[lagd]; ouppodlad **2** förbrukad; bortkastad; avfalls-; överskotts-; *lay ~* ödelägga; *lie ~* ligga öde; **--basket** [-,baːskit] = *waste-paper basket* **--book** kladd-, anteckningsbok **-ful** [-f(u)l] slösaktig; *be ~ of* slösa med **--paper** ['weis(t),peipə] pappersavfall; *~ basket* papperskorg; *~ drive* pappersinsamling **--pipe** avloppsrör **-r** [-ə] slösare; odåga
wastrel ['weistr(ə)l] **1** slösare; [lat]odåga **2** gatpojke; hemlös varelse
watch [wɔtʃ] **I** *v* **1** iaktta; titta (se) [på]; se 'efter **2** hålla vakt; hålla utik, titta *(for* efter); bevaka, vakta **3** vaka; *~ one's opportunity (time)* avvakta lämpligt tillfälle, vänta på sin chans; *a ~ed pot never boils* för den som väntar är tiden alltid lång *(ung.)*; *~ a p. in (home)* se till att ngn kommer in (hem); *~ out* se upp, hålla utik *(A.)*; *~ over* övervaka, vakta; *~ through the night* vaka hela natten; *~ with a p.* vaka hos ngn **II** *s* **1** armbands-, fickur, klocka **2** vakt; uppsikt; bevakning; [vakt]post **3** [nattlig] vaka; *in the ~es of the night* under nattens sömnlösa timmar; *be on the ~ for* hålla utik efter; *keep ~ on* ha uppsikt över; vakta [på]; *keep ~ and ward* hålla noggrann uppsikt; *set ~ over a p.* sätta ngn under bevakning **--case** boett **--chain** klockkedja **W--Committee** [-kə,miti] nämnd som övervakar allmän ordning, gatubelysning m. m. **--dog** **1** vakthund **2** vakt; övervakare **-er** [-ə] iakttagare; bevakare; [strejk]vakt **--fire** [-,faiə] vakteld **-ful** [-f(u)l] vaksam; *be ~ of* vara uppmärksam på **--glass** klockglas **--guard** klockkedja **--hand** visare **--key** urnyckel **--maker** [-,meikə] urmakare **-man** [-mən] nattvakt **--night** nyårsvaka, -bön **--pocket** [-,pɔkit] klockficka **--spring** urfjäder **--tower** [-,tauə] vakttorn **-word** lösen, lösenord
water ['wɔːtə] **I** *s* vatten; *~s, pl äv.* vattenmassor; farvatten; *holy ~* vigvatten; *hold ~* vara vattentät; *that doesn't hold ~* det håller inte *(äv. fig.)*; *ornamental ~* prydnadsbassäng; *still ~s run deep* i de lugnaste vattnen går de största fiskarna *(ung.)*; *keep one's head above ~* hålla sig uppe (flytande), klara sig; *by ~* sjövägen; *struggle in great ~s, be in deep ~* kämpa med stora svårigheter; *get into (be in) hot ~* få (ha) det hett om öronen; komma (vara) i en svår situation; *in low ~* i svårigheter (knipa); nere *(fig.)*; *throw cold ~ on* utsätta för en kalldusch; dämpa, avkyla; *of the first ~* av renaste vatten; av bästa kvalitet; *strong ~s* starka drycker *(åld.)*; *back ~* ro baklänges; *drink the ~s* dricka brunn; *make ~* a läcka, ta in vatten **b** *= pass* ~ kasta vatten, kissa; *~ buffalo* indisk buffel; *~ chestnut* sjönöt *(bot.)*; *~ hole* vattenhål **II** *v* vattna; fukta; utspäda; dricka (om djur); förse med

vatten (t. ex. fartyg); *it makes my eyes ~* mina ögon tåras; *it makes my mouth ~* det kommer det att vattnas i munnen på mig; *~ down* utspäda; urvattna; *~ed silk* vattrat siden **-age** [-ridʒ] sjötransport **--bearer** [-,bɛərə] vattenbärare **-bird** vattenfågel **--borne** transporterad (fraktad) sjövägen **--bottle** [-,bɔtl] vattenkaraff; vatten-, fält-flaska **--brash** halsbränna **--bug 1** [vatten]-skinnbagge **2** *A. sl.* vattenskidåkare **--carriage** [,kæridʒ] sjötransport **--carrier** [-,kæriə] vattenbärare; *the W~* Vattumannen *(astr.)* **--cart** vattenkärra **--chute** rutschbana **--closet** [-,klɔzit] w.c., vattenklosett **--colour** [-,kʌlə] **1** vattenfärg **2** akvarell **--colourist** [-,kʌlərist] akvarellmålare **-course** vattendrag **--cracker** [-,krækə] (slags) kex **--craft 1** fartyg **2** skicklighet på (i) vattnet **-cress** vattenkrasse **--cure** brunnskur **--diviner** [-di,vainə] slagruteman **--dog 1** hund som är van vid sjön (vatten) **2** *fam.* sjöbuss; "vattendjur" **--dressing** [-,dresiŋ] kallvattensomslag **--drinker** [-,driŋkə] **1** helnykterist **2** brunnsgäst **-ed** [-d] vattrad **--engineering** ['wɔ:tə,en(d)ʒi'niəriŋ] vatten- (bro-, damm)-byggnad **-fall** vattenfall **--famine** [-,fæmin] vattenbrist **--finder** [-,faində] slagruteman **-fowl** vattenfågel, -lar **--front** ['wɔ:tə'frʌnt] sjösida, strandparti (i stad) **--gate** vattenport; slussport **--gauge** vattenmätare **--hen** sumphöna **-ing** [-(ə)riŋ] [be]vattning; blötläggning; utspädning (med vatten); brunnsdrickning; vattring **-ing-can** vattenkanna **-ing-place 1** vattningsställe **2** brunns-, kurort **3** vattenhämtningsplats **-ing-pot** vattenkanna **--jacket** [-,dʒækit] kylmantel **--level** [-,levl] **1** vatten-nivå, -stånd **2** vattenpass **--lily** [-,lili] näckros **--line** *sjö.* vattenlinje **-logged** [-,lɔgd] vatten-fylld; genomdränkt; vattensjuk **Waterloo** [,wɔ:tə'lu:] Waterloo; *meet one's ~* gå sin undergång till mötes **water|-main** ['wɔ:təmein] huvud[vatten]led-ning **-man** [-mən] **1** färjkarl **2** roddare **-mark 1** *s* vattenmärke; -stånd; -stämpel **II** *v* förse med **~ --meadow** [-,medəu] sjöäng, sumpig äng **-melon** [-,melən] vattenmelon **--monkey** [-,mʌŋki] (orientaliskt) vattenkrus **--motor** [-,məutə] vattenturbin, -hjul **--pipe** vatten-ledningsrör **-plane 1** hydroplan **2** vatten-linjens plan **--pot** vattenkruka, -kanna **--power** [-,pauə] vattenkraft **-proof I** *a* vattentätt; *~ sheeting* vattentätt väv **II** *s* regnrock, -kappa **III** *v* göra vattentät, impregnera **--rate** vattentaxa **--seal** vattenridå **-'s edge** [-z-] vattenbryn, strandkant **--shed 1** vattendelare **2** flodområde **--shoot** stupränna **-side** strandbädd, -kant **--ski** åka vattenskidor **--skin** vattensäck **--soluble** [-,sɔljubl] vatten-löslig **--souchy** ['wɔ:tə'su:ʃi] (slags) fisk-soppa **-spout 1** stupränna; avlopp **2** tromb **--sprite** vattenande **--supply** [-sə,plai] vat-tentillförsel; -förråd **--table** [-,teibl] grund-vattennivå **--tight** vattentätt; *fig.* hållbar, till-förlitlig; *~ bulkhead* vattentätt skott *(sjö.)* **--vole** vattenråtta **--waggon** [-,wægən] vat-tenkärra; *be on the ~* vara helnykter[ist] **--waving** [-,weiviŋ] [vatten]ondulering **--way** farled; vattenväg; inlopp **--wheel** vattenhjul, -kvarn; skovelhjul **--witch 1** stormfågel **2** = *water-finder* **--works 1** vatten[lednings]verk **2** vattenkonst **3** *sl.* njurar; *turn on the ~* ta till lipen, börja gråta **-y** [-ri] vattnig; våt, fuk-

tig; regndiger; vattenrik; urvattnad; *~ grave* grav i vågorna **watt** [wɔt] *elektr.* watt **wattle** ['wɔtl] **I** *s* **1** flätverk **2** *Austr.* akacia **3** slör, halsflik (på tupp); *land of the golden ~* Australien **II** *v* förse med flätverk; fläta **--and-daub** ['wɔtlən'dɔ:b] *a*, *~ wall* vägg av flätverk o. lera **waul** [wɔ:l] jama **wave** [weiv] **1** *s* **1** våg; vågformighet **2** vink, vinkning, viftande **II** *v* **1** vinka [med], vifta [med], svänga [med] **2** bölja; vaja; ligga (lägga) i vågor (om hår); *~ away* vifta bort; *~ aside* vifta undan (bort), avfärda; *~ back* vinka tillbaka **-band** våglängdsband **--lenght** våglängd **waver** ['weivə] vackla; svikta; fladdra **-er** [-rə] vacklande (obeslutsam) person **wave-range** ['weivrein(d)ʒ] *radio.* vågområde **wav|ering** ['weiv(ə)riŋ] **I** *s* vacklan, tvekan **II** *a* vacklande, tveksam **-ery** [-əri] vacklande, ostadig **-y** [-i] vågig, vågformig; böljande **wax** [wæks] **I** *s* **1** vax; lack **2** raseri[utbrott] **II** *a* vax- **III** *v* **1** vaxa; bona, polera **2** tillta, växa; bli; *~ and wane* (om månen) ömsevis bli större o. mindre **--candle** [-,kændl] vax-ljus **--chandler** [-,tʃa:ndlə] [vax]ljustillver-kare **--cloth** vaxduk **-doll** vaxdocka **-en** [-(ə)n] vax-; vaxliknande, -blek **--flower** [-,flauə] *bot.* porslinsblomma **--modelling** [-,mɔdlin] modellering (i vax) **--paper** [-,pei-pə] vaxat papper **--pocket** [-,pɔkit] vax-körtel (hos bi) **-work** vaxfigurer; modellering (i vax); *~s, pl* vaxkabinett **-y** [-i] **1** vaxlik-nande, -blek **2** vax- **3** ilsken, vresig **way** [wei] **I** *s* **1** väg **2** håll, riktning **3** väg-sträcka, -stycke **4** sätt, vis; vana, egenhet **5** *pl*, *~s* stapelbädd, slip; *~s and means* medel o. metoder; resurser, pengar; *to judge by the ~* he behaves att döma av hans uppträdande; *the ~ she dresses!* så hon klär sig!; *one (some) ~ or other* **a** på ett eller annat sätt **b** i ena eller andra riktningen; *that ~* **a** på det sättet (viset); så där **b** åt det hållet; *if you feel that ~* [about it] om du tar det på det sättet; *this ~* **a** på detta sätt; så här **b** åt det här hållet, den här vägen; *the other ~ round* tvärtom; *the wrong ~ round* bak o. fram, bakvänt; *a long ~ off* långt bort[a]; *down our ~* nedåt våra trakter, nedåt oss till; *he lives out London ~* han bor någonstans i närheten av London; *that's the ~* så ska det vara (gå till); *it is not his ~ to* det är inte likt honom att; *that is only his ~* det är bara hans sätt; *gather (lose) ~* få upp (tappa) farten; *give ~* ge vika (to för); *give ~!* öka [takten]! (*roddsport.*); *have (get) one's [own] ~* få sin vilja fram, göra som man vill; *I want to have it my ~* jag vill att det ska bli som jag bestämmer; *he has it all his own ~* with han handskas hur han vill med; *he has a ~ with people* han vet hur folk skall tas; *he has a ~ of blinking* han brukar blinka på något [konstigt] sätt; *she has a little ~ of* hon har den lilla egenheten att; *the ship has hardly any ~ on* fartyget rör sig knappast framåt; *lead the ~* gå före (ngn), visa vägen; *lose one's ~* gå vilse; *make ~* röra sig (gå) framåt; *make ~ for* gå ur vägen för; *make one's ~* bana (arbeta) sig fram; *make one's own ~* slå sig fram [på egen hand]; *I cannot make any ~* jag kommer ingen vart; *pick one's ~* släpa sig fram; *the furthest ~*

about is nearest home genvägar är senvägar (*ung.*); *by the ~* **a** intill vägen **b** under vägen **c** förresten; *that's only by the ~* det är bara en bisak; *by ~ of* **a** såsom **b** via **c** genom [att]; *he is by ~ of being engaged* han är visst förlovad; *in a (some) ~* på sätt o. vis, på ngt sätt; *things are in a bad ~* det står illa till [med det]; *he is in a (great, fine) ~ about it* han är alldeles ifrån sig för den [sakens] skull; *in a small ~* i liten skala; enkelt; *it is not (does not come) in my ~* det är ingenting för mig; *in no ~* ingalunda; *we are all in the same ~* vi sitter alla i samma båt; *in the ~* i vägen; *put a p. in the ~ of* ge ngn tillfälle (chans) till [att]; *in the ~ of dress* i klädväg; *in this ~* på detta sätt, så här; *be in the family ~* vara gravid; *out of the ~* **a** ur vägen, undan **b** avlägsen **c** ovanlig, utöver det vanliga; ovidkommande; *get out of the ~ of* komma undan; *go out of one's ~ to* riktigt anstränga sig [för] att; *put out of the ~* röja ur vägen; *put o.s. out of the ~* göra sig stort besvär; *learn s.th. the hard ~* lära sig av sina misstag; *over the ~* på andra sidan, mitt emot; *under ~* på väg; i gång **II** *adv, A.* **1** = *away* **2** ~ *back* där borta; ~ *down* där nere; ~ *back in 1890* redan 1890 --**bill** passagerarlista; fraktsedel -**farer** [-ˌfɛərə] vägfarande; vandrare -**faring** [-ˌfeəriŋ] vandrande -**laid** [-'leid] *imperf* o. *perf part* av *följ.* -**lay** [-'lei] lurpassa på, lägga sig i försåt för --**leave** ['wei'li:v] genomfartsrätt --**mark** vägmärke; milstolpe --**off** ['wei'ɔf] *A.* avlägsen --**post** vägvisare -**side I** *s* vägkant **II** *a* [belägen] vid vägen -**ward** [-wəd] **1** egensinnig, trilsk **2** nyckfull, oberäknelig --**worn** restrött

we [wi:, *svagton.* wi] vi

weak [wi:k] svag; vek; matt; ~ *point, äv.* svaghet; *the ~er sex* det svaga könet -**en** [-(ə)n] försvaga[s]; matta[s] --**headed** ['wi:k-'hedid] svagsint; enfaldig -**ish** [-iʃ] ganska svag --**kneed** [-ni:d] [knä]svag; (*annligen*) vek -**ling** [-liŋ] vekling, klen stackare -**ly** [-li] **I** *a* svag, klent byggd, spenslig; *fig.* slapp, efterlåten **II** *adv* svagt, matt --**minded** ['wi:k'maindid] svagsint -**ness** [-nis] svaghet, kraftlöshet; *have a ~ for* vara svag för

weal [wi:l] **1** väl[befinnande] **2** = *wale*; ~ *and woe* väl o. ve; *the public ~* den allmänna välfärden (*äld.*)

weald [wi:ld] **1** öppet land **2** hed; *the W~* kuperad trakt i södra England

wealth [welθ] **1** rikedom; *fig.* överflöd **2** *äld.* välbefinnande, -stånd; ~ *of colour* färgrikedom -**y** [-i] rik

wean [wi:n] **I** *v* avvänja (*isht* dibarn); ~ *a p. [away] from* vänja ngn av med; avleda ngns intresse från **II** *s, Sk.* barn -**ling** [-liŋ] avvant barn

weapon ['wepən] vapen -**ry** [-ri] vapenarsenal; vapenteknik

wear [wɛə] **I** *v* **1** bära, ha [på sig], vara klädd i; uppvisa (ansikte) **2** slita [på]; nöta[s]; slita[s] ut; tära [på]; [ut]trötta **3** hålla (bra), stå sig **4** (om tid) lida; ~ *a troubled look* se bekymrad ut; *will ~ for ever* håller i evighet; *it won't ~ very long* den (det) kommer inte att hålla (stå sig) så länge; *I won't ~ it* det finner jag mig inte i; ~ *away* **a** nöta[s] bort, utplåna[s]; slita[s] ut **b** (om tid) gå (förflyta) långsamt; sakta lida mot sitt slut; ~ *down* **a** nöta[s] av (bort) **b** så småningom

bryta [ner], övervinna; ~ *off* **a** nöta[s] bort (av) **b** [så småningom] försvinna, förblekna; ~ *on* (om tid) släpa sig fram, förflyta [olidligt] långsamt; ~ *out* slita[s] (nöta[s]) ut; uttrötta, -matta; ta slut **II** *s 1* begagnande, användning **2** nötning, slitage **3** beklädnad; kläder **4** [slit]-styrka, hållbarhet; ~ *and tear* slitage; påfrestning[ar]; *fair ~ and tear* normal förslitning; *in ~* i bruk; *in excellent state of ~* väl bibehållen; *much the worse for ~* kraftigt nött, tämligen utsliten -**able** [-rəbl] användbar -**er** [-rə] bärare, brukare (av plagg etc.)

weari|less ['wiərilis] outtröttlig -**ness** [-nis] trötthet, leda

wearing ['wɛəriŋ] påfrestande, tröttsam --**apparel** [-ə,pær(ə)l] [gång]kläder

wear|isome ['wiəris(ə)m] tröttsam; påfrestande -**y** [-ri] **I** *a 1* trött; led (*of* på, vid) **2** modlös **3** tröttsam; påfrestande; ledsam; *this ~ life* detta mödosamma liv; ~ *of waiting* trött på att vänta; ~ *with waiting* uttröttad av väntan **II** *v* **1** trötta [ut]; utmatta; plåga **2** tröttna (*of* på); ~ *for* trängta efter

weasand ['wi:zənd] [luft]strupe

weasel ['wi:zl] **1** *zool.* vessla **2** snövessla

weather ['weðə] **I** *s* väder[lek]; *make good (bad) ~* ha bra (dåligt) väder; *make heavy ~ of* ha svårt att klara (gå i land med); ~ *permitting* om vädret tillåter; *under the ~* **a** krasslig, ur form (slag) **b** lidande av baksmälla **c** lätt berusad; *under stress of ~* på grund av dåligt väder **II** *a* lovart[s]-; ~ *[side]* lovart; *have the ~ [ga[u]ge] of* ha tagit loven av; *keep one's ~ eye open* vara på sin vakt, ha ögonen med sig **III** *v* **1** förvittra[s] **2** lufta; torka (trä) **3** gå förbi i lovart; ~ *[out] a storm* rida ut en storm --**beaten** [-,bi:tn] väderbiten; vindpinad --**board I** *s pl, ~s* brädfodring **II** *v* brädfodra --**boarding** [-,bɔ:diŋ] brädfodring --**bound** hindrad av vädret --**bureau** [-,bjuərəu] meteorologisk institution --**chart** väderkarta --**cloth** presenning -**cock** vindflöjel (*äv. fig.*); kyrktupp --**eye** [-zai] *se weather II* --**forecast** [-,fɔ:ka:st] väderrapport, -utsikter --**glass** barometer -**ing** [-riŋ] **1** [sönder]vittring, förvittrande **2** *byggn.* klädning, täckning -**ly** [-li] *sjö.* som håller vinden bra --**map** väderkarta -**most** mest i lovart --**moulding** [-,məuldiŋ] *byggn.* skyddslist (för avrinning) --**proof** vindo. vattentät --**service** [-,sə:vis] väderlekstjänst --**stained** [-steind] härjad av väder o. vind; väderbiten --**station** [-,steiʃ(ə)n] meteorologisk station --**strip** tätningslist --**vane** vindflöjel --**wise** väderklok, -kunnig --**worn** söndervittrad; vindpinad

weav|e [wi:v] **I** *v* **1** väva; [samman]fläta **2** slingra sig **3** *flyg.* flyga i sicksack **II** [väv]-mönster; vävnadssätt -**er** [-ə] vävare, -erska -**ing** [-iŋ] vävning; ~ *mill* väveri

weazen[ed] ['wi:zn(d)] *se wizen[ed]*

web [web] **I** *s 1* väv[nad] **2** spindelväv **3** simhud **4** nyckelax **5** pappersrulle (i rotationspress) **6** radio- etc. TV-sammanslutning -**bed** [-d] [försedd] med simhud -**bing** [-iŋ] bandvävnad (under stolsits), [sadelgjords]väv; mellanlägg --**fingered** [-,fiŋgəd] med simhud mellan fingrarna --**footed** [-,futid] *se webbed* --**toed** [-təud] med simhud mellan tårna --**wheel** hjul med väv mellan nav o. kant

we'd [wi:d] = *we had (would)*

wed [wed] **1** gifta sig med, äkta; gifta bort

2 *fig.* förena, para **-ded** [-id] **1** gift; äktenskaplig **2** [intimt] förknippad (*to* med)
wedding ['wediŋ] bröllop **--cake** bröllopstårta **--day** bröllopsdag **--favour** [-,feivə] bröllopsrosett **--ring** vigselring
wedge [wedʒ] **I** *s* **1** kil **2** trekantig bit **3** (slags) golfklubba; *the thin end of the* ~ en blygsam början (inledning); *get in the thin end of the* ~ [börja] tränga sig in **II** *v* kila [in]; kila fast; klyva (med kil); ~ *o.s. in* tränga sig in; ~*d* (*in*) *between* inklämd mellan **--shaped** [-ʃeipt] kilformig
Wedgwood ['wedʒwud] ~ *ware* Wedgwoodporslin, -keramik
wedlock ['wedlɔk] äktenskap; äkta stånd; *born in* (*out of*) ~ född inom (utom) äktenskapet
Wednesday ['wenzdi] onsdag
wee [wi:] *Sk.* liten; *a* ~ *bit* lite grand
weed [wi:d] **I** *s* **1** ogräs (*äv. pl*, ~*s*) **2** mager (klen) stackare; hästkrake **3** cigarr; *sl.* haschcigarrett **4** hasch; *the fragrant* (*soothing*) ~ tobaken; ~*s, pl* änkedräkt, (änkas) sorgdräkt **II** *v* rensa (ogräs) [i]; rensa (gallra) bort, utrensa (*äv.* ~ *out*) **-er** [-ə] ogräsrensare (person el. maskin) **--grown** ogräsbevuxen **--killer** [-,kilə] ogräsmedel **-y** [-i] **1** full av ogräs **2** [lång o.] spinkig (gänglig); klen
week [wi:k] vecka; *today* ~ idag om en vecka, idag [om] åtta dagar; ~ *of Sundays* a sju veckor **b** en [hel] evighet **-day** vardag **--end** ['wi:k'end] **I** *s* veckoslut, -helg **II** *v* tillbringa veckoslutet **--ender** ['wi:k'endə] **1** veckosluts-, helgfirare **2** fritidsskjorta **-ly** [-li] **I** *a* vecko- **II** *adv* varje vecka, en gång i veckan **III** *s* veckotidning
ween [wi:n] *poet.* tro, mena
weep [wi:p] **1** gråta **2** fukta, rinna, droppa; ~ *for* gråta över, begråta; ~ *for joy* gråta av glädje; ~ *tears* fälla (gjuta) tårar **-er** [-ə] **1** gråtande [person]; gråterska; lipsill **2** sorgband; -flor **-ers** [-əz] (änkas) vita manschetter **-ing** [-iŋ] **I** *s* gråt[ande] **II** *a* **1** gråtande **2** regnig **3** *bot.* hängande; ~ *birch* hängbjörk; ~ *willow* tårpil; ~ *eczema* rinnande eksem; *come home by W~ Cross* ha haft det [mycket] besvärligt **-y** [-i] som lätt tar till lipen
weet [wi:t] *interj*, *s* o. *v* pip[a]
weevil ['wi:vil] vivel, skalbagge **-led** [-d] angripen av skalbaggar (vivlar)
weft [weft] inslag (i väv); väv
weigh [wei] väga; överväga; avväga; tynga; väga tungt, ha inflytande; ~ *anchor* lätta ankar; ~ *down* tynga ner; ~*ed down by grief* sorgtyngd; ~ *in* väga[s] in (om jockey efter loppet; om boxare före match); ~ *in with* bidra med (argument); ~ *out* a väga upp **b** väga[s] in (om jockey före loppet); ~ *up* uppväga; ~ *upon* tynga, belasta; ~ *with* ha inflytande på, väga tungt hos **-able** [-əbl] möjlig att väga **-age** [-idʒ] vägpengar **--beam** (slags) besman **--bridge** bryggväg **--house** våghus **-[ing]-machine** [-(iŋ)mə,ʃi:n] större våg
weight [weit] **I** *s* **1** vikt; tyngd; tryck; belastning **2** vikt, betydelse **3** *sport.* kula; *put on* ~ öka i vikt; *that's a great* ~ *off my mind* en stor sten har fallit från mitt hjärta; *it carried no* ~ *with me* det hade ingen inverkan (effekt) på mig; *the* ~ *of evidence is against him* det samlade bevismaterialet är besvärande för honom; *pull one's* ~ göra sitt bästa; *putting*

the ~ kulstötning **II** *v* tynga [ner], belasta; ~ *down* pressa till (med tyngd) **-less** [-lis] viktlös, lätt **-lifting** [-,liftiŋ] tyngdlyftning **-y** [-i] **1** tung **2** viktig, tungt vägande
weir [wiə] **1** damm, fördämning **2** (slags) mjärde
weird [wiəd] **I** *a* **1** kuslig, hemsk; övernaturlig **2** ödes-; *the W~ Sisters* ödesgudinnorna **3** *fam.* mystisk, konstig **II** *s* **1** öde **2** spådom **-ness** [-nis] övernaturlighet
Welch, w~ [welʃ] = *Welsh, welsh*
welcome ['welkəm] **I** *a* o. *interj* välkommen; *bid* [*make*] *a p.* ~ hälsa ngn välkommen; *you are* ~ *to my library* mitt bibliotek står till ditt (ert) förfogande; *you are* ~ *to try* du (ni) får gärna försöka; *you are* ~ *to it* det är rätt åt dig (er) (*äv. iron.*); *you're* ~ varsågod (*A.*); *wear out one's* ~ stanna för länge **II** *s* välkommen, -nande, mottagande; *give a p. a warm* ~ ge ngn ett varmt (hjärtligt) mottagande (*äv. iron.*) **III** *v* välkomna, hälsa välkommen
weld [weld] **I** *v* [samman]svetsa[s]; sammanfoga[s] **II** *s* svets[ning]; svetsställe **-er** [-ə] **1** svetsare **2** svetsmaskin **-less** [-lis] helsvetsad
welfar|e ['welfɛə] väl[färd]; välstånd; välgång; *W~ State* välfärdsstat; ~ *work* social verksamhet; socialvård **-ism** [-riz(ə)m] välfärdspolitik
1 well [wel] **I** *s* **1** brunn; källa **2** trapphus; hisschakt, schakt; hål[ighet], rum, fack **3** bläckhorn; ~ *of the court* advokaternas plats i rättssalen **II** *v*, ~ *up* välla (springa) fram
2 well [wel] **I** *adv* bra, väl; gott; *as* ~ a också, likaledes **b** lika gärna; *as* ~ *as* a lika bra som **b** såväl som; *I can't very* ~ *refuse* jag kan inte gärna vägra; *do* ~ klara sig bra; ~ *done!* bravo!; *stand* ~ *with* ligga bra till hos; *be* ~ *out of* vara lyckligt o. väl utanför; ~ *over fifty* en bra bit över 50 [år] **II** *a* frisk, bra; [gott o.] väl; *it's all very* ~ *to say ... but* det går nog (väl) an att säga [så] ... men; *it would be as* ~ *to* det vore lika bra att; *perhaps it's just as* ~ det kanske är lika så gott; ~ *enough* nog så bra, rätt [så] bra; *be* ~ *off* ha det bra ställt **III** *interj* nå[ja]; ja; jo[då]; nåväl **IV** *s* väl; gott; *let* ~ *alone* låt det vara [bra] som det är **--advised** ['weləd-'vaizd] klok, välbetänkt **--appointed** ['welə'pɔintid] välutrustad, -försedd **--balanced** ['wel'bælənst] välbalanserad **--beaten** ['wel-'bi:tn] väl upptrampad (stig) **--behaved** ['wel-bi'heivd] väluppfostrad; belevad **--being** ['wel'bi:iŋ] välbefinnande **--born** ['wel'bɔ:n] av god familj **--bred** ['wel'bred] väluppfostrad; ~ *horse* rashäst **--conditioned** ['welkən'diʃ(ə)nd] i gott skick; sund; välartad **--conducted** ['welkən'dʌktid] **1** välskött **2** väluppfostrad **--connected** ['welkə'nektid] av god härkomst; med goda relationer **--cooked** ['wel'kukt] vällagad; välstekt, -kokt **--directed** ['weldi'rektid] välriktad **--dish** ['wel'diʃ] fat med särskild fördjupning för sås **--disposed** ['weldis'pəuzd] positivt inställd (*to* till) **--doing** ['wel'du(:)iŋ] **1** redlighet **2** lycka [o. framgång] **--done** ['wel'dʌn] väl [genom]stekt (kokt) **--favoured** ['wel-'feivəd] vacker, stilig, snygg **--found** ['wel-'faund] = *well-appointed* **--founded** ['wel-'faundid] välgrundad **--graced** ['wel'greist] = *wellfavoured* **--grounded** ['wel'graundid] **1** hemmastadd **2** välgrundad **--head** ['wel-

'hed] [ur]källa **–informed** ['welin'fɔ:md] välunderrättad; bildad, kunnig **–intentioned** ['welin'tenʃ(ə)nd] välmenande; välment **–judged** ['wel'dʒʌdʒd] välberäknad; klok **–knit** ['wel'nit] kraftig[t byggd]; välkonstruerad **–liking** ['wel'laikiŋ] välmående **–lined** ['wel'laind] a, ~ purse tjock (välfylld) portmonnä **–looking** ['wel'lukiŋ] vacker, ståtlig **–made** ['wel'meid] välgjord, -konstruerad **–mannered** ['wel'mænəd] belevad; väluppfostrad **–marked** ['wel'mɑ:kt] tydlig[t markerad] **–meaning** ['wel'mi:niŋ] välmenande **–meant** ['wel'ment] välment **-nigh** [-nai] nära nog **–off** ['wel'ɔf] välsituerad; välbeställd **–oiled** ['wel'ɔild] 1 välsmord; oljig (fras) 2 lätt berusad, påstruken **–ordered** ['wel'ɔ:dəd] välordnad **–padded** ['wel'pædid] 1 väl stoppad 2 (om pers.) fyllig, trind **–proportioned** ['welprə'pɔ:ʃ(ə)nd] välavvägd, proportionerlig; välväxt **–read** ['wel'red] [grundligt] beläst **–reputed** ['welri'pju:tid] ansedd **–room** [-rum] brunnssalong **–rounded** ['wel'raundid] 1 väl avrundad; elegant 2 trind, fyllig **–seeming** ['wel'si:miŋ] till synes tillfredsställande **–set** ['wel'set] kraftigt byggd; välväxt **–sinker** [-,siŋkə] brunnsborrare, -grävare **–spoken** ['wel'spəuk(ə)n] vältalig; hövisk, belevad **–spring** källsprång **–timed** ['wel'taimd] [gjord] i rätta ögonblicket, läglig; välberäknad (i tiden) **–to-do** ['weltə'du:] välbärgad, rik **–trodden** ['wel-'trɔdn] väl upptrampad; ofta beträdd **–turned** ['weltə:nd] välform[uler]ad; väl vald **–wisher** ['wel'wiʃə] vän, gynnare **–worn** ['wel'wɔ:n] nött, sliten

welsh [welʃ] lura (vadhållare på insats); smita
Welsh [welʃ] I a walesisk; ~ rabbit (rarebit) grillad ostsmörgås II s 1 the ~ walesarna 2 walesiska [språket] 3 rotvälska **-man** [-mən] **-woman** [-,wumən] walesare, -iska
welt [welt] I s 1 rand[läder] 2 bård, kant, kantband 3 strimma, ärr II v 1 förse med ~ I I el. 2 2 prygla
welter ['weltə] I v vältra sig; rulla [sig]; ~ in gore bada i blod II s 1 (vågornas) rullande, svall 2 kaos, förvirring, röra 3 = ~-weight; ~ race tungviktslopp (med tyngre ryttare) **-weight** weltervikt[are]
wen [wen] svulst, utväxt; struma; the W~ = London
wench [wen(t)ʃ] jänta, piga
wend [wend] v, ~ one's way bege sig
went [went] imperf av go
wept [wept] imperf o. perf part av weep
we're [wiə] = we are
were [wə:] 1 pl o. 2:a pers sg imperf av be 2 imperf konj av be **-n't** = were not
wert [wə:t] åld., thou ~ du var (blev)
west [west] I s väster; the W~ a Västerlandet b A. de västra staterna; in the ~ of England i västra England; the W~ End West End [förnäm stadsdel i London]; W~ Germany Västtyskland; the W~ Indies Västindien; W~ Virginia delstat i USA; W~ Point krigsskola (i USA); go W~ a resa västerut b dö; försvinna; to the ~ västerut; i väster; to the ~ of väster om II a västra, västlig, väst-; the W~ Country sydvästra England III adv västerut; väster (of om) **-ering** [-əriŋ] (om sol) väster-, afton-, nedgående **-erly** [-əli] västlig **-ern** [-ən] I a västlig, västra, väst-; W~ västerländsk; the W~ Empire Västromerska riket

II s 1 väst[er]länning 2 W~ Vilda Västernhistoria, -roman, -film etc. **-erner** [-ənə] 1 västerlänning 2 A. person från de västra staterna **-ernize** [-ənaiz] europeisera **-ernmost** [-ənməust] västligast **-ing** [-iŋ] västlig kurs **-ward** [-wəd] I adv västerut, -vart II a västlig III s väster
wet [wet] I a 1 blöt, våt, fuktig 2 färsk (fisk) 3 sl. fånig, larvig; ~ bargain affär som firas med [många] skålar; ~ blanket glädjeförstörare; ~ bob idkare av vattensport (Eton Coll.); ~ cell cell i vätskeackumulator; ~ dock våtdocka; ~ pack våta lakan (som omslag) (med.); ~ paint "nymålat"; ~ state stat utan alkoholförbud (A.); ~ through genomblöt, -våt = ~ to the skin II s 1 fukt[ighet]; blöta, väta 2 A. motståndare till alkoholförbud 3 have a ~ få ngt att dricka, ta en drink (sl.) III v fukta, blöta [ner]; ~ a bargain skåla på (skölja ner) en affär; ~ one's whistle fukta strupen
wether ['weðə] [kastrerad] bagge
wet|ness ['wetnis] väta, fuktighet **–nurse** s amma; vard. dadda **-ting** [-iŋ] fuktande; väta **-tish** [-iʃ] fuktig
we've [wi:v] = we have
wey [wei] viktmått för ull (ung. 82,5 kg)
whack [wæk] I s 1 smäll 2 [an]del, portion 3 försök; have a ~ at försöka sig på II v 1 smälla till 2 dela [upp]; ~ up knåpa ihop; ordna [till]; ~ her up to 22 knots få upp den (båten) i 20 knop; ~ed to the wide utpumpad, slut, slutkörd **-er** [-ə] baddare; jättelögn **-ing** [-iŋ] I s stryk, smörj II a kolossal, jättestor **-y** [-i] A. sl. fåne, fåntratt
whale [weil] I s, zool. val; a ~ of jättestor, -flott, -bra etc.; a ~ of a time en [hel] oändlighet; ofantligt roligt; very like a ~ sannerligen; mycket sannolikt (iron.); a regular ~ for work en riktig hejare till att jobba; be a ~ on (at) vara överdängare i II v jaga (fånga) val **-boat** valfångare, valfångstfartyg **-bone** valbard, valfiskben **--calf** ungval **--fin** = whalebone **--fishery** [-,fiʃəri] 1 valfängst 2 valfångstområde **-man** [-mən] valfångare (äv. fartyg) **-oil** [valfisk]tran **-r** [-ə] 1 valfångare 2 valfångstfartyg 3 livbåt
whaling ['weiliŋ] valfängst **-gun** harpunkanon
whang [wæŋ] I v slå, [mör]bulta II s smäll, dunk, duns
wharf [wɔ:f] I s lastkaj, -brygga; kaj[plats] II v 1 förtöja 2 lossa (last) **-age** [-idʒ] kaj[plats]avgift **-inger** ['wɔ:fin(d)ʒə] ung. hamnmästare
what [wɔt] pron vad [för]; vilken; vad (det) som; ~ is today? a vad är det för dag idag? b vad är det för datum idag?; ~ is he like? hurudan är han?, hur ser han ut?; ~ is his name? vad heter han?; ~'s it all about? vad är det frågan om?; ~ time is it? hur mycket är klockan?; ~'s yours? vad vill (skall) du (ni) ha (ta)?; he told me ~ is ~ han talade om för mig [precis] hur det ligger till; I'll tell you ~ nu ska du (ni) få höra; det här är mitt förslag; ~ little he knew det lilla han visste; he made the best of ~ shelter could be found han utnyttjade så väl som möjligt det skydd som stod att finna; not a day but ~ it rains det går inte en dag utan att det regnar; ~ a day! en sådan dag!, vilken dag!; ~ about ... a hur skulle det vara med ...?, vad sägs

om ... **b** hur är det med ...; vad vet du (ni) om ...; ~ *for?* varför [det]?, till vilket ändamål?; ~ *if* ... ja (nå) men om ...; ~ *next!, äv.* det var det värsta!; *and ~ not* o. allt möjligt [i den stilen]; *well,* ~ *of it?* nå, än sen?; ~ *though* ... vad spelar det för roll om ..., vad gör det om ...; ~ *with* ... *and* [~ *with*] om det nu beror (berodde) på ... eller på; dels på grund av ... o. [dels] på grund av; ~ *with one thing and another* av en el. annan orsak **--do-you(-d'ye)-call-it** [-dju͵kɔ:lit] vad det nu heter; grej **-ever** [-'evə] **1** vad [som] än; vilken (-a) ... [som] än; allt vad (som) **2** alls; över huvud taget; *no doubt* ~ inget som helst tvivel; *nothing* ~ ingenting alls **-[-]not 1** prydnadshylla **2** ~[s] allt möjligt, varjehanda **-'s** = *what is* **-soever** [͵wɔtsəu'evə] = *whatever*
wheal [wi:l] **1** märke (efter slag) **2** [tenn]gruva
wheat [wi:t] vete **--belt** vetedistrikt **-en** [-n] vete-
wheedle ['wi:dl] locka, förleda, övertala; ~ *a p. into* med lock o. pock förmå ngn till; ~ *money out of a p.* [lyckas] klämma ngn på pengar
wheel [wi:l] **I** *s* **1** hjul; trissa **2** [bil]ratt **3** [drej]skiva **4** cykel **5** rotation, svängning; volt; *break a p. on the* ~ rådbråka (stegla) ngn; *put one's shoulder to the* ~ lägga manken till; *turn* ~*s* hjula; *at the* ~ vid ratten; ~*s within* ~*s* komplicerade förhållanden, invecklat maskineri; suspekta motiv (*fig.*) **II** *v* rulla; köra; skjuta; snurra; [få att] rotera, svänga [runt]; kretsa; cykla; *right* ~*!* linje framåt höger! (*mil.*); ~ *one's bicycle* leda sin cykel; ~ *round* [hastigt] vända sig om; kasta om **--and-axle** ['wi:lən'æksl] vinsch **-barrow** [-͵bærəu] skottkärra **--base** hjulbas **--chair** ['wi:ltʃeə] rullstol **-ed** [-d] hjulförsedd, på hjul **-er** [-ə] **1** person som rullar (skjuter) (kärra) **2** cyklist **3** vagnmakare **4** = **--horse** stånghäst (bakre häst) **--house** styrhytt **--hub** hjulnav **-man** [-mən] cyklist **--tread** (hjuls) slityta **--window** [-͵windəu] hjulformigt fönster **-wright** vagnmakare
wheez|e [wi:z] **I** *v* väsa; flåsa, pusta **II** *s* **1** väsande, flåsande, fnysning **2** skämt, påhitt **-y** [-i] väsande; astmatisk; flåsig
whelk [welk] *zool.* valthornssnäcka
whelm [welm] uppsluka; förinta; krossa; dränka; sänka (i vatten); ~*ed in sorrow* försänkt i djup sorg
whelp [welp] **I** *s* [hund]valp; (varg-, björn-, lejon- etc.) unge; valp, spoling **II** *v* valpa
when [wen] **I** *konj* o. *adv* när; då; *say* ~ säg stopp; *that's* ~ det är (var) då [som] **II** *s* tid- [punkt]; *the* ~ *and the where* tid o. plats
whence [wens] varifrån; varav; ~ *and whither* vadan o. varthän **-soever** [͵wenssəu'evə] varifrån ... än
when|e'er [wen'ɛə] *se följ.* **-ever** [-'evə] när [helst], när ... än; så ofta som **-soever** [͵wensəu'evə] när ... än
where [wɛə] **I** *adv* **1** *frågande* var; vart **2** *rel* där; dit; ~ *is the harm in trying?* vad är det för ont i att försöka?; *that's (this is)* ~ *he lives* det är där (här) han bor **II** *s* [skåde]plats; rum; *the when and the* ~, *se when* **-abouts** **I** ['wɛərəbauts] *s* vistelse-, uppehållsort; *her present* ~ *is unknown* det är okänt var hon håller till för närvarande **II** ['wɛərə'bauts] *adv* var någonstans (ungefär) **-as** [-r'æz] **1** medan, under det att, då däremot **2** *jur.* enär, allden-

stund **-at** [-r'æt] *rel adv* **1** där **2** varefter **-by** [-'bai] varigenom **-fore** varför **-from** [-'frɔm] varifrån **-in** [-r'in] vari **-of** [-r'ɔv] varav **-on** [-r'ɔn] varpå **-soever** [͵wɛəsəu'evə] = *wherever* **-to** [-'tu:] **-unto** [͵wɛərʌn'tu:] vartill **-upon** [͵wɛərə'pɔn] varpå **-ver** [-r'evə] varhelst, var ... än; varthelst, vart ... än; överallt där (dit) **-with** [-'wiθ] *adv* varmed **-withal** [-wiðɔ:l] *s, he lacked the* ~ *to provide for his family* han saknade medel [till] att underhålla sin familj
wherry ['weri] lätt [rodd]båt; (liten) färja **-man** [-mən] roddare; färjkarl
whet [wet] **I** *v* vässa; slipa; skärpa; *fig.* stimulera **II** *s* stimulans; [aptit]retare
whether ['weðə] huruvida; ~ ... *or* vare sig ... eller; ~ ... *or no* huruvida (om) ... eller ej
whetstone ['wetstəun] slipsten
whew [hwu:] oj!; usch!
whey [wei] vassla
which [witʃ] **1** *frågande* vilken; *so you are John and Peter, but* ~ *is* ~ det här är alltså J. o. P., men vem är vem? **2** *rel* som, vilken, -et, -a **-ever** [-'evə] vilken ... än
whiff [wif] **I** *s* **1** pust, fläkt; doft; bloss (på pipa etc.); [rök]moln **2** cigarrcigarett **3** lätt roddbåt **4** flundra **II** *v* **1** pusta; fläkta; dofta; bolma; blossa (på pipa etc.) **2** dörja (fisk) **-et** [-it] *A.* **1** hund[stackare] **2** obetydlig person, nolla
whiffle [wifl] **I** *s* fläkt, pust, vindstöt **II** *v* fläkta, fladdra; vissla, vina, susa **-r** [-ə] vankelmodig människa
whiffy [wifi] unken
whig [wig] whig[anhängare], liberal **-gery** [-əri] **-gism** [-iz(ə)m] whigpolitik, liberalism
while [wail] **I** *s* stund; *the* ~ under tiden; *once in a* ~ då o. då, allt emellanåt; *worth* ~ mödan värd, värd besväret; lönt; lönande; *it's not worth my* ~ det tjänar ingenting till för mig **II** *v,* ~ *away the time* fördriva tiden **III** *konj* medan, under det att
whilst [wailst] medan, under det att
whim [wim] **1** nyck, infall; fantasi **2** *gruv.* uppfordringsverk
whimper ['wimpə] **I** *v* [små]gnälla, jämra sig, kvida, pipa **II** *s* gnäll[ande], kvidande, pip[ande]
whims|ical ['wimzik(ə)l] **1** nyckfull; ombytlig; vimsig **2** egendomlig, originell **-y** [-i] = *whim 1*
whine [wain] **I** *v* kvida, gnälla, yla; vina **II** *s* kvidande, gnäll[ande]; vinande
whinger ['wiŋə] (slags) dolk
whinny ['wini] **I** *v* gnägga **II** *s* gnäggning, -ande
whip [wip] **I** *s* **1** piska; spö **2** [pisk]rapp **3** kusk **4** *jakt.* pikör **5** (i parlamentet) inpiskare (som kallar partimedlemmarna till omröstning); upprop, kallelse **6** *sjö.* (= ~*-and-derry*) talja; *an accomplished* ~ en mycket skicklig kusk; *three-line* ~ mycket viktig kallelse **II** *v* **1** piska [på]; prygla; klå upp; plåga, ansätta; egga **2** vispa **3** linda [om]; fålla runt **4** kila; störta, rusa **5** överträffa, slå; ~ *a stream* fiska i[genom] ett vattendrag (med kastspö); ~*ped cream* vispgrädde; ~ *in* driva in; trumma ihop, samla; ~ *into line* återställa disciplinen; ~ *off* a rycka bort (av, undan); köra bort (ut) **b** kila (störta) iväg; ~ *out* a [hastigt] dra (rycka) ut (fram) **b** vräka ur sig (ord) **c** kila (störta) ut; ~ *round* **a** hastigt vända sig om.

svänga runt **b** sätta igång en insamling; ~ *up* **a** piska (driva) upp (på); agitera (*for* för) **b** sno (rafsa) ihop **c** trumma ihop **d** kila uppför --**and-derry** ['wipən'deri] *sjö*. talja --**cord** **1** pisksnärt **2** korderoj[tyg] --**gin** lastblock --**hand** ['wip'hænd] höger hand; *have the* ~ *of a p*. ha ngn i sin hand --**handle** [-,hændl] pisskaft -**per-in** ['wipər'in] pikör -**per-** -**snapper** ['wipə,snæpə] = *whipster* -**pet** [-it] **1** whippet (slags vinthund) **2** lätt stridsvagn **whipping** ['wipiŋ] prygel; [kok] stryk --**boy** strykpojke, syndabock --**post** spöpåle --**top** pisksnurra **whippoorwill** ['wippuə,wil] *zool*. skrännattskärra **whip|py** ['wipi] smidig --**round** insamling --**saw** lövsåg -**ster** [-stə] [pojk]spoling, snorvalp, odåga **whir** [wə:] **I** *v* surra; (om motor) spinna **II** *s* surr; spinnande **whirl** [wə:l] **I** *v* virvla; svänga (snurra) [runt] **II** *s* virvel; rotation; förvirring; *my brain (head) is in a* ~ det går [alldeles] runt i huvudet på mig -**igig** [-igig] **1** (slags) snurra **2** karusell **3** *zool*. vatte tidens vnkretsare; *the* ~ *of time* irveldans -**pool** |virvel -**wind** virvelvind **whirr** *se whir* **whisk** [wisk] **I** *s* **1** dammvippa; viska **2** tofs; knippe **3** visp **4** snabb rörelse, viftning, svep, knyck **II** *v* **1** vifta [till], vifta [till] med **2** [i hast] köra, fösa **3** fara, flänga; rusa, kila **4** vispa; ~ *a p. off* sticka iväg med ngn; ~ *round* plötsligt vända sig om **whiskers** ['wiskəz] *pl* **1** polisonger **2** morrhår **whisk|ey** ['wiski] visky -**ified** [-ifaid] berusad; viskystinkande -**y** [-i] **1** visky **2** (slags) gigg (åkdon); ~ *straight* oblandad visky (*A*.) -**y-** -**peg** viskygrogg (med soda) **whisper** ['wispə] **I** *v* viska **II** *s* viskning[ar]; mummel, rykte; *in a* ~ viskande -**er** [-rə] viskare; bakdantare -**ing** [-(ə)riŋ] **I** *s* viskning[ar] **II** *a* viskande -**ing-gallery** [-,gæləri] ekovalv **whist** [wist] whist (kortspe.) --**drive** ['wis(t)-draiv] whistturnering **whistl|e** ['wisl] **I** *v* vissla; ~ *for a* vissla på **b** vänta förgäves på; *let a p. go* ~ strunta i ngn; be ngn dra åt skogen **II** *s* **1** vissling **2** [vissel]pipa; *pay for one's* ~ få dyrt betala; *wet one's* ~ fukta strupen (*sl*.) -**er** [-ə] **1** visslare **2** *zool*. krubbitare **3** *sl*. oförklarligt radiobrus från rymden -**e-stop** *A*. (om president) göra valturné -**ing** *a* o. *s* visslande, vinande; ~ *buoy* ljudboj **whit** [wit] *s, no (not a)* ~ inte ett dugg **Whit** [wit] ~ *Monday* annandag pingst; ~ *Saturday* pingstafton; ~ *Sunday* pingstdagen **white** [wait] **I** *a* **1** vit; [vit]blek (**2** ren, obefläckad **3** färglös **4** hederlig, hygglig; ~ *alloy* vitmetall; imiterat silver; ~ *ant* termit; ~ *bear* isbjörn; ~ *crow* sällsynt fågel (*fig*.); ~ *ensign* brittisk örlogsflagga; *show the ~ feather* [fegt] dra sig ur, vara feg; ~ *flag* parlamentärflagg[a]; *W~ Friar* karmelitermunk; ~ *heat* vitglödgning; ~ *horses* vita gäss (på vågor); *the W~ House* Vita huset (presidentens residens i Washington); ~ *lead* blyvitt; ~ *lie* nödlögn; ~ *man* **a** vit (man) **b** hederlig (hygglig) karl; ~ *metal* = ~ *alloy*; ~ *paper* vitbok; *in a* ~ *rage* blek av vrede; topp tunnor rasande; ~ *sheet* botgörardräkt; *stand in a* ~

sheet bekänna sina synder; ~ *slave* offer för ~ *slavery* vit slavhandel; ~ *squall* (plötslig) stormby **II** *s* **1** vitt, vit färg **2** vit [man] **3** [ägg]vita; ~*s* vita kläder (byxor); *the* ~ *of the eyes* ögonvitorna **III** *v*, ~*d sepulchres* vitmenade gravar -**bait** vit-, småfisk, småsill --**caps** vita gäss (på vågor) --**collar** [-'kɔlə] *a*, ~ *worker* tjänsteman, kontorsarbetare (*A*.) -**fish** *zool*. kolja, vitling, sik m. fl.; *koll*. vitfisk --**gum** (slags) hudutslag **W-hall** ['wait'hɔ:l] gata i London; *fig*. [brittiska] regeringen **W-hallese** ['waithɔ:'li:z] kanslispråk --**handed** [-,hændid] oskyldig --**hot** ['wait'hɔt] vitglödgad --**livered** [-,livəd] feg -**n** [-n] göra (bli) vit; vitna; blek[n]a; *fig*. rentvå -**ner** [-nə] blekningsmedel -**ness** [-nis] vithet, vit färg; blekhet; *fig*. renhet, oskuld, oförvitlighet -**ning** [-niŋ] vitkalkning[smedel]; kritpulver -**smith** blecklagare; silversmed -**thorn** hagtorn -**tie** *a* frack-, gala- -**wash I** *s* **1** vitkalkning[smedel], rappning **2** förskönande **II** *v* **1** vitkalka, -mena **2** rentvå, rehabilitera; försköna **whither** ['wiðə] varthän -**soever** [,wiðəsou-'evə] vart[hän] ... än -**ward** [-wəd] varthän **whit|ing** ['waitiŋ] **1** = *whitening* **2** vitling -**ish** [-iʃ] vitaktig; [rätt] blek **whitleather** ['wit,leðə] vitgarvat läder (skinn) **Whitley** ['witli] ~ *council* företagsnämnd **Whitmonday** ['wit'mʌndi] *se Whit* **Whitsun|day** ['wit'sʌndi] *se Whit* -**tide** [-sntaid] pingst[helg][en] **whittle** ['witl] **I** *v* tälja; skära av; vässa; ~ *away* öd[sl]a bort; ~ *down* skära ner, reducera **II** *s* [slaktar]kniv **whity** ['waiti] = *whitish* **whiz[z]** [wiz] **I** *v* susa, vissla **II** *s, A. sl*. toppexpert, toppspecialist sus[ande], vinande -**bang** *mil*. (slags) mindre granat -**kid** *A. sl*. allvetare **who** [hu:] *pron* **1** *frågande* vem; vilka **2** *rel* som; *W~'s W~* Vem är det? (biografisk årsbok) **whoa** [wou] (till häst) ptro; stopp **who'd** [hu:d] = *who would (had)* **whodun[n]it** [hu:'dʌnit] detektivhistoria, -film **whoever** [hu(:)'evə] vem som än; var o. en som **whole** [houl] **I** *a* hel; oskad[a]d; frisk; *go the* ~ *hog* löpa linan ut, inte lämna ngt åt slumpen; ~ *number* helt tal; *escape with a* ~ *skin* komma undan helskinnad **II** *s* hel[t]; helhet; *the* ~ *of England* hela England; *as a* ~ i sin helhet; *on the* ~ på det hela taget --**bound** helt inbunden (i läderband) --**coloured** [-,kʌləd] enfärgad --**hearted** ['houl'hɑ:tid] helhjärtad; uppriktig --**hogger** ['houl'hɔgə] helhjärtad anhängare --**hoofed** ['houl'hu:ft] enhovad --**length** ['houl'leŋθ] *a* i helfigur; *portrait (statue)* porträtt (staty) i helfigur -**meal** *a* o. *s* sammalet [mjöl] -**ness** [-nis] helhet, fullständighet -**sale I** *s* gross-, partihandel; *by* ~ i parti, en gros **II** *a* o.*s. adv* **1** parti[handels]-, grosshandels-**2** i stor skala; mass-; ~ *dealer* gross-, partihandlare -**some** [-s(ə)m] hälsosam; sund --**souled** ['houl-'səuld] = *whole-hearted* --**time** ['houl'taim] *a*, ~ *job* heltidsarbete --**wheat** ['houl'wi:t] *av* sammalet vete (graham) **who'll** [hu:l] = *who will (shall)* **wholly** ['houlli] helt, fullständigt **whom** [hu:m] *objektsform av who*

whoop [hu:p] **I** v skrika; kikna **II** s skri; (indians) strids-, krigsrop **-ee** ['wupi:] A. **I** s, make ~ festa, roa sig **II** interj hurra!; vackert! **-er** [-ə] s, ~ swan sångsvan **-ing-cough** kikhosta

whop [wɔp] klå [upp], ge stryk **-per** [-ə] **1** jättelögn **2** hejare, baddare **-ping** [-iŋ] **I** s [kok] stryk **II** a o. adv enorm[t]; jätte-**whore** [hɔ:] **I** s hora **II** v bedriva hor (otukt) **-dom** [-dəm] hor, otukt **--monger** [-,mʌŋgə] horkarl

whorl [wə:l] [blad]krans; vindling

who's [hu:z] = who is

whose [hu:z] pron **1** frågande vems; vilkas **2** rel vars, vilkens, vilkas

whosoever [,hu:səu'evə] åld. för whoever

why [wai] **I** adv varför; ~ so varför det?; the reason ~ anledningen till att **II** interj (uttr. förvåning el. invändning) [ja] men ...; nå; ja; ~, no! oh, nej [då]! **III** s orsak, skäl; the ~[s] and the wherefore[s] exakta anledningen, direkta orsakerna

wick [wik] veke

wicked ['wikid] **1** ond, syndig, omoralisk **2** elak, stygg; otäck; fräck **-ness** [-nis] **1** synd, syndighet, gudlöshet, ogudaktighet; ondska; last[barhet], osedlighet, skändlighet **2** elakhet, gemenhet; självsvåld, fräckhet **3** vidrighet, otäckhet

wicker ['wikə] flätverk; ~ chair korgstol

wicket ['wikit] **1** liten dörr, lucka; halvdörr; grind **2** kricket. wicket **3** [krocket]båge **--door, --gate** = wicket 1

wide [waid] **I** a bred; vid[sträckt]; rymlig; stor; he had a ~ appeal han vann gehör vida omkring; ~ ball misslyckad boll, grov miss; give a ~ berth to undvika, hålla sig på säkert avstånd från; ~ eyes uppspärrade ögon; ~ range stor räckvidd; ~ of the mark alldeles uppåt väggarna; orimlig **II** adv **1** vida, vitt **2** långt från målet; alldeles galet; far and ~ vitt o. brett, vida omkring; ~ open vidöppen; yawn ~ gäspa stort; go (fall, shoot) ~ missa [grovt] **III** s, kricket. ~ = ~ ball; to the ~ fullständigt; done to the ~ dödstrött, [totalt] slut **--awake I** a ['waidə'weik] klarvaken; på sin vakt **II** s ['waidəweik] (slags) bredskyggig hatt **--eyed** [-aid] med uppspärrade (stora) ögon **-n** göra (bli) bredare; bredda, vidga[s] **-spread** [vitt] utbredd; [nära nog] allmän

widow ['widəu] **I** s änka; the ~ äv. champagne; ~'s peak kil av hår ner i pannan **II** v **1** göra till änka **2** poet. beröva (of på); ~ed state änkestånd **-er** [-ə] änkling, änkeman **-[er]hood** [-(ə)hud] änke-, änklingsstånd

width [widθ] bredd, vidd; utsträckning

wield [wi:ld] hantera; föra (pennan); utöva (inflytande)

wiener ['wi:nə] A. [wiener]korv

wife [waif] (pl wives [-vz]) hustru; fru; old wives' tale käringprat **-like, -ly** [-li] som anstår en hustru; hustru-

wig [wig] **I** s peruk; ~s on the green [en] häftig strid **II** v ta i upptuktelse **-ged** [-d] perukklädd, -prydd **-ging** [-iŋ] avbasning

wiggle ['wigl] **I** v vicka med (på); vrida [o. vända] på [sig] **II** s vickning; slingring

wight [wait] s, luckless (wretched) ~ olyck-[sa]lig varelse (stackare)

wigwag ['wigwæg] A. **I** v signalera (med flagga e. d.) **II** s signal[ering]

wigwam ['wigwæm] wigwam, indianhydda

wild [waild] **I** a vild; skygg; häftig, otyglad; rasande, stormig; förvirrad; tokig, galen; state of ~ confusion tillstånd av ytterlig förvirring; ~ duck [vild]and; ~ nonsense rena tokerier; ~ story orimlig (fantastisk) historia; drive (go) ~ göra (bli) vild av raseri; run ~ a leva (växa) vilt; förvildas; springa fritt omkring; komma på villovägar **b** tappa besinningen, bli utom sig; ~ about rasande över (på); ~ with a vild (galen) av **b** rasande (ursinnig) på **II** adv vilt; på måfå; planlöst **III** s vildmark; ~s, äv. ödemarker **--boar** vildsvin **-cat I** s **1** vildkatt, lodjur **II** a vild, vanvettig, -sinnig; svindel-; ~ schemes vilda planer; ~ strike vild strejk **-ebeest** ['wildibi:st] S. Afr. gnu

wilderness ['wildənis] vild-, ödemark; öken **wild|fire** ['waild,faiə] s, spread like ~ sprida sig som en löpeld **-flower** [-,flauə] vild växt (blomma) **-fowl** koll. vildfågel, -lar, fågelvilt (isht vildgäss, änder, rapphöns, vaktlar) **--fowler** [-,faulə] fågeljägare **--goose** vildgås; ~ chase hopplöst företag **-ing** [-iŋ] vild växt, vilt träd, vild frukt **-ish** [-iʃ] ganska vild **-life** koll. djurliv (flora) (i ett område) **-ness** [-nis] **1** vildhet, förvildning; skygghet **2** tygellöshet, självsvåld; lättsinne; uppsluppenhet; förvirring; dårskap; överspändhet; befängdhet; häftighet, iver

wile [wail] **I** s (vanl. pl, ~s) list, försåt **II** v **1** locka, förleda **2** ~ away the time fördriva tiden

wilful ['wilf(u)l] **1** egensinnig, enviş **2** avsiktlig, uppsåtlig; by ~ interest av rent intresse; ~ murder överlagt mord

will [wil] **I** hjälpv **1** skall, kommer att **2** vill **3** kan, brukar **4** torde; accidents ~ happen olyckor händer alltid; boys ~ be boys pojkar är [ändå alltid] pojkar; he ~ sit like that for hours han kan (brukar) sitta så där i [flera] timmar; that ~ not (won't) do det [där] duger inte; you ~ have your way du (ni) kommer att få som du (ni) vill; du (ni) får [ändå] alltid som du (ni) vill; he wouldn't do it han ville inte (vägrade att) göra det; he wouldn't do it if ... han skulle inte göra det, om ...; han skulle inte vilja göra det, om ...; I would he were gone jag skulle önska (önskar) att han vore borta; he would sit by the fire han kunde (brukade) sitta framför brasan; this ~ be the house we're looking for det här torde vara det hus vi letar efter; she would be about 50 when she died hon torde ha varit omkring 50 år när hon dog **II** huvudv **1** (om Gud) vilja; bjuda, befalla **2** förmå, tvinga; påverka (to till att) **3** testamentera **III** s **1** vilja; beslutsamhet **2** testamente; at [one's] ~ efter behag; tenant at ~ hyresgäst som kan sägas upp godtyckligt; with a ~ med liv o. lust; where there's a ~ there's a way man kan vad man vill; make a ~ upprätta testamente

willies ['wiliz] s pl, A., get the ~ bli skakis **willing** ['wilin] [bered]villig; godvillig; be ~ [to], äv. [gärna] vilja **-ly** [-li] gärna; godvilligt **-ness** [-nis] [tjänst]villighet

will-less ['wilis] viljelös

will-o'-the-wisp ['wiləðəwisp] irrbloss

willow ['wiləu] **I** s **1** vide[-], sälg[buske] pil, piltråd **2** kricket. slagträ **3** avfallsrensmaskin; wear the ~ vara över sig given; wield the ~ hantera slagträet (i kricket) **II** v uppluckra, rensa (ull) **--pattern** [-,pætən] [kinesiskt

porslin med] pilträdsmönster **-y** [-i] **1** full av
sälg (pilträd) **2** slank; smidig
will-power ['wil,pauə] viljestyrka, -kraft
willy-nilly ['wili'nili] antingen man vill eller
inte, med eller mot sin vilja
wilt [wilt] **1** *åld., thou* ~ du skall etc., *se will I*
2 [komma att] vissna (sloka); förslappa[s]
wily ['waili] listig, slug
wimple ['wimpl] **I** *s* **1** [nunne]dok; slöja **2**
slingring; krusning; ~*d* beslöjad **II** *v* porla;
slingra sig; krusas
win [win] **I** *v* vinna, erövra, ta [hem]; [upp]nå;
utvinna; ~ *clear (free)* slå sig fri, kämpa sig
loss; ~ *the day (field)* vinna slaget, stå som
segrare; ~ *hands down* vinna utan svårighet;
~ *home* **a** nå hemmet, komma hem **b** gå hem
(in), träffa [målet]; ~ *one's spurs* **a** bli riddare
b vinna sina sporrar, göra sig ett namn; ~
one's way kämpa sig fram; ~ *for o.s.* tillvinna
sig; ~ *out* vinna; ha framgång; klara sig [ige-
nom]; ~ *a p.* over vinna ngn för sin sak, få
över ngn på sin sida; ~ *through* kämpa
(klara) sig igenom; ~ *upon a p.* vinna ngns
aktning **II** *s* seger; vinst
wince [wins] **I** *v* rygga [tillbaka]; rycka till;
förvrida ansiktet (av smärta); *without wincing*
utan att förändra en min **II** *s* sprittning, ryck-
ning, skälvning
winch [win(t)ʃ] vinsch, svep-, vindspel; [has-
pel]rulle; vev
1 wind [wind; *i poesi äv.* waind] **I** *s* **1** vind;
blåst, fläkt **2** lukt, vädring **3** anda, andning
4 luft, väder, gaser (från magen) **5** tomt prat
6 *koll.* blåsinstrument; *between* ~ *and water*
a i vattenlinjen **b** *fig.* på en ömtålig punkt;
how the ~ *blows* varifrån vinden blåser (*äv.
fig.*); *break* ~ släppa sig; *broken* ~ and-
fåddhet; *catch (get) one's* ~ hämta andan,
pusta ut; *capful of* ~ vindstöt, -pust; *sail close
to (near) the* ~ **a** gå högt upp i vind **b** *fig.*
hålla sig (vara) nära gränsen för det tillåtna;
down [the] ~ med vinden; *get one's second* ~
komma igång (med andningen) igen; åter-
hämta sig; komma in i andra andningen; *get*
~ *of* få vittring på; få nys om; *get (have) the*
~ *of* ta loven av; *get the* ~ *up* bli rädd; *there's
something in the* ~ det är något i görningen;
hit a p. in the ~ träffa (slå till) ngn i mag-
gropen (solar plexus); *sound in* ~ *and limb* i
utmärkt [fysisk] kondition; *in the* ~'s *eye* rakt
mot vinden; *have a long* ~ vara uthållig; *lose
one's* ~ tappa andan; *put the* ~ *up* skrämma;
raise the ~ skaffa pengar; *recover one's* ~ =
get one's second ~; *short of* ~ andfådd; *in
the teeth of the* ~ rakt mot vinden; *cast
(fling) to the* ~*s* kasta överbord, strunta i;
preach to the ~*s* predika för döva öron; *to
the four* ~*s* åt alla håll **II** *v* **1** vädra, få vitt-
ring på **2** göra andfådd, köra slut på, utmatta
3 låta hämta andan (pusta ut) **4** vädra, lufta
5 [waind] blåsa [i], låta ljuda; ~ *a call* ge
signal
2 wind [waind] **I** *v* **1** vrida [på]; vrida (dra)
upp; veva; linda, nysta **2** slingra [sig]; vrida
(sno) sig; ~ *off* nysta (linda) av; ~ *one's arms
round* slå armarna om; ~ *a shawl round* svepa
en schal om[kring]; *she can* ~ *him round her
little finger, äv.* hon kan få honom vart hon
vill; ~ *up* **a** dra (vrida, skruva, veva) upp;
trissa upp **b** [av]sluta; avveckla[s] **II** *s* **1** sling-
ring, krök, krökning **2** vridning, tag
wind|age ['windidʒ] vindavvikelse; spelrum

-bag ['win(d)bæg] **1** pratmakare **2** vindsäck
--band blåsorkester **--bound** fördröjd (hind-
rad) av vind[förhålland]en **-break** vind-
skydd **--colic** [-,kɔlik] kolik
winder ['waində] **1** uppdragare; urnyckel **2**
haspel, spole **3** slingerväxt
wind|fall ['win(d)fɔ:l] **1** fallfrukt **2** skänk [från
ovan], oväntad fördel **--gauge** vindmätare
winding ['waindiŋ] **I** *a* slingrande; ~ *stair-
case (stairs)* vindeltrappa **II** *s* slingring,
krök[ning]; vindling; lindning; *elektr.* härva;
~*s* krokvägar, omsvep **--engine** *gruv. o. sjö.*
uppfordringsmaskin, ångkran **--sheet** [lik]-
svepning, sveplakan **--up** ['waindiŋ'ʌp] [av]-
slut[ning]; avveckling
wind|-instrument ['wind,instrumənt] blås-
instrument **--jammer** [-,dʒæmə] (snabb-
gående) segelfartyg **-lass** [-ləs] **I** *s* vindspel;
vinsch **II** *v* hissa upp **-mill** ['winmil] väder-
kvarn; ~ *plane* autogiro
window ['windəu] fönster; skyltfönster;
lucka; ~*s, äv.* ögon; *get in (out) at the* ~
komma (gå) in (ut) genom fönstret (fönster-
vägen) **--box 1** blomsterlåda **2** [löp]skåra för
tyngder i fönsterram **--dressing** [-,dresiŋ]
skyltning **-ed** [-d] [försedd] med fönster
--frame [-d] **--gaze** titta i [skylt]-
fönster **--ledge** fönsterbräde **--pane** fönster-
ruta **--sash** skjutbar fönsterram **--seat** föns-
terbänk **--shopping** [-,ʃopin] *s, go* ~ gå o.
titta i skyltfönster, fönstershoppa **--sill** föns-
terbräde
wind|pipe ['win(d)paip] luftrör, -strupe **-row**
[-drəu] slåtter-, hösträng **-sail** vädersegel
--screen [-dskri:n] vindruta; ~ *wiper* vind-
rutetorkare **--shield** [-dʃi:ld] *A.* vindruta
--spout [-dspaut] tromb, virvelvind **--stick**
[-dstik] propeller **--storm** [-dstɔ:m] storm-
[vind] (orkan, tornado etc., oftast utan neder-
börd) **--swept** [-dswept] vindpinad, blåsig
--tight vindtät **--tunnel** [-,tʌnl] vindtunnel
-ward [-dwəd] **I** *a* o. *adv* i lovart; lovarts-;
mot vinden; *W~ Islands* Öarna över vinden
II *s* lovart; *get to* ~ *of* komma i lovart om;
fig. ta loven av **-y** [-di] **1** blåsig **2** bombastisk,
skrytsam; svamlig **3** *sl.* skraj, rädd
wine [wain] **I** *s* **1** vin **2** vinrött; *Adam's* ~
vatten; *in* ~ berusad; *take* ~ *with a p.* skåla
med ngn **II** *v* dricka vin, servera [ngn] vin
-bag 1 vinsäck, lägel **2** = **--bibber** [-,bibə]
vindrickare, -pimplare **--bottle** [-,bɔtl] vin-
flaska; [vin]lägel **--carriage** [-,kæridʒ] vin-
[flask]kärra **--cask** vinfat **--cellar** [-,selə] vin-
källare **-cup** [vin]bägare **--duty** [-,dju:ti] vin-
tull **-fat** *bibl.* vinpress **-glass** vinglas **--marc**
[-mɑ:k] [vin]drägg **--merchant** [-,mɔ:tʃ(ə)nt]
vinhandlare **-press** vinpress **-ry** [-əri] vin-
fabrik **-skin** vinsäck, [-]lägel **--stone** vinsten
--vault vinkällare
wing [wiŋ] **I** *s* **1** vinge **2** *byggn. o. mil.* flygel
3 dörrhalva, halvdörr **4** stänkskärm, flygel
5 ~*s* kulisser **6** *flyg.* flottilj **7** *mil.* flygares
truppslagsbeteckning; *his* ~*s are sprouting*
man kan se änglavingarna växa ut på honom
clip the ~*s of* vingklippa; begränsa (ngns)
[rörelse]frihet; *lend* ~*s to* skänka (ge) vingar
[åt]; *take* ~ lyfta; flyga sin kos, ge sig iväg;
on the ~ **a** i flykten **b** på väg [att starta];
startberedd **c** i farten; *on the* ~*s of the wind*
med vindens hastighet; *under the* ~ *of* i skydd
av; under (ngns) beskydd **II** *v* **1** förse med
vingar; skänka (ge) vingar [åt] (*ofta fig.*) **2**

flyga [genom] **3** vingskjuta; såra (i armen); ~ *one's way* flyga **--beat** vingslag **--case** täckvinge **--commander** [-kə,mɑ:ndə] *flyg*. flottiljchef **--covert** ['wiŋ'kʌvət] vingtäckfjäder **-ed** [-d] **1** vingförsedd, bevingad; vingsnabb **2** vingskjuten; sårad; *the* ~ *god* Mercurius; ~ *horse* pegas **-er** [-ə] *sport*. flygelspelare (inner el. ytter) **--footed** [-,futid] snabbfotad **-less** [-lis] vinglös **-let** [-lit] liten vinge **--sheath** täckvinge **--span**, **--spread** vingbredd **--stroke** vingslag **--tip** vingspets

wink [wiŋk] **I** *v* blinka [med]; ~ *at* a blinka åt **b** blunda för; se genom fingrarna med; ~ *an eye* blunda med ena ögat; ~ *the other eye* strunta i det **II** *s* **1** blinkning **2** vink, antydan; *I haven't slept a* ~ jag har inte sovit en blund; *forty* ~s en [liten] tupplur; *tip a p. the* ~ ge ngn en vink (ett [varnings]tecken)

winkle [wiŋkl] **I** *s* ätlig strandsnäcka **II** *v*. ~ *out* pilla ut (*sl*.)

winn|er ['winə] vinnare, segrare; succé; succépjäs, -roman **-ing** [-iŋ] **I** *a* vinnande **II** *s pl*, ~s vinst **-ing-post** målstolpe, -linje

winnow ['winəu] vanna; sålla, skilja **-er** [-ə], **-ing-machine** [-ŋmə,ʃi:n] sädesvanna

winsome ['winsəm] charmerande, vinnande; vän; älskvärd

winter ['wintə] **I** *s* vinter **II** *v* **1** övervintra **2** hålla (djur) över vintern **-green** *bot*. vintergröna **-ize** [-raiz] anpassa för vinterförhållanden (-körning) **-ly** [-li] vintrig; vinter- **--term** vintertermin (januari – påsk) **-time** vintertid, -säsong **--wear** vinterklädsel, -kläder

wintry ['wintri] vinterlik; *fig*. kylig, bister

winy ['waini] vinliknande; vinröd; [vin]berusad

wipe [waip] **I** *v* torka (av, bort); gnida; ~ *one's eyes* torka tårarna; ~ *a p.'s eye* [*for him*] **a** klippa (smälla) till ngn **b** förekomma ngn; ~ *the floor with a p.* sopa golvet med ngn; grundligt besegra (trycka ner) ngn; ~ *away* (*off, out*) torka (gnida) bort; stryka ut; utplåna; ~ *out äv.* torka ur; ~ *up* **a** torka upp **b** klå upp **II** *s* **1** [av]torkning **2** smäll, slag **3** *sl.* näsduk; *give s.th. a* ~ torka av ngt; ~ *in the eye* avbasning **-r** [-ə] **1** [tork]trasa **2** [\indrute]torkare

wire ['waiə] **I** *s* **1** [metall]tråd; stål-, telefontråd; wire **2** telegram **3** snara; *by* ~ per telegram, telegrafiskt; *barbed* ~ taggtråd; *live* ~ **a** strömförande tråd **b** (om person) energiknippe; ~ *roll* trådvals; *pull the* ~s hålla i trådarna; [omärkligt] dirigera, utöva ledningen; ~ *wool* tvålull **II** *v* **1** fästa med [stål]tråd **2** telegrafera **3** snara, fånga; ~ *for* telegrafera efter; ~ *a house for electricity* dra in elektricitet i ett hus; ~ *in* (*off*) inhägna, avspärra (med tråd); ~ *in, äv.* hugga (ligga) i **--blind** myggfönster **--bridge** hängbro **--cage** ståltrådsbur **--cloth** metalluk, -väv **--cutter[s]** [-kʌtə(z)] avbitartång **--dancer** [-,dɑ:nsə] lindansare **-draw 1** trådra; dra ut (till tråd) **2** *fig*. dra (tänja) ut **-drawn** *äv.* spetsfundig, [alltför] subtil **--entanglement** [-in,tæŋglmənt] [tagg]tråd[s]hinder **--gauze** metalluk, -väv **--haired** [-hɛəd] strävhårig **-less** [-lis] *I* **a 1** trådlös **2** radio- **II** *s* **1** radio **2** trådlös telegrafi, trådlöst telegram; ~ *operator* [radio]telegrafist; ~ *set* radioapparat **--netting** [-,netiŋ] ståltråds-, hönsnät **--photo** [-,fəutəu] telefoto **--puller** [-,pulə]

osynlig dirigent; intrigmakare **--recorder** [-ri,kɔ:də] magnetofon **--rope** ställning **--walker** [-,wɔ:kə] = *wire-dancer* **--wove** *a*, ~ *paper* velängpapper

wir|iness ['waiərinis] trådighet, *fig*. seghet, senighet **-ing** [-riŋ] trådar; trådnät; *elektr*. ledningsnät **-y** [-ri] **1** trådig; trådliknande; stripig **2** senig; seg

wis [wis] *åld.*, *I* ~ det vet jag

Wisconsin [wis'kɔnsin] delstat i USA

wisdom ['wizd(ə)m] vishet, klokhet; visdom **--tooth** visdomstand; *cut one's* ~ bli gammal o. förståndig

wise [waiz] klok, förståndig; vis; ~ *guy* kille som är säker (styv) i korken (*A*.); ~ *saw* tänkespråk; ~ *woman* spåkvinna; klok gumma; *be* ~ *after the event* vara efterklok; *no one will be the* ~ *for it* det blir man inte (ingen) klokare av; *you were* ~ *not to go* det var klokt av dig (er) att inte gå (resa); *be* (*get*) ~ *to* komma underfund med; *put a p.* ~ *to* underrätta ngn om (*A*.) **II** *v*, ~ *up* ge (få) besked (*A*.) **III** *s* sätt, vis; *in no* ~ på intet sätt, ingalunda **-acre** [-,eikə] besserwisser; snusförnuftig (mästrande) person **-crack I** *s* kvickhet, lustighet **II** *v* säga kvickheter, vara kvick **-cracker** [-,krækə] kvickhuvud, lustigkurre

wish [wiʃ] **I** *v* [till]önska; vilja; *I* ~ *him to come* jag önskar (vill) att han skall komma; *I* ~ *he were here* jag önskar [att] han vore här; ~ *for* önska sig, längta efter; ~ *on* [*someone*] lura på [ngn], överlämna åt [ngn]; ~ *a p. further* (*at the devil*) önska ngn dit pepparn växer **II** *s* önskan; önskemål **-bone** gaffel-, nyckelben (på fågel) **-ful** [-f(u)l] längtande; ~ *thinking* önsketänkande **-ing-bone** = *wish-bone* **-ing-cap** (magisk) önskemössa **-slip** önskelista

wish-wash ['wiʃwɔʃ] blask; sladder, svammel **wishy-washy** ['wiʃi,wɔʃi] blaskig; svamlig

wisp [wisp] [hö]tapp; [hår]tott; tofs; knippe; *fig*. strimma, liten bit; liten [rök]slinga; [damm]viska; *little* ~ *of a man* liten knatte **-ish** [-iʃ] **-y** [-i] **1** tovig **2** spinkig, tunn

wistful ['wistf(u)l] **1** trånande, längtansfull **2** drömmande, grubblande **-ness** [-nis] längtan, trånad; tankfullhet

wit [wit] **I** *s* **1** kvickhet **2** kvickhuvud **3** (*äv. pl*, ~s) [gott] förstånd, intelligens; *have one's* ~s *about one* ha huvudet på skaft; ha tankarna med sig; *have the* ~[s] *to* ha vett att; *have quick* ~s ha lätt för att fatta; vara kvick[tänkt]; *be at one's* ~'s (~s') *end* vara villrådig, inte veta vad man skall ta sig till; *live by one's* ~s klara sig [fram i livet] på sin blotta intelligens; o. slughet **II** *v, to* ~ nämligen

witch [witʃ] häxa, trollpacka; *fig*. förtrollerska **-craft** häxeri, trolldom **-doctor** [-,dɔktə] medicinman **-ery** [-əri] häxeri, trolldom **-hazel** ['witʃ'heiz(ə)l] = *wych-hazel* **-ing** [-iŋ] häx-, troll-; ~ *hour* spöktimme

with [wið] **1** med **2** hos **3** av (t. ex. *wet* ~ *rain*); *ibland motsv.* andra prep.; ~ *this* (*that*) därmed; *I am* ~ *you, äv.* **a** jag håller med dig **b** jag förstår vad du menar; *a warm* ~ [varm] toddy **-al** [-'ɔ:l] *åld.* **I** *adv* därtill, tillika **II** *prep* (alltid efter objektet) med

withdraw [wið'drɔ:] dra [sig] tillbaka; avlägsna [sig]; ta tillbaka; dra in; upphäva; återkalla; utträda; ~ *money from the bank*

ta ut pengar från banken **-al** [-(ə)l] tillbaka-dragande; avlägsnande; uttag[ande]; indra-gande, återkallande, -tagande; utträde, till-bakaträdande **.-n I** v, *perf part* av *withdraw* **II** *a* **1** tillbakadragen **2** isolerad, avskild
withe [wiθ] vidja; vidjeband
wither ['wiðə] [komma att] vissna; förtorka; tära på; förtvina; ~ *a p.* *with a look* ge ngn en förintande (mördande) blick **-ed** [-d] [för]-vissnad, förtorkad **-ing** [-(ə)riŋ] *fig.* förin-tande, mördande
withers ['wiðəz] *s pl* (hästs) manke; *our ~ are unwrung* vårt samvete är rent
withershins ['wiðəʃinz] motsols
with|held [wið'held] *imperf* o. *perf part* av följ. **-hold** [-'həuld] hålla tillbaka, innehålla; undanhålla; vägra [att ge]
within [wi'ðin] **I** *adv* inuti; [där]inne; *åld.* hemma **II** *prep* inom; inuti; (*om tid äv.*) på; ~ *call* (*hearing*) inom hörhåll; *live* ~ *one's income* inte leva över sina tillgångar; ~ *the law* inom lagens råmärken; ~ *a mile* på mindre än en mils avstånd; ~ *o.s.* inom sig; utan att överanstränga sig; *well* ~ *a year* på avsevärt mindre än ett år; ~ *an ace of death* en hårsmån från döden
without [wi'ðaut] **I** *prep* **1** utan **2** *åld.* utan-för; *we cannot do* ~ *him* vi kan inte klara oss utan honom; *it goes* ~ *saying* det säger sig självt; ~ *doors* utomhus **II** *adv* utanför
with|stand [wið'stænd] motstå; [kunna] stå emot, uthärda; göra motstånd [mot] **-stood** [-'stud] *imperf* o. *perf part* av *withstand*
withy ['wiði] = *withe*
wit|less ['witlis] **1** vettlös, dum, dåraktig **2** sinnessvag **-lessness** [-lisnis] dårskap, dum-het **-ling** [-liŋ] (omedvetet) dumhuvud
witness ['witnis] **I** *s* **1** vittne **2** vittnesbörd; *bear* ~ *to* (*of*) vittna om; ~ *for the crown* åklagarens vittne; ~ *for the defence* försvarets vittne; *in* ~ *of* till bestyrkande av; *call to* ~ ta till vittne [på] **II** *v* **1** bevittna **2** bära vittnes-börd (vittna) om; intyga **3** vittna, avge vitt-nesmål; ~ *Heaven* Gud är mitt vittne **--box** vittnesbås, -bänk **--stand** *A.* = *wit-ness-box*
witt|icism ['witisiz(ə)m] kvickhet, lustighet **-iness** [-inis] espri, kvickhet, vitsighet **-ingly** [-iŋli] avsiktligt, med vett o. vilja **-y** [-i] kvick, spirituell
wive [waiv] v, *åld.* äkta, ta sig hustru
wivern ['waivə:n] bevingad drake
wives [waivz] *pl* av *wife*
wizard ['wizəd] **I** *s* **1** trollkarl **2** mycket skick-lig person **II** *a* **1** trollkunnig; skicklig; för-trollande **2** *sl.* underbar, prima **-ry** [-ri] trol-leri, -konst
wizen[ed] ['wizn(d)] förtorkad, skrumpen
wo [wəu] (till häst) ptro; stopp
wobbl|e ['wɔbl] **I** *v* vagga; vackla, stappla, vingla, vicka **II** *s* gungning, skakning; *fig.* vacklan **-er** [-ə] **1** person som vaggar etc., *se wobble I* **2** krångelmakare **3** (slags) drag (på spinnspö) **-y** [-i] ostadig, vacklande, ving-lig, osäker
woe [wəu] ve, elände; ~ *is me* ve mig; ~ [*be*] *to you,* ~ *betide you* ve dig, akta dig; *face of* ~ begravningsmin; förtvivlad uppsyn; ~*s* o-lyckor, lidanden **-begone** ['wəubi,gɔn] [djupt] olycklig, förtvivlad **-ful** [-f(u)l] bedrövad, olycklig; dyster, eländig; bedrövlig
wog [wɔg] svarting; mörkhyad individ

woke [wəuk] *imperf* o. *perf part* av *wake* **-n** [-(ə)n] *perf part* av *wake*
wold [wəuld] (kuperat) hed[landskap]
wolf [wulf] **I** *s* **1** varg **2** Don Juan[typ], flick-jägare; *cry* ~ ge falskt alarm; *keep the* ~ *from the door* hålla nöden på avstånd; *have the* ~ *by the ears* vara i en kritisk situation; *a* ~ *in sheep's clothing* en ulv i fårakläder **II** *v* sluka, glupa i sig = ~ *down* **--cub** vargunge **--dog** varghund **--fish** havskatt **--hound** varghund **-ish** [-iʃ] **1** varglik[nande] **2** glupsk, glupande
wolfram ['wulfrəm] volfram
wolfskin ['wulfskin] vargskinn
wolver|ene ['wulvəri:n] **-ine** [-i:n], *zool.* järv
wolves [wulvz] *pl* av *wolf*
woman ['wumən] (*pl women* ['wimin]) **I** *s* **1** kvinna, dam; käring **2** kvinnan (i allmänhet); *head or* ~ krona eller klave; *kept* ~ älska-rinna, mätress; *there's little of the* ~ *in her* det är ngt okvinnligt över henne; *attr,* ~ *doctor* etc. kvinnlig läkare etc. **II** *v* kalla [för] käring **--hater** [-,heitə] kvinnohatare **-hood** **1** kvinnlighet **2** kvinnosläkte[t], kvinnfolk **-ish** [-iʃ] kvinnlig, feminin **-ize** [-aiz] **1** femini-sera **2** uppsöka [dåliga] kvinnor **-kind** ['wumən'kaind] kvinnosläktet, kvinnfolk; *my* ~ fruntimren i familjen, min fru o. mina dött-rar **-like, -ly** [-li] kvinnlig
womb [wu:m] livmoder; moderliv, sköte
wombat ['wɔmbət] vombat (slags pungdjur)
women ['wimin] *pl* av *woman* **-folk** kvinn-folk, kvinnor
won [wʌn] *imperf* o. *perf part* av *win*
wonder ['wʌndə] **I** *s* **1** under[verk] **2** [för]-undran; *do* (*work*) ~*s* göra underverk; *he is punctual today fo a* ~ märkligt nog är han punktlig i dag; *no* (*small*) ~ *that* [det är] inte att undra på att, det är inte underligt att **II** *v* **1** undra, fråga sig **2** förundra sig (*at* över); *I* ~ *at you* det hade jag inte väntat mig av (trott om) dig; *I* ~ *you never told me* varför har du aldrig talat om det för mig?; *"Is she ready?"* — *"I* ~*"* "Är hon färdig?" — "Det tvivlar jag på (tror jag knappast)" **-ful** [-f(u)l] underbar, härlig; märklig; *you're* ~, *äv.* du är strålande **-ing** [-(ə)riŋ] undrande, förundrad **-land** sagoland[et] **-ment** [-mənt] förundran **--struck** häpen **--worker** [-,wə:-kə] undergörare
wondrous ['wʌndrəs] förunderlig; underbar
wonky ['wɔŋki] ostadig, vinglig
wont [wəunt] **I** *a* van; *he was* ~ *to say* han brukade säga **II** *s* vana; *use and* ~ veder-taget bruk **III** *v* **1** vara van [vid], bruka **2** *imperf* o. *perf part* **-ed** [-id] = *wont I*
won't [wəunt] = *will not*
woo [wu:] uppvakta; fria till; söka vinna
wood [wud] **1** trä; ved **2** skog **3** *koll.* träblåsare **4** [trä]klot (i vissa spel) **5** [vin-, öl]fat; *be out of the* ~ vara i säkerhet, ha lämnat farligt område; *don't halloo till you're out of the* ~ man ska inte ropa hej förrän man är över bäcken; *you cannot see the* ~ *for* [*the*] *trees* man ser inte skogen för bara träd; *wine in the* ~ vin på fat; *beer from the* ~ fatöl; ~ *alcohol* träsprit; ~ *thrush* sångfågeln *Hylo-cichla mustelina* **--anemone** ['wudə'neməni] *bot.* vitsippa **-bind** *bot.* **1** vildkaprifolium **2** *A.* vildvin **-bine 1** = *woodbind* **2** billig cigarrett **--block 1** träkloss **2** träsnitt **--carver** [-,ka:və] träsnidare **--carving** [-,ka:viŋ] träsnideri **-chuck** *zool.* *A.* murmeldjur **-cock** *zool.* mor-

371

woodcraft–work

kulla **-craft** skogsvana; kännedom om skogs-(jakt-)förhållanden **-cut** träsnitt **--cutter** [-,kʌtə] **1** vedhuggare **2** träsnidare **-ed** [-id] skogig **-en** [-n] *a* **1** trä- **2** trä[akt]ig; stel, klumpig; torr; uttryckslös; andefattig **--engraver** [-in,greivə] träsnidare **-en-head** träskalle **-en-headed** [-,hedid] träskallig, dum **--fibre** [-,faibə] träfiber **--house** vedskjul **-land** [-lənd] **l** *s* skogstrakt, -terräng **ll** *a* skogs- **-less** [-lis] skoglös **-man** [-mən] **1** skogvaktare **2** timmer-, vedhuggare **--notes** fågelsång; *fig.* vildmarkspoesi **--nymph** ['wud'nimf] **1** skogsnymf **2** *zool.* (slags) nattfjäril **3** *zool.* kolibri **--paper** [-,peipə] trämassepapper **-pecker** [-,pekə] *zool.* hackspett **--pie** *zool.* [vanlig] hackspett **--pulp** trämassa **--reeve** skogvaktare **-shed** vedskjul **-sman** [-zmən] **1** skogsman **2** timmer-, vedhuggare **--tar** trätjära **--warbler** [-,wɔːblə] *zool.* lövsångare **--wind** *koll.* träblåsare **-work 1** trävirke (i byggnadskonstruktion); träföremål **2** snickeri, träslöjd **-y** [-i] **1** skogig **2** trä[akt]ig **--yard** ved-, brädgård
wooer ['wuːə] friare
woof [wuːf] inslag; väv[nad]
wool [wul] **l** *s* **1** ull **2** ylle **3** [kr]ulligt hår; *dyed in the ~* tvättäkta; helgjuten; fullfjädrad (*fig.*); *pull the ~ over a p.'s eyes* slå blå dunster i ögonen på ngn; *keep your ~ on!* hetsa inte upp dig (er)!, ta det lugnt!; *lose one's ~* bli arg; *go for ~ and come home shorn* bli grymt sviken i sina förhoppningar; *grow ~* bedriva fåravel **ll** *v* rycka ulltofsar ur **--bearing** [-,beəriŋ] ullbärande **--carding** [-,kɑːdiŋ] [ull]kardning **--combing** [-,kəumiŋ] ullkamning **--dyed** [-daid] ullfärgad (före spånad) **--fat** lanolin **--fell** fårskinn **--gathering** [-,gæð(ə)riŋ] tankspriddhet, drömmeri[er]; *his wits have gone ~* han [bara] går o. drömmer **--grower** [-,grəuə] ullproducent **--hall** ullmarknad **-len** [-ən] **l** *a* ylle-; ull- **ll** *s pl,* **~s** yllevaror, -plagg **-len-draper** [-,dreipə] ylle-[varu]handlare **-ly** [-i] **l** *a* **1** ullig, dunig **2** oklar, suddig; *~ voice* beslöjad stämma **ll** *s* ylletröja; *woollies* ylleplagg **-man** [-mən] **--merchant** [-,məːtʃ(ə)nt] ullhandlare **--oil** lanolin **--pack** ullbal (ung. 108 kg) **-sack 1** ullbal, -säck **2** lordkanslerns sittplats i överhuset **--staple** [-,steipl] ullkvalitet **--trade** ullhandel, yllebransch **--work** ullgarnsbroderi; tapisseriarbete
wop [wɔp] **l** *v, se* whop **ll** *s, W~* sydeuropé, sydeuropeisk immigrant, italienare (*A. sl.*)
word [wəːd] **l** *s* **1** ord; yttrande; löfte **2** meddelande, besked **3** lösen[ord]; motto **4** kommando, order; *~s, äv.* [strunt]prat, snack; *a ~ with you, please* kan jag få tala lite med dig (er); *my ~ upon it* på [mitt] hedersord; *quick's the ~* nu gäller det att raska på; *mum's the ~* håll nu [bara] tyst!; *sharp's the ~* raska på [bara]!; *bandy ~s with* skifta ord (diskutera) med; *~ of command* kommando-[ord]; *eat one's ~s* ta tillbaka vad man sagt; *fair ~s* fagra (tomma) ord; *fair ~s butter no parsnips* med fagra löften kommer man inte långt; *a man of few ~s* en fåordig (tystlåten) man; *give the ~* **a** ge order **b** uppge lösen-[ordet]; *he is as good as his ~* han står för vad han har sagt; *hang on a p.'s ~s* fästa sig vid ngns yttrande[n]; *he hasn't a good ~ to say for anybody* han har inget gott att säga om ngn; *can I have a ~ with you?* kan jag få

tala lite med dig (er)?; *have ~s with a p.* gräla med ngn; *~ of honour* hedersord; *hot ~s* skarpa ord; *the last ~ in* sista skriket i fråga om; *leave ~* [låta] meddela, hälsa; *a ~ in season* ett ord i rättan tid; *put in (say) a [good] ~ for* lägga ett gott ord för; *send ~* skicka [ett] meddelande; *suit the action to the ~* låta ord följas av handling; *take a p. at his ~* ta ngn på orden; *beyond ~s* obeskrivlig; *by ~ of mouth* muntligen; *~ for ~* ord för ord, ordagrant; *in a (one) ~* kort sagt; *in so many ~s* ordagrant; *on the ~* strax [därpå]; *[up]on my ~* a på min ära; sannerligen **b** kors!, oj [då]!; *to a ~* [exakt] ordagrant; *play upon ~s* vitsa, göra ordlekar; *with the ~ = on the ~* **ll** *v* uttrycka, formulera, avfatta **--blind** ordblind **--book** ordbok **--deaf** orddöv **--formation** [-fɔː,meiʃ(ə)n] ordbildning **--iness** [-inis] ordrikedom, mångordighet **-ing** [-iŋ] formulering; stil **-less** [-lis] **1** utan ord **2** mållös **--painting** [-,peintiŋ] ordmåleri **--perfect** ['wəːd'pəːfikt] säker på sin roll **--play** ordlek **--splitting** [-,splitiŋ] ordklyveri **--square** ['wəːd'skwɛə] bokstavskvadrat **-y** [-i] mångordig; ordrik; långrandig; *~ warfare* dispyt
wore [wɔː] *imperf av* wear
work [wəːk] **l** *s* arbete; verk; *a nasty piece of ~, äv.* ett riktigt stycke (om person); *~s, pl* **a** fabrik, industri, -verk **b** [ur]verk, mekanism **c** befästningsverk, -ar; *the ~s* alltihop, hela klabbet (*A.*); *faith and ~s* tro o. gärningar; *it's all in the day's ~* det hör till den vanliga rutinen; *give him the ~[s]!* ge honom vad han tål!; *töm [revolver]magasinet!; have one's ~ cut out [for one]* ha fullt sjå; *make short (quick) ~ of* göra processen kort med; *at ~* på arbetet; *be at ~ upon* vara sysselsatt med, arbeta på; *be in ~* ha arbete; *out of ~* arbetslös (a. o. s); *the Office of W~s* ministeriet för offentliga arbeten; *First Commissioner of W~s* minister (generaldirektör) för offentliga arbeten **ll** *v* **1** arbeta; bearbeta **2** fungera, gå; verka **3** sköta; driva **4** låta arbeta, köra mec utnyttja **5** åstadkomma, göra **6** arbeta sig, tränga; köra; [långsamt] komma (lägga) i [visst läge] **7** brodera; sticka **8** sätta[s] i rörelse; [nervöst] röra sig; jäsa; *he'll ~ it* han kommer att ordna (ordnar) det; *your theory won't ~* din teori kan inte praktiseras; *the screw has ~ed loose* skruven har lossnat; *~ right* ordna, rätta till; *~ a sum* räkna ut ett tal; *~ one's passage* arbeta sig över, betala resan [över] med sitt arbete; *~ one's way* bana sig väg; *~ one's way up* arbeta sig upp; *~ one's will* genomdriva sin vilja; *~ at* arbeta på (med); plugga; *~ away (on)* arbeta vidare; *~ down* tränga ner; glida ner; *~ in* arbeta in; få (pressa) in; tränga [sig] in; *~ in with* passa ihop med; *~ into* **a** lyckas få (lägga) i (på, till) **b** tränga in i; *he ~ed the stone into place* han lade mödosamt stenen på plats; *~ o.s. into a rage* hetsa upp sig till ursinne; *~ off* **a** göra undan; göra sig av med; arbeta bort **b** glida av, lossna; *~ on a* [in]verka på **b** arbeta vidare; *~ on a plan* arbeta efter en plan; *the door ~s on a spring* dörren regleras av en fjäder; *~ out* **a** utarbeta; räkna ut **b** utfalla; utveckla sig; belöpa sig, gå löst (*at* till, på) **c** tränga (glida) ut **d** uttömma **e** tjäna [av]; slutföra; *your shirt has ~ed out* skjortan hänger utanför [byxorna]; *~ round* (om vind)

vrida sig, gå över; svänga om; hämta sig; ~ *to rule* följa [alltför] strikta arbetsregler; ~ *up* **a** arbeta upp, bygga upp (genom arbete) **b** driva[s] fram; uppegga, hetsa [upp] **c** arbeta sig upp; stegras; tränga fram; ~ *o.s. up into a passion* hetsa upp sig våldsamt **-able** [-əbl] brukbar, användbar; utförbar **-aday** [-ədei] alldaglig; *this ~ world* denna gråa o. trista värld **--bag** handarbetspåse, -väska **-basket** [-,baːskit] sykorg **-bench** arbets-, verk-, hyvelbänk **-box** syskrin **-er** [-ə] arbetare, -erska (*äv.* om bi, myra = ~ *bee*, ~ *ant*) **--house 1** fattighus **2** *A.* tukthus; uppfostringsanstalt

working ['wəːkiŋ] **I** *a* **1** arbetande; fungerande; arbets-; arbetar- **2** praktisk, användbar; ~ *class[es]* arbetarklass; ~ *knowledge* elementär (praktisk) kunskap (kännedom); ~ *majority* regeringsduglig majoritet; ~ *party* arbetsgrupp; *in ~ order* funktionsduglig **II** *s* **1** arbete; bearbetning **2** funktion, gång; verkan **3** skötsel; drift **4** utnyttjande **5** rörelse; jäsning; ~*s of the mind* tankeverksamhet **--budget** [-,bʌdʒit] driftsbudget **--capital** [-,kæpitl] rörelsekapital **--day** arbetsdag **--drawing** [-,drɔːiŋ] arbetsskiss, -utkast **--man** arbetare **--stock** driftsmateriel, -förråd

work|less ['wəːklis] arbetslös **-man** [-mən] **1** arbetare **2** fackman; hantverkare **-manlike** [-mənlaik] yrkesskicklig **-manship** [-mənʃip] **1** yrkesskicklighet, tekniskt kunnande **2** *piece of* ~ verk, arbete; *of good* ~ skickligt gjord **-men** [-mən] *pl av workman*; *W~'s Compensation Act* lagen om olycksfallsersättning **-out 1** prov[tur, -körning] **2** [uppmjuknings]övning **--people** [-,piːpl] arbetare; personal **--room** [-rum] arbetsrum, -utrymme **--shop** verkstad **--shy** arbetsovillig, -skygg **--table** [-,teibl] arbetsbord; sybord **-woman** [-,wumən] arbeterska; [hem]sömmerska

world [wəːld] värld; *a ~ of* en [hel] mängd (massa); *all the ~ and his wife* alla människor, hela den förnäma världen; *she is all the ~ to him* hon betyder allt för honom; *begin the* ~ börja sin karriär (bana); *carry the ~ before one* lägga världen för sina fötter; *the ~ to come* livet efter döden; *how goes the ~ with you, how is the ~ using you?* hur lever världen med dig?; ~ *without end* evigheters evighet; *not for the* ~ inte för allt i världen; *for all the ~ like* precis som; *for all the ~ as if* precis som om; *I'm not long for this* ~ jag kommer inte att leva länge; *how* (*what, who*) *in the* ~ hur (vad, vem) i all världen; *make a noise in the* ~ låta höra tala om sig; *all over the* ~ i (över) hela världen; *drunk to the* ~ plakat, dödfull; *out of this* ~ himmelsk, obeskrivligt härlig, en annan värld; *tired to the* ~ dödstrött; *W~ War I* (*II*) första (andra) världskriget **--beater** [-biːtə] *sl.* person el. sak som är unik el. bäst i sitt slag **--court** världsdomstol **-ling** [-liŋ] världslig[t sinnad] person **-ly** [-li] jordisk; världslig; materialistisk **-ly-minded** ['wəːldli'maindid] världslig[t sinnad] **-ly-wise** ['wəːldli'waiz] världserfaren **--old** urgammal **--power** [-,pauə] världsmakt; världsherravälde **--weary** [-,wiəri] livstrött **--wide** världsomfattande; ~ *of difference* himmelsvid skillnad

worm [wəːm] **I** *s* **1** mask; larv; kryp; stackare **2** gängning (på skruv) **3** spiralrör; *even a* ~

will turn ingen kan tåla vad som helst; ~ *of conscience* samvetskval; *I'm a* ~ *today* jag känner mig [ganska] vissen idag **II** *v* **1** slingra [sig] **2** lirka; pressa **3** rensa mask [ur]; ~ *o.s. into* slingra (nästla) sig in i; ~ *a secret out of a p.* lirka (pressa) ur ngn en hemlighet; ~ *[one's way] through* slingra sig igenom **--cast** maskhög (av jord) **--eaten** [-,iːtn] **1** maskstungen **2** maläten, uråldrig **--fishing** [-,fiʃiŋ] mete på mask **--gear** snäckväxel, -drev **--holed** [-həuld] maskstungen **--wheel** snäckhjul **-wood** malört **-y** [-i] maskliknande; maskstungen; full av mask

worn [wɔːn] **1** *perf part av wear* **2** sliten, nött; tärd **--out** ['wɔːn'aut] [ut]sliten, -nött; trött

worri|ed ['wʌrid] **1** orolig, bekymrad (*about* för, över) **2** plågad, pinad, besvärad **-ment** [-mənt] bekymmer, oro; plåga; tjat[ande] **-some** [-səm] besvärlig; tjatig

worry ['wʌri] **I** *v* **1** oroa (bekymra) [sig] **2** plåga, reta, ansätta; tjata (gnata) på **3** (om djur) sätta tänderna i o. bolla med, leka med (byte); *don't* [*you*] ~ var inte orolig[a]!; *I should* ~ det var då också ett bekymmer!; ~ *along* kämpa (dra) sig fram; ~ *the life out of a p.* plåga livet ur ngn; ~ *a problem out* lyckas knäcka (klara ut) ett problem **II** *s* **1** oro **2** *vanl. pl., worries* bekymmer; besvär[ligheter]; tjat; *in a great* ~ mycket ängslig

worse [wəːs] **I** *a* o. *adv* sämre; värre; *to make things* ~ till råga på olyckan (eländet); *he is none the* ~ *for it* det gjorde honom inte så mycket (ingen större skada); *I like him none the* ~ *for it* jag tycker lika bra om honom för det; *much the* ~ *for wear* tämligen utsliten; *it was little the* ~ *for wear* den såg [nästan] ut som ny; *the* ~ *for drink* (*liquor*) berusad; *be* ~ *off* ha det sämre ställt **II** *s* ngt värre (sämre), värre saker; *from bad to* ~ ur askan i elden **-n** försämra[s]

worship ['wəːʃip] **I** *s* **1** dyrkan; tillbedjan **2** *åld.* anseende; *place of* ~ gudstjänstlokal; *Your W~* Ers Nåd (till domare etc.) (*ung.*); *His W~ the Mayor* [vördig] borgmästaren **II** *v* dyrka; avguda; delta i gudstjänst, gå i kyrkan **-ful** [-f(u)l] [hög]vördig **-per** [-ə] **1** dyrkare **2** gudstjänst-, kyrkobesökare; troende

worst [wəːst] **I** *a* o. *adv* sämst, värst; svårast **II** *s, if the* ~ *comes to the* ~ i [allra] sämsta (värsta) fall; *at* [*its*] ~ som sämst (värst); i sämsta (värsta) fall; *do your* ~ gör ditt (ert) sämsta; *get the* ~ *of it, have the* ~ råka värst (mest illa) ut; dra [det] kortaste strået; komma i underläge; *make the* ~ *of one's troubles* förstora upp sina bekymmer **III** *v* besegra, övervinna

worsted I ['wustid] **1** *s* kamgarn[styg] **2** *a* kamgarns- **II** *v* ['wəːstid] *se worst III*

wort [wəːt] **1** vört **2** ört

worth [wəːθ] **I** *a* värd; *the game is not ~ the candle* saken är inte värd att sätta ig; ~ [*the*] *while*, ~ *it* mödan värd, värd besväret; *se äv. while*; ~ *knowing* värd att veta; *it was as much as his place was* ~ [*not*] *to* han skulle mista sin plats om han [inte]; *what's he* ~ ? hur mycket har han [i lön]? **II** *s* värde; förtjänst; valuta; *two shillings'* ~ *of apples* för två shilling äpplen **III** *v*, *åld.* woe ~ *the day* ve den dag **-iness** ['wəːðinis] värdighet, (inre) värde, förtjänst, förträfflighet, (sedlig) halt **-less** [-lis] värdelös **--while** *attr* lönande, givande; *se äv. while, worth I* **-y** ['wəːði] **I** *a*

värdig; aktningsvärd; [högt] ärad, god, förträfflig; *be* ~ *of* vara värd, förtjäna; ~ *of praise* lov-, berömvärd **II** *s* **1** [stor]pamp; hedersman **2** *åld.* storman; *my* ~ min bäste herre, min gode man
wot [wɔt] *v*, *God* ~ Gud vet
would [wud] *imperf* av *will* --**be 1** förment, föregiven, så kallad **2** tilltänkt, blivande -**n't** = *would not* -**st** *åld.* **2**:*a pers sg* av *would*
1 wound [waund] *imperf* o. *perf part* av *2 wind*; ~ *up* arg, förbannad (*vard.*)
2 wound [wu:nd] **I** *s* sår; kränkning **II** *v* såra, skada --**dressing** [-,dresiŋ] sårförband -**less** [-lis] oskad[a]d
wove [wəuv] *imperf* o. *perf part* av *weave* -**n** [-(ə)n] *perf part* av *weave*
wow [wau] *A.* braksuccé
wrack [ræk] **1** *bot.* [havs]tång (på stranden) **2** *go to* ~ *and ruin, se rack* o. *wreck*
wraith [reiθ] vålnad, syn
wrangle ['ræŋgl] **I** *v* gräla, kiva[s], gnabbas, munhuggas, tvista, bråka **II** *s* gräl, kiv, tvist -**r** [-ə] **1** bråkmakare **2** [Cambridge]student som kommit i första hedersklassen i matematik **3** *A. vard.* cowboy, boskapsskötare
wrap [ræp] **I** svepa (linda) [in]; packa (slå) in; ~*ped in thought* försjunken i tankar; ~ *up* packa (slå, svepa) in; ~*ped up in* a helt upptagen (fängslad) av **b** intimt förknippad med **II** *s* [bad]rock; [res]filt -**per** [-ə] **1** omslag[spapper]; papper; täckblad (på cigarr) **2** packare, -karl **3** morgonrock -**ping** [-iŋ] **1** omslag **2** inpackning, insvepning **3** förpackning; kapsel -**ping-paper** [-,peipə] omslagspapper
wrapt [ræpt] = *rapt*
wrath [rɔθ] vrede -**ful** [-f(u)l] vred[gad]
wreak [ri:k] låta gå ut (*upon* över); ~ *vengeance upon a p.* ta hämnd på ngn
wreath [ri:θ] **1** krans; girland **2** vindling, snirkel, [rök]slinga -**e** [ri:ð] **1** fläta, binda; linda **2** bekransa **3** ringla, slingra sig; *her face was ~d in smiles* hennes ansikte var ett enda stort leende
wreck [rek] **I** *s* **1** skeppsbrott **2** undergång, förstöring **3** vrak[spillror]; vrakgods; rest[er]; *go to* ~ *and ruin* gå till spillo **II** *v* orsaka skeppsbrott för; förstöra, fördärva, tillintetgöra; *be* ~*ed* lida skeppsbrott; stranda (*äv. fig.*); förolyckas; gå om intet -**age** [-idʒ] **1** vrakgods, -spillror **2** skeppsbrott; undergång -**ed** [-t] skeppsbruten, havererad, förolyckad -**er** [-ə] **1** förstörare, skadegörare, sabotör **2** bärgningsfartyg; *A.* bärgningsbil **3** vrakplundrare **4** rivningsarbetare -**ing** [-iŋ] **1** vrakplundring **2** *isht A.* vrakbärgning; ~ *association* bärgningsfirma, -bolag; ~ *car* bärgningsbil (*A.*); ~ *motion* motion som syftar till att stjälpa ett [lag]förslag --**master** [-,mɑ:stə] strandfogde
wren [ren] **1** *zool.* gärdsmyg **2** *W*~ marinlotta (*se W. R. N. S. under* förk.) **3** *A. sl.* flicka; *isht* sångerska
wrench [ren(t)ʃ] **1** *s* **l** ryck; vridning **2** vrickning, stukning, sträckning **3** skiftnyckel **4** *fig.* svår påfrestning; *it was a terrible* ~ det gjorde mig (honom etc.) mycket ont **II** *v* **1** rycka, slita, vrida, bryta **2** vricka, stuka, sträcka **3** förvränga, -vanska
wrest [rest] **I** *v* rycka, slita **2** förvrida; förvanska; vränga (lag); ~ *from* mödosamt dra fram (ut) ur **II** *s, mus.* stämnyckel --**block** *mus.* stämstock, vindlåda

wrestl|e ['resl] **I** *v* brottas, kämpa [med] **II** *s* brottning[smatch] -**er** [-ə] brottare -**ing** [-iŋ] brottning -**ing-bout** brottningsmatch
wrest-pin ['restpin] stämskruv
wretch [retʃ] **1** stackare **2** usling **3** skälm -**ed** [-id] **1** [djupt] olycklig, förtvivlad; stackars **2** usel; eländig; erbarmlig -**edness** [-idnis] **1** olycka, förtvivlan; elände, armod, misär **2** uselhet, undermålighet
wrick [rik] **I** *v* sträcka, stuka ~ *one's ankle* stuka foten **II** *s* sträckning
wriggle ['rigl] **I** *v* vrida [sig]; slingra [sig]; skruva på sig; vicka [på]; ~ *one's way* (*along*) slingra [sig] fram **II** *s* vridning slingring -**r** [-ə] **1** en som slingrar sig **2** mygglarv
wright [rait] *i sms.* tillverkare, hantverkare; [skepps]byggare; -makare
wring [riŋ] **I** *v* **1** vrida [ur]; förvrida; förvanska **2** trycka; pressa **3** plåga, pina; *it* ~*s my heart to see* det är hjärtskärande att se; ~ *the neck of* vrida nacken av; ~ *a p.'s hand* [hjärtligt] trycka ngns hand; ~ *s.th. from* (*out of*) *a p.* avtvinga (avpressa) ngn ngt; ~ *out* vrida ur **II** *s* **1** [ur]vridning; [ur]kramning **2** tryckning; *give a* ~ = *wring I* -**er** [-ə] ngn (ngt) som vrider; vridmaskin -**ing** [-iŋ] *a*, ~ [*wet*] [så] genomblöt [att man kan vrida ur] den
wrinkl|e ['riŋkl] **I** *s* **1** rynka; veck **2** tips, vink; knep; *he put me up to a* ~ *or two* han gav mig ett par (några) tips **II** *v* rynka [sig]; vecka; ~ *up one's forehead* lägga pannan i djupa veck -**y** [-i] rynkig
wrist [rist] handled -**band** ['ris(t)bænd] manschett -**let** [-lit] armband; handboja; mudd --**watch** armbandsur
writ [rit] **I** *s* (officiell) skrivelse; förordning; kallelse; stämning; *the Holy W*~ den Heliga Skrift; ~ *of execution* utmätningsdekret; *serve a* ~ *on a p.* stämma ngn, ta ut stämning på ngn **II** *v*, *åld. perf part* av *write*
write [rait] skriva; *it is written* det står skrivet; ~ *o.s.* teckna (kalla) sig; *is written on* (*all over*) *his face* kan [tydligt] utläsas av hans ansiktsuttryck; ~ *down* a skriva upp, nedteckna **b** skriva nedsättande om, svartmåla; beteckna **c** nedskriva (värde); ~ *off* **a** [i all hast] skriva ihop; avfärda **b** avskriva (skuld) **c** nedskriva (värde); ~ *out* skriva ut [fullständigt]; ~ *out fair* renskriva; ~ *up* **a** skriva ihop, redigera; hålla (dagbok) à jour **b** skriva berömmande om, lovorda; beskriva [alltför] omständligt --**down** nedskrivning -**r** [-ə] **1** författare **2** skrivare **3** skrivbiträde, kontorist **4** handbok i skriftlig framställning; ~ *to the signet* advokat (*Sk.*); ~*'s cramp* skrivkramp; *the present* ~ författaren till dessa rader, undertecknad -**rship** [-əʃip] författarskap --**up** god [press]kritik, beröm
writhe [raið] vrida [sig] (*with* av), slingra [sig]
writing ['raitiŋ] **1** skrivning, -ande; skrift **2** [hand]stil; ~*s* (litterära) verk, skrifter; (*put*) *in* ~ (avfatta) skriftligt --**case** skrivportfölj -**desk** skrivbord, -pulpet --**pad 1** skrivunderlägg **2** anteckningsblock --**paper** [-,peipə] skrivpapper, brevpapper --**table** [-,teibl] skrivbord
written ['ritn] **I** *v perf part* av *write* **II** *a* skriftlig; ~ *language* skriftspråk
wrong [rɔŋ] **I** *a* o. *adv* fel[aktig], orätt; på tok; i dålig; *he is* fel; *he was* ~ *in asking them* det var fel av honom att fråga dem; *what's* ~? vad är det för fel?; *don't get me* ~ förstå mig

rätt; *get it* ~ **a** [upp]fatta fel **b** göra (ha) fel; *get in* ~ *with a p.* komma på kant med ngn; råka i onåd hos ngn; *get hold of the* ~ *end of the stick* ha fått det hela om bakfoten; *be in the* ~ *box* **a** göra (ha) fel **b** ha hoppat i galen tunna; *go* ~ **a** gå fel (vilse); komma på villovägar **b** ta fel, fela; misslyckas, gå på tok; råka i olag; ~ *side out* ut o in **II** *s* o[för]rätt; orättvisa; missförhållande; *be in the* ~ ha orätt; *put a p. in the* ~ ge ngn skulden; framställa ngn i orätt dager; *the King can do no* ~ kungen kan inte fela **III** *v* **1** göra orätt (fela) [mot]; kränka **2** bedöma orätt **-doer** ['rɔŋ-'duə] felande; syndare; missdådare, brottsling **-doing** ['rɔŋ'du(:)iŋ] ogärning; synd; förseelse **-ful** [-f(u)l] orättvis, -färdig; olaglig **-head** förstockad varelse; tvärvigg **-headed** ['rɔŋ'hedid] förstockad; enveten, tjurskallig **-ly** [-li] [med] orätt; fel[aktigt]
wrote [rəut] *imperf* av *write*
wrought [rɔ:t] **I** *v, imperf* o. *perf part* av *work* **II** *a* [be]arbetad; formad; utsirad; ~ *iron*smidesjärn **-up** ['rɔ:t'ʌp]upphetsad, -livad, -eggad
wrung [rʌŋ] *imperf* o. *perf part* av *wring*
wry [rai] förvriden; skev; ~ *face* ful grimas, sur min; *smile* ~*ly* hångrina **-ness** [-nis] förvridning; grimas; skevhet
wych-hazel ['witʃ'heiz(ə)l] *bot.* **1** trollhassel **2** avenbok
wye [wai] (bokstaven) Y; y-formigt föremål; klyka
Wyoming [wai'əumiŋ] delstat i USA
wyvern = *wivern*

X

X, x [eks] **1** (bokstaven) x **2** = *X's, pl* [radio]-störningar **3** *X* tiodollarsedel (*A. fam.*) **4** *XX* (= *double X*) (slags) öl
xeno|gamy [zi(:)'nɔgəmi] *bot.* korsbefruktning **-mania** [,zenə'meinjə] dyrkan av allt utländskt **-phobia** [,zenə'fəubjə] främlingshat, -skräck
xiph|ias ['zifiæs] svärdfisk **-oid** [-ɔid] svärdformig
Xmas ['krisməs] = *Christmas*
X-ray ['eks'rei] **I** *s* (= ~ *photo*[*graph*]) röntgenfoto **II** *v* röntga; röntgenfotografera, -behandla **-s** [-z] röntgen[strålar]
xylograph ['zailəgra:f] träsnitt **-er** [zai'lɔgrəfə] träsnidare **-y** [zai'lɔgrəfi] träsnideri
xylonite ['zailənait] celluloid
xylophone ['zailəfəun] xylofon
xystus ['zistəs] **1** (grekisk) pelargång **2** trädgårds-, parkgång

Y

Y, y [wai] **I** *s* **1** (bokstaven) y **2** *se wye* **II** *a* y-formig
yacht [jɔt] **I** *s* segelbåt, yacht; lustjakt **II** *v* segla **--club** segelsällskap **-er** [-ə] seglare **-ing**

[-iŋ] segling, segelsport **-sman** [-smən] = *yachter*
yaff|ingale ['jæfiŋgeil] **-il, -le** ['jæfl] *zool.* gröngöling
yah [ja:] **1** *A.* ja; jo **2** usch, äsch; oj
yahoo [jə'hu:] grobian
Yahveh ['ja:vei] Jahve
yak [jæk] *zool.* jak, grymtoxe
yam [jæm] *bot.* jams[rot]; *A.* batat
yank [jæŋk] **I** *v fam.* **1** rycka, slita [i] **2** hugga [tag i]; *they* ~*ed me off* de drog iväg med mig **II** *s* **1** ryck; knyck **2** *Y~, fam.* = *Yankee*
Y-ee [-i] **I** *s* **1** person från New England **2** Nordstatsbo, -soldat (i am. inbördeskriget) **3** amerikan (från USA) **4** New Englanddialekt **5** amerikanska [språket] **6** (slags) visky-drink **7** ~*s, pl sl.* amerikanska värdepapper **II** *a* amerikansk; ~ *State* Ohio; ~ *Doodle* **a** en amerikansk folkvisa **b** = *Yankee 3*; ~ *notions, se notion* **Y-eedom** [-idəm] amerikanerna, amerikanska folket **Y-eefied** [-ifaid] amerikaniserad **Y-eeism** [-iiz(ə)m] amerikanism **Y-eeize** [-iaiz] amerikanisera
Yankeyess ['jæŋkiis] *föraktl.* amerikanska (kvinna)
yap [jæp] **I** *v* gläfsa; bjäbba; snacka **II** *s* **1** gläfs[ande], bjäbbande; prat **2** *A. sl.* mun, käft; *give a* ~ = *yap I* **-per** [-ə] gläfsande etc. varelse
yard [ja:d] **I** *s* **1** yard (*ung.* 0,9 m) **2** gård, gårdsplan; inhägnad [plats]; *järnv.* bangård (= *railway* ~) **3** *sjö.* rå **4** *the Y~* = *Scotland Yard*; *don't trust him a* ~ lita inte på honom för fem öre; *he talked by the* ~ han pratade i det oändliga; ~ *of clay* lång kritpipa **II** *v* stänga in (boskap); lägga upp, magasinera, stapla upp **-age** [-idʒ] **1** längd (mätt) i yard **2** kostnader för magasinering (utnyttjande av inhägnad) **--arm** *sjö.* rånock **-man** [-mən] bangårdsarbetare **-master** [-,ma:stə] bangårdsföreståndare **--measure** [-,meʒə] yardmått **-sman** [-zmən] *se yardman* **--stick, --wand** mått-, tumstock
yarn [ja:n] **I** *s* **1** garn, tråd **2** [skeppar]-historia; prat, snack; *sportsman's* ~ jägarhistoria; *spin a* ~ dra en historia **II** *v* dra [skeppar]historier; prata, snacka
yashmak ['jæʃmæk] muhammedanska kvinnans ansiktsslöja
yaw [jɔ:] **I** *v* gira; råka ur kursen **II** *s* gir
yaw-haw ['jɔ:'hɔ:] **I** *v* **1** gapskratta **2** tala tillgjort **II** *s* **1** gapskratt **2** person som talar tillgjort **III** *a* tillgjord, affekterad
yawl [jɔ:l] **1** (slags) kutter **2** jolle
yawn [jɔ:n] **I** *v* **1** gäspa **2** gapa **II** *s* **1** gäspning **2** (gapande) avgrund; *give a* ~ = *I I* **-y** [-i] gäspig, sömnig
yawp [jɔ:p] **I** *v* skrika, gnälla **II** *s* skrik, gnäll
yaws [jɔ:z] (slags) tropisk hudsjukdom
yaw-yaw ['jɔ:'jɔ:] tala tillgjort
yclep|ed [i'klept] **-t** *åld.* o. *skämts.* kallad, vid namn
ye [ji:] *åld.* **1** = *you* **2** = *the*
yea [jei] *dial.* o. *åld.* **I** *adv* ja **II** *s* ja[röst]; ~*s and nays* ja- o. nejröster (*A.*)
yean [ji:n] föda (lamm etc.) **-ling** [-liŋ] lamm, killing
year [jə:] år; *the* ~ *one* för evigheter sedan, i tidernas begynnelse (*skämts.*); *it will be* ~*s before* det kommer att dröja i åratal innan; *this* ~ i år; *this day* ~ i dag (precis) om ett år; ~ *after* (*by*) ~ år efter år; *at his* ~*s* vid

hans ålder; *in* ~*s* till åren [kommen]; ~'*s mind* årlig minnesmässa (*kat. kyrk.*) **-book** årsbok, kalender **-ling** [-liŋ] **I** *s* **1** årsgammalt djur; fjolårsväxt, -kalv etc. **2** *A.* förstaårs-studerande **II** *a* ettårig, årsgammal **--long** årslång **-ly** [-li] årlig, års-

yearn [jə:n] **1** längta, trängta (*for, after* efter) **2** uppfyllas av kärlek (*to, towards* till); ömma (*over, to, towards* för) **-ing** [-iŋ] **I** *a* längtans-full; öm **II** *s* **1** längtan, trängtan; åtrå **2** ömhet

yeast [ji:st] **1** jäst **2** [våg]skum **3** *fig.* surdeg **--powder** [-ˌpaudə] jästpulver **-y** [-i] **1** jäsande (*äv. fig.*); skummande, sjudande **2** ytlig; luftig; tom, uppblåst; *a* ~ *conscience* ett oro-ligt samvete

yell [jel] **I** *v* skrika, vråla, tjuta (*with* av); ~ *on* heja på; ~ *out* (*forth*) vråla [fram] **II** *s* skrik, vrål, tjut

yellow [ˈjeləu] **I** *a* **1** gul **2** *fig.* svartsjuk; miss-tänksam **3** *sl.* feg; ynklig; ~ *dirt* guld; *the* ~ *fever* gula febern; ~ *flag* **a** karantänsflagga **b** svärdslilja; *Y*~ *Jack* **a** gula febern **b** = ~ *flag a*; ~ *jacket* gul gräng (*A.*); ~ *metal* (slags) mässing (60 % koppar + 40 % zink); ~ *press* sensationspress; ~ *streak* feghet, feghetstendenser **II** *s* **1** gult, gul färg **2** sensa-tionsblaska **3** feg stackare; feghet **4** *A.* guld **5** gula, äggula; ~*s* **a** gulingar **b** nyanser av gult **c** gulsot (hos djur) **d** (slags) sjukdom på persikor **III** *v* gulfärga; gulna **-back** billig roman **--belly** [-ˌbeli] **1** groda; padda **2** mexi-kanare **3** halvblod **4** feg stackare **--boy** mulatt **--cross** [**gas**] senapsgas **--dog** antifack-förenings- **--girl** mulattflicka **--gum** gulsot **-ish** [-iʃ] **-y** [-i] gulaktig

yelp [jelp] **I** *v* gnälla, gläfsa, skälla **II** *s* gläfs, skall; skrik

Yemen [ˈjemən] *the* ~ Jemen **1** **yen** [jen] yen (japanskt mynt) **2** **yen** [jen] **I** *v* längta efter **II** *s* längtan, begär; iver

yeoman [ˈjəumən] **1** odalman, -bonde; hem-mansägare **2** frivillig kavallerist **3** kammar-tjänare **4** *sjö.* skrivbiträde (på båt); *A.* under-officer **5** *Y*~ *of the Guard* medlem av kungliga livvakten (= *beefeater*); ~[*s*] *service* god tjänst **-ly** [-li] **1** som anstår (rör) en *yeoman* **2** enkel; duktig **-ry** [-ri] **1** odalmän **2** frivilligt kavalleri

yep [jep] *A. vard.* = *yes*

yes [jes] **I** *adv* o. *s* ja **II** *v, fam.* säga ja [till] **--man** jasägare (utan egen mening)

yester|day [ˈjestədi] i går; *the day before* ~ i förrgår **-eve** [ˌjestərˈiːv] *poet.* i går kväll **--year** [ˌjestəˈjəː] *poet.* förra året

yestreen [jesˈtriːn] *Sk.* = *yestereve*

yet [jet] **I** *adv* o. *konj* **1** än[nu] **2** dock; ändå; men [ändå] **3** *i fråga äv.* redan; *not* ~ inte än[nu]; *never* ~ ännu aldrig; *need you go* ~? måste du (ni) gå redan?; ~ *once* (*more*) än[nu] en gång; *I'll defeat you* ~ jag ska allt slå dig till sist (en gång); *nor* ~ [o.] inte heller; *as* ~ ännu [så länge], hittills; *even* ~ ännu i detta ögonblick; ~ *what is the use of it?* men vad tjänar det till?

yew[**-tree**] [ˈjuː(triː)] idegran; ideträ

yid [jid] *föraktl.* jude **y-dish** [-iʃ] jiddisch

yield [jiːld] **I** *v* **1** ge, lämna; avkasta, produ-cera **2** ge sig, ge efter (vika); underkasta sig; avstå; stå efter, vara underlägsen; ~ *ground* ge vika, släppa efter; ~ *justice to a p.* låta ngn vederfaras rättvisa; ~ *the palm* erkänna

sig besegrad; *I* ~ *the point* jag ger [med] mig [på den punkten]; ~ *precedence to* lämna företräde åt; ~ *to none* inte vilja stå ngn efter; ~ *up* lämna; ge upp; avstå [från]; ~ *up the ghost* ge upp andan **II** *s* avkastning; skörd; produktion **-er** [-ə] person som ger efter etc., *se yield* **-ing** [-iŋ] **1** eftergiven, foglig, und-fallande **2** mjuk, elastisk; lättarbetad

yip [jip] *s* o. *v, A.* skrik[a] **-pee** [-iː] *interj* bravo!, hurra!

yodel [ˈjəudl] **I** *v* joddla **II** *s* joddling **-[l]er** [-ə] joddlare

yog|a [ˈjəugə] *Ind.* yoga **yoghurt** [ˈjɔgə(ː)t] yoghurt **yogi** [ˈjəugi] yogaanhängare, -idkare

yogurt *se yoghurt*

yo-heave-ho [ˈjəuhiːˈvˈhəu], **yoho** [jə(u)ˈhəu] *sjö.* åh hi, åh hej!

yoick [jɔik] bussa [hund] på **-s** buss på'n!

yoke [jəuk] **I** *s* **1** ok; *fig. äv.* träldom **2** [ox]-spann, par **3** (på kläder) hals-, axelstycke; besparing, ok **II** *v* lägga ok[et] på; spänna för (oxar); sammankoppla; *they do not* ~ *well* de passar (går) inte bra ihop **--elm** avenbok **-fellow** [-ˌfeləu] **1** make, maka, livsbeled-sagare **2** arbetskamrat, kumpan

yokel [ˈjəuk(ə)l] bondlurk, tölp **-ish** [-iʃ] tölp-aktig

yokemate [ˈjəukmeit] *se yokefellow*

yolk [jəuk] **1** gula, äggula **2** ullsvett, -fett **--bag**, **-sack** gulesäck

Yom Kippur [jɔmˈkipə] Jom kippur, jud. för-soningsdag

yon [jɔn] **-der** [-də] *poet.* **I** *adv* där borta **II** *pron* den (det, de) där

yoop [juːp] *interj* o. *s* snyft[ning]

yore [jɔː] *adv, of* ~ fordom; forntida; *in days of* ~ förr i världen

York|er [ˈjɔːkə] **1** [New] Yorkbo **2** *y*~ boll som slår ner omedelbart under slagträet (*kricket*). **-ist** anhängare av huset York (i Rosornas krig) **-shire** [-ʃə] Yorkshire; ~ *compliment* falsk komplimang; ~ *flannel* ofär-gad flanell; ~ *pudding* (slags) pannkaka som äts till kött; ~ *treat* bjuden traktering som man dock får betala själv; *I'm* ~ *too!* det vet allt jag med!; *put* ~ *on a p.* lura ngn **-shireman** [-ʃəmən] person från Yorkshire

you [ju:, ju, jə] **1** du; dig **2** ni; er (Ni; Er) **3** man; en; ~ *never can tell* man kan aldrig så noga veta; ~ *people know that* ... ni vet väl att ...; *poor* ~! stackars dig!, din stackare!; ~ *fool!* din tok! **-'d** = *you had* (*would*) **-'ll** = *you will*

young [jʌŋ] **I** *a* ung; späd; oerfaren, grön; ungdomlig; *her* ~ *man* hennes pojkvän; ~ *Mr. A.* herr A. junior; *he is still a* ~ *one* han är ännu [ung o.] oerfaren; *the* ~ *ones* **a** ung-domen **b** ungarna; ~ *people, äv.* ungdomar; *a* ~ *person* en ung dam; *the* ~ *person* den unge läsaren (åhöraren); *you* ~ *rascal!* din lille rackare!; *an old head on* ~ *shoulders* klok för sin ålder; ~ *things* unga [o. gröna] stac-kare; ~ '*un* gosse [lilla] (*fam.*); *his* ~ *lady* hans flickvän **II** *s* (djurs) ungar; *the* ~ de unga, ungdom[en]; *with* ~ dräktig **-ish** [-iʃ] ganska ung, yngre **-ling** [-liŋ] *poet.* **I** *s* yng-ling; ung människa (varelse, planta) **II** *a* ung; [domlig] **-ster** [-stə] **1** unge; grabb, [pojk]-spoling **2** yngre officer; *the* ~*s* ungarna; grab-barna

younker [ˈjʌŋkə] *åld.* = *youngster*

your [jɔ:] **1** din, ditt, dina **2** er[t], era, Er[t], Era **3** sin, sitt, sina; ~ *novelist* den där s. k. romanförfattaren [som du talar om]; *you should always do* ~ *best* man ska alltid göra sitt bästa

you're [juə] = *you are*

your|s [jɔ:z] **I** *pron* (*självst.*) din; er; Er **II** *s* **1** de dina, dina [era] närmaste **2** *hand.* Ert brev, Er skrivelse; *you and* ~ du o. de dina; ni o. era närmaste; *it was* ~ *to do this* det var din (er) sak att göra det[ta]; ~ *is to hand* vi har mottagit Ert brev (*hand.*); *Y*~ *truly* a högaktningsfullt, med utmärkt högaktning **b** *skämts.* undertecknad; *a friend of* ~ en vän till dig (er); *that ring of* ~ ringen som du (ni) har där; *what's* ~ vad vill (skall) du (ni) ha (ta)? **-self** [jɔ:'self] (*pl -selves* [-'selvz]) (du, ni, man) själv; (ni) själva; dig, er, en (själv), er (själva); *how's* ~? hur mår du själv?, hur är det med dig själv? (*sl.*); *be* ~! lugna [ner] dig [en smula]!

youth [ju:θ] **1** ungdom; ungdomlighet **2** yngling; ungdom[en], unga människor; *from my* ~ *onwards* (*up*) alltsedan unga år; ~ *hostel* vandrarhem, ungdomshärbärge **-ful** [-f(u)l] ung[domlig], ungdoms-

you've [ju:v] = *you have*

yowl [jaul] **I** *v* tjuta, gnälla; jama **II** *s* tjut, gnäll; jamande

yperite ['i:pərait] *a*, ~ *gas* senapsgas

y-road ['wairəud] vägskäl (med tre vägar)

yucca ['jʌkə] *bot.* yucca

Yugoslav ['ju:gə(u)'slɑ:v] jugoslav **-ia** [-jə] Jugoslavien

Yule[-tide] ['ju:l(taid)] jul[en], juletid

yum-yum ['jʌm'jʌm] *sl.* nam-nam; strålande, härlig[t]

yup [jʌp] *A.* = *yep*

Z

Z, z [zed] (bokstaven) z; *Z day* "dagen D" (operationsdag) (*mil.*)

zany ['zeini] **1** gycklare **2** dumbom **-ism** [-iz(ə)m] gyckelspel; dumheter

zeal [zi:l] iver, nit; entusiasm **-ot** ['zelət] ivrare, entusiast; fanatiker, selot **-otic** [ze'lɔtik] ivrig, entusiastisk; fanatisk, selotisk **-otry** ['zelətri] iver; fanatism, selotism **-ous** ['zeləs] ivrig, nitisk; entusiastisk

zebr|a ['zi:brə] **I** *s* **1** sebra **2** [sebra]randigt tyg; straffånge **II** *a* [sebra]randig; ~ *crossing* övergångsställe [för gående] (markerat med breda ränder) **-ine** [-ain] sebralik[nande]

zebu ['zi:bu:] zebuoxe

Zechariah [,zekə'raiə] *bibl.* Sakarja

zed [zed] **1** (bokstaven) z **2** z-format [metall]-stycke = **-bar**

zenana [ze'nɑ:nə] **1** *Ind.* kvinnornas del av huset, harem **2** (slags) tunt tyg (= ~ *cloth*); ~ *mission* mission bland indiska kvinnor

zenith ['zeniθ] zenit; *fig.* topp; höjdpunkt

Zephaniah [,zefə'naiə] *bibl.* Sefanja

zephyr ['zefə] **1** sefyr, västanfläkt; bris **2** tunn sporttröja **3** sefirgarn

zero ['ziərəu] **1** noll; nollpunkt, -läge; nolla; utgångspunkt, bottenläge **2** *mil.* = ~*-hour I I*; *be at* ~ stå på noll[punkten]; *fly at* ~ flyga under 1 000 fots höjd (*flyg.*) **--day** = *Z day* **--hour I** *s* **1** *mil.* klockan K (exakt tidpunkt för operations igångsättande) **2** *fig.* utgångspunkt, bottenläge **II** *v* bestämma tidpunkt för (mil. operation) **--post** utgångs[mil]-stolpe

zest [zest] **1** (*vanl. fig.*) krydda, pikant smak **2** aptit, smak, entusiasm (*for* på, för); ~ *for life* aptit på livet, livslust; *add a* ~ *to* krydda, förhöja njutningen av

Zeus [zju:s] Zeus

zibet ['zibet] civett (asiatiskt kattdjur)

zigzag ['zigzæg] **I** *a* o. *adv* [löpande] i sicksack; sicksack- **II** *s* sicksacklinje **III** *v* gå (löpa) i sicksack, slingra **-gery** [-əri] sicksackrörelse **-gy** [-i] sicksack-

zillah ['zilə] *Ind.* distrikt

zinc [ziŋk] **I** *s* zink **II** *v* förzinka **-ic** [-ik] zinkhaltig, zink- **-iferous** [ziŋ'kif(ə)rəs] zinkhaltig **-ify** [-ifai] = *zink II* **-o** [-əu] = *zincograph* **-ode** [-əud] anod, pluspol **-ograph** [-ə(u)-grɑ:f] zinkgravyr, -etsning **-ography** [ziŋ'kɔ-grəfi] zinketsning[skonst] **-ous** [-əs] zink- **-plate** zinkplåt **-white** zinkvitt **-y** [-i] zinkhaltig, zink-

zingar|a ['ziŋgərə] zigenerska **-o** [-əu] (*pl -i* [-i(:)]) zigenare

zinnia ['zinjə] *bot.* zinnia

Zion ['zaiən] Sion **-ism** [-iz(ə)m] sionism **-ist** sionist

zip [zip] **I** *s* **1** vinande [ljud]; sus **2** *fig.* fart o. kläm, energi **II** *v* **1** vina, vissla, susa **2** stänga med blixtlås **--fastener** [-,fɑ:snə] **-per** [-ə] blixtlås **-py** [-i] energisk; klämmig

zither ['ziðə] cittra **-ist** [-rist] cittraspelare **-n** cittra

zodiac ['zəudiæk] zodiak; djurkrets **-al** [zəu-'daiək(ə)l] zodiakal-

zoetrope ['zəuitrəup] trollsnurra, "livets hjul"

zoic ['zəuik] djur-; fossil-

zon|e [zəun] **I** *s* zon; bälte, område; ring; *virgin* ~ [tecken på] jungfrulighet (*poet.*); ~ *of fire* eldområde (*mil.*) **II** *v* **1** indela i zoner **2** omgärda **-ing** [-iŋ] zonplanering

Zoo [zu:] zoologisk trädgård, djurpark

zoolatry [zəu'ɔlətri] djurdyrkan

zoolog|ical [,zəuə'lɔdʒik(ə)l] zoologisk **-ist** [zəu'ɔlədʒist] zoolog **-y** [zəu'ɔledʒi] zoologi

zoom [zu:m] **I** *v* **1** *flyg. sl.* stiga snabbt [med] **2** surra **II** *s* snabb stigning (med flygplan)

zoomorph ['zəuə(u)mɔ:f] djurbild **-ic** [,zəu-ə(u)'mɔ:fik] djurliknande

zootomy [zəu'ɔtəmi] zootomi, djuranatomi

zoster ['zɔstə] **1** bälte **2** *med.* bältros

zucchett|a [tsu'ketə] **-o** [-əu] (kat. prästs) kalott

zwieback ['zwi:bæk] skorpa

zygodactyl [zaigə(u)'dæktil] **I** *a* [försedd] med klätterfötter **II** *s* klätterfågel

zygoma [zai'gəumə] *anat.* okben

zymosis [zai'məusis] **1** jäsning **2** infektion[s-sjukdom]

zymotic [zai'mɔtik] **I** *a* jäsnings-; infektions- **II** *s* infektionssjukdom

ENGELSKA OCH AMERIKANSKA
FÖRKORTNINGAR

a. *anno* (*lat.*) in the year; *ante* (*lat.*) before
A. adult; air; alto; ampere; artillery; April
A.A. American Airlines; anti-aircraft; Associate in Arts; Automobile Association
A.A.A. Agricultural Adjustment Administration; Amateur Athletic Association
A.A.F. Army Air Force (*A.*)
AAM air-to-air missile *jaktrobot*
A.B., a.b. able-bodied [seaman]
ab. about
ABC American Broadcasting Company; atomic, biological, chemical [warfare] (*A.*)
A.B.C. Abc the alphabet; alphabetic traintable; Aerated Bread Company; ~ states (Argentina, Brazil, Chile)
ab init. *ab initio* (*lat.*) from the beginning
Abp., abp. archbishop
abt. about
AC Air Corps
A.C. alternating current; *Anno Christi* (*lat.*) in the year of Christ; *Ante Christum* (*lat.*) before Christ
a.c. alternating current
ac., acc., acct. account
A.C.L.S. American Council of Learned Societies
ad. advertisement
A.D. *anno Domini* (*lat.*) in the year of our Lord
A.D.C. aide-de-champ
ad init. *ad initium* (*lat.*) at the beginning
adj. adjective
Adj., Adjt. Adjutant
ADM Admiral (*A.*)
Adm. Admiral[ty]
adm. administration (*E.*)
ADP automatic data processing
adv. adverb
advt. advertisement
A.E.C. Atomic Energy Commission
A.E.F. American Expeditionary Force[s]
aet., aetat. *aetatis* [*suae*] (*lat.*) *i sin ålders* (*på gravstenar*)
A.F. Admiral of the Fleet
A.F.A. Amateur Football Association
A.F.C. Air Force Cross
A.F.L. American Federation of Labor
A.F.M. Air Force Medal
A.G. Adjutant-General; Attorney-General
agt. agent
A.I.C. Action Information Centre *stridsledningscentral*
A.I.O. Action Information Organization *stridsledning*
Ala. Alabama
Alas. Alaska
ALBM air launched ballistic missile *attackrobot* (*ballistisk*)
Ald., Aldm. Alderman
alt. alternate; altitude
Alta. Alberta (Canada)

A.M,. AM amplitude modulation
A.M., a.m. *anno mundi* (*lat.*) in the year of the world; *ante meridiem* (*lat.*) in the morning, before noon
amt. amount
anal. analogy; analysis; analytic
ANC African National Congress
anc. ancient
Angl. Anglican; Anglicized
anon. anonymous
Anzac [*soldat i*] the Australia and New Zealand Army Corps
A.P. Associated Press
Apl. April
app. appendix *tillägg*
approx. approximately
Apr. April
Apt[s] apartment[s]
A.Q.M.G. Assistant Quartermaster-General
ARC, A.R.C. American [National] Red Cross
A.R.C. Automobile Racing Club
Arch. Archbishop
arch. archaic
arch[it]. architect[ure]
A.R.C.S. Associate of the Royal College of Science
Argyl. Argyllshire
arith. arithmetic
Ariz. Arizona
Ark. Arkansas
arr. arranged; arrival
art. article; artillery
AS, A.-S., A.S. Anglo-Saxon
A/S account-sales
As. arsenic
A.S.C. American Society of Cinematographers; Army Service Corps
assn. association
assoc. association; associate
Asst. Assistant
At[t].-Gen. Attorney-General
atty. attorney
at. wt. atomic weight
Aug. August
Aus. Australia
Aust. Austria[n]
Austral. Australia
auth. author[ized]
A.V. Authorized Version (of the Bible)
av. average
avdp. avoirdupois
ave. avenue

B., b. bay
b. ball; base; bass; book; born
B.A. Bachelor of Arts; British Academy
B.Ag., B.Agr. Bachelor of Agriculture
bal. balance
B. & S. brandy and soda
Bank. Banking

Bap., Bapt. Baptist
bar. barometer; barrel
Bart. Baronet
bat., batt. battalion; battery
B.B.C. British Broadcasting Corporation
bbl[s] barrel[s]
B.C. before Christ; British Columbia
B.C.A. Bureau of Current Affairs
B.C.L. Bachelor of Civil Law
B.D. Bachelor of Divinity
Bde. brigade
B.E. Board of Education; (Order of the) British Empire
b.e. bill of exchange
B.E.A. British East Africa; British European Airways (Corporation)
BEC British Employers' Confederation
Beds. Bedfordshire
B.E.F. British Expeditionary Force[s]
B.E.M. British Empire Medal
Ber. Bermuda
Berks. Berkshire
bet. between
B.F.B.S. British and Foreign Bible Society
bg[s]. bag[s]
b.h.p. brake horse-power
B.I. British India
Bib. Bible; biblical
B.I.F. British Industries Fair
biog. biographical; biography
bk. bank; book
bkg. banking
bkt[s]. basket[s]
B.L. Bachelor of Law
b.l., B/L bill of lading
bldg. building
B. Litt. Bachelor of Letters
bl[s] bale[s]; barrel[s]
B.L.S. Bureau of Labo[u]r Statistics
B.M. Bachelor of Medicine
B.M.A. British Medical Association
BMC British Motor Corporation
B.Mus. Bachelor of Music
bn battalion (E.)
Bn.H.Q. Battalion Headquarters
B.O. body odour; branch office
B.O.A.C. British Overseas Airways Corporation
B. of E. Bank of England; Board of Education
B. of T. Board of Trade
bor. borough
bos'n boatswain
B.O.T. Board of Trade
B.P. British Pharmacopoeia
B.-P. Baden-Powell
Bp. Bishop
B.P.O.E. Benevolent and Protective Order of Elks
Br. British
br. branch; brig; bronze; brother; brown
B.R.C.S. British Red Cross Society
Brig. Brigade; Brigadier
Brit. Britain; British
brl[s] barrel[s]
Bro[s]. brother[s]
B.S. Bachelor of Science
b.s. balance sheet
b.s., B/S bill of sale
B.S.A. British South Africa
B.Sc. Bachelor of Science
Bt. Baronet
BTC British Transport Commission

B.Th. Bachelor of Theology
B.T[h].U. British thermal unit
B.T.U. Board of Trade Unit
bty battery (E.)
bu. bushel[s]
Bucks. Buckinghamshire
B.V. Bible Version (of the Psalms)
B.V.[M.] the Blessed Virgin [Mary]
B.W. Board of Works; bonded warehouse
B.W.I. British West Indies
bx[s]. box[es]

C. Catholic; Centigrade [thermometer]; Congress; Consul; Court
C., c. cape; carton; case; cent; centime; centimetre; centre; centure; chapter; circa; companion (in titles); copper; corps; cost; court; cubic; current
C.A. Central America; Chartered Accountant; Chief Accountant; Church Army; Church Association; Commercial Agent; County Alderman; Court of Appeal
Cal. California
cal. calendar; calibre
Calif. California
Cam[b]. Cambridge
Cambs. Cambridgeshire
Can. Canada
canc. cancellation; cancelled
Cant. Canterbury; Canticles
Cantab. Cantabrigian (of Cambridge)
Cantuar. (Bishop) of Canterbury
cap. capitulum (lat.) chapter
cap[s]. capital[s]
Capt. Captain
Card. Cardinal
Cardig. Cardiganshire
Carliol. (Bishop) of Carlisle
Carm., Carmarths. Carmarthenshire
Carn. Carnarvonshire
cat. catalogue, catechism
Cath. Catholic
cath. cathedral; cathode
cav. cavalry
C.B. Companion of the Bath
C.B.E. Commander of (the Order of) the British Empire
CBS Columbia Broadcasting System
CC channel command (A.); combat command
C.C. County Council[lor]; cricket club
C.C., c.c. chief clerk; city council[lor]; county clerk
cc. centuries; chapters
C.C.C. Central Criminal Court; Civilian Conservation Corps (A.); Corpus Christi College
C.D. Chancery Division; Civil Defence
C.D. Acts Contagious Diseases Acts
C.E. Chemical Engineer; Chief Engineer; Church of England; Civil Engineer
Cels. Celsius
cen. central; century
cent. centigrade; century
Cent. Am. Central America
CENTO Central Treaty Organization
cert. certain; certificate
certif. certificate
Cestr. (Bishop) of Chester
C.F. Chaplain to the Forces
cf. confer
C.F.I., c.f.i. cost, freight and insurance
C.G. centre of gravity; Coast-Guard; Coldstream Guards; Consul-General

cg. centigramme[s]
C.G.M. Conspicuous Gallantry Medal *tapper-hetsmedalj*
C.G.S. centimetre, gramme, second; Chief of the General Staff
Ch. Church
ch. chain; chapter; chief; child
c.h. court house; custom house
Chanc. Chancellor; Chancery
chap. chaplain; chapter
Ch.B. *Chirurgiae Baccalaureus (lat.)* Bachelor of Surgery
chem. chemical; chemist
Ches. Cheshire
Ch.J. Chief Justice
Ch.M. *Chirurgiae Magister (lat.)* Master of Surgery
chm. chairman
C.I. Channel Islands; (Imperial Order of the) Crown of India
CIA Central Intelligence Agency *(A.)*
Cicestr. (Bishop) of Chichester
C.I.D. Criminal Investigation Department (Scotland Yard)
C.I.F., c.i.f. cost, insurance, freight
C.-in-C. Commander-in-Chief
C.I.O. Congress of Industrial Organisation
circum. circumference
cit. citation; citizen
C.I.V. City Imperial Volunteers *(frivilligkår under boerkriget)*
civ. civil[ian]
C.J. Chief Justice
cl. centilitre; class; clause; clerk; cloth *klotband*
class. classical
C.L.R. Central London Railway
C.M. Certificated Master; *Chirurgiae Magister (lat.)* Master of Surgery; Church Missionary
C.M.G. Companion of (the Order of) St. Michael and St. George
cml. commercial
CO commanding officer *(A.)*; company
C.O. Colonial Officer; Commanding Officer *(E.)*; Criminal Office; Crown Office
Co., co. company; county
c.o., c/o care of *per adress*
c/o carried over *(i räkenskaper) transport*
C.O.D. Concise Oxford Dictionary
C.O.D., c.o.d. cash (collect) on delivery
C. of E. Church of England
C. of S. Chief of Staff
cogn. cognate
COI Central Office of Information
COL colonel *(A.)*
Col. Colombia; Colonel *(E.)*; Colorado; Columbia
col. collector; college; collegiate; colonial; colony; coloured; column
coll. collect[ion]; collector; college
collat. collateral
Colloq., colloq. colloquial
Colo. Colorado
Col.-S[er]gt. Colour-Sergeant
Com., com. comedy; commander; commerce; commercial; commission[er]; committee; commodore; common; commonwealth; communist; community
comdg. commanding
comdr. commander
comdt. commandant

comm. commander; commerce; commission; committee
commem. commemoration *(sl.)*
Commr. Commissioner
comp. company; comparative; comparision; composition; compound; comprising
compl. complement
con. connection; consolidated; consul; *contra (lat.)* against
conc. concentrate; concerning
conf. confer; conference
Confed. Confederate
Cong. Congregational; Congress[ional]
conj. conjunction
Conn. Connecticut
Cons. Conservative; Consul
cons. conservative; consolidated; consonant; consul
Consols. Consolidated Stock
constr. construct[ed]; construction
Cont. Continental
cont. containing; contents; continent; continued
contemp. contemporary
contr. contracted; contraction; contrary
Co-op. Co-operative Society
cor. corner; cornet; coroner; corrected; correction; correspondent; corresponding
Corn. Cornwall
Corp. corporation; *E. äv.* corporal
cos. companies; cosine; counties
Coy. Company
coy company *(E. mil.)*
C.P. Carriage Paid; charter party; Common Prayer; Court of Probate
c.p. candle-power
cp. compare
C.P.A. Certified Public Accountant
cpd. compound
Cpl. Corporal
C.P.R. Canadian Pacific Railway
C.R. Caledonian Railway *(sk. järnvägen)*; *Carolus Rex (lat.)* King Charles
Cr., cr. credit[or]; crown
cres. crescendo
crim. criminal
C.S. Chemical Society; Christian Science; Christian Scientist; Civil Service
C.S.A. Confederate States Army; Confederate States of America
C.S.C. Conspicuous Service Cross
C.S.I. Companion of (the Order of) the Star of India
C.S.M. Company Sergeant-Major
C.T. Certificated Teacher; Commercial Traveller
Ct. Connecticut; Count; Court
ct. cent; county
C.T.C. Cyclists' Touring Club
C.U. Cambridge University
cu. cubic
Cumb. Cumberland
curr. currency; current
C.V.O. Commander of the (Royal) Victorian Order
c.w.o. cash with order
cwt. hundredweight
cyl. cylinder; cylindrical
C.Z. Canal Zone (Panama)

D., d. date; daughter; day[s]; democrat[ic]; deputy; diameter; died; dollar; dose

d. *denarius (lat.)* penny; *denarii (lat.)* pence
d- damn
D.A. District Attorney
da. daughter: day[s]
Dak. Dakota
dat. dative
dau. daughter
D.B.E. Dame Commander of (the Order of) the British Empire
D.C. da capo; direct current; District of Columbia
d.c. direct current
D.C.L. Doctor of Civil Law
D.C.M. Distinguished Conduct Medal
D.D. Doctor of Divinity
D.D.S. Doctor of Dental Surgery
deb. debenture
Dec. December
dec. deceased
def. defendant; definite; definition[s]
defs. definitions
deg. degree[s]
Del. Delaware
del. delegate; *delineavit (lat.)* drew this
Dem. Democrat[ic]
Dent. dental; dentist; Dentistry
dep. departure; deponent; deputy
dep[t]. department; deputy
der., deriv. derivation; derivative; derived
Derb[s]. Derbyshire
desc. descendant
Dev[on]. Devonshire
D.F.C. Distinguished Flying Cross
D.F.M. Distinguished Flying Medal
dft. defendant; draft
D.G. *Dei gratia (lat.)* by the grace of God; Director[ate]-General; Dragoon Guards
Dial., dial. dialect[al]
diam. diameter
dict. dictator; dictionary
diff. difference; different
dim[in]. diminutive
Dioc. diocesan; diocese
disc. discount; discovered
dist. distant; distinguished; district
div. divide; dividend; division
D.L. Deputy Lieutenant
dl . decilitre
D. Lit. Doctor of Literature
D. Litt. *Doctor litterarum (lat.)* Doctor of Letters
D.L.O. Dead Letter Office *returpostkontor*
D.M. Deputy Master; Doctor of Medicine
dm. decimetre
D.N.B. Dictionary of National Biography
DO defense order; duty officer *(A.)*
do. ditto
doc. *(fam.)* doctor; document
dol. dollar[s]
dom. dominion
D.O.R.A. Defence of the Realm Act *försvarslagen (under första världskriget)*
doz. dozen[s]
D.P. displaced person[s]
D. Ph[il]. Doctor of Philosophy
dpt. department
D.Q.M.G. Deputy Quartermaster-General
Dr., dr. debtor; Doctor
dr. debit; drachma; drachm[s]; drawer
D.S., D.Sc. Doctor of Science
D.S.C. Distinguished Service Cross
D.S.M. Distinguished Service Medal

D.S.O. Distinguished Service Order
D.S.T. Daylight Saving Time *sommartid*
D.T. delirium tremens
D. Th[eol]. Doctor of Theology
Du. Dutch
dup. duplicate
Dur. Durham
D.V. *Deo Volente (lat.)* God willing
dwt. pennyweight
DX, D.X. distance (radio)
dz. dozen

E. East; *2:a klass fartyg i Lloyds register*
E. E., e. east[ern]
ea. each
E. & O.E. errors and omissions excepted *(hand.) med förbehåll för fel o. utelämnanden*
E.B. Encyclopaedia Britannica
E.C. East Central (London postal district)
E.C.A. Economic Co-operation Administration *(Marshallplanen)*
eccl., eccles. ecclesiastical
econ. economics; economy
ed. edited; edition
Edin. Edinburgh
edit. edited; edition
eds. editors
educ. education[al]
E.E. Electrical Engineer; Envoy Extraordinary; errors excepted
EEC European Economic Community
E.E.T.S. Early English Text Society
EFTA European Free Trade Association
e.g. *exempli gratia (lat.)* for example
E.I. East Indian; East Indies
E.I.C. East India Company
El. Elevated Railroad *(A.) högbana*
eld. eldest
E. long. east longitude
E.M.F., e.m.f. electromotive force
Emp. Emperor; Empress
enc., encl. enclosure
ency[c]. encyclopaedia
ENE, E.N.E. east-north-east
eng. engineer; engraver; engraving
engin. engineer[ing]
Engl. England; English
engr. engineer; engraved; engraving
ent. Sta. Hall entered at Stationers' Hall *inregistrerad hos bokhandlargillet (o. skyddad för eftertryck)*
EO executive officer *(A.)*
EP extended play
Epis., Episc. Episcopal
eq. equal; equivalent
equiv. equivalent
E.R. East Riding; *Edwardus Rex (lat.)* King Edward; *Elizabeth Regina (lat.)* Queen Elizabeth
ERA, E.R.A. Emergency Relief Administration
erron. erroneous[ly]
ESE, E.S.E. east-south-east
esp., espec. especially
Esq. Esquire
E.S.T. Eastern standard time
est[ab]. established
et al. *(lat.) et alia* and other things; *et alibi* and elsewhere; *et alii* and other
etc, & c *et cetera (lat.)*.
et seq., et sq. *et sequentia (lat.)* and what follows

EUCOM European Command (*A.*)
EURATOM European Atomic Energy Community
ex. examined; example; exchange; extract
exam. examination
Exc. Excellency
exc. excellent; except[ed]
exch. exchange; exchequer
excl. excluding; exclusive
exes. (*fam.*) expenses
exp. expenses; export; express

F. Fahrenheit; February; Fellow
f. farthing; fathom; feet; feminine; following; foot; franc[s]; from
F.A. Football Association
fac. facsimile
Fahr. Fahrenheit
F.A.O. Food & Agriculture Organization
f.a.s. free alongside ship
F.B.A. Fellow of the British Academy
F.B.I. Federal Bureau of Investigation (*A.*); Federation of British Industries
F.C. Football Club; Free Church (Scotland)
F.D. *Fidei Defensor* (*lat.*) Defender of the Faith
Feb. February
fec. *fecit* (*lat.*) *har utfört detta*
Fed. Federal
fem. feminine
ff. folios; following [pages]; *fortissimo*
F.G. Foot Guards
fict. fiction
Fid. Def. *se F.D.*
fig. figuratively *i bildlig betydelse*; figure
fin. financial
fl. florin; fluid
Fla. Florida
Flt. Flight (R.A.F.)
FM frequency modulation
F.M. Field-Marshal
fm. fathom
F.M.S. Federated Malay States
F.O. Field Officer; Foreign Office
fo. folio
F.O.B., f.o.b. free on board
fol. folio; following
foll. following
f.o.r. free on rail
Fr. Father; France; *Frater* (*lat.*) Brother; French; Friar; Friday
fr. fragment; franc[s]; from
F.R.A.M. Fellow of the Royal Academy of Music
F.R.A.S. Fellow of the Royal Astronomical Society
freq. frequent[ly]
FRGS Fellow of the Royal Geographical Society
Fri. Friday
Frisco San Francisco
F.R.N.S.A. Fellow of the Royal Naval School of Architects
F.R.S. Fellow of the Royal Society
F.R.S.A. Fellow of the Royal Society of Arts
frt. freight
F.S. Fleet Surgeon
F.S.R. Field Service Regulations
ft. feet; foot; fort[ification]
FTC Federal Trade Commission
fur. furlong

fut. future
F.W.A. Family Welfare Association
F.W.B. four wheel brake
F.W.D. four wheel drive

G., g. gauge; genitive; gramme; guinea; gulf
G.A. General Agent; General Assembly
Ga. Georgia
Gael. Gaelic
gal. gallon[s]
G.A.T.T. General Agreement on Tariffs & Trade
Gaul. Gaulish
gaz. gazette[er]
G.B. Great Britain
G.B.E. Knight (Dame) Grand Cross (of the Order) of the British Empire
G.B.S. George Bernard Shaw
G.C. George Cross
G.C.D. greatest common divisor
GCE General Certificate of Education
G.C.F. greatest common factor
G.C.M. greatest common measure
G.D. Grand Duchess; Grand Duchy; Grand Duke
Gdns. Gardens
Gds. Guards
gds. goods
Gen. General; Genesis
gen. gender; general; genitive; genus
Gent., gent. gentleman
Geo. George
geog. geographer; geographic; geography
G.E.R. Great Eastern Railway
G.G. Grenadier Guards
g.gr. great gross (144 dozen)
GHQ, G.H.Q. general headquarters
G.I. government issue; (*fam.*) *am. soldat*
Gib. Gibraltar
G.K.[C.] Gilbert Keith Chesterton
Glam. Glamorganshire
Glos. Gloucestershire
gloss glossary
Gloucs. Gloucestershire
G.M. George Medal
G.M. General Motors; Grand Master
gm. gramme[s]
G-man Government-man (*A.*) *medlem av hemliga polisen*
G.M.T. Greenwich mean time
G.N.P. gross national product
G.O. general order
G.N.R. Great Northern Railway
G.O.M. Grand Old Man (W. E. Gladstone)
G.O.P. Grand Old Party (*Republikanska partiet*)
Goth. Gothic
Gov., gov. governor
Govt., govt. government
G.P. general practitioner
G.P.O. General Post Office
G.R. general reserve; *Georgius Rex* (*lat.*) King George
Gr.Br[it]. Great Britain
Gr.Gds. Grenadier Guards
grm. gramme
gro. gross
GS general staff; general support (*A.*)
gs. guineas
G.S.O. General Staff Officer
gt. great

G.T.C., g.t.c. good till cancelled (countermanded)
G.W.R. Great Western Railway

H., h. harbour; hard[ness]; height; high; hour[s]
H.A. & M. Hymns Ancient and Modern
Hab. Corp. Habeas Corpus (writ)
h. and c. hot and cold (water)
Hants. Hampshire
H.B.M. Her (His) Britannic Majesty
H.C. House of Commons
H.C.B. House of Commons Bill *lagförslag framlagt i underhuset*
H.C.F. highest common factor
h.c.l. high cost of living
hd. head
hdqrs. headquarters
H.E. high explosive; His Eminence; His Excellency
hectog. hectogram[me]
hectol. hectolitre
her. heraldry
Herts. Hertfordshire
hf. half
hf.bd. half-bound
H.G. High German; His (Her) Grace; the Holy Ghost; Horse Guards
hg. hectogram[me]
H.H. His (Her) Highness; His Holiness
hhd. hogshead[s]
H.I.H. His (Her) Imperial Highness
H.I.M. His (Her) Imperial Majesty
H.L. House of Lords
hl. hectolitre
H.M. Her (His) Majesty
H.M.A. Head Masters' Association; Her (His) Majesty's Airship
H.M.C. Her (His) Majesty's Customs
HMG heavy machine gun (*A.*)
H.M.S. Her (His) Majesty's Service (Ship, Steamer)
H.M.S.O. Her (His) Majesty's Stationery Office
HMV His Master's Voice
H.O. Home Office
Hon. Honorary; Honourable
Hon. Sec. Honorary Secretary
HP horse-power
H.P. hire purchase ; House Physician
HP, H.P., h.p., hp high pressure; horsepower
hp hire purchase
H.R. Home Rule; House of Representatives
H.R.H. Her (His) Royal Highness
hr[s]. hour[s]
Hrs. Hussars
H.S. high school; House Surgeon
H.S.E. *hic sepultus est* (*lat.*) here is buried
H.S.H. Her (His) Serene Highness
ht. height
h.t. high tension
Hts. Heights
Hunts. Huntingdonshire
HV, hv high voltage
HVDC high voltage direct current
H.W. high water

I. Idaho; Island; Isle[s]
Ia. Iowa
IATA International Air Transport Association
ib., ibid. *ibidem* (*lat.*) *sammastädes*
i/c. in charge [of]

ICA, I.C.A. Ignition Control Additive
I.C.B.M. Intercontinental ballistic missile *interkontinental fjärrobot*
I.C.I. Imperial Chemical Industries
I.C.J. International Court of Justice
I.D. Intelligence Department
Id[a]. Idaho
id. *idem* (*lat.*) densamme
IDP integrated data processing
i.e. *id est* (*lat.*) dvs. (*läses ofta* that is)
IFF identification friend or foe *igenkänningsradar*
I.F.S. Irish Free State
i.h.p. indicated horse-power
IHS Jesus [Hominum Salvator]
Ill. Illinois
illit. illiterate
ill[ust]. illustrated; illustration
I.L.O. International Labour Organization
I.L.P. Independent Labour Party
IMF International Monetary Fund
imit. imitative
Imp. *Imperator* (*lat.*) Emperor
imp. imperative; imperfect; imperial; import[ed]; *imprimatur* (*lat.*) let it be printed
in. inch[es]
Inc. Incorporated
incl[l]. inclosure; including; inclusive
incog. incognito
Ind. India[n]; Indiana; Indies
ind. independent; index; indicative; industrial
Inf., inf. infantry
ins. inches
Inst. Institute; Institution
inst. instant (of the current month)
instr. instructor; instrument
int. interest; interior; internal; international
introd. introduction; introductory
inv. inventor; invoice
I. of M. Isle of Man
I. of W. Isle of Wight
IOU I owe you (*se lexikon*)
IP initial point (*A.*)
I.Q. intelligence quotient
Ir. Ireland; Irish
I.R.O. International Refugee Organization
irreg. irregular
is. island; isle
isl. island[s]
I.S.O. Imperial Service Order
I.T. Indian Territory; Inner Temple
It. Italian
ital. italics *kursiv*
ITV Independent Television
I.W. Isle of Wight
I.W.T.D. Inland Water Transport Department
I.W.W. Industrial Workers of the World

J. Judge; Justice
Ja. January
Jam. Jamaica
Jan. January
J.B. John Bull
J.C.D. *Juris Civilis Doctor* (*lat.*) Doctor Civil Law
J.C.R. Junior Common Room (*rum för yngre studenter i Cambr.*)
jc[t]. junction
J.D. *Jurum Doctor* (*lat.*) Doctor of Laws
Je. June
jn. junction
J.P. Justice of the Peace

Jr, jr junior
Jun. June
jun. junior
junc. junction
junr junior
Jy. July

K., k. kilogramme; king; knight
Kan[s.] Kansas
K.B. King's Bench; Knight Bachelor
K.B.E. Knight Commander (of the Order) of the British Empire
K.C. King's College; King's Counsel
kc. kilocycle[s]
K.C.B. Knight Commander (of the Order) of the Bath
K.C.I.E. Knight Commander (of the Order) of the Indian Empire
K.C.M.G. Knight Commander (of the Order) of St. Michael and St. George
K.C.S.I. Knight Commander (of the Order) of the Star of India
K.C.V.O. Knight Commander of the (Royal) Victorian Order
Ken. Kentucky
K.G. Knight (of the Order) of the Garter
kg. kilogram[me]
K.H.C. Honorary Chaplain to the King
K.H.P. Honorary Physician to the King
K.H.S. Honorary Surgeon to the King
K.K.K. Ku Klux Klan
kl. kilolitre[s]
km. kilometre; kingdom
Knt. knight
K.O. knock[ed] out
K.P. Knight (of the Order) of St. Patrick
K.T. Knight (of the Order) of the Thistle
Kt. knight
K.W.H., kw-hr kilowatt-hour
Ky. Kentucky

L. Late; Latin; Learner (*på övningsbil*); Elevated Railroad (*A.*) *högbana*; Liberal
L., l. lake; latitude; leaf; league; left; length; *liber* (*lat.*) book; line; link; lira, lire; litre; low
£, L., l. libra (pound sterling)
l. left; libra[e]; lira, lire; litre[s]
L.A. Los Angeles
La. Louisiana
Lab. Labrador
L.A.C. London Athletic Club
LAFTA Latin-American Free Trade Association
Lancs. Lancashire
Lat. Latin
lat. latitude
lb. *libra* (*lat.*) pound
lb. ap. pound (*apoteksvikt*)
lb. av. pound avoirdupois
lbs. *librae* (*lat.*) pound
lb. t. pound (troy weight)
L.C. left centre (of stage); Letter of Credit; Lord Chamberlain; Lord Chancellor
L/C letter of credit
l.c. letter of credit; *loco citato* (*lat.*) in place cited
L.C.C. London County Council
L.C.J. Lord Chief Justice
L.C.M., l.c.m. lowest (least) common multiple
L.-Corp., L.-Cpl. Lance-Corporal *vicekorpral*
LCT landing craft tank (*E.*)

L.D. Doctor of Letters; Lady Day; *Laus Deo* (*lat.*) praise be to God
Ld. Lord
leg. legal; legate; legislative; legislature
Legis. Legislature
Leics. Leicestershire
L.G. Life Guards; Lloyd George; Low German
lg. logarithm
L.G.B. Local Government Board
L.I. Light Infantry; Long Island
lib. *liber* (*lat.*) book; librarian; library
Lieut. Lieutenant
Lieut.-Col. Lieutenant-Colonel
Lieut.-Gen. Lieutenant-General
Lieut.-Gov. Lieutenant-Governor *viceguvernör*
Lincs. Lincolnshire
lit. litre; literal[ly]; literature
Litt. D. *litterarum doctor* (*lat.*) Doctor of Letters
L.J. Lord Justice
L.L. Lord-Lieutenant
ll. lines
LL.B. *legum baccalaureus* (*lat.*) Bachelor of Laws
LL.D. *legum doctor* (*lat.*) Doctor of Laws
LL.JJ. Lords Justices *herrar domare*
LMG light machine gun
L.M.S.[R.] London, Midland & Scottish [Railway]
L.N.E.R. London & North-Eastern Railway
loc. cit. *loco citato* (*lat.*) *på det anförda stället*
lon. long; longitude
long. longitude
LP long-playing
L.P. Labour Party; Lord Provost
L.P.S. Lord Privy Seal
L.P.T.B. London Passenger Transport Board
l.s. *locus sigilli* (*lat.*) the place of the seal
L.S.D. = £.s.d. *librae, solidi, denarii* (*lat.*) pounds, shillings, pence
LST landing ship tank
LT lieutenant; light (*A.*)
Lt. Lieutenant
lt lieutenant; light (*E.*)
Lt-Col. Lieutenant-Colonel
Ltd. Limited
Lt-Gov. Lieutenant-Governor *viceguvernör*
Lt. Inf. Light Infantry
Luth. Lutheran

M. Monday; Monsieur
M., m. majesty; male; mark (*myntenhet*); married; masculine; mass; meridian; *meridies* (*lat.*) noon; metre[s]; mile[s]; mill[s]; minute[s]; month; moon
M.A. Master of Arts; Military Academy
Mad. Madam
mag. magazine; magnitude
Maj., maj Major
Maj.-Gen. Major-General
Man. Manchester; Manila; Manitoba
Mancun. (Bishop) of Manchester
Mar. March
mar. maritime; married
March. Marchioness
Marq. Marquis
masc. masculine
Mass. Massachusetts
math[s] mathematics
matric. matriculation
M.B. *medicinae baccalaureus* (*lat.*) Bachelor of Medicine

M.B.E. Member (of the Order) of the British Empire
M.C. Master of Ceremonies; Member of Congress; Military Cross
M.Ch. *magister chirurgiae* (*lat.*) Master of Surgery
M.D. *medicinae doctor* (*lat.*) Doctor of Medicine
Md. Maryland
m/d months after date (*hand.*) *månader a dato*
Mddx. Middlesex
M.D.S. Master of Dental Surgery
M.E. Methodist Episcopal; Mining (Mechanical) Engineer
ME., M.E. Middle English
Me. Maine
meas. measure
Med. Medicine
med. mediaeval; medical
mem. member; memento; memorandum; memorial
Messrs. [me'sɔz] messieurs
met. metropolitan
mfd. manufactured
mfg. manufacturing
mfr. manufacture[r]
M.G. Major-General; Morris Garages
MG, m.g. machine gun
mg. milligram[s]
MGB motor gun boat
M.G.C. Machine Gun Corps
M.G.G.S. Major-General, General Staff
M.G.M. Metro-Goldwyn-Mayer
Mgr. manager; Monseigneur; Monsignor
M.Hon. Most Honourable
M.H.R. Member of the House of Representatives
Mich. Michaelmas; Michigan
Mil., mil. military; militia
min. mineralogy; minimum; mining; minor; minute[s]
Minn. Minnesota
misc. miscellaneous
Miss. Mississippi
MIT Massachusetts Institute of Technology
mk. mark[s] (*myntenhet*)
mkt market
ml. millilitre[s]
MLE Multilateral (Nuclear) Force
M.M. Master Mason; Military Medal
MM. Their Majesties; *Messieurs*
mm. millimetre[s]
M.N. Merchant Navy
M.O. Medical Officer *distriktsläkare, stadsläkare, bataljonsläkare*
M.O., m.o. money order
Mo. Missouri
mo. month
mod. moderate; modern
M.O.H. Medical Officer of Health; Ministry of Health
Mon. Monday; Monmouthshire
mon. monastery; monetary
Mont. Montana
mos. months
M.P. Member of Parliament; Metropolitan Police; Military Police; Meeting Point
M.P.C. Member of Parliament, Canada
mph., m.p.h. miles per hour
M.R. Master of the Rolls; Midland Railway
Mr. Mister
MRA Moral Re-Armament

M.R.I. Member of the Royal Institution
Mrs. [mi'siz] Mistress
M.S. Master of Science
MS. manuscript
M/S motor ship
M.S.A. Mutual Security Agency
M.Sc. Master of Science
M.S.L. mean sea-level
MSS. manuscripts
M/T motor tanker
Mt., mt. mount
MTB motor torpedo-boat
mtg. meeting; mortgage
mtge. mortgage
mtn. mountain
Mt. Rev. Most Reverend
Mts., mts. mountains
mun. municipal
mus. museum; music
Mus. D.,Mus. Doc. *musicae doctor* (*lat.*) Doctor of Music
mut. mutual
M.V.O. Member of the (Royal) Victorian Order
M.W. Most Worshipful; Most Worthy
Mx. Middlesex

N, N., n. north[ern]
N., n. Navy; noon
N Navy (*i sms.*)
n. *natus* (*lat.*) born; neuter; new; nominative; note; noun; number
N.A. National Academy; National Army; North America
NAA North American Aviation, Inc.
NAACP National Association for the Advancement of Colored People
N.A.A.F.I. ['næfi] Navy, Army and Air Force Institutes *ung. marketenteri- o. förströelsedetaljen*
NASA National Aeronautics and Space Administration
N.A.T.O., Nato ['neitɔo] North Atlantic Treaty Organization
Naut., naut. nautical
nat. national; native; natural
natl. national
Nav., nav. naval; navigation
navig. navigation
N.B. New Brunswick; *nota bene*
NBC National Broadcasting Company
N.B.G., n.b.g. no bloody good (*sl.*) *dåligt*
N by E, N. by E., north by east *nord till ost*
N by W, N. by W. north by west *nord till väst*
N.C. North Carolina
N.C.O. non-commissioned officer
N.D. North Dakota
N.D., n.d. no date
N.Dak. North Dakota
N.E. New England
NE, N.E., n.e. north-east[ern]
Neb[r]. Nebraska
NE by E, N.E. by E. north-east by east *nordost till ost*
NE by N, N.E. by N. north-east by north *nordost till nord*
N.E.D. New English Dictionary (= O.E.D.)
neg. negative[ly]
Neth. Netherlands
neut. neuter (*gram.*)
Nev. Nevada
Newf. Newfoundland

N.F. Newfoundland; Norman French
N.F., n|f no funds
N.G. National Guards; no good
N.H. New Hampshire
N.Heb. New Hebrides
NHL National Hockey League (Kanada)
N.H.S. National Health Service
N.I. Northern Ireland
N.J. New Jersey
NJAC National Joint Advisory Council
N. lat. north latitude
N.L.C. National Liberal Club
n.m. nautical mile[s]
N. M[ex]. New Mexico
NNE, N.N.E. north-north-east
NNW, N.N.W. north-north-west
No. number; north[ern]
nom. nominative (*gram.*)
non-com. non-commissioned officer
Noncon. Nonconformist
n.o.p. not otherwise provided
Nor. Norman; North; Norway; Norwegian
Norm. Norman
Northants. Northamptonshire
Northumb. Northumberland
Norvic. (Bishop) of Norwich
nos. numbers
Notts. Nottinghamshire
Nov. November
N.P. no protest; Notary Public
n.p. new paragraph
n.p. or d. no place or date
N.R. North Riding
nr. near
N.R.A. National Recovery Administration (Act) (*A.*); National Rifle Association
N/S nuclear ship
N.S. new style (*enl. gregorianska kalendern*)
NSC National Security Council (*A.*)
N.S.W. New South Wales
N.T. New Testament
Nthn. northern
nt. wt. net weight
NUGMW National Union of General and Municipal Workers
num. numeral[s]
N.V. New Version
NW, N.W., n.w. north-west
NW by N, N.W. by N. north-west by north *nordväst till nord*
NW by W, N.W. by W. north-west by west *nordväst till väst*
N.W.T. North-west Territories (Canada)
N.Y. New York [State]
N.Y.C. New York City
N.Z. New Zealand

O. Ocean; October; Ohio; Ontario
O., o. octavo; old; order
ob. *obiit* (*lat.*) died
obdt. obedient
O.B.E. Officer (of the Order) of the British Empire
obj. object; objection; objective
Obs., obs. observatory; obsolete
O.C. Officer Commanding
Oct. October
oct. octavo *oktav* (*format*)
O.D. Officer of the Day; Old Dutch
O.E. Old Etonian
OE., O.E. Old English

OECD Organization for Economic Cooperation and Development
O.E.D. Oxford English Dictionary (= N.E.D.)
O.E.E.C. Organization for European Economic Co-operation
O.F. Odd Fellows
OF., O.F. Old French
off. offered; officer; official
O.F.M. Order of Friars Minor
O.F.S. Orange Free State
O.H.M. S. On Her (His) Majesty's Service
O.K. okay, all correct
Okla. Oklahoma
Ol. Olympiad; Olympic
O.M. Order of Merit
Ont. Ontario
O.P. Order of Preachers
op. operation; opposite; opus
op.cit. *opere citato* (*lat.*) in the work quoted
opp. opposed; opposite
opt. optative; optics
O.R. Official Receiver; Official Referee; other ranks
o.r. owner's risk
ord. order; ordinal; ordinance; ordinary; ordnance
Ore[g]. Oregon
orig. original[ly]
O.S. Old Saxon; old style (*enl. julianska kalendern*); ordinary seaman; Ordnance Survey
O.S.A. Order of St. Augustine
O.S.B. Order of St. Benedict
O.T. Old Testament
O.T.C. Officers' Training Corps
O.U. Oxford University
Ox[f]. Oxford
Oxon. (Bishop) of Oxford; Oxfordshire; Oxonian *oxfordstudent*
oz. ounce[s]
oz. ap. ounce (*apoteksvikt*)
oz. av. ounce avoirdupois
oz. t. ounce (troy weight)

P. Protestant
P., p. *pater* (*lat.*) father; post; president; priest; prince
p. page; participle; past; penny; *per* (*lat.*) by; pint; pole; population
P.A. Press Association
P.A., P/A power of attorney
Pa. Pennsylvania
P.A.A. Pan American Airways
Pac. Pacific
Pan. Panama
P. & O. Peninsular & Oriental (Steamship Co.)
par. paragraph; parallel; parish
Para. Paraguay
para (*fam.*) paragraph
paren., parens. parenthesis
parl. parliament[ary]
pass. passenger; passive
pat. patent[ed]
patd. patented
Pat. Off. Patent Office
P.A.U. Pan American Union
P.A.Y.E. pay as you earn
Paym. Paymaster
payt. payment
P.B. British Pharmacopoeia; Prayer Book
P.C. Past Commander; police constable; Post Commander; Privy Council[lor]
p.c. per cent; postcard

P.D. Police Department; potential difference
pd. paid
P.E. Presiding Elder; Protestant Episcopal
P.E.N. [Club] Poets & Playwrights, Essayists, Editors & Novelists
Pen., pen. peninsula
Penn[a]. Pennsylvania
per. period; person
perf. perfect (*gram.*)
perh. perhaps
per pro. *per procurationem (lat.) per prokura*
pers. person[al]
pf[d]. preferred
P.G. paying guest
Phar[m]. pharmaceutical; pharmacopoeia; pharmacy
Ph.B. *philosophiae baccalaureus (lat.)* Bachelor of Philosophy
Ph. D. *philosophiae doctor (lat.)* Doctor of Philosophy
Phila. Philadelphia
phr. phrase
PHS Public Health Service
phys. physical; physician; physics
P.J. police justice; presiding judge; probate judge
pkg. package[s]
pkt. packet
P.L. Poet Laureate; Primrose League
pl. place; plate; plural
pl platoon (*E.*)
Plen. Plenipotentiary
plup. pluperfect (*gram.*)
P.M. Past Master; Paymaster; Police Magistrate; Postmaster; Prime Minister
P.M., p.m. *post meridiem (lat.)* in the afternoon; *post-mortem (lat.)* after the death
pm. premium
P.M.G. Paymaster-General; Postmaster-General
P/N, p.n. promissory note
P.O. Petty Officer (*sjö.*); postal order; Post Office; Province of Ontario
P.O., p.o. post office
p.o.d. pay on delivery
P.O.O. post-office order
pop. popular[ly]; population
P.O.S.B. Post-Office Savings Bank
P.O.W., POW prisoner of war
P.P., p.p. parcel post; parish priest; petrol point; postpaid
p.p. past participle (*gram.*); *per procurationem* (*se per pro*)
pp. pages
P.P.C. *pour prendre congé (fr.)* to take leave
p.p.i. policy proof of interest (insurance)
P.Q. Province of Quebec
PR public relations
pr. pair[s]; price; priest; prince
P.R.A. President of the Royal Academy
Preb. prebend; Prebendary
prec. preceding
pred. predicate (*gram.*)
pref. preface; preferred; prefix
prelim. preliminary
prep. preparatory; preposition
Pres. President
pres. present; presumptive
Presb. Presbyterian
pret. preterite (*gram.*)
Pri. Private *menig*
Prim. Primary; Primate; Primitive

prim. primary
priv. private
P.R.O. Public Record Office; Public Relations Officer
pro. professional
proc. proceedings
Prof. Professor
Prom. Promenade Concert; promontory
pron. pronoun (*gram.*)
prop. properly; property; proposition; proprietary
propr. proprietor
Prot. Episc. Protestant Episcopal
pro tem. *pro tempore (lat.)* for the time
prov. province; provincial; provisional; provost
prox. *proximo (lat.) instundande månad*
prox. acc. *proxime accessit (lat.) närmast pristagaren i tävling*
prs. pairs
P.S. Permanent Secretary; Police Sergeant; *post scriptum (lat.)* postscript; Privy Seal
P.S.T. Pacific standard time
P.T. physical training; post town; pupil teacher
pt. part; payment; pint[s]; point; port
Pte., pte. private *menig*
P.T.O., p.t.o. please turn over *vänd!*
pts. parts; pints
pub. public; published; publisher
Pvt. Private *menig*
P.W.D. Public Works Department

Q., q. quarto
q. quasi; queen; query; question; quire
Q.B. Queen's Bays (2nd Dragoon Guards); Queen's Bench
Q.B.D. Queen's Bench Division
Q.C. Queen's College; Queen's Counsel
Que. Quebec
Q.E.D. *quod erat demonstrandum (lat.) vilket skulle bevisas*
Queensl. Queensland
Q.F., q.f. quick-fire; quick-firing [gun]
Q.M. Quartermaster
Q.M.G. Quartermaster-General
Q.M.S. Quartermaster-Sergeant
qr. quarter; quire
Q.S. Quarter Sessions
q.t. (*sl.*) quiet (on the strict = *i djupaste hemlighet*)
qt. quantity; quart[s]
qto. quarto
qts. quarts
qu. quasi; query
qu., quar[t]. quarter[ly]
quot. quotation
q.v. *quantum vis (lat.)* as much as you wish; *quod vide (lat.), se detta!*
qy. query

R, R. rupee
R. Réaumur; *Regina (lat.)* Queen; Republican; respond; response; *Rex (lat.)* King
R., r. rabbi; railroad; railway; river; road; royal; rubel
r. rare; resides; right; rod
R.A. Rear Admiral; Royal Academy (Academician); Royal Artillery
RA Regular Army (*A.*)
R.A.A. Royal Academy of Arts
R.A.C. Royal Armoured Corps; Royal Automobile Club
rad. radical

R.A.F. Royal Air Force
R.A.M. Royal Academy of Music
R.A.M.C., R.A.O.C., R.A.P.C., R.A.S.C., R.A.V.C. Royal Army Medical (Ordnance Pay, Service, Veterinary) Corps
R.B. Rifle Brigade
R.B.A. Royal (Society of) British Artists
R.B.S. Royal (Society of) British Sculptors
R.C. Red Cross; Reserve Corps; Roman Catholic
R.C.A. Radio Corporation of America; Royal Canadian Academy; Royal College of Art
R.C.Ch. Roman Catholic Church
R.C.M. Royal College of Music
R.C.M.P. Royal Canadian Mounted Police
R.D. refer to drawer (on cheques); Royal Dragoons; Royal (Naval Reserve) Decoration; Rural Dean; Rural Delivery *postutbärning på landsbygd o. i förstäder*
Rd., rd. road
R.D.C. Royal Defence Corps; Rural District Council
R.E. Reformed Episcopal; Religious Education; Right Excellent; Royal Engineers; Royal Exchange
rec. receipt; recipe; record[ed]; recorder
recd. received
rect. receipt; rector; rectory
red. reduced
ref. referee; reference; referred; reformation; reformed
Ref. Ch. Reformed Church
Ref. Sp. Reformed Spelling
reg. region; register[ed]; registrar; registry; regular[ly]; regulation
Reg. Prof. Regius Professor
reg[t]. regent; regiment[al]
rel. relating; relative[ly]; religion
Rep. Republican
rep. report; representative; republic
Res. reserve; residence; resides
resp. respective[ly]
repr. represent[ed]; reprinted
ret. retired; returned
retd. returned
R. et I. *Regina et Imperatrix* (*lat.*) Queen and Empress; *Rex et Imperator* (*lat.*) King and Emperor
Rev. Revelation; Reverend
rev. revenue; reverse; review; revise[d]; revision; revolution
Revd. the Reverend
R.F. Royal Fusiliers
R.F., r.f. radio frequency; rapid-fire
R.F.A. Royal Field Artillery
R.F.D. Rural Free Delivery (*se R.D.*)
R.G.S. Royal Geographical Society
Rgt. regiment
R.H. Royal Highlanders; Royal Highness
R.H.A. Royal Horse Artillery
Rhet., rhet. rhetoric[al]
R.H.G. Royal Horse Guards
R.I. Rhode Island; Royal Institution; Religious Instruction
R.I.A. Royal Irish Academy
R.I.B.A. Royal Institute of British Architects
R.I.P. *requiesca[n]t in pace* (*lat.*) *må han (de) vila i frid*
RKO Radio Keith Orpheum Corp.
R.L.S. Robert Louis Stevenson
R.M. Resident Magistrate; Royal Mail; Royal Marines

rm. ream
R.M.A. Royal Marine Artillery; Royal Military Academy
R.M.C. Royal Marine Commandos; Royal Military College
R.M.S. Royal Mail Service (Steamer)
rms. rooms
R.N. registered nurse; Royal Navy
R.N.C. Royal Naval College
R.N.D. Royal Naval Division
Rob[t]. Robert
Roffen. (Bishop) of Rochester
Rom. Cath. Roman Catholic
R.O.T.C. Reserve Officer's Training Corps (Camp)
R.P. Reformed Presbyterian
R.P.D. Regius Professor of Divinity; Doctor of Political Science
r.p.m. revolutions per minute
R.P.O. Railway Post Office
rpt. report
R.R. railroad; Right Reverend
R.R.C. Royal Red Cross
R.S. Reformed Spelling; Revised Statutes; Royal Society
R.S.F.S.R. Russian Socialist Federal Soviet Republic
R.S.P.C.A. Royal Society for the Prevention of Cruelty to Animals
R.S.V.P. *répondez, s'il vous plait* (*fr.*) *om svar anhålles*
R/T radio-telegraphy (-telephony)
rt. right
R.T.C. Royal Tank Corps
Rt. Hon. Right Honourable
Rt. Rev. Right Reverend
R.T.S. Religious Tract Society
Rts. rights (stocks and bonds)
R.U. Rugby Union
R.V. Revised Version; Rifle Volunteers
R.W. Right Worshipful (Worthy)
Ry. railway

S, S. south[ern]
S. Saturday; Saxon; September; Signor; Sunday
S., s. saint; school; senate; socialist; society; soprano
s. second; shilling; singular; son
S.A. Salvation Army; sex appeal; South Africa South America; South Australia
SAC Strategic Air Command
S.A.E. Society of Automotive Engineers
S.Afr. South Africa
S.A.H. Supreme Allied Headquarters
Salop. Shropshire
SAM surface-to-air missile
S.Am[er]. South America[n]
S.A.R. Sons of the American Revolution; South African Republic
Sarum. (Bishop) of Salisbury
Sask. Saskatchewan
Sat. Saturday; Saturn
S.A.T.B. soprano, alto, tenor, bass
S.B. simultaneous broadcasting *samtidig radioutsändning, transmission*
S by E, S. by E. south by east *syd till ost*
S by W, S. by W. south by west *syd till väst*
S.C. Sanitary Corps; Security Council; South Carolina; Supreme Court
Sc. Scotch; Scots; Scottish

förkortningar

sc. scene; science; *scilicet (lat.)* that is to say; scruple *(apoteksvikt)*
s. caps. small capitals
sch. scholar; school
sci. science; scientific
scil. *scilicet (lat.)* that is to say
Scot. Scotch; Scotland; Scottish
scr. scruple *(apoteksvikt)*
Script. Scripture[s]
S.D[ak]. South Dakota
SE., S.E., s.e. south-east[ern]
S/E Stock Exchange
S.E.A.T.O. ['si:təu] South-east Asia Treaty Organization
SE by E, S.E. by E. south-east by east *sydost till ost*
SE by S, S.E. by S. south-east by south *sydost till syd*
SEC Securities and Exchange Commission
sec. secant; second[s]; secretary; section[s]
secs. seconds; sections
sect. section
secy. secretary
sel. selected; selections
Sem. Seminary; Semitic
Sen., sen. senate; senator; senior
Sept. September; Septuagint
seq[q]. *sequentes, sequentia (lat.) följande*
ser. series
Sergt. Sergeant
serv. servant
S.F. Sinn Fein
S.G. Solicitor-General; specific gravity
s.g. specific gravity
Sgt. Sergeant
sh. shilling[s]
S.H.A.E.F. Supreme Headquarters Allied Expeditionary Forces
Shak[s]. Shakespeare
S.H.A.P.E. Supreme Headquarters Allied Powers in Europe
Shet. Is. Shetland Islands
shil. shilling
shpt. shipment
shr. share[s]
S.I. (Order of the) Star of India
Sig., sig. signature; Signor
sing. singular *(gram.)*
S.J. Society of Jesus
S.J.C. Supreme Judicial Court *(A.)*
S/L Squadron Leader (R.A.F.)
S. lat. south latitude
sld. sailed
S.M. *Scientiae Magister (lat.)* Master of Science; Sergeant Major; State Militia
SNAFU [snæ'fu:] situation normal — all fouled up
S.O. staff officer; Stationery Office
s.o. seller's option
Soc., soc. socialist; society
sol. soluble; solution
Som. Somerset
SOS ['esəu'es] *SOS (trådlös nödsignal för skepp)*
sov. sovereign
sp. species; specimen; spelling; spirit
SPARS Women's Coast Guards Reserves
S.P.E. Society for Pure English
spec. special
specif. specifically
sp. gr. specific gravity
spt. seaport
sq. square

sq., sqq. *sequens, sequentia (lat.) följande*
Sqd. Ldr. Squadron Leader
S.R. Scottish Rifles; Southern Railway; Southern Rhodesia
Sr. Senior; Señor; Sir
S.R.O. standing room only
S.S. Secretary of State; Straits Settlements; Sunday School
S.S., S/S screw-steamer *propellerångare*; steamship
ss. sections
SSE, S.S.E. south-south-east
S.S.R., SSR Soviet Socialist Republic
SSW, S.S.W. south-south-west
St. Saint; Strait; Street
st. stanza; stone *(vikt.)*; street
Sta. Santa; States; Station
Staffs. Staffordshire
stat. statue; statute[s]
S.T.C. Samuel Taylor Coleridge; Senior Training Corps (at universities)
S.T.D. *Sacrae Theologiae Doctor (lat.)* Doctor of Sacred Theology
ster. sterling
St. Ex. Stock Exchange
stg. sterling
Sthn. southern
str. steamer
SUB submarine; substitute *(A.)*
sub. substitute; suburb
subj. subject; subjunctive *konjunktiv*
subst. substantive
suf. suffix *(gram.)*
Sun. Sunday
sup. superior; superlative; supplement[ary]; supply; *supra (lat.) ovan*
superl. superlative *(gram.)*
supp[l]. supplement
Supt. Superintendent
surg. surgeon; surgery
surv. surveying; surveyor
SW, S.W. south-west[ern]
SW by S, S.W. by S. south-west by south *väst till syd*
SW by W, S.W. by W. south-west by west *sydväst till väst*
S.Y. Steam yacht
Syn., syn. synonym[s]; synonymous; synonymy
syst. system

T. Temple; Testament; Tuesday; Turkish
t. temperature; *tempore (lat.)* in the time of; tenor; tense *tempus*; territory; time; ton[s]; town; transitive; troy
T.A. telegraphic address; Territorial Army
TA target area *(A.)*
Tan. Tanganyika
Tas[m]. Tasmania
T.B. torpedo-boat; tuberculosis
t.b. tuberculosis
T.B.D. torpedo-boat destroyer
T.C. Tank Corps; temporary constable; Town Councillor; Trusteeship Council
temp. temperature; temporary
Tenn. Tennessee
ter. terrace; territory
term. terminal; termination; terminus
terr. terrace; territory
Teut. Teuton[ic]
Tex. Texan; Texas
T.F. Territorial Force

T.G.W.U. Transport & General Workers Union
T.H. Territory of Hawaii
theat. theatrical
therm. thermometer
Thos Thomas
Thur[s]. Thursday
T.I.H. Their Imperial Highnesses
T.M.O. telegraph money order
tn. ton
TNT trinitrotolu|ene, -ol *trotyl*
t.o. turn over; turnover
Toc H. Talbot House (*kamratförening av deltagare i 1:a världskriget*)
tp. township
tpr. trooper
T.R. Theodore Roosevelt
tr. transitive; translation; translator; transpose; treasure; trustee
trans. transactions; transferred; transitive; translated; translation; translator; transportation
transl. translation
T.R.C. Thames Rowing Club
treas. treasurer; treasury
T.R.H. Their Royal Highnesses
trig. trigonometric[al]; trigonometry
Trin. Trinidad
T.S.H. Their Serene Highnesses
T.T. Tanganyika Territory; teetotaller; torpedo tubes; Tourist Trophy
T.U. Trade[s] Union
Tu. Tuesday
tu [tju:] (*skolsl.*) tuition *privatlektioner*
T.U.C. Trades Union Congress
Tues. Tuesday
tux (*A. sl.*) tuxedo
TV television
TVA Tennessee Valley Authority
T.W.A., TWA Trans World Airlines
2LO London (*radio*)

U. University
U., u. uncle; union[ist]; upper
U.A.B. Unemployment Assistance Board
UAR United Arab Republic
U.C. Upper Canada
UCLA University of California at Los Angeles
U.F.O., ufo unidentified flying object
UK., U.K. United Kingdom
ult. ultimate[ly]; *ultimo* (*lat.*) *sistlidna månad*
UN, U.N. United Nations
unabr. unabridged
UNESCO, U.N.E.S.C.O. [ju(:)'neskəu] United Nations Educational, Scientific and Cultural Organization
UNICEF, U.N.I.C.E.F. United Nations International Children's Emergency Fund
Univ. Universalist; University
univ. universal[ly]; university
UNO, U.N.O. United Nations Organization
UNRRA, U.N.R.R.A., Unrra United Nations Relief and Rehabilitation Administration
U.P. United Press
U.P.C. United Presbyterian Church
U.R.C. United Reformed Church
US, U.S. United States
USA, U.S.A. Union of South Africa; United States Army; United States of America
U.S.A.F. United States Air Force
U.S.C. United States of Colombia

U.S.M. United States Mail; United States Marines
USMC, U.S.M.C. United States Marine Corps
U.S.N. United States Navy
U.S.N.A. United States National Army; United States Naval Academy
U.S.P. United States Pharmacopoeia
U.S.S. United States Senate; United States Ship (Steamer)
USSR, U.S.S.R. Union of Soviet Socialist Republics
usu. usual[ly]
Ut. Utah

V. Venerable; Victoria; Viscount; Volunteers
V., v. volt
v. verb; verse; version; *versus* (*lat.*) against; vice-; *vide* (*lat.*) see; village; voice; voltage; volume
V.A. Vicar Apostolic; Vice-Admiral; (Order of) Victoria and Albert; Volunteer Artillery
Va. Virginia
V.A.D. Voluntary Aid Detachment *frivilliga sjuksköterskor under världskriget*
V.Adm[l] Vice-Admiral
Var., var. variant[s]; variety; various
vb. verb
V.C. Vice-Chancellor; Vice-Consul; Victoria Cross
V.D. venereal disease; Volunteer Officers' Decoration
V.E.-day Victory in Europe day (8. 5. 45)
Ven. Venerable; Venice; Venus
Ver. Version
verb. [sat.] sap. *verbum* [*satis*] *sapienti* (*lat.*) *mer behöver inte sägas*
vet. Veteran; veterinary
v.g. very good
V.I. Virgin Islands
Vic[t.] Victoria
vid. *vide* (*lat.*) see
V.I.P. very important person
Virg. Virginia
Vis. Viscount
Vis[c]. Viscount[ess]
viz. *videlicet* (*lat.*) *nämligen*
V.O. (Royal) Victorian Order
vocab. vocabulary
vol. volcano; volume; volunteer
vols. volumes
V.P. Vice-President
V.R. *Victoria Regina* (*lat.*) Queen Victoria
V. Rev. Very Reverend
V.S. Veterinary Surgeon
vs. *versus* (*lat.*) against
v.s. *vide supra* (*lat.*) see above
VSOP very superior old pale
VSS versions
Vt. Vermont
V.T.C. Volunteer Training Corps
VTOL vertical take-off and landing
Vul[g]. Vulgate
vulg. vulgar[ly]
vv. verses

W. Wales; Wednesday; Welsh
W, W., w. west[ern]
W., w. watt[s]; weight; width
w. wanting; week[s]; wife; with
W.A. West Africa; Western Australia
W.A.A.C. Women's Army Auxiliary Corps

W.A.A.F., Waaf [wæf] Women's Auxiliary Air Force
War. Warwickshire
Wash. Washington
WAVES Women Accepted for Voluntary Emergency Service (U.S. Naval Reserve)
WBA World Boxing Association
W.C. West Central (London postal district)
w.c. water closet; without charge
W.C.C. World Council of Churches
W.D. War Department; War Division (in Department of Justice)
W.E.A. Workers' Educational Association
Wed. Wednesday
Westm. Westminster
WEU Western European Union
W.F.T.U. World Federation of Trade Unions
W.G. Westminister Gazette
whf. wharf
W.H.O. World Health Organization
W.I. West Indian; West Indies
Wigorn. (Bishop) of Worcester
Wilts. Wiltshire
Winton. (Bishop) of Winchester
W.I.R. West India Regiment
Wis[c]. Wisconsin
wk. week; work
w.l. wave length
W.L.A. Women's Land Army
W. long. west longitude
Wm William
WNW, W.N.W. west-north-west
W.O. War Office; Warrant Officer
w.o. walk-over
Worcs. Worcestershire
W.P. weather permitting
W.P.B. waste-paper basket
W.R. West Riding

W.R.A.F., Wraf [ræf] Women's Royal Air Force
W.R.N.S. [renz] Women's Royal Naval Service
wrnt. warrant
WSW, W.S.W. west-south-west
W.T., W/T wireless telegraphy (telephony)
wt. weight
W. Va. West Virginia
Wy[o]. Wyoming

X Christ[ian]
x-cp., x-c[p]. ex-coupon *utan kupong*
X.D., x-d., x-div. ex dividend
Xmas Christmas
XO executive officer (*A.*)
Xt[ian] Christ[ian]

y. yard[s]; year[s]
yd[s] yard[s]
Y.H.A. Youth Hostels Association
Y.M.C.A. Young Men's Christian Association *K.F.U.M.*
Y.M. Cath. A. Young Men's Catholic Association
Y.M.C.U. Young Men's Christian Union
Y.M.H.A. Young Men's Hebrew Association
Yorks. Yorkshire
Y.P.S.C.E. Young People's Society of Christian Endeavour
yr. year[s]; younger; your
yrs. years; yours
Y.T. Yukon Territory
Yuc. Yucatan
Y.W.C.A. Young Women's Christian Association *K.F.U.K.*
Y.W.H.A. Young Womens' Hebrew Association

Z., z. zone

OREGELBUNDNA VERB

abide dröja, förbli	**abode**	**abode**
	abided	**abided**
arise uppstå	**arose**	**arisen**
awake vakna; väcka	**awoke**	**awaked**
	awaked	**awoke**
bear bära; föda	**bore**	**borne**[1]
		born[2]
beat slå	**beat**	**beaten**
become bli; passa	**became**	**become**
beget avla, föda	**begot**	**begotten**
begin börja	**began**	**begun**
behold skåda	**beheld**	**beheld**
bend böja [sig]	**bent**	**bent**
bereave beröva	**bereft**	**bereft**
	bereaved	**bereaved**
beseech bönfalla	**besought**	**besought**
bet hålla vad	**bet**	**bet**
	betted	**betted**
bid befalla, bjuda	**bade**	**bidden**
	bid	**bid**
bid bjuda (ett pris)	**bid**	**bid**
bind binda	**bound**	**bound**
bite bita	**bit**	**bitten**
		bit
bleed blöda; åderlåta	**bled**	**bled**
blow blåsa; spränga	**blew**	**blown**
break bryta; brista	**broke**	**broken**
breed [fram]föda	**bred**	**bred**
bring ha med sig	**brought**	**brought**
build bygga	**built**	**built**
burn bränna; brinna	**burnt**	**burnt**
	burned	**burned**
burst brista; spränga	**burst**	**burst**
buy köpa	**bought**	**bought**
cast kasta; gjuta	**cast**	**cast**
catch fånga	**caught**	**caught**
chide banna	**chid**	**chidden**
		chid
choose välja	**chose**	**chosen**
cleave klyva	**cleft**	**cleft**
	clove	**cloven**
	cleaved	**cleaved**
cling hålla sig fast	**clung**	**clung**
clothe [be]kläda	**clothed**	**clothed**
		clad
come komma	**came**	**come**
cost kosta	**cost**	**cost**
creep krypa	**crept**	**crept**
crow gala	**crew**	**crowed**
	crowed	
cut skära, hugga	**cut**	**cut**
dare våga, riskera	**dared**	**dared**
	durst	
deal utdela; handla	**dealt**	**dealt**
dig gräva	**dug**	**dug**
draw dra; rita	**drew**	**drawn**
dream drömma	**dreamt**	**dreamt**
	dreamed	**dreamed**

[1] burit, buren, fött.   [2] född.

drink dricka	drank	drunk
drive driva; köra	drove	driven
dwell bo, vistas	dwelt	dwelt
eat äta	ate	eaten
fall falla	fell	fallen
feed föda, mata	fed	fed
feel känna [sig]	felt	felt
fight fäkta, strida	fought	fought
find finna	found	found
flee [und]fly	fled	fled
fling kasta	flung	flung
fly flyga; fly	flew	flown
forbear låta bli	forbore	forborne
forbid förbjuda	forbade	forbidden
	forbad	
forget glömma	forgot	forgotten
forgive förlåta	forgave	forgiven
forsake överge	forsook	forsaken
freeze frysa [ner]	froze	frozen
get få; bli	got	got
gild förgylla	gilded	gilded
		gilt [1]
gird omgjorda	girded	girded
	girt	girt
give ge	gave	given
go gå, resa	went	gone
grave begrava; gravera	graved	graved
		graven
grind mala	ground	ground
grow växa	grew	grown
hang hänga[s]	hung	hung
	hanged [2]	hanged [2]
hear höra	heard	heard
heave häva, lyfta	heaved	heaved
	hove	hove
hew hugga	hewed	hewn
		hewed
hide gömma [sig]	hid	hidden
		hid
hit slå, träffa	hit	hit
hold hålla	held	held
hurt såra; värka	hurt	hurt
keep [be]hålla	kept	kept
kneel knäböja	kneeled	kneeled
	knelt	knelt
knit sticka	knitted	knitted
	knit	knit
know veta, kunna	knew	known
lade lasta	laded	laden
lay lägga	laid	laid
lead leda	led	led
lean luta [sig]	leaned	leaned
	leant	leant
leap hoppa	leapt	leapt
	leaped	leaped
learn lära sig	learned	learned [3]
	learnt	learnt
leave lämna; resa	left	left
lend låna [ut]	lent	lent
let låta	let	let
lie ligga	lay	lain
light tända	lighted	lighted
	lit	lit
light slå ned [om fågel]	lighted	lighted
	lit	lit
lose förlora	lost	lost
make göra	made	made
mean mena, betyda	meant	meant
meet möta[s]	met	met

[1] förgylld.   [2] Används endast i betydelsen hänga = avliva genom hängning.   [3] ['lə:nid], adjektiviskt i betydelsen lärd.

oregelbundna verb

melt smälta	melted	melted
mow meja	mowed	mowed
		mown [1]
pay betala	paid	paid
put sätta, ställa, lägga	put	put
read läsa	read	read
rend gå (slita) sönder	rent	rent
rid befria	ridded	ridded
	rid	rid [2]
ride rida, åka	rode	ridden
ring ringa	rang	rung
rise stiga [upp]	rose	risen
rive splittra[s]	rived	riven
		rived
run springa	ran	run
saw såga	sawed	sawn
		sawed
say säga	said	said
see se	saw	seen
seek söka	sought	sought
sell sälja	sold	sold
send sända	sent	sent
set sätta	set	set
sew sy	sewed	sewn
		sewed
shake skaka	shook	shaken
shave raka [sig]	shaved	shaved
		shaven [3]
shear klippa [får]	sheared	shorn
		sheared
shed gjuta, fälla	shed	shed
shine skina	shone	shone
shoe sko	shod	shod
shoot skjuta	shot	shot
show visa	showed	shown
		showed
shrink krympa	shrank	shrunk
shut stänga	shut	shut
sing sjunga	sang	sung
sink sjunka	sank	sunk
sit sitta	sat	sat
slay dräpa	slew	slain
sleep sova	slept	slept
slide glida	slid	slid
		slided, slidden
sling slunga	slung	slung
slink smyga, slinka	slunk	slunk
slit skära upp	slit	slit
smell lukta [på]	smelt	smelt
	smelled	smelled
smite slå	smote	smitten
sow [be]så	sowed	sown
		sowed
speak tala	spoke	spoken
speed hasta, ila	sped	sped
spell stava	spelt	spelt
	spelled	spelled
spend ge ut; tillbringa	spent	spent
spill spilla [ut]	spilt	spilt
	spilled	spilled
spin spinna	spun	spun
	span	
spit spotta	spat	spat
split splittra[s], klyva[s]	split	split
spoil fördärva	spoilt	spoilt
	spoiled	spoiled
spread sprida [sig]	spread	spread
spring hoppa	sprang	sprung
	sprung	

---

[1] Som adjektiv används endast **mown**.   [2] Endast i uttrycket **be [get] rid of** vara [göra sig] kvitt.   [3] Används endast som adjektivattribut.

stand stå	**stood**	**stood**
steal stjäla	**stole**	**stolen**
stick fästa; sticka	**stuck**	**stuck**
sting sticka, stinga	**stung**	**stung**
stink stinka	**stank**	**stunk**
	stunk	
strew [be]strö	**strewed**	**strewed**
		strewn
stride kliva	**strode**	**stridden**
strike slå [till]; strejka	**struck**	**struck**
string [be]stränga	**strung**	**strung**
strive sträva	**strove**	**striven**
swear svär[j]a	**swore**	**sworn**
sweep sopa	**swept**	**swept**
swell svälla	**swelled**	**swollen**
swim simma	**swam**	**swum**
swing svänga; gunga	**swung**	**swung**
take ta	**took**	**taken**
teach lära [ut]	**taught**	**taught**
tear riva sönder	**tore**	**torn**
tell berätta	**told**	**told**
think tänka	**thought**	**thought**
thrive frodas	**throve**	**thriven**
	thrived	**thrived**
throw kasta	**threw**	**thrown**
thrust stöta	**thrust**	**thrust**
tread trampa [på]	**trod**	**trodden**
wake vakna; väcka	**woke**	**waked**
	waked	**woken**
		woke
wear bära, ha på sig	**wore**	**worn**
weave väva	**wove**	**woven**
		wove
weep gråta	**wept**	**wept**
win vinna	**won**	**won**
wind vrida	**wound**	**wound**
work arbeta	**worked**	**worked**
	wrought[1]	**wrought**[1]
wring vrida [ur]	**wrung**	**wrung**
write skriva	**wrote**	**written**

[1] Åld. o. tekn.